Bib Sen An

Kreyòl Ayisyen

Bib Sen An
Kreyòl Ayisyen

Copyright © 2017-2023 Ron Smith
Lang: Kreyòl Ayisyen (Haitian Creole)
Tradiksyon pa: Ron Smith
Contributeur: Felix Nixon
Tradiksyon sa a disponib pou ou dapre lisans Creative Commons Attribution Share-Alike 4.0.
Ou gen pèmisyon pou pataje ak redistribiye tradiksyon Bib sa a nan nenpòt fòma epi fè revizyon ak adaptasyon rezonab nan tradiksyon sa a, depi ke:
- Ou mete sou dotè a ak enfòmasyon sou sous yo.
- Si ou fè nenpòt chanjman nan tèks la, ou dwe endike ke ou te fè sa nan yon fason ki fè li klè ke lisansye orijinal la pa nesesèman andose chanjman ou yo.
- Si w redistribiye tèks sa a, ou dwe distribye kontribisyon w yo anba menm lisans ak orijinal la.

Remake byen ke anplis règ ki anwo yo, revize ak adapte Pawòl Bondye a gen yon gwo responsablite pou w fidèl ak Pawòl Bondye a. Gade Revelasyon 22:18-19.
Typeset Desanm 2023 pa Michael Paul Johnson nan eBible.org

Sainte Bible   https://eBible.org/hatbsa   Holy Bible

This translation is made available to you under the terms of the Creative Commons Attribution Share-Alike license 4.0.
You have permission to share and redistribute this Bible translation in any format and to make reasonable revisions and adaptations of this translation, provided that:
- You include the above copyright and source information.
- If you make any changes to the text, you must indicate that you did so in a way that makes it clear that the original licensor is not necessarily endorsing your changes.
- If you redistribute this text, you must distribute your contributions under the same license as the original.

Note that in addition to the rules above, revising and adapting God's Word involves a great responsibility to be true to God's Word. See Revelation 22:18-19.

ISBN 978-1-63656-034-2 hard cover
ISBN 978-1-63656-035-9 paperback

Prezante bay

_____

pa

_____

sou dat

_____

Tab Matyè
Ansyen Testaman

JENÈZ	Jen	1
EGZÒD	Egz	39
LEVITIK YO	Lev	71
NONB YO	Nonb	93
DETEWONÒM	Det	125
JOSUÉ	Jos	152
JIJ YO	Jij	169
RUTH	Rt	187
I SAMUEL	I Sam	190
II SAMUEL	II Sam	214
I WA	I Wa	235
II WA YO	II Wa	258
PREMYÈ KWONIK YO	I Kwo	280
DEZYÈM LIV KWONIK YO	II Kwo	300
ESDRAS	Esd	324
NÉHÉMIE	Ne	332
ESTHER	Est	343
JOB	Job	349
SÒM YO	Sòm	375
PWOVÈB YO	Pwov	443
EKLEZYAS YO	Ekl	465
KANTIK A KANTIK YO	Kan	471
ÉSAÏE	És	476
JÉRÉMIE	Jr	523
LAMANTASYON YO	Lam	572
ÉZÉCHIEL	Éz	578
DANIEL	Dan	616
OSÉE	Os	628
JOËL	Jl	636
AMOS	Am	640
ABIDAS	Ab	646
JONAS	Jon	647
MICHÉE	Mi	649
NAHUM	Nan	654
HABACUK	Hab	656
SOPHONIE	So	658
AGGÉE	Ag	660
ZACHARIE	Za	662
MALACHIE	Mal	669

Nouvo Testaman

LEVANJIL SELON MATTHÏEU	Mat	671
LEVANJIL SELON MARC	Mc	696
LEVANJIL SELON LUC	Luc	712
LEVANJIL SELON JEAN	Jn	739
TRAVAY APÒT YO	Trav	760
WOMEN YO	Wo	787
I KORENTYEN YO	I Kor	798
II KORENTYEN YO	II Kor	809
GALAT YO	Gal	816
EFEZYEN YO	Ef	820
FILIPYEN YO	Fil	824
KOLOSYEN YO	Kol	827
TESALONISYEN YO	I Tes	830
II TESALONISYEN YO	II Tes	833
I TIMOTHÉE	I Tim	835
II TIMOTHÉE	II Tim	838
TITE	Tit	841
PHILÉMON	Phm	843
EBRE YO	Eb	844
JACQUES	Jc	853
PREMYE LÈT PIERRE	I Pi	856
II PIERRE	II Pi	859
PREMYE LÈT JEAN	I Jn	861
DEZYÈM LÈT JEAN	II Jn	864
TWAZYÈM LÈT A JEAN	III Jn	865
JUDE	Jd	866
REVELASYON	Rev	867

Jenèz

1 [a]Nan kòmansman an Bondye te [b]kreye syèl yo ak tè a. [2] Latè te san [c]fòm e vid, epi [d]tenèb la te sou tout sifas fon an, e Lespri Bondye t ap ajite sou fas dlo a.
[3] Alò [e]Bondye te di: "Ke li gen limyè". Epi te gen limyè. [4] Bondye te wè ke limyè a te bon. Bondye te [f]separe limyè a avèk tenèb la. [5] Bondye [g]te rele limyè a jou, e tenèb la, Li te rele li lannwit. Konsa, te gen aswè, ak maten, yon jou.
[6] Alò Bondye te di: "Ke vin gen yon gran [h]espas nan mitan dlo yo, e ke li separe dlo avèk dlo". [7] Bondye te fè gran espas la. Li te separe dlo ki te anba gran espas la, avèk lo ki te [i]anwo gran espas la. Se konsa sa te ye. [8] Bondye te rele gran espas la syèl. Epi te gen aswè, e te gen maten, yon dezyèm jou.
[9] Alò Bondye te di: "[j]Ke dlo anba syèl yo vin rasanble nan yon plas, e ke [k]tè sèch la vin parèt". Konsa, sa te vin fèt. [10] Bondye te rele pati sèch la tè, ak dlo ki [l]rasanble yo, lanmè. Epi Bondye te wè ke sa te bon.
[11] Epi Bondye te di: "Ke latè a boujonnen avèk [m]bagay vèt; plant ki donnen grenn selon espès pa yo, ak bwa k ap donnen fwi avèk grenn nan yo selon espès pa yo". Konsa, sa te vin fèt. [12] Latè te pwodwi bagay vèt, plant ki donnen grenn selon espès pa yo, ak pyebwa ki pwodwi fwi avèk grenn sou yo selon espès pa yo. Bondye te wè ke sa te bon. [13] Te gen aswè, ak maten, yon twazyèm jou.
[14] Alò Bondye te di: "Ke vin gen [n]limyè nan gran espas syèl yo pou separe jou avèk nwit lan, e ke yo vin kòm sign pou sezon yo, pou jou avèk lane yo; [15] ke yo vin sèvi pou limyè nan gran espas syèl yo pou bay limyè sou latè". Konsa, sa te vin fèt. [16] Bondye te fè de gran limyè, pi [o]gran an pou gouvène lajounen, e pi piti a pou gouvène lannwit. Anplis, Li te fè zetwal yo. [17] Bondye te plase yo nan gran espas syèl yo pou bay limyè sou latè, [18] epi pou [p]gouvène lajounen avèk lannwit, e pou separe limyè a avèk tenèb la. Bondye te wè ke sa te bon. [19] Te gen aswè, e te gen maten, yon katriyèm jou.
[20] Alò Bondye te di: "Ke dlo yo vin ranpli avèk anpil kreyati vivan, e ke zwazo yo vole anwo tè a nan gran espas syèl yo." [21] Bondye te kreye [q]gwo bèt sovaj lanmè avèk tout kreyati vivan ki fè mouvman. Dlo yo te plen bèt selon espès pa yo, e chak zwazo selon espès pa l. Bondye te wè ke sa te bon. [22] Bondye te beni yo. Li te di: "Fè pitit, e vin miltipliye. Ranpli dlo nan lanmè yo, e kite zwazo yo vin miltipliye sou tè a." [23] Te gen aswè ak maten, yon senkyèm jou.
[24] [r]Alò, Bondye te di, "Ke tè a vin pwodwi kreyati vivan dapre espès pa yo; bèt domestik, reptil, avèk bèt latè selon espès yo". Se konsa li te fèt. [25] Bondye te fè [s]bèt latè yo selon espès yo, ak bèt gade yo dapre espès yo, tout bèt ki trennen atè dapre espès yo; epi Bondye te wè ke sa te bon.
[26] Alò Bondye te di, [t]"Annou fè lòm nan limaj Nou, menm jan ke Nou sanble a, e ke yo vin mèt sou tout pwason nan lanmè, sou zwazo yo nan syèl yo, sou bèt domestik nan chan yo, ak sou tout bèt reptil ki ranpe atè".
[27] Bondye te kreye lòm, [u]nan pwòp imaj pa Li, nan imaj Bondye Li te kreye li; mal avèk femèl Li te kreye yo. [28] Bondye te beni yo; Li te di yo, [v]"Se pou nou vin fekon. Fè pitit pou ranpli latè, e domine sou li; se pou nou vin mèt sou pwason lanmè yo ak zwazo anlè yo, sou chak bèt vivan kab fè mouvman sou tè a".
[29] Alò Bondye te di, "Gade byen, [w]Mwen bannou chak plant ki donnen grenn sou sifas tout tè a, ak chak bwa ki gen fwi avèk grenn li; li va sèvi kòm manje pou nou; [30] Epi a chak bèt latè ak chak zwazo syèl a, chak bagay kab fè mouvman ou tè a, bagay ki gen lavi, Mwen te bay chak plant vèt pou manje"; epi se te konsa. [x]
[31] Bondye te wè tout sa Li te kreye yo, e gade byen, sa te [y]trè bon. Te gen aswè, ak maten, sizyèm jou.

2 Se te konsa syèl yo avèk tè a te fin fèt, avèk tout [z]lanmè yo.
[2] Nan [a]setyèm jou a, Bondye te fin fè travay ke Li te fè yo. Konsa, Li te repoze nan setyèm jou a sou tout travay ke Li te fè yo. [3] Epi Bondye te beni setyèm jou a. Li te fè li sen, akoz nan li, Li te repoze de tout travay kreyasyon an, ke Li te fè a.
[4] [b]Sa se listwa syèl yo avèk tè a lè yo te kreye, nan jou ke SENYÈ Bondye a e fè tè a avèk syèl la. [5] [c]Alò potko gen ti bwa chan ki te parèt nan tè a, ni plant chan ki te boujonnen, paske Senyè Bondye a potko voye lapli sou tè a, e pa t gen moun pou kiltive tè a. [6] Men yon vapè te konn leve sòti nan tè a pou wouze tout sifas li. [7] Alò Senyè Bondye a te fòme lòm sòti nan [d]pousyè tè a. Li te respire souf lavi fè l vin antre nan nen l, e [e]lòm te devni yon nanm vivan.
[8] Senyè Bondye a te plante yon [f]jaden nan pati lès Eden, e se la Li te mete lòm ke Li te fòme a. [9] Soti nan tè a, SENYÈ Bondye a te fè grandi chak ab ki bèl pou gade e ki bon pou manje. Avèk yo nan mitan

---

[a] **1:1** Sòm 102:25 [b] **1:1** Job 38:4 [c] **1:2** Jr 4:23 [d] **1:2** Job 38:9 [e] **1:3** Sòm 33:6-9 [f] **1:4** És 45:7
[g] **1:5** Sòm 74:16 [h] **1:6** És 40:22 [i] **1:7** Sòm 148:4 [j] **1:9** Sòm 104:6-9 [k] **1:9** 24:1-2 [l] **1:10** Sòm 33:7
[m] **1:11** Sòm 65:9-13 [n] **1:14** Sòm 74:16 [o] **1:16** Sòm 136:8-9 [p] **1:18** Jr 31:35 [q] **1:21** Sòm 104:25-28
[r] **1:24** Jen 2:19 [s] **1:25** Jen 7:21-22 [t] **1:26** Sòm 8:6-8 [u] **1:27** Jen 5:1 [v] **1:28** Jen 9:1-7 [w] **1:29** Sòm 104:14
[x] **1:30** Sòm 145:15-16 [y] **1:31** Sòm 104:24-28 [z] **2:1** Det 4:19 [a] **2:2** Egz 20:8-11 [b] **2:4** Job 38:4-11
[c] **2:5** Jen 1:11 [d] **2:7** Jen 3:19 [e] **2:7** I Kor 15:45 [f] **2:8** Jen 13:10

jaden a te gen ᵃab lavi a, ak ab konesans a sa ki bon ak sa ki mal la.

¹⁰ Alò, yon ᵇrivyè te sòti nan Eden pou wouze jaden an. Epi soti la, li te divize ou fè kat rivyè. ¹¹ Premye rivyè a rele Pischon; li pase antoure tout peyi ᶜHavila, kote ki gen lò a. ¹² Lò peyi sa a bon; wòch bdelyèm avèk onyx konn twouve la. ¹³ Dezyèm rivyè a rele Guihon; li kouri antoure peyi Cush la. ¹⁴ Yo rele twazyèm rivyè ᵈTigrès; li koule nan lès Assyrie. Epi katriyèm rivyè a se ᵉEuphrate.

¹⁵ Alò, Senyè Bondye a te pran lòm nan; Li te mete l nan jaden Eden pou kiltive li e pran swen li. ¹⁶ Senyè Bondye a te ᶠkòmande lòm nan. Li te di l: "Nan nenpòt sa nan jaden an, ou kapab manje, ¹⁷ men sou ab konesans bon avèk mal la, ou pa pou manje li, paske nan jou ke ou manje li, ᵍou va mouri."

¹⁸ Alò, Senyè Bondye a te di: "Sa pa bon pou lòm nan rete sèl. Mwen va ʰfè yon asistan jan li dwe genyen".

¹⁹ ⁱSòti nan tè a, Senyè Bondye a te fòme chak bèt chan ak chak zwazo syèl la, e Li te mennen yo kote lòm po wè kòman li ta rele yo. Nenpòt jan li te rele yon kreyati vivan, sa te vin non li. ²⁰ Lòm nan te bay non a tout bèt domestik yo, a tout zwazo syèl yo, e a chak bèt chan, men pou lòm nan, pa t gen yon ʲasistan sanblab ak li.

²¹ Alò, Senyè Bondye a te fè yon ᵏPwofon somèy pran lòm nan, e li te dòmi. Konsa, li te pran youn nan zo kòt li yo, e te fèmen chè a nan plas li. ²² Senyè Bondye a te fòme yon fanm avèk ˡkòt ke Li te pran nan lòm nan, e Li te pote li bay li.

²³ Lòm nan te di: "ᵐKoulye a sa se zo a zo mwen, e chè a chè mwen. Li va rele fanm akoz li te retire nan lòm.

²⁴ ⁿ"Pou rezon sila a, yon nonm va kite papa li avèk manman li, pou vin jwenn avèk madanm li, epi yo va vin tounen yon sèl chè." ²⁵ ᵒEpi lòm nan avèk fanm nan te toutouni, e yo pa t wont.

3 Alò, ᵖsèpan an te pi koken pase nenpòt bèt chan ke Bondye te fè. Li te di fanm nan: "Vrèman èske Bondye te di: 'Pinga nou manje nan okenn ab nan jaden an?'"

² Fanm nan te di a sèpan an: "ᵠFwi ki sòti nan ab nan jaden yo, nou kapab manje yo; ³ men nan fwi ki sòti nan ab ki nan mitan jaden an, Bondye te di: Nou pa pou manje nan li, ni touche li, sinon, nou va mouri."

⁴ ʳSèpan an te di fanm nan: "Vrèman, nou p ap mouri!" ⁵ Paske Bondye konnen ke nan jou nou manje nan li, zye nou va vin louvri, e ˢnou va vin tankou Bondye, avèk konesans de sa ki bon ak sa ki mal.

⁶ ᵗLè fanm nan te wè ke pyebwa a te bon pou manje, ke li te yon plezi devan zye li, ke li te byen itil pou vin saj, alò li te pran nan fwi a pou li te manje; epi li te bay osi a mari li ansanm avèk li, pou li te manje. ⁷ Zye a toude te vin louvri, e yo te vin ᵘkonnen ke yo te toutouni. Pou sa, yo te koud fèy pyebwa ansanm e yo te fè pou yo menm yon tabliye.

⁸ Yo te tande son a ᵛSENYÈ Bondye a ki t ap mache nan jaden an nan frechè jounen an, e lòm nan avèk fanm nan te kache tèt yo de prezans SENYÈ Bondye a pami bwa yo nan jaden an. ⁹ Alò, Senyè Bondye a te rele lòm nan, e te di l: "ʷKote ou ye?"

¹⁰ Adam te reponn: "ˣMwen te tande son Ou menm nan jaden an, e mwen te pè paske mwen te toutouni; alò mwen te kache tèt mwen."

¹¹ Epi Li te di li, kilès ki te di ou ke ou te toutouni? Èske ou te manje nan pyebwa e M te di ou pa manje a?

¹² ʸLòm nan te di: "Fanm ke Ou te ban mwen an, li te ban m ladann, e mwen te manje." ¹³ Alò, Bondye te di a fanm nan: "Kisa ou te fè la a?" Epi fanm nan te di: ᶻ"Sèpan an te twonpe mwen, e mwen te manje l."

¹⁴ SENYÈ Bondye a te di a sèpan an: "Akoz ke ou te fè sa, ou modi pase tout bèt domestik yo, e plis ke tout bèt sovaj nan chan an. Sou vant ou ou va mache, e se ᵃpousyè ke ou va manje tout jou nan vi ou. ¹⁵ Mwen va mete ᵇrayisman antre ou menm avèk fanm nan, e antre pitit ou ak pitit li. Li va kraze tèt ou, e ou va kraze talon li."

¹⁶ A fanm nan Li te di: "Mwen va miltipliye anpil doulè ke ou va gen nan ᶜfè pitit; ak doulè ou va gen nan pouse pitit; malgre sa, dezi ou va pou mari ou, e li va domine sou ou."

¹⁷ Alò a Adam Li te di: "Akoz ou te koute vwa a fanm ou an, ou te manje nan ab ke Mwen te kòmande e te di Ou pa manje ladann nan, ᵈtè a ap modi akoz ou menm. Nan redi ou va manje ladann pou tout jou lavi ou. ¹⁸ Se pikan, se zepeng li va fè grandi pou ou; epi ou va manje plant chan an. ¹⁹ Avèk swè figi ou, ou va manje pen, jiskaske ou ᵉretounen nan tè a, paske ladann ou te sòti. Paske se pousyè ou ye, e se nan pousyè ou va retounen."

²⁰ Alò, lòm nan te rele fanm li an ᶠEve, paske se li ki te manman a tout vivan yo.

²¹ SENYÈ Bondye a te fè rad avèk po bèt pou Adam avèk madanm li, e Li te abiye yo. ²² Alò, SENYÈ Bondye a te di: "Gade byen, lòm nan gen tan vini tankou youn nan Nou, avèk konesans sa ki bon avèk sa ki mal. Koulye a, pou li pa lonje men l, pou pran osi nan ᵍab lavi a, manje l e viv jis pou tout tan—" ²³ Pou sa, SENYÈ Bondye a te voye l

---

ᵃ **2:9** Jen 3:22 ᵇ **2:10** Sòm 46:4 ᶜ **2:11** Jen 25:18 ᵈ **2:14** Dan 10:4 ᵉ **2:14** Jen 15:18 ᶠ **2:16** Jen 3:2-3
ᵍ **2:17** Det 30:15-20 ʰ **2:18** I Kor 11:9 ⁱ **2:19** Jen 1:24 ʲ **2:20** Jen 2:18 ᵏ **2:21** Jen 15:2 ˡ **2:22** I Kor 11:8-9
ᵐ **2:23** Jen 29:14 ⁿ **2:24** Mat 19:5 ᵒ **2:25** Jen 3:7,10,11 ᵖ **3:1** II Kor 11:3 ᵠ **3:2** Jen 2:16 ʳ **3:4** Jn 8:44
ˢ **3:5** És 14:4 ᵗ **3:6** Wo 5:12-19 ᵘ **3:7** És 47:3 ᵛ **3:8** Lev 26:12 ʷ **3:9** Jen 4:9 ˣ **3:10** Egz 20:18-19
ʸ **3:12** Job 31:33 ᶻ **3:13** II Kor 11:3 ᵃ **3:14** És 65:25 ᵇ **3:15** Rev 12:17 ᶜ **3:16** Jn 16:21 ᵈ **3:17** Jen 5:29
ᵉ **3:19** Sòm 90:3 ᶠ **3:20** I Kor 11:3 ᵍ **3:22** Jen 2:9

deyò jaden Eden nan, pou kiltive tè a, nan sila li te sòti a. ²⁴ Alò, Li te pouse lòm nan deyò; epi nan lès jaden Eden nan, Li te estasyone ᵃcheriben nan avèk nepe ak flanm ki te vire nan tout direksyon pou veye chemen vè ab lavi a.

4 Alò, lòm nan te vin nan relasyon avèk madanm li, Ève. Li te vin ansent e li te vin kouche fè Cain. Konsa, li te di: "Mwen gen tan fè yon ti nonm avèk èd SENYÈ a:" ² Ankò, li te bay nesans a frè li, Abel. Epi ᵇAbel se te yon bèje bann mouton, men Cain t ap laboure tè a.

³ Li te vin rive pi devan ke Cain te pote yon ofrann bay SENYÈ a, ki sòti nan fwi rekòlt tè a. ⁴ ᶜAbel, osi, sou pati pa l te pote nan premye pòtre twoupo, e nan pòsyon pi gra a nan yo.

Konsa, SENYÈ a te kontan pou Abel avèk ofrann pa l la, ⁵ men pou ᵈCain, avèk ofrann pa li a, Li pa t kontan. Alò, Cain te vin byen fache, e figi li te vin ba.

⁶ Alò, SENYÈ a te di a Cain: "ᵉPoukisa ou fache konsa? Epi poukisa figi ou vin ba konsa? ⁷ Si ou fè sa ki bon èske figi ou p ap leve ankò? ᶠEpi si ou pa fè sa ki bon, peche ap kouche devan papòt ou. Dezi li se pou ou, ᵍmen ou oblije vin mèt li."

⁸ Cain te di frè l la, Abel, "An ale nan chan." Epi li te vin rive ke pandan yo te nan chan an, Cain te leve kont Abel, frè l la, e li te ʰtouye li.

⁹ Alò, SENYÈ a te di a Cain: "ⁱKote frè ou a, Abel?" Epi li te di: "Mwen pa konnen. Èske mwen se gadyen frè m nan?"

¹⁰ Li te di: "Kisa ou te fè la a? ʲVwa san a frè ou a ap rele ban Mwen sòti nan tè a. ¹¹ Koulye a ᵏou modi, soti nan tè a, ki te ouvri bouch li pou resevwa san Abel nan men ou an. ¹² Depi koulye a, ˡlè ou kiltive tè a, li p ap bay ou fòs li ankò. Ou va vin yon vagabon k ap mache toupatou sou latè."

¹³ Cain te di a SENYÈ a: "Pinisyon mwen an twò di pou m sipòte! ¹⁴ Byen gade! Jodi a ou gen tan pouse m kite sifas tè a. Konsa, fas ou p ap wè m; ᵐmwen va vin yon vagabon k ap plede mache toupatou sou latè, e ⁿnenpòt moun ki jwenn mwen va touye m."

¹⁵ Alò, SENYÈ a te di li: "Pou sa, nenpòt moun ki touye Cain, vanjans va tonbe sou li ᵒsèt fwa plis." Epi SENYÈ a te chwazi yon sign pou Cain, dekwa ke pèsòn ki jwenn li pa ta touye l. ¹⁶ Konsa, Cain te sòti de prezans ᵖSENYÈ a, e li te al rete sou teren Nod nan pati lès Eden an.

¹⁷ Cain te antre an relasyon avèk madanm li. Li te vin ansent, e li te bay nesans a Hénoc; epi li te bati yon vil. Li te bay vil la non Henoc, menm non ak fis li a. ¹⁸ Alò, Hénoc te fè Irad, e Irad te devni papa a Mehujaël, Mehujaël te vin papa a Metuschaël, e Metuschaël te vin papa a Lémec.

¹⁹ Lémec te pran pou li ᑫde madanm: youn yo te rele Ada, e non a lòt la se te Tsilla. ²⁰ Ada te bay nesans a Jabal. Li te papa a tout sila ki te rete nan tant yo, e ki te okipe bèt yo. ²¹ Frè li a te rele Jubal. Li te papa a tout sila ki te jwe ap avèk shaloumo yo. ²² Epi pou Tsilla, li te bay nesans a Tubal-Cain, yon bòs fò jewon ki fè zouti avèk bwonz ak fè. Sè a Tubal Cain an se te Naama.

²³ Lémec te di a madanm li yo:

"Ada avèk Tsilla, koute vwa m.
Nou menm ki madanm a Lémec yo;
byen okipe pawòl mwen.
ʳPaske mwen te touye yon mesye
akoz ke li blese m;
e yon gason akoz li frape m.
²⁴ Si Cain vanje ˢsèt fwa,
alò Lémec swasann-dis-sèt fwa."

²⁵ Adam te antre an relasyon ankò avèk madanm li, epi li te bay nesans a yon fis. Li te rele li Seth, paske li te di "Bondye te chwazi ban mwen yon lòt fis nan plas Abel, ᵗpaske Cain te touye li". ²⁶ Pou Seth, li menm, li te bay nesans a ᵘyon fis, epi li te rele non li Énosch.

Nan lè sa a, lèzòm te kòmanse ap rele non SENYÈ a.

5 Sa se liv jenerasyon Adan yo.

Nan jou ke Bondye te kreye lòm, Li te fè l ᵛnan imaj Bondye. ² Li te kreye yo ʷmal avèk femèl. Li te beni yo, e Li te rele yo Lòm. Sa vle di "Adam" nan jou ke yo te kreye a.

³ Lè Adam te gen tan fin viv san-trant ane, li te vin papa a yon fis ki sanble nèt ak li, nan pwòp imaj pa l. Li te rele li Seth. ⁴ Laj a Adam, lè l te fin fè Seth, se te uit-san ane, e li te gen lòt fis ak fi. ⁵ Paske tout jou ke Adam te viv yo te nèf-san-trant ane. Konsa, li te vin mouri.

⁶ Seth te viv san-senkant ane, e li te vin papa Énosch. ⁷ Alò, Seth te viv uit-san-sèt ane apre li te vin papa Énosch, e li te gen lòt fis ak fi. ⁸ Paske tout jou a Seth yo te nèf-san-douz ane, e li te vin mouri.

⁹ Énosch te viv katre-ven-dis ane, e li te vin papa a Kénan. ¹⁰ Epi Énosch te viv uit-san-kenz ane apre li te vin papa a Kénan, e li te fè lòt fis ak lòt fi. ¹¹ Alò, tout jou a Énosch yo te nèf-san-senk ane, e li te vin mouri.

¹² Kénan te viv pandan swasann-dis ane, e li te vin papa a Mahalaléel. ¹³ Epi Kénan te viv uit-san-karant ane lè li te fin fè Mahalaléel, e li te gen lòt fis ak lòt fi. ¹⁴ Alò, tout jou a Kénan yo te nèf-san-dis ane, e li te vin mouri.

¹⁵ Mahalaléel te viv swasant senk ane, e li te vin papa Jred. ¹⁶ Epi Mahalaléel te viv ui-san-trant ane apre li te vin papa Jred, e li te gen lòt fis ak fi. ¹⁷ Alò, tout jou a Mahalaléel yo te ui-san-katre-ven-kenz ane, e li te vin mouri.

ᵃ **3:24** Egz 25:18-22   ᵇ **4:2** Luc 11:50-51   ᶜ **4:4** Eb 11:5   ᵈ **4:5** I Sam 16:7   ᵉ **4:6** Jn 4:4   ᶠ **4:7** Nonb 32:23
ᵍ **4:7** Job 11:14-15   ʰ **4:8** Mat 23:35   ⁱ **4:9** Jen 3:9   ʲ **4:10** Nonb 35:33   ᵏ **4:11** Jen 3:14   ˡ **4:12** Det 28:15-24
ᵐ **4:14** Det 28:64-67   ⁿ **4:14** Nonb 35:19   ᵒ **4:15** Jen 4:24   ᵖ **4:16** II Wa 24:20   ᑫ **4:19** Jen 2:24   ʳ **4:23** Egz 20:13
ˢ **4:24** Jen 4:15   ᵗ **4:25** Jen 4:8   ᵘ **4:26** Jen 3:9; Luc 3:38   ᵛ **5:1** Jen 1:26-27   ʷ **5:2** Mat 19:4

¹⁸ Jred te viv san-swasann-de ane, e li te vin papa Hénoc. ¹⁹ Alò, Jred te viv ui-san ane apre li te vin papa Hénoc, e li te gen lòt fis ak lòt fi. ²⁰ Paske, tout jou a Jred yo te nèf-san-swasann-de ane, e li te vin mouri.

²¹ Hénoc te viv swasann-senk ane, e li te vin papa Methuschélah. ²² Alò, Hénoc te ᵃmache ansanm avèk Bondye pandan twa san ane apre li te vin papa a Methuschélah, e li te gen lòt fis ak fi. ²³ Paske tout jou Hénoc yo te twa-san-swasant-senk ane. ²⁴ Hénoc te mache avèk Bondye; e li pa t la ankò, paske Bondye te ᵇpran l.

²⁵ Methuschélah te viv pandan san-katre-ven-sèt ane, e li te vin papa a Lémec. ²⁶ Alò Methuschélah te viv sèt san katreven de ane apre li te vin papa a Lémec, e li te gen lòt fis ak fi. ²⁷ Jou Methuschélah yo te nèf-san-swasant nèf ane, e li te vin mouri.

²⁸ Lémec te viv san-katre-ven-de ane, e li te vin papa a yon fis. ²⁹ Alò, li te rele non li Noé, e li te di: "Sila a va bannou repo sou travay di nou fè ak men nou ki leve sòti nan ᶜtè ke SENYÈ a te modi a." ³⁰ Alò, Lémec te viv senk-san-katre-ven-kenz ane apre li te vin fè Noé, e li te gen lòt fis ak fi. ³¹ Paske tout jou a Lémec te sèt-san-swasant-dis-sèt ane, e li te vin mouri.

³² Noé te gen laj ᵈsenk-san ane, e li te vin papa a Sem, Cham, ak Japhet.

6 Alò, li te rive ke lè lèzòm te kòmanse miltipliye sou sifas tè a, e yo te fè pitit fi, ² ke fis Bondye yo te wè ke fi lezòm yo te bèl. Konsa, yo te pran kòm madanm pou yo menm, nenpòt ke yo te chwazi.

³ Alò SENYÈ a te di: "Lespri Mwen p ap lite avèk lòm pou janmè, paske li menm osi se chè. Konsa, jou li yo va san-ven-ane."

⁴ Jeyan yo te sou latè nan jou sa yo, e menm aprè, lè fis Bondye yo te antre nan pitit fi a lòm yo, e te fè pitit avèk yo. Sila yo se te lòm pwisan de tan ansyen yo, lòm gran repitasyon yo.

⁵ Alò SENYÈ a te wè ke mechanste lòm te gran sou latè, epi ke chak entansyon ak panse nan kè li te toujou vè lemal. ⁶ Epi ᶠSENYÈ a te regrèt ke Li te fè lòm sou latè a, e sa te ᵍblese Li nan kè L.

⁷ SENYÈ a te di: ʰ"Mwen va efase lòm ke mwen te kreye sou fas tè a, soti nan lòm jis nan tout bèt yo, ak a zwazo anlè yo. Paske mwen regrèt ke m te fè yo."

⁸ Men Noé te ⁱtwouve favè nan zye SENYÈ a.

⁹ Sa yo se achiv jenerasyon Noé yo.

Noé se te yon moun ak ʲladwati, ᵏsan fot nan tan pa li a. Noé te mache avèk Bondye. ¹⁰ Noé te vin papa twa fis: Sem, Cham, ak Japhet.

¹¹ Alò tè a te vin ˡkonwonpi nan zye Bondye, e latè te ᵐvin plen ak vyolans.

¹² Bondye te gade sou latè, e gade byen, li te vin konwonpi; paske tout chè te vin konwonpi sou tè a nan jan yo te mache. ¹³ Alò, Bondye te di a Noé:

ⁿ"Lafen tout chè gen tan parèt devan M; paske latè vin ranpli avèk vyolans akoz yo menm. Gade byen, mwen prè pou detwi yo ansanm ak latè. ¹⁴ Fè pou kont ou yon lach avèk bwa gofè. Ou va fè l avèk chanm, e kouvri li anndan kon deyò avèk kòl rezin. ¹⁵ Se konsa ke ou va fè l: longè lach la va twa san koude (18 pous se yon koude), lajè li va senkant koude, e wotè li va trant koude. ¹⁶ Ou va fè yon fenèt pou lach la, fè l rive yon koude mwens ke wotè li. Konsa, plase pòt lach la rive sou de kote li yo. Fè li ak pi ba, dezyèm, avèk twazyèm etaj.

¹⁷ "Gade byen, ᵒMwen menm, Mwen ap mennen delij dlo sou latè pou detwi tout chè ki gen souf lavi ladann, depi anba syèl la. Tout bagay ki sou latè va peri.

¹⁸ "Men Mwen va etabli ᵖakò Mwen avèk ou. Konsa, ou va antre nan lach la—ou menm avèk fis ou yo, avèk madanm ou yo, madanm a fis ou yo ansanm avèk ou.

¹⁹ ᵍEpi soti nan tout chè de tout kalite bèt k ap viv, ou va pote de nan chak espès pou antre nan lach la, pou kenbe yo vivan ak nou. Yo va vin mal avèk femèl. ²⁰ "Nan zwazo yo selon espès pa yo, nan bèt yo selon espès pa yo, chak sa ki kouri atè reptil selon espès pa l. De nan chak espès va vin kote ou, pou ou ka kenbe yo toujou vivan. ²¹ Pou ou menm, pran pou pwòp tèt ou kèk nan tout bagay ki kab manje, e rasanble yo pou ou menm. Yo va sèvi pou ou kòm manje pou ou, ak pou yo."

²² Konsa Noé te fè l. Selon tout sa ke Bondye te kòmande li, se konsa li te fè l.

7 Konsa, SENYÈ a te di a Noé: "Antre nan lach la, ou avèk tout lakay ou, paske se ou sèl mwen te wè ki dwat devan mwen nan jenerasyon sila a. ² Ou va pran avèk ou sèt nan chak bèt ki pwòp, yon mal avèk yon femèl parèy li. Nan bèt ki pa pwòp yo, yon mal avèk yon femèl parèy li. ³ Anplis, nan zwazo nan syèl la pa sèt, mal avèk femèl, pou kenbe pòtre yo vivan sou tout sifas tè a. ⁴ Paske, apre sèt jou ankò, Mwen va voye lapli sou latè pandan karant jou ak karant nwit. Konsa, Mwen va efase sou fas tè a ʳchak èt vivan ke Mwen te fè."

⁵ ˢNoé te fè tout bagay jan ke Bondye te mande l la. ⁶ Alò, Noé te gen laj ᵗsis-san ane lè delij la te vini sou latè.

⁷ ᵘNoé avèk fis li yo, avèk madanm li, avèk madanm a fis li yo, avèk li menm te antre nan lach la akoz dlo delij la. ⁸ ᵛNan bèt ki te pwòp yo, avèk bèt ki pa pwòp yo, zwazo avèk tout sa ki kouri atè yo, ⁹ tout te antre nan lach la ak Noé, de pa de, mal avèk femèl, jan Bondye te kòmande Noé a. ¹⁰ Li te rive apre ʷsèt jou ke dlo delij la te vini sou latè.

¹¹ Nan sis-santyèm ane nan lavi Noé, nan dezyèm mwa, nan di-setyèm jou nan mwa a, nan menm jou a, ˣtout sous nan gran fon an te vin pete, e pòt delij

---

ᵃ **5:22** Mi 6:8   ᵇ **5:24** II Wa 2:10   ᶜ **5:29** Jen 3:17-19   ᵈ **5:32** Jen 7:6   ᵉ **6:3** Gal 5:16-17   ᶠ **6:6** Jr 18:7-10
ᵍ **6:6** És 63:10   ʰ **6:7** Det 28:63   ⁱ **6:8** Jen 19:19   ʲ **6:9** II Pi 2:5   ᵏ **6:9** Jen 17:1   ˡ **6:11** Det 31:29
ᵐ **6:11** Esd 8:17   ⁿ **6:13** És 34:1-4   ᵒ **6:17** II Pi 2:5   ᵖ **6:18** Jen 9:9-16   ᵠ **6:19** Jen 7:2-15   ʳ **7:4** Jen 6:7-13
ˢ **7:5** Jen 6:22   ᵗ **7:6** Jen 5:32   ᵘ **7:7** Jen 6:18   ᵛ **7:8** Jen 6:19-20   ʷ **7:10** Jen 7:4   ˣ **7:11** Jen 8:2

yo nan syèl la te vin louvri. ¹² ªLapli te tonbe sou latè pandan karant jou, ak karant nwit.

¹³ O jis nan menm jou sa a, ᵇNoé avèk Sem, Cham, avèk Japhet, fis a Noé yo, madanm a Noé, ak twa madanm a fis li yo, te antre nan lach la, ¹⁴ yo menm avèk chak bèt selon espès yo, tout bèt domestik selon espès pa yo, tout reptil ki kouri atè selon espès pa yo, ak tout kalite zwazo. ¹⁵ Epi yo te antre nan lach la vè Noé, pa ᶜde nan tout chè ki te gen souf lavi. ¹⁶ Sila ki te antre yo, mal avèk femèl nan tout chè, te antre jan Bondye te kòmande li a; epi SENYÈ a te fèmen lach la dèyè li.

¹⁷ Konsa delij la te vini sou latè a pandan ᵈkarant jou. Dlo a te vin ogmante e te leve lach la jis li rive anwo tè a. ¹⁸ Dlo a te monte. Li te ogmante anpil sou tè a, e lach la te monte sou dlo a. ¹⁹ Dlo a te vin monte plis toujou sou tè a, jis tout mòn toupatou anba syèl la te vin kouvri. ²⁰ Dlo a te vin monte pou kenz koude anplis, e ᵉmòn yo te vin kouvri.

²¹ ᶠTout chè ki t ap fè mouvman sou tè a te vin peri, zwazo avèk bèt domestik avèk bèt sovaj, e chak ensèk ki vole ansanm sou latè, ak tout moun. ²² Tout sa ki te sou tè sèk la, ᵍki te gen souf lavi nan nen yo te vin mouri. ²³ Konsa Li te efase chak bagay ki t ap viv sou fas tè a, soti nan lòm jis rive nan tout bèt, sou sa ki te kouri atè, ak zwazo latè yo. Konsa yo te efase soti sou tè la nèt, e se sèl ʰNoé ki te rete ansanm avèk sila ki te avèk li nan lach la.

²⁴ Dlo a te monte kouvri tout tè a pandan san-senkant jou.

8 E Bondye te sonje Noé avèk tout bèt ki te avèk li nan lach la. Konsa, ⁱBondye te fè yon van pase sou tè a, e dlo yo te vin bese.

² ʲSous nan fon yo te vin fèmen. Pòtay lapli nan syèl la te fèmen, e ᵏlapli ki te sòti nan syèl la te sispann. ³ Dlo a te bese ofiramezi sou tè a. E apre ˡsan-senkant jou, dlo a te vin mwens.

⁴ Nan setyèm mwa, nan dis-setyèm jou nan mwa a, lach la te vin poze sou mòn Ararat la. ⁵ Dlo a te bese toujou jis nan dizyèm mwa a. Nan dizyèm mwa, nan premye jou mwa a, tèt mòn yo te vin vizib.

⁶ Alò, lè li te vin rive ke lè karant jou yo fin pase, Noé te ouvri ᵐfenèt lach la, ke li te fè a. ⁷ Konsa, li te voye deyò yon kònèy zwazo nwa ki te vole de yon kote a lòt jiskaske dlo a te vin seche sou tè a. ⁸ Epi li te voye deyò yon toutrèl sòti kote li, pou wè si dlo a te bese sou fas tè a, ⁹ men toutrèl la pa t jwenn plas repo pou plante pye li, e li te retounen kote li nan lach la, paske dlo a te sou fas tout tè a. Alò, li te lonje men l deyò, li te pran l, e li te fè l antre nan lach la vè li menm.

¹⁰ Li te tann pou yon lòt sèt jou ankò, e li te revoye toutrèl la soti nan lach la. ¹¹ Toutrèl la te vin kote l vè aswè, e gade byen, nan bèk li te gen yon fèy bwa doliv byen fre. Konsa Noé te konnen ke dlo a te bese sou tè a.

¹² Alò, li te tann pou youn lòt sèt jou. Li te revoye ⁿtoutrèl la, e li pa t retounen kote li ankò.

¹³ Alò, li te vin rive ke nan ᵒsis-san-en ane, nan premye mwa, dlo a te fin seche kite tè a. Konsa, Noé te retire kouvèti lach la. Li te gade, e gade byen, si fas tè a te vin sèch. ¹⁴ Nan dezyèm mwa, nan venn-sèt jou nan mwa a, tè a te sèch.

¹⁵ Alò, Bondye te pale avèk Noé. Li te di: ¹⁶ Sòti nan lach la, ou menm avèk madanm ou, fis ou yo, avèk madanm a fis ou yo. ¹⁷ Mete deyò avèk ou tout chè vivan ki avèk ou, zwazo, animal, ak tout bèt sila yo ki kouri atè, pou yo kapab ᵖkouple anpil sou latè, pou vin fekon, e miltipliye anpil sou tè a.

¹⁸ Alò, Noé te sòti, ak fis li yo avèk madanm li, e madanm a fis li yo. ¹⁹ Chak bèt, chak reptil ki kouri atè, e chak zwazo, tout bagay ki fè mouvman sou latè yo, te sòti nan lach la selon espès pa yo.

²⁰ Konsa, Noé te bati yon lotèl pou SENYÈ a. Li te pran chak ᑫbèt ki pwòp, ak chak zwazo ki pwòp, e li te ofri sakrifis ki te brile sou lotèl la.

²¹ SENYÈ a te pran sant dous la. Konsa, SENYÈ a te di a Li menm: "Mwen p ap janm ʳmodi tè a ankò akoz lòm, paske ˢlentansyon kè li se lemal depi li te jèn. Ni mwen p ap janm detwi ankò chak bagay vivan jan Mwen te fè a.

²² "Pandan tè a la a, lè semans avèk rekòlt, ᵗfredi avèk chalè, sezon chalè ak livè, lajounen avèk lannwit p ap janm sispann."

9 Konsa, Bondye te beni Noé avèk fis li yo. Li te di yo: "ᵘSe pou nou vin fekon, miltipliye, e ranpli latè. ² Lakrent nou, ak laperèz nou va vini sou chak bèt latè, ak chak zwazo syèl la. Tout bagay ki kouri atè, ak tout pwason lanmè, tout livre nan men nou. ³ Chak bagay ki fè mouvman e ki vivan va sèvi kòm manje pou nou. Mwen bannou tout, jan Mwen te bay plant vèt la.

⁴ "Sèlman, nou pa pou manje chè avèk lavi li, sa vle di ᵛsan li. ⁵ Anverite, Mwen va egzije san lavi a paske se pa m. ʷMenm soti nan chak bèt Mwen va egzije li. Epi sou chak òm, sou frè a chak òm, Mwen va egzije lavi a yon moun.

⁶ ˣ"Nenpòt moun ki vèse san lòm, pa lòm san pa l va vèse, paske nan imaj a Bondye, Li te fè lòm. ⁷ Epi pou nou, ʸse pou nou vin fekon, e miltipliye. Peple tè a anpil, e miltipliye ladann."

⁸ Alò, Bondye te pale avèk Noé ak fis li yo avè l. Li te di: ⁹ "Gade byen, ᶻMwen menm, Mwen vin etabli akò Mwen avèk nou, e avèk desandan aprè nou yo, ¹⁰ epi avèk chak kreyati vivan ki avè w: zwazo, bèt kay yo, ak chak bèt ki sou latè avèk nou, tout sa ki sòti nan lach la, menm chak bèt sou tè a.

ª **7:12** Jen 7:4-17	ᵇ **7:13** Jen 6:18	ᶜ **7:15** Jen 6:19	ᵈ **7:17** Jen 7:4	ᵉ **7:20** Jen 8:4	ᶠ **7:21** Jen 6:7
ᵍ **7:22** Jen 2:7	ʰ **7:23** Mat 24:38-39	ⁱ **8:1** Egz 14:21	ʲ **8:2** Jen 7:11	ᵏ **8:2** Jen 7:4-12	ˡ **8:3** Jen 7:24
ᵐ **8:6** Jen 6:16	ⁿ **8:12** Jr 48:28	ᵒ **8:13** Jen 7:6	ᵖ **8:17** Jen 1:22-28	ᑫ **8:20** Jen 7:2	ʳ **8:21** És 54:9
ˢ **8:21** Jen 6:5	ᵗ **8:22** Sòm 74:17	ᵘ **9:1** Jen 1:28	ᵛ **9:4** Lev 7:26	ʷ **9:5** Egz 21:28-29	ˣ **9:6** Egz 21:12-14
ʸ **9:7** Jen 9:1	ᶻ **9:9** Jen 6:18				

¹¹ "Mwen etabli akò Mwen avèk nou: Tout chè ᵃp ap janm koupe ankò pa dlo delij, ni p ap gen delij ankò pou detwi tè a."

¹² Bondye te di: "Sa se ᵇsign akò ke m ap fè antre Mwen avèk nou, e avèk chak kreyati vivan ki la avèk nou, jis rive pou tout jenerasyon k ap vini yo. ¹³ Mwen mete lakansyèl Mwen nan nwaj la, epi l ap sèvi kòm yon sign pou akò antre Mwen menm avèk latè a. ¹⁴ Li va rive ke lè m mennen yon nwaj sou latè, ke lakansyèl la ap vizib nan nwaj la, ¹⁵ epi ᶜMwen va sonje akò ki antre Mwen menm avèk nou an, avèk chak kreyati vivan de tout chè. Epi janmen ankò dlo p ap vin yon delij pou detwi tout chè.

¹⁶ "Lè lakansyèl la nan nwaj la, Mwen va gade sou li, pou m sonje ᵈakò ki jis pou tout tan antre Bondye ak tout kreyati vivan pou tout chè ki sou latè yo."

¹⁷ Epi Bondye te di a Noé: "Sa se sign akò ke Mwen te etabli antre Mwen ak tout chè ki rete sou tè a."

¹⁸ Alò, fis Noé yo ki te soti nan lach la se te Sem, Cham, ak Japhet. Epi ᵉCham te papa Canaan. ¹⁹ Twa sila yo se te fis Noé yo, e ᶠnan twa sila yo tout tè a te vin peple.

²⁰ Alò, Noé te kòmanse kiltive tè a. Li te plante yon chan rezen. ²¹ Li te bwè diven, e li te ᵍvin sou. Konsa li te dekouvri kò li anndan tant li an.

²² Cham, papa Canaan nan, ʰte wè papa li toutouni, e li te pale sa a frè l yo deyò a.

²³ Men Sem avèk Japhet te pran yon abiman, yo te mete li sou chak zepòl li, e yo te mache an aryè pou kouvri nidite papa yo. Figi yo te vire akote pou yo pa wè nidite li.

²⁴ Lè Noé te leve nan dòmi aprè diven an, li te konnen sa ke pi jenn fis li a te fè l la. ²⁵ Konsa li te di:

ⁱ" Canaan se modi.
ʲ Se sèvitè l ap ye anvè frè li yo."

²⁶ Li te di osi:

ᵏ"Beni se SENYÈ a, Bondye a Cham nan.
Canaan va sèvitè li.
²⁷ ˡKe Bondye agrandi Japhet.
Kite li viv nan tant Sem yo.
Kite Canaan vin sèvitè li."

²⁸ Noé te viv twa-san-senkant ane aprè delij la. ²⁹ Alò, tout jou a Noé yo te nèf-san-senkant ane, e li te mouri.

10 Alò, sa yo se achiv a jenerasyon yo pou Cham, Sem, ak Japhet, fis Noé yo. Fis te ne pou yo apre delij la.

² ᵐFis a Japhet yo te Gomer, Magog, Madaï, Javan, Tubal, Méschec, ak Tiras.

³ Fis Gomer yo te ⁿAschkenaz, Riphat avèk Togarma.

⁴ Fis Javan yo te Elischa, Tarsis, Kittim, ak Dodanim.

⁵ Depi nasyon sila a peyi kot yo te divize nan teritwa pa yo, yo chak selon langaj yo, selon fanmi pa yo, nan pwòp nasyon pa yo.

⁶ ᵒFis a Cham yo te Cush, Mitsraïm, Puth, avèk Canaan.

⁷ Fis a Cush yo te Saba, Havila, Saba, Raema avèk Sabteca. Fis a Raema yo te Séba avèk Dedan.

⁸ Cush te fè osi Nimrod. Li te kòmanse vin pwisan sou latè. ⁹ Li te yon nonm fò nan fè lachas devan SENYÈ a. Akoz sa yo abitye di: "tankou Nimrod, yon nonm fò nan lachas devan SENYÈ a".

¹⁰ Kòmansman wayòm li an te ᵖBabel, Érec, Accad, avèk Cainé nan peyi a Schinear yo. ¹¹ De teritwa sila a, li te antre ᵍnan Assur, e li te bati Ninive avèk Rehoboth-Hur, Calach, ¹² Avèk Résen antre Ninive e Calach, ki se gran vil la.

¹³ Mitsraïm te devni papa ʳLudim, Anamim, Lehabim ak Naphtuhim. ¹⁴ Avèk ˢPatrusim ak Casluhim (kote Filisten yo te sòti a) avèk Caphtorim.

¹⁵ Canaan te vin papa Sidon ki te premye ne a, avèk ᵗHeth; ¹⁶ epi ᵘJebizyen yo avèk Amoreyen yo, ak Gigazyen yo, ¹⁷ Evyen yo, Akyen yo, avèk Sinyen yo, ¹⁸ avèk Avadyen yo, Tsemaryen yo, Amatyen yo, e apre, fanmi Canaran an te gaye toupatou.

¹⁹ ᵛTeritwa Canaan an te sòti depi Sidon pou pwoche Guérar, jis rive Gaza, kote lè nou pwoche Sodome ak Gomorrhe, avèk Adma ak Tseboïm jis Léscha.

²⁰ Sa yo se fis Cham yo selon fanmi pa yo, selon langaj yo, selon teritwa yo, selon nasyon pa yo.

²¹ Osi a Sem, papa a tout pitit Héber yo, e pi gran frè pou Japhet te fè pitit. ²² Fis a Sem yo te ʷÉlam, Assur, ˣArpacschad, Lud, avèk Aram.

²³ Fis Aram yo te ʸUts, Hul, Guéter avèk Masch.

²⁴ Arpacschad te fè ᶻSchélach, epi Schélach te fè Héber.

²⁵ ᵃKonsa, te ne a Héber de fis: non a youn te Péleg, paske nan jou pa l la latè te divize. Epi frè l la te rele Jokthan.

²⁶ Jokthan te vin papa Almonad ak Schéleph, Hatsarmaveth, Jrach, ²⁷ Hadoram, Uzal, Dikla, ²⁸ Obal, Abimaël, Séba, ²⁹ Ophir, Havila ak Jbab. Tout sa yo te fis pou Jokthan. ³⁰ Alò andwa kote yo te rete te rive jis nan Méscha lè nou ale vè Sephar, teritwa mòn lès la.

³¹ Men sila ki se fis Sem yo, selon fanmi pa yo, selon langaj yo, selon teritwa yo, selon nasyon yo.

³² Sila yo se fanmi a fis Noé yo selon jenerasyon yo, ᵇselon nasyon pa yo. Konsa, depi nan sa yo, nasyon yo te separe sou latè apre delij la.

11 Alò, tout latè te sèvi avèk menm lang avèk menm mo. ² Konsa, li te rive ke pandan yo t

---

ᵃ **9:11** Jen 8:21; És 54:9   ᵇ **9:12** Jen 9:13-17   ᶜ **9:15** Lev 26:42-45   ᵈ **9:16** Jen 17:13-19   ᵉ **9:18** Jen 9:25-27
ᶠ **9:19** Jen 9:1-7   ᵍ **9:21** Pwov 20:1   ʰ **9:22** Hab 2:15   ⁱ **9:25** Det 27:16   ʲ **9:25** Jos 9:23   ᵏ **9:26** Jen 14:20
ˡ **9:27** Jen 10:2-5   ᵐ **10:2** I Kor 1:5-7   ⁿ **10:3** Jr 51:27   ᵒ **10:6** I Kwo 1:8-10   ᵖ **10:10** Jen 11:9   ᵠ **10:11** Mi 5:6   ʳ **10:13** Jr 46:9   ˢ **10:14** I Kwo 1:12   ᵗ **10:15** Jen 23:3   ᵘ **10:16** Jen 15:19-21   ᵛ **10:19** Nonb 34:2-12
ʷ **10:22** Jen 14:1-9   ˣ **10:22** Jen 11:10   ʸ **10:23** Job 1:1   ᶻ **10:24** Jen 11:12   ᵃ **10:25** I Kwo 1:19   ᵇ **10:32** Jen 9:19

ap vwayaje vè lès, ke yo te twouve yon gran plèn nan peyi ki rele ªSchinear, e yo te vin rete la.

³ Yo te di youn ak lòt: "Vini, annou fè brik e brile yo byen brile." Epi yo te sèvi ak brik pou wòch, e yo te sèvi ak ᵇazfòt kòm mòtye. ⁴ Yo te di: "Vini, annou bati yon gran vil pou pwòp tèt nou, avèk yon kay wo tou won avèk yon twati ki va lon je rive jis nan syèl la. Konsa, annou fè pou pwòp tèt nou yon ᶜgran non, sof ke sa, nou ᵈva vin gaye toupatou sou tout sifas tè a."

⁵ ᵉSENYÈ a te vin desann pou wè gran vil avèk kay wo tou won ke fis a lòm yo te fè a. ⁶ Senyè a te di: "Gade byen, se yon sèl pèp yo ye, e yo tout gen ᶠmenm lang, epi men sa ke yo kòmanse fè. Konsa, nenpòt sa yo eseye fè, yo p ap anpeche. ⁷ Vini, ᵍannou desann e ʰkonfonn langaj yo pou yo pa konprann lang youn lòt."

⁸ Pou sa, SENYÈ a te ⁱgaye yo toupatou sou tout tè a, e yo te sispann bati gran vil la. ⁹ Pou koz sa a, yo te rele non vil la ʲBabel, akoz ke se la, SENYÈ a te konfonn langaj yo nan tout latè. Depi la, SENYÈ a te gaye yo toupatou sifas a tout tè a.

¹⁰ ᵏSa yo se te achiv pou tout jenerasyon a Sem yo. Sem te gen laj santan, lè l te vin papa a Arpacschad, dez ane apre delij la. ¹¹ Epi Sem te viv senk-santane apre li te vin papa a Arpacschad. Li te gen lòt fis ak fi.

¹² Arpacschad te viv trant-senk ane, lè l te vin papa a Schélach. ¹³ Konsa, Arpacschad te viv kat-san-twa lane apre li te vin papa a Schélach, e li te gen lòt fis ak fi.

¹⁴ Schélach te viv trantan, e li te vin papa a Héber; ¹⁵ epi Schélach te viv kat-san-twazane apre li te vin papa a Héber. Li te gen lòt fis ak fi.

¹⁶ Héber te viv pandan trant-kat ane, lè l te devni papa a Péleg; ¹⁷ epi konsa, Héber te viv pandan kat-san-trant ane apre li te vin papa a Péleg, e li te gen lòt fis ak fi.

¹⁸ Péleg te viv pandan trant ane, lè l te vin papa a Reu. ¹⁹ Konsa, Péleg te viv pandan de-san-nèf ane apre li te vin papa a Rehu, e li te gen lòt fis ak fi.

²⁰ Rehu te viv pandan trant-de ane, lè l te vin papa a Serug. ²¹ Rehu te viv pandan de-san-sèt ane apre li te vin papa a Serug, e li te gen lòt fis ak fi.

²² Serug te viv pandan trant ane lè l te vin papa a Nachor. ²³ Epi Serug te viv de-san ane apre li te vin papa a Nachor, e li te fè lòt fis ak fi.

²⁴ Nachor te viv pandan vent-nèf ane, e li te vin papa a Térach; ²⁵ epi Nachor te viv san-diz-nèf ane apre li te vin papa a Térach, e li te gen lòt fis ak fi.

²⁶ Térach te viv swasann-dis ane, e li te vin ˡpapa a Abram, Nachor, ak Haran.

²⁷ Alò sa yo se achiv pou tout jenerasyon a Térach yo. Térach te vin papa Abram, Nachor, avèk Haran.

Haran te fè ᵐLot. ²⁸ Haran te mouri nan prezans papa li, Térach nan peyi nesans li, nan ⁿUr pou Kaldeyen yo. ²⁹ Abram avèk ᵒNachor te pran madanm yo pou yo menm. Non a madanm Abram nan se te ᵖSaraï, e non a madanm Nachor a se te Milca, fi a Haran an, papa a Milcah avèk Jisca. ³⁰ ᵠSaraï te esteril. Li pa t fè pitit.

³¹ Térach te pran Abram, fis li a, e Lot, fis Haran an, pitit a pitit li, ak Saraï, bèlfi li, madanm a Abram, fis li. Konsa, yo te kite ʳUr a Kaldeyen yo ansanm, pou yo ta kapab antre nan peyi Canaan an. Yo te ale jis rive Haran, e yo te rete la.

³² Jou a Térach yo te de-san-senk ane. Térach te vin mouri Haran.

12 Alò, ˢSENYÈ a te di a Abram: "Sòti nan peyi ou ak fanmi ou yo, ak lakay papa ou, pou ale vè yon peyi ke Mwen va montre nou. ² ᵗMwen va fè ou vin yon gran nasyon. Mwen va beni ou, e fè non ou vin gran. ᵘOu va yon benediksyon. ³ Mwen va beni sila yo ki beni ou, e sila ki modi ou yo, Mwen va modi yo. ᵛKonsa, nan ou, tout fanmi sou latè yo va beni."

⁴ Alò, Abram te sòti jan SENYÈ a te pale l la. ʷLot te ale avè l. Abram te gen laj swasann-kenz ane lè li te kite Haran. ⁵ Abram te pran Saraï madanm li avèk Lot, neve li, ak tout ˣzafè yo ke yo te ranmase avèk moun ke yo te vin genyen nan Haran, e yo te pati pou peyi Canaan an. Konsa yo te rive Canaan.

⁶ Abram te pase nan peyi a jis rive ʸSichem, nan chenn Moré yo. Alò nan tan sa a, Kanaaneyen yo te nan peyi a.

⁷ SENYÈ a ᶻte parèt a Abram. Li te di: "ᵃA desandan ou yo, Mwen va bay peyi sila a."

Alò, li te bati yon lotèl nan plas kote SENYÈ a te parèt a li a.

⁸ Alò, li te kontinye depi la nan mòn nan, nan lès Béthel. Li te monte tant li, avèk ᵇBéthel nan lwès, ak Aï nan lès. La li te bati yon lotèl a SENYÈ a, e li te rele non a SENYÈ a.

⁹ Abram te vwayaje toujou vè ᶜNegev. ¹⁰ Alò te gen yon ᵈgwo grangou nan peyi a, ki fè Abram desann an Égypte pou pase yon tan, akoz gwo grangou a te tèlman ᵉdi nan peyi a.

¹¹ Li te rive ke lè li te rive toupre Égypte, li te di a Saraï, madanm li: "Gade, mwen konnen ke ou se ᶠyon fanm ki tèlman bèl! ¹² ᵍLè Ejipsyen yo wè ou, yo va di: 'Sa se madanm li.' Konsa, yo va touye mwen, men yo va kite ou viv. ¹³ Souple, di ke se ʰsè mwen ou ye, pou sa ale byen pou mwen, e pou mwen kapab viv akoz ou menm."

¹⁴ Li te vin rive ke lè Abram te antre Égypte, ke Ejipsyen yo te wè ke fanm nan te byen bèl. ¹⁵ Ofisyèl Farawon yo te wè li e te pote lwanj li bay Farawon. Konsa, yo te pran fanm nan fè l antre lakay Farawon an. ¹⁶ Pou sa li te trete

---

ª **11:2** Jen 10:10	ᵇ **11:3** Jen 14:10	ᶜ **11:4** Jen 6:4	ᵈ **11:4** Det 4:27	ᵉ **11:5** Jen 18:21	ᶠ **11:6** Jen 11:1
ᵍ **11:7** Jen 1:26	ʰ **11:7** Det 28:49	ⁱ **11:8** Jen 11:4	ʲ **11:9** Jen 10:10	ᵏ **11:10** Jen 10:22-25	ˡ **11:26** Jos 24:2
ᵐ **11:27** Jen 13:10	ⁿ **11:28** Jen 11:31	ᵒ **11:29** Jen 24:10	ᵖ **11:29** Jen 17:5	ᵠ **11:30** Jen 16:1	ʳ **11:31** Jen 15:7
ˢ **12:1** Jen 15:7	ᵗ **12:2** Det 26:5	ᵘ **12:2** Za 8:13	ᵛ **12:3** Jen 22:13	ʷ **12:4** Jen 11:27-31	ˣ **12:5** Jen 13:6
ʸ **12:6** Jen 35:4	ᶻ **12:7** Jen 17:1	ᵃ **12:7** Jen 13:5	ᵇ **12:8** Jos 8:9-12	ᶜ **12:9** Jen 13:1-3	ᵈ **12:10** Jen 26:1
ᵉ **12:10** Jen 43:1	ᶠ **12:11** Jen 26:7	ᵍ **12:12** Jen 20:11	ʰ **12:13** Jen 20:2-12		

Abram byen pou koz li. Li ᵃte bay li mouton avèk bèf kabwa avèk bourik, ak sèvitè, ni mal ni femèl, ak femèl bourik avèk chamo.

¹⁷ Men SENYÈ a te ᵇfrape Farawon avèk gwo malè yo akoz Saraï, madanm Abram nan.

¹⁸ Epi Farawon te rele Abram. Li te di li: "ᶜKisa ou fè m la a? Poukisa ou pa t di mwen ke li te madanm ou? ¹⁹ Poukisa ou te di: Li se sè m, pou m te pran l kòm madanm mwen? Alò, men madanm ou, pran l ale."

²⁰ Farawon te kòmande mesye pa l yo konsènan li, epi yo te akonpanye l ale, avèk madanm li, ak tout bagay ki te pou li yo.

13 Alò, Abram te monte kite Égypte vè ᵈNegev, li menm avèk madanm li, ak tout bagay ki te pou li, e Lot te avèk li. ² Epi Abram te ᵉtrè rich nan bèt, lajan ak nan lò.

³ Li te fè vwayaj li yo ki sòti Negev pou rive jis Béthel, nan plas kote tant li a te ye nan kòmansman an, ᶠantre Béthel avèk Ai, ⁴ jis rive nan plas ᵍlotèl ke li te fè la oparavan an. Epi la Abram te rele non SENYÈ a.

⁵ Alò, ʰLot, ki te ale avèk Abram, osi te gen bann mouton, twoupo, avèk tant.

⁶ Epi tè a pa t kapab sipòte yo toude pou rete ansanm, paske byen yo te tèlman gran ke yo pa t kab rete ansanm.ⁱ ⁷ Epi te gen konfli antre bèje bèt Abram, ak bèje bèt Lot yo. Epi te gen Kanaaneyen yo avèk Ferezyen ya ki te rete nan peyi a.

⁸ ʲAlò, Abram te di a Lot: "Silvouplè, pa kite gen konfli antre ou avèk mwen, ni antre bèje pa m ak bèje pa w, paske se frè nou ye. ⁹ Èske se pa tout tè a ki pou ou? Silvouplè, annou separe. Si se vè agoch, mwen menm, mwen va ale adwat. Oswa si se adwat, mwen menm, mwen va ale agoch."

¹⁰ Lot te leve zye li, e li te wè tout ᵏvale Jourdain an ke li te byen wouze. Sa se te avan SENYÈ a te ˡdetwi Sodome avèk Gomorrhe. Li te tankou jaden SENYÈ a, tankou peyi Égypte la lè ou ale vè Zoar. ¹¹ Konsa, Lot te chwazi pou li menm tout vale Jourdain an, e Lot te vwayaje vè lès. Konsa yo te separe youn ak lòt.

¹² Abram te vin rete nan tè Canaan an, pandan Lot te vin rete nan ᵐgran vil yo nan vale a, e li te deplase tant li yo jis rive Sodome.

¹³ Alò, ⁿmesye Sodome yo te mechan anpil, e yo te fè peche depase kont SENYÈ a.

¹⁴ SENYÈ a te di a Abram lè Lot fin kite l la: "Koulye a leve ze ou pou gade depi plas la kote ou ye a; ᵒvè nò, vè sid, vè lès ak lwès. ¹⁵ ᵖPaske tout peyi ke ou wè a, Mwen va ba ou li, ak desandan ou yo pou tout tan.

¹⁶ "Mwen va fè desandan ou yo peple ᵠtankou pousyè tè, pou si okenn moun pa kapab kontwole pousyè tè a, konsa yo p ap kapab osi kontwole desandan ou yo. ¹⁷ Leve, ʳmache toupatou nan peyi a nan longè li avèk lajè li; paske Mwen va ba ou li".

¹⁸ Epi Abram te deplase tant li an, li te vin rete akote ˢbwatchenn Mamré yo ki an Hébron, e la li te bati yon lotèl bay SENYÈ a.

14 Li te rive nan jou Amraphel yo, wa ᵗSchinear a, ke Arjoc, wa Ellasar a, Kedorlaomer, wa Élam nan, avèk Tideal, wa Gojim nan, ² ke yo te vin fè lagè avèk Béra, wa Sodome nan, e avèk Birscha, wa Gomorrhe a, Schineab, wa Adma a, ak Schémbeébern wa Tseboïm nan, avèk wa a Béla a, ki se Tsoar.

³ Tout sila yo te vini nan yon alyans nan vale Siddim nan (sa vle di ᵘLanmè Sèl la). ⁴ Pandan douz ane yo te sèvi Kedorlaomer, men nan trèzyèm ane a, yo te revòlte.

⁵ Nan katòzyèm ane a, Kedorlaomer ak wa ki te avèl yo, te vin bat ᵛRephaïm nan Ashterothkarnaim, Zuzim lan nan Ham, avèk Émim nan Schavé-Kirjathaïm. ⁶ Avèk Oryen yo nan mòn pa yo nan Séir jiska distans rive nan Al-Paran, ki touprè dezè a. ⁷ Epi yo vin retounen rive nan En-Mischpath, (ki se ʷKadès), e yo te bat Amalesit yo nan tout peyi yo, e osi Amoreyen ki te rete ˣHatsatson-Thamar yo.

⁸ Epi wa Sodome nan avèk wa Gomorrhe a avèk wa Adma ak wa Tseboïm nan, e wa Béla a, (ki se Tsoar); te vin parèt. Yo ranje yo pou fè batay kont yo nan vale Siddim nan, ⁹ kont Kedorlaomer wa Élam nan, Tideal, wa Gojim nan, Amraphel, wa Schinear nan, ak Arjoc, wa Ellasar a; kat wa kont senk.

¹⁰ Alò, vale Siddim nan te ranpli avèk fon azfòt yo, epi ʸwa Sodome avèk Gomorrhe yo te sove ale, e kèk tonbe la. Men sila ki te chape ye te sove ale, rive nan tèt mòn yo.

¹¹ Yo te pran tout byen Sodome avèk Gomorrhe yo avèk tout manje yo te genyen, e yo te pati.

¹² Anplis, yo te pran Lot, neve a Abram nan avèk tout byen li, e yo te pati, ᶻpaske li t ap viv Sodome.

¹³ Alò, yon moun ki te sove ale te vin di Abram, Ebre a, tout sa. Alò, li t ap viv bò kote chenn Mamré yo, Amoreyen sila a, frè Eschcol e frè Aner, ki te fè yon ᵃalyans avèk Abram.

¹⁴ Lè Abram te tande ke ᵇmoun fanmi li te pran an kaptivite, li te Mennen dèzòm ki te enstwi, twa-san-diz-uit òm ki te elve nan kay li pou te pouswiv yo jis rive nan Dan. ¹⁵ ᶜLi te divize ekip li yo kont yo nan lannwit. Epi li avèk sèvitè li yo te bat yo, e yo te kouri dèyè yo jis rive Choba, ki nan nò Damas la. ¹⁶ Li te mennen fè retounen tout byen yo. Anplis, li te mennen tounen moun fanmi li an, Lot, avèk byen pa l, fanm, avèk lòt moun yo.

ᵃ **12:16** Jen 13:2 ᵇ **12:17** Jen 20:18 ᶜ **12:18** Jen 20:9-10 ᵈ **13:1** Jen 12:9 ᵉ **13:2** Jen 24:35 ᶠ **13:3** Jen 12:8
ᵍ **13:4** Jen 12:7-8 ʰ **13:5** Jen 12:5 ⁱ **13:6** Jen 36:7 ʲ **13:8** Pwov 15:18 ᵏ **13:10** Det 34:3 ˡ **13:10** Jen 19:24
ᵐ **13:12** Jen 14:2 ⁿ **13:13** Jen 18:20 ᵒ **13:14** Jen 28:14 ᵖ **13:15** Jen 17:8 ᵠ **13:16** Jen 16:10 ʳ **13:17** Nonb 13:17-24
ˢ **13:18** Jen 14:13 ᵗ **14:1** Jen 14:10:10 ᵘ **14:3** Nonb 34:12 ᵛ **14:5** Det 3:11,13 ʷ **14:7** Nonb 13:26 ˣ **14:7** II Kwo 20:2 ʸ **14:10** Jen 14:17-22 ᶻ **14:12** Jen 13:12 ᵃ **14:13** Jen 21:27-32 ᵇ **14:14** Jen 14:12 ᶜ **14:15** Jij 7:16

¹⁷ Apre Abram te sòti nan masak Kédorlaomer ak wa ki te avè l yo, wa Sodome nan te sòti pou rankontre l nan vale Schavé a, (sa vle di ªVale a Wa a). ¹⁸ Konsa, ᵇMelchisédek, wa Salèm nan te mennen pote pen avèk diven. Alò li menm se te yon prèt a Bondye Pi Wo a. ¹⁹ Li te beni li, e te di: "Beni, se Abram a Bondye Pi Wo a, ᶜMèt Syèl la ak tè a, ²⁰ Beniswa Bondye Pi Wo a, ki te lage lènmi yo nan men ou."

Abram te bay li yon ᵈdim de tout bagay.

²¹ Wa Sodome nan te di Abram: "Ban mwen moun yo, e ou mèt pran byen yo pou ou menm." ²² Abram te di a Wa Sodome nan: "Mwen te sèmante a Senyè Bondye Pi Wo a, ᵉMèt sou syèl la avèk tè a, ²³ ke mwen ᶠp ap pran menm yon fisèl oswa yon sandal, ni yon las, ni anyen ki pou ou, akoz laperèz ke ou ta di 'se ou ki fè Abram vin rich'. ²⁴ Mwen p ap pran anyen sof ke sa ke jennonm yo te manje, ak pòsyon pou mesye ki te ale avè m yo, ᵍAner, Eschcol, avèk Mamré; kite yo pran pòsyon pa yo."

15 Apre bagay sa yo, pawòl SENYÈ a te vin kote Abram nan yon vizyon. Li te di: "ʰPa pè, Abram, Mwen se yon ⁱpwotèj pou ou. Rekonpans ou va gran."

² Abram te di: "O Senyè BONDYE, kisa ou va ban mwen, akoz ke m san pitit, e eritye lakay mwen se Eliézer a Danmas?" ³ Epi Abram te di: "Akoz ke ou pa t ban m pitit pou swiv mwen, pitit ki ʲfèt nan kay mwen an se eritye mwen."

⁴ Alò, gade byen, pawòl SENYÈ a te vin kote li. Li te di l: "Se pa nonm sa k ap eritye ou, ᵏmen youn ki va sòti nan pwòp kò ou, se li ki va eritye ou."

⁵ Konsa, Li te mennen li deyò, e te di: "Koulye a, gade vè syèl yo, e ˡkontwole zetwal yo, si ou kapab kontwole yo." Epi Li te di li: "Se konsa desandan w ap ye."

⁶ ᵐLi te kwè nan SENYÈ a, e SENYÈ a konsa, te konsidere sa kòm ladwati li.

⁷ Li te di Abram: "Mwen se SENYÈ a ki te mennen ou sòti nan ⁿUr a Kaldeyen yo, pou ᵒbay ou peyi sa a pou posede li."

⁸ Abram te di: "O Senyè BONDYE, ᵖki jan mwen kapab konnen ke m ap genyen l vrè?"

⁹ Alò li te di li: "Pote ban mwen yon gazèl twazan, yon femèl kabrit twazan, yon mal mouton nan twzan, yon toutrèl, avèk yon jenn pijon."

¹⁰ Li te pote bay li tout sa yo, e li te koupe yo an de moso. Li te poze mwatye yo chak fasafas ak lòt, men li ᵍpa t koupe zwazo yo. ¹¹ Zwazo ki manje vyann yo te desann sou kò bèt yo, e Abram te chase yo ale.

¹² Alò, lè solèy la t ap desann, ʳyon gran rèv te tonbe sou Abram. Epi gade byen, yon gwo tenèb ak gran perèz te vin tonbe sou li.

¹³ Bondye te di Abram: "Konnen byen si ke ˢdesandan ou yo va etranje nan yon peyi ki pa pou yo, kote yo va vin esklav, e ᵗva oprime pandan kat-san ane. ¹⁴ Men mwen va osi jije nasyon ᵘke yo va sèvi a, e apre yo va sòti deyò avèk anpil byen. ¹⁵ Men pou ou menm, ᵛou va ale vè zansèt ou yo anpè. Ou va antere nan yon laj byen avanse. ¹⁶ Alò, nan katriyèm jenerasyon yo va retounen isit la, paske ʷinikite Amoreyen yo poko fini."

¹⁷ Li vin rive ke lè solèy la te fin desann, ke li te fènwa anpil, e gade byen, te parèt yon tòch k ap fè lafimen avèk yon flanbo te ˣpase antre mòso sa yo.

¹⁸ Nan jou sa a, SENYÈ a te fè yon akò avèk Abram. Li te di: "A desandan ou yo, Mwen va bay peyi sa a, depi nan ʸlarivyè Égypte la, jis rive nan gran rivyè a, larivyè Euphrate, ¹⁹ ᶻpeyi a Kenyen yo, Kenizyen yo, Kadmonyen yo, ²⁰ Itit yo, Ferezyen yo, Rephaïm yo, ²¹ Amoreyen yo, Kanaaneyen yo, Gigachyen yo, avèk Jebisyen yo."

16 Alò, ªSaraï, madanm Abram nan pa t bay li pitit. Li te gen yon ᵇsèvant Ejipsyen ki te rele Agar. ² Konsa, Saraï te di Abram: "Alò, gade byen, SENYÈ a te anpeche m fè pitit. ᶜSouple, al jwenn sèvant mwen an. Petèt mwen kapab vin gen pitit pa li menm." Epi Abram te koute vwa a Saraï.

³ Apre Abram te viv ᵈdis lane nan peyi Canaan, madanm Abram nan, Saraï te pran Agar, sèvant Ejipsyen li an, e te bay li a mari li Abram kòm madanm li. ⁴ Li te al jwenn Agar, li te vin ansent, epi lè l te wè ke li te ansent, mètrès li a te vin meprize nan zye li.

⁵ Konsa, Saraï te di Abram: "ᵉSe ou ki gen tò nan bagay sa a. Mwen te bay sèvant mwen an pou li antre nan bra ou, e lè l te wè ke li te vin ansent, mwen te vin meprize nan zye li. Ke SENYÈ a jije antre ou menm avèk mwen."

⁶ Men Abram te di a Saraï: "Gade byen, sèvant ou anba pouvwa ou. Fè sa ke ou wè ki bon nan zye ou avèk li."

Pou sa, Saraï te rèd avèk li, e ᶠli te pran sove kite prezans li.

⁷ Alò ᵍzanj lan te twouve li akote yon sous dlo nan savann nan, vè sous la nan wout chemen ki ale Schur la. ⁸ Li te di a Agar, sèvant Saraï a, ʰ"Kibò ou sòti, e kibò ou prale?"

Epi li te di: "M ap sove ale kite prezans mètrès mwen an, Saraï."

⁹ Epi zanj SENYÈ a te di li: "Retounen bò kote mètrès ou, e soumèt ou anba otorite l." ¹⁰ Plis ke sa, ⁱzanj SENYÈ a te di li: ʲ"Mwen va miltipliye desandan ou yo anpil pou yo vin twòp pou konte."

ª **14:17** II Sam 18:18   ᵇ **14:18** Eb 7:1-10   ᶜ **14:19** Jen 14:22   ᵈ **14:20** Eb 7:4   ᵉ **14:22** Sòm 24:1   ᶠ **14:23** II Wa 5:16   ᵍ **14:24** Jen 14:13   ʰ **15:1** Jen 21:17   ⁱ **15:1** Det 33:29   ʲ **15:3** Jen 14:14   ᵏ **15:4** Gal 4:28   ˡ **15:5** Jen 22:17   ᵐ **15:6** Wo 4:3,20-22   ⁿ **15:7** Jn 11:31   ᵒ **15:7** Jen 13:15-17   ᵖ **15:8** Jij 6:36-40   ᵍ **15:10** Lev 1:17   ʳ **15:12** Jen 2:21   ˢ **15:13** Trav 7:6   ᵗ **15:13** Egz 1:11   ᵘ **15:14** Egz 12:32-38   ᵛ **15:15** Jen 25:8   ʷ **15:16** Lev 18:24-28   ˣ **15:17** Jr 34:18-19   ʸ **15:18** Nonb 34:1-15   ᶻ **15:19** Egz 3:17   ª **16:1** Jen 11:30   ᵇ **16:1** Jen 12:16   ᶜ **16:2** Jen 30:3-10   ᵈ **16:3** Jen 12:4   ᵉ **16:5** Jr 51:35   ᶠ **16:6** Jen 16:9   ᵍ **16:7** Jen 21:17-18   ʰ **16:8** Jen 3:9   ⁱ **16:10** Jen 22:15-18   ʲ **16:10** Jen 17:20

¹¹ Zanj SENYÈ a te di li anplis: "Byen gade, ou ansent, e ou va fè yon fis. Epi ou va rele non li Ismaël ki vle di Bondye tande, akoz ªSENYÈ a te okipe afliksyon ou yo. ¹² Li va yon nonm tankou bourik mawon. Men li va kont tout moun, e men a tout moun va kont li. Epi li va viv yon jan ᵇki kont tout frè li yo."
¹³ Epi li te rele non SENYÈ a ki te pale avèk li: "Ou se yon Bondye ki wè a", paske li te di: "ᶜÈske m ap vrèman rete vivan isit lè m fin wè Li"? ¹⁴ Pou sa, pwi a te rele Lachaï-roi. Gade byen, li la antre ᵈKadès ak Bared.
¹⁵ Alò, Agar te fè yon fis pou Abram. ᵉE Abram te rele fis li a, ke Agar te fè a, Ismaël. ¹⁶ Abram te gen katre-ven-sis ane lè Agar te fè Ismaël pou li a.

17 Alò, lè Abram te gen laj katre-ven-sèz ane, SENYÈ a te parèt a Abram. Li te di li: "Mwen menm se Bondye ᶠToupwisan an. Mache devan mwen, e rete ᵍsan fot. ² Mwen va etabli ʰakò Mwen antre Mwen ak Ou, e Mwen va miltipliye ou anpil, anpil."
³ Abram te tonbe atè sou figi li. Bondye te pale avèk li, e te di: iᵢ⁴ "Pou Mwen, koute byen, akò Mwen avè ou a. Ou va papa a yon ʲgran kantite nasyon. ⁵ Yo p ap rele ou Abram ankò, men non ou va Abraham, paske ᵏMwen ap fè ou papa a yon gran kantite nasyon.
⁶ "M ap fè ou bay anpil fwi, Mwen va fè nasyon yo avèk w, e ˡwa yo va soti nan ou menm.
⁷ "Mwen va etabli akò Mwen antre Mwen ak ou, e desandan ou yo selon tout jenerasyon pa yo kòm yon ᵐakò k ap pou tout tan, ⁿpou M rete kòm Bondye pou ou ak desandan apre ou yo. ⁸ "Mwen va ba ou avèk desandan ou yo peyi kote nou vwayaje yo, tout tè Canaan an, kòm yon posesyon k ap pou tout tan, epi Mwen va Bondye pa yo."
⁹ Bondye te di anplis a Abraham: "Koulye a pou ou, ᵒou va kenbe akò Mwen an, ou menm avèk desandan apre ou yo pou tout jenerasyon. ¹⁰ ᵖSa se akò Mwen, ke nou va kenbe antre Mwen ak nou menm, e desandan apre nou yo: chak mal pami nou va vin sikonsi.
¹¹ " ᵠ"Nou va sikonsi nan chè sou avan chè nou, e sa ap sèvi kòm sign akò antre Mwen ak nou. ¹² Epi chak mal antre nou ki gen ʳuit jou va sikonsi selon tout jenerasyon nou yo, e osi yon sèvitè ki fèt lakay ou, oswa ki achte avèk lajan a nenpòt etranje ki pa sòti nan desandan pa nou yo. ¹³ Yon sèvitè ki fèt lakay nou, oswa ki te ˢachte avèk lajan nou va asireman vin sikonsi; konsa akò Mwen va nan chè nou, yon akò pou tout tan. ¹⁴ Men yon mal ki pa sikonsi nan avan chè li, moun sila a va vin retire de pèp li a. Li vyole akò Mwen an." ᵗ

¹⁵ Epi Bondye te di a Abraham: "Konsènan madanm ou, Saraï, ou pa pou rele li Saraï, men Sarah va non li. ¹⁶ Mwen va beni li, Mwen va bay ou ᵘyon fis pa li. Alò, Mwen va beni li, e li va yon manman pou anpil nasyon. Wa a pèp yo va sòti nan li."
¹⁷ Nan moman sa a, Abraham te tonbe sou figi li. Li te ri e li te di nan kè l: "Èske yon pitit va fèt a yon nonm santan? Epi èske ᵛSarah, ki gen katre-ven-diz ane va fè yon pitit?" ¹⁸ Konsa, Abraham te di a Bondye: "O ke Ismaël kapab viv devan Ou!"
¹⁹ Men Bondye te di: "Non, men Sarah, madanm ou an va fè yon fis, e ou va rele non li Isaac. ʷMwen va etabli akò Mwen an avèk li pou yon akò pou tout tan pou desandan apre li yo.
²⁰ "Pou Ismaël, Mwen te tande ou. Gade byen, Mwen va ˣfè li bay anpil fwi, e li va miltipliye li anpil, anpil. ʸLi va vin papa a douz prens yo, e Mwen va fè li vin yon gran nasyon.
²¹ "Men akò Mwen an, Mwen va etabli li avèk Isaac, ke ᶻSarah va fè pou ou nan menm sezon sa a, lane pwochèn."
²² Lè Li te fin pale avèk li, ªBondye te monte kite Abraham.
²³ Alò, Abraham te pran Ismaël, fis li a, tout sèvitè ki te ᵇfèt nan kay li, tout ki te achte avèk lajan li, chak mal pami mesye lakay Abraham yo, e li te sikonsi prepis yo nan menm jou sa a ᶜjan Bondye te di li a.
²⁴ Alò, Abraham te gen katre-ven-diz ane lè ᵈli te sikonsi nan chè pwen pye li. ²⁵ Epi ᵉIsmaël, fis li a te gen trèz ane lè li te sikonsi nan chè pwen pye li.
²⁶ Nan menm jou sa a, Abraham te sikonsi, ansanm ak fis li, Ismaël. ²⁷ Tout gason lakay li yo, ki te ᶠfèt lakay li, ki te achte avèk lajan nan men moun etranje, te sikonsi avèk li.

18 Alò, SENYÈ a te parèt a li nan ᵍbwadchenn Marmré yo pandan li te chita akote pòt tant la nan chalè jounen an. ² Lè li te leve zye li pou te gade, men twa ʰmesye ki te kanpe anfas li. Lè li te wè yo li te kouri sòti nan pòt tant lan pou rankontre yo, e li te bese tèt li atè. ³ Li te di: "SENYÈ mwen, si koulye a nou twouve favè nan zye nou, souple, pa pase lwen sèvitè nou an. ⁴ Souple, kite yon ti dlo ta pote pou ⁱlave pye nou, e repoze nou anba pyebwa a. ⁵ Konsa, mwen va ʲpote yon moso pen, pou nou kapab rafrechi nou menm; apre sa nou kapab kontinye, depi nou fin vizite sèvitè nou an."
Epi yo te di: "Fè sa ke ou di a."
⁶ Epi Abraham te kouri antre nan tant lan vè Sarah, e te di: "Fè vit, prepare twa mezi farin fen, byen bat li, e fè gato pen."

ª **16:11** Egz 2:23-24 ᵇ **16:12** Jen 25:18 ᶜ **16:13** Jen 32:20 ᵈ **16:14** Jen 14:7 ᵉ **16:15** Jen 12:4 ᶠ **17:1** Jen 28:3
ᵍ **17:1** Jen 6:9 ʰ **17:2** Jen 15:18 ⁱ **17:3** Jen 17:17 ʲ **17:4** Jen 35:11 ᵏ **17:5** Wo 4:17 ˡ **17:6** Jen 17:16
ᵐ **17:7** Jen 17:13,19 ⁿ **17:7** Jen 26:24 ᵒ **17:9** Egz 19:5 ᵖ **17:10** Jn 7:22 ᵠ **17:11** Egz 12:48 ʳ **17:12** Lev 12:3
ˢ **17:13** Egz 12:44 ᵗ **17:14** Egz 4:24-26 ᵘ **17:16** Jen 18:10 ᵛ **17:17** Jen 21:7 ʷ **17:19** Jen 26:2-5 ˣ **17:20** Jen 16:10
ʸ **17:20** Jen 25:12-16 ᶻ **17:21** Jen 21:2 ª **17:22** Jen 18:33 ᵇ **17:23** Jen 14:14 ᶜ **17:23** Jen 17:9-11 ᵈ **17:24** Wo 4:11 ᵉ **17:25** Jen 16:16 ᶠ **17:27** Jen 14:14 ᵍ **18:1** Jen 13:18 ʰ **18:2** Jen 18:16,22 ⁱ **18:4** Jen 19:2
ʲ **18:5** Jij 6:18-19

⁷ Abraham osi te kouri nan pak bèf, li te pran yon jenn bèf byen mou, byen chwazi, e li te bay li a sèvitè li, ki te fè vit pou prepare li. ⁸ Li te pran bòl lèt kaye yo avèk lèt fre ak jèn bèf ke li te prepare, e te plase li devan yo; epi li te kanpe bò kote yo anba pyebwa a pandan yo t ap manje.

⁹ Alò, yo te di li: "Kote Sarah, madanm ou?" Epi li te di: "Nan tant lan".

¹⁰ Epi li te di: "Anverite, ᵃmwen va retounen bò kote ou nan lè sa ane pwochèn; epi gade byen, Sarah, madanm ou va gen tan gen yon fis."

Epi Sarah t ap koute bò kote pòt la, ki te dèyè li a. ¹¹ Alò, ᵇAbraham ak Sarah te vye, byen avanse nan la j. Sarah te depase la j pou fè pitit. ¹² Sarah te ri a tèt li, e te di: "ᶜLè m gen tan fin vye a, èske m ap gen plezi, e mari mwen ki vye tou?"

¹³ Epi SENYÈ a te di Abraham: "Poukisa Sara te ri, e t ap di: 'Èske vrèman mwen va fè yon pitit lè mwen fin vye a?'

¹⁴ ᵈ"Èske gen anyen ki twò difisil pou SENYÈ a? Nan lè chwazi a, mwen va retounen a nou menm, nan lè sa a, lane pwochèn, e Sarah va gen yon fis."

¹⁵ Sarah te demanti sa, e te di: "Mwen pa t ri non"; paske li te pè. Epi Li te di: "Non, men ou te ri."

¹⁶ Alò, ᵉmesye yo te leve la e yo te gade pi ba vè Sodome; epi Abraham t ap mache avèk yo pou voye yo ale.

¹⁷ SENYÈ a te di: "Èske Mwen kab kache Abraham ᶠsa ke M prè pou M fè a, ¹⁸ paske Abraham va anverite vin yon gran nasyon byen fò, e nan li, ᵍtout nasyon yo va beni? ¹⁹ Paske Mwen te ʰchwazi li pou l kapab kòmande pitit li yo avèk lakay li, pou kenbe chemen SENYÈ a, pou fè ladwati avèk jistis, pou SENYÈ a kapab fè rive sou Abraham, sa ke Li te pale de li a."

²⁰ Epi SENYÈ a te di: "ⁱGwo kri kont Sodome avèk Gomorrhe a byen gran, e peche pa yo grav depase. ²¹ Mwen va ʲdesann koulye a, pou wè si yo te fè tout bagay selon gwo kri sa a, ki te vin jwenn Mwen an; epi si se pa sa, m ap konnen."

²² Alò, ᵏmesye yo te vire kite la, e te ale vè Sodome, pandan Abraham toujou kanpe devan SENYÈ a.

²³ Abraham te vin pwoche, e te di L: ˡ"Èske Ou vrèman va fè disparèt moun dwat yo ansanm avèk mechan yo? ²⁴ Sipoze ke gen senkant moun ki dwat nan vil la; èske vrèman Ou va fè l disparèt, e pa prezève kote a pou koz a senkant moun dwat ki ladann yo?

²⁵ "Se lwen Ou pou Ou ta fè yon bagay konsa, pou touye moun dwat yo avèk mechan yo pou dwat yo avèk mechan yo vin trete menm jan. Se lwen Ou menm! Èske ᵐJij sou tout latè a p ap a ji avèk jistis?"

²⁶ Epi SENYÈ a te di: ⁿ"Si Mwen twouve nan Sodome, senkant moun dwat nan vil la, alò, Mwen va prezève tout pou koz a yo menm."

²⁷ Epi Abraham te reponn: "Alò gade byen, mwen te tante pale ak SENYÈ a, malgre mwen pa plis ke ᵒpousyè avèk sann. ²⁸ Vin sipoze ke senkant dwat yo manke senk, èske Ou va detwi tout vil la akoz senk lan?" Epi li te di: "Mwen p ap detwi li si Mwen twouve karant-senk ki la."

²⁹ Epi li te pale ankò, e te di: "Sipoze ke gen karant ki twouve la?" Epi li te di: "Mwen p ap fè li pou koz a karant lan."

³⁰ Alò li te di: "O ke SENYÈ a pa vin fache avè m, e mwen va pale; sipoze se trant ki twouve la?" Epi Li te di: "Mwen p ap fè li si Mwen twouve trant lan."

³¹ Epi li te di: "Koulye a byen gade, mwen te tante pale avèk SENYÈ a; sipoze se ven ki twouve la?" Epi li te di: "Mwen p ap detwi li pou koz a ven yo."

³² Alò li te di: ᵖ"O ke Senyè a pa vin fache avè m! M ap pale sèl fwa sa; sipoze ke se dis ki twouve la?" Epi li te di: "Mwen p ap detwi li pou koz a dis yo."

³³ Depi lè ke li fin pale ak Abraham nan, ᑫSENYÈ a te pati, e Abraham te retounen nan kote pa li.

19 Alò, ʳde zanj te vini Sodome nan aswè lè Lot te chita nan pòtay Sodome nan.

Lè ˢLot te wè yo, li te leve pou rankontre yo. Li te bese ba avèk figi li atè. ² Epi li te di: "Koulye a, gade byen, frè m yo, souple vire akote nan kay sèvitè ou a, pou pase nwit lan. Lave pye nou, pou nou kapab leve bonè pou fè wout nou." Malgre sa, yo te di: "Non, men nou va pase nwit lan nan lari a."

³ Men li te plede avèk yo avèk fòs. Konsa yo te vire akote vè li e te antre lakay li a, ᵗe li te prepare yon gwo manje pou yo. Anplis li te kwit pen san ledven a, e yo te manje.

⁴ Avan yo gen tan kouche, ᵘmesye Sodome yo te antoure kay la, ni jèn, ni vye, tout moun ki te sòti nan tout katye yo. ⁵ Konsa, yo te rele Lot e te di li: ᵛ"Kote mesye sa yo ki te vin kote ou aswè a? Mennen yo bannou pou nou kapab antre an relasyon avèk yo."

⁶ Men Lot te sòti kote yo nan pòtay la, e te fèmen pòt la dèyè l. ⁷ Li te di: "Souple, frè m yo, pa a ji avèk mechanste. ⁸ Byen gade, ʷmwen gen de fi ki pa janm antre an relasyon avèk yon gason. Souple, kite m mennen yo deyò pou nou, e fè avèk yo sa ke nou pito, men pa fè anyen avèk mesye sa yo, akoz se anba pwotèj twati mwen yo gen tan vini."

⁹ Men yo te di: "Mete ou akote." Anplis ke sa yo te di: "Sila a te antre tankou etranje, e deja ˣl ap a ji kòm jij. Pou sa a, nou va trete ou pi mal pase yo." Epi yo te peze rèd kont Lot, e yo te prèt pou kase pòt la.

¹⁰ Men ʸmesye yo nan kay la te lonje men yo rale Lot anndan avèk yo, e yo te fèmen pòt la.

ᵃ **18:10** Jen 21:2   ᵇ **18:11** Jen 17:17   ᶜ **18:12** Luc 1:18   ᵈ **18:14** Jr 32:17-27   ᵉ **18:16** Jen 18:2,22
ᶠ **18:17** Jen 18:21   ᵍ **18:18** Jen 12:3   ʰ **18:19** Né 9:7   ⁱ **18:20** Jen 19:13   ʲ **18:21** Jen 11:5   ᵏ **18:22** Jen 18:16
ˡ **18:23** Egz 23:7   ᵐ **18:25** Det 1:1-17   ⁿ **18:26** Jr 5:1   ᵒ **18:27** Jen 3:19   ᵖ **18:32** Jij 6:39   ᑫ **18:33** Jen 17:22
ʳ **19:1** Jen 18:2-22   ˢ **19:1** Jen 18:2-5   ᵗ **19:3** Jen 18:6-8   ᵘ **19:4** Jen 13:11   ᵛ **19:5** Lev 18:22   ʷ **19:8** Jij 19:24
ˣ **19:9** Egz 2:14   ʸ **19:10** Jen 19:1

¹¹ Yo te frape mesye ki te nan pòtay kay la pou yo vin avèg, ni piti ni gran, pou yo fatige kò yo e pou yo pa t ka twouve pòt la. ᵃ
¹² Konsa, de mesye yo te di Lot: "Kilès ankò ke ou gen isit la? Yon bofis, fis ou yo, e nenpòt moun ou gen nan vil la, mennen yo sòti kite plas sa a, ¹³ paske nou prèt pou detwi plas sila a, akoz ᵇplent pa yo gen tan vin tèlman gran devan SENYÈ a, ke SENYÈ a te voye nou pou detwi li."
¹⁴ Lot te ale deyò pou te pale avèk bofis li yo, ki te prèt pou marye avèk fi li yo, e li te di: "Leve ᶜsòti kite plas sila a, paske SENYÈ a va detwi vil la." Men li te sanble a bofis li a ke se yon blag ke li t ap fè.
¹⁵ Lè maten an te rive, zanj yo te bourade Lot. Yo te di l: "Leve, pran madanm ou avèk de fis ou yo ki isit la, oswa ou va vin disparèt nan pinisyon vil la."
¹⁶ Men li te fè reta. Pou sa, mesye sa yo te ᵈsezi men l avèk men madanm li avèk men a de fi li yo, paske konpasyon SENYÈ a te sou li. Yo te mennen li deyò, e yo te mete l deyò vil la.
¹⁷ Lè yo te mennen yo deyò, youn nan yo te di: "ᵉSove ale pou lavi ou! Pa gade dèyè, e pa rete nan okenn kote nan vale a. Sove ale nan ᶠmòn yo, oswa ou va detwi nèt."
¹⁸ Men Lot de di yo: "Alò, li pa konsa, mèt mwen yo! ¹⁹ Koulye a gade byen, sèvitè nou an gen tan twouve favè nan zye nou, nou te montre jan mizerikòd nou gran nan sove vi m, men mwen p ap kapab chape nan mòn yo, paske malè a va gen tan rive sou mwen, e mwen va mouri. ²⁰ Gade byen, vil sila a ase pre pou m sove ale ladann, e li piti. Souple, kite mwen chape pa la. Èske li pa piti? Konsa vi m kapab sove."
²¹ Li te di li: "Gade byen, mwen ba ou demann sa a tou, pou pa detwi vil la sou sila ou te pale a. ²² Fè vit, chape rive la, paske mwen pa kapab fè anyen jiskaske ou rive la." Pou sa yo te rele vil la ᵍTsoar.
²³ Solèy la te gen tan fin leve sou tè a lè Lot te rive Tsoar. ²⁴ Epi SENYÈ a te fè souf avèk dife ki sòti nan syèl la, tonbe tankou ʰlapli sou Sodome avèk Gomorrhe. ²⁵ ⁱLi te detwi vil sila yo, ak tout vale a, ak tout moun ki te rete nan vil yo, ansanm ak sa ki te grandi nan tè a. ²⁶ Men madanm li ki te dèyè li te ʲgade dèyè, e li te tounen yon pilye sèl.
²⁷ Alò, Abraham te leve granmmaten. Li te ale nan ᵏplas kote li te kanpe devan SENYÈ a, ²⁸ epi li te gade anba vè Sodome avèk Gomorrhe, vè tout teren nan vale a. Li te wè, e gade byen, ˡlafimen te monte tankou lafimen ki sòti nan founo.
²⁹ Se konsa li rive ke lè Bondye te detwi vil yo nan vale a, ke Li te sonje Abraham. Li te ᵐvoye Lot deyò dega a, lè li te boulvèse vil yo nan sila Lot te rete.
³⁰ Lot te kite Tsoar e monte. Li te ⁿrete nan mòn yo avèk de fi li yo avèk l, paske li te pè rete Tsoar. Li te rete nan yon kav, li menm avèk de fis li yo. ³¹ Alò premye ne a te vin di a pi Jèn nan: "Papa nou vin vye, e nou pa gen gason sou latè pou vin ᵒantre nan nou apre sistèm sou tè a. ³² Vini, ᵖannou fè papa nou bwè diven, e annou kouche avè l pou nou kapab prezève fanmi nou an pa papa nou." ³³ Pou sa, yo te fè papa yo bwè diven menm nwit lan, e premye ne a te antre kouche avèk papa li. Li pa t konnen ni lè li te kouche a, ni lè li te leve a.
³⁴ Jou swivan an, premye ne a te di a pi Jèn nan, "Gade byen, yè swa mwen te kouche avèk papa m. Annou fè li bwè diven aswè a tou, epi ou menm antre kouche avèk l, pou nou prezève fanmi nou an ak papa nou." ³⁵ Alò, yo te fè papa yo bwè diven nan nwit lan tou, epi pi Jèn nan te leve e kouche avèk l. Epi li pa t konnen ni lè li te kouche a, ni lè li te leve a.
³⁶ Konsa tou de fi a Lot yo te vin ansent pa papa yo. ³⁷ Premye ne a te fè yon fis, e li te rele non li ᑫMoab. Li se papa a Moabit yo jis rive jodi a. ³⁸ Epi pou pi Jèn nan, li te fè yon fis tou, e li te rele li Ben-Ammi. Li se papa a tout fis ʳAmmon yo jis rive jodi a.

20

Alò Abraham te vwaye soti la ˢvè peyi Negev la. Li te vin rete antre Kàdes ak Schur, e li te pase yon tan kon etranje nan ᵗGuérar. ² Abraham te di selon Sarah, madanm li: "ᵘLi se sè mwen". Alò, Abimélec, wa nan ᵛGuérar a te vin pran Sarah.

³ Men Bondye te vini a Abimélec nan yon rèv nan nwit, e Li te di li: "Veye byen, ʷou se yon moun ki fin mouri akoz fanm ke ou te pran an, paske li marye."

⁴ Alò, Abimélec pa t gen tan pwoche li, epi li te reponn: "Senyè, ˣèske Ou va detwi yon nasyon, malgre li san fòt? ⁵ Èske ʸli menm, li pa t di mwen: 'Li se sè mwen?' Epi li menm, li te di: 'Li se frè m.' Nan entegrite kè m, ak inosans men m, mwen te fè sa."

⁶ Konsa, Bondye te di li nan rèv la: "Wi, Mwen konnen ke nan entegrite kè ou, ou te fè sa, e Mwen osi te anpeche ou pou ou pa t peche kont Mwen. Se pou sa Mwen ᶻpa t kite ou touche li. ⁷ Alò, pou sa, remèt madanm a nonm sa a. Paske ᵃse yon pwofèt ke li ye. Li va priye pou ou e ou va viv. Men si ou pa remèt li, konnen ke ou ava anverite mouri, ou menm avèk tout moun sa yo ki pou ou yo."

⁸ Konsa, Abimélec te leve granmmaten. Li te rele tout sèvitè li yo, e te di tout bagay sa yo pou yo tande. Mesye sa yo te gen gwo laperèz.

⁹ ᵇAlò, Abimélec te rele Abraham. Li te di li: "Kisa ou te fè nou? Epi kijan mwen te peche kont ou ke ou te pote sou mwen ak wayòm mwen yon gran peche? Ou te fè m bagay ou pa ta janm dwe fè.":
¹⁰ Epi Abimélec te di a Abraham: "Sak rive ou ki fè ou fè bagay sa a?"

ᵃ **19:11** Det 28:28-29 ᵇ **19:13** Jen 18:20 ᶜ **19:14** Nonb 16:21-45 ᵈ **19:16** Det 5:15 ᵉ **19:17** Jr 48:6
ᶠ **19:17** Jen 14:10 ᵍ **19:22** Jen 13:10 ʰ **19:24** Det 29:23 ⁱ **19:25** Det 29:23 ʲ **19:26** Jen 19:17 ᵏ **19:27** Jen 18:22
ˡ **19:28** Rev 9:2 ᵐ **19:29** II Pi 2:7 ⁿ **19:30** Jen 19:17-19 ᵒ **19:31** Jen 16:2-4 ᵖ **19:32** Luc 21:34 ᑫ **19:37** Det 2:9
ʳ **19:38** Det 2:19 ˢ **20:1** Jen 18:1 ᵗ **20:1** Jen 26:1-5 ᵘ **20:2** Jen 18:1 ᵛ **20:2** Jen 26:1-2 ʷ **20:3** Jen 20:7
ˣ **20:4** Jen 18:23-25 ʸ **20:5** Jen 20:13 ᶻ **20:6** I Sam 25:26-34 ᵃ **20:7** I Sam 7:5 ᵇ **20:9** Jen 12:11-20

¹¹ Abraham te di: "Paske, mwen te reflechi ke asireman, pa gen ªlakrent Bondye nan plas sa a, e ᵇyo va touye mwen akoz madanm mwen. ¹² Anplis de sa, vrèman li se sè mwen, fi a papa m, men pa fi a manman m, e li te vin madanm mwen. ¹³ Lè li te rive ke ᶜBondye te fè m vwayaje pou kite kay papa m, mwen te di li: 'Men yon gras ke ou va fè m: tout kote nou ale, di pa mwen menm: "Li se frè m."'"

¹⁴ Konsa, ᵈAbimélec te pran mouton avèk bèf avèk sèvitè li yo, mal ak femèl. Li te bay yo a Abraham, e li te remèt madanm li, Sarah bay li.

¹⁵ Abimélec te di: "ᵉByen gade, peyi mwen an devan ou. Etabli ou kote ou pito."

¹⁶ A Sarah, li te di: "Byen gade, mwen te bay ᶠfrè ou mil pyès an ajan. Veye byen, li se revandikasyon ou devan zye tout moun ki avèk ou. E devan tout, ke ou egzonore."

¹⁷ ᵍAbraham te priye a Bondye, e Bondye te geri Abimélec avèk madanm li, avèk mennaj li yo, pou yo te vin fè pitit. ¹⁸ ʰPaske SENYÈ a te fèmen vant yo a tout kay Abimélec la akoz Sarah, madanm Abraham nan.

21 ⁱEpi SENYÈ a te bay atansyon a Sarah jan Li te pale a, e SENYÈ a te fè sa pou Sarah jan li te pwomèt la. ² ʲAlò, Sarah te vin ansent, e li te anfante yon fis pou Abraham nan vyeyès li, nan lè chwazi ke Bondye te pale li a. ³ Abraham te rele non a fis ki te fèt a li menm nan, ke Sarah te fè pou li a, ᵏIsaac. ⁴ Epi Abraham te sikonsi fis li a, Isaac lè l te gen ˡlaj uit jou, jan Bondye te kòmande li a. ⁵ Alò, Abraham te gen ᵐlaj san ane lè fis li a, Isaac te vin fèt a li menm.

⁶ Sarah te di: "Bondye te fè m fè ⁿgwo ri. Tout moun ki tande va ri avèk mwen." ⁷ Epi li te di: "ᵒkilès ki ta di a Abraham ke Sarah ta bay tete a timoun? Paske mwen ba li yon fis nan vyeyès li."

⁸ Pitit la te grandi e li te vin sevre. Abraham te fè yon gwo fèt nan jou ke Isaac te sevre li a.

⁹ Alò, Sarah te wè ᵖfis Agar a, Ejipsyen an, ke li te fè pou Abraham nan, t ap ᵍmoke l. ¹⁰ Akoz sa, li te di Abraham: "ʳMete bòn sa a deyò ansanm avèk fis li a! Paske fis a sèvant sa a p ap vin eritye avèk fis mwen an, Isaac."

¹¹ ˢBagay sa a te twouble Abraham anpil akoz fis li a. ¹² Men Bondye te di a Abraham: "Pa enkyete akoz pwoblèm jènjan sa a avèk sèvant ou an. Nenpòt sa ke Sarah di ou, koute li, paske ᵗse nan Isaac desandan ou yo va vin nome. ¹³ Ak ᵘfis sèvant lan, Mwen va fè yon nasyon tou, akoz ke li menm se desandan ou."

¹⁴ Konsa, Abraham te leve bonè nan maten. Li te pran pen avèk yon kwi dlo, e li te bay yo a Agar. Li te vin mete yo sou zepòl li, li te ba li jènjan an, e li te voye li ale. Li te pati e li te vwayaje nan dezè Beer-Schéba a.

¹⁵ Lè dlo ki te nan kwi a, te fin sèvi, li te kite jènjan an anba yon ti ab. ¹⁶ Alò, li te ale chita nan distans yon flèch kab tire, e li te di: "Pa kite m wè jènjan an k ap mouri." Konsa, li te chita anfas li; li te ᵛleve vwa li, e li te kriye.

¹⁷ Bondye te ʷtande jènjan an t ap kriye, epi zanj Bondye a te rele Agar depi nan Syèl la. Li te di l: "Kisa ou gen, Agar? Pa pè, paske Bondye te tande vwa jènjan an kote li ye a. ¹⁸ Leve, ale fè jènjan an leve, e kenbe li nan men, ˣpaske Mwen va fè yon gran nasyon ak li."

¹⁹ Epi Bondye te ʸouvri zye l, e li te wè yon pwi dlo. Li te ale plen po a avèk dlo, e li te bay jènjan an bwè ladann.

²⁰ ᶻBondye te avèk jènjan an, e li te grandi. Li te viv nan dezè a e li te vin yon achè. ²¹ ᵃLi te viv nan dezè Paran an, e manman l te pran yon madanm pou li nan peyi Égypte la.

²² Alò, li te vin rive nan tan sa a ke Abimélec avèk Picol, chèf lame li, te pale avèk Abraham. Li te di l: "ᵇBondye avèk ou nan tout sa ou fè ²³ Pou sa, fè ᶜsèman ban mwen menm isit la devan Bondye ke ou p ap twonpe ni mwen, ni pitit mwen yo, ni posterite mwen yo, men selon tout gras ke m te montre ou, ou va montre m tou, nan peyi kote ou te demere kon yon etranje a."

²⁴ Abraham te di: "Mwen fè sèman sa a."

²⁵ Men Abraham te plenyen bay Abimélec akoz pwi dlo ke sèvitè Abimélec yo ᵈte sezi a.

²⁶ Abimélec te reponn: "Mwen pa konnen kilès ki te fè ou bagay sa a. Ou pa t di m sa, ni mwen pa t tande sa, jis rive jodi a."

²⁷ Abraham te pran mouton avèk bèf, e li te bay yo a Abimélec. Konsa, ᵉyo de a te fè yon akò. ²⁸ Abraham te mete sèt jèn mouton femèl ki sòti nan bann mouton apa pou kont yo. ²⁹ Abimélec te di a Abraham: "Kisa ou vle di; sèt jèn mouton femèl ke ou te mete apa pou kont yo?"

³⁰ Li te di: "Ou va pran sèt jèn mouton femèl sa yo nan men m pou yo kapab devni yon ᶠtemwen pou mwen ke mwen te fouye pwi sa a."

³¹ Pou sa, li te rele plas sila a ᵍBeer-Schéba, paske se la ke yo de a te fè sèman an.

³² Alò, yo te fè yon akò nan Beer-Schéba. Konsa, Abimélec avèk Picol, kòmandan lame a, te leve retounen nan peyi Filisten yo.

³³ Abraham te plante la yon pyebwa tamaris nan Beer-Schéba, e la ʰli te rele sou non SENYÈ a, Bondye Letènèl la. ³⁴ Epi Abraham te demere ⁱnan peyi Filistyen yo pandan anpil jou.

22 Alò, li te vin pase apre bagay sa yo, ke ʲBondye te fè Abraham pase yon eprèv.

ᵃ **20:11** Né 5:15   ᵇ **20:11** Jen 12:12   ᶜ **20:13** Jen 12:1-9   ᵈ **20:14** Jen 12:16   ᵉ **20:15** Jen 13:9   ᶠ **20:16** Jen 20:5
ᵍ **20:17** Nonb 12:13   ʰ **20:18** Jen 12:17   ⁱ **21:1** Jen 17:16-21   ʲ **21:2** Trav 7:8   ᵏ **21:3** Jen 17:19-21
ˡ **21:4** Jen 17:12   ᵐ **21:5** Jen 17:17   ⁿ **21:6** Jen 18:13   ᵒ **21:7** Jen 18:11-13   ᵖ **21:9** Jen 16:1-15   ᵍ **21:9** Gal 4:29
ʳ **21:10** Gal 4:30   ˢ **21:11** Jen 17:18   ᵗ **21:12** Wo 9:7   ᵘ **21:13** Jen 16:10   ᵛ **21:16** Jr 6:26   ʷ **21:17** Egz 3:7
ˣ **21:18** Jen 16:10   ʸ **21:19** Nonb 22:31   ᶻ **21:20** Jen 28:15   ᵃ **21:21** Jen 25:18   ᵇ **21:22** Jen 26:28
ᶜ **21:23** Jos 2:12   ᵈ **21:25** Jen 26:15-22   ᵉ **21:27** Jen 26:31   ᶠ **21:30** Jen 31:48   ᵍ **21:31** Jen 21:14
ʰ **21:33** Jen 12:8   ⁱ **21:34** Jen 22:19   ʲ **22:1** Det 8:2-16

Li te di li: "Abraham!" Epi li te reponn: "Men mwen".

² Li te di: "Pran koulye a [a]fis ou a, sèl fis ou a, ke ou renmen an, Isaac, epi ale nan peyi [b]Morija. Ofri li la kòm yon ofrann ki brile, sou youn nan mòn yo ke Mwen va di ou yo."

³ Alò, Abraham te leve granmmaten. Li te sele bourik li, e li te pran de nan jennonm sèvitè li yo avè l, ansanm avèk Isaac, fis li a. Konsa, yo te fann bwa pou ofrann brile a, e yo te leve ale nan plas kote Bondye te di li a.

⁴ Nan twazyèm jou a, Abraham te leve zye li, e li te wè plas la nan yon distans. ⁵ Abraham te di a jèn sèvitè li yo: "Rete isit la avèk bourik la. Mwen menm avèk jènjan an va ale lòtbò a. Nou va adore, e retounen bò kote nou."

⁶ Abraham te pran bwa dife pou ofrann brile a. Li te [c]poze li sou Isaac, fis li a, e li te pran nan men l dife ak kouto a. Epi yo de a te mache avanse ansanm.

⁷ Isaac te pale avèk papa li, Abraham, e te di li: "Papa m!"

Epi li te reponn: "Men mwen, fis mwen."

Konsa, li te di l: "Gade, men dife avèk bwa, men kote [d]jèn mouton an ye pou fè sakrifis la?"

⁸ Abraham te di: "Bondye va fè pwovizyon Li menm pou jèn mouton an, fis mwen." Epi yo de a te mache avanse ansanm.

⁹ Alò yo rive nan [e]plas ke Bondye te di li a, epi Abraham te bati yon lotèl la. Li te ranje bwa, li te mare fis li a, Isaac, e li te [f]poze li sou lotèl la anwo tout bwa yo. ¹⁰ Abraham te lonje men l, e li te pran kouto a pou touye fis li a.

¹¹ Men [g]zanj SENYÈ a te rele li depi nan syèl la e te di: "Abraham, Abraham!"

Li te reponn: "Men mwen isit la."

¹² Li te di: "Pa lonje men ou kont jènjan an, ni pa fè l anyen. Paske koulye a Mwen konnen ke ou krent Bondye, akoz ke ou pa t refize bay [h]fis ou a, sèl fis ou ban Mwen an."

¹³ Alò, Abraham te leve zye li pou te gade, e byen wè, yon belye ki te kenbe pa kòn li, nan yon rakbwa. Abraham te ale pran belye a, li te ofri li kòm ofrann brile a nan plas a fis li a. ¹⁴ Abraham te rele non plas sa a Jehova-Jiré, Bondye Va Fè Pwovizyon. Jis jounen jodi a, yo kon di, "Nan mòn SENYÈ a, [i]va gen pwovizyon."

¹⁵ Alò, zanj SENYÈ a te rele Abraham yon dezyèm fwa soti nan syèl la, ¹⁶ e te di: "[j]Pou kont Mwen menm, Mwen te sèmante, deklare SENYÈ a, akoz ou te fè bagay sa a, e ou pa t refize fis ou a, sèl fis inik ou an, ¹⁷ anverite Mwen va beni ou anpil. Mwen va [k]miltipliye posterite ou tankou zetwal syèl yo, ak tankou grenn sab lanmè ki arebò lanmè yo, epi posterite ou va posede pòtay lènmi pa yo. ¹⁸ [l]Nan posterite ou, tout nasyon sou latè yo va beni, akoz ke ou te [m]obeyi vwa Mwen."

¹⁹ [n]Epi Abraham te retounen vè jèn sèvitè yo. Yo te leve e te ale ansanm Beer-Schéba. Konsa, Abraham te rete Beer-Schéba.

²⁰ Li te vin rive apre bagay sa yo ke yo te pale ak Abraham e te di: "Gade byen, [o]Milca osi te fè pitit pou frè ou, Nahor: ²¹ Uts se premye ne li, epi Buz frè li, avèk Kemuel, papa Aram nan ²² epi Késed, Hazo, Pildasch, Jidlaph, ak Bethuel." ²³ Bethuel te vin papa [p]Rebecca. Uit de Milcah sa yo te fè pitit pou Nahor, frè Abraham nan. ²⁴ Konkibin li ki te rele Réuma, osi te fè Thébach, Gaham, Tahasch, ak Maaca.

23

Alò, Sarah te viv pandan san-ven-sèt ane. Men sa yo ki te lane a Sarah. ² Sarah te mouri nan Kirjath-Arba (sa vle di Hébron) nan peyi Canaan an. Abraham te vini pou fè dèy pou li, e kriye pou li.[q]

³ Konsa, Abraham te leve kite mò li a. Li te pale a [r]fis a Heth yo. Li te di: ⁴ "Mwen menm se yon etranje k ap demere pami nou. [s]Ban mwen yon kote pou antèman pami nou pou m kapab antere mò a kote mwen p ap wè li."

⁵ Fis a Heth yo te reponn Abraham. Yo te di l: ⁶ "Koute nou, mèt mwen, ou menm, se yon [t]prens Bondye pami nou. Antere mò ou a nan pi bon chwa ou nan tonm pa nou yo. Nanpwen pèsòn ki va refize ou yon plas antèman pou mò ou a."

⁷ Abraham te leve e te bese devan moun yo nan peyi a, fis a Heth yo. ⁸ Li te pale avèk yo, e te di: "Si se volonte ou pou m antere mò mwen an kote mwen p ap wè l, koute mwen, e pale ak [u]Ephron fis Tsochar a pou mwen, ⁹ ke li kapab ban mwen kav Macpéla ki pou li a, ki nan pwent chan li an. Pou tout pri ke li fò, ke li ban mwen li devan nou kòm yon lye antèman an."

¹⁰ Alò, Ephron te chita pami fis a Heth yo. Ephron, Ethyen an, te reponn Abraham nan prezans fis a Heth yo, menm [v]tout moun yo ki t ap antre nan pòtay vil la. Li te di: ¹¹ "Non, mèt mwen, koute mwen; [w]mwen ba ou chan an, e mwen ba ou kav ki ladann nan. Nan prezans a tout fis a pèp mwen yo, mwen ba ou li pou ou fè antèman mò ou a."

¹² Konsa, Abraham te bese devan pèp peyi a. ¹³ Li te pale a Ephron nan prezans tout pèp peyi a, e te di: "Silvouplè, si ou va sèlman koute mwen, mwen va bay pri a chan an. Aksepte li nan men m pou m kapab antere mò mwen an."

¹⁴ Konsa, Ephron te reponn Abraham e te di li: ¹⁵ "Mèt mwen, koute mwen. Yon mòso tè ki vo kat-san [x]pyès lajan, kisa sa ye antre mwen avèk ou? Alò, antere mò ou a."

---

[a] 22:2 Jen 22:12 [b] 22:2 II Kwo 3:1 [c] 22:6 Jn 19:17 [d] 22:7 Egz 29:38-42 [e] 22:9 Jen 22:2 [f] 22:9 Eb 11:17-19 [g] 22:11 Jen 16:7-11 [h] 22:12 Jen 22:2-16 [i] 22:14 Jen 22:8 [j] 22:16 Sòm 105:9 [k] 22:17 Jr 33:22 [l] 22:18 Jen 12:3 [m] 22:18 Jen 18:19 [n] 22:19 Jen 22:5 [o] 22:20 Jen 11:29 [p] 22:23 Jen 24:15 [q] 23:2 Jos 14:5 [r] 23:3 Jen 10:15 [s] 23:4 Trav 7:16; Jen 49:30 [t] 23:6 Jen 14:14 [u] 23:8 Jen 25:9 [v] 23:10 Jen 23:18 [w] 23:11 II Sam 24:21-24 [x] 23:15 Egz 30:13

¹⁶ Abraham te koute Ephron. Konsa, Abraham te peze pou Ephron lajan ke li te nonmen nan prezans tout fis a Heth yo, kat-san pyès lajan, nan sistèm komès nòmal.ᵃ

¹⁷ Pou sa a, ᵇchan Ephron ki te nan Macpéla a, ki te pozisyone vè Mamre a, chan an avèk kav ki te ladann nan, tout bwa ki te nan chan an, ki te anndan limit li yo, te sede ¹⁸ a Abraham kòm posesyon nan ᶜprezans fis a Heth yo, devan tout moun ki te antre nan pòtay vil li a. ¹⁹ Apre sa, Abraham te antere Sarah, madanm li nan kav la nan chan Macpéla ki anfas Mamre a, (sa vle di Hébron) ²⁰ Konsa, fis a Etyen yo te bay papye tè a enkli ak kav la; yo te transfere li a Abraham pou yon landwa antèman.

24 Alò, ᵈAbraham te vin vye, byen avanse nan laj. Epi SENYÈ a te beni Abraham nan tout bagay. ² Abraham te di a sèvitè li a, sila ki te gen plis laj lakay li a, ki te an chaj tout sa ke li te posede: "ᵉSouple, mete men ou anba kwis mwen. ³ Mwen va fè ou sèmante devan SENYÈ a, Bondye syèl la avèk Bondye tè a, ke ou ᶠp ap pran yon madanm pou fis mwen ki sòti nan fi ᵍKananeyen yo, pami moun m ap viv yo, ⁴ men ke ou va ale nan ʰpeyi mwen, kote relasyon mwen yo, e pran yon madanm pou fis mwen an, Isaac."

⁵ Sèvitè a te di li: "Sipoze ke fanm nan pa vle swiv mwen pou vini nan peyi a? Èske mwen dwe mennen fis ou a retounen nan peyi kote ou te soti a?" ⁶ Abraham te di li: ⁱ"Veye ke ou pa pran fis mwen an pou fè l retounen la! ⁷ SENYÈ a, Bondye syèl la ki te pran m, fè m sòti lakay papa m, peyi natal mwen, ki te pale avèk mwen; Li te sèmante ak mwen, e Li te di: 'A desandan ou yo, Mwen va bay tè sa a'. Li va voye ʲzanj Li devan ou, e ou va pran yon madanm pou fis mwen an soti la. ⁸ Men si fanm nan pa vle swiv ou, alò ou ᵏva lib de sèman pa m nan, ˡSèlman, pa fè fis mwen an retounen la." ⁹ Alò, sèvitè a te ᵐplase men l anba kwis mèt li, Abraham, e li te sèmante devan li sou zafè sila a.

¹⁰ Epi sèvitè a te pran dis chamo pami chamo mèt li yo, e li te pati avèk yon seleksyon plizyè ⁿbon bagay a mèt li nan men l. Li te leve pou ale nan Mésopotamie pou rive nan ᵒvil Nahor. ¹¹ Li te fè chamo yo bese a jenou deyò vil la toupre ᵖpwi a nan aswè, nan lè ke fanm yo te vin rale dlo.

¹² Li te di: "ᵠO Senyè, Bondye a mèt mwen an, Abraham, souple, lese mwen twouve siksè jodi a, e montre lanmou ak dousè Ou anvè mèt mwen, Abraham. ¹³ Gade byen, ʳm ap kanpe akote sous la, e fi a pèp vil yo ap parèt pou rale dlo. ¹⁴ Koulye a, kite sa fèt ke a fi ke mwen di: 'Souple, desann veso ou pou m kab bwè', e ki reponn: 'Bwè, e mwen va bay bèt ou yo dlo tou': lese ke se sila ke Ou te chwazi pou sèvitè ou a, Isaac. Konsa nou va konnen ke Ou te montre lanmou ak dousè Ou a mèt mwen an."

¹⁵ Avan li te fin pale, gade, ˢRebecca ki te ne a Bethuel, fi ᵗMilca a, fanm Nachor, frè Abraham nan te parèt ak veso sou zepòl li. ¹⁶ Fi a te ᵘtrè bèl, yon vyèj, e gason pa t janm antre nan relasyon avè l. Li te desann nan sous la, li te ranpli veso li, e li t ap monte.

¹⁷ Alò, sèvitè a te kouri bò kote li, e te di: "ᵛSouple, kite mwen bwè yon ti dlo nan veso ou a."

¹⁸ ʷLi te di: "Bwè, mèt mwen." Byen vit li te desann veso li rive nan men li, e li te bay li bwè. ¹⁹ Lè li te fin ba li bwè, ˣli te di: "Mwen va rale dlo osi pou chamo ou yo, jiskaske yo fin bwè". ²⁰ Imedyatman li te vide veso li nan basen pou bèt yo, li te kouri retounen nan pwi a pou rale dlo, e li te rale pou tout chamo li yo. ²¹ ʸAntretan, nonm nan t ap veye li an silans, pou konnen si SENYÈ a te fè vwayaj li a vin yon siksè, ou non.

²² Epi pandan chamo yo te fin bwè, nonm nan te pran ᶻbag lò ki peze yon mwatye sik (sis gram nan) avèk de braslè pou ponyèt li, ki te peze dis sik an lò, ²³ epi li te mande: "Se fi a ki moun ou ye? Souple, fè m konnen, èske gen lojman lakay papa ou?"

²⁴ Li te di liᵃ: "Mwen se fi Bethuel la, fis Milca, ke li te fè pou Nahor a." ²⁵ Ankò fi a te di li: "Nou gen ase, nan pay avèk manje, ak espas pou lojman".

²⁶ Alò, mesye a te ᵇbese byen ba, e li te adore SENYÈ a. ²⁷ Li te di: "Beni se SENYÈ a, Bondye a mèt mwen an, Abraham, ki pa t abandone ᶜlanmou avèk konpasyon Li ak verite Li anvè mèt mwen. Pou mwen, SENYÈ a te diri je m nan chemen lakay de frè a mèt mwen yo."

²⁸ Alò, ᵈfi a te kouri pou pale tout kay manman l de bagay sa yo. ²⁹ Fi a te gen yon frè ki te rele ᵉLaban. Laban te kouri deyò kote mesye a nan sous la. ³⁰ Lè li te wè bag la avèk braslè yo sou ponyèt sè li, e lè li te tande pawòl a Rebecca yo, sè li, ki te di: "Se sa ke mesye a te di mwen," li te ale kote mesye a. Gade byen, li te kanpe akote chamo yo nan sous la. ³¹ Epi li te di: ᶠ"Antre non, beni a SENYÈ a! Poukisa ou kanpe deyò, Paske m gen tan prepare kay la avèk yon plas pou chamo yo?"

³² Alò, mesye a te antre nan kay la. ᵍLaban te dechaje chamo yo, e li te bay pay avèk manje pou chamo yo, ak dlo pou lave pye li, avèk pye a mesye ki te avèk li yo. ³³ Men lè manje a te plase devan li, li te di: "Mwen p ap manje jiskaske mwen pale de misyon mwen an."

Laban te di: "Pale toujou".

³⁴ Li te di: "Mwen se sèvitè ʰAbraham. ³⁵ SENYÈ a te ⁱbeni mèt mwen an anpil, jiskaske li vin reyisi anpil. Li te bay li ʲbann mouton ak twoupo, lò ak lajan, sèvitè ak sèvant yo, e chamo ak bourik. ³⁶ Alò,

---

ᵃ **23:16** II Sam 14:26   ᵇ **23:17** Jen 25:9   ᶜ **23:18** Jen 23:10   ᵈ **24:1** Jen 18:11   ᵉ **24:2** Jen 24:9   ᶠ **24:3** Det 7:3
ᵍ **24:3** Jen 10:15-19   ʰ **24:4** Jen 12:1   ⁱ **24:6** Jen 24:8   ʲ **24:7** Egz 23:20-23   ᵏ **24:8** Jos 2:17-20   ˡ **24:8** Jen 24:6
ᵐ **24:9** Jen 24:2   ⁿ **24:10** Jen 24:22-53   ᵒ **24:10** Jen 11:31-32   ᵖ **24:11** Jen 24:42   ᵠ **24:12** Jen 24:27-42-48
ʳ **24:13** Jen 24:43   ˢ **24:15** Jen 22:20   ᵗ **24:15** Jen 11:29   ᵘ **24:16** Jen 12:11   ᵛ **24:17** Jn 4:7   ʷ **24:18** Jen 24:14-46
ˣ **24:19** Jen 24:14   ʸ **24:21** Jen 24:12-52   ᶻ **24:22** Jen 24:47   ᵃ **24:24** Jen 24:15   ᵇ **24:26** Jen 24:48-52
ᶜ **24:27** Jen 32:10   ᵈ **24:28** Jen 29:12   ᵉ **24:29** Jen 29:5-13   ᶠ **24:31** Jen 29:13   ᵍ **24:32** Jen 43:24
ʰ **24:34** Jen 24:2   ⁱ **24:35** Jen 24:1   ʲ **24:35** Jen 13:2

[a]Sarah, madanm a mèt mwen an te fè yon fis pou mèt mwen an nan vyeyès li. Li te bay li tout sa li posede. [37] [b]Mèt mwen an te fè m sèmante pou di: 'Ou pa pou pran yon madanm pou fis mwen ki sòti nan fi Kananeyen yo, nan peyi kote m ap viv la, [38] men ou va ale kote lakay papa m, nan moun fanmi pa m yo, e pran yon madanm pou fis mwen an.' [39] [c]"Mwen te di a mèt mwen an: 'Sipoze ke fanm nan pa swiv mwen.' [40] "Li te di mwen: '[d]SENYÈ a devan Sila mwen te mache a, va fè vwayaj ou a reyisi. Ou va pran yon madanm pou fis mwen an pami moun fanmi mwen yo, ak lakay papa m. [41] Epi konsa, ou va lib de sèman mwen an, si lè ou rive pami moun fanmi mwen yo, yo pa ba ou li. Si se sa a, ou va lib de sèman mwen an.'

[42] "Konsa, [e]mwen te vini jodi a nan sous la, e te di: 'O SENYÈ, Bondye a mèt mwen an, Abraham, si koulye a ou va fè vwayaj ke m ap fè a reyisi. [43] Gade byen, [f]mwen ap kanpe vè sous la, kite sa fèt ke jèn fi ki sòti pou rale dlo a, e ke mwen di: "Souple, kite m bwè yon ti dlo nan veso ou a", [44] epi li di mwen: 'Ou mèt bwè, e mwen va tire dlo pou chamo ou yo tou,' kite sa fèt ke se li ke SENYÈ a te chwazi pou fis a mèt mwen an."

[45] "Avan mwen te fin pale nan kè mwen, gade byen, Rebecca te parèt avèk veso li sou zepòl li, e li te desann nan sous la pou tire. Mwen te di li: 'Souple, kite m bwè.'"

[46] [g]"Li te byen vit desann veso a sou zepòl li, e li te di: 'Bwè', e mwen va bay bèt ou yo dlo tou': Alò, mwen te bwè, e li te bay bèt yo dlo tou.

[47] [h]"Mwen te mande li konsa: 'Fi a ki moun ou ye?' Epi li te reponn: 'Fi a Bethuel la, fis a Nachor, ke Milca te bay li a.' Epi konsa, mwen te mete bag la nan nen li, e braslè yo nan ponyèt li.

[48] "Epi mwen te bese byen ba, mwen te adore SENYÈ a, e te beni SENYÈ a, Bondye a mèt mwen an, Abraham, [i]ki te gide mwen nan bon chemen pou pran fi nan fanmi mèt mwen an pou fis li. [49] Alò, koulye a, si w ap [j]aji avèk dousè e verite avèk mèt mwen an, fè m konnen. Men si se pa sa, kite m konnen, pou m kapab vire swa adwat, swa agoch."

[50] Laban avèk Bethuel te reponn: "Afè sa a sòti nan SENYÈ a. [k]Alò nou pa kapab pale ou ni byen, ni mal. [51] Men Rebecca la devan ou, pran li pou ou ale, e ke li vin madanm a fis mèt ou a, jan SENYÈ a te pale li."

[52] Lè sèvitè Abraham nan te tande pawòl sa yo, li te [l]bese tèt li atè devan SENYÈ a. [53] Sèvitè a te mete deyò [m]bagay ki fèt ak lajan avèk lò, ak vètman, e li te bay yo a Rebecca. Li te osi bay kèk bagay ki koute byen chè a frè li avèk manman li. [54] Li menm avèk mesye ki te avè l yo te manje, bwè e te pase nwit lan.

Lè yo te leve nan maten li te di: "[n]Voye mwen ale vè mèt mwen."

[55] Men frè li avèk manman li te di: [o]"Kite fi a rete avèk nou pandan kèk jou, annou di di jou. Apre li kapab ale".

[56] Li te reponn yo: "Pa anpeche m, paske se [p]SENYÈ a ki te fè chemen mwen an reyisi. Voye m ale pou m kapab retounen bò kote mèt mwen."

[57] Epi yo te di: "Nou va rele fi a pou mande li volonte pa li.": [58] Alò, yo te rele Rebecca e te di li: "Èske ou va ale avèk mesye sila a?"

Epi li te reponn: "M ap prale."

[59] Konsa yo te voye Rebecca, sè yo a ale, avèk [q]bòn li yo, sèvitè Abraham nan ak mesye pa li yo. [60] Yo te beni Rebecca, e te di li: "Ke ou menm, sè nou, kapab [r]devni manman a dè milye de dizèn de milye, e ke desandan ou yo kapab posede pòtay a sila ki rayi yo."

[61] Epi Rebecca te leve avèk bòn li yo, yo te monte chamo yo, e yo te swiv mesye a. Konsa sèvitè a te pran Rebecca, e li te pati.

[62] Alò, Isaac t ap sòti nan yon vwayaj vè [s]Lachaï-roi, paske li t ap viv nan Negev. [63] Isaac te ale deyò pou [t]fè meditasyon nan chan an nan aswè. Lè [u]li te leve zye li pou gade, gade byen, chamo yo t ap vini.

[64] Rebecca te leve zye li, e lè li te wè Isaac, li te desann chamo a. [65] Li te di sèvitè a: "Kilès mesye sa a k ap mache nan chan an vin jwenn nou an?"

Epi sèvitè a te reponn: "Li se mèt mwen."

Konsa, fi a te pran vwal la, e li te kouvri tèt li. [66] Sèvitè a te di Isaac tout sa ke li te fè. [67] Epi Isaac te mennen li nan tant li. Li te pran Rebecca, e li te vin madanm li, e li te renmen li. Konsa Isaac te konsole lè manman li te fin mouri.

25 Alò, Abraham te pran yon lòt madanm, ki te rele Ketura. [2] [v]Li te fè pou li Zimran, Jokschan, Madian, Jischbak, avèk Schuach. [3] Jokschan te vin papa a Séba avèk Dedan. Epi fis Dedan yo te Aschurim, Letuschim, avèk Leummim. [4] Epi fis a Madian yo te Épha, Epher, Hénoc, Abida, avèk Eldaa. Tout sa yo se te fis a Ketura yo. [5] [w]Alò Abraham te bay tout sa li te posede a Isaac; [6] men a fis a fanm konkibin yo, li te bay yo kado pandan li te toujou ap viv la, e li te [x]voye yo lwen fis li a vè lès, nan peyi lès la.

[7] Sa yo se tout ane lavi ke Abraham te viv, [y]san-swasann-kenz ane. [8] Abraham te respire dènye souf li. Li te mouri yon granmoun byen mi, e li te byen satisfè avèk lavi. Konsa, li te vin [z]ranmase vè pèp li. [9] Fis li yo, Isaac avèk Ismaël te antere li nan [a]kav Macpéla a, nan chan Ephron an, fis Tsochar, Etyen an, anfas Mamré, [10] [b]chan

---

[a] 24:36 Jen 21:1-7   [b] 24:37 Jen 24:2-4   [c] 24:39 Jen 24:5   [d] 24:40 Jen 24:7   [e] 24:42 Jen 24:11-12
[f] 24:43 Jen 24:13   [g] 24:46 Jen 24:18-19   [h] 24:47 Jen 24:23-24   [i] 24:48 Jen 24:27   [j] 24:49 Jen 47:29
[k] 24:50 Jen 31:24-29   [l] 24:52 Jen 24:26,48   [m] 24:53 Jen 24:10-22   [n] 24:54 Jen 24:56-59   [o] 24:55 Jij 19:4
[p] 24:56 Jen 24:40   [q] 24:59 Jen 35:8   [r] 24:60 Nonb 10:36; Jen 22:17   [s] 24:62 Jen 16:14   [t] 24:63 Jos 1:8
[u] 24:63 Jen 18:2   [v] 25:2 I Kwo 1:32-33   [w] 25:5 Jen 24:35-36   [x] 25:6 Jen 21:14   [y] 25:7 Jen 12:4   [z] 25:8 Jen 25:17
[a] 25:9 Jen 23:17-18   [b] 25:10 Jen 23:3-16

ke Abraham te achte nan men fis a Heth yo. La, Abraham te antere avèk madanm li, Sarah. ¹¹ Li te vin rive apre mò Abraham nan, ke ªBondye te beni fis li a, Isaac, epi Isaac te viv toupre Lachaï-roi.

¹² Alò, sa yo se achiv a desandan a jenerasyon ᵇIsmaël yo, fis Abraham nan, ke Agar, Ejipsyen an, sèvant a Sarah a, te fè ak Abraham; ¹³ epi sa yo se non ᶜfis Ismaël yo, selon non yo, nan lòd nesans pa yo: Nebajoth, premye ne a Ismaël la, Kédar, Adbeel, Mibsam, ¹⁴ Mischma, Duma, Massa, ¹⁵ Hadad, Théma, Jethur, Naphisch avèk Kedma. ¹⁶ Sila yo se fis Ismaël yo e sa se non yo, pa vil, e pa anplasman yo; ᵈdouz prens yo selon tribi pa yo.

¹⁷ Sa yo se lane lavi Ismaël yo, ᵉsan-trant-sèt ane. Li te respire dènye souf li, e li te mouri, epi yo te ranmase li vè pèp li. ¹⁸ Yo te deplase soti nan ᶠHavila jis rive nan Schur ki nan kote lès Égypte lè yon moun ap pwoche Assyrie; li te rete la malgre sa te fè ènmi avèk tout paran li yo.

¹⁹ Alò, sa yo se achiv ᵍjenerasyon ki swiv Isaac yo, fis Abraham nan: Abraham te vin papa Isaac.
²⁰ Lè Isaac te gen laj karant ane, li te pran Rebecca, ʰfi Bethuel la, Araméen an nan kote Paddan-Aram, ⁱsè Laban an, Araméen an, pou vin madanm li. ²¹ Isaac te priye a SENYÈ a anfavè madanm li, akoz li te esteril. Konsa, SENYÈ a te reponn li, e Rebecca, madanm li an te vin ʲansent.
²² Men pitit yo te an konfli anndan vant li. Li te di: "Si se sa, poukisa mwen viv?" Li te ale ᵏmande a SENYÈ a.

²³ SENYÈ a te di li:
"ˡGen de nasyon nan vant ou.
De pèp va vin separe sòti nan vant ou.
Yon pèp va pi pwisan ke lòt la.
Pi gran an va sèvi pi jèn nan."

²⁴ Lè jou li yo pou akouche te rive, gade, te gen jimo nan vant li. ²⁵ Premye a te vin parèt byen wouj. ᵐLi te kouvri toupatou tankou yon rad ki plen plim sou li. Yo te nonmen li Ésaü. ²⁶ Apre, frè li a te vin parèt avèk ⁿmen li ki t ap kenbe talon pye a Ésaü. Akoz sa ᵒyo te rele li Jacob. Isaac te gen swasant ane lè madanm li te bay nesans a yo.

²⁷ Lè gason sa yo te grandi, Ésaü te vin fò nan lachas, yon nonm ki fèt pou chan a. Men Jacob te yon nonm byen trankil, ki te ᵖviv nan tant. ²⁸ Alò, Isaac te renmen Ésaü akoz ke li te gen yon ᑫgou pou vyann bèt sovaj, men Rebecca te renmen Jacob.
²⁹ Lè Jacob te fin kwit yon ʳsoup, Ésaü te vin antre pandan li t ap kite chan an, e li te grangou anpil. ³⁰ Konsa, Ésaü te di Jacob: "Souple, ban m goute bagay wouj sa ki la a, paske mwen grangou anpil." Se pou sa yo te rele non li Edom.

³¹ Men Jacob te di: "Premyeman vann mwen ˢdwa nesans ou an."
³² Ésaü te di: "Gade byen, mwen prèt pou mouri, e konsa pou ki bagay yon eritaj ap sèvi mwen?"
³³ Jacob te di: "Premyeman, sèmante ban mwen." Li te sèmante ba li. Li te ᵗvann dwa nesans li an bay Jacob.
³⁴ Jacob te bay Ésaü pen avèk yon soup pwa. Li te manje e bwè, e li te leve al fè wout li.
Konsa Ésaü te vin rayi dwa nesans li an.

26 Alò, te gen yon ᵘgwo grangou nan peyi a, ki te fèt apre gwo grangou ki te fèt nan jou Abraham yo. Isaac te ale Guérar vè ᵛAbimélec, wa Filisten yo. ² Senyè a te ʷparèt a li menm e te di: "Pa desann an Égypte. Rete nan peyi ke Mwen va montre ou a. ³ Rete pou yon tan nan peyi sa a, Mwen va avèk ou, e Mwen va beni ou, paske a ou menm ak desandan ou yo, Mwen va bay tout peyi sa yo, e Mwen va etabli ˣsèman ke Mwen te sèmante a papa ou a, Abraham. ⁴ ʸ"Mwen va miltipliye desandan ou yo tankou zetwal nan syèl la, e va bay tout tè sa yo a desandan ou yo. E nan ᶻdesandan ou yo, tout nasyon latè yo va beni, ⁵ akoz Abraham te ªobeyi Mwen, e kenbe chaj Mwen, Kòmandman Mwen yo, règleman Mwen yo, avèk lwa Mwen yo." ⁶ Konsa, Isaac te viv Guérar.
⁷ Lè mesye yo nan plas la te mande li de madanm li, li te di: "ᵇLi se sè mwen," paske li te pè pou di "madanm mwen" akoz li te panse: "mesye yo nan zòn sa a ta kapab touye mwen pou Rebecca, paske li bèl."
⁸ Li te rive lè li te rete la pandan anpil tan, ke Abimélec, wa Filisten yo t ap gade nan yon fenèt, e gade, li te wè Isaac ki t ap karese madanm li, Rebecca. ⁹ Alò, Abimélec te rele Isaac e te di: "Gade sa, vrèman li se madanm ou! Kòman ou te fè di mwen: 'Li se sè mwen'"?
Isaac te di li: "Akoz ke mwen te di: 'Mwen ta kapab mouri akoz li.'"
¹⁰ ᶜAbimélec te di: "Kisa ke ou te fè nou la a? Yon moun nan pèp la ta kapab fasilman vin kouche avèk madanm ou, e ou t ap fè nou vin koupab pou peche sa a."
¹¹ Konsa, Abimélec te bay tout pèp la lòd, e te di: "Moun ki ᵈtouche mesye sa a, oswa madanm li, asireman va mete a lanmò."
¹² Alò, Isaac te simen nan peyi sa a, e li te rekòlte nan menm ane a san fwa. ᵉSenyè a te beni li. ¹³ Mesye a te ᶠvin rich e li te kontinye vin pi rich jiskaske li te vin ranmase anpil gwo richès. ¹⁴ ᵍLi te posede anpil bann mouton, twoupo avèk anpil chan bèt, jiskaske Filisten yo te vin anvi li.
¹⁵ Alò, ʰtout pwi ke sèvitè a papa li yo fouye nan jou Abraham yo, papa li, Filisten yo te bouche lè yo te ranpli yo avèk tè.

ª **25:11** Jen 26:3 ᵇ **25:12** Jen 16:5 ᶜ **25:13** I Kwo 1:29 ᵈ **25:16** Jen 17:20 ᵉ **25:17** Jen 16:16 ᶠ **25:18** I Sam 15:7
ᵍ **25:19** Mat 1:2 ʰ **25:20** Jen 22:23 ⁱ **25:20** Jen 24:29 ʲ **25:21** Wo 9:10 ᵏ **25:22** I Sam 9:9 ˡ **25:23** Jen 17:4-16
ᵐ **25:25** Jen 27:11 ⁿ **25:26** Os 12:13 ᵒ **25:26** Jen 27:36 ᵖ **25:27** Eb 11:9 ᑫ **25:28** Jen 27:19 ʳ **25:29** II Wa 4:38 ˢ **25:31** Det 21:16-17 ᵗ **25:33** Eb 12:16 ᵘ **26:1** Jen 12:10 ᵛ **26:1** Jen 20:1-2 ʷ **26:2** Jen 12:7
ˣ **26:3** Jen 22:16-18 ʸ **26:4** Jen 15:5 ᶻ **26:4** Jen 22:18 ª **26:5** Jen 22:16 ᵇ **26:7** Jen 12:13 ᶜ **26:10** Jen 20:9
ᵈ **26:11** Sòm 105:15 ᵉ **26:12** Jen 24:1 ᶠ **26:13** Pwov 10:22 ᵍ **26:14** Jen 24:35 ʰ **26:15** Jen 21:25-30

Jen

¹⁶ Alò, Abimélec te di a Isaac: "Kite nou, paske ou ᵃtwò fò pou nou."

¹⁷ Konsa, Isaac te pati la. Li te vin rete nan vale Guérar a, e li te fè anplasman la. ¹⁸ Isaac te fouye pwi yo ankò, pwi ki te fouye nan jou papa li yo, Abraham, paske Filisten yo te bouche yo apre mò Abraham nan. Epi li te bay yo menm non ke papa li te bay yo.

¹⁹ Men lè sèvitè Isaac yo te fouye nan vale a, e te twouve la yon pwi dlo ki t ap boujonnen, ²⁰ bèje Guérar yo te ᵇgoumen avèk bèje Isaac yo e te di: "Dlo a se pa nou!" Alò, li te nonmen pwi a Ések akoz ke yo te fè kont ak li. ²¹ Yo te fouye yon lòt pwi, yo te goumen sou sila a tou e li te nonmen li Sitna. ²² Li te deplase la, li te fouye yon lòt pwi, e yo pa t goumen sou li. Li te bay li non a Rehoboth, paske li te di: "Koulye a, Bondye vin bannou plas, e nou va ᶜrekòlte anpil fwi nan peyi a."

²³ Alò, li te kite la pou monte ᵈBeer-Schéba. ²⁴ SENYÈ a ᵉte parèt a li menm nan nwit lan, e te di: "Mwen se Bondye a papa ou, Abraham. Pa pè, paske Mwen avè w. Mwen va ᶠbeni ou, e Mwen va fè desandan ou yo miltipliye pou koz a sèvitè Mwen an, Abraham."

²⁵ Konsa, li te bati yon ᵍlotèl la, li te rele non SENYÈ a, e te monte tant li la. La sèvitè Isaac yo te fouye yon pwi.

²⁶ Alò, ʰAbimélec te vin kote li soti Guérar, avèk konseye li, Ahuzath, avèk Picol, kòmandan lame a. ²⁷ Isaac te di yo: "ⁱPoukisa nou vin kote m, kòmsi nou rayi mwen, e te pouse mwen lwen nou?"

²⁸ Yo te di: "Nou wè byen klè ʲke SENYÈ a te avèk ou. Alò, nou te di: 'Annou fè yon sèman antre nou menm, e kite nou fè yon akò avèk ou, ²⁹ ke ou p ap fè nou okenn mal, menm jan ke nou pa t touche ou, nou pa t fè ou anyen sof ke byen, e w ap voye nou ale anpè.' Koulye a, ou se ᵏbeni a SENYÈ a."

³⁰ Alò, ˡli te fè yon gwo fèt manje pou yo, yo te manje e bwè.

³¹ Nan maten, yo te leve bonè. Yo ᵐte sèmante a youn lòt, epi Isaac te voye yo ale kite li anpè.

³² Li te vin rive nan menm jou a, ke sèvitè Isaac yo te antre e te avèti li de yon pwi ke yo te fouye. Yo te di li: "Nou gen tan twouve dlo." ³³ Konsa, li te rele li Schiba, akoz sa yo rele vil la ⁿBeer-Schéba jis rive jodi a.

³⁴ Lè Ésaü te gen karant ane, ᵒli te marye avèk Judith, fi Béeri a, Etyen an, e Basmath, fi a Elon an, Etyen an. ³⁵ ᵖYo te mennen traka pou twouble Isaac avèk Rebecca.

27 Alò, li te vin rive lè Isaac te vye, e ᵠzye li te twò fèb pou wè, ke li te rele Ésaü, pi gran nan pitit li yo. Li te di li: "Fis mwen."

Ésaü te reponn li: "Men mwen."

² ʳIsaac te di: "Gade byen, koulye a, mwen vin vye. Mwen pa konnen jou ke m ap mouri an. ³ Ebyen, souple pran flèch ou yo avèk banza ou, e ale nan chan pou ˢfè lachas jibye pou mwen. ⁴ Prepare yon manje ki gen bon gou, jan ou konnen ke m renmen li an, e pote ban mwen pou m kab manje, pou ᵗnanm mwen kapab beni ou avan ke m mouri."

⁵ Rebecca t ap koute pandan Isaac t ap pale avèk fis li a, Ésaü. Alò, lè Ésaü te ale nan chan pou fè lachas jibye pou kapab pote lakay, ⁶ ᵘRebecca te di fis li a, Jacob: "Veye byen, mwen te tande papa ou pale ak frè ou a Ésaü. Li te di: ⁷ 'Pote pou mwen kèk jibye e prepare yon manje bon gou pou mwen, pou mwen kapab manje, e beni ou nan prezans SENYÈ a, avan ke m mouri.' ⁸ Alò, pou sa, fis mwen, ᵛkoute lòd ke mwen pral ba ou a. ⁹ Ale koulye a, ale nan bann twoupo a. Chwazi de jèn kabrit ladann, pou m kapab prepare yo kòm yon bon manje pou papa ou, jan li renmen li an. ¹⁰ Konsa, ou va pote li bay papa ou, pou li kapab manje, pou li kapab beni ou avan ke li mouri."

¹¹ Jacob te reponn a manman l, Rebecca: "Gade byen, Ésaü, frè m nan ʷbyen kouvri avèk plim, e po m byen swa. ¹² ˣPetèt papa m va manyen m. Konsa, mwen ta vin tankou yon twonpè nan zye li, e mwen ta rale sou mwen yon madichon olye yon benediksyon."

¹³ Men manman li te di li: "Ke madichon ou tonbe sou mwen, fis mwen! Sèlman ʸobeyi vwa m, e ale chache yo pou mwen."

¹⁴ Li te ale chache yo e te pote yo bay manman l. Manman l te fè yon manje bon gou jan papa l te renmen an. ¹⁵ Alò, Rebecca te pran pi bon ᶻvètman Ésaü a, pi gran fis li a, ki te avèk li nan kay la, e te mete yo sou Jacob, pi jèn fis li a. ¹⁶ Li te mete po kabrit sou men li, ak nan pati kou li ki te swa. ¹⁷ Osi li te bay Jacob, fis li a, manje bon gou a avèk pen ke li te fè a.

¹⁸ Konsa, li te vini kote papa l, e te di: "Papa m." Epi li te di: "Men mwen. Kilès ou ye, fis mwen?"

¹⁹ Jacob te di a papa l: "Mwen menm se Ésaü, premye ne ou a. Mwen te fè sa ou te mande m nan. ᵃLeve, souple, e chita pou manje nan jibye mwen an, pou ᵇnanm ou kapab beni mwen."

²⁰ Isaac te di fis li a: "Kòman ou reyisi fè sa vit konsa, fis mwen?" Epi li te di: "ᶜPaske SENYÈ a, Bondye ou a te fè sa rive m."

²¹ Alò, Isaac te di Jacob: "Souple, vin pi pre pou m kapab manyen ou, fis mwen, pou si ou se vrèman fis mwen an Ésaü, o non."

²² Jacob te pwoche papa li. Li te manyen li, e te di: "Vwa a se vwa a Jacob, men men yo se men Ésaü.":

²³ Li pa t rekonèt li, paske men li te kouvri avèk ᵈplim tankou men frè l la, Ésaü. Epi akoz sa, li te

---

ᵃ **26:16** Egz 1:9 ᵇ **26:20** Jen 21:25 ᶜ **26:22** Jen 17:6 ᵈ **26:23** Jen 22:19 ᵉ **26:24** Jen 26:2 ᶠ **26:24** Jen 22:17
ᵍ **26:25** Jen 12:7-8 ʰ **26:26** Jen 21:22 ⁱ **26:27** Jij 11:7 ʲ **26:28** Jen 21:22-23 ᵏ **26:29** Jen 24:31
ˡ **26:30** Jen 19:3 ᵐ **26:31** Jen 21:31 ⁿ **26:33** Jen 21:31 ᵒ **26:34** Jen 28:8 ᵖ **26:35** Jen 27:46 ᵠ **27:1** Jen 48:10
ʳ **27:2** Jen 48:10 ˢ **27:3** Jen 25:28 ᵗ **27:4** Jen 27:19-31 ᵘ **27:6** Jen 25:28 ᵛ **27:8** Jen 27:13-43 ʷ **27:11** Jen 25:25
ˣ **27:12** Jen 27:21-22 ʸ **27:13** Jen 27:8 ᶻ **27:15** Jen 27:27 ᵃ **27:19** Jen 27:31 ᵇ **27:19** Jen 27:4 ᶜ **27:20** Jen 24:12
ᵈ **27:23** Jen 27:16

beni li. ²⁴ Li te di: "Èske vrèman ou se fis mwen an, Ésaü?"

Epi li te reponn: "Se Mwen."

²⁵ Konsa, li te di: "Pote ban mwen, e mwen va manje nan jibye fis mwen an, ᵃpou m kapab beni ou."

Li te pote ba li, e li te manje. Li te osi pote diven e li te bwè. ²⁶ Epi Isaac, papa li, te di li: "Souple, pwoche pou bo m, fis mwen."

²⁷ Li te vin pre, e te bo li. Lè li te santi sant vètman li, li te ᵇbeni li, e te di: "Ou wè, sant fis mwen an tankou sant a yon chan ᶜke SENYÈ a te beni.

²⁸ Koulye a, ke ᵈBondye kapab ba ou
lawouze syèl la, ak grès tè a,
anpil sereyal chan avèk diven nèf.
²⁹ Ke anpil pèp vin sèvi ou,
e ke nasyon yo bese devan ou.
Vin mèt sou frè ou yo,
e lese fis a manman ou yo
vin bese a ou menm.
ᵉModi va sila ki modi ou yo.
Beni va sila ki beni ou yo."

³⁰ Depi li rive ke Isaac te fin beni Jacob, e Jacob te apèn sòti nan prezans Isaac, papa l, Ésaü, frè l la te vin sòti nan fè lachas. ³¹ Li menm tou te fè manje bon gou, e li te pote l bay papa l. Li te di a papa l: "ᶠKe papa m leve manje nan jibye fis li a, pou ou kapab beni mwen."

³² Isaac, papa li te di: "ᵍKilès ou ye?" Konsa, li te di: "Mwen se fis ou, premye ne a, Ésaü."

³³ Alò, Isaac te vin tranble avèk vyolans, e te di: "Alò kilès sa ki te fè lachas jibye a, ki te pote ban mwen, ke m te manje tout li avan ou te vini, e ke mwen te beni li an? ʰWi, e li va beni."

³⁴ Lè Ésaü te tande pawòl a papa li yo, ⁱli te kriye avèk gwo kri ak yon vwa byen fò, e li te di papa l: "Beni m tou o papa mwen."

³⁵ Men li te reponn: "ʲFrè ou a te vini twonpe m, e li te rache benediksyon ou an."

³⁶ Li te di: "Èske se pa t yon verite yo te nonmen li ᵏJacob, paske li te pran plas mwen de fwa sa yo? Li te pran dwa nesans mwen an, e gade, koulye a li pran benediksyon mwen." Epi li te di: "Èske ou pa t rezève yon benediksyon pou mwen?"

³⁷ Isaac te reponn Ésaü: "Gade byen, mwen te fè li ˡmèt ou, e tout moun nan fanmi li, mwen te bay li yo kòm sèvitè. Avèk sereyal avèk diven nèf mwen te bay li soutyen. Alò, pou ou, kisa m kapab fè, fis mwen?"

³⁸ Ésaü te di a papa li: "Èske se yon sèl benediksyon ou genyen, papa mwen? Beni mwen menm tou, o papa m." Konsa, Ésaü te leve vwa l e te ᵐkriye.

³⁹ Alò, ⁿIsaac, papa l te reponn e te di li:
"Gade byen, nan grès bon tè fètil ou va rete,

e lwen lawouze k ap soti anwo syèl la.
⁴⁰ Pa nepe ou, ou va viv, e frè ou a,
ᵒou va sèvi li.
Men li va rive ᵖke lè ou vin toumante,
ou va kase jouk la sou kou ou."

⁴¹ Epi Ésaü te ᵠpote yon rayisman kont Jacob akoz benediksyon an ke papa l te beni li. Konsa, Ésaü te di nan kè l: "Jou doulè pou mò papa m prèt pou fini, alò, mwen va touye frè m, Jacob."

⁴² Alò, lè pawòl pi gran fis la te rive a Rebecca, li te voye rele pi jèn fis li a, Jacob, e te di li: "Gade byen, frè ou a, Ésaü ap plenyen li menm de ou menm avèk entansyon pou touye ou. ⁴³ Pou sa, fis mwen, obeyi vwa m, e leve sove ale ʳCharan, vè frè mwen, ˢLaban! ⁴⁴ Rete avè l pandan ᵗkèk jou jiskaske kòlè frè ou a vin bese, ⁴⁵ jiskaske kòlè frè ou a vin bese, e bliye ᵘsa ou te fè li a. Alò, mwen va voye chache ou la. Poukisa mwen ta oblije pèdi nou toude nan yon sèl jou?"

⁴⁶ Rebecca te di Isaac: "Mwen bouke viv akoz fi Heth yo. Si Jacob pran yon fanm nan fi a Heth yo, tankou sila, nan fi peyi yo, ki byen ki kab rive nan vi m?"

28 Alò, Isaac te rele Jacob, li te beni li, li te kòmande li, e li te di: "ᵛOu p ap pran yon fanm nan fi Canaan yo." ² "Leve ale Paddan-Aram, lakay ʷBethuel, papa a manman ou. De la, pran yon madanm pami fi a Laban yo, frè manman ou an.

³ "Ke Bondye Toupwisan an kapab beni ou, bay ou anpil fwi, e fè ou miltipliye pou yo kapab devni yon gran fòs kantite moun. ⁴ Ke li kapab osi bay ou ˣbenediksyon Abraham nan, pou ou menm, ak pou desandan ou yo osi, ke ou kapab posede peyi kote w ap demere a, ke Bondye te bay a Abraham nan."

⁵ Alò, ʸIsaac te voye Jacob ale. Li te ale Paddan-Aram a Laban, fis a Bethuel la, Arameyen an, frè Rebecca, manman a Jacob ak Ésaü.

⁶ Epi Ésaü te wè ke Isaac te beni Jacob e te voye li ale Paddan-Aram pou pran pou li menm yon madanm, e ke lè li te beni li, li te bay li lòd, e te di: "ᶻOu pa pou pran yon madanm nan fi a Canaan yo," ⁷ epi ke Jacob te obeyi papa li, ak manman li, e li te ale Paddan-Aram.

⁸ Konsa Ésaü te wè ke ᵃfi Canaan yo pa t plè papa li Isaac. ⁹ Konsa, Ésaü te ale kote Ismaël, e li te marye, ᵇanplis ke madanm yo li te gen deja, Mahalath, fi Ismaël la, fis Abraham nan, sè Nebajoth la.

¹⁰ Konsa, Jacob te kite ᶜBeer-Schéba e te ale vè ᵈCharan. ¹¹ Li te vini nan yon ᵉsèten kote pou te pase nwit lan la, akoz solèy la te gen tan fin kouche. Li te pran youn nan wòch yo, li te mete l anba tèt li, e li te kouche la nan plas sila a.

ᵃ **27:25** Jen 27:4   ᵇ **27:27** Eb 11:20   ᶜ **27:27** Sòm 65:10   ᵈ **27:28** Jen 27:39   ᵉ **27:29** Jen 12:3   ᶠ **27:31** Jen 27:19
ᵍ **27:32** Jen 27:18   ʰ **27:33** Jen 28:3-4   ⁱ **27:34** Jen 27:19   ʲ **27:35** Jen 27:19   ᵏ **27:36** Jen 25:26-32-34
ˡ **27:37** Jen 27:28-29   ᵐ **27:38** Eb 12:17   ⁿ **27:39** Eb 11:20   ᵒ **27:40** Jen 25:23   ᵖ **27:40** II Wa 8:20-22
ᵠ **27:41** Jen 32:3-11   ʳ **27:43** Jen 11:31   ˢ **27:43** Jen 24:29   ᵗ **27:44** Jen 31:41   ᵘ **27:45** Jen 27:12-35
ᵛ **28:1** Jen 24:3-4   ʷ **28:2** Jen 24:3-4   ˣ **28:4** Jen 12:2   ʸ **28:5** Jen 27:43   ᶻ **28:6** Jen 28:1   ᵃ **28:8** Jen 24:3
ᵇ **28:9** Jen 26:34   ᶜ **28:10** Jen 26:23   ᵈ **28:10** Jen 12:4-5   ᵉ **28:11** Jen 28:19

¹² Li te fè yon rèv, e li te gade yon nechèl yo te mete sou latè, tèt li te rive nan syèl la. Epi gade, zanj Bondye yo t ap monte desann sou li. ¹³ Epi, gade byen, SENYÈ a te kanpe anwo li. Li te di: "Mwen se SENYÈ a, ªBondye papa Abraham nan ak Bondye Isaac la. Tè sa kote ou kouche a, Mwen va bay ou li pou ou menm ak ᵇdesandan ou yo. ¹⁴ Desandan ou yo va tankou pousyè latè, e ou va gaye ᶜnan lwès, nan lès, nan nò, ak nan sid. Konsa, nan ou avèk desandan ou yo, tout fanmi sou latè yo va beni.

¹⁵ "Gade byen, Mwen avèk ou. Mwen va kenbe ou nenpòt kote ou ale, e Mwen ᵈva fè ou retounen nan peyi sa a. Paske Mwen p ap kite ou jiskaske Mwen fin fè tout sa ke M te pwomèt nou an."

¹⁶ Alò, Jacob te ᵉleve nan dòmi an, e li te di: "Anverite SENYÈ a nan plas sila a, e mwen pa t konnen." ¹⁷ Li te pè, e li te di: "Alò, ᶠA la etonnan plas sa a etonnan! Sila pa lòt ke lakay Bondye, e sa se pòtay Syèl la."

¹⁸ Konsa, Jacob te leve bonè nan maten. Li te pran ᵍwòch ke li te plase anba tèt li a, e li te etabli li tankou yon pilye. Li te vide lwil sou tèt pilye a. ¹⁹ Li te rele plas sa a ʰBéthel, men oparavan non a vil sa a se te ⁱLuz.

²⁰ Epi Jacob te fè yon sèman. Li te di: "ʲSi Bondye ale avèk mwen, si Li va kenbe mwen nan vwayaj sila ke m ap fè a, e Li va ban mwen ᵏmanje pou m manje, ak rad pou m mete, ²¹ pou m ka retounen lakay papa m anpè, ˡpou SENYÈ a va Bondye pa m, ²² alò, wòch sila a, ke m etabli tankou pilye a, va devni Lakay Bondye. ᵐNan tout sa ke ou ban mwen, mwen va anverite bay yon dim a Ou menm."

29 Alò, Jacob te ale nan vwayaj li a, e li te vini nan peyi ki te pou ⁿfis a lès yo. ² Lè li te gade, li te wè yon ᵒpwi nan chan an, e gade byen, te gen twa bann mouton ki te kouche la akote li, paske se te avèk pwi sa a ke yo te bay tout bèt yo dlo. Alò, wòch la sou bouch pwi a te byen laj. ³ Lè tout bèje mouton yo te rasanble la, yo te konn woule wòch la sòti nan bouch pwi a, pou n bay mouton yo dlo, e te remete wòch la nan plas li sou bouch pwi a.

⁴ Jacob te di yo: "Frè m yo, kibò nou sòti?": Yo te reponn: "Nou sòti nan ᵖCharan."

⁵ Li te di yo: "Èske nou konnen Laban, ᵠfis a Nachor a?" Epi yo te di: "Nou konnen li."

⁶ Li te mande yo: "Èske tout bagay ale byen pou li?" Epi yo te reponn: "Wi, tout bagay ale byen pou li. Men fi li a, ʳRachel k ap vini avèk mouton yo."

⁷ Li te di: "Gade byen, li toujou gwo lajounen; li poko lè pou rasanble bèt. Bay bèt yo dlo, e mete yo nan patiraj toujou."

⁸ Men yo te di: "Nou pa kapab jiskaske tout bèje mouton yo fin rasanble, e yo woule wòch la sòti nan bouch pwi a. Se nan lè sa a nou va bay mouton yo dlo."

⁹ Pandan li t ap pale avèk yo, Rachel te parèt avèk mouton papa l yo, paske li te yon bèje. ¹⁰ Lè Jacob te wè Rachel, fi Laban an, frè manman li, ak mouton Laban yo, frè manman l, Jacob te pwoche. Li te woule wòch la sòti nan pwi a, e li te bay dlo a bann mouton Laban an, frè manman l lan. ¹¹ Epi Jacob te bo ˢRachel. Li te leve vwa li, e li te kriye. ¹² Jacob te di Rachel ke li te yon ᵗmoun fanmi papa l, e ke li te fis a Rebecca. Li te kouri di papa l sa.

¹³ Alò, lè ᵘLaban te tande nouvèl Jacob la, fis a sè li, li te kouri pou ale rankontre avè l e te ᵛanbrase li. Li te bo li, e te mennen li lakay li. Konsa, Jacob te eksplike Laban tout bagay sa yo. ¹⁴ Laban te di li: "Anverite, ou se ʷzo mwen avèk chè mwen." Konsa, li te rete avèk li pandan yon mwa.

¹⁵ Alò Laban te di a Jacob: "Akoz ke ou se moun fanmi mwen, èske sa vle di ke ou ta dwe sèvi mwen gratis? Di m, kisa pou m bay ou kòm salè?"

¹⁶ Alò, Laban te gen de fi. Non pi gran an se te Léa, e lòt la se te Rachel. ¹⁷ Epi zye a Léa yo te fèb, men Rachel te ˣbyen bèl nan figi l, ni nan fòm li. ¹⁸ Alò Jacob te ʸrenmen Rachel, e konsa li te di: "ᶻMwen va sèvi ou pandan sèt ane pou fi ou ki pi jèn nan, Rachel."

¹⁹ Laban te di: "Li pi bon pou m bay ou li pase pou m ta bay li a yon lòt gason. Rete avè m." ²⁰ Jacob te sèvi sèt ane pou Rachel, men yo te parèt a li menm kòmsi se te kèk jou akoz lamou li te gen pou li.

²¹ Konsa, Jacob te di a Laban: "Ban madanm mwen, paske tan mwen an gen tan fin konplete, pou m kapab ªantre nan relasyon avè l."

²² Laban te rasanble tout mesye yo nan plas la, e li te fè yon gwo fèt.

²³ Men nan aswè, li te pran fi li, Léa, e li te mennen li kote Jacob. Li te antre an relasyon avèk li. ²⁴ Laban osi te bay sèvant li, Zilpa, pou Léa kòm sèvant. ²⁵ Nan maten, gade byen, li vin parèt ke se te Léa! Konsa, li te di a Laban: ᵇ"Kisa sa ou te fè m la a?"

"Èske se pa pou Rachel ke m te sèvi ou a? Poukisa ou fè m desepsyon sila a?"

²⁶ Men Laban te di: "Se pa koutim peyi nou pou fè maryaj a pi jèn nan avan premye ne a. ²⁷ Konplete semèn nan avèk sila a, e nou va bay ou lòt la tou; pou sèvis sa a, ᶜou va sèvi m yon lòt sèt ane."

²⁸ Jacob te fè sa, li te konplete semèn nan avèk fi a, e li te ba li fi li, Rachel, kòm madanm li. ²⁹ Laban osi te bay sèvant li, Bilha a fi li, Rachel kòm sèvant li. ³⁰ Alò, Jacob te antre an relasyon ak Rachel osi, e vrèman, ᵈli te renmen Rachel plis ke Léa, e li te sèvi avèk Laban pandan yon lòt sèt ane.

³¹ Alò, SENYÈ a te wè ke Léa te manke renmen, e Li te ouvri vant li, men Rachel te rete san pitit. ³² Léa te vin ansent. Li te fè yon fis, e li te nonmen li Reuben, paske li te di: "Akoz ke SENYÈ a te

---

ª **28:13** Jen 26:3 ᵇ **28:13** Jen 12:7 ᶜ **28:14** Jen 13:14-15 ᵈ **28:15** Jen 48:21 ᵉ **28:16** I Wa 3:15 ᶠ **28:17** Sòm 68:35
ᵍ **28:18** Jen 28:11 ʰ **28:19** Jij 1:23 ⁱ **28:19** Jen 35:6 ʲ **28:20** Jen 28:15 ᵏ **28:20** I Tim 6:8 ˡ **28:21** Det 26:17
ᵐ **28:22** Lev 27:30 ⁿ **29:1** Jij 6:3-33 ᵒ **29:2** Jen 24:10-11 ᵖ **29:4** Jen 28:10 ᵠ **29:5** Jen 24:24-29
ʳ **29:6** Egz 2:16 ˢ **29:11** Jen 33:4 ᵗ **29:12** Jen 28:5 ᵘ **29:13** Jen 24:29-31 ᵛ **29:13** Jen 33:4 ʷ **29:14** Jen 2:23
ˣ **29:17** Jen 12:11,14 ʸ **29:18** Jen 24:67 ᶻ **29:18** Os 12:12 ª **29:21** Jij 15:1 ᵇ **29:25** Jen 12:18 ᶜ **29:27** Jen 31:41
ᵈ **29:30** Jen 29:17-18

[a]wè doulè mwen, asireman koulye a mari mwen va renmen m." ³³ Li te vin ansent ankò, li te fè yon fis, e li te di: [b]"Akoz ke SENYÈ a te tande ke mwen te rayi, pou sa Li te ban mwen fis sila a osi." Alò, li te bay li non Siméon.

³⁴ Li te vin ansent ankò, li te fè yon fis. Konsa, li te di: "Alò fwa sa a mari mwen va vin atache a mwen, paske mwen te fè twa fis pou li." Pou sa, li te nonmen li [c]Lévi.

³⁵ Epi li te vin ansent ankò. Li te fè yon fis, e li te di: "Fwa sa, mwen va louwe SENYÈ a." Pou sa li te nonmen li [d]Juda. Epi konsa, li te vin sispann fè pitit.

30

Alò, lè Rachel te wè ke [e]li pa t fè pitit pou Jacob, li te vin jalou. Li te di a Jacob: "Ban mwen pitit, oswa, m ap mouri."

² Epi chalè Jacob te brile kont Rachel. Li te di: "Èske mwen nan plas Bondye, ki te [f]anpeche vant ou bay fwi a?"

³ Li te reponn: "Men sèvant mwen an, Bilha, antre an relasyon avèk li pou li kapab pouse fè sou jenou mwen yo. Konsa, pa li menm, mwen kapab fè timoun tou."[g]

⁴ Epi [h]li te ba li sèvant li, Bilha kòm madanm, e li te antre nan relasyon avèk li. ⁵ Bilha te vin ansent, e li te fè yon fis pou Jacob.

⁶ Alò, Rachel te di: "Bondye te [i]ban mwen rezon. Li te vrèman tande vwa m, e Li te ban mwen yon fis." Pou sa, li te nonmen li Dan.

⁷ Sèvant a Rachel la, Bilha te vin ansent ankò, e li te fè pou Jacob yon dezyèm fis. ⁸ Alò, Rachel te di: "Avèk gwo lit mwen te mennen avèk sè mwen an, mwen te vrèman vin genyen l." Epi li te nonmen li Nephtali.

⁹ Lè Léa te wè ke li pa t fè pitit ankò, li te pran sèvant li a, Zilpa, e li te bay li a Jacob kòm madanm. ¹⁰ Sèvant a Léa a, Zilpa te fè yon fis pou Jacob. ¹¹ Konsa, Léa te di: "A la chans!" Epi li te nonmen li Gad.

¹² Sèvant Léa a, Zilpa te fè pou Jacob yon dezyèm fis. ¹³ Epi Léa te di: "A la kontan mwen kontan! Pou sa, fanm yo va rele mwen kontan." Epi li te nonmen li Aser.

¹⁴ Alò, nan jou rekòlt ble yo, Reuben te sòti pou twouve mandragò nan chan an, e li te pote yo bay manman li, Léa. Alò, Rachel te di a Léa: "Souple, ban m kèk nan mandragò fis ou yo."

¹⁵ Men Léa te di l: "Èske se yon ti bagay sa ye pou ou pou pran mari mwen? Konsa, èske ou ta renmen pran mandragò a fis mwen yo tou?"

Rachel te reponn: "Pou sa, li kapab kouche avè ou aswè a, kòm twòk pou mandragò a fis ou yo."

¹⁶ Lè Jacob te sòti nan chan an nan aswè, alò, Léa te sòti pou rankontre li. Li te di l: "Ou oblije antre an relasyon ak mwen aswè a, paske vrèman mwen te achte ou avèk mandragò a fis mwen yo." Epi li te kouche avèk li nan nwit lan.

¹⁷ Bondye te okipe Léa, e li te fè yon senkyèm fis pou Jacob. ¹⁸ Epi Léa te di: "Bondye te ban mwen salè mwen, akoz ke m te bay sèvant mwen an a mari mwen."

¹⁹ Léa te vin ansent ankò, e li te fè yon sizyèm fis pou Jacob. ²⁰ Alò Léa te di: "Bondye te ban mwen yon bon kado! Koulye a mari mwen va rete avè m akoz ke mwen fè sis fis pou li." Alò li te nonmen li Zabulon.

²¹ Apre sa li te fè yon fi, e li te nonmen li Dina.

²² Alò, [j]Bondye te sonje Rachel. Li te okipe li, e Li te [k]louvri vant li. ²³ Konsa, li te vin ansent, e li te fè yon fis. Konsa, li te di: "Bondye [l]retire repwòch mwen." ²⁴ Li te rele li Joseph, e li te di: "[m]Ke SENYÈ a ban m yon lòt fis."

²⁵ Alò, li te rive ke lè Rachel te fè Joseph, Jacob te di a Laban: "[n]Voye mwen ale, pou mwen kapab ale nan pwòp plas mwen e nan pwòp peyi mwen. ²⁶ Ban mwen madanm mwen yo, ak pitit mwen yo, [o]pou sila mwen te sèvi ou yo. Kite mwen pati, paske ou menm ou konnen sèvis ke m te rann ou yo."

²⁷ Men Laban te di li: "Si sa fè ou plezi, rete avè m; mwen devine [p]ke Bondye te beni mwen akoz ou menm." ²⁸ Li te pale toujou: [q]"Nonmen salè ou, e mwen va ba ou li".

²⁹ Men li te di li: [r]"Ou menm ou konnen jan mwen te sèvi ou, ak jan bèt ou yo te byen okipe avèk m. ³⁰ Paske ou pa t gen anpil lè m te vini an, yo vin miltipliye anpil, e SENYÈ a te beni ou tout kote ke m vire. Men koulye a, se lè pou mwen okipe pwòp lakay mwen tou?"

³¹ Epi Laban te di: "Kisa mwen kapab ba ou?"

Epi Jacob te reponn: "Ou pa bezwen ban m anyen. Si w ap fè yon sèl bagay pou mwen, mwen va okipe bann ou yo ankò, epi kenbe yo. ³² Kite mwen pase nan tout bann mouton ou yo, pou retire chak [s]mouton ki takte, oswa trase, avèk tout sa ki nwa pami ti mouton yo, chak sa ki takte oswa trase pami kabrit yo. Se sa yo ki va sèvi kòm salè mwen. ³³ Konsa entegrite mwen va reponn pou mwen pita, lè ou vin parèt konsènan salè mwen. Chak sa ki pa takte, oswa trase pami kabrit yo, e ki nwa pami jenn mouton yo, si li twouve avèk m, konsidere ke mwen te vòlè l."

³⁴ Laban te di li: "Sa bon. Kite sa fèt selon pawòl ou."

³⁵ Alò, nan menm jou sa a, li te rete tout mal kabrit ki te trase, oswa takte, ak tout femèl kabrit ki te takte, chak ki te gen blan ladann, ak tout nwa pami mouton yo, e li te bay fis li yo okipe yo. ³⁶ Epi li te mete yon distans twa jou antre li menm avèk Jacob, e Jacob te bay manje a tout rès bann mouton yo pou Laban.

---

[a] **29:32** Jen 16:11 [b] **29:33** Det 21:15 [c] **29:34** Jen 49:5 [d] **29:35** Jen 49:8 [e] **30:1** Jen 29:31 [f] **30:2** Jen 20:18 [g] **30:3** Jen 16:2 [h] **30:4** Jen 16:3-4 [i] **30:6** Sòm 35:24 [j] **30:22** I Sam 1:19-20 [k] **30:22** Jen 29:31 [l] **30:23** És 4:1 [m] **30:24** Jen 35:17 [n] **30:25** Jen 24:54-56 [o] **30:26** Jen 29:18-27 [p] **30:27** Jen 29:18-27 [q] **30:28** Jen 29:15 [r] **30:29** Jen 31:6 [s] **30:32** Jen 31:8

³⁷ Jacob te pran bwa vèt nan pye sikrèn, pye zanmann, ak pye bwadòm, e li te kale tras blan nan yo pou fè parèt blan ki te nan bwa yo. ³⁸ Li te plase bwa li te kale yo devan bann mouton yo, nan flèv dlo yo, e nan basen dlo kote bann mouton yo te vin bwè a. Se la yo te kwaze lè yo te vin pou bwè. ³⁹ Alò, bann mouton yo te kwaze kote bwa kale yo, e yo te fè pote sa ki te trase, takte e pentle yo.

⁴⁰ Jacob te separe ti mouton yo, e te fè bann mouton yo rete anfas, pou yo t ap gade tout sa ki te trase yo, ak tout nwa yo, ki te nan bann mouton Laban yo. Li te mete pwòp bann mouton li yo apa, pou yo pa t avèk bann mouton Laban yo. ⁴¹ Anplis de sa, nenpòt kilè bèt ki pi fò nan bann mouton yo ta kwaze, Jacob ta mete bwa yo devan zye a bèt ki nan basen dlo yo, pou yo ta kwaze akote bwa yo; ⁴² men lè bann mouton an te fèb, li pa t mete yo ladann. Konsa pi fèb yo te vin pou Laban, e pi fò yo pou Jacob.

⁴³ Konsa, ᵃnonm nan te vin pwospere anpil. Li te vin gen gwo bann mouton, sèvant ak sèvitè, chamo avèk bourik.

31 Alò, Jacob te tande pawòl fis Laban yo ki te vin di: "Jacob te retire tout sa ki te pou papa nou, e avèk sa ki te pou papa nou, li te fè tout richès li." ² Jacob te wè konpòtman Laban, e gade byen, li pa t emab anvè li jan li te ye avan an.

³ Epi SENYÈ a te di a Jacob: "Retounen nan peyi a zansèt ou yo, a moun ou yo, e ᵇmwen va avèk ou."

⁴ Alò Jacob te voye rele Rachel avèk Léa vè bann mouton li nan chan an. ⁵ Konsa, li te di yo: "Mwen wè ke konpòtman papa nou anvè mwen menm pa emab jan li te ye lontan an, men ᶜBondye a papa m nan te avèk mwen. ⁶ ᵈNou konnen ke mwen te sèvi papa nou avèk tout fòs mwen. ⁷ Malgre sa, papa nou te ᵉtwonpe mwen, e li te ᶠchanje salè mwen dis fwa, men Bondye pa t kite li fè m donmaj. ⁸ Si ᵍli te pale konsa: 'Takte yo se salè ou', alò, tout bann mouton yo te bay pitit takte. Epi si li te pale konsa ke trase yo te salè ou, alò tout bann mouton yo te bay pitit trase. ⁹ Konsa Bondye te ʰretire bèt yo nan men papa ou, e Li te ban mwen yo.

¹⁰ "Epi li te rive ke lè bann mouton yo a t ap kwaze, ke mwen te leve zye mwen, mwen te wè nan yon rèv, e gade byen, mal kabrit ki t ap kwaze yo te trase, takte, e mele.

¹¹ "Alò, ⁱzanj Bondye a te di mwen nan rèv la: 'Jacob,' epi mwen te di: 'Men mwen.'

¹² "Li te di: 'Koulye a leve zye ou, pou wè ke tout mal kabrit ki t ap kwaze yo te trase, takte, e mele, paske ʲMwen te wè tout sa ke Laban te fè ou yo. ¹³ Mwen menm se ᵏBondye a Béthel la, kote ou te ˡvide lwil sou yon pilye, kote ou te fè sèman a Mwen menm nan. Konsa, leve, kite tè sa a, e retounen nan peyi nesans ou a.'"

¹⁴ Rachel avèk Léa te di li: "Èske nou gen yon pati nan eritaj lakay papa nou an ki rete? ¹⁵ Èske li pa rekonèt nou kòm etranje? Paske ᵐli gen tan vann nou. Anplis, li te manje tout byen nou ranmase. ¹⁶ Vrèman, tout byen ke Bondye te rachte nan men papa nou yo, se pou nou avèk pitit nou ke yo ye. Alò, fè sa ke Bondye te di ou fè a."

¹⁷ Alò, Jacob te leve. Li te mete pitit li yo avèk madanm li yo sou chamo yo. ¹⁸ Konsa, li te voye pouse tout bèt yo avèk tout byen ke li te rasanble yo, bèt ke li te vin gen nan Paddan-Aram yo, ⁿpou ale nan peyi Canaan vè papa li, Isaac.

¹⁹ Lè Laban te ale pou taye plim mouton li yo, Rachel te vòlè ᵒzidòl lakay ki te pou papa li yo. ²⁰ Konsa, Jacob te twonpe Laban, Arameyen an. Li pa t di li ke li t ap sove ale. ²¹ Li te sove ale avèk tout sa ke li te genyen, epi li te leve pou travèse lariviyè Euphrate la, ak figi li byen fikse vè peyi mòn ᵖGalaad yo.

²² Lè yo te di Laban nan twazyèm jou ke Jacob te sove ale a, ²³ li te pran moun fanmi li yo, pou l te kouri dèyè li pandan sèt jou. Konsa, li te vin rive devan li nan ti kolin nan peyi Galaad yo.

²⁴ ᑫBondye te parèt a Laban, Arameyen an, nan yon ʳrèv nan nwit lan. Li te di li: "Fè atansyon pou ou pa pale a Jacob ni byen, ni mal."

²⁵ Laban te vin rive devan Jacob. Alò Jacob te monte tant li nan peyi kolin yo, e Laban avèk moun pa li yo te rete nan peyi kolin Galaad yo. ²⁶ Alò, Laban te di a Jacob: "Kisa ou te fè m la a lè ou te twonpe m e fè eskalad avèk fi mwen yo tankou prizonyè ki sou nepe? ²⁷ Poukisa ou te sove ale an sekrè? Ou fè m desepsyon sa a, e ou pa di m sa pou m ta kapab voye ou ale avèk jwa, ak chante, tanbouren ak ap? ²⁸ Ou pa t menm kite m ˢbo fis mwen yo, ak fi mwen yo. Alò, ou gen tan fè betiz. ²⁹ Li nan pouvwa mwen pou m fè nou mal, men ᵗBondye a papa ou a te pale avèk mwen yèswa. Li te di: 'Pinga ou pale ni byen, ni mal a Jacob'. ³⁰ Alò, vrèman ou te sòti paske ou te anvi wè lakay papa ou, men poukisa ou te vòlè ᵘdye mwen yo?"

³¹ Jacob te reponn Laban: "Akoz ke m te pè, paske mwen te panse ke ou ta rachte fi ou yo nan men mwen pa lafòs. ³² ᵛSila ki twouve avèk dye ou yo p ap viv. Nan prezans tout fanmi nou yo, montre m sa ki pou ou nan byen mwen yo, e pran li pou ou menm." Paske Jacob pa t konnen ke Rachel te gen tan vòlè yo.

³³ Alò, Laban te antre nan tant Jacob la, nan tant Léa a, ak nan tant sèvant yo, men li pa t twouve yo. ³⁴ Alò, Rachel te pran zidòl lakay yo. Li te mete yo nan sèl chamo a, e li te chita sou yo. Konsa, Laban te manyen toupatou nan tant lan, men li pa t twouve yo.

ᵃ **30:43** Jen 12:16 ᵇ **31:3** Jen 28:15 ᶜ **31:5** Jen 21:22 ᵈ **31:6** Jen 30:29 ᵉ **31:7** Jen 29:25 ᶠ **31:7** Jen 31:41
ᵍ **31:8** Jen 30:32 ʰ **31:9** Jen 31:1-6 ⁱ **31:11** Jen 16:7-11 ʲ **31:12** Egz 3:7 ᵏ **31:13** Jen 28:13-19
ˡ **31:13** Jen 28:18-20 ᵐ **31:15** Jen 29:20-27 ⁿ **31:18** Jen 35:27 ᵒ **31:19** Jen 31:30-34 ᵖ **31:21** Jen 37:25
ᑫ **31:24** Jen 20:3 ʳ **31:24** Jen 31:11 ˢ **31:28** Jen 31:55 ᵗ **31:29** Jen 31:5-53 ᵘ **31:30** Jen 31:19 ᵛ **31:32** Jen 44:9

³⁵ Li te di a papa li: "Pa kite mèt mwen an fache avè m, pwiske mwen p ap ka ᵃleve devan ou, paske se règ mwen ki sou mwen." Alò, li te chache, men li pa t jwenn ᵇzidòl kay yo.

³⁶ Alò, Jacob te vin fache. Li te konfwonte Laban. Jacob te di l: "Ki tò mwen te fè ou? Ki peche mwen te fè konsa pou ou vin pouswiv mwen tou cho konsa? ³⁷ Malgre ou gen tan manyen tout afè m, kisa ou te twouve ladan yo ki pou lakay ou? Mete li isit la devan moun pa m avèk moun pa ou yo, pou yo ka pran yon desizyon antre nou de a.

³⁸ "Pandan ventan mwen te la avè w. Mouton ou yo avèk kabrit ou yo pa janm pèdi pitit, ni mwen pa t manje belye nan bann mouton ou yo. ³⁹ Sa ki te chire pa bèt sovaj, èske m pa te pote yo bay ou? Mwen te fè pèt la pou kont mwen. Se konsa ou te egzi je sa ki nan men m, sof ke sa ki vòlè nan lajounen, sof ke sa ki vòlè nan lannwit. ⁴⁰ Konsa mwen te ye: Nan lajounen, solèy la te manje m, fredi nan lannwit, e dòmi te vòlè sove ale nan zye mwen. ⁴¹ Pandan ven ane sa yo, mwen te lakay ou. ᶜMwen te sèvi ou katòz ane pou de fi ou yo, sis ane pou bann mouton ou yo, e ou te fè chanjman salè mwen dis fwa. ⁴² Si Bondye a papa m nan, Bondye a Abraham nan pa t pou mwen, vrèman koulye a ou t ap kab voye m ale men vid. ᵈBondye te wè afliksyon mwen, ak travay di ke men m te gen tan fè, epi Li te ᵉrann jijman an yèswa."

⁴³ Laban te reponn a Jacob: "Fi yo se fi m, pitit yo se pitit mwen, ᶠbann mouton yo se bann mouton mwen. Tout sa ou wè la yo se pa m. Men kisa m ka fè nan jou sa pou sila yo, a fi mwen yo, oswa a pitit pa yo ke yo te fè? ⁴⁴ Alò, kounye a vin non, annou ᵍfè yon akò, ou menm avèk mwen menm. Annou fè li kòm yon temwen antre ou menm avèk mwen."

⁴⁵ Konsa, Jacob te pran ʰyon gwo wòch. Li te fè l kanpe tankou yon pilye. ⁴⁶ Jacob te di a tout relasyon fanmi pa li a: "Sanble wòch"! Epi yo te pran wòch yo. Yo te fè yon gwo pil, e yo te manje la akote pil la.

⁴⁷ Alò Laban ⁱte rele la Jegar-Sahadutha, men Jacob te rele l Galed.

⁴⁸ Laban te di: "ʲGwo pil wòch sa se yon temwen antre ou menm avèk mwen menm jodi a." Konsa, li te rele l Galed, ⁴⁹ epi osi ᵏMitspa, paske li te di: "Ke Bondye kapab gade antre ou menm avèk mwen lè nou vin absan de youn lòt. ⁵⁰ Si ou maltrete fi mwen yo, oswa si ou pran madanm anplis ke fi mwen yo, malgre pèsòn pa avèk nou, ou wè, ˡBondye se temwen antre ou menm avèk mwen."

⁵¹ Laban te di a Jacob: "Gade byen gwo pil sa a, e veye byen gwo pilye ke m etabli antre ou menm avèk mwen an. ⁵² Gwo pil sa a se yon temwen. Pilye a se yon temwen ke mwen p ap pase vè gwo pil sa a pou fè ou mal, e ou p ap pase gwo pil sa a vè mwen pou fè m mal. ⁵³ Bondye Abraham nan ak Bondye Nachor a, Bondye a papa pa yo a, vin ᵐjij antre nou menm."

Konsa Jacob te sèmante pa ⁿkrent a papa l, Isaac. ⁵⁴ Alò, Jacob te ᵒofri yon sakrifis sou mòn nan. Li te rele tout gwo fanmi li yo pou vin manje pen. Yo te manje pen sa a, e yo te pase nwit lan sou mòn nan.

⁵⁵ Granmmaten, ᵖLaban te leve. Li te bo fis li yo ak fi li yo, e li te beni yo. Alò, Laban te retounen nan plas li.

32 Alò, pandan Jacob te fin pran wout li, ᑫzanj Bondye yo te rankontre li. ² Jacob te di lè li te wè yo: "Sa se lame Bondye a." Konsa, li te nonmen plas sa a ʳMahanaïm.

³ Alò, Jacob te voye mesaje yo devan li kote frè li Ésaü nan peyi ˢSéir a nan teritwa ᵗÉdom an. ⁴ Li te bay mesaje yo lòd, e li te di: "Konsa ou va pale a mèt mwen an, Ésaü: 'Men sa ke sèvitè ou, Jacob di ou: Mwen te vin rete avèk Laban, e mwen te ᵘdemere la jis rive koulye a. ⁵ Mwen gen bèf avèk bourik, avèk bann mouton, sèvitè avèk sèvant. M ap voye pou di mèt mwen sa, pou m kapab vin jwenn favè nan zye w.'"

⁶ Mesaje yo te retounen vè Jacob. Yo te di li: "Nou te rankontre frè ou Ésaü. Konsa, li ap vin kote ou avèk kat-san òm."

⁷ Epi Jacob te vin ᵛpè anpil, e byen twouble. Li te divize moun ki te avè l yo, bann mouton, twoupo bèf ak chamo pou fè de konpanyen. ⁸ Konsa, li te di: "Si Ésaü ta vin atake youn nan konpanyen yo, alò, konpanyen ki rete a va chape."

⁹ Jacob te di: "O Bondye a papa m nan Abraham e Bondye a papa m nan Isaac, O SENYÈ ki te di mwen an: ʷ'Retounen nan peyi ou, e a moun fanmi ou yo, e mwen va fè ou vin pwospere,' ¹⁰ mwen pa merite ˣtout lanmou, mizerikòd ak fidelite ke ou te montre sèvitè ou a; paske se sèl avèk baton mwen ke m te travèse rivyè Jourdain an, men koulye a nou vin de konpanyen. ¹¹ ʸDelivre mwen, souple ᶻanba men frè m nan, anba men Ésaü; paske mwen pè li, pou li pa vin atake mwen avèk manman yo, ak timoun yo. ¹² Paske ou te di: 'Anverite, ᵃMwen va fè nou vin pwospere, e fè desandan nou yo vin tankou sab lanmè a, ki ap twò gran pou konte.'"

¹³ Epi li te pase nwit lan la. Alò, li te chwazi nan sa li te gen avè l yo kòm yon ᵇkado pou frè li, Ésaü: ¹⁴ De-san kabrit femèl, ven kabrit mal, de-san femèl mouton, ak ven mal, ¹⁵ trant chamo ki t ap bay lèt a pitit pa yo, karant bèf avèk dis towo, ven bourik femèl, ak dis ti bourik.

¹⁶ Li te livre yo nan men a sèvitè li yo. Chak ekip te mache pou kont li, e li te di a sèvitè li yo: "Pase devan m, e mete yon espas antre de bann yo." ¹⁷ Li te kòmande sila ki te devan an e li te di li: "Lè frè m Ésaü vin rankontre ou, e mande ou: 'Pou kilès ou ye, kibò w prale, e pou kilès bèt sa yo ki devan ou

---

ᵃ **31:35** Lev 19:32   ᵇ **31:38** Jen 31:19   ᶜ **31:41** Jen 29:27-30   ᵈ **31:42** Egz 3:7   ᵉ **31:42** Jen 31:24-29
ᶠ **31:43** Jen 31:1   ᵍ **31:44** Jen 21:27-32   ʰ **31:45** Jen 28:18   ⁱ **31:47** Jos 22:34   ʲ **31:48** Jos 24:27   ᵏ **31:49** Jij 11:29
ˡ **31:50** Jr 29:23   ᵐ **31:53** Jen 16:5   ⁿ **31:53** Jen 31:42   ᵒ **31:54** Egz 18:12   ᵖ **31:55** Jen 31:28,43   ᑫ **32:1** II Wa 6:16-17   ʳ **32:2** Jos 21:38   ˢ **32:3** Jen 14:16   ᵗ **32:3** Jen 25:30   ᵘ **32:4** Jen 31:41   ᵛ **32:7** Jen 32:11
ʷ **32:9** Jen 28:15   ˣ **32:10** Jen 24:27   ʸ **32:11** Sòm 59:1-2   ᶻ **32:11** Jen 27:41-42   ᵃ **32:12** Jen 28:14
ᵇ **32:13** Jen 43:11

yo ye?' ¹⁸ Alò, ou va di: 'Se pou sèvitè ou, Jacob. Se yon kado ke li voye bay mèt mwen, Ésaü. Men gade byen, li la dèyè nou.'"

¹⁹ Li te kòmande osi a dezyèm nan, a twazyèm nan, ak tout sa ki te swiv ekip yo, e li te di: "Se konsa nou va pale avèk Ésaü lè nou rankontre li. ²⁰ Ou va di: 'Gade, men sèvitè ou Jacob dèyè nou an tou.' Paske li te di: 'Mwen va satisfè li avèk kado ki ale devan m yo. E apre, mwen va wè figi li. Petèt li kapab aksepte mwen.'" ²¹ Epi kado a te pase devan li, e li menm te pase nwit lan menm kote li te fè kan an.

²² Alò, li te leve pandan menm nwit lan, e li te pran de madanm li yo avèk de sèvant li yo, onz pitit li yo, e li te travèse lariviyè a bò kote ᵃJabbok la. ²³ Li te pran yo, e li te voye yo travèse dlo a. Konsa, li te voye travèse ak tout sa li te genyen.

²⁴ Konsa, Jacob te rete tout sèl, e yon nonm te ᵇvin lite avèk li jis rive granmmaten. ²⁵ Lè li te wè ke li pa t genyen l, li te touche gwo jwenti janm li (anwo kote l tache nan kò a), epi li te vin dejwente pandan li t ap lite avè l. ²⁶ Epi nonm nan te di: "Lage m, paske jou a pwòch."

Men Jacob te di: "ᶜMwen p ap lage ou amwenske ke ou beni m."

²⁷ Alò, li te di li: "Kòman yo rele ou?"

Li te reponn: "Jacob."

²⁸ Li te di li: "Yo p ap rele ou Jacob ankò, men Israël; paske ou te lite avèk Bondye, e avèk lòm, epi ou te reyisi." ²⁹ Alò ᵈJacob te mande li: "Souple, di m non ou." Li te reponn: "Poukisa ou mande m non mwen?" Epi li te beni li la. ³⁰ Konsa, Jacob te nonmen kote sa Peniel, paske li te di: "ᵉMwen te wè Bondye fasafas, malgre sa, vi mwen te prezève."

³¹ Alò, solèy la te leve sou li nan menm moman li t ap travèse ᶠPeniel la, e li te bwate akoz gwo janm nan. ³² Pou sa, jis jounen jodi a, fis Israël yo pa manje tandon ki tache nan gwo janm nan avèk anch ki sou jwenti a, akoz ke li te touche jwenti gwo janm nan tandon ki tache nan anch lan.

33 Alò, Jacob te leve zye li. Li te gade, e gade byen, ᵍÉsaü t ap vini, ak kat-san òm avèk li. Konsa, li te divize pitit yo pami Léa avèk Rachel avèk de sèvant yo. ² Li te mete sèvant li yo devan, Léa avèk pitit li yo dèyè, e Rachel avèk Joseph an dènye. ³ Men li menm te pran devan yo. Li te ʰbese jis atè sèt fwa, jiskaske li te rive toupre frè li a.

⁴ Ésaü te kouri al jwenn li. Li te anbrase li, te ⁱtonbe nan kou li e li te bo li. Konsa, yo te kriye. ⁵ Li te leve zye li pou wè fanm yo, e li te di: "Se kilès? Sila yo ki avèk ou la a?"

Epi Jacob te di: "ʲPitit ke Bondye nan gras li te bay sèvitè ou."

⁶ Alò, sèvant lakay yo te vin pwoche avèk pitit pa yo, e yo te bese ba. ⁷ Léa tou te apwoche avèk pitit li yo. Yo te bese ba. Apre, Joseph te vini avèk Rachel, e yo te bese ba.

⁸ Ésaü te di: "Kisa ou vle di ak tout ekip sa yo ke m rankontre la a?"

Jacob te reponn: "ᵏPou jwenn favè nan zye a mèt mwen."

⁹ Men Ésaü te di: "ˡMwen gen kont mwen, frè m; kite sa ou genyen yo rete pou ou."

¹⁰ Jacob te di: "Non, souple, si koulye a mwen twouve favè nan zye ou, alò, pran kado a nan men m, paske mwen wè figi ou tankou yon moun ki vin wè figi a Bondye, e ou te byen resevwa m. ¹¹ Souple, pran kado ki te pote pou ou a, ᵐpaske Bondye te aji avèk gras anvè mwen, e akoz sa m gen anpil:" Konsa, li te vin ankouraje l, e li te aksepte li.

¹² Konsa, Esaü te di: "Annou fè vwayaj nou. Ann ale, e mwen va ale devan nou." ¹³ Men Jacob te di li: "Mèt mwen, ou konnen ke timoun yo frajil, e ke bann mouton avèk twoupo k ap bay tete yo se yon tèt chaje pou mwen. Si yo pouse twòp, menm pou yon jou, yo va mouri. ¹⁴ Souple, kite mèt mwen an pase devan sèvitè li. Mwen menm mwen va avanse pi dousman, selon nesesite bèt ki devan m yo, ak selon vitès a timoun yo, jis lè m rive vè mèt mwen an nan Séir."

¹⁵ Ésaü te di: "Souple, kite mwen ba ou kèk nan moun ki avè m yo." Men li te di: "Poukisa ou fè sa? ⁿKite mwen jwenn favè nan zye a mèt mwen an." ¹⁶ Konsa, Ésaü te fè wout li pou Séir menm jou sa a. ¹⁷ Jacob te vwayaje a ᵒSuccoth. Li te bati pou li menm yon kay, e li te fè pak pou tout bèt li yo, epi pou sa, yo rele plas la Succoth.

¹⁸ Alò, Jacob te rive san pwoblèm nan vil ᵖSichem nan peyi Canaan, lè li te sòti ᵠPaddan-Aram. Li te fè kan an devan vil la. ¹⁹ ʳLi te achte yon mòso kote li te monte tant li nan men fis Hamor yo, papa Sichem nan, pou sòm a san pyès lajan. ²⁰ Alò, la li te monte yon lotèl, e li te rele li El-Elohé-Israël.

34 Alò, ˢDina, fi Léa te fè pou Jacob la te sòti pou vizite fi peyi yo nan kote sa a. ² Lè Sichem, fis Hamor a, ᵗEvyen an, prens nan peyi a te wè li, li te pran li, e pa lafòs, li te kouche avèk li. ³ Li te vrèman atire a Dina, fi Jacob la. Li te renmen fi a, e li te pale ak dousè avè l. ⁴ Alò, Sichem te ᵘpale avèk papa l Hamor. Li te di: "Fè m jwenn jèn fi sa a pou madanm."

⁵ Alò, Jacob te tande ke li te vyole Dina, fi li a, men fis li yo te avèk bèt yo nan chan an. Alò, li te rete san pale jis lè yo te vin antre.

⁶ Hamor, papa Sichem, te vin deyò a pou pale avèk li. ⁷ Alò, fis a Jacob yo te sòti nan chan an lè yo te tande koze sa a. Konsa, mesye yo te blese. Yo te vin byen fache, akoz ke li te fè yon choz ᵛmeprizab an Israël lè li te kouche avèk fi Jacob la, paske yon bagay konsa pa t dwe fèt.

ᵃ **32:22** Det 3:16   ᵇ **32:24** Os 12:3-4   ᶜ **32:26** Os 12:4   ᵈ **32:29** Jij 13:17-18   ᵉ **32:30** Jen 16:13   ᶠ **32:31** Jij 8:8
ᵍ **33:1** Jen 32:6   ʰ **33:3** Jen 42:2   ⁱ **33:4** Jen 45:14-15   ʲ **33:5** Jen 48:9   ᵏ **33:8** Jen 32:5   ˡ **33:9** Jen 27:39-40
ᵐ **33:11** Jen 30:43   ⁿ **33:15** Rt 2:13   ᵒ **33:17** Jos 13:27   ᵖ **33:18** Jos 24:1   ᵠ **33:18** Jen 28:2   ʳ **33:19** Jos 24:32
ˢ **34:1** Jen 30:21   ᵗ **34:2** Jen 34:30   ᵘ **34:4** Jij 14:2   ᵛ **34:7** Det 22:20-30

⁸ Men Hamor te pale avèk yo. Li te di: "Nanm fis mwen an, Sichem anvi fi ou a anpil. Pou sa, silvouplè, ba li li pou yo marye. ⁹ Annou marye yo youn pou lòt. Bay fi ou yo a nou menm, e pran fi nou yo pou ou menm. ¹⁰ Konsa, ou va viv avèk nou, e ᵃpeyi a va vin ouvri devan nou. Viv ladann, e fè afè nou yo ladann."

¹¹ Sichem te di osi a papa ak frè a Dina, "Kite mwen twouve favè nan zye nou. Konsa, mwen va bannou nenpòt sa ke nou mande m. ¹² Mande m tan kòm pèyman avèk kado, e mwen va bannou nenpòt sa nou mande mwen, men ban mwen fi a pou marye."

¹³ Konsa, fis Jacob yo te reponn Sichem avèk papa li Hamor avèk desepsyon, akoz ke li te vyole Dina, sè yo a. ¹⁴ Yo te di yo: "Nou pa kapab fè bagay sa a, pou bay sè nou an a yon moun ki ᵇpa sikonsi. Sa ta yon wont pou nou tout. ¹⁵ Sou yon sèl kondisyon nou ta kapab dakò: si nou va vini tankou nou. Sa vle di ke chak mal nan nou ta vin sikonsi. ¹⁶ Konsa, nou va bay sè nou yo a nou menm, nou va viv avèk nou e vin yon sèl pèp. ¹⁷ Men si nou pa koute nou pou vin sikonsi, alò, n ap pran sè nou an e ale."

¹⁸ Alò, pawòl pa yo a te parèt rezonab a Hamor avèk Sichem, fis Hamor a. ¹⁹ Jennonm sa a pa t pèdi tan pou fè bagay la, paske li te tèlman kontan avèk fi Jacob la. Epi li te jwenn respe depase tout moun ki lakay papa li a. ²⁰ Konsa, Hamor, avèk fis li a, Sichem te vini nan ᶜpòtay vil yo, li te pale avèk mesye nan vil yo, e li te di: ²¹ "Moun sa yo se zanmi nou yo; pou sa, annou kite yo viv nan peyi a pou fè komès ladann, paske, gade byen, peyi a ase gran pou yo. Annou pran fi yo an maryaj, e bay fi nou yo a yo menm. ²² "Se sèl sou kondisyon sa a ke moun sa yo va vin dakò pou vin viv avèk nou, pou vin yon sèl pèp; ke chak mal pami nou vin sikonsi tankou yo menm tou deja sikonsi a. ²³ Se pa ke bèt, byen ak tout zannimo yo va vin pou nou? Sèlman annou vin dakò avèk yo, e yo va viv avèk nou."

²⁴ Tout sa yo ki te sòti nan pòtay lavil la te koute Hamor, avèk fis li a, Sichem. Konsa, chak mal te sikonsi, tout moun ki te sòti nan pòtay vil la.

²⁵ Alò, li te rive nan twazyèm jou a, lè yo te nan doulè, de nan fis a Jacob yo, ᵈSiméon avèk Lévi, frè a Dina yo, yo chak te pran nepe yo. Yo te vini sou vil la san yo pa konnen, e yo te touye tout mal yo. ²⁶ Yo te touye Hamor avèk fis li a, Sichem, avèk lam file a nepe yo. Yo te pran Dina soti lakay Sichem nan, e yo te ale. ²⁷ Fis Jacob yo te vini sou mò yo. Yo te piyaje vil la akoz ke yo te vyole sè yo a. ²⁸ Yo te pran bann mouton, twoupo ak bourik, sa ki te nan vil la, ak sa ki te nan chan an. ²⁹ Epi yo te kaptire e piyaje tout byen yo, tout pitit yo, madanm yo, menm tout sa ki te lakay yo.

³⁰ Alò Jacob te di a Siméon avèk Lévi: "Nou vin ᵉpote pwoblèm pou mwen akoz ke nou ᶠfè m vin rayi pa abitan peyi yo, pami Kananeyen avèk Ferezyen yo. Epi akoz ke gason nou yo pa anpil, yo va rasanble kont mwen, pou atake mwen, e mwen va vin detwi, mwen menm avèk tout lakay mwen."

³¹ Men yo te di: "Èske yo ta dwe trete sè nou an tankou yon pwostitiye?"

35

Alò, Bondye te di a Jacob: "Leve ale ᵍBéthel e rete la. Fè yon lotèl la pou Bondye ki te parèt devan ou ʰlè ou te sove ale sou frè ou a, Ésaü."

² Alò, Jacob te di moun lakay li yo, ak tout sa ki te avè l yo: "Mete deyò tout ⁱdye etranje yo ki pami nou, pirifye nou, e chanje rad nou. ³ Annou leve monte Béthel. Mwen va fè yon lotèl la pou Bondye, ʲki te reponn mwen nan jou detrès mwen an, e ki te ᵏavèk mwen nan tout kote ke m te konn ale yo." ⁴ Alò, yo te bay Jacob tout dye etranje ke yo te genyen yo, ak zanno ki te nan zòrèy yo, e Jacob te antere kache yo anba chenn ki te toupre Sichem nan. ⁵ Pandan yo t ap vwayaje, yon ˡgwo laperèz te vin sou vil ki te ozanviwon yo, e yo pa t swiv fis a Jacob yo.

⁶ Alò, Jacob te vini ᵐLuz (sa vle di, Béthel), ki nan peyi Canaan an, li menm avèk tout moun ki te avèk li yo. ⁷ ⁿLi te bati yon lotèl la, e li te rele plas la, El-Béthel, akoz ke se la Bondye te revele Li menm a li lè li te sove ale kite frè l la.

⁸ Alò, Débora, nouris Rebecca a, te mouri, e li te antere anba Béthel anba chenn nan. Bwa sa a te rele Allon-bacuth (ki vle di chenn k ap kriye a).

⁹ Alò, Bondye te vin parèt a Jacob ankò lè li te sòti Paddan-Aram, e Li te ᵒbeni li. ¹⁰ ᵖBondye te di li: "Non ou se Jacob. Yo p ap rele ou Jacob ankò, men Israël va non ou." Konsa li te rele li Israël.

¹¹ Bondye si te di li: "Mwen se Bondye Toupwisan an. ᵠFè fwi, e vin miltipliye. Yon nasyon ak yon ʳgwo konpanyen nasyon va soti nan ou, e wa yo va sòti nan ou. ¹² ˢPeyi ke M te bay Abraham, ak Isaac la, Mwen va ba ou li, ak desandan apre ou yo." ¹³ Konsa, ᵗBondye te monte kite li nan plas kote Li te pale avèk li a.

¹⁴ Jacob te etabli yon ᵘpilye nan plas kote Li te pale avèk li a, yon pilye wòch. Li te vide yon bwason kòm ofrann sou li; epi osi li te vide yon lwil sou li. ¹⁵ Alò, Jacob te nonmen plas kote Bondye te pale avèk li a ᵛBéthel. ¹⁶ Yo te vwayaje sòti Béthel. Lè te toujou gen yon distans pou rive ʷÉphrata, Rachel te kòmanse fè pitit li, e li te soufri yon doulè ki te difisil. ¹⁷ Lè li te nan doulè rèd konsa, fanm saj la te di l: "Pa pè koulye a, paske ˣou va gen yon lòt gason."

¹⁸ Li te rive, ke pandan nanm li t ap pati (paske li t ap mouri), ke li te nonmen li Ben-Oni; men papa li te rele li Benjamin.

ᵃ **34:10** Jen 13:9   ᵇ **34:14** Jen 17:4   ᶜ **34:20** Rt 4:1   ᵈ **34:25** Jen 49:5-7   ᵉ **34:30** Jos 7:25   ᶠ **34:30** Egz 5:21
ᵍ **35:1** Jen 28:19   ʰ **35:1** Jen 27:43   ⁱ **35:2** Jen 31:19-34   ʲ **35:3** Sòm 107:6   ᵏ **35:3** Jen 28:15   ˡ **35:5** Egz 15:16
ᵐ **35:6** Jen 28:19   ⁿ **35:7** Jen 35:3   ᵒ **35:9** Jen 32:29   ᵖ **35:10** Jen 17:5   ᵠ **35:11** Jen 9:1-7   ʳ **35:11** Jen 48:4
ˢ **35:12** Jen 12:7   ᵗ **35:13** Jen 17:22   ᵘ **35:14** Jen 28:18-19   ᵛ **35:15** Jen 28:19   ʷ **35:16** Jen 35:19   ˣ **35:17** Jen 30:24

¹⁹ ªRachel te mouri e li te antere nan wout pou ale Éphrata a (sa vle di, Bethléem). ²⁰ Jacob te monte yon pilye sou tonm li an, e sa se ᵇpilye a tonm Rachel jiska jounen jodi a.

²¹ Israël te avanse e li te monte tant li an pi lwen ᶜtou Migdal-Éder a. ²² Konsa, li te rive ke pandan Israël t ap viv nan peyi a, ᵈReuben te ale kouche avèk Bilha, youn nan fanm a papa li yo, e Israël te tande koze sa a. Alò, te gen douz fis fèt pa Jacob— ²³ ᵉfis a Léa yo: Reuben, premye ne a Jacob la, ak Siméon, Lévi, Juda, Issacar avèk Zabulon, ²⁴ ᶠfis a Rachel yo: Joseph avèk Benjamin; ²⁵ ᵍfis a Bilha yo, sèvant Rachel la: Dan avèk Nephthali; ²⁶ ʰfis Zilpa yo, sèvant Léa a: Gad avèk Aser. Sa yo se fis Jacob yo ki te fèt a li menm nan Paddan-Aram.

²⁷ Jacob te vini vè papa li, Isaac nan ⁱMamré pou ʲKirjath-Arba (ki se Hébron), kote Abraham avèk Isaac te demere a.

²⁸ Alò, jou Isaac yo te ᵏsan-katre-ven ane. ²⁹ Isaac te rann dènye souf li. Li te mouri, e li te ˡrasanble vè moun li yo, yon granmoun anpil la j. Konsa, Ésaü avèk Jacob te antere li.

36 Alò, sa yo se achiv jenerasyon ᵐÉsaü yo, (sa vle di, Edom).

² Ésaü te ⁿpran madanm pami fi Canaan yo: Ada, fi Elon an, Etyen an, Oholibama, fi Ana a, ak gran fi a Tsibeon an, Evyen an. ³ Anplis, Basamath, fi Ismaël la, sè Nebajoth la.

⁴ Ada te fè Eliphaz bay Ésaü, e Basamath te fè Réuel; ⁵ Epi Oholibama te fè Jéusch, Jaelam, ak Koré. Sa yo se fis Ésaü ki te fèt a li menm nan peyi Canaan.

⁶ ᵒEpi Ésaü te pran madanm li yo, fis ak fi li yo avèk tout lakay li, bèt li yo avèk tout bèf li yo, ak tout byen ke li te ranmase nan peyi Canaan yo, e li te ale nan yon lòt peyi, lwen frè li a, Jacob. ⁷ Paske byen yo te vin twò gran pou yo ta viv ansanm, e peyi kote yo te demere a pa t kab pran yo akoz tout bèt yo te genyen yo. ⁸ Konsa, Ésaü te viv nan peyi kolin yo nan ᵖSéir. Ésaü se menm avèk Édom.

⁹ Alò, sa yo se achiv a jenerasyon Ésaü yo, papa a Edomit yo nan peyi kolin yo nan Séir.

¹⁰ Alò men non a fis Ésaü yo: Éliphaz, fis Ada a madanm Ésaü a, Réuel, fis Basamath la, madanm a Ésaü a.

¹¹ Fis Éliphaz yo te: Théman, Omar, Tsepho, Gaetham, ak Kenaz.

¹² Thimna te fanm lakay Éliphaz, fis Ésaü a; li te fè Amalek pou Éliphaz. Sila yo se fis Ada yo, madanm Ésaü a.

¹³ Sa yo se fis Réuel yo: Nahath, Zérach, Schamma, ak Mizza. Sa yo se te fis Basamath yo, madanm Ésaü a.

¹⁴ Sa yo se te fis madanm Ésaü a, Oholibama, fi Ana a, ki te pitit pitit Tsibeon an: li te fè pou Ésaü, Jéusch, Jaelam, ak Koré.

¹⁵ Men chèf a fis Ésaü yo. Fis Éliphaz yo, premye ne Ésaü a, se chèf Théman, chèf Omar, chèf Tsepho, chèf Kenatz, ¹⁶ chèf Koré, chèf Gaetham, chèf Amalek. Sa yo se chèf ki te desandan Eliphaz nan peyi Edom an. Sa yo se fis a Ada yo.

¹⁷ Men fis Réuel, ki te fis Ésaü yo: chèf Nahath, chèf Zérach, chèf Schamma, chèf Mizza. Sa yo se chèf ki te desandan a Réuel yo, nan peyi Edom an. Sa yo se fis a Basamath, madanm a Ésaü a.

¹⁸ Sa yo se fis a Oholibama yo, madanm a Ésaü a; chèf Jéusch, chèf Jaelam, chèf Koré. Sa yo se chèf ki te desandan pa Oholibama a, madanm a Ésaü a, fi a Ana a.

¹⁹ Sila yo se fis a Ésaü yo (sa vle di Édom), e sa yo se chèf yo.

²⁰ Sila yo se fis Séir yo, ᑫOryen an, pèp peyi a: Lothan, Schobal avèk Tsibeon ak Ana, ²¹ epi Dischon, Etser avèk Dischan. Sa yo se chèf a Oryen yo, fis Séir yo, nan peyi Édom an.

²² Fis a Lothan yo se te Hori avèk Hémam. Sè a Lothan an se te Thimna.

²³ Men fis a Schobal yo: Alvan, Manahath, Ébal, Schepho, avèk Onam.

²⁴ Men fis a Tsibeon yo: Ajja ak Ana. Se te Ana ki te twouve sous cho nan dezè a lè l t ap fè gadyen bourik yo pou papa l, Tsibeon.

²⁵ Men pitit a Ana yo: Dischon avèk Oholibama, fi a Ana a.

²⁶ Men fis Dischon yo: Hemdan, Eschban, Jithran, avèk Keran.

²⁷ Men fis a Etser yo: Bilhan, Zavvan avèk Akan.

²⁸ Men fis a Dischan yo: Uts avèk Aran.

²⁹ Men chèf Oryen yo: chèf Lothan, chèf Schobal, chèf Tsibeon, ak chèf Ana, ³⁰ chèf Dischon, chèf Etser, chèf Dischan. Sa yo se chèf a Oryen yo, chèf ki te nan peyi Séir yo.

³¹ Men wa ki te renye nan peyi a Édom yo, avan ke yon wa te vin renye pami zanfan Israël yo.

³² Béla, fis Beor, te renye sou Édom; epi non vil pa l la te Dinhaba.

³³ Béla te mouri e Jbab, fis Zérach, a Botsra te renye nan plas li.

³⁴ Jbab te vin mouri; epi Huscham nan peyi Temanit yo te renye nan plas li.

³⁵ Huscham te mouri; epi Hadad, fis a Bedad la te vin renye nan plas li. Se te li menm ki te frape Madian nan chan Moab la. Non a vil sa a se te Avith.

³⁶ Hadad te mouri; epi Samia ak Masréka te vin renye nan plas li.

³⁷ Samia te mouri; epi Saül ak Rehoboth sou larivyè Euphrate la te vin renye nan plas li.

³⁸ Saül te mouri; epi Baal-Hanan, fis Acbor a te vin renye nan plas li.

³⁹ Baal-Hanan, fis Acbor te mouri, epi Hadar te vin renye nan plas li. Non a vil sa a se te Pau; epi

---

ª **35:19** Jen 48:7   ᵇ **35:20** I Sam 12:2   ᶜ **35:21** Mi 4:8   ᵈ **35:22** Jen 49:4   ᵉ **35:23** Jen 49:4   ᶠ **35:24** Jen 30:22-24
ᵍ **35:25** Jen 30:5-8   ʰ **35:26** Jen 30:10-13   ⁱ **35:27** Jen 13:18   ʲ **35:27** Jos 14:15   ᵏ **35:28** Jen 25:26
ˡ **35:29** Jen 25:8   ᵐ **36:1** Jen 25:30   ⁿ **36:2** Jen 28:9; Jen 36:25   ᵒ **36:6** Jen 12:5   ᵖ **36:8** Jen 32:3   ᑫ **36:20** Jen 14:6

non madanm li te Mehétabeel, fi a Mthred, fi a Mézahab la.

⁴⁰ Men non a chèf ki te desandan Ésaü yo, selon tribi yo, selon teritwa yo, pa non yo; chèf Timna, chèf Alva, chèf Jetheth, ⁴¹ chèf Oholibama, chèf Éla, chèf Pinon, ⁴² chèf Kenaz, chèf Théman, chèf Mibtsar, ⁴³ chèf Magdiel, chèf Iram.

Sa se chèf Édom yo (sa vle di pou Ésaü, papa a Edomit yo), selon abitasyon yo, ak peyi yo te posede yo.

37 Alò, Jacob te viv nan ᵃpeyi kote papa li te konn demere a, nan peyi Canaan an.

² Sa yo se achiv a jenerasyon Jacob yo. Joseph, lè l te gen laj dis-sèt ane, li t ap okipe bann mouton an avèk frè l yo, pandan li te toujou nan jennès li, ansanm avèk ᵇfis Bila yo, ak fis Zilpa yo, madanm a papa l yo. Epi Joseph te pote yon ᶜmove rapò sou yo, bay papa li.

³ Alò, Israël te renmen Joseph plis ke tout lòt fis li yo, akoz ke li te ᵈfèt nan vyeyès li; epi li te fè pou li yon ᵉvètman plen tout koulè. ⁴ Frè li yo te wè ke papa yo te renmen li plis ke tout frè l yo. Konsa, yo te ᶠvin rayi li, e yo pa t kapab pale avèk li an amitye.

⁵ Alò, Joseph ᵍte fè yon rèv, e lè l te repete l bay frè l yo, konsa, yo te vin rayi li plis. ⁶ Li te di yo: "Souple, koute rèv sa a ke m te fè a. ⁷ Gade byen, nou t ap mare pakèt rekòlt yo nan chan an, e gade byen, pakèt pa nou yo te vin antoure pa m nan e yo te vin ʰbese devan pakèt pa mwen yo."

⁸ Alò, frè li yo te di li: "Èske vrèman ou ap vin renye sou nou? Oswa èske ou ap vin gouvène sou nou?" Epi yo te vin rayi li plis pou rèv li yo, ak pawòl li yo.

⁹ Alò li te vin fè yon rèv toujou, li te eksplike li bay frè li yo. Li te di: "Gade, mwen te fè yon lòt rèv; e gade byen, solèy la, lalin lan avèk onz zetwal yo t ap bese ba devan mwen."

¹⁰ Li te eksplike li bay papa li avèk frè li yo. Papa li te reprimande li e te di l: "Kisa sa ye, rèv sa ou te fè a? Èske mwen, manman ou avèk ʲfrè ou yo vrèman ap vin bese atè devan ou?" ¹¹ ᵏFrè li yo te fè jalouzi akoz li, men papa li te ˡkenbe pawòl sa yo nan tèt li.

¹² Epi frè li yo te ale mennen bann mouton an Sichem. ¹³ Israël te di Joseph: "Èske frè ou yo p ap okipe bann mouton an ᵐSichem? Vini pou mwen ka voye ou bò kote yo."

Epi li te reponn: "Mwen va ale."

¹⁴ Alò, li te di li: "Ale koulye a pou okipe afè frè ou yo ak afè bann mouton an, e pote nouvèl ban mwen." Epi li te ale nan vale ⁿHébron an e li te rive Sichem. ¹⁵ Yon mesye te twouve li, e gade byen, li t ap mache toupatou nan chan an. Konsa, mesye a te mande li: "Kisa w ap chache?"

¹⁶ Li te di: "Mwen ap chache frè m yo. Souple, fè m konnen kote yo ap fè patiraj pou bann mouton an."

¹⁷ Alò, mesye a te di: "Yo te deplase isit la, paske mwen te tande yo di: 'Annou ale ᵒDothan.'"

Epi Joseph te swiv frè li yo, e li te twouve yo Dothan. ¹⁸ Lè yo te wè li depi nan distans, e avan li te parèt kote yo, yo te ᵖfè konplo pou mete li a lanmò.

¹⁹ Yo te di youn ak lòt: "Men sila ki fè rèv la ap vini! ²⁰ Alò, koulye a, annou touye li e jete li nan youn nan fòs yo, e ᵠnou va di: 'yon bèt sovaj te devore li.' Koulye a annou wè kisa rèv li yo ap devni!"

²¹ Men ʳReuben te tande sa, li te retire li nan men yo, e li te di: "Annou pa pran lavi li." ²² Reuben te di yo anplis de sa: "Pa vèse san. Jete li nan twou sila ki nan dezè a, men pa mete men sou li" —akoz lentansyon li te gen pou fè l chape nan men yo, pou l ta kapab remèt li bay papa l.

²³ Alò li te rive ke lè Joseph te rive kote frè li yo, yo te retire vètman an sou li, (sa ki te gen anpil koulè ladann nan); ²⁴ epi yo te pran li e yo te jete li nan fòs la. Alò fòs la te vid e li pa t gen dlo ladann.

²⁵ Alò, yo te chita pou manje yon manje. Epi pandan yo te leve zye yo, yo te gade, e vwala, yon ekip Izmayelit ki t ap sòti Galaad, avèk chamo ki t ap pote yon chaj ˢgòm awomatik, ᵗbòm avèk mè pou rive an Égypte.

²⁶ Juda te di a frè li yo: "Ki avantaj sa ye si nou touye frè nou an, e ᵘkache san li? ²⁷ ᵛVini, annou vann li bay Izmayelit yo e annou pa mete men nou sou li, paske li se frè nou, pwòp chè nou." Epi frè li yo te koute li.

²⁸ Alò, kèk nan machann Madyanit yo te pase, epi frè li yo te rale li soti nan fòs la e te ʷvann li bay Izmayelit yo pou ven sik lajan. Konsa ˣyo te mennen Joseph antre an Égypte.

²⁹ Alò, Reuben te retounen nan fòs la, e gade byen, Joseph pa t la nan fòs la; epi li te ʸchire rad li. ³⁰ Li te retounen vè frè li yo e te di: "ᶻTi gason an pa la non; e pou mwen menm, kibò pou m ale?"

³¹ Konsa, yo te ᵃpran vètman Joseph la, yo te kòche yon mal kabrit, e yo te tranpe vètman an nan san an. ³² Yo te voye vètman anpil koulè a pote li bay papa yo e yo te di: "Nou te twouve sa a. Souple, gade l byen e wè si se vètman a fis ou a oswa non."

³³ Li te egzamine li e te di: "Se vètman fis mwen an. ᵇYon bèt sovaj gen tan devore li. Joseph vrèman gen tan chire an mòso!"

³⁴ Alò, Jacob te ᶜchire rad li, li te mete twal sak nan ren li, e li te pase anpil jou ap lamante pou fis li a. ³⁵ Alò, tout fis li yo, ak tout fi li yo te leve pou konsole li, men li te refize konsole. Epi li te di: "Vrèman mwen va ᵈdesann kote fis mwen an, kote

---
ᵃ **37:1** Jen 17:8   ᵇ **37:2** Jen 35:25-26   ᶜ **37:2** I Sam 2:22-24   ᵈ **37:3** Jen 44:20   ᵉ **37:3** Jen 37:23-32
ᶠ **37:4** Jen 27:41   ᵍ **37:5** Jen 28:12   ʰ **37:7** Jen 42:6-9   ⁱ **37:8** Jen 49:26   ʲ **37:10** Jen 27:29   ᵏ **37:11** Trav 7:9
ˡ **37:11** Dan 7:28   ᵐ **37:13** Jen 33:18-20   ⁿ **37:14** Jen 13:18   ᵒ **37:17** II Wa 6:13   ᵖ **37:18** Sòm 31:13
ᵠ **37:20** Jen 37:32-33   ʳ **37:21** Jen 42:22   ˢ **37:25** Jen 43:11   ᵗ **37:25** Jr 8:22   ᵘ **37:26** Jen 37:20   ᵛ **37:27** Jen 42:21
ʷ **37:28** Jen 45:4-5   ˣ **37:28** Jen 39:1   ʸ **37:29** Jen 37:34   ᶻ **37:30** Jen 42:13-36   ᵃ **37:31** Jen 37:3-23
ᵇ **37:33** Jen 37:20; Jen 44:28   ᶜ **37:34** Jen 37:29   ᵈ **37:35** Jen 25:8

sejou mò yo ak lamante pou fis mwen an." Epi papa li te kriye pou li.

^{36} Antretan, Madyanit yo te vann li an Égypte a Potiphar, ofisye Farawon an, chèf nan kò gad la.

38

Epi li te vin rive nan lè sa a ke Judas te kite frè l yo, pou te vizite yon sèten ^{a}Adilamit ki te rele Hira. ^{2} La, Juda te wè fi a yon sèten Kananeyen ki te rele ^{b}Schua. Li te pran li e te antre an relasyon ak li. ^{3} Konsa, li te vin ansent, li te fè yon fis, e li te nonmen li ^{c}Er. ^{4} Epi li te vin ansent ankò, li te bay yon fis, ki te nonmen ^{d}Onan. ^{5} Li te fè toujou yon lòt fis, e li te nonmen li ^{e}Schéla. Li te nan Czib lè li te fè li.

^{6} Alò, Juda te pran yon madanm pou Er, premye ne li a, e non li te Tamar. ^{7} Men ^{f}Er, premye ne a Juda a te mechan nan zye a SENYÈ a e SENYÈ a te pran vi li.

^{8} Konsa, Juda te di a Onan: "^{g}Antre an relasyon ak madanm a frè ou a; fè devwa ou kòm bòfrè li, e fè leve yon posterite pou frè ou." ^{9} Onan te konnen ke ^{h}posterite sa yo pa t ap pou li. Konsa, li te jete jèm li an atè pou li pa fè pitit pou frè li. ^{10} Men sa li te fè a pa t fè SENYÈ a plezi. Li te ^{i}pran vi li tou.

^{11} Alò Juda te di a bofi li, Tamar: "^{j}Rete kòm vèv lakay papa ou jiskaske fis mwen an, Schéla fin grandi." Paske li te reflechi: "Mwen pè pou li menm tou pa ta kapab mouri menm jan ak frè li yo." Epi Tamar te ale viv lakay papa li.

^{12} Alò, apre yon tan konsiderab, fi Schua a, madanm a Juda, te mouri. Epi lè tan tristès alanmò a te fini, Juda te monte vè ouvriye ki t ap taye lenn mouton bò kote ^{k}Thimna yo, li menm avèk zanmi li, Hira, Adilamit lan.

^{13} Konsa, yo te di a Tamar: "Veye byen, bòpè ou ap monte vè ^{l}Thimna pou taye lenn mouton li yo." ^{14} Alò, li te retire vètman vèv li a, li te ^{m}kouvri tèt li avèk yon vwal, li te vlope tèt li, e li te chita nan pòtay Énaïm nan, ki nan wout pou rive Thimna. Paske li te wè ke Schéla te fin grandi, e yo pa t vin prezante ^{n}li devan li kòm madanm.

^{15} Lè Juda te wè l, li te panse ke li te yon pwostitiye, paske li te kouvri figi li. ^{16} Konsa, li te vire bò kote li nan wout la, li te di: "Alò, kite m antre an relasyon ak ou." Paske li pa t konnen ke li te bèlfi li. Epi fi a te di: "Kisa w ap ban m pou ou ka antre an relasyon ak mwen?"

^{17} Li te di konsa: "Mwen va voye ba ou yon jèn kabrit ki sòti nan twoupo a."

Men li te di: "Èske ou va ban m yon bagay kòm yon sèman pou jis lè ou voye l?"

^{18} Li te di: "Kisa pou m ta bay ou?" Epi li te di: "Ban m ^{o}so, kòd avèk baton ki nan men ou an." Konsa, li te bay yo a li menm. Li te antre an relasyon ak li, e vèv la te vin ansent pa li menm. ^{19} Tamar te leve ale. Li te retire vwal la, e li te remete vètman a vèv yo.

^{20} Lè Juda te voye jèn kabrit la ak zanmi li, Adilamit lan, pou resevwa sa ke li te bay kòm sèman an, li pa t twouve li. ^{21} Li te mande mesye yo kote a: "Kote jennès tanp lan ki te akote wout la nan Énaïm nan?" Men yo te di li: "Pa t gen jennès tanp isit la."

^{22} Li te retounen a Juda, e te di: "Mwen pa t twouve li. Anplis de sa, mesye nan zòn di ke: 'Pa t gen yon jennès tanp nan zòn sa a.'"

^{23} Juda te di l: "Kite li pran yo pou kont li, sinon n ap vin yon betiz devan tout moun. Anfen, mwen te voye jèn kabrit sa a, men ou pa t twouve li."

^{24} Alò, li te anviwon twa mwa pita ke Juda te enfòme: "Bèlfi ou Tamar te jwe wòl jennès la. Gade byen, li vin ansent nan koze sa a."

Konsa, Juda te di: "Mete li deyò e ^{p}kite yo brile li."

^{25} Epi pandan yo t ap mete li deyò, li te voye kote bòpè li pou di: "Mwen avèk pitit pa mesye ki se mèt a bagay sa yo." Anplis, li te di: "^{q}Souple, fè yon ankèt pou vin aprann pou kilès so siyal sila a ye, e pou kilès kòd avèk baton sila yo ye?"

^{26} Juda te rekonèt yo, e te di: "'Li pi jis pase mwen, paske ^{s}mwen pa t bay li fis mwen an, Schéla." Epi li pa t gen relasyon avèk li ankò.

^{27} Li te vin rive nan lè ke li t ap akouche a, gade byen, te gen ^{t}jimo nan vant li. ^{28} Anplis de sa, li te rive pandan li t ap akouche a ke youn te lonje yon men deyò, e fanm saj la te mare yon fisèl wouj sou men l. Li te di: "Se sila a ki sòti avan". ^{29} Men li te vin rive ke pandan li t ap rale men l tounen, frè l la te sòti avan. Epi li te di: "A la chemen ou gen tan fè pou kont ou!" Konsa, li te nonmen li ^{u}Pérets. ^{30} Apre, frè l la te vin sòti avèk fisèl wouj mare nan men l, e li te nonmen li ^{v}Zerah.

39

Alò, yo te pran Joseph desann an Égypte. Epi Potiphar, yon ofisye Farawon, kòmandan nan gad yo, te achte li nan men ^{w}Izmayelit yo, ki te fè l desann la.

^{2} ^{x}SENYÈ a te avèk Joseph, e li te byen reyisi. Li te lakay mèt li, Ejipsyen an. ^{3} Alò mèt li a te ^{y}wè ke SENYÈ a te avèk li, e li te ^{z}fè tout sa li te antreprann byen reyisi nan men l. ^{4} Konsa, Joseph te ^{a}twouve favè nan zye li, e li te devni sèvitè pèsonèl li. Li te fè li chèf an tèt tout lakay li, e ^{b}tout sa ke li te posede, li te mete yo sou chaj li. ^{5} Epi li te rive ke depi lè sa a li te fè li chèf lakay li, ak sou tout sa li te posede, ke SENYÈ a te ^{c}beni lakay Ejipsyen an akoz Joseph. Benediksyon SENYÈ a te sou tout sa li te genyen, ni nan kay la, ni nan chan an. ^{6} Li te kite tout sa li te gen sou chaj Joseph. Konsa, li pa t okipe tèt li avèk anyen sof ke manje ke li te manje.

---

^{a} **38:1** Jos 15:35 ^{b} **38:2** I Kwo 2:3 ^{c} **38:3** Jen 46:12 ^{d} **38:4** Jen 46:12 ^{e} **38:5** Nonb 26:20 ^{f} **38:7** Jen 46:12
^{g} **38:8** Det 25:5-6 ^{h} **38:9** Det 25:6 ^{i} **38:10** Jen 46:12 ^{j} **38:11** Rt 1:12,13 ^{k} **38:12** Jos 15:10-57
^{l} **38:13** Jos 15:10-57 ^{m} **38:14** Jen 24:65 ^{n} **38:14** Jen 38:11-26 ^{o} **38:18** Jen 38:25 ^{p} **38:24** Lev 21:9
^{q} **38:25** Jen 37:32 ^{r} **38:26** I Sam 24:17 ^{s} **38:26** Jen 38:14 ^{t} **38:27** Jen 25:24-26 ^{u} **38:29** Jen 46:12
^{v} **38:30** I Kwo 2:4 ^{w} **39:1** Jen 37:25-28-36 ^{x} **39:2** Jen 39:3-23 ^{y} **39:3** Jen 21:22 ^{z} **39:3** Sòm 1:3
^{a} **39:4** Jen 18:3 ^{b} **39:4** Jen 24:2 ^{c} **39:5** Jen 30:27

Alò, Joseph te yon ᵃbo gason, ni nan fòm li, ni nan aparans li.

⁷ Li te vin rive apre evènman sa yo, ke madanm Potiphar a, te gade Joseph avèk anvi. Konsa, li te di: "ᵇVin kouche avè m."

⁸ Men ᶜJoseph te refize. Li te di a madanm mèt li a: "Mèt mwen pa menm okipe li pou anyen ki nan kay la, e li te mete tout sa li posede sou chaj mwen. ⁹ ᵈNanpwen pèsòn nan kay sa a ki pi gran ke mwen, e li pa refize m anyen, sof ke ou menm, paske ou se madanm li. Kijan konsa, mwen ta kapab fè gwo mal sa a, e peche kont Bondye menm?" ¹⁰ Pandan li te pale avèk Joseph jou aprè jou, Joseph pa t koute l menm pou kesyon kouche avèk l, oswa pou li ta rete avè l.

¹¹ Alò li vin rive yon jou ke li te antre nan kay la pou fè travay li, e pa t gen lòt nan ouvriye lakay yo ki te andedan kay la. ¹² Konsa, Madanm nan te kenbe li pa vètman li. Li te di: "Kouche avè m!" Men li te kite vètman li nan men l, e li te sove ale deyò.

¹³ Lè Madanm nan te vin wè ke li te kite vètman li nan men l, e li te kouri deyò, ¹⁴ li te rele tout gason ouvriye lakay li yo, e li te di yo: "Ou wè sa, li pote bannou yon Ebre ki pou vin fè jwèt avèk nou. Li te vin antre sou mwen pou kouche avè m, men mwen te rele fò. ¹⁵ Lè li tande ke m te leve vwa m pou rele fò, li te kite vètman li bò kote mwen, e li te sove ale kouri deyò."

¹⁶ Konsa, li te kenbe vètman an kote li jiskaske mèt li te rive nan kay la. ¹⁷ Alò, li te ᵉpale avèk li ak pawòl sa yo: "Esklav Ebre ke ou te mennen bannou an, te antre kote mwen pou fè spò avè m, ¹⁸ men lè m te leve vwa m pou te rele fò, li te kite vètman li bò kote mwen pou te sove ale deyò." ¹⁹ Alò, lè mèt la te tande pawòl a madanm li yo, lè li te pale pou di: "Men sa esklav ou a te fè m nan," ᶠli te vin brile avèk kòlè.

²⁰ Konsa, mèt Joseph la te pran li e te ᵍmete li nan prizon, nan plas kote prizonye ki pou wa yo te ye. Epi li te la nan prizon an. ²¹ Men SENYÈ a te avèk Joseph. Li te fè li gras, e Li te ʰfè li vin gen favè nan zye a chèf prizon an.

²² Chèf Kasèl la te ⁱfè Joseph responsab tout prizonye yo ki te nan prizon an, jiskaske nenpòt sa li te fèt ladann, li te vin responsab. ²³ Chèf Kasèl la pa t sipèvize anyen ki te anba direksyon Joseph, paske ʲSENYÈ a te avèk li, paske nenpòt sa li te fè, SENYÈ a te fè l pwospere.

40 Alò, li te vin rive apre bagay sa yo ke ᵏchèf ki te responsab pran avan gou diven nan pou wa a, ansanm ak bòs boulanje a wa a te fè yon ofans kont mèt yo, Wa a Égypte la. ² Farawon ˡte vin plen ak kòlè sou ofisye sa yo, chèf ki responsab pote tas la, avèk bòs boulanje a. ³ Alò li te sere yo nan prizon lakay ᵐKaptenn a kò gad la, menm kote ke Joseph te anprizone a. ⁴ Kaptenn kò gad la te mete Joseph an chaj yo, pou li te okipe yo. Konsa, yo te nan prizon an pou kèk tan.

⁵ Epi pandan tan sa a, toude moun sa yo, chèf ki te responsab pran avan gou diven nan, ak bòs boulanje a wa a, te fè yon rèv nan menm nwit lan. Chak moun te fè pwòp rèv pa li, e chak rèv te gen pwòp entèpretasyon pa li.

⁶ Lè Joseph te vini kote yo nan maten, li te gade yo, e gade byen, yo te byen dekouraje. ⁷ Li te mande ofisye Farawon an sila yo, ki te anprizone avèk li nan kay mèt li a: "ⁿPoukisa figi nou tris konsa jodi a?"

⁸ Epi yo te di li: "ᵒNou te fè yon rèv, e nanpwen pèsòn pou entèprete li." Alò, Joseph te di yo: "ᵖÈske entèpretasyon yo pa apatyen a Bondye? Di m istwa sa a, souple."

⁹ Epi chèf responsab goute diven nan te pataje rèv li avèk Joseph, e li te di a li menm: "Nan rèv mwen an, gade byen, te gen yon pye rezen devan m, ¹⁰ epi sou pye rezen an, te gen twa branch. Konsa, pandan li t ap boujonnen, flè li yo te parèt, e touf flè yo te pwodwi pakèt rezen mi. ¹¹ Alò, tas Farawon an te nan men m; epi mwen te pran rezen yo, mwen te peze yo nan tas Farawon an, e mwen te mete tas la nan men Farawon."

¹² Joseph te di l: "Men, sa se ᵠentèpretasyon sa a: twa branch sa yo se twa jou. ¹³ Nan yon tan twa jou, Farawon va leve tèt ou e reprann ou nan pozisyon ou. Ou va mete tas Farawon an nan men li menm jan ou te konn fè lè ou te nan sèvis responsab pote diven nan. ¹⁴ Sèlman, sonje mwen lè li ale byen avèk ou, e souple, ʳfè m gras e nonmen non mwen a Farawon pou fè m soti nan kay sa a. ¹⁵ Paske ˢmwen te kidnape nan peyi Ebre yo, e menm isit la mwen pa t fè anyen pou yo ta dwe mete m nan prizon."

¹⁶ Lè bòs boulanje a te wè ke li te fè yon entèpretasyon favorab, li te di Joseph: "Mwen te wè nan rèv mwen an, e gade byen, te gen twa panyen pen blan sou tèt mwen. ¹⁷ Epi nan panyen pi wo a, te gen kèk nan tout kalite manje kwit pou Farawon, e zwazo yo te manje yo nan panyen sou tèt mwen an."

¹⁸ Alò, Joseph te reponn e te di: "Sa se entèpretasyon an. Twa panyen yo se twa jou. ¹⁹ Pandan twa jou ankò, Farawon va leve tèt ou sou ou. Li va pann ou sou yon bwa, e zwazo va retire chè sou ou e manje ou."

²⁰ Alò, li te vin rive nan twazyèm jou, ki te fèt nesans a ᵗFarawon an, ke li te fè yon fèt pou tout sèvitè yo. ᵘEpi li te leve tèt a chèf responsab pote manje a ak chèf bòs boulanje a pami sèvitè li yo. ²¹ Li te reprann chèf responsab pote tas la nan pozisyon li, e ᵛli te ankò vin responsab mete tas la nan men Farawon. ²² Men li ʷte pann chèf bòs boulanje a jis jan ke Joseph te entèprete pou yo.

ᵃ **39:6** Jen 29:17   ᵇ **39:7** II Sam 13:11   ᶜ **39:8** Pwov 6:23-24   ᵈ **39:9** Jen 41:40   ᵉ **39:17** Egz 23:1   ᶠ **39:19** Pwov 6:34
ᵍ **39:20** Jen 40:3   ʰ **39:21** Egz 3:21   ⁱ **39:22** Jen 39:4   ʲ **39:23** Jen 39:21   ᵏ **40:1** Jen 40:11-13   ˡ **40:2** Pwov 16:14
ᵐ **40:3** Jen 39:1-20   ⁿ **40:7** Né 2:2   ᵒ **40:8** Jen 41:15   ᵖ **40:8** Dan 2:27-28   ᵠ **40:12** Dan 2:36   ʳ **40:14** Jos 2:12
ˢ **40:15** Jen 37:26-28   ᵗ **40:20** Mat 14:6   ᵘ **40:20** II Wa 25:27   ᵛ **40:21** Jen 40:13   ʷ **40:22** Jen 40:19

²³ Men, chèf responsab pote manje a pa t sonje Joseph. Li te ᵃbliye li.

41 Alò, li te vin rive nan lafin dezane, Farawon te fè yon rèv, e gade byen, li te kanpe devan lariviyè Nil lan. ² Konsa, gade byen, sèt bèf te sòti nan lariviyè Nil lan, byen swa, e byen gra. Yo t ap manje nan ᵇzèb flèv la. ³ Epi gade byen, sèt lòt bèf te sòti nan lariviyè Nil lan, byen lèd e mèg, e yo te kanpe akote lòt bèf bò kote lariviyè Nil lan. ⁴ Bèf ki te lèd e mèg yo te manje valè sèt bèf ki te swa e byen gra yo. Epi konsa, Farawon te vin leve nan dòmi. ⁵ Li te tonbe dòmi ankò, e fè rèv yon dezyèm fwa. Konsa, sèt tèt mayi te vini sou yon sèl pye mayi, ki te gwo e bon. ⁶ Epi gade byen, sèt tèt, mèg ki brile pa van lès yo, te vin boujonnen dèyè yo. ⁷ Tèt mèg yo te valè sèt tèt ki te gra e byen plen yo. Alò, Farawon te leve, e gade byen, sa se te yon rèv.

⁸ Alò, nan maten ᶜlespri li te vin twouble, e li te voye rele tout majisyen an Égypte yo, ak tout moun saj li yo. Konsa, Farawon te eksplike yo rèv li yo, men ᵈpa t gen pèsòn ki te kapab entèprete yo pou Farawon.

⁹ Alò, chèf responsab pote manje a te pale a Farawon. Li te di li: "Jodi a, mwen ta dwe admèt yon ᵉtò ke m genyen. ¹⁰ Farawon te ᶠbyen fache avèk sèvitè li yo, e li te fè m anprizone lakay Kaptenn kò gad la, mwen menm avèk chèf boulanje a. ¹¹ ᵍNou te fè yon rèv nan menm nwit lan, mwen menm ak li menm tou. Nou chak te fè yon rèv ak pwòp entèpretasyon pa li. ¹² Alò, te gen yon jennonm ki te la avèk nou, yon ʰsèvitè kaptenn kò gad la, yon Ebre. Nou te pale rèv yo a li menm, e ⁱli te entèprete rèv nou yo pou nou. A chak moun li te entèprete selon pwòp rèv pa li. ¹³ Epi jan ke ʲli te entèprete pou nou an, konsa li te vin rive. Mwen menm te vin restore nan pozisyon mwen, e li menm, lòt la, wa a te pann."

¹⁴ Alò, Farawon te voye ᵏrele Joseph. ˡAvèk vitès, yo te mennen li sòti nan prizon an. Depi li fin taye bab li e chanje rad li, li te vini devan Farawon. ¹⁵ Farawon te di a Joseph: "Mwen te fè yon rèv, ᵐmen pa gen pèsòn ki kapab entèprete li. Men mwen tande pale de ou menm ke lè ou tande yon rèv, ou kapab bay entèpretasyon li."

¹⁶ Joseph te reponn Farawon. Li te di: "Sa pa nan mwen, men ⁿBondye va bay Farawon yon repons favorab."

¹⁷ Alò, Farawon te pale avèk Joseph: "Nan rèv mwen an, men gade, mwen te kanpe arebò Rivyè Nil lan. ¹⁸ Epi gade byen, sèt bèf, gra e swa te vin monte sòti nan Nil lan; yo t ap manje nan zèb arebò rivyè a. ¹⁹ Epi gade byen, sèt lòt bèf te vin monte apre yo, kata, lèd e mèg, konsa, mwen pa t janm wè youn ki lèd nan tout peyi Égypte la. ²⁰ Epi bèf mèg ak lèd yo te manje premye sèt bèf gra yo. ²¹ E lè yo te fin devore yo, ou pa t kab konnen si yo te manje yo, paske yo te rete mèg menm jan yo te ye avan an. Epi se konsa mwen te vin leve.

²² "Mwen te wè nan rèv mwen an tou, byen parèt, se te sèt tèt mayi, plen e bon te vini sou yon sèl pye. ²³ Epi gade, sèt tèt sèch yo, ki brile pa van lès yo te vin pouse apre yo. ²⁴ Konsa, sèt tèt sèch yo te valè sèt bon tèt yo. Epi alò, ᵒmwen te pale sa a majisyen yo, men pa t gen youn ki ta kapab eksplike m afè sila a."

²⁵ Alò, Joseph te di a Farawon: "Rèv a Farawon yo se yon sèl ke yo ye; ᵖBondye te di a Farawon kisa ki prèt pou fèt. ²⁶ Sèt bon bèf yo se sèt ane; epi sèt bon tèt yo se sèt ane; rèv sa yo se yon sèl yo ye. ²⁷ Sèt bèf lèd ak mèg yo ki te sòti apre yo a se sèt ane, e sèt tèt mèg ki brile pa van lès la va ᑫsèt ane ak gwo grangou.

²⁸ "Se tankou mwen te pale a Farawon: ʳBondye te montre Farawon kisa ki prèt pou rive. ²⁹ Gade byen, ˢsèt ane ak gran abondans yo ap vini nan peyi Égypte la. ³⁰ Epi apre yo, ᵗsèt ane ak gwo grangou yo va vini, tout abondans sa a va gen tan bliye nan peyi Égypte la, e gwo grangou sa a va ravaje peyi a. ³¹ Alò, abondans lan p ap sonje nan peyi a akoz konsekans gwo grangou a, paske li va vrèman rèd. ³² Alò, pou afè repete rèv la de fwa a, li vle di Farawon ke ᵘkoze sa a deja detèmine pa Bondye, e Bondye va fè l parèt byen vit.

³³ "Alò, Farawon gen pou chèche yon nonm avèk ᵛkonprann ak sajès, pou mete li responsab sou peyi Égypte la. ³⁴ Kite Farawon aji pou chwazi administratè k ap pran chaj peyi a, e kite yo egzije yon senkyèm nan rekòlt peyi Égypte la, nan sèt ane abondans lan. ³⁵ Konsa, kite yo ranmase tout manje nan bon ane sa yo k ap vini an, mete yon depo pou vil ki anba otorite Farawon yo, e kite yo mete yo anba gad. ³⁶ Kite manje yo vini yon rezèv pou peyi a pandan sèt ane gwo grangou yo ki va fèt nan peyi Égypte la, pou peyi a pa peri pandan gwo grangou a."

³⁷ Alò, plan sa a te parèt bon a Farawon, ak tout sèvitè li yo. ³⁸ Alò, Farawon te di a sèvitè li yo: ʷ"Èske nou kapab twouve yon lòt moun konsa, nan sila a ki gen Lespri Bondye?"

³⁹ Epi Farawon te di a Joseph: "Akoz Bondye te fè ou konprann tout sa, nanpwen okenn lòt moun ki gen ˣkonprann ak sajès tankou ou menm. ⁴⁰ ʸOu va sou tout lakay mwen, e selon lòd pa ou tout pèp mwen an ap fè obeyisans. Se sèl sou twòn nan ke mwen va pi wo pase ou."

⁴¹ Farawon te di a Joseph: "Ou wè, mwen plase ou ᶻsou tout peyi Égypte la." ⁴² Alò, Farawon te retire bag so a nan men li. Li te mete li nan men Joseph, e li te abiye l ak rad len fen ak yon kolye lò nan kou

---

ᵃ **40:23** Job 19:14 ᵇ **41:2** Job 8:11 ᶜ **41:8** Dan 2:1-3 ᵈ **41:8** Dan 4:7 ᵉ **41:9** Jen 40:14-23 ᶠ **41:10** Jen 40:2-3 ᵍ **41:11** Jen 40:5 ʰ **41:12** Jen 37:36 ⁱ **41:12** Jen 40:12 ʲ **41:13** Jen 40:21-22 ᵏ **41:14** Sòm 105:20 ˡ **41:14** Dan 2:25 ᵐ **41:15** Jen 41:8 ⁿ **41:16** Jen 40:8 ᵒ **41:24** És 8:19 ᵖ **41:25** Jen 41:28-32 ᑫ **41:27** II Wa 8:1 ʳ **41:28** Jen 41:25-32 ˢ **41:29** Jen 41:47 ᵗ **41:30** Jen 41:54-56 ᵘ **41:32** Jen 41:25-28 ᵛ **41:33** Jen 41:39 ʷ **41:38** Job 32:8 ˣ **41:39** Jen 41:33 ʸ **41:40** Sòm 105:21 ᶻ **41:41** Jen 42:6

li. ⁴³ Li te fè l monte nan dezyèm cha li a, epi li te pwoklame devan li: "Mete ajenou!" Epi li te plase li sou tout peyi Égypte la.
⁴⁴ Anplis de sa, Farawon te di a Joseph: "Malgre mwen se Farawon, san pèmisyon pa ou, pèsòn p ap leve ni men li ni pye li sou tout peyi Égypte la." ⁴⁵ Alò, Farawon te nonmen Joseph Tsaphnath-Paenéach. Li te bay li Asnath, fi a Poti-Phéra a, prèt ᵃOn an, kòm madanm li. Epi Joseph te plase sou tout peyi Égypte la.
⁴⁶ Alò, Joseph te gen ᵇlaj trant ane lè li te kanpe devan Farawon, wa Égypte la. Epi Joseph te sòti nan prezans Farawon, e li te ale toupatou nan tout peyi Égypte la. ⁴⁷ Pandan sèt ane abondans yo, peyi a te pwodwi anpil. ⁴⁸ Konsa, Joseph te ranmase tout manje pandan sèt ane sa yo ki te ekoule nan peyi Égypte la, e li te mete manje yo nan vil yo. Li te mete nan chak vil, menm manje ki te sòti nan chan ki antoure li yo. ⁴⁹ Konsa, Joseph te ranmase sereyal an gran abondans tankou sab lanmè, jiskaske li te vin sispann mezire li, paske li te depase kontwòl.
⁵⁰ Alò, avan ane gwo grangou a te rive, ᶜde fis te vin ne a Joseph ke Asnath, fi a Poti-Phéra a, prèt On an te fè pou li. ⁵¹ Joseph te nonmen premye ne a Manassé, paske li te di: "Bondye te fè m bliye tout pwoblèm mwen yo ak tout lakay papa m." ⁵² Li te nonmen dezyèm nan Éphraïm, paske li te di: ᵈ"Bondye fè mwen bay anpil fwi nan peyi afliksyon mwen an."
⁵³ Sèt ane abondans ki te nan peyi Égypte la te fin pase. ⁵⁴ Epi ᵉsèt ane gwo grangou a te kòmanse, jis jan ke Joseph te di. Alò te vin gen gwo grangou nan tout peyi yo, men nan peyi Égypte la te gen pen. ⁵⁵ Lè tout peyi Égypte la te grangou, yo te rele fò a Farawon pou bay pen. Konsa, Farawon te di tout Ejipsyen yo: "Ale wè Joseph. ᶠNenpòt sa li mande nou, nou va fè l."
⁵⁶ Gwo grangou a te fin gaye sou tout sifas tè a. Konsa, Joseph te ouvri tout depo yo pou te vann manje bay Ejipsyen yo. Gwo grangou a te byen rèd nan peyi Égypte la. ⁵⁷ Pèp yo de tout peyi te vini an Égypte pou achte sereyal Joseph yo, akoz ᵍgwo grangou a te rèd sou tout tè a.

42 Alò, ʰJacob te wè ke te gen sereyal an Égypte, e Jacob te di fis li yo: "Poukisa nou ap gade youn sou lòt konsa?" ² Li te di: "Mwen tande gen sereyal an Égypte. Desann la pou achte kèk pou nou nan kote sa, ⁱpou nou kapab viv, e pa mouri."
³ Alò, dis frè Joseph yo te desann pou achte sereyal an Égypte. ⁴ Men Jacob pa t voye frè Joseph la, ʲBenjamin avèk lòt frè li yo, paske li te di: "Mwen pè pou yon mal ta kab rive li." ⁵ Alò, fis Israël yo te vini pou achte sereyal pami sila ki t ap vini yo, ᵏpaske gwo grangou a te nan peyi Canaan an tou.

⁶ Alò, ˡJoseph te an pouvwa nan peyi a. Se te li menm ki te vann a tout pèp nan peyi a. Epi frè a Joseph yo te vin ᵐbese ba devan li avèk figi yo atè. ⁷ Lè Joseph te wè frè li yo, li te rekonèt yo, men li te kache idantite li devan yo, e li te ⁿpale rèd avèk yo. Li te di yo: "Kote nou sòti?" Epi yo te di: "Nan peyi Canaan, pou achte manje."
⁸ Men Joseph te rekonèt frè l yo, malgre yo pa t rekonèt li.ᵒ ⁹ Joseph te ᵖsonje rèv ke li te gen sou yo a, e li te di yo: "Se espyon nou ye! Nou te vin chache konnen pwen fèb nan defans peyi nou an."
¹⁰ Alò, yo te di li: "Non, ᑫmèt mwen, men sèvitè ou yo te vin achte manje." ¹¹ "Nou tout se fis a yon sèl mesye. Nou se ʳmoun onèt, sèvitè ou, e nou pa espyon."
¹² Malgre sa li te di yo: "Non, men nou te vin gade pwen fèb nan defans peyi nou an."
¹³ Men yo te reponn li: "Sèvitè ou yo se douz frè antou, fis a yon sèl mesye nan peyi Canaan; e gade byen, pi jenn nan avèk papa nou jodi a, e ˢyoun pa la ankò."
¹⁴ Joseph te di yo: "Se tankou mwen te di nou, se espyon nou ye. ¹⁵ Men se konsa nou va pase a leprèv. ᵗPa lavi Farawon, nou p ap sòti nan plas sa a amwenske pi jenn nan vin parèt isit la! ¹⁶ Voye youn nan nou ale pou li kapab chache frè nou an, pandan n ap rete anprizone, pou pawòl nou yo kapab pase a leprèv, si gen ᵘverite nan nou. Men si non, pa lavi Farawon, vrèman nou se espyon." ¹⁷ Konsa, li te mete nou ᵛprizon pou twa jou.
¹⁸ Alò, Joseph te di yo nan twazyèm jou a: "Fè sa pou viv, paske ʷmwen krent Bondye: ¹⁹ Si nou se moun onèt, kite youn nan frè nou yo rete anprizone nan prizon nou an; men pou nou lòt yo, ale pote sereyal pou grangou ki lakay nou yo. ²⁰ Men ˣmennen pi jenn frè nou an bò kote m, pou pawòl nou yo kapab verifye, e pou nou pa mouri." Epi konsa, yo te fè.
²¹ Yo te di youn a lòt: "ʸVrèman, nou koupab nan zafè frè nou an, akoz nou te wè jan nanm li te twouble lè li te plede avèk nou, men nou te refize tande. Pou sa, kriz sila a vin rive sou nou."
²² Reuben te reponn yo, e te di: "Èske mwen pa t di nou: 'Pa peche kont tigason an;' men nou te refize tande? Konsa, fwi san li an vin parèt." ᶻ²³ Men yo pa t konnen ke Joseph te konprann, paske te gen yon entèprèt antre yo. ²⁴ Konsa, li te vire lwen yo e li te ᵃkriye. Men lè li te retounen vè yo, li te pale avèk yo. Li te pran Siméon nan mitan yo, e li te mare li devan zye yo.
²⁵ ᵇKonsa, Joseph te bay lòd pou plen sak yo avèk sereyal, remèt lajan a chak moun nan sak li, e bay yo pwovizyon pou vwayaj la. Epi se konsa sa te fèt pou yo. ²⁶ Alò, yo te chaje bourik pa yo avèk sereyal yo, e yo te soti la.

ᵃ **41:45** Jr 43:13   ᵇ **41:46** Jen 37:2   ᶜ **41:50** Jen 48:5   ᵈ **41:52** Jen 17:6   ᵉ **41:54** Sòm 105:16   ᶠ **41:55** Jn 2:5
ᵍ **41:57** Jen 12:10   ʰ **42:1** Trav 7:12   ⁱ **42:2** Jen 43:8   ʲ **42:4** Jen 35:18-24   ᵏ **42:5** Jen 12:10   ˡ **42:6** Jen 41:41-55
ᵐ **42:6** És 60:14   ⁿ **42:7** Jen 42:30   ᵒ **42:8** Jen 37:2   ᵖ **42:9** Jen 37:6-9   ᑫ **42:10** Jen 37:8   ʳ **42:11** Jen 42:16-34
ˢ **42:13** Jen 37:33   ᵗ **42:15** I Sam 17:55   ᵘ **42:16** Jen 42:11   ᵛ **42:17** Jen 40:4-7   ʷ **42:18** Jen 39:9
ˣ **42:20** Jen 42:34   ʸ **42:21** Jen 37:26-28   ᶻ **42:22** Jen 37:21,22   ᵃ **42:24** Jen 43:30   ᵇ **42:25** Wo 12:17-21

27 Pandan youn nan yo t ap ouvri sak li pou bay bèt la manje, li te wè ªlajan pa li a. Gade byen, se la li te ye, nan bouch sak la. 28 Epi li te di a frè l yo: "Lajan mwen an remèt wi! E gade byen, li la menm nan sak mwen an!" Konsa kè yo plonje desann. Yo te vire, tou ap tranble, youn ak lòt, e te di: "Kisa Bondye gen tan fè nou la a?"
29 Lè yo te rive kote papa yo Jacob, nan peyi Canaan an, yo te di li tout sa ki te rive yo. Konsa yo te di: 30 "Mesye a, mèt peyi a, te ᵇpale byen di avèk nou. Li te panse nou te espyon nan peyi a. 31 Men nou te di li: 'Nou se ᶜmoun onèt. Se pa espyon nou ye. 32 Nou se douz frè, fis a papa nou. Youn nan nou pa viv ankò, e pi jenn nan avèk papa nou jodi a nan peyi Canaan.' 33 "Epi nonm nan, mèt peyi a, te di nou: ᵈ'Pa sa mwen va konnen ke nou se moun onèt: kite youn nan frè nou yo avè m, pran sereyal la pou pwoblèm grangou lakay nou yo, e ale. 34 Men mennen pi jenn frè ou a kote mwen pou m ka konnen ke nou pa espyon, men ke nou se moun onèt. Mwen va bay ou frè ou a, e w ap kapab ᵉfè komès nan peyi a.'"
35 Alò, li te rive ke lè yo t ap vide sak yo, ke gade byen, ᶠbous lajan chak moun te nan sak li. Lè yo menm avèk papa yo te wè lajan an, yo te sezi. 36 Papa yo, Jacob te di yo: "Nou fin ᵍfè m pèdi pitit mwen yo! Joseph pa la ankò, Siméon pa la ankò, e nou ta vle pran Benjamin. Tout bagay sa yo kont mwen."
37 Alò, Reuben te pale avèk papa l. Li te di: "Ou kapab mete de gason mwen yo a lanmò si mwen pa mennen li retounen kote ou. Mete li sou kont mwen, e mwen va fè l retounen kote ou."
38 Men Jacob te di: "Fis mwen an p ap desann avèk nou. Paske ʰfrè li a mouri, e se li sèl ki rete. Si malè ta rive li nan vwayaj ke nou ap fè a, alò, nou va mennen tèt cheve blanch sa a vè sejou mò yo avèk tristès."

43 ⁱAlò, gwo grangou a te rèd nan tout peyi a. 2 Epi li te vin rive ke lè yo te fin manje sereyal ke yo te achte an Égypte la, papa yo te di yo: "Ale retounen, achte pou nou ti manje."
3 Men Juda te pale avèk li. Li te di: ʲ'Nonm nan te menase nou ke: 'Nou p ap wè figi m sof ke frè nou an avèk nou.' 4 Si ou voye frè nou an avèk nou, nou va desann achte manje. 5 Men si ou pa voye li, nou p ap desann. Paske nonm nan te di nou: 'Nou p ap wè figi m sof ke frè nou an avèk nou.'"
6 Alò, Israël te di: "Poukisa ou maltrete m konsa, pou nou te di mesye a ke nou te gen yon lòt frè toujou?"
7 Men yo te di: "Mesye a te kesyone nou byen dirèk konsènan moun nan fanmi nou. Li te mande: ᵏ'Èske papa nou toujou vivan? Èske nou gen yon lòt frè?' Alò, nou te reponn kesyon li. Èske nou ta ka konnen ke li ta di: 'Mennen frè nou an desann?'"

8 Juda te di a papa li, Israël: "Voye jènjan an avèk mwen. Nou va leve ale, pou nou kapab viv e pa mouri, nou menm, ansanm ak ou, ak pitit ou yo. 9 ˡMwen menm, mwen va garanti pou li. Ou kapab mete m responsab li. Si mwen pa mennen l tounen bò kote ou, pou m fè l chita devan ou, alò, ke mwen rete koupab devan ou pou tout tan. 10 Paske si nou pa t mize, asireman kounye a nou ta gen tan retounen de fwa deja."
11 Alò, papa yo, Israël te di yo: "Si sa oblije fèt, alò, fè l konsa: Pran kèk nan pi bèl pwodwi peyi a nan sak nou, pou pote desann vè nonm nan kòm kado; yon ti ᵐlwil, yon ti siwo myèl, yon ti gòm santi bon, myrr, grenn pistach fen avèk grenn zanmann. 12 Pran doub lajan nan men nou, e anplis, pran pou remèt nan men nou ⁿkòb ki te retounen nan bouch sak la. Petèt se te yon erè. 13 Pran frè nou an tou, e leve retounen vè mesye a. 14 Konsa, ke Bondye Toupwisan an kapab bannou gras nan zye mesye a, pou li kab lage bannou ᵒlòt frè nou an avèk Benjamin. Epi pou mwen, ᵖsi mwen pèdi pitit mwen yo, mwen pèdi nèt."
15 Alò, mesye yo te pran ᑫkado sila yo, e yo te pran doub lajan nan men yo avèk Benjamin. Konsa, yo te leve desann an Égypte, e yo te kanpe devan Joseph. 16 Lè Joseph te wè Benjamin avèk yo, li te di a ʳchèf domestik lakay li a, "Mennen mesye yo nan kay la, touye yon bèt, e fè prepare l; paske mesye sa yo ap manje avèk mwen a midi a."
17 Alò, nonm nan te fè sa ke Joseph te mande a, e li te mennen mesye yo lakay Joseph. 18 Alò, mesye yo te byen pè, paske yo te mennen yo lakay Joseph. Konsa, yo te di: "Se akoz lajan ki te remèt nan sak yo premye fwa a, ke yo ap mennen nou la a, pou li kapab chache okazyon kont nou, pou tonbe sou nou, e pran nou kòm esklav avèk bourik nou yo."
19 Pou sa a, yo te vin pwoche chèf domestik la. Yo te pale ak li nan antre kay la, 20 e yo te di: "O mèt mwen, vrèman nou te desann premye fwa a pou achte manje, 21 men sa te fè ke lè nou rive nan lojman nou, pou louvri sak nou, konsa, nou jwenn ˢkòb chak moun nan bouch sak li! Tout kòb nou nèt! Konsa, nou te retounen pote li nan men nou. 22 Nou te pote osi, lajan anplis nan men nou pou achte manje. Nou pa konnen kilès ki te mete kòb nou yo nan sak nou yo."
23 Li te di: "Rete anpè, nou pa bezwen pè. Bondye pa nou an e Bondye papa nou an te bannou trezò nan sak nou yo. Mwen te resevwa kòb nou an." Epi ᵗli te mennen Siméon deyò bay yo.
24 Epi nonm nan te mennen mesye yo antre lakay Joseph. Li te ᵘbay yo dlo, e yo te lave pye pa yo. Li te bay bourik yo manje. 25 Konsa, yo te prepare ᵛkado yo pou lè Joseph ta vin parèt a midi, paske yo te tande ke yo te gen pou manje la.

ª **42:27** Jen 43:21-22   ᵇ **42:30** Jen 42:7   ᶜ **42:31** Jen 42:11   ᵈ **42:33** Jen 42:19-20   ᵉ **42:34** Jen 34:10
ᶠ **42:35** Jen 43:12-21   ᵍ **42:36** Jen 43:14   ʰ **42:38** Jen 37:33-34   ⁱ **43:1** Jen 12:10   ʲ **43:3** Jen 43:5   ᵏ **43:7** Jen 42:13
ˡ **43:9** Jen 42:37   ᵐ **43:11** Jen 37:25   ⁿ **43:12** Jen 42:25-35   ᵒ **43:14** Jen 42:24   ᵖ **43:14** Jen 42:36   ᑫ **43:15** Jen 43:11
ʳ **43:16** Jen 44:1   ˢ **43:21** Jen 42:27-35   ᵗ **43:23** Jen 42:24   ᵘ **43:24** Jen 18:4   ᵛ **43:25** Jen 43:11-15

²⁶ Lè Joseph te rive lakay li, yo te pote kado ki te nan men yo bò kote li nan kay la, e yo te ᵃbese atè devan li. ²⁷ Li te mande yo si tout bagay ale byen. Li te di: "ᵇÈske granmoun sou sila nou te pale m nan toujou vivan?" ²⁸ Yo te di: "Sèvitè ou a, papa nou toujou byen; li toujou vivan." ᶜYo te bese ba pou bay respè.

²⁹ Lè li te leve zye li, li te wè frè li, Benjamin, fis a manman l lan, e li te di: "Èske se sila a ki ᵈpi jenn frè nou ke nou te pale m nan?" Konsa, li te di: "Ke Bondye kapab fè ou gras, fis mwen." ³⁰ Konsa, Joseph te fè vit ale deyò, paske ᵉli te tèlman touche byen fon pa prezans frè li yo, e li te chache yon kote pou l ta kab kriye. Li te antre nan chanm li an, e li te kriye la.

³¹ Alò, li te lave figi li, e li te vin parèt deyò. Li te ᶠkontwole tèt li, e te di: "Sèvi manje a."

³² Epi yo te sèvi Joseph nan yon kote pou kont li, e lòt Ejipsyen yo pou kont yo, paske yon Ejipsyen pa t kapab manje avèk yon Ebre. Paske sa se yon abominasyon pou Ejipsyen yo. ᵍ

³³ Alò, yo te chita devan li, ʰpremye ne a, selon dwa nesans li, pi jenn nan selon jennès li, e mesye yo t ap gade youn lòt byen etone. ³⁴ Li te pran pòsyon manje pa yo sòti nan pwòp tab li, ⁱmen pòsyon Benjamin an te senk fwa plis ke tout lòt yo. Epi yo te manje e bwè, e fè kè kontan avèk li.

44 ʲAlò, li te pase lòd a chèf domestik la e te di: "Ranpli sak yo avèk manje, tout sa ke yo kapab pote, e mete kòb a chak moun nan bouch sak li. ² Plase tas mwen an, tas fèt an ajan an nan bouch sak pi jenn nan, ansanm ak kòb li pou sereyal la." Epi sa te fèt jan Joseph te mande a.

³ Depi li te fè klè, mesye yo te voye ale, yo menm avèk bourik yo. ⁴ Yo te fenk kite vil la, e yo pa t byen lwen lè Joseph te di a chèf domestik li a: "Leve, swiv mesye sa yo. Lè nou rive sou yo, di yo konsa: 'Poukisa nou rekonpanse mal pou byen? ⁵ Èske tas sa a se pa sila ke mèt mwen an bwè ladann, e sèvi pou ᵏdivinasyon an? Nou te fè mal lè nou te fè sa.'"

⁶ Alò, li te rive sou yo, e li te pale pawòl sa ak yo. ⁷ Yo te di li: "Poukisa mèt mwen an pale kalite pawòl sila yo? Sa lwen mwen pou m ta fè yon bagay konsa. ⁸ Gade byen, ˡlajan ke nou te twouve nan bouch sak nou yo, nou te pote yo bannou soti nan peyi Canaan. Alò, kijan nou ta ka vòlè lò, oswa lajan lakay mèt la? ⁹ ᵐAvèk nenpòt kilès nan sèvitè nou yo ke nou ta twouve l, ke li mouri, e nou osi, nou va devni ⁿesklav a mèt nou."

¹⁰ Alò, li te di: "Konsa kite sa fèt tankou pawòl ou; sila avèk kilès li twouve l la, li va devni esklav mwen, e tout rès nan nou va rete inosan."

¹¹ Alò, byen prese, chak moun te desann sak li atè, pou te ouvri sak li. ¹² Li te fè ankèt, kòmanse avèk pi gran, fini avèk pi jenn nan, e ᵒtas la te twouve nan sak Benjamin an. ¹³ Konsa, yo te chire rad yo, e lè chak moun te fin chaje bèt li, yo te retounen ᵖnan vil la.

¹⁴ Lè Juda avèk frè li yo te vini lakay Joseph, li te toujou la, e ᑫyo te tonbe atè devan li. ¹⁵ Joseph te di yo: "Ki zak sa ke nou te fè la a? Èske nou pa konnen ke yon nonm tankou mwen kapab vrèman pratike divinasyon?"ʳ

¹⁶ Konsa, Juda te di: "Kisa nou kapab di a mèt nou? Kisa nou kapab pale? Kijan nou kapab jistifye pwòp tèt nou? Bondye te twouve inikite nan sèvitè ou yo. Gade byen, nou se esklav a mèt nou, ni nou, men osi sila ki te posede tas nou te twouve a."

¹⁷ Men li te di yo: "Kite sa byen lwen pou m fè sa. Mesye sou sila nou te twouve tas la, li va esklav mwen. Men pou nou, ale anpè vè papa nou."

¹⁸ Alò, Juda te pwoche li. Li te di: "O mèt mwen, silvouplè, èske sèvitè ou kapab pale yon mo nan zòrèy a mèt la, e li p ap vin fache avèk sèvitè ou a; paske ˢou menm jan avèk Farawon. ¹⁹ ᵗMèt mwen an te mande sèvitè li yo, e te di: 'Èske nou genyen yon papa, oswa yon frè?' ²⁰ Nou te di a mèt mwen: 'Nou gen yon papa ki granmoun, ak yon ᵘtimoun li te fè nan vyeyès li. Alò, ᵛfrè li a gen tan mouri, li sèl ki rete kòm pitit a manman l, e papa li renmen li.'

²¹ "Konsa, ou te di sèvitè ou yo: ʷ'Mennen fè l desann pou m kapab fikse zye m sou li.'

²² "Men nou te di a mèt nou: 'Jèn jan an pa kapab kite papa l; papa l ta mouri.'

²³ "Malgre sa, ou te di a sèvitè ou yo: ˣ'Amwens ke pi jenn nan vin desann avèk nou, nou p ap wè figi m ankò.'

²⁴ "Se te konsa li te rive ke lè nou te monte vè sèvitè ou, papa m, ke nou te pale li pawòl a mèt nou an. ²⁵ ʸPapa nou te di nou: 'Retounen achte yon ti manje.' ²⁶ Men nou te di: 'Nou pa kapab desann. Si pi jenn frè nou an avèk nou, nou va desann. Paske nou pa kapab wè figi a nonm nan ankò, sof ke pi jenn frè nou an avèk nou.'

²⁷ "Sèvitè ou, papa m, te di nou: 'Ou konnen ke ᶻmadanm mwen te fè de fis pou mwen. ²⁸ Yon nan yo te sòti kite mwen, e mwen te di: "Asireman li te chire an mòso", e mwen pa wè li depi lè sa.ᵃ ²⁹ Si ou pran sila a osi de mwen, e si malè rive li, nou va ᵇmennen cheve tèt blanch sa a anba nan sejou mò yo avèk tristès.'

³⁰ "Alò, pou sa, lè mwen rive vè sèvitè ou, papa m, e pou jèn jan an pa la avèk nou, paske ᶜlavi li mare ansanm avèk lavi jèn jan an, ³¹ lè li wè ke jèn jan an pa avèk nou, l ap mouri. Konsa sèvitè ou yo va ᵈmennen cheve blanch a sèvitè ou, papa nou anba nan sejou mò yo avèk tristès. ³² Paske sèvitè ou te ᵉdevni yon sekirite pou jèn jan a papa m nan, e mwen

---

ᵃ **43:26** Jen 37:7-10 ᵇ **43:27** Jen 43:7 ᶜ **43:28** Jen 37:7-10 ᵈ **43:29** Jen 42:13 ᵉ **43:30** I Wa 3:26 ᶠ **43:31** Jen 45:1
ᵍ **43:32** Jen 46:34 ʰ **43:33** Jen 42:7 ⁱ **43:34** Jen 25:34 ʲ **44:1** Jen 42:25 ᵏ **44:5** Lev 19:26 ˡ **44:8** Jen 43:21
ᵐ **44:9** Jen 31:32 ⁿ **44:9** Jen 44:16 ᵒ **44:12** Jen 44:2 ᵖ **44:13** Jen 44:4 ᑫ **44:14** Jen 37:7-10 ʳ **44:15** Jen 44:5
ˢ **44:18** Jen 37:7-8 ᵗ **44:19** Jen 43:7 ᵘ **44:20** Jen 37:3 ᵛ **44:20** Jen 37:33 ʷ **44:21** Jen 45:15-20
ˣ **44:23** Jen 43:3-5 ʸ **44:25** Jen 43:2 ᶻ **44:27** Jen 46:19 ᵃ **44:28** Jen 37:31-35 ᵇ **44:29** Jen 42:38
ᶜ **44:30** I Sam 18:1 ᵈ **44:31** Jen 44:29 ᵉ **44:32** Jen 43:9

te di: 'Si mwen pa fè l retounen a ou menm, alò, kite m pote koupabilite sa a devan papa m pou tout tan.' ³³ "Alò, pou sa, kite sèvitè ou a rete, olye ke jènjan an, kòm yon esklav a mèt mwen. E kite jènjan an monte avèk frè li yo. ³⁴ Paske kijan mwen kapab monte vè papa m si jènjan an pa avèk m?—paske mwen pè pou m ta wè malè ki vin pran papa m."

45 Alò, Joseph pa t kapab kontwole emosyon li devan tout moun sa yo ki te kanpe akote li yo. Li te kriye: "Fè tout moun kite mwen." Konsa pa t gen pèsòn avèk li ᵃlè Joseph te revele li menm a frè l yo. ² ᵇLi te kriye tèlman fò ke Ejipsyen yo te tande l. Menm lakay Farawon te tande l.

³ Alò, Joseph te di a frè li yo: ᶜ"Mwen se Joseph! Èske papa m toujou vivan?" Men frè l yo pa t kapab reponn li, paske yo te plen de gwo perèz akoz prezans li.

⁴ Alò, Joseph te di a frè li yo: "Souple, vin pi pre m." Epi yo te vin pi pre. Li te di: "Mwen se frè nou, Joseph, ke nou te vann pou ale an Egypte la.ᵈ ⁵ Alò, pinga nou tris ni fache avèk pwòp tèt nou, akoz ke nou te vann mwen isit la, paske ᵉBondye te voye m avan nou pou prezève lavi nou. ⁶ Paske gwo grangou a te nan peyi sa pou ᶠdezane sa yo, e gen senk an toujou ki p ap gen ni raboure tè ni rekòlt. ⁷ ᵍBondye te voye m devan nou pou prezève yon retay sou latè, e pou kenbe nou vivan pa yon gwo delivrans.

⁸ "Alò, pou sa, se pa te nou ki te voye m isit la, men Bondye. Li te fè m yon ʰpapa pou Farawon, mèt pou tout lakay li, e gouvènè sou tout peyi Égypte la.

⁹ "Fè vit, monte vè papa m pou ⁱdi l: 'Se konsa ke fis ou a, Joseph pale: "Bondye gen tan fè m mèt pou tout Égypte la. Fè vit, vin desann kote mwen, e pa mize." ¹⁰ Nou va viv nan peyi Gosen an, e nou va pre mwen, nou menm avèk pitit nou yo, pitit a pitit nou yo, bann mouton nou yo, avèk twoupo nou yo, ak tout sa ke nou genyen.'" ʲ¹¹ La, mwen va osi fè pwovizyon pou nou, paske toujou ap gen senk ane ak gwo grangou e nou menm avèk lakay nou ak tout sa nou genyen ta kapab vin megri.

¹² Gade byen, zye nou wè, e zye a frè m nan Benjamin wè, ke se pwòp bouch mwen k ap pale ak nou. ¹³ Koulye a nou gen pou di papa m tout richès mwen gen an Égypte, ak tout sa nou te wè. Nou gen pou prese ᵏmennen papa m desann isit la."

¹⁴ Konsa, li te tonbe nan kou a frè l, Benjamin, e li te kriye nan kou li.ˡ ¹⁵ Li te bo tout frè li yo, li te kriye sou yo, e apre frè l yo te pale avèk li.

¹⁶ Alò, lè ᵐnouvèl la te tande kote lakay Farawon, ke frè Joseph yo te vini, sa te fè Farawon kontan, ni sèvitè li yo. ¹⁷ Epi Farawon te di a Joseph: "Pale a frè ou yo, 'Men sa pou fè; chaje bèt nou yo pou ale nan peyi Canaan. ¹⁸ Pran papa ou avèk fanmi nou yo, e vini kote mwen, ⁿmwen va bannou pi bon tè an Égypte yo, e nou va manje tout grès tè a.'"

¹⁹ "Koulye a mwen pase lòd: 'Fè sa: pran ᵒcha ki sòti an Égypte yo pou pitit nou yo ak madanm nou yo, e mennen papa nou vini. ²⁰ Pa okipe nou de byen nou yo, paske tout sa ki pi bon nan tout peyi Égypte la se pou nou.'"

²¹ Alò, fis Israël yo te fè sa. Epi Joseph te bay yo ᵖcha yo selon kòmann Farawon an, e li te bay yo pwovizyon pou vwayaj la. ²² A yo chak, li te bay echanj abiman, men a Benjamin li te bay twa san pyès an ajan, ak ᵠsenk echanj abiman. ²³ A papa li, li te voye kòm swivan: dis bourik chaje avèk pi bon bagay Égypte kab pwodwi, dis bourik femèl chaje avèk sereyal ak pen, ak nouriti pou papa l nan vwayaj la. ²⁴ Konsa, li te voye frè li yo pati, e pandan yo t ap sòti, li te di yo: "Pa goumen nan vwayaj la."

²⁵ Alò yo te kite Égypte monte, e yo te vini nan peyi Canaan kote papa yo, Jacob. ²⁶ Yo te pale li, e yo te di li konsa: "Joseph toujou vivan! Vrèman, li se Gouvènè tout peyi Égypte la!" Men kè Jacob te febli, ʳLi pa t kwè yo. ²⁷ Yo te di li tout pawòl ke Joseph te pale yo. Men lè li te wè ˢcha yo ke Joseph te voye pou mennen li an, lespri papa yo, Jacob, te remonte.

²⁸ Alò, Israël te di: "Sa sifi! Fis mwen an, Joseph toujou ap viv. M ap prale wè l avan ke m mouri."

46 Epi Israël te pati avèk tout sa li te genyen. Li te vini ᵗBeer-Schéba e te ofri sakrifis a Bondye a papa li a, Isaac.

² Bondye te pale avèk Israël nan vizyon nan nwit lan. Li te di: ᵘ"Jacob, Jacob."

Jacob te reponn: "Men mwen isit la."

³ Li te di: "Mwen se Bondye, Bondye a papa ou a. Pa pè desann an Égypte, paske mwen va ᵛfè nou vin yon gran nasyon la. ⁴ ʷMwen va desann avèk nou an Égypte. Mwen va anplis, an verite, fè nou monte ankò. Epi se men Joseph ki va fèmen zye ou."

⁵ Alò, Jacob te leve kite Beer-Schéba. Fis Israël yo te pote papa yo, Jacob, ak pitit pa yo, ak madanm yo nan ˣcha ke Farawon te voye pou pote yo. ⁶ Yo te pran tout bèt yo avèk tout byen yo, ke yo te vin gen nan peyi Canaan an, e yo ʸte vini an Égypte, Jacob avèk tout desandan li yo, ansanm ⁷ avèk fis li yo, fis a fis li yo, fi li yo avèk fi a fis li yo, ak tout desandan li yo. Li te mennen tout desandan avèk li, ale an Égypte.

⁸ Alò, sa yo se ᶻnon a fis a Israël yo, Jacob avèk fis li yo ki te ale an Égypte: Reuben, premye ne a Jacob la.

⁹ Fis Reuben yo: Hénoc, Pallu, Hetsron, ak Carmi.

¹⁰ ᵃFis Siméon yo: Jemuel, Jamin, Ohad, Jakin avèk Tsochar; e Saul, fis a yon fanm Kananeyen.

¹¹ ᵇFis a Levi yo: Guerschon, Kehath, ak Merari.

ᵃ **45:1** Trav 7:13   ᵇ **45:2** Jen 45:14,15   ᶜ **45:3** Trav 7:13   ᵈ **45:4** Jen 37:28   ᵉ **45:5** Jen 45:7-8   ᶠ **45:6** Jen 37:2
ᵍ **45:7** Jen 45:5   ʰ **45:8** Jij 17:10   ⁱ **45:9** Trav 7:14   ʲ **45:10** Jen 46:28,34   ᵏ **45:13** Trav 7:14   ˡ **45:14** Jen 45:2
ᵐ **45:16** Trav 7:13   ⁿ **45:18** Jen 27:28   ᵒ **45:19** Jen 45:21-27   ᵖ **45:21** Jen 45:19   ᵠ **45:22** II Wa 5:5; Jen 43:34
ʳ **45:26** Jen 37:31-35   ˢ **45:27** Jen 45:19   ᵗ **46:1** Jen 21:31   ᵘ **46:2** Jen 22:11   ᵛ **46:3** Egz 1:9   ʷ **46:4** Jen 28:15
ˣ **46:5** Jen 45:21   ʸ **46:6** Det 26:5   ᶻ **46:8** Egz 1:1-4   ᵃ **46:10** Egz 6:15   ᵇ **46:11** I Kwo 6:1

¹² Fis a Juda yo: Er, Onan, Schéla, Pérets, ak Zarach. Men Er avèk Onan te mouri nan peyi Canaan. ªFis a Pérets yo te Hetsron, avèk Hamul.

¹³ Fis a Issacar yo: Tholy, Puva, Job, ak Schimron.

¹⁴ Fis a Zabulon yo: Séred, Élon avèk Jahleel.

¹⁵ Sila yo se fis a Léa yo, ke li te fè pou Jacob nan Paddan-Aram, avèk fis li, Dina; tout fis li yo ak fi li yo te vin monte a trant-twa.

¹⁶ ᵇFis a Gad yo: Tsiphjon, Haggi, Schuni, Etsbon, Éri, Arodi avèk Areéli.

¹⁷ Fis Aser yo: Jimna, Jischva, Jischvi, ak Beria; e sè yo, Sérach.

Epi fis Beria yo: Héber avèk Malkiel. ¹⁸ Sila yo se fis a Zilpha, sila ke Laban te bay a fi li Léa a; epi li te fè pou Jacob sèz moun sa yo.

¹⁹ Fis a Rachel yo, madanm a Jacob la: Joseph avèk Benjamin.

²⁰ Alò, a ᶜJoseph nan peyi Égypte la, te ne Manassé ak Éphraïm, ke Asenath, fi a Poti-Phéra a, prèt On an te fè pou li.

²¹ ᵈFis a Benjamin yo: Béla, Béker, Aschbel, Guéra, Naaman, Éhi, Rosch, Muppim, Huppim, ak Ard.

²² Sila yo se fis a Rachel yo, ki te fèt a Jacob; te gen katòz moun antou.

²³ Fis a Dan yo: Huschim.

²⁴ Fis a Nephtali yo: Jathtseel, Guni, Jetser, ak Schillem.

²⁵ Sila yo se ᵉfis a Bilha yo, ke ᶠLaban te bay a fi li, Rachel, e li te fè sa yo pou Jacob; te gen sèt moun antou.

²⁶ ᵍTout moun ki te pou Jacob yo te vini an Égypte, desandan ki te sòti dirèk sou li menm yo, san kontwole madanm a fis Jacob yo te swasant sis moun antou.

²⁷ Fis a Joseph ki te fèt pou li an Égypte yo te de. ʰTout moun lakay Jacob ki te vini an Égypte yo te swasann-dis.

²⁸ Alò, li te voye Juda devan li vè Joseph, pou montre li chemen an devan l nan ⁱGosen, epi yo te vini nan peyi Gosen. ²⁹ Joseph te prepare cha li, li te monte Gosen pou rankontre papa li, Israël. Depi li te parèt devan li, li te tonbe nan kou li e li ʲte kriye nan kou li pandan anpil tan.

³⁰ Konsa Israël te di a Joseph: "Koulye a kite mwen mouri, paske mwen gen tan wè figi ou, ke ou toujou vivan."

³¹ Joseph te di a frè l yo e a lakay papa li: ᵏ"Mwen va monte pou pale ak Farawon, e mwen va di li: 'Frè m yo avèk lakay papa m, ki te nan peyi Canaan an vin kote mwen. ³² Mesye sa yo se bèje, paske yo te konn okipe bèt. E yo te mennen bann mouton pa yo avèk twoupo pa yo, ak tout sa yo posede.'

³³ "Lè Farawon rele nou e di: ˡ'Kisa nou fè kòm metye.' ³⁴ Nou va di: 'Sèvitè ou yo ap okipe bèt depi lè nou te jenn jis rive koulye a, ni nou menm, ni papa nou yo,' pou nou kapab viv nan peyi Gosen; paske tout bèje se yon abominasyon pou Ejipsyen yo." ᵐ

47 Konsa, ⁿJoseph te antre pou pale ak Farawon. Li te di: "Papa m avèk frè m yo, bann mouton yo, twoupo yo, avèk tout sa yo posede, te sòti nan peyi Canaan an. Epi gade byen, yo nan peyi ᵒGosen." ² Li te pran senk mesye pami frè li yo, e li te ᵖprezante yo bay Farawon.

³ Alò, Farawon te di a frè li yo: ᑫ"Ki metye nou?" Epi yo te di a Farawon: "Sèvitè nou se bèje, ni nou menm, ni zansèt nou yo." ⁴ Yo te di a Farawon: "Nou te vini pou rete tankou etranje nan peyi a, paske nanpwen patiraj pou bann mouton yo paske gwo grangou a rèd nan peyi Canaan. Alò pou sa, souple, kite sèvitè nou yo viv nan peyi Gosen an."ʳ

⁵ Konsa, Farawon te di a Joseph: "Papa ou avèk frè ou yo te vin kote ou. ⁶ Peyi Égypte la devan ou, plase papa ou avèk frè ou yo nan ˢpi bon pòsyon tè a, kite yo viv nan peyi Gosen an. Epi si ou konnen moun ak kapasite pami yo, alò, fè yo responsab bèt mwen yo."

⁷ Epi Joseph te mennen papa li, Jacob. Li te prezante li bay Farawon, epi Jacob te ᵗbeni Farawon. ⁸ Farawon te di a Jacob: "Konbyen ane ou gen tan viv?"

⁹ Konsa, Jacob te di a Farawon: "Lane lavi m yo sou latè se san-trant. Pa anpil, e degoutan se te ane lavi m yo. Ni yo pa menm rive avèk ᵘlane ke zansèt mwen yo te viv pandan jou lavi pa yo." ¹⁰ Konsa, Jacob te ᵛbeni Farawon, e li te sòti nan prezans li.

¹¹ Epi Joseph te pozisyone papa li, ak frè li yo e li te bay yo yon teren an Égypte, nan pi bon pati nan peyi a, kote ʷRamsès la, tankou Farawon te kòmande a. ¹² Joseph te ˣfouni papa li ak frè li yo, avèk tout lakay li avèk manje, selon fòs kantite pitit pa yo. ¹³ Koulye a, pa t gen manje nan tout peyi a, akoz gwo grangou a te tèlman rèd, ke ʸpeyi Égypte la ak peyi Canaan an te febli nèt akoz gwo grangou a.

¹⁴ ᶻJoseph te ranmase tout lajan ki te twouve nan peyi Égypte la, ak nan peyi Canaan pou sereyal ke yo te achte a, e Joseph te pote lajan an lakay Farawon. ¹⁵ Lè tout lajan an te fin depanse nan tout peyi Égypte la, ak tout peyi Canaan an, tout Ejipsyen yo te vin vè Joseph, e te di li: "Bannou manje, paske ªpou ki rezon nou ta dwe mouri nan prezans ou? Paske lajan nou fini."

¹⁶ Alò, Joseph te di: "Bay bèt nou yo, e mwen va bannou manje pou bèt yo, paske kòb nou gen tan fini." ¹⁷ Epi yo te mennen bèt yo kote Joseph, Joseph te bay yo manje an echanj ak cheval ak bann mouton, twoupo ak bourik. Konsa, li te bay yo manje an echanj ak tout bèt pa yo nan ane sa a.

ª **46:12** Jen 38:3,4,5; I Kwo 2:5 ᵇ **46:16** Nonb 26:15-18 ᶜ **46:20** Jen 41:50-52 ᵈ **46:21** I Kwo 7:6 ᵉ **46:25** Jen 30:5-7
ᶠ **46:25** Jen 29:29 ᵍ **46:26** Egz 1:5 ʰ **46:27** Det 10:22 ⁱ **46:28** Jen 45:10 ʲ **46:29** Jen 45:14-15 ᵏ **46:31** Jen 47:1
ˡ **46:33** Jen 47:2-3 ᵐ **46:34** Jen 13:7-8; Jen 45:10-18 ⁿ **47:1** Jen 46:31 ᵒ **47:1** Jen 45:10 ᵖ **47:2** Trav 7:13
ᑫ **47:3** Jen 46:33 ʳ **47:4** Jen 43:1 ˢ **47:6** Jen 45:10-18 ᵗ **47:7** II Sam 14:22 ᵘ **47:9** Jen 25:7 ᵛ **47:10** Jen 47:7
ʷ **47:11** Egz 1:11 ˣ **47:12** Jen 45:11 ʸ **47:13** Jen 41:30 ᶻ **47:14** Jen 41:56 ª **47:15** Jen 47:19

¹⁸ Lè ane sa a te fini, yo te vin kote li nan lane pwochèn, e te di li: "Nou p ap kache a mèt nou ke lajan nou fin depanse, e tout twoupo bèt yo se pou mèt nou. Nanpwen anyen ki rete pou mèt la, sof ke kò nou, ak tè nou yo. ¹⁹ Poukisa nou ta mouri devan zye ou, ni nou menm, ni tè nou yo? Achte nou menm avèk tè nou yo, e nou va vin esklav a Farawon. Epi bannou semans pou nou ka viv, pou nou pa mouri, e pou tè a pa rete vid." ²⁰ Alò, Joseph te achte tout tè an Égypte yo pou Farawon, e chak Ejipsyen te vann tè li, akoz ke gwo grangou a te rèd sou yo. Konsa, tè a te vin pou Farawon. ²¹ Epi pou pèp la, li te deplase yo pou antre nan vil yo, sòti nan yon pwen fwontyè Égypte la, jis rive nan lòt la. ²² Se sèl tè prèt yo ke li pa t achte, paske prèt yo te gen yon bous ki te sòti sou Farawon, e yo te viv sou bous ke Farawon te bay yo a. Akoz sa, yo pa t vann tè pa yo a.

²³ Epi Joseph te di a pèp la: "Veye byen, jodi a mwen te achte nou menm avèk tè nou yo pou Farawon. Men semans lan se pou nou, e nou kapab simen nan tè a. ²⁴ Nan rekòlt la, nou va bay yon ᵃsenkyèm a Farawon, e kat senkyèm nan ap rete pou nou pou simen nan tè a pou manje pou nou menm avèk sa ki lakay nou yo, ak pou pitit nou yo."

²⁵ Epi yo te di: "Ou gen tan sove lavi nou! Kite nou twouve favè nan zye a mèt nou, e nou va vin esklav Farawon."

²⁶ Joseph te fè yon règleman selon peyi Égypte la ki valab jis rive jou sa a ke Farawon te gen dwa a yon senkyèm nan. ᵇSèl tè a prèt yo ki pa t vin pou Farawon.

²⁷ Alò, Israël te viv nan peyi Égypte la, nan Gosen. Yo te gen tèren ladann, yo ᶜte vin trè pwodiktif, e yo te peple anpil.

²⁸ Jacob te viv nan peyi Égypte pandan ᵈdisèt ane'. Pou sa, fòs lavi li te san-karant-sèt ane. ²⁹ Lè pou Israël mouri an t ap pwoche. Li te rele fis li, Joseph, e te di li: "Souple, si mwen te twouve favè nan zye ou, koulye a ᵉplase men ou anba fant janm mwen, e ᶠaji avèk mwen nan bòn fwa ak tandrès. Souple, pa antere mwen an Égypte, ³⁰ men lè m kouche avèk zansèt mwen yo, nou va pote mwen deyò de Égypte, pou antere mwen nan ᵍplas antèman a yo menm nan."

Epi Joseph te di: "M ap fè jan ou di m nan."

³¹ Konsa, li te di: "Sèmante ban mwen." Epi li te sèmante ba li. Epi ʰIsraël te bese pou adore nan tèt kabann nan.

48 Alò, li te rive ke apre bagay sa yo, ke Joseph te vin enfòme: "Gade byen, papa ou malad." Li te pran de fis li yo, ⁱManassé ak Éphraïm avèk li. ² Epi moun yo te pale a Jacob: "Gade byen, fis ou a, Joseph gen tan vin kote ou." Konsa, Israël te ranmase fòs li. Li te chita sou kabann nan.

³ Epi Jacob te di a Joseph: "Bondye Toupwisan an te parèt a mwen nan ʲLuz nan peyi Canaan an e Li te beni mwen. ⁴ Li te di mwen: 'Gade byen, Mwen va fè nou donnen anpil fwi, e miltipliye anpil. Mwen va fè ou vin yon konpanyen pèp la, e Mwen va bay peyi sa a a desandan aprè ou, kòm ᵏposesyon k ap dire pou tout tan.'

⁵ "Alò, de fis ou yo ki te fèt a ou menm nan peyi Égypte la avan mwen te vin kote ou an Égypte la, se pa m. ˡÉphraïm avèk Manassé se pou mwen, menm jan ke ᵐRuben avèk Siméon va pou mwen. ⁶ Men pitit ou yo ki te fèt apre yo, va pou ou. Yo va rele selon non frè pa yo nan eritaj yo. ⁷ Alò, pou mwen, lè m te retounen nan Paddan, ⁿRachel te mouri, nan tristès mwen, nan peyi Canaan an pandan vwayaj la, lè te toujou gen yon distans pou rive nan Ephrata (ki vle di Bethléem)."

⁸ Lè Israël ᵒte wè fis a Joseph yo, li te di: "Kilès moun sa yo ye?"

⁹ Joseph te di a papa li: "ᵖSa yo se fis mwen yo, ke Bondye te ban mwen isit la." Epi li te di: "Mennen yo isit souple, pou m kapab beni yo." ¹⁰ Alò, ᑫzye Israël yo te tèlman vin fèb akoz laj ke li pa t kapab wè. Epi Joseph te mennen yo toupre li, li te ʳbo yo e li te anbrase yo.

¹¹ Israël te di a Joseph: "Mwen pa t janm sipoze ke m ta wè figi ou, e gade byen, Bondye kite mwen wè pitit ou yo tou."

¹² Epi Joseph te mennen yo soti antre jenou li yo, e te ˢbese ba avèk figi li jis atè. ¹³ Joseph te pran yo toude, Éphraïm nan men dwat li vè bò goch Israël, e nan men goch li, Manassé vè bò dwat Israël. Konsa, li te mennen yo toupre li. ¹⁴ Men Israël te lonje men dwat li, li te mete li sou Éphraïm, ki te pi jenn nan, e men goch li te sou tèt Manassé, avèk men l kwaze, poutan ᵗManassé te premye ne.

¹⁵ Li te beni Joseph, e te di:
"Bondye devan sila zansèt mwen yo,
Abraham avèk Isaac te mache a,
ᵘBondye ki te bèje m nan
pandan tout vi m jis rive jounen jodi a,
¹⁶ ᵛzanj ki te rachte mwen de tout mal la,
beni jènjan sa yo;
epi ke non mwen kapab viv toujou
nan yo, e non a zansèt mwen yo,
Abraham avèk Isaac.
Ke yo kapab grandi vin fè yon
gwo pèp nan mitan mond lan."

¹⁷ Lè Joseph te vin wè ke papa li te ʷpoze men dwat li sou tèt Éphraïm, sa te fè l pa kontan. Li te sezi men papa li pou deplase li sou Éphraïm, ale vè tèt Manassé. ¹⁸ Joseph te di papa l: "Se pa sa, papa, paske se sila a ki premye ne a. Mete men dwat ou sou tèt li."

ᵃ **47:24** Jen 31:24   ᵇ **47:26** Jen 47:22   ᶜ **47:27** Det 26:5   ᵈ **47:28** Jen 47:9   ᵉ **47:29** Jen 24:2   ᶠ **47:29** Jen 24:49
ᵍ **47:30** Jen 23:17-20   ʰ **47:31** I Wa 1:47   ⁱ **48:1** Jen 41:51-52   ʲ **48:3** Jen 28:19   ᵏ **48:4** Jen 17:8
ˡ **48:5** Jen 41:50-52   ᵐ **48:5** I Kwo 5:1-2   ⁿ **48:7** Jen 35:19   ᵒ **48:8** Jen 48:10   ᵖ **48:9** Jen 33:5   ᑫ **48:10** Jen 27:1
ʳ **48:10** Jen 27:27   ˢ **48:12** Jen 42:6   ᵗ **48:14** Jen 41:51-52   ᵘ **48:15** Jen 49:24   ᵛ **48:16** Jen 22:11-18
ʷ **48:17** Jen 48:14

¹⁹ Men papa li te refize. Li te di: "Mwen konnen, fis mwen, mwen konnen. Li osi va devni yon pèp, e li osi va vin gran. Poutan, pi jenn frè li a va pi gran pase li, e ᵃdesandan li yo va devni yon gran pèp a nasyon yo."
²⁰ Li te beni yo nan jou sa a, e te di: "Pa nou menm, Israël va eksprime benediksyon li yo e va di: 'Ke Bondye kapab fè nou tankou Éphraïm ak Manassé!'"
²¹ Konsa, Israël te di a Joseph: "Gade byen, mwen prèt pou mouri, men Bondye va avèk ou, e Li va ᵇmennen ou retounen nan peyi a zansèt ou yo. ²² Mwen bay ou yon pòsyon anplis ke frè ou yo, ke m te pran nan men Amoreyen yo avèk nepe mwen ak banza mwen."ᶜ

49 Epi Jacob te rele fis li yo e te di: "Rasanble nou menm pou m kapab di nou sa k ap rive nou ᵈnan jou k ap vini yo.
² Rasanble nou ansanm e ᵉtande, fis a Jacob yo.
Koute Israël, papa nou.
³ Ruben, se ou ki premye ne mwen an; pouvwa mwen, ᶠkòmansman nan gwo fòs mwen,
premye nan respè e premye nan fòs.
⁴ San kontwòl tankou dlo k ap bouyi, ou p ap genyen premye;
akoz ke ou te ᵍmonte sou kabann papa ou, epi ou te souye li. Li te monte sou kabann mwen.
⁵ ʰSiméon avèk Lévi se frè yo ye.
Nepe pa yo se zouti vyolans.
⁶ ⁱPa kite nanm mwen antre nan konsèy pa yo; pa kite glwa mwen vin reyini avèk asanble pa yo.
Akoz nan kòlè yo, yo te touye moun,
e nan volonte egoyis pa yo, yo te koupe blese jarèt bèf.
⁷ Modi se kòlè yo, paske li fewòs; epi vanjans yo, paske li te mechan.
ʲMwen va separe yo nan Jacob,
e gaye yo nan Israël.

⁸ Juda, frè ou yo va ba ou lwanj;
men ou ap sou kou lènmi ou yo.
ᵏFis a papa ou yo va vin bese ba devan ou.
⁹ Juda se ˡjèn pòtre a yon lyon;
depi nan manje ou, fis mwen, ou gen tan monte.
Li bese kò l, li kouche tankou yon lyon, e tankou yon lyon, se kilès ki gen kouraj pou fè l leve?
¹⁰ ᵐBaton gouvènans p ap janm sòti sou Juda, ni bwa règleman p ap janm antre pye li

jis lè Schilo vini,
e ⁿa li menm va parèt obeyisans a tout nasyon yo.
¹¹ Li mare jenn bourik li
ak pi bèl pye rezen an.
ᵒLi lave vètman li yo nan diven,
ak manto li yo nan san rezen yo.
¹² Zye li fonse wouj akoz diven an,
e dan li blanchi nan lèt la.
¹³ ᵖZabulon va demere bò lanmè;
li va yon pwotèj pou gwo bato yo.
Lizyè l va ak Sidon.
¹⁴ Issacar se yon bourik gwo fòs
k ap ᵠkouche ba nan mitan makout bèt.
¹⁵ Lè li te wè ke plas repo sa a te dous,
e tè a te fè l plezi,
li te double zepòl li pou pote chaj yo,
e li te devni yon esklav pou kòve.
¹⁶ ʳDan va jije pèp li kon youn nan tribi Israël yo.
¹⁷ Dan va yon sèpan ki nan wout,
yon koulèv avèk kòn nan chemen
k ap mòde talon cheval la,
pou fè chevalye li tonbe an ayè.
¹⁸ ˢPaske delivrans ou m ap tann, o SENYÈ.
¹⁹ ᵗPou Gad, piyajè yo va piyaje li,
men li va piyaje vè talon pa yo.
²⁰ ᵘPou Aser, manje li va rich, e li va pwodwi bagay ki delika e ki wayal.
²¹ ᵛNephthali se yon bich ki vin lage.
Li donnen bèl pitit.
²² ʷJoseph se yon branch ki donnen fwi;
yon branch avèk fwi toupre yon sous.
Branch li yo kouri sou yon miray.
²³ Achè yo te atake avèk rayisman,
yo te tire sou li e yo te anmède li;
²⁴ men banza li te rete fèm, e bwa li yo te fò;
depi nan men Toupwisan Jacob la
(depi la se ˣBèje a, ʸWòch Israël la),
²⁵ Depi nan Bondye a papa ou ki bay ou soutyen an;
Toupwisan an ki beni ou avèk
ᶻbenediksyon anwo nan syèl la,
benediksyon ki sòti nan fon ki anba a,
e benediksyon tete matris ak vant ki te fè ou a.
²⁶ Benediksyon a papa ou yo gen tan fin depase sila a zansèt pa m yo jis rive nan limit ᵃkolin ki dire pou tout tan yo.
Yo va rete sou tèt a Joseph,
sou kouwòn a tèt ki byen distenge pami frè li yo.
²⁷ Benjamin se yon lou voras;
nan maten li va devore sa ke li kenbe,
e nan aswè, li va divize piyaj la."

ᵃ **48:19** Jen 28:14   ᵇ **48:21** Jen 28:15   ᶜ **48:22** Jos 24:32   ᵈ **49:1** Nonb 24:14   ᵉ **49:2** Sòm 34:11   ᶠ **49:3** Det 21:17
ᵍ **49:4** Jen 35:22   ʰ **49:5** Jen 34:25-30   ⁱ **49:6** Sòm 64:2   ʲ **49:7** Jos 19:1-9   ᵏ **49:8** Jen 27:29   ˡ **49:9** Éz 19:5-7   ᵐ **49:10** Nonb 24:17   ⁿ **49:10** Sòm 72:8-11   ᵒ **49:11** És 63:2   ᵖ **49:13** Det 33:18-19   ᵠ **49:14** Jij 5:16
ʳ **49:16** Det 33:22   ˢ **49:18** Egz 15:2   ᵗ **49:19** Det 33:20   ᵘ **49:20** Det 33:24-25   ᵛ **49:21** Det 33:23
ʷ **49:22** Det 33:13-17   ˣ **49:24** Sòm 23:1   ʸ **49:24** És 28:16   ᶻ **49:25** Jen 27:28   ᵃ **49:26** Det 33:15-16

²⁸ Tout sa yo se douz tribi Israël yo, e se sa ke papa yo te di yo lè li te beni yo. Li te beni yo, yo chak avèk yon benediksyon ke yo te merite.

²⁹ Konsa, li te bay yo chaj, e li te di yo: "Mwen prèt pou ranmase vè moun mwen yo. ᵃAntere mwen avèk zansèt mwen yo nan kav ki nan ᵇchan Éphron a, Etyen an, ³⁰ nan ᶜkav ki nan chan Macpéla a, ki avan Mamré nan peyi Canaan an, ke Abraham te achte ansanm avèk chan nan men Éphron, Etyen an pou yon plas antèman.

³¹ "La menm yo te antere ᵈAbraham avèk madanm li ᵉSarah, la yo te antere Isaac avèk madanm li Rebecca, e se la mwen te antere Léa; ³² chan an avèk kav ki ladann nan, te achte nan men fis a Heth yo."

³³ Lè li te fin chaje fis li yo, li te rale pye li anndan kabann nan, li te ᶠrespire dènye souf li, e li te vin ranmase vè moun li yo.

50 Joseph te tonbe sou figi a papa li. Li te kriye sou li, e li te bo li. ² Joseph te kòmande sèvitè li yo avèk doktè yo pou anbome kò papa l. Donk, doktè yo te ᵍanbome Israël. ³ Alò, karant jou te nesesè pou sa, paske se tan sa a li te pran pou anbome. Epi Ejipsyen yo te ʰkriye pou li pandan swasanndi jou.

⁴ Lè jou doulè pou li yo te fin pase, Joseph te pale a lakay Farawon, e te di: "Si koulye a mwen jwenn favè nan zye nou, souple, pale avèk Farawon, e di: ⁵ ⁱPapa m te fè m sèmante e te di: 'Gade byen, mwen prèt pou mouri. Nan tonm mwen ke m te fouye pou mwen menm nan peyi Canaan an, se la nou va antere mwen.' Alò, pou sa, kite mwen monte pou antere papa m; epi mwen va retounen."

⁶ Farawon te di: "Ale monte antere papa ou, jan li te fè ou sèmante a."

⁷ Alò, Joseph te monte pou antere papa li, e avèk li te monte tout sèvitè a Farawon yo, ansyen lakay li yo, ak tout ansyen a peyi Égypte yo. ⁸ Tout lakay Joseph avèk frè li yo, ak lakay papa li te ale. Yo te kite sèlman timoun yo, bann mouton yo ak twoupo yo nan peyi Gosen an. ⁹ Osi te monte avèk li, cha yo avèk chevalye yo. Epi se te yon gran konpanyen.

¹⁰ Lè yo te vin nan glasi vannen kote Athad la, glasi ki lòtbò Jourdain an, yo te fè ʲanpil kriye avèk gwo lamantasyon byen tris. Li te obsève sèt jou lamantasyon pou papa li. ¹¹ Alò, lè abitan nan peyi a, Kananeyen yo te wè lamantasyon sa a nan glasi vannen Athad la, yo te di: "Sa se yon lamantasyon trè di pou Ejipsyen yo." Pou rezon sa a, yo te rele li Abel-Mitsraïm, ki vle di lòtbò Jourdain an.

¹² Se konsa fis li yo te fè pou li jan li te kòmande yo a; ¹³ paske fis li yo te pote li nan peyi Canaan an. Yo te antere li nan ᵏkav kote chan a Macpéla a avan Mamré, ke Abraham te achte ansanm avèk chan an pou yon kote antèman nan men Éphron, Etyen an.

¹⁴ Apre li te antere papa li, Joseph te retounen an Égypte—li menm, frè li yo, ak tout moun ki te monte avèk li pou antere papa li yo.

¹⁵ Lè frè a Joseph yo te wè ke papa yo te mouri, yo te di: ˡ"Kisa ki va rive si Joseph toujou pote lahèn kont nou, e deside fè vanjans pou sa nou te fè li la?" ¹⁶ Epi yo te voye vè Joseph e te di: "Papa ou te pase lòd avan li te mouri. Li te di: ¹⁷ 'Konsa ou va di a Joseph: Souple, mwen mande ou padon pou transgresyon a frè ou yo avèk peche pa yo, paske yo te fè ou tò.' Koulye a, souple, padone transgresyon sèvitè Bondye a papa ou yo." Epi Joseph te kriye lè yo te pale avèk li.

¹⁸ Frè li yo anplis, te vin ᵐtonbe ba devan li, e yo te di: "Gade byen, nou se sèvitè ou."

¹⁹ Konsa, Joseph te di yo: "Pa pè; èske mwen nan plas Bondye? ²⁰ Pou nou menm, ⁿnou te anvizaje mal kont mwen, men Bondye te anvizaje sa ki bon pou Li ta kapab fè rive rezilta ke nou wè koulye a devan nou an, pou L ta kapab prezève vi a anpil moun. ²¹ Pou sa, pa pè. ᵒMwen va fè pwovizyon pou nou avèk pitit nou yo." Li te rekonfòte yo e li te pale avèk tandrès avèk yo.

²² Alò, Joseph te rete an Égypte, li menm avèk lakay papa li, epi Joseph te viv pandan san-dis ane. ²³ Joseph te wè twazyèm jenerasyon nan fis Ephraïm yo, e anplis, fis a Makir yo, fis a Manassé a te ᵖfèt sou jenou a Joseph.

²⁴ Joseph te di frè li yo: "Mwen prèt pou mouri men Bondye va asireman pran swen nou, e Li ᵍva fè nou sòti nan peyi sa a vè peyi ke li te pwomèt nan sèman li a Abraham, Isaac, ak Jacob la." ²⁵ Konsa, Joseph te fè fis Israël yo sèmante. Li te di: "Anverite, Bondye va pwoteje nou, e ʳnou va pote zo mwen monte kite isit la."

²⁶ Alò, Joseph te mouri nan laj san-dis ane. Li te ˢanbome yo te plase li nan yon sèkèy an Égypte.

ᵃ **49:29** Jen 47:30   ᵇ **49:29** Jen 23:16-20   ᶜ **49:30** Jen 23:3-20   ᵈ **49:31** Jen 25:9   ᵉ **49:31** Jen 23:19
ᶠ **49:33** Trav 7:15   ᵍ **50:2** Mat 26:12   ʰ **50:3** Nonb 20:29   ⁱ **50:5** Jen 47:29-31   ʲ **50:10** Trav 8:2
ᵏ **50:13** Jen 23:16-20   ˡ **50:15** Jen 37:28   ᵐ **50:18** Jen 37:8-10   ⁿ **50:20** Jen 37:26-27   ᵒ **50:21** Jen 45:11
ᵖ **50:23** Jen 30:3   ᵍ **50:24** Egz 3:16-17   ʳ **50:25** Egz 13:19   ˢ **50:26** Jen 50:2

Egzòd

1 Alò sa yo se ᵃnon fis Israël yo ki te vini an Égypte avèk Jacob; yo chak te vini avèk fanmi pa yo: ² Ruben, Siméon, Lévi, Juda, ³ Isacar, Zabulon, Benjamin, ⁴ Dan, Nephthali, Gad, ak Aser. ⁵ Tout moun ki te sòti nan zantray Jacob yo te ᵇswasann-dis moun, men Joseph te deja an Égypte.

⁶ ᶜJoseph te mouri, ni tout frè li yo avèk tout jenerasyon sila a. ⁷ Men fis Israël yo ᵈte pwodwi anpil, yo te vin miltipliye anpil, e yo te vin trè fò, jiskaske peyi a te vin ranpli avèk yo.

⁸ Alò yon wa tounèf ki pa te konnen Joseph te vin leve sou Égypte.ᵉ ⁹ ᶠLi te di a pèp pa li a: "Gade byen, moun a fis Israël yo vin plis, e pi fò ke nou. ¹⁰ Vini, annou ᵍaji avèk sajès avèk yo, sinon yo va miltipliye, e si gen lagè, yo va fè alyans avèk sa ki rayi nou yo, pou goumen kont nou e kite peyi a."

¹¹ Konsa, yo te chwazi ʰsipèvizè sou yo pou aji di avèk yo pou fè yo travay pi rèd. Yo te bati pou Farawon ⁱvil Pithom avèk Ramsès yo pou konsève sereyal. ¹² Men plis ke yo t ap aflije yo, ʲplis ke yo t ap ogmante, e plis yo t ap grandi.

Konsa Ejipsyen yo te vin gen gwo laperèz pou fis Israël yo. ¹³ Yo te vin ᵏfòse fis Israël yo travay di. ¹⁴ Yo te fè ˡvi yo vin amè avèk travay di nan mòtye avèk brik, e ak tout kalite travay nan chan an. Tout se te kòve ke yo te enpoze byen rèd sou yo.

¹⁵ Alò wa Égypte la te pale avèk fanm saj Ebre yo. Youn nan yo te rele Schiparaavèk, e lòt la yo te rele Pua. ¹⁶ Li te di yo: "Lè nou ap ede fanm Ebre yo akouche, e wè yo sou chèz doulè a, si se yon gason, nou va mete l a lanmò; men si se fi, li va viv."

¹⁷ Men fanm saj yo te ᵐpè Bondye, yo pa t fè jan wa Égypte la te kòmande yo a, men yo te kite gason yo viv.

¹⁸ Epi wa Égypte la te rele fanm saj yo. Li te di yo: "Poukisa nou te fè bagay sa a, e kite gason yo viv la?"

¹⁹ Fanm saj yo te di a Farawon: "Akoz fanm Ebre yo pa tankou fanm Ejipsyen yo. Yo gen anpil fòs, e yo akouche pitit yo avan ke fanm saj la rive kote yo."

²⁰ Alò ⁿBondye te bay gras a fanm saj yo. Konsa, pèp Ebre a te vin miltipliye e te vin trè fò. ²¹ Akoz fanm saj yo te krent Bondye, Li te ᵒbay yo gran fanmi yo. ²² Alò Farawon te kòmande tout pèp li a e te di: "ᵖChak fis ki ne, nou va jete l nan lariviyè Nil lan, e chak fi nou va kenbe l vivan."

2 Alò, yon mesye ᑫlakay Lévi te marye avèk yon fi Lévi. ʳ² Fanm nan te vin ansent, li te fè yon fis. Lè l te wè ke li te ˢbyen bèl, li te kache li pandan twa mwa. ³ Men lè li pa t kab kache li ankò, li te pran yon panyen wozo, e li te kouvri li avèk goudwon ak gòm rezen. Konsa, li te mete pitit la ladann, e te plase li pami wozo yo akote lariviyè Nil lan. ⁴ ᵗSè li a te kanpe nan yon distans, pou wè kisa ki kab rive li.

⁵ Fi a Farawon an te vin desann ᵘpou benyen nan Nil lan avèk sèvant li yo e yo t ap mache akote Nil lan. Konsa, li te wè panyen an pami wozo yo. Li te voye sèvant li an pou pote bay li. ⁶ Lè li te ouvri li; li te wè pitit la, e gade byen, li t ap kriye. Konsa, li te gen pitye pou li e te di: "Sa se youn nan pitit Ebre yo."

⁷ Epi sè li a te di a fi Farawon an: "Èske mwen ta dwe al chache yon fanm nouris pami fanm Ebre yo pou ou pou l ka ba li tete pou ou?"

⁸ Epi fi a Farawon an te di li: "Ale". Konsa, fi a te al rele manman a pitit la.

⁹ Epi fi a Farawon an te di li: "Pran pitit sa a ale, bay li tete pou mwen e mwen va ba ou salè ou."

Epi fanm nan te pran pitit la e li te bay li tete. ¹⁰ Pitit la te grandi, li te pote li bay fi a Farawon an, ᵛli te devni fis li. Li te bay li non Moïse, e li te di: "Akoz ke m te rale li sòti nan dlo a."

¹¹ Li te vin rive nan jou sa yo ke ʷlè Moïse te fin grandi, li te sòti vè frè li yo, e li te wè fàdo yo. Li te wè yon Ejipsyen ki t ap bat yon Ebre, youn nan frè li yo. ¹² Alò li te gade toupatou e lè l pa t wè pèsòn, li te ˣtouye li, e li te kache li nan sab la.

¹³ Li te sòti ʸnan pwochen jou a, e gade, de Ebre t ap goumen youn avèk lòt. Li te di a sa ki gen tò a: "Poukisa ou ap frape pwochen ou an?"

¹⁴ Men li te di: "ᶻKilès ki te fè ou prens, oswa jij sou nou? Èske ou gen entansyon vin touye mwen jan ou te touye Ejipsyen an?" Alò konsa Moïse te vin pè. Konsa li te di: "Anverite, afè sa gen tan vin konnen."

¹⁵ Lè Farawon te tande afè sila a, li te eseye touye Moïse.

Men ᵃMoïse te sove ale de prezans li, li te vin demere nan peyi Madian, e li te vin chita la akote yon pwi.

¹⁶ Alò, ᵇprèt Madian an te gen sèt fi. Yo te vin rale dlo e te ranpli veso yo pou bay bann mouton papa yo dlo. ¹⁷ Bèje yo te vin pouse yo ale, menᶜ Moïse te kanpe pou ede fi yo, e te bay bann mouton pa yo bwè.

¹⁸ Lè yo te vin kote ᵈRéuel, papa yo, li te di: "Poukisa nou gen tan tounen tèlman vit konsa jodi a?"

¹⁹ Yo te di: "Yon Ejipsyen te delivre nou anba men a bèje yo, e anplis, li te menm rale dlo pou nou e te bay bann mouton an dlo."

ᵃ **1:1** Jen 46:8-27 ᵇ **1:5** Jen 46:26-27 ᶜ **1:6** Jen 50:26 ᵈ **1:7** Det 26:5 ᵉ **1:8** Trav 7:18,19 ᶠ **1:9** Sòm 105:24,25
ᵍ **1:10** Trav 7:19 ʰ **1:11** Jen 13:15 ⁱ **1:11** I Wa 9:19 ʲ **1:12** Egz 1:7 ᵏ **1:13** Jen 15:13 ˡ **1:14** Egz 2:23
ᵐ **1:17** Egz 1:21 ⁿ **1:20** Pwov 11:18 ᵒ **1:21** I Sam 2:35 ᵖ **1:22** Trav 7:19 ᑫ **2:1** Egz 6:16-20 ʳ **2:1** Egz 6:16-20
ˢ **2:2** Trav 7:20 ᵗ **2:4** Egz 15:20 ᵘ **2:5** Egz 7:15 ᵛ **2:10** Trav 7:21 ʷ **2:11** Trav 7:23 ˣ **2:12** Trav 7:24
ʸ **2:13** Trav 7:26-28 ᶻ **2:14** Jen 19:9 ᵃ **2:15** Trav 7:29 ᵇ **2:16** Egz 3:1 ᶜ **2:17** Jen 29:3-10 ᵈ **2:18** Egz 3:1

²⁰ Li te di fi li yo: "Alò, kibò li ye? Poukisa nou te kite mesye sa a dèyè? Envite li vin manje yon bagay."
²¹ Moïse te dakò rete avèk mesye a, e li te bay fi li, ᵃSéphora a Moïse.
²² Konsa, li te bay nesans a ᵇyon fis e li te nonmen li Guerschom, paske li te di: "Mwen te yon vwayajè nan yon peyi etranje."
²³ Alò li te vin rive nan jou sa yo ke wa Égypte la te mouri. Epi fis Israël yo t ap fè gwo souf e t ap kriye akoz esklavaj la. Alò, ᶜkri pa yo akoz esklavaj sila a, te leve rive jwenn Bondye.
²⁴ Konsa, ᵈBondye te tande plent pa yo, epi Bondye te sonje akò Li avèk Abraham, Isaac, ak Jacob. ²⁵ ᵉBondye te wè fis Israël yo, e Bondye te konprann.

3 Alò, Moïse t ap swiv bann mouton Jétro a, bòpè li, prèt Madyan an. Li te mennen bann mouton an vè fas lwès nan dezè a, e li te vini ᶠHoreb, sou mòn Bondye a.
² ᵍ Zanj Bondye a te parèt kote li nan yon flanm dife ki t ap brile nan mitan yon ti bwa. Li te gade, e vwala, ti bwa a t ap fè flanm dife, men brile a pa t fè l disparèt.
³ Alò, Moïse te di: "Se fò ʰpou m vire akote koulye a pou m al wè bagay etonan sila a, poukisa ti bwa a pa brile nèt."
⁴ Lè SENYÈ a te wè ke li te vire akote pou gade, ⁱBondye te rele li depi nan mitan ti bwa a, e te di: "Moïse, Moïse!"
Li te di: "Men Mwen."
⁵ Li te di: "Pa vin pre isit la. ʲRetire sapat nan pye ou, paske plas kote ou kanpe a se tè sen." ⁶ Li te di anplis: "ᵏMwen se Bondye a zansèt ou yo, Bondye Abraham nan, Bondye a Isaac, e Bondye a Jacob la."
Moïse te kache figi li, paske li te pè gade Bondye.
⁷ SENYÈ a te di: "Mwen vrèman te ˡwè soufrans a pèp Mwen an ki an Égypte la, e Mwen te reponn a kri pa yo, akoz sila yo k ap peze yo, paske Mwen konnen soufrans yo. ⁸ Konsa, Mwen te desann ᵐpou delivre yo anba pouvwa Ejipsyen yo, pou mennen yo monte kite peyi sa a pou rive nan yon bon peyi byen vast, yon peyi k ap koule lèt ak myèl, nan plas kote Kananeyen yo avèk Etyen yo, Amoreyen yo avèk Ferezyen yo, Evyen yo, ak Jebizyen yo. ⁹ Alò, gade byen ⁿkri fis Israël yo gen tan rive devan M. Anplis, Mwen te wè avèk ki opresyon Ejipsyen yo ap oprime yo a. ¹⁰ Pou sa, vin koulye a, e Mwen va voye ou kote Farawon, ᵒpou ou kapab mennen fis Israël yo soti an Égypte."
¹¹ Men Moïse te di Bondye: "Kilès mwen ye, pou mwen ta ale kote Farawon, e pou m ta mennen fis Israël yo soti an Égypte?"
¹² Li te di: "Anverite, Mwen va avèk ou. Men sign a ou menm ke se Mwen ki te voye ou; lè ou fin mete pèp la deyò Égypte, ᵖou va adore Bondye sou mòn sila a."
¹³ Epi Moïse te reponn Bondye: "Gade byen, lè m ale kote fis Israël yo, e Mwen va di yo: 'Bondye a zansèt nou yo te voye mwen vè nou.' Alò, yo kab petèt di mwen: 'Kòman yo rele Li?' Kisa m ap di yo?"
¹⁴ Bondye te di a Moïse: ᵠ"Mwen Se ke Mwen Ye!" epi Li te di: "Konsa ou va pale a fis Israël yo: 'Mwen Se te voye mwen kote nou.'"
¹⁵ Bondye, anplis ke sa te di a Moïse: "Konsa ou va di a fis Israël yo, 'SENYÈ a, Bondye a zansèt nou yo a, Bondye Abraham nan, Bondye Isaac la, e Bondye a Jacob la, te voye mwen vin kote nou.' Sa se non Mwen pou tout tan, e sa se non Mwen k ap ʳnan memwa a tout jenerasyon yo.
¹⁶ 'Ale rasanble tout ansyen an Israël yo ansanm e di yo: SENYÈ a, Bondye a zansèt nou yo a, Bondye Abraham nan, Isaac, ak Jacob la, te parèt kote mwen e te di: "ˢMwen anverite te vizite nou menm, e Mwen te wè sa k ap fèt a nou menm an Égypte la.
¹⁷ "'Epi Mwen te di: 'Mwen va mennen nou soti deyò pou kite afliksyon Égypte la, pou rive nan peyi ki pou ᵗKananeyen yo, Etyen yo, Amoreyen yo ak Ferezyen yo, Evyen yo, ak Jebizyen yo nan yon peyi ᵘki koule lèt ak myèl.'"
¹⁸ "Yo va koute sa ke ou di yo a. Konsa, ou menm avèk ansyen an Israël yo va vin kote wa Égypte la, e nou va di li: 'SENYÈ a, Bondye a Ebre yo, te rankontre ansanm avèk nou. Pou sa, souple, kite nou fè yon vwayaj ᵛdistans a twa jou nan dezè a, pou nou kapab fè sakrifis a SENYÈ a, Bondye nou an.'
¹⁹ Men Mwen konnen ke wa Égypte la p ap kite nou ale, ʷsof ke pa lafòs. ²⁰ "Pou sa Mwen va lonje men M pou frape Égypte avèk tout ˣzèv etonan ke Mwen va fè nan mitan tout sa. Epi apre sa, li va kite nou ale.
²¹ "Mwen va bay ʸfavè a pèp sa a devan zye Ejipsyen yo, e sa va fè ke lè nou prale, nou p ap soti men vid. ²² Men chak fanm ᶻva mande a vwazen li ak fanm ki rete lakay li a pou bay li kèk bagay ki fèt an ajan, avèk kèk bagay ki fèt an lò avèk rad yo. Nou va mete yo sou fis nou ak fi nou yo. Se konsa nou va piyaje Ejipsyen yo.'"

4 Moïse te di: "Men kisa si yo pa kwè m, ni ᵃkoute sa ke mwen di a?" Paske yo ka petèt di: "SENYÈ a pa t parèt kote ou."
² SENYÈ a te di li: "Kisa sa ye nan men ou la a?"
Epi li te di: "ᵇYon baton."
³ Li te di: "Jete l atè."
Moïse te jete l atè, e ᶜli te vin tounen yon sèpan; epi Moïse te kouri kite l.
⁴ Men SENYÈ a te di a Moïse: "Lonje men ou e kenbe l nan ke l."

ᵃ **2:21** Egz 4:25 ᵇ **2:22** Egz 4:20 ᶜ **2:23** Det 26:7 ᵈ **2:24** Egz 6:25 ᵉ **2:25** Egz 3:7 ᶠ **3:1** Egz 33:6
ᵍ **3:2** Egz 3:4-11 ʰ **3:3** Trav 7:31 ⁱ **3:4** Egz 4:5 ʲ **3:5** Jos 5:15 ᵏ **3:6** Jen 28:13 ˡ **3:7** Egz 2:25
ᵐ **3:8** Jen 15:13-16 ⁿ **3:9** Egz 2:23 ᵒ **3:10** Mi 6:4 ᵖ **3:12** Egz 19:2-3 ᵠ **3:14** Egz 6:3 ʳ **3:15** Sòm 30:4
ˢ **3:16** Egz 4:31 ᵗ **3:17** Jos 24:11 ᵘ **3:17** Egz 3:8 ᵛ **3:18** Egz 5:3 ʷ **3:19** Egz 6:1 ˣ **3:20** Egz 7:3
ʸ **3:21** Egz 11:3 ᶻ **3:22** Jen 15:4 ᵃ **4:1** Egz 3:18 ᵇ **4:2** Egz 14:17-20 ᶜ **4:3** Egz 7:10-12

Li te lonje men l, li te kenbe l nan ke l, e li te tounen yon baton nan men li.

⁵ "Pou ᵃyo ta kapab kwè ke SENYÈ a, Bondye Abraham nan, Bondye Isaac la, ak Bondye Jacob la te parèt a ou."

⁶ SENYÈ a anplis te di l: "Alò, fouye men ou antre kot kè ou." Konsa, li te mete men l anndan sou kè li, e lè l te rale l deyò, li te devni ᵇlèp tankou lanèj.

⁷ Li te di l: "Mete men ou antre kot kè ou ankò." Li te mete men l antre kot kè l ankò, e lè l te rale l, konsa, ᶜli te vin nèf tankou rès chè li.

⁸ "Si yo pa kwè ou ni resevwa temwayaj premye sign lan, yo ka petèt kwè temwayaj dènye sign lan. ⁹ Men si yo pa kwè menm de sign sa yo ni koute sa ou di a, alò, ou va pran kèk dlo nan lariviyè Nil lan, e vide li sou tè sèch la; epi dlo ke ou pran nan Nil lan ᵈva vin tounen san sou tè sèch la."

¹⁰ Moïse te di a SENYÈ a: "Souple, SENYÈ, ᵉmwen pa t janm yon moun ki fò nan pale, ni nan tan sa a, ni nan tan pase, ni depi Ou te pale a Sèvitè ou a, paske mwen lan nan pale, e mwen lan nan langaj."

¹¹ SENYÈ a te di li: "Kilès ki te fè bouch a lòm? Oswa ᶠkilès ki te fè l bebe, (oswa) soud, oswa pou l wè oswa pou li pa wè. Èske se pa Mwen, SENYÈ a? ¹² Alò ale, e Mwen menm, Mwen va avèk bouch ou, pou ᵍenstwi ou nan kisa ou gen pou di."

¹³ Men li te di: "Souple, Senyè, koulye a voye mesaj la pa nenpòt lòt moun ke ou pito."

¹⁴ Konsa, lakòlè SENYÈ a te brile kont Moïse, e Li te di: "Èske pa gen frè ou a, Aaron, Levit la? Mwen konnen ke li konn pale avèk fasilite. E anplis de sa, gade, ʰl ap vin rankontre ou. Lè li wè ou, kè li va kontan.

¹⁵ "Ou gen pou pale avèk li, e ⁱmete pawòl yo nan bouch li. Mwen va avèk bouch pa w ak bouch pa l, e Mwen va enstwi ou kisa ou gen pou fè. ¹⁶ "Anplis de sa, ʲli va pale a pèp la pou ou. Li va tankou bouch ou, e ou va tankou Bondye pou li. ¹⁷ Ou va pran nan men ou baton sila a; ᵏavèk li ou va fè sign yo."

¹⁸ Konsa, Moïse te pati e te retounen vè Jéthro, ˡbòpè li a. Li te di li: "Souple, kite mwen ale pou mwen kapab retounen bò kote frè m yo an Égypte, pou wè si yo toujou vivan."

Jéthro te di a Moïse: "Ale anpè."

¹⁹ Alò SENYÈ a te di a Moïse nan Madian: "Ale retounen an Égypte, paske ᵐtout mesye ki t ap chache lavi ou yo gen tan mouri."

²⁰ Moïse te pran madanm li avèk ⁿfis li yo; yo te monte sou yon bourik e yo te retounen nan peyi Égypte la. Anplis, Moïse te pran baton Bondye a nan men l. ²¹ SENYÈ a te di a Moïse: "Lè ou retounen an Égypte, fè byen si ke ou fè tout ᵒmèvèy yo devan Farawon ke M te bay ou pouvwa fè yo. Men Mwen va fè kè l di pou li pa kite pèp la ale. ²² Ou va di a Farawon: 'Men kijan SENYÈ a pale: ᵖIsraël se fis Mwen, premye ne Mwen an. ²³ Epi Mwen te di ou: Kite fis Mwen an ale pou l kapab sèvi M, men ou te refize kite l ale. Gade byen, ᵠMwen va touye fis ou a, premye ne pa w la.'"

²⁴ Alò li te vin rive ke nan plas lojman an sou wout la SENYÈ a te rankontre Moïse e Li te ʳchache touye li. ²⁵ Konsa, Séphora te pran yon ˢkouto wòch silèks, li te koupe prepis a fis li a; li te jete li devan pye a Moïse, e te di li: "Ou vrèman se yon mari pa san pou mwen menm." ²⁶ Epi li te kite li anpè. Nan moman sa a, li te di: "Ou se yon mari pa san —akoz sikonsizyon an."

²⁷ ᵗAlò SENYÈ a te di a Aaron: "Ale rankontre Moïse nan dezè a." Konsa li te ale rankontre li nan mòn Bondye a e te bo li. ²⁸ ᵘMoïse te di Aaron tout pawòl ke SENYÈ a te voye avèk li a, ak ᵛtout sign ke Li te bay li lòd fè yo.

²⁹ Alò, Moïse avèk Aaron te ale e ʷte reyini tout ansyen nan fis Israël yo. ³⁰ Konsa, Aaron te pale tout mo ke SENYÈ a te pale bay Moïse yo. Epi li te fè tout ˣsign yo devan zye a pèp la. ³¹ Alò ʸpèp la te vin kwè, lè yo te tande ke SENYÈ a te gen kè pou fis Israël yo, e ke Li te vin wè afliksyon yo. Yo te bese ba, pou te adore Li.

5 Apre, Moïse avèk Aaron te vin di a Farawon: "Konsa pale SENYÈ a, Bondye Israël la, ᶻKite pèp mwen an ale pou yo kapab selebre yon fèt pou Mwen nan dezè a."

² Men Farawon te di: "ᵃKilès SENYÈ a ye pou m ta obeyi vwa Li, pou kite Israël ale? Mwen pa konnen SENYÈ a, e anplis, ᵇmwen p ap kite Israël ale."

³ Yo te di: "ᶜBondye a Ebre yo te reyini avèk nou. Souple, kite nou ale fè yon vwayaj twa jou nan dezè a pou nou kapab fè yon sakrifis a SENYÈ a, Bondye nou an; otreman, Li va vin tonbe sou nou ak gwo maladi, oubyen nepe."

⁴ Men wa a Égypte la te di yo: "Moïse avèk Aaron, poukisa nou ap rale pèp la kite travay li? Ale retounen nan ᵈtravay nou."

⁵ Ankò Farawon te di: "Gade, ᵉpèp la nan peyi a koulye a vin anpil, e nou ta vle fè yo sispann fè travay yo!"

⁶ Alò menm jou a, Farawon te kòmande ᶠchèf kòve ki te sou pèp la avèk fòmann pa yo. Li te di yo: ⁷ "Nou p ap bay pèp la pay ankò pou fè brik jan nou te konn fè a. Kite yo ale ranmase pay pou kont yo. ⁸ "Menm fòs brik yo te konn fè avan an, fòk nou egzije yo fè l. Nou pa pou redwi li menm. Paske yo se ᵍparese! Se pou sa y ap kriye a: 'Kite nou ale fè sakrifis a Bondye nou an.' ⁹ Kite travay la vin pi lou pou mesye yo. Kite yo travay pou yo pa swiv fo pawòl sa yo ankò."

ᵃ **4:5** Egz 4:31   ᵇ **4:6** Nonb 12:10   ᶜ **4:7** Nonb 12:13-15   ᵈ **4:9** Egz 7:19-20   ᵉ **4:10** Egz 3:11   ᶠ **4:11** Sòm 94:9
ᵍ **4:12** Mat 10:19,20   ʰ **4:14** Egz 4:27   ⁱ **4:15** Egz 4:12,30   ʲ **4:16** Egz 7:1,2   ᵏ **4:17** Egz 9:20   ˡ **4:18** Egz 2:21
ᵐ **4:19** Egz 2:15,23   ⁿ **4:20** Egz 18:3,4   ᵒ **4:21** Egz 3:20   ᵖ **4:22** És 63:16   ᵠ **4:23** Egz 11:5   ʳ **4:24** Nonb 22:22
ˢ **4:25** Jen 17:14   ᵗ **4:27** Egz 4:14   ᵘ **4:28** Egz 4:15   ᵛ **4:28** Egz 4:8   ʷ **4:29** Egz 3:16   ˣ **4:30** Egz 4:1-9
ʸ **4:31** Egz 3:18   ᶻ **5:1** Egz 4:23   ᵃ **5:2** II Wa 18:35   ᵇ **5:2** Egz 3:19   ᶜ **5:3** Egz 3:18   ᵈ **5:4** Egz 1:11
ᵉ **5:5** Egz 1:7,9   ᶠ **5:6** Egz 1:1   ᵍ **5:8** Egz 5:17

¹⁰ Konsa, ᵃchèf kòve a pèp yo avèk fòmann pa yo te ale deyò pou te pale avèk pèp la. Li te di: "Konsa pale Farawon: 'Mwen p ap bannou okenn pay. ¹¹ Nou menm, ale chache pay nou pou kont nou nenpòt kote nou kab jwenn nan, men pou fòs travay nou oblije fè a, li p ap redwi.'"
¹² Konsa, pèp la te gaye nan tout peyi Égypte la pou ranmase tij sereyal pou sèvi kòm pay. ¹³ Chèf Kòve yo te peze yo rèd. Yo te di: "Konplete menm fòs travay jounen ke nou te bannou an, menm jan ke lè nou te gen pay la." ¹⁴ Anplis de sa, fòmann yo, fis Israël yo, ke chèf kòve Farawon yo te mete sou yo a, ᵇte pran kou. Konsa yo te mande yo: "Poukisa nou pa t konplete sa ke nou te gen pou fè a, ni ayè, ni jodi a nan fè brik yo menm jan tankou avan an?"
¹⁵ Epi fòmann sou fis Israël yo te vin kriye devan Farawon. Yo te di: "Poukisa ou aji konsa avèk sèvitè ou yo? ¹⁶ Yo pa bay pay a sèvitè yo, men yo kontinye di nou: 'fè brik!' E gade byen, sèvitè ou yo pran kou, men se fot pwòp pèp pa w la."
¹⁷ Men li te di: "Nou se parese! Nou pa travay menm! Se pou sa nou di: 'Kite nou ale fè sakrifis a SENYÈ a.' ¹⁸ Alò koulye a, al travay! Paske nou p ap resevwa pay, men fòk nou konplete fòs kantite brik ke nou gen pou fè yo."
¹⁹ Fòmann nan fis Israël yo te wè ke yo te gen gwo pwoblèm, paske li te di yo: "Nou pa pou redwi fòs kantite brik pa jou yo."
²⁰ Lè yo te kite prezans Farawon, yo te rankontre Moïse avèk Aaron paske yo t ap tann yo. ²¹ Yo te di yo: "ᶜKe Bondye kapab gade sa nou fè a, e jije nou, paske nou te ᵈfè nou vin rayisab devan zye Farawon, e devan zye tout sèvitè li yo. Konsa nou mete yon nepe nan men yo pou yo kab touye nou."
²² Alò, Moïse te retounen vè SENYÈ a, e te di: "ᵉO SENYÈ, poukisa ou pote mal a pèp sa a? Poukisa menm ou te voye mwen an? ²³ Depi mwen te vin kote Farawon pou pale nan non Ou a, li te fè mechanste a pèp sila a. ᶠNi Ou pa t delivre pèp Ou a ditou."

6 SENYÈ a te di a Moïse: "Alò, koulye a ou va wè kisa mwen va fè a Farawon. Paske ᵍanba yon men pwisan, li va lage yo, e anba yon men pwisan, li va pouse yo sòti nan peyi li a."

² Bondye te pale plis avèk Moïse e te di li: "Mwen se ʰSENYÈ a. ³ Mwen te parèt a Abraham, Isaac, avèk Jacob, kòm ⁱBondye Toupwisan an, men pa pwòp ʲnon Mwen, SENYÈ a, Mwen pa t janm fè yo rekonèt Mwen. ⁴ Mwen te anplis etabli ᵏakò Mwen avèk yo, pou bay yo peyi Canaran an, peyi kote yo te rete kon etranje. ⁵ Anplis de sa, Mwen ˡtande kri fis Israël yo, akoz Ejipsyen yo k ap kenbe yo nan esklavaj, e Mwen sonje akò Mwen an."

⁶ "Pou sa, di a fis Israël yo: 'Mwen menm se SENYÈ a. ᵐMwen va mennen nou sòti anba fado Ejipsyen yo, e Mwen va delivre nou anba esklavaj pa yo a. Mwen va anplis delivre nou avèk yon bra byen lonje, e avèk gwo jijman. ⁷ "'Alò, Mwen va pran nou ⁿkòm pèp pa m, e Mwen va Bondye pa nou; epi nou va konnen ke Mwen menm se SENYÈ a, Bondye pa nou an, ki te mennen nou sòti anba fado Ejipsyen yo. ⁸ Mwen va mennen nou nan peyi ᵒke M te sèmante pou bay a Abraham, Isaac, ak Jacob la, e Mwen va bannou li kòm posesyon. Mwen menm se SENYÈ a.'"

⁹ Alò Moïse te pale konsa avèk fis Israël yo, men yo pa t koute Moïse akoz dekourajman avèk esklavaj di a.

¹⁰ Alò SENYÈ a te pale avèk Moïse. Li te di: ¹¹ "ᵖAle pale Farawon, wa Égypte la, pou kite fis Israël yo sòti deyò peyi li a."

¹² Men Moïse te pale devan SENYÈ a e te di: "Gade byen, fis Israël yo pa t koute mwen. Alò, kijan Farawon ap koute mwen, paske mwen ᵠmanke swa nan pale?"

¹³ Konsa, SENYÈ a te pale a Moïse avèk Aaron. Li te bay yo yon lòd pou fis Israël yo ak pou Farawon, wa Égypte la pou mennen fis Israël yo sòti nan peyi Égypte la.

¹⁴ Sa yo se te chèf an tèt yo pou lakay papa yo. ʳFis Ruben yo, premye ne a Israël la: Hénoc, Pallu, Hetsron avèk Carmi.

¹⁵ ˢFis Siméon yo: Jemuel, Jamin, Ohad, Jakin, ak Tsochar; epi Saül, fis a yon fanm Canaran. Sa yo se fanmi Siméon yo.

¹⁶ Men non a ᵗfis Lévi yo avèk posterite pa yo: Guerschon, Kehath, ak Merari. Ane ke Lévi te viv yo se te san-trant-sèt ane.

¹⁷ ᵘFis Guerschon yo: Libni e Schimeï selon fanmi pa yo.

¹⁸ ᵛFis Kehath yo: Amram, Jitsehar, Hébron, avèk Uziel. Ane Kehath te viv yo te de-san-trann-twa ane.

¹⁹ ʷFis Merari yo: Machli avèk Muschi. Sa yo se fanmi Lévi yo, avèk posterite pa yo.

²⁰ ˣAmram te pran pou fanm Jokébed, tant li an; epi li te fè Aaron avèk Moïse. Ane ke Amram te viv yo te de-san-trann-sèt ane.

²¹ ʸFis Jitsehar yo: Koré, Népheg avèk Zicri.
²² ᶻFis Uziel yo: Mischaël, Eltsaphan ak Sithri.
²³ Aaron te pran pou fanm Élischéba, fi ki pou ᵃAmminidab la, sè Nachschon an; epi li te fè pou li Nadab, Abihu, Éléazar avèk Ithamar kòm pitit.

²⁴ ᵇFis Koré yo; Assir, Elkana, avèk Abiasaph. Sa yo se fanmi tribi Korit yo.

²⁵ Éléazar, fis Aaron an, te marye ak youn nan fi Puthiel yo, e li te fè ᶜPhinées kòm pitit. Sa yo se chèf an tèt Levit yo selon fanmi pa yo.

ᵃ 5:10 Egz 1:11   ᵇ 5:14 És 10:24   ᶜ 5:21 Jen 16:5   ᵈ 5:21 Jen 34:30   ᵉ 5:22 Nonb 11:11   ᶠ 5:23 Egz 3:8
ᵍ 6:1 Egz 3:19,20   ʰ 6:2 Egz 3:14   ⁱ 6:3 Jen 17:1   ʲ 6:3 Sòm 68:4   ᵏ 6:4 Jen 12:7   ˡ 6:5 Egz 2:24
ᵐ 6:6 Egz 3:17   ⁿ 6:7 Egz 19:5   ᵒ 6:8 Jen 15:18   ᵖ 6:11 Egz 4:22,23   ᵠ 6:12 Jr 1:6   ʳ 6:14 Jen 46:9
ˢ 6:15 Jen 46:10   ᵗ 6:16 Jen 46:11   ᵘ 6:17 Nonb 3:18-20   ᵛ 6:18 Nonb 3:19   ʷ 6:19 Nonb 3:20   ˣ 6:20 Egz 2:1,2
ʸ 6:21 Nonb 16:1   ᶻ 6:22 Lev 10:4   ᵃ 6:23 Rt 4:19,20   ᵇ 6:24 Nonb 26:11   ᶜ 6:25 Nonb 25:7-13

²⁶ Se tout sa yo ke Senyè te pale lè l te di Aaron avèk Moïse: "ᵃMennen fis Israël yo deyò nan peyi Égypte la selon chèf lame pa yo." ²⁷ Se te menm sa yo ᵇki te pale avèk Farawon, wa Égypte la, pou fè yo mennen fis Israël yo sòti an Égypte. Se te menm Moïse avèk Aaron sa a.

²⁸ Alò li te vin rive nan jou ke SENYÈ a te pale ak Moïse nan peyi Égypte la, ²⁹ ke SENYÈ a te pale ak Moïse e te di: "Mwen se SENYÈ a. ᶜPale ak Farawon, wa Égypte la, tout sa ke M pale ak ou yo."

³⁰ Men Moïse te di devan SENYÈ a: "Gade byen, lèv mwen yo ᵈpa sikonsi. Konsa, kijan Farawon va koute mwen?"

7 SENYÈ a te di a Moïse: ᵉ"Ou wè, Mwen fè ou vin tankou Bondye devan Farawon; epi frè ou a Aaron va pwofèt ou. ² Ou va pale tout sa ke mwen te kòmande ou yo. E frè ou a, ᶠAaron va pale avèk Farawon pou li kite fis Israël yo ale sòti nan peyi li a.

³ "Mwen va fè kè Farawon vin di, e mwen va miltipliye sign ak mèvè mwen yo nan peyi Égypte la. ⁴ Men Farawon an ᵍpa p koute ou, epi konsa Mwen va mete men M sou Égypte. Mwen va mennen lame Mwen yo, pèp Mwen an, fis Israël yo, pou soti deyò peyi Égypte la avèk gwo jijman yo.

⁵ "Ejipsyen yo va konnen ke Mwen se SENYÈ a lè mwen ʰlonje men M sou Égypte, e fè fis Israël yo sòti nan mitan yo."

⁶ Alò, Moïse avèk Aaron te fè ⁱjan SENYÈ a te mande yo a; se te konsa yo te Fè l.

⁷ Moïse te gen ʲkatre-ven lane, e Aaron katre-ven-twa, lè yo te pale ak Farawon an.

⁸ Alò SENYÈ a te pale avèk Moïse ak Aaron e te di: ⁹ "Lè Farawon pale nou pou di: 'Fè yon mirak,' alò nou va di a Aaron: ᵏPran baton nou an e jete li atè devan Farawon, pou li kapab vin fè yon sèpan."

¹⁰ Alò, Moïse avèk Aaron te vin vè Farawon, epi konsa yo te fè jis jan ke SENYÈ a te kòmande yo a. Aaron te jete baton li an atè devan Farawon avèk sèvitè li yo, epi li te ˡdevni yon sèpan.

¹¹ Farawon osi te rele nonm saj avèk sa ki fè maji yo. Konsa, yo menm te fè menm bagay la tou. ᵐMajisyen nan Égypte yo te fè menm bagay avèk metye sekrè ak wanga pa yo. ¹² Paske yo chak te jete baton yo atè, e chak te vin fè yon sèpan. Men baton Aaron an te vale lòt baton yo nèt.

¹³ Men ⁿkè Farawon te vin di, e li pa t koute yo, jan SENYÈ a te di a.

¹⁴ SENYÈ a te di a Moïse: "Kè a Farawon di; li refize kite pèp la ale. ¹⁵ Ale kote Farawon nan maten. Gade byen, ᵒl ap antre nan dlo. Plase ou menm pou rankontre li arebò larivyè Nil lan. Ou va pran nan men ou baton ki te vin tounen sèpan an. ¹⁶ Ou va di li: 'SENYÈ a, Bondye a Ebre yo, te voye m kote ou. Li te di: Kite pèp Mwen an ale, pou yo kapab sèvi Mwen nan dezè a. Men, gade byen, ou pa koute jiska prezan.'"

¹⁷ Konsa pale SENYÈ a: "Konsa ou va konnen ke Mwen se SENYÈ a: gade byen, Mwen va frape dlo ki nan Nil lan avèk baton ki nan men m nan, e ᵖli va tounen san. ¹⁸ ᑫPwason ki nan Nil yo va mouri, Nil la va vin santi move, e Ejipsyen yo ʳva twouve ke li difisil pou bwè dlo Nil lan."

¹⁹ Alò, SENYÈ a te di a Moïse: "Di Aaron: 'Pran baton ou an, e ˢlonje men ou sou dlo Égypte yo, sou rivyè yo, sou ti dlo ki koule yo, sou ti lak yo, sou rezèvwa pa yo, pou tout kapab vin tounen san. Va gen san toupatou nan tout peyi Égypte la, ni nan veso ki fèt an bwa, ak nan veso an wòch.'"

²⁰ Moïse avèk Aaron te fè sa ke SENYÈ a te kòmande yo a. Li te leve baton an wo e li te frape dlo ki te nan Nil lan, devan zye a Farawon, devan zye a sèvitè li yo, e ᵗtout dlo ki te nan Nil lan te vin tounen san. ²¹ Pwason ki te nan Nil yo te mouri, e Nil lan te vin pouri jiskaske Ejipsyen yo pa t kapab bwè dlo Nil lan. Konsa, san an te toupatou nan peyi Égypte la.

²² ᵘMen majisyen an Égypte yo te fè menm bagay la avèk metye maji pa yo. Pou sa a, kè a Farawon te vin di, e li pa t koute yo, jan Bondye te di a.

²³ Alò, Farawon te vire antre lakay li. Li pa t pran sa akè. ²⁴ Tout Ejipsyen yo te fouye akote larivyè Nil lan pou jwenn dlo pou yo bwè, akoz ke yo pa t kab bwè dlo larivyè Nil lan.

²⁵ Sèt Jou te pase apre SENYÈ a te frape Nil lan.

8 Alò SENYÈ a te di a Moïse: "Ale kote Farawon e di li: 'Konsa pale SENYÈ a:ᵛ Kite pèp Mwen an ale pou yo kab sèvi Mwen. ² Men si ou refize kite yo ale, m ap frape tout teritwa ou a avèk krapo. ³ Nil lan va ʷfòmante avèk krapo ki vin monte antre lakay ou, nan chanm dòmi ou, sou kabann ou, nan kay a sèvitè ou, sou pèp ou a, nan fou ou yo, ak nan veso pou fè pen yo. ⁴ Epi krapo yo va monte sou ou menm, avèk pèp ou a, avèk sèvitè ou yo.'"

⁵ Alò SENYÈ a te di a Moïse: "Pale Aaron: 'Lonje men ou avèk baton ou an sou rivyè yo, sou dlo k ap koule yo, sou ti lak yo, e fè krapo yo vin parèt sou peyi Égypte la.'"

⁶ Konsa, Aaron te lonje men l sou dlo Égypte yo, e ˣkrapo te vin kouvri peyi Égypte la. ⁷ ʸMajisyen yo te fè menm bagay la avèk metye sekrè pa yo, e te fè krapo yo monte sou peyi Égypte la.

⁸ Alò, Farawon te rele Moïse avèk Aaron e te di: "Soupliye SENYÈ a pou Li retire krapo yo sou mwen, ak pèp mwen an, epi mwen va kite pèp la ale pou yo kapab fè sakrifis a SENYÈ a."

ᵃ **6:26** Egz 3:10 ᵇ **6:27** Egz 5:1 ᶜ **6:29** Egz 6:11 ᵈ **6:30** Egz 4:10 ᵉ **7:1** Egz 4:16 ᶠ **7:2** Egz 4:15
ᵍ **7:4** Egz 3:19,20 ʰ **7:5** Egz 3:20 ⁱ **7:6** Jen 6:22 ʲ **7:7** Det 29:5 ᵏ **7:9** Egz 4:2,17 ˡ **7:10** Egz 4:3
ᵐ **7:11** Dan 2:2 ⁿ **7:13** Egz 4:21 ᵒ **7:15** Egz 2:5 ᵖ **7:17** Egz 4:9 ᑫ **7:18** Egz 7:21 ʳ **7:18** Egz 7:24
ˢ **7:19** Egz 8:5,6,11 ᵗ **7:20** Sòm 78:44 ᵘ **7:22** Egz 7:11 ᵛ **8:1** Egz 3:18 ʷ **8:3** Sòm 105:30 ˣ **8:6** Sòm 78:45
ʸ **8:7** Egz 7:11,22

⁹ Moïse te di a Farawon: "Desizyon an se pa w: fè m konnen kilè ou ta vle m soupliye pou ou avèk sèvitè ou yo, avèk pèp ou a ke krapo sa yo vin detwi pami nou, ak lakay nou, pou yo kapab vin rete sèlman nan larivyè Nil lan."

¹⁰ Alò li te reponn: "Demen".

Moïse te di: "Selon mo pa w, pou ou kapab konnen ke ᵃnanpwen anyen ki tankou SENYÈ a, Bondye nou an, ¹¹ ᵇKrapo yo va pati kite nou, lakay nou yo ak sèvitè nou yo, ak pèp nou an'. Yo va vin rete sèlman nan larivyè Nil lan."

¹² Konsa, Moïse avèk Aaron te sòti devan Farawon, e ᶜMoïse te kriye a SENYÈ a, konsènan krapo yo avèk sila li te aflije Farawon yo. ¹³ SENYÈ a te fè selon pawòl Moïse la. Krapo yo te mouri nan kay yo, nan lakou yo, ak nan chan yo. ¹⁴ Yo te fè gwo pil avèk yo, e peyi a te vin santi pouriti. ¹⁵ Men lè Farawon te vin wè sa te rezoud, li te fè kè di, e li ᵈpa t koute yo, jan SENYÈ a te di a.

¹⁶ Alò, SENYÈ a te di a Moïse: "Pale Aaron: 'Lonje baton ou an e frape pousyè tè a, pou li kapab devni ti mouch fen nan tout vale an Égypte yo.'"

¹⁷ Yo te fè sa; Aaron te lonje men l avèk baton li an, li te frape pousyè tè a, e te vin gen ᵉti mouch fen sou moun, ak sou bèt yo. Tout pousyè tè a te devni ti mouch nan tout peyi Égypte la. ¹⁸ Majisyen yo te eseye avèk metye maji pa yo pou pwodwi ti mouch fen yo, ᶠmen yo pa t kapab.

Te gen ti mouch yo ni sou moun, ni sou bèt.

¹⁹ Alò, majisyen yo te di a Farawon: ᵍ"Sa se dwat Bondye." Men kè Farawon te vin di, e li pa t koute yo, jan SENYÈ a te di a.

²⁰ Alò, SENYÈ a te di a Moïse: "ʰLeve granmmaten, e prezante ou devan Farawon, pandan l ap sòti nan dlo a, e di li: 'Se konsa ke SENYÈ a pale: Kite pèp Mwen an ale, pou yo kapab sèvi Mwen.'" ²¹ "Paske si ou pa kite pèp Mwen an ale, gade byen, Mwen va voye desann gwo mouch sou sèvitè ou yo, sou pèp ou a, ak anndan lakay ou yo. Kay Ejipsyen yo va vin ranpli avèk desant mouch, ak sou tè kote yo ap viv la.

²² ⁱ"Nan jou sa a, Mwen va mete apa peyi Gosen, kote pèp Mwen an ap viv la, pou desant mouch yo pa rive la, pou ou ka konnen ke Mwen, SENYÈ a sou latè a. ²³ Mwen va mete yon divizyon antre pèp Mwen an ak pèp pa w la. Demen sign sa a va parèt."

²⁴ Alò SENYÈ a te fè sa. Te vini gran desant gwo mouch nan kay Farawon an ak kay sèvitè pa li yo, e peyi a te vin ʲdevaste akoz desant gwo mouch nan tout peyi Égypte la.

²⁵ Farawon te rele Moïse avèk Aaron. Li te di: "ᵏAle fè sakrifis a Bondye nou an pa anndan peyi a."

²⁶ Men Moïse te di: "Li pa bon pou nou fè sa, paske nou va fè sakrifis a SENYÈ a ki se ˡyon abominasyon pou Ejipsyen yo. Si nou fè sakrifis ki se yon abominasyon pou Ejipsyen yo, èske yo p ap lapide nou avèk kout wòch? ²⁷ Nou dwe fè yon vwayaj ᵐtwa jou nan dezè a, pou fè sakrifis a SENYÈ a, Bondye nou an, jan Li kòmande nou an."

²⁸ Farawon te di: "M ap kite nou ale, pou nou kapab fè sakrifis a SENYÈ a, Bondye pa w la nan dezè a; men nou p ap prale lwen. ⁿPriye pou Mwen."

²⁹ Alò, Moïse te di: "Gade byen, Mwen ap sòti devan ou, mwen va priye a SENYÈ a pou desant mouch yo sòti sou Farawon, sou sèvitè li yo, ak sou pèp li a demen; men pinga kite Farawon ᵒaji an desepsyon ankò pou refize kite pèp la ale pou fè sakrifis a SENYÈ a."

³⁰ Alò, ᵖMoïse te sòti devan Farawon, e li te priye a SENYÈ a. ³¹ SENYÈ a te fè jan Moïse te mande a, Li te fè desant gwo mouch yo vin disparèt sou Farawon, sou sèvitè li yo, ak sou pèp li a. Pa t gen youn ki te rete. ³² Men Farawon te andisi kè l fwa sa a ankò, e ᵠli pa t kite pèp la ale.

9 Alò, SENYÈ a te di a Moïse: "Ale bò kote Farawon e pale avèk li: 'Konsa pale SENYÈ a, Bondye a Ebre yo: ʳKite pèp Mwen an ale, pou yo kapab sèvi Mwen. ² Paske ˢsi ou refize kite yo ale, e kontinye kenbe yo, ³ gade byen, ᵗmen Bondye va vini avèk yon epidemi byen sevè sou bèt ki nan chan ou yo, sou cheval yo, sou bourik yo, sou chamo yo, sou twoupo yo, ak sou bann mouton yo. ⁴ ᵘMen SENYÈ a va distenge antre bèt Israël yo avèk bèt Ejipsyen yo, pou okenn pa mouri nan sa ki pou fis Israël yo.'"

⁵ SENYÈ a te etabli yon tan detèmine, e Li te di: "Demen SENYÈ a va fè bagay sa a nan peyi a."

⁶ Alò, SENYÈ a te fè bagay sa a nan jou ki te vini an, e ᵛtout bèt Égypte yo te mouri; men pou bèt fis Israël yo, pa gen youn ki te mouri.

⁷ Farawon te voye, e gade byen, pa menm youn nan bèt Israël yo pa t mouri. Men kè Farawon te vin di, e li pa t kite pèp la ale.

⁸ Alò SENYÈ a te di a Moïse avèk Aaron: "Pran kèk men plen avèk poud chabon ki sòti nan fou kanari yo, e kite Moïse voye li vè syèl la devan zye a Farawon. ⁹ Li va vin fè yon poud fen ki kouvri tout peyi Égypte la, e li va devni ʷgwo bouton k ap pete tankou maleng ni sou moun ni sou bèt."

¹⁰ Alò yo te pran chabon ki sòti nan fou kanari yo, e yo te kanpe devan Farawon; epi Moïse te voye li vè syèl la, e li te devni gwo bouton k ap pete tankou maleng ni sou moun, ni sou bèt. ¹¹ ˣMajisyen yo pa t kab kanpe devan Moïse akoz bouton yo, paske bouton yo te sou majisyen yo menm jan ak tout Ejipsyen yo.

ᵃ **8:10** Egz 9:14 ᵇ **8:11** Egz 8:13 ᶜ **8:12** Egz 8:30 ᵈ **8:15** Egz 7:4 ᵉ **8:17** Sòm 105:31 ᶠ **8:18** Egz 7:11,12
ᵍ **8:19** Sòm 8:3 ʰ **8:20** Egz 7:15 ⁱ **8:22** Egz 9:4,6,24 ʲ **8:24** Sòm 78:45 ᵏ **8:25** Egz 9:28 ˡ **8:26** Jen 43:32
ᵐ **8:27** Egz 3:18 ⁿ **8:28** Egz 8:8 ᵒ **8:29** Egz 8:8,15 ᵖ **8:30** Egz 8:12 ᵠ **8:32** Egz 4:21 ʳ **9:1** Egz 4:23
ˢ **9:2** Egz 8:2 ᵗ **9:3** Egz 7:4 ᵘ **9:4** Egz 8:22 ᵛ **9:6** Egz 9:19-25 ʷ **9:9** Det 28:27 ˣ **9:11** Egz 8:18

¹² Men ᵃSENYÈ a te fè kè Farawon vin di, e li pa t koute yo, jan ke SENYÈ a te di a Moïse la.

¹³ Alò, SENYÈ a te di a Moïse: ᵇ"Leve granmmaten e kanpe devan Farawon pou di li: 'Konsa pale SENYÈ a, Bondye a Ebre yo: Kite pèp Mwen an ale, pou yo kapab sèvi Mwen. ¹⁴ Paske fwa sa a, Mwen va voye tout fleyo Mwen yo sou kè ou, avèk sèvitè ou yo, avèk pèp ou a, ᶜpou ou kab konnen ke nanpwen lòt tankou Mwen sou tout latè. ¹⁵ "'Paske si Mwen te deja lonje men M pou frape ou ak pèp ou a avèk epidemi, nou t ap deja disparèt sou latè. ¹⁶ Men vrèman, ᵈpou rezon sa a, Mwen kite nou la jiska prezan: pou M kapab montre nou pouvwa Mwen e pwoklame pouvwa Mwen sou tout latè. ¹⁷ Malgre sa, ou toujou monte tèt ou kont pèp Mwen an, lè ou refize kite yo ale.

¹⁸ "'Gade byen, vè lè sa a demen, ᵉMwen va voye lagrèl byen gwo, tankou yo pa janm wè an Égypte depi lè li te fonde, jiska prezan. ¹⁹ Alò, pou sa, mennen ᶠbèt nou yo avèk nenpòt sa nou gen nan chan an anba pwoteksyon. ᵍChak moun oswa bèt ki twouve yo nan chan an, e ki pa mennen lakay yo, lè lagrèl la vin desann sou yo, yo va mouri.'"

²⁰ ʰSèman sila pami sèvitè Farawon yo ki te krent pawòl SENYÈ a te fè pwòp sèvitè li yo avèk bèt li yo sove ale nan kay yo. ²¹ Men sila ki pa t okipe sa yo, te kite sèvitè li yo avèk bèt li yo nan chan an.

²² Alò, SENYÈ a te di a Moïse: "Lonje men ou vè syèl la, pou ⁱlagrèl kapab tonbe sou tout tè Égypte la, sou moun, sou bèt, e sou chak plan nan chan tout kote nan peyi Égypte la."

²³ Moïse te lonje baton li vè syèl la, e SENYÈ a te voye zeklè, loray avèk ʲlagrèl, avèk gwo kout dife ki te kouri rive jis atè. Konsa, SENYÈ a te fè lagrèl desann sou tout tè Égypte la.

²⁴ Alò te gen lagrèl, avèk dife ki te lanse, ki t ap vòltije tout tan nan mitan lagrèl la, byen sevè, jan peyi Égypte la pa t janm wè depi li te devni yon nasyon. ²⁵ ᵏLagrèl la te frape tout sa ki te nan chan nan tout pati an Égypte, ni moun, ni bèt. Lagrèl la te frape osi chak plan nan chan an epi te chire an mòso chak bwa nan chan an. ²⁶ ˡSèlman nan peyi Gosen an, kote fis Israël yo te ye a, pa t gen lagrèl la.

²⁷ Alò, Farawon te voye kote Moïse avèk Aaron, e te di yo: "ᵐMwen te peche fwa sa a. SENYÈ a se sila ki dwat la, epi mwen avèk pèp mwen an se nou ki mechan. ²⁸ ⁿFè lapriyè bay SENYÈ a, paske te gen kont tonnè avèk lagrèl. Mwen va kite nou ale, e nou p ap rete ankò."

²⁹ Moïse te di li: "Depi mwen kite vil la, m ap ouvri men m bay SENYÈ a. Tonnè a va sispann, e p ap gen lagrèl ankò, pou ou kapab konnen ke ᵒtè a se pou SENYÈ a. ³⁰ Men pou ou menm, avèk sèvitè ou yo, mwen konnen ke ᵖnou poko krent SENYÈ Bondye a."

³¹ Alò pye koton swa yo avèk qlòj la te gate, paske lòj la te fè gwo tèt, e koton swa a t ap boujonnen. ³² Men ble a avèk pitimi a pa t gate paske yo te vin mi pita.

³³ ʳAlò, Moïse te kite vil la sòti devan Farawon, e li te lonje men li vè SENYÈ a; epi tonnè avèk lagrèl la te sispann, e lapli pa t tonbe sou latè ankò.

³⁴ Men lè Farawon te wè ke lapli avèk tonnè a te sispann, li te peche ankò, e li te andisi kè l, li menm avèk sèvitè li yo. ³⁵ Kè Farawon te vin di, e li pa t kite fis Israël yo ale, jan ˢSENYÈ a te pale ak Moïse la.

10 Alò, SENYÈ a te di a Moïse: "Ale vè Farawon, paske ᵗMwen te fè kè l di, ak kè a sèvitè li yo, pou Mwen kapab fè sign sa yo selon Mwen menm pami yo, ² epi ᵘpou ou kapab rakonte nan zòrèy fis ou yo, ak fis a fis ou yo sa Mwen te fè Égypte, ak jan Mwen te fè sign Mwen yo pami yo, pou nou kapab konnen ke Mwen se SENYÈ a."

³ Moïse avèk Aaron te ale vè Farawon, e te di li: "Konsa pale SENYÈ a, Bondye a Ebre yo: 'Jiska konbyen de tan ou va refize ᵛimilye ou devan Mwen? Kite pèp Mwen an ale, pou yo kapab sèvi Mwen.

⁴ "'Oswa, si ou refize kite pèp Mwen an ale, gade byen, demen Mwen va mennen krikèt nan teritwa pa w la. ⁵ Yo va kouvri tout sifas latè pou pèsòn pa kab wè tè a. ʷYo va anplis manje rès nan sa ki te chape yo—sa ki te rete pou ou aprè lagrèl la—e yo va manje chak bwa ki vin boujonnen pou ou nan chan an. ⁶ Konsa, kay nou yo va vin ranpli, kay a tout sèvitè nou yo, e kay a tout Ejipsyen yo, yon bagay ke ni papa nou yo, ni papa a papa nou yo pa t janm wè, depi jou ke yo te vini sou tè a, jiska jodi a.'" Konsa, li te vire kite Farawon.

⁷ Sèvitè Farawon yo te di li: "Pou konbyen de tan mesye sila a ap rete tankou ˣyon pèlen pou nou? Kite mesye yo ale pou yo kapab sèvi SENYÈ Bondye a yo a. Èske ou pa wè ke Égypte pa t fin detwi?"

⁸ Alò, yo te ʸmennen Moïse avèk Aaron retounen vè Farawon. Li te di yo: "ᶻAle sèvi SENYÈ a, Bondye ou a! Kilès nan nou k ap prale yo?"

⁹ Moïse te di: ᵃ"Nou va ale avèk jenn nou yo, ak granmoun nou yo. Avèk fis nou yo ak fi nou yo, avèk bann mouton nou yo, ak twoupo nou yo. Nou va ale, paske nou oblije fè yon fèt pou onore SENYÈ a."

¹⁰ Alò li te di yo: "Vrèman SENYÈ a avèk nou, si janmen ou wè mwen ta kite nou avèk pitit nou yo ale! Veye nou, paske se mechanste nou anvizaje nan tèt nou. ¹¹ Se pa konsa! Ale koulye a ak mesye ki pami nou yo, pou sèvi SENYÈ a, konsi se sa menm

---

ᵃ **9:12** Egz 4:21   ᵇ **9:13** Egz 8:20   ᶜ **9:14** Egz 8:10   ᵈ **9:16** Pwov 16:4   ᵉ **9:18** Egz 9:23,24   ᶠ **9:19** Egz 9:6
ᵍ **9:19** Egz 9:25   ʰ **9:20** Pwov 13:13   ⁱ **9:22** Rev 16:21   ʲ **9:23** Jen 19:24   ᵏ **9:25** Egz 9:19   ˡ **9:26** Egz 8:22
ᵐ **9:27** Egz 10:16,17   ⁿ **9:28** Egz 8:8,28   ᵒ **9:29** Egz 19:5   ᵖ **9:30** És 26:10   q **9:31** Rt 1:22   ʳ **9:33** Egz 8:12
ˢ **9:35** Egz 4:21   ᵗ **10:1** Egz 4:21   ᵘ **10:2** Egz 12:26,27   ᵛ **10:3** I Wa 21:29   ʷ **10:5** Jl 1:4   ˣ **10:7** Egz 23:23
ʸ **10:8** Egz 8:8   ᶻ **10:8** Egz 8:25   ᵃ **10:9** Egz 12:37,38

nou vle fè." Konsa yo te ªchase yo ale kite prezans Farawon.

¹² Alò SENYÈ a te di a Moïse: "ᵇLonje men ou sou peyi Égypte la pou krikèt yo, pou yo kapab vin monte sou peyi Égypte la, pou yo ka ᶜmanje chak plan ki nan tè a, menm tout sa ke lagrèl la te kite yo."

¹³ Alò, Moïse te lonje baton li sou peyi Égypte la, e SENYÈ a te diri je yon van lès sou latè pandan tout jounen an, ak tout nwit lan.

Epi lè li te vin maten, van lès la te pote ᵈkrikèt yo. ¹⁴ ᵉKrikèt yo te vini sou tout latè an Égypte. Yo te vin rete nan tout teritwa Égypte la; yo te debòde l nèt. Pa t janm genyen fòs kantite krikèt egal a sa a, ni p ap janm genyen ankò. ¹⁵ Paske yo te kouvri sifas tout tè a, jiskaske latè te vin tounwa, epi yo te ᶠmanje chak plant peyi a ak tout fwi nan bwa ke lagrèl te kite yo. Konsa, anyen vèt pa t rete nan bwa yo ni plant chan yo nan tout peyi Égypte la.

¹⁶ Alò, Farawon te fè vit pou rele Moïse avèk Aaron, e li te di: "ᵍMwen te peche kont SENYÈ a Bondye nou an, e kont nou menm. ¹⁷ Alò, pou sa, souple padone peche mwen yo sèlman pou fwa sa a, e ʰfè lapriyè pou mwen bay SENYÈ a, Bondye nou an, pou Li ta sèlman retire lanmò sa a sou mwen."

¹⁸ ⁱLi te sòti devan Farawon e li te fè lapriyè bay SENYÈ a. ¹⁹ Alò, SENYÈ a te fè van an chanje an yon van lwès byen fò ki te leve pran tout krikèt yo, e te voye yo nan Lamè Wouj. Menm yon sèl krikèt pa t rete nan tout teritwa Égypte la. ²⁰ Men ʲSENYÈ a te fè kè Farawon an vin di, e li pa t kite fis Israël yo ale.

²¹ Alò SENYÈ a te di Moïse: "ᵏLonje men ou vè syèl la, pou kapab vin gen tenèb sou tout peyi Égypte la, menm yon tenèb tèlman lou ke yon moun ka santi l."

²² Alò Moïse te lonje men l vè syèl la, e te vin gen yon ˡpwofon tenèb nan tout peyi Égypte la pandan twa jou. ²³ Yo pa t kapab wè youn lòt ni pèsòn pa t leve kite kote yo ye a pandan twa jou. ᵐMen tout fis Israël yo te gen limyè nan andwa pa yo a.

²⁴ Alò Farawon te rele Moïse. Li te di: "Ale, sèvi SENYÈ a, men kite bann mouton avèk twoupo yo dèyè. Menm ⁿpitit nou yo kapab ale avèk nou."

²⁵ Men Moïse te di: "Ou oblije osi kite nou fè sakrifis e brile ofrann, pou nou kapab fè sakrifis a SENYÈ a, Bondye nou an. ²⁶ ᵒPou sa, bèt nou yo tou ap prale avèk nou. Pa menm youn zago k ap rete dèyè, paske nou va pran kèk nan yo pou sèvi SENYÈ a, Bondye nou an. Epi jiskaske nou rive la, nou menm pa konnen avèk kilès nan yo nou oblije sèvi SENYÈ a."

²⁷ Men ᵖSENYÈ a te fè kè a Farawon vin di, e li pa t dakò kite yo ale. ²⁸ Alò, Farawon te di li: "ᑫSòti sou mwen! Veye ou pou pa wè figi m ankò, paske nan jou ou wè figi m ou va mouri."

²⁹ Moïse te di: "Ou gen rezon; ʳMwen p ap janmen wè figi ou ankò!"

11 Alò SENYÈ a te di a Moïse: "Yon malè anplis Mwen va fè rive sou Farawon, ak sou Égypte; ˢapre sa li va kite nou sòti isit la. Lè li kite nou ale, anverite li va pouse nou ale sòti isit la nèt. ² Pale koulye a pou tout moun tande, ke ᵗchak gason mande vwazin li, e chak fanm vwazen pa li pou kèk bagay fèt an ajan ak bagay ki fèt an lò."

³ SENYÈ a te bay pèp la favè nan zye Ejipsyen yo. ᵘAnplis nonm nan, Moïse te byen estime nan peyi Égypte la, ni nan zye sèvitè a Farawon yo, ni nan zye a moun yo.

⁴ Moïse te di: "Konsa pale SENYÈ a: 'Vè ᵛminwit M ap prale nan mitan Égypte la. ⁵ Epi ʷtout premye ne nan peyi Égypte yo va mouri, soti nan premye ne Farawon ki chita sou twòn li a, jiska premye ne nan fi esklav ki dèyè wòch moulen yo; menm tout nan premye ne nan bèt yo tou. ⁶ Anplis de sa, va gen yon gran ˣkri lamantasyon jan li pa t genyen avan, ak jan li p ap janm genyen ankò. ⁷ ʸMen kont fis Israël yo, menm yon chen p ap jape, ni kont moun ni kont bèt, pou nou kapab konprann, jan SENYÈ a fè yon distenksyon antre Égypte avèk Israël.

⁸ ᶻ"Tout sa yo, sèvitè pa w yo va vin bese ba devan m, e yo va di: 'Ale deyò, ou menm avèk tout moun ki swiv ou yo, e apre sa, mwen va ale deyò.'" Epi li te sòti devan Farawon, ranpli avèk kòlè e byen cho.

⁹ Alò SENYÈ a te di a Moïse: "Farawon p ap koute ou, ᵃpou mèvèy Mwen yo kapab vin miltipliye nan peyi Égypte la."

¹⁰ ᵇMoïse avèk Aaron te fè tout mèvèy sa yo devan Farawon; malgre sa, SENYÈ a te fè kè l di, e li pa t kite fis Israël yo sòti deyò peyi li a.

12 Alò, SENYÈ a te di a Moïse avèk Aaron nan peyi Égypte la: ² ᶜ "Mwa sa a va vin premye nan mwa yo pou nou. Li va premye mwa nan ane a pou nou.

³ "Pale a tout asanble Israël la, e di: 'Nan dizyèm mwa sa a, yo chak va pran yon jenn mouton pou yo menm, selon kay pa yo, yon mouton pou chak kay. ⁴ Alò, si kay la twò piti pou yon jenn mouton, li menm avèk vwazen li ap pran youn pou kont yo, selon kantite moun ki nan yo selon sa ke chak moun ta kab manje, nou va divize jenn mouton an.

⁵ "'Jenn mouton nou an va ᵈyon jenn mal, ak la j yon lane, san defo. Nou ka pran li pami mouton yo, oswa kabrit yo. ⁶ Nou va kenbe li jis rive nan ᵉkatòzyèm jou nan menm mwa sa a, e tout asanble kongregasyon Israël la va touye li nan aswè. ⁷ ᶠAnplis, yo va pran kèk nan san an, e mete li sou de chanbrann pòt kay la, ak sou de travès lento pòt kay la kote yo va manje li a.

ª **10:11** Egz 10:28 ᵇ **10:12** Egz 7:19 ᶜ **10:12** Egz 10:5-15 ᵈ **10:13** Sòm 78:46 ᵉ **10:14** Det 28:38
ᶠ **10:15** Egz 10:5 ᵍ **10:16** Egz 9:27 ʰ **10:17** Egz 8:8,28 ⁱ **10:18** Egz 8:30 ʲ **10:20** Egz 4:21 ᵏ **10:21** Egz 9:22
ˡ **10:22** Sòm 105:28 ᵐ **10:23** Egz 8:22 ⁿ **10:24** Egz 10:10 ᵒ **10:26** Egz 10:9 ᵖ **10:27** Egz 4:21 ᑫ **10:28** Egz 10:11
ʳ **10:29** Egz 11:8 ˢ **11:1** Egz 12:31,33,39 ᵗ **11:2** Egz 3:22 ᵘ **11:3** Det 34:10-12 ᵛ **11:4** Egz 12:29
ʷ **11:5** Egz 12:29 ˣ **11:6** Egz 12:30 ʸ **11:7** Egz 8:22 ᶻ **11:8** Egz 12:31-33 ᵃ **11:9** Egz 7:3 ᵇ **11:10** Egz 4:21;
Egz 9:12 ᶜ **12:2** Egz 3:14 ᵈ **12:5** Lev 22:18-21 ᵉ **12:6** Egz 12:14,17 ᶠ **12:7** Egz 12:22

⁸ "'Yo va manje chè a menm nwit lan, boukannen li nan dife, e yo va manje li avèk ᵃpen san ledven, ak zèb anmè. ⁹ Pa manje anyen nan li ki pa kwit, ni ki bouyi avèk okenn dlo, men pito ki boukannen nan dife, ni tèt li, ni janm li yo ansanm avèk ᵇzantray li yo. ¹⁰ ᶜEpi nou pa pou kite anyen nan li pou maten men nenpòt sa ki rete nan li, nan maten nou va brile li nan dife. ¹¹ Alò, nou va manje li konsa: avèk senti nou mare, sapat nan pye nou ak baton nou nan men nou; epi nou va manje li byen vit—sa se ᵈPak SENYÈ a.

¹² "'Paske ᵉMwen va pase nan peyi Égypte la nan nwit lan, e Mwen va frape tout premye ne nan peyi Égypte la, ni moun, ni bèt. Epi kont tout dye an Égypte yo, Mwen va egzekite jijman—Mwen menm se SENYÈ a. ¹³ ᶠSan an va yon sign pou nou sou kay kote nou rete yo. Lè Mwen wè san an, Mwen va pase sou nou, e nanpwen touman k ap rive nou, ni detwi nou lè Mwen frape peyi Égypte la.

¹⁴ "'Alò, ᵍjou sa a va vin yon jou pa janm bliye pou nou, e nou va selebre li kòm yon fèt a SENYÈ a. Pami tout jenerasyon yo nou gen pou fete li kòm yon règleman k ap la pou tout tan.'"

¹⁵ ʰ"Pandan Sèt jou nou va manje pen san ledven, men nan premye jou a, nou va retire tout ledven ki nan kay nou yo. Paske nenpòt moun ki manje nenpòt bagay avèk ledven depi nan premye jou a jis rive nan setyèm jou a, moun sa va koupe retire nèt de Israël.

¹⁶ "Nan ⁱpremye jou a nou va fè yon konvokasyon sen, e yon lòt konvokasyon sen nan setyèm jou a. P ap gen travay k ap fèt nan yo, sof sa ki oblije fèt pou manje a chak moun; se sa sèl nou kapab prepare.

¹⁷ "Nou va osi obsève ʲfèt Pen San Ledven an, paske nan ᵏjou sa a menm, Mwen te fè lame nou yo sòti nan peyi Égypte la. Pou sa, nou va obsève jou sa pandan jenerasyon nou yo kòm yon règleman k ap la pou tout tan.

¹⁸ ˡ"Nan premye mwa a, nan katòzyèm jou nan mwa a, nan aswè, nou va manje pen san ledven an, jiska vente-yen jou nan mwa a, lè l rive nan aswè. ¹⁹ Pandan sèt jou yo nou pa pou twouve ledven lakay nou paske nenpòt moun ki manje sa ki leve, ᵐmoun sa a va vin koupe retire nèt de asanble Israël la, menm si se yon etranje, oswa yon natif peyi a. ²⁰ Nou pa pou manje anyen avèk ledven. Nan tout abitasyon nou yo nou va manje pen san ledven."

²¹ Alò, ⁿMoïse te rele tout ansyen Israël yo e te di yo: "Ale ᵒpran pou nou menm jenn mouton yo selon fanmi nou, e touye jenn mouton Pak la. ²² ᵖNou va pran yon pake izòp e fonse li nan san basen an, epi mete kèk nan san basen an sou de chanbrann yo avèk travès lento pòt yo. Pèson pa pou ale deyò pòt kay li jis rive nan maten. ²³ Paske SENYÈ a va travèse pou frape Ejipsyen yo; epi lè Li wè san sou travès lento pòt yo, ak sou de chanbrann pòt yo, SENYÈ a va pase sou pòt la, e Li p ap kite ᵠdestriktè a antre nan kay nou pou frape nou.

²⁴ "Epi nou va obsève evènman sa a kòm yon règleman pou nou menm avèk pitit nou yo pou tout tan. ²⁵ Lè nou antre nan peyi ke SENYÈ a va bannou an, jan Li te pwomèt nou an, nou va obsève sèvis sakre sila a.

²⁶ ʳ"Epi lè pitit nou di nou: 'Kisa sa vle di selon sèvis sila a?' ²⁷ Nou va di: 'Sa se yon sakrifis Pak la pou ˢSENYÈ a ki te pase sou kay a fis Israël yo nan Égypte lè Li t ap frape Ejipsyen yo, men te epanye lakay nou.'"

ᵗKonsa, pèp la te bese ba, e te adore. ²⁸ Alò, fis Israël yo te ale fè sa, jis jan SENYÈ a te kòmande Moïse avèk Aaron an, konsa yo te fè.

²⁹ Alò li te vin rive nan ᵘminwi, ᵛSENYÈ a te frape tout premye ne nan peyi Égypte yo, depi premye ne a Farawon ki te chita sou twòn li an, jis rive nan premye ne nan kaptif ki te nan prizon yo, e menm tout premye ne nan bèt yo.

³⁰ Farawon te leve nan nwit lan, li ak sèvitè li yo avèk tout Ejipsyen yo. Yo te gen yon ʷgwo lamantasyon nan tout Égypte la, paske pa t gen kay kote moun pa t mouri.

³¹ Epi li te rele Moïse avèk Aaron nan nwit lan. Li te di yo: "Leve e ˣkite pèp mwen an, ni nou menm, ni fis Israël yo. Ale adore SENYÈ a, jan nou te di a. ³² Pran ʸni bann mouton nou yo, ni twoupo nou yo, jan nou te di a, epi ale. Konsa, beni mwen tou!"

³³ ᶻ Ejipsyen yo ak ijans menm, te ankouraje pèp la pou kite peyi a byen vit, paske yo te di: "Nou tout pral mouri." ³⁴ Alò pèp la te pran ᵃpat farin ki potko leve yo, ak bòl pou petri yo byen mare nan rad yo, sou zepòl yo.

³⁵ ᵇAlò, fis Israël yo te fè selon pawòl a Moïse la, paske yo te mande nan men Ejipsyen yo, bagay ki fèt an ajan, bagay ki fèt avèk lò, avèk vètman. ³⁶ Konsa, SENYÈ a te bay pèp la favè nan zye Ejipsyen yo, jiskaske yo te sede a demann sa a. Konsa, yo te vin ᶜpiyaje Ejipsyen yo.

³⁷ Alò, ᵈfis Israël yo te vwayaje soti nan ᵉRamsès rive Succoth, anviwon sis-san-mil òm apye, san kontwole timoun. ³⁸ Yon gran foul byen mele osi te monte avèk yo, menm avèk bann mouton ak twoupo, yon ᶠtrè gran kantite bèt.

³⁹ Yo te kwit pat farin ke yo te fè sòti an Égypte yo, e yo te fè gato ak pen san ledven yo. Li pa t leve, akòz ke yo te ᵍchase sòti an Égypte, e yo pa t kab pran reta, ni yo pa t prepare okenn manje pou yo menm.

⁴⁰ Alò tan ke fis Israël yo te pase an Égypte la te ʰkat-san-trant ane. ⁴¹ Nan fen kat-san-trant ane yo,

---

ᵃ **12:8** Det 16:3,4   ᵇ **12:9** Egz 29:13,17,22   ᶜ **12:10** Egz 16:19   ᵈ **12:11** Egz 12:13,21,27,43   ᵉ **12:12** Egz 11:4,5
ᶠ **12:13** Eb 11:28   ᵍ **12:14** Egz 12:6   ʰ **12:15** Egz 13:6,7   ⁱ **12:16** Lev 23:7,8   ʲ **12:17** Det 16:3-8   ᵏ **12:17** Egz 12:41
ˡ **12:18** Egz 12:2   ᵐ **12:19** Nonb 9:13   ⁿ **12:21** Eb 11:28   ᵒ **12:21** Egz 12:3   ᵖ **12:22** Egz 12:7   ᵠ **12:23** I Kor 10:10
ʳ **12:26** Egz 10:2   ˢ **12:27** Egz 12:11   ᵗ **12:27** Egz 4:31   ᵘ **12:29** Egz 11:4   ᵛ **12:29** Nonb 8:17   ʷ **12:30** Egz 11:6
ˣ **12:31** Egz 8:25   ʸ **12:32** Egz 10:9,26   ᶻ **12:33** Egz 10:7   ᵃ **12:34** Egz 12:39   ᵇ **12:35** Egz 3:21,22   ᶜ **12:36** Egz 3:22
ᵈ **12:37** Nonb 33:3,5   ᵉ **12:37** Egz 17:3   ᶠ **12:38** Egz 17:3   ᵍ **12:39** Egz 6:1   ʰ **12:40** Jen 15:13,16

[a]jis rive nan jou a menm, tout lame SENYÈ a te sòti an Égypte. ⁴² [b] Se yon nwit pou nou obsève pou SENYÈ a, paske li fè yo sòti nan peyi Égypte la. Nwit sa a se pou SENYÈ a, pou obsève pa tout fis Israël yo selon tout jenerasyon pa yo.

⁴³ SENYÈ a te di a Moise avèk Aaron: "Sa se òdonans [c]Pak la. Okenn [d]etranje pa pou manje li; ⁴⁴ men [e]esklav a chak moun, achte avèk lajan, lè nou fin sikonsi li, alò, li kapab manje nan li. ⁴⁵ Yon etranje ki rete pami nou, oswa yon sèvitè ki anplwaye, pa pou manje l. ⁴⁶ Li oblije manje nan yon sèl kay. Nou pa pou mennen okenn nan chè a andeyò kay la, [f]ni nou pa pou kase okenn nan zo li. ⁴⁷ [g]Tout asanble Israël la dwe obsève fèt sa a.

⁴⁸ "Men [h]si yon etranje rete avèk nou, li selebre fèt Pak la bay SENYÈ a, ke tout mal gason li yo vin sikonsi, e kite li pwoche pou selebre li. Konsa, li va devni yon natif peyi a. Men okenn moun san sikonsisyon pa pou manje li. ⁴⁹ [i]Menm règ sa a va aplike a natif la tankou etranje ki demere pami nou yo."

⁵⁰ Alò, tout fis Israël yo te fè sa. Yo te fè sa jis jan SENYÈ a te kòmande Moïse avèk Aaron an. ⁵¹ Epi nan menm jou sa a, SENYÈ a te mennen fis Israël yo sòti nan peyi Égypte la [j]selon lòd lame pa yo.

13 Alò SENYÈ a te pale ak Moïse e te di: ² "[k]Konsakre pou Mwen chak premye ne; premye ne pami fis Israël yo, ni lòm, ni bèt, se pou Mwen."

³ Moïse te di a pèp la: [l]"Sonje jou sa a lè nou te sòti an Égypte la, nou te pati kite kay esklavaj la. Paske ak yon men pwisan, SENYÈ a te fè nou sòti nan plas sa a. Epi anyen avèk ledven pa pou manje. ⁴ Nan jou sa a, nan [m]mwa Abib la, nou prepare pou nou soti. ⁵ Li va fèt ke lè SENYÈ a fè nou antre nan peyi ki pou Kananeyen yo, Etyen yo, Amoreyen yo, Evityen yo, ak Jebisyen yo, peyi ke Li te [n]sèmante a zansèt nou yo pou bannou, yon peyi k ap koule avèk lèt ak myèl, [o]pou nou kab obsève sèvis sakre sa a nan mwa sa a.

⁶ "Pandan [p]sèt jou nou va manje pen san ledven, e nan setyèm jou a va fè yon gwo fèt a SENYÈ a. ⁷ "Pen san ledven an va manje pandan tout sèt jou yo; epi [q]anyen avèk ledven p ap menm parèt pami nou. Ni nou p ap wè li pami nou nan tout fwontyè nou yo. ⁸ [r]Ou va pale fis ou a nan jou sa, e ou va di: 'Se akoz sa ke SENYÈ a te fè pou mwen lè m te sòti an Égypte la.' ⁹ Epi [s]sa va sèvi kòm yon sign pou ou sou men ou, e kòm yon souvni nan fon ou, pou lalwa SENYÈ a kapab nan bouch ou; paske se te avèk yon men pwisan ke SENYÈ a te mennen nou sòti an Égypte. ¹⁰ Pou sa nou va [t]kenbe òdonans sa a nan tan ki chwazi chak ane a.

¹¹ "Alò li va rive lè SENYÈ a mennen ou nan peyi pèp Kanaran yo, jan [u]Li te sèmante bannou avèk zansèt nou yo, e bay ou li, ¹² [v]ou va konsakre a SENYÈ a premye ne nan tout vant, ak premye ne nan chak bèt ke ou posede. Mal yo se pou SENYÈ a ke yo ye. ¹³ Men chak premye pòtre a yon bourik, ou va bay li kòm ranson avèk yon jenn mouton. Men si ou pa bay li kòm ranson, alò, ou va kase kou li, epi [w]chak premye ne nan lòm pami fis ou yo ou va bay li kòm ranson.

¹⁴ "Epi sa va fèt lè fis ou mande ou nan tan ki vini yo, pou di: 'Kisa sa ye?', alò ou va di li: [x]'Avèk yon men pwisan SENYÈ a te mennen nou sòti an Égypte, nan kay esklavaj la. ¹⁵ Li te rive ke lè Farawon te fè tèt di sou afè kite nou ale a, ke [y]SENYÈ a te touye chak premye ne ki te fèt nan peyi Égypte la, ni premye ne nan lòm, ni premye ne nan bèt. Pou sa, mwen fè sakrifis a SENYÈ a, mal yo; premye pòtre a chak vant, men premye ne nan fis mwen yo, mwen ransone yo.' ¹⁶ Alò [z]li va sèvi kòm yon sign sou men ou e kòm yon bando bwat kwi komemoratif ki mare sou fwon tèt ou; paske avèk yon men pwisan, SENYÈ a te mennen nou sòti an Égypte."

¹⁷ Alò, lè Farawon te kite pèp la ale, Bondye pa t Mennen yo pa wout peyi Filisten yo, malgre li te toupre. Paske Bondye te di: "[a]Pèp la kab petèt chanje lide yo lè yo wè lagè, pou yo retounen an Égypte." ¹⁸ Pou sa, Bondye te mennen pèp la bò wout dezè a vè lanmè wouj la; epi fis Israël yo te monte [b]byen prepare tankou yon lame pou kite peyi Égypte la. ¹⁹ Moïse te pran [c]zo Joseph yo avèk li, paske li te fè fis Israël yo sèmante solanèlman e te di: "Bondye va anverite pran swen nou, e nou va pote zo mwen yo sòti isit la avèk nou." ²⁰ Alò yo te pati depi [d]Succoth pou te vin kanpe Étham akote dezè a.

²¹ SENYÈ a t ap prale devan yo nan yon pilye nwaj pandan lajounen pou mennen yo nan chemen an, e nan yon pilye dife pandan lannwit pou bay yo limyè pou yo ta kapab vwayaje lajounen, kon lannwit. ²² Li [e]pa t retire pilye nwaj la nan lajounen, ni pilye dife a nan lannwit devan pèp la.

14 Alò, SENYÈ a te pale avèk Moïse e te di: ² "Di fis Israël yo pou yo vire fè bak, e fè kan devan [f]Pi-Hahiroth antre [g]Migdol ak lanmè a. Nou va fè kan devan Baal-Tsephon, anfas li, bò kote lanmè a. ³ Paske Farawon va di de fis Israël yo: 'Y ap mache byen egare nan peyi a; dezè a gen tan fèmen yo ladann.' ⁴ Konsa Mwen va andisi kè Farawon e [h]li va kouri dèyè yo. Epi Mwen va onore pa Farawon avèk tout lame li a, e [i]Ejipsyen yo va vin konnen ke Mwen se SENYÈ a." Se konsa yo te fè.

---

[a] **12:41** Egz 12:17   [b] **12:42** Egz 13:10   [c] **12:43** Nonb 9:14   [d] **12:43** Egz 12:48   [e] **12:44** Jen 17:12,13
[f] **12:46** Nonb 9:12   [g] **12:47** Egz 12:6   [h] **12:48** Nonb 9:14   [i] **12:49** Lev 24:22   [j] **12:51** Egz 6:26
[k] **13:2** Egz 13:12,13,15   [l] **13:3** Egz 12:42   [m] **13:4** Egz 12:2   [n] **13:5** Egz 6:8   [o] **13:5** Egz 12:25
[p] **13:6** Egz 12:15-20   [q] **13:7** Egz 12:19   [r] **13:8** Egz 12:14   [s] **13:9** Egz 12:14   [t] **13:10** Egz 12:24,25
[u] **13:11** Jen 15:18   [v] **13:12** Egz 13:1,2   [w] **13:13** Nonb 3:46   [x] **13:14** Egz 13:3,9   [y] **13:15** Egz 12:29
[z] **13:16** Egz 13:9   [a] **13:17** Egz 14:11,12   [b] **13:18** Jos 1:14   [c] **13:19** Jen 50:24,25   [d] **13:20** Egz 12:37
[e] **13:22** Né 9:19   [f] **14:2** Nonb 33:7   [g] **14:2** Jr 44:1   [h] **14:4** Egz 14:23   [i] **14:4** Egz 7:5

⁵ Lè wa Égypte la te avèti ke pèp la te sove ale, Farawon avèk sèvitè li yo te vin gen yon chanjman kè anvè pèp la. Yo te di: "Kisa sa ye nou fin fè la a, ke nou kite Israël ale pou kite sèvis nou yo?" ⁶ Alò, li te prepare cha li, e te pran pèp li a avèk li. ⁷ Epi li te pran sis-san cha byen chwazi, ansanm ak tout lòt cha an Égypte yo avèk gwo chèf sou yo tout.

⁸ ᵃSENYÈ a te andisi kè Farawon, wa Égypte la, e li te kouri dèyè fis Israël yo. Paske se ak gwo kouraj ke Israël te soti. ⁹ Konsa, Ejipsyen yo te kouri dèyè yo avèk tout cheval yo ak cha Farawon yo, chevalye li yo, avèk lame li, e yo te vin parèt sou yo kanpe bò kote lanmè a, ᵇakote Pi-Hihroth, anfas Baal-Tsephon.

¹⁰ Pandan Farawon t ap pwoche, fis Israël yo te gade, e vwala, Ejipsyen yo t ap mache dèyè yo. ᶜYo te vin pè anpil, epi fis Israël yo te kriye fò bay SENYÈ a. ¹¹ Alò ᵈyo te di a Moïse: "Èske se paske pa gen tonm an Égypte ke ou mennen nou pati pou mouri nan dezè a? Poukisa ou te aji avèk nou konsa, pou fè nou sòti an Égypte? ¹² Èske se pa pawòl ke nou te pale ou an Égypte la lè nou te di: 'Pa deranje nou pou nou ka sèvi Ejipsyen yo?' Paske li t ap pi bon pou nou pou sèvi Ejipsyen yo pase pou nou ta mouri nan dezè a."

¹³ Men Moïse te di a pèp la: "Pa pè anyen! Kanpe la pou wè ᵉdelivrans SENYÈ a va acheve pou nou jodi a. Paske Ejipsyen yo ke nou wè jodi a, nou p ap wè yo ankò jiska jamè. ¹⁴ SENYÈ a va goumen pou nou pandan ᶠnou rete an silans."

¹⁵ Alò SENYÈ a te di a Moïse: "Poukisa w ap kriye ban Mwen konsa? Di pèp la avanse. ¹⁶ Epi pou ou menm, leve ᵍbaton ou an anlè. Lonje men ou sou lanmè a pou fann li. Konsa, fis Israël yo va pase nan mitan lanmè a sou tè sèch. ¹⁷ Pou Mwen, gade byen, ʰMwen va fè kè Ejipsyen yo di pou yo kouri antre dèyè yo. Konsa, Mwen va jwenn onè sou Farawon an avèk tout lame li ak cha li yo avèk kavalye li yo. ¹⁸ ⁱAlò, Ejipsyen yo va vin konnen ke Mwen se SENYÈ a, lè Mwen vin onore pa Farawon, pa cha li yo, ak kavalye li yo."

¹⁹ ʲZanj Bondye a ki t ap prale devan kan Israël la te vin deplase e te kanpe dèyè yo; epi pilye nwaj la te deplase kite devan yo, pou te kanpe dèyè yo. ²⁰ Alò li te vin divize kan Égypte la ak kan Israël la. Te gen nwaj la ansanm avèk tenèb la, men li te bay limyè nan nwit lan. Konsa youn pa t pwoche lòt pandan tout nwit lan.

²¹ Alò Moïse te lonje men l sou lanmè a; epi SENYÈ a te bale lanmè a pa yon van lès byen fò tout lannwit. Li te fè lanmè a vin tounen tè sèch, e ᵏdlo a te vin fann. ²² Fis Israël yo te pase nan mitan lanmè a sou tè sèch, e ˡdlo a te vin tankou yon miray pou yo sou men dwat yo ak sou men goch yo.

²³ Alò, ᵐEjipsyen yo te vin kouri dèyè yo, e tout cheval Farawon, avèk cha li yo, avèk kavalye li yo te antre kouri dèyè yo nan mitan lanmè a.

²⁴ A la vèy nan maten, ⁿSENYÈ a te gade anba sou lame Ejipsyen yo, sou pilye a dife avèk nwaj yo, e Li te mennen lame Ejipsyen an nan yon gwo konfizyon. ²⁵ Li te retire wou cha yo, e yo te mal a kondwi. Konsa, Ejipsyen yo te di: "Annou sove ale kite Israël, paske ᵒSENYÈ a ap goumen pou yo kont Ejipsyen yo."

²⁶ Alò SENYÈ a te di a Moïse: "ᵖLonje men ou sou lanmè a pou dlo a kab retounen vin sou Ejipsyen yo, sou cha yo, ak sou kavalye yo."

²⁷ Alò, Moise te lonje men l i sou lanmè a, e ᵠlanmè a te retounen nan eta nòmal li nan granmmaten, pandan Ejipsyen yo t ap sove ale tou kontra li. Konsa, SENYÈ a te boulvèse Ejipsyen yo nan mitan lanmè a. ²⁸ Dlo a te retounen e te kouvri cha yo avèk kavalye yo, e menm tout lame Farawon ʳki te antre nan lanmè a dèyè yo. Pa t menm gen youn nan yo ki te rete.

²⁹ Men fis Israël yo te mache sou tè ˢsèch pase nan mitan lanmè a, e dlo a te vin tankou yon mi pou yo ni sou men dwat yo ni sou men goch yo. ³⁰ Konsa, SENYÈ a te delivre Israël nan jou sa a nan men a Ejipsyen yo, e Israël te ᵗwè Ejipsyen yo ki te mouri sou bò lanmè a.

³¹ Lè Israël te wè gran pwisans ke SENYÈ a te sèvi kont Ejipsyen yo, tout Pèp la te krent SENYÈ a, e ᵘyo te kwè nan SENYÈ a ak sèvitè li a, Moïse.

15
ᵛAlò Moïse avèk fis Israël yo te chante chan sila a a SENYÈ a. Yo te di:

"Mwen va chante a SENYÈ a paske
 viktwa Li etonnan.
Cheval la avèk moun ki monte l la,
Li te voye yo nan lanmè.
² ʷ"SENYÈ a se fòs mwen ak chanson mwen
epi konsa, Li gen tan vin delivrans mwen.
Sa se Bondye pa m,
e mwen va louwe Li;
Bondye a papa m nan,
e mwen va ˣleve Li wo.
³ SENYÈ a se yon gèrye;
Se SENYÈ yo rele L. ʸ
⁴ ᶻCha Farawon yo avèk lame l lan,
Li te voye yo nan lanmè.
Pi bon pami chèf li yo te plonje
mouri nan Lanmè Wouj.
⁵ Fon yo kouvri yo.
ᵃYo plonje ba nan fon yo tankou wòch.
⁶ Men dwat Ou, SENYÈ,
ranpli ak majeste avèk pwisans.
ᵇMen dwat Ou, O SENYÈ,
vin dechire lènmi an nèt.
⁷ Ak tout grandè Ou,

ᵃ **14:8** Egz 14:4   ᵇ **14:9** Egz 14:2   ᶜ **14:10** Jos 24:7   ᵈ **14:11** Egz 5:21   ᵉ **14:13** Egz 14:30   ᶠ **14:14** És 30:15   ᵍ **14:16** Egz 4:17,20   ʰ **14:17** Egz 14:4,8   ⁱ **14:18** Egz 14:25   ʲ **14:19** Egz 13:21,22   ᵏ **14:21** Egz 15:8   ˡ **14:22** Egz 14:29   ᵐ **14:23** Egz 14:4,17   ⁿ **14:24** Egz 13:21   ᵒ **14:25** Egz 14:4,14,18   ᵖ **14:26** Egz 14:16   ᵠ **14:27** Jos 4:18   ʳ **14:28** Sòm 78:53   ˢ **14:29** Egz 14:22   ᵗ **14:30** Sòm 58:10   ᵘ **14:31** Sòm 106:12   ᵛ **15:1** Sòm 106:12   ʷ **15:2** Hab 3:18   ˣ **15:2** És 25:1   ʸ **15:3** Egz 3:15   ᶻ **15:4** Egz 14:6,7,17,28; Rev 19:11   ᵃ **15:5** Egz 15:10   ᵇ **15:6** Sòm 118:15,16

Ou te ranvoye tout sa yo
ki leve kontra Ou.
Ou te voye lakolè ou deyò.
Li te brile yo nèt kon pay.
[8] Avèk gwo souf ki sòti nan nen ou
kouran dlo yo vin kanpe fè gwo pil.
Dlo k ap koule a te [a]vin kanpe tankou
yon miray.
Fon yo te vin koule nan kè lanmè a.
[9] [b]Lènmi an te di: "Mwen va pouswiv yo;
mwen va pran yo.
Mwen va divize richès yo.
Volonte m kont yo va satisfè.
Mwen va rale nepe mwen.
Se men m k ap detwi yo."
[10] Ou te soufle avèk van Ou.
Lanmè a te vin kouvri yo.
Yo te plonje tankou plon nan dlo pwisan yo[c]
[11] Kilès ki tankou Ou pami dye yo,
O SENYÈ?
Kilès ki tankou Ou?
Kilès ki tankou ou
nan majeste ak sentete,
etonan nan lwanj,
[d]k ap fè mèvèy yo?
[12] [e]Ou te lonje men dwat Ou;
Lanmè a te vale yo.
[13] Nan lanmou ak mizerikòd Ou,
Ou te [f]mennen pèp ke Ou te [g]ransone.
Nan pwisans Ou an,
Ou te gide yo rive nan abitasyon sen pa Ou a.
[14] [h]Lòt nasyon pèp yo te tande.
Y ap tranble.
Gwo lakrent vin sezi abitan Philistine yo.
[15] Epi chèf Édom yo vin sezi.
[i]Gèrye nan Moab yo pran tranble.
[j]Tout abitan Canaan yo te fonn e vin disparèt.
[16] Sezisman avèk laperèz vin tonbe sou yo.
[k]Pa pwisans bra Ou, yo vin san fòs
tankou wòch;
jis lè pèp Ou a vin janbe, O SENYÈ,
Jis lè pèp ke Ou te [l]ransone a vin janbe.
[17] Ou va mennen yo antre,
e plante yo nan [m]gwo mòn eritaj pa Ou a,
plas la, O SENYÈ, ke Ou te fè tankou
abitasyon pa Ou a,
[n]lye sen an, O SENYÈ, ke men Ou te etabli a.
[18] SENYÈ a va renye pou tout tan, e
pou tout tan."
[19] Paske cheval Farawon yo avèk cha li yo avèk mèt cheval li yo te antre nan lanmè a, e SENYÈ a te fè dlo lanmè a retounen sou yo. Men fis Israël yo te mache nan [o]tè sèch nan mitan lanmè a.
[20] [p]Marie, pwofetès ak sè Aaron an te pran tanbouren an nan men l. Tout fanm yo te sòti dèyè li avèk tanbouren yo. Yo t ap danse. [21] Marie te reponn yo:
[q]"Chante a SENYÈ a, paske Li egzalte byen wo.
Cheval la avèk Mèt Cheval la Li te voye yo nan lanmè."

[22] Alò, Moïse te mennen Israël soti kite Lanmè Wouj la. Yo te ale nan [r]dezè [s]Schur a, epi yo te vwayaje twa jou nan dezè a. Men yo pa t jwenn dlo. [23] Lè yo rive nan [t]Mara, yo pa t kab bwè dlo Mara a, paske li te anmè. Se pou sa yo te rele l Mara. [24] Alò, pèp la te [u]plenyen kont Moïse. Yo te di: "Kisa n ap bwè?" [25] Konsa, li te kriye a SENYÈ a, epi SENYÈ a te montre li yon pyebwa. Lè li te jete li nan dlo a, e dlo a te vin dous.

La menm, Li te [v]fè pou yo yon lòd avèk yon règleman, epi la, Li te fè yo [w]pase a leprèv. [26] Li te di: [x]"Si nou okipe byen vwa a SENYÈ a, Bondye nou an, si nou fè sa ki bon nan zye Li, si nou bay zòrèy nou a [y]kòmandman Li yo, e kenbe lwa Li yo, Mwen p ap mete sou nou, okenn nan maladi ke M te mete sou Ejipsyen yo; paske se Mwen, SENYÈ ki geri nou an."

[27] Alò, yo te rive nan [z]Élim kote ki te gen douz sous dlo ak swasann-dis palmye dat yo, e yo te fè kan akote dlo a.

16 Alò, yo te kite Élim, e tout asanble fis Israël yo te vini nan dezè [a]Sin, ki te antre Élim ak Sinai an. Sa te fèt nan kenzyèm jou dezyèm mwa apre depa yo nan peyi Égypte la.

[2] Konsa, tout asanble fis Israël yo te [b]plenyen kont Moïse avèk Aaron nan dezè a. [3] Fis Israël yo te di yo: "Pito ke nou te mouri pa men SENYÈ a nan peyi Égypte la [c]pandan nou t ap chita akote chodyè vyann yo, pandan nou t ap manje pen jis nou vin plen. Men ou mennen nou deyò nan dezè sila a pou touye tout asanble a avèk grangou."

[4] Alò, SENYÈ a te di Moïse: "Gade byen, Mwen va vide pen sòti nan syèl la tankou lapli pou nou. Epi pèp la va sòti chak jou pou ranmase sa ki kont pou jounen an, pou Mwen kapab fè yo pase [d]a leprèv; pou M wè si yo va mache nan enstriksyon Mwen yo. [5] [e]Nan sizyèm jou a, lè yo prepare sa ke yo fè antre, li va doub sa ke yo konn pran pa jou yo."

[6] Alò, Moïse avèk Aaron te di a tout fis Israël yo: "Nan aswè [f]nou va rekonèt ke SENYÈ a te mennen nou sòti nan peyi Égypte la. [7] Nan maten a nou va wè [g]glwa SENYÈ a, paske Li tande plent nou yo kont SENYÈ a. Epi kisa nou ye pou nou ta plenyen kont nou?"

[8] Moïse te di: "Sa va vin rive lè SENYÈ a bannou vyann pou nou manje nan aswè, ak pen jiskaske nou vin satisfè nan maten. Paske SENYÈ a tande plent

---

[a] **15:8** Sòm 78:13   [b] **15:9** Egz 14:5,8,9   [c] **15:10** Egz 15:5   [d] **15:11** Sòm 72:18   [e] **15:12** Egz 15:6   [f] **15:13** Sòm 77:20
[g] **15:13** Egz 15:16   [h] **15:14** Det 2:25   [i] **15:15** Nonb 22:3,4   [j] **15:15** Jos 2:9,11,24   [k] **15:16** Egz 15:5,6
[l] **15:16** Sòm 74:2   [m] **15:17** Sòm 2:6   [n] **15:17** Sòm 78:69   [o] **15:19** Egz 14:22,29   [p] **15:20** Egz 2:4   [q] **15:21** Egz 15:1
[r] **15:22** Nonb 33:8   [s] **15:22** Jen 16:7   [t] **15:23** Nonb 33:8   [u] **15:24** Egz 14:11   [v] **15:25** Jos 24:25   [w] **15:25** Egz 16:4
[x] **15:26** Det 7:12   [y] **15:26** Egz 20:2-7   [z] **15:27** Nonb 33:9   [a] **16:1** Nonb 33:10,11   [b] **16:2** Sòm 106:25
[c] **16:3** Nonb 11:4,5   [d] **16:4** Egz 15:25   [e] **16:5** Egz 16:22   [f] **16:6** Egz 6:7   [g] **16:7** És 35:2

ke nou fè kont Li. Epi kisa nou ye? Plent nou yo ᵃpa kont nou, men kont SENYÈ a."

⁹ Alò Moïse te di a Aaron: "Pale a tout asanble fis Israël yo, ᵇ"Rapwoche nou devan SENYÈ a, paske Li tande plent nou yo.'"

¹⁰ Li te vin rive ke pandan Aaron t ap pale a tout asanble a fis Israël yo, ke yo te gade vè dezè a, e vwala, ᶜglwa SENYÈ a te parèt nan nwaj la.

¹¹ Konsa, SENYÈ a te pale a Moïse e te di: ¹² "Mwen tande plent a fis Israël yo. Pale ak yo pou di: 'Nan aswè avan li fènwa, nou va manje vyann, e nan maten, nou va vin plen avèk pen. Konsa, ᵈnou va konnen ke Mwen se SENYÈ a, Bondye nou an.'"

¹³ Alò, li vin rive nan aswè ke ᵉzwazo kay yo te monte. Yo te kouvri tout kan an. Nan maten an te gen yon kouch lawouze ki te antoure kan an. ¹⁴ ᶠLè kouch lawouze a te disparèt, gade, sou sifas dezè a, te gen yon bagay ki te sanble yon ti kal byen fen, ki sanble frechè lawouze sou tè a. ¹⁵ Lè fis Israël yo te wè li, yo te di a youn lòt: "Kisa sa ye?" Paske yo pa t konnen kisa sa li te ye.

Epi Moïse te di yo: ᵍ"Sa se pen ke SENYÈ a bannou pou nou manje. ¹⁶ Men sa ke SENYÈ a kòmande: 'Chak moun ranmase ladann selon sa ke li va manje. Nou va pran ʰyon omè pou chak, selon kantite moun chak nan nou genyen nan tant li.'"

¹⁷ Fis Israël yo te fè sa, kèk te pran plis, e kèk te pran mwens. ¹⁸ Lè yo te mezire li avèk yon omè, ⁱsa ki te pran anpil yo pa t gen twòp, ni sa ki te pran piti yo pa t manke. Chak moun te ranmase sa ke li te dwe manje.

¹⁹ Moïse te di yo: "ʲPa kite pèsòn konsève anyen ladann pou rive demen."

²⁰ Men yo pa t koute Moïse. Kèk nan yo te kite yon pati pou maten. Konsa, li te kale vè, e te vin rans. Moïse te fache avèk yo.

²¹ Yo te ranmase li chak jou, chak moun selon sa li ta dwe manje. Men lè solèy la te vin cho, li te vin fann. ²² ᵏAlò nan sizyèm jou a, yo te pran doub fòs pen, de omè pou chak moun. Tout dirijan asanble yo te fè rapò sa a Moïse.

²³ Alò, konsa li te reponn yo: "Men sa ke SENYÈ a vle: ˡ"Demen se yon jou Saba, yon Saba sen a SENYÈ a. Kwit sa ke nou va kwit, bouyi sa ke nou va bouyi, e tout sa ki rete, mete l akote pou konsève jis rive nan maten.'"

²⁴ Alò, yo te mete li akote jis rive nan maten, jan Moïse te kòmande a, e ᵐli pa t vin kanni, ni li pa t gen okenn vè ladann. ²⁵ Moïse te di: "Manje li jodi a, paske jodi a se yon Saba a SENYÈ a. Jodi a nou p ap twouve li nan chan an. ²⁶ ⁿSis jou nou va pran li, men nan setyèm jou a, jou Saba a, p ap genyen okenn."

²⁷ Li te rive nan setyèm jou a, ke kèk nan moun yo te ale pran, men yo pa t twouve menm.

²⁸ Alò, SENYÈ a te di a Moïse: ᵒ"Pou konbyen de tan nou va refize kenbe kòmandman Mwen yo, ak enstriksyon Mwen yo? ²⁹ Gade, SENYÈ a te bannou Saba a. Pou sa, Li bannou pen pou de jou nan sizyèm jou a. Kite chak moun rete nan plas li. Pa kite pèsòn sòti nan plas li nan setyèm jou a." ³⁰ Pou sa, pèp Israël la te poze nan setyèm jou a.

³¹ ᵖLakay Israël te nonmen li lamàn. Li te tankou grenn koryandè, blan avèk yon gou tankou gato avèk siwo myèl.

³² Alò, Moïse te di: "Men Sa ke SENYÈ a te kòmande, 'Kite yon omè ladann pami tout jenerasyon yo pou yo kapab wè pen ke Mwen te bannou nan dezè a, lè Mwen te mennen nou sòti nan peyi Égypte la.'"

³³ Moïse te di a Aaron: ᵠ"Pran yon bokal, mete yon omè plen lamàn ladann, epi plase li devan SENYÈ a pou kenbe li pandan tout jenerasyon nou yo."

³⁴ Jan SENYÈ a te kòmande Moïse la, konsa Aaron te plase li devan ʳtemwen an, pou l konsève. ³⁵ ˢFis Israël yo te manje lamàn pandan karant ane, jis lè yo te rive nan yon peyi ki te peple de ja. Yo te manje lamàn jis yo rive nan fwontyè peyi Canaan an.

³⁶ Alò, yon ᵗOmè se yon dizyèm pati a yon efa.

17 Alò, tout asanble a fis Israël yo te vwaye je pazapa vè dezè ᵘSin nan. Selon kòmand a SENYÈ a, yo te fè kan nan ᵛRephidim, men pa t gen dlo pou moun yo bwè. ² Akoz sa, pèp la te chache kont avèk Moïse. Yo te di: "Bannou dlo pou nou kab bwè."

Konsa, Moïse te di: "Poukisa nou chache kont avè m? ʷPoukisa nou pase SENYÈ a a leprèv?"

³ Men nan plas sa a pèp la te swaf dlo, epi yo te ˣplenyen kont Moïse. Yo te di: "Poukisa ou te mennen nou monte isit la kite Égypte, pou touye nou avèk zanfan nou yo, ak ʸbèt nou yo avèk swaf."

⁴ Alò Moïse te kriye a SENYÈ a. Li te di: "Kisa pou m ta fè ak pèp sa a? ᶻYon ti kras ankò e y ap lapide mwen."

⁵ Alò, SENYÈ a te di a Moïse: "Pase devan pèp la, e pran avè w kèk nan ansyen Israël yo. Epi pran nan men ou baton ou avèk sila ou te frape Nil lan, e ale. ᵃOu va frape wòch la, e dlo va sòti ladann, pou pèp la kapab bwè." ⁶ Gade byen, Mwen va kanpe devan ou sou wòch ᵇHoreb la. Konsa, Moïse te fè sa devan zye a ansyen Israël yo. ⁷ Li te nonmen kote a Massa ak Meriba, akoz kont ke fis Israël yo te genyen, e akoz ke yo te pase SENYÈ a a ᶜleprèv lè yo te di: "Èske SENYÈ a pami nou, wi oswa non?"

ᵃ **16:8** I Sam 8:7   ᵇ **16:9** Nonb 16:16   ᶜ **16:10** Egz 13:21   ᵈ **16:12** Egz 6:7   ᵉ **16:13** Sòm 78:27-29
ᶠ **16:14** Nonb 11:7-9   ᵍ **16:15** Jn 6:31   ʰ **16:16** Egz 16:32-36   ⁱ **16:18** II Kor 8:15   ʲ **16:19** Egz 12:10
ᵏ **16:22** Egz 16:5   ˡ **16:23** Jen 2:3   ᵐ **16:24** Egz 16:20   ⁿ **16:26** Egz 20:9,10   ᵒ **16:28** II Wa 17:14
ᵖ **16:31** Nonb 11:7-9   ᵠ **16:33** Eb 9:4   ʳ **16:34** Egz 25:16,21   ˢ **16:35** Det 8:2   ᵗ **16:36** Egz 16:16
ᵘ **17:1** Nonb 33:12   ᵛ **17:1** Egz 19:2   ʷ **17:2** Det 6:16   ˣ **17:3** Egz 16:2,3   ʸ **17:3** Egz 12:38   ᶻ **17:4** Nonb 14:10
ᵃ **17:5** Egz 3:16,18; Egz 7:20   ᵇ **17:6** Egz 3:1; Nonb 20:10,11   ᶜ **17:7** Nonb 14:22

⁸ Alò, ᵃAmalèk te vin goumen kont Israël nan Rephidim. ⁹ Konsa, Moïse te di a ᵇJosué: "Chwazi mesye yo pou nou, e sòti pou batay kont Amalèk. Demen mwen va vin estasyone Mwen menm nan do kolin nan avèk ᶜbaton a Bondye a nan men m." ¹⁰ Josué te fè jan Moïse te mande li fè a, e li te goumen kont Amalèk. Epi Moïse, Aaron, avèk ᵈHur te monte anwo tèt do kolin nan. ¹¹ Konsa, li te vin rive ke lè Moïse te leve men l, pèp Israël la te vin genyen, men lè li te kite men l desann, Amalèk te vin genyen.
¹² Men men Moïse te vin lou. Pou sa a, yo te pran yon wòch, yo te mete li anba li, e li te chita sou li. Aaron avèk Hur te bay men li ᵉsoutyen, youn sou yon bò, e lòt la sou lòt bò a. Konsa men li te rete dyanm jis rive lè solèy la te vin kouche. ¹³ Epi Josué te bat Amalèk avèk pèp li a avèk lam nepe.
¹⁴ Alò SENYÈ a te di a Moïse: "ᶠEkri sa a nan yon liv pou gen kòm souvni, e repete li a Josué, ke Mwen va konplètman efase memwa Amalèk soti anba syèl la."
¹⁵ Moïse te bati yon ᵍlotèl e te nonmen li: "SENYÈ a Se Drapo mwen." ¹⁶ Li te di: ʰ"SENYÈ a te sèmante: SENYÈ a va fè lagè kont Amalèk de jenerasyon an jenerasyon."

18 Alò ⁱJéthro, prèt Madian an, bòpè Moïse la, te tande tout sa ke Bondye te fè pou Moïse, ak pou Israël, pèp li a. Jan SENYÈ a te mennen Israël sòti an Égypte.
² Jéthro, bòpè Moïse la, te pran ʲSéphora, madanm a Moïse la apre li te fin voye li ale, ³ ansanm avèk ᵏde fis li yo. Youn nan yo te nonmen Guerschom, paske Moïse te di: "Mwen te yon vwayajè nan yon peyi etranje." ⁴ Lòt la te nonmen ˡEliézer, paske li te di: ᵐ"Bondye a papa m nan te ed mwen, e Li te delivre m anba nepe Farawon."
⁵ Alò, Jéthro, bòpè Moïse la te vini avèk fis li yo ak madanm li vè Moïse nan dezè kote li te fè kan an, akote ⁿmòn Bondye a. ⁶ Li te voye di Moïse: "Mwen menm, bòpè ou Jéthro, ap vin kote ou avèk madanm ou, ak de fis li yo avèk l."
⁷ Alò, Moïse te sòti pou rankontre bòpè li. Li te bese ba e li te bo li, epi chak te ᵒmande lòt ki jan yo te ye, epi yo te antre nan tant la.
⁸ Moïse te pale bòpè li de tout sa ke SENYÈ a te fè Farawon an, ak Ejipsyen yo pou koz Israël, tout traka ki te vini sou yo nan vwayaj la, ak jan ᵖSENYÈ a te delivre yo.
⁹ Jéthro te rejwi de tout ᵠbonte ke SENYÈ a te fè anvè Israël, lè l te delivre yo nan men Ejipsyen yo. ¹⁰ Konsa, Jéthro te di: "ʳBeni se SENYÈ a ki te delivre ou nan men Ejipsyen yo, ak nan men Farawon, e ki te delivre pèp la anba men Ejipsyen yo. ¹¹ Koulye a mwen konnen ke ˢSENYÈ a pi gran ke tout dye yo, akoz jan yo te aji nan ògèy kont pèp la."
¹² ᵗEpi Jéthro, bòpè Moïse la te fè yon ofrann brile avèk sakrifis pou Bondye. Aaron te vini avèk tout ansyen Israël yo pou manje yon repa avèk bòpè Moïse la devan Bondye.
¹³ Li te vin rive nan pwochen jou a ke Moïse te chita pou jije pèp la, e pèp la te kanpe antoure Moïse soti nan maten a rive jis aswè.
¹⁴ Alò, lè bòpè Moïse la te wè tout sa ke li te fè pou pèp la, li te di: "Kisa ke w ap fè pou pèp la konsa la a? Poukisa ou chita ou sèl ou tankou jij, e tout pèp la kanpe antoure ou soti nan maten, rive jis aswè?"
¹⁵ Moïse te di bòpè li: "Akoz pèp la vin kote mwen pou ᵘfè demann pou jijman Bondye. ¹⁶ Depi yo gen ᵛkont yo vin kote mwen, mwen jije antre yon nonm avèk vwazen li e mwen fè konnen règleman Bondye avèk lalwa Li yo."
¹⁷ Bòpè Moïse la te di li: "Sa ke w ap fè a pa bon. ¹⁸ ʷOu va anverite vin epwize ou nèt, ni ou menm, ni pèp ki avè w la, paske tach la twò lou pou ou. ˣOu p ap kapab fè l pou kont ou.
¹⁹ "Koulye a, koute mwen. M ap ba ou konsèy, e ke Bondye kapab avè w. Ou va reprezante pèp la devan Bondye, e ou va ʸmennen dispit yo devan Bondye. ²⁰ ᶻEpi enstwi yo nan règleman avèk lalwa yo, e fè yo konnen nan ᵃchemen ke yo dwe mache a, ak travay ke yo dwe fè a.
²¹ "Anplis de sa, ou va chwazi pami tout pèp la, ᵇmesye ki kapab yo ki ᶜgen lakrent Bondye, moun ak verite, ki rayi richès malonèt. Konsa, ou va plase yo sou pèp la kòm chèf sou milye, sou santèn, sou senkantèn, ak sou dis. ²² Kite yo jije pèp la nan tout lè. Konsa, kite sa fèt ke chak gwo ka va vini devan ou, men chak ti ka, yo menm yo va jije yo. "Konsa li va pi fasil pou ou, e ᵈyo va pote chaj la avèk ou. ²³ Si ou fè bagay sa a jan Bondye kòmande ou a, alò, ou va gen kouraj pou andire, e anplis, tout moun sa yo va ale lakay yo anpè."
²⁴ Alò Moïse te koute bòpè li, e li te fè tout sa ke li te di yo. ²⁵ Moïse te chwazi ᵉmesye avèk kapasite pami tout Israël, e li te fè yo chèf sou pèp la, chèf sou dè milye, chèf sou dè santèn, chèf sou dè senkantèn, e sou dè dizèn. ²⁶ Yo te jije pèp la nan tout tan. ᶠKa ki difisil yo te mennen kote Moïse, e chak ti ka, yo te jije yo pou kont yo.
²⁷ Konsa, Moïse te ᵍdi bòpè li orevwa, e li te fè wout li pou ale nan peyi li.

19 Nan twazyèm mwa apre fis Israël yo te soti nan peyi Égypte la, nan jou sa a menm, yo te vin antre nan dezè ʰSinaï a. ² Lè yo te pati soti ⁱRephidim, yo te vini nan dezè Sinaï a. Yo te fè kan nan dezè a. Se la Israël te fè kan devan mòn lan.

ᵃ **17:8** Jen 36:12   ᵇ **17:9** Egz 24:13   ᶜ **17:9** Egz 4:20   ᵈ **17:10** Egz 24:14   ᵉ **17:12** És 35:3   ᶠ **17:14** Egz 24:4
ᵍ **17:15** Egz 24:4   ʰ **17:16** Jen 22:16   ⁱ **18:1** Egz 2:16,18   ʲ **18:2** Egz 2:21   ᵏ **18:3** Egz 2:22   ˡ **18:4** 1 Kwo 23:15
ᵐ **18:4** Jen 49:25   ⁿ **18:5** Egz 3:1,12   ᵒ **18:7** Jen 43:27   ᵖ **18:8** Egz 15:6,16   ᵠ **18:9** És 63:7-14   ʳ **18:10** Jen 14:20
ˢ **18:11** Sòm 95:3   ᵗ **18:12** Jen 31:54   ᵘ **18:15** Nonb 9:6,8   ᵛ **18:16** Egz 24:7   ʷ **18:18** Nonb 11:14,17
ˣ **18:18** Det 1:9   ʸ **18:19** Nonb 27:5   ᶻ **18:20** Det 1:18   ᵃ **18:20** Sòm 143:8   ᵇ **18:21** Trav 6:3   ᶜ **18:21** Jen 42:15
ᵈ **18:22** Nonb 11:17   ᵉ **18:25** Egz 18:21   ᶠ **18:26** Egz 18:22   ᵍ **18:27** Nonb 10:29,30   ʰ **19:1** Det 1:6
ⁱ **19:2** Egz 17:1

³ Moïse te monte vè Bondye. ªSENYÈ a te rele li soti nan mòn nan. Li te di: "Konsa ou va pale ak lakay Jacob la pou di fis Israël yo: ⁴ 'Nou menm, nou te wè sa ke Mwen te fè Ejipsyen yo, jan Mwen te pote nou sou zèl ᵇèg yo, e te mennen nou kote Mwen menm. ⁵ Alò, koulye a, ᶜsi nou obeyi vwa Mwen, e ᵈkenbe akò Mwen, alò nou va pwòp posesyon pa M pami tout pèp yo. Paske tout latè se pou Mwen. ⁶ Konsa, nou va pou Mwen, yon ᵉwayòm prèt yo, e ᶠyon nasyon ki sen.' Sa yo se pawòl ke ou va pale a fis Israël yo."

⁷ ᵍSe konsa Moïse te vini, e te rele ansyen pami pèp yo. Konsa, li te plase devan yo tout pawòl sa yo ke SENYÈ a te kòmande li. ⁸ ʰTout pèp la te reponn ansanm. Yo te di: "Tout sa ke SENYÈ a te pale yo, nou va fè yo!" Epi Moïse te mennen retounen tout pawòl a pèp yo devan SENYÈ a.

⁹ SENYÈ a te di a Moïse: "Gade byen, Mwen va vini kote ou nan yon nwaj byen fonse, pou ⁱpèp la kapab tande lè M pale avèk ou, e pou yo kapab kwè nan ou pou tout tan."

Alò, Moïse te di SENYÈ a pawòl a pèp la.

¹⁰ SENYÈ a anplis te di a Moïse: "Ale vè pèp la, ʲkonsakre yo jodi a avèk demen, e kite yo lave vètman yo; ¹¹ epi kite yo fin prepare pou twazyèm jou a, paske nan ᵏtwazyèm jou a SENYÈ a va vin desann sou Mòn Sinaï a nan zye a tout pèp la.

¹² "Ou va fè bòn limit pou pèp toutotou yo. Ou va di yo: 'Gade byen pou nou pa monte sou mòn nan, ni touche rebò li. ˡNenpòt moun ki touche mòn nan va anverite mete a lanmò. ¹³ Nanpwen men k ap mete sou moun sa a, men ᵐli a anverite lapide oswa frennen nèt; menm si se moun oswa bèt, li p ap viv.' Lè twonpèt kòn lan fè yon gwo son, yo va monte vè mòn nan."

¹⁴ Epi Moïse te desann mòn nan vè pèp la. Li te konsakre pèp la, e yo te lave vètman yo. ¹⁵ Li te di a pèp la: "Mete ou prè pou twazyèm jou a; pa pwoche pre fanm."

¹⁶ Konsa, ⁿli te rive nan twazyèm jou a, lè li te vin maten, te genyen gwo tònè avèk kout loray avèk yon nwaj byen fonse sou mòn nan, ak yon son twonpèt byen fò, jiskaske tout moun ki te nan kan an te tranble. ¹⁷ Epi Moïse te mennen pèp la sòti nan kan an pou rankontre Bondye. Yo te kanpe nan pye mòn nan.

¹⁸ ᵒAlò, Mòn Sinai te nan lafimen nèt akoz SENYÈ a te desann sou li nan dife. Lafimen li te monte tankou lafimen yon founo, e tout mòn nan te tranble avèk vyolans.

¹⁹ Lè son twonpèt la te vin pi fò, e pi fò toujou, Moïse te pale, e ᵖBondye te reponn avèk tonnè.

²⁰ ᵠSENYÈ a te vin desann sou Mòn Sinai, sou tèt mòn nan. Senyè a te rele Moïse anwo tèt mòn nan, epi Moïse te monte. ²¹ SENYÈ a te pale ak Moïse: "Ale desann avèti pèp la pou yo pa ʳpase antre vè SENYÈ a pou wè; konsa, pou anpil nan yo ta vin mouri. ²² Osi, ke ˢprèt ki pwoche toupre SENYÈ yo konsakre yo menm, oswa SENYÈ a va eklate kont yo."

²³ Moïse te di a SENYÈ a: "Pèp la pa kapab monte sou Mòn Sinai a, paske Ou te avèti nou, e te di: 'Mete limit bòn yo antoure mòn nan, e konsakre li.'"

²⁴ Alò, SENYÈ a te di li: "Ale desann e monte ankò, ᵗou menm e Aaron avèk ou. Men pa kite ᵘprèt yo, ni pèp la pase antre pou monte vè SENYÈ a, oswa L ap eklate sou yo."

²⁵ Konsa, Moïse te desann vè pèp la e te pale yo.

20 Bondye te pale tout pawòl sa yo e te di: ² "Mwen menm se SENYÈ a Bondye ou a, ᵛki te mennen ou sòti deyò nan peyi Égypte la, deyò kay esklavaj la.

³ "Ou pa pou gen lòt ʷdye devan M.

⁴ ˣ"Ou pa pou fè pou kont ou, yon zidòl, ni okenn imaj sou sa ki nan syèl la anwo, ni sou latè anba, ni nan dlo anba tè a.

⁵ ʸ"Ou pa pou adore yo ni sèvi yo. Paske Mwen, SENYÈ a, Bondye pa w la. Mwen se yon Bondye ᶻjalou, k ap vizite inikite a papa yo sou pitit yo, jis rive nan twazyèm ak katriyèm jenerasyon a sila ki rayi Mwen yo, ⁶ men k ap montre lanmou dous ak mizerikòd ªpami dè milye a sila ki renmen M, e ki kenbe kòmandman Mwen yo.

⁷ ᵇ"Ou pa pou pran non SENYÈ a an ven, paske SENYÈ a p ap kite sila a ki mal sèvi ak non Li an san pinisyon."

⁸ Sonje ᶜjou Saba a pou kenbe l sen. ⁹ ᵈSi jou nou va travay e nou va fè tout travay nou yo, ¹⁰ men setyèm jou a se yon jou Saba a SENYÈ a Bondye nou an. ᵉLadann l ou pa pou fè okenn travay; ni ou menm, ni fis ou, ni fi ou, ni sèvitè ou, ni sèvant ou, ni bèf ou, ni etranje ki demere avèk ou.

¹¹ ᶠPaske nan si jou, SENYÈ a te fè syèl la avèk tè a, lanmè a, ak tout sa ki gen ladann, e Li te repoze nan setyèm jou a. Konsa, SENYÈ a te beni jou Saba a, e te fè l sen.

¹² ᵍOnore papa ou avèk manman ou, pou ʰjou lavi ou yo kapab anpil nan peyi ke SENYÈ a, Bondye ou a te bay ou.

¹³ ⁱOu pa pou touye moun. ¹⁴ ʲOu pa pou fè adiltè.

¹⁵ ᵏOu pa pou vòlè.

¹⁶ ˡOu pa pou fè fo temwayaj kont vwazen ou.

¹⁷ Ou pa pou fè anvi sou lakay vwazen ou; ᵐou pa pou fè anvi sou madanm vwazen ou, ni sèvant li, ni sèvitè li, ni bèf li, ni bourik li, ni okenn bagay ki pou vwazen ou.

¹⁸ ⁿTout pèp la te tande gwonde tònè avèk kout loray ak son a twonpèt la, ak mòn nan ki t ap fè

ª **19:3** Egz 3:4   ᵇ **19:4** Det 32:11   ᶜ **19:5** Det 5:21   ᵈ **19:5** Sòm 78:10   ᵉ **19:6** Rev 1:6   ᶠ **19:6** És 62:12
ᵍ **19:7** Egz 4:29,30   ʰ **19:8** Egz 4:31   ⁱ **19:9** Det 4:12,36   ʲ **19:10** Lev 11:44,45   ᵏ **19:11** Egz 19:16   ˡ **19:12** Eb 12:20   ᵐ **19:13** Eb 12:20   ⁿ **19:16** Eb 12:18,19,21   ᵒ **19:18** Det 4:11   ᵖ **19:19** Sòm 81:7   ᵠ **19:20** Né 9:13
ʳ **19:21** Egz 3:5   ˢ **19:22** Lev 10:3   ᵗ **19:24** Egz 24:1,9,12   ᵘ **19:24** Egz 19:22   ᵛ **20:2** Egz 13:3   ʷ **20:3** Egz 15:11
ˣ **20:4** Lev 19:4   ʸ **20:5** Egz 23:24   ᶻ **20:5** Na 1:2   ª **20:6** Det 7:9   ᵇ **20:7** Lev 19:12   ᶜ **20:8** Lev 26:2
ᵈ **20:9** Det 5:13   ᵉ **20:10** Né 13:16-19   ᶠ **20:11** Jen 2:2,3   ᵍ **20:12** Lev 19:3   ʰ **20:12** Jr 35:7   ⁱ **20:13** Luc 18:20
ʲ **20:14** Lev 20:10   ᵏ **20:15** Egz 21:16   ˡ **20:16** Det 5:20   ᵐ **20:17** Pwov 6:29   ⁿ **20:18** Egz 19:16,18

lafimen. Lè pèp la te wè li, yo te tranble e te kanpe a yon distans. [19] [a]Konsa, yo te di a Moïse: "Pale avèk nou ou menm, e nou va koute; men pa kite Bondye pale avèk nou, oswa nou va mouri."

[20] Moïse te di a pèp la: "Pa pè, paske Bondye vini [b]pou pase nou a leprèv, e pou [c]lakrent Li kapab rete avèk nou, pou nou pa peche."

[21] Alò, pèp la te kanpe a yon distans, pandan Moïse te pwoche [d]gwo nwaj la kote Bondye.

[22] Alò SENYÈ a te di a Moïse: "Konsa ou va pale avèk fis Israël yo: 'Nou menm, nou gen tan wè ke [e]Mwen te pale avèk nou depi nan syèl la. [23] Nou pa pou fè lòt dye apati de Mwen menm; [f]dye an ajan, ni dye an lò, nou pa pou fè yo pou nou menm.

[24] "'Nou va fè yon [g]lotèl avèk tè pou Mwen, e nou va fè sakrifis sou li nan ofrann brile, ak ofrann lapè, mouton nou yo, avèk bèf nou yo. Nan chak plas kote Mwen fè non Mwen sonje, Mwen va vin kote nou, e Mwen va beni nou.

[25] "'Si nou fè yon lotèl avèk wòch pou mwen, nou pa pou fè l avèk wòch taye, paske si ou itilize zouti ou sou li, li vin pa sen ankò. [26] Epi nou pa pou monte nan eskalye vè lotèl Mwen, pou [h]nidite nou pa parèt a li.'"

21 Alò, sa yo se [i]règleman ke ou va mete devan yo:

[2] Si ou achte yon [j]esklav Ebre, li va sèvi pou sizane, men nan setyèm ane a li va sòti tankou yon moun lib san peye frè. [3] Si li antre li sèl li, li va sòti sèl. Si se mari a yon madanm, alò, madanm nan va sòti avè l. [4] Si mèt li bay li yon madanm, e li fè fis oswa fi pou li, madanm nan avèk pitit li yo va rete pou mèt li, e li va sòti sèl.

[5] Men [k]si esklav la di byen klè: "Mwen renmen mèt mwen, madanm mwen, ak pitit mwen yo; mwen p ap sòti tankou moun lib," [6] alò, mèt li va mennen li devan Bondye, e apre li va mennen li vè pòt la, oswa chanbrann pòt la. Epi konsa, mèt li va pèse zòrèy li avèk yon pwenson, e li va sèvi li nèt jis pou tout tan.

[7] [l]Si yon mesye vann fi li kòm yon esklav femèl, li pa pou lage [m]tankou yo kòn fè ak esklav mal yo. [8] Si li vin degoutan nan zye mèt li ki te anvizaje li pou li menm, alò, li va gen otorite pou vann li a yon pèp etranje, akoz sa li fè pa jis. [9] Si li ta dezinye l pou marye ak fis li, li va trete li selon koutim pwòp fi li yo. [10] Si li ta vin pran pou li menm yon lòt fanm, li pa ka redwi manje li, vètman li, ni dwa [n]konjigal li. [11] Si li p ap fè twa bagay sa yo pou li, alò li menm fi a va kite li gratis san peye la jan.

[12] [o]Sila ki frape yon mesye pou li mouri va vrèman mete a lanmò. [13] [p]Men si sa pa t rive pa eksprè nan anbiskad, men Bondye kite sa rive, alò, Mwen va chwazi yon kote pou li kapab sove ale. [14] [q]Si, alò, yon mesye aji avèk mechanste kont vwazen li, pou l kab touye li nan koken, ou va pran li menm si se sou lotèl la, pou li kapab mouri.

[15] Sila ki frape papa li oswa manman li, li va vrèman mete a lanmò.

[16] [r]Sila ki kidnape yon nonm, oswa ke li vann li, oswa yo twouve li nan posesyon li, li va vrèman mete a lanmò.

[17] [s]Sila ki modi papa li oswa manman li, li va vrèman mete a lanmò.

[18] Si de mesye gen yon kont e youn frape lòt la avèk yon wòch, oswa avèk pwen li, e li pa mouri, men l pa ka leve sou kabann li, [19] si li ta leve mache deyò, malgre asistans baton li, alò, sila ki te frape li a va rete san pinisyon. Li va peye sèlman pou tan ke li pèdi a, e li va kontinye okipe li jis lè li fin geri nèt.

[20] Si yon mesye frape esklav li, kit mal kit femèl, avèk yon baton, epi li vin mouri nan men l, li va pini. [21] Malgre sa, si li leve apre youn oswa de jou, li p ap pini, pwiske sèvitè a se [t]pwòp byen li ke li ye.

[22] Si de mesye vin lite youn avèk lòt, yo frape yon fanm ansent e li vin akouche avan lè, men pa gen lòt pwoblèm, li va peye yon amann jan mari a fanm nan kapab mande li, e li va [u]peye li selon desizyon jij yo. [23] Men si gen plis mal ki fèt, [v]alò, ou va òdone kòm yon penalite vi pou vi, [24] [w]zye pou zye, dan pou dan, men pou men, pye pou pye, [25] brile pou brile, blese pou blese, brize pou brize.

[26] Si yon mesye frape zye esklav li, kit mal, kit femèl, e li pèdi zye a, li va bay li libète akoz pèt zye a. [27] Si li kraze fè pèt a yon dan esklav li, kit mal, kit femèl, li va ba li libète akoz dan an.

[28] Si yon bèf frennen yon mesye oswa yon fanm avèk kòn li, pou l mouri, [x]bèf la va vrèman lapide jiskaske li mouri, e chè li p ap manje; men mèt bèf la p ap pini. [29] Men si yon bèf te deja gen abitid frennen moun e mèt li te avèti deja, men li pa t okipe sa, e li vin touye yon mesye oswa yon fanm, bèf la va lapide, e mèt li anplis va mete a lanmò. [30] Si yon aman ranson vin enpoze pou konsève lavi l, nenpòt sa yo mande, li va peye l, [31] Si se yon fis oswa si se yon fi ke li frennen, li ap fèt menm jan selon menm règ la. [32] Si bèf la frennen yon mal oswa yon femèl esklav, mèt la va bay mèt li [y]trant sik lajan, e bèf la va lapide.

[33] Si yon mesye ouvri yon fòs, oswa fouye yon fòs e li pa kouvri li, yon bèf, oswa yon bourik tonbe ladann, [34] mèt fòs la va bay rekonpans. Li va bay lajan a mèt li, e bèt mouri a va vin pou li.

[35] Si bèf a yon mesye vin donmaje bèf a yon lòt, e li mouri, alò yo va vann bèf vivan an e divize pri li mwatye pou yo chak; epi osi yo va divize bèt mouri an. [36] Men, si li te deja rekonèt ke bèf la te gen abitid

---

[a] **20:19** Gal 3:19 [b] **20:20** Det 13:3 [c] **20:20** És 8:13 [d] **20:21** Egz 19:16 [e] **20:22** Det 4:36 [f] **20:23** Egz 32:1,2,4
[g] **20:24** Egz 20:25 [h] **20:26** Egz 28:42,43 [i] **21:1** Egz 24:3,4 [j] **21:2** Lev 25:39-43 [k] **21:5** Det 15:16,17
[l] **21:7** Né 5:5 [m] **21:7** Egz 21:2,3 [n] **21:10** I Kor 7:3,5 [o] **21:12** Lev 24:17 [p] **21:13** Nonb 35:10-34
[q] **21:14** Det 19:11,12 [r] **21:16** Det 24:7 [s] **21:17** Lev 20:9 [t] **21:21** Lev 25:44-46 [u] **21:22** Egz 21:30
[v] **21:23** Lev 24:19 [w] **21:24** Lev 24:20 [x] **21:28** Jen 9:5 [y] **21:32** Za 11:12

frennen, men mèt li pa t okipe sa, li va vrèman peye bèt pou bèt, e bèt mouri an va vin pou li.

22 Si yon nonm ta vòlè yon bèf oswa yon mouton epi kòche li oswa vann li, li va peye senk bèf pou bèf la, e [a]kat mouton pou mouton an.

² Si [b]vòlè a vin kenbe pandan l ap fonse antre, e bat jis li vin mouri, p ap gen koupabilite pou san li sou kont mèt kay la. ³ Men si solèy la gen tan leve sou li, va genyen koupabilite san sou li. Li va anverite peye dedonmajman an. Si li pa posede anyen, alò, [c]y ap vann li pou vòl sa a. ⁴ Si sa li te vòlè a twouve nan posesyon li, menm si se yon bourik, oswa yon mouton, [d]li va peye li doub.

⁵ Si yon mesye kite bèt li yo manje nan yon chan, oswa yon jaden jiskaske jaden an fini nèt, e kite bèt li lage pou li manje nan chan a yon lòt moun, li va peye dedonmajman an soti nan pi bon pati tè li, ak meyè pati chan rezen li lan.

⁶ Si yon dife vin parèt, e kouri jwenn bwa pikan yo, jis rive sereyal k ap rasanble nan chan an, oswa sereyal chan an li menm pran dife, sila ki te limen dife a va anverite peye.

⁷ [e]Si yon mesye bay vwazen li lajan oswa byen li pou kenbe pou li, e li vòlè soti lakay mesye a, depi vòlè a kenbe, li va peye doub. ⁸ Si yo pa jwenn vòlè a, alò, mèt kay la va parèt devan [f] jij yo pou konstate si li te mete men li sou byen vwazen li an.

⁹ Pou chak vyòl konfyans, kèlkeswa ke se pou bèf, pou bourik, pou mouton, pou rad, oswa pou nenpòt bagay ki pèdi, si yon moun kapab di: "Sila se pa m nan!", yo toude va vini devan [g]jij yo. Konsa, sila ke jij yo kondane a va peye doub a vwazen li an.

¹⁰ Si yon mesye bay vwazen li yon bourik, yon bèf, yon mouton, oswa nenpòt bèt pou kenbe pou li, epi li vin mouri, oswa blese, oswa pouse ale lè moun pa wè, ¹¹ yon [h]sèman devan SENYÈ a va fèt pa yo dèske li pa t mete men l sou byen a vwazen li. Konsa, mèt li va aksepte li, e li p ap oblije fè peye dedonmajman. ¹² Men si li te vrèman vòlè li, li va peye dedonmajman a mèt li. ¹³ Si li chire an mòso, kite sa mennen kòm evidans. Li p ap peye dedonmajman pou sa ki chire an moso a.

¹⁴ Si yon mesye prete yon bagay nan men vwazen li, e sa vin donmaje oswa mouri pandan mèt li pa la, li va peye tout rekonpans. ¹⁵ Si mèt li la avè l, li p ap peye rekonpans. Si se lwaye, sa te vini ak frè lwaye li.

¹⁶ [i]Si yon mesye sedwi yon vyèj ki poko fiyanse, e li vin kouche avèk li, li dwe peye li yon frè fiyanse pou l ka vin madanm li. ¹⁷ Si papa li refize nèt pou ba li fi li, li va peye lajan ki menm fòs avèk [j]frè fiyanse a pou vyèj yo.

¹⁸ Ou pa pou kite yon [k]majisyen viv.

¹⁹ Nenpòt moun ki kouche avèk yon bèt, va asireman mete a lanmò. [l]

²⁰ [m]Sila ki fè sakrifis a nenpòt dye, sof ke SENYÈ a sèl, va detwi nèt.

²¹ [n]Ou pa pou fè mal a yon etranje, ni oprime li, paske se te etranje nou te ye nan peyi Égypte la.

²² [o]Ou pa pou oprime okenn vèv, ni òfelen. ²³ Si ou oprime li, e li kriye ban Mwen, [p]Mwen va anverite tande kri li; ²⁴ epi kòlè Mwen va vin ogmante. Mwen va touye ou avèk nepe, e madanm ou yo va vin vèv, e pitit ou yo va vin san papa. [q]

²⁵ Si ou prete lajan a pèp Mwen an, a malere yo pami nou yo, ou pa pou aji kòm kreditè anvè li. Ou pa pou mande frè [r]enterè. ²⁶ Si ou janmen pran manto vwazen ou kòm [s]garanti, fòk ou remèt li li avan solèy la kouche, ²⁷ paske se sa sèl ki kouvri li. Se manto pou kò li. Kisa ankò li kab sèvi pou l dòmi? Epi li va rive ke lè li kriye fò, Mwen va tande li, paske [t]Mwen ranpli avèk mizerikòd.

²⁸ Ou pa pou modi Bondye, [u]ni modi yon chèf pèp ou.

²⁹ [v]Ou pa pou fè reta avèk ofrann ki sòti nan rekòlt la avèk diven an.

Premye ne nan fis ou yo, ou va ban Mwen l. ³⁰ [w]Ou va fè menm bagay la avèk bèf ou yo, ak mouton ou yo. Li va rete avèk manman l pandan sèt jou, e nan uityèm jou a ou va ban Mwen li.

³¹ [x]Nou va dèzòm ki sen pou Mwen; konsa, nou p ap manje okenn chè ki chire an mòso nan chan. Nou va jete li bay chen.

23 [y]Ou pa pou pote yon fo rapò. Pa jwenn men ou avèk yon moun mechan pou devni yon move temwen.

² Ou pa pou swiv foul la nan fè mechanste, ni ou pa pou fè temwen nan yon pwosè k ap vire pou swiv foul la pou ou kapab [z]fè lajistis vin konwonpi. ³ [a]Ni ou p ap apiye vè yon malere pou bay li avantaj nan pwosè a.

⁴ [b]Si ou rankontre bèf, oswa bourik a lènmi ou k ap pati, anverite, ou va remèt li bay mèt li. ⁵ [c]Si ou wè bourik a yon moun ki rayi ou, k ap kouche anba gwo chaj, ou p ap abandone l nan pwoblèm nan, men ou va ede l dechaje li.

⁶ [d]Ou pa pou konwonpi lajistis ki se dwa a yon malere nan pwosè li.

⁷ [e]Rete lwen yon fo pwosè, e [f]pa touye inosan an oswa moun ki dwat la, paske Mwen p ap jistifye koupab la.

⁸ [g]Ou pa pou pran lajan anba tab, paske kòb anba tab ap avegle sila ki wè klè yo, e konwonpi kòz sila ki jis yo.

---

[a] **22:1** II Sam 12:6	[b] **22:2** Mat 6:19	[c] **22:3** Mat 18:25	[d] **22:4** Egz 22:7	[e] **22:7** Lev 6:1-7	[f] **22:8** Egz 22:9
[g] **22:9** Egz 22:8,28	[h] **22:11** Eb 6:16	[i] **22:16** Det 22:28,29	[j] **22:17** Jen 24:12	[k] **22:18** Lev 19:31
[l] **22:19** Lev 18:23	[m] **22:20** Egz 32:8	[n] **22:21** Det 27:19	[o] **22:22** Det 24:17,18	[p] **22:23** Job 34:28
[q] **22:24** Sòm 109:2,9	[r] **22:25** Né 5:7	[s] **22:26** Pwov 20:16	[t] **22:27** Egz 34:6	[u] **22:28** Ekl 10:20
[v] **22:29** Egz 13:2,12	[w] **22:30** Det 15:19	[x] **22:31** Egz 19:6	[y] **23:1** Egz 20:16	[z] **23:2** Det 16:19	[a] **23:3** Egz 23:6
[b] **23:4** Det 22:1-4	[c] **23:5** Det 22:4	[d] **23:6** Egz 23:2,3	[e] **23:7** Ef 4:25	[f] **23:7** Egz 20:13	[g] **23:8** Pwov 15:27

⁹ ᵃOu pa pou oprime yon etranje, paske nou konnen pozisyon a yon etranje, konsi, nou osi te etrange nan peyi Égypte la.

¹⁰ ᵇOu va simen tè ou pou sis ane, e rekòlte donn li, ¹¹ men nan setyèm ane a ou va kite li san fè anyen pou l kab pran repo. Konsa, malere pami pèp nou an kapab manje, epi nenpòt sa yo menm ta kite, ap rete pou bèt chan yo. Ou ap fè menm bagay la avèk chan rezen e avèk chan oliv ou yo.

¹² Pandan ᶜsis jou ou va fè travay ou, men nan setyèm jou a, ou va sispann fè travay pou bèf ou avèk bourik ou kapab repoze, ansanm avèk fis esklav femèl ou a, ak etranje ou a tou, kapab repoze.

¹³ Alò, ᵈkonsènan tout sa ke M te pale avèk nou yo, pran atansyon pou fè yo. Konsa, pa nonmen non a lòt dye yo, ni kite yo tande pawòl sa yo sòti nan bouch nou.

¹⁴ ᵉTwa fwa pa ane nou va selebre yon fèt pou Mwen.

¹⁵ Nou va obsève ᶠfèt Pen San Ledven an. Pandan sèt jou nou va manje pen san ledven an, jan Mwen te kòmande nou an, nan tan ki apwente nan mwa Abib la, paske nan li nou te sòti an Égypte.

Epi okenn moun pèsòn p ap parèt devan M men vid.

¹⁶ Osi nou va obsève ᵍfèt Mwason Premye Fwi a travay nou yo, nan sa ke nou te simen nan chan, anplis, fèt rekòlt nan fen ane a lè nou fin ranmase tout fwi travay nan jaden nou yo.

¹⁷ ʰTwa fwa pa lane tout mal nou yo va parèt devan SENYÈ Bondye a.

¹⁸ ⁱNou pa pou ofri san a sakrifis Mwen ansanm avèk pen ledven. Ni grès fèt Mwen an pa pou pase lannwit pou rive nan maten.

¹⁹ Nou va pote pi bon nan premye fwi latè yo antre nan kay SENYÈ a, Bondye nou an. ʲNou pa pou bouyi yon jèn kabrit nan lèt manman li.

²⁰ "Gade byen, Mwen ap voye yon zanj devan nou pou pwoteje nou pandan nou nan chemen an, e pou mennen nou antre nan plas ke M te prepare pou nou an. ²¹ Rete vijilan devan li, e obeyi vwa li. ᵏPa fè rebelyon avèk li, paske li p ap padone peche nou yo, paske non Mwen nan li.

²² "Men si nou vrèman obeyi vwa li, e fè tout sa ke M pale nou yo, alò, ˡMwen va vin lènmi ak lènmi pa nou yo, e advèsè pou advèsè nou yo. ²³ ᵐPaske zanj Mwen va ale devan nou pou mennen nou nan peyi Amoreyen yo, Etyen yo, Ferezyen yo, Kananeyen yo, Evityen yo, ak Jebisyen yo. Epi Mwen va detwi yo nèt.

²⁴ ⁿ"Nou pa pou adore dye pa yo, ni sèvi yo, ni fè selon zèv pa yo, men nou va boulvèse yo nèt e nou va kraze pilye sakre pa yo an mòso. ²⁵ Men nou va sèvi SENYÈ a Bondye nou an, e Li va beni pen nou, ak dlo nou; epi ᵒMwen va retire maladi pami nou. ²⁶ P ap gen foskouch oswa ᵖmoun esteril nan peyi nou. Mwen va fin ranpli fòs kantite jou ke n ap viv yo.

²⁷ "Mwen va ᵍvoye laperèz Mwen devan nou. Mwen va jete nan konfizyon tout pèp pami sila nou parèt yo, e Mwen va fè tout lènmi nou yo ban nou do. ²⁸ Mwen va voye gèp devan nou pou yo ʳpouse mete deyò tout Evityen yo, Kananeyen yo, ak Etyen yo devan nou. ²⁹ ˢMwen p ap pouse yo deyò nan yon sèl ane, pou peyi a pa vin dezole, e pou bèt chan yo pa vin twòp pou nou. ³⁰ Mwen va pouse yo deyò devan nou ᵗmòso pa mòso jiskaske nou vin gran, e posede peyi a.

³¹ ᵘ"Mwen va etabli bòn nou yo soti nan Lamè Wouj, jis rive nan lanmè Filisten yo, soti savann nan pou rive nan larivyè Lefrat ᵛpaske Mwen va livre abitan peyi yo nan men nou, e nou va pouse yo ale devan nou.

³² ʷ"Nou pa pou fè okenn akò avèk yo, ni avèk dye pa yo. ³³ ˣYo p ap viv nan peyi nou, paske yo va fè nou peche kont Mwen; paske si nou sèvi dye pa yo, sa va vrèman vin yon pèlen pou nou."

24 Alò, Li te di a Moïse: ʸ"Vin monte vè SENYÈ a, ou menm avèk Aaron, Nadab, Abihu avèk swasann-dis nan ansyen Israël yo, e nou va adore a yon distans. ² Men se sèl Moïse k ap vin toupre SENYÈ a, men yo menm p ap vin pre. Pèp la p ap monte avèk li."

³ Alò Moïse te vin rakonte a pèp la tout pawòl a SENYÈ a yo, avèk tout òdonans yo; epi tout pèp la te reponn avèk yon sèl vwa. Yo te di: ᶻ"Tout pawòl sa yo ke SENYÈ a pale, nou va fè yo!" ⁴ ᵃMoïse te ekri tout pawòl SENYÈ a yo.

Konsa, li te leve granmmaten e li te bati yon lotèl nan pye mòn nan avèk douz pilye pou douz tribi Israël yo. ⁵ Li te voye jèn mesye nan fis Israël yo, ᵇyo te ofri ofrann brile e yo te fè sakrifis jèn towo kòm ofrann lapè bay SENYÈ a.

⁶ ᶜMoïse te pran mwatye nan san an. Li te mete li nan basen yo, e lòt mwatye san an li te aspèje li sou lotèl la. ⁷ Epi li te pran ᵈliv akò a, e li te li li nan zòrèy a tout pèp la. Epi yo te di: "Tout sa ke SENYÈ a pale, nou va fè yo, e nou va obeyi yo."

⁸ Alò, ᵉMoïse te pran san an. Li te aspèje li sou pèp la. Li te di: "Gade byen san akò a, ke SENYÈ a te fè avèk nou selon tout pawòl sa yo."

⁹ Alò, Moïse te pran Aaron, ᶠNadab, Abihu ak swasann-dis nan ansyen Israël yo pou monte. ¹⁰ ᵍYo te wè Bondye Israël la. Anba pye li, te parèt yon choz tankou yon pave ki fèt an safi, klè tankou syèl la menm. ¹¹ Malgre Li pa t lonje men Li kont prens Israël sa yo. ʰYo te wè Bondye, yo te manje e yo te bwè.

ᵃ **23:9** Lev 19:33 ᵇ **23:10** Lev 25:1-7 ᶜ **23:12** Egz 20:8-11 ᵈ **23:13** Det 4:9,23 ᵉ **23:14** Egz 23:17
ᶠ **23:15** Egz 12:14-20 ᵍ **23:16** Lev 23:16 ʰ **23:17** Egz 23:14 ⁱ **23:18** Egz 34:25 ʲ **23:19** Det 14:21
ᵏ **23:21** Det 9:7 ˡ **23:22** Jen 12:3 ᵐ **23:23** Egz 23:20 ⁿ **23:24** Egz 20:5 ᵒ **23:25** Egz 15:26 ᵖ **23:26** Det 7:14
ᵍ **23:27** Jen 35:5 ʳ **23:28** Egz 33:2 ˢ **23:29** Det 7:22 ᵗ **23:30** Det 7:22 ᵘ **23:31** Jen 15:18 ᵛ **23:31** Det 2:36
ʷ **23:32** Egz 34:12 ˣ **23:33** Det 7:1-5; Jij 2:3 ʸ **24:1** Egz 19:24 ᶻ **24:3** Egz 19:8 ᵃ **24:4** Egz 17:4 ᵇ **24:5** Egz 18:12
ᶜ **24:6** Eb 9:18 ᵈ **24:7** Egz 24:4 ᵉ **24:8** Eb 9:19,20 ᶠ **24:9** Egz 24:1 ᵍ **24:10** Egz 24:11 ʰ **24:11** Jen 16:3

¹² Alò, SENYÈ a te di a Moïse: "Vin monte vè Mwen nan mòn nan e rete la, epi ᵃMwen va bay ou tab wòch yo avèk lalwa ak kòmandman ke M te ekri pou enstwi yo."

¹³ Alò, Moïse te leve avèk ᵇJosué, sèvitè li a, e Moïse te monte nan ᶜmòn Bondye a. ¹⁴ Men a ansyen yo li te di: "Tann isit la pou nou jis lè nou retounen kote nou. Epi gade byen, ᵈAaron avèk Hur isit avèk nou. Nenpòt moun ki genyen yon pwosè lalwa kapab pwoche yo."

¹⁵ Alò Moïse te monte nan mòn nan, e ᵉnwaj la te kouvri mòn nan.

¹⁶ ᶠGlwa SENYÈ a te rete sou Mòn Sinai a, e nwaj la te kouvri li pandan sis jou. Nan setyèm jou a, Li te rele Moïse soti nan mitan nwaj la.

¹⁷ Nan zye a fis Israël yo, aparans glwa SENYÈ a te tankou yon ᵍdife ki t ap ravaje sou tèt mòn nan.

¹⁸ Moïse te antre nan mitan nwaj la pandan li te monte sou mòn nan. Konsa, Moïse te rete sou mòn nan pandan ʰkarant jou ak karant nwit.

25 Alò, SENYÈ a te pale a Moïse. Li te di: ² ⁱ"Pale fis Israël yo pou yo rasanble yon ofrann pou Mwen. Soti nan chak òm ki gen bon kè ou va resevwa yon ofrann.

³ "Sa se ofrann ke nou va rekeyi nan men yo: lò, lajan, ak bwonz, ⁴ ʲTwal nan koulè ble, mov, ak wouj, avèk twal fen blan, pwal kabrit, ⁵ po belye fonse wouj, po dofen bwa akasya, ⁶ lwil pou limyè, ᵏepis pou lwil onksyon, e pou lansan santi bon ⁷ pyè oniks ak pyè baz bijou pou ˡefòd la, e pou pyès vètman lestomak la.

⁸ "Kite yo ᵐkonstwi yon sanktyè pou Mwen, pou Mwen kapab rete pami yo. ⁹ ⁿSelon tout sa ke M gen pou montre nou, kòm modèl tabènak la, ak patwon tout mèb li yo, se konsa ojis ke nou va konstwi li.

¹⁰ ᵒ"Yo va konstwi yon lach avèk bwa akasya, de koude edmi nan longè, yon koude edmi nan lajè, ak yon koude edmi nan wotè. ¹¹ Ou va ᵖkouvri li avèk lò pi ni anndan, ni deyò. Fè yon kouch lò pou kouvri li nèt, e fè yon woulèt lò pou antoure li. ¹² Ou va fonde kat gwo wondèl pou li, e tache yo nan kat pye li yo, epi de wondèl va yon kote, e de wondèl yon lòt kote.

¹³ "Ou va fè poto ak bwa akasya e kouvri yo avèk yon kouch lò. ¹⁴ Ou va mete poto yo pase anndan wondèl yo sou kote lach la, e pote lach la avèk yo. ¹⁵ ᑫPoto yo va rete nan wondèl lach la. Yo p ap retire sou li. ¹⁶ Ou va ʳmete nan lach la temwayaj ke Mwen va bay ou a.

¹⁷ "Ou va fè yon ˢchèz pwopyatwa avèk lò pi, de koude edmi nan longè, ak yon koude edmi nan lajè. ¹⁸ Ou va fè de cheriben an lò, fè yo tankou yon zèv an lò ki bat avèk zouti nan de bout a chèz pwopyatwa a. ¹⁹ Fè yon cheriben nan yon pwent, e youn lòt nan lòt pwent lan. Ou va fè cheriben yo tankou yon sèl pyès avèk chèz pwopyatwa a, nan de pwent li. ²⁰ ᵗCheriben yo va gen zèl yo k ap ouvri pa anlè. Yo va kouvri chèz pwopyatwa a avèk zèl yo, epi figi a youn ap vire vè lòt. Konsa, fas toude cheriben yo ap gade vè chèz pwopyatwa.

²¹ ᵘ"Ou va mete chèz pwopyatwa a sou lach la, e nan lach la ou va mete temwayaj ke Mwen va bay ou a. ²² La Mwen va rakontre avèk ou, epi soti anwo chèz pwopyatwa a, nan ᵛantre de cheriben yo ki sou lach temwayaj la, Mwen va pale avèk ou selon tout sa ke Mwen va ba ou nan kòmandman pou fis Israël yo.

²³ ʷ"Ou va fè yon tab avèk bwa akasya, de koude nan longè, yon koude nan lajè e yon koude edmi nan wotè. ²⁴ Ou va kouvri li avèk yon kouch lò pi, e antoure li avèk yon ˣwoulèt fèt an lò. ²⁵ Ou va fè yon rebò lajè kat dwat pou antoure li, e ou va fè yon bòdi pou rebò ki antoure li a.

²⁶ "Ou va fè kat wondèl an lò pou li, e mete wondèl yo sou kat kwen ki sou kat pye li yo. ²⁷ Wondèl yo va toupre rebò a kòm soutyen k ap resevwa poto k ap pote tab la. ²⁸ Ou va fè poto yo avèk bwa akasya e kouvri yo avèk yon kouch lò, dekwa ke pa yo menm, tab la kapab pote.

²⁹ "Ou va fè ʸasyèt, kiyè yo, louch ak chodyè yo, avèk bòl li yo k ap sèvi pou vide ofrann yo. Ou va fè yo avèk lò pi.

³⁰ "Ou va mete ᶻpen Prezans lan sou tab la devan Mwen pou li la tout lè.

³¹ ᵃ"Alò, ou va fè yon chandelye avèk lò pi. Chandelye a avèk baz ak pyè li yo gen pou fòme avèk lò ki bat. Tas li yo, boujon li yo, avèk flè li yo va fèt nan yon sèl pyès avèk li.

³² ᵇ"Sis branch yo va soti sou kote li yo; twa branch chandelye a nan yon bò, e twa branch chandelye a nan lòtbò a. ³³ ᶜTwa tas yo va fòme tankou flè zanmann sou yon branch, yon boujon, yon flè, e twa tas yo fòme tankou flè zanmann sou lòt branch lan, yon boujon avèk yon flè—konsa pou sis branch yo sòti nan chandelye a; ³⁴ Epi ᵈnan chandelye a, kat tas ki fòme tankou flè zanmann yo, avèk boujon ak flè li. ³⁵ ᵉYon boujon va vin mete anba premye pè branch ki sòti nan li yo, e yon boujon anba dezyèm pè branch ki sòti nan li yo, pou tout sis branch k ap sòti nan chandelye yo. ³⁶ ᶠBoujon pa yo avèk branch pa yo va fèt nan yon sèl pyès avèk li. Yo tout va fòme yon èv nan yon sèl pyès, fòme avèk mato ak lò pi.

³⁷ "Alò, ou va fè sèt lanp e ᵍyo va monte yo nan yon sans k ap voye limyè sou espas ki devan li an. ³⁸ Etoufè yo avèk asyèt pa yo va fèt avèk lò pi. ³⁹ Li va fèt avèk yon talan swasann-kenz liv lò avèk tout bagay itil sa yo.

ᵃ **24:12** Egz 31:18   ᵇ **24:13** Egz 17:9-14   ᶜ **24:13** Egz 3:1   ᵈ **24:14** Egz 17:10,12   ᵉ **24:15** Egz 19:9
ᶠ **24:16** Egz 16:10   ᵍ **24:17** Det 4:24   ʰ **24:18** Egz 34:28   ⁱ **25:2** Egz 35:4-9   ʲ **25:4** Egz 28:5,6,8
ᵏ **25:6** Egz 30:23   ˡ **25:7** Egz 28:4,6-14   ᵐ **25:8** Egz 36:1-5   ⁿ **25:9** Trav 7:44   ᵒ **25:10** Det 10:3   ᵖ **25:11** Eb 9:4   ᑫ **25:15** I Wa 8:8   ʳ **25:16** I Wa 8:9   ˢ **25:17** Egz 37:6   ᵗ **25:20** I Kwo 28:18   ᵘ **25:21** Egz 26:34
ᵛ **25:22** Sòm 80:1   ʷ **25:23** Egz 37:10-16   ˣ **25:24** Egz 25:11   ʸ **25:29** Egz 37:16   ᶻ **25:30** Egz 39:36
ᵃ **25:31** Egz 37:17-24   ᵇ **25:32** Egz 37:18   ᶜ **25:33** Egz 37:19   ᵈ **25:34** Egz 37:20   ᵉ **25:35** Egz 37:21
ᶠ **25:36** Egz 37:22   ᵍ **25:37** Nonb 8:2

⁴⁰ ᵃ"Veye pou nou fè yo selon patwon ki pou yo a, ki te montre a ou nan mòn nan."

26 "Anplis de sa, ou va fè tabènak la avèk dis rido an twal len fen ki tòde avèk twal ble, mov, ak wouj, ak cheriben yo. Yo gen pou fèt pa yon mèt ouvriye ak gwo kapasite. ² Longè a chak rido va ventwit koude, e lajè chak rido va kat koude. Tout rido yo va gen menm mezi. ³ Senk rido va vin jwenn youn ak lòt, e lòt senk rido yo va jwenn youn ak lòt.

⁴ "Ou va fè lasèt yo an ble sou kote rido ki plis deyò a nan premye asanblaj la, e osi ou va fè yo sou kote de tapi ki plis deyò nan dezyèm asanblaj la. ⁵ Ou va fè senkant lasèt nan yon rido, e ou va fè senkant lasèt sou kote rido ki nan dezyèm asanblaj la. Lasèt yo va opoze anfas youn ak lòt. ⁶ Ou va fè senkant kwòk an lò, e ou va jwenn rido yo youn avèk lòt avèk kwòk. Konsa, tabènak la kapab fè yon sèl.

⁷ "Alò ᵇou va fè rido yo avèk pwal kabrit tankou yon tant sou tabènak la. Ou va fè onz rido antou. ⁸ Longè chak rido va trant koude, e lajè a va kat koude. Onz rido va gen menm mezi. ⁹ Ou va jwenn senk rido yo poukont yo, lòt sis rido yo poukont yo, e ou va vin double sizyèm rido a pa devan tant lan.

¹⁰ "Ou va fè senkant lasèt sou kote rido a ki plis pa deyò nan premye asanblaj la, e senkant lasèt sou kote rido a ki plis pa deyò nan dezyèm asanblaj la. ¹¹ Ou va fè senkant kwòk an bwonz. Ou va mete kwòk yo nan lasèt yo e ou va jwenn tant lan ansanm pou li fè yon sèl.

¹² "Mòso anplis ki debòde nan rido a tant lan, mwatye rido ki rete a, va kouche anwo lòt la pa dèyè tabènak la. ¹³ Yon koude sou yon kote e yon koude sou lòt kote a, sa ki rete nan longè rido a tant lan, li va debòde sou kote tabènak la sou yon bò, ni sou lòt la pou kouvri li.

¹⁴ ᶜ"Ou va fè yon kouvèti pou tant lan avèk po belye ki fonse wouj, e yon kouvèti an po dofen pa anwo.

¹⁵ "Alò ou va fè ᵈplanch pou tabènak la avèk bwa akasya ki kanpe tou dwat. ¹⁶ Dis koude va longè a chak planch e yon koude edmi, lajè a chak planch. ¹⁷ Va genyen de bout pou chak planch, ki jwenn youn ak lòt. Konsa ou va fè pou tout planch tabènak yo.

¹⁸ "Ou va fè planch yo pou tabènak la: ven planch pou kote sid la. ¹⁹ Ou va fè karant ᵉbaz reseptikal an ajan anba ven planch yo, de baz reseptikal anba yon planch pou de bout li yo, e de baz reseptikal anba yon lòt planch pou de bout li yo. ²⁰ Pou dezyèm kote nan tabènak la, sou fas nò a, ven planch, ²¹ epi karant baz reseptikal pa yo fèt an ajan; de baz reseptikal anba yon lòt planch. ²² Pou dèyè tabènak la, nan lwès la, ou va fè sis planch. ²³ "Ou va fè de planch pou kwen a tabènak la pa dèyè. ²⁴ Yo va double pa anba, e ansanm yo va vin konplete jis nan pwent anlè pou rive nan premye wondèl la. Se konsa li va ye avèk toude: yo va fòme de kwen yo. ²⁵ Li va genyen uit planch avèk pwòp baz reseptikal pa yo fèt an ajan, sèz baz reseptikal yo; de baz reseptikal anba yon planch, e de baz reseptikal anba yon lòt planch.

²⁶ "Epi ou va fè senk ᶠtravès yo avèk bwa akasya, senk pou planch yo nan yon kote tabènak la, ²⁷ epi senk travès pou planch yo nan lòt kote tabènak la, e senk travès pou planch yo pou kote a tabènak la pa fas dèyè vè lwès la. ²⁸ Travès mitan jis nan mitan planch yo va pase nèt sòti nan yon pwent a lòt pwent lan. ²⁹ Ou va kouvri planch yo avèk lò e fè wondèl yo avèk lò tankou soutyen pou travès yo. Epi ou va kouvri poto yo avèk lò.

³⁰ "Ou va monte tabènak la ᵍselon plan ki te montre a ou sou mòn nan.

³¹ "Ou va fè yon ʰvwal avèk materyo ble, ak mov avèk wouj; twal fen blan byen tòde. Li va fèt avèk yon cheriben, zèv a yon mèt ouvriye ki gen kapasite. ³² Ou va pandye li sou kat pilye akasya yo ki kouvri avèk lò, kwòk pa yo osi fèt avèk lò, sou kat baz reseptikal ki fèt an ajan yo. ³³ Ou va pandye vwal la anba kwòk yo e ou va fè li antre nan lach temwayaj la nan plas sa a, pa anndan vwal la. Konsa, vwal la va sèvi pou nou kòm yon separasyon ⁱantre lye ki sen ak lye ki sen pase tout la.

³⁴ ʲ"Ou va mete chèz pwopyatwa a sou lach temwayaj la nan lye ki sen pase tout la. ³⁵ ᵏOu va mete tab la deyò vwal la, e chandelye a anfas tab la sou kote tabènak ki vè sid la. Epi ou va mete tab la nan fas nò a.

³⁶ "Ou va fè yon rido pou pòtay tant lan avèk twal ble, mov, e wouj, ak twal fen blan byen tòde, zèv a yon mèt tiseran.ˡ ³⁷ ᵐOu va fè senk pilye yo avèk akasya pou rido a, e ou va kouvri yo avèk lò. Kwòk pa yo osi va fèt avèk lò. Konsa, ou va fonde senk baz reseptikal an bwonz pou yo."

27 "Ou va fè ⁿlotèl la avèk bwa akasya, senk koude nan longè, e senk koude nan lajè. Lotèl la va fèt kare, e wotè li va twa koude. ² Ou va fè ᵒkòn li yo sou kat kwen. Kòn li yo va fèt nan yon sèl pyès avèk li, epi ou va vin kouvri li avèk bwonz.

³ "Ou va fè bokit li yo pou retire sann, avèk pèl li yo, basen li yo, fouch li yo, ak po dife. Ou va fè tout bagay itil sa yo avèk bwonz. ⁴ Ou va fè pou li yon griyaj, yon èv trese an bronz. Epi nan très li ou va fè kat wondèl an bwonz nan kat kwen li yo. ⁵ Ou va mete li anba, arebò lotèl la, pou griyaj trese a vin monte a mwatye wotè nan lotèl la.

⁶ "Ou va fè poto yo pou lotèl la, poto an bwa akasya yo, e kouvri yo avèk bwonz. ⁷ Poto yo va fonse antre nan wondèl yo, pou poto yo kab rive sou de kote lotèl la ᵖlè li pote. ⁸ Ou va fè li vid, avèk planch. Fè l ᵠjan sa te montre a ou nan mòn nan, konsa yo va fè li.

ᵃ **25:40** Eb 5:8 ᵇ **26:7** Egz 36:14 ᶜ **26:14** Egz 36:19 ᵈ **26:15** Egz 36:20-34 ᵉ **26:19** Egz 38:27 ᶠ **26:26** Egz 36:31 ᵍ **26:30** Trav 7:44 ʰ **26:31** Mat 27:51 ⁱ **26:33** Eb 9:2 ʲ **26:34** Egz 40:20 ᵏ **26:35** Egz 40:22 ˡ **26:36** Egz 36:37 ᵐ **26:37** Egz 36:38 ⁿ **27:1** Egz 38:1-7 ᵒ **27:2** Sòm 118:27 ᵖ **27:7** Nonb 4:15 ᵠ **27:8** Trav 7:44

⁹ "Ou va fè galeri tabènak la. Nan kote sid la ap gen twal fen blan k ap pandye, byen tòde e san koude nan longè pou yon bò. ¹⁰ Pilye li yo va kontwole ven, avèk ven baz reseptikal yo an bwonz. Kwòk pilye yo avèk bann seraj pa yo va fèt an ajan. ¹¹ Menm jan pou kote nò a, nan longè va genyen k ap pandye san koude nan longè, e ven pilye pa li yo avèk ven baz reseptikal yo an bwonz. Kwòk yo avèk bann seraj pa yo va fèt an ajan.

¹² "Pou lajè galeri a nan kote lwès la va gen bagay k ap pann pou senkant koude, avèk dis pilye pa yo, ak dis baz reseptikal pa yo. ¹³ Lajè galeri a nan kote lès la va senkant koude. ¹⁴ Sa ki pann nan yon kote pòtay la va kenz koude avèk twa pilye pa yo, ak twa baz reseptikal pa yo. ¹⁵ Epi pou lòt kote a va gen ki pandye kenz koude avèk twa pilye pa yo, ak twa baz reseptikal pa yo.

¹⁶ "Pou pòtay galeri a va gen yon rido ven koude, avèk twal ble, mov, e wouj avèk twal fen blan, byen tòde, lèv a yon mèt tiseran, avèk kat pilye pa yo, ak kat baz reseptikal pa yo. ¹⁷ Tout pilye ki antoure galeri yo va founi avèk bann seraj yo an ajan, avèk kwòk yo an ajan, e baz reseptikal yo nan bronz. ¹⁸ Longè a galeri a va san koude, lajè a va senkant toupatou, e wotè a, senk koude an twal fen blanc, byen tòde, avèk baz reseptikal yo an bwonz.

¹⁹ "Tout bagay itil a tabènak yo sèvi nan tout sèvis li, ak tout pikèt li yo va fèt an bwonz.

²⁰ "Ou va pase lòd a fis Israël yo pou yo pote bay ou ᵃlwil byen klè ki fèt avèk oliv byen bat pou limyè a, pou yon lanp kapab briye tout tan. ²¹ Nan ᵇtant rankont lan, deyò tapi a, ki avan temwayaj la, Aaron avèk fis li yo va kenbe li an lòd depi nan aswè rive jiska maten devan SENYÈ a: li va yon règleman jis pou tout tan, pou tout jenerasyon pa yo, pou fis Israël yo."

28 "Epi fè Aaron, frè ou a vin pre ou menm, avèk fis pa li yo avè l, pami fis Israël yo pou sèvi kòm prèt pou Mwen—Aaron, ᶜNadab, avèk Abihu, Éléazar, ak Ithamar, fis Aaron yo.

² "Ou va fè ᵈvètman sen pou Aaron, frè ou a, pou onore li, e pou l byen parèt. ³ Ou va pale avèk tout moun ki kapab yo, sa yo ke M te bay yon lespri sajès, pou fè vètman Aaron yo pou konsakre li, pou li kapab sèvi Mwen kòm prèt.

⁴ "Sa yo se vètman ke yo va fè: yon ᵉpyès pou kouvri lestomak yo, yon efòd, avèk yon gwo manto, yon tinik avèk yon modèl kare, yon tiban pou tèt la, yon senti ven ki fèt an twal. Yo va fè vètman sen yo pou Aaron, frè ou a ak fis li yo, pou li kapab sèvi kòm prèt pou Mwen. ⁵ Yo va pran ᶠlò a avèk twal ble, mov, wouj, ak twal fin blan an.

⁶ "Yo va osi fè ᵍefòd la avèk lò, avèk twal ble, mov, wouj, ak twal fen blanc ki byen tòde, travay a yon mèt ouvriye byen prepare. ⁷ Li va gen de pyès zepòl ki jwenn nan pwent li yo, pou li kapab jwenn ansanm. ⁸ Bann tise ki fèt avèk yon bòdi byen prepare sou li a, va menm jan ak kalite travay a li menm nan, avèk menm twal la: an lò, ble, mov, e wouj, avèk twal fen blan byen tòde a.

⁹ "Ou va pran de pyè oniks, e grave sou yo non a fis Israël yo. ¹⁰ Sis nan non yo va sou yon pyè, e sis ki rete yo sou lòt pyè a, selon lòd nesans yo. ¹¹ Ak travay a yon mèt grave sou bijou, tankou fèt pou yon so, ou va grave sou pyè yo selon non a fis Israël yo. Ou va monte monti fèt an lò yo. ¹² Ou va mete de pyè sa yo sou pyès zepòl yo nan efòd la, kòm pyè pou toujou sonje fis Israël yo. Konsa, Aaron va ʰpote non pa yo devan SENYÈ a sou de zepòl li yo tankou yon bagay komemoratif. ¹³ ⁱOu va pozisyone l sou yon monti fèt an lò, ¹⁴ ak de chèn an lò pi, Ou va fè yo tankou èv kòd ki tòde, e ou va mete chèn trese yo sou monti lò yo.

¹⁵ ʲ"Ou va fè yon pyès jijman pou lestomak, èv a yon mèt ouvriye; tankou èv efòd la, ou va fè li: avèk lò, twal ble, mov, e wouj, tòde byen fen ou va fè li. ¹⁶ Li va kare, plwaye doub, yon epann lajè yon men louvri nan lajè, e yon epann nan longè.

¹⁷ "Ou va monte sou li kat ranje nan pyè yo; premye ranje a va yon ranje avèk woubi, topaz ak emwod; ¹⁸ epi dezyèm ranje a yon tikwaz, yon safi, avèk yon dyaman; ¹⁹ epi twazyèm ranje a, yon opal, yon agat, ak yon ametis; ²⁰ epi nan katriyèm ranje a, yon krizolit, yon oniks, avèk yon jasp; yo va plase nan monti an lò yo. ²¹ Pyè yo va selon non fis Israël yo: douz selon non pa yo. Yo va grave yo tankou sa ki fèt nan selil yo, yo chak ᵏselon non pa yo pou douz tribi yo.

²² "Ou va fè sou pyès lestomak la, chèn tankou kòd ki tòde, yon zèv ki fèt avèk lò pi. ²³ Ou va fè nan pyès lestomak la de wondèl an lò, e ou va mete de wondèl yo nan de pwent yo nan pyès lestomak la. ²⁴ Ou va mete de kòd lò yo nan de wondèl yo nan pwent a pyès lestomak yo. ²⁵ Ou va mete lòt de pwent kòd yo nan de monti fèt byen fen yo, e mete yo sou pyès zepòl a efòd la, pa devan li.

²⁶ "Ou va fè de wondèl an lò e ou va plase yo sou de pwent pyès lestomak yo, akote li, ki se bò kote anndan efòd la. ²⁷ Ou va mete de wondèl an lò e ou va mete yo nan pati anba pyès efòd yo, pa devan li, toupre plas kote li jwenn nan, anwo bann tise byen fen nan efòd la. ²⁸ Yo va atache pyès lestomak la pa wondèl li yo ak wondèl efòd yo avèk yon kòd an ble, pou li kapab sou bann nan ki trese byen fen nan efòd la, pou pyès lestomak la pa vin detache nan efòd la.

²⁹ "Aaron va pote non a fis Israël yo sou pyès lestomak jijman an sou kè li lè l ap antre nan lye sen an, kòm yon souvni pou tout tan devan SENYÈ a. ³⁰ ˡOu va mete nan pyès lestomak jijman an, ᵐOurim nan avèk Toumim nan, e yo va sou kè Aaron lè l ap antre devan SENYÈ a. Konsa, Aaron va pote jijman a fis Israël yo sou kè li tout tan devan SENYÈ a.

ᵃ **27:20** Egz 35:8,28   ᵇ **27:21** Egz 25:22; Egz 26:31   ᶜ **28:1** Egz 24:1,9   ᵈ **28:2** Egz 39:1-31   ᵉ **28:4** Egz 28:15-43
ᶠ **28:5** Egz 25:3   ᵍ **28:6** Egz 39:2-7   ʰ **28:12** Egz 28:29   ⁱ **28:13** Egz 39:16-18   ʲ **28:15** Egz 39:8-21
ᵏ **28:21** Rev 7:4-8   ˡ **28:30** Lev 8:8   ᵐ **28:30** Det 33:8

31 a"Ou va fè tout manto efòd la an ble. 32 Va genyen yon ouvèti nan tèt anwo li, nan mitan li. Ozanviwon ouvèti li va genyen yon bòdi ak zèv trese, tankou ouvèti nan yon pwotèj batay, pou li pa chire. 33 Ou va fè nan woulèt li grenad ak materyèl ble, mov, e wouj, toutotou woulèt li, ak klòch an lò antre yo chak toutotou: 34 yon klòch an lò ak yon grenad, yon klòch an lò ak yon grenad, toutotou woulèt manto a. 35 Li va sou Aaron lè l ap fè sèvis li; epi son li va tande lè l ap antre e soti nan lye sen an devan SENYÈ a, jis pou li pa mouri.

36 "Ou va osi fè yon bplak avèk lò pi, e li va grave sou li, jan li grave a yon so: c"Sen a SENYÈ a." 37 Ou va tache li avèk yon kòd ble, e li va rete sou tiban an; li va pa devan tiban an. 38 Li a sou fwon Aaron, e Aaron va retire inikite nan bagay sen ke fis Israël yo konsakre yo, selon tout ofrann sen pa yo; epi li va toujou sou fwon li, pou dyo kapab aksepte devan SENYÈ a. 39 Ou va trese yon etinik avèk modèl kare avèk twal fen blan, ou va fè yon tiban avèk twal fen blan, e ou va fè yon sentiwon bwode, èv a yon bòs tiseran. 40 Pou fis Aaron yo ou va fè ftinik yo; ou va osi fè sentiwon pou yo. Ou va fè chapo pou yo, pou onore yo, e pou fè yo byen parèt. 41 Ou va mete yo sou Aaron, frè ou a, sou fis li yo avèk li, epi ou va gvide lwil sou yo pou fè òdonasyon yo e konsakre yo, pou yo kab sèvi Mwen kòm prèt.

42 "Ou va fè pou yo hpantalon avèk len pou kouvri nidite yo. Yo va sòti nan ren yo jis rive nan kwis yo. 43 Yo va sou Aaron avèk fis li yo lè y ap antre nan tant reyinyon an, oswa ilè y ap pwoche lotèl la pou fè sèvis nan lye sen an, pou yo pa atire koupabilite, e mouri.

"Sa va yon règleman pou tout tan pou li, e pou desandan apre li yo."

29 j"Alò, se sa nou va fè a yo menm pou konsakre yo pou fè sèvis kòm prèt Mwen: pran yon jèn towo avèk de belye san defo, 2 epi kpen san ledven avèk gato san ledven. Mele yo avèk lwil, ak galèt san ledven ki kouvri avèk lwil. Ou va fè yo avèk farin fen. 3 Ou va mete yo nan yon panyen, e prezante yo nan panyen an ansanm avèk towo a avèk de belye yo.

4 "Konsa, lou va mennen Aaron avèk de fis li yo vè pòtay tant reyinyon an, e lave yo avèk dlo. 5 Ou va pran vètman yo. Ou va mete sou Aaron mtinik lan avèk manto efòd la, efòd avèk pyès lestomak la, e ou va mare senti li avèk bann trese byen fen ki sou efòd la. 6 Ou va mete tiban an sou tèt li, e mete kouwòn sen an sou tiban an.n 7 Epi ou va pran olwil onksyon an, ou va vide li sou tèt li pou onksyone li. 8 Ou va mennen fis li yo, e mete ptinik yo sou yo. 9 Ou va mete sentiwon pou yo, ni Aaron ni fis li yo, e ou va mare chapo yo sou tèt yo. Yo va genyen pozisyon prèt la, kòm yon lòd k ap pou tout tan san fen.

10 "Konsa, ou va mennen towo a devan tant reyinyon an, e Aaron avèk fis li yo va qpoze men yo sou tèt towo a. 11 Ou va touye towo a devan SENYÈ a nan pòtay tant reyinyon an. 12 Ou va pran rkèk nan san towo a, e ou va mete sou kòn lotèl la avèk dwèt ou; epi ou va vide tout san an nan baz lotèl la. 13 Ou va spran tout grès ki kouvri zantray yo, avèk gwo mas grès ki sòti nan fwa a, de ren yo ak grès ki sou yo a, e ou va ofri yo anlè nan lafimen sou lotèl la. 14 Men tchè towo a avèk po li ak watè li, ou va brile yo avèk dife andeyò kan an. Li menm se yon ofrann peche.

15 u"Ou va anplis pran belye sa a, e Aaron avèk fis li yo va poze men yo sou tèt belye a. 16 Ou va touye belye a e ou va pran san li pou flite li toutotou lotèl la. 17 Ou va koupe belye a an mòso, lave zantray li yo avèk janm li yo, e mete yo avèk mòso li yo avèk tèt li. 18 Ou va ofri anlè nan lafimen tout belye a sou lotèl la; li se yon ofrann brile a SENYÈ a; vli se yon sant ki dous; yon sakrifis pa dife pou SENYÈ a.

19 "Alò wou va pran lòt belye a, e Aaron avèk fis li yo va poze men yo sou tèt belye a. 20 Ou va touye belye a, ou va pran kèk nan san li e mete li sou tèt zòrèy adwat Aaron, sou tèt zòrèy dwat a fis li yo, sou pous men dwat yo, nan gwo zòtèy pye dwat yo, e flite rès san an toutotou lotèl la. 21 Ou va pran kèk nan san ki sou lotèl la ak kèk nan xlwil onksyon an, e ou va flite li sou Aaron ak sou vètman li yo, sou fis li yo ak sou vètman ki pou fis li yo avèk li. Konsa li menm va vin konsakre; li menm, avèk vètman li yo avèk fis li yo, ak vètman a fis li yo.

22 "Ou va anplis pran grès belye a, grès ki nan ke a, ak grès ki kouvri zantray li yo, gwo mas grès ki sòti nan fwa a, de ren yo avèk grès ki sou yo a ak grès ki sou kwis dwat la (akoz ke se yon belye pou òdonasyon an), 23 Epi yon gato pen avèk yyon gato nan pen ki mele avèk lwil la, ak yon galèt ki sòti nan panyen pen san ledven an ki devan SENYÈ a. 24 Ou va mete tout sa yo nan men Aaron ak men a fis li yo, e ou va balanse yo anlè tankou yon ofrann balanse devan SENYÈ a. 25 zOu va pran yo sòti nan men pa yo, e ou va ofri yo anlè nan lafimen sou lotèl la, tankou yon bagay ki santi bon devan SENYÈ a: li se yon ofrann pa dife pou SENYÈ a.

26 "Epi ou va pran avyann pwatrin belye a ki pou òdonasyon Aaron an, e ou va balanse li anlè tankou yon ofrann balanse devan SENYÈ a. Li va pòsyon pa w.

27 "Ou va konsakre pwatrin ofrann balanse a, kwis ofrann ki te voye anlè a, ki te balanse e ki te ofri kòm belye òdonasyon an, sila ki te pou Aaron an, ak sila ki te pou fis li yo. 28 Li va pou Aaron avèk fis li yo kòm pòsyon pa yo jis pou tout tan; li va sòti

---

a **28:31** Egz 39:22-26 b **28:36** Egz 39:30,31 c **28:36** Za 14:20 d **28:38** Lev 22:27 e **28:39** Egz 39:27-29
f **28:40** Egz 28:4 g **28:41** Egz 29:7,9 h **28:42** Lev 6:10 i **28:43** Egz 20:26; Egz 27:21 j **29:1** Lev 8:1-34
k **29:2** Lev 2:4 l **29:4** Egz 40:12 m **29:5** Egz 28:39 n **29:6** Egz 28:36,37 o **29:7** Nonb 35:25 p **29:8** Egz 28:39,40
q **29:10** Lev 1:4 r **29:12** Lev 8:15 s **29:13** Lev 3:3,4 t **29:14** Lev 4:11,12,21 u **29:15** Lev 8:18 v **29:18** Jen 8:21
w **29:19** Lev 8:22 x **29:21** Egz 30:25,31 y **29:23** Lev 8:26 z **29:25** Lev 8:28 a **29:26** Lev 7:31,34

nan fis Israël yo, paske se yon ofrann voye anlè ke li ye. Li va yon ofrann voye anlè sòti nan fis Israël yo, sòti nan sakrifis ofrann lapè pa yo, menm ofrann anlè bay SENYÈ a.

²⁹ ᵃ"Vètman sen ki pou Aaron yo va pou fis li yo apre li, ke nan yo, yo kapab onksyone e òdone. ³⁰ Pandan sèt jou sila pami fis li yo ki vin prèt nan plas li, li va mete yo sou li lè l ap antre nan tant reyinyon an pou fè sèvis nan lye sen an.

³¹ "Ou va pran belye òdonasyon an e ou va ᵇbouyi chè li nan yon lye sen.

³² "Aaron avèk fis li yo va manje chè belye a ak pen ki nan panyen ki nan pòtay tant reyinyon an. ³³ Konsa ᶜyo va manje bagay sa yo pa sa ke ekspyasyon te fèt nan òdonasyon ak konsekrasyon yo; men yon etranje pa pou manje yo, paske yo sen. ³⁴ Si yon bagay nan chè òdonasyon an oswa, yon pen rete jis rive nan maten, ou va brile rès la avèk dife. Li p ap manje, akoz li sen.

³⁵ "Konsa ou va fè pou Aaron ak fis li yo, selon tout sa ke Mwen te kòmande ou yo. Ou va òdone yo pandan ᵈsèt jou.

³⁶ ᵉ"Chak jou ou va ofri yon towo kòm ofrann ekspyasyon pou peche. Ou va pirifye lotèl la lè ou fè ekspyasyon pou li. E ou va onksyone li pou l kab vin konsakre. ³⁷ Pandan sèt jou ou va fè ekspyasyon sou lotèl la, e ou va konsakre li. Konsa ᶠlotèl la va pi sen, e nenpòt sa ki touche li a sen.

³⁸ "Alò, se ᵍsa ke ou va ofri sou lotèl la: de jèn mouton avèk laj de zan, chak jou san rete. ³⁹ Premye jèn mouton an, ou va ofri li nan maten e lòt jèn mouton an, ou va ofri li nan aswè lè l fenk kòmanse fènwa; ⁴⁰ epi va genyen yon dizyèm efa (22 lit) farin fen, mele avè l yon ka in (22 lit) nan lwil ki bat, ak yon ka nan in (22 lit) diven kòm yon ofrann bwason avèk yon jèn mouton. ⁴¹ Lòt jèn mouton an, ou va ofri li nan aswè lè l fenk kòmanse fènwa. Ou va ofri avèk li menm ofrann sereyal, e menm ofrann bwason tankou nan maten an pou yon bagay ki santi bon, yon ofrann pa dife vè SENYÈ a.

⁴² "Li va yon ofrann brile nan tout tan pou tout jenerasyon nou yo, nan pòtay tant reyinyon an devan SENYÈ a, ʰkote Mwen va reyini avèk nou, pou pale avèk nou la a.

⁴³ "Mwen va reyini la avèk fis Israël yo, e li va vin konsakre akoz glwa Mwen. ⁴⁴ Mwen va konsakre tant reyinyon an ak lotèl la. Mwen va osi konsakre Aaron ak fis li yo pou sèvi kòm prèt pou Mwen.

⁴⁵ ⁱ"Mwen va vin rete pami fis Israël yo e Mwen va Bondye pa yo. ⁴⁶ Yo va konnen ke ʲMwen menm se SENYÈ a, Bondye pa yo ki te fè yo sòti nan peyi Égypte la, pou M ta kapab rete pami yo: Mwen se SENYÈ a, Bondye pa yo a."

30

"Anplis, ou va fè ᵏyon lotèl kòm yon plas pou brile lansan. Ou va fè li avèk bwa akasya.

² Longè li va yon koude, e lajè li va yon koude. Li va kare, e wotè li va de koude. Kòn li yo va fèt tankou yon sèl pyès ansanm avèk li. ³ Ou va kouvri li avèk yon kouch fen an lò; tèt li e akote li, toupatou ansanm avèk kòn li yo; epi ou va fè yon bòdi lò pou antoure li nèt. ⁴ Ou va fè de wondèl an lò pou li anba bòdi li. Ou va fè yo sou de fas kote, ki opoze yo, e yo va soutyen pou poto ki sèvi pou pote li yo. ⁵ Ou va fè poto yo avèk bwa akasya e kouvri yo avèk lò. ⁶ Ou va mete lotèl sa a pa devan vwal ki pre lach temwayaj la, devan ˡchèz pwopyatwa a ki kouvri lach temwayaj la, kote Mwen va rankontre avèk ou a.

⁷ "Aaron va brile lansan ki santi bon sou li. Li va brile li chak maten lè l ap pran swen lanp yo. ⁸ Lè Aaron ap pran swen lanp yo nan aswè, li va brile lansan. Va genyen lansan tout tan devan SENYÈ a pandan tout jenerasyon nou yo.

⁹ "Ou pa pou ofri okenn lòt lansan sou lotèl sila a, ni ofrann ki brile, ni ofrann sereyal; ni ou pa pou vide yon ofrann bwason sou li. ¹⁰ Aaron va ᵐfè ekspyasyon sou kòn li yo yon fwa pa ane. Li va fè ekspyasyon sou li avèk san ofrann peche ki pou ekspyasyon an yon fwa pa ane pandan tout jenerasyon nou yo. Li pi sen pase tout bagay bay SENYÈ a."

¹¹ SENYÈ a te osi pale ak Moïse. Li te di l: ¹² "Lè nou fè yon ⁿkontwòl ofisyèl de tout fis Israël yo pou konte yo, alò, chak nan yo va bay pwòp ranson li pou nanm li bay SENYÈ a, lè n ap kontwole yo, pou pa vin genyen okenn epidemi ki rive pami yo lè n ap nimewote yo. ¹³ Se chak moun ki kontwole yo ki va bay: mwatye sik selon sik sanktyè a, ᵒ(yon sik se ven gera) mwatye sik kòm kontribisyon bay SENYÈ a.

¹⁴ "Tout moun ki kontwole, soti nan laj a ventan oswa plis, va bay yon kontribisyon bay SENYÈ a. ¹⁵ Rich yo p ap peye plis, ni malere yo p ap peye mwens ke mwatye sik la, lè ou bay kontribisyon SENYÈ a pou fè ekspyasyon pou nou menm.

¹⁶ "Ou va pran lajan ekspyasyon an pou fis Israël yo, e ou va bay li pou sèvis nan tant reyinyon an, pou li kapab pou souvni pou fis Israël yo devan SENYÈ a, pou fè ekspyasyon pou nou menm."

¹⁷ "SENYÈ a te pale a Moïse Li te di l: ¹⁸ Ou va osi fè yon ᵖbasen lave an bwonz, avèk yon baz an bwonz, pou lave. Ou va ᑫmete li antre tant reyinyon an avèk lotèl la, e ou va mete dlo ladann. ¹⁹ Aaron avèk fis li yo va ʳlave men yo ak pye yo ladann. ²⁰ Lè yo antre nan tant reyinyon an, yo va lave avèk dlo, jis pou yo pa mouri; oswa lè yo pwoche lotèl la pou fè sèvis, pou ofri anlè nan lafimen, yon ofran dife vè SENYÈ a. ²¹ Epi yo va lave men yo ak pye yo pou yo pa mouri. Konsa, ˢli va yon règleman k ap la pou toujou, pou Aaron avèk desandan li yo pami tout jenerasyon yo."

ᵃ **29:29** Nonb 20:26,28 ᵇ **29:31** Lev 8:31 ᶜ **29:33** Lev 10:14 ᵈ **29:35** Lev 8:33 ᵉ **29:36** Eb 10:11
ᶠ **29:37** Egz 30:28 ᵍ **29:38** Nonb 28:3-31 ʰ **29:42** Egz 25:22 ⁱ **29:45** Za 2:10 ʲ **29:46** Egz 20:2
ᵏ **30:1** Egz 37:25-29 ˡ **30:6** Egz 25:21 ᵐ **30:10** Lev 16:18 ⁿ **30:12** Egz 38:25,26 ᵒ **30:13** Nonb 3:47
ᵖ **30:18** Egz 38:8 ᑫ **30:18** Egz 40:30 ʳ **30:19** Egz 40:31 ˢ **30:21** Egz 28:43

²² Anplis, SENYÈ a te pale avèk Moïse e te di: ²³ "Pran anplis pou ou menm pi bon epis yo: nan mi k ap koule, senk san sik, nan kannèl santi bon an, mwatye sa, de-san-senkant, e nan wozo awomatik, de-san-senkant, ²⁴ epi nan kasya, senk-san, selon sik sanktyè a, e nan lwil doliv la, yon in nan lwil doliv la. ²⁵ Ou va fè sila yo tankou yon lwil sen pou onksyone, yon melanj pafen, zèv a yon mèt melanj pafen; se va ᵃyon lwil sen pou onksyone."

²⁶ "Avèk li ᵇou va onksyone tant reyinyon an ak lach temwayaj la, ²⁷ tab la avèk tout bagay itil li yo, lanp bouji a avèk bagay itil li yo, ak lotèl lansan an, ²⁸ lotèl ofrann brile a avèk tout bagay itil li yo, basen lave a, avèk baz li.

²⁹ "Ou va osi konsakre yo, pou yo kapab vin sen pase tout bagay. Nenpòt moun ki touche yo dwe sen. ³⁰ ᶜOu va vide lwil sou Aaron avèk fis li yo, e ou va konsakre yo, pou yo kapab sèvi pou Mwen kòm prèt."

³¹ Ou va pale avèk fis Israël yo. Ou va di: "Sa va yon lwil ki sen a Mwen pandan tout jenerasyon nou yo. ³² Li pa pou vide sou kò a okenn moun, ni ou pa pou fè okenn bagay ki sanblab ak li nan menm mezi melanj lan. ᵈLi sen, e li va sen pou ou menm. ³³ ᵉNenpòt moun ki mele nenpòt bagay parèy ak li, oswa nenpòt moun ki mete okenn nan li sou yon moun ki pa prèt, li va koupe retire pami moun li yo."

³⁴ Alò, SENYÈ a te di a Moïse: "Pran pou ou menm epis yo, safetida, zong santi bon, galbanòm, avèk lansan pi, yo chak nan menm kantite. ³⁵ Avèk li ou va fè lansan, yon pafen, zèv a yon mèt melanj pafen, avèk disèl, ki pi, e ki sen. ³⁶ Ou va bat kèk nan li byen fen, e ou va mete yon pati ladann devan temwayaj la nan tant reyinyon an, ᶠkote Mwen va rankontre avèk ou a. Li va yon choz pou nou, ki sen pase tout choz."

³⁷ "Lansan sa a, ᵍnou pa pou fè li nan menm mezi pou sèvis pèsonèl nou; li va sen a nou pou SENYÈ a. ³⁸ ʰNenpòt moun ki ta fè parèy li pou sèvi kòm pafen va koupe retire pami pèp li yo."

31 Alò, SENYÈ a te pale avèk Moïse. Li te di: ² "Gade, Mwen te rele Betsaléel pa non li, ⁱfis Uri a, nan tribi Juda. ³ Mwen te ʲranpli li avèk Lespri Bondye nan sajès, nan konpran, nan konesans, ak nan tout kapasite mendèv yo, ⁴ pou fè desen pou travay avèk lò, avèk ajan, e avèk bwonz, ⁵ epi nan koupe pyè bijou pou monti, ak nan fè desen sou bwa, pou li kapab fè tout kalite mendèv.

⁶ "Epi gade byen, Mwen menm te nonmen ansanm avèk li ᵏOholiab, fis Ahisamach la, nan tribi Dan lan; epi osi nan kè tout moun ki ranpli avèk kapasite, Mwen te mete kapasite sa a, pou yo ta kapab fè tout sa ke M te kòmande ou yo: ⁷ "Pou ˡtant reyinyon an, lach temwayaj la, chèz pwopyatwa a sou li, ak tout mèb tant lan, ⁸ tab la osi avèk tout bagay itil li yo,ᵐ chandelye an lò pi avèk tout bagay itil li yo, ak lotèl lansan an, ⁹ ⁿlotèl ofrann ki brile yo, osi avèk tout bagay itil li yo, e basen lave a avèk baz li, ¹⁰ epi vètman ᵒtise yo tou, vètman sen pou Aaron yo, prèt la, ak vètman pou fis li yo, pou ranpli kapasite prèt la; ¹¹ ᵖlwil onksyon an osi, ak lansan santi bon pou lye sen an. Yo va fèt selon tout sa ke M te kòmande ou yo."

¹² SENYÈ a te pale avèk Moïse. Li te di: ¹³ "Men pou ou menm, pale a fis Israël yo. Di yo: ᵠ"Nou va vreman obsève Saba Mwen yo. Paske sa se yon sign antre Mwen ak nou pandan tout jenerasyon pa nou yo, pou nou kapab konnen ke Mwen se SENYÈ ki fè nou sen an.

¹⁴ "Pou sa, nou gen pou obsève Saba a, paske li sen pou nou. ʳTout sila ki vyole li yo va vreman vin mete a lanmò. Paske nenpòt moun ki fè okenn travay nan li, moun sa a va koupe retire de pèp li yo.

¹⁵ ˢ"Pandan sis jou nou kapab travay, men nan setyèm jou a, gen yon Saba repo konplè, ki sen a SENYÈ a. ᵗNenpòt moun ki fè okenn travay nan jou sa a va vreman vin mete a lanmò. ¹⁶ Konsa, fis Israël yo va obsève Saba a, pou selebre Saba a pandan tout jenerasyon pa yo kòm yon akò ki p ap janm sispann. ¹⁷ Li se yon sign antre Mwen avèk fis Israël yo pou tout tan. ᵘPaske nan sis jou SENYÈ a te fè syèl la avèk tè a, men nan setyèm jou a Li te pran repo, e Li te vin rafrechi Li.'"

¹⁸ "Lè Li te fin pale avèk li sou Mòn Sinai a, Li te bay Moïse de ᵛtablèt temwayaj la. Tablèt yo te fèt an wòch, e yo te ekri pa dwèt SENYÈ a."

32 Alò, lè pèp la te wè ke Moïse te fè reta sòti nan mòn nan, pèp la te rasanble vè Aaron e yo te di li: "Vini, ʷfè pou nou yon dye ki va ale devan nou; pwiske, ˣMoïse sila a, nonm ki te mennen nou sòti nan peyi Égypte la, nou pa konnen sa ki rive li."

² Aaron te di yo: ʸ"Chire retire zanno lò ki nan zòrèy a Madanm nou yo, fis nou yo, ak fi nou yo, e pote yo ban mwen." ³ Epi tout pèp la te chire zanno lò ki te nan zòrèy pa yo. Yo te pote yo bay Aaron. ⁴ Li te pran yo nan men yo; li te fè desen li avèk yon zouti pou grave, e li te ᶻfonn li pou fè yon jèn towo. Konsa yo te di: "Sa se dye pa ou, O Israël, ki te mennen ou sòti nan peyi Égypte la."

⁵ Alò, lè Aaron te wè sa, li te bati yon lotèl devan li. Epi Aaron te fè yon pwoklamasyon e te di: "Demen va yon fèt pou SENYÈ a." ⁶ Epi nan jou ki te vini an, yo te leve bonè. Yo te ofri ofrann brile a, ᵃe yo te pote ofrann lapè yo. Konsa, pèp la te chita pou manje, pou bwè, e yo te leve pou jwe.

⁷ Alò SENYÈ a te pale ak Moïse e te di: "Desann koulye a, paske pèp ou a, ke ou te mennen monte nan peyi Égypte la, gen tan vin ᵇkonwonpi. ⁸ Yo vire byen vit kite chemen ke Mwen te pase lòd ba yo a.

ᵃ **30:25** Egz 37:29 ᵇ **30:26** Egz 40:9 ᶜ **30:30** Egz 29:7 ᵈ **30:32** Egz 30:25,37 ᵉ **30:33** Egz 28:43
ᶠ **30:36** Egz 29:42 ᵍ **30:37** Egz 30:32 ʰ **30:38** Egz 30:33 ⁱ **31:2** I Kwo 2:20 ʲ **31:3** I Wa 7:14
ᵏ **31:6** Egz 35:34 ˡ **31:7** Egz 36:8-38 ᵐ **31:8** Egz 37:10-16; Lev 24:4; Egz 37:1-5 ⁿ **31:9** Egz 38:1-7
ᵒ **31:10** Egz 39:1 ᵖ **31:11** Egz 30:23-32 ᵠ **31:13** Egz 20:8 ʳ **31:14** Egz 31:15 ˢ **31:15** Det 5:12-14
ᵗ **31:15** Egz 31:14 ᵘ **31:17** Jen 1:31 ᵛ **31:18** Det 4:13 ʷ **32:1** Trav 7:40 ˣ **32:1** Egz 14:11 ʸ **32:2** Egz 35:22
ᶻ **32:4** Sòm 106:19 ᵃ **32:6** I Kor 10:7 ᵇ **32:7** Jen 6:11

[a]Yo fè pou yo menm yon jèn towo fonn, yo adore li, yo fè sakrifis bay li, e yo di: [b]"Sa se dye pa ou, O Israël, ki te mennen ou monte kite peyi Égypte la!'"

9 SENYÈ a te di a Moïse: "Mwen wè pèp sa, e gade byen, se [c]yon pèp tèt di. 10 Koulye a alò, [d]kite Mwen sèl, pou kòlè Mwen kapab briye kont yo, e pou M kapab detwi yo; epi [e]Mwen va fè nan ou menm yon gran nasyon."

11 Men [f]Moïse te priye SENYÈ a Bondye li a, e te di: "O SENYÈ poukisa kòlè ou briye kont pèp Ou a, ke Ou te fè sòti nan peyi Égypte la avèk gran pouvwa e avèk yon men pwisan an? 12 Poukisa [g]Ejipsyen yo ta dwe pale pou di: 'Avèk mechanste Li te fè yo sòti, pou touye yo nan mòn yo e pou detwi yo sou fas tè a?'"

"Vire kite kòlè Ou k ap briye a, e vire kite ide Ou sou entansyon Ou, pou fè pèp Ou mal la. 13 Sonje Abraham, Isaac, ak Israël, sèvitè ou yo, ke Ou te [h]sèmante pa Ou menm, pou di yo: 'Mwen va [i]miltipliye desandan nou yo tankou zetwal nan syèl yo, e tout peyi ke M te pale yo, Mwen va bay a desandan nou yo, e yo va eritye li jis pou tout tan.'"

14 [j]Konsa, SENYÈ a te chanje ide li sou mal ke Li te di Li t ap fè a pèp Li a.

15 [k]Alò, Moïse te vire desann mòn nan avèk de tablèt temwayaj yo nan Men l; [l]tablèt ki te ekri nan toude fas yo. 16 Tablèt yo se te zèv Bondye yo te ye. Ekriti la se te ekriti Bondye menm ki grave sou tablèt yo. 17 Alò, lè Josué te tande bwi a pèp la pandan yo t ap rele fò, li te di Moïse: "Gen son lagè nan kan an".

18 Men li te di yo: "Se pa son a yon kri viktwa, ni se pa son ke y ap pèdi batay; men se son chante ke m tande." 19 Li te vin rive ke depi Moïse te pwoche kan an, [m]li te wè jèn towo a ak tout dans yo. Konsa, kòlè te briye nan Moïse. Li te jete tablèt ki te nan men li yo atè, e li te kraze yo nan baz mòn nan. 20 [n]Li te pran jèn towo ke yo te fè a; li te brile li avèk dife. Li te kraze l fè poud, e li te gaye li sou tout sifas dlo a. Konsa, li te fè fis Israël yo bwè li.

21 Moïse te di a Aaron: "Kisa pèp sa te fè ou la a, pou ou ta mennen yon si tèlman gwo peche sou yo?"

22 Aaron te di: "Pa kite kòlè a mèt mwen briye. Ou konnen pèp sa a ou menm, [o]ke yo toujou panche vè lemal. 23 Paske [p]yo te di mwen: 'Fè yon dye pou nou ki va ale devan nou. Paske Moïse sila a, mesye ki te mennen nou monte sòti nan peyi Égypte la, nou pa konnen sa ki rive li.'" 24 "Mwen te di yo: 'Nenpòt moun ki gen nenpòt lò, ke yo chire retire li.' Alò, yo te ban mwen li, mwen te [q]jete li nan dife a, e ti towo sa a te parèt."

25 Alò, lè Moïse te wè ke pèp la te pèdi kontwòl nèt—paske Aaron te [r]kite yo pèdi kontwòl pou yo te kapab devni yon rizib pami lènmi yo— 26 Alò,

Moïse te vin kanpe nan pòtay kan an, e li te di: "Nenpòt moun ki pou SENYÈ a vin kote mwen!" Epi tout fis Levi yo te rasanble kote li.

27 Li te di yo: "Konsa pale SENYÈ a, Bondye Israël la, chak moun nan nou mete nepe nou sou kwis nou. Ale tout kote pòtay sou pòtay nan kan an, e chak touye frè nou, chak zanmi nou, chak vwazen nou."

28 Konsa, [s]fis a Levi yo te fè sa ke Moïse te enstwi yo a, e anviwon twa-mil moun nan pèp la te tonbe nan jou sa a.

29 Alò Moïse te di: "Konsakre nou nan menm jou sa a bay SENYÈ a—paske chak moun te kont fis li, e kont frè li—pou Li kapab beni nou jodi a."

30 Nan jou pwochen a, Moïse te di a pèp la: "Nou pou kont nou te komèt yon gwo peche. Koulye a mwen ap monte vè SENYÈ a. Petèt mwen kapab twouve padon pou peche nou yo."

31 Alò, Moïse te retounen vè Bondye, e te di: "Elas, pèp sa a komèt yon gwo peche. Yo te gen tan fè yon [t]dye an lò pou yo menm. 32 Men koulye a, si Ou va padone, padone peche yo—e si non, souple efase mwen nan [u]liv ke Ou te ekri a!"

33 SENYÈ a te di a Moïse: "Nenpòt moun ki te peche kont Mwen, [v]Mwen va efase li nan liv Mwen an. 34 Men ale koulye a, mennen pèp la [w]kote Mwen te di ou a. Veye byen, [x]zanj Mwen va ale devan ou. Malgre sa, nan jou ke Mwen va pini an, Mwen va pini yo pou peche yo a."

35 [y]Konsa, SENYÈ a te frape pèp la akoz sa yo te fè avèk jèn towo ke Aaron te fè a.

33 Alò SENYÈ a te pale ak Moïse: "Pati, ale monte soti isit la, ou menm avèk pèp ke ou te mennen monte sòti nan peyi Égypte la, vè yon peyi ke [z]Mwen te sèmante a Abraham, Issac, e a Jacob lè M te di yo: [a]'A desandan nou yo Mwen va bay li.' 2 Mwen va voye yon zanj devan ou, e Mwen va [b]mete Kananeyen yo deyò, Amoreyen yo, Evetyen yo, Ferezyen yo, Etyen yo, ak Jebisyen yo. 3 Monte vè yon peyi ki koule lèt ak siwo myèl; men Mwen p ap monte nan mitan nou, pwiske nou se yon [c]pèp tèt di, e Mwen ta kapab petèt detwi nou nan chemen an."

4 Lè pèp la te tande pawòl tris sa yo, yo te antre nan [d]gwo doulè, e pèsòn pa t abiye avèk òneman yo.

5 Paske SENYÈ a te di a Moïse: "Di a fis Israël yo: 'Nou se [e]yon pèp tèt di; si M ta monte nan mitan nou pandan yon moman, Mwen ta detwi nou. Koulye a, pou sa, retire òneman yo sou nou menm, pou M kapab konnen kisa ke M ta dwe fè avèk nou.'"

6 Konsa, soti Mòn Horeb pou rive pi lwen, fis Israël yo te retire tout òneman yo nèt sou yo menm.

7 Alò Moïse te abitye pran tant lan, li te monte li deyò kan an, yon bon distans a kan an, e li te rele li "Tant Reyinyon an". Epi [f]tout moun ki t ap chache

---

[a] **32:8** Egz 20:3,4,23   [b] **32:8** I Wa 12:28   [c] **32:9** És 48:4   [d] **32:10** Det 9:14   [e] **32:10** Nonb 14:12   [f] **32:11** Det 9:18,26
[g] **32:12** Det 9:28   [h] **32:13** Eb 6:13   [i] **32:13** Jen 26:4   [j] **32:14** Sòm 106:45   [k] **32:15** Det 9:15   [l] **32:15** Egz 31:18
[m] **32:19** Egz 32:6   [n] **32:20** Det 9:21   [o] **32:22** Det 9:24   [p] **32:23** Egz 32:1-4   [q] **32:24** Egz 32:4   [r] **32:25** I Wa 12:28   [s] **32:28** Nonb 25:7-13   [t] **32:31** Egz 20:23   [u] **32:32** Dan 12:1   [v] **32:33** Sòm 9:5   [w] **32:34** Egz 3:17
[x] **32:34** Egz 23:20   [y] **32:35** Egz 32:28   [z] **33:1** Egz 32:13   [a] **33:2** Egz 23:27-31   [c] **33:3** Egz 32:9
[d] **33:4** Nonb 14:1-39   [e] **33:5** Egz 33:3   [f] **33:7** Egz 29:42

SENYÈ a te konn ale nan tant reyinyon ki te deyò kan an.

⁸ Epi li te rive ke nenpòt lè ke Moïse te sòti deyò tant lan, ke tout pèp la ta leve kanpe, chak moun nan antre a tant pa yo a, e gade vè Moïse jiskaske li te vin retounen nan tant lan. ⁹ Nenpòt lè Moïse te antre nan tant lan, ªpilye a nwaj la te konn desann e kanpe nan antre tant lan; ᵇepi SENYÈ a ta pale avèk Moïse.

¹⁰ Lè tout pèp la te wè pilye a nwaj la ki te kanpe nan antre tant lan, tout pèp la te leve adore, chak moun depi nan antre a tant pa li a. ¹¹ Konsa ᶜSENYÈ a te konn pale avèk Moïse fasafas, menm jan ke yon moun pale avèk zanmi li. Lè Moïse te retounen nan kan an, sèvitè li a, Josué, fis a Nun nan, yon jennonm, ta refize sòti nan mitan tant lan.

¹² Alò, Moïse te di a SENYÈ a: "Ou wè, Ou di mwen, ᵈ'Monte avèk pèp sa a, men Ou menm ou pa kite m konnen kilès Ou va voye avèk mwen.' ᵉAnplis, Ou te di m: 'Mwen te konnen ou pa non Ou, e ou osi twouve favè nan zye M.' ¹³ Alò, pou sa, mwen priye Ou, si mwen twouve favè nan zye Ou, ᶠkite mwen konnen chemen pa Ou yo, pou m kapab konnen Ou, pou m kab jwenn favè nan zye Ou. Konsidere tou, ke nasyon sila a se pèp pa Ou."

¹⁴ Konsa, Li te di: "ᵍPrezans Mwen va ale avèk ou, e Mwen va bay ou repo."

¹⁵ Epi Moïse te di Li: ʰ"Si prezans Ou p ap prale avèk nou, pa mennen nou monte isit la. ¹⁶ Paske kijan pèp sa ka konnen ke mwen te twouve favè nan zye Ou, mwen avèk pèp Ou a? Èske se pa lè ou ale avèk nou, ke ⁱnou, mwen menm avèk pèp Ou a, kapab distenge pami tout lòt pèp ki rete sou fas tè a?"

¹⁷ SENYÈ a te di a Moïse: "Mwen va osi fè bagay sa ke ou te pale a; ʲpaske ou twouve favè nan zye M, e Mwen konnen ou pa non Ou."

¹⁸ ᵏKonsa, Moïse te di: "Mwen priye Ou, montre m glwa Ou!"

¹⁹ Epi Li te reponn li: ˡ"Mwen menm va fè tout bonte Mwen pase devan ou, e Mwen va pwoklame non SENYÈ a devan ou. Konsa, ᵐMwen va fè gras a sa ke M vle fè gras yo, e Mwen va montre mizerikòd a sa ke M vle montre mizerikòd yo."

²⁰ Men Li te di: "Ou p ap kapab wè figi Mwen, ⁿpaske okenn moun pa ka wè M pou l viv!"

²¹ SENYÈ a te di: "Gade byen, gen yon plas bò kote Mwen. ᵒOu va kanpe la sou wòch la. ²² Epi li va rive ke pandan glwa Mwen ap pase, Mwen va mete ou nan twou wòch la. E Mwen va ᵖkouvri ou avèk men M pou jiskaske M fin pase. ²³ Alò, Mwen va retire men M, e ou va wè do Mwen, men ᵠfigi M p ap vizib."

34 Konsa, SENYÈ a te di a Moïse: "Taye pou kont ou de tablèt an wòch tankou sa nou te genyen yo. ʳMwen va ekri sou tablèt yo pawòl ki te sou lòt ke ou te kraze yo. ² Alò, prepare ou pou maten an pou monte nan ˢMòn Sinaï, e prezante ou menm la devan Mwen, sou tèt mòn nan. ³ ᵗNanpwen pèsòn ki pou monte avèk ou, ni pa kite pèsòn vizib nan okenn andwa sou mòn nan. Menm bann mouton yo ak twoupo yo p ap pou manje devan mòn sa a."

⁴ Konsa, Moïse te koupe ᵘde tablèt an wòch tankou sa ki te fèt avan yo. Li te leve granmmaten pou monte sou Mòn Sinaï a, jan SENYÈ a te kòmande li a. Li te pran de tablo an wòch yo nan men l. ⁵ ᵛSENYÈ a te desann nan nyaj la, e Li te kanpe la avèk li pandan li t ap rele non SENYÈ a.

⁶ Konsa, SENYÈ a te pase devan li, e Moïse te pwoklame: "SENYÈ a! SENYÈ a, Bondye, ki plen mizerikòd ak ʷkonpasyon an, ki lan nan fè kòlè, e ki ranpli avèk lanmou ki dous ak verite a; ⁷ ki ˣkenbe lanmou dous pandan dè milye de jenerasyon, ki padone inikite, transgresyon ak peche; malgre sa li p ap kite koupab yo san pinisyon. L ap vizite inikite papa yo sou pitit yo, ak sou pitit a pitit yo jis rive nan twazyèm ak katriyèm jenerasyon."

⁸ Moïse te fè vit bese ba jis atè pou adore.ʸ ⁹ Li te di: "Si koulye a mwen twouve favè nan zye Ou, O Senyè a, mwen priye, kite Senyè a ale ansanm nan mitan nou, malgre pèp la se tèt di. ᶻPadone inikite nou, peche nou, e ªpran nou kòm pwòp posesyon pa Ou."

¹⁰ Alò, Bondye te di: "Gade byen, ᵇMwen va fè yon akò. Devan tout pèp ou a ᶜMwen va fè mirak ki pa t janm fèt nan tout tè a ni pami okenn nan nasyon yo. Epi tout pèp pami sila nou ap viv yo, va wè zèv a SENYÈ a, paske se yon bagay etonan ke Mwen va fè ak ou a.

¹¹ "Fè sèten ke ou obsève sa ke Mwen kòmande ou nan jou sa a. Gade byen, ᵈMwen va chase devan ou Amoreyen yo, Kananeyen yo, Etyen yo, Ferezyen yo, Evetyen yo, ak Jebisyen yo. ¹² ᵉVeye nou, pou nou pa fè okenn akò avèk sa yo k ap viv nan peyi kote nou prale a, oswa sa va devni yo pèlen nan mitan nou.

¹³ ᶠ"Men, olye de sa nou va dechire lotèl pa yo, kraze pilye sakre pa yo e koupe jete Asherim yo. ¹⁴ Paske ᵍnou pa pou adore okenn lòt dye, paske SENYÈ a, ak yon non ke yo rele Jalou, se yon Dye ki jalou.

¹⁵ "Pa fè yon akò avèk abitan yo nan peyi a, sòf ke yo ta jwe yon wòl kòm pwostitiye avèk dye pa yo, ʰfè sakrifis a dye pa yo, e yon moun ta kab envite nou pou nou manje nan sakrifis li. ¹⁶ Epi pou ⁱnou ta vin pran nan fi pa yo pou fis nou yo, e fi pa yo ta kab fè pwostitiye avèk dye pa yo, e vin lakoz le fis nou yo osi fè pwostitiye avèk dye pa yo.

¹⁷ "Nou p ap fè pou tèt nou okenn dye ki fonn.

ª **33:9** Egz 13:21   ᵇ **33:9** Sòm 99:7   ᶜ **33:11** Nonb 12:8   ᵈ **33:12** Egz 3:10   ᵉ **33:12** Egz 33:17   ᶠ **33:13** Sòm 25:4   ᵍ **33:14** Det 4:37   ʰ **33:15** Sòm 80:3,7,19   ⁱ **33:16** Lev 20:24,26   ʲ **33:17** Egz 33:12   ᵏ **33:18** Egz 33:20-23   ˡ **33:19** Egz 34:6,7   ᵐ **33:19** Wo 9:15   ⁿ **33:20** És 6:5   ᵒ **33:21** Sòm 18:2,46   ᵖ **33:22** Sòm 91:1,4   ᵠ **33:23** Egz 33:20   ʳ **34:1** Det 10:2,4   ˢ **34:2** Egz 19:11,18,20   ᵗ **34:3** Egz 19:12,13   ᵘ **34:4** Egz 34:1   ᵛ **34:5** Egz 19:9   ʷ **34:6** Jl 2:13   ˣ **34:7** Sòm 103:3   ʸ **34:8** Egz 4:31   ᶻ **34:9** Egz 34:7   ª **34:9** Sòm 33:12   ᵇ **34:10** Det 5:2   ᶜ **34:10** Sòm 72:18   ᵈ **34:11** Egz 33:2   ᵉ **34:12** Egz 23:32,33   ᶠ **34:13** Egz 23:24   ᵍ **34:14** Egz 20:3,5   ʰ **34:15** Egz 22:20   ⁱ **34:16** Jos 23:12,13

¹⁸ "Nou va obsève ᵃfèt Pen San Ledven an. Pandan sèt jou nou va manje pen san ledven, jan Mwen te kòmande nou an, nan lè dezinye a, nan mwa Abib la, paske nan mwa Abib la nou te sòti an Égypte.

¹⁹ ᵇ"Premye pòtre ki sòti nan tout vant se pou Mwen, e nan tout bèt mal ou yo, menm premye pòtre nan bèf yo ak mouton yo. ²⁰ Ou va ransone avèk yon jenn mouton premye pòtre a yon bourik; epi si ou pa ransone li, alò, ou va kase kou li. Ou va ransone ᶜtout premye ne nan fis nou yo. Pèsòn pa pou parèt devan M men vid. ²¹ Ou va travay pandan ᵈsis jou, men nan setyèm jou a ou va repoze. Menm pandan sezon laboure tè ak rekòlt la ou va repoze.

²² "Ou va selebre ᵉfèt Semèn yo. Sa vle di premye fwi ki sòti nan rekòlt ble a, ak fèt Rekòlt la, nan fen ane a. ²³ ᶠTwa fwa pa ane tout mal nou yo va parèt devan Senyè BONDYE a, Bondye Israël la. ²⁴ Paske Mwen va ᵍchase nasyon yo devan ou, e fè agrandi limit fwontyè ou yo. Pèsòn p ap fè lanvi sou peyi ou lè w ap monte twa fwa pa ane pou parèt devan SENYÈ a, Bondye ou a.

²⁵ ʰ"Ou p ap ofri san sakrifis Mwen yo avèk pen leve, ⁱni kite sakrifis ki pou fèt Pak la rete jis rive nan maten.

²⁶ "Ou va pote ʲpremye nan premye fwi tè ou yo pou l antre lakay SENYÈ a, Bondye ou a.

Ou pa pou bouyi yon jèn kabrit nan lèt manman li."

²⁷ Alò, SENYÈ a te di a Moïse: ᵏ"Ekri mo sa yo. Paske an akò avèk mo sa yo, Mwen te fè yon akò avèk ou, e avèk Israël."

²⁸ Li te la avèk SENYÈ a pandan karant jou ak karant nwit. Li pa t manje pen, ni bwè dlo. Konsa, ˡli te ekri sou tablo yo avèk pawòl akò yo, ᵐdis kòmandman yo.

²⁹ Lè Moïse t ap desann Mòn Sinaï a, avèk de tablo temwayaj yo nan men Moïse lè li t ap desann mòn nan, Moïse pa t konnen ke po figi li te briye akoz li t ap pale avèk Senyè a.ⁿ

³⁰ Pou sa, lè Aaron avèk tout fis Israël yo te wè Moïse, byen gade, po figi li t ap briye, e ᵒyo te pè pwoche li.

³¹ Epi Moïse te rele yo avèk Aaron. Tout dirijan kongregasyon yo te retounen kote li. Konsa, Moïse te pale avèk yo. ³² Apre sa a, tout fis Israël yo te pwoche, e li te bay yo tout komandman yo ke SENYÈ a te pale ak li nan Mòn Sinaï a.

³³ Lè Moïse te fin pale avèk yo, ᵖli te mete yon vwal sou figi li. ³⁴ Men nenpòt lè Moïse te antre devan SENYÈ a pou pale avèk Li, ᵠli te retire vwal la pou jis lè li te sòti. Epi nenpòt lè li te vin sòti, li te pale avèk fis Israël yo sa ke Senyè a te kòmande yo. ³⁵ ʳFis Israël yo te wè figi Moïse, ke po figi li t ap briye. Alò, Moïse te remete vwal la sou figi li jis lè li te vin antre pou pale avèk SENYÈ a.

35 Alò, Moïse te reyini tout kongregasyon a fis Israël yo. Li te di yo: ˢ"Se bagay sa yo ke SENYÈ a te kòmande nou fè: ² Pandan sis jou nou mèt travay, men nan setyèm jou a, nou va gen yon jou sen, yon ᵗrepo Saba konplè a SENYÈ a. ᵘNenpòt moun ki fè travay nan li va vin mete a lanmò. ³ ᵛNou pa pou limen dife nan okenn lojman nou nan jou Saba a."

⁴ Moïse te pale ak tout kongregasyon fis Israël yo. Li te di: "Sa se bagay ke SENYÈ a te kòmande a, e te di: ⁵ ʷ"Pran pami nou yon ofrann pou SENYÈ a. Nenpòt moun ki gen kè bon volonte, kite li pote kòm ofrann bay SENYÈ a: lò, ajan, ak bwonz, ⁶ twal ble, mov ak wouj, twal fen blan, pwal kabrit, ⁷ ak po belye fonse wouj, e po dofen avèk bwa akasya, ⁸ avèk lwil pou limyè, epis pou lwil onksyon an e pou lansan santi bon an, ⁹ epi pyè oniks avèk pyè monti pou efòd la, e pou pyès lestomak la.

¹⁰ ˣ"Kite chak nonm ki gen kapasite pami nou vin fè tout sa ke SENYÈ a te kòmande yo: ¹¹ ʸtabènak la, tant li ak kouvèti li, kwòk li yo, planch li yo, poto li yo, pilye li yo, ak baz reseptikal li yo; ¹² ᶻlach la avèk poto pa li, chèz pwopyatwa a, ak rido vwal la; ¹³ ᵃtab la avèk poto pa li, tout bagay itil yo, ak pen Prezans lan; ¹⁴ ᵇchandelye a osi avèk limyè li ak lwil pou limyè li; ¹⁵ epi ᶜlotèl lansan an ak poto pa li, lwil onksyon an avèk ᵈlansan santi bon an, ak rido pòtay nan antre tabènak la; ¹⁶ ᵉlotèl ofrann brile a avèk griyaj li, poto li, ak tout bagay itil li yo, basen, avèk baz li; ¹⁷ epiᶠsa k ap pann sou galeri yo, avèk pilye li yo, baz reseptikal yo, ak rido pòtay la; ¹⁸ pikèt tabènak yo avèk pikèt galeri yo, ak kòd pa yo; ¹⁹ ᵍvètman tise yo pou sèvi nan lye sen an, vètman sen yo pou Aaron, prèt la, ak vètman a fis li yo pou yo sèvi kòm prèt.'"

²⁰ Konsa, tout kongregasyon a fis Israël yo te pati kite prezans Moïse.

²¹ ʰTout sa yo ki te mennen pa kè yo, tout sa yo ki te mennen pa pwòp lespri pa yo te vin pote ofrann pou zèv a tant reyinyon an, pou sèvis li, e pou vètman sen li yo.

²² Epi tout sa yo ki te mennen pa bon volonte kè yo, ni gason ni fanm, te vin pote bijou monte, bwòch, zanno, bag, braslè, avèk tout kalite bagay fèt an lò. Se konsa chak moun ki te prezante yon ofrann an lò bay SENYÈ a te fè. ²³ Chak moun, ki te gen nan posesyon li twal ble, mov, e wouj, avèk twal fen blan ak pwal kabrit, po belye fonse wouj, ak po dofen, te pote yo. ²⁴ Tout moun ki te kab fè yon ofrann lò ak bwonz te pote pòsyon ofrann SENYÈ a; epi chak moun ki te posede bwa akasya pou nenpòt travay nan sèvis la te pote li.

ᵃ **34:18** Lev 23:6   ᵇ **34:19** Egz 13:2   ᶜ **34:20** Egz 13:15   ᵈ **34:21** Lev 23:3   ᵉ **34:22** Egz 23:16   ᶠ **34:23** Egz 23:14-17
ᵍ **34:24** Egz 33:2   ʰ **34:25** Egz 23:18   ⁱ **34:25** Egz 12:10   ʲ **34:26** Egz 23:19   ᵏ **34:27** Egz 17:14   ˡ **34:28** Egz 31:18
ᵐ **34:28** Det 4:13   ⁿ **34:29** Mat 17:2   ᵒ **34:30** II Kwo 3:7   ᵖ **34:33** II Kwo 3:13   ᵠ **34:34** II Kwo 3:16   ʳ **34:35** II Kwo 3:13   ˢ **35:1** Egz 34:32   ᵗ **35:2** Egz 16:23   ᵘ **35:2** Nonb 15:32-36   ᵛ **35:3** Egz 12:16   ʷ **35:5** Egz 25:1-9
ˣ **35:10** Egz 31:6   ʸ **35:11** Egz 26:1-30   ᶻ **35:12** Egz 25:10-22   ᵃ **35:13** Egz 25:23-30   ᵇ **35:14** Egz 25:31
ᶜ **35:15** Egz 30:1-6   ᵈ **35:15** Egz 30:34-38   ᵉ **35:16** Egz 27:1-8   ᶠ **35:17** Egz 27:9-18   ᵍ **35:19** Egz 31:10
ʰ **35:21** Egz 25:2

²⁵ Tout fanm ki te abil, te file fil pou twal avèk men yo, e te pote sa ke yo te file yo, materyo ble avèk mov, wouj, ak len byen fen. ²⁶ Tout fanm avèk kè bon volonte, ansanm ak yon kapasite te file pwal kabrit yo.

²⁷ Mèt dirijan yo te pote pyè bijou oniks, pyè bijou pou monte gwo efòd la ak pou pyès lestomak la; ²⁸ epi ªepis avèk lwil pou limyè a, pou lwil onksyon an, e pou lansan santi bon an.

²⁹ Izrayelit yo, tout mesye yo ni fanm ki te gen yon kè ki mennen yo pote nenpòt materyo pou èv, ke SENYÈ a pa Moïse te kòmande yo fè a, te pote yon ᵇofrann bon volonte bay SENYÈ a.

³⁰ ᶜ Alò, Moïse te di a fis Israël yo: "Ou wè sa, SENYÈ a te rele Betsaléel, fis a Uri, fis a Hur, nan tribi Juda a. ³¹ Epi li te ranpli li avèk lespri Bondye a, nan sajès, nan konprann, nan konesans, ak nan tout kapasite mendèv yo; ³² pou fè desen pou travay an lò ak ajan ak bwonz, ³³ anplis nan koupe pyè bijou yo pou monti yo, e pou desen ki fèt an bwa ak tout kalite èv lespri moun.

³⁴ "Li osi te dedike kè l pou enstwi ni li menm, ni ᵈOholiab, fis a Ahisamac la nan tribi Dan nan. ³⁵ ᵉLi te ranpli yo avèk kapasite pou fè tout èv a yon gravè, yon desinatè, e yon moun ki fè bwodri avèk twal an ble an mov, an wouj, an twal fen blanc, e yon tiseran, kòm atizan nan tout zèv ak fèzè desen."

36 "Koulye a, Betsaléel, Oholiab, ak chak mèt atizan nan sila SENYÈ a te mete kapasite avèk konprann pou konnen jan pou fè tout travay yo pou konstwi sanktyè a, va aji an akò avèk tout sa ke SENYÈ a te kòmande yo."

² Konsa, Moïse te rele Betsaléel avèk Oholiab e chak mèt kapasite ᶠnan sila SENYÈ a te mete konesans, chak moun ki te mennen pa kè li pou vin nan travay la pou fè li. ³ Yo te resevwa de Moïse tout don ke fis Israël yo te pote pou fè travay la nan konstwi sanktyè a. Konsa, yo te toujou kontinye pote ofrann bon volonte yo chak maten. ⁴ Epi tout mesye avèk kapasite ki t ap fè tout travay nan sanktyè a te vini. Pou sa a, yo chak te sòti nan travay ke yo t ap fè, ⁵ pou yo te di a Moïse: ᵍ"Pèp la ap pote bokou plis ke ase pou èv konstriksyon ke SENYÈ a te kòmande nou fè a."

⁶ Alò, Moïse te pase yon lòd. Pou sa yo te fè yon pwoklamasyon sikile toupatou nan kan an. Li te di: "Pa kite pèsòn, ni gason ni fanm travay ankò pou fè don pou sanktyè a." Konsa pèp la te ralanti pou yo pa pote ankò. ⁷ ʰPaske materyo ke yo te genyen an te sifi, e plis ke sifi pou tout èv la, pou te fin konplete li.

⁸ ⁱTout mesye avèk kapasite yo pami sa yo ki t ap fè travay la te fè tabènak la avèk dis rido twal fen blan, byen tòde, materyo ble, mov, e wouj. Yo te fè yo avèk cheriben yo, èv a yon mèt ouvriye. Se Betsaléel ki te fè yo. ⁹ Longè a chak rido se te ventwit koude, e lajè a chak rido, kat koude; tout rido yo te gen menm mezi.

¹⁰ Li te jwenn senk rido yo youn ak lòt, e lòt senk rido yo, li te jwenn yo youn ak lòt. ¹¹ Li te fè lasèt yo nan koulè ble sou kote rido a pa deyò nan premye ansanm nan; epi li te fè menm jan an sou kote rido ki te pa deyò nan dezyèm ansanm nan. ¹² Li te fè ʲsenkant lasèt nan premye rido a, e li te fè senkant lasèt sou kote rido ki te nan dezyèm ansanm nan; lasèt yo te opoze youn ak lòt. ¹³ Li te fè ᵏsenkant kwòk an lò, e li te jwenn rido yo ansanm avèk kwòk yo pou tabènak la fè yon sèl pyès.

¹⁴ ˡLi te fè rido yo avèk pwal kabrit pou sèvi kòm yon tant sou tabènak la. Li te fè onz rido antou. ¹⁵ Longè chak rido se te trant koude e lajè a chak rido te kat koude Tout nan onz rido yo te gen menm mezi. ¹⁶ Li te jwenn senk rido yo poukont yo, e lòt sis yo poukont yo. ¹⁷ Anplis, li te fè senkant lasèt sou kote rido ki te plis pa deyò nan premye ansanm nan, e li te fè senkant lasèt sou kote nan rido ki te plis deyò nan dezyèm ansanm nan. ¹⁸ Li te fè senkant kwòk an bwonz pou jwenn tant lan ansanm pou li ta kapab fè yon sèl.

¹⁹ Li te fè yon kouvèti pou tant lan avèk po belye fonse wouj, ak yon kouvèti avèk po vach lanmè pa anlè.

²⁰ ᵐEpi li te fè planch pou tabènak la avèk bwa akasya ki kanpe dwat. ²¹ Dis koude te longè a chak planch, e yon koude-edmi se te lajè a chak planch. ²² Te gen de tenon pou chak planch, yo te jwenn youn ak lòt. Se te konsa li te fè pou tout planch yo nan tabènak la.

²³ Li te fè planch yo pou tabènak la: ven planch pou kote sid la. ²⁴ Epi li te fè karant baz reseptikal an ajan anba ven planch yo: de baz reseptikal anba yon planch pou de tenon pa li, e de baz reseptikal anba yon lòt planch de tenon pa li.

²⁵ Konsa, pou dezyèm kote nan tabènak la, nan fas nò a, li te fè ven planch yo, ²⁶ ak karant baz reseptikal pa yo an ajan; de baz reseptikal anba yon planch, e de baz reseptikal anba yon lòt planch.

²⁷ Pou dèyè tabènak la, nan lwès, li te fè sis planch.

²⁸ Li te fè de planch pou kwen yo nan tabènak la pa dèyè. ²⁹ Yo te double anba, e ansanm yo te fin rive nèt nan tèt li, jis rive nan premye wondèl la. Se konsa li te fè avèk toude pou de kwen yo. ³⁰ Te gen uit planch avèk baz reseptikal yo an ajan, sèz baz reseptikal, de anba chak planch.

³¹ Epi li te fè ⁿtravès yo an bwa akasya, senk pou planch yo pou yon kote tabènak la, ³² epi senk travès pou lòt kote nan tabènak la, e senk travès pou planch yo nan tabènak la sou kote pa dèyè vè lwès. ³³ Li te fè travès mitan an pase nan mitan a planch yo soti nan yon pwent a lòt pwent lan. ³⁴ Li te kouvri planch yo avèk yon kouch lò. Li te fè wondèl pa yo avèk

---

ᵃ **35:28** Egz 30:23   ᵇ **35:29** Egz 35:21   ᶜ **35:30** Egz 31:1-6   ᵈ **35:34** Egz 31:6   ᵉ **35:35** Egz 31:3,6
ᶠ **36:2** Egz 35:21,26   ᵍ **36:5** II Kwo 24:14   ʰ **36:7** I Wa 8:64   ⁱ **36:8** Egz 26:1-14   ʲ **36:12** Egz 26:5
ᵏ **36:13** Egz 26:6   ˡ **36:14** Egz 26:7-14   ᵐ **36:20** Egz 26:15-29   ⁿ **36:31** Egz 26:26-29

lò kòm soutyen pou travès yo, e li te kouvri travès yo avèk yon kouch lò.

35 [a]Anplis li te fè vwal la avèk materyo ble, mov, wouj, ak twal fen blan byen tòde, avèk cheriben yo; èv a yon mèt ouvriye. 36 Li te fè kat pilye yo an akasya pou li, e li te kouvri l avèk yon kouch lò. Kwòk yo te fèt an lò. Li te fonde kat baz reseptikal an ajan pou yo.

37 Li te fè yon [b]rido pou pòtay tant lan avèk twal ble, mov, ak wouj, e twal fen blan byen tòde, travay a yon tiseran; 38 epi li te fè [c]senk pilye li yo avèk kwòk pa yo, e li te kouvri tèt yo avèk bann seraj avèk lò; epi senk baz reseptikal yo te an bwonz.

37 [d]Alò Betsaléel te fè lach la an bwa akasya. Longè li se te de koude edmi, e lajè li se te yon koude edmi. 2 Li te kouvri li avèk lò pi ni anndan, ni deyò, e li te fè yon bòdi an lò pou antoure l. 3 Li te fonde kat wondèl yo an lò sou kat pye li yo; de wondèl menm sou yon bò, e de wondèl sou lòt bò li. 4 Li te fè poto yo an bwa akasya, e li te kouvri yo avèk yon kouch lò. 5 Li te pase poto yo nan wondèl yo ki te tache sou kote lach la pou pote li.

6 Li te fè yon chèz pwopyatwa avèk lò pi; de koude edmi nan longè, e yon koude edmi nan lajè. 7 Li te fè de cheriben yo avèk lò. Li te fè yo nan de pwent a chèz pwopyatwa yo; 8 yon cheriben nan yon pwent, e yon cheriben nan lòt pwent lan. Li te fè cheriben yo kòm yon sèl pyès avèk chèz pwopyatwa a nan de pwent yo. 9 Cheriben yo te gen zèl yo ouvri pa anlè, e yo te kouvri chèz pwopyatwa a avèk zèl yo, avèk figi pa yo youn anvè lòt. Figi Cheriben yo te anvè chèz pwopyatwa a.

10 [e]Alò, li te fè tab la avèk bwa akasya. Longè li te de koude, lajè li te yon koude, e yon koude edmi nan wòte. 11 Li te kouvri avèk yon kouch lò, e li te fè yon bòdi an lò toutotou li. 12 Li te fè yon rebò pou li, lajè a yon epann (yon men byen ouvri), ki antoure l nèt, e li te fè yon bòdi lò ki antoure tab la. 13 Li te fonde kat wondèl an lò pou li tab la, e li te mete wondèl yo nan kat kwen ki te sou kat pye li yo. 14 Byen pre rebò a se te wondèl yo, soutyen pou poto yo pou pote tab la.

15 Li te fè poto yo avèk bwa akasya. Li te kouvri yo avèk yon kouch lò, pou pote tab la. 16 Li te fè bagay itil yo ki te sou tab la, asyèt avèk kiyè, bòl, ak krich yo pou vide ofrann bwason yo avèk lò pi a.

17 [f]Epi li te fè chandelye a avèk lò pi. Li te fè chandelye a, avèk lò ki bat. Baz ak tij li, tas li yo, boujon avèk flè yo te fèt nan yon sèl pyès, ansanm avèk li. 18 Te gen sis branch ki te sòti bò kote li yo; twa branch chandelye yo nan yon bò li, e twa branch chandelye nan lòt bò li; 19 twa tas fòme tankou flè zanmann, yon boujon, yon flè nan yon branch, ak twa tas ki fòme tankou flè zanmann nan lòt tij, yon boujon avèk yon flè—menm jan an nan sis branch ki sòti nan chandelye yo.

20 Nan chandelye a te gen kat tas ki fòme tankou flè zanmann, boujon li yo, ak flè li yo; 21 epi yon boujon te anba premye pè branch li yo ki sòti nan li, e yon boujon anba dezyèm pè branch li yo ki sòti nan li, jis pou sis branch yo ki sòti nan chandelye a. 22 Boujon yo, ak branch yo te yon sèl pyès avèk li; se te yon sèl pyès an lò ki bat.

23 Li te fè sèt lanp li yo avèk etoufè yo, ak vaz pou sann yo avèk lò pi. 24 Li te fè li e tout bagay itil li yo avèk yon talan (swasann kenz liv) lò pi.

25 [g]Epi li te fè lotèl lansan an avèk bwa akasya: yon koude nan longè, yon koude nan lajè, kare, ak de koude nan wotè. Kòn li te yon sèl pyès avèk li. 26 Li te kouvri li nèt avèk lò pi, tèt li e tout kote li yo, tou antoure, ak kòn li yo. Konsa, li te fè yon bòdi lò antoure li nèt. 27 Li te fè de wondèl an lò pou li anba bòdi li, sou de kote ki opoze yo kòm soutyen pou poto ki t ap pote l yo. 28 Li te fè poto yo an bwa akasya e te li te kouvri yo avèk yon kouch lò.

29 [h]Epi li te fè lwil sen pou onksyone a, ak lansan santi bon an avèk epis yo, èv a yon mèt ouvriye ki konn fè melanj pafen.

38 [i]Alò, li te fè lotèl ofrann brile a avèk bwa akasya, senk koude nan longè, senk koude nan lajè, kare, ak twa koude nan wotè. 2 Li te fè kòn li sou kat kwen yo. Kòn li yo te yon sèl pyès avèk li, e li te kouvri li avèk bwonz. 3 Li te fè tout bagay itil yo pou lotèl la, bokit yo avèk pèl yo, basen yo, kwòk vyann yo, ak plato pou resevwa sann yo. Li te fè tout bagay itil yo an bwonz.

4 Li te fè pou lotèl la yon sistèm griyaj an bwonz, anba rebò nan distans pou rive mwatye de wotè l. 5 Li te fonde kat wondèl yo sou kat kote nan griyaj an bwonz yo kòm soutyen pou poto yo. 6 Li te fè poto yo avèk bwa akasya, e li te kouvri yo avèk yon kouch an bwonz. 7 Li te antre poto yo nan wondèl sou kote lotèl la. Se avèk yo li te pote l. Fòm li te vid, fòme avèk planch yo.

8 [j]Anplis, li te fè basen lave a avèk bwonz avèk yon baz an bwonz, ki te sòti nan miwa fanm sèvant yo ki t ap sèvi nan pòtay tant reyinyon an.

9 [k]Alò li te fè galeri a: pou kote sid la, afè pandye yo te fèt avèk twal fen blan byen tòde, san koude nan longè, 10 avèk ven pilye li yo, ak baz reseptikal fèt an bwonz yo, avèk ven kwòk pilye yo avèk bann seraj an ajan yo. 11 Pou kote nò a te gen san koude yo; ven pilye li yo avèk ven baz reseptikal an bwonz yo, epi kwòk pou pilye yo avèk bann seraj pa yo te an ajan.

12 Pou kote lwès la te gen afè pandye pou senkant koude yo avèk dis pilye pa yo e bann seraj yo te an ajan. 13 Pou kote lès la, senkant koude yo. 14 Afè pandye yo pou yon kote pòtay la te kenz koude, avèk twa pilye pa yo e twa baz reseptikal pa yo; 15 epi menm jan an pou lòt kote a. Sou toude kote pòtay

---

[a] 36:35 Egz 26:31-37 [b] 36:37 Egz 26:36 [c] 36:38 Egz 26:37 [d] 37:1 Egz 25:10-20 [e] 37:10 Egz 25:23-29
[f] 37:17 Egz 25:31-39 [g] 37:25 Egz 30:1-5 [h] 37:29 Egz 30:23-35 [i] 38:1 Egz 27:1-8 [j] 38:8 Egz 30:18
[k] 38:9 Egz 27:9-19

yo te gen afè pandye de kenz koude, avèk twa pilye pa yo ak twa baz reseptikal pa yo. ¹⁶ Tout afè pandye nan galeri yo toutotou te avèk twal fen blan byen tòde. ¹⁷ Baz reseptikal pou pilye ki te an bwonz yo, kwòk pou pilye yo ak bann seraj an ajan yo; epi yon kouch lò ki te kouvri pwent tèt yo. Tout pilye galeri yo te founi avèk bann seraj an ajan yo.

¹⁸ Rido pòtay la te èv a tiseran an, avèk materyo ble, mov, wouj, ak twal fen blan byen tòde. Epi longè a se te ven koude e wotè a te senk koude, ki te koresponn ak afè pandye nan galeri yo. ¹⁹ Kat pilye pa yo avèk baz reseptikal pa yo a te an bwonz; kwòk pa yo a te an ajan. ²⁰ Tout pikèt yo pou tabènak la avèk galeri a toutotou a te an bwonz.

²¹ Sa se kantite a bagay ki te pou tabènak yo, tabènak temwayaj la, jan yo te nimewote selon lòd a Moïse, pou sèvis Levit yo, ekri pa men a Ithamar, fis Aaron an, prèt la.

²² Alò, ᵃBetsaléel fis a Uri, fis a Hur, nan tribi Juda a, te fè tout sa ke SENYÈ a te kòmande Moïse yo. ²³ Avèk li te gen ᵇOholiab, fis a Ahisamac la, nan tribi Dan nan, yon gravè, yon mèt ouvriye, yon tiseran an materyo ble, mov, wouj, ak osi an twal fen blan.

²⁴ Epi tout lò ki te sèvi nan èv la, nan tout travay sanktyè a, menm lò pou ofrann balanse anlè a te ventnèf talan e sèt-san-trant sik selon ᶜsik sanktyè a.

²⁵ ᵈAjan sa yo ki te nan kongregasyon an te gen kantite san talan e mil sèt san swasann kenz sik selon sik sanktyè a; ²⁶ yon beka pa chak tèt (sa vle di, mwatye sik, selon sik sanktyè a), pou chak moun nan sa ki te gen nimewo yo, soti nan laj ventan, e plis pou sis-san-mil-senk-san-senkant mesye. ²⁷ San talan ajan yo te pou fonde baz reseptikal sanktyè yo, ak baz reseptikal pou vwal yo; san baz reseptikal yo pou san talan, yon talan pa baz reseptikal. ²⁸ Nan mil sèt san swasant kenz sik yo, li te fè kwòk pou pilye yo, li te kouvri tèt yo, e li te fè bann seraj pou yo.

²⁹ Bwonz pou ofrann balanse anlè a te swasann-dis talan e de-mil-senk-san sik. ³⁰ Avèk li, li te fè baz reseptikal yo pou pòtay tant reyinyon an, lotèl bwonz lan avèk griyaj an bwonz li, ak tout bagay itil pou lotèl yo, ³¹ epi baz reseptikal yo pou galeri a, tout pikèt a tabènak yo ak tout pikèt pou galeri yo toutotou.

39 Anplis, avèk materyo ble, mov, e wouj, yo te ᵉtise vètman byen fen pou fè sèvis nan lye sen an, menm jan avèk vètman sen ki te pou Aaron yo, jis jan ke SENYÈ a te kòmande Moïse la.

² ᶠLi te fè efòd la avèk lò, epi nan materyo ble, mov, e wouj avèk twal fen blan. ³ Alò, yo te bat mòso plat an lò yo, yo te koupe yo fè fil fen pou trese nan materyo ble a, mov la, wouj la e twal fen blan an, èv a yon mèt ouvriye. ⁴ Yo te fè pyès zepòl yo pou atache nan efòd la; li te tache nan de pwent anwo li yo. ⁵ Bann ki te sou li a, ki te tise byen fen, te fèt menm jan tankou li avèk menm materyo yo: an lò avèk ble, mov, e wouj, avèk twal fen blan byen tòde, jis jan ke Bondye te kòmande Moïse la.

⁶ ᵍYo te fè pyè oniks yo, plase nan monti desine byen fen yo; yo te grave tankou gravi a yon so, selon non a fis Israël yo. ⁷ Konsa, ʰli te plase yo sou pyès zepòl nan efòd la, tankou pyè pou sonje fis a Israël yo, jan SENYÈ a te kòmande Moïse la.

⁸ ⁱLi te fè pyès lestomak la, zèv a yon mèt ouvriye, tankou travay la fèt nan efòd la: avèk materyo an lò, an ble, an mov, e an wouj avèk twal fen blan byen tòde. ⁹ Li te kare. Yo te fè pyès lestomak la plwaye doub, longè a yon epann, e yon epann nan la jè lè li plwaye doub. ¹⁰ Yo te monte kat ranje pyè presye sou li. Premye ranje a te yon ranje avèk woubi, topaz, avèk emwod. ¹¹ Nan dezyèm ranje a te gen yon tikwaz, yon safi, ak yon dyaman; ¹² epi nan twazyèm ranje a yon jasent, yon agat, ak yon ametis; ¹³ epi nan katriyèm ranje a, yon krizolit, yon oniks, avèk yon jasp. Yo te plase yo nan monti lò byen fen lè yo te monte. ¹⁴ Pyè presye yo te koresponn ak non a fis Israël yo. Yo te douz, e yo te koresponn a non yo, grave avèk gravi a yon so, yo chak avèk non yo pou douz tribi yo.

¹⁵ Yo te fèt sou chenn pyès lestomak la tankou kòd ki te kòd tòde yo, lèv ki fèt an lò pi. ¹⁶ Yo te fè de monti yo byen fen an lò ak de wondèl lò yo, epi te plase wondèl yo nan de pwent pyès lestomak la. ¹⁷ Alò yo te mete de kòd lò yo nan de monti de wondèl lò yo nan pwent ki pou pyès lestomak la. ¹⁸ Yo te mete lòt de pwent yo nan de kòd yo avèk de monti yo fèt byen fen, e yo te mete yo sou pyès zepòl yo nan efòd la pa devan li. ¹⁹ Yo te fè de wondèl yo an lò e yo te plase yo nan pa anndan nan pyès lestomak la sou kote pa anndan ki toupre efòd la. ²⁰ Anplis, yo te fè de wondèl lò yo e yo te plase yo nan pati anba pyès zepòl yo nan efòd la, pa devan li, toupre plas ke li te jwenn nan, anlè bann tise nan efòd la. ²¹ Yo te mare pyès lestomak la avèk wondèl li yo ak wondèl ki te pou efòd la avèk kòd ble, pou li te sou bann tise a nan efòd la, e pou pyès lestomak la pa t vin lage nan efòd la, jis jan ke SENYÈ a te kòmande Moïse la.

²² ʲAlò li te fè abiman efòd la tankou yon èv tise, tout an ble; ²³ ᵏepi ouvèti abiman an te anwo nan mitan, tankou ouvèti ki nan yon pwotèj lagè avèk yon woulèt ki antoure l pou l pa vin chire. ²⁴ Yo te fè grenad avèk materyo ble, mov, wouj ak twal fen blan byen tòde nan woulèt abiman an. ²⁵ Yo te osi fè klòch avèk lò pi, e yo te plase klòch yo antre grenad yo toutotou woulèt abiman an, ²⁶ ki te toujou youn aprè lòt, yon klòch, ak yon grenad toutotou sou woulèt abiman sèvis la, jan SENYÈ a te kòmande Moïse la.

²⁷ ˡYo te fè tinik ki te tise an twal fen blan an pou Aaron, ak fis li yo, ²⁸ epi tiban avèk len fen an ak

---

ᵃ **38:22** Egz 31:2   ᵇ **38:23** Egz 31:6   ᶜ **38:24** Lev 27:25   ᵈ **38:25** Egz 30:11-16   ᵉ **39:1** Egz 31:10
ᶠ **39:2** Egz 31:10   ᵍ **39:6** Egz 28:9-11   ʰ **39:7** Egz 28:12   ⁱ **39:8** Egz 28:15-28   ʲ **39:22** Egz 28:31,34
ᵏ **39:23** Egz 28:32   ˡ **39:27** Egz 28:39,40,42

chapo an twal fen blan yo, e pantalon an twal fen blan byen tòde yo, ²⁹ epi sentiwon avèk twal fen blan an ak materyo ble, mov, e wouj, travay a yon tiseran, jis jan ke SENYÈ a te kòmande Moïse la.

³⁰ ªYo te fè plak pou kouwòn sen an avèk lò pi, e yo te enskri nan li tankou gravè a yon so: "Sen a SENYÈ a". ³¹ Yo te tache kòd ble a ak li pou tache li nan tiban an pa anwo, jis jan ke SENYÈ a te kòmande Moïse la.

³² Konsa tout travay a tabènak tant reyinyon an te konplete; epi fis Israël yo te fè tout bagay selon sa ke SENYÈ a te kòmande Moïse la; konsa yo te fè l.

³³ Yo te mennen tabènak la vè Moïse, tant lan avèk tout sa ki te founi li yo: kwòk li yo, planch li yo, travès li yo, ak pilye li yo avèk baz reseptikal li yo; ³⁴ epi kouvèti po belye fonse wouj yo, kouvèti po dofen yo, ak vwal rido pòtay la; ³⁵ lach a temwayaj la avèk poto li yo, ak chèz pwopyatwa a; ³⁶ tab la, tout bagay itil li yo, ak pen a Prezans lan; ³⁷ chandelye fèt an lò pi a, avèk aranjman pou lanp yo ak tout bagay itil li yo, ak lwil pou limyè a; ³⁸ epi lotèl fèt an lò a, lwil onksyon an, lansan santi bon an, ak vwal pou pòtay tant lan; ³⁹ lotèl an bwonz lan ak griyaj bwonz pa li, avèk poto pa li yo ak tout bagay itil li yo, basen lave a avèk baz li; ⁴⁰ afè pandye yo pou galeri a, pilye li yo, baz reseptikal li yo, rido pou pòtay galeri a, kòd li yo, pikèt li yo, ak tout afè pou sèvis tabènak la, pou tant reyinyon an; ⁴¹ vètman tise yo pou sèvis nan lye sen an, vètman sen pou Aaron yo, prèt la, ak vètman a fis pa li yo, pou fè sèvis kòm prèt.

⁴² Alò, fis Israël yo te fè tout travay la selon tout sa ke SENYÈ a te kòmande Moïse yo. ⁴³ Epi Moïse te egzamine tout travay la, e gade byen, konsa yo te fè li; jis jan ke SENYÈ a te kòmande a, se sa yo te fè. Epi Moïse te ᵇbeni yo.

40 Alò SENYÈ a te pale avèk Moïse. Li te di: ² "ᶜNan premye jou mwa a ou va monte tabènak tant reyinyon an. ³ ᵈOu va plase lach temwayaj la, e ou va kouvri lach la avèk vwal la. ⁴ Ou va ᵉmennen tab la antre, e ou va ranje li avèk sa ki dwe sou li. Konsa, ou va mennen fè lantre chandelye a, e lime lanp li yo.

⁵ "Anplis, ou va ᶠplase lotèl lò a pou lansan devan lach temwayaj la, e ou va monte vwal la pou pòtay tabènak tant reyinyon an.

⁶ "Ou va plase lotèl ofrann brile a devan pòtay a tabènak tant reyinyon an. ⁷ Ou va plase basen lave a antre tant reyinyon an ak lotèl la e ou va mete dlo nan li.ᵍ ⁸ Ou va monte galeri a toutotou e ou va pann vwal la pou pòtay galeri a.

⁹ "Epi ou va pran lwil onksyon an e ou va ʰonksyone tabènak la ak tout sa ki ladann. Konsa, ou va konsakre li avèk tout afè li yo, epi li va sen.

¹⁰ Ou va onksyone lotèl ofrann brile a ak tout bagay itil li yo, epi ou va konsakre lotèl la. Konsa, ⁱlotèl la va vin sen pase tout bagay. ¹¹ Ou va onksyone basen lave a ak baz li, e ou va konsakre li.

¹² "Konsa, ou va ʲmennen Aaron ak fis li yo vè pòtay tant reyinyon an, e ou va lave yo avèk dlo. ¹³ ᵏOu va mete vètman sen yo sou Aaron. Ou va onksyone Aaron, e konsakre li, pou li kapab vin sèvi kòm prèt Mwen. ¹⁴ Ou va mennen fis li yo pou mete tinik sou yo. ¹⁵ Konsa, ou va onksyone yo jis jan ke ou te onksyone papa yo, pou yo kapab vin sèvi kòm prèt pou Mwen. Onksyon pa yo va kalifye yo kòm prèt ˡpou tout tan atravè tout jenerasyon pa yo."

¹⁶ Se konsa Moïse te fè. Selon tout sa ke SENYÈ a te kòmande li yo, konsa li te fè.

¹⁷ Alò, ᵐnan premye mwa nan dezyèm ane a, nan premye jou mwa a, tabènak la te monte. ¹⁸ Moïse te monte tabènak la. Li te poze baz reseptikal li yo, li te monte planch li yo, li te pozisyone travès li yo, e li te monte pilye li yo. ¹⁹ Li te louvri tant lan sou tabènak la e li te mete kouvèti tant lan anwo li, jis jan ke SENYÈ a te kòmande Moïse la.

²⁰ Konsa, li te pran ⁿtemwayaj la pou fè l antre nan lach la. Li te tache poto yo nan lach la, e li te mete chèz pwopyatwa a sou lach la. ²¹ Li te mennen lach la nan tabènak la, e li te ᵒmonte yon vwal pou separe l. Li te separe lach temwayaj la, jis jan ke SENYÈ a te kòmande Moïse la.

²² Anplis li te mete ᵖtab la nan tant reyinyon an sou kote nò tabènak la, deyò vwal la. ²³ Li te plase qpen, byen ranje an lòd devan SENYÈ a jis jan ke SENYÈ a te kòmande Moïse la.

²⁴ Alò, li te mete chandelye a nan tant reyinyon an, sou kote sid tabènak la. ²⁵ Li te ʳlimen lap yo devan SENYÈ a, jis jan ke SENYÈ a te kòmande Moïse la.

²⁶ Epi li te ˢplase lotèl lò a nan tant reyinyon pa devan vwal la. ²⁷ Li te ᵗbrile lansan santi bon an sou li, jis jan ke SENYÈ a te kòmande Moïse la.

²⁸ Alò, li te monte vwal pòtay tabènak la. ²⁹ Li te ᵘplase lotèl ofrann brile a devan pòtay tabènak tant reyinyon an, e li te ᵛofri sou li ofrann brile a ak ofrann sereyal la, jis jan ke SENYÈ a te kòmande Moïse la.

³⁰ Li te plase basen lave a antre tant reyinyon an ak lotèl la, e li te mete dlo ladann pou lave. ³¹ ʷNan li, Moïse avèk Aaron avèk fis li yo te lave men yo avèk pye yo. ³² Lè yo te antre nan tant reyinyon an, e lè yo te apwoche lotèl la, yo te lave, jis jan ke SENYÈ a te kòmande Moïse la.

³³ Li te ˣmonte galeri a toutotou tabènak la ak lotèl la, e li te pandye vwal la pou pòtay galeri a. Konsa, Moïse te fin fè travay la.

ᵃ **39:30** Egz 28:36,37　ᵇ **39:43** Luc 9:22,23　ᶜ **40:2** Egz 19:1　ᵈ **40:3** Egz 26:33　ᵉ **40:4** Egz 26:35　ᶠ **40:5** Egz 40:26
ᵍ **40:7** Egz 30:18　ʰ **40:9** Egz 30:26　ⁱ **40:10** Egz 29:37　ʲ **40:12** Lev 8:1-6　ᵏ **40:13** Egz 28:41　ˡ **40:15** Egz 29:9
ᵐ **40:17** Egz 40:2　ⁿ **40:20** II Kwo 5:10　ᵒ **40:21** Egz 26:33　ᵖ **40:22** Egz 26:35　q **40:23** Egz 25:30
ʳ **40:25** Egz 25:37　ˢ **40:26** Egz 30:6　ᵗ **40:27** Egz 30:7　ᵘ **40:29** Egz 40:6　ᵛ **40:29** Egz 29:38-42
ʷ **40:31** Egz 30:19-20　ˣ **40:33** Egz 27:9-18

³⁴ ªAlò, nyaj la te kouvri tant reyinyon an, e laglwa SENYÈ a te ranpli tabènak la. ³⁵ Moïse ᵇpa t kapab antre nan tant reyinyon an, paske nyaj la te poze sou li, e laglwa SENYÈ a te ranpli tabènak la.

³⁶ Pandan tout vwayaj pa yo, ᶜnenpòt lè ke nyaj la te leve anwo sou tabènak la, fis Israël yo te leve sòti pou fè vwayaj; ³⁷ men ᵈsi nyaj la pa t leve, alò, yo pa t vwayaje jis rive jou ke li te leve a. ³⁸ Paske pandan tout vwayaj yo, ᵉnyaj SENYÈ a te sou tabènak la nan lajounen, e li te gen dife ladann lannwit, devan zye a tout kay Israël la.

ª **40:34** Nonb 9:15-23   ᵇ **40:35** I Wa 8:11   ᶜ **40:36** Nonb 9:17   ᵈ **40:37** Nonb 9:19-22   ᵉ **40:38** Sòm 78:14

Levitik Yo

1 Alò, ªSENYÈ a te rele Moïse, e Li te pale avèk li depi nan tant asanble a. Li te di: ² "Pale a fis Israël yo pou di yo: 'Lè nenpòt moun nan nou pote yon ofrann bay SENYÈ a, nou va pote ofrann bèt ki sòti nan ᵇtwoupo a, oswa nan bann mouton an.

³ "'Si ofrann li an se yon ofrann ᶜbrile ki sòti nan twoupo a, li va ofri li; yon mal san defo. Li va ofri li nan pòtay tant asanble a, pou li kapab akspte devan SENYÈ a. ⁴ ᵈLi va poze men li sou tèt ofrann brile a, e ofrann la va aksepte pou li, pou fè ekspiyasyon pou li. ⁵ Li va touye jenn towo a devan SENYÈ a. Konsa, fis Aaron yo, ki se prèt yo, va ofri ᵉsan an e ᶠflite li toutotou lotèl ki nan pòtay tant asanble a. ⁶ ᵍ Li va, answit, kòche ofrann brile a e koupe li an mòso. ⁷ ʰFis Aaron yo, prèt la, va mete dife sou lotèl la e ranje bwa yo sou dife a. ⁸ Alò fis Aaron yo, prèt yo, va ranje mòso yo, tèt la avèk ⁱgrès ren an sou bwa ki sou lotèl la. ⁹ Men ʲzantray li yo avèk janm li yo, moun nan va lave yo avèk dlo. Epi ᵏprèt la va brile li nèt sou lotèl la kòm yon ofrann brile, yon ofrann pa dife, yon bagay ki santi dous pou SENYÈ a.

¹⁰ "'Men si ofrann li an sòti nan bann bèt la, mouton oswa kabrit kòm yon ofrann brile, li va ofri li yon ˡmal, san defo. ¹¹ ᵐLi va touye li sou kote nò lotèl la, devan SENYÈ a, epi fis Aaron yo, prèt yo, va flite san li toutotou lotèl la. ¹² Li va, answit, koupe li an mòso, avèk tèt li ak ⁿgrès ren li. Prèt la va ranje yo sou bwa ki sou dife ki sou lotèl la. ¹³ Men zantray li yo avèk janm yo, moun nan va lave yo avèk dlo. Epi ᵒprèt la va ofri tout wèt, e ofri li nan lafimen sou lotèl la. Li se yon ofrann brile, yon ofrann pa dife, yon bagay ki santi dous pou SENYÈ a.

¹⁴ "'Men si ofrann li an bay SENYÈ a se yon ofrann brile fèt ak zwazo, alò, li va pote ofrann li an ak ᵖtoutrèl oswa jèn ti pijon. ¹⁵ Prèt la va ofri li sou lotèl la, e tòde kou li pou ofri li nan lafimen sou lotèl la; konsa, san li va koule ᑫsou kote lotèl la. ¹⁶ Li va osi retire fal li avèk plim li yo e voye li sou kote lès lotèl la, nan plas ʳsann yo. ¹⁷ Li va chire li pa zèl li, ˢsan fin separe l nèt. Konsa, prèt la va ofri li nan lafimen sou lotèl la, sou bwa ki sou dife a. Li se yon ofrann brile, yon ofrann pa dife yon bagay ki santi dous devan SENYÈ a.

2 "'Alò, lè yon moun prezante yon ᵗofrann sereyal la kòm ofrann bay SENYÈ a, ofrann li an va avèk farin fen. Li va vide lwil sou li e mete lansan sou li. ² Answit, li va pote li bay fis Aaron yo, prèt yo. Li va pran ladann ᵘde men plen nan farin fen ak lwil avèk tout lansan li an. Konsa, prèt la va ofri li nan lafimen kòm yon pati komemoratif la sou lotèl la, yon ofrann pa dife, yon bagay ki santi dous pou SENYÈ a. ³ ᵛRès ofrann sereyal la se pou Aaron avèk fis li yo; yon bagay ki sen pase tout, nan ofrann pa dife pou SENYÈ a.

⁴ "'Alò, lè nou pote yon ofrann sereyal kwit nan yon fou, li va fèt avèk ʷgato san ledven avèk farin fen melanje avèk lwil oubyen galèt san ledven ki kouvri avèk lwil. ⁵ Si ofrann ou an se yon ofrann sereyal ki ˣfèt nan pwalon, li va fèt avèk farin fen, san ledven, melanje avèk lwil. ⁶ Ou va kase li an miyèt mòso e vide lwil sou li. Li se yon ofrann sereyal. ⁷ Alò si ofrann ou an se yon ofrann sereyal ki fèt ʸnan yon chodyè, li va fèt avèk farin fen avèk lwil. ⁸ Ou va pote yon ofrann ki fèt avèk bagay sa yo bay SENYÈ a. Li va prezante a prèt la, e li va pote li devan lotèl la. ⁹ Alò, prèt la va pran nan ofrann sereyal la, pati ᶻkomemoratif la, e li va ofri li nan lafimen sou lotèl la kòm yon ofrann pa dife yon bagay ki santi dous pou SENYÈ a. ¹⁰ ªRès ofrann sereyal la se pou Aaron avèk fis li yo; yon bagay ki sen pase tout, nan ofrann bay SENYÈ a pa dife yo.

¹¹ ᵇ"'Okenn ofrann sereyal, ke nou pote devan SENYÈ a p ap fèt avèk ledven, paske nou pa pou lofri nan lafimen okenn ledven ni siwo myèl kòm ofrann pa dife bay SENYÈ a. ¹² ᶜKòm ofrann premye fwi, nou va pote yo bay SENYÈ a, men yo p ap monte kòm ofrann santi dous sou lotèl la. ¹³ Chak ofrann sereyal de nou menm, anplis, nou va asezone li avèk sèl. Li fò ke ᵈsèl akò a Bondye nou an pa manke nan ofrann sereyal ou an. Avèk tout ofrann ou yo, ou va ofri sèl.

¹⁴ "'Osi, si ou pote bay SENYÈ a, yon ofrann sereyal de bagay ofran premye fwi yo yo, ou va pote tèt sereyal yo byen fre, boukannen nan dife, grenn moulen a rekòlt avan lè a, kòm ofrann sereyal de ofran premye fwi yo. ¹⁵ Alò, ou va mete lwil sou li e poze lansan sou li; li se yon ofrann sereyal. ¹⁶ Prèt la va ofri nan lafimen ᵉpati pou tout moun sonje a, yon pati sereyal moulen ak lwil li, avèk tout lansan li kòm ofrann pa dife bay SENYÈ a.

3 "'Alò, si ofrann li an se yon ofrann lapè, si li pral ofri sòti nan twoupo a, kit se mal, kit se femèl, li va ofri li ᶠsan defo devan SENYÈ a. ² ᵍLi va mete men li sou tèt ofrann li an, e ʰtouye li nan pòtay tant asanble a. Epi fis Aaron yo, prèt yo, va flite san li toupatou sou lotèl la. ³ Soti nan sakrifis ofrann lapè yo, li va prezante yon ofrann pa dife bay SENYÈ a, avèk grès ki kouvri zantray yo ak tout grès ki tache a zantray yo, ⁴ epi de ren yo avèk grès ki sou yo a, ki sou senti a, ak gwo mòso fwa a, ke li va retire avèk

---

ª **1:1** Egz 19:3 ᵇ **1:2** Lev 22:18 ᶜ **1:3** Lev 6:8-13 ᵈ **1:4** Egz 29:10 ᵉ **1:5** Lev 17:11 ᶠ **1:5** Eb 12:24
ᵍ **1:6** Lev 7:8 ʰ **1:7** Lev 6:8-13 ⁱ **1:8** Lev 3:3-4 ʲ **1:9** Egz 12:9 ᵏ **1:9** Nonb 28:11-14 ˡ **1:10** Éz 43:22
ᵐ **1:11** Egz 24:6 ⁿ **1:12** Lev 3:3-4 ᵒ **1:13** Nonb 15:4-7 ᵖ **1:14** Lev 5:7-11 ᑫ **1:15** Lev 5:9 ʳ **1:16** Lev 6:10
ˢ **1:17** Jen 15:10 ᵗ **2:1** Lev 6:14-18 ᵘ **2:2** Lev 5:12 ᵛ **2:3** Lev 2:10 ʷ **2:4** Egz 29:2 ˣ **2:5** Lev 6:21
ʸ **2:7** Lev 7:9 ᶻ **2:9** Lev 2:2-16 ª **2:10** Egz 34:25 ᵇ **2:11** Egz 23:15 ᶜ **2:12** Egz 34:22 ᵈ **2:13** II Kwo 13:5
ᵉ **2:16** Lev 2:2 ᶠ **3:1** Lev 1:3 ᵍ **3:2** Lev 1:4 ʰ **3:2** Egz 29:11-20

ren yo. ⁵ Answit, fis Aaron yo va ofri li nan lafimen sou lotèl la ᵃsou ofrann brile ki sou bwa ki sou dife a. Li se yon ofrann pa dife, yon bagay ki santi dous pou SENYÈ a.

⁶ "'Men si ofrann li an pou yon sakrifis ofrann lapè pou SENYÈ a, sòti nan bann bèt la, li va ofri li, mal oswa femèl ᵇsan defo. ⁷ Si li pral ofri yon jenn mouton pou ofrann li an, alò, li va ofri li ᶜdevan SENYÈ a. ⁸ Epi ᵈli va poze men li sou tèt ofrann li an e ᵉtouye li devan tant asanble a, epi fis Aaron yo va flite san li toupatou sou lotèl la. ⁹ Soti nan ᶠofrann sakrifis lapè a, li va pote kòm ofrann pa dife bay SENYÈ a, grès li, tout grès ke li menm, moun nan va retire pre zo do a, ak grès ki kouvri zantray yo ak tout grès ki tache sou zantray yo. ¹⁰ Epi de ren yo avèk grès ki sou yo a, ki sou pati ba senti a, ak gran bout fwa a, ke li va retire ᵍavèk ren yo. ¹¹ Answit, prèt la va ofri li nan lafimen sou lotèl la tankou ʰmanje, yon ofrann pa dife bay SENYÈ a.

¹² "'Anplis, si ofrann li an se ⁱyon kabrit, alò, li va ofri li devan SENYÈ a. ¹³ Li va poze men l sou tèt li e touye li devan tant asanble a, epi fis Aaron yo va flite san li toupatou sou lotèl la. ¹⁴ Soti nan li, li va prezante ofrann li kòm ofrann pa dife bay SENYÈ a; grès ki kouvri zantray yo ak tout grès ki tache sou zantray yo, ¹⁵ ak de ren yo avèk grès ki sou yo a, ki sou pati ba senti a, ak gwo bout fwa a, ke li va retire ʲavèk ren yo. ¹⁶ Prèt la va ofri yo nan lafimen sou lotèl la tankou manje, yon ofrann pa dife bagay ki santi dous; ᵏtout grès se pou SENYÈ a.

¹⁷ "'Li se yon règleman pou tout tan atravè tout jenerasyon nou yo, nan tout abitasyon nou yo: nou pa pou manje okenn grès, ˡni okenn san.'"

4 Alò SENYÈ a te pale avèk Moïse. Li te di: ² "Pale avèk fis Israël yo. Di yo: 'Si yon moun peche san movèz entansyon nan nenpòt bagay ke SENYÈ a te kòmande pou pa fè, e ki fèt pa nenpòt nan yo, ³ ᵐsi prèt onksyon an fè peche e mennen koupabilite sou pèp la, alò, kite li ofri bay SENYÈ a yon towo san defo, kòm ofrann peche pou peche ke li te kòmèt la.

⁴ "'Li va pote towo a nan pòtay tant asanble a devan SENYÈ a. ⁿLi va poze men l sou tèt towo a e touye li devan SENYÈ a. ⁵ Alò, prèt ᵒonksyone a dwe pran kèk nan san towo a pou pote li vè tant asanble a. ⁶ Konsa, prèt la va fonse dwèt li nan san an, e flite kèk nan san an sèt fwa devan SENYÈ a, devan ᵖvwal sanktiyè a. ⁷ Prèt la va osi mete kèk nan san an sou kòn ᵍlotèl lansan santi bon a ki devan SENYÈ a nan tant asanble a, epi tout san towo a, li va vide li nan baz lotèl ofrann brile ki nan pòtay tant asanble a. ⁸ ʳLi va retire sou li tout grès towo ofrann peche a: grès ki kouvri zantray yo ak tout grès ki tache sou zantray yo, ⁹ ak de ren

avèk grès ki sou yo a, ki sou pati ba senti a, ak gwo mòso fwa a, ke li va retire ˢavèk ren yo, ¹⁰ (jis jan ke li retire nan bèf sakrifis ofrann lapè a), epi prèt la dwe ofri yo nan lafimen sou lotèl ofrann brile a. ¹¹ Men ᵗpo towo a ak tout chè li avèk tèt li, janm li yo, zantray li yo ak watè li, ¹² ki se, tout rès towo a, li dwe pote li yon ᵘkote ki pwòp deyò kan an, kote sann dife vide, epi brile li sou bwa avèk dife a. Kote sann yo vide, se la li va brile.

¹³ "'Alò, si tout asanble Israël la vin fè yon erè, e bagay la chape atansyon asanble a, epi yo kòmèt nenpòt nan bagay ke SENYÈ a te kòmande pou yo pa fè, e yo vin koupab; ¹⁴ lè peche ke yo te kòmèt la, vin konnen, alò, asanble a va ofri yon ʷtowo nan twoupo a kòm yon ofrann peche, e yo va pote li devan tant asanble a. ¹⁵ Answit, ˣansyen nan asanble yo va poze men yo sou tèt towo a devan SENYÈ a, epi towo a va touye devan SENYÈ a. ¹⁶ Answit, prèt onksyone a dwe pote kèk nan san towo a nan tant asanble a. ¹⁷ Konsa, ʸprèt la va fonse dwèt li nan san an e flite li sèt fwa devan SENYÈ a, devan vwal la. ¹⁸ Li va mete kèk nan san sou kòn ᶻlotèl ki devan SENYÈ a nan tant asanble a; epi rès san li va vide nan baz lotèl ofrann brile ki nan pòtay tant asanble a. ¹⁹ ᵃLi va retire tout grès li ladann e li va ofri li nan lafimen sou lotèl la. ²⁰ Li va osi fè avèk towo a menm bagay li te fè avèk ᵇtowo ofrann peche a; se konsa li va fè avèk l. Konsa, ᶜprèt la va fè ekspiyasyon pou yo, e yo va vin padone. ²¹ Answit, li dwe pote towo a yon kote deyò kan an pou brile li jan li te brile premye towo a. Li se ᵈofrann peche pou asanble a.

²² "'Lè ᵉyon diri jan fè peche, e san movèz entansyon vin fè nenpòt nan bagay ke SENYÈ a, Bondye te kòmande pou li pa fè yo, e li vin koupab, ²³ si peche ke li te fè a vin konnen a li menm, li va pote pou ofrann li, yon ᶠkabrit, yon mal san defo. ²⁴ Li va poze men li sou tèt mal kabrit la a touye li nan plas kote yo touye ofrann brile devan SENYÈ a. Li se yon ofrann peche. ²⁵ Answit, prèt la dwe pran kèk nan san ofrann peche a avèk dwèt li e mete li sou ᵍkòn lotèl pou ofrann brile a. Konsa, rès san li an, prèt la va vide nan baz lotèl ofrann brile a. ²⁶ ʰTout grès li a, prèt la va ofri nan lafimen sou lotèl la menm jan an nan ka grès sakrifis ofrann lapè a. Konsa prèt la va fè ekspiyasyon pou li selon peche pa li, e li vin padone.

²⁷ "'Alò, si nenpòt moun pami pèp òdinè a peche ⁱsan movèz entansyon nan fè nenpòt nan bagay ke SENYÈ a te kòmande pou pa fè yo, e li vin koupab, ²⁸ si peche li a vin konnen a li menm, alò, li va pote pou ofrann pa li a, yon ʲkabrit, yon femèl san defo, pou peche ke li te kòmèt la. ²⁹ ᵏLi va poze men l sou tèt ofrann peche a, e li va touye ofrann peche a nan

---

ᵃ **3:5** Egz 29:38-42   ᵇ **3:6** Lev 3:1   ᶜ **3:7** Lev 17:8-9   ᵈ **3:8** Lev 1:4   ᵉ **3:8** Lev 3:2   ᶠ **3:9** Lev 17:5
ᵍ **3:10** Lev 3:4-15   ʰ **3:11** Lev 3:16   ⁱ **3:12** Nonb 15:6-11   ʲ **3:15** Lev 3:4   ᵏ **3:16** Lev 7:23-25   ˡ **3:17** Lev 7:26
ᵐ **4:3** Lev 4:14-28   ⁿ **4:4** Lev 1:4   ᵒ **4:5** Lev 4:3-17   ᵖ **4:6** Egz 40:21-26   ᵠ **4:7** Lev 8:15   ʳ **4:8** Lev 3:3-4
ˢ **4:9** Lev 3:4   ᵗ **4:11** Lev 9:11   ᵘ **4:12** Lev 4:21   ᵛ **4:13** Nonb 15:24-26   ʷ **4:14** Lev 4:3-28   ˣ **4:15** Lev 8:14-22
ʸ **4:17** Lev 4:6   ᶻ **4:18** Lev 4:7-34   ᵃ **4:19** Lev 4:8   ᵇ **4:20** Lev 4:8-21   ᶜ **4:20** Nonb 15:25   ᵈ **4:21** Lev 4:13
ᵉ **4:22** Nonb 31:13   ᶠ **4:23** Lev 4:3-28   ᵍ **4:25** Lev 4:7-34   ʰ **4:26** Lev 4:19   ⁱ **4:27** Lev 4:2   ʲ **4:28** Lev 4:3-32
ᵏ **4:29** Lev 1:4

menm plas ofrann brile a. ³⁰ Prèt la va pran kèk nan san li an avèk dwèt li, e li va mete li sou kòn ᵃlotèl ofrann brile a; epi tout rès san li an, prèt la va vide l nan baz lotèl la. ³¹ ᵇAnswit, li va retire tout grès li, jis jan grès la te retire nan sakrifis ofrann lapè yo; epi prèt la va ofri li nan lafimen sou lotèl la pou yon odè santi bon pou SENYÈ a. Konsa prèt la va fè ekspiyasyon pou li, e li va vin padone.

³² "'Men si li pote yon ᶜjenn mouton kòm ofrann li pou ofrann peche a, li va pote li, yon femèl san defo. ³³ ᵈLi va poze men l sou tèt ofrann peche a, e li va touye li kòm yon ofrann peche ᵉnan plas kote yo touye ofrann brile a. ³⁴ Prèt la dwe pran kèk nan san ofrann pechɛ a avèk dwèt li e mete li sou kòn ᶠlotèl ofrann brile a, epi tout rès san li an, prèt la va vide li nan baz lotèl la. ³⁵ Answit, li va retire tout grès li, menm jan grès jenn mouton an te retire nan sakrifis ofrann lapè yo, epi prèt la va ofri yo nan lafimen bay SENYÈ a. Konsa ᵍprèt la va fè ekspiyasyon pou li selon peche li, sa ke li te komèt la, e li va vin padone.

5 "'Alò, si yon moun peche lè l rele pou fè ʰtemwayaj tribinal kòn yon temwen, konsènan si li te wè oubyen otreman vin konnen yon bagay, si li pa pale sa, alò, li va pote koupabilite pa li.

² "'Oubyen, si yon moun touche ⁱnenpòt bagay ki pa pwòp, kit se yon kadav bèt pa pwòp, kit se yon kadav bèf ki pa pwòp, kit se kadav yon desen bèt vivan ki pa pwòp, malgre ke sa ta kache de li pou li pa konnen, e li pa pwòp, alò li va koupab. ³ Oubyen, si li ta touche afè moun ki pa pwòp, nenpòt sa li ye ki fè l vin pa pwòp la, epi sa kache de li, e answit, li vin konn sa, li va koupab. ⁴ Oubyen, si yon moun ʲsèmante san reflechi avèk bouch li, kit se pou fè mal, kit se pou fè byen, nan nenpòt afè ke yon nonm ta pale san reflechi avèk yon sèman, epi sa kache de li, e answit li vin konn sa, li va koupab nan youn nan sa yo. ⁵ Se konsa li va ye lè li vin koupab nan youn nan sa yo, ke li va ᵏkonfese nan sa ke li te fè peche a. ⁶ Li va osi pote ofrann koupabilite li a bay SENYÈ a pou peche ke li te komèt la: ˡyon femèl ki sòti nan bann bèt la, yon jenn mouton, oswa yon kabrit kòm yon ofrann peche. Konsa prèt la va fè ekspiyasyon nan non li pou peche li a.

⁷ "'Men si li pa gen mwayen pou bay yon jenn mouton oswa kabrit, alò li va pote bay SENYÈ a kòm ofrann koupabilite pou peche ke li te komèt la, de toutrèl oswa de jenn pijon, ᵐyoun pou yon ofrann peche a, e lòt la, pou yon ofrann brile. ⁸ Li va pote yo bay prèt la, ki va ofri, premyèman, sa ki pou ofrann peche a, e li va tranche tèt li pa devan kou a ⁿsan ke li pa fin separe li nèt. ⁹ Li va osi flite kèk nan san ofrann peche a sou kote lotèl la, e rès san an va koule degoute nan baz lotèl la. Li se yon ofrann peche. ¹⁰ Dezyèm nan, li va, answit, prepare kòm yon ofrann brile ᵒselon òdonans lan. Epi prèt la va fè ekspiyasyon nan non li menm pou peche ke li te komèt la, e li va vin padone.

¹¹ "'Men si ᵖmwayen li pa sifi pou de toutrèl oswa de jenn pijon yo, alò pou ofrann li pou peche ke li te komèt la, li va pote yon dizyèm efa farin fen pou ofrann peche a. Li p ap mete lwil sou li ni mete lansan sou li, paske se yon ofrann peche. ¹² Li va pote li bay prèt la, e prèt la va pran men plen de li kòm yon pati komemoratif, pou ofri li nan lafimen sou lotèl la, avèk ofrann bay SENYÈ a pa dife. Li se yon ofrann peche. ¹³ Alò, prèt la va fè ekspiyasyon pou li konsènan peche ke li te komèt soti nan ᵠyoun nan sila yo, e sa va padone li. Konsa, rès la va vin pou prèt la menm jan ak ofrann sereyal la.'"

¹⁴ Answit SENYÈ a te pale avèk Moïse e t ap di: ¹⁵ "Si yon moun pa fidèl, e peche san movèz entansyon kont bagay ki sen pou SENYÈ a, alò li va pote ʳofrann koupabilite li devan SENYÈ a; yon ˢbelye san defo ki sòti nan bann bèt la, selon valè an ajan de sik, an valè de sik sanktiyè a kòm yon ofrann koupabilite. ¹⁶ Li va peye pou peche ke li te fè kont bagay sen an, e li va mete sou li yon senkyèm pati anplis pou pote bay prèt la. Prèt la, alò va fè ekspiyasyon pou li avèk belye a ofrann koupabilite a, e Li va padone.

¹⁷ "Alò, si yon moun peche e fè nenpòt nan bagay ke SENYÈ a te kòmande pou pa fè yo, ᵗmalgre li pa t konnen sa, li tou jou koupab e li va pote koupabilite li. ¹⁸ Li dwe, alò, pote bay prèt la yon ᵘbelye san defo ki sòti nan bann bèt la, selon sa ou estime, pou yon ofrann koupabilite. Alò, prèt la va fè ekspiyasyon pou li konsènan tò li ladann li te fè peche san movèz entansyon, e pa t konnen sa a, e li va padone. ¹⁹ Li se yon ofrann koupabilite. Sètènman, li koupab devan SENYÈ a."

6 Alò, SENYÈ a te pale avèk Moïse. Li te di: ² "Lè yon moun peche e a ji avèk movèz fwa kont SENYÈ a, epi twonpe pwochen li an sou yon depo la jan oswa yon sekirite ke li te konfye bay li, oswa pa vòl, oubyen li te fè li pa vyòl konfyans, ³ oubyen, si l ᵛte twouve sa ki te pèdi a, te fè manti sou sa ak fo sèman, pouke li peche nan nenpòt nan bagay ke yon moun kapab fè yo; ⁴ alò li va rive, ke lè li peche e vin koupab, li va ʷremèt sa ke li te pran pa vòl la, oubyen sa ke li te vin gen pa vyòl konfyans lan, oubyen depo ki te plase nan men li an, oubyen sa ki te pèdi ke li te twouve a, ⁵ oubyen, nenpòt de sa li te fè fo sèman an. Li va fè remèt li nèt e mete sou li yon senkyèm anplis. ˣLi va bay li a sila li apatyen an, nan menm jou li prezante ofrann koupabilite li a. ⁶ Li va pote bay prèt la ofrann koupabilite li a, bay SENYÈ a, ʸyon belye san defo ki soti nan bann bèt la, selon sa ou estime, pou yon ofrann koupabilite. ⁷ Konsa, prèt la va fè ekspiyasyon pou li devan SENYÈ a, e li va

---

ᵃ **4:30** Lev 4:7-34   ᵇ **4:31** Lev 4:8   ᶜ **4:32** Lev 4:28   ᵈ **4:33** Lev 1:4-5   ᵉ **4:33** Lev 4:29   ᶠ **4:34** Lev 4:7-30
ᵍ **4:35** Lev 4:20   ʰ **5:1** Pwov 29:24   ⁱ **5:2** Nonb 19:11-16   ʲ **5:4** Nonb 30:6-8   ᵏ **5:5** Lev 16:21   ˡ **5:6** Lev 4:22-34
ᵐ **5:7** Lev 12:6-8   ⁿ **5:8** Lev 1:17   ᵒ **5:10** Lev 1:14-17   ᵖ **5:11** Lev 14:21-32   ᵠ **5:13** Lev 5:4-5; Lev 2:3
ʳ **5:15** Lev 7:1-10   ˢ **5:15** Lev 6:6   ᵗ **5:17** Lev 4:2   ᵘ **5:18** Lev 5:15   ᵛ **6:3** Egz 23:4   ʷ **6:4** Lev 24:18-21
ˣ **6:5** Nonb 5:7-8   ʸ **6:6** Lev 5:5

padone pou nenpòt nan bagay sa yo ke li te fè pou vin koupab."

8 Alò, SENYÈ a te pale a Moïse, e t ap di: **9** "Kòmande Aaron avèk fis li yo e di: 'Sa se [a]lalwa pou ofrann brile a: ofrann brile a li menm va retire nan fwaye lotèl la tout nwit lan jis rive nan maten, epi dife sou lotèl la va kontinye brile sou li. **10** Prèt la dwe abiye an [b]vètman len fen pa li a, e li va mete sou vètman li touprè chè li. Konsa, li va pran sann dife yo nan ofrann brile a pou dife a ki vin redwi sou lotèl la e plase yo akote lotèl la. **11** Answit, li va retire vètman sa yo pou mete lòt vètman. Epi li va pote sann yo deyò kan an nan yon plas ki pwòp. **12** Dife sou lotèl la dwe kontinye brile sou li. Li pa pou tenyen, men prèt la va brile bwa sou li chak maten. Li va pozisyone ofrann brile a sou li, e ofri [c]sou li nan lafimen pati grès ofrann lapè yo. **13** Dife a dwe kontinye brile nèt sou lotèl la; li pa pou tenyen.

14 "'Alò, sa se lalwa ofrann sereyal la: fis Aaron yo va prezante li devan SENYÈ a, devan lotèl la. **15** [d]Answit, li va leve soti de li yon men plen avèk farin fen ofrann sereyal la, avèk lwil li ak tout lansan ki sou ofrann sereyal la, epi li va ofri li anlè nan lafimen sou lotèl la, yon odè santi bon, kòm yon ofrann souvni bay SENYÈ a. **16** [e]Sa ki rete nan li a, Aaron avèk fis li yo dwe manje. Li va manje tankou gato san ledven nan yon plas ki sen. Yo dwe manje li nan galeri tant asanble a. **17** [f]Li p ap boukannen avèk ledven. Mwen te bay li kòm pòsyon pa yo nan ofrann pa M pa dife a. Li pi sen pase tout, kòm ofrann peche ak ofrann koupabilite a. **18** [g]Chak mal pami fis Aaron yo kapab manje li. Li se yon òdonans pèmanan, atravè jenerasyon nou yo, soti nan ofrann dife bay SENYÈ a. [h]Nenpòt moun ki touche yo va sen.'"

19 Alò, SENYÈ a te pale a Moïse. Li te di: **20** "Sa se ofrann ke Aaron avèk fis li yo dwe prezante bay SENYÈ a nan jou ke li onksyone a: dizyèm nan yon efa farin fen kòm yon [i]ofrann sereyal nòmal, mwatye nan li nan maten e mwatye nan li nan aswè. **21** Li va prepare avèk lwil nan yon [j]pwalon. Lè li fin byen vire, ou va pote li. Ou va prezante ofrann sereyal la an mòso boukannen kòm bon sant bay SENYÈ a. **22** Prèt onksyone a ki nan plas li pami fis li yo va ofri li. Pa yon òdonans pèmanan, li va ofri tout nèt nan lafimen bay SENYÈ a. **23** Konsa, chak ofrann sereyal va konplètman brile nan lafimen bay SENYÈ a."

24 Alò SENYÈ a te pale avèk Moïse. Li te di: **25** "Pale avèk Aaron ak fis li yo pou di: 'Sa se lalwa ofrann peche a: [k]nan plas kote ofrann brile a vin touye a, ofrann peche a va touye devan SENYÈ a. Li pi sen pase tout. **26** [l]Prèt la ki ofri li pou peche a va manje li. Li va manje yon kote ki sen, nan galeri a tant asanble a. **27** [m]Nenpòt moun ki touche chè li va vin sen. Lè kèk nan san li vin gaye sou yon vètman, nan yon lye sen, ou va lave sa ki te gaye sou li a. **28** Osi [n]po a jil ladann li te bouyi a va kraze; epi si li te bouyi nan yon veso an bwonz, alò li va lave byen lave, e rense nan dlo. **29** Chak mal pami prèt yo kapab manje ladann. [o]Li pi sen pase tout. **30** Men okenn ofrann peche ki te gen [p]san ki te pote antre nan tant asanble a pou fè ekspiyasyon nan lye sen an p ap manje. Li va brile avèk dife.

7 "'Alò sa se lalwa [q]ofrann koupabilite a: li pi sen pase tout. **2** Nan [r]plas kote yo touye ofrann brile a, yo dwe touye ofrann koupabilite a, e li va flite san li toupatou sou lotèl la. **3** Answit, li va ofri li avèk tout grès li: [s]grès ke avèk grès ki kouvri zantray yo, **4** ak de ren yo avèk grès ki sou yo, ki nan pati senti a; epi gwo bout fwa a, li va retire [t]avèk ren yo. **5** Prèt la va ofri yo nan lafimen sou lotèl la kòm yon ofrann pa dife bay SENYÈ a. Li se yon ofrann koupabilite. **6** [u]Chak mal pami prèt yo kapab manje li. Li pi sen pase tout.

7 "'Ofrann koupabilite a se tankou ofrann peche a, se yon sèl lwa pou yo. [v]Prèt li fè ekspiyasyon avèk li a va genyen li. **8** Osi, prèt ki prezante ofrann brile a nenpòt moun nan, prèt sa a va gen pou li menm, po a ofrann brile ke li te prezante a. **9** Menm jan an, chak ofrann sereyal ki vin kwit nan fou a ak tout bagay ki prepare nan yon [w]pwalon va rete pou prèt ki prezante li a. **10** Tout ofrann sereyal, mele avèk lwil oswa sèch, va vin apatyen a tout fis Aaron yo, tout menm jan an.

11 "'Alò, sa se lalwa [x]sakrifis ofrann lapè ki va prezante bay SENYÈ a. **12** Si li ofri li pou bay remèsiman, alò, ansanm avèk sakrifis remèsiman an, li va ofri gato san ledven mele avèk lwil, galèt kouvri avèk lwil, ak gato farin fen mele avèk lwil. **13** Avèk sakrifis ofrann lapè pou bay remèsiman an, li va prezante ofrann li an avèk gato pen [z]san ledven. **14** De sa, li va prezante youn nan chak ofrann kòm yon don bay SENYÈ a. [a]Li va apatyen a prèt ki flite san ofrann lapè yo. **15** [b]Alò, pou chè a sakrifis ofrann lapè li yo, li va manje nan jou ke li ofri a. Li p ap kite anyen nan li rete pou maten.

16 "'Men si sakrifis lapè a se yon [c]ofrann pou fè ve, oswa yon ofrann bòn volonte, li va manje nan jou ke li ofri sakrifis la. Epi nan pwochen jou a, sa ki rete a, ap kapab manje; **17** [d]men sa ki rete nan chè sakrifis la, nan twazyèm jou a, va brile avèk dife. **18** Alò, si nenpòt moun chè sakrifis ofrann lapè yo ta janm manje nan twazyèm jou a, sila ki ofri li a, p ap aksepte, e li p ap konte nan avantaj li. Li va yon [e]bagay lèd, e moun ki manje ladann nan, va pote pwòp inikite pa li.

---

[a] **6:9** Egz 29:38-42 [b] **6:10** Egz 28:39-42 [c] **6:12** Lev 3:5 [d] **6:15** Lev 2:2-9 [e] **6:16** Lev 10:12-14 [f] **6:17** Lev 2:11
[g] **6:18** I Kwo 9:13 [h] **6:18** Lev 6:27 [i] **6:20** Nonb 4:16 [j] **6:21** Lev 2:5 [k] **6:25** Lev 1:11 [l] **6:26** Lev 6:29
[m] **6:27** Lev 7:19 [n] **6:28** Lev 11:33 [o] **6:29** Lev 6:17-25 [p] **6:30** Lev 4:1-21 [q] **7:1** Lev 5:14-19 [r] **7:2** Lev 1:11
[s] **7:3** Lev 3:9 [t] **7:4** Lev 3:4 [u] **7:6** Lev 6:18-29 [v] **7:7** I Kor 9:13 [w] **7:9** Lev 2:5 [x] **7:11** Lev 3:1 [y] **7:12** Lev 2:4
[z] **7:13** Lev 3:1-17 [a] **7:14** Nonb 18:8-19 [b] **7:15** Lev 22:29-30 [c] **7:16** Lev 19:5-8 [d] **7:17** Egz 12:10
[e] **7:18** Lev 19:7

¹⁹ "'Osi, chè ki touche yon bagay ki pa pwòp p ap manje. Li va brile avèk dife. Pou lòt chè, nenpòt moun ki pwòp kapab manje chè sa a. ²⁰ ᵃMen moun ki manje chè sakrifis ofrann lapè ki apatyen a SENYÈ a lè l pa pwòp, moun sa a va vin ᵇkoupe retire de pèp li a. ²¹ Lè yon moun touche yon bagay ki pa pwòp, kit se bagay sal ki sòti nan moun, kit se yon bèt ki pa pwòp, kit se yon vye bagay sal, e manje chè sakrifis ofrann lapè ki apatyen a SENYÈ a, moun sa a va vin koupe retire de pèp li a.'"

²² Answit, SENYÈ a te pale a Moïse. Li te di: ²³ "Pale avèk fis Israël yo e di: 'Nou pa pou manje ᶜokenn grès a yon bèf, yon mouton, oswa yon kabrit. ²⁴ Osi, grès a yon bèt ki mouri e grès a yon bèt ki ᵈdechire pa bèt parèy li kapab mete a nenpòt lòt sèvis, men anverite, nou pa pou manje li. ²⁵ Paske nenpòt moun ki manje nan grès animal ki soti nan yon ofrann pa dife ki ofri bay SENYÈ a, menm moun ki manje l, va koupe retire de pèp li a. ²⁶ ᵉNou pa pou bwè okenn san, ni san zwazo, ni san bèt, ni okenn san nan abitasyon nou yo. ²⁷ Nenpòt moun ki bwè nenpòt san, menm moun sa a va koupe retire de pèp li a.'"

²⁸ Answit, SENYÈ a te pale a Moïse. Li te di: ²⁹ "Pale avèk fis Israël yo, e di: 'Sila ki ofri ᶠsakrifis ofrann lapè bay SENYÈ a, va pote ofrann li an bay SENYÈ a soti nan sakrifis ofrann lapè li a. ³⁰ Se pwòp men li ki va pote ofrann pa dife a bay SENYÈ a. Li va pote grès la avèk pwatrin nan, pou ᵍpwatrin nan kapab prezante kòm yon ofrann voye anlè devan SENYÈ a. ³¹ Prèt la va ofri grès la nan lafimen sou lotèl la, men ʰpwatrin nan va pou Aaron avèk fis li yo. ³² Nou va bay ⁱkwis dwat la a prèt la kòm yon don ki sòti nan sakrifis ofrann lapè nou yo. ³³ Sila pami fis Aaron ki ofri san ofrann lapè a ak grès la, kwis dwat la va pou li kòm pati pa li. ³⁴ Paske, Mwen te pran ʲpwatrin nan ofrann vag la ak kwis la ki te bay pa fis Israël yo ki sòti nan ofrann lapè pa yo a pou bay yo a Aaron, prèt la, ak fis li yo, kòm dwa yo pou tout tan ki sòti nan fis Israël yo.'"

³⁵ Se sa ki konsakre a Aaron e ᵏki konsakre a fis li yo soti nan ofrann brile bay SENYÈ a, depi jou ke li te prezante yo pou sèvi kòm prèt bay SENYÈ a. ³⁶ Sa yo SENYÈ a te kòmande pou bay yo sòti nan fis Israël yo nan jou ke li te ˡonksyone yo a. Se dwa yo pou tout tan atravè tout jenerasyon pa yo.

³⁷ Sa se lalwa pou ofrann brile a, ofrann sereyal, ofrann peche, ofrann koupabilite, ofrann ᵐòdinasyon ak sakrifis ofrann lapè yo, ³⁸ ⁿke SENYÈ a te kòmande Moïse nan Mòn Sinaï nan jou ke li te kòmande fis Israël yo pou prezante ofrann pa yo bay SENYÈ a nan dezè Sinaï a.

8

Alò, SENYÈ a te pale a Moïse. Li te di: ² "ºPran Aaron ak fis li yo avè l, avèk vètman yo, lwil onksyon an, towo ofrann peche a, de belye, ak panyen pen san ledven an, ³ epi reyini tout asanble a nan pòtay tant asanble a."

⁴ Alò, Moïse te fè ojis sa ke SENYÈ a te kòmande li a. Lè asanble a te fin reyini nan pòtay tant asanble a, ⁵ Moïse te di asanble a: "Sa se bagay ke SENYÈ a te kòmande pou fè yo." ⁶ Konsa, ᵖMoïse te fè Aaron avèk fis li yo vin pwoche e te ᵠbenyen yo avèk dlo. ⁷ Li te ʳmete yon tinik sou li, mare senti li avèk yon sentiwon an twal, abiye li avèk yon manto, mete efòd la sou li; epi li te tache ban atistik efòd la e mare l sou li. ⁸ Li te mete pyès lestomak la sou li. Anplis, nan pyès lestomak la, li te mete ˢOurim nan avèk Toumim nan. ⁹ Li te plase plastwon an sou tèt li. Sou plastwon an, pa devan, li te mete ᵗplak an lò a, kouwòn sen an, jan SENYÈ a te kòmande Moïse la.

¹⁰ Alò, Moïse te pran ᵘlwil onksyon an e te onksyone tabènak la ak tout sa ki te ladann, epi li te konsakre yo. ¹¹ Li te flite kèk lwil ladann sou lotèl la sèt fwa, e li te onksyone lotèl la avèk tout zouti li yo, ak basen an avèk baz li pou ᵛkonsakre yo. ¹² Konsa, li te vide kèk nan ʷlwil onksyon an sou tèt Aaron, e li te onksyone li, pou konsakre li.

¹³ ˣ Apre sa, Moïse te fè fis Aaron yo pwoche. Li te abiye yo avèk tinik yo, mare senti yo avèk sentiwon an twal yo e mare kas yo sou yo, jan SENYÈ a te kòmande Moïse la.

¹⁴ Answit, li te pote ʸtowo ofrann peche a, e Aaron avèk fis li yo te poze men yo sou tèt towo ofrann peche a. ¹⁵ Apre sa, Moïse te touye li. Li te pran san an avèk dwèt li, li te ᶻmete kèk nan li toupatou sou kòn lotèl la, e te pirifye lotèl la. Rès san an, li te vide li nan baz lotèl la, e li te konsakre li pou fè ekspiyasyon pou li. ¹⁶ Li te osi ᵃpran tout grès ki te sou zantray yo avèk gwo mòso fwa a, de ren yo avèk grès pa yo. Moïse te ofri li nan lafimen sou lotèl la. ¹⁷ ᵇMen towo a avèk po li ak chè li, ak watè li, li te brile yo nan dife a deyò kan an jan SENYÈ a te kòmande Moïse la.

¹⁸ Alò, li te prezante ᶜbelye ofrann brile a. Aaron avèk fis li yo te poze men yo sou tèt belye a. ¹⁹ Moïse te touye li e li te flite san an toutotou lotèl la. ²⁰ Lè li te fin koupe belye a an mòso, Moïse te ᵈofri tèt la, mòso yo ak grès di ki kouvri ren yo nan lafimen. ²¹ Apre li te fin lave zantray yo ak janm yo avèk dlo, Moïse te ᵉofri tout belye a nan lafimen sou lotèl la. Se te ofrann brile a pou yon bon odè. Li te yon ofrann pa dife bay SENYÈ a, jis jan ke SENYÈ a te kòmande Moïse la.

²² Answit, li te prezante dezyèm belye a, ᶠbelye òdinasyon an. Aaron avèk fis li yo te poze men yo sou tèt belye a. ²³ Moïse te touye li, pran kèk nan san li e li te ᵍmete li sou tèt zòrèy dwat Aaron, sou pous men dwat li ak gwo zòtèy pye dwat li. ²⁴ Osi, li te fè fis Aaron yo vin toupre; epi Moïse te mete

---

ᵃ **7:20** Nonb 19:13   ᵇ **7:20** Lev 7:25   ᶜ **7:23** Lev 3:17   ᵈ **7:24** Egz 22:31   ᵉ **7:26** I Sam 14:33   ᶠ **7:29** Lev 3:1
ᵍ **7:30** Egz 29:26-27   ʰ **7:31** Nonb 18:11   ⁱ **7:32** Egz 29:27   ʲ **7:34** Egz 29:27   ᵏ **7:35** Nonb 18:8
ˡ **7:36** Egz 40:13-15   ᵐ **7:37** Egz 29:22-34   ⁿ **7:38** Lev 26:46   ᵒ **8:2** Egz 28:1   ᵖ **8:6** Egz 29:4-5   ᵠ **8:6** I Kor 6:11
ʳ **7:20** Egz 28:4   ˢ **8:8** Esd 2:63   ᵗ **8:9** Egz 28:36   ᵘ **8:10** Egz 30:26-29   ᵛ **8:11** Egz 29:36-37   ʷ **8:12** Lev 21:10-12
ˣ **8:13** Egz 28:8-9   ʸ **8:14** Sòm 66:15   ᶻ **8:15** Lev 4:7   ᵃ **8:16** Egz 29:13   ᵇ **8:17** Egz 29:14   ᶜ **8:18** Egz 29:15
ᵈ **8:20** Lev 1:8   ᵉ **8:21** Egz 29:18   ᶠ **8:22** Egz 29:31   ᵍ **8:23** Egz 29:20-21

kèk nan san an sou tèt zòrèy dwat la, sou pous men dwat yo, ak sou gwo zòtèy pye dwat yo. Alò, Moïse te ᵃflite rès san an toutotou lotèl la. ²⁵ Li te pran grès la, grès ke a, tout grès ki te sou zantray yo, gwo mòso fwa a, de ren yo avèk grès pa yo ak kwis dwat la. ²⁶ Nan ᵇpanyen pen san ledven ki te devan SENYÈ a, li te retire yon gato pen san ledven, yon gato pen mele avèk lwil ak yon galèt, e li te plase yo sou pati grès yo ak sou kwis dwat la. ²⁷ Answit, li te ᶜmete tout sa yo nan men Aaron ak nan men fis li yo, e li te prezante yo kòm yon ofrann balanse an lè devan SENYÈ a. ²⁸ Answit, Moïse te ᵈpran yo nan men yo, e li te ofri yo nan lafimen sou lotèl la avèk ofrann brile yo. Yo te yon ofrann òdinasyon pou yon bon odè. ᵉSe te yon ofrann pa dife bay SENYÈ a. ²⁹ Moïse te pran ᶠpwatrin nan, e li te prezante li kòm yon ofrann balanse an lè devan SENYÈ a. Sa te pati pa Moïse nan belye òdinasyon an, jis jan ke SENYÈ a te kòmande Moïse la.

³⁰ Alò, Moïse ᵍte pran kèk nan lwil onksyon an e kèk nan san ki te sou lotèl la, e li te flite li sou Aaron, sou vètman pa li, sou fis li yo, sou vètman pou fis li yo avèk pa li a. Konsa, li te konsakre Aaron, vètman li yo, fis li yo ak vètman a fis li yo ansanm avèk li menm.

³¹ Answit, Moïse te di a Aaron ak fis li yo: ʰ"Bouyi chè a nan pòtay tant asanble a, e manje li ansanm avèk pen ki nan panyen ofrann òdinasyon an, jis jan ke m te kòmande a lè m te di: 'Aaron avèk fis li yo va manje li.' ³² ⁱSa ki rete nan chè a ak nan pen an, ou va brile li nan dife. ³³ ʲPandan sèt jou, nou pa pou sòti deyò pòtay tant asanble a, jis rive jou ke tan òdinasyon nou an fini: paske li va òdone nou pandan sèt jou.

³⁴ "Sa ki te fèt la jodi a, konsa, SENYÈ a te bay lòd pou fè, pou fè ekspiyasyon pou nou. ³⁵ Nan pòtay tant asanble a, anplis, nou va rete lajounen kon lannwit pandan sèt jou pou ᵏkenbe lòd SENYÈ a pou nou pa mouri: paske se konsa mwen resevwa lòd la."

³⁶ Konsa, Aaron avèk fis li yo te fè tout bagay ke SENYÈ a te kòmande atravè Moïse yo.

9 Alò, li te vin rive ˡnan uityèm jou a ke Moïse te rele Aaron, fis li yo ak ansyen an Israël yo. ² Konsa, li te di a Aaron: "ᵐPran pou nou menm yon jenn kabrit, yon jenn towo pou yon ofrann peche ak yon belye pou yon ofrann brile, tou de san defo, e ofri yo devan SENYÈ a. ³ Epi a fis Israël yo nou va pale pou di: 'Pran yon mal kabrit pou yon ofrann peche, ak yon jenn kabrit avèk yon jenn mouton, toude nan laj yon ane, san defo, pou yon ofrann brile, ⁴ epi yon bèf avèk yon belye pou ofrann lapè a, pou fè sakrifis devan SENYÈ a; e yon ofrann sereyal melanje avèk lwil: paske jodi a, ⁿSENYÈ a va parèt a nou menm.'"

⁵ Donk, yo te pran sa ke Moïse te kòmande devan tant asanble a. Tout asanble a te rapwoche pou kanpe devan SENYÈ a. ⁶ Moïse te di: "Sa se bagay ke SENYÈ a te kòmande nou pou fè, pou ᵒglwa SENYÈ a kapab parèt a nou menm."

⁷ Konsa, Moïse te di a Aaron: "Vin toupre lotèl la, e ᵖofri ofrann peche ak ofrann brile nou yo, pou nou kapab fè ekspiyasyon pou nou menm, ak pou pèp la; pou nou kapab fè ekspiyasyon pou yo, jan SENYÈ a te kòmande a."

⁸ ᵠDonk, Aaron te vin toupre lotèl la. Li te touye jenn kabrit la, ofrann peche ki te pou li menm nan. ⁹ Fis Aaron yo te prezante san an ba li. Li te fonse dwèt li nan san an, li te ʳmete kèk sou kòn lotèl la, e li te vide rès san an nan baz lotèl la. ¹⁰ Grès la, ren yo avèk gwo mòso fwa ofrann peche a, li te ofri yo nan lafimen sou lotèl la, jis jan ke SENYÈ a te kòmande Moïse la. ¹¹ Men ˢchè a avèk po a, li te brile yo avèk dife deyò kan an.

¹² Answit, li te touye ofrann brile a; epi fis Aaron yo te lonje bay li san an, e li te flite li toupatou sou lotèl la. ¹³ Yo te lonje ofrann brile a ba li an mòso avèk tèt la, e li te ofri yo nan lafimen sou lotèl la. ¹⁴ Li te lave zantray yo avèk janm yo, e li te ofri yo nan lafimen avèk ofrann brile yo sou lotèl la.

¹⁵ Answit, li te prezante ofrann pèp la, e li te pran ᵗkabrit ofrann peche ki te pou pèp la. Li te touye li e li te ofri li pou peche, tankou premye a.

¹⁶ Li te prezante osi ofrann brile a. Li te ofri li selon ᵘòdonans lan. ¹⁷ Apre, li te prezante ᵛofrann sereyal la, li te plen men li avèk kèk ladann. Konsa, li te ofri li nan lafimen sou lotèl la, anplis de ofrann brile nan maten a.

¹⁸ Answit, ʷli te touye bèf la avèk belye a, sakrifis lapè ki te pou pèp la. Fis Aaron yo te lonje ba li san an pou li te flite li toupatou sou lotèl la; ¹⁹ ak pati grès ki sòti nan bèf la, nan belye a, grès ke a ak grès ˣki kouvri ren yo avèk gwo mòso fwa a, ²⁰ epi yo te plase pati grès sou pwatrin yo. Konsa, li te ofri yo nan lafimen sou lotèl la. ²¹ Men ʸpwatrin yo avèk kwis dwat la, Aaron te prezante yo kòm yon ofrann balanse an lè devan SENYÈ a, jis jan ke Moïse te kòmande a.

²² Alò, Aaron te leve men li anlè vè pèp la e li te ᶻbeni yo. Konsa, li te desann lè l te fin fè ofrann peche, ofrann brile a ak ofrann lapè yo.

²³ Moïse avèk Aaron te antre nan tant asanble a. Lè yo te sòti e te beni pèp la, ᵃlaglwa SENYÈ a te parèt a tout pèp la. ²⁴ ᵇAnswit, dife te sòti devan SENYÈ a, e ofrann nan te brile nèt ak pati grès sou lotèl la. Lè tout pèp la te wè sa, yo te rele fò, e yo te tonbe sou figi yo.

ᵃ **8:24** Eb 9:18-22   ᵇ **8:26** Egz 29:23   ᶜ **8:27** Egz 29:24   ᵈ **8:28** Egz 29:25   ᵉ **8:28** Jen 8:21   ᶠ **8:29** Lev 7:31-34
ᵍ **8:30** Egz 29:21   ʰ **8:31** Egz 29:31   ⁱ **8:32** Egz 29:34   ʲ **8:33** Egz 29:35   ᵏ **8:35** I Wa 2:3   ˡ **9:1** Éz 43:27   ᵐ **9:2** Egz 29:1   ⁿ **9:4** Egz 29:43   ᵒ **9:6** Egz 24:16   ᵖ **9:7** Eb 5:3   ᵠ **9:8** Lev 4:1-12   ʳ **9:9** Lev 4:7
ˢ **9:11** Lev 4:11   ᵗ **9:15** Lev 4:27-31   ᵘ **9:16** Lev 1:1-13   ᵛ **9:17** Lev 2:1-3   ʷ **9:18** Lev 3:1-11   ˣ **9:19** Lev 3:9
ʸ **9:21** Egz 29:26-27   ᶻ **9:22** Det 21:5   ᵃ **9:23** Lev 9:6   ᵇ **9:24** I Wa 18:38-39

10 Alò Nadab avèk Abihu, fis Aaron yo, te pran pwòp [a]plato sann dife pa yo. Lè yo te fin mete dife ladan yo, yo te mete lansan sou li e yo te ofri dife etranj la devan SENYÈ a, ke Li pa t kòmande yo fè.
² [b]Konsa, dife te sòti nan prezans SENYÈ a, e te brile yo nèt. Yo te mouri devan SENYÈ a.
³ Answit, Moïse te di a Aaron: "Se sa ke SENYÈ a te pale lè L te di:

[c]'Mwen va demontre M sen a sila ki vin pwoch Mwen yo,
e devan tout pèp la Mwen va onore.'"

Konsa, Aaron te gade silans.
⁴ Moïse te rele osi [d]Mischaël ak Eltsaphan, fis a tonton Aaron an, Uziel. Li te di yo: "Avanse; pote moun fanmi nou yo sòti devan sanktyè a pou rive deyò kan an." ⁵ Konsa, yo te avanse e yo te pote yo toujou nan [e]tinik yo pou rive deyò kan an. ⁶ Answit, Moïse te di a Aaron avèk fis li yo, [f]Éléazar ak Ithamar: "Pa dekouvri tèt nou, ni chire rad nou, pou nou pa mouri; pou Li pa vin ranpli avèk kòlè kont tout asanble a. Men kite tout fanmi nou yo, tout lakay Israël la, lamante akoz brile ke SENYÈ a te limen a. ⁷ Nou pa pou menm sòti nan pòtay tant asanble a, sinon, nou va mouri; paske [g]lwil onksyon SENYÈ a sou nou."
⁸ "Alò, SENYÈ a te pale avèk Aaron. Li te di: ⁹ [h]Pa bwè diven oubyen gwòg, ni ou menm, ni fis ki avèk ou yo, lè nou ap antre nan tant asanble a, pou nou pa mouri—sa se yon lòd pou tout tan pandan tout jenerasyon nou yo. ¹⁰ Fòk [i]nou fè yon distenksyon antre sa ki sen ak sa ki pa sen; antre sa ki pa pwòp ak sa ki pwòp. ¹¹ [j]Enstwi fis Israël yo nan tout lòd ke SENYÈ a te pale atravè Moïse yo."
¹² Answit, Moïse te pale ak Aaron e ak fis ki te rete vivan yo, Éléazar avèk Ithamar: [k]"Pran ofrann sereyal ki toujou rete nan ofrann pa dife SENYÈ a, e manje li san ledven akote lotèl la, paske li sen pase tout. ¹³ Anplis, nou va manje li nan yon lye ki sen akoz ke se dwa ou ak dwa fis ou yo ki sòti nan ofrann pa dife SENYÈ a. Paske, se konsa Mwen te resevwa kòmand lan. ¹⁴ Sepandan, [l]pwatrin ofrann balanse an lè la ak kwis ofrann ke nou kapab manje nan yon plas ki pwòp la, ou menm avèk fis ou yo, e fi nou yo avèk nou menm. Paske yo te bay a ou menm e a fis ou yo kòm dwa ki sòti nan sakrifis ofrann lapè a fis Israël yo. ¹⁵ [m]Kwis ke yo te ofri nan leve a, ak pwatrin ke yo te ofri nan ofrann balanse an lè la, yo va pote yo ansanm avèk ofrann pa dife pati grès la, pou prezante kòm yon ofrann leve balanse an lè devan SENYÈ a. Konsa, li va yon bagay ki dwa ou, e dwa fis ou yo avèk ou pou tout tan, jan SENYÈ a te kòmande a."
¹⁶ Men Moïse te chache avèk atansyon [n]kabrit ofrann peche a, e vwala, li te fin brile nèt! Donk, li te fache avèk fis Aaron ki te toujou vivan yo, Éléazar avèk Ithamar. Li te di: ¹⁷ "Poukisa nou pa t manje ofrann peche ki nan lye sen an? Paske li sen pase tout, e Li te bannou li pou efase koupabilite asanble a, pou fè ekspiyasyon pou yo devan SENYÈ a. ¹⁸ Gade byen, [o]san li pa t pote antre nan sanktyè a. Anverite, nou te dwe [p]manje li nan sanktyè a jan Mwen te kòmande a."
¹⁹ Men Aaron te pale avèk Moïse, e te di: "Gade byen, se jou sa a menm ke yo te [q]prezante ofrann peche ak ofrann brile pa yo a devan SENYÈ a. Epi gade bagay konsa yo ki vin rive mwen. Si m te manje yon ofrann peche jodi a, èske li t ap bon nan zye SENYÈ a?" ²⁰ Lè Moïse te tande sa, sa te sanble gen bon rezon devan zye li.

11 Senyè a te pale ankò a Moïse avèk Aaron, e Li te di yo: ² "Pale avèk fis Israël yo. Di yo: [r]'Sa yo se kreyati ke nou kapab manje pami tout bèt ki sou latè yo. ³ Nenpòt bèt ki gen zago ki fann e ki remoute manje yo, nan bèt sa yo, nou kapab manje.
⁴ "'Sepandan, [s]nou pa pou manje nan sa yo, pami sila ki remoute manje e ki gen zago ki fann yo: chamo, paske malgre li remoute manje, li pa divize zago; li pa pwòp pou nou. ⁵ Menm jan an, daman an, paske malgre li remoute manje, li pa divize zago, li pa pwòp pou nou; ⁶ Lapèn tou, paske malgre li remoute manje, li pa divize zago; li pa pwòp pou nou. ⁷ Epi kochon an, paske malgre li divize zago, ki fè l yon zago fann, li pa remoute manje li; li pa pwòp pou nou. ⁸ Nou pa pou manje chè yo, ni touche kadav yo; yo pa pwòp pou nou.
⁹ [t]"'Sa yo nou kapab manje, nenpòt sa ki nan dlo: tout sa ki gen zèl ak kal, sa yo ki nan dlo, nan lanmè oswa nan rivyè, nou kapab manje yo. ¹⁰ [u]Men nenpòt sa ki nan lanmè oswa nan rivyè ki pa gen zèl avèk kal pami tout sa ki gen lavi nan dlo yo, yo se bagay abominab pou nou. ¹¹ Konsa, yo va abominab pou nou. Nou pa pou manje chè yo, ak kadav yo. Nou va deteste yo. ¹² Nenpòt sa ki nan dlo ki pa gen zèl ak kal abominab pou nou.
¹³ "'Sa yo, anplis, [v]nou va deteste pami zwazo yo; yo abominab, yo pa pou manje: èg, òfrè, avèk èg lanmè, ¹⁴ malfini, karanklou avèk tout espès li yo, ¹⁵ kòbo, avèk tout espès li yo, ¹⁶ otrich avèk janmichèt, poul dlo, malfini avèk tout espès li yo, ¹⁷ koukou, plonjon ak frize, ¹⁸ gwo kana mawon blan, pelikan, chwèt, ¹⁹ sigòy, krabye avèk tout espès li, chòchèt ak sèpantye.
²⁰ "'Tout ensèk avèk zèl ki mache sou kat pye abominab pou nou. ²¹ Sepandan, sa yo nou kapab manje yo pami ensèk ak zèl; sa ki mache sou kat pye yo, ki gen anlè pye kole ak janm ki sèvi pou sote sou tè a. ²² Sa ladan yo, nou kapab manje: krikèt chan avèk tout espès li, krikèt voras avèk tout espès li yo, krikèt kay avèk tout espès li yo, e krikèt volan avèk

---
[a] **10:1** Lev 16:12   [b] **10:2** Nonb 16:35   [c] **10:3** Egz 19:22   [d] **10:4** Egz 6:22   [e] **10:5** Egz 6:22   [f] **10:6** Lev 21:1-12
[g] **10:7** Egz 28:41   [h] **10:9** I Tim 3:3   [i] **10:10** Lev 11:47   [j] **10:11** Det 17:10-11   [k] **10:12** Lev 6:14-18
[l] **10:14** Lev 7:30-34   [m] **10:15** Lev 7:34   [n] **10:16** Lev 9:3-15   [o] **10:18** Lev 6:30   [p] **10:18** Lev 6:26   [q] **10:19** Lev 9:8-12
[r] **11:2** Det 14:3-21   [s] **11:4** Trav 10:14   [t] **11:9** Det 14:9   [u] **11:10** Det 14:10   [v] **11:13** Det 14:12-19

tout espès li yo. ²³ Men tout lòt ensèk a zèl ki gen kat pye abominab pou nou.

²⁴ "'Anplis, pa bagay sila yo, nou vin pa pwòp: nenpòt moun ki touche kadav yo vin pa pwòp jis rive nan aswè. ²⁵ ᵃNenpòt moun ki ranmase kadav li yo va lave rad li e li va rete pa pwòp jis rive nan aswè.

²⁶ "'Tout zannimo avèk zago ki divize, men ki pa fann nèt, oswa ki pa remoute manje yo, yo pa pwòp pou nou. Nenpòt moun ki touche yo vin pa pwòp. ²⁷ Nenpòt zannimo ki mache sou pat li; pami tout kreyati ki mache sou kat pat yo, yo pa pwòp pou nou. Nenpòt moun ki touche kadav li yo vin pa pwòp jis rive nan aswè. ²⁸ Sila ki ranmase kadav yo va lave rad yo, e yo va rete pa pwòp jis rive nan aswè. Yo pa pwòp pou nou.

²⁹ "'Men sa ki pa pwòp pou nou pami bagay ki trennen atè yo: zagoudi, sourit, gran leza ak tout espès li yo, ³⁰ zandolit, gwo kayiman, zandolit gongolo avèk kameleyon. ³¹ Sa yo pa pwòp pou nou pami sa ki trennen atè yo. Nenpòt moun ki touche yo lè yo mouri vin pa pwòp jis rive nan aswè. ³² Nenpòt bagay sou li ke youn nan yo ta tonbe lè l mouri, bagay sa a va vin pa pwòp, enkli nenpòt bagay an bwa, vètman, po, yon sak—nenpòt bagay pou itilizasyon li fèt la—ᵇli va mete nan dlo, li va rete pa pwòp jis rive nan aswè, e apre sa li va vin pwòp ankò. ³³ ᶜOsi, pou nenpòt ᶜveso ki fèt avèk a jil kote yon bèt sa tonbe; nenpòt bagay ki ladann va vin pa pwòp. Epi nou va kraze veso a. ³⁴ Nan nenpòt manje ki kapab manje, ki vin gen dlo sou li, sa vin pa pwòp, e nenpòt likid ke nou kapab bwè de li, nan tout veso, li va vin pa pwòp. ³⁵ Anplis, tout bagay ladann yon pati nan kadav bèt la ta kapab tonbe, li vin pa pwòp; yon chodyè oswa yon fou va kraze an mòso. Yo pa pwòp e yo va kontinye rete pa pwòp pou nou. ³⁶ Sepandan, yon sitèn oswa yon sous va rete pwòp, malgre ke sila ki touche kadav bèt yo va pa pwòp. ³⁷ Si yon pati nan kadav yo vin tonbe sou nenpòt semans ki dwe plante, li toujou pwòp. ³⁸ Men si dlo vin sou yon grenn semans lan, e yon pati nan kadav la tonbe sou li, li vin pa pwòp pou nou.

³⁹ "'Si youn nan bèt ki pwòp pou manje yo, vin mouri, moun ki touche kadav li a vin pa pwòp jis rive nan aswè. ⁴⁰ Sila a tou, ki manje kèk nan kadav li a va lave rad li, li va rete pa pwòp jis rive nan aswè. Anplis sila ki ranmase kadav li a va lave rad li, e li va rete pa pwòp jis rive nan aswè.

⁴¹ ᵈ"'Alò, tout bagay trennen ki trennen atè abominab, li pa pou manje. ⁴² Nenpòt bèt ki rale sou vant li, e nenpòt bèt ki mache sou kat pye, nenpòt bèt ki gen anpil pye, an rapò ak tout sa ki trennen atè, nou pa pou manje yo, paske yo abominab. ⁴³ ᵉPa rann tèt nou vin abominab pa okenn nan bagay ki trennen atè yo. Pa fè tèt nou pa pwòp avèk yo pou nou pa vin pa pwòp.

⁴⁴ Paske Mwen se SENYÈ a, Bondye nou an. Konsa, se pou nou konsakre nou e ᶠrete sen, paske Mwen sen. Nou pa pou fè tèt nou pa pwòp avèk okenn bagay trennen, k ap trennen atè. ⁴⁵ ᵍPaske Mwen se SENYÈ a ki te mennen nou sòti nan peyi Égypte pou M ta Bondye nou. Konsa nou va sen, paske Mwen sen.'"

⁴⁶ "'Sa se lalwa sou bèt ak zwazo, tout bagay vivan ki kouri nan dlo ak tout bagay ki trennen atè, ⁴⁷ ʰpou fè yon distenksyon antre sa ki pa pwòp ak sa ki pwòp, e antre kreyati ki kab manje ak sa ki pa kab manje.'"

12 Alò, SENYÈ a te pale avèk Moïse. Li te di: ² "Pale avèk fis Israël yo. Di yo: 'Lè yon fanm ansent e vin fè yon pitit gason, alò, li va pwòp pandan sèt jou. ⁱTankou nan jou règ li yo, li va pa pwòp. ³ Nan ʲuityèm jou a, chè ti pijon pitit gason an va vin sikonsi. ⁴ Alò, manman li va rete nan pirifikasyon san li pandan trant-twa jou. Li pa pou touche okenn bagay ki konsakre, ni antre nan sanktyè a jiskaske jou pirifikasyon li yo fin akonpli. ⁵ Men si li pote yon pitit fi, li va pa pwòp pandan de semèn, tankou nan lè règ li. Konsa, li va rete nan san pirifikasyon li an pandan swasann-si jou.

⁶ ᵏ"'Lè jou pirifikasyon li yo fin akonpli, pou yon fis, oswa yon fi, li va pote kote prèt la nan pòtay tant asanble a, yon jenn mouton sou laj en an kòm yon ofrann brile, ak yon jenn pijon oswa toutrèl kòm yon ofrann peche. ⁷ Prèt la, va ofri li devan SENYÈ a. Li va fè ekspiyasyon pou fi a, e konsa, li va netwaye de flo san li an.

"'Sa se lalwa pou sila ki pote pitit yo, kit li mal, kit li femèl. ⁸ Men si li pa gen mwayen achte yon jenn mouton, alò, li va pote ˡde toutrèl, oswa de jenn pijon, youn pou ofrann brile a, e lòt la pou ofrann peche a. Konsa, ᵐprèt la va fè ekspiyasyon pou li e li va vin pwòp.'"

13 Alò, SENYÈ a te pale Moïse avèk Aaron. Li te di: ² "Lè yon nonm vin gen sou po kò li yon enflamasyon, yon gal, oswa yon tach blanch, e li vin gen yon enfeksyon lalèp sou po kò li, alò, ⁿli va pote bay Aaron, prèt la, oswa yon prèt nan fis li yo. ³ Prèt la va gade bouton an sou po kò a. Si plim nan enfeksyon an vin blan, e enfeksyon an parèt pi fon ke po kò a, li se yon enfeksyon lalèp. Lè prèt la fin gade li, li va pwononse li pa pwòp. ⁴ Men si bouton blan an sou po kò a, men li pa parèt pi fon ke po a, epi plim sou li pa vin blan, alò, prèt la va izole li pandan sèt jou. ⁵ Prèt la va gade li nan setyèm jou a. Epi selon sa li wè, si enfeksyon an pa chanje, enfeksyon an pa gaye sou po a, alò, prèt la va fè l izole pandan sèt jou ankò. ⁶ Prèt la va gade li ankò nan setyèm jou a. Si enfeksyon an ap disparèt, e bouton an pa gaye sou po a, alò prèt la va pwoklame li pwòp. Se sèlman yon gal. Li va ᵒlave rad li; li va pwòp. ⁷ Men si gal la vin gaye plis sou po a apre li te fin vizite prèt

---

ᵃ **11:25** Lev 11:40 ᵇ **11:32** Lev 15:12 ᶜ **11:33** Lev 6:28 ᵈ **11:41** Lev 11:29 ᵉ **11:43** Lev 20:25 ᶠ **11:44** Lev 19:2
ᵍ **11:45** Egz 20:2 ʰ **11:47** Lev 10:10 ⁱ **12:2** Lev 15:19 ʲ **12:3** Jen 17:12 ᵏ **12:6** Luc 2:22 ˡ **12:8** Luc 2:22-24
ᵐ **12:8** Lev 4:26 ⁿ **13:2** Det 24:8 ᵒ **13:6** Lev 11:25

la pou pirifikasyon li, li va parèt ankò devan prèt la. ⁸ Prèt la va gade, e si gal la vin gaye sou po a, alò prèt la va pwoklame li pa pwòp. Li se lalèp.

⁹ "Lè enfeksyon lalèp la sou yon moun, alò, li va vin mennen bay prèt la. ¹⁰ Prèt la va gade l. Si gen yon ᵃenflamasyon blan sou po a, li fè plim li vin blan, e gen maleng nan enflamasyon an, ¹¹ sa se yon lalèp kwonik sou po kò li. Prèt la va pwoklame li pa pwòp. Li p ap izole li ankò, paske li deja pa pwòp. ¹² Si lalèp la vin gaye plis sou po a, e lalèp la kouvri tout po de sila ki gen enfeksyon an soti nan tèt li, jis rive nan pye li, toupatou kote prèt la kab wè, ¹³ alò, prèt la va gade, e veye byen, si lalèp la vin kouvri tout kò li, li va pwoklame li pwòp. Li te vin blanch nèt, e koulye a, li vin pwòp. ¹⁴ Men nenpòt maleng ki vin parèt sou li, li va vin pa pwòp. ¹⁵ Prèt la va gade maleng lan, e li va pwoklame li pa pwòp. Maleng lan pa pwòp, se lalèp li ye. ¹⁶ Oswa, si maleng lan chanje ankò vin tou blanch, alò, li va ᵇvini kote prèt la. ¹⁷ Konsa, prèt la va gade li, e veye byen, si enfeksyon an te vin tou blanch, alò prèt la va pwoklame li pwòp de enfeksyon an. Li pwòp.

¹⁸ "Si kò a gen yon abse sou po a, e li vin geri, ¹⁹ epi nan plas abse a, li vin gen yon enflamasyon tou blanch oswa yon tach blanch e wouj fonse, byen vif, li va montre l a prèt la. ²⁰ Prèt la va gade li, e veye byen, si li vin parèt pi fonse ke po a, e plim sou li a vin tou blanch, alò prèt la va pwoklame li pa pwòp. Sa se enfeksyon lalèp, li vin parèt nan abse a. ²¹ Men si prèt la gade li, e veye byen, li pa gen plim blanch ladann, li pa pi fon ke po a, e l ap vin disparèt, alò, prèt la va izole li pandan sèt jou. ²² Si li gaye plis sou po a, alò, prèt la va pwoklame li pa pwòp. Se yon enfeksyon li ye. ²³ Men si tach vif la rete nan plas li, e li pa gaye, se sèlman sikatris abse a. Konsa, prèt la va pwoklame li pwòp.

²⁴ "Oubyen, si kò a vin brile nan dife, e maleng brile a vin tounen yon mak vif, blan wouj fonse, oswa blan, ²⁵ alò, prèt la va gade li. Epi si plim nan mak vif la vin ᶜtou blanch e parèt pi fonse ke chè a, sa se lalèp. Li vin parèt nan kote ki brile a. Konsa, prèt la va pwoklame li pa pwòp. Sa se yon enfeksyon lalèp. ²⁶ Men si prèt la gade li, e vrèman, pa gen plim blan nan mak vif la e li pa pi fon ke po a, men li vin pal; alò, prèt la va izole li pandan sèt jou. ²⁷ Epi prèt la va gade li nan setyèm jou a. Si li gaye plis sou po a, alò, prèt la va pwoklame li pa pwòp.Sa se yon enfeksyon lalèp. ²⁸ Men si mak vif la toujou rete nan plas li, e li pa gaye nan po a, men li vin pal, sa se sèlman enflamasyon ki soti nan brile a, epi prèt la va pwoklame li pwòp, paske se sèlman sikatris brile a.

²⁹ "Alò, si yon nonm oswa yon fanm gen yon enfeksyon nan tèt oswa nan bab, ³⁰ alò, prèt la va gade enfeksyon an. Si li parèt pi fonse pase po a e li vin gen yon ti plim avèk yon koulè jon, alò prèt la va pwoklame li pa pwòp. Li se yon kal. Sa se lalèp nan tèt oubyen nan bab. ³¹ Men si prèt la gade enfeksyon kal la, e vrèman, li parèt pi fonse ke po a, e nanpwen plim nwa ladann, alò, prèt la va izole moun avèk enfeksyon kal la pandan sèt jou. ³² Nan setyèm jou a, prèt la va gade enfeksyon an; epi si kal la pa gaye pi lwen, li pa gen ti plim jon ki grandi ladann, e li pa sanble ke kal la pi fonse ke po a, ³³ answit, li va pase razwa sou li, men pa sou kal la; epi prèt la va izole moun avèk kal la pandan sèt jou anplis. ³⁴ Answit, nan setyèm jou a, prèt la va gade kal la, si kal la pa gaye nan po a, e li pa parèt pi fonse ke po a, prèt la va pwoklame li pwòp. Li va lave rad li, e li va vin pwòp. ³⁵ Men si kal la vin gaye plis sou po a apre pirifikasyon li, ³⁶ alò, prèt la va gade li, e si kal la ap gaye nan po a, prèt la pa bezwen chèche plim jon nan. Li pa pwòp. ³⁷ Si nan zye li, kal la rete, malgre sa, plim nwa yo vin grandi ladann, kal la vin geri, li pwòp. Konsa, prèt la va pwoklame li pwòp.

³⁸ "Lè yon nonm oswa yon fanm gen mak vif sou po kò a, menm mak tou blanch, ³⁹ alò prèt la va gade, e si mak vif sou po kò yo se blan pal, se sèlman ekzema ki parèt sou po a. Li pwòp.

⁴⁰ "Alò, si yon nonm pèdi cheve nan tèt li, li vin ᵈchòv. Li pwòp. ⁴¹ Si tèt li vin kale pa devan e sou kote, li chòv pa devan. Li pwòp. ⁴² Men si nan tèt chòv la oswa nan fwontèn chòv la, vin rete yon enfeksyon koulè blan— wouj fonse, sa se lalèp k ap parèt sou tèt chòv li oswa fwontèn chòv li a. ⁴³ Answit, ᵉprèt la va gade li. Konsa, si enflamasyon enfeksyon an blan-wouj fonse sou tèt chòv oswa sou fwontèn chòv li, tankou aparans lalèp sou po kò a, ⁴⁴ li se yon moun lalèp. Li pa pwòp. Prèt la va vrèman pwoklame li pa pwòp. Enfeksyon li sou tèt li a. ⁴⁵ Pou moun lalèp ki gen enfeksyon an, fòk li mete rad chire, e lese cheve nan tèt li san penyen. Li va ᶠkouvri moustach li e kriye: 'Pa pwòp, pa pwòp.' ⁴⁶ Li va rete pa pwòp pandan tout jou ke enfeksyon an dire yo. Li pa pwòp. Li va abite izole pou kont li. Li gen pou rete ᵍdeyò kan an.

⁴⁷ "Lè yon vètman vin gen lalèp kanni, kit se twal len nèt kit se twal len fen, ⁴⁸ kit li tise, kit li trikote avèk len nèt oswa avèk len fen, kit se an kwi oswa an okenn bagay ki fèt an kwi, ⁴⁹ si mak la tou vèt oswa wouj nan vètman an, kit se an kwi, oswa an tise ou trikote, oswa an okenn bagay an kwi, li se yon mak lalèp kanni, e fòk li vin montre bay prèt la. ⁵⁰ Alò, ʰprèt la va gade mak la e li va izole bagay avèk mak la pandan sèt jou. ⁵¹ Konsa, li va gade mak la nan setyèm jou a. Si mak la vin gaye sou rad la nan tise a, oswa trikote a, oswa an kwi oubyen nenpòt bagay ke kwi a sèvi, mak la se lalèp kanni, e li se yon maleng. Li pa pwòp. ⁵² Pou sa, li va brile rad la, kit an tise, oswa an trikote oswa an len nèt, an len fen, oubyen nenpòt bagay an kwi kote mak la parèt, paske li se lalèp kanni maleng. Li va brile nan dife.

⁵³ "Men si prèt la ta gade, e vrèman, mak la pa gaye nan vètman an, ni nan tise a, ni nan trikote a,

---

ᵃ **13:10** II Wa 5:27   ᵇ **13:16** Luc 5:12-14   ᶜ **13:25** Nonb 12:10   ᵈ **13:40** És 15:2   ᵉ **13:43** Lev 10:10   ᶠ **13:45** Éz 24:17-22   ᵍ **13:46** Nonb 5:1-4   ʰ **13:50** Éz 44:23

ni nan bagay an kwi a, ⁵⁴ alò, prèt la va pase lòd pou lave bagay ki te gen mak la e li va vin izole li pandan sèt jou anplis. ⁵⁵ Lè bagay la avèk mak la fin lave, prèt la va gade ankò, e si mak la pa chanje aparans li, malgre mak la pa gaye, li pa pwòp. Nou va brile li nan dife, menm si li epwize pa anwo oswa pa devan li. ⁵⁶ Alò, si prèt la gade e mak la vin mwens, li va chire e retire li nan vètman an, oswa an kwi a, kit se nan tise, kit se nan trikote a; ⁵⁷ epi si li parèt ankò nan vètman an, kit se nan tise a, oswa nan trikote a, oswa nan nenpòt bagay ki fèt an kwi, sa se yon epidemi lalèp kanni. Bagay la avèk mak la va brile nan dife. ⁵⁸ Vètman an, kit se nan tise, oswa nan trikote, oswa nan nenpòt bagay ki fèt an kwi kote mak la te sòti lè nou te lave li a, li va konsa lave yon dezyèm fwa e li va vin pwòp."

⁵⁹ Sa se lalwa pou mak lalèp kanni nan yon vètman an len nèt, oswa len fen, oswa an tise, oswa an trikote, oswa an nenpòt bagay ki fèt an kwi, pou pwoklame li pwòp oswa pa pwòp.

14 Alò SENYÈ a te pale avèk Moïse. Li te di: ² "Sa se lalwa pou moun lalèp la nan jou pirifikasyon li. ªAlò, li va vin mennen devan prèt la, ³ epi prèt la va ᵇ ale deyò kan an. Konsa prèt la va gade, e si enfeksyon lalèp la te geri nan moun lalèp la, ⁴ alò, prèt la va bay lòd pou pran de zwazo pwòp avèk bwa ᶜ sèd, fisèl wouj avèk izòp pou sila ki va vin pirifye a. ⁵ Prèt la va osi bay lòd pou touye youn nan zwazo yo nan yon veso fèt an tè sou yon dlo k ap koule. ⁶ Epi pou zwazo vivan an, li va pran li ansanm avèk ᵈ bwa sèd yo, fisèl wouj la, ak izòp, e li va fonse yo avèk zwazo vivan an nan san zwazo ki te touye sou dlo k ap koule a. ⁷ ᵉ Epi li va flite sèt fwa sou sila ki gen lalèp pou pirifye a, e li va pwoklame li pwòp. Konsa, li va kite zwazo vivan an vole lib sou yon chan byen louvri.

⁸ "Alò, sila k ap pirifye a va lave rad li yo. Li va raze tout cheve li, e li va lave nan dlo pou vin pwòp. Apre tout sa a, li mèt antre nan kan an, men li ᶠ va rete deyò tant li an pandan sèt jou. ⁹ Li va nan setyèm jou a pase razwa nan tout cheve li. Li va taye tèt li, bab li, sousi li, e menm tout cheve li. Alò, li va lave rad li yo e benyen kò l nan dlo. Konsa, li ᵍ vin pwòp.

¹⁰ "Alò, nan uityèm jou a, li gen pou pran de jenn mouton mal san defo, yon jenn mouton femèl la jèn nan san defo, twa dizyèm nan yon efa farin fen mele avèk lwil pou yon ofrann sereyal, ak yon ʰ boutèy demi lit lwil. ¹¹ Epi prèt la ki pwoklame li pwòp la va prezante nonm kap vin pirifye a, ak bagay sa yo, devan pòtay Tant Asanble a.

¹² "Alò, prèt la va pran youn nan jenn mouton mal yo. Li va mennen li pou yon ⁱ ofrann koupab avèk boutèy demi lit lwil la, e li va prezante li kòm yon ʲ ofrann voye anlè devan SENYÈ a. ¹³ Answit, li va touye jenn mouton an ᵏ nan plas kote yo touye ofrann peche a ak ofrann brile a, nan plas kote sanktyè a—pou ofrann koupab la, tankou ofrann peche a, apatyen a prèt la. Li sen pase yo tout. ¹⁴ Alò, prèt la va pran kèk nan san ofrann koupab la, e prèt la va mete li sou ˡ tèt zòrèy dwat a sila k ap vin pirifye a, sou pous men dwat ak sou gwo zòtèy pye dwat li. ¹⁵ Prèt la va osi pran kèk nan ᵐ boutèy demi lit lwil la, e li va vide li nan pla men goch li. ¹⁶ Alò, prèt la va fonse dwèt men dwat li nan lwil ki nan pla men goch la, e avèk dwèt li, li va flite kèk nan lwil la sèt fwa devan SENYÈ a. ¹⁷ Nan lwil ki rete nan pla men l lan, prèt la va mete kèk sou tèt zòrèy dwat a sila k ap vin pirifye a, sou pous a men dwat li ak sou gwo zòtèy a pye dwat li, sou san a ofrann koupab la. ¹⁸ Epi rès lwil ki nan pla men prèt la, li va mete li sou tèt a sila k ap vin pirifye a. Epi prèt la va fè ⁿ ekspiyasyon pou li devan SENYÈ a.

¹⁹ "Apre sa, prèt la va ofri ᵒ ofrann peche a, e li va fè ekspiyasyon pou sila k ap vin pirifye de kondisyon pa pwòp li a. Alò, apre, li va touye ofrann brile a. ²⁰ Prèt la va ofri ofrann brile a ak ofrann sereyal la sou lotèl la. Konsa prèt la va fè ekspiyasyon pou li, e ᵖ li va vin pwòp.

²¹ ᑫ "Men si se yon malere li ye, e mwayen li pa sifi, alò li va pran yon jenn mouton mal tankou ofrann koupab la, tankou yon ofrann voye anlè pou fè ekspiyasyon pou li, e yon dizyèm efa farin fen mele avèk lwil kòm yon ofrann sereyal ak yon boutèy demi lit lwil; ²² epi de toutrèl oswa de pijon, sa ki posib selon mwayen li; ʳ youn va ofrann peche a, e lòt la va ofrann brile a.

²³ ˢ "Konsa, nan uityèm jou a, li va mennen yo pou pirifikasyon li bay prèt la, nan pòtay tant asanble a, devan SENYÈ a. ²⁴ Prèt la va pran jenn mouton ofrann koupab la, ᵗ ak boutèy demi lit lwil la, e prèt la va ofri yo kòm yon ofrann voye anlè devan SENYÈ a. ²⁵ Apre sa, li va touye jenn mouton ofrann peche a. Epi prèt la va pran kèk nan san ofrann koupab la pou mete sou ᵘ tèt zòrèy dwat a sila k ap vin pirifye a, sou pous men dwat li ak sou gwo zòtèy pye dwat li. ²⁶ Prèt la va osi vide kèk nan lwil la nan pla men goch li; ²⁷ epi avèk dwèt men dwat li, li va flite kèk nan lwil ki nan pla men goch la sèt fwa devan SENYÈ a. ²⁸ Apre sa, prèt la va mete kèk nan lwil ki nan pla men an sou tèt zòrèy dwat a sila k ap vin pirifye a, sou pous men dwat li, sou gwo zòtèy pye dwat li, sou plas san a ofrann koupab la. ²⁹ Anplis, rès lwil ki nan pla men prèt la, li va mete li sou tèt a sila k ap vin pirifye a, pou fè ekspiyasyon pou li devan SENYÈ a. ³⁰ Li va, alò, ofri youn nan toutrèl oswa nan pijon yo, selon kapasite li. ³¹ Sa li kapab selon mwayen li, ᵛ youn pou yon ofrann peche, e lòt la pou yon ofrann brile, ansanm avèk ofrann sereyal la. Konsa prèt la va fè ekspiyasyon devan SENYÈ a pou sila k ap vin pirifye a."

ª **14:2** Mat 8:4   ᵇ **14:3** Lev 13:4-6   ᶜ **14:4** Lev 14:6-49   ᵈ **14:6** Lev 14:4   ᵉ **14:7** Éz 36:25   ᶠ **14:8** Nonb 5:2-3
ᵍ **14:9** Lev 14:8-20   ʰ **14:10** Lev 14:12-24   ⁱ **14:12** Lev 5:6-18   ʲ **14:12** Egz 29:22-26   ᵏ **14:13** Egz 29:11
ˡ **14:14** Egz 29:20   ᵐ **14:15** Lev 14:10   ⁿ **14:18** Lev 4:26   ᵒ **14:19** Lev 14:8-9   ᵖ **14:20** Lev 14:8-9   ᑫ **14:21** Lev 5:11
ʳ **14:22** Lev 5:7   ˢ **14:23** Lev 14:10-11   ᵗ **14:24** Lev 14:10   ᵘ **14:25** Lev 14:14   ᵛ **14:31** Lev 5:7

³² Sa se lalwa pou sila ki gen yon enfeksyon lalèp, ki gen mwayen limite pou pirifikasyon li.

³³ SENYÈ a te pale ankò ak Moïse avèk Aaron e te di: ³⁴ ᵃ"Lè nou antre nan peyi Canaan an, ke Mwen bannou pou posesyon an, e Mwen mete yon mak lalèp kanni sou yon kay nan peyi posesyon pa nou an, ³⁵ alò, sila ki mèt kay la va vin di prèt la konsa, 'Mwen wè yon bagay tankou ᵇyon mak lalèp kanni ki te vin parèt nan kay la.' ³⁶ Alò, prèt la va pase lòd pou yo mete kay la vid avan prèt la antre pou gade mak la, jis pou tout bagay nan kay la pa oblije vin pa pwòp. Apre, prèt la va antre pou gade kay la. ³⁷ Alò, li va gade mak la, e si mak sou mi kay la fonse avèk koulè tankou vèt oswa wouj ki fonse plis ke sifas la, ³⁸ alò, prèt la va sòti nan kay la pou rive nan pòtay la, e li va fèmen kay la pandan sèt jou. ³⁹ Prèt la va retounen nan setyèm jou a, e li va pase fè enspeksyon. Si mak la te vrèman agrandi nan mi kay la, ⁴⁰ alò, prèt la va pase lòd pou yo chire retire wòch ki gen mak ladan yo a, pou jete yo deyò nan yon plas ki pa pwòp deyò lavil la. ⁴¹ Li va fè yo grate kay la tout anndan, e yo va jete tout vye kras mòtye deyò nan yon plas deyò lavil la. ⁴² Alò, yo va retire lòt wòch ki kontamine yo pou ranplase yo, e li va pran mòtye nèf pou fè randisaj kay la.

⁴³ "Si, alò, mak la vin parèt ankò nan kay la apre li fin retire wòch yo, grate kay la, e apre li fin fè randisaj nèf la, ⁴⁴ alò, prèt la va vin antre pou fè yon enspeksyon. Si li wè ke mak la vrèman vin gaye nan kay la ankò, sa se yon ᶜmak maleng ki nan kay la. Li pa pwòp. ⁴⁵ Pou sa, li va kraze kay la nèt, avèk wòch li yo, bwa li yo, ak tout ansyen randisaj li. Li va mete yo deyò lavil la nan ᵈyon kote ki pa pwòp.

⁴⁶ "Anplis, nenpòt moun ki antre nan kay la pandan li te izole a, li va vin ᵉpa pwòp pou jis rive nan aswè. ⁴⁷ Menm jan an, nenpòt moun ki kouche nan kay la, li va lave rad li, e nenpòt moun ki manje nan kay la, li va lave rad li.

⁴⁸ "Si, yon lòt kote, prèt la antre pou fè yon enspeksyon, e mak la pa vrèman gaye nan kay la apre kay la pase randisaj nèf la, alò, prèt la va pwoklame kay la pwòp akoz ke mak la pa parèt ankò. ⁴⁹ Alò, pou netwaye kay la, li va pran ᶠde zwazo avèk bout bwa sèd, avèk yon fisèl wouj, ak izòp, ⁵⁰ epi li va touye youn nan zwazo yo nan yon veso fèt ak tè anwo dlo fwe. ⁵¹ Alò li va pran bout bwa sèd yo avèk ᵍizòp ak fisèl wouj la, avèk zwazo vivan an, e li va fonse yo nan san zwazo ki mouri an, e rete an nan dlo fwe a, epi li va flite kay la sèt fwa. ⁵² Konsa li va netwaye kay la avèk san zwazo a e avèk dlo fwe a, ansanm avèk zwazo vivan an, avèk bout bwa sèd yo, avèk izòp e avèk fisèl wouj la. ⁵³ Men li va kite zwazo vivan an vin lage pou l lib deyò lavil la nan yon chan byen laj. Konsa li va fè ekspiyasyon pou kay la, e kay la va vin pwòp."

⁵⁴ Sa se lalwa pou nenpòt mak lalèp kanni—menm pou yon ʰkal ⁵⁵ epi pou yon ⁱrad oswa yon kay avèk lalèp kanni, ⁵⁶ epi pou yon ʲenflamasyon, pou yon kal sou po li, ak yon kote ki klere blan—⁵⁷ pou enstwi yo lè yo pa pwòp ak lè yo pwòp.

Sa se lalwa lalèp la.

15

SENYÈ a osi te pale avèk Moïse avèk Aaron. Li te di yo: ² "Pale avèk fis Israël yo. Di yo: ᵏ'Lè yon moun vin gen yon ekoulman nan kò li, ekoulman li an pa pwòp. ³ Sila a, anplis, dwe pa pwòp nan ekoulman li an; li pa pwòp, menm si kò li kite ekoulman an koule, oswa li anpeche ekoulman an koule.

⁴ "'Tout kabann kote moun avèk ekoulman an kouche a va vin pa pwòp; e lè l chita sou nenpòt bagay, bagay sa a va vin pa pwòp. ⁵ Nenpòt moun, anplis, ki touche kabann sa a va lave rad li, benyen nan dlo e li va rete pa pwòp jis rive nan aswè. ⁶ Nenpòt moun ki chita sou bagay kote nonm avèk ekoulman an te chita a, li va lave rad li, benyen nan dlo, e li va rete pa pwòp jis rive nan aswè.

⁷ "'Osi, nenpòt moun ki touche moun avèk ekoulman an, li va lave rad li, li va benyen nan dlo e li va rete pa pwòp jis rive nan aswè.

⁸ "'Oswa, si gason avèk ekoulman an krache sou yon moun ki pwòp, li osi va lave rad li, li va benyen nan dlo, e li va rete pa pwòp jis rive nan aswè.

⁹ "'Si moun avèk ekoulman an chita sou nenpòt sèl cheval oswa bèt, li va vin pa pwòp. ¹⁰ Nenpòt moun ki touche nenpòt nan bagay ki te anba li va pa pwòp jis rive nan aswè, e sila ki pote yo a, va lave rad li, li va benyen avèk dlo e li va rete pa pwòp jis rive nan aswè.

¹¹ "'Menm jan an, nenpòt moun ke moun ekoulman an touche san ke li pa lave men l nan dlo, li va lave rad li, li va benyen nan dlo e li va rete pa pwòp jis rive nan aswè.

¹² "'ˡVeso tè a ke moun nan te touche a, va kraze, e tout veso an bwa yo, va lave nan dlo. ¹³ Alò, depi yon moun avèk ekoulman vin pwòp e kite ekoulman li an, alò, ᵐli va kontwole pou li menm sèt jou pou pirifikasyon li. Li va lave rad li, li va benyen kò li nan dlo k ap koule, e li va vin pwòp. ¹⁴ Alò, nan uityèm jou a, li va pran pou li menm de ⁿtoutrèl oswa de jenn pijon, e vini devan SENYÈ a nan pòtay tant asanble a, pou bay yo a prèt la. ¹⁵ Prèt la va ofri yo, youn pou yon ofrann peche, e lòt la pou yon ofrann brile. Konsa, ᵒprèt la va fè ekspiyasyon pou li devan SENYÈ a akoz ekoulman li an.

¹⁶ ᵖ"'Alò, si yon gason ejakile, li va benyen tout kò li nan dlo e li va rete pa pwòp jis rive nan aswè. ¹⁷ Nenpòt vètman oswa kwi ki gen spèm, li va lave avèk dlo e li va rete pa pwòp jis rive nan aswè. ¹⁸ Si yon nonm kouche avèk yon fanm e li ejakile, yo va

---
ᵃ **14:34** Det 7:1   ᵇ **14:35** Sòm 91:10   ᶜ **14:44** Lev 13:51   ᵈ **14:45** Lev 14:41   ᵉ **14:46** Nonb 19:7-22
ᶠ **14:49** Lev 14:4   ᵍ **14:51** I Wa 4:33   ʰ **14:54** Lev 13:30   ⁱ **14:55** Lev 13:47-52   ʲ **14:56** Lev 13:2   ᵏ **15:2** Nonb 5:2
ˡ **15:12** Lev 6:28   ᵐ **15:13** Lev 8:33   ⁿ **15:14** Lev 14:22-23   ᵒ **15:15** Lev 14:19-31   ᵖ **15:16** Lev 22:4

tou de va benyen nan dlo, e yo va rete ᵃpa pwòp jis rive nan aswè.

¹⁹ ᵇ"'Lè yon fanm gen yon ekoulman, si ekoulman nan kò li a se san, li va kontinye rete enpi avèk règ li a jis rive sèt jou. Konsa, nenpòt moun ki touche li va pa pwòp jis rive nan aswè.

²⁰ "'Anplis, nenpòt kote li kouche pandan règ li a va vin pa pwòp, e nenpòt bagay kote li vin chita va pa pwòp. ²¹ Nenpòt moun ki touche kabann li va lave rad li. Li va benyen nan dlo e li va rete pa pwòp jis rive nan aswè. ²² Nenpòt moun ki touche nenpòt bagay kote li chita va lave rad li. Li va benyen nan dlo e li va rete pa pwòp jis rive nan aswè. ²³ Kit se sou kabann nan oswa sou bagay kote li chita, lè li touche li, li va pa pwòp jis rive nan aswè.

²⁴ ᶜ"'Si yon gason vin kouche avèk li pou san an vin sou li, gason an va pa pwòp pandan sèt jou, e tout kabann kote li kouche a va vin pa pwòp.

²⁵ ᵈ"'Alò si yon fanm gen yon ekoulman san pandan anpil jou, pa sèlman nan tan règ la, oswa si li gen yon ekoulman anplis fwa sa a, li va kontinye a ji kòmsi li gen règ. Li pa pwòp. ²⁶ Nenpòt kabann kote li touche pandan tout jou ekoulman li yo, li va pou li tankou kabann li pandan règ la. Chak bagay kote li chita va vin pa pwòp, tankou pa pwòp a li menm nan tan sa a. ²⁷ Menm jan an, nenpòt moun ki touche yo va vin pa pwòp. Li va lave rad yo, li va benyen nan dlo e li va rete pa pwòp jis rive nan aswè.

²⁸ "'Lè li vin pwòp de ekoulman li an, li va kontwole pou kont li sèt jou. Apre sa a, li va vin pwòp. ²⁹ Alò, nan uityèm jou a, li va pran pou li menm de toutrèl oswa de jenn pijon e li va mennen yo devan prèt la nan pòtay tant asanble a. ³⁰ Prèt la va ofri youn kòm ᵉyon ofrann peche, e lòt la kòm yon ofrann brile. Konsa, prèt la va fè ekspiyasyon pou li menm devan SENYÈ a akoz ekoulman enpi a.

³¹ "'Konsa, nou va kenbe fis Israël yo apa de pa pwòp yo, pou yo pa mouri akoz salte ki ta ᶠkonwonpi tabènak Mwen ki pami yo a.'"

³² Sa se lalwa pou sila ki gen ekoulman an, ak pou gason ki gen yon ejakilasyon spèm ki fè l vin pa pwòp la, ³³ epi pou yon fanm ki malad akoz règ ki pa pwòp li a, ak pou sila ki gen ekoulman an, kit li mal kit li femèl, oswa yon nonm ki kouche avèk yon fanm ki pa pwòp.

16 Alò, SENYÈ a te pale avèk Moïse apre ᵍlanmò fis Aaron yo, lè yo te pwoche prezans SENYÈ a e yo te mouri an. ² SENYÈ a te di a Moïse: "Di frè ou a, Aaron, ke li pa pou antre nan nenpòt lè nan lye sen an anndan vwal la, devan twòn ekspiyatwa a ki sou lach la, oswa li va mouri; paske ʰMwen va parèt nan nwaj la sou twòn pwopiyatwa a.

³ "Aaron va antre nan lye sen an avèk yon towo pou yon ⁱofrann peche ak yon belye pou yon ofrann brile. ⁴ Li va mete sou li ʲtinik sen an. Li va mete sou li pantelon fèt an len yo, ak sou-vètman an len ki va toupre kò li a, epi li va mare senti li an len, e li va abiye avèk tiban len an. Sa yo se vètman sen yo. Li va benyen kò li nan dlo, e li va vin abiye ak yo. ⁵ Li va pran soti nan asanble Israël la ᵏde mal kabrit kòm yon ofrann peche ak yon belye kòm yon ofrann brile.

⁶ "Konsa, ˡAaron va ofri towo a kòm ofrann peche ki pou li menm nan, pou li kapab fè ekspiyasyon pou li menm ak pou tout lakay li. ⁷ Li va pran de kabrit yo, e li va prezante yo devan SENYÈ a nan pòtay tant asanble a. ⁸ Aaron va fè tiraj osò pou de kabrit sa yo, yon osò pou SENYÈ a, e lòt osò a pou kabrit ekspiyatwa a. ⁹ Alò, Aaron va ofri kabrit la sou sila osò SENYÈ a tonbe a, e fè li vin yon ofrann peche. ¹⁰ Men kabrit la sou sila osò kabrit ekspiyatwa a vin tonbe a, li va vin prezante vivan devan SENYÈ a, pou fè ᵐekspiyasyon sou li, e pou voye li nan dezè a kòm kabrit ekspiyatwa a.

¹¹ "Alò Aaron va ofri towo ofrann peche ⁿki pou li menm nan, li va fè ekspiyasyon pou li menm ak ᵒpou tout lakay li, e li va touye towo ofrann peche ki pou li menm nan. ¹² Li va pran yon ᵖplato pou resevwa san ki ranpli avèk chabon cho ki sòti sou lotèl la devan SENYÈ a, de men plen avèk lansan dous moulen byen fen, e mennen li anndan vwal la. ¹³ Li va mete lansan an sou dife a devan SENYÈ a, pou nwaj lafimen lansan an kapab kouvri ᑫtwòn ekspiyatwa ki sou lach temwayaj la; otreman, li va mouri. ¹⁴ Anplis, ʳli va pran kèk nan san towo a e li va flite li ˢavèk dwèt li sou twòn pwopiyatwa sou kote lès la; anplis, pa devan nan twòn pwopiyatwa a, li va flite kèk nan san avèk dwèt li sèt fwa.

¹⁵ "Epi li va touye kabrit ofrann peche ᵗki pou pèp la. Li va mennen san li anndan vwal la, e li va fè avèk san li jan li te fè avèk san towo a. Li va flite li sou twòn pwopiyatwa a. ¹⁶ ᵘLi va fè ekspiyasyon pou lye sen an akoz salte fis Israël yo, akoz transgresyon pa yo avèk tout peche yo. Konsa, li va fè pou tant asanble a ki rete avèk yo nan mitan tout salte pa yo. ¹⁷ Lè li antre pou fè ekspiyasyon nan lye sen an, pèsòn pa pou nan tant asanble a jiskaske li sòti, pou li kapab fè ekspyasyon an pou li menm, pou lakay li, ak pou tout asanble Israël la.

¹⁸ "Konsa, li va ale deyò vè lotèl ki devan SENYÈ a pou fè ekspiyasyon pou li. Li va pran kèk nan san towo a, san kabrit la pou mete li sou kòn yo sou tout kote nan lotèl la. ¹⁹ Avèk dwèt li, li va flite kèk nan san an sou li sèt fwa pou fè l vin pwòp, soti nan salte a fis Israël yo, e konsakre li.

²⁰ "Lè li fin fè ekspiyasyon pou lye sen an, tant asanble a, ak lotèl la, li va ofri kabrit vivan an. ²¹ Alò, Aaron va poze de men li sou tèt kabrit vivan an, e

---

ᵃ **15:18** I Sam 21:4   ᵇ **15:19** Lev 12:2   ᶜ **15:24** Lev 18:19   ᵈ **15:25** Mat 9:20   ᵉ **15:30** Lev 5:7   ᶠ **15:31** Éz 5:11   ᵍ **16:1** Lev 10:1-2   ʰ **16:2** Egz 25:21-22   ⁱ **16:3** Lev 4:1-12   ʲ **16:4** Egz 28:39-42   ᵏ **16:5** II Kwo 29:21   ˡ **16:6** Eb 5:3   ᵐ **16:10** És 53:10   ⁿ **16:11** Eb 7:27   ᵒ **16:11** Lev 16:33   ᵖ **16:12** Lev 10:1; Egz 30:34-38   ᑫ **16:13** Egz 25:21   ʳ **16:14** Eb 9:25   ˢ **16:14** Lev 4:6-17   ᵗ **16:15** Eb 7:27   ᵘ **16:16** Egz 30:10   ᵛ **16:18** Lev 4:25

li va ªkonfese sou li tout inikite a fis Israël yo, tout transgresyon pa yo selon tout peche yo. Li va poze yo sou tèt kabrit la e li va voye li nan dezè a pa men yon moun ki prepare pou sa. ²² Kabrit la va pote sou li menm tout inikite pa yo pou rive nan yon peyi izole. Li va lage kabrit la nan dezè a.

²³ "Epi Aaron va vini nan tant asanble a pou retire ᵇvètman len ke li te mete lè li te antre nan sen lye an, e li va kite yo la. ²⁴ ᶜLi va benyen kò li avèk dlo nan yon lye sen. Li va mete ᵈvètman li yo pou vin parèt e ofri ofrann brile pa li avèk ofrann brile ki pou pèp la, epi pou fè ekspiyasyon pou li menm ak pou pèp la. ²⁵ Li va ofri nan lafimen grès ofrann peche a sou lotèl la.

²⁶ "Sila ki te lage kabrit la kòm kabrit ekspiyasyon an, gen pou ᵉlave rad li, e benyen kò li avèk dlo. Alò apre, li va antre nan kan an. ²⁷ Men towo ofrann peche a ak kabrit ofrann peche a, ᶠsan sila li te mennen antre pou fè ekspiyasyon nan lye sen an, va vin pote deyò lavil la. Li va brile po yo, chè yo, avèk poupou yo nan dife. ²⁸ Epi sila ki brile yo a, va lave rad li, benyen kò l nan dlo, e apre, li va vin antre nan kan an.

²⁹ "Sa va yon règleman pou tout tan pou nou: nan ᵍsetyèm mwa a, nan dizyèm jou nan mwa a, nou va imilye nanm nou. Nou p ap fè okenn travay, ni pou moun peyi a, ni pou etranje ki demere pami nou yo. ³⁰ Paske se nan jou sa a ke ekspiyasyon an va fèt pou nou pou ʰfè nou vin pwòp. Nou va netwaye de tout peche nou yo devan SENYÈ a. ³¹ Se va yon Saba repo solanèl pou nou, pou nou kapab vin ⁱimilye nanm nou. Sa se yon règleman ki pou tout tan. ³² Alò prèt ki onksyone e òdone pou sèvi kòm prèt nan plas papa li a va fè ekspiyasyon an. Li va abiye ak ʲvètman len yo, vètman sen yo. ³³ Konsa, li va fè ekspiyasyon pou sanktyè sen an, e li va fè ekspiyasyon pou tant asanble a ak pou lotèl la. Li va osi fè ekspiyasyon pou ᵏprèt yo ak pou tout pèp asanble a.

³⁴ "Alò, nou va gen sa kòm yon règleman pou tout tan, pou ˡfè ekspiyasyon pou fis Israël yo pou tout peche pa yo, yon fwa chak ane." Epi jan ke SENYÈ a te kòmande Moïse la, konsa sa te fèt.

17 Alò, SENYÈ a te pale avèk Moïse. Li te di: ² "Pale avèk Aaron, avèk fis li yo e ak tout fis Israël yo. Di yo: 'Se sa ke SENYÈ a te kòmande e te di: ³ "Nenpòt moun ki sòti lakay Israël ki touye yon bèf oswa yon jenn mouton, oswa yon kabrit nan kan an, oswa touye li deyò kan an, ⁴ epi ki ᵐpa t pote li nan pòtay tant asanble a pou prezante li kòm yon ofrann a SENYÈ a devan tabènak SENYÈ a, koupabilite vèse san an va kontwole sou moun sila a. Li te vèse san e moun sa a va koupe retire de pèp li a. ⁵ Rezon pou sa a se pou pèmèt fis Israël yo pote sakrifis ke y ap fè nan gran chan yo, pou yo kapab pote yo antre vè SENYÈ a, nan pòtay tant asanble a vè prèt la, e pou fè sakrifis yo kòm sakrifis ofrann lapè bay SENYÈ a. ⁶ Prèt la va flite san an sou lotèl SENYÈ a nan pòtay tant asanble a, e li va ⁿofri grès la nan lafimen kòm yon bagay santi bon bay SENYÈ a. ⁷ ᵒYo p ap fè sakrifis yo ankò bay kabrit a zidòl demon avèk sila yo fè jwèt pwostitisyon yo. Sa se yon règleman pou tout jenerasyon pa yo.""

⁸ "Epi ou va di yo: 'Nenpòt moun lakay Israël la, oswa etranje ki rete pami nou yo, ki ofri yon ofrann brile oswa yon sakrifis, ⁹ epi ki ᵖpa mennen li nan pòtay tant asanble a pou ofri li bay SENYÈ a, moun sila a osi va koupe retire de pèp li a.

¹⁰ "'Epi nenpòt moun lakay Israël la, oswa etranje ki rete pami yo, ki bwè nenpòt san, ᵠMwen va mete figi Mwen kont moun sa a ki bwè san an, e li va koupe retire de pèp li a.' ¹¹ Paske ʳvi a chè a se nan san an, e Mwen te bannou li sou lotèl la pou fè ekspiyasyon pou nanm nou; paske se san li ye, akoz lavi ki fè ekspiyasyon an. ¹² Pou sa, Mwen te di a fis Israël yo: 'Pèsòn pami nou pa pou bwè san, ni okenn etranje ki rete pami nou p ap kab bwè san.'

¹³ "Pou sa, lè yon moun pami fis Israël yo oswa nan etranje ki rete pami yo, ki nan fè lachas kenbe yon bèt oswa yon zwazo ki kapab manje, ˢli va vide san li e kouvri li avèk tè. ¹⁴ ᵗPaske lavi tout chè, se san li ki lavi li. Pou sa, Mwen te di a fis Israël yo: "Nou pa pou bwè san de okenn san nan chè yo, paske lavi tout chè se san li. Nenpòt moun ki bwè li, va koupe retire.

¹⁵ ᵘ"Lè yon moun manje yon bèt ki mouri oswa ki chire pa lòt bèt kit li se yon moun peyi a, oswa yon etranje, li va lave rad li, li va benyen nan dlo, e li va rete pa pwòp jis rive nan aswè. Konsa, li va vin pwòp. ¹⁶ Men si li pa lave oswa benyen kò li, ᵛli va pote koupabilite li."

18 Alò SENYÈ a te pale avèk Moïse. Li te di: ² "Pale avèk fis Israël yo. Di yo: ʷ"Mwen se SENYÈ a, Bondye nou an. ³ Pinga nou fè sa ki te ˣfèt nan peyi Égypte kote nou te rete a, ni pinga nou fè sa ki fèt nan peyi Canaan kote Mwen ap mennen nou an. Pinga nou mache nan règleman yo. ⁴ Se pou nou aji selon jijman pa M e kenbe règleman pa M, pou mache nan yo. ʸMwen se SENYÈ a, Bondye nou an. ⁵ Konsa nou va kenbe règleman Mwen yo, ak jijman Mwen yo, ᶻpa sila yon nonm kapab viv si li fè yo. Mwen se SENYÈ a.

⁶ "'Pinga okenn nan nou pwoche okenn fanmi de san nou pou dekouvri nidite li: Mwen se SENYÈ a.

⁷ ª"Nou pa pou dekouvri nidite papa nou, ni nidite a manman nou. Li se manman nou; nou pa pou dekouvri nidite li.

⁸ ᵇ"Nou pa pou dekouvri nidite madanm papa nou. Li se nidite a papa nou.

ª **16:21** Lev 5:5   ᵇ **16:23** Lev 16:4   ᶜ **16:24** Lev 16:4   ᵈ **16:24** Egz 28:40-41   ᵉ **16:26** Lev 11:25-40
ᶠ **16:27** Lev 6:30   ᵍ **16:29** Lev 23:27   ʰ **16:30** Jr 33:8   ⁱ **16:31** Egz 8:21   ʲ **16:32** Lev 16:4   ᵏ **16:33** Lev 16:11
ˡ **16:34** Eb 9:7   ᵐ **17:4** Det 12:5-21   ⁿ **17:6** Nonb 18:17   ᵒ **17:7** Egz 22:20   ᵖ **17:9** Egz 20:24   ᵠ **17:10** Lev 20:3-6
ʳ **17:11** Jen 9:4   ˢ **17:13** Det 12:16   ᵗ **17:14** Jen 9:4   ᵘ **17:15** Egz 22:31   ᵛ **17:16** Nonb 19:20   ʷ **18:2** Egz 6:7
ˣ **18:3** Éz 20:7-8   ʸ **18:4** Lev 18:2   ᶻ **18:5** Wo 10:5   ª **18:7** Lev 20:11   ᵇ **18:8** Lev 20:11

⁹ ᵃ"'Nidite a sè nou, oswa fi papa nou, oswa fi manman nou, kit li fèt nan kay la, kit li fèt deyò; nidite pa yo, nou pa pou dekouvri yo.
¹⁰ "'Nidite fi a fis nou, oswa fi a fi nou; nidite yo, nou pa pou dekouvri yo; paske nidite pa yo se pa nou.
¹¹ "'Nidite a pitit fi madanm a papa nou, fèt pou papa nou, li se sè nou, nou pa pou dekouvri nidite li.
¹² ᵇ"'Nou pa pou dekouvri nidite sè papa nou. Li se pwòp relasyon san papa nou.
¹³ "'Nou pa pou dekouvri nidite sè manman nou, paske li se pwòp san manman nou.
¹⁴ "'Nou pa pou dekouvri nidite frè papa nou. Nou pa pou pwoche madanm li. Li se matant nou.
¹⁵ ᶜ"'Nou pa pou dekouvri nidite bèlfi nou. Li se madanm a fis nou. Nou pa pou dekouvri nidite li.
¹⁶ ᵈ"'Nou pa pou dekouvri nidite madanm frè nou. Li se nidite a frè nou.
¹⁷ ᵉ"'Nou pa pou dekouvri nidite a yon fanm avèk fi li. Ni nou pa pou pran fi a fis li, ni fi a fi li, pou dekouvri nidite li. Yo se relasyon san. Sa vrèman lèd.
¹⁸ "'Nou pa pou marye yon fanm ansanm avèk sè li pou fè jalouzi pandan sè li toujou vivan an, pou dekouvri nidite li.
¹⁹ ᶠ"'Osi nou pa pou pwoche yon fanm pou dekouvri nidite li pandan règ li fè l pa pwòp.
²⁰ ᵍ"'Nou pa pou fè zak seksyèl avèk madanm vwazen nou pou nou ta vin konwonpi ansanm avèk li.
²¹ "'Nou pa pou bay okenn nan pitit nou yo ʰpou ofri bay Moloc. Nou pa pou degrade non Bondye. Mwen se SENYÈ a.
²² ⁱ"'Nou pa pou kouche avèk yon gason jan yon moun ta kouche avèk yon fanm. Li se yon abominasyon.
²³ "'Osi, nou pa pou fè zak seksyèl avèk okenn bèt pou nou ta vin degrade avèk li. Ni okenn fanm pa pou kanpe devan yon bèt pou kwaze avèk li. Sa se yon pèvèsyon.
²⁴ "'Pa konwonpi tèt nou avèk okenn nan bagay sa yo; paske, se pou tout bagay sa yo, nasyon ke Mwen ap mete deyò devan nou yo, te vin konwonpi. ²⁵ Paske peyi a gen tan vin konwonpi. ʲPou sa, Mwen te fè pinisyon li rive sou li, jiskaske peyi a vin krache moun ki rete la yo, mete yo deyò. ²⁶ Men pou nou, se pou nou kenbe règleman Mwen yo, jijman Mwen yo, e pa fè okenn nan abominasyon sa yo, ni moun peyi a, ni etranje ki viv pami nou yo ²⁷ (paske moun peyi a ki te devan nou yo, te fè tout abominasyon sa yo, e peyi a te vin konwonpi); ²⁸ pou peyi a pa krache mete nou deyò, si nou ta vin konwonpi li, tankou li te krache mete deyò nasyon ki te devan nou yo.

²⁹ "'Paske nenpòt moun ki fè okenn nan abominasyon sa yo, moun sa yo va vin koupe retire de pèp li a. ³⁰ Konsa, se pou nou kenbe ᵏlòd Mwen, pou nou pa pratike okenn nan abitid abominab ki te konn fèt avan nou yo, pou nou pa konwonpi tèt nou avèk yo. Mwen se SENYÈ a, Bondye Nou an.'"

19 Alò, SENYÈ a te pale ak Moïse. Li te di: ² "Pale avèk tout asanble a fis Israël yo. Di yo: 'Nou va sen, paske Mwen menm, SENYÈ a, Bondye nou an, Mwen sen.

³ "'Nou chak ˡva onore manman nou ak papa nou, e nou va kenbe ᵐSaba Mwen yo. Mwen se SENYÈ a, Bondye Nou an.
⁴ "'Pa vire vè ⁿzidòl yo, ni fè pou nou menm dye metal fonn yo. Mwen se SENYÈ a, Bondye nou an.
⁵ "'Alò, lè nou ofri yon sakrifis lapè bay SENYÈ a, nou va ofri li pou nou kapab vin aksepte. ⁶ Li va manje nan menm jou ke nou ofri li a, ak jou apre a. Si gen ki rete jis nan twazyèm jou a, li va vin brile avèk dife. ⁷ Konsa, si li ta manje menm nan twazyèm jou a, sa se yon ofans. Li p ap aksepte. ⁸ Tout sila ki manje li yo, va pote inikite li, paske li te degrade bagay sen SENYÈ a. Konsa, moun sa a va koupe retire de pèp li a.
⁹ ᵒ"'Alò, lè nou fè rekòlt nan tè nou, nou p ap rekòlte rive jis nan kwen chan an, ni nou p ap ranmase ti rès ki tonbe a. ¹⁰ Ni nou p ap ranmase ti rès fwi nan chan rezen nou yo. Nou va kite yo pou malere yo ak etranje yo. Mwen se SENYÈ a, Bondye nou an.
¹¹ ᵖ"'Nou pa pou vòlè, ni twonpe, ni manti youn ak lòt.
¹² "'Nou pa pou fè fo sèman nan non Mwen pou ᵠdegrade non a Bondye nou an. Mwen se SENYÈ a.
¹³ ʳ"'Nou pa pou oprime vwazen nou, ni vòlè li. Salè a yon ouvriye jounalye pa pou rete nan men nou tout lannwit pou rive nan maten.
¹⁴ "'Nou pa pou anmède yon moun soud, ni mete yon ˢobstak pou fè avèg la tonbe, men nou va gen krentif pou Bondye nou an. Mwen se SENYÈ a.
¹⁵ ᵗ"'Nou pa pou fè lenjistis nan jijman nou yo. Nou pa pou apiye vè malere a, ni apiye vè moun pwisan an, men nou va jije vwazen nou avèk jistis.
¹⁶ "'Nou pa pou mache ᵘbay kout lang pami pèp nou an.
Nou pa pou fè zak kont lavi vwazen nou yo. Mwen se SENYÈ a.
¹⁷ "'Nou ᵛpa pou rayi pwochen peyi nou nan kè nou. Nou mèt toujou korije vwazen nou, pou nou pa pote peche akoz li.
¹⁸ "'Nou pa pou pran vanjans ni pote lahèn nan kè nou kont fis pèp nou an; men ʷnou va renmen pwochen nou tankou tèt nou. Mwen se SENYÈ a.

ᵃ **18:9** Lev 18:11   ᵇ **18:12** Lev 20:19   ᶜ **18:15** Lev 20:12   ᵈ **18:16** Lev 20:21   ᵉ **18:17** Lev 20:14
ᶠ **18:19** Lev 15:24   ᵍ **18:20** Lev 20:10   ʰ **18:21** Lev 20:2-5   ⁱ **18:22** Lev 20:13   ʲ **18:25** Lev 20:23
ᵏ **18:30** Lev 22:9   ˡ **19:3** Det 5:16   ᵐ **19:3** Egz 20:6   ⁿ **19:4** Lev 26:1   ᵒ **19:9** Lev 23:22   ᵖ **19:11** Egz 20:15-16
ᵠ **19:12** Lev 18:21   ʳ **19:13** Egz 22:7-27   ˢ **19:14** Det 27:18   ᵗ **19:15** Egz 23:3-6   ᵘ **19:16** Jr 6:28   ᵛ **19:17** I Jn 2:9-11   ʷ **19:18** Wo 13:9

¹⁹ "'Se pou nou kenbe règleman Mwen yo. Nou pa pou fè kwazman de ras bèf.
ᵃNou pa pou plante chan nou avèk de kalite grenn; Ni pou abiye ak yon vètman ki gen de kalite twal ki mele ansanm.
²⁰ ᵇ"'Alò, si yon nonm kouche nan zak seksyèl avèk yon fanm ki se yon esklav ki te pwomèt pou yon lòt gason, men ki pa t peye ranson li, ni pa t bay li libète l, li va pini. Malgre sa, yo p ap mete li a lanmò, paske li pa t lib. ²¹ Gason an va pote ofrann koupab li devan SENYÈ a nan pòtay tant asanble a; yon ᶜbelye pou ofrann koupab la. ²² Prèt la va fè ekspiyasyon pou li avèk belye ofrann koupab la devan SENYÈ a pou peche ke li te fè a, e selon peche ke li te fè a, li va vin padone.
²³ "'Lè nou antre nan peyi sa a, e plante tout kalite bwa pou manje, alò, nou va kontwole premye fwi pa yo kòm entèdi. Pandan twazan, li va entèdi a nou menm. Li p ap pou manje. ²⁴ Nan katriyèm ane a, tout fwi li yo va vin sen. Yo va vin yon ofrann lwanj bay SENYÈ a. ²⁵ Nan senkyèm ane a, nou gen pou manje nan fwi li, pou donn li kapab vin anpil pou nou menm. Mwen se SENYÈ a, Bondye nou an.
²⁶ "'Nou pa pou manje anyen avèk san ki rete nan li. Nou pa pou pratike ᵈmaji ni divinasyon zetwal ni predi evenman k ap vin rive.
²⁷ ᵉ"'Nou pa pou koupe kwen cheve tèt nou, ni taye sou kote bab nou.
²⁸ "'Nou pa pou koupe kò nou pou moun mouri yo, ni fè tatou sou kò nou: Mwen se SENYÈ a.
²⁹ ᶠ"'Pa degrade pwòp fi nou pou fè l vin yon pwostitiye, sòf ke peyi a menm ta tonbe nan pwostitisyon, e ranpli avèk tout kalite bagay lèd.
³⁰ "'Nou va kenbe Saba Mwen yo, e nou va onore sanktyè Mwen an. Mwen se SENYÈ a.
³¹ "'Pa vire bò kote ᵍmoun ki fè kontak ak mò yo, ni ki chache move lespri yo. Pa chache yo pou nou pa vin degrade pa yo menm. Mwen se SENYÈ a, Bondye nou an.
³² ʰ"'Nou va leve devan moun cheve blanch yo. Nou va bay lonè a granmoun yo. Nou va gen lakrent pou Bondye nou an. Mwen se SENYÈ a.
³³ "'Lè yon etranje rete avèk nou nan peyi nou, nou pa pou fè l tò. ¹³⁴ Etranje ki rete avèk nou an va, pou nou, tankou pwòp moun peyi nou. ʲNou va renmen li tankou tèt nou, paske nou te etranje nan peyi Égypte la. Mwen se SENYÈ a, Bondye nou an.
³⁵ Nou pa pou fè move ji jman, ni nan mezire longè, pwa, oubyen kapasite. ³⁶ Fòk balans nou yo jis, e pèz pwa nou yo jis; yon efa (22 lit) ki jis, e yon in (36 lit) ki jis. Mwen se SENYÈ nou an, ki te fè nou sòti nan peyi Égypte la. ᵏ
³⁷ "'Se konsa nou va obsève tout règleman Mwen yo ak tout òdonans Mwen yo, e fè yo. Mwen se SENYÈ a.'"

20

SENYÈ a te pale avèk Moïse e te di: ² "Ou va osi di a fis Israël yo: 'Nenpòt moun nan fis Israël yo, oswa nan etranje ki rete an Israël yo ˡki bay nenpòt nan pitit li yo a Moloc, li va vrèman vin mete a lanmò. Pèp peyi a va lapide moun sa a avèk kout wòch. ³ Mwen va osi mete figi Mwen kont moun sa a. Mwen va koupe retire li de pèp li a, akoz li te bay nan pitit li bay Moloc pou ᵐkonwonpi sanktyè Mwen an, e ⁿdegrade non sen Mwen an. ⁴ Men si moun nan peyi a ta janm tolere moun sa a lè li bay nan pitit li yo bay Moloc, e pa mete l a lanmò, ⁵ alò, Mwen menm va mete figi Mwen kont moun sila a ak kont fanmi li, e Mwen va koupe retire de pèp li a; non sèlman li menm, men tout sila ki jwe pwostitiye dèyè li yo, lè yo jwe pwostitiye dèyè Moloc.

⁶ "'Epi pou moun ki vire vè ᵒmoun k ap fè kontak ak mò yo, ki swiv lespri dyab yo, pou yo jwe pwostitiye avèk yo, Mwen va osi mete figi Mwen kont moun sa a e Mwen va koupe retire li de pèp li a.

⁷ "'Konsa, nou va konsakre nou menm e nou va ᵖrete sen, paske Mwen se SENYÈ a, Bondye nou an.

⁸ ᵠ"'Nou va kenbe règleman Mwen yo, e nou va swiv yo. Mwen se SENYÈ a ki fè nou sen an.

⁹ "'Si yon moun anmède papa li oswa manman li, li va vrèman vin mete a lanmò. Li te anmède papa li oswa manman li. Koupabilite san li rete sou li. ʳ

¹⁰ ˢ"'Si yon mesye fè adiltè avèk madanm a yon lòt, menm sila ki fè adiltè avèk madanm zanmi li an, adiltè la avèk fanm adiltè la va vrèman vin mete a lanmò.

¹¹ ᵗ"'Si yon nonm vin kouche avèk madanm a papa li, li te dekouvri nidite a papa li. Yo tou de va vin mete a lanmò. Koupabilite san yo rete sou yo.

¹² ᵘ"'Si gen yon nonm ki kouche avèk bèlfi li, tou de va vin mete a lanmò. Yo te fè ensès; koupabilite san an sou yo.

¹³ ᵛ"'Si gen yon gason ki kouche avèk yon lòt gason, menm jan ke li ta kouche avèk yon fanm, tou de te fè yon zak abominab. Yo va vrèman vin mete a lanmò. Koupabilite san yo sou yo.

¹⁴ ʷ"'Si gen yon mesye ki marye avèk yon fanm ansanm ak manman li, sa se konwonpi. Yo tout va brile avèk dife pou mechanste pa rete nan mitan nou.

¹⁵ ˣ"'Si gen yon mesye ki kouche avèk yon bèt, li va vrèman vin mete a lanmò. Nou va anplis touye bèt la.

¹⁶ "'Si gen yon fanm ki vin pwoche yon bèt pou kouche avèk li, nou va touye fanm nan ansanm ak bèt la. Yo va vrèman vin mete a lanmò. Koupabilite san an sou yo.

¹⁷ ʸ"'Si yon mesye pran sè li, oswa fi a papa li, oswa fi a manman li, pou l wè nidite li, epi li wè

ᵃ **19:19** Det 22:9-11   ᵇ **19:20** Det 22:23-27   ᶜ **19:21** Lev 6:1-7   ᵈ **19:26** Det 18:10   ᵉ **19:27** Lev 21:5
ᶠ **19:29** Lev 21:9   ᵍ **19:31** Lev 20:6-27   ʰ **19:32** Lam 5:12   ⁱ **19:33** Egz 22:21   ʲ **19:34** Lev 19:18
ᵏ **19:36** Det 25:13-15   ˡ **20:2** Lev 18:21   ᵐ **20:3** Lev 15:31   ⁿ **20:3** Lev 18:21   ᵒ **20:6** Lev 19:31   ᵖ **20:7** Ef 1:4   ᵠ **20:8** Egz 31:13   ʳ **20:9** Egz 21:17   ˢ **20:10** Lev 18:20   ᵗ **20:11** Lev 18:7-8   ᵘ **20:12** Lev 18:15
ᵛ **20:13** Lev 18:22   ʷ **20:14** Lev 18:17   ˣ **20:15** Lev 18:23   ʸ **20:17** Lev 18:9

nidite li, sa se yon gwo wont. Yo va koupe retire devan zye a fis pèp Israël la. Li te dekouvri nidite sè li. Li pote koupabilite pa l.

18 a"'Si gen yon mesye ki kouche avèk yon fanm sou règ li e dekouvri nidite li, li te vin dekouvri flèv li, e li te fè flèv san li vin parèt. Pou sa, tou de va koupe retire de pèp pa yo a.

19 b"'Nou pa pou dekouvri nidite sè manman nou, ni sè papa nou, paske yon nonm konsa te fè nidite a fanmi de san li vin parèt. Yo va pote koupabilite yo.

20 c"'Si gen yon mesye ki kouche avèk madanm tonton li, li te dekouvri nidite tonton li. Yo va pote peche yo. Yo va mouri san fè pitit.

21 d"'Si gen yon mesye ki pran madanm a frè li, sa se abominab. Li te dekouvri nidite a frè li. Yo p ap janm fè pitit.

22 "'Konsa, nou gen pou kenbe tout règleman ak tout òdonans Mwen yo e fè yo, pou peyi kote M ap mennen nou pou viv la, pa ekrache mete nou deyò. 23 Anplis, nou pa pou swiv fkoutim nasyon sa yo ke Mwen va pouse fè sòti devan nou yo, paske yo te fè tout bagay sa yo, e konsa, Mwen te vin rayi yo. 24 Konsa Mwen te di nou: g"'Nou dwe posede peyi pa yo a, e Mwen menm va bannou li pou posesyon, yon peyi k ap koule lèt ak siwo myèl." Mwen se SENYÈ a, Bondye nou an, ki te mete nou apa de lòt pèp yo.

25 "'Se konsa ke nou gen pou distinge antre bèt ki pwòp ak bèt ki pa pwòp, e antre zwazo ki pa pwòp ak sa ki pwòp la. Nou pa pou fè tèt nou vin abominab ni pa bèt, ni pa zwazo, ni pa sa ki trennen atè reptil ke Mwen te separe pou nou kòm pa pwòp. 26 Se konsa, nou va sen pou Mwen, paske Mwen, SENYÈ a, Mwen sen. Mwen te mete nou apa de lòt pèp yo pou nou kapab pa Mwen.

27 "'Alò, yon nonm oswa yon fanm hki kontakte mò yo, oswa lespri yo, yo va anverite vin mete a lanmò. Yo va vin lapide avèk kout wòch. Koupabilite san rete sou yo."

21 Alò SENYÈ a te pale avèk Moïse. Li te di: "Pale avèk prèt yo, fis Aaron yo. Di yo konsa: i'Pèsòn pa pou konwonpi kò l avèk yon moun mouri pami pèp li a, 2 jsof pou fanmi ki pi prè li yo, tankou manman l, papa l, fis li, fi li ak frè li, 3 ak pou sè vyèj li, ki prè li, ki pa t gen mari. Pou sila a, li kapab konwonpi kò l. 4 Li pa pou konwonpi kò l, akoz li se yon gwo chèf pami pèp li a, e konsa, pou vin degrade tèt li.

5 k"'Yo pa pou fè tèt yo kale, ni taye bab yo, ni fè okenn blese nan chè yo. 6 Yo va rete sen a Bondye pa yo a, e yo lp ap konwonpi non Bondye pa yo a, paske se yo ki prezante ofrann dife bay SENYÈ a, mmanje pou Bondye pa yo a. Alò, fòk yo sen.

7 n"'Yo pa pou pran yon fanm ki degrade kòm pwostitiye, ni yo pa pou pran yon fanm ki divòse avèk mari li; paske li sen a Bondye pa li a. 8 Konsa, nou va konsakre li, paske li ofri ou omanje Bondye nou an. Li va sen pou nou, paske Mwen, SENYÈ ki sanktifye nou an, Mwen sen.

9 p"'Fi a nenpòt prèt, si li degrade tèt li kòm pwostitiye, li degrade papa li. Li va brile nan dife.

10 "'Prèt ki se wo prèt pami frè li yo, sou tèt sila lwil onksyon an te vide a, e sila ki te konsakre pou abiye avèk vètman yo, qpa pou dekouvri tèt li, ni chire rad li. 11 rLi pa pou pwoche okenn moun mouri, ni konwonpi tèt li menm si se pou papa li oswa manman li. 12 sLi pa pou sòti nan sanktyè a, ni konwonpi sanktyè Bondye li a, paske konsekrasyon lwil sen an sou li. Mwen se SENYÈ a.

13 "'Li va pran yon madanm ki vyèj. 14 tYon vèv, oswa yon fanm divòse, oswa youn ki degrade kòm pwostitiye, sa yo, li pa kapab pran yo. Men okontrè, fòk li marye ak yon vyèj pami pwòp pèp pa li a. 15 Li pa degrade desandan li yo pami pwòp pèp li a, paske Mwen se SENYÈ ki fè li sen an."'

16 Alò SENYÈ a te pale avèk Moïse. Li te di: 17 "Pale avèk Aaron. Di l: 'Okenn moun pami nou ki gen yon defo fizik p ap pwoche pou ofri umanje bay Bondye li a. 18 vPaske nenpòt moun ki gen yon defo p ap pwoche: yon nonm avèg, yon bwate, yon nonm ki gen figi defòme, oswa okenn manm kò defòme, 19 yon nonm pye kase oswa men kase, 20 yon moun ki gen boul nan do oswa kata, oubyen yon moun ki gen defo nan zye li, oswa ekzema nan po, kal oswa boul grenn ki donmaje. 21 Okenn moun nan ras Aaron, prèt ki gen defo pa pou pwoche pou fè ofrann SENYÈ a pa dife. Akoz li gen yon defo, li pa pou pwoche pou ofri wpen ki pou Bondye li a. 22 Li kapab manje xpen Bondye li a, ni sa ki sen pase tout bagay yo, avèk sa ki sen an. 23 Se sèlman, li pa pou antre anndan vwal la, ni toupre lotèl la akoz ke li gen yon defo, pou li pa konwonpi sanktyè Mwen yo. Paske Mwen se SENYÈ ki fè yo sen an.'"

24 Alò, Moïse te pale avèk Aaron, a fis li yo, e a tout fis Israël yo.

22 Alò SENYÈ a te pale avèk Moïse. Li te di: 2 Di Aaron avèk fis li yo pou separe yo de bagay sen ki pou fis Israël yo, ke yo dedye kon sen de Mwen yo, epi yo pa derespekte non sen Mwen an. Mwen se SENYÈ a.

3 "Di yo ke: y'Si nenpòt moun pami tout jenerasyon nou yo vin pwoche de bagay sen yo, ke fis Israël yo te dedye bay SENYÈ a pandan li pa pwòp, moun sa a va koupe retire devan M. Mwen se SENYÈ a.

4 z"'P ap gen yon nonm pami desandan Aaron yo ki gen lalèp oswa yon ekoulman ki kapab manje nan bagay sen yo jiskaske li vin pwòp. Konsa, si youn vin touche nenpòt bagay ki fèt pa pwòp pa yon moun

---

a **20:18** Lev 15:24   b **20:19** Lev 18:12-13   c **20:20** Lev 18:14   d **20:21** Lev 18:16   e **20:22** Lev 18:28
f **20:23** Luc 18:3   g **20:24** Egz 13:5   h **20:27** Lev 19:31   i **21:1** Lev 19:28   j **21:2** Lev 21:11   k **21:5** Det 14:1
l **21:6** Lev 18:21   m **21:6** Lev 3:11   n **21:7** Lev 21:13-14   o **21:8** Lev 21:6   p **21:9** Jen 38:24   q **21:10** Lev 10:6
r **21:11** Lev 19:28   s **21:12** Lev 10:7   t **21:14** Lev 21:7   u **21:17** Lev 2:16   v **21:18** Lev 22:19-25
w **21:21** Lev 21:6   x **21:22** I Kor 9:13   y **22:3** Lev 7:20-21   z **22:4** Lev 14:1-32

mouri, oswa si yon nonm vin fè yon ekoulman, [5] oswa, [a]si yon mesye vin touche nenpòt nan bèt ki trennen atè, oswa nenpòt moun ki fè l vin pa pwòp, nenpòt sa ki fè l pa pwòp; [6] ke yon moun ki touche nenpòt kalite bagay konsa va pa pwòp jis rive nan aswè, e li p ap kab patisipe nan manje nan bagay sen yo sof ke li benyen kò l nan dlo. [7] Men lè solèy la kouche, li va pwòp. Konsa, apre, li ka manje nan bagay sen yo, paske [b]se manje li. [8] Li pa pou manje [c]yon bèt ki mouri oswa ki chire pa lòt bèt, pou fè l vin pa pwòp.

[9] "'Konsa, yo va kenbe [d]lòd Mwen, pou yo pa pote peche akoz li, e mouri konsa si yo souye li. Mwen se SENYÈ ki fè yo sen an.

[10] [e]"'Okenn etranje pa pou manje kado sen an. Yon vwayajè k ap rete ak prèt la, oswa yon ouvriye pa pou manje nan kado sen an. [11] [f]Men si yon prèt achte yon esklav kòm pwòp byen pa li, avèk pwòp lajan pa li, sila a kapab manje nan li, e sila ki te ne nan kay li yo kapab manje manje li. [12] Si fi a yon prèt vin marye avèk yon moun ki pa prèt, li pa pou manje nan kado ofrann yo. [13] Men si fi a yon prèt vin vèv, oswa divòse, e pa gen pitit, si li vin retounen lakay papa li, tankou lè l te jèn, li va manje nan manje papa li; [g]men moun deyò p ap kab manje li.

[14] [h]"'Men si yon nonm manje yon kado sen san konnen, alò, li va mete sou fòs li yon senkyèm anplis valè li, e li va bay kado sen an bay prèt la. [15] [i]Yo p ou pa degrade kado sen ki pou fis Israël yo, ke yo ofri bay SENYÈ a, [16] epi konsa, fè yo [j]pote pinisyon pou koupabilite akoz manje nan kado sen pa yo; paske Mwen se SENYÈ ki fè yo sen an.'"

[17] Alò SENYÈ a te pale a Moïse. Li te di: [18] "Pale avèk Aaron, ak fis li yo, epi tout fis Israël yo. Di yo: [k]'Nenpòt moun nan kay Israël la oswa pami etranje yo nan Israël ki prezante ofrann li, sof ke se youn nan ofrann sèman yo oswa ofrann bòn volonte yo, ke yo prezante bay SENYÈ a kòm yon ofrann brile— [19] [l]pou nou ta aksepte li—li oblije ke se yon mal san defo ki sòti nan bèf, mouton, oswa kabrit. [20] [m]Nenpòt bèt ki gen defo, nou pa pou ofri li, paske li p ap aksèptab pou nou. [21] Lè yon moun ofri yon sakrifis lapè bay SENYÈ a [n]pou ranpli yon ve espesifik, oswa yon ofrann bòn volonte ki sòti nan bann mouton oswa nan twoupo, fòk li bon nèt pou l kapab aksepte. Li pa pou gen defo menm nan li. [22] Sila ki avèg yo, ki gen zo kase, oswa donmaje yo, sila ki gen maleng ekoulman, ekzema, oswa kal yo, nou pa pou ofri yo bay SENYÈ a, ni fè yon ofrann pa dife sou lotèl bay SENYÈ a. [23] Pou yon bèf, oswa yon jenn ti mouton ki gen youn nan manm li ki pi gwo oswa pi piti ke lòt yo, nou kapab prezante li kòm yon ofrann bòn volonte, men kòm yon ofrann ve, li p ap aksepte. [24] Osi, [o]nenpòt nan yo avèk boul grenn li brize oswa kraze, chire oswa koupe, nou pa

pou ofri li bay SENYÈ a, ni fè sakrifis avèk li nan peyi nou an. [25] Ni nou p ap aksepte anyen ki konsa nan men a yon etranje kòm yon ofrann [p]manje pou Bondye nou an, paske yo konwonpi. Yo gen defo. Yo pa pou aksepte pou nou.'"

[26] Konsa, SENYÈ a te pale a Moïse e te di: [27] "Lè yon bèf oswa yon mouton, oswa yon kabrit vin fèt, li va rete [q]pandan sèt jou avèk manman li. Men depi nan uityèm jou a, li va vin aksepte kòm yon sakrifis pou yon ofrann pa dife bay SENYÈ a. [28] [r]Menm si se yon bèf, oswa yon mouton, nou pa pou touye li ansanm avèk pitit li nan yon sèl jou.

[29] "Lè nou ofri yon [s]sakrifis pou remèsiman bay SENYÈ a, nou va fè sakrifis la yon jan pou l aksepte. [30] Li va manje nan menm jou a, nou pa pou kite anyen de li pou rive jis nan maten. Mwen se SENYÈ a.

[31] [t]"Konsa nou va kenbe kòmandman Mwen yo, e fè yo. Mwen se SENYÈ a. [32] Nou pa pou degrade non sen Mwen an, men Mwen va sen pami fis Israël yo. Mwen se SENYÈ ki fè nou sen an, [33] [u]ki te fè nou sòti nan peyi Égypte la, pou vin Bondye nou. Mwen se SENYÈ a."

23

SENYÈ a te pale ankò avèk Moïse. Li te di: [2] "Pale avèk fis Israël yo pou di yo: 'Fèt chwazi SENYÈ a, ke nou va [v]pwoklame kòm konvokasyon sen yo—fèt chwazi Mwen yo se sa yo.

[3] [w]"'Pandan sis jou, travay kapab fèt, men sou setyèm jou a, va gen yon repo Saba konplè, yon konvokasyon sen. Nou pa pou fè okenn travay. Se yon Saba a SENYÈ a nan tout domisil nou yo.

[4] "'Sa yo se lè [x]fèt chwazi pou SENYÈ a, konvokasyon sen ke nou va pwoklame nan lè ki apwente pou yo. [5] [y]Nan premye mwa nan katòzyèm jou mwa a, avan l fènwa, se Pak SENYÈ a. [6] Alò, nan kenzyèm jou nan menm mwa sa a, [z]fèt Pen San Ledven pou SENYÈ a ap fèt. Pandan sèt jou, nou va manje pen san ledven. [7] Nan premye jou a, nou va gen yon konvokasyon sen. Nou [a]p ap fè okenn travay di. [8] Men pandan sèt jou, nou va prezante yon ofrann pa dife bay SENYÈ a. Nan setyèm jou a, se yon konvokasyon sen. Nou pa pou fè okenn travay ki di.'"

[9] Konsa, SENYÈ a te pale avèk Moïse. Li te di: [10] "Pale avèk fis Israël yo pou di yo: 'Lè nou antre nan peyi Mwen ap bannou pou [b]fè rekòlt li a, alò, nou va pote premye pake a kòm premye fwi rekòlt la bay prèt la. [11] Li va fè sign voye pake a anlè devan SENYÈ a pou nou, pou l kapab aksepte. Nan jou apre Saba a, prèt la va voye li anlè. [12] Alò, nan jou lè nou voye pake a anlè a, nou va ofri yon jenn mouton ki gen laj ennan(1 an) ki san defo pou yon ofrann brile bay SENYÈ a. [13] [c]Ofrann sereyal li, alò, va 2 dizyèm yon efa farin melanje avèk lwil, yon ofrann

---

[a] 22:5 Lev 11:23-28 [b] 22:7 Nonb 18:11 [c] 22:8 Lev 7:24 [d] 22:9 Lev 18:30 [e] 22:10 Egz 29:33
[f] 22:11 Jen 17:13 [g] 22:13 Lev 22:10 [h] 22:14 Lev 5:15-16 [i] 22:15 Nonb 18:32 [j] 22:16 Lev 10:17
[k] 22:18 Nonb 15:4 [l] 22:19 Lev 21:18-21 [m] 22:20 Mal 1:8-14 [n] 22:21 Nonb 15:3-8 [o] 22:24 Lev 21:20
[p] 22:25 Lev 21:22 [q] 22:27 Egz 22:30 [r] 22:28 Det 22:6-7 [s] 22:29 Lev 7:12 [t] 22:31 Lev 19:37
[u] 22:33 Lev 11:45 [v] 23:2 Lev 23:21 [w] 23:3 Lev 19:3 [x] 23:4 Lev 23:14 [y] 23:5 Det 16:1 [z] 23:6 Egz 12:14-20
[a] 23:7 Lev 23:8,21,25,35,36 [b] 23:10 Egz 23:19 [c] 23:13 Lev 6:20

pa dife bay SENYÈ a, yon bagay santi bon, avèk ofrann bwason li, yon ka in diven. ¹⁴ Jis rive nan jou sa a, jiskaske nou pote ofrann Bondye nou an, ᵃnou pa pou manje ni pen, ni sereyal boukannen, ni nouvo tij vèt. Sa dwe rete yon règleman ki la pou tout tan pami tout jenerasyon nou yo, nan tout domisil nou yo.

¹⁵ ᵇ"'Nou va osi kontwole pou kont nou sèt jou Saba yo, soti nan jou ke nou te pote premye pake ofrann voye anlè a: va gen sèt Saba konplè. ¹⁶ Nou va kontwole senkant jou jis rive nan jou apre setyèm Saba a, epi nou va prezante yon ᶜofrann sereyal nèf bay SENYÈ a. ¹⁷ Nou va pote soti nan domisil nou yo de (2) pen kòm yon ofrann voye anlè, ki fèt avèk de dizyèm yon efa. Yo va fèt avèk farin fen, kwit ᵈavèk ledven kòm premye fwi bay SENYÈ a. ¹⁸ Ansanm avèk pen an, nou va prezante sèt jenn mouton nan laj 1 nan, mal san defo, ak yon towo twoupo avèk de belye. Yo dwe yon ofrann brile bay SENYÈ a, avèk ofrann sereyal pa yo ak ofrann bwason pa yo, yon ofrann pa dife ki dous e santi bon a SENYÈ a. ¹⁹ Nou va osi ofri ᵉyon mal kabrit kòm yon ofrann peche, ak de mal mouton ki gen laj 1 nan kòm yon sakrifis ofrann lapè. ²⁰ Konsa, prèt la va voye yo anlè avèk pen premye fwi yo kòm yon ofrann voye anlè avèk de jenn mouton yo devan SENYÈ a. Yo dwe sen a SENYÈ a pou prèt la. ²¹ Nan menm jou sa a, nou va osi fè yon pwoklamasyon ke nou va gen yon konvokasyon sen. Nou pa pou fè okenn ᶠtravay di. Se yon règleman pou tout tan nan tout domisil nou yo pandan tout jenerasyon nou yo.

²² ᵍ"'Lè nou fè rekòlt la nan peyi nou, anplis, nou pa pou rekòlte jis nan kwen chan nou yo, ni ranmase ti retay nan rekòlt la. Se pou nou kite yo pou malere avèk etranje yo. Mwen se SENYÈ a, Bondye nou an.'"

²³ Ankò SENYÈ a te pale avèk Moïse. Li te di: ²⁴ "Pale avèk fis Israël yo pou di: ʰ'Nan setyèm mwa nan premye jou nan mwa a, nou va fè yon repo, yon ⁱtan pou sonje avèk son twonpèt yo, yon konvokasyon sen. ²⁵ Nou ʲpa pou fè okenn travay di, men nou va prezante yon ofrann pa dife bay SENYÈ a.'"

²⁶ SENYÈ a te pale avèk Moïse. Li te di: ²⁷ Nan dizyèm jou nan setyèm mwa sa a, se ᵏjou ekspiyasyon an. Li va yon konvokasyon sen pou nou. Nou va imilye nanm nou pou prezante yon ofrann pa dife bay SENYÈ a. ²⁸ Nou pa pou fè okenn travay nan menm jou sa a, paske li se yon jou ekspiyasyon, ˡpou fè ekspiyasyon pou nou menm devan SENYÈ a, Bondye nou an. ²⁹ Si gen yon moun ki refize nye li menm nan jou sa a, ᵐli va koupe retire de pèp li a. ³⁰ Pou nenpòt moun ki fè yon travay nan menm jou sa a, moun sa a, Mwen va detwi li pami pèp li a. ³¹ Nou pa pou travay menm. Se yon règleman k ap dire pandan tout jenerasyon nou yo nan tout kay nou yo. ³² Fòk se yon repo Saba konplè pou nou, e nou va imilye nanm nou. Nan nevyèm jou mwa a nan aswè, nou va obsève Saba nou.

³³ Ankò SENYÈ a te pale a Moïse. Li te di: ³⁴ "Pale avèk fis Israël yo pou di: 'Nan kenzyèm jou nan mwa sa a ki se setyèm mwa a, se Fèt Ti Tonèl Yo pandan sèt jou anvè SENYÈ a.ⁿ ³⁵ Nan premye jou a, se yon konvokasyon sen. Nou pa pou fè ᵒokenn kalite travay ki di. ³⁶ ᵖPandan sèt jou, nou va prezante yon ofrann pa dife bay SENYÈ a. Nan uityèm jou a, nou va fè yon konvokasyon sen e prezante yon ofrann pa dife bay SENYÈ a. Se yon asanble solanèl. Nou pa pou fè okenn travay di.

³⁷ "'Sa yo se lè chwazi SENYÈ a ke nou va pwoklame kòm konvokasyon sen, pou prezante ofrann dife bay SENYÈ a—ofrann brile ak ofrann sereyal yo, sakrifis yo avèk ofrann bwason yo, ᵠzafè chak jou nan pwòp jou pa li— ³⁸ apati Saba sila ki pou SENYÈ a, apati kado nou yo, apati tout ofrann ve avèk ofrann bòn volonte ke nou bay SENYÈ yo.

³⁹ "'Byen jis nan kenzyèm jou nan setyèm mwa a, ʳlè nou gen tan antre rekòlt nan peyi a, nou va fete fèt ki pou SENYÈ a pandan sèt jou. Nou va fè yon repo solonèl nan premye jou a, e yon repo solonèl nan uityèm jou a. ⁴⁰ Alò, nan premye jou a, nou va pran pou nou menm fèy ki sòti nan pyebwa ki bèl yo, branch pal yo avèk branch nan pyebwa ki gen fèy yo, pyebwa ki pann sou kote rivyè a ak ti dlo yo, e nou va rejwi devan SENYÈ a Bondye nou an pandan sèt jou. ⁴¹ Nou va selebre li konsa kòm yon fèt bay SENYÈ a pandan sèt jou nan ane a. Sa va yon règleman k ap dire nèt pandan tout jenerasyon nou yo. Nou va selebre li nan setyèm mwa a. ⁴² Nou va viv ˢnan tonèl yo pandan sèt jou. Tout natif Israël yo va viv nan tonèl yo, ⁴³ pou ᵗjenerasyon nou yo kapab vin konnen ke fis Israël yo te viv tonèl lè Mwen te mennen yo, fè yo sòti nan peyi Égypte la. Mwen se SENYÈ a, Bondye nou an.'"

⁴⁴ Se konsa Moïse te deklare a fis Israël yo ᵘtout lè ki te deziye pa Bondye yo.

24

SENYÈ a te pale avèk Moïse. Li te di: ² Kòmande fis Israël yo pou yo pote bay ou ᵛlwil klè ki sòti nan oliv ki te bat yo, pou limyè, pou fè lanp lan briye san rete. ³ Deyò vwal temwayaj tant asanble a, Aaron va kenbe li an lòd soti nan aswè rive jis nan maten devan SENYÈ a pou tout tan. Sa va yon règleman pandan tout jenerasyon nou yo. ⁴ Li va kenbe lanp an lòd sou ʷchandelye an lò devan SENYÈ a pou tout tan.

ᵃ **23:14** Egz 34:26 ᵇ **23:15** Nonb 28:26-31 ᶜ **23:16** Nonb 28:26 ᵈ **23:17** Lev 2:12 ᵉ **23:19** Lev 4:23 ᶠ **23:21** Lev 23:7 ᵍ **23:22** Det 24:19 ʰ **23:24** Nonb 29:1 ⁱ **23:24** Nonb 10:9-10 ʲ **23:25** Lev 23:21 ᵏ **23:27** Egz 30:10 ˡ **23:28** Lev 16:34 ᵐ **23:29** Jen 17:14 ⁿ **23:34** Nonb 29:12 ᵒ **23:35** Lev 23:25 ᵖ **23:36** Nonb 29:12-34 ᵠ **23:37** Nonb 28:1-29 ʳ **23:39** Egz 23:16 ˢ **23:42** Lev 23:34 ᵗ **23:43** Det 31:13 ᵘ **23:44** Lev 23:37 ᵛ **24:2** Egz 27:20-21 ʷ **24:4** Egz 25:31

⁵ ᵃKonsa, nou va pran farin fen an e fè douz gato avèk li: de dizyèm pati yon efa va sèvi nan chak gato. ⁶ Nou va mete yo nan de ranje, sis nan chak ranje, sou ᵇtab lò san tach ki devan SENYÈ a. ⁷ Nou va mete lansan san tach nan chak ranje pou li kapab yon ᶜpati komemoratif pou pen an, menm yon ofrann pa dife bay SENYÈ a. ⁸ Chak jou Saba, li va mete li an lòd devan SENYÈ a ᵈpou tout tan. Se yon akò k ap dire pou tout tan pou fis Israël yo. ⁹ ᵉLi va pou Aaron avèk fis li yo. Yo va manje li nan yon lye ki sen; paske li sen pase tout ofran ki soti nan ofrann bay SENYÈ yo, ofrann pa dife, pati pa li pou tout tan.

¹⁰ Alò, fis a yon famn Izrayelit avèk yon papa Ejipsyen, te sòti pami fis Israël yo. Konsa, fis a fanm Izrayelit la ak yon mesye peyi Israël te lite youn avèk lòt nan kan an. ¹¹ Fis a fanm Izrayelit la te blasfeme ᶠNon Bondye a e li te bay madichon. Pou sa, yo te mennen li vè Moïse. Alò manman li te rele Schelomith, fi a Dibri nan tribi Dan nan. ¹² Yo te arete li pou lòd SENYÈ a ta kapab vin klè a yo menm.

¹³ Alò SENYÈ a te pale ak Moïse. Li te di: ¹⁴ "Mennen sila ki te bay madichon an deyò kan an, kite tout moun ki te tande li yo ᵍvin poze men sou tèt li; epi kite tout asanble a lapide li avèk kout wòch. ¹⁵ Ou va pale avèk fis Israël yo e di: ʰ"Si yon moun modi Bondye li a, alò, li va pote peche li. ¹⁶ Anplis, sila ki ⁱblasfeme non a SENYÈ a va vrèman vin mete a lanmò. Tout asanble a va vrèman lapide li. Etranje oswa natif, lè li blasfeme Non Bondye a, li va vin mete a lanmò.

¹⁷ ʲ"Si yon nonm pran lavi a yon Kretyen vivan, li va vrèman vin mete a lanmò. ¹⁸ ᵏSila ki pran lavi a yon bèt va fè l bon, lavi pou lavi. ¹⁹ Si yon nonm blese vwazen li, menm sa ke li te fè a, va fèt a li menm; ²⁰ zo kase pou zo kase, ˡzye pou zye, dan pou dan. Menm jan ke li te blese yon moun, se konsa ke li va fèt sou li menm. ²¹ Konsa, sila ki touye yon bèt va fè li bon, men ᵐsila ki touye yon moun va vin mete a lanmò. ²² Va gen yon sèl règleman pou nou. Li va pou etranje kòm pou moun peyi a, paske Mwen se SENYÈ a, Bondye nou an.'"

²³ Konsa, Moïse te pale a fis Israël yo. Yo te mennen sila ki te modi a deyò kan an, e yo te lapide li avèk kout wòch. Konsa fis Israël yo te fè, jis jan ke SENYÈ a te kòmande Moïse la.

25 Alò, SENYÈ a te pale a Moïse. Li te di: ² "Pale a fis Israël yo pou di yo: 'Lè nou vini nan peyi ke Mwen va bannou an, alò, li a va gen yon Saba pou SENYÈ a. ³ Pandan ⁿsis ane, nou va plante chan nou yo, e pandan sis ane, nou va netwaye chan rezen an e rasanble pou fè rekòlt li, ⁴ men pandan ᵒsetyèm ane a, tè a va gen yon repo Saba, yon Saba pou SENYÈ a. Nou p ap ni plante chan an ni netwaye chan rezen an. ⁵ Donn nan chan ki grandi pa aza konsa a, nou pa pou rekòlte li, e rezen nou yo ki parèt sou branch ki pa t taye yo, nou pa pou ranmase yo. Tè a va gen yon ane Saba. ⁶ Konsa, ᵖnou tout va gen pwodwi Saba nan peyi a kòm manje nou; nou menm, esklav yo, ni mal ni femèl, anplwaye nou yo, etranje ki rezidan pami nou yo, sila ki viv tankou moun lòt nasyon pami nou yo. ⁷ Menm bèf nou yo avèk bèt ki nan peyi a va gen tout pwodwi li kòm manje.

⁸ "Nou dwe osi kontwole sèt Saba pa lane yo pou nou menm; sèt fwa sèt ane, jiskaske nou kontwole tan ke sèt Saba nan Saba ekoule yo; otreman, karant-nèf ane. ⁹ Alò, lè lè sa a rive nou va sone kòn belye a toupatou nan ᵠdizyèm jou nan setyèm mwa a. Nan jou ekspiyasyon an, nou va sone yon kòn toupatou nan peyi a. ¹⁰ Se konsa, nou va konsakre senkantyèm ane a e ʳpwoklame remisyon toupatou nan peyi a, a tout abitan li yo. Li va yon jibile pou nou, e nou chak va retounen nan pwòp teren pa nou ak pwòp fanmi pa nou. ¹¹ Nou va gen senkantyèm ane a kòm yon ane jibile. Nou pa pou plante, ni rekòlte sa ki grandi konsa nan tè, ni ranmase fwi ki sòti nan branch ki pa t netwaye yo. ¹² Paske se yon jibile; li va sen pou nou. Nou va manje pwodwi li ki sòti nan chan an.

¹³ ˢ"Nan ane jibile sila a, nou chak va retounen nan pwòp tè pa nou.

¹⁴ "'Anplis, si nou fè lavant bay zanmi nou, oswa achte nan men zanmi nou, ᵗnou pa pou fè tò a youn lòt. ¹⁵ Konsènan nonb ane apre jibile yo, konsa, nou va achte nan men zanmi nou. Li dwe vann nou selon nonb ane rekòlt yo ki rete. ¹⁶ ᵘ Nan menm fòs ane ki rete yo, nou va ogmante pri a, e nan menm fòs ane ki manke yo, nou va redwi pri a, paske li se fòs rekòlt ki rete ke l ap vann ou an. ¹⁷ Konsa, ᵛpinga nou fè tò a youn lòt, men nou va krent Bondye nou an; paske Mwen se SENYÈ a, Bondye nou an.

¹⁸ "'Se konsa ke nou va obsève règleman Mwen yo e kenbe jijman Mwen yo, pou akonpli yo, pou ʷnou kapab viv an sekirite sou tè a.

¹⁹ "'Konsa, tè a va donnen pwodwi li pou nou kapab manje vant plen, e viv an sekirite sou tè a.'"

²⁰ "Men si nou ta di: ˣ'Kisa n ap manje nan setyèm ane a si nou pa ni plante ni rekòlte rekòlt nou yo? Gade byen, nou pa p semen, ni rasanble pwodwi nou;' ²¹ alò, ʸMwen va tèlman regle benediksyon Mwen yo pou nou nan sizyèm ane a, pou li kab pote yon rekòlt twazan. ²² Lè nou ap plante nan uityèm ane a, nou kapab toujou manje ᶻansyen bagay a rekòlt yo, e nou va kontinye manje vye a jis rive nan nevyèm ane a lè rekòlt pa li kòmanse antre a.

²³ "Tè a, anplis, pa pou vann nèt, paske ᵃtè a se pa M; paske nou se sèlman etranje k ap demere avè M.

²⁴ Konsa, nan chak mòso tè ke nou posede, fòk nou fè pwovizyon pou peye ranson tè a.

²⁵ ᵃ"Si yon moun peyi parèy nou an vin tèlman pòv ke li oblije vann yon pati nan tè li a, alò, se fanmi pi pre li a ki dwe peye ranson ke manm fanmi li te vann nan. ²⁶ Oswa nan ka a yon moun ki pa gen fanmi, men ki tèlman regle zafè li pou twouve ase mwayen pou peye ranson an, ²⁷ ᵇalò, li va kalkile ane yo soti lè li te vann nan, e remèt fòs balans sa a moun ke li te vann li an. Konsa li va retounen vin pwòp teren pa l. ²⁸ Men si li poko twouve ase mwayen pou reprann li pou kont li, alò, sa ke li te vann nan, va rete nan men a sila ki achte li a jis rive nan ane jibile a. Men nan jibile a, li va libere, pou li kapab retounen kon pwòp tè pa li.

²⁹ "Menm jan an, si yon mesye vann yon kay nan yon vil ki antoure avèk miray, alò, dwa pou peye ranson pa l la va dire pou tout 1 nan. ³⁰ Men si li pa peye ranson li an nan 1 nan ki ekoule a, alò, kay ki nan vil antoure avèk miray la va pase nèt bay sila ki te achte li pou tout jenerasyon li yo. Li p ap remèt nan jibile a. ³¹ Men kay nan vil ki pa antoure avèk miray yo va konsidere kòm chan ouvri; yo gen dwa peye ranson an e yo va remèt nan jibile a.

³² "Men nan ᶜvil ki pou Levit yo, Levit yo gen yon dwa pèmanan pou peye ranson nan vil ki se posesyon pa yo. ³³ Konsa, sa ki pou Levit yo kapab peye ranson e yon vant kay nan vil posesyon sila a va remèt nan jibile a. Paske vil Levit yo se posesyon pa yo pami fis Israël yo. ³⁴ Men chan pou bèt nan vil pa yo pa pou vann, paske sa se posesyon pa yo pou tout tan.

³⁵ "Alò, nan ka ke yon moun peyi nou an vin pòv e zafè li vin gate, alò, nou gen pou bay li soutyen. Li va viv tankou etranje, oswa yon moun k ap demere, pou li kapab toujou rete pami nou. ³⁶ Pa pran enterè ni avantaj sou li, men onore Bondye ou a pou li kapab viv avèk ou. ³⁷ Ou pa pou bay li la jan ou avèk enterè, ni manje ou pou fè pwofi. ³⁸ ᵈMwen se SENYÈ a, Bondye nou an ki te fè nou sòti nan peyi Égypte la pou bannou peyi Canaan an ᵉpou M kapab Bondye nou.

³⁹ ᶠ"Si yon moun peyi parèy nou vin tèlman pòv pami nou menm, e li vin vann tèt li bannou, nou pa pou desann li nan sèvis esklavaj. ⁴⁰ Li va rete avèk nou kòm yon jounalye, menm ᵍkòm yon demere. Li va sèvi avèk nou jis rive nan ane jibile a. ⁴¹ Konsa li va sòti de nou menm, li menm avèk fis li yo avè l, e li va retounen vè fanmi li, pou li kapab retounen nan teren zansèt li yo. ⁴² Paske yo se sèvitè Mwen ke Mwen te mennen sòti nan peyi Égypte la. Yo pa pou vann kon vant esklav la. ⁴³ ʰNou pa pou domine li avèk severite, men onore Bondye nou an.

⁴⁴ "Selon esklav, mal ak femèl ke petèt nou kapab gen,—nou kapab jwenn esklav mal ak femèl nan nasyon payen ki antoure nou yo. ⁴⁵ Alò, osi, se soti nan fis a demere k ap viv pami nou yo, ke nou kapab vin genyen yo, e ladann nan fanmi pa yo ki avèk nou, ke yo va gen tan pwodwi nan peyi nou; yo menm osi kapab devni posesyon pa nou. ⁴⁶ Nou kapab menm sede a fis apre nou yo, pou resevwa yo kòm yon posesyon. Nou kapab sèvi yo kòm esklav pou tout tan. ⁱMen pou moun peyi nou an, nou pa pou domine avèk severite youn sou lòt.

⁴⁷ "Alò, si mwayen a yon etranje, oswa yon demere avèk nou vin rich, e yon moun peyi parèy a nou an vin tèlman pòv ke li vin vann tèt li bay yon etranje ki demere pami nou, oswa desandan a yon fanmi etranje, ⁴⁸ alò, li va gen dwa peye ranson nan moman li fenk vann nan. Youn nan frè li yo kapab peye ranson li an, ⁴⁹ oswa tonton li, oswa fis tonton li, kapab peye ranson li an, oswa ʲsi li vin pwospere, li kapab peye ranson an pou pwòp tèt li. ⁵⁰ Konsa, li menm avèk sila ki te achte li a, va kalkile ansanm soti nan ane ke li te vann tèt li bay li menm nan jis pou rive nan jibile a. Pri lavant li an va koresponn a nonb ane ke li te avèk li yo. Se tankou jou a yon jounalye ke li va avèk li. ⁵¹ Si gen toujou anpil ane, ᵏli va remèt yon pati nan pri lavant lan pou kouvri yo pou peye pwòp ranson pa li. ⁵² Si se pa anpil ane ki rete pou rive nan ane jibile a, li va kalkile sa avèk li. Selon ane ki rete yo li va remèt menm fòs la pou pri ranson an. ⁵³ Menm tankou yon ouvriye ki anplwaye ane pa ane li va konsa avèk li. ˡLi p ap domine sou li avèk severite devan zye nou.

⁵⁴ "Menm si li pa peye ranson an pa mwayen sila yo, ᵐli va toujou sòti nan ane jibile a, li menm avèk fis li yo avè l. ⁵⁵ Paske fis Israël yo se sèvitè Mwen; yo se sèvitè Mwen ke M te mennen fè sòti nan peyi Égypte a. Mwen se Senyè a, Bondye nou an.

26

"Nou pa pou fè pou nou menm zidòl, ni nou pa pou mete an plas pou nou menm yon imaj, oswa yon ⁿpilye sakre. Ni nou pa pou plase yon ᵒwòch taye nan okenn fòm pou bese devan li; paske Mwen se SENYÈ a, Bondye nou an.

² "Nou va kenbe Saba Mwen yo, e nou va onore sanktyè Mwen an. Mwen se SENYÈ a.

³ ᵖ"Si nou mache nan règleman Mwen yo, e kenbe kòmandman Mwen yo pou fè yo, ⁴ konsa ᑫMwen va bannou lapli yo nan sezon pa yo, pou peyi a donnen pwodwi li yo, e bwa nan chan yo va bay fwi yo. ⁵ Anverite, bat grenn chan nou va dire jis tan pou ranmase rezen yo, e ranmase rezen yo va dire jis rive nan tan semans lan. Nou va konsa manje manje nou vant plen nèt, e ʳviv ansekirite nan peyi nou.

⁶ ˢ"Mwen va osi bay lapè nan peyi a, pou ᵗnou kapab kouche san okenn moun pa fè nou tranble. Osi mwen va retire bèt sovaj nan peyi a, e okenn nepe p ap pase nan peyi nou. ⁷ Men nou va kouri dèyè lènmi nou yo, e yo va tonbe devan nou pa nepe. ⁸ ᵘSenk nan nou va chase yon santèn, san nan nou

---

ᵃ **25:25** Rt 2:20   ᵇ **25:27** Lev 25:16   ᶜ **25:32** Nonb 35:1-8   ᵈ **25:38** Lev 11:45   ᵉ **25:38** Jen 17:7
ᶠ **25:39** Egz 21:2-6   ᵍ **25:40** Egz 21:2   ʰ **25:43** Egz 34:4   ⁱ **25:46** Lev 25:43   ʲ **25:49** Lev 25:26-27
ᵏ **25:51** Lev 25:16   ˡ **25:53** Lev 25:43   ᵐ **25:54** Lev 25:10-28   ⁿ **26:1** Egz 23:24   ᵒ **26:1** Nonb 33:52
ᵖ **26:3** Det 7:12-26   ᑫ **26:4** Det 11:14   ʳ **26:5** Lev 25:18-19   ˢ **26:6** Sòm 29:11   ᵗ **26:6** So 3:13   ᵘ **26:8** Det 32:30

va chase di-mil, e lènmi nou yo va tonbe devan nou pa nepe.

⁹ "Konsa, Mwen va vire vè nou pou fè nou donnen anpil fwi. Mwen va miltipliye nou, e Mwen va asire akò Mwen avèk nou. ¹⁰ Nou va manje nan ansyen depo a, e nou va netwaye ansyen an akoz nèf la. ¹¹ ªAnplis, Mwen va fè domisil Mwen pami nou, e nanm Mwen p ap rejte nou. ¹² ᵇMwen va osi mache pami nou, Mwen va Bondye nou, e nou va pèp Mwen. ¹³ ᶜMwen se SENYÈ a, Bondye nou an, ki te mennen nou sòti nan peyi Égypte la pou nou pa t esklav pa yo. ᵈMwen te kase fè esklavaj nou an, e Mwen te fè nou mache kanpe dwat.

¹⁴ ᵉ"Men si nou pa obeyi Mwen e pa akonpli tout kòmandman sa yo, ¹⁵ si, okontrè, nou ᶠrejte règleman Mwen yo, si nanm nou rayi òdonans sa yo pou li pa vin akonpli tout kòmandman Mwen yo, e kraze akò Mwen yo, ¹⁶ anretou, men kisa Mwen va fè nou: Mwen va apwente sou nou sibitman yon ᵍgwo twoub, yon maladi epwizan avèk lafyèv ki va gate zye nou, e fè nanm nan chagren. Konsa, nou va simen grenn nou yo san reyisi, paske se lènmi nou yo ki va manje li. ¹⁷ Mwen va mete figi Mwen kont nou jiskaske nou vin frape devan lènmi nou yo. ʰSila ki rayi nou yo va domine sou nou, e nou va kouri sove ale menm lè pa gen moun k ap kouri dèyè nou.

¹⁸ "Si menm apre bagay sa yo, nou pa vin obeyi Mwen, alò Mwen va pini nou ⁱsèt fwa anplis pou peche nou yo. ¹⁹ Mwen va anplis, kase awogans pouvwa nou. Mwen va fè syèl la tankou fè, e tè a tankou bwonz. ²⁰ Fòs ou va depanse san valè; latè ou p ap pwodwi, ni pyebwa yo p ap donnen fwi. ²¹ 'Si konsa, ou aji ak ostilite kont Mwen, e refize obeyi M, Mwen va ogmante gwo maladi ak dezas yo sèt fwa, selon peche nou yo.

²² "Mwen va lage pami nou bèt sovaj chan yo ki va rache pitit nou yo nan men nou, detwi bèt nou yo e redwi fòs kantite moun nou jis pou wout nou yo rete abandone.ʲ

²³ ᵏ"Epi si, nan tout bagay sa yo nou pa vire bò kote M, men aji avèk ostilite kont Mwen, ²⁴ alò, Mwen va ˡaji avèk ostilite kont nou. Mwen, Mwen menm, Mwen va frape nou sèt fwa pou peche nou yo. ²⁵ Osi, Mwen va mennen sou nou yon nepe ki va egzekite vanjans pou akò a. Lè nou reyini ansanm nan vil nou yo, Mwen va voye ᵐepidemi sou nou, pou nou vin livre nan men lènmi nou yo. ²⁶ Lè Mwen kase pen pami nou, dis fanm va kwit pen nou nan yon sèl fou, e yo va mennen retounen pen nou nan pati ki mezire nan balans lan, pou nou ⁿmanje, men pa pou nou satisfè.

²⁷ "Men si, malgre tout sa, nou pa obeyi Mwen, men aji avèk ostilite kont Mwen, ²⁸ alò, ºMwen va aji avèk ostilite ak vanjans kont nou. Mwen va pini nou sèt fwa pou peche nou yo. ²⁹ Anplis ᵖnou va manje chè a fis nou yo e chè a fi nou yo, n ap manje. ³⁰ Mwen ᵠva detwi wo plas yo, koupe lotèl lansan yo, e fè gwo pil ak retay kò nou sou retay zidòl nou, paske nanm Mwen va rayi nou. ³¹ Anplis, Mwen va ʳkraze vil nou yo; Mwen va fè sanktyè nou yo vin dezè, e Mwen p ap dakò santi sant dous nou yo. ³² Mwen va fè peyi a dezole jiskaske lènmi nou ki vin viv ladan yo a va chagrin sou sa. ³³ Men nou, Mwen va gaye nou pami nasyon yo, e Mwen va rale yon nepe parèt dèyè nou, pandan peyi nou an vin dezè e vil nou yo vin kraze. ³⁴ ˢEpi tè a va rejwi nan Saba li yo pandan tout jou dezolasyon li yo, pandan nou nan peyi lènmi nou yo. Konsa, tè a va repoze e rejwi nan Saba li yo. ³⁵ Tout jou a dezolasyon yo, li va obsève repo ke li pa t obsève nan Saba nou yo pandan nou t ap viv ladann nan.

³⁶ "Pou sila nan nou ki kab toujou rete la yo, Mwen va osi pote ᵗfeblès nan kè yo pandan yo nan peyi lènmi yo. Konsa, bwi a yon fèy k ap kouri nan van va fè kè yo sote, e menmlè pèson pa kouri dèyè yo, yo va sove ale tankou se devan nepe, e yo va tonbe. ³⁷ Se konsa yo va manke tonbe youn sou lòt, kòmsi yo t ap kouri kite nepe, malgre pèsòn pa dèyè yo. Nou p ap gen fòs pou kanpe devan lènmi nou yo. ³⁸ Men ᵘnou va peri pami nasyon yo, e peyi lènmi nou yo va manje nou. ³⁹ ᵛEpi sila ki lese dèyè yo va pouri gate akoz inikite pa yo nan peyi a lènmi pa nou an; epi osi, akoz inikite zansèt pa yo, ak enfidelite ke yo te komèt nan peyi lènmi nou yo; anplis, akoz inikite a papa zansèt pa yo, yo va vin pouri ansanm avèk yo.

⁴⁰ ʷ"Si yo konfese inikite pa yo, ak inikite zansèt yo, nan enfidelite ke yo te komèt kont Mwen yo, ak jan yo aji avèk ostilite kont Mwen an— ⁴¹ Mwen te aji osi avèk ostilite kont yo, pou mennen yo nan peyi lènmi yo—oubyen si kè ensikonsi yo a ta vin imilye pou yo ˣkapab, answit, aksepte pinisyon pou inikite yo a. ⁴² Nan lè sa a, Mwen va sonje ʸakò Mwen avèk Jacob, Mwen va sonje osi akò Mwen avèk Isaac, ni akò Mwen avèk Abraham, e Mwen va sonje peyi a. ⁴³ ᶻPaske, peyi a va vin abandone pa yo. Konsa, li va rejwen Saba li yo pandan li rete kon dezè san yo menm nan. Antretan, yo menm va vin aksepte pinisyon pa yo paske yo te rejte òdonans Mwen yo, e nanm yo te rayi règleman Mwen yo. ⁴⁴ Men malgre tout sa, lè yo nan peyi lènmi yo, Mwen p ap rejte yo, ni Mwen p ap meprize yo li tèlman pou detwi yo e kase akò Mwen avèk yo; paske Mwen se SENYÈ a, Bondye pa yo a. ⁴⁵ Men Mwen va sonje yo pou akò avèk zansèt yo a, ke M te mennen fè yo sòti nan peyi Égypte devan zye a tout nasyon yo, pou Mwen ta kapab vin Bondye pa yo. Mwen se SENYÈ a."

ª **26:11** Egz 25:8   ᵇ **26:12** Det 23:14   ᶜ **26:13** Egz 20:2   ᵈ **26:13** Éz 34:27   ᵉ **26:14** Det 28:15-68
ᶠ **26:15** Lev 26:11   ᵍ **26:16** Det 28:22   ʰ **26:17** Sòm 106:41   ⁱ **26:18** Lev 26:21-28   ʲ **26:22** II Wa 17:25; Jij 5:6
ᵏ **26:23** Lev 26:21   ˡ **26:24** Lev 26:28-41   ᵐ **26:25** Nonb 14:12   ⁿ **26:26** Mi 6:14   º **26:28** Lev 26:24-41
ᵖ **26:29** II Wa 6:29   ᵠ **26:30** Esd 6:3-6   ʳ **26:31** Né 2:3   ˢ **26:34** Lev 26:43   ᵗ **26:36** És 30:17   ᵘ **26:38** Det 4:26
ᵛ **26:39** Éz 4:17   ʷ **26:40** Jr 3:12-15   ˣ **26:41** Éz 20:43   ʸ **26:42** Jen 28:13-15   ᶻ **26:43** Lev 26:34

⁴⁶ ªSa yo se règleman avèk òdonans avèk lwa ke SENYÈ a te etabli antre Li menm ak fis Israël yo pa Moïse nan Mòn Sinai a.

27 Ankò SENYÈ a te pale avèk Moïse. Li te di: ² "Pale avèk fis Israël yo pou di: ᵇ"Lè yon nonm fin fè yon ve ki difisil, li va valorize selon valè moun nou ki apatyen a SENYÈ a. ³ Si valè ou a se yon gason antre ventan ak swasantan daj, valè ke nou va bay li a se senkant sik an ajan, dapre ᶜsik ki nan sanktyè a. ⁴ Oubyen, si se yon fanm, alò valè nou va trant sik. ⁵ Si li antre senkan jiska ventan, alò valè nou pou gason an va ven sik, e pou fanm nan dis sik. ⁶ Men si yo antre laj yon mwa jis rive nan senkan, valè nou a ᵈsenk sik an ajan pou gason an, e pou fanm nan, valè nou a twa sik an ajan. ⁷ Si yo gen swasantan oswa plis, si se yon gason, alò valè li va kenz sik, e pou fanm lan, dis sik. ⁸ Men si li manke rive nan valè ou, alò li va plase devan prèt ki va bay valè li a. ᵉSelon mwayen a sila ki te fè ve a, prèt la va ba li valè.

⁹ "'Alò, si se yon kalite bèt ke yon mesye ta kapab prezante kòm yon ofrann bay SENYÈ a, nenpòt sa ki bay a SENYÈ a, va sen. ¹⁰ ᶠLi pa pou ranplase li ni chanje li, yon bon pou yon move, ni yon move pou yon bon. Oswa, si li ta chanje bèt pou bèt, se tou de ki vin sen. ¹¹ Si li se yon bèt ki pa pwòp nan kalite ke moun pa kab prezante kòm yon ofrann bay SENYÈ a, alò, li va plase bèt la devan prèt la. ¹² Prèt la va ba li valè kit li bon, kit li pa bon. Jan nou menm nan, prèt la ba li valè, se konsa li va ye. ¹³ Men si li ta janmen vle peye ranson li an, alò li va ogmante yon senkyèm nan valè li.

¹⁴ "'Alò, si yon mesye konsakre kay li kòm sen pou SENYÈ a, alò prèt la va ba li valè kòm bon, oswa pa bon. Jan prèt la ba li valè, se konsa li va kanpe. ¹⁵ Men si sila ki konsakre li a ta vle ven peye ranson li an, alò, li va mete yon senkyèm sou valè pri a pou l kapab vin pou li.

¹⁶ "'Ankò, si yon mesye konsakre bay SENYÈ a yon pati nan pwòp chan pa li yo, alò, valè ke nou ba li a va selon fòs kantite semans ki nesesè pou simen li an: yon barik semans lòj vo senkant sik ajan. ¹⁷ Si li konsakre chan li an nan menm ane jibile a, selon valè nou ba li, li va kanpe konsa. ¹⁸ Si li konsakre chan li an apre jibile a, alò, prèt la va kalkile pri a pou li selon ane ki rete yo jis rive nan ane jibile a; epi li va vin redwi nan valè ke nou bay la. ¹⁹ Si sila ki konsakre li a ta janmen vle peye ranson chan an, alò li va adisyone yon senkyèm nan valè ke nou bay sou li a, pou li kapab vin pou li. ²⁰ Malgre sa, si li pa peye ranson chan an, men te vann chan an a yon lòt moun, li p ap kapab peye ranson an ankò; ²¹ men li vin retounen nan jibile a, chan an va vin sen pou SENYÈ a, kòm yon chan ki mete apa. ᵍLi va pou prèt la kòm tè pa li.

²² "'Oswa, si li konsakre bay SENYÈ a, yon chan ke li te achte, ki se pa yon pati nan chan pwòp tè pa li a, ²³ alò, prèt la va kalkile pou li sòm valè chan an jis rive nan ane jibile a; epi li va nan jou sa a bannou valè nou kòm sen pou SENYÈ a. ²⁴ Nan ane jibile a, chan an va retounen a sila sou li menm li te achte li a, e ki se pwòp mèt teren an. ²⁵ Anplis, chak valè ke nou bay va baze sou sik sanktyè a. Sik la va ven gera (yon ventyèm sik la).

²⁶ ʰ"'Malgre sa, yon premye pòtre pami bèt yo, ki se kòm premye ne, se pou SENYÈ a, pèsòn pa pou konsakre li; kit se yon bèf, kit se yon mouton, se pou SENYÈ a. ²⁷ Men si sa li pami bèt ki pa pwòp yo, alò li va rachte li selon valè ke nou ba li e mete yon senkyèm anplis; epi si li pa rachte li, alò li va vann li selon valè ke nou ba li a.

²⁸ "'Sepandan, ⁱnenpòt bagay ke yon nonm mete apa pou SENYÈ a nan tout sa ke li genyen, nit se moun, bèt, oswa chan nan pwòp tè li, li p ap janm vann ni peye ranson. Nenpòt bagay ki dedye pou destriksyon, pi sen pou SENYÈ a. ²⁹ Okenn moun ki vin mete apa pami lèzòm p ap janm peye ranson. Li va asireman vin mete a lanmò.

³⁰ "'Konsa ʲtout dim tè, semans tè, ni fwi nan bwa, se pou SENYÈ a. Li sen pou SENYÈ a. ³¹ Alò, konsa, si yon moun vle peye ranson yon pati nan dim li, li va mete yon senkyèm sou li. ³² Paske chak dizyèm pati nan twoupo, oswa nan bann mouton, nenpòt sa ki pase anba baton, dizyèm pati a va sen pou SENYÈ a. ³³ ᵏLi pa konsènan si li bon oswa pa bon, ni li pa pou chanje li. Alò, si li chanje li, ni sa ki ranplase li a, va vin sen. Li pa pou peye ranson.'"

³⁴ ˡSa yo se kòmandman ke SENYÈ a te kòmande Moïse pou fis Israël yo nan mòn Sinai a.

ª **26:46** Lev 7:38   ᵇ **27:2** Nonb 6:2   ᶜ **27:3** Egz 30:13   ᵈ **27:6** Nonb 18:16   ᵉ **27:8** Lev 5:11   ᶠ **27:10** Lev 27:33
ᵍ **27:21** Nonb 18:14   ʰ **27:26** Egz 13:22   ⁱ **27:28** Nonb 18:14   ʲ **27:30** Jen 28:22   ᵏ **27:33** Lev 27:10
ˡ **27:34** Lev 26:46

Nonb Yo

1 SENYÈ a te pale a Moïse nan dezè Sinaï a, nan tant asanble a, nan premye jou a dezyèm mwa a, nan dezyèm ane lè yo te fin sòti nan peyi Égypte la. Li te di: [2] [a]"Fè yon chif kontwòl tout asanble fis Israël yo selon fanmi zansèt pa yo, selon papa lakay yo, selon kantite, non a chak gason, tèt pa tèt, [3] soti nan [b]ventan oplis, nenpòt moun ki kapab fè lagè an Israël. Ou menm avèk Aaron va konte yo pa lame yo. [4] Anplis de nou menm, va genyen yon moun ki sòti nan chak tribi, [c]yo chak ki se tèt a fanmi zansèt pa li.

[5] "Alò, sa yo se nonm mesye ki va kanpe avèk ou yo: [d]pou Ruben: Élitsur, fis a Schedéur; [6] pou Siméon: Schelumiel, fis a Tsurischaddaï; [7] pou Juda: [e]Nachschon, fis a Amminadab; [8] pou Issacar: Nethaneel, fis a Tsuar; [9] pou Zabulon: Éliab, fis a Hélon; [10] pou fis a Joseph yo, pou Éphraïm: Élischama, fis a Ammihud; pou Manassé: Gamaliel, fis a Pedahtsur; [11] pou Benjamin: Abidan, fis a Guideoni; [12] pou Dan: Ahiézer, fis a Mamischaddaï; [13] pou Aser: Paguiel, fis a Ocran; [14] pou Gad: Éliasapah, fis a [f]Déuel; [15] pou Nephthali: Ahira, fis a Énan."

[16] Se sila yo ki te [g]rele pa asanble a, dirijan a tribi fanmi zansèt pa yo; yo te chèf a dè milye an Israël. [17] Konsa, Moïse avèk Aaron te pran mesye sa yo ki te chwazi pa non yo. [18] Yo te reyini tout kongregasyon an ansanm nan premye jou an dezyèm mwa a. Konsa, yo te fè anrejistreman selon [h]fanmi zansèt pa yo, selon kay papa yo, selon kantite ki te nome yo, soti nan ventan oswa plis, tèt pa tèt. [19] Jan [i]SENYÈ a te kòmande Moïse la, konsa li te konte yo nan dezè ki rele Sinaï a.

[20] [j]Alò fis a Ruben yo, premye ne pou Israël, anrejistreman pa yo selon fanmi zansèt yo, selon fanmi papa pa yo, selon kantite ki te nome yo, tèt pa tèt, tout gason soti nan ventan oswa plis ki ta kapab fè lagè. [21] Kantite mesye ki te konte nan tribi Ruben an te karann-si-mil-senk san (46,500).

[22] [k]Pou fis Siméon yo, anrejistreman pa yo selon fanmi zansèt yo, selon fanmi papa pa yo, selon kantite ki te nome yo, tèt pa tèt, tout gason soti nan ventan oswa plis ki ta kapab fè lagè. [23] Kantite mesye ki te konte nan tribi Siméon an te senkant-nèf-mil, twa-san (59,300).

[24] [l]Pou fis Gad yo, anrejistreman pa yo selon fanmi zansèt yo, selon fanmi papa pa yo, selon kantite ki te nome yo, tèt pa tèt, tout gason soti nan ventan oswa plis ki ta kapab fè lagè. [25] Kantite mesye ki te konte nan tribi Gad la te karann-senk-mil-sis-san-senkant (45,650).

[26] [m]Pou fis Juda yo, anrejistreman pa yo selon fanmi zansèt yo, selon fanmi papa pa yo, selon kantite non yo, tèt pa tèt, tout gason soti nan ventan oswa plis ki ta kapab fè lagè. [27] Kantite mesye ki te konte nan tribi Juda a te swasann-katòz-mil-sis-san (74,600).

[28] [n]Pou fis Issacar yo, anrejistreman pa yo selon fanmi zansèt yo, selon fanmi papa pa yo, selon kantite non yo, tèt pa tèt, tout gason soti nan ventan oswa plis ki ta kapab fè lagè. [29] Kantite mesye ki te konte nan tribi Issacar a te senkant-kat-mil-kat-san (54,400).

[30] [o]Pou fis Zabulon yo, anrejistreman pa yo selon fanmi zansèt yo, selon fanmi papa pa yo, selon kantite non yo, tèt pa tèt, tout gason soti nan ventan oswa plis ki ta kapab fè lagè. [31] Kantite mesye ki te konte nan tribi Zabulon an te senkant-sèt-mil-kat-san (57,400).

[32] [p]Pou fis Joseph sa vle di Éphraïm, anrejistreman pa yo selon fanmi zansèt yo, selon fanmi papa pa yo, selon kantite non yo, tèt pa tèt, tout gason soti nan ventan oswa plis ki ta kapab fè lagè. [33] Kantite mesye ki te konte nan tribi Éphraïm nan te karann-sèt-mil-senk-san (47,500).

[34] [q]Pou fis Manassé yo, anrejistreman pa yo selon fanmi zansèt yo, selon fanmi papa pa yo, selon kantite non yo, tèt pa tèt, tout gason soti nan ventan oswa plis ki ta kapab fè lagè. [35] Fòs kantite mesye ki te konte nan tribi Manassé a te trann-de-mil-de-san (32,200).

[36] [r]Pou fis Benjamin yo, anrejistreman pa yo selon fanmi zansèt yo, selon fanmi papa pa yo, selon kantite non yo, tèt pa tèt, tout gason soti nan ventan oswa plis ki ta kapab fè lagè. [37] Kantite mesye ki te konte nan tribi Benjamin an te trann-senk-mil-kat-san (35,400).

[38] [s]Pou fis Dan yo, anrejistreman pa yo selon fanmi zansèt yo, selon fanmi papa pa yo, selon kantite non yo, tèt pa tèt, tout gason soti nan ventan oswa plis ki ta kapab fè lagè. [39] Kantite mesye ki te konte nan tribi Dan nan te swasann-de-mil-sèt-san (62,700).

[40] [t]Pou fis Aser yo, anrejistreman pa yo selon fanmi zansèt yo, selon fanmi papa pa yo, selon kantite non yo, tèt pa tèt, tout gason soti nan ventan oswa plis ki ta kapab fè lagè. [41] Kantite mesye ki te konte nan tribi Aser a te karanteyen-mil-senk-san (41,500).

[42] [u]Pou fis Nephthali yo, anrejistreman pa yo selon fanmi zansèt yo, selon fanmi papa pa yo, selon kantite non yo, tèt pa tèt, tout gason soti nan ventan oswa plis ki ta kapab fè lagè.

---

[a] **1:2** Egz 12:37   [b] **1:3** Egz 30:14   [c] **1:4** Egz 18:21-25   [d] **1:5** Det 33:6   [e] **1:7** Rt 4:20   [f] **1:14** Nonb 2:14
[g] **1:16** Egz 18:21   [h] **1:18** Esd 2:59   [i] **1:19** II Sam 24:1   [j] **1:20** Nonb 26:5-7   [k] **1:22** Nonb 26:12-14   [l] **1:24** Jos 4:12
[m] **1:26** Sòm 78:68   [n] **1:28** Nonb 26:23-35   [o] **1:30** Nonb 26:26-27   [p] **1:32** Jr 7:15   [q] **1:34** Nonb 26:28-34
[r] **1:36** II Kwo 17:17   [s] **1:38** Jen 30:6   [t] **1:40** Nonb 26:44-47   [u] **1:42** Nonb 26:48-50

⁴³ Kantite mesye ki te konte nan tribi Nephtali a te senkant-twa-mil-kat-san (53,400).

⁴⁴ Sa yo se sila ki te konte yo, ke Moïse avèk Aaron te konte yo, selon chèf Israël yo, douz gason, chak ki te sòti lakay zansèt papa pa yo. ⁴⁵ Konsa se tout gason nan fis Israël yo ki te konte selon fanmi zansèt yo, selon fanmi papa pa yo, selon kantite non yo, tèt pa tèt, tout gason soti nan ventan oswa plis ki ta kapab fè lagè an Israël. ⁴⁶ Jiskaske tout mesye ki te konte yo te ᵃsis-san-twa-mil-senk-san-senkant. (603,550).

⁴⁷ ᵇMen Levit yo pa t konte pami yo selon tribi zansèt papa pa yo. ⁴⁸ Paske SENYÈ a te pale avèk Moïse e te di: ⁴⁹ "Sèlman tribi Levi a, ᶜnou p ap konte, ni nou p ap fè kontwòl anrejistreman pa yo pami fis Israël yo. ⁵⁰ Men nou va ᵈchwazi Levit yo sou tabènak temwayaj la, sou tout zafè li yo ak tout sa ki apatyen a li menm. Yo va pote tabènak la avèk tout zafè li, e yo va okipe li; yo va osi fè kan antoure tabènak la. ⁵¹ ᵉKonsa lè tabènak la ap pati, Levit yo va desann li; epi lè tabènak la vin kanpe, Levit yo va monte li. Men sila ki pa Levit ki vin toupre va vin mete a lanmò.

⁵² ᶠ "Fis Israël yo va fè kan, chak mesye bò kote kan pa li, e chak mesye bò drapo pa li, selon lame yo. ⁵³ Men Levit yo va fè kan antoure tabènak temwayaj la, pou kòlè pa vin sou asanble fis Israël yo.ᵍ Konsa Levit yo va kenbe chaj sou Tabènak Temwayaj la."

⁵⁴ Se konsa ke fis Israël yo te fè. Selon tout sa ke SENYÈ a te kòmande Moïse yo, konsa yo te fè.

2 Alò SENYÈ a te pale avèk Moïse e te di: ² ʰ Fis Israël yo va fè kan, chak bò kote pwòp drapo pa yo, avèk drapo lakay papa zansèt pa yo. Yo va fè kan antoure tant asanble a, a yon distans.

³ Alò, sila ki fè kan nan kote lès la vè solèy leve yo va sila nan drapo kan an Juda yo, selon lame pa yo. Chèf dirijan a fis Juda yo vaⁱNachschon, fis a Amminadab la, ⁴ avèk lame pa li. Men mesye ki te konte yo, swasann-katòz-mil-sis-san (74,600).

⁵ Sila ki fè kan bò kote li yo va nan tribi Issacar. Chèf dirijan an va Nethaneel, fis a Tsuar a, ⁶ avèk lame pa li. Mesye ki te konte yo te senkant-kat-mil-kat-san (54,300).

⁷ Sila a va swiv pa Zabulon, avèk chèf dirijan fis Zabulon yo:ʲ Eliab, fis a Hélon an, ⁸ avèk lame pa li, men mesye ki te konte yo, senkant-sèt-mil-kat-san (57,400).

⁹ Total a mesye ki te konte nan kan Juda a te: san-katreven-si-mil-sis-san (186,400) selon lame pa yo. ᵏYo va sòti avan.

¹⁰ Nan kote sid la va gen drapo a kan Ruben an selon lame pa yo. Chèf a fis Ruben yo te: ˡÉlitsur fis a Schedéur a, ¹¹ avèk lame pa li. Men mesye ki konte yo, karant-si-mil-senk-san (46,500).

¹² Sila ki fè kan bò kote li yo va nan tribi Siméon. Chèf a fis Siméon yo te: ᵐSchelumiel, fis a Tsurischaddaï la, ¹³ avèk lame pa li. Mesye ki te konte yo te senkant-nèf-mil-twa-san (59,300).

¹⁴ Swiv pa tribi Gad la, avèk chèf a fis Gad yo: ⁿÉliasapah, fis a Déuel la, ¹⁵ avèk lame pa li. Men mesye ki te konte yo; karann-senk-mil-sis-san-senkant (45,650).

¹⁶ Total a mesye konte nan kan Ruben an te: san-senkanteyen-mil-kat-san-senkant (151,450). ᵒSe yo k ap sòti nan dezyèm nan.

¹⁷ ᵖKonsa, tant asanble a va sòti avèk kan levit yo nan mitan kan yo. Menm jan ke yo fè kan an, konsa yo va sòti, chak moun nan plas li bò kote drapo pa li. ¹⁸ Nan kote lwès la, va gen drapo kan Ephraïm lan selon lame pa yo e chèf a fis Ephraïm yo va ᵠÉlischama fis a Ammihud la. ¹⁹ Nan lame pa li, men sa ki konte yo; karann-mil-senk-san (40,500).

²⁰ Akote li va gen tribi Manassé a, e chèf a fis Manassé yo te: ʳGamaliel, fis a Pedahstsur a, ²¹ avèk lame pa li. Men mesye sila ki te konte yo, trant-de-mil-de-san (32,200).

²² Apre se tribi a Benjamin an, e chèf a tribi Benjamin an te: ˢAbidan, fis a Gideoni a, ²³ avèk lame pa li. Men mesye sila ki te konte yo; trann-senk-mil-kat-san (35,400).

²⁴ Total a mesye ki te konte nan kan Ephraïm yo te: san-ui-mil-san (108,100) pa lame pa yo. ᵗYo va sòti nan twazyèm nan.

²⁵ Nan kote nò va gen drapo pou kan Dan an, selon lame pa yo, e chèf a fis Dan yo te: ᵘAhiézer, fis a Ammischaddaï a, ²⁶ avèk lame pa li. Men mesye ki te konte yo; swasann-de-mil-sèt-san (62,700).

²⁷ Sila ki fè kan bò kote li yo va nan tribi Aser, e chèf a fis Aser yo te: ᵛPaguiel, fis a Ocran an, ²⁸ avèk lame pa li. Men mesye sila ki te konte yo; karanteyen-mil-senk-san (41,500).

²⁹ Apre se te tribi a Nephtali a, e chèf a fis Nephtali yo te: ʷAhira, fis a Énan an, ³⁰ avèk lame pa li. Men mesye sila ki te konte yo; senkant-twa-mil-kat-san (53,400).

³¹ Total a mesye nan kan Dan yo te san-senkant-sèt-mil-sis-san. (157,600) ˣYo va sòti dènye avèk drapo pa yo.

³² Sa yo se mesye ki te konte a fis Israël yo selon lakay papa zansèt pa yo; total a mesye a tout kan yo ki te konte pa lame yo te ʸsis-san-twa-mil-senk-san-senkant (603,550) ³³ Malgre sa, ᶻLevit yo pa t konte pami fis Israël yo, jan ke SENYÈ a te kòmande Moïse la.

³⁴ Konsa fis Israël te fè. Selon tout sa ke SENYÈ a te kòmande Moïse yo, yo te fè kan bò kote drapo pa yo, e konsa yo te sòti, yo chak avèk pwòp fanmi pa yo selon lakay zansèt papa yo.

ᵃ **1:46** Nonb 2:32 ᵇ **1:47** Nonb 2:33 ᶜ **1:49** Nonb 26:62 ᵈ **1:50** Egz 38:21 ᵉ **1:51** Nonb 4:1-33 ᶠ **1:52** Nonb 2:2-34 ᵍ **1:53** Nonb 8:24 ʰ **2:2** Nonb 1:52 ⁱ **2:3** I Kwo 2:10 ʲ **2:7** Nonb 1:9 ᵏ **2:9** Nonb 10:14 ˡ **2:10** Nonb 1:5 ᵐ **2:12** Nonb 1:6 ⁿ **2:14** Nonb 1:14 ᵒ **2:16** Nonb 10:18 ᵖ **2:17** Nonb 1:53 ᵠ **2:18** Nonb 1:10 ʳ **2:20** Nonb 1:10 ˢ **2:22** Nonb 1:11 ᵗ **2:24** Nonb 10:22 ᵘ **2:25** Nonb 1:12 ᵛ **2:27** Nonb 1:13 ʷ **2:29** Nonb 1:15 ˣ **2:31** Nonb 10:25 ʸ **2:32** Egz 38:26 ᶻ **2:33** Nonb 1:47

3 Alò sa yo se chif desandan a Aaron[a] avèk Moïse nan tan lè SENYÈ a te pale avèk Moïse sou Mòn Sinaï a. ² Sa yo se non a fis Aaron yo: Nadab, premye ne a, Abith, Éléazar ak Ithamar. ³ Sa yo se non a fis Aaron yo, prèt [b]onksyone ke li te konsakre pou sèvi kòm prèt yo. ⁴ [c]Men Nadab avèk Abihu te mouri devan SENYÈ a lè yo te ofri dife etranje devan SENYÈ a nan dezè Sinaï a. Yo pa t gen pitit. Konsa, Éléazar avèk Ithamar te sèvi kòm prèt pandan papa yo, Aaron, t ap viv.

⁵ Alò SENYÈ a te pale avèk Moïse e te di: ⁶ [d]"Mennen tribi Levi a vin pre ou, e fè yo chita devan Aaron, prèt la, pou yo kapab sèvi li. ⁷ Yo va ranpli devwa pou li ak pou tout kongregasyon an devan tant asanble a, pou fè [e]sèvis tabènak la. ⁸ Yo va osi kenbe tout zafè ki founi tant asanble a, ansanm avèk devwa a fis Israël yo, pou fè sèvis tabènak la. ⁹ Konsa ou va [f]bay Levit yo a Aaron avèk fis li yo; yo va bay nèt a li pami fis Israël yo. ¹⁰ Konsa, ou va chwazi Aaron avèk fis li yo pou [g]yo kapab ranpli fonksyon prèt yo, men [h]nenpòt lòt moun ki pwoche va vin mete a lanmò."

¹¹ Ankò SENYÈ a te pale avèk Moïse e te di: ¹² "Alò, veye byen, Mwen [i]te pran Levit yo pami fis Israël yo olye de chak [j]premye ne, premye bebe a chak vant pami fis Israël yo. Konsa, Levit yo se pa M. ¹³ Paske, [k]tout premye ne se pa M yo ye. Nan jou ke M te frape tout premye ne nan peyi Égypte yo, Mwen te sanktifye pou Mwen menm tout premye ne an Israël yo soti nan lòm pou rive nan bèt yo. Yo va pou Mwen; Mwen se SENYÈ a."

¹⁴ Konsa, SENYÈ a te pale avèk Moïse [l]nan dezè Sinaï a. Li te di: ¹⁵ [m]"Konte fis a Levi yo selon lakay papa pa yo, pa fanmi yo; tout gason soti nan laj a yon mwa oswa plis, ou va konte yo." ¹⁶ Alò, Moïse te konte yo selon pawòl a SENYÈ a, jis jan ke li te kòmande a.

¹⁷ Konsa, [n]se sa yo ki te fis a Levi yo pa non yo: Guerschon, Kehath, ak Merari. ¹⁸ Sa se non a [o]fis a Guerschon yo selon fanmi pa yo: Libni ak Schimeï; ¹⁹ Fis a Kehath yo selon fanmi pa yo: Amram, Jitsehar, Hébron ak Uziel; ²⁰ Fis a Merari yo selon fanmi pa yo: Machli ak Muschi. Sa yo se fanmi Levit yo selon lakay papa pa yo.

²¹ Nan Guerschon te sòti fanmi a Libni yo ak fanmi a Schimeï yo. Sa yo se te fanmi a Gèchonit yo. ²² Nan mesye konte yo tout gason soti nan yon mwa oswa plis te vin konte nan sèt-mil-senk-san (7,500). ²³ Fanmi a Gèchonit yo te toujou gen pou fè kan dèyè tabènak la nan kote lwès la. ²⁴ Chèf a lakay papa yo pami Gèchonit yo te Élaisaph, fis a Laël la. ²⁵ Alò, [p]devwa a fis Guerschon yo nan tant asanble a se te tabènak la avèk tant lan, kouvèti li, rido pòtay tant asanble a, ²⁶ [q]bagay pandye sou galeri a, ki antoure tabènak la ak lotèl la, e kòd li yo avèk tout sèvis konsènan li yo.

²⁷ Nan Kehath, te sòti fanmi a Amramit yo, fanmi Jitseharit yo, fanmi Ebwonit yo avèk fanmi Izyelit yo. Sila yo se te fanmi a Kehath yo. ²⁸ Nan konte tout gason nan laj yon mwa oswa plis, te gen ui-mil-sis-san (8,600) ki t ap fè devwa sanktyè a. ²⁹ Fanmi a Kehath yo te gen pou fè kan nan kote sid a tabènak la, ³⁰ epi chèf a tout kay papa yo pou Kehath yo se te Élitsaphan, fis a Uziel la. ³¹ Alò, devwa pa yo se te [r]lach la, tab la, chandelye a, lotèl yo, tout zouti pou sèvis sanktyè a, rido a, ak tout sèvis ki fèt avèk yo. ³² Éléazar, fis a Aaron an se te chèf an tèt a chèf Levit yo, e li te responsab pou tout sila ki te fè devwa sanktyè a.

³³ Nan Merari, te sòti fanmi a Machli yo ak fanmi Muschi yo. Se sa yo ki te fanmi a Merari yo. ³⁴ Mesye pa yo ki te konte pa tout gason ak laj yon mwa oswa plis yo, te si-mil-de-san (6,200). ³⁵ Chèf a lakay papa Merari yo se te Tsuriel, fis a Abihaïl la. Yo te gen pou fè [s]kan sou kote nò a tabènak la. ³⁶ Alò, devwa a fis Merari yo se te pou okipe ankadreman tabènak la, poto li yo, baz reseptikal li yo, tout bagay sa yo avèk sèvis ki konsène yo, ³⁷ ak pilye ki antoure galeri a, avèk baz reseptikal pa yo avèk pikèt ak kòd yo.

³⁸ Alò, sila ki te gen pou fè [t]kan devan tabènak la vè lès la devan tant asanble a, vè solèy leve a, se te Moïse avèk Aaron avèk fis li yo, ki pou fè devwa sanktyè yo, pou ranpli obligasyon a fis Israël yo. Men nenpòt moun ki pa prèt va vin mete a lanmò si li vin toupre.

³⁹ Tout mesye ki te konte pami Levit yo, ke Moïse avèk Aaron te konte selon kòmand a SENYÈ a, pa fanmi pa yo, tout gason ki te gen yon mwa oswa plis, te [u]venn-de-mil (22,000).

⁴⁰ Konsa, SENYÈ a te di a Moïse: [v]"Konte tout gason, premye ne pami fis Israël yo soti nan laj yon mwa oswa plis, e fè yon chif ak non yo. ⁴¹ Ou [w]va pran Levit yo pou Mwen—Mwen se SENYÈ a—olye de premye ne pami fis Israël yo; ak bèt a Levit yo olye de tout premye ne nan bèt a fis Israël yo."

⁴² Konsa, Moïse te konte tout premye ne pami fis Israël yo, jan SENYÈ a te kòmande li a. ⁴³ Tout premye ne nan gason yo soti nan laj a yon mwa oswa plis, mesye ki te konte pa non yo te venn-de-mil-de-san-swasann-trèz[x] 22,273 ⁴⁴ SENYÈ a te pale avèk Moïse e te di: ⁴⁵ [y]"Pran Levit yo olye de tout premye ne pami fis Israël yo ak bèt a Levit yo olye bèt pa yo. Konsa, Levit yo va pou Mwen: Mwen se SENYÈ a. ⁴⁶ [z] Pou ranson a de-san-swasann-trèz (273) nan premye ne an Israël ki plis ke Levit yo, ⁴⁷ ou va pran [a]senk

---
[a] **3:1** Egz 6:20-27   [b] **3:3** Egz 28:41   [c] **3:4** Lev 10:1-2   [d] **3:6** Nonb 8:6-22   [e] **3:7** Nonb 1:50   [f] **3:9** Nonb 18:6
[g] **3:10** Egz 29:9   [h] **3:10** Nonb 1:51   [i] **3:12** Nonb 3:45   [j] **3:12** Egz 13:2   [k] **3:13** Egz 13:2   [l] **3:14** Egz 19:1
[m] **3:15** Nonb 1:47   [n] **3:17** Egz 6:16-22   [o] **3:18** Egz 6:17   [p] **3:25** Nonb 4:24-26   [q] **3:26** Egz 27:9-15
[r] **3:31** Egz 25:10-22   [s] **3:35** Nonb 1:53   [t] **3:38** Nonb 1:53   [u] **3:39** Nonb 3:43   [v] **3:40** Nonb 3:15
[w] **3:41** Nonb 3:12-45   [x] **3:43** Nonb 3:39   [y] **3:45** Nonb 3:12   [z] **3:46** Egz 13:13-15   [a] **3:47** Lev 27:6

sik pou chak, pa tèt. Ou va pran yo an valè sik sanktyè a (sik la se ven gera), ⁴⁸ epi bay Aaron avèk fis li lajan la, ki te peye pou ranson pa Levit yo."

⁴⁹ Moïse te pran lajan ranson an ki sòti nan sila ki te anplis sila ki te ransonen pa Levit yo; ⁵⁰ nan men a premye ne a fis Israël yo, li te pran lajan an an valè sik sanktyè a, mil-twa-san-swasann-senk (1,365) sik. ⁵¹ Epi Moïse te bay lajan ranson an bay Aaron avèk fis li yo, selon kòmand a SENYÈ a, jan SENYÈ a te kòmande Moïse la.

4 Alò SENYÈ a te pale avèk Moïse ak Aaron. Li te di: ² Fè yon chif kontwòl a desandan Kehath yo pami fis Levit yo, selon fanmi pa yo, e selon lakay papa pa yo, ³ soti nan ªtrantan oswa plis, menm jiska senkantan; tout moun ki antre nan sèvis pou fè travay a Tant Asanble a.

⁴ Sa se travay a desandan a Kehath yo nan Tant Asanble a, selon bagay ki sen pase tout bagay yo. ⁵ Lè kan an pati, Aaron avèk fis li yo va antre ladann. Yo va fè desann vwal rido a, e yo va kouvri ᵇlach temwayaj la avèk li. ⁶ Yo va ᶜkouvri li avèk po dofen, ouvri sou li yon twal, koulè ble pi, e pase fè poto antre nan wondèl yo.

⁷ Sou tab a pen Prezans lan, yo va osi ouvri yon twal ble. Yo va mete sou li asyèt avèk bonm yo ak veso pou fè sakrifis yo, bokal pou ofrann bwason an, ak ᵈpen k ap la tout tan an, va sou li. ⁸ Yo va kouvri yo avèk yon twal wouj, yo va kouvri li avèk yon po dofen, e yo va fè poto yo antre pase nan wondèl yo.

⁹ Yo va pran yon twal ble, e yo va kouvri ᵉchandelye a pou limyè a, ansanm avèk lanp pa li yo, touf yo, asyèt li yo, ak veso lwil yo, avèk sa yo konn okipe li yo. ¹⁰ Yo va mete tout zouti li yo nan yon kouvèti po dofen, e yo va mete li nan poto ki fèt pou pote a.

¹¹ Sou lotèl an lò a, yo va mete yon twal ble. Yo va kouvri li avèk yon kouvèti po dofen, e yo va fè pase antre poto li yo nan wondèl yo. ¹² Yo va pran tout zouti a sèvis yo avèk sila yo fè sèvis nan sanktyè a. Yo va mete yo nan yon twal ble, kouvri yo avèk yon kouvèti po dofen, e mete yo sou ankadreman an.

¹³ Yo va retire sann dife ki sou ᶠlotèl la, e yo va kouvri lotèl la avèk yon twal mov. ¹⁴ Yo va anplis mete sou li tout zouti li yo avèk sila yo sèvi e ki gen korespondans avèk li; veso dife yo, fouch avèk pèl yo, ak basen yo, tout zouti lotèl la. Epi yo va fè l kouvri avèk yon po dofen, e fè poto li yo pase antre.

¹⁵ Lè Aaron avèk fis li yo fin kouvri bagay sen yo avèk tout sa ki founi sanktyè yo, lè kan an prèt pou sòti, apre sa, fis Kehath yo va vini pou pote yo; men fòk yo pa touche bagay sen yo ᵍpou yo pa mouri. Sa yo se bagay nan Tant Asanble a ke fis Kehath yo va pote.

¹⁶ Devwa a Éléazar, fis a Aaron an, prèt la, se ʰlwil pou limyè a, ⁱlansan santi bon an, ofrann sereyal ki pa janm sispann nan ak lwil onksyon an—lesansyèl tabènak la avèk tout sa ki ladann yo, sanktyè a avèk sa ki founi li yo.

¹⁷ SENYÈ a te pale avèk Moïse ak Aaron. Li te di: ¹⁸ Pa kite tribi a Kehath yo vin koupe retire pami Levit yo. ¹⁹ Men fè sa ak yo pou yo kapab viv, e pou yo ʲpa mouri lè yo vin pwoche bagay ki sen pase tout bagay yo: Aaron avèk fis li yo va antre bay yo chak travay pa yo, avèk chaj yo; ²⁰ men ᵏyo pa pou antre pou wè sa ki sen an, menm pou yon moman, oswa yo va mouri.

²¹ SENYÈ a te pale avèk Moïse. Li te di: ²² "Pran yon chif kontwòl nan fis Guerschon yo selon lakay papa pa yo, ak papa fanmi pa yo; ²³ soti nan ˡtrantan oswa plis jiska senkantan, ou va konte yo; tout moun ki antre pou fè sèvis, pou fè travay nan Tant Asanble a.

²⁴ "Sa se sèvis a fanmi Gèchonit yo, pou sèvi e pou pote: ²⁵ Yo va pote ᵐrido a tabènak la, Tant Asanble a avèk kouvèti li, kouvèti po dofen ki sou li a, ak rido pòtay a Tant Asanble a, ²⁶ bagay pandye ki sou galeri a, rido a ki pou pòtay galeri a ki antoure tabènak la avèk lotèl la, kòd pa yo avèk tout bagay ki pou sèvis la; epi tout sa ki gen pou fèt, se yo ki pou fè l. Yo va sèvi andedan. ²⁷ Tout sèvis a fis Gèchonit yo, nan tout chaj ak tout travay yo, yo va fèt selon kòmand Aaron avèk fis li yo. Ou va diri je yo selon devwa yo nan tout chaj yo. ²⁸ Sa se sèvis a fanmi Gèchonit yo nan Tant Asanble a, e devwa yo va anba direksyon a Ithamar, fis a Aaron, prèt la.

²⁹ "Selon fis Merari yo, ou va konte yo pa fanmi yo, pa lakay papa pa yo; ³⁰ soti nan ⁿtrantan oswa plis jis rive nan laj senkantan, ou va konte yo, yo chak ki antre pou fè sèvis Tant Asanble a. ³¹ Alò, se sa ki devwa pou chaj pa yo, pou tout sèvis pa yo nan Tant Asanble a: planch a tabènak la avèk travès li yo, pilye li yo avèk baz reseptikal yo, ³² pilye ki antoure galeri a ak baz reseptikal pa yo, pikèt ak kòd yo, avèk tout bagay pou sèvi ladann yo. Ou va chwazi chak moun pa non li, pou bagay ke li gen pou pote yo. ³³ Sa se sèvis fanmi a fis Merari yo selon tout sèvis pa yo nan Tant Asanble a, anba direksyon a Ithamar, fis a Aaron, prèt la."

³⁴ Alò, Moïse ak Aaron avèk chèf asanble yo te konte fis Koatit yo selon fanmi yo e selon lakay a papa pa yo, ³⁵ soti nan ᵒtrantan anplis menm pou rive nan senkantan, tout sila ki te antre sèvis pou travay nan Tant Asanble a. ³⁶ Mesye pa yo ki te konte pa fanmi pa yo se te de-mil-sèt-san-senkant (2,750). ³⁷ Sila yo se mesye yo ki te konte pami fis Koatit yo, tout sila ki t ap sèvi nan Tant Asanble a, ke Moïse avèk Aaron te konte selon kòmandman SENYÈ a, selon Moïse.

³⁸ Mesye konte pa fis Gèchonit yo pa fanmi pa yo e pa lakay fanmi pa yo, ³⁹ soti nan trantan oswa plis menm jiska laj senkantan, tout sila ki te antre nan travay nan Tant Asanble a. ⁴⁰ Mesye ki

---

ᵃ **4:3** I Kwo 23:3-27   ᵇ **4:5** Egz 25:10-16   ᶜ **4:6** Nonb 4:25   ᵈ **4:7** Egz 25:30   ᵉ **4:9** Egz 25:31   ᶠ **4:13** Egz 27:1-8
ᵍ **4:15** Nonb 1:51   ʰ **4:16** Lev 24:1-3   ⁱ **4:16** Egz 30:34-38   ʲ **4:19** Nonb 4:15   ᵏ **4:20** Egz 19:21   ˡ **4:23** Nonb 4:3
ᵐ **4:25** Egz 40:19   ⁿ **4:30** Nonb 4:3   ᵒ **4:35** I Kwo 23:24

te konte pa fanmi pa yo, pa lakay papa pa yo se te de-mil-sis-san-trant (2,630). ⁴¹ Sila yo se mesye ki te konte nan fanmi a fis Guerschon yo, tout sila ki te sèvi nan Tant Asanble a, ke Moïse avèk Aaron te konte selon kòmandman a SENYÈ a.

⁴² Mesye konte nan fanmi a fis Merari yo pa fanmi pa yo, pa lakay papa pa yo, ⁴³ soti nan ᵃtrantan oswa plis, jis rive nan laj senkantan, tout moun ki te antre nan sèvis pou fè travay nan Tant Asanble a. ⁴⁴ Mesye ki te konte pa fanmi pa yo se te twa-mil-de-san (3,200). ⁴⁵ Sila yo se mesye ki te konte nan fanmi a fis Merari yo, ke Moïse avèk Aaron te konte selon kòmandman SENYÈ a, selon Moïse.

⁴⁶ Tout mesye konte a Levit yo, ke Moïse avèk Aaron ak chèf Israël yo te konte selon fanmi yo e selon lakay a papa pa yo, ⁴⁷ soti nan trantan oswa plis jiska senkantan, tout moun ki te konn antre pou fè travay sèvis ak travay pote nan Tant Asanble a. ⁴⁸ Mesye konte yo te ᵇui-mil-senk-san-katreven (8,580).

⁴⁹ Selon kòmandman SENYÈ a, selon Moïse, yo ᶜte konte, yo chak selon sèvis oswa pote yo te fè. Konsa sila yo se te mesye ki te konte yo, jis jan ke SENYÈ a te kòmande Moïse la.

5 Alò SENYÈ a te pale avèk Moïse. Li te di: ² Kòmande fis Israël yo pou yo voye fè ᵈkite kan an chak moun lalèp ak tout sila ki gen ekoulman yo, oswa chak moun ki pa pwòp akoz a yon moun mouri. ³ "Nou va voye ale ni gason, ni fanm. Nou va voye yo deyò kan an pou yo pa konwonpi kan pa yo a, kote Mwen rete ᵉnan mitan yo a." ⁴ Fis Israël yo te fè sa, e yo te voye yo deyò kan an; jis jan ke SENYÈ a te pale avèk Moïse la, se konsa ke fis Israël yo te fè.

⁵ Alò SENYÈ a te pale avèk Moïse e te di: ⁶ "Pale avèk fis Israël yo: ᶠ'Lè yon nonm, oswa yon fanm fè yon lòt mal, aji avèk mank lafwa kont SENYÈ a, e moun sa a koupab, ⁷ alò, li va konfese peche ke li te fè yo; ᵍli va peye pou tò ke li te fè a, li va peye yon senkyèm nan valè donmaj la anplis, e li va bay sa a sila ke li te fè tò a. ⁸ Men si nonm nan pa gen relasyon pou resevwa pèyman, pèyman ki fèt pou tò a, li va oblije ale bay SENYÈ a pou prèt la, ansanm avèk belye ekspiyatwa ki pou fè ekspiyasyon pou li a. ⁹ ʰTout don ki apatyen a kado sen a fis Israël yo, ke yo ofri a prèt la, va pou li. ¹⁰ Konsa kado a chak moun va pou li; nenpòt bagay ke nenpòt moun bay a prèt la, li va ᶦvin pou li.'"

¹¹ Alò SENYÈ a te pale avèk Moïse e te di: ¹² "Pale avèk fis Israël yo e di yo: 'Si madanm a yon nonm ʲvin vire, e li vin enfidèl anvè li, ¹³ epi yon lòt gason ᵏvin antre nan li, epi si sa kache a zye mari li, sa rete an kachèt, malgre ke li te konwonpi tèt li, men pa gen temwayaj kont li ni li pa t kenbe nan zak la, ¹⁴ si yon espri ˡjalouzi vin antre sou nonm nan, e si li jalou pou madanm li, e li te konwonpi tèt li a, oswa si yon espri jalouzi vin sou li e li jalou lè li pa t vreman konwonpi tèt li, ¹⁵ mesye a, alò, va mennen madanm li devan prèt la. Konsa, li va mennen kòm ofrann pou li yon dizyèm efa nan lòj moulen an. Li pa pou vide lwil sou li, ni mete lansan sou li, paske li se yon ofrann sereyal de jalouzi, yon ofrann sereyal pou sonje, ᵐpou pa bliye inikite.

¹⁶ "'Alò, prèt la va mennen li vin toupre li, e fè l kanpe devan SENYÈ a. ¹⁷ Prèt la va pran dlo sen an nan yon veso fèt an ajil. Li va pran kèk nan poud ki atè nan tabènak la, e li va mete nan dlo a. ¹⁸ Konsa, prèt la va fè fanm nan kanpe devan SENYÈ a, kite trè cheve tèt a fanm nan vin desann, mete ofrann sonje a nan men li, ki se ofrann sereyal jalouzi a, pandan prèt la kenbe dlo anmè ki pote madichon an. ¹⁹ Prèt la va fè fanm sèmante. Li va di li: "Si nanpwen gason ki te kouche avèk ou, si ou pa t ⁿvin vire pou antre nan sa ki pa pwòp, alò akoz ou anba otorite mari ou, rete san afekte pa dlo anmè sa a ki mennen yon madichon. ²⁰ Sepandan, si ou te ᵒvin vire, akoz ou anba otorite mari ou, si ou te konwonpi tèt ou, e yon lòt gason ki pa mari ou te kouche avèk ou," ²¹ (alò, prèt la va fè fanm nan ᵖfè sèman madichon an, e prèt la va di a fanm nan): "Ke SENYÈ a fè ou modi, yon madichon pami pèp ou a lè SENYÈ a fè kwis ou vin pouri pou disparèt, e vant ou vin anfle; ²² epi dlo sa a ki pote yon madichon va antre nan vant ou, fè vant ou anfle e fè kwis ou vin pouri e disparèt." Konsa, fanm nan ᑫva di: "Amen, Amen." ²³ Epi prèt la va ekri madichon sa yo sou yon woulo papye, e li va lave fè yo sòti nan dlo anmè a. ²⁴ Epi li va fè fanm nan bwè dlo anmè ki pote madichon an, pou dlo ki pote madichon an kab antre nan li e li va fè l vin anmè. ²⁵ Prèt la va pran ofrann sereyal pou jalouzi a nan men fanm nan, e li va balanse li devan SENYÈ a pou mennen li vè lotèl la. ²⁶ Konsa, ʳprèt la va pran yon men plen nan ofrann sereyal la kòm ofrann tout moun sonje, li va ofri li anlè nan lafimen sou lotèl la, e apre, li va fè fanm nan bwè dlo a. ²⁷ Lè li fin fè li bwè dlo a, alò li va vin rive, ke si li te konwonpi tèt li, li pa t kenbe bòn fwa avèk mari li, ke dlo ki mennen madichon an kab antre nan li pou fè l vin anmè, vant li va vin anfle, kwis li va vin pouri, e fanm nan va devni yon ˢmadichon pami pèp li a. ²⁸ Men si fanm nan pa t konwonpi tèt li e li te pwòp, li va, alò, lib e li va fè pitit.

²⁹ "'Sa se lalwa jalouzi a: lè yon fanm, anba otorite mari li, vin vire e konwonpi tèt li, ³⁰ oswa lè yon espri jalouzi vin sou yon mesye, e li vin jalou pou madanm li. Li va, alò, fè fanm nan kanpe devan SENYÈ a, e prèt la va aplike tout lwa sa a anvè li. ³¹ Anplis, mesye a va lib, san koupabilite, men fanm nan va ᵗpote koupabilite pa li a.'"

ᵃ **4:43** Nonb 8:24-26   ᵇ **4:48** Nonb 3:39   ᶜ **4:49** Nonb 1:47   ᵈ **5:2** Lev 13:8-46   ᵉ **5:3** Lev 26:7   ᶠ **5:6** Lev 5:14-17
ᵍ **5:7** Lev 6:4-5   ʰ **5:9** Lev 7:32-34   ᶦ **5:10** Lev 10:13   ʲ **5:12** Nonb 5:19-29   ᵏ **5:13** Lev 18:20   ˡ **5:14** Pwov 6:34
ᵐ **5:15** I Wa 17:18   ⁿ **5:19** Nonb 5:12   ᵒ **5:20** Nonb 5:12   ᵖ **5:21** Jos 6:26   ᑫ **5:22** Det 27:15   ʳ **5:26** Lev 2:2-9
ˢ **5:27** Jr 29:19   ᵗ **5:31** Lev 20:17

6 Ankò, SENYÈ a te pale avè Moïse. Li te di: ² "Pale avèk fis Israël yo e di yo: 'Lè yon nonm oswa yon fanm fè yon ve, ve a yon ªNazareyen, pou dedye tèt li bay SENYÈ a, ³ li va refize diven avèk bwason fò. Li pa pou bwè vinèg, kit li fèt avèk diven kit bwason fò, ni li p ap bwè ji rezen, ni manje rezen, ni fre, ni sèch. ⁴ Tout jou apa sa yo, li pa pou manje anyen ki pwodwi pa pye rezen, soti nan grenn li yo, jis rive nan po li.

⁵ "'Tout jou yo, pandan ve apa li a, ᵇokenn razwa p ap pase sou tèt li. Li va sen jiskaske jou li yo vin akonpli pou sa li te separe tèt li bay SENYÈ a. Li va kite cheve tèt li vin long.

⁶ ᶜ"'Tout jou a separasyon li yo, li pa pou pwoche yon mò. ⁷ Li ᵈpa pou fè tèt li pa pwòp ni pou papa li, ni manman li, pou frè li, oswa pou sè li, lè yo ta mouri, akoz separasyon li pou Bondye poze sou tèt li. ⁸ Tout jou a separasyon li yo, li va sen a SENYÈ a.

⁹ "'Men si yon nonm mouri sibitman bò kote li, e li konwonpi tèt cheve ki se apa li a, alò, ᵉli va pase razwa sou tèt li nan jou ke li vin pwòp la.Li va pase razwa sou li nan setyèm jou a. ¹⁰ Konsa, nan dizyèm jou a, li va pote de ᶠtoutrèl oswa de jenn pijon vè prèt la, nan pòtay tant asanble a. ¹¹ Prèt la va ofri youn kòm yon ofrann peche a, e lòt la kòm yon ofrann brile, epi fè ekspiyasyon pou li konsènan peche li, akoz mò a. Epi nan menm jou sa a, li va konsakre tèt li, ¹² epi li va dedye a SENYÈ a jou li yo kòm yon Nazareyen, e li va mennen yon mal mouton nan laj 1 nan oswa plis kòm yon ofrann koupab. Men jou tan pase yo va vin anile akoz tan separasyon li an te vin konwonpi.

¹³ "'Alò, sa se lalwa a yon Nazareyen. ᵍLè jou separasyon yo vin fini, li va mennen ofrann nan nan pòtay a tant asanble a. ¹⁴ Li va prezante ofrann li an bay SENYÈ a: yon mal mouton laj 1 nan san defo kòm yon ofrann brile a, yon ʰmouton femèl laj 1 nan san defo kòm yon ofrann peche, ak yon belye san defo kòm yon ofrann lapè, ¹⁵ epi yon panye ⁱgato san ledven fèt avèk farin fen, mele avèk lwil, ofrann sereyal, ak galèt san ledven kouvri avèk lwil, ansanm avèk ofrann pa yo, ak ofrann bwason pa yo.

¹⁶ "'Alò, prèt la va prezante yo devan SENYÈ a. Li va ofri ofrann peche pa li a avèk ofrann brile pa li a. ¹⁷ Li va osi ofri belye a kòm yon ofrann sakrifis lapè bay SENYÈ a, ansanm avèk yon panye gato san ledven. Prèt la va osi ofri ofrann sereyal li avèk ofrann bwason li.

¹⁸ ʲ"'Alò, apre sa, Nazareyen an va pase razwa sou tèt cheve dedye pa li nan pòtay a tant asanble a. Li va pran cheve dedye a tèt li a, e mete li sou dife ki anba ofrann sakrifis lapè yo.

¹⁹ ᵏ"'Prèt la va pran zepòl belye a lè li fin bouyi ak yon gato san ledven sòti nan panye a, yon galèt san ledven, e li va mete yo sou men a Nazareyen an lè l fin pase razwa a sou cheve dedye li a. ²⁰ Konsa, prèt la va balanse yo kòm yon ofrann balanse vè lotèl la devan SENYÈ a. Li sen pou prèt la, ansanm avèk pwatrin ki ofri pa balanse a e kwis ki ofri pa leve anlè a. ˡApre Nazareyen an kapab bwè diven an.

²¹ "'Sa se lalwa a Nazareyen ki fè ve ofrann li bay SENYÈ a, an akò avèk separasyon li, anplis tout lòt bagay ke li gen posibilite fè, selon ve ke li te fè a. Konsa, li va fè selon lalwa separasyon li an.'"

²² SENYÈ a te pale avèk Moïse e te di: ²³ Pale avèk Aaron ak fis li yo pou di: 'Konsa, ᵐnou va beni fis Israël yo. Nou va di yo:

²⁴ SENYÈ a ⁿbeni nou e kenbe nou;
²⁵ SENYÈ a ᵒfè limyè figi li limen sou nou;
epi fè gras anvè nou;
²⁶ SENYÈ a ᵖfè vizaj li vin gade nou,
e ᵠbannou lapè.'

²⁷ Se konsa yo va ʳrele non Mwen pou fis Israël yo, e se konsa Mwen va beni yo.

7 Alò nan jou ke Moïse te fin monte tabènak la, li te onksyone li, e li te konsakre li avèk tout zouti li yo, ak lotèl la, avèk tout zouti li yo. Li te onksyone yo e li te konsakre yo. ² ˢ Chèf Israël yo, chèf lakay zansèt papa pa yo, te fè yon ofrann. Yo menm te chèf a tribi yo. Se te sila ki te sou mesye kontwòle yo. ³ Lè yo te mennen ofrann pa yo devan SENYÈ a, sis kabwèt kouvri, avèk douz bèf kabwèt, yon kabwèt pou chak de chèf, yon bèf pou chak nan yo, epi yo te prezante yo devan tabènak la.

⁴ Konsa, SENYÈ a te pale avèk Moïse e te di: ⁵ "Aksepte bagay sa yo pou yo menm, pou yo kapab sèvi nan sèvis Tant Asanble a, e ou va bay yo a Levit yo, a chak mesyè selon sèvis pa yo."

⁶ Konsa, Moïse te pran kabwèt yo avèk bèf yo, e li te bay yo a Levit yo. ⁷ De kabwèt ak kat bèf, li te bay a fis Guerschon yo, selon ᵗsèvis pa yo, ⁸ epi kat kabwèt avèk uit bèf, li te bay a fis Merari yo, selon ᵘsèvis pa yo, anba direksyon a Ithamar, fis a Aaron, prèt la. ⁹ Men li pa t bay a fis Kehath yo akoz ᵛsèvis pa yo se te sèvis bagay sen ke yo te pote sou zepòl yo.

¹⁰ Chèf yo te ofri ofrann dedikasyon an pou lotèl la lè ʷli te fin onksyone. Konsa chèf yo te ofri ofrann yo devan lotèl la. ¹¹ SENYÈ a te di a Moïse: "Kite yo prezante ofrann pa yo, yon chèf chak jou, pou dedikasyon lotèl la."

¹² Alò, sila ki te prezante ofrann li nan premye jou a, se te Nachschon, fis a Amminadab nan tribi Juda a. ¹³ Ofrann pa li a se te
yon ˣplato fèt an ajan avèk yon pèz de san trant sik,
yon bòl fèt an ajan a swasann-dis sik, selon sik a sanktyè a, tou de ki plen avèk farin fen mele avèk lwil pou yon ofrann sereyal;

ª **6:2** Jij 13:5 ᵇ **6:5** I Sam 1:11 ᶜ **6:6** Lev 21:1-3 ᵈ **6:7** Nonb 9:6 ᵉ **6:9** Lev 14:8-9 ᶠ **6:10** Lev 5:7 ᵍ **6:13** Trav 21:26 ʰ **6:14** Lev 14:10 ⁱ **6:15** Egz 29:2 ʲ **6:18** Nonb 6:9 ᵏ **6:19** Lev 7:28-34 ˡ **6:20** Ekl 9:7 ᵐ **6:23** I Kwo 23:13 ⁿ **6:24** Det 28:3-6 ᵒ **6:25** Sòm 80:3-19 ᵖ **6:26** Sòm 4:6 ᵠ **6:26** Sòm 29:11 ʳ **6:27** II Sam 7:23 ˢ **7:2** Nonb 1:5-16 ᵗ **7:7** Nonb 4:24-26 ᵘ **7:8** Nonb 4:31-32 ᵛ **7:9** Nonb 4:5-15 ʷ **7:10** Nonb 7:1 ˣ **7:13** Egz 25:29

¹⁴ yon kiyè fèt an lò a dis sik ranpli avèk lansan;
¹⁵ yon towo,
yon belye,
yon mal mouton nan laj 1 nan, kòm yon ofrann brile;
¹⁶ ᵃ yon mal kabrit kòm ofrann peche;
¹⁷ epi pou sakrifis ofrann lapè a, de bèf, senk belye, senk mal kabrit, senk mal mouton nan laj 1 nan. Sa se te ofrann a ᵇNachschon, fis a Amminadab la.
¹⁸ Nan dezyèm jou a Nethaneel, fis a Tsuar a, chèf a Issacar a, te prezante yon ofrann. ¹⁹ Li te prezante kòm ofrann li
yon kiyè fèt an ajan avèk yon pèz de san-trant sik,
yon bòl an ajan a swasann-dis sik, selon sik a sanktyè a, tou de te plen avèk farin fen mele avèk lwil pou yon ofrann sereyal;
²⁰ yon kiyè soup an lò a dis sik ranpli avèk lansan;
²¹ Yon towo, yon belye, yon mal mouton nan laj 1 nan, kòm yon ofrann brile;
²² yon mal kabrit pou yon ofrann peche;
²³ epi pou sakrifis ᶜofrann lapè a, de bèf, senk belye, senk mal kabrit, senk mal mouton nan laj 1 nan.
²⁴ Nan twazyèm jou a, se te Éliab fis a Hélon an, chèf a Zabulon an. ²⁵ Ofrann pa li a se te
yon plato an ajan avèk yon pèz de trant sik,
yon bòl an ajan a swasann-dis sik, selon sik a sanktyè a, tou de plen avèk farin fen mele avèk lwil pou yon ofrann sereyal;
²⁶ yon kiyè soup an lò a dis sik plen avèk lansan;
²⁷ yon jenn towo,
yon belye,
yon ᵈmal mouton nan laj 1 nan, pou yon ofrann brile;
²⁸ Yon mal belye pou yon ofrann peche,
²⁹ epi pou sakrifis ofrann lapè a, de bèf, senk belye, senk mal kabrit, senk mal mouton nan laj 1 nan. Sa se te ofrann a Éliab la, fis a Hélon an.
³⁰ Nan katriyèm jou a, se te Élitsur, fis a Schedéur a, chèf a fis Ruben yo; ³¹ ofrann pa li a se te
yon plato an ajan avèk pèz de san-trant sik,
yon bòl an ajan nan swasann-dis sik, selon sik a sanktyè a, tou de plen avèk farin fen mele avèk lwil pou yon ofrann sereyal;
³² yon kiyè nan dis sik plen avèk lansan;
³³ yon towo,
yon belye,
yon ᵉmal mouton nan laj 1 nan, kòm yon ofrann brile;
³⁴ yon mal kabrit kòm yon ofrann peche;
³⁵ epi pou ofrann sakrifis lapè a, de bèf, senk belye, senk mal kabrit, senk mal mouton nan laj 1 nan. Sa se te ofrann a Élitsur a, fis a Schedéur a.
³⁶ Nan senkyèm jou a, se te Schelumiel, fis a Schedéur a, chèf a fis Siméon yo; ³⁷ ofrann pa li a, se te
yon plato an ajan avèk yon pèz de san-trant sik,
yon bòl an ajan nan swasann-dis sik, selon sik sanktyè a, tou de nan yo plen avèk farin fen mele avèk lwil pou yon ofrann sereyal;
³⁸ yon kiyè soup an lò nan dis sik, ranpli avèk lansan;
³⁹ yon towo,
yon belye,
yon mal mouton nan laj 1 nan, kòm yon ofrann brile;
⁴⁰ yon mal kabrit pou yon ofrann peche;
⁴¹ epi pou ofrann sakrifis lapè yo, de bèf, senk belye, senk mal kabrit, senk mal mouton nan laj 1 nan. Sa se te ofrann a Schelumiel la, fis a Schedéur a.
⁴² Nan sizyèm jou a, se te ᶠÉlisaph, fis a Déuel la, chèf a fis Gad yo; ⁴³ ofrann pa li a se te
yon plato an ajan nan pèz san-trant sik, yon bòl an ajan nan swasann-dis sik, selon sik sanktyè a, tou de nan yo plen avèk ᵍfarin fen mele avèk lwil pou yon ofrann sereyal;
⁴⁴ yon kiyè soup an lò nan dis sik ranpli avèk lansan
⁴⁵ ʰ yon towo,
yon belye,
yon mal mouton nan laj 1 nan kòm yon ofrann brile;
⁴⁶ yon mal kabrit kòm yon ofrann peche;
⁴⁷ epi pou ofrann sakrifis lapè yo, de bèf, senk belye, senk mal kabrit, senk mal mouton nan laj 1 nan. Sa se te ofrann a Élisaph la, fis a Déuel la.
⁴⁸ Nan setyèm jou a, se te ⁱÉlischama fis a Ammihud la, chèf a fis Ephraïm yo; ⁴⁹ ofrann pa li a se te
yon plato an ajan avèk yon pèz san-trant sik,
yon bòl an ajan nan swasann-dis sik, selon sik sanktyè a, tou de plen avèk farin fen mele avèk lwil pou yon ofrann sereyal;
⁵⁰ yon kiyè soup an lò nan dis sik, ranpli avèk ʲlansan;
⁵¹ ᵏ yon towo,
yon belye,
yon mal mouton nan laj 1 nan kòm yon ofrann brile;
⁵² yon mal kabrit pou yon ofrann peche;
⁵³ epi pou ofrann sakrifis lapè yo, de bèf, senk belye, senk mal kabrit, senk mal mouton nan laj 1 nan. Sa se te ofrann a Élischama a, fis a Ammihud la.
⁵⁴ Nan uityèm jou a, se te ˡGamaliel, fis a Pedahtsur a, chèf a fis Mannasé yo; ⁵⁵ ofrann pa li a se te
yon plato an ajan avèk yon pèz san-trant sik,
yon bòl an ajan nan swasann-dis sik, selon sik sanktyè a, tou de plen avèk farin fen mele avèk lwil pou yon ofrann sereyal;

ᵃ **7:16** Lev 4:23   ᵇ **7:17** Luc 3:32-33   ᶜ **7:23** Lev 7:11-13   ᵈ **7:27** És 53:7   ᵉ **7:33** Eb 9:28   ᶠ **7:42** Nonb 1:14
ᵍ **7:43** Lev 2:5   ʰ **7:45** Sòm 50:8-14   ⁱ **7:48** Nonb 1:10   ʲ **7:50** Éz 8:11   ᵏ **7:51** Mi 6:6-8   ˡ **7:54** Nonb 2:20

⁵⁶ yon kiyè soup an lò nan dis sik, ranpli avèk ᵃlansan;
⁵⁷ yon towo,
yon belye,
yonᵇ mal mouton nan laj 1 nan kòm yon ofrann brile;
⁵⁸ yon mal kabrit pou yon ofrann peche;
⁵⁹ epi pou ofrann ᶜsakrifis lapè yo, de bèf, senk belye, senk mal kabrit, senk mal mouton nan laj 1 nan. Sa se te ofrann Gamaliel, fis a Pedahtsur a.
⁶⁰ Nan nevyèm jou a, se te ᵈAbidan fis a Guideoni a, chèf a fis Benjamin yo;
⁶¹ ofrann pa li a se te
yon plato an ajan avèk yon pèz san-trant sik,
yon bòl an ajan nan swasann-dis sik, selon sik sanktyè a, tou de plen avèk farin fen mele avèk lwil pou yon ofrann sereyal;
⁶² yon kiyè soup an lò nan dis sik, ranpli avèk ᵉlansan;
⁶³ yon towo,
yon belye,
yon mal mouton nan laj 1 nan, kòm yon ofrann brile;
⁶⁴ yon mal kabrit pou yon ᶠofrann peche;
⁶⁵ epi pou ofrann ᵍsakrifis lapè yo, de bèf, senk belye, senk mal kabrit, senk mal mouton nan laj 1 nan. Sa se te ofrann a Abidan, fis a Guideoni a.
⁶⁶ Nan dizyèm jou a, se te Ahiézer fis a Ammischaddaï a, chèf a fis Dan yo. ⁶⁷ Ofrann pa li a se te
yon plato an ajan avèk yon pèz san-trant sik,
yon bòl an ajan nan swasann-dis sik, selon ʰsik sanktyè a, tou de plen avèk farin fen mele avèk lwil pou yon ofrann sereyal;
⁶⁸ yon kiyè soup an lò nan dis sik, ranpli avèk ⁱlansan;
⁶⁹ yon towo,
yon belye,
yon mal mouton nan laj 1 nan, kòm yon ofrann brile;
⁷⁰ yon mal kabrit kòm yon ofrann peche;
⁷¹ epi pou ofrann sakrifis lapè yo, de bèf, senk belye, senk mal kabrit, senk mal mouton nan laj 1 nan. Sa se te ofrann a Ahiézer, fis a Ammischaddaï a.
⁷² Nan onzyèm jou a, se te ʲPaguiel, fis a Ocran an, chèf a fis Acer yo; ⁷³ ofrann pa li a se te
yon plato an ajan avèk yon pèz san-trant sik,
yon bòl an ajan nan swasann-dis sik, selon sik sanktyè a, tou de plen avèk farin fen mele avèk lwil pou yon ofrann sereyal;
⁷⁴ yon kiyè soup an lò nan dis sik, ranpli avèk ᵏlansan;
⁷⁵ yon towo,
yon belye,

yon mal mouton avèk laj 1 nan, kòm yon ofrann brile; ⁷⁶ yon mal kabrit kòm yon ofrann peche;
⁷⁷ epi pou ofrann sakrifis lapè yo, de bèf, senk belye, senk mal kabrit, senk mal mouton nan laj 1 nan. Sa se te ofrann a Paguiel, fis a Ocran an.
⁷⁸ Nan douzyèm jou a, se te ˡAhira, fis a Énan an, chèf a fis Nephtali yo; ⁷⁹ ofrann pa li a se te
yon plato an ajan avèk yon pèz san-trant sik,
yon bòl an ajan nan swasann-dis sik, selon ᵐsik sanktyè a, tou de plen avèk farin fen mele avèk lwil pou yon ofrann sereyal;
⁸⁰ yon kiyè soup an lò nan dis sik, ranpli avèk lansan;
⁸¹ yon towo,
yon belye,
yon mal mouton avèk laj 1 nan, kòm yon ofrann brile;
⁸² Yon mal kabrit kòm yon ofrann peche;
⁸³ epi pou ofrann sakrifis lapè yo, de bèf, senk belye, senk mal kabrit, senk mal mouton nan laj 1 nan. Sa se te ofrann a Ahira, fis a Énan an.
⁸⁴ Sa se te ofrann ⁿdedikasyon pou lotèl la pa chèf Israël yo nan jou ᵒlotèl la te onksyone a: douz plato an ajan, douz bòl an ajan, douz kiyè soup ki fèt an lò, ⁸⁵ chak plato ajan te peze san-trant sik e chak bòl swasann-dis; tout ajan a zouti yo se te de-mil-kat-san (2,400) sik, selon sik sanktyè a; ⁸⁶ douz kiyè soup an lò, plen lansan, ki peze dis sik chak, selon ᵖsik a sanktyè a, tout lò a kiyè yo te fè san-ven (120) sik.
⁸⁷ Tout bèf pou ofrann brile a, douz towo, belye yo douz, mal mouton nan laj 1 nan avèk ofrann sereyal pa yo, e douz mal kabrit kòm ofrann peche a; ⁸⁸ epi tout bèf pou sakrifis lapè yo, venn-kat towo, belye yo, swasant, mal kabrit yo, swasant, mal mouton nan laj 1 nan yo, swasant. ᵠSa se te ofrann dedikasyon lotèl la apre li te fin onksyone a.
⁸⁹ Alò, lè Moïse te antre nan Tant Asanble a pou pale avèk Li, li te tande vwa la pale avèk li soti anwo ʳtwòn pwopiyatwa a ki te sou lach temwayaj la, ki sòti depi nan antre cheriben yo; e Li te pale avèk li.

8 Alò SENYÈ a te pale avèk Moïse e te di: ² "Pale avèk Aaron e di li: 'Lè ou monte lanp yo, sèt lanp sa yo va ˢbay limyè pa devan chandelye a.'"
³ Konsa, Aaron te fè sa. Li te monte lanp pa li a pa devan chandelye a, jis jan SENYÈ a te kòmande Moïse la. ⁴ Men kòman mendèv chandelye a te ye: fèt avèk lò ki bat, soti nan baz li jis rive nan flè yo, li te yon travay ki bat. ᵗSelon modèl ke SENYÈ a te montre a Moïse la, konsa li te fè chandelye a.
⁵ Ankò SENYÈ a te pale avèk Moïse e te di: ⁶ "Pran Levit yo soti nan fis Israël yo e ᵘfè yo vin pwòp. ⁷ Se konsa ou va fè pou fè yo vin pwòp: flite ᵛdlo ki pirifye sou yo. Kite yo ʷpase razwa sou tout kò yo e lave rad yo; epi yo va vin pwòp. ⁸ Konsa, kite yo pran yon towo avèk

---

ᵃ **7:56** Egz 30:7   ᵇ **7:57** Trav 8:32   ᶜ **7:59** Lev 3:1-17   ᵈ **7:60** Nonb 1:11   ᵉ **7:62** Rev 5:8   ᶠ **7:64** II Kor 5:21   ᵍ **7:65** Kol 1:20   ʰ **7:67** Egz 30:13   ⁱ **7:68** Sòm 141:2   ʲ **7:72** Nonb 1:13   ᵏ **7:74** Mal 1:11   ˡ **7:78** Nonb 1:15   ᵐ **7:79** Esd 1:9-10   ⁿ **7:84** Nonb 7:10   ᵒ **7:84** Nonb 7:1   ᵖ **7:86** Egz 30:13   ᵠ **7:88** Nonb 7:1-10   ʳ **7:89** Egz 25:21-22   ˢ **8:2** Egz 25:37   ᵗ **8:4** Egz 25:9-40   ᵘ **8:6** És 52:11   ᵛ **8:7** Nonb 19:9-20   ʷ **8:7** Lev 14:8-9

[a]ofrann sereyal li a, farin fen mele avèk lwil; epi yon dezyèm towo, ou va pran kòm yon ofrann peche. [9] Alò, [b]ou va prezante Levit yo devan Tant Asanble a. [c]Ou va osi rasanble tout kongregasyon a fis Israël yo. [10] Ou va prezante Levit yo devan SENYÈ a. Fis Israël yo [d]va poze men yo sou Levit yo, [11] epi Aaron va prezante Levit yo devan SENYÈ a kòm yon [e]ofrann balanse vè lotèl la, soti nan fis Israël yo, pou yo kapab kalifye pou fè sèvis SENYÈ a.

[12] "Alò, [f]Levit yo va poze men yo sou tèt a towo yo, epi ou va ofri youn kòm yon ofrann peche, e lòt la kòm yon ofrann brile bay SENYÈ a pou fè ekspiyasyon pou Levit yo. [13] Ou va fè Levit yo kanpe devan Aaron ak devan fis li yo pou prezante yo kòm yon ofrann balanse vè lotèl la bay SENYÈ a. [14] Konsa, ou va separe Levit yo soti nan fis Israël yo, e [g]Levit yo va vin pou Mwen.

[15] "Epi apre sa, Levit yo kapab antre pou fè sèvis nan Tant Asanble a. Konsa, ou va netwaye yo e [h]prezante yo kòm yon ofrann balanse vè lotèl la; [16] paske yo te vin pou Mwen nèt soti nan fis Israël yo. Mwen te pran yo pou Mwen menm [i]nan plas a tout sila ki sòti nan vant yo, premye ne nan tout fis Israël yo. [17] Paske [j]tout gason premye ne pami fis Israël yo se pou Mwen, pami moun yo, ak pami bèt yo. Nan jou ke M te frape tout premye ne nan peyi Égypte yo, Mwen te sanktifye yo pou Mwen menm. [18] Men Mwen te pran Levit yo nan plas a chak premye ne pami fis Israël yo. [19] [k] Mwen te bay Levit yo kòm yon kado bay Aaron ak fis li yo soti pami fis Israël yo, pou ranpli sèvis a fis Israël yo nan Tant Asanble a, e pou fè ekspiyasyon pou fis Israël yo, jis pou pa vin gen gwo epidemi pami fis Israël yo akoz ke yo vin pwoche toupre sanktyè a."

[20] Konsa Moïse avèk Aaron, ak tout kongregasyon a fis Israël yo te fè pou Levit yo. Selon tout sa ke SENYÈ a te kòmande Moïse konsènan Levit yo, konsa fis Israël yo te fè yo. [21] l Levit yo tou, te pirifye yo menm de peche e te lave rad yo. Aaron te prezante yo kòm yon ofrann balanse vè lotèl la devan SENYÈ a. Aaron, osi, te fè ekspiyasyon pou yo, pou fè yo vin pwòp. [22] Epi apre Levit yo te antre pou fè sèvis pa yo nan Tant Asanble a, devan Aaron ak devan fis li yo: jis jan ke SENYÈ a te kòmande Moïse konsènan Levit yo, se konsa yo te fè pou yo.

[23] Alò SENYÈ a te pale avèk Moïse. Li te di: [24] "Sa se lòd ki aplike pou Levit yo: soti nan laj [m]venn-senkan e plis, yo va antre pou fè sèvis nan travay a Tant Asanble a. [25] Men nan laj a senkantan, yo va pran retrèt nan sèvis travay la. Yo p ap travay ankò. [26] Sepandan, yo va asiste frè yo nan Tant Asanble a, pou kenbe devwa yo, men yo pa pou travay yo menm. Konsa ou va aji avèk Levit yo [n]konsènan devwa yo."

9

SENYÈ a te pale avèk Moïse nan dezè Sinaï a, nan [o]premye mwa nan dezyèm ane a lè yo te fin sòti nan Égypte la. Li te di: [2] "Alò, kite fis Israël yo obsève fèt Pak la nan [p]lè ki apwente pou li a. [3] Nan katòzyèm jou nan mwa sa a, nan aswè avan li fènwa, nou va obsève li nan lè apwente a. Nou va obsève li avèk tout règleman e avèk tout òdonans li yo."

[4] Konsa, Moïse te pale ak fis Israël yo pou obsève Pak la. [5] [q] Yo te obsève Pak la nan premye mwa, nan katòzyèm jou a, nan aswè lè li fenk kòmanse fènwa, nan dezè Sinaï a. Selon tout sa ke SENYÈ a te kòmande Moïse yo, se konsa fis Israël yo te fè.

[6] Men te gen kèk mesye ki [r]pa t pwòp akoz yon mò. Akoz sa, yo pa t kab obsève Pak la nan jou sa a. Konsa yo te vin devan Moïse avèk Aaron nan jou sa a. [7] Mesye sa yo te di li: "Malgre nou pa pwòp akoz mò a, poukisa nou anpeche vin prezante ofrann SENYÈ a nan lè apwente pami fis Israël yo?"

[8] Konsa, Moïse te reponn yo: [s]"Tann, e mwen va koute sa ke SENYÈ a va kòmande pou nou menm."

[9] Epi SENYÈ a te pale avèk Moïse e te di: [10] "Pale avèk fis Israël yo pou di: 'Si nenpòt nan nou, oswa nan desandan nou yo vin pa pwòp akoz yon mò, oswa se nan yon vwayaj, malgre sa, li kapab obsève Pak SENYÈ a. [11] Nan dezyèm mwa a, sou [t]katòzyèm jou a, nan aswè lè l fenk kòmanse fènwa, yo va obsève li. Yo va manje li avèk pen san ledven ak zèb anmè. [12] Yo [u]p ap kite anyen ladann pou rive nan maten, [v]ni kase okenn zo ladann. Selon tout règleman a Pak la, yo va obsève li. [13] Men mesye ki pwòp e ki pa nan yon vwayaj, ki malgre sa, neglije obsève Pak la, moun sa a va vin koupe retire de pèp li a. Paske li pa t prezante ofrann bay SENYÈ a nan lè chwazi a. Nonm sila a [w]va pote peche li.

[14] "'Si yon etranje demere pami nou e li obsève Pak SENYÈ a, li gen pou fè l selon règleman a Pak la, ak selon òdonans li. Nou va genyen [x]yon sèl règleman, ni pou etranje, ni pou natif peyi a.'"

[15] Alò, nan [y]jou ke tabènak la te monte a, nwaj te vin kouvri tabènak la ak tant temwayaj la, e nan aswè, li te tankou aparans dife sou tabènak la, jis rive nan maten. [16] Se konsa li te ye tout tan. [z]Nwaj te vin kouvri li nan lajounen, e aparans dife a nan lannwit.

[17] [a] Nenpòt lè nwaj te leve sou tant lan, fis Israël yo te leve vwayaje. Nan plas kote nwaj la te vin poze a, se la fis Israël yo te kanpe fè kan an. [18] Sou kòmand a SENYÈ a, fis Israël yo te pati, e sou kòmand a SENYÈ a, yo te fè kan an. [b]Tout tan ke nwaj la te poze sou tabènak la, yo te rete nan kan an.

---

[a] **8:8** Lev 2:1 [b] **8:9** Egz 29:4 [c] **8:9** Lev 8:3 [d] **8:10** Lev 1:4 [e] **8:11** Lev 7:30-34 [f] **8:12** Egz 29:10
[g] **8:14** Nonb 3:12 [h] **8:15** Egz 29:24 [i] **8:16** Egz 13:2 [j] **8:17** Egz 13:2-15 [k] **8:19** Nonb 3:9 [l] **8:21** Nonb 8:7
[m] **8:24** Nonb 4:3 [n] **8:26** Nonb 1:53 [o] **9:1** Egz 40:2 [p] **9:2** Egz 12:6 [q] **9:5** Jos 5:10 [r] **9:6** Nonb 5:2
[s] **9:8** Egz 18:15 [t] **9:11** II Kwo 30:2-15 [u] **9:12** Egz 12:10 [v] **9:12** Jn 19:36 [w] **9:13** Nonb 5:31 [x] **9:14** Egz 12:49
[y] **9:15** Egz 40:2-17 [z] **9:16** Egz 40:34 [a] **9:17** Egz 40:36-38 [b] **9:18** I Kor 10:1

Nonb

¹⁹ Menm lè nwaj la te fè reta sou tabènak la pandan anpil jou, fis Israël yo te kenbe lòd SENYÈ a. Yo pa t pati. ²⁰ Si, pafwa nwaj la te rete kèk jou sou tabènak la, ᵃselon kòmand SENYÈ a, yo te rete nan kan an. Epi selon kòmand SENYÈ a, yo te vin pati.

²¹ Si, pafwa nwaj la te rete soti nan aswè pou jis rive nan maten, lè nwaj la te leve nan maten, yo te deplase; oswa, si li te rete nan la jounen ak lannwit, nenpòt lè ke nwaj la te leve a, yo te vin pati. ²² Sof ke se te pou de jou, oswa yon mwa, oswa 1 nan ke nwaj la te mize sou tabènak la, depi li rete anwo li, fis Israël yo te rete nan kan an. Yo pa t pati. Men ᵇlè li te vin leve, yo te pati.

²³ ᶜ Ak kòmand a SENYÈ a, yo te fè kan an, e nan kòmand a SENYÈ a, yo te pati. Yo te kenbe lòd SENYÈ a selon kòmand SENYÈ a, selon Moïse.

10 Senyè a te pale avèk Moïse. Li te di li: ² Fè pou ou menm de twonpèt an ajan, yon zèv ajan ki bat, ou va fè yo. Konsa, ou va sèvi ak yo pou fè tout asanble a rasanble, e pou fè kan yo pati. ³ ᵈ Lè toude vin sone, tout kongregasyon an va rasanble yo menm anvè ou nan pòtay a tant asanble a. ⁴ Men si se yon sèl ki sone, alò, se ᵉchèf yo, tèt a dè milye an Israël yo ki va rasanble devan ou. ⁵ Lè nou sone pou avèti, kan ki rete ᶠnan kote lès yo, va pati. ⁶ Lè nou sone pou avèti yon dezyèm fwa, kan ki nan ᵍkote sid yo, va pati. Yon son avèti va soufle pou yo pati. ⁷ Sepandan, lè nou ap reyini asanble a, ou va soufle twonpèt yo, men pa avèk son ʰavèti yo.

⁸ ⁱ Anplis, se prèt yo, fis a Aaron yo ki va soufle twonpèt yo. Konsa, sa va pou nou yon règleman pou tout tan pandan tout jenerasyon nou yo. ⁹ Lè nou fè lagè nan peyi nou kont advèsè ki vin atake nou yo, alò, nou va sone yon son avèti avèk twonpèt yo, pou nou kapabʲ sonje devan SENYÈ a, Bondye nou an, e vin sove de lènmi nou yo. ¹⁰ "Osi, nan jou kè kontan yo, nan fèt apwente nou yo, ak nan premye jou nan mwa nou yo, ᵏnou va sone twonpèt yo sou ofrann brile nou yo, sou ofrann sakrifis lapè yo. Yo va tankou yon son pou nou menm devan Bondye nou an. Mwen se SENYÈ a, Bondye nou an."

¹¹ Alò, nan ˡdezyèm ane a, nan dezyèm mwa a, nan ventyèm nan mwa a, nwaj la te leve pa anwo tabènak temwayaj la. ¹² Konsa, fis Israël yo te pati nan ᵐvwayaj yo soti nan dezè a Sinaï a. Epi nwaj la te vin tan nan ⁿdezè Paran an. ¹³ ᵒ Konsa, yo te derape pou premye fwa selon kòmandman SENYÈ a, selon Moïse.

¹⁴ Drapo kan Juda a selon lame pa yo, ᵖte sòti avan, avèk Nachschon, fis a Amminadab la sou lame pa li. ¹⁵ Nethaneel, fis a Tsuar a, te sou lame tribi a fis Issacar yo. ¹⁶ Eliab, fis a Hélon an, te sou lame tribi a fis Zabulon an, ¹⁷ ᵠTabènak la te vin demonte, epi fis a Guerschon yo avèk fis a Merari yo, ki t ap pote tabènak la, te pati.

¹⁸ Apre, ʳdrapo kan Ruben an, selon lame pa yo te pati avèk Élitsur, fis a Schedéur a sou lame pa li. ¹⁹ Schelumiel, fis a Tsurischaddaï a te sou lame tribi a fis Siméon yo. ²⁰ Élisaph, fis a Déuel la te sou lame tribi a fis Gad yo. ²¹ ˢEpi Kehath yo te derape. Yo t ap pote bagay sen yo. Lòt yo te gen tan monte tabènak avan ke yo te rive.

²² ᵗApre, drapo a kan Ephraïm nan te pati, selon lame pa yo. Élischama, fis a Ammihud la te sou tèt lame pa li a. ²³ Gamaliel, fis a Pedahstsur te sou tèt lame tribi a fis Manassé yo. ²⁴ Abidan, fis a Guideoni te sou tèt lame a fis Benjamin yo.

²⁵ Drapo kan fis a Dan nan, selon lame yo, te fòme gad an aryè pou tout kan yo. Yo derape avèk Ahiézer, fis a Ammischaddaï sou tèt lame pa li a. ²⁶ Paguiel, fis a Ocran an te sou tèt lame tribi a fis Aser yo. ²⁷ Ahira, fis a Énan an, te sou tèt lame tribi a fis Nephtali yo. ²⁸ Konsa te lòd vwayaj la a pou fis Israël yo selon lame pa yo, lè yo te vin pati.

²⁹ Moïse te di a Hobab, fis a Réuel la, Madyanit lan, bòpè a Moïse la: "Nou ap pati pou kote ke SENYÈ a te di a, 'Mwen va bannou li.' Vini avèk nou, e nou va fè ou byen; paske SENYÈ a ᵘte pwomèt sa ki bon konsènan Israël."

³⁰ Men li te di li: "Mwen p ap vini, men olye de sa, m ap ale nan peyi pa m avèk fanmi pa mwen yo."

³¹ Alò li te di: "Souple, pa kite nou, kòmsi ou konnen kote nou dwe fè kan nan dezè a, e ou ᵛva pou nou tankou zye nou. ³² Se konsa sa va ye, ke si ou ale avèk nou, ke nenpòt sa ki bon ke SENYÈ a fè pou nou, ʷnou va fè pou ou tou."

³³ Konsa yo te pati soti nan mòn SENYÈ a, yon vwayaj twa jou avèk ˣlach temwayaj SENYÈ a ki te vwayaje pandan twa jou devan yo pou chache yon kote pou yo kab poze. ³⁴ ʸNwaj SENYÈ a te sou yo nan la jounen lè yo te kite kan an.

³⁵ Epi li te vin rive ke lè lach la te derape ke Moïse te di: "Leve O SENYÈ! Kite ᶻsila ki rayi Ou yo Sove ale devan Ou."

³⁶ Epi li te vin poze li te di: "Retounen, O SENYÈ a vè ᵃbokou milye de Israël yo."

11 Alò, pèp la te devni kòm ᵇsila ki plenyen zafè pwoblèm nan zòrèy a SENYÈ a. Lè SENYÈ a te tande sa, kòlè li te vin limen, dife SENYÈ a te brile pami yo. Li te detwi kèk nan yo nan zòn deyò kan an. ² ᶜ Pou sa, pèp la te kriye fò bay Moïse. Moïse te priye bay SENYÈ a, e dife a te ralanti. ³ Konsa, non a kote sa a te rele ᵈTabeéra akoz dife SENYÈ a ki te brile pami yo.

⁴ ᵉ Sanzave nan mele yo ki te pami yo te gen lide voras. Menm fis Israël yo tou te kriye dlo nan zye ankò. Yo te di: "Kilès k ap bannou vyann pou nou

---

ᵃ **9:20** Sòm 48:14   ᵇ **9:22** Sòm 48:14   ᶜ **9:23** Sòm 73:24   ᵈ **10:3** Jr 4:5   ᵉ **10:4** Egz 18:21   ᶠ **10:5** Nonb 10:14
ᵍ **10:6** Nonb 10:18   ʰ **10:7** Jl 2:1   ⁱ **10:8** Nonb 31:6   ʲ **10:9** Jen 8:1   ᵏ **10:10** Sòm 81:3-5   ˡ **10:11** Egz 40:17
ᵐ **10:12** Egz 40:36   ⁿ **10:12** Nonb 12:16   ᵒ **10:13** Det 1:6   ᵖ **10:14** Nonb 2:3-9   ᵠ **10:17** Nonb 4:21-32
ʳ **10:18** Nonb 2:10-16   ˢ **10:21** Nonb 4:4-20   ᵗ **10:22** Nonb 2:18-24   ᵘ **10:29** Det 4:40   ᵛ **10:31** Job 29:15
ʷ **10:32** Lev 19:34   ˣ **10:33** Det 1:33   ʸ **10:34** Nonb 9:15-23   ᶻ **10:35** Det 7:10   ᵃ **10:36** Det 1:10
ᵇ **11:1** Nonb 14:2   ᶜ **11:2** Nonb 12:11-13   ᵈ **11:3** Det 9:22   ᵉ **11:4** I Kor 10:6

manje? ⁵ ᵃ Nou son je pwason ke nou te konn manje gratis nan peyi Égypte, avèk konkonb ak melon, zonyon, ak lay; ⁶ men koulye a, ᵇnanm nou vin sèch. Nanpwen anyen pou nou ta gade sof ke lamàn sa a."

⁷ ᶜ Alò, lamàn nan te tankou grenn pitimi avèk aparans gonm arabik. ⁸ Pèp la t ap fè ale retou pou ranmase li. Yo te moulen li antre de wòch moulen, oswa bat li nan yon pilon, bouyi li nan yon chodyè, epi fè gato avèk li. Li gen gou tankou gou a gato ki fèt ak lwil. ⁹ ᵈ Lè lawouze te vin tonbe nan kan an pandan nwit lan, lamàn te tonbe avè l.

¹⁰ Alò, Moïse te tande pèp la ki t ap kriye pami tout fanmi yo, chak mesye nan pòtay a tant li. Konsa, chalè a SENYÈ a te vin limen anpil, e Moïse te malkontan. ¹¹ ᵉ Pou sa, Moïse te di SENYÈ a: "Poukisa Ou te tèlman di avèk sèvitè Ou a? Epi poukisa mwen pa t jwenn favè nan zye ou, ke Ou te vin mete chaj tout pèp sa a sou Mwen? ¹² Èske se mwen menm ki te vin peple fè tout pèp sa a? Èske se mwen menm ki te fè yo vin parèt pou Ou ta di mwen: 'Pote w nan sen ou tankou yon fanm nouris pote yon ti bebe k ap tete, pou rive nan yon peyi ke ᶠOu te sèmante a papa yo?' ¹³ Kote mwen ap jwenn vyann pou bay ᵍtout pèp sa a? Paske yo kriye devan m! Yo te di: 'Bannou vyann pou nou kapab manje!' ¹⁴ ʰ Mwen sèl mwen p ap kab pote tout pèp sa a; se twòp chaj pou mwen. ¹⁵ ⁱ Konsa, si W ap aji konsa avè m, souple touye mwen koulye a; konsa, si mwen pa t twouve favè nan zye Ou, pa kite mwen vin wè mizè mwen."

¹⁶ Konsa, SENYÈ a te di a Moïse: "Rasanble pou Mwen ʲswasann-dis nonm ki soti nan ansyen Israël yo, pami sila a ou konnen kòm ansyen a pèp la, ak ofisyèl yo. Mennen yo nan tant asanble a e kite yo vin fè kanpe pa yo ansanm avè w la a. ¹⁷ Alò, Mwen va vin desann pou pale avèk ou la a. Konsa, Mwen va pran nan ᵏlespri ki sou ou a, pou mete li sou yo; epi yo va pote a fado a avèk ou, pou ou pa oblije pote li ou sèl ou.

¹⁸ "Di a pèp la: ˡ"Konsakre nou pou demen e nou va man je yvann; paske nou te kriye nan zòrèy SENYÈ a, e te di: "O ke yon moun bannou vyann pou nou manje! Paske nou te byen okipe an Égypte." Konsa, SENYÈ a va bannou vyann, e nou va manje. ¹⁹ Nou va manje, pa pou yon jou, ni de jou, ni senk jou, ni di jou, ni ven jou, ²⁰ men yon mwa nèt, jis li vin sòti nan nen nou, e vin abominab pou nou; akoz ᵐnou te rejte SENYÈ a ki pami nou, e nou te kriye devan Li pou te di: "Poukisa nou te janmen kite Égypte?"'"

²¹ Men Moïse te di: "Pèp pami sila Mwen ye a se sis-san-mil sou pye; sepandan, Ou te di, 'Mwen va bay yo vyann, pou yo kab manje jis yon mwa nèt.'

²² "Si bann mouton avèk twoupo yo ta touye pou yo èske sa ta sifi pou yo?"

²³ SENYÈ a te di a Moïse: "Èske pouvwa SENYÈ a limite? Koulye a, ou va wè si ⁿpawòl Mwen va vin vrè pou ou oswa non."

²⁴ Konsa, Moïse te sòti deyò. Li te ᵒdi pèp la pawòl SENYÈ a. Osi, li te rasanble swasann-dis gason nan ansyen pami pèp la, e li te estasyone yo antoure tant la. ²⁵ ᵖ Alò, SENYÈ a te vin desann nan nwaj la, e Li te pale avèk li. Li te pran nan Lespri ki te sou li a, e li te plase Li sou swasann-dis ansyen yo. Epi lè Lespri a te poze sou yo, yo te pwofetize. Men yo pa t fè sa ankò.

²⁶ Men de mesye nan ansyen yo te rete nan kan an; Non a youn te Eldad, e non a lòt la te Médad. Epi ᵠLespri a te vin rete sou yo. Yo menm te pami sila ki te anrejistre kòm ansyen yo, men ki pa t sòti pou ale nan tant lan; men yo te pwofetize nan kan an. ²⁷ Konsa, yon jennonm te kouri di Moïse: "Eldad avèk Médad ap pwofetize nan kan an."

²⁸ Epi ʳJosué, fis a Nun nan, ki te sèvitè Moïse depi nan jenès li, te di: "Moïse, senyè mwen an, anpeche yo."

²⁹ Men Moïse te di li: "Èske ou jalou pou tèt mwen? ˢPito ke tout pèp SENYÈ a te pwofèt, pou SENYÈ a ta mete Lespri Li sou yo!" ³⁰ Epi Moïse te retounen nan kan an, ni li, ni ansyen Israël yo.

³¹ ᵗ Alò, te vin souleve yon van sòti nan SENYÈ a. Li te mennen zwazo kay sòti nan lanmè, e Li te kite yo tonbe akote kan an, anviwon distans de yon vwayaj yon jounen sou yon bò, e vwayaj a yon jounen de lòt bò a, toutotou kan an, epi plis oswa mwens de koude (twa pye) pwofondè sou sifas tè a.

³² Pèp la te pase tout jounen, tout nwit lan, ak tout jou apre a nan ranmase zòtolan. Sila ki te ranmase mwens lan, te ranmase dis omè (ven lit), e yo te poze yo gaye pou yo toupatou nan kan an. ³³ ᵘ Pandan vyann nan te toujou nan dan yo, avan yo te menm moulen li, kòlè SENYÈ a te vin limen kont pèp la, e SENYÈ a te frape pèp la avèk yon epidemi byen sevè. ³⁴ Konsa, non a kote sa a te rele ᵛKibroth Hattaava, akoz ke se ladann, yo te antere pèp ki te voras yo.

³⁵ Soti nan Kibroth Hattaava, ʷpèp la te ale Hazeroth, e yo te vin rete Hazeroth.

12 Marie avèk Aaron te vin pale kont Moïse akoz fanm Koushit ke li te marye a; paske li te marye avèk yon fanm ˣKoushit; ² ʸ Konsa, yo te di: "Èske SENYÈ a vrèman te pale sèlman ak Moïse? Èske Li pa t pale ak nou menm tou?" Epi SENYÈ a te tande sa.

³ Alò, nonm Moïse la te ᶻtrè enb, plis pase tout moun ki te sou sifas latè a.

ᵃ **11:5** Egz 16:3   ᵇ **11:6** Nonb 21:5   ᶜ **11:7** Egz 16:31   ᵈ **11:9** Egz 16:13-14   ᵉ **11:11** Egz 5:22   ᶠ **11:12** Jen 24:7
ᵍ **11:13** Nonb 11:21-22   ʰ **11:14** Egz 18:18   ⁱ **11:15** Egz 32:32   ʲ **11:16** Egz 24:1-9   ᵏ **11:17** I Sam 10:6
ˡ **11:18** Egz 19:10-22   ᵐ **11:20** Jos 24:27   ⁿ **11:23** Éz 12:25   ᵒ **11:24** Nonb 11:6   ᵖ **11:25** Nonb 11:17
ᵠ **11:26** Nonb 24:2   ʳ **11:28** Egz 33:11   ˢ **11:29** I Kor 14:5   ᵗ **11:31** Sòm 78:26-28   ᵘ **11:33** Sòm 78:29-31
ᵛ **11:34** Det 9:22   ʷ **11:35** Nonb 33:17   ˣ **12:1** Egz 2:21   ʸ **12:2** Nonb 16:3   ᶻ **12:3** Mat 11:29

⁴ Sibitman, SENYÈ a te di a Moïse ak Aaron avèk Marie: "Nou twa a, vin sòti nan tant asanble a". Alò, yo twa a te sòti. ⁵ Epi SENYÈ a te desann nan yon ᵃpilye nwaj. Li te kanpe nan pòtay tant asanble a, e Li te rele Aaron avèk Marie. Yo toude te vin avanse. ⁶ Li te di: "Koute pawòl Mwen koulye a: Si gen yon pwofèt pami nou, Mwen, SENYÈ a, Mwen va fè Mwen menm vin rekonèt a li menm nan yon ᵇvizyon. Mwen va pale avèk li nan yon ᶜrèv. ⁷ Se pa konsa avèk sèvitè Mwen, Moïse. ᵈLi fidèl nan tout kay Mwen; ⁸ Avèk li, Mwen pale bouch a bouch, byen klè, pa nan pawòl parabòl, epi li wè ᵉfòm SENYÈ a menm. Poukisa, konsa, nou pa t pè pou pale kont sèvitè Mwen an, kont Moïse?"
⁹ Epi kòlè SENYÈ a te brile kont yo, e ᶠLi te pati. ¹⁰ Lè nwaj la te kite tant lan, vwala, Marie te gen lalèp, blan tankou lanèj.
Epi lè Aaron te gade, alò, Marie te gen ᵍlalèp. ¹¹ Aaron te di Moïse: "O senyè Mwen an! Mwen mande ou souple, ʰpa konte peche sa a kont nou, nan sila nou te aji avèk foli a, ak nan sila nou te peche a. ¹² O Pa kite chè Marie rete kòm yon timoun ki fenk fèt mouri, ki sòti nan vant manman li avèk chè li mwatye manje!"
¹³ Moïse te kriye fò bay SENYÈ a. Li te di: "O Bondye, ⁱgeri li, mwen priye Ou!"
¹⁴ Men SENYÈ a te reponn Moïse: "Si papa li te sèlman krache nan figi li, èske li pa t ap pote wont li pandan sèt jou? Kite li rete fèmen pandan sèt jou ʲdeyò kan an. Apre, l ap kapab rantre ankò." ¹⁵ Konsa ᵏ Marie te fèmen deyò kan an pandan sèt jou, e pèp la pa t deplase jiskaske Marie te vin rantre ankò.
¹⁶ Apre sa a, pèp la te deplase kite Hatséroth pou te fè kan nan dezè Paran an.

13 Konsa, ˡSENYÈ a te pale avèk Moïse e te di: ² ᵐ Voye mesye ki kapab fè espyonaj nan peyi Canaran ke Mwen va bay fis Israël yo. Ou va voye yon nonm sòti nan chak tribi zansèt a papa pa yo, youn nan chèf pami yo.
³ Konsa, Moïse te voye yo soti nan dezè Paran an selon kòmand a SENYÈ a. Yo tout te chèf a fis Israël yo.
⁴ Sa yo, alò, se te non yo: soti nan tribi Ruben an, Schammua, fis a Zaccur a; ⁵ soti nan tribi a Siméon an: Schaphath, fis a Hori a; ⁶ pou tribi a Juda a: Caleb, fis a Jephaunné a; ⁷ pou tribi a Issacar a: Jigual, fis a Joseph la; ⁸ pou tribi a Ephraïm nan: Hosée, fis a Nun nan ⁹ pou tribi a Benjamin an: Palthi, fis a Raphu a; ¹⁰ pou tribi a Zabulon an: Gaddiel, fis a Sodi a; ¹¹ pou tribi a Joseph la, tribi a Manassé a: Gaddi, fis a Sisi a; ¹² pou tribi a Dan nan: Ammiel, fis a Guemalli a; ¹³ pou tribi a Hacer a: Sethur, fis a Micaël la; ¹⁴ pou tribi a Nephtali a: Nachbi, fis a Vophsi a; ¹⁵ pou tribi a Gad la: Guéuel, fis a Maki a.
¹⁶ Sa yo, se non a mesye ke Moïse te voye pou fè espyonaj peyi a. Men Moïse te rele ⁿHosée, fis a Nun nan, Josué. ¹⁷ Lè Moïse te voye yo espyone peyi Canaan an, li te di yo: "Monte nan ᵒnegev la; epi monte toujou nan peyi ti kolin yo. ¹⁸ Kontwole pou wè kijan peyi a ye, si pèp ki rete ladann nan, gen fòs, oswa si yo fèb, e si yo gen anpil, oswa pa anpil moun. ¹⁹ Kijan tè kote yo viv la ye, kit li bon, oswa pa bon? Epi kijan vil kote yo viv la ye, èske se kan san pwotèj, oswa avèk fò? ²⁰ Kijan tè a ye? Èske li rich, oswa pòv? Si gen pyebwa oswa si pa genyen? Epi fè yon efò pou pran kèk nan fwi peyi a." Alò, se te tan ke premye rezen yo t ap vin mi.
²¹ Se konsa, yo te monte pou te fè espyonaj sou peyi a soti nan dezè a Tsin nan, jis pou rive Rehob, nan chemen Hamath (Lebo-Hamath) lan. ²² Lè yo te fin monte Negev, yo te rive Hébron kote Ahiman, Schéschaï ak Talmaï, desandan a Anak yo te ye a. (Alò, Hébron te bati sèt ane avan Tsoan an Égypte.) ²³ Yo te rive nan vale ᵖEschcol e soti la, yo te koupe yon sèl branch avèk yon sèl grap rezen; epi yo te pote li sou yon poto antre de gason avèk kèk grenad ak pye fig frans. ²⁴ Kote sa a te vin rele vale a Eschcol, akoz gwo grap rezen ke fis Israël la te koupe fè desann soti la yo. ²⁵ Yo te sòti retounen nan espyonaj peyi a, nan fen karant jou yo. ²⁶ Yo te vini vè Moïse avèk Aaron ak tout kongregasyon a fis Israël yo nan dezè Paran an, vè ᵠKadès; epi yo te pote nouvèl la pou di a tout kongregasyon an, e pou te montre yo fwi peyi a. ²⁷ Konsa, yo te pale li. Yo te di: "Nou te antre nan peyi kote nou te voye nou an. Vrèman, li koule avèk lèt ak siwo myèl, e ʳsa a se fwi li.
²⁸ "Sepandan, pèp ki rete la yo, gen fòs, vil yo byen fòtifye, byen gwo. Anplis, nou te wè ˢdesandan Anak yo la. ²⁹ Desandan a Amalèk yo ap viv nan peyi Negev la, Etyen yo, Jebisyen yo, ᵗAmoreyen yo ap viv nan mòn yo, e ᵘKananeyen yo ap viv bò kote lanmè ak bò kote rivyè Jourdain an."
³⁰ Men Caleb te kalme pèp la devan Moïse e te di: "Sètènman, nou dwe monte pran posesyon a peyi a, paske nou va, anverite, konkeri li."
³¹ Men mesye ki te monte avè l yo te di: ᵛ"Nou pa kapab monte kont pèp la, paske yo twò fò pou nou." ³² Konsa, yo te livre yon move rapò a fis Israël yo sou peyi kote yo te fè ankèt la. Yo te di: "Peyi kote nou te ale a, nan ankèt sa a, se ʷyon peyi ki devore moun li ye, e ˣtout pèp ke nou te wè ladann yo, se moun ki byen gran. ³³ La, osi, nou te wè ʸjeyan, fis a Anak yo ki soti nan jeyan yo. Konsa, nou te vin tankou krikèt nan pwòp zye nou ak nan zye pa yo."

14 Epi tout kongregasyon an te leve vwa yo pou te rele, e pèp la te kriye nan nwit lan. ² Tout fis

---
ᵃ **12:5** Egz 19:9   ᵇ **12:6** I Sam 3:15   ᶜ **12:6** Jen 31:11   ᵈ **12:7** Eb 3:2-5   ᵉ **12:8** Egz 24:10-11   ᶠ **12:9** Jen 17:22
ᵍ **12:10** Egz 4:6   ʰ **12:11** II Sam 19:19   ⁱ **12:13** És 30:26   ʲ **12:14** Nonb 5:1-4   ᵏ **12:15** Det 24:9
ˡ **13:1** Det 1:22-23   ᵐ **13:2** Det 1:22   ⁿ **13:16** Nonb 13:8   ᵒ **13:17** Jen 12:9   ᵖ **13:23** Nonb 13:24
ᵠ **13:26** Nonb 20:1-14   ʳ **13:27** Det 1:25   ˢ **13:28** Nonb 13:33   ᵗ **13:29** Jos 10:6   ᵘ **13:29** Nonb 14:43-45
ᵛ **13:31** Det 1:28   ʷ **13:32** Éz 36:13-14   ˣ **13:32** Am 2:9   ʸ **13:33** Jen 6:4

Israël yo te bougonnen kont Moïse ak Aaron. Tout kongregasyon an te di yo: [a]"Pito ke nou te mouri nan peyi Égypte la! O pito nou te mouri nan dezè sa a! [3] Poukisa SENYÈ a ap mennen nou nan peyi sa a, [b]pou tonbe anba nepe? [c]Madanm nou yo avèk pitit nou yo va devni piyay. Èske li pa t ap pi bon pou nou pou retounen an Égypte?" [4] Epi yo te di youn lòt: [d]"Annou chwazi yon chèf, pou retounen an Égypte."

[5 e] Konsa, Moïse avèk Aaron te tonbe sou figi yo nan prezans a tout asanble kongregasyon a fis Israël yo. [6] Josué, fis a Nun lan avèk Caleb, fis a Jephaunné a, nan sila ki te fè espyonaj nan peyi a, te chire rad yo. [7] Yo te pale avèk tout kongregasyon a fis Israël yo, e te di: [f]"Peyi ke nou te pase ladann pou fè ankèt la, se yon vrèman bon peyi. [8 g] Si SENYÈ a kontan avèk nou, alò, Li va mennen nou nan peyi sa a pou bannou li—yon peyi ki koule avèk lèt ak siwo myèl. [9] Sèlman, [h]pa fè rebèl kont SENYÈ a; ni pa pè pèp peyi sa a, paske, nou va devore yo. Pwoteksyon yo ale, e SENYÈ a avèk nou. Pa pè yo."

[10] Men tout kongregasyon an te kòmanse lapide yo avèk kout wòch. Konsa [i]laglwa SENYÈ a te parèt nan tant asanble a a tout fis Israël yo. [11] SENYÈ a te di a Moïse: "Pou konbyen de tan, [j]moun sa yo va desann mwen konsa? Pou konbyen de tan yo va refize kwè nan Mwen, malgre tout sign ke M te fè nan mitan yo? [12] Mwen va frape yo avèk gwo mizè. Mwen va dizerite yo. Mwen va [k]fè ou menm vin fòme yon nasyon pi gwo e pi fò ke yo."

[13 l] Men Moïse te reponn SENYÈ a: "Alò Ejipsyen yo va tande bagay sa a, paske pa pwisans Ou, Ou te mennen fè monte pèp sa a soti nan mitan yo. [14] Konsa, yo va pale sa a sila ki rete nan peyi sila yo. Yo te tande ke Ou menm, O SENYÈ a, rete nan mitan pèp sa a. Paske [m]Ou menm, O SENYÈ a, yo fè wè fasafas, e nwa j Ou kanpe sou yo; epi Ou ale devan yo nan yon pilye nwaj pandan lajounen ak yon pilye dife pandan lannwit la. [15] Alò, si ou touye pèp sa a tankou se yon sèl moun, [n]alò, nasyon ki te tande tout istwa Ou yo, va di: [16] 'Akoz SENYÈ a [o]pa t kab mennen pèp sa nan peyi ke Li te pwomèt yo avèk sèman an, pou sa, li te detwi yo nan dezè a.'

[17] "Men koulye a, mwen priye, pou pwisans a SENYÈ a vin gwo, jis jan ke Ou te deklare a, [18 p] 'SENYÈ a lan nan fè kòlè; Li ranpli avèk lanmou dous, ki padone inikite avèk transgresyon yo. Li p ap janm bliye tò a koupab yo, men Li va vizite inikite a papa yo sou pitit yo jis rive nan twazyèm ak katriyèm jenerasyon.'

[19 q] "Padone, mwen priye Ou, inikite a pèp sa a selon grandè lanmou dous Ou a, jis jan ke Ou menm, osi, te padone pèp sa a, depi an Égypte pou jis rive koulye a."

[20] Konsa, SENYÈ a te di: [r]"Mwen te padone yo, jan ou te mande a; [21] men vrèman, jan Mwen viv la, [s]tout latè va ranpli avèk laglwa SENYÈ a. [22] Vrèman, [t]tout mesye ki te wè glwa Mwen ak sign Mwen te fè an Égypte ak nan dezè a, malgre sa, yo vin pase Mwen a leprèv pandan menm dis fwa sa yo, e yo pa t koute vwa M. [23] Pa gen youn nan yo k ap [u]wè peyi ke M te sèmante a papa yo a, ni p ap gen nan sila ki te rejte M yo, k ap wè l. [24] Men sèvitè Mwen an, Caleb, [v]akoz li te gen yon lòt lespri, e li te swiv Mwen nèt, [w]Mwen va mennen l nan peyi kote li te antre a, e desandan li yo va vin pran posesyon li. [25 x] Alò, moun Amalec avèk Canaran yo ap viv nan vale yo. Vire demen pou pati pou dezè a pa chemen Lamè Wouj la.

[26] "SENYÈ a te pale avèk Moïse, e te di: [27] Pou konbyen de tan, Mwen va sipòte kongregasyon mechan sila k ap [y]bougonnen kont Mwen an? Mwen fenk tande plent ke fis Israël yo ap fè kont Mwen. [28] "Di yo: 'Jan Mwen vivan an, di SENYÈ a, mwen va fè pou ou tout bagay [z]jan Mwen te tande ou di a. [29 a] Kadav nou yo va tonbe nan dezè sila a, menm tout mesye konte yo, nou tout soti nan ventan oswa plis, ki te bougonnen kont Mwen yo, [30] vrèman, nou p ap antre nan peyi kote Mwen te sèmante pou mete nou an, [b]sof Caleb, fis a Jephunné a ak Jousé, fis a Nun nan. [31] Men [c]pitit nou yo, ke nou te di ki ta devni yon objè lachas— Mwen va mennen yo antre ladann. Yo va konnen peyi ke nou menm te rejte a.

[32 d]"'Men pou nou menm, kadav nou va tonbe nan dezè sila a. [33] Fis nou yo va vin bèje pandan [e]karantan nan dezè a, e yo va soufri pou enfidelite nou yo jiskaske kadav nou kouche nan dezè a. [34] Selon nonb de jou ke nou te fè ankèt nan peyi a, karant jou, pou chak jou, nou va pote inikite nou yo pandan 1 nan, Ki fè karantan total, e nou va konprann opozisyon Mwen an.' [35 f] Mwen, SENYÈ a te pale. Se vrèman sa Mwen va fè a tout kongregasyon mechan sila ki rasanble kont Mwen an. Nan dezè sa a, yo va vin detwi, e la yo va mouri."

[36 g] Pou mesye ke Moïse te voye pou fè ankèt nan peyi a, e ki te retounen pou fè tout kongregasyon an bougonnen kont Li yo lè yo te vin sòti avèk yon move rapò sou peyi a, [37] menm mesye sila yo ki te fè sòti rapò byen move a, yo te vin mouri akoz yon epidemi devan SENYÈ a. [38] Men Josué, fis Nun nan ak Caleb, fis a Jephaunné a te rete vivan pami sila ki te ale fè espyonaj peyi a.

[39] Lè Moïse te pale pawòl sa yo a tout fis Israël yo, [h]pèp la te leve fè gwo lamantasyon. [40] Sepandan,

Nonb

---

[a] 14:2 Nonb 11:5   [b] 14:3 Egz 5:21   [c] 14:3 Nonb 14:31   [d] 14:4 Nonb 9:17   [e] 14:5 Nonb 16:4   [f] 14:7 Nonb 13:27
[g] 14:8 Det 10:15   [h] 14:9 Det 1:26   [i] 14:10 Egz 16:10   [j] 14:11 Sòm 106:24   [k] 14:12 Egz 32:10   [l] 14:13 Egz 32:11-14
[m] 14:14 Egz 13:21   [n] 14:15 Egz 32:12   [o] 14:16 Jos 7:7   [p] 14:18 Sòm 145:8   [q] 14:19 Egz 32:32   [r] 14:20 Mi 7:18-20   [s] 14:21 És 6:3   [t] 14:22 I Kor 10:5   [u] 14:23 Nonb 26:65   [v] 14:24 Nonb 14:6-9   [w] 14:24 Jos 14:6-15
[x] 14:25 Nonb 13:29   [y] 14:27 Nonb 11:1   [z] 14:28 Det 2:14-15   [a] 14:29 Eb 3:17   [b] 14:30 Nonb 14:24
[c] 14:31 Nonb 14:3   [d] 14:32 Nonb 26:64-65   [e] 14:33 Det 2:7   [f] 14:35 Nonb 23:19   [g] 14:36 Nonb 13:4-32
[h] 14:39 Egz 33:4

nan maten, yo te leve bonè, yo te monte vè krèt kolin ki nan peyi kolin yo. Yo te di: ᵃ"Men nou isit la! Nou te vrèman fè peche, men nou va monte vè kote ke SENYÈ a te pwomèt la."

⁴¹ Men Moïse te di: ᵇ"Poukisa nou ap transgrese kòmandman a SENYÈ a, lè sa p ap reyisi? ⁴² ᶜPa monte, oswa nou va frape devan lènmi nou yo, paske SENYÈ a pa pami nou. ⁴³ Paske, moun Amalec yo ak Kananeyen yo va la devan nou, e nou va vin tonbe anba nepe, akoz ke nou te vire an aryè kite SENYÈ a. Konsa, SENYÈ a p ap avèk nou."

⁴⁴ Men san prekosyon, yo te monte nan krèt peyi kolin nan. Men ni ᵈlach temwayaj la, ni Moïse te kite kan an. ⁴⁵ Alò, moun Amalec yo avèk Kananeyen ki te rete nan peyi kolin yo, te vin desann. Yo te frape yo, e te bat yo jis rive nan ᵉHorma.

15 Alò, SENYÈ a te pale avèk Moïse. Li te di: ² "Pale avèk fis Israël yo. Di yo: ᶠ'Lè nou antre nan peyi kote nou dwe viv la, peyi ke Mwen ap bannou an, ³ alò, fè yon ofrann pa dife a SENYÈ a—yon ofrann brile, oswa yon sakrifis pou akonpli yon ᵍve espesyal, swa kòm yon ofrann bòn volonte, swa nan ʰtan apwente yo, pou fè yon odè ki santi bon a SENYÈ a, soti nan twoupo oswa nan bann mouton— ⁴ ⁱsila ki prezante ofrann li an, va prezante bay SENYÈ a yon ofrann sereyal de yon dizyèm efa farin fen mele avèk yon ka lwil. ⁵ Ou va prepare diven pou ofrann bwason an, yon ka boutèy, avèk ofrann brile a oswa pou sakrifis la, pou ʲchak jenn mouton.

⁶ "'Oswa pou yon belye, ou va prepare kòm yon ofrann sereyal, de dizyèm efa farin fen mele avèk yon tyè boutèy lwil; ⁷ epi pou ofrann bwason an, ou va ofri yon tyè boutèy diven kòm yon odè santi bon a SENYÈ a.

⁸ "'Lè ou fin prepare ᵏyon towo kòm yon ofrann brile, oswa yon sakrifis pou akonpli yon ve espesyal, oswa ofrann lapè bay SENYÈ a, ⁹ alò, ou va ofri avèk towo a yon ofrann sereyal fèt ak twa dizyèm efa farin fen mele avèk yon mwatye boutèy lwil; ¹⁰ epi ou va ofri kòm ofrann bwason, yon mwatye boutèy diven kòm yon ofrann pa dife, kòm yon odè ki bon a SENYÈ a. ¹¹ Konsa, li va fèt pou chak bèf, oswa chak belye, oswa chak nan jenn mouton mal yo, oswa kabrit yo. ¹² Selon kantite ke nou prepare yo, konsa nou va fè pou chak selon kantite ki genyen an.

¹³ "'Tout sila ki natif peyi yo, yo va fè bagay sa yo nan menm mod la, nan prezante yon ofrann pa dife a, kòm yon odè ki bon a SENYÈ a. ¹⁴ Si yon etranje vin demere pami nou, oswa youn ki kapab pami nou pandan tout jenerasyon yo, e li vle fè yon ofrann pa dife, kòm yon ofrann ki santi bon a SENYÈ a, menm jan ak nou, se konsa li va fè l. ¹⁵ Epi pou asanble a, va genyen ˡyon sèl règleman pou nou ak pou etranje ki demere pami nou an, yon règleman pou tout tan pandan tout jenerasyon nou yo. Jan nou menm ye a, se konsa etranje a va ye devan SENYÈ a. ¹⁶ Va genyen ᵐyon sèl lwa, ak yon sèl òdonans pou nou ak pou etranje ki demere pami nou an.'"

¹⁷ Alò SENYÈ a te pale avèk Moïse. Li te di: ¹⁸ "Pale avèk fis Israël yo pou di yo: 'Lè nou antre nan peyi kote Mwen mennen nou an, ¹⁹ alò konsa sa va rive, ke lè nou manje nan ⁿmanje peyi a, nou va leve yon ofrann bay SENYÈ a.

²⁰ ᵒ"'Nan premye bòl farin moulen nou an, nou va fè leve yon gato kòm yon ofrann. Kòm ofrann moulen glasi, nou va leve li. ²¹ Soti nan premye bòl farin moulen an, nou va bay SENYÈ a yon ofrann pandan tout jenerasyon nou yo. ²² Men lè nou tonbe fè yon fòt ki ᵖpa eksprè, e nou vin pa obsève tout kòmandman sila ke SENYÈ a te pale a Moïse yo— ²³ tout sa ke SENYÈ a te kòmande pa Moïse yo soti nan jou ke SENYÈ a te bay kòmandman an, avanse rive nèt pou tout jenerasyon yo— ²⁴ alò, li va konte ke si sa fèt san entansyon, e san konesans kongregasyon an, ke tout kongregasyon an va ofri yon towo kòm yon ofrann brile, kòm yon odè ki bon a SENYÈ a, ᑫavèk ofrann sereyal pa li a, ak ofrann bwason li an, selon òdonans lan, ak yon mal kabrit pou yon ofrann peche. ²⁵ Konsa, ʳprèt la va fè ekspiyasyon pou tout kongregasyon fis Israël yo, e yo va vin padone; paske se te yon erè, e yo te pote ofrann pa yo, yon ofrann pa dife bay SENYÈ a, ofrann peche pa yo devan SENYÈ a, pou erè a.

²⁶ "'Konsa, tout kongregasyon fis Israël yo va vin padone, avèk etranje ki demere pami yo, paske sa te rive a tout pèp la akoz ke ˢerè a. ²⁷ Osi, si yon moun fè peche ᵗki pa eksprè, alò, li va ofri yon femèl kabrit nan laj 1 nan kòm yon ofrann peche. ²⁸ ᵘPrèt la va fè ekspiyasyon devan SENYÈ a pou moun ki kite chemen an lè li fè peche ki pa eksprè a, pou li k ap fè ekspiyasyon pou li pou jiskaske li kapab padone. ²⁹ Nou va genyen yon sèl lwa pou sila ki fè yon bagay ki pa eksprè, pou sila ki natif pami fis Israël yo, e pou sila ki se yon etranje k ap demere pami yo. ³⁰ Men moun ki fè yon bagay avèk ᵛrebelyon an, menm si se yon natif, oswa yon etranje, sila ap blasfeme SENYÈ a. Nanm sa va koupe retire de pèp li a. ³¹ ʷAkoz ke li te meprize pawòl a SENYÈ a, e li te vyole kòmandman Li an, moun sa a va konplètman koupe retire. Koupabilite li va rete sou li."

³² Alò, pandan fis Israël yo te nan dezè a, yo te twouve yon nonm ki t ap ranmase bwa nan ˣjou Saba a. ³³ Sila ki te twouve li yo nan ranmase bwa a te mennen li vè Moïse avèk Aaron, ak tout asanble a. ³⁴ Konsa, yo te arete li, ʸakoz ke li potko deside

---

ᵃ **14:40** Det 1:41-44   ᵇ **14:41** II Kwo 24:20   ᶜ **14:42** Det 1:42   ᵈ **14:44** Nonb 31:6   ᵉ **14:45** Nonb 21:3
ᶠ **15:2** Lev 23:10   ᵍ **15:3** Lev 22:21   ʰ **15:3** Lev 23:1-44   ⁱ **15:4** Nonb 28:1-31   ʲ **15:5** Lev 19:34
ᵏ **15:8** Lev 1:3   ˡ **15:15** Nonb 9:14   ᵐ **15:16** Lev 24:22   ⁿ **15:19** Jos 5:11-12   ᵒ **15:20** Egz 34:26   ᵖ **15:22** Lev 4:2
ᑫ **15:24** Nonb 15:8-10   ʳ **15:25** Lev 4:20   ˢ **15:26** Nonb 15:24   ᵗ **15:27** Lev 4:27-31   ᵘ **15:28** Lev 4:35
ᵛ **15:30** Nonb 14:40-44   ʷ **15:31** II Sam 12:9   ˣ **15:32** Egz 31:14-15   ʸ **15:34** Nonb 9:8

kisa pou fè avèk li. ³⁵ Alò, SENYÈ a te di a Moïse: "Nonm nan va vrèman vin mete a lanmò. ᵃTout kongregasyon an va lapide li avèk kout wòch deyò kan an."

³⁶ Konsa, tout kongregasyon an te mennen li deyò kan an, e yo te lapide li jiska lanmò avèk kout wòch, jis jan ke SENYÈ a te kòmande Moïse la.

³⁷ SENYÈ a te osi pale avèk Moïse e te di: ³⁸ "Pale avèk fis Israël yo e di yo ke yo va fè pou yo menm ᵇponpon sou kwen vètman yo pandan tout jenerasyon yo, e ke yo va mete sou ponpon nan chak kwen an, yon kòd ble. ³⁹ Se va yon ponpon pou nou gade, e pou ᶜson je tout kòmandman SENYÈ yo, pou nou obeyi yo, e pa pwostitiye tèt nou jan noun te kon fè, nan swiv dezi pwòp kè nou ak zye nou, ⁴⁰ e pou nou sonje pou fè tout kòmandman Mwen yo, e pou ᵈrete sen a Bondye nou an.

⁴¹ "Mwen menm se SENYÈ a, Bondye nou an, ki te mennen nou sòti nan peyi Égypte la, pou M kab vin Bondye nou. Mwen se SENYÈ a, Bondye nou an."

16 Alò, Koré, fis a Jitsehar, ansanm avèk Dathan ak Abiram, fis a Éliab avèk On, fis a Péleth, fis a Ruben yo, te pran desizyon. Yo te pran moun avèk yo, ² epi yo te vin souleve devan Moïse. Ansanm avèk kèk nan fis Israël yo, de-san-senkant nan chèf kongregasyon an, mesye ki te byen rekonèt, ki te ᵉchwazi pa asanble a, ³ yo te reyini ansanm ᶠkont Moïse avèk Aaron. Yo te di yo: "Nou te ale ase lwen, paske tout kongregasyon an sen, yo tout, e ᵍSENYÈ a nan mitan yo! Konsa, poukisa nou egzalte tèt nou pi wo pase asanble SENYÈ a?"

⁴ Lè Moïse te tande sa, ʰli te tonbe sou figi li. ⁵ Li te pale avèk Koré ak tout konpanyen li yo. Li te di: "Demen maten, SENYÈ a va montre kilès ki apatyen ak Li e kilès ki sen, epi Li va fè moun sa a vin touprè Li. ⁱMenm sila ke Li chwazi a, Li va mennen li toupre Li menm. ⁶ Fè sa: Fè Koré ak tout konpanyen li pran asanswa a pou kont nou. ⁷ Konsa, mete dife ladanm, e poze lansan sou yo nan prezans a SENYÈ a, demen. Moun nan ke SENYÈ a chwazi a, va sila ki sen an. ʲNou gen tan ale ase lwen, fis a Levi yo!"

⁸ Moïse te di a Koré: "Tande koulye a fis a Levi yo! ⁹ ᵏÈske li pa sifi pou nou ke Bondye Israël la te separe nou soti nan tout rès kongregasyon Israël la, pou mennen nou touprè a Li menm? Pou fè sèvis tabènak SENYÈ a, e pou vin kanpe devan kongregasyon an pou sèvi yo? ¹⁰ E ke li te mennen nou touprè, tout frè ou yo Koré, fis a Levi yo avèk ou? Epi èske w ap ˡchache pozisyon prèt la tou? ¹¹ Pou sa, ou menm avèk tout konpanyen ou yo vin rasanble ansanm ᵐkont SENYÈ a! Men pou Aaron, kilès li ye pou ⁿnou vin plenyen kont li?"

¹² Konsa, Moïse te voye yon lòd bay Dathan avèk Abiram, fis a Éliab yo, men yo te di: "Nou p ap monte." ¹³ Èske sa pa ase ke ou te mennen nou sòti nan yon peyi ki koule avèk lèt ak siwo myèl ᵒpou fè nou vin mouri nan dezè a, men ou ta, osi, vin chèf sou nou?

¹⁴ Vrèman, ou pa t mennen nou nan yon peyi ki koule avèk lèt ak siwo myèl, ni ou pa t bannou yon eritaj ᵖtèren, avèk chan rezen. Èske ou ta ᵠpete zye a mesye sa yo? Nou p ap monte? ¹⁵ Alò Moïse te vin byen fache. Li te di a SENYÈ a: ʳ"Pa aksepte ofrann pa yo! ˢMwen pa t pran menm yon bourik nan men yo, ni mwen pa t fè mal a okenn nan yo."

¹⁶ Moïse te di a Koré: "Ou menm avèk tout konpanyen ou yo, parèt devan SENYÈ a demen; ni ou menm, yo menm ansanm avèk Aaron. ¹⁷ Chak nan nou pran veso dife li, mete lansan sou li, e chak nan nou pote veso lansan an devan SENYÈ a, de-san-senkant veso dife; osi ou menm avèk Aaron va chak pote veso dife pa li a." ¹⁸ Konsa, yo chak te pran pwòp veso dife a e te mete dife ladann. Yo te mete lansan sou li, epi yo te kanpe nan pòtay tant asanble a, avèk Moïse ak Aaron. ¹⁹ Konsa, Koré te rasanble tout kongregasyon anfas yo a nan pòtay a tant asanble a.

Epi ᵗglwa a SENYÈ a te vin parèt a tout kongregasyon an. ²⁰ SENYÈ a te pale avèk Moïse ak Aaron, e te di: ²¹ ᵘ"Separe nou nan mitan kongregasyon sila a, ᵛpou Mwen kapab manje yo koulye a."

²² Men yo te tonbe sou figi yo e te di: "O Bondye, ʷBondye a lespri de tout chè a, èske Ou va an kòlè avèk tout kongregasyon an lè yon sèl moun fè peche?"

²³ SENYÈ a te pale avèk Moïse e te di: ²⁴ "Pale avèk kongregasyon an e di: ˣ'Sòti nan andwa tant Koré yo, Dathan avèk Abiram!'"

²⁵ Alò, Moïse te leve ale vè Dathan ak Abiram, avèk ansyen a Israël ki t ap swiv li yo. ²⁶ Li te pale avèk kongregasyon an. Li te di: ʸ"Kite tant a moun mechan sa yo, e pa touche anyen ki pou yo, ᶻsinon, nou va vin pote ale ak tout peche yo." ²⁷ Konsa, yo te soti nan tant Koré yo, Dathan ak Abiram de tout kote. Dathan ak Abiram te vin kanpe nan pòtay tant pa yo a, ansanm avèk madanm yo, e ᵃfis yo, ansanm ak timoun yo.

²⁸ Moïse te di: "Selon sa, nou va konnen ke ᵇSENYÈ a te voye mwen pou fè tout zèv sa yo; paske sa se pa nan tèt mwen y ap soti. ²⁹ Si mesye sila yo mouri yon mò natirèl, oswa si yo soufri ᶜdesten a tout moun nòmal, alò SENYÈ a pa t voye mwen. ³⁰ Men si SENYÈ a fè vin parèt yon

---

ᵃ **15:35** Lev 24:14-23 ᵇ **15:38** Det 22:12 ᶜ **15:39** Det 4:23 ᵈ **15:40** Lev 11:44-45 ᵉ **16:2** Nonb 1:16
ᶠ **16:3** Sòm 106:16 ᵍ **16:3** Nonb 5:3 ʰ **16:4** Nonb 14:5 ⁱ **16:5** Nonb 17:5-8 ʲ **16:7** Nonb 16:3 ᵏ **16:9** És 7:13 ˡ **16:10** Nonb 3:10 ᵐ **16:11** Egz 16:7 ⁿ **16:11** I Kor 10:10 ᵒ **16:13** Nonb 14:2-3 ᵖ **16:14** Egz 23:10-11
ᵠ **16:14** I Sam 11:2 ʳ **16:15** Jen 4:4-5 ˢ **16:15** I Sam 12:3 ᵗ **16:19** Nonb 14:10 ᵘ **16:21** Nonb 16:45
ᵛ **16:21** Egz 32:10-12 ʷ **16:22** Nonb 27:16 ˣ **16:24** Nonb 16:45 ʸ **16:26** És 52:11 ᶻ **16:26** Jen 19:15
ᵃ **16:27** Nonb 26:11 ᵇ **16:28** Egz 3:12-15 ᶜ **16:29** Ekl 3:19

bagay tounèf, tè a vin ouvri bouch li pou vale yo nèt avèk tout sa ki pou yo, e yo ᵃdesann tou vivan kote mò yo ye a, alò, konsa, nou va konprann ke mesye sila yo te meprize SENYÈ a."
³¹ Pandan li te fin pale tout pawòl sa yo, tè ki te anba yo a te fann e li te ouvri. ³² Konsa, ᵇlatè te louvri bouch li e te vale yo nèt avèk moun lakay yo, ak tout mesye ki te apatyen a Koré avèk tout byen yo. ³³ Konsa, yo menm avèk tout sa ki te pou yo, te desann vivan nan se jou mò yo. Tè a te vin fèmen sou yo, e yo te peri nan mitan asanble a. ³⁴ Tout Israël ki te antoure yo te sove ale pandan yo t ap rele, paske yo te di: "Tè a kapab vin vale nou nèt!"
³⁵ ᶜDife te sòti nan SENYÈ a pou brile ᵈde san senkant mesye ki te ofri lansan yo.
³⁶ SENYÈ a te pale avèk Moïse. Li te di: ³⁷ "Di a Éléazar, fis a Aaron an, prèt la, ke li va ranmase veso lansan yo nan mitan dife a, paske yo sen. Epi nou va gaye sann dife k ap brile lwen kan an, paske yo sen. ³⁸ Epi menm selon veso lansan a mesye sa yo ki te peche e te peye ak lavi yo, kite yo fin bat yo byen plat pou sèvi yo pou kouvri lotèl la, pwiske yo te prezante yo devan SENYÈ a. Yo sen. Konsa, ᵉyo va sèvi kòm yon sign a fis Israël yo."
³⁹ Éléazar, prèt la, te pran veso lansan ki te fèt an bwonz ke mesye ki te brile yo te ofri, epi yo te bat yo pou fè yo plat pou kouvri lotèl la, ⁴⁰ kòm yon sonj komemoratif a fis Israël yo pou ᶠpèsòn ki pa nan ras Aaron pa ta dwe pwoche pou brile lansan devan SENYÈ a; jis pou li pa devni tankou Koré ak konpanyen li yo—jis jan ke SENYÈ a te pale a li pa Moïse la.
⁴¹ Men nan pwochen jou a, tout kongregasyon fis Israël yo te ᵍbougonnen kont Moïse avèk Aaron. Yo te di: "Se nou ki touye pèp SENYÈ a."
⁴² Lè kongregasyon an te reyini ansanm kont Moïse avèk Aaron, yo te gade vè tant asanble a, e vwala, nwaj la te kouvri li e glwa SENYÈ a te parèt. ⁴³ Alò, Moïse avèk Aaron te vini devan tant asanble a. ⁴⁴ Konsa, SENYÈ a te pale a Moïse. Li te di: ⁴⁵ "Mete ou lwen kongregasyon sila a, pou Mwen kapab detwi yo kounye a menm."
Yo te tonbe sou figi yo. ʰ⁴⁶ Moïse te di a Aaron: "Pran veso lansan an, mete dife lotèl la ladann. Mete lansan an sou li e pote li vit bay kongregasyon an pou ⁱfè ekspiyasyon pou yo. Paske lakòlè gen tan sòti nan SENYÈ a. Gwo epidemi an kòmanse!"
⁴⁷ Alò Aaron te pran li jan Moïse te pale a. Li te kouri nan mitan asanble a, paske, gade byen, gwo epidemi an te kòmanse pami pèp la. ʲKonsa li te mete lansan an pou fè ekspiyasyon pou pèp la. ⁴⁸ Li te kanpe antre mò yo ak moun vivan, e gwo epidemi an te rete. ⁴⁹ ᵏMen sila ki te mouri nan gwo epidemi yo te katòz-mil-sèt-san (14,700), anplis sila ki te mouri akoz Koré yo.

⁵⁰ Alò, Aaron te retounen vè Moïse nan pòtay tant asanble a, paske gwo epidemi an te vin rete.

17

SENYÈ a te pale avèk Moïse. Li te di: ² "Pale avèk fis Israël yo, e pran yon branch bwa pou chak kay fanmi zansèt yo: douz branch bwa ki sòti nan tout chèf yo selon kay fanmi zansèt yo. Nou va ekri non a chak sou branch pa yo. ³ Ekri non a Aaron sou branch Levi a. Konsa, va gen yon sèl branch pou tèt a chak kay fanmi zansèt yo. ⁴ Epi nou va depoze yo nan tant asanble a devan lach ˡtemwayaj la, kote Mwen rankontre nou an.
⁵ "Li va vin rive ke branch ᵐmoun ke Mwen chwazi a, va boujonnen. Konsa, Mwen va fè sispann tout bougonnen fis Israël k ap fèt kont nou menm."
⁶ Konsa, Moïse te pale avèk fis Israël yo, e tout chèf yo te bay li yon branch pou chak nan yo; pou chak chèf, selon kay fanmi zansèt yo, douz branch avèk branch Aaron an pami branch yo. ⁷ Konsa, Moïse te depoze branch yo devan SENYÈ a ⁿnan tant asanble a.
⁸ Alò, nan jou apre a, Moïse te antre nan tant lan; epi vwala, ᵒbranch Aaron an pou fanmi zansèt Levi a te boujonnen. E li pa t sèlman boujonnen, men li te pwodwi flè, e osi li te pote zanmann mi. ⁹ Konsa, Moïse te pote deyò tout branch ki te nan prezans a SENYÈ a vè tout fis Israël yo. Yo te gade, e chak mesye te pran pwòp branch pa l.
¹⁰ Men SENYÈ a te di a Moïse: "Remete branch Aaron a ᵖdevan lach temwayaj la, pou kenbe kòm yon sign kont ᵍrebèl yo, pou ou kapab mete fen a plent kont Mwen yo, pou yo pa mouri."
¹¹ Konsa, Moïse te fè; jis jan ke SENYÈ a te kòmande a, konsa li te fè.
¹² Alò, fis Israël yo te pale avèk Moïse e te di l: ʳ"Gade byen, n ap mouri, nou tout ap mouri! ¹³ ˢTout moun ki pwoche, ki vin pwoche toupre tabènak SENYÈ a, fòk li mouri. Èske nou tout va peri nèt?"

18

Konsa, SENYÈ a te di a Aaron: "Ou menm avèk fis ou yo avèk lakay zansèt ou va ᵗpote inikite la pou zafè sanktyè a, e nou menm avèk fis nou yo va pote inikite la kon prèt. ² Mennen avè w osi frè nou yo, tribi Levi a, tribi papa zansèt ou a, pou yo kapab vin ᵘjwenn avèk ou e sèvi ou, pandan ou menm avèk fis ou yo devan tant temwayaj la. ³ Yo va kenbe lòd ou avèk devwa tout asanble a, menᵛ yo p ap pwoche veso sanktyè yo avèk lotèl la, pou yo pa mouri; ni yo, ni ou menm. ⁴ Yo va vin jwenn avèk ou, e fè devwa a tant asanble a pou tout sèvis tant lan. Men yon etranje pa pou pwoche prè nou.
⁵ "Konsa nou va fè tout ʷdevwa a sanktyè a ak devwa a lotèl la, pou pa toujou gen kòlè sou fis Israël yo. ⁶ Veye byen, se Mwen Menm ki ˣte pran Levit parèy nou yo pami fis Israël yo. Yo se yon ʸdon pou

---

ᵃ **16:30** Sòm 55:15   ᵇ **16:32** Det 11:6   ᶜ **16:35** Nonb 11:1-3   ᵈ **16:35** Nonb 16:2   ᵉ **16:38** Éz 14:8
ᶠ **16:40** Nonb 1:51   ᵍ **16:41** Nonb 16:31   ʰ **16:45** Nonb 16:21-24   ⁱ **16:46** És 6:6-7   ʲ **16:47** Nonb 25:6-13
ᵏ **16:49** Nonb 25:9   ˡ **17:4** Egz 25:16-22   ᵐ **17:5** Nonb 16:5   ⁿ **17:7** Nonb 1:50-53   ᵒ **17:8** Éz 17:24
ᵖ **17:10** Nonb 17:4   ᵍ **17:10** Det 9:7-24   ʳ **17:12** És 6:5   ˢ **17:13** Nonb 1:51   ᵗ **18:1** Egz 28:38   ᵘ **18:2** Nonb 3:5-10
ᵛ **18:3** Nonb 4:15-20   ʷ **18:5** Egz 27:21   ˣ **18:6** Nonb 3:12   ʸ **18:6** Nonb 3:9

nou menm, ki dedye bay SENYÈ a, pou fè sèvis tant asanble a. ⁷ Men ou menm ak fis ou yo ap ranpli pozisyon prèt pou tout bagsay ki konsène otèl la, ak andedann vwal la. Ou va fè sèvis yo. Mwen ap bay ou pozisyon prèt kon yon pozisyon donnen. Men okenn lòt ki pwoche va mete a lanmò."

⁸ Alò, SENYÈ a te pale avèk Aaron: "Gade byen, se Mwen Menm ki te bay ou chaj sou tout ᵃofrann Mwen yo, menm tout don sen a fis Israël yo. Mwen te bay ou yo akoz onksyon an nou resevwa, e a fis ou yo kòm yon dwa ki pou tout tan. ⁹ Sila a va pou nou, soti nan don pi sen pase tout lòt yo ki rezève soti nan dife a; tout ofrann pa yo, menm tout ofrann pa yo, tout ofrann sereyal, tout ofrann ᵇpeche ak tout ofrann koupab ke yo rann ban Mwen yo, yo va sen pase tout lòt yo pou nou ak fis nou yo. ¹⁰ Kòm don ki sen pase tout lòt yo, nou va manje l. Tout gason va manje li. Li va sen pou nou menm.

¹¹ "Sa osi se pou nou, ofrann a don pa yo, menm tout ofrann balanse vè lotèl a fis Israël yo; Mwen te ᶜbannou yo ak fis nou yo ak fi nou yo ki avèk nou, kòm yon dwa ki pou tout tan. Tout sila lakay nou yo ki pwòp, kapab manje yo.

¹² ᵈ"Tout sa ki pi bon nan lwil fre a, tout sa ki pi bon nan diven fre a ak nan sereyal la, premye fwi a sila ke yo bay a SENYÈ a, Mwen bannou yo. ¹³ ᵉPremye nan fwi mi ki nan peyi yo, ke yo pote bay SENYÈ a, va pou ou. Tout moun lakay ou ki pwòp, kapab manje li.

¹⁴ ᶠ"Tout bagay ki konsakre an Israël va pou ou. ¹⁵ ᵍTout premye pòtre nan vant a tout chè, kit se lòm, kit se bèt, ke yo ofri bay SENYÈ a, va pou nou. Men premye ne a lòm nan, nou va anverite peye ranson, e premye ne bèt ki pa pwòp, nou va peye ranson. ¹⁶ Epi pou pri ranson an, soti nan laj yon mwa, nou va peye ranson yo, selon pri nou yo, senk sik an ajan, selon sik sanktyè a, ki se ven gera.

¹⁷ "Men ʰpremye ne a yon bèf oswa yon mouton, oswa premye ne a yon kabrit, ou pa pou peye ranson. Yo sen. ⁱOu va flite san pa yo sou lotèl la, e ou va ofri grès yo nan lafimen kòm yon ofrann pa dife, kòm yon odè ki bon a SENYÈ a. ¹⁸ Vyann pa yo va pou ou. Li va pou ou tankou ʲpwatrin ak kwis nan yon ofrann balanse anlè. ¹⁹ Tout ofrann a don sen yo, ke fis Israël yo ofri bay SENYÈ a, Mwen bannou yo, avèk fis ou yo ak fi ou yo ki avèk ou, kòm yon dwa ki pou tout tan. Li se ᵏyon kontra disèl devan SENYÈ a avèk ou avèk desandan ou yo avèk ou."

²⁰ SENYÈ a te di a Aaron: "Ou p ap gen okenn eritaj nan peyi a ni posesyon okenn pati pami yo. ˡMwen se pati pa ou ak eritaj ou pami fis Israël yo.

²¹ "A fis Levi yo, gade byen, Mwen te bay tout ᵐdim an Israël yo kòm eritaj, anretou pou sèvis yo ke yo fè, sèvis a tant asanble a. ²² Fis a Israël ⁿpa pou pwoche tant asanble a ankò; sinon, yo va pote peche

e yo va mouri. ²³ Sèl Levit yo va fè sèvis tant asanble a. Yo va ᵒpote inikite pa yo. Sa va yon règleman pou tout tan atravè jenerasyon nou yo. Pami fis Israël yo, yo p ap gen okenn eritaj. ²⁴ Paske dim a fis Israël yo, ke yo ofri kòm yon ofrann bay SENYÈ a, ᵖMwen te bay a Levit yo kòm eritaj. Konsa, Mwen te di konsènan yo: 'Yo p ap gen okenn eritaj pami fis Israël yo.'"

²⁵ SENYÈ a te pale a Moïse. Li te di: ²⁶ "Anplis, ou va pale avèk Levit yo pou di yo: 'Lè nou pran soti nan fis Israël yo, dim ke Mwen te bay a nou menm pou eritaj nou, alò nou va prezante yon ofrann ki sòti nan li bay SENYÈ a, ᑫyon dim nan dim nan. ²⁷ Ofrann nou va konte pou nou kòm sila ki sòti nan voye anlè glasi a, oswa pwodwi ki nan basen diven an. ²⁸ Konsa, nou va, osi, prezante yon ofrann bay SENYÈ a, ki soti nan dim nou yo, ke nou resevwa de fis Israël yo. Epi soti nan li, nou va bay ofrann SENYÈ a a Aaron, prèt la. ²⁹ Nan tout don nou yo, nou va prezante tout ofrann ke nou dwe bay a SENYÈ a, soti nan tout sa ki pi bon nan yo, pati ki sakre nan yo.'

³⁰ "Ou va di yo: 'Lè nou ofri meyè pati a, li va kalkile Levit yo kòm pwodwi a ofrann voye anlè glasi a, oswa pwodwi a basen diven an. ³¹ Nou gen dwa manje l nenpòt kote, nou menm avèk lakay nou, paske se pèyman nou an echanj pou sèvis nou nan tant asanble a. ³² Nou p ap pote peche akoz li, lè nou fin ofri meyè pati a. Men nou pa pou ʳdegrade bagay sakre a fis Israël yo; sinon, nou va mouri.'"

19 Senyè a te pale ak Moïse avèk Aaron e te di: ² "Sa se règleman lalwa ke SENYÈ a te kòmande a. Li te di: 'Pale a fis Israël yo pou yo pote ba ou yon gazèl wouj, ˢsan defo, sou sila yon jouk pa t janm vin poze. ³ Nou va bay li a Éléazar, prèt la, li ᵗva pote li deyò kan an, e touye li nan prezans li. ⁴ Apre, Éléazar, prèt la, va pran kèk nan san li avèk dwèt li, e ᵘflite kèk nan san li an pa devan tant asanble a sèt fwa. ⁵ Alò, gazèl la va brile devan zye li; po li, chè li avèk san li, avèk poupou li, va brile. ⁶ Prèt la va pran bwa ᵛsèd avèk izòp ak twal wouj, e li va jete li nan mitan gazèl k ap brile a. ⁷ Epi prèt la va lave vètman li yo, benyen kò li nan dlo, e apre, li va antre nan kan an. ⁸ Sila ki brile li a, va osi lave kò li nan dlo, apre li va vini nan kan an, e li va rete pa pwòp jis rive nan aswè.

⁹ "'Alò, yon nonm ki pwòp, va ranmase sann gazèl la pou depoze yo deyò kan an nan yon kote ki pwòp. Epi fis Israël yo va konsève li pou sèvi nan ʷdlo pirifikasyon. Li se yon ofrann pou peche. ¹⁰ Sila ki ranmase sann gazèl la ˣva lave rad li, e li va rete pa pwòp pou jis rive nan aswè. Li va yon règleman ki pou tout tan pou fis Israël yo ak pou etranje ki rete pami yo a.

ᵃ **18:8** Lev 5:16-18   ᵇ **18:9** Lev 6:30   ᶜ **18:11** Lev 22:1-16   ᵈ **18:12** Sòm 81:16   ᵉ **18:13** Egz 22:29
ᶠ **18:14** Lev 27:1-33   ᵍ **18:15** Egz 13:13-15   ʰ **18:17** Det 15:19   ⁱ **18:17** Lev 3:2   ʲ **18:18** Lev 7:31   ᵏ **18:19** II Kwo 13:5   ˡ **18:20** Jos 13:33   ᵐ **18:21** Dtr 27:30-33   ⁿ **18:22** Nonb 1:51   ᵒ **18:23** Nonb 18:1   ᵖ **18:24** Det 10:9
ᑫ **18:26** Né 10:38   ʳ **18:32** Lev 22:15-16   ˢ **19:2** Lev 22:20-25   ᵗ **19:3** Lev 4:11-21   ᵘ **19:4** Lev 4:6-17
ᵛ **19:6** Lev 14:4   ʷ **19:9** Nonb 8:7   ˣ **19:10** Nonb 19:7

¹¹ ᵃ "'Sila ki touche kadav a nenpòt moun, va pa pwòp pandan sèt jou. ¹² Li dwe ᵇpirifye tèt li avèk dlo nan twazyèm jou a ak nan setyèm jou a. Apre, li va pwòp. Men si li pa pirifye tèt li nan twazyèm jou a ak nan setyèm jou a, li p ap vin pwòp. ¹³ ᶜNenpòt moun ki touche yon mò, kò a yon moun mouri, e li pa pirifye tèt li, li degrade tabènak a SENYÈ a; epi moun sa va koupe retire de Israël a. Akoz dlo pirifikasyon an pa t flite sou li, li va vin pa pwòp. Pa pwòp li a rete sou li.

¹⁴ "'Sa se lalwa lè yon nonm mouri nan yon tant: tout moun ki antre nan tant lan ak tout moun ki deja nan tant lan, vin pa pwòp pandan sèt jou. ¹⁵ Tout veso ki louvri, ki pa gen kouvèti mare sou li, pa pwòp.

¹⁶ ᵈ"'Osi, nenpòt moun ki nan chan louvri, e ki touche yon moun ki te touye pa nepe, oswa ki te mouri nenpòt jan, swa yon zo Kretyen oswa yon tonm, li va vin pa pwòp pandan sèt jou.

¹⁷ "'Alò, pou sila ki pa pwòp yo, yo va pran kèk nan sann ᵉpirifikasyon peche ki te brile a, e dlo k ap koule va mele avèk yo nan yon veso. ¹⁸ Yon moun pwòp va pran izòp e fonse li nan dlo a, flite li sou tant lan ak sou tout zafè li yo, ak sou tout moun ki te ladann yo, tout sila ki te touche zo a, oswa sa ki te touye, oswa sa ki te mouri yon lòt jan, oswa yon tonm. ¹⁹ Alò, moun pwòp la ᶠva flite sou sila ki pa pwòp la nan twazyèm jou a ak nan setyèm jou a. Nan setyèm jou a, li dwe pirifye tèt li. Li va lave rad li, benyen nan dlo e li va pwòp nan aswè. ²⁰ Men sila ki pa pwòp la, ki pa pirifye tèt li a, li va koupe retire nan mitan asanble a, akoz li te ᵍdegrade sanktyè SENYÈ a. Dlo pirifikasyon an pa t flite sou li, e li pa pwòp.

²¹ "'Se konsa sa va youn règleman pou tout tan pou yo. Sila ʰki flite dlo pirifikasyon an, va lave rad li, e sila ki touche dlo pirifikasyon an va rete pa pwòp jis rive nan aswè. ²² ⁱAnplis, nenpòt bagay ke moun pa pwòp la touche, va vin pa pwòp. Moun ki touche li a, va vin pa pwòp jis rive nan aswè.'"

20 Konsa, fis Israël yo, tout kongregasyon an, te vini nan ʲdezè a Tsin nan, nan premye mwa a. Pèp la te rete Kadès. Alò, Marie te mouri e li te antere la.

² ᵏPa t gen dlo pou kongregasyon an, ˡe yo te vin reyini yo menm kont Moïse avèk Aaron. ³ Konsa, pèp la te fè kont avèk Moïse e te pale pou di: ᵐ"Si sèlman nou te mouri ⁿlè frè nou yo te mouri devan SENYÈ a! ⁴ ᵒEpi poukisa ou te mennen asanble SENYÈ a antre nan dezè sila a, pou nou menm avèk bèt nou yo vin mouri isit la? ⁵ Poukisa ou te fè nou sòti an Égypte pou mennen nou kote mechan sila a? Se pa yon kote ki gen, ni fig, ni grenad, ni pa gen dlo pou bwè."

⁶ Moïse avèk Aaron te sòti nan prezans asanble a nan pòtay tant asanble a, e yo te ᵖtonbe sou figi yo. Alò, glwa a SENYÈ a te vin parèt a yo menm. ⁷ Konsa, SENYÈ a te pale avèk Moïse e te di: ⁸ "Pran ᑫbaton an. Ou menm avèk frè ou a, Aaron, rasanble kongregasyon an e pale avèk wòch la devan zye yo, pou li kapab bay dlo pa li. Konsa, ou va fè dlo parèt pou yo sòti nan wòch la e kite kongregasyon an avèk bèt yo bwè."

⁹ Konsa, Moïse te pran baton an ʳsoti devan SENYÈ a, jis jan ke Li te kòmande li a. ¹⁰ Epi Moïse avèk Aaron te reyini asanble a devan wòch la. Li te di yo: ˢ"Koute m koulye a, nou menm k ap fè rebèl; èske n ap fè dlo sòti nan wòch sila a?" ¹¹ Epi Moïse te leve men li e li te frape wòch la de fwa avèk baton an. ᵗDlo te sòti an kantite, e kongregasyon an avèk bèt pa yo te bwè.

¹² Men SENYÈ a te di a Moïse avèk Aaron: ᵘ"Akoz ke nou pa kwè M, pou trete m tankou sen devan fis Israël yo; pou sa, nou p ap mennen asanble sila a antre nan peyi ke M te bay yo a."

¹³ Sa yo se te dlo a Meriba a, akoz fis a Israël yo te fè kont avèk SENYÈ a, e Li te fè prèv sentete Li pami yo.

¹⁴ Soti nan Kadès, Moïse te voye mesaj vè ᵛwa Édom an: "Konsa frè ou a, Israël te pale: 'Ou ʷkonnen tout traka ki gen tan pran nou; ¹⁵ ke zansèt nou yo te desann an Égypte, e ke nou te rete an Égypte pandan anpil tan, e ke Ejipsyen yo te maltrete nou anpil. ¹⁶ Men ˣlè nou te kriye fò bay SENYÈ a, Li te tande vwa nou. Li te voye yon zanj pou te mennen nou sòti an Égypte. Alò, gade byen, nou rive Kadès, yon vil nan fwontyè teritwa pa nou an. ¹⁷ "Souple, ʸkite nou pase nan peyi pa nou an. Nou p ap pase nan chan yo oswa nan rezen yo. Nou p ap menm bwè dlo nan yon pwi. Nou va ale bò kote chemen wa a, san vire ni adwat, ni agoch jiskaske nou fin pase nan tout teritwa nou an."

¹⁸ ᶻ"Men Édom te di li: "Ou p ap pase sou nou; sinon, mwen ap vini kont nou avèk nepe.""

¹⁹ "Ankò, fis Israël yo te di li: 'Nou va monte vè chemen an, e si Mwen avèk ᵃbèt mwen yo bwè nan dlo nou an; ᵇalò, m ap peye pri li. Kite mwen sèlman pase ladann a pye, anyen anplis.'" ²⁰ Men li te di: ᶜ"Ou p ap pase ladann." Epi Édom te sòti kont li avèk yon gwo fòs ak yon men pwisan. ²¹ ᵈKonsa, Édom te refize kite Israël pase nan teritwa pa li a. ᵉPou sa Israël te vire kite li.

²² Alò, yo te sòti ᶠKadès, epi fis Israël yo ak tout kongregasyon an te vini nan Mòn Hor.

²³ SENYÈ a te pale avèk Moïse ak Aaron nan ᵍMòn Hor a kote fwontyè Édom an. Li te di: ²⁴ "Aaron va rasanble vè pèp li a; paske li pa

---

ᵃ **19:11** Lev 21:1-11 ᵇ **19:12** Nonb 19:19 ᶜ **19:13** Lev 7:21 ᵈ **19:16** Nonb 31:19 ᵉ **19:17** Nonb 19:9
ᶠ **19:19** Egz 36:25 ᵍ **19:20** Nonb 19:13 ʰ **19:21** Nonb 19:7 ⁱ **19:22** Lev 5:2-3 ʲ **20:1** Nonb 13:21
ᵏ **20:2** Egz 17:1 ˡ **20:2** Nonb 16:19-42 ᵐ **20:3** Nonb 14:2-3 ⁿ **20:3** Nonb 16:31-35 ᵒ **20:4** Egz 17:3
ᵖ **20:6** Nonb 14:5 ᑫ **20:8** Egz 4:17-20 ʳ **20:9** Nonb 17:10 ˢ **20:10** Sòm 106:33 ᵗ **20:11** Sòm 78:16
ᵘ **20:12** Nonb 20:24 ᶻ **20:18** Nonb 24:18 ᵃ **20:19** Egz 12:38 ᵇ **20:19** Det 2:6-28 ᶜ **20:20** Jij 11:17 ᵈ **20:21** Jij 11:17 ᵉ **20:21** Det 2:8
ᶠ **20:22** Nonb 20:1-14 ᵍ **20:23** Nonb 33:37
ᵛ **20:14** Jen 36:31-39 ʷ **20:14** Jos 9:9-24 ˣ **20:16** Egz 2:23 ʸ **20:17** Nonb 21:22

pou antre nan peyi ke Mwen te bay a fis Israël yo, akoz nou te [a]vin rebèl kont kòmand Mwen nan dlo a Meriba yo. 25 Pran Aaron avèk fis li a, [b]Éléazar e mennen yo nan Mòn Hor. 26 Retire tout vètman yo sou Aaron e [c]mete yo sou fis li a, Éléazar. Konsa, Aaron va rasanble vè pèp li a, e li va mouri la."

27 Konsa Moïse te fè selon SENYÈ a te kòmande a. Yo te monte vè Mòn Hor devan zye a tout kongregasyon an. 28 Lè Moïse te fin retire vètman yo sou Aaron, li te [d]mete yo sou Éléazar. Aaron te mouri la sou tèt mòn nan. 29 Lè tout kongregasyon an te wè ke Aaron te mouri, tout lakay Israël te kriye pou Aaron pandan trant[e] jou.

21 Lè Chèf Canaran an, wa [f]Arad la, ki te viv nan Negev la te tande ke Israël t ap vini pa chemen a Atharim nan; alò, li te goumen kont Israël, e li te pran kèk nan yo an kaptif. 2 Konsa, Israël te fè yon ve a SENYÈ a, e te di: [g]"Si Ou va vrèman livre pèp sa a nan men m; alò, mwen va detwi vil pa yo a nèt." 3 SENYÈ a te tande vwa Israël. Li te livre yo bay Canaran, epi yo te detwi yo nèt ansanm avèk vil yo. Konsa, kote sa a te vin rele[h]Horma.

4 Yo te sòti nan Mòn Hor pa wout Lamè Wouj la, [i]pou travèse peyi Édom an. Epi pèp la te vin pèdi pasyans akoz vwayaj la. 5 Pèp la te pale kont Bondye ak Moïse: [j]"Poukisa ou te mennen nou sòti an Égypte pou mouri nan dezè a? Paske nanpwen manje, ni dlo, e [k]nou rayi move manje sila a."

6 [l]SENYÈ a te voye sèpan dife pami pèp la. Yo te mòde pèp la, e [m]anpil nan pèp Israël la te mouri. 7 Konsa, pèp la te vini a Moïse e te di: "Nou te peche, pwiske nou te pale kont SENYÈ a ak ou menm. [n]Entèsede pou nou avèk SENYÈ a, pou Li kapab retire sèpan sa yo sou nou." Epi Moïse te entèsede pou pèp la.

8 Alò, SENYÈ a te di a Moïse: "Fè yon [o]sèpan dife e mete li sou yon poto. Konsa, li va vin rive ke tout moun ki mòde, lè li gade li, l ap viv." 9 Moïse te fè yon sèpan an [p]bwonz e li te mete li sou poto a. Epi li te vin rive ke si yon sèpan te mòde nenpòt moun, lè li te gade vè sèpan an bwonz lan, li te viv.

10 Alò, fis Israël yo te deplase e te fè kan an nan Oboth. 11 Yo te vwayaje soti Oboth pou te fè kan an nan Ijje-Abarim, nan dezè ki anfas Moab a lès la. 12 [q]Soti la, yo te pati pou te fè kan an nan vale Zéred la. 13 Soti la, yo te vwayaje pou te fè kan an sou lòt kote Arnon an, ki se nan dezè ki sòti nan lizyè Amoreyen an, [r]paske Arnon se te fwontyè Moab, antre Moab ak Amoreyen yo.

14 Konsa, sa di nan Liv Lagè SENYÈ a: "Vaheb nan Supha, avèk ravin sèch nan Arnon an, 15 ak pant ki rive nan ravin sèch yo ki rive jis nan kote [s]Ar la e ki touche nan lizyè Moab la." 16 [t]Soti la, yo rive jis nan Beer, ki se pwi kote SENYÈ a te di Moïse, reyini pèp la pou Mwen kapab bay yo dlo a."

17 [u]Epi Israël te chante chan sila a:
"Vin bwote o pwi! Chante a li!
18 Pwi a ke prens yo nan pèp la te fouye,
Avèk baton wayal ak Baton soutyen pa yo."
Epi soti nan dezè a, yo te kontinye a Matthana, 19 soti Matthana a Nahaliel, soti nan Nahaliel a Bamoth, 20 soti Bamoth nan vale ki nan peyi Moab la, nan pwent lan vè Mòn Pisga ki kanpe anwo tout dezè a.

21 Alò Israël te voye mesaje yo bay Sihon, wa a Amoreyen yo. Li te di: 22 [v]"Kite mwen pase nan peyi ou a. Nou p ap menm vire nan chan, oswa nan rezen yo. Nou p ap bwè dlo nan pwi yo. Nou va ale nan chemen Wa a jiskaske nou fin depase limit fwontyè pa w la."

23 [w]Men Sihon pa t kite Israël pase nan fwontyè pa li a. Konsa, Sihon te ranmase tout pèp li a pou te sòti kont Israël nan dezè a. Yo te rive a [x]Jahats pou te goumen kont Israël.

24 Konsa, [y]Israël te frape li avèk tranch nepe, e te pran posesyon peyi li a soti Arnon pou jis rive Jabbok, soti distans a fis Ammon yo; paske nan [z]fwontyè a fis Ammon yo, se te Jazer. 25 Israël te pran tout vil yo e [a]Israël te viv nan tout vil Amoreyen yo, nan Hesbon ak nan tout vil li yo. 26 Paske Hesbon, se te vil a Sihon, wa a Amoreyen yo, ki te goumen kont ansyen wa Moab la, e li te retire tout peyi li a nan men li, jis rive nan Arnon.

27 Se pou sa ke sila ki sèvi ak pwovèb yo di:
"Vini Hesbon! Kite li bati!
Konsa kite vil a Sihon an fin etabli.
28 [b]Paske yon dife te sòti nan Hesbon,
Yon flanm soti nan vil a Sihon;
Li te devore [c]Ar nan Moab,
Pwent wo yo domine Arnon
29 Malè a nou menm, O Moab!
Nou gen tan fin gate nèt, O pèp Kemosch la!
[d]Li te bay fis li yo kòm sila k ap sove ale,
[e]Epi fi li yo kòm kaptif, pou yon wa
Amoreyen, Sihon.
30 Nou te tire sou yo. Hesbon fin gate
jis rive [f]Dibon.
Konsa, nou te fin piyaje jis rive Nophach,
Ki rive nèt nan Médaba."

31 Pou sa a, Israël te viv nan peyi Amoreyen yo. 32 Moïse te voye espyone [g]Jaezer. Yo te kaptire vil li yo e te piyaje Amoreyen ki te la yo. 33 [h]Epi yo te vire monte nan wout Basan, e Og, wa Basan an, te sòti avèk tout pèp li a pou fè bati [i]Édréï.

34 Men SENYÈ a te di a Moïse: [j]"Pa pè li, paske Mwen te bay li nan men nou, tout pèp li a ak tout

---

[a] 20:24 Nonb 20:5-10 [b] 20:25 Nonb 3:4 [c] 20:26 Nonb 20:24 [d] 20:28 Egz 29:29 [e] 20:29 Jen 50:3-10
[f] 21:1 Jos 12:14 [g] 21:2 Jen 28:20 [h] 21:3 Nonb 14:45 [i] 21:4 Det 2:8 [j] 21:5 Nonb 14:2-3 [k] 21:5 Nonb 11:6
[l] 21:6 Det 8:15 [m] 21:6 I Kor 10:9 [n] 21:7 I Sam 12:19 [o] 21:8 És 14:9 [p] 21:9 II Wa 18:4 [q] 21:12 Nonb 33:45
[r] 21:13 Nonb 22:36 [s] 21:15 Nonb 21:28 [t] 21:16 Nonb 33:46-49 [u] 21:17 Egz 15:1 [v] 21:22 Nonb 20:16-17
[w] 21:23 Nonb 20:21 [x] 21:23 Det 2:32 [y] 21:24 Am 2:9 [z] 21:24 Det 2:37 [a] 21:25 Am 2:10 [b] 21:28 Jr 48:45
[c] 21:28 Nonb 21:15 [d] 21:29 És 15:5 [e] 21:29 És 16:2 [f] 21:30 Nonb 32:3-34 [g] 21:32 Nonb 32:1-35
[h] 21:33 Det 3:1-7 [i] 21:33 Jos 13:12 [j] 21:34 Det 3:2

peyi li a. Ou va fè avèk li jan ou te fè Sihon, wa Amoreyen, ki te viv Hesbon yo."

35 Konsa, [a]yo te touye li avèk fis li yo ak tout pèp li a, jis pa t menm gen yon retay ki te rete de li. Konsa, yo te posede peyi li a.

Nonb

22 [b]Fis a Israël yo te vwayaje pou te fè kan an nan plèn Moab yo, fin kite Jourdain an, anfas Jéricho.

2 Alò [c]Balak, fis Tsippor te wè tout sa ke Israël te fè a Amoreyen yo. 3 [d]Konsa, Moab te nan gran perèz akoz pèp la, pwiske yo te anpil; Moab te sezi avèk gwo laperèz akoz fis Israël yo.

4 Moab te di a ansyen yo a [e]Madian: "Alò, bann moun sa yo va devore tout sa ki antoure nou, jan yon bèf devore zèb nan chan."

Balak, fis a Tsippor a te wa Moab nan tan sa a. 5 Konsa, li te voye yon mesaje vè [f]Balaam, fis a Beor a nan [g]Pethor, ki toupre Rivyè a, nan peyi a fis pèp li a. Li te di: "Gade byen, yon pèp te sòti an Égypte. Gade byen, yo kouvri sifas peyi a, e y ap viv anfas mwen. 6 [h]Alò, pou sa, silvouplè, vin mete yon madichon sou pèp sa a pou mwen; paske, yo twò pwisan pou mwen. Petèt mwen kapab fin bat yo, e pouse yo ale deyò peyi a. Paske mwen konnen ke sila ke ou beni an, beni, e sila ke ou modi a, modi."

7 Konsa, ansyen a Moab yo avèk ansyen a Madian yo te pati avèk frè pou peye [i]divinasyon nan men yo. Yo te vin kote Balaam pou te repete pawòl a Balak yo pou li.

8 Li te di yo: "Pase nwit lan isit la, e mwen va pote yon pawòl bannou jan SENYÈ a kab petèt pale avè m." Epi dirijan Moab yo te rete avèk Balaam.

9 Epi [j]Bondye te vini a Balaam, e Li te di: "Ki moun sa yo ye ki avèk ou la a?"

10 Balaam te di a Bondye: "Balak, fis a Tsippor a, wa Moab la te voye yon pawòl ban mwen. 11 'Gade byen, gen yon pèp ki sòti an Égypte, yo kouvri sifas peyi a. Alò, vin modi yo pou mwen. Petèt mwen kapab goumen kont yo, e pouse yo deyò.'"

12 Bondye te di a Balaam: "Pa ale avèk yo. [k]Ou p ap modi pèp la, paske yo beni."

13 Konsa, Balaam te leve nan maten e li te di a chèf Balak yo: "Ale retounen nan peyi nou, paske SENYÈ a refize kite mwen ale avèk nou."

14 Chèf a Moab yo te leve. Yo te ale kote Balak e te di: "Balaam refize vini avèk nou."

15 Alò, Balak te voye chèf yo ankò, plis an kantite e pi gran pase lòt yo. 16 Yo te vini a Balaam e te di li: "Konsa pale Balak, fis a Tsippor a: 'Pa kite anyen, mwen mande ou souple, anpeche ou vini kote mwen; 17 paske vrèman, mwen va onore ou anpil. Mwen va fè nenpòt sa ou mande mwen. [l]Alò, souple, vin modi pèp sa a pou mwen.'"

18 Balaam te reponn a sèvitè a Balak yo, [m]"Malgre Balak ta ban mwen kay li plen avèk ajan ak lò, mwen pa ta kapab fè anyen, ni piti ni gran, ki kontrè kòmand SENYÈ a, Bondye mwen an. 19 Alò, silvouplè, rete isit la aswè a pou m ka twouve ki lòt bagay SENYÈ a va pale mwen."

20 Bondye te vin kote Balaam nan aswè. Li te di li: "Si mesye sa yo ta vin rele ou, leve ale avèk yo; men [n]se sèlman pawòl ke M pale avèk ou a ke ou va fè."

21 [o]Konsa, Balaam te leve nan maten. Li te mete yon sèl sou bourik li pou te ale avèk chèf Moab yo. 22 Men Bondye te fache akoz li t ap ale a. [p]Konsa, zanj SENYÈ a te vin kanpe nan chemen an kòm yon advèsè kont li. Alò, li te monte sou bourik li, e de sèvitè li yo te avèk li. 23 Lè bourik la te wè zanj SENYÈ a ki te kanpe nan chemen an avèk nepe li parèt nan men l, bourik la te kite chemen an pou te antre nan chan an. Men Balaam te frape bourik la pou fè l retounen nan chemen an.

24 Alò, zanj SENYÈ a te kanpe nan yon wout etwat nan chan rezen yo, avèk yon miray sou yon bò, e pou sa, miray sou lòt bò a. 25 Lè bourik la te wè zanj SENYÈ a, li te peze kò l kont mi an, e li te peze pye Balaam kont lòt mi an. Konsa, Balaam te frape li ankò.

26 Zanj SENYÈ a te ale pi lwen. Li te kanpe nan yon kote etwat kote pa t gen mwayen pou vire ni adwat, ni agoch. 27 Lè bourik la te wè zanj SENYÈ a, li te kouche anba Balaam. Pou sa, [q]Balaam te fache e li te frape bourik la avèk baton li. 28 Konsa, [r]SENYÈ a te ouvri bouch a fèmèl bourik la, e li te di a Balaam: "Kisa m te fè ou, pou ou bat mwen twa fwa sa yo?"

29 Alò, Balaam te di a bourik la: "Akoz ou pase m nan rizip! Si m te gen yon nepe nan men m, [s]mwen ta gen tan touye ou deja."

30 Bourik la te di Balaam: "Èske mwen pa bourik ou, sou sila ou te monte pandan tout vi ou jis rive Jodi a? Èske Mwen janm te konn abitye fè ou sa?" Epi li te reponn: "Non".

31 Alò, SENYÈ a te ouvri zye a Balaam. Konsa, li te wè [t]zanj a SENYÈ a ki te kanpe nan chemen an avèk nepe a rale nan men li. Balaam te bese jiska tè.

32 Zanj SENYÈ a te di li: "Poukisa ou te frape bourik ou a twa fwa sa yo? Gade byen, Mwen te parèt kòm yon advèsè, akoz direksyon pa w la te [u]kont Mwen. 33 Men bourik la te wè M, e li te vire akote pou evite Mwen twa fwa sa yo. Si li pa t vire akote Mwen, Mwen ta, vrèman, gen tan touye ou nan moman sa a, e kite li menm viv."

34 Balaam te di a zanj SENYÈ a: [v]"Mwen te peche, paske mwen pa t konnen ke ou te kanpe nan chemen an kont mwen. Alò, koulye a, si sa pa fè ou plezi, mwen va vire retounen."

---

[a] **21:35** Det 3:3-4   [b] **22:1** Nonb 33:48-49   [c] **22:2** Jij 11:25   [d] **22:3** Egz 15:15   [e] **22:4** Nonb 25:15-18   [f] **22:5** Jd 11   [g] **22:5** Det 23:4   [h] **22:6** Nonb 22:17   [i] **22:7** Nonb 23:23   [j] **22:9** Jen 20:3   [k] **22:12** Nonb 23:8   [l] **22:17** Nonb 22:6   [m] **22:18** I Wa 22:14   [n] **22:20** Nonb 22:35   [o] **22:21** II Pi 2:16   [p] **22:22** Egz 23:20   [q] **22:27** Jc 1:19   [r] **22:28** II Pi 2:16   [s] **22:29** Pwov 12:10   [t] **22:31** Jos 5:13-15   [u] **22:32** II Pi 2:15   [v] **22:34** Nonb 14:40

³⁵ Men zanj SENYÈ a te di a Balaam: "Ale avèk mesye sa yo, men ᵃou va pale, sèlman, pawòl ke Mwen di ou yo." Konsa Balaam te ale avèk chèf Balak yo.

³⁶ Lè Balak te tande ke Balaam t ap vini, li te sòti pou rankontre li nan vil Moab la, ki nan fwontyè Arnon an, nan dènye pwent lizyè a. ³⁷ Epi Balak te di a Balaam: "Èske mwen pa t voye kote ou an ijans? Poukisa ou pa t vin kote mwen? Èske, vrèman, mwen pa kapab onore ou?"

³⁸ Konsa, Balaam te di a Balak: "Gade byen, Mwen gen tan vini koulye a! Èske mwen kapab pale yon bagay menm? Pawòl ke Bondye mete nan bouch mwen an, se sa ke mwen va pale."

³⁹ Epi Balaam te sòti avèk Balak e yo te vini Kirjath-Hutsoth, ⁴⁰ Balak te fè sakrifis bèf avèk mouton, e li te voye kèk bay Balaam avèk chèf ki te avèk li yo. ⁴¹ Epi li te rive nan maten ke Balak te pran Balaam pou te mennen li monte nan ᵇwo plas a Baal yo. E li te wè depi la, ᶜyon pati nan pèp Israël yo.

23 Alò, Balaam te di a Balak: "Bati sèt lotèl pou mwen isit la, e prepare sèt towo pou mwen isit la." ² Balak te fè ojis sa ke Balaam te pale a. Balak avèk Balaam te ofri yon towo avèk yon belye sou chak lotèl.

³ Balaam te di a Balak: "Kanpe bò kote ofrann brile pa w la, e mwen va ale. Petèt SENYÈ a va vin rankontre m, e nenpòt sa ke Li montre mwen, mwen va di ou li." Konsa, li te ale kote yon ti mòn ki pa t gen anyen sou li.

⁴ Bondye te rankontre Balaam, e li te di Li: "Mwen te ranje sèt lotèl yo, e mwen te ofri yon towo avèk yon belye sou chak lotèl."

⁵ Konsa, SENYÈ a te ᵈmete yon pawòl nan bouch Balaam. Li te di: "Retounen kote Balak. Ou va pale konsa."

⁶ Konsa, li te retounen kote li. E gade byen, Balak te kanpe bò kote ofrann brile li a; li menm avèk tout chèf Moab yo. ⁷ Balaam te pran diskou li, e te di:

"Depi nan ᵉAram, Balak te mennen m,
wa Moab ki soti nan mòn Lès yo.
'Vin modi Jacob pou mwen.
Vin denonse Israël!'
⁸ ᶠKijan mwen kapab modi,
lè Bondye pa t modi?
Epi kijan mwen kapab denonse
sila ke SENYÈ a pa t denonse?
⁹ "Jan mwen konn wè li soti anwo nan
pwent wòch yo,
e mwen gade li depi sou kolin yo.
ᵍGade byen, yon pèp ki rete apa,
ki p ap kab konte pami nasyon yo.
¹⁰ ʰKilès ki kab konte pousyè a Jacob,
oswa konte menm yon ka an Israël?
Kite mwen mouri lanmò a jis yo,
pou lafen pa mwen an tankou pa li."

¹¹ Konsa, Balak te di a Balaam: "Kisa ou te fè m konsa? ⁱMwen te pran ou pou modi lènmi mwen yo, e gade byen, ou te vrèman beni yo!"

¹² Li te reponn: "Èske mwen pa oblije fè atansyon pou pale ʲsa ke SENYÈ a mete nan bouch mwen?"

¹³ Alò Balak te di li: "Souple, vin avèk mwen nan yon lòt kote pou ou ka wè yo. Malgre w ap wè sèlman ti bout a dènye pwent lan, e ou p ap wè tout a yo. Modi yo pou mwen depi la." ¹⁴ Konsa, li te pran li rive nan chan Tsophim nan, nan pwent Mòn Pigsa a. Li te bati sèt lotèl e li te ofri yon towo avèk yon belye sou chak lotèl.

¹⁵ Konsa, li te di a Balak: "Kanpe bò kote ofrann brile ou a, pandan mwen menm, mwen ap rankontre SENYÈ a soti lòtbò."

¹⁶ Alò, SENYÈ a te rankontre Balaam e Li ᵏte mete yon pawòl nan bouch li. Li te di li: "Retounen jwenn Balak, e konsa ou va pale."

¹⁷ Li te vin kote li, e gade byen, li te kanpe bò kote ofrann brile pa li a, epi chèf Moab yo te avèk li. Konsa, Balak te di li: "Kisa SENYÈ a te pale a?"

¹⁸ Alò, li te pran diskou li. Li te di:

"Leve ou menm, O Balak, pou tande!
Ban m zòrèy ou, O fis a Tsippor!
¹⁹ ˡBondye se pa yon nonm ke li ye
pou L ta bay manti,
ni fis a yon nonm pou L ta repanti.
Èske Li pa t pale, e èske Li p ap fè l vrè?
²⁰ Gade byen, mwen te resevwa lòd pou beni.
Lè se Li menm ki beni,
alò, ᵐmwen p ap kab revoke sa.
²¹ Li pa t wè malè nan Jacob,
ni Li pa t wè twoub nan Israël.
ⁿSENYÈ a, Bondye li a avè l,
epi gran vwa a yon wa pami yo.
²² ᵒBondye mennen yo sòti an Égypte.
Li pou yo tankou kòn sou bèf mawon.
²³ ᵖPaske, nanpwen wanga kont Jacob,
ni pa gen divinasyon kont Israël.
Nan tan etabli a, li va pale a Jacob,
e a Israël de sa Bondye te fè a!
²⁴ ᵠGade byen, yon pèp ki leve tankou
yon manman lyon,
tankou yon lyon li leve li menm.
Ni li p ap kouche jiskaske li fin devore
viktim nan,
pou l bwè san a sila li touye a."

²⁵ Alò, Balak te pale a Balaam: "Pa modi yo ditou, ni pa beni yo ditou!"

²⁶ Men Balaam te reponn a Balak: "Èske mwen pa t di ou, ʳNenpòt sa ke SENYÈ a pale, se sa mwen oblije fè'?"

ᵃ **22:35** Nonb 22:20 ᵇ **22:41** Nonb 21:28 ᶜ **22:41** Nonb 23:13 ᵈ **23:5** Det 18:18 ᵉ **23:7** Nonb 22:12
ᶠ **23:8** Nonb 22:12 ᵍ **23:9** Det 32:8 ʰ **23:10** Jen 13:16 ⁱ **23:11** Né 13:2 ʲ **23:12** Nonb 22:20
ᵏ **23:16** Nonb 22:20 ˡ **23:19** 1 Sam 15:29 ᵐ **23:20** És 43:13 ⁿ **23:21** Egz 3:12 ᵒ **23:22** Nonb 24:8
ᵖ **23:23** Nonb 22:7 ᵠ **23:24** Jen 49:9 ʳ **23:26** Nonb 22:18

Non 23:27–25:6

²⁷ Alò Balak te di a Balaam: "Souple, vini; mwen va mennen ou yon lòt kote. Petèt li va agreyab a Bondye pou ou modi yo depi kote sa a." ²⁸ Konsa, Balak te pran Balaam vè tèt mòn Peor ki domine tout dezè a.

²⁹ Balaam te di a Balak, "Bati sèt lotèl pou mwen isit la, e prepare sèt towo ak sèt belye pou mwen isit la." ³⁰ Balak te fè jan ke Balaam te di a, e li te ofri yon towo avèk yon belye sou chak lotèl.

24 Lè Balaam te wè ke sa te fè SENYÈ a plezi pou beni Israël, li pa t ale tankou lòt fwa yo pou chache wanga, men li te fikse figi li vè ᵃdezè a. ² Konsa, Balaam te leve zye li anwo, li te wè Israël ki t ap fè kan, tribi pa tribi; epi ᵇLespri Bondye te vini sou li.

³ Li te reprann diskou li e te di:
ᶜ"Pòt pawòl a Balaam nan, fis a Beor a,
Pòt pawòl a nonm ki gen zye louvri a;
⁴ Pòt pawòl a sila ki ᵈkoute pawòl a
  Bondye yo,
ki wè vizyon Toupwisan an, ki t ap tonbe,
men zye li gen tan vin debouche.
⁵ Ala tant nou yo bèl, O Jacob,
ak abitasyon nou yo, O Israël!
⁶ Tankou vale ki vin ouvri byen laj,
tankou jaden ki bò kote rivyè yo,
tankou plan lalwa ki plante pa SENYÈ a,
tankou bwa ᵉsèd ki bò kote dlo yo.
⁷ Dlo yo va koule nan bokit yo,
e jèm desandan li yo va bò kote anpil dlo.
Wa li a va pi wo pase ᶠAgag, e wayòm
  li a va vin egzalte.
⁸ ᵍBondye mennen l sòti an Égypte.
Li pou li tankou kòn a yon bèf mawon.
Li va devore nasyon ki advèsè li yo.
Li va kraze zo yo an mòso,
Li va kraze yo avèk flèch li yo.
⁹ Li koube ba, li kouche tankou yon lyon;
tankou yon manma lyon.
Se kilès ki kab tante deranje l?
ʰBeni se tout moun ki beni ou,
e modi se tout moun ki modi ou."

¹⁰ Konsa, kòlè Balak te brile kont Balaam. Li frape men l ansanm; epi li te di a Balaam: "Mwen te rele ou pou modi lènmi mwen yo, men gade, ou te pèsiste nan beni yo menm twa fwa sa yo! ¹¹ Pou sa, kouri ale nan plas ou koulye a. Mwen te di ke mwen ta onore ou anpil, men gade byen, SENYÈ a te anpeche ou resevwa onè a."

¹² Balaam te di a Balak: "Èske mwen pa t di ⁱmesaje ke ou te voye kote mwen yo: ¹³ ke menm si Balak te ban mwen kay li plen avèk ajan ak lò, ke m pa t kab fè anyen kontrè ak lòd SENYÈ a, kit bon kit mal, ʲnan pwòp volonte pa m. ᵏSa ke SENYÈ a pale a, se sa mwen va pale? ¹⁴ Epi koulye a, veye byen, ˡmwen ap prale kote pèp mwen an. Vini, mwen va bay ou konsèy sou sa ke pèp sa a va fè a pèp pa ou a nan jou k ap vini yo."

¹⁵ Li te reprann diskou li e te di:
ᵐ"Pòt pawòl a Balaam nan, fis a Beor a,
e pòt pawòl a nonm avèk zye louvri a di,
¹⁶ Li di ki tande pawòl Bondye yo,
ki gen konesans a Trè Wo a,
ki wè vizyon a Toupwisan an,
k ap tonbe, men ak zye li ki gen tan fin ouvri.
¹⁷ Mwen wè li, men pa koulye a.
Mwen gade l, men pa toupre.
Yon zetwal va sòti nan Jacob.
ⁿYon baton a wa va leve sòti an Israël.
Li va kraze travèse fwon Moab la,
e li va dechire tout fis a Seth yo.
¹⁸ ᵒÉdom va yon posesyon pou li.
ᵖSéir, lènmi li, osi, va yon posesyon pou li,
pandan Israël ap aji avèk gwo kouraj.
¹⁹ Youn ki soti nan Jacob va gen tout pouvwa,
li va detwi retay lavil la."

²⁰ Li te gade Amalec. Li te reprann diskou li e li te di:
"Amalec se te premye nan nasyon yo,
ᑫmen lafen li pi lwen se destriksyon."

²¹ Epi li te gade ʳKenizyen nan, li te reprann diskou li e li te di:
"Kote ou rete a, gen andirans.
Nich kote ou chita nan falèz la.
²² Malgre, Cain va gate nèt,
jis lè ˢAsiryen yo pote nou ale an kaptif?"

²³ Epi li te vin reprann diskou li. Li te di:
"Ay, kilès ki ka viv lè Bondye fè sa a?
²⁴ Men gwo bato yo va sòti nan kòt ᵗKittim.
Yo va pini Asiryen yo, yo va aflije ᵘÉber.
Men li menm tou va vin detwi."

²⁵ Konsa, Balaam te leve e te pati pou retounen nan ᵛplas li, e Balak osi te al fè wout li.

25 Pandan Israël te rete nan Sittim, pèp la te kòmanse ʷpwostitiye tèt yo avèk fi Moab yo. ² Paske ˣyo te envite pèp la pou vini nan sakrifis dye pa yo. Pèp la te manje, e te bese devan dye yo a. ³ Konsa, ʸIsraël te vin jwenn yo menm avèk Baal Peor, e SENYÈ a te vin fache kont Israël.

⁴ SENYÈ a te di a Moïse: "Pran tout chèf a pèp la e touye yo gwo lajounen devan SENYÈ a, ᶻpou gran kòlè a SENYÈ a kapab vire kite Israël."

⁵ Konsa, Moïse te di a jij Israël yo: "Chak nan nou va ᵃtouye pwòp mesye pa li ki te jwenn yo mem avèk Baal Peor la."

⁶ Alò, vwala, youn nan fis Israël yo te vini pou te mennen bay a fanmi li yo yon fanm ᵇMadyanit,

---

ᵃ **24:1** Nonb 23:28   ᵇ **24:2** I Sam 19:20   ᶜ **24:3** Nonb 24:15-16   ᵈ **24:4** Nonb 22:20   ᵉ **24:6** Sòm 45:8
ᶠ **24:7** I Sam 15:8   ᵍ **24:8** Nonb 23:22   ʰ **24:9** Jen 12:3   ⁱ **24:12** Nonb 22:18   ʲ **24:13** Nonb 16:28
ᵏ **24:13** Nonb 31:8-16   ˡ **24:14** Nonb 31:8-16   ᵐ **24:15** Nonb 24:3-4   ⁿ **24:17** Jen 49:10   ᵒ **24:18** Am 9:11-12   ᵖ **24:18** Jen 32:3   ᑫ **24:20** Nonb 24:24   ʳ **24:21** Jen 15:9   ˢ **24:22** Jen 10:21-22   ᵗ **24:24** Éz 27:6   ᵘ **24:24** Jen 10:21   ᵛ **24:25** Nonb 24:14   ʷ **25:1** I Kor 10:8   ˣ **25:2** Egz 34:15   ʸ **25:3** Sòm 106:28-29
ᶻ **25:4** Det 13:17   ᵃ **25:5** Egz 32:27   ᵇ **25:6** Nonb 22:5

devan zye Moïse e devan zye a tout kongregasyon fis Israël yo, pandan yo tout t ap kriye devan pòtay tant asanble a. ⁷ ᵃLè Phinées, fis Éléazar, fis a Aaron, prèt la, te wè sa, li te leve nan mitan kongregasyon an. Li te pran yon frenn nan men l, ⁸ epi li te ale dèyè Izrayelit la nan tant lan e li te frennen tranche kò yo toulède nèt, mesye Israël la ak fanm nan. ᵇKonsa gwo epidemi sou fis Israël yo te vin sispann. ⁹ ᶜSila ki te mouri yo akoz gwo epidemi an se te venn-kat-mil (24,000).

¹⁰ Alò, SENYÈ a te pale avèk Moïse. Li te di: ¹¹ ᵈ"Phinées, fis a Éléazar, fis a Aaron, prèt la, te fè detounen kòlè Mwen vè fis Israël yo, akoz li te jalou avèk jalouzi pa Mwen an pami yo; epi konsa, Mwen pa t detwi fis Israël yo ᵉnan jalouzi pa Mwen an.

¹² "Pou sa pale: 'Gade byen, Mwen bay li ᶠakò lapè Mwen. ¹³ Li va pou li avèk desandan apre li yo, yon akò ᵍpozisyon prèt pou tout tan, akoz ke li te jalou pou Bondye li a, e li te fè ekspiyasyon pou fis Israël yo.'"

¹⁴ Alò, non a Izrayelit ki te touye avèk fanm Madyanit la se te Zimri, fis Salu, yon chèf kay pami Simeyonit yo. ¹⁵ Non a fanm Madyanit ki te touye a se te Cozbi, fi a ʰZur, ki te chèf kay zansèt a yon pèp nan Madian. ¹⁶ Alò, SENYÈ a te pale avèk Moïse e te di: ¹⁷ ⁱ"Se pou ou vin mechan avèk Madyanit yo, e frape yo; ¹⁸ paske yo te mechan avèk nou avèk riz pa yo, avèk sila, yo twonpe nou nan zafè Peor la ak nan zafè Cozbi a, fi a chèf Madian an, sè ki te touye nan jou gwo epidemi an pou koz a Peor a."

26 Konsa, li te vin rive apre ʲgwo epidemi an ke SENYÈ a te pale avèk Moïse e avèk Éléazar, fis Aaron, prèt la. Li te di: ² ᵏ"Fè yon kontwòl sou tout kongregasyon a fis Israël la soti nan laj ventan oswa plis, pou lakay zansèt a papa yo, nenpòt moun ki kapab sòti pou fè lagè an Israël." ³ Se konsa ke Moïse avèk Éléazar te pale avèk yo nan ˡplèn Moab la, akote Jourdain an, anfas Jéricho. Di yo: ⁴ Fè yon kontwòl a pèp la soti nan laj a ventan oswa plis, jan SENYÈ a kòmande Moïse la." ⁵ Ruben, premye ne an Israël la, fis a Ruben yo: a Hénoc, fanmi a Enokit yo; a Pallu, fanmi a Paliyit yo; ⁶ a Hetsron, fanmi a Estwonit yo; a Carmi, fanmi a Kamit yo.

⁷ Sila yo se fanmi a Ribenit yo: sila ki te konte nan yo a se te karann-twa-mil-sèt-san-trant (43,730).

⁸ Fis a Pallu yo: Éliab. ⁹ Fis a Éliab yo: Nemeul, Dathan ak Abiram. Sila yo se te Dathan avèk Abiram ki te ᵐrele pa kongregasyon an, ki te kont Moïse ak Aaron nan konpanyen Koré yo lè yo te kont SENYÈ a, ¹⁰ epi ⁿtè a te vin ouvri bouch li e te vale yo ansanm avèk Koré, lè konpanyen sa yo te vin mouri, lè dife a te devore de-san-senkant (250) mesye. Konsa, yo te devni yon egzanp. ¹¹ Sepandan, ᵒfis a Koré yo pa t mouri.

¹² Fis a Siméon yo selon fanmi pa yo: a Nemeul, fanmi Nemilit yo, a Jamin, fanmi a Jaminit yo; a Jakin, fanmi a Jakinit yo; ¹³ a Zérach, fanmi a Zerakit yo; a Saül, fanmi a Saoulit yo. ¹⁴ Sila yo se fanmi a Simeyonit yo, ᵖvenn-de-mil-de-san (22,200).

¹⁵ Fis a Gad selon fanmi pa yo: a Tsephon, fanmi a Sefonit yo; a Haggi, fanmi a Agit yo; a Schuni, fanmi a Chounit yo; ¹⁶ a Ozni, fanmi a Oznit yo; a Éri, fanmi a Erit yo; ¹⁷ a Arod, fanmi a Awodit yo; a Areéli, fanmi a Areyelit yo. ¹⁸ Sila yo se fanmi a fis a Gad yo selon sila ki te konte nan yo, te ᵠkarant-mil-senk-san (40,500).

¹⁹ ʳFis a Juda yo te Er avèk Onan, men Er avèk Onan te mouri nan peyi Canaran. ²⁰ Fis a ˢJuda yo selon fanmi pa yo te: Schéla, fanmi a Chelanit yo; a Peret, fanmi a Peretit yo; a Zérach, fanmi a Zerakit yo. ²¹ Fis a Peret yo te: a Hetsron, fanmi a Etswonit yo; a Hamul, fanmi a Amilit yo. ²² Sila yo se fanmi a Juda selon sila ki te konte nan yo, se te ᵗswasann-sèz-mil-senk-san (76,500). ²³ Fis a ᵘIssacar yo selon fanmi pa yo: a Thola, fanmi a Tolatit yo; a Puva, fanmi a Pivit yo; ²⁴ a Jaschub, fanmi a Jachoubit yo; a Shimron, fanmi a Chimwonit yo. ²⁵ Sila yo se fanmi a Issacar, selon sila ki te konte nan yo, se te ᵛswasann-kat-mil-twa-san (64,300).

²⁶ Fis a Zabulon yo selon fanmi pa yo: a Séred, fanmi a Seredit yo; a Élon, fanmi ʷa Elonit yo; a Jaheel, fanmi a Jayelit yo. ²⁷ Sila yo se fanmi a Zabilonit yo selon sila yo ki te konte nan yo, se te swasant-mil-senk-san (60,500).

²⁸ ˣFis a Joseph yo selon fanmi pa yo: Manassé ak Ephraïm. ²⁹ Fis a Manassé yo: a Makir, fanmi a Makirit yo; epi Makir te devni papa a Galaad; a fanmi Galaadit yo; ³⁰ Sila yo se fis a Galaad yo: a Jézer, fanmi a ʸJezerit yo; a Hélek, fanmi a Helekit yo, ³¹ epi a Asriel, fanmi a Asriyelit yo; epi Sichem, fanmi a Sichemit yo; ³² epi a Schemida, fanmi a Schemidayit yo; epi a Hépher, fanmi a Eferit yo. ³³ Alò, Tselophchad, fis a Hépher a, pa t gen fis, men sèlman fi; epi ᶻnon a fi a Tselophchad yo se te Machla, Noa, Hogla, Milca, ak Thirtsa.

³⁴ Sila yo se fanmi a Manassé yo; epi sila ki te konte nan yo, se te ᵃsenkann-de-mil-sèt-san (52,700). ³⁵ Sila yo se fis a Ephraïm yo selon fanmi pa yo: a Schutélach, fanmi a Chutelachit yo; a Béker, fanmi a Bekerit yo; a Thachan, fanmi a Tachanit yo. ³⁶ Sila yo se fis a Schutélach yo: a Éran fanmi a Eranit yo. ³⁷ Sila yo se fanmi a fis a Ephraïm yo selon sila ki konte nan yo, se te ᵇtrann-de-mil-senk-san (32,500). Sila yo se fis a Joseph yo selon fanmi pa yo. ³⁸ Fis a Benjamin

---

ᵃ **25:7** Sòm 106:30   ᵇ **25:8** Nonb 16:46-48   ᶜ **25:9** Nonb 16:48-50   ᵈ **25:11** Sòm 106:30   ᵉ **25:11** Egz 20:5
ᶠ **25:12** És 54:10   ᵍ **25:13** Egz 29:9   ʰ **25:15** Nonb 31:8   ⁱ **25:17** Nonb 25:1   ʲ **26:1** Nonb 25:9
ᵏ **26:2** Egz 30:11-16   ˡ **26:3** Nonb 22:1   ᵐ **26:9** Nonb 1:16   ⁿ **26:10** Nonb 16:32   ᵒ **26:11** Nonb 16:27-33
ᵖ **26:14** Nonb 1:23   ᵠ **26:18** Nonb 1:25   ʳ **26:19** Jen 38:2   ˢ **26:20** I Kwo 2:3   ᵗ **26:22** Nonb 1:27
ᵘ **26:23** Jen 46:13   ᵛ **26:25** Nonb 1:29   ʷ **26:26** Jen 46:14   ˣ **26:28** Jen 46:20   ʸ **26:30** Jij 6:11-34
ᶻ **26:33** Nonb 27:1   ᵃ **26:34** Nonb 1:35   ᵇ **26:37** Nonb 1:33

yo selon fanmi pa yo: a Béla, fanmi a Belit yo; a Aschbel, fanmi a Achbelit yo; a Achiram, fanmi a Achiramit yo; ³⁹ a Schupham, fanmi a Choufamit yo; a Hupham, fanmi a Oufamit yo. ⁴⁰ Fis a Béla yo se te: Ard ak Naaman: nan Ard, fanmi a Adit yo; nan Naaman, fanmi a Naamanit yo. ⁴¹ Sila yo se fis a Benjamin selon fanmi pa yo; epi sila ki te konte nan yo, se te ᵃkarann-senk-mil-sis-san (45,600). ⁴² Sila yo se fis a Dan yo selon fanmi pa yo: a Schucham, fanmi a Chouchamit yo. Sila yo se fanmi a Dan selon fanmi pa yo. ⁴³ Tout fanmi a Chouchamit yo selon sila ki te konte nan yo, se te ᵇswasann-kat-mil-kat-san (64,400). ⁴⁴ Fis a Aser yo, selon fanmi pa yo: a Jimna, fanmi a Jimnit yo; a Jischvi, fanmi a Jischvit yo; a Beria, fanmi a Berit yo. ⁴⁵ A fis a Beria yo: Héber, fanmi a Eberit yo; a Malkiel, fanmi a Malkyelit yo. ⁴⁶ Fi a Aser a te rele Sérach. ⁴⁷ Sila yo se fanmi a fis Aser yo selon sila ki te konte nan yo, se te ᶜsenkant-twa-mil-kat-san (53,400).

⁴⁸ Fis a Nephtali yo, selon fanmi pa yo: a Jahtséel, fanmi a Jatseyelit yo; a Guni, fanmi a Gounit yo; ⁴⁹ A Jetser, fanmi a Jetsrit yo; a Schillem, fanmi a Chilemit yo. ⁵⁰ Sila yo se fanmi a Nephtali yo selon fanmi pa yo, epi sila ki te konte nan yo, se te ᵈkarann-senk-mil-kat-san (45,400). ⁵¹ Sila yo se sa yo ki te konte nan fis Israël yo, ᵉsis-san-en-mil-sèt-san-trant (601,730).

⁵² Alò SENYÈ a te pale avèk Moïse. Li te di: ⁵³ Pami sila yo, peyi a va divize kòm yon eritaj selon fòs kantite pèp la. ⁵⁴ ᶠNan sila ki pi gran yo, ou va ogmante eritaj pa yo, e nan pi piti yo, ou va diminye eritaj yo. Chak va bay eritaj yo selon sila ki te konte nan yo. ⁵⁵ Men peyi a va ᵍdivize pa tiraj osò. Yo va resevwa eritaj yo selon fòs kantite ki te konte pami yo. ⁵⁶ Selon tiraj osò a, eritaj pa yo a va divize antre sila ki pi gran ak sila ki pi piti yo.

⁵⁷ ʰSila yo se sa yo ki te konte pami Levit yo selon fanmi pa yo: a Guerschon, vin desann fanmi a Gèchonit yo; a Kehath, fanmi a Keyatit yo; a Merari, fanmi a Merarit yo. ⁵⁸ Sila yo se fanmi a Levi yo: fanmi a Libnit yo, fanmi a Ebwonit yo, fanmi a Machlit yo, fanmi a Mouchit yo, fanmi a Korit yo. ⁱKehath te devni papa a Amram. ⁵⁹ Non a madanm Amram nan se te Jokébed, fi pou Levi a, ki te ne a Levi an Égypte; epi li te fè pou Amram: Aaron avèk Moïse avèk sè yo, Marie. ⁶⁰ ʲPou Aaron te ne Nadab avèk Abihu, Éléazar ak Ithamar. ⁶¹ ᵏMen Nadab avèk Abihu te mouri lè yo te ofri dife etranje devan SENYÈ a.

⁶² Sila ki te konte nan yo te venn-twa-mil (23,000), tout gason soti nan yon mwa oswa plis, paske ˡyo pa t konte pami fis a Israël yo akoz pa t gen eritaj ki te bay a yo menm pami fis Israël yo.

⁶³ Sila yo se sa ki te konte pa Moïse avèk Éléazar, prèt la, ki te konte fis a Israël yo, nan plèn a Moab bò kote Jourdain an, nan Jéricho. ⁶⁴ ᵐMen pami sila yo, pa t gen yon mesye nan sa yo ki te konte pa Moïse avèk Aaron, prèt la, ki te konte fis a Israël yo nan dezè a Sinaï a. ⁶⁵ Paske, SENYÈ a te di a yo menm: ⁿ"Yo va, anverite, mouri nan dezè a." Epi pa menm youn nan yo te rete, sof ke Caleb, fis a Jephaunné a avèk Josué, fis a Nun nan.

27

Alò ᵒfis Tselophchad yo, fis a Hépher a, fis a Galaad la, fis a Makir a, fis a Manassé a, nan fanmi a Manassé, fis a Joseph la, te vin rapwoche; epi sila yo se non a fi li yo: Machia, Noe, Hogla, Milca, ak Thirtsa, ² Yo te kanpe devan Moïse ak Éléazar, prèt la, ak devan chèf a tout kongregasyon yo, nan pòtay a tant asanble a, e te di: ³ "Papa nou te ᵖmouri nan dezè a. Malgre sa, li pa t pami konpanyen a sila ki te rasanble yo menm kont SENYÈ a nan konpanyen a Koré yo, men li te mouri nan pwòp peche pa li. E li pa t gen fis. ⁴ Poukisa non a papa nou ta dwe retire soti nan fanmi li akoz ke li pa t gen fis? Bannou yon posesyon pami frè a papa nou yo."

⁵ ᵠAlò, Moïse te mennen ka yo devan SENYÈ a. ⁶ SENYÈ a te pale avèk Moïse e te di: ⁷ ʳ"Fi a Tselophchad yo gen rezon nan sa yo di a. Ou va, vrèman, ba yo yon posesyon eritaj pami frè a papa yo, e ou va transfere eritaj a papa yo a ba yo menm.

⁸ "Anplis, ou va pale avèk fis Israël yo e di: 'Si yon nonm mouri e li pa t gen fis, ou va transfere eritaj li a bay fi li. ⁹ Si li pa gen fi, alò, ou va bay eritaj li a frè li yo. ¹⁰ Si li pa gen frè, alò, ou va bay eritaj li a a frè papa li yo. ¹¹ Si papa li pa gen frè, alò, ou va bay eritaj li a a fanmi ki pi prè nan pwòp fanmi li. Li va posede li. Konsa, sa va yon ˢrègleman nèt pou fis Israël yo jis tan ke SENYÈ a te kòmande Moïse la.'"

¹² Alò, SENYÈ a te di a Moïse: "Monte nan ᵗmòn Abarim nan, pou wè peyi ke Mwen te bay a fis Israël yo. ¹³ Lè ou fin wè li, ou va vin rasanble vè zansèt ou yo, ᵘjan sa te rive avèk frè ou a, Aaron. ¹⁴ Paske, nan dezè Tsin nan, pandan asanble a t ap fè konfli, ᵛou te fè rebèl kont lòd Mwen pou trete Mwen tankou sen devan zye yo kote dlo a." (Sila yo se dlo a Meriba yo nan Kadés nan dezè a Tsin nan.)

¹⁵ "Alò, Moïse te pale avèk SENYÈ a. Li te di: ¹⁶ ʷKe SENYÈ a, Bondye a lespri tout chè yo, ta chwazi yon mesye sou kongregasyon an, ¹⁷ ˣki va sòti e antre devan yo, ki va mennen yo deyò, e rale yo antre, pou kongregasyon SENYÈ a pa devni tankou yon mouton ki san bèje."

¹⁸ Konsa SENYÈ a te di a Moïse: "Pran Josué, fis a Nun nan, yon nonm ʸnan sila Lespri a rete a, e poze men ou sou li. ¹⁹ Konsa, fè li kanpe devan Éléazar, prèt la, ak devan tout kongregasyon an, e ᶻba li lòd

---
ᵃ **26:41** Nonb 1:37   ᵇ **26:43** Nonb 1:39   ᶜ **26:47** Nonb 1:41   ᵈ **26:50** Nonb 1:43   ᵉ **26:51** Egz 12:37
ᶠ **26:54** Nonb 33:54   ᵍ **26:55** Nonb 33:54   ʰ **26:57** Jen 46:11   ⁱ **26:58** Egz 6:20   ʲ **26:60** Nonb 3:2
ᵏ **26:62** Lev 10:1-2   ˡ **26:64** Det 2:14-16   ᵐ **26:65** Nonb 14:26-35   ᵒ **27:1** Nonb 26:33
ᵖ **27:3** Nonb 26:64-65   ᵠ **27:5** Nonb 9:8   ʳ **27:7** Nonb 36:2   ˢ **27:11** Nonb 35:29   ᵗ **27:12** Nonb 33:47-48
ᵘ **27:13** Nonb 20:24-28   ᵛ **27:14** Det 32:51   ʷ **27:16** Nonb 16:22   ˣ **27:17** Det 31:2   ʸ **27:18** Nonb 11:25-29
ᶻ **27:19** Det 3:28

komisyon an devan zye yo. ²⁰ Ou va mete otorite pa w sou li, pou tout kongregasyon a fis Israël yo kapab obeyi a li menm. ²¹ Anplis, li va kanpe devan Éléazar, prèt la, ki va fè ankèt pou li selon ᵃjijman a Orim nan devan SENYÈ a. A kòmand pa li, yo va sòti e a kòmand pa li, yo va antre, ni li, ni fis Israël yo avèk li menm, tout kongregasyon an menm."

²² Moïse te fè jis sa ke SENYÈ a te kòmande li. Li te pran Josué e te mete li devan Éléazar, prèt la, avèk tout kongregasyon an. ²³ Konsa, li te poze men li sou li e te bay ᵇli lòd komisyon an, jis jan ke SENYÈ a te pale pa Moïse la.

28 Alò, SENYÈ a te pale avèk Moïse. Li te di: ² Bay lòd a fis Israël yo, e di yo: "Ou va fè atansyon pou prezante ofrann Mwen yo, ᶜmanje Mwen pou ofrann pa dife Mwen yo, a yon odè ki santi bon anvè Mwen, nan lè ki deziye pou yo a. ³ ᵈOu va di yo: 'Sa se ofrann pa dife ke ou va ofri bay SENYÈ a: de mal mouton nan laj 1 nan, san defo, yon ofrann chak jou ki p ap janm sispann. ⁴ Ou va ofri yon jenn mouton nan maten e lòt jenn mouton an nan aswè lè l fenk kòmanse fènwa; ⁵ osi, yon dizyèm efa farin fen kòm yon ᵉofrann sereyal mele avèk yon ka hin lwil ki bat. ⁶ Li se yon ofrann brile tout tan ki te òdone nan mòn Sinaï kòm yon odè ki bon, yon ofrann pa dife bay SENYÈ a. ⁷ Epi ofrann bwason li va yon ka hin lwil pou chak mouton. Ou va vide yon ofrann bwason ak bwason fò a SENYÈ a, ᶠnan plas ki sen an. ⁸ Lòt jenn mouton an, ou va ofri li nan aswè lè l fenk kòmanse fènwa. Menm jan ak ofrann sereyal maten an, ak ofrann bwason pa l, ou va ofri li, yon ofrann pa dife, yon odè ki bon bay SENYÈ a.

⁹ "'Epi nan jou Saba a, de jenn mouton mal san defo, ak de dizyèm a yon efa farin fen, kon yon ofrann sereyal, mele avèk lwil, avèk ofrann bwason li an: ¹⁰ Sila a se ofrann brile a chak Saba, anplis ke ofrann brile tout tan ᵍki fèt kontinyèlman, ak ofrann bwason an.

¹¹ ʰ"'Nan kòmansman a chak nan mwa nou yo, nou va prezante yon ofrann brile a SENYÈ a: de towo avèk yon belye, sèt jenn mouton mal, avèk laj 1 nan san defo, ¹² ⁱepi twa dizyèm efa farin fen mele avèk lwil pou yon ofrann sereyal pou chak towo; epi de dizyèm nan farin fen mele avèk lwil pou yon ofrann pou yon sèl belye; ¹³ epi yon dizyèm efa farin fen mele avèk lwil kòm yon ofrann sereyal pou chak jenn mouton, kòm yon ofrann brile, yon odè ki santi bon, yon ofrann pa dife bay SENYÈ a. ¹⁴ Ofrann bwason pa yo a va avèk yon mwatye hin diven pou yon towo, yon tyè hin pou belye a, ak yon ka hin pou yon jenn mouton. Sa se ofrann brile a pou chak mwa pandan tout mwa nan ane yo. ¹⁵ Epi yon mal kabrit kòm yon ofrann peche bay SENYÈ a. Li va ofri anplis ke ofrann brile ʲki pou fèt tout tan yo avèk ofrann bwason li.

¹⁶ "'Alò, ᵏnan katòzyèm jou a, nan premye mwa a, se va Pak SENYÈ a. ¹⁷ ˡNan kenzyèm jou nan mwa a, va gen yon fèt pen san ledven ki va manje pandan sèt jou.ᵐ ¹⁸ Nan ⁿpremye jou fèt la, yon konvokasyon sen; nou pa pou fè okenn travay ki di. ¹⁹ Nou va prezante yon ofrann pa dife, yon ofrann brile bay SENYÈ a: de towo avèk yon belye ak sèt mal mouton nan laj 1 nan, ᵒki san defo, ²⁰ avèk ofrann sereyal pa yo, nou va ofri farin fen mele avèk lwil. Nou va ofri twa dizyèm efa pou yon towo ak de dizyèm pou belye a. ²¹ Yon dizyèm efa, nou va ofri li pou chak nan sèt jenn mouton yo; ²² epi yon mal kabrit pou yon ᵖofrann peche pou fè ekspiyasyon pou nou. ²³ Nou va prezante sa yo anplis ke ofrann brile maten an, ki se pou yon ofrann brile k ap fèt tout tan. ²⁴ Nan menm jan sila a, nou va prezante li chak jou pandan sèt jou, ᑫmanje a ofrann pa dife a, kòm yon odè ki santi bon a SENYÈ a. Li va prezante avèk ofrann bwason pa li an ki anplis ofrann brile k ap fèt tout tan an. ²⁵ Nan setyèm jou a, nou va fè yon konvokasyon sen. ʳNou pa pou fè okenn travay ki di.

²⁶ "'Osi, nan ˢjou premye fwi yo, lè nou prezante yon ofrann sereyal nèf bay SENYÈ a nan fèt semèn yo, nou va fè yon konvokasyon sen. Nou pa pou fè okenn travay ki di. ²⁷ Nou va ofri yon ofrann brile pou yon odè ki bon a SENYÈ a: de jenn towo, yon belye, sèt mal mouton nan laj 1 nan; ²⁸ epi ofrann sereyal pa yo, farin fen mele avèk lwil: twa dizyèm efa pou chak towo, de dizyèm pou yon belye. ²⁹ Yon dizyèm pou chak nan sèt jenn mouton yo; ³⁰ osi yon mal kabrit pou fè ekspiyasyon pou nou. ³¹ ᵗAnplis, ofrann brile kontinyèl la avèk ofrann sereyal li an, nou va prezante yo avèk ofrann bwason pa yo a. Yo va san defo.

29 ᵘ"'Alò, nan setyèm mwa nan premye jou nan mwa a, nou va osi fè yon konvokasyon sen. Nou pa pou fè okenn travay ki di. Li va pou nou yon jou pou soufle twonpèt. ² Ou va ofri yon ofrann brile kòm yon odè ki bon a SENYÈ a: yon towo, yon belye, ak sèt mal mouton nan laj 1 nan, san defo; ³ osi, ofrann sereyal pa yo, farin fen mele avèk lwil: twa dizyèm efa pou towo a, de dizyèm pou belye a, ⁴ epi yon dizyèm pou chak nan sèt jenn mouton yo. ⁵ Ofri yon mal kabrit pou yon ofrann peche, pou fè ekspiyasyon pou nou, ⁶ anplis, ofrann brile a lalin nèf yo avèk ofrann sereyal li, ᵛofrann brile ki fèt tout tan an avèk ofrann sereyal li, ofrann bwason pa li, selon òdonans pa yo, pou yon odè ki santi bon, yon ofrann pa dife bay SENYÈ a.

⁷ "'Epi nan ʷdizyèm jou nan setyèm mwa a, nou va fè yon konvokasyon sen, e nou va imilye nou. Nou p ap fè okenn travay. ⁸ Nou va prezante yon

---

ᵃ **27:21** Egz 28:30 ᵇ **27:23** Det 31:23 ᶜ **28:2** Lev 3:11 ᵈ **28:3** Egz 29:38-42 ᵉ **28:5** Lev 2:1 ᶠ **28:7** Egz 29:42
ᵍ **28:10** Nonb 28:3 ʰ **28:11** Nonb 10:10 ⁱ **28:12** Nonb 15:4-12 ʲ **28:15** Nonb 28:3 ᵏ **28:16** Lev 23:5-8
ˡ **28:17** Lev 23:6 ᵐ **28:17** Lev 23:6 ⁿ **28:18** Lev 23:7 ᵒ **28:19** Det 15:21 ᵖ **28:22** Nonb 28:3 ᑫ **28:24** Lev 3:11
ʳ **28:25** Nonb 28:18 ˢ **28:26** Lev 23:15-21 ᵗ **28:31** Nonb 28:3 ᵘ **29:1** Egz 23:16 ᵛ **29:6** Nonb 28:3
ʷ **29:7** Lev 16:29-34

ofrann brile bay SENYÈ a kòm yon odè ki santi bon: yon towo, yon belye, sèt mal mouton nan laj 1 nan, ᵃki pa gen okenn defo; ⁹ epi ofrann sereyal pa yo, farin fen mele avèk lwil: twa dizyèm efa pou towo a, de dizyèm pou yon belye, ¹⁰ yon dizyèm pou chak nan sèt jenn mouton yo; ¹¹ yon mal kabrit pou yon ᵇofrann peche, anplis ke ofrann peche pou ekspiyasyon an, epi ᶜofrann brile ki fèt tout tan an, avèk ofrann sereyal la, ak ofrann bwason pa li a.

¹² "'Nan ᵈkenzyèm jou a nan setyèm mwa a, nou va fè yon konvokasyon sen. Nou va obsève yon fèt a SENYÈ a pandan sèt jou. ¹³ Nou va prezante yon ofrann brile, yon ofrann pa dife kòm yon odè ki santi bon a SENYÈ a: trèz towo, de belye, katòz mal mouton nan laj 1 nan, ki san defo; ¹⁴ epi ofrann sereyal pa yo, farin fen mele avèk lwil: twa dizyèm efa pou chak nan trèz towo yo, de dizyèm pou chak nan de belye yo, ¹⁵ epi yon dizyèm pou chak nan katòz belye yo; ¹⁶ epi yon mal mouton pou yon ofrann peche, ᵉanplis ofrann brile kontinyèl la, ofrann sereyal la, ak ofrann bwason pa li a.

¹⁷ "'Epi nan ᶠdezyèm jou a: douz towo, de belye, katòz mal mouton nan laj 1 nan san defo; ¹⁸ epi ofrann sereyal avèk ofrann bwason pa yo pou towo yo, pou belye yo ak pou jenn mouton yo, pa nimewo a yo ᵍselon òdonans lan; ¹⁹ epi yon mal kabrit kòm yon ofrann peche, ʰanplis ofrann kontinyèl la avèk ofrann sereyal la ak ofrann bwason pa yo.

²⁰ "'Epi nan twazyèm jou a: onz towo, de belye, katòz mal mouton nan laj 1 nan san defo; ²¹ epi ofrann sereyal pa yo, ofrann bwason pou towo yo, pou belye yo ak pou jenn mouton yo, selon nimewo òdonans lan; ²² epi yon mal kabrit kòm yon ofrann peche, anplis de ofrann brile k ap fèt tout tan an, ofrann sereyal la, ak ofrann bwason pa li a.

²³ "'Epi nan katriyèm jou a: de towo, de belye, katòz mal mouton nan laj 1 nan san defo; ²⁴ ofrann sereyal pa yo a ak ofrann bwason pou towo yo, pou belye yo ak pou jenn ti mouton yo, selon nimewo òdonans lan; ²⁵ epi yon mal kabrit kòm yon ofrann peche, anplis ofrann brile ki fèt tout tan an, ofrann sereyal la ak ofrann bwason pa li a.

²⁶ "'Epi nan senkyèm jou a: nèf towo, de belye, katòz mal mouton nan laj 1 nan ⁱsan defo' ²⁷ epi ofrann sereyal pa yo ak ofrann bwason pou towo yo, pou belye yo ak pou mouton yo selon nimewo òdonans lan; ²⁸ epi yon mal kabrit kòm yon ofrann peche, anplis de ofrann brile ki fèt tout tan ak ofrann sereyal la avèk ofrann bwason pa li a.

²⁹ "'Alò, nan sizyèm jou a: uit towo, de belye, katòz mal mouton 1 nan san defo; ³⁰ epi ofrann sereyal yo ak ofrann bwason pou towo yo, pou belye yo ak pou jenn ti mouton yo, selon nimewo òdonans lan; ³¹ epi yon mal kabrit kòm yon ofrann peche, anplis de ofrann brile ki fèt tout tan an avèk ofrann sereyal ak ofrann bwason pa li a.

³² "'Alò, nan setyèm jou a: sèt towo, de belye, katòz mal mouton nan laj 1 nan, san defo; ³³ epi ofrann sereyal pa yo ak ofrann bwason yo pou towo yo, pou belye yo ak pou jenn mouton yo selon nimewo òdonans lan, ³⁴ epi yon mal kabrit kòm yon ofrann peche, anplis de ofrann brile ki fèt tout tan an, ofrann sereyal la ak ofrann bwason pa li a.

³⁵ ʲ"'Nan uityèm jou a, nou va fè yon asanble solanèl; nou pa pou fè okenn travay di nan jou sa yo. ³⁶ Men nou va prezante yon ofrann brile, yon ofrann pa dife kòm yon ofrann ki santi bon bay SENYÈ a: yon towo, yon belye, sèt mal mouton nan laj 1 nan san defo; ³⁷ ofrann sereyal la ak ofrann bwason pa yo pou towo a, pou belye a ak pou jenn mouton yo, selon nimewo òdonans lan; ³⁸ epi yon mal kabrit kòm yon ofrann peche, anplis de ofrann brile ki fèt tout tan an ak ofrann sereyal la avèk ofrann bwason pa li a.

³⁹ "'Nou va prezante sila yo bay SENYÈ a nan ᵏlè fèt apwente nou chwazi yo—anplis, ofrann ve nou yo ak ofrann bòn volonte nou yo—pou ofrann brile nou yo, pou ofrann sereyal pa nou yo, ofrann bwason pa nou yo ak ofrann lapè nou yo.'"

⁴⁰ Moïse te pale avèk fis Israël yo an akò avèk tout sa ke SENYÈ a te kòmande li yo.

30

Alò, Moïse te pale a ˡchèf a tribi fis Israël yo. Li te di: "Sa se pawòl ke SENYÈ a te kòmande a. ² ᵐSi yon nonm fè yon ve a SENYÈ a, oswa fè yon sèman ki mare li ak yon angajman, li pa pou vyole pawòl li. Li va fè li an akò avèk tout sa ki sòti nan bouch li.

³ "Osi, si yon fanm fè yon ve a SENYÈ a, e li mare li ak yon angajman lakay papa li, pandan jenès li, ⁴ epi papa li te tande ve li a, angajman pa sila li te mare tèt li a, e papa li pa di li anyen, alò, tout ve li yo va kanpe e tout angajman pa sila li te mare tèt li yo, yo va kanpe. ⁵ Men si papa li ta anpeche li nan jou ke li tande sa a, okenn nan ve sa yo ni angajman pa sila li te mare tèt li yo, p ap kanpe. SENYÈ a va padone li akoz ke papa li te anpeche li.

⁶ "Si li ta marye pandan li anba ve oswa sèman a bouch li ki te make sajès la, pa sila li te vin mare tèt li a, ⁷ epi mari li tande sa e li pa di anyen a li menm nan jou ke li tande sa a; alò, ve li a va kanpe, e angajman pa sila li te mare tèt li a, va kanpe. ⁸ Men si nan jou ke mari li tande sa a, li anpeche li; alò, li va anile ve ke li anba li a, ak sèman ki te manke sajès pa sila li te mare tèt li a. SENYÈ a va padone li.

⁹ "Men yon ve pa yon vèv, oswa yon fanm divòse, tout sa pa sila li te mare tèt li a, va vin kanpe kont li.

¹⁰ "Si li te fè ve a lakay mari li, oswa li te mare tèt li pa yon angajman avèk yon sèman, ¹¹ epi mari li te tande sa; men pa t di anyen a li menm, e li pa t anpeche li; alò, tout ve li yo va kanpe e tout

---

ᵃ **29:8** Det 15:21   ᵇ **29:11** Lev 16:3-5   ᶜ **29:11** Nonb 28:3   ᵈ **29:12** Lev 23:33-35   ᵉ **29:16** Nonb 28:3
ᶠ **29:17** Lev 23:36   ᵍ **29:18** Lev 2:1-6   ʰ **29:19** Nonb 28:8   ⁱ **29:26** Eb 7:28   ʲ **29:35** Lev 23:36   ᵏ **29:39** Lev 23:2
ˡ **30:1** Nonb 1:4-16   ᵐ **30:2** Det 23:21-23

angajman pa sila li te mare tèt li yo, va vin kanpe. ¹² Men si, vrèman, mari li anile yo nan jou ke li tande yo a; alò, okenn ve oswa angajman ki sòti nan lèv li, p ap kanpe. Mari li te anile yo. SENYÈ a va padone li. ¹³ Nenpòt ve oswa nenpòt sèman pa sila li te mare tèt li a, mari li kapab aksepte li, oswa mari li kapab anile li. ¹⁴ Men si mari li, vrèman, pa di anyen a li menm de jou an jou; alò, li te aksepte li. Paske li pa di anyen a li menm nan jou ke li te tande yo a. ¹⁵ Men si li, vrèman, anile yo apre li te tande yo a; alò, mari a va pote koupabilite chaj li."

¹⁶ Sa yo se règleman ke SENYÈ a te kòmande Moïse yo, antre yon mesye ak madanm li, oswa antre yon papa ak fi ki nan laj jenès li, ki te viv lakay papa li.

31 Alò, SENYÈ a te pale avèk Moïse e te di: ² ᵃPran vanjans konplè pou fis Israël yo kont Madyanit yo. Apre, ou va rasanble anvè pèp ou a.

³ Moïse te pale avèk pèp la e te di: "Bay gason pami nou yo zam pou fè lagè; pou yo kapab sòti kont Madian pou egzekite ᵇvanjans SENYÈ a kont Madian. ⁴ Yon milye ki soti nan chak tribi a tout tribi Israël yo, nou va voye yo nan lagè." ⁵ Konsa, te vin disponib soti nan milye an Israël, yon milye soti nan chak tribi, douz mil avèk zam prepare pou lagè. ⁶ Moïse te voye yo, yon milye sòti nan chak tribi nan lagè, e Phinées, fis Éléazar a, prèt la, nan lagè avèk yo, avèk veso sen ak ᶜtwonpèt yo pou sone alam ki nan men l lan.

⁷ Konsa, yo te fè lagè kont Madian, jis jan ke SENYÈ a te kòmande Moïse la, e ᵈyo te touye tout gason yo. ⁸ Yo te touye wa a Madian yo ansanm avèk lòt ki te mouri yo: ᵉEvi, Rékem, Tsur, Hur, ak Réba, senk wa a Madian yo. Yo osi te touye ᶠBalaam fis a Beor a avèk nepe. ⁹ Fis a Israël yo te pran an kaptif fanm a Madian avèk timoun piti yo, tout bèf yo avèk tout bann bèt yo ak tout byen yo te piyaje yo. ¹⁰ Yo te brile tout vil kote yo te rete yo ak tout kan yo avèk dife. ¹¹ ᵍYo te piyaje ak tout sila ki te pran an kaptif yo, ni moun, ni bèt. ¹² Yo te mennen kaptif yo avèk bèt yo avèk sa yo piyaje yo bay Moïse ak Éléazar, prèt la ak bay kongregasyon fis Israël yo, nan kan nan plèn Moab la, ki akote Jourdain an anfas Jéricho.

¹³ Moïse avèk Éléazar, prèt la ak tout chèf ki nan kongregasyon yo te ale deyò kan an pou rankontre yo. ¹⁴ Moïse te fache avèk ofisye lame a, kapitèn a dè milye ak kapitèn dè santèn ki te sòti nan sèvis lagè yo.

¹⁵ Moïse te di yo: "Èske nou te bay ʰtout fanm yo lavi? ¹⁶ ⁱGade byen, sila yo te fè fis Israël yo avèk konsèy Balaam nan vin peche kont SENYÈ a nan zafè Peor a; konsa, gwo epidemi te vin pami kongregasyon SENYÈ a. ¹⁷ ʲPou sa, touye tout gason pami pitit yo, e touye tout fanm ki gen tan fin kouche avèk gason. ¹⁸ Men tout fi ki poko konnen gason, konsève yo pou nou menm.

¹⁹ ᵏ"Epi nou menm, fè kan deyò kan an pandan sèt jou; nenpòt moun ki te touye yon moun, e nenpòt moun ki te touche yon mò, pirifye tèt nou, nou menm avèk kaptif nou yo, nan twazyèm jou ak nan setyèm jou a. ²⁰ Nou va pirifye tèt nou, tout rad nou yo, tout bagay ki fèt an kwi, tout travay an po kabrit ak tout bagay an bwa."

²¹ Alò, Éléazar, prèt la, te di a mesye lagè ki te ale nan batay yo: "Sa se règleman a lalwa ke SENYÈ a te kòmande Moïse la: ²² sèlman lò avèk ajan, avèk bwonz, fè, fè blan ak plon, ²³ tout sa ki kapab sipòte dife, nou va fè pase nan dife, e li va vin pwòp; men li va pirifye avèk ˡdlo pirifikasyon an. Men nenpòt sa ki pa kab sipòte dife, nou va pase yo nan dlo. ²⁴ Epi nou va lave rad nou nan setyèm jou a pou nou vin pwòp; epi apre, nou kapab antre nan kan an."

²⁵ Konsa, SENYÈ a te pale a Moïse e te di: ²⁶ "Ou menm avèk Éléazar, prèt la, chèf a lakay zansèt yo nan kongregasyon an, pran kontwòl de sa ki te pran an kaptif yo, ni lòm, ni bèt; ²⁷ epi ᵐdivize piyaj la antre gèrye ki te sòti nan batay yo ak tout kongregasyon an. ²⁸ ⁿFè ranmase yon taks ki pou SENYÈ a sou gèrye ki te soti nan batay yo, youn nan chak senk san moun ke yo te pran an kaptif yo, nan bèf, nan bourik ak nan mouton; ²⁹ pran li nan mwatye pa yo, e bay li a Éléazar, prèt la, kòm yon ofrann bay SENYÈ a. ³⁰ Soti nan mwatye fis Israël yo, ou va pran youn ki sòti nan chak senkant moun, nan bèf, nan bourik ak nan mouton, nan tout bèt; epi bay yo a Levit ki ᵒresponsab lòd nan tabènak SENYÈ a."

³¹ Moïse avèk Éléazar, prèt la, te fè jis jan ke SENYÈ a te kòmande Moïse la.

³² Alò, piyaj ki te rete nan byen ke mesye lagè yo te piyaje a te si-mil-swasann-kenz (675,000) mouton, ³³ swasann-douz-mil (72,000) bèf, ³⁴ swasanteyen-mil (61,000) bourik, ³⁵ epi nan Kretyen kaptif yo, fanm ki pa t janm konnen gason yo, tout moun te trann-de-mil (32,000). ³⁶ Mwatye a, pati a sila ki te ale nan lagè yo te konsa: kantite mouton yo te: twa-san-trann-sèt-mil-senk-san, ³⁷ taks SENYÈ a te sis-san-swasann-kenz (675); ³⁸ bèf yo te trann-si-mil (36,000), ladann taks la te swasann-douz (72); ³⁹ bourik yo te trant-mil-senk-san (30,500), ladan yo taks SENYÈ a te swasanteyen (61); ⁴⁰ moun vivan yo te sèz-mil (16,000), ladan yo taks SENYÈ a te trann-de (32) moun.

⁴¹ Moïse te bay taks la, ofrann SENYÈ a Éléazar, prèt la, ᵖjis jan ke SENYÈ a te kòmande Moïse la. ⁴² Epi pou mwatye a fis Israël yo, ke Moïse te retire nan men mesye ki te ale nan lagè yo— ⁴³ Mwatye kongregasyon an te twa-san-trann-sèt-mil-senk-san (337,500)

ᵃ **31:2** Nonb 25:1-17   ᵇ **31:3** Lev 26:25   ᶜ **31:6** Nonb 10:8-9   ᵈ **31:7** Det 20:13   ᵉ **31:8** Nonb 25:15   ᶠ **31:8** Jos 13:22
ᵍ **31:11** Det 20:14   ʰ **31:15** Det 20:14   ⁱ **31:16** Nonb 25:1-9   ʲ **31:17** Det 7:2   ᵏ **31:19** Nonb 19:11-22
ˡ **31:23** Nonb 19:9-17   ᵐ **31:27** Jos 22:8   ⁿ **31:28** Nonb 18:21-30   ᵒ **31:30** Nonb 3:7-37   ᵖ **31:41** Nonb 5:9-10

mouton, ⁴⁴trann-si-mil (36,000) bèf, ⁴⁵trant-mil-senk-san (30,500) bourik, ⁴⁶moun vivan yo te sèz-mil (16,000) ⁴⁷epi soti nan mwatye fis Israël yo, Moïse te retire nan chak senkant, ni nan lòm ak nan bèt yo, e li te bay yo a Levit yo, ki te kenbe lòd nan tabènak SENYÈ a, jis jan ke SENYÈ a te kòmande Moïse la.

⁴⁸ Alò, ofisye ki te sou dè milye nan lame yo, kapitèn a dè milye e kapitèn a dè santèn yo te apwoche Moïse, ⁴⁹ epi yo te di a Moïse: "Sèvitè nou yo te pran kontwòl a mesye lagè ki sou chaj nou yo, e nanpwen pèsòn pami nou ki pa la. ⁵⁰ Konsa, nou vin pote yon ofrann bay SENYÈ a sou sa ke chak moun te twouve, bagay an lò, chenèt, braslè, bag, zanno ak kolye, ᵃpou fè ekspiyasyon pou nou menm devan SENYÈ a."

⁵¹ Moïse avèk Éléazar, prèt la, te pran lò pa yo, tout kalite bagay ki fonn. ⁵² Tout lò pou ofrann, yo te ofri devan SENYÈ a, soti nan kapitèn dè milye ak kapitèn dè santèn yo, se te sèz-mil-sèt-san-senkant (16,750) sik. ⁵³ ᵇMesye lagè yo te pran piyaj la, chak nonm pou kont li.

⁵⁴ Konsa, Moïse avèk Éléazar, prèt la, te pran lò kapitèn dè milye ak dè santèn yo, e yo te pote li nan tant asanble a kòm yon ᶜsouvni a fis Israël yo devan SENYÈ a.

32 Alò, fis Ruben yo avèk fis Gad yo te gen ᵈvrèman yon gran kantite bèt. Konsa, lè yo te wè teren nan ᵉJaezer a ak peyi a Galaad la, ke li te vrèman yon kote ki bon pou bèt. ² Fis a Gad avèk fis a Ruben yo te vin pale avèk Moïse ak Éléazar, prèt la, avèk chèf kongregasyon an. Yo te di yo, ³ ᶠ"Atharoth, Dibon, Jaezer, Nimra, Hesbon Elealé, Sebam, Nebo ak Beon, ⁴ peyi ᵍke SENYÈ a te bat devan kongregasyon Israël yo, se yon peyi ki pou pran swen bèt, e sèvitè ou yo gen bèt." ⁵ Yo te di: "Si nou twouve favè nan zye ou, kite peyi sa a vin bay a sèvitè ou yo kòm yon posesyon. Pa mennen nou lòtbò Jourdain an."

⁶ Men Moïse te di a fis Gad yo e a fis Ruben yo: "Èske frè nou yo va ale nan lagè, pou nou menm rete chita isit la? ⁷ ʰKoulye a, poukisa nou ap dekouraje fis Israël yo travèse lòtbò a pou antre nan peyi ke SENYÈ a te ba yo a? ⁸ Se sa ke papa nou yo te fè lè mwen te voye yo sòti nan ⁱKadès-Barnéa pou wè peyi a. ⁹ Paske, lè yo te monte nan ʲvale Eschcol pou te wè peyi a, yo te dekouraje fis Israël yo jiskaske yo pa t antre nan peyi ke SENYÈ a te ba yo a.

¹⁰ "Konsa, ᵏkòlè SENYÈ a te brile nan jou sa a, Li te sèmante, e te di: ¹¹ ˡ'Okenn nan mesye sa yo ki monte kite Égypte, ki gen laj plis ke ventan p ap wè peyi ke Mwen te sèmante a Abraham, Isaac, e a Jacob la; paske yo pa t swiv Mwen nèt, ¹² sof Caleb, fis a Jephunné a, Kenizyen an, ak Josué, fis a Nun nan, ᵐpaske yo te swiv SENYÈ a nèt.'

¹³ ⁿKonsa, chalè a SENYÈ a te brile kont Israël, e Li te fè yo vin egare nan dezè a pandan karantan, jiskaske tout jenerasyon sa a pami sila ki te fè mal nan zye SENYÈ a yo, te vin detwi.

¹⁴ "Koulye a, veye byen, nou te vin leve nan plas papa nou yo, yon nich moun plen peche, pou vin mete menm plis sou ᵒkòlè SENYÈ a kont Israël. ¹⁵ Paske si nou ᵖvire akote, e nou pa swiv Li, Li va, yon fwa, ankò abandone yo nan dezè a; epi nou va detwi tout pèp sa yo." ¹⁶ Alò, yo te vin pwoche li e te di: "Nou va bati isit la pak mouton pou bèt nou yo ak vil pou pitit nou yo; ¹⁷ ᑫmen nou, nou menm, nou va pran zam tou prepare pou ale devan fis Israël yo, jiskaske nou enstale yo nan plas yo. Pandan pitit nou yo ap viv nan vil fòtifye akoz sila k ap viv nan peyi yo. ¹⁸ Nou p ap retounen lakay nou jiskaske chak moun nan fis Israël yo gen tan posede eritaj pa yo. ¹⁹ Paske nou p ap gen yon eritaj avèk yo lòtbò Jourdain an, oswa pi lwen, paske eritaj pa nou an te tonbe bannou ˢnan kote Jourdain a sila a, vè lès la."

²⁰ ᵗKonsa Moïse te di yo: "Si nou va fè sa, si nou va pran zam nou yo devan SENYÈ a pou fè lagè a, ²¹ epi nou tout mesye avèk zam yo travèse Jourdain a devan SENYÈ a jiskaske Li pouse lènmi Li yo soti devan Li, ²² ᵘepi peyi a vin anba kontwòl devan SENYÈ a. Alò, apre nou va retounen, lib de angajman yo vè SENYÈ a, ak vè Israël. Konsa, peyi sila a va pou nou kòm yon posesyon devan SENYÈ a.

²³ "Men si nou pa fè sa, veye byen, nou te peche kont SENYÈ a, e fòk nou konnen ke ᵛpeche nou va vin jwenn nou. ²⁴ Bati pou nou menm gran vil pou pitit nou yo, pak pou mouton nou yo, e ʷfè sa ke nou te pwomèt yo."

²⁵ Fis a Gad avèk fis a Ruben yo te pale avèk Moïse. Yo te di: "Sèvitè ou yo va fè ojis sa ke mèt mwen kòmande yo a. ²⁶ˣPitit nou yo, madanm nou yo, ak bèt nou yo va rete nan vil Galaad yo; ²⁷ pandan sèvitè ou yo, chak ki gen zam pou fè lagè, va ʸtravèse lòtbò nan prezans SENYÈ a pou batay la, jis jan ke mèt mwen pale."

²⁸ Konsa, Moïse te pase lòd konsènan yo a Éléazar, prèt la, a Josué, fis a Nun nan, e a chèf lakay papa zansèt yo, a tribi a fis Israël yo. ²⁹ Moïse te di yo: "Si fis a Gad avèk fis a Ruben yo, tout sila ki te pran zam pou batay yo, va travèse avèk nou lòtbò Jourdain an nan prezans SENYÈ a, e peyi a vin soumèt devan nou, alò nou va ba yo peyi a Galaad la kòm yon posesyon. ³⁰ Men si yo refize travèse avèk nou avèk zam yo, yo va genyen posesyon yo pami nou nan peyi Canaran."

³¹ Fis a Gad avèk fis a Ruben yo te reponn e te di: "Jan SENYÈ a te pale a sèvitè ou yo, konsa

---

ᵃ **31:50** Egz 30:12-16   ᵇ **31:53** Nonb 31:32   ᶜ **31:54** Egz 30:16   ᵈ **32:1** Egz 12:38   ᵉ **32:1** Nonb 21:22
ᶠ **32:3** Nonb 32:34-38   ᵍ **32:4** Nonb 21:34   ʰ **32:7** Nonb 13:27-33   ⁱ **32:8** Nonb 13:3-26   ʲ **32:9** Nonb 13:24
ᵏ **32:10** Nonb 14:11   ˡ **32:11** Nonb 14:26-30   ᵐ **32:12** Det 1:36   ⁿ **32:13** Nonb 14:33-35   ᵒ **32:14** Det 1:37
ᵖ **32:15** Det 30:17-18   ᑫ **32:17** Jos 4:12-13   ʳ **32:18** Jos 22:1-4   ˢ **32:19** Nonb 12:1   ᵗ **32:20** Det 3:18
ᵘ **32:22** Det 3:20   ᵛ **32:23** Jen 4:7   ʷ **32:24** Nonb 30:2   ˣ **32:26** Jos 1:14   ʸ **32:27** Jos 4:12

nou va fè. ³² Nou menm, nou va travèse lòtbò avèk zam yo nan prezans SENYÈ a, nan peyi Canaran, e posesyon eritaj nou va rete avèk nou lòt kote Jourdain an." ³³ ᵃKonsa, Moïse te bay yo, fis a Gad avèk fis a Ruben yo, mwatye tribi fis a Joseph la, Manassé, wayòm a Sihon, wa a Amoreyen yo, wayòm a Og la, wa a Basan an, peyi a avèk vil pa yo, teritwa pa yo, vil a teritwa ki te antoure yo.

³⁴ Fis a Gad yo te bati Dibon avèk Ataroth ak ᵇAroër, ³⁵ Atroth-Schophan, Jaezer, Jogbetha, ³⁶ ᶜBeth Nimra avèk Beth Haran, kòm vil byen fòtifye ak pak pou mouton. ³⁷ Fis a Ruben yo te bati Hesbon, Elealé, avèk Kirjathaïm, ³⁸ ᵈNebo avèk Baal-Meon——non ki te chanje yo—ak Sibma, e yo te bay lòt non a vil ke yo te bati yo.

³⁹ Fis a ᵉMakir yo, fis a Manassé yo te ale Galaad pou te pran li, e yo te deplase Amoreyen ki te rete ladann yo. ⁴⁰ Konsa, Moïse te bay ᶠGalaad a Makir, fis a Manassé a, e li te viv ladann. ⁴¹ ᵍJaïr, fis a Manassé a te ale pran vil li yo, e li te rele yo Havvoth-jaïr. ⁴² Nobach te ale pran Kenath avèk vil pa li yo, e li te rele li Nobach selon pwòp non pa li.

33 Sa se vwayaj a fis Israël yo sou sila yo te sòti nan peyi Égypte la pa lame pa yo, anba ʰdireksyon Moïse avèk Aaron. ² Moïse te ekri yon rapò pou montre pwent kòmansman nan vwayaj yo selon kòmand SENYÈ a, e sa yo se vwayaj selon pwent kòmansman sila yo.

³ ⁱYo te vwayaje soti nan Ramsès nan premye mwa a, sou kenzyèm jou a. Nan jou apre Pak la, fis Israël yo te ʲsoti avèk gwo kouraj devan zye a tout Ejipsyen yo, ⁴ pandan tout Ejipsyen yo t ap antere tout premye ne ke SENYÈ a te frape detwi pami yo. SENYÈ a te osi egzekite jijman ᵏsou dye ki te pou yo.

⁵ Alò, ˡfis a Israël yo te vwayaje soti Ramsès pou te fè kan nan Succoth.

⁶ ᵐYo te vwayaje soti Succoth pou te fè kan nan Etham, ki sou kote dezè a.

⁷ ⁿYo te vwayaje soti Etham pou te vire fè bak jis nan Pi-Hahiroth, ki anfas Baal-Tsephon, e yo te vin fè kan devan Migdol.

⁸ ᵒYo te vwayaje soti devan Pi-Hahiroth. Yo te pase nan mitan lanmè a pou rive nan dezè a, ᵖyo te vwayaje pandan twa jou nan dezè Étham an, e yo te vin fè kan nan Mara.

⁹ ᵠYo te vwayaje soti Mara pou te rive nan Élim. Nan Élim, te gen douz sous dlo, swasann-dis pye palmis, e yo te fè kan an.

¹⁰ Yo te vwayaje soti nan Élim, pou te fè kan bò kote Lamè Wouj.

¹¹ Yo te vwayaje soti Lamè Wouj pou te fè kan nan ʳdezè Tsin nan.

¹² Yo te vwayaje soti nan dezè Tsin nan pou te fè kan nan Dophka.

¹³ Yo te vwayaje soti nan Dophka pou te fè kan nan Alusch.

¹⁴ Yo te vwayaje soti Alusch pou te fè kan nan ˢRephidim. Se te la ke pèp la pa t gen dlo pou bwè a.

¹⁵ Yo te vwayaje soti nan Rephidim pou te fè kan ᵗdezè Sinaï a.

¹⁶ Yo te vwayaje soti nan dezè Sinaï a pou te fè kan nan ᵘKibroth-Hattaava.

¹⁷ Yo te vwayaje soti nan Kibroth-Hattaava pou te fè kan nan ᵛHatséroth.

¹⁸ Yo te vwayaje soti nan Hatséroth pou te fè kan nan Rithma.

¹⁹ Yo te vwayaje soti nan Rithma pou te fè kan nan Rimmon-Pérets.

²⁰ Yo te vwayaje soti nan Rimmon-Pérets pou te fè kan nan ʷLibna. ²¹ Yo te vwayaje soti nan Libna pou te fè kan nan Rissa.

²² Yo te vwayaje soti nan Rissa pou te fè kan nan Kehélatha. ²³ Yo te vwayaje soti nan Kehélatha pou te fè kan nan Schapher.

²⁴ Yo te vwayaje soti nan Mòn Schapher pou te fè kan nan Harda. ²⁵ Yo te vwayaje soti nan Harda pou te fè kan nan Makhéloth.

²⁶ Yo te vwayaje soti nan Makhéloth pou te fè kan nan Tahath.

²⁷ Yo te vwayaje soti nan Tahath pou te fè kan nan Tarach.

²⁸ Yo te vwayaje soti nan Tarach pou te fè kan nan Mithka.

²⁹ Yo te vwayaje soti nan Mithka pou te fè kan nan Haschmona.

³⁰ Yo te vwayaje soti nan Haschmona pou te fè kan nan ˣMoséroth.

³¹ Yo te vwayaje soti nan Moséroth pou te fè kan nan Bené-Jaakan.

³² Yo te vwayaje soti nan ʸBené-Jaakan pou te fè kan nan Hor-Guidgad.

³³ Yo te vwayaje soti nan Hor-Guidgad pou te fè kan nan ᶻJothbatha. ³⁴ Yo te vwayaje soti nan Jothbatha pou te fè kan nan Abrona.

³⁵ Yo te vwayaje soti nan Abrona pou te fè kan nan ᵃEtsjon-Guéber.

³⁶ Yo te vwayaje soti nan Etsjon-Guéber pou te fè kan nan dezè a ᵇTsin nan: sa vle di, Kadès.

³⁷ Yo te vwayaje soti nan Kadès pou te fè kan nan Mòn Hor, nan ᶜlizyè peyi Édom an.

³⁸ ᵈKonsa, Aaron, prèt la, te monte nan Mòn Hor selon lòd SENYÈ a, e li te mouri la nan karantyèm ane apre fis Israël yo te sòti nan peyi Égypte la, nan premye jou sou senkyèm mwa a.

³⁹ Aaron te gen san-venn-twazan (123) lè li te mouri sou Mòn Hor a.

ᵃ **32:33** Det 3:8-17 ᵇ **32:34** Det 2:36 ᶜ **32:36** Nonb 32:3 ᵈ **32:38** És 46:1 ᵉ **32:39** Jen 50:23 ᶠ **32:40** Det 3:12-15
ᵍ **32:41** Det 3:14 ʰ **33:1** Sòm 105:26 ⁱ **33:3** Egz 12:37 ʲ **33:3** Egz 14:8 ᵏ **33:4** Egz 12:12 ˡ **33:5** Egz 12:37
ᵐ **33:6** Egz 13:20 ⁿ **33:7** Egz 14:1-2 ᵒ **33:8** Egz 14:22 ᵖ **33:8** Egz 15:22,23 ᵠ **33:9** Egz 16:27 ʳ **33:11** Egz 16:1
ˢ **33:14** Egz 17:1 ᵗ **33:15** Egz 19:1 ᵘ **33:16** Nonb 11:34 ᵛ **33:17** Nonb 11:35 ʷ **33:20** Det 1:1 ˣ **33:30** Det 10:6
ʸ **33:32** Jen 36:27 ᶻ **33:33** Det 10:7 ᵃ **33:35** Det 2:8 ᵇ **33:36** Nonb 20:1 ᶜ **33:37** Nonb 20:16 ᵈ **33:38** Nonb 20:28

⁴⁰ Alò, Kananeyen an, wa a ᵃArad ki te rete Negev la nan peyi Canaran an, te tande ke fis Israël yo t ap pwoche.
⁴¹ Alò, yo te vwayaje soti nan Mòn Hor pou te fè kan nan Tsalmona.
⁴² Yo te vwayaje soti nan Tsalmona pou te fè kan nan Punon.
⁴³ Yo te vwayaje soti nan Punon pou te fè kan nan ᵇOboth.
⁴⁴ Yo te vwayaje soti nan Oboth pou te fè kan nan Ijjé-Abarim nan lizyè Moab la.
⁴⁵ Yo te vwayaje soti nan Ijjé-Abarim pou te fè kan nan Dibon-Gad.
⁴⁶ Yo te vwayaje soti nan Dibon-Gad pou te fè kan nan Almon-Diblathaïm.
⁴⁷ Yo te vwayaje soti nan Almon-Diblathaïm pou te fè kan nan mòn ᶜAbarim yo devan Nebo.
⁴⁸ Yo te vwayaje soti nan mòn Abarim yo pou te ᵈfè kan nan plèn a Moab yo akote Jourdain an, anfas Jériko.
⁴⁹ Yo te fè kan akote Jourdain an, soti nan Beth-Jeschimoth pou jis rive nan ᵉAbel-Sittim nan plèn a Moab yo.
⁵⁰ Alò, SENYÈ a te pale avèk Moïse nan plèn a Moab yo akote Jourdain an anfas Jériko. Li te di:
⁵¹ Pale avèk fis Israël yo e di yo, ᶠ"Lè nou fin travèse Jourdain an pou antre nan peyi Canaran an, ⁵² alò, nou va chase deyò tout abitan nan peyi a soti devan nou. Nou va ᵍdetwi tout zidòl taye an wòch pa yo, detwi tout imaj fonn yo, e kraze nèt tout wo plas yo.
⁵³ ʰ"Konsa, nou va pran posesyon peyi a pou viv ladann. Paske Mwen te bay peyi a a nou pou posede li. ⁵⁴ ⁱNou va eritye teren an pa tiraj osò selon fanmi nou yo. Pou pi gran fanmi yo, eritaj la va vin plis, pou pi piti yo, nou va bay mwens nan eritaj la. Nenpòt lè tiraj osò a tonbe sou nenpòt fanmi, sila a va pou li. Nou va eritye pa tribi a zansèt nou yo.
⁵⁵ "Men si nou pa pouse mete deyò, tout abitan peyi a devan nou, alò, li va vin rive ke sila ke nou kite pami nou yo, va ʲvin pike zye nou. Yo va devni tankou pikan bò kote nou, e yo va twouble nou nan peyi kote nou rete a. ⁵⁶ Epi li va rive ke sa M te anvizaje fè yo, M ap vin fè l nou."

34

Alò, SENYÈ a te pale avèk Moïse. Li te di: ² Kòmande fis Israël yo e di yo: "Lè nou antre ᵏnan peyi Canaran an, sa se peyi ki va vin tonbe pou nou kòm eritaj la; peyi a Canaran an menm, selon lizyè pa li.
³ ˡ"Pati sid la va rive soti nan dezè Tsin nan akote Edom. Lizyè sid la va kouri soti nan pwent Lamè Sale a pou ale vè lès. ⁴ Epi lizyè nou an va vire soti nan sid pou monte vè Akrabbim, e kontinye rive nan Tsin, epi dènye pwent li an va nan sid ᵐKadès-Barnéa. Konsa, li va rive nan Hatsar-Addar pou kontinye rive nan Atsmon.
⁵ Lizyè a va vire soti nan Atsmon nan ti flèv Égypte la, pou fini nan ⁿlanmè.
⁶ "'Epi selon fwontyè lwès la, nou va genyen Gran Lamè a, sa vle di kot li. Sa va fwontyè lwès la.
⁷ º"'Epi sa va fwontyè nò nou: nou va trase lizyè a soti nan Gran Lamè a pou rive nan Mòn Hor. ⁸ Nou va trase yon lizyè soti nan Mòn Hor pou rive ᵖnan Lebo-hamath, e fwontyè a va vin fini nan Tsedad. ⁹ Konsa, fwontyè a va kontinye nan Ziphron, e dènye pwent li an va nan Hatsar-Énan. Sa va fwontyè nò nou.
¹⁰ "'Pou fwontyè lès la, nou va osi trase yon lizyè soti nan Hatsar-Énan pou rive nan Schepham. ¹¹ Konsa, fwontyè a va desann soti nan Schepham nan ᵠRibla nan kote lès a Aïn nan. Epi lizyè a va desann rive nan pant sou kote lès a ʳLamè Kinnéreth la. ¹² Konsa, fwontyè a va desann rive nan Jourdain an, e li va fini nan Lamè Sale a. Sa va peyi pa nou an selon lizyè yo ki antoure li a.'"
¹³ Konsa, Moïse te kòmande fis Israël yo. Li te di: "Sa se peyi ke nou gen pou separe selon tiraj osò pami nou menm kòm posesyon, ke SENYÈ a te kòmande pou bay a nèf tribi edmi yo. ¹⁴ ᵗPaske, tribi a fis Ruben yo te deja resevwa pa yo selon lakay zansèt pa yo, tribi a fis a Gad yo selon lakay zansèt pa yo, e mwatye tribi a Manassé a te resevwa posesyon pa l. ¹⁵ De tribi edmi sa yo te resevwa posesyon pa yo lòtbò Jourdain an, anfas Jériko, vè lès, vè solèy leve a."
¹⁶ Alò, SENYÈ a te pale avèk Moïse e te di: ¹⁷ ᵘ"Sila yo se non a mesye ki va divize peyi a bannou kòm eritaj nou yo: Éléazar, prèt la, avèk Josué, fis a Nun nan. ¹⁸ Nou va pran yon chèf nan chak tribi pou divize peyi a kòm eritaj nou.
¹⁹ "Sila yo se non a mesye sa yo: nan tribi Juda a, ᵛCaleb, fis a Jephaunné a.
²⁰ "Nan tribi fis a ʷSiméon yo, Samuel fis a Ammihud la.
²¹ "Nan tribi ˣBenjamin an, Élidad fis a Kislon an.
²² Nan tribi fis a Dan yo, yon chèf, Buki, fis a Jogli a.
²³ "Nan tribi fis Joseph yo: nan tribi a fis a Manassé yo, chèf Hanniel, fis a Éphod la.
²⁴ "Nan tribi a fis a Éphraïm nan, yon chèf, Kemuel, fis a Schiphtan an.
²⁵ "Nan tribi a fis a Zabulon yo, yon chèf, Élitsaphan, fis a Parnac la.
²⁶ "Nan tribi a fis a Issacar yo, yon chèf, Paltiel, fis a Azzan an.
²⁷ "Nan tribi a fis a Aser yo; yon chèf, Ahihud, fis a Schelomi a.
²⁸ "Nan tribi a fis a Nephtali yo, yon chèf, Pedahel, fis a Ammihud la."

ᵃ **33:40** Nonb 21:1   ᵇ **33:43** Nonb 21:10-11   ᶜ **33:47** Nonb 27:12   ᵈ **33:48** Nonb 22:1   ᵉ **33:49** Nonb 25:1   ᶠ **33:51** Jos 3:17   ᵍ **33:52** Det 7:5   ʰ **33:53** Det 11:31   ⁱ **33:54** Nonb 26:53-56   ʲ **33:55** Jos 23:13   ᵏ **34:2** Jen 17:8   ˡ **34:3** Jos 15:1-3   ᵐ **34:4** Nonb 32:8   ⁿ **34:5** Jos 15:4   ᵒ **34:7** Éz 47:15-17   ᵖ **34:8** Jos 13:5   ᵠ **34:11** II Wa 23:33   ʳ **34:11** Det 3:17   ˢ **34:13** Det 11:24   ᵗ **34:14** Nonb 32:33   ᵘ **34:17** Jos 14:1-2   ᵛ **34:19** Nonb 13:6-30   ʷ **34:20** Jen 29:33   ˣ **34:21** Det 33:12

²⁹ Sa yo se sila ke SENYÈ a te kòmande pou divize eritaj a fis Israël yo nan peyi Canaran an.

35 Alò, ᵃSENYÈ a te pale avèk Moïse nan plèn Moab yo akote Jourdain an anfas Jéricho. Li te di: ² Kòmande fis a Israël yo pou yo bay a Levit yo soti nan eritaj a posesyon pa yo vil pou Levit yo rete ladan. Konsa, nou va bay a Levit yo teren patiraj ki antoure vil yo. ³ Vil yo va pou yo, pou yo viv ladann. Teren pa yo va pou bèf pa yo, pou twoupo pa yo ak pou tout bèt pa yo.

⁴ Teren patiraj lavil ke nou te bay a Levit yo va rive soti nan miray lavil yo, pou lonje rive jis a mil (1,000) koude. ⁵ Nou va, osi, mezire deyò lavil la nan kote lès, de-mil (2,000) koude, nan kote sid, de-mil (2,000) koude, nan kote lwès, de-mil (2,000) koude, ak nan kote nò, de-mil koude, avèk vil nan mitan li an. Sa va devni pou yo kòm teren pa yo pou vil yo.

⁶ Vil ke nou va bay a Levit yo va ᵇsis vil azil kote moun ki touye moun kapab sove ale. Anplis de sa yo, nou va bay karann-de vil. ⁷ Tout vil ke nou va bay a Levit yo va ᶜkarannuit vil ansanm avèk teren patiraj pa yo. ⁸ ᵈSelon vil ke nou va bay soti nan posesyon a fis Israël yo, nou va pran plis nan men pi gran yo, e nou va pran mwens nan men pi piti yo. A tout selon eritaj li ke li resevwa va bay kèk nan vil pa li yo a Levit yo.

⁹ Alò, SENYÈ a te pale avèk Moïse. Li te di: ¹⁰ ᵉ"Pale avèk fis Israël yo pou di yo: 'Lè nou fin travèse Jourdain an pou lantre nan peyi Canaran an, ¹¹ alò, nou va apwente pou nou menm ᶠvil azil nou, pou sila ki touye moun yo, san entansyon eksprè, kapab sove ale. ¹² ᵍVil yo va pou nou yon refij kont vanjè yo, pou sila ki touye moun nan pa mouri jiskaske li ta vin kanpe devan kongregasyon an pou jije. ¹³ Vil ke nou bay yo va sis vil nou yo pou azil. ¹⁴ Nou ʰva bay twa vil lòtbò Jourdain an ak twa vil nan peyi Canaran an. Yo va sèvi kòm vil azil. ¹⁵ Sis vil sila yo va tankou refij pou fis Israël yo, pou etranje a ak pou sila ki demere pami yo, pou nenpòt moun ki touye yon moun ⁱsan entansyon eksprè kapab sove ale pou rive la.

¹⁶ ʲ"Men si li te frape detwi li avèk yon objè an fè, pou l ta vin mouri, li se yon asasen. Yon asasen va, anverite, vin mete a lanmò. ¹⁷ Si li te frape li avèk yon wòch nan men l, pou l ta vin mouri, epi li mouri, li se yon asasen. Asasen an va vrèman, vin mete a lanmò. ¹⁸ Oswa, si li te frape li avèk yon bout bwa nan men l pou li ta mouri, e li vin mouri, li se yon asasen. Asasen an va vrèman, vin mete a lanmò. ¹⁹ Vanjè san an va, li menm, mete asasen an a lanmò. Li va mete li a lanmò depi li rankontre li. ²⁰ ᵏSi li t ap pouse li akoz rayisman, oswa jete yon bagay sou li lè li ˡkouche pou fè pèlen, e kòm rezilta, li te vin mouri, ²¹ oswa, si li te frape li avèk men l an rayisman, e li vin mouri, sila ki te frape li a va, vrèman, vin mete a lanmò. Li se yon asasen. Vanjè san an va mete asasen an a lanmò lè li rankontre li.

²² ᵐ"'Men si li vin pouse li sibit man san rayisman, oswa li te jete yon bagay sou li san entansyon, ²³ oswa, avèk nenpòt objè mòtèl an wòch, men san wè, li vin tonbe sou li e li vin mouri, pandan li pa t lènmi li, ni li pa t ap chache pou fè li mal, ²⁴ alò, ⁿkongregasyon an va jije antre moun ki touye moun nan avèk vanjè san an, selon òdonans sa yo. ²⁵ Kongregasyon an dwe pwoteje moun ki touye moun nan de men a vanjè san an, e kongregasyon an va voye li retounen nan vil azil kote li te sove ale a. Epi konsa, li va viv ladann jiskaske lanmò wo prèt ki te onksyone avèk lwil sen an.

²⁶ "'Men si moun ki touye moun nan sòti pi lwen ke lizyè pwòp vil azil pa li a, kote li te gen dwa sove ale a, ²⁷ epi vanjè san an vin jwenn li deyò lizyè vil azil li a; epi vanjè san an touye moun ki te touye moun nan, li p ap koupab de san an, ²⁸ akoz li te dwe rete nan vil azil pa li a jiskaske wo prèt la vin mouri. Men apre lanmò wo prèt la, moun ki te touye moun nan va retounen vè peyi posesyon pa li a.

²⁹ "'Bagay sa yo va yon ºòdonans lalwa pou tout jenerasyon nou yo nan tout abitasyon nou yo.

³⁰ ᵖ"'Si, yon moun touye yon moun, asasen an va vin mete a lanmò sou temwayaj temwen yo, men pèsòn pa pou mete a lanmò sou temwayaj a yon sèl temwen.

³¹ "'Anplis, nou pa pou pran ranson pou lavi a yon asasen ki koupab jiska lanmò. Li va, vrèman, vin mete a lanmò. ³² Nou pa pou pran ranson pou sila ki te sove ale nan vil azil la, pou l kab retounen viv nan peyi a avan lanmò a wo prèt la.

³³ ᑫ"'Alò, nou pa pou kontamine peyi kote nou rete a; paske san an va kontamine peyi a e nanpwen ekspiyasyon pou peyi pou san ki koule ladann, sof ʳpa san a sila ki te fè vèse san an. ³⁴ Nou pa pou ˢkonwonpi peyi kote nou rete a, kote ᵗMwen menm rete a. Paske Mwen, SENYÈ a, Mwen ap viv pami fis Israël yo.'"

36 ᵘEpi chèf lakay zansèt a fis a Galaad yo, fis a Makir yo, fis a Manassé a, a zansèt a Joseph yo, te vin toupre pou te pale devan Moïse ak devan chèf yo, chèf lakay zansèt a fis Israël yo. ² Yo te di: "SENYÈ a te kòmande mèt pa mwen an pou bay peyi a pa tiraj osò a fis Israël yo. E mèt mwen an ᵛte kòmande pa SENYÈ a pou bay eritaj a Tselophchad la, frè nou an, bay pitit fi li yo. ³ Men si yo marye avèk youn nan fis nan lòt tribi fis Israël yo, eritaj yo va retire nan eritaj zansèt nou yo, e li va vin ajoute a eritaj a tribi sou sila yo vin manm nan. Konsa, l ap retire nan eritaj ki te tonbe nan dwa nou an. ⁴ Lè

ᵃ **35:1** Lev 25:32-34   ᵇ **35:6** Jos 20:7-9   ᶜ **35:7** Jos 21:41   ᵈ **35:8** Lev 25:32-34   ᵉ **35:10** Jos 20:1-9
ᶠ **35:11** Jos 20:1   ᵍ **35:12** Det 19:4-6   ʰ **35:14** Det 4:41   ⁱ **35:15** Nonb 35:11   ʲ **35:16** Nonb 35:31   ᵏ **35:20** Jen 4:8
ˡ **35:20** Egz 21:14   ᵐ **35:22** Nonb 35:11   ⁿ **35:24** Jos 20:6   ᵒ **35:29** Nonb 27:11   ᵖ **35:30** Nonb 35:16
ᑫ **35:33** Sòm 106:38   ʳ **35:33** Jen 9:6   ˢ **35:34** Lev 18:24   ᵗ **35:34** Nonb 5:3   ᵘ **36:1** Nonb 27:1   ᵛ **36:2** Nonb 27:5-7

ᵃjibile a rive, alò, eritaj pa yo a va ajoute a eritaj tribi kote yo manm nan. Konsa, eritaj pa yo a va retire nan eritaj tribi a zansèt nou yo."

5 Alò, Moïse te kòmande fis a Israël yo pa pawòl a SENYÈ a, e te di: "Sa ke tribi a fis Joseph yo di a se sa. 6 ᵇSe sa ke SENYÈ a te kòmande konsènan fi a Tselophchad yo e te di: 'Kite yo marye ak nenpòt moun ke yo vle; men fòk yo marye nan pwòp fanmi a tribi zansèt papa pa yo. 7 Konsa, ᶜnanpwen eritaj nan fis Israël yo ki va transfere de tribi a tribi, paske fis Israël yo va chak kenbe eritaj a tribi zansèt yo. 8 Chak fi ki vin posede yon eritaj nan yon tribi a fis Israël yo va madanm a yon moun ki nan fanmi tribi zansèt papa li a, pou chak fis Israël yo kapab posede eritaj a zansèt pa yo. 9 Konsa nanpwen eritaj k ap transfere de yon tribi rive nan yon lòt tribi. Paske, tribi a fis Israël yo va chak kenbe nan pwòp eritaj pa yo.'"

10 Jis jan ke SENYÈ a te kòmande Moïse la, se konsa fi a Tselophchad yo te fè: 11 ᵈMachla, Thirtsa, Hogla, Milca, ak Noa, fi a Tselophchad yo, yo te marye avèk fis a tonton yo. 12 Yo te marye sa yo soti nan fanmi a fis a Manassé yo, fis a Joseph la, e eritaj yo te rete avèk tribi a fanmi zansèt papa yo.

13 ᵉSa yo se kòmandman ak règleman ke SENYÈ a te kòmande a fis Israël yo pa Moïse nan plèn Moab yo akote Jourdain an, anfas Jéricho.

ᵃ **36:4** Lev 25:10   ᵇ **36:6** Nonb 27:7   ᶜ **36:7** I Wa 21:3   ᵈ **36:11** Nonb 26:33   ᵉ **36:13** Lev 26:46

Detewonòm

1 Sa yo se pawòl a Moïse ke li te pale a tout pèp Israël la lòtbò Jourdain an, nan dezè a, nan Arabah, anfas Suph, antre Paran, Tophel, Laban, Hatséroth, ak Di-Zahab. ² Se te yon vwayaj onz jou soti nan [a]Horeb pa chemen a Mòn Séir pou rive nan Kadès-Barnéa.

³ Nan katriyèm ane a, nan premye jou nan onzyèm mwa a, Moïse te pale avèk fis Israël yo selon tout sa ke SENYÈ a te kòmande li anvè yo, ⁴ lè li te fin [b]bat Sihon, wa Amoreyen ki te rete Hesbon an, ak [c]Og, wa Basan an, ki te rete Aschtaroth avèk Édréï.

⁵ Anfas Jourdain an, nan peyi Moab la, Moïse te kòmanse fè eksplikasyon sou lwa sa a. Li te di: ⁶ "SENYÈ a, Bondye nou an, te [d]pale avèk nou isit la nan Horeb, e Li te di: 'Nou gen tan rete la a nan mòn sa pou ase de tan. ⁷ Vire kòmanse vwayaj nou an pou ale nan [e]peyi mòn ki pou Amoreyen yo e vè tout kote nan Arabah yo nan peyi mòn yo, nan teren ba yo, nan Negev la, nan lanmè a, peyi a Canaran yo ak nan Liban jis rive nan gran rivyè Lefrat la. ⁸ Nou wè, Mwen te mete tout peyi a devan nou. Ale ladann pou posede peyi ke SENYÈ a te [f]sèmante pou bay a zansèt nou yo—a Abraham, Isaac, e a Jacob—a yo menm ak desandan ki apre yo.'"

⁹ "Mwen te pale avèk nou[g]nan tan sa a pou te di nou, 'Mwen sèl p ap kapab pote fado nou pou kont mwen. ¹⁰ SENYÈ a, Bondye nou an, te fè nou [h]vin anpil, e gade byen, jodi a nou vin anpil tankou zetwal nan syèl la. ¹¹ Ke SENYÈ a, Bondye a zansèt nou yo, kapab fè nou vin miltipliye yon mil fwa anplis ke nou ye a, e beni nou [i]jis jan ke li te pwomèt nou an. ¹² Kijan mwen sèl mwen, ta kapab sipòte fado a nou menm avèk tout zen nou konn fè yo? ¹³ Chwazi moun ki saj, ki gen disènman avèk eksperyans nan pwòp tribi nou yo e mwen va[j]apwente yo kòm chèf nou.'

¹⁴ "Nou te reponn mwen e te di: 'Bagay ke ou di a, bon.'

¹⁵ "Konsa, mwen te pran chèf an tèt tribi nou yo, moun saj avèk eksperyans, e mwen te apwente yo kòm chèf sou nou, dirijan a dè milye, a dè santèn, a dè senkantèn, a dè dizèn ak ofisye pou tribi nou yo. ¹⁶ Mwen te pase lòd ak jij nou yo nan tan sa a. Mwen te di, 'Tande ka ki parèt antre nou menm avèk moun peyi parèy nou yo, e jije avèk ladwati antre yon nonm avèk moun peyi parèy a li, oswa etranje ki pami nou an. ¹⁷ Nou pa pou gen moun pa nan jijman an; nou va tande moun gwo pwa avèk moun ki manke pwa egal menm jan. Nou pa pou [k]pè moun, paske jijman an se pou Bondye. [l]Ka ki twò difisil pou nou an, nou va pote li ban mwen, e mwen va tande l.' ¹⁸ [m]Mwen te kòmande nou nan tan sa a, tout bagay ke nou te gen pou fè.

¹⁹ "Konsa, nou te pati [n]Horeb pou te pase nan tout gran dezè tèrib sila a ke nou te wè nan wout la pou rive nan peyi mòn a Amoreyen yo, jis jan ke SENYÈ a, Bondye nou an, te kòmande nou an; epi nou te vini Kadès Barnéa. ²⁰ Mwen te di nou: 'Nou gen tan vini nan peyi mòn a Amoreyen yo ke SENYÈ a, Bondye nou an, prèt pou bannou an. ²¹ Nou wè, SENYÈ a, Bondye nou an, te mete peyi a devan nou. Monte ladann, posede li, jan SENYÈ a, Bondye a zansèt nou yo, te pale nou an. [o]Pa pè, ni dekouraje.'"

²² "Konsa, nou tout te vin kote m e te di: 'Annou [p]voye moun devan nou pou yo kapab fè ankèt peyi a pou nou, pou retounen bannou yon pawòl konsènan chemen nou ta dwe monte a ak vil ke nou va antre yo.' ²³ "Sa te fè m plezi. Mwen te pran douz mesye pami nou, yon mesye pou chak tribi. ²⁴ [q]Yo te vire pou te monte nan peyi mòn nan, e yo te rive nan vale Eschcol la pou espyone ladann. ²⁵ Epi yo te pran kèk nan fwi peyi a nan men yo pou te pote li bannou. Yo te mennen bannou yon rapò. Yo te di: 'Se yon bon peyi ke SENYÈ a, Bondye nou an, prèt pou bannou an.'"

²⁶ [r]"Men nou pa t vle monte. Nou te fè rebèl kont kòmand a SENYÈ a, Bondye nou an. ²⁷ [s] Nou te plenyen nan tant nou yo e te di: 'Akoz SENYÈ a rayi nou, Li te mennen nou sòti nan peyi Égypte la pou livre nou nan men Amoreyen yo pou detwi nou. ²⁸ Kibò nou kab monte?' Frè nou yo te fè kè nou fann. Yo te di: 'Pèp la pi gran e piwo pase nou! Vil yo gran e fòtifye jis rive nan syèl la!' Anplis, nou te wè [t]fis a Anak yo la!"

²⁹ "Konsa, mwen te di nou: 'Pa etone, ni pa pè yo. ³⁰ SENYÈ a, li menm, ki ale devan nou an, va, [u]Li menm, goumen pou nou, jis jan ke Li te fè pou nou an Égypte la devan zye nou, ³¹ epi nan dezè a kote nou te wè kijan [v]SENYÈ a, Bondye nou an, te pote nou, jis jan ke yon nonm ta pote fis li, nan tout chemen kote nou te mache jis nou vin rive kote sa a.'"

³² "Men [w]malgre tout sa, nou pa t mete konfyans nan SENYÈ a, Bondye nou an, ³³ [x]ki te ale devan nou nan chemen an [y]pou chèche yon kote pou nou fè kan, kòm dife nan aswè ak nwaj nan la jounen pou montre nou nan ki chemen nou dwe ale.

³⁴ "Epi SENYÈ a te tande son pawòl nou yo. Li te fache. Li te [z]sèmante e te di: ³⁵ [a]'Nanpwen youn nan mesye sa yo, jenerasyon mechan sila a, ki va wè

ᵃ **1:2** Egz 3:1   ᵇ **1:4** Nonb 21:21-26   ᶜ **1:4** Nonb 21:33-35   ᵈ **1:6** Nonb 10:11-13   ᵉ **1:7** Jen 15:18
ᶠ **1:8** Jen 12:7   ᵍ **1:9** Egz 18:18-24   ʰ **1:10** Jen 15:5   ⁱ **1:11** Det 1:8-10   ʲ **1:13** Egz 18:21   ᵏ **1:17** Pwov 29:25
ˡ **1:17** Egz 18:22-26   ᵐ **1:18** Egz 18:20   ⁿ **1:19** Det 1:2   ᵒ **1:21** Jos 1:6-9   ᵖ **1:22** Nonb 13:1-3   ᵠ **1:24** Nonb 13:21-25
ʳ **1:26** Nonb 14:1-4   ˢ **1:27** Det 9:28   ᵗ **1:28** Nonb 13:28-33   ᵘ **1:30** Egz 14:14   ᵛ **1:31** Det 32:10-12
ʷ **1:32** Nonb 14:11   ˣ **1:33** Egz 13:21   ʸ **1:33** Nonb 10:33   ᶻ **1:34** Nonb 14:28-30   ᵃ **1:35** Sòm 95:11

bon peyi ke mwen te sèmante pou bay a zansèt nou yo. [36] Sof ke Caleb, fis a Jephunné a. Li va wè li. [a]A li menm avèk fis li yo Mwen va bay peyi kote li te mete pye li akoz li te swiv SENYÈ a nèt.'

[37] "Anplis, SENYÈ a te fache avèk mwen osi akoz nou menm. Li te di: [b]'Ni ou menm tou, ou p ap antre la. [38] Josué, fis a Nun nan, ki kanpe la devan nou an, [c]li va antre la. Ankouraje li, paske li va fè Israël jwenn eritaj li a.

[39] "'Anplis, [d]pitit nou ke nou te di ta devni yon piyaj la, ak fis nou ki nan jou sa a [e]pa t gen konesans a ni sa ki bon ak sa ki mal, va antre la. Mwen va bay yo li, e yo va posede li. [40] Men pou nou menm, vire pa dèyè, e fè wout nou pou dezè a pa Lamè Wouj.'

[41] [f]"Konsa, nou te di mwen: 'Nou te peche kont SENYÈ a; anverite, nou va monte pou fè lagè, jis jan ke SENYÈ a, Bondye nou an, te kòmande nou an.' Epi tout gason nan nou te mete zam sou yo. Yo te kalkile ke li te fasil pou monte nan peyi mòn nan."

[42] [g]"Men SENYÈ a te di mwen: 'Di yo: "Pa monte, ni goumen, paske Mwen pa pami nou. Otreman, nou va vin bat devan lènmi nou yo."'

[43] "Konsa, mwen te pale avèk nou, men nou pa t koute mwen. Olye de sa, [h]nou te fè rebèl kont kòmand SENYÈ a. Nou te aji avèk awogans e nou te monte nan peyi mòn lan. [44] [i]Amoreyen ki te rete nan peyi mòn sa yo te parèt kont nou. Yo te chase nou tankou myèl ta fè e yo te kraze nou soti nan Séir jis rive nan Horma. [45] Konsa, nou te retounen pou te kriye fò devan SENYÈ a; men [j]SENYÈ a pa t koute vwa nou, ni bannou zòrèy Li. [46] Pou sa, nou te rete [k]Kadès pandan anpil jou, jou sa yo ke nou te pase la a."

2

[l]"Epi nou te vire pati vè dezè a pa chemen Lamè Wouj la, jan SENYÈ a te pale mwen an, e nou te ansèkle Mòn Séir pandan anpil jou.

[2] "Epi SENYÈ a te pale avèk mwen. Li te di: [3] 'Nou gen tan fin ansèkle mòn sa a pandan ase de tan. Vire bò kote nò a. [4] Kòmande pèp la e di yo: "Nou va pase nan [m]teritwa frè nou yo, fis a Ésaü yo ki rete Séir, e [n]yo va pè nou. Pou sa, fè atansyon. [5] Pa bourade yo, paske Mwen p ap bannou okenn nan tè pa yo, menm yon ti mòso, [o]paske Mwen te bay Ésaü Mòn Séir pou posede l. [6] Nou va achte manje nan men yo avèk lajan pou nou kapab manje. Epi nou va, osi, achte dlo pou bwè nan men yo avèk lajan nou."'"

[7] "Paske SENYÈ a te beni nou nan tout sa nou te fè. Li te konnen tout vwayaj nou yo nan gran dezè sila a. Pandan [p]karantan sa yo, SENYÈ a, Bondye nou an, te avèk nou. Nou pa t manke anyen."

[8] "Pou sa, nou te pase devan kite frè nou yo, fis a Esaü ki rete Séir yo, lwen wout Araba a, lwen Élath ak [q]Etsjon-Guéber. Konsa, nou te vire pase nan chemen dezè Moab la.

[9] "Alò, SENYÈ a te di mwen, 'Pa menase Moab, ni pa fè pwovokasyon lagè, paske Mwen p ap bannou okenn nan peyi pa yo pou posede. Paske Mwen te bay Ar a [r]fis a Lot yo kòm posesyon.'

[10] "(Avan, se te pèp [s]Émim ki te rete la; yon gwo pèp, gran an kantite, e wo menm jan ak Anakim (jeyan yo). [11] Tankou Anakim yo, yo konnen kòm [t]Rephaïm; men Moabit yo, te rele yo Émim. [12] Otrefwa, se te [u]Oriyen yo ki te rete Séir, men fis a Esaü yo te deplase yo, te detwi yo devan yo, e yo te vin rete nan plas yo, jis jan ke Israël te fè lè yo te vin posede peyi pa yo ke SENYÈ a te bay yo.)

[13] "'Kouliye a, leve travèse ravin Zéred la, nou menm.' Konsa, nou te travèse ravin Zéred la.

[14] "Alò, tan ke nou te pran pou sòti Kadès-Barnéa pou vin travèse ravin Zéred la se te trann-tuit ane, jiskaske tout [v]jenerasyon moun lagè yo te mouri soti anndan kan an, jan SENYÈ a te sèmante a yo menm nan. [15] [w]Anplis, men a SENYÈ a te kont yo, pou detwi yo soti anndan kan an jiskaske yo tout te mouri.

[16] "Epi li te vin rive ke lè [x]tout moun lagè yo te fin mouri pami pèp la, [17] ke SENYÈ a te pale avè m e te di: [18] 'Jodi a, ou va travèse sou [y]Ar, lizyè a Moab la. [19] Lè ou vin anfas [z]fis Ammon yo, pa menase yo ni pwovoke yo, paske Mwen p ap bay ou okenn nan peyi ki pou fis Ammon yo kòm posesyon pa w, paske Mwen te bay li a [a]fis a Lot yo kòm posesyon.'

[20] "(Li rele osi peyi a, [b]Rephaïm, akoz Rephaïm yo te viv la avan sa, men Amonit yo rele yo Zamzumminim, [21] yon pèp tèlman gran e anpil, wo tankou Anakim, men SENYÈ a te detwi yo devan yo. Epi yo te chase yo sòti pou te vin rete nan plas yo, [22] jis jan ke li te fè pou fis Esaü yo, ki te rete Séir, lè Li te detwi [c]Oriyen yo soti devan yo; yo te chase yo e yo te vin rete nan plas yo menm jiska jodi a. [23] Epi [d]Avyen ki te rete nan vil yo jis rive kote Gaza, Kaftorim yo ki te sòti nan Caphtor, te detwi yo, e te vin viv nan plas yo.)

[24] "Leve, pati, e pase nan [e]vale Arnon an. Gade! Mwen te bay Sihon, Amoreyen an, wa a Hesbon avèk peyi pa l nan men nou. Kòmanse pran posesyon an e atake li pou fè lagè. [25] Nan jou sila a, Mwen va kòmanse mete [f]lakrent ak laperèz ou sou pèp toupatou anba syèl yo, ki, lè yo tande rapò a ou menm, yo va tranble e soufri nan laperèz akoz de ou.'

[26] [g]"Konsa, Mwen te voye mesaje soti nan dezè a Kedémoth vè Sihon, wa Hesbon an avèk pawòl lapè. Mwen te di: [27] 'Kite mwen pase nan peyi ou a, Mwen va vwayaje sèlman sou gran chemen an; mwen p ap vire akote ni adwat ni agoch. [28] Ou va vann mwen manje pou lajan pou m kab manje; epi ban mwen dlo pou lajan pou m kab bwè. [h]Sèlman,

---

[a] **1:36** Nonb 14:24   [b] **1:37** Nonb 27:13-18   [c] **1:38** Nonb 14:30   [d] **1:39** Nonb 14:3   [e] **1:39** És 7:15-16
[f] **1:41** Nonb 14:40   [g] **1:42** Nonb 14:41-43   [h] **1:43** Nonb 14:40   [i] **1:44** Nonb 14:45   [j] **1:45** Job 27:8-9
[k] **1:46** Nonb 20:1-22   [l] **2:1** Nonb 21:4   [m] **2:4** Jen 36:8   [n] **2:4** Egz 15:15-16   [o] **2:5** Jen 36:8   [p] **2:7** Nonb 14:33
[q] **2:8** Nonb 33:35   [r] **2:9** Jen 19:36-37   [s] **2:10** Jen 14:5   [t] **2:11** Jen 14:5   [u] **2:12** Jen 36:20   [v] **2:14** Nonb 14:29-35
[w] **2:15** Jd 5   [x] **2:16** Det 2:14   [y] **2:18** Det 2:9   [z] **2:19** Jen 19:38   [a] **2:19** Jen 2:9   [b] **2:20** Det 2:11   [c] **2:22** Det 2:12
[d] **2:23** Jos 13:3   [e] **2:24** Nonb 21:13-14   [f] **2:25** Egz 23:27   [g] **2:26** Nonb 21:21-32   [h] **2:28** Nonb 20:19

kite mwen pase ladann a pye, ²⁹ jis jan ke fis a Esaü ki rete Séir yo ak Moabit ki rete ᵃAr yo te fè pou mwen, jiskaske mwen travèse Jourdain an pou antre nan peyi ke SENYÈ a, Bondye nou an, ap bannou an.'

³⁰ "Men ᵇSihon, wa Hesbon an, pa t dakò kite nou pase nan peyi pa li a; paske SENYÈ a te fè lespri li rèd e kè li di, pou l ta kapab livre li nan men nou, jan ke li ye la jodi a.

³¹ "Senyè a te di mwen: 'Ou wè, Mwen te deja kòmanse livre Sihon avèk peyi li a nan men ou. Kòmanse okipe ou, pou nou kapab genyen peyi li a.'

³² "Epi Sihon avèk tout pèp li a te parèt pou rankontre nou nan batay nan Jahats la. ³³ SENYÈ a, Bondye nou an, te livre li bannou, e nou te ᶜbat li avèk fis li yo ak tout pèp li a. ³⁴ Konsa, nou te pran an kaptif tout vil li yo nan tan sa a, e nou te ᵈkonplètman detwi mesye yo, fanm yo, avèk pitit nan chak vil yo. Nou pa t menm kite youn vivan. ³⁵ Se ᵉsèl bèt nou te pran kòm piyaj nou, ak piyaj a vil ke nou te pran an kaptif.

³⁶ "Soti nan ᶠAroër ki nan arebò vale Arnon an, epi soti nan vil ki nan vale a, menm pou rive Galaad, pa t gen vil ki te twò wo pou nou. SENYÈ a, Bondye nou an, te livre yo bannou tout. ³⁷ ᵍSèlman, nou pa t pwoche teritwa fis a Ammon yo, toupatou akote rivyè Jabbok la ak vil peyi mòn yo, ak nenpòt kote ke SENYÈ a, Bondye nou an, te enpeche nou antre."

3 ʰ"Alò, nou te vire monte nan wout la vè Basan. Konsa, Og, wa a Basan an avèk tout pèp li a te sòti pou rankontre nou nan batay nan Édréï. ² Men SENYÈ a te di mwen: 'Pa pè li, paske Mwen te livre li avèk tout pèp li a, ak peyi li a nan men ou; epi ou va fè li menm jan ke ou te fè Sihon, wa Amoreyen yo, ki te rete Hesbon an.'

³ "Konsa SENYÈ a, Bondye nou an, te livre osi Og, wa Basan an, avèk tout pèp li a nan men nou e nou te frape yo jis nanpwen ki te rete vivan. ⁴ Nou te pran an kaptif tout vil li yo nan tan sa a; nanpwen vil ke nou pa t pran sou yo: swasant vil, tout rejyon Argob la, wayòm a Og la, nan Basan. ⁵ Tout vil sa yo te fòtifye avèk miray ki wo, avèk pòtay byen bare; epi osi, anpil vil ki te san miray. ⁶ Nou te konplètman detwi yo, jis jan ke nou te fè a ⁱSihon, wa Hesbon an, e nou te ʲkonplètman detwi gason, fanm ak pitit a chak vil yo. ⁷ ᵏMen nou te piyaje tout bèt ak byen a vil yo.

⁸ "Konsa, nou te pran peyi a nan tan sa a nan men ˡwa Amoreyen yo ki te lòtbò Jourdain an, soti nan vale Arnon an jis rive nan Mòn Hermon an. ⁹ (Sidonyen yo rele Hermon ᵐSirion e Armoreyen yo rele li, ⁿSenir.) ¹⁰ Nou te pran tout vil nan platon yo, tout Galaad ak ᵒtout Basan jis rive nan Salca ak Édréï, vil a wayòm Og yo, nan Basan. ¹¹ (Paske se sèl Og, wa Basan an ki te rete kòm retay a ᵖRephaïm yo. Gade byen, kabann li te fèt an fè. Èske li pa nan Rabbath, vil a fis Ammon yo? Longè li se te nèf koude e lajè li se te kat koude nan koude a yon moun.)"

¹² "Konsa, nou te vin pran posesyon a peyi sila nan tan sa a. Soti nan ᵠAroër, ki bò kote vale Arnon an, ak mwatye peyi ti mòn a ʳGalaad yo, avèk vil pa li yo, mwen te bay yo a Ribenit yo e a Gadit yo. ¹³ Rès pati a Galaad la ak tout Basan an, wayòm Og la, mwen te bay a mwatye tribi Manassé a, tout rejyon a Argob la (pa tout Basan, se li yo rele peyi a Rephaïm yo). ¹⁴ ˢJaïr, fis a Manassé a te pran tout rejyon Argob la jis rive nan lizyè Gechiyen yo ak Maakatyen yo, e yo te rele li Basan, selon pwòp non pa li, Havvoth-Jaïr, e se konsa li rele jis jodi a.) ¹⁵ ᵗA Makir, mwen te bay Galaad. ¹⁶ A Ribenit yo avèk Gadit yo, mwen te bay soti Galaad pou rive jis nan vale Arnon, mitan vale a sèvi kòm yon lizyè e jis nan rivyè ᵘJabbok la, ki se fwontyè a fis Ammon yo; ¹⁷ Araba a osi, avèk rivyè Jourdain an kòm yon lizyè soti ᵛKinnéreth jis rive nan lanmè Araba a, Lamè Sale a, nan pye a mòn Pisga nan lès.

¹⁸ "Epi mwen te kòmande nou nan tan sa a e te di: ʷ'SENYÈ a, Bondye nou an, te bannou peyi sa a pou posede li. Nou tout, mesye vanyan yo, nou va travèse avèk zam devan frè nou yo, fis Israël yo. ¹⁹ ˣMen madanm nou yo avèk pitit nou yo ak bèt nou yo (mwen konnen ke nou genyen ʸanpil bèt) va rete nan vil ke mwen te bannou yo,' ²⁰ ᶻjis SENYÈ a bay repo a sitwayen parèy a nou an, jis tankou nou; epi yo, osi, vin posede peyi ke SENYÈ a, Bondye nou an, va bay yo lòtbò Jourdain an. Nan moman sa a, nou tout kapab retounen nan pwòp posesyon pa l ke mwen te bannou an'.

²¹ "Mwen te kòmande Josué e te di: 'Zye ou gen tan fin wè tout sa ke SENYÈ a, Bondye nou an, te fè a dè wa sa yo. Konsa, SENYÈ a va fè nan tout wayòm kote ou prèt pou travèse yo. ²² Pa pè yo; paske SENYÈ a, Bondye nou an, ᵃse Li menm k ap goumen pou nou.'

²³ "Nan tan sa a, osi, mwen te sipliye SENYÈ a, Bondye nou an. Mwen te di: ²⁴ 'O SENYÈ BONDYE, Ou te kòmanse montre sèvitè ou a jan ᵇOu gran ak men pwisan Ou. Paske ki dye ki genyen nan syèl la oswa sou tè a, ki kapab fè kalite zèv sa yo, zèv pwisan tankou pa Ou yo? ²⁵ Kite mwen pase, mwen priye Ou, travèse wè bèl peyi ki lòtbò Jourdain an, ᶜbèl peyi mòn sa a, avèk Liban.'

²⁶ "Men ᵈSENYÈ a te fache avèk mwen akoz nou menm, e Li pa t koute mwen. SENYÈ a te di mwen: 'Sa sifi! Pa pale M ankò de zafè sa a. ²⁷ Monte sou tèt ᵉPisga, leve zye ou vè lwès, nan nò, sid avèk lès, e gade li avèk zye ou, paske ou p ap travèse Jourdain

---

ᵃ **2:29** Det 2:9   ᵇ **2:30** Nonb 21:23   ᶜ **2:33** Det 29:7   ᵈ **2:34** Det 3:6   ᵉ **2:35** Det 3:7   ᶠ **2:36** Det 3:12
ᵍ **2:37** Det 2:19   ʰ **3:1** Nonb 21:33-35   ⁱ **3:6** Det 1:4   ʲ **3:6** Det 2:34   ᵏ **3:7** Det 2:35   ˡ **3:8** Nonb 32:33
ᵐ **3:9** Sòm 29:6   ⁿ **3:9** I Kwo 5:23   ᵒ **3:10** Jos 13:11   ᵖ **3:11** Jen 14:5   ᵠ **3:12** Det 2:36   ʳ **3:12** Nonb 32:32-38
ˢ **3:14** Nonb 32:41   ᵗ **3:15** Nonb 32:39-40   ᵘ **3:16** Nonb 21:24   ᵛ **3:17** Nonb 34:11   ʷ **3:18** Jos 1:13
ˣ **3:19** Jos 1:14   ʸ **3:19** Nonb 32:1   ᶻ **3:20** Jos 1:15   ᵃ **3:22** Egz 14:14   ᵇ **3:24** Det 11:2   ᶜ **3:25** Det 4:22
ᵈ **3:26** Det 1:37   ᵉ **3:27** Nonb 23:14

an.²⁸ ªMen pale Josué, ankouraje li e ba li fòs, paske li va ale lòtbò a nan tèt a pèp sa a, e li va bay yo li kòm eritaj pa yo peyi ke ou va wè a.'

²⁹ "Konsa, nou te rete nan vale a anfas ᵇBeth-Peor a."

4 "Koulye a, O Israël, koute règleman avèk jijman ke mwen ap enstwi nou pou nou fè, pou ᶜnou kapab viv. Antre ladann e pran posesyon a peyi a ke SENYÈ a, Bondye a zansèt nou yo, ap bannou. ² ᵈNou p ap mete yon mo sou sa ke mwen ap kòmande nou an ni retire nan li; pou nou kapab kenbe kòmandman a SENYÈ a, Bondye nou an, ke mwen te kòmande nou yo.

³ ᵉ"Zye nou gen tan wè sa ke SENYÈ a te fè nan ka Baal-Peor a, paske tout moun ki te swiv Baal-Peor yo, SENYÈ a, Bondye nou an, te detwi yo nan mitan nou. ⁴ Men nou menm ki te kenbe fèm a SENYÈ a, Bondye nou an, nou vivan jodi a, nou chak.

⁵ "Nou wè, mwen te enstwi nou règleman avèk jijman yo ᶠjis jan SENYÈ a, Bondye mwen an, te kòmande mwen an, pou nou ta fè konsa nan peyi kote nou ap antre pou posede a. ⁶ Pou sa, kenbe yo e fè yo ᵍpaske sa se sajès avèk konprann nou devan zye a tout pèp ki va tande tout règleman sa yo e ki va di: 'Anverite, nasyon sa a se yon pèp ki saj e ki gen konprann.' ⁷ Paske ki gran nasyon ki genyen, avèk yon dye ʰki osi toupre li kòm SENYÈ a, Bondye nou an, nenpòt lè nou rele Li? ⁸ Oswa ki gran nasyon ki genyen avèk règleman ⁱak jijman ki dwat tankou sa ke mwen ap mete devan nou jodi a?

⁹ "Sèlman, ʲveye tèt ou e kenbe nanm ou avèk dilijans, pou ou pa bliye bagay ke zye ou te wè yo; pou yo pa kite kè nou pandan tout jou lavi ou; men ᵏfè fis ou yo ak fis a fis ou yo konnen yo. ¹⁰ Sonje jou ke ou te kanpe devan SENYÈ a, Bondye ou an, nan mòn Horeb, lè SENYÈ a te di mwen: 'Rasanble pèp Mwen an pou Mwen kapab kite yo tande pawòl Mwen, ˡpou yo kapab aprann gen lakrent Mwen pou tout jou ke yo ap viv sou latè yo; epi pou yo kapab enstwi pitit pa yo.'

¹¹ "Nou te pwoche e ou te kanpe nan pye mòn nan. ᵐMòn nan te brile avèk dife jis rive nan kè syèl la: tenèb, nwaj avèk fènwa. ¹² Epi SENYÈ a te pale avèk nou soti nan mitan dife a: nou te tande son pawòl yo, men nou pa t wè okenn fòm——sèlman yon vwa. ¹³ Konsa, Li te deklare bay nou akò ke Li te kòmande nou pou fè a, sa vle di, ⁿDis Kòmandman yo. Li te ekri yo sou de tab an wòch. ¹⁴ SENYÈ a te kòmande mwen nan tan sa a pou enstwi nou lwa avèk règleman li yo, pou nou ta kapab fè yo nan peyi kote nou pral travèse pou posede a.

¹⁵ "Pou sa, ᵒveye tèt nou, akoz ke nou pa t wè okenn fòm nan jou ke SENYÈ a te pale avèk nou nan Horeb la, soti nan mitan dife a, ¹⁶ pou nou pa aji yon jan konwonpi, e ᵖfè yon imaj taye pou nou menm nan fòm a okenn bagay, ki sanble a ni mal, ni femèl, ¹⁷ sanblab a nenpòt bèt ki sou latè, oswa sanblab a nenpòt ᑫzwazo a zèl ki vole anlè, ¹⁸ ki sanblab a nenpòt sa ki ranpe atè, ki sanblab a nenpòt pwason ki nan dlo anba tè a. ¹⁹ Veye ke nou pa leve zye nou vè syèl la pou wè solèy la, lalin avèk zetwal yo, avèk tout lame syèl la, ʳe mennen pou adore ak sèvi yo, sila ke SENYÈ a, Bondye nou an, te chwazi pou tout lòt pèp anba tout syèl la. ²⁰ Men SENYÈ a te pran nou e mennen nou sòti nan ˢfouno fè a, an Égypte, pou nou kapab yon pèp pou pwòp posesyon pa Li, tankou jodi a.

²¹ ᵗ"Alò, SENYÈ a te fache avèk m akoz de nou, e Li te sèmante pou mwen pa t travèse Jourdain an; epi pou Mwen pa ta antre nan bon peyi ke SENYÈ a, Bondye nou an, ap bannou kòm eritaj nou an. ²² Paske ᵘmwen va mouri nan peyi sila a. Mwen p ap travèse Jourdain an, men nou va travèse e pran posesyon a ᵛbon peyi sila a. ²³ Pou sa, veye nou, ʷpou nou pa bliye akò a SENYÈ a, ke Li te fè avèk nou, e fè pou nou menm yon imaj taye nan okenn fòm kont sila SENYÈ Bondye nou an, te kòmande nou an. ²⁴ Paske ˣSENYÈ a, Bondye nou an, se yon dife voras, yon Bondye ki jalou.

²⁵ "Lè nou devni papa a pitit, pitit a pitit, gen tan rete lontan nan peyi a, ʸaji yon jan konwonpi, fè yon zidòl nan fòm a nenpòt bagay, e fè sa ki mal nan zye a SENYÈ a, Bondye nou an, pou pwovoke Li a lakòlè, ²⁶ Mwen rele syèl la avèk tè a kòm temwen kont nou jodi a, ke nou va ᶻvrèman peri vit nan peyi kote nou ap pase Jourdain an pou posede a. Nou p ap viv pandan anpil tan ladann, men nou va detwi nèt. ²⁷ SENYÈ a va ªgaye nou pami pèp yo; epi nou va rete pa anpil an kantite pami nasyon kote SENYÈ a bourade nou yo. ²⁸ La, ᵇnou va sèvi dye yo, zèv men a lòm yo, bwa avèk wòch, ki pa wè ni tande, ni manje ni santi anyen. ²⁹ Men soti la, nou va chache SENYÈ a; epi nou va jwenn Li si nou chache Li ᶜavèk tout kè nou e avèk tout nanm nou.

³⁰ Lè nou nan gwo pwoblèm e tout bagay sa yo rive nou; nan dènye jou yo, ᵈnou va retounen a SENYÈ a, Bondye nou an, e nou va koute vwa Li. ³¹ Paske SENYÈ a, Bondye nou an, se yon Bondye ki ᵉpale avèk mizerikòd; Li p ap lage nou, ni detwi nou ni bliye akò avèk zansèt nou yo ke Li sèmante a yo menm. ³² Anverite, ᶠmande, koulye a, konsènan ansyen jou avan nou yo, soti jou ke Bondye te kreye lòm sou latè a, e mande soti nan yon pwent syèl la jis rive nan lòt la. Èske yon gran bagay konsa janm fèt, oswa èske yo janm tande anyen konsa? ³³ ᵍÈske okenn pèp te janm tande vwa Bondye pale ak yo soti nan mitan dife, jan nou te tande l e viv la? ³⁴ Oswa èske yon dye te janm eseye pran pou li menm yon nasyon soti nan yon lòt nasyon ʰpa eprèv, pa sign ak mirak avèk lagè, pa ⁱyon men pwisan, pa yon bwa

---

ᵃ **3:28** Nonb 27:18   ᵇ **3:29** Nonb 25:1-3   ᶜ **4:1** Lev 18:5   ᵈ **4:2** Det 12:23   ᵉ **4:3** Nonb 25:1-9   ᶠ **4:5** Lev 26:46
ᵍ **4:6** Det 30:19-20   ʰ **4:7** Sòm 34:17-18   ⁱ **4:8** Sòm 89:14   ʲ **4:9** Det 4:23   ᵏ **4:9** Jen 18:19   ˡ **4:10** Det 4:23
ᵐ **4:11** Egz 19:18   ⁿ **4:13** Egz 34:28   ᵒ **4:15** Jos 23:11   ᵖ **4:16** Egz 20:4   ᑫ **4:17** Wo 1:23   ʳ **4:19** Det 13:5-10
ˢ **4:20** I Wa 8:51   ᵗ **4:21** Nonb 20:12   ᵘ **4:22** Nonb 27:13-14   ᵛ **4:22** Det 3:25   ʷ **4:23** Det 4:9   ˣ **4:24** Egz 24:17
ʸ **4:25** Det 4:16-23   ᶻ **4:26** Det 7:4   ª **4:27** Lev 26:39   ᵇ **4:28** Det 28:36-64   ᶜ **4:29** Det 6:5   ᵈ **4:30** Jr 4:1-2
ᵉ **4:31** Egz 34:6   ᶠ **4:32** Det 32:7   ᵍ **4:33** Egz 20:22   ʰ **4:34** Det 7:19   ⁱ **4:34** Det 5:15

lon je e pa gran bagay etonan, jan SENYÈ a, Bondye nou an, te fè pou nou an Égypte devan zye nou? ³⁵ A nou menm, li te montre ke nou ta kapab konnen ke SENYÈ a, se Bondye; ᵃnanpwen lòt sof ke Li menm. ³⁶ Soti nan syèl yo, Li te kite nou tande vwa Li pou ᵇkori je nou; epi sou latè, Li te kite nou wè gran dife Li a; epi nou te tande pawòl Li soti nan mitan dife a. ³⁷ Paske Li te renmen zansèt nou yo; pou sa, Li te chwazi desandan apre yo. Epi Li menm, ᶜpou kont Li, Li te mennen nou sòti an Égypte avèk gran pouvwa Li, ³⁸ epi te pouse devan nou tout nasyon ki pi gran e ki pi pwisan ke nou menm yo, pou mennen nou antre ᵈpou bannou teren pa yo kòm erita j, jan li ye nan jodi a. ³⁹ Pou sa, konnen jodi a e fè sa antre nan kè nou, ke ᵉSENYÈ a, Li menm, se Bondye anwo nan syèl la e anba sou tè a; nanpwen lòt. ⁴⁰ Pou sa, nou va kenbe règleman Li yo avèk kòmandman Li yo ke mwen ap bannou jodi a, ᶠpou li kapab ale byen avèk nou e avèk zanfan apre nou yo; epi pou nou kapab viv anpil tan sou tè ke SENYÈ a, Bondye nou an, ap bannou pou tout tan an."

⁴¹ ᵍEpi Moïse te mete apa twa vil lòtbò Jourdain an vè lès, ⁴² pou yon moun ki touye yon moun ta kapab sove ale, ki te san entansyon touye vwazen li san ke li pa t gen rayisman anvè li nan tan pase yo; pou li ta kab sove ale nan youn nan vil sa yo: ⁴³ ʰBetser, nan dezè sou platon an pou Ribenit yo, Ramoth nan Galaad pou Gadit yo ak Golan nan Basan pou Manasit yo. ⁴⁴ Alò, sa se lalwa ke Moïse te mete devan fis Israël yo; ⁴⁵ sa yo se temwaya j avèk lwa avèk règleman ke Moïse te pale a fis Israël yo, lè yo te sòti an Égypte, ⁴⁶ anfas Jourdain an, nan vale ki ⁱanfas Beth-Peor a, nan peyi a wa ʲSihon an, wa Amoreyen yo ki te rete Hesbon an, ke Moïse avèk fis Israël yo te bat lè yo te sòti an Égypte la. ⁴⁷ Yo te pran posesyon a teren pa li an avèk teren ᵏOg la, wa Basan an, de wa Amoreyen ki te anfas Jourdain yo vè lès, ⁴⁸ soti nan ˡAroër ki vin touche vale Arnon an, jis rive nan ᵐMòn Sion (sa vle di Hermon), ⁴⁹ avèk tout Araba anfas Jourdain an vè lès, jis rive nan lanmè Araba, nan pye pant mòn Pisga a.

5 Konsa, Moïse te rele tout Israël e te di yo: "Koute, O Israël, lwa avèk règleman ke mwen va pale jodi a yo nan tande pa nou, pou nou kapab aprann yo e swiv yo avèk atansyon. ² SENYÈ a, Bondye nou an, te fè ⁿyon akò avèk nou nan Horeb. ³ ᵒSENYÈ a pa t fè akò sa a avèk zansèt nou yo, men avèk nou, nou tout ki vivan isit la jodi a.

⁴ "SENYÈ a te pale fasafas avèk nou nan mòn nan ᵖsoti nan mitan dife a, ⁵ pandan ᵠmwen te kanpe devan SENYÈ a ak nou menm, nan tan sa a, pou deklare a nou pawòl a SENYÈ a. Paske nou te pè akoz dife a, e nou pa t monte nan mòn nan. Li te di:

⁶ ʳ"Mwen se SENYÈ a, Bondye nou an, ki te mennen nou sòti nan peyi Égypte la, andeyò kay esklava j la.

⁷ ˢ"Nou pa pou gen lòt dye devan Mwen.

⁸ ᵗ"Nou pa pou fè pou nou menm okenn zidòl, ni okenn ima j a sila ki anwo nan syèl la, ni anba sou tè a, ni nan dlo anba tè a. ⁹ Nou pa pou adore yo ni sèvi yo; paske Mwen, SENYÈ a, Bondye nou an, se yon Dye jalou, ki ᵘvizite inikite a papa yo sou pitit yo, jis rive nan twazyèm ak katriyèm jenerasyon a sila ki rayi Mwen yo, ¹⁰ men ki ᵛmontre lanmou dous a anpil milye, a sila ki renmen Mwen yo e ki kenbe kòmandman Mwen yo.

¹¹ ʷ"Nou pa pou pran non SENYÈ a an ven, paske SENYÈ a p ap kite sila a ki pran non li an ven an san pinisyon.

¹² ˣ"Obsève jou Saba a pou kenbe l sen, jan SENYÈ a Bondye nou an te kòmande nou an. ¹³ 'Pandan sis jou, nou va travay pou fè tout zèv nou yo, ¹⁴ men ʸsetyèm jou a, se yon Saba a SENYÈ Bondye nou an. Nou pa pou fè okenn travay, ni nou menm ni fis nou, ni fi nou, ni sèvitè nou, ni sèvant nou, ni bèf kabwèt nou, ni bourik nou, ni okenn nan bèf nou yo, ni etranje ki vin demere pami nou, pou sèvitè avèk sèvant lan kapab pran repo menm jan ak nou. ¹⁵ ᶻNou va son je ke nou te esklav nan peyi Égypte la, e ke SENYÈ a, Bondye nou an, te mennen nou sòti la avèk yon men pwisan, e ak bra Li ki lon je. Pou sa, SENYÈ a, Bondye nou an, te kòmande nou pou obsève jou Saba a.

¹⁶ ᵃ'Onore papa nou avèk manman nou, jan SENYÈ a, Bondye nou an, te kòmande nou an, ᵇpou jou nou yo kapab pwolon je, e pou sa kapab ale byen avèk nou nan peyi ke SENYÈ a bannou an. ¹⁷ ᶜNou pa pou touye moun. ¹⁸ ᵈNou pa pou fè adiltè. ¹⁹ ᵉNou pa pou vòlè. ²⁰ Nou pa pou fè fo temwaya j kont vwazen nou. ²¹ Nou pa pou ᶠanvi madanm vwazen nou, e nou pa pou anvi kay vwazen nou, chan li, oswa sèvitè li oswa sèvant li, bèf li, bourik li, ni okenn bagay ki pou vwazen nou.'"

²² "Pawòl sa yo SENYÈ a te pale avèk tout asanble nou yo nan mòn nan soti nan mitan dife a, nan nwa j la nan gwo fènwa a, avèk yon gwo vwa. Li pa t mete anyen anplis. ᵍLi te ekri yo sou de tablo wòch e Li te ban mwen yo.

²³ "Konsa, lè nou te tande vwa a soti nan mitan fènwa a, pandan mòn nan te brile avèk dife a, nou te pwoche vè mwen, tout chèf tribi nou ak ansyen nou yo. ²⁴ Nou te di: "Gade byen, SENYÈ a, Bondye nou an, te montre nou glwa Li avèk grandè Li, e nou te tande vwa Li soti nan mitan dife a. Nou te wè jodi a ke Bondye pale avèk lòm, malgre sa, li rete vivan.

ᵃ **4:35** Egz 8:10 ᵇ **4:36** Det 8:5 ᶜ **4:37** Egz 33:14 ᵈ **4:38** Nonb 32:4 ᵉ **4:39** Det 4:35 ᶠ **4:40** Det 4:1
ᵍ **4:41** Nonb 35:6 ʰ **4:43** Jos 20:8 ⁱ **4:46** Det 3:29 ʲ **4:46** Nonb 21:21-25 ᵏ **4:47** Det 1:4 ˡ **4:48** Det 2:36
ᵐ **4:48** Det 3:9 ⁿ **5:2** Egz 19:5 ᵒ **5:3** Jr 31:32 ᵖ **5:4** Det 4:33 ᵠ **5:5** Gal 3:19 ʳ **5:6** Egz 20:2-17
ˢ **5:7** Egz 20:3 ᵗ **5:8** Egz 20:4-6 ᵘ **5:9** Egz 34:7 ᵛ **5:10** Nonb 14:18 ʷ **5:11** Egz 20:7 ˣ **5:12** Egz 16:23-30
ʸ **5:14** Jen 2:2 ᶻ **5:15** Egz 20:11 ᵃ **5:16** Egz 20:12 ᵇ **5:16** Det 4:40 ᶜ **5:17** Jen 9:6 ᵈ **5:18** Egz 20:14
ᵉ **5:19** Egz 20:15 ᶠ **5:21** Egz 20:17 ᵍ **5:22** Egz 24:12

25 a"Alò, poukisa nou ta dwe mouri? Paske gran dife sila a va brile nou. Si nou tande vwa SENYÈ a toujou, alò, nou va mouri. 26 Paske b se kilès ki fèt avèk chè ki tande vwa a Bondye vivan an k ap pale nan mitan dife a, tankou nou, e ki viv? 27 Ou menm ale touprè Li pou tande tout sa ke SENYÈ a, Bondye nou an pale nou, e nou va tande sa pou nou fè."

28 "SENYÈ a te tande vwa a pawòl nou yo lè nou te pale avèk mwen, c epi SENYÈ a te di mwen: 'Mwen te tande vwa a pawòl a pèp sa a, ke yo te pale ak ou yo. Yo te fè byen nan sa ke yo te pale yo. 29 d O ke yo ta tèlman gen yon kè nan yo pou yo ta krent Mwen e kenbe tout kòmandman Mwen yo tout tan, pou li ta kapab byen pou yo ak tout fis yo pou tout tan. 30 Ale di yo: "Retounen nan tant nou". 31 Men pou ou menm, kanpe isit la akote Mwen, pou Mwen kapab pale avèk ou tout kòmandman yo, lwa yo avèk ji jman ke nou va montre yo pou yo kapab swiv yo nan peyi ke Mwen bay yo pou posede a.'

32 "Pou sa, nou va swiv e fè ojis jan SENYÈ a, Bondye nou an, te kòmande nou an. e Nou pa pou vire ni adwat, ni agoch. 33 f Nou va mache nan tout chemen ke SENYÈ a, Bondye nou an, te kòmande nou an, pou nou kapab viv e pou sa kapab ale byen pou nou, pou jou nou yo kapab pwolonje nan peyi ke nou va posede a.

6 "Koulye a, sa se kòmandman an, lwa ak jijman ke SENYÈ a, Bondye nou an, te kòmande mwen pou enstwi nou, pou nou ta kapab fè nan peyi kote nou va travèse pou posede a, ² pou nou menm avèk fis nou yo avèk pitit a fis nou yo kapab g gen lakrent SENYÈ a, Bondye nou an, pou kenbe tout règleman ak kòmandman Li yo, ke Mwen te kòmande nou, h tout jou nan vi nou yo, e pou jou nou yo kapab pwolonje.

3 "O Israël, ou dwe koute e fè atansyon ak sa, pou sa kapab ale byen pou nou, e pou nou kapab miltipliye anpil, jis jan ke SENYÈ a, Bondye a zansèt nou yo te pwomèt nou an, i nan yon peyi ki koule avèk lèt ak siwo myèl.

4 "Tande, O Israël! SENYÈ a se Bondye nou. j SENYÈ a se youn! 5 k Nou va renmen SENYÈ a, Bondye nou an, l avèk tout kè nou, avèk tout nanm nou, e avèk tout fòs nou. 6 m Pawòl sa yo ke mwen ap kòmande nou jodi a, va sou kè nou. 7 n Nou va enstwi yo avèk dilijans a fis nou yo, e nou va pale sou yo lè nou chita lakay nou, lè nou mache nan chemen, lè nou kouche, ak lè nou leve. 8 o Nou va mare yo kòm yon sign sou men nou, e yo va tankou yon ransèyman sou fwon nou. 9 p Nou va ekri yo sou chanbrann pòt lakay nou ak sou pòtay yo.

10 "Alò, li va rive ke lè SENYÈ a, Bondye nou an, mennen nou nan peyi ke Li te sèmante a zansèt nou yo, Abraham, Isaac, ak Jacob pou bannou, q vil ki gran e ki vrèman bèl, ke nou pa t bati, 11 epi kay yo ki plen avèk bon bagay ke nou pa t ranpli, ak sitèn yo fouye ke nou pa t fouye, chan rezen ak chan doliv ke nou pa t plante, epi r nou manje e satisfè; 12 alò, veye nou menm, pou s nou pa bliye SENYÈ a ki te mennen nou sòti nan peyi Égypte la, andeyò kay esklavaj la.

13 "Nou va t krent sèlman SENYÈ a, Bondye nou an; nou va adore Li e sèmante pa non li. 14 Nou p ap swiv lòt dye yo, okenn nan dye a pèp ki antoure nou yo, 15 paske SENYÈ a, Bondye nou an, u nan mitan nou, se yon Dye jalou; otreman, kòlè Bondye nou an va limen kont nou, e Li va efase nou sou fas tè a.

16 v "Nou pa pou mete a leprèv SENYÈ a, Bondye nou an, jan nou te fè nan Massa a.

17 "Avèk dilijans, nou dwe kenbe kòmandman a SENYÈ yo, Bondye nou an, ak temwaya j avèk lwa Li yo, ke Li te kòmande nou.

18 "Nou va fè sa ki dwat e bon nan zye SENYÈ a, pou w sa kapab ale byen pou nou e pou nou kapab antre e posede bon peyi ke SENYÈ a te sèmante pou bay a zansèt nou yo, 19 lè nou pouse mete deyò tout lènmi nou yo devan nou, jan SENYÈ a te pale a.

20 x "Lè fis nou mande nou nan tan k ap vini yo, pou di: 'Kisa temwayaj, lwa ak jijman, ke SENYÈ a te kòmande nou yo vle di?' 21 Alò, nou va di a fis nou yo: 'Nou te esklav a Farawon an Égypte, e SENYÈ a te mennen nou sòti an Égypte avèk yon men pwisan. 22 Anplis, SENYÈ a te montre gwo sign dezas ak mèvèy devan zye nou kont Égypte, Farawon, ak tout lakay li. 23 Li te mennen nou sòti kote sa a pou mennen nou antre, pou bannou peyi ke Li te sèmante a zansèt nou yo.'

24 "Pou sa, SENYÈ a te kòmande nou pou swiv tout lwa sa yo, y pou krent SENYÈ a, Bondye nou an, pou pwòp avantaj pa nou, e pou nou kapab siviv, jan sa ye jis rive jodi a. 25 z Sa va sèvi kòm ladwati pou nou si nou fè atansyon pou swiv tout kòmandman sila yo devan SENYÈ a, Bondye nou an, jis jan ke Li te kòmande nou an.

7 a"Lè SENYÈ a, Bondye nou an, mennen nou vini nan peyi kote nou ap antre pou posede a, e chase devan nou anpil lòt nasyon, Etyen yo, Gigachyen yo, Amoreyen yo, avèk Kanaaneyen yo, Perezit yo, Evyen yo, ak Jebizyen yo, sèt nasyon ki pi gran e ki pi pwisan ke nou yo; ² epi lè SENYÈ a, Bondye nou an, delivre yo devan nou e nou fin bat yo, b alò, nou va detwi yo nèt. Nou p ap fè okenn akò avèk yo e nou p ap montre yo okenn favè. ³ Anplis, c nou p ap marye avèk yo. Nou pa pou bay fi nou yo bay fis pa yo, ni nou p ap pran fi pa yo pou fis nou yo. 4 Paske yo va detounen fis nou yo lwen de sèvi Mwen, pou sèvi lòt dye yo. d Konsa, kòlè SENYÈ a va limen kont nou, e Li va detwi nou byen vit. 5 Men se konsa nou va

---

a **5:25** Egz 20:18-19   b **5:26** Det 4:33   c **5:28** Det 18:17   d **5:29** Sòm 81:13   e **5:32** Det 17:20   f **5:33** Det 10:12
g **6:2** Egz 20:20   h **6:2** Det 4:9   i **6:3** Egz 3:8-17   j **6:4** Det 4:35-39   k **6:5** Mat 22:37   l **6:5** Det 4:29
m **6:6** Det 11:18   n **6:7** Det 4:9   o **6:8** Egz 12:14   p **6:9** Det 11:20   q **6:10** Det 9:1   r **6:11** Det 8:10
s **6:12** Det 4:9   t **6:13** Det 13:4   u **6:15** Jr 25:6   v **6:16** Mat 4:7   w **6:18** Det 4:40   x **6:20** Egz 13:8-14
y **6:24** Det 10:12   z **6:25** Det 24:13   a **7:1** Det 20:16-18   b **7:2** Nonb 31:17   c **7:3** Egz 34:15   d **7:4** Det 4:26

fè yo: ᵃnou va chire lotèl yo, kraze pilye sakre yo, koupe an mòso tout poto Ashera yo, e brile imaj taye yo avèk dife. ⁶ Paske nou se yon pèp ki ᵇsen a SENYÈ a, Bondye nou an. SENYÈ a, Bondye nou an, te chwazi nou kòm yon pèp ki pou pwòp posesyon pa li pami tout pèp ki sou fas latè yo.

⁷ ᶜ"SENYÈ a pa t plase lanmou Li sou nou ni chwazi nou akoz ke nou te plis an kantite ke tout lòt pèp yo, paske nou te pi piti pase tout pèp yo, ⁸ men akoz SENYÈ a te renmen nou e te kenbe ᵈsèman ke Li te fè a zansèt nou yo, ᵉSENYÈ a te mennen nou sòti pa yon men pwisan, e te peye ranson nou soti nan kay esklavaj la, soti nan men Farawon, wa Égypte la.

⁹ "Konsa, konnen ke SENYÈ a, Bondye nou an, se Li ki Dye a, Bondye ki fidèl la, ᶠki kenbe akò Li ak lanmou dous Li pou jis rive nan mil jenerasyon avèk sila ki renmen Li yo e ki kenbe kòmandman Li yo, ¹⁰ men ki ᵍrekonpanse sila ki rayi Li yo devan figi yo, pou detwi yo. Li p ap fè reta avèk sila ki rayi Li a. Li va rekonpanse li devan figi li.

¹¹ "Pou sa, nou va kenbe kòmandman yo, lwa avèk jijman ke Mwen ap kòmande nou yo jodi a, pou nou fè.

¹² ʰ"Epi li va vin rive ke akoz nou te koute jijman sa yo, nou te kenbe e te fè yo, ke SENYÈ Bondye nou an, va kenbe nou avèk akò Li ak lanmou dous ke Li te sèmante vè zansèt nou yo. ¹³ Li va ⁱrenmen nou, beni nou, e fè nou vin miltipliye. Li va, osi, beni fwi a vant nou, fwi a tè nou, e diven nèf ak lwil nou, kwasans a twoupo nou, avèk jenn bann mouton nou, nan peyi ke Li te sèmante a zansèt nou yo pou bannou. ¹⁴ Nou va beni plis ke tout pèp. ʲP ap gen ni mal, ni femèl k ap esteril pami nou ni pami bèt nou yo.

¹⁵ ᵏ"Senyè a va retire pami nou tout maladi; epi Li pa p mete sou nou okenn nan move maladi Égypte ke nou te konnen yo, men Li va mete yo sou tout sila ki rayi nou yo. ¹⁶ Nou va devore tout pèp ke SENYÈ Bondye nou an, va livre bannou. ˡZye nou p ap bay yo pitye, ni nou p ap sèvi dye pa yo, paske sa ta yon pèlen pou nou.

¹⁷ "Si nou ta di nan kè nou: 'Nasyon sa yo pi gran ke nou; ki jan mwen kapab ᵐchase yo?' ¹⁸ nou pa pou pè yo. Nou va byen ⁿsonje sa ke SENYÈ a, Bondye nou an, te fè Farawon ak tout Égypte: ¹⁹ ᵒNou te wè avèk zye nou gwo eprèv, sign avèk mèvèy, men pwisan avèk bwa lonje pa sila ke SENYÈ a, Bondye nou an, te mennen nou sòti. Konsa, SENYÈ a, Bondye nou an, va fè ak tout pèp ke nou konn pè yo.

²⁰ "Anplis, SENYÈ a, Bondye nou an, va voye ᵖgèp kont yo, jiskaske tout sila ki te rete kache yo vin mouri. ²¹ Nou pa pou pè yo, paske ᵍSENYÈ a, Bondye nou an, nan mitan nou, ʳyon gran Bondye ki mèvèye.

²² ˢ"SENYÈ a, Bondye nou an, va netwaye retire nasyon sa yo devan nou mòso pa mòso. Nou p ap kab fini avèk yo vit yon sèl kou, paske bèt sovaj yo ta vin peple twòp pou nou. ²³ ᵗMen SENYÈ a, Bondye nou an, va livre yo devan nou, e Li va jete yo nan gran konfizyon jiskaske yo vin detwi. ²⁴ Li va livre wa yo nan men nou pou nou fè non yo peri anba syèl la. Nanpwen yon moun ki kab kanpe devan nou jiskaske nou fin detwi yo nèt.

²⁵ "Imaj a dye pa yo, nou va ᵘbrile yo avèk dife. Nou p ap anvi ni a jan ni lò ki sou yo, ni pran yo pou nou menm, sinon, sa va ᵛdevni yon pèlen pou nou; paske se yon abominasyon a SENYÈ a, Bondye nou an. ²⁶ Nou p ap fè antre yon abominasyon konsa lakay nou, oswa tankou li, nou va vin anba ʷmadichon. Rayi li nèt e deteste li, paske li se yon bagay ki anba madichon."

8 "Tout kòmandman ke Mwen ap kòmande nou jodi a, nou va fè atansyon pou fè yo, pou nou ˣkapab viv, miltipliye, e antre ladann pou posede peyi ke SENYÈ a te sèmante a zansèt nou yo.

² ʸ"Nou va sonje tout jan ke SENYÈ a, Bondye nou an, te mennen nou nan dezè a pandan karantan sila yo, pou Li te kapab fè nou vin enb e pase nou a leprèv, pou konnen kisa ki te nan kè nou, pou wè si nou pa tap kenbe kòmandman Li yo.

³ "Li te fè nou vin enb e grangou. Epi konsa, Li te bannou manje lamàn ke nou pa t janm konnen, ni zansèt nou yo pa t konnen, pou Li te kapab fè nou konprann ke ᶻlòm pa viv sèlman pa pen, men lòm viv pa tout bagay ki sòti nan bouch SENYÈ a. ⁴ ᵃRad nou yo pa t epwize sou nou, ni pye nou pa t anfle pandan karantan sila yo. ⁵ ᵇKonsa, nou fèt pou konnen nan kè nou, ke SENYÈ a, Bondye nou an, t ap korije nou jis jan ke yon mesye korije fis li.

⁶ "Pou sa, nou va kenbe kòmandman a SENYÈ yo, Bondye nou an, pou mache nan chemen Li an, e pou krent Li. ⁷ Paske ᶜSENYÈ a, Bondye nou an, ap mennen nou antre nan yon bon peyi, yon peyi ki gen anpil ti rivyè ak sous dlo; sous k ap koule, k ap kouri nan vale ak ti mòn yo; ⁸ yon peyi avèk ble ak lòj, avèk pye rezen, pye fig, avèk grenad, yon peyi avèk lwil doliv ak siwo myèl; ⁹ yon peyi kote nou va manje manje san manke. Ladann l nou p ap manke anyen; yon peyi kote wòch se fè; epi kote nan ti mòn yo, nou kab fouye kwiv.

¹⁰ "Lè ᵈnou fin manje e satisfè, nou va beni SENYÈ a, Bondye nou an, pou bon peyi ke Li te bannou an. ¹¹ Veye pou nou pa ᵉbliye SENYÈ a, Bondye nou an, epi pa kenbe kòmandman Li yo, lwa Li yo avèk règleman Li yo ke Mwen ap kòmande nou jodi a. ¹² Otreman, ᶠlè nou te manje e satisfè, e fin bati bon kay pou nou viv nan yo,

---

ᵃ **7:5** Egz 23:24 ᵇ **7:6** Egz 19:6 ᶜ **7:7** Det 4:37 ᵈ **7:8** Egz 32:13 ᵉ **7:8** Egz 32:1-3 ᶠ **7:9** Egz 20:6
ᵍ **7:10** És 59:18 ʰ **7:12** Lev 26:3-13 ⁱ **7:13** Sòm 146:8 ʲ **7:14** Egz 23:26 ᵏ **7:15** Egz 15:26 ˡ **7:16** Det 7:2
ᵐ **7:17** Nonb 33:53 ⁿ **7:18** Sòm 105:5 ᵒ **7:19** Det 4:34 ᵖ **7:20** Egz 23:28 ᵍ **7:21** Egz 29:45 ʳ **7:21** Det 10:17
ˢ **7:22** Egz 23:29-30 ᵗ **7:23** Det 23:27 ᵘ **7:25** Egz 32:20 ᵛ **7:25** Det 7:16 ʷ **7:26** Lev 27:28 ˣ **8:1** Det 4:1
ʸ **8:2** Det 8:16 ᶻ **8:3** Mat 4:4 ᵃ **8:4** Det 4:36 ᵇ **8:5** Det 4:36 ᶜ **8:7** Det 11:9-12 ᵈ **8:10** Det 6:11
ᵉ **8:11** Det 4:9 ᶠ **8:12** Pwov 30:9

¹³ epi lè twoupo nou avèk bann mouton nou yo vin miltipliye, ajan avèk lò nou yo vin anpil, e tout sa nou posede vin miltipliye, ¹⁴ alò, kè nou va vin plen ak ògèy, e nou va ᵃbliye SENYÈ a, Bondye nou an, ki te mennen nou sòti nan peyi Égypte la, andeyò kay esklavaj la. ¹⁵ Li te mennen nou nan gran dezè tèrib sa a, avèk ᵇsèpan pwazon ak eskòpyon, ak tè swaf kote ki pa t gen dlo. Li te ᶜfè dlo sòti pou nou nan wòch silèks la. ¹⁶ Nan dezè a, Li te bannou lamàn ke zansèt nou yo pa t konnen, pou Li te kapab fè nou vin enb, e pou Li te kapab fè nou ᵈpase a leprèv, pouke alafen, sa te kab ale byen pou nou. ¹⁷ Otreman, ᵉnou ta di nan kè nou: "Se fòs nou avèk kouraj nou ki te bannou tout richès sa a." ¹⁸ Men nou va sonje SENYÈ a, Bondye nou an, paske ᶠse Li ki ap bannou pouvwa pou fè richès, pou Li kapab konfime akò ke Li te sèmante a zansèt nou yo, jan sa ye jodi a. ¹⁹ Li va rive ke si nou bliye SENYÈ a, Bondye nou an, pou swiv lòt dye yo pou adore yo, ᵍMwen ap fè temwayaj kont nou jodi a menm, ke anverite nou va peri. ²⁰ Jan nasyon ke SENYÈ a ap fè peri devan nou yo, konsa ʰnou va peri, akoz ke nou pa t koute vwa a SENYÈ a, Bondye nou an."

9 "Koute O Israël! Nou travèse lòtbò Jourdain an jodi a pou antre nan peyi a, e pou deplase ⁱnasyon ki pi gran e pi pwisan ke nou yo; gran vil yo byen fòtifye jis rive nan syèl yo. ² Yon pèp ki gran e wo, fis a Anak yo jeyan yo, ne nou konnen e te tande yo di: ʲ'Kilès ki kab kanpe devan fis Anak yo?' ³ Pou sa, konnen ke jodi a, se SENYÈ a, Bondye nou an, ki ap travèse devan nou tankou ᵏyon dife devoran. Li va detwi yo e Li va donte yo devan nou pou nou kapab chase yo sòti e detwi yo byen vit, jis jan ke SENYÈ a te pale nou an.

⁴ "Pa di nan kè nou, lè SENYÈ a, Bondye nou an, fin chase yo deyò devan nou, 'Se akoz ladwati mwen, SENYÈ a te mennen mwen antre pou posede peyi sa a.' Paske se ˡakoz mechanste a nasyon sila yo ke SENYÈ a ap fè yo deplase devan nou. ⁵ Se ᵐpa akoz ladwati nou, ni kè dwat nou, ki fè nou ap vin posede peyi a, men akoz mechanste a nasyon sila yo ke SENYÈ a, Bondye nou an, ap chase yo devan nou, e pou konfime pawòl la ke SENYÈ a te fè avèk zansèt nou yo, Abraham, Isaac, ak Jacob.

⁶ "Pou sa, byen konnen ke se pa akoz ladwati nou ke SENYÈ a ap bannou bon peyi sa a pou posede, paske nou se ⁿyon pèp tèt di.

⁷ "Sonje, pa bliye jan nou te pwovoke SENYÈ a, Bondye nou an, a lakòlè nan dezè a. ᵒDepi jou ke nou te kite peyi Égypte la jiskaske lè nou te rive nan kote sa a, nou tap fè rebèl kont SENYÈ a. ⁸ Menm ᵖnan Horeb, nou te pwovoke SENYÈ a lakòlè. SENYÈ a te tèlman fache avèk nou ke Li te prèt pou detwi nou.

⁹ "Lè mwen te monte nan mòn nan pou resevwa tablo wòch yo, tablo akò ke SENYÈ a te fè avèk nou an, alò, mwen te rete sou mòn nan pandan karant jou ak karant nwit. ᑫMwen pa t manje pen ni bwè dlo. ¹⁰ SENYÈ a te ban mwen de tab wòch ki te ʳekri ak dwèt Bondye. Sou yo te tout pawòl ke SENYÈ a te pale avèk nou nan mòn nan, nan mitan dife a nan jou asanble a.

¹¹ "Li te vin rive ˢnan fen karant jou ak karant nwit yo, ke SENYÈ a te ban mwen de tablo wòch, tab akò yo. ¹² ᵗAlò, SENYÈ a te di mwen: 'Leve, desann soti isit la byen vit, paske pèp ou a ke nou te fè sòti an Égypte la te vin konwonpi. Yo te vire akote chemen ke Mwen te kòmande a. Yo te fè yon imaj fonn pou kont yo!'

¹³ "SENYÈ a te pale plis avè m e te di: 'Mwen te wè pèp sa a, vrèman, li se ᵘyon pèp ki di. ¹⁴ Kite Mwen sèl pou M kapab detwi yo, e ᵛefase non yo soti anba syèl la; Mwen va fè a ou menm yon nasyon pi pwisan e pi gran ke yo.'

¹⁵ ʷ"Epi mwen te vire desann mòn nan pandan mòn nan t ap brile avèk dife a, ak de tab akò yo nan de men m yo. ¹⁶ Epi konsa, mwen te wè ke vrèman, nou te peche kont SENYÈ a Bondye nou an. Nou te fè pou nou menm yon ti bèf fonn. Nou te vire detounen byen vit kite chemen ke SENYÈ a te kòmande nou an. ¹⁷ Mwen te pran de tab sa yo; mwen te jete yo sòti nan men m, e te kraze yo devan zye nou.

¹⁸ ˣ"Mwen te tonbe ba devan SENYÈ a, yon fwa ankò. Pandan karant jou ak karant nwit mwen pa t manje pen ni bwè dlo ʸakoz tout peche ke nou te fè nan fè sa ki mal nan zye SENYÈ a, pou pwovoke Li a lakòlè. ¹⁹ Paske ᶻMwen te pè lakòlè ak chalè mekontantman avèk sila SENYÈ a te fache kont nou pou L te kapab detwi nou an. Men SENYÈ a te koute mwen fwa sa a tou.

²⁰ "SENYÈ a te ase fache avèk Aaron pou detwi li. Konsa, mwen te priye anplis pou Aaron nan menm lè sa a.

²¹ ᵃ"Mwen te pran peche nou an, ti bèf ke nou te fè a, e mwen te brile li avèk dife. Mwen te kraze li fen jiskaske li te vin tankou poud, epi mwen te jete poud li nan ti flèv dlo ki te pase desann nan mòn nan.

²² "Ankò, nan ᵇTabeéra, nan Massa, ak nan Kibroth-Hattaava, nou te pwovoke SENYÈ a lakòlè. ²³ Lè SENYÈ a te voye nou soti Kadés-Barnéa, Li te di: 'Ale monte pou posede tè ke mwen te bannou an.' Men nou te fè rebèl kont kòmand SENYÈ a, Bondye nou an. ᶜNou pa t kwè Li, ni koute vwa Li. ²⁴ ᵈNou te fè rebèl kont SENYÈ a depi jou ke m te konnen nou an.

²⁵ ᵉ"Konsa, mwen te vin tonbe devan SENYÈ a pandan karant jou ak karant nwit, ke m te tonbe a, akoz SENYÈ a te di Li t ap detwi nou. ²⁶ ᶠMwen

---

ᵃ **8:14** Det 8:11   ᵇ **8:15** Nonb 21:6   ᶜ **8:15** Egz 17:6   ᵈ **8:16** Det 8:2   ᵉ **8:17** Det 9:4   ᶠ **8:18** Pwov 10:22
ᵍ **8:19** Det 4:26   ʰ **8:20** Éz 5:5-17   ⁱ **9:1** Det 4:38   ʲ **9:2** Nonb 13:22   ᵏ **9:3** Det 4:24   ˡ **9:4** Lev 18:3-30
ᵐ **9:5** Tit 3:5   ⁿ **9:6** Det 9:13   ᵒ **9:7** Egz 14:10   ᵖ **9:8** Egz 32:7-10   ᑫ **9:9** Egz 24:18   ʳ **9:10** Det 4:13
ˢ **9:11** Det 9:9   ᵗ **9:12** Egz 32:7-8   ᵘ **9:13** Det 10:16   ᵛ **9:14** Sòm 9:5   ʷ **9:15** Egz 32:15-19   ˣ **9:18** Egz 34:28
ʸ **9:18** Egz 34:9   ᶻ **9:19** Egz 32:10   ᵃ **9:21** Egz 32:20   ᵇ **9:22** Nonb 11:3   ᶜ **9:23** Det 1:26   ᵈ **9:24** Det 9:7
ᵉ **9:25** Det 9:18   ᶠ **9:26** Egz 32:11-13

te priye a SENYÈ a e mwen te di: 'O SENYÈ a, pa detwi pèp Ou a, eritaj Ou menm nan, ke Ou te peye ranson selon grandè Ou, pou Ou te mennen sòti an Égypte avèk yon men pwisan.

[27] "Son je sèvitè Ou yo, Abraham, Isaac, ak Jacob. Pa gade rebelyon a pèp sila a, ni sou mechanste yo oswa peche yo. [28] Otreman, peyi kote Ou te mennen nou sòti a, kapab di: [a]'Akoz SENYÈ a pa t kapab mennen yo antre nan peyi ke Li te pwomèt yo a, e akoz Li te rayi yo, Li te mennen yo deyò pou touye yo nan dezè a.' [29] Men se pèp Ou yo ye, [b]eritaj Ou menm, ke Ou te mennen sòti pa gran pouvwa avèk bra lon je."

10 "Nan tan sa a, SENYÈ a te di mwen: [c]'Taye fòme pou kont ou de tab wòch tankou premye yo, monte kote Mwen sou mòn nan, e [d]fè yon lach an bwa pou kont ou. [2] [e]Mwen va ekri sou tab yo pawòl ki te nan premye tab ke ou te kraze yo, e ou va mete yo nan lach la.'

[3] "Konsa, mwen te fè yon lach avèk bwa akasya e mwen te [f]taye de tab wòch tankou premye yo, e mwen te monte sou mòn nan avèk de tab yo nan men m. [4] Li te ekri sou tab yo tankou premye ekriti a, [g]Dis Kòmanman [h]ke SENYÈ a te pale a nou menm sou mòn nan soti nan mitan dife a nan jou asanble a; epi SENYÈ a te ban mwen yo. [5] Konsa, mwen te vire [i]desann kite mòn nan. Mwen te [j]mete tab yo nan lach ke mwen te fè a, epi se la yo ye, jan SENYÈ a te kòmande mwen an."

[6] (Alò, fis Israël yo te kite Beéroth-Bene-Jaakan pou rive Moséra. [k]La Aaron te mouri, la li te antere, e fis li a, Éléazar te fè sèvis prèt nan plas li. [7] [l]Soti la, yo te pati pou Gudgoda e soti Gudgoda a Jothbatha, yon peyi avèk anpil ti flèv dlo. [8] Nan moman sa a, SENYÈ a te mete apa tribi Lévi a pou pote lach akò SENYÈ a, pou kanpe devan Li, pou sèvi Li e pou beni nan non Li jiska jodi a.[m] [9] [n] Akoz sa, Lévi pa gen pòsyon ni eritaj pami frè li yo; SENYÈ a se eritaj pa li, jis jan SENYÈ a, Bondye nou an, te pale a li a.

[10] [o]"Mwen anplis te rete sou mòn nan pandan karant jou ak karant nwit tankou premye fwa a; epi SENYÈ a te koute mwen fwa sa a tou. SENYÈ a pa t dakò detwi nou. [11] Alò, SENYÈ a te di mwen: 'Leve, ale nan vwayaj ou devan pèp la, pou yo kapab antre ladann e posede peyi ke Mwen te sèmante a zansèt yo pou M bay yo a.'

[12] [p]"Alò, Israël, kisa SENYÈ a, Bondye nou an, mande a nou menm, sof ke krent SENYÈ a, mache nan tout chemen Li yo, [q]renmen Li, e sèvi Li avèk tout kè nou ak tout nanm nou, [13] pou kenbe kòmandman SENYÈ a avèk lwa Li yo, ke mwen ap kòmande nou jodi a pou pwòp avantaj pa nou.

[14] "Gade byen, syèl la avèk syèl piwo yo se [r]pou SENYÈ a, Bondye nou an, ansanm ak [s]tè a, avèk tout sa ki ladann. [15] [t]Sèl SENYÈ a te gen plezi pou mete sou zansèt nou yo afeksyon Li. Li te renmen yo, e Li te chwazi desandan yo apre yo, nou menm devan tout lòt pèp yo, jan li ye jodi a menm. [16] [u]Pou sa, se pou nou sikonsi kè nou, e [v]pa kite kè nou di ankò.

[17] [w]"Paske SENYÈ a, Bondye nou an, se Bondye a dye yo e [x]SENYÈ a senyè yo. Li se Bondye ki gran an, pwisan e etonan an, ki pa montre favè a pèsòn, ni pa vann favè Li anba tab. [18] Li fè jistis pou [y]òfelen ak vèv la, e Li montre amou Li pou etranje a lè Li ba li manje avèk rad. [19] [z]Pou sa, montre amou pa nou vè etranje a, paske nou te etranje nan peyi Égypte la.

[20] "Nou va krent SENYÈ a, Bondye nou an. Nou va sèvi Li. [a]Kole kote Li, e [b]nou va sèmante pa non pa Li. [21] Se Li menm ki [c]lwanj nou, se Li menm ki Bondye nou, se Li menm ki te fè gran bagay etonan sa yo pou nou ke zye nou te wè. [22] [d]Zansèt nou yo te desann an Égypte, swasann-dis pèsòn antou. Epi koulye a, SENYÈ a, Bondye nou an, te fè nou vin anpil tankou zetwal syèl yo.

11 "Pou sa, nou va [e]renmen SENYÈ a, Bondye nou an, e nou va toujou [f]kenbe lòd Li, lwa Li yo, ak règleman Li yo, avèk kòmandman Li yo. [2] Byen konnen nan jou sa a, [g]ke Mwen p ap pale avèk fis nou yo ki potko konnen e ki potko wè chatiman SENYÈ a, Bondye nou an,—grandè Li, men pwisans Li ak bra lon je Li a, [3] epi [h]sign Li yo avèk zèv Li yo ke Li te fè nan mitan Égypte a Farawon an, wa Égypte la, e a tout peyi li a; [4] ak sa Li te fè a lame Égypte la, a cheval li yo avèk cha li yo, [i]lè Li te fè dlo Lamè Wouj la kouvri yo pandan yo t ap kouri dèyè nou, e SENYÈ a te detwi yo nèt, jiska jou sa a; [5] epi sa Li te fè a nou menm nan dezè a jiskaske nou te rive nan kote sa a; [6] epi sa Li te fè a [j]Dathan avèk Abiram, fis a Éliab yo, fis a Ruben, lè tè a te ouvri bouch li, pou te vale yo, tout moun lakay yo, tant yo, ak [k]tout bagay vivan nan tout Israël ki te swiv yo—— [7] konsa, se pwòp zye pa nou ki te wè tout gran zèv ke SENYÈ a te fè yo.

[8] "Pou sa, nou va kenbe tout kòmandman ke mwen ap kòmande nou jodi a, [l]pou nou kapab gen fòs pou antre e posede peyi a nan sila nou prèt pou travèse pran an; [9] [m]jis pou jou nou yo kapab vin pi plis nan peyi ke SENYÈ a te sèmante a zansèt nou yo pou ba yo ak desandan pa yo, [n]yon peyi ki koule avèk lèt ak siwo myèl. [10] Paske peyi

---

[a] **9:28** Egz 32:12 [b] **9:29** Det 4:20 [c] **10:1** Egz 34:1 [d] **10:1** Egz 25:10 [e] **10:2** Det 4:13 [f] **10:3** Egz 34:4
[g] **10:4** Egz 34:28 [h] **10:4** Egz 20:1 [i] **10:5** Egz 34:29 [j] **10:5** Egz 40:20 [k] **10:6** Nonb 20:25-28
[l] **10:7** Nonb 33:33-34 [m] **10:8** Nonb 3:6; Det 17:12 [n] **10:9** Nonb 18:20-24 [o] **10:10** Egz 34:28 [p] **10:12** Mi 6:8
[q] **10:12** Det 6:5 [r] **10:14** I Wa 8:27 [s] **10:14** Sòm 24:1 [t] **10:15** Det 4:37 [u] **10:16** Lev 26:41 [v] **10:16** Det 9:6
[w] **10:17** Jos 22:22 [x] **10:17** Rev 17:14 [y] **10:18** Egz 22:22-24 [z] **10:19** Lev 19:34 [a] **10:20** Det 11:22
[b] **10:20** Det 5:11 [c] **10:21** Sòm 109:1 [d] **10:22** Jen 46:27 [e] **11:1** Det 6:5 [f] **11:1** Lev 18:30 [g] **11:2** Det 4:34
[h] **11:3** Egz 7:8-21 [i] **11:4** Egz 14:28 [j] **11:6** Nonb 16:1-35 [k] **11:6** Nonb 26:10-11 [l] **11:8** Det 31:6-23
[m] **11:9** Det 4:40 [n] **11:9** Egz 3:8

kote nou ap antre pou posede a, se pa tankou peyi Égypte la, kote nou sòti a, kote nou te konn plante semans nou e wouze li avèk pye nou tankou yon jaden legim. ¹¹ Men ªpeyi kote nou prèt pou travèse pran an, yon peyi avèk ti mòn ak vale, k ap bwè dlo ki sòti nan lapli syèl la, ¹² yon peyi se SENYÈ a, Bondye nou an, renmen anpil. ᵇZye a SENYÈ a, Bondye nou an, toujou sou li, soti nan kòmansman jis rive nan fen ane a.

¹³ "Li va vin rive ke si nou ᶜkoute avèk obeyisans a kòmandman mwen yo, ke mwen ap kòmande nou jodi a, pou nou renmen SENYÈ a, Bondye nou an, e sèvi Li avèk tout kè nou e avèk tout nanm nou, ¹⁴ ke ᵈMwen va bay lapli pou peyi nou nan sezon li, lapli premye sezon ak lapli dènye sezon, pou nou kapab fè antre sereyal avèk diven nèf, avèk lwil. ¹⁵ ᵉMwen va bannou zèb nan chan nou yo pou bèt nou yo, e ᶠnou va manje e va satisfè.

¹⁶ ᵍ"Veye nou pou kè nou pa vin sedwi; pou nou pa vire akote pou sèvi lòt dye yo e adore yo. ¹⁷ Sinon, ʰlakòlè SENYÈ a va limen kont nou, epi Li va fèmen ⁱsyèl yo pou pa gen lapli, e tè a p ap donnen fwi li. Konsa, nou va peri vit soti nan bon peyi ke SENYÈ a ap bannou an. ¹⁸ ʲPou sa, nou va tache pawòl sa yo sou kè nou ak sou nanm nou. Nou va mare yo tankou yon sign sou men nou e yo va tankou très cheve nan fwon nou. ¹⁹ ᵏNou va enstwi yo a fis nou yo nan pale sou yo lè nou chita lakay nou, lè nou mache akote wout la, e lè nou kouche ak lè nou leve. ²⁰ ˡNou va ekri yo nan poto chanbrann lakay nou ak sou pòtay nou yo, ²¹ jis pou ᵐjou nou yo avèk jou a fis nou yo kapab vin miltipliye nan peyi kote SENYÈ a te sèmante a zansèt nou yo pou bay yo, toutotan syèl yo ap rete sou tè a.

²² "Paske si nou fè atansyon pou kenbe tout kòmandman sa yo ke mwen ap kòmande nou pou fè yo, ⁿpou renmen SENYÈ a, Bondye nou an, pou mache nan tout chemen Li yo e ᵒkenbe fèm a Li, ²³ alò, SENYÈ a va ᵖchase tout nasyon yo soti devan nou; epi nou va ᵠdeplase nasyon ki pi gran e ki pi pwisan ke nou yo. ²⁴ Nenpòt kote ke pye nou pile va vin pou nou; ʳlizyè nou va soti nan dezè a pou jis rive Liban, soti nan rivyè a, Rivyè Lefrat la, pou jis rive nan lanmè lwès la. ²⁵ ˢP ap gen pèsòn ki kapab kanpe devan nou. SENYÈ a, Bondye nou an, va mete gwo panik de nou ak laperèz nou sou tout peyi kote nou foule pye nou yo, jan Li te deja pale nou an.

²⁶ ᵗ"Gade, mwen ap mete devan nou jodi a yon benediksyon avèk yon malediksyon; ²⁷ ᵘBenediksyon an si nou koute kòmandman a SENYÈ yo, Bondye nou an ke mwen kòmande nou jodi a; ²⁸ epi ᵛmalediksyon an si nou pa koute kòmandman a SENYÈ yo, Bondye nou an, men vire akote chemen ke mwen ap kòmande nou jodi a, pou swiv lòt dye ke nou pa t konnen yo.

²⁹ "Li va rive, ke lè SENYÈ a, Bondye nou an, mennen nou nan peyi kote n ap antre posede a, ke nou va plase benediksyon an nan mòn Garizim nan e malediksyon an nan mòn Ebal la. ³⁰ Èske yo pa anfas Jourdain an, vè lwès, vè solèy kouche a, nan peyi Kanaaneyen ki rete Araba yo, anfas ʷGuilgal, akote ˣchenn Moré yo.

³¹ Paske nou prèt pou travèse Jourdain an pou antre posede peyi ke SENYÈ a, Bondye nou an, ap bannou an, e ʸnou va posede li pou viv ladann. ³² Nou va fè atansyon pou fè tout sa lalwa avèk jijman ke mwen ap mete devan nou jodi a.

12 "Sa yo se lwa avèk jijman ke nou va swiv avèk atansyon nan peyi ke SENYÈ a, Bondye a zansèt nou yo, te bannou pou posede ᶻpandan tout tan ke n ap viv sou tè a.

² "Nou va detwi nèt tout kote ke nasyon yo mete dye pa yo pou sèvi yo; sou ᵃmòn wo yo, sou ti mòn yo ak anba tout pyebwa yo. ³ ᵇNou va chire lotèl yo, e kraze pilye sakre yo, e brile poto Asherim nan avèk dife. Nou va koupe imaj taye a dye pa yo, e nou va ᶜfè disparèt tout tras non yo nan kote sila yo.

⁴ "Nou p ap aji konsa anvè SENYÈ a, Bondye nou an. ⁵ ᵈMen nou va chache kote SENYÈ a, Bondye nou an, chwazi sou tout trib nou yo, pou etabli non Li a tankou kote pou L ta rete, e la, nou va vini. ⁶ La, nou va mennen ofrann brile nou yo, sakrifis nou yo, ᵉdim nou yo, don ki sòti nan men nou yo, ofrann ve yo, ofrann bòn volonte yo, avèk premye ne nan twoupo nou yo ak nan bann mouton nou yo. ⁷ La osi, nou menm avèk lakay nou va manje devan SENYÈ a, Bondye nou an. Konsa, nou va ᶠrejwi nan tout sa nou te antreprann nan, nou avèk lakay nou yo, nan sila SENYÈ a, Bondye nou an, te beni nou an.

⁸ "Nou p ap fè menm sa ke n ap fè isit la jodi a, konsi ᵍtout moun ap fè sa ki bon nan pwòp zye li; ⁹ paske nou poko rive nan plas repo ak ʰeritaj ke SENYÈ a ap bannou an.

¹⁰ "Lè nou travèse Jourdain an pou viv nan peyi ke SENYÈ a, Bondye nou an, ap bannou kòm eritaj la; epi ⁱLi bannou repo sou tout lènmi ki antoure nou yo pou nou viv ansekirite, ¹¹ ʲalò, li va rive ke kote ke SENYÈ a, Bondye nou an, va chwazi pou non Li vin rete a, se la, nou va mennen tout sa ke Mwen kòmande nou yo: ofrann brile nou yo avèk sakrifis nou yo, dim nou yo avèk don ki sòti nan men nou yo, ak tout ofrann ve ki pi bèl ke nou va fè kòm ve bay SENYÈ a.

¹² "Epi nou va rejwi devan SENYÈ a, Bondye nou an, nou menm avèk fis ak fi nou yo, sèvitè ak sèvant nou yo ak ᵏLevit ki anndan pòtay nou yo, akoz ke

---

ª **11:11** Det 8:7 ᵇ **11:12** I Wa 9:3 ᶜ **11:13** Lev 26:3 ᵈ **11:14** Lev 26:4 ᵉ **11:15** Sòm 104:14 ᶠ **11:15** Det 6:11
ᵍ **11:16** Job 31:27 ʰ **11:17** Det 6:15 ⁱ **11:17** I Wa 8:35 ʲ **11:18** Egz 13:9-16 ᵏ **11:19** Det 4:9-10
ˡ **11:20** Det 6:9 ᵐ **11:21** Pwov 3:2 ⁿ **11:22** Det 11:1 ᵒ **11:22** Det 10:20 ᵖ **11:23** Det 4:38 ᵠ **11:23** Det 9:1
ʳ **11:24** Jen 15:18 ˢ **11:25** Egz 23:27 ᵗ **11:26** Det 30:1-19 ᵘ **11:27** Det 28:1-14 ᵛ **11:28** Det 28:15-68
ʷ **11:30** Jos 4:19 ˣ **11:30** Jen 12:6 ʸ **11:31** Det 17:14 ᶻ **12:1** Det 4:9-10 ᵃ **12:2** II Wa 16:4 ᵇ **12:3** Nonb 33:52
ᶜ **12:3** Egz 23:13 ᵈ **12:5** Egz 20:24 ᵉ **12:6** Det 14:22 ᶠ **12:7** Lev 23:40 ᵍ **12:8** Jij 17:6 ʰ **12:9** Det 4:21
ⁱ **12:10** Jos 11:23 ʲ **12:11** Det 12:5 ᵏ **12:12** Det 12:18-19

li pa gen pati ni eritaj pami nou. [13] Fè atansyon pou nou pa ofri ofrann brile tout kote ke nou wè, [14] men kote ke SENYÈ a chwazi nan youn nan tribi nou yo. La, nou va ofri ofrann brile yo, e la, nou va fè tout sa ke mwen kòmande nou yo.

[15] [a]"Malgre sa, nou gen dwa touye e manje vyann anndan nenpòt nan pòtay nou yo, nenpòt sa ke nou dezire, selon benediksyon SENYÈ a, Bondye nou an, sa ke Li te bannou. Sila ki pa pwòp, ak sila ki pwòp kapab manje ladann, tankou antilop la ak sèf la. [16] [b]Sepandan, nou pa pou bwè san an; [c]nou dwe vide li atè tankou dlo.

[17] [d]"Nou pa gen dwa manje anndan pòtay nou yo ofrann dim ki sòti nan sereyal yo, ni premye ne nan twoupo ak nan bann mouton nou yo, ni okenn nan ofrann ve yo, ni ofrann bòn volonte nou yo, ni don ki sòti nan men nou yo. [18] Men nou va manje yo devan SENYÈ a, Bondye nou an, kote ke SENYÈ a, Bondye nou an va chwazi a, nou menm avèk fis nou ak fi nou yo, sèvitè ak sèvant lan ak Levit ki anndan pòtay nou yo. Konsa, nou va [e]rejwi devan SENYÈ a, Bondye nou an, nan tout sa ke nou antreprann. [19] [f]Fè atansyon pou nou pa abandone Levit la pandan tout tan ke nou rete nan Peyi a.

[20] "Lè SENYÈ a, Bondye nou an, vin fè lizyè nou grandi, [g]jan Li te pwomèt nou an, e nou va di: 'Mwen va manje vyann,' akoz ke nou vle manje vyann, nou kapab manje vyann, nenpòt sa ke nou pito. [21] Si kote ke SENYÈ a, Bondye nou an, chwazi pou mete non Li an, twò lwen nou, alò, nou kapab touye nan twoupo nou ak bann mouton nou ke SENYÈ a te bannou yo, jan mwen te kòmande nou an. Konsa, nou kapab manje anndan pòtay nou yo nenpòt sa nou pito. [22] Menm jan ke yon antilòp oswa yon sèf kon sèvi pou manje; konsa, nou va manje li. Moun ki pwòp ni sila ki pa pwòp kapab manje ladann.

[23] "Sèlman, fè sèten [h]ke nou pa bwè san an, paske san an se lavi, e nou p ap bwè lavi avèk chè a. [24] Nou p ap bwè li. Nou va vide li atè tankou dlo. [25] Nou p ap bwè li jis pou sa kab ale byen pou nou avèk pitit apre nou yo; paske [i]nou ap fè sa ki bon nan zye SENYÈ a.

[26] [j]"Se sèlman bagay ki sen ke nou kapab genyen, ak ofrann ve nou yo, nou va pran pou ale kote ke SENYÈ a chwazi a. [27] Konsa, nou va ofri ofrann brile yo, chè a avèk san an sou lotèl la bay SENYÈ a, Bondye nou an. San sakrifis nou yo va vide sou lotèl la bay SENYÈ a, Bondye nou an, epi [k]nou va manje chè a.

[28] "Fè atansyon pou koute tout pawòl sila yo ke mwen kòmande nou, jis pou [l]sa kapab ale byen pou nou ak fis apre nou yo pou tout tan, akoz nou fè sa ki bon e jis nan zye a SENYÈ a, Bondye nou an.

[29] "Lè [m]SENYÈ a, Bondye nou an, koupe retire devan nou nasyon ke n ap antre deplase yo, epi nou deplase yo e rete nan peyi pa yo, [30] veye ke nou pa antre nan pèlen e swiv yo lè yo fin detwi devan nou; epi ke nou pa chache a dye pa yo, e mande: 'Kijan nasyon sa yo sèvi dye pa yo? Konsa, mwen va fè menm jan an?' [31] [n]Nou p ap a ji konsa anvè SENYÈ a, Bondye nou an, paske se tout zèv abominab ke SENYÈ a rayi yo, ke yo kon fè pou dye pa yo. Paske [o]yo konn menm brile pwòp fis ak fi pa yo nan dife dye pa yo.

[32] [p]"Nenpòt sa ke m kòmande nou, se sa a pou nou fè. [q]Nou p ap ni mete sou li, ni retire ladan l.

13 [r]"Si yon pwofèt, oswa yon moun ki konn fè rèv leve pami nou; si l anonse de nou yon sign oswa yon mèvèy, [2] epi sign oswa mèvèy ke li te pale a vin vrè, konsènan lè li te pale avèk nou an, pou l te di: [s]'Annou ale apre lòt dye (ke nou pa t konnen yo); epi annou sèvi yo,' [3] nou pa pou koute pawòl a pwofèt sila yo oswa moun rèv sa yo. Paske SENYÈ a, Bondye nou an, ap [t]pase nou a leprèv pou wè si [u]nou renmen SENYÈ a, Bondye nou an, avèk tout kè nou, e avèk tout nanm nou.

[4] "Nou va swiv SENYÈ a, Bondye nou an, e krent Li. Nou va kenbe kòmandman Li yo, e obeyi vwa Li. Nou va sèvi Li, e [v]kenbe fèm nèt ak Li. [5] Men pwofèt la oswa sila ki fè rèv sila a, va vin mete a lanmò, akoz li te konseye rebelyon kont SENYÈ a, Bondye nou an, ki te mennen nou sòti nan peyi Égypte la, epi ki te peye ranson nou pou soti nan kay esklavaj la, pou sedwi nou nan chemen ke SENYÈ a, Bondye nou an, te kòmande nou mache a. Konsa, nou va retire mechanste sa a pami nou.

[6] [w]"Si frè ou a, fis a manman ou a, oswa fis pa w la, oswa fi pa w la, oswa madanm ke nou renmen anpil la, oswa zanmi nou ki tankou pwòp nanm nou an, vin sedwi nou an sekrè pou di: 'Annou ale sèvi lòt dye yo,' (ke ni nou menm ni zansèt nou yo, pa t konnen), [7] nan dye pèp ki antoure nou yo, kit li toupre, kit li lwen, soti nan yon pwent latè jis rive nan lòt pwent lan), [8] nou pa pou dako avè l, ni koute li. "Ni zye nou[x]pa pou fè pitye de li. Nou p ap fè pa li, ni pwote je li. [9] Men anverite, nou va touye li. [y]Men ou va premye itilize pou mete li a lanmò, epi apre, men a tout pèp la. [10] Konsa, nou va lapide li ak kout wòch jiska lanmò, akoz li te [z]chache sedwi nou pou kite SENYÈ a, Bondye nou an, ki te mennen nou sòti nan peyi Égypte la, andeyò kay esklavaj la. [11] Konsa, tout Israël va tande pou vin gen lakrent; epi pèsòn pami nou p ap janm fè yon bagay mechan konsa ankò.

[12] "Si nou tande de youn nan vil ke SENYÈ a ap bannou pou viv ladann yo, [13] ke kèk sanzave te sòti pami nou pou te sedwi abitan a vil pa yo, e te di: [a]'Annou ale sèvi lòt dye' (ke nou pa t janm konnen yo), [14] alò, nou va fè ankèt pou byen chache.

---

[a] **12:15** Det 12:20-23   [b] **12:16** Jen 9:4   [c] **12:16** Det 15:23   [d] **12:17** Det 12:26   [e] **12:18** Det 12:7   [f] **12:19** Det 14:27
[g] **12:20** Jen 15:18   [h] **12:23** Jen 9:4   [i] **12:25** Egz 15:26   [j] **12:26** Nonb 5:9   [k] **12:27** Lev 3:1-17   [l] **12:28** Det 4:40
[m] **12:29** Jos 23:4   [n] **12:31** Det 9:5   [o] **12:31** Lev 18:21   [p] **12:32** Det 4:2   [q] **12:32** Pwov 30:6   [r] **13:1** Mat 24:24
[s] **13:2** Det 13:6-13   [t] **13:3** Egz 20:20   [u] **13:3** Det 6:5   [v] **13:4** Det 10:20   [w] **13:6** Det 17:2-7   [x] **13:8** Pwov 1:10
[y] **13:9** Lev 24:14   [z] **13:10** Det 13:5   [a] **13:13** Det 13:2**

"Si se vrè, zafè a vin etabli ke abominasyon te fèt pami nou, [15] [a]nou va, vrèman, frape sila ki viv nan vil sa a avèk lam nepe. Nou va detwi li nèt avèk tout sa ki ladann l, ni bèt li yo avèk lam nepe. [16] [b]Konsa, nou va ranmase tout byen ki sezi nan mitan lari li, epi brile vil la avèk tout byen li avèk dife, kòm yon ofrann brile konplè bay SENYÈ a, Bondye nou an. Li va rete yon pil mazi jis pou tout tan. Li p ap janm rebati.

[17] "Anyen nan zafè entèdi sa a p ap kole nan men nou, pou SENYÈ a kapab detounen nan kòlè Li k ap brile a, epi montre mizerikòd anvè nou, gen konpasyon pou nou, e fè nou vin miltipliye jan Li te sèmante a zansèt nou yo, [18] si nou va koute vwa a SENYÈ a, Bondye nou an, e kenbe tout kòmandman Li yo ke mwen ap kòmande nou jodi a; epi fè sa ki dwat nan zye SENYÈ a, Bondye nou an.

14 "Nou se [c]fis a SENYÈ a, Bondye nou an. Nou p ap blese kò nou, ni pase razwa sou fwon nou pou koz lanmò. [2] Paske nou se yon pèp ki [d]sen a SENYÈ a, Bondye nou an. SENYÈ a te chwazi ou kòm yon pèp pou pwòp posesyon pa Li, sòti nan tout pèp ki sou sifas tè a.

[3] [e]"Nou pa pou manje okenn bagay abominab. [4] [f]Sila yo se bèt ke nou kapab manje: bèf, mouton, kabrit, [5] Sèf, kabrit mawon, den, bèf mawon, boukten, antilòp, ak mouton mòn. [6] Nenpòt bèt ak zago divize ki remonte manje li pami tout bèt yo, sila nou kapab manje.

[7] "Sepandan, pami sila ki remonte manje yo, oswa sila ki divize zago an de yo: chamo, lapèn ak daman; akoz, malgre yo remonte manje, yo pa divize zago yo, yo pa pwòp pou nou. [8] Kochon, paske li divize zago a, men pa remonte manje, li pa pwòp pou nou. Nou pa pou manje anyen nan chè li, ni touche kò mouri yo.

[9] "Sila nou kapab manje nan tout sa ki nan dlo yo: Nou ka manje nenpòt sa ki gen zèl naje avèk kal, [10] men okenn nan yo ki pa gen zèl naje avèk kal, nou pa pou manje yo; se pa pwòp pou nou.

[11] "Nou kapab manje nenpòt zwazo ki pwòp. [12] Men [g]sila ke nou pa pou manje yo: èg, lòfre ak malfini lanmè, [13] milan wouj, otou, votou ak tout kalite parèy yo, [14] kòbo ak tout kalite parèy yo, [15] otrich, ibou, poul dlo, ak malfini avèk tout kalite parèy yo, [16] koukou, frize, gwo kana mawon blan, [17] grangozye, plonjon, chwèt, [18] sigòy, krabye, ak kalite parèy yo, sèpantye, tchotcho ak chòv-souri.

[19] "Tout reptil avèk zèl pa pwòp pou nou. Yo pa pou manje. [20] Nou kapab manje nenpòt zwazo ki pwòp.

[21] "Nou pa pou manje okenn bagay ki mouri pou kont li. Nou gen dwa bay li a etranje ki rete nan vil nou, pou li kab manje l, oswa nou kapab vann li a yon etranje; paske nou se [h]yon pèp ki sen a SENYÈ a, Bondye nou an. [i]Nou pa pou bouyi yon jenn ti kabrit ki nan lèt manman.

[22] "Chak ane, nou va, [j]anverite, bay ladim nan tout pwodwi a sila ke nou plante yo, ki sòti nan chan. [23] Nou va manje nan prezans SENYÈ a, [k]kote Li chwazi pou etabli non Li an, dim a sereyal nou, a diven nèf nou, a lwil nou, premye ne a twoupo nou ak bann mouton nou, pou nou kapab vin aprann krent SENYÈ a, Bondye nou an, jis pou tout tan.

[24] "Si distans lan tèlman gran pou nou, pou nou pa kapab pote yon dim, akoz kote SENYÈ Bondye nou an chwazi [l]pou mete non Li an twò lwen nou, lè SENYÈ Bondye nou an, beni nou, [25] alò, nou va tovke li pou lajan; epi mare lajan an nan men nou pou ale kote SENYÈ Bondye nou an, chwazi a. [26] Nou kapab depanse lajan an pou nenpòt sa ke kè nou dezire: pou bèf kabwèt, oswa mouton, oswa diven, oswa bwason ki fò, oswa nenpòt sa kè nou dezire; epi [m]la, nou va manje nan prezans SENYÈ a, Bondye nou an; epi rejwi nou menm avèk tout lakay nou. [27] Osi, nou p ap neglije [n]Levit ki nan vil nou an, paske li pa gen pati ni eritaj pami nou.

[28] [o]"Nan fen chak twazyèm ane, nou va pote tout dim a sila nou pwodwi pou ane sa a, e nou va depoze li nan pwòp vil pa nou an. [29] Levit la, akoz li pa gen pati oswa eritaj pami nou, e [p]etranje, òfelen, ak vèv ki nan vil nou yo, yo va [q]manje e satisfè, jis pou SENYÈ a, Bondye nou an, beni nou nan tout travay ke men nou fè.

15 [r]"Nan fen chak sèt ane, nou va bay yon remisyon pou dèt yo. [2] Se konsa remisyon an va ye: tout moun ki prete yon moun yo va bliye sa ke li te prete vwazen li an. Li pa pou egzije li a vwazen li ni a frè li, akoz remisyon an te pwoklame.

[3] [s]"A yon etranje, nou gen dwa egzije li; men nou va bliye nenpòt sa ki pou nou avèk frè nou. [4] Sepandan, p ap gen malere pami nou, (akoz [t]SENYÈ a va, anverite, beni nou an peyi ke SENYÈ Bondye nou an, ap bannou kòm yon eritaj pou posede) [5] si sèlman ou koute avèk obeyisans a vwa SENYÈ a, Bondye nou an, pou swiv avèk atansyon tout kòmandman sila ke mwen ap kòmande nou jodi a.

[6] [u]"Paske SENYÈ a, Bondye nou an, va beni nou jan Li te pwomèt nou an. Nou va prete a anpil nasyon, men nou p ap prete nan men yo. Nou va domine sou anpil nasyon, men yo p ap domine sou nou.

[7] "Si gen yon malere pami nou, youn nan frè nou yo, nan nenpòt vil nou yo nan peyi ke SENYÈ a, Bondye nou an, ap bannou an, [v]nou pa pou fè kè nou di, ni sere men nou kont frè malere a. [8] Men [w]nou va louvri men nou byen laj vè li, e nou va prete a li avèk jenewozite sa ki sifi pou li nan nenpòt sa li manke.

---

[a] **13:15** Det 13:5 [b] **13:16** Det 7:25-26 [c] **14:1** Wo 8:16 [d] **14:2** Lev 20:26 [e] **14:3** Éz 4:14 [f] **14:4** Lev 11:2-45
[g] **14:12** Lev 11:13 [h] **14:21** Det 14:2 [i] **14:21** Egz 23:19 [j] **14:22** Lev 27:30 [k] **14:23** Det 12:5 [l] **14:24** Det 12:5-21
[m] **14:26** Det 12:7 [n] **14:27** Det 12:12 [o] **14:28** Det 26:12 [p] **14:29** Det 16:11 [q] **14:29** Det 6:11 [r] **15:1** Det 31:10
[s] **15:3** Det 23:20 [t] **15:4** Det 28:8 [u] **15:6** Det 28:12-13 [v] **15:7** I Jn 3:17 [w] **15:8** Mat 5:42

⁹ "Fè atansyon pou nou pa vin gen yon lide mechan nan kè nou ki di: 'Setyèm ane a, lane pou remisyon an prè;' epi ᵃzye nou vin move kont frè nou ki malere a, pou nou pa ba li anyen. Alò, konsa li kab kriye a SENYÈ a kont nou, epi sa va peche nan nou. ¹⁰ Nou va ba li avèk jenewozite, san fè kè tris lè nou ba li. ᵇPaske pou bagay sa a, SENYÈ a, Bondye nou an, va beni nou nan tout travay nou ak tout sa ke nou antreprann.

¹¹ ᶜ"Paske malere yo p ap janm sispann la nan peyi a. Akoz sa, mwen kòmande nou, e di: 'Nou va louvri men nou byen la j a frè malere nou yo avèk pòv nan peyi nou yo.'

¹² ᵈ"Si moun peyi parèy nou yo, yon Ebre, gason oswa fanm, vann a nou menm, alò, li va sèvi nou pandan sis ane, men nan setyèm ane a, nou va ba li libète. ¹³ Lè nou lage li, nou p ap voye li ale men vid. ¹⁴ Nou va byen founi li soti nan bann mouton an, rekòlt jaden ak nan sitèn diven an. Nou va ba li jan SENYÈ a, Bondye nou an, te beni nou an. ¹⁵ Nou va sonje ke nou te esklav nan peyi Égypte la, e SENYÈ a, Bondye nou an, te peye ranson nou. Pou sa, mwen kòmande nou sa, jodi a.

¹⁶ "Li va vin rive ke ᵉsi li di nou: "Mwen p ap sòti kite nou," paske li renmen nou avèk tout lakay nou, akoz ke sa mache byen pou li avèk nou; ¹⁷ alò, nou va pran yon pik byen file pou pèse zòrèy li nèt antre nan pòt pòt la, epi li va sèvitè nou nèt. Osi, nou va fè menm bagay la avèk sèvant yo. ¹⁸ Li p ap sanble li difisil pou nou lè nou lage li, paske li te bannou sis ane nan doub sèvis yon anplwaye. Konsa, SENYÈ a, Bondye nou an, va beni nou nan nenpòt sa nou fè.

¹⁹ ᶠ"Nou va konsakre a SENYÈ a, Bondye nou an, tout mal premye ne ki fèt nan twoupo oswa bann mouton nou yo. Nou p ap travay avèk premye ne nan twoupo nou, ni taye lenn nan premye ne nan bann mouton an. ²⁰ ᵍNou avèk tout lakay nou va manje li chak ane devan SENYÈ a, Bondye nou an, nan kote ke SENYÈ a chwazi a.

²¹ ʰ"Men si li gen yon defo, tankou bwate, avèg, oswa nenpòt gwo defo, nou pa pou fè sakrifis li bay SENYÈ a, Bondye nou an. ²² Nou va manje li anndan pòtay nou yo. Pa pwòp la avèk pwòp la menm jan an, tankou ⁱyon kabrit mawon oswa yon sèf. ²³ Sèlman, ʲnou p ap bwè san li. Nou dwe vide li atè tankou dlo.

16 "Obsève mwa Abib lan pou ᵏselebre Pak a SENYÈ a, Bondye nou an; paske nan mwa Abib la, SENYÈ a, Bondye nou an, te mennen nou sòti an Égypte nan nwit lan. ² Nou va fè sakrifis Pak a SENYÈ a, Bondye nou an, soti nan bann mouton avèk twoupo a, kote SENYÈ a chwazi pou etabli non Li an.

³ "Nou p ap manje pen ak ledven avè l. Sèt jou, nou va manje nan li pen san ledven, pen afliksyon an (paske nou te sòti nan peyi Égypte la prese prese), pou nou kab sonje tout jou sa a tout lavi nou, jou ke nou te sòti nan peyi Égypte la.ˡ ⁴ Pandan sèt jou, p ap gen ledven k ap parèt pami nou nan tout teritwa nou yo; ni ᵐokenn nan chè ke nou sakrifye nan aswè premye jou a, p ap rete tout nwit lan pou rive maten.

⁵ "Nou pa kapab fè sakrifis Pak la nan nenpòt nan vil ke SENYÈ a, Bondye nou an, ap bannou yo, ⁶ men ⁿkote SENYÈ a, Bondye nou an, chwazi pou etabli non Li an, nou va fè sakrifis Pak la nan aswè, nan lè solèy kouche, nan menm lè jou ke nou te sòti an Égypte la. ⁷ Nou va ᵒkwit e manje li nan plas ke SENYÈ a, Bondye nou an, chwazi a. Nan maten, nou va retounen nan tant yo. ⁸ Sis jou, nou va manje pen san ledven an. Konsa, ᵖnan setyèm jou a, va genyen yon konvokasyon solanèl a SENYÈ a, Bondye nou an. Nou pa pou fè okenn travay nan li.

⁹ ᵠ"Nou va kontwole sèt semèn pou kont nou. Nou va kòmanse konte sèt semèn yo soti nan lè nou kòmanse mete kouto nan grenn sereyal la. ¹⁰ Epi nou va selebre Fèt Semèn a SENYÈ yo, Bondye nou an, avèk don a yon ofrann bòn volonte nan men nou, ke nou va bay selon jan SENYÈ a beni nou. ¹¹ Konsa, nou va ʳrejwi devan SENYÈ a, Bondye nou an, nou menm avèk fis nou ak fi nou yo, sèvitè avèk sèvant nou yo, Levit ki nan vil nou an, e ˢetranje avèk òfelen ak vèv ki nan mitan nou yo, nan kote ke SENYÈ Bondye nou an, chwazi pou etabli non Li an. ¹² Nou va sonje ke nou te esklav an Égypte, e nou va fè atansyon pou obsève tout lwa sa yo.

¹³ ᵗ"Nou va selebre Fèt Tonèl yo sèt jou apre nou fin fè antre, tout grenn jaden ak sitèn diven an. ¹⁴ Nou va ᵘrejwi nan fèt nou, nou menm avèk fis nou ak fi nou yo, sèvitè ak sèvant nou yo, Levit la ak etranje ak, òfelen ak vèv ki nan vil nou yo. ¹⁵ Sèt jou, nou va selebre yon fèt a SENYÈ a, Bondye nou an, kote ke SENYÈ a chwazi a, akoz SENYÈ Bondye nou an, va beni nou nan rekòlt nou yo ak nan tout travay men nou yo, pou nou kab vin ranpli nèt avèk jwa.

¹⁶ ᵛ"Twa fwa pa ane, tout mal nou yo va parèt devan SENYÈ, Bondye nou an, kote Li chwazi a, nan Fèt Pen San Ledven an, nan Fèt Semèn yo, nan Fèt Tonèl yo, e yo p ap parèt devan SENYÈ a men vid. ¹⁷ Chak moun va bay jan li kapab, selon benediksyon SENYÈ a, te bannou an.

¹⁸ "Nou va chwazi pou nou menm jij avèk ofisye nan tout vil ke SENYÈ, Bondye nou an, ap bannou yo, selon tribi yo, e yo va jije pèp la avèk jijman ki dwat. ¹⁹ ʷNou p ap tòde jistis la. Nou p ap fè patipri, e nou p ap pran anyen anba tab; paske afè anba tab avegle zye a saj yo, e pèvèti pawòl a sila ki dwat yo. ²⁰ La jistis e se sèl la jistis nou va swiv, pou ˣnou

kapab viv e posede peyi ke SENYÈ, Bondye nou an, ap bannou an.

[21] a"Nou pa pou plante pou kont nou yon Ashera, ni okenn kalite pyebwa akote lotèl SENYÈ a, Bondye nou an, ke nou va fè pou tèt nou. [22] bNou pa pou etabli pou kont nou okenn wòch sakre ke SENYÈ Bondye nou an, rayi.

17 c"Nou p ap fè sakrifis a SENYÈ Bondye nou an, ni bèf, ni mouton ki gen fot oswa okenn defo; paske sa se yon bagay abominab a SENYÈ a, Bondye nou an.

[2] "Si sa twouve nan mitan nou, nan okenn vil nou yo ke SENYÈ a, Bondye nou an, ap bannou yo, yon nonm oswa yon fanm ki fè sa ki mal nan zye SENYÈ Bondye nou an, nan transgrese akò Li a, [3] epi ale dsèvi lòt dye yo pou adore yo, ekit se solèy la, lalin nan, oswa nenpòt nan lame syèl la, ke mwen pa te kòmande, [4] epi si yo di nou sa, e nou te tande sa, alò, nou va fè yon ankèt avèk dilijans. Veye byen, epi si se vrè, e se sèten se bagay abominab sila a te fèt an Israël, [5] alò, nou va mennen nonm sa a oswa fanm sa a ki te fè zak mechan sa a nan pòtay nou yo, e fnou va lapide li ak kout wòch jiskaske li mouri.

[6] g"Sou temwayaj a de temwen oswa twa temwen, sila ki dwe mouri an, va vin mete a lanmò. Li p ap mete a lanmò sou temwayaj a yon sèl temwen. [7] Se men a temwen yo k ap premye kont li pou mete li a lanmò; epi apre, se men a tout pèp la. hKonsa nou va netwaye mechanste a soti nan mitan ou.

[8] i"Si yon ka twò difisil pou nou deside, pa egzanp, a nivo touye moun, oswa yon lòt nivo, oswa yon kalite pwosè ak yon lòt, oswa antre blese moun ak yon lòt; alò, nou va mennen yo kote SENYÈ Bondye nou an, chwazi a.

[9] "Konsa, nou va rive kote jprèt Levit la ki se chèf la nan jou sa yo, nou va mande yo, e yo va deklare jijman sou ka a. [10] Nou va konfòme avèk tèm a jijman sila ke yo te deklare a nou menm soti kote ke SENYÈ a chwazi a. Nou va fè atansyon pou obsève tout sa ke yo enstwi nou. [11] kSelon tèm lalwa ke yo enstwi nou yo, e selon desizyon ke yo di nou, nou va fè yo. Nou pa pou vire akote pawòl ke yo deklare a nou menm yo, ni adwat, ni agoch.

[12] "Nonm nan ki aji avèk ògèy e ki pa koute prèt la ki kanpe la a pou sèvi SENYÈ Bondye nou an, ni jij la, nonm sila a va mouri. Se konsa, nou va retire mal sa a soti an Israël. [13] Epi ltout pèp la va tande, pou gen krentif, e yo p ap aji avèk ògèy ankò.

[14] "Lè nou antre nan peyi ke SENYÈ Bondye nou an, bannou an pou posede, e nou viv ladann, nou va di: m'Annou mete yon wa sou nou tankou tout nasyon ki antoure nou yo'. [15] Nou va, anverite, mete yon wa ke SENYÈ a chwazi sou nou, youn ki nsoti nan sitwayen parèy nou yo, nou va mete l kòm wa sou nou.

"Nou pa kapab mete yon etranje sou nou menm, ki pa sitwayen parèy nou. [16] Anplis, li p ap miltipliye cheval pou pwòp tèt li, ni li p ap ofè pèp la retounen an Égypte pou miltipliye cheval; akoz SENYÈ a te di nou: 'Nou p ap retounen la ankò.' [17] pLi p ap pran anpil fanm; sinon, kè li va detounen. Ni li p ap ranmase anpil ajan avèk lò pou tèt li.

[18] "Alò, li va rive ke lè li chita sou twòn wayòm li an, li va ekri pou tèt li yon kopi de lwa sila a sou yon woulo papye, qnan prezans prèt Levit yo. [19] Li va rete avèk li, e li va li li pandan rtout jou lavi li, pou li kapab aprann gen krent SENYÈ a, Bondye li a, pou l swiv avèk atansyon tout pawòl lwa sa a, ak règleman sila yo, pou fè yo; [20] e pou li pa konsidere tèt li pi bon ke Izrayelit parèy li yo, se ke li pa detounen de kòmandman an, ni adwat, ni agoch, dekwa ke li menm avèk fis li yo kapab dire anpil tan nan wayòm li a nan mitan Israël.

18 t"Prèt Levit yo, tout tribi Lévi a, pa pou gen pati oswa eritaj avèk Israël. Yo va manje ofrann pa difè SENYÈ a ki se pati pa Li. [2] uYo pa pou gen eritaj pami Izrayelit parèy yo. SENYÈ a se eritaj pa yo, jan Li te pwomèt yo a.

[3] v"Men sa va dwa prèt yo ke moun yo dwe fè, ki soti nan sila ki ofri an sakrifis yo, kit yon bèf, oswa yon mouton; ladann, yo va bay prèt la zepòl la avèk de machwè yo, ak tout vant lan. [4] Nou va ba li wpremye fwi a sereyal yo, diven nèf nou, lwil nou, ak premye lenn mouton nou yo. [5] xPaske SENYÈ a te chwazi li ak fis li yo pami tout tribi nou yo pou kanpe e sèvi nan non SENYÈ a jis pou tout tan.

[6] "Alò, si yon Levit sòti nan youn nan vil nou yo atravè tout Israël kote li yrete a, e li vini nenpòt lè li vle kote ke SENYÈ a chwazi a, [7] alò, li va sèvi nan non SENYÈ a, Bondye li a, tankou tout Levit parèy li yo ki kanpe la devan SENYÈ a. [8] zLi dwe gen pòsyon egal nan benefis pa yo a, menmlè li te resevwa nan kòb vant posesyon fanmi an.

[9] "Lè nou antre nan tè ke SENYÈ a, Bondye nou an bannou an, nou p ap aprann aimite bagay abominab a nasyon sa yo. [10] Pa kite yo jwenn okenn pami nou ki sakrifye fis yo oswa fi yo nan dife, youn pami nou ki pratike divinasyon ak maji, ki fè entèpretasyon sign, oswa youn pami nou ki fè wanga, [11] ni youn pami nou ki fè cham, bk ap prale nan tab tounant, moun k ap rele lespri yo vin parèt, ni youn pami nou ki rele mò yo monte. [12] Paske nenpòt moun ki fè bagay sa yo abominab a SENYÈ a. cAkoz bagay abominab sa yo, SENYÈ a, Bondye nou an, va chase yo sòti devan nou.

[13] d "Fòk nou san fot devan SENYÈ a, Bondye nou an.

[14] "Paske nasyon sa yo ke nou va deplase yo, koute konsèy a sila ki epratike maji ak sila ki fè

---
a **16:21** Det 7:5 b **16:22** Lev 26:1 c **17:1** Det 15:21 d **17:3** Egz 22:20 e **17:3** Job 31:26-28 f **17:5** Lev 24:14
g **17:6** Nonb 35:30 h **17:7** I Kor 5:13 i **17:8** II Kwo 19:10 j **17:9** Det 19:17 k **17:11** Det 25:1
l **17:13** Det 17:12 m **17:14** I Sam 8:5-20 n **17:15** Jr 30:21 o **17:16** És 31:1 p **17:17** II Sam 5:13
q **17:18** Det 31:24-26 r **17:19** Det 4:9-10 s **17:20** Det 5:32 t **18:1** Det 10:9 u **18:2** Nonb 18:20
v **18:3** Lev 7:32-34 w **18:4** Nonb 18:12 x **18:5** Egz 29:9 y **18:6** Nonb 35:2-3 z **18:8** Lev 27:30-33
a **18:9** Det 9:5 b **18:11** Lev 19:31 c **18:12** Lev 16:24 d **18:13** Jen 6:9 e **18:14** II Wa 21:6

divinasyon yo; men pou nou, SENYÈ a, Bondye nou an, pa t pèmèt ke nou fè sa. [15] ᵃSENYÈ Bondye nou an, va fè leve nan mitan nou yon pwofèt tankou mwen, pami Izrayelit parèy nou yo, nou va koute li. [16] Paske se sa ᵇnou te mande SENYÈ a, Bondye nou an, nan mòn Horeb nan jou asanble a, e nou te di: 'Annou pa tande ankò vwa a SENYÈ a, Bondye nou an, annou pa wè gran dife sa a ankò, oswa nou va mouri.'

[17] ᶜ"SENYÈ a te di mwen: 'Yo te pale byen. [18] 'Mwen va fè leve yon pwofèt soti nan mitan Izrayelit parèy yo tankou ou, ᵈMwen va mete pawòl Mwen nan bouch li, e li va pale avèk yo tout sa ke Mwen kòmande li. [19] ᵉLi va vin rive ke nenpòt moun ki pa koute pawòl Mwen yo ke li va pale nan non Mwen, Mwen Menm, Mwen va egzije sa de li menm. [20] Men pwofèt ki pale yon mo avèk awogans nan non Mwen, mo Mwen pa t kòmande li pale, oswa ᶠke li pale nan non a lòt dye yo, pwofèt sila a va mouri.'

[21] "Nou kapab di nan kè nou: 'Kijan nou va konnen pawòl ke SENYÈ a pa t pale?' [22] ᵍLè yon pwofèt pale nan non SENYÈ a, si bagay la pa fèt, oswa pa rive vrè, se bagay sa ke SENYÈ a pa t pale a. Pwofèt la te pale li avèk awogans. Nou pa pou pè li.

19 ʰ"Lè SENYÈ a, Bondye nou an, koupe retire nasyon yo, pou bannou tè pa yo a, pou nou deplase yo pou nou vin rete nan vil yo ak nan kay yo, [2] ⁱ"Nou va mete akote twa vil pou nou menm nan mitan peyi nou an, ke SENYÈ a, Bondye nou an, bannou pou posede a. [3] Nou va prepare wout pou nou menm, e divize an twa pati teritwa a peyi ke SENYÈ a va bannou kòm posesyon an, jis pou nenpòt moun ki touye moun kapab sove ale ladann.

[4] ʲ"Men sa se kondisyon ka a moun ki kapab sove ale rive la pou viv: Lè li vin touye zanmi li san entansyon eksprè, san ke li pa t rayi li avan—— [5] tankou lè yon nonm antre nan forè avèk zanmi li pou koupe bwa, epi men li voye rach la pou koupe bwa a, fè tèt fè a vin pati pou l frape zanmi li an, e li mouri—-li kapab sove ale nan youn nan vil sa yo pou viv. [6] Otreman, vanjè san an ta petèt kouri dèyè sila ki touye moun nan, epi nan chalè kòlè li, rakontre l akoz distans lan twòp, e pran lavi li, malgre li pa t merite mouri, akoz ke li pa t rayi li avan. [7] Pou sa, mwen kòmande nou, e di: 'Nou va mete apa twa vil pou nou menm.'

[8] "Si SENYÈ, Bondye nou an, fè teritwa nou an ᵏvin pi gran, jan li te sèmante a zansèt nou yo pou bannou tout tè ke li te pwomèt pou bay zansèt nou yo; [9] epi si nou fè atansyon pou swiv tout kòmandman sa ke mwen kòmande nou jodi a yo, ˡpou renmen SENYÈ, Bondye nou an, e mache nan vwa pa Li pou tout tan—-alò, nou va ogmante anplis twa vil ankò pou nou menm. [10] Jis pou san inosan pa vèse nan mitan teritwa nou an, ke SENYÈ a bannou kòm eritaj la, e pou ᵐkoupabilite san an pa vin rete sou nou.

[11] "Men ⁿsi vin gen yon nonm ki rayi vwazen li, li kouche an kachèt pou li, li leve kont li pou frape li jiskaske li vin mouri, e li sove ale rive nan youn nan vil sa yo, [12] alò, ansyen nan vil li yo va voye pran li soti la. Konsa, yo va livre li nan men vanjè san an, pou li kapab mouri. [13] Nou pa pou gen pitye pou li, men nou gen pou fè netwayaj san inosan an soti an Israël pou sa kapab ale byen pou nou.

[14] ᵒ"Nou pa pou deplase lizyè tè vwazen nou, ke zansèt yo te etabli kòm eritaj nou ke SENYÈ Bondye nou an, ap bannou pou posede.

[15] ᵖ"Yon sèl temwen pa kapab leve kont yon moun sou koz nenpòt inikite oswa peche ke li te fè. Sou temwayaj a de oswa twa temwen, yo kapab konfime yon ka.

[16] ᵠ"Si yon temwen malveyan leve kont yon nonm pou akize li kòm malfektè, [17] alò, tou de moun ki gen dispit yo, va kanpe ʳdevan SENYÈ a, devan prèt avèk jij ki ofisye nan jou sa yo. [18] "Jij yo ˢva fè ankèt konplè; epi si temwayaj la se yon fo temwayaj, e li te fè fo temwayaj kont frè l, [19] alò, ᵗnou va fè li menm bagay ke li t ap fè rive a frè li a. Konsa, nou va netwaye mechanste fèt pami pèp nou an. [20] ᵘLòt yo va tande, vin gen krentif, e yo p ap janm fè ankò yon bagay mechan konsa pami nou. [21] Konsa, zye nou p ap gen pitye: ᵛvi pou vi, ʷzye pou zye, dan pou dan, men pou men, pye pou pye.

20 "Lè nou ale fè batay kont lènmi nou yo, nou wè cheval avèk cha ak pèp ki plis pase nou, ˣpa pè yo; paske SENYÈ a, Bondye nou an, ki te fè nou sòti kite peyi Égypte la, avèk nou. [2] Lè nou ap pwoche batay la, prèt la va pwoche pou pale avèk pèp la. [3] Li va di yo: 'Tande O Israël, n ap pwoche batay la kont lènmi nou yo jodi a. ʸPa fè kè sote. Pa pè, ni pa sezi, ni tranble devan yo, [4] paske ᶻse SENYÈ a, Bondye nou an, ki prale avèk nou, pou goumen pou nou kont lènmi nou yo, pou sove nou.'

[5] "Ofisye militè yo, osi, va pale avèk pèp la, e di: 'Se kilès nan mesye yo ki te bati yon kay tounèf e ki poko etabli ladann? Kite li sòti retounen lakay li. Otreman, li kab mouri nan batay la, e yon lòt va vin etabli ladann. [6] Kilès nan mesye yo ki te plante yon chan rezen e ki poko sèvi nan fwi li? Kite li sòti retounen lakay li. Otreman, li kab mouri nan batay la e yon lòt moun va vin sèvi nan fwi li a. [7] ᵃEpi kilès nan mesye yo ki fiyanse a yon fi e ki poko marye avè l? Kite li sòti retounen lakay li. Otreman, li kapab mouri nan batay la e yon lòt mesye kapab vin marye avè l.'

ᵃ **18:15** Mat 21:11   ᵇ **18:16** Egz 20:18-19   ᶜ **18:17** Det 5:28   ᵈ **18:18** És 51:16   ᵉ **18:19** Trav 3:23   ᶠ **18:20** Det 13:1-2
ᵍ **18:22** Jr 28:9   ʰ **19:1** Det 6:10-11   ⁱ **19:2** Det 4:41   ʲ **19:4** Nonb 35:9-34   ᵏ **19:8** Jen 15:18   ˡ **19:9** Det 6:5
ᵐ **19:10** Nonb 35:33   ⁿ **19:11** Egz 21:12   ᵒ **19:14** Det 27:17   ᵖ **19:15** Nonb 35:30   ᵠ **19:16** Egz 23:1
ʳ **19:17** Det 17:9   ˢ **19:18** Det 25:1   ᵗ **19:19** Pwov 19:5   ᵘ **19:20** Det 17:13   ᵛ **19:21** Egz 21:23   ʷ **19:21** Mat 5:38
ˣ **20:1** II Kwo 32:7-8   ʸ **20:3** Det 20:1   ᶻ **20:4** Det 1:30   ᵃ **20:7** Det 24:5

⁸ "Konsa, ofisye yo va pale plis avèk pèp la pou di: 'Kilès nan mesye yo ki gen laperèz oswa ki manke gen kouraj? Kite li sòti retounen lakay li pou li pa fè kè frè li yo fann tankou kè pa li.' ⁹ Lè ofisye yo fin pale ak pèp la, yo va chwazi kòmandan lame yo kòm chèf an tèt pèp la.

¹⁰ "Lè nou pwoche yon vil pou goumen kont li, nou va ofri li kondisyon lapè. ¹¹ Si li dakò pou fè lapè avèk nou e louvri pou nou; alò, tout pèp ki ladann yo va devni ᵃfòs travay kòve nou, e va sèvi nou. ¹² Men si li pa fè lapè avèk nou, men fè lagè kont nou, alò, nou va fè syèj kont li. ¹³ "Lè SENYÈ a, Bondye nou an, livre li nan men nou, ᵇnou va frape tout mesye yo avèk lam nepe. ¹⁴ Sèlman fanm avèk pitit avèk ᶜbèt avèk tout piyaj la, nou va pran kòm byen ki sezi pou kont nou. Nou gen dwa sèvi piyaj lènmi nou yo ke SENYÈ a te bannou.

¹⁵ "Konsa, nou va fè a tout vil ki lwen nou yo, ki pa pati nan vil a nasyon ki toupre yo.

¹⁶ ᵈ"Sèlman, nan vil a pèp sa yo ke SENYÈ Bondye nou an, ap bannou kòm eritaj la, nou pa pou kite anyen viv ki respire. ¹⁷ Nou va detwi yo nèt; Etyen yo, Amoreyen yo, Kanaaneyen yo, Ferezyen yo, Evyen yo, ak Jebizyen yo, jan SENYÈ a, Bondye nou an, te kòmande nou an, ¹⁸ jis pou yo pa vin enstwi nou selon tout bagay abominab ke yo te fè pou dye pa yo, pou nou vin peche kont SENYÈ a, Bondye nou an.

¹⁹ "Lè nou fè syèj yon vil pandan anpil tan, pou fè lagè kont li pou nou kapab pran li an kaptivite, nou pa pou detwi pyebwa li yo nan voye rach sou yo; pou nou kapab manje nan yo, e nou pa pou koupe yo. Paske èske pyebwa chan an se yon moun, ke nou ta dwe fè syèj ladann? ²⁰ Sèlman bwa ke nou konnen ki pa bay fwi yo, nou va detwi yo e koupe yo, pou nou kapab konstwi syèj yo kont vil ki kont nou an, jiskaske l fin tonbe.

21 "Si yon moun yo te touye, twouve kouche nan mitan chan nan peyi ke SENYÈ a bannou pou posede a, epi yo pa konnen ki moun ki te frape li, ² alò, ansyen nou yo avèk jij nou yo va ale deyò pou mezire distans pou rive nan vil ki antoure sila ke yo te touye a.

³ "Li va fèt ke vil ki pi pre moun ke yo te touye a, la pou ansyen nan vil sa a pran yon bèf gazèl ki sòti nan twoupo a, ki poko travay, e ki poko rale chaj. ⁴ Konsa, ansyen nan vil sa yo va mennen gazèl la desann nan yon vale avèk kouran dlo, ki potko raboure ni plante. Li va kase kou gazèl la nan plas kote vale a.

⁵ "Alò, ᵉprèt yo, fis a Levit yo, va pwoche toupre, paske SENYÈ a, Bondye nou an, te chwazi yo pou sèvi Li e pou beni nan non SENYÈ a; chak kont, chak ka blese, se yo menm k ap regle yo. ⁶ Tout ansyen nan vil ki pi pre moun ke yo te touye a va ᶠlave men yo sou gazèl kou kase nan vale a. ⁷ Yo va reponn e di: 'Men nou pa t vèse san sa a, ni zye nou yo pa t wè li. ⁸ Padone pèp Ou a, Israël, ke ou te peye ranson pou li a; O SENYÈ, pa mete koupabilite ᵍsan inosan an nan mitan pèp Ou a, Israël.' Epi koupabilite san pa yo a va padone. ⁹ ʰKonsa, nou va retire koupabilite san inosan an soti nan mitan nou, lè nou fè sa ki dwat nan zye SENYÈ a.

¹⁰ "Lè nou sòti nan batay kont lènmi nou yo, epi ⁱSENYÈ, Bondye nou an, livre yo nan men nou pou nou mennen yo ale an kaptivite, ¹¹ epi nou vin wè pami kaptif yo yon bèl fanm, nou gen yon dezi pou li pou ta pran li kòm madanm pou nou menm, ¹² alò, nou va mennen li lakay nou. Li va ʲpase razwa sou tèt li, e taye zong li. ¹³ Li va, osi, retire rad kaptivite li yo, e li va ᵏfè lamantasyon pou papa li avèk manman li pandan jis yon mwa. Apre, nou kapab vin antre ladann pou vin mari li, e li va madanm nou. ¹⁴ Li va rive ke, si nou pa kontan avèk li, alò, nou va kite li ale kote li vle a; men anverite, nou p ap gen dwa vann li pou la jan. Nou p ap maltrete li, akoz nou te ˡimilye li.

¹⁵ "Si yon nonm gen de madanm, youn ke li renmen anpil e lòt la ke li pa renmen, epi toude fè fis pou li, si premye ne a, se pou sila ke li pa renmen an, ¹⁶ epi li va rive nan jou ke li vin separe byen li gen avèk fis li yo, li pa kapab fè fis a sila te renmen an vin premye ne avan fis sila li pa t renmen an, ki se premye ne a. ¹⁷ Men li va rekonèt premye ne a, fis a sila li pa t renmen an, avèk yon doub pòsyon a tout sa li posede; paske se te kòmansman fòs li. ᵐA li devni dwa a premye ne a.

¹⁸ "Si yon nonm vin gen yon fis tèt di k ap fè rebelyon, epi li refize obeyi papa li oswa manman li, epi lè l resevwa chatiman, li pa menm koute yo, ¹⁹ alò, papa li avèk manman li va sezi li, e mennen li deyò vè ansyen vil yo nan pòtay vil pa li a. ²⁰ Yo va di a ansyen vil yo: 'Fis pa nou sa a tèt di e rebèl, li refize obeyi nou li, li voras, e li bwè anpil gwòg.' ²¹ Alò, tout mesye lavil yo va lapide li ak kout wòch jiska lanmò. Konsa, ⁿnou va retire mal sa a nan mitan nou. ᵒTout Israël va tande bagay sa a e yo va vin gen krentif.

²² "Si yon nonm te fè yon peche ki ᵖmerite lanmò, epi nou fè l pann sou yon bwa, ²³ ᵠkò li pa pou pann tout nwit lan sou bwa a, men nou va, anverite, antere li nan menm jou a. (Paske ʳsila ki pann nan, modi pou Bondye.) Se konsa pou nou pa degrade tè ke Bondye te bannou kòm eritaj la.

22 ˢ"Nou pa pou wè bèf a vwazen parèy nou, oswa mouton k ap pati, pou nou pa okipe yo. Anverite, nou va mennen yo retounen bay vwazen parèy nou an. ² Si vwazen nou an pa pre nou, oswa nou pa konnen li, alò, nou va mennen li lakay nou,

---

ᵃ **20:11** I Wa 9:21   ᵇ **20:13** Nonb 31:7   ᶜ **20:14** Jos 8:2   ᵈ **20:16** Egz 23:31-33   ᵉ **21:5** Det 17:9-11
ᶠ **21:6** Mat 27:24   ᵍ **21:8** Nonb 35:33-34   ʰ **21:9** Det 19:13   ⁱ **21:10** Jos 21:44   ʲ **21:12** Lev 14:8-9
ᵏ **21:13** Sòm 45:10   ˡ **21:14** Jen 29:33   ᵐ **21:17** Jen 25:31   ⁿ **21:21** Det 19:19   ᵒ **21:21** Det 13:11
ᵖ **21:22** Det 22:26   ᵠ **21:23** Jn 19:31   ʳ **21:23** Gal 3:13   ˢ **22:1** Egz 23:4-5

e li va rete la jiskaske vwazen nou vin chache li, pou nou remèt li a li menm. ³ Konsa, nou va fè avèk bourik li. Nou va fè menm jan an avèk manto li. Nou va fè menm jan an avèk nenpòt bagay ke li pèdi lè nou twouve l. Ou pa gen dwa negli je bagay sa yo.

⁴ "Nou pa pou wè bourik, ni bèf a vwazen nou ki tonbe nan chemen, pou nou pa okipe yo. Anverite, nou va ede li leve yo.

⁵ "Yon fanm pa pou mete rad gason, ni gason mete rad fanm. Lè yon moun fè bagay sa a, yo abominab a SENYÈ Bondye nou an.

⁶ "Si nou vin jwenn yon nich zwazo akote chemen an, nan nenpòt pyebwa oswa atè, avèk ti jèn zwazo yo oswa ze yo, epi manman an chita sou ti zwazo oswa sou ze yo, ᵃnou pa kapab pran manman an ansanm avèk ti jèn zwazo yo. ⁷ Nou va, anverite, kite manman an sòti lib. Men jèn ti zwazo yo, nou kapab pran yo pou nou menm, ᵇpou sa kapab byen pou nou e pou nou kapab viv pandan anpil jou.

⁸ "Lè nou bati yon kay tounèf, nou va fè yon balistrad ki antoure teras twati a pou nou pa vin koupab de san si yon moun ta vin tonbe.

⁹ ᶜ"Nou pa pou plante chan rezen an avèk de kalite semans; oswa, tout pwodwi ki sòti nan sa nou plante a, ak pwodwi chan rezen an, va vin gate.

¹⁰ ᵈ"Nou pa pou raboure avèk yon bèf ak yon bourik ansanm.

¹¹ ᵉ"Nou pa pou mete twal ki mele len avèk twal fen tankou koton ansanm. ¹² ᶠNou va fè ponpon nan kat kwen vètman ki kouvri nou yo.

¹³ "Si yon nonm pran yon madanm pou ale sou kabann avèk li, epi pita li vin vire kont li ¹⁴ pou l akize li de zak k ap gate repitasyon li, pou l di: 'Mwen te pran fanm sa a, men lè m te pwoche l, mwen pa t twouve li vyèj,' ¹⁵ alò, papa avèk manman fi a va pran li e prezante temwayaj prèv ke li te vyèj bay ansyen lavil yo devan pòtay la. ¹⁶ Papa a fi a va di a ansyen yo: 'Mwen te bay pitit mwen a mesye sila a kòm madanm, men li te vire kont li. ¹⁷ Konsa, veye byen, li te akize li a zak ki gate repitasyon li. Li te di: "Mwen pa t twouve fi nou an vyèj." Men temwayaj vi jinite li.' Yo va ouvri vètman an devan ansyen lavil la. ¹⁸ Konsa, ᵍansyen yo va pran nonm nan pou ba li chatiman. ¹⁹ Konsa, yo va fè l peye san sik an ajan, pou bay a papa fi a, akoz li te fè difamasyon piblikman sou yon fi an Israël. Epi konsa, li va rete toujou kòm madanm li. Li p ap ka divòse ak li pandan tout jou li yo.

²⁰ "Men si ʰakizasyon sa a vrè, ke fi a pa t vyèj, ²¹ alò, yo va mennen fi a deyò pòtay lakay papa l la, epi mesye lavil yo va lapide li jiskaske li mouri akoz li te ⁱkomèt yon betiz lèd an Israël, lè l te fè pwostitisyon lakay papa l la. ʲKonsa, nou va retire mal la pami nou.

²² ᵏ"Si yo twouve yon nonm kouche avèk yon fanm ki marye, alò, yo toude va mouri, nonm ki te kouche avè l la, ansanm ak fanm nan. Konsa, nou va retire mal la sou Israël.

²³ ˡ"Si gen yon fi ki vyèj ki fiyanse ak yon nonm, epi yon lòt mesye twouve li nan vil la, e kouche avèk li, ²⁴ alò, nou va mennen yo toude deyò pòtay vil sa a, epi nou va lapide yo ak kout wòch jiska lanmò. Fi a, akoz li pa t kriye fò nan vil la, e mesye a, akoz li te vyole fanm vwazen li an. Konsa, nou va retire mal la pami nou.

²⁵ "Men si se nan chan deyò ke mesye a vin jwenn fi ki fiyanse a; epi mesye a fòse li kouche avèk li; alò, sèlman mesye ki kouche avèk li a, va mouri. ²⁶ Men nou p ap fè fi a anyen. Nanpwen peche nan fi a ki merite lanmò; paske menm jan ke yon nonm leve kont vwazen li pou touye li a, se konsa ka sa a ye. ²⁷ Lè li te twouve li nan chan an, fi fiyanse a te kriye fò, men li pa t gen pèsòn la pou sove l.

²⁸ ᵐ"Si yon nonm twouve yon fi ki vyèj, ki pa fiyanse, epi sezi li pou kouche avèk li, e li vin dekouvri, ²⁹ alò, mesye ki te kouche avè l la, va bay papa fi a senkant sik an ajan. Konsa, li va devni madanm li akoz li te imilye li. Li pa kapab divòse ak li pandan tout jou li yo. ³⁰ ⁿYon gason pa pou pran madanm a papa li. Li pa pou dekouvri jip papa l.

23 "ᵒNanpwen pèsòn avèk boul grenn li kraze oswa koupe ki va antre nan asanble SENYÈ a.

² Nanpwen pèsòn ki ne nan yon relasyon ilejitim ki va antre nan asanble SENYÈ a. Ni okenn nan desandan li yo menm jis rive nan dizyèm jenerasyon p ap antre nan asanble SENYÈ a.

³ ᵖ Nanpwen Amonit ni Moabit ki va antre nan asanble SENYÈ a. Okenn nan desandan li yo menm jis rive nan dizyèm jenerasyon p ap antre nan asanble SENYÈ a, ⁴ akoz yo pa t vin jwenn nou avèk manje ak dlo lè nou te sòti an Égypte la, epi akoz yo te achte sèvis ᵠBalaam, fis Beor ki sòti Pethor nan Mésopotamie pou modi nou. ⁵ Sepandan, SENYÈ a, Bondye nou an, pa t dakò tande Balaam. Men SENYÈ a, Bondye nou an, te ʳvire madichon an pou l devni yon benediksyon pou nou akoz SENYÈ nou an renmen nou. ⁶ ˢNou pa pou chache lapè pou yo, ni pwosperite yo pandan tout jou nou yo.

⁷ Nou pa pou meprize yon Edomit, paske ᵗli se frè nou. Nou pa pou meprize yon Ejipsyen, paske nou te yon etranje nan peyi li. ⁸ Fis a twazyèm jenerasyon ki fèt pou yo a kapab antre nan asanble SENYÈ a.

⁹ Lè nou sòti kòm yon lame kont lènmi nou yo, nou va evite tout kalite move bagay. ¹⁰ Si gen pami nou, yon nonm ki pa pwòp akoz li ejakile nan lannwit; alò, li oblije ale deyò kan an. Li pa kapab reantre nan kan an, ¹¹ men li va fèt ke lè

ᵃ **22:6** Lev 22:28   ᵇ **22:7** Det 4:40   ᶜ **22:9** Lev 19:19   ᵈ **22:10** II Kor 6:14   ᵉ **22:11** Lev 19:19
ᶠ **22:12** Nonb 15:37-41   ᵍ **22:18** Egz 18:21   ʰ **22:20** Det 17:4   ⁱ **22:21** Jen 34:7   ʲ **22:21** Det 13:5
ᵏ **22:22** Lev 20:10   ˡ **22:23** Lev 19:20-22   ᵐ **22:28** Egz 22:16   ⁿ **22:30** Lev 18:8   ᵒ **23:1** Lev 21:20   ᵖ **23:3** Né 13:1-2   ᵠ **23:4** Nonb 22:5   ʳ **23:5** Pwov 26:2   ˢ **23:6** Esd 9:12   ᵗ **23:7** Jen 25:24-26

aswè rive, li va benyen tèt li avèk dlo. Konsa, lè solèy kouche, li kapab reantre nan kan an. ¹²Ou va, osi, gen yon kote deyò kan an; epi se la ou gen pou ou ale pou eliminen pèsonèl. ¹³Konsa, nou va genyen yon pèl pami zouti nou yo, epi li va fèt ke lè nou chita deyò a, nou va fouye avèk li, e nou va kouvri poupou nou. ¹⁴ Akoz ªSENYÈ a, Bondye nou an, mache nan mitan kan nou yo pou delivre nou, e venk lènmi nou yo devan nou; pou sa, fòk kan nou yo ᵇsen. Fòk Li pa wè anyen ki pa pwòp pami nou; oswa, Li va vire kite nou.

¹⁵ᶜNou pa pou lonje remèt yon esklav ki te kouri kite mèt li pou rive kote nou. ¹⁶Li va viv avèk nou nan mitan nou, nan yon kote li chwazi pami youn nan vil pa nou yo ki fè l plezi. ᵈNou pa pou maltrete li.

¹⁷ᵉOkenn nan fi Israël yo p ap sèvi kòm pwostitiye nan tanp payen yo. ᶠNi okenn nan fis Israël yo p ap sèvi pou pwostitiye nan tanp payen yo. ¹⁸Nou pa pou mennen salè a yon pwostitiye ni frè jounalye a yon ᵍchen pede pou antre lakay SENYÈ a, Bondye nou an, pou okenn ofrann ve; paske toude sa yo abominab a SENYÈ a, Bondye nou an.

¹⁹ʰNou pa pou mande enterè la jan a sitwayen parèy nou yo: enterè sou lajan, manje, oswa nenpòt bagay ki kapab prete ak enterè. ²⁰ Nou kapab tire enterè sou yon etranje; men pou sitwayen parèy nou, nou pa pou mande enterè, jis pou ⁱSENYÈ, Bondye nou an, kapab beni nou nan tout sa ke nou eseye fè nan peyi ke nou prèt pou antre posede a.

²¹ ʲLè nou fè yon ve a SENYÈ a, Bondye nou an, nou p ap pran reta pou peye li, paske sa ta yon peche nan ou, e SENYÈ, Bondye nou an, va, anverite, egzije l nan men nou. ²²Sependan, si nou te evite fè ve a, sa pa t ap peche nan nou. ²³ Nou va fè atansyon pou fè tout sa ki sòti nan lèv nou. Nenpòt jan ke nou te fè ve selon volonte SENYÈ a, Bondye nou an, tout sa nou oblije fè.

²⁴ Lè nou antre nan chan rezen vwazen nou, nou kapab manje rezen yo jiskaske vant nou plen; men nou pa pou mete nan panyen nou. ²⁵ ᵏLè nou antre nan chan sereyal ki pou vwazen nou, nou gen dwa rekòlte tèt grenn yo avèk men nou; men nou pa kapab voye kouto a nan rekòlt sereyal a vwazen nou an.

24 "Lè yon nonm pran yon madanm pou marye avèk li, epi li rive ke li pa jwenn favè nan zye li, akoz ke li twouve kèk defo nan li, ˡli ekri li yon sètifika divòs, mete sètifika a nan men li pou mete li deyò lakay li. ² Konsa, lè l kite kay li, li gen dwa pou ale devni madanm a yon lòt mesye. ³ Si dezyèm mari a vire kont li e ekri li yon sètifika divòs, e mete sètifika a nan men li pou mete li deyò lakay li; oswa, si dezyèm mari li te genyen an, vin mouri,

⁴ premye mari ki te voye li ale a, pa gen dwa pran li ankò kòm madanm li, akoz sa konwonpi. Paske sa se yon bagay abominab devan SENYÈ a.

"Epi nou pa pou mennen peche sou peyi ke SENYÈ a, Bondye nou an, bannou kòm eritaj la.

⁵"Lè yon nonm fenk pran yon madanm tounèf, li pa pou sòti avèk lame a, ni vin responsab okenn chaj. Li gen pou rete lib lakay li pandan 1 nan pou fè madanm ke li te pran an, gen kè kontan.

⁶ "Pèsòn pa pou pran wòch moulen anwo a kòm sekirite; paske se tankou li te pran vi a moun nan kòm sekirite.

⁷ ᵐ"Si yo pran yon moun nan kidnape nenpòt nan sitwayen fis Israël yo, epi li te trete l kon esklav, oswa li te vann li; alò, vòlè sila a va mouri. Konsa, nou va retire mechanste pami nou.

⁸ ⁿ"Fè atansyon kont enfeksyon lalèp, pou nou swiv avèk dilijans e fè tout sa ke prèt Levit yo te enstwi nou. Jan mwen te kòmande yo a, se konsa nou va fè atansyon pou nou fè. ⁹ Son je sa ke SENYÈ Bondye nou an, te fè Marie nan chemen an pandan nou t ap sòti an Égypte la.

¹⁰ ᵒ"Lè nou fè nenpòt kalite prè a vwazen nou, nou pa pou antre lakay li pou pran garanti. ¹¹ Nou va rete deyò, e nonm k ap resevwa prè a va pote garanti a deyò bannou. ¹² Si se yon malere, ou pa pou dòmi avèk garanti li. ¹³ ᵖLè solèy la fin kouche, nou va, anverite, remèt garanti a li, pou li kapab dòmi nan manto li e beni nou. ᵠSa va sèvi kòm ladwati pou nou devan SENYÈ a, Bondye nou an. ¹⁴ ʳNou pa pou oprime yon sèvitè k ap travay pou nou ki malere e ki nan nesesite, kit se yon sitwayen parèy nou, oswa youn nan etranje nou yo ki rete nan peyi nou nan vil nou yo. ¹⁵ ˢNou va ba li salè li nan jou li avan solèy la kouche. Paske li se malere, e espwa kè li sou sa; jis pou li pa kriye kont nou vè SENYÈ a, pou sa devni yon peche nan nou.

¹⁶ "Papa yo p ap mete a lanmò pou zak kriminèl fis yo, ni fis a lanmò yo pou zak kriminèl papa yo. Tout moun ap vin mete a lanmò sèlman pou pwòp peche pa yo.

¹⁷ ᵗ"Nou pa pou tòde la jistis la ki se dwa a yon etranje, oswa yon òfelen, ni pran rad a yon vèv kòm garanti. ¹⁸ Men nou va son je ke nou te esklav an Égypte, e ke SENYÈ a, Bondye nou an, te peye ranson nou soti la. Akoz sa, mwen ap kòmande nou pou fè bagay sa a.

¹⁹ "Lè nou fè rekòlt nou nan chan nou, men nou bliye yon paket nan chan an, nou pa pou retounen pran l. Li va ᵘpou etranje a, pou òfelen an ak pou vèv la, pou SENYÈ a, Bondye nou an, ᵛkapab beni nou nan tout travay men nou yo. ²⁰ ʷLè nou keyi pye doliv la, nou pa pou pase sou branch yo yon dezyèm fwa. Li va pou etranje a, pou òfelen an ak pou vèv la. ²¹ Lè nou rekòlte rezen nan chan rezen an, nou p

---

ᵃ **23:14** Lev 26:12 ᵇ **23:14** Egz 3:5 ᶜ **23:15** I Sam 30:15 ᵈ **23:16** Egz 22:21 ᵉ **23:17** Lev 19:29 ᶠ **23:17** II Wa 23:7 ᵍ **23:18** Lev 18:22 ʰ **23:19** Egz 22:25 ⁱ **23:20** Det 15:10 ʲ **23:21** Nonb 30:1-2 ᵏ **23:25** Mat 12:1 ˡ **24:1** Mat 5:31 ᵐ **24:7** Egz 21:16 ⁿ **24:8** Lev 13:1-57 ᵒ **24:10** Egz 22:26-27 ᵖ **24:13** Egz 22:26 ᵠ **24:13** Det 6:25 ʳ **24:14** Lev 25:35-43 ˢ **24:15** Lev 19:13 ᵗ **24:17** Egz 23:9 ᵘ **24:19** Det 14:29 ᵛ **24:19** Pwov 19:17 ʷ **24:20** Lev 19:10

ap pase sou li yon lòt fwa. Li va pou etranje a, pou òfelen an ak pou vèv la.

²² "Nou va sonje ke nou te yon esklav nan peyi Égypte la. Pou sa, mwen ap kòmande nou pou fè bagay sa a.

25 "Si gen yon konfli antre de mesye, epi yo ale devan tribinal lan pou jij yo deside ka yo, [a]yo gen pou jistifye sila ki gen ladwati a, e kondane sila ki mechan an. ² Konsa, li va rive ke si nonm ki mechan an, [b]merite bat, jij la va fè li kouche, e fè bat li nan prezans li avèk fòs kantite kou ki koresponn avèk koupabilite li a. ³ [c]Li kapab bat li karant fwa, men pa plis, jis pou li pa bat li avèk plis kou ke sa, epi frè nou an pa vin degrade nan zye nou.

⁴ [d]"Nou pa pou mare bouch a bèf la pandan l ap travay moulen.

⁵ "Lè frè yo viv ansanm, youn nan yo mouri e li pa gen fis, madanm a sila ki mouri an p ap marye deyò fanmi an ak yon lòt mesye. [e]Frè mari li a va antre nan li, epi pran li pou li menm kòm madanm pou fè devwa a yon frè mari a pou li. ⁶ Li va rive ke premye ne ke li fè a, [f]li va pran non a frè mouri an, pou non li pa efase soti an Israël.

⁷ [g]"Men si nonm nan pa vle pran madanm frè li a, alò, madanm frè li a va monte vè pòtay kote ansyen yo e di: 'Frè mari mwen an refize etabli yon non pou frè li an Israël. Li pa dakò pou fè devwa a frè mari mwen.' ⁸ Alò, ansyen a vil li yo va voye li pale avèk li menm frè a. Epi si li pèsiste e li di: 'Mwen pa vle pran li,' ⁹ [h]alò, madanm frè li a va vin vè li devan zye a ansyen yo, li va retire sandal li nan pye li, e[i]krache nan figi li; epi li va deklare: 'Se konsa sa fèt a mesye ki pa bati kay frè li.' ¹⁰ An Israël, non li va rele: "Lakay a sila yo retire sapat la".

¹¹ "Si de mesye, yon mesye avèk yon sitwayen parèy li ap lite ansanm, si madanm nan prè pou livre mari li a sila ki ap frape li a, e lonje men l pou sezi pati jenital li, ¹² alò, nou va koupe men li. [j]Nou pa pou gen pitye pou li menm.

¹³ [k]"Nou pa pou pote nan sak nou plizyè kalite pwa balans, yon gwo avèk yon piti. ¹⁴ Nou pa pou genyen lakay nou plizyè kalite mezi, yon gwo avèk yon piti. ¹⁵ Nou va gen yon pwa balans ki bon e ki jis. Nou va gen yon mezi ki bon e ki jis, [l]jis pou jou nou yo kapab pwolonje nan peyi ke SENYÈ a, Bondye nou an bannou an. ¹⁶ Paske [m]tout moun ki fè bagay sa yo, tout moun ki aji avèk enjistis abominab a SENYÈ a, Bondye nou an.

¹⁷ [n]"Sonje ke Amalec te fè nou pandan nou te nan chemen pou sòti an Égypte la, ¹⁸ kijan li te rankontre nou nan chemen an e te atake pami nou tout sila ki rete dèyè yo lè nou te fatige e san fòs la. Li [o]pa t krent Bondye.

¹⁹ "Pou sa, li va vin rive ke lè SENYÈ a, Bondye nou an, vin bannou [p]repo de tout lènmi ki antoure nou yo, nan peyi ke SENYÈ a, Bondye nou an, te bannou kòm eritaj pou posede a, nou va efase memwa a Amalec soti anba syèl la. Nou pa pou bliye sa.

26 "Konsa, li va rive ke lè nou antre nan peyi ke SENYÈ a, Bondye nou an, te bannou kòm eritaj la, epi nou vin posede li pou viv ladann, ² ke nou va pran kèk nan [q]premye a tout pwodwi latè ke nou mennen antre sòti nan peyi ke SENYÈ a, Bondye nou an, te bannou an. Nou va mete li nan yon panyen e [r]ale kote SENYÈ a, Bondye nou an, nan plas SENYÈ Bondye nou va chwazi pou etabli non Li an. ³ Nou va ale vè prèt ki anplas nan tan sa a, e nou va di li: 'Mwen deklare nan jou sa a SENYÈ a, Bondye ou, ke mwen te antre nan peyi ke SENYÈ a te sèmante a zansèt nou yo pou bannou an.'"

⁴ "Alò, prèt la va pran panyen an soti nan men ou e mete li devan lotèl SENYÈ a, Bondye ou a.

⁵ "Ou va reponn e di devan SENYÈ a, Bondye ou a: [s]'Papa m te yon vwayajè Arameyen fèt pou peri. Li te desann an Égypte, e li te demere la. Yo te piti an kantite, men la, li te devni yon gran nasyon pwisan avèk anpil moun. ⁶ [t]Ejipsyen yo te trete nou byen di e te aflije nou. Yo te enpoze travay fòse sou nou. ⁷ Alò, [u]nou te kriye a SENYÈ a, Bondye a zansèt nou yo, epi SENYÈ a te tande vwa nou e te wè afliksyon nou avèk travay di ak opresyon yo. ⁸ [v]Konsa, SENYÈ a te mennen nou sòti an Égypte avèk yon men pwisan, yon bra lonje, avèk gwo krent, avèk sign ak mèvèy. ⁹ Li te mennen nou nan kote sa a, e te bannou peyi sa a, [w]yon peyi k ap koule avèk lèt ak siwo myèl.

¹⁰ "'Koulye a, veye byen, mwen te mennen premye pwodwi a tè a, [x]ke Ou menm, O SENYÈ a te ban mwen.' Ou va mete li la devan SENYÈ a, Bondye ou a, epi adore devan SENYÈ a, Bondye ou a; ¹¹ epi ou menm avèk Levit la ak etranje ki pami nou an va [y]rejwi nan tout bonte ke SENYÈ a, Bondye ou a, te bannou avèk tout lakay nou.

¹² [z]"Lè nou fin peye tout dim a pwodwi yo nan twazyèm ane a, ane a dim nan; alò, nou va bay li a Levit la, a etranje a, a òfelen an, e a vèv la, pou yo kapab manje nan vil nou yo e vin satisfè.

¹³ "Nou va di devan SENYÈ a, Bondye nou an, 'Mwen te retire pòsyon sen ki te lakay mwen an; epi osi, mwen te bay li a Levit la ak etranje a, avèk òfelen ak vèv la, selon tout kòmandman Ou yo, ke Ou te kòmande mwen. Mwen pa t vyole ni bliye okenn nan kòmandman Ou yo. ¹⁴ Mwen pa t manje ladann pandan lamantasyon mwen, ni mwen pa t retire anyen ladann pandan mwen pa t pwòp, ni pa t ofri anyen nan li a mò yo. Mwen te koute vwa SENYÈ a, Bondye mwen an. Mwen te fè selon tout sa ke Ou te kòmande mwen yo. ¹⁵ [a]Gade anba depi nan abitasyon sen Ou an, depi nan syèl la, e beni pèp

---

[a] **25:1** Det 1:16-17 [b] **25:2** Pwov 19:29 [c] **25:3** II Kor 11:24 [d] **25:4** Pwov 12:10 [e] **25:5** Mat 22:24 [f] **25:6** Rt 4:5-9 [g] **25:7** Rt 4:5-6 [h] **25:9** Rt 4:7-8 [i] **25:9** Nonb 12:14 [j] **25:12** Det 7:2 [k] **25:13** Lev 19:35-37 [l] **25:15** Egz 20:12 [m] **25:16** Pwov 11:1 [n] **25:17** Egz 17:8-16 [o] **25:18** Sòm 36:1 [p] **25:19** Det 12:9 [q] **26:2** Egz 22:29 [r] **26:2** Det 12:5 [s] **26:5** Jen 43:1-14 [t] **26:6** Egz 1:8-11 [u] **26:7** Egz 2:23-25 [v] **26:8** Det 4:34 [w] **26:9** Egz 3:8-17 [x] **26:10** Det 8:18 [y] **26:11** Det 12:7 [z] **26:12** Lev 27:30 [a] **26:15** Sòm 80:14

Ou a, Israël avèk tè ke Ou ᵃte bannou an, yon tè ki koule avèk lèt ak siwo myèl, jan Ou te sèmante a zansèt nou yo.'

¹⁶ "Nan jou sa a, SENYÈ a Bondye nou an, kòmande nou pou fè lwa avèk règleman sila yo. Nou va fè atansyon pou fè yo ᵇavèk tout kè nou e avèk tout nanm nou.

¹⁷ ᶜ"Jodi a, nou te pwoklame SENYÈ a, se Bondye nou, ke nou ta mache nan chemen Li yo, kenbe lwa Li yo, règleman Li yo ak kòmandman Li yo, e koute vwa Li.

¹⁸ "Jodi a, SENYÈ a te pwoklame nou se ᵈpèp Li, yon posesyon presye, jan Li te pwomèt nou an, epi nou ta dwe kenbe tout kòmandman Li yo. ¹⁹ Konsa, Li va plase nou wo anwo tout lòt nasyon ke Li te fè yo, pou lwanj, repitasyon ak onè, pou nou kapab yon ᵉpèp konsakre a SENYÈ a, Bondye nou an, jan Li te pale a."

27 Epi Moïse avèk ansyen Israël yo te bay lòd a pèp la. Li te di: "Kenbe tout kòmandman mwen kòmande nou jodi a yo. ² ᶠSe konsa sa va ye nan jou ke nou travèse Jourdain an pou rive nan peyi ke SENYÈ a, Bondye nou an, ap bannou an, pou nou fè kanpe pou nou menm gwo wòch e kouvri yo avèk mòtye lacho. ³ Nou va ekri sou yo tout pawòl a lwa sa yo, lè nou travèse, jis pou nou kapab antre nan peyi ke SENYÈ a, Bondye nou an, bannou an, ᵍyon peyi ki koule avèk lèt ak siwo myèl, jan SENYÈ a, Bondye a zansèt nou yo, te pwomèt nou an.

⁴ "Se konsa sa va ye pou nou lè nou travèse Jourdain an. Nou va fè kanpe ʰsou mòn Ébal wòch sa yo, jan mwen ap kòmande nou jodi a, epi nou va kouvri yo avèk lacho. ⁵ Anplis, nou va bati la, yon lotèl a SENYÈ a, Bondye nou an, yon lotèl avèk wòch. ⁱNou p ap voye yon zouti fè sou yo. ⁶ Nou va bati lotèl SENYÈ a, Bondye nou an, avèk wòch ki pa taye. Konsa, nou va ofri sou li ofrann brile a SENYÈ a, Bondye nou an. ⁷ Nou va fè sakrifis ofrann lapè yo, e nou va manje la. Konsa, nou va ʲrejwi nou devan SENYÈ a, Bondye nou an. ⁸ Nou va ekri sou wòch yo tout pawòl a lwa sila yo, byen klè."

⁹ Moïse avèk prèt Levit yo te pale avèk tout Israël. Yo te di: "Fè silans O Israël! Nan jou sa a menm, nou devni yon pèp pou SENYÈ a, Bondye nou an. ¹⁰ Pou sa, nou va obeyi SENYÈ a, Bondye nou an, e nou va fè kòmandman Li yo avèk règleman Li yo ke mwen te kòmande nou jodi a."

¹¹ Moïse te osi bay lòd a pèp la nan jou sa a. Li te di: ¹² "Lè nou travèse Jourdain an, men sila ki va kanpe sou ᵏMòn Garizim pou beni pèp la: Siméon, Lévi, Juda, Issacar, Joseph avèk Benjamin. ¹³ Pou pwononse malediksyon yo, sila yo va kanpe sou Mòn Ébal: Ruben, Gad, Aser, Zabulon, Dan ak Nephtali.

¹⁴ "Levit yo va, alò, reponn e di a tout pèp Israël la avèk yon gran vwa:

¹⁵ 'Modi se mesye ki fè ˡyon zidòl oswa yon imaj ki fonn, yon bagay abominab a SENYÈ a, zèv a yon ouvriye, e ki monte li an sekrè.' Epi tout pèp la va reponn pou di: 'Amen'.

¹⁶ ᵐ'Modi se sila ki dezonore papa l oswa manman l.' Epi tout pèp la va di: 'Amen'.

¹⁷ ⁿ'Modi se sila ki deplase limit lizyè vwazen li.' Epi tout pèp la va di: 'Amen'.

¹⁸ ᵒ'Modi se sila ki mal gide yon avèg sou wout la.' Epi tout pèp la va di: 'Amen'.

¹⁹ ᵖ'Modi se sila ki tòde la jistis pou yon etranje, òfelen, oswa vèv.' Epi tout pèp la va di: 'Amen'.

²⁰ ᑫ'Modi se sila ki kouche avèk madanm a papa li, akoz li te dekouvri jip papa l.' Epi tout pèp la va di: 'Amen'.

²¹ ʳ'Modi se sila ki kouche avèk nenpòt bèt.' Epi tout pèp la va di: 'Amen'.

²² ˢ'Modi se sila ki kouche avèk sè li, fi a papa li, oswa a manman li.' Epi tout pèp la va di: 'Amen'.

²³ ᵗ'Modi se sila ki kouche avèk bèlmè li.' Epi tout pèp la va di: 'Amen.'

²⁴ ᵘ'Modi se sila ki frape vwazen li an sekrè.' Epi tout pèp la va di: 'Amen'.

²⁵ ᵛ'Modi se sila ki aksepte lajan pou asasine yon moun inosan.' Epi tout pèp la va di: 'Amen'.

²⁶ ʷ'Modi se sila ki pa konfime pawòl a lwa sa yo avèk aksyon li'. Epi tout pèp la va di: 'Amen.'"

28 ˣ"Alò, li va rive ke si yo obeyi avèk dilijans SENYÈ a, Bondye nou an, e fè atansyon pou fè tout kòmandman Li yo ke mwen kòmande nou jodi a, SENYÈ a va plase nou wo, pi wo pase tout lòt nasyon sou latè yo.

² "Tout benediksyon sila yo va ʸvini sou nou, epi yo va tonbe sou nou nèt, si nou tande vwa SENYÈ a, Bondye nou an. ³ Nou va beni nan vil, e beni ᶻandeyò. ⁴ Beni va fwi a vant nou, pòtre a bèt nou yo, kwasans a twoupo nou yo ak jenn pòtre a bann mouton nou yo. ⁵ Beni va panyen nou avèk veso k ap foule pat pen an. ⁶ Beni lè nou ᵃantre, epi beni lè nou sòti.

⁷ "SENYÈ a va fè lènmi ki leve kont nou yo bat devan nou. Yo va vin parèt kont nou nan yon sèl direksyon, men y ap sove ale devan nou nan sèt direksyon.

⁸ "SENYÈ a va kòmande benediksyon sou nou nan depo nou yo, nan ᵇtout bagay, depi nou mete men nou ladann. Li va beni nou nan peyi ke SENYÈ a, Bondye nou an, bannou an.

⁹ ᶜ"SENYÈ a va etabli nou kòm yon pèp ki sen a Li Menm, jan Li te sèmante a nou menm nan, si nou kenbe kòmandman a SENYÈ yo, Bondye nou an, pou mache nan chemen Li yo. ¹⁰ Konsa, tout pèp sou latè yo va wè ke ᵈnou rele pa non SENYÈ a, e

---

ᵃ **26:15** Det 26:9 ᵇ **26:16** Det 4:29 ᶜ **26:17** Sòm 48:14 ᵈ **26:18** Egz 6:7 ᵉ **26:19** Egz 19:6 ᶠ **27:2** Jos 8:30-32
ᵍ **27:3** Det 26:9 ʰ **27:4** Det 11:29 ⁱ **27:5** Egz 20:25 ʲ **27:7** Det 26:11 ᵏ **27:12** Det 11:29 ˡ **27:15** Egz 20:4-23
ᵐ **27:16** Egz 20:12 ⁿ **27:17** Det 19:14 ᵒ **27:18** Lev 19:14 ᵖ **27:19** Egz 22:21 ᑫ **27:20** Egz 22:21 ʳ **27:21** Egz 22:19
ˢ **27:22** Lev 18:9 ᵗ **27:23** Lev 18:9 ᵘ **27:24** Egz 21:12 ᵛ **27:25** Egz 23:7 ʷ **27:26** Sòm 119:21 ˣ **28:1** Egz 15:26
ʸ **28:2** Za 1:6 ᶻ **28:3** Jen 39:5 ᵃ **28:6** Sòm 121:8 ᵇ **28:8** Det 15:10 ᶜ **28:9** Egz 19:5 ᵈ **28:10** II Kwo 7:14

yo va pè nou. ¹¹ ᵃ"SENYÈ a va fè nou ogmante an pwosperite, nan fwi zantray nou, nan fètilite bèt nou yo, ak nan pwodwi tè nou yo, nan peyi ke SENYÈ a, te sèmante a zansèt nou yo pou bannou an.

¹² "SENYÈ a va louvri pou nou depo bonte Li a, syèl la, pou bay lapli sou peyi nou nan sezon li, pou beni tout travay a men nou yo. ᵇNou va prete lajan bay anpil nasyon, men nou p ap janm mande prete. ¹³ ᶜSENYÈ a va fè nou tèt olye de ke. Nou va anwo tou sèl, e nou p ap anba, si nou koute kòmandman a SENYÈ yo, Bondye nou an, ke mwen pase lòd bannou jodi a, pou nou swiv avèk atansyon, ¹⁴ epi ᵈpa vire akote okenn nan pawòl ke mwen kòmande nou jodi a, ni adwat, ni agoch, pou ale apre lòt dye yo pou sèvi yo.

¹⁵ ᵉ"Men li va vin rive ke si nou pa obeyi SENYÈ a, Bondye nou an, pou swiv tout kòmandman Li yo avèk lwa Li yo ke mwen pase lòd bannou jodi a, ke tout malediksyon sa yo va vini sou nou, pou pran nou.

¹⁶ ᶠ"Modi nou va ye nan vil la, epi modi nou va ye andeyò.

¹⁷ ᵍ"Modi va panyen nou ak bòl k ap pote pen nou.

¹⁸ ʰ"Modi va fwi zantray nou ak pwodwi a tè nou yo, kwasans twoupo a, avèk jenn pòtre bann mouton nou yo.

¹⁹ ⁱ"Modi nou va ye lè nou antre, epi modi nou va ye lè nou sòti.

²⁰ ʲ"SENYÈ a va voye sou nou madichon, twoub, avèk menas nan tout sa nou eseye fè, jiskaske nou fin detwi nèt, akoz mechanste a zèv nou yo, akoz ke nou te abandone mwen.

²¹ ᵏ"SENYÈ a va fè gwo epidemi vin kole sou nou jiskaske li fin manje nou soti nan peyi kote nou ap antre pou posede a.

²² ˡ"SENYÈ a va frape nou avèk epidemi tibèkiloz ak lafyèv, enflamasyon ak chalè ki brile, avèk nepe, maladi ki seche jaden, avèk pichon. Yo va kouri dèyè nou jiskaske nou mouri. ²³ Syèl sou tèt nou an va vin bwonz, epi tè anba pye nou an va vin fè. ²⁴ ᵐSENYÈ a va fè lapli tè nou an avèk poud e pousyè ki soti nan syèl la. Li va tonbe sou nou jiskaske nou fin detwi.

²⁵ ⁿ"SENYÈ a va lakoz ke nou vin bat devan lènmi nou yo. Nou va sòti yon direksyon kont yo e nou va sove ale nan sèt direksyon devan yo. Konsa, nou va jete ale retou pami tout wayòm latè yo. ²⁶ ᵒKadav nou va fè manje pou zwazo anlè yo ak bèt sovaj latè yo. Epi konsa, p ap gen moun ki pou chase yo ale.

²⁷ ᵖ"SENYÈ a va frape nou avèk abse Égypte yo, avèk ᵍtimè e avèk kal sou po nou, ak gratèl, nan sila p ap gen gerizon yo.

²⁸ "SENYÈ a va frape nou pou fè nou fou, avèg ak sezi nan kè. ²⁹ Nou va ʳtatonnen gwo midi, tankou yon avèg tatonnen nan tenèb, epi nou pa p pwospere nan zafè nou yo. Men nou va tout tan oprime e kontinyèlman viktim vòl, san genyen pèsòn pou bannou sekou.

³⁰ ˢ"Nou va fiyanse yon madanm, men yon lòt mesye va vyole li. ᵗNou va bati yon kay, men nou p ap viv ladann. Nou va plante yon chan rezen, men nou p ap sèvi nan fwi li.

³¹ "Bèf nou va touye devan zye nou, men nou p ap manje ladann. Bourik nou va rache nan men nou, e yo p ap remèt bannou. Mouton nou va bay a lènmi nou yo, e nou p ap gen okenn moun ki pou sove nou.

³² ᵘ"Fis nou yo ak fi nou yo va bay a yon lòt pèp. Zye nou yo ap gade sou sa e anvi wè yo tout tan, men p ap gen anyen nou kapab fè.

³³ ᵛ"Yon pèp nou pa menm konnen va vin manje pwodwi a tè nou yo ak tout travay nou yo. Nou p ap janm wè anyen sof ke oprime e kraze tout tan. ³⁴ Sa nou wè ak zè nou va fè nou vin fou nèt. ³⁵ ʷSENYÈ a va frape nou sou jenou ak janm avèk abse ki fè mal, ki pa gen gerizon soti anba pye nou rive jis anwo tèt nou.

³⁶ ˣ"SENYÈ a va mennen nou avèk wa ke nou mete sou nou yo, a yon nasyon ki ni nou menm, ni zansèt nou yo pa t konnen. Epi la, nou va sèvi lòt dye yo, fèt ak bwa ak wòch. ³⁷ ʸNou va devni yon objè meprize etonan, yon pwovèb, yon plezi pami tout pèp kote SENYÈ a pouse nou ale yo.

³⁸ ᶻ"Nou va pote anpil semans nan chan yo, men nou va ranmase piti, paske krikèt yo va manje yo. ³⁹ ᵃNou va plante e kiltve chan rezen yo, men nou p ap bwè diven, ni ranmase fwi yo, paske vè va devore yo. ⁴⁰ ᵇNou va genyen pye doliv nan tout teritwa nou yo, men nou p ap onksyone nou avèk lwil, paske fwi doliv yo va tonbe.

⁴¹ ᶜ"Nou va gen fis ak fi, men yo p ap pou nou, paske yo va antre an kaptivite.

⁴² ᵈ"Krikèt va posede tout bwa ak pwodwi latè nou yo.

⁴³ ᵉ"Etranje ki pami nou an, va leve pi wo e pi wo ke nou, men nou va desann piba, e piba. ⁴⁴ ᶠLi va prete nou lajan, men nou p ap gen pou prete li. Li va tèt, nou menm, nou va ke.

⁴⁵ "Konsa tout madichon sa yo va vini sou nou pou pran nou ᵍjiskaske nou fin detwi, akoz nou pa t obeyi SENYÈ a, Bondye nou an. Nou pa t kenbe Kòmandman Li yo ak lwa Li yo, ke Li te kòmande nou.

⁴⁶ "Madichon sa yo va devni ʰyon sign ak yon mèvèy pou nou ak desandan nou yo jis pou tout tan. ⁴⁷ Akoz nou pa t sèvi SENYÈ a, Bondye nou an, pou nou ta twouve tout bagay, avèk jwa ak kè kontan. ⁴⁸ Pou sa, nou va sèvi lènmi nou yo ke SENYÈ a va voye kont nou, ⁱnan grangou, nan swaf, nan toutouni

---

ᵃ **28:11** Det 28:4   ᵇ **28:12** Det 23:20   ᶜ **28:13** Det 28:1-44   ᵈ **28:14** Det 5:32   ᵉ **28:15** Lev 26:14-43
ᶠ **28:16** Det 28:3   ᵍ **28:17** Det 28:5   ʰ **28:18** Det 28:4   ⁱ **28:19** Det 28:6   ʲ **28:20** Det 28:8   ᵏ **28:21** Lev 26:25
ˡ **28:22** Lev 26:16   ᵐ **28:24** Det 11:17   ⁿ **28:25** Det 28:7   ᵒ **28:26** Jr 7:33   ᵖ **28:27** Egz 9:9   ᵍ **28:27** I Sam 5:6
ʳ **28:29** Egz 10:21   ˢ **28:30** Job 31:10   ᵗ **28:30** Am 5:11   ᵘ **28:32** Det 28:41   ᵛ **28:33** Jr 5:15-17
ʷ **28:35** Det 28:27   ˣ **28:36** II Wa 17:4-5   ʸ **28:37** I Wa 9:7-8   ᶻ **28:38** És 5:10   ᵃ **28:39** És 5:10   ᵇ **28:40** Jr 11:16   ᶜ **28:41** Det 28:32   ᵈ **28:42** Det 28:38   ᵉ **28:43** Det 28:13   ᶠ **28:44** Det 28:12   ᵍ **28:45** Det 4:25-26
ʰ **28:46** Nonb 26:10   ⁱ **28:48** Lam 4:4-6

ak nan manke tout bagay. Konsa, Li ᵃva mete yon jouk fèt an fè sou kou nou jiskaske Li fin detwi nou.

⁴⁹ ᵇ"SENYÈ a va mennen yon nasyon kont nou soti lwen nan dènye pwent latè, ᶜtankou èg desann; yon nasyon ak yon langaj nou p ap konprann, ⁵⁰ yon nasyon, avèk figi fewòs, ki ᵈp ap gen respè pou ansyen yo, ni montre favè a jèn yo. ⁵¹ Yo va manje fwi a twoupo nou yo ak pwodwi a tè nou yo jiskaske nou fin detwi. Yo p ap kite anyen, ni diven nèf la, ni lwil, ni fwi a twoupo nou yo oswa bann mouton nou yo jiskaske yo fè nou mouri. ⁵² ᵉYo va mete syèj sou nou nan tout vil nou yo jiskaske miray wo byen fòtifye nan sila nou te mete konfyans nou yo tonbe atravè peyi nou an. Yo va fè syèj sou nou nan vil nou yo nan tout peyi ke SENYÈ a te bannou an.

⁵³ "Konsa, nou va vin manje pitit a pwòp vant nou, chè a fis nou yo avèk fi nou yo ke SENYÈ a, Bondye nou an, te bannou yo, pandan syèj la, ak tan rèd lan lè lènmi nou yo oprime nou.

⁵⁴ "Nonm pami nou ki byen rafine e ki janti a va vin sovaj anvè frè li, anvè madanm ke li renmen anpil la, ak anvè tout lòt pitit li ki rete yo, ⁵⁵ jis li p ap bay menm youn nan yo okenn nan chè a pitit li ke li va manje a; akoz nanpwen anyen ki rete, pandan syèj la ak tan di anpil la, pa sila ke lènmi nou yo va oprime nou nan tout vil nou yo.

⁵⁶ ᶠ"Fanm pami nou ki byen rafine e ki janti a, ki pa t ap eseye menm mete pye li atè tèlman li rafine e janti, li va vin sovaj anvè mari li ke li renmen anpil la, anvè fis li avèk fi li, ⁵⁷ epi anvè vant ki sòti antre janm li yo lè l fè pitit e anvè pitit li yo ke li fè; paske ᵍli va manje yo an sekrè akoz mank tout lòt bagay pandan syèj la, e akoz soufrans pa sila lènmi nou va oprime nou nan vil nou yo.

⁵⁸ "Konsa, si nou pa fè atansyon pou swiv tout pawòl a lwa sila yo ki ekri nan liv sila yo, avèk ʰkrent non sa a ki plen onè e ki mèvèye la, SENYÈ a, Bondye nou an, ⁵⁹ alò, SENYÈ a va mennen toumant ekstrawòdinè vin sou nou avèk desandan nou yo, menm gran toumant ki sevè e ki dire anpil, epidemi ki pa janm fini, e maladi ki rete mize. ⁶⁰ ⁱLi va fè retounen sou nou tout maladi Égypte ke nou pè yo e yo va kole sou nou. ⁶¹ Osi, tout kalite maladi ak toumant ki pa menm ekri nan liv lalwa sila a, SENYÈ a va mennen yo sou nou ʲjiskaske nou fin detwi.

⁶² "Konsa, nou va rete piti an kantite, ᵏmalgre avan nou te gran an kantite tankou zetwal syèl yo, akoz ke nou pa t obeyi SENYÈ a, Bondye nou an.

⁶³ "Li va rive ke menm jan SENYÈ a te ˡfè kè kontan sou nou pou fè nou pwospere e miltipliye nou an; konsa, SENYÈ a va ᵐfè kè kontan sou nou pou fè nou peri e detwi nou. Nou va chire sòti nan tè ke nou ap antre pou posede a.

⁶⁴ "Anplis, SENYÈ a va fè nou ⁿgaye pami tout pèp la jis soti nan pwent latè pou rive nan lòt la. Epi la, nou va sèvi lòt dye yo, bwa avèk wòch, ke nou menm avèk zansèt nou yo pa t janm konnen. ⁶⁵ ᵒPami nasyon sila yo, nou p ap twouve repo, ni p ap gen plas repo pou pla pye nou. Men la, ᵖSENYÈ a va bannou kè sote, zye ki febli ak nanm ki pèdi espwa.

⁶⁶ "Konsa, lavi nou va pandye nan dout devan nou. Nou va gen gwo laperèz lannwit kon la jounen, ni nou p ap gen asirans lavi nou.

⁶⁷ ᵠ"Nan maten, nou va di: 'Pito lannwit te rive', e nan aswè, nou va di: 'Pito se te maten!' akoz krent kè nou ki bannou laperèz e pou vizyon a zye ke nou yo va wè.

⁶⁸ "SENYÈ a va mennen nou retounen an Égypte nan gwo bato, pa chemen ke m te pale nou an: 'Nou p ap janm wè li ankò!' Epi la, nou va ofri tèt nou menm pou vann a lènmi nou yo kòm esklav mal ak femèl, men p ap gen moun pou achte nou."

29 ʳSila yo se pawòl akò a ke SENYÈ a te kòmande Moïse pou fè avèk fis Israël yo nan peyi Moab la, anplis akò Li te fè avèk yo nan Horeb la. ² Moïse te konvoke tout Israël e te di yo: "Nou te wè tout sa ke SENYÈ a te fè a Farawon nan peyi Égypte la e a tout sèvitè li yo avèk tout peyi li a; ³ ˢgwo eprèv ke zye nou te wè yo, gwo sign sa yo avèk mèvèy yo. ⁴ ᵗMen jis rive jodi a, SENYÈ a pa t bannou yon kè pou konnen, ni zye pou nou wè, ni zòrèy pou nou tande. ⁵ Mwen te mennen nou pandan karantan nan dezè a. ᵘRad nou yo pa t epwize sou nou, ni sandal nou yo pa t epwize nan pye nou. ⁶ ᵛNou pa t manje pen, ni nou pa t bwè bwason ki fò pou nou ta konnen ke Mwen menm, se Senyè a, Bondye nou an. ⁷ ʷLè nou te rive kote sa a, Sihon, wa Hesbon an avèk Og, wa Basan an, yo te sòti pou rankontre nou pou batay, men nou te bat yo. ⁸ Nou te pran peyi pa yo a pou ˣbay li kòm eritaj a Ribenit yo, a Gadit yo e a mwatye tribi a Manasit yo. ⁹ ʸPou sa, kenbe pawòl akò sa yo pou fè yo, pou nou kapab reyisi nan tout sa se nou eseye fè. ¹⁰ Nou vin kanpe la a jodi a, nou tout, devan SENYÈ, Bondye nou an: chèf nou yo, tribi nou yo, ansyen nou yo ak ofisye nou yo, tout mesye Israël yo, ¹¹ timoun nou yo, madanm nou yo ak etranje ki demere nan kan nou yo, soti nan ᶻsila ki koupe bwa dife nou yo, jis rive nan sila ki rale dlo nou yo, ¹² pou nou kapab antre an akò avèk SENYÈ a, Bondye nou an, pou sèman ke SENYÈ Bondye nou an, ap fè avèk ou jodi a, ¹³ pou Li kapab etabli nou jodi a kòm pèp Li, e pou ᵃLi kapab devni Bondye nou, jis jan ke Li te pale nou an ak jan Li te sèmante a zansèt nou yo, a Abraham, Isaac, e a Jacob la. ¹⁴ Alò, se pa avèk nou sèlman ke Mwen ap ᵇfè akò sila a avèk sèman sila a, ¹⁵ ᶜmen avèk sila ki kanpe isit yo avèk nou jodi a nan

---

ᵃ **28:48** Jr 28:13-14   ᵇ **28:49** És 5:26-30   ᶜ **28:49** Jr 48:40   ᵈ **28:50** És 47:6   ᵉ **28:52** Jr 10:17-18   ᶠ **28:56** Lam 4:10   ᵍ **28:57** II Wa 6:28-29   ʰ **28:58** Sòm 99:3   ⁱ **28:60** Det 28:27   ʲ **28:61** Det 4:25   ᵏ **28:62** Det 1:10   ˡ **28:63** Jr 32:41   ᵐ **28:63** Pwov 1:26   ⁿ **28:64** Lev 26:33   ᵒ **28:65** Lam 1:3   ᵖ **28:65** Lev 26:36   ᵠ **28:67** Job 7:4   ʳ **29:1** Lev 26:46   ˢ **29:3** Det 4:34   ᵗ **29:4** És 6:9-10   ᵘ **29:5** Det 8:5   ᵛ **29:6** Det 6:3   ʷ **29:7** Nonb 21:21-35   ˣ **29:8** Nonb 32:32-33   ʸ **29:9** Det 4:6   ᶻ **29:11** Jos 9:21-27   ᵃ **29:13** Jen 17:7   ᵇ **29:14** Jr 31:31   ᶜ **29:15** Trav 2:39

prezans a SENYÈ a, Bondye nou an, e avèk sila ki pa la avèk nou jodi a [16] (paske nou konnen ki jan nou te viv nan peyi Égypte la ak ki jan nou te pase nan mitan nasyon kote nou te pase yo; [17] anplis, nou te wè abominasyon pa yo ak zidòl pa yo an [a]bwa, wòch, a jan ak lò, ki te avèk yo); [18] [b]pou pa t ap genyen pami nou jodi a ni gason, ni fanm, ni fanmi, ni tribi, ki gen kè ki vire kite SENYÈ a, Bondye nou an, pou ale sèvi lòt dye a nasyon sa yo; pou pa vin gen pami nou yon rasin ki pote fwi pwazon anmè konsa. [19] Pou l ta rive ke lè li tande pawòl a madichon sila a, li vin ògeye, e di: 'Mwen va gen lapè menmlè mwen mache avèk kè di, pou m detwi tè wouze ansanm ak tè sèk.' [20] SENYÈ a p ap janm dakò pou padone li, men pito, lakòlè SENYÈ ak jalouzi Li va brile kont nonm sa a. Konsa, tout madichon ki ekri nan liv sa a, va vin rete sou li, e SENYÈ a va [c]efase non li anba syèl la. [21] Epi SENYÈ a va mete li apa pou mechanste l soti nan tout tribi Israël yo, selon tout madichon a akò [d]ki ekri nan liv lalwa sila a.

[22] "Alò, jenerasyon k ap vini an—fis nou ki leve apre nou yo, avèk [e]etranje a ki sòti nan yon peyi lwen—lè yo wè toumant a peyi ak maladi avèk sila SENYÈ a te aflije li yo, yo va di: [23] Tout teritwa li se souf avèk sèl, yon kote devaste kap brile nèt. Li pa simen menm, ni pwodwi anyen, li san zèb grandi ladann, tankou boulvèsman Sodome nan avèk Gomorrhe a. Li tankou Adma avèk Tseboïm ke SENYÈ a te boulvèse nan chalè Li avèk kòlè Li. [24] Tout nasyon yo va di: [f]'Poukisa SENYÈ a te fè sa a peyi sila a? Poukisa gwo kòlè sila a?'

[25] "Epi yo va reponn: [g]'Akoz yo te abandone akò SENYÈ a, Bondye a zansèt yo a te fè avèk yo, lè Li te mennen yo sòti nan peyi Égypte la.' [26] Yo te sèvi lòt dye yo e yo te adore yo, dye ke yo pa t konnen e ke Li pa t janm te ba yo. [27] Pou sa, kòlè SENYÈ a te brile kont peyi a, [h]pou mennen sou li tout madichon ki ekri nan liv sa a. [28] [i]SENYÈ a te dechouke yo nan peyi pa yo a nan kòlè Li. Avèk gwo mekontantman, Li te rache yo soti nan peyi yo pou jete yo nan yon lòt peyi, jan li ye kounye a."

[29] [j]Bagay sekrè yo apatyen a SENYÈ a, Bondye nou an. Men [k]bagay ki revele yo se pou nou menm avèk fis nou yo jis pou tout tan, pou nou kapab obsève tout pawòl lalwa sila yo.

30 "Konsa li va ye lè tout bagay sa yo fin vini sou nou, [l]benediksyon an avèk madichon an ke mwen te mete devan nou pou nou sonje yo [m]nan tout nasyon kote SENYÈ a va egzile nou yo, [2] epi ou retounen kote SENYÈ Bondye ou, pou obeyi vwa Li ak tout ke e tout nanm ou, selon tout sa ke M kòmande ou jodi a, ou menm anplis ak fis ou yo. [3] Konsa SENYÈ a, Bondye nou an, va [n]restore nou apre kaptivite sila a e Li va vin gen konpasyon sou nou. Li [o]va ramase nou ankò sòti nan tout pèp kote SENYÈ a, Bondye nou an, te gaye nou yo. [4] Si moun egzil sa yo nan lòt pwent tè a, [p]soti la, SENYÈ a, Bondye nou an, va ranmase nou. Epi soti la, Li va mennen nou tounen. [5] SENYÈ a, Bondye nou an, va mennen nou antre nan peyi ke zansèt nou yo te posede a. Nou va posede li, epi Li va fè nou pwospere e vin [q]miltipliye plis ke zansèt nou yo. [6] Anplis, SENYÈ a, Bondye nou an, va sikonsi kè nou ak kè desandan nou yo, [r]pou renmen SENYÈ a, Bondye nou an, avèk tout kè nou e avèk tout nanm nou, pou nou kapab viv. [7] [s]SENYÈ a, Bondye nou an, va aflije lènmi nou yo avèk tout madichon sa yo ansanm ak sila ki rayi nou yo, ki te pèsekite nou yo. [8] Konsa, nou va ankò obeyi SENYÈ a e obsève tout kòmandman li yo ke Mwen te kòmande nou jodi a. [9] Epi SENYÈ a, Bondye nou an, va fè nou vin pwospere anpil nan travay men nou, nan fwi zantray nou yo, nan pòtre a bèt nou yo ak nan pwodwi ki sòti nan tè nou; paske [t]SENYÈ a va ankò rejwi de nou pou bonte nou, jis jan ke Li te rejwi de zansèt nou yo. [10] si nou obeyi SENYÈ a, Bondye nou an, pou kenbe kòmandman Li yo ak lwa Li yo ki ekri nan liv lalwa sila a, si nou vire vè SENYÈ a, Bondye nou an, [u]avèk tout kè ak nanm nou.

[11] "Paske kòmandman sila ke mwen bannou jodi a pa twò difisil pou nou, ni li pa twò wo pou nou pa rive kote l. [12] Li pa nan syèl la, pou nou ta di: [v]'Kilès ki va monte nan syèl la pou pran li pou nou e fè nou tande li, pou nou kapab swiv li?' [13] Ni li pa lòtbò lanmè a, pou nou ta di: 'Kilès k ap travèse lanmè a, pou pran li pou nou e fè nou tande li, pou nou kapab swiv li.' [14] Men pawòl la toupre nou, nan bouch nou ak nan kè nou, pou nou kapab swiv li. [15] Nou wè, jodi a [w]Mwen te mete devan nou lavi avèk abondans, oswa lanmò avèk tout sa ki pa bon. [16] Nan tout sa mwen kòmande nou jodi a [x]pou renmen SENYÈ a, Bondye nou an, pou mache nan chemen Li yo, epi pou kenbe kòmandman Li yo avèk lwa Li yo ak jijman Li yo, pou nou kapab viv e miltipliye, e pou SENYÈ a, Bondye nou an, kapab beni nou nan peyi kote nou ap antre pou posede a. [17] Men si kè nou detounen e nou refize obeyi, men nou mennen akote pou adore lòt dye yo e sèvi yo, [18] Mwen deklare a nou jodi a ke [y]nou va vrèman peri. Nou p ap pwolonje jou nou yo nan peyi kote nou ap travèse Jourdain an pou antre posede a. [19] Mwen rele syèl la avèk tè a pou fè temwayaj kont nou jodi a, ke mwen te mete devan nou lavi avèk lanmò, [z]benediksyon avèk malediksyon. Pou sa, chwazi lavi pou nou kapab viv, nou menm avèk desandan nou yo, [20] [a]nan renmen SENYÈ a, Bondye nou an ak nan obeyisans a vwa Li ak [b]nan kenbe fèm a Li. Paske sa se lavi nou ak pwolongasyon a jou nou yo, pou nou kapab viv

---

[a] **29:17** Egz 20:23 [b] **29:18** Det 13:6 [c] **29:20** Egz 32:33 [d] **29:21** Det 30:10 [e] **29:22** Jr 19:8 [f] **29:24** I Wa 9:8 [g] **29:25** II Wa 17:9-23 [h] **29:27** Dan 9:11 [i] **29:28** II Kwo 7:20 [j] **29:29** Trav 1:7 [k] **29:29** Jn 5:39
[l] **30:1** Det 15:15-19 [m] **30:1** Lev 26:40-45 [n] **30:3** Jen 28:15 [o] **30:3** Sòm 147:2 [p] **30:4** Né 1:9 [q] **30:5** Det 7:13
[r] **30:6** Det 6:5 [s] **30:7** Det 7:15 [t] **30:9** Jr 32:41 [u] **30:10** Det 4:29 [v] **30:12** Wo 10:6-8 [w] **30:15** Det 11:26
[x] **30:16** Det 6:5 [y] **30:18** Det 4:26 [z] **30:19** Det 30:1 [a] **30:20** Det 6:5 [b] **30:20** Det 10:20

nan peyi ke SENYÈ a te sèmante a zansèt nou yo; a Abraham, Isaac e a Jacob, pou bay yo a."

31 Konsa Moïse te ale e te pale pawòl sa yo a tout Israël. ² Li te di yo: "Mwen gen san-ventan daj jodi a. ªMwen p ap ka ankò fè antre soti. SENYÈ te di mwen: 'Ou p ap travèse Jourdain sila a.' ³ Se SENYÈ a, Bondye nou menm nan, ki va travèse devan nou. Li va detwi nasyon sila yo devan nou e nou va deplase yo. Se ᵇJosué ki va travèse devan nou, jan SENYÈ a te pale a. ⁴ SENYÈ a va fè yo menm jan ke Li te fè a Sihon avèk Og, wa a Amoreyen yo, e a peyi pa yo a, lè Li te detwi yo a. ⁵ ᶜSENYÈ a va livre yo devan nou, e nou va aji avèk yo an akò avèk kòmandman ke mwen menm te kòmande nou yo. ⁶ Rete fò e pran kouraj. Pa pè yo ni tranble devan yo, paske SENYÈ a, Bondye nou an, se sila k ap ale avèk nou an. Li p ap fè nou desi, ni li p ap abandone nou. ⁷ Konsa, Moïse te rele Josué e te di li devan tout Israël: "Kenbe fò, pran kouraj, paske ou va ale avèk pèp sa a pou antre nan peyi ke SENYÈ a te sèmante a zansèt pa yo pou ba yo a; epi ou va ba yo li kòm eritaj.ᵈ ⁸ ᵉSe SENYÈ a k ap prale devan ou. Li va avèk ou. Li p ap fè ou desi, ni abandone ou. Pa pè, ni pèdi kouraj."

⁹ Konsa, Moïse te ekri lwa sa a, e li te livre bay li a prèt yo, fis a Lévi yo ᶠki te pote lach akò SENYÈ a, e a tout ansyen an Israël yo. ¹⁰ Moïse te kòmande yo e te di: "Nan fen chak sèt ane, nan sezon ᵍane remisyon dèt nan ʰFèt Tonèl Yo, ¹¹ lè tout Israël vini pou parèt devan SENYÈ a, Bondye nou an, kote ke Li va chwazi a, ⁱnou va li lwa sila a devan tout Israël pou yo tout tande l. ¹² Rasanble pèp la, gason avèk fanm, ak pitit yo, etranje ki nan vil nou yo, pou yo ka tande ʲaprann gen lakrent SENYÈ a, Bondye nou an, epi fè atansyon pou swiv tout pawòl a lwa sila yo. ¹³ Pitit yo ki pa t konnen, va tande e aprann gen lakrent SENYÈ a, Bondye nou an, pou tout tan ke nou viv nan peyi ke nou prèt pou travèse Jourdain an pou posede a."

¹⁴ Alò, SENYÈ a te di a Moïse: "Gade byen, lè pou ou mouri toupre. Rele Josué, e prezante nou menm nan tant asanble a, pou Mwen kapab ba li komisyon li." ¹⁵ ᵏSENYÈ a te vin parèt nan tant lan nan yon pilye nwaj e pilye nwaj la te kanpe nan pòtay tant lan. ¹⁶ SENYÈ a te di a Moïse: "Gade byen, ou prèt pou kouche avèk zansèt ou yo. Konsa, ˡpèp sa a va fè jwèt pwostitiye ak dye etranje yo nan peyi kote y ap prale a, pou abandone Mwen, epi va kraze akò Mwen ke Mwen te fè avèk yo a. ¹⁷ Alò, kòlè Mwen va vin limen kont yo nan jou sa a, Mwen va abandone yo e kache figi Mwen a yo menm. Yo va detwi e anpil malè va rive sou yo, jiskaske yo va di nan jou sa a: ᵐ'Èske se pa paske Bondye nou an pa pami nou ke malè sa yo vin rive sou nou?'

¹⁸ Men anverite, Mwen va kache figi Mwen nan jou sa a akoz tout mechanste ke yo te fè, paske yo te vire vè lòt dye yo." ¹⁹ "Koulye a, akoz sa, ⁿekri chanson sila a pou nou menm e montre li a fis Israël yo. Mete li sou lèv yo, pou chanson sa a kapab yon temwen pou Mwen kont fis Israël yo. ²⁰ Paske lè Mwen mennen yo antre nan peyi k ap koule avèk lèt avèk siwo myèl la, ke Mwen te sèmante a zansèt pa yo, yo te manje e satisfè, e yo te ᵒvin pwospere, alò, yo va vire a lòt dye yo pou sèvi yo, meprize Mwen e kraze akò Mwen an. ²¹ Epi li va rive ke lè anpil malè avèk twoub vini sou yo, ke chan sa a va fè temwayaj devan yo (paske li p ap bliye pa desandan pa yo); paske ᵖMwen konnen entansyon ke yo ap fòme depi jodi a, avan Mwen mennen yo antre nan peyi ke Mwen te fè sèman pou ba yo a."

²² ᑫKonsa, Moïse te ekri chan sa a nan menm jou a e te montre fis Israël yo li. ²³ Epi li te bay Josué, fis a Nun nan, komisyon li, e te di: ʳ"Kenbe fèm e pran kouraj, paske ou va mennen fis Israël yo antre nan peyi ke mwen te sèmante a yo menm nan, epi ˢmwen va avèk ou." ²⁴ Li te vin rive ke lè Moïse te fin ekri pawòl a lwa sa yo nan yon liv soti nan kòmansman jiska lafen, ²⁵ ke Moïse te kòmande Levit ᵗki te pote lach akò SENYÈ yo. Li te di: ²⁶ "Pran liv lalwa a e mete li akote lach akò SENYÈ a, Bondye nou an, pou li kapab rete la kòm yon temwen kont nou. ²⁷ Paske mwen konnen ᵘrebelyon nou ak kou rèd nou. Gade byen, pandan mwen toujou vivan avèk nou jodi a, nou te fè rebelyon kont SENYÈ a. Konbyen anplis, konsa, apre mwen fin mouri? ²⁸ Rasanble pou mwen tout ansyen a tribi nou yo ak ofisye nou yo, pou mwen kapab pale pawòl sila yo pou yo tande e ᵛrele sou syèl la avèk tè a pou temwaye kont yo. ²⁹ Paske mwen konnen apre lanmò mwen, nou va ʷfè zak konwonpi e vire kite chemen an ke m te kòmande nou an. Epi konsa, malè va swiv nou nan dènye jou yo, paske nou va fè sa ki mal nan zye SENYÈ a, e pwovoke Li a lakòlè avèk zèv men nou." ³⁰ Konsa, Moïse te resite pawòl chanson sa a soti nan kòmansman jiska lafen nan zòrèy tout asanble Israël la.

32 ˣ"Prete zòrèy nou, O syèl yo, kite mwen pale.
Kite tè a tande pawòl a bouch mwen yo.
² Kite ʸenstriksyon mwen yo tonbe
    tankou lapli,
pawòl mwen yo poze tankou lawouze,
tankou ti gout sou zèb fre,
ak lapli k ap farinen sou zèb.
³ Paske mwen pwoklame non a SENYÈ a.
Bay ᶻglwa a Bondye nou an!
⁴ Wòch la! Zèv Li yo pafè,
paske ªtout chemen li yo jis.

ª **31:2** Nonb 27:17   ᵇ **31:3** Nonb 27:18   ᶜ **31:5** Det 7:2   ᵈ **31:7** Det 1:38   ᵉ **31:8** Egz 13:21   ᶠ **31:9** Nonb 4:5-15
ᵍ **31:10** Det 15:1-2   ʰ **31:10** Lev 23:34   ⁱ **31:11** Jos 8:34   ʲ **31:12** Det 4:10   ᵏ **31:15** Egz 33:9   ˡ **31:16** Egz 33:9
ᵐ **31:17** Nonb 14:42   ⁿ **31:19** Det 31:22   ᵒ **31:20** Det 32:15-17   ᵖ **31:21** I Kwo 28:9   ᑫ **31:22** Det 31:19
ʳ **31:23** Jos 1:6   ˢ **31:23** Egz 3:12   ᵗ **31:25** Det 31:9   ᵘ **31:27** Det 9:7   ᵛ **31:28** Det 4:26   ʷ **31:29** Jij 2:19
ˣ **32:1** Det 4:26   ʸ **32:2** És 55:10-11   ᶻ **32:3** Det 3:24   ª **32:4** Jen 18:25

[a]Yon Bondye fidèl e san enjistis,
dwat e jis ke Li ye.
⁵ Yo te fè zak konwonpi anvè Li.
Yo pa pitit li akoz defo yo.
[b]Yon jenerasyon pèvèti e kwochi,
⁶ se konsa nou [c]rekonpanse SENYÈ a,
O [d]pèp ki san konprann e ki san sajès?
Èske se pa Papa nou, Kreyatè nou an,
ki te fè nou e ki te fòme nou?
⁷ Sonje jou tan pase yo,
konsidere lane a tout jenerasyon yo.
[e]Mande papa nou e li va fè nou konnen,
ansyen nou yo e yo va di nou.
⁸ Lè Pi Wo a [f]te bay nasyon yo eritaj yo,
lè Li te separe fis a lòm yo,
Li te etabli lizyè a tout pèp la
Selon kantite a fis Israël yo.
⁹ Paske [g]pòsyon SENYÈ a se pèp Li a.
Jacob se don eritaj Li a.
¹⁰ Li te twouve li nan yon peyi dezè,
[h]nan savann dezole kote van soufle a.
Li te antoure li, Li te pran swen li,
Li te pwoteje li tankou [i]de zye nan tèt Li.
¹¹ [j]Tankou yon èg ki anvayi nich li,
ki pann sou jenn pitit li yo,
Li te ouvri zèl li yo pou te kenbe yo.
Li te pote yo anwo plim li.
¹² SENYÈ a sèl te gide li.
Li [k]pa t gen dye etranje ki te avè l.
¹³ [l]Li te fè li monte sou wo plas tè yo.
Yo te manje pwodwi a chan yo.
Li te fè li souse siwo myèl nan wòch la,
ak lwil nan wòch ki te di:
¹⁴ Bòl lèt a bèf yo ak lèt bann kabrit yo,
avèk grès jenn ti mouton yo,
Belye a ras Basan yo ak kabrit,
Avèk ble ki pi fen yo.
Nou te bwè [m]san rezen an,
diven an menm nou te bwe.
¹⁵ Men Israël te vin gra e te voye pye.
Ou vin gra, gwo e swa.
[n]Li te abandone Bondye ki te fè l la,
e li te meprize [o]Wòch a delivrans li an.
¹⁶ [p]Yo te fè Li vin jalou avèk dye etranje yo.
Avèk [q]bagay abominab,
yo te pwovoke Li a lakòlè.
¹⁷ Yo te fè sakrifis a dyab ki pa t Bondye yo,
a dye ke yo pa t janm konnen,
dye nèf ki fenk parèt,
ke zansèt nou yo pa t janm bay lakrent.[r]
¹⁸ Nou te neglije Wòch ki te fè nou an,
e nou [s]te bliye Bondye ki te bannou nesans lan.
¹⁹ [t]SENYÈ a te wè sa e te meprize yo
akoz pwovokasyon fis ak fi Li yo.

²⁰ "Alò, [u]Li te di: 'Mwen va kache figi
Mwen sou yo.
Mwen va wè kijan yo fini;
Paske yo se yon jenerasyon pèvès,
fis ki pa fidèl.
²¹ 'Yo te fè m jalou avèk sa ki pa Bondye yo.
Yo te pwovoke Mwen a lakòlè avèk zidòl yo.
[v]Konsa tou, Mwen va fè yo jalou avèk
sa ki pa yon pèp yo.
Mwen va pwovoke yo a lakòlè
avèk yon nasyon ki san konprann.
²² Paske yon dife vin limen nan chalè Mwen,
ki brile jis rive nan pati pi fon nan
sejou lanmò yo.
Li [w]manje latè a avèk tout don li yo,
e limen dife a nan fondasyon mòn yo.

²³ Mwen [x]va ogmante gwo pil malè sou yo.
Mwen [y]va depanse flèch Mwen sou yo.
²⁴ [z]Mwen va epwize yo ak gwo grangou,
e manje yo ak chalè ki brile,
e avèk destriksyon anmè.
Mwen va voye pami yo bèt voras,
avèk pwazon a bèt ki trennen sou vant.
²⁵ Pa deyò, se nepe ki va rache lavi yo,
epi pa anndan, gwo laperèz,
ni sou jennonm ni vyèj la,
tibebe a avèk granmoun cheve blanch lan.[a]
²⁶ Mwen te prèt pou di: "M ap [b]koupe
yo an mòso,
M ap rache memwa yo soti de lòm,
²⁷ si M pa t krent ke li t ap pwovoke lènmi an,
ke lènmi pa yo ta mal jije pou yo ta di:
"Se men nou ki gen viktwa a.
Se pa t vrèman SENYÈ a ki fè tout sa.'"

²⁸ Paske [c]yo se yon nasyon ki manke
bon konsèy.
Yo san konprann.
²⁹ Pito [d]ke yo te saj, ke yo te konprann sa,
ke [e]yo te konprann avni yo!
³⁰ Kijan [f]yon moun ta kapab chase yon milye,
pou de sèl grenn fè di mil sove ale,
sof ke Wòch pa yo a te vann yo,
sof ke SENYÈ a te livre yo bay.
³¹ Anverite, wòch pa yo a pa tankou
Wòch nou an.
Menm lènmi nou yo kapab jije sa.
³² Paske rezen pa yo sòti nan rezen Sodome,
ak chan yo nan Gomorrhe.
Rezen pa yo se rezen [g]pwazon.
Grap yo anmè.
³³ Diven pa yo se pwazon vipè,
pwazon mòtèl koulèv kobra.

---

a **32:4** Det 7:9   b **32:5** Mat 17:17   c **32:6** Sòm 116:12   d **32:6** Det 32:28   e **32:7** Egz 12:26   f **32:8** Trav 17:26
g **32:9** I Sam 10:1   h **32:10** Sòm 17:8   i **32:10** Sòm 18:10-18   j **32:11** Sòm 18:10-18   k **32:12** Det 32:39
l **32:13** És 58:14   m **32:14** Jen 49:11   n **32:15** Sòm 78:58   o **32:15** Det 32:4   p **32:16** Sòm 78:58
q **32:16** Sòm 106:29   r **32:17** Det 28:64; Jij 5:8   s **32:18** Sòm 106:21   t **32:19** Jr 44:21-23   u **32:20** Det 9:23
v **32:21** Wo 10:19   w **32:22** Lev 26:20   x **32:23** Det 29:21   y **32:23** Sòm 18:14   z **32:24** Det 28:22-48
a **32:25** Lam 1:20; II Kwo 36:17   b **32:26** Det 4:27   c **32:28** Det 32:6   d **32:29** Det 5:29   e **32:29** Det 31:29
f **32:30** Lev 26:7-8   g **32:32** Det 29:18

³⁴ Èske ᵃM pa mete sa nan depo,
byen sele nan trezò Mwen?
³⁵ "'Vanjans se pou Mwen, avèk
revandikasyon,
nan lè pye yo va glise,
Paske jou malè a yo toupre,
E rekonpans yo ap kouri vit sou yo.'

³⁶ Paske ᵇSENYÈ a va jije pèp Li a.
Li va fè mizerikòd sou sèvitè Li yo,
lè Li wè fòs yo fin disparèt,
ke pèsòn pa rete, ni esklav, ni lib.
³⁷ Li va di: ᶜ"Kote dye yo ye?
Wòch kote yo te pran refij la?
³⁸ Sila ki te manje grès a sakrifis pa yo a,
e ki te bwè diven a bwason pa yo a?
Kite ᵈyo vin bannou sekou!
Kite yo fè kote pou nou kache!

³⁹ Vin wè ke Mwen menm se Li.
ᵉNanpwen dye sof ke Mwen.
Se Mwen ki mete a lanmò,
e se Mwen ki bay lavi.
Se Mwen ki te fè blese
e se Mwen ki fè gerizon.
Nanpwen pèsòn ki kab delivre soti
nan men M.
⁴⁰ Anverite, ᶠMwen leve men M vè syèl
la E Mwen di:
Menm jan ke Mwen viv pou tout tan an,
⁴¹ si ᵍMwen file nepe briyan Mwen an,
se men M ki kenbe la jistis.
ʰMwen va rann vanjans sou advèsè Mwen yo,
epi Mwen va rekonpanse sila ki rayi Mwen yo.
⁴² M ap fè flèch Mwen yo vin sou ak san,
e nepe Mwen va devore chè avèk san
a mò yo ak kaptif yo,
k ap sòti nan chèf a lènmi yo.'

⁴³ Rejwi, O nasyon avèk pèp pa Li a,
paske ⁱL ap fè vanjans san a sèvitè Li yo.
Li va rann vanjans sou advèsè Li yo,
e fè ekspiyasyon pou peyi Li avèk pèp Li a."

⁴⁴ Alò, Moïse te vin pale tout pawòl a chan sila nan zòrèy a pèp la, li menm avèk ʲJosué, fis a Nun nan. ⁴⁵ Lè Moïse te fin pale tout pawòl sila yo a tout Israël, ⁴⁶ li te di yo: "Pran a kè nou tout pawòl avèk sila mwen avèti nou jodi a, ke nou va kòmande ᵏfis nou yo pou swiv avèk atansyon, tout pawòl a lalwa sila yo. ⁴⁷ Paske se pa yon bagay pa aza ke yo ye pou nou. Anverite, ˡse lavi nou yo ye. Pa pawòl sila yo, nou va pwolonje vi nou nan tè ke nou prèt pou travèse Jourdain an pou posede a.

⁴⁸ ᵐSENYÈ a te pale avèk Moïse nan menm jou sa a. Li te di: ⁴⁹ "Monte sou mòn sila nan Abarim nan, Mòn Nebo, ki nan peyi Moab, anfas Jéricho, e gade sou peyi a Canaan an ke Mwen ap bay a fis Israël yo kòm posesyon an. ⁵⁰ Epi mouri sou mòn nan kote ou monte a pou vin ⁿranmase a zansèt ou yo, jan Aaron te fè sou Mòn Hor a, e te vin ranmase pa pèp li a; ⁵¹ ᵒakoz ou te peche kont Mwen nan mitan fis Israël yo nan dlo a Meriba-Kadès yo, nan dezè Tsin nan; akoz ou pa t trete Mwen tankou sen nan mitan fis Israël yo. ⁵² ᵖDonk, ou va wè peyi a yon distans, men ou p ap ale la, nan peyi ke Mwen ap bay fis Israël yo."

33

Alò, sa se benediksyon yo avèk sila Moïse, ᑫnonm a Bondye a, li te beni fis Israël yo avan lanmò li. ² Li te di:

ʳ"SENYÈ a te sòti nan Sinai,
e te parèt sou yo soti nan Séir.
Li te briye soti nan Mòn Paran.
Li te sòti nan mitan di-milye yo ki te sen.
Nan men dwat Li, te gen yon lalwa
byen cho ki te pou yo.
³ Anverite, Li renmen pèp la.
ˢTout sen li yo nan men Ou.
Sou pye Ou, yo tout pwostène.
Yo te resevwa pawòl Ou yo.
⁴ Moïse te pase nou lòd avèk yon lwa,
ᵗeritaj pou asanble Jacob la.
⁵ ᵘEpi Li te wa an Israël
lè tèt a pèp la te rasanble
tout tribi a Israël yo ansanm.
⁶ ᵛKe Ruben viv e pa mouri;
ni ke moun li yo pa manke."

⁷ ʷSa se pou Juda: Li te di,
"Tande O Israël vwa Juda,
e mennen li vè pèp li.
Avèk men li, li te lite pou kont li.
Ou va bay li soutyen kont advèsè pa li."

⁸ A Lévi, li di:
ˣThumim nan avèk Urim nan
apatyen a sèvitè fidèl Ou,
ou te pase li a leprèv nan Massa,
avèk sila ou te goumen nan dlo Meriba yo.
⁹ Li te di de papa l avèk manman l:
"Mwen pa t wè li."
Li pa t rekonèt pwòp frè pa li,
ni fis li yo ʸpwiske yo te swiv pawòl Ou
e te kenbe akò Ou.
¹⁰ ᶻYo va enstwi òdonans Ou yo a Jacob,
e lwa Ou a Israël.
Yo va mete lansan devan Ou,
ak ofrann brile an gwo sou lotèl Ou.
¹¹ O SENYÈ, beni abilite li yo,
e beni zèv men li yo.
Kase ren a sila ki leve kont li yo,
e sila ki rayi li kòmsi pou yo pa leve ankò.
¹² A Benjamin, li te di:

ᵃ **32:34** Job 14:17   ᵇ **32:36** Sòm 135:14   ᶜ **32:37** Jij 10:14   ᵈ **32:38** Jr 11:12   ᵉ **32:39** Det 32:12   ᶠ **32:40** És 20:5-6   ᵍ **32:41** És 34:6-8   ʰ **32:41** Jr 50:28-32   ⁱ **32:43** II Wa 9:7   ʲ **32:44** Nonb 13:8-16   ᵏ **32:46** Det 4:9   ˡ **32:47** Det 8:3   ᵐ **32:48** Nonb 27:12   ⁿ **32:50** Jen 25:8   ᵒ **32:51** Nonb 20:12   ᵖ **32:52** Det 34:1-3   ᑫ **33:1** Jos 14:6   ʳ **33:2** Egz 19:18-20   ˢ **33:3** Det 7:6   ᵗ **33:4** Sòm 119:111   ᵘ **33:5** Nonb 23:21   ᵛ **33:6** Jen 49:3-4   ʷ **33:7** Jen 49:8-12   ˣ **33:8** Egz 28:30   ʸ **33:9** Mat 2:5   ᶻ **33:10** Lev 10:11

ᵃ"Ke byeneme SENYÈ a ta rete
    ansekirite ak Li,
paske Li pwoteje li tout lajounen.
Sila SENYÈ a renmen an rete antre zepòl Li."
¹³ A Joseph, li te di:
ᵇ"Peyi li se beni pa SENYÈ a
ak lawouze presye ki soti nan syèl la,
e avèk dlo pwofon ki anba,
¹⁴ pou meyè chwa a solèy la, ak meyè
    pwodwi lalin nan,
¹⁵ pou pi bèl bagay a ᶜmòn ansyen yo,
pou pi bèl bagay nan kolin yo kap dire nèt,
¹⁶ pou pi bèl bagay tè yo ak tout sa ki ladan l,
ak favè ᵈa Sila ki te demere nan touf
    bwa brile a.
Men kite sa vin parèt sou tèt Joseph la,
sou kouwòn a sila ki pi elve pami frè li yo.
¹⁷ Tankou premye ne a bèf li, lonè pou li.
Kòn li yo se kòn a ᵉbèf mawon.
Avèk yo, li va bourade pèp yo,
jis a sila a ki nan pwent latè yo.
Sila yo se di-mil a Ephraïm yo.
Yo se milye yo a Manassé."
¹⁸ De Zabulon, li te di:
ᶠ"Rejwi, Zabulon lè nou soti,
ak Issacar nan tant nou yo.
¹⁹ Yo va rele nasyon yo vini nan mòn la.
La, yo va ofri sakrifis ladwati,
paske yo va rale ᵍabondans lanmè
ak trezò ki kache nan sab yo."
²⁰ De Gad, li te di:
"Beni se sila ki fè Gad vin pi gwo;
li kouche ba ʰtankou yon manman lyon,
pou l dechire bra a oswa tèt la.
²¹ Premye pati li fè pou kont li,
paske pou li, pòsyon gran chèf lalwa
    a te rezève.
Epi li te vini avèk chèf a pèp yo.
ⁱLi te egzekite jistis a SENYÈ,
òdonans Li yo avèk Israël."
²² ʲDe Dan, li te di:
"Dan se pòtre a yon lyon
ki vòltije sòti nan Basan."
²³ De Nephtali, li te di:
"ᵏO Nephtali, satisfè avèk favè,
ranpli avèk benediksyon SENYÈ a,
Kon eritaj, vin pran pati lwes la, ak sid la."
²⁴ ˡDe Aser, li te di:
"Pi beni pase fis yo se Aser.
Ke li kapab beni pa frè li yo.
Ke pye li kapab vin fonse nan lwil.
²⁵ Très cheve ou yo va tankou fè avèk bwonz.

ᵐSelon kantite jou ou yo, konsa, ou va gen fòs.
²⁶ Nanpwen lòt ki tankou Bondye Israël la,
ⁿki monte sou syèl yo pou rive ede nou,
e ki travèse syèl yo nan majeste Li.
²⁷ ᵒBondye etènèl la se kote pou nou kache.
Pa anba, se bwa Li ki la pou tout tan.
Li te chase lènmi an devan nou;
Li te di: 'Detwi!'
²⁸ ᵖKonsa, Israël viv ansekirite,
sous Jacob ki mete apa a,
ᵠnan yon peyi sereyal avèk diven nèf.
Wi, syèl Li yo vin degoute lawouze a.
²⁹ Beni ou ye, O Israël!
ʳKilès ki sanble avèk ou,
yon pèp delivre pa SENYÈ a,
ki se pwotèj k ap ba ou sekou a
ki se nepe a majeste ou?
Konsa, lènmi ou yo va vin kraponnen
    devan ou,
e ou va foule wo plas yo."

34 ˢAlò, Moïse te monte soti plèn Moab pou rive nan Mòn Nebo, jis rive nan pwent Pisga ki anfas Jéricho a. Epi SENYÈ a te montre li tout peyi Galaad la jis rive Dan, ² epi tout Nephtali avèk peyi Ephraïm ak Manassé ak tout peyi Juda jiska ᵗlanmè lwès la, ³ epi Negev avèk plèn nan vale a Jéricho, ᵘlavil pye palmis yo, jis rive Tsoar.

⁴ Alò, SENYÈ a te di li: "Sa se peyi a ke ᵛMwen te sèmante a Abraham, Isaac, ak Jacob la, e Mwen te di: 'Mwen va bay li a desandan nou yo'. Mwen te kite ou wè li avèk zye ou, men ou p ap rive ale la."

⁵ Konsa, Moïse, sèvitè Bondye a, ʷte mouri la nan peyi Moab, selon pawòl a SENYÈ a. ⁶ Li te antere li nan vale a nan peyi Moab, ˣanfas Beth-Peor, men okenn moun pa konnen plas antèman li, jis jodi a.

⁷ Moïse te nan laj san-ventan lè li te mouri an. ʸZye li pa t fèb, ni fòs li pa t vin febli. ⁸ Konsa, fis Israël yo te kriye pou Moïse nan plèn Moab yo pandan trant jou jis lè jou kriye avèk doulè pou Moïse te vin fini.

⁹ Alò, Josué, fis a Nun nan, te ᶻranpli avèk lespri sajès la, paske Moïse te poze men l sou li. Pou sa, fis Israël yo te koute li e te fè jan SENYÈ a te kòmande Moïse la.

¹⁰ Depi nan tan sa a, ᵃokenn lòt pwofèt pa t vin leve an Israël tankou Moïse, ke ᵇSENYÈ a te konnen fasafas, ¹¹ pou tout sign avèk mèvèy ke SENYÈ a te voye li fè nan peyi Égypte la kont Farawon, tout sèvitè li yo avèk tout teritwa li a, ¹² epi pou tout gran pouvwa ak tout gran laperèz ke Moïse te montre devan zye a tout Israël.

ᵃ **33:12** Det 4:37 ᵇ **33:13** Jen 27:27-28 ᶜ **33:15** Hab 3:6 ᵈ **33:16** Egz 2:2-6 ᵉ **33:17** Nonb 23:22
ᶠ **33:18** Jen 49:13-15 ᵍ **33:19** És 60:5 ʰ **33:20** Jen 49:9 ⁱ **33:21** Jos 22:1-3 ʲ **33:22** Jen 49:16
ᵏ **33:23** Jen 49:21 ˡ **33:24** Jen 49:20 ᵐ **33:25** Det 4:40 ⁿ **33:26** Det 10:14 ᵒ **33:27** Sòm 90:1-2
ᵖ **33:28** Det 33:12 ᵠ **33:28** Jen 27:28-37 ʳ **33:29** Det 4:32 ˢ **34:1** Det 32:49 ᵗ **34:2** Det 11:24 ᵘ **34:3** Jij 1:16
ᵛ **34:4** Jen 12:7 ʷ **34:5** Det 32:50 ˣ **34:6** Det 3:29 ʸ **34:7** Jen 27:1 ᶻ **34:9** Nonb 27:18-23 ᵃ **34:10** 18:15-18
ᵇ **34:10** Egz 33:11

Josué

1 Alò, li te vin rive ke apre lanmò Moïse, sèvitè SENYÈ a, ke SENYÈ a te pale avèk Josué, fis a Nun nan, sèvitè Moïse la. Li te di: ² "Moïse, [a]sèvitè Mwen an, gen tan mouri. Pou sa, leve, travèse Jourdain sila a, ou menm avèk tout pèp sa a, nan peyi ke Mwen ap bay a yo menm, a fis Israël yo. ³ [b]"Chak kote ke pla pye ou va pile, Mwen ap ba ou li, jis jan ke Mwen te pale a Moïse la. ⁴ [c]Soti nan dezè a ak Liban sila a, menm jis rive nan gran rivyè a, Rivyè Lefrat la, tout peyi Etyen an, jis rive nan Gran Lamè a vè solèy kouche a va teritwa pa nou. ⁵ [d]Nanpwen moun ki kapab kanpe devan ou pandan tout jou lavi ou. Menm jan ke Mwen te avèk Moïse la, Mwen va avèk ou. Mwen p ap fè bak ni abandone ou. ⁶ [e]Kenbe fèm e pran kouraj, paske ou va bay pèp sa a posesyon a peyi ke Mwen te sèmante a zansèt yo pou M ba yo a.

⁷ "Sèlman rete fò avèk anpil kouraj! [f]fè atansyon pou fè tout sa lalwa ke Moïse, sèvitè Mwen an, te kòmande ou fè a. Pa vire ni adwat ni agoch, pou ou kapab reyisi nenpòt kote ke ou ale.

⁸ [g]"Liv lalwa sila a pa janm kite bouch ou, men ou va reflechi sou li la jounen kon lannwit, pou ou kapab fè atansyon pou fè tout sa ki ekri ladann; paske konsa, ou va fè chemen ou yo pwospere e konsa, yo va byen reyisi.

⁹ "Èske mwen pa t kòmande ou? Kenbe fèm e pran kouraj! [h]Pa tranble ni enkyete, paske SENYÈ a, Bondye ou a, avèk ou nenpòt kote ou ale."

¹⁰ Konsa, Josué te kòmande ofisye pèp yo. Li te di: ¹¹ "Pase nan mitan kan an e kòmande pèp la pou di yo: 'Prepare pwovizyon nou. Paske nan [i]twa jou, nou va travèse Jourdain sila a, pou antre pran peyi ke SENYÈ a, Bondye nou an, ap bannou pou posede a.'"

¹² [j]A Ribenit yo avèk Gadit yo ak mwatye tribi Manassé a, Josué te di: ¹³ "Sonje pawòl ke Moïse, sèvitè SENYÈ a, te kòmande nou, lè l te di: [k]'SENYÈ a, Bondye nou an, ap bannou repo, e Li va bannou peyi sa a.

¹⁴ "'Madanm nou yo, pitit nou yo ak bèt nou yo va rete nan peyi ke Moïse te bannou lòtbò Jourdain an; men nou va travèse devan frè nou yo, prepare an lòd batay la, tout sòlda vanyan nou yo e ou va bay yo soutyen, ¹⁵ jiskaske SENYÈ a bay frè nou yo repo, tankou nou, epi yo menm tou, yo posede peyi ke SENYÈ a, Bondye nou an, ap bay yo a. [l]Epi nan lè sa a, nou va retounen nan pwòp teren pa nou an, e posede sa ke Moïse, sèvitè SENYÈ a, te bannou lòtbò Jourdain an, vè solèy leve a.'"

¹⁶ Yo te reponn Josué e te di: "Tout sa ke ou te kòmande nou, nou va fè l, epi nenpòt kote ke ou voye nou, nou va ale. ¹⁷ Jis jan ke nou te obeyi Moïse nan tout bagay la, konsa nou va obeyi ou. Sèlman [m]ke SENYÈ a, Bondye nou an, kapab avèk ou tankou Li te avèk Moïse la. ¹⁸ Nenpòt moun ki fè rebèl kont lòd ou, e ki pa obeyi pawòl ou yo nan tout sa ou kòmande li fè yo, li va vin mete a lanmò. Sèlman, kenbe fèm e pran kouraj."

2 Epi Josué, fis a Nun nan, te voye de mesye kòm espyon an sekrè soti [n]Sittim. Li te di: "Ale gade peyi a, sitou Jéricho." Epi yo te ale e te antre lakay a [o]yon pwostitiye ki te rele Rahab. Yo te dòmi la.

² Sa te pale a wa Jéricho a. Yo te di: "Gade byen, de mesye ki sòti nan fis Israël yo te vini isit la lannwit lan pou fè espyon nan peyi a." ³ Epi wa Jéricho a te voye vè Rahab e te di: "Mete deyò mesye ki te vin kote ou yo, paske yo te vin fè espyon nan peyi a."

⁴ Men [p]fanm nan ki te deja pran mesye yo pou kache ye, te di: "Wi, mesye sa yo te vini kote mwen, men mwen pa t konnen kote yo te sòti. ⁵ Li te vin rive nan lè pou fèmen pòtay yo lè l te fènwa, ke mesye yo sòti deyò. Men mwen pa konnen kote mesye yo te ale. Kouri dèyè yo byen vit! Konsa, ou ka gen tan pran yo."

⁶ Men [q]li te vrèman mennen yo anwo galri twati kay la, pou l te kache yo nan pakèt len ke li te mete an lòd sou twati kay la.

⁷ Konsa, mesye yo te kouri dèyè yo sou wout la pou rive nan lye pou travèse Jourdain an. Depi sila ki t ap pouswiv yo te pati, yo te fèmen pòtay la.

⁸ Alò, avan yo te kouche, fi a te vin kote yo sou twati a. ⁹ Epi li te di mesye yo: [r]"Mwen konnen ke SENYÈ a te bannou peyi a, e ke gwo laperèz nou gen tan tonbe sou nou. Tout kouraj abitan peyi a vin fonn e disparèt devan nou. ¹⁰ [s]Paske nou te tande jan SENYÈ a te fin seche dlo Lamè Wouj devan nou lè nou te sòti an Égypte la, ak sa nou te fè de wa Amoreyen ki te lòtbò Jourdain yo, a Sihon ak Og, ke nou te detwi nèt. ¹¹ Lè nou vin tande sa, [t]kè nou te fonn. Pa t gen kouraj ki te rete nan okenn moun ankò akoz nou menm, paske [u]SENYÈ a, Bondye nou an, se Li ki Bondye anwo nan syèl la e anba sou tè a.

¹² "Alò, pou sa, souple, sèmante a mwen pa SENYÈ a, paske mwen te a ji avèk bon kè anvè nou; ke nou, osi, nou va a ji avèk bon kè anvè lakay papa m. Fè mwen yon [v]sèman fidèl, ¹³ pou konsève lavi papa m avèk manman m, frè m avèk sè m yo avèk tout moun ki pou yo, e livre lavi nou sòti nan lanmò."

---

[a] **1:2** Nonb 12:7 [b] **1:3** Det 11:24 [c] **1:4** Jen 15:8 [d] **1:5** Det 7:24 [e] **1:6** Det 31:6-23 [f] **1:7** Det 5:32
[g] **1:8** Det 31:24 [h] **1:9** Det 31:8 [i] **1:11** Jos 3:2 [j] **1:12** Nonb 32:20-22 [k] **1:13** Det 3:18-20 [l] **1:15** Jos 22:4
[m] **1:17** Jos 1:5-9 [n] **2:1** Nonb 25:1 [o] **2:1** Eb 11:31 [p] **2:4** II Sam 17:19 [q] **2:6** Jc 2:25 [r] **2:9** Nonb 20:24
[s] **2:10** Egz 14:21 [t] **2:11** Jos 5:1 [u] **2:11** Det 4:39 [v] **2:12** Jos 2:18-19

¹⁴ Konsa, mesye yo te di l: "Vi pa nou pou vi pa w si ou pa pale zafè nou; epi li va rive ke lè SENYÈ a bannou peyi a, ke nou va ªaji avèk bon kè, e fidèlman avèk ou."
¹⁵ Konsa, li te fè yo desann nan fenèt la pa yon kòd; paske lakay li a se te sou miray lavil la, kòmsi li t ap viv sou miray la. ¹⁶ Li te di yo: ᵇ"Ale nan peyi kolin yo, pou sila k ap kouri dèyè nou yo pa twouve nou. Kache kò nou la pandan twa jou jiskaske sila k ap kouri dèyè nou yo retounen. Epi apre, nou kapab fè wout nou."
¹⁷ Mesye yo te di li: ᶜ"Nou p ap responsab sèman ke ou te fè nou fè a, ¹⁸ amwenske lè nou antre nan peyi a, ou mare kòd fisèl wouj sa a nan fenèt kote ou te fè nou desann nan. Epi ᵈrasanble ou menm nan kay la avèk papa ou ak manman ou, frè ou yo ak tout manm lakay papa ou yo. ¹⁹ Li va rive ke nenpòt moun ki ale deyò pòt lakay ou pou antre nan lari a, san li va sou pwòp tèt li e nou va lib de sèman an. Men nenpòt moun ki avèk ou nan kay la, ᵉsan pa li va sou tèt nou si yon moun men mete sou li. ²⁰ Men si ou pale zafè sa a; alò, nou va vin lib de sèman ke ou te fè nou fè a."
²¹ Li te di: "Selon pawòl nou, ke sa vin fèt konsa." Epi li te voye yo ale. Yo te pati, epi li te mare kòd wouj la nan fenèt la.
²² Yo te pati pou te rive nan peyi kolin yo, e te rete la pandan twa jou jiskaske sila ki t ap pouswiv yo te retounen. Alò, moun ki t ap swiv yo te chache toupatou akote chemen an, men yo pa t twouve yo.
²³ Konsa, de mesye sa yo te desann peyi kolin yo pou te travèse rive kote Josué, fis a Nun nan. Yo te pale li tout sa ki te rive yo. ²⁴ Yo te di Josué: "Anverite, SENYÈ a te bannou tout peyi a nan men nou. ᶠAnplis, kè tout abitan peyi a tap fonn e disparèt devan nou."

3 Josué te leve bonè nan maten. Li menm avèk tout fis Israël yo te kite ᵍSittim pou te rive nan Jourdain an, e yo te fè kan avan yo te travèse.
² ʰNan fen twa jou, ofisye yo te pase nan mitan kan an. ³ Yo te kòmande pèp la e te di: "Lè nou wè ⁱlach akò SENYÈ a, Bondye nou an, avèk prèt Levit yo k ap pote li, alò, nou va sòti nan plas nou pou swiv li. ⁴ Sepandan, va gen antre nou ak li yon distans anviwon de mil koude (3,000 pye) pa mezi. Pa vin pi prè li, pou nou kapab konnen chemen ke nap pran, paske nou pa t janm fè wout sa a avan."
⁵ Konsa, Josué te di a pèp la: ʲ"Konsakre tèt nou; paske demen SENYÈ a va fè mèvèy yo nan mitan nou."
⁶ Josué te pale avèk prèt yo e te di: "Vin leve lach akò a pou travèse lòtbò a avan pèp la."
⁷ Alò, SENYÈ a te di a Josué: "Jou sa a, Mwen va kòmanse ᵏegzalte ou nan zye tout Israël la, pou yo kapab konnen ke menm jan ke M te avèk Moïse la, Mwen va avèk ou. ⁸ Anplis, ou va kòmande prèt k

ap pote lach akò a e di yo: 'Lè nou rive arebò dlo yo nan Jourdain an, nou va rete kanpe nan dlo Jourdain an.'"
⁹ Konsa, Josué te di a fis Israël yo: "Vin la pou koute pawòl a SENYÈ a, Bondye nou an." ¹⁰ Josué te di: "Pa sa nou va konnen ke Bondye vivan an pami nou e ke Li va, anverite, ˡdeplase soti devan nou Kananeyen an, Etyen an, Evyen an, Ferezyen an, Gigazyen an, Amoreyen an ak Jebizyen an. ¹¹ Gade byen, lach akò ᵐSENYÈ a tout latè a ap travèse devan nou antre nan Jourdain an.
¹² "Alò, pou sa, ⁿpran pou nou menm douz mesye soti nan tribi Israël la, yon nonm pou chak tribi. ¹³ Li va rive ke lè pla pye a prèt ki pote lach SENYÈ a, SENYÈ tout latè a, poze nan dlo a Jourdain an, dlo Jourdain an va koupe, e dlo k ap kouri desann soti anwo yo va ᵒrete fè yon pil."
¹⁴ Pou sa, lè pèp la kite tant pa yo pou travèse Jourdain an avèk prèt k ap pote ᵖlach akò a devan pèp la, ¹⁵ epi lè sila ki te pote lach la te antre nan Jourdain an, epi depi pye a prèt k ap pote lach la te tanmen fonse bò dlo a; (paske ᑫJourdain an toujou depase rivaj li yo pandan tout sezon rekòlt la), ¹⁶ dlo ki t ap kouri desann soti anwo yo te kanpe, e te leve wo fè ʳyon pil, a yon gran distans de la, nan Adam, vil ki akote Tsarthan an; epi dlo sa yo ki t ap kouri desann vè lanmè ˢAraba a, ak Lamè Sale a, te vin koupe nèt. Konsa pèp la te travèse anfas Jérico.
¹⁷ Prèt yo ki t ap pote lach akò SENYÈ a te kanpe fèm ᵗsou tè sèk nan mitan Jourdain an pandan tout Israël t ap travèse sou tè sèk, jiskaske tout nasyon an te fin travèse Jourdain an.

4 Alò, lè tout nasyon an te fin travèse ᵘJourdain an, SENYÈ a te pale avèk Josué. Li te di: ² "Pran pou nou menm ᵛdouz mesye pami pèp la, yon mesye ki soti nan chak tribi. ³ Kòmande yo e di: 'Ranmase pou kont nou douz wòch soti isit la nan mitan Jourdain an, soti nan plas kote pye prèt la ap kanpe fèm nan. Pote yo janbe avèk nou, e poze yo nan ʷplas lojman kote nou va dòmi aswè a.'" ⁴ Konsa, Josué te rele douz mesye ke li te chwazi soti nan fis Israël yo, yon mesye nan chak tribi, ⁵ epi Josué te di yo: "Travèse ankò vè lach SENYÈ a, Bondye nou an, pou rive nan mitan Jourdain an e nou chak pran yon wòch sou zepòl li, selon nonb a tribi a fis Israël yo. ⁶ Ke sa sèvi kòm yon sign pami nou, jis pou ˣlè pitit nou yo mande pita e di: 'Kisa wòch sa yo vle di a nou menm'? ⁷ Alò nou va di yo: 'Akoz ʸdlo Jourdain yo te koupe devan lach akò SENYÈ a. Lè lach la te travèse Jourdain an, dlo Jourdain yo te koupe. Pou sa, wòch sa yo va sèvi kòm yon souvni pou fis Israël yo pou tout tan.'" ⁸ Konsa, fis Israël yo te fè jan Josué te kòmande yo a. Yo te leve pran douz wòch yo nan mitan Jourdain an, jan SENYÈ a te pale a Josué a, selon nonb a tribi a fis Israël

---

ª **2:14** Jen 24:49   ᵇ **2:16** Jc 2:25   ᶜ **2:17** Jen 24:8   ᵈ **2:18** Jos 2:12   ᵉ **2:19** Mat 27:25   ᶠ **2:24** Jos 2:9   ᵍ **3:1** Jos 2:1
ʰ **3:2** Jos 1:11   ⁱ **3:3** Det 31:9   ʲ **3:5** Egz 19:10-11   ᵏ **3:7** Jos 4:14   ˡ **3:10** Egz 33:2   ᵐ **3:11** Job 41:11
ⁿ **3:12** Jos 4:2   ᵒ **3:13** Egz 15:8   ᵖ **3:14** Sòm 132:8   ᑫ **3:15** 1 Kwo 12:15   ʳ **3:16** Jos 3:13   ˢ **3:16** Det 1:1
ᵗ **3:17** Egz 14:21-29   ᵘ **4:1** Det 27:2   ᵛ **4:2** Jos 3:12   ʷ **4:3** Jos 4:20   ˣ **4:6** Egz 12:26   ʸ **4:7** Jos 3:13

yo, epi yo te pote yo janbe avèk yo pou rive nan ªplas lojman an e te poze yo la. ⁹ Epi Josué te poze douz ᵇwòch yo nan mitan Jourdain an nan plas kote pye a prèt yo ki te pote lach akò a te kanpe. Yo la, jis jodi a. ¹⁰ Paske prèt yo ki te pote lach la te kanpe nan mitan Jourdain an jiskaske tout bagay ke SENYÈ a te kòmande Josué pou pale a pèp la te fini, selon tout sa ke Moïse te kòmande Josué yo. Konsa, pèp la te fè vit travèse. ¹¹ Lè tout pèp la te fin travèse, lach SENYÈ a avèk prèt yo te travèse nan prezans a pèp la. ¹² ᶜFis Ruben yo ak fis a Gad yo ak mwatye tribi Manassé a te janbe abiye e prepare pou fè lagè devan fis Israël yo, jis jan ke Moïse te pale yo a. ¹³ Anviwon karant mil mesye, prèt pou batay, te travèse devan SENYÈ a vè plèn dezè a Jéricho a. ¹⁴ ᵈNan jou sa a, SENYÈ a te egzalte Josué nan zye a tout Israël; jis pou yo genyen l respè avèk lakrent, jis jan ke yo te gen respè avèk lakrent pou Moïse pandan tout jou ke li te viv yo. ¹⁵ Alò SENYÈ a te di a Josué: ¹⁶ "Kòmande prèt ki pote ᵉlach akò a pou monte kite Jourdain an." ¹⁷ Konsa, Josué te kòmande prèt yo. Li te di: "Monte soti nan Jourdain an." ¹⁸ Li te vin rive ke lè prèt ki te pote lach SENYÈ yo te kite mitan Jourdain an, e pla pye yo te monte sou tè sèk, dlo Jourdain an te retounen nan plas li e te depase rivaj yo kòm avan an. ¹⁹ Konsa, pèp la te monte kite Jourdain an nan ᶠdizyèm jou a premye mwa a, epi yo te fè kan nan Guilgal akote lès Jéricho. ²⁰ Douz wòch sa yo ke yo te pran nan Jourdain an, Josué te monte nan ᵍGuilgal. ²¹ Li te di a fis Israël yo: "Lè pitit nou yo mande papa yo nan tan k ap vini yo, e di: 'Kisa wòch sa yo ye?' ²² Alò, nou va eksplike pitit nou yo pou di: ʰ'Israël te travèse Jourdain sila a sou tè sèk'. ²³ Paske SENYÈ a, Bondye nou an, te seche dlo Jourdain yo devan nou jiskaske nou te fin travèse, jis jan ke Li fè nan Lamè Wouj la, ⁱke Li te seche devan nou jiskaske nou te fin travèse a, ²⁴ pou tout pèp sou latè yo kapab konnen ke ʲmen SENYÈ a pwisan, pou nou kapab gen lakrent SENYÈ a pou tout tan."

5 Alò, li te vin rive ke lè tout wa Amoreyen ki te lòtbò Jourdain yo vè lwès ak tout wa ᵏCanaran akote lanmè yo, te tande jan SENYÈ a te seche dlo Jourdain an devan fis Israël yo jiskaske yo te travèse, ke kè yo te fonn, e yo pa t gen kouraj nan yo ankò akoz fis Israël yo.

² Nan tan sa a, SENYÈ a te di a Josué: "Fè pou ou menm ˡkouto avèk silèks e sikonsi ankò fis Israël yo pou dezyèm fwa a." ³ Konsa, Josué te fè pou kont li kouto avèk silèks e te sikonsi fis Israël yo nan Gilbreath-Araloth.

⁴ Men rezon pou sila Josué te sikonsi yo a: ᵐtout pèp la ki te sòti an Égypte nan gason yo, tout mesye lagè yo, te mouri nan dezè a nan wout lè yo fin kite Égypte. ⁵ Paske tout mesye ki te sòti yo te sikonsi, men tout mesye ki te fèt nan dezè a nan wout la pandan yo sòti an Égypte la pa t ankò sikonsi.

⁶ Paske fis Israël yo te mache ⁿkarantan nan dezè a, jis tout nasyon an, mesye lagè ki te sòti an Égypte yo, te peri akoz yo pa t koute vwa SENYÈ a, a sila SENYÈ a te sèmante ke Li pa t ap kite yo wè peyi ke SENYÈ a te sèmante bay zansèt pa yo pou bannou an, yon peyi ki koule avèk lèt ak siwo myèl.

⁷ Timoun ke Li te vin leve pou ranplase yo, Josué te sikonsi yo. Paske yo pa t sikonsi akoz ke yo pa t sikonsi yo nan wout la. ⁸ Alò, lè yo te fin sikonsi tout nasyon an, yo te rete nan plas yo nan kan an jiskaske yo te fin geri.

⁹ Epi SENYÈ a te di a Josué: "Jodi a, Mwen te woule fè sòti ᵒwont a Égypte la sou nou menm." Konsa, jis jodi a, yo rele plas sa a Guilgal.

¹⁰ Pandan fis Israël yo te rete Guilgal, yo te obsève Pak la nan lannwit katòzyèm jou nan mwa a nan plèn dezè a Jéricho a.

¹¹ Nan jou apre Pak la, nan menm jou sa a, yo te manje kèk nan pwodwi tè yo, gato san ledven ak sereyal griye. ¹² ᵖLamàn te sispann nan jou apre yo te manje kèk nan pwodwi tè yo. Konsa, fis Israël yo pa t gen lamàn ankò, men yo te manje nan donn tè Canaran an pandan ane sa a.

¹³ Alò, li te rive ke lè Josué te toupre Jéricho, li te leve zye li anwo e te gade, vwala, ᑫyon nonm te kanpe anfas li avèk nepe li rale nan men l. Josué te pwoche l, e li te di li: "Èske ou pou nou oswa kont nou?"

¹⁴ Li te reponn: "Non; olye de sa, anverite mwen vini koulye a kòm kapitèn a lame SENYÈ a." Konsa, Josué te ʳtonbe atè sou figi li. Li te adore l e te di li: "Kisa mèt mwen an gen pou di a sèvitè li?"

¹⁵ Kapitèn a lame SENYÈ a te di a Josué: ˢ"Retire sapat ou nan pye ou, paske plas kote ou kanpe a sen." Epi Josué te fè l.

6 Alò, Jéricho te byen sere pa fis Israël yo. Pèson pa t sòti ni antre.

² SENYÈ a te di a Josué: "Gade, Mwen te livre Jéricho nan men ou, avèk ᵗwa li ak gèrye vanyan li yo. ³ Mache antoure vil la avèk tout mesye lagè nou yo pou l tou ansèkle li yon fwa. Ou va fè sa pandan si jou. ⁴ Anplis, sèt prèt va pote sèt twonpèt fèt ak kòn belye devan lach la.

"Konsa, nan setyèm jou a, nou va mache antoure vil la sèt fwa e prèt yo va ᵘsoufle twonpèt yo. ⁵ Li va vin rive ke lè yo fè yon gwo son avèk kòn belye a, lè nou tande son twonpèt la, tout pèp la va rele fò avèk yon gwo bri; epi miray vil la va tonbe plat e pèp la va monte, chak moun tou dwat."

⁶ Konsa, Josué, fis la a Nun nan, te rele prèt yo. Li te di yo: "Pran lach akò a, e kite sèt prèt yo pote sèt twonpèt yo fèt avèk kòn belye yo devan lach

---
ª **4:8** Jos 4:20   ᵇ **4:9** Jen 28:18   ᶜ **4:12** Nonb 32:17   ᵈ **4:14** Jos 3:7   ᵉ **4:16** Egz 25:16   ᶠ **4:19** Det 1:3
ᵍ **4:20** Jos 4:3-8   ʰ **4:22** Jos 3:17   ⁱ **4:23** Egz 14:21   ʲ **4:24** I Wa 8:42; Egz 15:16   ᵏ **5:1** Nonb 13:29
ˡ **5:2** Egz 4:25   ᵐ **5:4** Det 2:14   ⁿ **5:6** Det 2:7-14   ᵒ **5:9** So 2:8   ᵖ **5:12** Egz 16:35   ᑫ **5:13** Jen 18:1-2
ʳ **5:14** Jen 17:3   ˢ **5:15** Egz 3:5   ᵗ **6:2** Det 7:24   ᵘ **6:4** Lev 25:9

SENYÈ a." ⁷ Yo te di a pèp la: "Ale devan, mache antoure vil la e kite mesye ak zam yo ale devan lach SENYÈ a."

⁸ Li te vin rive ke lè Josué te pale avèk pèp la, sèt prèt ki t ap pote sèt twonpèt a kòn belye yo devan SENYÈ a te avanse, e te soufle twonpèt yo, epi lach akò SENYÈ a te swiv yo. ⁹ Mesye avèk zam yo te ale devan prèt ki tap soufle twonpèt yo, epi ᵃgad aryè a te swiv lach la, pandan yo te kontinye ap soufle twonpèt yo.

¹⁰ Men Josué te kòmande pèp la e te di: "Nou pa pou rele, ni kite yo tande vwa nou menm. Ni pa kite yon mo sòti nan bouch nou, jis rive jou ke m di nou: 'Rele fò!' Alò, nan moman sa a, nou va rele fò!"

¹¹ Konsa, li te fè lach SENYÈ a antoure vil la ansèkle l yon fwa. Konsa, yo te rantre nan kan an, e yo te pase nwit lan la nan kan an.

¹² Alò, Josué te leve granmmaten, e prèt yo te leve pran lach SENYÈ a. ¹³ ᵇSèt prèt ki te pote sèt twonpèt kòn belye yo devan lach SENYÈ a, te kontinye san rete e te soufle twonpèt yo. Mesye avèk zam yo te ale devan yo, e gad an aryè yo te swiv lach SENYÈ a, pandan yo te kontinye ap soufle twonpèt yo. ¹⁴ Konsa, nan dezyèm jou a, yo te mache antoure vil la yon fwa e te retounen nan kan an. Yo te fè konsa pandan si jou.

¹⁵ Alò, nan setyèm jou a, yo te leve bonè avan jou, e te mache antoure vil la menm jan an sèt fwa. Sèl nan jou sa a, yo te mache antoure vil la sèt fwa. ¹⁶ Nan setyèm fwa a, lè prèt yo te soufle twonpèt yo, Josué te di a pèp la: "Rele fò!" Paske SENYÈ a gen tan bannou vil la.

¹⁷ "Vil la ᶜva vin dedye anba ve, li menm avèk tout sa ki ladann se pou SENYÈ a. Sèl Rahab, pwostitiye a ak tout moun ki avèk l nan kay la va viv, akoz li te kache mesaje ke nou te voye yo.

¹⁸ "Men pou nou menm, sèlman kenbe tèt nou apa pou pa fè bagay sa yo ki anba ve pou detwi, pou nou pa anvi yo e ᵈpran kèk bagay ki anba ve a, pou fè kay Israël la vin modi pou gwo pwoblèm vin sou li. ¹⁹ ᵉMen tout ajan avèk lò, zafè an bwonz ak fè, sen a SENYÈ a. Yo va antre nan trezò SENYÈ a."

²⁰ Alò, pèp la te rele fò, prèt yo te soufle twonpèt yo. Lè pèp la tande son twonpèt la, yo te rele fò avèk yon gwo kri, epi ᶠmiray la te tonbe plat. Epi konsa, pèp la te antre nan vil la, tout mesye toudwat pou yo te pran vil la. ²¹ ᵍYo te detwi tout bagay nan vil la nèt; ni gason, ni fanm, jèn kon granmoun, ni bèf, ni mouton, ni bourik, pa lam nepe.

²² Josué te di a de mesye ki te fè espyonaj peyi yo: ʰ"Antre lakay pwostitiye a e mete fanm nan avèk tout sa li genyen deyò, jan nou te pwomèt li a." ²³ Konsa, jennonm ki te espyon yo te antre. Yo te ⁱmennen Rahab deyò avèk papa l ak manman l, frè li yo avèk tout sa li te genyen. Anplis, yo te mete

deyò tout fanmi li yo e te plase yo deyò kan Israël la.

²⁴ ʲYo te brile vil la avèk dife ak tout sa ki ladann. Sèlman ajan avèk lò avèk tout bagay ki te fèt an bwonz ak fè, yo te mete yo nan trezò kay SENYÈ a.

²⁵ Sepandan, Rahab, pwostitiye a, avèk tout kay papa l ak tout sa li te genyen, Josué te konsève yo. Epi li te viv nan mitan Israël jis rive jodi a, paske ᵏli te kache mesaje ke Josué te voye pou fè espyonaj Jéricho yo.

²⁶ Konsa, Josué te pase lòd sèman an nan lè sa a. Li te di: ˡ"Modi devan SENYÈ a se sila ki leve pou rebati vil sa a, Jéricho. Avèk pèt premye ne li yo, li va poze fondasyon li; avèk pèt denyè ne li yo, li va monte pòtay li yo."

²⁷ SENYÈ a te avèk Josué e li te vin ᵐbyen rekonèt nan tout peyi a.

7

ⁿMen fis Israël yo te aji avèk movèz fwa nan bagay ki te dedye anba ve yo; paske Acan, fis a Carmi, fis a Zabdi, fis a Zérach, nan tribi Juda a, te pran kèk nan bagay ki te dedye anba ve yo. Pou sa, chalè SENYÈ a te brile kont fis Israël yo.

² Alò, Josué te voye mesye sòti Jéricho yo vè Aï, ki toupre ᵒBeth-Aven an, nan lès a Bethel la. Li te di yo: "Ale monte e fè espyonaj peyi a." Konsa, mesye yo te monte pou te fè espyonaj Aï.

³ Yo te retounen a Josué e te di li: "Pa kite tout pèp la monte; sèlman de oswa twa mil mesye bezwen monte Aï. Pa fè tout pèp la fòse fè efò a, paske yo pa anpil." ⁴ Konsa, anviwon twa mil mesye ki sòti nan pèp la monte; men ᵖyo te sove ale devan mesye Aï yo. ⁵ Mesye Aï yo te frape yo, mete ba anviwon trann-sis nan mesye yo. Yo te kouri dèyè yo soti nan pòtay la jis rive Schebarim pou te frape yo, mete yo ba pandan yo t ap desann, jiskaske ᵠkè pèp la te fonn e te vin tankou dlo.

⁶ Josué te ʳchire rad li, e te tonbe atè sou figi li devan lach SENYÈ a, jis rive nan aswè, ni li menm avèk ansyen a Israël yo. Epi yo te mete pousyè sou tèt yo. ⁷ Josué te di: "Ay, O SENYÈ Bondye, poukisa Ou te janmen mennen pèp sila a travèse Jourdain an pou livre yo nan men a Amoreyen yo, pou detwi nou? Si sèlman, nou ta dakò rete lòtbò Jourdain an! ⁸ O SENYÈ, kisa mwen kapab di lòske Israël te vire do yo devan lènmi yo? ⁹ ˢPaske Canaran avèk tout abitan peyi a va tande sa. Yo va antoure nou e efase non nou sou tè a. Epi kisa Ou va fè pou lonè gran non Ou?"

¹⁰ Konsa, SENYÈ a te di a Josué: "Leve ou menm! Poukisa ou te tonbe sou figi ou? ¹¹ Israël te peche. Yo ᵗte anplis, fè transgresyon akò ke Mwen te kòmande yo a. Wi, yo te menm pran kèk nan bagay ki te dedye anba ve yo. Yo te vòlè ak twonpe. Anplis, yo te mete yo pami pwòp afè pa yo. ¹² Pou sa, ᵘfis Israël yo pa kapab kanpe devan

---
ᵃ **6:9** Jos 6:13 ᵇ **6:13** Jos 6:4-9 ᶜ **6:17** Lev 27:28 ᵈ **6:18** Jos 7:1 ᵉ **6:19** Nonb 31:11-23 ᶠ **6:20** Eb 11:30
ᵍ **6:21** Det 20:16 ʰ **6:22** Jos 2:12-19 ⁱ **6:23** Eb 11:31 ʲ **6:24** Det 20:16-18 ᵏ **6:25** Jos 2:6 ˡ **6:26** I Wa 15:34 ᵐ **6:27** Jos 9:1-3 ⁿ **7:1** Jos 6:17-19 ᵒ **7:2** Jos 18:12 ᵖ **7:4** Lev 26:17 ᵠ **7:5** Lev 26:36 ʳ **7:6** Job 2:12
ˢ **7:9** Egz 32:12 ᵗ **7:11** Jos 6:18-19 ᵘ **7:12** Nonb 14:39-45

lènmi yo. Yo vire do yo devan lènmi yo, paske yo te vin modi. Mwen p ap avèk nou ankò amwenske nou detwi bagay ki anba ve soti nan mitan nou yo.

¹³ "Leve ou menm! Konsakre pèp la e di: 'Konsakre nou menm pou demen. Paske konsa, SENYÈ a, Bondye Israël la te di: ᵃ"Gen bagay ki anba ve a nan mitan nou, O Israël. Ou pa kapab kanpe devan lènmi ou yo jiskaske ou retire bagay ki anba ve yo soti nan mitan ou."'"

¹⁴ "Nan maten, alò, ou va vin toupre tribi ou yo. Epi li va fèt ke tribi ke ᵇSENYÈ a pran pa tiraj osò a va apwoche pa fanmi. Epi fanmi ke SENYÈ a pran an va apwoche pa kay yo. Epi kay ke SENYÈ a pran an va pwoche moun pa moun. ¹⁵ ᶜLi va fèt ke sila ki pran bagay ki anba ve a va brile avèk dife, li menm avèk tout sa ki pou li, akoz li te transgrese akò SENYÈ a, e akoz li te fè yon gwo wont an Israël."

¹⁶ Konsa, Josué te leve bonè nan maten e te fè Israël pwoche pa tribi. Tribi Juda a te pran. ¹⁷ Li te fè fanmi Juda pwoche; li te pran fanmi Zérarit yo. Li te fè fanmi Zérarit la pwoche moun pa moun e Zabdi te pran. ¹⁸ Li te fè fanmi lakay li pwoche, moun pa moun, epi ᵈAcan, fis a Carmi, fis a Zabdi, fis a Zérach, nan tribi Juda a te pran.

¹⁹ Epi Josué te di Acan: "Fis mwen, souple, ᵉbay glwa a SENYÈ a, Bondye a Israël la, epi konfese a Li menm. Di mwen koulye a sa ou te fè a. Pa kache li de mwen."

²⁰ Konsa, Acan te reponn Josué e te di: "Anverite, mwen te peche kont SENYÈ a, Bondye a tout Israël la; men sa mwen te fè a: ²¹ Lè mwen te wè nan piyaj la yon bèl manto ki sòti Schinear ak de san sik ajan, yon ba lò a pèz senkant sik, alò, ᶠmwen te anvi yo e te pran yo. Epi gade byen, yo kache nan tè anndan tant mwen an avèk ajan an anba li."

²² Konsa, Josué te voye mesaje yo. Yo te kouri vè tant lan, epi veye byen, li te kache nan tant li an avèk ajan an anba li. ²³ Yo te pran yo soti anndan tant lan, epi yo te pote yo vè Josué avèk tout fis Israël yo pou yo te vide yo devan SENYÈ a.

²⁴ Epi Josué avèk tout Israël avèk li te pran Acan, fis a Zérach la, ajan an, manto a, ba lò a, fis li yo, fi li yo, bèf li yo, bourik li yo, mouton li yo, tant li ak tout sa ki te pou li; epi yo te mennen yo monte nan ᵍvale Acor a.

²⁵ Josué te di: "Poukisa ou te ʰtwouble nou? Jodi a, SENYÈ a va twouble ou."
Konsa, tout Israël te lapide yo avèk kout wòch. Epi yo te brile yo avèk dife lè yo te fin lapide yo avèk kout wòch. ²⁶ Yo te fè leve sou li yon gwo pil wòch ki kanpe jis rive jodi a. Epi SENYÈ a te vire kite gwo chalè kòlè Li a. Pou sa, non a plas sa a te vin rele ⁱVale Acan jis rive jodi a.

8 Alò, SENYÈ a te di a Josué: "Pa pè, ni dekouraje. Pran tout moun lagè yo avèk ou e leve, monte vè Aï. Ou wè, ʲMwen te mete nan men ou wa Aï a, pèp li a, vil li a ak peyi li a. ² Ou va fè a Aï ak tout wa li a menm jan ke ou te fè Jéricho avèk wa li a. Selman, ou va ᵏpran pou ou menm kòm piyaj, bèt li yo kòm byen nou sezi pou nou menm. Òganize yon anbiskad pou vil la pa dèyè li."

³ Epi Josué te leve avèk tout moun lagè yo pou monte Aï. Josué te chwazi trant mil mesye, gèrye vanyan, e li te voye yo sòti nan lannwit lan. ⁴ Li te kòmande yo, e te di: "Gade, nou ˡap fè anbiskad vil la soti pa dèyè li. Pa sòti lwen vil la men nou tout, mete nou touprè.

⁵ "Mwen menm avèk tout moun ki avè m yo, nou va apwoche vil la. Epi lè yo sòti deyò pou rankontre nou kòm yon premye fwa, ᵐnou va sove ale devan yo. ⁶ Yo va sòti pou kouri dèyè nou jiskaske nou pati kite vil la, paske yo va di: 'Y ap sove ale devan nou tankou premye fwa a.' Konsa, nou va sove ale devan yo. ⁷ Epi nou va leve anbiskad nou e pran posesyon vil la; paske SENYÈ a, Bondye nou an, va livre li nan men nou. ⁸ Alò, li va rive lè nou fin sezi vil la, ke nou va mete dife nan vil la. Nou va fè li ⁿselon pawòl SENYÈ a. Nou wè, mwen te kòmande nou an."

⁹ Konsa, Josué te voye yo ale. Yo te ale nan plas anbiskad la, e yo te rete antre Béthel avèk Aï, nan lwès a Aï; men Josué te pase nwit lan pami moun yo.

¹⁰ Alò, Josué te ᵒleve bonè nan maten, e li te rasanble pèp la, epi li te monte avèk ansyen Israël yo devan pèp la pou ale Aï. ¹¹ Tout moun lagè ki te avèk li yo te monte vin toupre. Yo te rive devan vil la, e te fè kan an sou akote nò toupre Aï a. Koulye a te gen yon vale antre yo menm avèk Aï. ¹² Li te pran anviwon senk mil mesye, e li te plase yo an anbiskad antre ᵖBéthel avèk Aï nan kote lwès vil la. ¹³ Konsa, yo te pozisyone moun yo, tout lame ki te nan kote nò vil la ak gad an aryè nan kote lwès vil la. Josué te antre pandan nwit sa a nan mitan vale a.

¹⁴ Li te vin rive ke lè wa Aï la te wè sa, mesye lavil yo te kouri leve bonè pou sòti rankontre Israël nan batay la, li menm avèk tout pèp li a nan plas chwazi a devan plèn dezè a. Men li pa t konnen ke te gen yon anbiskad kont li dèyè vil la. ¹⁵ Josué avèk tout Israël te fè pòz kòmsi yo te fin bat devan yo e yo te sove ale ᵠpa chemen dezè a. ¹⁶ Tout pèp ki te nan vil la te rele ansanm pou kouri dèyè yo. Konsa, yo te kouri dèyè Josué e ʳli te rale yo soti kite vil la. ¹⁷ Konsa, pa t gen yon gason ki rete nan Aï ni Béthel, yo te kite vil la san gade pou te kouri dèyè Israël.

¹⁸ Epi SENYÈ a te di a Josué: ˢ"Lonje lans ki nan men ou an vè Aï; paske Mwen va ba ou li."
Konsa, Josué te lonje lans ki te nan men l lan vè vil la. ¹⁹ Mesye nan anbiskad yo te leve vit nan plas yo, epi lè li te lonje men l, yo te kouri antre nan vil la pou te kaptire li. Byen vit, yo mete dife nan vil la.

ᵃ **7:13** Jos 6:18   ᵇ **7:14** Pwov 16:33   ᶜ **7:15** I Sam 14:38   ᵈ **7:18** Nonb 32:23   ᵉ **7:19** I Sam 6:5   ᶠ **7:21** Ef 5:5
ᵍ **7:24** Jos 15:7   ʰ **7:25** Jos 6:18   ⁱ **7:26** És 65:10   ʲ **8:1** Jos 6:2   ᵏ **8:2** Det 20:14   ˡ **8:4** Jij 20:29   ᵐ **8:5** Jij 20:32
ⁿ **8:8** Det 20:16-18   ᵒ **8:10** Jen 22:3   ᵖ **8:12** Jen 12:8   ᵠ **8:15** Jos 15:61   ʳ **8:16** Jij 20:31   ˢ **8:18** Egz 14:15

²⁰ Lè mesye Aï yo te gade an aryè, vwala, lafimen vil la te vin leve rive jis nan syèl la. Konsa, yo pa t gen kote pou sove ale, ni isit, ni la, paske moun ki t ap sove ale vè dezè yo te vire kont sila ki t ap swiv yo. ²¹ Lè Josué avèk tout Israël te wè ke fòs anbiskad la te kaptire vil la, e ke lafimen te monte, yo te vire retounen pou touye mesye Aï yo. ²² Lòt yo nan vil la te sòti pou rankontre yo. Men yo te kwense nan mitan Israël, yon pati bò isit ak yon pati bò laba, epi yo te touye yo ᵃjis pèsòn pa t rete nan sila ki te chape sove ale yo. ²³ Yo te pran wa Aï a vivan e yo te mennen li kote Josué.

²⁴ Alò, lè Israël te fin touye tout abitan Aï yo nan chan dezè a kote yo te kouri dèyè yo, e yo tout te tonbe pa lam nepe jiskaske yo te detwi nèt, alò, tout Israël te retounen Aï pou te frape li avèk lam nepe. ²⁵ ᵇTout moun ki te tonbe nan jou sa a, ni lòm ni fanm te douz mil—tout se moun Aï. ²⁶ Paske Josué ᶜpa t desann men l ki te toujou lonje ak lans lan jiskaske li te fin detwi nèt tout moun ki rete Aï yo. ²⁷ ᵈIsraël te pran sèlman bèt avèk byen sezi a kòm piyaj pa yo, selon pawòl ke SENYÈ a te kòmande Josué a.

²⁸ Konsa, Josué te brile Aï. Li te fè li tounen yon ᵉpil ranblè jis pou tout tan, yon kote ki dezole jis rive jodi a. ²⁹ ᶠLi te pann wa Aï a sou yon bwa jis rive nan aswè. Lè solèy la te kouche , Josué te bay lòd pou yo te retire kò li nan bwa a pou te jete li nan antre pòtay vil la, e leve sou li yon gwo pil gwo wòch ki kanpe jis jodi a.

³⁰ Konsa, Josué te bati yon lotèl a SENYÈ a, Bondye a Israël la, nan ᵍMòn Ébal. ³¹ Li te fèt jis jan ke Moïse, sèvitè SENYÈ a, te kòmande fis Israël yo, jan sa ekri nan liv lalwa Moïse la, ʰyon lotèl avèk wòch ki pa taye, sou sila okenn mesye pa voye yon zouti fè. Yo te ofri sou li ofrann brile a SENYÈ a, e te fè sakrifis ofrann lapè yo. ³² Josué te ekri la sou wòch yo ⁱyon kopi lalwa Moïse la. Li te ekri l nan prezans a fis Israël yo.

³³ Tout Israël avèk ansyen yo ak ofisye yo ak jij yo te kanpe sou toude kote lach la devan prèt Levit ki te pote lach akò SENYÈ a, etranje kon natif. Mwatye nan yo te kanpe devan ʲMòn Garizim e mwatye nan yo devan Mòn Ébal, jis jan ke Moïse, sèvitè SENYÈ a, te bay kòmand nan oparavan an, pou beni pèp Israël la. ³⁴ Epi apre, li te li tout pawòl lalwa yo, benediksyon yo avèk malediksyon yo, selon tout sa ki ekri nan ᵏliv lalwa a. ³⁵ Pa t gen menm yon mo nan tout sa ke Moïse te kòmande yo ke Josué pa t li devan tout asanble Israël la, ˡavèk fanm ak pitit yo ak etranje ki te rete pami yo.

9 Alò, lè ᵐtout wa ki te lòtbò Jourdain nan peyi kolin yo, nan peyi ba plèn ak nan tout kot Gran Lamè a bò kote Liban, Etyen an, avèk Amoreyen an, Kananeyen an, Ferezyen an Evyen an ak Jebizyen an te tande koze sa, ² yo te reyini ansanm avèk ⁿyon sèl bi pou goumen avèk Josué e avèk Israël.

³ Lè pèp la nan ᵒGabaon te tande sa ke Josué te fè ak Jéricho avèk Aï, ⁴ yo menm, osi, yo te aji avèk riz. Yo te pati kòm reprezantan a pèp la. Yo te mete vye makout sou bourik yo, avèk ansyen kwi diven epwize ki te chire e rekoud, ⁵ avèk sapat ki te epwize e ranje nan pye yo, rad epwize sou yo menm avèk sèlman pen sèk e menm kanni. ⁶ Yo te ale kote Josué nan ᵖkan an nan Guilgal, e yo te di a li menm avèk mesye Israël yo: "Nou sòti nan yon peyi byen lwen. Konsa, fè yon akò avèk nou."

⁷ Mesye Israël yo te di a ᵠEvyen yo: "Petèt ou rete toupre nou: donk, kijan nou kap fè akò avèk ou?"

⁸ Men yo te di Josué: ʳ"Nou se sèvitè ou." Alò, Josué te di yo: "Ki moun nou ye e kibò nou sòti?"

⁹ Yo te di li: ˢ"Sèvitè ou yo te sòti nan yon peyi byen lwen, akoz repitasyon a SENYÈ a, Bondye nou an; paske nou te tande rapò a Li menm ak tout sa ke Li te fè an Égypte yo, ¹⁰ ak tout sa Li te fè a wa Amoreyen yo ki te lòtbò Jourdain an, a Sihon, wa Hesbon an ak Og, wa Basan an, ki te Ashtaroth. ¹¹ Pou sa, tout ansyen nou yo avèk tout abitan a peyi nou yo te pale nou e te di: 'Mete pwovizyon nan men nou pou vwayaj la. Ale rankontre yo e di yo: ᵗ"Nou se sèvitè ou; alò, fè yon akò avèk nou."' ¹² Sa se pen nou e li te din lè nou te pran li pou pwovizyon nou e sòti lakay nou nan jou ke nou te pati pou vin kote ou a, men koulye a, gade, li rasi. ¹³ Kwi diven sa yo lè nou te plen yo, yo te tounèf; epi gade, yo vin chire. Epi rad nou avèk sapat nou epwize akoz vwayaj la ki te tèlman long."

¹⁴ Konsa, mesye Israël yo te aksepte pran nan pwovizyon yo, e yo ᵘpa t mande SENYÈ a konsèy. ¹⁵ ᵛJosué te fè lapè avèk yo. Li te fè yon akò avèk yo pou lese yo viv, epi dirijan kongregasyon an te sèmante yon ve ak yo.

¹⁶ Li te vin rive nan fen twa jou yo, lè yo te fin fè akò avèk yo, ke yo te tande ke yo te vwazen ki te rete nan peyi yo. ¹⁷ Alò, fis Israël yo te deplase, e te vin kote vil yo a nan twazyèm jou a. Vil yo te: ʷGabaon, Kephira, Beéroth ak Kirjath-Jearim. ¹⁸ Fis Israël yo pa t frape yo akoz dirijan kongregasyon an te sèmante a yo pa SENYÈ a, Bondye a tout Israël la. Epi tout kongregasyon an te plenyen kont dirijan yo. ¹⁹ Men tout dirijan yo te di a tout kongregasyon an: "Nou sèmante a yo pa SENYÈ a, Bondye Israël la. Koulye a, nou pa kapab touche yo. ²⁰ Men kisa nou va fè yo; kite yo viv pou kòlè pa vin sou nou pou ve ke nou sèmante a yo a." ²¹ Dirijan yo te di a yo menm: "Kite yo viv." Konsa, yo te vin ˣmoun ki pou koupe bwa ak rale dlo pou tout kongregasyon an, jis jan ke dirijan yo te pale yo a. ²² Epi Josué te rele yo pou te pale avèk yo. Li te di: "Poukisa nou

---

ᵃ **8:22** Jos 8:8   ᵇ **8:25** Det 20:16-18   ᶜ **8:26** Egz 17:11-12   ᵈ **8:27** Jos 8:2   ᵉ **8:28** Det 21:22-23   ᶠ **8:29** Det 21:22-23
ᵍ **8:30** Det 27:2-8   ʰ **8:31** Egz 20:25   ⁱ **8:32** Det 27:2-8   ʲ **8:33** Det 11:29   ᵏ **8:34** Jos 1:8   ˡ **8:35** Egz 12:36
ᵐ **9:1** Nonb 13:29   ⁿ **9:2** Sòm 83:3-5   ᵒ **9:3** Jos 9:17   ᵖ **9:6** Egz 5:10   ᵠ **9:7** Jos 9:1   ʳ **9:8** Det 20:11
ˢ **9:9** Jos 9:16-17   ᵗ **9:11** Jos 9:8   ᵘ **9:14** Nonb 27:21   ᵛ **9:15** Egz 23:32   ʷ **9:17** Jos 18:25   ˣ **9:21** Det 29:11

te twonpe nou, e di: 'Nou lwen nou,' [a]lè vrèman nou ap viv nan mitan peyi nou an? 23 Koulye a, pou sa, nou [b]modi e nou p ap janm sispann jwe wòl kòm esklav, ni pou koupe bwa ni pou rale dlo pou kay Bondye mwen an."

24 Alò, yo te reponn Josué e te di: [c]"Akoz li te, anverite, pale a sèvitè ou yo, jan SENYÈ a, Bondye ou a, te kòmande sèvitè li, Moïse, pou ba ou tout peyi a, e pou detwi tout pèp ki rete nan peyi a devan ou. Konsa, nou te fè gwo perèz pou lavi nou akoz de ou, e nou te fè bagay sa a. 25 Alò, gade, nou nan men ou. [d]Fè avèk nou sa ki sanble bon e jis nan zye ou pou fè nou."

26 Se konsa, li te fè yo, e te livre yo nan men a fis Israël yo pou yo pa t touye yo. 27 Men Josué te bay yo ransèyman soti nan menm jou sa a, kòm moun ki koupe bwa ak rale dlo pou kongregasyon an ak lotèl SENYÈ a, jis rive nan jou sila, [e]nan plas ke Li ta chwazi a.

10 Alò, li te vin rive ke lè Adoni-Tsédek, wa Jérusalem nan te tande ke Josué te kapte Aï e te detwi li nèt (jis jan ke li te fè Jérico avèk wa li a, konsa li te fè Aï avèk wa li a), e ke pèp Gabaon an te fè lapè avèk Israël e yo te rete nan mitan yo, [f]2 ke li te vin [g]pè anpil, akoz Gabaon te yon gran vil tankou youn nan vil wayal yo, epi akoz li te pi gran ke Aï e tout gason li yo te pwisan.

3 Pou sa, Adoni-Tsédek, wa Jérusalem nan te voye [h]Hoham, wa Hébron an ak Piream, wa Jarmuth ak Japhia, wa Lakis avèk Debir, wa Eglon an, e te di: 4 "Vin monte kote mwen pou ede m. Annou atake Gabaon, paske yo te [i]fè lapè avèk Josué e avèk fis Israël yo."

5 Konsa, senk wa [j]Amoreyen yo, wa Jérusalem nan, wa Hébron an, wa Jarmuth lan, wa Lakis la ak wa Eglon an te monte, yo menm avèk tout lame yo, yo te fè kan akote Gabaon pou te goumen kont li.

6 Mesye Gabaon yo te voye kote Josué kote kan Guilgal la, e te di: "Pa abandone sèvitè ou yo; vin monte kote nou pou ede nou; paske tout wa Amoreyen ki rete nan peyi kolin yo te vin rasanble kont nou."

7 Alò, Josué te monte soti Guilgal, li menm ansanm ak [k]tout moun lagè yo ak tout gèrye vanyan yo.

8 SENYÈ a te di a Josué: [l]"Pa pè yo, paske Mwen te mete yo nan men ou. Pa menm youn nan yo va kanpe devan ou."

9 Konsa, Josué te parèt sou yo sibitman akoz yo te mache nan nwit lan soti Guilgal. 10 [m]Epi SENYÈ a te fè yo fè dega devan Israël. Li te touye yo avèk yon gwo masak nan Gabaon, Li te kouri dèyè yo nan chemen pant Beth-Horon e Li te frape yo jis rive Azéka, avèk Makkéda.

11 Pandan yo t ap sove ale devan Israël, pandan yo t ap desann pant Beth-Horon an, [n]SENYÈ a te voye gwo wòch sòti nan syèl la sou yo jis rive Azéka, e yo te mouri. Pifò nan yo te mouri akoz gwo lagrèl ke sila ke fis Israël yo te touye avèk lam nepe yo.

12 Konsa, Josué te pale avèk SENYÈ a nan jou ke SENYÈ a te livre Amoreyen yo devan fis Israël yo. Li te pale devan tout zye a fis Israël yo: "O [o]solèy, kanpe an plas sou Gabaon! Epi lalin nan, rete la, nan vale Ajalon!"

13 Alò, solèy la te kanpe e lalin nan pa t deplase Jiskaske nasyon an te fè revandikasyon an nan youn, sou lènmi yo. Èske sa pa ekri nan liv Jaser a? Solèy la te rete nan mitan syèl la e li pa t deplase pandan anviwon yon jou konplè.[p]

14 [q]Pa t gen jou tankou sila a ni devan li, ni apre li, lè SENYÈ a te koute vwa a yon moun; paske SENYÈ a te goumen pou Israël.

15 Konsa, Josué avèk tout Israël avèk li te retounen nan kan an Guilgal. 16 Men [r]senk wa sila yo te sove ale pou te kache kò yo nan gwòt Makkéda a. 17 Li te pale a Jousé ke: "Senk wa yo te twouve kache nan gwòt Makkéda a." 18 Josué te di: "Woule gwo wòch yo kont bouch gwòt la; epi mete mesye yo veye l, 19 men pa rete nou menm. Swiv lènmi nou yo pou atake yo pa dèyè. Pa kite yo antre nan vil yo, paske SENYÈ a, Bondye nou an, te livre yo nan men nou."

20 Li te vin rive ke lè Josué avèk fis Israël yo te fin touye yo avèk yon gwo masak, [s]jiskaske yo tout te fin detwi e sila ki te chape yo, yo te antre nan vil fòtifye yo, 21 pou tout pèp la te retounen nan kan an kote Josué nan Makkéda anpè. Pèsòn pa t pale yon mo kont fis Israël yo.

22 Epi Jousé te di: "Ouvri bouch gwòt la e mennen senk wa sa yo sòti nan gwòt la." 23 Se konsa yo te fè, yo te [t]mennen senk wa sila yo soti deyò gwòt la: wa Jérusalem nan, wa Hébron an, wa Jarmuth lan, wa Lakis la ak wa Eglon an. 24 Lè yo te mennen wa sa yo sòti kote Josué, Josué te rele tout mesye Israël yo. Li te di a chèf gèrye yo ki te ale avèk l, "Vin [u]mete pye nou sou kou a wa sa yo." Epi yo te vini epou te mete pye yo sou kou yo.

25 Epi Josué te di yo: [v]"Pa pè, ni dekouraje! Kenbe fèm e pran kouraj, paske konsa SENYÈ a va fè a tout lènmi nou yo lè yo goumen avèk nou." 26 Epi answit, Josué te frape yo e te mete yo a lanmò, epi te [w]pann yo sou senk pyebwa. Yo te pann sou bwa yo jis rive nan aswè.

27 Li te rive nan lè solèy kouche ke Josué te bay yon kòmand pou [x]yo te desann yo nan pyebwa yo, e jete yo nan gwòt kote yo te kache kò yo a. Yo te mete gwo wòch sou bouch gwòt la, ki la jis jodi a.

28 Alò, Josué te kaptire Makkéda nan jou sa a. Li te frape l, ansanm ak wa li a avèk lam nepe. [y]Li te

---

[a] **9:22** Jos 9:16 [b] **9:23** Jen 9:25 [c] **9:24** Jos 9:9 [d] **9:25** Jen 16:6 [e] **9:27** Det 12:5 [f] **10:1** Jos 8:21; Jos 9:15
[g] **10:2** Egz 15:14-16 [h] **10:3** Jos 10:23 [i] **10:4** Jos 9:15 [j] **10:5** Nonb 13:29 [k] **10:7** Jos 8:1 [l] **10:8** Jos 1:5-9
[m] **10:10** Det 7:23 [n] **10:11** Sòm 18:12 [o] **10:12** Hab 3:11 [p] **10:13** II Sam 1:18; És 38:8 [q] **10:14** Egz 14:14
[r] **10:16** Jos 10:5 [s] **10:20** Det 20:16 [t] **10:23** Det 7:24 [u] **10:24** Mal 4:3 [v] **10:25** Jos 10:8 [w] **10:26** Jos 8:29
[x] **10:27** Det 21:22-23 [y] **10:28** Det 20:16

konplètman detwi li ak tout moun ki te ladann. Li pa t kite pèsòn vivan. Konsa li te fè a wa Makkéda a, ªjis jan ke li te fè a wa Jéricho a.

29 Epi Josué avèk tout Israël avèk li te pase soti Makkéda a ᵇLibna pou te goumen kont Libna. 30 SENYÈ a te bay Libna tou ansanm ak wa li nan men Israël. Li te frape li ak tout moun ki te ladann avèk lam nepe. Li pa t kite pèsòn vivan ladann. Konsa li te fè a wa a li menm bagay ke li te fè a wa Jéricho a.

31 Konsa, Josué avèk tout Israël avèk li te pase soti nan Libna a Lakis. Yo te fè kan kontra li e te goumen kont li. 32 SENYÈ a te bay Lakis nan men Israël. Li te kaptire li nan dezyèm jou a. Li te frape li ak tout moun ki te ladann avèk lam nepe, jis jan ke li te fè a Libna a.

33 Alò Horam, wa ᶜGuézer a, te monte pou ede Lakis. Jousé te bat li ak pèp li a jiskaske li pa t kite moun vivan.

34 Konsa, Josué avèk tout Israël te kite Lakis pou Églon; Yo te fè kan kontra li e te goumen kont li. 35 Yo te kaptire li nan jou sila a e te frape li avèk lam nepe. Nan jou sa a, li te konplètman detwi tout moun ki te ladann, jis jan li te fè a Lakis la.

36 Alò, Josué avèk tout Israël avèk li te monte soti Églon a ᵈHébron, epi yo te goumen kont li. 37 Yo te kaptire li, frape li ak wa li a avèk tout vil li yo ak tout moun ki te ladann avèk lam nepe. Li pa t kite pèsòn vivan, jis jan li te fè Eglon an. Li te konplètman detwi li avèk tout moun ki te ladann.

38 Epi Josué avèk tout Israël avèk li te retounen a ᵉDebir pou yo te goumen kont li. 39 Li te kaptire li avèk wa li a, ak tout vil li yo. Yo te frape yo avèk lam nepe e te detwi yo nèt tout moun ladann. Li pa t kite moun vivan. Jis jan ke li te fè Hébron an, konsa li te fè Debir avèk wa li a e li te osi fè nan Libna avèk wa li a.

40 Konsa, Josué te frape tout peyi a, ᶠpeyi kolin yo avèk Negev la ak bas plèn nan avèk pant yo ak ᵍtout wa yo. Li pa t kite moun vivan, men li te konplètman detwi tout moun ki te gen souf la vi, jis jan ke SENYÈ a, Bondye a Israël la, te kòmande a. 41 Josué te frape yo soti Kadès-Barnéa, jis rive Gaza. 42 Jousé te kaptire tout wa sila yo avèk peyi yo nan yon sèl kou, akoz ʰSENYÈ a, Bondye a Israël la, te goumen pou Israël.

43 Epi Josué ak tout Israël avèk li te retounen nan kan Guilgal la.

11 Epi li te vin rive ke lè Jabin, wa ⁱHatsor a, te tande koze a, li te voye kote Jobab, wa Madon an, kote wa Schimron ak kote wa Acschaph, 2 ak wa ki te nan nò nan peyi kolin yo ak nan ʲAraba a—plis nan sid a Kinnéreth, nan ba plèn nan ak sou wotè a Dor nan lwès, 3 vè Kananeyen yo nan lès ak nan lwès, Amoreyen yo, Etyen yo, Ferezyen yo ak Jebizyen yo nan peyi kolin yo ak Evyen yo nan pye ᵏMòn Hermon nan peyi Mitspa a. 4 Yo te sòti, yo menm avèk tout lame yo avèk yo, ˡfòs kantite moun tankou grenn sab bò lanmè, avèk anpil cheval ak cha.

5 Tout wa sila yo te reyini. Yo te vin fè kan an ansanm vè dlo a Mérom yo pou goumen kont Israël.

6 Alò, SENYÈ a te di a Jousé: ᵐ"Pa pè akoz yo menm, paske demen nan lè sa a, mwen va livre yo tou mouri devan Israël. Nou va ⁿkoupe jarèt cheval yo e brile cha yo avèk dife."

7 Konsa, Jousé avèk tout moun lagè yo te parèt sou yo sibitman toupre dlo Mérom yo pou atake yo. 8 SENYÈ a te livre yo nan men Israël pou yo te genyen yo. Yo te kouri dèyè yo jis rive nan Gran Sidon, ak ᵒMisrepoth-Maïm avèk vale a Mitspa nan lès. Yo te frape yo jiskaske pèsòn pa t viv ladan yo. 9 Josué te fè yo jan SENYÈ a te pale li a. Li te ᵖkoupe jarèt cheval yo, e brile cha yo avèk dife.

10 Epi Josué te retounen fè bak nan moman sa a pou te kaptire ᑫHatsor e frape wa li a avèk nepe. Paske Hatsor, oparavan, te chèf an tèt tout wayòm sila yo. 11 ʳYo te frape tout moun ki te ladann avèk lam nepe. Yo te detwi yo nèt. Pa t gen pèsòn ki te rete ap respire. Epi li te brile Hatsor avèk dife.

12 Josué te kaptire tout vil a wa sila yo, ak tout wa yo. Li te frape yo avèk lam nepe e li te detwi yo nèt, ˢjis jan ke Moïse, sèvitè SENYÈ a te kòmande a. 13 Sepandan, Israël pa t brile okenn nan vil ki te kanpe sou pwòp ti mòn pa yo, sof ke Hatsor sèl, ke Josué te brile. 14 ᵗTout piyaj lakay sila yo ak bèt yo, fis Israël yo te pran yo kòm byen sezi pa yo. Men yo te frape tout moun avèk lam nepe jiskaske yo te detwi yo. Yo pa t kite pèsòn respire.

15 Jis jan SENYÈ a te kòmande Moïse, sèvitè li a, konsa Moïse te kòmande Josué, e konsa Josué te fè. Li pa t kite anyen pa fèt nan tout sa ke SENYÈ a te kòmande Moïse la.

16 Konsa, Josué te pran tout teritwa sa a: peyi ti kolin yo ak tout Negev la, tout peyi Gosen nan, ba plèn nan, ᵘAraba a, peyi ti kolin Israël la ak ba plèn li, 17 soti nan Mòn Halak ki leve vè Séir, menm jis rive lwen nan Baal-Gad nan vale Liban nan pye Mòn Hermon. Konsa, li te kaptire ᵛtout wa yo, li te frape yo ba e te mete yo a lanmò.

18 Josué te pouswiv lagè pandan anpil tan avèk tout wa sa yo. 19 Pa t gen yon vil ki te fè lapè avèk fis Israël yo, sof ke ʷEvyen ki te rete Gabaon yo. Se nan batay menm yo te pran yo. 20 ˣPaske se te volonte SENYÈ a pou yo ta fè kè yo vin di, pou yo te rankontre Israël nan batay, pou Li ta kapab detwi yo nèt, jis jan ke SENYÈ a te kòmande Moïse la.

21 Josué te vini nan tan sa a, e li te koupe ʸAnakim yo nan peyi ti kolin yo, soti Hébron, soti Debir, soti

---

ᵃ **10:28** Jos 6:21   ᵇ **10:29** 15:42   ᶜ **10:33** Jos 16:3-10   ᵈ **10:36** Nonb 13:22   ᵉ **10:38** Jos 15:15   ᶠ **10:40** Det 1:7
ᵍ **10:40** Det 7:24   ʰ **10:42** Det 1:7   ⁱ **11:1** Jos 11:10   ʲ **11:2** Jos 12:3   ᵏ **11:3** Jos 11:17   ˡ **11:4** Jij 7:12
ᵐ **11:6** Jos 10:8   ⁿ **11:6** II Sam 8:4   ᵒ **11:8** Jos 13:6   ᵖ **11:9** Jos 11:6   ᑫ **11:10** Jos 11:1   ʳ **11:11** Det 20:16
ˢ **11:12** Nonb 33:50-52   ᵗ **11:14** Nonb 31:11-12   ᵘ **11:16** Jos 11:2   ᵛ **11:17** Det 7:24   ʷ **11:19** Jos 9:3-7
ˣ **11:20** Egz 14:7   ʸ **11:21** Nonb 13:13

Anab ak tout peyi ti kolin nan Juda yo e soti nan tout peyi ti kolin an Israël yo. Josué te detwi yo nèt avèk vil yo. [22] Pa t gen Anakim ki te rete nan peyi fis Israël yo. Sèlman nan Gaza, nan [a]Gath ak nan Asdod kèk te rete.

[23] Konsa, Josué te pran tout peyi a, selon tout sa ke SENYÈ a te pale a Moïse yo; epi [b]Josué te bay li kòm eritaj a Israël selon divizyon pa yo selon tribi pa yo. Konsa, peyi a te gen repo kont lagè a.

12 Alò, sila yo se [c]wa a peyi ke fis Israël yo te fin bat e tèren ke yo te vin posede lòtbò Jourdain an vè solèy leve a, soti nan vale Arnon an jis rive nan Mòn Hermon ak tout Araba vè lès: [2] Sihon, wa Amoreyen yo, ki te rete Hesbon, ki te domine [d]soti Aroër ki akote vale Arnon an, ni mitan vale a ak mwatye Galaad, menm jis rive nan ti rivyè Jabbok la, lizyè a fis Ammon an; [3] epi nan [e]Araba jis rive nan lanmè Kinnéreth la, vè lès, jis rive nan lanmè Araba a, ki se Lame Sale a, vè lès vè [f]Beth-Jeschimoth ak nan sid, nan pye pant a Mòn Pisga yo; [4] epi teritwa Og, wa Basan an, youn nan [g]retay Rephaïm ki te rete Aschtaroth ak Édréï, [5] epi li te domine sou Mòn Hermon ak Salca avèk tout Basan, jis rive nan [h]lizyè a Gechouryen ak Maakatyen yo, epi mwatye Galaad, pou rive nan lizyè Sihon, wa Hesbon an.

[6] Moïse, sèvitè SENYÈ a, ak fis Israël yo te bat yo. [i]Moïse, sèvitè SENYÈ a, te bay yo a Ribenit ak Gadit yo, avèk mwatye tribi Manassé a, kòm posesyon.

[7] Alò, sila yo se wa peyi ke Josué avèk fis Israël yo te bat lòtbò Jourdain an, vè lwès, soti Baal-Gad nan vale Liban, [j] jis rive nan Mòn Halak ki leve vè Séir. Epi Josué te bay li a tribi Israël yo kòm posesyon selon divizyon pa yo, [8] nan [k]peyi ti kolin yo, nan ba plèn nan, nan Araba a, nan pant yo, nan dezè a, nan Negev la; Etyen an, Amoreyen an, Kananeyen an, Ferezyen an, Evyen ak Jebizyen an:

[9] [l]wa a Jéricho a, youn; [m]wa a Ai ki akote Béthel la, youn;
[10] [n]wa a Jérusalem nan, youn; wa a Hébron an, youn;
[11] wa a Jarmuth lan, youn; wa a Lakis la, youn;
[12] wa a Églon an, youn; wa a Guézer a, youn;
[13] wa a Debir a, youn; wa a Guéder a, youn;
[14] wa a Horma a, youn; wa a [o]Arad la, youn
[15] wa a Libna a, youn; wa a Adulam nan, youn;
[16] wa a Makkéda a, youn; wa a Béthel la, youn;
[17] wa a Tappuach la, youn; [p]wa a Hépher a, youn;
[18] wa a [q]Aphek la, youn; wa Lascharon an, youn;
[19] wa a Madon an, youn; wa a Hatsor a, youn;
[20] wa a Schimron-Meron an, youn; wa a Acschaph la, youn;
[21] wa a Taanac la, youn; wa a Meguiddo a, youn;
[22] wa a Kédesh la, youn; wa a Joknaem nan Carmel la, youn;
[23] wa a Dor a, youn; wa a Gojim nan, toupre Guilgal, youn;
[24] wa a Thirtsa a, youn. Total wa yo, tranteyen.

13 Alò [r]Josué te vin vye e avanse nan laj lè SENYÈ a te di li: "Ou vin vye e avanse nan laj e anpil nan tè a rete san posede.

[2] "Men tè ki rete yo: tout kote Filisten yo ak tout sila a Gechouryen yo; [3] soti nan Schichor ki nan lès Égypte, jis rive nan fwontyè Ékron ki nan nò (li konte tankou Kananeyen yo); [s]senk prens a Filisten yo: sa Gaza a, sa Asdod la, sa Askalon an, sa Gath la ak sa Ekron an e pa Avyen yo. [4] Nan sid, tout teritwa a Canaan yo ak Meara ki pou Sidonyen yo, soti nan [t]Aphek jis rive nan fwontyè Amoreyen yo; [5] epi teritwa Gibliyen yo avèk tout Liban, vè lès, soti Baal-Gad anba Mòn [u]Hermon jis rive nan Lebo-Hamath.

[6] "Tout pèp ki te rete nan peyi ti kolin yo soti Liban jis rive Misrephoth-Maim, tout Sidonyen yo, mwen va pouse yo ale soti devan fis Israël yo. Se [v]sèl a Israël pou bay li kòm eritaj, jan Mwen te kòmande ou a. [7] Koulye a, pou sa, divize tè sa a kòm eritaj a nèf tribi yo avèk mwatye tribi a Manassé a."

[8] Avèk lòt mwatye tribi a, Ribenit yo ak Gadit yo te resevwa eritaj pa yo ke Moïse te ba yo [w]lòtbò Jourdain an nan lès, jis jan ke Moïse, sèvitè SENYÈ a, te bay yo a: [9] soti Aroër ki akote vale Arnon an, avèk vil ki nan mitan vale a ak tout plèn Médeba a, jis rive nan Dibon; [10] epi tout vil a Sihon yo, wa a Amoreyen yo, ki te renye nan Hesbon an, jis rive nan lizyè fis a Ammon yo; [11] epi [x]Galaad ak teritwa a Gechouryen yo avèk Maakatyen yo, tout Mòn Hermon an ak tout Basan jis rive Salca; [12] tout wayòm a [y]Og yo nan Basan ki te renye nan Ashtaroth ak nan Édréï, (se te li sèl ki te rete kòm retay a Rephaïm yo); paske Moïse te [z]frape yo e deplase yo.

[13] Men fis Israël yo pa t deplase Gechouryen yo ak Maakatyen yo; paske Gueschur avèk Maacath rete pami Israël yo jis jodi a.

[14] [a]Sèlman a tribi Levi a, li pa t bay eritaj. Ofrann pa dife a SENYÈ a, Bondye a Israël la, se eritaj pa yo, jan Li te pale yo a.

[15] Epi Moïse te bay a tribi fis a Ruben yo selon fanmi pa yo. [16] Teritwa pa yo te [b]soti Aroër ki arebò vale Arnon an, avèk vil nan mitan vale a ak tout plèn akote Médeba a; [17] Hesbon ak tout vil pa li yo ki nan plèn nan: Dibon avèk Bamoth-Baal ak Beth-Baal-Meon, [18] epi Jahats, Kedémoth, Méphaath, [19] Kirjathaïm, Sibma, Tséreth-Haschacharsou mòn a vale a, [20] Beth-Peor, avèk pant a Pisga yo, Beth-Jeschimoth, [21] tout vil nan plèn yo ak tout

---

[a] **11:22** I Sam 17:4 [b] **11:23** Det 1:38 [c] **12:1** Nonb 32:33 [d] **12:2** Det 2:36 [e] **12:3** Jos 11:2 [f] **12:3** Jos 13:20
[g] **12:4** Det 3:11 [h] **12:5** Det 3:14 [i] **12:6** Nonb 32:33 [j] **12:7** Jos 11:17 [k] **12:8** Jos 11:16 [l] **12:9** Jos 6:2
[m] **12:9** Jos 8:29 [n] **12:10** Jos 10:23 [o] **12:14** Nonb 21:1 [p] **12:17** I Wa 4:10 [q] **12:18** Jos 13:4 [r] **13:1** Jos 14:10
[s] **13:3** I Sam 6:4-16 [t] **13:4** Jos 12:18 [u] **13:5** I Wa 5:18 [v] **13:6** Nonb 33:54 [w] **13:8** Jos 12:1-5 [x] **13:11** Jen 37:35
[y] **13:12** Det 3:11 [z] **13:12** Nonb 21:24 [a] **13:14** Det 18:1 [b] **13:16** Jos 13:9

wayòm a Sihon an, wa Amoreyen an, ki te renye nan Hesbon, ke Moïse te frape ansanm avèk chèf Madian yo, ᵃÉvi, Rékem, Tsur, Hur, avèk Reba, prens a Sihon yo, ki te rete nan peyi a. ²² Fis Israël yo, osi, te touye avèk nepe, ᵇBalaam, fis a Beor a, yon divinò, pami tout lòt ki te mouri nan yo. ²³ Lizyè a fis a Ruben yo se te Jourdain an. Sa se te eritaj a fis Ruben yo selon fanmi pa yo, vil ak ti bouk yo.

²⁴ Moïse, osi, te bay tribi Gad la, a fis Gad yo, selon fanmi pa yo. ²⁵ Teritwa pa yo se te Jazer, tout vil nan Galaad yo ak mwatye peyi a fis Ammon yo, jis rive nan Aroër ki devan Rabba a, ²⁶ epi soti Hesbon, jis rive nan Ramath-Mitspé, Bethonim ak soti Mahanaïm jis rive nan lizyè Debir a; ²⁷ epi nan vale a, Beth-Haram, Beth-Nimra, Succoth ak Tsaphon, sila ki rete nan wayòm Sihon an, wa Hesbon an, avèk Jourdain an kòm lizyè li jis rive nan pwent ᶜLamè Kinnéreth la, lòt kote Jourdain an vè lès. ²⁸ Sa se eritaj a fis a Gad yo selon fanmi, vil yo ak bouk pa yo.

²⁹ Moïse te, osi, bay yon eritaj a mwatye tribi Manassé a. Li te pou mwatye tribi Manassé a selon fanmi pa yo. ³⁰ Teritwa pa yo te soti nan Mahanaïm, tout Basan, tout wayòm ki pou Og la, wa Basan an ak tout a ᵈvil a Jaïr yo ki nan Basan, swasant vil antou. ³¹ Anplis, mwatye nan Galaad, avèk ᵉAschtaroth ak Édréï, vil nan wayòm Og yo, nan Basan, te vin pou fis Makir yo, fis a Manassé yo, pou mwatye a fis Makir yo selon fanmi pa yo.

³² Sila yo se teritwa ke Moïse te divize kòm eritaj nan ba plèn a Moab yo, lòtbò Jourdain an, vè Jéricho ki nan lès.

³³ Men ᶠa tribi Levi a, Moïse pa t ba li eritaj. SENYÈ a, Bondye a Israël la, se eritaj pa yo, jan li te pwomèt a yo menm nan.

14 Alò, sila yo se teritwa ke fis Israël yo te eritye nan peyi Canaran an, ke ᵍÉléazar, prèt la ak Josué, fis a Nun nan, ak chèf kay nan tribi a fis Israël yo te divize bay yo kòm eritaj yo, ² selon tiraj ʰosò eritaj pa yo, jan SENYÈ a te kòmande a, pa Moïse pou nèf tribi avèk mwatye tribi a. ³ Paske Moïse te bay eritaj la a de tribi avèk mwatye tribi lòtbò Jourdain an. Men ⁱli pa t bay yon eritaj a Levit ki te pami yo. ⁴ Paske fis Joseph yo te de tribi, ʲManassé avèk Éphraïm, e yo pa t bay yon pòsyon a Levit nan peyi yo, sof ke vil pou yo viv ladan yo, avèk teren pa yo pou bèt pa yo ak pou byen pa yo. ⁵ Konsa, fis Israël yo te fè ᵏjan SENYÈ a te kòmande Moïse la. Yo te divize teren an.

⁶ Alò, fis Juda yo te pwoche toupre Josué nan Guilgal ak ˡCaleb, fis a Jephunné a, Kenizyen an. Yo di li: "Ou konnen pawòl ke SENYÈ a te pale a Moïse, nonm Bondye a, konsènan ou menm avèk mwen nan Kadès-Barnéa. ⁷ Mwen te gen karantan lè ᵐMoïse, sèvitè SENYÈ a, te voye mwen sòti nan Kadès Barnéa pou fè espyonaj peyi a. Mwen te mennen pawòl la retounen kote li jan li te ye nan kè m nan. ⁸ Sepandan, frè m ki te monte avè m yo te fè kè a pèp la fann avèk laperèz; men ⁿMwen te swiv SENYÈ a, Bondye mwen an nèt." ⁹ Konsa, Moïse te sèmante nan jou sa a, e li te di: "Vrèman ᵒpeyi a sila pye ou te foule a va vin yon eritaj pou ou menm ak pitit ou yo pou tout tan, akoz ou te swiv SENYÈ a, Bondye mwen an nèt."

¹⁰ "Koulye a, gade byen, SENYÈ a te kite mwen viv pandan karant-senk ane sa yo, jis jan ke Li te pale a, soti nan tan sila a ke SENYÈ a te pale pawòl sa a Moïse la, lè Israël te mache nan dezè a. Epi koulye a, gade byen, jodi a mwen gen katreven senk ane. ¹¹ ᵖMwen gen menm fòs jodi a ke m te gen nan jou Moïse te voye mwen an. Tankou fòs mwen te gen nan moman sa a, se konsa fòs mwen ye koulye a, pou fè lagè ak antre sòti. ¹² Alò, koulye a, ban m peyi ti kolin yo sa ke SENYÈ a te pale nan jou sa a. Paske ou te tande nan jou sa a ke ᵠAnakim yo te la avèk gran vil byen fòtifye. Li kapab ke SENYÈ a va avè m, e mwen va chase yo sòti ladann jan SENYÈ a te pale a."

¹³ Alò, Josué te beni li e te bay Hébron a Caleb, fis a Jephunné a, Kenizyen an jis rive jodi a kon eritaj li. Paske li te swiv SENYÈ a, Bondye Israël la nèt. ¹⁴ Konsa, Hébron te devni eritaj Caleb, fis a Jephunné, Kenyen nan, jis rive jou sa a, akoz li te swiv SENYÈ a nèt. ¹⁵ Alò, non ansyen a Hébron an se te Kirjath-Arba, paske Arba te moun pi gran pami Anakim yo.

Answit, peyi a te vin gen repo san fè lagè.

15 Koulye a, tiraj ʳosò a pou tribi fis a Juda yo selon fanmi pa yo te rive nan lizyè Édom an, desann nan sid pou rive nan dezè Tsin nan pwent ki plis nan sid la. ² Lizyè sid la te sòti nan pwent piba nan Lamè Sale a, soti nan dlo ki vire vè sid la. ³ Konsa, li te kontinye vè sid pou rive nan pant Akrabbim nan. Li te kontinye a Tsin, li te monte vè sid a Kadès-Barnéa, e te kontinye nan Hesbron. Li te monte nan Addar e te vire tounen a Karkaa. ⁴ Li te ˢpase vè Atsmon e te kontinye pou rive nan ᵗti rivyè Égypte la. Konsa, lizyè a te fini nan lanmè a. Sa va lizyè sid nou.

⁵ Lizyè ᵘlès la te Lamè Sale a soti nan bouch larivyè Jourdain an. Epi lizyè bò kote nò a te soti nan lanmè a nan bouch Jourdain an. ⁶ Epi lizyè a te monte vè Beth-Hogla, li te kontinye nan kote nò a Beth-Araba, epi lizyè a te monte nan wòch Bohan nan, fis a Ruben an. ⁷ Lizyè a te monte vè Debir soti nan ᵛvale a Acor a e te vire bò nò a vè Guilgal ki anfas pant pou rive Adummim, ki nan sid vale a, epi lizyè a te kontinye rive jis nan dlo a En-Schémesch pou te fini nan

---

ᵃ **13:21** Nonb 31:8   ᵇ **13:22** Nonb 31:8   ᶜ **13:27** Nonb 34:11   ᵈ **13:30** Nonb 32:41   ᵉ **13:31** Jos 9:10
ᶠ **13:33** Det 18:1   ᵍ **14:1** Nonb 34:16-29   ʰ **14:2** Nonb 26:55   ⁱ **14:3** Jos 13:14   ʲ **14:4** Jen 41:5-11
ᵏ **14:5** Nonb 35:11   ˡ **14:6** Nonb 13:6-30   ᵐ **14:7** Nonb 13:1-31   ⁿ **14:8** Nonb 14:24   ᵒ **14:9** Det 1:36
ᵖ **14:11** Det 34:7   ᵠ **14:12** Nonb 13:33   ʳ **15:1** Nonb 34:3-4   ˢ **15:4** Nonb 34:5   ᵗ **15:4** Jen 15:18
ᵘ **15:5** Nonb 34:3-12   ᵛ **15:7** Jos 7:24

En-Roguel. ⁸ Konsa, lizyè a te monte nan vale Ben-Hinnon rive nan pant ^aJebizyen nan sid (sa vle di Jérusalem), epi lizyè a te monte sou pwent mòn nan ki pi devan vale Hinnon an vè lwès, ki nan dènye pwent vale Rephaïm nan vè nò. ⁹ Soti nan tèt mòn nan, lizyè a te koube pou rive nan sous ki rele dlo Nephtoach e te rive devan nan vil a Mòn Éphron an, epi lizyè a te vin koube pou rive nan Baala, (sa vle di, Kirjath-Jearim). ¹⁰ Lizyè a te vire soti nan Baala vè lwès pou rive nan Mòn Séir, li te kontinye pou rive nan pant Mòn Jearim nan nò (sa vle di Kesalon). Li te desann nan Beth-Schémesch e li te pase nan ^bTimnah. ¹¹ Lizyè a te kontinye rive akote Ékron vè nò. Epi lizyè a te koube rive nan Schicron, li te kontinye rive jis nan Mòn Baala, li te rive nan Jabneel, e li te fè bout nan lanmè a. ¹² Lizyè a nan lwès la te nan kot Gran Lamè a. Sa se lizyè ki antoure fis Juda yo selon fanmi pa yo.

¹³ Alò, ^cli te bay a Caleb, fis Jephunné a, yon pòsyon pami fis Juda yo, selon kòmand a SENYÈ a vè Josué. Li te kon rele Kirjath-Arba, apre papa Anak (ki anplis kon rele, Hébron). ¹⁴ Caleb te chase fè sòti la twa ^dfis Anak yo: Schéschaï, Ahiman ak Talmaï, pitit a Anak yo.

¹⁵ Konsa, ^eli te monte soti la kont sila ki rete Debir yo. Debir oparavan te rele Kirjath-Sépher. ¹⁶ Alò, Caleb te di: "Sila ki kaptire li a, mwen va bay li Acsa, fi mwen an, kòm madanm." ¹⁷ ^fOthniel, fis a Kenaz la, frè Caleb la te kaptire li. Konsa, li te bay li Acsa, fi li a, kòm madanm.

¹⁸ ^gLi te vin rive ke lè fi a te vin kote li, li te konvenk li pou mande papa li pou yon chan. Konsa, fi a te desann bourik la, e Caleb te di l: "Kisa ou vle?"

¹⁹ Epi li te di: "Beni mwen; Kòmsi, ou te ban mwen tè nan negev la, ban mwen sous dlo yo tou." Konsa, li te ba li sous pi wo yo avèk sous anba yo.

²⁰ Sa se eritaj a tribi a fis Juda yo selon fanmi pa yo.

²¹ Alò, vil nan tribi fis Juda yo, pil wen vè fwontyè Édom an nan sid la te Kabsteel, ^hÉder, avèk Jagur, ²² epi Kina, Dimona, Adada ²³ ak Kédesh, Hatsor, Ithnan, ²⁴ Ziph, Thélem, Bealòth, ²⁵ Hatsor-Hadattha, Kerijoth-Hetsron ki se Hatsor, ²⁶ Amam, Schema, Molada, ²⁷ Hatsar-Gadda, Heschmon, Beth-Paleth, ²⁸ Hatsar-Schual, Beer-Schéba, Bizjothja ²⁹ Baala, Ijjim, Atsem, ³⁰ Eltholad, Kesil, Horma, ³¹ Tsiklag, Madmanna, Sansanna, ³² Lebaoth, Schilhim, Aïn, avèk Rimmon. Antou, vent-nèf vil avèk bouk pa yo.

³³ Nan ba plèn nan: Eschathaol, Tsorea, Aschna, ³⁴ Zanoach, En-Gannim, Tappuach, Énam, ³⁵ Jarmuth, Adullam, Soco, Azéka, ³⁶ Schaaraïm, Adithaïm, Guedéra, avèk Guedérothaïm; katòz vil avèk bouk pa yo. ³⁷ Tsenan, Hadascha, Migdal-Gad, ³⁸ Dilèan, Mitspé, Joktheel, ³⁹ Lakis, Botskath, Églon, ⁴⁰ Cabbon, Lachmas, Kithlisch, ⁴¹ Guedéroth, Beth-Dagon, Naama, avèk Makkéda; sèz vil avèk bouk pa yo. ⁴² Libna, Éther, Aschan, ⁴³ Jiphatach, Aschna, Netsib, ⁴⁴ Keïla, Aczib ak Maréscha; nèf vil avèk bouk pa yo. ⁴⁵ Ékron, avèk vil li yo ak bouk pa li yo; ⁴⁶ soti nan Ékron menm pou rive nan lanmè a, tout sa ki te menm kote avèk Asdod avèk bouk pa li yo. ⁴⁷ Asdod, vil pa li yo avèk bouk yo; Gaza, vil pa li yo avèk bouk yo; jis rive nan ti rivyè Égypte la avèk akote Gran Lamè a, menm.

⁴⁸ Nan peyi ti kolin yo: Schamir, Jatthir, Soco, ⁴⁹ Danna, kirjath-Sanna, ki se Debir, ⁵⁰ Anab, Eschthemo, Anim, ⁵¹ Gosen, Holon, avèk Guilo, onz vil avèk bouk pa yo. ⁵² Arab, Duma, Éschean ⁵³ Janum, Beth-Tappuach, Aphéka, ⁵⁴ Humta, Kirjath-Arba, ki se Hébron, avèk Tsior; nèf vil avèk bouk pa yo. ⁵⁵ Maon, Carmel, Ziph, Juta, ⁵⁶ Jizreel, Jokdeam, Zanoach, ⁵⁷ Kaïn, Guibea, avèk Thimna; dis vil avèk bouk pa yo. ⁵⁸ Halhul, Beth-Tsur, Guedor, ⁵⁹ Maarath, Beth-Anoth, avèk Elthekon; sis vil avèk bouk pa yo. ⁶⁰ Kirjath-Baal, ki se Kirjath-Jearim ak Rabba; de vil avèk bouk pa yo.

⁶¹ Nan dezè a: Beth-Araba, Middin, Secaca, ⁶² Nibschan, Ir-Hammélach ak En-Guédi; sis vil avèk bouk pa yo.

⁶³ Alò, pou ⁱJebizyen yo, moun ki te rete Jérusalem yo, fis Juda yo pa t kapab chase yo ale; pou sa, Jebizyen yo rete pami fis Juda yo jis rive jodi a.

16 Tiraj osò fis a Joseph yo te sòti nan Jourdain vè Jéricho pou rive nan dlo a Jéricho yo, vè lès nan ^jdezè a. Yo te monte soti Jéricho pou pase nan peyi ti kolin yo pou rive Béthel. ² Li te sòti Béthel vè Luz pou te kontinye rive jis nan fwontyè Akiyen yo nan Atharoth. ³ Li te kouri desann vè lwès nan teritwa a Jafletyen yo, jis rive nan teritwa pati ^kBeth-Horon ki piba a, jis rive nan Guézer; epi li te fè bout li nan lanmè.

⁴ ^lFis a Joseph, Manassé avèk Éphraïm te resevwa eritaj pa yo. ⁵ Men teritwa fis a Éphraïm yo selon fanmi pa yo: lizyè a eritaj pa yo, vè lès se te ^mAtharoth-Addar, pou rive nan Wo Beth-Horon. ⁶ Epi lizyè a te vire nan lwès nan ⁿMicmethath nan nò; epi lizyè a te vire vè lès pou Thaanath-Silo e te kouri depase li nan lès a Janoach. ⁷ Li te vin desann soti nan Janoach a Ataroth ak ^oNaaratha, li te rive nan Jéricho e te sòti nan Jourdain an. ⁸ Soti nan ^pTappuach, lizyè a te kontinye vè lwès nan ti rivyè Kana a e te fè bout li nan lanmè. Sa se te eritaj a tribi fis Éphraïm yo selon fanmi pa yo, ⁹ avèk vil ki te mete apa pou fis Éphraïm yo nan mitan eritaj a fis Manassé yo, tout vil yo avèk bouk pa yo. ¹⁰ Men yo pa t chase fè sòti Kananeyen ki te rete Guézer yo; epi pou

---

^a **15:8** Jos 15:63   ^b **15:10** Jen 38:13   ^c **15:13** Jos 14:13-15   ^d **15:14** Nonb 13:33   ^e **15:15** Jos 10:38
^f **15:17** Jij 1:13   ^g **15:18** Jij 1:14   ^h **15:21** Jen 35:21   ⁱ **15:63** Jij 1:21   ^j **16:1** Jos 8:15   ^k **16:3** Jos 18:13
^l **16:4** Jos 17:4   ^m **16:5** Jos 18:13   ⁿ **16:6** Jos 17:7   ^o **16:7** I Kwo 7:27   ^p **16:8** Jos 17:8

sa, Kananeyen yo rete pami Éphraïm jis jodi a. Konsa, yo te vin ouvriye yo nan travay fòse.

17 Alò, sa se tiraj osò a pou Manassé, paske li te premye ne a Joseph. Pou ªMakir, premye ne a Manassé a, papa a Galaad ak Basan, paske li te yon nonm lagè. ² Epi tiraj osò a te fèt pou lòt fis Manassé yo selon fanmi pa yo: pou fis a Abiézer a, pou fis a Hélek la, pou fis a Asriel yo, e fis a Sichem yo, pou fis a Hépher yo ak pou fis a Schemida yo; sa yo se te desandan mesye a Manassé yo, fis a Joseph la selon fanmi pa yo. ³ Men ᵇTselophchad, fis a Hépher a, fis a Galaad la, fis a Makir a, fis a Manassé a, pa t gen fis, men sèlman fi. Sila yo se non a fi li yo: Machla, Noa, Hogla, Milca ak Thirtsa. ⁴ Yo te vin pwoche Éléazar, prèt la, ak devan Josué, fis a Nun nan, ak devan chèf yo, e yo te di: "SENYÈ te kòmande Moïse pou bannou yon eritaj pami frè nou yo." Konsa, ᶜselon kòmand a SENYÈ a, li te ba yo yon eritaj pami frè a papa pa yo. ⁵ Pou sa, te vin tonbe dis pòsyon tè a Manassé, anplis, tout tè a Galaad ak Basan ki lòtbò Jourdain an, ⁶ akoz fi a Manassé yo te resevwa yon eritaj pami fis li yo. Epi ᵈtè Galaad la te apatyen a lòt fis Manassé yo. ⁷ Lizyè Manassé a te kouri soti Aser a Micmethath, ki nan lès a Sichem. Epi lizyè a te kouri vè sid pou rive kote pèp En-Tappuach yo. ⁸ Tè Tappuach la te apatyen a Manassé; men ᵉTappuach nan lizyè Manassé a te pou fis a Éphraïm yo. ⁹ ᶠLizyè a te kouri desann rive nan ti rivyè Kana a, bò kote sid a rivyè a (vil sa yo se te pou Éphraïm pami vil a Manassé yo). Epi lizyè a Manassé a te nan kote nò a ti rivyè a e li te fè bout li nan lanmè. ¹⁰ Kote sid la se te pou Éphraïm e kote nò a se te pou Manassé, lanmè a te lòt lizyè a. Yo te rive vè Aser nan nò e vè Issacar nan lès. ¹¹ Nan Issacar ak nan Aser, ᵍManassé te gen Beth-Schean avèk bouk li yo, Jibleam avèk bouk li yo, pèp a Dor yo avèk bouk li yo, pèp a En-Dor yo avèk bouk li yo, pèp a Thaanac avèk bouk li yo, pèp a Meguiddo yo avèk bouk li yo e twazyèm nan se Napheth. ¹² ʰMen fis Manassé yo pa t kab pran posesyon a vil sa yo akoz Kananeyen yo te pèsiste viv nan peyi sa a.

¹³ Li te rive ke lè fis Israël yo te vin gen fòs, ⁱyo te mete Kananeyen yo nan travo fòse; men yo pa t chase yo deyò nèt. ¹⁴ Alò, ʲfis Joseph yo te pale avèk Josué e te di: "Poukisa mwen te resevwa yon sèl tiraj osò ak yon sèl pòsyon kòm eritaj, paske nou menm se yon pèp ki anpil ke jis koulye a SENYÈ a te beni anpil?"

¹⁵ Josué te di yo: "Si nou se yon pèp ki anpil, ale monte nan forè a pou netwaye yon plas pou nou la nan peyi Ferezyen avèk Rephaïm yo; akoz peyi ti kolin Éphraïm nan twò etwat pou nou."

¹⁶ Epi fis Joseph yo te reponn: "Peyi ti kolin nan pa kont pou nou e tout Kananeyen yo ki rete nan plèn nan gen ᵏcha ki fèt an fè, ni sila ki nan Beth-Schean avèk bouk pa li yo ak sila ki nan vale Jizreel la."

¹⁷ Josué te pale avèk lakay Joseph, a Éphraïm avèk Manassé e te di: "Nou se yon pèp ki anpil e ki gen gran pouvwa. Nou p ap gen yon sèl tiraj osò, ¹⁸ men peyi ti kolin yo va vin pou nou. Men se yon forè ke li ye, nou va eklèsi li e lizyè ki pi lwen nan li yo va vin pou nou; paske nou va chase met deyò Kananeyen yo, malgre yo gen ˡcha ki fèt an fè e malgre yo gen fòs."

18 Alò, fis Israël yo te vin rasanble yo menm nan ᵐSilo e te monte tant asanble a. Peyi a te vin soumèt devan yo. ² Te rete pami fis Israël yo sèt tribi ki potko divize eritaj yo. ³ Konsa, Josué te di a fis Israël yo: "Konbyen de tan nou va mete ankò pou nou pa antre pran posesyon peyi a ke SENYÈ a, Bondye a zansèt nou yo, te bannou an? ⁴ Bay a tèt nou twa mesye ki sòti nan chak tribi, pou m kapab voye yo e pou yo kab mache nan peyi a, pou ekri yon plan detaye a yo menm selon pwòp eritaj pa yo; epi yo va retounen bò kote mwen. ⁵ Yo va divize li an sèt pòsyon; ⁿJuda va rete nan teritwa pa li nan sid e lakay Joseph la va rete nan teritwa pa yo nan nò. ⁶ Nou va fè apantaj peyi a an sèt pòsyon e mennen li ban mwen. ᵒMwen va tire yo osò pou nou isit la devan SENYÈ a, Bondye nou an. ⁷ Paske ᵖLevit yo pa gen pòsyon pami nou, akoz pozisyon prèt SENYÈ a se eritaj pa yo. Gad avèk Ruben avèk mwatye tribi Manassé a, osi, te resevwa eritaj vè lès, lòtbò Jourdain an, ke Moïse, sèvitè SENYÈ a, te ba yo."

⁸ Konsa, mesye yo te leve ale. Josué te kòmande sila ki te ale yo: "Ale mache nan teren an, e founi yon plan apantaj detaye de li e retounen kote mwen. Alò, mwen va tire li osò pou nou soti isit la nan Silo."

⁹ Konsa, mesye yo te sòti e te pase nan peyi a, yo te fè plan apantaj detaye a. Yo te ekri yon deskripsyon selon vil yo, sèt divizyon yo nan yon liv. Konsa, yo te retounen vè Josué nan kan an Silo. ¹⁰ Epi ᑫJosué te tire yo osò pou yo nan Silo devan SENYÈ a e la, Josué te divize peyi a pou fis Israël yo selon divizyon pa yo.

¹¹ Alò, tiraj osò a pou tribi Benjamin an te monte selon fanmi pa yo e teritwa osò pa yo a te poze antre fis a Juda yo ak fis a Joseph yo. ¹² ʳLizyè pa yo nan kote nò a te soti nan Jourdain an, lizyè a te monte bò kote Jéricho nan nò, li te pase nan peyi ti kolin yo vè lwès e li te fè bout li nan dezè a Beth-Aven an. ¹³ Soti la, lizyè a te kouri vè ˢLuz nan kote sid a Luz (ki se Béthel) vè sid; epi lizyè a te desann vè Athroth-Addar, toupre ti mòn ki sou kote sid a Ba Beth-Horon an. ¹⁴ Lizyè a te lonje rive e te vire won sou kote lwès la vè sid; soti nan ti mòn ki parèt devan Beth-Horon vè sid; epi li te fè bout li nan Kirjath-Baal (sa vle di Kirjath-Jearim), yon vil a fis a Juda yo. Sa se te kote lwès la. ¹⁵ Epi kote ᵗsid la te soti akote a Kirjath-Jearim e lizyè a te ale vè lwès pou te rive nan fontèn dlo Nephthoach

---

ª **17:1** Jos 17:8   ᵇ **17:3** Nonb 26:33   ᶜ **17:4** Nonb 27:5-7   ᵈ **17:6** Jos 13:30-31   ᵉ **17:8** Jos 16:8   ᶠ **17:9** Jos 16:8
ᵍ **17:11** I Kwo 7:29   ʰ **17:12** Jij 1:27   ⁱ **17:13** Jos 16:10   ʲ **17:14** Nonb 13:7   ᵏ **17:16** Jos 17:18   ˡ **17:18** Jos 17:16
ᵐ **18:1** Jij 21:19   ⁿ **18:5** Jos 15:1   ᵒ **18:6** Jos 14:2   ᵖ **18:7** Nonb 18:7-20   ᑫ **18:10** Nonb 34:16-29   ʳ **18:12** Jos 16:1
ˢ **18:13** Jen 28:19   ᵗ **18:15** Jos 15:5-9

yo. ¹⁶ Lizyè a te kouri desann rive akote ti mòn ki nan ªvale Ben-Hinnom, ki nan vale Rephaïm nan vè nò. Epi li te ale desann a vale Hinnom an, nan pant Jebizyen vè sid e te desann jis nan En-Roguel. ¹⁷ Li te lonje vè nò e te rive nan En-Schémesch ak nan Gueliloth, ki anfas pant Adummim nan. Epi li te desann nan ᵇwòch Bohan an, fis a Ruben an. ¹⁸ Li te kontinye akote pa devan Araba a vè nò e te desann rive nan Araba. ¹⁹ Lizyè a te kontinye vè akote Beth-Hogla vè nò; epi lizyè a te fè bout li nan dlo nò a Lamè Sale a, nan pwent sid a Rivyè Jourdain an. Sa se te lizyè sid la. ²⁰ Anplis, Jourdain an te lizyè li nan kote lès. Sa se te eritaj a fis Benjamin yo, selon fanmi pa yo ak selon lizyè li yo toupatou. ²¹ Alò, vil pou tribi a fis Benjamin yo selon fanmi pa yo se te Jéricho, Beth-Hogla, Émek-Ketsits, ²² Beth-Araba, Tsemaraïm, Béthel, ²³ Avvim, Para, Ophra, ²⁴ Kephar-Ammonaï, Ophni, epi Guéba; douz vil yo, avèk bouk pa yo. ²⁵ Gabaon, Rama, Beéroth, ²⁶ Mitspé, Kephira, Motsa, ²⁷ Rékem, Jirpeel, Thareala, ²⁸ Tséla, ᶜÉleph, Jebus, ki se Jérusalem, Guibeath ak Kirjath; Sa se eritaj a fis Benjamin yo selon fanmi pa yo.

19 Alò, dezyèm tiraj osò a te tonbe a Siméon, a tribi a fis a Siméon yo selon fanmi pa yo e eritaj pa yo te nan mitan eritaj a fis Juda yo. ² Konsa, yo te gen kòm eritaj yo Beer-Schéba, Schéba ak Molada, ³ avèk Hatsar-Schual, Bala, Atsem, ⁴ Eltholad, Bethul, Horma ⁵ Tsiklag, Beth-Marcaboth, Hatsar-Susa, ⁶ Beth-Lebaoth ak Scharuchen, trèz vil avèk bouk pa yo; ⁷ Aïn, Rimmon, Éther ak Aschan, kat vil avèk bouk pa yo; ⁸ epi tout bouk ki antoure vil sa yo, jis rive nan Baalath-Beer, ki se Ramath a Negev la. Sa se te eritaj a tribi fis a Siméon yo selon fanmi pa yo. ⁹ Eritaj a fis Siméon yo te sòti depi nan pòsyon fis Juda yo, paske pòsyon Juda a te twò gran pou yo. Konsa, fis a Siméon yo te resevwa eritaj nan mitan eritaj Juda a.

¹⁰ Alò, twazyèm tiraj osò a te monte pou fis Zabulon yo, selon fanmi pa yo. Epi teritwa eritaj pa yo a te rive jis Sarid. ¹¹ Lizyè pa yo a te rive nan lwès jis Mareala e te touche Dabbéscheth pou te rive nan ti rivyè ki devan Jokneam nan. ¹² Epi li te vire soti nan Sarid vè lès, vè solèy leve, jis rive nan fwontyè Kisloth-Thabor, kouri rive nan Dabrath e monte a Japhia. ¹³ Soti la, li te kouri vè lès, vè solèy leve, pou rive Guittha-Hépher, a Ittha-Katsin pou kontinye a Rimmon e lonje jis rive Néa. ¹⁴ Lizyè a te koube antoure li vè nò rive nan Hannathon e li te fè bout li nan vale Jiphthach-El. ¹⁵ Konte ladann tou, se te Katthath, Nahaial, Schimron, Jideala, Bethléem. Douz vil avèk bouk pa yo. ¹⁶ Sa se te eritaj a fis Zabulon yo, selon fanmi pa yo, vil sa yo avèk bouk pa yo.

¹⁷ Katriyèm tiraj osò a te tonbe a Issacar; pou fis Issacar yo avèk fanmi pa yo. ¹⁸ Teritwa pa yo a te rive Jizreel, avèk Kesulloth ak ᵈSunem, ¹⁹ Hapharaïm, Schion, Anacharath, ²⁰ Rabbith, Kischjon, Abets, ²¹ Rémeth, En-Gannim, En-Hadda, avèk Beth-Patsets: ²² Lizyè a te rive nan Thabor, nan Schachatsima, nan Beth-Schémesch e te fè bout li nan Jourdain an. Sèz vil avèk bouk pa yo. ²³ Sa se te eritaj a tribi a fis Issacar yo selon fanmi pa yo, vil yo avèk bouk pa yo.

²⁴ Alò senkyèm tiraj osò a te tonbe a tribi a fis Aser yo selon fanmi pa yo. ²⁵ Teritwa pa yo a se te Helkath, Hali, Béthen, Acschaph, ²⁶ Allammélec, Amead avèk Mischeal; li te touche Carmel avèk Schichor-Libnath nan lwès. ²⁷ Li te vire vè lès a Beth-Dagon pou te rive a Zabulon, ak nan vale Jiphthach-El vè nò a Beth-Émek avèk Neïel e kontinye vè ᵉCabul, ²⁸ avèk Ébron, Rehob, Hammon, ak Cana, jis rive nan ᶠGran Sidon. ²⁹ Lizyè a te vin vire vè Rama ak vil fòtifye ki rele Tyr la; epi li vin vire nan Hosa e li te fè bout li nan lanmè vè zòn ᵍAczib. ³⁰ Osi, ladann se te Umma, Aphek, avèk Rehob. Venn-de vil avèk bouk pa yo. ³¹ Sa se te eritaj a tribi fis Aser yo, selon fanmi pa yo, vil sa yo avèk bouk pa yo.

³² Sizyèm tiraj osò a te tonbe pou fis Nephtali yo, selon fanmi pa yo. ³³ Lizyè pa yo a te soti nan Héleph, soti nan chèn a Tsaannim nan, Adami-Nékeb ak Jabneel, jis rive nan Lakkum pou li fin fè bout li nan Jourdain an. ³⁴ Epi lizyè a te vire vè lwès nan Aznoth-Thabor pou te kontinye soti la a Hukkok; epi li te rive nan Zabulon vè sid, li te touche Aser sou lwès e Juda bò kote Jourdain an vè lès. ³⁵ Vil fòtifye yo se te Tsiddim, Tser, Hammath, Rakkath, Kinnéreth, ³⁶ Adama, Rama, Hatsor, ³⁷ avèk Kédesch, Édréï, En-Hatsor, ³⁸ Jireon, Migdal-El, Horem, Beth-Anath, Beth-Schémesch. Dis-nèf vil avèk bouk pa yo. ³⁹ Sa se te eritaj a tribi a fis Nephtali yo, selon fanmi pa yo, vil yo avèk bouk pa yo.

⁴⁰ Setyèm tiraj osò a te tonbe a tribi fis a Dan yo selon fanmi pa yo. ⁴¹ Teritwa a eritaj pa yo a se te Tsorea, Eschthaol, Ir-Schémesch, ⁴² avèk Schaalabbin, Ajalon, Jithla, ⁴³ epi Élon, Thiminatha, Ékron, ⁴⁴ Eltheké, Guibbethon, Baalath, ⁴⁵ Jehud, Bené-Berak, Gath-Rimmon, ⁴⁶ Mé-Jarkon ak Rakkon, avèk teritwa ki anfas Japho a. ⁴⁷ Teritwa a ʰfis a Dan yo te ale pi lwen pase yo; paske fis a Dan yo te monte pou te goumen avèk Léschem e te pran li. Epi yo te frape li avèk lam nepe, yo te posede li e te vin abite ladann; epi yo te rele Léschem Dan menm non a Dan, papa pa yo. ⁴⁸ Sa se te eritaj a tribi fis a Dan yo selon fanmi pa yo, vil sila yo avèk bouk pa yo.

⁴⁹ Lè yo te fin divize teren an kòm eritaj selon lizyè li, fis a Israël yo te bay yon eritaj nan mitan yo a Josué, fis a Nun nan. ⁵⁰ An akò avèk kòmand SENYÈ a, yo te ba li vil ke li te mande a, ⁱThimnath-Sérach nan peyi ti mòn a Éphraïm nan. Konsa, li te bati vil la e li te abite ladann.

ª **18:16** II Wa 23:10 ᵇ **18:17** Jos 15:6 ᶜ **18:28** II Sam 21:14 ᵈ **19:18** I Sam 28:4 ᵉ **19:27** I Wa 9:13
ᶠ **19:28** Jen 10:19 ᵍ **19:29** Jij 1:31 ʰ **19:47** Jij 18:1 ⁱ **19:50** Nonb 13:8

⁵¹ ªSila yo se te eritaj ke Éléazar, prèt la, ak Josué, fis a Nun nan, ak chèf an tèt kay a tribi yo pou fis Israël yo te separe pa tiraj osò nan Silo devan SENYÈ a, nan pòtay tant asanble a. Konsa, yo te fin divize peyi a.

20 Alò, SENYÈ a te pale a Josué e te di: ² "Pale a fis Israël yo e di: 'Etabli ᵇvil azil ke M te pale ou pa Moïse yo, ³ pou moun ki touye nenpòt moun san li pa fè eksprè, san reflechi yo, pou yo kapab sove ale rive la. Yo va vin yon azil kont vanjè san an. ⁴ Li va sove ale rive nan youn nan vil sila yo. Yo va kanpe nan antre ᶜpòtay a vil sa a pou pwononse ka li a pou ansyen yo nan vil la tande. Konsa, yo va fè l antre nan vil kote yo a, yo va ba li yon kote pou li kapab rete pami yo. ⁵ Alò, si ᵈvanjè san an vin kouri dèyè li, yo pa pou livre moun ki touye moun nan nan men yo, akoz li te frape vwazen li an san reflechi e li pa t rayi li avan lè. ⁶ Li va rete nan vil sa a ᵉjiskaske li kanpe devan asanble a pou jijman, jiska lanmò a wo prèt la nan jou epòk sa a. Epi moun ki te touye moun nan va retounen nan pwòp vil pa li ak pwòp kay pa li, nan vil sila li te sove ale a.'"

⁷ Konsa, yo te mete akote ᶠKédesh nan Galilée nan peyi ti kolin yo a Nephtali, Sichem nan peyi ti kolin yo a Éphraïm ak Kirjath-Arba (sa vle di, Hébron) nan peyi ti kolin Juda a. ⁸ Lòtbò Jourdain an, sòti Jéricho vè lès, yo te dezinye Betser nan dezè a sou plèn nan pou tribi Ruben an, Ramoth nan Galaad pou tribi Gad la ak Golan nan Basan pou tribi Manassé a. ⁹ Sila yo se te ᵍvil yo chwazi pou tout fis Israël yo, pou etranje ki demere pami yo, pou nenpòt moun ki touye yon moun san eksprè, kapab sove ale rive la e pa mouri pa men a vanjè san an jiskaske li vin kanpe devan asanble a.

21 Epi chèf lakay a ʰLevit yo te pwoche Éléazar, prèt la, ak Josué, fis a Nun nan, ak tèt lakay a tribi fis Israël yo. ² Yo te pale avèk yo Silo, nan peyi Canaan an, e te di: ⁱ"SENYÈ a te kòmande pa Moïse pou bannou vil pou viv ladann, avèk patiraj pou bèt nou yo."

³ Konsa, fis Israël yo te bay Levit yo soti nan eritaj pa yo vil sila yo avèk tè patiraj yo selon kòmand SENYÈ a. ⁴ Epi tiraj osò a te sòti pou fanmi a Keatit yo. Epi fis a Aaron yo, prèt la, ki te apatyen a Levit yo, te resevwa trèz vil pa tiraj osò soti nan tribi Juda, nan tribi Siméon, ak nan tribi Benjamin. ⁵ Rès nan fis Keatit yo te resevwa dis vil pa tiraj osò soti nan fanmi a tribi a Éphraïm yo, soti nan tribi a Dan lan ak nan mwatye tribi a Manassé a. ⁶ Fis a Guerschon yo te resevwa trèz vil pa tiraj osò soti nan fanmi a tribi Issacar a, nan tribi Aser a, nan tribi Nephtali a ak nan mwatye tribi Manassé a nan Basan. ⁷ Fis a Merari yo selon fanmi pa yo te resevwa douz vil soti nan tribi Ruben, soti nan tribi Gad ak soti nan tribi Zabulon. ⁸ Alò ʲfis Israël yo te bay selon tiraj osò a Levit yo, vil sila yo avèk teren patiraj pa yo, jan SENYÈ a te kòmande pa Moïse la. ⁹ Yo te bay vil sila ki mansyone pa non soti nan tribi a fis Juda yo e soti nan tribi a fis Siméon yo; ¹⁰ epi yo te pou fis Aaron yo, youn nan fanmi a Keatit yo, nan fis Levi yo; paske premye tiraj osò a se te pou yo. ¹¹ Konsa, ᵏyo te ba yo Kirjath-Arba, Arba ki te papa a Anak (ki vle di Hébron), nan peyi ti kolin yo nan Juda, avèk teren patiraj ki te antoure li yo. ¹² Men chan a vil avèk bouk li yo, yo te bay yo a Caleb, fis a Jephunné a, kòm posesyon pa l. ¹³ Konsa, a fis Aaron yo, prèt la, yo te bay ˡHébron, vil azil pou moun ki touye moun yo, avèk teren patiraj pa li yo ak ᵐLibna avèk teren patiraj pa li, ¹⁴ epi ⁿJatthir avèk teren patiraj pa li, Eschthemoa avèk teren patiraj pa li, ¹⁵ epi Holon avèk teren patiraj pa li, ᵒDebir avèk teren patiraj pa li, ¹⁶ epi Aïn avèk teren patiraj pa li, ᵖJutta avèk teren patiraj pa li, ᵍBeth-Schémesch avèk teren patiraj pa li; nèf vil soti nan de tribi sila yo. ¹⁷ Soti nan tribi Benjamin an, Gabaon avèk teren patiraj pa li ak ʳGuéba avèk teren patiraj pa li, ¹⁸ Anathoth avèk teren patiraj pa li ak Almon avèk teren patiraj pa li; kat vil. ¹⁹ Tout vil a fis Aaron yo, prèt yo, te trèz vil avèk teren patiraj pa yo.

²⁰ Epi vil yo soti nan tribi Éphraïm nan te sòt tonbe pou ˢfanmi a Kehath yo, Levit yo, jis rive nan lòt fis a Kehath yo. ²¹ Yo te bay yo ᵗSichem, vil azil pou moun ki touye moun yo, avèk teren patiraj pa li, nan peyi ti kolin yo a Éphraïm ak Guézer avèk teren patiraj pa li, ²² epi Kibtsaïm avèk teren patiraj pa li, Beth-Horon avèk teren patiraj pa li, Guibbethon avèk teren patiraj pa li; kat vil. ²³ Soti nan tribi Dan nan, Eltheke avèk teren patiraj pa li, Guibbethon avèk teren patiraj pa li, ²⁴ Ajalon avèk teren patiraj pa li, Gath-Rimmon avèk teren patiraj pa li; kat vil. ²⁵ Soti nan mwatye tribi Mannassé a, Thaanac avèk teren patiraj pa li ak Gath-Rimmon avèk teren patiraj pa li; de vil. ²⁶ Tout vil yo avèk teren patiraj pa yo pou fanmi a lòt fis a Kehath yo te dis.

²⁷ ᵘA fis Guerschon yo, youn nan fanmi a Levit yo soti nan mwatye tribi Manassé a, te tonbe Golan nan Basan, vil azil pou moun ki touye moun yo, avèk teren patiraj pa li ak Beeschthera avèk teren patiraj pa li; de vil. ²⁸ Soti nan tribi Issacar, Kischjon avèk teren patiraj pa li, Dabrath avèk patiraj pa li, ²⁹ Jarmuth avèk patiraj pa li, En-Gannim avèk patiraj pa li; kat vil. ³⁰ Soti nan tribi Aser, Mischal avèk teren patiraj pa li ak Abdon avèk teren patiraj pa li, ³¹ Helkath avèk teren patiraj pa li ak Rehob avèk patiraj pa li; kat vil. ³² Soti nan tribi Nephtali, ᵛKédesch nan Galilée, vil azil pou moun ki touye moun yo, avèk patiraj pa li ak Hammoth-Dor avèk patiraj pa li; twa vil. ³³ Tout vil a Gèchonit yo, selon fanmi pa yo te trèz vil avèk teren patiraj pa yo.

³⁴ A fanmi a ʷfis Merari yo, rès nan Levit yo, soti nan tribi Zabulon, Jokneam avèk patiraj pa li ak Kartha avèk patiraj pa li. ³⁵ Dimna avèk patiraj pa

---

ª **19:51** Jos 18:10 ᵇ **20:2** Nonb 35:6-34 ᶜ **20:4** Rt 4:1 ᵈ **20:5** Nonb 35:12 ᵉ **20:6** Nonb 35:12 ᶠ **20:7** Jos 21:32
ᵍ **20:9** Nonb 35:13 ʰ **21:1** Nonb 35:1-8 ⁱ **21:2** Nonb 35:2 ʲ **21:8** Jen 49:5 ᵏ **21:11** I Kwo 6:55 ˡ **21:13** Jos 15:54
ᵐ **21:13** Jos 15:42 ⁿ **21:14** Jos 15:48 ᵒ **21:15** Jos 15:49 ᵖ **21:16** Jos 15:10 ᵍ **21:16** Jos 15:55 ʳ **21:17** Jos 18:24
ˢ **21:20** I Kwo 6:66 ᵗ **21:21** Jos 20:7 ᵘ **21:27** I Kwo 6:71 ᵛ **21:32** Jos 20:7 ʷ **21:34** I Kwo 6:77

li, Nahalal avèk patiraj pa li, kat vil. ³⁶ Soti nan tribi Ruben an, ᵃBetser avèk patiraj pa li ak Jahtsa avèk patiraj pa li, ³⁷ Kedémonth avèk teren patiraj pa li ak Méphaath avèk teren patiraj pa li; kat vil. ³⁸ Soti nan tribi Gad la, ᵇRamoth nan Galaad, vil azil la ak ᶜMahanaïm avèk teren patiraj pa li, ³⁹ Hesbon, avèk teren patiraj pa li, Jaezer avèk teren patiraj pa li; kat vil antou. ⁴⁰ Tout sila yo te vil a fis Merari yo selon fanmi pa yo, rès a fanmi a Levit yo. Tiraj osò pa yo a te douz vil.

⁴¹ ᵈTout vil a Levit ki te nan mitan posesyon a fis Israël yo te karann-tuit vil avèk teren patiraj pa yo. ⁴² Chak nan vil sila yo te gen teren patiraj pa li ki te antoure li. Se konsa li te ye avèk tout vil sila yo.

⁴³ ᵉKonsa, SENYÈ a te bay Israël tout peyi ke Li te sèmante pou bay a zansèt pa yo, e yo te posede li pou viv ladann. ⁴⁴ Epi SENYÈ a te ba yo repo toupatou, selon tout sa ke Li te sèmante a zansèt pa yo e nanpwen youn nan lènmi yo ki te kanpe devan yo. ᶠSENYÈ a te mete tout lènmi yo nan men yo. ⁴⁵ ᵍPa menm youn nan bon pwomès ke SENYÈ a te fè kay Israël la pa t manke akonpli. Yo tout te vin rive.

22 ʰKonsa, Josué te rele tout Ribenit yo ak Gadit yo ak mwatye tribi Manassé a. ² Li te di yo: "Nou te swiv tout sa ke Moïse, sèvitè SENYÈ a, te kòmande nou an ⁱe nou te koute vwa m nan tout sa ke m te kòmande nou yo. ³ Nou pa t abandone frè nou yo pandan tout jou sila yo, jis rive jodi a, men nou te kenbe lòd a kòmandman a SENYÈ a, Bondye nou an. ⁴ Epi koulye a, ʲSENYÈ a, Bondye nou an, te bay repo a frè nou yo, jan Li fenk pale yo a. Pou sa, vire koulye a e ale nan tant pa nou yo, nan peyi posesyon pa nou an, ke Moïse, sèvitè Bondye a, te bannou lòtbò Jourdain an. ⁵ Sèlman, fè atansyon pou swiv kòmandman an ak lalwa ke Moïse, sèvitè SENYÈ a, te kòmande nou an, pou nou ᵏrenmen SENYÈ a, Bondye nou an, epi mache nan tout chemen Li yo, kenbe kòmandman Li yo, kenbe fèm a Li menm, e sèvi Li ˡavèk tout kè nou e ak tout nanm nou."

⁶ Epi Josué te ᵐbeni yo. Li te voye yo ale, e yo te ale nan pwòp tant pa yo. ⁷ Alò, ⁿa mwatye tribi sila ki te pou Manassé a, Moïse te ba yo yon posesyon nan Basan; men ᵒa lòt la, Josué te ba yo yon posesyon pami frè yo nan lwès lòtbò Jourdain an. Konsa, lè Josué te voye yo ale nan tant yo, li te beni yo, ⁸ epi li te di yo: "Retounen vè tant nou yo avèk gran richès, avèk yon gran kantite bèt, avèk ajan, lò, bwonz, fè, e avèk anpil rad. ᵖDivize piyaj a lènmi nou yo avèk frè nou."

⁹ Fis a Ruben yo ak fis a Gad yo ak mwatye tribi Manassé a te retounen kite fis Israël yo nan Silo, ki te nan peyi Canaan an, pou ale nan ᑫpeyi Galaad, nan peyi ke yo te posede a, selon kòmand a SENYÈ a ki te soti nan Moïse la.

¹⁰ Lè yo te vini nan rejyon Jourdain an, ki nan peyi Canaan an, fis a Ruben yo avèk fis a Gad yo ak mwatye tribi Manassé a te bati yon lotèl la akote Jourdain an, yon lotèl ki parèt byen gran. ¹¹ Lè fis Israël yo te tande afè sa a, yo te di: "Gade byen, fis Ruben yo ak fis Gad yo ak mwatye tribi Manassé a gen tan ʳbati yon lotèl nan fwontyè peyi Canaan an, nan rejyon Jourdain an, sou bò ki pou fis Israël yo." ¹² Lè fis Israël yo te vin tande sa a, tout asanble a fis Israël yo te rasanble yo nan ˢSilo pou monte kont yo nan lagè. ¹³ Alò, fis Israël yo te voye prèt la, ᵗPhinées, fis Éléazar a, kote fis Ruben yo avèk fis Gad yo ak mwatye tribi Manassé a pou antre nan peyi Galaad la. ¹⁴ Ansanm avèk li, dis chèf yo, yon chèf pou kay a chak fanmi zansèt nan tribi Israël yo; epi ᵘyo chak se te tèt an chèf kay fanmi zansèt li pami milye an Israël yo. ¹⁵ Yo te vin kote fis Ruben yo, kote fis Gad yo ak kote mwatye tribi Manassé a, nan peyi Galaad la. Yo te pale avèk yo e te di: ¹⁶ "Konsa pale tout kongregasyon a SENYÈ a: 'Ki zak movèz fwa sa ye ke nou te komèt kont Bondye Israël la? Poukisa nou vire kite chemen SENYÈ a jodi a pou ᵛbati yon lotèl pou fè rebèl kont SENYÈ a jodi a? ¹⁷ Èske ʷinikite Peor a pa t sifi pou nou, nan sila nou poko pwòp jis rive jodi a, sepandan yon epidemi te vin parèt sou asanble SENYÈ a, ¹⁸ ke nou bezwen vire kite Jodi a chemen SENYÈ a? Si nou fè rebèl kont SENYÈ a Jodi a, ˣLi va fache avèk tout asanble Israël la demen. ¹⁹ Si, malgre sa, peyi posesyon nou an pa pwòp, alò, travèse antre nan peyi posesyon SENYÈ a, kote tabènak SENYÈ a kanpe a pou vin pran posesyon pami nou. Sèlman, pa fè rebèl kont SENYÈ a, ni fè rebèl kont nou avèk lotèl ke nou ʸbati pou kont nou an, anplis ke lotèl SENYÈ a, Bondye nou an. ²⁰ Èske ᶻAcan, fis Zérach la, pa t aji an movèz fwa nan zafè bagay ki te dedye anba ve a e kòlè te tonbe sou tout asanble a SENYÈ a? Epi se pa mesye sa a sèl ki te peri nan inikite l la.'"

²¹ Epi fis Ruben yo ak fis Gad yo ak mwatye tribi Manassé a te reponn e te pale avèk chèf an tèt fanmi a Israël yo. ²² Sila ki Toupwisan an, Bondye SENYÈ a, Sila ki Toupwisan an, Bondye SENYÈ a, ᵃLi menm ki konnen! E Li menm va kite Israël konnen tou a. Si se te nan rebelyon, oswa si se nan movèz fwa, yon zak ki fèt kont SENYÈ a, pa sove lavi nou jodi a! ²³ Si nou bati pou kont nou yon lotèl pou detounen pa swiv SENYÈ a, oswa si pou nou ᵇofri yon ofrann brile, oswa yon ofrann sereyal sou li, oswa si se pou nou ofri sakrifis lapè sou li, ke SENYÈ a, li menm, fè demann sa a.

²⁴ "Men anverite, si nou pa t fè sa avèk lakrent Bondye avèk yon bi ki te di ke: 'Nan tan k ap vini an, fis ou yo kapab di a fis nou yo: "Ki relasyon nou gen avèk SENYÈ a, Bondye Israël la? ²⁵ Paske SENYÈ a te fè Jourdain nan yon lizyè antre nou ak ou, nou

---

ᵃ **21:36** Det 4:43 ᵇ **21:38** Det 4:43 ᶜ **21:38** Jen 32:2 ᵈ **21:41** Nonb 35:7 ᵉ **21:43** Det 34:4 ᶠ **21:44** Egz 23:31
ᵍ **21:45** Jos 23:14 ʰ **22:1** Nonb 32:20-22 ⁱ **22:2** Jos 1:12-18 ʲ **22:4** Nonb 32:18 ᵏ **22:5** Det 5:10 ˡ **22:5** Det 4:29
ᵐ **22:6** Jen 47:7 ⁿ **22:7** Nonb 32:33 ᵒ **22:7** Jos 17:1-13 ᵖ **22:8** Nonb 31:27 ᑫ **22:9** Nonb 32:1-29 ʳ **22:11** Det 12:5
ˢ **22:12** Jos 18:1 ᵗ **22:13** Nonb 25:7-11 ᵘ **22:14** Nonb 1:4 ᵛ **22:16** Jos 22:11 ʷ **22:17** Nonb 25:1-9
ˣ **22:18** Nonb 16:22 ʸ **22:19** Jos 22:11 ᶻ **22:20** Jos 7:1-26 ᵃ **22:22** I Wa 8:39 ᵇ **22:23** Det 12:11

menm, fis a Ruben yo ak fis a Gad yo. Nou pa gen pòsyon nan SENYÈ a.'"'" Pou sa a, li ta kab fèt ke fis ou yo ta ka petet fè pitit pa nou vin pa gen krent SENYÈ a.

26 "Pou sa, nou te di: 'Annou bati yon lotèl, pa pou ofrann brile ni pou sakrifis; 27 men sa va pou ᵃyon temwen antre nou avèk ou menm ak antre jenerasyon ki swiv nou yo, ke nou kapab fè sèvis SENYÈ a devan Li avèk ofrann brile nou, avèk sakrifis nou yo e avèk ofrann lapè nou yo;' pou fis pa w yo pa vin di a fis pa nou yo nan tan ki pou vini an: 'Nou pa gen pòsyon nan SENYÈ a.'

28 "Pou sa, nou te di, 'Li va osi vin rive ke si yo di sa a nou, oswa a jenerasyon nou k ap vini an, alò nou va di: "Nou wè modèl lotèl ke zansèt nou yo te fè a, pa pou ofrann brile, ni pou fè sakrifis; men olye de sa, li se yon temwen antre nou menm ak ou menm.'"

29 Lwen de nou ke nou ta fè rebèl kont SENYÈ a pou vin detounen pa swiv SENYÈ a jodi a, pou nou ta ᵇbati yon lotèl ofrann brile, oswa ofrann sereyal, oswa sakrifis, ot ke lotèl ki pou SENYÈ a, Bondye nou an, ki devan tabènak pa Li a!"

30 Lè Phinées, prèt la, avèk chèf asanble yo, menm chèf an tèt a fanmi zansèt Israël ki te avèk li yo, te tande pawòl ke fis Ruben yo, fis Gad yo ak fis Manassé yo te pale, sa te fè kè yo kontan. 31 Phinées, fis a Éléazar, prèt la, te di a fis Ruben yo, fis Gad yo ak fis Manassé yo: "Jodi a, nou konnen ke SENYÈ a pami nou, akoz nou pa t fè zak malonèt sila a kont SENYÈ a. Koulye a, nou gen tan livre fis Israël yo soti nan men SENYÈ a." 32 Alò, Phinées, fis a Éléazar, prèt la, avèk chèf yo te retounen sòti nan fis Ruben yo ak nan fis Gad yo, nan peyi Galaad la, yo te rive nan peyi Canaan an vè fis Israël yo e te pote pawòl sa ba yo. 33 Pawòl la te fè kè kontan pami fis Israël yo, e fis Israël yo te ᶜbeni Bondye. Yo pa t pale ankò afè fè lagè pou detwi peyi kote fis a Ruben yo avèk fis a Gad yo te rete a. 34 Fis a Ruben yo avèk fis a Gad yo ᵈrele lotèl la "Temwen lan Antre Nou, ke SENYÈ a Se Bondye."

23

Alò, li te vin rive apre anpil jou, lè SENYÈ a te bay ᵉrepo a Israël kont tout lènmi yo nan tout kote, e Josué te vin vye, avanse nan la j, 2 ke ᶠJosué te rele tout Israël, tout ansyen yo avèk chèf an tèt yo avèk jij yo ak ofisye yo. Li te di yo: "Mwen vin vye, avanse nan la j. 3 Konsa, nou te wè tout sa ke SENYÈ a, Bondye nou an, te fè a tout nasyon sila yo akoz nou menm. Paske se ᵍSENYÈ a, Bondye nou an, ki t ap goumen pou nou an. 4 Nou wè, ʰmwen te apòsyone pou nou nasyon sila ki rete a kòm eritaj pou tribi nou yo, avèk tout nasyon ke mwen te koupe retire nèt yo, soti nan Jourdain an jis rive nan Gran Lamè a vè solèy kouche. 5 SENYÈ a, Bondye nou an, li va pouse yo sòti devan nou e chase yo soti pou

nou pa wè yo. Konsa, ⁱnou va posede peyi yo, jis jan ke SENYÈ a, Bondye nou an, te pwomèt nou an.

6 ʲPou sa, Kenbe fèm! Sonje e fè tout sa ki ekri nan liv lalwa Moïse la, pou nou pa vire akote li, ni adwat, ni agoch. 7 Ke nou pa asosye avèk nasyon sila yo, sila ki toujou rete pami nou yo, ni nonmen non a dye pa yo, ni fè pèson sèmante pa yo, ni ᵏsèvi yo, ni bese devan yo. 8 Men nou dwe kenbe fèm a SENYÈ a, Bondye nou an, jis jan ke nou te fè jis Jodi a.

9 ˡPaske SENYÈ a te chase deyò, nasyon ki gran e ki gen fòs soti devan nou. Epi pou nou menm, nanpwen pèson ki te konn kanpe devan nou jis Jodi a. 10 Youn nan moun pa nou yo va fè yon milye sove ale; paske SENYÈ a, Bondye nou an, se ᵐLi menm ki goumen pou nou jan Li te pwomèt nou an. 11 Pou sa, veye tèt nou anpil pou nou renmen SENYÈ a, Bondye nou an.

12 Paske si nou janm retounen pou ⁿkole a lòt nasyon sila yo, sila ki rete toujou pami nou yo, e vin fè maryaj avèk yo, pou nou vin nan relasyon avèk yo, e yo menm avèk nou, 13 konnen, anverite, ke SENYÈ a, Bondye nou an, p ap kontinye chase nasyon sila yo sòti devan nou; men yo va vin yon ᵒpèlen ak yon pyèj pou nou, yon frèt bò kote nou ak pikan nan zye nou, jiskaske nou peri sòti nan bon peyi sa a ke SENYÈ a, Bondye nou an, te bannou an.

14 Alò, gade, jodi a, ᵖmwen ap fè chemen ki oblije fèt pou tout tè a. Konsa, nou konnen nan tout kè nou ak nan tout nanm nou, ke ᵠpa menm yon mo nan tout pawòl ke SENYÈ a, Bondye nou an, te pale konsènan nou menm pa t manke akonpli. Tout te vin akonpli pou nou. Pa youn nan yo pa t manke. 15 Li va vin rive a nou menm ke menm jan tout bon bagay ke SENYÈ a Bondye nou an te pale de nou te vin rive, ke menm jan, ʳSENYÈ a va mennen fè rive sou nou tout menas, jiskaske Li fin detwi nou e fè nou sòti nèt nan bon peyi sa a ke SENYÈ a, Bondye nou an, te bannou an, 16 ˢsi nou transgrese akò a SENYÈ a, Bondye nou an, ke Li te kòmande nou an, pou ale sèvi lòt dye yo e bese devan yo. Konsa, kòlè Bondye va brile kont nou e nou va peri vit, pou nou kite bon peyi ke Li te bannou an."

24

ᵗJosué te rasanble tout tribi Israël yo nan Sichem. Li te rele ansyen Israël yo, chèf an tèt pa yo, jij pa yo ak ofisye pa yo. Yo te prezante yo menm devan Bondye. 2 Josué te di a tout pèp la: "Konsa pale SENYÈ a, Bondye Israël la: 'Depi nan tan ansyen yo, zansèt nou yo te viv lòtbò Rivyè a. Menm ᵘTérach, papa Abraham nan, ak papa a Nachor, te sèvi lòt dye yo. 3 Epi ᵛMwen te pran zansèt nou an, Abraham, pou l soti lòtbò Rivyè a. Mwen te mennen li pase nan tout peyi a Canaan yo. Mwen te miltipliye desandan li yo e te bay li Isaac. 4 ʷA Isaac, Mwen te bay Jacob avèk

---

ᵃ **22:27** Jen 31:48   ᵇ **22:29** Det 12:13   ᶜ **22:33** I Kwo 29:20   ᵈ **22:34** Jen 31:47-49   ᵉ **23:1** Jos 21:44
ᶠ **23:2** Jos 24:1   ᵍ **23:3** Det 1:30   ʰ **23:4** Egz 23:30   ⁱ **23:5** Nonb 33:53   ʲ **23:6** Det 5:32   ᵏ **23:7** Egz 20:5
ˡ **23:9** Egz 23:23-30   ᵐ **23:10** Det 3:22   ⁿ **23:12** Egz 34:15-16   ᵒ **23:13** Egz 23:33   ᵖ **23:14** I Wa 2:2
ᵠ **23:14** Jos 21:45   ʳ **23:15** Lev 26:14-33   ˢ **23:16** Det 4:25-26   ᵗ **24:1** Jos 23:2   ᵘ **24:2** Jen 11:27-32
ᵛ **24:3** Jen 12:1   ʷ **24:4** Jen 25:25-26

Ésaü. A Ésaü, Mwen te bay Mòn Séir pou posede l, men Jacob avèk fis li yo te desann an Égypte.

⁵ "'Epi ᵃMwen te voye Moïse avèk Aaron pou te toumante Égypte pa sa Mwen te fè nan mitan li yo. Epi apre, Mwen te mennen nou sòti. ⁶ Mwen te mennen zansèt nou yo sòti an Égypte, e ᵇnou te rive bò kote lanmè a. Konsa, Égypte te kouri dèyè zansèt nou yo avèk cha ak sòlda sou cheval yo jis rive nan Lamè Wouj la. ⁷ Men lè yo te kriye vè SENYÈ a, Li te mete tenèb antre nou menm avèk Ejipsyen yo. Mwen te mennen lanmè a sou yo pou te kouvri yo, epi pwòp zye pa nou te wè sa Mwen te fè an Égypte. Konsa, Ye nou te viv nan dezè a pandan anpil tan.

⁸ "'Alò, ᵈMwen te mennen nou antre nan peyi Amoreyen ki te rete lòtbò Jourdain an. Yo te goumen avèk nou, epi Mwen te livre yo nan men nou. Nou te pran posesyon a peyi pa yo a e Mwen te detwi yo devan nou. ⁹ Konsa, ᵉBalak, fis Tsippor la, wa Moab la, te leve pou te goumen kont Israël, e li te voye rele Balaam, fis a Beor a, pou modi nou. ¹⁰ Men Mwen ᶠpa t dakò koute Balaam. Konsa, li te oblije beni nou, e Mwen te delivre nou soti nan men li.

¹¹ ᵍ"'Nou te travèse Jourdain an pou te rive Jéricho, epi pèp Jéricho yo te goumen kont nou; Amoreyen yo, Ferezyen yo, Kananeyen yo avèk Etyen yo avèk Gigazyen yo, Evyen yo ak Jebizyen yo. Konsa, ʰMwen te livre yo nan men nou. ¹² Apre, Mwen ⁱte voye gèp la devan nou e li te chase fè sòti wa Amoreyen yo devan nou, men ʲpa akoz nepe nou ni banza nou. ¹³ ᵏMwen te bannou yon peyi pou sila nou pa t travay, vil ke nou pa t bati e nou te viv ladan yo. N ap manje nan chan rezen avèk chan doliv ke nou pa t plante.'

¹⁴ "Koulye a, pou sa, ˡgen lakrent SENYÈ a e sèvi Li avèk bon kè ak verite. Mete akote dye ke zansèt nou yo te konn sèvi lòtbò Rivyè a ak an Égypte pou sèvi SENYÈ a. ¹⁵ Si nou twouve li degoutan nan zye nou pou sèvi SENYÈ a, chwazi pou kont nou jodi a, kilès nou va sèvi; si se dye ke zansèt nou yo te konn sèvi lòtbò Rivyè a, oswa ᵐdye a Amoreyen yo, de peyi sila nou ap viv yo. Men pou mwen avèk lakay mwen, nou va sèvi SENYÈ a."

¹⁶ Pèp la te reponn e te di: "Se lwen de nou pou nou ta abandone SENYÈ a pou sèvi lòt dye yo; ¹⁷ paske SENYÈ a, Bondye nou an, se Li ki te mennen nou avèk zansèt nou yo monte sòti nan peyi Égypte la, soti nan kay esklavaj la, ki te fè gwo sign sila yo nan mitan nou. Se Li ki te pwote je nou nan tout chemen kote nou pase e pami tout pèp nan mitan a sila nou te pase yo. ¹⁸ SENYÈ a te pouse fè sòti devan nou tout pèp yo, menm Amoreyen ki te viv nan peyi a. Konsa, nou osi, nou va sèvi SENYÈ a; paske se Li menm ki Dye nou."

¹⁹ Alò, Josué te di a pèp la: "Nou p ap kapab sèvi SENYÈ a, paske Li se yon Bondye ki sen. Li se ⁿyon Bondye ki jalou. Li p ap padone transgresyon nou yo oswa peche nou yo. ²⁰ ᵒSi nou abandone SENYÈ a pou sèvi dye etranje yo; alò, Li va vire fè nou mal e vin manje nou nèt apre Li te fin fè nou byen."

²¹ Pèp la te di a Josué: "Non, men nou va sèvi SENYÈ a." ²² Josué te di a pèp la: "Nou se temwen kont pwòp tèt nou ke ᵖnou te chwazi pou kont nou SENYÈ a, pou sèvi Li."

Yo te reponn: "Nou se temwen."

²³ "Koulye a, pou sa, mete akote dye etranje ki nan mitan nou yo e ᵠtounen kè nou vè SENYÈ a, Bondye Israël la."

²⁴ ʳPèp la te di a Josué: "Nou va sèvi SENYÈ a, Bondye nou an e nou va obeyi vwa Li."

²⁵ ˢKonsa, Josué te fè yon akò avèk pèp la nan jou sa a. Li te fè pou yo yon lwa ak yon règleman nan Sichem. ²⁶ Josué te ᵗekri pawòl sila yo nan liv lalwa Bondye a; epi li te pran yon gwo wòch e te fè l kanpe la anba gwo bwadchenn ki te akote sanktyè SENYÈ a. ²⁷ Josué te di a tout pèp la: "Gade byen, ᵘwòch sa a va tankou yon temwen kont nou; paske li te tande tout pawòl SENYÈ a te pale nou yo. Konsa, li va tankou yon temwen kont nou, pou nou pa vin enfidèl anvè Bondye nou an." ²⁸ Konsa, Josué te voye tout pèp la ale. Yo chak rive nan pwòp eritaj pa yo.

²⁹ Li te vin rive apre bagay sa yo ke Josué, fis a Nun nan, sèvitè Bondye a, te vin mouri, avèk laj san-dis ane. ³⁰ Yo te antere li ᵛnan teritwa eritaj li nan Thimnath-Sérach, ki nan peyi ti mòn Éphraïm yo, sou nò a mòn Gaasch. ³¹ ʷIsraël te sèvi SENYÈ a pandan tout jou a Josué, tout jou a ansyen ki te vivan nan tan Josué yo, e yo te konnen tout zèv SENYÈ a te fè pou Israël.

³² Alò, ˣyo te antere zo Joseph yo, ke fis Israël yo te mennen monte soti Égypte, nan Sichem, nan mòso tè ke Jacob te achte nan men fis a Hamor yo, papa a Sichem, pou san pyès lajan an. Konsa, yo te devni eritaj a fis Joseph yo.

³³ Anplis, Éléazar, fis a Aaron an te vin mouri. Yo te antere li nan ʸGuibeath-Phinées, ki te bay a fis li nan peyi ti kolin a Éphraïm yo.

ᵃ **24:5** Egz 4:14-17   ᵇ **24:6** Egz 14:2-31   ᶜ **24:7** Det 1:45   ᵈ **24:8** Nonb 21:21-32   ᵉ **24:9** Nonb 22:2-6   ᶠ **24:10** Det 23:5   ᵍ **24:11** Jos 3:14-17   ʰ **24:11** Egz 23:31   ⁱ **24:12** Egz 23:28   ʲ **24:12** Sòm 44:3   ᵏ **24:13** Det 6:10   ˡ **24:14** Det 10:12   ᵐ **24:15** Jij 6:10   ⁿ **24:19** Egz 20:5   ᵒ **24:20** Det 4:25-26   ᵖ **24:22** Sòm 119:173   ᵠ **24:23** I Wa 8:57-58   ʳ **24:24** Egz 19:8   ˢ **24:25** Egz 24:8   ᵗ **24:26** Det 31:24   ᵘ **24:27** Jos 22:27-34   ᵛ **24:30** Jos 19:50   ʷ **24:31** Jij 2:6   ˣ **24:32** Jen 50:24-25   ʸ **24:33** Jos 22:13

Jij Yo

1 Alò, li vin rive apre lanmò Josué ke fis Israël yo fè yon demann SENYÈ a. Yo te di: "Kilès ki va premye pou vin monte pou nou [a]kont Kananeyen yo pou goumen kont yo?"

² SENYÈ a te reponn: [b]"Juda va monte. Veye byen, Mwen te mete peyi a nan men l." ³ Konsa, Juda te di a Siméon, frè li: "Vini avè m nan teren ki te vin tonbe pou mwen an, pou nou kapab goumen kont Kananeyen yo. Epi lè nou retounen, mwen va ale avè w nan teren pa w la." Konsa Siméon te ale avèk li.

⁴ Juda te monte e [c]SENYÈ a te livre Kananeyen yo avèk Ferezyen yo nan men yo. Yo te bat di-mil lòm Bézek. ⁵ Yo te rankontre Adoni Bézek nan Bézek. Yo te goumen kont li, e yo te bat Kananeyen yo avèk Ferezyen yo. ⁶ Men Adoni Bézek te sove ale. Yo te kouri dèyè li pou te kenbe li e yo te koupe pous li avèk gwo zòtèy li. ⁷ Adoni Bézek te di: "Swasann-dis wa avèk pous avèk gwo zòtèy koupe te konn ranmase manje anba tab mwen. [d]Jan ke m te konn fè a, konsa Bondye te rekonpanse mwen." Konsa, yo te mennen li Jérusalem e la, li te mouri. ⁸ Alò, fis Juda yo te goumen kont [e]Jérusalem. Yo te kaptire li. Yo te frape li avèk lam nepe e yo te mete dife nan vil la.

⁹ Apre, fis a Juda yo te desann pou goumen kont Kananeyen ki te rete nan peyi ti kolin yo ak nan Negev la ak nan ba plèn nan. ¹⁰ [f]Konsa, Juda te ale kont Kananeyen ki te rete Hébron yo (alò, non Hébron avan an se te Kirjath-Arba.) Yo te frape Schéschaï avèk Ahiman ak Talmaï.

¹¹ [g] Soti la, li te ale kont sila ki te rete Debir yo. (Alò, non Debir se te Kirjath-Sépher) ¹² Epi Caleb te di: "Sila ki atake Kirjath-Sépher e ki kaptire li a; a li menm, mwen va bay fi mwen an, Acsa kòm madanm li." ¹³ [h]Othniel, fis a Kenaz la, pi jèn frè a Caleb la te kaptire li. Konsa, li te ba li fi li a kòm madanm.

¹⁴ Epi [i]li te vin rive ke lè Acsa te vin kote li, ke li te konvenk li mande papa li yon chan. Li te desann bourik li, e Caleb te di: "Kisa ou vle?"

¹⁵ Li te di li: "Beni mwen. Akoz ou te ban mwen peyi nan Negev la, ban m sous dlo yo tou." Konsa, Caleb te ba li sous piwo avèk sous piba yo.

¹⁶ Desandan [j]Kenyen yo, bòpè Moïse la, te monte soti nan vil pal yo avèk fis Juda yo. Yo soti nan dezè a Juda ki vè sid Arad la, epi li te monte pou rete avèk pèp sila yo. ¹⁷ Konsa, Juda te ale avèk Siméon, frè li a, e yo te frape Kananeyen ki te rete Tsephath yo. Yo te detwi li nèt. Konsa, non a vil la te rele [k]Horma. ¹⁸ Anplis, Juda te pran [l]Gaza avèk teritwa ki te pou li a, ak Askalon avèk teritwa pa li a, ak Ékron avèk teritwa pa li a. ¹⁹ Alò SENYÈ a te avèk Juda, e te chase met dèyo tout sa yo ki te viv nan peyi ti kolin yo. Men yo pa t ka chase mete dèyo pèp ki te rete nan vale yo, akoz yo te gen [m]cha yo ki te fèt an fè. ²⁰ Alò, yo te bay Hébron a Caleb, [n] jan Moïse te pwomèt yo a; epi li te chase fè sòti twa fis Anak yo. ²¹ Men fis a Benjamin yo pa t chase mete [o]Jebizyen ki te rete nan Jérusalem yo dèyò. Pou sa, Jebizyen yo te rete pami fis Benjamin yo jis rive jodi a.

²² Menm jan an, lakay Joseph te monte kont Béthel e SENYÈ a te avèk yo. ²³ Lakay Joseph te fè espyonaj Béthel. [p]Alò, vil sa, avan lè te rele Luz. ²⁴ Espyon yo te wè yon nonm ki t ap sòti nan vil la. Yo te di li: "Souple, montre nou kote pou nou antre nan vil la, e [q]nou va fè ou gras." ²⁵ Konsa, li te montre yo antre vil la e yo te frape vil la avèk lam nepe. [r]Men yo te kite mesye sa a, ak tout fanmi li an libète. ²⁶ Mesye sila a te antre nan peyi Etyen yo. Li te bati yon vil e te ba li non Luz, epi se konsa li rele jis rive jodi a.

²⁷ [s]Men Manassé pa t pran posesyon Beth-Schean avèk bouk pa li yo, ni Thannac avèk bouk pa li yo, ni pèp ki te rete Dor yo avèk bouk pa li yo, ni pèp ki te rete Jibleam yo avèk bouk pa li yo, ni moun ki te rete Meguiddo avèk bouk pa li yo. Konsa, [t]Kananeyen yo te kontinye viv nan peyi sa a. ²⁸ Li te vin rive ke lè Israël te vin fò, ke yo te fòse Kananeyen yo fè travo fòse, men yo pa t chase yo fè yo sòti nèt.

²⁹ [u]Éphraïm pa t chase fè sòti Kananeyen ki t ap viv Guézer yo, men Kananeyen yo te viv Guézer pami yo. ³⁰ Zabulon pa t chase fè sòti pèp ki te rete Kitron yo, ni pèp ki te rete Nahalol yo. Konsa, Kananeyen yo te rete pami yo e te vin si jè a travo fòse. ³¹ Aser pa t chase mete dèyò pèp a Acco yo, ni pèp a Sidon yo, ni sila a Achlal yo, ni a Heba, ni a Aczib, ni a Rehob yo. ³² Konsa, Aserit yo te rete pami Kananeyen yo, pèp peyi a. Paske, yo pa t chase mete yo dèyò. ³³ Nephtali pa t chase mete dèyò pèp a Beth-Schémesch yo, ni pèp a Beth-anath yo. Men yo te viv pami Kananeyen yo, pèp peyi a, epi pèp peyi Beth-Schémesch avèk Beth-Anath yo te vin fè travo fòse pou yo. ³⁴ Konsa, Amoreyen yo te pouse fis a Dan yo antre nan peyi ti kolin yo, epi te anpeche yo antre nan vale a. ³⁵ Malgre sa, Amoreyen yo te pèsiste rete nan Mòn Hérès, nan Ajalon ak nan Schaalbim. Men lè pouvwa kay Joseph la te vin fò, yo te oblije fè travo fòse. ³⁶ Lizyè a Amoreyen yo te kouri soti nan monte Akrabim nan, soti Séla pou monte piwo.

2 Alò, zanj SENYÈ a te monte soti Guilgal a Bokim. Li te di: [v]"Mwen te mennen nou sòti

---

[a] **1:1** Jij 1:27   [b] **1:2** Jen 48:8   [c] **1:4** Sòm 44:2   [d] **1:7** Lev 24:19   [e] **1:8** Jos 15:63   [f] **1:10** Jos 15:13-19
[g] **1:11** Jos 15:15   [h] **1:13** Jij 3:9   [i] **1:14** Jos 15:18   [j] **1:16** Nonb 10:29-32   [k] **1:17** Nonb 21:3   [l] **1:18** Jos 11:22
[m] **1:19** Jos 11:22   [n] **1:20** Jos 14:9   [o] **1:21** I Kwo 11:4   [p] **1:23** Jen 28:19   [q] **1:24** Jos 2:12   [r] **1:25** Jos 6:25
[s] **1:27** Jos 17:12   [t] **1:27** Jij 1:1   [u] **1:29** Jos 16:10   [v] **2:1** Egz 20:2

an Égypte, e Mwen te mennen nou antre nan peyi ke M te sèmante a zansèt nou yo. Epi Mwen te di: [a]'Mwen p ap janm kraze akò Mwen avèk nou. [2] Konsa, pou nou menm, [b]nou p ap fè okenn akò avèk pèp peyi sila yo. Nou va chire lotèl pa yo.' Men nou pa t obeyi Mwen. Kisa sa ye ke nou fè la a? [3] Pou sa, Mwen te di anplis, 'Mwen p ap pouse yo sòti devan nou, men yo va devni tankou zepin akote nou e dye pa yo va vin yon pèlen pou nou.'"

[4] Lè zanj SENYÈ a te pale pawòl sa yo a tout fis Israël yo, pèp la te leve vwa pa yo pou te kriye. [5] Pou sa, yo te bay plas sa non Bokim, epi la, yo te fè sakrifis bay SENYÈ a. [6] [c]Lè Josué te fin fè pèp la ale, fis Israël yo te ale yo chak nan pwòp eritaj pa yo pou posede teren an. [7] Pèp la te sèvi Josué pandan tout jou a Josué yo e tout jou a ansyen ki te sèvi Josué yo, ki te wè tout gran zèv SENYÈ a te fè pou Israël yo.

[8] Epi Josué, fis a Nun nan, Sèvitè SENYÈ a, te mouri nan laj san-dis ane. [9] Yo te antere li nan teritwa [d]eritaj pa li, nan Thimnath-Hérès nan peyi ti kolin Éphraïm yo, vè nò a Mòn Gaasch. [10] Tout jenerasyon sila a, osi, te vin ranmase vè zansèt pa yo. Konsa, te vin leve yon lòt jenerasyon apre yo ki [e]pa t rekonèt SENYÈ a, ni nonplis zèv ke Li te fè pou Israël yo. [11] Alò, fis Israël yo te fè [f]mal nan zye SENYÈ a, e yo te sèvi Baal yo. [12] [g]Yo te abandone SENYÈ a, Bondye a zansèt pa yo a, ki te mennen yo sòti nan peyi Égypte la pou te swiv lòt dye yo, soti nan dye a pèp ki te antoure yo. Yo te bese yo ba devan yo. Konsa, yo te pwovoke SENYÈ a a lakòlè. [13] Yo te abandone SENYÈ a pou te [h]sèvi Baal avèk Astarté yo. [14] [i]Lakòlè SENYÈ a te brile kont Israël. Li te livre yo nan men a piyajè ki te piyaje yo. Li te vann yo antre nan men a lènmi ki te antoure yo pou yo pa t kab kanpe ankò devan lènmi yo. [15] Nenpòt kote ke yo te ale, men SENYÈ a te kont yo pou mal, jan SENYÈ a te pale yo a, jan Li [j]te sèmante a yo a. Konsa, vrèman yo te vin gen gwo pwoblem. [16] [k]Alò, SENYÈ a te fè leve jij yo ki te livre yo soti nan men a sila ki t ap piyaje yo. [17] Malgre sa, yo pa t koute jij yo, paske yo te fè pwostitiye dèyè lòt dye yo, e te bese yo ba anvè yo. Yo te vire akote byen vit soti nan chemen an [l]nan sila zansèt yo te mache ak obeyisans lòd a SENYÈ yo. Yo pa t fè tankou yo. [18] Lè SENYÈ a te kon fè leve yon jij pou yo, [m]SENYÈ a te avèk jij la, e te delivre pèp la nan men lènmi yo pandan tout jou a a jij la. Konsa, SENYÈ a te vin gen pitye pou yo akoz sila ki te oprime ak aflije yo. [19] Men li te kòn rive ke nan lè jij la vin mouri, yo ta vire tounen pou aji pi konwonpi pase zansèt yo. Yo te swiv lòt dye yo pou sèvi yo, e bese ba devan yo. Yo pa t janm abandone zèv sila yo, ni chemen tèt mato yo. [20] [n]Konsa, lakòlè SENYÈ a te brile kont Israël. Li te di: "Akoz nasyon sa a te transgrese akò ke Mwen te kòmande zansèt yo, e pa t koute vwa M, [21] [o]Mwen menm tou, Mwen va sispann chase devan yo, okenn nan nasyon ke Josué te kite la lè l te mouri yo, [22] pou pase Israël [p]a leprèv pa yo menm, pou wè si yo va kenbe chemen a SENYÈ a pou mache ladann jan zansèt pa yo te fè a oswa non." [23] Konsa SENYÈ a te pèmèt ke nasyon sa yo rete pami yo, e pa t pouse yo sòti vit. Li pa t livre yo nan men Josué.

3 [q]Alò, sila yo se nasyon ke SENYÈ a te kite pou sèvi kòm eprèv pou Israëlit yo ki potko konn fè lagè avèk Kananeyen yo. [2] Konsa li ta rive se jeneresyon a fis Israël ki pa t kon fè lagè, ta kapab enstwi. [3] Nasyon sa yo se: senk prens nan nasyon Filisten yo, tout Kananeyen yo, Sidonyen yo ak [r]Evyen ki te rete nan Mòn Liban yo, soti nan Mòn Baal-Hermon, jis rive nan Lebo-Hamath. [4] Yo te pou [s]pase a leprèv Israël, pou dekouvri si yo ta obeyi kòmand ke SENYÈ a te kòmande zansèt yo pa Moïse. [5] [t]Fis Israël yo te rete pami Kananeyen yo, Etyen ak Jebizyen yo, Amoreyen yo, Ferezyen yo ak Evyen yo. [6] [u]Yo te pran fi pa yo pou yo menm kòm madanm, yo te bay pwòp fi yo a fis pa yo, e yo te sèvi dye pa yo. [7] Fis Israël yo te fè sa [v]ki te mal nan zye a SENYÈ a, e yo te bliye SENYÈ a, Bondye pa yo a pou te sèvi Baal avèk Aseroth yo. [8] Alò, lakòlè SENYÈ a te limen kont Israël jiskaske Li te vann yo nan men a Cuschan-Rischeathaïm, wa Mésopotamie a. Konsa, fis Israël yo te sèvi Cuschan-Rischeathaïm pandan uit ane.

[9] Lè fis Israël yo te vin kriye fò a SENYÈ a, SENYÈ a te fè leve yon liberatè pou delivre yo, [w]Othniel, fis a Kenaz la, ti frè a Caleb la. [10] [x]Lespri SENYÈ a te vini sou li pou li te jije Israël lè li te sòti pou fè lagè. SENYÈ a te livre Cuschan-Rischeathaïm, wa Mésopotamie an, nan men l, e li te vin genyen sou Cuschan-Rischeathaïm. [11] Alò, peyi a te vin gen repo pandan karant ane, men Othniel, fis a Kenaz la, te vin mouri.

[12] Alò, fis Israël yo te fè mal nan zye SENYÈ a ankò. Pou sa, [y]SENYÈ a te ranfòse Églon, wa Moab la, kont Israël, akoz yo te fè mal nan zye SENYÈ a. [13] Li te ranmase a li menm fis a Ammon yo, avèk Amalek. Konsa, li te ale bat Israël pou yo te posede [z]vil pye palmis yo. [14] Fis Israël yo te sèvi Églon, wa Moab la, pandan dizuit ane.

[15] Men lè fis Israël yo te vin kriye fò bay SENYÈ a, SENYÈ a te fè leve yon liberatè pou yo, Éhud, fis a Guéra a, Benjamit lan, yon nonm goche. Konsa, pa li menm, fis a Israël yo te voye kòb angajman yo bay Églon, wa Moab la. [16] Éhud te fè pou kont li yon nepe avèk lam file de bò, yon koude nan longè e li

---

[a] 2:1 Jen 17:7-8   [b] 2:2 Egz 23:32   [c] 2:6 Jos 24:28-31   [d] 2:9 Jos 19:49   [e] 2:10 Egz 5:2   [f] 2:11 Jij 3:7-12
[g] 2:12 Det 31:16   [h] 2:13 Jij 10:6   [i] 2:14 Det 31:17   [j] 2:15 Lev 26:14-39   [k] 2:16 Sòm 106:43-45   [l] 2:17 Jij 2:7
[m] 2:18 Jos 1:5   [n] 2:20 Jij 2:14   [o] 2:21 Egz 23:4-13   [p] 2:22 Det 8:2   [q] 3:1 Jij 1:1   [r] 3:3 Jos 9:7   [s] 3:4 Det 8:2
[t] 3:5 Sòm 106:35   [u] 3:6 Egz 34:15-16   [v] 3:7 Jij 2:11   [w] 3:9 Jij 1:13   [x] 3:10 Nonb 11:25-29   [y] 3:12 Jij 2:14
[z] 3:13 Det 34:3

te mare li nan kwis dwat li, anba manto li. ¹⁷ Li te prezante kòb angajman an bay Églon, wa Moab la. Alò, Églon te yon mesye byen gra. ¹⁸ Li te vin rive ke lè li te fin prezante kòb la, li te fè moun pa l yo ki te pote don an sòti. ¹⁹ Men li menm te vire sòti kote zidòl ki te Guilgal yo, e te di: "Mwen gen yon mesaj sekrè pou ba ou, O Wa." Epi li menm wa a te di: "Rete an silans." Epi tout sila ki te sèvi li yo te pati. ²⁰ Éhud te vin vè li pandan li te chita sèl nan chanm twati fre li a. Epi Éhud te di li: "Mwen gen yon mesaj ki sòti nan Bondye pou ou." Li te leve sou chèz li a. ²¹ Konsa, Éhud te lonje men goch li, te pran nepe a soti nan kwis dwat li e te pase l nèt travèse vant li. ²² Manch lan osi te antre anndan l apre lam nan e grès te vin kouvri sou lam nan; paske li pa t retire nepe a sòti nan vant li e salte vant lan te vin sòti ladann. ²³ Alò, Éhud te sòti sou galeri gran chanm nan, te fèmen pòt a chanm twati dèyè li yo, e li te kadnase yo. ²⁴ Lè l te fin sòti, sèvitè li yo te vin gade; epi vwala, pòt a chanm twati yo te kadnase. Konsa yo te di: ᵃ"L ap sèlman okipe bezwen li nan chanm fre a." ²⁵ Yo te tann jiskaske yo te vin twouble, men gade byen, li pa t vin ouvri pòt a chanm twati la. Pou sa, yo te pran kle a pou te louvri yo, epi gade byen, mèt yo a te tonbe atè a mouri nèt. ²⁶ Alò, Éhud te chape pandan yo te mize a. Li te pase kote zidòl yo e te chape rive Seïra. ²⁷ Li te vin rive ke lè li te parèt, ᵇli te soufle twonpèt peyi ti kolin Éphraïm yo. Konsa, fis Israël yo te vin desann avè l soti nan peyi ti kolin yo, e li menm te ale devan yo. ²⁸ Li te di yo: "Kouri dèyè yo, paske SENYÈ a gen tan livre lènmi nou yo, Moabit yo, nan men nou." Epi yo te desann dèyè yo pou te sezi yo ᶜkote Jourdain ki anfas Moab la, e yo pa t kite pèsòn janbe. ²⁹ Yo te frape fè tonbe nan tan sa a anviwon di-mil Moabit. Yo tout te gason vanyan e fò. Nanpwen ki te chape. ³⁰ Konsa, Moab te soumèt nan jou sa a anba men Israël. Epi peyi a pa t gen boulvèsman ankò pandan katre-ven ane.

³¹ Apre li te vin ᵈSchamgar, fis a Anath la, ki te frape fè tonbe sis-san Filisten avèk yon baton ki pou pouse bèf kabwa. Li menm tou te libere Israël.

4 Alò, ᵉfis Israël yo ankò te fè mal nan zye SENYÈ a, apre Éhud te fin mouri. ² Konsa, SENYÈ a te vann yo nan men a ᶠJabin, wa Kananeyen an, ki te renye nan Hatsor. Kòmandan lame li a te Sisera, ki te rete Haroscheth-Goïm. ³ Fis Israël yo te kriye a SENYÈ a, paske li te gen nèf san ᵍcha fèt an fè, e avèk severite, li te oprime fis Israël yo pandan ventan. ⁴ Alò, Débora, yon pwofetès, madanm a Lappidoth, t ap jije Israël nan tan sila a. ⁵ Li te konn chita anba ʰpye palmis a Débora a antre Rama avèk Béthel nan peyi ti kolin Ephraïm yo, epi fis Israël yo te kon vin vè li pou l fè jijman. ⁶ Alò, li te voye kòmande ⁱBarak, fis a Abinoam nan, pou l soti nan Kedesh-Nephtali. Li te di l: "Veye byen, SENYÈ a, Bondye Israël la, te kòmande: "Ale mache vè

Mòn Thabor e pran avèk ou di-mil lòm soti nan fis a Nephtali yo ak fis a Zabulon yo. ⁷ Mwen va atire fè vin parèt Sisera, kòmandan lame Jabin nan vini avèk cha li yo ak anpil sòlda yo vè larivyè Kishon, e ʲmwen va mete li nan men ou." ⁸ Alò, Barak te di li: "Si ou prale avèk mwen, alò, m ap prale, men si ou pa prale avè m, mwen pa p prale." ⁹ Li te di: "Mwen va vrèman ale avèk ou. Malgre, lonè p ap pou ou nan vwayaj ke w ap fè a, ᵏpaske SENYÈ a va vann Sisera nan men a yon fanm." Konsa, Débora te leve e te ale avèk Barak pou rive Kédesch. ¹⁰ Barak te rele Zabulon ak Nephtali ansanm pou rive Kédesch, epi di-mil lòm te monte ˡavèk li. Anplis, Débora te monte avèk li. ¹¹ Alò, Héber, ᵐKenyen an te rete apa de Kenyen yo, fis Hobab yo, bòpè Moïse la, e te monte tant li byen lwen jis nan bwatchenn ki nan Tsaannaïm nan, ki toupre Kédesch la. ¹² Yo te di Sisera ke Barak, fis a Abinoam nan, te monte vè Mòn Thabor. ¹³ Sisera te rele ansanm tout cha li yo, nèf-san cha an fè ak tout pèp ki te avèk li yo, soti nan ⁿHaroscheth de Goïm yo jis rive nan larivyè Kishon. ¹⁴ Debora te di a Barak: "Leve! Paske sa se jou nan sila SENYÈ a vin mete Sisera nan men ou! Veye byen, ᵒSENYÈ a gen tan sòti devan ou." Konsa Barak te sòti desann Mòn Thabor avèk di-mil lòm ki t ap swiv li. ¹⁵ ᵖSENYÈ a te boulvèse Sisera avèk tout cha yo ak tout lame a avèk lam nepe devan Barak, epi Sisera te desann cha li e te sove ale a pye. ¹⁶ Men Barak te kouri dèyè cha yo avèk lame a jis rive Haroscheth-Goïm e tout lame Sisera a te tonbe pa lam nepe. ᑫNanpwen youn ki te rete. ¹⁷ Alò, Sisera te sove ale sòti nan pye a tant Jaël la, madanm a Héber a, Kenyen an; paske te gen lapè antre Jabin, wa Hatsor a ak lakay Héber, Kenyen an.

¹⁸ Jaël te sòti deyò pou rankontre Sisera, e li te di li: "Vire akote, mèt mwen, vire akote vè mwen! Pa pè." Epi li te vire akote li nan tant lan, e li te kouvri li avèk yon tapi.

¹⁹ ʳLi te di: "Souple, ban mwen yon ti dlo pou m bwè; paske mwen swaf." Konsa, li te ouvri yon boutèy lèt pou te bay li bwè ladann, epi li te kouvri li. ²⁰ Li te di li: "Kanpe nan pòtay tant lan, epi li va rive ke si yon moun vin mande ou, e di: 'Èske gen moun la a?' Ou va di: 'Non.'"

²¹ Men Jaël, madanm a Héber a, te pran yon pikèt tant lan. Li te pran yon mato nan men li, e li te pwoche li dousman. Konsa, li te frape pikèt la fè l kreve tèt li jis rive atè, paske li te fatige nèt e li t ap dòmi. Konsa, li te mouri.

²² Epi veye byen, pandan Barak t ap kouri dèyè Sisera, Jaël te parèt deyò e te di l: "Vini pou mwen montre ou nonm ke w ap chache a." Epi li te antre avèk li. Vwala, Sisera te kouche la mouri nèt avèk pikèt tant lan nan fon li.

ᵃ **3:24** I Sam 24:3 ᵇ **3:27** Jij 6:34 ᶜ **3:28** Jij 7:24 ᵈ **3:31** Jij 5:6 ᵉ **4:1** Jij 2:19 ᶠ **4:2** Jos 11:1-10
ᵍ **4:3** Jij 1:19 ʰ **4:5** Jen 35:8 ⁱ **4:6** Eb 11:32 ʲ **4:7** Sòm 83:9 ᵏ **4:9** Jij 4:21 ˡ **4:10** Jij 4:14 ᵐ **4:11** Jij 1:16
ⁿ **4:13** Jij 4:2 ᵒ **4:14** Det 9:3 ᵖ **4:15** Det 7:23 ᑫ **4:16** Egz 14:28 ʳ **4:19** Jij 5:24-27

²³ Konsa, ᵃBondye te imilye, nan jou sa a, Jabin, wa Kananeyen an, devan fis Israël yo. ²⁴ Men lan a fis Israël yo te peze pi lou e pi lou sou Jabin, wa Kananeyen an, jiskaske yo te detwi Jabin, wa Kananeyen an.

5 ᵇAlò, Débora avèk Barak, fis a Abinoam nan te chante jou sa a. Yo te di:
² ᶜ"Akoz chèf yo te dirije Israël,
akoz ᵈpèp la te pran desizyon,
beni SENYÈ a!

³ "Tande O wa yo!
Bay zòrèy nou, O gran chèf yo!
ᵉPou mwen—-Se a SENYÈ a menm
ke mwen chante.
Mwen va chante bay lwanj a SENYÈ
a, Bondye Israël la.

⁴ "SENYÈ a, lè Ou te sòti Séir,
lè Ou te mache soti nan chan Édom an,
ᶠtè a te tranble e syèl la te fonn,
menm nwaj yo te degoute dlo.
⁵ ᵍMòn yo te souke devan prezans SENYÈ a,
Sinai sila a, devan prezans SENYÈ a,
Bondye a Israël la.
⁶ "Nan jou a ʰSchamgar a, fis a Anath la,
nan jou a Jaël yo, gran chemen yo
te abandone,
e vwayajè yo te pase pa lòt ti chemen.
⁷ Aktivite abitan yo te sispann.
Yo te sispann an Israël,
jiskaske mwen menm, Débora, te vin leve.
Jiskaske m te leve, yon manman an Israël.
⁸ ⁱYo te pito dye nèf yo.
Konsa, lagè te vin rive nan pòtay yo.
Èske gen lans, èske gen nepe,
pami karant-mil lòm an Israël yo?
⁹ Kè m apiye vè ʲchèf Israël yo,
mesye ki parèt ak bon volonte pami pèp la.
Beni SENYÈ a!
¹⁰ ᵏ"Pale, Nou menm ki monte bourik blan yo,
nou menm ki chita sou tapi chè yo,
ak nou menm ki vwayaje sou wout la.
¹¹ Lwen bwi achè yo,
nan ˡkote y ap rale dlo,
la yo va rakonte ᵐzèv ladwati a SENYÈ a,
zèv ladwati pou moun li yo an Israël.
"Epi pèp SENYÈ a te desann nan pòtay yo.
¹² ⁿ'Leve, leve, Débora!
Leve, leve, chante yon chan!
Leve, Barak, e mennen kaptif ou yo, O
fis Abinoam nan.'
¹³ "Retay prens yo ak chèf yo te desann.
SENYÈ a te desann pou mwen kont
pwisant yo.

¹⁴ Sila yo rasinen ᵒnan Amalek te soti
nan Epharïm.
Yo t ap swiv ou, Benjamin, avèk pèp ou a.
Soti nan Makir, kòmandan yo te desann.
E soti nan Zabulon,
sila ki voye baton pouvwa yo.
¹⁵ Prens Issacar yo te avèk Débora.
Tankou Issacar, konsa Barak.
Nan vale a, yo te plonje ᵖdèyè talon li.
Akote kous dlo Ruben yo, yo te pran desizyon.
¹⁶ Poukisa nou chita pami ᑫpak mouton yo
pou tande kri a bann mouton yo?
Akote kous dlo Ruben yo, te gen kè
ki manke pran desizyon.
¹⁷ ʳGalaad te rete lòtbò Jourdain an.
Poukisa Dan te rete nan bato yo?
Ak Aser ki chita bòdmè a akote ti flèv yo?
¹⁸ Men ˢZabulon, yon pèp ki pa t
konsidere lavi yo jiska devan lanmò;
ak Nephtali tou, nan lye wo sou chan an.

¹⁹ "Wa yo te parèt. Yo te goumen;
wa Kananeyen yo te goumen ᵗkote Thaanac,
toupre dlo a Méguiddo yo.
ᵘYo pa t pran piyaj an ajan.
²⁰ ᵛZetwal yo te goumen soti nan syèl la,
soti nan kous yo, yo te goumen kont Sisera.
²¹ Dlo ravin, larivyè Kishon te pran yo ale,
ansyen dlo ravin nan, dlo ravin Kishon an.
O nanm mwen mache avanse ak fòs.
²² ʷEpi zago cheval yo te bat akoz kous la;
kous a tout gwo zago pwisan sa yo.
²³ 'Modi Méroz di zanj SENYÈ a!
Modi pèp ki rete la a nèt,
ˣakoz yo pa t vini ede SENYÈ a kont
pwisant yo.'
²⁴ ʸ"Beni pase tout fanm yo se Jaël,
madanm Héber a, Kenyen an.
Se pi beni li ye pase tout fanm nan tant lan.
²⁵ Li te mande dlo; li te ba li lèt.
Nan yon veso byen bèl, li te pote ba
li bòl lèt yo.
²⁶ Li te lonje men li pou pran pikèt la,
men dwat la pou mato ouvriye a.
Konsa, li te frape Sisera.
Li te kraze tèt li.
Wi, li te kraze fwontèn tèt li a.
²⁷ Antre janm li yo, li te tonbe.
La, li kouche.
Kote gason an te bese a,
la, li te tonbe mò.

²⁸ "Deyò fenèt la, fi a te gade byen twouble:
Manman Sisera te gade anndan treyi a.
'Poukisa cha l a fè reta konsa?

ᵃ **4:23** Né 9:24   ᵇ **5:1** Egz 15:1   ᶜ **5:2** Jij 5:9   ᵈ **5:2** Sòm 110:3   ᵉ **5:3** Sòm 27:6   ᶠ **5:4** Sòm 68:8-9
ᵍ **5:5** Egz 19:18   ʰ **5:6** Jij 3:31   ⁱ **5:8** Det 32:17   ʲ **5:9** Jij 5:2   ᵏ **5:10** Jij 10:4   ˡ **5:11** Jen 24:11
ᵐ **5:11** I Sam 12:7   ⁿ **5:12** Sòm 57:8   ᵒ **5:14** Jij 12:15   ᵖ **5:15** Jij 4:10   ᑫ **5:16** Nonb 32:1-36   ʳ **5:17** Jos 22:9
ˢ **5:18** Jij 4:6-10   ᵗ **5:19** Jij 1:27   ᵘ **5:19** Jij 5:30   ᵛ **5:20** Jos 10:12-14   ʷ **5:22** Job 39:19-25   ˣ **5:23** Jij 5:13
ʸ **5:24** Jij 4:19-21

Poukisa nou poko tande bwi la
a pye cheval cha li yo,
k ap frape tè a pou l rive?'
²⁹ Demwazèl saj li yo tap reponn li;
Anverite, li menm te repete pawòl yo
   nan pwòp tèt li
³⁰ ᵃ'Èske se pa ke yo te jwenn,
ke y ap divize piyaj la?
Yon demwazèl, menm de demwazèl
   pou chak gèrye;
pou Sisera, yon piyaj bèl twal fonse,
piyaj a yon twal anbeli trese byen fen;
yon mendèv très doub sou kou a piyajè a?'

³¹ ᵇ"Se konsa pou kite tout lènmi
Ou yo peri, O SENYÈ,
men ke sila ki renmen Li yo
vin tankou solèy k ap leve ak tout fòs li."

Konsa, peyi a te rete san boulvèsman pandan karant ane.

6 Epi fis Israël yo ᶜte fè sa ki mal nan zye SENYÈ a. Konsa, SENYÈ a te livre yo nan men a peyi Madian an pandan sèt ane. ² Pouvwa Madian nan te domine kont Israël. Akoz Madian, fis Israël yo te fè pou yo menm ᵈkavo ki te nan mòn ak gwòt avèk sitadèl avèk wòch. ³ Paske se te lè Israël te fin simen ke Madyanit yo ta vin monte avèk Amalekit yo ak fis yo nan lès pou ale kont yo. ⁴ Konsa, yo te fè kan kont yo, ᵉdetwi tout pwodwi tè a jis rive Gaza, e ᶠpa t kite anyen pou manje an Israël, ni mouton, bèf, ni bourik. ⁵ Paske, yo te monte vin parèt avèk tout bèt yo, ak tant yo. Yo te antre an fòs kantite tankou ᵍkrikèt zèl volan. Kantite a yo menm avèk chamo pa yo te depase kontwòl. Yo te vin antre nan tè a pou devaste li. ⁶ Konsa, Israël te ʰdesann ba akoz Madian, e fis Israël yo te kriye fò anvè SENYÈ a.

⁷ Koulye a, li vin rive ke lè fis Israël yo te kriye fò anvè SENYÈ a akoz Madian, ⁸ ke SENYÈ a te voye yon pwofèt bay fis Israël yo. ⁱLi te di yo: "Konsa pale SENYÈ a, Bondye a Israël la 'Se te Mwen menm ki te mennen nou monte soti an Egypte e te mennen nou sòti nan kay esklavaj la. ⁹ Mwen te delivre nou soti nan men a Ejipsyen yo, ak men a tout sila ki te oprime nou yo. Mwen te chase yo devan nou, e te bannou peyi pa yo. ¹⁰ Mwen te di nou: "Mwen se SENYÈ a, Bondye nou an. ʲNou pa pou gen krent dye Amoreyen yo nan peyi kote nou rete." Men nou pa t koute vwa M.'"

¹¹ Alò ᵏzanj SENYÈ a te vin chita anba bwadchenn ki te Ophra a, ki te pou Joas, Abiezerit la. Nan lè sa a, ˡGédéon, fis li a, t ap bat ble nan preswa diven an, pou sove li kont Madyanit yo. ¹² Zanj SENYÈ a te parèt a li e te di li: "SENYÈ a avèk ou, O gèrye vanyan an". ¹³ Epi Gédéon te di li: "O senyè mwen, ᵐsi SENYÈ a avèk nou, poukisa tout bagay sa yo vin rive nou? Epi ki kote tout mirak Li yo ke zansèt nou yo te konn pale nou yo? Konsa li te di: 'Èske SENYÈ a pa t mennen nou sòti an Egypte?' Men koulye a, SENYÈ a gen tan abandone nou e livre nou nan men a Madian."

¹⁴ SENYÈ a te gade li e te di: "ⁿAle ak sa ki pwòp fòs ou, e delivre Israël nan men Madyanit yo. Èske se pa Mwen ki voye ou?"

¹⁵ ᵒLi te di Li: "O SENYÈ, ki jan mwen kapab delivre Israël? Gade byen, fanmi mwen, se pi piti a nan ᵖManassé e Mwen se pi piti a lakay papa m."

¹⁶ ᵠMen SENYÈ a te di li: "Anverite, Mwen va avèk ou e ou va genyen Madian tankou yon sèl gason."

¹⁷ Konsa Gédéon te di Li: "Si koulye a, mwen jwenn favè nan zye Ou; alò, montre mwen ʳyon sign ke se Ou menm ki pale avè m. ¹⁸ Souple, pa kite isit la jiskaske mwen vin kote Ou pou pote ofrann mwen e mete l devan Ou."

Epi Li te reponn: "M ap rete jiskaske ou tounen."

¹⁹ Alò, Gédéon te antre anndan an. Li te ˢprepare yon jèn ti kabrit avèk pen san ledven avèk yon efa farin. Li te mete vyann nan nan yon panyen ak sòs li nan yon kivèt. Li te pote yo deyò kote li a, anba bwadchenn nan e li te prezante yo.

²⁰ Zanj Bondye a te di li: "Pran vyann nan avèk pen san ledven an. Mete yo sou wòch sila e vide sòs la."

Epi konsa li te fè. ²¹ Konsa, zanj SENYÈ a te lonje pwent baton li, ki te nan men li pou te touche vyann nan avèk pen san ledven an, epi ᵗdife te vòlti je sòti nan wòch la pou te konsome vyann nan nèt ansanm avèk pen san ledven an. Epi zanj SENYÈ a te disparèt devan zye li.

²² ᵘLè Gédéon te wè ke se te zanj SENYÈ a, li te di: "Anmwey, O Senyè Bondye! Koulye a, mwen gen tan wè zanj SENYÈ a fasafas."

²³ Senyè a te reponn li: "Lapè avèk ou, pa pè. Ou p ap mouri."

²⁴ Alò Gédéon te bati yon lotèl la pou SENYÈ a. Li te rele lotèl la "SENYÈ a se Lapè". Jis rive jodi a, li toujou la ᵛnan Ophra a Abizerit yo.

²⁵ Alò, nan menm nwit lan, SENYÈ a te di li: "Pran towo papa ou avèk yon dezyèm towo a laj sèt ane. Konsa, rale desann lotèl Baal ki pou papa ou a e koupe poto ʷAstarté ki akote li a. ²⁶ Epi bati yon lotèl a SENYÈ a, Bondye ou an, sou tèt fotrès sila nan yon jan ki an lòd. Epi pran yon lòt towo e ofri li avèk bwa ki te nan poto Astarat ke ou va koupe mete atè a."

²⁷ Alò, Gédéon te pran dis mesye nan sèvitè li yo, e li te fè jan SENYÈ a te pale li a. Epi akoz li te pè lakay papa li ak mesye lavil yo, li pa t fè l nan lajounen, men pandan lannwit.

²⁸ Lè mesye lavil yo te leve granmmaten, vwala, lotèl Baal la te kase, epi poto Astarté ki te akote li

---

ᵃ **5:30** Egz 15:9   ᵇ **5:31** Sòm 66:2   ᶜ **6:1** Jij 2:11   ᵈ **6:2** I Sam 13:6   ᵉ **6:4** Lev 26:16   ᶠ **6:4** Det 28:31
ᵍ **6:5** Jij 7:12   ʰ **6:6** Det 28:43   ⁱ **6:8** Jij 2:1-2   ʲ **6:10** II Wa 17:35   ᵏ **6:11** Jij 2:1   ˡ **6:11** Eb 11:32
ᵐ **6:13** Jij 6:1   ⁿ **6:14** Eb 11:32-34   ᵒ **6:15** Egz 3:11   ᵖ **6:15** Jij 6:11   ᵠ **6:16** Egz 3:12   ʳ **6:17** Jij 6:37
ˢ **6:19** Jen 18:6-8   ᵗ **6:21** Lev 9:24   ᵘ **6:22** Jen 32:30   ᵛ **6:24** Jij 8:22   ʷ **6:25** Egz 34:13

a te koupe, e dezyèm towo te gen tan ofri sou lotèl la ki te fin bati. ²⁹ Yo te di a youn lòt: "Se kilès ki te fè bagay sa a?"

Lè yo fè ankèt pou mande, yo te di: "Gédéon, fis a Joas la te fè bagay sa a."

³⁰ Alò, mesye lavil yo te di a Joas: "Mennen fis ou a sòti pou l mouri, paske li te chire lotèl Baal la e anverite, li gen tan koupe mete atè poto Astarté ki te akote li a." ³¹ Men Joas te di a tout moun ki te kanpe kont li yo: "Èske nou va plede kòz a Baal yo oswa èske se nou ki pou delivre li? Sila ki plede kòz li a, va mete a lanmò avan maten. Si se yon dye ke li ye, kite li plede pou pwòp tèt li, pou kòz a moun nan ki te chire lotèl li."

³² Pou sa, nan jou sa a, li te bay a Gédéon non ªJerubbaal, ki vle di, "Kite Baal plede pou kont li", akoz li te chire lotèl li.

³³ Epi tout Madyanit avèk Amalekit yo avèk fis a lès yo te rasanble yo menm. Yo te janbe pou te fè kan an nan ᵇvale Jizréel la. ³⁴ Konsa, ᶜLespri SENYÈ a te vin sou Gédéon, epi li te soufle twonpèt la, epi Abizerit yo te rele ansanm pou swiv li. ³⁵ Li te voye mesaje yo toupatou nan Manassé e yo tout te rasanble ansanm pou swiv li. Konsa, li te voye mesaje a Aser, Zabulon ak Nephtali pou ᵈyo te vin monte, rankontre ak yo.

³⁶ Gédéon te di a Bondye: ᵉ"Si Ou va delivre Israël pa men mwen, jan Ou te pale a, ³⁷ gade byen, mwen va mete yon touf len sou glasi a; si gen lawouze sèl sou touf la, e li sèch sou tout tè a, alò, mwen va konnen ke Ou va delivre Israël pa men mwen, jan Ou te pale a."

³⁸ Epi se konsa sa te ye. Lè li leve granmaten e te peze touf la, li peze fè sòti nan touf la yon bòl plen dlo.

³⁹ Alò, Gédéon te di a Bondye: ᶠ"Pa kite kòlè ou brile kont mwen pou m kab pale yon fwa ankò. Souple, kite mwen fè yon tès yon fwa ankò avèk touf la. Kite sa fèt, koulye a, ke se sèl touf la ki sèch e kite l gen lawouze sou tout tè a." ⁴⁰ Bondye te fè sa nan nwit lan; paske li te seche sèl touf la e lawouze te sou tout tè a.

7 Epi ᵍJerubbaal (sa vle di Gédéon) avèk tout pèp ki te avèk li a te leve granmaten e te fè kan an kote sous Harod la. Kan Madian an te vè nò de yo menm, akote ti mòn Moreh nan vale a. ² SENYÈ a te di a Gédéon: "Pèp la ki avèk ou a twòp pou M ta delivre Madian nan men yo, ʰpaske Israël ta vin ògeye, e di: 'Se pouvwa mwen ki delivre mwen.' ³ Pou sa, vin pwoklame nan zòrèy a tout pèp la, e di: ⁱ"Nenpòt moun ki gen lakrent e k ap tranble, ke li retounen sòti nan Mòn Galaad.'" Konsa, venn-de-mil moun te retounen; men te gen di-mil moun ki te rete.

⁴ ʲAlò, SENYÈ a te di a Gédéon: "Pèp la twòp toujou. Mennen yo desann kote dlo a, e Mwen va pase yo a leprèv pou ou la. Konsa li va ye ke si M di ou: 'Sila a prale avè w', l ap prale; men a tout sila ke M di w: 'Sila a pa prale', li pa prale." ⁵ Konsa, li te mennen pèp la desann vè dlo a. Epi SENYÈ a te di a Gédéon: "Ou va separe tout sila ki lape dlo a avèk lang yo tankou chen ak, anplis sila ki mete kò l ajenou pou bwè yo." ⁶ Alò, kantite a sila ki te lape dlo a, ki pa rale l nan men yo pou rive nan bouch yo se te twa-san lòm, e rès yo te mete yo ajenou pou bwè. ⁷ SENYÈ a te di a Gédéon: "Mwen va delivre nou ᵏavèk twa-san lòm sila ki te lape dlo yo e yo va mete Madyanit yo nan men nou. Pou sa, kite tout lòt moun yo ale, tout moun rive lakay yo." ⁸ Konsa, twa-san lòm te pran pwovizyon a pèp la, avèk twonpèt pa yo nan men yo. Epi Gédéon te voye tout lòt mesye Israël yo chak nan pwòp tant pa yo, men te kenbe twa-san mesyè yo. Kan Madian an te anba nan vale a. ⁹ Alò, menm nwit lan, li te vin rive ke SENYÈ a te vin di li: "Leve, desann nan kan an, ˡpaske mwen te livre li nan men ou. ¹⁰ Men si ou pè desann, ale avèk Pura, sèvitè ou a, anba nan kan an. ¹¹ Ou va tande kisa yo di: ᵐapre sa, men w ap vin fò pou ou kapab desann kont kan an." Konsa, li te ale avèk Pura, sèvitè li a, anba kote avan-gad a lame ki te nan kan yo.

¹² Alò, Madyanit yo avèk Amalekit yo ak tout fis a lès la, te kouche nan vale a. Yo te ⁿplis an kantite pase krikèt volan, epi chamo pa yo te twòp pou konte, an ᵒgran nonb tankou grenn sab bò lanmè a.

¹³ Lè Gédéon te rive, veye byen, yon nonm t ap revele yon rèv a zanmi li. Li t ap di: "Gade byen, mwen te fè yon rèv; yon mòso pen lòj te tonbe antre nan kan Madian an. Li te rive nan tant lan, li te frape li pou l te tonbe, e, konsa, li te vire l tèt anba pou l kouche plat."

¹⁴ Zanmi li an te reponn: "Sa se pa anyen mwens ke nepe a Gédéon an, fis a Joas la, yon nonm de Israël. Bondye te mete Madian avèk tout kan an ᵖnan men li."

¹⁵ Lè Gédéon te tande afè rèv la ak entèpretasyon li, li te bese an adorasyon. Li te retounen nan kan Israël la, e li te di: "Leve, paske SENYÈ a gen tan mete kan Madian an nan men nou."

¹⁶ Li te divize twa-san lòm yo an twa konpayi, e li te mete twonpèt yo avèk krich vid yo nan men yo tout, avèk tòch yo anndan krich yo.

¹⁷ Li te di yo: "Gade mwen, e fè menm bagay la. Epi veye byen, lè m rive kote bò kan an, fè menm sa ke m fè a. ¹⁸ Lè mwen avèk tout sila ki avèk m yo soufle twonpèt la, alò, nou, osi, nou va soufle twonpèt yo toutotou kan an, e nou va di: 'Pou SENYÈ a e pou Gédéon.'"

¹⁹ Konsa, Gédéon avèk san mesyè ki avèk li yo te rive bò kan an, nan kòmansman premye ve a, lè yo te fenk plase gad yo. Konsa, yo te soufle twonpèt la e te kraze krich ki te nan men yo. ²⁰ Lè twa konpayi yo te soufle twonpèt yo e kraze krich yo, yo te kenbe tòch yo nan men goch avèk twonpèt yo nan men

---

ª **6:32** Jij 7:1   ᵇ **6:33** Jos 17:16   ᶜ **6:34** Jij 3:10   ᵈ **6:35** Jij 7:3   ᵉ **6:36** Jij 6:14-17   ᶠ **6:39** Jen 18:32
ᵍ **7:1** Jij 6:32   ʰ **7:2** Det 8:17-18   ⁱ **7:3** Det 20:8   ʲ **7:4** I Sam 14:6   ᵏ **7:7** I Sam 14:6   ˡ **7:9** Jos 2:24
ᵐ **7:11** Jij 7:15   ⁿ **7:12** Jij 6:5   ᵒ **7:12** Jos 11:4   ᵖ **7:14** Jos 2:9

dwat pou soufle, e yo te kriye fò: "Yon nepe pou SENYÈ a ak pou Gédéon!" ²¹ Tout moun te kanpe nan plas li ki te antoure kan an, epi ᵃtout lame a te sove ale. Yo te kriye fò e yo te pran flit. ²² Lè yo te soufle twa-san twonpèt yo, ᵇSENYÈ a te mete nepe a youn kont lòt e kont tout lanmè a nèt. Konsa, lame a te sove ale jis rive nan Beth-Schitta anvè Tseréra, jis rive nan Abel-Mehola akote Tabath. ²³ Mesye Israël yo te rasanble sòti jis ᶜNephtali avèk Aser ak tout Manassé, epi yo te kouri dèyè Madian. ²⁴ Gédéon te voye mesaje toupatou nan peyi ti kolin Éphraïm yo. Li te di: "Vin desann kont Madian e ᵈpran dlo devan yo jis rive nan Beth-Bara avèk rivyè Jourdain an!" ²⁵ Yo te kaptire de chèf diri jan a Madian yo, ᵉOreb avèk Zeeb. Yo te touye Oreb nan wòch Oreb la, e yo te touye Zeeb nan pez divin Zeeb la, pandan yo t ap kouri dèyè Madian. Konsa, yo te pote tèt a Oreb avèk Zeeb bay Gédéon soti lòtbò Jourdain an.

8 Alò, mesye Éphraïm yo te di li: ᶠ"Kisa nou te fè ou; kòmsi ou pa rele nou pou antre nan batay avèk Madian an?" Epi yo te menase li byen rèd. ² Men li te di yo: "Kisa menm mwen te fè ki konpare avèk nou? Èske se pa vrè ke li pi bon pou ranmase dèyè rekòlt Éphraïm nan pase fè gwo rekòlt nan chan Abiézer a? ³ Bondye vin mete chèf a Madian yo, Oreb avèk Zeeb nan men ou menm. Epi kisa mwen te reyisi fè ki konpare avèk nou?" Alò, chalè kòlè kont li te bese lè li te di sa a.

⁴ Konsa, Gédéon avèk twa-san lòm ki te avè l yo te rive ᵍnan Jourdain an e te travèse l. Yo te byen fatige, men toujou t ap kouri dèyè yo. ⁵ Li te di a mesye ʰSuccoth yo: "Souple, ban mwen pen pou pèp la k ap swiv mwen an, paske yo fatige, e mwen ap kouri dèyè Zébach avèk Tsalmunna, wa a Madian yo."

⁶ Chèf Succoth yo te di: ⁱ"Èske men a Zébach avèk Zalmunna deja nan men ou, pou nou ta bay pen a lame ou a?"

⁷ Gédéon te di: "Trè byen, ʲlè SENYÈ a fin mete Zébach avèk Tsalmunna nan men m, m ap vin kale nou avèk pikan dezè yo e avèk chadwon savann nan."

⁸ Li te monte soti la nan ᵏPenuel. Li te pale menm jan an avèk yo, epi mesye Penuel yo te reponn li menm jan mesye Succoth yo te reponn nan. ⁹ Konsa, li te pale osi avèk mesye Penuel yo, e li te di: ˡ"Lè m retounen an bon eta, m ap chire fò sa a."

¹⁰ Alò, Zébach avèk Tsalmunna te nan Kakor, e lame yo te avèk yo, anviwon kenz-mil lòm, tout sila ki te rete nan lame a fis a lès yo nèt; ᵐpaske sila ki te tonbe yo se te san-ven-mil mesye ak nepe. ¹¹ Gédéon te monte pa chemen a sila ki te rete nan tant yo sou lès a Nobach avèk Jogbeha, e te atake lame a an lè yo pa t sispèk anyen. ¹² Lè Zébach avèk Tsalmunna te fin sove ale, li te swiv yo. Li te kaptire de wa a Madian yo, Zébach avèk Tsalmunna e te mete tout lame a an dewout. ¹³ Konsa, Gédéon, fis a Joas la te retounen soti nan batay akote pant Héres la. ¹⁴ Li te kaptire yon jenn gason ki sòti Succoth e te kesyone l. Epi li te bay li detay prens a Succot yo ak ansyen li yo, swasann-dis-sèt lòm. ¹⁵ Li te vini kote mesye Succoth yo e te di: "Gade byen, Zébach avèk Tsalmunna, pa sila nou te anmède mwen yo, lè nou te di: ⁿ'Èske men a Zébach avèk Tsalmunna nan men ou deja, pou nou ta dwe bay pen a mesye ou ki fatige yo?'" ¹⁶ Li te pran ansyen lavil Succoth yo, e avèk pikan ak chadwon savann, li te enstwi yo. ¹⁷ ᵒLi te chire fò Penuel la e te touye mesye lavil yo.

¹⁸ Alò, li te di a Zébach avèk Tsalmunna: "Ki kalite mesye sa yo ke nou te touye Thabor a?"

Epi yo te di: "Yo te sanble avèk ou. Yo tout te sanble a fis a yon wa."

¹⁹ Li te di: "Yo se frè mwen, fis a manman m jan SENYÈ a viv la, si sèlman nou te kite yo viv, mwen pa t ap touye nou."

²⁰ Konsa, li te di a Jéther, premye ne li a: "Leve touye yo." Men jennonm nan pa t rale nepe li, paske li te pè, paske li te toujou jèn.

²¹ Alò, Zébach avèk Tsalmunna te di: "Leve ou menm vin tonbe sou nou; paske jan yon gason ye, konsa fòs li ye." ᵖPou sa, Gédéon te leve e te touye Zébach avèk Tsalmunna e te pran òneman lin kaba yo ki te sou kou chamo yo.

²² Alò, mesye Israël yo te di a Gédéon: "Vin renye sou nou, ni ou menm ni fis ou yo, ni fis a fis ou yo, paske ou te delivre nou soti nan men Madian."

²³ Men Gédéon te di yo: "Mwen p ap renye sou nou, ni fis mwen p ap renye sou nou. Se ᵠSENYÈ a k ap renye sou nou." ²⁴ Men Gédéon te di yo: "Mwen ta fè yon demand a nou, pou nou chak ta ban mwen yon zanno soti nan piyaj li yo." (Paske yo te gen zanno an lò, akoz se te ʳIzmayelit ke yo te ye.)

²⁵ Yo te di: "Anverite, n ap bay yo." Konsa, yo te ouvri yon vètman e yo chak te jete yon zanno la soti nan piyaj yo. ²⁶ Pèz a zanno lò sila ke li te mande yo se te mil-sèt-san sik, anplis bijou yo, kolye zòrèy yo, manto mov ki te pou wa Madian yo, e anplis, kolye kou chamo ki te sou kou chamo yo. ²⁷ Gédéon te sèvi l pou fòme ˢyon efòd, li te plase li nan vil pa li a, Ophra e tout Israël te jwe pwostitiye avè l la. Konsa, li te vin yon pèlen pou Gédéon avèk lakay li.

²⁸ Konsa Madian te kraze ba devan fis Israël yo. Yo pa t leve tèt yo ankò. Epi peyi a te san twoub pandan karant ane nan jou a Gédéon yo.

²⁹ Alò, ᵗJerubbaal, fis a Joas la te ale rete nan pwòp kay li. ³⁰ Gédéon te gen ᵘswasann-dis fis ki te desandan dirèk pa li, paske li te gen anpil madanm. ³¹ Mennaj li ki te nan Sichem, osi te fè yon fis pou li e li te bay li non Abimélec. ³² Konsa, Gédéon, fis a Joas la te mouri a yon laj granmoun, e li te antere nan

---

ᵃ **7:21** II Wa 7:7   ᵇ **7:22** I Sam 14:20   ᶜ **7:23** Jij 6:35   ᵈ **7:24** Jij 3:28   ᵉ **7:25** Sòm 83:11   ᶠ **8:1** Jij 12:1
ᵍ **8:4** Jij 7:25   ʰ **8:5** Jen 33:17   ⁱ **8:6** Jij 8:15   ʲ **8:7** Jij 7:15   ᵏ **8:8** Jen 32:31   ˡ **8:9** Jij 8:17   ᵐ **8:10** Jij 6:5
ⁿ **8:15** Jij 8:6   ᵒ **8:17** Jij 8:9   ᵖ **8:21** Sòm 83:11   ᵠ **8:23** I Sam 8:7   ʳ **8:24** Jen 25:13-16   ˢ **8:27** Egz 28:6-35
ᵗ **8:29** Jij 7:1   ᵘ **8:30** Jij 9:2-9

tonm a papa li, Joas, nan Ophra ki te pou Abizerit yo. ³³ Li te vin rive ke depi Gédéon te fin mouri, ᵃfis Israël yo ankò te jwe pwostitiye avèk Baal yo e te fè Baal-Berith dye pa yo. ³⁴ Konsa, fis Israël yo ᵇpa t sonje SENYÈ a, Bondye pa yo a, ki te delivre yo nan men a tout lènmi pa yo tout kote. ³⁵ ᶜNi yo pa t bay favè a kay Jerubbaal (sa vle di, Gédéon) an akò avèk tout byen ke li te fè pou Israël yo.

9 Abimélec, fis a Jerubbaal la te ale nan Sichem vè fanmi manman li. Li te pale ak yo e a tout fanmi lakay granpapa li bò kote manman l. Li te di: ² "Pale koulye a, pou tout chèf Sichem yo tande: 'Kisa k ap pi bon pou nou, ke swasann-dis lòm, tout fis a Jerubbaal yo vin renye sou nou, oswa ke yon sèl moun renye sou nou?' Anplis, son je byen ke ᵈmwen se zo nou ak chè nou."

³ Fanmi li yo te pale tout pawòl sila yo pou li menm kote pou tout chèf Sichem yo tande. Kè yo te apye vè Abimélec, akoz yo te di: "Li se ᵉfanmi nou." ⁴ Yo te ba li swasann-dis pyès ajan soti lakay ᶠBaal-Berith, avèk sila Abimélec te anplwaye kalite mesye sanzave yo san kontwòl e yo te swiv li. ⁵ Konsa, li te ale lakay papa li nan Ophra e te ᵍtouye frè li yo, fis a Jerubbaal yo, swasann-dis zòm, sou yon sèl wòch. Men Jotham, fis pi piti a Jerubbaal la te chape, akoz li te kache kò li. ⁶ Tout mesye a Sichem yo avèk tout Beth-Millo yo te rasanble ansanm pou yo te ale fè Abimélec wa kote bwadchenn nan akote pilye ki te Sichem nan. ⁷ Alò, lè yo te di Jotham sa, li te ale kanpe sou tèt ʰMòn Garizim nan. Li te leve vwa li pou rele fò Konsa, li te di yo: "Koute mwen, O mesye Sichem yo, pou Bondye kapab tande nou. ⁸ Yon fwa pyebwa yo te ale pou onksyone yon wa sou yo. Yo te di a bwa doliv la: 'Vin renye sou nou!'

⁹ "Men oliv la te di yo: 'Èske mwen ta kite tout grès mwen, ke ni Bondye ni lèzòm onore, pou m ta balanse feyaj mwen sou bwa yo?

¹⁰ "Epi bwa yo te di a pye fig la: 'Ou menm, vin renye sou nou!'

¹¹ "Men pye fig la te di yo: 'Èske mwen ta dwe kite dousè mwen ak bon fwi mwen, pou m ta balanse feyaj mwen sou bwa yo?'

¹² "Epi bwa te di a pye rezen an: 'Ou menm, vin renye sou nou!'

¹³ "Men pye rezen an te di yo: 'Èske mwen ta dwe kite diven nèf mwen ki fè kè Bondye ak kè lezòm kontan, pou m ta balanse feyaj mwen sou bwa?'

¹⁴ "An dènye, tout bwa yo te di a raje pikan yo: 'Ou menm, vin renye sou nou!'

¹⁵ "Epi raje pikan yo te di a bwa yo: 'Si anverite w ap onksyone mwen kòm wa sou nou, vin pwoteje nou menm anba lonbraj mwen. Men si se pa sa, kite dife a sòti nan raje pikan an pou brile nèt tout sèd Liban yo.'

¹⁶ "Pou sa, si nou te aji an bòn fwa avèk entegrite nan fè Abimélec wa, si nou te aji byen avèk ⁱJerubbaal avèk lakay li e te aji avèk li jan li te merite a—— ¹⁷ paske papa m te goumen pou nou e li te riske lavi li pou te delivre nou nan men Madian. ¹⁸ Men nou te leve kont lakay papa m jodi a e nou te touye ʲfis li yo, swasann-dis moun sou yon sèl wòch pou te fè Abimélec, fis a bòn lakay li a, wa sou mesye Sichem yo, akoz li se moun fanmi nou; ¹⁹ si, alò, an bon fwa avèk entegrite, nou te aji avèk Jerubbaal avèk lakay li a nan jou sa a, rejwi nan Abimélec e ke li rejwi nan nou. ²⁰ Men si se pa sa, ke dife sòti nan Abimélec pou manje nèt tout mesye a Sichem avèk Beth-Millo yo; epi ke dife sòti nan mesye Sichem nan ak Beth-Millo yo pou manje Abimélec nèt."

²¹ Konsa, Jotham te sove ale pou te chape ale Beer e te rete la akoz Abimélec, frè li a.

²² Abimélec te renye sou Israël pandan twazan. ²³ ᵏEpi Bondye te voye yon move lespri antre nan Abimélec avèk mesye Sichem yo. Konsa mesye a Sichem yo te ˡaji an movèz fwa avèk Abimélec, ²⁴ jiskaske vyolans ki te fèt a swasann-dis fis Jerubbaal yo te kapab remonte e ᵐsan pa yo ta kapab vin poze sou Abimélec, frè yo a, ki te touye yo, ak sou mesye Sichem yo, ki te ranfòse men li pou l ta kab touye frè li yo. ²⁵ Mesye Sichem yo te mete moun an anbiskad kont li sou tèt mòn yo e yo te vòlè tout moun ki te pase bò kote yo nan wout la. Tout sa te pale a Abimélec.

²⁶ Alò Gaal, fis Ébed la, te vini avèk fanmi pa li yo pou te travèse Sichem, epi mesye Sichem yo te mete konfyans yo nan li. ²⁷ Yo te antre nan chan an pou te ranmase rezen, te kraze yo anba pye e te fè yon fèt. Konsa, yo te antre lakay ⁿdye pa yo pou te manje, bwè, e te modi Abimélec. ²⁸ Konsa, Gaal, fis a Ébed la te di: "Kilès Abimélec sa a ye, e kilès Sichem ye pou nou ta dwe sèvi li? Se pa fis a Jerubbaal la? Se pa Zebul ki lyetnan li? Sèvi pito mesye ᵒHamor yo, fis a Sichem lan, men poukisa nou ta dwe sèvi li menm? ²⁹ Pito sa, ke pèp sa a te anba otorite pa m! Konsa, mwen ta retire Abimélec." Konsa li te pale Abimélec: "Fè lame ou a vin pi gran e vin parèt deyò!"

³⁰ Lè Zebul, chèf lavil la te tande pawòl a Gaal yo, fis a Ébed la, kòlè li te vin brile. ³¹ Li te voye mesaje vè Abimélec pou twonpe li, e te di: "Veye byen, Gaal, fis a Ébed la avèk fanmi li te vini Sichem; epi gade, y ap konplote vil la kont ou. ³² Pou sa, fòk nou leve pandan nwit lan, nou menm avèk pèp nou an, pou kouche tann nan chan an. ³³ Nan maten, depi solèy la leve, nou va leve bonè pou kouri sou vil la. Epi gade, lè li menm avèk pèp pa li a sòti deyò kont nou, nou va ᵖfè avèk yo nenpòt sa nou jwenn chans fè.'

³⁴ Konsa, Abimélec avèk tout pèp ki te avèk li a, te leve pandan lannwit lan pou te kouche tann pou

---

ᵃ **8:33** Jij 2:11-12   ᵇ **8:34** Det 4:9   ᶜ **8:35** Jij 9:16-18   ᵈ **9:2** Jen 29:14   ᵉ **9:3** Jen 29:15   ᶠ **9:4** Jij 8:33
ᵍ **9:5** II Wa 11:1-2   ʰ **9:7** Det 11:29-30   ⁱ **9:16** Jij 8:25   ʲ **9:18** Jij 8:30   ᵏ **9:23** I Sam 16:14   ˡ **9:23** És 33:1
ᵐ **9:24** Nonb 35:33   ⁿ **9:27** Jij 8:33   ᵒ **9:28** Jen 34:2   ᵖ **9:33** I Sam 10:7

leve kont Sichem nan kat konpayi. ³⁵ Alò Gaal, fis a Ébed la te sòti e te kanpe devan antre pòtay vil la. Konsa, Abimélec avèk pèp ki te avèk li yo te leve sòti nan anbiskad la.

³⁶ Lè Gaal te wè pèp la, li te di a Zebul: "Gade, gen moun k ap desann soti nan tèt mòn yo." Men Zebul te di: "Se lonbraj mòn ke w ap gade tankou moun nan."

³⁷ Gaal te pale ankò e te di: "Gade, se moun k ap desann soti nan ªpi wo pati teren an, yon konpayi k ap pase pa chemen bwadchenn divinò yo."

³⁸ Konsa, Zébul te di li: "Kote ògèy ou fè koulye a, lè ou te di: 'Kimoun Abimélec ye pou nou ta dwe sèvi li?' Men se pa moun sa yo ke ou meprize konsa? Ale deyò koulye a pou batay avèk yo!"

³⁹ Alò, Gaal te sòti deyò devan chèf Sichem yo pou te batay avèk Abimélec. ⁴⁰ Abimélec te kouri dèyè li. Li te sove ale devan l, epi anpil te vin blese jis rive nan antre gran pòtay la. ⁴¹ Abimélec te viv nan Aruma; men Zebul te chase Gaal avèk fanmi li jiskaske yo pa t kab rete Sichem. ⁴² Alò, li te vin rive nan jou ki vini an, ke pèp la te sòti rive nan chan an, e yo te pale Abimélec tout sa. ⁴³ Konsa, li te pran pèp li a e te divize yo an twa konpayi. Li te kouche tann nan chan an, e lè l te wè pèp ki t ap sòti nan vil la, li te leve kont yo e te touye yo. ⁴⁴ Abimélec avèk konpayi ki te avè l la te kouri devan e te kanpe antre nan pòtay vil la. Lòt de konpayi yo te kouri sou tout moun ki te nan chan an e te touye yo. ⁴⁵ Abimélec te goumen kont vil la pandan tout jounen an. Li te kaptire vil la e te touye pèp ki te ladann yo. Konsa, li te kraze vil la e te simen sèl ladann.

⁴⁶ Lè tout chèf nan fò Sichem nan te tande sa, yo te antre kache nan chanm enteryè tanp ᵇEl-Berith la. ⁴⁷ Kèk moun te avèti Abimélec ke tout chèf fò Sichem nan te rasanble ansanm. ⁴⁸ Konsa, Abimélec te monte ᶜMòn Tsalmon an, ansanm ak tout pèp ki te avè l yo. Li te pran yon rach nan men l, e te koupe yon branch nan bwa yo. Li te leve li monte sou zepòl li, e te di pèp ki te avè l yo: "Sa nou wè ke m fè a, fè vit e fè l menm jan an." ⁴⁹ Tout pèp la te koupe branch yo menm jan an, yo te swiv Abimélec, yo te plase yo kont chanm enteryè a, e yo te limen chanm enteryè a avèk dife anwo sila ki te anndan. Konsa, tout mesye nan fò Sichem yo te mouri, anviwon mil gason ak fanm. ⁵⁰ Epi Abimélec te ale Thébets. Yo te fè kan kont Thébets e yo te kaptire li. ⁵¹ Men te gen yon fò ki te byen fòtifye nan mitan vil la. Tout gason, ni fanm, ni tout chèf lavil la te sove ale rive la e te fèmen kò yo anndan, pou monte sou twati fò a. ⁵² Pou sa, Abimélec te vini vè fò a, e te goumen kont li. Li te pwoche antre nan fò a pou brile li avèk dife. ⁵³ Men yon ᵈsèten fanm te jete yon wòch moulen (sila a ki sòti anwo nan moulen an) sou tèt Abimélec e te kraze zo tèt li.

⁵⁴ Byen vit ᵉli te rele gason an ki te pote zam li yo. Li te di li: "Rale nepe ou touye mwen pou yo pa kab pale de mwen, ke yon fanm te touye m." Konsa, jennonm nan te frennen li nèt e li te mouri.

⁵⁵ Lè mesye Israël yo te wè ke Abimélec te mouri, yo tout te pati rive lakay yo. ⁵⁶ Konsa, ᶠBondye te rekonpanse mechanste Abimélec te fè a papa l, nan touye swasann-dis frè li yo. ⁵⁷ Bondye te retounen tout mechanste a mesye Sichem yo sou pwòp tèt pa yo, epi madichon Jotham nan, fis Jerubbaal la, te vin sou yo.

10 Alò, apre Abimélec te fin mouri, Thola, fis a Puah a, fis a Dodo a, yon nonm Issacar, te ᵍleve pou delivre Israël. Li te rete Schamir, nan peyi ti kolin Éphraïm yo. ² Li te jije Israël pandan venn-twazan. Li te mouri e te antere Schamir.

³ Apre li, Jaïr Galaadit la te leve pou te jije Israël pandan venn-dezan. ⁴ Li te gen trant fis ki te monte sou trant bourik. Konsa, yo te gen trant vil nan peyi Galaad, ke yo ʰrele Havvoth-Jaïr jis rive jodi a. ⁵ Epi Jaïr te mouri e te antere Kamon.

⁶ Alò, fis Israël yo te fè mal devan zye SENYÈ a, yo te ⁱsèvi Baal yo avèk Astarté yo, dye a Syrie yo, dye a Sidon yo, dye a Moab yo, dye a fis Ammon yo, ak dye a Filisten yo. Konsa, ʲyo te abandone SENYÈ a e yo pa t sèvi li. ⁷ Kòlè SENYÈ a te brile kont Israël. Li te ᵏvann yo nan men a Filisten yo ak nan men a fis Ammon yo. ⁸ Yo te aflije e te kraze fis Israël yo nan ane sa a. Pandan di-zuit ane, yo te aflije tout fis Israël ki te lòtbò Jourdain an nan Galaad nan peyi Amoreyen yo. ⁹ Fis a Ammon yo te travèse Jourdain an pou yo te kab, osi, batay avèk Juda, Benjamin, avèk lakay Éphraïm. Sa te fè gwo pwoblèm pou Israël. ¹⁰ Konsa, ˡfis Israël yo te kriye fò bay SENYÈ a, e te di: "Nou te peche kont Ou, paske vrèman, nou te abandone Bondye nou an pou te sèvi Baal yo."

¹¹ SENYÈ a te di a fis Israël yo: "Èske Mwen pa t delivre nou ᵐsoti nan men Ejipsyen yo, ⁿAmoreyen yo, fis a Ammon yo, ak Filisten yo? ¹² Osi, lè Sidonyen yo, Amalekit yo avèk Maonit yo ᵒoprime nou, nou te kriye fò ban Mwen, e Mwen te delivre nou soti nan men yo. ¹³ Malgre sa, ᵖnou te abandone Mwen pou sèvi lòt dye yo. Pou sa, Mwen p ap delivre nou ankò. ¹⁴ ᵠAle e kriye fò a dye sila ke nou te chwazi yo. Kite yo menm delivre nou nan tan gwo twoub nou yo."

¹⁵ Fis Israël yo te di a SENYÈ a: "Nou te peche. ʳFè ak nou sa ki sanble bon a Ou menm; sèlman souple delivre nou jodi a." ¹⁶ ˢKonsa, yo te retire dye etranje sila ki te pami yo pou te sèvi SENYÈ a; epi ᵗLi pa t kab sipòte mizè Israël ankò.

¹⁷ Alò fis Ammon yo te rasanble; yo te fè kan Galaad. Epi fis a Israël yo te vin rasanble pou te fè

ᵃ **9:37** Egz 38:12 ᵇ **9:46** Jij 8:33 ᶜ **9:48** Sòm 68:14 ᵈ **9:53** II Sam 11:21 ᵉ **9:54** I Sam 31:4 ᶠ **9:56** Jen 9:5-6
ᵍ **10:1** Jij 2:16 ʰ **10:4** Nonb 32:41 ⁱ **10:6** Jij 2:13 ʲ **10:6** Det 31:16 ᵏ **10:7** I Sam 12:9 ˡ **10:10** I Sam 12:10
ᵐ **10:11** Jij 2:12 ⁿ **10:11** Nonb 21:21-25 ᵒ **10:12** Sòm 106:42 ᵖ **10:13** Jr 2:13 ᵠ **10:14** Det 32:37
ʳ **10:15** I Sam 3:18 ˢ **10:16** Jos 24:23 ᵗ **10:16** Det 32:36

kan an ᵃMitspa. ¹⁸ Pèp la, chèf a Galaad yo te di: "Ki moun ki va ouvri batay la kont fis Ammon yo? Li menm, li va chèf sou tout pèp Galaad la."

11 Alò, ᵇJephté, Galaadit la, te yon gèrye plen kouraj. Li te fis a yon pwostitiye. Galaad se te papa a Jephté ² Madanm a Galaad te ba li fis yo; epi lè fis sa yo te vin grandi, yo te kouri dèyè Jephté, mete li deyò e te di li: "Ou p ap fè eritaj lakay papa nou, paske ou se fis a yon lòt fanm." ³ Konsa, Jephthé te sove ale devan frè li yo, pou li te viv nan peyi ᶜTob la. Sanzave yo te rasanble yo antoure Jephthé e yo te konn ale andeyò avèk li.

⁴ Li te vin rive apre yon tan ke ᵈfis Ammon yo te goumen kont Israël. ⁵ Lè fis Ammon yo te goumen kont Israël, ansyen nan Galaad yo te ale jwenn Jephthé nan peyi Tob la. ⁶ Konsa, yo te di a Jephthé: "Vin fè chèf sou nou pou nou kab goumen kont fis Ammon yo."

⁷ Jephthé te reponn a ansyen Galaad yo: ᵉ"Èske nou pa t rayi mwen e chase mwen lwen lakay papa m? Poukisa, koulye a, nou vin devan m lè nou nan pwoblèm nan?"

⁸ Ansyen Galaad yo te di a Jephthé: "Se pou rezon sa a ke nou gen tan retounen bò kote ou, pou ou kapab ale avèk nou, goumen avèk fis Ammon yo e ᶠvin chèf sou tout pèp Galaad la."

⁹ Pou sa, Jephthé te di a ansyen Galaad yo: "Si nou reprann mwen pou m kab goumen kont fis Ammon yo, epi SENYÈ a livre yo nan men m, èske mwen va devni chèf an tèt nou?"

¹⁰ Ansyen a Galaad yo te di a Jephté: ᵍ"SENYÈ a se temwen antre nou. Anverite, nou va fè sa ou mande nou fè a."

¹¹ Konsa, Jephthé te ale avèk ansyen Galaad yo, e pèp la te fè li chèf sou yo. Konsa, Jephthé te pale tout pawòl li yo devan SENYÈ a nan ʰMitspa.

¹² Jephthé te voye mesaje a wa a fis Ammon yo. Li te di: "Kisa ki gen antre ou menm avèk mwen menm, pou nou vin kote m pou goumen kont peyi mwen?"

¹³ Wa a fis Ammon yo te di a mesaje Jephthé yo: "Akoz Israël te ⁱpran peyi mwen lè yo te vin monte sòti an Egypte, jis soti nan Arnon pou rive ʲJabbok avèk Jourdain an. Konsa, remèt mwen yo koulye a, nan lapè."

¹⁴ Men Jephthé te voye mesaje yo ankò vè wa a fis Ammon yo. ¹⁵ Li te di li yo: "Konsa pale Jephthé: "Israël pa t pran peyi Moab, ni peyi fis Ammon yo. ¹⁶ Paske, lè yo te monte sòti an Egypte, Israël te pase nan dezè a pou rive nan Lamè Wouj e te vin Kadès. ¹⁷ Alò, Israël ᵏte voye mesaje yo vè wa Édom an, pou te di: 'Souple, lese nou travèse peyi nou an,' men wa a Édom an te refize koute. Ankò, yo te voye wa Moab la, men li pa t dakò. Konsa, Israël te rete Kadès. ¹⁸ Epi yo te pase nan dezè a pou evite peyi Édom avèk Moab la. Yo te rive nan lizyè lès a Moab la e yo te fè kan an lòtbò Arnon an, men yo ˡpa t antre nan teren Moab la, paske Arnon an se te lizyè Moab. ¹⁹ Konsa, Israël te voye ᵐmesaje a Sihon yo, wa Amoreyen yo, ak wa a Hesbon an. Israël te di li: "Souple, kite nou pase nan teritwa pa ou a pou rive nan plas nou." ²⁰ Men Sihon pa t mete konfyans an Israël pou pase nan teritwa pa li a. Pou sa, Sihon te ranmase tout pèp li a, e te fè kan nan Jahats pou te goumen avèk Israël. ²¹ SENYÈ a, Bondye a Israël la, te meteⁿSihon avèk tout pèp li a nan men Israël la, e yo te genyen yo. Konsa, Israël la te vin posede tout teren a Amoreyen yo, pèp a peyi sila yo. ²² ᵒEpi yo te vin posede tout teren a Amoreyen yo, soti nan Arnon an, jis rive nan Jabbok la, e soti nan dezè a jis rive nan Jourdain an. ²³ Depi alò, SENYÈ a te chase Amoreyen yo, Li te fè yo sòti nan teren an devan pèp Israël la, èske koulye a, ou menm ap vin antre pou posede li? ²⁴ Èske nou pa posede deja sa ke ᵖKemosch, dye pa nou an, te bannou pou posede a? Konsa nenpòt sa ke SENYÈ a te chase devan nou, nou va posede li. ²⁵ Alò, èske ou pi bon ke ᑫBalak, fis a Tsippor a, wa Moab la? Èske li te janm fè traka pou Israël, oswa èske li te janm goumen kont yo? ²⁶ ʳPandan Israël te rete Hesbon avèk bouk pa li yo, nan Aroër avèk bouk pa li yo ak nan vil ki arebò Arnon, pandan twa-san ane, poukisa nou pa t rekouvri yo pandan tan sa a? ²⁷ Konsa, mwen pa t peche kont nou, men nou te fè m tò lè nou te fè lagè kont mwen. ˢKe SENYÈ a, Jij la, jije jodi a antre fis Israël yo ak fis a Ammon yo."

²⁸ Men wa a fis Ammon yo te refize koute mesaj ke Jephthé te voye ba li a. ²⁹ Alò, ᵗLespri SENYÈ a te vini sou Jephthé. Li te pase travèse Galaad avèk Manassé, epi li te pase travèse Mitspé nan Galaad pou te rive vè fis Ammon yo.

³⁰ Jephthé te fè yon ve bay SENYÈ a, e te di: "Si Ou va vrèman ban mwen fis Ammon yo nan men m, ³¹ konsa, li va rive ke nenpòt sa ki sòti nan pòt lakay mwen pou rankontre mwen lè m retounen anpè soti nan fis Ammon yo, li va pou SENYÈ a. Epi mwen va ofri li kòm yon ofrann brile."

³² Konsa, Jephthé te travèse vè fis Ammon yo pou goumen kont yo; epi SENYÈ a te mete yo nan men li. ³³ Li te frape yo avèk yon trè gran masak soti nan Aroër jis rive nan antre Minnith, ven vil e jis rive nan Abel-Keramim. Konsa, fis Ammon yo te jete ba devan fis Israël yo.

³⁴ Lè Jephthé te rive vè kay li nan Mitspa, men vwala, fi li a te vin parèt pou rankontre li avèk ᵘtanbouren ak dans. Alò, li te sèl pitit li. Sof ke li menm, li pa t gen ni fis ni fi. ³⁵ Lè li te wè li, li te chire rad li e te di: "Anmwey, pitit mwen, ou mete m ba nèt e ou pami sila yo ki twouble m yo.

ᵃ **10:17** Jij 11:29   ᵇ **11:1** Eb 11:32   ᶜ **11:3** II Sam 10:6-8   ᵈ **11:4** Jij 10:9-17   ᵉ **11:7** Jen 26:27   ᶠ **11:8** Jij 10:18
ᵍ **11:10** Jen 31:50   ʰ **11:11** Jij 10:17   ⁱ **11:13** Nonb 21:24   ʲ **11:13** Jen 32:22   ᵏ **11:17** Nonb 20:14-21
ˡ **11:18** Det 2:9-19   ᵐ **11:19** Nonb 21:21-32   ⁿ **11:21** Nonb 21:24   ᵒ **11:22** Det 2:36-37   ᵖ **11:24** Nonb 21:29
ᑫ **11:25** Nonb 22:2   ʳ **11:26** Nonb 21:25-26   ˢ **11:27** Jen 16:5   ᵗ **11:29** Jij 3:10   ᵘ **11:34** Egz 15:20

Paske, mwen te bay pawòl mwen a SENYÈ a, e [a]mwen p ap kab reprann li."

36 Konsa li te di li: "Papa m, ou te bay pawòl ou a SENYÈ a. [b]Fè avè m sa ou te di a, akoz SENYÈ a te fè vanjans sou lènmi ou yo, fis a Ammon yo." 37 Li te di a papa li: "Sèlman, kite bagay sa a fèt; lese mwen pou kont mwen pandan de mwa, pou mwen kapab ale nan mòn yo pou m kab kriye akoz ke m toujou [c]vyèj, mwen menm avèk zanmi mwen yo. 38 Epi li te reponn: "Ale." Konsa, li te voye li sòti pandan de mwa. Li te ale avèk zanmi li yo pou te kriye sou mòn yo akoz li te vyèj. 39 Nan fen de mwa yo, li te retounen vè papa li ki te aji ak li selon ve ke li te fè a. Li pa t gen relasyon avèk gason. Konsa, sa te vin yon koutim an Israël, 40 pou fi a Israël yo te ale chak ane pandan kat jou an memwa fi Jephthé la, Galaadit la.

12 Alò, fis a Éphraïm yo te rasanble. Yo te travèse vè Tsaphon e te [d]di a Jephethé: "Poukisa ou te travèse pou batay avèk fis Ammon yo san rele nou pou ale avèk ou? Nou va brile kay ou sou ou." 2 Jephthé te di yo: "Mwen avèk pèp mwen an t ap fè gwo kont avèk fis Ammon yo; epi lè mwen te rele nou, nou pa t delivre mwen nan men yo. 3 Lè m te wè ke nou pa t ap delivre mwen, mwen te [e]pran pwòp lavi mwen nan men m, e te travèse lòtbò kont fis Ammon yo, epi SENYÈ a te livre yo nan men m. Poukisa, konsa, nou vin monte sou mwen nan jou sa a pou goumen kont mwen?"

4 Epi Jephthé te ranmase tout gason Galaad yo pou te goumen kont Éphraïm. Mesye Galaad yo te bat Éphraïm, akoz yo te di: "Se moun sove devan Éphraïm ke nou ye; O Galaadit yo, ki nan mitan Éphraïm ak nan mitan Manassé." 5 Galaadit yo te [f]kaptire tout kote pou janbe Rivyè Jourdain anfas Éphraïm nan. Epi li te rive ke lè nenpòt nan moun sove Éphraïm yo te di: "Kite mwen janbe," mesye Galaad yo ta di li: "Èske ou se yon Efrayimit?" Epi si li te di: "Non", 6 alò, yo te di li: "Silvouplè, di 'Shibboleth.'" Men li ta di: "Sibboleth", paske li pa t kab pwononse li byen. Konsa, yo ta sezi li pou touye li nan kote pou janbe Jourdain an. Konsa, te tonbe nan lè sa a, karann-de-mil nan Efrayimit yo.

7 Jephthé te jije Israël pandan sis ane. Epi Jephthé, Galaadit la mouri e te antere nan youn nan vil nan Galaad yo.

8 Alò, Ibtsan a Bethléhem te jije Israël apre li. 9 Li te gen trant fis ak trant fi ke li te bay an maryaj andeyò fanmi an. Li te fè antre trant fi soti deyò pou fis li yo. 10 Konsa, Ibtsan te mouri e te antere Bethléhem.

11 Alò, Élon, Zabilonit lan te jije Israël apre li. Li te jije Israël pandan dis ane. 12 Konsa, Élon, Zabilonit lan te mouri e te antere nan Ajalon nan peyi a Zabulon.

13 Alò, Abdon, fis a Hillel la, Piratonit lan te jije Israël apre li. 14 Li te gen karant fis avèk trant pitit pitit ki te monte sou swasann-dis bourik. Li te jije Israël pandan uit ane. 15 Epi Abdon, fis a Hillel la, Piratonit lan te mouri e te antere nan Pirathon nan peyi Ephraïm nan, nan peyi ti mòn ki te pou Amalekit yo.

13 Fis Israël yo [g]ankò te fè mal nan zye SENYÈ a. Pou sa, SENYÈ a te livre yo nan men a Filisten yo pandan karant ane. 2 Te gen yon sèten nonm nan [h]Tsorea nan fanmi Danit yo, ki te rele Manoach. Madanm li te esteril e li pa t janm fè pitit. 3 Konsa, [i]zanj SENYÈ a te parèt a fanm nan e te di li: "Gade byen, koulye a, ou esteril e ou pa janm fè pitit, men ou va vin ansent pou bay nesans a yon fis. 4 Konsa, fè atansyon pou pa bwè diven, oswa okenn bwason fò, ni manje anyen ki pa pwòp. 5 Paske, gade byen, ou va vin ansent e bay nesans a yon fis. Nanpwen razwa k ap vini sou tèt li. Paske gason an va yon [j]Nazareyen pou Bondye depi nan vant. Li va kòmanse delivre Israël soti nan men a Filisten yo."

6 Epi fanm nan te vin pale mari li. Li te di: [k]"Yon nonm Bondye te vin kote m; aparans li te tankou aparans a yon zanj Bondye, byen mèvèye. Epi mwen pa t mande li kote li te sòti, ni li pa t di mwen non li. 7 Men li te di mwen: 'Gade byen, ou va vin ansent pou bay nesans a yon fis. Soti koulye a, ou p ap bwè diven ni bwason fò, ni manje anyen ki pa pwòp, paske gason an va yon Nazareyen a Bondye soti nan vant jis rive jou ke li mouri an.'"

8 Alò, Manoach te priye a SENYÈ a. Li te di: "O SENYÈ, souple kite [l]nonm Bondye ke Ou te voye vin kote nou an ankò pou l kapab enstwi nou kisa pou nou fè pou gason k ap vin fèt la."

9 Bondye te koute vwa a Manoach, epi [m]zanj Bondye a te vini ankò vè fanm nan pandan li te chita nan chan an. Men Manoach, mari li a, pa t avè l. 10 Konsa, fanm nan te kouri vit di mari li: "Gade byen, [n]nonm ki te vini lòt jou a te parèt devan m."

11 Konsa, Manoach te leve swiv fanm li an e lè li te vin kote nonm nan, li te di li: "Èske ou se [o]nonm Bondye ki te pale avèk fanm mwen?"

Epi li te di: "Mwen se li".

12 Manoach te di: "Alò, lè pawòl ou yo vin akonpli, kijan de vi ak vokasyon gason sila va genyen?"

13 Konsa, nonm Bondye a te di a Manoach: [p]"Kite fanm nan byen okipe tout sa ke m te di li yo. 14 Li pa dwe manje anyen ki sòti nan [q]chan rezen, ni bwè diven, ni bwason fò, ni manje okenn bagay ki pa pwòp. Kite li swiv tout sa ke m te kòmande yo."

15 Manoach te di a [r]zanj SENYÈ a: "Souple, pèmèt nou fè ou fè yon ti reta pou nou kab prepare yon jenn kabrit pou ou."

---

[a] **11:35** Nonb 30:2 [b] **11:36** Nonb 30:2 [c] **11:37** Jen 30:23 [d] **12:1** Jij 8:1 [e] **12:3** I Sam 19:5 [f] **12:5** Jij 3:28
[g] **13:1** Jij 2:11 [h] **13:2** Jos 19:41 [i] **13:3** Jij 6:11-14 [j] **13:5** Nonb 6:2-5 [k] **13:6** Jij 8:11 [l] **13:8** Jij 13:3-7
[m] **13:9** Jij 13:8 [n] **13:10** Jij 13:9 [o] **13:11** Jij 13:8 [p] **13:13** Jij 13:4 [q] **13:14** Nonb 6:4 [r] **13:15** Jij 13:3

¹⁶ Zanj SENYÈ a te di a Manoach: "Malgre ou fè m fè reta a, ᵃmwen p ap manje manje ou. Men si ou prepare yon ofrann brile, alò, ofri li bay SENYÈ a." Paske Manoach pa t konnen ke li te yon zanj SENYÈ a.
¹⁷ Manoach te di a zanj SENYÈ a: ᵇ"Kòman yo rele ou, dekwa ke lè pawòl ou yo vin rive pou nou kapab onore ou?"
¹⁸ Men zanj SENYÈ a te di li: "Poukisa ou mande m non mwen, akoz nou wè li depase konnesans?"
¹⁹ Konsa, ᶜManoach te pran jenn kabrit la avèk ofrann sereyal la pou te ofri li sou wòch SENYÈ a. Epi Li menm, zanj SENYÈ a, te fè mèvèy pandan Manoach avèk madanm li t ap gade. ²⁰ Konsa, li te vin rive ke lè flanm nan te monte sou lotèl la vè syèl la, ke zanj SENYÈ a te monte nan flanm lotèl la. Lè Manoach avèk madanm li te wè sa, yo te ᵈtonbe atè sou figi yo. ²¹ Alò, zanj SENYÈ a pa t vin parèt a Manoach ni madanm li ankò. ᵉKonsa, Manoach te vin konnen ke se te zanj SENYÈ a ke li te ye. ²² Epi Manoach te di a madanm li: "Anverite, ᶠn ap mouri, paske nou te wè Bondye."
²³ Men madanm li te di li: "Si SENYÈ a te vle touye nou, Li pa t ap aksepte ofrann brile avèk ofrann sereyal la soti nan men nou, ni Li pa t ap ᵍmontre nou tout bagay sila yo, ni Li pa t ap kite nou tande tout bagay sa yo konsa nan moman sa a." ²⁴ Fanm nan te bay nesans a yon fis e li te rele li Samson. ʰPitit la te vin gran e SENYÈ a te beni li.
²⁵ Lespri SENYÈ a te kòmanse vire nan li nan kan Dan nan, antre Tsorea ak Eschthaol.

14 Samson te desann Thimna. La li te wè yon fanm Thimna; youn nan fi Filisten yo. ² Konsa, li te retounen pou te di papa l avèk manman l: "Mwen te wè yon fanm Thimna, youn nan fi Filisten yo. Alò pou sa, al chache li pou mwen kòm madanm."
³ Papa l avèk manman l te di li: "Èske pa gen okenn fanm pami fi a ⁱfanmi ou yo, oswa pami tout pèp nou an, pou ou aleʲpran yon madanm pami Filisten ensikonsi a?"
Samson te di a papa l: "Ale pran li pou mwen; paske selon mwen menm, li byen bèl."
⁴ Alò, papa li avèk manman li pa t konnen ke ᵏsa se te yon bagay a SENYÈ a; paske Li t ap chache yon okazyon kont Filisten yo. Alò, nan tan sa a, Filisten yo t ap domine sou Israël.
⁵ Epi Samson te desann Thimna avèk papa l avèk manman l e yo te avanse rive jis nan chan rezen a Thimna yo; epi vwala, yon jenn lyon tou ap gwonde te vin lonje sou li. ⁶ ˡLespri SENYÈ a te vin monte byen fò sou li e li te chire li tankou yon moun ta chire yon jenn kabrit, malgre anyen pa t nan men li. Men li pa t pale ni papa l ni manman l sa li te fè a. ⁷ Konsa, li te desann pale avèk fanm nan, epi li te fè kè l kontan.
⁸ Lè l te retounen pita pou pran l, li te vire akote pou gade kadav lyon an. Epi vwala, yon desen myèl te nan kò lyon an. ⁹ Konsa, li te fè yon grate lasi ak siwo myèl nan men li e li te fè wout li pandan li t ap manje. Lè li te vin kote papa l avèk manman l, li te bay yo, e yo te manje. Men li pa t di yo ke li te grate siwo a sòti nan kò lyon an. ¹⁰ Alò, papa li te desann vè fanm nan; epi Samson te fè yon fèt la, paske jennonm yo te konn fè sa kòm koutim pa yo. ¹¹ Lè yo te wè li, yo te mennen trant zanmi parèy a yo pou yo ta kab la avèk li.
¹² Samson te di yo: "Kite m ᵐbannou yon kont pou nou kab devine l. Si nou kab vrèman reponn pandan sèt jou ki ekoule nan fèt la pou twouve bout li, alò, mwen va bannou trant gwo manto fèt an len avèk trant echanj vètman. ¹³ Men si nou pa kab reponn mwen, alò, nou va ban mwen trant echanj vètman."
Yo te di li: "Bannou kont lan pou nou kab koute li."
¹⁴ Konsa, li te di yo:
"Sòti nan sila ki konn manje, te parèt
yon bagay pou manje.
Sòti nan sila ki gen fòs, te parèt yon
bagay ki dous."
Men nan twa jou, yo pa t kab ba li repons lan. ¹⁵ Alò, li te vin rive ke nan katriyèm jou a, ke yo te di a madanm Samson an: ⁿ"Mennen mari ou pou l kab bannou repons kont lan, oswa nou va brile ou menm avèk kay papa ou avèk dife. Èske se pou fè nou vin pòv ke ou te envite nou? Se pa sa w ap fè la a?"
¹⁶ Madanm a Samson te kriye devan li e te di: ᵒ"Se sèlman ke ou rayi mwen e ou pa renmen m. Ou te prezante yon kont a fis pèp mwen yo e ou pa t pale m de sa."
Li te di li: "Gade byen, mwen pa t pale l ni a manman m, ni a papa m. Èske se a ou menm pou m ta pale li?"
¹⁷ Men li te kriye devan li pandan sèt jou pandan fèt yo a t ap pase. Epi nan setyèm jou a, li te pale li kont lan, akoz li menm (fanm nan) te peze li rèd. Alò konsa, li al pale istwa a fis pèp li yo. ¹⁸ Konsa, mesye lavil yo te di a li nan setyèm jou a avan solèy la te kouche: "Se kisa ki pi dous ke siwo myèl? Epi kisa ki pi fò pase yon lyon?"
Li te reponn yo:
"Si nou pa t raboure avèk gazèl bèf mwen,
nou pa t ap dekouvri kont mwen an."
¹⁹ ᵖLespri SENYÈ a te vini sou li byen fò, e li te desann Askalon pou te touye trant nan Filisten yo. Li te pran piyaj pa yo e te bay echanj rad yo a sila ki te reponn kont lan. Epi kòlè li te monte, e li te monte vè lakay papa l. ²⁰ Men madanm a Samson an te vin ᵠbay a yon konpanyen li ki te bon zanmi li.

15 Men pita, pandan rekòlt ble a, Samson te vizite madanm li ʳavèk yon jenn kabrit. Li te di: "Mwen va antre vè madanm mwen nan chanm li."

ᵃ **13:16** Jij 6:20   ᵇ **13:17** Jen 32:29   ᶜ **13:19** Jij 6:20-21   ᵈ **13:20** Lev 9:24   ᵉ **13:21** Jij 13:16   ᶠ **13:22** Jen 32:30
ᵍ **13:23** Sòm 25:14   ʰ **13:24** I Sam 3:19   ⁱ **14:3** Jen 24:3   ʲ **14:3** Egz 34:16   ᵏ **14:4** Jos 11:20   ˡ **14:6** Jij 3:10
ᵐ **14:12** Éz 17:2   ⁿ **14:15** Jij 16:5   ᵒ **14:16** Jij 16:15   ᵖ **14:19** Jij 3:10   ᵠ **14:20** Jij 15:2   ʳ **15:1** Jen 38:17

Men papa li pa t kite li antre. ² Papa li te di li: "Mwen te konnen ke ou te tèlman rayi li; epi pou sa, mwen ᵃte bay li a zanmi ou an. Èske pi jenn sè li a pa pi bèl pase li? Souple, kite li vin pou ou nan plas li."

³ Samson te di a yo: "Fwa sa a, mwen p ap gen tò anvè Filisten yo lè m fè yo mal." ⁴ Samson te ale kenbe twa-san rena. Li te pran tòch yo, e te vire yo mare ke a ke, e li te mete yon tòch nan mitan chak de ke yo. ⁵ Lè l te fin limen tòch yo, li te lage rena yo nan chan sereyal Filisten yo, e te brile pakèt sereyal yo ak ble, ansanm avèk chan rezen avèk lòt chan bwa fwi.

⁶ Konsa, Filisten yo te di: "Kilès ki te fè sa?"

Yo te reponn: "Samson, bofi a Timnyen an, akoz li te pran madanm li pou te bay li a konpanyen li." Pou sa, Filisten yo te monte e te ᵇbrile ni madanm nan, ni papa li avèk dife.

⁷ Samson te di yo: "Akoz n ap aji konsa, mwen va vrèman pran vanjans sou nou, men apre sa, m ap sispann." ⁸ Li te frape yo byen di avèk yon gwo masak; epi li te desann pou te viv nan krevas wòch la nan Étam. ⁹ Alò, Filisten yo te monte fè kan nan Juda e te vin gaye nan Léchi.

¹⁰ Mesye Juda yo te di: "Poukisa nou vin monte kont nou?"

Yo te di: "Nou te monte pou mare Samson dekwa ke nou kab fè l menm bagay ke li te fè nou an."

¹¹ Epi twa-mil lòm Juda te desann vè krevas wòch la nan Étam, e yo te di Samson: "Èske ou pa konnen ᶜke Filisten yo gen tout fòs sou nou? Poukisa, konsa, ou vin fè nou sa?"

Epi li te di yo: "Menm jan yo te fè m nan, se konsa mwen te fè yo."

¹² Yo te di li: "Nou te vin isit la pou mare ou pou nou kapab livre ou nan men Filisten yo." Epi Samson te di yo:

"Sèmante a mwen ke nou p ap touye mwen."

¹³ Yo te di li: "Non, men nou va mare ou nèt e livre ou nan men yo; men anverite, nou p ap touye ou." Yo te mare li avèk de kòd nèf e te mennen li monte soti nan wòch la.

¹⁴ Lè li te rive nan Léchi, Filisten yo te rele fò pandan yo t ap rankontre li. Epi ᵈLespri SENYÈ a te vini sou li avèk pouvwa, jiskaske kòd sou bwa li yo te vin tankou pay len ki brile ak dife e kòd yo te tonbe sòti nan men li. ¹⁵ Li te twouve yon zo a machwè bourik fre. Konsa, li te lonje pran l e li te ᵉtouye mil lòm avèk li. ¹⁶ Alò, Samson te di: "Avèk machwè a yon bourik, pil sou pil; avèk machwè a yon bourik, mwen te touye yon milye moun." ¹⁷ Lè l te fin pale, li te jete machwè a sòti nan men l; epi plas sa a te rele Ramath-Léchi.

¹⁸ Alò, li te vin swaf. Li te ᶠrele a SENYÈ a e li te di: "Ou te bay delivrans pa men sèvitè Ou e, koulye a, mwen va mouri ak swaf e tonbe nan men a ensikonsi yo?"

¹⁹ Men Bondye te fann kote vid ki nan Léchi a, e dlo te sòti ladann. Lè li te bwè, fòs li te retounen e li te reprann fòs. Pou sa, li te rele kote sa a En-Hakkoré, ki nan Léchi jis rive jodi a. ²⁰ Epi ᵍli te jije Israël pandan ventan nan jou a Filisten yo.

16 Alò, Samson te desann ʰGaza, e li te wè yon pwostitiye. Li te antre nan li. ² Lè sa li te pale pami moun Gaza yo: "Samson vin isit la!" Yo te ⁱantoure kote a e yo te kache tann li tout lannwit vè pòtay lavil la. Yo te rete an silans tout nwit lan e yo te di: "Annou tann jis li fè klè maten e nou va touye li." ³ Alò, Samson te kouche jis minwi e a minwi, li te leve pran pòtay lavil yo avèk de poto yo. Li te rale fè yo monte, ansanm avèk ba travès pa yo. Epi li te mete yo sou zepòl li, e li te pote yo monte pou rive anwo tèt mòn ki anfas Hébron an.

⁴ Apre sa, li te vin rive ke li te renmen yon fanm nan vale Sorek la, ke yo te rele Delila. ⁵ ʲPrens Filisten yo te ale kote li e te di fanm nan: "Mennen li ak dousè e twouve kote gran fòs li a sòti, e kijan nou kapab mare li pou aflije li. Epi nou chak va ba ou onz-san pyès ajan."

⁶ Konsa, Delila te di a Samson: "Souple, pale m kote gran fòs ou a ye ak kijan ou kapab vin mare pou ou ta aflije."

⁷ Samson te di li: "Si yo mare m avèk sèt kòd nèf ki poko sèch; alò, mwen va devni fèb e mwen va vin tankou nenpòt lòt gason."

⁸ Epi prens Filisten yo te mennen ba li sèt kòd nèf ki potko sèch e li te mare li avèk yo. ⁹ Alò, te gen moun ki te kache ap tann nan chanm anndan an. Epi li te di li: "Men Filisten yo rive sou ou, Samson!" Konsa li te pete kòd yo tankou fisèl pit chire lè l touche dife. Konsa, fòs li a pa t revele.

¹⁰ Epi Delila te di a Samson: "Gade byen, se twonpe ou twonpe m, ou ban m yon bann manti; alò, koulye a, souple, di m kijan ou kab mare."

¹¹ Li te di li: "Si yo mare m byen di ak kòd nèf ki pa t janm sèvi; alò, mwen va devni fèb tankou nenpòt lòt gason."

¹² Konsa, Delila te pran kòd nèf e li te mare li avèk yo e te di li: "Men Filisten yo sou ou, Samson!" Paske gason yo t ap tann nan chanm anndan an. Men li te pete kòd yo nan bra li tankou fisèl pou koud.

¹³ Epi Delila te di a Samson: "Jis koulye a, ou te twonpe m e ban m bann manti; di mwen kijan ou kapab mare."

Epi li te di li: "Si ou trese sèt très cheve m nan ansanm très la, epi tache l avèk gwo epeng tout très la, m ap vin fèb tankou nenpòt lòt gason."

¹⁴ Konsa, pandan li t ap dòmi, Delila te pran sèt très cheve li yo, li te trese yo nan ansanm très la. Li te tache li avèk epeng lan, e li te di li: "Men Filisten yo sou ou, Samson!" Men li te leve nan dòmi li, li te rale fè epeng lan sòti nan ansanm très la e li te rale cheve l nan griyaj très la.

ᵃ **15:2** Jij 14:2   ᵇ **15:6** Jij 14:15   ᶜ **15:11** Lev 26:25   ᵈ **15:14** Jij 14:19   ᵉ **15:15** Lev 26:8   ᶠ **15:18** Jij 16:31
ᵍ **15:20** Jij 16:31   ʰ **16:1** Jos 15:47   ⁱ **16:2** I Sam 23:26   ʲ **16:5** Jos 13:3

¹⁵ Alò li te di li: ᵃ"Kijan ou kapab di, 'Mwen renmen ou,' lè kè ou pa avè m? Ou te twonpe m twa fwa sila yo e pa t di mwen kote gran fòs ou a ye."

¹⁶ Li te vin rive ke lè li te toumante li chak jou avèk pawòl li yo e te bourade li, ke nanm li te vin twouble jiska lanmò. ¹⁷ Konsa, li te fè l konnen tout sa ki te nan kè li e li te di li: "Yon razwa pa t janm vini nan tèt mwen; paske mwen se te yon ᵇNazareyen a Bondye soti nan vant manman m. Si cheve m vin taye; alò, fòs mwen an va kite mwen e mwen va devni tankou nenpòt lòt gason."

¹⁸ Lè Delila te wè ke li te di li tout sa ki te nan kè li, li te rele prens a Filisten yo e li te di yo: "Vini yon fwa ankò; paske li fin di mwen tout sa ki te nan kè li." Epi prens a Filisten yo te vin kote li, e yo te pote la jan pou li a nan men yo. ¹⁹ Li te fè l dòmi sou jenou li, li te rele yon mesye pou te fè l pase razwa retire tout sèt très cheve li yo. Alò, li te kòmanse aflije li e fòs li a te vin kite l. ²⁰ Li te di: "Men Filisten yo sou ou, Samson!"

Li te leve soti nan dòmi li, e te di: "Mwen va sòti tankou lòt fwa yo e souke kò m pou m vin lib." Men li pa t konnen ke ᶜSENYÈ a te gen tan kite li. ²¹ Alò, Filisten yo te sezi li. Yo te kreve rete zye li, epi yo te mennen li Gaza. Yo te mare l avèk chenn fèt an bwonz ki te konn vire moulen nan prizon an. ²² Men cheve tèt li t ap grandi ankò lè l te fin koupe yo.

²³ Alò, prens Filisten yo te rasanble pou ofri yon gran sakrifis a ᵈDagon, dye pa yo a e pou rejwi yo, paske yo te di: "Se dye pa nou an ki livre Samson, lènmi nou an, nan men nou." ²⁴ Lè pèp la te wè li, yo te fè lwanj a dye pa yo a, paske yo te di: "Se dye pa nou an ki te livre lènmi nou an, nan men nou, menm distrikte a peyi nou an, ki te touye anpil nan nou."

²⁵ Li te vin rive ke pandan yo te ranpli avèk kè kontan, ke yo te di: "Rele Samson pou l kapab amize nou." Konsa, yo te rele Samson soti nan prizon an pou li te amize yo. Epi yo te fè l kanpe antre pilye yo. ²⁶ Alò, Samson te di a gason ki te kenbe men l lan: "Kite mwen manyen pilye kote kay la kanpe yo pou m kab apiye sou yo." ²⁷ Alò, kay la te ranpli avèk gason ni fanm e tout prens a Filisten yo te la. Epi anviwon twa-mil gason avèk fanm te anba twati a e yo t ap gade Samson pandan li t ap amize yo. ²⁸ ᵉKonsa, Samson te rele SENYÈ a e te di: "O Senyè BONDYE, souple, sonje mwen, e souple, ranpli fòs mwen pou sèl fwa sa a, O Bondye pou m kapab ᶠjwenn vanjans sou Filisten yo pou de zye mwen yo." ²⁹ Samson te kenbe byen di de pilye mitan yo sou sila kay la te poze yo, li te ranfòse li sou yo, youn avèk men dwat li e youn avèk men goch li. ³⁰ Epi Samson te di: "Kite mwen mouri avèk Filisten yo!" Epi li te koube avèk tout fòs li jiskaske kay la te vin tonbe sou tout prens yo ak tout moun ki te ladann yo. Konsa, kantite moun ke li te touye

lè l te mouri an te plis ke sila ke li te touye pandan tout vi li yo.

³¹ Alò, frè li yo avèk tout lakay papa li te desann pran li, mennen li monte e te antere li antre Tsorea ak Eschthaol nan tonm Manoach la, papa li. Konsa, li te jije Israël pandan ventan.

17 Alò, te gen yon nonm nan peyi ti kolin Ephraïm yo ki te rele Mica. ² Li te di a manman l: "Onz-mil pyès ajan ke yo te retire nan men ou yo, sou sila yo ou te bay madichon ke mwen te tande a, veye byen, ajan an avè m; se mwen ki te pran l." Epi manman l te di: "Beni ou ye, fis mwen, pa SENYÈ a."

³ Konsa, li te retounen onz-san pyès ajan an bay manman l, e manman l te di: "Mwen dedye ajan an soti nan men mwen nèt bay SENYÈ a, pou fis mwen an, ᵍpou fè yon imaj taye ak yon imaj ki fonn; alò, pou sa, mwen va retounen yo ba ou."

⁴ Konsa, lè li te fin retounen ajan an bay manman l, manman l te pran de-san pyès ajan an, li te bay yo a yon bòs fonn ajan, ki te fè avèk yo, yon imaj taye. Yo te rete lakay Mica.

⁵ Epi nonm nan, Mica, te gen yon ʰlye sakre, li te fè yon efòd avèk zidòl lakay yo, e li te konsakre youn nan fis li yo ⁱpou ta kapab sèvi kòm prèt li. ⁶ Nan jou sa yo, ʲpa t gen wa an Israël. ᵏChak moun te fè sa ki te bon nan pwòp zye pa l. ⁷ Alò, te gen yon jennonm ki te soti Bethléhem nan Juda, nan fanmi Juda a, ki te yon Levit. Li te rete la. ⁸ Konsa, nonm sa a te pati nan vil la, soti nan Bethléhem nan Juda pou ale rete nenpòt kote ke li ta kab twouve. Epi pandan li t ap fè vwayaj la, li te rive nan ˡpeyi ti kolin Ephraïm yo, vè lakay Mica. ⁹ Mica te mande li: "Se kibò ou sòti?"

Li te reponn li: "Mwen se yon Levit ki soti Bethléhem nan Juda, epi mwen pral rete nenpòt kote ke m twouve."

¹⁰ Alò, Mica te di li: "Vin rete avè m pou vin yon ᵐpapa ak yon prèt anvè mwen. Mwen va ba ou dis mòso ajan pa ane, yon vètman ak pran swen ou." Konsa, Levit la te antre. ¹¹ Levit la te vin antann avèk nonm nan e jennonm nan te vin pou li tankou youn nan fis li yo. ¹² Alò, Mica te konsakre Levit la; jennonm nan de ⁿvin prèt li e li te rete lakay Mica. ¹³ Konsa, Mica te di: "Koulye a, mwen konnen ke SENYÈ a va fè m reyisi; paske mwen gen yon Levit kòm prèt."

18 Nan jou sa yo, pa t gen wa an Israël. Epi ᵒnan jou sa yo tribi a Danit yo t ap chache yon eritaj kote pou yo menm ta viv ladann; paske jis rive nan jou sa a, tiraj osò eritaj la potko tonbe pou yo kòm posesyon pami tribi Israël yo. ² Pou sa, fis a Dan yo te ranvoye sòti nan fanmi pa yo, senk mesye ki sòti nan yo tout, mesye vanyan ki sòti ᵖTsorea avèk Eschthaol, pou fè ankèt nan teren an e egzamine li. Konsa yo te di yo: "Ale fè rechèch teren an."

Epi yo te vin rive nan ᵠpeyi ti mòn Ephraïm yo, kote lakay Mica, pou te loje la. ³ Lè yo te vin toupre

---
ᵃ **16:15** Jij 14:16   ᵇ **16:17** Nonb 6:2-5   ᶜ **16:20** Nonb 14:42-43   ᵈ **16:23** I Sam 5:2   ᵉ **16:28** Jij 15:18
ᶠ **16:28** Jr 15:15   ᵍ **17:3** Egz 20:4   ʰ **17:5** Jij 18:24   ⁱ **17:5** Nonb 3:10   ʲ **17:6** Jij 18:1   ᵏ **17:6** Det 12:8
ˡ **17:8** Jos 24:33   ᵐ **17:10** Jij 18:19   ⁿ **17:12** Nonb 16:10   ᵒ **18:1** Jos 19:40-48   ᵖ **18:2** Jij 13:25   ᵠ **18:2** Jij 17:1

lakay Mica, yo te rekonèt vwa a jennonm nan, Levit la; epi yo te vire akote la e te di li: "Se kilès ki te mennen ou isit la? Epi kisa w ap fè nan kote sa a? Epi kisa ou gen isit la?"

⁴ Li te di yo: "Men tèl bagay ak tèl bagay Mica te fè m, e li te anplwaye m, epi ᵃmwen te vin prèt li."

⁵ Yo te di li: "Souple, mande Bondye pou nou kab konnen si vwayaj ke nou ap pran an va byen reyisi."

⁶ Prèt la te di yo: "Ale anpè. Bondye dakò avèk vwayaj ke nou ap fè a."

⁷ Alò, senk mesye yo te pati pou te rive ᵇLaïs e te wè pèp la t ap viv an sekirite, nan fason a Sidonyen yo, anpè avèk sekirite. Paske pa t gen okenn chèf ki t ap imilye yo pou anyen nan peyi a, yo te lwen Sidonyen yo e yo pa t gen okenn relasyon avèk lòt moun. ⁸ Lè yo te retounen vè frè yo Tsorea ak Eschthaol, frè yo te di yo: "Kisa ou di?"

⁹ Yo te di: "Leve e annou monte kont yo; paske nou te wè peyi a e vwala, li trè bon. Epi ankò, èske w ap chita anplas toujou? Pa pèdi tan pou antre posede peyi a. ¹⁰ Lè ou antre, ou va rive sou yon pèp ki an sekirite avèk yon peyi ase vast. Paske Bondye te mete li nan men ou, ᶜyon plas ki pa manke anyen ki sou latè."

¹¹ Alò, soti nan fanmi Danit yo, soti Tsorea avèk Eschthaol, sis-san lòm avèk tout zam lagè yo te pati. ¹² Yo te monte pou te fè kan nan Kirjath-Jearim nan Juda. Pou sa, yo te rele plas sa a ᵈMachané-Dan jis rive jodi a. Tande byen, li vè lwès a Kirjath-Jearim. ¹³ Yo te pase soti la nan peyi ti kolin Ephraïm yo pou te rive lakay Mica.

¹⁴ Epi senk mesye ki te pase fè espyonaj nan peyi Laïs la te di a moun fanmi pa yo: "Èske nou konnen ke genyen nan kay sa yo yon ᵉefòd avèk zidòl lakay yo, avèk yon imaj taye ak yon imaj fonn? Pou sa, konsidere kisa ou ta dwe fè." ¹⁵ Yo te vire akote la e te rive nan kay a jennonm nan, Levit la, lakay Mica e te mande li si tout bagay ale byen pou li. ¹⁶ Sis-san lòm ame avèk zam lagè, ki te pou fis a Dan yo, te kanpe akote antre pòtay la. ¹⁷ Alò, senk mesye ki te ale fè espyonaj peyi a te pwoche, yo te antre la pou te pran ᶠimaj taye avèk efòd la ak imaj lakay yo ak imaj fonn nan, pandan prèt la te kanpe nan antre pòtay la avèk sis-san lòm ki te ame avèk zam lagè yo.

¹⁸ Lè moun sila yo te antre lakay Mica pou pran imaj taye a, efòd la avèk zidòl lakay yo a, avèk imaj fonn nan, prèt la te di yo: "Kisa nou ap fè la a?"

¹⁹ Yo te di li: "Pe la, ᵍmete men sou bouch ou e vini avèk nou pou devni pou nou yon ʰpapa, ak yon prèt. Èske li pi bon pou ou pou fè prèt lakay a yon sèl moun, oswa devni prèt a yon tribi e yon fanmi an Israël?"

²⁰ Kè a prèt la te kontan. Li te pran efòd la avèk zidòl lakay yo a, imaj taye a e te li ale pami pèp la.

²¹ Yo te vire sòti pou te mete pitit yo avèk tout bèt yo avèk byen yo ranmase devan yo. ²² Lè yo te fè yon sèten distans soti lakay Mica, mesye ki te nan kay toupre lakay Mica yo te rasanble yo pou te vin jwenn fis a Dan yo. ²³ Yo te kriye sou fis a Dan yo e yo te vire di Mica: "Kisa nou genyen nou vin rasanble konsa?"

²⁴ Li te di: "Nou fin pran dye ke m te fè yo, avèk prèt la e sòti; epi kisa mwen genyen plis ke sa? Ki jan nou kab di mwen: 'Kisa ou genyen?'"

²⁵ Fis a Dan yo te di li: "Pa kite vwa ou tande pami nou, oswa mesye fewòs yo va vin tonbe sou ou e ou va pèdi lavi ou avèk lavi tout lakay ou."

²⁶ Konsa, fis a Dan yo te fè wout yo. Epi lè Mica te wè ke yo te twò fò pou li, li te vire retounen lakay li. ²⁷ Epi yo te pran sa ke Mica te fè yo, avèk prèt ki te pou li a, e yo te vini bò kote ⁱLaïs, a yon pèp ki te pezib e an sekirite. Yo te frape yo avèk lam nepe; e yo te brile vil la avèk dife. ²⁸ Pa t gen pèsòn pou sove yo akoz li te lwen Sidon e yo pa t gen relasyon avèk okenn lòt pèp. Li te nan vale ki te toupre Beth-Rehob la. Konsa, yo te rebati vil la pou te viv ladann. ²⁹ ʲYo te rele vil la Dan, menm non a Dan, papa ki te fèt an Israël yo. Men avan sa, non a vil sa a se te Laïs. ³⁰ Fis a Dan yo te fè monte pou kont yo, menm imaj taye a; epi Jonathan, fis a Guerschom lan, fis a Manassé a, ᵏli menm avèk fis li yo te prèt pou tribi Danit la jis rive jou ke peyi a te vin pran an kaptivite a. ³¹ Alò, konsa, yo te monte pou kont yo imaj taye ki te pou Mica a, ke li menm te fè, pandan tout tan ke kay Bondye a te nan Silo a.

19 Alò, li te vin rive nan jou sa yo, pandan pa t gen wa an Israël, ke te gen yon sètèn Levit ki te rete nan zòn izole nan peyi ti kolin Ephraïm nan. Li te pran yon mennaj pou kont li, ki soti nan Bethléhem nan Juda. ² Men mennaj li a te jwe pwostitiye kont li. Li te kite li pou rive lakay papa l nan Bethléhem nan Juda e li te rete la pandan yon kat mwa. ³ Epi mari li te leve swiv li, pou ˡpale dousman avè l pou fè l tounen e te pran avè l sèvitè li a, ak yon pè bourik. Konsa, fi a te mennen li antre lakay papa l. Lè papa l te wè l, li te byen kontan rankontre li. ⁴ Bòpè li a, papa a fi a te fè l fè reta. Li te rete avè l pandan twa jou konsa. La yo te manje, bwè e loje.

⁵ Alò, nan katriyèm jou a, yo te leve granmmaten e yo te prepare pou sòti. Papa a fi a te di a bofi li: ᵐ"Fòtifye ou menm avèk yon mòso pen pou, apre, nou kapab ale." ⁶ Konsa, toude te chita manje e bwè ansanm; epi papa a fi a te di nonm nan: "Souple, vin dakò pou pase nwit lan e ⁿfè kè ou kontan."

⁷ Alò, nonm nan te leve pou pati, men bòpè li te ankouraje li. Konsa, li te pase nwit lan la ankò. ⁸ Nan senkyèm jou a, li te leve pati bonè nan maten. Men papa a fi a te di: "Souple, soutni nou e tann pou jiska apremidi." Konsa, yo toude te manje.

⁹ Lè nonm nan te leve ansanm avèk mennaj li ak sèvitè li a, bòpè li te di li: "Men gade, jou a prèt

---

ᵃ **18:4** Jij 17:12   ᵇ **18:7** Jos 19:4   ᶜ **18:10** Det 8:9   ᵈ **18:12** Jij 13:25   ᵉ **18:14** Jij 17:5   ᶠ **18:17** Jen 31:19-30
ᵍ **18:19** Job 21:5   ʰ **18:19** Jij 17:10   ⁱ **18:27** Jos 19:47   ʲ **18:29** Jos 19:47   ᵏ **18:30** Jij 17:3-5   ˡ **19:3** Jen 34:3
ᵐ **19:5** Jen 18:5   ⁿ **19:6** Jij 16:25

pou rive; souple, pase nwit lan isit la pou kè ou kapab kontan. Epi demen ou kapab leve bonè pou vwayaje ale lakay ou." [10] Men nonm nan pa t dakò pase nwit lan. Konsa, li te leve sòti pou te rive nan lye anfas [a]Jebus (sa vle di, Jérusalem). Li te gen avè l de bourik sele; mennaj li a te avè l tou.

[11] Lè yo te toupre Jebus, jou a te prèt fini; epi [b]sèvitè te di a mèt li: "Souple, vini e annou vire akote antre vil ki pou Jebizyen yo pou pase nwit lan ladann."

[12] Men mèt li a te di li: "Nou p ap vire akote antre nan vil etranje ki pa fè pati a fis Israël yo; men nou va kontinye rive jis Guibea." [13] Li te di a sèvitè li: "Vini e annou pwoche youn nan kote sa yo. Nou va pase nwit lan nan Guibea oswa Rama." [14] Konsa, yo te kontinye fè wout yo. Solèy la te kouche sou yo toupre Guibea, ki pou Benjamin. [15] Yo te vire akote la pou antre rete nan Guibea. Lè yo te antre, yo te chita nan mache ki pou vil la, pwiske pèson pa t pran yo antre lakay yo pou pase nwit lan.

[16] Alò, vwala, yon mesye granmoun t ap sòti nan chan travay li nan aswè. Alò, mesye a te sòti nan [c]peyi ti kolin Ephraïm yo, e li t ap viv Guibea, men mesye kote sa yo se te Benjamit yo te ye. [17] Konsa, li te leve zye li pou te wè vwayajè yo nan mitan mache vil la. Epi granmoun nan te di: "Kibò nou prale e kibò nou sòti?"

[18] Li te di: "N ap pase soti Bethléhem nan Juda pou rive kote ki pi izole nan peyi ti kolin Ephraïm yo, paske se la mwen sòti e mwen te ale Bethléhem nan Juda. Men koulye a, se lakay mwen mwen prale e nanpwen moun k ap ban m plas. [19] Men m gen pay ak manje pou bourik nou yo e osi, pen avèk diven pou mwen, sèvant ou, [d]e jennonm ki avèk sèvitè ou yo. Nanpwen anyen ki manke."

[20] Granmoun nan te di: [e]"Lapè avèk nou. Sèlman, kite mwen okipe tout bezwen nou yo; sèlman, pa pase nwit lan sou plas la." [21] [f]Konsa, li te pran li lantre lakay li e li te bay bourik yo manje. Yo te lave pye yo e te manje ak bwè. [22] Pandan yo t ap fete, veye byen, [g]mesye lavil yo, kèk sanzave, te vin antoure kay la. Yo te kòmanse frape pòt la, epi yo te pale avèk mèt kay la, granmoun nan, e te di: "Mennen fè sòti nonm ki te antre lakay ou a pou nou kapab gen relasyon seksyèl avèk li."

[23] Alò, nonm nan, mèt kay la, te parèt deyò kote yo, e te di yo: "Non, zanmi mwen yo, souple pa a ji mal konsa! Akoz nonm sa a te [h]antre lakay mwen, pa vin fè yon zak bèt parèy konsa! [24] [i]Men fi vyèj mwen an ak sèvant li an; souple, kite mwen fè yo sòti pou nou kapab kouche avèk yo e fè sa ke nou pito. Men pa fè zak bèt sa a kont nonm sa a!"

[25] Men mesye yo te refize koute li. Epi nonm nan te sezi ti mennaj li a, li te mennen li deyò kote yo. Konsa, yo te vyole li e te abize li tout lannwit jis rive nan maten, e yo te lage li lè solèy prèt leve. [26] Lè jou te kòmanse vin parèt, fanm nan te vin tonbe devan pòtay kay a mesye a kote mèt la te ye a jiskaske solèy fin klere nèt. [27] Lè mèt li te leve nan maten e te louvri pòt la pou fè wout li, alò vwala, mennaj li an te kouche devan pòtay kay la, avèk men li sou papòt kay la.

[28] Li te di li: "Leve non, annou ale." [j]Men pa t gen repons. Alò, li te mete kadav li sou bourik la, epi nonm nan te leve ale lakay li.

[29] Lè li te antre lakay li, li te pran yon kouto, li te mete men li sou mennaj li a e te [k]koupe li fè douz mòso, manm pa manm e te ranvoye li toupatou nan tout teritwa Israël la. [30] Tout sa ki te wè l te di: "Anyen parèy a sa pa t janm fèt, ni pa t konn wè depi jou ke fis Israël yo te monte sòti an peyi Égypte la jis jodi a. Reflechi sou sa, pran konsèy e pale klè."

20 Konsa, tout fis Israël yo depi Dan jis rive Beer-Schéba, menm avèk peyi Galaad la te sòti e kongregasyon an te rasanble kòm yon sèl òm a SENYÈ a nan [l]Mitspa. [2] Chèf a tout pèp yo, menm tout tribi an Israël yo, te vin kanpe nan asanble a pèp Bondye a, kat-san-mil sòlda a pye [m]kouto ki te rale nepe. [3] (Alò, fis a Benjamin yo te tande ke fis Israël yo te monte Mitspa.) Epi fis Israël yo te di: "Pale nou kijan mechanste sa a te vin rive?"

[4] Epi Levit la, mari a fanm nan ki te asasine a, te reponn e te di: "Mwen te vini avèk mennaj mwen pou pase nwit lan Guibea ki pou Benjamin. [5] Men mesye Guibea yo te leve kont mwen, yo te antoure kay la pandan nwit lan akoz mwen menm. Yo te gen entansyon touye mwen; men olye de [n] sa, yo te vyole mennaj mwen jiskaske li te vin mouri. [6] Epi mwen te pran mennaj mwen an, mwen te koupe li an mòso e mwen te voye li nan tout peyi eritaj Israël la, paske [o]yo te komèt yon zak ki lèd e malonèt an Israël. [7] Gade byen, tout fis Israël yo, [p]bay lide avèk konsèy nou isit la."

[8] Alò, tout pèp la te leve kòm yon sèl moun, e yo te di: "Pa gen menm youn nan nou k ap tounen nan tant li, ni nou p ap retounen lakay nou. [9] Men kisa n ap fè Guibea; nou va monte kont li pa tiraj osò. [10] Epi nou va pran dizòm sou san nan tout tribi Israël yo, san sou mil e mil sou dis-mil pou founi manje pou pèp la jiskaske yo vini Guibea nan Benjamin, pou yo kapab pini yo pou tout zak malonèt yo te fè an Israël yo." [11] Konsa, tout fis Israël yo te rasanble kont vil la, tèt yo ansanm kòm yon sèl moun.

[12] Alò, tribi Israël yo te voye mesye yo pami tout tribi Benjamin an, e yo te di: "Ki kalite mechanste sa ki te fèt pami nou an? [13] Pou sa, livre bannou mesye sa yo, [q]sanzave Guibea yo, pou nou kab mete yo a lanmò e [r]retire mechanste sa an Israël."

Men fis Benjamin yo te refize koute vwa a frè yo, fis an Israël yo. [14] Fis a Benjamin yo te rasanble soti nan vil Guibea yo, pou sòti nan batay kont fis Israël yo. [15] Soti nan vil yo, nan jou sa a, fis Benjamin yo te monte ak venn-si-mil mesye ki te rale nepe, anplis moun Guibea ki te konte a sèt-san òm ekstrawòdinè.

---

[a] **19:10** I Kwo 11:4-5   [b] **19:11** Jij 19:19   [c] **19:16** Jij 19:1   [d] **19:19** Jij 19:11   [e] **19:20** Jen 43:23   [f] **19:21** Jen 24:32-33
[g] **19:22** Jen 19:4-5   [h] **19:23** Jen 34:7   [i] **19:24** Jen 19:8   [j] **19:28** Jij 20:5   [k] **19:29** I Sam 11:7   [l] **20:1** I Sam 7:5
[m] **20:2** Jij 8:10   [n] **20:5** Jij 19:22   [o] **20:6** Jen 34:7   [p] **20:7** Jij 18:30   [q] **20:13** II Kor 6:15   [r] **20:13** Det 13:5

¹⁶ Pami tout moun sa yo, sèt-san ᵃòm ekstrawòdinè yo se te moun goche. Yo chak ta kapab tire yon wòch avèk fistibal sou yon grenn cheve e yo pa janm pa pran l. ¹⁷ Alò, lòt mesye Israël yo anplis Benjamin te konte nan kat-san-mil òm ki rale nepe. Tout sila yo se te moun lagè.

¹⁸ Alò, fis Israël yo te leve monte Béthel. Yo te mande Bondye, e te di: ᵇ"Se kilès ki va monte avan pou fè batay kont fis Benjamin yo?"

Alò, SENYÈ a te di: "Juda va monte avan."

¹⁹ Alò, fis Israël yo te leve nan maten, e yo te fè kan kont Guibea. ²⁰ Mesye Israël yo te sòti pou batay kont Benjamin e mesye Israël yo te pran pozisyon batay kont yo nan Guibea. ²¹ Alò, fis Benjamin yo te parèt deyò nan Guibea, e yo te ᶜfè tonbe atè nan jou sa a, venn-de-mil òm nan Izrayelit yo. ²² Men pèp la, mesye Israël yo, te ankouraje youn lòt e te vin pran plas batay la menm kote ke yo te vin parèt nan premye jou a. ²³ ᵈFis Israël yo te monte e kriye devan SENYÈ a jis rive nan aswè. Yo te ᵉfè mande SENYÈ a e te di: "Èske nou dwe pwoche ankò pou fè batay kont fis a frè m yo, Benjamin?"

Epi SENYÈ a te reponn: "Monte kont li."

²⁴ Alò, fis Israël yo te vini kont fis a Benjamin yo nan dezyèm jou a. ²⁵ Benjamin te sòti kont yo soti Guibea nan dezyèm jou a e yo te fè tonbe atè, ankò 18,000 òm pami fis Israël yo; tout moun ki te rale nepe yo.

²⁶ Alò, ᶠtout fis Israël yo ak tout pèp la te monte rive Béthel e te kriye. Konsa, yo te rete la devan SENYÈ a, yo te fè jèn tout jounen an jis rive nan aswè. Epi yo te ofri ofrann brile ak ofrann lapè devan SENYÈ a. ²⁷ Fis Israël yo te ᵍmande devan SENYÈ a (paske lach temwayaj la te la nan jou sa yo, ²⁸ epi Phinées, fis a Éléazar a, fis Aaron an, te kanpe devan li pou fè sèvis nan jou sila yo, epi yo te di: "Èske mwen dwe sòti menm yon lòt fwa nan batay kont fis a frè m yo, Benjamin, oswa èske m dwe sispann?"

Epi SENYÈ a te di: "Monte, ʰpaske demen Mwen va livre yo nan men nou."

²⁹ ⁱKonsa, Israël te pozisyone mesye yo antoure Guibea pou fè anbiskad. ³⁰ Fis Israël yo te monte kont fis Benjamin yo nan twazyèm jou a e yo te pozisyone yo menm jan ke yo te fè nan lòt fwa yo. ³¹ ʲFis Benjamin yo te sòti kont yo e te rale soti kite vil la. Konsa, yo te kòmanse frape e touye kèk moun nan pèp la, menm jan ak lòt fwa yo, sou gran chemen yo, youn ki te monte a Béthel e lòt la Guibea, anviwon trant mesye Izrayelit.

³² Fis a Benjamin yo te di: "Yo vin frape tonbe devan nou, menm jan ak lòt fwa a." Men fis Israël yo te di: "Annou sove ale pou nou kapab atire yo kite vil la rive nan gran chemen yo."

³³ Epi tout fis Israël yo te leve sou plas yo pou te vin parèt nan Baal-Thamar. ᵏKonsa mesye Israël nan anbiskad yo te sòti nan plas pa yo, kote Maaré-Guibea menm. ³⁴ Lè di-mil òm ekstrawòdinè nan tout Israël yo te parèt kont Guibea, batay la te vin fewòs; ˡmen mesye Benjamin yo pa t konnen ke yon gwo dega t ap pwoche yo. ³⁵ Epi SENYÈ a te frape Benjamin devan Israël jiskaske fis Israël yo te detwi venn-senk-mil-san moun nan Benjamin nan jou sa a, tout moun ki te rale nepe yo ³⁶ Konsa, fis Benjamin yo te wè ke yo te fin bat yo. Paske ᵐlè mesye Israël yo te bay teren an a fis Benjamin yo, se te akoz yo te depann de mesye ki t ap fè anbiskad yo, pou yo te voye kont Guibea. ³⁷ ⁿMesye anbiskad yo te kouri kont Guibea; epi yo te ouvri pou voye frape tout vil la avèk lam nepe. ³⁸ Alò, siyal ki te prevwa antre mesye Israël yo ak mesye anbiskad yo se te ᵒke yo ta fè yon gran nwaj lafimen leve sòti nan vil la. ³⁹ Alò, mesye Israël yo te vire nan batay le a Benjamin te kòmanse frape e touye anviwon trant mesye Izrayelit, ᵖpaske yo te di: "Vrèman, yo detwi devan nou, tankou nan premye batay la." ⁴⁰ Men lè nwaj la te kòmanse leve sòti lavil la tankou yon pilye gwo lafimen, Benjamit yo te gade ᑫdèyè yo; epi gade byen, nan tout vil la, lafimen t ap monte vè syèl la. ⁴¹ Alò, moun Israël yo te vire e mesye Benjamin yo te vin sezi avèk laperèz; paske yo te wè ke yon ʳgwo dega te sou yo. ⁴² Pou sa, yo te vire do devan Israël ˢvè dezè a, men batay la te vin jwenn yo pandan sila ki te sòti nan vil yo te detwi yo nan mitan li. ⁴³ ᵗYo te vin antoure mesye Benjamin yo; yo te pouswiv yo san repo e yo te foule yo anba pye anfas Guibea vè lès la. ⁴⁴ Konsa, diz-uit-mil òm a Benjamin te tonbe; tout sila yo se te vanyan gèrye. ⁴⁵ Rès yo te sove ale vè dezè a nan wòch Rimmon. ᵘMen yo te kenbe senk-mil nan yo sou chemen e te vin rive sou yo nan Guideom. Yo te touye de-mil nan yo.

⁴⁶ Konsa, tout Benjamit ki te tonbe nan jou sa yo se te venn-senk-mil òm ki te rale nepe; tout sila yo se te vanyan gèrye. ⁴⁷ Men sis-san òm te vire kouri vè dezè a nan wòch Rimmon e yo te rete nan wòch Rimmon pandan kat mwa. ⁴⁸ Mesye Israël yo, alò, te vire retounen kont fis a Benjamin yo pou te frape yo avèk lam nepe, tout vil la avèk bèt yo ak tout sa ke yo te twouve. Anplis, yo te mete dife nan tout vil ki ke yo te twouve yo.

21

Alò, mesye Israël yo ᵛte deja sèmante nan Mitspa. Yo te di: "Pa gen nan nou menm k ap bay fi li a Benjamin nan maryaj." ² ʷKonsa, pèp la te vini Béthel e yo te chita la devan Bondye jis rive nan aswè, epi yo te leve vwa yo e te kriye amè. ³ Yo te di: "Poukisa, O SENYÈ, Bondye Israël la, èske bagay sa a vin rive an Israël pou

---

ᵃ **20:16** Jij 3:15 ᵇ **20:18** Nonb 27:21 ᶜ **20:21** Jij 20:25 ᵈ **20:23** Jos 7:6-7 ᵉ **20:23** Jij 20:18 ᶠ **20:26** Jij 20:23
ᵍ **20:27** Jij 20:18 ʰ **20:28** Jij 7:9 ⁱ **20:29** Jos 8:4 ʲ **20:31** Jos 8:16 ᵏ **20:33** Jos 8:19 ˡ **20:34** Jos 8:14
ᵐ **20:36** Jos 8:5 ⁿ **20:37** Jos 8:19 ᵒ **20:38** Jos 8:20 ᵖ **20:39** Jij 20:32 ᑫ **20:40** Jos 8:20 ʳ **20:41** Pwov 5:22
ˢ **20:42** Jos 8:15-24 ᵗ **20:43** Os 9:9 ᵘ **20:45** Jij 21:13 ᵛ **21:1** Jij 21:7-18 ʷ **21:2** Jij 20:26

youn nan tribi yo jodi a ta vin disparèt an Israël?" ⁴Li te vin rive nan pwochen jou an ke pèp la te leve bonè. Yo te bati ᵃyon lotèl e yo te ofri ofrann brile avèk ofrann lapè. ⁵Konsa, fis Israël yo te di: "Kilès ki pami tout tribi Israël yo ki pa t monte nan asanble SENYÈ a?" Paske, yo te fè yon gran ve pou sila ᵇki pa monte vè SENYÈ a nan Mitspa, epi yo te di: "Li va vrèman vin mete a lanmò." ⁶Fis Israël yo te tris; yo te plen regrè pou Benjamin, frè parèy yo a, e yo te di: "Yon tribi vin koupe nèt sou Israël jodi a. ⁷Kisa nou ap fè pou twouve madanm pou sila ki rete yo, akoz nou te ᶜsèmante pa SENYÈ a pou nou pa bay okenn nan fi pa nou yo nan maryaj?" ⁸Epi yo te di: "Kilès sila pami tribi Israël yo ki pa t monte kote SENYÈ a nan Mitspa?" Gade byen, pèsòn pa t monte nan kan an sòti nan Jabès-Galaad pou patisipe nan asanble a. ⁹Paske, lè pèp la te konte, gade byen, pèsòn nan sila ki rete Jabès-Galaad yo pa t la. ¹⁰Konsa, kongregasyon an te voye douz-mil gèrye vanyan rive la e yo te pase lòd di yo konsa: ᵈ"Ale frape sila ki rete Jabès-Galaad yo avèk lam nepe, ni fanm yo ak pitit yo. ¹¹Men kisa ou va fè, ou ᵉva detwi nèt tout gason ak tout fanm ki gen tan kouche avèk yon gason." ¹²Epi yo te jwenn pami moun Jabès-Galaad yo, kat-san jèn vyèj ki pa t konnen yon gason kouche avèk li. Konsa, yo te mennen yo nan kan an Silo ki nan peyi Kananeyen yo. ¹³Epi tout kongregasyon an te voye pale avèk fis Benjamin ki te nan wòch Rimmon yo e te deklare lapè pou yo.ᶠ ¹⁴Nan lè sa a, Benjamin te retounen e yo te bay yo kat-san fi ke yo te kenbe vivan soti Jabès-Galaad. Men, li poko te kont pou yo. ¹⁵Konsa, pèp la te tris e te plen regrè pou fis Benjamin yo paske SENYÈ a te fè yon brèch nan tribi Israël yo. ¹⁶Epi ansyen nan kongregasyon yo te vin di: "Kisa nou va fè pou sila ki rete toujou, kòmsi fanm nan Benjamin yo detwi?" ¹⁷Yo te di: "Fòk gen eritaj pou retay Benjamin an, jis pou tribi a pa efase nèt sou Israël. ¹⁸Alò, nou pa kab ba yo madanm pami fi nou yo." Paske fis Israël yo te sèmante e yo te di: ᵍ"Modi se sila ki bay yon madanm a Benjamin." ¹⁹Konsa, yo te di: "Gade byen, gen yon fèt a SENYÈ a chak ane nan ʰSilo, ki nan kote nò a Béthel, sou lès a gran chemen ki monte soti Béthel pou rive Sichem nan, vè kote sid a Lebona." ²⁰Pou sa a, yo te kòmande fis Benjamin yo konsa: "Ale kache tann nan chan rezen yo, ²¹epi gade byen, veye, si fi a Silo yo sòti deyò pou patisipe nan dans lan, nou va sòti nan chan rezen yo, e nou chak va kouri kenbe madanm li pami fi a Silo yo e ale avè l nan peyi Benjamin? ²²Li va rive ke lè papa yo oswa frè yo vin plenyen a nou, ke nou va di yo: 'Ba yo a nou avèk bòn volonte; paske nan batay la, nou pa t konsève yon fanm pou chak Benjamit, ni nou pa t founi youn pou yo, sinon koulye a menm, nou ta koupab.'" ²³Konsa fis a Benjamin yo te fè e te pran madanm selon fòs kantite yo pami sila ki te danse yo, pou yo te pote ale. Konsa, yo te ale retounen nan eritaj pa yo, e te ⁱrebati vil pa yo pou te viv ladan yo. ²⁴Fis Israël yo te pati la nan lè sa a, chak òm ak pwòp tribi ak fanmi li, e yo chak te sòti la pou rive nan pwòp eritaj pa yo. ²⁵ʲNan jou sa yo, pa t gen wa an Israël. Tout moun te fè sa ki te bon nan pwòp zye pa yo.

ᵃ **21:4** Det 12:5   ᵇ **21:5** Jij 5:23   ᶜ **21:7** Jij 21:1   ᵈ **21:10** Nonb 31:17   ᵉ **21:11** Nonb 31:17   ᶠ **21:13** Jij 20:47; Det 20:10   ᵍ **21:18** Jij 21:1   ʰ **21:19** Jos 18:1   ⁱ **21:23** Jij 20:48   ʲ **21:25** Jij 17:6

Ruth

1 Alò li te vin rive nan jou ke jij yo te gouvène yo, te genyen ᵃyon gwo grangou nan peyi a. Yon sèten mesye ki sòti ᵇBethléem nan Juda te ale pou demere nan peyi Moab la avèk madanm li ak de fis li yo. ² Mesye a te rele Élimélec e madanm li, Naomi. Epi non a de fis li yo se te Machlon avèk Kiljon, Efratyen yo, de Bethléhem nan Juda. Alò, yo te ᶜantre nan peyi Moab la pou te demere la. ³ Epi Élimélec, mari a Naomi an te mouri. Konsa, se li ki te rete avèk de fis li yo. ⁴ De fis yo te pran pou kont yo fanm Moabit yo kon madanm yo. Youn nan yo te rele Orpa e lòt la Ruth. Epi yo te viv la pandan anviwon dis ane. ⁵ Alò Machlon avèk Kiljon te vin mouri osi. Konsa, fanm nan vin pèdi de pitit li yo, ansanm ak mari li. ⁶ Konsa li te leve avèk bèlfi li pou l ta kab retounen kite Moab. Paske, depi lè li Moab, li tande te SENYÈ a te ᵈvizite pèp li a nan bay yo manje. ⁷ Konsa, li te pati kote li te ye, de bèlfi li yo te avèk li. Epi yo te fè wout la pou retounen nan peyi Juda. ⁸ Epi Naomi te di a de bèlfi li yo: "Ale, retounen nou chak lakay manman nou. ᵉKe SENYÈ a kapab aji anvè nou avèk dousè, jan nou te aji avèk sila ki mouri yo e avèk mwen menm tou. ⁹ Ke SENYÈ a kapab pèmèt nou jwenn repo, nou chak lakay a pwòp mari pa li."

Alò, li te bo yo, yo te leve vwa yo wo, epi te kriye. ¹⁰ Epi yo te di li: "Non, men n ap retounen avè w vè pèp ou a."

¹¹ Naomi te di yo: "Retounen fi mwen yo. Poukisa nou ta dwe ale avè m? Èske m toujou gen fis nan vant mwen pou yo ᶠta vin mari nou? ¹² Retounen fi mwen yo, paske mwen twò vye pou m gen yon mari. Si m te di nou ke m gen espwa, si m ta menm gen yon mari aswè a pou fè fis, ¹³ Èske konsa nou ta tann jiskaske yo ta grandi? Èske pou sa, nou ta refize marye? Non fi mwen yo, sa fè m trist pou ka nou yo. ᵍPaske, men SENYÈ a gen tan parèt kont mwen."

¹⁴ Epi yo te leve vwa yo wo e te kriye ankò. Orpa te bo bèlmè li, men Ruth te rete sou li. ¹⁵ Li te di: "Veye byen, bèlsè ou te retounen vè pèp li avèk ʰdye li yo. Ale swiv bèlsè ou."

¹⁶ Men Ruth te di: "Pa pouse m kite ou ni pou m ta fè bak nan swiv ou. Paske kote ou ale mwen va ale, e kote ou viv, se la mwen va viv. Pèp ou, pèp pa m, e Dye pa ou, Dye pa m. ¹⁷ Kote ou mouri mwen va mouri; epi la mwen va antere. Se konsa pou ⁱSENYÈ a fè m, ak pi mal, si anyen sof ke lanmò ta separe ou de mwen."

¹⁸ Lè ʲli wè ke li te fin pran desizyon pou ale avè l, li pa t di l anyen ankò.

¹⁹ Konsa yo ale ansanm jis rive Bethléhem. Lè yo te rive Bethléhem, ᵏtout vil la te boulvèse akoz yo menm. Fanm yo te di: "Se Naomi sa a?" ²⁰ Li te di yo: "Pa rele m Naomi. Rele m Mara, paske ˡToupwisan an te a ji byen anmè avè m. ²¹ Mwen te sòti plen, men ᵐSENYÈ a mennen m tounen vid. Poukisa nou rele m Naomi, konsi SENYÈ a gen tan temwaye kont mwen, e Toupwisan an te aflije mwen?" ²² Konsa Naomi te retounen, epi avèk li, Ruth, Moabit la, bèlfi li ki te retounen soti nan peyi Moab la. Yo te vini Bethléhem ⁿnan kòmansman rekòlt lòj la.

2 Alò Naomi te gen yon fanmi pwòch a mari li, yon nonm avèk anpil richès, ki sòti nan fanmi ᵒÉlimélec, ki te rele Boaz. ² Ruth, Moabit la te di a Naomi: "Souple, kite mwen ale ᵖpranmase lòj pami tèt sereyal yo nan chan a sila ke mwen kapab twouve favè nan zye li."

Epi li te di l: "Ale fi mwen." ³ Konsa, li te sòti pou te ale ranmase nan chan an apre moun rekòlt yo. Epi li te vin rive nan pòsyon chan ki te pou Boaz la, ki te manm fanmi Élimélec la.

⁴ Alò vwala, Boaz te sòti Bethléhem pou te di a moun rekòlt yo: ᵠ"Ke SENYÈ a kapab avèk nou."

Epi yo te di li: "Ke SENYÈ a beni nou."

⁵ Konsa, Boaz te di a sèvitè li ki te an chaj moun rekòlt yo: "Pou kilès jenn fanm sila a?"

⁶ Sèvitè an chaj la te reponn: "Se jenn fanm Moabit ki te retounen avèk Naomi soti nan peyi Moab la. ⁷ Li te di nou: 'Souple, kite mwen ranmase e sanble apre moun rekòlt yo pami pakèt mwasonyè yo.' Konsa, li te vini e te rete soti nan maten a jis rive koulye a, sòf ke li te chita nan kay la pou yon ti tan."

⁸ Alò, Boaz te di a Ruth: "Koute byen fi mwen! Pa ale ranmase nan chan lòt moun. Anplis, pa kite chan sila a, men rete isit la avèk sèvant mwen yo. ⁹ Kite zye ou rete sou chan ke yo rekòlte a e swiv yo. Vrèman, mwen te kòmande sèvitè mwen yo pou pa touche ou. Lè ou swaf, ale nan veso dlo yo pou bwè nan sa ke sèvitè yo rale."

¹⁰ Alò, li te ʳtonbe sou figi li e te bese ba atè. Li te di l: "Poukisa mwen jwenn favè nan zye w konsa, pou ou ta wè m, paske se yon etranje ke mwen ye?"

¹¹ Boaz te reponn li: "Tout sa ke ou te fè pou bèlmè ou apre lanmò mari ou te deklare nèt a mwen menm; jan ou te kite papa ou avèk manman ou, peyi nesans ou e te vini a yon pèp ke ou pa t menm konnen oparavan. ¹² ˢKe SENYÈ a kapab bay ou rekonpans pou travay sa a, e ke salè ou ki sòti nan SENYÈ a vin plen nèt; Li menm Bondye a Israël la, anba zèl a sila ou te vini mande refij la."

¹³ Epi li te di: "Kite mwen jwenn favè nan zye ou, patwon mwen, paske ou te fè m jwenn konfò e

---

ᵃ **1:1** Jen 12:10   ᵇ **1:1** Jij 17:8   ᶜ **1:2** Jij 3:30   ᵈ **1:6** Egz 4:31   ᵉ **1:8** II Tim 1:16   ᶠ **1:11** Jen 38:11   ᵍ **1:13** Jij 2:15   ʰ **1:15** Jos 24:15   ⁱ **1:17** I Sam 3:17   ʲ **1:18** Trav 21:14   ᵏ **1:19** Mat 21:10   ˡ **1:20** Egz 6:3   ᵐ **1:21** Job 1:21   ⁿ **1:22** Egz 9:31   ᵒ **2:1** Rt 1:2   ᵖ **2:2** Lev 19:9-10   ᵠ **2:4** Jij 6:12   ʳ **2:10** I Sam 25:23   ˢ **2:12** I Sam 24:19

vrèman te pale pawòl emab anvè sèvant ou, malgre mwen pa youn nan sèvant ou yo."

[14] Nan lè manje a, Boaz te di li: "Vin isit la, pou ou kapab manje nan pen an e fonse mòso pen ou an nan vinèg la."

Konsa li te chita akote moun rekòlt yo. Li te sèvi li sereyal boukannen; li te manje, te satisfè, [a]epi te gen rès ki rete. [15] Lè li te leve pou ale ranmase, Boaz te kòmande sèvitè li yo. Li te di: "Kite li ranmase menm pami pakèt yo, pa bay li pwoblèm. [16] Anplis, nou va rale kèk nan pakèt yo eksprè e kite li la pou li kapab ranmase e pa repwoche l."

[17] Konsa Ruth te ranmase nan chan an jis rive nan aswè. Lè li te bat sa li te ranmase yo, li te anviwon yon efa lòj. [18] Li te pran li e te lantre nan vil la pou bèlmè li te wè sa ke li te ranmase yo. Li anplis te rale [b]bay Naomi sa ki te rete lè li menm te fin satisfè.

[19] Bèlmè li te di li: "Kote ou te ranmase jodi a e kibò ou te travay? Pou sila ki te [c]pran enterè nan ou yo kapab beni!"

Konsa, li te di bèlmè li avèk ki moun li te travay, epi te di: "Non a mesye a avèk sila mwen te travay jodi a te Boaz." [20] Naomi te di bèlfi li: [d]"Ke li menm kapab beni pa SENYÈ a ki pa t retire mizerikòd li sou vivan yo ak sou mò yo." Ankò, Naomi te di a li: "Nonm nan se fanmi nou, li se youn nan fanmi pwòch nou yo."

[21] Alò Ruth Moabit la te di, "Anplis, li te di mwen: 'Ou dwe rete pre sèvitè mwen yo jiskaske yo fin fè rekòlt mwen.'"

[22] Naomi te di a Ruth, bèlfi li a: "Sa bon pitit mwen pou ou sòti avèk sèvant li yo, pou kèk lòt moun pa vin tonbe sou ou nan yon lòt chan." [23] Konsa li te rete pre sèvant Boaz yo pou ranmase jiska [e]fen rekòlt lòj la avèk ble a. Epi li te rete lakay bèlmè li.

3 Alò Naomi, bèlmè li a te di l: "Fi mwen, èske m pa dwe chache sekirite pou ou, pou sa kapab ale byen pou ou? [2] Alò èske Boaz avèk sèvant li kote ou te ye yo, èske se pa pwòch [f]fanmi pa nou? Gade byen, l ap vannen lòj nan glasi a aswè a. [3] Pou sa, lave kò ou, onksyone ou e mete pi bèl rad ou yo pou desann nan glasi vannen an. Men pa fè nonm nan konnen kilès ou ye jiskaske li fin manje ak bwè. [4] Li va rive ke lè li fin kouche, ke ou va remake byen kote li kouche a, epi ou va ale dekouvri pye li e kouche la. Konsa li va di ou kisa pou w fè." [5] Epi li te di li: [g]"Tout sa ou di m fè, mwen va fè l." [6] Konsa, li te desann kote glasi vannen an pou te fè selon tout sa li te bèlmè li te kòmande li yo. [7] Lè Boaz te fin manje ak bwè, [h]kè l te kontan. Konsa li te ale kouche nan pwent pil lòj la, e Ruth te vin kote li an sekrè. Konsa, li te dekouvri pye li pou te kouche la. [8] Li te vin rive nan mitan nwit lan ke nonm nan te sibitman sanse yon bagay, epi lè l panche devan an, men yon fanm te kouche la nan pye li. [9] Li te di: "Kilès ou ye?"

Li te reponn: "Mwen se Ruth, sèvant ou a. Konsa, tann kouvèti ou sou sèvant ou a, paske ou se pwòch fanmi pa m."

[10] Epi li te di: [i]"Ke ou kapab beni pa SENYÈ a, fi mwen. Ou te montre dènye favè ou a pi bèl pase premye a! Konsa, ke ou pa t kouri dèyè jennonm yo, kit rich, kit pòv. [11] Alò fi mwen, pa pè; mwen va fè pou ou nenpòt sa ke ou mande, paske tout pèp nan vil la konnen ke ou se [j]yon fanm plen kalite. [12] Alò, se vrè ke mwen se yon pwòch fanmi. Men gen yon fanmi pi pre pase m. [13] Rete pou nwit lan e lè maten rive, [k]si li va peye ranson ou, trè byen; kite li peye ranson ou. Men si li pa vle peye ranson ou, alò, kon SENYÈ a viv la, mwen va peye ranson ou! Kouche la jis rive nan maten."

[14] Konsa, li te kouche nan pye li jis rive nan maten e te leve avan youn ta kab rekonèt lòt. Konsa, Boaz te di: [l]"Pa kite li vin konnen ke fanm nan te vini nan glasi vannen an." [15] Ankò li te di: "Ban mwen manto ki sou ou a e kenbe li." Konsa, li te kenbe li e li te mezire sis mezi nan lòj la e te poze l sou li. Epi li te lantre nan vil la.

[16] Lè li te rive vè bèlmè li, li te di: "Ki jan sa te sòti, fi mwen?"

Epi li te di li tout sa ke nonm nan te fè pou li. [17] Li te di: "Men sis mezi lòj li te ban mwen yo, paske li te di: 'Pa kite men a bèlmè ou vid.'"

[18] Epi li te di: "Tann, fi mwen, jiskaske ou konnen kijan afè sa vin fini, paske nonm nan p ap pran repo jiskaske li fin regle li jodi a menm."

4 Alò Boaz te monte nan pòtay la e te chita la. Konsa, [m]fanmi pwòch a sila Boaz te pale a t ap pase. Epi li te di: "Vire akote, zanmi m; vin chita la!" Epi li te vire akote e te chita. [2] Li te pran dizòm nan [n]ansyen lavil yo, epi te di: "Vin chita isit la." Konsa, yo te vin chita. [3] Epi li te di a fanmi pwòch la: "Naomi, ki te vin retounen soti nan peyi Moab la, ap oblije vann mòso tè [o]ki te pou frè nou an, Élimélec. [4] Konsa, mwen te vle fè ou konnen, epi di: "Achte li devan sila ki chita yo ak devan ansyen pèp mwen yo. Si ou va peye ranson li, peye ranson li; men si ou p ap fè sa, fè m konnen; paske nanpwen pèson ke ou menm pou peye ranson li, e se mwen apre ou."

Konsa li te di: "Mwen va peye ranson li."

[5] Epi Boaz te di: "Nan jou ke ou achte chan an nan men Naomi a, fòk osi ou pran Ruth, Moabit la, vèv a mò a, pou ou kapab [p]fè leve non a sila ki mouri an sou eritaj pa li."

[6] [q]Pwòch fanmi an te di: "Mwen pa kapab peye ranson li pou kont mwen; paske mwen ta mete pwòp eritaj mwen an danje. Peye ranson li pou kont ou; ou kapab genyen dwa ranson pa m nan. Paske, mwen pa kapab peye ranson li." [7] Alò sa se te [r]koutim lontan an Israël pou ranson ak echanj tè pou vin an lòd avèk nenpòt afè. Yon nonm ta retire sapat li, te lonje li bay yon lòt. Se konsa pou te fè atestasyon an

---

[a] **2:14** Rt 2:18   [b] **2:18** Rt 2:14   [c] **2:19** Sòm 41:1   [d] **2:20** II Sam 2:5   [e] **2:23** Det 18:9   [f] **3:2** Det 25:5-10
[g] **3:5** Ef 6:1   [h] **3:7** Jij 19:6-9   [i] **3:10** Rt 2:20   [j] **3:11** Pwov 12:4   [k] **3:13** Det 25:5   [l] **3:14** Wo 14:16
[m] **4:1** Rt 3:12   [n] **4:2** I Wa 21:8   [o] **4:3** Lev 25:25   [p] **4:5** Jen 38:8   [q] **4:6** Lev 25:25   [r] **4:7** Det 25:8-10

Israël. ⁸ Konsa, pwòch fanmi an te di Boaz: "Achte li pou kont ou." Epi li te retire sandal li.

⁹ Alò, Boaz te di a lansyen yo ak tout pèp la: "Nou se temwen jodi a ke mwen te achte soti nan men Naomi tout sa ki te pou Élimélec yo ak tout sa ki te pou Kiljon avèk Machlon yo. ¹⁰ Anplis, mwen te pran Ruth, Moabit la, vèv a Machlon an, kon madanm mwen, jis pou non a mò a kapab leve sou eritaj pa li. ªPou non a mò a pa vin dekoupe soti nan frè li yo, ni nan rejis tribinal nesans li a. Nou se temwen jodi a."

¹¹ Tout pèp la te la nan tribinal la ak lansyen yo te di: "Nou se temwen Ke SENYÈ a kapab fè fanm k ap antre lakay ou a ᵇtankou Rachel avèk Léa, tou de ki te bati lakay Israël la. Epi ke ou va reyisi richès ou nan Éphrata e vin rekonèt pa tout moun nan Bethléhem nan. ¹² Anplis, ke lakay pa w kapab vin tankou lakay ᶜPérets, ke Tamar te fè pou Juda, ak desandan ke SENYÈ a va bannou pa jenn fanm sila a."

¹³ Konsa Boaz te pran Ruth. Li te devni madanm li, epi li te antre ladann. Konsa ᵈSENYÈ a te fè l kapab vin ansent e li te fè yon fis. ¹⁴ Alò ᵉfanm yo te di a Naomi: "Beni se SENYÈ a ki pa t kite ou san redanmtè jodi a. Ke non li kapab vin rekonèt toupatou an Israël! ¹⁵ Anplis ke li kapab devni pou ou yon redanmtè lavi ak yon soutyen pou vyeyès ou. Anplis, pou bèlfi ou, ki renmen ou ᶠe ki pran swen ou pi byen pase sèt fis ki te bay li nesans. ¹⁶ Alò, Naomi te pran pitit la, te fè l kouche sou janm li yo pou te pran swen li." ¹⁷ Fanm vwazinaj la te bay li non an, epi te di: "Yon fis te ne pa Naomi!" Konsa, yo te rele li Obed. Li se papa a Jessé, papa a David.

¹⁸ Alò, sila yo se jenerasyon a Pérets yo: ᵍPérets te fè Hetsron, ¹⁹ Hetsron te fè Ram; Ram te fè Amminadab; ²⁰ Amminadab te fè Nachschon; Nachschon te fè Salmon; ²¹ Salmon te fè Boaz; Boaz te fè Obed; ²² Obed te fè Jessé; epi, Jessé te fè David.

ª **4:10** Det 25:6   ᵇ **4:11** Jen 29:25-30   ᶜ **4:12** Jen 38:29   ᵈ **4:13** Jen 29:31   ᵉ **4:14** Luc 1:58   ᶠ **4:15** Rt 1:16-17   ᵍ **4:18** Mat 1:3-6

I Samuel

1 Alò te genyen yon sèten mesye ki te soti nan Ramathaïm-Tsophim nan [a]peyi ti kolin Éphraïm yo, non li se te [b]Elkana, fis a Jeroham la, fis a Élihu a, fis a Thohu, fis a Tsuph, Efratyen an. [2] Li te gen [c]de madanm: youn te rele [d]Anne e lòt la te Peninna. Peninna te fè pitit, men Anne pa t fè pitit. [3] Alò, mesye sa a te konn monte soti nan vil li a chak ane [e]pou adore ak fè sakrifis a SENYÈ dèzame yo nan [f]Silo. Epi de fis Éli yo, Hophni avèk Phinées te prèt SENYÈ a nan kote sa a. [4] Lè jou a te vini pou Elkana te fè sakrifis yo, li [g]ta bay yon pòsyon a Peninna, madanm li an e a tout fis li yo avèk fi li yo. [5] Men a Anne, li ta bay yon pòsyon doub, paske li te renmen Anne; [h]men SENYÈ a te fèmen vant li. [6] Men lòt madanm nan avèk kè anmè [i]te konn chache pwovoke l pou fè l fache akoz SENYÈ a te fèmen vant li. [7] Li te rive ane aprè ane, otan ke li te monte vè lakay SENYÈ a, li ta pwovoke li. Konsa, li te kriye e li te vin refize manje. [8] Epi Elkana te di li: "Anne, poukisa ou kriye konsa? Poukisa ou pa manje e poukisa kè ou tris? Éske mwen pa pi bon pase dis fis?"

[9] Konsa, Anne te leve lè l te fin manje ak bwè nan Silo. Alò Éli, prèt la, te chita sou chèz akote poto pòt [j]tanp SENYÈ a. [10] Anne te twouble anpil. Li te priye a SENYÈ a e te kriye byen anmè. [11] Li te fè yon ve; li te di: "O SENYÈ dèzame, si Ou va vrèman gade afliksyon sèvant Ou an e son je mwen an, son je mwen e pa bliye sèvant Ou an, men konsa Ou va bay sèvant Ou an yon fis, epi mwen va bay li a SENYÈ a pou tout jou lavi li yo, e yon razwa p ap janm touche tèt li."

[12] Alò, li te vin rive ke pandan li t ap priye devan SENYÈ a, Éli t ap gade bouch li. [13] Selon Anne, [k]li t ap priye nan kè l, men se sèl lèv li ki t ap mache, e vwa li pa t fè bwi. Konsa, Éli te sipoze ke li te sou. [14] Alò Éli te di li: [l]"Pou konbyen de tan ou va rete sou konsa? Mete diven sa a lwen ou."

[15] Men Anne te reponn: "Non, mèt mwen! Mwen se yon fanm oprime nan lespri. Mwen pa t bwè diven, ni bwason fò, men mwen [m]t ap debarase nanm mwen devan SENYÈ a. [16] Pa konsidere sèvant ou kòm yon fanm san valè; paske jis koulye a, mwen te pale akoz gran doulè avèk chagren mwen."

[17] Alò, Éli te reponn e te di: "Ale anpè. Epi ke Bondye Israël la kapab [n]ba ou sa ou mande L la."

[18] Anne te reponn: [o]"Ke sèvant ou twouve favè nan zye ou." Konsa, fanm nan te al fè wout li. Li te vin manje e figi li pa t tris ankò.

[19] Alò, yo te leve granmmaten pou te adore SENYÈ a, epi te retounen lakay yo nan [p]Rama. Konsa, Elkana te antre an relasyon avèk Anne, madanm li an, e SENYÈ a te sonje li.

[20] Li te vin rive nan pwòp lè li, apre Anne te vin ansent lan, ke li te bay nesans a yon gason. Epi li te bay li non Samuel. [q]Li te di: "Akòz mwen te mande SENYÈ a pou li."

[21] Nom nan, Elkana [r]te monte avèk tout lakay li pou fè ofrann sakrifis bay SENYÈ a ak pou peye ve li a. [22] Men Anne pa t monte, paske li te di a mari li: "Mwen p ap monte jiskaske pitit la sevre. Epi mwen va pote li pou l kapab parèt devan SENYÈ a pou l [s]rete la nèt."

[23] [t]Elkana, mari li te di li: "Fè sa ki sanble bon a ou menm. Rete jiskaske ou sevre li; sèlman ke SENYÈ a kapab acheve pawòl li."

Konsa, fanm nan te rete pran swen pitit la jiskaske li te vin sevre. [24] Alò, lè li te fin sevre [u]li, li te pran li monte avè l ansanm avèk yon towo twazan, yon efa farin, ak yon boutèy diven. Li te mennen li lakay a SENYÈ a nan Silo, malgre pitit la te tèlman piti. [25] Konsa, [v]yo te touye towo a e te [w]mennen gason an bay Éli. [26] Anne te di: "O mèt mwen! Tankou nanm ou viv la, mèt mwen, mwen se fanm ki te kanpe la bò kote ou a, ki t ap priye a SENYÈ a. [27] Se [x]pou gason sila a ke m te priye a, e SENYÈ a te ban mwen demand ke m te fè Li a. [28] [y]Konsa, mwen konsakre li bay SENYÈ a. Pou tout tan ke li ta viv li konsakre a SENYÈ a." Konsa, [z]Samuel te adore SENYÈ a la sou plas.

2 Anne te priye e te di:

"Kè mwen vin leve wo nèt nan SENYÈ a!
[a]Kòn mwen leve wo nan SENYÈ a.
Bouch mwen pale kouraj kont lènmi
    mwen yo,
akoz mwen rejwi nan delivrans Ou.
[2] [b]Nanpwen pèsòn ki sen tankou SENYÈ a.
Anverite, nanpwen lòt sof ke Ou menm,
ni nanpwen okenn wòch tankou Bondye
    pa nou an.
[3] "Pa pale kè anflè ankò,
[c]pa kite awogans sòti nan bouch ou.
Paske SENYÈ a se yon Bondye avèk
    konesans,
e avèk Li, tout zak yo peze nan balans.
[4] [d]"Banza a pwisan yo vin fann, kraze nèt,
[e]men fèb yo vin gen fòs.
[5] Sila ki te gen vant plen yo
vin vann tèt yo pou achte pen,
men sila ki te grangou vin satisfè.

---

[a] **1:1** Jos 17:17-18   [b] **1:1** I Kwo 6:22-38   [c] **1:2** Det 21:15-17   [d] **1:2** Luc 2:36   [e] **1:3** Egz 23:14   [f] **1:3** Jos 18:1
[g] **1:4** Det 12:17-18   [h] **1:5** Jen 16:1   [i] **1:6** Job 24:21   [j] **1:9** I Sam 3:3   [k] **1:13** Jen 24:42-45   [l] **1:14** Trav 2:4-13
[m] **1:15** Sòm 42:4   [n] **1:17** Sòm 20:3-5   [o] **1:18** Jen 33:15   [p] **1:19** I Sam 1:1   [q] **1:20** Egz 2:10-22   [r] **1:21** Det 12:11
[s] **1:22** I Sam 1:28   [t] **1:23** Nonb 30:7-11   [u] **1:24** Nonb 15:9-10   [v] **1:25** Lev 1:5   [w] **1:25** Luc 2:22
[x] **1:27** I Sam 1:11-23   [y] **1:28** I Sam 1:11-22   [z] **1:28** Jen 24:26-52   [a] **2:1** Det 33:17   [b] **2:2** Egz 15:11
[c] **2:3** Pwov 8:13   [d] **2:4** Sòm 37:15   [e] **2:4** Eb 11:32-34

Menm sila ki te esteril la fè sèt pitit,
men ªSila ki te fè anpil pitit la vin sispann.
⁶ "Se SENYÈ a ki detwi e ki fè viv.
ᵇSENYÈ a rale desann nan sejou lanmò
    yo, e Li leve wo.
⁷ ᶜSENYÈ a fè pòv ak rich.
Li abese e anplis, Li leve.
⁸ ᵈLi leve malere sòti nan pousyè.
Li leve sila ki nan bezwen an
soti nan pil sann nan,
pou yo chita avèk prens yo,
e jwenn yon chèz donè kòm eritaj.
Paske pilye tè yo se pou SENYÈ a yo ye.
Li te plase lemond sou yo.
⁹ L ap pwoteje pye a sen Li yo;
ᵉmen, mechan yo va jwenn silans nan tenèb la;
ᶠpaske se pa pa lafòs ke yon nonm vin reyisi.
¹⁰ ᵍSila ki fè lènmi avèk SENYÈ a
    va kraze nèt.
Kont yo Li va gwonde depi nan syèl yo.
SENYÈ a ki va jije,
jis rive nan tout ekstremite latè yo.
Konsa, Li va bay kouraj a wa Li;
Li ʰva fè leve wo kòn onksyon pa Li a."
¹¹ Elkana te ale lakay li Rama. ⁱMen gason an te fè sèvis SENYÈ a devan Éli, prèt la.
¹² Alò, fis a Éli yo te ʲvagabon. Yo pa t konnen SENYÈ a, ¹³ ᵏni koutim prèt yo avèk pèp pa yo. Lè yon moun t ap ofri yon sakrifis, sèvitè a prèt la te konn vini pandan vyann nan t ap bouyi avèk yon fouch twa pwent nan men l. ¹⁴ Konsa, li te konn fonse l nan kivèt ak chodyè a, oswa bonm nan, oswa po a. Epi tout sa ke fouch la fè leve, prèt la ta pran l pou kont li. Konsa yo te fè tout Izrayelit yo ki parèt nan Silo. ¹⁵ Anplis, avan ˡyo te brile grès la, sèvitè prèt la te vini e te di a mesye ki t ap fè sakrifis la: "Bay prèt la vyann pou boukannen; paske li p ap pran vyann bouyi nan men nou, sèl sa ki poko kwit."
¹⁶ Si mesye a ta di li: "Fòk yo brile grès la avan e apre, ou kab pran sa ou pito," Alò, li ta di: "Non, men se koulye a, pou ou ban mwen li. Si se pa konsa, m ap sezi 1 pa lafòs." ¹⁷ Konsa, peche jennonm yo te trè gran devan SENYÈ a, paske moun te meprize ofrann SENYÈ a. ¹⁸ Alò Samuel te fè sèvis devan SENYÈ a tankou yon jenn gason ᵐabiye ak yon efòd fèt ak len. ¹⁹ Epi manman li ta fè pou li yon ti ⁿmanto pou pote ba li chak ane lè l te monte avèk mari l pou ofri ᵒsakrifis la. ²⁰ Alò, Éli ta beni Elkana avèk madanm li e te di: "Ke SENYÈ a ba ou pitit pa fanm sa a pou ranplase sila ke li te ᵖkonsakre bay SENYÈ a." Epi yo te ale lakay yo. ²¹ ᵠSENYÈ a te vizite Anne. Li te vin ansent e te bay nesans a twa fis ak de fi. Epi gason Samuel la te grandi devan SENYÈ a.

²² Alò Éli te vin trè vye. Li te tande tout sa ke fis li yo t ap fè a tout Israël la ak jan yo te kouche avèk fanm ki te sèvi nan pòtay tant asanble a.ʳ ²³ Li te di yo: "Poukisa nou konn fè bagay parèy sa yo, bagay mechan ke m tande tout moun sa yo pale yo? ²⁴ Non, fis mwen yo, rapò ˢke m tande sikile pami pèp la pa bon. ²⁵ Si yon nonm vin peche kont yon lòt, ᵗBondye va entèsede pou li. Men si yon nonm peche kont SENYÈ a, se kilès ki kab entèsede pou li?" Men yo pa t koute vwa a papa yo, paske ᵘSENYÈ a te vle mete yo a lanmò.
²⁶ Alò, gason ᵛSamuel t ap grandi nan wotè ak nan favè avèk SENYÈ a e avèk tout moun.
²⁷ Alò, yon ʷnonm Bondye te vin kote Éli e te di li: "Men konsa SENYÈ a pale: 'Èske Mwen pa t vrèman revele Mwen menm a kay zansèt ou yo lè yo te an Égypte nan esklavaj lakay Farawon an? ²⁸ Èske Mwen pa t chwazi yo soti nan tout tribi Israël yo pou devni prèt Mwen, pou monte vè lotèl Mwen, pou brile lansan, pou pote yon efòd devan Mwen? Epi èske Mwen pa t bay lakay zansèt nou yo tout ofrann dife fis Israël yo? ²⁹ Poukisa ou ˣvoye pye kont sakrifis Mwen ak sou ofrann ke M te kòmande nan kay abitasyon Mwen an, e ʸbay onè a fis ou yo plis ke Mwen menm lè nou fè nou menm gra avèk pi bèl chwa a chak ofrann pèp Mwen an, Israël?' ³⁰ Pou sa, SENYÈ a, Bondye Israël la deklare: 'Mwen te vrèman di ke lakay ou ak lakay zansèt ou yo ta dwe mache devan Mwen pou tou tan.' Men koulye a SENYÈ a deklare: 'Ou lwen de sa a — paske ᶻsila ki onore Mwen yo, Mwen va onore yo. Men sila ki meprize Mwen yo, Mwen va meprize yo. ³¹ Gade byen, ªjou yo ap vini ke Mwen va kase fòs ou ak fòs lakay zansèt nou yo jiskaske pa gen yon granmoun lakay nou. ³² Ou va wè ᵇtwoub nan abitasyon Mwen, malgre tout byen ke m va fè pou Israël. Se pa pou tout tan ou ap gen yon granmoun lakay ou. ³³ Moun pa w ke M pa koupe retire nèt tout sou lotèl Mwen an, jiskaske zye nou manje, e fè kè w trist nèt. Tout desandan lakay nou yo va vin mouri ak gwo fòs jènes yo toujou sou yo. ³⁴ Sa va yon sign pou nou menm ki va vini konsènan de fis ou yo, Hophni avèk Phinées: ᶜNan menm jou a, yo toude va mouri. ³⁵ Men Mwen va fè leve pou kont Mwen yon prèt fidèl ki va fèt selon sa ki nan kè M ak nan nanm Mwen. Epi Mwen va bati pou li yon kay k ap dire e li va mache toujou devan onksyon Mwen. ³⁶ Tout sila ki rete lakay ou yo va vin bese ba a li menm pou yon pyès a jan, oswa yon mòso pen. Yo va di: "Souple, ban m yon plas nan youn nan pozisyon prèt yo pou m kab manje yon mòso pen."'"

3 Alò, ᵈSamuel te sèvi SENYÈ a devan Éli. Yon pawòl soti nan SENYÈ a te ra nan jou sa yo, e vizyon yo pa t fèt souvan. ² Li te rive nan lè sa a ke pandan Éli te kouche nan plas li, (alò, ᵉvizyon li

---

ª **2:5** Jr 15:9   ᵇ **2:6** És 26:19   ᶜ **2:7** Det 8:17-18   ᵈ **2:8** Job 42:10-12   ᵉ **2:9** Mat 8:12   ᶠ **2:9** Sòm 33:16-17
ᵍ **2:10** Egz 15:6   ʰ **2:10** Sòm 89:24   ⁱ **2:11** I Sam 1:28   ʲ **2:12** Jr 2:8   ᵏ **2:13** Lev 7:29-34   ˡ **2:15** Lev 3:3-16
ᵐ **2:18** I Sam 2:7-9   ⁿ **2:19** Egz 28:31   ᵒ **2:19** I Sam 1:3-21   ᵖ **2:20** I Sam 1:11-28   ᵠ **2:21** Jen 21:1
ʳ **2:22** I Sam 2:13-17; Egz 38:8   ˢ **2:24** I Wa 15:26   ᵗ **2:25** Det 1:17   ᵘ **2:25** Jos 11:20   ᵛ **2:26** I Sam 2:21
ʷ **2:27** Det 33:1   ˣ **2:29** I Sam 2:13-17   ʸ **2:29** Mat 10:37   ᶻ **2:30** Sòm 50:23   ª **2:31** I Sam 4:11-18   ᵇ **2:32** I Wa 2:26-27   ᶜ **2:34** I Sam 4:11-17   ᵈ **3:1** I Sam 2:11-18   ᵉ **3:2** Jen 27:1

te kòmanse febli; li pa t kab wè byen), ³ epi ªlanp Bondye a potko etenn e Samuel te kouche nan tanp SENYÈ a kote lach Bondye a te ye a, ⁴ ke SENYÈ a te rele Samuel. Li te reponn: ᵇ"Men mwen isit la!"

⁵ Alò, li te kouri vè Éli e te di: "Men mwen, paske ou te rele m."

Men Éli te di: "Mwen pa t rele ou. Ale kouche ankò."

Konsa, li te retounen kouche. ⁶ Senyè a te rele ankò: "Samuel!"

Konsa, Samuel te leve, li te ale vè Éli. Li te di: "Men mwen, paske ou te rele m." Men li te reponn: "Mwen pa t rele ou, fis mwen, ale kouche ankò."

⁷ ᶜAlò, Samuel potko konnen SENYÈ a, ni pawòl SENYÈ a potko revele a li. ⁸ Alò, SENYÈ a te rele Samuel ankò pou yon twazyèm fwa. Epi li te leve ale vè Éli. Li te di: "Men mwen, paske ou te rele mwen."

Konsa, Éli te vin apèsi ke SENYÈ a t ap rele gason an. ⁹ Epi Éli te di a Samuel: "Ale kouche e li va fèt ke si Li rele ou, ke ou va di: 'Pale, SENYÈ a, paske sèvitè ou ap koute ou.'" Konsa, Samuel te ale kouche nan plas li. ¹⁰ Alò SENYÈ a te vin kanpe e Li te rele tankou lòt fwa yo: "Samuel! Samuel!" Epi Samuel te di: "Pale, paske sèvitè ou ap koute ou."

¹¹ SENYÈ a te di a Samuel: "Veye byen, ᵈMwen prèt pou fè yon bagay an Israël k ap fè zòrèy tout moun an Israël vin toudi. ¹² Nan jou sa a, ᵉMwen va pote kont Éli tout sa ke M te pale selon lakay li, soti nan kòmansman, jiska lafen. ¹³ Paske ᶠMwen te di li ke Mwen prèt pou jije lakay li pou tout tan pou inikite ke li te konnen yo. Akoz fis li yo te mennen yon madichon sou pwòp tèt yo, e ᵍli pa t repwoche yo. ¹⁴ Pou sa, mwen te fè temwen anvè lakay Éli ke ʰinikite lakay Éli p ap padone, ni avèk ofrann, ni avèk sakrifis."

¹⁵ Konsa, Samuel te kouche jis rive nan maten. Li te ⁱouvri pòt lakay SENYÈ a. Men li te krent pou pale Éli vizyon an. ¹⁶ Alò, Éli te rele Samuel e te di: "Samuel, fis mwen."

Epi li te di: "Men mwen."

¹⁷ Li te di: "Ki pawòl ke Li te pale ou a? Souple, pa kache l pou mwen. ʲKe Bondye fè l konsa a ou menm, e menm plis osi, si ou kache yon bagay a mwen nan tout pawòl ke li te pale ou yo."

¹⁸ Konsa, Samuel te di li tout bagay. Li pa t kache anyen a li menm.

Epi li te di: ᵏ"Li se SENYÈ a; kite Li fè sa ki sanble bon pou Li menm."

¹⁹ Konsa, ˡSamuel te grandi, ᵐSENYÈ a te avèk li e Li pa t kite okenn nan pawòl li yo manke reyisi. ²⁰ Tout Israël ⁿsoti nan Dan jis rive menm Beer-Schéba te konnen ke Samuel te konfime kòm yon pwofèt a SENYÈ a. ²¹ Epi ᵒSENYÈ a te vin parèt ankò nan Silo, ᵖpaske SENYÈ a te revele Li menm a Samuel nan Silo selon pawòl Bondye a.

4 Konsa, pawòl a Samuel te rive a tout Israël.

Alò, Israël te sòti pou rankontre Filisten yo nan batay. Yo te fè kan akote ᵠÉben-Ézer pandan Filisten yo te rete Aphek. ² Filisten yo te parèt nan ranje batay yo pou rankontre Israël. Lè batay la te gaye, Israël te vin bat devan Filisten yo ki te touye anviwon kat-mil òm sou chan batay la. ³ Lè pèp la te antre nan kan an, ansyen a Israël yo te di: ʳ"Poukisa SENYÈ a bat nou konsa jodi a devan Filisten yo? Annou pran pou nou menm lach akò a pou l soti Silo. Konsa, li kapab vini pami nou e livre nou sòti anba pouvwa lènmi nou yo."

⁴ Epi pèp la te voye Silo e soti la, yo te pote lach akò SENYÈ dèzame a, ˢki chita anwo cheriben yo. Epi de fis a Éli yo: Hophni avèk Phinées, te la avèk lach akò Bondye a. ⁵ Pandan lach akò SENYÈ a te antre nan kan an, ᵗtout Israël te kriye avèk yon gwo kri, jiskaske tè a te vin sone. ⁶ Lè Filisten yo te tande gwo kri sila a, yo te di: "Kisa sa vle di? Gwo kri sila a nan kan Ebre yo?" Epi yo te vin konprann ke lach akò SENYÈ a te antre nan kan an. ⁷ Filisten yo te krent, paske yo te di: "Bondye vin antre nan kan an." Konsa, yo te di: ᵘ"Malè a nou menm! Paske anyen parèy a sa pa t konn fèt avan. ⁸ Malè a nou menm! Kilès k ap delivre nou nan men a dye pwisan sa yo? Sila yo se dye ki te frape Ejipsyen yo avèk tout kalite fleyo nan dezè a. ⁹ ᵛPran kouraj e mete gason sou nou, O Filisten yo, oswa nou va devni esklav a Ebre yo jis jan ke yo te esklav nou an. Pou sa, mete gason sou nou pou nou goumen!" ¹⁰ Konsa, Filisten yo te goumen e ʷIsraël te bat. Tout mesye yo te sove ale rive nan pwòp tant yo. Masak la te byen gwo, e te vin tonbe an Israël trant-mil sòlda a pye. ¹¹ Anplis, lach Bondye a te sezi pran; epi ˣde fis Éli yo, Hophni avèk Phinées te mouri.

¹² Konsa yon mesye a Benjamin te kouri sòti nan chan batay yo pou te parèt Silo nan menm jou a avèk ʸrad li chire ak pousyè sou figi li. ¹³ Lè li te vini, vwala, ᶻÉli te chita sou chèz li akote wout la pou veye tann, akoz kè li t ap tranble pou lach SENYÈ a. Konsa, mesye a te vin pale sa nan vil la e tout vil la te kriye fò. ¹⁴ Lè Éli te tande bri kriye a, li te di: "Kisa bri kriye sa a vle di?"

Epi mesye a te vini avèk vitès e li te pale Éli.

¹⁵ Alò, Éli te gen laj a katrevendizuit ane, ªzye li te fikse epi li pa t kab wè. ¹⁶ Mesye a te di a Éli: "Mwen se sila ki te sòti nan chan batay la. Vrèman, mwen te chape sòti nan chan batay la jodi a."

Epi Éli te mande: ᵇ"Kijan tout bagay te mache, fis mwen?"

¹⁷ Konsa, sila ki te pote nouvèl la te reponn: "Israël te sove ale devan Filisten yo, e te genyen osi, yon gwo masak pami pèp la. Anplis, de fis ou

---

ª **3:3** Egz 25:31-37 ᵇ **3:4** És 6:8 ᶜ **3:7** Trav 19:2 ᵈ **3:11** II Wa 21:12 ᵉ **3:12** I Sam 2:27-36 ᶠ **3:13** I Sam 2:29-31
ᵍ **3:13** Det 17:12 ʰ **3:14** Lev 15:31 ⁱ **3:15** I Kwo 15:23 ʲ **3:17** II Sam 3:35 ᵏ **3:18** Egz 34:5-7 ˡ **3:19** I Sam 2:21
ᵐ **3:19** Jen 21:22 ⁿ **3:20** Jij 20:1 ᵒ **3:21** Jen 12:7 ᵖ **3:21** I Sam 3:10 ᵠ **4:1** I Sam 7:12 ʳ **4:3** Jos 7:7-8
ˢ **4:4** II Sam 6:2 ᵗ **4:5** Jos 6:5-20 ᵘ **4:7** Egz 15:14 ᵛ **4:9** I Kor 16:13 ʷ **4:10** Det 28:15-25 ˣ **4:11** I Sam 2:34
ʸ **4:12** Jos 7:6 ᶻ **4:13** I Sam 1:9 ª **4:15** I Sam 3:2 ᵇ **4:16** II Sam 1:4

yo, Hophni avèk Phinées mouri, e lach Bondye a te kaptire."

18 a"Lè li te mansyone lach Bondye a, Éli te tonbe sou chèz li pa dèyè akote pòtay la. Kou li te kase, e li te mouri, paske li te fin granmoun e li te gra." Konsa, li te jije Israël pandan karant ane.

19 Alò, bèlfi li, madanm a Phinées te ansent e prèt pou akouche. Lè li te tande nouvèl ke lach Bondye a te pran an kaptivite e ke bòpè li avèk mari li te mouri, li te bese sou jenou li e te akouche, paske doulè li te vin rive sou li. 20 Epi nan lè li t ap mouri an, fanm ki te kanpe akote li a te di li: b"Pa pè, paske ou te bay nesans a yon fis." Men li pa t reponn li ni li pa t okipe li. 21 Konsa, li te rele gason an I-Kabod, e te di: "Laglwa Israël pati!" akoz ^clach Bondye a te pran an kaptivite e akoz bòpè li avèk mari li. 22 Li te di: "Laglwa gen tan pati soti an Israël; paske lach Bondye a te pran an kaptivite."

5 Alò, Filisten yo te pran lach Bondye a e yo te mennen li soti Ében-Ézer pou rive ^dAsdod. 2 Filisten yo te pran lach Bondye a, yo te mennen li ^elakay Dagon e yo te poze li akote Dagon. 3 Lè Asdodyen yo te leve granmmaten an, veye byen, ^fDagon te tonbe atè sou figi li devan lach SENYÈ a. Konsa, yo pran Dagon e mete li nan plas li ankò. 4 Men lè yo te leve bonè granmmaten, vwala, ^gDagon te tonbe atè sou figi li devan lach SENYÈ a. Konsa, tèt Dagon an avèk toude pla men l te koupe atè sou papòt la; se sèl twòn kò Dagon an ki te rete sou li. 5 Akoz sa, ni prèt Dagon yo ni tout moun ki antre lakay Dagon nan Asdod jis rive jodi a, pa janm ^hfoule pye yo nan papòt Dagon an. 6 Alò ⁱmen SENYÈ a te lou sou Asdodyen yo. Li te fè yo vin dezole e te frape yo avèk gwo boul bouton, ni Asdod, ni teritwa li yo.

7 Lè Mesye Asdod yo te wè ke sa te konsa, yo te di: "Fòk lach Bondye Israël la pa rete pami nou. Paske men Li lou sou nou ak sou Dagon, dye pa nou an."
8 Konsa, yo te voye ranmase tout prens Filisten yo kote yo, e te di: "Kisa nou dwe fè avèk lach Bondye Israël la?"

Yo te reponn: "Kite lach Bondye Israël la pote rive ozanviwon Gath." Konsa, yo te pote lach Bondye Israël la rive. 9 Lè yo te fin pote li rive, men SENYÈ a te vin kont vil la avèk gwo boulvèsman. Li te frape Mesye lavil yo, ni jenn, ni granmoun jiskaske gwo boul bouton ^jyo te vin pete sou yo. 10 Konsa yo te voye lach Bondye a nan Ékron.

Epi pandan lach Bondye a te rive nan Ékron, Ekwonyen yo te kriye fò. Yo te di: "Yo vin pote Bondye Israël la bò kote nou pou touye nou avèk pèp nou an." 11 Pou sa, yo te voye rasanble tout prens a Filisten yo, e te di: "Voye lach Bondye Israël la ale. Kite li retounen nan pwòp plas li, pou li pa touye nou avèk pèp nou an." Paske te genyen yon gwo boulvèsman ki t ap mennen lanmò toupatou nan vil la. ^kMen SENYÈ a te lou kote sa a. 12 Epi Mesye ki pa t mouri yo te frape avèk gwo boul bouton yo, e ^lgwo kri lavil la te monte jis rive nan syèl la.

6 Alò, lach SENYÈ a te nan peyi Filisten yo pandan sèt mwa. 2 Konsa, ^mFilisten yo te rele prèt yo avèk divinò yo, e te di yo: "Kisa pou nou fè avèk lach SENYÈ a? Di nou kijan nou dwe voye li nan plas li."

3 Yo te di: "Si ou voye lach Bondye Israël la ale, pa voye li vid, men ou va anverite, remèt Li yon ofrann koupab. Konsa nou va geri e li va vin konprann poukisa men L poko retire sou nou."

ⁿ 4 Yo te reponn: "Kisa nou dwe voye kòm ofrann koupab pou remèt Li a?"

Epi yo te di: "Senk imaj boul bouton fèt an lò avèk senk imaj sourit fèt an lò nan non prens Filisten yo. Paske se te yon sèl fleyo ki te vini sou nou tout ak sou prens nou yo. 5 Konsa nou va fè yo sanblab a boul bouton nou yo, e sanblab a sourit ki anvayi peyi nou an, epi ^onou va bay glwa a Bondye Israël la. Petèt ^pLi kab lache men l sou nou. 6 Poukisa nou fè kè di ^qtankou Ejipsyen yo avèk Farawon te fè kè yo di a? Lè li te fin aji sevèman avèk yo, ^rèske li pa t kite pèp la ale e yo te ale?

7 "Pou sa, ale fè yon kabwèt nèf avèk de vach nouris ^ski pa t janm rale chaj. Fè vach yo rale chaj sou kabwèt la e retire ti bèf yo mennen yo lakay, lwen yo. 8 Pran lach SENYÈ a e mete li sou kabwèt la, epi mete ^tbagay an lò ke nou ap retounen bay kòm ofrann koupab la nan yon bwat akote li. Alò, voye li ale pou li kapab ale. 9 Veye, si li monte pa chemen Béth-Schémesch. Konsa n a konnen se Li menm ki fè nou gwo malè sila a. Men si se pa konsa; alò, nou va konnen ke se pa men Li menm ki te frape nou an, men se te vin rive pa aza."

10 Se konsa mesye yo te fè. Yo te pran de vach nouris, yo te fè yo rale chaj nan kabwèt la e te fèmen ti bèf yo lakay. 11 Yo te mete lach SENYÈ a sou kabwèt la e bwat la avèk sourit an lò ak imaj gwo boul bouton yo. 12 Epi vach yo te pran wout dwat nan direksyon Beth-Schémesch. Yo te fè wout nan ^ugran chemen an. Yo te rele fò pandan yo nan wout la, e yo pa t vire akote ni adwat, ni agoch. Prens Filisten yo te swiv yo jis rive nan lizyè Beth-Schémesch la. 13 Alò, Beth-Schémesch t ap fè rekòlt ble pa yo nan vale a. Yo te leve zye yo, yo te wè lach la, e yo te kontan wè li. 14 Kabwèt la te vini nan chan Josué a, moun Beth-Schémesch, e li te kanpe la kote ki te gen yon gwo wòch. Konsa, yo te fann bwa kabwèt la e yo te ^vofri vach yo kòm ofrann brile a SENYÈ a. 15 ^wLevit yo te desann lach SENYÈ a ak bwat ki te avèk li a. Andedan te gen tout bagay an lò yo e yo te mete yo sou gwo wòch la. Epi mesye Beth-Schémech yo te ofri ofrann brile e yo te fè sakrifis nan jou sa a bay SENYÈ

---

^a **4:18** I Sam 4:13   ^b **4:20** Jen 35:16-19   ^c **4:21** I Sam 4:11   ^d **5:1** Jos 13:3   ^e **5:2** Jij 16:23-30   ^f **5:3** És 19:1
^g **5:4** Esd 6:4-6   ^h **5:5** So 1:9   ⁱ **5:6** Sòm 145:20   ^j **5:9** Jen 46:8-27   ^k **5:11** I Sam 5:6-9   ^l **5:12** Egz 12:30
^m **6:2** Egz 7:11   ⁿ **6:3** Det 16:16; Lev 5:15,16   ^o **6:5** Jos 7:19   ^p **6:5** I Sam 5:6-11   ^q **6:6** Egz 7:13   ^r **6:6** Egz 12:31
^s **6:7** Nonb 19:2   ^t **6:8** I Sam 6:4-5   ^u **6:12** Nonb 20:19   ^v **6:14** II Sam 24:22   ^w **6:15** Jos 3:3

a. [16] Lè [a]senk prens Filisten yo te fin wè li, yo te retounen Ékron menm jou a. [17] [b]Sa yo se imaj gwo boul bouton an lò ke Filisten yo te remèt kòm yon ofrann koupab bay SENYÈ a: youn pou Asdod, youn pou Gaza, youn pou Askalon, youn pou Gath e youn pou Ékron; [18] anplis ak sourit an lò yo, selon kantite a tout vil Filisten ki te pou senk prens yo, [c]vil fòtifye yo ak bouk andeyò yo. [d]Gwo wòch kote yo te mete lach SENYÈ a se yon temwen jis rive jodi a nan chan Josué a, moun Beth-Schémech la. [19] [e]Li te frape e fè mouri kèk mesye Beth-Schémech akoz yo te gade anndan lach SENYÈ a. Li te frape pami tout pèp la, senkant-mil-swasann-dis òm e pèp la te vin dezole akoz SENYÈ a te frape yo avèk yon gwo masak. [20] Mesye Beth-Schémech yo te di: [f]"Se kilès ki kab kanpe devan SENYÈ Bondye sen sila a? Epi a kilès pou Li ta monte kite nou?" [21] Konsa, yo te voye mesaje yo vè [g]moun Kirjath-Jearim yo e te di: "Filisten yo te pote lach SENYÈ a retounen. Vin desann pran li monte kote nou an."

7 Epi mesye nan Kirjath-Jearim yo te vin pran lach SENYÈ a e te [h]pote li antre lakay Abinadab sou ti mòn nan, epi yo te konsakre Éléazar, fis li a, pou okipe lach SENYÈ a. [2] Soti nan jou ke lach la te rete Kirjath-Jearim nan, tan ekoule a te byen long—paske li te pran ventan avan tout lakay Israël te fè lamantasyon devan SENYÈ a. [3] Konsa Samuel te pale a tout lakay Israël la, e te di: [i]"Si nou retounen vè SENYÈ a avèk tout kè nou, si nou retire dye etranje yo avèk Asheroth soti nan mitan nou, si nou dirije kè nou vè SENYÈ a, e [j]sèvi Li sèl, Li va delivre nou soti nan men a Filisten yo." [4] Konsa, fis Israël yo te retire Baal yo ak Astarté yo pou te sèvi sèl SENYÈ a. [5] Alò, Samuel te di: [k]"Rasanble tout Israël nan Mitspa e mwen va priye a SENYÈ a pou nou." [6] Yo te rasanble nan Mitspa; yo te rale dlo pou te vide devan SENYÈ a, e yo te fè jèn nan jou sila a. Yo te di nan plas sa a: [l]"Nou te peche kont SENYÈ a." Konsa, Samuel te jije fis Israël yo nan Mitspa.

[7] Alò, lè Filisten yo te tande ke fis Israël yo te rasanble nan Mitspa, e prens a Filisten yo te vin monte kont Israël. Lè fis Israël [m]yo te tande sa, yo te krent Filisten yo. [8] Pou sa a, fis Israël yo te di a Samuel: [n]"Pa sispann kriye a SENYÈ Bondye nou an pou nou, pou Li kapab sove nou soti nan men a Filisten yo." [9] Samuel te pran yon [o]ti mouton ki poko sevre e li te ofri tout li kòm yon ofrann brile bay SENYÈ a. Samuel te kriye a SENYÈ a pou Israël e SENYÈ a te reponn li. [10] Pandan Samuel t ap ofri ofrann brile a, Filisten yo te rapwoche pou fè batay kont Israël. Men [p]SENYÈ a te gwonde nan jou sa a kont Filisten yo. Li te fè yon malkonprann antre yo, e Li te boulvèse yo devan Israël. [11] Mesye Israël yo te sòti nan Mitspa pou te kouri dèyè Filisten yo e yo te frape yo ba jis rive piba Beth-Car.

[12] Alò, Samuel te pran yon [q]gwo wòch, e li te poze li antre Mitspa ak Schen e li te ba li non a Ében-Ézer. Li te di: "Jis rive la, SENYÈ a te ede nou." [13] Konsa, Filisten yo te vin soumèt, e [r]yo pa t vin ankò anndan fwontyè Israël la. Konsa, men SENYÈ a te kont Filisten yo pandan tout jou a Samuel yo.

[14] Vil ke Filisten yo te sezi soti an Israël yo te restore a Israël, soti Ékron jis rive Gath. Epi Israël te rachte teritwa yo nan men a Filisten yo. Konsa, te gen lapè antre Israël ak [s]Amoreyen yo.

[15] Alò, Samuel te [t]jije Israël pandan tout jou lavi li yo. [16] Li te konn ale chak ane fè yon tou [u]Béthel avèk Guilgal, ak Mitspa, e li te jije Israël tout kote sa yo. [17] Alò vwayaj retou li sete nan [v]Rama; paske se la lakay li te ye. Se la li te jije Israël; epi li te bati la yon lotèl bay SENYÈ a.

8 Li te vin rive ke lè Samuel te vin granmoun ke [w]li te apwente fis li yo kòm jij sou Israël. [2] Alò, non a premye ne a se te Joël e dezyèm nan, Abija. Yo t ap jije nan [x]Beer-Schéba. [3] Malgre sa, fis li yo pa t mache nan tras pa li yo, men yo te vire akote pou reyisi avantaj malonèt, e yo te nan patipri.

[4] Alò, tout ansyen Israël yo te rasanble, e yo te vin kote Samuel nan [y]Rama. [5] Yo te di li: "Gade byen, ou fin granmoun e fis ou yo pa mache nan vwa pa w yo. Alò, [z]chwazi yon wa pou nou pou jije nou tankou tout nasyon yo." [6] Men bagay la te [a]degoutan nan zye Samuel lè yo te di: "Bannou yon wa pou jije nou."

Samuel te priye a SENYÈ a. [7] SENYÈ a te di a Samuel: "Koute vwa a pèp la selon tout sa ke yo di ou, paske [b]yo pa t rejete ou, men yo te rejete Mwen kòm wa sou yo. [8] Menm jan ak tout zak ke yo te fè soti nan jou ke M te mennen yo monte soti an Égypte la, jis jodi a—ke yo te rejete Mwen pou te sèvi lòt dye yo——konsa, y ap fè ou tou. [9] Alò pou sa, koute vwa pa yo. Malgre, ou va avèti yo solanèlman e fè yo konnen [c]prensip a wa ki va renye sou yo."

[10] Konsa Samuel te pale tout pawòl a SENYÈ yo a [d]pèp la ki te mande li pou yon wa a. [11] Li te di: "Men prensip a wa ki va renye sou nou an. Li va pran fis nou yo pou sèvi yo pou li menm. Nan cha li e pami chevalye li yo, [e]yo va kouri devan cha li. [12] [f]Li va chwazi pou li menm kòmandan sou dè milye ak dè senkantèn, ak kèk pou raboure tè a, pou fè rekòlt pa li, pou fè zam lagè li yo, avèk tout bagay pou cha li yo. [13] Li va osi pran fi nou yo pou fè pafen, fè kwizin e kòm bòs boulanje. [14] [g]Li va pran pi bon kilti nan chan kiltive nou yo avèk chan rezen nou yo ak chan doliv nou yo pou ba yo a sèvitè pa li yo. [15] Li va pran yon dizyèm nan semans nou yo ak nan chan rezen nou yo pou bay a ofisye li yo ak sèvitè li yo. [16] Anplis

---

[a] 6:16 Jos 13:3 [b] 6:17 I Sam 6:4 [c] 6:18 Det 3:5 [d] 6:18 I Sam 6:14-15 [e] 6:19 Egz 19:21 [f] 6:20 Mal 3:2
[g] 6:21 Jos 15:9-60 [h] 7:1 II Sam 6:3-4 [i] 7:3 Jl 2:12-14 [j] 7:3 Luc 4:8 [k] 7:5 Jij 10:17 [l] 7:6 Jij 10:10
[m] 7:7 I Sam 13:6 [n] 7:8 I Sam 12:19-24 [o] 7:9 Lev 22:27 [p] 7:10 II Sam 22:14-15 [q] 7:12 Jen 35:14
[r] 7:13 Jen 13:5 [s] 7:14 Joz 13:29 [t] 7:15 I Sam 7:6 [u] 7:16 Jen 28:19 [v] 7:17 I Sam 1:1-19 [w] 8:1 Det 16:18-19
[x] 8:2 I Wa 19:3 [y] 8:4 I Sam 7:17 [z] 8:5 Det 17:14-15 [a] 8:6 I Sam 12:17 [b] 8:7 Egz 16:8 [c] 8:9 I Sam 8:11-18
[d] 8:10 I Sam 8:4 [e] 8:11 II Sam 15:1 [f] 8:12 Nonb 31:14 [g] 8:14 I Wa 21:7

li va pran sèvitè nou yo avèk sèvant nou yo ak meyè nan jennonm yo avèk bourik nou yo pou sèvi yo pou travay pa li. ¹⁷ Li va pran yon dizyèm nan bann mouton nou yo e nou menm, nou va devni sèvitè li. ¹⁸ Konsa ᵃnou va kriye nan jou sa a, akoz wa ke nou te chwazi pou nou an, men SENYÈ a p ap koute nou nan jou sa a."

¹⁹ Sepandan, pèp la te ᵇrefize koute vwa Samuel. Yo te di: "Non, kareman fòk nou gen yon wa sou nou, ²⁰ pou nou menm tou kapab tankou tout lòt nasyon yo, pou wa nou kapab jije nou e sòti devan nou pou batay pou nou."

²¹ Konsa, lè Samuel fin tande tout pawòl a pèp la, ᶜli te repete yo nan zòrèy a SENYÈ a. ²² SENYÈ a te di a Samuel: ᵈ"Koute vwa yo e chwazi pou yo yon wa." Konsa, Samuel te di a mesye Israël yo: "Nou chak, ale nan vil pa nou."

9 Alò, te gen yon mesye nan Benjamin ki te rele Kis ki te fis Abiel la, fis Tseror, fis Becorath, fis Aphiach, ki te fis a yon Benjamit. Se te yon nonm fò e plen kouraj. ² Li te gen yon fis ki te rele Saül, yon jennonm ki te byen bèl. Pa t gen yon moun ki te pi bèl pami fis Israël yo. ᵉDepi zepòl li monte, li te piwo pase tout moun nan pèp la.

³ Alò, bourik ki te pou Kis yo, papa a Saül te pèdi. Epi Kis te di a Saül: "Alò, pran koulye a avè w youn nan sèvitè yo; leve, al chache bourik yo." ⁴ Li te pase nan ᶠpeyi ti kolin Éphraïm nan e te pase nan Schalisha, men yo pa t jwenn yo. Alò, yo te pase nan peyi Schaalim, men yo pa t twouve anyen. Alò, li te pase nan peyi Benjamin yo, men yo pat jwenn anyen.

⁵ Lè yo te rive nan peyi ᵍTsuph, Saül te di a sèvitè ki te avèk li a: "Vini! Annou retounen, oswa papa m va sispann okipe afè bourik pou enkyete pou nou menm."

⁶ Li te di li: "Gade byen konsa, genyen yon nonm Bondye nan vil sila a, yon nonm onore. ʰTout sa ke li konn di anverite vin pase. Alò, annou ale la. Petèt li kapab pale nou sou vwayaj ke nou kòmanse fè a."

⁷ Alò Saül te di a sèvitè li a: "Men gade byen, si nou ale, kisa nou va pote pou nonm sa a? Paske pen an fini nan sak nou e ⁱnanpwen kado pou pote bay nonm Bondye a. Kisa nou genyen?"

⁸ Sèvitè a te reponn Saül ankò e te di: "Gade byen, mwen gen nan men m yon ka sik ajan ke mwen va bay a nonm Bondye a, e li va ʲpale nou chemen nou an." ⁹ (Lontan an Israël, lè yon nonm te monte pou konsilte Bondye li te konn di: "Vini, annou ale kote divinò a", paske sila ki, koulye a, yo rele yon pwofèt la, lontan, te konn rele divinò.)

¹⁰ Saül te reponn a sèvitè a: "Byen pale! Vini, annou ale." Konsa, yo te ale nan vil kote nonm Bondye a te ye a. ¹¹ Pandan yo te monte pant vè vil la, ᵏyo te twouve jenn fanm yo ki te sot rale dlo. Yo te mande yo: "Èske divinò a isit la?"

¹² Yo te reponn yo e te di: "Li la! Gade devan nou an! Fè vit, paske li fenk antre nan vil la jodi a. ˡPèp la gen yon sakrifis nan wo plas la jodi a. ¹³ Depi nou antre nan vil la, nou va jwenn avèk li avan li monte nan wo plas pou manje, paske pèp la p ap manje jiskaske li vini, akoz ᵐli oblije beni sakrifis la. Apre sa, sila ki envite yo va manje. Pou sa, monte, paske nou va jwenn li talè."

¹⁴ Konsa, yo te monte lavil la. Pandan yo te antre nan vil la, vwala, Samuel t ap sòti bò kote yo pou monte nan wo plas la.

¹⁵ Alò, yon jou avan Saül te vini, ⁿSenyè a te montre sa a Samuel e te di: ¹⁶ "Vè lè sa a demen Mwen va voye yon mesye ki sòti nan peyi Benjamin yo kote ou menm. Konsa, ou va onksyone li kòm chèf sou pèp Mwen an, Israël, e li va delivre pèp Mwen an anba men a Filisten yo. Paske ᵒMwen te gade sou pèp mwen an, akoz kri pa yo gen tan rive kote Mwen."

¹⁷ Lè Samuel te wè Saül, SENYÈ a te di li: ᵖ"Gade byen, men mesye ke m te pale ou a! Sila a va renye sou pèp Mwen an, Israël."

¹⁸ Saül te vin pwoche Samuel nan pòtay la e te di: "Souple, di m kote kay a divinò a ye."

¹⁹ Samuel te reponn Saül e te di: "Se mwen menm ki divinò a. Monte devan mwen nan wo plas la, paske w ap manje avè m jodi a. Epi nan demen, mwen va kite ou ale e mwen va fè ou konnen tout sa ki nan lespri ou. ²⁰ Pou afè bourik ou yo ki te pèdi twa jou pase yo, pa okipe yo, paske yo gen tan twouve. Epi ᵠkilès ke tout Israël pito? Èske se pa ou ak pou tout lakay papa ou?"

²¹ Saül te reponn: ʳ"Èske mwen pa yon Benjamit? Pi piti nan tout tribi Israël yo? Fanmi pa m nan ki pi piti ke tout fanmi nan tribi Benjamin an? Poukisa ou pale mwen konsa?"

²² Alò, Samuel te pran Saül avèk sèvitè li a. Li te mennen yo antre nan gran sal la, e li te ba yo yon plas devan, nan tèt sila ki te envite yo, ki te anviwon trant mesye. ²³ Samuel te di chèf kwizin nan: "Mennen pòsyon ke m te di ou a, sila ke m te di ou a, Mete li akote." ²⁴ Alò chèf kwizin nan te ˢpran janm nan avèk sa ki te sou li a e li te plase li devan Saül. Konsa, Samuel te di: "Men sa ki te sere! Mete li devan ou e manje paske li te kenbe pou ou jis rive nan lè apwente a, akoz mwen te di ou 'mwen te envite moun yo.'" Konsa, Saül te manje avèk Samuel nan jou sa a.

²⁵ Lè yo te kite plas anwo a pou antre nan vil la, Samuel te pale avèk Saül ᵗanwo twati a. ²⁶ Yo te leve bonè. Lè li fenk jou, Samuel te rele Saül sou twati a. Li te di: "Leve pou m kab voye ou ale." Konsa, Saül te leve, e li menm ansanm ak Samuel te ale nan lari. ²⁷ Pandan yo t ap desann pou prèske fin kite vil la, Samuel te di Saül: "Pale sèvitè a pou l ale avanse

---

ᵃ **8:18** És 8:21 ᵇ **8:19** És 66:4 ᶜ **8:21** Jij 11:11 ᵈ **8:22** I Sam 8:7 ᵉ **9:2** I Sam 10:23 ᶠ **9:4** Jos 24:33
ᵍ **9:5** I Sam 1:1 ʰ **9:6** És 3:19 ⁱ **9:7** II Wa 8:8-9 ʲ **9:8** I Sam 9:5 ᵏ **9:11** Jen 24:11-15 ˡ **9:12** Nonb 28:11-15
ᵐ **9:13** Luc 9:16 ⁿ **9:15** I Sam 15:1 ᵒ **9:16** Egz 3:7-9 ᵖ **9:17** I Sam 16:12 ᵠ **9:20** I Sam 8:5 ʳ **9:21** I Sam 15:17
ˢ **9:24** Egz 29:22 ᵗ **9:25** Luc 5:19

I Samuel 10:1–11:6

devan nou. Men ou menm, rete kanpe koulye a pou m kapab fè ou tande pawòl Bondye a."

10 Konsa, [a]Samuel te pran poban lwil la. Li te vide li sou tèt li. Li te bo li e te di: "Èske [b]SENYÈ a pa t onksyone ou kòm prens sou eritaj Li a? ² Lè ou kite mwen jodi a, alò ou va jwenn de moun toupre [c]tonm Rachel la, nan teritwa Benjamin nan Tseltsach. Yo va di ou: 'Bourik ke ou t ap chache yo gen tan twouve. Alò, gade byen, papa ou pa twouble tèt li ankò sou bourik yo, men li twouble pou ou menm. L ap mande: "Kisa mwen va fè konsènan pitit mwen an?"'

³ Alò, ou va ale pi lwen soti la, e ou va parèt jis nan chèn Thabor a. La, twa mesye k ap monte [d]vè Bondye Béthel yo va rankontre avè w. Youn k ap pote twa jenn kabrit, yon lòt k ap pote twa moso pen, e yon lòt k ap pote yon po diven. ⁴ Yo va di ou: "Bonjou", e yo va ba ou de moso pen, ke ou va aksepte nan men yo.

⁵ Apre, ou va vini nan [e]ti mòn Bondye a kote ganizon lame Filisten an ye a. Konsa, li va fèt ke depi ou vini la, kote vil la, ou va rankontre yon gwoup pwofèt k ap desann soti nan plas anwo a avèk gita, tanbouren, flit ak bandyo devan yo, e yo va pwofetize. ⁶ Epi [f]Lespri Bondye a va vini sou ou avèk gwo fòs. Ou va pwofetize avèk yo, e ou va chanje pou vin yon lòt moun. ⁷ [g]Li ya rive ke lè sign sa yo parèt sou ou, ou va fè pou kont ou sa ke okazyon an mande, paske Bondye avèk ou.

⁸ "Epi [h]ou va desann devan mwen Guilgal. Gade byen, m ap desann kote ou pou ofri ofrann brile avèk sakrifis lapè yo. Ou va tann sèt jou jiskaske mwen vin kote ou pou montre ou kisa ou ta dwe fè."

⁹ Alò, li te rive ke lè li te vire do li pou kite Samuel, Bondye te [i]chanje kè li, epi tout sign sa yo te rive nan jou sa a. ¹⁰ [j]Lè yo te rive la, nan kote ti mòn nan, yon gwoup pwofèt te rankontre li. Epi Lespri Bondye a te vini sou li avèk fòs, jiskaske li te pwofetize pami yo. ¹¹ Li vin rive ke lè tout moun ki te rekonèt li oparavan yo te wè ke koulye a li pwofetize avèk pwofèt yo, ke pèp la te di youn ak lòt: "Kisa ki rive a fis a Kish la? [k]Èske Saül osi pami pwofèt yo?"

¹² Yon mesye nan plas sa a te di: "Alò, kilès ki papa yo?" Konsa, sa te devni yon pwovèb: [l]"Èske Saül, osi pami pwofèt yo?" ¹³ Lè li te fin pwofetize li te vini nan plas anwo a.

¹⁴ Alò, tonton Saül te di li avèk sèvitè li a: "Kote ou te ale?"

Epi li te di: [m]"Pou chache bourik yo. Men lè nou vin wè yo p ap kab twouve, nou te ale kote Samuel."

¹⁵ Tonton Saül te di li: "Souple, di m sa ke Samuel te di ou a."

¹⁶ Konsa Saül te di tonton li: "Li te pale nou byen klè ke bourik yo gen tan twouve." Men li pa t pale li afè wayòm ke Samuel te pale a.

¹⁷ Apre sa Samuel te konvoke pèp la ansanm vè SENYÈ a nan Mitspa. [n]¹⁸ Li te di a fis Israël yo: [o]"Konsa pale SENYÈ a: 'Mwen te mennen Israël monte soti Égypte. Mwen te delivre nou soti nan men Ejipsyen yo, e nou te soti de men a tout wayòm ki t ap oprime nou yo.' ¹⁹ Men jodi a, nou te rejte Bondye nou an, ki delivre nou de tout malè nou yo ak detrès nou yo. Malgre sa nou vin di: 'Non, men mete yon wa sou nou!' Pou sa, prezante nou menm devan SENYÈ a pa tribi nou yo ak gran fanmi nou yo."[p]

²⁰ Konsa, Samuel te mennen tout tribi Israël yo vin toupre li, e tribi Benjamin an te pran pa tiraj osò. ²¹ Alò, li te mennen tribi Benjamin an vin toupre pa fanmi li yo, e yo te pran fanmi Matri la. Konsa, Saül, fis a Kish la te vin pran. Men lè yo vin chache li, yo pa t kab twouve l. ²² Pou sa, yo [q]vin mande plis a SENYÈ a: "Èske nonm nan gen tan rive isit la deja?"

Pou sa, Bondye te di: "Gade byen, l ap kache kò li kote pwovizyon yo."

²³ Konsa yo te kouri pran li soti la, e lè li te kanpe pami pèp la, [r]li te pi wo pase tout lòt moun nan pèp la soti nan zepòl li. ²⁴ Samuel te di a tout pèp la: "Èske nou wè sila ke [s]SENYÈ a te chwazi a? Anverite, nanpwen lòt moun ki tankou li pami tout pèp la."

"Konsa, tout pèp la te rele fò. Yo te di: "Viv Wa a!"

²⁵ Alò, Samuel te pale pèp la [t]règleman a wayòm nan. Li te ekri yo nan liv la, e li te plase li devan SENYÈ a. Konsa, Samuel te voye tout pèp la ale, yo chak nan pwòp kay pa yo. ²⁶ Anplis Saül te ale [u]lakay li Guibea. Epi mesye vanyan yo avèk kè ki te touche pa Bondye te ale avèk li. ²⁷ Men sèten [v]sanzave ki te di: "Kijan mesye sila a kapab delivre nou?" Yo te meprize li e pa t pote okenn kado pou li. Men li te rete an silans.

11 Alò Nachasch, Amonit la te vin monte pou te fè syèj sou Jabès nan Galaad; epi tout mesye Jabès yo te di a Nachasch: "Fè [w]yon akò avèk nou e nou va sèvi ou."

² Men Nachasch, Amonit la, te di yo: "Mwen va fè l avè w sou yon sèl kondisyon; pou mwen kreve zye dwat a nou chak! Konsa mwen va fè li yon repwòch sou tout Israël."

³ [x]Ansyen nan Jabès yo te di a li: "Bay nou sèt jou, pou nou kapab voye mesaje yo toupatou nan teritwa Israël la. Alò, si nanpwen moun pou delivre nou, nou va sòti deyò kote ou." ⁴ Alò mesaje yo te vini [y]Guibea kote Saül e te pale pawòl sa yo nan zòrèy a pèp la, e tout pèp la te leve vwa yo pou te kriye.

⁵ Alò gade byen, Saül t ap sòti nan chan an [z]dèyè bèf kabwèt yo. Li te di: "Kisa ki gen avèk pèp la pou y ap kriye la a?" Konsa, yo te pataje avèk li pawòl a mesye Jabès yo. ⁶ Konsa [a]Lespri Bondye te vini sou Saül avèk gran fòs lè li te tande pawòl sa yo,

---

[a] 10:1 Egz 30:23-33   [b] 10:1 I Sam 16:13   [c] 10:2 Jen 35:16-20   [d] 10:3 Jen 35:1-7   [e] 10:5 I Sam 13:2-3
[f] 10:6 Nonb 11:25-29   [g] 10:7 Ekl 9:10   [h] 10:8 I Sam 11:14   [i] 10:9 I Sam 10:6   [j] 10:10 I Sam 10:5-6
[k] 10:11 Am 7:14-15   [l] 10:12 I Sam 19:23-24   [m] 10:14 I Sam 9:3-6   [n] 10:17 Jij 20:1   [o] 10:18 Jij 6:8-9
[p] 10:19 I Sam 8:6-7; Jos 7:14-18   [q] 10:22 I Sam 23:2-4   [r] 10:23 I Sam 9:2   [s] 10:24 Det 17:5   [t] 10:25 Det 17:14-20
[u] 10:26 I Sam 11:4   [v] 10:27 Det 13:13   [w] 11:1 Job 41:4   [x] 11:3 I Sam 8:4   [y] 11:4 I Sam 10:26   [z] 11:5 I Wa 19:19   [a] 11:6 Jij 3:10

e li te vin fache anpil. ⁷ Li te pran yon pè bèf k ap rale chaj, e li te ᵃkoupe yo an mòso. Li te voye yo toupatou nan teritwa Israël la nan men mesaje yo. Li te di: "Nenpòt moun ki pa vin parèt apre Saül, e apre Samuel, se konsa l ap rive pou bèf pa li yo." Konsa, lakrent SENYÈ a te tonbe sou pèp la e yo te sòti tankou yon sèl moun. ⁸ Li te konte yo nan Bézek e ᵇfis Israël yo te twa-san-mil e mesye Juda yo te trant-mil. ⁹ Yo te di a mesaje ki te vini yo: "Konsa nou va pale a mesye a Jabés-Galaad la: 'Demen, soti nan lè solèy la fè cho, ou va genyen delivrans ou.'" Konsa mesaje yo te ale pale mesye Jabés yo; epi yo te kontan. ¹⁰ Alò, mesye a Jabés yo te di: ᶜ"Demen nou va parèt vè nou e nou va kapab fè avèk nou sa ki sanble bon pou nou menm." ¹¹ Nan pwochen maten an, Saül te divize pèp la ᵈan twa konpayi. Epi yo te vin antre nan mitan kan an nan lè maten pou te frape Amonit yo jiskaske chalè joune a te vin rive. Sila ki te siviv yo te gaye jiskaske pa t gen de nan yo ki te rete ansanm.

¹² Alò, pèp la te di a Samuel: ᵉ"Se kilès ki te di nou: 'Èske Saül va renye sou nou?' ᶠMennen mesye yo pou nou kab mete yo a lanmò."

¹³ Men Saül te di: "Nanpwen yon moun k ap mete a lanmò nan jou sa a; paske ᵍjodi a, SENYÈ a te acheve delivrans Israël la."

¹⁴ Alò, Samuel te di a pèp la: "Vini, annou ale Guilgal pou ʰrenouvle wayòm nan la." ¹⁵ Epi tout moun te monte Guilgal e la, yo te fè Saül Wa ⁱdevan SENYÈ a nan Guilgal. La osi, yo te ʲofri sakrifis lapè devan SENYÈ a. Epi la Saül avèk tout mesye Israël yo te rejwi anpil.

12 Samuel te di a tout Israël: "Gade byen, ᵏmwen te koute vwa nou nan tout sa ke nou te di m yo e men ˡte chwazi yon wa sou nou. ² Alò, men wa a k ap mache devan nou. Men ᵐmwen fin granmoun, cheve m blanch e gade byen fis mwen yo avèk nou. ⁿMwen te mache devan nou soti nan jenès mwen jis rive jodi a. ³ Men mwen! Temwaye kont mwen devan SENYÈ a avèk ᵒmoun onksyone pa Li yo. Se bèf a ki moun mwen konn vòlè, oswa bourik a kilès mwen te konn pran, oswa se kilès mwen te konn twonpe? Ki moun mwen te konn oprime, oswa nan men a kilès mwen te touche anba tab pou zye m pa wè? Si mwen te fè bagay sa yo, M ap repare sa."

⁴ Yo te di: "Ou pa janm te twonpe nou, ni oprime nou ni pran anyen nan men a pèsòn."

⁵ Li te di yo: "SENYÈ a se temwen kont nou e onksyone pa Li yo se temwen nan jou sa a ke nou pa t twouve anyen ᵖnan men m nan."

Epi yo te di: "Li se temwen." ⁶ Epi Samuel te di a pèp la: "Li se SENYÈ a ki te ᵠchwazi Moïse avèk Aaron, e ki te mennen zansèt nou yo monte soti nan peyi Égypte la. ⁷ Alò koulye a, kanpe ʳpou m kab plede avèk nou devan SENYÈ a konsènan tout zèv ladwati ke SENYÈ a te fè pou nou avèk zansèt pa nou yo.

⁸ ˢ"Lè Jacob te antre an Égypte, zansèt nou yo te kriye fò a SENYÈ a. Konsa, SENYÈ a te voye Moïse avèk Aaron ki te mennen zansèt nou yo sòti an Égypte, e Li te fè yo vin rete nan plas sa a. ⁹ Men ᵗyo te bliye SENYÈ a, Bondye pa yo a, e pou sa, Li te vann yo nan men Sisera, kapitèn a lame Hatsor a, nan men a Filisten yo, nan men a wa Moab la, e yo te goumen kont yo. ¹⁰ ᵘYo te kriye fò a SENYÈ a e yo te di: 'Nou te peche akoz nou te kite SENYÈ a pou te sèvi Baal yo avèk Astarté; men koulye a, delivre nou nan men a lènmi nou yo e nou va sèvi Ou.' ¹¹ Alò apre, SENYÈ a te voye ᵛJerubbaal avèk Bedan, ʷJephthé ak Samuel pou te delivre nou nan men a lènmi nou yo toupatou, pou nou viv ansekirite.

¹² "Lè nou te wè ke Nachasch, wa a fis Ammon yo, te vini kont nou, nou te di m: 'Non, men se yon wa k ap renye sou nou', ˣmalgre sa, SENYÈ Bondye nou an te wa nou. ¹³ Alò pou sa, ʸmen wa ke nou te mande a. Epi gade byen, SENYÈ a te mete yon wa sou nou. ¹⁴ ᶻSi nou va gen lakrent SENYÈ a, sèvi Li, koute vwa Li, e pa fè rebèl kont lòd SENYÈ a; alò, ni nou, ni wa ki renye sou nou an va swiv SENYÈ Bondye nou an. ¹⁵ Si nou pa koute vwa SENYÈ a, men fè rebèl kont lòd SENYÈ a, alò ᵃmen a SENYÈ a va kont nou, ᵇjan li te ye kont zansèt nou yo.

¹⁶ "Menm koulye a, ᶜkanpe la pou nou wè gwo bagay sa a ke SENYÈ a va fè devan zye nou. ¹⁷ ᵈÈske se pa rekòlt ble li ye kounye a? M ap fè apèl SENYÈ a, pou Li kapab voye tonnè avèk lapli. Konsa, nou va konnen e wè mechanste ke nou te fè nan zye SENYÈ a gran, lè nou te mande pou nou yon wa."

¹⁸ Konsa, Samuel te rele a SENYÈ a, e SENYÈ a te voye tonnè avèk lapli nan jou sa a. Epi ᵉtout pèp la te gen gwo lakrent SENYÈ a ak Samuel.

¹⁹ Alò, tout pèp la te di a Samuel: "Priye pou sèvitè ou yo a SENYÈ a, Bondye ou a, pou nou pa mouri; paske nou te ogmante sou peche nou yo, ᶠmal sila a, ke nou te mande yon wa pou kont nou an."

²⁰ Samuel te di a pèp la: "Pa pè Nou te fè tout mechanste sa a. Men ᵍpa vire akote pou pa swiv SENYÈ a, men sèvi SENYÈ a avèk tout kè nou. ²¹ Fòk nou pa vire akote. Paske konsa, nou ta swiv bagay san valè ki pa kab fè benefis ni delivre, paske yo san valè. ²² Paske SENYÈ a p ap abandone pèp Li a akoz gran non Li, paske sa te fè SENYÈ a plezi pou fè nou yon pèp ki te pou Li menm. ²³ Anplis, pou mwen menm, lwen de mwen ke m ta peche kont SENYÈ a e sispann fè lapriyè pou nou; men ʰmwen va enstwi nou nan chemen ki bon e ki dwat

---

ᵃ **11:7** Jij 19:29 ᵇ **11:8** Jij 20:2 ᶜ **11:10** I Sam 11:3 ᵈ **11:11** Jij 7:16-20 ᵉ **11:12** I Sam 10:27 ᶠ **11:12** Luc 19:27
ᵍ **11:13** Egz 14:13-30 ʰ **11:14** I Sam 10:25 ⁱ **11:15** I Sam 10:17 ʲ **11:15** I Sam 10:8 ᵏ **12:1** I Sam 8:7-22
ˡ **12:1** I Sam 11:14-15 ᵐ **12:2** I Sam 8:1-5 ⁿ **12:2** I Sam 3:10-20 ᵒ **12:3** I Sam 10:1 ᵖ **12:5** Egz 22:4
ᵠ **12:6** Egz 6:26 ʳ **12:7** Éz 20:35 ˢ **12:8** Jen 46:5-6 ᵗ **12:9** Det 32:18 ᵘ **12:10** Jij 10:10 ᵛ **12:11** Jij 6:31-32
ʷ **12:11** Jij 11:29 ˣ **12:12** Jij 8:23 ʸ **12:13** I Sam 10:24 ᶻ **12:14** Jos 24:14 ᵃ **12:15** I Sam 5:9 ᵇ **12:15** I Sam 12:9
ᶜ **12:16** Egz 14:13-31 ᵈ **12:17** Pwov 26:1 ᵉ **12:18** Egz 14:31 ᶠ **12:19** I Sam 12:17-20 ᵍ **12:20** Det 11:16
ʰ **12:23** Sòm 34:11

la. ²⁴ Sèlman, gen lakrent Bondye e sèvi Li anverite, avèk tout kè nou. Paske kalkile ᵃki kalite gwo zafè Li te fè pou nou. ²⁵ ᵇMen si nou toujou fè mal, ni nou menm ni wa nou an ᶜva peri."

13 Saül te gen trant ane lè l te kòmanse renye, e li te renye pandan karann-de ane sou Israël. ² Alò, Saül te chwazi pou li menm twa mil mesye an Israël. Pami sila yo, de-mil te avèk Saül nan ᵈMicmasch ak nan peyi ti mòn Béthel la, pandan mil te avèk Jonathan nan ᵉGuibea pou Benjamin an. Men li te voye ale tout lòt moun yo, yo chak nan pwòp tant pa yo. ³ Jonathan te frape ᶠpost militè a Filisten ki te nan Guéba yo e Filisten yo te tande Koze sa a. Alò, Saül te soufle twonpèt la atravè tout peyi a, e li te di: "Kite Ebre yo tande." ⁴ Tout Israël te tande nouvèl ke Saül te frape post a Filisten yo, e osi ke Israël te ᵍvin rayisab a Filisten yo. Konsa pèp la te resevwa lòd pou rasanble Guilgal. ⁵ Filisten yo te rasanble pou goumen avèk Israël; trant-mil cha avèk si-mil chevalye ak ʰkantite moun ki te tankou sab ki bò lanmè. Anpil konsa, e yo te vin monte pou te fè kan nan Micmasch, nan lès a Beth-Aven. ⁶ Lè mesye Israël yo te vin wè ke yo te kwense (paske moun yo te vini sou yo anpil); alò, ⁱpèp la te kache kò yo nan gwòt yo, nan raje a, nan falèz yo, nan chanm anba tè yo ak nan sitèn yo. ⁷ Anplis, kèk nan Ebre yo te travèse Jourdain an pou antre nan peyi ʲGad avèk Galaad. Men pou Saül, li te toujou Guilgal, e tout pèp la te swiv li avèk kò yo tou ap tranble. ⁸ Alò ᵏli te tann pandan sèt jou, selon tan fikse pa Samuel la; men Samuel pa t vini Guilgal, e pèp la t ap gaye kite li. ⁹ Konsa, Saül te di: "Mennen ban mwen ofrann brile avèk ofrann lapè." Epi ˡli te ofri ofrann brile yo.

¹⁰ Lè li te fin ofri ofrann brile yo, men vwala, Samuel te vini. Epi ᵐSaül te parèt deyò pou rankontre li e salye li. ¹¹ Men Samuel te di: "Kisa ou te fè?"

Epi Saül te di: "Akoz mwen te wè ke pèp la t ap gaye kite m, ke ou pa t vini nan jou apwente a, e ke ⁿFilisten yo te rasanble nan Micmasch, ¹² pou sa, mwen te di: 'Alò Filisten yo va vin desann kont mwen Guilgal, epi mwen poko mande favè SENYÈ a.' Pou sa, mwen te fòse mwen menm pou te ofri ofrann brile yo."

¹³ Samuel te di a Saül: ᵒ"Ou te a ji nan foli. ᵖOu pa t kenbe kòmandman ke SENYÈ a te kòmande ou a. Paske SENYÈ a t ap vin etabli wayòm ou a sou Israël jis pou tout tan. ¹⁴ Men ᑫkoulye a, wayòm ou an p ap dire. SENYÈ a te chache pou kont Li yon nonm selon pwòp kè li e SENYÈ a te chwazi li kòm chèf sou pèp Li a, akoz ou pa t kenbe sa ke SENYÈ a te kòmande ou a."

¹⁵ Epi Samuel te leve monte soti Guilgal pou rive Guibea nan Benjamin. Saül te konte moun ki te prezan avè l yo, yo te ʳanviwon sis-san mesye. ¹⁶ Alò Saül avèk fis li a, Jonathan avèk moun ki te prezan avèk yo te rete ˢGuéba nan Benjamin pandan Filisten yo te fè kan Micmasch. ¹⁷ Epi ravajè yo te sòti nan kan Filisten yo an twa konpayi yo. Yon konpayi te vire nan sid vè Ophra vè peyi Schual. ᵗ¹⁸ Yon lòt konpayi te vire vè ᵘBeth-Horon, e yon lòt konpayi te vire vè lizyè ki kouri anwo vale a nan ᵛTseboïm vè dezè a. ¹⁹ Alò, ʷnanpwen bòs fòjewon ki ta kab twouve nan tout peyi Israël la, paske Filisten yo te di: "Otreman Ebre yo va fè nepe yo oswa frenn yo." ²⁰ Konsa, tout Israël te desann vè Filisten yo, yo chak pou file pwòp cha li, pikwa li, rach li, ak wou li. ²¹ Frè sèvis la te de tyè sik pou lam cha a, pou pikwa a, fochèt la, rach la e pou ranje wou yo. ²² Konsa sa te rive ke nan jou batay la ke ˣni nepe, ni fwenn pa t twouve nan men a okenn nan moun ki te avèk Saül ak Jonathan yo. Men yo te twouve sèlman nan men Saül ak Jonathan.

²³ Epi ʸekip post militè a Filisten yo te sòti rive nan pasaj Micmasch.

14 Alò jou a te rive ke Jonathan, fis a Saül la, te di a jennonm ki t ap pote zam li yo: "Vini, annou travèse vè anplasman post militè Filisten ki sou kote lòtbò a." Men li pa t pale sa a papa l. ² Saül te rete nan zòn andeyò ᶻGuibea anba pye grenad la nan ᵃMigron. Epi moun ki te avèk li yo te anviwon sis-san mesye. ³ Achija, fis a Achithub la, frè I-Kabod, fis a Phinées a, fis a Éli, sakrifikatè SENYÈ a nan ᵇSilo, te abiye avèk yon efòd. Epi pèp la pa t konnen ke Jonathan te ale.

⁴ ᶜAntre pasaj kote Jonathan te chache travèse pou rive nan anplasman post militè Filisten yo, te gen yon kote dan wòch byen file sou yon bò ak yon dan wòch byen file sou lòtbò a. Youn te rele Botsets e lòt la te rele Séné. ⁵ Youn nan dan wòch yo te leve nan kote nò anfas Micmasch e lòt la nan sid anfas Guéba. ⁶ Alò Jonathan te di a jennonm ki t ap pote zam li yo: "Vini pou nou travèse lòtbò vè anplasman militè a ensikonsi sila yo. Petèt, SENYÈ a va aji pou nou. Paske ᵈSENYÈ a pa anpeche delivre, menm si se anpil, menm si se kèk grenn."

⁷ Sila ki pote zam li yo te di: "Fè tout sa ki nan kè ou; vire ou menm e mwen la avèk ou selon volonte ou."

⁸ Jonathan te di: ᵉ"Gade byen, nou va travèse lòtbò vè mesye yo pou vin parèt a yo menm. ⁹ Si yo di nou: 'Tann jiskaske nou rive bò kote nou', alò, nou va kanpe nan plas nou e pa monte kote yo. ¹⁰ Men si yo di: 'Vin monte kote nou', alò nou va monte. Paske SENYÈ a te mete yo nan men nou; epi ᶠsa va sinyal pou nou."

¹¹ Lè yo toude te parèt nan anplasman militè Filisten yo, Filisten yo te di: "Gade byen, ᵍEbre

---

ᵃ **12:24** Det 10:21   ᵇ **12:25** És 1:20   ᶜ **12:25** I Sam 31:1-5   ᵈ **13:2** I Sam 13:5   ᵉ **13:2** I Sam 10:25   ᶠ **13:3** I Sam 10:5   ᵍ **13:4** Egz 5:21   ʰ **13:5** Jos 11:4   ⁱ **13:6** Jij 6:2   ʲ **13:7** Nonb 32:33   ᵏ **13:8** I Sam 10:8   ˡ **13:9** Det 12:5-14   ᵐ **13:10** I Sam 15:13   ⁿ **13:11** I Sam 13:2-23   ᵒ **13:13** II Kwo 16:9   ᵖ **13:13** I Sam 15:11-28   ᑫ **13:14** I Sam 15:28   ʳ **13:15** I Sam 13:2-7   ˢ **13:16** I Sam 13:2-3   ᵗ **13:17** I Sam 14:15; Jos 18:23   ᵘ **13:18** Jos 18:13-14   ᵛ **13:18** Né 11:34   ʷ **13:19** Jij 5:8   ˣ **13:22** Jij 5:8   ʸ **13:23** I Sam 14:1   ᶻ **14:2** I Sam 13:15-16   ᵃ **14:2** És 10:28   ᵇ **14:3** I Sam 1:3   ᶜ **14:4** I Sam 13:23   ᵈ **14:6** Za 4:6   ᵉ **14:8** Jij 7:9-14   ᶠ **14:10** Jen 24:14   ᵍ **14:11** I Sam 3 Ebre

yo vin sòti nan tou a kote yo te kache kò yo." ¹² Epi mesye nan anplasman yo te rele Jonathan avèk gason ki pote zam li yo. Yo te di: "Monte kote nou pou nou di ou yon bagay."

Epi Jonathan te di a gason zam li yo: "Vin monte dèyè m, paske ᵃSENYÈ a fin mete yo nan men Israël." ¹³ Alò, Jonathan te rale monte ak men l ak pye li, avèk gason zam yo dèyè li. Konsa, yo te tonbe devan Jonathan e gason zam yo te touye kèk apre li. ¹⁴ Premye masak sa ke Jonathan avèk gason zam yo te fè te anviwon ven òm soti nan mwatye distans ke yon cha ta fè lè l ap raboure fè yon pase nan yon tyè kawo tè.

¹⁵ Epi nan kan an yo t ap tranble, anplis nan chan an, e pami tout pèp la. Menm gason anplasman militè yo te tranble. ᵇEkip ravajè yo te tranble e latè te vin tranble jiskaske li te tranble anpil. ¹⁶ Gad Saül yo nan Guibea nan Benjamin te wè ke gran kantite fòs sòlda yo te kòmsi yo t ap fonn; epi yo te gaye pasi pala. ¹⁷ Saül te di a moun ki te avèk li yo: "Kontwole soti koulye a pou wè kilès ki kite nou." Epi lè yo fin fè kontwòl, gade byen, Jonathan avèk gason potè zam li yo pa t la.

¹⁸ Alò, Saül te di a Achija: ᶜ"Mennen lach Bondye a isit la." Paske lach Bondye a te nan tan sa a avèk fis Israël yo. ¹⁹ ᵈPandan Saül te pale avèk prèt la, zen nan kan Filisten yo te kontinye e te vin ogmante. Donk, Saül te di prèt la: "Retire men w!"

²⁰ Epi Saül avèk tout pèp ki te avèk li a te rasanble pou rive kote batay la. Epi vwala, ᵉzam a chak moun te vire kont moun parèy pa yo. Te vin gen yon trè gran konfizyon. ²¹ Alò, Ebre ki te avèk Filisten avan yo, ki te monte avèk yo toupatou nan kan an, ᶠmenm yo menm te vire pou alinye avèk Izrayelit ki te avèk Saül ak Jonathan yo. ²² Lè tout ᵍmesye Israël yo ki te kache kò yo nan peyi ti mòn Ephraïm yo te tande ke Filisten yo te sove ale, menm yo menm anplis, te kouri dèyè yo toupre nan batay la. ²³ Konsa ʰSENYÈ a te delivre Israël nan jou sa a e batay la te gaye pi lwen Beth-Aven.

²⁴ Alò mesye Israël yo te byen peze nan jou sa a, paske Saül te ⁱmete pèp la anba yon sèman, e te di: "Modi se mesye ki manje manje avan nwit lan, jiskaske mwen fè vanjans sou lènmi mwen yo." Konsa, pa t gen nan pèp la ki te goute manje.

²⁵ Tout pèp peyi a te antre nan forè a e te gen siwo myèl atè a. ²⁶ Lè pèp la te antre forè a, men vwala, ʲte gen yon flèv siwo myèl. Men pèsòn pa t rale men l rive nan bouch li, paske pèp la te pè sèman an. ²⁷ Men Jonathan pa t ankò tande lè papa l te mete pèp la anba sèman an. Pou sa, li te lonje baton ki te nan men l lan, li te fonse li nan gato myèl la, li te mete men l nan bouch li e ᵏzye li te vin limen. ²⁸ Epi youn nan moun yo te di: "Papa ou te mete pèp la anba sèman avèk severite e li te di: 'Modi se mesye ki manje manje jodi a.'" Epi pèp la te bouke.

²⁹ Alò, Jonathan te di: ˡ"Papa m te twouble peyi a! Gade, koulye a kijan zye m vin limen akoz mwen te goute yon ti kras nan siwo sa a. ³⁰ Konbyen anplis, si sèlman pèp la te manje avèk libète jodi a nan piyaj lènmi ke yo te twouve a! Paske koulye a masak pami Filisten yo pa gwo." ³¹ Yo te frape pami Filisten yo nan jou sa a soti Micmasch pou jis rive Ajalon. Epi pèp la te vin byen bouke. ³² ᵐPèp la te kouri avèk gwo anvi sou piyaj la. Yo te pran mouton yo avèk gwo bèf ak ti bèf yo, yo te touye yo atè a, e yo te manje yo ⁿavèk san an. ³³ Alò, yo te pale Saül e te di: "Gade byen, pèp la ap ᵒpeche kont SENYÈ a pandan yo manje avèk san an."

Epi li te di: "Nou te aji kòm trèt; woule yon gwo wòch kote mwen jodi a." ³⁴ Saül te di: "Gaye nou menm pami pèp la e di yo: 'Nou chak mennen bèf nou ban mwen, oswa mouton nou e touye li isit la pou manje. Pa fè peche kont SENYÈ a avèk afè manje san an.'" Konsa, tout pèp la nan nwit lan, yo chak te mennen bèf yo e te kòche li la.

³⁵ Epi Saül te ᵖbati yon lotèl a SENYÈ a; se te premye lotèl ke li te bati a SENYÈ a. ³⁶ Epi Saül te di: "Annou desann dèyè Filisten yo lannwit lan, pran piyaj pami yo jis li fè klè nan maten e annou pa kite youn nan mesye yo vivan."

Epi yo te di: "Fè nenpòt sa ki sanble bon pou ou menm."

Konsa, ᵠprèt la te di: "Annou apwoche de Bondye isit la."

³⁷ Saül te fè demand a Bondye: "Èske mwen dwe desann dèyè Filisten yo? Èske Ou va ba yo nan men Israël?" Men ʳLi pa t reponn li nan jou sa a ³⁸ Saül te di: ˢ"Apwoche isit la, tout chèf a tout pèp la pou fè ankèt pou aprann kijan peche sa a te vin fèt jodi a. ³⁹ Paske ᵗjan SENYÈ a ki delivre Israël la viv la, malgre ke si se fis mwen, Jonathan, li va anverite mouri." Men yon moun nan tout pèp la pa t reponn li. ⁴⁰ Alò, li te di a tout Israël: "Nou va sou yon kote e mwen menm avèk Jonathan va nan lòt kote a."

Epi pèp la te di a Saül: "Fè sa ki sanble bon a ou menm."

⁴¹ Pou sa, Saül te di a SENYÈ a, Bondye a Israël la: ᵘ"Fè yon tiraj osò konplè."

Epi Jonathan avèk Saül te pran; men pèp la te delivre.

⁴² Saül te di: "Tiraj osò a antre mwen menm avèk Jonathan, fis mwen an."

Epi se Jonathan ki pran.

⁴³ Alò Saül te di a Jonathan: ᵛ"Di mwen kisa ou te fè a."

Konsa, Jonathan te rakonte li e te di: "Mwen, anverite, te goute yon ti kras siwo myèl avèk pwent

---

ᵃ **14:12** II Sam 5:24   ᵇ **14:15** I Sam 13:17-18   ᶜ **14:18** I Sam 23:9   ᵈ **14:19** Nonb 27:21   ᵉ **14:20** Jij 7:22
ᶠ **14:21** I Sam 29:4   ᵍ **14:22** I Sam 13:6   ʰ **14:23** Egz 14:30   ⁱ **14:24** Jos 6:21   ʲ **14:26** Mat 3:4   ᵏ **14:27** I Sam 30:12
ˡ **14:29** Jos 7:25   ᵐ **14:32** I Sam 15:19   ⁿ **14:32** Lev 17:10-14   ᵒ **14:33** Lev 7:26   ᵖ **14:35** I Sam 7:12-17
ᵠ **14:36** I Sam 14:3-19   ʳ **14:37** I Sam 28:6   ˢ **14:38** Jos 7:11-12   ᵗ **14:39** I Sam 14:24-44   ᵘ **14:41** Trav 1:24
ᵛ **14:43** Jos 7:19

baton ki te nan men m nan. Men mwen, fòk mwen mouri!"

⁴⁴ Saül te di: "Ke Bondye fè sa e menm plis; paske vrèman, ªJonathan, ou obli je mouri."

⁴⁵ Men pèp la te di a Saül: "Èske fòk Jonathan ta mouri, ki te fè reyisi gran delivrans sa a an Israël? Lwen de sa! Kòm SENYÈ a viv la, ᵇpa menm yon cheve nan tèt li p ap tonbe atè; paske li te fè travay Bondye nan jou sa a." Konsa, pèp la te sove Jonathan pou li pa t mouri. ⁴⁶ Alò, Saül te monte kite afè kouri dèyè Filisten yo, e Filisten yo te ale kote plas pa yo a.

⁴⁷ Alò, lè Saül te pran plas chèf sou wayòm Israël la. Li te goumen kont tout lènmi li yo tout kote; kont Moab, ᶜfis a Ammon yo, Édom, wa a Zobah yo ak Filisten yo. Nenpòt kote li te vire li te pini yo. ⁴⁸ Li te a ji avèk kouraj; li te ᵈbat Amalekit yo, e li te delivre Israël soti nan men a sila ki te piya je yo. ⁴⁹ Alò, ᵉfis a Saül yo te Jonathan, Jischiv avèk Malkischua. Epi non a de fi yo se te konsa; non a premye ne a, Mérab e non a pi piti a, ᶠMical. ⁵⁰ Non a madanm a Saül se te Achinoam fi a Achimaats la. Epi non a ᵍkapitèn lame a se te Abner, fis a Ner a, tonton a Saül. ⁵¹ ʰKish se te papa a Saül ak Ner. Papa a Abner te fis a Abiel.

⁵² Alò, lagè kont Filisten yo te di anpil pandan tout jou a Saül yo. Epi lè Saül te wè nenpòt gason pwisan oswa vanyan, li te ⁱfè l vin atache nan sèvis pa l la.

15 Alò, Samuel te di a Saül: ʲ"SENYÈ a te voye mwen pou onksyone ou wa sou pèp Li a, sou Israël. Pou sa, koute pawòl a SENYÈ a. ² Konsa pale SENYÈ dèzame yo: 'Mwen va pini Amalek ᵏpou sa li te fè Israël la, jan li te opoze li nan chemen an pandan li t ap vini sòti an Égypte la. ³ Alò, ale frape Amalek e detwi tout sa li te genyen. Pa fè li gras, men ˡmete a lanmò ni gason, ni fanm, ni timoun ni tibebe, bèf, mouton, chamo ak bourik.'"

⁴ Epi Saül te pase lòd rasanble pèp la e te konte yo nan ᵐThelaïm, de-san-mil sòlda apye yo, di-mil mesye Juda yo. ⁵ Saül te rive kote vil Amalek yo, e li te òganize yon anbiskad nan vale a. ⁶ Saül te di a Kenyen yo: "Ale, sòti kite Amalekit yo pou m pa detwi nou ansanm avèk yo; paske ⁿnou te montre favè nou anvè tout fis Israël yo lè yo te monte soti an Égypte." Konsa, Kenyen yo te sòti nan mitan Amalekit yo.

⁷ Konsa, Saül te bat Amalekit yo soti nan ᵒHavila pou rive ᵖSchur, ki te bò lès a Égypte la. ⁸ Li te kaptire vivan ᵠAgag, wa a Amalekit yo e te detwi nèt tout pèp la avèk lam nepe. ⁹ Men Saül avèk pèp la te ʳlese Agag viv ansanm avèk pi bèl nan mouton yo, bèf yo, bèt gra yo, jenn mouton yo, tout sa ki te bon, e li pa t dakò pou detwi yo nèt. Men tout sa ki te meprize e san valè, yo te vin detwi nèt.

¹⁰ Alò, pawòl SENYÈ a te vini a Samuel e te di: ¹¹ ˢ"Mwen regrèt ke M te fè Saül wa, paske ᵗli te vire fè bak nan swiv Mwen, e li pa t akonpli lòd Mwen yo." Konsa, Samuel te vin twouble e li te kriye fò a SENYÈ a pandan tout nwit lan.

¹² Samuel te leve granmmaten pou rankontre Saül. Yo te pale a Samuel, e te di: "Saül te vini nan ᵘCarmel e vwala, li te fè monte yon moniman pou tèt li, e li te vire kontinye desann vè Guilgal."

¹³ Samuel te vini kote Saül, e Saül te di li: "Beni se ou menm pa SENYÈ a! Mwen te akonpli lòd SENYÈ a."

¹⁴ Men Samuel te di li: "Men ki mouton ke m tande k ap blete nan zòrèy mwen la a e ki rèl a bèf ke m tande la a?"

¹⁵ Saül te di: "Yo te mennen yo soti nan Amalekit yo, paske ᵛpèp la te kite pi bèl nan mouton avèk bèf yo pou fè sakrifis bay SENYÈ a, Bondye pa w la. Men tout rès nou te genyen an nou te detwi l nèt."

¹⁶ Alò, Samuel te di: "Tann e kite mwen menm di ou sa ke SENYÈ a te di mwen yèswa."

Epi li te di li: "Pale"!

¹⁷ Samuel te di: "Èske se pa vrè, ke ʷmalgre ou te piti nan pwòp zye pa ou, ke ou te devni gran chèf a tribi Israël yo? ¹⁸ Epi le SENYÈ a te voye ou fè yon misyon e te di: ˣ'Ale detwi pechè yo nèt; Amalekit yo, e batay kont yo jiskaske yo fin disparèt.' ¹⁹ Pou sa, poukisa ou pa t obeyi vwa SENYÈ a; ʸmen ou te kouri sou piya j la, e te fè sa ki mal nan zye SENYÈ a?"

²⁰ Alò Saül te di a Samuel: ᶻ"Mwen te obeyi vwa SENYÈ a e te fè misyon nan sila SENYÈ a te voye mwen an e te mennen retounen Agag, wa Amalek la, e mwen te detwi nèt tout Amalekit yo. ²¹ Men ªpèp la te pran nan piyaj mouton avèk bèf yo, pi bèl nan sa ki te anba ve pou destriksyon an, pou fè sakrifis bay SENYÈ a, Bondye ou a nan Guilgal."

²² Samuel te di: ᵇ"Èske SENYÈ a twouve menm fòs plezi nan ofrann brile yo avèk sakrifis yo ke li jwenn nan obeyi vwa SENYÈ a? Veye byen, obeyisans pi bon ke sakrifis e koute pase grès a belye yo. ²³ Paske rebelyon se tankou peche ᶜdivinasyon e refize swiv lòd se tankou inikite avèk idolatri. Akoz ou te refize pawòl SENYÈ a, Li osi te gentan refize ou kòm wa."

²⁴ Alò, Saül te di a Samuel: ᵈ"Mwen te peche; Mwen te vrèman transgrese kòmand SENYÈ a e pawòl a ou menm yo; paske mwen te pè pèp la e mwen te koute vwa pa yo. ²⁵ Alò, pou sa, ᵉsouple, padone peche mwen e retounen avè m pou m kapab adore SENYÈ a."

²⁶ Men Samuel te di a Saül: "Mwen p ap retounen avè w; paske ᶠou te rejte pawòl a SENYÈ a e SENYÈ a te gentan rejte ou kòm wa

---

ª **14:44** I Sam 14:39   ᵇ **14:45** Trav 27:34   ᶜ **14:47** I Sam 11:1-13   ᵈ **14:48** I Sam 15:3-7   ᵉ **14:49** I Sam 31:2
ᶠ **14:49** II Sam 6:20-23   ᵍ **14:50** II Sam 2:8   ʰ **14:51** I Sam 9:21   ⁱ **14:52** I Sam 8:11   ʲ **15:1** I Sam 9:16
ᵏ **15:2** Egz 17:8-16   ˡ **15:3** I Sam 22:19   ᵐ **15:4** Jos 15:24   ⁿ **15:6** Egz 18:9-10   ᵒ **15:7** Jen 25:18   ᵖ **15:7** Egz 15:22
ᵠ **15:8** I Sam 15:20   ʳ **15:9** I Sam 15:3-19   ˢ **15:11** Egz 32:14   ᵗ **15:11** I Wa 9:6-7   ᵘ **15:12** Jos 15:55
ᵛ **15:15** Egz 32:22-23   ʷ **15:17** I Sam 9:21   ˣ **15:18** I Sam 15:3   ʸ **15:19** I Sam 14:32   ᶻ **15:20** I Sam 15:13
ª **15:21** Egz 32:22-23   ᵇ **15:22** És 1:11-15   ᶜ **15:23** Det 18:10   ᵈ **15:24** Pwov 29:25   ᵉ **15:25** Egz 10:17
ᶠ **15:26** I Sam 13:14

sou Israël." ²⁷ Lè Samuel te vire pou l sòti, ᵃSaül te sezi bò manto li, e li te vin chire. ²⁸ Epi Samuel te di li: ᵇ"SENYÈ a te dechire wayòm ou an, e Li te bay li a vwazen ou an, ki pi bon pase ou. ²⁹ Anplis, Glwa Israël La ᶜp ap manti, ni chanje tèt Li. Paske Li pa yon nonm pou Li ta chanje tèt Li."

³⁰ Alò li te di: "Mwen te peche; souple, onore mwen koulye a devan ansyen a pèp mwen yo ak devan Israël e retounen avè m, ᵈpou m kapab adore SENYÈ a, Bondye ou a."

³¹ Konsa, Samuel te swiv Saül retounen e Saül te adore SENYÈ a. ³² Alò, Samuel te di: "Mennen ban m Agag, wa Amalekit yo."

Epi Agag te vin kote li avèk kè kontan. Akoz Agag t ap di: "Asireman gou anmè lanmò a gen tan pase."

³³ Men Samuel te di: ᵉ"Menm jan ke nepe ou te fè fanm yo vin manke pitit; konsa, manman ou va vin manke pitit pami fanm yo." Epi Samuel te koupe Agag an mòso devan SENYÈ a nan Guilgal.

³⁴ Samuel te ale ᶠRama; men Saül te monte vè lakay li nan Guibea ki pou li. ³⁵ ᵍSamuel pa t wè Saül ankò jis jou li te mouri an. Paske Samuel te gen anpil tristès akoz Saül. Epi SENYÈ a te regrèt ke Li te fè Saül wa sou Israël.

16 Alò, SENYÈ a te di a Samuel: "Pandan konbyen de tan ou va lamante pou Saül, paske Mwen te rejte li kòm wa sou Israël? Ranpli poban ou avèk lwil e ale. Mwen va voye ou vè ʰJesse, mesye Bethléhem nan, paske mwen te ⁱchwazi yon wa pou kont Mwen pami fis li yo."

² Men Samuel te di: "Kijan mwen kapab ale? Lè Saül tande koze sa a, li va touye mwen."

Epi SENYÈ a te di: ʲ"Pran yon gazèl avèk ou e di: 'Mwen vin fè sakrifis bay SENYÈ a.' ³ Ou va envite Jesse pou vini nan sakrifis la. ᵏMwen va montre ou kisa pou ou fè, e ˡou va onksyone pou Mwen, sila ke M montre ou a."

⁴ Konsa, Samuel te fè sa ke SENYÈ a te di a, e li te vini ᵐBethléhem. Epi ansyen lavil yo te vin rankontre li tou. Ak tranbleman yo pwoche l e te di: "Èske nou vini nan lapè?"

⁵ Li te di: "Nan lapè; mwen te vin fè sakrifis bay SENYÈ a. Pou sa, ⁿkonsakre nou e vin avè m nan sakrifis la." Anplis, li te konsakre Jesse avèk fis li yo, e li te envite yo nan sakrifis la. ⁶ Lè yo te antre, li te gade ᵒEliab e li te panse: "Vrèman onksyone SENYÈ a devan m nan."

⁷ Men SENYÈ a te di Samuel: "Pa gade aparans li, ni wotè li, paske Mwen te rejte li. Paske Bondye pa gade tankou yon nonm gade. Paske lòm wè selon aparans deyò, ᵖmen SENYÈ a wè kè a."

⁸ Epi Jesse te rele ᵠAbinadab pou te fè l pase devan Samuel. Epi li te di: "SENYÈ a pa t chwazi sila a nonpli." ⁹ Pwochènman, Jesse te fè ʳSchamma vin pase. Epi li te di: "SENYÈ a pa t chwazi sila a nonpli." ¹⁰ Konsa Jesse te fè kat nan fis li yo pase devan Samuel. Men Samuel te di a Jesse: "SENYÈ a pa t chwazi sila yo." ¹¹ Epi Samuel te di a Jesse: "Èske sa yo se tout pitit ou yo?"

Epi li te di: ˢ"Rete toujou pi piti a. Gade, li ap okipe mouton yo."

Alò Samuel te di a Jesse: "Voye chache li, paske nou p ap chita jiskaske li vin isit la."

¹² Konsa, li te voye chache li antre. Alò li te wouj avèk zye byen bèl ak aparans ki bèl. Epi SENYÈ a te di: ᵗ"Leve, onksyone li, paske sa se li menm."

¹³ Konsa, Samuel te pran poban lwil la pou li onksyone li nan mitan frè li yo. Epi ᵘLespri SENYÈ a te vini byen fò sou David depi jou sa a, ale nèt.

Epi Samuel te leve pou te ale Rama. ¹⁴ Alò, Lespri SENYÈ a te vin kite Saül e yon ᵛmove lespri ki sòti nan SENYÈ a te teworize li. ¹⁵ Sèvitè a Saül yo te di li: "Gade byen, koulye a, yon move lespri ki sòti nan Bondye ap teworize ou. ¹⁶ Kite mèt nou an kòmande sèvitè li yo pou chache yon nonm ki fò nan jwe ap. Konsa li va rive lè move lespri ki sòti nan Bondye a vini sou ou, ke ʷli va jwe ap la avèk men l e ou va vin geri."

¹⁷ Pou sa, Saül te di a sèvitè li yo: "Founi pou mwen koulye a yon nonm ki kapab jwe ap e mennen li ban mwen."

¹⁸ Alò, youn nan jennonm sa yo te di: "Gade byen, mwen konn wè yon fis a Jesse, Betleyemit lan, ki se yon mizisyen byen fò, ˣyon mesye pwisan avèk anpil kouraj, yon gèrye, yon moun ki saj nan pawòl, yon bo gason; epi ʸSENYÈ a avè l."

¹⁹ Konsa, Saül te voye mesaje yo vè Jesse e te di: "Voye pou mwen David, fis ou a, ki avèk bann mouton an."

²⁰ Jesse te ᶻpran yon bourik chaje avèk pen ak yon boutèy diven avèk yon jenn kabrit e li te voye yo kote Saül avèk David, fis li a. ²¹ Epi David te vin kote Saül e li te ᵃokipe li. Saül te renmen li anpil, e David te devni pòtè a zam pou li. ²² Saül te voye a Jesse, e te di: "Kite David kanpe koulye a devan mwen, paske li gen tan twouve favè nan zye m."

²³ Epi li te rive ke nenpòt lè ᵇmove lespri ki sòti nan Bondye a te vin kote Saül, David te pran ap la, e li te jwe avèk men li. Konsa, Saül te renouvle, li te vin sen e move lespri a te vin kite li.

17 Alò, ᶜFilisten yo te rasanble lame yo pou batay. Yo te rasanble vè Soco ki pou Juda e yo te fè kan antre Soco avèk Azéka nan Éphés-Dammim. ² Saül avèk mesye Israël yo te rasanble pou fè kan nan vale ᵈEla a e yo te vin rale yo nan lòd batay la pou rankontre Filisten yo. ³ Filisten yo te kanpe sou ti mòn nan e Izrayelit

---
ᵃ **15:27** I Wa 11:30-31   ᵇ **15:28** I Sam 28:17-18   ᶜ **15:29** Éz 24:14   ᵈ **15:30** És 29:13   ᵉ **15:33** Jij 1:7
ᶠ **15:34** I Sam 7:17   ᵍ **15:35** I Sam 19:24   ʰ **16:1** Rt 4:17-22   ⁱ **16:1** Sòm 78:70-71   ʲ **16:2** I Sam 20:29
ᵏ **16:3** Trav 9:6   ˡ **16:3** Det 17:14-15   ᵐ **16:4** Jen 48:7   ⁿ **16:5** Jen 35:2   ᵒ **16:6** I Sam 17:13   ᵖ **16:7** I Sam 2:3
ᵠ **16:8** I Sam 17:13   ʳ **16:9** I Sam 17:13   ˢ **16:11** I Sam 17:12   ᵗ **16:12** I Sam 9:17   ᵘ **16:13** Nonb 27:18
ᵛ **16:14** I Sam 16:15-16   ʷ **16:16** I Sam 18:10   ˣ **16:18** I Sam 17:32-36   ʸ **16:18** I Sam 3:19   ᶻ **16:20** I Sam 10:4-27
ᵃ **16:21** Jen 41:46   ᵇ **16:23** I Sam 16:14-16   ᶜ **17:1** I Sam 13:5   ᵈ **17:2** I Sam 21:9

yo sou lòt kote a, avèk vale a antre yo de. ⁴ Yon chanpyon yo te rele ᵃGoliath ki te sòti nan ᵇGath, te soti nan kan Filisten yo. Wotè li te sis koude plis yon epann (anviwon nèf pye uit pous). ⁵ Li te mete yon kas an bwonz sou tèt li. Li te abiye avèk pwotèj an kal ki te peze senk-mil sik an bwonz. ⁶ Anplis, li te genyen pwotèj an bwonz sou janm li avèk yon ᶜlans an bwonz ki te pann antre zepòl li. ⁷ Manch a lans lan te tankou travès nan yon aparèy fè twal. Lans li an te peze sis san sik (anviwon 18 liv) an fè. ᵈPotè pwotèj li a osi te mache devan li. ⁸ Li te kanpe e li te rele fò vè lame alinye Israël la, e li te di yo: "Poukisa nou vin alinye pou batay la? Èske mwen menm se pa yon Filisten e nou menm ᵉsèvitè a Saül? Chwazi yon mesye pou kont nou e kite li parèt kote mwen. ⁹ᶠSi li menm kapab goumen avè m, e touye mwen, alò nou va devni sèvitè pa nou. Men si mwen vin genyen li e touye li, alò, nou va devni sèvitè nou pou sèvi nou." ¹⁰ Ankò, Filisten an te di: ᵍ"Mwen defye tout ranje lame Israël la nan jou sila a! Ban m yon nonm pou nou kab goumen ansanm!"

¹¹ Lè Saül avèk tout Israël te tande pawòl a Filisten an, yo te sezi e pè anpil. ¹² Alò, David te ʰfis a Efratit a Bethléhem nan Juda ki te rele Jesse, ki te genyen uit fis. Epi Jesse te vin granmoun, nan jou Saül yo, byen avanse nan laj pami lèzòm. ¹³ Twa lòt fis a Jesse yo te swiv Saül nan batay la. Epi ⁱnon a twa fis li yo ki te ale nan batay la se te Éliab, premye ne a, Abinadab, dezyèm ne a ak Schamma, twazyèm ne a. ¹⁴ ʲDavid se te pi piti a. Alò, twa ki te pi gran yo te swiv Saül. ¹⁵ ᵏMen David te fè ale retou soti nan Saül pou okipe bann mouton papa li nan Bethléhem.

¹⁶ Filisten an te parèt ni nan maten ni nan aswè pandan karant jou e li te fè kanpe li.

¹⁷ Alò, Jesse te di a David, fis li a: ˡ"Pran koulye a pou frè ou yo yon efa nan sereyal boukannen an, e kouri ale nan kan pa yo a. ¹⁸ Mennen ankò dis fwomaj sila yo bay kòmandan a milye pa yo, e ᵐtyeke si sa ale byen avèk frè ou yo e retounen avèk nouvèl pa yo. ¹⁹ Paske Saül avèk tout lame Israël la nan vale Ela a, nan goumen avèk Filisten yo."

²⁰ Alò, David te leve bonè nan maten e li te kite bann mouton an avèk yon jeran. Li te pran bagay yo e li te ale jan Jesse te kòmande li a. Epi li te antre nan ⁿkote kan an pandan lame a t ap sòti nan lòd batay la e li t ap koute kri gè a. ²¹ Israël avèk Filisten yo te vin parèt nan chan batay yo, lame kont lame. ²² Alò, David te kite ᵒsa l pote sou kont yon jeran, li te kouri vè chan batay la e li te antre pou l ta kapab salye frè li yo. ²³ Pandan li t ap pale avèk yo, veye byen, ewo Filisten an ki sòti nan Gat ki te rele Goliath la, t ap monte soti nan lame a Filisten yo. Li te repete ᵖmenm pawòl sa yo, e David te tande. ²⁴ Lè tout mesye Israël yo te wè nonm nan, yo te kouri kite li e yo te vin pè anpil. ²⁵ Mesye Israël yo te di: "Èske ou te wè nonm sa a ki ap vin monte a? Anverite, li ap vin monte pou jete defi devan Israël. Epi li va rive ke wa a va fè moun ki touye li a rich avèk gran richès. Epi li ᵠva ba li fi li, e li va fè lakay papa li lib an Israël."

²⁶ Epi David te pale a mesye ki te kanpe akote li yo e te di: "Kisa k ap fèt pou moun ki touye Filisten sila a e ki retire ʳwont lan soti sou Israël? Paske se ki moun Filisten ensikonsi sila a ye pou l ta ensilte lame a Bondye vivan an?"

²⁷ Pèp la, selon pawòl sila a, te reponn e te di: "Se konsa li va fèt pou mesye ki touye li a."

²⁸ Alò, Éliab, pi gran frè li a te tande lè li te pale ak mesye yo. Epi ˢkòlè Éliab te brile kont David. Li te di: "Poukisa ou te desann isit la? Epi avèk kilès ou te kite ti kras grenn mouton ou yo nan dezè a? Mwen konprann ògèy ou ak mechanste ki nan kè ou; paske ou te vin desann pou ou kab wè batay la."

²⁹ Men David te di: "Kisa mwen te fè koulye a? Se pa sèlman ke m poze yon kesyon?" ³⁰ Epi li te vire kite li e te mande yon lòt ᵗmenm bagay la. Konsa, pèp la te reponn menm bagay kòm avan an. ³¹ Lè pawòl David te pale yo, te tande, yo te pale avèk Saül, e li te voye chache li. ³² David te di a Saül: ᵘ"Pa kite moun pèdi kouraj sou kont a li. ᵛSèvitè ou a va ale batay avèk Filisten sila a."

³³ Epi Saül te di a David: ʷ"Ou pa kapab ale kont Filisten sila a. Ou pa plis ke yon jennonm e li menm, li te yon gèrye depi li te jenn."

³⁴ Men David te di Saül: "Sèvitè ou a t ap okipe mouton papa l. Lè yon lyon, oswa yon lous te vin pran yon jenn mouton nan bann mouton an, ³⁵ mwen te sòti dèyè li, mwen te atake li, mwen te ˣfè l chape soti nan bouch li; epi lè l te leve kont mwen, mwen te sezi li pa bab li e te touye li. ³⁶ Sèvitè ou an gen tan touye ni lyon ni lous. Epi Filisten ensikonsi sila a va tankou youn nan yo, akoz li te meprize lame Bondye vivan an."

³⁷ Epi David te di: ʸ"SENYÈ a ki te delivre mwen soti nan pat lyon ak nan pat lous yo, Li va delivre mwen soti nan men a Filisten sila a."

Konsa, Saül te di a David, ᶻ"Ale e ke SENYÈ a kapab avèk ou."

³⁸ Saül te abiye David avèk vètman pa li yo, li mete yon kas an bwonz sou tèt li, e li te abiye li avèk pwotèj. ³⁹ David te mete nepe a sou tout pwotèj yo, li te eseye mache, paske li potko fè anyen avèk li. Alò David te di a Saül: "Mwen pa kapab ale avèk sila yo, paske m pa abitye ak yo." Epi David te retire yo.

⁴⁰ Li te pran baton li nan men l e li te chwazi pou kont li senk wòch ravin byen poli, e te mete yo nan ti makout bèje ke li te genyen an. Fistibal li te nan men

---

ᵃ **17:4** II Sam 21:19   ᵇ **17:4** Jos 11:22   ᶜ **17:6** I Sam 17:45   ᵈ **17:7** I Sam 17:41   ᵉ **17:8** I Sam 8:17   ᶠ **17:9** II Sam 2:12-16   ᵍ **17:10** I Sam 17:26-45   ʰ **17:12** Rt 4:22   ⁱ **17:13** I Sam 16:6-9   ʲ **17:14** I Sam 16:11   ᵏ **17:15** I Sam 16:21-23   ˡ **17:17** I Sam 25:18   ᵐ **17:18** Jen 37:13-14   ⁿ **17:20** I Sam 26:5-7   ᵒ **17:22** Jij 18:21   ᵖ **17:23** I Sam 17:8-10   ᵠ **17:25** Jos 15:16   ʳ **17:26** I Sam 11:2   ˢ **17:28** Pwov 18:19   ᵗ **17:30** I Sam 17:26-27   ᵘ **17:32** Det 20:1-4   ᵛ **17:32** I Sam 16:18   ʷ **17:33** Nonb 13:31   ˣ **17:35** Am 3:12   ʸ **17:37** II Tim 4:17-18   ᶻ **17:37** I Kwo 22:11-16

li. Konsa li te pwoche Filisten sa a. ⁴¹ Alò, Filisten an te kontinye vin pwoche David avèk potè zam nan devan l. ⁴² Lè Filisten an te gade wè David, ᵃli te meprize li, paske li te sèlman yon jennonm figi wouj, avèk yon bèl aparans. ⁴³ Filisten an te di a David: "Èske mwen se yon chen pou ou ta vin kote mwen avèk bout bwa?" Epi ᵇFilisten an te anmède David pa dye pa li yo. ⁴⁴ Filisten an te di a David osi: "Vin kote mwen e mwen va bay chè ou a ᶜa zwazo syèl yo avèk bèt chan yo."

⁴⁵ Alò, David te di a Filisten an: "Ou vin kote mwen avèk yon nepe avèk yon frenn, avèk yon lans; ᵈmen, mwen vin kote ou nan non a SENYÈ dèzame a, Bondye a lame Israël yo, ke ou sot vekse a. ⁴⁶ Nan jou sa a menm, SENYÈ a va livre ou nan menm m. Mwen va frape ou desann, e koupe tèt ou. Epi mwen va bay ᵉkadav a lame Filisten yo, nan jou sa a, a zwazo syèl yo, e a bèt sovaj latè a, pou tout latè a kab konnen ke gen yon Bondye an Israël, ⁴⁷ epi pou tout asanble sila a kapab konnen ke SENYÈ a pa konn delivre pa nepe, ni pa frenn; ᶠpaske batay la se pou SENYÈ a e Li va livre ou nan men nou."

⁴⁸ Epi li te rive ke lè Filisten an te leve vini pou te parèt toupre David, ke ᵍDavid te kouri vit vè chan batay la pou rankontre Filisten an. ⁴⁹ David te mete men l nan sak li, li te rale ladann yon wòch, li te tire li e li te frape Filisten an sou fwon li. Wòch la te fonse antre nan fwon l, e li te vin tonbe sou figi li atè. ⁵⁰ Konsa, David te genyen Filisten an avèk yon fistibal ak yon wòch. Li te frape Filisten an e te touye li, men pa t gen nepe nan men David. ⁵¹ Alò David te kouri kanpe sou Filisten an e te pran pwòp nepe pa li a, li te rale l soti nan fouwo li, li te touye li e te koupe tèt li avèk l.

ʰLè Filisten yo te wè ke ewo pa yo a te mouri, li te sove ale. ⁵² Mesye Israël yo avèk Juda yo te leve kriye fò e te kouri dèyè Filisten yo jis rive nan vale a, e jis nan pòtay ⁱÉkron. Epi Filisten mouri yo te kouche tout akote chemen an pou rive Schaaraïm, menm jis nan Gat avèk Ékron. ⁵³ Fis Israël yo te retounen soti nan lachas Filisten yo e te piyaje tout kan yo. ⁵⁴ Alò, David te pran tèt Filisten an e te mennen li Jérusalem, men li te mete zam Goliath yo nan tant lan. ⁵⁵ Alò, lè Saül te wè David ki t ap sòti kont Filisten an, li te di a Abner, kòmandan lame a: "Abner, se fis a kilès jennonm sa a ye?"

Epi Abner te di: "Pa lavi ou, O Wa mwen pa konnen."

⁵⁶ Wa a te di: "Mande moun pou konnen fis a kilès jennonm sa a ye."

⁵⁷ Pou sa, lè David te retounen fin touye Filisten an, Abner te pran li e te ʲmennen li devan Saül avèk tèt Filisten an nan men li. ⁵⁸ Saül te di li: "Se fis a kilès ou ye jennonm?"

Epi David te reponn li: ᵏ"Fis a sèvitè ou, Jesse, Betleyemit lan."

18 Alò, li te vin rive ke lè li te fin pale avèk Saül, ke nanm Jonathan te vin atache a nanm David, e Jonathan te renmen li tankou pwòp tèt li. ² Saül te pran li nèt nan jou sa a e ˡpa t kite li retounen lakay papa l. ³ Epi ᵐJonathan te fè yon akò avèk David akoz li te renmen li tankou pwòp tèt li. ⁴ ⁿJonathan te retire manto ki te sou li a e te bay David li, ansanm avèk pwotèj li, menm ak nepe li, banza li, avèk sentiwon li.

⁵ Konsa, David te ale nan nenpòt kote Saül te voye li a, e te byen reyisi. Epi Saül te mete li chèf sou tout mesye lagè yo. Li te fè kè kontan nan zye a tout pèp la, e anplis, nan zye a sèvitè Saül yo.

⁶ Li te vin rive ke pandan yo t ap vini, lè David te retounen soti touye Filisten an, ke ᵒfanm yo te sòti nan tout vil an Israël yo. Yo t ap chante ak danse pou rankontre Wa Saül, avèk tanbouren, kè kontan ak enstriman mizik. ⁷ Fanm yo te ᵖchante pandan yo t ap jwe. Yo t ap di:

"Saül te touye dè milye pa li menm
e ᵠDavid dè di-milye pa li menm."

⁸ Alò, Saül te vin byen fache, paske pawòl sa a te fè l pa kontan. Li te di: "Yo te bay David dè di-milye; men a mwen menm, yo te bay dè milye. Alò ʳkisa anplis li kapab genyen, sof ke wayòm nan?" ⁹ Depi nan jou sa a, Saül te veye David de prè. ¹⁰ Nan jou aprè a, ˢyon move lespri ki sòti nan Bondye te vini sou Saül avèk pwisans. Li te fè pwofesi nan mitan kay la. David, kòm abitid li jou an jou, t ap jwe ap la avèk men li. Saul te gen yon lans nan men l. ¹¹ ᵗLi te voye lans lan, paske li t ap di: "Mwen va kloure David sou mi an." David te chape nan prezans li menm de fwa. ¹² Alò Saül te pè David, paske SENYÈ a te avèk li; men Li ᵘte fin kite Saül. ¹³ Pou sa Saül te retire David devan prezans li. Li te apwente li kòm kòmandan a yon mil lòm. Konsa ᵛli te sòti e antre devan pèp la.

¹⁴ David t ap reyisi nan tout chemen li yo, ʷpaske SENYÈ a te avèk li. ¹⁵ Lè Saül te wè ke li te byen reyisi konsa, li te vin gen gwo perèz li. ¹⁶ Men ˣtout Israël avèk Juda te renmen li nèt e li te sòti e antre devan yo. ¹⁷ Alò, Saül te di a David: ʸ"Men pi gran fi mwen an, Mérab. Mwen va ba ou li kòm madanm. Sèlman, rete vanyan pou mwen e mennen batay pou SENYÈ a." Paske Saül t ap di a tèt li: "Mwen p ap kapab leve men kont li, men kite men Filisten yo vin kont li."

¹⁸ Men David te di a Saül: ᶻ"Kilès mwen ye e kisa lavi mwen ye, oswa fanmi a papa m an Israël ye, pou mwen ta devni bofis a wa a?"

¹⁹ Konsa, li te vin rive ke nan moman a Mérab, fi a Saül la te dwe bay a David la, li te vin bay a ᵃAdriel, Meolayit la, kòm madanm.

ᵃ **17:42** Sòm 123:4   ᵇ **17:43** I Wa 20:10   ᶜ **17:44** I Sam 17:46   ᵈ **17:45** Sòm 124:8   ᵉ **17:46** Det 28:26
ᶠ **17:47** II Kwo 20:15   ᵍ **17:48** Sòm 27:3   ʰ **17:51** Eb 11:34   ⁱ **17:52** Jos 15:11   ʲ **17:57** I Sam 17:54
ᵏ **17:58** I Sam 17:12   ˡ **18:2** I Sam 17:15   ᵐ **18:3** I Sam 20:8-17   ⁿ **18:4** I Sam 17:38   ᵒ **18:6** Sòm 68:25
ᵖ **18:7** Egz 15:21   ᵠ **18:7** I Sam 18:3   ʳ **18:8** I Sam 15:28   ˢ **18:10** I Sam 16:14   ᵗ **18:11** I Sam 19:10
ᵘ **18:12** I Sam 16:14   ᵛ **18:13** I Sam 18:16   ʷ **18:14** Jen 39:2-23   ˣ **18:16** I Sam 18:5   ʸ **18:17** I Sam 17:25
ᶻ **18:18** I Sam 9:21   ᵃ **18:19** II Sam 21:8

I Samuel 18:20–19:23

20 Alò, ᵃMical, pitit a Saül la, te renmen David. Lè yo te pale sa a Saül, bagay la te agreyab a li menm. 21 Saül te di a li menm: "Mwen va ba li fi a pou li kab devni yon pyèj pou li e pou men Filisten yo kapab vin kont li." Pou sa, Saül te pale David, ᵇ"Pou yon dezyèm fwa, ou gen dwa devni bofis mwen jodi a."
22 Alò, Saül te kòmande sèvitè li yo: "Pale avèk David an sekrè e di: 'Gade byen, wa a trè kontan avèk ou e tout sèvitè li yo renmen ou anpil. Alò, pou sa a, vin bofis a wa a.'"
23 Konsa, sèvitè a Saül yo te pale pawòl sa yo a David. Men David te di: "Èske sa se yon ti bagay pou vin bofis a wa a, ᶜakoz mwen menm se yon nonm pòv e san pwa?"
24 Sèvitè a Saül yo te bay rapò a a li menm selon pawòl ke David te pale yo.
25 Alò, Saül te di: "Konsa ou va pale David: 'Wa a pa bezwen okenn kòb kòm dwa maryaj, sof ke yon santèn prepuce yo ki sòti nan Filisten yo, ᵈpou egzekite vanjans sou lènmi a wa yo.'" Alò, ᵉSaül te fè plan pou fè David tonbe pa men a Filisten yo. 26 Lè sèvitè li yo te pale David pawòl sa yo, sa te fè David kontan pou vini bofis a wa a. ᶠAvan jou yo te fini, 27 David ak mesye pa li yo te ale. Yo te frape fè desann de-san lòm pami Filisten yo. Alò, ᵍDavid te mennen prepuce pa yo e yo te bay yo an tout a wa a, pou li ta kapab vin bofis a wa a. Konsa Saül te ba li Mical kòm madanm li. 28 Lè Saül te wè e te konnen ke SENYÈ a te avèk David, e ke Mical, fi a Saül la, te renmen li, 29 li te pè David menm plis. Konsa Saül te lènmi a David ale nèt.
30 Epi kòmandan Filisten yo te sòti pou fè batay. Konsa, li vin rive chak fwa yo sòti, ke David ʰte a ji avèk plis sajès ke tout sèvitè a Saül yo. Akoz sa, non li te vin respekte anpil.

19 Alò, Saül te pale Jonathan, fis li a ak tout sèvitè li yo pou mete David a lanmò. Men ⁱJonathan fis a Saül la te fè kè kontan anpil akoz David. 2 Pou sa, Jonathan te pale David. Li te di: "Papa m vle mete ou a lanmò. Pou sa, souple, veye anpil nan maten an. Ale nan kote kache a, e rete la. 3 Mwen va sòti e kanpe akote papa m nan chan kote ou ye a. Mwen va pale avèk papa m selon ou menm. Epi ʲsi mwen vin konprann yon bagay, alò, mwen va di ou."
4 Konsa, Jonathan te ᵏpale ak Saül, papa li, kèk bon pawòl sou David. Li te di li: "Pa kite wa a peche kont sèvitè li, David. Paske li menm pa t peche kont ou; akoz zèv pa li yo, li ede ou anpil. 5 Paske li te pran vi li nan men l. Li te frape Filisten an, e ˡSENYÈ a te fè rive yon gran delivrans pou tout Israël. Ou te wè e ou te rejwi. Konsa, poukisa ou ta peche kont san inosan an nan mete David a lanmò san koz?"

6 Saül te koute vwa a Jonathan, e Saül te fè ve: "Jan SENYÈ a viv la, li p ap mete a lanmò."
7 Alò, Jonathan te rele David e li te di li tout pawòl sila yo. Epi Jonathan te mennen David vè Saül, e li te vin nan prezans li kòm ᵐoparavan.
8 Lè te gen lagè ankò, David te sòti pou te goumen avèk Filisten yo, e te bat yo avèk yon gwo masak, jiskaske yo te sove ale devan li.
9 Alò, te genyen yon ⁿmove lespri ki sòti nan SENYÈ a sou Saül pandan li te chita lakay li avèk yon frenn nan men li, pandan David t ap jwe ap la avèk men li. 10 ᵒSaül te tante frennen David pou kloure li nan mi an avèk frenn nan, men li te chape rete prezans a Saül. Konsa, frenn nan te kloure nan mi lan. David te sove ale e te pran flit menm nwit sa. 11 ᵖSaül te voye mesaje yo lakay David pou yo ta veye li, avèk entansyon pou mete l a lanmò nan maten an. Men Mical, madanm a David la te avèti li. Li te di: "Si ou pa sove lavi ou aswè a, demen ou va mete a lanmò." 12 Konsa, Mical te fè David lage ᵍdesann nan yon fenèt. Li te sòti deyò e te chape ale. 13 Mical te pran zidòl kay la e li te poze li sou kabann nan. Li te mete yon kouvèti fèt avèk plim kabrit kote tèt li e te kouvri li avèk rad. 14 Lè Saül te voye mesaje yo pran David, li te di: ʳ"Li malad."
15 Alò, Saül te voye mesaje yo wè David, e li te di: "Mennen li monte kote mwen sou kabann li, pou m kab mete l a lanmò." 16 Lè mesaje yo te antre, gade byen, zidòl kay la te sou kabann nan avèk kouvèti plim kabrit la sou tèt li.
17 Konsa, Saül te di a Mical: "Poukisa ou te twonpe m konsa e kite lènmi mwen an ale jiskaske li vin chape?"
Mical te reponn Saül: "Li te di mwen, 'Kite mwen ale! ˢPoukisa mwen ta bezwen mete ou a lanmò?'"
18 Alò David te sove ale e te chape rive ᵗvè Samuel nan Rama. Epi li te di li tout sa ke Saül te fè l. Li menm avèk Samuel te ale rete Najoth. 19 Koze sa a te rive kote Saül ke: "Gade byen, David nan Najoth nan Rama."
20 Epi Saül te voye mesaje yo pran David. Men lè yo te wè konpayi pwofèt yo ki t ap pwofetize ansanm avèk Samuel, ki te kanpe kòm dirijans sou yo, Lespri Bondye te vini sou mesaje Saül la, epi ᵘyo tou te pwofetize. 21 Lè sa te pale a Saül, li te voye lòt mesaje. Epi yo menm tou te vin pwofetize. Alò, Saül te voye mesaje yon twazyèm fwa, e yo anplis te pwofetize.
22 Epi li menm tou te ale Rama pou kont li e te rive jis nan gran pwi ki nan Secu a. Li te pale e te di: "Kote Samuel avèk David?" Epi yon moun te di: "Veye byen, yo nan Najoth nan Rama."
23 Li te kontinye jis rive nan Najoth nan Rama. Konsa, ᵛLespri Bondye te vini sou li tou jiskaske

---

ᵃ **18:20** I Sam 18:28   ᵇ **18:21** I Sam 18:26   ᶜ **18:23** Jen 29:20   ᵈ **18:25** I Sam 14:24   ᵉ **18:25** I Sam 18:17
ᶠ **18:26** I Sam 18:21   ᵍ **18:27** II Sam 3:14   ʰ **18:30** I Sam 18:5   ⁱ **19:1** I Sam 18:1-3   ʲ **19:3** I Sam 20:9-13
ᵏ **19:4** I Sam 20:32   ˡ **19:5** I Sam 11:13   ᵐ **19:7** I Sam 16:21   ⁿ **19:9** I Sam 16:14   ᵒ **19:10** I Sam 18:11
ᵖ **19:11** Jij 16:2   ᵍ **19:12** Trav 9:25   ʳ **19:14** Jos 2:5   ˢ **19:17** II Sam 2:22   ᵗ **19:18** I Sam 7:17   ᵘ **19:20** Nonb 11:25
ᵛ **19:23** I Sam 10:10

li t ap pwofetize pandan nan wout la pou rive kote Najoth nan Rama a. [24] Anplis, li te retire rad li, li tou te pwofetize devan Samuel e li te kouche toutouni tout jounen an ak tout nwit lan. Pou sa, yo konn di: [a]"Èske Saül, osi, pami pwofèt yo?"

20 Epi David te sove ale kite Najoth nan Rama, e li te vin [b]di a Jonathan: "Kisa mwen te fè? Ki inikite mwen genyen? Epi ki peche mwen gen devan papa ou, pou li ap chache lavi m?"

[2] Li te di li: "Lwen de sa, ou p ap mouri. Gade byen, papa m p ap janm fè anyen ni gran ni piti amwenske li avèti m. Konsa pou ki rezon li ta kache bagay sa a de mwen? Se pa vrè!"

[3] Men David te fè ve ankò, e li te di: "Papa ou konnen byen ke mwen te jwenn favè nan zye ou, e li te di: 'Pa kite Jonathan konnen bagay sa a, oswa li va blese.' Men anverite, [c]jan SENYÈ a viv la e jan nanm ou viv la, gen sèlman yon pa antre mwen ak lanmò."

[4] Alò, Jonathan te di a David: "Nenpòt sa ou mande, m ap fè l pou ou."

[5] Konsa, David te di a Jonathan: "Veye byen, demen se [d]nouvèl lin nan. Mwen ta dwe chita a tab pou manje avèk wa a. Men kite mwen ale pou m kache kò m nan chan an jis rive twa jou. [6] Si papa ou vin wè ke m pa la, alò li di: 'David te mande mwen favè pou l ta kab kouri rive [e]Bethléhem, vil pa li a, akoz se lè sakrifis ane a pou tout fanmi an.' [7] Si li di: 'Sa bon,' sèvitè ou a va sove; men si li vin byen fache, [f]konnen ke li te pran desizyon pou l fè mal la. [8] Pou sa, aji avèk bon kè avèk sèvitè ou a; paske [g]ou te mennen sèvitè ou antre nan yon akò a SENYÈ a avèk ou. Men si gen inikite nan mwen, mete m a lanmò ou menm; paske poukisa, si se konsa, ou ta dwe mennen mwen kote papa ou?"

[9] Jonathan te di: "Sa se lwen de sa! Paske si mwen ta konprann ke papa m te detèmine pou fè ou mal; alò, èske mwen pa t ap di ou sa?"

[10] Alò, David te di a Jonathan: "Se kilès ki va di mwen si papa ou bay yon repons ki di?"

[11] Jonathan te di a David: "Vini, annou ale nan chan an." Konsa, toude te sòti nan chan an. [12] Alò, Jonathan te di a David: "SENYÈ Bondye Israël la se temwen! Lè m fin sonde papa m vè lè sa a demen, oswa nan twazyèm jou a, gade byen, si gen bon repons anvè ou menm, èske mwen p ap voye yon mo ba ou pou fè ou konnen sa? [13] Si se volonte a papa m pou fè ou mal, kite SENYÈ a fè menm jan an ak Jonathan e menm plis tou jou, si mwen pa fè ou konnen e voye ou ale, pou ou kab sòti ansekirite. [h]Epi ke Bondye kapab avèk ou menm jan ke li te ye avèk papa m nan. [14] Si mwen toujou vivan, èske ou p ap montre mwen tout lanmou a SENYÈ a pou m pa mouri? [15] [i]Ou p ap retire lanmou ou vè lakay mwen pou tout tan, pa menm lè SENYÈ a vin koupe dènye lènmi David la sou fas tè a."

[16] Konsa tou Jonathan te fè yon akò avèk lakay David: "Ke SENYÈ a toujou mande menm devwa sa a nan men a lènmi David yo."

[17] Jonathan te fè David fè ve a ankò [j]akoz ke li te renmen li e akoz li te renmen li tankou li te renmen pwòp vi pa li. [18] Alò, Jonathan te di li: [k]"Demen se nouvèl lin nan e absans ou ap byen klè akoz chèz ou a va vid [19] Lè ou fin rete pandan twa jou, ou va desann vit vini nan plas kote ou te kache nan jou evenman sa yo; epi ou va rete akote wòch Ézel la. [20] Mwen va tire twa flèch akote, kòmsi se yon pratik m ap fè. [21] Epi tande byen, mwen va voye yon ti gason e di l: 'Ale dèyè flèch yo.' Si mwen pale byen klè a ti gason an, e di l: 'Gade byen, flèch yo bò sa a de ou menm, ale chache yo;' alò, ou va vini, paske gen sekirite pou e nanpwen mal, jan SENYÈ a viv la. [22] Men si mwen di ti gason an: [l]"Gade byen, flèch yo lwen ou,' alò ale, paske SENYÈ a te voye ou ale. [23] Epi pou afè akò ke ou menm avèk mwen fin pale a, gade byen, [m]SENYÈ a antre ou menm avèk mwen menm pou tout tan."

[24] Konsa, David te kache nan chan an. Epi lè nouvèl lin nan vin leve, wa a te chita sou tab la pou manje. [25] Wa a te chita nan plas li kòm nòmal, chèz akote mi an. Alò, Jonathan te leve e Abner te chita akote Saül, men [n]plas David la te vid. [26] Malgre Saül pa t di anyen nan jou sa a, paske li te di a li menm: "Se yon [o]malè ki rive e li vin pa pwòp. Asireman, li pa pwòp."

[27] Li te vin rive nan pwochen jou a, dezyèm jou nouvèl lin nan, ke plas David la te vid. Konsa, Saül te di Jonathan, fis li a: "Poukisa fis a Jesse pa parèt nan repa a, ni yè, ni jodi a?"

[28] Alò, Jonathan te reponn Saül: [p]"David te swayezman mande pèmisyon a mwen menm pou ale Bethléhem, [29] paske li te di: 'Souple kite m ale, akoz fanmi nou gen yon sakrifis nan vil la e frè m yo te mande m parèt. Epi koulye a, si m jwenn favè nan zye ou, souple, kite m fè yon sòti pou m kapab wè frè m yo.' Pou rezon sa a, li pa t vin parèt sou tab a Wa a."

[30] Alò, kòlè a Saül te brile kont Jonathan e li te di a li: "Se fis a yon fanm pèvès e rebèl ke ou ye! Èske mwen pa konprann ke w ap chwazi fis a Jesse jis pou wont pa ou e jis rive nan wont a nidite manman ou. [31] Paske depi fis Jesse a rete sou latè, ni ou menm ni wayòm ou a p ap etabli. Alò, pou sa, voye mennen li kote mwen, paske [q]fòk li mouri."

[32] Men Jonathan te reponn Saül, papa li: [r]"Poukisa li dwe mouri? Kisa li te fè?"

[33] Alò, Saül te voye frenn nan sou Jonathan pou frape fè l tonbe. Epi konsa, Jonathan te konnen ke papa li te pran desizyon pou mete David a lanmò. [34] Epi Jonathan te leve sou tab la byen anraje e li pa t manje nan dezyèm jou nouvèl lin nan, paske kè l te fè l mal akoz papa li te derespekte l konsa.

---

[a] **19:24** I Sam 10:10-12   [b] **20:1** I Sam 24:9   [c] **20:3** I Sam 25:26   [d] **20:5** Nonb 28:11-15   [e] **20:6** I Sam 17:58
[f] **20:7** I Sam 25:17   [g] **20:8** I Sam 18:3   [h] **20:13** Jos 1:5   [i] **20:15** II Sam 9:1-3   [j] **20:17** I Sam 18:1
[k] **20:18** I Sam 20:5   [l] **20:22** I Sam 20:37   [m] **20:23** Jen 31:49-53   [n] **20:25** I Sam 20:18   [o] **20:26** Lev 7:20-21
[p] **20:28** I Sam 20:6   [q] **20:31** II Sam 12:5   [r] **20:32** Pwov 31:9

35 Alò, li te vin rive nan maten ke Jonathan te parèt nan chan an pou randevou avèk David la, e yon ti gason te avè l. 36 Li te di a jennonm nan: a"Kouri koulye a pou ale chache flèch ke m prèt pou tire yo." Pandan jennonm nan t ap kouri, li te tire yon flèch ki te depase li. 37 Lè jennonm nan te rive nan plas flèch ke Jonathan te tire a, Jonathan te rele jennonm nan e te di: b"Èske flèch la pa pi lwen ou?" 38 Jonathan te rele jennonm nan: "Pa mize, fè vit, pa fè reta!" Epi jennonm Jonathan an te pran flèch la e te retounen vè mèt li. 39 Men jennonm nan pa t konnen anyen. Sèlman Jonathan avèk David te konprann koze a. 40 Alò, Jonathan te bay zam li yo a jennonm nan e te di li: "Ale pote antre nan vil la."

41 Lè jennonm nan te fin ale, David te leve soti nan fas sid la. Li te tonbe sou figi li atè e li te cbese ba twa fwa. Epi yo te bo youn lòt e te kriye ansanm, men dDavid te kriye plis. 42 Jonathan te di a David: "Ale anpè. Jan nou te sèmante youn ak lòt nan non SENYÈ a, e te di: e"SENYÈ a va antre ou avèk mwen, antre desandan pa w ak desandan pa m jis pou tout tan.'" Epi li te leve sòti pandan Jonathan t ap antre nan vil la.

21 Alò, David te rive Nob, vè Achimélec, prèt la. Achimélec te fparèt tou tranble lè l te rankontre David, e li te mande li: "Poukisa se ou sèl e pa gen moun avèk ou?" 2 David te di a Achimélec, prèt la: "Wa a te ban m yon komisyon konsènan yon afè e li te di mwen: g"Pa kite pèson konnen anyen sou afè ke m ap voye ou a. Se sou sila mwen ap pase ba ou lòd la; mwen te diri je mesye yo a yon sèten plas.' 3 Konsa, kisa ou gen nan men ou? Ban m senk moso pen oswa nenpòt sa ou kab twouve."

4 Prèt la te reponn David, e te di: "Nanpwen pen òdinè, men gen pen konsakre; si sèlman mesye yo te hkenbe tèt yo lwen fanm."

5 David te reponn prèt la e te di li: "Asireman, fanm yo te kenbe lwen de nou kòm dabitid lè m konn pati. iKò a mesye yo te sen, malgre li te yon vwayaj òdinè. Konbyen anplis jodi a kò yo va sen?" 6 Konsa, prèt la te ba li pen konsakre a, paske pa t gen pen la sof ke jpen Prezans ki te retire soti devan SENYÈ a, pou l ta kab ranplase li avèk pen cho menm lè ke li te retire.

7 Alò, youn nan sèvitè a Saül yo te la nan jou sa a, fèmen devan SENYÈ a. Non li se te kDoëg, Edomit la, chèf a bèje Saül yo.

8 David te di a Achimélec: "Alò, èske pa gen yon frenn oswa yon nepe ki disponib? Paske mwen pa t mennen ni nepe mwen, ni zam mwen avè m, akoz afè wa a te tèlman ijan."

9 Alò, prèt la te di: l"Nepe Goliath la, Filisten an, ke ou te touye mnan vale Ela a. Gade byen, li vlope nan yon twal dèyè efòd la. Si ou vle li, pran l. Paske nanpwen lòt sof ke li menm isit la."

Epi David te di: "Nanpwen lòt tankou li. Ban mwen li."

10 Alò, David te leve e te sove ale kite Saül nan jou sa a pou te ale vè nAkisch, wa a Gath la. 11 Men sèvitè a Akisch yo te di li: "Èske sa se pa David, wa a peyi a? oÈske yo pa t konn chante a sila a pandan yo t ap danse, e t ap di:

'Saül te touye dè milye pa li e
David dè di-milye pa li?'"

12 David te pswiv pawòl sa yo nan kè l e te pè Akisch, wa Gath la anpil. 13 Konsa, li te qkache bon tèt li devan yo e te aji tankou moun fou pandan li te nan men yo. Li te ekri pa aza yon bann mak sou pòtay avèk pòt yo e te kite krache desann sou bab li. 14 Akisch te di a sèvitè li yo: "Gade byen, ou wè mesye a ap aji tankou yon moun fou. Poukisa ou mennen li kote mwen? 15 Èske mwen manke moun fou, pou ou te mennen sila a pou a ji tankou moun fou nan prezans mwen? Èske sila a va antre lakay mwen?"

22 Konsa, David te kite la pou te chape rive nan kav Adullam nan. Epi lè frè li yo avèk tout lakay papa li te tande koze sa a, yo te desann bò kote li. 2 Tout sila ki te nan pwoblèm yo, tout moun ki te nan gwo dèt, tout moun ki pa t kontan te vin rasanble kote li, e li te devni chèf sou yo. Alò te gen ranviwon kat-san òm avèk li. 3 Epi David te kite la pou ale Mitspé nan Moab. Li te di a wa Moab la: "Souple, kite papa m avèk manman m vin rete avèk ou jiskaske mwen konnen sa ke Bondye va fè pou mwen an." 4 Epi li te kite yo avèk wa Moab la. Yo te rete avèk li pandan tout tan ke David te nan fò a. 5 sPwofèt la, Gad, te di a David: "Pa rete nan fò a. Sòti ale nan peyi Juda."

Konsa, David te sòti e te ale nan forè a nan Héreth.

6 Alò Saül te tande ke David avèk mesye ki te avèk li yo te vin dekouvri. Konsa, tSaül te chita nan Guibea anba pye tamaren an sou ti mòn lan avèk frenn li nan men l e tout sèvitè li yo te kanpe antoure li. 7 Saül te di a sèvitè li te kanpe antoure li yo: "Tande koulye a, O Benjamit yo! Èske fis a Jesse a, osi bannou tout chan kiltive avèk chan rezen? uÈske li va fè nou tout kòmandan a dè milye e kòmandan a dè santèn? 8 Paske nou tout te fè konplo kont mwen jiskaske pèson pa t fè m konnen vlè fis mwen an te fè yon akò avèk fis a Jesse a. Nanpwen nan nou ki gen regrè pou mwen, ni ki di mwen ke fis mwen an te fòse sèvitè pa m yo kont mwen pou kouche an anbiskad, jan li ye la jodi a."

9 Alò, Doëg, Edomit lan, ki te kanpe akote sèvitè Saül yo te di: w"Mwen te wè fis a Jesse a lè l t ap vini Nob, kote xAchimélec, fis a Achithub la. 10 Li te

---

a **20:36** Pwov 31:9   b **20:37** I Sam 20:22   c **20:41** Jen 42:6   d **20:41** I Sam 18:3   e **20:42** I Sam 20:15-23
f **21:1** I Sam 16:4   g **21:2** Sòm 141:3   h **21:4** Egz 19:15   i **21:5** I Tes 4:4   j **21:6** Lev 24:5-9   k **21:7** I Sam 14:47
l **21:9** I Sam 17:51-54   m **21:9** I Sam 17:2   n **21:10** Sòm 34   o **21:11** I Sam 18:7   p **21:12** Luc 2:19   q **21:13** Sòm 34   r **22:2** I Sam 23:13   s **22:5** I Sam 24:11   t **22:6** Jij 4:5   u **22:7** I Sam 8:12   v **22:8** I Sam 18:3
w **22:9** I Sam 21:1   x **22:9** I Sam 14:3

konsilte SENYÈ a pou li, li te ba li pwovizyon e li te bay li nepe Goliath la, Filisten an."

¹¹ Alò, wa a te voye yon moun pou livre yon lòd prezans obligatwa pou Achimélec, prèt la, fis Achithub la, avèk tout lakay papa li, prèt ki te nan Nob yo. Epi tout te vin parèt devan wa a.
¹² Saül te di: "Koute koulye a, fis a Achithub la."

Epi li te reponn: "Men mwen isit la, mèt mwen."

¹³ Alò, Saül te di li: "Poukisa ou menm avèk fis a Jesse a te fè konplo kont mwen nan afè ba li pen, avèk yon nepe e konsilte avèk Bondye pou li, pou li kapab leve kont mwen e ªkache fè anbiskad, jan sa ye la jodi a?"

¹⁴ ᵇAlò, Achimélec te reponn wa a e te di: "Epi se kilès pami sèvitè ou yo ki fidèl tankou David, bofis menm a wa a, ki se kapitèn gad ou e onore lakay ou? ¹⁵ Èske se jodi a ke m fenk kòmanse konsilte Bondye pou li? Lwen de mwen, sa! Pa kite wa a fè okenn move panse sou sèvitè li a, ni okenn moun lakay papa m; paske sèvitè ou a pa konnen anyen nan afè sila a."

¹⁶ Men wa a te di: "Anverite, ou va mouri, Achimélec; ou menm avèk tout lakay papa ou!"
¹⁷ Epi wa a te di a gad ki te okipe li yo: "Vire mete prèt SENYÈ a a lanmò, akoz men yo avèk David e akoz yo te konnen ke li te sove ale e yo pa t revele sa a mwen menm." Men ᶜsèvitè a wa yo pa t vle lonje men yo pou atake prèt SENYÈ yo.

¹⁸ Alò, wa a te di a Doëg: "Ou menm vire atake prèt yo."

Epi Doëg, Edomit lan, te vire atake prèt yo e ᵈte touye katre-ven-senk òm ᵉki te abiye ak efòd len an. ¹⁹ Epi ᶠli te frape Nob, vil prèt yo avèk lam nepe, ni gason, ni fanm, ni timoun ni bebe, ansanm avèk bèf, bourik ak mouton avèk lam nepe. ²⁰ Men ᵍyoun nan fis Achimélec yo ki te rele Abiathar te chape sove ale pou twouve David. ²¹ Abiathar te di David ke Saül te touye prèt SENYÈ yo.

²² Alò, David te di a Abiathar: "Mwen te konnen nan jou sa a, lè Doëg, Edomit lan, te la, ke li t ap byensi pale ak Saül. Mwen te fè rive lanmò a chak moun lakay papa ou yo. ²³ Rete avèk mwen. Pa pè. ʰMoun ki vle touye ou a ap eseye touye mwen tou. Ou va ansekirite avèk mwen."

23 Alò, yo te pale David. Yo te di: "Gade byen, Filisten yo ap goumen kont ⁱKeïla. Y ap piyaje grenn jaden sou glasi yo."

² Konsa, David te fè demann a SENYÈ a. Li te mande L: "Èske mwen dwe ale atake Filisten sila yo?"

Epi SENYÈ a te reponn David: ʲ"Ale atake Filisten yo pou delivre Keïla."

³ Men mesye David yo te di li: "Gade byen, nou nan perèz menm isit la nan Juda. Konbyen anplis, si nou ale Keïla kont chan Filisten yo?"

⁴ Alò, David te fè demann SENYÈ a yon lòt fwa. Epi SENYÈ a te pale li e te di: "Leve, desann Keïla; paske ᵏMwen va livre Filisten yo nan men ou."

⁵ Konsa, David avèk mesye pa li yo te ale Keïla pou te goumen avèk Filisten yo. Yo te mennen bèt yo sòti e te frape moun avèk yon gwo masak. Konsa David te delivre pèp a Keïla a.

⁶ Alò, li te vin rive ke lè Abiathar, fis Achimélec la, te ˡsove ale pou rive kote David nan Keïla, li te desann avèk yon efòd nan men l.

⁷ Lè yo te pale a Saül ke David te vini Keïla, Saül te di: "Bondye te delivre li nan men m. Paske li te fèmen li menm andedan lè l te antre nan yon vil avèk pòtay doub ak fè fòje." ⁸ Konsa, Saül te konvoke tout pèp la pou fè lagè, pou desann Keïla pou fè syèj sou David avèk mesye pa li yo. ⁹ Alò David te konnen ke Saül t ap fè konplo mechanste kont li. Konsa, li te di a ᵐAbithar, prèt la: "Mennen efòd la isit la." ¹⁰ Epi David te di: "O SENYÈ, Bondye Israël la, Sèvitè ou tande ke se sèten ke Saül ap chache vini Keïla pou detwi vil la akoz mwen menm. ¹¹ Èske mesye Keïla yo va livre mwen nan men li? Èske Saül va desann tankou sèvitè ou te tande a? O SENYÈ, Bondye Israël la, mwen priye, pale ak sèvitè ou a."

Epi SENYÈ a te di: "Li va desann."

¹² Konsa, David te di: "Èske mesye Keïla yo va livre mwen avèk mesye pa mwen yo nan men Saül?"

SENYÈ a te reponn: ⁿ"Yo va livre ou."

¹³ Alò, David avèk mesye pa li yo, anviwon sis-san moun, te leve sòti Keïla, e yo te ale ᵒnenpòt kote ke yo ta kab ale. Lè li te pale a Saül ke David te chape Keïla, li te sispann swiv li. ¹⁴ David te rete nan dezè a nan fòterès yo e li te rete nan peyi i mòn dezè Ziph la. Epi Saül te chache li chak jou. Men ᵖBondye pa t livre li nan men li. ¹⁵ Alò, David te vin konprann ke Saül te parèt deyò pou chache lavi li pandan David te nan dezè Ziph la nan Horès.

¹⁶ Epi Jonathan, Fis a Saül la, te leve ale kote David nan Horès pou te ᑫankouraje li nan Bondye. ¹⁷ Konsa, li te di li: "Pa pè, paske men Saül, papa m nan, p ap jwenn ou. Ou va wa sou Israël e mwen va bò kote ou; epi Saül, papa m, konnen sa tou."

¹⁸ Konsa, ʳyo de a te fè yon akò devan SENYÈ a. Epi David te rete Horès pandan Jonathan te ale lakay li a.

¹⁹ Epi ˢZifyen yo te vin monte kote Saül nan Guibea, e te di: "Èske David pa kache pami nou nan fòterès nan Horès yo, sou mòn a Hakila a, ki sou kote sid a Jeschimon an? ²⁰ Alò, koulye a, O wa, desann selon tout volonte nanm ou ta vle fè. Epi pouᵗpati pa nou an, nou va livre li nan men a wa a.

ᵃ **22:13** I Sam 22:8   ᵇ **22:14** I Sam 19:4-5   ᶜ **22:17** Egz 1:17   ᵈ **22:18** I Sam 2:31   ᵉ **22:18** I Sam 2:18
ᶠ **22:19** I Sam 15:3   ᵍ **22:20** I Sam 23:6-9   ʰ **22:23** I Sam 21:7   ⁱ **23:1** Jos 15:44   ʲ **23:2** I Sam 23:4-12
ᵏ **23:4** Jos 8:7   ˡ **23:6** I Sam 22:20   ᵐ **23:9** I Sam 22:20   ⁿ **23:12** Jij 15:10-13   ᵒ **23:13** II Sam 15:20
ᵖ **23:14** Sòm 32:7   ᑫ **23:16** I Sam 30:6   ʳ **23:18** I Sam 20:12-42   ˢ **23:19** I Sam 26:1   ᵗ **23:20** I Sam 23:12

²¹ Saül te di: "Ke ou kapab beni pa SENYÈ a, ªpaske ou te gen kè sansib anvè mwen. ²² Ale, koulye a, fè byensi e fè ankèt pou wè kote li mete pye li ak sila ki konn wè li la yo; paske yo di m ke li rize anpil. ²³ Konsa, gade e aprann tout kote l kache kò l, retounen kote mwen avèk asirans e m ap prale avè w. Epi si li nan peyi a, mwen va chache mete l deyò pami tout milye Juda yo."
²⁴ Epi yo te leve ale Ziph devan Saül. Alò, David avèk mesye pa li yo te nan dezè ᵇMaon, nan Araba akote sid a Jeschimon. ²⁵ Lè Saül avèk mesye pa li yo te ale chache, yo te fè David konnen. Konsa, li te desann kote wòch la pou te rete nan dezè Maon an. Epi lè Saül te tande sa, li te kouri dèyè David nan dezè Maon an. ²⁶ Saül te ale yon bò mòn nan, David avèk mesye pa l sou lòt kote mòn nan. Epi David t ap fè vit pou chape kite Saül, paske Saül avèk mesye pa li yo ᶜt ap antoure David avèk mesye pa li yo pou yo ta sezi yo. ²⁷ Men yon mesaje te vin kote Saül, e te di: "Fè vit! Vini! Paske Filisten yo te atake peyi a." ²⁸ Konsa, Saül te retounen soti nan kouri dèyè David pou te ale rankontre Filisten yo. Pou sa, yo te vin rele plas sa a Wòch Chape a.
²⁹ David te monte soti la a pou te rete nan fòterès ᵈEn-Guédi yo.

24 Alò, lè Saül te retounen kouri dèyè Filisten yo, ᵉyo te pale l e te di: "Gade byen, David nan dezè En-Guédi a." ² Alò, ᶠSaül te pran twa mil òm, byen chwazi soti nan tout Israël pou te ale chache David avèk mesye pa li yo devan Wòch a Kabrit Mawon yo. ³ Li te rive nan Pak mouton yo nan wout la, kote ki te gen yon kav; epi Saül te antre ladann pou fè poupou. Alò ᵍDavid avèk mesye pa li yo te chita nan pati dèyè kav la. ⁴ Mesye a David yo te di a li menm: "Gade byen, men jou ke SENYÈ a te di ou a: 'Gade byen, ʰMwen prèt pou livre lènmi ou an nan men ou, e ou va fè a li menm sa ki sanble bon pou ou'". Alò David te leve e san fè bwi, te koupe arebò manto a Saül la. ⁵ Li te vin rive apre ke ⁱkonsyans David te twouble li, akoz li te koupe arebò a manto Saül la. ⁶ Epi li te di a mesye pa li yo: "Se ʲlwen de mwen ke akoz SENYÈ a, mwen ta fè bagay sa a mèt mwen an, onksyone a SENYÈ a, pou m ta lonje men m kont li; akoz li se yon onksyone pa SENYÈ a."
⁷ David te konvenk mesye pa l yo avèk pawòl sila yo, li te anpeche yo leve kont Saül. Epi Saül te leve e te kite kav la pou t al fè wout li. ⁸ Alò, apre David te leve ale deyò kav la. Li te rele Saül e te di: "Mèt mwen, Wa a a!"
Epi lè Saül te gade dèyè li, ᵏDavid te bese avèk figi li atè e te fè kò l kouche nèt. ⁹ David te di a Saül: "Poukisa ou koute pawòl a moun k ap di: 'Gade byen, David ap chache fè ou mal'? ¹⁰ Gade byen, jou sa a zye ou gen tan wè ke SENYÈ a te livre ou nan men m nan kav la. E kèk moun te di m touye ou, men zye m te gen pitye pou ou. Konsa mwen te di: 'Mwen p ap lonje men m kont mèt mwen an, paske li se yon onksyone a SENYÈ a.' ¹¹ Koulye a, ᵐpapa mwen, gade! Anverite, gade arebò a manto ou ki nan men m nan! Paske akoz ke m te koupe arebò manto ou a e ke m pa t touye ou, konnen e byen konprann ke nanpwen mal, ni rebelyon nan men m pou m pa t fè peche kont ou, malgre ke ou ap kache tann pou pran lavi m. ¹² ⁿKe SENYÈ a kapab jije antre ou menm avèk mwen e ke SENYÈ a ta pran vanjans mwen sou ou; men se pa men m k ap kont ou. ¹³ Tankou pwovèb a ansyen yo di: ᵒ'Nan mechan an, mechanste sòti!' Men se pa men mwen k ap kont ou. ¹⁴ Apre kilès wa Israël la vin sòti? Kilès k ap pouswiv ou? ᵖYon chen mouri oubyen yon grenn pis? ¹⁵ Pou sa, ᵠSENYÈ a jije antre ou menm avèk mwen. Epi ke Li wè, Li plede ka m nan, e Li delivre mwen soti nan men ou."
¹⁶ Lè David te fin pale pawòl sa yo a Saül, Saül te di: ʳ"Èske sa se vwa ou, fis mwen, David?" Epi Saül te leve vwa li e te kriye. ¹⁷ Li te di a David: "Ou pi jis pase m; paske ou te aji byen avè m, pandan mwen te aji mal avè w. ¹⁸ Ou te deklare jodi a byen ke ou te fè m! Ke ˢSENYÈ a te livre mwen nan men ou, men ou pa t touye mwen. ¹⁹ Paske si yon nonm ᵗjwenn avèk lènmi li, èske l ap kite li sòti konsa? Pou sa ke Bondye kapab rekonpanse ou pou sa ou te fè m la jodi a. ²⁰ Alò, gade byen, ᵘmwen konnen asireman, ke ou va devni wa e ke ᵛwayòm Israël la va vin etabli nan men ou. ²¹ Pou sa, ʷsèmante a mwen menm pa SENYÈ a pou ou pa retire desandan apre mwen yo e pou ou pa detwi non mwen soti lakay papa m."
²² David te sèmante konsa a Saül, e Saül te ale lakay li. Men David avèk mesye pa li yo te monte nan ˣfò a.

25 ʸSamuel te mouri. Konsa, tout Israël te rasanble ansanm pou te kriye pou li, e yo te ᶻantere li kote kay li nan Rama.
Konsa, David te leve desann nan dezè Paran an. ² Te gen yon mesye nan Maon ki te fè komès li nan ªCarmel. Mesye a te byen rich e li te gen twa-mil mouton avèk twa-mil kabrit. Li t ap taye lenn mouton li nan Carmel. ³ Alò, non mesye a te Nabal e madanm li te rele ᵇAbigaïl. Fanm nan te entèlijan e bèl pou wè, men mesye a te di e mechan nan tout afè li yo. Se te yon moun nan ras Caleb. ⁴ David te tande soti nan dezè a ke Nabal t ap taye lenn mouton li yo. ⁵ Alò, David te voye dis jennonm kote l. David te di a jennonm sa yo: "Monte Carmel pou vizite Nabal e salye li nan non mwen. ⁶ Epi konsa ou va pale: 'Ke lavi ou kapab byen long, ᶜlapè avèk ou, lapè avèk lakay ou e lapè sou tout sa ou genyen. ⁷ Alò, mwen tande ᵈke ou genyen tay lenn mouton. Alò, bèje ou yo te avèk moun nou yo. Nou pa t ensilte yo,

---

ª **23:21** I Sam 22:8 ᵇ **23:24** Jos 15:55 ᶜ **23:26** Sòm 17:9 ᵈ **23:29** Jos 15:62 ᵉ **24:1** I Sam 23:19
ᶠ **24:2** I Sam 26:2 ᵍ **24:3** Sòm 57 ʰ **24:4** I Sam 26:8-11 ⁱ **24:5** II Sam 24:10 ʲ **24:6** I Sam 26:11
ᵏ **24:8** I Sam 25:23-24 ˡ **24:10** Sòm 7:3-4 ᵐ **24:11** I Sam 6:4-5 ⁿ **24:12** Jen 16:5 ᵒ **24:13** Mat 7:16-20
ᵖ **24:14** II Sam 9:8 ᵠ **24:15** I Sam 24:12 ʳ **24:16** I Sam 26:17 ˢ **24:18** I Sam 26:23 ᵗ **24:19** I Sam 26:23
ᵘ **24:20** I Sam 23:17 ᵛ **24:20** I Sam 13:14 ʷ **24:21** I Sam 20:14-17 ˣ **24:22** I Sam 23:29 ʸ **25:1** I Sam 28:3
ᶻ **25:1** II Wa 21:18 ª **25:2** Jos 15:55 ᵇ **25:3** Pwov 31:10 ᶜ **25:6** Sòm 122:7 ᵈ **25:7** II Sam 13:23-24

ni yo pa t manke anyen nan tout jou ke yo te pase Carmel yo. ⁸ Mande jennonm pa ou yo e yo va pale ou. Pou sa, kite jennonm pa m yo jwenn favè nan zye ou. Paske nou vin parèt nan yon jou ke ᵃtout moun ap fete. Pou sa, silvouplè, bay nenpòt sa ke nou twouve nan men a sèvitè ou yo, e a fis ou, David.'"

⁹ Lè jennonm a David yo te parèt, yo te pale ak Nabal selon tout pawòl sa yo nan non David; epi yo te tann.

¹⁰ Men Nabal te reponn sèvitè David yo e te di: ᵇ"Se kilès ki David la? Epi se kilès ki fis a Jesse a? Gen anpil sèvitè nan tan sa yo k ap chape kite mèt yo. ¹¹ Alò, se pou sa ke m ta dwe ᶜpran pen mwen avèk dlo mwen ak vyann ke m te fin kòche pou ouvriye pa m yo e bay li a mesye ke m pa menm konnen kote yo sòti yo?"

¹² Alò, jennonm a David yo te retounen fè wout yo. Konsa, yo te rive pale David selon tout pawòl sa yo.

¹³ David te di a mesye pa li yo: "Nou chak mete nepe nou nan senti nou."

Konsa, tout moun te mete nepe yo nan senti yo. David osi te mete nepe li nan senti li e anviwon ᵈkat-sant òm te monte dèyè David pandan de-san te rete avèk pwovizyon yo.

¹⁴ Men youn nan jennonm yo te pale ak Abigaïl, madanm Nabal la. Li te di: "Gade byen, David te voye mesaje yo soti nan dezè a pou ᵉsalye mèt nou an e li te betize avèk yo. ¹⁵ Malgre sa, mesye yo te trete nou byen e nou pa t ᶠensilte, ni nou pa t manke anyen tout tan ke nou te avèk yo a, pandan nou te nan chan yo. ¹⁶ ᵍYo te yon mi pwotèj pou nou ni lannwit ni lajounen, toutotan ke nou te avèk yo pou gade mouton yo. ¹⁷ Alò, pou sa, kalkile byen kisa ou ta dwe fè. Paske se yon konplo mal k ap fèt kont mèt nou an ak kont tout lakay li, e li tèlman se yon sanzave ke pèsòn pa kab pale avè l."

¹⁸ Alò, Abigaïl te kouri ʰpran de-san mòso pen ak de veso diven, avèk senk mouton deja prepare, senk mezi sereyal boukannen avèk san grap rezen, de-san gato fig etranje e te chaje yo sou bourik yo. ¹⁹ Li te pale a jennonm pa li yo: ⁱ"Ale devan m! Gade byen, m ap swiv nou." Men li pa t pale mari li, Nabal. ²⁰ Li te vin rive ke pandan li te toujou ap monte sou bourik li a e t ap desann nan pati mòn ki kache a, gade byen, David avèk mesye pa li yo t ap desann vin jwenn li. Konsa, li te rankontre yo.

²¹ Alò, David te di: "Anverite, an ven ke m t ap veye tout afè ke mesye sa a te genyen nan dezè a, pou l pa manke anyen nan sa ki te pou li yo! Konsa, li te ʲremèt mwen mal pou byen! ²² ᵏKe Bondye fè sa a lènmi a David yo e menm plis si avan maten rive, si m kite menm yon mal pami tout sa ki pou li yo!"

²³ Lè Abigaïl te wè David, li te kouri desann bourik li, li te tonbe atè devan David ˡe te koube li menm jis atè. ²⁴ Li te tonbe nan pye li e te di: "Sou mwen sèl, mèt mwen, ke tò sa a vin tonbe. Epi souple, kite sèvant ou an pale avèk ou e koute pawòl a sèvant ou an. ²⁵ Souple, pa kite mèt mwen okipe mesye sanzave sila a, Nabal, paske jan non li ye a, se konsa li ye. Nabal se non li e li foli toujou avèk li. Men mwen, sèvant pa ou a, mwen pa t wè jennonm, mèt mwen, ke ou te voye yo. ²⁶ Alò, pou sa, mèt mwen, jan SENYÈ a viv la, akoz SENYÈ a te anpeche ou vèse san e ᵐfè vanjans pa w avèk pwòp men ou; alò, ⁿkite lènmi ou yo avèk sila ki chache mal kont mèt mwen yo, vin tankou Nabal. ²⁷ Alò, kite ᵒkado sila ke sèvant ou pote pou mèt mwen an, bay a jennonm ki akonpanye mèt mwen yo. ²⁸ Souple, padone transgresyon a sèvant ou a. Paske SENYÈ a va vrèman fè pou mèt mwen yon kay k ap dire, akoz mèt mwen ap ᵖmennen batay a SENYÈ a, eᵠmal p ap twouve bò kote ou pandan tout jou ou yo. ²⁹ Si yon moun ta leve kont ou pou kouri dèyè ou e chache lavi ou, nan lè sa a, lavi ou, mèt mwen va mare nan pakèt ak sila ki viv pou SENYÈ yo, Bondye ou a. Men lavi a lènmi ou yo, Li va lanse deyò tankou wòch k ap sòti nan pòch a yon fistibal. ³⁰ Epi lè SENYÈ a fè pou ou, mèt mwen, selon tout bonte ke Li te pale konsènan ou menm e chwazi ou kòm chèf sou Israël, ³¹ ke ka sila a p ap koze ni doulè ni kè twouble pou mèt mwen, akoz li te vèse san san koz e ke li te pran vanjans li. ʳLè SENYÈ a aji byen avèk ou mèt mwen, alò sonje sèvant ou an."

³² Alò, David te di a Abigaïl: ˢ"Beni se SENYÈ a, Bondye Israël la, ki te voye ou jou sila a pou rankontre avè m! ³³ Beni se sajès ou. Beni se ou menm ᵗki te kenbe m jou sa a pou m pa vèse san, e fè vanjans mwen menm avèk pwòp men m. ³⁴ Sepandan, jan SENYÈ a, Bondye Israël la viv la, ᵘki te anpeche mwen fè ou mal, sof ke ou te parèt vit pou rankontre mwen, anverite, pa t ap gen ki rete pou Nabal nan limyè maten an tankou yon ki fè pipi sou mi la." ³⁵ Konsa David te resevwa nan men li sa ke li te pote pou li a. Epi li te di li: "Ale lakay ou anpè. Gade, mwen te koute ou e te ᵛbay ou demann pa ou a."

³⁶ Alò Abigaïl te vin kote Nabal. Epi vwala, li t ap fè ʷyon fèt lakay li a tankou fèt a yon wa. Kè Nabal te kontan anndan li, paske li te byen sou. Pou koz sa a, Abigaïl pa t di l anyen jis rive nan limyè maten. ³⁷ Men nan maten, lè diven an te sòti nan Nabal, madanm li te di li bagay sa yo. Konsa kè l te mouri anndan li jiskaske li te vin tankou yon wòch. ³⁸ Anviwon di jou pita, ˣSENYÈ a te frape Nabal e li te mouri. ³⁹ Lè David te tande ke Nabal te mouri, li te di: "Beni SENYÈ a, ki te plede kòz repwòch

---

ᵃ **25:8** Né 8:10-12 ᵇ **25:10** Jij 9:28 ᶜ **25:11** Jij 8:6-15 ᵈ **25:13** I Sam 23:13 ᵉ **25:14** I Sam 13:10
ᶠ **25:15** I Sam 25:7-21 ᵍ **25:16** Egz 14:22 ʰ **25:18** II Sam 16:1 ⁱ **25:19** Jen 32:16-20 ʲ **25:21** Sòm 109:5
ᵏ **25:22** I Sam 3:17 ˡ **25:23** I Sam 20:41 ᵐ **25:26** Eb 10:30 ⁿ **25:26** II Sam 18:32 ᵒ **25:27** Jen 33:11
ᵖ **25:28** I Sam 18:17 ᵠ **25:28** Sòm 7:3 ʳ **25:31** Jen 40:14 ˢ **25:32** Sòm 41:13 ᵗ **25:33** I Sam 25:26
ᵘ **25:34** I Sam 25:26 ᵛ **25:35** Jen 19:21 ʷ **25:36** II Sam 13:28 ˣ **25:38** I Sam 26:10

mwen nan men Nabal e ki te ᵃkenbe sèvitè li a pou l pa fè mal. SENYÈ a anplis, te fè malfezans a Nabal retounen sou pwòp tèt li."

Alò, David te voye ofri Abigaïl pou l ta pran li kòm madanm li. ⁴⁰ Lè sèvitè a David yo te parèt kote Abigaïl nan Carmel, yo te pale a li e te di: "David te voye nou kote ou pou pran ou kòm madanm li."

⁴¹ Li te leve ᵇe te bese jis figi li rive atè, e te di: "Gade byen sèvant pa ou se yon sèvant ki ᶜpou ta lave pye a sèvant pa li yo." ⁴² Konsa, ᵈAbigaïl te leve vit pou te ale monte sou yon bourik, avèk senk sèvant li yo ki te okipe li. Li te swiv mesaje David yo e te devni madanm li. ⁴³ David te anplis pran Achinoam a Jizreel e ᵉyo toulède te devni madanm li.

⁴⁴ Alò, Saül te deja bay fi li, ᶠMical, madanm a David, a Palti, fis a Laïsch ki te sòti Gallim.

26 Zifyen yo te vin kote Saül nan Guibea. Yo te di l: ᵍ"Èske David pa kache nan ti mòn Hakila a, devan Jeschimon?" ² Konsa, Saül te leve desann nan dezè Ziph la e te genyen avè l ʰtwa-mil òm Israël, byen chwazi pou chache David nan dezè Ziph la. ³ Saül te fè kan nan ti mòn Hakila a, ki devan Jeschimon, akote wout la, e David te rete nan dezè a, lè ⁱli te wè ke Saül te vini dèyè li nan dezè a. ⁴ Konsa, David te voye espyon yo deyò, e li te konnen san dout ke Saül t ap vini. ⁵ Pou sa, David te leve pou vini nan plas kote Saül te fè kan an. Epi David te wè plas kote Saül te kouche avèk ʲAbner, fis a Ner a, kòmandan lame li a. Saül te kouche nan mitan won kan an e pèp la te fè kan an antoure li.

⁶ Konsa, David te di a Achimélec, Etyen an ak ᵏAbischaï, fis a Tseruja a, frè a Joab, e li te di: "Se kilès k ap desann avè m kote Saül nan kan an?"

Abischaï te di: "M ap desann avè w." ⁷ Konsa, David avèk Abischaï te pwoche kote pèp la nan lannwit. Epi vwala, Saül te kouche nan dòmi anndan won kan an avèk frenn li kole nan tè kote tèt li. Epi Abner avèk pèp la te kouche antoure li. ⁸ Alò, Abischaï te di a David: "Jodi a, Bondye gen tan livre lènmi ou an nan men ou. Pou sa, koulye a, kite mwen frape li avèk frenn nan rive jis atè ak yon sèl kou e mwen p ap frape li yon dezyèm fwa."

⁹ Men David te di a Abischaï: "Pa detwi li, paske ˡse kilès ki kab lonje men l kont onksyone a SENYÈ a e rete pa koupab?" ¹⁰ Anplis, David te di: "Jan SENYÈ a viv la, asireman, SENYÈ a va frape li, oswa jou li va rive pou li mouri, oswa ᵐli va tonbe nan batay e peri. ¹¹ ⁿSENYÈ a anpeche ke m ta lonje men m kont onksyone SENYÈ a. Men koulye a, souple, pran frenn ki bò kot tèt li a ak veso dlo a, epi, an ale."

¹² Konsa, David te pran frenn nan avèk veso dlo a soti kote tèt a Saül e yo te pati. Men pèsòn pa t konnen, ni leve, paske yo tout t ap dòmi, akoz ᵒyon fon somèy ki sòti nan SENYÈ a te vin tonbe sou yo. ¹³ Konsa, David te travèse de lòt kote, e te kanpe sou tèt mòn nan a yon distans avèk yon gran espas antre yo. ¹⁴ David te rele tout moun yo ak Abner, fis a Ner a. Li te di: "Èske ou p ap reponn, Abner?"

Alò, Abner te reponn: "Se kilès ou ye k ap rele wa a?"

¹⁵ Konsa, David te di a Abner: "Èske ou pa yon gason? Alò, se kilès ki tankou ou an Israël? Kòmsi, poukisa ou pa t veye mèt ou, wa a? Paske yon moun nan pèp la te vini detwi wa a, mèt ou a. ¹⁶ Bagay ke ou te fè a, pa bon! Jan SENYÈ a viv la, ᵖfòk ou mouri! Paske ou pa t veye mèt ou, onksyone a SENYÈ a. Konsa, koulye a, gade kote frenn a wa a ye ak veso dlo ki te kote tèt li a."

¹⁷ Saül te rekonèt vwa a David, e te di: ᵠ"Èske se vwa ou, fis mwen, David?"

David te di: "Se vwa m, mèt mwen, wa a." ¹⁸ Anplis li te di: ʳ"Alò, poukisa mèt mwen ap kouri dèyè sèvitè li a? Paske kisa mwen te fè? Oswa ki mal ki nan men m? ¹⁹ Alò, pou sa, souple kite mèt mwen, wa a, koute pawòl a sèvitè li yo. Si SENYÈ a te boulvèse ou kont mwen, kite Li aksepte yon ofrann. Men ˢsi se lèzòm, modi yo ye devan SENYÈ a. Paske ᵗyo te chase mwen sòti jodi a pou fè m pa atache ankò a eritaj SENYÈ a. Yo di: 'Ale sèvi lòt dye yo.' ²⁰ Alò, pou sa, pa kite san mwen tonbe atè lwen prezans SENYÈ a, paske wa Israël la te vin parèt pou chache ᵘyon sèl pis, tankou yon moun k ap fè lachas pentad nan mòn yo."

²¹ Alò Saül te di: ᵛ"Mwen te peche. Retounen, fis mwen, David. Paske mwen p ap fè ou mal ankò, akoz lavi mwen te presye nan zye ou nan jou sa a. Gade, mwen te jwe wòl a yon enbesil e mwen te fè yon gwo erè."

²² David te reponn: "Gade byen, men frenn a wa a! Alò kite youn nan jennonm yo travèse vin pran l. ²³ ʷSENYÈ a va rekonpanse chak moun pou ladwati pa li ak fidelite li; paske SENYÈ a te livre ou nan men m jodi a. Mwen te refize lonje men m kont onksyone a SENYÈ a. ²⁴ Gade byen, jan lavi ou te gen ˣgwo valè nan zye m jodi a, konsa ke vi m ta ye nan zye SENYÈ a. Ke li ta ʸdelivre mwen nan tout twoub."

²⁵ Epi Saül te di a David: ᶻ"Beni se ou menm, fis mwen, David. Ou va vin reyisi anpil e ou va vin genyen."

Konsa, David te fè wout li e Saül te retounen nan plas li.

27 Konsa, David te di nan tèt li: "Alò, yon jou mwen va peri nan men Saül. ᵃNanpwen anyen k ap pi bon pou mwen pase pou m chape ale nan peyi Filisten yo. Konsa, Saül va dekouraje nan chache mwen toujou sou tout teritwa Israël la, e mwen

---

ᵃ **25:39** I Sam 26:10	ᵇ **25:41** I Sam 25:33	ᶜ **25:41** Mc 1:7	ᵈ **25:42** Jen 24:61-67	ᵉ **25:43** I Sam 27:3
ᶠ **25:44** I Sam 18:27	ᵍ **26:1** I Sam 23:19	ʰ **26:2** I Sam 13:2	ⁱ **26:3** I Sam 23:15	ʲ **26:5** I Sam 14:50-51
ᵏ **26:6** I Kwo 2:16	ˡ **26:9** I Sam 24:6-7	ᵐ **26:10** I Sam 31:6	ⁿ **26:11** Wo 12:17-19	ᵒ **26:12** Jen 2:21
ᵖ **26:16** I Sam 20:31	ᵠ **26:17** I Sam 24:16	ʳ **26:18** I Sam 24:9-14	ˢ **26:19** I Sam 24:9	ᵗ **26:19** Jos 22:25-27
ᵘ **26:20** I Sam 24:1-4	ᵛ **26:21** Egz 9:27	ʷ **26:23** Sòm 7:8	ˣ **26:24** I Sam 18:30	ʸ **26:24** Sòm 54:7
ᶻ **26:25** I Sam 24:19	ᵃ **27:1** I Sam 26:19			

va chape nan men li." ² Konsa, David te leve e te travèse, li menm avèk sis-san òm ki te avè l yo, kote Akisch, fis a Maoc la, wa a Gath la. ³ Epi David te viv avèk Akisch nan Gath, li menm avèk mesye pa li yo, ᵃchak moun avèk tout moun lakay yo. David te avèk ᵇde madanm pa li yo, Achinoam Jizreyelit la ak Abigaïl, Kamelit la, vèv a Nabal la. ⁴ Alò, sa te pale a Saül ke David te sove ale Gath. Konsa, li pa t chache li ankò.

⁵ Alò, David te di a Akisch: "Si koulye a, mwen jwenn favè nan zye ou, kite yo ban mwen yon plas nan youn nan vil andeyò yo, pou m kapab viv la. Paske poukisa sèvitè ou ta viv nan vil wayal la avèk ou?" ⁶ Konsa, Akisch te bay li Tsiklag nan jou sa a. Konsa, ᶜTsiklag te devni pou wa Juda yo jis rive jodi a. ⁷ Nonb de jou ke David te viv nan peyi a Filisten yo se te ᵈ1 nan, kat mwa.

⁸ Alò, David avèk mesye pa li yo te monte pou te fè atak sou Gechouryen, Gizyen avèk Amalekit yo; paske se yo menm ki te mèt tè sa a depi nan tan ansyen yo, nan wout soti ᵉSchur, menm pou rive nan peyi Égypte la. ⁹ David te atake peyi a, e pa t kite yon gason ni yon fanm vivan. Li te ᶠpran tout mouton, bèf, bourik, chamo, avèk rad. Apre, li te retounen kote Akisch.

¹⁰ Alò, Akisch te di: "Se kibò ou te ᵍatake jodi a?" Epi David te reponn: "Kont Negev la nan Juda e kont Negev a Kenyen yo." ¹¹ David pa t kite yon mesye ni yon fanm vivan pou mennen yo nan Gath. Li te di: "Otreman, yo va pale afè nou, e di: 'Se konsa David te fè e se konsa li a ji pandan tout tan ke li rete nan peyi Filisten yo.'"

¹² Konsa, Akisch te kwè David, Li te di: "Anverite, li vin fè tèt li rayisab pami pèp Israël pa l la. Konsa, li va sèvitè pa m jis pou tout tan."

28 Alò, li te vin rive nan jou sa yo ke ʰFilisten yo te rasanble kan lame pa yo pou fè lagè, pou goumen kont Israël. Epi Akisch te di a David: "Konnen byensi ke ou va sòti avè m nan kan an, ou menm avèk mesye pa ou yo."

² David te di a Akisch: "Se bon, ou va vin konprann sa ke sèvitè ou kapab fè."

Akisch te reponn a David: "Se bon, mwen va fè ou gad pèsonèl mwen pou tout lavi ou."

³ Nan lè sa a Samuel te fin mouri, tout Israël te deja kriye pou li e te antere l Ramah, pwòp vil pa li. Epi Saül te fin retire nan peyi a tout kalite moun sila ki te konn rele mò yo ak divinò yo.

⁴ Konsa, Filisten yo te rasanble ansanm e te vin fè kan nan Sunem. Epi Saül te rasanble tout Israël ansanm pou yo te fè kan nan Guilboa. ⁵ Lè Saül te wè kan Filisten yo, li te pè e kè li te tranble anpil. ⁶ Lè Saül te fè demann SENYÈ a, SENYÈ a pa t reponn li, ni nan rèv, ni avèk ⁱOrim, ni pa pwofèt yo. ⁷ Alò, Saül te pale sèvitè li yo: "Chache pou mwen yon fanm ki konn pale ak mò, pou m kab ale kote li pou mande li kèk bagay."

Sèvitè li yo te di li: "Gade byen, gen yon fanm ki konn pale ak mò nan En-Dor."

⁸ Alò, Saül te kache idantite li avèk lòt rad e te desann, li menm avèk de lòt mesye avèk li. Yo te vin kote fanm nan pandan nwit lan. Li te di: ʲ"Evoke fè monte pou mwen lespri la, souple, e ᵏmennen monte non moun sila ke m va nonmen pou ou a."

⁹ Men fanm nan te di li: "Gade byen, ou konnen ˡsa ke Saül te fè a, jan li te retire sila ki evoke mò avèk divinò nan peyi a. Alò poukisa w ap mete yon pèlen pou lavi mwen pou ou kab fè m mouri?"

¹⁰ Saul te fè ve a li ke: "Jan SENYÈ a viv la, p ap gen pinisyon k ap rive ou pou afè sila a."

¹¹ Alò, fanm nan te di: "Se kilès ke m ap fè monte pou ou a?"

Epi li te di: "Mennen monte Samuel pou mwen."

¹² Lè fanm nan te wè Samuel, li te kriye fò avèk yon gwo vwa; epi fanm nan te pale avèk Saül e te di: "Poukisa ou te twonpe mwen? Paske se Saül ke ou ye."

¹³ Wa a te di li: "Pa pè; men se kisa ou wè?"

Epi fanm nan te di Saül: "Mwen wè yon èt diven k ap monte sòti sou latè."

¹⁴ Li te di li: "Se ak kilès ke li sanble?"

Epi li te di: "Yon granmoun k ap monte e li vlope nan yon manto." Epi Saül te konnen ke se te Samuel. ᵐLi te bese avèk figi li atè pou te rann omaj.

¹⁵ Alò, Samuel te di a Saül: "Poukisa ou twouble m e mennen m monte?"

Saül te reponn: "Mwen nan gwo pwoblèm anpil; paske Filisten yo ap fè lagè kont mwen, Bondye te kite mwen e Li ⁿpa reponn mwen ankò, ni pa pwofèt yo, ni nan rèv. Pou sa, mwen te rele ou, pou ou kapab fè m konnen kisa pou m fè."

¹⁶ Samuel te di: "Poukisa konsa ou vin mande mwen, akoz SENYÈ a te kite ou e te devni lènmi ou? ¹⁷ SENYÈ a gen tan fè selon ᵒsa Li te pale nan mwen an. SENYÈ a fin chire wayòm nan soti nan men ou, e Li te bay li a vwazen ou an, a David menm. ¹⁸ Kòmsi ᵖou pa t obeyi SENYÈ a, e ou pa t fè gwo kòlè Li vin tonbe sou Amalek, konsa SENYÈ a te fè ou bagay sa a nan jou sa a. ¹⁹ Anplis SENYÈ a va, osi, bay Israël ansanm avèk ou menm nan men Filisten yo. Konsa, demen ᑫou menm avèk fis ou yo va avèk mwen. Anverite, SENYÈ a va fè bay lame Israël la nan men a Filisten yo!"

²⁰ Alò, Saül, lapoula, te tonbe atè nèt. Li te plen laperèz akoz pawòl a Samuel yo. Ni pa t gen fòs nan li, paske li pa t manje manje nan tout jou sa a, ni nan nwit lan.

²¹ Fanm nan te rive bò kote Saül. Li te wè ke li te tèlman gen krent jiskaske li te sezi, e li te di li: "Gade byen, sèvant ou te obeyi a ou menm e mwen te pran lavi mwen nan men m pou te koute pawòl ke ou te pale mwen. ²² Koulye a, pou sa, souple koute vwa sèvant ou an e kite mwen mete yon mòso pen devan

---

ᵃ **27:3** II Sam 2:3   ᵇ **27:3** I Sam 25:42,43   ᶜ **27:6** Jos 15:31   ᵈ **27:7** I Sam 29:3   ᵉ **27:8** Egz 15:22   ᶠ **27:9** I Sam 15:3
ᵍ **27:10** I Sam 23:27   ʰ **28:1** I Sam 29:1   ⁱ **28:6** Egz 28:30   ʲ **28:8** És 8:19   ᵏ **28:8** Det 18:10-11   ˡ **28:9** I Sam 28:3
ᵐ **28:14** I Sam 24:8   ⁿ **28:15** I Sam 28:6   ᵒ **28:17** I Sam 15:28   ᵖ **28:18** I Sam 15:20-26   ᑫ **28:19** I Sam 31:2

ou. Manje pou ou kapab gen fòs lè ou pran chemen an." ²³ Men li te refize. Li te di: ᵃ"Mwen p ap manje." Men sèvitè li yo te ankouraje li e li te koute yo. Konsa, li te leve sou tè a pou te chita sou kabann nan. ²⁴ Fanm nan te gen yon jenn bèf gra nan kay la. Byen vit li te kòche li, li te pran farin, li te frape l fè bòl, e li te kwit li fè pen san ledven. ²⁵ Li te mennen li devan Saül avèk sèvitè li yo e yo te manje. Apre yo te leve sòti menm nwit lan.

29

Alò, ᵇFilisten yo te rasanble tout lame pa yo ansanm nan Aphek, pandan Izrayelit yo t ap fè kan akote sous ki nan Jizreel la. ² Konsa, mèt Filisten yo t ap avanse pa santèn e pa milye e ᶜDavid avèk mesye pa li yo t ap avanse pa dèyè avèk Akisch.

³ Alò, kòmandan a Filisten yo te di: "Se kisa Ebre sa yo ap fè isit la?"

Epi Akisch te di a kòmandan Filisten yo: "Èske sa se pa David, sèvitè a Saül la, wa Israël la, ki te avèk mwen nan jou sa yo, oswa pito di ane sa yo, e mwen pa t twouve okenn fot nan li soti nan jou ke li te sòti a, jis jodi a?"

⁴ Men kòmandan Filisten yo te fache avèk li. Yo te di li: "Fè nonm nan ale retounen, pou li kapab ᵈretounen nan plas li kote yo te ba li ransèyman an. Pa kite li desann nan batay la avèk nou, ᵉoswa nan batay la, li kapab devni yon lènmi nou. Paske ak kisa kilès ki ta k ap fè nonm sa a vin zanmi ak mèt li a? Èske sa pa tèt a mesye sila yo? ⁵ Èske sa se pa David, ᶠa sila yo te chante nan dans pa yo e di:

'Saül te touye dè milye
e David dè di-milye?'"

⁶ Alò, Akisch te rele David. Li te di l: "Jan SENYÈ a viv la, ladwati ou ak tout antre sòti ou avèk mwen nan lame a se yon plezi nan zye m; ᵍpaske mwen pa t jwenn mal nan ou depi jou ke ou te antre kote mwen an, jis rive jodi a. Sepandan, ou pa yon plezi nan zye a lòt chèf yo. ⁷ Alò, pou sa, retounen ale anpè, pou ou pa fè mèt Filisten yo pa kontan."

⁸ David te di a Akisch: ʰ"Men kisa mwen te fè? Epi kisa ou te twouve nan sèvitè ou a depi nan jou ke m te vini devan ou an jis rive Jodi a, pou m pa kapab ale goumen kont lènmi a mèt mwen an, wa a?"

⁹ Men Akisch te reponn David: "Mwen konnen ke ou se yon plezi nan zye m, tankou yon zanj Bondye! Sepandan, ⁱkòmandan Filisten yo te di: 'Fòk li pa monte avèk nou nan batay la.' ¹⁰ Alò, pou sa, leve bonè nan maten ʲavèk sèvitè a mèt ou ki te vini avèk ou yo, e lamenm lè ou leve nan maten bonè, pati."

¹¹ Konsa, David te leve bonè, li avèk mesye pa li yo, pou pati nan maten pou retounen nan peyi a Filisten yo. Epi Filisten yo te monte Jizreel.

30

Alò, li vin rive lè David avèk mesye pa li yo te vini Tsiklag nan twazyèm jou a, ke ᵏAmalekit yo te fè yon atak sou Negev ak sou ˡTsiklag pou te detwi Tsiklag e te brile li avèk dife. ² Anplis, yo te pran an kaptivite fanm ki te ladann yo, ni piti ni gran, ᵐsan touye pèsòn, yo te pran yo e ale fè wout yo. ³ Lè David avèk mesye li yo te vini nan vil la, vwala, li te brile avèk dife. Madanm yo ak fis pa yo e fi pa yo te pran an kaptivite. ⁴ Alò David avèk moun ki te avè l yo te ⁿleve vwa yo e te kriye jiskaske yo pa t gen fòs nan yo pou kriye. ⁵ Alò, ᵒde madanm a David yo te pran an kaptivite, Achinoam, Jizreyelit la ak Abigaïl, vèv Nabal la, Kamelit la. ⁶ Anplis ke sa David te nan gwo pwoblèm akoz ᵖmoun yo t ap pale afè lapide li, paske tout moun yo te anmè, yo tout akoz fis yo ak fi yo. Men ᑫDavid te ranfòse li menm nan SENYÈ a, Bondye li a. ⁷ David te di a ʳAbiathar, prèt la, fis Achimélec la: "Souple, pote ban m efòd la."

Konsa, Abiathar te pote efòd la bay David. ⁸ ˢDavid te fè demann SENYÈ a. Li te mande: "Èske mwen dwe swiv bann mouton sa? Èske mwen va gen tan jwenn yo?"

Epi Li te reponn li: "Swiv yo, paske ou va anverite, jwenn yo, e ou va sove tout."

⁹ Konsa, David te ale, ᵗli ansanm avèk sis-san mesye ki te avèk li yo. Yo te rive kote ravin Besor a, kote sila ki te kite dèyè yo te rete a. ¹⁰ Men David te kontinye pouswiv, li menm avèk kat-san mesye yo. Paske lòt ᵘde-san nan yo ki te twòp bouke pou travèse ravin Besor a, te rete. ¹¹ Konsa, yo te twouve yon Ejipsyen nan chan an e yo te mennen li kote David. Yo te ba li pen pou li te manje e yo te bay li dlo pou l bwè. ¹² Yo te ba li yon mòso gato fig etranje ak de grap rezen pou li te manje. ᵛEpi lespri li te vin leve, paske li pa t manje ni bwè dlo pandan twa jou ak twa nwit. ¹³ David te mande li: "Pou kilès ou ye? Kibò ou sòti?"

Li te di: "Mwen se yon jennonm ki sòti an Égypte, sèvitè a yon Amalekit. Mèt mwen te kite m dèyè lè m te tonbe malad twa jou pase. ¹⁴ Nou te fè yon atak nan ʷNegev a Keretyen yo ak sou sa ki apatyen a Juda a ak nan ˣNegev pou Caleb la; epi nou te brile Tsiklag avèk dife."

¹⁵ Konsa, David te mande li: "Èske ou va mennen mwen desann kote lame sila a?"

Li te reponn: "Sèmante a mwen menm pa Bondye pou ou pa touye mwen ni livre mwen nan men a mèt mwen an, epi mwen va mennen ou desann kote lame sa a." ¹⁶ Lè li te mennen li desann, vwala, yo te gaye nan tout tè a, yo t ap manje, bwè e danse akoz ʸtout gran piyaj ke yo te pran nan peyi Filisten avèk peyi Juda yo. ¹⁷ David te fè masak sou yo ᶻsoti nan aswè jis rive nan pwochen jou a. Nanpwen yon nonm nan yo ki te chape, sof kat-san jennonm ki te

---

ᵃ **28:23** I Wa 21:4   ᵇ **29:1** I Sam 28:1   ᶜ **29:2** I Sam 28:1-2   ᵈ **29:4** I Sam 27:6   ᵉ **29:4** I Sam 14:21   ᶠ **29:5** I Sam 18:7
ᵍ **29:6** I Sam 27:8-12   ʰ **29:8** I Sam 27:10-12   ⁱ **29:9** I Sam 29:4   ʲ **29:10** I Kwo 12:19-22   ᵏ **30:1** I Sam 27:8-10
ˡ **30:1** I Sam 27:6-8   ᵐ **30:2** I Sam 27:11   ⁿ **30:4** Nonb 14:1   ᵒ **30:5** I Sam 25:42-43   ᵖ **30:6** Jn 8:59
ᑫ **30:6** I Sam 23:16   ʳ **30:7** I Sam 22:20-23   ˢ **30:8** I Sam 23:2-4   ᵗ **30:9** I Sam 27:2   ᵘ **30:10** I Sam 30:9-21
ᵛ **30:12** Jij 15:19   ʷ **30:14** So 2:5   ˣ **30:14** Jos 14:13   ʸ **30:16** I Sam 30:14   ᶻ **30:17** I Sam 11:11

monte sou chamo pou te sove ale. ¹⁸ Konsa, David te ᵃreprann tout sa ke Amalekit yo te pran yo, e te livre reprann de madanm li yo. ¹⁹ Men anyen ki te pou yo pa t manke, ni piti, ni gran, fis oswa fi, piyaj, oswa nenpòt sa ke yo te pran pou yo menm; ᵇDavid te mennen tout retounen. ²⁰ Konsa, David te vin kaptire tout mouton ak bèf ki te pouse devan lòt bèt yo, epi yo te di: ᶜ"Sa se piyaj a David."

²¹ Lè ᵈDavid te rive kote de-san mesye ki te twò bouke pou swiv David yo, sa yo ki te rete kote ravin Besor yo te parèt pou rankontre David avèk moun ki te avèk li yo. David te pwoche pèp la pou te salye yo. ²² Alò, tout mesye mechan yo avèk sanzave yo pami sila ki te ale avèk David yo te di: "Akoz yo pa t ale avèk nou, nou p ap bay yo anyen nan piyaj ke nou te reprann an, sof a chak mesye, madanm yo avèk pitit yo pou yo kapab mennen yo ale sòti."

²³ Alò, David te di: "Fòk nou pa fè sa, frè m yo, avèk sa ke SENYÈ a te bannou, ki te kenbe nou e livre nan men nou lame a ki te vini kont nou an. ²⁴ Epi se kilès ki va koute ou nan afè sila a? Paske ᵉjan pòsyon a sila ki te desann nan batay la, se menm jan a pòsyon a pa l ki rete avèk pwovizyon yo. Yo va separe menm jan an." ²⁵ Se konsa ke li te ye depi nan jou sa a, ke li te fè l vin yon prensip ak yon règleman ke yo va separe menm jan an.

²⁶ Alò, lè David te vini Tsiklag, li te voye nan piyaj la kote ansyen a Juda yo, a zanmi li yo, e li te di: "Gade byen, yon kado pou nou soti nan piyaj a ᶠlènmi a SENYÈ yo." ²⁷ Li te voye l a sila ki te Béthel yo, sila ki te Ramoth a Negev la ak sila ki te Jatthir yo, ²⁸ anplis, a sila ki te ᵍAroër yo, a sila ki te Siphmoth yo ak sila ki te Eschthemoa yo, ²⁹ epi a sila ki te Racal yo, sila ki te nan ʰvil a Jerachmeyelit yo ak sila ki te nan ⁱvil a Kenyen yo, ³⁰ epi a sila ki te ʲHorma yo, a sila ki te Cor-Aschan yo ak sila ki te Athac yo, ³¹ epi a sila ki te ᵏHébron yo, ak tout zòn kote David li menm avèk mesye li yo te abitye ˡrete yo.

31 ᵐAlò Filisten yo t ap goumen kont Israël e mesye Israël yo te kouri devan Filisten yo, e yo te tonbe mouri sou Mòn Guilboa. ² Filisten yo te rive sou Saül avèk fis li yo. Konsa, yo te touye ⁿJonathan avèk Abinadab, ak Malkishua, fis a Saül yo. ³ ᵒBatay la te vire rèd kont Saül. Ekip tire flèch ak banza yo te rive sou li; epi li te gravman blese pa ekip banza yo. ⁴ Konsa, Saül te di a pòtè zam li an: "Rale nepe ou pou frennen m avè l; otreman, Filisten ensikonsi sila yo va vin frennen m nèt e fè spò avè m." Men pòtè zam nan te refize, paske li te pè anpil. ᵖPou sa Saül te pran nepe li e te tonbe sou li. ⁵ Lè pòtè zam nan te wè ke Saül te mouri avèk twa fis li yo, li tou te tonbe sou nepe li pou te mouri avèk li. ⁶ Konsa Saül te mouri avèk twa fis li yo, pòtè zam li an, ak tout mesye pa l yo ansanm nan jou sa a.

⁷ Lè mesye Israël ki te lòtbò vale a avèk sila ki te lòtbò Jourdain an, te wè ke mesye Israël yo te sove ale e ke Saül avèk fis li yo te mouri, yo te abandone vil yo e te sove ale. Konsa, Filisten yo te vin viv ladan yo. ⁸ Li te vin rive nan pwochen jou a, lè Filisten yo te vini pou depouye mò yo, ke yo te twouve Saül avèk twa fis li yo tonbe sou Mòn Guilboa. ⁹ Yo te koupe tèt li e te retire zam li yo pou te voye yo toupatou nan peyi Filisten yo, pou pote bòn nouvèl la rive ᑫlakay zidòl pa yo ak pèp yo a. ¹⁰ Yo te mete zam li yo nan tanp ʳAstarté yo e yo te tache kadav li nan miray kote Beth-Schan nan. ¹¹ Alò, lè moun ki te rete Jabès yo te tande sa ke Filisten yo te fè a Saül, ¹² ˢtout mesye vanyan yo te leve mache tout nwit lan pou te pran kò Saül la avèk kò a fis pa li yo soti nan miray Beth-Schan lan. Lè yo te rive Jabès yo te brile yo la. ¹³ Yo te pran zo yo e te ᵗantere yo anba pye tamaren Jabès la e yo te fè jèn pandan sèt jou.

ᵃ **30:18** Jen 14:16   ᵇ **30:19** I Sam 30:8   ᶜ **30:20** I Sam 30:26-31   ᵈ **30:21** I Sam 30:10   ᵉ **30:24** Nonb 31:27
ᶠ **30:26** I Sam 18:17   ᵍ **30:28** Jos 13:16   ʰ **30:29** I Sam 27:10   ⁱ **30:29** Jij 1:16   ʲ **30:30** Nonb 14:45
ᵏ **30:31** Jos 14:13-15   ˡ **30:31** I Sam 23:22   ᵐ **31:1** I Kwo 10:1-12   ⁿ **31:2** I Kwo 8:33   ᵒ **31:3** II Sam 1:6
ᵖ **31:4** II Sam 1:6-10   ᑫ **31:9** Jij 16:23-24   ʳ **31:10** Jij 2:13   ˢ **31:12** II Sam 2:4-7   ᵗ **31:13** II Sam 21:12-14

II Samuel

1 Alò, li te vin rive ke lè Saül te fin mouri, e David te retounen soti nan [a]masak a Amalekit yo, ke David te rete pandan de jou nan Tsiklag. [2] Nan twazyèm jou a, vwala, yon mesye te sòti nan kan an kote Saül la. [b]Rad li te chire epi te gen pousyè sou tèt li. Lè li te parèt a David, [c]li te tonbe atè; li te kouche plat nèt pou fè respè.

[3] Alò, David te di li: "Depi ki kote ou sòti?"

Li te reponn: "Mwen te chape soti nan kan Israël la."

[4] David te di li: [d]"Se kijan bagay yo te sòti? Souple, fè m konnen."

Konsa, li te di: "Moun yo gen tan sove ale kite batay la, e anplis, anpil nan moun yo tonbe mouri. Epi Saül avèk Jonathan, fis li a te mouri tou."

[5] Konsa, David te di a jennonm nan ki te pale li a: "Kijan ou fè konnen ke Saül avèk fis li, Jonathan mouri?"

[6] Jennonm ki te pale li a te di: "Pa aza mwen te sou Mòn Guilboa, e gade byen, Saül t ap apiye sou frenn li an. Epi gade, cha yo avèk chevalye yo t ap kouri rèd sou li. [7] Lè l te gade dèyè li, li te wè m e te rele mwen. Epi mwen te di: 'Men mwen'. [8] Li te di mwen: 'Se ki moun ou ye?' Epi mwen te reponn li: [e]'Mwen se yon Amalekit'. [9] Alò li te di mwen: 'Souple, kanpe akote mwen pou touye mwen; paske gwo doulè gen tan sezi mwen akoz lavi m toujou rete nan mwen.' [10] Konsa, mwen te kanpe akote li [f]pou te touye li; paske mwen te konnen ke li pa t kab viv lè l te fin tonbe a. Epi mwen te pran kouwòn ki te sou tèt li a, ak braslè ki te nan bra li a, e mwen te mennen yo isit la kote mèt mwen."

[11] Alò, [g]David te sezi rad li, te chire yo, menm jan tout mesye ki te avè l yo te fè. [12] Yo te fè dèy e te kriye [h]fè jèn pou Saül avèk fis li a, Jonathan, pou pèp SENYÈ a e pou lakay Israël jis rive nan aswè, akoz yo te tonbe pa nepe.

[13] David te di a jennonm ki te pale li a: "Se kibò ou sòti?"

Epi li te reponn: [i]"Mwen se fis a yon etranje, yon Amalekit."

[14] Alò, David te di li: "Kijan sa ye ke ou pa t pè lonje men ou pou detwi onksyone a SENYÈ a?" [15] Epi David te rele youn nan jennonm yo e te di: "Ale, koupe l fè l desann." [j]Konsa, li te frape li e li te mouri. [16] David te di li: "San ou sou pwòp tèt pa w; paske [k]bouch ou te fè temwayaj kont ou menm e te di: 'Mwen te touye onksyone a SENYÈ a.'"

[17] Alò, David te [l]chante lamantasyon sila sou Saül avèk fis li a, Jonathan. [18] Epi li te di yo pou montre fis a Juda yo chan ki rele Banza a. Gade byen, li ekri nan [m]liv a Jaschar a.

[19] [n]"Bèlte ou, O Israël, detwi sou wo plas ou yo!
O kijan glwa ou yo te tonbe sou wo plas yo!
[20] [o]Pa pale sa nan Gath,
ni pwoklame sa nan lari Askalon yo,
sof fi Filisten yo ta rejwi;
fi a ensikonsi yo ta egzalte,
[21] [p]O mòn a Guilboa yo,
pa kite lawouze ni lapli vin tonbe sou nou,
ni sou chanm ofrann yo;
paske pwisan yo te tonbe,
paske la, boukliye pwisan an te vin sal.
Boukliye Saül te pedi lwil onksyon an.
[22] Soti nan san a sila ki te mouri yo,
soti nan grès a pwisan yo,
[q]banza a Jonathan an pa t fè bak,
ni nepe a Saül la pa t retounen vid.
[23] Saül avèk Jonathan,
byen emab e byeneme pandan vi pa yo,
epi nan mò yo, yo pa t vin separe.
Yo te pi rapid ke èg yo.
Yo te pi pwisan pase lyon yo.
[24] O fi Israël yo, kriye pou Saül,
ki te fè nou abiye byen bèl ak twal wouj,
ki te mete ònèman an lò sou vètman nou.
[25] Kijan pwisan yo vin tonbe nan
   mitan batay la!
Jonathan vin touye sou wo plas nou yo.
[26] Mwen twouble pou ou, frè m Jonathan.
Ou te konn fè m byen kontan.
[r]Lanmou ou te yon bèl bagay.
Lanmou ou te pi presye ke lanmou
   a yon fanm.
[27] Kijan pwisan yo te tonbe
e [s]zam lagè yo te vin peri!"

2 Alò, li te vin rive apre, ke David te fè demand a SENYÈ a, e te di: "Èske Mwen dwe monte nan youn nan vil Juda yo?"

Epi SENYÈ a te di li: "Monte!"

Konsa David te di: "Se kibò pou m ta monte?"

Epi Li te di: [t]"Nan Hébron."

[2] Pou sa, David te monte la ansanm ak [u]de madanm li yo tou, Achinoam, Jizreyelit la, avèk Abigaïl, Kamelit la, fanm a Nabal la. [3] Epi [v]David te fè monte mesye ki te avèk li yo, yo chak avèk pwòp lakay pa yo, e yo te rete nan vil Hébron yo. [4] Alò, mesye Juda yo te parèt e se la, yo te [w]onksyone David wa sou kay Juda a. Epi yo te pale David, e te di: "Se te mesye a Jabés Galaad ki te antere Saül yo." [5] David te voye mesaje yo

---

[a] **1:1** I Sam 30:1-26   [b] **1:2** I Sam 4:12   [c] **1:2** I Sam 25:23   [d] **1:4** I Sam 4:16   [e] **1:8** I Sam 15:3   [f] **1:10** Jij 9:54
[g] **1:11** II Kwo 34:27   [h] **1:12** II Sam 3:35   [i] **1:13** II Sam 1:8   [j] **1:15** II Sam 4:10-12   [k] **1:16** II Sam 1:10   [l] **1:17** II Kwo 35:25   [m] **1:18** Jos 10:13   [n] **1:19** II Sam 1:25-27   [o] **1:20** I Sam 31:8-13   [p] **1:21** I Sam 31:1   [q] **1:22** I Sam 18:4
[r] **1:26** I Sam 18:1-4   [s] **1:27** És 13:5   [t] **2:1** Jos 14:13   [u] **2:2** I Sam 25:42-43   [v] **2:3** I Sam 30:9   [w] **2:4** I Sam 16:13

bò kote mesye Jabés Galaad yo. Li te di yo: ᵃ"Ke nou beni pa SENYÈ a akoz nou te montre bonte nou anvè Saül, mèt nou an, e nou te antere li. ⁶ Alò, ᵇke SENYÈ a montre bonte avèk verite Li a nou menm. Konsa, mwen tou, mwen va montre nou bonte sa a akoz nou te fè bagay sa a. ⁷ Pou sa, kite men nou rete fò e plen kouraj. Paske mèt nou an, Saül mouri e anplis, kay Juda a te onksyone mwen kòm wa sou yo menm".

⁸ Men ᶜAbner, fis a Ner a, te pran Isch-Boscheth, fis a Saül la e te mennen li antre Mahanaïm. ⁹ Li te fè li wa sou ᵈGalaad, sou Gechouryen yo, sou Jizreel, sou Ephraïm ak sou Benjamin, menm sou tout Israël la. ¹⁰ Isch-Boscheth, fis a Saül la te gen karant ane lè l te devni wa sou Israël, e li te wa pandan dezan. Men, lakay Juda te swiv David. ¹¹ ᵉFòs tan ke David te wa nan Hébron sou Juda a se te sèt ane avèk si mwa.

¹² Alò, Abner, fis a Ner a te sòti Mahanaïm kote ᶠGabaon avèk sèvitè a Isch-Boscheth yo, fis a Saül la. ¹³ Konsa, ᵍJoab, fis a Tseruja a avèk sèvitè a David yo te sòti pou rankontre yo akote sous Gabaon an. Yo te chita konsa, youn nan yon bò sous la e lòt la nan lòtbò sous la. ¹⁴ Abner te di a Joab: "Alò, kite jennonm yo leve ʰfè yon kou batay devan nou la a."

Joab te reponn: "Kite yo leve." ¹⁵ Konsa, yo te leve travèse ak kontwòl, douz pou Benjamin avèk Isch-Boscheth, fis a Saül yo e douz pou sèvitè a David yo. ¹⁶ Chak te sezi advèsè li nan tèt e te fonse nepe li nan akote advèsè li a; konsa, yo te tonbe atè ansanm. Pou sa, yo te rele plas sa a Helkath-Hatsurim chanm a lam nepe yo ki nan Gaboan. ¹⁷ Nan jou sa a, batay la te trè sevè e ⁱAbner avèk mesye Israël yo te kale devan sèvitè David yo. ¹⁸ Alò, ʲtwa fis a Tseruja yo te la, Joab avèk Abschaï avèk Asaël te vit sou pye yo tankou yon gazèl mawon nan chan. ¹⁹ Asaël te kouri dèyè Abner e pa t vire ni adwat ni agoch nan kouri dèyè Abner.

²⁰ Alò, Abner te gade dèyè li, e te di: "Èske se ou, Asaël?"

Epi li te reponn: "Se mwen."

²¹ Konsa, Abner te di li: "Vire vè adwat oswa agoch, pran youn nan jennonm yo pou kont ou e pran pou ou menm nan piyaj la." Men Asaël pa t dakò pou vire pa swiv li. ²² Abner te repete ankò a Asaël: "Vire pa swiv mwen Poukisa mwen ta frape ou pou jiskaske ou rive atè?" ᵏKonsa, kijan mwen ta kapab leve figi mwen a frè ou a, Joab?" ²³ Sepandan, li te refize vire akote; pou sa, Abner te frape li nan vant avèk frenn li jiskaske li te parèt nan do li Epi li te tonbe la menm e te mouri sou lye a. Epi li te vin rive ke tout moun ki te vini kote ˡAsaël te mouri an, te kanpe an plas.

²⁴ Men Joab avèk Abischaï te kouri dèyè Abner e pandan solèy la t ap bese, yo te rive nan ti mòn a Amma a, ki devan Guiach pa chemen dezè a Gabaon an. ²⁵ Fis Benjamin yo te rasanble ansanm dèyè Abner e te devni yon sèl ekip; epi yo te kanpe sou tèt a yon sèten ti mòn. ²⁶ Alò, Abner te rele Joab e te di: "Èske epe a va devore tout tan? Èske ou pa konprann ke alafen, sa ap vin anmè? Pou konbyen de tan ou va refize di pèp la sispann kouri dèyè frè yo?"

²⁷ Joab te di: "Jan Bondye viv la, si ou pa t pale; byensi, pèp la t ap kite sa maten an e chak moun t ap sispann swiv frè yo." ²⁸ Epi Joab te soufle twonpèt la. Konsa, tout pèp la te sispann e yo pa t kouri dèyè Israël ankò, ᵐni yo pa t kontinye goumen ankò. ²⁹ Alò, Abner avèk mesye pa li yo te mache nan dezè Araba a tout nwit lan. Yo te travèse Jourdain an, yo te mache tout maten an pou te vini ⁿMahanaïm.

³⁰ Alò, Joab te retounen soti swiv Abner. Lè li te fin rasanble tout pèp la ansanm, diz-nèf nan sèvitè David yo anplis ke Asaël te manke. ³¹ Men sèvitè David yo te touye anpil nan mesye Benjamin yo avèk Abner yo, jiskaske te rive twa-san-swasant moun te mouri. ³² Yo te pran Asaël e te antere li ᵒnan tonm papa li ki te Bethléhem. Epi Joab avèk mesye pa l yo te ale tout nwit lan jiskaske li te vin fè jou kote Hébron.

3 Alò, ᵖte gen yon gè byen long antre lakay Saül ak lakay David. David te vin pi pwisan, men lakay Saül, ofiyamezi, te vin pi fèb. ² ᵍFis te ne a David an Hébron: premye ne li a se te Amnon, pa Achinoam, Jizreyelit la; ³ epi dezyèm li a, Kileab, pa Abigaïl la, vèv a Nabal la, Kamalit la; epi twazyèm nan, Absalom, fis ʳMaaca a, fi a Talmaï a, wa a Gueschur; ⁴ epi katriyèm nan, ˢAdonija, fis a Haggith la e senkyèm nan, Schephathia, fis a Abithal la; ⁵ epi sizyèm nan, Jithream, pa Égla a, madanm a David.

⁶ Li te vin rive ke pandan te gen lagè antre lakay Saül ak lakay David, ke ᵗAbner t ap ranfòse pozisyon li lakay Saül. ⁷ Alò, Saül te gen yon ti mennaj ki te rele ᵘRitspa, fi a Ajja a. Konsa, Isch-Boscheth te di a Abner: "Poukisa ou te antre nan ti mennaj papa m nan?"

⁸ Alò, Abner te byen fache akoz pawòl a Isch-Boscheth yo e te di: ᵛ"Èske mwen se tèt yon chen ki pou Juda? Jodi a, mwen montre favè a lakay papa ou, a frè li yo, a zanmi li yo e mwen pa t livre ou nan men David. Epi malgre sa, jodi a, ou akize mwen kòm koupab nan afè fanm nan. ⁹ ʷKe Bondye fè sa a Abner, e menm plis toujou, si jan SENYÈ a te sèmante a David la, mwen pa akonpli sa pou li, ¹⁰ ˣpou fè wayòm nan kite lakay Saül pou vin etabli sou twòn David sou Israël ak sou Juda, soti nan Dan, jis rive Beer-Schéba."

ᵃ **2:5** I Sam 23:21   ᵇ **2:6** Egz 34:6   ᶜ **2:8** I Sam 14:50   ᵈ **2:9** Jos 22:9   ᵉ **2:11** II Sam 5:5   ᶠ **2:12** Jos 10:12   ᵍ **2:13** II Sam 8:16   ʰ **2:14** II Sam 2:16-17   ⁱ **2:17** II Sam 3:1   ʲ **2:18** I Kwo 2:16   ᵏ **2:22** II Sam 3:27   ˡ **2:23** II Sam 20:12   ᵐ **2:28** II Sam 3:1   ⁿ **2:29** II Sam 2:8   ᵒ **2:32** Jen 47:29-30   ᵖ **3:1** I Wa 14:30   ᵍ **3:2** I Kwo 3:1-3   ʳ **3:3** I Sam 27:8   ˢ **3:4** I Wa 1:5   ᵗ **3:6** II Sam 2:8-9   ᵘ **3:7** II Sam 21:8-11   ᵛ **3:8** I Sam 24:14   ʷ **3:9** I Wa 19:2   ˣ **3:10** I Sam 15:28

¹¹ Epi li pa t kab reponn Abner ankò, akoz li te pè li.
¹² Alò Abner te voye mesaje yo kote David nan plas li, e te di: "Pou kilès peyi a ye? Fè akò ou avèk mwen; epi pou sa, men m va avèk ou pou mennen tout Israël bò kote ou."
¹³ Li te di: "Sa bon! Mwen va fè yon akò avèk ou, men mwen ap fè yon sèten demann a ou menm. Konsa, ou p ap menm wè figi m sof ke ou mennen ᵃpremyèman Mical, fi a Saül la, lè ou vin wè mwen." ¹⁴ Konsa, David te voye mesaje yo kote Isch-Boscheth, fis a Saül la, e te di: "Ban mwen madanm mwen Mical, avèk sila mwen te fiyanse ᵇpou yon santèn prepuce moun ki sòti nan Filisten yo."
¹⁵ Isch-Boscheth te voye retire li de mari li, Paithiel, fis a Laïsch la. ¹⁶ Men mari li te ale avèk li. Li t ap kriye pandan li t ap prale e te swiv li jis rive ᶜBachurim. Epi Abner te di li: "Ale, retounen!" Konsa, li te retounen.
¹⁷ Alò, Abner te fè konsiltasyon avèk ᵈansyen Israël yo e te di: "Nan tan pase yo, nou te chache fè David vin wa sou nou. ¹⁸ Alò konsa, annou fè l. Paske SENYÈ a te pale a David e te di: 'Pa men a sèvitè Mwen an, David, Mwen va sove pèp Mwen an, Israël soti nan men a Filisten yo ak nan men a tout lènmi pa yo.'"
¹⁹ Abner osi te pale nan zòrèy a moun Benjamin yo. Anplis, Abner te ale fè rapò a David nan Hébron ke tout sa te parèt bon pou Israël, tout lakay Israël la ak a ᵉtout lakay Benjamin an. ²⁰ Alò, Abner avèk ven mesye avèk li te vin kote David nan Hébron. David te fè yon gwo fèt pou Abner avèk mesye ki te avèk li yo. ²¹ Abner te di a David: "Kite mwen leve pou m ale ᶠrasanble tout Israël la kote mèt mwen an, wa a, pou yo kapab fè yon akò avèk ou e pou ou kapab devni wa sou tout sa ke nanm ou dezire yo." Konsa, David te voye Abner ale e li te ale anpè.
²² Epi vwala, ᵍsèvitè a David yo avèk Joab te antre sòti nan yon atak piyaj e yo te pote anpil piyaj avèk yo. Men Abner pa t avèk David nan Hébron; paske li te voye li ale e li te sòti anpè. ²³ Lè Joab avèk tout lame ki te avèk li a te rive, yo te pale Joab e te di: "Abner, fis a Ner a te rive vè wa a, li te voye li ale e li te sòti anpè."
²⁴ Alò, Joab te vini vè wa a e te di: "Se kisa ou te fè la a? Gade, Abner te vin kote ou. Alò, poukisa ou te voye li ale sòti deja? ²⁵ Ou konnen Abner, fis a Ner a, ke li te antre pou twonpe ou, pou aprann jan ou sòti ak jan ou antre, pou dekouvri tout sa w ap fè."
²⁶ Lè Joab te sòti kote David, li te voye mesaje yo dèyè Abner. Yo te mennen li retounen soti nan pwi Sira a; men David pa t konnen. ²⁷ Konsa, lè Abner te retounen Hébron, Joab te pran li akote mitan pòtay la, konsi, pou pale avèk li an prive, epi la, ʰli te frennen li nan vant jiskaske li te mouri akoz san Asaël, frè li a. ²⁸ Apre, lè David te tande sa, li te di: "Mwen avèk wayòm mwen an inosan devan SENYÈ a jis pou tout tan sou afè san Abner a, fis a Ner a. ²⁹ ⁱKonsa, san sa a vin tonbe sou tèt Joab avèk tout lakay papa li. Epi pou ta genyen toujou lakay li yon moun ki gen ekoulman, oswa lalèp, oswa ki oblije mache ak baton, oswa ki tonbe pa nepe, oswa ki manke pen." ³⁰ Konsa, Joab avèk Abischaï te touye Abner ʲakoz li te mete frè yo a lanmò nan batay Gabaon an.
³¹ Alò, David te di a Joab avèk tout moun ki te avèk li yo: ᵏ"Chire rad nou e abiye nou an sak pou fè lamantasyon devan Abner." Epi Wa David te mache dèyè sèkèy la. ³² Konsa, yo te antere Abner Hébron. Wa a te leve vwa li pou te kriye akote ˡtonm Abner a, e tout moun te kriye. ³³ ᵐ Wa a te chante yon lamantasyon pou Abner, e te di: "Èske Abner ta dwe mouri tankou yon moun fou ta mouri? ³⁴ Men ou pa t mare, ni pye ou pa t anchene. Tankou yon moun ki tonbe devan mechan yo, ou te tonbe."
Epi tout moun te kriye ankò sou li. ³⁵ Alò, tout pèp la te vini pou konvenk David manje pen pandan li te toujou nan lajounen, men David te fè ve e te di: "Ke Bondye fè m sa e menm plis, si mwen goute pen oswa nenpòt lòt bagay ⁿavan solèy la vin kouche."
³⁶ Konsa, tout pèp te remake afè sa a, e li te fè yo plezi, jis jan ke tout sa ke wa a te fè te fè tout pèp la plezi. ³⁷ Konsa, tout pèp la ak tout Israël te konprann nan jou sa a ke li pa t volonte a wa a pou mete Abner, fis a Ner a lanmò. ³⁸ Epi wa a te pale ak sèvitè li yo: "Èske nou pa konnen ke yon prens, yon gran òm vin tonbe nan jou sa a an Israël? ³⁹ Mwen fèb jodi a, malgre m onksyone kòm wa. Mesye sila yo, ᵒfis a Tseruja yo twò difisil pou mwen! ᵖKe SENYÈ a rekonpanse malfektè a selon mechanste li a."

4 Alò, lè Isch-Boscheth, fis a Saül la, te tande ke ᵠAbner te mouri Hébron, ʳli te pèdi kouraj e tout Israël te twouble. ² Fis a Saül la te gen de mesye ki te kòmandan a bann sòlda yo. Non a youn se te Baana e lòt la te Récab, fis a Rimmon Beéroth yo, ki apatyen a fis Benjamin yo (paske Beéroth te konsidere kòm yon pati nan Benjamin. ˢ³ Tout Beyewotyen yo te sove ale pou rive ᵗGuitthaïm e te rete la kòm etranje jis rive jodi a).
⁴ Alò, ᵘJonathan, fis a Saül la, te gen yon fis ki te kokobe nan pye li. Li te konsa akoz lè li te gen laj a senk ane lè rapò a Saül avèk Jonathan te rive soti Jizréel, fanm nouris li an te pran fis la pou te sove ale. Epi nan kouri sòti, li te tonbe e te vin kokobe. Non li se te Méphiboscheth.
⁵ Konsa fis a Rimmon yo, Beyewotyen an, Récab, avèk Banna te pati pou te rive lakay ᵛIsch-Boscheth nan chalè lajounen an pandan li t ap pran repo midi

---
ᵃ **3:13** I Sam 18:20 ᵇ **3:14** I Sam 18:25-27 ᶜ **3:16** II Sam 16:5 ᵈ **3:17** I Sam 8:4 ᵉ **3:19** I Sam 10:20-21 ᶠ **3:21** I Sam 3:10-12 ᵍ **3:22** I Sam 27:8 ʰ **3:27** II Sam 2:23 ⁱ **3:29** Det 21:6-9 ʲ **3:30** II Sam 2:23 ᵏ **3:31** Jen 37:34 ˡ **3:32** Job 31:28-29 ᵐ **3:33** II Sam 1:17 ⁿ **3:35** II Sam 1:12 ᵒ **3:39** II Sam 19:5-7 ᵖ **3:39** I Wa 2:32-34 ᵠ **4:1** II Sam 3:27 ʳ **4:1** Esd 4:4 ˢ **4:2** Jos 9:17; Jos 18:25 ᵗ **4:3** Né 11:33 ᵘ **4:4** II Sam 9:3-6 ᵛ **4:5** II Sam 2:8

a. ⁶ Yo te rive nan mitan kay la kòmsi yo t ap pran ble e ᵃyo te frape li nan vant. Epi Récab avèk Banna, frè li yo te chape ale. ⁷ Alò, lè yo te vin rive anndan kay la, pandan li te kouche sou kabann li nan chanm a dòmi li an, yo te frape li e te touye li. Yo te koupe tèt li e yo te ᵇvwaya je ak li nan chemen Araba a tout nwit lan. ⁸ Konsa, yo te mennen tèt a Isch-Boscheth kote David nan Hébron e yo te di a wa a: "Men gade, tèt a Isch-Boscheth, ᶜfis a Saül la, lènmi pa w la, ki te chache lavi ou a. Konsa, nan jou sa a, SENYÈ a te bay mèt mwen an, wa a, vanjans sou Saül avèk desandan li yo."

⁹ David te reponn Récab avèk Banna, frè li, fis a Rimmon yo, Beyewotyen an, e te di yo: "Jan SENYÈ a viv la, ᵈki te peye racha lavi m soti nan tout twoub yo, ¹⁰ ᵉlè yon moun te pale m e te di: 'Gade, Saül mouri' e te panse ke se bòn nouvèl ke li pote, mwen te sezi li e te touye li Tsiklag, kòm rekonpans pou nouvèl la. ¹¹ Alò, konbyen anplis, lè moun mechan yo vin touye yon nonm ladwati nan pwòp kay li sou kabann li! Èske se pa ke m ta oblije mande san li nan men nou e rache nou sou fas tè a?" ¹² Alò, ᶠDavid te pase lòd sou jennonm yo. Yo te touye yo, yo te koupe men yo avèk pye yo, e te pann yo akote sous Hébron an. Men yo te pran tèt a Isch Boscheth ᵍe yo te antere li nan tonm Abner a nan Hébron.

5 ʰAlò, tout tribi Israël yo te vin kote David Hébron e te di: "Gade byen, nou se pwòp ⁱzo ou ak chè ou. ² Avan, lè Saül te wa sou nou, se te ou menm sèl ki te mennen Israël antre, sòti. Epi SENYÈ a te di ou: 'Ou va bèje pèp Mwen an, Israël e ou va yon ʲchèf sou Israël.'" ³ Konsa, tout ansyen Israël yo te vin kote wa a Hébron e Wa David ᵏte fè yon akò avèk yo devan SENYÈ a Hébron. Epi ˡyo te onksyone David wa sou Israël.

⁴ David te gen la j a ᵐtrantan lè l te devni wa. Li te renye pandan karantan. ⁵ Nan Hébron, ⁿli te renye sou Juda pandan sèt ane, si mwa e nan Jérusalem, li te renye pandan trann-twazan sou tout Israël avèk Juda.

⁶ ᵒAlò, wa a avèk moun pa li yo te ale Jérusalem kont Jebizyen yo, moun ki te rete nan peyi a. Men yo te di a David: "Ou p ap antre isit la, men menm avèg yo avèk bwate yo va fè ou vire ale". Paske yo te panse ke: "David p ap kab antre la." ⁷ Sepandan, David te kaptire fòterès Sion an, sa vle di, ᵖ"vil David la". ⁸ David te di nan jou sa a: "Nenpòt moun ki va frape Jebizyen yo, kite li rive kote bwate yo avèk avèg yo, ki rayi pa nanm David, pa kanal dlo a." Akoz sa, yo konn di: "Avèg ak bwate p ap antre nan kay la."

⁹ Konsa, David te rete nan fò a e li te rele li "Vil David la". Epi David te bati toutotou soti nan sitadèl Milo a jis rive anndan. ¹⁰ ᑫDavid te devni gran e pi gran, paske SENYÈ a, Bondye dèzame yo te avèk li. ¹¹ ʳAlò, Hiram, wa a Tyr la, te voye mesaje yo kote David avèk bwa sèd avèk chapant ak mason k ap kraze wòch; epi yo te bati yon kay pou David. ¹² Konsa, David te vin wè ke SENYÈ a te etabli li kòm wa sou Israël, ke Li te egzalte wayòm li an pou koz pèp Li a, Israël.

¹³ Antretan, ˢDavid te pran plis ti mennaj avèk madanm soti Jérusalem lè l fin kite Hébron; epi plis fis avèk fi te fèt pou David. ¹⁴ Alò, ᵗsila yo se non a sila ki te fèt pou li Jérusalem yo: Schammua, Schobab, Nathan, Salomon, ¹⁵ Jibhar, Élishua, Népheg, Japhia, ¹⁶ Élischama, Éliada, Éliphéleth.

¹⁷ Lè Filisten yo te tande ke yo te onksyone David wa sou Israël, ᵘtout Filisten yo te monte pou chache jwenn David. Lè David te tande sa, li te desann nan fò a. ¹⁸ Alò, Filisten yo te vin gaye yo nan ᵛvale Rephaïm nan. ¹⁹ Konsa, ʷDavid te mande konsèy a SENYÈ a. Li te mande: "Èske mwen dwe monte kont Filisten yo? Èske Ou va livre yo nan men mwen?"

SENYÈ a te reponn a David: "Monte, paske vrèman, Mwen va livre Filisten yo nan men ou."

²⁰ Konsa, David te vini ˣBaal-Peratism e te bat yo la. Li te di: "SENYÈ a te antre sou lènmi mwen yo devan m tankou yon dlo k ap kase." Pou sa, li te rele plas sa a Baal-Peratsim. ²¹ Yo te abandone zidòl yo la. Pou sa, ʸDavid avèk mesye li yo te pote yo ale.

²² Alò, ᶻFilisten yo te monte yon fwa ankò. Yo te gaye yo nan vale Rephaïm nan. ²³ Lè ᵃDavid te mande konsèy a SENYÈ a, Li te di: "Ou pa pou monte. Ansèkle jis pa dèyè yo e vini sou yo pa devan pye sikomò yo. ²⁴ Li va rive, ke lè ou tande son mache a sou tèt bwa yo; alò, ou va aji vit, paske se nan lè sa a ke ᵇSENYÈ a ap gen tan sòti devan ou pou frape lame Filisten an."

²⁵ Alò, David te fè konsa, jis jan ke SENYÈ a te kòmande li a, e li te bat Filisten yo soti Guéba, pou jis rive Guézer.

6 ᶜAlò, David te ankò ranmase tout mesye chwazi an Israël yo nan kantite trant-mil. ² Li te leve pou te ale avèk tout moun ki te avèk li yo Baalé-Juda, pou fè monte soti la, lach Bondye ki rele pa ᵈNon an, vrè non dirèk SENYÈ dèzame yo ki enstale sou twòn anwo cheriben an. ³ Yo te plase lach Bondye a sou yon ᵉkabwa tounèf pou yo te kab mennen li soti lakay Abinadab ki te sou ti kolin nan. Se te Uzza avèk Achjo, fis Abinadab la, ki te mennen kabwèt nèf la. ⁴ Konsa, ᶠyo te mennen li avèk lach Bondye a soti lakay Abinadab, ki te sou ti kolin nan. Achjo t ap mache devan lach la. ⁵ Antretan, David avèk tout lakay SENYÈ a ᵍt ap selebre devan SENYÈ a ʰavèk

---

ᵃ **4:6** II Sam 2:23   ᵇ **4:7** II Sam 2:29   ᶜ **4:8** I Sam 24:4   ᵈ **4:9** I Wa 1:29   ᵉ **4:10** II Sam 1:2-15   ᶠ **4:12** II Sam 1:15   ᵍ **4:12** II Sam 3:32   ʰ **5:1** II Sam 1:2-15   ⁱ **5:1** I Sam 19:13   ʲ **5:2** I Sam 25:30   ᵏ **5:3** II Sam 3:21   ˡ **5:3** I Sam 16:13   ᵐ **5:4** Nonb 4:3   ⁿ **5:5** II Sam 2:11   ᵒ **5:6** I Kwo 11:4-9   ᵖ **5:7** II Sam 6:12-16   ᑫ **5:10** II Sam 3:1   ʳ **5:11** I Wa 5:1-18   ˢ **5:13** Det 17:17   ᵗ **5:14** I Kwo 3:5-8   ᵘ **5:17** I Sam 29:1   ᵛ **5:18** Jen 14:5   ʷ **5:19** II Sam 23:2   ˣ **5:20** I Kwo 14:11   ʸ **5:21** I Kwo 14:12   ᶻ **5:22** II Sam 5:18   ᵃ **5:23** II Sam 5:19   ᵇ **5:24** Jij 4:14   ᶜ **6:1** I Kwo 13:5-14   ᵈ **6:2** Lev 24:16   ᵉ **6:3** Nonb 7:4-9   ᶠ **6:4** I Sam 18:6-7   ᵍ **6:5** I Sam 18:6-7   ʰ **6:5** I Kwo 13:8

tout kalite enstriman ki fèt an bwa pichpen, avèk lap, gita, tanbouren, ak kastanèt ak senbal. ⁶ Men lè yo te rive nan glasi Nacon an, Uzza te ᵃlon je men l vè lach Bondye a pou te kenbe li, paske bèf kabwèt yo te manke tonbe. ⁷ Konsa, kòlè SENYÈ a te brile kont Uzza, epi ᵇBondye te frape li la pou mank respè li a. Li te mouri la akote lach BONDYE a. ⁸ David te vin fache akoz kòlè SENYÈ a kont Uzza e plas sa a te vin rele Pérets-Uzza (kase antre a Uzza) jis rive jodi a. ⁹ Konsa, ᶜDavid te pè SENYÈ a nan jou sa a. Li te di: "Kijan lach SENYÈ a kapab rive kote mwen?" ¹⁰ Konsa, David pa t dakò pou deplase lach la antre nan vil David la avèk li; men David te mennen li akote, pou l rive kay ᵈObed-Édom, Gatyen an. ¹¹ Konsa, lach SENYÈ a te rete lakay Obed-Édom an, Gatyen an, pandan twa mwa e SENYÈ a te beni Obed-Édom avèk tout lakay li. ¹² Alò, yo te pale a wa David, e te di: "SENYÈ a te beni lakay Obed-Édom avèk tout sa ki pou li akoz lach Bondye a."
ᵉKonsa, David te ale monte lach Bondye a soti lakay Obed-Édom pou antre nan vil David la avèk kè kontan. ¹³ Lè ᶠpòte lach SENYÈ a yo te fin fè sis pa, li te fè sakrifis a yon bèf kabwèt avèk yon jenn bèf gra. ¹⁴ Epi David t ap danse devan SENYÈ a avèk tout fòs li e David te ᵍabiye avèk yon efòd fèt ak len. ¹⁵ Konsa, David avèk tout kay Izraèl la t ap mennen lach SENYÈ a monte avèk gwo kri lajwa e avèk son twonpèt.
¹⁶ Li te vin rive ke lè lach SENYÈ a te antre nan vil David la, ke Mical, fi a Saül la, te gade nan fenèt la e te wè Wa David t ap vòltije danse devan SENYÈ a. Epi li te meprize li nan kè l. ¹⁷ Konsa, yo te mennen lach SENYÈ a e te mete li ʰnan plas li anndan tant ke David te fè monte pou li a. Epi David te ofri ofrann brile avèk ofrann lapè devan SENYÈ a. ¹⁸ Lè David te fin ofri ofrann brile avèk ofrann lapè yo, ⁱli te beni pèp la nan non SENYÈ dèzame a. ¹⁹ Anplis, li te fè separe bay a tout pèp la, yon gato pen, youn ak fwi dat e youn avèk rezen pou chak moun. Apre, tout pèp la te pati, chak moun nan pwòp kay yo.
²⁰ Men lè David te retounen pou beni lakay li, Mical, fi a Saül la, te vin parèt pou rankontre David e te di: "Men kijan wa Izraèl la te onore pwòp tèt li jodi a! Li te dekouvri li menm jodi a nan zye a tout bòn kay ak sèvitè li yo kòm yon nonm ensanse san wont ta vin dekouvri kò li."
²¹ Konsa, David te di a Mical: "Devan SENYÈ aʲki te chwazi mwen an olye de papa ou e olye de tout kay li a, pou vin dezinye mwen chèf sou pèp SENYÈ a, sou Izraèl; pou sa, mwen va selebre devan SENYÈ a. ²² Mwen va vin konte pa lòt moun kòm pi lejè kè sa, e mwen va vin enb nan pwòp zye m,

men avèk bòn sila ke ou te pale yo; avèk yo, mwen va vin onore."
²³ Mical, fi a Saül la, pa t fè pitit jis rive jou ke li te mouri an.

7 ᵏAlò, li te vin rive ke pandan wa a te rete lakay li a, e SENYÈ a te ba li repo tout kote sou lènmi li yo, ² ke wa a te vin di a Nathan, pwofèt la: "Gade koulye a, Mwen menm rete nan ˡyon kay ki fèt ak bwa sèd; men lach Bondye a ᵐrete anndan yon tant ki fèt ak rido."
³ Nathan te di a wa a: ⁿ"Ale, fè tout sa ki nan tèt ou, paske SENYÈ a avèk ou."
⁴ Men nan menm nwit lan, pawòl SENYÈ a te vini a Nathan e te di: ⁵ "Ale e pale a sèvitè Mwen an, David: 'Se konsa SENYÈ a pale, ᵒ"Èske se ou menm ki ta dwe bati yon kay pou Mwen ta vin rete ladann? ⁶ Paske Mwen pa t rete nan yon kay depi jou ke M te mennen fè sòti fis Israël yo an Égypte, jis rive jodi a. Men Mwen te konn deplase patou nan yon ᵖtant, menm yon tabènak. ⁷ ᑫNenpòt kote ke M te ale avèk tout fis Israël yo, èske M te pale yon sèl pawòl avèk youn nan tribi a Israël yo, ʳke M te kòmande pou fè bèje a pèp Mwen an, Israël, pou di: 'Poukisa ou pa t bati pou Mwen yon kay ki fèt an sèd?' ⁸ Alò pou sa, konsa ou va di a sèvitè Mwen an, David: 'Konsa pale SENYÈ dèzame yo; ˢMwen te pran ou soti nan patiraj la, soti nan swiv mouton, pou devni yon chèf sou pèp Mwen an, Israël. ⁹ Mwen te toujou avèk ou nenpòt kote ou te ale, e Mwen ᵗte retire lènmi ou yo soti devan ou. Konsa, Mwen va fè de ou yon gwo non, tankou non a gwo moun ki sou latè yo. ¹⁰ Mwen va, osi, etabli yon plas pou pèp Mwen an, Israël. Mwen ᵘva plante yo, pou yo kab viv nan pwòp plas yo e pou yo pa vin deranje ankò, ni pou mechan pa aflije yo ankò tankou lontan, ¹¹ menm soti nan jou ke M te kòmande jij yo pou vin sou pèp Mwen an, Israël. Epi ᵛMwen va ba ou repo sou tout lènmi ou yo. SENYÈ a va osi deklare a ou menm ke SENYÈ a va fè yon kay pou ou. ¹² Lè jou ou yo fin pase e ou kouche avèk zansèt ou yo, ʷMwen va fè vin leve desandan apre ou, ki va vin sòti nan ou menm e Mwen va etabli wayòm li. ¹³ ˣLi va bati yon kay pou non Mwen e Mwen va etabli twòn wayòm li a jis pou tout tan. ¹⁴ ʸMwen va yon papa a li menm e li va yon fis pou Mwen. ᶻLè li fè inikite, Mwen va korije li avèk baton lòm nan, ak kout fwèt a fis a lòm yo. ¹⁵ Men mizerikòd Mwen p ap sòti sou li ᵃjan Mwen te retire li sou Saül, ke Mwen te fè vin retire devan ou an. ¹⁶ ᵇLakay ou ak wayòm ou va dire devan Mwen pou tout tan. Twòn ou an va etabli pou tout tan.'"' ¹⁷ An akò avèk tout pawòl sila yo, tout vizyon sila yo, Nathan te pale avèk David.
¹⁸ Epi David, wa a, te antre chita devan SENYÈ a. Li te di: ᶜ"Se kilès mwen ye, O Mèt BONDYE e se kisa lakay mwen ye, pou Ou te mennen mwen

---

ᵃ **6:6** Nonb 4:15-20 ᵇ **6:7** I Sam 6:19 ᶜ **6:9** Sòm 119:120 ᵈ **6:10** I Kwo 26:4-8 ᵉ **6:12** I Kwo 15:25-29
ᶠ **6:13** Nonb 4:15 ᵍ **6:14** Egz 19:5 ʰ **6:17** I Kwo 15:1 ⁱ **6:18** I Wa 8:14-15 ʲ **6:21** I Sam 13:14 ᵏ **7:1** I Kwo 17:1-27
ˡ **7:2** II Sam 5:11 ᵐ **7:2** Egz 26:1 ⁿ **7:3** I Wa 8:17-18 ᵒ **7:5** I Wa 5:3-4 ᵖ **7:6** Egz 40:18-34 ᑫ **7:7** Lev 26:11-12
ʳ **7:7** II Sam 5:2 ˢ **7:8** I Sam 16:11-12 ᵗ **7:9** Sòm 18:37-42 ᵘ **7:10** Egz 15:17 ᵛ **7:11** II Sam 7:1 ʷ **7:12** I Wa 8:20 ˣ **7:13** I Wa 6:12 ʸ **7:14** Sòm 89:26-27 ᶻ **7:14** I Wa 11:34 ᵃ **7:15** I Sam 15:23 ᵇ **7:16** II Sam 7:13
ᶜ **7:18** Egz 3:11

jis rive isit la? [19] Epi anplis, sa te yon ti bagay nan zye Ou, O Mèt BONDYE, [a]paske Ou te pale osi pa lakay sèvitè Ou a, de avni byen lwen an. Epi [b]sa se koutim a lòm, O Mèt BONDYE [20] Ankò, ki bagay anplis David kab di Ou? Paske [c]Ou konnen sèvitè Ou a, O Mèt, BONDYE! [21] [d]Pou koz a pawòl Ou e selon pwòp kè Ou, Ou te fè tout gwo bagay sila yo pou fè sèvitè Ou konnen. [22] Pou rezon sa a, Ou gran, O Mèt BONDYE; paske [e]nanpwen lòt tankou Ou menm e nanpwen lòt dye sof ke Ou menm, selon tout sa ke nou te tande avèk pwòp zòrèy nou. [23] Epi ki lòt [f]nasyon sou latè ki tankou pèp Ou a, Israël, ke Bondye te ale peye ranson pou Li menm kòm yon pèp, e pou fè yon non pou Li menm; pou fè yon gran bagay pou Ou ak bagay mèvèy pou peyi Ou a, devan pèp ke Ou te peye ranson pou kont Ou sòti an Égypte la, nan mitan nasyon yo, avèk dye pa yo. [24] Paske [g]Ou te etabli pou kont Ou, pèp Ou a, Israël kòm pèp Ou pou tout tan, e Ou menm, O SENYÈ a te devni Bondye pa yo.

[25] "Pou sa, koulye a, O SENYÈ Bondye, pawòl ke Ou te pale konsènan sèvitè Ou avèk lakay li a, konfime nèt e fè jan Ou te pale a. [26] [h]Kite non Ou kapab vin resevwa glwa jis pou tout tan, pou di: 'SENYÈ dèzame a se Bondye sou Israël la; epi pou lakay a sèvitè Ou a kapab vin etabli devan Ou.' [27] Paske Ou menm, O SENYÈ, Bondye a Israël la, te fè yon revelasyon a sèvitè Ou a e te di: [i]'Mwen va bati yon kay pou ou'. Pou sa, sèvitè Ou a te jwenn kouraj pou fè priyè sila a, a Ou menm.

[28] "Alò, O Senyè BONDYE, Ou se Bondye. [j]Pawòl Ou se verite e Ou te pwomèt bon bagay sila a a sèvitè pa Ou a. [29] Alò, pou sa, pou li kapab fè Ou plezi pou beni lakay sèvitè pa Ou a, pou li kapab kontinye pou tout tan devan Ou. Paske Ou menm, O Senyè BONDYE, te pale; epi [k]avèk benediksyon pa Ou, pou lakay sèvitè Ou a kapab beni pou tout tan."

8 [l]Konsa, li te vin rive ke David te bat Filisten yo e te mete yo anba lòd. David te pran kontwòl a vil prensipal la soti nan men a Filisten yo. [2] [m]Li te bat [n]Moab, li te mezire kaptif yo avèk yon lign. Konsa li te fè yo kouche atè, li te mezire longè de lign pou mete yo a lanmò, ak yon lign antye pou lèse yo viv. Epi Moabit yo te devni sèvitè a David e yo te pote peye taks obligatwa.

[3] Alò, David te bat Hadadézer, fis a Rehob la, wa a Tsoba, pandan [o]li te nan wout pou reprann kontwòl li nan Rivyè Euphrate la. [4] David te kaptire soti nan men li, mil-sèt-san chevalye avèk ven-mil sòlda a pye. [p]Li te koupe jarèt a cheval cha yo, men li te konsève kont nan yo pou rale yon santèn cha. [5] Lè [q]Siryen a Damas yo te vini pou bay sekou a Hadadézer, wa a Tsoba a, David te touye venn-de-mil Siryen. [6] Epi David te mete anplasman sòlda pami Siryen Damas yo. [r]Siryen yo te vin soumèt a David e te pote taks obligatwa. Epi SENYÈ a te ede David tout kote li te ale. [7] David te pran boukliye fèt an lò ki te pote pa sèvitè a Hadadézer yo e li te mennen yo Jérusalem. [8] Soti nan Béthach avèk Bérothaï, vil a Hadadézer yo, Wa David te pran yon gran kantite bwonz.

[9] Alò lè Thoï, wa a [s]Hamath la te tande ke David te bat tout lame a Hadadézer a. [10] Konsa, Thoï te voye Joram, fis li a kote Wa David pou salye li e fè li felisitasyon akoz li te goumen kont Hadadézer e te bat li. Paske Hadadézer t ap fè lagè avèk Thoï. Epi Joram te mennen avèk li bagay fèt an ajan, an lò, e an bwonz. [11] Wa David te [t]dedye sa yo osi a SENYÈ a, avèk ajan ak lò ke li te dedye soti nan tout nasyon ke Li te soumèt anba li menm yo: [12] Soti nan Syrie avèk [u]Moab, fis a Ammon yo, Filisten yo avèk Amalekit yo, ak piyaj ki te soti osi nan Hadadézer, fis a Thoï a, wa a Tsoba a.

[13] Konsa, [v]David te vin fè yon non byen koni pou kont li, lè li te retounen soti nan touye dizui-mil Siryen nan [w]Vale Sèl la. [14] Li te etabli anplasman militè yo nan Édom. Nan tout Édom, li te fè anplasman militè e tout [x]Edomit yo te devni sèvitè a David. Konsa, SENYÈ a te ede David tout kote li te ale.

[15] David te renye sou tout Israël. Li te administre la jistis avèk ladwati pou tout pèp li a. [16] [y]Joab, fis Tseruja te sou lame a e Josaphat, fis a Achilud la te [z]grefye a. [17] [a]Tsadok, fis a Achithub la avèk Achilémec, fis a Abithar a te prèt e Tseriah te sekretè. [18] Benaja, fis a Jehojada a te chèf sou [b]Keretyen avèk Peletyen yo; epi fis a David yo te chèf ministè leta yo.

9 Konsa, David te di: "Èske genyen toujou yon moun ki te rete pou lakay Saül, [c]pou m ta kab montre li favè pou koz Jonathan?" [2] Alò, te genyen yon sèvitè lakay Saül ki te rele Tsiba. Konsa yo te rele li kote David, e wa a te di li:

"Èske ou se [d]Tsiba?" Epi li te reponn: "Men sèvitè ou."

[3] Wa a te di: "Èske pa gen moun toujou lakay Saül pou mwen ta kab montre favè Bondye?"

Epi Tsiba te di a wa a: [e]"Genyen toujou yon fis a Jonathan ki kokobe nan tou de pye li."

[4] Konsa, wa a te di li: "Se kibò li ye?" Epi Tsiba te di a wa a: "Gade byen, li [f]nan kay Makir a, fis Ammiel la nan Lodebar."

[5] Epi Wa David te voye mennen li soti lakay Makir, fis a Ammiel la nan Lodebar. [6] [g]Méphibosheth, fis a Jonathan an, fis a Saül, te

---

[a] **7:19** II Sam 7:11-16 [b] **7:19** És 55:8-9 [c] **7:20** I Sam 16:7 [d] **7:21** I Kwo 17:19 [e] **7:22** Egz 15:11
[f] **7:23** Det 4:32-38 [g] **7:24** Det 32:6 [h] **7:26** Sòm 72:18-19 [i] **7:27** II Sam 7:13 [j] **7:28** Egz 34:6
[k] **7:29** Nonb 6:24-26 [l] **8:1** I Kwo 18 [m] **8:2** Nonb 24:17 [n] **8:2** I Sam 22:3-4 [o] **8:3** II Sam 10:15-19
[p] **8:4** Jos 11:6-9 [q] **8:5** I Wa 11:22-35 [r] **8:6** II Sam 8:2 [s] **8:9** I Wa 8:65 [t] **8:11** I Wa 7:51 [u] **8:12** II Sam 8:2 [v] **8:13** II Sam 7:9 [w] **8:13** II Wa 14:7 [x] **8:14** Jen 27:37-40 [y] **8:16** I Kwo 11:6 [z] **8:16** II Wa Sam 4:4 [a] **8:17** I Kwo 6:4-8 [b] **8:18** II Sam 15:18 [c] **9:1** I Sam 20:14-42 [d] **9:2** II Sam 16:1-4 [e] **9:3** II Sam 18:18-37
[f] **9:4** II Sam 17:27-29 [g] **9:6** II Sam 16:4

vini a David. Li te tonbe sou figi li bese atè nèt. Epi David te di: "Méphibosheth?"

Epi li te di: "Men mwen, sèvitè ou!"

⁷ David te di li: "Pa pè, paske anverite, mwen va montre ou ladousè pou koz papa ou, Jonathan, e mwen ᵃva restore a ou menm tout tè a granpapa ou, Saül. Epi, konsa, ou va manje tout tan sou tab mwen."

⁸ Ankò, li te bese atè, e te di: "Se kisa ke sèvitè ou ye pou ou ta dwe gade ᵇyon chen mouri tankou mwen?"

⁹ Konsa, wa a te rele sèvitè a Saül la, Tsiba. Li te di li: ᶜ"Tout sa ki te pou Saül ak pou lakay li yo, mwen te vin bay yo a gran pitit a mèt ou a. ¹⁰ Ou menm avèk fis ou yo avèk sèvitè ou yo va kiltive tè a pou li, e ou va rekòlte jis pou pitit a mèt ou a kapab genyen manje. Sepandan, Méphibosheth, gran fis a mèt ou a, ᵈva manje tout tan sou tab mwen."

Alò, Tsiba te gen kenz fis ak ven sèvitè. ¹¹ Epi Tsiba te di a wa a: "Selon ᵉtout sa ke mèt mwen, wa a, kòmande sèvitè li a, konsa sèvitè ou a va fè." Konsa, Méphibosheth te manje sou tab David la, tankou youn nan fis a wa yo. ¹² Méphibosheth te gen yon jèn fis ki te rele Mica. Epi tout sila ki te rete lakay Tsiba yo te sèvitè a Méphibosheth. ¹³ Konsa, Méphibosheth te rete Jérusalem, paske li te manje sou tab a wa a tout tan. Alò, li te kokobe nan toude pye li.

10 ᶠ Li te vin rive apre ke wa a Amoreyen an te mouri e Hanun, fis li a, te devni wa nan plas li. ² Konsa, David te di: "Mwen va montre bòn volonte mwen a Hanun, fis a ᵍNachasch la, jis jan ke papa li te montre m bòn volonte a." Konsa, David te voye kèk nan sèvitè li yo pou konsole li konsènan papa li. Konsa, sèvitè a David yo te rive nan peyi Amonit yo.

³ Men prens a Amonit yo te di a Hanun, mèt pa yo a: "Èske ou kwè ke David ap onore papa ou akoz li te voye moun konsole ou? ʰÈske David pa t pito voye sèvitè li yo kote ou pou fè ankèt vil la, pou espyone ak boulvèse li?"

⁴ Konsa, Hanun te pran sèvitè a David yo, li te pase razwa sou mwatye bab yo, li te ⁱkoupe manto yo jis rive nan mitan kote kwis yo, e li te voye yo ale. ⁵ Lè yo te pale David sa, li te voye rankontre yo, paske mesye yo te imilye anpil. Epi wa a te di: "Rete Jéricho jiskaske bab nou vin pouse e konsa, retounen."

⁶ Alò, lè fis a Ammon yo te wè ke ʲyo te vin rayisab devan David, fis a Ammon yo te voye anplwaye Siryen yo Beth-Rehob e Siryen yo a Tsoba, ven-mil sòlda a pye, wa Macca avèk mil lòm e mesye a Tob yo avèk douz-mil lòm. ⁷ Lè David te tande sa, li te voye Joab avèk tout lame mesye vanyan yo. ⁸ Fis a Ammon yo te vin parèt. Yo te ranje yo nan chan batay la ᵏdevan antre vil la, pandan Siryen a Tsoba yo avèk Rehob, mesye a Tob yo avèk Maaca pou kont yo te nan chan an. ⁹ Alò, lè Joab te wè ke batay la te ranje kont li pa devan kon pa dèyè, li te seleksyone pami mesye pi chwazi an Israël yo pou te ranje yo kont Siryen yo. ¹⁰ Men rès nan pèp la, li te plase yo nan men Abischaï, frè li a e li te ranje yo kont fis Ammon yo. ¹¹ Li te di: "Si Siryen yo twò fò pou mwen, alò, ou va ban m sekou; men si fis a Ammon yo twò fò pou ou, alò, mwen va vin ede ou. ¹² Pran kouraj e kite nou parèt ak tout fòs nou pou koz a pèp nou an e pou vil Bondye pa nou an. ˡKe SENYÈ a kapab fè sa ki bon nan zye Li." ¹³ Konsa, Joab avèk moun ki te avèk li yo te rapwoche nan batay la kont Siryen yo e ᵐyo te sove ale devan yo. ¹⁴ Lè fis a Ammon yo te wè ke Siryen yo te sove ale, yo osi te sove ale devan Abischaï e te antre nan vil la. Alò, ⁿJoab retounen sispann goumen kont fis a Ammon yo pou te rive kote Jérusalem.

¹⁵ Lè Siryen yo te wè ke yo te fin bat pa Israël, yo te vin rasanble ansanm. ¹⁶ ᵒEpi Hadarézer te voye chache Siryen ki te pi lwen Rivyè Euphrate la pou yo te vini Hélam. Schobac, Kòmandan a lame a Hadarézer a te sou tèt yo. ¹⁷ Alò, lè sa te pale a David, li te rasanble tout Israël ansanm e te travèse Jourdain an pou te rive vè Hélam. Konsa, Siryen yo te alinye yo pou rankontre David e te goumen kont li. ¹⁸ Men Siryen yo te sove ale devan Israël. David te touye ᵖsèt-san mèt a cha Siryen, karant-mil chevalye e li te frape fè desann Schobac, kòmandan lame pa yo a, e li te mouri la. ¹⁹ Lè tout wa yo, sèvitè a Hadarézer yo te wè ke yo te pèdi devan Israël, ᑫyo te fè lapè avèk Israël pou te sèvi yo. Konsa, Siryen yo te vin gen krent pou ede fis a Ammon yo ankò.

11 ʳAlò, li te fèt pandan prentan an, lè ke wa yo konn sòti batay, ke David te voye Joab, ansanm avèk sèvitè li yo ak tout Israël. Yo te detwi fis a Ammon yo e yo te fè syèj nan Rabba, men David te rete Jérusalem. ² Epi lè lannwit te vin rive, David te leve nan kabann li. Li te mache antoure ˢtwati kay wa a, soti nan twati a, li te wè yon fanm ki t ap benyen. Epi fanm nan te byen bèl nan aparans li. ³ Konsa, David te voye mande konsèy sou fanm sa a. Epi youn te di: "Èske se se pa Bath-Schéba, fis a Éliam nan, fanm a Urie a, Itit la?"

⁴ David te voye mesaje pran li. Lè li te parèt kote li, ᵗli te kouche avèk li (paske li te fin pirifye tèt li de salte a). Epi li te retounen lakay li. ⁵ Fanm nan te vin ansent. Li te voye di David: ᵘ"Mwen ansent."

⁶ Konsa, David te voye kote Joab. Li te di: "Voye ban mwen Urie, Itit la." Konsa, Joab te voye Urie kote David. ⁷ Lè Urie te vin kote li, ᵛDavid te mande pa sikonstans a Joab avèk tout pèp la ak jan lagè a te mache a. ⁸ Alò, David te di a Urie: "Desann lakay ou

---

ᵃ **9:7** II Sam 12:8   ᵇ **9:8** II Sam 15:9   ᶜ **9:9** II Sam 16:4   ᵈ **9:10** II Sam 19:28   ᵉ **9:11** II Sam 16:1-4
ᶠ **10:1** I Kwo 19:1-19   ᵍ **10:2** I Sam 11:1   ʰ **10:3** Jen 42:9-16   ⁱ **10:4** És 20:4   ʲ **10:6** Jen 34:30   ᵏ **10:8** I Kwo 19:9
ˡ **10:12** I Sam 3:18   ᵐ **10:13** I Wa 20:13-21   ⁿ **10:14** II Sam 11:1   ᵒ **10:16** II Sam 8:3-8   ᵖ **10:18** I Kwo 19:18
ᑫ **10:19** II Sam 8:6   ʳ **11:1** I Kwo 20:1   ˢ **11:2** Mat 24:17   ᵗ **11:4** Jc 1:14-15   ᵘ **11:5** Lev 20:10   ᵛ **11:7** Jen 37:14

pou ᵃlave pye ou." Epi Urie te desann sòti lakay wa, a e yon kado soti nan men wa a te voye ba li. ⁹ Men Urie te dòmi ᵇkote pòt lakay wa a avèk tout sèvitè a mèt li yo. Li pa t desann lakay li. ¹⁰ Alò, lè yo te di David: "Urie pa t desann lakay li," David te di a Urie: "Èske ou pa t fenk fin fè yon vwayaj? Poukisa konsa ou pa t desann lakay ou?"

¹¹ Urie te di a David: "Lach la menm avèk Israël avèk Juda ap rete nan tant yo; epi mèt mwen, Joab avèk sèvitè a mèt mwen yo ap fè kan nan chan louvri. Konsa, kijan mwen kapab ale lakay mwen pou manje bwè e kouche avèk madanm mwen? Pa lavi ou ak lavi nanm ou menm, mwen p ap fè bagay sa a."

¹² Alò, David te di a Urie: ᶜ"Rete isit la jodi a tou e demen mwen va kite ou ale." Konsa, Urie te rete Jérusalem nan jou sa a ak pwochen jou a. ¹³ Alò David te rele li, li te manje bwè devan li e li te ᵈfè li sou. Epi nan aswè, li te sòti pou kouche sou kabann li avèk sèvitè a mèt li yo, men li pa t desann lakay li. ¹⁴ Alò, nan maten, David ᵉte ekri yon lèt a Joab pou te voye li nan men Urie. ¹⁵ Li te ekri nan lèt la, e te di: "Mete Urie pa devan nan chan kote batay la pi rèd la e retounen kite li, pou l kab ᶠtonbe mouri."

¹⁶ Konsa, se te pandan Joab t ap veye vil la, ke li te mete Urie nan plas kote li te konnen lènmi an te gen mesye vanyan yo. ¹⁷ Mesye vil yo te sòti goumen kont Joab, kèk nan moun pami sèvitè a David yo te tonbe. Epi ᵍUrie, Itit la te mouri tou. ¹⁸ Alò, Joab te voye bay rapò a David selon tout evenman lagè a. ¹⁹ Li te kòmande mesaje a, e te di: "Lè ou fin pale tout afè lagè yo a wa a, ²⁰ epi li vin rive ke kòlè leve nan wa a e li di ou: 'Poukisa ou te pwoche pre vil la konsa pou goumen? Èske ou pa t konnen ke yo ta tire soti sou miray la? ²¹ Se kilès ki te ʰfrape Abimélec, fis a Jerubbéscheth la? Èske se pa yon fanm ki te jete yon wòch moulen sou li soti nan miray ki fè l mouri Thébets la? Poukisa ou te pwoche pre miray la?' epi ou va di: 'Sèvitè ou a Urie, Itit la, te mouri tou.'"

²² Konsa, mesaje a te pati pou te vin bay rapò a David, de tout sa ke Joab te voye li pale yo. ²³ Mesaje a te di a David: "Mesye yo te genyen sou nou e te sòti kont nou nan chan an; men nou te peze yo rèd jis rive nan antre pòtay la. ²⁴ Anplis, mesye banza yo te tire sou sèvitè ou yo soti nan miray la. Konsa, kèk nan sèvitè ou yo mouri, e sèvitè ou a, Urie, Etyen an mouri osi."

²⁵ Alò David te di a mesaje a: "Konsa ou va pale Joab, 'Pa kite bagay sa a fè ou mal, paske nepe a devore youn menm jan ke yon lòt. Fè batay ou kont vil la vin pi rèd pou boulvèse li'. Se konsa pou ankouraje li."

²⁶ Alò, lè madanm a Urie te tande ke Urie, mari li a, te mouri, ⁱli te kriye pou mari li. ²⁷ Lè tan kriye a te fini, David te voye mennen li lakay li, ʲli te devni madanm li, e li te fè yon fis pou li. Men ᵏbagay ke David te fè a te mal nan zye SENYÈ a.

12 Alò, SENYÈ a te voye ˡNathan kote David. Li te vin kote li e te di: "Te genyen de mesye nan yon vil, youn te rich e lòt la te pòv. ² Nonm rich la te gen anpil bann mouton avèk twoupo, ³ men pòv la, pa t gen anyen sof ke ᵐyon sèl ti mouton femèl, ke li te achte e li te nouri. Konsa, li te vin gran ansanm avèk li menm avèk pitit li yo. Li ta manje nan pen li, bwè nan tas li, kouche sou vant li e se te tankou yon fi pou li. ⁴ Alò, yon vwayajè te vin kote nonm rich la e li pa t dakò retire nan pwòp bann mouton ak twoupo pa li yo, pou fè pwovizyon pou li. Sof ke sa, li te pran mouton femèl a pòv sila pou prepare pou nonm ki te rive kote li a."

⁵ Alò, kòlè a David te brile fò kont nonm nan, e li te di a Nathan: "Jan SENYÈ a viv la, anverite, mesye ki te fè sa a ⁿmerite lanmò. ⁶ Fòk li bay rekonpans pou ti mouton an ᵒkat fwa; paske li te fè bagay sa a san pitye."

⁷ Alò, Nathan te di David: ᵖ"Mesye a se ou menm! Konsa di SENYÈ a, Bondye a Israël la: ᵠ'Se Mwen ki te onksyone ou kòm wa sou Israël e se mwen ki te delivre ou soti nan men a Saül. ⁸ Se Mwen menm tou ki te ba ou ʳlakay mèt ou a ak madanm a mèt ou yo pou ou ta pran swen e Mwen te ba ou lakay Israël la avèk Juda. Epi si sa te twò piti, mwen t ap menm ajoute ba ou ankò anpil lòt bagay tankou sila yo! ⁹ Poukisa ou ˢte meprize pawòl SENYÈ a e fè mal devan zye Li? Ou te fè tonbe Urie, Itit la avèk nepe, ou te pran madanm li kòm madanm ou e ou te touye li avèk nepe a fis Ammon yo. ¹⁰ Koulye a, pou sa, ᵗnepe p ap janm kite lakay ou, akoz ou te meprize Mwen e te pran madanm a Urie, Itit la pou devni madanm ou.'

¹¹ "Konsa pale SENYÈ a: 'Gade byen, Mwen va fè leve mal kont ou soti nan pwòp kay ou. ᵘMwen va menm pran madanm ou yo devan zye ou e bay a zanmi parèy ou e li va kouche avèk madanm ou yo gwo lajounen. ¹² Anverite, ᵛou te fè l an sekrè; men ʷMwen va fè bagay sa a devan tout Israël ak anba solèy la.'"

¹³ Epi David te di a Nathan: ˣ"Mwen te peche kont SENYÈ a."

Nathan te di a David: "SENYÈ a, anplis, te retire peche ou; ou p ap mouri. ¹⁴ Malgre sa, akoz zak sa a, ke ou te bay okazyon a lènmi a SENYÈ yo pou fè blasfèm, pitit la ki va fèt a ou menm nan va anverite, mouri." ¹⁵ Konsa, Nathan te ale lakay li.

Epi SENYÈ a te frape pitit ke vèv Urie te fè pou David la, jiskaske li te vin byen malad. ¹⁶ Pou sa, David te mande Bondye pou pitit la. Li te ʸfè jèn e li te ale ᶻkouche tout nwit lan atè. ¹⁷ ᵃAnsyen lakay li yo te kanpe akote li pou leve li atè a, men li pa t

---

ᵃ **11:8** Jen 43:24   ᵇ **11:9** I Wa 14:27-28   ᶜ **11:12** Job 20:12-14   ᵈ **11:13** Pwov 20:1   ᵉ **11:14** I Wa 21:8-10
ᶠ **11:15** II Sam 12:9   ᵍ **11:17** II Sam 1:21   ʰ **11:21** Jij 9:50-54   ⁱ **11:26** Det 34:8   ʲ **11:27** II Sam 12:9
ᵏ **11:27** Sòm 51:4-5   ˡ **12:1** II Sam 7:2-17   ᵐ **12:3** II Sam 11:3   ⁿ **12:5** I Sam 26:16   ᵒ **12:6** Egz 22:1
ᵖ **12:7** I Wa 20:42   ᵠ **12:7** I Sam 16:3   ʳ **12:8** II Sam 9:7   ˢ **12:9** I Sam 15:23-26   ᵗ **12:10** II Sam 13:28
ᵘ **12:11** Det 28:30   ᵛ **12:12** II Sam 11:4-15   ʷ **12:12** II Sam 16:22   ˣ **12:13** I Sam 15:24-30   ʸ **12:16** Né 4:1
ᶻ **12:16** II Sam 13:31   ᵃ **12:17** Jen 24:2

dakò e li pa t manje avèk yo. ¹⁸ Konsa, li te vin rive nan setyèm jou a ke pitit la te vin mouri. Epi sèvitè a David yo te krent pou di l ke pitit la te mouri, paske yo te di: "Gade byen, pandan pitit la te vivan an, nou te pale avèk li e li pa t tande vwa nou. Konsa, kòman nou kab di li ke pitit la mouri, paske li kab fè tèt li mal?"

¹⁹ Men lè David te wè ke sèvitè li yo t ap pale an kachèt ansanm, David te apèsi ke pitit la te mouri. Pou sa, David te di a sèvitè li yo: "Èske pitit la mouri?"

Yo te di: "Li mouri."

²⁰ Konsa, David te leve soti atè a. ªLi te lave tèt li, li te onksyone kò l, e li te chanje rad li. Konsa, li te antre lakay SENYÈ a pou te adore. Epi li te vin nan pwòp kay li. Lè li te mande, yo te mete manje devan li pou l te manje. ²¹ Sèvitè li yo te di li: "Se ki bagay sa ou te fè a? Pandan pitit la te vivan an, ou te fè jèn e te kriye, men lè pitit la te mouri, ou te leve pou te manje."

²² Li te di: "Pandan pitit la te vivan an, mwen te fè jèn e te kriye; paske mwen te di: ᵇ'Kilès ki te kab konnen, SENYÈ a ta kab petèt fè m gras, pou pitit la te kab viv.' ²³ Men koulye a, li fin mouri. Poukisa mwen ta fè jèn? Èske mwen kapab fè l retounen ankò? Mwen va ale jwenn li, men ᶜli p ap retounen kote mwen."

²⁴ Konsa, David te rekonfòte madanm li, Bath-Schéba. Li te antre nan li e li te kouche avèk li. Li te bay nesans a yon fis e li ᵈte rele li Salomon. Alò, SENYÈ a te renmen li. ²⁵ Li te voye nouvèl la pa Nathan, pwofèt la e Nathan te rele li Jedidja pou koz SENYÈ a.

²⁶ ᵉAlò, Joab te goumen kont Rabba, moun nan fis Ammon yo, e li te kaptire vil wayal la. ²⁷ Joab te voye mesaje yo a David. Li te di: "Mwen te goumen kont Rabba e te kaptire vil dlo yo. ²⁸ Pou sa, rasanble rès pèp la, e fè kan kont vil la oswa, ma pran pou kont mwen pou l gen non pa m nan."

²⁹ Konsa, David te rasanble tout pèp la pou te ale Rabba. Li te goumen kont li e te kaptire li. ³⁰ ᶠLi te pran kouwòn wa pa yo a soti nan tèt li. Li te peze yon talan (anviwon trann-kat kilo) an lò, e ladann yon kantite pyè presye. Yo te mete li sou tèt David. Epi li te mennen piyaj la deyò vil la an gran kantite. ³¹ Anplis, li te mennen moun ki te ladann l deyò. Li te ᵍfè yo travay ak si, avèk pikwa, ak rach an fè, e te fè yo travay nan fou brik. Se konsa li te fè a tout vil ki te pou fis Ammon yo. Epi David avèk tout moun li yo te retounen Jérusalem.

13 Pi tà, apre sa ʰAbsalom, fis a David la te gen yon sè byen bèl ki te rele Tamar e Amnon, fis a David la te renmen li. ² Amnon te tèlman fristre akoz sè li, Tamar, ke sa te fè li vin malad, paske li te vyèj e li te sanble difisil pou Amnon fè yon bagay ak li. ³ Men Amnon te gen yon zanmi ki te rele Jonadab, fis a ⁱSchimea a, frè David. Epi Jonadab te yon nonm byen rize. ⁴ Li te di li: "O fis a wa a, poukisa ou deprime maten apre maten konsa? Èske ou p ap di m sa?"

Epi Amnon te di li: "Mwen tonbe nan renmen avèk Tamar, sè a frè m nan, Absalom."

⁵ Alò, Jonadab te di li: "Kouche sou kabann ou e fè kòmsi ou malad. Lè papa ou vin wè ou, di li: 'Souple, kite sè m nan, Tamar vin ban m manje. Kite li prepare manje a devan zye m, pou mwen kapab wè li e manje manje a soti nan men li.'"

⁶ Konsa, Amnon te kouche e te fè tankou li te malad. Lè wa a te vin wè li, Amnon te di a wa a: "Souple, kite sè m nan, Tamar vini ʲfè kèk gato devan zye m, pou m kab manje nan men li."

⁷ Alò, David te voye lakay pou Tamar. Li te di: "Ale koulye a lakay frè ou a, Amnon e prepare manje pou li." ⁸ Konsa, Tamar te ale lakay Amnon pandan li te kouche a. Li te pran boul pen an, li te fwote l, li te fè gato devan zye li e te kwit gato yo. ⁹ Li te pran chodyè a pou te lonje mete yo devan li, men li te refize manje. Epi Amnon te di: ᵏ"Fè tout moun sòti devan m." Konsa tout moun te sòti devan li. ¹⁰ Alò, Amnon te di a Tamar: "Mennen manje a nan chanm dòmi mwen an, pou m kab manje li nan men ou." Konsa, Tamar te pran gato ke li te fè yo e te mennen yo antre nan chanm dòmi kote frè li a, Amnon. ¹¹ Lè li te mennen kote li pou manje, Amnon te ˡkenbe li e te di li: "Vin kouche avè m, sè mwen."

¹² Men li te reponn li: "Non, frè mwen, pa vyole mwen! Paske bagay konsa yo pa fèt an Israël. Pa fè dega sila a! ¹³ Pou mwen menm, kote mwen ta kab livre a wont sa a? Epi pou ou menm, ou va tankou yon moun ranpli avèk foli an Israël. Pou sa, souple, pale avèk wa a, paske ᵐli p ap anpeche ou pran m."

¹⁴ Sepandan, li pa t koute li. ⁿAkoz Amnon te pi fò pase li, li te vyole li, e te kouche avèk li. ¹⁵ Epi Amnon te vin rayi li avèk yon trè gwo rayisman. Rayisman avèk sila li te rayi li a te pi gran pase renmen avèk sila li te renmen li an. Amnon te di li: "Leve, sòti!"

¹⁶ Men li te di a li: "Non, paske mal sa a ke w ap fè nan voye m ale a pi mal pase lòt ke ou te fè m nan!"

Men li pa t koute li. ¹⁷ Alò, li te rele jennonm ki t ap okipe li a, e te di: "Koulye a, jete fanm sa deyò prezans mwen e kadnase pòt la dèyè l."

¹⁸ Alò, li te genyen yon ᵒrad avèk manch long, paske se te konsa fi vyèj a wa yo te konn abiye an manto. Epi sèvitè l te mennen Tamar deyò e te kadnase pòt la dèyè li. ¹⁹ ᵖTamar te mete sann yo sou tèt li e te ᵍchire manch long yo nan rad sou li a. Li te mete men li sou tèt li, li te sòti e t ap kriye fò pandan li prale a. ²⁰ Alò, Absalom, frè li a te di li: "Èske Amnon, frè ou a te avèk ou? Men koulye a, rete an silans, sè mwen, li se frè ou. Pa mete afè sa a sou kè."

ª **12:20** Rt 3:3   ᵇ **12:22** Jon 3:9   ᶜ **12:23** Job 7:8-10   ᵈ **12:24** I Kwo 22:9   ᵉ **12:26** I Kwo 20:1-3   ᶠ **12:30** I Kwo 20:2
ᵍ **12:31** I Kwo 20:3   ʰ **13:1** II Sam 3:2-3   ⁱ **13:3** I Sam 16:9   ʲ **13:6** Jen 18:6   ᵏ **13:9** Jen 45:1   ˡ **13:11** Jen 39:12
ᵐ **13:13** Jen 20:12   ⁿ **13:14** Lev 18:9   ᵒ **13:18** Jen 37:3-23   ᵖ **13:19** Est 4:1   ᵍ **13:19** II Sam 1:11

Pou sa, Tamar te rete e te dezole lakay Absalom, frè li a. [21] Alò, lè David te tande tout koze sila yo, li te vin byen fache. [22] Men Absalom pa t pale ak Amnon anyen, ni bon, ni mal; paske [a]Absalom te rayi Amnon akoz li te vyole sè li a, Tamar.

[23] Alò, li te vin rive apre dezan nèt ke Absalom [b]te gen moun pou taye lenn mouton Baal-Hatsor ki toupre Ephraïm, e Absalom te envite tout fis a wa yo. [24] Absalom te vin kote wa a e te di: "Gade byen, sèvitè ou a genyen moun k ap taye lenn mouton. Souple, kite wa a avèk sèvitè li yo ale avèk sèvitè ou."

[25] Men wa a te di a Absalom: "Non, fis mwen, se pa tout moun ki pou ale, paske nou va yon fado pou ou." Malgre li te ankouraje li, li pa t ale, men li te beni li.

[26] Alò, [c]Absalom te di: "Si se pa sa, souple kite frè m nan, Amnon, ale avèk nou."

Epi wa a te di li: "Poukisa li dwe ale avèk ou?"

[27] Men lè Absalom te ankouraje li, li te kite Amnon avèk tout fis a wa yo ale avèk li. [28] Absalom te kòmande sèvitè li yo. Li te di: "Gade koulye a, [d]lè kè Amnon kontan avèk diven an, lè mwen di nou: 'Frape Amnon', alò, mete li a lanmò. Pa pè! Èske se pa mwen menm ki kòmande nou? Pran kouraj e rete brav."

[29] Sèvitè a Absalom yo te fè Amnon jis jan ke [e]Absalom te kòmande a. Epi tout fis a wa yo te leve monte milèt pa yo e te sove ale.

[30] Alò, se te pandan ke yo te nan wout la yon rapò te rive kote David ki te di: "Absalom te frape fè tonbe tout fis a wa yo e nanpwen youn nan yo ki te rete."

[31] Konsa, waa te leve. Li [f]te chire rad li e te kouche atè, epi tout sèvitè li yo te kanpe akote avèk rad yo chire. [32] [g]Jonadab, fis a Schimea a, frè David la, te reponn: "Pa kite mèt mwen an sipoze ke yo te mete a lanmò tout jennonm yo, fis a wa yo. Se sèl Ammon ki mouri. Se sa ki te entansyon Absalom. Afè sa a te vin detèmine depi jou ke li te vyole sè li a, Tamar. [33] Alò pou sa, pa kite mèt mwen, wa a, [h]pran rapò sa a a kè, ki vle di 'tout fis a wa yo mouri', paske se sèl Amnon ki mouri." [34] Alò, [i]Absalom te sove ale deja. Epi jennonm ki te gadyen an te leve zye li gade e vwala, anpil moun t ap vini soti nan wout la dèyè li akote baz mòn nan. [35] Jonadab te di a wa a: "Gade byen, men fis a wa yo gen tan vini! Menm jan avèk pawòl sèvitè ou a, se konsa sa fèt." [36] Depi li fin pale a, vwala, fis a wa yo te vini e te leve vwa yo pou te kriye. Konsa, wa la menm, avèk tout sèvitè li yo te kriye byen anmè.

[37] Men Absalom te sove ale e te ale kote [j]Talmaï, fis a Ammihur a, wa a [k]Gueschur a. David te kriye fè lamantasyon pou fis li a chak jou. [38] [l]Konsa, Absalom te sove ale nan Gueschur e te rete la, pandan twazan. [39] Wa David te byen vle ale kote Absalom, paske [m]li te pran rekonfò konsènan Amnon, akoz li te mouri.

14 Alò Joab, fis a [n]Tseruja a te vin apèsi ke kè David te apiye anvè Absalom. [2] Pou sa, Joab te voye kote [o]Tekoa e te fè rive yon fanm avèk sajès soti la. Li te di li: "Souple, fè kòmsi se yon moun ki andèy. Mete sou ou vètman andèy depi koulye a. Pa onksyone ou avèk lwil, men fè tankou yon fanm ki te deja andèy pou mò a soti anpil jou. [3] Apre, ale kote wa a, e pale avèk li konsa". Epi Joab te mete [p]pawòl nan bouch li pou pale.

[4] Alò, lè fanm a Tekoa a te pale a wa a, li te vin tonbe sou figi li e te [q]kouche atè nèt, Li te di: "Sekou, O wa."

[5] Wa a te di li: "Ki pwoblèm ou?"

Li te reponn: "Anverite, se yon vèv ke mwen ye, paske mari mwen mouri. [6] Sèvant ou an gen de fis. Men yo de te goumen nan chan an e yo pa t gen pèsòn pou separe yo. Konsa, youn te frape lòt e te touye li. [7] Koulye a, gade byen, tout fanmi an gen tan leve kont sèvant ou an. Y ap mande m lonje ba yo sila ki te frape frè li a, pou nou kab mete li a lanmò pou lavi a frè l ke li te touye a, e [r]vin detwi eritye a tou. Konsa, yo va etenn sèl chabon limen ki rete a, pou kite mari mwen san non, san rès sou fas tè a."

[8] Alò, wa a te di a fanm nan: "Ale lakay ou e mwen va bay lòd pou ou menm."

[9] Fanm Tekoa a te di wa a: "O mèt mwen, wa a, inikite a sou mwen avèk lakay papa m; men kite [s]wa a avèk twòn li an pa koupab."

[10] Konsa, wa a te di: "Nenpòt moun ki pale avè w, mennen li bò kote m e li p ap touche ou ankò."

[11] Alò, li te di: "Souple, kite wa a sonje SENYÈ a, [t]pou vanjè san an pa kontinye detwi ankò, sof ke sa, y ap detwi fis mwen an."

Epi li te di: "Jan SENYÈ a viv la, nanpwen menm yon grenn cheve a fis ou a k ap tonbe atè."

[12] Alò, fanm nan te di: "Souple kite sèvant ou an pale yon mo ak mèt mwen, wa a."

Li te di: "Pale". [13] Fanm nan te di: "Alò, poukisa ou te fè yon move plan konsa kont pèp Bondye a? Paske nan pale pawòl sila a, se wa a ki koupab, kòmsi wa a pa mennen retounen [u]sila li te ekzile a. [14] Paske anverite, nou va mouri. Se tankou dlo ki gaspiye atè e ki p ap kab ranmase ankò. [v]Men Bondye pa retire lavi, men toujou fè plan pou sila ki ekzile a pa vin jete deyò nèt de Li menm." [15] Alò, rezon pou sila ke m vini pou pale pawòl sa a de mèt mwen an, wa a, se ke pèp la te fè m pè; pou sa sèvant pa ou a te di a: 'Kite mwen pale avèk wa a. Petèt wa a va akonpli demann lan a sèvant li an.' [16] Paske wa a va tande e delivre sèvant li an soti nan men a nonm ki ta detwi ni mwen, ni fis mwen an sou [w]eritaj Bondye

---

[a] **13:22** Lev 19:17 [b] **13:23** I Sam 25:7 [c] **13:26** II Sam 3:27 [d] **13:28** Jij 19:6-22 [e] **13:29** II Sam 18:9
[f] **13:31** I Sam 1:11 [g] **13:32** II Sam 13:3-5 [h] **13:33** II Sam 19:19 [i] **13:34** II Sam 13:37-38 [j] **13:37** II Sam 3:3 [k] **13:37** II Sam 14:23-32 [l] **13:38** II Sam 13:34 [m] **13:39** II Sam 12:19-23 [n] **14:1** II Sam 13:39
[o] **14:2** II Sam 23:26 [p] **14:3** II Sam 14:19 [q] **14:4** I Sam 25:23 [r] **14:7** Mat 21:38 [s] **14:9** I Wa 2:33
[t] **14:11** Nonb 35:19-21 [u] **14:13** II Sam 13:37-38 [v] **14:14** Nonb 35:15-28 [w] **14:16** Det 32:9

a. [17] Alò, sèvant ou an te di: 'Souple kite pawòl a mèt mwen an, wa a, vin rekonfòte mwen, paske tankou [a]zanj Bondye a, se konsa mèt mwen an, wa a, ye pou distenge sa ki bon avèk sa ki mal. Epi ke SENYÈ a, Bondye pa ou a, kapab avèk ou.'"

[18] Wa a te reponn e te di a fanm nan: "Souple, pa kache pou mwen anyen ke m prè pou mande ou la a."

Epi fanm nan te di: "Kite mèt mwen an, wa a, pale, souple."

[19] Alò, wa a te reponn e te di: "Èske men Joab mele avèk ou nan tout sa?"

Epi fanm nan te reponn: "Jan nanm ou viv la, mèt mwen an, wa a, pèsòn pa kab vire ni adwat ni agoch nan anyen ke mèt mwen an, wa a, te pale a. [b]Anverite, se te sèvitè ou a, Joab ki te kòmande mwen. Epi se te li ki te mete tout pawòl sa yo nan bouch sèvant ou an, [20] pou l te kab chanje aparans a bagay yo, sèvitè Joab la te fè bagay sa a. Men mèt mwen an saj, [c]tankou sajès a zanj Bondye a, pou konnen tout sa ki sou tè a."

[21] Alò, wa a te di Joab: "Gade byen, anverite, mwen va fè bagay sa a. Pou sa, ale mennen fè tounen jennonm nan, Absalom."

[22] Joab te tonbe figi atè, kouche nèt e te beni wa a. Epi Joab te di: "Jodi a, sèvitè ou konnen ke li twouve favè nan zye ou, O mèt mwen, wa a, akoz wa a te akonpli demann lan a sèvitè li a."

[23] Konsa, Joab te leve ale [d]Gueschur pou te mennen Absalom Jérusalem. [24] Men wa a te di: "Pa kite li wè figi mwen." [e]Konsa, Absalom te vire kote pwòp lakay pa li, e li pa t wè figi a wa a.

[25] Alò, nan tout Israël, pa t gen lòt moun ki te pi bo ke Absalom, ki te resevwa lwanj tankou li. Soti nan [f]talon pye li jis rive anwo tèt li, pa t gen defo menm. [26] Lè l te konn [g]taye cheve li (ki te fèt nan fen chak ane ke li te koupe li; paske li te lou sou li e pou sa, li te koupe l), li te peze cheve a tèt li nan pèz de-san sik selon balans a wa a. [27] Pou Absalom te ne twa fis ak yon fi ki te rele [h]Tamar. Se te yon fanm ki te byen bèl. [28] Alò, Absalom te viv pandan dezan konplè Jérusalem e pa t wè figi a wa a. [29] Apre, Absalom te voye dèyè Joab, pou l ta voye li kote wa a, men Joab te refize vin kote li. Konsa, li te voye ankò yon dezyèm fwa, men li pa t vini. [30] Pou sa, li te pale a sèvitè yo pa li menm: "Gade, [i]chan Joab la akote pa m nan ki gen sereyal lòj. Ale mete dife ladann". Konsa sèvitè Absalom yo te mete dife nan chan an.

[31] Alò, Joab te leve rive kote Absalom lakay li a. Li te di li: "Poukisa sèvitè ou yo te lage dife nan chan mwen an?"

[32] Absalom te reponn Joab: "Gade, mwen te voye dèyè ou, e mwen te di: 'Vin isit la pou m kab voye ou kote wa a pou mande l: "Poukisa mwen te kite Gueschur? Li ta pi bon pou mwen si m te toujou la."' Pou sa, kite mwen wè figi a wa a, e [j]si gen inikite nan mwen, kite li mete m a lanmò."

[33] Konsa, lè Joab te rive kote wa a e te pale li, li te rele Absalom. Konsa, li te rive a wa a e te bese li ba avèk figi li atè devan wa a e [k]wa a te bo Absalom.

15

Alò, li te rive apre sa ke Absalom te fè pwovizyon pou tèt li yon cha avèk cheval ak senkant mesye pou kouri devan li. [2] Absalom te konn leve granmmaten e [l]kanpe akote chemen an devan pòtay la. Konsa, lè yon moun ta gen yon pwosè, e te vin kote wa a pou jijman, Absalom te rele li e di: "Nan ki vil ou sòti?"

Epi li ta di: "Sèvitè ou a sòti nan youn nan tribi Israël yo."

[3] Alò, Absalom ta di a li: "Ou wè, [m]ka ou yo bon e jis; men nanpwen pèsòn ki pou koute ou nan non a wa a." [4] Anplis, Absalom te di: "Oswa ke yon moun ta chwazi mwen jij nan peyi a;[n] alò, konsa chak moun ki te gen yon ka oswa yon pwosè ta kapab vin kote mwen e mwen ta ba li jistis." [5] Epi lè yon mesye ta vin kote li pou bese li menm devan li, li ta lonje men li, kenbe li e [o]bo li. [6] Nan jan sa a, Absalom te konn aji avèk tout Israël lè yo te pwoche wa a pou jijman. [p]Konsa, Absalom te vòlè kè a mesye Israël yo.

[7] Alò, li te rive ke nan fen [q]karant ane ke Absalom te di a Wa a: "Souple, kite mwen ale peye ve ke m te fè a SENYÈ a, nan Hébron. [8] Paske sèvitè ou a te fè yon ve pandan mwen t ap viv Gueschur Aram, e li te di: [r]'Si SENYÈ a va vrèman mennen mwen retounen Jérusalem; alò, mwen va sèvi SENYÈ a'".

[9] Wa a te di li: "Ale anpè."

Konsa, li te leve ale Hébron. [10] Men Absalom te voye espyon toupatou pami tout tribi Israël yo. Li te di: [s]"Depi ou tande son a twonpèt la, alò, ou va di: 'Absalom se wa nan Hébron.'"

[11] Konsa, de-san mesye yo te ale avèk Absalom soti Jérusalem. [t]Yo te envite; yo ale nan inosans, san yo pa konnen anyen. [12] Epi Absalom te voye pou [u]Achitophel, Gilonit lan, konseye David, soti nan vil pa li nan Guilo, pandan li t ap ofri sakrifis yo. Konplo a te fò, paske [v]moun avèk Absalom yo te kontinye vin plis. [13] Alò, yon mesaje te vin kote David. Li te di: [w]"Kè a mesye Israël yo avèk Absalom."

[14] Konsa, David te di a tout sèvitè ki te avèk li yo Jérusalem: [x]"Leve e annou sove ale, paske si se pa sa, nanpwen nan nou ki va chape de Absalom. Ale vit, oswa li va rive sou nou byen vit, fè gwo malè rive sou nou e frape vil la avèk lam nepe."

[15] Alò, sèvitè a wa yo te di a wa a: "Gade, sèvitè ou yo va fè nenpòt sa ke wa a vle."

[16] Konsa, wa a te sòti avèk tout manm lakay li avèk li. Men [y]wa a te kite dis nan ti mennaj li yo pou

---

a **14:17** I Sam 29:9   b **14:19** II Sam 14:3   c **14:20** II Sam 14:17   d **14:23** Det 3:14   e **14:24** II Sam 13:20
f **14:25** Job 2:7   g **14:26** Éz 14:20   h **14:27** II Sam 13:1   i **14:30** Jij 15:3-5   j **14:32** I Sam 20:8   k **14:33** Jen 33:4
l **15:2** Rt 4:1   m **15:3** Pwov 12:2   n **15:4** Jij 9:29   o **15:5** Jij 14:33   p **15:6** Wo 16:18   q **15:7** II Sam 3:2-3
r **15:8** Jen 28:20-21   s **15:10** I Wa 1:34   t **15:11** I Sam 9:13   u **15:12** II Sam 15:31   v **15:12** Sòm 3:1
w **15:13** Jij 9:3   x **15:14** II Sam 12:11   y **15:16** II Sam 16:21-22

pran swen kay la. ¹⁷ Wa a te sòti e tout pèp la avèk li, e yo te rete nan dènye kay la. ¹⁸ Alò, tout sèvitè li yo te pase akote li, ᵃtout Keretyen yo avèk tout Peletyen yo ak tout Gatyen yo, sis-san moun ki te vini avèk li soti Gath, te pase devan wa a.

¹⁹ Alò, wa a te di a ᵇIttaï, Gatyen an: "Poukisa ou ta ale avèk nou tou? Retounen rete avèk wa a; paske ou se yon etranje e yon egzile de pwòp plas ou. ²⁰ Ayè ou te vini e èske, jodi a, mwen ta dwe fè ou mache egare avèk nou ᶜpandan mwen prale kote mwen prale a? Retounen reprann frè ou yo. Ke ᵈgras avèk verite kapab avèk ou."

²¹ Men Ittaï te reponn wa a. Li te di: "Jan SENYÈ a viv la, anverite, ᵉnenpòt kote ke mèt mwen an, wa a, ye, kit pou mouri, kit pou viv, se la tou sèvitè ou a va ye."

²² Pou sa, David te di Ittaï: "Ale, janbe lòtbò." Konsa Ittaï, Gatyen an te janbe avèk tout mesye pa li yo ak tout pitit ki te avèk li yo. ²³ Pandan tout peyi a t ap kriye avèk gwo vwa, tout pèp la te pase janbe. Wa a tou te pase janbe flèv Cédron an, e tout pèp la te pase janbe lòtbò vè chemen dezè a. ²⁴ Alò, gade byen, ᶠTsadok te parèt tou, ansanm avèk tout Levit ki t ap pote lach akò Bondye a. Epi yo te poze lach Bondye a e Abithar te monte la jiskaske tout pèp la te fin kite vil la. ²⁵ Wa a te di a Tsadok: "Retounen lach Bondye a nan vil la. Si mwen jwenn favè nan zye Bondye; alò, ᵍLi va mennen mwen retounen ankò pou montre mwen a Li menm e a ʰabitasyon pa Li a. ²⁶ Men si Li ta di konsa:ⁱ 'Mwen pa gen kè kontan avè w', gade byen, men mwen, kite Li fè sa ki sanble bon pou Li menm." ²⁷ Wa a te di osi a Tsadok, prèt la: "Èske se pa yon ʲdivinò ke ou ye? Retounen nan vil la anpè, de fis ou yo avèk ou, fis ou Achimaats, avèk Jonathan, fis a Abiathar a. ²⁸ Gade, mwen pral tann ᵏnan pasaj dezè a jiskaske pawòl ou rive enfòme mwen." ²⁹ Pou sa, Tsadok avèk Abiathar te retounen lach Bondye a Jérusalem e te rete la. ³⁰ Epi David te monte pant a Mòn Oliv la. Li t ap kriye pandan li t ap monte, tèt li te kouvri e li te mache ˡpye atè. Alò, tout moun ki te avèk li yo, chak moun te kouvri tèt yo e t ap monte avèk gwo kriye pandan yo t ap prale.

³¹ Alò, yon moun te pale David e te di: ᵐ"Achitophel se pami konplotè avèk Absalom yo."

Epi David te di: "O SENYÈ, mwen priye, redwi a foli tout konsèy a Achitophel la."

³² Li te rive pandan David t ap pwoche krèt mòn nan, kote yo adore Bondye a, ke vwala, Huschaï, ⁿAchit la, te rankontre li avèk manto li chire ak pousyè sou tèt li. ᵒ³³ David te di li: "Si ou janbe lòtbò avèk m; alò, ou va ᵖankonbre m. ³⁴ Men si ou retounen lavil la e ᵠdi a Absalom: 'Mwen va sèvi ou, O wa a. Jan mwen te sèvi papa ou nan tan pase a, konsa, mwen va koulye a, devni sèvitè pa ou', konsa, ou kapab vin kontrekare konsèy Achitophel la pou mwen. ³⁵ Èske Tsadok avèk Abiathar se pa prèt ki avèk ou la a? Pou sa, ʳnenpòt sa ou tande soti lakay wa a, ou va bay rapò a Tsadok avèk Abiathar, prèt yo. ³⁶ Gade byen, de fis pa yo a avèk yo la a, Achimaats, fis a Tsadok a e Jonathan, fis a Abaithar a; epi ˢpa yo menm, ou va voye ban mwen tout bagay ke ou tande yo."

³⁷ Konsa, Huschaï, zanmi a David la, te antre nan vil la, e Absalom te vini Jérusalem.

16 Alò, lè David te fin depase krèt la, vwala, ᵗTsiba, sèvitè a Méphiboscheth la te rankontre li ᵘavèk yon pè bourik avèk makout. Sou yo, te gen de-san pen, yon santèn grap rezen, yon santèn fwi gran sezon ak yon veso diven. ² Wa a te di a Tsiba: "Poukisa ou genyen sila yo?"

Epi Tsiba te di: ᵛ"Bourik yo se pou manm lakay wa yo monte, pen avèk fwi gran sezon an se pou jennonm yo manje e diven an se pou nenpòt moun ki fin pèdi fòs nan dezè a kab bwè."

³ Alò, wa a te di: "Epi kote ʷfis a mèt ou a?"

Epi Tsiba te di a wa a: "Men vwala, li rete Jérusalem paske li te di: 'Jodi a, lakay Israël la va restore wayòm papa m nan a mwen menm.'"

⁴ Konsa, wa a te di a Tsiba: "Men vwala, tout sa ki apatyen a Méphiboscheth se pou ou."

Epi Tsiba te di: "Mwen vin bese devan ou nèt; kite mwen twouve gras nan zye ou, O mèt mwen, wa a!"

⁵ Lè Wa David te rive Bachurim, gade byen, te sòti depi la yon mesye ki sòti nan fanmi Saül ˣki te rele Schimeï, fis a Guéra a. Li te parèt ak pawòl madichon san rete pandan li t ap pwoche. ⁶ Li te jete wòch sou David, sou tout sèvitè a Wa David yo e tout mesye gran kouraj yo te sou men dwat li ak sou men goch li. ⁷ Konsa, Schimeï te di pandan li t ap voye madichon yo: "Sòti la, sòti la,ʸ moun ki vèse san, sanzave! ⁸ ᶻ SENYÈ a gen tan mete sou ou tout san koule lakay Saül, nan plas kote ou te renye a! SENYÈ a te lage wayòm nan nan men fis ou, Absalom. Epi gade, ou pran nan pwòp mechanste ou, paske ou se yon nonm ki vèse san!"

⁹ Alò, Abischai, fis a Tseruja a te di a wa a: "Poukisa ᵃchen mouri sa a ta dwe ᵇmodi mèt mwen an, wa a? Kite mwen janbe ale koupe tèt li." ¹⁰ Men wa a te di: "Kisa mwen gen avè w, O fis a Tseruja? Si li bay madichon, e si SENYÈ a te di li 'Modi David', alò, ᶜse kilès k ap di: 'Poukisa ou te fè sa?'"

¹¹ Alò, David te di a Abischaï e a tout sèvitè li yo: "Gade, ᵈfis mwen ki te sòti nan mwen an koulye a ap chache lavi m. Konbyen anplis pou Benjamit sila a? Kite li e kite li bay madichon, paske SENYÈ a te pale li. ¹² Petèt SENYÈ a va gade afliksyon mwen e ᵉremete m bon olye madichon pa sila a nan jou sa a."

ᵃ **15:18** II Sam 8:18   ᵇ **15:19** II Sam 18:2   ᶜ **15:20** I Sam 23:13   ᵈ **15:20** II Sam 2:6   ᵉ **15:21** Rt 1:16-17
ᶠ **15:24** II Sam 8:17   ᵍ **15:25** Sòm 43:3   ʰ **15:25** Egz 15:13   ⁱ **15:26** I Kwo 21:7   ʲ **15:27** I Sam 9:6-9
ᵏ **15:28** Jos 5:10   ˡ **15:30** És 20:2-4   ᵐ **15:31** Jos 15:12   ⁿ **15:32** Jos 16:2   ᵒ **15:32** Jos 16:2   ᵖ **15:33** II Sam 19:35   ᵠ **15:34** Jos 16:19   ʳ **15:35** II Sam 17:15-16   ˢ **15:36** II Sam 17:17   ᵗ **16:1** II Sam 9:2-13
ᵘ **16:1** I Sam 25:18   ᵛ **16:2** Jij 10:4   ʷ **16:3** II Sam 9:9-10   ˣ **16:5** II Sam 19:16-23   ʸ **16:7** II Sam 12:9   ᶻ **16:8** II Sam 21:1-9   ᵃ **16:9** II Sam 9:8   ᵇ **16:9** Egz 22:28   ᶜ **16:10** Wo 9:20   ᵈ **16:11** II Sam 12:11   ᵉ **16:12** Det 23:5

¹³ Konsa, David avèk mesye pa li yo te fè wout yo. Epi Schimeï te mache akote pant mòn nan vizavi de yo menm. Pandan li t ap prale, li te modi, li te jete wòch, e li te jete pousyè bò kote li. ¹⁴ Wa a avèk tout moun ki te avèk li yo te rive byen fatige, e yo te vin rafrechi la.

¹⁵ Alò, Absalom avèk tout pèp la, mesye Israël yo te antre Jérusalem e Achitophel avèk li. ¹⁶ Konsa, li te vin rive lè ᵃHuschaï, Akyen an, zanmi a David la te rive kote Absalom, ke Huschaï te di: "Viv wa a! Viv wa a!"

¹⁷ Absalom te di Huschaï: "Èske sa se fidelite ou pou zanmi ou? ᵇPoukisa ou pa t ale avèk zanmi ou an?"

¹⁸ Epi Huschaï te di a Absalom: "Non, paske sila ke SENYÈ a, pèp sa a e tout mesye Israël yo te chwazi a, se pou li menm, mwen va ye, e avèk li menm, mwen va rete. ¹⁹ Anplis de sa, ᶜse kilès pou m ta sèvi? Se pa nan prezans a fis li a? Jis jan ke m te sèvi nan prezans papa ou a, konsa mwen va ye nan prezans pa w."

²⁰ Alò, Absalom te di a Achitophel: "Ban m konsèy pa w Kisa nou dwe fè?"

²¹ Achitophel te di a Absalom: ᵈ"Antre nan ti mennaj papa ou te lese pou okipe kay la; epi tout Israël va tande ke ou te fè tèt ou rayisab a papa ou. Anplis, men a tout sila ki avèk ou yo va vin ranfòse."

²² Konsa yo te monte yon tant anwo tèt kay la, epi Absalom te antre nan relasyon seksyèl ak tout konkibin papa l yo, devan zye a tout Israël.

²³ ᵉKonsèy a Achitophel te konn bay nan jou sa yo te konsidere tankou si yon moun te mande konsèy a pawòl Bondye. ᶠSe te konsa tout konsèy Achitophel te ye pou David ak Absalom.

17 Anplis, Achitophel te di a Absalom: "Souple, kite mwen chwazi douz-mil òm pou m kab leve kouri dèyè David aswè a menm. ² ᵍ Mwen va vini sou li pandan li fatige e bouke e fè l vin sezi pou tout moun ki avèk li yo kouri ale. Konsa, se sèl wa a ʰmwen va frape touye, ³ epi mwen va fè retounen tout moun yo a ou menm. Retou a tout moun yo depann de nonm ou chache a; answit, tout pèp la va ⁱanpè."

⁴ Konsa, plan an te fè Absalom avèk tout ansyen Israël yo kontan. ⁵ Alò, Absalom te di: "Alò, rele ʲHuschaï, Akyen an tou e annou tande sa ke li gen pou di."

⁶ Lè Huschaï te rive a Absalom, Absalom te di li: "Achitophel te pale konsa. Èske nou dwe fè plan pa li a? Si se pa sa, pale."

⁷ Konsa, Huschaï te di a Absalom: ᵏ"Fwa sa a, konsèy ke Achitophel te bay la, pa bon." ⁸ Anplis, Huschaï te di: "Ou konnen papa ou avèk mesye pa li yo se mesye plen kouraj e fewòs, ˡtankou yon lous ki pèdi pitit li nan chan. Epi papa ou gen gwo eksperyans lagè e li p ap pase nwit lan avèk pèp la. ⁹ Gade byen, depi koulye a, li gen tan kache nan youn nan kavèn yo oswa nan yon lòt plas; epi li va rive ke lè li tonbe sou yo nan premye atak la, ke nenpòt moun ki tande va di: 'Gen yon masak ki fèt pami moun ki swiv Absalom yo.' ¹⁰ Epi menm sila ki gen gwo kouraj yo, ki gen kè tankou kè a lyon yo, ᵐva vin pèdi kouraj nèt; paske tout Israël konnen ke papa ou se yon nonm pwisan e sila ki avèk li yo se mesye vanyan. ¹¹ Men konsèy pa m se ke tout Israël vin, anverite, rasanble bò kote ou, ⁿsoti nan Dan jis rive nan Beer-Schéba, tankou sab bò lanmè an gran kantite, e ke ou menm, pèsonèlman antre nan batay la. ¹² Konsa, nou va vini sou li nan plas kote li kapab twouve yo, nou va tonbe sou li ᵒtankou lawouze tonbe atè; epi konsènan li avèk tout mesye ki avèk li yo, p ap gen menm youn ki rete. ¹³ Si li retire li nan yon vil, alò, tout Israël va mennen kòd kote vil sila a e yo va ᵖrale li nèt antre nan vale a jis nanpwen yon ti wòch ki rete."

¹⁴ Alò, Absalom avèk tout mesye Israël yo te di: "Konsèy Huschaï pi bon ke konsèy Achitophel la." Paske ᵠSENYÈ a te deja detèmine pou anile bon konsèy Achitophel la, pou SENYÈ a ta kapab fè gwo dezas rive Absalom.

¹⁵ Epi ʳHuschaï te di a Tsadok avèk Abiathar, prèt yo: "Sa se konsèy sa a ke Achitophel te bay Absalom avèk ansyen a Israël yo e se sa ke mwen te konseye. ¹⁶ Alò, pou sa, voye vit pale David e di: ˢ'Pa pase nwit lan kote ki pou janbe dlo rive nan dezè a, men fè sèten ke nou janbe, oswa wa a avèk tout moun ki avèk li yo va vin detwi.'"

¹⁷ Alò, Jonathan avèk Achimaats te rete ᵗEn-Rougel. Yon sèvant te gen pou ale pale yo pou yo ta ale avèti Wa David, paske yo pa t kapab kite moun wè yo antre nan vil la. ¹⁸ Men yon gason te wè yo kanmenm e te di Absalom. Pou sa, yo te pati vit rive lakay a yon mesye ᵘBachurim ki te gen yon pwi nan lakou a, e yo te desann antre ladann. ¹⁹ Konsa, ᵛfanm nan te pran yon kouvèti. Li te ouvri li sou bouch pwi a, e li te gaye sereyal sou li jiskaske yo pa t konnen anyen.

²⁰ Alò, sèvitè a Absalom yo te vin kote fanm nan lakay li e te di: "Kote Achimaats avèk Jonathan?" Epi ʷfanm nan te di yo: "Yo fin janbe dlo a."

Konsa, lè yo te chache e pa t kab jwenn yo, yo te retounen Jérusalem. ²¹ Li te vin rive lè yo te fin ale ke yo te monte sòti nan pwi a, yo te ale pale Wa David e yo te di David: ˣ"Leve, travèse dlo a byen vit paske Achitophel te bay konsèy kont ou."

²² Alò, David avèk tout moun ki te avèk li yo te leve janbe Jourdain an. Lè solèy te vin leve, pa t gen youn ki rete ki pa t janbe Jourdain an.

²³ Alò, lè Achitophel te wè ke konsèy pa li a pa t swiv, li te sele bourik li e li te leve ale lakay li nan

---

ᵃ **16:16** II Sam 15:37   ᵇ **16:17** II Sam 19:25   ᶜ **16:19** II Sam 15:34   ᵈ **16:21** II Sam 15:16   ᵉ **16:23** II Sam 17:14,23
ᶠ **16:23** II Sam 15:12   ᵍ **17:2** II Sam 16:14   ʰ **17:2** I Wa 22:31   ⁱ **17:3** Jr 6:14   ʲ **17:5** II Sam 15:32-34
ᵏ **17:7** II Sam 16:21   ˡ **17:8** Os 13:8   ᵐ **17:10** Jos 2:9-11   ⁿ **17:11** I Sam 3:20   ᵒ **17:12** Sòm 110:3   ᵖ **17:13** Mi 1:6   ᵠ **17:14** II Sam 15:31-34   ʳ **17:15** II Sam 15:35-36   ˢ **17:16** II Sam 15:28   ᵗ **17:17** Jos 15:7   ᵘ **17:18** II Sam 3:16   ᵛ **17:19** Jos 2:4-6   ʷ **17:20** Jos 2:3-5   ˣ **17:21** II Sam 17:15-16

ᵃvil li a. Li te mete lakay li an lòd e te ᵇtrangle pwòp tèt li. Konsa, li te mouri e te antere nan tonm a papa li.

²⁴ Alò, David te rive ᶜMahanaïm. Epi Absalom te travèse Jourdain an, li menm avèk tout mesye Israël yo avèk yo. ²⁵ Absalom te mete Amasa sou tèt lame a nan plas Joab. Alò Amasa te fis a yon mesye ki te rele Jithra, Izrayelit la, ki te antre nan Abigail, fi a ᵈNachasch, sè a Tseruja a, manman a Joab. ²⁶ Epi Israël avèk Absalom te fè kan nan peyi Galaad la.

²⁷ Alò, lè David te vini Mahanaïm, Schobi, ᵉfis a Nachasch ki sòti Rabba a, a fis Ammon yo, Makir, fis a Ammiel Lodebar a ak Barzillaï, Galaadit Roguelim nan, ²⁸ te pote ᶠkabann yo, basen yo, po kanari yo, ble, lòj, farin, sereyal boukannen, pwa, pwa lantiy, avèk grenn boukannen, ²⁹ siwo myèl, bòl lèt, mouton ak fwomaj ki sòti nan twoupo a, pou David ak moun ki te avèk li yo ᵍta manje. Paske yo te di: "Pèp la grangou, fatige e swaf nan dezè a."

18 Alò, David te konte moun ki te avèk li yo e te ʰplase sou yo chèf dè milye e chèf dè santèn. ² David te voye moun yo deyò, ⁱyon tyè anba lòd Joab, yon tyè anba lòd Abischaï, fis a Tseruja a, frè Joab la ak yon tyè anba lòd Ittaï, Gatyen an. Epi wa a te di a moun yo: "Mwen menm va anverite, sòti avèk nou tou."

³ Men moun yo te di: ʲ"Ou pa dwe sòti; paske si nou vrèman sove ale, yo p ap okipe nou; menm si mwatye ta mouri, yo p ap okipe nou. Men valè pa w vo di-mil a nou menm; pou rezon sa a, li pi bon pou ede nou soti nan vil la."

⁴ Alò wa a te di yo: "Nenpòt sa ki sanble bon a nou menm, se sa m ap fè."

Pou sa, wa a te kanpe akote pòtay la e tout moun yo te sòti pa santèn e pa milye. ⁵ Wa a te bay lòd a Joab avèk Abischaï avèk Ittaï e te di: "Pou koz mwen, aji dousman avèk jennonm nan, Absalom." Epi ᵏtout moun yo te tande lè wa a te pase lòd a tout chèf yo sou Absalom an.

⁶ Alò, moun yo te antre nan chan kont Israël e batay la te fèt nan ˡforè Ephraïm nan. ⁷ Moun Israël yo te bat la devan sèvitè a David yo e masak la te byen gwo, ven-mil òm. ⁸ Paske batay la te gaye sou tout teritwa peyi a e forè a te devore plis moun nan jou sa a ke nepe ta devore.

⁹ Alò, Absalom te vin rankontre sèvitè a David yo. Paske Absalom te monte sou milèt li e milèt la te antre anba gwo branch a yon gwo bwadchenn. Epi ᵐtèt li te kole rèd nan chenn nan e li te vin kwoke antre syèl avèk tè a, pandan milèt la anba li t ap kontinye ale. ¹⁰ Lè yon sèten mesye te wè sa, li te pale Joab, e te di: "Gade byen, mwen te wè Absalom pandye nan yon gwo bwadchenn."

¹¹ Epi Joab te di a mesye ki te di sa a: "Gade, ou te wè l? Poukisa konsa ou pa t frape li la pou l tonbe atè? Konsa, mwen ta ba ou dis pyès ajan avèk yon senti."

¹² Mesye a te di Joab: "Menm si mwen ta resevwa mil pyès ajan nan men m, mwen pa t ap lonje men m kont fis a wa a; paske ⁿnan tande nou, wa a te kòmande ou avèk Abischaï ak Ittaï, e te di: 'Pwoteje pou mwen jennonm nan, Absalom!' ¹³ Otreman, si m te aji nan mechanste kont lavi li (e ᵒnanpwen anyen ki kache a wa a), alò, ou menm ta kanpe lwen de sa."

¹⁴ Joab te di: "Mwen p ap gaspiye tan avè w isit la." ᵖKonsa, li te pran twa frenn nan men l e li te frennen fè yo pase sou kè Absalom pandan li te toujou vivan nan mitan bwadchenn nan. ¹⁵ Epi dis jennonm ki te pote zam pou Joab yo te antoure li, yo te frape Absalom e te touye li. ¹⁶ Alò, ᵠJoab te soufle twonpèt la e moun yo te retounen soti kouri dèyè Israël, paske Joab te ralanti moun yo. ¹⁷ Yo te pran Absalom, yo te jete li nan yon gwo twou vid nan mitan forè a e te ʳmonte sou li yon gwo pil wòch. Epi tout Israël te sove ale, chak moun nan pwòp tant pa yo.

¹⁸ Alò, Absalom, pandan lavi li ˢte fè monte pou li menm yon gwo pilye ki nan ᵗVale a Wa a, paske li te di: "Mwen pa gen fis pou prezève non mwen." Konsa, li te rele pilye a pa non li e li rele Moniman Absalom jis rive jodi a.

¹⁹ Alò, ᵘAchimaats, fis a Tsadok la te di: "Souple, kite mwen kouri pote nouvèl la bay wa a ke SENYÈ a gen tan delivre li anba men lènmi li yo."

²⁰ Men Joab te di li: "Ou menm se pa nonm ki pou pote nouvèl la nan jou sa a, malgre ke ou va pote li yon lòt jou, men ou p ap pote li jodi a, paske fis a wa a mouri."

²¹ Alò, Joab te di a Etyopyen an: "Ale, pale wa a sa ou te wè a." Konsa, Etyopyen an te bese devan Joab e te kouri ale.

²² Alò, Achimaats, fis a Tsadok la te di yon lòt fwa a Joab: "Malgre nenpòt sa ki rive, kite mwen tou kouri dèyè Etyopyen an."

Epi Joab te di: "Poukisa ou ta kouri, fis mwen, kòmsi ᵛou p ap twouve rekonpans pou ale a?"

²³ "Malgre sa ki rive", li te di: "Mwen va kouri". Epi Achimaats te kouri nan wout plèn nan e te vin depase Etyopyen an.

²⁴ Alò, David te chita antre de pòtay yo; epi gadyen an te monte sou twati pòtay sou mi an. Li te leve zye li e te gade. Men vwala, yon nonm ki t ap kouri li sèl a li menm. ²⁵ Gadyen an te kouri pale wa a. Epi wa a te di: "Si se sèl li menm k ap vini, se bòn nouvèl nan bouch li." Epi li te pwoche pi pre e pi pre toujou.

ᵃ **17:23** II Sam 15:12 ᵇ **17:23** Mat 27:5 ᶜ **17:24** Jen 32:2-10 ᵈ **17:25** I Kwo 2:16 ᵉ **17:27** I Sam 11:1 ᶠ **17:28** Pwov 11:25 ᵍ **17:29** II Sam 16:2-14 ʰ **18:1** Egz 18:25 ⁱ **18:2** Jij 7:16 ʲ **18:3** II Sam 21:17 ᵏ **18:5** II Sam 18:12 ˡ **18:6** Jos 17:15-18 ᵐ **18:9** II Sam 14:26 ⁿ **18:12** II Sam 18:5 ᵒ **18:13** II Sam 14:19-20 ᵖ **18:14** II Sam 14:30 ᵠ **18:16** II Sam 2:28 ʳ **18:17** Det 21:20-21 ˢ **18:18** I Sam 15:12 ᵗ **18:18** Jen 14:17 ᵘ **18:19** II Sam 15:36 ᵛ **18:22** II Sam 18:29

²⁶ Apre sa, gadyen an te wè yon lòt moun ki t ap kouri; epi gadyen an te rele gadyen pòtay la e te di: "Gade byen, gen yon lòt moun k ap kouri pou kont li."

Epi wa a te di: "Sila a tou ap pote bòn nouvèl."
²⁷ Gadyen an te di: "Mwen kwè ke kouri a premye a sanble kouri a Achimaats, fis a Tsadok la."

Epi wa a te di: ᵃ"Sa se yon bon mesye e li pote bòn nouvèl."
²⁸ Achimaats te rele e te di a wa a: "Tout bagay sòti byen." Epi li te bese figi atè devan wa a, e li te di: ᵇ"Beni se SENYÈ a, Bondye ou a, ki te livre bay mesye ki te leve men kont mèt mwen an, wa a."
²⁹ Wa a te di: ᶜ"Èske tout bagay byen avèk jennonm nan, Absalom?"

Epi Achimaats te reponn: "Lè Joab te voye sèvitè a wa a, sèvitè ou menm nan, mwen te wè yon gwo zen; men mwen pa t konnen kisa."
³⁰ Epi wa a te di: "Mete ou akote e kanpe la." Konsa, li te mete li akote e te kanpe tann la.
³¹ Gade byen, Etyopyen an te rive e Etyopyen an te di: "Kite mèt mwen an, wa a resevwa bòn nouvèl; paske ᵈSENYÈ a te delivre ou nan jou sa a soti nan men a tout sila ki te leve kont ou yo."
³² Alò, wa a te di a Etyopyen an: "Èske sa byen avèk jennonm nan, Absalom?"

Epi Etyopyen an te reponn: ᵉ"Kite lènmi a mèt mwen yo, wa a, ak tout moun ki leve kont ou men mal yo, devni tankou jennonm sila a!"
³³ Wa a te sezi avèk emosyon e te monte nan chanm nan sou pòtay la pou te kriye. Epi konsa li te di pandan li t ap mache: "O fis mwen Absalom, fis mwen, fis mwen Absalom! ᶠPito se te mwen ki te mouri olye de ou menm, O Absalom, fis mwen, fis mwen!"

19 Alò, li te pale a Joab: "Gade byen, ᵍwa a ap kriye e fè lamantasyon pou Absalom."
² Viktwa a jou sa a te boulvèse vin fè dèy pou tout pèp la. Paske moun ki te tande li yo nan jou sa a te di: "Wa a ap lamante pou fis li a."
³ Konsa, moun yo te antre nan vil la nan jou sa a kòmsi an sekrè tankou yon pèp ki imilye e kouri kache pou kite batay la. ⁴ Wa a te ʰkouvri figi li e te kriye fò avèk yon gwo vwa: "O fis mwen, Absalom, O Absalom, fis mwen, fis mwen!"
⁵ Alò, Joab te antre nan kay la vè wa a. Li te di: "Jodi a, ou te kouvri avèk lawont tout figi a tout sèvitè ou yo, ki, jodi a, te sove lavi ou, lavi a fis ou yo ak fi ou yo, lavi a madanm ou yo ak lavi a ti mennaj ou yo, ⁶ akoz ou te vin renmen sila ki rayi ou yo, e rayi sila ki renmen ou yo. Paske ou te montre nan jou sa a ke prens yo avèk sèvitè ou yo pa anyen a ou menm. Paske mwen vin aprann nan jou sa a ke si Absalom te vivan e nou tout te fin mouri, ke ou ta gen kè kontan. ⁷ Alò, pou sa, leve ale deyò a pou pale pawòl ki dous avèk sèvitè ou yo. Paske mwen sèmante pa SENYÈ a ke si ou pa sòti deyò, anverite, ⁱp ap gen yon moun k ap pase nwit lan avèk ou e sa va pi mal pou ou pase tout lòt mal ki gen tan parèt sou ou soti nan jenès ou jis rive koulye a."
⁸ Pou sa, wa a te leve chita nan pòtay la. Lè yo te pale tout pèp la e te di: "Men vwala, wa a chita nan pòtay la," alò, tout pèp la te vini devan wa a. Alò, ʲIsraël te fin sove ale, chak moun nan pwòp tant pa yo. ⁹ Tout pèp la t ap fè kont pami tout tribi Israël yo, e t ap di: ᵏ"Wa a te delivre nou soti nan men a lènmi nou yo e te sove nou soti nan men a Filisten yo; men koulye a, ˡli gen tan sove ale kite peyi a devan Absalom. ¹⁰ Malgre sa, Absalom, ke nou te onksyone sou nou an, te mouri nan batay la. Alò, pou sa, poukisa nou rete san pale nan afè mennen wa a fè l tounen an?"
¹¹ Epi Wa David te voye kote Tsadok ak Abiathar, prèt yo, e te di: "Pale avèk ansyen Juda yo e di: 'Poukisa se nou ki dènye pou mennen fè wa a tounen lakay li a, depi pawòl a tout Israël la gen tan rive vè wa a, menm kote lakay li? ¹² Nou menm se frè m; ᵐnou se zo a zo mwen e chè a chè mwen. Poukisa konsa nou ta dwe dènye pou mennen wa a fè l tounen?' ¹³ Di Amasa: 'Èske ou pa zo a zo mwen e chè a chè mwen? Ke Bondye ta fè sa pou mwen e menm plis si se pa ou menm ki va chèf lame devan mwen nèt ⁿnan plas Joab.'"
¹⁴ Konsa, li te vire kè tout mesye Juda yo ᵒtankou se te yon sèl moun, jiskaske yo te voye vè wa a e te di: "Retounen, ou menm avèk tout sèvitè ou yo."
¹⁵ Alò, wa a te retounen e te vin jis nan Rivyè Jourdain an. Epi Juda te vini ᵖGuilgal pou rankontre wa a, pou mennen wa a travèse Jourdain an. ¹⁶ Epi ᵠSchimeï, fis a Guéra a, Benjamit ki sòti Bachurim nan te fè vit vin desann avèk mesye Juda yo pou rankontre Wa David. ¹⁷ Te gen mil mesye Benjamin avèk li, avèk ʳTsiba, sèvitè lakay Saül la, kenz fis li yo avèk ven sèvitè yo avèk li; epi yo te prese rive nan Jourdain an avan wa a. ¹⁸ Yo te kontinye travèse kote pou janbe a pou fè travèse fanmi a wa a; epi pou fè sa ki bon nan zye li.

Epi Schimeï, fis a Guéra a te tonbe ba devan wa a pandan li t ap prepare pou travèse Jourdain an. ¹⁹ Konsa, li te di a wa a: ˢ"Pa kite mèt mwen konsidere mwen kòm koupab, ni sonje mal ke sèvitè ou te fè nan jou lè mèt mwen an, wa a, te sòti Jérusalem, pou wa a ta pran sa a kè. ²⁰ Paske sèvitè ou konnen ke mwen te peche. Pou sa, gade byen, mwen te rive la jodi a, ᵗpremyèman nan tout kay Joseph la pou ale desann rankontre mèt mwen an, wa a."

ᵃ **18:27** I Wa 1:42   ᵇ **18:28** I Sam 17:46   ᶜ **18:29** II Sam 20:9   ᵈ **18:31** Jij 5:31   ᵉ **18:32** I Sam 25:26
ᶠ **18:33** Egz 32:32   ᵍ **19:1** II Sam 18:5-14   ʰ **19:4** II Sam 15:30   ⁱ **19:7** Pwov 14:28   ʲ **19:8** I Sam 18:17
ᵏ **19:9** II Sam 8:1-14   ˡ **19:9** II Sam 15:14   ᵐ **19:12** II Sam 5:1   ⁿ **19:13** II Sam 3:27-39   ᵒ **19:14** Jij 20:1
ᵖ **19:15** Jos 5:9   ᵠ **19:16** II Sam 16:5-13   ʳ **19:17** II Sam 16:1-4   ˢ **19:19** I Sam 22:15   ᵗ **19:20** II Sam 16:5

²¹ Men Abischaï, fis a Tseurja a te di: "Èske Schimeï pa ta dwe mete a lanmò pou sa, ᵃakoz li te modi onksyone a SENYÈ a?"

²² Epi David te di: "Kisa mwen gen pou fè avèk nou, O fis a Tseruja yo, pou nou ta nan jou sila a devni advèsè mwen? ᵇÈske okenn moun ta mete a lanmò an Israël jodi a?" Paske èske mwen pa konnen ke se mwen ki wa sou Israël jodi a? ²³ Wa a te di a Schimeï: ᶜ"Ou p ap mouri." Konsa wa a te sèmante a li menm.

²⁴ Epiᵈ Méphiboscheth, fis a Saül la te desann rankontre wa a. Li pa t okipe pye li, ni taye moustach li, ni lave rad li, depi wa a te pati a jis rive jou ke li te retounen lakay li anpè a. ²⁵ Se te lè li te vini Jérusalem pou rankontre wa a ke wa a te di li: ᵉ"Poukisa ou pa t ale avè m, Méphiboscheth?"

²⁶ Konsa, li te reponn: "O mèt mwen, wa a, sèvitè mwen an te twonpe m. Paske sèvitè ou a te di: 'Mwen va sele yon bourik pou mwen menm pou m kab monte sou li pou ale avèk wa a,' ᶠakoz sèvitè ou a bwete. ²⁷ Anplis, li te pale vye bagay a sèvitè ou a mèt mwen, wa a, men mèt mwen an, wa a, se ᵍtankou zanj Bondye a. Pou sa, fè sa ki bon nan zye ou. ²⁸ Paske tout manm lakay papa m pa t plis ke moun mouri devan mèt mwen an, wa a. ʰMalgre ou te mete sèvitè ou pami sila ki te manje sou pwòp tab pa ou. Ki dwa mwen gen pou m ta plenyen anplis a wa a?"

²⁹ Konsa, wa a te di li: "Poukisa ou pale toujou nan enterè pa w? Mwen gen tan pran desizyon, 'Ou avèk Ziba va divize tè a.'" ³⁰ Méphiboscheth te di a wa a: "Kite li menm vin pran tout pou li menm, akoz mèt mwen, wa a, gen tan retounen nan pwòp kay li."

³¹ Alò ⁱBarzillaï, Gadit la te vin desann soti Roguelim e li te ale nan Jourdain an avèk wa a pou akonpanye li travèse Jourdain an. ³² Alò, Barzillaï te granmoun anpil, avèk laj a katre-ventan. Li te bay soutyen a wa a pandan li te rete Mahanaïm, paske li te yon nonm byen enpòtan. ³³ Wa a te di a Barzillaï: "Vin travèse avèk mwen e mwen va ba ou soutyen Jérusalem bò kote mwen."

³⁴ Men Barzillaï te di a wa a: ʲ"Se pou konbyen de tan ke m ap viv toujou pou m ta monte ak wa a Jérusalem? ³⁵ Mwen menm, koulye a, mwen nan ᵏkatre-ventan daj. Èske mwen kapab distenge antre sa ki bon ak sa ki mal? Oswa èske sèvitè ou a kapab goute sa ke m manje, oswa sa ke m bwè? Oswa èske mwen kapab ankò tande vwa lè gason ak fi ap chante? Alò, ˡpoukisa sèvitè ou ta dwe devni yon chaj anplis a mèt mwen an, wa a? ³⁶ Sèvitè ou ta sèlman pito travèse Jourdain an avèk wa a. Poukisa wa a ta dwe ban m rekonpans avèk byenfezans sila a? ³⁷ Souple, kite sèvitè ou retounen, pou m kab mouri nan pwòp vil pa m, toupre tonm a papa m avèk manman m. Malgre sa, men sèvitè ou, ᵐKimham; kite li travèse avèk mèt mwen an, wa a e fè pou li sa ki bon nan zye ou."

³⁸ Wa a te reponn: "Kimham va travèse avè m e mwen va fè pou li sa ki bon nan zye pa w. Nenpòt sa ke ou vle m fè m ap fè l pou ou."

³⁹ Tout moun yo te travèse Jourdain an e wa a te travèse tou. Epi wa a te ⁿbo Barzillaï. Li te beni li e li te retounen nan plas li. ⁴⁰ Koulye a, wa a te avanse rive Guilgal, Kimham te kontinye avèk li. Epi tout pèp Juda a avèk ᵒla mwatye nan pèp Israël la te akonpanye wa a. ⁴¹ Epi vwala, tout mesye Israël yo te vin kote wa a e te di a wa a: ᵖ"Poukisa frè nou yo, mesye Juda yo te vin vòlè ou? Yo te pati avè w, yo te mennen wa a avèk tout lakay li ak tout mesye David yo avèk li, vin janbe Jourdain an."

⁴² Epi tout mesye Juda yo te reponn mesye Israël yo: "Akoz ᵠwa a toupre fanmi a nou. Poukisa konsa nou vin fache akoz afè sila a? Èske nou te manje yon bagay sou kont a wa a, oubyen èske yon bagay te vin separe bannou?"

⁴³ Men mesye Israël yo te reponn mesye Juda yo e te di: ʳ"Nou gen dis pati nan wa a; pou sa, nou osi gen plis pati nan David pase ou! Poukisa konsa, ou vin meprize nou? Èske se pa t konsèy pa nou premyèman pou fè wa a tounen?" Men pawòl a Juda yo te pi rèd pase pawòl a Israël yo.

20 Alò, te gen yon ˢsanzave ki te la ki te rele Schéba, fis a Bicri, yon Benjamit. Konsa, li te soufle twonpèt la e te di: ᵗ"Nou pa gen anyen nan David, ni nou pa gen eritaj nan fis Jesse a. Tout moun rive nan tant pa li yo, O Israël!"

² Konsa, tout mesye Israël yo te sispann swiv David, e yo te swiv Schéba, fis a Bicri a. Men mesye Juda yo te rete lwayal a wa pa yo a, soti nan Jourdain an, jis rive Jérusalem.

³ David te rive kote lakay li Jérusalem. Epi ᵘwa a te pran dis fanm sa yo, ti mennaj ke li te kite pou okipe kay la. Li te mete yo sou siveyans e te bay yo manje, men li pa t antre nan yo. Konsa, yo te rete fèmen jis rive jou ke yo te mouri an e te viv tankou vèv.

⁴ Alò, wa a te di a ᵛAmasa: "Rele fè sòti pou mwen mesye Juda yo avan twa jou e ou menm, vin prezan isit la."

⁵ Konsa, Amasa te ale rele mesye Juda yo, men li te ʷpran reta plis tan ke li te dwe pran an. ⁶ Epi David te di a ˣAbischaï: "Koulye a Schéba, fis a Bicri a, va fè nou plis mal ke Absalom. Pran sèvitè mèt ou yo e kouri dèyè li, pou li pa twouve pou kont li vil ki ranfòse pou chape devan zye nou."

⁷ Konsa, mesye Abischaï yo te sòti dèyè li, ansanm avèk Keretyen yo, Peletyen yo ak tout

---

ᵃ **19:21** Egz 22:28   ᵇ **19:22** I Sam 11:13   ᶜ **19:23** I Wa 2:8   ᵈ **19:24** II Sam 9:6-10   ᵉ **19:25** II Sam 16:17
ᶠ **19:26** II Sam 9:3   ᵍ **19:27** I Sam 14:17-20   ʰ **19:28** II Sam 9:7-13   ⁱ **19:31** II Sam 17:27-29   ʲ **19:34** Jen 47:8
ᵏ **19:35** Sòm 90:10   ˡ **19:35** II Sam 15:33   ᵐ **19:37** I Wa 2:7   ⁿ **19:39** Rt 1:14   ᵒ **19:40** II Sam 19:9-10
ᵖ **19:41** II Sam 19:11-12   ᵠ **19:42** II Sam 19:12   ʳ **19:43** II Sam 5:1   ˢ **20:1** II Sam 16:7   ᵗ **20:1** I Wa 12:16
ᵘ **20:3** II Sam 15:16   ᵛ **20:4** II Sam 17:25   ʷ **20:5** I Sam 13:8   ˣ **20:6** II Sam 21:17

mesye vanyan yo. Epi yo te kite Jérusalem pou kouri dèyè Schéba, fis a Bicri a. ⁸ Lè yo te la nan gwo wòch ki ᵃGabaon an, Amasa te vin rankontre yo. Alò Joab te abiye an vètman militè e sou li, te gen yon sentiwon avèk yon nepe nan fouwo li ki te tache nan senti li; epi pandan li t ap avanse, nepe a te vin tonbe parèt. ⁹ Joab te di Amasa: "Èske sa byen avèk ou, frè m?" Epi ᵇJoab te kenbe Amasa pa bab li avèk men dwat pou bo li. ¹⁰ Men Amasa pa t veye kont nepe ki te nan men Joab la. Konsa, li te ᶜfrape li nan vant avèk li e zantray li te vide tonbe atè e san frape l ankò, li te mouri. Alò Joab avèk Abischaï, frè li a, te kouri dèyè Schéba, fis a Bicri a. ¹¹ Alò, akote li, te kanpe youn nan jennonm a Joab yo, ki te di: "Nenpòt moun ki pou Joab e nenpòt moun ki pou David, ᵈkite li swiv Joab."

¹² Men Amasa te kouche tòde vire nan san li nan mitan granchemen an. Epi lè nonm nan te wè ke tout moun te kanpe, li te deplase Amasa soti nan granchemen an rive nan chan an e li te jete yon vètman sou li lè li te wè ke tout moun ki te pase kote li te vin kanpe. ¹³ Depi li te rete sou granchemen an, tout mesye yo te pase ale dèyè Joab pou kouri dèyè Schéba, fis a Bicri a. ¹⁴ Alò, li te pase nan tout tribi Israël yo jis rive Abel, menm jis nan Beth-Maaca ak tout Berit yo. Yo te rasanble ansanm pou te ale dèyè li tou. ¹⁵ Yo te vin fè syèj sou li nan Abel Beth-Maaca. ᵉYo te monte yon ran syèj kont vil la. Li te kanpe rive nan mi ranpa e tout moun ki te avèk Joab yo t ap kraze pou yo fè mi an tonbe.

¹⁶ Epi yon fanm lespri te rele soti nan vil la: "Koute, koute! Souple di Joab: 'Vin isit la pou m kab pale avèk ou.' Koute pawòl a sèvant ou an." Epi li te reponn: "M ap koute." ¹⁷ Konsa, li te pwoche li e fanm nan te di: "Èske se Joab ke ou ye?"

Epi li te reponn: "Se mwen".

Alò, li te di li: "Koute pawòl a sèvant ou an."

Epi li te reponn: "M ap koute." ¹⁸ Epi li te pale e te di: "Lontan yo te konn di: 'Yo va anverite mande konsèy nan Abel,' e se konsa, yo te rezoud pwoblèm nan. ¹⁹ Mwen pami sila ki pezib e fidèl an Israël yo. W ap chache detwi yon vil, menm yon manman an Israël. Poukisa ou ta anglouti tout eritaj SENYÈ a?"

²⁰ Joab te reponn: "Lwen de sa, lwen de mwen pou mwen ta anglouti, oswa detwi! ²¹ Se pa konsa ka a ye! Men yon nonm soti nan peyi ti mòn Ephraïm nan, ᶠSchéba, fis a Bicri a, selon non li, li te leve men li kont Wa David. Sèlman, lonje bannou li e mwen va kite vil la."

Epi fanm nan te di a Joab: "Gade byen, se tèt li m ap jete ba ou sou mi an."

²² Alò, fanm lespri a te vin kote tout pèp la. Epi yo te koupe tèt aᵍSchéba, fis Bicri a e te jete li bay Joab. Konsa, li te soufle twonpèt la e yo te lèse kite vil la. Chak moun te ale kote tant pa yo. Joab, anplis, te retounen kote wa a Jérusalem.

²³ ʰAlò, Joab te sou tèt tout lame Israël la e Benaja, fis a Jehojada a te sou Keretyen yo avèk Peletyen yo; ²⁴ epi Adoram te sou travay fòse a e ⁱJosaphat, fis a Achilud la te grefye a; ²⁵ epi Scheja te sekretè a e Tsadok avèk ʲAbiathar te prèt; ²⁶ epi Ira, Jayirit la te yon prèt osi pou David.

21 Alò, te gen yon gwo grangou nan jou a David yo pandan twazan, ane apre ane. Epi ᵏDavid te chache prezans a SENYÈ a. SENYÈ a te di: "Se akoz Saül ak kay sanglan li an, akoz li te mete Gabawonit yo a lanmò."

² Pou sa, wa a te rele Gabawonit yo pou te pale yo. (Alò, Gabawonit yo pa t nan fis Israël yo men yo te nan retay Amoreyen yo e ˡfis Israël yo te fè yon akò avèk yo. Men Saül te chache touye yo nan zèl li genyen pou fis a Juda yo avèk Israël yo.) ³ Konsa, David te di a Gabawonit yo: "Kisa mwen ta dwe fè pou nou? Epi ki jan mwen kapab fè ekspiyasyon, pou nou kapab vin beni ᵐeritaj SENYÈ a?"

⁴ Alò, Gabawonit yo te di li: ⁿ"Nou pa sou afè a jan, ni lò avèk Saül, ni lakay li, ni pou nou ta mete okenn moun a lanmò an Israël."

Epi li te di: "Mwen va fè pou nou nenpòt sa ke nou mande."

⁵ Pou sa, yo te di a wa a: ᵒ"Nonm ki te vin manje nou an e ki te fè plan pou detwi nou nèt la rache nou soti nan lizyè Israël la, ⁶ kite sèt mesye soti nan fis li yo vin bay a nou menm. E nou va pann yo devan SENYÈ a nan Guibea pou Saül, ᵖsila ki te chwazi pa SENYÈ a."

Epi wa a te di: "Mwen va bay yo."

⁷ Men wa a te bay pwotèj a Méphiboscheth, fis a Jonathan an, fis a Saül la, ᵠakoz sèman a SENYÈ a ki te fèt antre yo, antre David ak fis a Saül la, Jonathan. ⁸ Konsa, wa a te pran de fis a Ritspa yo avèk fi a Ajja a, Armoni ak Méphiboscheth ke li te fè pou Saül la, senk fis a Mérab yo, fi a Saül la, ke li te fè pou Adriel, fis a Barzillaï a, Meyolayit la; ⁹ Epi li te livre yo nan men a Gabawonit yo e yo te pandye yo nan mòn nan devan SENYÈ a, jiskaske yo sèt te tonbe ansanm. Yo te mete a lanmò nan premye jou a rekòlt la, nan ʳkòmansman rekòlt lòj la.

¹⁰ ˢEpi Rizpa, fi a Ajja a te pran twal sak e te ouvri li sou wòch la, soti nan kòmansman rekòlt la jiskaske li te fè lapli sou yo soti nan syèl la. ᵗLi pa t kite ni zwazo syèl yo vin poze sou yo nan la jounen, ni bèt chan yo pandan lannwit. ¹¹ Lè li te pale a David sa ke Rizpa, fi a Ajja a, ti mennaj a Saül la te fè a, ¹² alò, David te ale pran ᵘzo a Saül ak zo a Jonathan, fis li a soti nan men a mesye Jabès-Galaad la, ki te vòlè yo nan laplas Beth-Schan kote Filisten yo te pandye yo nan jou ke Filisten yo te frape Saül nan Guilboa a. ¹³ Li te mennen zo a Saül ak zo a

---

ᵃ **20:8** II Sam 2:13   ᵇ **20:9** Mat 26:49   ᶜ **20:10** II Sam 2:23   ᵈ **20:11** II Sam 20:13   ᵉ **20:15** II Wa 19:32   ᶠ **20:21** II Sam 20:2   ᵍ **20:22** II Sam 20:1   ʰ **20:23** II Sam 8:16-18   ⁱ **20:24** I Wa 4:3   ʲ **20:25** I Wa 4:4   ᵏ **21:1** Nonb 27:21   ˡ **21:2** Jos 9:3-20   ᵐ **21:3** I Sam 26:19   ⁿ **21:4** Nonb 35:31-32   ᵒ **21:5** II Sam 21:1   ᵖ **21:6** I Sam 10:24   ᵠ **21:7** I Sam 20:12-17   ʳ **21:9** Egz 9:31-32   ˢ **21:10** Det 21:23   ᵗ **21:10** I Sam 17:44-46   ᵘ **21:12** I Sam 31:11-13

Jonathan yo monte, fis li soti la e yo te ranmase zo a sila ki te pandye yo. ¹⁴ Yo te antere zo a Saül yo avèk Jonathan, fis li nan peyi Benjamin nan ᵃTséla, nan tonm a Kis, papa li. Konsa, yo te fè tout sa ke wa a te kòmande yo. Apre sa, ᵇBondye te satisfè akoz lapriyè pou peyi a.

¹⁵ Alò, lè ᶜFilisten yo te fè lagè ankò avèk Israël, David te desann avèk sèvitè li yo. Epi pandan yo t ap goumen kont Filisten yo, David te vin bouke. ¹⁶ Epi Jischbi-Benob ki te ᵈpami desandan a jeyan yo, avèk yon lans ki te peze twa-san sik an bwonz, te gen yon nepe nèf nan senti l e li te gen entansyon pou l ta touye David. ¹⁷ Men ᵉAbischaï, fis a Tseruja a te ede li, li te frape Filisten an pou te touye li. Epi mesye David yo te fè ve a li e te di: "Wa David, ou p ap sòti avèk nou ankò nan batay la pou ou pa vin etenn lanp Israël la."

¹⁸ ᶠAlò, li te vin rive apre sa ke te gen lagè ankò avèk Filisten yo nan Gob. Epi Sibbecaï, Oushatit la te frape Saph, ki te pami desandan a jeyan yo. ¹⁹ Te gen gè avèk Filisten yo ankò Gob e Elchanan, fis a Jaaré-Oreguim nan Bethléhem te touye Goliath, moun Gath la. ᵍShaf lans li an te tankou travès lan a yon machin yo konn tise. ²⁰ Te gen lagè avèk Gath ankò, kote te gen yon mesye gran tay avèk sis dwèt nan chak men ak sis zòtèy nan chak pye, venn-kat antou. Li menm osi te ne de ʰjeyan yo. ²¹ Lè li te leve tèt li kont Israël, Jonathan, fis a Schimea a, frè David la, te frape li. ²² Se ⁱkat sila yo ki te ne de jeyan nan Gath yo, e yo te tonbe pa men David e pa men a sèvitè li yo.

22 David te pale pawòl a chan sila yoʲa SENYÈ a nan jou ke SENYÈ a te delivre li soti nan men a tout lènmi li yo ak nan men a Saül. ² Li te di:
ᵏ"SENYÈ a se wòch mwen,
ˡfòterès mwen ak liberatè mwen;
³ Bondye mwen an, wòch mwen an, nan sila mwen twouve pwotèj la;
boukliye e kòn delivrans mwen,
sitadèl mwen ak refij mwen.
ᵐSe konsa mwen va sove devan ledmi mwen yo.
⁴ Mwen rele a SENYÈ a, ⁿki merite lwanj.
Se konsa mwen sove de lènmi mwen yo.

⁵ Paske ᵒvolas lanmò te antoure mwen;
gran flèv destriksyon yo te monte sou mwen nèt.
⁶ ᵖKòd a sejou lanmò te antoure mwen;
pèlen lanmò yo te menase m.
⁷ ᑫNan gran twoub mwen,
mwen te rele SENYÈ a.
Wi, mwen te rele a Bondye mwen an.
Soti nan tanp Li an, Li te tande vwa m.

Kri sekou mwen te anndan zòrèy Li.
⁸ Latè te tranble e souke.
ʳFondasyon syèl la t ap tranble.
Yo te sombre, akoz Li te fache.
⁹ Lafimen te monte sòti nan nen L.
ˢDife soti nan bouch Li a te devore.
Chabon te fèt pa li.
¹⁰ Anplis, Li te rale bese syèl yo e te desann.
Yon ᵗtenèb byen pwès te anba pye L yo.
¹¹ Li te monte sou yon cheriben,
Li te vole.
Li te parèt sou ᵘzèl a van an.
¹² ᵛ Li te fè tenèb la yon tant Ki antoure Li,
yon vwa dlo, nwaj pwès syèl yo
¹³ soti nan gran klète devan L,
ʷBout chabon dife yo vin limen.
¹⁴ SENYÈ a te ˣeklate depi nan syèl la,
e vwa Pli Wo a te reponn.
¹⁵ Li te lanse ʸflèch pou te gaye yo.
Loray! E yo te sove ale.
¹⁶ Kanal lanmè yo te vin parèt.
Fondasyon mond lanᶻ te dekouvri nèt,
pa repwoch SENYÈ a,
ak fòs vann a ki soti nan ne l.

¹⁷ ᵃLi te voye soti anwo,
Li te pran m.
Li te rale mwen sòti nan pil dlo yo.
¹⁸ Li te delivre mwen devan lènmi m byen fò,
Soti nan sila ki te rayi mwen yo.
Paske yo te twò fò pou mwen.
¹⁹ Yo te kanpe parèt devan m nan jou gran doulè a,
ᵇMen SENYÈ a te soutyen mwen.
²⁰ Anplis, Li te mennen m nan yon kote byen laj.
Li te fè m chape, ᶜpaske Li te kontan anpil avè m.

²¹ ᵈSENYÈ a te rekonpanse mwen selon ladwati mwen.
Selon men pwòp mwen, Li te fè m twouve rekonpans.
²² Paske mwen te kenbe chemen SENYÈ a.
Mwen pa t aji avèk mechanste kont Bondye mwen an.
²³ ᵉPaske tout òdonans Li yo te devan m.
Règleman Li yo, mwen pa t janm kite.
²⁴ Anplis, ᶠmwen te san fot devan L.
Mwen te rete lib de inikite mwen.
²⁵ Pou sa, SENYÈ a te rekonpanse m.
ᵍSelon ladwati mwen,
Selon jan mwen pwòp devan zye Li.
²⁶ ʰAvèk sila de bon kè yo,

ᵃ **21:14** Jos 18:28   ᵇ **21:14** II Sam 24:25   ᶜ **21:15** II Sam 5:17-25   ᵈ **21:16** Nonb 13:22-28   ᵉ **21:17** II Sam 20:6-10
ᶠ **21:18** I Kwo 20:4-8   ᵍ **21:19** I Sam 17:7   ʰ **21:20** II Sam 21:16-18   ⁱ **21:22** I Kwo 20:8   ʲ **22:1** Sòm 18:2-50
ᵏ **22:2** Sòm 31:3   ˡ **22:2** Sòm 31:3   ᵐ **22:3** Det 32:4-37   ⁿ **22:4** Sòm 48:1   ᵒ **22:5** Sòm 93:4   ᵖ **22:6** Sòm 116:3
ᑫ **22:7** Sòm 116:4   ʳ **22:8** Jòb 26:11   ˢ **22:9** Sòm 97:3   ᵗ **22:10** Sòm 97:2   ᵘ **22:11** Sòm 104:3   ᵛ **22:12** Jòb 36:29
ʷ **22:13** II Sam 22:9   ˣ **22:14** Jòb 37:2-5   ʸ **22:15** Det 32:23   ᶻ **22:16** Egz 15:8   ᵃ **22:17** Sòm 144:7
ᵇ **22:19** Sòm 23:4   ᶜ **22:20** II Sam 15:26   ᵈ **22:21** I Sam 26:23   ᵉ **22:23** Det 6:6-9   ᶠ **22:24** Ef 1:4   ᵍ **22:25** II Sam 22:21   ʰ **22:26** Mat 5:7

Ou montre bon kè Ou.
Avèk sila ki san fot yo,
Ou parèt san fot.
²⁷ ᵃAvèk sila ki san tach yo,
Ou montre jan Ou san tach,
Epi avèk sila ki kwochi,
Ou vin parèt avèk entèlijans.
²⁸ ᵇ Ou fè sekou a sila ki aflije yo,
men zye Ou rete sou sila ki ògeye yo,
pou Ou fè yo bese.
²⁹ Paske se ou ki lanp mwen, O SENYÈ.
Konsa, ᶜSENYÈ a vin klere tout tenèb mwen.
³⁰ Paske avèk Ou, Mwen kapab kouri
sou yon ekip sòlda.
³¹ ᵈPou Bondye, chemen pa li a san fot.
Pawòl SENYÈ a fin fè prèv.
Li pwoteje tout sila yo ki kache nan Li.
³² ᵉPaske se kilès Bondye ye,
Sof ke SENYÈ a?
Epi kilès ki se yon woche,
Sof ke Bondye pa nou an?
³³ ᶠBondye se sitadèl fòs mwen.
Li fè chemen m san fot.
³⁴ Li fè pye m tankou pye a sèf,
ki fè m chita nan plas ki wo.
³⁵ Li enstwi men m yo pou batay la,
Pou bra mwen kab koube banza fèt an Bwonz.
³⁶ Ou te osi ban mwen Boukliye Sali Ou a,
e se soutyen Ou ki fè m pwisan.
³⁷ ᵍOu elaji pla pye mwen anba m,
e pye m pa janm chape.
³⁸ Mwen te kouri dèyè lènmi mwen yo,
e mwen te ʰdetwi yo.
Mwen pa t vire fè bak jiskaske mwen
te fin manje nèt.
³⁹ Epi mwen te devore yo,
mwen te kraze yo,
Jiskaske yo pa t janm leve.
Konsa, yo te ⁱtonbe anba pye mwen.
⁴⁰ Paske Ou te kouvri senti m ak fòs
pou batay la.
Ou te soumèt anba m ʲsila ki te leve
kont mwen yo.
⁴¹ Ou te osi ᵏfè lènmi m yo vire do ban mwen,
Epi mwen te detwi sila ki te rayi mwen yo.
⁴² ˡYo te gade, men nanpwen moun ki
te pou te sove yo;
menm anvè SENYÈ a, men Li pa t reponn yo.
⁴³ ᵐAlò mwen te fè poud ak yo
tankou pousyè tè a.
ⁿMwen te kraze e te foule yo
Tankou kras labou lari.
⁴⁴ Ou te osi delivre mwen sòti
nan rebelyon ak zen pèp mwen an.
Ou te kenbe m kòm chèf sou nasyon yo,

⁴⁵ Etranje yo abese devan m.
Depi yo tande, yo obeyi.
⁴⁶ Etranje yo pèdi fòs.
ᵒYo sòti tranblan nan kote kache yo.
⁴⁷ SENYÈ a vivan!
Beni, se wòch mwen an!
Egzalte, se ᵖBondye, wòch sali mwen an.
⁴⁸ Menm Bondye ki egzekite vanjans
pou mwen an,
ᑫLi ki rale fè desann lòt pèp yo anba m nan,
⁴⁹ Ki osi fè m sòti devan lènmi mwen yo.
Wi, Ou menm fè m leve anwo ʳsila
Ki vin leve kont mwen yo.
Ou ban m sekou devan moun ki vyolan yo.
⁵⁰ Pou sa, mwen va ba Ou remèsiman,
O SENYÈ, ˢpami nasyon yo.
Mwen va chante lwanj a non Ou.
⁵¹ Li se yon gran sitadèl delivrans pou wa Li a,
ki ᵗmontre lanmou dous a onksyone pa Li a,
Menm a ᵘDavid avèk desandan pa li yo,
jis pou tout tan."

23

Alò, sila yo se dènye pawòl a David yo.
David, fis a Jesse a deklare,
Mesye ki te leve anwo a deklare,
ᵛSila ki onksyone pa Bondye a Jacob la,
Chantè dous Israël la,
² Nan mwen, ʷLespri SENYÈ a te pale,
Pawòl pa Li te sou lang mwen.
³ Bondye a Israël la te di,
ˣWòch Israël la te pale mwen,
Sila ki renye sou lèzòm avèk ladwati Li a,
ki renye avèk lakrent Bondye yo,
⁴ Se tankou ʸlimyè maten lè solèy la leve,
Yon maten san nwaj, lè zèb tounèf
Vin sòti nan tè a nan solèy apre lapli.
⁵ Vrèman, se pa konsa lakay mwen ye
avèk Bondye?
Paske ᶻLi te fè yon akò k ap dire nèt avè m,
An lòd nan tout bagay e byen solid.
Pou tout sali mwen avèk tout dezi mwen,
èske, anverite, Li p ap fè l grandi?
⁶ Men ᵃsanzave yo, yo chak va pouse
jete deyò tankou raje pikan.
Konsa, pèsòn p ap kab pran yo an men.
⁷ Men nonm nan ki touche yo,
dwe ame avèk fè ak shaf lans.
Kèlkeswa, yo va vin ᵇbrile nèt avèk dife,
nan plas kote yo ye a.
⁸ Sila yo se ᶜnon a mesye vanyan ki te pou
David yo: Joscheb-Basschébeth, Tachkemonit
lan, youn nan ofisye prensipal yo. Avèk lans li
ui-sant òm te mouri yon sèl kou yo. ⁹ Apre li
menm, se Éléazar, fis a ᵈDodo a, Achochit la. Li
te youn nan twa gèrye ki te, ansanm ak David yo,
ki te konfwonte Filisten ki te rasanble pou batay

ᵃ **22:27** Mat 5:8   ᵇ **22:28** Egz 3:7-8   ᶜ **22:29** I Wa 11:36   ᵈ **22:31** Det 32:4   ᵉ **22:32** I Sam 2:2   ᶠ **22:33** I Sam 2:2
ᵍ **22:37** II Sam 22:20   ʰ **22:38** Egz 15:9   ⁱ **22:39** Mat 4:3   ʲ **22:40** Sòm 44:5   ᵏ **22:41** Egz 23:27   ˡ **22:42** És
17:7-8   ᵐ **22:43** II Wa 13:7   ⁿ **22:43** És 10:6   ᵒ **22:46** I Sam 14:11   ᵖ **22:47** II Sam 22:3   ᑫ **22:48** Sòm 144:2
ʳ **22:49** Sòm 44:5   ˢ **22:50** Wo 15:9   ᵗ **22:51** Sòm 89:24   ᵘ **22:51** Sòm 144:10   ᵛ **23:1** Sòm 89:20
ʷ **23:2** Mat 22:43   ˣ **23:3** II Sam 22:2-32   ʸ **23:4** Jij 5:31   ᶻ **23:5** II Sam 7:12-16   ᵃ **23:6** Mat 13:41
ᵇ **23:7** Mat 3:10   ᶜ **23:8** I Kwo 11:11   ᵈ **23:9** I Kwo 27:4

yo, lè lòt mesye Israël yo te fè bak yo. ¹⁰ ᵃLi te leve frape Filisten yo jiskaske men li te fatige e te kole a nepe a. Konsa, SENYÈ a te fè parèt yon gran viktwa nan jou sa a. Pèp la te swiv li sèlman pou piyaje mò yo. ¹¹ Alò, apre li se te Schamma, fis a Agué a, yon ᵇArarit. Filisten yo te rasanble nan yon ekip kote yon moso tè te plen avèk pwa lantiy e pèp la te kouri devan Filisten yo. ¹² Men li te kanpe pran pozisyon li nan mitan chan an pou defann tè a. Li te frape Filisten yo; epi ᶜSENYÈ a te fè vini yon gran viktwa. ¹³ Alò, twa nan trant mesye pifò yo te desann kote David nan tan rekòlt la kote ᵈkavèn Adullam nan pandan ekip Filisten an t ap fè kan nan ᵉvale Rephaïm nan. ¹⁴ Nan tan sa a, David te la ᶠnan fò a, pandan ganizon Filisten an te Bethléhem. ¹⁵ ᵍDavid te gen yon anvi, e li te di: "Men kijan mwen ta kontan si yon moun ta ban m dlo pou bwè ki sòti nan pwi Bethléhem akote pòtay la!" ¹⁶ ʰKonsa, twa mesye vanyan sa yo te pete antre nan kan Filisten yo. Yo te rale dlo nan pwi Bethléhem ki te akote pòtay la, e yo te pote li bay David. Malgre sa, li te refize bwè l, men li te vide li bay SENYÈ a. ¹⁷ Konsa, li te di: "Lwen de mwen O SENYÈ! ⁱÈske m ta bwè san a mesye ki te mete lavi yo nan gwo danje a?" Pou sa, li pa t bwè li. Se zèv sila yo ke twa mesye vanyan sa yo te fè. ¹⁸ ʲAbischaï, frè a Joab la, fis a Tseruja a, te ᵏchèf a trant yo. Li te voye lans li kont twa san moun, li te touye yo, e li te gen yon non ki vin rekonèt menm jan ak twa yo. ¹⁹ Li te pi onore pami trant yo. Konsa, li te devni chèf yo. Malgre sa, li pa t rive nan nivo a twa a. ²⁰ Alò, ˡBenaja, fis a Jehojada a, fis a yon mesye vanyan nan Kabtséel, ki te fè zak byen fò, li te touye de fis a Ariel nan Moab. Anplis, li te desann e te touye yon lyon nan mitan a yon fòs yon jou pandan lanèj t ap tonbe. ²¹ Li te touye yon Ejipsyen, yon mesye mèvèy. Alò, Ejipsyen an te gen yon lans nan men li, men li te desann kote li avèk yon gwo baton e li te sezi lans lan soti nan men Ejipsyen an e te touye li avèk pwòp lans li an. ²² Bagay sa yo, ᵐBenaja, fis a Jehojada a te fè e non l te gen repitasyon menm jan ak twa mesye vanyan yo. ²³ Li te onore pami trant yo, men li pa t rive nan nivo a twa yo. Epi David te plase li kòm chèf sou gad li. ²⁴ ⁿAsaël, frè a Joab la te pami trant yo; Elchanan, fis a Dodo a Bethléhem, ²⁵ ᵒSchamma, Awodit la, Élika, Awodit la, ²⁶ Hélets, Peletyen an, Ira, fis a Ikkesch la, ᵖTekoyit la, ²⁷ Abiézer, ᑫAnatotyen an, Mebunnaï, Oushatyen an, ²⁸ Tsalmon, Achoachit la, Maraha, Netofayit la. ²⁹ ʳHéleb, fis a Baana a, Netofayit la, Ittaï, fis a Rabaï a nan ˢGuibea, fis a Benjamin yo, ³⁰ Benaja, a ᵗPirathon, Hiddaï a Nachalé-Gaasch. ³¹ Abi-Albon, Abatyen an, Azmaveth, ᵘBakoumit lan, ³² Eliachba, ᵛShaalbonit lan, Bené-Jaschen avèk Jonathan, ³³ Schamma a Harar, Achaim, fis a Scharar a, Araryen an, ³⁴ Éliphéleth, fis a Achasbaï a, fis a Maakatyen an, Éliam, fis a Achitophel la nan Guillo Éliphéleth, fis a Achasbaï a nan Guillo. ³⁵ Hetsraï a Carmel. Paaraï, Arab la. ³⁶ Jijueal, fis a Nathan an nan Tsoba, Bani a Gad, ³⁷ Tsélek, Amonit lan, Naharaï nan Beéroth la, pòtè zam a Joab yo, fis a Tsuerja a. ³⁸ Ira a Jéther. ³⁹ Urie, Etyen an: an total, trann-sèt òm.

24 Alò, kòlè SENYÈ a te brile ankò kont Israël e li te pwovoke David kont yo pou di: ʷ"Ale konte moun Israël avèk Juda yo." ² Wa a te di a Joab, chèf lame ki te avèk li a: "Ale, koulye a, atravè tout tribi Israël yo, ˣsoti nan Dan jis rive Beer-Schéba e anrejistre pèp la pou m kab konnen nonb de moun yo."

³ Men Joab te di a wa a: "Alò, ke SENYÈ a ta kapab ajoute san fwa anplis kantite moun ke yo ye a, pandan zye a mèt mwen an, wa a, kab toujou wè. Men poukisa mèt mwen an, wa a, twouve plezi nan bagay sila a?"

⁴ Men pawòl a wa a te pran plas kont Joab, e kont chèf lame yo. Pou sa, Joab avèk chèf lame yo te sòti nan prezans wa a pou anrejistre pèp Israël la. ⁵ Yo te travèse Jourdain an pou te fè kan ʸAroër, sou bò dwat vil la ki nan mitan vale Gad la, ak vè Jaezer. ⁶ Epi yo te vini Galaad, nan peyi Thachthim-Hodschi, yo te rive Danjaan ak kote ᶻSidon an. ⁷ Epi yo te rive nan ᵃfòtèrès Tyr la, nan tout vil a Evyen yo ak Kananeyen yo; epi yo te sòti nan sid Juda, nan Beer-Schéba. ⁸ Konsa, lè yo te fin pase nan tout peyi a, yo te vini Jérusalem nan fen nèf mwa e ven jou. ⁹ Epi Joab te bay nimewo anrejistreman pèp la bay wa a. Te gen an Israël, ᵇui-san-mil mesye vanyan ki te kapab rale nepe e mesye nan Juda yo te senk-san-mil.

¹⁰ Koulye a, kè ᶜDavid te vin twouble lè li te fin konte pèp la. Konsa, David te di a SENYÈ a: "Mwen te fè gwo peche nan sa mwen te fè a. Men koulye a, O SENYÈ, souple retire inikite a sèvitè Ou a, paske mwen te a ji nan foli."

¹¹ Lè David te leve nan maten, pawòl SENYÈ a te vini a ᵈpwofèt Gad la, vwayan David la, e li te di: ¹² "Ale pale avèk David: 'Konsa SENYÈ a di: "Mwen ap ofri ou twa bagay; chwazi pou ou menm youn nan yo, pou m fè ou."'"

¹³ Konsa, Gad te rive kote David e li te di li: "Èske ᵉsèt ane gwo grangou va rive ou nan peyi ou? Oswa èske ou va sove ale pandan twa mwa devan lènmi ou yo pandan y ap kouri dèyè ou? Oswa èske va gen twa jou gwo epidemi nan peyi ou? Alò konsidere e wè ki repons mwen va pote bay Sila ki te voye mwen an."

ᵃ **23:10** I Kwo 11:13 ᵇ **23:11** II Sam 23:33 ᶜ **23:12** II Sam 23:10 ᵈ **23:13** I Sam 22:1 ᵉ **23:13** II Sam 5:18
ᶠ **23:14** I Sam 22:4 ᵍ **23:15** I Kwo 11:17 ʰ **23:16** I Kwo 11:18 ⁱ **23:17** Lev 17:10 ʲ **23:18** II Sam 10:10-14
ᵏ **23:18** I Kwo 11:20-21 ˡ **23:20** I Sam 8:18 ᵐ **23:22** II Sam 23:20 ⁿ **23:24** II Sam 2:18 ᵒ **23:25** I Kwo 11:27
ᵖ **23:26** II Sam 14:2 ᑫ **23:27** Jos 21:18 ʳ **23:29** I Kwo 11:30 ˢ **23:29** Jos 18:28 ᵗ **23:30** Jij 12:13 ᵘ **23:31** II Sam 3:16 ᵛ **23:32** Jos 19:42 ʷ **24:1** I Kwo 27:23-24 ˣ **24:2** Jij 20:1 ʸ **24:5** Det 2:36 ᶻ **24:6** Jos 19:28
ᵃ **24:7** Jos 19:29 ᵇ **24:9** I Kwo 21:5 ᶜ **24:10** I Sam 24:5 ᵈ **24:11** I Sam 22:5 ᵉ **24:13** I Kwo 21:12

¹⁴ Epi David te di a Gad: "Mwen nan gwo pwoblèm. Annou tonbe nan men a SENYÈ a, ªpaske mizerikòd Li gran; men pa kite mwen tonbe nan men a lòm."

¹⁵ Konsa, ᵇSENYÈ a te voye yon epidemi sou Israël jis rive nan maten nan lè chwazi a e swasann-di-mil moun nan pèp la soti Dan jis rive Beer-Schéba te mouri. ¹⁶ ᶜLè zanj lan te lonje men li vè Jérusalem pou detwi li, ᵈSENYÈ a te repanti de gwo malè a. Li te di a zanj ki te detwi pèp la: "Sa ase! Koulye a, lache men ou!" Epi zanj SENYÈ a te akote glasi a Aravna a, Jebizyen an.

¹⁷ Konsa, David te pale a SENYÈ a lè li te wè zanj ki t ap frape pèp la. Li te di: "Gade byen, ᵉse mwen ki te peche a, se mwen ki te fè mal la. Men mouton sila yo, kisa yo te fè? Souple, kite men Ou vin kont mwen, ak kont lakay papa m."

¹⁸ Konsa, Gad te rive kote David nan jou sa menm, e li te di li: "Ale monte, bati yon lotèl a SENYÈ a sou glasi Aravna a, Jebizyen an."

¹⁹ David te monte pa pawòl a Gad la, jis jan ke SENYÈ a te kòmande a. ²⁰ Aravna te gade anba e te wè wa a avèk sèvitè li yo ki t ap travèse bò kote li. Epi Aravna te parèt deyò e li te bese figi li jiska atè devan wa a. ²¹ Alò, Aravna te di: "Poukisa mèt mwen, wa a, te vin kote sèvitè li a?"

David te reponn: "Pou achte glasi a nan men ou, pou m kab bati yon lotèl bay SENYÈ a, ᶠpou epidemi an kab vin sispann sou pèp la."

²² Aravna te di a David: "Kite mèt mwen an, wa a, pran sa li wè ki bon nan zye li, e ofri li. Gade, ᵍmen bèf pou ofrann brile a, bwa kabwèt yo avèk jouk bèf yo pou bwa dife a. ²³ Tout bagay, O wa, Aravna ap bay wa a." Epi Aravna te di a wa a: "Ke SENYÈ a, Bondye ou a, kapab kontan avèk ou."

²⁴ Sepandan, wa a te di a Aravna: "Non, men mwen va, anverite, achte li pou yon pri. Paske mwen p ap ofri ofrann brile bay SENYÈ a, Bondye mwen an ki pa koute m anyen." Konsa, ʰDavid te achte glasi a avèk bèf yo pou senkant sik ajan. ²⁵ David te bati la yon lotèl bay SENYÈ a e li te ofri ofrann brile yo avèk ofrann lapè yo. ⁱKonsa, SENYÈ a te kontan akoz lapriyè pou peyi a, e epidemi an te vin sispann an Israël.

ᵃ **24:14** Sòm 51:1   ᵇ **24:15** I Kwo 21:14   ᶜ **24:16** Trav 12:23   ᵈ **24:16** Egz 32:14   ᵉ **24:17** II Sam 24:10
ᶠ **24:21** Nonb 16:44-50   ᵍ **24:22** I Sam 6:14   ʰ **24:24** I Kwo 21:24-25   ⁱ **24:25** II Sam 21:14

I Wa

1 Alò, Wa David te vin vye, avanse nan laj. Malgre yo te kouvri li avèk rad, li te toujou fwèt. ² Konsa, sèvitè li yo te di li: "Kite yo chache yon jenn fi vyèj pou wa a, mèt mwen an, e kite li okipe wa a pou devni enfimyè li. Epi kite li kouche nan sen li pou wa a, mèt mwen an, pou li kapab chofe kò li." ³ Konsa, yo te chache toupatou yon bèl fi nan tout teritwa Israël la, yo te twouve Abischag, [a]Sinamit lan, e yo te mennen li kote wa a. ⁴ Fi a te byen bèl. Li te devni enfimyè a wa a pou te okipe li, men wa a pa t antre nan relasyon avèk li.

⁵ Alò, [b]Adonija, fis a Haggith la te vin vante tèt li. Li te di: "Mwen va devni wa." Konsa, li te prepare pou li menm cha avèk chevalye avèk senkant òm pou te kouri devan l. ⁶ Papa li pa t janm konfwonte li nan okenn moman pou di: "Poukisa ou fè sa?" Li te osi yon bonòm byen bèl e [c]te ne apre Absalom. ⁷ Li te fè tèt a tèt ansanm avèk [d]Joab, fis a Tseruja a, avèk [e]Abiathar, prèt la; epi yo te swiv Adonija pou te ede li. ⁸ Men [f]Tsadok, prèt la, Benaja, fis a Jehojada a, [g]Nathan, pwofèt la, Schimeï, Réï, ak mesye vanyan ki te apatyen a David yo, pa t avèk Adonija.

⁹ Adonija te fè sakrifis mouton avèk bèf ak bèt gra kote wòch a Zohéleth la, ki akote [h]En-Rouguel. Li te envite tout frè li yo, fis a wa yo ak tout mesye pwisan Juda yo, sèvitè a wa yo. ¹⁰ Men li pa t envite Nathan, pwofèt la, Benaja, mesye vanyan yo, ni Salomon, frè l la.

¹¹ Konsa Nathan te pale avèk [i]Bath-Schéba, manman a Salomon. Li te di: "Èske ou pa t tande ke Adonija, fis a Haggith la te devni wa, e David, mèt nou an, pa konnen sa? ¹² Pou sa, vini koulye a, souple, kite mwen [j]ba ou konsèy pou sove lavi ou avèk lavi a fis ou a, Salomon. ¹³ Antre koulye a, kote Wa David e di li: 'Mèt mwen, O Wa a, èske ou pa t sèmante a sèvant ou an, e te di: [k]"Anverite Salomon, fis ou a va wa apre mwen, e li va chita sou twòn mwen an"? Poukisa konsa, Adonija gen tan vin wa a?' ¹⁴ Veye byen, pandan ou toujou la a ap pale avèk wa a, mwen va parèt pou konfime pawòl ou yo."

¹⁵ Konsa, Bath-Schéba te antre kote wa a nan chanm dòmi an. [l]wa a te byen vye, epi Abischag, Sinamit lan, t ap okipe wa a. ¹⁶ Bath-Schéba te bese kouche nèt atè devan wa a. Epi wa a te di: "Se kisa ke ou vle?"

¹⁷ Li te di li: "Mèt mwen, ou te sèmante a sèvant ou a pa SENYÈ a, Bondye ou a, ke: [m]Anverite fis ou a, Salomon va devni wa apre mwen, e li va chita sou twòn mwen an.' ¹⁸ Alò, gade byen, se Adonija ki wa a. Epi koulye a, mèt mwen an, wa a, ou pa menm konnen. ¹⁹ [n]Li gen tan fè sakrifis bèf avèk bèt gra ak mouton an gran kantite, e li te envite tout fis a wa yo avèk Abiathar, prèt la, avèk Joab, chèf lame a, men li pa t envite Salomon, sèvitè ou a. ²⁰ Epi koulye a, pou ou menm, mèt, wa a, zye a tout Israël ap gade ou, pou di yo se kilès k ap chita sou twòn a mèt mwen an, wa a, apre li. ²¹ Otreman, li va vin rive ke [o]depi mèt mwen an, wa a, vin dòmi avèk zansèt li yo, pou mwen avèk fis mwen an, Salomon va vin konsidere kòm koupab."

²² Epi gade, pandan li te toujou ap pale, Nathan, pwofèt la te vin antre. ²³ Yo te pale wa a, e te di: "Men Nathan, pwofèt la."

Konsa, lè l te antre devan wa a, li te pwostène kò l devan wa a avèk figi li atè. ²⁴ Nathan te di: "Mèt mwen, wa a, èske ou te di: 'Adonija va wa apre mwen e li va chita sou twòn mwen an'? ²⁵ [p]Paske li te desann jodi a pou te fè sakrifis bèf avèk bèt gra, ak mouton an gran kantite, e li te envite tout fis a wa yo avèk chèf lame a, avèk Abiathar, prèt la. Men vwala, y ap manje bwè devan li, epi yo di: 'Viv wa Adonija!' ²⁶ [q]Men mwen menm, sèvitè ou a, avèk Tsadok, prèt la ak Benaja, fis a Jehojada a, e sèvitè ou a, Salomon, li pa t envite nou. ²⁷ Èske bagay sa a te fèt pa mèt mwen an, wa a? Èske ou pa t montre sèvitè ou yo kilès ki ta dwe chita sou twòn a mèt mwen an, wa a, apre li?"

²⁸ Konsa, Wa David te reponn: "Rele Bath-Schéba vin kote m". Li te parèt nan prezans a wa a elite kanpe devan wa a. ²⁹ Waate sèmante. Li te di: "[r]Jan SENYÈ a viv la, Li menm ki te peye ranson lavi mwen soti nan tout twoub, ³⁰ anverite, jan [s]mwen te sèmante a ou menm pa SENYÈ a, Bondye a Israël la, e te di: 'Fis ou a, Salomon va devni wa a apre mwen. Li va chita sou twòn mwen an nan plas mwen'. Mwen va, anverite, fè sa menm jodi a."

³¹ Bath-Schéba te bese avèk figi li atè devan wa a. Li te di: [t]"Ke mèt mwen an, Wa David, viv pou tout tan."

³² Alò, Wa David te di: "Rele vin kote m [u]Tsadok, prèt la, Nathan, pwofèt la, ak Benaja, fis a Jehojada a." Epi yo te vini nan prezans a wa a. ³³ Wa a te di yo: "Pran avèk ou [v]sèvitè a mèt ou yo, e fè fis mwen an, Salomon, monte sou milèt pa m nan pou l mennen anba nan Guihon. ³⁴ Kite Tsadok, prèt la ak Nathan, pwofèt la onksyone li la kòm wa sou Israël. [w]Soufle twonpèt la e di: 'Viv wa a, Salomon!' ³⁵ Alò, ou va vin monte apre li. Li va vin chita sou twòn mwen an e li va vin wa nan plas mwen. Paske mwen te chwazi li pou renye sou Israël avèk Juda."

---

[a] **1:3** Jos 19:18 [b] **1:5** II Sam 3:4 [c] **1:6** II Sam 3:3-4 [d] **1:7** I Kwo 11:6 [e] **1:7** I Sam 22:20-23 [f] **1:8** I Kwo 16:39 [g] **1:8** II Sam 12:1 [h] **1:9** Jos 15:7 [i] **1:11** II Sam 12:24 [j] **1:12** Pwov 15:22 [k] **1:13** I Wa 1:30 [l] **1:15** I Wa 1:1 [m] **1:17** I Wa 1:13 [n] **1:19** I Wa 1:9 [o] **1:21** Det 31:16 [p] **1:25** I Wa 1:9 [q] **1:26** I Wa 1:8-10 [r] **1:29** II Sam 4:9 [s] **1:30** I Wa 1:13-17 [t] **1:31** Dan 2:4 [u] **1:32** I Wa 1:8 [v] **1:33** II Sam 20:6-7 [w] **1:34** II Sam 15:10

³⁶ Benaja, fis a Jehojada a te reponn wa a. Li te di: "Amen!" Kite se konsa ke SENYÈ a, Bondye a mèt mwen an, pale. ³⁷ ªJan SENYÈ a te avèk mèt mwen an, wa a, konsa ke li kapab avèk Salomon e fè twòn li an pi gran ke twòn a mèt mwen an, Wa David! ³⁸ Konsa ᵇTsadok, prèt la, Nathan, pwofèt la, Benaja, fis a Jehojada a, ᶜKeretyen yo, Peletyen yo te desann. Yo te fè Salomon monte sou milèt a David la pou te mennen li kote Guihon. ³⁹ Tsadok, prèt la, te ᵈpran kòn lwil la nan tant lan pou te ᵉonksyone Salomon. Yo te soufle twonpèt la, e tout pèp la te di: "Viv wa Salomon!" ⁴⁰ Tout pèp la te monte apre li. Pèp la t ap jwe flit, yo t ap rejwi avèk gran jwa, jiskaske tè a te vin souke avèk bwi ke yo t ap fè yo. ⁴¹ Alò, Adonaja avèk tout envite ki te avèk li yo te tande sa pandan yo te fin manje. Lè Joab te tande bwi a twonpèt la, li te di: "Poukisa gen zen lavil la konsa?" ⁴² Pandan li te toujou ap pale, men vwa la, ᶠJonathan, fis a Abiathar a, prèt la te vin rive. Alò Adonaja te di: "Antre, pwiske ou se yon nonm vanyan ki pote bòn nouvèl." ⁴³ Men Jonathan te reponn a Adonaja: "Non! Mèt nou, Wa David, te fè Salomon wa. ⁴⁴ Wa a te anplis, voye avèk li Tsadok, prèt la, Nathan, pwofèt la, Benaja, fis a Jehojada a, Keretyen yo, Peletyen yo, epi yo te fè li monte sou milèt a wa a. ⁴⁵ Tsadok, prèt la, avèk Nathan, pwofèt la, te onksyone li wa nan Guihon. Yo te vin monte depi la, ranpli avèk jwa ᵍjiskaske tout vil la te vin boulvèse. Sa se bwi ke nou te tande. ⁴⁶ Anplis menm, ʰSalomon te vin pran chèz li sou twòn wayòm nan. ⁴⁷ Toujou, sèvitè a wa yo te vin beni mèt nou an, Wa David. Yo te di: 'Ke ⁱBondye ou a kapab fè non a Salomon pi bon ke non ou, e twòn pa li a pi gran ke twòn pa w la!' Epi ʲwa a te bese sou kabann nan. ⁴⁸ Wa a osi te di konsa: 'Beni se SENYÈ a, Bondye Israël la, ki ᵏte pèmèt yon moun vin chita sou twòn mwen an jodi a pandan pwòp zye m toujou wè.'"

⁴⁹ Alò, tout envite a Adonija yo te ranpli avèk gwo laperèz. Yo te leve e yo chak te ale fè wout yo. ⁵⁰ Konsa, Adonija te pè Salomon. Li te leve ale pou sezi kòn lotèl yo, e li te di: "Kite Salomon sèmante a mwen menm jodi a ke li p ap mete sèvitè li a lanmò avèk nepe." ⁵¹ Alò, yo te pale a Salomon. Yo te di: "Gade byen, Adonija pè Wa Salomon; paske tande byen, li te ale sezi kòn lotèl yo, e li t ap di: 'Kite Wa Salomon sèmante a mwen menm jodi a ke li p ap mete sèvitè li a lanmò avèk nepe.'"

⁵² Salomon te di: "Si li se yon moun onèt, ˡnanpwen menm youn nan cheve li k ap tonbe atè, men si se mechanste ki twouve nan li, li va mouri."

⁵³ Konsa, Wa Salomon te voye mennen li desann soti nan lotèl la. Epi li te vin lonje kò l atè nèt devan Wa Salomon. Salomon te di li: "Ale lakay ou."

2 Lè ᵐtan pou David mouri an t ap pwoche, li te bay lòd a Salomon. Li te di: ² ⁿ"Mwen prale nan chemen a tout tè a. Pou sa, rete dyanm e montre ke se gason ou ye. ³ Kenbe lòd SENYÈ a, Bondye ou a, pou mache nan tout vwa li yo, pou kenbe règleman Li yo, kòmandman Li yo, òdonans Li yo, avèk temwayaj Li yo, ᵒselon sa ki ekri nan Lalwa Moïse la, pou ou kapab vin genyen nan tout sa ke ou antreprann ak nenpòt kote ke ou vire. ⁴ Pou ᵖSENYÈ a kapab akonpli pawòl ke li te pale konsènan mwen menm nan, lè l te di: 'Si fis ou yo fè atansyon nan chemen pa yo, pou mache devan M nan verite avèk tout kè yo e avèk tout nanm yo, ou p ap janm manke yon nonm pa ou sou twòn Israël la.'

⁵ "Alò, ou konnen tou, sa ke Joab, fis a Tseruja a te fè m, sa ke li te fè a de chèf lame Israël yo, a ᵠAbner, fis a Ner a ak ʳAmasa, fis a Jéther a, ke li te touye. Anplis li te vèse san lagè nan tan lapè. Epi li te mete san lagè nan sentiwon senti li ak sou sandal nan pye li. ⁶ Pou sa, aji ˢkonsa, selon sa jès ou e pa kite cheve blanch li desann nan sejou lanmò yo anpè. ⁷ Men ᵗmontre ladousè a fis a Barzillaï yo, Galaadit la, e kite yo pami sila ki manje sou tab ou yo, paske yo te ede mwen lè m te sove ale kite Absalom, frè ou a.

⁸ "Veye byen, ᵘgenyen avèk wᵛSchimeï, fis a Guéra a, Benjamit a Bachurim nan. Se te li menm ki te fè madichon sou mwen nan jou ke m te ale Mahanaïm nan. Men lè ʷli te desann bò kote m nan Jourdain an, mwen te sèmante a li menm pa SENYÈ a. Mwen te di: 'Mwen p ap mete ou a lanmò avèk nepe.' ⁹ Konsa, pou sa, pa kite li sòti san pini. ˣPaske ou se yon nonm saj. Ou va konnen sa ke ou ta dwe fè a li menm, epi ou va fè tèt cheve blanch li an desann nan sejou lanmò nan san."

¹⁰ Konsa, ʸDavid te dòmi avèk zansèt li yo e li te antere nan lavil David la. ¹¹ ᶻJou ke David te renye sou Israël yo te karant ane. Sèt ane, li te renye Hébron e trann-twa ane, li te renye Jérusalem. ¹² Epi ªSalomon te chita sou twòn David la, papa li e wayòm li an te etabli byen solid.

¹³ Alò Adonija, fis a Haggith la, te vini a Bath-Schéba, manman a Salomon. Bath-Schéba te mande: ᵇ"Èske ou vini anpè?"

Adonija te di, "Anpè." ¹⁴ Epi li te di: "Mwen gen yon bagay pou mande ou."

Bath-Schéba te di: "Pale."

¹⁵ Konsa li te di: "Ou konnen ke ᶜwayòm nan te pou mwen e ke tout Israël te sipoze ke se mwen ki t ap wa. Sepandan, wayòm nan te chavire e li te vin

---

ª **1:37** Jos 1:5-17   ᵇ **1:38** I Wa 1:8   ᶜ **1:38** II Sam 8:16   ᵈ **1:39** Egz 30:23-32   ᵉ **1:39** I Kwo 29:22   ᶠ **1:42** II Sam 15:27-36   ᵍ **1:45** I Wa 1:40   ʰ **1:46** I Kwo 29:23   ⁱ **1:47** I Wa 1:37   ʲ **1:47** Jen 47:31   ᵏ **1:48** II Sam 7:12   ˡ **1:52** I Sam 14:45   ᵐ **2:1** Jen 47:29   ⁿ **2:2** Jos 23:14   ᵒ **2:3** Det 17:18-20   ᵖ **2:4** II Sam 7:25   ᵠ **2:5** I Wa 2:32   ʳ **2:5** II Sam 20:10   ˢ **2:6** I Wa 2:9   ᵗ **2:7** II Sam 19:31-38   ᵘ **2:8** II Sam 16:5-8   ᵛ **2:8** II Sam 16:5-8   ʷ **2:8** II Sam 19:18-23   ˣ **2:9** I Wa 2:6   ʸ **2:10** Trav 2:29   ᶻ **2:11** II Sam 5:4-7   ª **2:12** I Kwo 29:23   ᵇ **2:13** I Sam 16:4   ᶜ **2:15** II Sam 3:3-4

devni pou frè m, paske depi nan SENYÈ a, se te pou li. ¹⁶ Alò, se yon sèl bagay ke m ta mande a ou menm; pa refize mwen."

Epi li te di li: "Pale."

¹⁷ Alò, li te di: "Souple, pale avèk Salomon, wa a, paske li p ap refize ou, pou li kapab ban mwen ᵃAbischag, Sinamit la, kòm madanm."

¹⁸ Bath-Schéba te di li: "Trè byen; mwen va pale avèk wa a pou ou."

¹⁹ Konsa, Bath-Schéba te ale kote Wa Salomon pou pale avèk li pou Adonija. Epi wa a te leve pou rankontre li. Li te bese devan l, e te chita sou twòn li an. Li te ᵇfè yo ranje yon twòn pou manman a wa a, e ᶜli te chita bò kote men dwat li. ²⁰ Alò, li te di: "Mwen ap fè yon sèl ti demann a ou menm; ᵈpa refize mwen."

Epi wa a te di a li: "Mande manman m, paske mwen p ap refize ou."

²¹ Konsa, li te di: ᵉ"Kite Abischag Sinamit lan, vin bay a Adonija, frè ou a, kòm madanm."

²² Wa Salomon te reponn li, e te di a manman li: "Epi poukisa w ap mande Abischag, Sinamit lan pou Adonija? ᶠMande wayòm nan pou li tou—paske li se pi gran frè m— menm pou li, pou ᵍAbiathar, prèt la ak pou Joab, fis a Tseruja a!" ²³ Salomon te sèmante pa SENYÈ a e te di: "Ke Bondye kapab fè m sa e menm plis, si Adonija ʰpa gen tan pale pawòl sa a kont pwòp vi pa li. ²⁴ Koulye a, pou sa, jan SENYÈ a viv la, ki te etabli mwen, e ki te fè m chita sou twòn a David, papa m nan, ⁱki te fè pou mwen yon kay, jan Li te pwomèt mwen an, anverite Adonija ap mete a lanmò jodi a."

²⁵ Konsa, Salomon te ʲvoye Benaja, fis a Jehojada a kote li. Li te tonbe sou li e li te mouri. ²⁶ Epi a Abiathar, prèt la, wa a te di: "Ale nan Anathoth, pwòp chan pa ou a. Paske ou merite mouri, men mwen p ap mete ou a lanmò nan moman sa a, pwiske ou te pote lach la devan papa m, David, epi akoz ou te afli je avèk tout sa ke papa m te afli je yo."

²⁷ Konsa, Salomon te revoke Abiathar kòm prèt SENYÈ a, pou akonpli ᵏpawòl SENYÈ a te pale konsènan lakay Éli nan Silo.

²⁸ Alò, nouvèl la te vini a Joab, ˡpaske Joab te swiv Adonija, malgre li pa t swiv Absalom. Konsa, Joab te sove rive nan tant SENYÈ a e li te sezi kòn lotèl yo. ²⁹ Li te pale a Wa Salomon ke Joab te sove ale nan tant SENYÈ a; epi men vwala, li akote lotèl la. Alò, Salomon te voye Benaja, fis a Jehojada a. Li te di: ᵐ"Ale, tonbe sou li."

³⁰ Konsa, Benaja te rive nan tant SENYÈ a. Li te di li: "Konsa wa a te di: 'Sòti deyò.'"

Men li te di: "Non, paske mwen va mouri isit la."

Benaja te pote bay wa a yon pawòl ankò, e li te di: "Konsa Joab te pale e konsa li te reponn mwen."

³¹ Wa a te di li: ⁿ"Fè sa ke li te pale a. Tonbe sou li, e antere li, pou ou kapab fè sòti sou mwen ak sou lakay papa m san ke Joab te vèse san koz la. ³² SENYÈ a va fè san li retounen sou pwòp tèt li, akoz li te tonbe sou de mesye ki te pi dwat e pi bon ke li menm yo. Li te touye yo avèk nepe, pandan papa m, David pa t konnen: ᵒAbner, fis a Ner a, chèf lame Israël la ak Amasa, fis a Jéther a, chèf lame a Juda. ³³ Konsa, san yo va retounen sou tèt Joab avèk tèt desandan li yo pou tout tan. Men a David avèk desandan li yo, lakay li ak twòn li an, pou kapab gen lapè soti nan SENYÈ a pou tout tan."

³⁴ Epi ᵖBenaja, fis a Jehojada a te monte tonbe sou Joab pou te mete li a lanmò. Li te antere bò lakay li a nan dezè a. ³⁵ ᵠWa a te chwazi Benaja, fis a Jehojada a sou lame a nan plas li e wa a te chwazi Tsadok kòm prèt nan plas Abiathar.

³⁶ Alò wa a te voye chache ʳSchimeï e te di li: "Bati pou ou menm yon kay Jérusalem, e rete la. Pa deplase sòti la pou ale nan okenn lòt plas. ³⁷ Paske nan jou ke ou sòti ˢtravèse dlo Cédron an, ou mèt konnen byensi ke anverite, ou va mouri. San ou va sou pwòp tèt pa ou."

³⁸ Alò, Schimeï te di a wa a: "Pawòl la bon. Jan mèt mwen an, wa a te pale a, se konsa sèvitè ou va fè." Konsa, Schimeï te viv Jérusalem pandan anpil jou.

³⁹ Men li te vin rive nan fen twazan yo, ke de sèvitè a Schimeï yo te chape rive jwenn ᵗAkisch, fis a Maaca a, wa Gath la. Epi yo te di Schimeï "Gade byen, sèvitè ou yo se nan Gath".

⁴⁰ Epi Schimeï te leve sele bourik li e li te ale Gath kote Akisch pou chache jwenn sèvitè li yo. Epi Schimeï te ale mennen sèvitè li yo retounen soti Gath. ⁴¹ Sa te pale a Salomon ke Schimeï te kite Jérusalem pou ale Gath e li te retounen.

⁴² Pou sa, wa a te voye rele Schimeï e te di li: "Èske mwen pa t fè ou sèmante pa SENYÈ a, e avèti ou solanèlman pou di ou ke: 'Ou va konnen byensi nan jou ke ou sòti, ale nenpòt kote ke ou va, anverite, mouri'? Epi ou te di mwen: 'Pawòl ke mwen tande a bon.' ⁴³ Poukisa konsa ou pa t swiv sèman bay SENYÈ a ak lòd ke m te mete sou ou a?" ⁴⁴ Wa a te osi di a Schimeï: ᵘ"Ou konnen tout mal ke ou rekonèt nan kè ou, ke ou te fè a papa m, David. Akoz sa, SENYÈ a va remèt mal sa a sou pwòp tèt pa ou. ⁴⁵ Men Wa Salomon va beni e ᵛtwòn David la va vin etabli devan SENYÈ a pou tout tan." ⁴⁶ ʷEpi wa a te kòmande Benaja, fis a Jehojada a. Li te sòti deyò e li te tonbe sou li e li te mouri. Se konsa wayòm nan te etabli nan men a Salomon.

3 Apre, ˣSalomon te fè yon alyans maryaj avèk Égypte, li te pran fi Farawon an e li te mennen li nan vil David la jiskaske li te fin bati pwòp kay li, lakay SENYÈ a, ak mi ki te antoure Jérusalem nan.

ᵃ **2:17** I Wa 1:3-4 ᵇ **2:19** I Wa 15:1-3 ᶜ **2:19** Sòm 45:9 ᵈ **2:20** I Wa 2:16 ᵉ **2:21** I Wa 1:3-4 ᶠ **2:22** II Sam 12:8 ᵍ **2:22** I Wa 1:7 ʰ **2:23** Rt 1:17 ⁱ **2:24** I Sam 7:11-13 ʲ **2:25** II Sam 8:18 ᵏ **2:27** I Sam 2:27-36 ˡ **2:28** I Wa 1:7 ᵐ **2:29** Egz 21:14 ⁿ **2:31** Egz 21:14 ᵒ **2:32** I Sam 3:27 ᵖ **2:34** I Wa 2:25 ᵠ **2:35** I Wa 4:4 ʳ **2:36** II Sam 16:5 ˢ **2:37** II Sam 15:23 ᵗ **2:39** I Sam 27:2 ᵘ **2:44** II Sam 16:5-13 ᵛ **2:45** II Sam 7:13 ʷ **2:46** I Wa 2:25-34 ˣ **3:1** I Wa 9:16-24

² Men[a]pèp la te toujou ap fè sakrifis sou wo plas yo, akoz pa t gen kay la pou non SENYÈ a jis rive nan jou sa yo. ³ Alò, Salomon te renmen SENYÈ a. Li te [b]mache nan tout règleman papa li yo, David, sof ke li te fè sakrifis e li te brile lansan nan wo plas yo. ⁴ [c]Wa a te konn ale Gabaon pou fè sakrifis la, paske se la ke wo plas prensipal la te ye. Salomon te ofri mil ofrann brile sou lotèl sila a. ⁵ Nan Gabaon, SENYÈ a te parèt a Salomon nan yon rèv pandan lannwit. Bondye te di: [d]"Mande sa ou pito e m ap ba ou li."

⁶ Salomon te di: [e]"Ou te montre lanmou dous Ou anpil a sèvitè ou a, David, papa m, [f]selon jan li te mache devan Ou, anverite, avèk ladwati, avèk kè ki dwat anvè Ou. Ou te konsève pou li gran amou sila a, ke Ou te ba li yon fis ki pou chita sou twòn li an, jan sa ye jodi a. ⁷ Koulye a, O SENYÈ, Bondye mwen an, [g]Ou te fè sèvitè ou wa nan plas a papa m, David, malgre mwen pa plis ke yon timoun. Mwen pa menm konnen ki jan pou m antre ni ki jan pou m sòti. ⁸ Sèvitè Ou a nan mitan a pèp ke Ou te chwazi a; yon gran pèp ki twòp menm pou kontwole ni konte. ⁹ Pou sa, [h]bay sèvitè Ou yon kè ki konprann pou li kab jije pèp Ou a, e distenge byen antre sa ki bon ak sa ki mal. Paske pou gran pèp Ou a, se kilès ki kab jije yo?"

¹⁰ Sa te fè plezi nan zye SENYÈ a ke Salomon te mande bagay sa a. ¹¹ Bondye te di li: "Akoz ou te mande bagay sa a, e ou [i]pa t mande pou ou menm lavi ki long, ni richès pou ou menm, ni ou pa t mande pou pran lavi lènmi ou yo, men te mande pou ou menm ta gen kapasite pou konprann la jistis, ¹² vwala, Mwen te fè selon pawòl ou yo. Veye byen, [j]Mwen te ba ou yon kè avèk konprann ak sajès, jiskaske nanpwen moun tankou ou ni avan ou, ni p ap genyen yon moun tankou ou k ap vini apre ou. ¹³ [k]Mwen te ba ou osi sa ke ou pa t mande, ni richès ni onè, jiskaske p ap gen okenn pami wa ki tankou ou pandan tout jou ou yo. ¹⁴ [l]Si ou mache nan chemen Mwen yo e kenbe règleman Mwen yo, tankou papa ou, David te mache a, alò, Mwen va [m]pwolonje jou ou yo."

¹⁵ [n]Salomon te vin leve e vwala, se yon rèv li te ye. Konsa, li te vini Jérusalem, e li te kanpe devan SENYÈ a, pou ofri ofrann brile ak ofrann lapè, e li te fè yon fèt pou tout sèvitè li yo.

¹⁶ Alò, de fanm ki te pwostitiye te parèt kote wa a, e yo te kanpe devan l. ¹⁷ Youn nan fanm yo te di: "O mèt mwen, fanm sila avèk mwen menm rete nan menm kay. Mwen te fè yon pitit pandan li te nan kay la. ¹⁸ Li te vin rive nan twazyèm jou ke m te fin akouche a, ke fanm sila a te fè yon pitit tou. Se te nou de sèl ansanm ke nou te ye. ¹⁹ Pitit a fanm sa a te mouri nan lannwit akoz li te kouche sou li. ²⁰ Konsa, li te leve nan mitan nwit lan, e li te pran pitit gason mwen an soti kote mwen, pandan sèvant ou an t ap dòmi. Li te mete li sou sen li e li te mete pitit mouri an sou sen mwen. ²¹ Lè m te leve nan maten pou fè pitit la pran tete, men vwala, li te mouri. Men lè m te gade li byen nan maten, gade byen, se pa pitit mwen an ke m fenk fin akouche a li te ye."

²² Alò, lòt fanm nan te di: "Non! Paske sila ki vivan an se fis mwen e sila ki mouri an se pitit pa w la." Men premye fanm nan te di: "Non! Paske sila ki mouri an se fis pa w la e vivan an se pitit pa m nan." Konsa, yo te pale devan wa a.

²³ Konsa, wa a te di: "Youn di: 'Sa se fis mwen k ap viv la e pitit pa w la se sila ki mouri an;' epi lòt la di: 'Non! Paske fis pa w la se sila ki mouri an e se pitit mwen an ki viv la.'"

²⁴ Wa a te di: "Chache pou mwen yon nepe." Epi yo te pote yon nepe devan wa a.

²⁵ Wa a te di: "Divize pitit vivan an an de mòso; bay mwatye a youn e mwatye a lòt la."

²⁶ Alò fanm avèk pitit vivan an te pale ak wa a, paske [o]li te boulvèse jis rive nan fon kè l sou fis li a e te di: "O mèt mwen, ba li pitit la e sitou, pa touye li."

Men lòt la te di: "Li p ap pou ou, ni pou mwen; divize l!"

²⁷ Alò, wa a te di: "Bay pitit vivan an a premye fanm nan e pa okenn mwayen, pa touye li. Se li ki manman l."

²⁸ Lè tout Israël te tande koze a ji jman sa a ke wa a te lonje bay, yo te krent wa a. Paske [p]yo te wè ke sajès Bondye te nan li pou administre jistis la.

4 Alò, Wa Salomon te wa sou tout Israël. ² Sila yo se te ofisye pa li yo: [q]Azaria, fis a Tsadok a, prèt la; ³ Élihoreph avèk Achija, fis a Schischa yo te sekretè; [r]Josaphat, fis a Achilud la, grefye; ⁴ epi [s]Benaja, fis a Jehojada a te sou lame a; epi Tsadok avèk Abiathar te prèt; ⁵ Azaria, fis a Nathan an te sou [t]depite yo; epi Zabud, fis a Nathan an, yon prèt, te zanmi a wa a; ⁶ epi Achischar te sou tout afè kay la; epi Adoniram, fis a Abda a te sou mesye travo fòse yo.

⁷ Salomon te gen douz depite sou tout Israël, ki te fè pwovizyon pou wa a avèk lakay li. Chak mesye yo te oblije bay pwovizyon yo pou yon mwa chak ane. ⁸ Sila yo se non pa yo: Ben-Hur, nan peyi ti kolin Éphraïm yo. ⁹ Ben-Déker nan Makats, Saalbim avèk Beth-Schémesch ak Élon avèk Beth-Hannan. ¹⁰ Ben-Hésed nan Arubboth [u](Soco te pou li avèk tout teritwa Hépher); ¹¹ Ben-Abinadab nan [v]wotè kote Dor a (Thaphath, fi a Salomon an te madanm li). ¹² Baana, fis a Achilud la, nan [w]Thaanac avèk Meguiddo, avèk tout Beth-Schean ki akote Tsarthan anba Jizreel, soti Beth-Schean rive Abel-Mehola, jis rive lòtbò Jokmean. ¹³ Ben-Guéber nan [x]Ramoth-Galaad (vil a Jaïr yo, fis a Manassé, ki Galaad la te pou li: nan zòn Argob, ki Basan an, swasant gran vil

---

[a] **3:2** Lev 17:3-5   [b] **3:3** I Wa 11:4-38   [c] **3:4** II Kwo 1:3   [d] **3:5** Jn 15:7   [e] **3:6** II Sam 7:8-17   [f] **3:6** I Wa 9:4
[g] **3:7** I Kwo 22:9-13   [h] **3:9** II Kwo 1:10   [i] **3:11** Jc 4:3   [j] **3:12** I Wa 4:29-31   [k] **3:13** I Wa 4:21-24   [l] **3:14** I Wa 3:6   [m] **3:14** Sòm 91:16   [n] **3:15** Jen 41:7   [o] **3:26** Jr 31:20   [p] **3:28** Dan 1:17   [q] **4:2** I Kwo 6:10   [r] **4:3** II Sam 8:16
[s] **4:4** I Wa 2:35   [t] **4:5** I Wa 4:7   [u] **4:10** Jos 15:35   [v] **4:11** Jos 11:1-2   [w] **4:12** Jij 5:19   [x] **4:13** I Wa 22:3-15

avèk mi yo fè an bwonz te pou li); ¹⁴ Achinadab, fis a Iddo a nan ªMahanaïm; ¹⁵ ᵇAchimaats, nan Nephtali. (Li osi te marye avèk Basmath, fi a Salomon an); ¹⁶ Banna, fis a ᶜHuschaï a nan Aser avèk Bealoth; ¹⁷ Josaphat, fis a Parauch a nan Issacar; ¹⁸ ᵈSchimeï, fis a Éla a, nan Benjamin; ¹⁹ Guéber, fis a Uri a, nan peyi Galaad la, ᵉnan ansyen peyi a Sihon, wa Amoreyen yo ak Og, wa Basan an; epi li te sèl depite nan tout zòn sila a.

²⁰ ᶠJuda avèk Israël te anpil tankou sab arebò lanmè an kantite; yo t ap manje, bwè, e rejwi. ²¹ Alò, Salomon te renye sou tout wayòm yo soti Rivyè Euphrate la, jis rive nan peyi Filisten yo ak nan lizyè a Égypte yo. ᵍYo te mennen pèyman obligatwa e yo te sèvi Salomon tout jou lavi li yo. ²² Pwovizyon pou Salomon pou yon sèl jou se te trant barik farin fen ak swasant barik farin, ²³ dis bèf gra, ven bèf chan, san mouton anplis ke sèf, gazèl, chèvrèt mal ak tout kalite zwazo domestik gra. ²⁴ Paske li te byen domine sou tout sila ki te vè lwès Larivyè a, soti nan Thiphsach, jis rive nan Gaza, ʰsou tout wa yo vè lwès Larivyè a. Epi ⁱli te gen lapè sou tout akote ki antoure li yo. ²⁵ ʲKonsa, Juda avèk Israël te viv ansekirite, chak moun anba chan rezen pa yo avèk pye fig etranje pa yo, ᵏsoti nan Dan jis rive nan Beer-Schéba, pandan tout jou a Salomon yo. ²⁶ ˡSalomon te gen karant-mil kote kouvri pou cheval ki te rale cha yo ak douz-mil chevalye. ²⁷ Depite yo te founi pou Wa Salomon avèk tout sila ki te vini sou tab a Wa Salomon yo, yo chak pandan mwa pa yo. Yo pa t kite li manke anyen. ²⁸ Yo te osi pote lòj avèk pay pou cheval avèk ᵐpi bèl sèl cheval byen vit pou mete kote li ta dwe ye a, yo chak selon chaj yo. ²⁹ Alò, ⁿBondye te bay Salomon sajès avèk gran kapasite pou fè bon jijman, avèk entèlijans ki te vast tankou sab arebò lanmè. ³⁰ Sajès a Salomon te depase sajès a tout ᵒfis a lès yo ak ᵖtout sajès an Égypte la. ³¹ Paske ᵠli te pi saj pase tout moun, pase Éthan, Ezrachit la, Héman, Calcol, avèk Darda, fis a Machol yo; epi repitasyon li te nan tout nasyon ki te antoure li yo. ³² ʳLi te osi pale plis ke twa-mil pwovèb e chanson li yo te yon mil senk. ³³ Li te pale konsènan pyebwa yo soti nan sèd ki Liban an, jis rive nan izòp ki grandi sou mi an. Li te pale osi de bèt ak zwazo avèk reptil ak pwason. ³⁴ Moun te ˢvini soti nan tout pèp yo pou tande sajès a Salomon, soti nan tout wa sou latè ki te tande afè sajès li a.

5 Alò, Hiram, wa Tyr la, te voye sèvitè li yo kote Salomon lè li te tande ke yo te onksyone li wa nan plas a papa li, paske ᵗHiram te konn toujou zanmi David. ² Epi ᵘSalomon te voye kote Hiram pou di: ³ "Ou konnen ke David, papa m, pa t kapab bati yon kay pou non a SENYÈ a, akoz gè ki te antoure li yo, jiskaske SENYÈ a te mete yo anba pla pye li. ⁴ Men koulye a, ᵛSENYÈ a te ban m repo tout kote. Nanpwen advèsè ni malè. ⁵ Gade byen, ʷ"Mwen gen entansyon bati yon kay pou non SENYÈ a, Bondye mwen an, jan SENYÈ a te pale a David la, papa m nan, kon Li te di: 'Fis ou a, ke mwen va mete sou twòn pa w la, nan plas ou a, li va bati kay la pou non Mwen.' ⁶ Alò, pou sa, bay lòd pou yo koupe pou mwen ˣsèd Liban e sèvitè mwen yo va la avèk sèvitè pa ou yo, epi mwen va ba ou salè pou sèvitè ou yo selon tout sa ke ou di. Paske ou konnen ke nanpwen pami nou ki konprann kijan pou koupe bwa tankou Sidonyen yo."

⁷ Lè Hiram te tande pawòl a Salomon yo, li te rejwi anpil. Li te di: "Beni se SENYÈ a nan jou sila a, ki te bay a David yon fis ki saj sou gran pèp sa a." ⁸ Konsa, Hiram te voye kote Salomon e te di: "Mwen te tande sa ke ou voye di mwen an. Mwen va fè sa ke ou vle de bwa sèd avèk pichpen an. ⁹ Sèvitè mwen yo va mennen yo desann soti Liban rive kote lanmè a. Mwen va mare yo an ansanm pou fè yo rive pa lanmè ʸnan plas kote ou dirije m nan. Nou va kase yo la pou moun ou yo kab pote yo ale. Alò, ou va akonpli volonte m e ou bay manje a tout lakay mwen."

¹⁰ Konsa, Hiram te bay Salomon tout sa li te vle nan bwa sèd avèk pichpen yo. ¹¹ ᶻSalomon te bay Hiram ven-mil barik nan ble a kòm manje pou lakay li ak ven barik nan lwil bat la. Konsa Salomon te bay Hiram ane pa ane. ¹² ªSENYÈ a te ba li sajès, jis jan ke Li te pwomèt li a. Epi te gen lapè antre Hiram avèk Salomon e yo de a te fè yon akò.

¹³ Alò, ᵇWa Salomon te fè kòve obligatwa soti nan tout Israël la. Kòve fòse yo te konte trant-mil moun. ¹⁴ Li te voye yo nan Liban, di-mil moun pa mwa, yon ekip apre lòt ak de mwa lakay. ᶜAdoniram te chèf sou ouvriye kòve yo. ¹⁵ Alò, ᵈSalomon te gen swasann-di-mil transpòtè ak katre-ven-mil ki t ap taye wòch nan mòn yo. ¹⁶ ᵉAnplis, Salomon te gen twa-mil-twa-san depite an chèf ki te sou pwojè a. Yo te chèf dirijan sou moun ki t ap fè travay yo. ¹⁷ Alò, wa a te pase lòd pou yo te tayeᶠgwo wòch yo, wòch chè pou poze fondasyon kay la ak wòch taye. ¹⁸ Konsa, moun Salomon ki t ap bati yo, moun Hiram ki t ap bati yo, epi ᵍGibliyen yo t ap koupe yo e prepare bwa yo ansanm ak wòch yo pou bati kay la.

6 ʰAlò, li te vin rive nan kat-san-katreven ane apre fis Israël yo te sòti nan peyi Égypte la, nan katriyèm ane règn Salomon sou Israël la, nan mwa Ziv la, sa se dezyèm mwa a, ke li te kòmanse bati lakay SENYÈ a. ² Selon kay ke Salomon te bati pou SENYÈ a, longè li te swasant koude, lajè li te ven koude e wotè li, trant koude. ³ Galeri pa devan antre kay la te ven koude nan longè, ki te koresponn avèk

---
ª **4:14** Jos 13:26   ᵇ **4:15** II Sam 15:27   ᶜ **4:16** II Sam 15:32   ᵈ **4:18** I Wa 1:8   ᵉ **4:19** Det 3:8-10   ᶠ **4:20** Jen 22:17
ᵍ **4:21** II Sam 8:2-6   ʰ **4:24** II Sam 8:2-6   ⁱ **4:24** I Kwo 22:9   ʲ **4:25** Jr 23:6   ᵏ **4:25** I Sam 3:20   ˡ **4:26** I Wa 10:26   ᵐ **4:28** Est 8:10-14   ⁿ **4:29** I Wa 3:12   ᵒ **4:30** Jen 29:1   ᵖ **4:30** És 19:11   ᵠ **4:31** I Wa 3:12
ʳ **4:32** Ekl 12:9   ˢ **4:34** I Wa 10:1   ᵗ **5:1** II Sam 5:11   ᵘ **5:2** II Sam 7:5   ᵛ **5:4** I Wa 4:24   ʷ **5:5** II Sam 7:12-13
ˣ **5:6** II Kwo 2:8   ʸ **5:9** II Kwo 2:16   ᶻ **5:11** II Kwo 2:10   ª **5:12** I Wa 3:12   ᵇ **5:13** I Wa 4:6   ᶜ **5:14** I Wa 4:6   ᵈ **5:15** I Wa 9:20-22   ᵉ **5:16** I Wa 9:23   ᶠ **5:17** I Wa 6:7   ᵍ **5:18** Jos 13:5   ʰ **6:1** II Kwo 3:1-2

lajè kay la e pwofondè devan kay la te dis koude. ⁴ Osi pou kay la li te fè fenèt avèk ankadreman atizan yo. ⁵ Kont mi kay la, li te bati etaj won ki te antoure mi kay la nèt, ni pa devan, avèk ᵃsanktyè enteryè a; konsa, li te fè chanm yo toupatou. ⁶ Etaj pi ba a te senk koude nan lajè, mitan an te sis koude nan lajè e twazyèm nan te sèt koude nan lajè. Paske pa deyò, li te fè retrè pou travès yo pa fonse antre nan miray kay la. ⁷ ᵇKay la, pandan li t ap bati, te bati avèk wòch ki te taye kote yo te fè min wòch. Pa t gen mato, ni rach, ni okenn zouti an fè ki te konn tande nan kay la pandan li t ap bati. ⁸ Pòtay chanm akote piba a te sou kote dwat a kay la. Epi yo te konn monte pa eskalye ki te fè won pou rive nan etaj mitan an e soti nan mitan an a nan twazyèm nan. ⁹ Konsa, ᶜli te bati kay la e te fin fè l. Li te kouvri kay la avèk travès ak planch sèd. ¹⁰ Li te bati anplis etaj ki te kont tout kay la, yo chak nan wotè a senk koude. Yo te tache nan kay la avèk bwa sèd.

¹¹ Alò, pawòl SENYÈ a te vini a Salomon e te di: ¹² "Kay sa a ke w ap bati a, ᵈsi ou va mache nan règleman Mwen yo, egzekite lòd Mwen yo, kenbe tout kòmandman Mwen yo e mache ladan yo, alò, mwen va fin konplete pawòl ke M te pale a David, papa ou a, avèk ou. ¹³ ᵉMwen va vin viv pami fis Israël yo e Mwen ᶠp ap janm kite pèp mwen an, Israël."

¹⁴ ᵍKonsa, Salomon te bati kay la e te fini avèk li. ¹⁵ Li te ʰbati mi kay la pa anndan avèk planch sèd. Soti atè jis rive nan plafon an, li te kouvri mi anndan yo avèk bwa e li te kouvri tout atè kay la avèk planch bwa pichpen. ¹⁶ ⁱLi te bati ven koude nan kote dèyè kay la avèk planch sèd soti atè a jis rive nan plafon an. Li te bati yo pou li sou anndan kòm yon sanktyè enteryè, menm ʲkote ki pi sen an. ¹⁷ Pa devan sanktyè tanp la te karant koude nan longè. ¹⁸ Te gen bwa sèd sou kay la anndan, taye ᵏnan fòm a kalbas avèk flè li louvri nèt. Tout te fèt an sèd. Pa t gen wòch ki te vizib. ¹⁹ Li te prepare yon sanktyè enteryè anndan kay la pou l te kab plase la, lach akò SENYÈ a. ²⁰ Sanktyè enteryè a te ven koude nan longè, ven koude nan lajè ak ven koude nan wotè. Li te kouvri li nèt avèk lò pi. Li te kouvri lotèl la avèk sèd. ²¹ Konsa, Salomon te kouvri anndan kay la avèk lò pi. Li te fè chenn an lò travès pati devan nan sanktyè enteryè a, e li te kouvri li avèk lò. ²² Li te kouvri tout kay la avèk lò jiskaske tout kay la te fini. Osi, ˡtout lotèl ki te akote sanktyè enteryè li a te kouvri avèk lò.

²³ ᵐNan sanktyè enteryè a, li te fè de cheriben ak bwa doliv, yo chak nan dis koude wotè. ²⁴ Yon zèl nan cheriben an te senk koude e lòt la te senk koude. Soti nan pwent a yon zèl jis rive nan pwent a lòt zèl la se te dis koude. ²⁵ Lòt cheriben an te dis koude. Toude cheriben yo te menm mezi avèk menm fòm. ²⁶ Wotè a yon cheriben se te dis koude e lòt cheriben an te menm jan an. ²⁷ Li te plase cheriben yo nan mitan kay enteryè a. ⁿZèl a cheriben yo te lonje tou louvri, jiskaske zèl te youn te touche mi an, e zèl a lòt cheriben an te touche lòt mi an. Konsa, zèl a chak nan yo te touche zèl a lòt la nan mitan kay la. ²⁸ Li te kouvri cheriben yo avèk lò.

²⁹ Epi li te grave tout mi nan kay yo toupatou avèk cheriben yo, pye palmis ak flè louvri yo grave nan sanktyè enteryè ansanm ak eksteryè yo. ³⁰ Li te kouvri planch atè yo avèk lò, nan sanktyè enteryè avèk eksteryè a. ³¹ Nan antre sanktyè enteryè a, li te fè pòt avèk bwa doliv, ankadreman chanbrann nan avèk poto pòtay yo an senk fas. ³² Konsa, li te fè de pòt avèk bwa doliv la e li te grave sou yo cheriben grave yo, pye palmis yo, avèk flè louvri yo. Li te kouvri yo avèk lò. Epi li te gaye lò a sou cheriben yo avèk pye palmis yo. ³³ Anplis, li te fè poto yo an kat fas avèk bwa doliv la pou gran antre eksteryè a, ³⁴ epi de pòt an bwa siprè; de mwatye a yon pòt ki vire sou pivo e de mwatye sou lòt pòt la te vire sou pivo. ³⁵ Li te grave sou li cheriben yo, pye palmis ak flè louvri yo; epi li te kouvri yo avèk lò aplike nan menm fòs toupatou. ³⁶ ᵒLi te bati galeri enteryè a avèk twa ranje wòch taye ak yon ranje travès fèt an sèd.

³⁷ Nan katriyèm ane a, nan mwa Ziv la, fondasyon kay SENYÈ a te fin poze. ³⁸ Nan onzyèm ane a, nan mwa Bul la, ki se uityèm mwa a, kay la te fini nan tout pati li e selon plan pa li a. Konsa, li te bati pandan sèt ane.

7 Alò, ᵖSalomon te bati pwòp kay pa li pandan trèz ane, e li te fini tout kay li a nèt. ² ᵠLi te bati kay la avèk materyo forè Liban an. Longè li te san koude, lajè li te senkant koude e wotè li te trant koude, sou kat ranje pilye yo fèt an sèd avèk travès sèd sou pilye yo. ³ Li te mete pano an sèd yo anwo chanm akote ki te sou karant-senk pilye yo, kenz nan chak ranje. ⁴ Te gen fenèt ki te dekore an twa ranje ak fenèt ki te opoze a fenèt yo an twa ranje. ⁵ Tout pòtay avèk poto pòt yo te gen ankadreman kare, byen dekore e fenèt yo te opoze a pòt yo an twa ranje. ⁶ Li te fè ʳgaleri a avèk pilye yo. Longè li te senkant koude, lajè li te trant koude e yon galeri te devan yo avèk pilye avèk yon pòtay antre pa devan yo. ⁷ Li te fè ˢsal twòn kote li ta jije moun nan, sal jijman an, e atè a te kouvri avèk pano sèd soti nan yon bò pou rive nan lòt la. ⁸ Kay kote li t ap viv nan lòt lakou anndan an te fèt avèk menm kalite travay la. Li te osi fè yon kay tankou sal sila a pou fi a Farawon an, ᵗavèk sila li te marye a. ⁹ Tout sa yo se te avèk wòch presye avèk wòch ki te koupe sou mezi, ki te siye avèk si, anndan kon deyò; menm soti nan fondasyon an jis rive anba twati yo e menm jan an, sou eksteryè a rive nan gran lakou a. ¹⁰ Fondasyon an te fèt avèk wòch presye, gwo wòch, wòch nan dis koude ak wòch nan uit koude. ¹¹ Anwo se te wòch

---

ᵃ **6:5** I Wa 6:19-20   ᵇ **6:7** Egz 20:25   ᶜ **6:9** I Wa 6:14-38   ᵈ **6:12** II Sam 7:5-16   ᵉ **6:13** Egz 25:8   ᶠ **6:13** Eb 13:5
ᵍ **6:14** I Wa 6:9-38   ʰ **6:15** I Wa 7:7   ⁱ **6:16** II Kwo 3:8   ʲ **6:16** Eb 9:3   ᵏ **6:18** I Wa 7:24   ˡ **6:22** Egz 30:1-6
ᵐ **6:23** Egz 37:7-9   ⁿ **6:27** Egz 25:20   ᵒ **6:36** I Wa 7:12   ᵖ **7:1** I Wa 3:1   ᵠ **7:2** I Wa 10:17-21   ʳ **7:6** I Wa 7:12   ˢ **7:7** Sòm 122:5   ᵗ **7:8** I Wa 3:1

presye ki te koupe sou mezi, ansanm ak bwa sèd. ¹² Konsa, ªgran lakou toutotou a te gen twa ranje wòch koupe ak yon ranje travès sèd; menm jan avèk ᵇlakou enteryè lakay SENYÈ a ak galri kay la.

¹³ Alò, ᶜWa Salomon te voye mennen Hiram soti Tyr. ¹⁴ ᵈLi te fis a yon vèv soti nan tribi Nephtali e papa li te yon moun Tyr, yon travayè nan bwonz. Li te ranpli avèk sajès avèk konprann ak kapasite pou fè nenpòt kalite èv an bwonz. Konsa li te vini a Wa Salomon pou te ᵉfè tout travay li yo. ¹⁵ Li te fòme ᶠde pilye an bwonz yo, dizuit koude se te wotè a chak pilye e yon lign a douz koude te mezire distans antoure won a toude. ¹⁶ Li osi te fè de tèt kouvèti an bwonz fonn pou plase sou tèt a pilye yo. Wotè a yon tèt kouvèti te senk koude e wotè a lòt tèt kouvèti a te senk koude. ¹⁷ Te gen yon sistèm rezo fèt avèk chenn an fil tòde pou tèt kouvèti ki te sou tèt pilye yo: sèt pou yon tèt kouvèti e sèt pou lòt tèt kouvèti a. ¹⁸ Konsa, li te fè pilye yo: te gen de ranje antoure youn nan sistèm rezo yo pou kouvri tèt kouvèti ki te anwo grenad yo; epi se konsa li te fè pou lòt tèt kouvèti a. ¹⁹ Tèt kouvèti ki te sou tèt pilye nan galeri yo te fèt ak desen flè lis, nan lajè kat koude. ²⁰ Te gen tèt kouvèti yo sou de pilye yo, antoure avèk de-san grenad an ranje won ki pa an wo a chak tèt kouvèti, toupre rezo a. Epi de-san grenad te ranje toutotou de toulède tèt kouvèti yo. ²¹ ᵍKonsa, li te ranje pilye yo sou galeri gran chanm nan. Epi li te monte pilye adwat la e li te rele li Jakin; li te monte pilye agoch a e li te rele li Boaz. ²² Sou tèt pilye yo se te yon desen flè lis. Se konsa èv pilye yo te fini.

²³ ʰAlò, li te fè fòm lanmè ⁱfonde an metal dis koude soti nan yon bò a yon lòt, an fòm tou won e wotè li se te senk koude ak trant koude ki pou antoure l. ²⁴ Anba bò li a, ʲkalbas yo te antoure li tou won, dis nan chak koude e te ᵏantoure lanmè a nèt. Kalbas yo te an de ranje, fonde ansanm avèk tout lòt bagay. ²⁵ ˡLanmè a te kanpe sou douz bèf, twa avèk fas vè nò, twa avèk fas vè lwès, twa avèk fas vè sid e twa avèk fas vè lès. Li te poze sou yo e tout pati dèyè yo te vè anndan. ²⁶ Gwosè li te mezi a yon pla men pwès e arebò li te fèt tankou arebò a yon tas, tankou yon flè lis. Li te kab kenbe kantite volim a de mil bat.

²⁷ Anplis, ᵐli te fè dis baz yo an bwonz. Longè a chak baz te kat koude, lajè li se te kat koude e wotè li se te twa koude. ²⁸ Sila a se te desen a baz yo: yo te gen arebò, menm arebò antre ankadreman travès yo. ²⁹ Epi sou arebò ki te antre ankadreman yo, te gen lyon yo, bèf yo, avèk cheriben yo. Sou ankadreman yo, te gen yon etaj anlè e anba lyon yo avèk bèf yo, te gen zèv atizan kouwòn ki te pann. ³⁰ Alò, chak baz te gen kat wou an bwonz avèk shaf an bwonz, kat pye li yo te gen soutyen yo. Anba basen an, te soutni sipò yo avèk gilann yo chak kote.

³¹ Ouvèti li anndan tèt kouvèti pa anwo baz la te yon koude e ouvèti li a te won tankou desen a yon etaj won, yon koude-edmi; epi osi nan ouvèti li a, te grave desen yo, arebò yo te kare, yo pa t won. ³² Kat wou yo te anba arebò yo e shaf a wou yo te sou baz la. Wotè a wou a te yon koude edmi. ³³ Kalite travay a wou yo te tankou kalite travay a yon wou cha. Shaf pa yo, jant yo, reyon yo e mitan wo a tout te fonde. ³⁴ Alò, te gen kat soutyen nan kat kwen a chak baz. Soutyen yo te yon pati nan baz la menm. ³⁵ Anwo baz la te kanpe yon fòm fèt tou won, avèk wotè a yon mwatye koude. Sou tèt a baz la, soutyen pa li avèk arebò li yo te fèt tankou yon pati ladann. ³⁶ Li te grave sou plat a soutyen li yo, sou arebò li yo, cheriben yo, lyon yo ak pye palmis yo selon espas disponib nan chak, avèk kouwòn yo toutotou li. ³⁷ ⁿLi te fè dis baz yo konsa: yo tout te fonde menm jan; yon sèl mezi ak yon sèl fòm. ³⁸ ᵒLi te fè dis basen yo an bwonz, yon basen te kenbe karant bat 880 lit; chak basen te kat koude e nan chak nan dis baz yo, te gen yon basen. ³⁹ Li te poze baz yo, senk sou kote dwat a kay la e senk sou kote goch a kay la. Li te poze lanmè an metal fonn nan sou kote dwat a kay la vè lès la, vè sid.

⁴⁰ Alò Hiram te fè basen sa yo, ansanm ak pèl ak bòl yo. Konsa, Hiram te fin fè tout èv ke li te fè pou Salomon lakay SENYÈ a: ⁴¹ de pilye yo, de bòl pou tèt kouvèti ki te poze sou ᵖde pilye yo ak de sistèm rezo pou kouvri de bòl tèt kouvèti ki te sou tèt pilye yo. ⁴² Anplis, li te mete ᵠkat-san grenad pou de sistèm rezo yo, de ranje grenad pou chak sistèm rezo, pou kouvri de tèt kouvèti ki te sou tèt pilye yo; ⁴³ dis baz avèk dis basen yo sou baz yo; ⁴⁴ ʳyon sèl lanmè ak douz bèf anba lanmè a; ⁴⁵ ˢbokit yo avèk pèl yo ak tèt kouvèti yo. Menm tout zouti sila yo ke Hiram te fè pou Wa Salomon nan kay SENYÈ a te fèt avèk bwonz poli. ⁴⁶ ᵗNan plèn Jourdain an, wa a te fonn yo, nan tè ajil la antre Succoth ak Tsarthan. ⁴⁷ Salomon te kite tout veso yo san peze, paske yo te twòp. ᵘPwa a bwonz lan pa t kab detèmine.

⁴⁸ Salomon te fè tout mèb ki te lakay SENYÈ a: ᵛlotèl an lò, tab an lò, sou sila ʷpen Prezans lan te ye a; ⁴⁹ chandelye yo, senk adwat e senk agoch, pa devan nan sanktyè enteryè a, avèk lò pi; epi flè yo avèk lanp yo avèk pensèt yo, tout te an lò. ⁵⁰ Epi tas yo avèk etoufè yo, bòl yo avèk kiyè yo ak ˣplato an lò pi pou resevwa sann yo; epi chanyè pou toulède pòt kay enteryè yo, lye pi sen pase tout kote a, ak chanyè pou pòt kay la, sa vle di, gran sanktyè a, te an lò.

⁵¹ Konsa, tout travay ke Wa Salomon te fè lakay SENYÈ a te fini. Epi ʸSalomon te fè antre tout bagay ki te dedye pa papa li, David—a jan avèk lò ak zouti yo—li te mete yo nan trezò a lakay SENYÈ a.

ª **7:12** I Wa 6:36   ᵇ **7:12** I Wa 7:16   ᶜ **7:13** II Kwo 2:13-14   ᵈ **7:14** II Wa 2:14   ᵉ **7:14** II Kwo 4:11-16
ᶠ **7:15** II Wa 25:17   ᵍ **7:21** II Kwo 3:17   ʰ **7:23** II Kwo 4:2   ⁱ **7:23** II Wa 16:17   ʲ **7:24** I Wa 6:18   ᵏ **7:24** II Kwo 4:3   ˡ **7:25** II Kwo 4:4-5   ᵐ **7:27** I Wa 7:38   ⁿ **7:37** II Kwo 4:14   ᵒ **7:38** Egz 30:18   ᵖ **7:41** I Wa 7:17-18   ᵠ **7:42** I Wa 7:20   ʳ **7:44** I Wa 7:23-25   ˢ **7:45** Egz 27:3   ᵗ **7:46** II Kwo 4:17   ᵘ **7:47** I Kwo 22:3-14
ᵛ **7:48** Egz 37:10-29   ʷ **7:48** Egz 25:30   ˣ **7:50** Egz 27:3   ʸ **7:51** II Sam 8:11

8 Alò, Salomon te rasanble ansyen Israël yo avèk tout tèt a tribi yo, chèf a fanmi zansèt a fis Israël yo, kote Wa Salomon Jérusalem, pou mennen fè monte[a]lach akò SENYÈ a soti nan lavil David ki Sion an. [2] Tout mesye Israël yo te rasanble yo menm kote ak Wa Salomon nan [b]fèt la nan mwa Éthanim nan, ki se setyèm mwa a. [3] Tout ansyen Israël yo te vini, e [c]prèt yo te leve pran lach la. [4] Yo te mennen fè monte lach SENYÈ a, [d]tant asanble a, avèk tout zouti sen ki te nan tant yo. Prèt yo avèk Levit yo te mennen fè yo monte. [5] Wa Salomon avèk tout kongregasyon Israël la, ki te rasanble vè li, [e]te avèk li devan lach la. Yo t ap fè sakrifis a yon tèlman gran kantite mouton avèk bèf ke yo pa t kab konte ni kontwole. [6] Prèt yo te mennen lach akò SENYÈ a [f]nan plas li. Yo te mete l nan sanktyè enteryè a kay la, nan plas ki sen pase tout lòt yo a, [g]anba zèl a cheriben yo. [7] Cheriben yo te lonje zèl pa yo anwo plas lach la e yo te sèvi kon yon kouvèti sou lach la avèk poto li yo soti anwo. [8] Men [h]poto yo te tèlman long ke pwent poto yo te vizib sèlman soti nan lye sen an devan sanktyè enteryè a. Men yo pa t kab wè pa deyò; epi yo la jis rive jodi a. [9] [i]Pa t gen anyen nan lach la sof ke de tablo wòch ke Moïse te mete la nan Horeb yo, kote SENYÈ a te fè yon akò avèk fis Israël yo, lè yo te sòti nan peyi Égypte la. [10] Li te fèt ke lè prèt yo te sòti nan lye sen an ke [j]nwaj la te ranpli kay SENYÈ a, [11] jiskaske prèt yo pa t kab fè sèvis akoz nwaj la. Paske glwa SENYÈ a te ranpli kay SENYÈ a.

[12] [k]Alò, Salomon te di: "SENYÈ a te di ke Li ta abite nan nwaj pwès. [13] [l]Mwen te vrèman bati pou Ou yon kay byen wo, yon plas pou Ou ta abite jis pou tout tan."

[14] Konsa, wa a te vire tounen e te [m]beni tout asanble Israël la pandan tout asanble Israël la te kanpe. [15] Li te di: "Beni se SENYÈ a, Bondye Israël la, [n]ki te pale avèk bouch li a papa m David, e ki te akonpli sa avèk men l, e ki te di: [16] 'Depi jou ke M te fè pèp Mwen an, Israël, sòti an Égypte, Mwen pa t chwazi yon vil nan tout tribi Israël yo pou M ta bati yon kay pou non Mwen ta kapab la; men mwen te chwazi David pou renye sou pèp Mwen an, Israël.'

[17] [p]"Alò, sa te nan kè papa m, David pou bati yon kay pou non SENYÈ a, Bondye Israël la. [18] Men SENYÈ a te di a papa m, David: 'Akoz li te nan kè ou pou bati yon kay pou non Mwen, ou te fè byen, paske se te nan kè ou. [19] [q]Sepandan, ou p ap bati kay la, men fis ou ki va fèt a ou menm nan, li va bati kay la pou non Mwen.' [20] Alò, SENYÈ a te fin akonpli pawòl ke Li te pale a. Paske [r]mwen te leve nan plas papa m, David. Mwen chita sou twòn Israël la, jan SENYÈ a te pwomèt la, e mwen te bati kay la pou non SENYÈ a, Bondye Israël la. [21] La mwen te poze yon plas pou lach la, [s]nan sila akò a ke SENYÈ a te fè avèk zansèt nou yo lè Li te mennen yo soti nan peyi Égypte la."

[22] [t]Salomon te kanpe devan lotèl SENYÈ a nan prezans a tout asanble Israël la, e te lonje ouvri men li vè syèl la. [23] Li te di: "O SENYÈ, Bondye Israël la, [u]nanpwen Bondye tankou Ou nan syèl la anwo, ni sou latè anba, [v]k ap kenbe akò e montre lanmou dous a sèvitè Ou yo ki mache devan Ou avèk tout kè yo, [24] ki te kenbe avèk sèvitè Ou, papa m, David, sa ke Ou te pwomèt li a. Anverite Ou te pale avèk bouch Ou e Ou te akonpli li avèk men Ou, jan sa ye nan jou sila a. [25] Alò, pou sa, O SENYÈ, Bondye Israël la, kenbe avèk sèvitè Ou a, David, papa m, sa ke Ou te pwomèt li a lè Ou te di: [w]'Ou p ap manke yon nonm pou chita sou twòn Israël la, si sèlman fis ou yo veye chemen yo, pou mache devan Mwen menm jan ke ou te mache a.'

[26] "Koulye a, pou sa, O Bondye Israël la, kite pawòl Ou, mwen priye, vin konfime [x]ke Ou te pale a sèvitè Ou a, papa m, David. [27] Men èske Bondye, anverite, va rete sou latè? Gade byen, [y]syèl la avèk syèl pi wo a p ap kab kenbe Ou; konbyen anplis kay sa a ke m te bati a! [28] Sepandan, gade lapriyè sèvitè Ou a, avèk siplikasyon pa li, O SENYÈ, Bondye mwen, pou koute kri ak lapriyè ke sèvitè Ou a fè devan Ou jodi a; [29] [z]pou zye Ou ta rete louvri vè kay sila a lajounen kon lannwit, vè plas kote Ou te di: 'Non Mwen va rete la,' pou koute lapriyè ke sèvitè Ou a va fè vè plas sa a. [30] [a]Koute siplikasyon a sèvitè Ou, e a pèp Ou a, Israël [b]lè yo priye vè plas sila a. Koute nan syèl la, kote Ou abite a; e lè Ou koute, padone.

[31] [c]"Si yon nonm peche kont vwazen li, e si li oblije fè yon ve, si li vin fè ve a devan lotèl Ou, nan kay sila a, [32] alò, tande nan syèl la e pran desizyon pou ji je sèvitè Ou yo; [d]kondane mechan an, fè chemen pa li a vin sou pwòp tèt li. Epi fè jistis vini sou sila ki dwat la, lè Ou ba li selon ladwati li.

[33] "Lè pèp Ou a, Israël fin bat devan yon lènmi, akoz yo te peche kont Ou, [e]si yo vire vè Ou ankò pou konfese non Ou, priye e fè siplikasyon vè Ou nan kay sa a, [34] alò, tande nan syèl la, e padone peche a pèp Ou a Israël, e mennen yo retounen nan peyi ke Ou te bay zansèt yo.

[35] [f]"Lè syèl yo fèmen e nanpwen lapli, akoz yo te peche kont Ou, si yo priye vè plas sila a, konfese non Ou, e vire kite peche pa yo lè Ou aflije yo, [36] alò, tande nan syèl la e padone peche a sèvitè Ou yo, e a pèp Ou a, Israël. [g]Anverite, enstwi yo nan bon chemen nan sila yo ta dwe mache a, e voye lapli sou peyi ke Ou te bay a pèp Ou a, ke Ou te bay yo a kòm eritaj la.

---

[a] **8:1** II Kwo 5:2-10   [b] **8:2** Lev 23:34   [c] **8:3** Det 31:9   [d] **8:4** I Wa 3:4   [e] **8:5** II Sam 6:13   [f] **8:6** I Wa 6:19
[g] **8:6** I Wa 6:27   [h] **8:8** Egz 25:13-15   [i] **8:9** Det 10:2-5   [j] **8:10** Egz 40:34-35   [k] **8:12** II Kwo 6:1   [l] **8:13** II Sam 7:13
[m] **8:14** Egz 6:18   [n] **8:15** I Sam 7:12-13   [o] **8:16** II Sam 7:4-5   [p] **8:17** II Sam 7:2-3   [q] **8:19** II Sam 7:5-13
[r] **8:20** I Kwo 28:5-6   [s] **8:21** Det 31:26   [t] **8:22** I Wa 8:54   [u] **8:23** Det 4:39   [v] **8:23** Det 7:9
[w] **8:25** I Wa 2:4   [x] **8:26** II Sam 7:25   [y] **8:27** Sòm 139:7-16   [z] **8:29** I Kwo 7:15   [a] **8:30** Né 6:1   [b] **8:30** Dan 6:10
[c] **8:31** Egz 22:8-11   [d] **8:32** Det 25:1   [e] **8:33** Lev 26:40-42   [f] **8:35** Det 11:16-17   [g] **8:36** Sòm 5:8

37 a"Si gen gwo grangou nan peyi a, si gen toumant, si gen gwo maladi sou jaden oswa bèt, oswa wouy, epidemi nan youn nan espès krikèt volan yo, si lènmi pa yo fè syèj sou yo nan peyi vil pa yo, nenpòt kalite toumant, nenpòt gwo maladi, 38 nenpòt lapriyè oswa siplikasyon ki fèt pa nenpòt moun, oswa pa tout pèp Israël yo, chak moun ki konnen afliksyon nan pwòp kè pa li, e ki leve men l ouvri vè kay sila a; 39 alò, tande nan syèl la, kote Ou abite a, padone, aji e rann a chak moun selon tout chemen yo, bkè a sila Ou konnen an, paske se Ou sèl ki konnen kè a tout fis a lòm yo; 40 pou yo kapab gen lakrent Ou tout jou ke yo viv nan peyi ke Ou te bay a zansèt nou yo.

41 "Anplis, konsènan etranje ki pa apatyen a pèp Israël Ou a, lè li sòti nan yon peyi lwen pou koz non Ou, 42 (paske yo va tande afè gran non Ou, ak cmen pwisan Ou, ak bra louvri Ou), pou lè l vini fè lapriyè vè kay sila a, 43 tande nan syèl la, kote ou abite a e fè tout sa ke etranje a mande Ou fè, jis pou dtout pèp sou tout latè yo kapab konnen non Ou, pou yo gen lakrent Ou, tankou pèp Ou a Israël, pou yo kapab konnen ke kay sila a, mwen te bati a, rele pa non pa Ou.

44 "Lè pèp Ou a sòti nan batay kont lènmi yo, nan nenpòt chemen Ou ta voye yo, e eyo priye a SENYÈ nan direksyon vil ke Ou te chwazi a, ak kay ke mwen te bati pou non Ou a, 45 alò, tande nan syèl la lapriyè yo, ak siplikasyon yo, e bay soutyen a ka pa yo. 46 Lè yo peche kont Ou (pwiske fnanpwen moun ki pa peche), Ou vin fache avèk yo, e Ou livre yo bay lènmi an pou fè yo sòti kaptif nan peyi a lènmi an, kit lwen, kit pre; 47 si yo vin reflechi nan peyi kote yo te mennen kaptif la, yo vin repanti, e fè siplikasyon a Ou menm nan peyi a sila ki te pran yo kaptif la, e di: g'Nou te peche e te fè inikite, nou te aji mal;' 48 hsi yo retounen a Ou menm avèk tout kè y e avèk tout nanm yo nan peyi a lènmi ki te mennen yo kaptif yo, yo priye a Ou menm, vè peyi ke Ou te bay a zansèt yo, vil ke Ou te chwazi a, ak kay ke mwen te bati pou non Ou an; 49 alò, tande priyè yo, ak siplikasyon yo, nan syèl la, plas kote Ou rete a e bay soutyen a koz pa yo, 50 epi padone pèp Ou a ki te peche kont Ou an ak tout transgresyon ke yo te fè kont Ou yo, e ibay yo mizerikòd devan sila ki te fè yo kaptif yo, pou yo gen konpasyon pou yo. 51 (Pwiske se pèp Ou yo ye, e eritaj ke Ou te mennen sòti an Égypte la, ki te jsoti nan mitan founo fè a). 52 kPou zye Ou kapab louvri a siplikasyon a sèvitè Ou, e a siplikasyon a pèp Ou a, Israël, pou koute yo nenpòt lè ke yo rele Ou. 53 Paske Ou te mete yo apa de tout lòt pèp sou latè kòm eritaj Ou, ljan Ou te pale pa Moïse, sèvitè Ou a, pandan Ou te mennen zansèt pa nou yo sòti an Égypte, O Senyè, BONDYE."

54 mLè Salomon te fin priye tout priyè sila a, li te leve soti devan lotèl a SENYÈ a, soti sou jenou li avèk men li louvri anvè syèl la. 55 Li te kanpe e te nbeni tout asanble Israël la avèk yon gwo vwa. Li te di: 56 "Beni se SENYÈ a ki te bay repo a pèp Li a, Israël, oselon tout sa ke Li te pwomèt yo. Pa menm yon mo pa t fè fayit nan tout bonte ke Li te pwomèt nou pa Moïse yo, sèvitè li a. 57 Ke SENYÈ a, Bondye nou an, kapab avèk nou, jan Li te ye avèk zansèt nou yo. Ke Li pa janm kite nou ni abandone nou, 58 pou pLi kapab atire kè nou vè Li menm, pou mache nan tout vwa Li yo e pou kenbe kòmandman Li yo avèk règleman Li yo avèk òdonans Li yo, ke Li te kòmande a zansèt nou yo. 59 Epi ke pawòl pa m sa yo, avèk sila mwen te fè siplikasyon devan SENYÈ a, kapab toupre SENYÈ a, Bondye pa nou an, lajounen kon lannwit, pou Li kapab bay soutyen a koz pèp Li a, Israël, jan chak jou mande a, 60 pou tout pèp sou latè yo kapab konnen ke SENYÈ a se Bondye; ke nanpwen okenn lòt.

61 "Pou sa, kite kè nou vin dedye nèt a SENYÈ a, pou mache nan règleman Li yo, kenbe kòmandman Li, menm jan sa ye nan jou sila a."

62 qAlò, wa a ak tout Israël avèk li te ofri sakrifis yo devan SENYÈ a. 63 Salomon te ofri kòm ofrann lapè ke Li te lofri SENYÈ a, venn-de-mil bèf avèk san-ven-mil mouton. rKonsa wa a, avèk tout fis Israël yo te dedye kay SENYÈ a. 64 Nan menm jou sa a, wa a te konsakre lakou mitan ki te devan kay SENYÈ a, akoz se la li te ofri ofrann brile avèk ofrann sereyal yo, e grès a ofrann lapè yo. Paske slotèl bwonz ki te devan SENYÈ a te twò piti pou kenbe ofrann brile avèk ofrann sereyal yo, avèk grès a ofrann lapè yo.

65 Konsa, Salomon te obsève fèt la nan lè sa a, e tout Israël avèk li, yon gran asanble tsoti nan antre Hamath jis rive nan uti kouran dlo Égypte la, devan SENYÈ a Bondye nou an, pandan sèt jou e avèk sèt jou anplis, katòz jou nèt. 66 Nan uityèm jou a, li te voye pèp la ale, e yo te beni wa a. Epi yo te ale nan tant pa yo ranpli avèk jwa, kontan nan kè pou tout bonte ke SENYÈ a te montre a David, sèvitè li, e a Israël, pèp Li a.

9

vAlò, li te vin rive ke lè Salomon te fin bati kay SENYÈ a, ak kay wa a ak tout sa ke Salomon te vle fè, 2 wSENYÈ a te parèt a Salomon yon dezyèm fwa, jan Li te parèt kote li nan Gabaon an. 3 SENYÈ a te di li: x"Mwen fin tande priyè ou ak siplikasyon ke ou te fè devan M nan. Mwen te konsakre kay sa a ke ou te bati nan mete non Mwen la pou tout tan. Zye Mwen avèk kè Mwen va la pou tout tan ale nèt. 4 E selon ou menm, ysi ou va mache devan Mwen tankou papa ou, David te mache a, nan entegrite a kè ou, avèk ladwati, e fè selon tout sa ke M te kòmande ou yo, e si ou va kenbe règleman Mwen

---

a **8:37** Lev 26:16-26   b **8:39** I Sam 2:3   c **8:42** Egz 13:3   d **8:43** Jos 4:23-24   e **8:44** II Kwo 14:11   f **8:46** Wo 3:23   g **8:47** Esd 9:6-7   h **8:48** Det 4:29   i **8:50** Sòm 106:46   j **8:51** Det 4:20   k **8:52** I Wa 8:29   l **8:53** Egz 19:5-6   m **8:54** II Kwo 7:1   n **8:55** Nonb 6:23-26   o **8:56** Det 12:10   p **8:58** Sòm 119:36   q **8:62** II Kwo 7:4-10   r **8:63** Esd 6:15-18   s **8:64** II Kwo 4:1   t **8:65** Nonb 34:8   u **8:65** Jos 13:3   v **9:1** II Kwo 7:11   w **9:2** I Wa 3:5   x **9:3** Sòm 10:17   y **9:4** II Wa 20:3

yo, avèk òdonans Mwen yo, ⁵ alò, ªMwen va etabli twòn wayòm ou sou Israël pou tout tan, jis jan ke M te pwomèt a papa ou, David la, lè M te di: 'Ou p ap janm manke yon moun sou twòn Israël la.' ⁶ ᵇMen si ou menm, oswa fis ou yo, anverite, vire kite Mwen e pa kenbe kòmandman Mwen yo avèk règleman Mwen ke M te mete devan nou yo; epi ale sèvi lòt dye pou adore yo, ⁷ ᶜalò, Mwen va koupe, retire Israël soti nan peyi ke M te ba yo a, ak kay ke M te konsakre a non Mwen an. Mwen va retire li devan zye m. Konsa, Israël va devni yon pwovèb ak yon pawòl rizib pami tout pèp yo. ⁸ Epi kay sila a va devni yon ᵈpil ranblè. Tout moun ki pase va sezi e soufle e yo va di: "Poukisa SENYÈ a te fè sa a peyi ak kay sa a? ⁹ Epi konsa yo va reponn: ᵉ"Akoz yo te abandone SENYÈ a, Bondye pa yo a, ki te mennen zansèt pa yo sòti nan peyi Égypte la. Yo te adopte lòt dye pou te adore yo ak sèvi yo. Pou sa, SENYÈ a te fè rive tout gwo twoub sa a sou yo.'"

¹⁰ Li te vin rive ᶠvè fen ventan ke Salomon t ap bati de kay yo, kay SENYÈ a ak kay wa a, ¹¹ (Hiram, wa Tyr la te founi Salomon avèk bwa sèd ak bwa pichpen avèk lò, selon sa ke li te vle a), alò, Wa Salomon te bay Hiram ven vil nan peyi Galilée. ¹² Konsa, Hiram te sòti Tyr pou vin wè vil ke Salomon te ba li yo, e yo pa t fè l kontan. ¹³ Li te di: "Ki vil sa yo ke ou te ban mwen yo, frè mwen?" Pou rezon sa a, yo te ba yo non a ᵍpeyi a Cabul menm rive jis jodi a. ¹⁴ ʰEpi Hiram te voye a wa a san ven talan lò.

¹⁵ Alò, sa se istwa a travay kòve ke Wa Salomon te ⁱfè leve pou bati kay SENYÈ a, lakay pa li a, ak Sitadèl Millo a, miray Jérusalem nan, Hatsor, Méguiddo ak Guézer. ¹⁶ Paske Farawon, wa Égypte la te monte, kaptire Guézer. Li te brile li avèk dife, e li te touye ʲKananeyen ki te rete nan vil yo. Epi li te ba li kòm dwa maryaj fi li a, madanm a Salomon. ¹⁷ Konsa, Salomon te rebati Guézer, e piba ᵏBeth-Horon, ¹⁸ epi ˡBalath avèk Tamar nan dezè a, nan peyi Juda, ¹⁹ ak tout vil depo pou Salomon te genyen yo, menm ᵐvil pou cha li ak vil pou chevalye pa li yo avèk tout sa ki te fè Salomon plezi pou bati Jérusalem, nan Liban ak nan tout teritwa a anba règ pa li. ²⁰ Tout pèp ki te retay Amoreyen yo, Etyen yo, Ferezyen yo, Evyen yo, Jebizyen yo, ki pa t nan fis Israël yo— ²¹ ⁿak desandan yo ki te swiv yo, nan peyi ke fis Israël yo pa t kapab fin detwi nèt—soti nan yo, Salomon te leve ouvriye kòve yo, menm jiska jodi a. ²² Men Salomon ᵒpa t fè esklav yo pami fis Israël yo, paske yo te sèvi kòm mesye lagè yo, sèvitè li yo, prens li yo, kapitèn li yo, kòmandan a cha li yo, avèk chevalye li yo. ²³ Sila yo se te ᵖchèf ofisye ki te sou zèv Salomon yo; senk-san-senkant ki te chèf sou moun ki te fè travay la yo.

²⁴ Men ᵠfi Farawon an te monte soti nan vil David la pou rive nan kay ki te bati pou li a. Epi konsa, Salomon te bati Sitadèl Millo a.

²⁵ Alò, ʳtwa fwa pa ane, Salomon te ofri ofrann brile avèk ofrann lapè sou lotèl ke li te bati bay SENYÈ a. Li te brile lansan sou yo, sou lotèl ki te devan SENYÈ a. Konsa, li te fini kay la.

²⁶ Wa Salomon osi te bati yon ˢkantite gwo bato nan Etsjon-Guéber, ki te toupre Éloth arebò Lamè Wouj la, nan peyi Édom an. ²⁷ ᵗEpi Hiram te voye sèvitè li yo avèk bato yo, moun lanmè ki te konnen afè lanmè, ansanm avèk sèvitè a Salomon yo. ²⁸ Yo te ale ᵘOphir, yo te pran kat-san-ven talan an lò soti la e yo te pote bay Wa Salomon.

10 ᵛAlò, lè rèn Séba a te tande koze a repitasyon Salomon pa non SENYÈ a, li te vini pou pase l a leprèv avèk kesyon difisil. ² Li te vini Jérusalem avèk yon trè gran kantite moun, avèk chamo ki t ᵂpote epis, anpil lò avèk pyè presye. Lè li te vini kote Salomon, li te pale avèk li selon tout sa ki te nan kè li. ³ Salomon te reponn a tout kesyon li yo; anyen pa t kache a wa a pou l pa t eksplike li. ⁴ Lè rèn a Séba te vin konprann tout sajès a Salomon an, kay ke li te bati a, ⁵ manje sou tab li, kapasite sèvitè li yo, jan moun ki te sèvi tab yo te atantif, jan yo abiye, pòtè tas diven yo, ak eskalye li, kote li te monte rive lakay SENYÈ a, li te vin pa gen kouraj ankò. ⁶ Konsa, li te di a wa a: "Rapò ke m te tande soti nan peyi mwen selon pawòl ou avèk sajès ou a te vre. ⁷ Men mwen pa t kwè rapò yo jiskaske mwen te rive e zye m te wè li. Epi vwala, yo pa t pale m mwatye verite. Ou depase nan sajès avèk richès rapò ke m te tande a. ⁸ Jan mesye pa ou yo ˣbeni! Beni se sèvitè ki kanpe devan ou yo tout tan pou tande sajès ou. ⁹ Beni se SENYÈ a, Bondye ou a, ki te pran plezi nan ou pou mete ou sou twòn Israël la. ʸAkoz SENYÈ a te renmen Israël pou tout tan, se pou sa Li te fè ou wa, ᶻpou fè la jistis avèk ladwati."

¹⁰ ªLi te bay wa a san-ven talan lò, yon gran kantite epis avèk pyè presye. Fòs kantite epis sa a tankou sa ke rèn Séba a te bay a Wa Salomon an pa t janm antre ankò.

¹¹ ᵇOsi, bato a Hiram ki te pote lò ki sòti Ophir yo, te mennen fè antre soti Ophir yon gran kantite pye bwa koray avèk pyè presye. ¹² ᶜWa a te fè soutyen lakay SENYÈ a avèk lakay wa a avèk bwa koray yo e osi ap yo avèk gita pou chantè yo. Bwa koray yo tankou sila yo pa t janm antre ankò, ni yo pa t janm wè jis rive jodi a.

¹³ Wa Salomon te bay a rèn Séba tout sa ke li te dezire, tout sa ke li te mande, anplis de sa li te ba li selon bonte wayal li. Konsa, li te vire retounen nan pwòp peyi pa li a, ansanm avèk sèvitè pa li yo.

¹⁴ ᵈAlò, pwa lò a ki te antre pou Salomon nan yon ane se te sis-san-swasann-sis talan lò, ¹⁵ anplis de sa

---

ª **9:5** II Sam 7:12-16   ᵇ **9:6** II Sam 7:14-16   ᶜ **9:7** Jr 7:4-14   ᵈ **9:8** II Wa 25:9   ᵉ **9:9** Det 29:25-28   ᶠ **9:10** I Wa 6:37-38   ᵍ **9:13** Jos 19:27   ʰ **9:14** I Wa 9:11   ⁱ **9:15** I Wa 5:13   ʲ **9:16** Jos 16:10   ᵏ **9:17** Jos 10:10   ˡ **9:18** Jos 19:44   ᵐ **9:19** I Wa 10:26   ⁿ **9:21** Jij 1:21-29   ᵒ **9:22** Lev 25:39   ᵖ **9:23** I Kwo 8:10   ᵠ **9:24** I Wa 3:1   ʳ **9:25** Egz 23:14-17   ˢ **9:26** I Wa 22:48   ᵗ **9:27** I Wa 5:6-9   ᵘ **9:28** I Kwo 29:4   ᵛ **10:1** Mat 12:42   ʷ **10:2** I Wa 10:10   ˣ **10:8** Pwov 8:34   ʸ **10:9** I Kwo 17:22   ᶻ **10:9** Sòm 72:2   ª **10:10** I Wa 10:2   ᵇ **10:11** I Wa 9:27-28   ᶜ **10:12** II Wa 9:11   ᵈ **10:14** II Kwo 9:13-28

ki te sòti nan machann avèk byen a tout komèsan yo, tout wa pami ªArab yo avèk gouvènè nan chak peyi yo. ¹⁶ ᵇWa Salomon te fè de-san gran boukliye avèk lò bat avèk sis-san sik lò nan chak gran boukliye. ¹⁷ Avèk twa-san boukliye nan lò bat, ki te sèvi twa min lò sou chak boukliye e ᶜwa a te mete yo nan kay Forè Liban an. ¹⁸ Anplis, wa a te fè yon gwo twòn avèk ᵈivwa e li te kouvri li avèk lò rafine. ¹⁹ Avèk sis machpye monte pou rive nan twòn nan, e yon tèt won sou twòn nan pa dèyè li, bra yo nan chak kote chèz la, e de lyon ki te kanpe akote bra yo. ²⁰ Douz lyon te kanpe la sou sis machpye yo, sou yon kote e menm jan an sou lòt la. Anyen tankou li pa t fèt nan okenn lòt wayòm. ²¹ Tout veso a Wa Salomon pou bwè yo te fèt an lò. Tout veso nan kay Forè a Liban yo te an lò pi. Nanpwen ki te an ajan. Sa pa t konsidere kòm bagay chè nan jou a Salomon yo. ²² Paske ᵉwa a te gen sou lanmè a bato a Tarsis avèk bato a Hiram yo. Yon fwa chak twazan bato a Tarsis yo te vini pote lò avèk ajan, ivwa avèk makak ak bèl zwazo pan yo.

²³ ᶠKonsa, Wa Salomon te vin pi gran ke tout wa sou latè yo nan richès avèk sajès. ²⁴ Tout latè t ap chache prezans a Salomon ᵍpou tande sajès li ke Bondye te mete nan kè li. ²⁵ ʰChak moun te pote kado li, afè an ajan avèk lò, vètman, zam, epis, cheval avèk milèt, an gran kantite ane pa ane.

²⁶ Alò, Salomon te ranmase cha avèk cheval yo. Li te gen mil-kat-san cha avèk douz-mil chevalye e li te estasyone yo nan ⁱvil cha yo avèk wa a nan Jérusalem. ²⁷ ʲWa a te fè ajan vin gaye toupatou tankou wòch Jérusalem. Li te fè sèd yo vin anpil tankou bwa sikomò ki rete nan ba plèn nan. ²⁸ ᵏOsi, lè Salomon te enpòte cheval yo, yo te soti an Égypte avèk Kuwe. Machann a wa yo te chache yo soti Kuwe pou yon pri. ²⁹ Yon cha te konn enpòte soti Égypte pou sis-san sik an ajan ak yon cheval pou san-senkant e pa menm mwayen an, yo te ekspòte yo a ˡtout wa Etyen avèk wa Siryen yo.

11 Alò, ᵐWa Salomon te renmen anpil fanm etranje ansanm avèk fi Farawon an: Moabit yo, Amonit yo, Edomit yo, Sidonyen yo ak fanm Etyen yo, ² ki te soti nan nasyon de sila SENYÈ a te di a fis Israël yo, ⁿ"Ou p ap asosye avèk yo, ni yo p ap asosye avè w; paske yo va anverite vire kè ou lwen apre dye pa yo." Salomon te kenbe rèd a sila yo nan renmen an. ³ ᵒLi te gen sèt-san prensès kòm madanm, twa-san li mennaj e madanm li yo te vire kè li lwen. ⁴ Paske lè Salomon te vin vye, madanm li yo te vire kè li lwen apre lòt dye yo. Epi kè li pa t konsakre nèt a SENYÈ a, Bondye pa li a, jan kè David, papa li te ye a. ⁵ Paske Salomon te kouri dèyè ᵖAstarté deyès a Sidonyen yo e apre ᵠMilcom, zidòl abominab a Amonit yo. ⁶ Salomon te fè sa kì te mal nan zye a SENYÈ a e li pa t swiv SENYÈ a nèt, jan David, papa li te fè a. ⁷ Epi Salomon te bati yon wo plas pou Kemosh, wa abominab a Moab la, sou mòn ki nan lès Jérusalem lan e pou Moloc, zidòl abominab a fis a Ammon yo. ⁸ Se konsa li te fè pou tout madanm etranje li yo. Li te brile lansan e fè sakrifis a dye pa yo. ⁹ Alò, SENYÈ a te byen fache avèk Salomon akoz kè li te vire lwen SENYÈ a, Bondye Israël la, ʳki te vin parèt a li de fwa. ¹⁰ Li ˢte kòmande li sou bagay sa a, ke li pa ta dwe ale apre lòt dye yo, men li pa t swiv sa ke SENYÈ a te kòmande a. ¹¹ Pou sa, SENYÈ a te di a Salomon: "Akoz ou te fè sa e ou pa t kenbe akò Mwen, avèk règleman Mwen yo, ke M te kòmande ou pou fè yo, ᵗMwen va, anverite, chire wayòm nan soti nan men ou e Mwen va bay li a sèvitè ou. ¹² Sepandan, se pa nan jou pa w yo ke M ap fè l, pou koz David, papa ou. Men m ap chire l nan men fis ou yo. ¹³ Malgre sa, mwen p ap rache tout wayòm nan, men ᵘMwen va bay yon tribi a fis ou pou koz a sèvitè Mwen an, David e pou koz Jérusalem ke M te chwazi a."

¹⁴ Alò, SENYÈ a te fè leve yon lènmi a Salomon, Hadad, Edomit lan; li te nan ras wayal a Édom an. ¹⁵ Paske li te vin rive ke ᵛlè David te Édom e Joab, chèf lame a te monte pou antere mò yo, li te frape touye tout gason nan Édom yo ¹⁶ (paske Joab avèk tout Israël te rete la pandan si mwa, jiskaske li te koupe, fè desann tout gason nan Édom yo.) ¹⁷ Se nan moman sa a ke Hadad te sove ale rive an Égypte, li menm avèk kèk Edomit ki te sèvitè a papa li avèk li, pandan Hadad te jenn gason. ¹⁸ Yo te leve soti Madian, pou rive ʷParan. Yo te pran mesye yo avèk yo soti Paran pou te rive an Égypte, kote Farawon, wa Égypte la. Farawon te bay yo yon kay e li te founi Hadad avèk manje e li te bay li tè. ¹⁹ Alò, Hadad te twouve gran favè devan Farawon. Konsa, li te ba li nan maryaj, sè a pwòp madanm li, sè a Thachpenès, rèn nan. ²⁰ Sè a Thachpenès la te fè fis li, Guenubath, ke Thachpenès te sevre lakay Farawon pami fis a Farawon yo. ²¹ Men ˣlè Hadad te tande an Égypte ke David te dòmi avèk zansèt li yo, e ke Joab, chèf lame a te mouri, Hadad te di a Farawon: "Voye mwen ale, pou m kab rive nan pwòp peyi pa mwen."

²² Alò, Farawon te di li: "Men kisa ou te manke avè m, ke konsa, w ap chache ale nan pwòp peyi pa ou?"

Li te reponn li: "Anyen: men anverite, fòk ou kite mwen ale."

²³ ʸBondye te osi leve yon lòt lènmi a li menm, Rezon, fis a Éliada a, ki te sove ale devan Chèf li, Hadadézer wa Tsoba a. ²⁴ Li te ranmase moun vè li menm pou te devni chèf a yon twoup bandi mawon. Apre David te vin touye yo nan Tsoba, yo te deplase a Damas pou rete la e te renye Damas. ²⁵ Konsa, li te lènmi a Israël pou tout jou a Salomon yo, ansanm

---

ᵃ **10:15** II Kwo 9:14   ᵇ **10:16** I Wa 14:26-28   ᶜ **10:17** I Wa 7:2   ᵈ **10:18** II Kwo 9:17   ᵉ **10:22** I Wa 9:26-28   ᶠ **10:23** I Wa 3:12-13   ᵍ **10:24** I Wa 3:9-28   ʰ **10:25** Sòm 68:29   ⁱ **10:26** I Wa 9:19   ʲ **10:27** Det 17:17   ᵏ **10:28** Det 17:16   ˡ **10:29** II Wa 7:6-7   ᵐ **11:1** Det 17:17   ⁿ **11:2** Egz 23:31-33   ᵒ **11:3** II Sam 5:13-16   ᵖ **11:5** I Sam 7:3-4   ᵠ **11:5** I Wa 11:7   ʳ **11:9** I Wa 3:5   ˢ **11:10** I Wa 6:12   ᵗ **11:11** I Sam 2:30   ᵘ **11:13** I Wa 11:32-36   ᵛ **11:15** II Sam 8:14   ʷ **11:18** Nonb 10:12   ˣ **11:21** I Wa 2:10   ʸ **11:23** I Wa 11:14

avèk mechanste ke Hadad te fè yo. Li te rayi Israël e li te renye sou Syrie.

26 Alò, ªJéroboam, fis a Nebath la, yon Efratyen nan Tseréda, yon sèvitè a Salomon, manman a sila ki te rele Tserua a, yon vèv, li osi te fè rebèl kont wa a. 27 Alò, se te pou rezon sa ke li te fè rebèl kont wa a: ᵇSalomon te bati sitadèl Millo, e li te fèmen brèch nan lavil papa l la, David. 28 Alò, Jéroboam te yon gèrye vanyan e lè ᶜSalomon te wè ke jennonm nan te travay byen, li te chwazi li sou tout kòvey lakay Joseph yo. 29 Li te vin rive vè lè sa a, lè Jéroboam te kite Jérusalem, ke ᵈpwofèt la, Achija, te mete yon manto nèf sou li; epi yo de a te rankontre ansanm san lòt moun nan mitan chan an. 30 Alò, ᵉAchija te sezi kenbe manto nèf ki te sou li a, e li te chire li nan douz mòso. 31 Li te di a Jéroboam: "Pran pou ou menm dis mòso; paske konsa pale SENYÈ a, Bondye Israël la: 'Gade byen, ᶠMwen va chire wayòm nan sòti nan men Salomon, e ba ou dis tribi 32 ᵍ(men li va gen yon tribi pou koz sèvitè Mwen an, David, ak pou koz Jérusalem, ʰvil ke M te chwazi soti nan tout tribi Israël yo), 33 akoz yo te abandone Mwen e ⁱte adore Astarté deyès a Sidonyen yo, ʲKemosh, dye a Moab la ak Milcom, dye a fis Ammon yo. Epi yo pa t mache nan vwa Mwen yo, pou fè sa ki dwat nan zye M, e swiv règleman Mwen yo avèk òdonans Mwen yo, jan papa li, David te fè a.

34 "'Sepandan, Mwen p ap pran tout wayòm nan sòti nan men l, men Mwen va fè li chèf pandan tout jou lavi li, pou koz David, ke Mwen te chwazi, ki te swiv kòmandman Mwen yo avèk règleman Mwen yo, 35 men ᵏMwen va rache wayòm nan nan men fis li pou bay ou, menm dis tribi. 36 Men a fis li yo, mwen va bay yon tribi, ˡpou sèvitè Mwen an, David kab toujou gen yon lanp devan Mwen an Jérusalem, vil kote Mwen te chwazi pou Mwen menm nan pou mete non Mwen an. 37 Mwen va pran ou e ou va renye sou nenpòt sa ou vle e ou va wa sou Israël. 38 Epi li va ye, ke si ou koute tout sa ke M kòmande ou, mache nan vwa Mwen yo, fè sa ki dwat nan zye Mwen, e swiv règleman Mwen yo avèk kòmandman Mwen yo jan sèvitè Mwen David te fè a, alò, Mwen va avèk ou pou bati pou ou yon ᵐkay k ap dire, jis jan ke M te bati pou David la, e Mwen va bay Israël a ou menm. 39 Konsa, Mwen va aflije desandan a David yo pou sa, men pa pou tout tan.'"

40 Akoz sa, Salomon te chache mete Jéroboam a lanmò, men Jéroboam te leve e te sove ale rive an Égypte kote ⁿSchischak, wa Égypte la, e li te rete an Égypte jiska lanmò Salomon.

41 ᵒAlò tout lòt zèv a Salomon yo ak tout sa li te fè ak sajès li, èske yo pa ekri nan liv a zèv Salomon yo? 42 Konsa, ᵖtan ke Salomon te renye Jérusalem sou tout Israël la se te karantan. 43 Epi Salomon te dòmi avèk zansèt li yo, e li te antere nan vil a papa li, David e fis li a, ᑫRoboam te renye nan plas li.

12 ʳRoboam te ale ˢSichem, paske tout Israël te vini Sichem pou fè li wa a. 2 Alò, ᵗlè Jéroboam, fis a Nebath la te tande sa, li t ap viv an Égypte (paske li te toujou an Égypte kote li te sove ale rive soti nan prezans a Wa Salomon). 3 Konsa, yo te voye rele li e Jéroboam avèk tout asanble Israël la te vin pale avèk Roboam. Yo te di: 4 ᵘ"Papa ou te fè jouk nou rèd. Alò pou sa, fè sèvis di a papa ou vin pi lejè e mwens lou ke li te mete sou nou e nou va sèvi ou."

5 Epi li te di yo: ᵛ"Kite mwen pandan twa jou e retounen bò kote mwen."

Konsa, pèp la te ale.

6 Wa Roboam te fè ʷkonsiltasyon avèk ansyen ki te sèvi papa li yo, Salomon, pandan li te toujou vivan an, e li te di: "Ki konsèy n ap ban mwen pou repons a pèp sa a?"

7 Alò, yo te pale avèk li. Yo te di: ˣ"Si ou va sèvi pèp sa a jodi a, sede e ou va sa ke yo mande e pale bon pawòl avèk yo. Konsa, yo va sèvitè ou pou tout tan."

8 Men li te rejte konsèy ansyen yo te bay li a e li te konsilte avèk jennonm ki te elve ansanm avèk li pou te sèvi li a. 9 Konsa, li te mande yo: "Ki konsèy n ap ban mwen pou nou kapab reponn pèp sa a ki te pale avè m e te di: 'Fè jouk ke papa ou te mete sou nou an vin pi lejè'?"

10 Jennonm ki te elve ansanm avèk li yo te reponn li e te di: "Se konsa pou ou ta pale avèk pèp sa a ki te pale avèk ou a pou di: 'Papa ou te fè jouk nou lou. Alò, ou menm, fè l vin pi lejè pou nou.' Konsa, ou va di yo: 'Ti dwèt pi piti mwen an pi gwo ke senti papa mwen! 11 Kote nou wè papa m te chaje nou avèk yon jouk lou, mwen va mete ankò sou jouk nou. Papa m te fè disiplin avèk frèt; men mwen va sèvi ak eskòpyon.'"

12 Alò, Jéroboam avèk tout pèp la te vini a Roboam nan twazyèm jou a jan wa a te mande l la, lè l te di: ʸ"Retounen kote mwen nan twazyèm jou a. 13 Wa a te reponn pèp la byen rèd, paske li te abandone konsèy ke ansyen yo te bay li a. 14 Li te pale avèk yo selon konsèy a jennonm yo, e te di: 'Papa m te fè jouk nou byen lou, men mwen va mete anplis sou fado nou. ᶻPapa m te fè disiplin avèk frèt, men mwen va fè disiplin avèk eskòpyon.'"

15 Konsa, wa a pa t koute pèp la; paske evenman yo se te yon dewoulman ki te sòti nan SENYÈ a, jis pou ªLi ta kapab etabli pawòl ke SENYÈ a te pale pa Achija, Siloyit la, a Jéroboam, fis a Nebath la. 16 Lè tout Israël te wè ke wa a pa t koute yo, pèp la te reponn wa a e te di:

"Ki pati nou gen nan David?

Nanpwen eritaj nan fis Jesse a;

ª **11:26** I Wa 11:11-28   ᵇ **11:27** I Wa 9:15-24   ᶜ **11:28** Pwov 22:29   ᵈ **11:29** I Wa 12:15   ᵉ **11:30** I Sam 15:27-28
ᶠ **11:31** I Wa 11:11-12   ᵍ **11:32** I Wa 12:21   ʰ **11:32** I Wa 14:21   ⁱ **11:33** I Wa 11:5-8   ʲ **11:33** Jr 48:7-13
ᵏ **11:35** I Wa 11:12   ˡ **11:36** II Wa 8:19   ᵐ **11:38** II Sam 7:11-27   ⁿ **11:40** I Wa 14:25   ᵒ **11:41** II Wa 9:29   ᵖ **11:42** II Kwo 9:30   ᑫ **11:43** I Wa 14:21   ʳ **12:1** II Kwo 10:1   ˢ **12:1** Jij 9:6   ᵗ **12:2** I Wa 11:26-40
ᵘ **12:4** I Sam 8:11-18   ᵛ **12:5** I Wa 12:12   ʷ **12:6** I Wa 4:1-6   ˣ **12:7** II Kwo 10:7   ʸ **12:12** I Wa 12:5
ᶻ **12:14** Egz 1:13   ª **12:15** I Wa 11:11-31

Rive nan tant ou yo O Israël! Soti koulye a! Konsa, David, okipe pwòp lakay ou!"
Konsa Israël te pati rive nan tant pa yo.

¹⁷ Men ᵃpou fis Israël ki te rete nan vil Juda yo, Roboam te renye sou yo. ¹⁸ Epi Wa Roboam te voye ᵇAdoram ki te chèf sou kòve yo, e tout Israël te lapide li avèk kout wòch jiska lanmò. Konsa, Wa Roboam te fè vit monte cha li pou kite Jérusalem. ¹⁹ ᶜKonsa, Israël te fè rebèl kont lakay David jiska jodi a.

²⁰ Li te vin rive ke lè tout Israël te tande ke Jéroboam te retounen, yo te voye rele li nan asanble a pou te fè li wa sou tout Israël. ᵈOkenn sòf ke Juda te swiv lakay David.

²¹ ᵉAlò, lè Roboam te retounen Jérusalem, li te rasanble tout kay Juda a ak tribi Benjamin an, 180,000 mesye chwazi ki te gèrye, pou goumen kont lakay Israël la pou restore wayòm a Roboam nan, fis Salomon an. ²² Men pawòl Bondye te vini a ᶠSchemaeja, nonm a Bondye a, e te di: ²³ "Pale avèk Roboam, fis a Salomon an, wa Juda a e a tout lakay Juda avèk Benjamin, ᵍa tout lòt pèp yo. Di yo: ²⁴ 'Konsa pale SENYÈ a, "Fòk ou pa monte goumen kont fanmi ou yo, fis Israël yo. Retounen tout moun nan nou lakay nou, paske bagay sa a sòti nan Mwen menm."'" Konsa, yo te koute pawòl SENYÈ a, e yo te retounen fè wout yo selon pawòl SENYÈ a.

²⁵ Epi, ʰJéroboam te bati Sichem nan peyi ti kolin Ephraïm yo, e li te rete la. Li te sòti depi la pou te bati ⁱPenuel. ²⁶ Jéroboam te di nan kè l: "Koulye a, wayòm nan va retounen lakay David. ²⁷ ʲSi moun sa yo monte pou ofri sakrifis nan kay SENYÈ a Jérusalem; alò, kè a pèp sa a va retounen vè mèt yo; menm vè Roboam, wa Juda a. Epi yo va touye mwen e retounen a Roboam, wa Juda a." ²⁸ Pou sa, wa Jéroboam te konsilte, e li te ᵏfè de ti bèf an lò. Li te di a pèp la: "Se twòp pou nou ta monte Jérusalem. ˡMen vwala, dye pa nou yo, O Israël, ki te mennen nou monte soti nan peyi Égypte la." ²⁹ Li te plase ᵐyoun nan Béthel e lòt la, li te mete li Dan. ³⁰ Alò, bagay sa a te devni yon peche. Paske pèp la te ale pou adore devan youn nan yo jis rive Dan. ³¹ Konsa, Jéroboam te fè kay sou wo plas yo e li te ⁿfè prèt yo soti pami moun ki pa t pami fis a Lévi yo. ³² Jéroboam te etabli yon fèt nan di-zuityèm mwa, sou kenzyèm jou nan mwa a, ᵒtankou fèt ki nan Juda a, e li te monte vè lotèl la. Konsa li te fè nan Béthel e li te fè sakrifis a ti bèf ke li te fè yo. Anplis, li te estasyone Béthel prèt pou wo plas ke li te fè yo. ³³ Alò, li te monte kote lotèl ke li te fè Béthel nan kenzyèm jou nan di-zuityèm mwa ke li te ᵖchwazi nan pwòp kè li a; epi li te etabli yon fèt pou fis Israël yo, e li te monte vè lotèl la pou brile lansan.

13 Alò, vwala, te vini ᵠyon nonm Bondye soti Juda rive Béthel pa pawòl SENYÈ a, pandan Jéroboam te kanpe akote lotèl la pou brile lansan an. ² Li te kriye kont lotèl la pa pawòl SENYÈ a. Li te di: "O lotèl, lotèl, konsa di SENYÈ a: 'Veye byen, yon fis va ne nan kay David la. ʳJosias va non li. Epi sou ou, li va fè sakrifis a prèt ki brile lansan sou ou yo, ak zo Kretyen yo ki va brile sou ou.'" ³ Konsa, li te bay yon sign nan menm jou sa, e li te di: ˢ"Sa se sign ke SENYÈ a te pale a: Gade byen, lotèl la va vin fann separe e sann ki sou li yo va vide deyò."

⁴ Alò, lè wa a te tande pawòl a nonm Bondye a, ke li te kriye kont lotèl Béthel la, Jéroboam te lonje men l soti nan lotèl la. Li te di: "Sezi li." Men men ke li te lonje kont li an te vin sèch, jiskaske li pa t kab rale retounen l kote li. ⁵ Lotèl la osi te ouvri fann e sann yo te vide nèt soti nan lotèl la, selon sign ke nonm a Bondye a te bay selon pawòl SENYÈ a. ⁶ Wa a te di a nonm Bondye a: "Souple, fè yon lapriyè a SENYÈ a, Bondye ou a e mande pou mwen, pou men m kapab vin restore a mwen menm."

Konsa, ᵗnonm Bondye a te priye a SENYÈ a, epi men a wa a te restore de li menm. Li te vin jan li te ye avan an.

⁷ Alò, wa a te di a nonm Bondye a: "Vin lakay la avèk mwen pou rafrechi ou, e ᵘmwen va ba ou yon rekonpans."

⁸ Men nonm Bondye a te di a wa a: ᵛ"Menmsi ou te ban mwen menm mwatye kay ou, mwen pa t ap prale avèk ou, ni mwen pa t ap manje pen, ni bwè dlo nan plas sa a. ⁹ Paske se konsa li te kòmande mwen pa pawòl SENYÈ a e te di: 'Ou pa pou manje okenn pen, ni bwè dlo, ni retounen pa chemen ke ou te vini an.'" ¹⁰ Pou sa, li te fè yon lòt chemen e li pa t retounen pa chemen ke li te vini Béthel la.

¹¹ Alò, yon ʷpwofèt granmoun t ap viv Béthel, epi fis li yo te vini pou te di li tout zèv ke nonm Bondye a te fè pandan jou sa nan Béthel. Yo te pale li pawòl yo ke li te pale a wa a.

¹² Papa yo te di yo: "Se ki direksyon li te pran?" Alò, fis li yo te wè direksyon ke nonm Bondye ki te sòti Juda a te pran an. ¹³ Epi li te di a fis li yo: "Sele bourik la pou mwen." Konsa, yo te sele bourik la pou li e li te sòti sou li. ¹⁴ Konsa, li te ale dèyè nonm Bondye a. Li te twouve li te chita anba yon pye bwadchenn. Konsa, li te mande l: "Èske ou menm se nonm Bondye ki te sòti Juda a?"

Li te reponn: "Se mwen".

¹⁵ Konsa, li te di li: "Vin lakay mwen pou manje pen."

¹⁶ Li te di: ˣ"Mwen p ap kab retounen avèk ou, ni ale avèk ou, ni mwen p ap manje pen ni bwè dlo avèk ou nan plas sa a. ¹⁷ Paske yon lòd rive jwenn mwen ʸpa pawòl SENYÈ a: 'Ou pa pou manje pen,

---

ᵃ **12:17** I Wa 11:13-36   ᵇ **12:18** II Sam 20:24   ᶜ **12:19** II Wa 17:21   ᵈ **12:20** I Wa 11:13-36   ᵉ **12:21** II Kwo 11:1
ᶠ **12:22** II Kwo 11:2   ᵍ **12:23** I Wa 12:17   ʰ **12:25** Jij 9:45-49   ⁱ **12:25** Jen 32:30-31   ʲ **12:27** Det 12:5-7-14
ᵏ **12:28** Os 8:4-7   ˡ **12:28** Egz 32:4-8   ᵐ **12:29** Os 10:5   ⁿ **12:31** I Wa 13:33   ᵒ **12:32** Lev 23:33-34
ᵖ **12:33** Nonb 15:39   ᵠ **13:1** I Wa 12:22   ʳ **13:2** II Wa 23:15-16   ˢ **13:3** Jn 2:18   ᵗ **13:6** Luc 6:27-28
ᵘ **13:7** I Sam 9:7-8   ᵛ **13:8** Nonb 22:18   ʷ **13:11** I Wa 13:25   ˣ **13:16** I Wa 13:8-9   ʸ **13:17** I Wa 20:35

ni bwè dlo, ni pa retounen pa chemen ke ou te vini an.'"

¹⁸ Li te di li: "Mwen menm se yon pwofèt tankou ou, e ᵃyon zanj te pale avèk mwen pa pawòl SENYÈ, e li te di: 'Mennen li retounen lakay ou avèk ou pou l kab manje pen ak bwè dlo. Men se manti li t ap fè.'"

¹⁹ Konsa, li te retounen avèk li e te manje pen lakay li a e te bwè dlo. ²⁰ Alò, li te vin rive, pandan yo te chita sou tab la a, ke pawòl SENYÈ a te vini a pwofèt ki te fè li retounen an; ²¹ epi li te kriye a nonm Bondye ki te sòti Juda a, e li te di: "Konsa pale SENYÈ a: 'Akoz ou te dezobeyi kòmandman SENYÈ a e pa t swiv lòd ke SENYÈ a, Bondye ou a, te kòmande ou a, ²² men ou te retounen, ou te manje pen e bwè dlo nan plas kote Li te di ou: "Pa manje okenn pen ni bwè okenn dlo a"; kò ou p ap rive nan tonm papa ou a.'"

²³ Li te vin rive lè li te fin manje pen an e bwè a, ke li te sele bourik la pou li, pou pwofèt la te mennen li retounen. ²⁴ Alò, lè li t ap prale, ᵇyon lyon te rankontre li sou wout la e te touye li, kò li te jete sou wout la, avèk bourik la kanpe akote li ak lyon an osi te kanpe akote kò a. ²⁵ Epi vwala, moun yo t ap pase kote l, e yo te wè kò a jete sou wout la ak lyon an ki te kanpe akote kò a. Konsa, yo te rive pale sa nan vil kote ᶜpwofèt granmoun nan te rete a. ²⁶ Alò, lè pwofèt ki te mennen li retounen soti nan chemen an te tande sa, li te di: "Se nonm Bondye ki te dezobeyi lòd SENYÈ a. Pou sa, SENYÈ a te bay li a lyon, ki te chire li e touye li selon pawòl ke SENYÈ a te pale li a." ²⁷ Alò, li te pale avèk fis li yo e te di: "Sele bourik la pou mwen." Epi yo te sele li. ²⁸ Li te ale twouve kò li ki te jete sou wout la avèk bourik la ak lyon ki te kanpe akote kò a. Lyon an pa t manje kò a, ni li pa t chire bourik la. ²⁹ Konsa, pwofèt la te leve pran kò a nonm Bondye a. Li te kouche li sou bourik la, e li te mennen li retounen. Li te rive nan vil a pwofèt granmoun nan pou kriye pou li e antere li. ³⁰ Li te kouche kadav la nan pwòp tonm pa li, e yo te kriye pou li, e te di: ᵈ"Anmwey, frè m!"

³¹ Apre li te fin antere li, li te pale avèk fis li yo e te di: "Lè m mouri, antere mwen nan tonm kote nonm Bondye a antere a. ᵉKouche zo pa m yo akote zo pa l yo. ³² ᶠPaske bagay la, anverite, va rive ke li te kriye selon pawòl SENYÈ a kont lotèl la Béthel ak kont tout kay plas wo ki nan vil a Samarie yo."

³³ Apre evenman sa a, Jéroboam pa t kite chemen mechanste li, men ᵍankò li te fè prèt pou wo plas yo soti nan tout pèp la. ʰNenpòt moun ki ta vle fè sa, li te òdone pou devni prèt nan wo plas yo. ³⁴ ⁱEvenman sa a te devni peche lakay Jéroboam, jis menm pou ta detwi kay li e fè l disparèt sou fas tè a.

14 Nan lè sa a, Abija, fis a Jéroboam nan, te vin malad. ² Jéroboam te di a madanm li: "Leve vit e abiye kòmsi pou yo pa rekonèt ou kòm madanm a Jéroboam. Konsa, ale ʲSilo! Gade byen, Achija, pwofèt ki te ᵏpale konsènan mwen kòm wa sou pèp sa a la. ³ ˡPran dis pen avèk ou, kèk gato ak yon boutèy siwo myèl, e ale kote li. Li va di ou kisa ki va rive gason an."

⁴ Madanm a Jéroboam nan te fè sa, li te leve ale Silo e li te rive kote lakay ᵐAchija. Alò, Achija pa t kab wè, pwiske zye li te vin fèb akoz laj li. ⁵ Alò, SENYÈ a te di a Achija: "Gade byen, madanm a Jéroboam nan ap vin mande ou konsèy de fis li a, paske li malad. Ou va pale li konsa; paske li va fèt ke lè l rive, ⁿl ap fè kòmsi se yon lòt fanm li ye."

⁶ Lè Achija te tande son a pye li kitap antre nan pòtay la, li te di: "Antre, madanm a Jéroboam, poukisa w ap fè kòmsi se yon lòt fanm ou ye a? Paske mwen te voye kote ou avèk yon mesaj byen di. ⁷ Ale, pale Jéroboam: 'Konsa pale SENYÈ a. Bondye Israël la: ᵒ"Akoz Mwen te egzalte ou soti nan mitan pèp la, e te fè ou chèf sou pèp Mwen an, Israël, ⁸ e akoz Mwen te ᵖchire wayòm nan sòti lakay David pou te bay li a ou menm—sepandan, ou pa t fè jan sèvitè mwen an, David, ki te kenbe kòmandman Mwen yo e ki te swiv Mwen avèk tout kè li, pou fè sèlman sa ki te dwat nan zye Mwen. ⁹ Anplis, ou te fè plis mechanste pase tout sila ki te avan ou yo, epi ou ᑫte fè pou ou menm lòt dye avèk ʳimaj fonn pou pwovoke mwen a lakòlè, e ou te jete Mwen dèyè do ou— ¹⁰ Pou sa, gade byen, Mwen ap mennen gwo malè sou lakay Jéroboam e Mwen va ˢkoupe retire nan men Jéroboam tout gason, ni lib, ni esklav an Israël e Mwen va fè bale nèt lakay Jéroboam jan yon moun ta bale fè sòti poupou bèt jiskaske li retire li nèt. ¹¹ ᵗNenpòt moun ki apatyen a Jéroboam ki mouri nan vil la, chen va manje li. Epi sila ki mouri nan chan an, zwazo syèl yo va manje l, paske SENYÈ a te pale.'" ¹² Koulye a, ou menm, leve ale lakay ou. ᵘLè pye ou fin antre nan vil la, pitit la va mouri. ¹³ Tout Israël va fè lamantasyon pou li e antere li, paske se sèlman li nan tout fanmi Jéroboam ki va rive nan tonm nan, akoz nan li, ᵛyon bon bagay te twouve anvè SENYÈ a, Bondye Israël la, nan kay Jéroboam nan. ¹⁴ Anplis, ʷSENYÈ a va fè leve pou kont Li, yon wa sou Israël ki va koupe lakay Jéroboam. Men jou sa rive! E kisa? Wi. Koulye a menm! ¹⁵ Paske SENYÈ a va frape Israël, tankou yon wozo k ap tranble nan dlo. Epi ˣLi va dechouke Israël soti nan bon peyi ke Li te bay a zansèt pa li yo, e Li ʸva gaye yo lòtbò Rivyè Euphrate la, akoz yo te fè Asherim pa yo, ki te pwovoke SENYÈ a a lakòlè. ¹⁶ Li va abandone Israël akoz peche ke Jéroboam te fè a, e avèk sila ke li te fè Israël antre nan peche."

ᵃ **13:18** Gal 1:8   ᵇ **13:24** I Wa 20:36   ᶜ **13:25** I Wa 13:11   ᵈ **13:30** Jr 22:18   ᵉ **13:31** Rt 1:17   ᶠ **13:32** I Wa 13:2   ᵍ **13:33** I Wa 12:31-32   ʰ **13:33** Jij 17:5   ⁱ **13:34** I Wa 12:30   ʲ **14:2** Jos 18:1   ᵏ **14:2** I Wa 11:29-31   ˡ **14:3** I Sam 9:7-8   ᵐ **14:4** I Wa 11:29   ⁿ **14:5** II Sam 14:2   ᵒ **14:7** I Wa 11:28-31   ᵖ **14:8** I Wa 11:31   ᑫ **14:9** I Wa 12:28   ʳ **14:9** Egz 34:17   ˢ **14:10** II Wa 21:21   ᵗ **14:11** I Wa 16:4   ᵘ **14:12** I Wa 14:17   ᵛ **14:13** II Kwo 19:3   ʷ **14:14** I Wa 15:27-29   ˣ **14:15** Det 29:28   ʸ **14:15** II Wa 15:29

¹⁷ Alò, madanm a Jéroboam te leve ale e te rive Thirtsa. ᵃPandan li t ap pase nan chanbrann pòt la, pitit la te mouri. ¹⁸ ᵇTout Israël te antere li e te kriye pou li, selon pawòl SENYÈ a te pale pa sèvitè li, Achija, pwofèt la.

¹⁹ Alò, tout lòt zèv a Jéroboam yo, ᶜjan li te fè lagè ak jan li te renye, men vwala, yo ekri nan Liv Kwonik a Wa Israël yo. ²⁰ Tan ke Jéroboam te renye a te venn-dezan. Konsa, li te dòmi avèk zansèt li yo, e Nadab, fis li a te renye nan plas li a.

²¹ ᵈAlò, Roboam fis a Salomon an te renye Juda. Roboam te gen trante-yen ane daj lè li te vin wa, e li te renye di-sèt ane Jérusalem, vil ke SENYÈ a te chwazi soti nan tout tribi Israël yo pou mete non Li a. Epi manman li te Naama, yon fi Amonit. ²² ᵉJuda te fè mal nan zye a SENYÈ a e yo te ᶠpwovoke Li a jalouzi plis pase tout zansèt pa yo te fè, avèk peche ke yo te fè yo. ²³ Paske yo tou te bati pou yo menm ᵍwo plas yo, ʰpilye sakre yo avèk Asherim sou chak wotè ti kolin e anba chak bèl bwa vèt. ²⁴ Te gen osi ⁱgason ki fè pwostitiye tanp zidòl nan peyi a. Yo te fè selon tout abominasyon a lòt nasyon ke SENYÈ a te fè sòti devan fis Israël yo.

²⁵ ʲAlò, l i t e f è t n a n s e n k y è m a n e a Wa Roboam, Schischak, wa Égypte la te vin monte kont Jérusalem. ²⁶ Li te pran trezò lakay SENYÈ a avèk trezò lakay wa a. Li te pran tout bagay yo, ᵏmenm tout boukliye an lò ke Salomon te fè yo. ²⁷ Pou sa, Wa Roboam te fè boukliye an bwonz nan plas yo e te fè kòmandan a gad ki te veye pòtay kay la wa a responsab sou yo. ²⁸ Epi li te vin rive ke nenpòt lè wa a te antre lakay SENYÈ a, ke gad yo ta pote mennen yo retounen nan chanm gad yo.

²⁹ ˡAlò, tout lòt zèv a Roboam avèk tout sa li te fè yo, èske yo pa ekri nan liv a Kwonik a Wa Juda yo? ³⁰ ᵐTe gen lagè antre Roboam avèk Jéroboam tout tan. ³¹ Epi Roboam te dòmi avèk zansèt li yo, e li te antere avèk zansèt li yo nan lavil David. ⁿNon manman li se te Naama, fi Amonit lan. Abijam, fis li a, te vin wa nan plas li.

15 ᵒAlò, nan di-zuityèm ane a Wa Jéroboam, fis Nebat la, Abijam te vin wa sou Juda. ² Li te renye pandan twazan nan Jérusalem. Non manman li se te ᵖMaaca, fis a ᑫAbisalom lan. ³ Li te mache nan tout peche a papa li te fè devan li yo. ʳKè li pa t dedye nèt a SENYÈ a, Bondye li a, tankou kè a papa zansèt li a, David. ⁴ Men pou koz David, SENYÈ a, Bondye li a, te ba li yon lanp nan Jérusalem, pou fè leve monte fis li apre li, e pou etabli Jérusalem. ⁵ ˢLi te fè sa paske David te fè sa ki te dwat nan zye a SENYÈ a, e li pa t vire akote de nenpòt sa ke Li te kòmande li pandan tout jou lavi li, ᵗsof ke ka a Urie a, Etyen an. ⁶ ᵘTe gen lagè antre Roboam avèk Jéroboam pandan tout vi li. ⁷ Alò, tout lòt zèv a Abijam avèk tout sa li te fè yo, èske yo pa ekri nan Liv Kwonik a Wa a Juda yo? ᵛAnplis, te gen lagè antre Abijam avèk Jéroboam. ⁸ ʷEpi Abijam te dòmi avèk zansèt li yo, e yo te antere li nan lavil David. Asa, fis li a te devni wa nan plas li.

⁹ Konsa, nan ventyèm ane a Jéroboam, wa Israël la, Asa te kòmanse renye kòm wa nan Juda. ¹⁰ Li te renye pandan karanteyen ane Jérusalem. ˣNon manman li se te Maaca, fi a Abisalom lan. ¹¹ ʸAsa te fè sa ki te dwat nan zye SENYÈ a tankou David, papa zansèt li a. ¹² Anplis, li te retire mal pwostitiye nan peyi a e li te ᶻretire tout zidòl ke zansèt li yo te fè yo. ¹³ Anplis, ᵃli te fè retire Maaca, manman li nan pozisyon rèn nan, paske li te fè yon imaj abominab tankou yon Astarté. Asa te koupe imaj abominab li a e li te ᵇbrile li nan flèv Cédron an. ¹⁴ Men wo plas yo pa t retire. Malgre sa, ᶜkè Asa te dedye nèt a SENYÈ a pandan tout jou li yo. ¹⁵ ᵈLi te fè antre nan kay SENYÈ a tout afè dedye pa papa li avèk tout afè dedye pa li menm; zouti fèt an ajan avèk lò.

¹⁶ ᵉAlò te gen lagè antre Asa avèk Baescha, wa Israël la pandan tout jou pa yo. ¹⁷ ᶠBaescha, wa Israël la, te monte kont Juda e te ranfòse Rama pou anpeche moun antre, oswa sòti kote Asa, wa Juda a. ¹⁸ ᵍAsa te pran tout ajan avèk lò ki te rete nan trezò lakay SENYÈ a ak trezò lakay wa a e li te livre yo nan men a sèvitè li yo. Epi Wa Asa te voye yo bay Ben-Hadad, fis Thabrimmon an, fis a Hezjon an, wa Syrie, ki te rete Damas la. Li te di: ¹⁹ "Kite yon ʰakò fèt antre ou menm avèk mwen, tankou antre papa ou avèk papa m. Gade byen, mwen voye ba ou yon kado ajan avèk lò. Ale kraze akò ou avèk Baescha, wa Israël la, pou li retire lame li a sou mwen."

²⁰ Konsa, Ben-Hadad te koute Wa Asa e te voye chèf lame li yo kont vil Israël yo, li te bat yo e pran Ijjon, ⁱDan, Abel-Beth-Maaca, tout ʲKinneroth la ak tout teritwa Nephtali a. ²¹ Lè Baescha fin tande koze sa a, li te sispann ranfòse Rama e li te vin rete ᵏThirtsa. ²² Epi Wa Asa te fè yon pwoklamasyon a tout Juda——nanpwen pèsòn ki te eksepte——epi yo tout te pote ale tout wòch nan Rama yo avèk bwa ke Baescha te sèvi pou bati yo. Wa Asa te bati avèk yo, ˡGuéba nan Benjamin ak Mitspa. ²³ Alò, tout lòt zèv Asa yo avèk tout pwisans li, tout sa li te fè ak vil ke li te bati yo, èske yo pa ekri nan Liv Kwonik a Wa a Juda yo? Men nan tan vyeyès li, li te aflije avèk maladi nan pye li. ²⁴ Konsa, Asa te dòmi avèk zansèt pa li yo e li te antere avèk zansèt li yo nan

---

ᵃ **14:17** I Wa 14:12   ᵇ **14:18** I Wa 14:13   ᶜ **14:19** I Wa 14:30   ᵈ **14:21** II Kwo 12:13   ᵉ **14:22** II Kwo 12:1-14   ᶠ **14:22** Det 32:21   ᵍ **14:23** Éz 16:24   ʰ **14:23** Det 16:22   ⁱ **14:24** Jen 19:5   ʲ **14:25** I Wa 11:40   ᵏ **14:26** I Wa 10:17   ˡ **14:29** II Kwo 12:15-16   ᵐ **14:30** I Wa 12:21   ⁿ **14:31** I Wa 14:21   ᵒ **15:1** II Kwo 13:1   ᵖ **15:2** II Kwo 13:2   ᑫ **15:2** II Kwo 11:21   ʳ **15:3** I Wa 11:4   ˢ **15:5** Luc 1:6   ᵗ **15:5** II Sam 11:3-17   ᵘ **15:6** I Wa 14:30   ᵛ **15:7** II Kwo 13:3-20   ʷ **15:8** II Kwo 14:1   ˣ **15:10** I Wa 15:2   ʸ **15:11** II Kwo 14:2   ᶻ **15:12** II Kwo 14:2   ᵃ **15:13** II Kwo 15:16-18   ᵇ **15:13** Egz 32:20   ᶜ **15:14** I Wa 8:61   ᵈ **15:15** I Wa 7:51   ᵉ **15:16** I Wa 15:32   ᶠ **15:17** II Kwo 16:1-6   ᵍ **15:18** I Wa 14:26   ʰ **15:19** II Kwo 16:7   ⁱ **15:20** Jij 18:29   ʲ **15:20** Jos 11:2   ᵏ **15:21** I Wa 14:17   ˡ **15:22** Jos 18:24

lavil David la, papa li. Epi ᵃJosaphat te renye nan plas li.

²⁵ Alò, ᵇNadab, fis a Jéroboam nan, te vin wa sou Israël nan dezyèm ane Asa a, wa Juda a e li te renye sou Israël pandan dezan. ²⁶ Li te fè mal nan zye SENYÈ a e li te ᶜmache nan chemen papa li ak ᵈnan peche avèk sila li te fè Israël peche a. ²⁷ Alò, ᵉBaescha, fis Achija a, a lakay Issacar a, te fè konplo kont Nadab, e Baescha te frape l fè l mouri nan Guibbethon, ki te apatyen a Filisten yo, pandan Nadab avèk tout Israël t ap fè syèj nan Guibbethon. ²⁸ Konsa, Baescha te touye li nan twazyèm ane Asa a, wa Juda a e li te vin renye nan plas li. ²⁹ Li te vin rive ke depi li te wa a, li te frape tout lakay Jéroboam. Li pa t kite a Jéroboam okenn moun vivan, jiskaske li te detwi yo nèt, ᶠselon pawòl ke SENYÈ a te pale pa sèvitè li a, Achija, Siloyit la. ³⁰ Akoz peche ke Jéroboam te fè yo e ᵍavèk sila, li te fè Israël peche yo, akoz pwovokasyon li avèk sila li te pwovoke SENYÈ a, Bondye Israël la, a lakòlè.

³¹ ʰAlò, lòt zèv a Nadab yo avèk tout sa ke li te fè yo, èske yo pa ekri nan Liv Kwonik a Wa Israël yo? ³² ⁱTe gen lagè antre Asa avèk Baescha, fis a Achija a pandan tout jou pa yo.

³³ Nan twazyèm ane Asa a, wa a Juda a, Baescha, fis a Achija a, te devni wa sou tout Israël nan Thirtsa e li te renye venn-kat ane. ³⁴ Li te fè mal nan zye SENYÈ a e li ʲte mache nan chemen Jéroboam ak nan peche a pa li avèk sila li te fè Israël peche yo.

16 Alò, pawòl SENYÈ a te vini aᵏJéhu, fis a Hanani a kont Baescha, e te di: ² "Mwen te egzalte ou, Baescha, soti nan pousyè e Mwen te fè ou chèf sou pèp Mwen an, Israël. E ˡou te mache nan chemen Jéroboam pou te fè pèp Mwen an, Israël peche e te pwovoke M a lakòlè avèk peche pa yo. ³ Veye byen, Mwen va manje ᵐBaescha nèt avèk lakay li e ⁿMwen va fè lakay ou tankou lakay Jéroboam, fis a Nebat la. ⁴ ᵒNenpòt moun nan Baescha ki mouri nan vil la, li va manje pa chen e nenpòt moun nan sila ki mouri nan chan, zwazo syèl yo va manje l."

⁵ ᵖAlò, lòt zèv a Baescha, sa li te fè ak pwisans li, èske yo pa t ekri nan Liv Kwonik a Wa Israël yo? ⁶ Epi Baescha te dòmi avèk zansèt li yo, e li te antere qThirtsa. Epi Éla, fis li a, te vin wa nan plas li.

⁷ Anplis, pawòl SENYÈ a, pa ʳpwofèt la, Jéhu, fis a Hanani an, osi te vini kont Baescha avèk lakay li, akoz tout mal li te fè nan zye SENYÈ a, lè l te pwovoke Li a lakòlè avèk zèv a men li yo, lè li te vin tankou lakay Jéroboam e osi akoz li te frape li.

⁸ Nan venn-sizyèm ane Asa a, wa a Juda a, Éla, fis a Baescha a, te vin wa sou Israël nan Thirtsa e li te renye pandan dezan. ⁹ Sèvitè li, ˢZimri, chèf a mwatye cha li yo, te fè konplo kont li. Alò, li te lakay Thirtsa, e li t ap bwè jiskaske li te vin sou lakay Artsa, ki te chèf sou tout kay Thirtsa a. ¹⁰ Alò, Zimri te antre frape li e te mete l a lanmò nan venn-setyèm ane Asa a, wa a Juda a e li te devni wa nan plas li.

¹¹ Li te vin rive ke lè li te devni wa a, depi li te chita sou twòn nan, ke ᵗli te touye tout manm lakay Baesche yo. Li pa t kite menm yon gason, ni pami fanmi, ni nan zanmi li yo. ¹² Konsa, Zimri te detwi tout lakay Baesche, ᵘselon pawòl ke SENYÈ a te pale kont Baesche pa ᵛJéhu, pwofèt la, ¹³ pou tout peche a Baesche yo ak peche a Éla, fis li a, peche ke yo te fè e avèk sila yo te fè Israël peche yo, e ki te ʷpwovoke Li a lakòlè avèk zidòl pa yo. ¹⁴ ˣAlò, tout lòt zèv a Éla yo avèk tout sa ke li te fè yo, èske yo pa ekri nan Liv Kwonik a Wa Israël yo?

¹⁵ Nan venn-setyèm ane Asa a, wa Juda a, Zimri, te renye pandan sèt jou nan Thirtsa. Alò, pèp la te fè kan kont ʸGuibbethon, ki te pou Filisten yo. ¹⁶ Moun ki te nan kan yo te tande li e te di: "Zimri te fè konplo pou vin frape wa a." Pou sa, tout Israël te fè Omri chèf lame a wa a nan Israël menm jou sa a nan kan an. ¹⁷ Alò, Omri ak tout Israël avèk li te monte soti nan Guibbethon pou te fè syèj kont Thirtsa. ¹⁸ Lè Zimri te wè vil la te tonbe, li te monte nan sitadèl lakay wa a. Li te brile lakay wa a sou pwòp tèt li avèk dife, e li te ᶻmouri. ¹⁹ Sa te fèt akoz peche ke li te fè yo, ak mal li te fè nan zye SENYÈ a, li te ᵃmache nan chemen Jéroboam. Nan peche li te fè yo, li te fè Israël peche. ²⁰ ᵇAlò lòt zèv a Zimri yo avèk konplo li te fè yo, èske yo pa ekri an Liv Kwonik a Wa Israël yo?

²¹ Alò, pèp Israël yo te divize an de pati: mwatye te swiv Thibni, fis a Guinath la pou fè l devni wa; mwatye te swiv Omri. ²² Men moun ki te swiv Omri yo te vin genyen sou moun ki te swiv Thibni yo, fis a Guinath la. Epi Thibni te mouri e Omri te vin wa a. ²³ Nan tranteyen ane Asa a, wa Juda a, Omri te devni wa sou Israël e li te renye pandan douz ane. Li te renye pandan sizan nan ᶜThirtsa. ²⁴ Li te achte ti mòn Samarie a nan men Schémer pou de talan ajan; epi li te bati sou ti mòn nan e li te rele vil ke li te bati a ᵈSamarie menm non a Schémer, mèt a ti mòn nan. ²⁵ ᵉOmri te fè mal nan zye SENYÈ a e li te aji avèk plis mechanste pase tout moun ki te avan l yo. ²⁶ Paske li te ᶠmache nan tout chemen a Jéroboam yo, fis a Nebat la ak nan peche pa li avèk sila li te fè Israël peche yo, e te pwovoke SENYÈ a, Bondye Israël la, avèk zidòl pa yo. ²⁷ Alò, tout lòt zèv ke Omri te fè yo ak pwisans ke li te montre yo, èske yo pa ekri nan Liv Kwonik a Wa Israël yo? ²⁸ Konsa, Omri te dòmi avèk zansèt pa li yo e li te antere Samarie; epi Achab, fis li a, te devni wa nan plas li.

ᵃ **15:24** I Wa 22:41-44   ᵇ **15:25** I Wa 14:20   ᶜ **15:26** I Wa 12:28-33   ᵈ **15:26** I Wa 15:30-34   ᵉ **15:27** I Wa 14:14
ᶠ **15:29** I Wa 14:9-16   ᵍ **15:30** I Wa 15:26   ʰ **15:31** I Wa 14:19   ⁱ **15:32** I Wa 15:16   ʲ **15:34** I Wa 15:26
ᵏ **16:1** I Wa 16:7   ˡ **16:2** I Wa 15:34   ᵐ **16:3** I Wa 16:11   ⁿ **16:3** I Wa 15:29   ᵒ **16:4** I Wa 14:11   ᵖ **16:5** I Wa 14:19   ᵠ **16:6** I Wa 14:7   ʳ **16:7** I Wa 16:1   ˢ **16:9** II Wa 9:30-33   ᵗ **16:11** I Wa 15:29   ᵘ **16:12** I Wa 16:3
ᵛ **16:12** II Kwo 19:2   ʷ **16:13** Det 32:21   ˣ **16:14** I Wa 16:5   ʸ **16:15** I Wa 15:27   ᶻ **16:18** I Sam 31:4-5
ᵃ **16:19** I Wa 12:28   ᵇ **16:20** I Wa 16:5-27   ᶜ **16:23** I Wa 15:21   ᵈ **16:24** I Wa 16:28-32   ᵉ **16:25** Mi 6:16
ᶠ **16:26** I Wa 16:19

²⁹ Alò, Achab, fis a Omri a te devni wa sou Izrayèl pandan trann-tuit ane Asa yo, wa Juda a, e Achab, fis a Omri a te renye sou Izrayèl nan Samarie pandan venn-dezan. ³⁰ ᵃAchab, fis Omri a te fè mal nan zye a SENYÈ a plis pase tout moun ki te avan li yo. ³¹ Li te vin rive ke kòmsi li te yon ti bagay pou li te mache nan peche a Jéroboam yo, fis a Nebat la, ke ᵇli te marye ak Jézabel, fi a Ethbaal la, wa a Sidonyen yo, li te ale sèvi Baal e te adore li. ³² Konsa, li te fè monte yon lotèl pou Baal nan ᶜkay Baal ke li te bati Samarie a. ³³ Achab osi te fè ᵈAstarté. Konsa, Achab te fè plis pou pwovoke SENYÈ a, Bondye Izrayèl la, pase tout wa a Izrayèl ki te avan li yo. ³⁴ ᵉNan jou pa li yo, Hiel, moun Béthel la te bati Jéricho. Li te poze fondasyon li yo avèk pèt Abiram, premye ne li a e li te monte pòtay li yo avèk pèt a pi piti fis li a, Segub, selon pawòl SENYÈ a te pale pa Josué, fis a Nun nan.

17 Alò, Élie, Tichbit la, ki te pami fondatè Galaad yo, te di a Achab: "Jan SENYÈ a, Bondye Izrayèl la, viv la, devan sila mwen kanpe a, anverite p ap gen ni lawouze, ni lapli nan ane sila yo, sof ke pa pawòl mwen."

² Pawòl SENYÈ a te vini a li e te di: ³ "Kite andwa sila a, vire vè lès e kache akote flèv Kerith ki nan lès a Jourdain an. ⁴ Li va fèt ke ou va bwè nan flèv la e ᶠmwen te kòmande zwazo kòbo pou ba ou pwovizyon." ⁵ Konsa, li te ale e te fè selon pawòl SENYÈ a; paske li te ale viv akote flèv Kerith la, ki te vè lès a Jourdain an. ⁶ Kòbo yo te mennen ba li pen avèk vyann, e nan aswè li ta bwè nan flèv la. ⁷ Li te vin rive apre yon tan ke flèv la te vin sèch, akoz pa t gen lapli nan peyi a.

⁸ Konsa, pawòl SENYÈ a te vini a li e te di: ⁹ "Leve ale ᵍSarepta, ki pou Sidon e rete la. Gade byen, Mwen te kòmande yon vèv ki la pou okipe ou."

¹⁰ Konsa, li te leve ale Sarepta e lè li te rive nan pòtay vil la, vwala, yon vèv te la e t ap ranmase bwa. ʰLi te rele li e te di: "Souple, chèche yon ti dlo nan yon veso, pou m kab bwè."

¹¹ Pandan li t ap pral chèche l, li te rele kote li e te di: "Souple, pote ban m yon ti pen nan men ou."

¹² Men li te di: "Jan SENYÈ a, Bondye ou a, viv la, devan sila mwen kanpe a, ⁱmwen pa gen pen, sèlman yon men farin nan bòl la avèk yon ti kras lwil nan bokal la. Gade byen, mwen ap ranmase kèk mòso bwa pou m kab antre prepare pou mwen avèk fis mwen an, pou nou kab manje l e ʲmouri."

¹³ Élie te di li: "Pa pè. Ale. Fè jan ou te di a, men fè pou mwen yon ti gato pen avè l avan, e pote l deyò ban mwen. Apre, w ap kapab fè pou ou menm ak pou gason ou an. ¹⁴ Paske konsa pale SENYÈ a, Bondye Izrayèl la: 'Bòl farin nan p ap vid, ni boutèy lwil la p ap vid, jis jou ke SENYÈ a voye lapli sou fas tè a.'"

¹⁵ Konsa, li te ale, e te fè selon pawòl Élie yo, e li menm avèk gason an avèk Élie te manje pandan anpil jou. ¹⁶ Bòl farin nan pa t fini, ni boutèy lwil la pa t vid, jan pawòl SENYÈ a te pale pa Élie a.

¹⁷ Alò, li te vin rive apre bagay sa yo ke gason a fanm nan, mètrès kay la, te vin malad. Epi maladi li a te tèlman rèd ke li pa t gen souf ki rete nan li. ¹⁸ Konsa, famn nan te di a Élie: "Kisa mwen gen avè w, O ᵏnonm Bondye? Ou te vin kote mwen pou fè m vin sonje inikite mwen e mete gason mwen an a lanmò!"

¹⁹ Li te di a fanm nan: "Ban mwen gason ou an." Epi li te retire li sou lestonmak li e te pote li monte nan chanm anlè kote li te rete a e li te kouche li sou pwòp kabann pa li. ²⁰ Li te rele SENYÈ a e te di: "O SENYÈ, Bondye mwen an, èske Ou osi te mennen gwo dezas sou vèv la kote mwen rete a e fè pitit li a mouri?"

²¹ ˡLi te lonje kò li sou pitit la twa fwa e li te rele SENYÈ a, e te di: "O SENYÈ, Bondye mwen an, mwen priye Ou, kite lavi pitit sa a retounen nan li."

²² SENYÈ a te tande vwa Élie, ᵐlavi pitit la te retounen nan li e li te vin refè. ²³ Élie te pran pitit la, li te mennen li desann soti chanm anlè a, li te antre nan kay la e li bay li a manman li, epi Élie te di: "Ou wè, gason ou an vivan."

²⁴ Konsa, fanm nan te di a Élie: "ⁿKoulye a, mwen konnen ke ou se yon nonm Bondye, e ke pawòl SENYÈ a nan bouch ou se verite."

18 Alò, li te rive ᵒapre anpil jou ke pawòl SENYÈ a te vini a Élie nan twazyèm ane a. Li te di: "Ale, montre ou menm a Achab e Mwen va voye lapli sou fas tè a."

² Konsa, Élie te ale montre li menm a Achab. Alò, gwo grangou a te byen rèd nan Samarie. ³ Achab te rele Abdias ᵖki te chèf sou lakay li. (Alò, Abdias te ᵠgen lakrent SENYÈ a anpil; ⁴ paske ʳlè Jézabel te detwi pwofèt SENYÈ yo, Abdias te pran yon santèn nan pwofèt yo, li te kache yo pa senkant nan yon kav e li te founi yo avèk pen avèk dlo.) ⁵ Alò, Achab te di Abdias: "Pase nan peyi kote tout sous dlo yo. Petèt nou va twouve zèb pou kenbe chwal avèk milèt yo vivan e pou nou pa oblije touye nan bèt yo."

⁶ Pou sa, yo te divize peyi a antre yo pou yo fè rechèch li. Achab te pran yon chemen e Abdias te pran yon lòt pou kont li. ⁷ Alò, pandan Abdias te nan wout la, vwala, Élie te rankontre li. ˢAbdias te rekonèt li e te tonbe sou figi li. Li te di: "Èske se ou menm, Élie, mèt mwen an?"

⁸ Li te di li: "Se mwen. Ale, pale a mèt ou a, 'Men vwala, Élie isit.'"

⁹ Li te di: "Ki peche mwen te fè ke ou ta vin mete sèvitè ou nan men Achab pou l mete m a lanmò? ¹⁰ Jan SENYÈ a, Bondye ou a, viv la, nanpwen nasyon oswa wayòm kote mèt mwen pa

---

ᵃ **16:30** I Wa 14:9   ᵇ **16:31** Det 7:1-5   ᶜ **16:32** II Wa 10:21-27   ᵈ **16:33** II Wa 13:6   ᵉ **16:34** Jos 6:26
ᶠ **17:4** I Wa 17:9   ᵍ **17:9** Ab 20   ʰ **17:10** Jen 24:17   ⁱ **17:12** II Wa 4:2-7   ʲ **17:12** Jen 21:15-16   ᵏ **17:18** I Wa 12:22   ˡ **17:21** II Wa 4:34-35   ᵐ **17:22** Luc 7:14   ⁿ **17:24** Jn 2:11   ᵒ **18:1** Luc 4:25   ᵖ **18:3** I Wa 16:9
ᵠ **18:3** Né 7:2   ʳ **18:4** I Wa 18:13   ˢ **18:7** II Wa 1:6-8

t voye chache ou. Lè yo te di: 'Li pa la', li te fè wayòm nan oswa nasyon an sèmante ke yo pa t kab jwenn ou. [11] Epi koulye a w ap di: 'Ale di mèt ou "Men vwala, Élie!"' [12] Li va vin rive ke lè m kite ou, Lespri SENYÈ a va pote ou kote m pa konnen. Konsa, lè m vini pale Achab, lè l pa kab jwenn ou, li va touye mwen, malgre mwen, sèvitè ou a, te gen lakrent SENYÈ a depi nan jenès mwen. [13] [a]Èske sa pa t pale a mèt mwen sa m te fè lè Jézabel te touye pwofèt SENYÈ yo, ke m te kache yon santèn nan pwofèt SENYÈ a pa senkantèn nan yon kav e mwen te founi yo avèk pen avèk dlo? [14] Epi koulye a, w ap di mwen: 'Ale pale a mèt ou: "Men Élie!" Epi se konsa l ap touye mwen.'

[15] Élie te di: [b]"Jan SENYÈ dèzame yo viv la, devan sila mwen kanpe a, anverite, mwen va montre mwen menm a li menm jodi a." [16] Konsa, Abdias te ale rankontre Achab e te pale li, epi Achab te ale rankontre Élie.

[17] Lè Achab te wè Élie, [c]Achab te di li: "Èske se ou menm, sila ki twouble Israël la?"

[18] Li te di: "Mwen pa t twouble Israël, men ou menm avèk lakay papa ou, akoz [d]ou te abandone lòd SENYÈ yo pou [e]ou te swiv Baal yo. [19] Alò, pou sa, voye ranmase vè mwen tout Israël nan [f]Mòn Carmel avèk kat-san-senkant pwofèt Baal ak kat-san pwofèt [g]Astarté ki manje sou tab Jézabel la."

[20] Konsa, Achab te voye pami tout fis Israël yo e te mennen pwofèt yo ansanm nan Mont Carmel. [21] Élie te pwoche tout pèp la e te di: [h]"Pou konbyen de tan n ap kontinye panche de bò, antre de bi? [i]Si SENYÈ a se Bondye a, swiv Li, men si se Baal, swiv li."

Men moun yo pa t reponn menm yon mo.

[22] Konsa, Élie te di a pèp la: "Se mwen sèl ki rete kòm pwofèt SENYÈ a, men pwofèt a Baal yo se kat-san-senkant òm. [23] Alò, kite yo bannou de bèf, e kite yo chwazi yon bèf pou yo menm, koupe li an mòso e mete li sou bwa a, men san pa mete dife; epi mwen va prepare lòt bèf la e kouche li sou bwa a e mwen p ap mete dife. [24] Alò, ou va rele non a dye pa nou an e mwen va rele non SENYÈ a, e [j]Dye ki reponn pa dife a, se Li menm ki Bondye a."

Epi tout moun yo te reponn: "Lide sa a bon."

[25] Konsa, Élie te di a pwofèt a Baal yo: "Chwazi yon bèf pou nou menm e prepare li, paske nou anpil e rele non a dye pa nou an, men pa mete dife."

[26] Konsa, yo te pran bèf ki te bay a yo menm nan, yo te prepare li e te rele non Baal la soti nan maten jis rive midi e yo t ap di: "O Baal, reponn nou." Men [k]pa t gen vwa e okenn moun pa t reponn. Epi yo te toutotou lotèl ke yo te fè a.

[27] Li te vin rive vè midi ke Élie te moke yo. Li te di: "Rele avèk vwa fò, paske li se yon dye! Oswa petèt li okipe, ke li okipe! Oswa li te vire akote, oswa li fè yon vwayaj, o petèt li dòmi e ou bezwen fè l leve."

[28] Konsa, yo te kriye avèk gwo vwa. Yo te [l]koupe kò yo selon abitid pa yo avèk nepe ak frenn jis san te fè flèv sou yo. [29] Lè midi te fin pase, yo te anraje [m]jis rive nan moman pou ofri sakrifis aswè yo, men pa t gen vwa, okenn pa t reponn, ni okenn pa t okipe yo.

[30] Alò, Élie te di a tout pèp la: "Vin kote mwen." Konsa, tout pèp la te vin kote li. Konsa, li te [n]repare lotèl SENYÈ a ki te dechire a. [31] Élie te pran douz wòch selon non tribi a fis a Jacob yo, a sila pawòl SENYÈ a te parèt yo, e te di: [o]"Israël va non ou." [32] Konsa, avèk wòch yo, li te bati yon lotèl [p]nan non SENYÈ a e li te fè yon kanal antoure lotèl la ase la j pou kenbe de mezi semans. [33] [q]Apre, li te ranje bwa a, li te koupe bèf la an mòso e li te poze li sou bwa a. [34] Epi li te di: "Ranpli kat po avèk dlo e vide li sou ofrann brile yo ak sou bwa a." Epi li te di: "Fè l yon dezyèm fwa," epi yo te fè l yon dezyèm fwa. Epi li te di: "Fè l yon twazyèm fwa," epi yo te fè l yon twazyèm fwa. [35] Dlo a te kouri antoure lotèl la e li te plen kanal la osi.

[36] Nan tan ofrann sakrifis aswè a, Élie, pwofèt la, te pwoche e te di: "O SENYÈ, Bondye Abraham, Isaac avèk Israël la, jodi a, kite li byen rekonèt ke [r]Ou se Bondye an Israël, ke mwen se sèvitè Ou, e ke [s]mwen te fè tout bagay sa yo pa pawòl Ou menm. [37] Reponn mwen, O SENYÈ, reponn mwen, pou pèp sa a kapab konnen ke Ou menm, O SENYÈ, se Bondye e ke Ou fè kè yo vire retounen kote Ou ankò."

[38] Konsa, [t]dife SENYÈ a te tonbe e te konsonmen ofrann brile avèk bwa a, avèk wòch yo ak pousyè a e te vale tout dlo ki te nan kanal la. [39] Lè tout pèp la te wè sa, yo te tonbe sou figi yo, epi yo te di: [u]"SENYÈ a, se Li menm Ki Bondye a! SENYÈ a, se Li menm ki Bondye a!"

[40] Epi Élie te di yo: "Sezi pwofèt a Baal yo! Pa kite youn nan yo chape!"

Yo te sezi yo, epi Élie te mennen yo desann nan [v]flèv Kison an e [w]te touye yo la.

[41] Alò, Élie te di a Achab: "Ale monte, manje e bwè; paske gen gwo bwi lapli."

[42] Konsa, Achab de monte pou manje e bwè. Men Élie te monte sou tèt Mòn [x]Carmel; epi li te koube jenou li, apiye atè avèk figi li antre jenou li. [43] Li te di a sèvitè li: "Ale monte koulye a, gade bò kote lanmè a."

Konsa, li te monte gade, e te di: "Nanpwen anyen" epi li te di:

"Ale retounen" menm sèt fwa.

---

[a] **18:13** I Wa 18:4 [b] **18:15** I Wa 17:1 [c] **18:17** Jos 7:25 [d] **18:18** I Wa 9:9 [e] **18:18** I Wa 21:25-26
[f] **18:19** Jos 19:26 [g] **18:19** I Wa 16:33 [h] **18:21** Mat 6:24 [i] **18:21** Jos 24:5 [j] **18:24** I Wa 18:38
[k] **18:26** Sòm 115:4-5 [l] **18:28** Lev 19:28 [m] **18:29** Egz 29:39-41 [n] **18:30** I Wa 19:10-14 [o] **18:31** Jen 32:28
[p] **18:32** Jen 32:28 [q] **18:33** Jen 22:9 [r] **18:36** I Wa 8:43 [s] **18:36** Nonb 16:28-32 [t] **18:38** Lev 10:1-2
[u] **18:39** I Wa 18:21-24 [v] **18:40** Jij 4:7 [w] **18:40** II Wa 10:24-25 [x] **18:42** I Wa 18:19-20

⁴⁴ Li te vin rive nan setyèm fwa a ke li te di: "Vwala, yon grenn ᵃnwaj piti tankou men a yon moun ap monte soti kote lanmè a."

Epi li te di: "Ale monte, pale Achab pou di l: 'fè cha ou a parèt e desann pou gwo lapli a pa rete ou.'"

⁴⁵ Nan yon ti tan, syèl la te vin fènwa avèk nwaj ak van e te gen yon lapli fò. Epi Achab te monte pou te ale kote ᵇJizréel. ⁴⁶ Alò, ᶜmen SENYÈ a te sou Élie. Li te mare senti li e te kouri pi vit ke Achab pou rive nan lantre kote Jizréel.

19 Alò, Achab te di Jizréel tout sa ke Élie te fè ak ᵈjan li te touye tout pwofèt yo avèk nepe. ² Epi Jizréel te voye yon mesaje kote Élie. Li te di: ᵉ"Konsa ke dye yo fè m sa e menm plis si mwen pa fè lavi ou tankou youn nan sa yo avan demen vè menm lè sa a."

³ Epi Élie te vin pè, e li te leve kouri pou sove lavi li. Li te rive nan ᶠBeer-Schéba, ki pou Juda a, e li te kite sèvitè li a la. ⁴ Men li menm te vwayaje pandan yon jou antre nan dezè a, pou l te rive chita anba yon bwa pikan. Konsa, ᵍli te fè demann pou l ta mouri e te di: "Sa se kont! Koulye a, O SENYÈ, pran lavi mwen; paske mwen pa pi bon ke zansèt mwen yo."

⁵ Li te kouche dòmi anba bwa pikan an. Epi vwala, te gen ʰyon zanj ki touche li. Li te di: "Leve, manje!"

⁶ Li te gade, e vwala, te gen bò tèt li yon gato pen wòch cho, ak yon veso dlo. Konsa, li te manje, bwè e te kouche ankò. ⁷ Zanj Bondye a te vini ankò yon dezyèm fwa, li te touche li e te di: "Leve, manje, paske vwayaj la twò gran pou ou."

⁸ Konsa, li te leve. Li te manje e bwè, epi li te ale ak fòs manje sa a pandan karant jou ak karant nwit pou rive ⁱHoreb, mòn Bondye a. ⁹ Alò, li te rive la nan yon kav e li te rete ladann. Epi vwala, pawòl Bondye a te vini sou li, e Li te di li: "Kisa w ap fè isit la, Élie?"

¹⁰ Li te di: ʲ"Mwen te tèlman ranpli avèk zèl pou SENYÈ a, Bondye dèzame yo, pwiske fis Israël yo te abandone akò Ou a, ᵏyo te dechire lotèl Ou yo, e te touye pwofèt Ou yo avèk nepe. Epi se mwen sèl ki rete, e y ap chache lavi m pou pran l."

¹¹ Pou sa, Li te di: ˡ"Ale kanpe sou mòn nan devan SENYÈ a."

Epi veye byen, SENYÈ a t ap pase! Yon gwo van fò t ap boulvèse mòn yo e t ap chire wòch yo an mòso devan SENYÈ a. Men SENYÈ a pa t nan van an. Epi apre van an, yon tranbleman detè, men SENYÈ a pa t nan tranbleman detè a. ¹² Apre van an yon dife, men SENYÈ a pa t nan dife a. Epi apre dife a, ᵐyon ti bwi tankou yon souf lejè. ¹³ Lè Élie te tande l, ⁿli te fin vlope figi li nan manto li a e li te ale deyò nan antre kav la. Epi vwala, yon vwa te parèt a li menm e te di: "Kisa w ap fè isit la, Élie?"

¹⁴ Epi li te di: ᵒ"Mwen te tèlman ranpli avèk zèl pou SENYÈ a, Bondye dèzame yo, paske fis Israël yo te abandone akò Ou a, dechire lotèl Ou yo e te touye pwofèt Ou yo avèk nepe. Epi se mwen sèl ki rete; epi y ap chache lavi mwen pou pran l."

¹⁵ SENYÈ a te di li: "Ale, retounen sou chemen ou vè dezè Damas la, e lè ou fin rive, ᵖou va onksyone Hazaël wa sou Syrie; ¹⁶ epi ᑫJéhu, fis Nimschi a, ou va onksyone wa sou Israël; epi Élisée, fis a Schaphath a nan Abel-Mehola a, ou va onksyone li kòm pwofèt nan plas ou. ¹⁷ Li va vin rive ke ʳsila ki chape anba nepe Hazaël la, Jéhu ˢva mete l a lanmò e sila ki chape anba nepe a Jéhu, Élisée va mete l a lanmò. ¹⁸ ᵗSepandan, Mwen va kite sèt-mil an Israël, tout jenou ki pa t bese a Baal e tout bouch ki pa t konn bo li."

¹⁹ Konsa, li te kite la e te twouve Élisée, fis a Schaphath la, pandan li t ap raboure avèk douz pè bèf devan li, li menm avèk douzyèm nan. Epi Élie te pase bò kote li e te jete ᵘmanto li sou li. ²⁰ Li te kite bèf yo e te kouri dèyè Élie. Li te di: "Souple, ᵛkite m bo papa m avèk manman m e mwen va swiv ou." Epi li te di li:

"Ale, retounen, paske kisa ke m te fè ou?" ²¹ Konsa, li te retounen soti swiv li, li te pran pè bèf la e li te fè sakrifis avèk yo, li te ʷbouyi chè avèk dife fèt ak zouti bèf e li te bay a pèp la pou yo te manje. Epi li te leve, li te swiv Élie pou te sèvi li.

20 Alò, ˣBen-Hadad, wa Syrie a, te ranmase tout lame li a. ʸTe gen trann-de wa avèk li, avèk cheval ak cha. Li te monte fè syèj sou Samarie e li te goumen kont li. ² Li te voye mesaje yo lavil Achab, wa Israël la, e yo te di li: "Konsa pale Ben-Hadad; ³ 'Ajan ou avèk lò ou se pou mwen. Pi bèl madanm ou yo avèk pitit yo se pa m tou.'"

⁴ Wa Israël la te reponn: "Se jan pawòl ou yo ye a, mèt mwen, O wa a. Mwen se pa w ak tout sa ke m genyen."

⁵ Alò, mesaje yo te retounen. Yo te di: "Konsa pale Ben-Hadad: 'Anverite, mwen te voye kote ou pou te di: "Ou va ban mwen ajan ou avèk lò ou avèk madanm ou ak pitit ou yo, ⁶ men vè lè sa a demen mwen va voye sèvitè mwen yo kote ou. Yo va chache fouye tout lakay ou avèk lakay sèvitè ou yo, epi nenpòt sa ki gen valè nan zye ou, y ap pran nan men yo pou pote ale."'"

⁷ Epi wa Israël la te rele tout ansyen peyi a e te di: "Souple, ᶻgade byen jan mesye sila a ap chache pwoblèm. Li te voye kote mwen pou madanm mwen avèk pitit mwen yo ak ajan mwen avèk lò mwen, epi mwen pa t refize li."

⁸ Tout ansyen yo avèk tout pèp la te di li: "Pa koute l ni vin dakò avè l."

⁹ Konsa, li te di a mesaje Ben-Hadad yo: "Di mèt mwen an, wa a, 'Tout sa ke ou te premye mande

---

ᵃ **18:44** Luc 12:54   ᵇ **18:45** És 8:11   ᶜ **18:46** És 8:11   ᵈ **19:1** I Wa 18:40   ᵉ **19:2** Rt 1:17   ᶠ **19:3** Jen 21:31   ᵍ **19:4** Jr 20:14-18   ʰ **19:5** Jen 28:12   ⁱ **19:8** Egz 3:1   ʲ **19:10** Egz 20:5   ᵏ **19:10** Wo 11:3-4   ˡ **19:11** Egz 19:20   ᵐ **19:12** Job 4:16   ⁿ **19:13** Egz 3:6   ᵒ **19:14** I Wa 19:10   ᵖ **19:15** II Wa 8:8-15   ᑫ **19:16** II Wa 9:1-10   ʳ **19:17** II Wa 13:3-22   ˢ **19:17** II Wa 9:14-37   ᵗ **19:18** Wo 11:4   ᵘ **19:19** II Wa 2:8-14   ᵛ **19:20** Mat 8:21   ʷ **19:21** II Sam 24:22   ˣ **20:1** I Wa 15:18-20   ʸ **20:1** I Wa 22:31   ᶻ **20:7** II Wa 5:7

sèvitè ou a, m ap fè yo. Men sila ou mande koulye a, mwen p ap kab fè l.'"

Mesaje yo te pati, epi te pòte bay li mesaj la. ¹⁰ Ben-Hadad te voye kote li e te di: "Ke ᵃdye yo ta fè m sa e menm plis, si pousyè Samarie rete kont pou ranpli men a moun ki swiv mwen yo."

¹¹ Epi wa Israël la te reponn li: ᵇ"Pa kite sila k ap fenk abiye ak boukliye a vante tèt li tankou sila k ap retire l la."

¹² Lè Ben-Hadad te tande mesaj sila a, pandan ᶜli t ap bwè avèk wa yo nan tonèl pwovizwa pa yo, li te di a sèvitè li yo: "Pran plas nou". Konsa, yo te pran plas yo kont vil la.

¹³ Alò, lapoula, yon pwofèt te pwoche Achab, wa Israël la, e te di: "Konsa pale SENYÈ a, 'Èske ou te wè tout gran kantite foul sila a? Veye byen, Mwen va livre yo nan men ou jodi a e ou va konnen ke se SENYÈ a Mwen ye.'"

¹⁴ Epi Achab te di: "Pa kilès?"

Epi li te di: "Pa jennonm ki se chèf a pwovens yo."

Epi Achab te di: "Se kilès ki pou louvri batay la?"

Epi li te reponn: "Ou menm".

¹⁵ Alò, li te rasanble jennonm a chèf pwovens yo, te gen de-san-trann-de. Apre yo, li te rasanble tout pèp la; menm tout fis Israël yo, sèt-mil. ¹⁶ Yo te sòti a midi, pandan ᵈBen-Hadad t ap bwè jiskaske li sou nan tonèl pwovizwa avèk trann-de wa ki te ede li yo. ¹⁷ Jennonm a chèf pwovens yo te sòti devan. Ben-Hadad te voye mesaje deyò, yo te pale li, e te di: "Moun yo gen tan parèt sòti Samarie."

¹⁸ ᵉAlò, li te di: "Si yo sòti pou fè lapè, pran yo vivan; oswa si yo te sòti pou fè lagè, pran yo vivan."

¹⁹ Men sa yo te sòti depi lavil la; jennonm a chèf pwovens yo ak lame ki te swiv yo. ²⁰ Chak moun te touye yon nonm pou kont li; epi Siryen yo te sove ale e wa Israël la te kouri dèyè yo e Ben-Hadad, wa Syrie a, te chape sou yon cheval avèk chevalye yo. ²¹ Wa Israël la te parèt deyò, li te frape cheval yo avèk cha yo e te touye Siryen yo nan yon gwo masak. ²² Alò, pwofèt la te pwoche wa Israël la e te di li: "Ale, ranfòse ou menm e okipe pou wè sa ou gen pou fè; paske ᶠnan fen ane a, wa a Syrie va vin monte kont ou."

²³ Alò, sèvitè a wa Syrie a te di li: ᵍ"dye pa yo se dye mòn yo ye. Pou sa, yo te pi fò pase nou. Men pito ke nou fè lagè kont yo nan ba plèn nan e asireman, nou va vin pi fò pase yo. ²⁴ Fè bagay sa a: retire chak wa sou plas yo e ranplase yo avèk kapitèn nan plas yo, ²⁵ epi rasanble yon lame tankou lame ke ou te pèdi a, cheval pou cheval e cha pou cha. Nou va goumen kont yo nan plèn nan e asireman, nou va pi fò pase yo."

Epi li te koute vwa yo e te fè l konsa. ²⁶ Nan fen ane a, Ben-Hadad te ranmase Siryen yo e te monte nan ʰAphek pou goumen kont Israël. ²⁷ Fis Israël yo te deja rasanble avèk tout pwovizyon yo pou te ale rankontre yo. Yo te fè kan devan Siryen yo tankou de ti bann kabrit, ⁱmen Siryen yo te ranpli peyi a. ²⁸ Alò, ʲyon nonm Bondye te vin toupre pou te pale a wa Israël la. Li te di: "Konsa pale SENYÈ a: 'Akoz Siryen yo te di: "SENYÈ a se yon dye a mòn yo, men Li pa yon dye nan vale yo," pou sa, mwen va bay tout vast kantite moun sa yo nan men ou e ou va konnen ke Mwen se SENYÈ a.'"

²⁹ Konsa, yo te fè kan an, youn kont lòt, pandan sèt jou. Epi nan setyèm jou a, batay la te ouvri e fis Israël yo te touye nan Siryen yo san-mil sòlda apye nan yon sèl jou. ³⁰ Men tout moun ki te rete yo te sove ale antre nan lavil ᵏAphek e miray la te tonbe sou venn-sèt-mil òm ki te rete. Epi Ben-Hadad te sove ale pou te rive anndan vil la ˡnan yon chanm enteryè. ³¹ Sèvitè li yo te di li: "Alò, gade byen, nou konn tande ke wa lakay Israël yo se wa ki gen mizerikòd. Souple, annou mete ᵐtwal sak sou senti nou avèk kòd sou tèt nou pou ale parèt kote wa Israël la. Petèt, li va sove lavi nou."

³² Konsa, yo te mare twal sak sou senti yo, avèk kòd sou tèt yo pou te vin kote wa Israël la e te di: ⁿ"Sèvitè ou, Ben-Hadad voye di: 'Souple, kite mwen viv.'"

Epi li te di: "Èske li toujou vivan? Li se frè m."

³³ Alò mesye yo te pran sa kòm yon sign, yo te sezi sou pawòl la vit, e yo te di: "Frè ou, Ben-Hadad."

Epi li te di: "Ale, mennen li."

Alò, Ben-Hadad te vin deyò kote li e li te pran li monte nan cha a. ³⁴ Ben-Hadad te di li: ᵒ"Vil ke papa m te pran nan men papa ou yo, mwen va remèt yo e ou va fè ri yo pou ou menm nan Damas, tankou papa m te fè nan Samarie a."

Achab te di: "Epi mwen va kite ou ale avèk akò sila a." Konsa, li te fè yon akò avèk li e te kite li ale.

³⁵ Alò, yon sèten nonm pami ᵖfis a pwofèt yo te di a yon lòt mesye pa pawòl SENYÈ a: "Souple, frape mwen."

Men mesye a te refize frape li. ³⁶ Epi li te di li: "Akoz ou pa t koute vwa SENYÈ a, tande byen, depi ou kite mwen, ᵠyon lyon va touye ou." Epi depi li te kite li a, yon lyon te twouve li e te touye li.

³⁷ Alò, li te twouve yon lòt mesye e te di: "Souple, frape mwen."

Epi mesye a te frape li e te blese li. ³⁸ Konsa, pwofèt la te pati e te tann wa a akote chemen an e li te ʳkache idantite li avèk yon bandaj ki te kouvri zye li. ³⁹ Pandan wa a t ap pase, li te kriye a wa a e te di: "Sèvitè ou a te antre nan mitan batay la; epi tande byen, yon nonm te vire akote pou te mennen yon mesye kote mwen e li te di: 'Veye nonm sa a; si pou nenpòt rezon li vin disparèt, ˢalò lavi ou va peye pou lavi pa li, oswa ou va peye yon talan ajan.'

⁴⁰ Pandan sèvitè ou a te okipe pa isit e pa la, li te vin disparèt."

Epi wa Israël la te di li: "Se konsa jijman ou ap ye; se ou menm ki deside li."

⁴¹ Epi byen vit li te retire bandaj sou zye li e wa Israël la te vin rekonèt li kòm youn nan pwofèt yo. ⁴² Li te di li: "Konsa pale SENYÈ a: 'Akoz ou te kite sòti nan men ou nonm ke mwen te dedye a destriksyon an; pou sa, ᵃlavi ou va ale pou lavi pa li e pèp ou a pou pèp pa li a.'"

⁴³ Konsa, ᵇwa Israël la te ale lakay li pa kontan e byen vekse pou te rive Samarie.

21 Alò, li te vin rive apre bagay sa yo ke Naboth, Jizreyelit la te gen yon chan rezen ki te nan ᶜJizréel akote palè Achab, wa Samarie a. ² Achab te pale a Naboth e te di: ᵈ"Ban mwen chan rezen ou an, pou m ka genyen li kòm yon jaden legim, paske li toupre lakay mwen e mwen va ba ou yon pi bon chan rezen pase l pou ranplase li. Si ou pito, mwen va ba ou pri li an lajan."

³ Men Naboth te di a Achab: "Ke SENYÈ a ta anpeche m ba ou ᵉeritaj zansèt mwen yo."

⁴ Konsa, Achab te rive lakay li pa kontan e byen vekse akoz pawòl ke Naboth, Jizreyelit la, te pale a li a, paske li te di: "Mwen p ap bay ou eritaj zansèt mwen yo." Li te kouche sou kabann li, te vire figi li akote e li pa t manje manje. ⁵ Men Jézabel, madanm li, te vin kote li e te di li: "Kijan lespri ou tèlman ba ke ou pa manje manje a?"

⁶ Konsa, li te di li: "Akoz mwen te pale Naboth, Jizreyelit la, e mwen te di li: 'Ban mwen chan rezen ou an pou lajan; oswa, si li fè ou kontan, mwen va ba ou yon chan rezen pou ranplase li.' Men li te di: 'Mwen p ap ba ou chan rezen mwen an.'"

⁷ Jézabel, madanm li te di li: ᶠ"Èske koulye a se ou ki renye sou Israël? Leve, manje pen e kite kè ou kontan. Mwen va ba ou chan rezen a Naboth, Jizreyelit la." ⁸ ᵍKonsa, li te ekri lèt nan non Achab e te sele yo avèk so pa li pou te voye yo bay ansyen yo avèk prens ki te rete avèk Naboth nan vil pa li a. ⁹ Alò, nan lèt sa yo li te ekri e te di: "Pwoklame yon jèn e fè Naboth chita sou tèt a pèp la. ¹⁰ Fè chita dèzòm sanzave devan li pou fè temwayaj kont li pou di: 'Ou te modi Bondye avèk wa a.' Konsa, pran li deyò e lapide li jiskaske li mouri."

¹¹ Konsa, mesye lavil li yo, ansyen avèk prens ki te rete la yo, te fè jan Jézabel te voye di yo a, jis jan ke li te ekri nan lèt ke li te voye yo. ¹² Yo te ʰpwoklame yon jèn e te fè Naboth chita sou tèt a pèp la. ¹³ Epi dèzòm sanzave te antre ladann e te chita devan li. Epi de mesye sanzave yo te fè temwayaj kont li, menm kont Naboth, devan pèp la, e yo te di: "Naboth te modi Bondye avèk wa a." ⁱKonsa, yo te pran l mennen deyò lavil la e yo te lapide l jiska lanmò avèk kout wòch. ¹⁴ Epi yo te voye kote Jézabel e te di: "Naboth te lapide e fin mouri."

¹⁵ Lè Jézabel te tande ke Naboth te lapide e te mouri, Jézabel te di a Achab: "Leve, pran posesyon a chan rezen Naboth la, Jizreyelit la, ke li te refize ba ou pou lajan an; paske Naboth pa vivan, men li mouri."

¹⁶ Lè Achab te tande ke Naboth te mouri, Achab te leve desann kote chan rezen a Naboth la, Jizreyelit la, pou l te pran posesyon li.

¹⁷ Epi pawòl SENYÈ a te vin kote Élie, Tichbit la, e te di: ¹⁸ "Leve, ale desann rankontre Achab, wa Israël la, ʲki Samarie. Gade byen, li nan chan rezen Naboth kote li te desann pou pran posesyon li. ¹⁹ Ou va pale li e di: 'Konsa pale SENYÈ a: ᵏÈske ou te touye e anplis pran posesyon?'" Epi ou va pale avèk li pou di: "Konsa pale SENYÈ a: 'Nan plas kote chen yo te niche san Naboth la, chen yo va niche san pa ou menm.'"

²⁰ Achab te di a Élie: ˡ"Èske ou vin jwenn mwen, O lènmi mwen?"

Epi li te reponn: "Mwen te jwenn ou akoz ou te vann tèt ou pou fè mechanste nan zye SENYÈ a. ²¹ Gade byen, Mwen va mennen mal sou ou, Mwen va bale fè ou disparèt e Mwen va koupe retire sou Achab tout gason, ni esklav, ni lib nan tout Israël. ²² ᵐMwen va fè lakay ou ⁿtankou lakay Jéroboam, fis a Nebath la ak tankou lakay Baescha, fis Achija a, akoz pwovokasyon avèk sila li te pwovoke M a lakòlè a, e akoz ou te fè Israël peche." ²³ De Jézabel osi SENYÈ a te pale, e te di: ᵒ"Chen yo va manje Jézabel nan distri Jizréel la. ²⁴ ᵖSila ki apatyen a Achab, ki mouri nan vil la, chen va manje yo e sila ki mouri nan chan an, zwazo syèl yo va manje yo."

²⁵ ᵍAnverite, pa t gen moun tankou Achab ki te vann tèt li pou fè mal devan SENYÈ a, akoz madanm li, Jézabel te chofe li. ²⁶ ʳLi te aji byen abominab nan swiv zidòl li yo, selon tout sa ke Amoreyen yo te fè, ke SENYÈ a te mete deyò devan fis Israël yo.

²⁷ Li te vin rive ke lè Achab te tande pawòl sa yo, ˢli te chire rad li e li te mete twal sak sou li pou te fè jèn. Li te kouche nan twal sak e li te vin mache avèk chagren nèt.

²⁸ Alò, pawòl SENYÈ a te vini a Élie, Tichbit la, e te di: ²⁹ "Èske ou wè kijan Achab te vin imilye li devan Mwen? Akoz li te imilye li devan mwen, ᵗMwen p ap mennen mal la nan jou li yo; men Mwen va mennen mal la sou lakay li nan jou a fis li yo."

22 Twazan te pase san gen lagè antre Syrie avèk Israël. ² Nan twazyèm ane ᵘJosaphat a, wa Juda a te desann kote wa Israël la. ³ Alò, wa Israël la te di a sèvitè li yo: "Èske nou konnen ke ᵛRamoth-Galaad apatyen a nou menm e jiska prezan, nou p ap fè anyen pou rache li nan men wa Syrie a." ⁴ Epi li te di a Josaphat: "Èske ou va ale avèk mwen nan batay a Ramoth-Galaad la?"

ᵃ **20:42** I Wa 20:39   ᵇ **20:43** I Wa 21:4   ᶜ **21:1** Jij 6:33   ᵈ **21:2** I Sam 8:14   ᵉ **21:3** Lev 25:23   ᶠ **21:7** I Sam 8:14
ᵍ **21:8** Est 3:12   ʰ **21:12** És 58:4   ⁱ **21:13** Trav 7:55-59   ʲ **21:18** I Wa 16:29   ᵏ **21:19** II Sam 12:9   ˡ **21:20** I Wa 14:10   ᵐ **21:22** I Wa 15:29   ⁿ **21:22** I Wa 16:3-11   ᵒ **21:23** II Wa 9:10-37   ᵖ **21:24** I Wa 14:11   ᵍ **21:25** I Wa 16:30-33   ʳ **21:26** I Wa 15:12   ˢ **21:27** Jen 37:34   ᵗ **21:29** II Wa 9:25-37   ᵘ **22:2** I Wa 15:24   ᵛ **22:3** Det 4:33

Josaphat te di a wa Israël la: [a]"Mwen tankou ou menm, pèp mwen an tankou pèp pa w la, cheval mwen yo tankou cheval pa ou yo." [5] Anplis, Josaphat te di a wa Israël la: "Souple, fè demann premyèman selon pawòl SENYÈ a."

[6] Alò [b]wa Israël la te rasanble pwofèt yo ansanm, anviwon kat-san mesye. Li te di yo: "Èske mwen dwe ale kont Ramoth-Galaad nan batay la, oswa èske mwen dwe fè bak?"

Yo te di: "Ale monte, paske SENYÈ a va bay li nan men a wa a."

[7] Men [c]Josaphat te di: "Èske pa gen yon pwofèt SENYÈ a ki la pou nou kab mande li?"

[8] Wa Israël la te di a Josaphat: "Genyen toujou yon nonm pa sila nou kapab fè demann SENYÈ a, men mwen rayi li, akoz li pa pwofetize sa ki bon pou mwen, men sa ki mal. Michée, fis a Jimla a."

Men Josaphat te di: "Pa kite wa a di sa."

[9] Wa Israël la te rele yon ofisye e te di: "Mennen byen vit Michée, fis a Jimla a."

[10] Alò, wa Israël la avèk Josaphat, wa Juda a te chita chak sou pwòp twòn pa yo, abiye an wòb pa yo nan pòtay pou antre Samarie a, epi [d]tout pwofèt yo t ap pwofetize devan yo. [11] Alò Sédécias, fis a Kenaana te fè [e]kòn yo an fè pou kont li, e te di: "Konsa pale SENYÈ a: 'Avèk sila yo, ou va frape Siryen yo jiskaske yo fin detwi.'"

[12] Tout pwofèt yo t ap pwofetize konsa e t ap di: "Ale monte Ramoth-Galaad e byen reyisi; paske SENYÈ a va mete li nan men wa a."

[13] Mesaje a ki te ale rele Michée te pale li. Li te di: "Koulye a, gade byen, tout pawòl a pwofèt yo favorab anvè wa a. Souple, kite pawòl ou yo fèt tankou pawòl a youn nan yo, e pale avèk favè."

[14] Men Michée te di: "Jan SENYÈ a viv la, sa ke [f]SENYÈ a pale mwen an, se sa mwen va pale."

[15] Lè li te vin kote wa a, wa a te di li: "Michée, èske nou dwe ale Ramoth-Galaad nan batay la, oswa èske nou dwe fè bak?"

Konsa, li te reponn li: [g]"Ale monte e byen reyisi e SENYÈ a va bay li nan men wa a."

[16] Alò, wa a te di li: "Konbyen de tan èske mwen oblije di ou pou pa pale anyen avè m sof ke laverite nan non SENYÈ a?"

[17] Pou sa, li te di: "Mwen te wè tout Israël gaye sou mòn yo, [h]tankou mouton ki san bèje. Konsa, SENYÈ a te di: 'Sila yo pa gen mèt. Kite yo chak retounen lakay yo anpè.'"

[18] Epi wa Israël la te di a Josaphat: [i]"Èske mwen pa t di ou ke li pa t ap fè bon pwofesi pou mwen, men pito move?"

[19] Michée te di: "Pou sa, tande pawòl SENYÈ a. [j]Mwen te wè SENYÈ a te chita sou twòn Li e tout lame syèl la te kanpe akote Li adwat Li e agoch Li. [20] SENYÈ a te di: 'Kilès k ap sedwi Achab pou ale monte e tonbe Ramoth-Galaad?' Epi youn te di sesi e youn te di sela."

[21] Alò, yon lespri te parèt devan SENYÈ a e te di: "Mwen va sedwi li."

[22] SENYÈ a te di li: "Kijan?"

Epi li te reponn: "Mwen va sòti deyò pou [k]devni yon lespri twonpè nan bouch a tout pwofèt li yo."

Epi Li te di: "Ou gen non sèlman pou sedwi li, men pou vin genyen li nèt. Ale fè sa." [23] "Alò, pou sa, gade byen, [l]SENYÈ a te mete yon lespri twonpè nan bouch a tout pwofèt pa ou yo; epi SENYÈ a te pwoklame dega nèt kont ou."

[24] Konsa, Sédécias, fis a Kenaana te vin toupre e te [m]frape Michée sou machwè li. Li te di: "Kijan lespri SENYÈ a te pase sòti nan mwen pou pale avèk ou?"

[25] Michée te di: "Gade byen, ou va wè sa nan jou lè ou antre nan yon chanm a lenteryè pou kache kò w."

[26] Alò, wa Israël la te di: "Pran Michée e retounen li vè majistra lavil la ak Joas, fis a wa a, [27] epi di li: 'Konsa pale wa a: [n]"Mete nonm sa a nan prizon a e bay li tikras pen ak dlo sèlman kòm manje jiskaske mwen retounen san mal pa rive m."'"

[28] Michée te di: "Si ou, anverite, retounen san ke mal pa rive, SENYÈ a pa t fè m pale." Epi li te di: [o]"Koute, tout pèp nou an!"

[29] Konsa, wa Israël la avèk Josaphat, wa Juda a, te monte kont Ramoth-Galaad. [30] Wa Israël la te di a Josaphat: [p]"Mwen va kache idantite mwen e antre nan batay la, men ou menm, mete vètman pa ou." Konsa, wa Israël la te kache idantite li e te antre nan batay la.

[31] Alò, [q]wa Syrie a te kòmande trann-de kapitèn a cha li yo. Li te di: "Pa goumen avèk piti ni gran, men sèlman avèk wa Israël la."

[32] Konsa, lè kapitèn a cha yo te wè Josaphat, yo te di: "Anverite, sa se wa Israël la," epi yo te vire akote pou goumen kont li e Josaphat te kriye fò. [33] Lè kapitèn a cha yo te wè ke li pa t wa Israël la, yo te rale bak e te sispann swiv li. [34] Alò, yon sèten nonm te rale banza li pa aza e te frape wa Israël la. Flèch la te antre nan yon kwen nan vètman pwotèj la. Konsa, li te di chofè cha li a: "Retounen fè bak e retire mwen nan batay la, [r]paske mwen blese byen sevè." [35] Batay la te boule rèd pandan jou sa a. Yo te soutni wa a pou l kanpe nan cha li devan Siryen yo, e nan leswa a, li te mouri. San a te soti nan blesi a pou l antre nan enterye cha a. [36] [s]Epi yon kri te sòti toupatou nan lame a nan lè solèy kouche a. Yo te di: "Chak moun rive nan vil li, e chak mesye nan pwòp peyi pa l."

[37] Konsa, wa a te mouri. Yo te mennen l Samarie, epi yo te antere wa a Samarie. [38] Yo te lave cha a akote sous dlo Samarie a, e chen yo te niche san li

---

[a] **22:4** II Wa 3:7 [b] **22:6** I Wa 18:19 [c] **22:7** II Wa 3:11 [d] **22:10** I Wa 22:6 [e] **22:11** Za 1:18-21
[f] **22:14** Nonb 22:18 [g] **22:15** I Wa 22:12 [h] **22:17** Mat 9:36 [i] **22:18** I Wa 22:8 [j] **22:19** Éz 1:26-28 [k] **22:22** Éz 14:9 [l] **22:23** Éz 14:9 [m] **22:24** II Kwo 18:23 [n] **22:27** Kwo 16:10 [o] **22:28** Mi 1:2 [p] **22:30** II Kwo 35:22
[q] **22:31** I Wa 20:1-24 [r] **22:34** II Kwo 35:23 [s] **22:36** II Wa 14:12

nan kote pwostitiye yo te konn benyen, ªselon pawòl SENYÈ a te pale a.

³⁹ Alò, tout lòt zèv a Achab yo avèk tout sa ke li te fè ak ᵇkay ivwa ke li te konstwi a ak tout vil ke li te bati yo, èske yo pa ekri nan Liv Kwonik a Wa Israël yo? ⁴⁰ Konsa, Achab te dòmi avèk zansèt pa li yo, e Achazia, fis li a, te devni wa nan plas li.

⁴¹ ᶜAlò Josaphat, fis Asa a, te devni wa sou Juda nan Katriyèm ane Achab, wa Israël la. ⁴² Josaphat te gen trann-senk ane lè li te devni wa, e li te renye pandan venn-senk ane Jérusalem. Epi non manman li se te Azuba, fi a Schilchi a. ⁴³ ᵈLi te mache nan chemen Asa, papa li. Li pa t vire akote e li te fè sa ki te dwat nan zye SENYÈ a. Sepandan, wo plas yo pa t retire. Pèp la te toujou fè sakrifis e te brile lansan sou wo plas yo. ⁴⁴ ᵉJosaphat osi te fè lapè avèk wa Israël la.

⁴⁵ Alò, tout lòt zèv a Josaphat yo, avèk pwisans ke li te montre ak jan li te fè lagè, èske yo pa ekri ᶠnan liv Kwonik a Wa a Juda yo? ⁴⁶ Retay a ᵍsadomit ki te rete nan jou papa li yo, Asa, li te fè ekzile yo sòti nan peyi a. ⁴⁷ Alò, ʰpa t gen wa nan Édom. Se yon depite ki te wa. ⁴⁸ Josaphat te fè ⁱbato a Tarsis yo vwayaje a Ophir pou lò, men yo pa t rive, paske bato yo te kraze kote Etsjon-Guéber. ⁴⁹ Alò, Achazia, fis Achab la, te di a Josaphat: "Kite sèvitè mwen yo ale avèk sèvitè ou yo nan bato yo." Men Josaphat pa t dakò. ⁵⁰ ʲKonsa, Josaphat te dòmi avèk zansèt pa li yo e te antere avèk zansèt li yo nan vil a papa li a, David e Joram, fis li a, te renye nan plas li.

⁵¹ Achazia, fis a Achab la te ᵏdevni wa nan plas li. ⁵² Li te fè mal nan zye SENYÈ a e li te ˡmache nan chemen papa li, nan chemen manman l ak nan chemen Jéroboam, fis a Nebath la, ki te fè Israël peche a. ⁵³ ᵐKonsa, li te sèvi Baal, li te adore li e te pwovoke SENYÈ a, Bondye Israël la, a lakòlè, selon tout sa ke papa li te konn fè yo.

ᵃ **22:38** I Wa 21:19 ᵇ **22:39** Am 3:15 ᶜ **22:41** II Kwo 20:31 ᵈ **22:43** II Kwo 17:3 ᵉ **22:44** II Wa 8:16-18
ᶠ **22:45** II Kwo 20:34 ᵍ **22:46** Det 23:17 ʰ **22:47** II Sam 8:14 ⁱ **22:48** II Kwo 20:36 ʲ **22:50** II Kwo 21:1
ᵏ **22:51** II Kwo 21:1 ˡ **22:52** I Wa 15:26 ᵐ **22:53** Jij 2:11

II Wa Yo

1 Lè Achab te fin mouri, [a]Moab te fè rebelyon kont Israël.

[2] Konsa, Achazia te tonbe sou treyi a soti nan chanm anwo ki te nan Samarie a e li te vin malad. Konsa, li te voye mesaje yo. Li te di yo: "Ale mande a [b]Baal-Zebub, dye a Ékron an [c]si m ap geri de maladi sa a."

[3] Men zanj SENYÈ a te di a [d]Élie, Tichbit la: "Leve, ale monte pou rankontre mesaje a wa Samarie yo. Di yo: 'Èske se akoz nanpwen Dye an Israël ke ou prale mande a Baal-Zebub, dye a Ékron an?' [4] Alò, se pou sa, pale SENYÈ a: [e]"Ou p ap desann soti nan kabann kote ou te monte a, men ou va anverite, mouri.'" Konsa, Élie te pati.

[5] Lè mesaje yo te retounen bò kote li, li te di yo: "Se poukisa ke nou tounen an?"

[6] Yo te di li: "Yon nonm te vin rankontre nou e te di nou: 'Ale retounen kote wa ki te voye nou an e di li: "Konsa pale SENYÈ a: 'Èske se akoz nanpwen Dye an Israël ke w ap voye [f]mande a Baal-Zebub, dye a Ékron an? Pou sa, ou p ap desann Kabann kote ou fin monte a, men anverite, ou va mouri.'"'"

[7] Li te di yo: "Ki kalite moun sa a ki te monte rankontre nou an pou te pale pawòl sila yo a nou?"

[8] Yo te reponn li: [g]"Yon nonm avèk anpil cheve ak yon sentiwon an kwi mare nan ren li."

Li te di: "Se Élie, Tichbit la."

[9] Konsa, wa a [h]te voye kote li, yon kapitèn a senkant avèk senkant pa li yo. Li te monte kote li; men vwala, li te chita sou do ti mòn nan. Konsa, li te di li: "O nonm Bondye a, wa a di ou: 'Desann.'"

[10] Élie te reponn a kapitèn a senkant lan: "Si se yon nonm Bondye mwen ye, [i]ke dife vin desann nan syèl la e manje ou menm avèk senkant pa ou yo." Epi dife te desann soti nan syèl la e te manje li nèt avèk senkant pa li yo.

[11] Konsa, li te voye kote li yon lòt kapitèn a senkant ansanm ak senkant pa li yo. Epi li te di li: "O nonm Bondye, konsa pale wa a: 'Desann vit.'"

[12] Élie te reponn yo: "Si mwen se yon nonm Bondye, ke dife desann nan syèl la e manje ou avèk senkant pa ou yo." Epi dife Bondye a te desann sòti nan syèl la e te manje li nèt avèk senkant pa l yo.

[13] Konsa, li te voye ankò kapitèn a senkant avèk senkant pa li yo. Lè twazyèm kapitèn nan te monte, li te vini e te bese ba sou jenou li devan Élie. Li te sipliye li e te mande li: "O nonm Bondye, souple kite lavi mwen avèk senkant sèvitè ou yo gade kòm presye nan zye ou. [14] Gade byen, dife te desann soti nan syèl la e te manje premye de kapitèn a senkant yo avèk senkant pa yo. Men koulye a, kite lavi mwen parèt presye nan zye ou."

[15] Zanj SENYÈ a te di a Élie: "Ale desann avèk li. [j]Pa pè li."

Pou sa, li te leve e te desann avèk li kote wa a. [16] Epi li te di li: "Konsa pale SENYÈ a: 'Akoz ou te voye mesaje yo [k]pou mande a Baal-Zebub, dye a Ékron an—èske se akoz nanpwen Dye an Israël pou mande pawòl Li? Pou sa, ou p ap desann kabann kote ou te monte a, men anverite, ou va mouri.'"

[17] Konsa, Achazia te mouri selon pawòl SENYÈ a ke Élie te pale a. Epi akoz li pa t gen fis, Joram te devni wa nan plas li [l]nan dezyèm ane a Joram, fis a Josaphat a, wa Juda a. [18] Alò, tout lòt zèv ke Achazia te fè yo, èske yo pa ekri nan Liv Kwonik a Wa Israël yo?

2 Li te vin rive lè SENYÈ a te prèt pou [m]ranmase Élie monte nan syèl nan yon van toubiyon, ke Élie te ale avèk [n]Élisée sòti Guilgal. [2] Epi li te rive ke Élie te di a Élisée: "Rete isit la, souple; paske SENYÈ a te voye mwen jis Béthel."

Men Élisée te di: [o]"Jan SENYÈ a viv la e jan ou mwen vi la, mwen p ap kite ou." Konsa, yo te desann Béthel.

[3] Alò, [p]fis a pwofèt ki te Béthel yo te vin sòti kote Élisée e te di li: "Èske ou konnen ke SENYÈ a va pran mèt ou a soti anwo ou jodi a?" Konsa, li te di: "Wi, mwen konnen. Pa pale!"

[4] Élie te di li: "Élisée, souple, rete isit la, paske SENYÈ a te voye mwen [q]Jéricho."

Men li te di: "Jan SENYÈ a viv la, mwen p ap kite ou". Konsa, yo te vini Jéricho.

[5] [r]Fis a pwofèt ki te Jéricho yo te vin kote Élisée e te di li: "Èske ou konnen ke SENYÈ a va retire mèt ou a soti anwo ou jodi a?"

Li te reponn: "Wi, mwen konnen; pa pale."

[6] Konsa, Élie te di li: "Souple, rete isit la, paske SENYÈ a te voye mwen kote [s]Jourdain an."

Li te reponn: "Jan Senyè a viv la e jan ou menm viv la, mwen p ap kite ou." Konsa yo de a te avanse. [7] Alò [t]senkant mesye nan fis a pwofèt yo te ale kanpe anfas yo nan yon distans, pandan yo de a te kanpe akote Jourdain an. [8] Élie te [u]pran manto li, li te pliye li ansanm, li te frape dlo yo e yo te vin divize isit e la, jiskaske yo de a te travèse sou tè sèch. [9] Lè yo te fin travèse, Élie te di a Élisée: "Mande sa ke m ta fè pou ou avan mwen retire m de ou."

Konsa, Élisée te di: "Souple, kite yon [v]pòsyon doub nan lespri ou a rete sou mwen."

---

[a] **1:1** II Sam 8:2   [b] **1:2** II Wa 1:3-16   [c] **1:2** II Wa 8:7-10   [d] **1:3** I Wa 17:1   [e] **1:4** II Wa 1:6-16   [f] **1:6** II Wa 1:2   [g] **1:8** Za 13:4   [h] **1:9** II Wa 6:13-14   [i] **1:10** II Wa 18:36-38   [j] **1:15** És 51:12   [k] **1:16** II Wa 1:3   [l] **1:17** II Wa 3:1   [m] **2:1** Eb 11:5   [n] **2:1** I Wa 19:16-21   [o] **2:2** Rt 1:16   [p] **2:3** II Wa 4:1-38   [q] **2:4** Jos 6:26   [r] **2:5** II Wa 2:3   [s] **2:6** Jos 3:8-17   [t] **2:7** II Wa 2:15-16   [u] **2:8** I Wa 19:13-19   [v] **2:9** Nonb 11.17-25

¹⁰ Li te di: "Ou te mande yon bagay ki difisil. Si ou ᵃwè m lè m retire kite ou, se konsa l ap ye pou ou; men si se pa sa, sa p ap fèt."

¹¹ Pandan yo t ap fè wout yo e t ap prale, men vwala, ᵇyon cha dife avèk cheval dife te separe yo de a. Konsa, Élie te monte nan yon toubiyon nan syèl la. ¹² Élisée te wè e te kriye fò: ᶜ"Papa m, papa m, cha Israël yo avèk chevalye li yo!"

Epi li pa t wè Élie ankò. Alò, li te kenbe rad li e te chire li an de bout. ¹³ Anplis, li te pran manto Élie ki te sòti tonbe de li, lè l t ap prale a, e li te retounen kanpe akote rebò larivyè Jourdain an. ¹⁴ Li te pran manto Élie ki te tonbe de li menm nan, e li te frape dlo yo e te di: "Kote SENYÈ a, Bondye Élie a?" Epi lè l te ᵈfrape dlo a ankò, yo te divize isit e la, epi Élisée te travèse rive lòtbò.

¹⁵ Alò, ᵉlè fis a pwofèt ki te Jéricho yo te wè li, yo te di: "Lespri Élie a poze sou Élisée." Epi yo te vin rankontre li e te bese yo menm atè devan li. ¹⁶ Yo te di li: "Men vwala, genyen avèk ou senkant sèvitè ak gwo fòs, souple, kite yo ale chache mèt ou a. Petèt ᶠlespri a SENYÈ a pran li e te jete li sou yon mòn, oswa nan yon vale."

Li te di: "Ou p ap voye yo."

¹⁷ Men lè ᵍyo te bourade li jiskaske li te wont, li te di yo: "Voye yo".

Konsa, yo te voye senkant mesye. Yo te chache pandan twa jou, men yo pa t jwenn li. ¹⁸ Yo te retounen kote li pandan li te rete Jéricho a. Li te di yo: "Èske mwen pa t di nou 'Pa ale'?"

¹⁹ Konsa, mesye lavil yo te di a Élisée: "Gade byen koulye a, sikonstans vil sa a byen bon, jan mèt mwen konn wè a; men dlo a pa bon e tè a pa pwodwi anyen."

²⁰ Li te di: "Mennen ban m yon veso nèf e mete sèl ladann." Konsa, yo te mennen ba li. ²¹ Li te ale nan sous dlo a. Li te jete sèl la ladann e te di: "Konsa pale SENYÈ a: 'Mwen te pirifye dlo sa yo! P ap gen lanmò ni move tè a ankò.'" ²² Konsa, dlo yo rete bon jis jodi a, selon pawòl Élisée te pale a.

²³ Alò, soti la, li te monte Béthel. Pandan li t ap monte nan chemen an, jenn gason yo te sòti deyò soti lavil la. Yo te ʰmoke li e te di li: "Ale monte, tèt chòv! Ale monte, tèt chòv!" ²⁴ Lè li te gade dèyè li pou l te wè yo, li te ⁱmodi yo nan non SENYÈ a. Konsa, de lous femèl te sòti nan forè a, e te chire karann-de nan jenn gason pami yo. ²⁵ Li te kite la pou rive ʲMòn Carmel, e soti la, li te rive Samarie.

3 Alò Joram, fis Achab la te devni Wa sou Israël nan Samarie ᵏnan di-zuityèm ane a Josaphat, wa Juda a, e li te renye pandan douzan. ² Li te fè mal nan zye SENYÈ a, malgre, se pa tankou papa li avèk manman li. Paske ˡli te retire pilye sakre a Baal ke papa li te fè a. ³ Sepandan, ᵐli te kenbe rèd a peche Jéroboam, fis a Nebat la. Avèk sila li te fè Israël peche a. Li pa t kite yo.

⁴ Alò, Mesha, wa Moab la te yon mèt ki fò nan pran swen mouton. Li ⁿte konn peye wa Israël la avèk lenn a san-mil jenn mouton ansanm avèk lenn san-mil belye. ⁵ Men ᵒlè Achab te vin mouri, wa Moab la te fè rebèl kont wa Israël la. ⁶ Konsa, wa Joram te kite Samarie nan tan sa a pou te rasanble tout Israël. ⁷ Alò, li te voye kote Josaphat, wa Juda a. Li te di: "Wa Moab la te fè rebèl kont mwen. Èske ou va monte avè m pou goumen kont Moab?"

Li te reponn: "M ap monte. ᵖMwen tankou ou menm e pèp mwen an tankou pèp pa w la, cheval mwen yo tankou cheval pa ou yo." ⁸ Konsa, li te mande: "Nan ki chemen nou dwe monte?"

Wa Joram te reponn: "Pa chemen dezè ki nan Édom an." ⁹ Konsa, wa Israël la te ale avèk wa Juda a ak ᵠwa Édom an e nan vwayaj la, yo fè yon tou mache pandan sèt jou, e pa t gen dlo pou lame a ak pou betay ki te swiv yo. ¹⁰ Alò, wa Israël la te di: "Elas! Konsa SENYÈ a te rele twa wa sa yo pou lage yo nan men Moab."

¹¹ Men Josaphat te di: ʳ"Èske pa gen yon pwofèt SENYÈ a isit la, pou nou kapab fè demann SENYÈ a pa li menm?"

Youn nan sèvitè wa yo te reponn. Li te di: "Élisée, fis a Schaphath la, ki te konn vide dlo sou men a Élie yo isit la."

¹² Josaphat te di: "Pawòl SENYÈ a avèk li." Konsa, wa Israël la avèk Josaphat, avèk wa Édom an te desann kote li.

¹³ Alò, Élisée te di a wa Israël la: "Kisa m gen avè w? ˢAle kote pwofèt a papa ou avèk pwofèt a manman ou yo."

Wa Israël la te reponn: "Non, paske SENYÈ a te rele twa wa sila yo ansanm pou livre yo nan men a wa Moab la."

¹⁴ Élisée te di: ᵗ"Jan SENYÈ a viv la, devan sila mwen kanpe a, si se pa ke m respekte prezans a Josaphat, wa Juda a, mwen pa t ap gade ou, ni wè ou. ¹⁵ Men koulye a, mennen ban mwen yon mizisyen." Epi li te vin rive ke lè mizisyen an te jwe, ᵘmen SENYÈ a te vini sou Elisée. ¹⁶ Li te di: "Konsa di SENYÈ a: 'Fè vale sila a vin ranpli avèk kanal.' ¹⁷ Paske konsa pale SENYÈ a: 'Ou p ap wè van ni ou p ap wè lapli. Malgre sa, vale sila a ᵛva vin ranpli avèk dlo pou nou kab bwè; ni nou, ni bèf nou yo, ni bèt nou yo. ¹⁸ Sa se sèlman yon tikras bagay nan zye SENYÈ a. Anplis, Li va livre Moabit yo nan men nou. ¹⁹ ʷKonsa, nou va frape chak vil ki fòtifye e chak nan pi bèl vil yo, koupe mete atè tout bon pyebwa, bouche tout sous dlo e gate tout bon mòso tè avèk wòch yo.'"

ᵃ **2:10** Trav 1:10 ᵇ **2:11** II Wa 6:17 ᶜ **2:12** II Wa 13:14 ᵈ **2:14** II Wa 2:8 ᵉ **2:15** II Wa 2:7 ᶠ **2:16** I Wa 18:12 ᵍ **2:17** II Wa 8:11 ʰ **2:23** II Kwo 36:16 ⁱ **2:24** Né 13:25-27 ʲ **2:25** I Wa 18:19-20 ᵏ **3:1** II Wa 1:17 ˡ **3:2** Egz 23:24 ᵐ **3:3** I Wa 12:28-32 ⁿ **3:4** I Sam 8:2 ᵒ **3:5** II Wa 1:1 ᵖ **3:7** II Wa 22:4 ᵠ **3:9** I Wa 22:47 ʳ **3:11** I Wa 22:7 ˢ **3:13** I Wa 18:19 ᵗ **3:14** I Wa 17:1 ᵘ **3:15** I Wa 18:46 ᵛ **3:17** Sòm 107:35 ʷ **3:19** II Wa 3:25

²⁰ Li te vin rive nan maten ᵃvè lè pou ofri sakrifis la, ke vwala, dlo te sòti vè direksyon Édom e peyi a te vin ranpli avèk dlo.

²¹ Alò, tout Moabit yo te tande ke wa yo te monte pou goumen kont yo. Epi tout moun ki te kapab, te mete vètman pwotèj yo e sila avèk plis laj yo te resevwa lòd pou vin kanpe sou lizyè fwontyè a. ²² Yo te leve bonè nan maten, solèy la te vin klere sou dlo a, e Moabit yo te wè dlo anfas yo a wouj tankou san. ²³ Konsa, yo te di: "Sa se san. Asireman, wa yo te goumen ansanm e youn te touye lòt. Pou sa, Moab, antre pran piyaj la!"

²⁴ Men lè yo te rive nan kan Israël la, Izrayelit yo te leve e te frape Moabit yo jiskaske yo te kouri devan yo. Epi yo te avanse nan peyi a e te fè yon gwo masak pami Moabit yo. ²⁵ ᵇKonsa, yo te detwi vil yo, epi chak moun te jete yon wòch sou chak mòso bon tè pou te plen yo. Epi yo te bouche tout sous dlo yo e te koupe tout bon pyebwa yo, jis yo rive nan Kir-Haréseth kote se sèl wòch li yo ki rete. Men mesye fistibal yo te antoure li e te frape li. ²⁶ Lè wa Moab la te wè ke batay la te twò mechan pou li, li te pran avèk li sèt-san mesye ki te rale nepe pou ouvri yon pasaj pou rive kote wa Édom an; men yo pa t kapab. ²⁷ Alò, li te pran pi gran fis li a ki te gen pou renye nan plas li, e li te ᶜofri li kòm yon ofrann brile sou mi lan. Epi te vin gen lakòlè byen cho kont Israël, e yo te kite li pou retounen nan peyi pa yo.

4 Alò, yon sèten fanm pami madanm fis a pwofèt yo te kriye kont Élisée: ᵈ"Sèvitè ou a, mari mwen an mouri e ou konnen ke sèvitè ou te gen lakrent SENYÈ a. Konsa, ᵉmesye ki vèse prè kòb la, gen tan parèt pou pran de pitit mwen yo kòm esklav li."

² Élisée te di li: "Kisa pou m ta fè pou ou? Di mwen kisa ou gen nan kay la?" Epi li te di: "Sèvant ou pa gen anyen nan kay la sof ke ᶠyon bokal lwil."

³ Alò, li te di: "Ale, prete veso vid toupatou pou kont ou nan men tout vwazen ou yo. Pa manke pran anpil. ⁴ Ou va antre anndan, fèmen pòt la dèyè ou avèk fis ou yo, vide nan tout veso sa yo, e sa ki plen yo, mete yo akote."

⁵ Konsa, li te ale kite li e te fèmen pòt la dèyè li avèk fis li yo. Yo t ap mennen veso kote li pou l te plen. ⁶ Lè tout ᵍveso yo te plen li te di a fis li yo: "Mennen ban mwen yon lòt veso."

Epi li reponn li: "Nanpwen menm yon veso ankò." Konsa, lwil la te sispann.

⁷ Alò, li te vin pale nonm Bondye a. Li te di l: "Ale vann lwil la pou peye dèt ou. Epi ou menm avèk fis ou yo kab viv sou sa ki rete a."

⁸ Alò, te vin rive yon jou lè Élisée te pase bò kote ʰSunem, kote te gen yon fanm enpòtan. Konsa, fanm nan te konvenk li manje pen. Se konsa li te vin rive, ke nenpòt lè li te pase, li te vire antre la pou manje pen. ⁹ Fanm nan te di a mari li: "Gade byen, mwen apèsi ke sa se yon ⁱnonm sen a Bondye k ap pase bò kote nou tout tan. ¹⁰ Souple, annou fè yon ti chanm sou twati kay la. Annou mete yon kabann pou li la, avèk yon tab ak chèz avèk yon chandelye. Konsa li va ye ke lè li vini kote nou, li kapab vire antre la."

¹¹ Yon jou, li te vini la e te vire antre nan chanm anwo a pou te repoze. ¹² Konsa li te di a ʲGuéhazi, sèvitè li a: "Rele fanm Sinamit lan." Epi lè li te fin rele li, li te parèt kanpe devan l. ¹³ Li te di Guéhazi: "Koulye a di li: 'Gade, ou te byen pran swen nou avèk tout swen sila a. Se kisa nou kapab fè pou ou? Èske ou ta renmen m pale ak wa a pou ou, oswa kapitèn lame a?'"

Li te reponn: "Mwen rete pami pwòp pèp pa m."

¹⁴ Konsa, li te mande: "Alò, se kisa ki kab fèt pou li?"

Epi Guéhazi te reponn: "Anverite, li pa gen fis, e mari li fin granmoun."

¹⁵ Li te di: "Rele li." Lè li te rele li, li te kanpe nan pòtay la. ¹⁶ Epi li te di: ᵏ"Nan sezon sila nan ane k ap vini an, ou va anbrase yon fis."

Epi li te reponn: "Non, mèt mwen, O nonm Bondye a, pa bay manti a sèvant ou."

¹⁷ Konsa, Fanm nan te vin ansent e te fè yon fis nan menm sezon sa a nan ane ki vini an, jan Élisée te pale li a. ¹⁸ Lè pitit la te fin grandi, jou a te rive pou li te ale kote papa li avèk moun rekòlt yo. ¹⁹ Li te di a papa li: "Tèt mwen, tèt mwen."

Epi papa l te pale sèvitè li: "Pote li bay manman li."

²⁰ Lè li te pran li pou te mennen li bay manman l, li te chita sou jenou li jis rive midi e li te mouri. ²¹ Li te monte anlè, li te ˡkouche li sou kabann ᵐnonm Bondye a, li te fèmen pòt la dèyè l e li te sòti. ²² Konsa, li te rele mari li, e li te di l: "Souple, voye ban m youn nan bourik yo pou m ka al jwenn nonm Bondye a epi tounen."

²³ Li te di, "Poukisa ou w ap al kote l jodi a? Lalin pa nèf, ni li pa Saba a." Li te reponn: "L ap bon."

²⁴ Alò, li te sele yon bourik e te di a sèvitè li: "Kondwi pou avanse! Pa ralanti vitès sof ke se mwen ki di ou sa."

²⁵ Konsa li te ale e te vin kote nonm Bondye a sou ⁿMòn Carmel. Lè nonm Bondye a te wè li a yon distans li te di a Guéhazi, sèvitè li a: "Men vwala se Sinamit lan. ²⁶ Souple, kouri koulye a rankontre li, epi mande li: 'Èske tout bagay byen pou ou? Èske sa byen pou mari ou? Èske sa byen pou fis ou a?'"

Konsa, li te reponn: "L ap bon".

²⁷ Lè l te rive kote nonm Bondye a ᵒsou ti mòn nan, li te kenbe de pye li. Guéhazi te parèt pou pouse l fè l sòti; men nonm Bondye a te di: "Kite li, paske nanm li twouble anndan l. SENYÈ a te kache sa de mwen sa, e pa t di m sa."

²⁸ Fanm nan te di: "Èske mwen te mande mèt mwen pou yon fis? Èske mwen pa t di ou: ᵖ'Pa twonpe m'?"

ᵃ **3:20** Egz 29:39-40 ᵇ **3:25** II Wa 3:19 ᶜ **3:27** Am 2:1 ᵈ **4:1** II Wa 2:3 ᵉ **4:1** Lev 25:39-41-48 ᶠ **4:2** I Wa 17:12 ᵍ **4:6** Mat 14:20 ʰ **4:8** Jos 19:18 ⁱ **4:9** II Wa 4:7 ʲ **4:12** II Wa 4:29-31 ᵏ **4:16** Jen 18:10 ˡ **4:21** II Wa 4:32 ᵐ **4:21** II Wa 4:7 ⁿ **4:25** II Wa 2:25 ᵒ **4:27** II Wa 4:25 ᵖ **4:28** II Wa 4:16

²⁹ Alò, li te di a Guéhazi: "Mare senti ou, ᵃpran baton mwen nan men ou pou al fè wout ou. Si ou rankontre nenpòt moun, pa salye li, e si nenpòt moun salye ou, pa reponn li. Al mete baton mwen an kouche sou figi gason an."

³⁰ Manman a gason an te di: ᵇ"Jan SENYÈ a viv la, e jan ou menm viv la, mwen p ap kite ou."

Konsa, li te leve e te swiv li.

³¹ Guéhazi te pase devan yo e te kouche baton an sou figi a gason an, men li pa t fè bwi, ni li pa t reponn. Konsa, li te retounen rankontre Élisée e te di li: "Gason an ᶜpa t leve."

³² Lè Élisée te vini nan kay la, men vwala, gason an te kouche tou mouri sou kabann li an. ³³ Pou sa, ᵈli te antre fèmen pòt la dèyè yo toude a, e te priye a SENYÈ a. ³⁴ Konsa, li te pwoche kouche sou pitit la, li te mete bouch li sou bouch pa li, zye li sou zye pa li, men li sou men pa li. Li te ᵉlonje kò li sou li, e chè pitit la te kòmanse vin cho. ³⁵ Li te retounen nan kay la e te mache yon fwa ale retou, epi li te monte ᶠlonje li menm sou li. Gason an te touse sèt fwa e gason an te ouvri zye li. ³⁶ Li te rele Guéhazi e te di: "Rele Sinamit lan." Konsa, li te rele li.

Lè li te antre kote li, li te di: "Ranmase pran pitit ou a."

³⁷ Alò, fanm nan te antre anndan; li te tonbe nan pye li e li te bese li menm jis atè. Epi ᵍli te pran fis li, e te sòti.

³⁸ Lè Élisée te retounen Guilgal, te gen yon ʰgwo grangou nan peyi a. Pandan fis a pwofèt yo te chita devan l, li te di a sèvitè li a: "Mete gwo bonm nan e fè yon bouyon pou fis a pwofèt yo."

³⁹ Epi youn te ale nan chan an pou ranmase epis yo e yo te twouve yon lyann sovaj. Li te ranmase sou li kont joumou pou plen vètman li. Li te vin koupe yo, pou fè yo antre nan bouyon, paske yo pa t rekonèt yo. ⁴⁰ Konsa, yo te vide li pou mesye yo manje. Epi pandan yo t ap bwè bouyon an, yo te kriye fò. Yo te di: "O nonm Bondye, gen ⁱlanmò nan po a." Epi yo pa t kab manje.

⁴¹ Men li te di: "Alò, pote sereyal moulen an." ʲLi te jete li nan bonm nan e te di: "Vide li pou pèp la pou yo kab manje." Epi pa t gen okenn mal nan po a.

⁴² Alò, yon mesye te sòti Baal-Shalisha, e li te pote pou nonm Bondye a, pen premye fwi yo, ven pen lòj avèk tèt sereyal nèf nan sak li. Epi li te di: ᵏ"Bay pèp la pou yo kab manje."

⁴³ Asistan li an te di: "Kisa, ˡèske mwen va mete sa a devan san moun?"

Men li te di: "Bay pèp la pou yo kab manje, paske se konsa SENYÈ a pale: 'Yo va manje e va genyen ki rete.'"

⁴⁴ Konsa, li te mete li devan yo, yo te manje e te ᵐgenyen ki te rete, selon pawòl SENYÈ a.

5 Alò, ⁿNaaman, kapitèn lame a wa Syrie a, te yon mesye enpòtan a mèt li e li te estime anpil. Akoz li menm, SENYÈ a te bay yon viktwa pou Syrie. Anplis, mesye a te yon gèrye gran kouraj, men li te gen lalèp. ² Alò, Siryen yo te sòti ᵒpa ekip e yo te pran an kaptivite yon jenn tifi nan peyi Israël; epi li te sèvi madanm a Naaman an. ³ Li te pale konsa a mètrès li a: "Mwen ta tèlman vle ke mèt mwen an te avèk pwofèt Samarie a! Konsa, li ta geri li pou l pa gen lalèp la."

⁴ Naaman te antre kote mèt li a e te di: "Men konsa, fi ki sòti peyi Israël la te pale."

⁵ Alò, wa Syrie a te di: "Ale koulye a e mwen va voye yon lèt kote wa Israël la."

Li te sòti e te pran avè l dis talan ajan ak si-mil sik an lò ak dis ᵖechanj vètman konplè. ⁶ Li te mennen lèt la bay wa Israël la ki te di: "Epi koulye a, kòmsi lèt sa a rive bò kote ou, men vwala, mwen te voye Naaman, sèvitè mwen an kote ou, pou ou kab geri li nan afè lalèp sila a."

⁷ Lè wa Israël la te li lèt sa a, li te chire rad li. Li te di: ᑫ"Èske se Bondye mwen ye, pou m kab touye e fè viv, pou nonm sa ta voye kote mwen pou geri yon mesye ki gen lalèp? Men gade byen kijan l ap chache yon kont avè m."

⁸ Li te rive ke lè Élisée, ʳnonm Bondye a te tande ke wa Israël la te chire rad li, li te voye kote wa a e te di: "Poukisa ou chire rad ou konsa? Koulye a, kite li vin kote mwen e li va konnen ke gen yon pwofèt an Israël."

⁹ Konsa, Naaman te vini avèk cheval li yo ak cha li yo e te kanpe devan pòtay lakay Élisée. ¹⁰ Élisée te voye yon mesaje kote li ki te di: ˢ"Ale benyen nan Jourdain sèt fwa. Chè ou va restore a ou menm e ou va vin pwòp."

¹¹ Men Naaman te vin byen fache. Li te sòti e te di: "Gade byen, mwen te konnen ke asireman, li ta parèt deyò kote mwen, kanpe pou rele non SENYÈ a, Bondye li a e voye men li sou plas pou geri moun lalèp la. ¹² Èske rivyè Abana avèk Parpar nan Damas yo pa pi bon ke tout flèv Israël yo? Èske mwen pa t kab lave m nan yo e vin pwòp?" Konsa, li te vire ᵗsòti byen anraje.

¹³ Alò, sèvitè li yo te pwoche; yo te pale avèk li e te di: ᵘ"Papa mwen, si pwofèt la te di ou pou fè yon gwo bagay, èske ou pa t ap fè l. Konbyen, anplis, lè li di ou 'Lave ou pou vin pwòp?'"

¹⁴ Pou sa, li te desann e te fonse kò l sèt fwa nan Jourdain an, selon pawòl a nonm Bondye a; epi ᵛchè li te restore tankou chè a yon timoun, e li te vin pwòp. ¹⁵ Lè li te retounen kote nonm Bondye a avèk tout konpanyen li e te vin kanpe devan li, li te di: "Gade byen, koulye a, ʷmwen konnen ke nanpwen lòt Dye nan tout tè a, sof ke an Israël. Pou sa, souple, ˣaksepte yon kado nan men sèvitè ou a depi koulye a."

ᵃ **4:29** II Wa 2:14   ᵇ **4:30** II Wa 2:2-4   ᶜ **4:31** Jn 11:11   ᵈ **4:33** II Wa 4:4   ᵉ **4:34** I Wa 17:21-23   ᶠ **4:35** I Wa 17:21
ᵍ **4:37** Eb 11:35   ʰ **4:38** II Wa 8:1   ⁱ **4:40** Egz 10:17   ʲ **4:41** Egz 15:25   ᵏ **4:42** Mat 14:16-21   ˡ **4:43** Luc 9:13
ᵐ **4:44** Mat 14:20   ⁿ **5:1** Luc 4:27   ᵒ **5:2** II Wa 6:23   ᵖ **5:5** Jij 14:12   ᑫ **5:7** Jen 30:2   ʳ **5:8** I Wa 12:22
ˢ **5:10** Jn 9:7   ᵗ **5:12** Pwov 14:17   ᵘ **5:13** II Wa 2:12   ᵛ **5:14** II Wa 5:10   ʷ **5:15** Jos 2:11   ˣ **5:15** I Sam 25:27

¹⁶ Men li te di: "Jan SENYÈ a viv la, devan sila mwen kanpe a, ᵃmwen p ap pran anyen."

Konsa, li te ankouraje l pran, men li te refize. ¹⁷ Naaman te di: "Malgre, si se pa sa, souple, bay sèvitè ou a chaj de milèt ᵇtè; paske sèvitè ou a p ap ofri ofrann brile ni sakrifis a lòt dye, men a SENYÈ a. ¹⁸ Nan ka sa a, ke SENYÈ a kapab padone sèvitè ou a: lè mèt mwen antre nan kay Rimmon an, pou adore la, ᶜli va apiye sou men m e mwen va bese lakay Rimmon an, pou SENYÈ a kapab padone sèvitè ou a nan ka sa a."

¹⁹ Li te di li: ᵈ"Ale anpè."

Konsa, li te pati de li a yon distans. ²⁰ Men ᵉGuéhazi, sèvitè Élisée a, nonm Bondye a, te reflechi: "Men gade, mèt mwen an te konsève Naaman sila a, Siryen an, pwiske li pa resevwa nan men l sa ke li te pote a. Jan SENYÈ a viv la, mwen ap kouri dèyè l e pran yon bagay de li menm."

²¹ Konsa, Guéhazi te kouri dèyè Naaman. Lè Naaman te wè yon moun vin kouri dèyè li, li te desann cha a pou rankontre li. Li te di: "Èske tout bagay byen?"

²² Li te di: "Tout bagay byen. Mèt mwen an voye mwen. Li te di: 'Gade byen, soti koulye a, de jenn mesye ki pami fis a pwofèt yo te vin kote mwen soti nan ᶠpeyi ti mòn Éphraïm yo. Souple, ba yo yon talan ajan ak ᵍde echanj konplè nan vètman yo.'"

²³ Naaman te di: "Avèk plezi, pran de talan yo." Epi li te ankouraje li. Li te mare de talan ajan yo nan de sak avèk de echanj konplè nan rad yo, e li te bay yo a de sèvitè li yo, epi yo te pote yo devan li. ²⁴ Lè li te rive kote ti mòn nan, li te pran yo soti nan men yo, li te ʰmete yo nan kay la, li te voye mesye yo ale e yo te pati. ²⁵ Men li te antre ladann e te kanpe devan mèt li. Konsa, Elisée te di li: "Kote ou te ye Guéhazi?"

Li te reponn: ⁱ"Sèvitè ou a pa t ale okenn kote non." ²⁶ Epi li te di l: "Èske kè m pa t sòti lè mesye a te vire kite cha li pou vin rankontre ou a? ʲÈske sa se lè pou resevwa lajan, pou resevwa rad, chan doliv avèk chan rezen, avèk mouton ak bèf ak sèvitè avèk sèvant? ²⁷ Pou sa, lalèp Naaman an ap kole sou ou avèk desandan ou yo jis pou tout tan."

Konsa, li te kite prezans li kon ᵏyon lèp blan tankou lanèj.

6 Alò ˡfis a pwofèt yo te di a Élisée: "Gade byen, plas devan ou kote nou rete a twò piti pou nou. ² Souple, annou ale nan Jourdain an e chak nan nou pran soti la yon poto epi annou fè yon plas pou pwòp tèt nou kote nou kab rete a."

Li te reponn: "Ale."

³ Alò youn nan yo te di: "Souple, fè dakò pou ale avèk sèvitè nou yo."

Li te reponn: "M ap prale." ⁴ Konsa, li te ale avèk yo. Lè yo rive kote Jourdain an, yo te koupe bwa yo. ⁵ Men pandan youn nan yo t ap fè tonbe yon poto, tèt rach la te tonbe nan dlo. Nom nan te kriye fò e te di: "Anmwey, mèt mwen! Paske se prete li te ye!"

⁶ Epi nonm Bondye a te di: "Se kibò li te tonbe?" Epi lè li te montre li kote a, ᵐli te koupe yon bout bwa, e li te voye ladann pou te fè fè a vin monte sou dlo a. ⁷ Li te di: "Ranmase l pou kont ou." Konsa, li te lonje men li pou te pran l.

⁸ Alò, wa Syrie a te fè lagè kont Israël, epi li te konsilte avèk sèvitè li yo. Li te di: "Antre tèl kote ak tèl kote, ki kote nou va fè kan an."

⁹ ⁿNonm Bondye a te voye kote wa Israël la. Li te di: "Veye pou ou pa pase nan kote sila a, paske Siryen yo ap desann la." ¹⁰ Wa Israël la te voye nan plas kote nonm Bondye a te pale li a pou avèti l. Konsa, plis ke yon fwa oswa de fwa, li te sove li plizyè fwa. ¹¹ Alò, kè a wa Syrie a te anraje sou afè sa a. Li te rele sèvitè li yo e te di yo: "Èske ou va di mwen kilès nan nou ki pou wa Israël la?"

¹² Youn nan sèvitè li yo te di: "Non, mèt mwen, O wa a; men Élisée, pwofèt ki an Israël la ap pale wa Israël la pawòl ke ou pale menm nan chanm dòmi ou."

¹³ Konsa, li te di: "Ale wè kote li ye a pou m kab voye pran l."

Epi yo te pale li, e te di: "Gade, li ᵒDothan." ¹⁴ Li te voye cheval avèk cha avèk yon gwo lame la. Yo te vini pandan lannwit e te antoure vil la. ¹⁵ Alò, lè sèvitè a nonm Bondye a te leve bonè pou te sòti deyò, vwala, yon lame avèk cheval ak cha te antoure vil la. Epi sèvitè li a te di li: "Anmwey, mèt mwen! Kisa n ap fè?"

¹⁶ Konsa, li te reponn: ᵖ"Pa pè, paske ᑫsila ki avèk nou yo plis pase sila ki avèk yo a." ¹⁷ Epi Élisée te priye e te di: "O SENYÈ, Mwen priye, ouvri zye li pou li kapab wè." Epi SENYÈ a te ouvri zye a sèvitè li pou li te wè. Men vwala, tout mòn nan te ranpli avèk ʳcheval avèk cha dife toupatou te antoure Élisée. ¹⁸ Lè yo te desann kote li, Élisée te priye a SENYÈ a e te di: "Mwen priye, frape pèp sa a pou fè yo vin avèg."

Konsa, Li te ˢfrape yo pou fè yo vin avèg selon pawòl Élisée a.

¹⁹ Konsa, Élisée te di yo: "Sa se pa chemen, ni se pa vil sa a. Swiv mwen e mwen va mennen ou kote nonm ke w ap chache a." Epi li te mennen yo rive Samarie. ²⁰ Lè yo te rive Samarie, Élisée te di: "O ᵗSENYÈ, ouvri zye a moun sila yo pou yo kapab wè."

Konsa, SENYÈ a te ouvri zye yo pou yo te wè; epi vwala, yo te nan mitan Samarie.

²¹ Konsa, wa Israël la, lè li te wè yo, li te di Élisée: ᵘ"Papa mwen, èske m dwe touye yo? Èske m dwe touye yo?"

²² Li te reponn: "Ou pa pou touye yo. Èske ou ta touye sila ke ou fin pran an kaptivite avèk nepe

---

ᵃ **5:16** Jen 14:22 ᵇ **5:17** Egz 20:24 ᶜ **5:18** II Wa 7:2-17 ᵈ **5:19** Egz 4:18 ᵉ **5:20** II Wa 4:12-36 ᶠ **5:22** Jos 24:33
ᵍ **5:22** II Wa 5:5 ʰ **5:24** Egz 7:1-21 ⁱ **5:25** II Wa 5:22 ʲ **5:26** II Wa 5:16 ᵏ **5:27** Egz 4:6 ˡ **6:1** II Wa 2:3
ᵐ **6:6** Egz 15:25 ⁿ **6:9** II Wa 4:1-7 ᵒ **6:13** Jen 37:17 ᵖ **6:16** Egz 14:13 ᑫ **6:16** Wo 8:31 ʳ **6:17** Sòm 68:17
ˢ **6:18** Jen 19:11 ᵗ **6:20** II Wa 6:17 ᵘ **6:21** II Wa 2:12

oubyen ak banza ou? ªMete pen avèk dlo devan yo pou yo kab manje ak bwè e ale kote mèt pa yo."

²³ Konsa, li te prepare yon gran repa pou yo, epi lè yo te fin manje e bwè, li te voye yo ale. Yo te ale kote mèt pa yo, epi ᵇbann piyajè Siryen yo pa t vini ankò nan peyi Israël.

²⁴ Alò, li te vin rive apre sa ke ᶜBen-Hadad, wa Syrie a, te rasanble tout lame li a e te monte fè syèj kont Samarie. ²⁵ Te gen yon ᵈgwo grangou nan Samarie. Konsa, gade byen, yo te fè syèj la jis li rive ke tèt a yon bourik te vann pou katreven sik an ajan e yon ka kab poupou toutrèl pou senk sik ajan. ²⁶ Pandan wa Israël la t ap pase sou mi an, yon fanm te kriye fò a li menm e te di: "Fè m sekou, mèt mwen, O Wa a!"

²⁷ Wa a te di: "Si SENYÈ a pa ede ou, soti kibò mwen kab ede ou? Depi nan glasi vannen an, oswa avèk aparèy peze rezen an?" ²⁸ Epi wa a te mande l: ᵉ"Kisa ou genyen?"

Epi li te reponn: "Fanm sa a te di mwen: 'Ban m ti fis ou a pou nou kab manje li jodi a e nou va manje fis pa ou a demen.' ²⁹ ᶠKonsa, nou te bouyi fis mwen an e manje li; epi mwen te di li sou jou ki vini an: 'Ban m fis ou a pou nou kab manje li,' men li te kache fis li a."

³⁰ Lè wa a te tande pawòl a fanm nan, ᵍli te chire rad li—epi koulye a, li t ap pase sou mi an——e pèp la t ap gade, epi vwala, li te gen twal sak anba vètman a sou kò li. ³¹ Konsa, li te di: "Ke ʰBondye fè m sa, e menm plis, si tèt a Élisée, fis a Schaphath la rete sou kò li jodi a."

³² Alò, Élisée te chita lakay li a, e ansyen yo te chita avèk li. Epi wa a te voye yon mesye soti nan prezans li; men avan mesaje a te rive kote li, Élisée te di a ansyen yo: "Èske ou wè ki jan mesye sa a, fis a yon asasen te voye pou retire pran tèt mwen? Gade, lè mesaje a vini, fèmen pòt la kont li e kenbe pòt la fèmen kont li. Èske se pa son a pye mèt li a ki dèyè li?"

³³ Pandan li te toujou ap pale avèk yo, men vwala, mesaje a te desann kote li. Li te di: "Men gade, mechanste sa a sòti nan SENYÈ a; poukisa mwen ta dwe tann SENYÈ a ankò?"

7 Epi Élisée te di: "Koute pawòl SENYÈ a. Konsa pale SENYÈ a: ⁱ'Demen vè sa a, yon mezi farin fen va vann pou yon sik, e de mezi lòj pou yon sik nan pòtay Samarie a.'"

² Ofisye wayal la sou men a sila wa a te apiye a te reponn nonm Bondye a. Li te di: "Gade byen, menm ʲsi SENYÈ a ta fè fenèt nan syèl la, èske bagay sa a ta kab rive?"

Konsa, Élisée te reponn: "Gade byen, ou va wè l ak pwòp zye pa w, men ou p ap manje ladann."

³ Alò, te genyen kat ᵏmesye lalèp nan antre pòtay la. Yo te di youn ak lòt: "Poukisa n ap chita la jiskaske nou mouri? ⁴ Si nou di: 'N ap antre nan vil la', alò grangou nan vil la, nou va mouri la. Epi si nou chita isit la, nou va mouri tou. Pou sa, vini, annou janbe lòtbò ˡnan kan Siryen yo. Si yo lese nou viv, nou va viv; epi si yo touye nou, nou p ap gen plis pase mouri."

⁵ Konsa, yo te leve avan l fènwa pou ale nan kan Siryen yo, epi gade byen, pa t gen moun la. ⁶ Paske SENYÈ a te fè lame Siryen an tande bwi a cha yo avèk bwi cheval yo, son a yon gwo lame, jiskaske yo te di youn ak lòt: "Men gade, wa Israël la gen tan mete an sèvis kont nou ᵐwa Etyen yo avèk wa ⁿEjipsyen yo pou yo vini sou nou." ⁷ Pou sa, yo te ᵒleve kouri pandan tenèb la t ap pwoche e te kite tant yo avèk cheval yo avèk bourik yo ak kan an, jis jan ke li te ye a pou te sove ale e sove lavi yo. ⁸ Lè moun lalèp sa yo te rive nan landwa kan an, yo te antre nan yon tant pou te manje ak bwè e yo te ᵖpote soti la, ajan avèk lò avèk rad pou te ale sere yo. Epi yo te tounen antre nan yon lòt tant pou te pote soti la tou pou te ale sere yo. ⁹ Men konsa, yo te pale youn ak lòt: "Nou pa fè byen. Jou sa a se yon jou bòn nouvèl, men nou rete an silans. Si nou tann jis rive maten an, pinisyon va vin rive sou nou. Alò, pou sa, annou ale pale moun lakay wa a."

¹⁰ Konsa, yo te antre e yo te rele gadyen pòtay lavil yo pou te pale yo e te di: "Nou te rive nan kan Siryen yo e vwala, pa t gen moun la, ni menm vwa a yon moun, men sèlman cheval ki te mare ak bourik mare e tant yo menm jan yo te ye."

¹¹ Gadyen pòtay yo te rele pale anndan kay wa a.

¹² Wa a te leve nan lannwit lan e li te di a sèvitè li yo: "Mwen va pale ou koulye a sa ke Siryen yo gen tan fè. Yo konnen ke nou grangou; pou sa, yo te kite kan an ᵠpou kache yo menm nan chan an. Y ap di: 'Lè yo sòti lavil la, nou va kaptire yo vivan e antre nan vil la.'"

¹³ Youn nan sèvitè li yo te di: "Souple, kite kèk moun pran senk nan cheval ki rete lavil la. Gade byen, malgre nenpòt nan yo va menm jan ak tout rès foul moun ki rete ladann nan. Gade byen, yo tankou tout foul ki gen tan peri deja. Pou sa, annou voye gade."

¹⁴ Konsa, yo te pran de cha avèk cheval e wa a te voye yo dèyè lame Siryen an, e te di: "Ale gade."

¹⁵ Yo te ale dèyè yo jis rive nan Jourdain an, e gade, tout chemen an te ranpli avèk rad ak ekipaj ke Siryen yo te jete nan sove ale. Alò, mesaje yo te retounen pou te pale wa a. ¹⁶ Konsa, pèp la te sòti e te piyaje kan Siryen an. Alò, yon mezi farin fen te vann pou yon sik e de mezi lòj pou yon sik, ʳselon pawòl SENYÈ a. ¹⁷ Alò, wa a te chwazi menm ofisye wayal la, sou men a sila li te konn apiye a, pou pran chaj pòtay la; men pèp la te foule li anba pye nan pòtay la e li te vin mouri jis jan ke nonm Bondye a te pale a, ˢki t ap pale pandan wa a te vin desann kote l la. ¹⁸ Li

---

ª **6:22** Wo 12:20 ᵇ **6:23** II Wa 5:2 ᶜ **6:24** I Wa 20:1 ᵈ **6:25** Lev 26:26 ᵉ **6:28** Jij 18:23 ᶠ **6:29** Lev 26:27-29 ᵍ **6:30** I Wa 21:27 ʰ **6:31** Rt 1:17 ⁱ **7:1** II Wa 7:18 ʲ **7:2** Jen 7:11 ᵏ **7:3** Nonb 5:2-4 ˡ **7:4** II Wa 6:24 ᵐ **7:6** I Wa 10:29 ⁿ **7:6** És 31:1 ᵒ **7:7** Sòm 48:4-6 ᵖ **7:8** Jos 7:21 ᵠ **7:12** Jos 8:4-12 ʳ **7:16** II Wa 7:1 ˢ **7:17** II Wa 6:32

te vin rive jis jan ke nonm Bondye a te pale a wa a, lè l te di: ᵃ"De mezi lòj pou yon sik e yon mezi farin fen pou yon sik, va vann demen vè lè sa a nan pòtay Samarie." ¹⁹ Epi ofisye wayal la te reponn nonm Bondye a e te di: "Alò gade byen, ᵇSi SENYÈ a ta fè fenèt nan syèl la, èske yon bagay konsa ta kab rive?" Epi li te di: "Gade byen, ou va wè li avèk pwòp zye pa ou, men ou p ap manje ladann." ²⁰ Epi se konsa sa te vin rive li, paske pèp la te foule li anba pye nan pòtay la, e li te vin mouri.

8 Alò, Élisée te pale ak fanm a fis ki te geri a. Li te di: "Leve ale avèk tout lakay ou e ale viv nenpòt kote ou kab ale viv; paske SENYÈ a te deklare yon gwo grangou e ᶜsa va rive menm sou peyi a pandan sèt ane."

² Konsa, fanm nan te leve e te fè selon pawòl a nonm Bondye a. Li te ale avèk lakay li pou te vin viv nan peyi Filisten yo pandan sèt ane. ³ Nan fen sèt ane yo, fanm nan te retounen soti nan peyi Filisten yo. Konsa, li te soti deyò pou fè demann a wa a pou lakay li avèk chan li. ⁴ Alò, wa a t ap pale avèk ᵈGuéhazi, sèvitè a nonm Bondye a, e li t ap di: "Souple, fè m konnen tout gran bagay ke Élisée te konn fè yo." ⁵ Pandan li t ap pale wa a ᵉki jan li te restore lavi a sila ki te mouri an, men vwala, fanm a fis ke li te resisite a, te fè demann nan pou afè chan pa li a. Epi Guéhazi te di: "Mèt mwen, wa a, sa se fanm nan e sa se fis li a, ke Elisée te restore lavi."

⁶ Lè wa a te mande fanm nan, li te pale li sa a. Konsa, wa a te chwazi pou li yon sèten ofisye, e li te di: "Restore a li menm tout sa ki te pou li, ak tout pwodwi a chan li soti jou ke li te kite tè a jis rive koulye a."

⁷ Konsa, Élisée te vin Damas. Alò, ᶠBen-Hadad, wa Syrie a, te malad. Yo te di li: ᵍ"Nonm Bondye a gen tan rive isit la."

⁸ Wa a te di a Hazaël: ʰ"Pran yon kado nan men ou pou ale rankontre nonm Bondye a, e ⁱmande a SENYÈ a selon li menm. Mande l: 'Èske mwen va refè de maladi sa a?'"

⁹ Konsa, Hazaël te ale rankontre li avèk yon kado nan men l, menm de tout kalite bon bagay Damas, pote sou karant chaj chamo. Li te vin rive kanpe devan li e te di: ʲ"Fis ou Ben-Hadad, wa Syrie a, te voye mwen kote ou. Li te vle m mande pou li: 'Èske mwen va refè de maladi sa a?'"

¹⁰ Alò, Élisée te di li: ᵏ"Ale pale li konsa, 'Ou va asireman refè;' men SENYÈ a te montre mwen ke byensi, l ap mouri.'" ¹¹ Li te gade l byen fiks, ˡjiskaske li te wont. Epi ᵐnonm Bondye a te kriye.

¹² Hazaël te di: "Poukisa mèt mwen ap kriye a?"

Alò, li te reponn: "Paske mwen konnen mal la ke ou va fè a fis Israël yo: Fòtères ke ou va brile ak jennonm pa yo ke ou va touye avèk nepe, ⁿpitit pa yo ke ou va kraze an mòso ak fanm gwo vant yo ke ou va chire nèt."

¹³ Epi Hazaël te di li: "Men kisa sèvitè ou ye? Yon chen ki ta fè gwo bagay sa a?"

Élisée te reponn: ᵒ"SENYÈ a te montre mwen ke ou va wa sou Syrie."

¹⁴ Konsa, li te pati kite Élisée pou te retounen kote mèt li, ki te mande l: "Se kisa ke Élisée te di ou?" Epi li te reponn: "Li te di mwen ke ou ta asireman vin refè."

¹⁵ Nan jou swivan an, li te pran yon gwo kouvèti a, li te fonse l nan dlo e li te ouvri li sou figi li, ᵖjiskaske wa a te mouri. Konsa, Hazaël te vin wa nan plas li.

¹⁶ Alò, nan senkyèm ane ᑫJoram, fis a Achab la, wa Israël la, pandan Josaphat te wa Juda, Joram, fis Josaphat la, wa Juda, te devni wa. ¹⁷ Li te gen ʳlaj a trann-dezan lè li te devni wa, e li te renye uitan nan Jérusalem. ¹⁸ Li te mache nan chemen a wa Israël yo, jis jan ke lakay Achab te fè a, paske ˢfi Achab la te devni madanm li. Li te fè mal nan zye SENYÈ a. ¹⁹ Sepandan, SENYÈ a pa t gen volonte pou detwi Juda, pou koz David, sèvitè li a, ᵗpaske li te pwomèt li pou ba li toujou yon lanp a li menm pa fis li yo pou tout tan.

²⁰ Nan jou pa li yo, ᵘÉdom te fè rebèl soti anba men Juda e yo te fè yon wa sou pwòp tèt pa yo. ²¹ Epi Joram te travèse kote Tsaïr e tout cha li yo avèk li. Li te leve nan lannwit pou te frape Edomit ki te antoure li avèk kapitèn a cha yo, ᵛmen lame pa li a te sove ale rive nan tant pa yo. ²² ʷKonsa, Édom te fè rebèl kont Juda jis rive jodi a. Alò, Libna te revòlte nan menm lè a. ²³ Tout lòt zèv a Joram yo avèk tout sa ke li te fè yo, èske yo pa ekri nan Liv Kwonik a wa a Juda yo? ²⁴ Konsa, ˣJoram te dòmi avèk zansèt li yo e li te antere avèk zansèt li yo nan vil David la. Epi Achazia te devni wa nan plas li.

²⁵ Nan douzyèm ane Joram, fis a Achab la, wa Israël, Achazia, fis a Joram nan te kòmanse renye. ²⁶ ʸAchazia te gen venn-dezan lè l te devni wa e li te renye yon ane nan Jérusalem. Manman li te rele Athalie, pitit a pitit Omri, wa Israël la. ²⁷ Achazia te ᶻmache nan chemen lakay Achab e te fè mal nan zye SENYÈ a tankou lakay Achab, akoz se te bofis a lakay Achab.

²⁸ Alò, li te ale avèk Joram, fis a Achab la pou fè lagè kont ᵃHazaël, wa Syrie a nan ᵇRamoth-Galaad e Siryen yo te blese Joram. ²⁹ Konsa, ᶜWa Joram te retounen nan Jizréel pou geri akoz blese ke Siryen yo te ba li nan Rama a lè li te goumen kont Hazaël, wa Syrie a. Epi Achazia, fis a Joram nan, wa Juda a, te desann wè Joram, fis Achab la nan Jizréel akoz li te malad la.

9 Alò, Élisée, pwofèt la, te rele youn nan ᵈfis a pwofèt yo. Li te di li: "Mare senti ou e ᵉpran bokal lwil nan men ou pou monte Ramoth-Galaad.

ᵃ **7:18** II Wa 7:1 ᵇ **7:19** II Wa 7:2 ᶜ **8:1** Jen 41:27-54 ᵈ **8:4** II Wa 4:7 ᵉ **8:5** II Wa 4:35 ᶠ **8:7** II Wa 6:24 ᵍ **8:7** II Wa 5:20 ʰ **8:8** I Wa 14:3 ⁱ **8:8** II Wa 1:2 ʲ **8:9** II Wa 5:13 ᵏ **8:10** II Wa 8:14 ˡ **8:11** II Wa 2:17 ᵐ **8:11** Luc 19:41 ⁿ **8:12** II Wa 15:16 ᵒ **8:13** I Wa 19:15 ᵖ **8:15** II Wa 8:10 ᑫ **8:16** II Wa 1:17 ʳ **8:17** II Kwo 21:5-10 ˢ **8:18** II Wa 8:27 ᵗ **8:19** II Sam 7:12-15 ᵘ **8:20** II Wa 22:47 ᵛ **8:21** II Sam 16:17 ʷ **8:22** Jen 27:40 ˣ **8:24** II Kwo 21:1-7 ʸ **8:26** II Kwo 22:2 ᶻ **8:27** II Kwo 22:3 ᵃ **8:28** II Wa 8:15 ᵇ **8:28** I Wa 22:3-29 ᶜ **8:29** II Wa 9:15 ᵈ **9:1** II Wa 2:3 ᵉ **9:1** I Sam 10:1

² Lè ou rive la, chache jwenn ªJéhu, fis a Josaphat a, fis a Nimschi a. Antre ladann, mande li vin apa de frè li yo. Mennen li nan yon chanm anndan. ³ Konsa, pran bokal lwil la, vide li sou tèt li e di: 'Konsa pale SENYÈ a; ᵇ"Mwen te onksyone ou wa sou Israël.'" Epi konsa, louvri pòt la, kouri sove ale! Pa tann!"

⁴ Konsa, ᶜjennonm nan, sèvitè pwofèt la, te ale Ramoth-Galaad. ⁵ Lè l rive, men vwala, kapitèn a lame yo te chita. Li te di: "Mwen gen yon pawòl pou ou O kapitèn."

Jéhu te reponn: "Pou kilès nan nou?"

Li te di: "Pou ou, O kapitèn." ⁶ Li te leve pou antre nan kay la. Li te vide lwil sou tèt li e te di li: "Konsa pale SENYÈ a, Bondye Israël la, ᵈMwen te onksyone ou Wa sou pèp SENYÈ a, sou Israël menm. ⁷ Ou gen pou frape lakay Achab, mèt ou a, pou Mwen kapab fè revandikasyon ᵉsan a sèvitè mwen yo, pwofèt yo ak san a tout sèvitè SENYÈ yo, pa men Jézabel. ⁸ 'Paske tout lakay Achab va peri e ᶠMwen va koupe retire sou Achab tout gason, ni esklav, ni lib an Israël. ⁹ ᵍMwen va fè lakay Achab vin tankou lakay Jéroboam, fis a Nebath la, e ʰtankou lakay Basha, fis Achija a. ¹⁰ ⁱChen ap manje Jézabel nan teritwa Jizréel la, e nanpwen moun k ap antere li.'" Konsa, li te ouvri pòt la e te sove ale.

¹¹ Alò Jéhu te sòti deyò kote sèvitè mèt li yo. Youn nan yo te mande l: "Èske tout bagay byen? Poukisa ʲnonm fou sila a te vin kote ou a?" Li te reponn yo: "Ou konnen nonm sila a avèk tout sa li pale yo."

¹² Yo te di:

"Sa se manti. Pale nou koulye a."

Li te di: "Li te di m, 'Konsa pale SENYÈ a: "Mwen te onksyone ou wa sou Israël"'."

¹³ Konsa, ᵏyo te fè vit, chak moun te pran vètman pa yo, te plase yo anba li sou mach la. Yo te ˡsoufle twonpèt la e yo t ap di: "Jéhu se wa a!"

¹⁴ Konsa Jéhu, fis a Josaphat a, fis a Nimschi a, te fè konplo kont Joram. ᵐAlò, Joram avèk tout Israël t ap defann Ramoth-Galaad kont Hazaël, wa Syrie a. ¹⁵ Men ⁿWa Joram te fin retounen a Jizréel pou geri akoz blese ke Siryen yo te ba li lè li te goumen avèk Hazaël, wa Syrie a. Konsa, Jéhu te di: "Si sa se volonte ou, pa kite pèsòn chape kite vil la pou ale pale Jizréel." ¹⁶ Alò, Jéhu te monte yon cha pou te ale Jizréel, paske Joram te kouche la. ᵒAchazia, wa Juda a, te deja desann pou wè Joram.

¹⁷ Koulye a, gadyen an te kanpe sou fò Jizréel, e li te wè konpanyen Jéhu, pandan li t ap vini. Li te di: "Mwen wè yon konpanyen."

Joram te di: "Pran yon chevalye, voye li rankontre yo e kite li di: 'Èske sa an pè?'"

¹⁸ Konsa, yon chevalye te ale rankontre li. Li te di: "Konsa pale wa a: 'Èske sa an pè?'"

Jéhu te reponn: ᵖ"Kisa ou gen pou fè avèk lapè? Vire dèyè mwen."

Konsa, gadyen an te bay rapò a. "Mesaje a te rive kote yo, men li pa t retounen."

¹⁹ Li te voye yon dezyèm chevalye, ki te rive kote yo. Li te di: "Konsa pale wa a: 'Èske sa an pè?'"

Jéhu te reponn: "Kisa ou gen pou fè avèk lapè? Vire dèyè mwen."

²⁰ Gadyen an te bay rapò a: "Lè te rive kote yo menm, men li pa t retounen, epi ᵠkondwi li se tankou kondwi a ʳJéhu, paske li kondwi tankou moun anraje."

²¹ Konsa, Joram te di: "Fè cha a vin parèt."

Epi yo te prepare cha li a. ˢJoram, wa Israël la, avèk Achazia, wa Juda a te sòti yo chak nan cha pa yo, yo te ale rankontre Jéhu, e yo te twouve li sou tèren Naboth la, Jizreyelit la. ²² Lè Joram te wè Jéhu, li te di: "Èske sa an pè, Jéhu?"

Epi li te reponn: "Ki lapè sa a, ᵗkòmsi zak pwostitiye manman ou Jézabel avèk vye maji pa li yo tèlman anpil?"

²³ Alò, Joram te frennen cha a, tou vire e te sove ale. Li te pale Achazia: ᵘ"Trayizon, O Achazia!"

²⁴ Konsa, ᵛJéhu te rale banza li ak tout fòs e te tire Joram antre bwa li. Flèch la te pase nan kè l e li te bese desann nan cha li. ²⁵ Alò, Jéhu te pale ak Bidqar, adjwen li an: "Pran l e jete l nan ʷchan Naboth la, Jizreyelit la, paske mwen sonje lè ou avèk mwen te monte kouri ansanm dèyè Achab, papa li, ke SENYÈ a te pwononse pawòl sa a kont li: ²⁶ ˣ'Anverite, Mwen te wè ayè, san Naboth la ak san a fis li yo,' pale SENYÈ a, 'epi, Mwen va rekonpanse ou nan teren sa a', pale SENYÈ a. Alò, pou sa, pran l e jete l nan teren an, selon pawòl SENYÈ a."

²⁷ ʸLè Achazia, wa Juda a te wè li, li te sove ale pa chemen kay jaden an. Epi Jéhu te kouri dèyè li e te di: "Tire li tou, nan cha a." Konsa, li te fèt sou ti pant Gur a, ki ᶻJibleam nan. Men li te sove ale rive Méguiddo, e la li te mouri. ²⁸ ªSèvitè li yo te pote li nan yon cha rive Jérusalem e yo te antere li nan tonm pa li avèk zansèt li yo nan vil David la. ²⁹ Alò, ᵇnan onzyèm ane règn Joram la, fis Achab la, Achazia te devni wa sou Juda.

³⁰ Lè Jéhu te vini Jizréel, Jézabel te tande sa. ᶜLi te pentire zye li, li te byen dekore tèt li e li te gade deyò fenèt la. ³¹ Lè Jéhu te antre nan pòtay la, li menm Jézabel te di: ᵈ"Èske tout bagay byen, Zimri, asasen mèt pa w la?"

³² Jéhu te leve figi li vè fenèt la e te di: "Se kilès ki pou mwen? Kilès?"

Konsa, de oswa twa linik ren nan te gade anba kote li.

³³ Li te di: "Jete li anba."

Konsa, yo te jete li anba e kèk nan san li te vòltije jis sou miray la ak sou cheval yo, epi li te foule

---

ª **9:2** I Wa 19:16-17   ᵇ **9:3** II Kwo 22:7   ᶜ **9:4** II Wa 9:1   ᵈ **9:6** I Sam 2:7-8   ᵉ **9:7** I Wa 18:4   ᶠ **9:8** I Wa 21:21   ᵍ **9:9** I Wa 14:10-11   ʰ **9:9** I Wa 16:3-12   ⁱ **9:10** I Wa 21:23   ʲ **9:11** Jr 29:26   ᵏ **9:13** Mat 21:7-8   ˡ **9:13** I Wa 1:34-39   ᵐ **9:14** I Wa 22:3   ⁿ **9:15** II Wa 8:29   ᵒ **9:16** II Wa 8:29   ᵖ **9:18** II Wa 9:19-22   ᵠ **9:20** II Sam 18:27   ʳ **9:20** I Wa 19:17   ˢ **9:21** II Kwo 22:7   ᵗ **9:22** I Wa 16:30-33   ᵘ **9:23** II Wa 11:14   ᵛ **9:24** I Wa 22:34   ʷ **9:25** I Wa 21:1   ˣ **9:26** I Wa 21:13-19   ʸ **9:27** II Kwo 22:7   ᶻ **9:27** Jos 17:11   ª **9:28** II Wa 23:30   ᵇ **9:29** II Wa 8:25   ᶜ **9:30** Jr 4:30   ᵈ **9:31** I Wa 16:9-20

anba pye yo. ³⁴ Lè Jéhu te antre, li te manje e bwè. Konsa, li te di: "Okipe koulye a de ᵃfanm modi sila a e antere li; paske ᵇse fi a wa a ke li ye."

³⁵ Yo te ale antere l, men yo pa t jwenn plis ke zo tèt la, pye yo avèk pla men yo. ³⁶ Pou sa, yo te retounen pou te pale li.

Konsa, li te di: "Sa se pawòl SENYÈ a, ke Li te pale pa sèvitè li, Élie, Tichbit la. Li te di: ᶜ"Nan teren Jizréel la, chen yo va manje chè Jézabel, ³⁷ epi ᵈkadav Jézabel va tankou fimye bèt sou sifas chan nan teren Jizréel la, jiskaske yo pa ka di: "Sa se Jézabel.""'"

10 Alò, Achab te gen swasann-dis fis ᵉSamarie. Epi Jéhu te ekri lèt pou te voye Samarie, kote chèf Jizréel yo, ansyen yo e vè gadyen pitit Achab yo, e te di: ² "Alò, ᶠlè lèt sa a rive kote ou, akoz fis a mèt ou yo avè w, menm jan avèk cha yo, cheval yo ak yon vil fòtifye avèk zam, ³ Chwazi pi bon ak pi kapab pami fis a mèt ou yo, mete li sou twòn papa l, e batay pou lakay mèt ou."

⁴ Men yo te pè anpil. Yo te di: "Men gade, ᵍde wa sila yo pa t kanpe devan li! Alò, kijan nou kab kanpe?" ⁵ Epi sila ki te sou tout kay la ak sila ki te sou vil la, ansyen yo ak gadyen zanfan yo, te voye kote Jéhu e te di: ʰ"Nou se sèvitè ou. Tout sa ou mande nou, nou va fè l. Nou p ap fè okenn moun wa. Fè sa ki bon nan zye ou."

⁶ Alò, li te ekri yon lèt yon dezyèm fwa. Li te di: "Si ou sou kote pa m, ou va koute vwa m, pran tèt a mesye yo, fis a mèt ou yo, e vin kote mwen Jizréel demen vè lè sa a."

Alò, fis a wa yo, swasann-dis moun, te avèk moun enpòtan ki nan vil yo ki t ap leve yo. ⁷ Lè lèt la te rive kote yo, yo te pran fis a wa a e te ⁱtouye yo; swasann-dis moun, e te mete tèt pa yo nan panyen pou te voye yo kote li Jizréel. ⁸ Lè mesaje a te vin pale li, li te di: "Yo gen tan pote tèt a fis a wa yo."

Li te di yo: "Mete yo nan de pil nan antre pòtay la jis rive nan maten." ⁹ Alò, nan maten, li te ale deyò pou te kanpe pale a tout pèp la: "Nou inosan. Gade byen, ʲmwen te fè konplo kont mèt mwen, e mwen te touye li. Men se kilès ki te touye tout sila yo? ¹⁰ Pou sa, konnen byen ke ᵏanyen p ap tonbe atè nan pawòl ke SENYÈ a te pale selon lakay Achab la, paske SENYÈ a te fè ˡsa li te pale ak sèvitè li a, Élie."

¹¹ Konsa, Jéhu te touye tout sila ki te rete lakay Achab nan ᵐJizréel yo ak tout moun pwisan pa li yo, avèk sila ki te konnen li yo, avèk prèt li yo, jiskaske pa t gen moun pa l vivan.

¹² Epi li te leve sòti ale Samarie. Nan chemen an, pandan li te Beth-Eked ki te pou bèje yo, ¹³ ⁿJéhu te rankontre fanmi a Achazia, wa Juda a. Li te mande: "Se kilès nou ye?"

Yo te reponn: "Nou se fanmi a Achazia. Nou te vin desann pou salye fis a wa yo avèk fis a rèn nan."

¹⁴ Li te di: "Pran yo vivan."

Konsa, yo te pran yo vivan e te touye yo nan fòs ki rele Beth-Eked la; karann-de mesye, e li pa t kite youn nan yo.

¹⁵ Alò, lè li te kite la, li te rankontre ᵒJonadab, fis a Récab ki te vin rankontre li a. Li te salye li, e te di li: "Èske kè ou bon, jan kè m avèk kè ou a?"

Jonadab te reponn: "Li konsa."

Jéhu te di: "Si li konsa, ban mwen men ou." Epi li te pran li fè l monte nan cha li a. ¹⁶ Li te di: "Vini avè m pou ᵖwè zèl mwen pou SENYÈ a." Konsa, li te fè li ale nan cha li a. ¹⁷ Lè li te rive Samarie, li te touye tout moun ki te rete pou Achab Samarie yo, jiskaske ᵠli te fin detwi li nèt, ʳselon pawòl SENYÈ a te pale a Élie a.

¹⁸ Konsa, Jéhu te rasanble tout pèp la e li te pale yo: ˢ"Achab te sèvi Baal yon tikras; Jéhu va sèvi li anpil. ¹⁹ Pou sa, ᵗvoye fè parèt tout pwofèt a Baal yo, tout sila ki sèvi l avèk tout prèt li yo. Pa kite youn nan yo pa la. Paske mwen gen yon gran sakrifis pou Baal. Nenpòt moun ki pa la, p ap viv." Men se avèk riz Jéhu te fè sa, jis pou li ta kapab detwi fidèl a Baal yo.

²⁰ Jéhu te di: ᵘ"Anonse yon fèt sen pou Baal."

Epi yo te anonse l. ²¹ Konsa, Jéhu te voye toupatou an Israël e tout sèvitè a Baal yo te vini, jis pa t gen yon moun ki rete ki pa t vini. Lè yo te antre nan ᵛkay Baal la, kay Baal la te ranpli jis sòti nan yon pwent pou rive nan yon lòt pwent. ²² Li te di a sila ki te sou chaj vètman yo: "Mennen vètman yo deyò pou tout sèvitè Baal yo."

Konsa, li te mennen vètman yo deyò pou yo. ²³ Jéhu te antre lakay Baal avèk Jonadab, fis a Récab la, epi li te di a sèvitè Baal yo: "Chache pou wè ke pa gen pami nou okenn nan sèvitè SENYÈ a; men sèlman sèvitè a Baal yo."

²⁴ Epi yo te antre ladann pou ofri sakrifis avèk ofrann brile. Alò, Jéhu te estasyone pou li, katre-ven òm deyò a, e li te di: ʷ"Sila ki kite nenpòt nan mesye yo ke m mennen nan men nou yo chape, li menm va bay lavi li an echanj."

²⁵ Li te vin rive ke depi li te fin fè ofrann brile a, Jéhu te di a gad avèk ofisye wayal yo, ˣ"Antre ladann e touye yo! Pa kite pèsòn sòti!" Konsa, yo te touye yo avèk lam nepe, epi gad avèk ofisye wayal yo te jete yo deyò e te antre nan chanm enteryè nan kay Baal la. ²⁶ Yo te pran ʸpilye sakre lakay Baal yo e te mennen yo deyò pou te brile yo. ²⁷ Anplis, yo te kraze pilye sakre a Baal la, yo te kraze kay Baal la e te ᶻfè l tounen yon latrin jis rive jodi a. ²⁸ Konsa, Jéhu te rache Baal sòti an Israël.

²⁹ Men ᵃpeche a Jéroboam yo, fis a Nebath la, avèk sila li te fè Israël peche a, depi sila yo, Jéhu

---

ᵃ **9:34** I Wa 21:25 ᵇ **9:34** I Wa 16:31 ᶜ **9:36** I Wa 21:23 ᵈ **9:37** Jr 8:1-3 ᵉ **10:1** I Wa 16:24-29 ᶠ **10:2** II Wa 5:6 ᵍ **10:4** II Wa 9:24-27 ʰ **10:5** Jos 9:8-11 ⁱ **10:7** Jij 9:5 ʲ **10:9** II Wa 9:14-24 ᵏ **10:10** II Wa 9:7-10 ˡ **10:10** I Wa 21:19-29 ᵐ **10:11** Os 1:4 ⁿ **10:13** II Wa 8:24-29 ᵒ **10:15** Jr 35:6-19 ᵖ **10:16** I Wa 19:10 ᵠ **10:17** II Wa 9:8 ʳ **10:17** II Wa 10:10 ˢ **10:18** I Wa 16:31-32 ᵗ **10:19** II Wa 18:19 ᵘ **10:20** Jl 1:14 ᵛ **10:21** I Wa 16:32 ʷ **10:24** I Wa 20:30-42 ˣ **10:25** I Wa 18:40 ʸ **10:26** I Wa 14:23 ᶻ **10:27** Esd 6:11 ᵃ **10:29** I Wa 12:28-30 pa t kite yo, menm jenn bèf an lò ki te Béthel e ki te Dan. ³⁰ SENYÈ a te di a Jéhu: "Akoz ou te fè sa ki bon nan acheve sa ki bon nan zye m, e ou te fè a lakay Achab selon tout sa ki te nan kè M, ᵃfis ou yo jis rive nan katriyèm jenerasyon va chita sou twòn Israël la."

³¹ Men Jéhu ᵇpa t fè atansyon mache avèk tout kè li nan lalwa SENYÈ a, Bondye Israël la. Li pa t kite peche a Jéroboam yo, avèk sila li te fè Israël peche yo.

³² Nan jou sa yo, ᶜSENYÈ a te kòmanse koupe retire li nan peyi Israël la. Hazaël te bat yo toupatou nan teritwa Israël la, ³³ soti nan Jourdain an pou ale vè lès, tout peyi Galaad la, Gadit yo, Ribenit yo ak Manasit yo, soti nan ᵈAroër, ki akote vale Arnon an, menm ᵉGalaad avèk Basan. ³⁴ Alò, tout lòt zèv a Jéhu yo ak tout sa li te fè avèk tout pwisans li, èske yo pa ekri nan Liv Kwonik a Wa Israël yo? ³⁵ Konsa, Jéhu te dòmi avèk zansèt li yo, e yo te antere li Samarie. Joachaz, fis li a, te devni wa nan plas li. ³⁶ Alò, tan ke Jéhu te renye sou Israël Samarie a se te venn-tuitan.

11 Lè Athalie, manman Achazia te wè ke fis li a te mouri, li te leve detwi tout pitit a fanmi wayal yo. ² Men Yehoshéba, fi a Wa Joram nan, sè a Achazia a, ᶠte pran Joas, fis a Achazia a e li te rachte li pami fis a wa ki t ap mete a lanmò yo, e li te plase li avèk fanm nouris pa li nan chanm dòmi an. Konsa, yo te kache li soti Athalie pou li pa t mete a lanmò. ³ Konsa, li te kache avèk li pandan sizan lakay SENYÈ a, pandan Athalie t ap renye sou peyi a.

⁴ ᵍAlò, nan setyèm ane a, Joïada te voye mennen kapitèn a santèn yo, a ʰKaryen yo ak nan gad yo. Li te mennen yo kote li lakay SENYÈ a, e li te montre yo fis a wa a. ⁵ Li te kòmande yo e te di: "Men bagay ke ou oblije fè: ⁱyon tyè nan nou, ki vin antre nan Saba a, veye sou lakay wa a; ⁶ yon tyè tou, nan Pòtay ki rele Sur a, ak yon tyè nan pòtay dèyè gad yo, ki va veye sou kay la kòm defans. ⁷ De pati ladann nan, tout moun ki sòti nan Saba a, va osi veye sou lakay SENYÈ a pou wa a. ⁸ Epi nou va antoure wa a, chak moun avèk zam li nan men l; epi nenpòt moun ki antre nan ran pa nou, yo va mete a lanmò. Epi ʲrete avèk wa a lè l sòti ak lè l lantre."

⁹ Konsa, kapitèn a santèn yo ᵏte fè selon tout sa ke Jehojada, prèt la, te kòmande li. Yo chak nan yo te pran mesye pa li yo ki te genyen pou antre nan Saba a, avèk sila ki te gen pou sòti nan Saba yo pou te rive kote Jehojada, prèt la. ¹⁰ ˡPrèt la te bay kapitèn a santèn yo lans avèk boukliye, sòti lakay SENYÈ a ki te konn pou Wa David la. ¹¹ Gad yo te kanpe chak avèk zam pa yo nan men yo, soti sou kote dwat kay la, jis rive sou kote goch kay la, akote lotèl la e akote kay la, yo te antoure wa a. ¹² Epi li te mennen fè parèt deyò fis a wa a e te ᵐmete kouwòn nan sou tèt li, avèk ⁿtemwen an; epi yo te fè li wa e te onksyone li. Yo te bat men yo e te di: "Viv wa a!"

¹³ ᵒLè Athalie te tande bwi a gad la ak pèp la, li te vin kote moun yo lakay SENYÈ a. ¹⁴ Li te gade, e men vwala, wa a te kanpe ᵖakote pilye a, selon koutim nan, avèk kapitèn yo ak twonpèt yo akote wa a. Epi tout moun peyi a t ap rejwi e sone twonpèt yo. Athalie te ᵍchire rad li e te kriye: "Trayizon, Trayizon!"

¹⁵ Jehojada, prèt la, te kòmande kapitèn a santèn ki te chwazi sou lame a. Li te di yo: "Mennen li deyò antre nan ran sòlda yo e nenpòt moun ki swiv li, mete li a lanmò avèk nepe." Paske prèt la te di: "Pa kite li mete a lanmò nan kay SENYÈ a." ¹⁶ Pou sa, yo te sezi li, lè li te rive kote antre cheval lakay wa yo, li te ʳmete a lanmò la.

¹⁷ Epi ˢJehojada te fè yon akò antre SENYÈ a, wa a ak pèp la, pou yo ta devni pèp SENYÈ a, e osi antre pèp la avèk wa a. ¹⁸ Tout pèp peyi a te ale kote ᵗkay Baal la, yo te chire li. Lotèl li ak imaj li yo, yo te kraze an mòso nèt, e yo te touye Matthan, prèt Baal la, devan lotèl yo. Prèt la te chwazi ofisye yo sou kay SENYÈ a. ¹⁹ Li te pran kapitèn a santèn yo avèk ᵘKaryen, avèk gad yo ak tout pèp peyi a. Konsa, yo te mennen wa a desann soti lakay SENYÈ a e yo te vini pa chemen pòtay gad yo rive lakay wa a. Epi li te chita sou twòn a wa yo. ²⁰ Konsa, ᵛtout pèp peyi a te rejwi e vil la te vin kalm. Paske yo te mete Athalie a lanmò pa nepe lakay wa a. ²¹ ʷJoas te genyen laj sèt ane lè l te vin wa a.

12 Nan setyèm ane Jéhu, ˣJoas te vin wa a, e li te renye karantan Jérusalem. Non manman li te Tsibja nan Beer-Schéba. ² Joas te fè sa ki bon nan zye SENYÈ a pandan tout jou li yo depi Jehojada, prèt la, te enstwi li. ³ Sèlman, ʸwo plas yo pa t retire. Pèp la te toujou fè sakrifis e te brile lansan sou wo plas yo.

⁴ Alò, Joas te di a prèt yo: "Tout lajan de afè konsakre yo, ki ᶻpote antre nan kay SENYÈ a, nan ᵃlajan aktyèl la, lajan ranmase kòm devwa a chak mesye ak tout sa ke kè a yon moun ta pouse li pote lakay SENYÈ a; ⁵ kite prèt yo pran li pou yo menm, yo chak nan men a moun yo konnen. Epi yo va sèvi li pou repare donmaj nan kay la, nenpòt kote yon donmaj ta twouve."

⁶ Men li vin rive ke nan venn-twazan pouvwa a Wa Joas la, ᵇprèt yo pa t ankò repare donmaj kay la. ⁷ Alò, Joas te rele Jehojada, prèt la ak lòt prèt yo, e li te pale yo konsa: "Poukisa ou pa repare donmaj kay la? Alò, pou koz sa a, pa pran kòb ankò nan men moun pa w yo, men pito livre li pou repare donmaj kay la."

⁸ Pou sa, prèt yo te dakò pou yo pa t pran lajan nan men pèp la, ni fè reparasyon kay la. ⁹ Men

---

ᵃ **10:30** II Wa 15:12   ᵇ **10:31** Pwov 4:23   ᶜ **10:32** II Wa 13:25   ᵈ **10:33** Det 2:36   ᵉ **10:33** Am 1:3-5   ᶠ **11:2** II Wa 11:21   ᵍ **11:4** II Kwo 23:1-21   ʰ **11:4** II Sam 20:23   ⁱ **11:5** I Kwo 9:25   ʲ **11:8** Nonb 27:16-17   ᵏ **11:9** II Kwo 23:8   ˡ **11:10** II Sam 8:7   ᵐ **11:12** II Sam 1:10   ⁿ **11:12** Egz 25:16   ᵒ **11:13** II Kwo 23:12   ᵖ **11:14** II Wa 23:3   ᵍ **11:14** Jen 37:29   ʳ **11:16** Jen 9:6   ˢ **11:17** Jos 24:25   ᵗ **11:18** II Wa 10:26-27   ᵘ **11:19** II Wa 11:4   ᵛ **11:20** Pwov 11:10   ʷ **11:21** II Kwo 24:1-14   ˣ **12:1** I Kwo 24:1   ʸ **12:3** II Wa 14:4   ᶻ **12:4** II Wa 22:4   ᵃ **12:4** Egz 30:13-16   ᵇ **12:6** II Kwo 24:5

ᵃJehojada, prèt la te pran yon kès sere e te pèse yon twou nan tèt bwat la e te mete li akote lotèl la sou kote dwat kote moun antre nan kay SENYÈ a. Epi prèt ki te veye kote papòt la, te mete ladann tout lajan ki te mennen nan kay SENYÈ a. ¹⁰ Lè yo te wè ke anpil lajan te nan kès la, ᵇgrefye a wa a avèk wo prèt la te vin monte, te mare li nan sak yo e te konte lajan ki te twouve nan kay SENYÈ a. ¹¹ Yo te bay lajan ki te peze a, mete nan men a sila ki t ap fè travay yo, ki te responsab nan kay SENYÈ a. Konsa, yo menm te vèse bay li kòm pèyman a chapant avèk ouvriye ki t ap fè zèv travay la nan kay SENYÈ a. ¹² Anplis yo te bay ᶜa mason yo avèk sila ki t ap taye wòch yo, pou achte gwo bwa avèk wòch taye pou repare donmaj kay SENYÈ a ak tout sa ki te dispoze pou reparasyon li an. ¹³ Men yo ᵈpa t fè pou lakay SENYÈ a, anyen an ajan, tas yo, etennwa yo, bòl yo, twonpèt yo, ni veso an lò yo, ni veso an ajan yo avèk lajan ki te mennen antre lakay SENYÈ a; ¹⁴ paske yo te bay lajan sa a a sila ki te fè travay yo, e avèk li yo te repare lakay SENYÈ a. ¹⁵ Anplis, ᵉyo pa t egzije yon kontwòl kontab nan men mesye ke yo te mete lajan pou peye sila ki te fè travay yo, paske yo te fidèl. ¹⁶ Lajan ofrann koupab la avèk lajan ofrann peche a pa t antre lakay SENYÈ a. ᶠLi te pou prèt yo.

¹⁷ Alò, Hazaèl, wa Syrie a, te monte goumen kont Gath e te kaptire li. Konsa, ᵍHazaèl te mete figi li vè Jérusalem. ¹⁸ ʰJoas, wa Juda a, te pran tout bagay sen ke Josaphat, Joram, ak Achazia, zansèt li yo te konsakre yo ak afè sen pa li yo ak tout lò ki te twouve pami trezò lakay SENYÈ a e li te voye yo bay wa Hazaèl, wa Syrie a. Epi Hazaèl te kite Jérusalem.

¹⁹ Alò, tout lòt zèv a Joas yo avèk tout sa li te fè, èske yo pa ekri nan Liv Kwonik A Wa Juda yo? ²⁰ ⁱSèvitè li yo te leve fè yon konplo e te frape Joas lakay Millo a pandan li t ap desann kite Silla. ²¹ Paske Jozabad, fis a Shomer a, avèk Yehozabad, fis a ʲSchimeath a, sèvitè li yo, te frape li e li te mouri. Yo te antere li avèk zansèt li yo nan vil David la e ᵏAmatsia, fis li, te devni wa nan plas li.

13 Nan venn-twazyèm ane a Joas la, fis a Achazia a, wa Juda a, te devni wa sou Israël nan Samarie, e li te renye pandan di-setan. ² Li te fè mal nan zye a SENYÈ a e li te swiv peche a Jéroboam yo, fis a Nebath la, ˡavèk sila li te fè Israël peche yo. Li pa t vire kite yo menm. ³ ᵐAkoz sa, lakòlè SENYÈ a te limen kont Israël e tout tan, epi Li te livre yo nan men a Hazaèl, wa Syrie a ak nan men a Ben-Hadad, fis a Hazaèl la. ⁴ Alò, ⁿJoachaz te sipliye SENYÈ a pou fè li favè, e SENYÈ a te koute li; paske ᵒLi te wè opresyon Israël la, jan Syrie t ap oprime yo. ⁵ SENYÈ a te bay Israël yon ᵖliberatè. Konsa, yo te chape anba men Siryen yo. Konsa, fis Israël yo te viv nan tant yo, kòm oparavan. ⁶ Sepandan, yo pa t vire kite peche lakay Jéroboam yo, avèk sila li te fè Israël peche yo, men li te mache nan yo; epi zidòl ᑫAstarté a te toujou kanpe Samarie. ⁷ Pou sa, Li te kite pou Joachaz yon lame ki pa t plis ke senkant chevalye avèk dis cha e di-mil sòlda apye; paske wa Syrie a te detwi yo e te ʳfè yo vin tankou pousyè vannen. ⁸ Alò tout lòt zèv a Joachaz yo, avèk tout sa li te fè ak pouvwa li, èske yo pa ekri nan Liv La A Kwonik Yo A Wa Israël Yo? ⁹ Epi Joachaz te dòmi avèk zansèt li yo, e yo te antere li Samarie. Epi Joas, fis li a, te renye nan plas li.

¹⁰ Nan trann-setyèm ane a Joas, wa Juda a, Joas, fis a Joachaz la te devni wa sou Israël Samarie e te renye pandan sèzan. ¹¹ Li te fè mal nan zye SENYÈ a; li pa t vire kite tout peche a Jéroboam yo, fis a Nebath la, avèk sila li te fè Israël peche yo; men li te mache ladan yo. ¹² ˢAlò, tout lòt zèv a Joas yo avèk tout sa ke li te fè ak pouvwa li, avèk sila li te goumen kont Amatsia, wa Juda a, èske yo pa ekri nan Liv A Kwonik A Wa Israël Yo? ¹³ Konsa, Joas te dòmi avèk zansèt li yo e Jéroboam te chita sou twòn li an. Epi Joas te antere Samarie avèk wa Israël yo.

¹⁴ Lè Élisée te vin malad avèk maladi ki te pran lavi li a, Joas, wa Israël la, te desann kote li, e te kriye sou li e te di: "ᵗPapa mwen, O Papa mwen, men cha Israël yo avèk chevalye li yo!"

¹⁵ Élisée te di li: "Pran yon banza avèk flèch." Konsa, li te pran yon Banza avèk flèch. ¹⁶ Alò, li te di a wa Israël la: "Mete men ou sou banza a." Epi li te mete men l sou li e Élisée te mete men l sou men wa a. ¹⁷ Li te di: "Ouvri fenèt la vè lès!" Epi li te ouvri li. Alò, Élisée te di: "Tire!" Epi li te tire. Epi li te di: "Flèch viktwa SENYÈ a, menm flèch viktwa sou Syrie a; paske ou va bat Siryen yo nan ᵘAphek jiskaske ou fin detwi yo."

¹⁸ Epi li te di: "Pran flèch yo!" Epi li te pran yo. Li te di a wa Israël la: "Frape tè a!" Epi li te frape li twa fwa e te sispann. ¹⁹ Pou sa, ᵛnonm Bondye a te fache avèk li e te di: "Ou te dwe frape l senk oswa sis fwa; epi konsa, ou t ap frape Syrie jiskaske ou fin detwi li. Men koulye a, se sèlman twa fwa ke ou va frape Syrie."

²⁰ Élisée te mouri e yo te antere li. Alò, ʷbann Moabit yo te fè envazyon teritwa a nan sezon prentan ane sila a. ²¹ Pandan yo t ap antere yon mesye, men vwala, yo te wè yon bann piyajè; epi yo te jete mesye a nan tonm Élisée a. Epi lè mesye a te touche zo Élisée yo, li te ˣresisite e te kanpe sou pye l.

²² Alò ʸHazaèl, wa Syrie a, te oprime Israël pandan tout jou a Joachaz yo. ²³ Men ᶻSENYÈ a te fè yo gras, Li te gen mizerikòd pou yo, Li te vire kote yo akoz akò ke li te gen avèk Abraham,

---

ᵃ **12:9** Mc 12:41   ᵇ **12:10** II Sam 8:17   ᶜ **12:12** II Wa 22:5   ᵈ **12:13** II Kwo 24:14   ᵉ **12:15** II Wa 22:7   ᶠ **12:16** Lev 7:7   ᵍ **12:17** I Kwo 24:23-24   ʰ **12:18** Wa 14:26   ⁱ **12:20** II Kwo 24:25-27   ʲ **12:21** I Kwo 24:26   ᵏ **12:21** II Wa 14:1   ˡ **13:2** I Wa 12:26-33   ᵐ **13:3** Jij 2:14   ⁿ **13:4** Nonb 21:7-9   ᵒ **13:4** Egz 3:7-9   ᵖ **13:5** II Wa 13:25   ᑫ **13:6** I Wa 16:33   ʳ **13:7** Am 1:3   ˢ **13:12** II Wa 13:14-19   ᵗ **13:14** II Wa 2:12   ᵘ **13:17** I Wa 20:26   ᵛ **13:19** II Wa 5:20   ʷ **13:20** II Wa 3:7   ˣ **13:21** Mat 27:52   ʸ **13:22** II Wa 8:12-13   ᶻ **13:23** II Wa 14:27

Isaac, avèk Jacob la e Li pa t detwi yo ni jete yo deyò prezans li jis rive nan moman sa a.
²⁴ Lè Hazaël, wa Syrie a te mouri, Ben-Hadad, fis li a, te devni wa nan plas li. ²⁵ Epi Joas, fis a Joachaz la, te reprann vil yo soti nan men a Ben-Hadad, fis Hazaël la, vil ke papa li te pran nan lagè soti nan men a Joachaz yo, papa li a. ᵃTwa fwa Joas te bat li e te reprann vil yo ki te pou Israël yo.

14 ᵇNan dezyèm ane Joas la, fis a Joachaz la, wa Israël la, ᶜAmatsia, fis a Joas la, wa Juda a, te devni wa. ² Li te gen laj a venn-senkan lè li te devni wa, e li te renye vent-nèf ane Jérusalem. Manman li te rele Joaddan, yon moun Jérusalem. ³ Amatsia te fè sa ki bon nan zye SENYÈ a, men pa tankou David, zansèt li a. Li te fè menm selon tout sa ke Joas, papa li te konn fè yo. ⁴ Se sèl ᵈwo plas yo ki pa t retire. Pèp la te toujou fè sakrifis e brile lansan nan wo plas yo. ⁵ Alò, li te vin rive ke depi wayòm nan te byen solid nan men l, ke li te ᵉtouye sèvitè li yo ki te touye wa a, papa li. ⁶ Men fis a sila ki te mouri yo, li pa t mete yo a lanmò, an akò avèk sa ki ekri nan liv Lalwa Moïse la, jan SENYÈ a te kòmande a lè l te di: ᶠ"Papa yo p ap mete a lanmò pou fis yo, ni fis yo p ap mete a lanmò pou papa yo, men chak moun va mete a lanmò pou pwòp peche pa l."

⁷ Li te touye di-mil moun Édom nan Vale Sèl la, epi te pran ᵍSéla nan lagè. Li te rele li ʰYoqthéel, e se sa li ye jis rive jodi a. ⁸ ⁱEpi Amatsia te voye mesaje yo kote Joas, fis a Joachaz la, fis a Jéhu a, wa a Israël la. Li te di: "Vini, annou parèt fasafas."

⁹ Joas, wa Israël la, te voye kote Amatsia, wa Juda a, e te di: ʲ"Bwa pikan ki te Liban an te voye kote sèd ki te Liban an, e li te di: 'Bay fi ou an marya j a fis mwen an.' Men te pase pa la yon bèt sova j ki te Liban, e li te kraze bwa pikan an anba pye l. ¹⁰ ᵏAnverite, ou te bat Édom e kè ou vin plen ògèy. Rete lakay ou pou fè kè kontan. Pou ki rezon ou ta pwovoke twoub la jiskaske ou menm, ou ta tonbe, e Juda ansanm avèk ou?"

¹¹ Men Amatsia te refize koute. Pou sa, wa Israël la te monte. Li menm avèk wa Juda a te parèt fasafas nan ˡBeth-Schémesch ki pou Juda a. ¹² Juda te bat pa Israël e ᵐyo te sove ale, yo chak nan pwòp tant pa yo. ¹³ Epi Joas, wa Israël la, te kaptire Amatsia, wa Juda a, fis a Joas la, fis a Achazia a, nan Beth-Schémesch, li te rive Jérusalem e li te chire miray Jérusalem nan soti nan ⁿPòtay Ephraïm nan jis rive nan ᵒPòtay Kwen an, distans a kat-san koude. ¹⁴ ᵖLi te pran tout lò avèk tout a jan ak tout zouti ki te twouve lakay SENYÈ a, nan trezò lakay wa a, ansanm ak kaptif yo e li te retounen Samarie.

¹⁵ ᑫAlò, tout lòt zèv ke Joas te fè yo, avèk pwisans li, ak jan li te goumen avèk Amatsia, wa Juda a, èske yo pa ekri nan Liv A Kwonik A Wa Israël yo?
¹⁶ Konsa, Joas te dòmi avèk zansèt li yo, e li te antere Samarie avèk wa Israël yo. Jéroboam, fis li a, te devni wa nan plas li.

¹⁷ ʳAmatsia, fis a Joas la, Wa Juda a, te viv kenzan apre lanmò Joas, fis a Joachaz la, wa Israël la. ¹⁸ Alò, tout lòt zèv a Amatsia yo, èske yo pa ekri nan Liv A Kwonik A Wa A Juda yo? ¹⁹ Yo te fè konplo kont li Jérusalem e li te sove ale rive Lakis. Men yo te voye dèyè li ˢLakis pou te touye li la. ²⁰ Epi yo te mennen kò li sou cheval yo, e li te antere Jérusalem avèk zansèt li yo nan vil David la.

²¹ Tout pèp Juda a te pran Azaria, nan laj sèzan, e yo te fè li wa nan plas a papa li, Amatsia. ²² ᵗLi te bati Élath e li te remèt li bay Juda apre wa a te dòmi avèk zansèt li yo.

²³ Nan kenzyèm ane règn Amatsia, fis a Joas la, wa Juda a, Jéroboam, fis a Joas la, wa Israël la te devni wa Samarie, e li te renye pandan karanteyen ane. ²⁴ Li te fè mal nan zye SENYÈ a. Li pa t kite tout peche Jéroboam yo, fis a Nebath la, ki te fè Israël peche yo. ²⁵ Li te restore lizyè Israël la soti nan antre Hamath jis rive nan Lamè Araba, selon pawòl SENYÈ a, Bondye Israël la, ki te pale pa sèvitè li, ᵘJonas, fis a Amitthaï a nan ᵛGath-Hépher. ²⁶ Paske ʷSENYÈ a te wè soufrans Israël ki te tèlman anmè; paske pa t gen ni esklav, ni lib, ni pa t gen okenn moun ki pou ede Israël. ²⁷ ˣSENYÈ a pa t di ke li ta efase non Israël anba syèl la; men Li te delivre yo pa men Jéroboam, fis a Joas la. ²⁸ Alò, tout lòt zèv Jéroboam yo avèk tout sa ke li te fè ak pouvwa li, jan li te goumen ak jan li te reprann pou Israël ʸDamas avèk ᶻHamath nan Juda, èske yo pa ekri nan Liv Kwonik A Wa Israël Yo? ²⁹ Epi Jéroboam te dòmi avèk zansèt pa li yo, menm ak wa Israël yo. Epi Zacharie, fis li a, te devni wa nan plas li.

15 ᵃNan venn-setyèm ane a Jéroboam, wa Israël la, Azaria, fis a Amatsia, wa Juda a, te devni wa. ² Li te gen laj sèzan lè li te devni wa e li te renye pandan senkann-dezan Jérusalem. Non manman l se te Jecolia, moun Jérusalem. ³ Azaria te fè sa ki bon nan zye SENYÈ a, selon tout sa ke papa li, Amatsia te fè. ⁴ Sèlman ᵇwo plas yo ki pa t retire. Pèp la te toujou fè sakrifis e brile lansan sou wo plas yo. ⁵ ᶜSENYÈ a te frape wa a pou l te gen yon lalèp jis rive jou ke li te mouri an. Epi li te viv nan yon kay apa pandan fis a wa a, Jotham te nan kay la, e t ap jije pèp peyi a. ⁶ Alò, tout lòt zèv a Azaria yo avèk tout sa ke li te fè yo, èske yo pa ekri nan Liv Kwonik A Wa A Juda yo? ⁷ Epi Azaria te dòmi avèk zansèt li yo. Yo te antere li avèk papa li nan vil David la, e Jotham, fis li a, te devni wa nan plas li.

⁸ ᵈNan tran-tuityèm ane Azaria, wa Juda a, Zacharie, fis a Jéroboam nan te devni wa an Israël nan Samarie pandan si mwa. ⁹ Li te fè mal nan zye SENYÈ a tankou zansèt li yo te fè. Li pa t kite peche a Jéroboam yo, fis a Nebath la,

---
ᵃ **13:25** II Wa 13:18-19   ᵇ **14:1** II Kwo 25:1   ᶜ **14:1** II Wa 13:10   ᵈ **14:4** II Wa 12:3   ᵉ **14:5** II Wa 12:20
ᶠ **14:6** Det 24:16   ᵍ **14:7** És 16:1   ʰ **14:7** Jos 15:38   ⁱ **14:8** II Kwo 25:17-24   ʲ **14:9** Jij 9:8-15   ᵏ **14:10** II Wa 14:7   ˡ **14:11** Jos 19:38   ᵐ **14:12** II Sam 18:17   ⁿ **14:13** Né 8:16   ᵒ **14:13** II Kwo 25:23   ᵖ **14:14** Wa 14:26
ᑫ **14:15** II Wa 13:12-13   ʳ **14:17** II Kwo 25:25-28   ˢ **14:19** Jos 10:31   ᵗ **14:22** I Wa 9:26   ᵘ **14:25** II Wa 12:39-40
ᵛ **14:25** Jos 19:13   ʷ **14:26** II Wa 13:4   ˣ **14:27** II Wa 13:23   ʸ **14:28** I Wa 11:24   ᶻ **14:28** II Kwo 8:3
ᵃ **15:1** II Wa 14:17   ᵇ **15:4** II Wa 12:3   ᶜ **15:5** II Kwo 26:21-23   ᵈ **15:8** II Wa 15:1

avèk sila li te fè Israël peche yo. [10] Epi Schallum, fis a Jabesch la, te fè konplo kont li e te [a]frape li devan pèp la pou te touye li e renye nan plas li. [11] Alò, tout lòt zèv a Zacharie yo, gade byen, èske yo pa ekri nan Liv Kwonik a Wa Israël Yo? [12] Sa se [b]pawòl SENYÈ a te pale a Jéhu e te di: "Fis ou yo jis rive nan katriyèm jenerasyon a chita sou twòn Israël la." Epi se konsa sa te ye.

[13] Schallum, fis a Jabesch la te devni wa nan trant-nevyèm ane a Ozias, wa Juda a e li te renye yon mwa [c]Samarie. [14] Epi Menahem, fis a Gadi a te monte soti [d]Thirtsa pou te vini Samarie, li te frape Schallum, fis a Jabesch la Samarie e li te touye li pou te devni wa nan plas li. [15] Alò, tout lòt zèv a Schallum yo avèk konplo li te fè yo, men vwala, èske yo pa ekri nan Liv Kwonik A Wa Israël Yo?

[16] Epi Menahem te frape Thiphsach avèk tout moun ladann avèk lizyè li yo soti Thirtsa, akoz yo pa t ouvri pou li; pou sa, li te frape li e chire [e]tout fanm li yo ki te ansent.

[17] Nan [f]trant-nèf ane a Azaria yo, wa Juda a, Menahem, fis a Gadi a, te renye sou Israël pandan dizan Samarie. [18] Li te fè mal nan zye SENYÈ a; li pa t kite pandan tout jou li yo peche a Jéroboam yo, fis a Nebath la, avèk sila li te fè Israël peche yo. [19] [g]Pul, wa Assyrie a, te vini kont peyi a e Menahem te bay Pul mil talan ajan pou men li ta kapab avèk li pou ranfòse wayòm nan anba règn po l la. [20] Alò, Menahem te egzije lajan an nan men Israël, menm a tout mesye enpòtan avèk mwayen, soti nan chak moun senkant sik ajan pou peye wa Assyrie a. Konsa, wa Assyrie a te retounen e pa t rete la nan peyi a. [21] Alò, tout rès zak a Menahem yo avèk tout sa ke li te fè yo, èske yo pa ekri nan Liv Kwonik A Wa Israël Yo? [22] Epi Menahem te dòmi avèk zansèt li yo e Pekachia, fis li a, te devni wa nan plas li.

[23] Nan [h]senkyèm ane a Azaria a, wa Juda a, Pekachia, fis a Menahem nan, te devni wa sou Israël nan Samarie e li te renye pandan dezan. [24] Li te fè mal nan zye SENYÈ a; li pa t kite peche a Jéroboam yo, fis Nebat la, avèk sila li te fè Israël peche yo. [25] Alò, Pékach, fis a Remalia a, ofisye pa li a, te fè konplo kont li e te frape li Samarie nan fò kay wa a avèk Argob ak Arié; ansanm ak li, te gen senkant mesye Galaadit yo e li te touye li pou te devni wa nan plas li. [26] Alò, tout lòt zèv a Pékach yo avèk tout sa li te fè yo, men gade, yo ekri nan Liv Kwonik A Wa Israël Yo.

[27] Nan senkann-dezyèm ane a Azaria, wa Juda a,[i] Pékach, fis a Remalia a, te devni wa sou Israël nan Samarie e li te renye pandan ventan. [28] Li te fè mal nan zye a SENYÈ a; li pa t kite peche a Jéroboam yo, fis Nebath la, avèk sila li te fè Israël peche yo. [29] Nan jou a Pékach yo, wa Israël la, Tiglath-Piléser, wa Assyrie a, te parèt e te kaptire Ijjon avèk Abel-Beth-Maaca e Janoach avèk Kédesch, Hatsor, Galaad avèk Galilée ak tout peyi Nephtali a; epi [j]li te pote yo kaptif nan Assyrie. [30] Epi Osée, fis Ela a, te fè yon konplo kont Pékach, fis a Remalia a, li te frape li e te mete li a lanmò pou te devni wa nan plas li, nan ventyèm ane a Jotham, fis a Ozias la. [31] Alò, tout lòt zèv a Pékach yo avèk tout sa li te fè yo, gade byen, yo ekri nan Liv Kwonik A Wa Israël Yo.

[32] Nan dezyèm ane a Pékach la, fis a Remalia a, wa Israël la, Jotham, fis a Ozias la, wa Juda a, te devni wa. [33] [k]Li te gen laj a venn-senkan lè l te devni wa a e li te renye sèzan nan Jérusalem. Non manman li se te Jeruscha, fi a Tsadok la. [34] [l]Li te fè sa ki bon nan zye SENYÈ a; li te fè selon tout sa ke papa li, Ozias te fè. [35] Se sèlman [m]wo plas yo ki pa t retire; pèp la te toujou fè sakrifis e brile lansan nan wo plas yo. [n]Li te bati pòtay pa anwo lakay SENYÈ a. [36] Alò, tout lòt zèv a Jotham yo avèk tout sa li te fè yo, èske yo pa ekri nan Liv Kwonik A Wa Juda Yo? [37] Nan jou sa yo, [o]SENYÈ a te kòmanse voye Retsin, wa Syrie a avèk Pékach, fis a Remalia a kont Juda. [38] Epi Jotham te dòmi avèk zansèt li yo e li te antere avèk zansèt li yo nan lavil David, papa zansèt li a; epi Achaz, fis li a, te devni wa nan plas li.

16

Nan di-setyèm ane a Pékach, fis a Remalia a, [p]Achaz, fis a Jotham nan, wa Juda a, te devni wa. [2] Achaz te gen ventan lè li te devni wa, a e li te renye sèzan nan Jérusalem. Li pa t fè sa ki bon nan zye a SENYÈ a, jan David te konn fè a. [3] Men li te mache nan chemen wa Israël yo. Li [q]menm te fè fis li pase nan dife, tankou abominasyon a nasyon ke SENYÈ a te chase mete deyò devan fis Israël yo. [4] Li te fè sakrifis e [r]li te brile lansan sou wo plas yo ak sou ti mòn anba chak pyebwa vèt yo.

[5] Alò, [s]Retsin, wa Syrie a avèk Pékach, fis a Remalia, wa Israël la, te monte Jérusalem pou fè lagè. Yo te fè syèj sou Achaz, [t]men yo pa t kab venk li. [6] Nan tan sa Retsin, wa Syrie a, te reprann [u]Élath pou Syrie e li te netwaye retire Jwif yo nèt nan Élath. Epi Siryen yo te vini Élath e yo rete la jis rive jodi a. [7] [v]Konsa, Achaz te voye mesaje yo kote Tiglath-Piléser, wa Assyrie a. Li te di: "Mwen se sèvitè ou ak fis ou; vin delivre mwen soti nan men a wa Syrie a, avèk men a wa Israël la k ap fè soulèvman kont mwen." [8] [w]Achaz te pran ajan avèk lò ki te twouve lakay SENYÈ a ak nan kès lakay wa a pou te voye yon kado bay wa Assyrie a. [9] Konsa, wa Assyrie a te koute li, epi wa Assyrie a te monte kont Damas pou te kaptire li. Li te pote pèp li a deyò an egzil nan [x]Kir, e li te mete Retsin a lanmò.

ⁱ⁰ Alò, Wa Achaz te ale kote Damas pou rankontre Tiglath-Piléser, wa Assyrie, e li te wè lotèl ki te Damas la. Konsa, Wa Achaz te voye bay ᵃUrie, prèt la, plan lotèl la avèk yon modèl li, selon tout mendèv pa li. ¹¹ Konsa, Urie, prèt la te bati yon lotèl selon tout sa ke Wa Achaz te voye soti Damas, e konsa Urie, prèt la, te fè li, avan wa Achaz te vini soti Damas. ¹² Lè wa a te antre sòti Damas, wa a te wè lotèl la. Alò, ᵇwa a te pwoche lotèl la e te fè ofrann sou li. ¹³ Li te brile ofrann brile li a avèk ofrann sereyal la, li te vide ofrann bwason li an e li te flite san a ofrann lapè li yo sou lotèl la. ¹⁴ ᶜLotèl bwonz lan, ki te devan SENYÈ a, li te mennen soti devan kay la, soti nan antre lotèl pa li a, lakay Senyè a e li te mete li sou kote nò lotèl pa li a. ¹⁵ Epi Wa Achaz te kòmande Urie, prèt la, e li te di: "Sou gran lotèl la, brile ofrann brile maten an ak ofrann sereyal aswè a; epi ofrann brile wa a avèk ofrann sereyal pa li a, avèk ofrann brile a tout pèp peyi a avèk ofrann sereyal pa yo ak ofrann bwason yo; epi flite sou li tout san a ofrann brile a e tout san a sakrifis la. Men lotèl bwonz lan va sèlman pou mwen pou m kab mande konsèy ladann. ¹⁶ Pou sa, Urie, prèt la, te fè tout bagay selon sa ke Wa Achaz te kòmande a."

¹⁷ Alò, Wa Achaz te koupe retire arebò a baz yo e li te retire basen lave a sou yo. Li te osi ᵈdesann lanmè a soti sou bèf bwonz ki te anba li yo, e li te mete li sou yon pave an wòch. ¹⁸ Li te retire osi chemen machpye Saba a ke yo te bati nan kay la e antre eksteryè a wa a, li te retire li soti lakay SENYÈ a akoz wa Assyrie a. ¹⁹ Alò, tout lòt zèv Achaz te fè yo, èske yo pa ekri ᵉnan Liv Kwonik A Wa A Juda yo? ²⁰ Konsa, Achaz te dòmi avèk zansèt pa li yo. E li fte antere avèk zansèt pa li yo nan lavil David la. Fis li, Ézéchias, te renye nan plas li.

17

Nan douzyèm ane Achaz, wa Juda a, ᵍOsée, fis a Éla te vin wa sou Israël nan Samarie, e li te renye pandan nèf ane. ² Li te fè mal nan zye SENYÈ a, men pa tankou wa Israël ki te avan li yo. ³ Salmanasar, wa Assyrie a, te monte kont li, ʰOsée te devni sèvitè li e te peye li taks obligatwa. ⁴ Men wa Assyrie a te jwenn konplo nan Osée, ki te konn voye mesaje kote So, wa Égypte la, e li pa t prezante taks a wa Assyrie a jan li te konn fè ane pa ane a. Pou koz sa a, wa Assyrie a te fèmen li nan prizon byen mare. ⁵ Epi wa Assyrie te fè envazyon tout peyi a e li te monte ⁱSamarie pou te fè syèj li pandan twazan. ⁶ Nan nevyèm ane Osée a, wa Assyrie a te kaptire Samarie, li te pote pèp Israël la an egzil nan Assyrie, e li te ʲfè yo rete Chalach avèk Chabor sou rivyè ᵏGozan an ak nan vil a Medi yo.

⁷ Alò, ˡsa te vin rive akoz fis Israël yo te peche kont SENYÈ pa yo a ki te mennen fè yo sòti nan peyi Égypte la anba men Farawon, wa Égypte la. ᵐYo te gen lakrent lòt dye yo, ⁸ epi yo te mache selon koutim a lòt nasyon yo ke SENYÈ a te chase mete deyò devan fis Israël yo nan movèz abitid ke wa Israël yo te etabli yo. ⁹ Fis Israël yo te fè bagay an sekrè ki pa t bon kont SENYÈ a, Bondye pa yo a. Anplis, yo te bati pou kont yo wo plas nan tout vil pa yo soti nan ⁿfò kay gad yo jis rive nan vil fòtifye yo. ¹⁰ ᵒYo te plase pou kont yo pilye sakre yo avèk poto Astarté yo sou chak ti mòn e anba chak pyebwa vèt, ¹¹ epi la, yo te brile lansan sou tout wo plas yo yo jis jan nasyon yo ke SENYÈ a te pote fè ale an egzil yo te konn fè avan yo. Yo te fè bagay mal ki te pwovoke SENYÈ a. ¹² Yo te sèvi zidòl, ᵖselon sila SENYÈ a te di yo: "Ou pa pou fè bagay sa a." ¹³ Sepandan, SENYÈ a te avèti Israël avèk Juda ᵠpa tout pwofèt Li yo ak tout konseye Li. Li te di: "Vire kite move wout sa yo e kenbe kòmandman Mwen yo, règleman Mwen yo, selon tout lalwa a avèk sila Mwen te kòmande zansèt nou yo e ke m te voye bannou pa sèvitè Mwen yo, pwofèt yo." ¹⁴ Sepandan, yo pa t koute, men yo te ʳfè tèt di tankou zansèt pa yo, ki pa t kwè nan SENYÈ a, Bondye pa yo a. ¹⁵ Yo te rejte règleman pa Li yo avèk akò ke Li te fè avèk zansèt pa yo avèk avètisman sa yo, avèk sila li te avèti yo. Epi ˢyo te swiv foli yo, e yo te vin plen ògèy. Yo te kouri apre nasyon ki te antoure yo, selon sila SENYÈ a te kòmande yo pa fè tankou yo. ¹⁶ Yo te bliye nèt tout kòmandman a SENYÈ a, Bondye pa yo a e yo te fè pou kont yo imaj fonn a ti bèf yo menm, te fè yon Astarté, yo te ᵗadore tout lame selès la e yo te ᵘsèvi Baal. ¹⁷ Konsa, yo te fè fis avèk fi pa yo pase nan dife, yo te ᵛpratike divinasyon avèk Wanga e yo te vann pwòp tèt yo pou fè mal nan zye SENYÈ a e pwovoke Li. ¹⁸ Pou sa, SENYÈ a te byen fache avèk Israël e Li te ʷretire yo devan zye Li. Okenn moun pa t rete sof tribi Juda a.

¹⁹ Anplis, ˣJuda pa t kenbe kòmandman SENYÈ a, Bondye pa yo a, men te mache nan koutim ke Israël te etabli yo. ²⁰ SENYÈ a te rejte tout desandan a Israël yo. Li te aflije yo e Li te ʸlivre yo nan men a piyajè jiskaske Li te jete yo deyò vizaj Li. ²¹ Lè ᶻLi te fin chire Israël fè l sòti lakay David la, yo te fè Jéroboam, fis Nebath la, wa. Epi ᵃJéroboam te bourade kondwi Israël pou l pa swiv SENYÈ a e li te fè yo fè yon gwo peche. ²² Fis a Israël yo te mache nan tout peche ke Jéroboam te fè yo. Yo pa t kite yo ²³ jiskaske SENYÈ a te retire Israël soti devan vizaj Li, jan Li te pale pa tout sèvitè Li yo, pwofèt yo. Konsa, Israël te pote lwen an egzil soti nan pwòp peyi pa yo pou Assyrie jis rive jou sa a.

²⁴ ᵇWa a Assyrie a te mennen moun soti Babylone, Cutha, ak Avva pou Hamath, ak Sepharvaïm, e li te etabli yo nan vil Samarie yo

---

ᵃ **16:10** És 8:2   ᵇ **16:12** I Kwo 26:16-19   ᶜ **16:14** Egz 27:1-2   ᵈ **16:17** I Wa 7:23-25   ᵉ **16:19** II Kwo 28:26
ᶠ **16:20** És 14:28   ᵍ **17:1** II Wa 15:30   ʰ **17:3** Os 10:14   ⁱ **17:5** Os 13:16   ʲ **17:6** II Wa 18:11   ᵏ **17:6** És 37:12
ˡ **17:7** Jos 23:16   ᵐ **17:7** Jij 6:10   ⁿ **17:9** II Wa 18:8   ᵒ **17:10** Egz 34:12-14   ᵖ **17:12** Egz 20:4   ᵠ **17:13** II Wa 17:23   ʳ **17:14** Egz 32:9   ˢ **17:15** Det 32:21   ᵗ **17:16** Det 4:19   ᵘ **17:16** I Wa 16:31   ᵛ **17:17** Lev 19:26
ʷ **17:18** II Wa 17:6   ˣ **17:19** I Wa 14:22-23   ʸ **17:20** II Wa 15:29   ᶻ **17:21** I Wa 11:11-31   ᵃ **17:21** I Wa 12:28-33   ᵇ **17:24** Esd 4:2-10

pou ranplase fis Israël yo. Konsa, yo te posede Samarie e yo te viv nan vil pa li yo. ²⁵ Lè yo te kòmanse viv la, yo ᵃpa t gen lakrent SENYÈ a. Pou sa, SENYÈ a te voye lyon pami yo ki te touye kèk nan yo. ²⁶ Akoz sa, yo te pale avèk wa Assyrie. Yo te di li: "Nasyon sa yo ke ou te pote ale an egzil nan lavil Samarie yo pa konnen koutim a dye nan peyi a. Pou sa, li te voye lyon pami yo, e tande byen, yo touye yo akoz yo pa konnen koutim a dye nan peyi a."

²⁷ Alò, wa Assyrie a te fè kòmand e te di: "Mennen la youn nan prèt ke ou te pote an egzil yo e kite li ale viv la. Epi kite li enstwi yo koutim a dye peyi a."

²⁸ Konsa, youn nan prèt ke yo te pote ale an egzil soti Samarie yo te vin viv Béthel, e li te enstwi yo jan yo te dwe gen lakrent SENYÈ a.

²⁹ Men chak nasyon te toujou fè dye pa li e te mete yo ᵇlakay yo sou wo plas ke pèp Samarie a te konn fè yo, chak nasyon nan vil pa yo kote yo te viv la. ³⁰ ᶜMoun Babylone yo te fè Succoth-Benoth, moun Cuth yo te fè Nergal e moun Hamath yo te fè Aschima. ³¹ Moun Avva yo te fè Nibchaz avèk Tharthak; sila nan ᵈSepharvaïm yo te brile pitit pa yo nan dife pou onore ᵉAdrammélec avèk Anamélec, dye a Sepharvaïm yo. ³² Yo te gen lakrent osi a SENYÈ a, e yo te ᶠchwazi pami yo menm prèt a wo plas yo, ki te aji pou yo nan kay wo plas yo. ³³ Yo te krent SENYÈ a e osi, yo te sèvi dye pa yo selon koutim a nasyon pami sila yo te pote ale an egzil yo. ³⁴ Jis rive jou sa a, yo fè selon ansyen koutim yo: yo pa krent SENYÈ a, ni yo pa swiv règleman pa Li yo ni òdonans, ni lalwa a, ni kòmandman ke SENYÈ a te kòmande fis a Jacob yo, ᵍke li te bay non Israël yo; ³⁵ avèk sila SENYÈ a te fè yon akò. Li te kòmande yo e te di: ʰ"Nou p ap gen krent lòt dye yo, ni bese nou menm ba devan yo, ni sèvi yo ni fè sakrifis a yo. ³⁶ Men SENYÈ a, ⁱki te mennen nou monte soti nan peyi Égypte la avèk gran pouvwa e avèk yon bra lonje, a ʲLi menm nou va gen krent. A Li menm, nou va bese ba e a Li menm, nou va fè sakrifis. ³⁷ Règleman avèk òdonans avèk lalwa ak kòmandman ke Li te ekri pou nou yo, ᵏnou va obsève pou fè yo jis pou tout tan. Nou p ap fè lakrent lòt dye yo. ³⁸ Akò ke m te fè avèk nou an, ˡnou p ap bliye li, ni nou p ap gen lakrent lòt dye yo. ³⁹ Men SENYÈ a, Bondye nou an, nou va krent Li. Epi Li va delivre nou soti nan men a tout lènmi pa nou yo."

⁴⁰ Sepandan, yo pa t tande; men yo te fè selon abitid pa yo. ⁴¹ ᵐPou sa, malgre nasyon sila yo te gen lakrent SENYÈ a, yo osi te sèvi zidòl pa yo. Pitit pa yo tou ak pitit pitit pa yo, jis jan ke zansèt pa yo te konn fè; konsa, yo fè jis rive jodi a.

18 Alò, li te vin rive nan twazyèm ane Osée, fis a Éla a, wa Israël la ke ⁿÉzéchias, fis Achaz la, wa Juda a, te devni wa a. ² Li te gen ᵒvenn-senkan lè l te devni wa e li te renye pandan vent-nèf ane Jérusalem. Non manman li se te Abi, fi a Zacharie a. ³ ᵖLi te fè sa ki bon nan zye SENYÈ a, selon tout sa ke zansèt li yo, David te konn fè. ⁴ ᵠLi te retire wo plas yo, li te kraze pilye sakre yo, e li te koupe desann Astarté la. Anplis, li te kraze an mòso ʳsèpan an bwonz ke Moïse te fè a, paske jis rive nan jou sa yo, fis Israël yo te konn brile lansan pou li; epi li te rele Nehushtan. ⁵ ˢLi te mete konfyans li nan SENYÈ a, Bondye Israël la, ᵗjiskaske, apre li, pa t gen tankou li nan tout wa Juda yo, ni nan sila ki te avan l yo. ⁶ Paske li te ᵘkenbe fèm a SENYÈ a. Li pa t varye nan swiv Li, men li te kenbe kòmandman ke SENYÈ a te kòmande Moïse yo. ⁷ Epi SENYÈ a te avèk li. Nenpòt kote li te ale, li te reyisi. Li te fè rebèl kont wa a Assyrie a e li pa t sèvi li. ⁸ ʷLi te venk Filisten yo soti rive nan Gaza avèk teritwa li, soti nan tou kay gad yo, jis rive nan gwo vil fòtifye a.

⁹ Alò, nan katriyèm ane Wa Ézéchias la, ki te setyèm ane Osée, fis a Éla a, wa Israël la, ˣSalmanasar, wa Assyrie a, te monte kont Samarie, e te fè syèj kont li. ¹⁰ Nan fen twazan, yo te kaptire li, epi nan sizyèm ane Ézéchias la, ki te ʸnan nevyèm ane Osée a, wa Israël la, Samarie te vin kaptire. ¹¹ Konsa, wa Assyrie a te pote Israël ale an egzil nan Assyrie, e li te mete yo nan ᶻChalach sou rivyè Gozan nan vil a Mèdes yo, ¹² paske yo ᵃpa t obeyi vwa a SENYÈ a, Bondye pa yo a, men yo te transgrese akò pa Li a, menm tout sa ke Moïse, sèvitè SENYÈ a, te kòmande yo. Yo pa t koute yo, ni fè yo.

¹³ ᵇAlò, nan katòzyèm ane a Wa Ézéchias, Sanchérib la, wa Assyrie a te vin monte kont tout vil fòtifye Juda yo, e li te sezi yo. ¹⁴ Alò, Ézéchias, wa Juda a te voye kote wa Assyrie a nan Lakis. Li te di: ᶜ"Mwen te fè mal. Rale bak sòti sou mwen; nenpòt sa ke ou mande m peye, m ap sipòte l." Pou sa, wa Assyrie a te fè demand a Ézéchias pou peye twa san talan ajan avèk trant talan lò. ¹⁵ ᵈÉzéchias te bay tout ajan ki te twouve nan kay SENYÈ a ak nan kès lakay wa a. ¹⁶ Nan tan sa a, Ézéchias te koupe retire lò nan pòt tanp SENYÈ a, avèk chanbrann pòt ke Ézéchias, wa Juda a, te kouvri a e li te bay li a wa Assyrie a.

¹⁷ Epi wa Assyrie a te voye ᵉTharthan, Rab-Saris avèk Rabschaké sòti nan Lakis avèk yon gwo lame rive kote Ézéchias Jérusalem. Konsa, yo te monte pou te rive Jérusalem. Epi lè yo te monte, yo te rive e te kanpe kote kanal souteren an, nan ma sous dlo piwo a, ki te sou chemen chan lesiv la. ¹⁸ Lè yo te

---

ᵃ **17:25** II Wa 17:32-41 ᵇ **17:29** I Wa 12:31 ᶜ **17:30** II Wa 17:24 ᵈ **17:31** II Wa 17:17 ᵉ **17:31** II Wa 19:37 ᶠ **17:32** I Wa 12:31 ᵍ **17:34** Jen 32:28 ʰ **17:35** Jij 6:10 ⁱ **17:36** Egz 14:15-30 ʲ **17:36** Lev 19:32 ᵏ **17:37** Det 5:32 ˡ **17:38** Det 4:23 ᵐ **17:41** So 1:5 ⁿ **18:1** II Kwo 28:27 ᵒ **18:2** II Kwo 29:1-2 ᵖ **18:3** II Wa 20:3 ᵠ **18:4** II Wa 18:22 ʳ **18:4** Nonb 21:21-29 ˢ **18:5** II Wa 19:10 ᵗ **18:5** II Wa 23:25 ᵘ **18:6** Det 10:20 ᵛ **18:7** II Wa 16:7 ʷ **18:8** II Kwo 28:18 ˣ **18:9** II Wa 17:3-7 ʸ **18:10** II Wa 17:6 ᶻ **18:11** I Kwo 5:26 ᵃ **18:12** I Wa 9:6 ᵇ **18:13** II Kwo 32:1 ᶜ **18:14** II Wa 18:7 ᵈ **18:15** I Wa 15:18-19 ᵉ **18:17** II Wa 19:2

rele wa a, ᵃÉlikiam, fis a Hilkija a, ki te sou tout kay la ak Schebna, grefye a ak Joach, fis a Asaph la, achivist la, te parèt kote yo. ¹⁹ Epi Rabschaké te di yo: "Pale koulye a a Ézéchias: 'Konsa pale gran wa a, wa Assyrie a: ᵇ"Ki kalite konfyans sa ke ou genyen an? ²⁰ Ou di nou (malgre se pawòl vid yo ye): 'Mwen gen konsèy avèk pwisans pou fè lagè.' Alò, sou kilès ou depann, ᶜpou ou vin fè rebèl kont mwen an? ²¹ Alò, veye byen, ou ᵈdepann de baton a wozo kraze sa a, sou Égypte menm. Sou sila si yon nonm apiye, l ap fonse antre nan men l e pèse l nèt. Se konsa, Farawon va ye pou tout sila ki depann de li yo. ²² Men si ou di mwen: 'Nou mete konfyans nan SENYÈ a, Bondye nou an', se pa li menm pou sila ᵉÉzéchias te retire wo plas avèk lotèl yo, e ki te di a Juda avèk Jérusalem: 'Nou va adore devan lotèl sa a Jérusalem?' ²³ Pou sa, vini, fè yon antant avèk mèt mwen, wa a Assyrie a, e mwen va ba ou de mil cheval, si ou kab menm mete moun sou do yo. ²⁴ Kijan ou kab reziste a menm youn nan pi piti a sèvitè mèt mwen yo e depann de Égypte pou cha ak chevalye? ²⁵ Èske se san soutyen SENYÈ a ke m vin monte kont plas sa a pou detwi li? SENYÈ a te di m 'Monte kont plas sa a pou detwi l.'"'"

²⁶ Alò Éliakim, fis a Hilkija a, avèk Schebna ak Joach te di a Rabschaké: "Pale koulye a a sèvitè ou yo an Arameyen, paske nou konprann li. Pa pale avèk nou an ᶠJideyen nan zòrèy a moun ki sou mi yo."

²⁷ Men Rabschaké te di yo: "Èske mèt mwen an te voye m sèlman a mèt pa w la pou pale pawòl sila yo, pa pou mesye ki chita sou mi yo, ki va manje pwòp watè pa yo e bwè dlo pipi pa yo ansanm avè w?"

²⁸ Epi Rabschaké te kanpe, li te kriye avèk yon vwa fò an Jideyen. Li te di: "Tande pawòl gran wa a, wa Assyrie a! ²⁹ Konsa pale wa a! ᵍ'Pa kite Ézéchias twonpe nou, paske li p ap kab delivre nou pou sòti nan men m. ³⁰ Ni pa kite Ézéchias mennen nou pou mete konfyans nan SENYÈ a, pou l di: "SENYÈ a va anverite delivre nou, e vil sa a p ap livre nan men a gran wa a Assyrie a." ³¹ Pa koute Ézéchias.' Paske konsa pale wa Assyrie a: 'Fè lapè nou avèk mwen e sòti vin kote mwen. Manje nou ʰchak nan pwòp chan rezen pa nou, nou chak pye fig mi etranje pa nou e nou chak nan pwòp dlo sitèn pa nou, ³² jiskaske mwen rive pou pran nou ale nan ⁱyon lòt peyi, yon peyi ak sereyal avèk diven nèf, yon peyi avèk bwa doliv ak siwo myèl, pou nou kapab viv e pa mouri.' Men pa koute Ézéchias lè li mal diri je nou pou di: 'SENYÈ a va delivre nou.' ³³ ʲÈske okenn nan dye a peyi sila yo te delivre peyi pa yo a devan men wa a Assyrie a? ³⁴ ᵏ Kote dye a Hamath yo oswa Arpad yo? Kote dye a Sepharvaïm yo, oswa Héna avèk Ivva yo? Èske yo te delivre Samarie pou l sòti nan men m? ³⁵ Kilès pami tout dye a peyi yo ki te delivre peyi pa yo devan men m, ˡpou SENYÈ a ta dwe delivre Jérusalem soti nan men m?"

³⁶ Men pèp la te rete an silans e pa t reponn menm yon mo; paske lòd a wa a se te "Pa reponn li". ³⁷ Epi Éliakim, fis a Hilkija a, ki te sou tout kay la, Schebna, grefye a ak Joach, fis a Asaph la, achivist la, te vin kote Ézéchias ᵐavèk rad yo tou chire pou te pale li pawòl a Rabschaké yo.

19 ⁿLè Ézéchias te tande sa, li te chire rad li. Li ᵒte kouvri kò li avèk twal sak e li te antre lakay SENYÈ a. ² Epi li te voye Éliakim ki te sou tout kay avèk Schebna, grefye a ak ansyen pami prèt yo, kouvri avèk twal sak kote ᵖÉsaïe, pwofèt la, fis a Amots la. ³ Yo te di li: "Konsa pale Ézéchias: 'Jou sa a se yon jou gwo twoub, chatiman, ak abandon; pwiske pitit yo vin parèt pou akouche, men pa gen fòs pou fè l. ⁴ Petèt SENYÈ a, Bondye ou a, va tande tout pawòl a Rabschaké yo ke mèt li a, wa Assyrie a, te voye qpou repwoche Bondye Vivan an e va repwoche pawòl ke SENYÈ a, Bondye ou a, te tande a. Pou sa, ofri lapriyè pou ʳretay ki toujou rete a.'"

⁵ Pou sa, sèvitè a wa Ézéchias yo te vin kote Ésaïe. ⁶ Ésaïe te di yo: "Konsa nou va pale a mèt nou an: 'Konsa pale SENYÈ a: "Pa krent akoz pawòl ke ou te tande yo, avèk sila sèvitè a wa Assyrie yo ˢte blasfeme Mwen yo. ⁷ Veye byen, mwen va mete yon lespri nan li pou l tande yon fo nouvèl pou retounen nan pwòp peyi pa li. Epi ᵗMwen va fè l tonbe pa nepe nan pwòp peyi li."'"

⁸ Alò, Rabschaké te retounen e te twouve wa Assyrie a t ap goumen kont Libna; paske li te tande ke li te fin kite ᵘLakis. ⁹ Lè l te tande sa pa Tirhaka, wa Ethiopie a, vwala, li vin parèt pou goumen kont ou, li te ankò voye mesaje yo kote Ézéchias e te di: ¹⁰ "Konsa ou va pale a Ézéchias, wa Juda a, ᵛ"Pa kite Bondye ou a nan Sila ou mete konfyans ou an twonpe ou e di: 'Jérusalem p ap antre nan men a wa Assyrie a.' ¹¹ Gade byen, ou konn tande sa ke wa Assyrie a te fè a tout peyi yo, destriksyon konplèt. Èske se konsa ke ou va delivre a? ¹² Èske dye a nasyon sila yo ke zansèt mwen yo te detwi yo, te delivre yo, menm? Gozan, ʷCharan, Retseph, avèk ˣfis a Éden ki te Telassar yo? ¹³ ʸKibò wa Hamath la ye, wa Arpad la, wa gran vil Sepharvaïm nan, Henna, avèk Ivva?"'

¹⁴ Alò, ᶻÉzéchias te pran lèt la soti nan men a mesaje yo e li te li li. Li te monte lakay SENYÈ a, e li te louvri li devan SENYÈ a. ¹⁵ Ézéchias te priye devan SENYÈ a, e te di: "O SENYÈ, Bondye Israël la, ki chita sou twòn li pami cheriben yo, ᵃOu se Bondye a, Ou sèl Ou pami tout wayòm sou latè yo. Ou te fè syèl la avèk tè a. ¹⁶ Panche zòrèy Ou, O SENYÈ a pou tande. ᵇOuvri zye Ou O SENYÈ pou wè. Koute pawòl

---

ᵃ **18:18** II Wa 19:2 ᵇ **18:19** I Kwo 32:10 ᶜ **18:20** II Wa 18:7 ᵈ **18:21** És 30:2-7 ᵉ **18:22** II Wa 18:4
ᶠ **18:26** Esd 4:7 ᵍ **18:29** II Kwo 32:15 ʰ **18:31** I Wa 4:20-25 ⁱ **18:32** Det 8:7-9 ʲ **18:33** II Wa 19:12
ᵏ **18:34** II Wa 19:13 ˡ **18:35** Sòm 2:1-3 ᵐ **18:37** II Wa 6:30 ⁿ **19:1** És 37:1 ᵒ **19:1** I Wa 21:27 ᵖ **19:2** És 1:1 q **19:2** II Wa 18:35 ʳ **19:4** És 1:9 ˢ **19:6** II Wa 18:22-35 ᵗ **19:7** II Wa 19:37 ᵘ **19:8** II Wa 18:14
ᵛ **19:10** II Wa 18:33 ʷ **19:12** Jen 11:31 ˣ **19:12** És 37:12 ʸ **19:13** II Wa 18:34 ᶻ **19:14** És 37:14 ᵃ **19:15** II Wa 5:15 ᵇ **19:16** II Kwo 6:40

a Sanchérib yo, ke li te voye [a]pou repwoche Bondye Vivan an. [17] Anverite, O SENYÈ, wa Assyrie yo te devaste nasyon yo avèk peyi pa yo, [18] epi yo te jete dye pa yo nan dife, [b]paske se pa dye yo ye, men se zèv a men lèzòm yo, bwa avèk wòch. Pou sa, yo te detwi yo. [19] Alò, O SENYÈ, Bondye nou an, mwen priye Ou, delivre nou nan men li [c]pou tout wayòm sou latè yo kab konnen Ou sèl, O SENYÈ, se Bondye a."

[20] Epi Ésaïe, fis a Amots la te voye kote Ézéchias e te di: "Konsa pale SENYÈ a, Bondye Israël la: 'Akoz ou te priye a Mwen pou Sanchérib, wa Assyrie a, [d]Mwen te tande."

[21] Sa se pawòl ke SENYÈ a te pale kont li an:
"Li te meprize ou e moke ou,
[e]Fi vyèj a Sion an.
Li te [f]souke tèt li dèyè do ou,
Fi a Jérusalem nan!
[22] Se sila ou te repwoche e blasfeme a?
Epi kont sila ou te leve vwa ou a,
avèk ògèy, ou te leve zye ou?
Kont [g]Sila ki Sen a Israël la?
[23] [h]Pa mesaje ou yo, ou te repwoche
   SENYÈ a.
Ou te di: "Avèk anpil cha mwen yo,
mwen te rive sou wotè a mòn yo.
Jis rive nan kote pi izole nan Liban an,
mwen va koupe gwo bwa sèd li yo,
avèk bwa pichpen pi chwazi li yo.
Epi mwen va antre jis nan lojman pi izole yo,
nan pi gran rakbwa ki te genyen yo.
[24] Mwen te fouye pwi yo e te bwè dlo
   etranje li yo,
Epi avèk pla pye mwen, mwen te [i]seche
tout rivyè Égypte yo."
[25] [j]Èske ou pa t tande?
Depi lontan Mwen te fè l;
Depi nan tan ansyen yo, Mwen te planifye l.
[k]Koulye a, Mwen gen tan fè l vin rive,
ke ou ta fè vil fòtifye yo vin pil ranblè.
[26] Pou sa, abitan pa yo te manke fòs.
Yo te deranje e te vin wont nèt.
Yo te tankou [l]zèb chan, tankou zèb vèt,
tankou zèb sou twati kay ki vin brile
   avan li kab grandi.
[27] Men M konnen [m]chita ou, sòti avèk antre pa ou,
ak laraj ke ou konn fè kont Mwen.
[28] Epi akoz laraj ou kont Mwen,
akoz awogans ou vin monte nan zòrèy Mwen,
pou sa, mwen va mete [n]zen Mwen nan nen ou,
ak brid Mwen, pou antre nan lèv ou,
epi Mwen va vire ou fè ou fè bak
pa menm chemen ke ou te antre a."
[29] "Epi sa va [o]sign lan pou ou: Ou va manje nan lane sila a sa ki grandi pou kont li, nan dezyèm ane a, sa ki sòti menm jan an konsa e nan twazyèm ane a, ou va simen, rekòlte, plante chan rezen yo e manje fwi pa yo. [30] [p]Retay ki chape lakay Juda a va ankò pran rasin k ap pouse pa anba pou bay fwi pa anlè. [31] Paske depi Jérusalem, [q]va vin sòti yon retay e sòti nan Mòn Sion, sila ki chape yo. [r]Zèl SENYÈ a va acheve sa."

[32] "Pou sa, pale SENYÈ a selon wa Assyrie a: [s]'Li p ap rive nan vil sila a, ni tire yon flèch la. Li p ap rive devan li avèk yon boukliye, ni monte yon ran syèj kont li. [33] [t]Pa menm chemen ke li te antre a, pa li menm, li va retounen e li p ap rive nan vil sila a', deklare SENYÈ a. [34] [u]"Paske Mwen va defann vil sa a pou sove li pou koz Mwen menm ak pou koz sèvitè mwen an, David.'"

[35] [v]Epi li te vin rive menm nwit sa a ke zanj SENYÈ a te sòti e te frape san-katre-ven-senk-mil moun nan kan Asiryen yo. Lè moun yo te leve granmmaten, men vwala, yo tout te mouri. [36] Pou sa, [w]Sanchérib, wa Assyrie a, te sòti e te retounen lakay li pou te rete [x]Ninive. [37] Konsa, li te vin rive pandan li t ap adore lakay Nisroc la, dye pa li a, ke [y]Adrammélec avèk Scharetser te touye li avèk nepe, epi yo te chape nan peyi Ararat. Epi Ésar-Haddon, fis li a, te devni wa nan plas li.

20 [z]Nan jou sa yo, Ézéchias te vin malad jis rive nan pòt lanmò. Epi Ésaïe, pwofèt la, fis a Amots la, te vin kote li e te di li: "Konsa pale SENYÈ a, 'Mete lakay ou an lòd; paske ou va mouri e ou p ap viv.'"

[2] Konsa, Ézéchias te vire figi li vè miray la pou te priye a SENYÈ a. Li te di: [3] "Sonje koulye a, O SENYÈ a, mwen sipliye Ou,[a] jan mwen te mache devan Ou anverite avèk tout kè m nan, ak jan mwen te fè sa ki bon nan zye Ou a." Epi Ézéchias te kriye byen anmè.

[4] Avan Ésaïe te sòti nan mitan vil a, pawòl SENYÈ a te vin kote li. Li te di: [5] "Retounen pale ak Ézéchias, dirijan pèp mwen an: 'Konsa pale SENYÈ a, Bondye a zansèt ou a, David: [b]"Mwen te tande lapriyè pa w la. [c]Mwen te wè dlo ki sòti nan zye ou a. Men vwala, Mwen va geri ou. Nan twazyèm jou a, ou va monte lakay SENYÈ a. [6] Mwen va mete kenzan sou lavi ou e mwen va delivre ou avèk vil sa a soti nan men a wa Assyrie. [d]Mwen va defann vil sa a pou koz pa Mwen ak pou koz David, sèvitè Mwen an."'"

[7] Konsa, Ésaïe te di: "Pran yon gato figye etranje."

Yo te pran l e te mete li sou apse a, e li te vin refè. [8] Alò, Ézéchias te di a Ésaïe: "Ki sign ki va parèt ke SENYÈ a va geri mwen, e ke mwen va monte lakay SENYÈ a nan twazyèm jou a?"

[9] Ésaïe te di: [e]"Sa va sign a ou menm soti nan SENYÈ a, ke SENYÈ a va fè bagay ke li te pale a:

---

[a] **19:16** II Wa 19:4 [b] **19:18** És 44:9-20 [c] **19:19** I Wa 8:42-43 [d] **19:20** II Wa 20:5 [e] **19:21** Jr 14:17
[f] **19:21** Sòm 109:25 [g] **19:22** És 5:24 [h] **19:23** II Wa 18:17 [i] **19:24** És 19:6 [j] **19:25** És 45:7 [k] **19:25** És 10:5 [l] **19:26** Sòm 129:6 [m] **19:27** Sòm 139:1 [n] **19:28** Éz 19:9 [o] **19:29** Egz 3:12 [p] **19:30** II Wa 19:4
[q] **19:31** És 10:20 [r] **19:31** És 9:7 [s] **19:32** És 8:7-10 [t] **19:33** II Wa 19:28 [u] **19:34** II Wa 20:6 [v] **19:35** II Sam 24:16 [w] **19:36** II Wa 19:7 [x] **19:36** Jon 1:2 [y] **19:37** II Wa 19:17-31 [z] **20:1** II Kwo 32:24 [a] **20:3** II Wa 18:3-6 [b] **20:5** II Wa 19:20 [c] **20:5** Sòm 39:12 [d] **20:6** II Wa 19:24 [e] **20:9** És 38:7

èske ou pito lonbraj la avanse dis pa, oswa fè bak dis pa?"

¹⁰ Alò, Ézéchias te reponn: "Li tèlman fasil pou lonbraj la avanse dis pa. Men non, kite li fè bak dis pa."

¹¹ Ésaïe, pwofèt la, te kriye a SENYÈ a, e ᵃLi te fè lonbraj la fè bak dis pa sou eskalye a sou sila li te avanse nan eskalye Achaz la.

¹² ᵇNan tan sa a, Berodac-Baladan, fis a Baladan nan, wa Babylone nan, te voye lèt avèk yon kado bay Ézéchias, paske li te tande ke Ézéchias te konn malad. ¹³ Ézéchias te koute yo e montre yo ᶜtout kay trezò li a, ajan avèk lò, epis avèk lwil presye, lakay boukliye li yo avèk tout sa ki te konn twouve nan trezò li yo. Pa t gen anyen lakay li ni nan tout wayòm li a ke li pa t montre yo.

¹⁴ Alò, pwofèt la, Ésaïe, te vin kote Ézéchias. Li te mande li: "Kisa mesye sila yo te di e depi kibò yo sòti pou rive kote ou a?"

Epi Ézéchias te di: "Yo sòti nan yon peyi lwen, nan Babylone."

¹⁵ Li te di: "Kisa yo te wè lakay ou a?"

Ézéchias te reponn: "Yo te wè tout sa ki lakay mwen an. Nanpwen anyen pami trezò mwen yo ke m pa t montre yo."

¹⁶ Konsa, Ésaïe te di a Ézéchias: "Tande pawòl SENYÈ a. ¹⁷ 'Veye byen, jou yo ap vini lè ᵈtout sa ki lakay ou avèk tout sa ke zansèt ou yo te mete an depo jis rive jou sa a va pote ale Babylone. Anyen p ap rete, pale SENYÈ a. ¹⁸ Kèk nan fis ou yo ki va sòti nan ou menm, ke ou va fè, va retire ale; epi yo va devni ᵉofisye nan palè a wa Babylone nan.'"

¹⁹ Alò Ézéchias te di a Ésaïe: "Pawòl SENYÈ a ke ou te bay la ᶠbon." Paske li te reflechi: "Èske se pa sa, si k ap gen lapè avèk verite nan jou mwen yo?"

²⁰ ᵍ Alò, tout lòt zèv a Ézéchias yo avèk tout pwisans li ak jan li te ʰfè sous dlo a avèk kanal ki te mennen dlo a nan vil la, èske yo pa ekri nan Liv Kwonik A Wa Juda Yo? ²¹ ⁱKonsa, Ézéchias te dòmi avèk zansèt li yo e Manassé, fis li a, te devni wa nan plas li.

21 ʲManassé te gen laj douzan lè l te devni wa a e li te renye senkann-senk ane Jérusalem. Manman li te rele Hephtsiba. ² Li te fè mal nan zye SENYÈ a, ᵏselon tout abominasyon a nasyon ke SENYÈ a te rache devan fis Israël yo. ³ Paske ˡli te rebati wo plas ke Ézéchias te detwi yo, epi ᵐli te monte lotèl pou Baal yo, e li te fè yon Astarté, jan Achab, wa Israël la te fè pou te adore tout lame syèl la e te sèvi yo. ⁴ ⁿLi te bati lotèl lakay SENYÈ a, sou sila SENYÈ a te di: "Nan Jérusalem, Mwen va mete non Mwen." ⁵ Li te bati lotèl pou tout lame syèl la nan ᵒde lakou lakay SENYÈ a. ⁶ ᵖLi te fè fis li yo pase nan dife, ᵠpratike maji e sèvi divinasyon. Li te sèvi moun ki pale ak mò ansanm ak lespri. Li te fè anpil mal nan zye SENYÈ a ki te pwovoke Li a lakòlè. ⁷ Anplis, ʳli te plase imaj a Astarté ke li te fè a, nan kay ke SENYÈ a te di a David avèk fis li a, Salomon: "Nan kay sila a ak Jérusalem nan, ke Mwen te chwazi soti nan tout tribi Israël yo, Mwen va mete non Mwen jis pou tout tan. ⁸ Epi mwen ˢp ap fè pye Israël mache egare ankò deyò peyi ke m te bay a zansèt yo a, si sèlman, yo va obsève pou fè selon tout sa ke M kòmande yo, selon tout lalwa ke sèvitè Mwen an, Moïse te kòmande yo." ⁹ Men yo pa t koute e Manassé te ᵗsedwi yo pou fè mal plis ke nasyon ke SENYÈ a te detwi devan fis Israël yo.

¹⁰ Alò, SENYÈ a te pale pa sèvitè yo, pwofèt yo, e te di: ¹¹ "Akoz Manassé, wa Juda, te fè abominasyon sila yo, e te ᵘfè plis mechanste pase tout Amoreyen ki te avan li yo, e anplis, li te ᵛfè Juda peche avèk zidòl pa li yo; ¹² pou sa, konsa pale SENYÈ, Bondye Israël la: 'Gade byen, Mwen ap mennen yon tèlman gwo twoub sou Jérusalem avèk Juda, pou nenpòt moun ki tande koz li, toude zòrèy li va sonnen avèk sezisman. ¹³ ʷMwen va fè lonje sou Jérusalem lizyè Samarie a, avèk fil aplon kay Achab la, e Mwen va siye Jérusalem jan yon moun ta siye yon plato. Konsa m ap siye li e vire li tèt anba. ¹⁴ Mwen va abandone retay eritaj Mwen an e Mwen va livre yo nan men a lènmi yo. Yo va vin piyaje e depouye pa tout lènmi yo, ¹⁵ akoz yo te fè mal devan zye Mwen e te pwovoke Mwen a lakòlè soti jou ke zansèt pa yo te sòti an Égypte la, menm rive jodi a.'"

¹⁶ ˣAnplis, Manassé te vèse san inosan jiskaske li te ranpli Jérusalem soti nan yon bout jis rive nan yon lòt. Li te fè sa, anplis, peche pa li avèk sila li te fè Juda peche nan fè mal devan zye SENYÈ a.

¹⁷ ʸAlò, tout lòt zèv a Manassé yo avèk tout sa ke li te fè ak peche ke li te komèt yo, èske yo pa ekri nan Liv Kwonik A Wa Juda Yo? ¹⁸ ᶻKonsa, Manassé te dòmi avèk zansèt pa li yo e te antere nan jaden lakay li, nan jaden Uzza a. Epi Amon, fis li a, te devni wa nan plas li.

¹⁹ ᵃAmon te gen venn-dezan lè l te devni wa e li te renye dezan Jérusalem. Manman li te rele Meschullémeth, fi a Haruts la, nan Jotba. ²⁰ Li te fè mal nan zye a SENYÈ a, ᵇjan Manassé, papa li te konn fè a. ²¹ Paske li te mache nan tout chemen ke papa li te konn mache yo, e li te sèvi zidòl ke papa li te konn sèvi, e te adore yo. ²² Konsa, ᶜli te abandone SENYÈ a, Bondye a zansèt li yo, e li pa t mache nan chemen SENYÈ a. ²³ ᵈSèvitè a Amon yo te fè konplo kont li e yo te touye wa a nan pwòp kay li. ²⁴ Alò, ᵉpèp peyi a te touye tout sila ki te fè konplo kont Wa Amon yo, e pèp peyi a te fè Josias, fis li a, wa nan plas li. ²⁵ Alò, tout lòt zèv ke Amon te fè yo, èske yo pa ekri nan Liv Kwonik A Wa Juda Yo? ²⁶ Li te antere nan tonm

---

ᵃ **20:11** Jos 10:12-14   ᵇ **20:12** II Kwo 32:31   ᶜ **20:13** II Kwo 32:27   ᵈ **20:17** II Kwo 36:10   ᵉ **20:18** Dan 1:3-7
ᶠ **20:19** I Sam 3:18   ᵍ **20:20** II Kwo 32:32   ʰ **20:20** Né 3:16   ⁱ **20:21** II Kwo 32:33   ʲ **21:1** II Kwo 33:1-9
ᵏ **21:2** II Wa 16:3   ˡ **21:3** II Wa 18:4   ᵐ **21:3** I Wa 16:31-33   ⁿ **21:4** II Wa 16:10-16   ᵒ **21:5** I Wa 7:12   ᵖ **21:6** II Wa 16:3   ᵠ **21:6** Lev 19:26-31   ʳ **21:7** Det 16:21   ˢ **21:8** II Sam 7:10   ᵗ **21:9** Pwov 29:12   ᵘ **21:11** Jen 15:16
ᵛ **21:11** II Wa 21:16   ʷ **21:13** És 34:11   ˣ **21:16** II Wa 24:4   ʸ **21:17** II Kwo 33:11-19   ᶻ **21:18** II Kwo 33:20
ᵃ **21:19** II Kwo 33:21-23   ᵇ **21:20** II Wa 21:2-16   ᶜ **21:22** II Wa 22:17   ᵈ **21:23** II Wa 12:20   ᵉ **21:24** II Wa 14:5

pa li ᵃnan jaden Uzza a e Josias, fis li a, te devni Wa nan plas li.

22 ᵇJosias te gen laj uitan lè l te vin wa a e li te renye tranteyen ane Jérusalem. Non manman li te Jedida, fi a Adaja a nan Botskath. ² Li te ᶜfè sa ki bon nan zye SENYÈ a e li te mache nan tout chemen a zansèt papa li a, David, ni li pa t vire akote ni adwat, ni agoch.

³ Alò, ᵈnan di-zuityèm ane Wa Josias la, wa a te voye Schaphan, fis a Atsalia a, fis a Meschullam nan, skrib la, lakay SENYÈ a. Li te di: ⁴ ᵉ"Monte kote Hilkija, wo prèt la, pou li kapab kontwole la jan ki antre lakay SENYÈ a, lajan ke gadyen pòtay yo te ranmase soti nan pèp la. ⁵ ᶠKite yo livre li nan men a ouvriye k ap dirije lakay SENYÈ a e kite yo bay li a ouvriye ki lakay SENYÈ a pou repare donmaj nan kay la. ⁶ Pou chapant yo, konstriktè yo avèk mason yo e pou achte gwo bwa avèk wòch taye pou fè reparasyon kay la. ⁷ Sèlman, ᵍnou p ap fè kontabilite pou lajan ki livre nan men yo, paske yo a ji an bòn fwa."

⁸ Alò, Hilkija, wo prèt la, te di a Schaphan, skrib la: ʰ"Mwen te twouve liv lalwa a lakay SENYÈ a." Konsa, Hilkija te bay liv la a Schaphan ki te li li. ⁹ Schaphan, skrib la, te rive kote wa a. Li te pote pawòl la kote wa a, e li te di: "Sèvitè ou yo te vide lajan ki te twouve nan kay la e yo te livre li nan men a ouvriye k ap dirije lakay SENYÈ a." ¹⁰ Anplis, Schaphan, skrib la, te pale wa a e te di: "Hilkija, prèt la, te ban mwen yon liv." Epi Schaphan te li li nan prezans a wa a.

¹¹ Lè wa a te tande pawòl a liv lalwa a, ⁱli te chire rad li. ¹² Epi wa a te kòmande Hilkija, prèt la, ʲAchikam fis a Schaphanb la, ᵏAcbor, fis a Michée a, a Schaphan, skrib la e a Asaja, sèvitè wa a: ¹³ "Ale mande a SENYÈ a pou mwen avèk pèp la ak tout Juda selon pawòl a liv sa a ki te twouve a. Paske ˡgran se kòlè SENYÈ a ki brile kont nou, akoz zansèt papa nou yo pa t koute pawòl a liv sa a, pou fè selon tout sa ki ekri konsènan nou."

¹⁴ Pou sa, Hilkija, prèt la, Achikam, Acbor, Schaphan e Asaja te ale kote Hulda, pwofetès la, madanm a Schallum nan, fis a Thikva a, fis a Harhas la, ki te an chaj vètman yo. (Alò, li te rete Jérusalem nan ᵐKatye Second lan). Yo te pale avèk li. ¹⁵ Li te di yo: "Konsa pale SENYÈ a, Bondye Israël la: 'Pale nonm ki te voye ou kote mwen an, ¹⁶ Konsa pale SENYÈ a: "Gade byen, Mwen va ⁿpote malè sou plas sa a ak sou sila ki rete ladann yo, menm tout pawòl a liv sa a ke wa Juda te di yo. ¹⁷ ᵒAkoz yo te abandone Mwen e te brile lansan a lòt dye yo pou yo ta kab pwovoke Mwen a lakòlè avèk tout zèv men pa yo; pou sa, gran lakòlè Mwen va brile kont plas sa a, e li p ap etenn.'" ¹⁸ Men pou ᵖwa Juda a, ki te voye ou pou mande a SENYÈ a, konsa ou va pale ak li: "Konsa pale SENYÈ a, Bondye Israël la, 'selon pawòl ke ou te tande yo: ¹⁹ ᑫAkoz kè ou te vin mou e ʳou te imilye ou devan SENYÈ a lè ou te tande sa Mwen te pale kont plas sa a ak kont sila ki rete ladann yo, pou yo ta devni yon dezolasyon ak yon malediksyon, epi akoz ou te chire rad ou e te kriye devan Mwen, anverite, Mwen te tande ou,' deklare SENYÈ a. ²⁰ Pou sa, byen gade, Mwen va ˢranmase ou a zansèt pa ou yo e ou va ranmase rive nan tonm pa ou a anpè. Zye ou p ap wè tout mal ke Mwen va mennen sou plas sa a."

Konsa, yo te mennen pote pawòl la bay wa a.

23 ᵗAlò wa a te voye rasanble vè li menm tout ansyen Juda ak Jérusalem yo. ² Wa a te monte kote kay SENYÈ a ak tout mesye Juda yo, tout moun ki te rete Jérusalem avèk li yo, prèt yo ak pwofèt yo ak tout pèp la, ni gran, ni piti; epi ᵘli te li nan zòrèy yo, tout pawòl a liv akò a ᵛki te twouve lakay SENYÈ a. ³ ʷWa a te kanpe akote pilye a pou te fè yon akò devan SENYÈ a, pou ˣmache apre SENYÈ a, pou kenbe kòmandman avèk temwayaj li yo avèk règleman li yo avèk tout kè li ak tout nanm li, pou akonpli pawòl akò a ki te ekri nan liv sa a. Epi tout pèp la antre nan akò a.

⁴ Konsa, wa a te kòmande Hilkija, wo prèt la e prèt a dezyèm lòd yo avèk gadyen pòtay yo pou mennen fè sòti deyò nan tanp SENYÈ a tout veso ki te fèt pou Baal yo, pou Astarté ak pou tout lame syèl la. Konsa, li te brile yo deyò Jérusalem nan chan Cédron an e li te pote sann yo jis rive Béthel. ⁵ Li te mete deyò tout prèt zidòl ke wa Juda yo te chwazi pou brile lansan nan wo plas yo nan vil Juda yo ak nan andwa Jérusalem yo. Anplis, sila ki te brile lansan a Baal yo, a solèy la, lalin nan, avèk tout gwoup zetwal yo ak tout ʸlame syèl yo. ⁶ Li te fè mete deyò Astarté la soti lakay SENYÈ a rive Jérusalem nan flèv Cédron an, li te moulen l an poud nèt e li te jete pousyè a nan simityè a pèp la. ⁷ Osi, li te kraze kay ᶻmal pwostitiye sakre ki te lakay SENYÈ a, kote fanm t ap trese bagay yo kwoke pou Astarté yo. ⁸ Epi li te mennen tout prèt yo soti nan tout vil Juda yo, e li te souye wo plas kote prèt yo te konn brile lansan yo, soti ᵃGuéba jis rive Beer-Schéba. Li te kraze wo plas pòtay ki te nan antre pòtay Josué a, majistra vil la, ki te bò kote goch pòtay lavil la. ⁹ Sepandan, ᵇprèt wo plas yo pa t monte nan lotèl SENYÈ a Jérusalem, men yo te manje pen san ledven pami frè yo. ¹⁰ Anplis, li te souye Topheth, ki nan vale fis Hinnom an, ᶜpou pèsòn pa t kab fè fis li oswa fi li pase nan dife ᵈMoloc la. ¹¹ Li te retire cheval ke wa a Juda yo te konn bay a ᵉsolèy la, kote antre kay SENYÈ a, kote chanm Nethan-Mélec la, ofisye a, ki te nan pwovens

---

ᵃ **21:26** II Wa 21:18   ᵇ **22:1** I Kwo 34:1   ᶜ **22:2** Det 5:32   ᵈ **22:3** II Kwo 34:8   ᵉ **22:4** II Wa 12:4-10
ᶠ **22:5** II Wa 12:11-14   ᵍ **22:7** II Wa 12:15   ʰ **22:8** Det 31:24-26   ⁱ **22:11** Jen 37:34   ʲ **22:12** II Wa 25:22
ᵏ **22:12** II Kwo 34:20   ˡ **22:13** Det 29:23-28   ᵐ **22:14** So 1:10   ⁿ **22:16** Det 29:27   ᵒ **22:17** Det 29:25-26
ᵖ **22:18** II Kwo 34:26   ᑫ **22:19** Sòm 51:17   ʳ **22:19** Egz 10:3   ˢ **22:20** II Wa 23:30   ᵗ **23:1** II Kwo 29:32
ᵘ **23:2** Det 31:10-13   ᵛ **23:2** II Wa 22:8   ʷ **23:3** II Wa 11:14-17   ˣ **23:3** Det 13:4   ʸ **23:5** II Wa 21:3   ᶻ **23:7** I Wa 14:24   ᵃ **23:8** Jos 21:17   ᵇ **23:9** Éz 44:10-14   ᶜ **23:10** Lev 18:21   ᵈ **23:10** I Wa 11:7   ᵉ **23:11** Job 31:26

yo e li te brile cha solèy yo avèk dife. ¹² Lotèl ki te sou twati yo, nan wo chanm Achaz ke wa Juda yo te fè a ak lotèl ke Manassé te fè nan de lakou lakay SENYÈ a, wa a te kraze yo. Li te kraze yo e li te jete poud yo nan flèv Cédron an. ¹³ Wo plas ki te devan Jérusalem yo, ki te adwat ᵃmòn pèdisyon ke Salomon te bati pou Astarté la, abominasyon a Sidonyen yo, avèk Kemosch, abominasyon a fis Ammon yo, wa a te souye yo. ¹⁴ ᵇLi te kraze an mòso pilye sakre yo, li te koupe Astarté yo e li te plen plas yo avèk zo Kretyen.

¹⁵ Anplis, ᶜlotèl ki te Béthel la avèk ᵈwo plas ki te Jéroboam, fis a Nebath la, ki te fè Israël peche a, menm lotèl sila a avèk wo plas la a li te kraze. Epi li te kraze wòch li yo, li te moulen yo jis yo te fè poud e li te brile Astarté la. ¹⁶ Alò, lè Josias te vire gade, li te wè tout simityè ki te sou mòn nan e li te voye pran zo ki te ladann yo, li te brile yo sou lotèl la e te souye li ᵉpa pawòl SENYÈ a, ke nonm Bondye a te pwoklame a, sila ki te pwoklame bagay sa yo. ¹⁷ Alò, li te di: "Se ki moniman sa a ke m wè la a?"

Epi mesye lavil yo te di l: "Li se tonm a nonm Bondye ki te sòti Juda a pou te pwoklame bagay sa yo ke ou te fè kont lotèl Béthel la."

¹⁸ Li te di: "Lese li; pa kite pèsòn deranje zo li." Konsa, yo te kite zo li yo san deranje ᶠavèk zo a pwofèt ki te sòti Samarie a. ¹⁹ Anplis, Josias te retire tout kay nan wo plas ki te ᵍnan vil Samarie yo, ke wa Israël la te fè pou te pwovoke SENYÈ a, epi li te fè a yo menm sa ke li te fè Béthel la. ²⁰ Tout prèt a wo plas ki te prezan yo, ʰli te touye yo sou lotèl yo, e li te brile zo moun yo sou yo. Konsa, li te retounen Jérusalem.

²¹ Wa a te kòmande tout pèp la. Li te di: ⁱ"Selebre fèt Pak SENYÈ a, Bondye nou an, ʲjan sa ekri nan liv akò sila a." ²² ᵏAnverite, yon Pak tankou sila a pa t selebre depi nan jou a jij ki te jije Israël yo, ni nan tout jou a wa Israël yo avèk wa Juda yo. ²³ Men nan di-zuityèm ane a Wa Josias la, Pak sila a te obsève Jérusalem.

²⁴ Anplis, Josias te retire ˡmoun ki te konn rele lespri mò yo, avèk bòkò avèk ᵐzidòl lakay yo ak tout lòt zidòl avèk tout abominasyon ki te konn wè nan tout peyi Juda a avèk Jérusalem, pou li ta kapab konfime pawòl lalwa ki te ekri nan liv ke Hilkija, prèt la, te twouve lakay SENYÈ a. ²⁵ Avan li, pa t gen wa ⁿtankou li ki te vire vè SENYÈ a avèk tout kè li, avèk tout nanm li e avèk tout fòs li, selon lalwa Moïse la. Ni pa t gen okenn moun tankou li ki te leve apre li. ²⁶ Malgre sa, SENYÈ a pa t kite chalè gran kòlè Li ki te brile kont Juda, ᵒakoz tout pwovokasyon avèk sila Manassé te pwovoke Li yo. ²⁷ SENYÈ a te di: "Mwen va retire Juda tou devan zye Mwen, ᵖjan mwen te retire Israël la. Mwen va voye jete Jérusalem, vil sila ke M te chwazi a ak tanp sou sila Mwen te di: 'Non Mwen va la a.'"

²⁸ Alò, tout lòt zèv a Josias yo, avèk tout sa ke li te fè yo, èske yo pa ekri nan Liv Kwonik A Wa Juda Yo? ²⁹ Nan jou pa li yo, ᵠFarawon Néco, wa Égypte la, te monte kont wa Assyrie a nan Rivyè Euphrate la e Wa Josias te ale rankontre li. Epi lè Néco te wè l, ʳli te touye li Méguiddo. ³⁰ Sèvitè li yo te kondwi kadav li a nan yon cha soti Méguiddo pou te mennen li rive Jérusalem, e yo te antere li nan pwòp tonm pa li. ˢKonsa, pèp peyi a te pran Joachaz, fis a Josias la, yo te onksyone li, e yo te fè l wa nan plas papa li.

³¹ ᵗJoachaz te gen laj a venn-twazan lè l te devni wa a e li te renye twa mwa Jérusalem. Manman li te rele Hamuthal, fi a Jérémie an nan Libna. ³² Li te fè mal nan zye SENYÈ a, ᵘselon tout sa ke zansèt li yo te fè. ³³ Farawon Néco te fèmen li nan prizon nan ᵛRibla nan peyi ʷHamath pou li pa renye Jérusalem, epi li te enpoze sou peyi a yon amann san talan ajan avèk yon talan lò. ³⁴ Farawon Néco te fè Éliakim, fis a Josias la wa nan plas Josias, papa li e te ˣchanje non li an Jojakim. Men li te mennen Joachaz sòti. Li te mennen li an Égypte e li te mouri la. ³⁵ Konsa, Jojakim te ʸbay ajan avèk lò a Farawon, men li te egzije kontribisyon sou peyi a pou l ta kab bay la jan lè Farawon te mande li. Li te egzije ajan avèk lò a soti nan pèp peyi a, chak moun selon kalkil valè pa li, pou vèse bay a Farawon Néco. ³⁶ ᶻJojakim te gen laj venn-senkan lè l te devni wa a, e li te renye onzan Jérusalem. Non manman li te Zébudda, fi a Pedaja a nan Ruma. ³⁷ Li te fè mal nan zye SENYÈ a, ᵃselon tout sa ke papa zansèt li yo te konn fè yo.

24 ᵇNan jou pa li yo, Nebucadnetsar, wa Babylone nan, te monte e Jojakim te vin sèvitè li pandan twazan. Epi, konsa, li te vire fè rebèl kont li. ² SENYÈ a te voye kont li twoup a Kaldeyen yo, twoup a Siryen yo, twoup Moabit yo ak twoup Amonit yo. Li te voye yo kont Juda pou detwi li, ᶜselon pawòl ke SENYÈ a te pale pa sèvitè li yo, pwofèt yo. ³ Anverite, sou kòmand SENYÈ a, li te rive Juda, pou retire yo devan zye Li ᵈakoz peche a Manassé yo selon tout sa ke li te fè yo, ⁴ anplis, ᵉak san inosan li te vèse yo. Paske li te ranpli Jérusalem avèk san inosan e SENYÈ a pa t padone sa. ⁵ Alò, tout lòt zèv a Jojakim yo avèk tout sa ke li te fè yo, èske yo pa ekri nan Liv Kwonik A Wa Juda Yo? ⁶ Konsa, ᶠJojakim te dòmi avèk papa zansèt li yo e Jojakin, fis li a, te vin wa nan plas li.

⁷ Wa Égypte la pa t sòti nan peyi li ankò, ᵍpaske wa Babylone nan te kaptire tout sa ki te pou wa Égypte la soti nan ʰflèv Égypte la jis rive nan Rivyè Euphrate la.

ᵃ **23:13** I Wa 11:7 ᵇ **23:14** Det 7:5-25 ᶜ **23:15** I Wa 13:1 ᵈ **23:15** I Wa 12:28-33 ᵉ **23:16** I Wa 13:2
ᶠ **23:18** I Wa 13:11-31 ᵍ **23:19** II Kwo 34:6-7 ʰ **23:20** II Wa 10:25 ⁱ **23:21** I Kwo 35:1-17 ʲ **23:21** Det 16:2-8
ᵏ **23:22** I Kwo 35:18-19 ˡ **23:24** Lev 19:31 ᵐ **23:24** Jen 31:19 ⁿ **23:25** II Wa 18:5 ᵒ **23:26** II Wa 21:11-13
ᵖ **23:27** II Wa 18:11 ᵠ **23:29** Jr 48:2 ʳ **23:29** II Kwo 35:20-24 ˢ **23:30** I Kwo 36:1-4 ᵗ **23:31** I Kwo 3:15
ᵘ **23:32** II Wa 21:2-7 ᵛ **23:33** II Wa 25:6 ʷ **23:33** I Wa 8:65 ˣ **23:34** I Kwo 3:15 ʸ **23:35** II Wa 23:33
ᶻ **23:36** Jr 22:18-19 ᵃ **23:37** II Wa 23:32 ᵇ **24:1** Jr 25:1 ᶜ **24:2** II Wa 23:27 ᵈ **24:3** II Wa 23:26 ᵉ **24:4** II Wa 21:16 ᶠ **24:6** Jr 22:18-19 ᵍ **24:7** Jr 46:2 ʰ **24:7** Jen 15:18

⁸ ᵃJojakin te gen ᵇdi-zuit ane lè li te devni wa e li te renye twa mwa Jérusalem. Non manman li se te Néhuschtha, fi a Elnathan an Jérusalem. ⁹ Li te fè mal nan zye a SENYÈ a, ᶜselon tout sa ke papa li te konn fè yo. ¹⁰ Nan tan sa a, sèvitè a wa Babylone yo te monte Jérusalem e vil la te antre anba syèj. ¹¹ Epi Nebucadnetsar, wa Babylone nan te rive nan vil la pandan sèvitè li yo t ap fè syèj li. ¹² Jojakin, wa Juda a, te sòti kote wa Babylone nan, li menm avèk manman li, sèvitè li yo avèk kapitèn li yo ak ofisye li yo. Konsa, ᵈwa a Babylone nan te pran li an kaptivite nan uityèm ane règn pa li a. ¹³ ᵉLi te pote fè sòti depi la, tout trezò lakay SENYÈ a ak trezò lakay wa a. Li te koupe an mòso tout veso lò ke Salomon, wa Israël la, te fè nan tanp SENYÈ a, jis jan ke SENYÈ a te di a. ¹⁴ Konsa, li te mennen an egzil tout Jérusalem avèk tout kapitèn ak tout moun avèk gwo kouraj yo; di-mil kaptif, avèk tout mèt ouvriye ak tout sila ki konn fòme oswa fonn metal yo. ¹⁵ Konsa, ᶠli te mennen Jokajin sòti an egzil Babylone, anplis, manman a wa a avèk madanm li yo, ofisye li yo ak tout mesye ki te chèf dirijan peyi yo. Li te mennen yo ale an egzil soti Jérusalem jis rive Babylone. ¹⁶ Tout mesye gwo kouraj ak pwisans yo, ᵍsèt-mil, mèt ouvriye yo, mil, tout te plen avèk fòs e pare pou fè lagè. Tout sila yo, wa Babylone nan te mennen an egzil Babylone. ¹⁷ ʰEpi wa Babylone nan te fè tonton Jokajin nan, Matthania, wa nan plas li e li te chanje non li an Sédécias.

¹⁸ ⁱSédécias te gen la j a venteyen ane lè l te devni wa a, e li te renye pandan onzan Jérusalem. Non manman li se te Hamuthal, fis a Jérémie an nan Libna. ¹⁹ Li te fè mal nan zye SENYÈ a, ʲselon tout sa ke Jojakim te konn fè yo. ²⁰ Paske ᵏakoz kòlè SENYÈ a, tout sa te rive Jérusalem avèk Juda jiskaske Li te jete yo deyò prezans Li.

Epi Sédécias te fè rebèl kont wa Babylone nan.

25 ¹Alò nan nevyèm ane règn li an, nan dizyèm jou ak nan dezyèm mwa a, Nebucadnetsar, wa Babylone nan te vini. Li menm avèk tout lame li te fè kan kont Jérusalem, e li te bati yon miray syèj ki te antoure li. ² Konsa, vil la te anba syèj jis rive nan onzyèm ane a Wa Sédécias la. ³ Nan nevyèm jou ak nan katriyèm mwa a, ᵐgrangou te tèlman rèd nan vil la ke pa t gen manje pou pèp peyi a. ⁴ ⁿKonsa, yo te kase vil la antre e tout mesye lagè yo te sove ale nan nwit lan pa pòtay antre de mi yo akote ᵒjaden a wa a, malgre Kaldeyen yo te antoure tout vil la. Konsa, yo te sòti pa chemen dezè a. ⁵ Men lame Kaldeyen yo te kouri dèyè wa a. Yo te rive pran li nan plèn Jéricho a, e tout lame li a te gaye kite li. ⁶ ᵖYo te kaptire wa a e yo te ᵠmennen li kote wa Babylone nan Ribla e yo te pase jijman sou li. ⁷ ʳYo te touye fis a Sédécias yo devan zye li, yo te ˢpete zye a Sédécias, yo te mare l avèk chenn an bwonz yo, e yo te mennen li Babylone.

⁸ ᵗAlò, nan setyèm jou ak nan senkyèm mwa a, ki se te diznevyèm ane Nebucadnetsar, wa Babylone nan, Nebuzaradan, kapitèn gad yo, yon sèvitè a wa Babylone nan, te rive Jérusalem. ⁹ ᵘLi te brile lakay SENYÈ a, lakay wa a ak tout kay Jérusalem yo. Menm tout gwo kay yo, li te brile yo avèk dife. ¹⁰ Epi tout lame Kaldeyen yo ki te avèk kapitèn gad la te ᵛkraze, chire, tout mi ki te antoure Jérusalem yo. ¹¹ Epi ʷtout rès nan moun ki te kite lavil yo, sila ki te dezète al jwenn wa Babylone nan e tout rès pèp la ki te rete, Nébuzaradan, kapitèn gad la, te pote yo ale an egzil. ¹² Men kapitèn gad la te kite kèk moun pami ˣpi malere yo pou sèvi kòm ouvriye nan chan rezen yo ak pou raboure tè a.

¹³ ʸAlò, pilye an bwonz ki te lakay SENYÈ yo ak baz avèk lanmè an bwonz ki te lakay SENYÈ a, Kaldeyen yo te kase yo an mòso e te pote bwonz lan Babylone. ¹⁴ ᶻYo te retire po yo, pèl yo, etennwa yo, kiyè yo ak tout veso an bwonz ki te konn sèvi nan sèvis tanp lan. ¹⁵ Kòmandan gad la, anplis, te pran tout plato pou resevwa sann yo, avèk basen yo, sila ki te an lò fen ak sila ki te an ajan fen yo. ¹⁶ De pilye yo, yon sèl lanmè a ak baz ke Salomon te fè pou lakay SENYÈ a, ᵃbwonz nan veso sila yo te depase kapasite pou peze. ¹⁷ ᵇWotè a yon pilye te di-zuit koude e yon tèt an bwonz te sou li. Wotè a tèt an bwonz lan te twa koude, avèk yon griyaj ak grenad ki te antoure li an bwonz. Epi dezyèm pilye a te tankou sila yo avèk yon sistèm griyaj.

¹⁸ Alò, kapitèn gad la te pran ᶜSeraja, wo prèt la, avèk ᵈSophonie, dezyèm prèt la, avèk twa ofisye a tanp lan. ¹⁹ Depi nan vil la, li te pran yon ofisye ki te chèf mesye lagè yo ak ᵉsenk nan konseye a wa yo ki te twouve nan vil la; epi grefye a kapitèn lame ki te responsab anrejistre moun nan peyi a; epi swasant moun nan pèp peyi a te twouve nan vil la. ²⁰ Nebuzaradan, kapitèn gad la, te pran yo pou te mennen yo kote wa Babylone nan ᶠRibla. ²¹ Alò, wa Babylone nan te frape yo e te mete yo a lanmò nan Ribla nan peyi Hamath. ᵍKonsa, Juda te mennen an egzil soti nan peyi li.

²² Alò, moun ki te rete nan peyi Juda yo, ke Nebucadnetsar, wa Babylone nan, te kite, li te chwazi ʰGuedalia, fis a Achikam nan, fis a Schaphan an sou yo. ²³ ⁱLè tout kapitèn yo avèk sòlda pa yo te tande ke wa Babylone nan te chwazi Guedalia kòm gouvènè, yo te vin kote Guedalia nan Mitspa; pa non, Ismaël fis a Nethania a, avèk Jochanan, fis a Karéach la, Seraja, fis a Thanhumeth la, Netofayit la, avèk Jaazania, fis a Maakatyen an, yo menm avèk mesye pa yo. ²⁴ Guedalia te sèmante a yo avèk mesye pa yo a, e

te di yo: "Pa pè vin sèvitè a Kaldeyen yo. Viv nan peyi a, sèvi wa Babylone nan e sa va ale byen pou nou."

²⁵ ᵃMen li te vin rive nan setyèm mwa a, ke Ismaël, fis a Nethania yo, fis a Élischama yo nan fanmi wayal la, te rive avèk dis òm pou te frape Guedalia e li te mouri ansanm avèk Jwif ak Kaldeyen ki te avèk li nan Mitspa yo. ²⁶ ᵇAlò, tout pèp la, ni gran ni piti, avèk kapitèn a fòs soulèvman yo te leve ale an Égypte; paske yo te pè Kaldeyen yo. ²⁷ ᶜAlò, li te vin rive nan trant-setyèm ane an ᵈegzil a Jojakin, wa Juda a, nan douzyèm mwa a, nan venn-setyèm jou nan mwa a, ke Évil-Merodac, wa Babylone nan, nan lane ke li te vin wa a, li te lage Jojakin, wa Juda a, soti nan prizon. ²⁸ Konsa, li te ᵉpale avèk dousè anvè li e li te leve twòn li an piwo pase lòt wa ki te avèk li Babylone yo. ²⁹ Jojakin te chanje rad prizonye li yo, e li te vin pran ᶠrepa l nan prezans a wa pandan tout rès jou lavi li. ³⁰ Epi pou ᵍbous li, yon bous nòmal te bay a li menm pa wa a, yon pòsyon pou chak jou pandan tout jou lavi li.

ᵃ **25:25** Jr 41:1-2   ᵇ **25:26** Jr 43:4-7   ᶜ **25:27** Jr 52:31-34   ᵈ **25:27** II Wa 24:12-15   ᵉ **25:28** Dan 2:37
ᶠ **25:29** II Sam 9:7   ᵍ **25:30** Né 11:23

Kwonik Yo

1 [a]Adam, Seth, Énosch [2]Kénan, Mahalaleel, Jéred, [3]Hénoc, Metuschélah, Lémec, [4]Noé, Sem, Cham avèk Japhet.

[5][b]Fis a Japhet yo: Gomer, Magog, Madaï, Javan, Tubal, Méschec avèk Tiras. [6]Fis a Gomer yo: Aschkenaz, Diphat, avèk Togarma. [7]Fis a Javan yo: Élischa, Tarsisa, Kittim ak Rodanim.

[8]Fis a Cham yo: Cush, Mitsraïm, Puth avèk Canaan. [9]Fis a Cush yo: Saba, Havilla, Sabta, Raema avèk Sabteca. —Fis a Raema yo: Séba avèk Dedan. [10]Cush te fè Nimrod: se li menm ki te vin yon nonm pwisan sou latè a. [11][c]Mitsarïm te fè moun a Ludim yo, Ananim yo, Lehabim yo, Naphtuhim yo, [12]Patrusim yo, Casluhim yo, sou sila Filisten yo te sòti avèk Kaftorimyen yo. [13]Canaan te fè Sidon, premye ne li avèk Heth, [14]avèk Jebizyen yo, Amoreyen yo ak Gigazyen yo, [15]Evyen yo, Akiyen yo, Siniyen yo, [16]Avadyen yo, Semariyen yo ak Amatyen yo.

[17][d]Fis a Sem yo: Élam, Assur, Arpacschad, Lud ak Aram; Uts, Hul, Guéter avèk Méschec. [18]Arpacschad te fè Schélach; epi Schélach te fè Héber. [19]De fis te fèt a Éber, non a youn se te Péleg; paske nan jou pa li yo, tè a te divize e non frè li a se te Joktan. [20]Joktan te vin papa a Almodad, Schéleph, Hatsarmaveth, Jérach, [21]Hadoram, Uzal, Dikla, [22]Ébal, Abimaël, Séba, [23]Ophir, Havila, avèk Jobab, tout sila te fis a Joktan. [24][e]Sem, Arpacschad, Schélach, [25]Héber, Péleg, Rehu, [26]Serug, Nachor, Térach, [27]Abram, ki se Abraham.

[28]Fis a Abraham yo: Isaac avèk Ismaël. [29]Men [f]desandan pa yo: Nebajoth, premye ne pou Ismaël, Kédar, Adbeel, Mibsam, [30]Mischma, Duma, Massa, Hadad, Téma, [31]Jethur, Naphisch ak Kedma: sila yo se te fis a Ismaël.

[32][g]Fis a Ketura yo, ti mennaj a Abraham nan. Li te bay nesans a Zimran, Jokschan, Medan, Madain, Jischbak ak Schuach. —Fis a Jokschan yo: Séba avèk Dedan. [33]Fis a Madian yo: Épha, Épher, Hénoc, Abida avèk Eldaa—Tout sila yo se te fis a Ketura.

[34]Abraham te fè Isaac. Fis a Isaac yo se te [h]Ésaü avèk Israël. [35][i]Fis a Ésaü yo: Éliphaz, Reuel, Jeusch, Jaelam avèk Koré. [36]Fis a Éliphaz yo: Théman, Omar, Tsephi, Gaetham, Kenaz, Thimna avèk Amalek. [37]Fis a Reuel yo: Nahath, Zérach, Schamma avèk Mizza.

[38][j]Fis a Séir yo: Lothan, Schobal, Tsibeon, Ana, Dischon, Etser avèk Dischan. [39]Fis a Lothan yo: Hori avèk Homam. Epi sè Lothan an te Thimna. [40]Fis a Schobal yo: Alijan, Manahath, Ébal, Schephi avèk Onam. Fis a Tsibeon yo: Ajja, avèk Ana. [41]Fis a Ana a: Dischon. Fis a Dischon yo: Hamran, Eschban, Jitran avèk Keran. [42]Fis a Etser yo: Bilhan, Zaavan avèk Jaakan. Fis a Dischan yo: Uts avèk Aran.

[43][k]Alò, sila yo se wa ki te renye nan peyi Édom an avan te gen wa an Israël. Béla, fis a Beor la; epi non a vil pa li a se te Dinhaba. [44]Béla te mouri; epi Jobab, fis a Zérach ki sòti [l]Botsra a, te renye nan plas li. [45]Jobab te mouri e Huscham a peyi [m]Temanit yo te renye nan plas li. [46]Huscham te mouri; epi Hadad, fis a Bedad la, te renye nan plas li. Se te li menm ki te frape Madian nan chan Moab la. Non a vil sa a se te Avith. [47]Hadad te mouri; epi Samia a Maskéka te renye nan plas li. [48]Samia te mouri; epi Saül a Rehoboth kote flèv la te renye nan plas li. [49]Saül te mouri; epi Baal-Hanan, fis a Acbor a te renye nan plas li. [50]Baal-Hanan te mouri; epi Hadad te renye nan plas li. Non a vil sa a se te Pahi; epi non a madanm li se te Mehéthabeel, fi a Mathred la, fi a Mézahab la. [51]Hadad te mouri. Chèf a Édom yo te chèf Thimna, chèf Alia, chèf Jetheth, [52]chèf Oholibama, chèf Éla ak chèf Pinon, [53]chèf Kenaz, chèf Théman, chèf Mibtsar, [54]chèf Magdiel, chèf Iram. Sila yo se te chèf Édom yo.

2 Men [n]fis Israël yo: Ruben, Siméon, Lévi, Juda, Issacar, Zabulon, [2]Dan, Joseph, Benjamin, Nephthali, Gad ak Aser.

[3][o]Fis a Juda yo: Er, Onan, Schéla; twa fèt a li menm pa Bath-Schua, Kananeyen nan. Er, premye ne Juda a, se te mechan nan zye SENYÈ a, ki te mete li a lanmò. [4][p]Tamar, bèlfi a Juda a, te bay nesans a Pérets avèk Zérach. Kantite antou a fis Juda yo, senk.

[5]Fis a Pérets yo: Hetsron avèk Hamul. [6]Fis a Zérach yo: Zimri, Éthan, Héman, Calcol avèk Dara. An total: senk. [7]Fis a Carmi yo: [q]Acar, ki te twouble Israël lè l te vyole bagay anba ve yo. [8]Fis a Éthan an: Azaria.

[9]Fis ki ne a Hetsron yo: Jerachmeel, Ram, avèk Kelubaï. [10]Ram te fè Amminadab. Amminadab te fè Nachschon, chèf a fis a Juda yo. [11]Nachschon te fè Salma. Salma te fè Boaz. [12]Boaz te fè Obed. Obed te fè Jesse, [13]Jesse te fè Éliab, fis premye ne a, Abinadab, dezyèm nan, Schimea, twazyèm nan, [14]Nethaneel, katriyèm nan, Raddaï, senkyèm nan, [15]Otsem, sizyèm nan, David, setyèm nan. [16]Sè pa yo se te: Tseruja avèk Abigaïl. Epi twa fis a Tserula yo: Abischaï, Joab avèk Asaël, twa. [17]Abigaïl te fè Amasa: papa Amasa se te Jéther, avèk Izmayelit la.

[18]Caleb, fis a Hetsron an te fè de fis avèk Azuba, madanm li e de pa Jerioth; alò, sa yo se te fis li yo: Jéscher, Schobab avèk Ardon. [19]Azuba te mouri;

---

[a] 1:1 Jen 4:24 [b] 1:5 Jen 10:2-4 [c] 1:11 Jen 10:13-18 [d] 1:17 Jen 10:22-29 [e] 1:24 Jen 11:10-26 [f] 1:29 Jen 25:13-16 [g] 1:32 Jen 25:1-4 [h] 1:34 Jen 25:25-26 [i] 1:35 Jen 36:4-10 [j] 1:38 Jen 36:4-10 [k] 1:43 Jen 36:31-43 [l] 1:44 És 34:6 [m] 1:45 Job 2:11 [n] 2:1 Jen 35:22-26 [o] 2:3 Jen 38:2-10 [p] 2:4 Jen 38:13-30 [q] 2:7 Jos 7:1

epi Caleb te pran Éphrath ki te fè Hur pou li. ²⁰ Hur te fè Uri e Uri te fè Betsaleel.

²¹ Apre, Hetsron te ale kote fi a Makir a, papa a Galaad e li te gen swasant ane depi li te marye avè l; epi li te fè pou li Segub. ²² Segub te fè Jaïr, ki te gen venn-twa vil nan peyi Galaad. ²³ Men Gechouryen yo avèk Siryen yo te rache vil Jaïr yo nan men yo avèk Kenath ak vil pa li yo, menm swasant vil. Tout sila yo se te fis a Makir yo, papa a Galaad. ²⁴ Lè Hetsron te fin mouri nan Caleb-Éphrata, Abija, fanm Hetsron an, te fè pou li, Aschchur, papa a Tekoa.

²⁵ Fis a Jerachmeel yo, premye ne a Hetsron an: Ram, premye ne, Buna, Oren avèk Otsem, ne a Achija. ²⁶ Jerachmeel te gen yon lòt fanm ki te rele Athara e ki te manman a Onam. ²⁷ Fis a Ram yo, premye ne a Jerachmeel, te Maatys, Jamin, avèk Éker. ²⁸ Fis a Onam yo te Schammaï avèk Jada. Fis a Schammaï yo: Nadab avèk Abischur. ²⁹ Non a fanm Abischur a te Abichail e li te fè pou li Achban avèk Molid. ³⁰ Fis a Nadab yo: Séled avèk Appaïm. Séled te mouri san fis. ³¹ Fis a Appaïm nan: Jischeï. Fis a Jischeï a: Schéschan. Fis a Schéschan nan: Achlaï. ³² Fis a Jada yo, frè a Schammaï: Jéther avèk Jonathan. Jéther te mouri san fis. ³³ Fis a Jonathan yo: Péleth avèk Zaza. Sila yo se te fis a Jerachmeel. ³⁴ Schéschan pa t gen fis, men sèlman fi. Schéschan te gen yon esklav Ejipsyen ki te rele Jarcha. ³⁵ Epi Schéschan te bay fi li kon madanm a Jarcha, esklav li a e li te fè pou li, Attaï. ³⁶ Attaï te fè Nathan; Nathan te fè Zabad; ³⁷ Zabad te fè Ephlal; Ephlal te fè Obed; ³⁸ Obed te fè Jéhu; Jéhu te fè Azaria; ³⁹ Azaria te fè Halets; Halets te fè Élasa; ⁴⁰ Élasa te fè Sismaï; Sismaï te fè Schallum; ⁴¹ Schallum te fè Jekamja; Jekamja te fè Élischama.

⁴² Alò, fis a Caleb yo, frè a Jerachmeel la: Méscha, fis premye ne a, ki te vin papa a Ziph e fis pa li a se te Maréscha, papa a Hébron. ⁴³ Fis a Hébron yo: Koré, Thappuach, Rékem avèk Schéma. ⁴⁴ Schéma te fè Racham, papa a Jorkeam. Rékem te fè Schammaï. ⁴⁵ Fis a Schammaï a: Maon; epi Maon te papa a Beth-Tsur. ⁴⁶ Épha, ti mennaj a Caleb la, te fè Haran, Motsa avèk Gazez. ⁴⁷ Fis a Jahdaï a: Réguem, Jotham, Guéschan, Péleth, Épha avèk Schaaph. ⁴⁸ Maaca, ti mennaj a Caleb la te fè Schéber avèk Tirchana. ⁴⁹ Li te fè ankò Schaaph, papa a Madmanna, avèk Scheva, papa a Macbéna, papa a Guibea. Fi a Caleb la te Acsa.

⁵⁰ Men fis a Caleb yo: Fis a Hur yo, premye ne a Éphrata a e papa a Kirjath-Jearim; ⁵¹ Salma, papa a Bethléem; Hareph, papa a Beth-Gader. ⁵² Fis a Shobal yo, papa a Kirjath-Jearim te Haroé, Hatsi-Hammenuhoth. ⁵³ Fanmi a Kirjath-Jerim yo se te: Jetriyen yo, Pityen yo, Choumatyen yo ak Mischrayen yo; depi nan fanmi sila yo, te sòti Soreatyen yo avèk Eschtaolyen yo. ⁵⁴ Fis a Salma yo: Bethléem avèk Netofatyen yo, Athroth-Beth-Joab, Hatsi-Hammanachthi, Soreyen yo; ⁵⁵ epi fanmi a skrib ki te rete Jaebets yo: Tireatyen yo, Schimeatyen yo ak Sikatyen yo. Sila yo se Kenyen ki te soti nan Hamath yo, papa lakay Récab.

3 ᵃAlò, sila yo se te fis a David ke li te fè Hébron yo. Premye ne a, Amnon, pa Achinoam ak Jizreel; dezyèm nan, Daniel ak Abigaïl, moun Carmella; ²Twazyèm nan, Absalom, fis a Maaca a, fi a Talmaï a, wa Gueschur a; katriyèm nan, Adonija, fis a Haggith la; ³ senkyèm nan, Schephatia, pa Abithai; sizyèm nan, Jithream pa Élga, madanm li. ⁴ Se sis ki te fèt a li Hébron. ᵇLa, li te renye pandan setan si mwa e li te renye pandan trann-twazan Jérusalem. ⁵ Men sila ki te fèt a li Jérusalem yo: Schimea, Schobab, Nathan avèk Salomon, kat pa Bath-Schua, fi a Ammiel la; ⁶ avèk Jibhar, Élischama, Éliphéleth, ⁷ Noga, Népheg, Japhia, Élischama, ⁸ Éliada avèk Éliphéleth, nèf. ⁹ Tout sila yo se fis a David, anplis, fis a ti mennaj li yo; epi ᶜTamar te sè li.

¹⁰ Fis a Salomon an: Roboam. Abijah, fis pa li a; Asa, fis pa li a; Josaphat, fis pa li a; ¹¹ Joram, fis pa li a; Achazia, fis pa li a; Joas, fis pa li a; ¹² Amatsia, fis pa li a: Azaria, fis pa li a; Jotham, fis pa li a; ¹³ Achaz, fis pa li a; Ézéchias, fis pa li a; Manassé, fis pa li a; ¹⁴ Amon, fis pa li a; Josias, fis pa li a. ¹⁵ Fis a Josias yo: Jochanan, premye ne a; dezyèm nan, Jojakim; twazyèm nan, Sédécias; katriyèm nan, Schallum. ¹⁶ Fis a Jojakim yo: Jéconias, fis li a, avèk Zedekiah, fis li a. ¹⁷ Fis a Jéconias yo, prizonye a: Schealthiel, fis li a, ¹⁸ epi Malkiram, Pedaja, Schénatsar, Jekamia, Hoschama ak Nedabia. ¹⁹ Fis a Pedaja yo: Zorobabel avèk Schimeï. Fis a Zorobabel yo: Meschullam avèk Hanania; epi Schelomith, sè pa yo; ²⁰ avèk Haschuba, Ohel, Bérékia, Hasadia, Juschab-Hésed, senk. ²¹ Fis a Hanaja yo: Pelathia avèk Ésaïe; fis a Rephaja yo, fis a Arnan yo, fis a Abdias yo, fis a Schecania yo. ²² Desandan a Schecania yo se te Schemaeja ak fis a Schemaeja yo, Hattusch, Jigueal, Bariach, Nearia ak Schaphath, sis. ²³ Fis a Nearia yo: Eljoénaï, Ézéchias ak Azrikam, twa. ²⁴ Fis a Eljoénaï yo: Hodavia, Éliaschib, Pelaja, Akkub, Jochanan, Delaja ak Anani, sèt.

4 ᵈFis a Juda yo: Pérets, Hetsron, Carmi, Hur ak Shobal. ² Reaja, fis a Shobal la, te vin papa a Jachath; Jachath te fè Achumaï avèk Lahad. Sila yo se te fanmi a Soreatyen yo. ³ Men desandan a Étham yo: Jizreel, Jischma ak Jidbach; sè yo te rele Hatselelponi. ⁴ Penuel se te papa a Guedor e Ézer papa a Huscha. Men fis a Hur yo; premye ne a, Éphrata, papa a Bethléem. ⁵ Aschchur, papa a Tekoa, te gen de madanm: Hélea avèk Naara. ⁶ Naara te fè pou li Achuzzam, Hépher, Thémeni ak Ahaschthari: men fis a Naara yo. ⁷ Fis a Hélea yo: Tséreth, Tsochar ak Ethnan. ⁸ Kots te fè Anub avèk Hatsobéba ak fanmi a Acharchel yo, fis a Harum yo.

ᵃ **3:1** II Sam 3:2-5   ᵇ **3:4** II Sam 5:4-5   ᶜ **3:9** II Sam 13:1   ᵈ **4:1** I Kwo 2:3

⁹ Jaebets te gen plis onè pase frè li yo e manman li te rele li Jaebets epi te di: "akoz mwen te fè l avèk gwo doulè".

¹⁰ Jaebets te rele Bondye Israël la epi te di: "O ke Ou beni mwen, anverite e agrandi lizyè mwen e ke men Ou avè m, ke Ou pwoteje m de mal pou m pa ta twouble akoz li."

Epi Bondye te bay li sa li te mande a.

¹¹ Kelub, frè a Schucha a, te fè Mechir ki te papa a Eschthon. ¹² Eschthon te soti lakay Rapha, Paséach ak Thechinna, papa a Nachasch. Sila yo se te moun a Réca yo. ¹³ Alò, fis a Kenaz yo: Othniel avèk Seraja. Fis a Othniel la: Hathath. ¹⁴ Meonothaï te fè Ophra. Seraja te fè Joab, papa a atizan yo; paske li menm te yon atizan. ¹⁵ Fis a Caleb yo, ki te fis a Jephunné a: Iru, Éla avèk Naam e fi yo, Éla avèk Kenaz. ¹⁶ Fis a Jehalléleel yo: Ziph, Zipha, Thirja ak Asareel. ¹⁷ Fis a Esdras yo: Jéther, Méred, Épher ak Jalon. Madanm a Méred la te fè Miriam, Schammaï ak Jischbach, papa Eschthemoa. ¹⁸ Madanm li, Juif te fè Jéred, papa a Guedor, Héber, papa a Soco, avèk Jekuthiel, papa a Zanoach. ¹⁹ Fis a madanm a Hodija yo, sè a Nacham nan, se te zansèt a Kehila yo, Gamyen yo, ak Eschthemoa, Maakatyen yo. ²⁰ Fis a Simon yo: Amnon, Rinna, Ben-Hanan ak Thilon. Epi fis a Jischeï yo: Zocheth ak Ben-Zocheth. ²¹ Fis a Schéla yo, ki te fis a Juda a: Er, papa a Léca, Laeda, papa a Maréscha, avèk fanmi lakay travayè twal nan Béth-Aschbéa yo, ²² avèk Jokim, mesye a Cozéba yo, Joas ak Saraph, ki te renye Moab avèk Jaschubi-Léchem. Achiv sila yo tèlman ansyen. ²³ Sila yo se te moun ki te fè veso ajil ki te abite Netayaim avèk Gedera; yo te rete la avèk wa a pou fè travay li. ²⁴ Fis a Siméon yo: Nemuel, Jamin, Jarib, Zérach, Saül. ²⁵ Schallum, fis li a. Mibsam, fis li a. ²⁶ Fis a Mischma yo: Hammuel, fis li a, Zaccur, fis li a ak Schimeï, fis li a. ²⁷ Schimeï te gen sèz fis avèk sis fi. Frè li yo pa t fè anpil fis, ni fanmi pa yo pa t miltipliye kon fis a Juda yo. ²⁸ Yo te rete Beer-Schéba, nan Molada ak nan Hatsar-Schual, ²⁹ nan Bilha, nan Etsem, nan Tholad, ³⁰ nan Bethuel, nan Horma, nan Tsiklag, ³¹ nan Beth-Marcaboth, nan Hatsar-Susim, nan Beth-Bireï ak nan Schaaraïm. Sila yo se te vil pa yo jiska règn a wa David la. ³² Vilaj pa yo te Etham, Ain, Rimmon, Thoken ak Aschan, senk vil yo; ³³ epi tout vil pa yo ki te antoure menm vil sila yo jis rive Baal. Se te anplasman pa yo e yo genyen istwa zansèt pa yo. ³⁴ Meschobab, Jamlec, Joscha, fis a Amatsia a; ³⁵ epi Joël avèk Jéhu, fis a Joschibia a, fis a Seraia a, fis a Asiel la; ³⁶ Eljoénaï, Jaakoba, Jeschochaja, Asaja, Adiel, Jesimiel, Benaja, ³⁷ Ziza, fis a Allon an, fis a Jedaja a, fis a Schimri a, fis a Schemaeja a. ³⁸ Sila ki mansyone pa non yo se te chèf lakay fanmi pa yo; epi lakay zansèt pa yo te chèf nan fanmi pa yo e lakay fanmi pa yo te grandi anpil. ³⁹ Yo te rive jis nan antre Guedor, jis nan kote lès a vale a pou chache patiraj pou twoupo pa yo. ⁴⁰ Yo te jwenn pa yo ki te trè rich e trè bon, ᵃpeyi a te vas e kalm, epi te gen lapè; paske sila ki te rete la oparavan yo te desandan de Cham. ⁴¹ ᵇSila yo, dechifre pa non te vini nan jou a Ézéchias yo, wa Juda a e te atake tant pa yo e avèk Mawonit ki te rete la yo, te detwi yo nèt jis rive jou sa a pou te rete nan plas pa yo, akoz te gen patiraj pou twoupo pa yo. ⁴² Sòti nan yo, depi nan fis Siméon, senk-san mesye te monte nan Mòn Séir avèk Pelathia, Nearia, Rephaja e Uziel, fis a Jischeï a. ⁴³ ᶜYo te detwi retay Amalekit ki te chape yo e te rete la jis rive jodi a.

5 Alò, fis a Ruben yo, premye ne an Israël la (paske se te premye ne li te ye, men akoz ᵈli te konwonpi kabann papa li, dwa nesans li te bay a fis a Joseph yo, fis Israël la; epi pou sa, li pa anwole nan istwa desandan yo selon dwa nesans lan. ² Sepandan Juda te reyisi depase frè li yo e ᵉsoti nan li, chèf la te parèt, malgre dwa nesans lan te pou Joseph), ³ fis a Ruben yo, premye ne an Israël la: Hénoc, Pallu, Hetsron ak Carmi. ⁴ Fis a Joël yo: Schemaeja, fis pa li a, Gog, fis pa li a; Schimeï, fis pa li a; ⁵ Michée, fis pa li a; Reaja, fis pa li a; Baal, fis pa li a. ⁶ Beéra, fis pa li a ke Tilgath-Pilnéser, wa Assyrie a te mennen an kaptivite: li te chèf a Ribenit yo. ⁷ Fanmi a Beéra yo, selon fanmi pa yo, ᶠnan istwa zansèt yo te Jeiel, chèf la ak Zechariah. ⁸ Epi Béla, fis a Azaz la, fis a Schéma a, fis a Joël la. Béla te rete Aroër e teritwa yo te jiska Neb ak Baal-Meon; ⁹ nan lès, li te rete jis rive nan antre dezè a soti nan rivyè Euphrate la, ᵍakoz bèt pa yo te tèlman ogmante nan peyi Galaad la.

¹⁰ Nan jou a Saül yo, ʰyo te fè lagè avèk Agarenyen ki te tonbe pa men yo, jiskaske yo te vin rete nan tant pa yo toupatou nan tout teritwa lès a Galaad la.

¹¹ Alò, fis a Gad yo te rete an fas yo nan peyi ⁱBasan an jis rive Salca. ¹² Joël te chèf e Schapham te dezyèm nan ak Jaenaï avèk Schaphath nan Basan. ¹³ Fanmi pa yo selon lakay papa yo: Micaël, Meschullam, Schéba, Joraï, Zia ak Éber, sèt antou. ¹⁴ Sila yo se te fis a Abichaïl yo, fis a Huri a, fis a Jaroach la, fis a Galaad la, fis a Micaël la, fis a Jeschischaï a, fis a Jachdo a, fis a Buz la; ¹⁵ Achi, fis a Abdiel la, fis a Guni a, tèt lakay papa yo. ¹⁶ Yo te rete Galaad nan Basan, nan vil pa li yo ak nan tout teren patiraj yo nan ʲSaron jis rive nan limit lizyè pa yo. ¹⁷ Tout sila yo te anwole nan chif zansèt yo nan jou a ᵏJotham yo, wa Juda a ak nan jou ˡJéroboam yo, wa Israël.

¹⁸ Fis a Ruben yo ak Gadit yo avèk mwatye Manassé yo, mesye a gwo kouraj yo, mesye ki te

---

ᵃ **4:40** Jij 18:7-10 ᵇ **4:41** I Kwo 4:33-38 ᶜ **4:43** I Sam 15:7-8 ᵈ **5:1** Jen 35:22 ᵉ **5:2** Mi 5:2 ᶠ **5:7** I Kwo 5:17 ᵍ **5:9** Jos 22:8-9 ʰ **5:10** I Kwo 5:18-21 ⁱ **5:11** Jos 13:11 ʲ **5:16** És 35:2 ᵏ **5:17** II Wa 15:5-32 ˡ **5:17** II Wa 14:16-28

pote boukliye avèk nepe yo, te tire avèk banza e yo te fò nan batay, karant-kat-mil-sèt-san-swasant moun ki te ªale nan gè a. ¹⁹ Yo te fè lagè kont Agarenyen yo, ᵇJethur, Naphisch ak Nodab. ²⁰ Yo te twouve soutyen kont yo e Agarenyen yo avèk tout sila ki te avèk yo te livre nan men yo; paske ᶜyo te kriye fò a Bondye nan batay la e Li te reponn lapriyè yo, akoz yo te mete konfyans yo nan Li. ²¹ Yo te pran tout twoupo bèt yo: senkant-mil chamo, de-san-senkant-mil mouton, de-mil bourik; epi san-mil òm. ²² Paske anpil moun te mouri, akoz ᵈlagè a te sòti nan Bondye. Epi yo te vin rete nan plas pa yo jis rive nan lè egzil la.

²³ Alò, fis a mwatye tribi Manassé yo te rete nan peyi a; soti nan Bashan jis rive nan Baal-Hermon avèk ᵉSenir e Mòn Hermon yo te anpil. ²⁴ Sila yo se te tèt lakay zansèt yo, menm Épher, Jischeï, Éliel, Azriel, Jérémie Hodavia ak Jachrenom; mesye gwo kouraj yo, chèf lakay zansèt pa yo. ²⁵ Men yo te ᶠaji avèk trayizon kont Bondye a papa yo a e te jwe pwostitiye a nan kouri dèyè dye a pèp peyi ke Bondye te detwi devan yo a. ²⁶ Pou sa, Bondye Israël la te chofe lespri a ᵍPul, wa Assyrie a, menm lespri a Tilgath-Pilnéser, wa Assyrie a e li te pote yo ale an egzil, menm Ribenit yo, Gadit yo ak mwatye tribi Manassé yo e te fè yo rive nan Chalach, nan Chabor, nan Hara ak nan flèv Gozan nan, kote yo rete menm jis rive jodi a.

6 ʰFis a Lévi yo: Guerschom, Kehath ak Merari. ² Fis a Kehath yo: Amram, Jitsehar, Hébron ak Uziel. ³ Pitit a Amram yo: Aaron avèk Moïse ak Marie. Fis a Aaron yo: Nadab, Abihu, Éléazar ak Ithamar. ⁴ Éléazar te vin papa a Phinées; Phinées te vin papa a Abischua; ⁵ Abischua te vin papa a Bukki e Bukki te vin papa a Uzzi, ⁶ epi Uzzi te vin papa a Zerachja; Zerachja te vin papa a Merajoth; ⁷ Merajoth te vin papa a Amaria; Amaria te vin papa a Achithub; ⁸ epi Achithub te vin papa a Tsadok e Tsadok ⁱte vin papa a Achimaats; ⁹ epi Achimaats te vin papa a Azaria; Azaria te vin papa a Jochanan; ¹⁰ Jochanan te vin papa a Azaria, ʲki te fè sèvis kon prèt nan kay ke Salomon te bati Jérusalem nan; ¹¹ epi ᵏAzaria te vin papa a Amaria; Amaria te vin papa a Achithub; ¹² Achithub te vin papa a Tsadok; Tsadok te vin papa a Schallum; ¹³ Schallum te vin papa a Hilkija, Hilkija te vin papa Azaria; ¹⁴ Azaria te vin papa a ˡSeraja; Seraja te vin papa a Jehotsadak. ¹⁵ Jehotsadak te ale lè SENYÈ a te pote Juda avèk Jérusalem ale an egzil pa Nebucadnetsar.

¹⁶ Fis a Lévi yo: ᵐGuerschom, Kehath ak Merari. ¹⁷ Sila yo se non a fis a Guerschom yo: Libni avèk Schimeï. ¹⁸ Fis a Kehath yo: Amram, Jitsehar, Hébron ak Uziel. ¹⁹ Fis a ⁿMerari yo: Machli ak Muschi. Epi sila yo se fanmi a Levit yo selon zansèt pa yo. ²⁰ Selon Guerschom: Libni, fis li a, Jachath, fis li a; Zimma, fis li a; ²¹ Joach, fis li a; Iddo, fis li a; Zérach, fis li a; Jeathrai, fis li a. ²² Fis a Kehath yo: Amminadab, fis li a; Koré, fis li a; Assir, fis li a; ²³ Elkana, fis li a; Ebjasap, fis li a; Assir, fis li a; ²⁴ Thachath, fis li a; Uriel, fis li a; Ozias, fis li a; Saül, fis li a. ²⁵ Fis a Elkana yo: Amasaï avèk Achimoth; ²⁶ Elkana, fis li a; Elkana-Tsophaï, fis li a; Nachath, fis li a; ²⁷ Éliab, fis li a; Jerocham, fis li a; Elkana, fis li a; ²⁸ epi fis a Samuel yo, premye ne a, ᵒJoel ak Abija. ²⁹ Fis a Merari yo: Machli; Libni, fis li a; Schimeï, fis li a; Uzza, fis li a; ³⁰ Schimea, fis li a; Hagguija, fis li a; Asaja, fis li a.

³¹ ᵖAlò, sila yo se sila ke David te chwazi nan sèvis chante lakay SENYÈ a, lè lach la te fin poze la. ³² Yo te fè ministè avèk chanson yo devan tant tabènak asanble a, jis lè Salomon te fin bati lakay SENYÈ a Jérusalem; epi yo te sèvi nan fonksyon pa yo selon lòd yo. ³³ Sila yo se sila ki te sèvi avèk fis pa yo: Soti nan fis a Kehathit yo: Héman, chantè a, fis a Joël la, fis a Samuel la, ³⁴ fis a Elkana a, fis a Jerocham nan, fis a Éliel la, fis a Thoach la, ³⁵ fis a Tsuph la, fis a Elkana a, fis a Machath la, fis a Amasaï a, ³⁶ fis a Elkana, fis a Joël la, fis a Azaria a, fis a Sophonie a, ³⁷ fis a Thachath la, fis a Assir a, fis a Ebjasaph la, fis a Koré a, ³⁸ fis a Jitsehar la, fis a Kehath la, fis a Lévi a, fis a Israël la. ³⁹ Frè Héman an, Asaph te kanpe sou men dwat li, menm Asaph la, fis a Bérékia a, fis a Schimea, ⁴⁰ fis a Micaël la, fis a Baaséja a, fis a Malkija a, ⁴¹ fis a Ethni a, fis a Zérach la, fis a Adaja a, ⁴² fis a Éthan an, fis a Zimma a, fis a Schimeï a, ⁴³ fis a Jachath la, fis a Guerschom an, fis a Lévi a. ⁴⁴ Sou lamen goch, fanmi pa yo, fis a Merari yo: Ethan, fis a Kishi a, fis a Abdi a, fis a Malluch la, ⁴⁵ fis a Haschabia a, fis a Amatsia a, fis a Hilkija a, ⁴⁶ fis a Amtsi a, fis a Bani a, fis a Schémer a, ⁴⁷ fis a Machli a, fis a Muschi a, fis a Merari a, fis a Lévi a. ⁴⁸ Fanmi pa yo, Levit yo, te chwazi pou tout sèvis tabènak lakay Bondye a. ⁴⁹ Men Aaron avèk fis li yo te ᵠlofri sou lotèl ofrann brile a ak sou lotèl lansan an, pou tout zèv kote ki pi sen pase tout lòt yo a e pou fè ekspiyasyon pou Israël, selon tout sa ke Moïse, sèvitè Bondye a, te òdone.

⁵⁰ Sila yo se fis a Aaron yo: Éléazar, fis li a; Phinées, fis li a; Abischua, fis li a; ⁵¹ Bukki, fis li a; Uzzi, fis li a; Zerachja, fis li a; ⁵² Merajoth, fis li a; Amaria, fis li a; Achithub, fis li a; ⁵³ Tsadok, fis li a; Achimaats, fis li a. ⁵⁴ Alò, sila yo se lye anplasman pa yo selon kan anndan tout fwontyè yo. A fis Aaron yo, a fanmi Keatit yo, (paske ʳpremye tiraj osò a te tonbe pou yo), ⁵⁵ a yo, yo te bay ˢHébron, nan peyi Juda a ak teren patiraj ki te antoure li a; ⁵⁶ ᵗmen chan vil yo ak bouk pa li yo, yo te bay a Caleb, fis a Jephunné a. ⁵⁷ ᵘA fis Aaron yo, yo te bay vil azil sila yo: Hébron, Libna, osi avèk patiraj pa li a, Jatthir, Eschthemoa ak

---

ª **5:18** Nonb 1:3 ᵇ **5:19** Jen 25:15 ᶜ **5:20** II Kwo 14:11-13 ᵈ **5:22** Jos 23:10 ᵉ **5:23** Det 3:9 ᶠ **5:25** Det 32:15-18 ᵍ **5:26** II Wa 15:19-20 ʰ **6:1** Jen 46:11 ⁱ **6:8** II Sam 15:27 ʲ **6:10** II Kwo 26:17 ᵏ **6:11** Esd 7:3 ˡ **6:14** Né 11:11 ᵐ **6:16** Jen 46:11 ⁿ **6:19** Nonb 3:33 ᵒ **6:28** I Sam 8:2 ᵖ **6:31** I Kwo 15:16-27 ᵠ **6:49** Egz 27:1-8 ʳ **6:54** Jos 21:4-10 ˢ **6:55** Jos 14:13 ᵗ **6:56** Jos 15:13 ᵘ **6:57** Jos 21:13-19

patiraj pa li a, ⁵⁸ Hilen avèk patiraj pa li yo, Debir avèk patiraj pa li a, ⁵⁹ Aschan avèk patiraj pa li a ak Beth-Schémesch avèk patiraj pa li a; ⁶⁰ epi soti nan tribi Benjamin an, Guéba avèk patiraj pa li a, Aliémeth avèk patiraj pa li a. Tout vil pa yo pami tout fanmi pa yo te trèz vil.

⁶¹ ªEpi a tout lòt fis a Kehath yo, te bay pa tiraj osò, soti nan fanmi a tribi a, soti nan mwatye tribi a, mwatye tribi Manassé a, dis vil. ⁶² A fis a Guerschom yo, selon fanmi pa yo, te bay soti nan tribi Issacar ak soti nan tribi Aser a, tribi Nephtali a ak tribi Manassé a, trèz vil nan Basan yo. ⁶³ ᵇA fis a Merari yo, te bay pa tiraj osò, selon fanmi pa yo, soti nan tribi Ruben an, tribi Gad la ak tribi Zabulon an, douz vil. ⁶⁴ ᶜKonsa, fis a Israël yo te bay a Levit yo vil avèk patiraj yo. ⁶⁵ Yo te bay pa tiraj osò soti nan tribi fis a Juda yo, tribi a fis a Siméon yo ak tribi a fis a Benjamin yo, ᵈvil sila ki mansyone pa non yo.

⁶⁶ ᵉAlò, kèk nan fanmi a fis a Kehath yo te gen vil nan teritwa pa yo soti nan tribi Éphraïm. ⁶⁷ Yo te bay yo vil azil yo kon swivan: Sichem avèk patiraj li nan peyi ti mòn Éphraïm yo avèk patiraj pa li; anplis, Gezer avèk patiraj li yo, ⁶⁸ Jokmeam avèk patiraj pa li, Beth-Horon avèk patiraj pa li; ⁶⁹ Ajalon avèk patiraj pa li e Gath-Rimmon avèk patiraj pa li; ⁷⁰ epi depi nan mwatye tribi Manassé a, Aner ak tè patiraj pa li a, e Bileam ak tè patiraj pa li a, pou rès fanmi a fis Kehath yo.

⁷¹ A fis Guerschom yo, yo te bay soti nan fanmi a mwatye tribi Manassé a: Golan avèk Basan ak patiraj pa li e Aschtaroth avèk patiraj pa li; ⁷² epi a tribi Issacar a: Kédesch avèk patiraj pa li, Dobrath avèk patiraj pa li, ⁷³ Ramoth avèk patiraj pa li e Ahem avèk patiraj li, ⁷⁴ epi soti nan tribi Aser, Maschal avèk patiraj pa li; Abdon avèk patiraj pa li, ⁷⁵ Hukok avèk patiraj pa li e Rehob avèk patiraj pa li; ⁷⁶ epi soti nan tribi Nephthali, Kédesch nan Galilée avèk patiraj pa li, Hammon avèk patiraj pa li e Kir-jathaïm avèk patiraj pa li.

⁷⁷ Pou rès nan Levit yo, fis a Merari yo: te resevwa soti nan tribi Zabulon, Rimmono avèk patiraj pa li; ⁷⁸ epi lòtbò Jourdain an nan Jéricho, nan kote lès Jourdain an, te bay a yo menm soti nan tribi Ruben an: Betser nan dezè a avèk patiraj pa li yo ak Jahtsa avèk patiraj pa li, ⁷⁹ Kedémoth avèk patiraj pa li ak Méphaath avèk patiraj pa li; ⁸⁰ epi soti nan tribi a Gad la; te bay Ramoth nan Galaad avèk patiraj pa li, Mahanaïm avèk patiraj pa li, ⁸¹ Hesbon avè patiraj pa li ak Jaezer avèk patiraj pa li.

7 Alò, fis a Issacar yo se te kat: Thola, Pua, Jaschub avèk Schimron. ² Fis a Thola yo te Uzzi, Rephaja, Jeriel, Jachmaï, Jibsam ak Samuel, chèf lakay zansèt pa yo a. Fis a Thola yo te mesye gwo kouraj nan jenerasyon pa yo; ᶠfòs kantite yo nan jou a David yo te venn-de-mil-sis-san. ³ Fis a Uzzi a te Jizrachja. Fis a Jizrachja yo: Micaël, Abdias, Joël, Jischija; tout nan senk sa yo se te moun ᵍchèf yo te ye. ⁴ Avèk yo pa jenerasyon pa yo selon lakay zansèt pa yo, te trann-si-mil sòlda nan lame pou fè lagè, paske yo te gen anpil madanm avèk fis. ⁵ Fanmi pa yo pami tout fanmi a Issacar yo te mesye gwo kouraj, anrejistre selon zansèt pa yo; antou, katre-ven-mil sòlda.

⁶ ʰFis a Benjamin yo se te twa: Béla, Béker avèk Jediaël. ⁷ Fis Bela yo te senk: Etsbon, Uzzi, Uziel, Jerimoth avèk Iri. Yo te chèf lakay zansèt pa yo, mesye ak gwo kouraje yo te venn-de-mil-trant-kat anrejistre pa zansèt pa yo. ⁸ Fis a Béker yo: Zemira, Joasch, Éliézer, Eljoénaï, Omri, Jerémoth, Abija, Anathoth avèk Alameth; tout nan senk sa yo te fis a Béker. ⁹ Yo te anrejistre pa zansèt pa yo selon jenerasyon pa yo, chèf lakay zansèt pa yo, ven-mil-de-san mesye ak gwo kouraj. ¹⁰ Fis a Jediaël la: Bilhan. Fis a Bilhan yo: Jeusch, Benjamin, Éhud, Kenaana, Zéthan, Tarsis ak Achischachar, ¹¹ Tout sila yo te fis a Jediaël, selon chèf a lakay papa yo, di-sèt mil-de-sant mesye ak gwo kouraj ki te prè pou sòti fè lagè avèk lame a. ¹² Schuppim avèk Huppim te fis a Ir yo; Huschim te fis a Acher a.

¹³ Fis a Nephtali yo: Jahtsiel, Guni, Jetser avèk Schallum, fis a Bilha yo.

¹⁴ Fis a Manassé yo: Asriel, fèt pa ti mennaj Siryenlian; li te fè Makir, papa a Galaad. ¹⁵ Makir te pran yon madanm pou Huppim ak Schuppim. Non a sè li a te Maaca. Non a dezyèm fis la te Tselophchad; epi Tselophchad te gen fi. ¹⁶ Maaca, madanm a Mamakir a te fè yon fis e te rele li Péresch; non a frè li a te Schéresch e fis pa li yo te Ulam avèk Rékem. ¹⁷ Fis a Ulam la te Bedan. Sila yo te fis a Galaad, fis a Makir a, fis a Manassé a. ¹⁸ Sè li, Hammolékheth te fè Ischhod, Abiézer ak Machla. ¹⁹ Fis a Schemida yo te Achjan, Sichem, Likchi ak Aniam.

²⁰ ⁱFis a Éphraïm yo: Schutélach; Béred, fis pa li; Thachath, fis pa li; Éleada, fis pa li; Thachath, fis pa li; ²¹ Zabad, fis li; Schutélach, fis li; Ézer avèk Élead ki mesye Gath ki te fèt nan peyi yo te touye, akoz yo te desann pou volè bèt yo. ²² Papa yo, Éphraïm te ʲkriye pandan anpil jou e fanmi li te vini rekonfòte l. ²³ Epi li te vin antre nan madanm li, li te vin ansent, li te fè yon fis e li te bay li non Beria, akoz malè ki te rive lakay li a. ²⁴ Fi li a se te Scheera, ᵏki te bati ni ba ni wo Beth-Horon, avèk Uzzen-Schééra. ²⁵ Réphach, fis li a ak Rescheph; Thélach, fis li a; Thachan, fis li a; ²⁶ Laedan, fis li a; Ammihud, fis li a; Élischama, fis li a; ²⁷ Nun, fis li a; Josué, fis li a. ²⁸ Teritwa pa yo avèk anplasman pa yo te Béthel avèk vil pa li yo ak nan lès Naaran; nan lwès, Guézer avèk vil pa li yo, Sichem avèk vil pa li yo, jis rive Gaza avèk vil pa li yo e Sichem avèk vil pa li yo jis rive nan Ayya avèk vil pa li yo, ²⁹ epi tou, nan longè fwontyè a fis Manassé yo, Beth-Schean avèk vil pa li yo, Thaanac avèk vil pa li yo, Meguiddo avèk vil

---

ª **6:61** Jos 21:5   ᵇ **6:63** Jos 21:7-40   ᶜ **6:64** Nonb 35:1-8   ᵈ **6:65** I Kwo 6:57-60   ᵉ **6:66** Jos 21:20-26   ᶠ **7:2** II Sam 24:1-9   ᵍ **7:3** I Kwo 5:24   ʰ **7:6** I Kwo 8:1-40   ⁱ **7:20** Nonb 26:35-36   ʲ **7:22** Jèn 37:34   ᵏ **7:24** Jos 16:3-5

pa li yo, Dor avèk vil pa li yo. Nan sila yo, te viv ᵃfis a Joseph yo, fis a Israël a. ³⁰ Fis a Aser yo: Jimna, Jischiva, Jischvi ak Beria; avèk Sérach, sè yo. ³¹ Fis a Beria yo: Héber avèk Malkiel, ki te papa a Birzaith. ³² Héber te vin papa a Japhleth, Schomer avèk Hotham ak Schua, sè yo. ³³ Fis a Japhleth yo: Pasac, Bimhal ak Aschvath. Sila yo se te fis a Japhleth yo. ³⁴ Fis a Schamer yo: Achi, Rohega, Hubba ak Aram. ³⁵ Fis a Hélem yo, frè li a: Tsophach, Jimna, Schélèsch ak Amal. ³⁶ Fis a Tsophach yo: Suach, Harnépher, Schual, Béri, Jimra, ³⁷ Betser, Hod, Schamma, Schilscha, Jithran ak Beéra. ³⁸ Fis a Jéther yo: Jephunné, Pispa ak Ara. ³⁹ Fis a Ulla yo: Arach, Hanniel ak Ritsja. ⁴⁰ Tout sila yo te fis a Aser, chèf lakay zansèt pa yo, mesye byen chwazi, byen fò e plen ak kouraj, chèf an tèt sou chèf yo. Epi non pa yo anrejistre selon zansèt pa yo, pou sèvis lagè te venn-si-mil òm.

8 ᵇBenjamin te devni papa a Bela, premye ne li a, Ashbel, dezyèm nan, Aharah, twazyèm nan, ² Nocha, katriyèm nan ak Rapha, senkyèm nan. ³ Bela te fè fis: Addar, Guéra, Abihud, ⁴ Abischua, Naaman, Achoach, ⁵ Guéra, Schephuphan ak Huram. ⁶ Men fis a Echud yo, ki te chèf nan fanmi pa yo pami moun Guéba yo e ki te pote an egzil nan Manachath: ⁷ Naaman, Achija ak Guéra. Guéra, sila ki te ale an egzil la, te devni papa a Uzza avèk Achichud.

⁸ Schacharaïm te fè pitit nan peyi Moab lè li te fin fè sòti madanm li yo, Hushim ak Baara. ⁹ Avèk Hodesch, madanm li an, li te devni papa a Jobab, Tsibja, Méscha, Malcam, ¹⁰ Jeuts, Schocja ak Mirma. Sila yo se te fis li yo, chèf lakay zansèt pa yo ¹¹ Pa Huschim, li menm Schacharaïm te vin papa Abithub avèk Eipaal. ¹² Fis a Elpaal yo: Éber, Mischeam, avèk Schémer, ki te bati Ono avèk Lod avèk vil pa li yo; ¹³ epi Beria avèk Schéma, ki te chèf lakay fanmi zansèt pa yo pami moun Ajalon yo, ki te fè moun Gath yo sove ale, ¹⁴ epi Achjo, Schaschak, Jerémpoth, ¹⁵ Zebadja, Arad, Éder, ¹⁶ Micaël, Jischpha avèk Jocha te fis a Beria. ¹⁷ Zebadja, Meschullam, Hizki, Héber, ¹⁸ Jischmeraï, Jizlia avèk Jobab te fis a Elpaal. ¹⁹ Jakim, Zicri, Zabdi, ²⁰ Éliénaï, Tsilthaï, Eliel, ²¹ Adaja, Beraja ak Schimrath te fis a Shimei. ²² Jischpan, Éber, Éliel, ²³ Abdon, Zicri, Hanan, ²⁴ Hananja, Élam, Anthothija, ²⁵ Jiphdeja avèk Penuel te fis a Schaschak. ²⁶ Schamscheraï, Schecharia, Athalia, ²⁷ Jaaréschia, Élija ak Zicri te fis a Jerocham. ²⁸ Sila yo se te chèf a fanmi zansèt pa yo selon jenerasyon pa yo, chèf ki te rete Jérusalem yo,

²⁹ ᶜAlò, nan Gabaon, te rete Jeiel, papa a Gabaon an e madanm li te rele Maaca; ³⁰ epi fis premye ne pa l la se te Abdon ak Tsus, Kis, Baal, Nadab, ³¹ Guedor, Achjo ak Jéker. ³² Mikloth te fè Schimea. Yo menm tou te rete Jérusalem avèk fanmi pa yo anfas lòt moun fanmi pa yo. ³³ ᵈNer te vin papa a Kis e Kis te vin papa a Saül: Saül te vin papa a Jonathan, Malki-Schua, Abinadab ak Eschbaal. ³⁴ Fis a Jonathan yo: Merib-Baal. ᵉMerib-Baal te fè Michée. ³⁵ Fis a Michée yo: Pithon, Mélec, Thaeréa avèk Achaz. ³⁶ Achaz te fè Jehoadda; Jehoadda te fè Alémeth, Azmaveth avèk Zimri; Zimri te fè Motsa; ³⁷ Motsa te fè Binea. Rapha te fis pa li; Éleasa, fis pa li a, Atsel, fis pa li a; ³⁸ Atsel te fè sis fis; men non yo: Azrikam, Bocru, Ismaël, Schearia, Abdias avèk Hanan. Tout sa yo se te fis a Atsel yo. ³⁹ Fis a Éschek yo, frè li a: Ulam, premye ne li a, Jeusch, dezyèm nan ak Éliphéleth, twazyèm nan. ⁴⁰ Fis a Ulam yo te mesye pwisan, ranpli ak kouraj, achè yo, avèk anpil fis e fis a fis, san-senkant antou. Tout sa yo se te fis a Benjamin.

9 Konsa, tout Israël te anrejistre pa zansèt yo; epi men vwala, yo ekri nan Liv Wa A Israël yo. ᶠEpi Juda te pote ale an egzil Babylone, akoz enfidelite li yo. ² Premye moun ki te vin abite ankò nan teritwa sila yo, nan vil pa yo, se te Israël, prèt Levit yo ak sèvitè tanp yo. ³ Kèk nan fis Juda yo, nan fis Benjamin yo ak nan fis a Éphraïm yo avèk Manasée te rete ᵍJérusalem: ⁴ Uthaï, fis a Ammihud la, fis a Omri a, fis a Imri a, fis a Bani a, soti nan fis Pérets yo, ʰfis a Juda a, ⁵ Soti nan Shilonit yo: Asaja, premye ne a avèk fis li yo. ⁶ Soti nan fis Zérach yo: Jeuel, avèk moun fanmi li yo, sis-san-katre-ven-dis nan yo. ⁷ Soti nan fis Benjamin yo: Sallu, fis a Meschullam nan, fis a Hodavia a, fis a Assenua a; ⁸ epi Jibneja, fis a Jerocham nan; Éla, fis a Uzzi a, fis a Micri a; epi Meschullam, fis a Schephathia a, fis a Reuel la, fis a Jibnija a; ⁹ avèk fanmi pa yo selon zansèt pa yo, ⁱnèf-san-senkant-sis. Tout sila yo se te chèf lakay zansèt pa yo selon lakay papa yo.

¹⁰ Soti nan prèt yo te: Jedaeja, Jehorjarib, Jakin; ¹¹ Azaria, fis a Hilkija a, fis a Meschullam nan, fis a Tsadok la, fis a Merajoth la, fis a Achithub la, chèf lakay Bondye a; ¹² Addaja, fis a Jerocham nan, fis a Paschur a, fis a Malkija a; Maesaï, fis a Adiel la, fis a Jachzéra a, fis a Meschullam nan, fis a Meschillémith la, fis a Immer a; ¹³ epi fanmi pa yo, chèf lakay zansèt pa yo, mil-sèt-san-swasant, mesye ak gwo kapasite pou lèv lakay Bondye a.

¹⁴ Nan Levit yo: Schemaeja, fis a Haschub la, fis a Azrikam nan, fis a Haschabia a, fis a Merari yo; ¹⁵ Bakbakkar, Héresch, Galal, Matthania, fis a Michée a, fis a Zicri a, fis a Asaph la; ¹⁶ Abdias, fis a Schemaeja a, fis a Galal la, fis a Jeduthun nan ak Bérékia, fis a Asa a, fis a Elkana a, ki te rete nan vil Netofatyen yo.

¹⁷ Alò, gadyen pòtay yo te Schallum, Akkub, Thalmon, Achiman avèk fanmi pa yo (Schallum, ki te chèf la, ¹⁸ estasyone jis koulye a nan ʲpòtay wa a nan kote lès la). Sila yo te gadyen pòtay pou kan a fis a Lévi yo. ¹⁹ Schallum, fis a Koré a, fis a Ébiasaph la, fis a Koré a, avèk fanmi lakay papa

---

ᵃ **7:29** Jij 1:22-29   ᵇ **8:1** Jen 46:21   ᶜ **8:29** I Kwo 9:35-38   ᵈ **8:33** I Kwo 9:39-44   ᵉ **8:34** II Sam 9:12
ᶠ **9:1** I Kwo 5:25-26   ᵍ **9:3** Né 11:1   ʰ **9:4** Jen 46:12   ⁱ **9:9** Né 11:8   ʲ **9:18** Éz 44:1

li, Koatit yo: responsab pou travay sèvis la, gadyen nan pòtay nan tant yo; epi papa yo te konn sou kan SENYÈ a; li te gadyen a antre a. ²⁰ ᵃPhinées, fis a Éléazar a, oparavan te konn chèf sou yo; epi SENYÈ a te avèk li. ²¹ ᵇZacharie, fis a Meschélémia a, te gadyen pòtay a antre tant asanble a. ²² Total nan sila ki te chwazi kon gadyen pòtay nan pòt yo te de-san-douz. Sila yo te anrejistre pa zansèt pa yo nan vil pa yo, ᶜki te chwazi pa David avèk Samuel, konseye a, ᵈnan pozisyon konfyans sila a. ²³ Konsa, yo menm avèk fis pa yo te responsab pòtay lakay SENYÈ a, lakay tant lan, kon gadyen. ²⁴ Gadyen pòtay yo te sou toule kat kote yo, nan lès, lwès, nan nò ak nan sid. ²⁵ Manm fanmi pa yo nan lavil pa yo ᵉte dwe antre chak sèt jou soti de tanzantan pou yo ta kapab avèk yo; ²⁶ paske kat chèf gadyen pòtay ki te Levit yo, te nan yon pozisyon konfyans lan e te sou chanm yo ak sou trezò lakay Bondye a. ²⁷ Yo te pase nwit lan nan landwa lakay Bondye a, ᶠakoz yo te responsab veye nwit lan; epi yo te responsab ouvri li maten pa maten.

²⁸ Alò, kèk nan yo te an chaj zouti sèvis yo; paske yo te kontwole yo lè yo te mennen yo antre ak lè yo te sòti. ²⁹ Anplis, kèk nan yo te chwazi mèb ak tout zouti sanktiyè a, ᵍsou farin fen an, diven an, lwil la ak lansan an avèk epis yo.

³⁰ Kèk nan yo ʰfis a prèt yo te prepare melanj epis yo. ³¹ Matthithia, youn nan Levit yo, premye ne a Schallum nan, Koatit la, te responsab bay yo sa ki te kwit nan kivèt yo. ³² Epi kèk nan fanmi a fis Koatit yo te sou pen konsakre a pou prepare li pou chak Saba.

³³ Alò, sila yo se te ⁱchantè yo a Levit yo, ki te rete nan chanm tanp yo, pwiske yo te angaje nan travay pa yo la jounen kon lannwit. ³⁴ Sila yo te chèf a lakay zansèt yo pami Levit yo selon jenerasyon pa yo, mesye dirijan ki te rete Jérusalem yo.

³⁵ Jeïel, papa a Gabaon an te rete ʲGabaon e madanm li te rele Maacah, ³⁶ epi premye ne li a te Abdon ak Tsur, Kis, Baal, Ner, Nadab, ³⁷ Guedor, Achjo, Zacharie ak Mikoth. ³⁸ Mikloth te fè Schimeam. Epi yo menm tou te rete avèk fanmi pa yo Jérusalem anfas fanmi pa yo. ³⁹ ᵏNer te vin papa a Kish, Kish te vin papa a Saül. Saül te vin papa a Jonathan, Malki-Schua, Abinadab ak Eschbaal. ⁴⁰ Fis a Jonathan an: Merib-Baal. Merib-Baal te vin papa a Michée. ⁴¹ Fis a Michée yo: Pithon, Mélec ak Thachréa. ⁴² Achaz te fè Jaera; Jaera te fè Alémeth, Azmaveth ak Zimri; Zimri te fè Motsa; Motsa te fè Binea. ⁴³ Motsa te vin papa a Rephaja; Éleasa, fis li a; Arsel, fis li a. ⁴⁴ Atsel te fè sis fis; men non yo: Azrikam, Bocru, Ismaël, Schearia, Abidias avèk Hanan. Sila yo se te fis a Atsel yo.

10 Alò, Filisten yo te goumen kont Israël; epi mesye Israël yo te sove ale devan Filisten yo e te mouri sou Mòn Guilboa. ² Filisten yo te kouri prese dèyè Saül avèk fis li yo, e Filisten yo te touye Jonathan, Abinadab ak Malki-Schua, fis a Saül yo. ³ Batay la te vin rèd kont Saül e ekip banza yo te rive sou li. Konsa li te blese pa ekip banza yo. ⁴ Alò, Saül te di a sila ki te pote zam li yo: "Rale nepe ou e frennen m nèt avè l pou ensikonsi sila yo pa vin abize mwen."

Men pòtè zam li yo pa t fè l, paske li te krent anpil. ˡPou sa, Saül te pran nepe li e te tonbe sou li. ⁵ Lè pòtè zam li an te wè ke li te mouri, li menm tou te tonbe sou nepe li e te mouri. ⁶ Konsa, Saul te mouri avèk twa fis li yo, e tout lakay li te mouri ansanm. ⁷ Lè tout mesye Israël ki te nan vale yo, te wè ke yo te sove ale, e ke Saül avèk fis li yo te mouri, yo te sove ale kite vil yo. Epi Filisten yo te vin rete ladan yo.

⁸ Li te vin rive nan pwochen jou a, lè Filisten yo te vini pou depouye mò yo, ke yo te twouve Saül avèk fis li yo tonbe sou Mòn Guilboa a. ⁹ ᵐKonsa, yo te depouye li e te pran tèt li avèk zam avèk boukliye li yo e te voye mesaje antoure tout peyi Filisten yo pou pote bòn nouvèl la rive nan zidòl pa yo avèk pèp la. ¹⁰ Yo te mete zam avèk boukliye li yo lakay dye pa yo e te tache kolè tèt li lakay Dagon an. ¹¹ Lè tout moun Jabès-Galaad yo te tande tout sa ke Filisten yo te fè a Saül, ¹² tout mesye gwo kouraj yo te leve e pran kò a Saül avèk kò a fis li yo pou te pote yo Jabès, yo te antere yo anba chenn nan Jabès e te fè jèn pandan sèt jou.

¹³ ⁿKonsa, Saül te mouri pou mal ke li te fè kont SENYÈ a, akoz pawòl a SENYÈ a ke li pa t kenbe; epi ᵒosi, paske li te fè demand a youn nan sila ki pale ak mò yo, pou mande konsèy, ¹⁴ epi pa t mande konsèy a SENYÈ a. Pou sa, Li te touye li, e te ᵖbay wayòm nan a David, fis a Jesse a.

11 ᑫEpi tout Israël te reyini kote David nan Hébron. Yo te di: "Gade byen, nou se zo ou ak chè ou. ² Nan tan pase yo, menm lè Saül te wa, se te ou menm ki te mennen Israël sòti ak antre. Epi konsa, SENYÈ a, Bondye ou a, te di ou: ʳ'Ou va bèje pèp Israël Mwen an, e ou va Prens sou pèp Mwen an, Israël.'"

³ Pou sa, tout ansyen nan Israël yo te vin kote wa a Hébron e David te fè yon akò avèk yo Hébron devan SENYÈ a. Epi ˢyo te onksyone David Wa sou Israël, ᵗselon pawòl SENYÈ a te pwononse pa Samuel la.

⁴ Konsa, David, avèk tout Israël te ale Jérusalem (sa vle di, ᵘJébus). Jebizyen ki te abite nan peyi yo te la. ⁵ Pèp Jébus la te di a David: "Ou p ap antre isit la." Malgre sa, David te kaptire fò a Sion an (sa vle di, vil David la). ⁶ Alò, David te pale avan: "Nenpòt moun ki touye yon Jebizyen avan, se li k ap chèf e

---

ᵃ **9:20** Nonb 25:7-13 ᵇ **9:21** I Kwo 26:2-14 ᶜ **9:22** I Kwo 26:1 ᵈ **9:22** II Kwo 31:15-18 ᵉ **9:25** II Wa 11:5-7
ᶠ **9:27** I Kwo 23:30-32 ᵍ **9:29** I Kwo 23:29 ʰ **9:30** Egz 30:23-35 ⁱ **9:33** I Kwo 6:31-47 ʲ **9:35** I Kwo 8:29-32
ᵏ **9:39** I Kwo 8:33-38 ˡ **10:4** I Sam 31:4 ᵐ **10:9** I Sam 31:9 ⁿ **10:13** I Sam 13:13-14 ᵒ **10:13** Lev 19:31
ᵖ **10:14** I Sam 15:28 ᑫ **11:1** I Sam 5:1-10 ʳ **11:2** I Sam 5:2 ˢ **11:3** II Sam 5:3-5 ᵗ **11:3** I Sam 16:1-13
ᵘ **11:4** Jos 15:8-63

kòmandan." Se te ªJoab, fis a Tseruja a ki te monte avan; konsa li te devni chèf. [7] Answit, David te rete nan fò a; pou sa, li te vin rele lavil David la. [8] Li te bati vil toutotou li, soti nan Millo menm pou rive nan tout zòn ki te antoure li yo; epi Joab te repare tout rès vil la. [9] ᵇDavid te vin pi gran e pi gran, paske SENYÈ a dèzame yo te avèk li.

[10] ᶜAlò, sila yo se chèf an tèt yo, mesye gran pwisans ke David te genyen yo, ki te bay li soutyen fò nan wayòm li a, pou fè l vin wa, selon pawòl a SENYÈ a pa Israël.

[11] Sila yo se chif a mesye gran pwisans ke David te genyen yo: ᵈJaschobeam, fis a yon Akmoni, chèf a trant lan. Li te parèt ak yon sèl lans devan twa-san òm e te touye tout yon sèl kou. [12] Apre li, se te Éléazar, fis a Dodo a, Achochit la, youn nan twa prensipal mesye pwisan yo. [13] Li te avèk David nan Pas-Damimim ᵉlè Filisten yo te rasanble ansanm la pou batay e te gen yon mòso tè plen avèk lòj; epi pèp la te sove ale devan Filisten yo. [14] Yo te kanpe pran plas yo nan mitan mòso tè a pou te defann li e li te touye Filisten yo; epi SENYÈ a te delivre yo avèk yon gran viktwa.

[15] Alò, twa nan trant mesye chèf yo te desann vè wòch kav Adullam nan, pandan ᶠlame Filisten yo t ap fè kan nan vale Rephaïm nan. [16] Konsa, David te anndan fò a pandan ᵍlame Filisten an te Bethléem. [17] David te gen yon lanvi, epi te di: "O ke yon moun ban m dlo pou bwè soti nan pwi Bethléem ki akote pòtay la!"

[18] Konsa, twa mesye sa yo te antre nan kan Filisten yo, te rale dlo soti nan pwi Bethléem ki te akote pòtay la e te pran li pou te pote l bay David. Sepandan, David te refize bwè l, men te vide li bay SENYÈ a. [19] Konsa, li te di: "Lwen de mwen devan Bondye mwen an pou m ta fè sa. Èske mwen ta bwè san a mesye sila yo ki te riske lavi yo? Paske se avèk gwo danjè lavi yo menm ke yo te pote li." Pou sa, li te refize bwè l. Se bagay sila yo ke twa mesye pwisan yo te fè.

[20] Epi Abischaï, frè a Joab la te chèf a trant yo ke li te ye e li te voye lans li kont twa san moun e te touye yo. Li te rekonèt menm jan kon trant yo. [21] Nan trant yo se te li ki te pi rekonèt e te devni kòmandan pa yo; men li pa t rive nan nivo a twa sila yo.

[22] ʰBenaja, fis a Jehojada a, fis a yon mesye gwo kouraj nan Kabtseel, pwisan nan zèv li yo, te frape touye de fis a Ariël yo, Moabit la. Anplis, li te desann touye yon lyon anndan yon fòs nan yon jou ke lanèj t ap tonbe. [23] Li te touye yon Ejipsyen, yon nonm gran wotè a senk koude. Alò, nan men Ejipsyen an, te gen yon lans tankou shaf a aparèy tise a; men li te desann kote li avèk yon baton, te sezi lans lan soti nan men Ejipsyen an e te touye li avèk pwòp lans pa li a. [24] Bagay sa yo Benaja, fis a Jehojada a te fè e te byen koni menm jan ak twa mesye pwisan yo. [25] Gade byen, li te byen onore pami trant yo, men li pa t rive

nan nivo a twa sila yo. Konsa, David te apwente l sou gad pa li.

[26] Alò, mesye pwisan lame yo te Asaël, frè Joab, Elchanan, fis a Dodo nan Bethléem, [27] Schammoth, Aworit la, Hélets, Palonit la, [28] Ira, fis a Ikkesch la, Tekoatyen an, Abiézer, Anatotit la. [29] Sibbecaï, Oushatit la, Ilaï, Achoachit la, [30] Maharaï, Netofayit la, Héled, fis a Baana a, Netofayit la, [31] Ithaï, fis a Ribaï a, Gibityen ki sòti nan fis a Benjamin yo, Benaja ak Pirathon. [32] Huraï a ti dlo a Gaash yo, Abie ak Araba. [33] Azmaveth, Bacharumit la, Éliachba, Shaalbonit lan, [34] Bené-Hasdchem, Gizonit lan, Jonathan, fis a Schagué a, Ararit la. [35] Achiam, fis a Sacar a, Ararit la, Éliphal, fis a Ur a, [36] Hépher, a Mekeratit la, Achija, Palonit lan, [37] Hetsro, Kamelit la, Naaraï, fis a Ebzaï a. [38] Joël, frè a Nathan an, Mibchar, fis a Hagri a, [39] Tsélek, Amonit lan, Nachraï, Bewotit ki te pote zam pou Joab yo, fis a Tseruja a. [40] Ira, Jeterit la, Gareb, Jeterit la, [41] Urie, Etyen an, Zabad, fis a Achlaï a. [42] Adina, fis a Schiza a, Ribenit lan, chèf a Ribenit yo ak trant ki te avè l yo. [43] Hanan, fis a Maaca a, Josaphat, Mitnit lan, [44] Ozias, Ashtawotit la, Schama avèk Jehiel, fis a Hotham yo, Awoerit la, [45] Jediaël, fis a Schimri a, Jocha, frè li, Titsit la, [46] Éliel, Machavimit lan, Jeribaï avèk Joschavia, fis a Elnaam yo, Jithma, Moabit la, [47] Éliel, Obed ak Jaasiel-Metsobaja.

12 [1] Alò, sila yo te sila ki te vin kote David Tsiklag yo, lè li te toujou jennen akoz Saül, fis a Kish la. Yo te pami mesye pwisan ki te ede nan gè yo. [2] Yo te pote banza, te voye wòch avèk fistibal ni sou men dwat, ni sou men goch, e tire flèch yo ak banza a. Se te ʲfanmi a Saul, soti nan tribi Benjamin an. [3] Chèf la te Achiézer, swivi pa Joas, fis a Schemaa a, Gibeonit lan; Jeziel ak Péleth, fis a Azmaveth yo; epi Beraca; Jéhu, Anatotit la; [4] Jischmaeia, Gabaonit lan, yon mesye pwisan pami trant yo, e tèt a trant yo, epi Jérémie; Jachaziel; Jochannan'; Jozabad, Guedérait la; [5] Éluzaï; Jerimoth; Bealia; Schemaria; Schephathia, Awofit la; [6] Elkana, Jeschija, Azareel, Joézer ak Jaschobeam, Koreyit yo; [7] ak Joéla avèk Zebadia, fis a Jerocham yo, Gedorit la.

[8] Soti nan Gadit yo, te antre rive kote David nan fò dezè a, mesye pwisan avèk anpil kouraj ki te fè antrenman pou fè lagè, ki te konn manyen boukliye avèk lans, avèk figi yo tankou figi a lyon, e yo vit tankou antilòp nan mòn. [9] Ézer, chèf la, Abdias, dezyèm nan, Éliab, twazyèm nan, [10] Mischmanna, katryèm nan, Jérémie, senkyèm nan, [11] Attaï, sizyèm nan, Éliel, setyèm nan, [12] Jochanan, uityèm nan, Elzabad, nevyèm nan, [13] Jérémie, dizyèm nan, Macbannaï, onzyèm nan. [14] Sila yo se fis a Gad ki te kapitèn lame a;

ᵃ **11:6** II Sam 8:16   ᵇ **11:9** II Sam 3:1   ᶜ **11:10** II Sam 23:8-39   ᵈ **11:11** II Sam 23:8   ᵉ **11:13** II Sam 23:11-12
ᶠ **11:15** I Kwo 14:9   ᵍ **11:16** I Sam 10:5   ʰ **11:22** II Sam 8:18   ⁱ **12:1** I Sam 27:2-6   ʲ **12:2** I Kwo 12:29

[a]sila ki te pi piti a te egal a yon santèn moun e pifò a, a yon milye. **15** [b]Sila yo se sila ki te travèse Jourdain an nan premye mwa lè tout bò rivyè li yo t ap debòde yo. Yo te chase fè pran flit tout sila ki te nan vale yo, nan lès ak nan lwès. **16** Konsa, kèk nan fis a Benjamin yo te vin rive nan fò a David la. **17** David te sòti pou rankontre yo. Li te di yo: "Si se nan lapè nou vin kote mwen, pou ede m, kè m va reyini ansanm avèk nou. Men si se pou trayi mwen a advèsè mwen yo, akoz nanpwen mal nan men m, ke Bondye a zansèt nou yo gade sou sa pou deside." **18** Alò, Lespri a te vini sou Amasaï, ki te chèf a trant yo,

"Nou se pa w, O David,
Epi avèk ou, O fis a Jesse a!
Lapè, lapè a ou menm
Epi lapè avèk sila ki ede ou!
Anverite, Bondye ou a ap ede ou!"

Konsa David te resevwa yo e te fè yo kapitèn nan ekip la.

19 [c]Soti nan Manassé, osi, kèk moun te vin jwenn David lè li t ap prepare fè batay avèk Filisten yo kont Saül. Men yo pa t ede yo, paske chèf Filisten apre yo te konsilte ansanm, e te voye li ale. Yo te di: "Avèk pri a pwòp tèt nou, li kapab fè defo a mèt li, Saul." **20** Lè l te ale Tsiklag, men moun Manassé ki te parèt yo: Adnach, Jozabad, Jediaël, Micaël, Jozabad, Élihu ak Tsilthaï, chèf a dè milye nan Manassé yo. **21** Yo te ede David kont [d]bann piyajè yo, paske yo tout te mesye pwisan, plen ak kouraj e te kapitèn nan lame a. **22** Paske jou apre jou, moun te vin kote David pou ede l, jiskaske te gen yon gwo lame [e]tankou lame Bondye a.

23 Alò sila yo se nonb nan divizyon ki te prepare pou fè lagè a, [f]nonb ki te vin kote David Hébron pou vire wayòm Saul vè li menm, selon pawòl a SENYÈ a. **24** Fis a Juda ki te pote boukliye avèk lans yo te si-mil-ui-san, byen prepare pou fè lagè. **25** Nan fis a Siméon yo, mesye plen ak kouraj pou fè lagè yo, sèt-mil-san. **26** Nan fis a Lévi yo, kat-mil-sis-san. **27** Alò, Jehojada, prens lakay Aaron an te avèk li, te gen twa-mil-sèt-san, **28** anplis, [g]Tsadok, gèrye plen ak kouraj la e lakay papa l te gen venn-de kapitèn. **29** Nan fis Benjamin yo, [h]fanmi a Saül la, twa-mil, paske jis moman sa a, [i]pifò nan yo te rete fidèl a lakay Saul. **30** Nan fis Éphraïm yo, ven-mil-ui-san mesye pwisan avèk anpil kouraj, byen koni lakay zansèt pa yo. **31** Nan mwatye tribi Manassé a, diz-ui-mil ki te enskri pa non pou vin fè David wa. **32** Nan fis a Issacar yo, [j]mesye ki te konprann tan yo, avèk konesans a sa ke Israël ta dwe fè, chèf pa yo te de-san; epi tout fanmi yo te sou kòmann pa yo. **33** Nan Zabulon, te gen senkant-mil moun ki te parèt nan lame a ki te konn ranje kò yo nan fòmasyon batay avèk tout kalite zam lagè pou te ede David avèk [k]kè ki pa t divize menm. **34** Nan Nephthali, te gen mil kapitèn e trant-sèt-mil ladann te gen boukliye avèk lans. **35** Nan Danit ki ta kab ranje nan fòmasyon batay yo, te gen venn-tui-mil-sis-san. **36** Nan Aser, te gen karant-mil ki te sòti nan lame a pou ranje yo nan fòmasyon batay la. **37** Soti lòtbò Jourdain an, pa Ribenit ak Gadit yo, avèk mwatye tribi Manassé a, te gen san-ven-mil avèk tout zam lagè pou batay la.

38 Tout sila yo, mesye lagè ki te konn ranje nan fòmasyon batay yo, te vini Hébron avèk [l]yon sèl kè sensè pou fè David wa. **39** Yo te la pandan twa jou. Yo t ap manje ak bwè, paske fanmi pa yo te gen tan prepare pou yo. **40** Anplis, sila ki te toupre yo, menm rive lwen tankou Issacar, Zabulon ak Nephthali, yo te [m]pote manje sou bourik yo, chamo yo, milèt yo, avèk bèf yo, gran kantite a gato farin, gato fig etranje, anpil rezen, diven, lwil, bèf avèk mouton. Vrèman, te gen lajwa an Israël.

13

Alò, David te fè konsèy ansanm avèk kapitèn a dè milye a dè santèn, menm avèk chak chèf. **2** David te di a tout asanble Israël la: "Si li sanble bon a nou menm e si li soti nan SENYÈ a, Bondye nou an, annou voye toupatou mesaje a fanmi pa nou ki rete nan peyi Israël yo e osi, a prèt avèk Levit ki avèk yo nan vil pa yo, avèk teren pa yo, pou yo kapab reyini ansanm avèk nou. **3** Konsa, annou pote tounen lach Bondye pa nou an, [n]paske nan jou Saül yo, nou pa t chache li."

4 Alò, tout asanble a te di ke yo ta fè l, paske bagay la te bon nan zye a tout pèp la. **5** Konsa, David te rasanble tout Israël ansanm, soti nan Sichor nan Egypte jis rive nan antre Hamath, pou pote lach Bondye a soti Kirjath-Jearim.

6 [o]David avèk tout Israël te monte Baalah, sa vle di nan Kirjath-Jearim, ki apatyen a Juda, pou pote monte soti la, lach Bondye a, SENYÈ a, ki sou twòn li antre cheriben yo, kote non Li ap rele a. **7** Yo te pote lach Bondye a sou yon kabwèt nèf soti lakay Abinadab, Uzza avèk Achjo te kondwi kabwèt la. **8** David avèk tout Israël t ap selebre devan Bondye avèk tout fòs yo, [p]menm avèk chan, avèk gita yo, ap yo, tanbouren yo, senbal yo ak twonpèt yo.

9 Lè yo te rive nan [q]glasi vannen an nan Cidon, Uzza te lonje men l pou bay soutyen a lach la akoz bèf yo te prèt pou chavire l. **10** Lakòlè SENYÈ a te brile kont Uzza e Li te frape li [r]akoz li te lonje men l vè lach la; epi li te mouri la devan Bondye. **11** Konsa, David te vin fache akoz kòlè SENYÈ a te pete kont Uzza. Li te rele plas sa a Pérets-Uzza jis rive jodi a. **12** David te krent Bondye nan jou sa a, epi te di: "Kijan mwen kapab pote lach Bondye lakay mwen?" **13** Pou sa, David pa t pran lach la avèk li lavil David, men te pran l sou kote [s]kay Obed-Édom an nan Gath. **14** Konsa, lach Bondye a te rete avèk fanmi a Obed-Édom lakay li pandan twa mwa. Epi

---

[a] **12:14** Det 32:30 [b] **12:15** Jos 3:15 [c] **12:19** I Sam 29:2-9 [d] **12:21** I Sam 30:1 [e] **12:22** Jen 32:2 [f] **12:23** II Sam 2:3-4 [g] **12:28** II Sam 8:17 [h] **12:29** I Kwo 12:2 [i] **12:29** II Sam 2:8-9 [j] **12:32** Est 1:13 [k] **12:33** Sòm 12:2 [l] **12:38** II Sam 5:1-13 [m] **12:40** I Sam 25:18 [n] **13:3** I Sam 7:1-2 [o] **13:6** II Sam 6:2-11 [p] **13:8** I Kwo 15:16 [q] **13:9** II Sam 6:6 [r] **13:10** I Kwo 15:13-15 [s] **13:13** I Kwo 15:25

ᵃSENYÈ a te beni fanmi Obed-Édom an avèk tout sa li te genyen.

14 Alò Hiram, wa Tyr a, te voye mesaje yo kote David avèk ᵇbwa sèd yo, mason ak chapant pou bati yon kay pou li. ² Epi David te vin rekonèt ke SENYÈ a te etabli li kon wa sou Israël, epi ke wayòm li te a egzalte byen wo pou koz pèp li a, Israël.

³ David te pran plis madanm Jérusalem, e David te vin papa a plis fis ak fi. ⁴ ᶜSila yo se non a pitit ki ne a li menm Jérusalem yo: Schammau, Schobab, Nathan, Salomon, ⁵ Jibhar, Élischua, Elphéleth, ⁶ Noga, Népheg, Japhia, ⁷ Élischama, Beéliada ak Éliphéleth.

⁸ Lè Filisten yo te tande ke David te onksyone wa sou tout Israël, tout Filisten yo te monte pou rankontre David. Lè David te tande sa li te sòti kont yo. ⁹ Alò, Filisten yo te vini e te ᵈfè yon atak nan vale Rephaïm nan. ¹⁰ David te mande Bondye, epi te di: "Èske mwen dwe monte kont Filisten yo? Èske Ou va livre yo nan men m?"

SENYÈ a te di li: "Monte, paske Mwen va livre yo nan men ou."

¹¹ Konsa, yo te rive monte Baal-Peratsim, e David te bat yo la. David te di: "Bondye te kraze lènmi mwen yo pa men mwen kon dlo k ap pete." Pou sa, yo te rele plas sa a Baal-Peratsim. ¹² Yo te abandone dye pa yo la. David te bay lòd pou yo te brile yo avèk dife.

¹³ Filisten yo te fè ᵉyon lòt atak nan vale a. ¹⁴ David te mande a Bondye ankò e Bondye te di li: "Ou pa pou monte kont yo. Ansèkle yo pa dèyè e vini sou yo devan pye balzam yo. ¹⁵ Li va vin rive ke lè ou tande son mache a nan tèt pye balzam yo, alò, ou va sòti nan batay la; paske Bondye va gen tan sòti devan ou pou frape lame Filisten yo."

¹⁶ David te fè menm sa ke Bondye te kòmande li. Yo te frape desann lame Filisten yo soti Gabaon jis rive menm nan Guézer. ¹⁷ Rekonesans a David te sòti rive nan tout peyi yo, epi ᶠSENYÈ a te mennen lakrent li sou tout nasyon yo.

15 Alò, David te bati kay pou li menm nan lavil David. Epi li te prepare yon plas pou lach Bondye a e te ᵍmonte yon tant pou li. ² Alò, David te di: ʰ"Pèsòn pa pou pote lach Bondye a sof ke Levit yo, paske SENYÈ a te chwazi yo pou pote lach Bondye a e pou fè sèvis a Li pou tout tan."

³ Konsa, ⁱDavid te rasanble tout Israël Jérusalem pou pote fè monte lach Bondye a nan plas ke li te prepare pou li a. ⁴ David te rasanble tout fis a Aaron yo ak ʲLevit yo: ⁵ Fis a Kehath yo, Uriel, chèf avèk frè li yo ak san-ven nan moun fanmi li yo; ⁶ fis a Merari yo, Asaja, chèf la ak de-san-ven nan fanmi pa li yo; ⁷ nan fis a Guerschom yo, Joël, chèf la ak san-trant nan fanmi pa li yo; ⁸ nan fis a Élitsaphan yo, Schemaeja, chèf la ak de-san nan fanmi pa li yo; ⁹ nan fis a Hébron yo, Éliel, chèf la ak katre-ven mesye nan fanmi pa li yo; ¹⁰ nan fis a Uziel yo, Amminadab, chèf la ak san-douz mesye nan fanmi pa li yo.

¹¹ Alò, David te rele ᵏTsadok ak ˡAbiathar, prèt yo ak Levit yo, Uriel, Asaja, Joël, Schemaeja, Éliel ak Amminadab. ¹² Li te di yo: "Nou se chèf lakay zansèt nou yo pou Levit yo. ᵐKonsakre nou menm, ni nou, ni manm fanmi pa nou, pou nou kapab pote fè monte lach a SENYÈ a, Bondye Israël la, rive nan plas ke m te prepare pou li a. ¹³ ⁿAkoz nou pa t pote l nan kòmansman an, SENYÈ a, Bondye pa nou an, te fè yon sèl pete sou nou, paske nou pa t chache Li selon règ li yo."

¹⁴ ᵒPou sa, prèt yo avèk Levit yo te konsakre yo menm pou pote fè monte lach SENYÈ a, Bondye Israël la. ¹⁵ Fis ᵖLevit yo te pote lach Bondye a sou zepòl pa yo avèk poto ki tache ladann, kon Moïse te kòmande yo pa pawòl SENYÈ a.

¹⁶ Epi David te pale avèk chèf Levit yo, ᵠpou dispoze fanmi pa yo, chantè yo, avèk lenstriman mizik yo, ap yo, gita yo, senbal ki sonnen fò yo, pou fè leve kri lajwa yo. ¹⁷ Konsa, ʳLevit yo te chwazi Héman, fis a Joël la e soti nan fanmi pa li a, Asaph, fis a Bérékia a; epi soti nan fis a Merari yo avèk fanmi pa yo, Éthan, fis a Kuschaja a; ¹⁸ epi avèk yo, fanmi a dezyèm nivo a, Zacharie, Ben, Jaaziel, Schemiramoth, Jehiel, Schemiramoth, Jehiel, Unni, Éliab, Benaja, Maaséja, Matthithja, Éliphelé, avèk Miknéja, ak pòtè yo, Obed-Édom avèk Jeïel, gadyen pòt yo. ¹⁹ Konsa chantè yo, Héman, Asaph ak Éthan pou fè sonnen senbal bwonz yo; ²⁰ epi Zacharie, Aziel, Schemiramoth, Jehiel, Unni, Éliab, Maaséja ak Benaja avèk ap ki te fè son selon Alamòt la; ²¹ epi Matthithia, Éliphelé, Miknéia, Obed-Édom, Jeïel avèk Azazia, pou pran avan avèk ap uit kòd pou kondwi chan an. ²² Kenania, chèf Levit yo, te an chaj chante a. Li te bay enstriksyon nan chante a paske li te fò. ²³ Bérékia avèk Elkana te gadyen pòtay pou lach la. ²⁴ Schebania, Josaphat, Nethaneel, Amasaï, Zacharie, Benaja ak Éliézer, prèt yo te ˢsoufle twonpèt yo devan lach a Bondye a. Obed-Édom avèk Jechitja te gadyen pòtay lach la.

²⁵ ᵗKonsa David, avèk lansyen Israël yo, avèk kapitèn a dè milye yo, te ale pou pote fè monte lach akò SENYÈ a soti lakay Obed-Édom nan mitan yon gran rejwisans. ²⁶ Akoz Bondye t ap ede Levit ki t ap pote lach akò SENYÈ yo, yo te fè sakrifis ᵘsèt towo ak sèt belye. ²⁷ Alò, David te abiye avèk yon manto len fen, menm avèk tout Levit ki t ap pote lach la, e chantè yo avèk Kenania, chèf mizik pami chantè yo.

ᵃ **13:14** I Kwo 26:4-5   ᵇ **14:1** II Sam 5:11   ᶜ **14:4** I Kwo 3:5-8   ᵈ **14:9** I Kwo 11:15   ᵉ **14:13** I Kwo 14:9
ᶠ **14:17** Egz 15:14-16   ᵍ **15:1** I Kwo 15:3   ʰ **15:2** Nonb 4:15   ⁱ **15:3** I Wa 8:1   ʲ **15:4** I Kwo 6:16-30
ᵏ **15:11** I Kwo 12:28   ˡ **15:11** I Sam 22:20-23   ᵐ **15:12** Egz 19:14-15   ⁿ **15:13** II Sam 6:3   ᵒ **15:14** I Kwo 15:12
ᵖ **15:15** Egz 25:14   ᵠ **15:16** I Kwo 13:8   ʳ **15:17** I Kwo 25:1   ˢ **15:24** I Kwo 15:28   ᵗ **15:25** II Sam 6:12-15
ᵘ **15:26** Nonb 23:1-29

Epi [a]David te abiye osi ak yon efòd an len. [28] Konsa, tout Israël te pote monte lach akò SENYÈ a avèk gwo kri, avèk son a kòn soufle, avèk twonpèt, avèk gwo bwi a senbal, avèk ap ak gita. [29] Li te rive lè lach akò SENYÈ a te vini nan vil David la, ke [b]Mical, fi a Saül la, te gade deyò fenèt la e te wè Wa David t ap vòltije e selebre. Konsa, li te meprize li nan kè l.

16 Yo te pote lach Bondye a e te [c]plase li nan tant ke David te fè monte pou li a. Epi yo te ofri ofrann brile avèk ofrann lapè devan Bondye. [2] Lè David te fin fè ofrann brile ak ofrann lapè a, li te beni pèp la nan non a SENYÈ a. [3] Li te separe bay a chak moun Israël, ni gason, ni fanm, yo chak yon pen avèk yon pòsyon vyann ak yon gato rezen.

[4] Li te chwazi kèk nan Levit yo pou pran chaj sèvis la devan lach SENYÈ a, pou selebre menm e bay remèsiman avèk lwanj a SENYÈ a, Bondye Israël la: [5] Asaph, chèf la e dezyèm apre li a, Zacharie, swiv pa Jeïel, Schemiramoth, Jehiel, Matthithia, Éliab, Benaja, Obed-Édom ak Jeïel avèk lenstriman mizik yo, ap yo, gita yo; epi Asaph sou senbal gwo bwi yo, [6] epi Benaja avèk Jachaziel, prèt ki t ap soufle twonpèt san rete yo devan lach akò Bondye a.

[7] Alò, se te nan jou sa a, David te [d]chwazi pou premye fwa a, Asaph avèk fanmi li pou bay remèsiman a SENYÈ a.

[8] O bay remèsiman a SENYÈ a.
Rele non Li.
Fè zèv li yo rekonèt pami pèp yo.
[9] Chante a Li menm.
Chante lwanj a Li menm.
Pale tout mèvèy Li yo.
[10] Bay glwa a sen non Li.
Kite kè a sila k ap chache SENYÈ a
vin ranpli ak jwa.
[11] [e]Chache SENYÈ a avèk fòs Li.
Chache figi Li san rete.
[12] [f]Sonje zèv mèvèy ke Li te fè yo,
[g]mèvèy Li yo ak jijman,
ki sòti depi nan bouch Li,
[13] O desandan Israël, sèvitè Li yo,
fis a Jacob yo, sila Li te chwazi yo!
[14] Li se SENYÈ a, Bondye nou an.
[h]Jijman pa Li yo sou tout latè.
[15] Sonje akò Li a pou tout tan,
Pawòl ke Li te kòmande a
mil jenerasyon yo,
[16] [i]akò ke li te fè avèk
Abraham nan,
sèman an ke Li te fè avèk Isaac la.
[17] [j] Li te konfime sa ak Jacob kon
yon règleman,
A Israël, kon yon akò ki pou tout tan,
[18] epi te di: [k]"A ou menm, Mwen va bay
peyi Canaan an kon pòsyon eritaj pa w."
[19] [l] Pandan yo te piti an nonb, trè piti
e etranje, yo nan li,
[20] yo te mache toupatou
nan yon nasyon a yon lòt,
sòti nan yon wayòm
pou rive nan yon lòt pèp.
[21] Li pa t kite okenn moun oprime yo.
[m]Li te bay repwòch a wa yo pou koz pa yo.
[22] Li te di [n]"Pa touche onksyone pa M yo,
ni pa fè mal a pwofèt Mwen yo."
[23] Chante a SENYÈ a, tout latè!
[o]Pwoklame bòn nouvèl delivrans Li
jou apre jou.
[24] Pale glwa Li pami nasyon yo,
gran mèvèy Li yo pami tout pèp yo.
[25] Paske [p]gran se SENYÈ a,
e gran pou resevwa lwanj yo.
Anplis, [q]fòk nou gen lakrent Li
plis pase tout lòt dye yo.
[26] Paske tout dye a pèp yo
se zidòl yo ye,
men SENYÈ a te fè syèl yo.
[27] Tout richès avèk majeste devan Li.
Lafòs ak lajwa lakay Li.
[28] Bay a SENYÈ a,
O tout fanmi yo ak tout pèp yo,
bay a SENYÈ a glwa avèk fòs!
[29] Bay a SENYÈ a glwa ke non Li
dwe genyen an.
Pote lofrann yo vini devan L.
[r] Adore SENYÈ a avèk tout bagay sen yo.
[30] Tranble devan Li, tout latè.
Anverite, lemond etabli byen solid.
Li p ap deplase menm.
[31] Kite syèl yo kontan e
kite lemond rejwi:
[32] [s]Kite lanmè a fè gwo bwi,
avèk tout sa ki ladann!
Kite chan an ranpli ak jwa,
ak tout sa ki ladann!
[33] Konsa, tout bwa forè yo
va chante avèk jwa devan SENYÈ a.
Paske L ap vini pou jije latè.
[34] [t]O bay remèsiman a SENYÈ a pou bonte Li,
paske lanmou dous Li a se pou tout tan.
[35] [u]Di: "Sove nou,
O Bondye a delivrans nou an!
Ranmase nou pou sove nou soti nan
nasyon yo,
pou bay remèsiman a non sen pa W la,
pou nou trionfe nan lwanj Ou."
[36] [v]Beni se SENYÈ a, Bondye Israël la,
Pou letènite, jis rive nan letènite a.

---

[a] **15:27** II Sam 6:14 [b] **15:29** II Sam 3:13 [c] **16:1** I Kwo 15:1 [d] **16:7** II Sam 22:1 [e] **16:11** Sòm 24:6
[f] **16:12** Sòm 103:2 [g] **16:12** Sòm 78:43-68 [h] **16:14** Sòm 48:10 [i] **16:16** Jen 12:7 [j] **16:17** Jen 35:11-12
[k] **16:18** Jen 13:15 [l] **16:19** Jen 34:30 [m] **16:21** Jen 12:17 [n] **16:22** Jen 20:7 [o] **16:23** Sòm 96:1-13
[p] **16:25** Sòm 144:3-6 [q] **16:25** Sòm 89:7 [r] **16:29** Sòm 29:2 [s] **16:32** Sòm 98:7 [t] **16:34** Sòm 106:1
[u] **16:35** Sòm 106:47-48 [v] **16:36** I Wa 8:15-56

Tout pèp la te di: "Amen" e te louwe SENYÈ a. ³⁷ Konsa, li te kite[a]Asaph avèk fanmi li la devan lach akò SENYÈ a pou fè sèvis devan lach la tout tan, kon travay chak jou te egzije a; ³⁸ epi [b]Obed-Édom avèk swasant-uit manm fanmi li; Obed-Édom e anplis fis a Jedithun lan, avèk Hosa kon gadyen pòtay yo, ³⁹ Li te kite [c]Tsadok, prèt la avèk fanmi pa li yo devan [d]tabènak SENYÈ a nan wo plas ki te Gabaon an, ⁴⁰ pou ofri ofrann brile yo a SENYÈ a sou lotèl ofrann brile a tout tan, ni maten, ni aswè, jis selon tout sa ki ekri nan lalwa SENYÈ a, ke Li te kòmande Israël yo. ⁴¹ Avèk yo, te [e]Héman, Jeduthun ak [f]lòt ki te dezinye pa non yo, pou bay remèsiman a SENYÈ a, akoz lanmou dous li an san fen. ⁴² Epi avèk yo, te Héman ak Jeduthun avèk twonpèt avèk senbal pou sila ki te gen pou fè enstriman retantisan pou [g]chan Bondye yo e fis a Jeduthun yo, pou pòtay la. ⁴³ [h]Epi tout pèp la te pati, yo chak lakay yo e David te retounen pou beni lakay pa li a.

17 [i]Li te vin rive ke lè David te rete lakay li, ke David te di a Nathan, pwofèt la: "Gade byen, mwen rete nan yon kay fèt ak sèd, men lach akò SENYÈ a rete anba rido."

² Nathan te di a David: "Fè tout sa ki nan kè ou, paske Bondye avèk ou."

³ Li te vin rive nan menm nwit lan ke pawòl SENYÈ a te parèt a Nathan. Li te di: ⁴ "Ale pale David, sèvitè Mwen an, 'Konsa pale SENYÈ a, [j]"Ou pa pou bati yon kay pou Mwen pou M rete ladann; ⁵ paske Mwen pa t konn rete nan yon kay depi jou ke M te mennen Israël monte a, jis rive jodi a; [k]men Mwen te ale soti de tant a tant e soti yon kote pou rete jis rive a yon lòt. ⁶ Nan tout plas kote Mwen te mache avèk Israël yo, èske Mwen te pale yon mo [l]avèk okenn nan jij Israël yo pou Mwen te kòmande yo pou fè bèje a pèp Mwen an, epi te di yo: 'Poukisa ou pa t bati pou Mwen yon kay an sèd?'"

⁷ Alò, pou sa, konsa ou va pale ak sèvitè Mwen an, David: 'Konsa pale SENYÈ a dèzame yo: "Mwen te retire ou nan pak kote ou t ap swiv mouton, pou devni chèf sou pèp Mwen an, Israël. ⁸ Mwen te avèk ou tout kote ke ou te ale, e te koupe devan ou tout lènmi ou yo. Konsa, Mwen va fè yon non pou ou pare ak pi gwo moun sou latè yo. ⁹ Mwen va chwazi yon plas pou pèp Israël Mwen an e va plante yo, pou yo kab rete nan pwòp plas yo, pou yo pa vin deplase ankò. Konsa, mechan yo p ap epwize yo ankò tankou oparavan, ¹⁰ depi jou ke M te kòmande jij yo vini sou pèp Israël Mwen an. Konsa, Mwen va soumèt tou lènmi ou yo. Anplis, Mwen di ou, ke SENYÈ a va bati yon kay pou ou. ¹¹ Lè jou yo acheve pou ou oblije ale jwenn zansèt ou yo, Mwen va plase youn nan desandan apre ou yo, ki va nan fis ou yo; epi Mwen va etabli wayòm pa li. ¹² Li va bati pou Mwen yon kay e mwen va etabli twòn li jis pou tout tan. ¹³ [m]Mwen va papa li e li va fis Mwen. Mwen p ap retire lanmou dous Mwen sou li, [n]tankou Mwen te retire li sou sila ki te avan ou an. ¹⁴ Men Mwen va etabli li lakay Mwen ak nan wayòm Mwen an jis pou tout tan e twòn li an va etabli nèt pou tout tan.""" ¹⁵ Selon tout pawòl sa yo e selon vizyon sila a, konsa Nathan te pale ak David.

¹⁶ Konsa, wa David te antre e te chita devan SENYÈ a epi te di: [o]"Se kilès mwen ye, O SENYÈ a, Bondye a e kisa lakay mwen ye pou Ou te mennen m rive jis isit la? ¹⁷ Sa se te yon ti bagay nan zye Ou, O Bondye, men Ou te pale afè lakay sèvitè Ou a pou anpil tan k ap vini, e te gade mwen kon yon moun gran valè, O SENYÈ Bondye. ¹⁸ Kisa, anplis, David kapab di Ou selon onè ki bay a sèvitè Ou a? Paske ou konnen sèvitè Ou. ¹⁹ O SENYÈ, [p]pou koz sèvitè ou a, e selon pwòp kè pa Ou, Ou te prepare tout grandè sa a, pou ta fè konnen tout gran afè sila yo. ²⁰ O SENYÈ, nanpwen lòt tankou Ou, ni nanpwen okenn Bondye sof ke Ou, selon tout sa ke nou te tande avèk zòrèy nou. ²¹ Epi ki lòt nasyon sou latè ki tankou pèp Ou a, Israël, ke Bondye te ale peye ranson a Li menm yon pèp; pou fè yon non pou pouse, fè soti tout lòt nasyon yo devan pèp Ou a, ke Ou te rachete, fè soti nan Egypte. ²² [q]Paske pèp Ou a, Israël, Ou te fè pwòp pèp Ou a jis pou tout tan e Ou menm, O SENYÈ, te vin Bondye pa yo. ²³ Koulye a, O SENYÈ, kite pawòl ke Ou te pale pa sèvitè Ou a, selon lakay li vin etabli jis pou tout tan an. Fè jan Ou te pale a. ²⁴ Kite non pa Ou vin etabli e onore jis pou tout tan, epi di: SENYÈ dèzame yo se Bondye a Israël la, yon Bondye menm pou Israël. Konsa, lakay David, sèvitè Ou a se etabli devan Ou. ²⁵ Paske Ou menm, O Bondye mwen, te revele a sèvitè Ou a, ke Ou va bati pou li yon kay. Pou sa, sèvitè Ou a te twouve kouraj pou vin priye devan Ou. ²⁶ Koulye a, O SENYÈ, Ou se Bondye e te pwomèt bon bagay sa a sèvitè Ou a. ²⁷ Konsa, se fè Ou plezi pou beni lakay sèvitè Ou a, pou li kapab kontinye jis pou tout tan devan Ou. Paske Ou menm, O SENYÈ, te fè l beni e li menm vin beni jis pou tout tan."

18 Apre sa, [r]li te vin rive ke David te bat Filisten yo. Li te fè yo soumèt e te pran Gath avèk vil pa li yo nan men a Filisten yo. ² Li te bat Moab e Moabit yo te vin sèvitè a David e te pote kontribisyon obligatwa yo.

³ David osi te bat Hadarézer, wa Tsoba a, jis rive Hamath, e li te sòti pou ale etabli wayòm li jis rive nan Rivyè Euphrate la. ⁴ David te pran nan men Hadarézer, mil cha avèk sèt-mil chevalye ak ven-mil sòlda a pye. David te koupe jarèt a tout cheval a cha yo, men te konsève kont

---

[a] **16:37** II Kwo 8:14   [b] **16:38** I Kwo 13:14   [c] **16:39** I Kwo 15:11   [d] **16:39** I Wa 3:4   [e] **16:41** I Kwo 6:33
[f] **16:41** I Kwo 25:1-6   [g] **16:42** I Kwo 25:7   [h] **16:43** II Sam 6:19   [i] **17:1** II Sam 7:1-29   [j] **17:4** I Kwo 28:2-3
[k] **17:5** Egz 40:2-3   [l] **17:6** II Sam 7:7   [m] **17:13** Eb 1:5   [n] **17:13** I Kwo 10:14   [o] **17:16** II Sam 7:18   [p] **17:19** II Sam 7:21   [q] **17:22** Egz 19:5-6   [r] **18:1** II Sam 8:1-18

pou rale san cha. ⁵Lè Siryen nan Damas yo te vini ede ᵃHadarézer, wa Tsoba a, David te touye venn-de-mil òm nan Siryen yo. ⁶Konsa, David te fè mete ganizon sòlda pami Siryen nan Damas yo. Siryen yo te vin sèvitè a David e te pote kontribisyon obligatwa. Nenpòt kote li te ale, SENYÈ a te ede David. ⁷David te pran boukliye an lò yo ki te pote pa sèvitè Hadarézer yo pou te pote yo Jérusalem. ⁸Osi, soti Thibchath avèk Cun, vil a Hadarézer yo, David te pran yon trè gran kantite bwonz avèk sila ᵇSalomon te fè lanmè a an bwonz e pilye avèk zouti yo te fèt an bwonz.

⁹Alò, lè Thohu, wa Hamath la, te tande ke David te fin bat tout lame a Hadarézer a, wa Tsoba a, ¹⁰li te voye Hadoram, fis li a, kote wa David pou salye li e beni li; paske li te goumen kont Hadarézer e te bat li; paske Hadarézer t ap fè lagè avèk Thohu. Epi Hadoram te pote tout kalite bagay an lò avèk ajan ak bwonz. ¹¹Wa David te konsakre sa yo osi a SENYÈ a, avèk ajan ak lò ke li te rache pote soti nan men a tout nasyon yo: depi nan Edom, Moab, fis a Ammon yo, Filisten yo ak Amalekit yo.

¹²Anplis, Abischaï, fis a Tseruja a, te bat diz-ui-mil Edomit nan Vale Sèl la. ¹³Epi li te mete ganizon sòlda nan Edom, e tout Edomit yo te devni sèvitè David. Epi SENYÈ a te ede David nenpòt kote li te ale.

¹⁴Konsa, David te renye sou tout Israël. Li te administre jistis avèk ladwati pou tout pèp li a. ¹⁵Joab, fis a Tseruja a, te kòmandan lame a, e Josaphat, fis a Achilud la, te achivist la; ¹⁶epi Tsadok, fis a Achithub la avèk Abimélèc, fis a Abiathar a, te prèt, e Schavscha te sekretè; ¹⁷epi Benaja, fis a Jehojada a, te chèf sou Keretyen avèk Peletyen yo; epi fis a David yo te premye chèf ansanm akote wa a.

19 ᶜAlò, li te vin rive apre sa, ke Nachasch, wa a fis a Ammon yo te mouri e fis li a te devni wa nan plas li. ²Epi David te di: "Mwen va montre favè a Hanun, fis a Nachasch la, akoz papa li te montre m favè." Pou sa, David te voye mesaje pou konsole li selon lanmò papa li. Sèvitè David yo ta antre nan peye fis a Ammon yo pou konsole Hanun. ³Men chèf a fis a Ammon yo te di a Hanun: "Èske ou kwè ke David ap bay papa ou onè akoz li voye moun rekonfòte ou? Èske sèvitè li yo pa vin kote ou pou chèche fè espyonaj pou boulvèse peyi a?" ⁴Epi Hanun te pran sèvitè David yo e te taye tout cheve yo, koupe vètman yo nan mitan jis rive nan kwis e te voye yo ale. ⁵Alò, kèk moun te ale pale David konsènan afè mesye yo. Epi li te voye rankontre yo, paske mesye sa yo te byen wont. Epi wa a te di: "Rete Jéricho jiskaske bab nou vin grandi ankò e retounen."

⁶Lè fis a Ammon yo te wè ke yo te fè tèt yo rayisab a David, Hanun avèk fis a Ammon yo te voye mil talan ajan Mésopotamie pou achte sèvis a cha avèk chevalye Siryen ki te sòti nan Maaca avèk ᵈTsoba. ⁷Konsa, yo te achte sèvis a trann-de-mil cha e wa Maaca a avèk pèp li a, ki te vin fè kan devan ᵉMédeba a. Fis a Ammon yo te rasanble soti nan vil pa yo pou te vin batay. ⁸Lè David tande sa, li te voye Joab avèk tout lame, mesye pwisan yo. ⁹Fis a Ammon yo te vin parèt, te rale yo nan chan batay la nan antre vil la e wa ki te vini yo te la apa pou kont yo nan chan an.

¹⁰Alò, lè Joab te wè ke batay la te prepare kont li ni devan, ni dèyè; li te chwazi soti nan mesye pi chwazi pami tout Israël yo e yo te alinye yo kont Siryen yo. ¹¹Men retay a pèp la, li te plase nan men Abischaï, frè li a; epi yo te alinye yo kont fis Ammon yo. ¹²Li te di: "Si Siryen yo twò fò pou mwen, alò ou va ede m; men si fis a Ammon twò fò pou ou; alò, mwen va ede ou. ¹³Kenbe fèm e annou montre kouraj nou pou koz pèp nou ak pou vil Bondye pa nou yo. Epi ke SENYÈ a va fè sa ki bon nan zye li."

¹⁴Konsa, Joab avèk moun ki te avèk li yo te ale toupre batay la kont Siryen yo e yo te sove ale devan li. ¹⁵Lè fis a Ammon yo te wè ke Siryen yo te sove ale, yo te sove ale osi devan Abischaï, frè li a e te antre lavil la. Epi Joab te vini Jérusalem.

¹⁶Lè Siryen yo te wè ke yo te bat pa Israël, yo te voye mesaje pou te mennen fè sòti Siryen ki te lòtbò Rivyè a, avèk Schophach, chèf lame Hadarézer ki t ap dirije yo a. ¹⁷Lè bagay sa a te pale a David, li te ranmase tout Israël ansanm, te travèse Jourdain an, te vin parèt sou yo e te rale nan fòmasyon batay kont yo a. Epi lè David te rale nan fòmasyon batay la kont Siryen yo, yo te goumen kont li. ¹⁸Siryen yo te sove ale devan Israël e David te touye nan Siryen yo, sèt-mil mèt cha avèk karant-mil sòlda a pye e te mete a lanmò Schophach, chèf lame a. ¹⁹Konsa, lè sèvitè a Hadarézer yo te wè ke yo te fin bat pa Israël, yo te fè lapè avèk David e te sèvi li. Konsa, Siryen yo pa t janm dakò ankò pou ede fis a Ammon yo.

20 Li te vin rive nan prentan, nan lè ke wa yo konn sòti fè lagè, ke Joab te mennen sòti lame a, e te ravaje peyi a fis a Ammon yo. Li te vin fè syèj kont Rabba. Men David te rete Jérusalem. ᶠJoab te frape Rabba e te boulvèse li nèt. ²ᵍDavid te retire kouwòn a wa pa yo soti sou tèt li. Li te twouve ke li te peze yon talan lò, e te gen pyè presye yo ladann. Konsa, yo te plase li sou tèt a David. Konsa, li te mennen fè sòti piyaj nan vil la, yon trè gran kantite. ³Li te mennen fè sòti moun ki te ladann yo, ʰte koupe yo avèk si ak enstriman file e avèk rach. Konsa David te fè a tout vil ki te pou fis a Ammon yo. Alò David avèk tout moun yo te retounen Jérusalem.

⁴ⁱAlò li te vin rive apre sa ke lagè te vin pete nan Guézer avèk Filisten yo. Konsa, Sibbecaï, Oushatit la, te touye Sippaï, youn nan desandan a jeyan yo, e yo te vin soumèt yo.

ᵃ **18:5** I Kwo 19:6   ᵇ **18:8** I Wa 7:40-47   ᶜ **19:1** II Sam 10:1-19   ᵈ **19:6** I Kwo 18:5-9   ᵉ **19:7** Nonb 21:30
ᶠ **20:1** II Sam 12:26   ᵍ **20:2** II Sam 12:30-31   ʰ **20:3** II Sam 12:31   ⁱ **20:4** II Sam 21:18-22

⁵ Te gen lagè avèk Filisten yo ankò e Elchanan, fis a ᵃJaïr a, te touye frè a Goliath la, Gatit la. Shaf a lans li an te gwo tankou shaf aparèy tise a. ⁶ Ankò, te gen lagè avèk Gath kote te gen yon nonm gran wotè ki te genyen venn-kat dwèt ak zòtèy, sis avèk sis e li menm, osi, te yon desandan a jeyan yo. ⁷ Lè li te voye defi bay Israël, Jonathan, fis a Schimea a, frè David la, te touye li. ⁸ Mesye sila yo te jeyan Gath yo e yo te tonbe pa lamen David, ak lamen sèvitè li yo.

21 ᵇAlò, Satan te kanpe kont Israël e te bourade David pou kontwole moun Israël yo. ² Pou sa, David te di a Joab, e a chèf a pèp yo: ᶜ"Ale konte moun Israël yo soti Beer-Schéba jis rive Dan, e pote ban m chif yo pou m kab konnen fòs kantite yo."

³ Joab te di: "Ke SENYÈ a kapab ogmante sou pèp li a san fwa ke sa! Men mèt mwen, wa a, èske yo tout se pa sèvitè mèt mwen an? Poukisa mèt mwen an ap chache afè sa a? Poukisa sa ta dwe koz pou Israël ta vin koupab?"

⁴ Malgre sa, pawòl wa a te vin genyen kont pawòl Joab yo. Konsa, Joab te sòti ale nan tout Israël pou te rive Jérusalem. ⁵ Joab te bay nimewo a tout moun a David yo. Epi ᵈtout Israël, mesye ki te rale nepe yo, se te yon milyon-san-mil òm e Juda te kat-san-swasann-dis òm ki te rale nepe yo. ⁶ ᵉMen li pa t kontwole Lévi avèk Benjamin pami yo, paske kòmand wa a te twouve byen rayisab pou Joab.

⁷ "Bondye pa t kontan avèk bagay sa a e pou sa, li te frape Israël. ⁸ David te di a Bondye: Mwen te peche anpil, pwiske mwen te fè bagay sa a. ᶠMen souple, koulye a, retire inikite a sèvitè Ou a, paske mwen te fè yon bagay byen sòt."

⁹ SENYÈ a te pale ak ᵍGad, konseye David la, epi te di l: ¹⁰ "Ale pale ak David. Di l: 'Konsa pale SENYÈ a, "M ap ofri ou twa bagay. Chwazi pou kont ou youn nan yo, ke mwen va fè pou ou."'"

¹¹ Konsa, Gad te vin kote David. Li te di l: "Konsa pale SENYÈ a, 'Pran pou ou menm ¹² ʰoswa, twazan gwo grangou, oswa twa mwa ke ou va chase kraze nèt pa lènmi ou, pandan nepe pa yo ap pran ou nèt, oswa gwo epidemi nan peyi a avèk zanj SENYÈ a k ap detwi toupatou nan tout teritwa Israël la.' Pou sa, reflechi sou repons ke mwen va retounen bay a Sila ki te voye mwen an."

¹³ David te di a Gad: "Mwen byen twouble. Souple, kite mwen tonbe nan men SENYÈ a, ⁱpaske mizerikòd Li byen gran. Men pa kite mwen tonbe nan men a lòm."

¹⁴ ʲKonsa, SENYÈ a te voye epidemi sou Israël. Swasann-di-mil nan mesye Israël yo te tonbe. ¹⁵ Epi Bondye te voye yon zanj Jérusalem pou detwi vil la, men lè l te prè pou detwi, SENYÈ a te wè, e te ᵏlache de gwo dega la. Li te di a zanj ki t ap detwi a: "Sa kont. Alò, lache men ou." Zanj SENYÈ a t ap kanpe akote glasi vannen ki pou Ornan an, Jebizyen an. ¹⁶ David te leve zye li, e te wè zanj SENYÈ a ki te kanpe antre syèl la avèk tè a, avèk nepe li rale nan men l, lonje sou Jérusalem.

Konsa, David avèk ansyen yo te ˡkouvri yo avèk twal sak e te tonbe sou figi yo. ¹⁷ David te di a Bondye: "Èske se pa mwen menm ki te kòmande kontwòl a tout pèp la? Anverite, se te mwen ki te peche e ki te fè anpil mal. ᵐMen mouton sila yo, se kisa yo menm te fè? O SENYÈ, Bondye mwen an, souple, kite men Ou vin kont mwen avèk lakay zansèt mwen yo, men pa kont pèp Ou a, pou yo ta vin toumante."

¹⁸ ⁿAlò, zanj SENYÈ a te kòmande Gad pou pale David, pou David ta dwe monte pou bati yon lotèl a SENYÈ a sou glasi vannen ki te pou Ornan an, Jebizyen an. ¹⁹ Konsa, David te monte selon pawòl ke Gad te pale nan non SENYÈ a.

²⁰ Alò, Ornan te vire fè bak, e li te wè zanj lan. Kat fis pa li yo ki te avè l yo te kache tèt yo. Alò, Ornan t ap bat ble. ²¹ Lè David te vin kote Ornan, Ornan te gade. Li te wè David e te sòti nan glasi vannen an pou te pwostène li menm devan David avèk figi li atè.

²² Alò, David te di a Ornan: "Ban mwen anplasman sila a avèk glasi vannen an, pou m kab bati yon lotèl a SENYÈ a. Pou valè tout pri li, ou va ban mwen li, pou touman sila a kab vin frennen pami pèp la."

²³ Ornan te di a David: "Pran li pou kont ou, epi kite mèt mwen an, wa a, fè sa ki bon nan zye l. Gade, mwen bay ou bèf yo pou ofrann brile a ak mas pilon, kon bwa ak ble kon ofrann sereyal la. M ap ba ou tout."

²⁴ Men Wa David te di a Ornan: "Non, men anverite, mwen va achte li pou tout pri li. Paske mwen p ap pran sa ki pou ou pou SENYÈ a, ni ofri ofrann brile ki pa t koute mwen anyen."

²⁵ Konsa David te bay Ornan sis-san sik an lò selon pwa li pou anplasman an. ²⁶ Alò, David te bati yon lotèl a SENYÈ a la, e te ofri ofrann brile yo avèk ofrann lapè yo. Li te rele SENYÈ a, e ᵒLi te reponn li avèk dife soti nan syèl la sou lotèl ofrann brile a.

²⁷ SENYÈ a te kòmande zanj lan e li te remèt nepe li nan fouwo.

²⁸ Nan lè sa, lè David te wè ke SENYÈ a te reponn li sou glasi vannen Ornan an, Jebizyen an. Li te ofri yon sakrifis la. ²⁹ Paske tabènak SENYÈ a, ke Moïse te fè nan dezè a ak lotèl ofrann brile a te nan wo plas Gabaon an nan lè sa a. ³⁰ Men David pa t kab ale devan li nan Gabaon pou fè demand Bondye, paske nepe zanj SENYÈ a te bay li gwo lakrent.

22 Konsa David te di: ᵖ"Sa se lakay SENYÈ a, Bondye a, e sa se lotèl ofrann brile pou Israël la."

ᵃ **20:5** II Sam 21:19   ᵇ **21:1** II Sam 24:1-25   ᶜ **21:2** I Kwo 27:23-24   ᵈ **21:5** II Sam 24:9   ᵉ **21:6** I Kwo 27:24
ᶠ **21:8** II Sam 12:13   ᵍ **21:9** II Sam 24:11   ʰ **21:12** II Sam 24:13   ⁱ **21:13** Sòm 51:1   ʲ **21:14** I Kwo 27:24
ᵏ **21:15** Egz 32:14   ˡ **21:16** I Wa 21:27   ᵐ **21:17** II Sam 7:8   ⁿ **21:18** II Kwo 3:1   ᵒ **21:26** Lev 9:24
ᵖ **22:1** I Kwo 21:18-28

² Pou sa, David te bay lòd pou ranmase tout etranje ki te nan peyi Israël yo. Konsa, ᵃli te mete taye wòch nan travay pou koupe wòch pou bati kay Bondye a. ³ David te ᵇprepare yon gran kantite fè pou fè klou pou pòt pòtay yo ak pou kranpon yo e plis bwonz ki ta kab peze yo. ⁴ Epi twòn bwa sèd yo te depase kontwòl, paske ᶜSidonyen yo avèk Tyriens yo te mennen gran kantite a twòn bwa sèd yo kote David. ⁵ David te di: "Fis mwen, ᵈSalomon jèn, epi manke eksperyans. Epi kay k ap bati pou SENYÈ a va tèlman ekstrawòdinè, byen koni toupatou, e k ap renome pou glwa li nan tout peyi yo. Se pou sa ke mwen va fè preparasyon pou li." Konsa, David te fè anpil preparasyon avan l te mouri. ⁶ Alò, ᵉli te rele fis li a, Salomon e te òdone li pou bati yon kay pou non SENYÈ a, Bondye Israël la. ⁷ David te di a Salomon: ᶠ"Fis mwen, mwen te gen entansyon pou bati yon kay a non SENYÈ a, Bondye mwen an. ⁸ Men pawòl SENYÈ a te vin kote mwen. Li te di: ᵍOu gen san vèse anpil san, e te fè gwo lagè sou latè. Ou pa p bati yon kay pou non mwen, akoz ou te vèse anpil san sou latè devan zye m. ⁹ Men gade byen, youn fis ki va ne a ou menm yo, va yon moun lapè. Konsa, ʰMwen va bay li repo soti nan tout lènmi li yo nan tout kote. Paske non li va Salomon e mwen va bay lapè avèk kalm an Israël nan jou pa li yo. ¹⁰ ⁱLi va bati yon kay pou non Mwen. Li va fis Mwen e Mwen va papa li. Konsa, mwen va etabli twòn wayòm li sou Israël jis pou tout tan. ¹¹ Koulye a, fis mwen an, ke ʲSENYÈ a kapab avèk ou, pou ou kapab byen reyisi, e bati lakay SENYÈ a, Bondye pa w la, jis jan ke li te pale selon ou menm nan. ¹² ᵏSèlman ke SENYÈ a kapab bay ou sajès avèk konprann pou fè ou renye sou Israël, pou ou kapab kenbe lalwa a SENYÈ a, Bondye ou a. ¹³ ˡKonsa, ou va byen reyisi, si ou fè atansyon pou swiv règleman avèk lòd ke SENYÈ a te kòmande Moïse selon Israël yo. ᵐKenbe fèm e pran kouraj. Pa dekouraje, ni pa krent anyen. ¹⁴ Alò, gade byen, avèk gwo lapèn mwen te prepare pou lakay SENYÈ a, san-mil talan lò, yon-milyon talan ajan e bwonz avèk fè ki depase peze, akoz yo tèlman anpil. Anplis, gran twòn bwa avèk wòch ke m te prepare, e ou gen dwa mete sou yo toujou. ¹⁵ Anplis, gen anpil ouvriye ki avèk ou, tayè wòch, avèk mason ak chapant e tout mesye ak kapasite nan tout kalite mendèv. ¹⁶ Selon lò, ajan ak bwonz avèk fè, nanpwen limit. Leve, fè travay ou e ⁿke SENYÈ a kapab avèk ou."

¹⁷ Anplis, ᵒDavid te kòmande tout chèf Israël yo pou ede fis li a, Salomon. Li te di: ¹⁸ "Èske SENYÈ a, Bondye nou an, pa avèk nou? Konsa, ᵖèske Li pa t bannou repo sou tout kote? Paske Li te livre sila ki viv nan peyi yo nan men m, e peyi a soumèt nèt devan SENYÈ a ak devan pèp Li a. ¹⁹ Alò, ᵠbay kè nou avèk nanm nou pou chache SENYÈ a, Bondye nou an. Konsa, leve pou bati sanktiyè SENYÈ a, Bondye a, pou nou kapab pote lach akò SENYÈ a avèk veso sakre Bondye yo antre nan kay ki va bati pou non a SENYÈ a."

23

Alò, ʳlè David te vin granmoun, li te fè fis li Salomon, wa sou Israël. ² Li te ranmase tout chèf Israël yo avèk prèt ak Levit yo. ³ Levit yo te kontwole soti nan trant ane oswa plis e ˢfòs non pa yo selon gwo chif kontwòl la, te trant-uit-mil. ⁴ Nan sila yo, venn-kat-mil te ᵗpou sipèvize lèv lakay SENYÈ a, si-mil te ᵘofisye avèk jij, ⁵ kat-mil te gadyen pòtay yo, e ᵛkat-mil ki pou louwe SENYÈ a avèk enstriman ke David te fè pou bay lwanj yo.

⁶ David te divize yo an gwoup ʷselon fanmi de fis yo a Lévi: Guerschon, Kehath, ak Merari. ⁷ Nan Gèshonit yo: Laedan avèk Schimeï. ⁸ Fis a Laedan yo: Jehiel, premye a, Zétham ak Joël, ki fè twa. ⁹ Fis a Shimei yo: Schelomith, Haziel avèk Haran, ki fè twa. Sila yo se te chèf lakay zansèt a Ladann yo. ¹⁰ Fis a Shimei yo: Jahath, Zina, Jeush avèk Berlah. Kat sila yo te fis a Schimeï. ¹¹ Jachath se te premye a e Zina dezyèm nan; men Jeusch avèk Beria pa t fè anpil fis; akoz sa, yo te fòme yon sèl kay zansèt, yon sèl gwoup.

¹² Fis a Kehath yo: Amram, Jitsehar, Hébron avèk Uziel, kat. ¹³ Fis a Anram yo: Aaron avèk Moïse. Epi ˣAaron te mete apa pou l te kab sanktifye li kote ki pi sen pase tout kote a, li menm avèk fis pa li yo jis pou tout tan, pou brile lansan devan SENYÈ a, pou fè sèvis pa Li, e pou beni nan non Li jis pou tout tan. ¹⁴ Men ʸMoïse, nonm Bondye a, fis pa li yo te rele pami tribi Lévi a. ¹⁵ Fis a Moïse yo: Guerschom avèk Éliézer. ¹⁶ Fis a Guerschom yo: Schebuel, chèf la. ¹⁷ Fis a Éliézer te Rechabia, chèf la. Éliézer pa t gen lòt fis, men fis a Rechabia yo te an gran kantite. ¹⁸ Fis a Jitsehar a: Schelomith, chèf la. ¹⁹ Fis a Hébron yo: Jerija, premye a; Amaria, dezyèm nan, Jachaziel, twazyèm nan; epi Jekameam, katriyèm nan. ²⁰ Fis a Uziel yo: Michée, premye a ak Jischija, dezyèm nan.

²¹ Fis a Merari yo: Machli avèk Muschi. Fis a Machli yo: Éléazar avèk Kis. ²² Éléazar te mouri san fè fis, men fi sèlman; pou sa, frè pa yo, fis a Kis yo te pran yo kon madanm pa yo. ²³ Fis a Muschi yo: Machli, Éder avèk Jerémoth, twa.

²⁴ ᶻSila yo se te fis a Lévi selon lakay zansèt pa yo, menm lakay zansèt a sila ki te kontwole nan kantite non nan gwo chif kontwòl la, sila ki t ap fè travay lakay SENYÈ a, soti nan ventan oswa plis. ²⁵ Paske David te di: "SENYÈ a, Bondye Israël la, ᵃte bay repo a pèp Li a, e Li va abite Jérusalem jis pou tout tan. ²⁶ Anplis, ᵇLevit yo p ap ankò bezwen pote

---

ᵃ 22:2 I Wa 5:17-18   ᵇ 22:3 I Kwo 29:2-7   ᶜ 22:4 I Wa 5:6-10   ᵈ 22:5 I Wa 3:7   ᵉ 22:6 I Wa 2:1   ᶠ 22:7 II Sam 7:2-3   ᵍ 22:8 I Kwo 28:3   ʰ 22:9 I Wa 4:20-25   ⁱ 22:10 II Sam 7:13-14   ʲ 22:11 I Kwo 22:16   ᵏ 22:12 I Wa 3:9-12   ˡ 22:13 I Kwo 28:7   ᵐ 22:13 Jos 6:9   ⁿ 22:16 I Kwo 22:11   ᵒ 22:17 I Kwo 28:1-6   ᵖ 22:18 I Kwo 22:9   ᵠ 22:19 I Kwo 28:9   ʳ 23:1 I Kwo 29:28   ˢ 23:3 Nonb 4:48   ᵗ 23:4 Esd 3:8-9   ᵘ 23:4 I Kwo 26:29   ᵛ 23:5 I Kwo 15:16   ʷ 23:6 I Kwo 6:1   ˣ 23:13 Egz 6:20   ʸ 23:14 Det 33:1   ᶻ 23:24 Nonb 10:17-21   ᵃ 23:25 I Kwo 22:16   ᵇ 23:26 Nonb 4:5-15

tabènak avèk tout zouti li yo pou sèvis li." ²⁷ Paske pa dènye pawòl a David yo, fis a Levi yo te kontwole soti ventan oswa plis. ²⁸ Paske wòl pa yo se pou ede fis a Aaron yo avèk sèvis lakay SENYÈ a, nan gwo lakou yo, nan chanm yo ak nan pirifye tout bagay sen yo, menm travay a sèvis lakay Bondye a, ²⁹ ᵃepi avèk pen konsakre ak farin fen pou yon ofrann sereyal, galèt san ledven, oswa sa ki kwit nan veso, ni sa ki byen mele ak ᵇtout mezi a volim oswa gwosè yo. ³⁰ Yo gen pou kanpe chak maten pou bay remèsiman avèk lwanj a SENYÈ a, e menm jan an nan aswè, ³¹ epi pou ofri tout ofrann brile a SENYÈ a, ᶜnan Saba yo, nan nouvèl lin yo, avèk ᵈfèt etabli yo nan kontwòl ki òdone selon òdonans de yo menm, tout tan san rete devan SENYÈ a. ³² Konsa ᵉyo gen pou kenbe chaj sou asanble tant yo, chaj sou plas sen an e chaj sou fis Aaron yo, fanmi pa yo, pou sèvis lakay SENYÈ a.

24 Alò, men divizyon a desandan a Aaron yo: fis a Aaron yo te Nadab, Abihu, Éléazar avèk Ithamar. ² ᶠNadab avèk Abihu te mouri avan papa yo, san yo pa t genyen fis. Pou sa, Éléazar avèk Ithamar te sèvi kon prèt. ³ David, avèk ᵍTsadok, fis a Éléazar yo ak Achimélec a desandan a Ithamar yo, te divize yo selon fonksyon yo nan sèvis pa yo. ⁴ Akoz ke te gen plis chèf nan desandan a Éléazar yo pase nan desandan a Ithamar yo, yo te divize yo konsa: sèz chèf zansèt a desandan a Éléazar yo ak uit nan desandan Ithamar yo, selon lakay zansèt pa yo. ⁵ ʰKonsa yo te divize pa tiraj osò, youn tankou lòt la; paske yo te sèvi kon ofisye nan sanktiyè a e ofisye a Bondye, e nan desandan a Éléazar yo ak desandan a Ithamar yo. ⁶ Schemaeja, fis a Nethaneel la, grefye pou trib Lévi a, te enskri yo nan prezans a wa a, chèf lakay zansèt yo, Tsadok, prèt la, ⁱAchimélec, fis a Abiathar a ak chèf a lakay zansèt a prèt avèk Levit yo; youn lakay zansèt ki te pran pou Éléazar yo e youn pou Ithamar yo.

⁷ Alò, premye tiraj osò a te tonbe pou Jehojarib; dezyèm nan pou Jedaeja; ⁸ twazyèm nan a Harim; katriyèm nan a Seorim; ⁹ senkyèm nan a Malkija; sizyèm nan a Mijamin; ¹⁰ setyèm nan a Hakkots; uityèm nan a ʲAbija; ¹¹ nevyèm nan a Josué; dizyèm nan a Schecania; ¹² onzyèm nan a Éliaschib; douzyèm nan a Jakim; ¹³ trèzyèm nan a Huppa; katòzyèm nan a Jeschébeab; ¹⁴ kenzyèm nan a Bilga; sizyèm nan a Immer; ¹⁵ di-setyèm nan a Hézir; di-zuityèm nan a Happitsets; ¹⁶ diz-nevyèm nan a Pethachja; ventyèm nan a Ézéchiel; ¹⁷ ven-te-inyèm nan a Jakin; venn-dezyèm nan a Gamul; ¹⁸ venn-twazyèm nan a Delaja; venn-katriyèm nan a Maazia. ¹⁹ ᵏSa yo te pozisyon sèvis yo te fè lè yo te antre lakay SENYÈ a selon règleman ki te bay a yo menm pa Aaron, zansèt pa yo, jis jan ke SENYÈ a, Bondye Israël la, te kòmande li a.

²⁰ Alò, pou lòt fis a Lévi yo: nan fis Amram yo: Schubaël; nan fis a Schubaël yo: Jechdia; ²¹ a Rechabia: selon fis a Rechabia yo: chèf Jischija. ²² Selon Jitsearit yo: Schelomoth; nan fis a Schelomoth yo: Jachath. ²³ Fis a Hébron yo: Jerija, premye a, Amaria, dezyèm nan, Jachaziel, twazyèm nan, Jekameam, katriyèm nan. ²⁴ Selon fis a Uziel yo: Michée; epi fis a Michée yo, Shamir. ²⁵ Frè a Michée a, Jischija; nan fis a Jischija yo: Zacharie. ²⁶ Fis a Merari yo: Machli avèk Muschi; fis a Jaazija yo, Beno. ²⁷ Fis a Merari yo: pa Jaazia, Beno, Schoham, Zaccur ak Ibri. ²⁸ Pa Mahli: Éléazar ki pa t gen fis. ²⁹ Pa Kis: nan fis a Kis yo, Jerachmeel. ³⁰ Fis a Muschi yo: Machli, Éder ak Jerimoth. ³¹ ˡSila yo osi te voye kon tiraj osò tankou manm fanmi pa yo, fis a Aaron yo nan prezans a David, wa a, Tsadok avèk Achimélec, chèf lakay zansèt pa yo pami prèt ak Levit yo, chèf lakay papa pa yo jis jan sa ye pou nan pi piti frè li yo.

25 Anplis, David avèk kòmandan lame yo te mete apa pou sèvis kèk nan fis a Asaph yo, Héman ak Jeduthun pou ᵐpwofetize avèk gita yo, ap ak senbal; epi fòs kantite moun ki te fè sèvis pa yo se te: ² Nan fis a Asaph yo: Zaccur, Joseph, Nethania avèk Aschareéla; fis a Asaph yo te anba direksyon a Asaph, ki te pwofetize anba direksyon a wa a. ³ ⁿSelon Juduthun, fis a Juduthun yo: Guedalia, Tseri, Ésaïe, Haschabia, Matthithia avèk Schimeï, sis, anba direksyon a papa yo, Juduthun, avèk ap la, ki te konn pwofetize nan bay remèsiman avèk lwanj SENYÈ a. ⁴ Selon Héman, fis a Héman nan: Bukkija, Matthania, Uziel, Schebuel, Jerimoth, Hanania, Hanani, Éliatha, Guiddalthi, Romamthi-Ézer, Joschbekascha, Mallòthi, Hothir, Machazioth. ⁵ Tout sila yo te fis a Héman yo, ᵒkonseye a wa a ki pou bay li ekspiyasyon selon pawòl a Bondye; paske Bondye te bay katòz fis ak twa fi a Héman. ⁶ Tout te anba direksyon a papa yo pou chante lakay SENYÈ a, avèk senbal, ap ak gita yo, pou sèvis kay Bondye a. ᵖAsaph, Jeduthun avèk Héman te anba direksyon wa a. ⁷ Fòs kantite nan yo ki te prepare kon chantè a SENYÈ yo, avèk manm fanmi pa yo, tout te byen abil, te ᑫde-san-katreven-di-zuit. ⁸ Yo te tire osò pou travay tach yo, tout menm jan an, piti kon gran, pwofesè kon elèv.

⁹ Alò, premye tiraj osò a te tonbe a Asaph pou Joseph, dezyèm nan pou Guedalia, li menm, fanmi li ak fis pa li yo te fè douz; ¹⁰ Twazyèm nan a Zaccur, fis li yo avèk fanmi li, douz; ¹¹ katriyèm nan a Jìtseri, fis li yo avèk fanmi li, douz; ¹² senkyèm nan a Nethania, fis li yo avèk fanmi li, douz; ¹³ sizyèm nan a Bukkija, fis li yo avèk fanmi li, douz; ¹⁴ setyèm nan a Jesareéla, fis

---

ᵃ **23:29** Lev 24:5-9   ᵇ **23:29** Lev 19:35-36   ᶜ **23:31** És 1:13-14   ᵈ **23:31** Lev 23:2-4   ᵉ **23:32** Nonb 1:53
ᶠ **24:2** Lev 10:2   ᵍ **24:3** I Kwo 6:8   ʰ **24:5** I Kwo 24:31   ⁱ **24:6** I Kwo 18:16   ʲ **24:10** Né 12:4   ᵏ **24:19** I Kwo 9:25
ˡ **24:31** I Kwo 24:5-6   ᵐ **25:1** II Wa 3:15   ⁿ **25:3** I Kwo 16:41-42   ᵒ **25:5** II Sam 24:11   ᵖ **25:6** I Kwo 15:16-19
ᑫ **25:7** I Kwo 23:5

li yo avèk fanmi li, douz; ¹⁵ uityèm nan a Ésaïe, fis li yo avèk fanmi li, douz; ¹⁶ nevyèm nan a Matthania, fis li yo avèk fanmi li, douz; ¹⁷ dizyèm nan a Schimeï, fis li yo avèk fanmi li, douz; ¹⁸ onzyèm nan a Azareel, fis li yo avèk fanmi li, douz; ¹⁹ douzyèm nan a Haschabia, fis li yo avèk fanmi li, douz; ²⁰ trèzyèm nan a Schubaël, fis li yo avèk fanmi li, douz; ²¹ katòzyèm nan a Matthithia, fis li yo avèk fanmi li, douz; ²² kenzyèm nan a Jerémoth, fis li yo avèk fanmi li, douz; ²³ sèzyèm nan a Hanania, fis li yo avèk fanmi li, douz; ²⁴ di-setyèm nan a Joschbekascha, fis li yo avèk fanmi li, douz; ²⁵ di-zuityèm nan a Hanani, fis li yo avèk fanmi li, douz; ²⁶ diz-nevyèm nan a Mallothi, fis li yo avèk fanmi li, douz; ²⁷ ventyèm nan a Élijatha, fis li yo avèk fanmi li, douz; ²⁸ ven-te-inyèm nan a Hothir, fis li yo avèk fanmi li, douz; ²⁹ venn-dezyèm nan a Guiddalthi, fis li yo avèk fanmi li, douz; ³⁰ venn-twazyèm nan a Machazioth, fis li yo avèk fanmi li, douz; ³¹ venn-katriyèm nan a Romamthi-Ézer, fis li yo avèk fanmi li, douz.

26 Pou divizyon gadyen pòtay yo, te gen nan Koreyit yo; Meschélémia, fis a Koré a, fis yo a Asaph yo. ² Meschélémia te gen fis: Zacharie, premye ne a, Jediaël, dezyèm nan, Zebadia, twazyèm nan, Jathiel, katriyèm nan, ³ Élam, senkyèm nan, Jochanan, sizyèm nan, Eljoénaï, setyèm nan. ⁴ Obed-Édom te gen fis: Schemaeja, premye ne a, Jozabad, dezyèm nan, Joach, twazyèm nan, Sacar, katriyèm nan, Nethaneel, senkyèm nan, ⁵ Ammiel, sizyèm nan, Issacar, setyèm nan, Peulthaï, uityèm nan; paske Bondye te vrèman beni li. ⁶ Anplis, a fis li, Schemaeja, te ne fis ki te renye sou lakay papa yo; paske yo te mesye pwisan ak gwo kouraj. ⁷ Fis a Schemaeja yo: Othni, Rephaël, Obed, Elzabad, avèk frè pa yo Élihu ak Semaeja ki te mesye ak gwo kouraj. ⁸ Tout nan sila yo, se te fis a Obed-Édom; yo menm avèk fis pa yo ak fanmi yo te mesye ak gwo kapasite, avèk fòs pou sèvis; swasann-de mesye ki sòti Obed-Édom. ⁹ Fis a Meschélémia yo, mesye plen ak kouraj te kontwole diz-uit mesye. ¹⁰ Anplis, Hosa, nan fis a Merari yo te fè fis: Schimri, premye a (malgre li pa t ne premyèman, men papa li te fè l premye), ¹¹ Hilkija, dezyèm nan, Thebalia, twazyèm nan, Zacharie, katriyèm nan. Tout fis yo avèk fanmi a Hosa yo te trèz mesye.

¹² Se nan divizyon a gadyen pòtay sila yo, mesye chèf yo te bay responsabilite kon fanmi pa yo pou fè sèvis lakay SENYÈ a. ¹³ ᵃYo te tire yo osò, piti kon gran, selon lakay zansèt pa yo pou chak pòtay. ¹⁴ Tiraj osò ki tonbe pou lès la te devni pou Schélémia. Alò, yo te tire osò pou fis li a, Zacharie, yon konseye avèk bon konprann e tiraj osò li a te sòti nan nò. ¹⁵ Pou Obed-Édom li te tonbe vè sid a fis li yo, te ale chanm depo yo.

¹⁶ Pou Schuppm avèk Hosa, li te tonbe kote lwès, akote pòt Schalléketh la, vè chemen monte a. Yo te pozisyone gad anfas gad. ¹⁷ Sou lès la, te gen sis Levit; nan nò a, kat chak jou e nan chanm depo yo, de pa de yon kote apa. ¹⁸ Nan cham bati sou kote lwès la, te gen kat sou gran chemen an e de nan cham nan a menm. ¹⁹ Sila yo se te divizyon a gadyen pòtay a fis a Kore yo avèk fis a Merari yo.

²⁰ Levit yo avèk fanmi pa yo te gen ᵇchaj sou trezò lakay Bondye a ak trezò a don konsakre yo. ²¹ Fis a Laedan yo, fis a Gèshonit yo, ki apatyen a Laedan, chèf lakay zansèt pa yo ki te rele Jehiéli, te tèt lakay zansèt pa yo ki te pou Laedan, Gèshonit lan. ²² Fis a Jehiéli yo, Zetham avèk Joël, frè li a, ki te an chaj trezò lakay SENYÈ a. ²³ Pou Amramit yo, Jitsearit yo, Ebwonit avèk Izyelit yo, ²⁴ Schebuel, fis a Guerschom an, fis a Moïse la te ofisye sou trezò yo. ²⁵ Fanmi li pa Éliézer te Rechabia, fis li a, Ésaïe, fis li a, Joram, fis li a, Zicri, fis li a ak Schelomith, fis li a. ²⁶ Schelomith sila avèk fanmi li te gen chaj sou tout trezò a don konsakre ᶜke Wa David avèk chèf lakay zansèt yo, kòmandan a dè milye, a dè santèn e kòmandan lame yo te dedye. ²⁷ Yo te dedye yon pati nan piyaj ki te sezi nan gè yo pou repare lakay SENYÈ a. ²⁸ Epi tout sa ke Samuel, konseye a, te dedye e Saül, fis a Kis la, pa Abner, fis a Ner a, pa Joab, fis a Tseruja a, tout moun ki te dedye bagay anba jerans a Schelomith lan avèk fanmi pa li.

²⁹ Pou Jitsearit yo, Kenania avèk frè pa li yo, yo ᵈte anplwaye pou zafè andeyò kon ᵉmajistra ak jij an Israël. ³⁰ Pou Ebwonit yo, ᶠHaschavbia avèk fanmi li, mil-sèt-san mesye ak kapasite, ki te an chaj tout zafè Israël yo nan lwès a Jourdain an, pou tout sèvis SENYÈ a ak sèvis wa a. ³¹ Pou Ebwonit yo, Jerija, chèf la, (Ebwonit sila yo te envestige selon listwa fanmi avèk zansèt pa yo, nan karantyèm ane nan règn David la e mesye ak kapasite siperyè yo te twouve pami yo kote Jaezer nan Galaad). ³² Moun fanmi pa li, mesye byen kapab, te de-mil-sèt-san òm, chèf lakay zansèt pa yo. Epi Wa David te fè yo sipèvizè sou Ribenit yo, Gadit yo ak mwatye tribi Manassé ᵍpou tout zafè Bondye avèk wa a.

27 Men chif kontwòl a fis Israël yo, chèf lakay zansèt yo, kòmandan a dè milye, a dè santèn yo, avèk chèf pa yo ki te sèvi wa a nan tout afè divizyon ki te antre sòti mwa pa mwa pandan tout mwa nan ane yo, chak divizyon te konte a venn-kat-mil sòlda: ² Sou ʰtèt a premye divizyon an pou premye mwa te Jaschobeam, fis a Zabdiel la; nan divizyon pa li te gen venn-kat-mil òm. ³ Sòti nan fis a Pérets yo, chèf a tout kòmandan lame a pou premye mwa a. ⁴ Sou tèt a divizyon dezyèm mwa a te Dodaï, Achochit la; Mikloth te youn nan chèf yo nan divizyon pa li yo; epi li te gen nan divizyon pa li a, venn-kat-mil òm. ⁵ Twazyèm kòmandan lame a pou twazyèm mwa a te Benaja, fis a prèt la, Jehojada kon chèf; epi nan divizyon

---

ᵃ **26:13** I Kwo 24:5-31   ᵇ **26:20** I Kwo 26:22-26   ᶜ **26:26** II Sam 8:11   ᵈ **26:29** Né 11:16   ᵉ **26:29** I Kwo 23:4
ᶠ **26:30** I Kwo 27:17   ᵍ **26:32** II Kwo 19:11   ʰ **27:2** II Sam 23:8-30

pa li te gen venn-kat-mil òm. ⁶ Benaja sila a se te nonm pwisan a trant yo e li te an chaj sou trant yo; epi Ammizabad, fis li a, te sou divizyon pa li. ⁷ Katriyèm nan pou katriyèm mwa a te Asaël, frè a Joab la e apre li, Zebadia, fis li a; epi li te gen yon divizyon a venn-kat-mil òm. ⁸ Senkyèm nan pou senkyèm mwa a te kòmandan Schamehuth, Jizrachit la; epi te gen yon divizyon a venn-kat-mil òm. ⁹ Sizyèm nan pou sizyèm mwa a te Ira, fis a Ikkesch la, Tekoyit la; epi li te gen yon divizyon a venn-kat-mil òm. ¹⁰ Setyèm nan pou setyèm mwa a te Hélets, Pelonit lan, sòti nan fis a Éphraïm yo; li te gen yon divizyon a venn-kat-mil òm. ¹¹ Uityèm nan, pou uityèm mwa a te Sibbecaï, Ouchatit la, sòti nan Zerachit yo; epi li te gen yon divizyon a venn-kat-mil òm. ¹² Nevyèm nan pou nevyèm mwa a te Abiézer, Anathoth la, sòti nan Benjamit yo; epi li te gen yon divizyon a venn-kat-mil òm. ¹³ Dizyèm nan pou dizyèm mwa a te Maharaï, Netofayit la nan fanmi Zerachit yo; epi li te gen yon divizyon a venn-kat-mil òm. ¹⁴ Onzyèm nan pou onzyèm mwa a te Benaja, Piratit la, sòti nan fis Éphraïm nan; epi li te gen yon divizyon a venn-kat-mil òm. ¹⁵ Douzyèm nan, pou douzyèm mwa a te Heldaï, Netofit la, sòti nan fanmi Othniel la; epi li te gen yon divizyon a venn-kat-mil òm.

¹⁶ Men chèf a tribi Israël yo. Chèf a Ribenit yo; Éliézer, fis a Icri a; pou Simeonit yo: Schephathia, fis a Maaca a; ¹⁷ pou Levit yo: Haschabia, fis a Kemuel la; nan fanmi Aaron an: Tsadok; ¹⁸ pou Juda: Élihu, frè a David la; pou Issacar: Omri, fis a Micaël la; ¹⁹ pou Zabulon: Jischemaeja, fis a Abdias la; pou Nephthali: Jerimoth, fis a Azriel la; ²⁰ pou fis Éphraïm yo: Hosée, fis a Azazia a; pou mwatye tribi a Manassé a: Joël, fis a Pedaja a; ²¹ pou mwatye tribi Manassé nan Galaad: Jiddo, fis a Zacharie a, pou Benjamin: Jaasiel, fis a Abner a; ²² pou Dan: Azareel, fis a Jerocham nan. ᵃSila yo se te chèf a tribi Israël yo. ²³ Men David pa t kontwole sila nan laj ventan oswa mwens yo, ᵇakoz SENYÈ a te di Li ta miltipliye Israël kon zetwal syèl yo. ²⁴ Joab, fis a Tseruja a, te kòmanse fè gwo kontwòl la, men li pa t fini; epi akoz ᶜgwo kòlè sa a ki te vin rive sou Israël e fòs kantite a pa t ladann nan chif kontwòl a Wa David la.

²⁵ Alò, Azmaveth, fis a Adiel la te an chaj depo trezò a wa a. Epi Jonathan, fis a Uzias la, te gen chaj a depo andeyò yo, nan vil yo, nan ti bouk yo ak nan wo fò anlè yo. ²⁶ Ezri, fis a Kelub la te responsab tout ouvriye agrikòl ki te travay tè yo. ²⁷ Schimeï, Ramatit la te gen chaj sou chan rezen yo; epi Zabdi, Shefamit lan, te an chaj tout pwodwi a chan rezen ki te depoze nan depo diven anba tè yo. ²⁸ Baal-Hanan Gedetit la, te an chaj chan bwa oliv ak bwa ᵈsikomò nan gran plèn nan e Joasch te an chaj depo lwil yo.

²⁹ Schithraï, Sawonit lan te an chaj bèt ki t ap manje nan ᵉSaron yo; epi Schaphath, fis a Adlaï a, sou bèf ki te nan vale yo. ³⁰ Obil, Izmayelit la, te an chaj chamo yo; epi Jechdia, Mewonotit la, te an chaj bourik yo. ³¹ Jaziz, Agarenyen an, te an chaj bann mouton yo. Tout sila yo te sipèvizè nan tèren ki te apatyen a Wa David la.

³² Anplis, Jonathan, tonton David la, te yon konseye, yon nonm ak bon konprann e yon skrib; epi Jehiel, fis a Hacmoni an, te pwofesè a fis Wa yo. ³³ ᶠAchitophel te yon konseye a wa a e Huschaï, Akyen an, te zanmi a wa a. ³⁴ Jehojada, fis a Benaja a avèk ᵍAbiathar te ran plase Achitophel; epi Joab te ʰkòmandan lame wa a.

28 Alò, David te rasanble nan Jérusalem tout ofisye Israël yo, chèf a tribi yo, kòmandan a divizyon ki te sèvi wa yo, kòmandan a dè milye yo avèk kòmandan a dè santèn yo, sipèvizè a tout teren avèk bèt ki te apatyen a wa a, avèk fis li yo, avèk ofisye yo ak ⁱmesye pwisan yo, menm tout mesye gwo kouraj yo. ² Epi Wa David te leve sou pye li e te di: "Koute mwen, frè m yo ak pèp mwen an! Mwen ʲte gen entansyon bati yon kay repo pou lach akò SENYÈ a e pou machpye Bondye nou an. Pou sa, mwen te fè preparasyon yo pou bati li. ³ Men Bondye te di mwen: ᵏ'Ou p ap bati yon kay pou non Mwen, akoz ou se yon nonm lagè, e ou te vèse san.' ⁴ Sepandan, SENYÈ a, Bondye Israël la, te ˡchwazi mwen soti nan tout lakay papa m pou vin wa sou Israël ᵐ jis pou tout tan. ⁵ Pami tout fis mwen yo, (paske SENYÈ a te ban mwen anpil fis), ⁿLi te chwazi fis mwen an, Salomon pou chita sou twòn wayòm SENYÈ a sou Israël. ⁶ Li te di mwen: 'Fis ou a, ᵒSalomon, se li menm ki va bati kay Mwen an, ak tout lakou li yo; paske Mwen te chwazi Li pou devni yon fis pou Mwen e Mwen va yon papa pou li. ⁷ Mwen va etabli wayòm li jis pou tout tan ᵖsi avèk tout kè li, li fè kòmandman Mwen yo avèk règleman Mwen yo, jan sa ap fèt koulye a.'"

⁸ "Pou sa, koulye a, devan zye a tout Israël, asanble SENYÈ a e nan tande a Bondye nou an, swiv e pran a kè tout kòmandman a SENYÈ yo, Bondye nou an, pou nou kapab posede bon peyi a e bay li a fis apre nou yo, jis pou tout tan.

⁹ "Epi pou ou menm, fis mwen an, Salomon, fè konesans a Bondye papa ou a e ᵠsèvi li avèk tout kè ou e avèk bòn volonte; paske SENYÈ a chache nan tout kè yo e byen konprann entansyon a tout panse yo. Si ou chache Li, Li va kite ou jwenn Li; men si ou abandone Li, Li va rejte ou jis pou tout tan. ¹⁰ Koulye a, reflechi byen, paske SENYÈ a te fin chwazi ou menm pou bati yon kay pou sanktiyè a. ʳPran kouraj e aji."

¹¹ Epi David te bay a fis li Salomon, ˢplan pou fè galri tanp lan, tout chanm li yo, avèk chanm trezò li yo, chanm anlè li yo, chanm enteryè li yo, ak

---

ᵃ 27:22 I Kwo 28:1   ᵇ 27:23 I Kwo 21:2-5   ᶜ 27:24 II Sam 24:12-15   ᵈ 27:28 I Wa 10:27   ᵉ 27:29 I Kwo 5:16
ᶠ 27:33 II Sam 15:12   ᵍ 27:34 I Kwo 1:7   ʰ 27:34 I Kwo 11:6   ⁱ 28:1 I Kwo 11:10-47   ʲ 28:2 I Kwo 17:1-2
ᵏ 28:3 I Kwo 22:8   ˡ 28:4 I Sam 16:6-13   ᵐ 28:4 I Kwo 17:23-27   ⁿ 28:5 I Kwo 22:9-10   ᵒ 28:6 II Sam 7:13-14
ᵖ 28:7 I Kwo 22:13   ᵠ 28:9 I Wa 8:61   ʳ 28:10 I Kwo 22:13   ˢ 28:11 Ezr 25:40

chanm pou twòn pwopiyatwa a; ¹²epi plan a tout sa ke li te gen nan tèt li, pou lakou lakay SENYÈ a e pou tout chanm ki te antoure l yo, pou ᵃchanm trezò lakay Bondye yo, e pou chanm trezò pou tout bagay konsakre yo; ¹³anplis, pou ᵇdivizyon a prèt yo avèk Levit yo pou tout travay sèvis lakay SENYÈ a e pou tout zouti sèvis lakay SENYÈ yo; ¹⁴pou zouti an lò yo, lò pou tout zouti pou tout kalite sèvis yo, pou zouti an ajan yo, ajan pou tout zouti a tout kalite sèvis yo; ¹⁵epi lò pou ᶜbaz chandelye an lò yo avèk lanp pa li yo; epi ajan a baz chandelye an ajan yo, avèk pwa a chak baz avèk lanp pa li yo selon sèvis a chak chandelye; ¹⁶epi pwa a lò a pou tab pen konsakre pou chak tab la; epi ajan pou tab an ajan yo; ¹⁷epi fouchèt yo, basen yo ak krich an lò pi yo; epi pou bòl an lò yo avèk pwa pou chak bòl; epi pou bòl an ajan avèk pwa a chak bòl; ¹⁸epi pou ᵈlotèl lansan an lò rafine pa pwa; epi lò pou modèl a cha a, menm cheriben ki te ouvri zèl yo pou te kouvri lach akò SENYÈ a. ¹⁹David te di: "SENYÈ a te fè M konprann avèk men L ki te ekri pou mwen, ᵉtout detay a modèl sila a."

²⁰Konsa, David te di a fis li, Salomon: ᶠ"Kenbe fèm, pran kouraj e aji pran desizyon. Pa pè, ni dekouraje, paske SENYÈ a, Bondye a, avèk ou. Li p ap fè fayit, ni Li p ap abandone ou jiskaske ke tout lèv pou lakay SENYÈ a fini. ²¹Alò, gade byen, men divizyon a prèt yo avèk Levit yo ᵍpou tout sèvis lakay Bondye yo e tout mesye avèk kapasite yo va avèk ou nan travay la pou tout kalite sèvis yo. Anplis, ofisye yo avèk tout pèp la va disponib nèt sou lòd pa ou."

29 Epi Wa David te di a tout asanble a: "Fis mwen an, Salomon, ki sèl pou kont li Bondye te chwazi a, ʰtoujou jèn, san gwo eksperyans e travay la byen gwo. Paske tanp lan pa pou lòm, men pou SENYÈ a, Bondye a. ²Alò, avèk ⁱtout kapasite mwen, mwen te fè pwovizyon pou lakay Bondye mwen a; lò, pou bagay fèt an lò yo, ajan pou bagay fèt an ajan yo, bwonz pou bagay fèt an bwonz yo, fè pou bagay fèt an fè yo, bwa pou bagay fèt an bwa yo, pyè oniks pou bagay fèt an pyè oniks yo, pyè byen prezante, pyè briyan avèk anpil koulè ak tout kalite pyè presye avèk mab blan an gran kantite. ³Anplis, nan gran lajwa mwen pou lakay Bondye mwen an, trezò pèsonèl ke mwen gen an lò avèk ajan, mwen bay li a lakay Bondye mwen an; anplis de sou sa ke m te founi deja pou sen tanp lan, ⁴kon swivan:ʲ twa mil talan lò nan lò Ophir ak sèt mil talan ajan rafine, pou kouvri mi kay yo; ⁵lò pou bagay an lò e ajan pou bagay an ajan, sa vle di, pou tout lèv ki fèt pa mèt ouvriye yo. Pou sa, se kilès k ap konsakre li nan jou sa a SENYÈ a?"

⁶Answit ᵏchèf lakay zansèt yo, chèf a tribi Israël yo e kòmandan a dè milye e a dè santèn yo, avèk ˡsipèvizè sou travay a wa a, te bay ofrann avèk bòn volonte; ⁷epi pou sèvis lakay Bondye a, yo te bay senk-mil talan avèk di-mil ᵐkilo an lò, di mil talan ajan, di-zui-mil talan bwonz ak san-mil-talan an fè. ⁸Nenpòt moun ki te posede pyè presye, yo te bay yo a trezò lakay SENYÈ a, sou jerans a ⁿJehiel, Gèshonit lan. ⁹Epi pèp la te rejwi paske yo te ofri sa tèlman ak bòn volonte, paske yo te fè ofrann a SENYÈ a ᵒavèk tout kè yo, epi Wa David osi te rejwi anpil.

¹⁰Konsa, David te beni SENYÈ a devan zye a tout asanble a. David te di: "Beni se Ou menm, O SENYÈ a, Bondye Israël la, papa nou, jis pou tout tan e tout tan. ¹¹ᵖA Ou menm, O SENYÈ a, grandè, avèk pouvwa, avèk glwa, ak viktwa, ak majeste! Paske anverite, tout sa ki nan syèl la ak sou tè a se a Ou menm. Tout règn se pa W, O SENYÈ, e Ou egzalte kon tèt sou tout . ¹²ᵠNi richès, ni onè se nan Ou yo sòti, e Ou regne sou tout. ʳNan men Ou se pouvwa ak pwisans. Se nan men W pou fè moun pwisan, e pou bay tout moun fòs. ¹³Koulye a, pou sa, Bondye nou an, nou remèsye Ou, e bay glwa a non Ou ki plen ak glwa a. ¹⁴Men se kilès mwen ye, e kilès pèp mwen an ye, pou nou ta kapab ofri ak jenewozite sa a? Paske tout bagay sòti nan Ou, e nou te bay Ou sa ki deja pa W. ¹⁵Paske ˢnou se vwayajè devan Ou, lokatè, tankou tout zansèt nou yo te ye. Jou nou sou latè a se tankou lonbraj e nanpwen espwa. ¹⁶O SENYÈ a, Bondye pa nou an, tout abondans sa ke nou te founi pou bati yon kay pou non sen pa Ou, soti nan men Ou, e tout se pou Ou. ¹⁷Mwen konnen tou, O Bondye mwen an, ke ᵗOu fè sonde tout kè, e ᵘpran plezi nan ladwati. Pou mwen menm, ak yon kè entèg, mwen te ofri avèk bòn volonte tout sila yo. Epi koulye a, avèk jwa, mwen gen tan wè pèp Ou a, ki prezan isit la, pou fè sakrifis ak bòn volonte a Ou menm. ¹⁸O SENYÈ, Bondye a Abraham nan, Issac avèk Israël, papa zansèt pa nou yo, sere sa jis pou tout tan nan entansyon kè a pèp Ou a, e dirije kè yo vè Ou menm. ¹⁹Anplis, ᵛbay a fis mwen an, Salomon, yon kè entèg pou kenbe tout kòmandman Ou yo, temwayaj Ou yo ak règleman Ou yo, pou fè tout sa, pou bati tanp lan, pou sila mwen te fè pwovizyon an."

²⁰Konsa, David te di a tout asanble a: "Koulye a, beni SENYÈ a, Bondye nou an." Epi ʷtout asanble a te beni SENYÈ a, Bondye a zansèt pa yo a, e te ˣbese ba devan SENYÈ a e ak wa a. ²¹ʸYo te fè sakrifis a SENYÈ a, e nan pwochèn jou a te ofri ofrann brile a SENYÈ a; mil towo, mil belye ak mil jenn mouton avèk ofrann bwason pa yo ak sakrifis an gran kantite pou tout Israël. ²²Yo te manje ak bwè nan jou sa a devan SENYÈ a avèk

---

ᵃ **28:12** I Kwo 26:20-28   ᵇ **28:13** I Kwo 24:1   ᶜ **28:15** Egz 25:31-39   ᵈ **28:18** Egz 30:1-10   ᵉ **28:19** I Kwo 28:11-12
ᶠ **28:20** I Kwo 22:13   ᵍ **28:21** Egz 35:25-35   ʰ **29:1** I Kwo 22:5   ⁱ **29:2** I Kwo 22:3-5   ʲ **29:4** I Kwo 22:14
ᵏ **29:6** Kwo 27:1   ˡ **29:6** I Kwo 27:25-31   ᵐ **29:7** Esd 2:69   ⁿ **29:8** I Kwo 23:8   ᵒ **29:9** I Wa 8:61
ᵖ **29:11** Mat 6:13   ᵠ **29:12** II Kwo 1:12   ʳ **29:12** II Kwo 20:6   ˢ **29:15** Lev 25:23   ᵗ **29:17** I Kwo 28:9
ᵘ **29:17** Sòm 15:2   ᵛ **29:19** I Kwo 28:9   ʷ **29:20** Jos 22:33   ˣ **29:20** Egz 4:31   ʸ **29:21** I Wa 8:62-63

kè kontan. Konsa, yo te fè ªSalomon, fis a David la, wa pou yon dezyèm fwa, e yo te onksyone li devan SENYÈ a pou l ta prens, ak Tsadok kon prèt la.

²³ Apre, ᵇSalomon te chita sou twòn SENYÈ a kon wa olye David, papa li. Li te byen reyisi, e tout Israël te obeyi a li menm. ²⁴ Tout ofisye yo, mesye pwisan yo e anplis, tout fis a Wa David yo, te sèmante fidelite a Wa Salomon. ²⁵ SENYÈ a te egzalte Salomon byen wo nan zye a tout Israël, e te ᶜbay li yon majeste wayal ki pa t sou okenn wa avan li an Israël.

²⁶ Alò ᵈDavid, fis a Jesse a te renye sou tout Israël. ²⁷ ᵉFòs tan ke li te renye sou Israël la se te karantan; li te renye Hébron pandan setan e Jérusalem pandan trann-twazan. ²⁸ Epi li te mouri a ᶠyon gwo laj, trè avanse plen avèk jou, richès, avèk onè. Epi fis li a, Salomon te renye nan plas li. ²⁹ Alò, zèv a Wa David yo, premye a jis rive nan dènye a, yo ekri nan Kwonik a Samuel yo, konseye a, nan Kwonik a ᵍNathan yo, pwofèt la ak nan Kwonik a ʰGad yo, vwayan a, ³⁰ avèk tout règn li, pouvwa li ak sikonstans ki te rive sou li yo, sou Israël ak sou tout wayòm a peyi yo.

ª **29:22** I Kwo 23:1   ᵇ **29:23** I Wa 2:12   ᶜ **29:25** I Wa 3:13   ᵈ **29:26** I Kwo 18:14   ᵉ **29:27** II Sam 5:4-5
ᶠ **29:28** Jen 15:15   ᵍ **29:29** II Sam 7:2-4   ʰ **29:29** I Sam 22:5

II Kwonik Yo

1 Alò [a]Salomon, fis a David la te etabli li menm byen solid sou wayòm li an. SENYÈ a, Bondye li a, te avèk li e Li te egzalte li anpil.

[2] Salomon te pale a tout Israël, [b]a kòmandan a dè milye yo e dè santèn yo, a jij yo e tout moun nan sila ki t ap diri je nan tout Israël yo, chèf lakay zansèt pa yo. [3] Konsa, Salomon avèk tout asanble a avèk li menm te monte nan [c]wo plas ki te Gabaon an; paske [d]tant asanble a Bondye ke Moïse, sèvitè SENYÈ a, te fè nan dezè a, te la. [4] Sepandan, David te gen tan mennen fè monte [e]lach Bondye a soti Kirjath-Jearim nan plas li te prepare pou li. Paske li te fè monte yon tant pou li Jérusalem. [5] Alò, [f]lotèl an bwonz ke Betsaleel, fis a Uri a, te fè a te la devan tabènak SENYÈ a, e Salomon avèk asanble a te chache jwenn li. [6] Salomon te monte la devan SENYÈ a kote lotèl an bwonz nan tant asanble a, e li te [g]ofri yon mil ofrann brile sou li.

[7] [h]Nan lannwit, Bondye te parèt a Salomon. Li te di l: "Mande M sa pou M ta ba ou."

[8] Salomon te reponn a Bondye: "Ou te aji avèk papa m David avèk anpil lanmou dous, e Ou [i]te fè m wa nan plas li. [9] Koulye a, O SENYÈ Bondye, [j]Sa Ou te pwomèt a papa m nan, David, akonpli. Paske Ou te fè m wa sou yon pèp ki gran an kantite tankou pousyè latè. [10] [k]Koulye a, ban mwen sajès avèk konesans, pou m kab antre sòti devan pèp sa a, paske se kilès ki kab gouvène gran pèp Ou sa a?"

[11] [l]Bondye te di a Salomon: "Akoz ou te gen sa nan tèt ou e ou pa t mande richès, ni byen, ni lonè, ni lavi a sila ki rayi ou yo, ni ou pa t menm mande pou yon vi long, men ou te mande pou kont ou sajès pou ou ta kab gouvène pèp Mwen an, sou sila Mwen te fè ou wa a, [12] sajès avèk konesans gen tan bay a ou menm. Epi [m]Mwen va ba ou richès avèk byen, avèk lonè, tankou okenn nan wa avan ou yo pa t janmen genyen, ni sila ki va swiv ou yo."

[13] [n]Konsa, Salomon te sòti nan kote wo ki te Gabaon an, li te soti nan tant asanble a, pou rive Jérusalem; e li te renye sou tout Israël.

[14] [o]Salomon te vin gen cha avèk chevalye. Li te gen mil-kat-san cha avèk douz-mil chevalye e li te estasyone yo nan vil cha yo epi ak wa a nan Jérusalem. [15] [p]Wa a te fè [q]ajan avèk lò vin an kantite Jérusalem, menm jan avèk wòch, e li te fè bwa sèd vin anpil tankou bwa sikomò nan ba plèn nan. [16] [r]Cheval Salomon yo te enpòte soti an Égypte ak Kue. Komèsan a wa yo te achte yo nan Kue. [17] Yo te enpòte cha yo soti an Égypte pou sis-san sik ajan chak, cheval yo pou san-senkant chak, e pa menm mwayen an, yo te fè distribisyon a tout wa Etyen yo avèk wa Siryen yo.

2 [s]Alò, Salomon te deside bati yon kay pou non SENYÈ a ak yon palè wayal pou pwòp tèt li. [2] Pou sa, [t]Salomon te chwazi swasann-di-mil mesye pou pote chaj, katreven-mil mesye pou taye wòch nan mòn yo, e twa-mil-sis-san pou sipèvize.

[3] [u] Salomon te voye kote Huram, wa Tyr la. Li te di: [v]"Jan ou te aji avèk David la, papa m nan, Ou te voye ba li bwa sèd pou bati yon kay pou li ta rete ladann. Konsa, fè sa pou mwen. [4] Gade byen, mwen prè pou bati yon kay pou non SENYÈ a, Bondye a, pou l dedye a Li menm, pou brile lansan santi bon devan L, pou plase pen konsakre tout tan e pou ofri [w]ofrann brile ni nan maten, ni nan aswè, [x]nan Saba avèk nouvèl lin ak nan fèt etabli a SENYÈ a, Bondye nou an, sila kòm egzije jis pou tout tan an Israël yo.

[5] "Kay ke m prè pou bati a va tèlman gran; paske [y]pi gran se Bondye pa nou an, ke tout lòt dye yo. [6] Men se [z]kilès ki kab bati yon kay pou Li, paske syèl yo avèk pi wo syèl yo pa kab kenbe Li? Pou sa, se kilès mwen ye, pou mwen ta dwe bati yon kay pou Li, sof ke pou brile lansan devan L.

[7] "Alò, voye ban mwen yon nonm abil pou travay an lò, ajan, bwonz, fè ak an twal mov, kramwazi, avèk vyolèt e yon nonm ki konn grave, pou travay avèk mesye kapab [a]ke m genyen Juda avèk Jérusalem, ke papa m, David te chwazi yo.

[8] "Anplis, [b]voye ban mwen bwa sèd, bwa sipre, avèk bwa sandal; twòn yo k ap sòti nan Liban, paske mwen konnen ke sèvitè ou yo konnen jan pou yo koupe bwa Liban yo. Èpi anverite, sèvitè mwen yo va travay avèk sèvitè pa w yo, [9] pou prepare bwa konstriksyon pou mwen an gran kantite. Pwiske kay ke mwen prè pou bati a va yon gran mèvèy. [10] Alò, gade byen, [c]mwen va bay a sèvitè ou yo, mesye forè ki koupe bwa konstriksyon yo, ven-mil barik ble kraze ven-mil barik lòj, ven-mil galon diven avèk ven-mil galon lwil."

[11] Huram, wa Tyr la, te reponn nan yon lèt voye bay Salomon: [d]"Akoz SENYÈ a renmen pèp Li a, Li te fè ou wa sou yo." [12] Konsa, Huram te kontinye: "Beni se [e]SENYÈ a, Bondye Israël la, ki te fè syèl la avèk tè a, ki te bay Wa David yon fis ki saj, plen avèk pridans, avèk bon konprann, ki va bati yon kay pou SENYÈ a, avèk yon palè wayal pou li menm.

[13] "Alò, mwen ap voye Huramabi, yon nonm abil avèk anpil bon konprann, [14] [f]fis a yon fanm a Dan avèk yon papa a Tyriens, ki konnen jan pou travay an lò, ajan, bwonz, fè, wòch ak bwa; anplis, avèk twal mov, vyolèt, materyo wouj, pou fè tout kalite

---

[a] **1:1** I Wa 2:12-46 [b] **1:2** I Kwo 28:1 [c] **1:3** I Wa 3:4 [d] **1:3** Egz 36:8 [e] **1:4** I Kwo 15:25-28 [f] **1:5** Egz 31:9 [g] **1:6** I Wa 3:4 [h] **1:7** I Wa 3:5-14 [i] **1:8** I Kwo 28:5 [j] **1:9** II Sam 7:12-16 [k] **1:10** I Wa 3:9 [l] **1:11** I Wa 3:11 [m] **1:12** I Kwo 29:25 [n] **1:13** II Kwo 1:3 [o] **1:14** I Wa 10:26-29 [p] **1:15** I Wa 10:27 [q] **1:15** Det 17:17 [r] **1:16** Det 17:16 [s] **2:1** I Wa 5:5 [t] **2:2** I Kwo 5:15-16 [u] **2:3** I Wa 5:2-11 [v] **2:3** I Kwo 14:1 [w] **2:4** Egz 29:38-42 [x] **2:4** Nonb 28:9-10 [y] **2:5** Egz 15:11 [z] **2:6** I Wa 8:27 [a] **2:7** I Kwo 22:15 [b] **2:8** I Wa 5:6 [c] **2:10** I Wa 5:11 [d] **2:11** I Wa 10:9 [e] **2:12** Sòm 33:6 [f] **2:14** I Wa 7:14

bagay grave yo, pou swiv nenpòt plan ke li resevwa, pou travay avèk mesye a kapasite pa w yo, avèk sila a mèt mwen, ak papa ou, David.

15 "Alò, pou sa, kite mèt mwen an voye kote sèvitè li yo ble avèk lòj, lwil ak diven [a]sou sa li te pale yo. 16 [b]Nou va koupe nenpòt bwa konstriksyon ke ou bezwen soti nan Liban pou pote ba ou ranje mare ansanm sou lanmè pou rive Japho, pou ou kab pote l monte Jérusalem."

17 Salomon te fè kontwòl a tout etranje ki te nan peyi Israël yo, pou swiv gran kontwòl ke papa li, David te fè a; epi yo te jwenn san-senkant-twa-mil-sis-san moun. 18 [c]Li te chwazi swasann-di-mil nan yo pou pote chaj yo, katreven mil nan yo pou taye wòch nan mòn yo e twa-mil-sis-san sipèvizè pou fè moun yo travay.

3 [d]Alò, Salomon te kòmanse bati lakay SENYÈ a Jérusalem sou Mòn Moriah, kote SENYÈ a te parèt a papa li a, David, nan plas ke David te prepare [e]sou glasi vannen ki te pou Ornan, Jebizyen an. 2 Li te kòmanse bati nan dezyèm jou, nan dezyèm mwa nan katriyèm ane règn pa li a. 3 Alò, sila yo se fondasyon ke [f]Salomon te poze pou konstriksyon kay Bondye a. Longè a an koude, selon mezi ansyen an te swasant koude e lajè a te ven koude. 4 Galri ki te devan kay la te [g]menm longè avèk lajè kay la, ven koude e wotè a san-ven. Pa anndan li te kouvri kay la avèk yon kouch lò pi. 5 Li te kouvri [h]gran chanm nan avèk bwa sipre. Li te kouvri li avèk lò fen e te dekore li avèk pye palmis avèk chenn. 6 Anplis, li te dekore kay la avèk pyè presye. Lò a te lò sòti Parvaïm. 7 Anplis, [i]li te kouvri kay la avèk yon kouch lò—travès yo, chanbrann yo, mi li yo, avèk pòtay li yo, epi li te [j]grave cheriben yo sou mi yo.

8 Alò, li te fè [k]chanm ki pi sen pase tout lòt yo. Longè li ki te travèse lajè kay la, te ven koude, e lajè li te ven koude. Li te kouvri li avèk lò fen, ki te rive jis nan sis-san talan lò. 9 Pwa a klou yo te senkant sik an lò. Anplis, li te kouvri [l]chanm anlè yo avèk lò.

10 Li te fè de cheriben skilpte nan chanm ki sen pase tout lòt yo a e li te kouvri yo avèk lò. 11 Distans zèl ouvri pou de cheriben yo te ven koude. Zèl a youn te fè senk koude pou touche mi kay la e lòt zèl la senk koude te touche pwent zèl a lòt cheriben an. 12 Zèl a lòt cheriben an, a senk koude, te touche mi kay la, epi lòt zèl senk koude a te tache a zèl premye cheriben an. 13 Zèl a cheriben sila yo te lonje pou ven koude, e yo te kanpe sou pye yo avèk fas yo vè gran chanm nan. 14 Li te fè vwal la avèk len vyolèt, mov, wouj, e li te fè desen cheriben yo sou li.

15 Anplis, li te fè [m]de pilye pou devan kay la, trann-senk koude nan wotè e tèt anlè a sou chak te senk koude. 16 Li te fè chenn nan sanktyè enterye a. Li te plase yo sou tèt pilye yo. Li te fè san grenad e te mete yo sou chenn yo. 17 [n]Li te leve pilye yo pa devan tanp lan, youn adwat e lòt la agoch, epi li te rele sila adwat la Jakin e sila agoch la Boaz.

4 Apre, [o]li te fè yon lotèl an bwonz, ven koude nan longè, ven koude nan lajè ak dis koude nan wotè. 2 [p]Anplis, li te fè yon lanmè an fè fòje, dis koude de lajè, tou won, wotè li te senk koude e sikonferans lan te trant koude. 3 Yon estati sanblab a bèf yo te anba li, e te antoure li, dis koude, ki te antoure lanmè a nèt. Bèf yo te an de ranje, e yo te fòje yo tankou yon sèl pyès. 4 Lanmè a te kanpe sou douz bèf, twa avèk fas yo vè nò, twa avèk fas yo vè lwès, twa avèk fas yo vè sid e twa avèk fas yo vè lès. Epi lanmè li te poze sou yo, e dèyè a tout bèt te pozisyone pa anndan. 5 Li te gen episè a yon men ouvri, epi rebò li te fèt tankou sila a yon tas, tankou yon flè lis k ap ouvri. Li te resevwa e te kenbe volim a twa-mil bat. 6 Anplis, [q]li te fè dis basen kote pou lave e li te pozisyone senk sou kote dwat la e senk sou kote goch la pou lave bagay pou ofrann brile yo. Men lanmè a te pou prèt yo ta kab lave ladann.

7 Li te fè [r]dis chandelye an lò selon òdonans ki te etabli yo e li te plase yo nan tanp lan, senk sou bò dwat la e senk sou bò goch la. 8 Anplis, li te fè [s]dis tab e te plase yo nan tanp lan, senk sou kote dwat la e senk sou kote goch la. Epi li te fè san bòl an lò. 9 Li te fè [t]lakou prèt yo avèk [u]gran lakou a avèk pòt pou lakou a, e li te kouvri pòt yo avèk bwonz. 10 [v]Li te pozisyone lanmè a sou kote dwat kay la vè sidès.

11 Anplis, [w]Huram te fè bokit sann yo, pèl ak bòl yo.

Konsa, Huram te fin fè travay ke li te fè pou Salomon lakay Bondye a: 12 de pilye yo, bòl yo, de gran tèt pilye sou pilye yo ak de sistèm griyaj treyi yo pou kouvri de bòl a tèt pilye ki te chita sou pilye yo, 13 epi [x]kat-san grenad pou de sistèm griyaj yo, de ranje grenad pou chak sistèm griyaj pou kouvri de tèt pilye ki te sou pilye yo. 14 [y]Anplis, li te fè baz ak basen sou baz yo, 15 ak yon sèl lanmè avèk douz bèf yo anba li. 16 Bokit yo, pèl yo, fouchèt yo ak tout zouti li yo, [z]Huram te fè a avèk bwonz poli pou wa Salomon pou kay SENYÈ a. 17 Nan plèn Jourdain an, Wa a te fonn yo nan tè ajil ki te antre Succoth avèk Tseréda a. 18 [a]Konsa, Salomon te fè tout zouti sila yo an gran kantite, jis pwa a bwonz lan pa t kab detèmine.

19 Anplis, Salomon te fè tout bagay ki te nan kay Bondye a: lotèl lò a, [b]tab yo avèk pen prezans lan sou yo, 20 chandelye yo avèk lanp pa yo an lò pi, pou briye devan sanktyè enteryè a jan sa te òdone a; 21 flè yo, lanp yo ak pens dife yo an lò byen rafine nèt; 22 epi etennwa yo, bòl yo, kiyè yo, ak plato sann an lò rafine yo, epi antre kay la, pòt enterye li yo pou

---

[a] 2:15 II Kwo 2:10   [b] 2:16 I Wa 5:8-9   [c] 2:18 II Kwo 2:2   [d] 3:1 I Wa 6:1   [e] 3:1 I Kwo 21:8   [f] 3:3 I Wa 6:2
[g] 3:4 I Wa 6:3   [h] 3:5 I Wa 6:17   [i] 3:7 I Wa 6:20-22   [j] 3:7 I Wa 6:29-35   [k] 3:8 Egz 26:33   [l] 3:9 I Kwo 28:11
[m] 3:15 I Wa 7:15-20   [n] 3:17 I Wa 7:21   [o] 4:1 Egz 27:1-2   [p] 4:2 I Wa 7:23-26   [q] 4:6 Egz 30:17-21
[r] 4:7 Egz 25:31-40   [s] 4:8 I Wa 7:48   [t] 4:9 I Wa 6:36   [u] 4:9 II Wa 21:5   [v] 4:10 I Wa 7:39   [w] 4:11 I Wa 7:40-51   [x] 4:13 I Wa 7:20   [y] 4:14 I Wa 7:27-43   [z] 4:16 I Wa 7:14   [a] 4:18 I Wa 7:47   [b] 4:19 I Kwo 4:8

kote ki pi sen pase tout lòt yo a, ak pòt kay yo, sa vle di, kote gwo sanktyè a te ye a, tout te an lò.

5 [a]Konsa, tout travay ke Salomon te acheve pou kay SENYÈ a te fini. Epi Salomon te mennen fè antre tout bagay ke David, papa li, te dedye yo, menm ajan avèk lò a, tout zouti yo e li te mete yo nan trezò lakay Bondye a.

[2] [b]Apre, Salomon te rasanble nan Jérusalem ansyen Israël yo, ak tout chèf a tribi yo, chèf lakay papa zansèt a fis Israël yo, pou mennen fè monte lach SENYÈ a sòti andeyò vil David la, ki se Sion. [3] [c]Tout mesye Israël yo te rasanble yo kote wa a nan fèt ki te nan setyèm mwa a. [4] Konsa, tout ansyen Israël yo te vini. [d]Levit yo te leve pran lach la. [5] Yo te mennen lach la fè l monte avèk tant asanble a ak tout zouti sen ki te nan tant yo. Prèt Levit yo te mennen fè yo monte. [6] Epi Wa Salomon avèk tout asanble Israël ki te rasanble avèk li devan lach yo, t ap fè sakrifis a yon tèlman gran kantite mouton avèk bèf ke yo pa t kab kontwole ni konte. [7] Answit, prèt yo te mennen lach akò a SENYÈ a antre nan plas li, anndan sanktyè enteryè kay la, nan kote ki sen pase tout lòt yo anba zèl a cheriben yo. [8] Paske cheriben yo te lonje zèl yo sou plas lach la, jiskaske cheriben yo te fè yon kouvèti sou lach la avèk poto li yo. [9] Poto yo te tèlman long ke [e]pwent poto a lach yo te vizib devan sanktyè enteryè a, men yo pa t kab wè pa deyò. Epi yo toujou la jis rive jodi a. [10] Pa t gen anyen nan lach la sof ke [f]de tablo ke Moïse te mete ladann nan Horeb yo, kote SENYÈ a te fè yon akò avèk fis Israël yo lè yo te sòti an Égypte la.

[11] Lè prèt yo te vin sòti nan kote pi sen pase tout lòt kote yo, (paske tout prèt ki te prezan yo te deja sanktifye yo menm san kontwole [g]divizyon sèvis pa yo), [12] epi tout chantè Levit yo, [h]Asaph, Héman, Jeduthun, fis pa yo avèk fanmi pa yo, te abiye an twal len fen, avèk senbal, ap, gita, yo te kanpe nan kote lès a otèl la e avèk yo, san-ven prèt ki t ap [i]soufle twonpèt yo, [13] ansanm lè mesye twonpèt yo avèk chantè yo te gen pou fè son yo tande ansanm tankou yon sèl vwa pou lwanj avèk glwa SENYÈ a, lè yo te leve vwa yo akonpanye pa [j]twonpèt avèk senbal ak enstriman mizik yo, lè yo te louwe SENYÈ a e te di:

"Paske Li bon,
lanmou dous Li a dire pou tout tan!"

Konsa, lakay SENYÈ a te ranpli avèk yon nwaj, [14] jiskaske prèt yo pa t kab kanpe pou fè sèvis akoz nwaj la. Paske [k]glwa SENYÈ a te ranpli kay Bondye a.

6 [l]Epi Salomon te di:
"SENYÈ a te di ke Li ta
abite nan nwaj fonse a.
[2] Mwen te bati yon kay byen wo
ak yon plas pou abitasyon pa W
Jis pou tout tan."

[3] Konsa, wa a te vire fas li pou te beni tout asanble Israël la pandan tout asanble a te kanpe. [4] Li te di: "Beni se SENYÈ a, Bondye Israël la, ki te pale avèk bouch Li a papa m, David, e ki te acheve sa avèk men Li, lè li te di: [5] 'Depi jou ke M te mennen pèp Mwen an sòti nan peyi Égypte la, Mwen pa t chwazi yon vil nan tout tribi Israël yo pou bati yon kay pou non Mwen ta kapab la, ni Mwen pa t chwazi yon moun kòm chèf sou pèp Mwen an, Israël; [6] men [m]Mwen te chwazi Jérusalem pou non Mwen ta kapab la, e Mwen [n]te chwazi David pou li kapab sou pèp Mwen an, Israël.' [7] [o]Alò, li te nan kè a papa m, David, pou bati yon kay pou non SENYÈ a, Bondye Israël la. [8] Men SENYÈ a te di a papa m, David: 'Akoz li te nan kè ou pou bati kay pou non Mwen an, ou te fè byen lè sa te nan kè ou a. [9] Sepandan, ou p ap bati kay la, men fis ou ki va fèt a ou menm, li va bati kay la pou non Mwen.'" [10] "Koulye a, SENYÈ a gen tan fin akonpli pawòl ke Li te pale a. Paske mwen te monte nan plas a papa m David, pou chita sou twòn Israël la, jan SENYÈ a te pale a, e te bati kay la pou non SENYÈ a, Bondye Israël la. [11] La, mwen te mete lach [p]ki gen akò SENYÈ A ladann nan, akò ke Li te fè avèk fis Israël yo."

[12] Konsa, li te kanpe devan lotèl SENYÈ a nan prezans a tout asanble Israël la, e li te lonje men li. [13] Alò, Salomon te fè yon etaj an bwonz, senk koude nan longè, senk koude nan lajè ak twa koude nan wotè e li te plase li nan mitan gran lakou a. Epi li te kanpe sou li, li [q]te mete li a jenou nan prezans a tout asanble Israël la, e li te lonje men li vè syèl la. [14] Li te di: "O SENYÈ, Bondye Israël la, [r]nanpwen dye tankou Ou nan syèl la ni sou tè a, k ap [s]kenbe akò avèk lanmou dous avèk sèvitè Ou yo ki mache devan Ou avèk tout kè yo; [15] [t]ki te kenbe pawòl avèk sèvitè Ou, David, papa m, nan sa ke Ou te pwomèt li a. Anverite, Ou te pale avèk bouch Ou, e Ou te akonpli li avèk men Ou, jan sa ye jodi a.

[16] "Pou sa, O SENYÈ, Bondye Israël la, kenbe avèk sèvitè Ou a, David, sa ke ou te pwomèt li a. Ou te di: [u]'Ou p ap manke yon nonm ki pou chita sou twòn Israël la, si sèlman fis ou yo fè atansyon nan chemen yo, pou mache nan lalwa pa Mwen, jan ou te mache devan M nan.' [17] Alò, pou sa, O SENYÈ, Bondye Israël la, kite pawòl Ou konfime nan sa Ou te pale a sèvitè Ou a, David.

[18] "Men [v]èske Bondye va vrèman rete avèk lòm sou tè a? Gade byen, syèl la avèk pi wo syèl la pa kab kenbe Ou; bokou mwens, pou kay sa a ke m te konstwi a. [19] Malgre sa, prete atansyon a lapriyè a sèvitè Ou a, avèk sa li mande a, O SENYÈ Bondye mwen an, pou koute lè m kriye ak lapriyè ke sèvitè Ou a fè devan Ou; [20] pou zye Ou kapab ouvri vè kay

---

[a] **5:1** I Wa 7:51   [b] **5:2** I Wa 8:1-9   [c] **5:3** I Wa 8:2   [d] **5:4** Jos 3:6   [e] **5:9** I Wa 8:8-9   [f] **5:10** Det 10:2-5
[g] **5:11** I Kwo 24:1-5   [h] **5:12** I Kwo 25:1-4   [i] **5:12** II Kwo 7:6   [j] **5:13** I Kwo 16:42   [k] **5:14** Egz 40:35   [l] **6:1** I Wa 8:12-50   [m] **6:6** II Kwo 12:13   [n] **6:6** I Kwo 28:4   [o] **6:7** I Wa 5:3   [p] **6:11** II Kwo 5:7-10   [q] **6:13** I Wa 8:54
[r] **6:14** Egz 15:11   [s] **6:14** Det 7:9   [t] **6:15** I Kwo 22:9-10   [u] **6:16** I Wa 2:4   [v] **6:18** Sòm 113:5-6

sa a la jounen kon lannwit, vè ᵃplas sou sila Ou te di ke Ou ta mete non Ou la, pou koute lapriyè ke sèvitè Ou a va fè vè plas sa a. ²¹ Koute a siplikasyon a sèvitè Ou yo ak pèp Ou a, Israël, lè yo priye vè plas sa a; koute depi nan abitasyon Ou an, nan syèl la; ᵇe lè Ou koute, padone.

²² "Si yon nonm peche kont vwazen li, pou li obli je sèmante e li vin fè yon sèman devan lotèl Ou nan kay sila a, ²³ alò, tande soti nan syèl la e a ji pou ji je sèvitè Ou yo, avèk ᶜpinisyon pou mechan an k ap fè chemen pa li vin tonbe sou pwòp tèt li, epi pou rann jistis a sila ki dwat yo e ba li selon ladwati li.

²⁴ "Si pèp Ou a ta vin bat devan yon lènmi akoz ᵈpeche ke yo konn fè kont Ou, e yo retounen kote Ou pou konfese non Ou; si yo priye devan Ou e fè siplikasyon devan Ou nan kay sa a, ²⁵ alò, koute soti nan syèl la, e padone peche a pèp Ou a, Israël. Mennen yo retounen nan peyi ke Ou te bay a yo menm avèk zansèt pa yo.

²⁶ "Lè ᵉsyèl yo vin fèmen e nanpwen lapli akoz peche ke yo fè kont Ou, si yo fè lapriyè vè plas sa a e konfese non Ou, pou yo vire kite peche pa yo lè Ou afli je yo; ²⁷ alò, tande nan syèl la e padone peche a sèvitè Ou yo ak pèp Ou a, Israël. Anverite, ᶠenstwi yo selon bon chemen nan sila yo ta dwe mache a, epi voye lapli sou tè ke Ou te bay a pèp Ou a kòm eritaj la.

²⁸ "Si gen ᵍgwo grangou nan peyi a, si se gwo maladi, si gen gwo dega jaden ak bèt, oswa kanni, si gen krikèt oswa bèt volan, si lènmi yo fè syèj a yo menm nan teren vil yo, nenpòt toumant, nenpòt maladi, ²⁹ nenpòt lapriyè oswa siplikasyon ki fèt pa nenpòt moun, oswa pa tout pèp Ou a, Israël, chak moun ki konnen pwòp soufrans li ak pwòp doulè li e ki vin ouvri men li vè kay sila a, ³⁰ nan lè sa a, koute depi nan syèl la, abitasyon pa Ou a, epi padone e bay a chak moun selon pwòp chemen li, kè a sila Ou konnen yo ʰ(paske Ou menm sèl konnen kè a fis a lòm yo), ³¹ pou yo ta kapab gen lakrent Ou, pou mache nan chemen Ou yo pou tout tan ke yo rete nan peyi ke Ou te bay a zansèt nou yo.

³² "Anplis, selon ⁱetranje ki pa sòti nan pèp Ou a, Israël, lè li sòti nan yon peyi lwen, akoz gran non pa Ou, avèk men pwisan Ou ak bwa Ou ki lonje byen ouvri a, lè yo vini fè lapriyè vè kay sila a, ³³ alò, koute depi nan syèl la, depi abitasyon Ou a, e fè selon tout sa ke etranje sila a vin mande Ou, jis pou tout pèp sou latè yo kapab konnen non Ou e gen lakrent ou, jan pèp Israël Ou a konn fè a, pou yo kapab rekonèt ke kay sila ke m te bati a ʲrele pa non Ou.

³⁴ "Lè pèp Ou a sòti pou batay kont lènmi yo, pa nenpòt chemen ke Ou ta voye yo, e yo priye a Ou menm vè vil sila ke Ou te chwazi ak kay ke m te bati pou non Ou a, ³⁵ nan lè sa a, koute lapriyè yo soti nan syèl la avèk siplikasyon yo, e bay soutyen a koz pa yo.

³⁶ "Lè yo fè peche kont Ou ᵏ(paske nanpwen lòm ki pa peche), epi Ou fache avèk yo jis Ou livre yo a yon lènmi, e yo pran yo mete an kaptivite nan yon peyi lwen, oswa pre; ³⁷ si yo vin reflechi nan peyi kote yo te mennen an kaptivite a, repanti, e fè siplikasyon a Ou menm nan peyi kaptivite yo a, e di: 'Nou te peche, nou fè inikite e te a ji avèk mechanste;' ³⁸ si yo retounen a Ou menm avèk tout kè yo, avèk tout nanm yo soti nan peyi kaptivite yo a, kote yo te mennen yo an kaptivite a, e priye vè peyi yo a ke Ou te bay a zansèt yo, ak vil ke Ou te chwazi a, e vè kay ke m te bati pou non Ou a, ³⁹ alò, tande, depi nan syèl la, depi nan abitasyon pa Ou a, lapriyè pa yo, avèk siplikasyon pa yo, e bay soutyen a koz pa yo, epi padone pèp Ou a ki te peche kont Ou.

⁴⁰ "Koulye a, O Bondye mwen, mwen priye, ᵐkite zye Ou louvri e ⁿzòrèy ou vin atantif a lapriyè sa a, ki fèt nan plas sa a.

⁴¹ o"Alò, pou sa, leve, O SENYÈ Bondye, a plas repo pa Ou a, Ou menm avèk lach pwisan Ou a. Kite prèt Ou yo, SENYÈ Bondye, abiye avèk sali, e kite fidèl Ou yo rejwi nan tout sa ki bon.

⁴² "O SENYÈ Bondye, pa vire kite fas a onksyone pa Ou a. ᵖSon je lanmou dous Ou vè sèvitè Ou a, David."

7 ᵠAlò, lè Salomon te fin fè priyè a, ʳdife a te sòti nan syèl la pou te boule ofrann brile a avèk sakrifis yo; e glwa a SENYÈ a te ranpli kay la. ² ˢPrèt yo pa t kab antre lakay SENYÈ a akoz glwa SENYÈ a te ranpli kay la. ³ Tout fis Israël yo, lè yo te wè dife a desann, e glwa SENYÈ a sou kay la, yo te bese ba sou pave a avèk figi yo atè pou yo te adore e te bay lwanj a SENYÈ a. Yo te di:

ᵗ"Konsa Li bon,
   paske lanmou dous Li a dire pou tout tan,"

⁴ ᵘEpi wa a avèk tout pèp la te ofri sakrifis devan SENYÈ a. ⁵ Wa Salomon te ofri yon sakrifis a venn-de-mil bèf ak san-ven-mil mouton. Konsa, wa a avèk tout pèp la te dedye kay Bondye a. ⁶ Prèt yo te kanpe nan pòs pa yo, e ᵛLevit yo tou avèk enstriman mizik a SENYÈ a, ke Wa David te fè pou bay lwanj a SENYÈ a lè David te bay lwanj sèvis yo. E yo te di, "Paske lanmou dous Li a dire pou tout tan". ʷKonsa, prèt yo te soufle twonpèt devan yo, epi tout Israël te kanpe.

⁷ ˣSalomon te konsakre mitan lakou ki te devan kay SENYÈ a pou fè l sen. Paske la, li te ofri ofrann brile ak grès ofrann lapè yo akoz lotèl an bwonz ke

---

ᵃ **6:20** Det 12:11   ᵇ **6:21** És 43:25   ᶜ **6:23** És 3:11   ᵈ **6:24** Sòm 51:4   ᵉ **6:26** I Wa 17:1   ᶠ **6:27** Sòm 94:12
ᵍ **6:28** II Kwo 20:9   ʰ **6:30** I Sam 16:7   ⁱ **6:32** És 56:3-8   ʲ **6:33** II Kwo 7:14   ᵏ **6:36** Job 15:14-16   ˡ **6:38** Jr 29:12-13   ᵐ **6:40** Né 1:6-11   ⁿ **6:40** Sòm 17:1   ᵒ **6:41** Sòm 132:8-9   ᵖ **6:42** Sòm 132:10-12   ᵠ **7:1** I Wa 8:54
ʳ **7:1** Lev 9:23   ˢ **7:2** II Kwo 5:14   ᵗ **7:3** II Kwo 5:13   ᵘ **7:4** I Wa 8:62-63   ᵛ **7:6** I Kwo 15:16-21   ʷ **7:6** II Kwo 5:12   ˣ **7:7** I Wa 8:64-66

Salomon te fè a pa t kab kenbe ofrann brile a, ofrann sereyal la ak grès la.

⁸ Konsa, ᵃSalomon te obsève fèt la nan tan sa a pandan sèt jou e tout Israël avèk li; yon trè gran asanble ki te sòti depi nan antre Hamath jis rive nan ᵇflèv Égypte la.

⁹ Nan uityèm jou a, yo te kenbe yon ᶜasanble solanèl pou obsève dedikasyon lotèl la. Yo te obsève l pou sèt jou, e fèt la pandan sèt jou. ¹⁰ Epi sou venn-twazyèm jou nan setyèm mwa a, li te voye pèp la nan tant yo, ranpli avèk jwa e avèk kè kontan, akoz bonte ke SENYÈ a te montre a David, a Salomon e a pèp Li a, Israël.

¹¹ ᵈSe konsa Salomon te fini kay SENYÈ a avèk palè wa a, e li te acheve nèt tout sa ke li te fè plan pou fè lakay SENYÈ a ak nan kay pa li a.

¹² Konsa, SENYÈ a te parèt a Salomon nan nwit lan. Li te di l: "Mwen te tande lapriyè ou a, e ᵉMwen te chwazi plas sa a pou Mwen menm kòm yon kay sakrifis.

¹³ ᶠ"Si Mwen vin fèmen syèl yo pou pa gen lapli, oswa si Mwen kòmande krikèt yo pou devore latè, oswa si Mwen voye toumant pami pèp Mwen an, ¹⁴ ᵍepi pèp Mwen ki rele pa non Mwen an vin imilye yo, priye, chache fas Mwen e vire kite abitid mechan yo; nan moman sa a, Mwen va tande yo soti nan syèl la. Mwen va padone peche pa yo, e Mwen va geri peyi yo. ¹⁵ ʰKoulye a, zye M va louvri e zòrèy Mwen va vin atantif a lapriyè ki ofri nan plas sa a. ¹⁶ Paske ⁱkoulye a, Mwen gen tan chwazi e konsakre kay sila a pou non Mwen kapab la jis pou tout tan. Zye Mwen ak kè Mwen va la pou tout tan.

¹⁷ "Epi pou ou menm, si ou mache devan M tankou papa ou, David te mache a, fè selon tout sa ke Mwen te kòmande ou yo, e kenbe règleman Mwen yo avèk òdonans Mwen yo, ¹⁸ alò, Mwen va etabli twòn wayal ou a jan Mwen te sèmante a David la, lè M te di: ʲ'Ou p ap manke yon nonm ki pou gouvène an Israël.'

¹⁹ ᵏ"Men si ou vire kite e abandone règleman Mwen yo, avèk kòmandman ke M te mete devan ou yo, pou ale sèvi lòt dye yo e adore yo, ²⁰ alò, Mwen va dechouke ou soti nan peyi ke M te ba ou a, ak kay sa a, ke Mwen te konsakre pou non pa Mwen an, Mwen va jete l andeyò vizaj Mwen, e Mwen va fè li yon pwovèb ak yon rizib pami tout pèp yo. ²¹ Epi pou kay sila a, ki egzalte tèlman wo, tout moun ki pase kote li va etone e va di: ˡ"Poukisa SENYÈ a te fè sa a peyi sila a, e a kay sila a? ²² Epi konsa, yo va reponn:'Akoz ᵐyo te abandone SENYÈ a, Bondye a zansèt pa yo a, ki te mennen yo soti nan peyi Égypte la, pou yo te adopte lòt dye yo, e te adore yo e te sèvi yo. Se pou sa, Li te mennen tout mal sila a sou yo.'"

8 ⁿAlò, li te vin rive nan fen ven ane pandan sila yo Salomon te bati kay SENYÈ a avèk pwòp kay li a, ² ke li te fin bati vil ke Huram te ba li yo, e li te etabli Izrayelit yo ladann.

³ Epi Salomon te ale kote Hamath-Tsoba e te kaptire li. ⁴ Li te bati Thadmor nan dezè a ak tout vil depo ke li te bati nan Hamath yo. ⁵ Anplis, li te bati ᵒWo Beth-Horon an avèk Ba Beth-Horon an, vil fòtifye avèk miray, pòtay ak fè fòje; ⁶ avèk Baalath ak tout vil depo ke Salomon te genyen yo, tout vil pou cha li yo avèk vil pou chevalye yo ak tout sa ki te fè kè Salomon kontan pou bati nan Jérusalem, nan Liban ak nan tout peyi ki te anba règleman li yo.

⁷ ᵖTout moun nan pèp la ki te rete nan Etyen yo, Amoreyen yo, Ferezyen yo, Evyen yo, avèk Jebizyen ki pa t yon pati nan Israël, ⁸ ki te sòti nan desandan pa yo ki te kite nan peyi, ke fis Israël yo pa t detwi yo, ᑫyo menm, Salomon te fè yo leve kòm ouvriye kòve ki fèt jis rive jodi a. ⁹ Men Salomon pa t fè esklav pou travay li pami fis Israël yo. Yo te mesye lagè, chèf kapitèn li avèk kòmandan a cha li yo ak chevalye li yo. ¹⁰ Sila yo te chèf prensipal a Wa Salomon; de san senkant yo ki te dirijan sou pèp la.

¹¹ Salomon te mennen fè monte ʳfi a Farawon an soti Jérusalem pou rive nan kay ke li te bati pou li a, paske li te di: "Madanm mwen p ap rete lakay David, wa Israël la, akoz plas yo kote lach SENYÈ a te ye a sen."

¹² Salomon te ofri ofrann brile bay SENYÈ a, sou ˢlotèl ke li te bati devan galri a. ¹³ Sa te fèt selon règleman a chak jou. Li te ofri yo selon lòd Moïse pou Saba yo, nouvèl lin yo, fèt apwente yo twa fwa pa lan yo—Fèt Pen San Ledven an, Fèt Semèn Yo, ak Fèt Tonèl Yo.

¹⁴ Alò, selon règleman a papa li yo, David, li te chwazi divizyon a prèt yo pou sèvis pa yo, Levit yo pou devwa pa yo, pou fè lwanj e fè sèvis devan prèt yo selon règ a chak jou a, e gadyen pòtay pa divizyon pa yo nan chak pòtay. Paske se konsa ᵗDavid, nonm Bondye a, te konn kòmande sa. ¹⁵ Epi yo pa t varye menm nan lòd wa a ak prèt yo avèk Levit yo nan okenn fason ki te konsène kay depo trezò yo.

¹⁶ Konsa, tout travay a Salomon an te akonpli depi jou lakay SENYÈ a te etabli a, jiskaske li te fini. Konsa, lakay SENYÈ a te konplete.

¹⁷ Konsa, Salomon te ale kote ᵘEtsjon-Guéber ak Élath sou lanmè peyi Édom an. ¹⁸ Epi Huram, pa sèvitè li yo te voye bato kote li avèk sèvitè ki te konnen lanmè yo. Yo te ale avèk sèvitè a Salomon yo nan Ophir e yo te ᵛpran soti la, kat-san-senkant talan lò pou te pote yo kote Wa Salomon an.

9 ʷAlò, depi rèn Séba te tande afè rekonesans a Salomon an, li te vini Jérusalem pou fè pase Salomon a leprèv avèk kesyon ki te byen difisil. Li

---

ᵃ **7:8** I Wa 8:65   ᵇ **7:8** Jen 15:18   ᶜ **7:9** Lev 23:36   ᵈ **7:11** Lev 23:36   ᵉ **7:12** Det 12:5-11   ᶠ **7:13** II Kwo 6:26-28
ᵍ **7:14** II Kwo 6:37-39   ʰ **7:15** II Kwo 6:20-40   ⁱ **7:16** II Kwo 7:12   ʲ **7:18** I Wa 2:4   ᵏ **7:19** Lev 26:14-33
ˡ **7:21** Det 29:24-27   ᵐ **7:22** Jij 2:13   ⁿ **8:1** I Wa 9:10-28   ᵒ **8:5** I Kwo 7:24   ᵖ **8:7** Jen 15:18-21   ᑫ **8:8** I Wa 4:6   ʳ **8:11** I Wa 3:1   ˢ **8:12** II Kwo 4:1   ᵗ **8:14** Né 12:24-36   ᵘ **8:17** I Wa 9:26   ᵛ **8:18** II Kwo 9:10-13
ʷ **9:1** I Wa 10:1-13

te gen yon gran konpanyen moun avèk chamo cha je avèk epis ak yon gran kantite lò, avèk pyè presye. Lè li te rive kote Salomon, li te pale avèk li selon tout sa ki te nan kè li. ² Salomon te reponn tout kesyon li yo. Anyen pa t kache a Salomon ke li pa t eksplike li. ³ Lè rèn Séba te fin wè sajès a Salomon an, kay ke li te bati a, ⁴ manje sou tab li, aranjman pozisyon chèz sèvitè li yo, konpòtman avèk abiman ministè li yo, eskalye li a sou sila li te konn monte pou rive lakay SENYÈ a, sa te fè l pèdi souf.

⁵ Li te di a wa a: "Se te verite; rapò ke m te tande nan pwòp peyi mwen konsènan pawòl avèk sajès ou. ⁶ Sepandan, mwen pa t kwè rapò yo jiskaske m te rive, e zye m vin wè. Epi vwala, mwatye a grandè a sajès yo pa t pale mwen sa. Ou depase rapò ke m te tande a. ⁷ Jan mesye pa ou yo beni, jan sèvitè ou yo ki kanpe devan ou tout tan pou tande sajès ou yo beni! ⁸ Beniswa SENYÈ a, Bondye ou a, ki te pran plezi nan ou, e ki te mete ou sou twòn Li kòm wa pou SENYÈ a, Bondye ou a, ᵃakoz Bondye ou a te renmen Izrayèl, Li etabli yo jis pou tout tan. Pou sa, Li te fè ou wa sou yo, pou fè la jistis avèk ladwati."

⁹ Apre sa, li te bay wa a san-ven talan lò avèk yon trè gran kantite epis avèk pyè presye. Pa t janm te kon gen epis kon sa yo ke rèn Séba te bay a Wa Salomon an.

¹⁰ Sèvitè a Huram yo avèk sèvitè a Salomon ᵇki te pote lò sòti nan Ophir yo, anplis te pote bwa sandal avèk pyè presye yo. ¹¹ Avèk bwa sandal yo, wa a te fè eskalye pou kay SENYÈ a ak pou palè wa a ak gita, avèk ap pou chantè yo. Epi nanpwen bagay konsa ki te konn wè avan nan peyi Juda. ¹² Wa Salomon te bay a rèn Séba tout dezi li nan sa li te mande, plis ke sa li te pote bay wa a. Alò, li te vire retounen nan peyi li avèk sèvitè li yo.

¹³ ᶜAlò, pwa a lò ki te vini a Salomon nan en an te sis-san-swasann-sis talan an lò, ¹⁴ anplis de sa ke machann avèk komèsan yo te pote. ᵈTout wa Arabie avèk diri jan peyi sa yo te mennen lò avèk a jan bay Salomon. ¹⁵ Wa Salomon te fè de-san gran boukliye defans an lò bat, ki te sèvi sis-san sik lò nan chak gran boukliye. ¹⁶ Li te fè twa-san boukliye ki te sèvi twa-san sik lò sou chak boukliye e wa a te mete yo nan kay Forè Liban an. ¹⁷ Anplis, wa a te fè yon gran twòn avèk ivwa, e li te kouvri li avèk lò pi. ¹⁸ Te gen sis mach pye eskalye ki pou rive nan twòn nan ak yon mach pye eskalye an lò ki te tache a twòn nan, avèk manch nan chak kote chèz la, avèk de lyon ki te kanpe akote manch yo. ¹⁹ Douz lyon yo te kanpe la sou sis etap eskalye sou yon kote ak sou lòt la. Nanpwen anyen tankou li ki te fèt pou okenn lòt wayòm. ²⁰ Tout veso pou bwè ke Salomon te genyen yo te fèt an lò, e tout veso nan kay Forè Liban an te lò pi. A jan pa t konsidere kòm tèlman valab nan jou a Salomon yo. ²¹ ᵉPaske wa a te gen bato ki te konn ale Tarsis avèk sèvitè a Huram yo. Yon fwa chak twazan, bato Tarsis yo te antre avèk lò ak a jan, ivwa, makak ak zwazo pan yo.

²² ᶠKonsa, Wa Salomon te vin pi gran pase tout wa sou latè yo nan richès avèk sajès. ²³ Epi tout wa latè yo t ap chache prezans a Salomon pou tande sajès ke Bondye te mete nan kè li. ²⁴ ᵍYo chak te pote pwòp kado pa yo: bagay an a jan avèk lò, vètman, zam, epis, cheval, milèt, an gran kantite ane pa ane. ²⁵ Alò, Salomon te gen ʰkat-mil estasyon separe pou cheval avèk cha e douz-mil chevalye. Li te pozisyone yo nan vil cha yo ak kote wa a nan Jérusalem. ²⁶ ⁱLi te mèt sou tout wa yo soti nan Rivyè Euphrate la, jis rive nan peyi Filisten yo, e jis rive nan lizyè Égypte la. ²⁷ ʲWa a te fè ajan gaye tankou wòch Jérusalem, e li te fè sèd yo anpil tankou bwa sikomò ki nan ba plèn nan. ²⁸ ᵏYo te mennen cheval pou Salomon soti an Égypte avèk tout peyi yo.

²⁹ ˡAlò, tout lòt zèv a Salomon yo, soti nan premye a jis rive nan dènye a, ᵐèske yo pa ekri nan rekò a Nathan yo, pwofèt la, nan pwofesi Achija a, Silonit lan, ak nan vizyon a Jéedo yo, konseye a Jéroboam nan, fis a Nebath la? ³⁰ ⁿSalomon te renye pandan karantan Jérusalem ak sou tout Israël. ³¹ Salomon te dòmi avèk zansèt li yo, e li te antere nan lavil papa li, David. Fis li, Roboam te renye nan plas li.

10 ᵒ Roboam te ale Sichem, paske tout Israël te vini Sichem pou fè l vin wa. ² Lè Jéroboam, fis a Nebath la te tande sa, (paske li te an Égypte kote li te sove ale rive pou l kite prezans a wa Salomon), Jéroboam te retounen soti an Égypte. ³ Pou sa, yo te voye lòd pou l vini. Lè Jéroboam avèk tout Israël te vini, yo te pale ak Roboam. Yo te di: ⁴ "Papa ou te fè fado ᵖnou rèd. Alò, pou sa, lache sèvis di a papa ou ak fado lou a ke li te konn mete sou nou an, e nou va sèvi ou."

⁵ Li te di yo: "Retounen kote mwen nan twa jou." Konsa, pèp la te ale.

⁶ Alò, Wa Roboam te fè ᵠkonsiltasyon avèk ansyen ki te konn sèvi papa li yo, Salomon pandan li te vivan an. Li te mande yo: "Ki konsèy n ap ban mwen pou reponn a pèp sila a?"

⁷ Yo te pale avèk li e te di: "Si ou va a ji nan dousè avèk pèp sa a, si ou va fè yo kontan e ʳpale pawòl dous ak yo, alò, yo va vin sèvi ou nèt."

⁸ Men li te ˢechwe konsèy ansyen yo te bay li yo, pou l te konsilte jennonm ki te grandi ansanm avè l e ki te kanpe devan l. ⁹ Konsa,, li te mande yo: "Ki konsèy n ap ban mwen pou m ta reponn pèp sila a, ki te pale avèk mwen, ki te di: 'Fè fado ke papa ou te konn mete sou nou an vin pi le jè?'"

¹⁰ Jennonm ki te konn grandi avèk li yo te pale avèk li. Yo te di: "Konsa ou va reponn a pèp sila ki te pale avèk ou a, ki te di: 'Papa ou te fè jouk nou lou; men ou menm, fè l pi le jè pou nou.' Konsa, ou va reponn yo: 'Ti dwèt mwen pi gwo pase ren papa

---

ᵃ **9:8** Det 7:8 ᵇ **9:10** I Wa 10:11 ᶜ **9:13** I Wa 10:14-28 ᵈ **9:14** Sòm 68:29 ᵉ **9:21** II Kwo 20:36 ᶠ **9:22** I Wa 3:13 ᵍ **9:24** Sòm 72:10 ʰ **9:25** Det 17:16 ⁱ **9:26** Jen 15:18 ʲ **9:27** II Kwo 1:15-17 ᵏ **9:28** II Kwo 1:16 ˡ **9:29** I Wa 11:41-43 ᵐ **9:29** I Kwo 29:29 ⁿ **9:30** I Wa 11:42-43 ᵒ **10:1** I Wa 12:1-20 ᵖ **10:4** I Wa 5:13-16 ᵠ **10:6** Job 8:8-9 ʳ **10:7** Pwov 15:1 ˢ **10:8** II Sam 17:4

m! ¹¹ Konsi papa m te chaje nou avèk yon jouk lou, mwen va mete anplis sou jouk nou an. Papa m te konn disipline avèk fwèt, men mwen menm, avèk eskòpyon.'"

¹² Konsa, Jéroboam avèk tout pèp la te parèt a Roboam nan twazyèm jou a jan wa a te mande lè l te di: "Retounen kote mwen nan twazyèm jou a." ¹³ Wa a te reponn yo byen di, e Wa Roboam te echwe konsèy a ansyen yo. ¹⁴ Li te pale avèk yo selon konsèy a jennonm yo, e li te di: "Papa m te konn fè jouk nou lou, men mwen va mete anplis sou li. Papa m te fè disiplin avèk fwèt, men mwen va fè disiplin avèk eskòpyon."

¹⁵ Konsa, wa a pa t koute pèp la, paske sa se te yon boulvèsman ki te soti nan Bondye, ᵃpou SENYÈ a ta kapab etabli pawòl ke Li te pale pa Achija, Silonit lan, a Jéroboam nan, fis a Nebath la.

¹⁶ Lè tout Israël te wè ke wa a pa t koute yo, pèp la te reponn wa a e te di: ᵇ"Ki pòsyon nou gen nan David? Nanpwen eritaj pou nou nan fis Jesse a! Tout gason rive nan tant ou, O Israël! Koulye a, David, okipe pwòp lakay ou!" Konsa, tout Israël te pati rive nan tant yo.

¹⁷ Men pou fis Israël ki te rive nan vil a Juda yo, Roboam te renye sou yo. ¹⁸ Epi Wa Roboam te voye Hadoram ki te ᶜchèf kòve yo, e fis Israël yo te lapide li ak kout wòch jiskaske li te mouri. Wa Roboam te fè vit monte cha li pou sove ale rive Jérusalem. ¹⁹ Konsa, ᵈIsraël te vin nan rebelyon kont kay David la jis rive jodi a.

11 ᵉAlò, lè Roboam te vini Jérusalem. Li te rasanble lakay Juda avèk Benjamin, san-katre-ven-mil mesye byen chwazi ki te gèrye, pou goumen kont Israël pou reprann wayòm nan pou Roboam. ² Men pawòl SENYÈ a te vini a ᶠSchemaeja, nonm Bondye a, Li te di: ³ "Pale a Roboam, fis a Salomon an, wa a Juda a ak tout Israël nan Juda avèk Benjamin pou di: ⁴ 'Konsa pale SENYÈ a: "Nou pa pou monte ni goumen kont ᵍfanmi pa nou yo! Retounen chak mesye yo lakay yo, paske bagay sa a sòti nan Mwen menm."'" Konsa, yo te koute pawòl SENYÈ a, e yo te retounen pou yo pa sòti kont Jéroboam.

⁵ Roboam te viv Jérusalem, e li te ʰbati vil pou fè defans nan Juda. ⁶ Konsa li te bati Bethléem, Étham, Tekoa, ⁷ Beth-Tsur, Soko, Adullam, ⁸ Gath, Maréscha, Ziph, ⁹ Adoraïm, Lakis, Azéka ¹⁰ Tsorea, Ajalon avèk Hébron, ki se vil fòtifye nan Juda ak nan Benjamin. ¹¹ Anplis, li te ranfòse fò yo, e li te mete kòmandan ladan yo avèk depo manje, lwil ak diven. ¹² Li te mete boukliye defans avèk lans nan chak vil yo, e li te byen fòtifye yo. Konsa, Juda avèk Benjamin te pou li.

¹³ Anplis, prèt avèk Levit ki te nan tout Israël yo te kanpe avèk li soti nan landwa pa yo. ¹⁴ Paske ⁱLevit yo te kite tè patiraj pa yo pou te rive Juda avèk Jérusalem, paske Jéroboam te bloke sèvis yo kòm prèt SENYÈ a. ¹⁵ ʲLi te etabli prèt pa li yo pou kont li pou sèvi nan wo plas yo, pou imaj bouk yo avèk jenn bèf ke li te fè yo. ¹⁶ ᵏSila yo nan tout tribi Israël ki te dispoze kè yo pou swiv SENYÈ a, Bondye Israël la, te swiv yo rive Jérusalem pou fè sakrifis a SENYÈ a, Bondye a zansèt pa yo a. ¹⁷ Yo te fòtifye wayòm Juda a, e yo te ˡbay soutyen a Roboam, fis Salomon nan pandan twazan, paske yo te mache nan chemen David avèk Salomon an pandan twazan.

¹⁸ Alò, Roboam te pran kòm madanm li, Mahalath, fi a Jerimoth la, fis a David la avèk Abichaïl, fi a Éliab la, fis a Jesse a. ¹⁹ Li te fè fis yo: Jeusch, Schemaria, avèk Zaham. ²⁰ Apre, li te pran ᵐMaaca, fi a Absalom an. Li te fè pou li Abija, Attaï, Ziza, avèk Schelomith. ²¹ Roboam te renmen Maaca, fi a Absalom an plis pase tout lòt madanm avèk ti mennaj li yo. Paske li te ⁿpran dizuit madanm avèk swasant mennaj, e li te fè venn-tuit fis ak swasant fi. ²² Roboam te chwazi Abija, fis a Maaca a kòm chèf e dirijan pami frè li yo, paske li te gen entansyon fè l wa. ²³ Li te aji avèk sajès, e li te plase fis li yo nan tout teritwa a Juda avèk Benjamin nan tout vil fòtifye yo, e li te ba yo anpil manje. Epi li te chache anpil madanm pou yo.

12 Lè wayòm a Roboam nan te fin etabli e li te gen fòs, ᵒli menm ak tout Israël avèk li te abandone lalwa SENYÈ a. ² ᵖKonsa, li te vin rive nan senkyèm ane a Roboam nan, akoz yo pa t fidèl a SENYÈ a, ke Schischak, wa Égypte la, te monte kont Jérusalem, ³ avèk mil-de-san cha ak swasannt-di-mil chevalye. Epi moun ki te vini avèk li soti an Égypte yo te depase kontwòl: ᑫLibyen yo, Sikyen ak Etyopyen yo. ⁴ Li te kaptire ʳvil fòtifye Juda yo, e li te rive jis Jérusalem. ⁵ Epi ˢSchemaeja, pwofèt la, te vin kote Roboam avèk chèf Juda ki te rasanble nan Jérusalem akoz Schischak yo, e li te di yo: "Konsa pale SENYÈ a: 'Ou te abandone Mwen, e pou sa, Mwen te abandone ou bay Schischak.'"

⁶ Pou sa, chèf Israël yo avèk wa a te imilye yo. Yo te di: ᵗ"SENYÈ a jis."

⁷ Lè SENYÈ a te wè ke yo te imilye yo, pawòl SENYÈ a te vini a Schemaeja, e te di: ᵘ"Yo te imilye yo. Pou sa, Mwen p ap detwi yo, men Mwen va ba yo yon mezi delivrans, e lakòlè Mwen p ap vide sou Jérusalem pa mwayen a Schischak. ⁸ Men yo va devni esklav li, pou yo ᵛkab vin konprann antre sèvi Mwen ak sèvi wayòm lòt peyi yo."

⁹ Konsa Schischak, wa Égypte la, te monte kont Jérusalem, e li te pran tout trezò lakay SENYÈ a ak trezò nan palè wa a. Li te pran tout bagay. ¹⁰ Konsa, Wa Roboam te fè boukliye defans an bwonz pou ranplase yo, e li te mete yo anba pwotèj a kòmandan

---

ᵃ **10:15** I Wa 11:29-39   ᵇ **10:16** II Sam 20:1   ᶜ **10:18** I Wa 4:6   ᵈ **10:19** I Wa 12:19   ᵉ **11:1** I Wa 12:21-24
ᶠ **11:2** II Kwo 12:5-7:15   ᵍ **11:4** II Kwo 28:8-11   ʰ **11:5** II Kwo 8:2-6   ⁱ **11:14** Nonb 35:2-5   ʲ **11:15** I Wa 12:31
ᵏ **11:16** II Kwo 15:9   ˡ **11:17** II Kwo 12:1   ᵐ **11:20** I Wa 15:2   ⁿ **11:21** Det 17:17   ᵒ **12:1** II Kwo 26:13-16
ᵖ **12:2** I Wa 14:25   ᑫ **12:3** II Kwo 16:8   ʳ **12:4** I Kwo 11:5-12   ˢ **12:5** II Kwo 11:2   ᵗ **12:6** Egz 9:27
ᵘ **12:7** I Wa 21:29   ᵛ **12:8** Det 28:47-48

gad ki te gadyen pòtay lakay wa yo. ¹¹ Depi wa a te antre lakay SENYÈ a, gad yo te pote yo vini, e apre, yo te mennen yo tounen nan chanm gad yo. ¹² Epi lè li te fin imilye li, lakòlè SENYÈ a te vire kite li, pou l pa ta detwi nèt; epi anplis, ᵃtout bagay te mache byen an Juda.

¹³ ᵇKonsa, Wa Roboam te ranfòse tèt li Jérusalem, e li te renye. Alò, Roboam te gen laj karanteyen ane lè li te kòmanse renye, e li te renye di-sèt-ane Jérusalem, vil ke SENYÈ a te chwazi soti nan tout tribi Israël yo pou mete non Li an. Epi non manman li te Naama, Amoreyèn nan. ¹⁴ Li te fè mal, ᶜpaske li pa t aplike kè l pou konnen SENYÈ a.

¹⁵ ᵈAlò, zèv a Roboam yo, soti nan premye a jis rive nan dènye a, èske yo pa ekri nan rekò a Schemaeja yo, pwofèt a ᵉIddo a, konseye a, selon anrejistreman zansèt yo? Epi te gen lagè kont Roboam avèk Jéroboam tout tan. ¹⁶ Konsa, Roboam te dòmi avèk zansèt li yo, e li te antere nan lavil David la. Epi fis li a, ᶠAbija te vin wa nan plas li.

13 ᵍNan di-zuityèm ane Wa Jéroboam nan, Abijah te devni wa sou Juda. ² Li te renye pandan twazan Jérusalem. Non manman l te Micaja, fi a Uriel la nan Guibea. ʰAlò, te gen lagè antre Abija avèk Jéroboam. ³ Abija te ouvri batay la avèk yon lame gèrye vanyan, kat-san-mil mesye byen chwazi, pandan Jéroboam t ap fè fòmasyon batay la kont li avèk ui-san-mil mesye byen chwazi, gèrye vanyan. ⁴ Abija te kanpe sou Mòn ⁱTsemaraïm ki nan peyi ti mòn Éphraïm yo, e li te di: "Koute mwen, O Jéroboam avèk tout Israël; ⁵ Èske ou pa konnen ke ʲSENYÈ a, Bondye Israël la, te bay pouvwa sou Israël ja pou tout tan a David avèk fis li yo pa ᵏyon sèl akò? ⁶ Men ˡJéroboam, fis a Nebath la, sèvitè a Salomon an, fis a David la, te leve e te fè rebèl kont mèt li a. ⁷ Yon bann sanzave te rasanble vè li menm, vagabon yo, yon eprèv ki te twò fò pou Roboam, fis a Salomon an, lè ᵐli te trè jèn, timid e li pa t ka kenbe plas pa l kont yo.

⁸ "Epi koulye a, ou gen entansyon fè rezistans kont wayòm SENYÈ a pa fis a David yo. Se yon gran foul nou ye, e nou gen avèk nou ⁿjenn bèf an lò ke Jéroboam te fè kòm dye pou nou. ⁹ ᵒÈske nou pa t chase mete deyò prèt SENYÈ yo, fis a Aaron yo avèk Levit yo, e te fè pou kont nou prèt tankou pèp lòt peyi yo? Nenpòt moun ki vini konsakre li menm avèk yon jenn towo ak sèt belye, menm li menm kapab devni yon prèt a sila ki pa dye yo.

¹⁰ "Men pou nou, SENYÈ a se Bondye pa nou an e nou pa t abandone Li. Fis Aaron yo ap fè sèvis a SENYÈ a kòm prèt e se Levit yo ki fè travay a yo menm. ¹¹ Chak maten e chak swa, ᵖyo brile bay SENYÈ a ofrann brile avèk lansan santi bon, pen konsakre ki sou tab pwòp, e chandelye a avèk lanp li yo pou limen chak swa; paske nou kenbe chaj a SENYÈ a, Bondye nou an, men ou te abandone Li. ¹² Koulye a, veye byen, Bondye avèk nou sou tèt nou, e ᑫprèt Li yo avèk twonpèt siyal pou sonnen alam kont nou. O fis Israël yo, pa goumen kont SENYÈ a zansèt nou yo, paske nou p ap reyisi."

¹³ Men Jéroboam ʳte fè yon anbiskad pou vini pa dèyè, pou Israël ta devan Juda e anbiskad la pa dèyè yo. ¹⁴ Lè Juda te vire, alò yo te atake ni devan ni dèyè; pou sa, ˢyo te kriye a SENYÈ a e prèt yo te soufle twonpèt yo. ¹⁵ Konsa mesye Juda te fè leve kri lagè a, e nan moman sa a, Bondye te ᵗboulvèse Jéroboam avèk tout Israël devan Abija avèk Juda. ¹⁶ Lè fis Israël yo te fin sove ale devan Juda, ᵘBondye te livre yo nan men yo. ¹⁷ Abija avèk pèp li a te detwi yo avèk yon gwo masak, jiskaske senk-san-mil mesye Israël te tonbe mouri. ¹⁸ Konsa, fis Israël yo te soumèt nan tan sa a, e fis Juda yo te pran viktwa a ᵛakoz yo te depan de SENYÈ a, Bondye a zansèt pa yo a. ¹⁹ Abija te kouri dèyè Jéroboam e te kaptire plizyè vil nan men li: Béthel avèk bouk pa li yo, Jeschana avèk bouk pa li yo, e Éphron avèk bouk pa li yo.

²⁰ Jéroboam pa t ankò reprann fòs li nan jou a Abija yo. SENYÈ a te frape li e ʷli te vin mouri. ²¹ Men Abija te vin fò. Li te pran katòz madanm pou kont li, e li te devni papa a venn-de fis ak sèz fi. ²² Alò, tout lòt zèv a Abija yo, avèk chemen pa li yo ekri nan memwa a ˣpwofèt la, Iddo.

14 ʸKonsa, Abija te dòmi avèk zansèt li yo, e yo te antere li nan lavil David la. Fis li a, Asa, te vin wa nan plas li. Peyi a te rete kalm e san pwoblèm pandan dizan pandan jou li yo. ² Asa te fè byen ak sa ki dwat nan zye SENYÈ a, Bondye li a, ³ paske li te retire lotèl etranje yo avèk ᶻwo plas yo, e li te chire pilye sakre yo avèk ᵃAsherim yo. ⁴ Li te kòmande Juda pou chache SENYÈ a zansèt yo a, e swiv lalwa avèk kòmandman an. ⁵ Li te osi retire wo plas yo avèk ᵇlotèl lansan yo soti nan tout vil Juda yo. Wayòm nan te rete kalm anba li. ⁶ Li te bati vil fòtifye Juda yo, akoz peyi a te san pwoblèm e pa t gen okenn moun ki te fè lagè avèk li pandan ane sila yo, ᶜakoz SENYÈ a te ba li repo. ⁷ Paske li te di a Juda: ᵈ"Annou bati vil sila yo e antoure yo avèk miray avèk wo tou, pòtay avèk ba an fè. Peyi a toujou pou nou akoz nou te chache SENYÈ a, Bondye nou an. Nou te chache Li, e Li te bannou repo sou tout kote." Konsa yo te bati e yo te byen reyisi.

⁸ Alò, Asa te gen yon lame a ᵉtwa-san-mil mesye soti nan Juda, avèk gran boukliye defans ak lans e

---

ᵃ **12:12** II Kwo 19:3 ᵇ **12:13** I Wa 14:21 ᶜ **12:14** II Kwo 19:3 ᵈ **12:15** I Wa 14:29 ᵉ **12:15** II Kwo 9:29
ᶠ **12:16** II Kwo 11:20 ᵍ **13:1** I Wa 15:1-2 ʰ **13:2** I Wa 15:7 ⁱ **13:4** Jos 18:22 ʲ **13:5** II Sam 7:12-16
ᵏ **13:5** Lev 2:13 ˡ **13:6** I Wa 11:26 ᵐ **13:7** II Kwo 12:13 ⁿ **13:8** I Wa 12:28 ᵒ **13:9** II Kwo 11:14-15
ᵖ **13:11** Egz 29:38 ᑫ **13:12** Nonb 10:8-9 ʳ **13:13** Jos 8:4-9 ˢ **13:14** II Kwo 14:11 ᵗ **13:15** II Kwo 14:12
ᵘ **13:16** Kwo 16:8 ᵛ **13:18** II Kwo 14:11 ʷ **13:20** I Wa 14:20 ˣ **13:22** II Kwo 9:29 ʸ **14:1** I Wa 15:8
ᶻ **14:3** I Wa 15:12-14 ᵃ **14:3** Egz 34:13 ᵇ **14:5** II Kwo 34:4-7 ᶜ **14:6** II Kwo 15:15 ᵈ **14:7** II Kwo 8:5
ᵉ **14:8** II Kwo 13:3

de-san-katreven-mil soti nan Benjamin ki te pote boukliye defans e te manyen banza. Tout nan yo, te gèrye ki plen kouraj.

⁹ Alò, Zérach, Etyopyen an, te vin parèt kont yo avèk yon lame a yon-milyon moun ak twa-san cha, e li te rive nan ᵃMaréscha. ¹⁰ Pou sa, Asa te sòti pou rankontre li, e yo te parèt nan chan batay yo nan vale Maréschja a. ¹¹ Konsa, Asa te rele SENYÈ a, Bondye li a. Li te di: "SENYÈ, nanpwen lòt sof ke Ou menm pou ede pami pwisan yo, ak sila ki san fòs. Pou sa, ede nou, O SENYÈ, Bondye nou an; ᵇpaske nou mete konfyans nan Ou, e nan non Ou, nou te vini kont gran foul sila a. O SENYÈ, se Ou ki Bondye nou an. Pa kite lòm pran viktwa kont Ou menm."

¹² Konsa, ᶜSENYÈ a te boulvèse Etyopyen devan Asa yo ak devan Juda yo, e Etyopyen yo te sove ale. ¹³ Asa avèk moun ki te avèk li yo te kouri dèyè yo jis rive ᵈGuérar. Yon tèlman gran kantite Etyopyen te tonbe ke yo pa t kab kanpe ankò; paske yo te kraze nèt devan SENYÈ a ak devan lame Li a. Lame Juda a te pote fè sòti yon trè gran piyaj. ¹⁴ Yo te detwi tout vil ki te antoure Guérar yo, ᵉpaske laperèz SENYÈ a te fin tonbe sou vil yo. Epi yo te depouye tout vil yo, paske yo te gen anpil piyaj. ¹⁵ Anplis, yo te touye sila ki te gen bèt yo, e yo te pote ale yon gran kantite mouton avèk chamo. Answit, yo te retounen Jérusalem.

15 Alò, ᶠLespri Bondye a te vini sou Azaria, fis a Obed la. ² Li te sòti deyò pou rankontre Asa e li te di li: "Koute mwen, Asa e tout Juda avèk Benjamin: ᵍSENYÈ a avèk nou lè nou avèk Li. Epi si ou chache Li, Li va kite ou jwenn Li; men si ou abandone Li, Li va abandone ou. ³ ʰPandan anpil jou, Israël te kon san vrè Bondye a, san enstriksyon, san prèt e san lalwa. ⁴ Men ⁱnan gran twoub yo, yo te vire kote SENYÈ a, Bondye Israël la. Yo te chache Li e yo te jwenn Li. ⁵ ʲNan tan sa yo, pa t gen lapè pou sila ki sòti, ni sila ki antre a, paske anpil gwo zen te twouble tout moun ki te rete nan peyi yo. ⁶ ᵏNasyon te kraze pa nasyon, vil pa vil, paske Bondye te twouble yo avèk tout kalite gwo twoub. ⁷ Men nou menm, ˡkenbe fèm e pa pèdi kouraj, paske gen rekonpans pou travay nou yo."

⁸ Lè Asa te tande pawòl sila yo avèk pwofesi ke Azaria, fis a Obed la, te pale a, li te pran kouraj, e li te retire zidòl abominab yo soti nan tout peyi Juda avèk Benjamin yo, ᵐak nan vil ke li te kaptire nan peyi kolin Éphraïm yo. ⁿLè li fini, li te restore lotèl SENYÈ a ki te devan galri SENYÈ a. ⁹ Li te rasanble tout Juda avèk Benjamin avèk tout sila ki te sòti Éphraïm, Manassé ak Siméon yo, ᵒki te rete avèk yo, paske anpil nan yo te vin jwenn li soti an Israël lè yo te wè ke SENYÈ a, Bondye a, te avèk li. ¹⁰ Konsa, yo te rasanble Jérusalem nan twazyèm mwa, nan kenzyèm ane, nan règn Asa a. ¹¹ ᵖYo te fè sakrifis bay SENYÈ a nan jou sa a, sèt-san bèf avèk sèt-mil mouton soti nan piyaj ke yo te pote a. ¹² ᵠYo te antre nan akò pou chache SENYÈ a, Bondye a zansèt pa yo a, avèk tout kè yo ak nanm yo; ¹³ epi ke nenpòt moun ki te refize chache SENYÈ a, Bondye Israël la, ʳta dwe mete a lanmò, piti kon gran, gason kon fanm. ¹⁴ Anplis, yo te fè yon sèman bay SENYÈ avèk yon gwo kri, avèk twonpèt e avèk ti twonpèt wo vwa a. ¹⁵ Tout Juda te rejwi akoz sèman an, paske yo te sèmante avèk tout kè yo. Yo te chache Li ak kè onèt yo, e Li te kite yo jwenn Li. Konsa, ˢSENYÈ a te ba yo repo tout kote.

¹⁶ ᵗAnplis, li te retire Maaca, manman a Wa Asa a, nan pozisyon rèn nan, akoz li te fè imaj li byen abominab tankou yon Astarté, e Asa te fè koupe imaj abominab li a. Li te kraze li, e li brile li nan flèv Cédron an. ¹⁷ Men wo plas yo pat retire soti an Israël; sepandan, kè Asa te san repwòch pandan tout jou li yo. ¹⁸ Li te pote lakay SENYÈ a tout bagay dedye ki te pou papa li ak bagay dedye ki te pou li yo: ajan avèk lò avèk zouti. ¹⁹ Epi pa t gen lagè ankò jis rive nan trann-senk ane règn a Asa a.

16 Nan trann-sizyèm ane règn Asa a, ᵘBaasha, wa a Israël la, te vin monte kont Juda, e li te ranfòse Rama pou anpeche ni antre, ni sòti, vè Asa, wa Juda a. ² Konsa, Asa te pote fè sòti ajan avèk lò soti nan trezò lakay SENYÈ a avèk lakay wa a, e li te voye yo kote Ben-Hadad, wa Syrie a, ki te rete Damas la. Li te di: ³ "Kite genyen yon alyans antre ou avèk mwen, tankou antre papa m ak papa ou. Gade byen, mwen te voye ba ou ajan avèk lò. Ale, kraze alyans ou an avèk Baasha, wa Israël la, pou li retire li sou mwen."

⁴ Konsa, Ben-Hadad te koute wa Asa. Li te voye chèf lame li yo kont vil Israël yo, e yo te frape Ijjon, Dan, Abel-Maïm, avèk ᵛtout vil depo Nephthali yo. ⁵ Lè Baasha te tande sa, li te sispann ranfòse Rama, e li te kite travay li. ⁶ Alò, Wa Asa te mennen tout Juda, yo te retire wòch Rama yo avèk gwo bwa ki t ap sèvi pou bati yo, e avèk yo, li te ranfòse Guéba avèk Mitspa.

⁷ Nan lè sa a, ʷHanani, konseye a te vin kote Asa, wa Juda a. Li te di li: "Akoz ou te depann de wa Syrie a e ou pa t depann de SENYÈ a, Bondye ou a, pou sa, lame wa Syrie a gen tan chape nan men ou. ⁸ Èske Etyopyen yo avèk Libyen yo pa t yon lame ki vast avèk anpil cha ak chevalye? Men ˣakoz ou te depann de SENYÈ a, Li te livre yo nan men ou. ⁹ Paske zye a SENYÈ mache toupatou sou latè pou Li kapab bay soutyen ki fò a sila ʸki gen kè dedye a Li nèt yo. Nou te aji an foli nan afè sa a. Anverite, depi koulye a, nou va toujou gen gè."

¹⁰ Alò, Asa te fache avèk konseye a, e li te mete li nan prizon, paske li te anraje avèk li pou bagay

---

ᵃ **14:9** II Kwo 11:8   ᵇ **14:11** II Kwo 13:18   ᶜ **14:12** II Kwo 13:15   ᵈ **14:13** Jen 10:19   ᵉ **14:14** II Kwo 17:10
ᶠ **15:1** II Kwo 20:14   ᵍ **15:2** II Kwo 20:17   ʰ **15:3** I Wa 12:28-33   ⁱ **15:4** Det 4:29   ʲ **15:5** Jij 5:6   ᵏ **15:6** Mat 24:7
ˡ **15:7** Jos 1:7-9   ᵐ **15:8** II Kwo 13:19   ⁿ **15:8** II Kwo 4:1   ᵒ **15:9** II Kwo 11:16   ᵖ **15:11** II Kwo 14:13-15
ᵠ **15:12** II Kwo 23:16   ʳ **15:13** Egz 22:20   ˢ **15:15** II Kwo 14:7   ᵗ **15:16** I Wa 15:13-15   ᵘ **16:1** I Wa 15:17-22
ᵛ **16:4** Egz 1:11   ʷ **16:7** I Wa 16:1   ˣ **16:8** II Kwo 13:16-18   ʸ **16:9** II Kwo 15:17

sa a. Epi nan menm lè a, Asa te oprime kèk moun nan pèp la.

[11] Alò, zèv Asa yo, soti nan premye a jis rive nan dènye a, veye byen, yo ekri nan Liv A Wa a Juda avèk Israël yo. [12] Nan trant-nevyèm ane règn li a, Asa te vin malad nan pye li. Maladi a te grav, men menm nan maladi a, [a]li pa t chache SENYÈ a, men pito doktè. [13] Konsa, Asa te dòmi avèk zansèt li yo lè l fin mouri nan karanteyinyèm ane règn pa li a. [14] Yo te antere li nan pwòp tonm ke li te fouye pou li menm nan lavil David la, e yo te kouche li nan plas repo ke li te plen [b]avèk plizyè kalite epis ki te mele selon metye a yon moun ki konn fè pafen; epi yo te fè yon trè gwo dife pou li.

17 [c]Josaphat, fis li a te devni wa nan plas li, e li te fè pozisyon li sou Israël byen fèm. [2] Li te mete sòlda nan tout [d]vil fòtifye Juda yo, e li te fè ganizon militè nan peyi Juda avèk nan vil a Éphraïm [e]ke papa li, Asa te kaptire yo. [3] SENYÈ a te avèk Josaphat akoz li te swiv egzanp a zansèt li a, David, nan premye jou li yo, e li pa t chache Baal yo, [4] men li te chache Bondye a zansèt li yo. Li te swiv kòmandman li yo, e li [f]pa t a ji jan Israël te fè a. [5] Pou sa, SENYÈ a te etabli wayòm nan sou kontwòl li, tout Juda te pote pèyman bay Josaphat e li te vin gen gwo richès avèk lonè. [6] Li te fyè nan chemen SENYÈ a, e ankò li te rache wo plas yo avèk Asherim yo soti nan Juda.

[7] Konsa, nan twazyèm ane règn li a, li te voye reprezantan li yo, chèf Ben-Haïl yo, Abdias, Zacharie, Nethaneel, avèk Michée [g]pou enstwi nan vil a Juda yo; [8] epi avèk yo [h]Levit yo, Schemaeja, Nethania, Zebadia, Adonija, Tobija ak Tob-Adonija; epi avèk yo, prèt yo, Élischama avèk Joram. [9] Yo te enstwi Juda avèk liv lalwa SENYÈ a ke yo te genyen avèk yo. Konsa, yo te ale toupatou nan tout vil Juda yo pou te enstwi pami pèp la.

[10] Alò, [j]lakrent SENYÈ a te sou tout wayòm ki te antoure Juda yo, jiskaske yo pa t fè lagè kont Josaphat. [11] Kèk nan Filisten yo te [k]pote kado avèk lò kòm pèyman bay Josaphat. Arabyen yo tou te pote bann bèt ba li, sèt-mil-sèt-san belye ak sèt-mil-sèt-san mal kabrit. [12] Josaphat te vin grandi de plizanplis e li te bati fò avèk vil depo nan Juda. [13] Li te gen anpil depo nan vil a Juda yo ak gèrye yo, mesye ki plen kouraj Jérusalem yo. [14] Men kontwòl selon lakay a papa zansèt yo: nan Juda, chèf a dè milye yo, Adna, chèf la avèk twa-san-mil mesye plen kouraj; [15] epi akote li, Jochanan, chèf la, avèk de-san-katre-ven-mil mesye plen kouraj; [16] epi akote li, Amasia, fis a Zicri a, ki te konsakre volontèman a SENYÈ a, avèk de-san-mil mesye plen kouraj. [17] Pou Benjamin: Éliada, yon nonm plen kouraj, avèk de-san-mil mesye lame avèk banza ak boukliye defans, [18] epi akote li, Zozobad, avèk

san-katreven-mil mesye pou fè lagè. [19] Se te sila ki te nan sèvis wa yo, yo pa menm konte [l]sila ke wa a te pozisyone nan tout vil fòtifye pami tout Juda yo.

18 Alò Josaphat te gen gwo richès avèk lonè; epi li te fè alyans avèk Achab pa maryaj. [2] [m]Kèk ane pita, li te desann kote Achab Samarie. Konsa, Achab te touye anpil mouton avèk bèf pou li avèk moun ki te avèk li yo, e li te konvenk li monte kont Ramoth-Galaad. [3] Achab, wa Israël la, te di a Josaphat, wa Juda a: "Èske ou va monte avèk mwen kont Ramoth-Galaad?"

Konsa, li te di li: "Mwen tankou ou menm e pèp mwen an tankou pèp pa w la, nou avèk ou nan batay la." [4] Anplis, Josaphat te di a wa Israël la: "Souple, fè ankèt avan pou pawòl SENYÈ a."

[5] Epi wa Israël la te rasanble tout pwofèt yo, kat-san mesye. Li te di yo: "Èske nou dwe monte kont Ramoth-Galaad pou batay, oswa èske mwen dwe fè bak?"

Epi yo te reponn: "Ale monte, paske Bondye va livre li nan men a wa a."

[6] Men Josaphat te di: "Èske pa gen toujou yon pwofèt SENYÈ a pou nou kab mande sa?"

[7] Wa Israël la te di a Josaphat: "Gen youn toujou ke nou kab fè demann a SENYÈ a, men mwen rayi li, paske li pa janm pwofetize sa ki bon pou mwen, men toujou, mal. Li se Michée, fis Jimla a." Men Josaphat te di: "Pa kite wa a pale konsa."

[8] Konsa, wa Israël la te rele yon ofisye e te di: "Fè vit, mennen Michée, fis Jimla a."

[9] Alò, wa Israël la avèk Josaphat, wa Juda a te chita yo chak sou twòn yo, abiye ak manto yo. Yo te chita [n]kote glasi vannen an nan antre pòtay Samarie a, epi tout pwofèt yo t ap pwofetize devan yo. [10] Sédécias, fis a Kenaana a, te fè kòn an fè pou kont li. Li te di: "Konsa pale SENYÈ a, 'Avèk sila yo, ou va frennen Siryen yo, jiskaske yo fin detwi nèt.'"

[11] Tout pwofèt yo t ap pwofetize konsa. Yo t ap di: "Ale monte Ramoth-Galaad e reyisi, paske SENYÈ a va livre li nan men a wa a."

[12] Konsa, mesaje ki te ale fè demand prezans Michée a te pale avèk li. Li te di: "Gade byen, pawòl a pwofèt yo favorab nèt pou wa a. Konsa, souple, kite pawòl ou fèt tankou pa yo a e pale anfavè li."

[13] Men Michée te di: "Jan SENYÈ a viv la, [o]sa ke Bondye mwen an di, se sa mwen va pale."

[14] Lè li te rive kote wa a, wa a te di li: "Michée, èske nou dwe monte Ramoth-Galaad pou batay la, oswa èske mwen dwe fè bak?"

Li te di: "Ale monte e reyisi, paske yo va livre nan men ou."

[15] Epi wa a te di li: "Konbyen fwa mwen oblije fè demann ke ou pa pale anyen sof ke laverite nan non SENYÈ a?"

---

[a] 16:12 Jr 17:5 [b] 16:14 Jen 50:2 [c] 17:1 I Wa 15:24 [d] 17:2 II Kwo 11:5 [e] 17:2 II Kwo 15:8 [f] 17:4 I Wa 12:28 [g] 17:7 II Kwo 15:3 [h] 17:8 II Kwo 19:8 [i] 17:9 Det 6:4-9 [j] 17:10 II Kwo 14:14 [k] 17:11 II Kwo 9:14 [l] 17:19 II Kwo 17:2 [m] 18:2 I Wa 22:2-35 [n] 18:9 Rt 4:1 [o] 18:13 Nonb 22:18-35

¹⁶ Konsa, li te reponn: "Mwen te wè tout Israël gaye sou mòn yo ªtankou mouton ki pa t gen bèje. Konsa, SENYÈ a te di: 'Sila yo pa gen mèt. Kite yo chak retounen lakay yo anpè.'"

¹⁷ Wa Israël la te di a Josaphat: "Èske mwen pa t di ou ke li pa t pwofetize sa ki bon pou mwen, men sa ki mal?"

¹⁸ Michée te di: "Pou sa, tande pawòl SENYÈ a: ᵇMwen te wè SENYÈ a ki te chita sou twòn li an ak tout lame syèl la ki te kanpe adwat Li ak agoch Li. ¹⁹ SENYÈ a te di: 'Kilès k ap sedwi Achab, wa Israël la, pou monte tonbe Ramoth-Galaad?' Epi youn te di sa, pandan yon lòt te di yon lòt bagay. ²⁰ Alò, yon ᶜlespri te parèt e te kanpe devan SENYÈ a. Li te di: Mwen va sedwi li.'"

"Epi SENYÈ a te di: 'Kijan'?

²¹ "Li te reponn: 'Mwen va ale fè l tankou yon ᵈlespri manti nan bouch a tout pwofèt li yo.'

"Epi Li te di: 'Ou dwe sedwi li e genyen li tou. Ale fè sa.'

²² "Alò, pou sa, gade byen, ᵉSENYÈ a te mete yon lespri manti nan bouch a sila yo, pwofèt ou yo, paske SENYÈ a te pwoklame dega kont ou."

²³ Konsa, Sédécias, fis a Kenaana a, te pwoche. Li te ᶠfrape Michée sou machwè l e te di: "Ki kote chemen Lespri SENYÈ a te fè kite mwen pou pale avèk w?"

²⁴ Michée te di: "Gade byen, nan jou ke ou antre nan chanm anndan pou kache kò ou la, ou va wè sa."

²⁵ Alò, wa Israël la te di: ᵍ"Pran Michée e fè l retounen kote Amon, majistra vil la ak Joas, fis a wa a. ²⁶ Di yo: 'Konsa pale wa a: ʰ"Mete nonm sila a nan prizon, e ba li tikras pen ak dlo jiskaske m retounen anpè."'"

²⁷ Michée te di: "Si, anverite, ou ta retounen anpè, SENYÈ a pa t vrèman pale avèk mwen." Li te di: ⁱ"Koute byen, tout pèp yo!"

²⁸ Konsa, wa Israël avèk Josaphat, wa Juda a, te monte kont Ramoth-Galaad. ²⁹ Wa Israël la te di a Josaphat: "Mwen va kache idantite mwen pou antre nan batay la, e ou menm, mete pwòp manto ou." Konsa, wa Israël la te kache idantite li, e yo te antre nan batay la. ³⁰ Alò, wa Syrie a te kòmande chèf a cha li yo. Li te di: "Pa goumen avèk piti ni gran, men avèk wa Israël la sèlman."

³¹ Pou sa, lè chèf a cha yo te wè Josaphat, yo te di: "Li se wa Israël la," e yo te vire akote pou goumen kont li. Men Josaphat te ʲkriye anmwey, e SENYÈ a te fè l sekou. Bondye te anga je yo pou yo te kite l. ³² Lè chèf cha yo te wè ke se pa t wa Israël la, yo te retounen pa swiv li. ³³ Yon sèten nonm te rale banza li pa aza, e te frape wa Israël la nan yon kwen nan pwotèj kò a. Konsa, li te pale a chofè cha a: "Vire tounen e fè m sòti nan batay la, paske mwen blese byen grav." ³⁴ Batay la te chofe byen rèd tout jounen an e wa Israël te fòse pou l te kab kanpe nan cha li a devan Siryen yo jis rive nan aswè; epi nan kouche solèy la, li te mouri.

19 Konsa, Josaphat, wa a te retounen sof a lakay li Jérusalem. ² Jéhu, fis a Hanani a, konseye a, te sòti pou rankontre li, e te di a Wa Josaphat: ᵏ"Èske ou ta dwe ede mechan yo, e renmen sila ki rayi SENYÈ yo, e ˡkonsa, kite lakòlè SENYÈ a vini sou ou? ³ Men ᵐgen kèk bagay ki bon nan ou tou, paske ⁿou te retire Astarté a soti nan peyi ou a e ou te bay kè ou pou chache Bondye."

⁴ Konsa, Josaphat te rete Jérusalem e li te sòti deyò ankò pami pèp la soti Beer-Schéba jis rive nan peyi ti mòn a Éphraïm yo. Epi konsa, li te ᵒmennen yo retounen a SENYÈ a, Bondye a zansèt pa yo a. ⁵ Li te chwazi ᵖjij nan peyi a nan tout vil fòtifye Juda yo, vil pa vil. ⁶ Li te pale a jij yo: "Kontwole sa ke n ap fè a, paske ᵠnou pa jije pou yon moun, men pou SENYÈ ki avèk nou an pandan n ap rann jijman an. ⁷ Pou sa, kite lakrent SENYÈ a rete sou nou. Fè anpil atansyon nan sa n ap fè a, paske SENYÈ a, Bondye nou an, p ap patisipe nan sa ki pa dwat, nan ʳpatipri, ni nan lajan ki pase anba tab."

⁸ Nan Jérusalem osi, Josaphat te apwente ˢkèk nan Levit yo avèk prèt yo ak kèk nan chèf lakay zansèt Israël yo, pou fè jijman SENYÈ a, e pou jije konfli pami moun ki te rete Jérusalem yo. ⁹ Li te pase lòd bay yo. Li te di: "Konsa nou va gen lakrent SENYÈ a, avèk fidelite e avèk tout kè. ¹⁰ ᵗNenpòt lè yon konfli rive devan nou soti nan manm fanmi nou yo ki rete nan vil yo, antre san ak san, antre lalwa avèk kòmandman yo, règleman avèk òdonans yo, nou va avèti yo pou yo pa vin koupab devan SENYÈ a, e pou kòlè pa rive sou nou avèk fanmi nou. ¹¹ Kontwole byen, Amaria, chèf prèt la, va chèf sou nou nan tout sa ki apatyen a SENYÈ a, e Zebadia, fis Ismaël la, chèf lakay Juda a, nan tout sa ki apatyen a wa a. Osi, Levit yo va aji kòm ofisye devan nou. ᵘA ji avèk kouraj, e SENYÈ a va avèk sila ki fè sa ki jis yo."

20 Alò, li te vin rive apre sa ke fis Moab yo avèk fis Ammon yo, ansanm avèk kèk nan ᵛMaonit yo te vini pou fè lagè kont Josaphat. ² Kèk moun te vin bay rapò a Josaphat e te di: "Yon gran foul ap pwoche kont ou soti lòtbò lanmè Syrie. Gade byen, yo rive ʷHatsatson-Thamar" (ki En-Guédi a). ³ Josaphat te byen pè. Li te ˣvire atansyon li pou chache SENYÈ a, e te pwoklame yon jèn toupatou nan Juda. ⁴ Konsa, Juda te rasanble ansanm pou ʸchache èd SENYÈ a. Yo te sòti menm nan tout vil a Juda yo pou chache SENYÈ a.

⁵ Konsa, Josaphat te kanpe nan asanble Juda a avèk Jérusalem, lakay SENYÈ a devan tribinal nèf la. ⁶ Li te di: "O SENYÈ, Bondye a zansèt pa nou yo, èske se pa Ou menm ki Bondye nan Syèl yo? ᶻÈske

---

ª **18:16** És 35:4-8   ᵇ **18:18** És 6:1-5   ᶜ **18:20** Job 1:16   ᵈ **18:21** Jn 8:44   ᵉ **18:22** És 19:14   ᶠ **18:23** Jr 20:2
ᵍ **18:25** II Kwo 18:8   ʰ **18:26** II Kwo 16:10   ⁱ **18:27** Mi 1:2   ʲ **18:31** II Kwo 13:14-15   ᵏ **19:2** II Kwo 18:1-3
ˡ **19:2** II Kwo 24:18   ᵐ **19:3** II Kwo 12:12   ⁿ **19:3** II Kwo 17:6   ᵒ **19:4** II Kwo 15:8-13   ᵖ **19:5** Det 16:18-20
ᵠ **19:6** Lev 19:15   ʳ **19:7** Det 10:17-18   ˢ **19:8** II Kwo 17:8-9   ᵗ **19:10** Det 17:8   ᵘ **19:11** I Kwo 28:20
ᵛ **20:1** I Kwo 4:41   ʷ **20:2** Jen 14:7   ˣ **20:3** II Kwo 19:3   ʸ **20:4** Jl 1:14   ᶻ **20:6** I Kwo 29:11

se pa Ou menm ki renye sou tout wayòm a nasyon yo? Pwisans avèk majeste, se nan men Ou, jiskaske nanpwen moun ki kab kanpe kont Ou. [7] Èske se pa Ou menm, O Bondye nou an, ki te chase tout sila ki te rete nan peyi sa a devan pèp Ou a, Israël pou [a]bay li a desandan Abraham yo, zanmi Ou an, jis pou tout tan? [8] Yo te abite ladann, yo te bati sanktyè Ou a la pou non Ou, e yo te di: [9] [b]'Si mechanste ta vini sou nou, nepe, oswa jijman, oswa epidemi, oswa gwo grangou, nou va kanpe devan kay sila a e devan Ou menm, (paske non pa Ou sou kay sa a) pou kriye a Ou menm nan twoub nou yo, ke Ou va tande pou delivre nou.' [10] Alò, gade, fis a Ammon yo avèk Moab avèk Mòn Séir, [c]kilès ou te anpeche Israël pran lè yo te sòti nan peyi Égypte la. Konsa, yo te vire akote e yo pa t detwi yo. [11] Gade, koulye a, jan y ap rekonpanse nou lè yo [d]vin parèt pou chase nou mete deyò soti nan posesyon ke Ou te bannou kòm eritaj la. [12] O Bondye nou, [e]èske Ou p ap jije yo? Paske nou san pouvwa devan gran foul sila a k ap vini kont nou an. Ni nou pa konnen kisa pou nou fè, men zye nou ap gade sou Ou."

[13] Tout Juda te kanpe devan SENYÈ a avèk ti bebe yo, madanm yo ak zanfan yo.

[14] Alò, nan mitan asanble a, [f]Lespri SENYÈ a te vini sou Jachaziel, fis a Zacharie a, fis a Benaja a, fis a Jeïel la, fis a Matthania a, Levit la ak fis a Asaph yo. [15] Epi li te di: "Koute, tout Juda avèk pèp Jérusalem nan ak Wa Josaphat: konsa pale SENYÈ a a nou menm: 'Pa pè, ni pa pèdi kouraj akoz gran foul sila a, paske [g]batay la pa pou nou, men se pou Bondye li ye. [16] Demen desann kont yo. Tande byen, yo va vin monte kote pant ti mòn Tsits lan e nou va jwenn yo nan dènye pwent vale a devan dezè Jeruel la. [17] Nou pa bezwen goumen nan batay sila a. Pran pozisyon nou e [h]kanpe gade delivrans SENYÈ a anfavè nou, O Juda, avèk Jérusalem. Pa pè, ni pa pèdi kouraj. Demen sòti pou parèt devan yo, paske SENYÈ a avèk nou.'"

[18] Josaphat te [i]bese tèt li jis atè, e tout Juda avèk moun Jérusalem yo te tonbe atè devan SENYÈ a, pou adore Li. [19] Levit ki te nan fis a Keatit yo, e nan fis a Koreyit yo, te kanpe pou louwe SENYÈ a, Bondye Israël la, nan yon trè gwo vwa.

[20] Yo te leve granmmaten e yo te sòti deyò nan dezè Tekoa a. Pandan yo tap sòti, Josaphat te kanpe. Li te di: "Koute mwen, O Juda avèk moun Jérusalem yo, [j]mete konfyans nou nan SENYÈ a, Bondye nou an, e nou va etabli. Mete konfyans nou nan pwofèt Li yo, e nou va vin reyisi."

[21] Lè li te fin konsilte pèp la, li te chwazi sila ki te chante a SENYÈ yo avèk sila ki te [k]fè louwanj nan vètman sen yo, pandan yo t ap sòti devan lame a. Yo t ap di: "Bay remèsiman a SENYÈ a, paske lanmou dous Li a dire jis pou tout tan." [22] Depi lè a, yo te kòmanse chante ak bay louwanj, SENYÈ a te [l]mete anbiskad kont fis a Ammon yo, Moab avèk Mòn Séir, ki te vini kont Juda yo epi yo te vin boulvèse. [23] Paske fis Ammon yo avèk Moab yo te leve kont fis Mòn Séir yo pou te detwi yo nèt. Lè yo te fini avèk moun Mòn Séir yo, yo te [m]asiste pou detwi youn lòt.

[24] Lè Juda te rive nan wotè sou dezè a, yo te gade vè gwo foul la, epi vwala, te gen kadav ki te kouche atè a. Okenn pa t chape. [25] Lè Josaphat avèk pèp li a te vini pran piyaj la, yo te twouve anpil bagay pami yo; byen, vètman ak bagay valab ke yo te pran pou yo menm, plis pase yo ta kab pote. Yo te pran twa jou pou ranmase piyaj la, paske li te tèlman anpil. [26] Nan katriyèm jou a, yo te fè asanble nan vale Beraca a. La, yo te beni SENYÈ a. Akoz sa, yo te rele plas sa a: "Vale Beraca" jis rive jodi a. [27] Tout mesye Juda avèk Jérusalem yo te retounen avèk Josaphat sou tèt la. Yo te retounen Jérusalem avèk kè kontan, [n]paske SENYÈ a te fè yo rejwi sou lènmi yo. [28] Yo te vini Jérusalem avèk ap, gita yo ak twonpèt pou rive vè kay SENYÈ a. [29] [o]Lakrent Bondye te sou tout wayòm a lòt peyi yo lè yo te tande ke SENYÈ a te goumen kont lènmi Israël yo. [30] Konsa, wayòm Josaphat te gen lapè, [p]paske Bondye li a te ba li repo tout kote.

[31] [q]Alò, Josaphat te renye sou Juda. Li te gen laj a trann-senk ane lè l te devni wa a e li te renye Jérusalem pandan venn-senkan. Non manman l se te Azuba, fi a Schilchi a. [32] Li te mache nan chemen papa li, Asa, e li pa t kite li. Li te toujou fè sa ki dwat nan zye SENYÈ a. [33] Sepandan, [r]wo plas yo pa t retire. Pèp la potko dirije kè yo vè Bondye a zansèt yo a.

[34] Alò, tout lòt zèv a Josaphat yo, soti nan premye jis rive nan dènye a, gade byen, yo ekri nan rejis a [s]Jéhu, fis a Hanani, ki enskri nan Liv Wa Israël Yo.

[35] [t]Apre sa, Josaphat, wa Juda a te fè alyans avèk Achazia, wa Israël la. Li te aji mal nan fè bagay sa a. [36] Konsa, li te alinye li avèk li pou fè bato yo rive [u]Tarsis e yo te fè bato yo rive nan Etsjon-Guéber. [37] Epi Éliézer, fis a Dodava nan Marésocha, te pwofetize kont Josaphat. Li te di: "Akoz ou te fè alyans avèk Achazia, SENYÈ a te detwi zèv ou yo." Pou sa, bato yo te kraze, e yo pa t kab ale Tarsis.

21

[v]Alò, Josaphat te dòmi avèk zansèt li yo, e li te antere avèk zansèt li yo nan vil David la; e Joram, fis li a, te vin wa nan plas li. [2] Joram te gen frè, fis a Josaphat yo: Azaria, Micaël, avèk Schephathia. Tout sila yo te fis a Josaphat, wa [w]Israël la. [3] Papa yo te ba yo anpil kado an ajan, lò, avèk bagay presye, [x]avèk vil fòtifye nan Juda, men li te bay wayòm nan a Joram akoz li te premye ne. [4] Lè Joram te fin kontwole wayòm papa li, e te fè pozisyon li byen solid, li te [y]touye

---

[a] 20:7 És 41:8   [b] 20:9 II Kwo 6:28-30   [c] 20:10 Nonb 20:17-21   [d] 20:11 Sòm 83:12   [e] 20:12 Jij 11:27   [f] 20:14 II Kwo 15:1   [g] 20:15 I Sam 17:47   [h] 20:17 Egz 14:13   [i] 20:18 Egz 4:31   [j] 20:20 És 7:9   [k] 20:21 I Kwo 16:29   [l] 20:22 I Kwo 13:13   [m] 20:23 Jij 7:22   [n] 20:27 Né 12:43   [o] 20:29 II Kwo 14:14   [p] 20:30 II Kwo 14:6-7   [q] 20:31 I Wa 22:41-43   [r] 20:33 II Kwo 17:6   [s] 20:34 II Kwo 19:2   [t] 20:35 I Wa 22:48-49   [u] 20:36 II Kwo 9:21   [v] 21:1 I Wa 22:50   [w] 21:2 II Kwo 12:6   [x] 21:3 II Kwo 11:5   [y] 21:4 Jen 4:8

tout frè li yo avèk nepe, ansanm ak kèk nan chèf Israël yo tou. 5 ªJoram te gen trann-dezan lè l te devni wa e li te renye pandan uitan Jérusalem. 6 ᵇLi te mache nan chemen a wa Israël yo, menm jan avèk lakay Achab, (ᶜpaske fi Achab la te madanm li) e li te fè mal nan zye a SENYÈ a. 7 Men SENYÈ a pa t vle detwi lakay David akoz akò ke Li te fè ak David la, e ᵈakoz Li te fè pwomès pou bay yon lanp pou li avèk fis li yo jis pou tout tan.

8 Pandan jou li yo, ᵉÉdom te fè rebèl kont otorite Juda yo, e yo te etabli yon wayòm pou kont yo. 9 Konsa, Joram te travèse avèk chèf li yo ak tout cha li yo avèk li. Li te leve pandan nwit lan, e li te touye Edomit ki te antoure li yo, avèk chèf a cha yo. 10 Akoz sa, Édom te fè rebèl kont Juda jis rive Jodi a. Epi Libna te fè rebèl menm lè a kont otorite li, akoz li te bliye SENYÈ a, Bondye a zansèt li yo.

11 Anplis, ᶠli te fè wo plas nan mòn Juda yo. Li te fè pèp Jérusalem nan ᵍjwe pwostitisyon, e li te mennen Juda nan move wout. 12 Pou sa a, yon lèt te vin kote li soti nan men Élie, pwofèt la. Li te di: "Konsa pale SENYÈ a, Bondye a papa zansèt ou a, David: 'Akoz ʰou pa t mache nan chemen a Josaphat, papa ou, ak nan chemen Asa, wa Juda a, 13 men ou te mache nan chemen wa Israël yo, e ou te fè Juda avèk pèp Jérusalem nan jwe pwostitisyon, ⁱjan lakay Achab te jwe pwostitisyon an. Anplis, ou touye frè ou yo, pwòp fanmi pa w, ki te pi bon pase ou. 14 Pou sa a, men gade, SENYÈ a va frape pèp ou a, fis ou yo, madanm ou yo ak tout byen ou yo avèk gwo malè. 15 ʲOu va vin soufri yon maladi ki rèd, yon maladi zantray ou, jiskaske zantray ou vin sòti akoz maladi a.'"

16 SENYÈ a te ᵏboulvèse lespri Filisten yo kont Joram, ansanm ak Arab yo ki te nan lizyè Etyopyen yo. 17 Yo te vini kont Juda pou te atake li, e yo te fè pote ale tout posesyon ke yo te jwenn lakay wa a, ansanm avèk fis li yo, ak madanm li yo, jiskaske pa t gen fis ki te rete pou li, sof ˡJoachaz, pi piti nan fis li yo.

18 Konsa, apre tout bagay sa a, SENYÈ a te frape li ᵐnan zantray li avèk yon maladi ki pa t kab geri. 19 Alò, li te vin rive pandan tan ekoule a, nan fen dezan, ke zantray li te sòti akoz maladi li a, e li te mouri avèk gwo doulè. Epi pèp li a pa t fè dife pou li tankou ⁿdife yo te fè pou papa zansèt li yo. 20 Li te gen trann-dezan lè l te vin wa e li te renye Jérusalem pandan uitan. Lè l te mouri li te ᵒsan regrè a pèsòn. Yo te antere li lavil David, ᵖmen pa nan tonm a wa yo.

22 Pèp Jérusalem la te fè ᑫAchazia, pi piti fis li a, wa nan plas li, akoz bann mesye ki te vini ak Arab yo nan kan an te touye tout pi gran yo. Konsa Achazia, fis a Joram nan, wa Juda a te kòmanse renye. 2 Achazia te gen venn-dezan lè l te devni wa a e li te renye ennan Jérusalem. Non manman l te Athalie, fi a Omri. 3 Li menm tou te mache nan chemen lakay Achab yo, paske manman li te konseye li pou fè mal. 4 Li te fè mal nan zye SENYÈ a tankou Achab, paske yo te konseye li apre lanmò papa l, jiskaske sa te fin detwi li. 5 Li te osi mache selon konsèy pa yo e te ale avèk Joram, fis a Achab la, wa Israël la pou fè lagè kont Hazaël, wa Syrie a nan Ramoth-Galaad. Men ʳSiryen yo te blese Joram. 6 Pou sa, li te retounen pou geri nan Jizreel akoz blese ke yo te ba li nan Rama yo, lè li te fin goumen kont Hazaël, wa Syrie a. Epi Achazia, fis a Joram nan, wa Juda a, te desann pou wè Joram, fis a Achab la Jizreel, akoz li te malad.

7 Alò, destriksyon Achazia te sòti nan Bondye akoz li te ale kote Joram. Paske lè l te desann, li te sòti avèk Joram kont Jéhu, fis a Nimschi a, ˢke SENYÈ a te chwazi pou detwi lakay Achab. 8 ᵗLi te vin rive ke lè Jéhu t ap egzekite jijman sou lakay Achab la, li te twouve chèf a Juda yo avèk fis a frè Achazia ki t ap sèvi Achazia yo e li te touye yo. 9 ᵘAnplis, li te chache Achazia, epi yo te kenbe li pandan li te kache Samarie a. Yo te mennen li kote Jéhu, yo te mete li a lanmò, e te antere li. Paske yo te di: "Li se fis a Josaphat, ki te chache SENYÈ a ak tout kè li a." Konsa, pa t gen moun lakay Achazia pou te kenbe pouvwa wayòm nan.

10 ᵛAlò lè Athalie, manman Achazia a, te wè ke fis li a te mouri, li te leve e te detwi tout pitit wa lakay Juda yo. 11 Men Joschabeath, fi a wa a te pran fis a Achazia a e te rache li soti nan mitan fis a wa a ke yo t ap touye yo, e li te plase li avèk nouris li nan chanm dòmi an. Konsa, Joschabeath, fi a Wa Joram nan, madanm a Jehojada, prèt la (paske li te sè Achazia), te kache li pou Athalie pa t kab mete l a lanmò. 12 Li te kache yo lakay SENYÈ a pandan sizan pandan Athalie t ap renye sou peyi a.

23 ʷAlò, nan setyèm ane, Jehojada te ranfòse tèt li e te pran chèf a dè santèn yo: Azaria, fis a Obed la, Maaséja, fis a Adaja a ak Élischaphath, fis a Zicri a. Yo te antre nan yon akò avèk li. 2 Yo te ale toupatou nan Juda pou te rasanble Levit soti nan tout vil Juda yo ak chèf lakay zansèt ˣIsraël yo, e yo te vini Jérusalem. 3 Konsa, tout asanble a te fè yon akò avèk wa a nan kay Bondye a. Epi Jehojada te di yo: "Gade byen, fis a wa a oblije renye, ʸjan SENYÈ a te pale pa fis a David yo. 4 Sa se bagay ke nou oblije fè: yon tyè nan nou, nan prèt avèk Levit ᶻki antre nan Saba yo, va sèvi kòm gadyen pòtay; 5 yon tyè va kote lakay wa a, e yon tyè kote Pòtay Fondasyon an. Tout pèp la va nan lakou lakay SENYÈ a. 6 Men pa kite pèsòn antre lakay SENYÈ a, sof ke prèt avèk ᵃLevit k ap fè sèvis yo. Yo kab antre, paske yo sen, men tout pèp la va kenbe règleman a SENYÈ a. 7 Levit yo

---

ª **21:5** II Wa 8:17-22   ᵇ **21:6** I Wa 12:28-30   ᶜ **21:6** II Kwo 18:1   ᵈ **21:7** II Sam 7:12-17   ᵉ **21:8** II Kwo 20:22-23
ᶠ **21:11** I Wa 11:7   ᵍ **21:11** Lev 20:5   ʰ **21:12** II Kwo 17:3-4   ⁱ **21:13** I Wa 16:31-33   ʲ **21:15** II Kwo 21:18-19
ᵏ **21:16** II Kwo 17:11   ˡ **21:17** II Kwo 25:23   ᵐ **21:18** II Kwo 21:15   ⁿ **21:19** II Kwo 16:14   ᵒ **21:20** Jr 22:18-28
ᵖ **21:20** II Kwo 24:25   ᑫ **22:1** II Wa 8:24-29   ʳ **22:5** II Wa 8:28   ˢ **22:7** II Wa 9:6-7   ᵗ **22:8** II Wa 10:11-14
ᵘ **22:9** II Wa 9:27   ᵛ **22:10** II Wa 11:1-3   ʷ **23:1** II Wa 11:4-20   ˣ **23:2** II Kwo 11:13-17   ʸ **23:3** II Sam 7:12
ᶻ **23:4** I Kwo 9:25   ᵃ **23:6** I Kwo 23:28-32

va antoure wa a, chak mesye avèk zam yo nan men yo. Nenpòt moun ki antre nan kay la, fòk li mouri. Rete avèk wa a lè l antre ak lè l sòti."

⁸ Konsa, Levit yo avèk tout Juda te fè selon tout sa ke Jehojada, prèt la, te kòmande yo a. Yo chak te pran mesye pa yo ki te gen pou antre anndan nan Saba a, avèk sila ki t ap sòti nan Saba yo, paske Jehojada, prèt la, pa t lage okenn nan ᵃdivizyon sòlda yo. ⁹ Jehojada, prèt la, te bay a chèf dè santèn yo lans avèk gwo boukliye defans, ki te konn pou Wa David, ki te lakay Bondye a. ¹⁰ Li te estasyone tout pèp la, chak mesye avèk zam yo nan men yo, sòti nan kote dwat kay la jis rive nan kote goch kay la, toupre lotèl la, toupre kay la, antoure wa a nèt. ¹¹ Epi yo te mennen fè parèt fis a wa a, yo te mete kouwòn nan sou li. Konsa, yo te ba li ᵇtemwayaj pou te fè l wa. Jehojada avèk fis li yo te onksyone li, e yo te di ansanm: "Viv wa a!"

¹² Lè Athalie te tande bwi a pèp la ki t ap kouri ak bay lwanj a wa a, li te antre lakay SENYÈ a kote pèp la. ¹³ Li te gade e vwala, wa a te kanpe akote pilye li nan antre a, e chèf yo avèk mesye twonpèt yo te akote wa a. Epi tout pèp peyi a te rejwi. Yo te soufle twonpèt yo e chantè avèk enstriman yo pou dirije lwanj lan. Athalie te chire rad li, e te di: "Trayizon! Trayizon!"

¹⁴ Jehojada, prèt la te mennen fè sòti chèf a dè santèn ki te chwazi sou lame yo. Li te di yo: "Mennen li deyò antre ranje yo, epi nenpòt moun ki swiv li, mete li a lanmò avèk nepe." Paske prèt la te di: "Pa kite li mouri lakay SENYÈ a." ¹⁵ Konsa, yo te sezi li e lè li te rive kote antre ᶜPòtay Cheval la, lakay wa a, yo te mete li a lanmò la.

¹⁶ Epi ᵈJehojada te fè yon akò antre li menm avèk tout pèp la, e avèk wa a, pou yo ta pèp a SENYÈ a. ¹⁷ Konsa, tout pèp la te ale kote kay Baal la. Yo te chire, kase an mòso lotèl li yo avèk imaj li yo, e yo te ᵉtouye Matthan, prèt Baal la devan lotèl yo. ¹⁸ Anplis, Jehojada te mete ofisye lakay SENYÈ yo anba otorite prèt Levit yo, ᶠke David te apwente sou lakay SENYÈ a, pou ofri ofrann brile a SENYÈ, jan sa ekri nan lalwa Moïse la—-avèk anpil rejwisans ak chante selon lòd a David la. ¹⁹ Li te estasyone ᵍgadyen pòtay yo lakay SENYÈ a, pou pèsòn pa t kab antre, si pou nenpòt rezon li pa t pwòp. ²⁰ ʰLi te pran chèf a dè santèn yo, moun enpòtan yo, moun ki te gouvène pèp la, tout pèp peyi a, e yo te mennen wa a desann soti lakay SENYÈ a pou te antre pa wo pòtay la pou antre lakay wa a. Konsa, yo te mete wa a sou twòn wayal la. ²¹ ⁱ Tout pèp peyi a te rejwi e vil la te vin kalm. Paske yo te mete Athalie a lanmò avèk nepe.

24 ʲJoas te gen laj setan lè l te devni wa, e li te renye pandan karantan Jérusalem, Non manman li te Tsibja soti nan Beer-Schéba. ² ᵏJoas te fè sa ki te bon nan zye SENYÈ a pandan tout jou a Jehojada yo, prèt la. ³ Jehojada te pran de madanm pou li, e li te vin papa a fis ak fi.

⁴ Li te vin rive apre sa ke Joas te pran desizyon pou ˡrestore lakay SENYÈ a. ⁵ Li te rasanble prèt yo avèk Levit yo, e li te di yo: "Ale antre nan tout vil Juda yo e rekeyi lajan pami tout ᵐIsraël pou repare lakay SENYÈ nou an chak ane. Epi fè sa byen vit." Men Levit yo pa t aji avèk vitès. ⁶ Akoz sa, wa a te rele Jehojada, chèf prèt la. Li te mande li: "Poukisa nou pa t egzije Levit yo pou pote soti Juda avèk Jérusalem ⁿtaks etabli pa Moïse la, sèvitè SENYÈ a sou asanble Israël la pou tant temwayaj la?" ⁷ Paske ᵒfis a Athalie yo, ki te tèlman mechan, te antre kase lakay Bondye a. Anplis yo te sèvi ak bagay sen nan kay yo pou sèvi Baal.

⁸ Konsa, wa a te pase lòd e ᵖyo te fè yon bwat kès pou te mete li deyò akote pòtay lakay SENYÈ a. ⁹ ᵠYo te fè yon pwoklamasyon nan Juda avèk Jérusalem pou pote bay SENYÈ a, taks Moïse la, sèvitè Bondye a, ki te etabli nan dezè a pou Israël la. ¹⁰ Tout ofisye yo avèk tout pèp la te rejwi. Yo te pote taks pa yo e yo te depoze yo nan kès la jiskaske yo te ranpli l. ¹¹ Li te vin rive ke nenpòt lè Levit yo te pote kès la anndan kote ofisye a yo, e lè ʳyo te wè ke te gen anpil lajan, ke grefye a wa a avèk ofisye a chèf prèt la te vin vide kès la, pran l e remete li nan plas li. Konsa, yo te fè chak jou, e yo te rekeyi anpil lajan. ¹² Wa a avèk Jehojada te bay li a sila ki te fè travay nan sèvis lakay SENYÈ a. Yo te anplwaye mason avèk chapant pou restore lakay SENYÈ a, ak ouvriye fè avèk bwonz pou repare lakay SENYÈ a. ¹³ Konsa, ouvriye yo te travay, epi èv reparasyon an te avanse nan men yo. Yo te restore lakay Bondye a selon plan li, e yo te ranfòse li. ¹⁴ Lè yo te fini, yo te mennen rès lajan an devan wa a avèk Jehojada. Li te fonn pou fè zouti pou lakay SENYÈ a, zouti pou sèvis la ak ofrann brile a, avèk po ak zouti an lò avèk ajan. Epi yo te ofri ofrann brile yo lakay SENYÈ a san rete pandan tout jou a Jehojada yo.

¹⁵ Alò, lè Jehojada te rive a yon gwo laj byen mi, li te vin mouri. Li te gen san-trantan lè l te mouri. ¹⁶ Yo te antere li ˢlavil David pami wa yo akoz li te fè byen an Israël ni pou Bondye, ni pou lakay Li a.

¹⁷ Men apre lanmò Jehojada, ofisye Juda yo te vini bese ba devan wa a, e wa a te koute yo. ¹⁸ Yo te abandone lakay SENYÈ a, Bondye a zansèt yo a pou te ᵗsèvi Asherim yo avèk zidòl yo. Konsa, ᵘlakòlè SENYÈ a te desann sou Juda avèk Jérusalem akoz koupabilite sa a. ¹⁹ Malgre sa, ᵛLi te voye pwofèt yo kote yo pou mennen yo retounen a SENYÈ a. Sepandan, yo te fè temwayaj kont yo, e te refize koute yo.

ᵃ **23:8** I Kwo 24:1   ᵇ **23:11** Egz 25:16-21   ᶜ **23:15** Né 3:28   ᵈ **23:16** II Wa 11:17   ᵉ **23:17** Det 13:6-9
ᶠ **23:18** I Kwo 23:6   ᵍ **23:19** I Kwo 9:22   ʰ **23:20** II Wa 11:19   ⁱ **23:21** II Wa 11:20   ʲ **24:1** II Wa 11:21
ᵏ **24:2** II Kwo 26:4-5   ˡ **24:4** II Kwo 24:7   ᵐ **24:5** II Kwo 21:2   ⁿ **24:6** Egz 30:12-16   ᵒ **24:7** II Kwo 21:17
ᵖ **24:8** II Wa 12:9   ᵠ **24:9** II Kwo 36:22   ʳ **24:11** II Wa 12:10   ˢ **24:16** II Kwo 21:20   ᵗ **24:18** Egz 34:12-14
ᵘ **24:18** Jos 22:20   ᵛ **24:19** Jr 7:25

²⁰ ªAlò Lespri Bondye a te vini sou Zacharie, fis a Jehojada a, prèt la. Li te kanpe anwo pèp la, e te pale yo: "Konsa Bondye te di: 'Poukisa nou vyole kòmandman a SENYÈ la, e akoz sa nou pa reyisi? ᵇAkoz nou te abandone SENYÈ a, Li menm osi te abandone nou.'"

²¹ Pou sa, ᶜyo te fè konplo kont li. Sou kòmand a wa a, yo te lapide li jiska lanmò nan lakou lakay SENYÈ a. ²² Konsa, Joas pa t sonje bonte ke papa li, Jehojada te montre li a, ᵈmen li te touye fis li. Epi pandan li t ap mouri, li te di: "Ke SENYÈ a wè e fè revandikasyon!"

²³ Alò, li te vin rive nan fen ane ke ᵉlame Siryen yo te monte kont li. Yo te vini Juda avèk Jérusalem, e te detwi tout ofisye a pèp la ki te pami pèp la, epi yo te voye tout piyaj la kote wa a Damas la. ²⁴ Anverite, lame Siryen an te vini avèk yon ti kantite moun, men ᶠSENYÈ a te livre yon trè gwo lame nan men yo, paske yo te abandone SENYÈ a, Bondye a zansèt yo a. Se konsa yo te egzekite jijman sou Joas.

²⁵ ᵍLè yo te kite Joas, (akoz yo te kite li byen blesi), pwòp sèvitè li yo te fè konplo kont li akoz san fis Jehojada a, prèt la, e yo te asasine li sou kabann li an. Konsa, li te mouri e yo te antere li lavil David la, men yo pa t antere li nan tonm a wa yo. ²⁶ Alò, sa yo se sila ki te fè konplo kont li yo: Zabad, fis a Schimeath la, Amonit lan, ak Jozabad, fis a Schimrith la, Moabit la. ²⁷ Konsènan fis li yo, tout pawòl madichon kont li yo ak rekonstriksyon lakay Bondye a, gade byen, yo ekri nan ʰistwa Liv A Wa Yo. Epi Amatsia, fis li a, te vin wa nan plas li.

25 ⁱAmatsia te gen laj a venn-senkan lè l te devni wa, e li te renye vent-nevan Jérusalem. Non manman li te Joaddan de Jérusalem. ² Li te fè sa ki dwat nan zye SENYÈ a, ʲsepandan, pa avèk tout kè l. ³ Alò, ᵏli te vin rive depi wayòm nan te byen solid nan men l, ke li te touye sèvitè li yo ki te touye papa li, wa a. ⁴ Sepandan, li pa t touye pitit yo, men li te swiv sa ki ekri nan lalwa nan liv Moïse la, ke SENYÈ a te kòmande, ki te di: ˡ"Papa yo p ap mete a lanmò pou fis yo, ni fis yo p ap mete a lanmò pou papa yo, men chak moun va mete a lanmò pou pwòp peche pa l."

⁵ Anplis, Amatsia te rasanble Juda, e li te òganize yo selon lakay papa yo anba chèf a dè milye e chèf a dè santèn toupatou nan Juda avèk Benjamin. Li te pran yon kontwòl global a sila ᵐsoti nan ventan oswa plis yo, e li te twouve yo a twa-san-mil mesye, byen chwazi pou fè lagè ak manyen lans ak pwotèj. ⁶ Li te anplwaye osi san-mil gèrye plen kouraj ki sòti an Israël pou san talan ajan. ⁷ Men yon ⁿnonm Bondye te rive kote li e te di: "O Wa, pa kite lame Israël la ale avèk ou, paske SENYÈ a pa avèk Israël, ni avèk okenn nan fis Éphraïm yo. ⁸ Men si ou ale, aji avèk fòs pou batay la. Bondye va rale ou desann devan lènmi yo, ᵒpaske Bondye gen pouvwa pou ede e pou desann."

⁹ Amatsia te di a nonm Bondye a: "Men kisa n ap fè pou afè san talan ke m te bay a sòlda Israël yo?"

Nonm Bondye a te di: ᵖ"Senyè a gen bokou plis pou bay pase sa."

¹⁰ Konsa, Amatsia te voye yo ale, sòlda ki te rive kote li soti Éphraïm yo, pou rive lakay yo. Akoz sa a, kòlè yo te brile kont Juda e yo te retounen lakay ak gwo kòlè.

¹¹ Alò, Amatsia te ranfòse tèt li; li te mennen pèp li a sòti pou ale nan ۹Vale Sèl la, e te frape di-mil nan fis a Séir yo. ¹² Fis a Juda yo, anplis, te kaptire di-mil tou vivan. Yo te mennen yo anwo pwent falèz la, e te jete yo anba soti anwo falèz la, jiskaske yo tout te kraze chire an mòso. ¹³ Men sòlda ke Amatsia te voye retounen pou yo pa ale nan batay la avèk li yo, te atake vil a Juda yo, soti Samarie jis rive Beth-Horon. Yo te frape twa-mil nan yo, e te piyaje anpil byen yo.

¹⁴ Alò, lè Amatsia te sòti nan masak Edomit yo, li te pote dye a fis a Séir yo. Li te pozisyone yo tankou dye pa li, pou l bese ba devan yo e te brile lansan a yo menm. ¹⁵ Lakòlè Bondye te brile kont Amatsia, e Li te voye pwofèt Li ki te di l: "Poukisa ou te swiv dye a pèp sa a, ʳki pa t kab delivre pwòp pèp pa yo nan men ou?"

¹⁶ Pandan li t ap pale avèk li, wa a te di li: "Èske nou te chwazi ou menm kòm konseye wayal? Rete! Poukisa w ap chache mouri?"

Epi pwofèt la te rete. Li te di: "Mwen konnen ke Bondye deja fè plan pou detwi ou, paske ou te fè bagay sa a e pa t koute konsèy mwen."

¹⁷ ˢAlò, Amatsia, wa Juda te pran konsèy moun pa l. Li te voye kote Joas, fis a Joachaz la, fis a Jéhu a, wa Israël la. Li te di l: "Vini, annou parèt fasafas."

¹⁸ Joas, wa Israël la te voye kote Amatsia, wa Juda a. Li te di: ᵗ"Bwa pikan ki te Liban an te voye kote bwa sèd ki te Liban an, e te di: 'Bay fi ou a fis mwen nan maryaj.' Men yon bèt sovaj nan Liban te pase akote e te foule bwa pikan an. ¹⁹ Ou di nan tèt ou: 'Gade byen, mwen te bat Édom.' Konsa ᵘkè ou vin plen ak ògèy e anfle. Alò, rete lakay ou! Poukisa ou ta pwovoke twoub pou tèt ou, jiskaske ou menm, ou ta tonbe e Juda avèk ou?"

²⁰ Men Amatsia pa t ap koute, paske sa te soti nan Bondye, ki ta livre yo nan men lèdmi yo, akoz yo te chache dye Édom yo. ²¹ Konsa Joas, wa Israël la te monte, e li menm avèk Amatsia, wa Juda a te fè fasafas nan Beth-Schémesch, ki te pou Juda a. ²² Juda te bat pa Israël, e yo chak te kouri nan pwòp tant yo.

²³ Alò Joas, wa Israël la te kaptire Amatsia, wa Juda a, fis a Joas la, fis a ᵛJoachaz la, nan

---

ª **24:20** II Kwo 20:14   ᵇ **24:20** II Kwo 15:2   ᶜ **24:21** Né 9:26   ᵈ **24:22** Jen 9:5   ᵉ **24:23** II Wa 12:17   ᶠ **24:24** II Kwo 16:7-8   ᵍ **24:25** II Wa 12:20-21   ʰ **24:27** II Kwo 13:22   ⁱ **25:1** II Wa 14:1-6   ʲ **25:2** II Kwo 25:14   ᵏ **25:3** II Wa 14:5   ˡ **25:4** Det 24:16   ᵐ **25:5** Nonb 1:3   ⁿ **25:7** II Wa 4:9   ᵒ **25:8** II Kwo 14:11   ᵖ **25:9** Det 8:18   ۹ **25:11** II Wa 14:7   ʳ **25:15** II Kwo 25:11-12   ˢ **25:17** II Wa 14:8-14   ᵗ **25:18** Jij 9:8-15   ᵘ **25:19** II Kwo 26:16   ᵛ **25:23** II Kwo 21:17

Beth-Schémesch. Li te mennen li Jérusalem, e li te chire miray Jérusalem nan soti nan Pòtay Éphraïm nan jis rive nan Pòtay Kwen an, kat-san koude nan longè. ²⁴ Li te pran tout lò avèk ajan ak tout zouti ki te twouve lakay Bondye a avèk ᵃObed-Édom ak trezò lakay wa a, ansanm avèk prizonye yo, e te retounen Samarie.

²⁵ ᵇEpi Amatsia, fis a Joas la, wa Juda a, te viv kenzan apre lanmò Joas, fis a Joachaz la, wa Israël la. ²⁶ Alò, tout lòt zèv a Amatsia yo, soti nan premye a jis rive nan dènye a, men gade, èske yo pa ekri nan Liv A Wa Juda Avèk Israël yo? ²⁷ Depi lè ke Amatsia te vire kite SENYÈ a, yo te fè konplo kont li Jérusalem, e li te sove ale Lakis, men yo te voye dèyè li Lakis e te touye li la. ²⁸ Konsa, yo te mennen li sou cheval e te antere li avèk zansèt li yo lavil Juda.

26 Tout pèp Juda a te pran Ozias, ki te genyen laj a sèzan e te fè li wa nan plas a papa li, Amatsia. ² Li te bati Élath e te restore li pou Juda apre wa a te dòmi avèk zansèt li yo. ³ Ozias te gen ᶜsèzan lè l te devni wa a, e li te renye pandan senkann-dezan Jérusalem. Non manman li te Jecolia, de Jérusalem. ⁴ Li te fè sa ki bon nan zye a SENYÈ a selon tout sa ke papa li, Amatsia te konn fè. ⁵ ᵈLi te kontinye chache Bondye nan tout jou a Zacharie yo, ᵉki te gen konprann selon vizyon Bondye. Pandan tout tan li t ap chache SENYÈ a, Bondye te fè l reyisi.

⁶ Alò, li te sòti pou fè ᶠlagè kont Filisten yo. Li te kraze miray a Gath la, miray a Jabné a, miray a Asdod la, e li te bati vil nan anviwon Asdod pami Filisten yo. ⁷ ᵍBondye te ede li kont Filisten yo, e kont Arab ki te rete Gur-Baal yo, avèk Maonit yo. ⁸ Anplis, Amonit yo te peye ʰtaks obligatwa a Ozias, e rekonesans li te rive jis nan lizyè Égypte. Li te vin pwisan anpil. ⁹ Anplis, Ozias te bati fò Jérusalem yo nan ⁱPòtay Kwen an, nan Pòtay Vale a ak nan kwen pilye a pou ranfòse yo toujou. ¹⁰ Li te bati fò nan dezè yo, e li te ʲfouye anpil sitèn, paske li te gen anpil bèt, ni nan ba plèn nan, ni nan gran plèn nan. Anplis, li te genyen labourè chan yo avèk moun pou pran swen chan rezen nan peyi ti kolin yo ak nan chan bon tè yo, paske li te renmen latè anpil. ¹¹ Anplis, Ozias te gen yon lame parèt pou batay, ki te antre nan konba a pa divizyon yo selon nimewo pa yo, prepare pa Jeïèl, sekretè a, avèk Maaséja, ofisye a, anba direksyon a Hanania, youn nan ofisye wa yo. ¹² Nonb total a chèf lakay yo, a gèrye plen kouraj yo te de-mil-sis-san. ¹³ Anba direksyon pa yo, te gen yon lame elit de ᵏtwa-san-sèt-mil-senk-san ki te kapab fè lagè avèk gwo pouvwa, pou bay wa a soutyen kont lènmi an. ¹⁴ Anplis, Ozias te prepare pou tout lame a boukliye defans yo, lans yo, kas yo, abiman defans kò yo, banza yo ak wòch fistibal yo. ¹⁵ Nan Jérusalem, li te fè gwo machin lagè envante pa moun gwo kapasite pou plase sou fò yo pou tire flèch avèk gwo wòch. Pou tout sa, rekonesans li te gaye byen lwen, paske li te resevwa gwo èd jiskaske li te vin byen pwisan.

¹⁶ Men lè l te vin fò, kè li te vin plen ògèy. Li te aji konwonpi. Li pa t fidèl a SENYÈ a, Bondye li a, paske ˡli te antre nan tanp SENYÈ a pou brile lansan sou lotèl lansan an. ¹⁷ Konsa, ᵐAzaria, prèt la, te antre dèyè li avèk katreven prèt SENYÈ a, mesye ki te plen kouraj. ¹⁸ ⁿYo te konfwonte Ozias, wa a. Yo te di li: "Se pa ou menm, Ozias, ki pou brile lansan a SENYÈ a, ᵒmen se prèt yo, fis a Aaron ki konsakre pou brile lansan. Sòti nan sanktyè a, paske ou gen tò, e ou p ap twouve lonè devan SENYÈ a, Bondye a."

¹⁹ Men Ozias, avèk veso lansanswa nan men l pou brile lansan an, te anraje. Konsa, pandan li te anraje avèk prèt yo, ᵖlalèp te pete sou fon li devan prèt yo lakay SENYÈ a, akote lotèl lansan an. ²⁰ Azaria, chèf prèt la avèk tout lòt prèt yo te gade li, e vwala, li te gen lalèp sou fon li. Konsa, yo te fè l sòti la byen vit, e li menm tou te fè vit pou sòti akoz SENYÈ a te frape li. ²¹ ᵠWa Ozias te rete yon moun lalèp jis rive nan jou li te mouri an. Li te rete nan yon kay apa, akoz lalèp la, paske li te entèdi antre lakay SENYÈ a. Jotham, fis li a, te lakay wa a pou te jije pèp peyi a.

²² Alò, tout rès a zèv Ozias yo, soti nan premye a jis rive nan dènye a, pwofèt ʳÉsaïe, fis a Amots la, te ekri yo. ²³ Konsa, Ozias te dòmi avèk zansèt li yo, e yo te antere li avèk papa zansèt li yo ˢnan chan akote tonm ki te pou wa yo, paske yo te di: "Li gen lalèp". Epi Jotham, fis li a, te devni wa nan plas li.

27 ᵗJotham te gen laj venn-senkan lè l te devni wa a, e li te renye sèzan Jérusalem. Non manman li te Jeruscha, fis a Tsadok la. ² Li te fè sa ki dwat nan zye SENYÈ a, selon tout sa ke papa Ozias te konn fè. ᵘMen li pa t antre nan tanp SENYÈ a. E pèp la te kontinye aji konwonpi. ³ Li te bati pòtay pi wo lakay SENYÈ a, e li te bati anpil menm sou ᵛmiray Ophel la. ⁴ Anplis, li te bati ʷvil nan peyi kolin a Juda yo, e li te bati fò avèk fòterès sou ti kolin ki te bwaze yo. ⁵ Li te goumen osi avèk wa Amonit yo, e li te genyen yo jiskaske Amonit yo te ba li nan menm ane sa a, san talan a ajan, di-mil barik ble ak di-mil barik lòj. Amonit yo te peye li menm fòs sa a nan dezyèm ak twazyèm ane a. ⁶ ˣKonsa, Jotham te vin trè pwisan akoz li te fè afè li an lòd devan SENYÈ a, Bondye li a. ⁷ ʸAlò, tout lòt zèv a Jotham yo, menm tout gè li yo avèk zèv li yo, gade byen, yo ekri nan Liv A Wa Israël Avèk Juda Yo. ⁸ Li te gen ᶻvenn-senkan lè l te vin wa e li te renye sèzan Jérusalem. ⁹ Konsa, Jotham te dòmi avèk papa zansèt li yo, e yo antere li lavil David. Achaz, fis li a, te devni wa nan plas li.

ᵃ **25:24** I Kwo 26:15   ᵇ **25:25** II Wa 14:17-22   ᶜ **26:3** II Wa 15:2-3   ᵈ **26:5** II Wa 24:2   ᵉ **26:5** Dan 1:17
ᶠ **26:6** És 14:29   ᵍ **26:7** II Kwo 21:16   ʰ **26:8** II Kwo 17:11   ⁱ **26:9** II Kwo 25:23   ʲ **26:10** Jen 26:18-21
ᵏ **26:13** II Kwo 25:5   ˡ **26:16** Nan 13:1-4   ᵐ **26:17** I Kwo 6:10   ⁿ **26:18** II Kwo 19:2   ᵒ **26:18** Egz 30:7-8
ᵖ **26:19** II Wa 5:25-27   ᵠ **26:21** II Wa 15:5-7   ʳ **26:22** És 1:1   ˢ **26:23** II Kwo 21:20   ᵗ **27:1** II Wa 15:33-35
ᵘ **27:2** II Kwo 26:16   ᵛ **27:3** I Kwo 33:14   ʷ **27:4** II Kwo 11:5   ˣ **27:6** II Kwo 26:5   ʸ **27:7** II Wa 15:36
ᶻ **27:8** II Kwo 27:1

28 [a]Achaz te gen laj a ventan lè l te devni wa e li te renye sèzan Jérusalem. Li pa t fè sa ki bon nan zye SENYÈ a, jan David, papa zansèt li a, te konn fè a, ² men li te mache nan chemen a wa Israël yo. Anplis, li te [b]fè imaj fonn pou Baal yo. ³ [c]Li te brile lansan nan vale Ben-Hinnon e li te [d]brile fis li yo nan dife, selon abominasyon a nasyon ke SENYÈ a te chase mete deyò devan fis Israël yo. ⁴ Li te fè sakrifis e te [e]brile lansan sou wo plas yo, sou ti mòn yo e anba chak bwa vèt.

⁵ Pou sa, [f]SENYÈ a, Bondye li a, te livre li nan men a wa Syrie a. Konsa, yo te bat li e te pote ale de li yon gran kantite kaptif pou te fè yo rive Damas. Li te anplis livre nan men a wa Israël la ki te aflije li avèk anpil moun mouri. ⁶ Paske [g]Pékach, fis Remalia a, te touye nan Juda, pandan yon sèl jou, san-ven-mil òm, tout mesye ki plen kouraj yo, akoz yo te abandone SENYÈ a, Bondye a papa zansèt yo. ⁷ Epi Zicri yon nonm pwisan nan Éphraïm, te touye Maaséja, fis a wa a avèk Azrikam, chèf a kay wayal la, e Elkana, dezyèm apre wa a. ⁸ [h]Fis Israël yo te pote ale an kaptivite pami frè yo de-san-mil fanm Judah, fis ak fi. Anplis yo te pran anpil piyaj ki sòti nan yo, e te mennen piyaj la Samarie. ⁹ Men yon pwofèt SENYÈ a ki te rele Oded te la. [i]Li te sòti deyò pou rankontre lame ki te vini Samarie a e li te di yo: "Gade byen, paske SENYÈ a zansèt ou yo [j]te fache avèk Juda, Li te livre yo nan men nou, e nou te touye yo ak gwo laraj ki te rive jis nan syèl la. ¹⁰ Alò, nou ap pwopoze pou fè pou kont nou, pèp a Juda avèk Jérusalem yo [k]vin soumèt kòm esklav mal ak femèl. Anverite, èske nou menm pa gen transgresyon pou kont nou kont SENYÈ a, Bondye nou an? ¹¹ Alò, pou sa, koute mwen e remèt kaptif ke nou te fè prizonye pami frè nou yo, [l]paske kòlè SENYÈ a byen cho kont nou."

¹² Alò, kèk nan chèf a fis Éphraïm yo——Azaria, fis a Jochanan nan, Bérékia, fis a Meschillémoth la, Ézéchias, fis a Schallum nan e Amasa, fis a Hadlaï a——te leve kont sila ki t ap retounen soti nan batay la. ¹³ Yo te di yo: "Fòk nou pa mennen kaptif yo anndan isit la, paske nou ap tante mennen sou nou koupabilite kont SENYÈ a, ki va ogmante peche nou avèk koupabilite nou. Paske koupabilite nou vin tèlman gran ke kòlè Li vin kont Israël."

¹⁴ Pou sa, mesye ki t ap pote zam yo te kite kaptif yo avèk piyaj la devan ofisye yo avèk tout asanble a. ¹⁵ Epi mesye ki te chwazi pa non yo te leve, pran kaptif yo, yo te mete rad ki sòti nan piyaj la sou sila ki te toutouni yo. Yo te bay yo rad avèk sandal, yo te bay yo manje e te [m]bay yo bwè, e yo te onksyone yo avèk lwil. Yo te mennen tout sila ki te fèb yo sou bourik e te fè yo rive Jéricho, [n]vil palmis yo, kote frè yo. Konsa, yo te retounen Samarie.

¹⁶ [o]Nan lè sa a, Wa Achaz te voye kote wa Asiryen yo pou jwenn soutyen. ¹⁷ [p]Paske ankò, Edomit yo te vin atake Juda e te mennen yo sòti kaptif. ¹⁸ [q]Filisten yo osi te atake vil nan ba plèn yo avèk Negev nan Juda e te pran Beth-Schémesch, Ajalon, Guédéroth, Soco avèk vil pa li yo, Thimna avèk vil pa li yo e Guimzo avèk vil pa li yo, epi yo te vin abite la. ¹⁹ Paske SENYÈ a te imilye Juda akoz Achaz, wa [r]Israël la. Paske li te fè rive yon mank de lòd nan Juda e te manke fidèl anpil a SENYÈ a. ²⁰ Pou sa, [s]Tilgath-Piléser, wa Assyrie a te vini kont li, e te aflije li olye de ranfòse li. ²¹ [t]Sepandan, Achaz te pran yon pòsyon sòti nan kay SENYÈ a e sòti nan palè wa a ak chèf yo pou te bay li a wa Assyrie a, men sa pa t ede li.

²² Alò, nan tan gwo pwoblèm pa li, menm Wa Achaz sila a [u]te vin peche plis devan SENYÈ a. ²³ [v]Paske li te fè sakrifis a lòt dye Damas yo ki te bat li yo. Li te di: [w]"Akoz dye a wa Syrie yo te ede yo, mwen va fè sakrifis de yo pou yo kab ede mwen." Men yo te koze chit li avèk tout Israël. ²⁴ Anplis, lè Achaz te ranmase ansanm tout zouti lakay Bondye yo, li [x]te koupe tout zouti yo an mòso. Li te fèmen pòt lakay SENYÈ a, e te fè lotèl pou li nan chak kwen nan Jérusalem. ²⁵ Nan chak vil nan Juda, li te fè wo plas pou brile lansan a lòt dye yo, e li te pwovoke SENYÈ a, Bondye a papa zansèt li yo, a lakòlè.

²⁶ [y]Alò, tout lòt zèv avèk chemen li yo, soti nan premye a jis rive nan dènye a, men gade byen, yo ekri nan Liv A Wa A Juda yo Avèk Israël yo. ²⁷ [z]Konsa, Achaz te dòmi avèk papa zansèt li yo, e yo te antere li nan vil Jérusalem nan; paske yo pa t mennen li antre nan tonm a wa [a]Israël yo. Epi Ézéchias, fis li a, te renye nan plas li.

29 [b]Ézéchias te devni wa a laj venn-senkan. Li te renye pandan vent-nevan Jérusalem. Non manman li te Abija, fi Zacharie a. ² [c]Li te fè sa ki bon nan zye SENYÈ a selon tout sa ke papa zansèt li a, David te fè. ³ Nan premye ane règn li a, nan premye mwa a, li te [d]ouvri pòt lakay SENYÈ a e te repare yo. ⁴ Li te mennen prèt yo avèk Levit yo, e te rasanble yo nan plas sou lès la. ⁵ Konsa, li te di yo: "Koute mwen, O Levit yo. [e]Konsakre nou menm koulye a, konsakre lakay SENYÈ a, Bondye a papa zansèt nou yo, e pote sa ki pa pwòp deyò pou l vin yon lye sen. ⁶ Paske papa nou yo pa t fidèl. Yo te fè mal nan zye a SENYÈ Bondye nou an. Yo te abandone Li, e yo te [f]vire fas yo lwen plas kote SENYÈ a rete a. Yo te vire do yo. ⁷ Anplis, yo te [g]fèmen pòt sou galeri yo, etenn lanp yo, e yo pa t brile lansan ni ofri ofrann brile nan lye sen Bondye

---

[a] **28:1** II Wa 16:2-4 [b] **28:2** Egz 34:17 [c] **28:3** Jos 15:8 [d] **28:3** Lev 18:21 [e] **28:4** II Kwo 28:25 [f] **28:5** II Kwo 24:24 [g] **28:6** II Wa 16:5 [h] **28:8** Det 28:25-41 [i] **28:9** II Kwo 25:15 [j] **28:9** És 47:6 [k] **28:10** Lev 25:39 [l] **28:11** Jc 2:13 [m] **28:15** Pwov 25:21-22 [n] **28:15** Det 34:3 [o] **28:16** II Wa 16:7 [p] **28:17** Ab 10 [q] **28:18** Éz 16:57 [r] **28:19** II Kwo 21:2 [s] **28:20** I Kwo 5:26 [t] **28:21** II Wa 16:8-9 [u] **28:22** Jr 5:3 [v] **28:23** II Kwo 25:14 [w] **28:23** Jr 44:17-18 [x] **28:24** II Wa 16:17 [y] **28:26** II Wa 16:19-20 [z] **28:27** És 14:28 [a] **28:27** II Kwo 21:2 [b] **29:1** II Wa 18:1-3 [c] **29:2** II Kwo 28:1 [d] **29:3** II Kwo 28:24 [e] **29:5** II Kwo 29:15-34 [f] **29:6** Éz 8:16 [g] **29:7** II Kwo 28:24

Israël la. ⁸ Pou sa, ᵃkòlè SENYÈ a te kont Juda avèk Jérusalem, e Li te fè yo vin yon objè gwo etonman abominab avèk laperèz ak siflèt ki fèt sou yo, jan nou wè avèk pwòp zye nou an. ⁹ Paske gade byen, pou sa, ᵇpapa zansèt nou yo fin tonbe anba nepe, e fis yo avèk fi yo avèk madanm nou yo vin nan esklavaj akoz sa. ¹⁰ Alò, sa nan kè m ᶜpou fè yon akò avèk SENYÈ a, Bondye Israël la, pou chalè kòlè Li a kapab detounen kite nou. ¹¹ Fis mwen yo, koulye a, pa kite nou vin lach nan moman sa a, paske ᵈSENYÈ a te chwazi nou pou kanpe devan L, pou fè sèvis pou Li, pou devni sèvitè Li epi brile lansan."

¹² Konsa, Levit yo te leve: Machath, fis a Amasaï a, Joël, fis a Azaria a, soti nan fis a Keatit yo; epi soti nan fis a Merari yo, Kis, fis a Abdi a, Azaria, fis a Jehalléleel la; epi soti nan fis a Gèshonit yo, Joach, fis a Zimma a, Éden, fis a Joach la; ¹³ epi soti nan fis a Élitsaphan yo, Schimri avèk Jeïel, fis a Asapah yo, Zacharie avèk Matthania; ¹⁴ epi soti nan fis a Héman yo, Jehiel avèk Schimeï; epi soti nan fis a Jeduthun yo, Schemaeja avèk Uzziel. ¹⁵ Yo te rasanble frè yo, yo te ᵉkonsakre yo menm, e te antre ᶠpou netwaye lakay SENYÈ a, selon kòmandman a wa a, selon pawòl SENYÈ a. ¹⁶ Pou sa, prèt yo te antre nan pati enteryè lakay SENYÈ a pou netwaye li, epi chak bagay yo te twouve ki pa t pwòp nan tanp SENYÈ a, yo te mete li deyò nan lakou lakay SENYÈ a. Depi la, Levit yo te resevwa l pou pote l rive nan ᵍVale Cédron an. ¹⁷ Alò, yo te kòmanse fè konsekrasyon an, epi ʰnan premye jou, nan premye mwa a, e nan uityèm jou nan mwa a, yo te rive sou galeri SENYÈ a. Konsa, yo te konsakre lakay SENYÈ a nan ui jou e yo te fini sou sèzyèm jou nan premye mwa a. ¹⁸ Alò, yo te antre kote Wa Ézéchias la, e yo te di: "Nou fin netwaye tout kay SENYÈ a, lotèl ofrann brile a avèk tout zouti li yo ak tab pen konsakre a avèk tout zouti li yo. ¹⁹ Anplis, ⁱtout zouti ke Wa Achaz te abandone pandan règn enfidèl li a, nou te fin prepare e konsakre yo. Epi vwala, yo la devan lotèl SENYÈ a."

²⁰ Konsa, Wa Ézéchias te leve bonè. Li te rasanble chèf lavil yo, e te monte vè lakay SENYÈ a. ²¹ Yo te mennen sèt towo, sèt belye, sèt jèn mouton ak sèt mal kabrit ʲkòm ofrann peche pou wayòm nan, pou sanktyè a ak pou Juda. Epi li te kòmande prèt yo, fis a Aaron yo, pou ofri yo sou lotèl SENYÈ a. ²² Konsa, yo te touye towo yo. Prèt yo te pran san an e te aspèje li sou lotèl la. Anplis, yo te touye belye yo, e te aspèje san an sou lotèl la. Yo te touye, osi, jèn mouton yo e te ᵏaspèje san an sou lotèl la. ²³ Alò, yo te mennen mal kabrit yo pou ofrann peche devan wa a avèk asanble a, e ˡyo te poze men sou yo. ²⁴ Prèt yo te touye yo, e te lave lotèl la avèk san yo ᵐpou fè ekspiyasyon pou tout Israël, paske wa a te kòmande ofrann brile avèk ofrann peche pou tout Israël.

²⁵ Apre, li te estasyone Levit yo lakay SENYÈ a avèk senbal yo, avèk ap e avèk linstriman kòd yo, ⁿselon kòmand David la avèk ᵒGad, konseye wa a, ak Nathan, pwofèt la; paske kòmand lan te sòti nan SENYÈ a pa pwofèt li yo. ²⁶ Levit yo te kanpe avèk ᵖenstriman mizik a David yo, ᵠprèt yo avèk twonpèt yo. ²⁷ Ézéchias te bay lòd pou fè ofrann brile sou lotèl la. Lè ofrann brile yo te kòmanse, ʳchan SENYÈ a te kòmanse tou avèk twonpèt yo, avèk enstriman a David yo, wa Israël la. ²⁸ Pandan tout asanble a t ap fè adorasyon, chantè yo osi t ap chante e twonpèt yo t ap sone; tout sa te kontinye jiskaske ofrann brile a te fini. ²⁹ Alò, nan fen tout ofrann brile yo, ˢwa a avèk tout moun ki te prezan avèk li yo te bese ba pou te fè adorasyon. ³⁰ Anplis, Wa Ézéchias avèk ofisye yo te kòmande Levit yo pou chante lwanj a SENYÈ a avèk pawòl a David yo, avèk Asaph, konseye a. ᵗKonsa, yo te chante lwanj avèk jwa e te bese ba pou te fè adorasyon.

³¹ Epi Ézéchias te di: "Koulye a, akoz nou te konsakre nou menm a SENYÈ a, vin pre pou pote sakrifis avèk ofrann remèsiman lakay SENYÈ a." Epi asanble a te pote sakrifis yo avèk ofrann remèsiman yo. ᵘTout moun ki te vle, yo te pote ofrann brile. ³² Kantite a ofrann brile ke asanble a te pote yo te swasann-dis towo, san belye ak de-san jèn mouton. Tout sila yo te pou fè yon ofrann brile a SENYÈ a. ³³ Bagay konsakre yo te sis-san towo ak twa-mil mouton. ³⁴ Men prèt yo pa t ase e pou sa, yo pa t kapab kòche tout ofrann brile yo. ᵛKonsa, frè yo nan Levit yo te ede yo jiskaske travay la te fini, e jiskaske lòt prèt yo te fin konsakre yo menm. Paske ʷLevit yo te pi dedye pou konsakre yo menm pase prèt yo. ³⁵ Te gen osi anpil ofrann brile avèk ˣgrès a ofrann lapè yo, avèk ʸofrann bwason pou ofrann brile yo. Konsa, sèvis lakay SENYÈ a te vin etabli ankò. ³⁶ Epi Ézéchias avèk tout pèp la te rejwi sou sa ke Bondye te prepare pou pèp la, akoz bagay la te rive sibitman.

30 Alò, Ézéchias te voye kote tout Israël avèk Juda, e anplis, li te ekri lèt a Éphraïm avèk Manassé pou yo ta vini lakay SENYÈ a Jérusalem pou selebre Pak SENYÈ a, Bondye Israël la. ² Paske wa a avèk chèf pa li yo ak tout asanble Jérusalem nan te pran desizyon ᶻpou selebre Pak la nan dezyèm mwa a. ³ Yo fè sa akoz yo pa t ka selebre li nan ᵃlè sa a, akoz prèt yo potko konsakre yo menm an kantite ase, ni pèp la potko rasanble Jérusalem. ⁴ Konsa, bagay la te kòrèk nan zye wa a avèk tout asanble a. ⁵ Pou sa, yo te etabli yon dekrè pou sikile kòm yon pwoklamasyon

---

ᵃ **29:8** II Kwo 24:20 ᵇ **29:9** II Kwo 28:5-8 ᶜ **29:10** II Kwo 23:16 ᵈ **29:11** Nonb 3:6 ᵉ **29:15** II Kwo 29:5
ᶠ **29:15** I Kwo 23:28 ᵍ **29:16** II Kwo 15:16 ʰ **29:17** II Kwo 29:3 ⁱ **29:19** II Kwo 28:24 ʲ **29:21** Lev 4:3-14
ᵏ **29:22** Lev 4:18 ˡ **29:23** Lev 4:15 ᵐ **29:24** Lev 4:26 ⁿ **29:25** I Kwo 8:14 ᵒ **29:25** II Sam 24:11
ᵖ **29:26** I Kwo 23:5 ᵠ **29:26** II Kwo 5:12 ʳ **29:27** Kwo 23:18 ˢ **29:29** II Kwo 20:18 ᵗ **29:30** Sòm 100:1
ᵘ **29:31** Egz 35:5-22 ᵛ **29:34** II Kwo 35:11 ʷ **29:34** II Kwo 30:3 ˣ **29:35** Lev 3:16 ʸ **29:35** Nonb 15:5-10
ᶻ **30:2** Nonb 9:10-11 ᵃ **30:3** II Kwo 29:17-34

pami tout Israël [a]soti nan Beer-Schéba jis rive menm nan Dan, pou yo ta kapab vin selebre Pak SENYÈ a, Bondye Israël la, Jérusalem. Paske yo pa t selebre li an gran nonb depi lè li te premye etabli a.

6 [b]Mesaje yo te ale patou nan tout Israël avèk Juda avèk lèt soti nan men a wa a avèk chèf li yo, menm selon lòd a wa a. Yo te di: "O fis Israël yo, retounen kote SENYÈ a, Bondye Abraham nan, Isaac, avèk Israël la, pou Li kapab retounen kote sila nan nou ki fin chape e retire soti nan men a wa Asiryen yo. 7 [c]Pa fè tankou papa zansèt nou yo avèk frè nou yo ki pa t fidèl a SENYÈ a, Bondye a papa zansèt yo, jiskaske li te fè yo parèt tankou yon laperèz etonan, jan nou wè a. 8 Alò, pa [d]fè tèt di tankou papa zansèt nou yo, men bay plas a SENYÈ a. Antre nan sanktyè ke Li te konsakre jis pou tout tan an, e sèvi SENYÈ a, Bondye nou an, pou kòlè Li k ap brile a kapab vire kite nou. 9 Paske [e]si nou retounen kote SENYÈ a, frè nou yo avèk fis nou yo va jwenn mizerikòd devan sila ki te mennen yo an kaptivite yo, e yo va retounen nan peyi sa a. [f]Paske SENYÈ a, Bondye nou an, plen gras avèk konpasyon e Li p ap vire fas Li kite nou si nou retounen kote Li."

10 Pou sa, mesaje yo te pase soti nan yon vil a yon lòt vil toupatou nan peyi Éphraïm avèk Manassé, e soti rive Zabulon. Men [g]yo te fè grimas sou yo, yo te giyonnen yo, e moke yo. 11 Sepandan, [h]kèk nan mesye Aser yo, Manassé, avèk Zabulon yo te imilye yo, e yo te vini Jérusalem. 12 Anplis, men Bondye te sou Juda pou bay yo yon sèl kè pou fè sa ke wa a avèk chèf yo te kòmande yo a, pa pawòl SENYÈ a.

13 Alò, anpil moun te rasanble Jérusalem pou [i]selebre Fèt Pen San Ledven an nan dezyèm mwa a, yon asanble ki te trè trè gran. 14 Yo te leve e te retire fo lotèl ki te Jérusalem yo. Anplis, yo te [j]retire tout fo lotèl lansan yo e te jete yo nan flèv Cédron an. 15 Epi [k]yo te touye jèn mouton Pak yo nan katòzyèm jou nan dezyèm mwa a. Konsa, prèt yo avèk Levit yo te vin wont a yo menm, e te konsakre yo menm, e te pote ofrann brile yo lakay SENYÈ a. 16 [l]Yo te kanpe nan estasyon pa yo selon koutim pa yo, selon lalwa Moïse la, nonm Bondye a. Prèt yo te aspèje san ke yo te resevwa nan men Levit yo. 17 Paske te gen anpil prèt nan asanble a ki pa t konsakre yo menm. Pou sa, Levit yo te responsab pou touye jèn mouton Pak yo ki te pou tout sila ki pa t pwòp yo, pou yo ta kapab vin konsakre yo a SENYÈ a. 18 Paske yon foul nan pèp la, menm anpil nan Éphraïm avèk Manassé, Issacar ak Zabulon pa t pirifye yo menm, [m]sepandan yo te manje Pak la [n]yon lòt jan ke sa ki te premye etabli a. Paske Ézéchias te priye pou yo e te di: "Ke SENYÈ a kapab padone 19 [o]tout sila ki prepare kè yo pou chache Bondye, SENYÈ a, Bondye a papa zansèt li yo, malgre se pa selon règleman pou pirifikasyon nan sanktyè a."

20 Pou sa, SENYÈ a te tande Ézéchias e te [p]geri pèp la. 21 Fis a Israël ki te la Jérusalem yo te [q]selebre Fèt Pen San Ledven an pandan sèt jou avèk gran jwa, e Levit yo avèk prèt yo te louwe SENYÈ a, jou apre jou, avèk enstriman ki te fè gwo son a SENYÈ a. 22 Epi Ézéchias te [r]pale ankourajman a tout Levit ki te montre gwo kapasite pou afè SENYÈ yo. Konsa, yo te manje pandan sèt jou ki te chwazi yo pandan yo t ap fè sakrifis ofrann lapè yo e t ap bay remèsiman a SENYÈ a, Bondye a papa zansèt yo a.

23 Anfen, tout asanble a te [s]deside selebre yon lòt sèt jou ankò, e yo te selebre sèt jou yo avèk kè kontan. 24 Paske [t]Ézéchias, wa Juda a, te bay asanble a mil towo ak sèt-mil mouton; epi prens yo te bay yon mil towo ak di-mil mouton. Konsa, yon gran kantite nan prèt yo te konsakre yo menm. 25 Tout asanble Juda a te rejwi avèk prèt yo ak Levit yo ak [u]tout asanble ki te sòti an Israël la, ni vwayajè ki te sòti nan peyi Israël yo ansanm ak sila ki te rete Juda yo. 26 Konsa, te gen gwo lajwa Jérusalem, akoz pa t janm genyen yon bagay parèy a sa Jérusalem [v]depi nan jou a Salomon yo, fis David la, wa Israël la. 27 Epi prèt Levit yo te leve pou te beni pèp la. Vwa yo te tande e lapriyè yo te rive nan [w]lye sen Li an, menm nan syèl la.

31 Alò, lè tout sa te fini, tout Israël ki te prezan te sòti antre nan vil Juda yo. Yo te [x]kraze pilye Asherim yo an mòso, yo te koupe poto Asherim yo, e te rale fè desann wo plas yo avèk lotèl yo pami tout Juda avèk Benjamin e anplis, nan Éphraïm avèk Manassé, jiskaske yo te detwi yo tout. Epi tout fis Israël yo te retounen nan vil pa yo, yo chak nan posesyon pa yo.

2 Konsa, Ézéchias te apwente [y]divizyon a prèt yo ak Levit yo pa divizyon pa yo, yo chak selon sèvis pa yo, prèt yo avèk Levit yo pou ofrann brile avèk ofrann lapè yo, pou fè sèvis e bay remèsiman avèk lwanj nan pòtay kan SENYÈ a. 3 Li te etabli osi [z]pòsyon wa a nan byen pa li pou ofrann brile yo, pou ofrann maten avèk aswè, ofrann brile pou Saba yo, pou nouvèl lin yo e pou fèt etabli yo, [a]jan sa ekri nan lalwa SENYÈ a. 4 Anplis, li te kòmande moun ki te rete Jérusalem yo pou bay [b]pòsyon ki te dwa a prèt yo avèk Levit yo, pou yo ta kapab dedye pwòp tèt yo a [c]lalwa SENYÈ a. 5 Depi lòd la te fin gaye, fis Israël yo te mete disponib an abondans, premye fwi nan sereyal yo, diven nèf, lwil, siwo myèl ak tout pwodwi chan an; epi yo te pote an abondans [d]dim nan de tout bagay. 6 Fis a Israël avèk Juda ki te rete lavil Juda yo, anplis, te pote fè antre dim nan bèf

---

[a] 30:5 Jij 20:1   [b] 30:6 Job 9:25   [c] 30:7 Éz 20:13   [d] 30:8 Egz 32:9   [e] 30:9 Det 30:2   [f] 30:9 Egz 34:6-7
[g] 30:10 II Kwo 36:16   [h] 30:11 II Kwo 30:18-25   [i] 30:13 II Kwo 30:2   [j] 30:14 II Kwo 28:24   [k] 30:15 II Kwo 30:2-3   [l] 30:16 II Kwo 35:10-15   [m] 30:18 Nonb 9:10   [n] 30:18 Egz 12:43-49   [o] 30:19 II Kwo 19:3
[p] 30:20 Jc 5:16   [q] 30:21 Egz 12:15   [r] 30:22 II Kwo 32:6   [s] 30:23 I Wa 8:65   [t] 30:24 II Kwo 35:7-8
[u] 30:25 II Kwo 30:11-18   [v] 30:26 II Kwo 7:8-10   [w] 30:27 Det 26:15   [x] 31:1 II Wa 18:4   [y] 31:2 I Kwo 24:1
[z] 31:3 II Kwo 35:7   [a] 31:3 Nonb 28:1-29-40   [b] 31:4 Nonb 18:8   [c] 31:4 Mal 2:7   [d] 31:5 Né 13:12

avèk mouton yo, e ᵃdim nan don sen ki te konsakre a SENYÈ a, Bondye pa yo a, e te plase yo nan gwo pil yo. ⁷ Nan twazyèm mwa a, yo te kòmanse fè pil yo e te fin fè yo nan setyèm mwa a. ⁸ Lè Ézéchias avèk chèf yo te vin wè gwo pil yo, yo te beni SENYÈ a avèk ᵇpèp Israël Li a. ⁹ Epi Ézéchias te kesyone prèt yo avèk Levit yo sou gwo pil yo. ¹⁰ Azaria, chèf prèt lakay Tsadok la te di li: ᶜ"Depi don yo te kòmanse antre lakay SENYÈ a, nou te gen kont pou nou manje avèk anpil ki te rete, paske SENYÈ a te beni pèp Li a e gran kantite sila a rete toujou." ¹¹ Epi Ézéchias te kòmande yo pou prepare ᵈchanm lakay SENYÈ a e yo te prepare yo. ¹² Yo te byen fidèl nan pote dim avèk ofrann avèk bagay konsakre yo. Epi Conania, Levit la, te ofisye an chaj ᵉsou yo, e frè l, Schimeï te dezyèm nan. ¹³ Jehiel, Azazia, Nachath, Asaël, Jerimoth, Jozabad, Éliel, Jismakia, Machath avèk Benaja te anplwaye anba direksyon Conania avèk frè l, Schimeï, selon chwa Wa Ézéchias yo, e ᶠAzaria te ofisye prensipal lakay Bondye a. ¹⁴ Koré, fis a Jimna a, Levit la, gadyen pòtay lès la, te chèf sou ofrann bòn volonte a Bondye yo, pou fè distribisyon don pou SENYÈ a avèk bagay ki sen pase tout lòt bagay yo. ¹⁵ Anba otorite li, te gen Éden, Minjamin, Josué, Schemaeja, Amaria ak Schecania, nan ᵍvil prèt yo pou separe, fidèlman, bay frè pa yo pa divizyon yo, piti kon gran, ¹⁶ anplis de sa yo ki te sou chif zansèt yo, pou gason soti nan laj ʰtrantan oswa plis yo—tout moun ki te antre lakay SENYÈ a kòm obligasyon chak jou yo—pou travay nan devwa yo selon divizyon yo; ¹⁷ ansanm ak prèt ki te anrejistre pa zansèt yo selon lakay papa zansèt pa yo, e Levit yo ⁱsoti nan laj a ventan oswa plis, selon devwa yo ak divizyon yo. ¹⁸ Anrejistreman pa zansèt yo te kontwole tout timoun yo, madanm yo, fis yo ak fi yo, pou tout asanble a, paske yo te konsakre yo menm, fidèlman, nan sentete. ¹⁹ Anplis, pou fis a Aaron yo, prèt yo, ki te nan ʲteren patiraj lavil yo, oswa nan chak vil menm, te gen mesye ki te dezinye pa non pou fè distribisyon pòsyon a chak gason pami prèt yo e chak ki te anrejistre pa zansèt li yo pami Levit yo. ²⁰ Konsa, Ézéchias te fè patou nan tout Juda; epi ᵏli te fè sa ki te bon e dwat devan SENYÈ a, Bondye li a. ²¹ Tout èv ke li te kòmanse fè nan sèvis lakay Bondye a, nan lalwa avèk kòmandman an, nan chache Bondye li a, li te fè yo avèk tout kè li, e li te ˡbyen reyisi.

32 Apre zak fidelite sila yo, ᵐSanchérib, wa Assyrie a, te vin atake Juda. Li te fè syèj a tout vil fòtifye yo, e li te fè plan pou pouse antre nan yo pou l domine yo pou kont li. ² Alò, lè Ézéchias te wè ke Sanchérib te vini, e ke li te gen plan pou fè lagè sou Jérusalem, ³ li te deside avèk ofisye pa li yo ak gèrye pa li yo, pou koupe kouran dlo ki te ale deyò lavil la, e yo te ede li. ⁴ Pou sa, anpil moun te rasanble e ⁿte bouche tout sous avèk flèv ki te kouri nan zòn nan. Konsa, yo te di: "Poukisa wa Asiryen yo ta dwe vini pou jwenn tout dlo sa a?" ⁵ Konsa, li te pran kouraj, e te rebati tout mi ki te kraze yo e te fè yo monte nan nivo tou li yo. Li te ranfòseᵒ lòt miray pa deyò pou te fè ᵖMillo lavil David la pi solid, e li te fè zam avèk boukliye defans an gran kantite. ⁶ Li te chwazi chèf militè sou pèp la, e te rasanble yo kote li nan plas kote pòtay vil la. Li te ᵠpale pawòl ki pou ankouraje yo. Li te di: ⁷ "Rete fò e pran kouraj, pa pè ni dekouraje akoz wa Assyrie a, ni tout gran foul ki avèk l; ʳpaske sila ki avèk nou an pi gran ke sila ki avè l. ⁸ Avèk li menm, se yon bra fèt an chè; men ˢavèk nou, se SENYÈ Bondye pa nou an, pou ede nou goumen nan batay nou yo." Konsa, pèp la te konte sou pawòl a Ézéchias yo, wa Juda a.

⁹ Apre sa ᵗSanchérib, wa Assyrie a, te voye sèvitè li yo Jérusalem pandan li t ap fè syèj Lakis avèk tout lame li a avèk li kont Ézéchias, Juda a, e kont tout Juda ki Jérusalem yo. Li te di: ¹⁰ Konsa pale Sanchérib, wa Assyrie a: "Sou kilès n ap mete konfyans pou nou ta retire Jérusalem anba syèj? ¹¹ Èske Ézéchias p ap egare nou pou fè nou vin mouri avèk grangou ak swaf, pandan l ap di: 'SENYÈ a, Bondye nou an, va delivre nou soti nan men a wa Assyrie a?' ¹² ᵘÈske menm Ézéchias sa a pa t retire wo plas Li yo avèk lotèl Li yo, e te di a Juda avèk Jérusalem: 'Nou va adore devan yon sèl lotèl e sou li, nou va brile lansan?' ¹³ Èske nou pa konnen sa mwen avèk zansèt mwen yo te fè a tout pèp nan lòt peyi yo? ᵛÈske dye nan nasyon yo te gen kapasite menm pou delivre peyi yo anba men mwen? ¹⁴ ʷKilès ki te gen pami tout dye a nasyon sila yo ke zansèt mwen yo pa t detwi nèt, ki ta kapab delivre pèp li a sòti nan men m pou Dye pa w la ta kapab delivre ou soti nan men m? ¹⁵ Alò, pou sa, pa kite Ézéchias pase nou nan tenten, ni egare nou konsa. Ni pa kwè li, paske ˣpa t gen dye nan okenn nasyon oswa wayòm ki te konn delivre pèp li nan men m ni soti nan men a zansèt mwen yo. Konbyen an mwens Dye pa nou an va delivre nou soti nan men m?"

¹⁶ Sèvitè li yo te pale plis kont SENYÈ a, Bondye a, e kont sèvitè li a, Ézéchias. ¹⁷ Anplis, li te ekri lèt yo pou meprize SENYÈ a, Bondye Israël la, e pou pale kont Li, epi li te di: ʸ"Jan dye nasyon yo ak peyi yo pa t delivre pèp pa yo soti nan men m, konsa Bondye Ézéchias la p ap delivre pèp Li a soti nan men m." ¹⁸ Yo te kriye sa byen fò ak gwo vwa nan langaj a Juda, vè pèp Jérusalem ki te sou miray

---
ᵃ **31:6** Lev 27:30   ᵇ **31:8** Det 33:29   ᶜ **31:10** Mal 3:10   ᵈ **31:11** I Wa 6:5-8   ᵉ **31:12** II Kwo 35:9   ᶠ **31:13** II Kwo 31:10   ᵍ **31:15** Jos 21:9-19   ʰ **31:16** I Kwo 23:3   ⁱ **31:17** I Kwo 23:24   ʲ **31:19** Lev 25:34   ᵏ **31:20** II Wa 20:3   ˡ **31:21** Det 29:9   ᵐ **32:1** II Wa 18:13-37   ⁿ **32:4** II Wa 20:20   ᵒ **32:5** II Wa 25:4   ᵖ **32:5** I Wa 9:24   ᵠ **32:6** I Kwo 30:22   ʳ **32:7** II Wa 6:16   ˢ **32:8** I Kwo 20:17   ᵗ **32:9** II Wa 18:17   ᵘ **32:12** I Kwo 31:1   ᵛ **32:13** II Wa 18:33-35   ʷ **32:14** És 10:9-11   ˣ **32:15** És 36:18-20   ʸ **32:17** II Kwo 32:14

la, pou fè yo pè e teworize yo, pou yo ta kab pran vil la. [19] Yo te pale sou Bondye Jérusalem nan kòmsi [a]se youn nan dye a pèp lemond yo, zèv a men de lòm yo.

[20] Men Wa Ézéchias avèk pwofèt Ésaïe, fis a Amots la, te fè lapriyè sou sa a, e te kriye fò anvè syèl la. [21] Konsa, SENYÈ a te voye yon zanj ki te detwi tout gwo gèrye, kòmandan ak chèf nan kan wa Assyrie a. Pou sa, li te retounen nan wont li ale nan pwòp peyi li. Epi lè li te antre nan tanp dye pa li a, kèk nan pwòp pitit pa li yo te touye li la avèk nepe. [22] Konsa, SENYÈ a te [b]sove Ézéchias avèk moun Jérusalem yo soti nan men a Sanchérib, wa Assyrie a, soti nan men a tout ènmi li yo, e te gide yo tout kote. [23] Epi [c]anpil moun t ap pote don bay SENYÈ a Jérusalem ak kado byen chwazi a Ézéchias, wa Juda a, jis apre, li te fin egzalte nan men a tout nasyon yo.

[24] [d]Nan jou sa yo, Ézéchias te vin malad jis rive pre lanmò. Li te priye a SENYÈ a. SENYÈ a te pale avèk li e te ba li yon sign. [25] Men Ézéchias pa t remèt anyen pou benefis li te resevwa a, [e]paske kè li te plen ògèy. Akoz sa, kòlè SENYÈ a te vini sou li avèk Juda ak Jérusalem. [26] Men Ézéchias te vin desann ògèy kè li a, ni li menm, ni pèp Jérusalem nan, jiskaske kòlè pa t rive sou yo pandan jou a Ézéchias yo.

[27] Alò, Ézéchias te gen anpil richès avèk onè. Li te fè pou kont li trezò an ajan, lò, pyè presye, epis, boukliye defans ak tout kalite bagay ak gwo valè. [28] anplis, depo pou konsève sereyal, diven avèk lwil, pak pou tout kalite bèt, avèk pak pou bann yo. [29] Li te fè vil pou li menm, e te vin genyen bann mouton avèk twoupo an gran kantite, paske [f]Bondye te ba li anpil richès. [30] Se te Ézéchias ki te [g]bouche sous piwo dlo Guihon yo, e te dirije yo rive nan pati lwès lavil David la. Ézéchias te byen reyisi nan tout sa li te fè.

[31] Men nan afè [h]mesaje ki sòti Babylone yo, ki te voye bò kote li pou aprann tout mèvèy ki te fèt nan peyi a, Bondye te kite li, po L ta ka pase l nan eprèv pou wè tout sa ki te nan kè l.

[32] Alò, tout lòt zèv Ézéchias yo avèk zèv fidèl li yo, vwala, yo ekri nan vizyon Ésaïe, pwofèt la, fis a Amots la, nan Liv A Wa Juda Avèk Israël Yo. [33] Konsa, Ézéchias te dòmi avèk papa zansèt li yo, e yo te antere li nan chemen an ki monte kote tonm fis a David yo. Tout Juda avèk pèp Jérusalem nan te [i]onore li nan lanmò li. Fis li a, Manassé te devni wa nan plas li.

33
[j]Manassé te gen la j douzan lè l te devni wa a, e li te renye pandan senkann-senkan Jérusalem. [2] [k]Li te fè mal nan zye a SENYÈ a, selon abominasyon yo a nasyon an ke SENYÈ a te chase deyò devan fis Israël yo. [3] Paske [l]li te rebati wo plas ke Ézéchias, papa li te kraze yo. Anplis, li te monte lotèl pou Baal yo. Li te fè Asherim yo, e li te adore tout lame syèl yo e te sèvi yo. [4] [m]Li te bati lotèl lakay SENYÈ a sou sila yo SENYÈ a te di: "Se non Mwen k ap nan Jérusalem jis pou tout tan an." [5] Paske li te bati lotèl pou tout lame syèl yo nan [n]de lakou lakay SENYÈ yo. [6] [o]Anplis, li te fè fis li yo pase nan dife nan vale Ben-Hinnom, epi li te pratike vye maji, divinasyon, fè wanga e li te fè angajman avèk sila ki pale ak mò yo ak divinò yo. Li te fè anpil mal nan zye SENYÈ a ki te pwovoke Li a lakòlè. [7] Li te mete [p]imaj taye ke li te fè lakay Bondye a, sou sila Bondye te di a David ak Salomon, fis li a: "Nan kay sila a ak nan Jérusalem, ke Mwen te chwazi soti nan tout tribi Israël yo, Mwen va mete non Mwen jis pou tout tan. [8] Mwen p ap retire ankò pye Israël soti nan peyi [q]ke Mwen te chwazi pou papa zansèt nou yo, si sèlman yo va obsève pou fè tout sa ke M te kòmande yo pa tout lalwa, règleman avèk òdonans ki te bay pa Moïse yo." [9] Konsa, Manassé te egare Juda ak pèp Jérusalem nan pou fè plis mal pase menm nasyon ke SENYÈ a te detwi devan fis Israël yo.

[10] SENYÈ a te pale ak Manassé avèk pèp li a, men [r]yo pa t okipe sa menm. [11] Pou sa, SENYÈ a te fè chèf a lame wa Assyrie yo vin parèt kont yo. Yo te kaptire Manassé e te mete l an chenn yo. Yo te [s]mete chenn an bwonz sou pye l, e te mennen li Babylone.

[12] Pandan [t]li te nan gwo twoub, li te sipliye SENYÈ a, Bondye pa li a, devan Bondye a zansèt li yo. [13] Lè li te priye a Li menm, [u]Li te touche pa priyè li a. Konsa, Li te tande siplikasyon li an, e te mennen li ankò Jérusalem kote wayòm li an. Konsa, Manassé te konnen ke SENYÈ a te Bondye.

[14] Alò, apre sa li te bati miray deyò lavil David la sou kote lwès a [v]Guihon, nan vale a, menm pou rive nan antre Pòtay Pwason an. Li te antoure Ophel la avèk li, e te fè li byen wo, epi li te mete chèf lame yo nan tout vil fòtifye Juda yo. [15] Anplis, li te [w]retire dye etranje yo avèk zidòl yo soti lakay SENYÈ a. Tout lotèl ke li te bati sou mòn lakay SENYÈ a ak nan Jérusalem yo, li te jete yo deyò lavil la. [16] Li te monte lotèl SENYÈ a, e te fè sakrifis [x]ofrann lapè avèk ofrann remèsiman sou li; epi li te kòmande Juda pou sèvi SENYÈ a, Bondye Israël la. [17] Sepandan, [y]pèp la te toujou fè sakrifis nan lye wo yo, men sèlman a SENYÈ Bondye pa yo a.

[18] Alò, tout lòt zèv Manassé yo, menm [z]lapriyè li a Bondye pa li a ak pawòl a divinè yo ki te pale avèk li an nan non SENYÈ, Bondye Israël la, men gade, yo pami achiv a wa Israël yo. [19] Anplis lapriyè li, [a]jan li te sipliye Bondye a, ak tout peche li yo, enfidelite li ak [b]landwa ke li te bati wo plas pou te fè monte

---

[a] **32:19** Sòm 115:4-8 [b] **32:22** És 31:5 [c] **32:23** II Sam 8:10 [d] **32:24** II Wa 20:1-11 [e] **32:25** II Kwo 26:16; II Kwo 24:18 [f] **32:29** I Kwo 29:12 [g] **32:30** II Wa 20:20 [h] **32:31** II Wa 20:20 [i] **32:33** Sòm 112:6 [j] **33:1** II Wa 21:1-9 [k] **33:2** II Kwo 28:3 [l] **33:3** II Kwo 31:1 [m] **33:4** II Kwo 28:24 [n] **33:5** II Kwo 4:9 [o] **33:6** II Kwo 28:3 [p] **33:7** II Kwo 33:15 [q] **33:8** II Sam 7:10 [r] **33:10** Né 9:29 [s] **33:11** II Kwo 36:6 [t] **33:12** Sòm 130:1-2 [u] **33:13** I Kwo 5:20 [v] **33:14** I Wa 1:33 [w] **33:15** II Kwo 33:3-7 [x] **33:16** Lev 7:11-18 [y] **33:17** II Kwo 33:12-13 [z] **33:18** II Kwo 33:12-13 [a] **33:19** II Kwo 33:13 [b] **33:19** II Kwo 33:3

Asherim yo, ak imaj taye yo, avan li te vin imilye li menm, gade, yo tout ekri nan achiv a Hozaï yo. [20] Konsa, Manassé te dòmi avèk papa zansèt li yo, e yo te antere li nan pwòp kay li. Epi Amon, fis li a, te devni wa nan plas li.

[21] [a]Amon te gen laj a venn-dezan lè l te devni wa, e li te renye dezan Jérusalem. [22] Li te fè mal nan zye a SENYÈ a tankou Manassé, papa li, te konn fè a, e Amon te fè sakrifis a tout [b]imaj taye ke papa li, Manassé te fè yo, e li te sèvi yo. [23] Anplis, li pa t imilye li menm devan SENYÈ a [c]jan papa li, Manassé te fè a, men Amon te ogmante koupabilite li. [24] Anfen, sèvitè li yo te [d]fè konplo kont li, e te mete li a lanmò nan pwòp kay pa li. [25] Men pèp peyi a te touye tout sila ki te fè konplo a kont Wa Amon yo, e pèp peyi a te fè Josias, fis li a, wa nan plas li.

34 [e]Josias te gen laj a uitan lè l te devni wa a, e li te renye tran-te-yen nan Jérusalem. [2] [f]Li te fè sa ki bon nan zye SENYÈ a. Li te mache nan chemen a David, papa zansèt pa li a e li pa t vire akote ni adwat ni agoch. [3] Paske nan uityèm ane règn pa li a, pandan li te toujou nan jenès li, li te kòmanse chache Bondye a papa zansèt li a, David. Epi nan douzyèm ane a, li te kòmanse [g]pirifye Juda avèk Jérusalem sou afè a wo plas yo, Asherim nan, imaj taye yo ak imaj fonn yo. [4] Yo te chire desann lotèl Baal yo nan prezans li, [h]lotèl lansan ki te byen wo sou yo, li te koupe e desann. Anplis, Asherim yo, imaj taye yo ak imaj fonn yo, li te kase yo an mòso, kraze yo fè poud e li te gaye l sou tonm a sila ki te fè sakrifis a yo menm yo. [5] [i]Li te brile zo a prèt Baal yo sou lotèl la, e li te pirifye Juda avèk Jérusalem. [6] [j]Nan vil a Manassé yo, Éphraïm, Siméon, jis rive Nephthali, nan mazi kraze yo, [7] li te osi chire fè desann lotèl yo. Li te [k]kraze Asherim avèk imaj taye yo jiskaske yo te fè poud, e te koupe desann lotèl lansan yo toupatou nan peyi Israël la. Anfen, li te retounen Jérusalem.

[8] [l]Alò, nan di-zuityèm ane règn li a, lè li te fin pirifye peyi a avèk kay la, li te voye Schaphan, fis a Atsalia o avèk Maaséja, yon ofisye lavil la ak Joach, fis a Joachaz la, grefye a, pou repare lakay SENYÈ a, Bondye li a. [9] Yo te vin kote Hilkija, wo prèt la, e yo te livre li lajan ki te pote lakay Bondye a, ke Levit yo, gadyen pòtay yo, te kolekte soti [m]Manassé, Éphraïm, de tout retay Israël yo, e soti nan tout Juda avèk Benjamin ak pèp Jérusalem nan. [10] Yo te ba li nan men a ouvriye ki te sipèvize lakay SENYÈ a, epi ouvriye ki t ap travay lakay SENYÈ a te sèvi ak li pou restore e repare kay la. [11] Yo menm, te remèt li a chapant avèk mason yo pou achte wòch taye avèk gwo bwa pou travès ak bwa mare pou kay [n]ke wa nan Juda yo te kite detwi yo. [12] [o]Mesye yo te fè travay la avèk bòn fwa ak fòmann ki sou yo pou sipèvize yo. Yo te sipèrvize pa Jachath avèk Abidias, Levit yo nan fis a Merari yo, Zacharie avèk Meschallam nan fis a Keatit yo ak Levit yo, tout moun ki te gen gwo kapasite, ak lòt ki te fò nan jwe enstriman mizik yo. [13] Anplis, yo te [p]sou sila ki t ap pote chaj yo, e yo te sipèvize tout ouvriye soti de yon tach a yon lòt. Pami Levit yo te gen skrib, ofisye ak sipèvizè.

[14] Lè yo t ap pote fè sòti lajan ki te antre lakay SENYÈ a, [q]Hilkija, prèt la, te twouve liv lalwa SENYÈ a ki te bay pa Moïse la. [15] Hilkija te reponn e te di a Schaphan, sekretè a: "Mwen te twouve liv lalwa lakay SENYÈ a." Epi Hilkija te bay liv la a Schaphan.

[16] Konsa, Schaphan te pote liv la kote wa a, e te bay yon rapò anplis a wa a. Li te di: "Tout sa ou te konfye a sèvitè ou yo, y ap fè l. [17] Yo deja retire lajan yo te twouve lakay SENYÈ a, e te livre li nan men a sipèvizè yo ak ouvriye yo." [18] Anplis, Schaphan, sekretè a te di wa a, "Hilkija, prèt la, te ban mwen yon liv." Epi Schaphan te li ladann nan, nan prezans a wa a.

[19] Lè wa a te tande [r]pawòl lalwa yo, [s]li te chire rad li. [20] Epi wa a te kòmande Hilkija, Achikam, fis a Schaphan nan, Abdon, fis Michée a, Schaphan, sekretè a ak Asaja, sèvitè a wa a e te di: [21] "Ale fè ankèt a SENYÈ a pou mwen e pou sila ki rete Israël avèk Juda yo, konsènan pawòl a liv ki te twouve a; paske [t]byen gwo, se kòlè SENYÈ a ki vide sou nou akoz papa zansèt nou yo pa t obsève pawòl a SENYÈ a, pou fè selon tout sa ki ekri nan liv sila a."

[22] Konsa, Hilkija avèk sila ke wa a te pale yo te ale kote Hulda, pwofetès la, madanm a Schallum nan, fis a Thokehath la, fis a Hasra a, gadyen vètman yo, (alò, li te rete Jérusalem nan dezyèm katye); epi yo te pale avèk li konsa.

[23] Li te di yo: "Konsa pale SENYÈ a, Bondye Israël la: 'Di nonm ki te voye nou kote mwen an, [24] Konsa pale SENYÈ a: Veye byen, [u]Mwen ap voye malè sou plas sa a ak sou pèp li a, menm tout [v]malediksyon ki ekri nan liv ke yo te li nan prezans a wa a Juda a. [25] Akoz yo te abandone Mwen, e [w]te brile lansan a lòt dye yo, pou yo ta kapab pwovoke Mwen a lakòlè avèk tout zèv a men yo; pou sa, kòlè Mwen va vin vide sou plas sa a e li p ap etenn.'"

[26] "Men pou wa Juda ki te voye nou fè ankèt devan SENYÈ a, konsa nou va pale a li: 'Konsa pale SENYÈ a, Bondye Israël la selon pawòl ke ou te tande yo, [27] [x]akoz kè ou te mou e ou te imilye ou menm devan Bondye lè ou te tande pawòl Li yo kont plas sa a, e kont pèp li a, akoz ou te imilye ou menm devan Mwen, ou te chire vètman ou e ou te kriye devan M, Mwen anverite te tande ou', deklare SENYÈ a. [28] Tande byen, Mwen va ranmase ou a papa zansèt ou yo, e ou va ranmase

a tonm ou an anpè, pou zye ou pa wè tout malè ke Mwen va pote sou plas sa a avèk pèp li a."

Yo te pote bay wa a mesaj sila a.

[29] Epi [a]wa a te voye rasanble tout ansyen a Juda avèk Jérusalem yo. [30] Wa a te monte vè lakay SENYÈ a, e [b]tout mesye Juda yo, pèp Jérusalem nan, prèt yo, Levit yo, e tout moun soti nan pi gran jis rive nan pi piti yo—epi li te li nan zòrèy yo, tout pawòl liv akò ki te twouve lakay SENYÈ a. [31] Wa a te kanpe nan plas li a, e te [c]fè yon akò devan SENYÈ a pou mache nan chemen SENYÈ a, pou kenbe kòmandman Li yo avèk temwayaj Li yo, avèk règleman Li yo avèk tout kè li ak tout nanm li, pou reyisi fè tout pawòl a akò ki ekri nan liv sila yo. [32] Anplis, li te fè tout moun ki te prezan Jérusalem avèk Benjamin yo kanpe avèk li. Konsa, pèp Jérusalem la te fè selon akò Bondye a, Bondye a papa zansèt yo a. [33] Josias te [d]retire tout abominasyon soti nan tout peyi ki te apatyen a fis Israël yo e te fè tout moun ki te prezan an Israël yo sèvi SENYÈ a, Bondye pa yo a. Pandan tout lavi li, yo pa t detounen nan swiv SENYÈ a, Bondye a zansèt pa yo a.

35

Epi Josias te [e]selebre fèt Pak a SENYÈ a Jérusalem. Yo te touye bèt pou Pak la sou katòzyèm jou nan premye mwa a. [2] Li te plase prèt yo nan pozisyon pa yo e te [f]ankouraje yo nan sèvis lakay SENYÈ a. [3] Anplis, li te di a Levit ki te enstwi tout Israël yo, e ki te sen a SENYÈ a: "Mete lach SENYÈ a nan kay ke Salomon, fis a David la, wa Israël la, te bati a. [g]Li p ap ankò yon chaj sou zepòl nou. Alò, koulye a sèvi SENYÈ a, Bondye nou an, avèk pèp Li a, Israël. [4] [h]Prepare nou menm selon lakay papa zansèt nou yo nan divizyon nou yo selon ekriti a David la, wa Israël le a selon ekriti a fis li a, Salomon. [5] Anplis, [i]kanpe nan lye sen an selon divizyon lakay papa zansèt nou yo ak frè nou yo ak selon Levit yo, pa divizyon lakay papa zansèt nou yo. [6] Alò, touye bèt Pak la, [j]sanktifye nou e prepare pou frè nou yo pou fè selon pawòl SENYÈ a, selon Moïse."

[7] Josias te fè kontribisyon pou pèp la, tout sa ki te prezan, bann jenn mouton yo ak jenn kabrit yo, tout pou ofrann Pak la, an kantite trant-mil, plis twa-mil towo. Sila yo te sòti nan byen ki te pou wa a. [8] Anplis, ofisye pa li yo te fè kontribisyon a yon ofrann bòn volonte a pèp la, prèt yo avèk Levit yo. Hilkija, Zacharie, avèk Jehiel, [k]chèf lakay Bondye yo, te bay a prèt yo pou Pak la, yon ofrann de-mil-sis-san bèt ki sòti nan bann mouton yo, avèk twa-san towo. [9] Conania osi avèk Schemaeja ak Nethaneel, frè li yo, Haschabia, Jeïel avèk Jozabad, ofisye Levit yo, te kontribye a Levit yo pou ofrann Pak la, senk-mil ki sòti nan bann mouton an ak senk-san towo.

[10] Pou sa, sèvis la te fin prepare e [l]prèt yo te kanpe nan estasyon pa yo avèk Levit yo nan divizyon pa yo selon lòd a wa a. [11] Yo te touye bèt Pak yo e pandan [m]prèt yo t ap aspèje san ki te resevwa soti nan men Levit yo, [n]epi Levit yo t ap retire pwal yo. [12] Yo te retire ofrann brile yo pou yo ta kab bay yo selon divizyon lakay papa zansèt yo pou pèp la pou prezante a SENYÈ a jan sa ekri nan liv Moïse la. Yo te fè sa tou avèk towo yo. [13] Konsa, [o]yo te boukannen bèt Pak yo, sou dife selon règleman an, yo te bouyi [p]bagay sen yo nan bonm, chodyè ak nan kaswòl e yo te pote yo avèk vitès a tout pèp òdinè yo. [14] Apre yo te prepare pou yo menm e pou prèt yo, akoz prèt yo, fis a Aaron yo t ap ofri ofrann brile avèk grès jis rive nan aswè. Pou sa, Levit yo te prepare pou yo menm ak pou prèt yo, fis a Aaron yo. [15] Anplis, chantè yo, fis a Asaph yo te nan estasyon pa yo selon kòmand a David la, Asaph, Héman, avèk Jeudthun, konseye a wa a; epi [q]gadyen pòtay yo nan chak pòtay. Yo pa t oblije sòti nan sèvis pa yo akoz frè yo te prepare pou yo.

[16] Konsa, tout sèvis SENYÈ a te prepare nan jou sa a pou selebre Pak la e pou ofrann brile yo sou lotèl SENYÈ a selon kòmand a Wa Josias la. [17] [r]Fis Israël ki te prezan yo te selebre Pak la nan lè sa a ak Fèt Pen San Ledven an pandan sèt jou. [18] [s]Pa t janm gen yon selebrasyon Pak tankou sa an Israël depi jou a Samuel yo, pwofèt la. Ni pa te gen okenn nan wa Israël yo ki te selebre yon Pak jan Josias te fè avèk prèt yo, Levit yo, tout Juda, Israël ki te prezan yo ak pèp Jérusalem nan. [19] Se te nan uityèm ane règn Josias la, ke Pak sa a te selebre.

[20] [t]Apre tout sa, lè Josias te mete tanp lan an lòd, Néco, wa Egypte la, te vin monte pou fè lagè Carkemisch, sou rivyè Euphrate la, e Josias te parèt deyò pou rankontre li. [21] Men Néco te voye mesaje yo kote li. Li te di: [u]"Kisa nou gen pou fè youn avèk lòt, O Wa Juda a? Se pa kont ou ke m ap vini jodi a, men kont kay avèk sila mwen angaje nan lagè yo. Bondye te kòmande mwen fè prese. Byen avèti ke se Bondye ki avè m nan, pou Li pa detwi ou."

[22] Sepandan, Josias te refize vire kite li, men li te [v]kache idantite li pou l ta kab fè lagè avèk li. Li pa t koute pawòl a Néco ki soti nan bouch Bondye a, men li te vin fè lagè sou plèn Méguiddo a. [23] Achè yo te tire Wa Josias, e wa a te di a sèvitè li yo: "Ale avè m, sòti, paske mwen blese byen grav."

[24] Pou sa, sèvitè li yo te retire li nan cha a, e yo te pote li nan dezyèm cha li te genyen an. Yo te mennen li Jérusalem kote li te mouri, e li te antere nan tonm a papa zansèt li yo. [w]Tout Juda avèk Jérusalem te kriye pou Josias. [25] Konsa, [x]Jérémie te chante yon lamantasyon pou Josias. Epi tout chantè yo, ni

---

[a] **34:29** II Wa 23:1-3 [b] **34:30** Né 8:1-3 [c] **34:31** II Kwo 23:16 [d] **34:33** II Kwo 34:3-7 [e] **35:1** II Wa 23:21
[f] **35:2** II Kwo 29:11 [g] **35:3** I Kwo 23:26 [h] **35:4** I Kwo 9:10-13 [i] **35:5** Esd 6:18 [j] **35:6** II Kwo 29:5
[k] **35:8** II Kwo 31:13 [l] **35:10** II Kwo 35:5 [m] **35:11** II Kwo 29:22 [n] **35:11** II Kwo 29:34 [o] **35:13** Egz 12:8-9
[p] **35:13** Lev 6:28 [q] **35:15** I Kwo 26:12-19 [r] **35:17** Egz 12:1-20 [s] **35:18** II Wa 23:21 [t] **35:20** II Wa 23:29-30
[u] **35:21** Kwo 25:19 [v] **35:22** II Kwo 18:29 [w] **35:24** Za 12:11 [x] **35:25** Jr 22:10

gason, ni fanm pale sou Josias nan lamantasyon yo jis rive jodi a. Konsa, yo te fè avèk yo yon òdonans an Israël. Men gade, yo ekri nan Lamantasyon yo. ²⁶ Alò, tout lòt zèv a Josias yo avèk zèv fidelite pa li yo, jan sa ki ekri nan lalwa SENYÈ yo, ²⁷ ak zèv li yo, soti nan premye a jis rive nan dènye a, men vwala, yo ekri nan Liv Wa A Israël Avèk Juda yo.

36 ᵃAlò, pèp peyi a te pran Joachaz, fis Josias la, e yo te fè li wa nan plas papa li Jérusalem. ² Joachaz te gen venn-twazan lè l te vin wa, e li te renye twa mwa Jérusalem. ³ Epi wa Egypte la te retire li sou pouvwa a Jérusalem, e li te egzije yon kontribisyon de san talan ajan ak yon talan lò sou peyi a. ⁴ Wa Egypte la te fè Éliakim, frè l la, wa sou Juda avèk Jérusalem, e li te chanje non li an Jojakim. Men ᵇNéco te pran frè li a, Joachaz e te mennen li an Égypte.

⁵ ᶜJojakim te gen laj a venn-senkan lè l te devni wa e li te renye onzan Jérusalem. Li te fè mal nan zye SENYÈ a, Bondye li a. ⁶ Nebucadnetsar, wa Babylone nan, te monte kont li, e li te ᵈmare li avèk chenn an bwonz pou mennen li Babylone. ⁷ Anplis, ᵉNebucadnetsar te mennen kèk nan bagay ki sòti lakay SENYÈ a Babylone, e te mete yo nan tanp Babylone nan. ⁸ Alò, tout lòt zèv a Jojakim yo avèk abominasyon ke li te fè yo, ak sa ki te twouve kont li yo, men vwala, yo ekri nan Liv Wa A Israël Avèk Juda yo. Epi Jojakin, fis li a, te vin wa nan plas li.

⁹ ᶠJojakin te gen laj a uitan lè l te vin wa, e li te renye twa mwa avèk dis jou Jérusalem. Li te fè mal nan zye SENYÈ a. ¹⁰ Nan kòmansman ane a, Wa Nebucadnetsar te mennen li Babylone avèk bagay byen chè ki te sòti lakay SENYÈ a. Li te fè moun fanmi li, ᵍSédécias, wa sou Juda avèk Jérusalem.

¹¹ ʰSédécias te gen laj a ven-te-yen nan lè l te vin wa e li te renye pandan onzan Jérusalem. ¹² Li te fè mal nan zye a SENYÈ a, Bondye li a. Li pa t imilye li menm ⁱdevan Jérémie, pwofèt ki te pale pou SENYÈ a. ¹³ ʲAnplis, li te fè rebèl kont Wa Nebucadnetsar ki te fè li sèmante fidelite pou Bondye. Men ᵏli te fè tèt di e avèk kè di, li te refize vire vè SENYÈ a, Bondye Israël la. ¹⁴ Epi, ofisye a prèt yo avèk pèp la te manke fidèl anpil nan swiv tout abominasyon a nasyon yo, e yo te konwonpi kay ke SENYÈ a te fè sen Jérusalem nan.

¹⁵ SENYÈ a, Bondye a zansèt pa yo a, te ˡvoye kote yo tout tan pa mesaje pa Li yo, akoz li te gen mizerikòd vè pèp li a ak sou kote ke Li te abite a; ¹⁶ men yo te ᵐgiyonnen mesaje Bondye yo, yo te meprize pawòl Li, e yo te moke pwofèt Li yo, jiskaske kòlè SENYÈ a te leve kont pèp Li a jiskaske pa t gen remèd pou sa.

¹⁷ ⁿAkozsa, Li te mennen kontyo wa a Kaldeyen yo ki te touye jennonm yo avèk nepe nan kay sanktyè yo a, e Li pa t fè gras pou jèn moun, ni vyèj, ni granmoun, ni moun enfim. Li te livre tout nan men li. ¹⁸ ᵒTout bagay ki te sòti lakay SENYÈ a, gran kon piti, trezò lakay SENYÈ a ak trezò a wa yo avèk ofisye li yo, li te mennen tout Babylone. ¹⁹ Anfen, ᵖyo te brile kay Bondye a, yo te kraze miray Jérusalem nan, yo te brile tout konstriksyon fòtifye li yo avèk dife, e yo te detwi tout bagay valab li yo. ²⁰ Sila ki te chape anba nepe yo, li te ᵠpote yo ale Babylone; epi yo te ʳsèvitè li avèk fis li jiskaske wayòm Perse la te vin monte. ²¹ Sa te fèt ˢpou fin akonpli pawòl SENYÈ a pa bouch a Jérémie, jiskaske tè a te fin rejwi de tout Saba li yo. Pandan tout jou dezolasyon li yo, li te kenbe Saba a ᵗjiskaske swasann-dizan an te fin pase.

²² Alò, nan premye ane Cyrus la, Perse la—-pou l te kab akonpli pawòl SENYÈ a ᵘpa bouch Jérémie——SENYÈ a te boulvèse lespri a Cyrus, wa Perse la, pou li ta voye yon pwoklamasyon toupatou nan wayòm li an e anplis, ekri li pou di: ²³ Konsa pale Cyrus, wa Perse la: "SENYÈ a, Bondye Syèl la, te ban mwen tout wayòm yo sou latè, e Li te mete m anba lòd pou bati pou Li yon kay Jérusalem, ki nan Juda. Ke SENYÈ a, Bondye pa li a, kapab avèk li e kite li monte."

ᵃ **36:1** II Wa 23:30-34   ᵇ **36:4** Jr 22:10-12   ᶜ **36:5** II Wa 23:36-37   ᵈ **36:6** II Kwo 33:11   ᵉ **36:7** II Wa 24:13   ᶠ **36:9** II Wa 24:8-17   ᵍ **36:10** Jr 37:1   ʰ **36:11** II Wa 24:18-20   ⁱ **36:12** Jr 21:3-7   ʲ **36:13** Jr 52:3   ᵏ **36:13** II Kwo 30:8   ˡ **36:15** Jr 7:13   ᵐ **36:16** II Kwo 30:10   ⁿ **36:17** II Wa 25:1-7   ᵒ **36:18** II Kwo 36:7-10   ᵖ **36:19** I Wa 9:8   ᵠ **36:20** II Wa 25:11   ʳ **36:20** Jr 27:7   ˢ **36:21** Jr 29:10   ᵗ **36:21** Jr 25:11   ᵘ **36:22** Jr 25:12

Esdras

1 Alò, nan premye ane Cyrus, wa a Perse la, pou pawòl SENYÈ a te kab akonpli pa bouch a Jérémie, SENYÈ a te vire lespri a Cyrus, wa Perse la, pou l te [a]voye yon pwoklamasyon toupatou nan wayòm li an, e anplis pou l ta ekri li pou te di: ² "Konsa pale Cyrus, wa a Perse la, 'SENYÈ a, Bondye Syèl la, te ban mwen tout wayòm yo sou latè epi [b]Li te chwazi mwen pou bati yon kay pou Li Jérusalem, ki nan Juda. ³ Nenpòt moun ki pami nou nan tout pèp li a, ke Bondye pa li a kapab avèk li! Le se l monte Jérusalem ki nan Juda pou rebati lakay SENYÈ a, Bondye Israël la [c](Se Li ki Bondye), ki nan Jérusalem nan. ⁴ Nenpòt nan yo ki toujou vivan, nenpòt kote ke li ta rete, kite moun nan plas sa yo bay li soutyen avèk ajan avèk lò, avèk byen ak bèt, ansanm avèk yon ofrann bòn volonte pou lakay Bondye ki Jérusalem nan.'"

⁵ Epi chèf lakay papa zansèt pa yo nan Juda avèk Benjamin, e prèt avèk Levit yo te leve, [d]menm tout sila ki te gen lespri vire pa Bondye yo, pou monte rebati lakay SENYÈ a ki Jérusalem nan. ⁶ Tout sila ki te antoure yo te [e]ankouraje yo avèk bagay an ajan, lò, byen pa yo, bèt yo, bagay yo koute chè pa yo, apati de tout sa ki te bay kon ofrann bòn volonte. ⁷ Anplis, Wa Cyrus te mennen fè sòti tout bagay ki te pou lakay SENYÈ a [f]ke Nebucadnetsar te mennen fè sòti Jérusalem pou mete lakay dye a li menm yo; ⁸ mem sa yo Cyrus, wa Perse la, te fè sòti pa men Mithredath, trezorye a e li menm, te konte yo pou [g]Sheshbatsar, prens a Juda a. ⁹ Men kontwòl yo: trant [h]asyèt an lò, mil asyèt an ajan, vent-nèf kouto; ¹⁰ trant bòl an lò, kat-san-dis bòl an ajan nan yon lòt kalite ak mil nan lòt atik. ¹¹ Tout bagay an lò avèk ajan yo te vin kontwole nan senk-mil-kat-san. Sheshbatsar te mennen yo tout monte avèk moun egzil ki te sòti Babylone yo pou rive Jérusalem.

2 Alò, [i]sila yo se moun pwovens ki te vin sòti an kaptivite kon moun egzil ke Nebucadnetsar, wa Babylone nan, te pote ale Babylone e te gen tan retounen Jérusalem avèk Juda, yo chak nan pwòp vil pa yo. ² Sila yo te vini avèk Zorobabel, Josué, Néhémie, Seraja, Reélaja, Mardochée, Bilschan, Mispar, Bigtvaï, Rehum ak Baana.

Fòs kantite mesye nan pèp Israël yo: ³ Fis a Pareosch yo, de-mil-san-swasann-douz. ⁴ Fis a Schephathia yo, twa-san-swasann-douz. ⁵ Fis Arach yo: sèt-san-swasann-kenz; ⁶ fis a Pachath-Moab nan fis a Josué avèk Joab yo: de-mil-ui-san-douz. ⁷ Fis Élam yo: mil-de-san-senkant-kat. ⁸ Fis Zatthu yo: nèf-san-karant-senk. ⁹ Fis Zaccaï yo: sèt-san-swasant; ¹⁰ fis Bani yo: sis-san-karant-de, ¹¹ Fis Bébaï yo: sis-san-venn-twa. ¹² Fis Azgad yo: mil-de-san-venn-de. ¹³ Fis Adonikam yo: sis-san-swasann-sis. ¹⁴ Fis Bigvaï yo: de-mil-senkant-sis. ¹⁵ Fis Adin yo: kat-san-senkant-kat. ¹⁶ Fis Ather nan fanmi Ézéchias yo: katreven-dizuit. ¹⁷ Fis Betsaï yo: twa-san-venn-twa. ¹⁸ Fis Jora yo: san-douz. ¹⁹ Fis Haschum yo: de-san-venn-twa. ²⁰ Fis Guibbar yo: katra-ven-kenz. ²¹ Mesye a Bethléem yo: san-venn-twa. ²² Mesye a Nethopha yo: senkant-sis. ²³ Mesye Anathoth yo: san-venn-tuit. ²⁴ Fis a Azmaveth yo: karann-de. ²⁵ Fis a Kirjath-Arim yo, Kephira, avèk Beéroth yo; sèt-san-karann-twa. ²⁶ Fis a Rama avèk Guéba yo: sis-san-venteyen. ²⁷ Mesye a Micmas yo: san-venn-de. ²⁸ Mesye a Béthel avèk Aï yo: de-san-venn-twa. ²⁹ Fis á Nebo yo: senkant-de. ³⁰ Fis a Magbisch yo: san-senkant-sis. ³¹ Fis a lòt Élam nan: mil-de-san-senkant-kat. ³² Fis a Harim yo: twa-san-ven. ³³ Fis a Lod, Hadid ak Ono yo: sèt-san-venn-senk. ³⁴ Fis a Jéricho yo, twa-mil-sis-san-trant. ³⁵ Fis a Senaa yo: twa-mil-sis-san-trant.

³⁶ Prèt yo; fis a Jedaeja lakay Josué yo: nèf-san-swasann-trèz. ³⁷ Fis a Immer yo: mil-senkant-de; ³⁸ fis a Paschhur yo: mil-de-san-karann-sèt. ³⁹ Fis a Harim yo: mil-disèt.

⁴⁰ Levit yo: fis a Josué yo, fis a Kadmiel yo e fis a Hodavia yo: swasann-katòz. ⁴¹ Chantè yo: fis a Asaph yo: san-venn-tuit. ⁴² Fis a gadyen yo: Fis a Schallum yo, fis a Ather yo, fis a Thalmon yo, fis a Akkub yo, fis a Hathitha yo e fis a Schobaï yo an total: san-trant-nèf.

⁴³ Netinyen yo: fis a Tsicha yo, fis a Hasupha yo, avèk fis a Thabbaoth yo, ⁴⁴ fis a Kéros yo, fis a Siaha yo, avèk fis a Padon yo, ⁴⁵ fis a Lebana yo, fis a Hagaba yo, fis a Akkub yo, ⁴⁶ fis a Hagab yo, fis a Schamlaï yo, fis a Hanan yo, ⁴⁷ fis a Guiddel yo, fis a Gachar yo, fis a Reaja yo, ⁴⁸ fis a Retsin yo, fis a Nekoda yo, fis a Gazzam yo, ⁴⁹ fis a Uzza yo, fis a Peséach yo, fis a Bésaï yo, ⁵⁰ fis a Asna yo, fis a Mehunim yo, fis a Nephusim yo, ⁵¹ fis a Bakbuk yo, fis a Hakupha yo, fis a Harhur yo, ⁵² fis a Batsluth yo, fis a Mehida yo, fis a Harscha yo, ⁵³ fis a Barkos yo, fis a Sisera yo, fis a Thamach yo, ⁵⁴ fis a Netsaich yo, fis a Hathipha yo.

⁵⁵ Fis a sèvitè Salomon yo: fis a Sothaï yo, fis a Sophéreth yo, fis a Peruda yo, ⁵⁶ fis a Jaala yo, fis a Darkon yo, fis a Guiddel yo, ⁵⁷ fis a Schephathia yo, fis a Hatthil yo, fis a Pokéreth-Hatesbaïm yo, fis a Ami yo. ⁵⁸ Tout sèvitè tanp lan avèk [j]fis a sèvitè Salomon yo te twa-san-katreven-douz.

---

[a] **1:1** Esd 5:13 [b] **1:2** És 44:28 [c] **1:3** És 37:16 [d] **1:5** Esd 1:1-2 [e] **1:6** Né 6:9 [f] **1:7** II Wa 24:13
[g] **1:8** Esd 5:14 [h] **1:9** Esd 8:27 [i] **2:1** II Wa 24:14-16 [j] **2:58** I Wa 9:21

⁵⁹ Alò, sa yo se sila ki te monte sòti Thel-Mélach, Thel-Harscha, Kerub-Addan, avèk Imher ki pa t kapab bay prèv selon lakay zansèt pa yo, ke se moun Israël yo te ye: ⁶⁰ Fis a Delaja yo, fis a Tobija yo, fis a Nekoda yo, sis-san-senkant-de. ⁶¹ Epi pami fis a prèt yo: fis a Habaja yo, fis a Hakkots yo, fis a ᵃBarzillaï yo, ki te pran pou madanm li youn nan fi a Barzillaï yo, Gadit la e te rele pa non pa yo. ⁶² Sila yo te fè rechèch pami anrejistreman zansèt pa yo, men yo pa t kab twouve yo; ᵇakoz sa, yo te konsidere pa pwòp e te anpeche fè sèvis kon prèt. ⁶³ Gouvènè a te pale yo pou pa manje bagay ki sen pase tout lòt bagay yo jiskaske yon prèt te kanpe avèk ᶜOurim nan ak Toumim nan.

⁶⁴ Tout asanble a te kontwole a karann-de-mil-twa-san-swasant moun, ⁶⁵ anplis, sèvitè gason ak fanm pa yo ki te kontwole nan sèt-mil-twa-san-trann-sèt; epi yo te gen de-san ᵈchantè, ni gason ni fanm. ⁶⁶ Cheval yo te kontwole nan sèt-san-trann-sis e milèt yo nan de-san-karann-senk. ⁶⁷ Chamo yo te kat-san-trann-senk, avèk bourik yo nan si-mil-sèt-san-ven.

⁶⁸ Kèk nan chèf lakay zansèt yo, lè yo te rive lakay SENYÈ a, ki Jérusalem nan, yo te fè ofrann bòn volonte a pou l ta rekonstwi fondasyon li yo. ⁶⁹ Selon kapasite pa yo, yo te bay ᵉnan kès la sòm a swasann-te-yen-mil drakma an lò, senk-mil min an ajan, avèk san vètman pou prèt yo.

⁷⁰ Alò prèt yo avèk Levit yo, kèk nan moun yo, chantè yo, gadyen pòtay yo avèk sèvitè tanp yo te rete nan vil pa yo e tout Israël nan vil pa yo.

3 Alò, lè ᶠsetyèm mwa a te fin rive e fis Israël yo te nan vil yo, pèp la, kon yon sèl moun, te reyini ansanm Jérusalem. ² Konsa, ᵍJosué, fis a Jotsadak la avèk frè li yo, prèt yo e Zorobabel, fis a Schealthiel la avèk frè li yo, te leve e te bati lotèl Bondye Israël la pou ofri ofrann brile sou li, kon sa ekri nan lalwa Moïse la, nonm Bondye a. ³ Pou sa, yo te mete lotèl la sou fondasyon li, malgre ʰyo te krent anpil akoz pèp a nasyon yo, epi yo te ofri ofrann brile yo sou li a SENYÈ a, ofrann brile nan maten ak nan aswè. ⁴ Yo te selebre Fèt Tonèl yo kon sa ekri a, e te fè fòs kantite ofrann brile ki te etabli chak jou yo, selon obligasyon chak jou ke òdonans lan egzije yo; ⁵ epi apre, te genyen ⁱyon ofrann brile san rete. Anplis, pou nouvèl lin e pou tout fèt SENYÈ a ki te òdone e konsakre yo, e soti nan tout moun ki te ofri yon ofrann bòn volonte a SENYÈ a. ⁶ Soti nan premye jou nan setyèm mwa a, yo te kòmanse ofri ofrann brile a SENYÈ a, men fondasyon tanp lan potko poze. ⁷ Yo te vèse bay la jan a mason yo avèk chapant yo avèk manje, bagay pou bwè, lwil pou Sidonyen avèk Tiryen yo ʲpou pote bwa sèd sòti Liban pou rive nan lanmè ᵏJapho a, selon pèmisyon ke yo te resevwa soti nan Cyrus, wa Perse la.

⁸ Alò, nan dezyèm ane a, depi yo te rive lakay Bondye Jérusalem nan dezyèm mwa a, Zorobabel, fis a Schealthiel la avèk Josué, fis a Jotsadak la avèk tout lòt frè pa yo, prèt yo avèk Levit yo e tout moun ki te vini soti an kaptivite pou rive Jérusalem, te kòmanse èv la e te ˡapwente Levit yo ak laj a ventan oswa plis pou sipèvize travay lakay SENYÈ a. ⁹ Konsa, ᵐJosué avèk fis li yo ak frè li yo te kanpe ansanm avèk Kadmiel ak fis pa li yo, fis a Juda yo, fis a Hénadad yo avèk fis pa yo ak frè yo, Levit yo, pou sipèvize ouvriye nan tanp Bondye a.

¹⁰ Alò, lè ouvriye yo te ⁿfin poze fondasyon tanp SENYÈ a, prèt yo te kanpe ak vètman pa yo avèk twonpèt yo, e Levit yo, fis a Asaph yo, avèk senbal yo, pou louwe SENYÈ a selon enstriksyon a Wa David de Israël la. ¹¹ Yo te chante, te fè lwanj e te bay remèsiman a SENYÈ a. Yo te di: ᵒ"Li bon, Paske lanmou dous Li sou Israël jis pou tout tan." Epi tout pèp la te leve yon gran kri anlè lè yo te louwe SENYÈ a, akoz fondasyon lakay SENYÈ a te fin poze. ¹² Men anpil nan prèt yo avèk Levit yo avèk chèf lakay zansèt yo, ᵖansyen granmoun ki te konn wè premye tanp lan, te kriye avèk yon gran vwa lè fondasyon a kay sila a te poze devan zye yo. Anpil nan yo te rele fò avèk jwa, ¹³ jiskaske pèp la pa t kab distenge antre son lajwa ak son kriye a pèp la, paske pèp la te rele ak gran vwa e son lan te koute soti byen lwen.

4 Alò, lè lènmi a Juda yo avèk Benjamin yo te tande ke ᑫmoun egzil yo t ap bati yon tanp a SENYÈ a, Bondye Israël la, ² yo te pwoche Zorobabel avèk chèf lakay zansèt yo. Yo te di yo: "Annou bati ansanm avèk nou, paske nou, kon ou menm, ap chache Bondye pa ou a. Nou t ap fè sakrifis a Li menm soti nan jou a ʳÉsar-Haddon, wa Assyrie a, ki te mennen nou monte isit la."

³ Men Zorobabel avèk Josué ak tout lòt chèf a lakay zansèt a Israël yo te di yo: ˢ"Ou pa gen anyen ansanm avèk nou menm nan bati yon kay a Bondye nou an, men nou menm pou kont nou, nou va bati a SENYÈ a, Bondye Israël la, ᵗkon Cyrus, wa Perse la, te kòmande nou an."

⁴ Konsa, ᵘpèp peyi a te kòmanse dekouraje pèp Juda a, e te bay yo pwoblem bati a. ⁵ Konsa yo te anplwaye konseye yo kont yo pou detounen pwòp bi pa yo pandan tout jou a Cyrus yo, wa Perse la, menm jis rive nan règn Darius la, wa Perse la. ⁶ Alò nan règn ᵛAssuérus la, nan kòmansman règn li a, yo te ekri yon akizasyon kont pèp Juda a avèk Jérusalem nan.

⁷ Nan jou a Artaxerxès yo, Bischlam, Mithredath, Thabeel ak tout lòt kolèg pa yo te ekri a Artaxerxès, wa Perse la. Lèt la te ekri nan lang Amareyen e livre ʷnan lang Amareyen. ⁸ Rehum, kòmandan an, avèk Schimchaï, grefye a, te ekri yon lèt kont

---
ᵃ **2:61** II Sam 17:21   ᵇ **2:62** Nonb 16:39-40   ᶜ **2:63** Egz 28:30   ᵈ **2:65** II Kwo 35:25   ᵉ **2:69** Esd 8:25-34
ᶠ **3:1** Né 7:73   ᵍ **3:2** Né 12:1-8   ʰ **3:3** Esd 4:4   ⁱ **3:5** Egz 29:38   ʲ **3:7** II Kwo 2:16   ᵏ **3:7** Trav 9:36
ˡ **3:8** I Kwo 23:4-24   ᵐ **3:9** Esd 2:40   ⁿ **3:10** Za 4:6-10   ᵒ **3:11** Sòm 100:5   ᵖ **3:12** Ag 2:3   ᑫ **4:1** Esd 1:11
ʳ **4:2** II Wa 19:37   ˢ **4:3** Né 2:20   ᵗ **4:3** Esd 1:1,2   ᵘ **4:4** Esd 3:3   ᵛ **4:6** Est 1:1   ʷ **4:7** II Wa 18:26

Jérusalem a Wa Artaxerxès la, kon swivan. ⁹ Alò, ekri pa Rehum, kòmandan an, avèk Schimchaï, avèk tout lòt kolèg yo, jij yo ak ᵃgouvènè lokal yo, ofisye yo, sekretè yo, mesye Érec yo, Babilonyen yo, mesye Suse yo, sa vle di, Elamit yo, ¹⁰ ak tout lòt nasyon ke onorab e pwisan Onsappar te depòte e retabli nan vil Samarie ak nan tout lòt rejyon lòtbò rivyè Jourdain an. ᵇ

¹¹ Alò, sa se yon kopi a lèt sila ke yo te voye ba li a:

"A wa a Artaxerxès: Sèvitè ou yo, mesye nan rejyon lòtbò rivyè a.
¹² Kite li vin rekonèt a wa a ke Jwif ki te monte soti kote ou te rive kote nou an Jérusalem. Yo ap rebati vil rebèl e mechan sa a e ᶜap fin fè miray avèk reparasyon fondasyon yo. ¹³ Alò, kite wa a byen konnen, ke si vil sa a vin rebati, e miray yo konplete, yo ᵈp ap peye kontribisyon obligatwa pa yo ankò, ni tarif yo, ni frè lese pase yo, e sa va diminye fòs kès wa a. ¹⁴ Alò, akoz nou nan sèvis palè a, e se pa pwòp pou nou ta wè derespektan kont wa a; pou sa a, nou te voye enfòme wa a, ¹⁵ pou ou kab fè rechèch nan achiv a papa zansèt pa ou yo. Konsa, ou va dekouvri nan rekò ansyen yo ke vil sila a se yon vil rebelyon, ki konn fè donmaj a wa yo avèk pwovens yo, e ke yo te pwovoke revolisyon ladann nan tan pase yo. Se pou rezon sa a, ke vil sa a te vin detwi nèt konsa. ¹⁶ Nou enfòme wa a ke si vil sa a rebati e miray yo konplete; akoz sa a, ou p ap ankò posede anyen nan pwovens lòtbò larivyè Jourdain an."

¹⁷ Wa a te voye reponn a Rehum, kòmandan a Schimschaï, grefye a ak tout lòt kolèg pa yo ki te rete Samarie, ak nan tout lòt pwovens ki te lòtbò Rivyè Jourdain an:

Lapè.

¹⁸ Dokiman ke nou te voye bannou an te ᵉtradwi ak li devan m. ¹⁹ Mwen te fè yon dekrè, rechèch te fèt e li te dekouvri ke vil sa a te konn leve kont wa yo nan jou pase yo, ke rebelyon avèk revolisyon te konn fèt ladann, ²⁰ ᶠ ke wa pwisan pa yo te konn gouvène tout pwovens lòtbò larivyè yo e ke kontribisyon obligatwa yo, tarif yo, e lese pase yo te konn peye a yo menm. ²¹ Pou sa, pibliye yon dekrè pou fè mesye sila yo sispann travay la pou vil sila a pa rebati jiskaske yon dekrè pibliye pa mwen menm. ²² Veye ke nou pa lach nan akonpli bagay sa a. Poukisa nou ta kite donmaj ki p ap nan avantaj a wa yo vin plis?

²³ Depi lè kopi a dekrè a wa Artaxerxès te li devan Rehum avèk Schimschaï, grefye a avèk kolèg parèy a yo, yo te ale byen vit Jérusalem kote Jwif yo, e te fè yo sispann pa fòs a zam. ²⁴ Alò, travay lakay Bondye Jérusalem nan te sispann jis rive nan dezyèm ane a Darius, wa Perse la.

5 Alò pwofèt yo, pwofèt ᵍAgée avèk pwofèt ʰZacharie, fis a Iddo a, te pwofetize a Jwif ki te Juda avèk Jérusalem. Yo te pwofetize nan non Bondye Israël la. ² Konsa, Zorobabel fis a Schealthiel la avèk Josué te leve, e te kòmanse rebati lakay Bondye ki Jérusalem nan, ansanm ak ⁱpwofèt Bondye yo ki te avèk yo pou bay yo soutyen.

³ Nan lè ʲThathnaï, gouvènè pwovens lòtbò Rivyè a e Schethar-Boznaï avèk kolèg parèy a yo, te vin kote yo, e te pale avèk yo konsa: ᵏ"Se kilès ki te bay ou dekrè pou fin fè tanp sila a, e pou fin fè konstriksyon sila a?" ⁴ˡ Anplis, yo te mande non a mesye yo ki t ap fè batisman sila a. ⁵ Men ᵐzye a Bondye pa yo te veye sou ansyen nan Jwif yo, e yo pa t fè yo sispann jiskaske yon rapò te sòti nan Darius, wa Perse la.

⁶ Kopi a lèt ke Thathnaï, gouvènè lòtbò rivyè a, e Schethar-Boznaï avèk kolèg Arpacschad yo ⁿki te lòtbò rivyè a, ke yo te voye a Darius, wa a. ⁷ Yo te voye bay li yon rapò, e ladann, te ekri sa:

A Darius, wa a; lapè avèk ou!
⁸ Kite li rekonèt a wa a ke nou te ale nan pwovens a Juda a, vè kay a gran Bondye a, ki ap bati avèk wòch ki gwo, e travès yo ap poze nan mi li yo. Travay sila a ap avanse avèk gwo swen e ap byen reyisi nan men yo. ⁹ Konsa, nou te kesyonen ansyen sila yo epi te mande yo konsa: "Kilès te bay ou dekrè pou rebati tanp ki te bati anpil ane pase yo, ᵒke yon gran wa Israël te bati, e te fin acheve. ¹² Men akoz papa pa nou yo te pwovoke Bondye syèl la a lakòlè, ᵖLi te livre yo nan men Nebucadnetsar, wa Babylone nan, Kaldeyen ki te detwi tanp sila a, e te mennen fè sòti tout pèp la jis rive Babylone. ¹³ Sepandan, nan premye ane Cyrus la, wa Babylone nan, Wa Cyrus te ᵠpibliye yon dekrè pou

---
ᵃ **4:9** Esd 5:6 ᵇ **4:10** Esd 4:11-17 ᶜ **4:12** Esd 5:3-9 ᵈ **4:13** Esd 4:20 ᵉ **4:18** Né 8:8 ᶠ **4:20** I Wa 4:21
ᵍ **5:1** Ag 1:1 ʰ **5:1** Za 1:1 ⁱ **5:2** Esd 6:14 ʲ **5:3** Esd 6:6-13 ᵏ **5:3** Esd 1:3 ˡ **5:4** Esd 5:10 ᵐ **5:5** Esd 7:6-28
ⁿ **5:6** Esd 4:9 ᵒ **5:11** I Wa 6:1-38 ᵖ **5:12** II Wa 25:8-11 ᵠ **5:13** Esd 1:1-4

rebati kay Bondye sila a. ¹⁴ Anplis, ᵃzouti an ajan avèk lò lakay Bondye ke Nebucadnetsar te retire soti nan tanp Jérusalem nan pou te pote yo nan tanp Babylone nan. Menm sila yo, Cyrus te pran soti nan tanp Babylone nan, e yo te bay a yon nonm ki te rele Sheshbatsar, sila li te chwazi kon gouvènè a. ¹⁵ Li te di li: 'Pran zouti sila yo, ale depoze yo nan tanp Jérusalem nan, e kite kay Bondye a vin rebati nan plas li.' ¹⁶ Epi Sheshbatsar sila a te vin ᵇpoze fondasyon kay Bondye a Jérusalem. Epi depi lè sa a, jis rive koulye a, li te anba konstriksyon men li poko fini.

¹⁷ Alò, si sa ta fè wa a kontan, ᶜkite yon rechèch fèt lakay trezorye wa a ki Babylone nan, ke si se konsa, yon dekrè te fèt pa Cyrus pou rebati kay Bondye sila a Jérusalem. Epi konsa, kite wa a voye bannou desizyon pa li sou ka sa a."

6 Wa Darius te pibliye yon dekrè e ᵈyon rechèch te fèt nan achiv yo kote trezò yo te depoze Babylone nan. ² Nan ᵉAchemetha, nan fò a, ki nan pwovens a Médie a, yo te twouve yon woulo, e ladann te ekri konsa kon yon rekòd anrejistre:

³ᶠ Nan premye ane a Wa Cyrus la, Cyrus, wa a, te pibliye yon dekrè: Sou kay Bondye nan Jérusalem nan, kite tanp kote sakrifis konn vin ofri yo vin rebati, e kite fondasyon li yo konsève, wotè ki swasant koude a e lajè ki swasant koude a ⁴ ᵍ avèk twa ranje gwo wòch taye ak yon ranje an bwa. Epi kite frè a peye soti nan trezò wa a. ⁵ Anplis, kite ʰzouti an lò avèk ajan ki pou lakay Bondye yo, ke Nebucadnetsar te pran soti nan tanp Jérusalem nan pou te pote Babylone nan, remèt e fè retounen nan plas yo nan tanp Jérusalem nan. Konsa, nou va depoze yo nan kay Bondye a.

⁶ Alò, pou sa, ⁱThathnaï, ou menm, gouvènè pwovens lòtbò rivyè a, Schethar-Boznaï avèk kòlèg parèy ou yo, ofisyèl nan pwovens lòtbò rivyè yo, rete lwen de la. ⁷ Kite travay sila sou kay Bondye a kontinye; kite gouvènè a Jwif yo avèk ansyen a Jwif yo rebati lakay Bondye a sou sit anplasman li an. ⁸ Anplis, ʲMwen menm, Darius, ap bay yon dekrè sou sa nou gen pou fè pou ansyen sila yo nan Juda pou rekonstriksyon lakay Bondye sila a: Tout frè li se pou peye a pèp sila yo soti nan kès trezò ki sòti nan taks ki sòti nan pwovens lòtbò rivyè yo. Epi sa dwe fèt san fè reta. ⁹ Nenpòt sa ki nesesè, ni jenn towo, belye, ni jenn mouton pou ofrann brile a Bondye syèl la, e ble, sèl, diven ak lwil onksyon, jan prèt Jérusalem yo mande a, fòk sa bay a yo chak jou san manke, ¹⁰ pou yo kab ofri sakrifis agreyab a Bondye syèl la, e ᵏpriye pou lavi a wa a avèk fis li yo. ¹¹ Epi mwen te pibliye yon lòd ke ˡnenpòt moun ki vyole dekrè sa a, yon travès bwa va rache sou pwòp kay li, li va leve wo, e atache sou li. E lakay li va devni yon gwo pil fatra. ¹² Ke Bondye ᵐki te fè non Li rete la, ta dechouke nenpòt wa oswa pèp ki ta leve men l chanje sa a pou li ta detwi kay Bondye sa a, Jérusalem. Mwen, Darius, te pase lòd sa a. Kite li akonpli avèk dilijans!

¹³ Alò, ⁿThathnaï, gouvènè pwovens lòtbò rivyè a, Schethar-Boznaï, avèk kolèg parèy a yo te konfòme avèk dilijans a lòd sa a jan Wa Darius te voye bay li a.

¹⁴ Epi ᵒansyen pami Jwif yo te reyisi nan konstriksyon a selon asistans pwofesi ki t ap fèt pa Aggée avèk Zacharie yo, fis a Iddo a. Konsa, yo te fin bati selon lòd Bondye Israël la, dekrè a Cyrus la, Darius ak Artaxerxès, wa a Perse la. ¹⁵ Tanp sa a te fini sou twazyèm jou nan ᵖmwa Adar a. Li te nan sizyèm ane règn Wa Darius la.

¹⁶ Epi fis Israël yo, prèt yo, Levit yo ak tout lòt moun egzil ki te retounen yo, te ᵠselebre dedikasyon kay Bondye sila a avèk jwa. ¹⁷ Yo te ofri pou dedikasyon tanp Bondye sila a san towo, de-san belye, kat-san jenn mouton, e kon ofrann peche pou tout Israël la, ʳdouz mal kabrit ki te koresponn a non tribi Israël yo. ¹⁸ Epi yo te chwazi prèt yo a divizyon pa yo ak Levit yo nan lòd pa yo pou sèvis Bondye Jérusalem nan, ˢjan sa ekri nan liv Moïse la.

¹⁹ Moun egzil yo te obsève fèt Pak la nan ᵗkatòzyèm jou nan premye mwa a. ²⁰ Paske prèt yo avèk Levit yo te fin pirifye yo ansanm, yo tout nan yo te pwòp. Epi ᵘyo te touye jenn mouton Pak la pou tout moun egzil yo, ni pou frè pa yo, prèt yo ak pou yo menm. ²¹ Fis a Israël ki te retounen an egzil yo, e ᵛtout sila ki te separe yo menm de lempite a nasyon nan peyi yo pou fè ansanm avèk yo, pou chache SENYÈ a, Bondye Israël la, te manje Pak la. ²² Epi ʷyo te obsève Fèt Pen San Ledven an pandan sèt jou avèk jwa, paske SENYÈ a te fè yo rejwi, e ˣte detounen kè a wa a Assyrie a vè yo pou ankouraje yo nan travay lakay Bondye a, Bondye Israël la.

ᵃ **5:14** Esd 1:7 ᵇ **5:16** Esd 3:8-10 ᶜ **5:17** Esd 6:1-2 ᵈ **6:1** Esd 5:17 ᵉ **6:2** II Wa 17:6 ᶠ **6:3** Esd 1:1
ᵍ **6:4** I Wa 6:36 ʰ **6:5** Esd 1:7 ⁱ **6:6** Esd 5:3 ʲ **6:8** Esd 6:4 ᵏ **6:10** Esd 7:23 ˡ **6:11** Esd 7:26
ᵐ **6:12** Det 12:5-11 ⁿ **6:13** Esd 6:6 ᵒ **6:14** Esd 5:1-2 ᵖ **6:15** Est 3:7 ᵠ **6:16** I Wa 8:63 ʳ **6:17** Esd 8:35
ˢ **6:18** Nonb 3:6 ᵗ **6:19** Egz 12:6 ᵘ **6:20** II Kwo 35:11 ᵛ **6:21** Né 9:2 ʷ **6:22** Egz 12:15 ˣ **6:22** Esd 7:27

7 Alò, apre bagay sila yo, nan règn ªArtaxerxès la, wa Perse la, te monte Esdras, fis a Seraja a, fis a Azaria a, fis a Hilkija a, ² fis a Schallum nan, fis a Tsadok la, fis a Achithub la, ³ fis a Amaria a, fis a Merajoth la, ⁴ fis a Zerachja a, fis a Uzzi a, fis a Bukki a, ⁵ fis a Abischura a, fis a Phinées a, fis a Éléazar a, fis a Aaron an, wo prèt la. ⁶ Esdras sila a te monte soti Babylone e li te yon ᵇskrib avèk anpil konesans nan lalwa Moïse la, ke SENYÈ a, Bondye Israël la, te bay la. Epi wa a te bay li tout sa ke li te mande akoz men SENYÈ a, Bondye li a, te sou li. ⁷ ᶜ Kèk nan fis Israël yo avèk kèk nan prèt yo, Levit yo, chantè yo, gadyen pòtay yo, ak sèvitè tanp yo, te monte Jérusalem nan setyèm ane a Wa Artaxerxès la. ⁸ Li te vini Jérusalem nan senkyèm mwa a, ki te nan setyèm ane règn a Wa a. ⁹ Paske nan premye jou nan premye mwa a, li te kòmanse monte soti Babylone; epi nan premye jou nan senkyèm mwa a, li te rive Jérusalem, ᵈakoz bon men a Bondye pa li a te sou li. ¹⁰ Paske Esdras te dedye kè li pou etidye lalwa SENYÈ a, pou pratike li, ᵉpou enstwi règleman pa Li yo ak òdonans Li yo an Israël.

¹¹ Alò, sa se yon kopi a dekrè ke Wa Artaxerxès te bay a Esdras, prèt la, skrib la, ki te byen enstwi nan kòmandman a SENYÈ a, avèk règleman Li yo pou Israël:

¹² "Artaxerxès, wadèwa yo, a Esdras, prèt la, skrib lalwa Bondye Syèl la, lapè pafè.

Depi koulye a, ¹³ ᶠ mwen te bay yon dekrè ke nenpòt moun nan pèp Israël la avèk prèt pa yo ak Levit nan wayòm pa m nan ki gen volonte pou ale Jérusalem, kapab ale avèk ou. ¹⁴ Akoz ke ou voye pa wa a avèk ᵍsèt konseye li yo, pou mande konsèy sou Juda ak Jérusalem, selon lalwa Bondye pa ou a, ki nan men ou a, ¹⁵ epi pou pote ajan avèk lò ke wa a avèk konseye li yo te ofri libreman a Bondye Israël la, ʰki gen plas abitasyon Li Jérusalem, ¹⁶ avèk tout ajan ak lò ke ou jwenn nan tout pwovens Babylone yo, ansanm ⁱavèk ofrann bòn volonte a pèp la ak prèt yo, ki te ʲofri avèk bòn volonte pou lakay Bondye pa yo a ki Jérusalem nan. ¹⁷ Pou sa, avèk lajan sa a, nou va, avèk swen, achte towo, belye, jenn mouton avèk ofrann sereyal pa yo ak ofrann bwason pa yo, e ᵏofri yo sou lotèl lakay Bondye nou an ki Jérusalem nan. ¹⁸ Nenpòt sa ou wè ki sanble bon a ou menm avèk frè ou yo pou fè avèk sa ki rete nan ajan avèk lò yo, nou kab fè l selon volonte Bondye pa nou an. ¹⁹ Anplis, zouti ki bay a nou pou sèvis lakay Bondye ou a, livre yo nèt devan Bondye Jérusalem nan. ²⁰ Tout lòt bezwen pou lakay Bondye ou a, ke ou kab petèt gen okazyon founi, ˡfouni li soti nan kès trezò wa a. ²¹ Mwen, mwen menm, Wa Artaxerxès, pibliye yon dekrè a tout trezorye ki nan pwovens lòtbò rivyè a, ke nenpòt sa ke Esdras, prèt la, ᵐskrib lalwa a Bondye syèl la a ta egzije a nou, fòk li fèt avèk swen, ²² jis menm rive a san talan ajan, san barik ble, san galon diven, san galon lwil, avèk sèl si li ta nesesè. ²³ Nenpòt sa ki kòmande pa Bondye syèl la, kite li fèt avèk zèl pou lakay Bondye syèl la, ⁿpou pa vin genyen kòlè Li kont wayòm a wa a avèk fis li yo.

²⁴ Anplis, nou fè nou konprann ke ᵒli pa pèmèt pou enpoze taks, kontribisyon obligatwa, ni frè lese pase sou okenn nan prèt yo, Levit yo, chantè yo, gadyen pòtay yo, Netinyen yo, ni sèvitè lakay Bondye sila a.

²⁵ Ou menm, Esdras, selon sa jès a Bondye ki nan men ou a, ᵖchwazi majistra yo avèk jij yo pou yo kab jije tout moun ki nan pwovens lòtbò rivyè a, menm tout sila ki konnen lalwa a Bondye pa ou a; epi ou kapab ᵠenstwi nenpòt moun ki manke konprann. ²⁶ ʳ Nenpòt moun ki refize obsève lalwa Bondye ou a, avèk lalwa a wa a, kite ji jman vin tonbe sou li avèk severite, swa pou lanmò, swa mete l deyò nan peyi a, swa sezi byen li, oswa ba li prizon."

²⁷ ˢ Beni se SENYÈ a, Bondye a papa zansèt nou yo, ki te mete yon bagay konsa nan kè a wa a, pou fè bèl kay SENYÈ a ki Jérusalem nan; ²⁸ epi ᵗte lonje bay lanmou dous Li a mwen menm devan wa a avèk konseye li yo e devan tout chèf pwisan a wa yo. Se te konsa mwen te ranfòse pa ᵘmen SENYÈ a, Bondye mwen an, ki te sou mwen an, e mwen te rasanble mesye dirijan prensipal yo soti an Israël pou monte avè m.

8 Alò sila yo se chèf lakay papa zansèt yo, e anrejistreman a sila ki te monte avè m soti Babylone yo nan règn Wa Artaxerxès la:

² Nan fis a Phinées yo, Guerschom.
Nan fis a Ithamar yo, Daniel.
Nan fis a David yo, Hatthusch.

³ Nan fis a Schecania yo ki te nan fis a ᵛPareosch yo, Zacharie e avèk li, san-senkant gason ki te nan chif rejis la.

⁴ Nan fis a Pachat-Moab yo, Eljoénaï, fis a Zerachja a, epi avèk li menm, de-san gason.

⁵ Nan fis a Tsatttu yo, Schecania, fis a Jachaziel la e avèk li, twa-san gason.

ª **7:1** Esd 7:12-21   ᵇ **7:6** Esd 7:11-21   ᶜ **7:7** Esd 8:1-20   ᵈ **7:9** Esd 7:6   ᵉ **7:10** Esd 7:25   ᶠ **7:13** Esd 6:1
ᵍ **7:14** Esd 7:15-28   ʰ **7:15** Esd 6:12   ⁱ **7:16** Esd 1:4   ʲ **7:16** 1 Kwo 29:6   ᵏ **7:17** Det 12:5-11   ˡ **7:20** Esd 6:4
ᵐ **7:21** Esd 7:6   ⁿ **7:23** Esd 6:10   ᵒ **7:24** Esd 4:13-20   ᵖ **7:25** Egz 18:21   ᵠ **7:25** Mal 2:7   ʳ **7:26** Esd 6:11-12
ˢ **7:27** Esd 6:22   ᵗ **7:28** Esd 9:9   ᵘ **7:28** Esd 5:5   ᵛ **8:3** Esd 2:3

⁶ Nan fis a Adin yo, Ébed, fis a Jonathan an e senkant gason avèk li.
⁷ Nan fis a Élam yo, Ésaïe, fis a Athalia e avèk li, swasann-dis gason.
⁸ Nan fis a Schephathia yo, Zebadia, fis a Micaël la e avèk li, katra-ven gason.
⁹ Nan fis a Joab yo, Abdias, fis a Jehiel la e avèk li, de-san di-zuit gason.
¹⁰ Nan fis a Schelomith yo, fis a Josiphia yo e avèk li, san-swasant gason.
¹¹ Nan fis a Bébaï yo, Zacharie, fis a Bébaï a e avèk li, venn-tuit gason.
¹² Nan fis a Azgad yo, Jochanan, fis a Hakkathan an e avèk li, san-dis gason.
¹³ Nan fis a Adonikam yo, dènye yo, men non yo, Éliphéleth, Jeiel ak Schemaeja e avèk li, swasant gason.
¹⁴ Nan fis a Bigvaï yo, Uthaï ak Zabbud e avèk yo, swasann-dis gason.
¹⁵ Alò, mwen te rasanble yo akote ᵃrivyè ki kouri rive Ahava a, kote nou te fè kan pandan twa jou. Epi lè mwen te obsève pèp la avèk prèt yo, mwen pa t twouve okenn nan Levit yo la. ¹⁶ Akoz sa, mwen te voye pou chèf yo Éliézer, Ariel, Schemaeja, Elnathan, Jarib, Elnathan, Nathan, Zacharie ak Meschullam e pwofesè yo, Jojarib avèk Einathan.
¹⁷ Mwen te voye yo kote Iddo, chèf prensipal nan andwa Casiphia; epi mwen te fè yo konnen kisa pou yo di Iddo avèk frè li yo, ᵇsèvitè tanp yo nan andwa Casiphia a, sa vle di pou pote sèvitè yo kote nou pou lakay Bondye pa nou an. ¹⁸ Selon bon men SENYÈ a sou nou, yo te mennen bannou yon ᶜnonm ak anpil konprann nan fis a Machli yo, fis a Lévi a, fis Israël la, ki rele Schérébia ak fis li yo avèk frè li yo, di-zuit mesye; ¹⁹ epi Haschabia e avèk li, Ésaïe nan fis a Merari yo, avèk frè li yo ak fis li yo, ven; ²⁰ epi de-san-ven nan ᵈsèvitè tanp yo, ke David avèk chèf yo te bay pou sèvis Levit yo, tout moun ki te dezigne pa non yo.
²¹ Epi mwen te pwoklame yon jèn, akote rivyè Ahava a, pou nou ta kab ᵉimilye nou devan Bondye nou an pou chache soti nan Li, yon vwayaj sof pou nou, pitit nou yo ak tout byen nou yo. ²² Paske mwen te wont mande a wa a, sòlda yo avèk chevalye yo pou pwoteje nou kont lènmi sou chemen an, akoz nou te di a wa a: "Men Bondye nou an byen dispoze sou sila ki chache Li yo, men ak ᶠpwisans Li avèk lakòlè Li kont tout sila ki ᵍabandone Li yo." ²³ Konsa, nou te fè jèn nan, e te chache Bondye nou konsa, e Li te ʰkoute sa nou te mande a.
²⁴ Konsa, mwen te mete akote douz nan prèt prensipal yo, ⁱSchébéria, Haschabia ak dis nan frè yo. ²⁵ Epi mwen te peze bay yo ʲajan, lò, avèk zouti, ofrann pou lakay Bondye nou an ke wa a avèk konseye li yo ak chèf li yo avèk tout Israël prezan yo, te bay. ²⁶ ᵏ Konsa, mwen te peze mete nan men yo sis-san-senkant talan ajan, zouti an ajan ki te gen valè a san talan e anplis, san talan lò, ²⁷ ven bòl an lò ki te gen valè mil darik yo, ak de zouti an bwonz klè, byen fen, presye kon lò. ²⁸ Mwen te di yo: ˡ"Nou sen a SENYÈ la, e tout zouti yo sen. Epi ajan avèk lò a se yon ofrann bòn volonte a SENYÈ a, Bondye a zansèt nou yo. ²⁹ ᵐ Veye e kenbe yo jiskaske nou peze yo devan prèt prensipal yo, Levit yo ak chèf an tèt lakay zansèt a Israël nou yo Jérusalem, nan chanm lakay SENYÈ yo."
³⁰ Konsa, prèt yo avèk Levit yo te ⁿaksepte ajan avèk lò ki te fin peze yo ak zouti yo pou pote yo Jérusalem lakay Bondye pa nou an.
³¹ Epi nou te vwayaje soti nan ᵒrivyè Ahava a nan douzyèm jou nan premye mwa a pou monte Jérusalem. Lamen Bondye nou an te sou nou, e Li te delivre nou soti nan men a lènmi yo, ak anbiskad nan chemen yo. ³² Konsa, ᵖnou te rive Jérusalem e te rete la pandan twa jou. ³³ Nan katriyèm jou a, ajan an avèk lò a avèk zouti ki te ᵠpeze pa men a Merémoth la, fis a Urie a, prèt la, e avèk li, te gen Éléazar, fis a Phinées; epi avèk yo, te gen Levit yo, Jozabad, fis a Josué a ak Noadia, fis a Binnui a. ³⁴ Tout bagay te nimewote e te peze, e tout pwa a te rekòde menm lè sa a.
³⁵ ʳ Moun egzil ki te sòti an kaptivite yo te ofri ofrann brile a Bondye Israël la: douz towo pou tout Israël, katre-ven-sèz belye, swasann-dis-sèt jenn mouton, douz mal kabrit kon ofrann peche. Yo tout te kon yon ofrann brile a SENYÈ a. ³⁶ ˢ Yo te livre dekrè a wa a ᵗchèf pwovens yo, e a majistra lòtbò rivyè Jourdain an. Konsa, yo te bay soutyen a pèp la avèk lakay Bondye a.

9 Alò, lè bagay sa yo te fini, chèf yo te vin kote mwen epi ta di: "Pèp Israël la avèk prèt ak Levit yo pa t separe yo menm de pèp peyi yo, men te swivᵘ abominasyon pa yo, menm sila nan Canaan yo, Etyen yo, Ferezyen yo, Jebizyen yo, Amonit yo, Moabit yo, Ejipsyen yo ak Amoreyen yo. ² Paske ᵛyo te pran kèk nan fi pa yo kon madanm pou yo menm, ak pou fis pa yo, jiskaske ras sen an te vin mele avèk pèp peyi yo. Vrèman, se men a chèf yo avèk dirijan yo ki te pran an avan nan enfidelite sa a."
³ Lè mwen te tande afè sila a, mwen te ʷchire vètman mwen. Mwen te rache cheve nan tèt mwen avèk bab mwen e mwen te vin ˣchita, dezole nèt.
⁴ Konsa, tout moun ki te tranble sou pawòl Bondye Israël la akoz enfidelite a moun egzil yo, te rasanble kote mwen. Epi mwen te chita dezole nèt jis rive nan ʸofrann aswè a.
⁵ Men nan ofrann aswè a, mwen te leve soti nan imilyasyon mwen, menm avèk rad ak manto mwen

chire. Mwen te tonbe sou jenou mwen e te [a]lonje men m kote SENYÈ a, Bondye mwen an. [6] Mwen te di: "O Bondye mwen, mwen twouble, e mwen wont leve figi mwen vè Ou menm, Bondye mwen. Paske inikite nou yo vin leve pi wo tèt nou, e [b]koupabilite nou vin grandi menm jis rive nan syèl yo. [7][c] Depi nan jou a papa nou yo, jis rive jodi a, nou nan gran koupabilite. Epi akoz inikite nou yo, nou menm, wa nou yo ak prèt nou yo te vin livre nan men a wa peyi yo, a nepe, an kaptivite, piyaj ak wont ki byen vizib, jis rive jodi a. [8] Men koulye a, pou yon ti moman, gras la te parèt soti nan SENYÈ a, Bondye nou an, pou kite pou nou, yon retay ki chape, pou bay nou yon [d]pati nan kote sen Li an, pou Bondye nou an ta kapab [e]klere zye nou e fè nou twouve yon ti amelyorasyon nan esklavaj nou an. [9][f] Paske se esklav nou ye; sepandan, Bondye pa t abandone nou, men te lonje ban nou lanmou dous Li nan zye a wa Perse yo, pou bannou amelyorasyon pou leve lakay Bondye nou an, pou restore sa ki te kraze nèt yo, e pou bannou yon miray nan Juda avèk Jérusalem.

[10] "Alò, Bondye nou an, kisa nou va di apre sa? Paske nou te abandone kòmandman Ou yo, [11] ke Ou te kòmande pa sèvitè Ou yo, pwofèt yo, lè Ou te di: 'Peyi ke nou ap antre pou posede a se yon peyi ki pa pwòp avèk moun ki pa pwòp nan peyi yo, avèk abominasyon pa yo avèk sila yo te akonpli soti nan yon pwent jis rive nan yon lòt [g]ak lempite pa yo. [12] Pou sa, pa [h]bay fi nou yo a fis nou yo, ni pran fi pa yo pou fis pa nou, [i]pa janm chache lapè yo ak pwosperite yo, pou nou kapab kenbe kouraj nou e manje bon bagay peyi a, e lese li kon yon eritaj a fis nou yo jis pou tout tan.'

[13] "Apre tout sa ki te rive sou nou pou zak mechan nou yo ak [j]gran koupabilite nou yo, akoz Ou menm, Bondye nou an, te remèt nou mwens ke linikite nou yo merite, e te ban nou yon retay chape kon sila a, [14] konsa, èske nou ap ankò kraze kòmandman Ou yo, e fè maryaj ak pèp ki fè abominasyon sila yo? [k]Èske Ou pa t ap fache avèk nou jis nan pwen pou detwi nou, jis pa menm gen yon retay, ni okenn moun ki chape? [15] O SENYÈ a, Bondye Israël la, [l]Ou dwat, paske yon retay ki chape te rete pou nou nan jou sa a. Men vwala, nou devan Ou nan koupabilite nou yo, e [m]pèsòn pa kapab kanpe devan Ou akoz sa."

10 Alò, [n]pandan Esdras t ap priye e t ap fè konfesyon, t ap kriye e pwostène li devan lakay Bondye a, yon trè gran asanble, gason, fanm, ni timoun, te rasanble vè li soti an Israël; paske pèp yo te kriye byen anmè. [2] Schecania, fis a Jehiel la, youn nan fis a Élam yo, te di Esdras: o"Nou pa t fidèl a Bondye nou an. Nou te marye ak fanm etranje soti nan pèp peyi yo. Malgre, koulye a toujou gen espwa pou Israël. [3] Alò pou sa a, [p]kite nou fè yon akò avèk Bondye nou an pou mete akote tout fanm yo avèk pitit pa yo, selon konsèy a mèt mwen an, e pou sila ki tranble sou kòmandman Bondye nou yo. Epi kite sa fèt [q]selon lalwa a. [4] Leve! Paske se ou menm ki responsab afè sila a, men nou va avèk nou. [r]Pran kouraj e aji."

[5] Konsa, Esdras te leve, e te [s]fè prèt prensipal yo, Levit yo ak tout Israël sèmante pou yo ta fè selon sa ki te pwopoze a. Konsa yo te sèmante. [6] Epi Esdras te leve soti devan lakay Bondye a, e te antre nan chanm a Jochanan nan, fis a Éliaschib la. Malgre li te ale la, [t]li pa t manje pen, ni bwè dlo, paske li te tèlman dezole akoz enfidelite a moun egzil yo. [7] Yo te fè yon dekrè nan tout Juda avèk Jérusalem a tout moun egzil yo, ke yo ta dwe rasanble Jérusalem, [8] epi ke nenpòt moun ki pa ta vini nan twa jou yo, selon konsèy a chèf pa yo avèk ansyen yo, tout byen li yo va konfiske e li menm ta retire nan asanble moun egzil yo.

[9] Pou sa, tout mesye Juda avèk Benjamin yo te rasanble Jérusalem nan twa jou yo. Se te nan nevyèm mwa a sou ventyèm jou nan mwa a, tout pèp te chita nan plas ouvri devan lakay Bondye a, e yo t ap [u]tranble akoz afè sila a ak gwo lapli a.

[10] Alò, Esdras, prèt la, te kanpe epi te di yo: "Nou pa t fidèl e nou te marye avèk fanm etranje yo, ki ogmante koupabilite Israël la. [11] Alò, akoz sa a [v]konfese a SENYÈ a, Bondye a zansèt nou yo, e fè volonte L. Separe nou menm soti nan moun a peyi yo, e separe nou de madanm etranje yo."

[12] Konsa, tout asanble a te reponn ak yon gwo vwa: "Se konsa, jan ou te di a, se devwa nou pou nou fè. [13] Men gen anpil moun, se sezon lapli a, e nou p ap kab kanpe deyò a. Ni tach la pa kab fèt nan youn oswa de jou, paske nou te fè anpil transgresyon nan afè sila a. [14] Kite chèf nou yo reprezante tout asanble a, e kite tout sila nan vil nou yo ki te marye ak fanm etranje yo vini nan lè apwente yo, ansanm avèk ansyen a chak vil yo, jiskaske [w]kòlè fewòs Bondye nou an, akoz bagay sa a, ta vin detounen kite nou."

[15] Sèlman Jonathan, fis Asèl la avèk Jachzia, fis a Thikva a, te opoze ak sa, avèk Meschullam avèk Schabthaï, Levit ki t ap bay yo soutyen an.

[16] Men moun egzil yo te fè li konsa. Epi Esdras, prèt la, te chwazi mesye ki te chèf an tèt lakay zansèt yo pou chak kay zansèt, yo tout pa non yo. Konsa, yo te kyen nan premye jou nan dizyèm mwa a pou fè rechèch sou ka sila a. [17] Yo te fin fè rechèch la sou tout mesye ki te marye ak fanm etranje yo e pou rive nan premye jou premye mwa a.

[18] Pami fis a prèt ki te marye ak fanm etranje yo, yo te twouve fis a [x]Josué yo, fis a Jotsadak la e frè li yo: Maaséja, Éliézer, Jarib, avèk

---

[a] **9:5** Egz 9:29 [b] **9:6** Esd 9:13-15 [c] **9:7** II Kwo 29:6 [d] **9:8** És 22:23 [e] **9:8** Sòm 13:3 [f] **9:9** Né 9:36 [g] **9:11** Esd 6:21 [h] **9:12** Egz 34:15-16 [i] **9:12** Det 23:6 [j] **9:13** Esd 9:6-7 [k] **9:14** Det 9:8-14 [l] **9:15** Né 9:33 [m] **9:15** Sòm 130:3 [n] **10:1** Dan 9:4-20 [o] **10:2** Esd 9:2 [p] **10:3** II Kwo 34:31 [q] **10:3** Det 7:2-3 [r] **10:4** I Kwo 28:10 [s] **10:5** Né 5:12 [t] **10:6** Det 9:18 [u] **10:9** I Sam 12:18 [v] **10:11** Lev 26:40 [w] **10:14** II Wa 23:26 [x] **10:18** Ag 1:1-12

Guedalia. ¹⁹ Yo te fè sèman pou mete akote fanm pa yo e akoz koupabilite a, ᵃyo te ofri yon belye a bann mouton an pou kouvri koupabilite yo.

²⁰ Nan fis a Immer yo, te gen Hanani avèk Zebadia;

²¹ Nan fis a Harim yo, Masséja, Élie, Schemaeja, Jehiel, avèk Ozias.

²² Nan fis a Paschhur yo, El joénaï, Maaséja, Ismaël, Nethaneel, Jozabad, avèk Éleasa.

²³ Nan Levit yo, te gen Jozabad, Schimeï, Kélaja, (sa vle di) Kelitha, Pethachja, Juda, avèk Éliézer.

²⁴ Pami chantè yo, te gen Éliaschab.
Pami gadyen pòtay yo: Schallum, Thélem ak Uri.

²⁵ Nan Israël, nan fis a ᵇPareosch yo: Ramia, Jizzija, Malkija, Mijamin, Éléazar, Malkija ak Benaja.

²⁶ Nan fis a Élam yo: Matthania, Zacharie, Jehiel, Abdi, Jerémoth, avèk Élie.

²⁷ Nan fis a Zatthu yo: Elojénaï, Éliaschib, Matthania, Jerémoth, Zabad, epi Aziza.

²⁸ Nan fis a Bébaï yo: Jochanan, Hanania, Zabbaï, avèk Athlaï.

²⁹ Nan fis a Bani yo: Meschullam, Malluc, Adaja, Jaschub, Scheal, avèk Ramoth.

³⁰ Nan fis a Pachath-Moab yo: Adna, Kelal, Benaja, Maaséja, Matthania, Betsaleel, Binnuï avèk Manassé.

³¹ Nan fis a Harim yo: Éliézer, Jischija, Malkija, Schemaeja, Siméon. ³² Benjamin, Malluc avèk Schemaria.

³³ Nan fis yo a Haschum: Matthanaï, Matthattha, Zabad, Éliphéleth, Jerémaï, Manassé avèk Schimeï.

³⁴ Nan fis a Bani yo, Maadaï, Amram, Uel, ³⁵ Benaja, Bédia, Keluhu, ³⁶ Vania, Merémoth, Éliaschib, ³⁷ Matthania, Matthanaï, Jaasaï, ³⁸ Bani, Binnuï, Schimeï, ³⁹ Schélémia, Nathan, Adaja, ⁴⁰ Macnadbaï, Schaschaï, Scharaï, ⁴¹ Azareel, Schélémia, Schemaria, ⁴² Schallum, Amaria, avèk Joseph.

⁴³ Nan fis a Nebo yo, Jeïel, Matthithia, Zabad, Zebina, Jaddaï, Joël ak Benaja.

⁴⁴ Tout nan sila yo te marye avèk ᶜfanm etranje yo e te gen nan yo ki te gen fanm avèk sila yo te fè pitit.

ᵃ **10:19** Lev 5:15   ᵇ **10:25** Esd 2:3   ᶜ **10:44** I Wa 11:1-3

Néhémie

1 Pawòl a ªNéhémie yo, fis a Hacalia a.
Alò, sa te fèt nan mwa Kisleu a, nan ventyèm ane a, pandan mwen te nan kapital ᵇSuse la, ² ke ᶜHanani, youn nan frè mwen yo, e kèk nan mesye ki soti Juda yo te vini. Mwen te mande yo sou Jwif yo ki te chape, e ki te reziste malgre kaptivite a, epi sou Jérusalem. ³ Yo te di mwen: "Retay ki la nan pwovens lan, ki te chape e ki te reziste malgre kaptivite a nan gwo pwoblèm ak dezolasyon. Miray Jérusalem nan kraze nèt e pòtay li yo fin brile ak dife."

⁴ Lè m te tande pawòl sila yo, ᵈmwen te chita la, mwen te kriye e fè gwo plent pandan kèk jou; epi mwen t ap fè jèn avèk lapriyè devan Bondye syèl la. ⁵ Mwen te di: "Mwen sipliye W, O SENYÈ syèl la, ᵉBondye ki gran e mèvèye a, ki gade akò Li avèk lanmou dous Li pou sila ki renmen Li yo e ki kenbe kòmandman Li yo, ⁶ ke zòrèy W kapab atantif e zye Ou yo louvri pou tande lapriyè sèvitè Ou a ke mwen ap fè devan Ou koulye a, la jounen kon lannwit, nan non a fis Israël yo, pou ᶠkonfese peche a fis Israël yo ke nou te fè kont Ou menm. Mwen menm avèk lakay papa m te peche. ⁷ ᵍ Nou te byen konwonpi nan zak nou te fè kont Ou e, e nou pa t kenbe kòmandman yo, règleman yo, òdonans yo, ke ou te kòmande a sèvitè Ou a, Moïse.

⁸ "Sonje pawòl ke Ou te kòmande sèvitè Ou a, Moïse, lè Ou te di: ʰ'Si nou pa fidèl, Mwen va gaye nou pami pèp yo; ⁹ ⁱmen si nou retounen kote Mwen, kenbe kòmandman Mwen yo e fè yo, malgre sila nan nou ki te gaye nan zòn pi izole nan syèl yo, Mwen va ranmase yo soti la, pou mennen yo rive nan plas kote Mwen te chwazi pou non Mwen te abite a.'

¹⁰ ʲ "Yo se sèvitè Ou e pèp Ou ke Ou te rachte pa gran pouvwa Ou ak men pwisan Ou. ¹¹ O Senyè, mwen sipliye W, pou zòrèy ou kapab atantif a lapriyè a sèvitè Ou a ak lapriyè a sèvitè Ou yo ki pran plezi nan louwe non Ou. Fè sèvitè Ou a reyisi nan jou sila a, e bay li mizerikòd devan nonm sila a."

Alò, se te mwen ki te pote tas pou wa a.

2 Li te vin rive nan mwa Nisan an, nan ventyèm ane a Wa Artaxerxès la, ke te gen diven devan li e mwen te monte pote diven an e te bay li a wa a. Alò, mwen pa t janm konn tris nan prezans li konsa. ² Konsa, wa a te di mwen: "Poukisa figi ou tris konsa, malgre ou pa malad? ᵏSa pa mwens ke tristès kè."

Konsa, mwen te krent anpil. ³ Mwen te di a wa a: "Kite wa a viv jis pou tout tan. Poukisa figi mwen pa ta dwe tris ˡlè vil la, plas a tonm papa zansèt mwen yo, dezole nèt e pòtay li yo fin brile ak dife?"

⁴ Wa a te reponn mwen: "Kisa ou ta mande?" ᵐ Konsa, mwen te priye a Bondye syèl la. ⁵ Mwen te di wa a: "Si li ta fè wa plezi, e si sèvitè ou a te jwenn favè devan ou, voye m Juda, nan vil tonm a papa zansèt mwen yo, pou m ta kab rebati li."

⁶ ⁿ Epi wa a te di mwen pandan rèn nan te chita akote l: "Konbyen de tan vwayaj ou kapab ye? Epi kilè ou va retounen?"

Konsa, sa te fè wa a plezi pou voye mwen, e mwen te bay li yon lè jis. ⁷ Anplis mwen te di wa a: "Si sa fè wa a plezi, kite lèt bay a mwen ᵒpou gouvènè nan pwovens yo lòtbò rivyè a, pou yo kapab kite mwen pase ladann yo jiskaske mwen rive Juda; ⁸ anplis, yon lèt a Asaph, gadyen nan forè a wa a, pou li kapab ban mwen bwa chapant pou fè travès pou pòtay a ᵖfò ki akote tanp lan; epi pou miray lavil la e pou kay nan sila mwen prale a."

Wa a te ban m tout sa akoz ᵍbon men Bondye mwen an te sou mwen. ⁹ Mwen te rive kote gouvènè nan pwovens lòtbò rivyè yo, e te bay yo lèt a wa a. Alò, ʳwa a te voye mwen avèk chèf lame yo ak chevalye yo. ¹⁰ Lè ˢSanballat, Owonit lan avèk Tobija, chèf Amonit lan te tande koze sila a, sa te fè yo pa kontan anpil, pou yon moun ta vin chache fè byen pou fis a Israël yo.

¹¹ Konsa, mwen te ᵗvini Jérusalem e mwen te la pandan twa jou. ¹² Mwen te leve pandan lannwit lan, avèk kèk bon mesye avèk mwen. Mwen pa t pale pèsòn sa ke Bondye mwen an te mete nan tèt mwen pou fè pou Jérusalem nan, e pa t gen bèt avè m sof ke sila ke mwen menm te monte a. ¹³ Konsa, mwen te sòti deyò nan nwit lan akote ᵘPòtay Vale a vè Pwi Dragon an, anplis pou rive nan Pòtay Fimye a, e mwen t ap pase fè enspeksyon miray Jérusalem yo, ki te kraze nèt ak pòtay li yo ki te manje pa dife. ¹⁴ Mwen te pase rive pi lwen nan Pòtay Sous Bwote a, avèk ᵛDlo Etan a Wa a; men pa t gen kote pou bèt mwen an pase. ¹⁵ Konsa, mwen te pase pandan nwit lan pa ʷravin nan pou te fè enspeksyon miray la. Epi mwen te antre ankò nan Pòtay Vale a e mwen te retounen. ¹⁶ Chèf lokal yo pa t konnen kote mwen te ale a, ni sa mwen te fè a; ni jis rive nan moman sa a, mwen potko pale Jwif yo, prèt yo, moun nòb yo, chèf yo, ni lòt moun ki t ap fè travay yo.

¹⁷ Konsa mwen te di yo: "Nou wè move ka nou an, ke ˣJérusalem dezole e pòtay li yo fin brile pa dife? Vini, annou rebati miray Jérusalem nan pou nou pa parèt kon yon wont ankò". ¹⁸ Mwen te pale yo jan men Bondye mwen an te ban m favè e anplis, pawòl ke wa a te pale mwen yo.

ᵃ **1:1** Né 10:1 ᵇ **1:1** Est 1:2 ᶜ **1:2** Né 7:2 ᵈ **1:4** Esd 9:3 ᵉ **1:5** Né 4:14 ᶠ **1:6** És 10:1 ᵍ **1:7** Dan 9:5 ʰ **1:8** Lev 26:33 ⁱ **1:9** Det 30:2 ʲ **1:10** Egz 32:11 ᵏ **2:2** Pwov 15:13 ˡ **2:3** Né 1:3 ᵐ **2:4** Né 1:4 ⁿ **2:6** Né 13:6 ᵒ **2:7** Esd 7:21 ᵖ **2:8** Né 7:2 ᵍ **2:8** Esd 7:6 ʳ **2:9** Esd 8:22 ˢ **2:10** Né 2:19 ᵗ **2:11** Egz 8:32 ᵘ **2:13** Né 3:13 ᵛ **2:14** II Wa 20:20 ʷ **2:15** Jn 18:1 ˣ **2:17** Né 1:3

Yo te di: "Annou leve pou bati." ᵃKonsa, yo te mete men yo nan bon èv sila a.

¹⁹ Men lè Sanballat, Owonit lan avèk Tobija, chèf Amonit lan, avèk Guéschem, Arab la, te tande koze sa a, yo te moke nou, te meprize nou, epi te di: "Ki bagay sa n ap fè la a? ᵇÈske nou ap fè rebèl kont wa a?"

²⁰ Konsa, mwen te reponn yo epi te di yo: "Bondye syèl la va fè nou reyisi. Se akoz sa a, sèvitè li yo va leve pou bati. ᶜMen nou menm, nou p ap gen pòsyon, ni dwa, ni souvni nan Jérusalem."

3 Epi Éliaschib, wo prèt la, te leve avèk frè li yo, prèt yo pou te bati Pòtay Mouton an. Yo te konsakre li e te kwoke pòt li yo. Yo te konsakre miray depi nan ᵈtou Méa yo jis rive nan ᵉtou Hananeel la. ² Akote li, ᶠmesye Jéricho yo te bati, e akote li, Zaccur, fis a Imri a te bati.

³ Alò, fis a Senna yo te bati ᵍPòtay Pwason an. Yo te poze travès li yo, e te kwoke pòt li yo avèk boulon ak ba fè. ⁴ Akote yo, Merémoth, fis a Urie a, fis a Hakkots la, te fè reparasyon yo. Epi akote li, Meschullam, fis a Bérékia a, fis a Meschézabeel la, te fè reparasyon yo. Akote li, Tsadok, fis a Baana a, te fè reparasyon yo. ⁵ Anplis, akote li, Tekoyit yo te fè reparasyon yo, men chèf prensipal pa yo a pa t bay soutyen a mèt ouvriye yo.

⁶ Jojada, fis a Paséach la avèk Meschullam, fis a Besodia a te repare ʰPòtay ansyen an. Yo te poze travès li yo, e te kwoke pòt li yo avèk boulon ak ba fè. ⁷ Akote yo, Melatia, Gabonit lan, e Jadon, Mewonotit la, avèk mesye Gabaon avèk Mitspa, osi te fè reparasyon yo kon reprezantan ⁱgouvènè pwovens lòtbò rivyè a. ⁸ Akote li, Uzziel, fis a Harhaja a, òfèv la, te fè reparasyon yo. Epi akote li, Hanania, youn nan sila ki fè pafen yo, te fè reparasyon yo, e yo te restore Jérusalem jis rive nan ʲGran Miray la. ⁹ Akote yo, Rephaja, fis a Hur la, chèf a mwatye nan distrik Jérusalem nan, te fè reparasyon yo. ¹⁰ Akote yo, Jedaja, fis a Harumaph la, te fè reparasyon anfas lakay li a. Epi akote li, Hattusch, fis a Haschabnia a, te fè reparasyon yo. ¹¹ Malkija, fis a Harim nan avèk Haschub, fis a Pachath-Moab la, te fè yon lòt pati, avèk ᵏWo Tou Founo yo. ¹² Akote li, Schallum, fis a Hallochesch la, ˡchèf a mwatye nan distrik Jérusalem nan te fè reparasyon yo ansanm avèk fi li yo.

¹³ Hanun avèk moun ki te rete Zanoach yo te repare ᵐPòtay Vale a. Yo te bati li e te kwoke pòt li yo avèk boulon ak ba fè e te fè mil koude nan miray la vè Pòtay Fimye a.

¹⁴ Malkija, fis a Récab la, chèf ⁿBeth-Hakkérem nan, te repare Pòtay Fimye a. Li te bati li, e te kwoke pòt li yo avèk boulon ak ba fè.

¹⁵ Schallun, fis a Col-Hozé a, chèf nan distrik Mitspa a, te repare Pòtay Sous Bwote a. Li te bati li, te kouvri li, te kwoke pòt li yo avèk boulon ak ba fè, avèk miray kote Etan Siloé a toupre° jaden a wa a jis rive kote mach mach pye eskalye ki te desann soti lavil David la. ¹⁶ Apre li menm, Néhémie, fis a Azbuk la, chèf a mwatye distri Beth-Tsur a te fè reparasyon yo jis rive anfas tonm a David yo, rive jis nan ᵖetan fèt a lamen avèk kay a mesye vanyan yo. ¹⁷ Apre li, Levit yo te kontinye reparasyon yo anba Rehum, fis a Bani a. Akote li menm, Haschabia, chèf a mwatye distrik Keïla a, te fè reparasyon yo pou distri pa li a. ¹⁸ Apre li, frè pa yo te fè reparasyon yo anba Bavvaï, fis a Hénadad la, chèf a lòt mwatye distri a Keïla a. ¹⁹ Akote li Ézer, fis a Josué a, chèf a Mitspa a, te repare yon lòt pòsyon devan pant asnal la, nan ᵠang lan. ²⁰ Apre li Baruc, fis a Zabbaï a te repare avèk gwo kouraj, yon lòt pòsyon soti nan ang lan jis rive devan pòt a Éliaschib la, wo prèt la. ²¹ Apre li menm, Merémoth, fis a Urie a, fis a Hakkots la, te repare yon lòt pòsyon soti nan pòtay lakay Éliaschib la, jis rive nan dènye pwent lakay Éliaschib la. ²² Apre li, prèt yo ʳmesye a vale yo te reyisi fè reparasyon yo. ²³ Apre yo menm, Benjamin avèk Haschub te fè reparasyon yo devan lakay pa yo. Apre yo, Azaria, fis a Maaséja a, fis a Anania a, te fè reparasyon yo devan lakay pa li. ²⁴ Apre li Binnuï, fis a Hénadad la, te repare yon lòt pòsyon soti lakay Azaria, jis rive nan ˢang lan, jis rive nan kwen an. ²⁵ Palal, fis a Uzaï a te fè reparasyon yo devan ang lan avèk fò ki te parèt soti anwo kote lakay wa a, ki akote lakou gad la. Apre li, Pedaja, fis a Pareosch la, te fè reparasyon yo. ²⁶ Sèvitè tanp ki te rete nan landwa Fimye yo te fè reparasyon yo jis pa devan ᵗPòtay Dlo a yo lès avèk fò pwolonje a. ²⁷ Apre yo menm, ᵘTekoyit yo te repare yon lòt pati pa devan wo fò pwolonje a jis rive nan miray Fimye a.

²⁸ Piwo ᵛPòtay Cheval la, prèt yo te reyisi fè reparasyon pa yo, yo chak devan pwòp kay pa yo. ²⁹ Apre yo menm, Tsadok, fis Immer a, te fè reparasyon yo devan lakay li. Epi apre li, Schemaeja, fis a Schecania a, gadyen Pòtay lès la te fè reparasyon yo. ³⁰ Apre li, Hanania, fis a Schélémia e Hanun, sizyèm fis a Tsalaph la, te repare yon lòt pati. Apre li, Meschullam, fis Békékia te travay anfas pwòp chanm li. ³¹ Apre li menm, Malkija, youn nan ʷòfèv yo, te fè reparasyon yo jis rive nan kay sèvitè tanp yo ak machann yo devan Pòtay Enspeksyon an, e jis rive nan wo chanm kwen an. ³² Antre wo chanm nan kwen an ak ˣPòtay Mouton yo, òfèv yo avèk machann yo te fè reparasyon yo.

4 Alò, li te vin rive ke lè ʸSanballat te tande ke nou t ap rebati miray la, li te vin anraje nèt, byen fache e te moke Jwif yo. ² Li te pale nan prezans a frè li yo avèk Samariten rich yo. Li te

---

ᵃ **2:18** II Sam 2:7   ᵇ **2:19** Né 6:6   ᶜ **2:20** Esd 4:3   ᵈ **3:1** Né 12:39   ᵉ **3:1** Jr 31:38   ᶠ **3:2** Né 7:36   ᵍ **3:3** Né 12:39   ʰ **3:6** Né 12:39   ⁱ **3:7** Né 2:7   ʲ **3:8** Né 12:38   ᵏ **3:11** Né 12:38   ˡ **3:12** Né 3:9   ᵐ **3:13** Né 2:13   ⁿ **3:14** Jr 6:1   ° **3:15** II Wa 25:4   ᵖ **3:16** II Wa 20:20   ᵠ **3:19** II Kwo 26:9   ʳ **3:22** Né 12:28   ˢ **3:24** Né 3:19   ᵗ **3:26** Né 11:21   ᵘ **3:27** Né 3:5   ᵛ **3:28** II Kwo 23:15   ʷ **3:31** Né 3:8-22   ˣ **3:32** Né 3:1   ʸ **4:1** Né 2:10

di: "Se kisa Jwif san kapasite ak fòs sa yo ap fè la a? Èske y ap restore li pou kont yo? Èske yo kab ofri sakrifis? Èske yo kab fin fè l nan yon jounen? Èske yo kab restore wòch yo soti nan ranblè plen pousyè a; menm sa ki te brile yo?" ³ Alò, Tobija, Amonit lan, te toupre li. Li te di: "Menm sa y ap bati, ªsi yon rena ta vòltije ladann, li ta kraze wòch miray yo!"

⁴ Tande, O Bondye pa nou an, kijan nou meprize! Fè repwòch pa yo ᵇretounen sou pwòp tèt yo, e livre yo pou yo ta vin piyaje nan yon peyi an kaptivite. ⁵ Pa ᶜpadone inikite yo, e pa kite peche yo efase devan Ou, paske yo te dekouraje ouvriye ki t ap bati yo.

⁶ Konsa, nou te bati miray la, e tout miray la te jwenn ansanm jis rive nan mwatye wotè li, paske pèp la te gen tèt ansanm pou travay la.

⁷ Alò, lè Sanballat, Tobija, Arab yo, Amonit ak Ashdodit yo te tande ke reparasyon miray Jérusalem yo te kontinye, e ke brèch yo te kòmanse fèmen yo te byen fache. ⁸ Yo tout ansanm te ᵈfè konplo pou vin goumen kont Jérusalem, e pou fè zen ladann. ⁹ Men nou te priye a Bondye nou an e akoz yo menm, nou te ᵉplase yon gad pou anpeche yo lajounen kon lannwit. ¹⁰ Konsa, nan Juda yo t ap di:

"Fòs a sila ki pote chaj yo ap febli,
Malgre, toujou gen anpil fatra;
Epi nou menm pou kont nou,
P ap kab rebati miray la."

¹¹ Lènmi nou yo t ap di: "Yo p ap konnen ni wè jiskaske nou vini pami yo, touye yo e mete fen nan travay la."

¹² Lè Jwif ki te rete toupre yo te vin kote nou dis fwa epi te di nou: "Yo va vini kont nou soti tout kote ke nou kab vire,"

¹³ Alò, mwen te estasyone moun nan pati piba nan espas dèyè miray la, kote ki te manke pwotèj e mwen te estasyone moun pami fanmi yo avèk nepe pa yo, lans ak banza yo. ¹⁴ Lè m te wè ke yo te pè, mwen te leve pale avèk gwo moun yo, chèf yo ak tout lòt moun yo: "Pa pè yo; son je Senyè a gran e mèvèye. ᶠGoumen pou frè nou yo, fis nou yo, fi nou yo, madanm nou yo ak lakay nou yo."

¹⁵ Lè lènmi nou yo te tande ke afè nou te rekonèt pa nou, e ke ᵍBondye te jennen plan yo; alò, nou tout te retounen kote miray la, chak moun nan pwòp travay li. ¹⁶ Depi jou sa a, mwatye nan sèvitè mwen yo te fè travay la, e lòt mwatye a te kenbe lans yo, boukliye pwotèj yo, banza yo ak pwotèj lestomak yo. Epi kapitèn yo te dèyè lakay Juda a. ¹⁷ Sila ki t ap rebati miray la avèk sila ki te pote chaj yo te pran chaj yo nan yon men pou fè travay la e te kenbe yon zam nan lòt men an. ¹⁸ Epi pou sila ki t ap bati yo, chak moun te mete yon nepe senti nan ren li pandan li t ap bati a, e mesye twonpèt la te rete toupre mwen. ¹⁹ Mwen te pale ak gwo moun yo, chèf yo, ak tout lòt moun yo: "Travay la gran e vast e nou se separe sou miray la de yon lwen a yon lòt. ²⁰ Nenpòt kote ke nou tande twonpèt la, vin rive kote nou la a. ʰBondye nou an va goumen pou nou."

²¹ Konsa, nou te kontinye travay la avèk mwatye nan yo ki te kenbe lans yo soti nan maten jis rive lè zetwal yo te vin parèt. ²² Nan lè sa a, mwen te di pèp la ankò: "Kite chak mesye yo ansanm avèk sèvitè li pase nwit lan Jérusalem pou yo kab fè yon bon gad pou nou pandan nwit lan, e sèvi kon yon ouvriye nan lajounen." ²³ Konsa, ni mwen menm, ni frè m yo, sèvitè mwen yo, ni mesye nan gad ki te swiv mwen yo, okenn pa t rete rad yo, chak moun te pote zam li, menm lè yo ale chache dlo.

5 Alò, te gen yon gwo kriye a moun sa yo avèk madanm pa yo ⁱkont frè Jwif parèy yo. ² Paske te gen nan yo ki te di: "Nou menm, fis nou yo avèk fi nou yo anpil; pou sa, kite nou ʲjwenn sereyal pou nou kab manje e viv." ³ Te gen lòt ki te di: "Nou ap prete kòb kont chan nou yo, chan rezen yo, avèk kay nou yo pou nou kab twouve sereyal pou nou manje akoz gwo grangou a." ⁴ Anplis, te gen ki te di: "Nou te prete lajan kont chan nou avèk chan rezen nou yo ᵏpou peye taks a wa a sou chan avèk chan rezen yo. ⁵ Alò, chè nou se menm ak chè a frè nou yo, pitit pa nou yo kon pa yo. Sepandan, ˡnou ap fòse fè fis nou yo avèk fi nou yo vin esklav, gen nan yo ki deja mare ladann e nou san sekou, akoz chan nou avèk chan rezen nou yo vin pou yon lòt moun."

⁶ Epi mwen te byen ᵐfache lè mwen te tande kriye ak pawòl sila yo. ⁷ Mwen te konsilte avèk tèt mwen, e mwen te kanpe fèm ak gwo chèf yo, avèk gwo moun yo epi te di yo: ⁿ"Nou ap egzije enterè, soti nan men frè nou yo!" Akoz sa, mwen te reyini yon gran asanble kont yo. ⁸ Mwen te di yo: "Nou menm, selon kapasite nou, te rachte Jwif frè parèy nou yo ki te vann a lòt nasyon yo; alò koulye a, èske nou ta menm vann frè nou yo pou yo ta kab vin vann a nou menm?" Yo te rete an silans e pa t kab twouve yon pawòl pou pale. ⁹ Ankò, mwen te di: "Bagay ke n ap fè a pa bon! Èske nou pa ta dwe mache nan lakrent Bondye nou an pou evite repwòch a lòt nasyon yo, lènmi nou yo? ¹⁰ Epi anplis, mwen menm ak frè mwen yo ap prete yo lajan avèk sereyal. Souple, sispann mande enterè sa a. ¹¹ Souple, remèt yo nan menm jou sa a, chan yo, chan rezen yo, chan oliv yo, avèk kay yo, avèk santyèm pati nan lajan, nan sereyal, diven nèf, avèk lwil ke nou ap egzije de yo."

¹² Epi yo te di: "Nou va remèt li e nou p ap mande yo anyen. N ap fè ojis tout sa ke ou di yo." Konsa, mwen te rele prèt yo e te ᵒpran yon sèman soti nan yo pou yo ta fè selon sa ke yo te pwomèt yo. ¹³ ᵖ Anplis, mwen te souke pati devan vètman mwen epi te di; "Se konsa ke Bondye ta souke retire sou chak moun oswa se lakay li, oswa byen pa li, sila ki pa akonpli pwomès sa a; menm konsa pou l ta souke vide."

ᵃ **4:3** Lam 5:18   ᵇ **4:4** Sòm 79:12   ᶜ **4:5** Sòm 69:27   ᵈ **4:8** Sòm 83:3   ᵉ **4:9** Né 4:11   ᶠ **4:14** II Sam 10:12   ᵍ **4:15** II Sam 17:14   ʰ **4:20** Egz 14:14   ⁱ **5:1** Lev 25:35   ʲ **5:2** Ag 1:6   ᵏ **5:4** Esd 4:13   ˡ **5:5** Lev 25:39   ᵐ **5:6** Egz 11:8   ⁿ **5:7** Lev 25:36   ᵒ **5:12** Esd 10:5   ᵖ **5:13** Trav 18:6

Epi tout asanble a te di: "Amen!" Epi yo te fè lwanj a SENYÈ a. Konsa, pèp la te fè selon sa yo te pwomèt yo.

[14] Anplis, soti nan jou sa a mwen te chwazi kon gouvènè sou yo nan peyi Juda, soti nan ventyèm ane a jis rive nan [a]trann-dezyèm ane a Wa Artexarxès la, pandan douzan, ni mwen ni moun fanmi parèy a mwen, yo pa t manje nan pati nan manje prevwa pou gouvènè a. [15][b] Men gouvènè ki te avan mwen yo te konn mete chaj sou pèp la e te pran soti nan men yo pen avèk diven plis karant sik ajan; menm sèvitè pa yo te konn vin kon chèf sou moun. Men mwen pa t fè sa akoz lakrent Bondye. [16] Anplis, mwen te aplike mwen a travay sou miray la. Nou pa t achte okenn teren e sèvitè pa m yo te toujou rasanble la pou travay la. [17] Toujou te gen sou tab mwen san-senkant Jwif avèk chèf yo, anplis, sila ki te vin kote nou soti nan nasyon ki te antoure nou yo. [18] Alò, [c]sa ki te prepare chak jou yo se te yon gwo bèf avèk sis mouton nan meyè kalite, zwazo ki te prepare pou mwen; epi yon fwa chak di jou, tout kalite diven an abondans. Men pou tout sa, mwen pa t mande nan taks prevwa pou gouvènè a, akoz chaj la te lou sou pèp sa a. [19][d] Sonje mwen, O Bondye mwen avèk bonte Ou, pou tout sa ke m te fè pou pèp sa a.

6 Alò, lè l te rapòte a Sanballat, Tobija, Guéschem, Arab la, avèk lòt lènmi nou yo, ke mwen te rebati miray la e ke pa t gen brèch ankò ladann; [e]malgre nan moman sa a, nou potko monte pòt nan pòtay yo, [2] Sanballat avèk Guéschem te voye kote mwen epi te di: "Vini, annou reyini ansanm nan Chephirim nan plèn [f]Ono." Men se mal ke yo te gen entansyon pou fè m.

[3] Konsa, mwen te voye mesaje yo kote yo. Mwen te di: "Mwen ap fè yon gwo travay, e mwen p ap kab desann. Poukisa travay la ta dwe rete pandan mwen kite li pou vin kote nou?"

[4] Yo te voye kote mwen kat fwa konsa e mwen te reponn yo menm jan an. [5] Konsa, Sanballat te voye sèvitè li kote mwen yon senkyèm fwa avèk yon lèt ouvri nan men l. [6] Ladann, li te ekri: "Gen yon rapò k ap fèt pami nasyon yo, e Gaschmu ap di ke [g]ou menm avèk Jwif yo gen plan pou fè rebelyon. Ke se pou sa ke w ap rebati miray la. Epi se ou menm ki va wa yo, selon rapò yo. [7] Anplis ke ou te chwazi pwofèt Jérusalem yo pou fè pwoklamasyon pou ou menm, pou 'Yon wa nan Juda!' Konsa, yon rapò va voye kote wa a sou rapò sila yo. Pou sa a, vin kounye a, pou nou fè konsèy ansanm."

[8] Konsa, mwen te voye kote li. Mwen te di: "Kalite bagay sa yo ke w ap pale yo, pa t janm fèt, men w ap [h]envante yo nan pwòp panse ou." [9] Paske, yo tout t ap eseye fè nou pè e t ap reflechi: "Yo va vin dekouraje avèk travay la, e li p ap fèt." Men koulye a, [i]O Bondye ranfòse men m.

[10] Lè m te antre lakay Schemaeja, fis a Delaja a, fis a Mehétabeel la, [j]ki pa t kab kite lakay li, li te di: "Annou reyini ansanm lakay Bondye a, anndan tanp lan, annou fèmen pòt tanp yo, paske yo ap vin touye ou. Wi, y ap vini pandan lannwit la pou touye ou."

[11] Men mwen te di: [k]"Èske yon nonm tankou mwen ta dwe sove ale kache? Epi èske yon moun tankou mwen ta antre nan tanp lan pou sove lavi li? Mwen p ap antre." [12] Konsa, mwen te vin apèsi ke anverite, Bondye pa t voye li, men li te eksprime pwofesi a kont mwen akoz Tobija avèk Sanballat te anplwaye li. [13] Li te anplwaye li pou rezon sa a; [l]pou m ta kapab vin pè pou aji konsa e peche, pou yo menm ta kab gen yon move rapò kon repwòch kont mwen. [14][m] Sonje, O Bondye mwen, Tobija avèk Sanballat selon zèv pa yo, e anplis, pwofetès la, Noadia, ak lòt pwofèt ki te eseye fè m pè yo.

[15] Konsa, [n]miray la te vin fini nan venn-senkyèm jou mwa Elul la; sou senkant-de jou. [16] Lè tout lènmi nou yo te tande e tout nasyon ki antoure nou yo, te wè, yo te pèdi kouraj, paske [o]yo te rekonèt ke travay sa a te fèt avèk èd Bondye pa nou an. [17] Anplis, nan jou sa yo, anpil lèt te sòti nan gwo moun a Juda yo bay Tobija e lèt Tobija yo te rive kote yo. [18] Paske anpil nan yo te mare pa sèman ak li menm, paske li te bofis a Schecania, fis a Arach e fis pa li a, Jochanan te marye ak fi a Meschullam nan, fis a Bérékia a. [19] Anplis, yo t ap pale afè bon zèv li nan prezans mwen e te bay li rapò a pawòl mwen yo.

7 Alò, lè [p]miray la te fin rebati, mwen te fin monte pòt yo e gadyen pòtay yo avèk chantè yo avèk Levit yo te chwazi. [2] Anplis, mwen te mete [q]Hanani, frè mwen an, avèk Hanania, kòmandan fò a, an chaj Jérusalem. Paske li te yon nonm fidèl e te gen lakrent Bondye plis pase anpil moun. [3] Mwen te di yo: "Pa kite pòtay Jérusalem yo ouvri jiskaske solèy la vin cho ak pandan gad yo an plas yo, fè yo fèmen pòt yo e boulonnen yo. Anplis, chwazi gad yo soti nan pèp Jérusalem nan, chak moun sou pòs li e chak moun devan pwòp kay pa li."

[4] Alò, vil la te byen gran avèk anpil espas, men moun ladann yo pa t anpil e kay yo potko bati.

[5][r] Konsa, Bondye mwen an te mete sa nan kè m pou rasanble sitwayen enpòtan lavil yo, chèf yo avèk pèp la pou vin anrejistre pa lign zansèt yo. Mwen te twouve liv a zansèt a sila ki te monte an premye yo, e ladann, rekò swivan an:

[6][s] Sila yo se pèp pwovens ki te monte soti an kaptivite nan egzil ke Nebucadnetsar, wa Babylone nan, te pote ale yo, e ki te retounen Jérusalem avèk Juda, chak moun nan lavil pa li; [7] moun ki te vini avèk Zorobabel yo, Josué, Néhémie, Azaria, Raamia, Nachamani,

---

[a] **5:14** Né 13:5   [b] **5:15** Né 5:9   [c] **5:18** I Wa 4:22-23   [d] **5:19** Né 13:14-23   [e] **6:1** Né 3:1-3   [f] **6:2** I Kwo 8:12
[g] **6:6** Né 2:19   [h] **6:8** Job 13:4   [i] **6:9** Sòm 138:3   [j] **6:10** Jr 36:5   [k] **6:11** Pwov 28:1   [l] **6:13** Né 6:6   [m] **6:14** Né 13:29   [n] **6:15** Né 4:1-2   [o] **6:16** Egz 14:25   [p] **7:1** Né 6:1-15   [q] **7:2** Né 1:2   [r] **7:5** Pwov 2:6   [s] **7:6** Esd 2:1-70

Mardochée, Bilschan, Mispéreth, Bigvaï, Nehum, Baana.

Kantite mesye nan pèp Israël yo:
[8] Fis a Pareosch yo, de-mil-san-swasann-douz.
[9] Fis a Schephathia yo, twa-san-senkant-de.
[10] Fis a Arach yo, sis-san-senkant-de.
[11] Fis a Pachath-Moab yo, fis a Josué yo avèk Joab, de-mil-ui-san-dizwit.
[12] Fis a Élam yo, mil-de-san-senkant-kat.
[13] Fis a Zatthu yo, ui-san-karann-senk.
[14] Fis a Zaccaï yo, sèt-san-swasant.
[15] Fis a Binnuï yo, sis-san-karann-tuit.
[16] Fis a Bébaï yo, sis-san-venn-tuit.
[17] Fis a Azgad yo, de-mil-twa-san-venn-de.
[18] Fis a Adonikam yo, sis-san-swasann-sèt.
[19] Fis a Bigvaï yo, de-mil-swasann-sèt.
[20] Fis a Adin yo, Sis-san-senkann-senk.
[21] Fis a Ather yo, nan fanmi Ézéchias, katra-ven-di-zuit.
[22] Fis a Haschum yo, twa-san-venn-tuit.
[23] Fis a Betsaï yo, twa-san-venn-tuit.
[24] Fis a Hariph yo, san-douz.
[25] Fis a Gabaon yo, katre-ven-kenz.
[26] Mesye a Bethléem yo avèk Netopha, san-katre-ven-uit.
[27] Mesye a Anathoth yo, san-venn-tuit.
[28] Mesye a Beth-Azmaveth yo, karann-de.
[29] Mesye a Kirjath-Jearim yo, a Kephira, avèk Beéroth, sèt-san-karann-twa.
[30] Mesye a Ramayo avèk Guéba, sis-san-ven-te-yen.
[31] Mesye nan Micmas yo, san-venn-de.
[32] Mesye nan Béthel avèk Aï yo, san-venn-twa.
[33] Mesye nan lòt Nebo yo, san-karann-de.
[34] Fis a lòt Élam yo, mil-de-san-senkant-kat.
[35] Fis a Harim yo, twa-san-ven.
[36] Fis a Jéricho yo, twa-san-karann-senk.
[37] Fis a Lod, Hadida vèk Ono yo, sèt-san-ven-te-yen.
[38] Fis a Senaa yo, twa-mil-nèf-san-trant.
[39] Prèt yo: fis a Jedaeja la kay Josué yo, nèf-san-swasann-trèz.
[40] Fis a Immer yo, mil-senkann-de.
[41] Fis a Paschhur yo, mil-de-san-karann-sèt.
[42] Fis a Harim yo, mil-di-sèt.
[43] Levit yo: fis a Josué ak Kadmiel yo, avèk fis a Hodeva yo, swasann-katòz.
[44] Chantè yo: fis a Asaph yo, san-karann-tuit.
[45] Gadyen pòtay yo: fis a Schallum yo, fis a Ather yo, fis a Thaimon yo, fis a Akkub yo, fis a Hathitha yo, fis a Schobaï yo, san-trann-tuit.
[46] Sèvitè tanp yo: fis a Tsicha yo, fis a Hasupha yo, fis a Thabbaoth yo. [47] Fis a Kéros yo, fis a Sia yo, fis a Padon yo. [48] Fis a Lebana yo, fis a Hagaba yo, fis a Salmaï yo. [49] Fis a Hanan yo, fis a Guiddel yo, fis a Gachar yo. [50] Fis a Reaja yo, fis a Retsin yo, fis a Nekoda yo. [51] Fis a Gazzam yo, fis a Uzza yo, fis a Paséach yo. [52] Fis a Bésaï yo, fis a Mehunim yo, fis a Nephischsim yo. [53] Fis a Bakbuk yo, fis a Hakupha yo, fis a Harhur yo. [54] Fis a Batslith yo, fis a Mehida yo, fis a Harscha yo, [55] fis a Barkos yo, fis a Sisera yo, fis a Thamach yo, [56] fis a Netsiach yo, fis a Hathipha yo.
[57] Fis a sèvitè Salomon yo: fis a Sothaï yo, fis a Sophéreth yo, fis a Perida yo. [58] Fis a Jaaia yo, fis a Darkon yo, fis a Guiddel yo. [59] Fis a Schephathia yo, fis a Hatthil yo, fis a Pokéreth-Hatsebaïm yo, fis a Amon yo. [60] Tout sèvitè tanp yo avèk fis a sèvitè Salomon yo, twa-san-katre-ven-douz.
[61] Sila yo se te yo menm ki te monte soti Tel-Melah yo, Tel-Harsha, Cherub, Addon e Immer yo, men yo pa t kab bay prèv lakay papa zansèt pa yo, pou demontre ke se Izrayelit yo te ye:
[62] fis a Delaiah yo, fis a Tobiah yo, fis a Nekoda yo, sis-san-karann-de.
[63] Nan prèt yo: fis a Hobaja yo, fis a Hakkots yo, fis a Barzillaï yo, ki te pran kon madanm youn nan fis a Barzillaï yo, Galaadit la e te rele selon non pa yo.
[64] Sila yo te fè rechèch nan achiv zansèt yo, men yo pa t kapab twouve yo; akoz sa, yo te konsidere pa pwòp e pa t kab fè sèvis kon prèt. [65] Gouvènè a te pale yo ke yo pa t pou manje soti nan bagay sen pase tout lòt bagay yo, jiskaske yon prèt vin leve avèk [a]Ourim avèk Thoumim nan.
[66] Asanble a a nan ty et e karann-de-mil-twa-san-swasant moun, [67] anplis, sèvitè avèk sèvant pa yo, sou sila yo te gen sèt-mil-twa-san-trann-sèt moun; epi yo te gen de-san-karann-senk gason avèk fanm nan chantè yo. [68] [b] Cheval pa yo te sèt-san-trann-sis; milèt yo, de-san-karann-senk; [69] chamo yo, kat-san-trann-senk, bourik yo, si-mil-sèt-san-ven.
[70] Kèk moun pami tèt lakay zansèt yo te fè don pou travay la. [c]Gouvènè a te bay nan trezò a travay la mil ons an lò, senkant basen ak senk-san-trant nan vètman prèt yo. [71] Kèk moun pami tèt lakay zansèt yo te bay nan trezò travay la vin-mil ons an lò ak de-mil-de-san min an ajan. [72] Sa ki te bay pa tout lòt moun nan pèp la te ven-mil ons an lò, ak de-mil min an ajan, avèk swasann-sèt nan vètman prèt.
[73] Alò, [d]prèt yo, Levit yo, gadyen pòtay yo, chantè yo, kèk moun nan pèp la, sèvitè tanp yo ak tout Israël te rete nan vil pa yo.

Lè setyèm mwa a te vin rive, fis Israël yo te vin antre nan pwòp vil pa yo.

8 Konsa, tout pèp la te rasanble kon yon sèl moun nan plas ki te devan Pòtay Dlo a. E yo te pale ak Esdras, skrib la, pou mennen [e]liv lalwa Moïse la ke SENYÈ a te bay a Israël la. [2] Epi Esdras, prèt la, te pote lalwa a devan asanble a mesye yo avèk fanm yo, tout moun te kab koute avèk bon konprann, [f]nan premye jou nan setyèm mwa a. [3] [g] Li te li nan liv la devan plas ki te devan Pòtay Dlo a soti granmaten jis

---

[a] 7:65 Egz 28:30   [b] 7:68 Esd 2:66   [c] 7:70 Né 7:65   [d] 7:73 I Kwo 9:2   [e] 8:1 II Kwo 34:15   [f] 8:2 Lev 23:24
[g] 8:3 Né 8:1

rive midi, nan prezans a mesye ak fanm ki te atantif a liv lalwa a. ⁴ Esdras, skrib la, te kanpe devan yon etaj an bwa ki te fèt eksprè pou afè sila a. Akote li te kanpe Matthithia, Schéma, Anaja, Urie, Hilkija, avèk Maaséja adwat li e agoch li, Pedaja, Mischaël, Malkija, Haschum, Haschbaddana, Zacharie ak Meschullam. ⁵ Esdras te ouvri liv la devan zye tout pèp la, paske li te kanpe pi wo ke tout pèp la. Lè li te ouvri li, tout pèp la ᵃte kanpe. ⁶ Epi Esdras te beni SENYÈ a, gran Bondye a.

Tout pèp la te reponn: "Amen, Amen," pandan yo te leve men yo. ᵇYo te bese ba pou te adore SENYÈ a avèk figi yo jis atè. ⁷ Anplis, Josué, Bani, Schérébia, Jamin, Akkub, Schabbethaï, Hodija, Maaséja, Kelitha, Azaria, Jozabad, Hanan, Pelaja, avèk Levit yo te eksplike lalwa a pèp la pandan pèp la te rete an plas. ⁸ Yo te li nan liv la, soti nan lalwa Bondye a, e te tradwi pou fè yo konprann, pou yo ta kab byen sezi sa ki te li a.

⁹ Néhémie, ki te gouvènè a ak Esdras, prèt la ak skrib, avèk Levit ki te enstwi pèp la, te di a tout pèp la: ᶜ"Jou sa a sen a SENYÈ a, Bondye nou an. ᵈPa fè dèy, ni pa kriye." Paske, tout pèp la t ap kriye lè yo te tande pawòl lalwa yo. ¹⁰ Konsa, li te di yo: "Ale manje grès, bwè sa ki dous e ᵉvoye bay pòsyon a sila ki pa t prepare yo; paske jou sa a sen a SENYÈ nou an. Pa fè lapèn ak soufrans, paske lajwa SENYÈ a se fòs nou."

¹¹ Konsa, Levit yo te kalme tout pèp la, epi te di: "Rete kalm, paske jou a sen. Pa fè doulè."

¹² Tout pèp la te Soti pou manje, bwè e voye bay pòsyon pou selebre yon gwo fèt, ᶠakoz yo te konprann pawòl ke yo te fenk tande.

¹³ Nan dezyèm jou fèt la, tout chèf zansèt a tout pèp la, prèt yo ak Levit yo te rasanble kote Esdras, skrib la, pou yo ta kab ranmase konesans nan pawòl lalwa yo. ¹⁴ Yo te twouve ekri nan lalwa a jan SENYÈ a te kòmande pa Moïse ke fis Israël yo ᵍta dwe viv nan tonèl pandan fèt setyèm mwa a. ¹⁵ Konsa, yo te fè pwoklamasyon an, e te pwoklame li nan tout vil pa yo ak Jérusalem. Yo te di: ʰ"Ale deyò vè ti mòn yo e pote branch oliv yo, avèk branch oliv mawon yo, branch bwa bazilik yo, branch palmis yo, avèk branch nan lòt kalite bwa ak fèy, pou fè tonèl yo, jan sa ekri a."

¹⁶ Pou sa, pèp la te sòti e te pote yo pou fè tonèl yo pou yo menm, chak nan twati pla anwo kay pa yo, oswa nan lakou yo, nan lakou lakay Bondye a, nan plas kote Pòtay Dlo a, e nan plas kote Pòtay Ephraïm nan. ¹⁷ Tout asanble a sila ki te retounen soti an kaptivite yo te fè tonèl yo, e te rete ladann yo. Fis Israël yo, ⁱanverite, pa t konn fè sa depi nan jou a Josué yo, fis a Nun nan, jis rive nan jou sa a. Epi te gen gwo rejwisans. ¹⁸ ʲ Li te li soti nan liv lalwa a chak jou, soti nan premye jou a, jis rive nan

dènye jou a. Yo te selebre fèt la pandan sèt jou, e nan uityèm jou a, te gen yon asanble solanèl selon òdonans lan.

9 Alò, nan venn-katriyèm jou nan mwa sa a, fis Israël yo te rasanble ᵏfè jèn abiye ak twal sak ak ᶥtè yo mete sou yo. ² Desandan Israël yo te separe yo soti nan tout etranje yo, e te kanpe pou konfese peche pa yo avèk inikite a papa zansèt yo. ³ Pandan yo te kanpe nan plas yo, yo te li soti nan liv lalwa SENYÈ a, Bondye pa yo a, pou yon ka de jounen an. Pou yon lòt ka, yo te konfese e te adore SENYÈ a, Bondye pa yo a. ⁴ ᵐ Alò, sou etaj, Levit yo te kanpe Jousé, Bani, Dadmiel, Schebania, Bunni, Schérébia, Bani avèk Kenani. Yo t ap kriye ak vwa fò anlè a SENYÈ a, Bondye yo a.

⁵ Konsa, Levit yo, Josué, Kadmiel, Bani, Haschabnia, Schérébia, Hodija, Schebania, avèk Pethachja te di: "Leve pou beni SENYÈ a, Bondye nou an, jis pou tout tan! O ke non Ou ki se leve wo sou tout benediksyon yo ak lwanj yo ranpli ak glwa kapab beni. ⁶ Se Ou sèl ki SENYÈ a. Ou te fè syèl yo, syèl de syèl yo avèk tout lame pa yo, latè a avèk tout sa ki sou li, lanmè ak tout sa ki ladann. ⁿSe Ou ki bay yo tout lavi. Menm lame syèl la bese ba devan Ou. ⁷ ᵒOu se SENYÈ a, ki te chwazi Abram nan, e ki te fè l sòti nan Ur a Kaldeyen yo, ki te ᵖbay li non Abraham. ⁸ Ou te twouve kè li fidèl devan Ou, epi te fè yon akò avèk li, pou bay li tout tè a Canaan yo, a Etyen yo avèk Amoreyen yo, a Ferezyen yo, Jebizyen yo, avèk Girezyen yo, pou livre bay li a desandan pa li yo. ᑫKonsa, Ou te akonpli pwomès Ou te fè a, paske Ou jis. ⁹ Ou te wè ʳafliksyon a zansèt nou yo an Egypte, epi te tande kri yo akote Lanmè Wouj. ¹⁰ Ou te fè ˢsign ak mèvèy kont Farawon, kont tout sèvitè li yo avèk moun a peyi li yo, paske Ou te konnen ke yo te aji avèk awogans kont yo, epi te fè yon non pou tèt Ou ki dire jis rive jodi a. ¹¹ ᵗ Ou te divize lanmè a devan yo. Konsa yo te pase nan mitan lanmè a sou tè sèch. Epi ᵘsila ki te kouri dèyè yo te jete nan fon, tankou yon wòch nan dlo an raje. ¹² Avèk yon pilye nwaj, ᵛOu te mennen pèp la pandan lajounen, e avèk yon pilye dife pandan lannwit, pou limen chemen yo sou sila yo ta dwe mache yo.

¹³ Anplis, Ou te desann sou Mon Sinaï, e te pale avèk yo soti nan syèl la. Ou te bay yo òdonans ki ʷjis avèk lalwa ki te vrè, bon règleman avèk bon kòmandman yo. ¹⁴ Konsa, Ou te fè yo rekonèt ˣSaba sen Ou an, epi te byen poze pou yo, kòmandman yo, règleman yo, avèk lalwa yo pa sèvitè Ou, Moïse. ¹⁵ Ou ʸte founi pen soti nan syèl la pou yo pou grangou yo, epi Ou te mennen dlo soti nan yon wòch pou yo menm, pou swaf yo, epi Ou te di yo antre ladann nan peyi ke Ou

---

ᵃ **8:5** Jij 3:20   ᵇ **8:6** Egz 4:31   ᶜ **8:9** Né 8:2   ᵈ **8:9** Det 12:7-12   ᵉ **8:10** Det 26:11-13   ᶠ **8:12** Né 8:7-8
ᵍ **8:14** Lev 23:34-42   ʰ **8:15** Lev 23:40   ⁱ **8:17** II Kwo 7:8   ʲ **8:18** Det 31:11   ᵏ **9:1** Esd 8:23   ˡ **9:1** I Sam 4:12
ᵐ **9:4** Né 8:7   ⁿ **9:6** Kol 1:16   ᵒ **9:7** Jen 11:31   ᵖ **9:7** Jen 17:5   ᑫ **9:8** Jos 21:43-45   ʳ **9:9** Egz 3:7
ˢ **9:10** Egz 7:8-25   ᵗ **9:11** Egz 14:21   ᵘ **9:11** Egz 15:1-10   ᵛ **9:12** Egz 13:21-22   ʷ **9:13** Sòm 19:7-9
ˣ **9:14** Egz 16:23   ʸ **9:15** Egz 16:15

te sèmante pou bay yo pou posede a. ¹⁶ Men yo menm, zansèt nou yo, te aji avèk awogans. ᵃYo te fè tèt di, epi te refize koute kòmandman Ou yo. ¹⁷ Yo te ᵇrefize koute e yo pa t sonje mèvèy ke Ou te fè pami yo. Konsa, yo te vin tèt di, e te chwazi yon chèf ki pou mennen yo retounen an esklavaj yo an Egypte. Men Ou se yon Bondye ki padone, plen ak gras avèk mizerikòd, lan nan kòlè e plen avèk lanmou dous. Ou pa t abandone yo. ¹⁸ Menm lè yo te ᶜfè pou kont yo yon ti bèf an metal fonn. Yo te di: 'Sa se Bondye nou, ki te mennen nou monte soti an Egypte la', epi te fè gran blasfèm, ¹⁹ ᵈ Ou menm, nan gran mizerikòd Ou, pa t abandone yo nan dezè. Pilye nwaj la pa t kite yo pandan lajounen, pou gide yo nan chemen yo, ni pilye dife a pandan lannwit, pou klere pou yo chemen an, e montre yo direksyon ke yo dwe ale. ²⁰ ᵉ Ou te bay bon lespri pa Ou pou enstwi yo. Lamàn Ou, Ou pa t refize fè antre nan bouch yo. Ou te bay yo dlo pou lè yo te swaf. ²¹ Anverite, pandan ᶠkarantan, Ou te fè pwovizyon pou yo nan dezè a, e yo pa t manke anyen. Rad yo pa t epwize, ni pye yo pa t anfle. ²² Anplis, Ou te bay yo wayòm yo avèk pèp yo, epi te divize bay yo tout selon pòsyon pa yo. ᵍYo te pran posesyon a peyi Sihon, wa a Hesbon an ak peyi Og, wa Basan an. ²³ Ou te fè fis pa yo vin anpil ʰkon zetwal syèl yo, epi Ou te mennen yo antre nan peyi ke Ou te mande zansèt pa yo antre pou posede a. ²⁴ ⁱ Pou sa, fis pa yo te antre pou posede peyi a. Epi ʲOu te fè moun peyi a Canaan yo soumèt devan Ou. Konsa, Ou te livre yo nan men yo, avèk wa yo ak pèp peyi a, pou fè avèk yo sa yo te pito. ²⁵ Yo te kaptire vil fòtifye yo, avèk tèren byen fètil yo. Yo te vin posede ᵏkay yo plen avèk tout bon bagay, sitèn ki fin fouye, chan rezen, chan oliv avèk pye fwi an kantite. Konsa, yo te manje, te vin plen, epi te ˡvin gra, e te pran plezi nan gran bonte Ou. ²⁶ ᵐ Men yo te tanmen dezobeyi, epi te fè rèbèl kont Ou. Yo te jete lalwa pa Ou dèyè do yo, e te touye pwofèt Ou yo ki te bay yo avètisman pou yo ta retounen kote Ou, epi yo te komèt gwo blasfèm. ²⁷ Pou sa, ⁿOu te livre yo nan men a oprèsè yo ki te oprime yo. Men lè yo te kriye a Ou menm nan tan gwo twoub yo, Ou te tande soti nan syèl la, epi pa gran lanmou dous Ou, Ou te bay yo chèf liberatè yo, ki te delivre yo nan men a oprèsè yo. ²⁸ Men ᵒsoti lè yo te fin jwenn repo a, yo te fè mal ankò devan Ou. Pou sa, Ou te abandone yo nan men a lènmi yo, jiskaske yo te renye sou yo. Lè yo te kriye ankò a Ou menm, Ou te tande Soti nan syèl la, epi anpil fwa Ou te fè yo chape akoz gran lanmou dous Ou, ²⁹ epi te fè tèmwen kont yo pou fè yo retounen Kote lalwa Ou. Sepandan, yo te aji avèk awogans e pa t Koute kòmandman Ou yo, men te peche kont òdonans Ou yo, selon ᵖsila yo, si yon nonm ta swiv yo, li ta viv. Men yo te vire yon do byen di, yo te fè tèt di, epi te refize koute. ³⁰ Malgre sa, Ou te sipòte yo pandan anpil ane, epi te ᵠavèti yo pa Lespri Ou, pa pwofèt Ou yo. Sepandan, yo te refize bay zòrèy yo. Akoz sa, Ou te livre yo nan men a pèp nasyon yo. ³¹ Men nan gran mizerikòd Ou, Ou ʳpa t fini ak yo, ni abandone yo, paske Ou menm se yon Bondye gras avèk mizerikòd. ³² Alò, pou sa, Bondye Nou an, Bondye ˢgran, pwisan e mèvèy la, ki kenbe akò li avèk Lanmou dous, pa kite tout twoub sa yo vin bliye devan Ou, ki te vin rive sou nou, wa nou yo, chèf nou yo, prèt nou yo, papa zansèt nou yo, ak sou tout pèp Ou yo, depi nan jou wa Assyrie yo, jis rive jodi a. ³³ Sepandan, Ou jis nan tout sa ki vin rive nou; paske ᵗOu te aji avèk fidelite, men nou te aji mal. ³⁴ Paske wa nou yo, chèf nou yo, prèt nou yo ak zansèt nou yo pa t kenbe lalwa Ou yo, ni okipe kòmandman Ou yo avèk avètisman Ou yo avèk sila Ou te avèti yo. ³⁵ Men yo, malgre nan pwòp wayòm pa yo ke Ou te bay ᵘyo, pa t sèvi Ou, ni kite zak mechan yo. ³⁶ Gade byen, ᵛnou vin esklav yo jodi a, epi pou teren ke Ou te bay a zansèt Nou yo, pou manje fwi avèk bonte li, Gade byen, nou vin esklav ladann yo. ³⁷ ʷ Gran rekòlt li bay vin pou wa yo ke Ou te fin mete sou nou akoz peche nou yo. Anplis, yo renye sou kò nou epi sou bèt nou yo, jan yo pito; pou sa a, nou nan gran pwoblèm. ³⁸ Alò, akoz tout sa, ˣnou ap fè yon akò ki si, ki ekri; epi ʸdokiman an sele, pa Chèf nou yo, Levit nou yo ak prèt nou yo."

10 Alò, sou ᶻdokiman sele a te gen non a: Néhémie, gouvènè a, fis a Hacalia a ak Sédécias, ² Seraja, Azaria, Jérémie, ³ Paschhur, Amaria, Malkija, ⁴ Hattusch, Schebania, Mallue, ⁵ Harim, Merémoth, Abdias, ⁶ Daniel, Guinnethon, Baruc, ⁷ Meschullam, Abija, Mijamin, ⁸ Maazia, Bilgaï, Schemaeja. Sila yo se te prèt yo. ⁹ Epi Levit yo: Josué, fis a Azania a, Binnuï, nan fis a Hénadad yo, Kadmiel, ¹⁰ anplis frè pa yo, Schebania, Hodija, Kelitha, Pelaja, Hanan, ¹¹ Michée, Rehob, Haschabia, ¹² Zaccur, Schérébia, Schebania, ¹³ Hodija, Bani, Beninu. ¹⁴ Chèf a pèp yo: Pareosch, Pachath-Moab, Élam, Zatthu, Bani, ¹⁵ Bunni, Azgad, Bébaï, ¹⁶ Adonija, Bigvaï, Adin, ¹⁷ Ather, Ézéchias, Azzur, ¹⁸ Hodija, Haschum, Betsaï ¹⁹ Hariph, Anathoth, Nébaï, ²⁰ Magpiash, Meschullam, Hézir, ²¹ Meschézabeel, Tsadok, Jaddua, ²² Pelathia, Hanan, Anaja, ²³ Hosée, Hanania, Haschub, ²⁴ Hallochesch, Pilcha, Schobek, ²⁵ Rehum, Haschabna, Maaséja, ²⁶ Achija, Hanan, Anan, ²⁷ Malluc, Harim, Baana.

ᵃ **9:16** Det 1:26-33 ᵇ **9:17** Nonb 14:4 ᶜ **9:18** Egz 32:4-31 ᵈ **9:19** Det 8:2-4 ᵉ **9:20** Nonb 11:17 ᶠ **9:21** Det 2:7 ᵍ **9:22** Nonb 21:21-35 ʰ **9:23** Jen 15:5 ⁱ **9:24** Jos 11:23 ʲ **9:24** Det 6:11 ᵏ **9:25** Det 32:15 ˡ **9:26** Jij 2:11 ⁿ **9:27** Jij 2:14 ᵒ **9:28** Jij 3:11 ᵖ **9:29** Lev 18:5 ᵠ **9:30** II Kwo 36:15-16 ʳ **9:31** Jr 4:27 ˢ **9:32** Né 1:5 ᵗ **9:33** Jen 18:25 ᵘ **9:35** Det 28:47 ᵛ **9:36** Det 28:48 ʷ **9:37** Det 28:33 ˣ **9:38** Né 10:29 ʸ **9:38** Né 10:1 ᶻ **10:1** Né 10:38

²⁸ Alò, tout lòt moun nan pèp la, prèt yo, Levit yo, gadyen pòtay yo, chantè yo, sèvitè tanp yo ak ªtout sila ki te separe yo menm soti nan pèp peyi yo pou lalwa Bondye pa yo, madanm pa yo, fis yo ak fi yo, tout sila ki te gen konesans avèk bon konprann yo, ²⁹ t ap reyini ansanm avèk moun fanmi yo, chèf pa yo e ᵇt ap pran sou yo menm, sou nivo madichon, yon sèman, pou mache nan lalwa Bondye, ki te bay pa Moïse la, Sèvitè Bondye a, e pou kenbe ak obeyi tout kòmandman a Bondye yo, SENYÈ nou an, avèk òdonans Li yo avèk règleman Li yo; ³⁰ epi ᶜpou nou pa bay fi nou yo a pèp peyi la, ni pran fi pa yo pou fis nou yo. ³¹ Epi selon pèp peyi la ki konn vini avèk machandiz avèk manje pou vann nan Saba a, nou p ap achte nan men yo nan Saba a ni nan okenn jou sen. Anplis, nou va lese rekòlt yo nan setyèm ane a, ansanm avèk koleksyon a tout dèt.

³² Ankò, ᵈnou plase pwòp tèt nou anba obligasyon pou fè kontribisyon yon tyè sik chak ane pou sèvis lakay Bondye nou an: ³³ pou ᵉpen konsakre, ofrann sereyal ki pa janm fini, ofrann brile ki pa janm fini, Saba yo, nouvèl lin, pou lè chwazi yo, pou bagay sen yo e pou ofrann peche pou fè ekspiyasyon pou peche Israël yo ak tout travay lakay Bondye nou an. ³⁴ Menm jan an, nou te tire osò ᶠpou founi depo bwa pou prèt yo, Levit yo ak pèp la pou yo ta kab mennen li lakay Bondye a, selon lakay zansèt papa nou yo, nan lè ki te etabli nan ane a, pou brile sou lotèl SENYÈ a, Bondye nou an, jan sa ekri nan lalwa a; ³⁵ epi pou yo ta kab pote premye fwi tè yo avèk ᵍpremye fwi a tout fwi a tout pyebwa yo, lakay SENYÈ a chak ane, ³⁶ epi ʰpote lakay Bondye nou an, premye ne a fis nou yo ak bèf nou yo e premye ne nan bann mouton avèk twoupo nou yo, jan sa ekri nan lalwa a, pou prèt ki ap sèvi lakay Bondye nou an. ³⁷ ⁱE ke nou va, osi, pote premye nan pat farin nou yo, kontribisyon nou yo, fwi a tout pyebwa, diven nèf avèk lwil pou prèt yo nan chanm lakay Bondye nou an ak dim ʲtè nou pou Levit yo; paske se Levit yo ki resevwa dim nan tout vil andeyò yo. ³⁸ ᵏPrèt la, fis a Aaron an, va avèk Levit yo lè Levit yo resevwa dim yo, e Levit yo va pote yon dizyèm nan dim pa yo vè lakay Bondye nou an, pou l antre nan chanm depo yo. ³⁹ Paske, fis Israël yo avèk fis Lévi yo va pote don sereyal la, diven nèf la ak lwil la nan chanm yo. La se zouti a sanktiyè yo, prèt k ap fè sèvis yo, gadyen pòtay yo, ak chantè yo. Konsa, ˡnou p ap neglije lakay Bondye nou an.

11 Alò, ᵐchèf a pèp yo te rete Jérusalem, men rès pèp la te tire osò pou fè youn nan dis Izrayelit andeyò yo vin rete Jérusalem, nan vil sen an, pandan nèf sou dis te rete nan lòt vil yo. ² Pèp la te beni tout mesye ki te ⁿpa volonte yo, vin rete Jérusalem yo.

³ ᵒ Alò, sila yo se chèf an tèt pwovens ki te vin rete Jérusalem yo; men nan vil a Juda yo, chak moun te rete sou pwòp teren pa l nan vil pa yo—Izrayelit yo, prèt yo, Levit yo, sèvitè tanp yo ak desandan a sèvitè Salomon yo. ⁴ Kèk nan fis a Juda yo avèk kèk nan fis a Benjamin yo te rete Jérusalem. Soti nan fis Juda yo: Athaja, fis a Ozias la, fis a Zacharie, fis Amaria, fis a Schephathia, fis a Mahalaleel, fis a Pérets yo; ⁵ epi Maaséja, fis a Barue a, fis a Col-Hozé, fis a Hazaja, fis a Adaja a, fis a Jojarib, fis a Zacharie, fis a Schiloni. ⁶ Total fis a Pérets ki te etabli Jérusalem yo te kat-san-swasann-tuit mesye de gran kouraj.

⁷ Men fis a Benjamin yo: Sallu, fis a Meschullam nan, fis a Joëd la, fis a Pedaja, fis a Kolaja a, fis a Maaséja a, fis a Ithiel la, fis a Ésaïe a. ⁸ Epi apre li, Gabbaaï avèk Sallaï, nèf-san-venn-tuit. ⁹ Joël, fis a Zicri a, te chèf yo; epi Juda, fis a Senua a, se te douzyèm chèf lavil la.

¹⁰ Soti nan prèt yo: Jedaeja, fis a Jojarib la, Jakin, ¹¹ Seraja, fis a Hilkija a, fis a Meschullam nan, fis a Tsadok la, fis a Merajoth la, fis a Achithub la, ki te dirije lakay Bondye, ¹² epi fanmi yo ki te fè travay tanp lan, ui-san-venn-de; epi Adaja a, fis a Jerocham nan, fis a Pelalia a, fis a Amtsi a, fis a Zacharie a, fis a Paschhur la, fis a Malkija a, ¹³ epi fanmi yo, chèf lakay papa zansèt yo, de-san-karann-de; epi Amaschasaï, fis a Azareel la, fis a Achazaï a, fis a Meschillémoth la, fis a Immer a, ¹⁴ avèk frè pa yo, mesye ki plen kouraj, san-venn-tuit. Zabdiel, fis a Guedolim nan, se te chèf yo.

¹⁵ Alò, soti nan Levit yo: Schemaeja, fis a Haschub la, fis a Azrikam nan, fis a Haschabia a, fis a Bunni an; ¹⁶ Schabbethaï avèk Jozabad soti nan dirijan Levit yo, ki te sipèvize ᵖtravay deyò nan lakou lakay Bondye a; ¹⁷ epi Matthania, fis a Michée a, fis a Zabdi a, fis a Asaph ki te responsab ouvri avèk remèsiman a Bondye nan lapriyè a, Bakbukia, dezyèm pami frè li yo e Abda, fis a Schammua a, fis a Galal la, fis a Jeduthun nan. ¹⁸ Tout Levit yo nèt nan ᵠlavil sen an se te de-san-katre-ven-kat.

¹⁹ Anplis, gadyen pòtay yo, Akkub, Thalmon, avèk frè parèy yo ki te okipe pòtay yo te san-swasann-douz. ²⁰ Tout lòt Israël, pami prèt yo ak Levit yo te nan lòt vil Juda yo, yo chak ʳsou pwòp eritaj pa yo. ²¹ Men ˢsèvitè tanp yo te rete nan ti mòn Ophel la, e Tsicha avèk Guischpa te chèf a sèvitè tanp yo.

²² ᵗ Chèf Levit Jérusalem yo te Uzzi, fis a Bani an, fis a Haschabia a, fis a Matthania, fis a Michée a, pami fis Asaph, ki te chantè pou sèvis lakay Bondye a. ²³ ᵘPaske te gen lòd ki sòti nan wa a de yo menm, ak yon règ manje pou sila ki te dirije chante yo jou apre jou yo. ²⁴ Pethachja, fis a Meschézabeel la, nan fis a Zérach yo, fis a Juda a, te ᵛreprezante wa a nan tout bagay ki te konsène pèp la.

²⁵ Selon vil yo avèk chan pa yo, kèk nan fis a Juda yo te rete Kirjath-Arba avèk bouk pa li yo, nan

---

ª **10:28** Né 9:2   ᵇ **10:29** Né 5:12   ᶜ **10:30** Egz 34:16   ᵈ **10:32** Egz 30:11-16   ᵉ **10:33** Lev 24:5-6   ᶠ **10:34** Né 13:31   ᵍ **10:35** Egz 23:19   ʰ **10:36** Egz 13:2   ⁱ **10:37** Lev 23:17   ʲ **10:37** Nonb 18:21   ᵏ **10:38** Nonb 18:26   ˡ **10:39** Né 13:10-11   ᵐ **11:1** Né 7:4   ⁿ **11:2** Jij 5:9   ᵒ **11:3** I Kwo 9:2-34   ᵖ **11:16** I Kwo 26:29   ᵠ **11:18** Né 11:1   ʳ **11:20** Né 11:3   ˢ **11:21** Né 3:26   ᵗ **11:22** Né 11:9-24   ᵘ **11:23** Esd 6:8   ᵛ **11:24** I Kwo 18:17

Dibon avèk landwa ki antoure li a, e Jekabtseel avèk bouk ki te antoure li yo. [26] A Jéschua, a Molada, a Beth-Paleth, [27] a Hatsar-Schual, a Beer-Schéba avèk bouk pa li yo, [28] ak Tsiklag, a Mecona, avèk bouk pa li yo, [29] a En-Rimmon, a Tsorea, a Jarmuth, [30] a Zanoach, a Adullam ak bouk li yo, Lakis avèk anviwon li, Azéka avèk bouk pa li yo. Konsa, yo te fè anplasman yo soti Beer-Schéba jis rive nan vale Hinnom an. [31] Anplis, fis a Benjamin yo te rete soti Guéba ale nèt, a Micmasch, a Ajja, a Béthel, avèk bouk pa li yo, [32] a Anathoth, a Nob, a Hanania, [33] a Hatsor, a Rama, a Guithaïm, [34] a Hadid, a Tseboïm, a Neballath, [35] a Lod avèk Ono, vale a ouvriye yo. [36] Soti nan Levit yo, kèk nan divizyon Juda yo te rete nan landwa Benjamin an.

12 Alò, sila yo se te prèt avèk Levit ki te monte avèk Zorobabel, fis a Schealthiel la ak Josué: Seraja, Jérémie, Esdras, [2] Amaria, Malluc, Hattusch, [3] Schecania, Rehum, Merémoth, [4] Iddo, Guinnethoï, Abija, [5] Mijamin, Maadia, Bilga, [6] Schemaeja, Jojarib, Jedaeja. [7] Sallu, Amok, Hilkija, Jedaeja. Sila yo te chèf prèt yo avèk fanmi pa yo nan tan Josué a.

[8] Levit yo te Josué, Binnuï, Kadmiel, Schérébia, Juda, Matthania, ki, avèk frè li yo, te diri je chan remèsiman yo. [9] Anplis Bakbukia avèk Unni, frè pa yo ki te kanpe anfas yo nan [a]divizyon sèvis yo. [10] Josué te vin papa a Jojakim, Jojakim te fè Éliaschib, Éliaschib te fè Jojada, [11] Jojada te fè Jonathan e Jonathan te fè Jaddua.

[12] Alò, nan tan Jojakim, prèt yo, chèf an tèt lakay zansèt papa yo te pou Seraja, Meraja, e pou Jérémie, Hanania; [13] Pou Esdras, Meschullam; pou Amaria, Jochanan; [14] pou Meluki, Jonathan; pou Schebvania, Jospeh; [15] pou Harim, Adna; pou Merajoth, Helkaï; [16] pou Iddo, Zacharie; pou Guinnethon, Meschullam; [17] pou Abija, Zicri; pou Minjamin avèk Moadia, Pilthaï; [18] pou Bilga Schammua; pou Schemaeja, Jonathan; [19] pou Jojarib, Matthnaï; pou Jedaeja, Uzzi; [20] pou Sallaï, Kallaï; pou Amok, Éber; [21] pou Hilkija, Haschabia; pou Jedaeja, Nathanaël.

[22] Epi pou Levit yo, chèf an tèt lakay papa zansèt pa yo te anrejistre nan jou a Éliaschib yo, Jojada, avèk Jochanan ak Jaddua; konsa yo te sèvi kon prèt nan règn Darius, Perse la. [23] Fis a Lévi yo, chèf an tèt lakay papa zansèt yo, te anrejistre nan Liv A Kwonik yo jis rive nan tan Jochanan, fis Éliaschib la. [24] Chèf an tèt a Levit yo te Haschabia, Schérébia e Josué, fis a Kadmiel la, avèk frè pa yo anfas yo, [b]pou bay lwanj avèk remèsiman, jan sa te preskri pa David, nonm Bondye a, divizyon ki te koresponn ak divizyon. [25] Matthania, Bakbukia, Abdias, Meschullam, Thalmon avèk Akkub, te gadyen pòtay ki te responsab veye [c]depo pòtay yo. [26] Sila yo te sèvi nan jou a Jojakim yo, fis a Josué a, fis a Jotsadak la e nan jou a Néhémie yo, gouvènè a, avèk Esdras, prèt la ak skrib.

[27] Alò, nan dedikasyon miray Jérusalem nan, yo te chache twouve Levit soti nan tout plas yo pou mennen yo Jérusalem pou yo ta kab selebre dedikasyon an avèk jwa, avèk lwanj kè kontan, avèk chan [d]avèk senbal, ap ak lenstriman a kòd yo. [28] Konsa, fis a chantè yo te rasanble soti nan distri ki te antoure Jérusalem nan e soti [e]nan vilaj a Netofatyen yo, [29] soti Beth-Guilgal, avèk chan nan Guéba avèk Azmavet, paske chantè yo te fin bati pou kont yo vilaj nan anviwon Jérusalem yo. [30] Prèt yo avèk Levit yo te pirifye tèt yo; anplis, yo te [f]pirifye pèp la, pòt yo avèk miray la.

[31] Konsa, mwen te fè dirijan a Juda yo vin monte sou miray la, e mwen te chwazi de gran gwoup koral premye ki t ap sòti sou bò dwat anlè miray la vè [g]Pòtay Kolin Fimye a. [32] Hosée avèk mwatye nan dirijan Juda yo te swiv yo, [33] avèk Azaria, Esdras, Meschullam, [34] Juda, Benjamin, Schemaja, avèk Jérémie, [35] epi kèk nan fis a prèt yo avèk twonpèt yo: Zacharie, fis a Jonathan an, fis a Schemaeja a, fis a Matthania a, fis a Michée a, fis a Zaccur a, fis a Asaph la; [36] avèk fanmi li yo, Schemaeja, Azaneel, Juda ak Hanani, [h]avèk enstriman mizik a David yo, nonm Bondye a. Epi Esdras, skrib la, te ale devan yo. [37] Nan Pòtay Sous Bwote a, yo te monte tou dwat sou [i]eskalye lavil David la toupre eskalye miray la anwo lakay David la, pou rive nan Pòtay Dlo a vè lès.

[38] Dezyèm koral la te ale vè goch, pandan mwen t ap swiv yo avèk mwatye pèp la sou miray la, [j]anwo Tou Founo yo, rive nan Gran Miray la. [39] Epi anwo [k]Pòtay Éphraïm nan, kote Pòtay ansyen an, kote Pòtay Pwason an, [l]Fò Hananeel la ak fò a dè Santèn yo, jis rive nan Pòtay Mouton yo; epi yo te rete kanpe nan Pòtay Gad la. [40] Epi de koral yo te kanpe nan pozisyon yo lakay Bondye a, e mwen menm tou, avèk mwatye ofisye ki te avè m yo; [41] epi prèt yo, Éliakim, Maaséja, Minjamin, Michée, Eljoénaï, Zacharie, Hanania, avèk twonpèt yo; [42] epi Maaséja, Schemaeja, Éléazar, Uzzi, Jochanan, Malkija, Élam ak Ézer. Epi chantè yo te chante avèk Jizrachja, dirijan pa yo a, [43] Nan jou sa a, yo te ofri gran sakrifis e te rejwi paske [m]Bondye te bay yo gwo lajwa. Fanm yo ak timoun yo tou te rejwi, jiskaske lajwa Jérusalem nan te tande byen lwen.

[44] Anplis, [n]nan jou sa a, mesye yo te chwazi kon responsab sou chanm depo yo, kontribisyon yo, premye fwi yo, ak dim yo, pou ranmase yo antre soti nan chan nan vil yo, pòsyon ki te mande pa lalwa a pou prèt ak Levit yo; paske Juda te rejwi de prèt avèk Levit ki te fè sèvis yo. [45] Paske, yo te ranpli devwa Bondye yo a, avèk sèvis pirifikasyon an, ansanm avèk chantè yo ak gadyen pòtay yo [o]an akò avèk lòd David avèk fis li a, Salomon. [46] Paske nan

---
[a] **12:9** Né 12:24   [b] **12:24** Né 11:17   [c] **12:25** I Kwo 26:15   [d] **12:27** I Kwo 15:16-28   [e] **12:28** I Kwo 9:16
[f] **12:30** Né 13:22-30   [g] **12:31** Né 2:13   [h] **12:36** Né 12:24   [i] **12:37** Né 3:15   [j] **12:38** Né 3:11   [k] **12:39** Né 8:16   [l] **12:39** Né 3:1   [m] **12:43** Sòm 9:2   [n] **12:44** Né 13:4-13   [o] **12:45** I Kwo 25:1

jou a David avèk ᵃAsaph yo, nan tan ansyen an, te gen ᵇdirijan pou chantè yo ak chan adorasyon yo, e kantik remèsiman a Bondye. ⁴⁷ Konsa, tout Israël nan jou Zorobabel avèk Néhémie yo te bay pòsyon ki te dwe fèt pou chantè yo avèk gadyen pòtay yo kon chak jou te mande a, e te ᶜmete apa pòsyon ki te konsakre a Levit yo; epi Levit yo te mete apa pòsyon ki te konsakre pou fis Aaron yo.

13 Nan jou sa a, ᵈyo te li soti nan liv Moïse la, nan tande a pèp la, epi li te twouve ekri ladann ke ni Amonit ni Moabit pa ta janm dwe antre nan asanble Bondye a, ² paske yo pa t rankontre fis Israël yo avèk pen avèk dlo, men te ᵉanplwaye Balaam kont yo pou bay yo madichon. Men ᶠBondye nou an te vire madichon an fè l vin benediksyon. ³ Pou sa, lè yo te tande lalwa a, yo te mete ᵍtout etranje yo deyò Israël.

⁴ Alò, avan sa a, Éliaschib, prèt la, ʰki te chwazi dirijan nan chanm lakay Bondye yo, ki te fè aliyans ak Tobija, ⁵ te prepare yon gran chanm pou li, nan kote a ki oparavan te konn sèvi pou depo ofrann sereyal yo, lansan a, zouti ak dim sereyal yo, diven avèk lwil ki te ⁱpou Levit yo, chantè yo, ak gadyen pòtay yo, avèk kontribisyon balanse an lè, ki te pou prèt yo. ⁶ Men pandan tout tan sa a, mwen pa t la Jérusalem, paske nan trann-dezyèm ane ʲArtaxerxès la, wa a Babylone nan, mwen te deja ale kote wa a. Men apre kèk tan, mwen te mande pèmisyon a wa a pou m sòti, ⁷ epi mwen te rive Jérusalem e te vin aprann mal ke Éliaschib te fè pou Tobija a, ke l ᵏte prepare yon chanm pou li nan lakou lakay Bondye a. ⁸ Sa te fè m pa kontan anpil. Konsa, mwen te ˡjete tout bagay Tobija yo deyò chanm nan. ⁹ Epi mwen te pase lòd, e ᵐyo te netwaye chanm yo. Mwen te remete la zouti lakay Bondye yo avèk ofrann sereyal la ak lansan an.

¹⁰ Anplis, mwen te dekouvri ke ⁿpòsyon Levit yo pa t konn bay a yo menm ki te fè Levit yo avèk chantè yo ki te pèfòme nan fè sèvis yo, ale; yo chak nan pwòp chan pa l. ¹¹ Konsa, mwen te repwoche responsab yo. Mwen te di: ᵒ"Poukisa lakay Bondye a abandone?" Mwen te reyini yo ansanm e te fè yo reprann pòs yo. ¹² Konsa ankò, tout Juda te pote ᵖdim sereyal la, diven an avèk lwil la, antre nan kay depo a. ¹³ Kon responsab pou kay depo yo, mwen te chwazi Schélémia, prèt la, Tsadok, skrib la, avèk Pedaja a Levit yo: epi akote sila yo, Hanan, fis a Zaccur a, fis a Matthania a; paske ᵠyo te konsidere kon moun serye e se te tach pa yo pou separe bay a frè yo.

¹⁴ ʳ Sonje mwen pou sa, O Bondye mwen, e pa efase zèv fidèl ke m te fè pou lakay Bondye mwen an ak sèvis mwen te fè pou li a.

¹⁵ Nan jou sa yo, mwen te wè nan Juda kèk moun ki t ap bat rezen ˢnan Saba a, ki t ap fè antre sak sereyal yo, chaje yo sou bourik yo, ansanm avèk diven an, rezen yo, fig yo ak tout kalite chaj yo pou yo te pote yo antre Jérusalem nan jou Saba a. Pou sa, mwen te fè temwen kont yo nan jou ke yo t ap vann manje a. ¹⁶ Anplis, mesye Tyre yo te rete la e te enpòte pwason avèk tout kalite machandiz, ki te vann a fis Juda yo nan Saba a, menm nan Jérusalem. ¹⁷ Pou sa mwen te ᵗbay repwòch a moun prensipal Juda yo epi te di yo: "Ki kalite mal nou ap fè la a, lè nou vin degrade jou Saba a? ¹⁸ ᵘ Èske papa nou yo pa t fè menm bagay la, jiskaske Bondye nou an te fè rive nou avèk tout vil sa a tout twoub sa yo? Sepandan, nou ap ogmante kòlè sou Israël lè nou vin desann jou Saba a konsa."

¹⁹ ᵛLi te vin rive ke lè l te fenk ap fènwa nan pòtay Jérusalem yo avan Saba a, mwen te pase lòd pou pòt yo ta fèmen e pou yo pa ta ouvri yo jiskaske Saba a te fini. Mwen te estasyone kèk nan sèvitè mwen yo nan pòtay yo pou okenn chaj pa t antre nan Saba a. ²⁰ Youn oswa de fwa, machann a tout kalite machandiz te oblije pase nwit lan deyò Jérusalem. ²¹ Konsa ʷmwen te avèti yo, epi te di yo: "Poukisa nou pase nwit lan devan miray la? Si nou fè sa ankò, m ap sèvi ak fòs kont nou." Depi lè sa a jis ale nèt, yo pa t vini nan Saba a. ²² Mwen te pase lòd a Levit yo ˣke yo ta dwe pirifye tèt yo e vini tankou gadyen pòtay yo pou sanktifye jou Saba a. Pou sa, anplis, sonje mwen, O Bondye mwen e fè mwen mizerikòd, selon grandè lanmou dous Ou.

²³ Anplis, nan jou sa yo, mwen te wè ke Jwif yo te konn ʸmarye ak fanm Ashdod yo, Ammon, avèk Moab yo. ²⁴ Epi selon pitit yo, mwatye nan yo te pale langaj Ashdod la, e nanpwen menm nan yo ki te gen kapasite pou pale langaj Juda a, men pito langaj a pèp pa li a. ²⁵ Pou sa, mwen te kanpe kont yo, mwen te bay yo madichon yo, te frape kèk nan yo, te rale cheve yo e te ᶻfè yo sèmante pa Bondye: "Ou p ap bay fi ou yo a fis pa yo, ni pran nan fi pa yo pou fis nou, ni pou nou menm. ²⁶ ᵃÈske Salomon, wa Israël la, pa t peche nan bagay sa yo? ᵇMalgre, pami anpil nasyon yo, pa t gen wa tankou li, li te renmen pa Bondye li a, e Bondye te fè li wa sou tout Israël. Sepandan, fanm etranje yo te fè menm li menm nan fè peche. ²⁷ Alò, èske nou tande de nou menm ke nou te komèt gran mal sila a, e ᶜte a ji avèk enfidelite kont Bondye nou an nan fè maryaj avèk fanm etranje yo?"

²⁸ Menm youn nan fis Jojada yo, fis a Éliaschib la, wo prèt la, te bofis a ᵈSanballat, Owonit lan, e pou sa, mwen te chase li lwen mwen. ²⁹ Sonje yo, O Bondye mwen, akoz yo te degrade ᵉotorite a prèt la, avèk akò otorite prèt yo avèk Levit yo.

ᵃ **12:46** II Kwo 29:30   ᵇ **12:46** I Kwo 9:33   ᶜ **12:47** Nonb 18:21   ᵈ **13:1** Né 9:3   ᵉ **13:2** Nonb 22:3-11
ᶠ **13:2** Det 23:5   ᵍ **13:3** Egz 12:38   ʰ **13:4** Né 12:44   ⁱ **13:5** Nonb 18:21   ʲ **13:6** Esd 6:22   ᵏ **13:7** Né 13:5   ˡ **13:8** Jn 2:13-16   ᵐ **13:9** II Kwo 29:5-16   ⁿ **13:10** Det 12:19   ᵒ **13:11** Né 10:39   ᵖ **13:12** Né 10:37   ᵠ **13:13** Né 7:2   ʳ **13:14** Né 5:19   ˢ **13:15** Det 5:12-14   ᵗ **13:17** Né 13:11-25   ᵘ **13:18** Esd 9:13
ᵛ **13:19** Lev 23:32   ʷ **13:21** Né 13:15   ˣ **13:22** I Kwo 15:12   ʸ **13:23** Esd 9:2   ᶻ **13:25** Né 10:29-30
ᵃ **13:26** I Wa 11:1   ᵇ **13:26** I Wa 3:13   ᶜ **13:27** Esd 10:2   ᵈ **13:28** Né 2:10   ᵉ **13:29** Nonb 25:13

30 ᵃ Konsa, mwen te pirifye soti nan tout bagay etranje yo e te chwazi devwa pou prèt yo ak Levit yo, yo chak nan pwòp tach pa yo; 31 epi ᵇpou ofran founi bwa nan lè chwazi yo, ak pou premye fwi yo, sonje mwen, O Bondye mwen, pou sa ki bon.

ᵃ **13:30** Né 10:30   ᵇ **13:31** Né 10:34

Esther

1 Alò li te vin rive nan tan [a]Wa Assuréus la, menm Assuréus ki te renye soti Inde jis rive Éthiopie sou san-venn-sèt pwovens yo, ² nan jou sa yo, pandan wa Assuréus te chita sou twòn wayal li a ki te nan sitadèl [b]Suse la, ³ nan twazyèm ane pouvwa li a, [c]li te fè yon gran fèt pou tout chèf li yo avèk asistan li yo, chèf lame Perse avèk Mèdes yo, moun prensipal lavil yo, avèk chèf pwovens li yo, tout moun ki te nan prezans li. ⁴ Konsa li te montre tout richès avèk glwa wayal li yo, avèk mayifisans a gran majeste li pandan anpil jou, san-katre-ven jou.

⁵ Lè jou sa yo te fin acheve, wa a te bay yon gwo bankè ki te dire pandan sèt jou pou tout moun ki te prezan nan sitadèl Suse la, soti nan sila ki pi pwisan an jis rive nan sila ki pi piti a, nan [d]lakou jaden a palè wa a. ⁶ᵉ Te gen bagay pann ki fèt an len fen blan e vyolèt ki te kenbe pa kòd fèt an len fen mov, wondèl an ajan avèk pilye an mèb. Devan yo te fèt an lò avèk ajan te plase sou yon pave mozayik ki fèt ak mab wouj, mab blan, gwo pèl klere avèk pyè presye. ⁷ Bwason yo te sèvi nan veso an lò a plizyè kalite e diven wayal la te anpil, [f]selon bonte a wa a. ⁸ Jan yo te bwè se te selon lalwa, san fòse moun, paske wa a te pase lòd a chak ofisye a chak kay ke li ta dwe fè sa selon dezi a chak moun.

⁹ Anplis, Larenn Vasthi te bay yon bankè pou fanm nan palè ki te pou Wa Assuérus la.

¹⁰ Nan setyèm jou a, lè kè a wa a te kontan ak diven, li te bay lòd a Mehuman, Biztha, Harbona, Bigtha, Abagtha, Zéthar, avèk Carcas, sèt enik ki te sèvi wa Assuérus, ¹¹ pou mennen fè parèt nan prezans li, rèn nan, Vasthi, avèk [g]kouwòn wayal la, pou montre bèlte li a pèp la e a moun pwisan yo, paske li te tèlman bèl. ¹² Men rèn Vasthi te refize vini sou lòd a wa a, ki te livre pa enik yo. Konsa, wa a te vin byen fache e lakòlè te brile anndan l.

¹³ Alò, waa te mande a [h]mesye sa j ki te konprann tan yo—paske se te koutim a wa a pou pale devan tout sila ki te konprann lalwa a avèk jistis; ¹⁴ epi te gen toupre li: Carschena, Schéthar, Admatha, Tarsis, Mérés, Marsena, Memucan, sèt chèf de Perse avèk Médie yo, [i]ki te gen abitid antre nan prezans wa a, e te chita nan premye plas nan wayòm nan— ¹⁵ "Selon lalwa a, se kisa ki ta dwe fèt avèk rèn Vasthi, akoz li pa t obeyi lòd a Wa Assuérus ki te livre pa enik yo?"

¹⁶ Nan prezans wa a avèk chèf yo, Memucan te di: "Rèn Vasthi te fè tò a wa a, men anplis tout moun nan pwovens a Wa Assuérus yo. ¹⁷ Paske, si kondwit a rèn nan vin rekonèt a tout fanm yo pou fè yo vin gade mari yo avèk mepriz epi vin di: 'Wa Assuérus te kòmande rèn Vasthi pou parèt devan l, men li pa t vini.' ¹⁸ Nan jou sa a, fanm a Perse avèk Médie ki te tande afè kondwit rèn nan, va pale tout chèf a wa a nan menm fason an, e va genyen anpil mepriz avèk mekontantman.

¹⁹ "Si sa fè wa a kontan, kite yon dekrè wayal sòti nan li, e kite li ekri nan lalwa a Perse avèk Médie a, pou l [j]pa kab ranvèse, ke Vasthi p ap kab ankò antre nan prezans a Wa Assuérus la. E konsa, kite wa a bay pozisyon wayal pa li a yon lòt moun ki pi merite l pase li. ²⁰ Lè dekrè ke a wa a va fè a tande nan tout wayòm li an, ki tèlman gran, alò [k]tout fanm va gen respè a mari yo, kit gran, kit piti."

²¹ Pawòl sa a te fè wa a kontan, avèk chèf yo, epi wa a te fè kon Memucan te pwopoze a. ²² Konsa, li te voye lèt a tout pwovens a wa yo, a chak pwovens selon ekriti pa li, e a chak pèp selon langaj pa yo, ke tout mesye yo ta dwe [l]mèt nan pwòp kay pa yo, e sila te pale nan lang a pwòp pèp li.

2 Apre bagay sa yo, [m]lè kòlè a Wa Assuérus te vin kalme, li te sonje Vasthi ak sa li te fè a, e dekrè ki te fèt kont li an. ² Alò, asistan a wa a ki te sèvi li yo, te di: [n]"Annou fè rechèch pou jwenn jenn vyèj ki byen bèl pou wa a. ³ Kite wa a apwente sipèvizè nan [o]tout pwovens a wayòm li yo pou yo kab rasanble tout bèl vyèj yo pou vin parèt nan sitadèl Suse la, antre nan kay fanm a wa a ki sou kontwòl a Hégué, enik a wa a, ki an chaj fanm yo. Kite yo byen prepare ak tout bagay pou fè yo bèl yo. ⁴ Alò, kite jenn fi ki bay wa a plezi a, vin regne la nan plas a Vasthi a." Koze a te fè wa a kontan e se konsa li te fè l.

⁵ Te gen nan sitadèl Suse la, yon Jwif ki te rele [p]Mardochée, fis a Jaïr, fis a Schimeï, fis a Kis, yon Benjamit, ⁶ᑫ ki te ale an egzil soti Jérusalem avèk kaptif ki te ekzile avèk Jeconia yo, wa Juda ke Nebudkanetsar, wa Babylone nan, te fè ekzile a. ⁷ Li t ap elve Hadassa, sa vle di, [r]Esther, fi a tonton li an, paske li pa t gen papa ni manman. Alò, jenn demwazèl la te byen bèl sou fòm ni figi li e lè papa li avèk manman li te mouri, Mardochée te pran li kon pwòp fi pa li.

⁸ Konsa, li te vin rive ke lè kòmand avèk dekrè a wa a te tande e anpil jèn fi te ranmase nan sitadèl Suse la sou sipèvizyon a [s]Hégaï, ke Esther te pran pou antre nan palè a wa a, anba sipèvizyon a Hégaï, ki te responsab fanm yo. ⁹ Alò, jèn fi a te fè l plezi e te twouve favè devan l. Pou sa, li te bay li [t]tout atik twalèt avèk manje san fè reta, e li te ba li sèt sèvant de chwa nan palè a wa a, e te voye li avèk sèvant li yo nan pi bon kote pami fanm a wa yo. ¹⁰ᵘ Esther pa t fè pèsòn konnen ras pèp li a ni fanmi li yo, paske Mardochée te enstwi li pou li pa ta dwe

---

[a] **1:1** Esd 4:6   [b] **1:2** Né 1:1   [c] **1:3** Est 2:18   [d] **1:5** Est 7:7-8   [e] **1:6** Éz 23:41   [f] **1:7** Est 2:18   [g] **1:11** Est 2:17
[h] **1:13** Jr 10:7   [i] **1:14** II Wa 25:19   [j] **1:19** Est 8:8   [k] **1:20** Ef 5:22   [l] **1:22** Ef 5:22-24   [m] **2:1** Est 1:19-20
[n] **2:2** I Wa 1:2   [o] **2:3** Est 1:1-2   [p] **2:5** Est 3:2   [q] **2:6** II Wa 24:14-15   [r] **2:7** Est 2:15   [s] **2:8** Est 2:3-15
[t] **2:9** Est 2:3-20   [u] **2:10** Est 2:20

fè sa rekonèt. [11] Chak jou, Mardochée te mache ale retou devan lakou fanm a wa yo pou vin aprann jan Esther te ye ak jan afè l t ap mache.

[12] Alò, lè chans a chak jèn demwazèl te vin rive pou antre kote wa Assuérus la, lè l te fin fè preparasyon douz mwa anba règleman pou fanm yo—paske jou pou konplete preparasyon bèlte yo te fini konsa: si mwa avèk lwil lami a, e si mwa avèk aplikasyon epis ak pafen pou fanm— [13] Men kòman jèn fi a ta antre kote wa a: nenpòt bagay ke li te dezire, ta bay a li menm pou pran avè l soti lakay fanm yo pou rive nan palè a wa a. [14] Nan aswè, li ta ale ladann e nan maten, li ta retounen nan dezyèm kay fanm yo, sou responsabilite a Schaaschgaz, enik a wa a ki te an chaj konkibin a wa yo. Li pa t antre kote wa a ankò sof ke wa a te kontan anpil avèk li e te rele li eksprè pa non l.

[15] Alò lè lè pou Esther, [a]fi de Abichaïl la, tonton li, Mardochée, ki te pran li kon pwòp pitit pa li, te rive antre kote wa a, li pa t mande anyen sof ke sa ke Hégaï, enik a wa a ki te an chaj fanm yo, te konseye yo. Epi Esther te jwenn favè nan zye a tout moun ki te wè l yo.

[16] Pou sa, Esther te mennen vè Wa Assuérus nan palè wayal li a nan dezyèm mwa ki nan mwa Tébeth la, nan setyèm ane pouvwa li a. [17] Wa a te renmen Esther plis pase tout fanm yo, e li te twouve gras avèk favè devan li menm plis pase tout lòt vyèj yo, jiskaske [b]li te mete kouwòn wayal la sou tèt li e te fè li rèn nan plas a Vasthi a.

[18] Epi wa a te bay yon gran bankè pou tout chèf li yo ak sèvitè li yo. Li te rele l bankè Esther. Li te pwokame l yon jou fèt pou pwovens yo, epi li te bay yo kado [c]selon jenewozite a wa a.

[19] Lè vyèj yo te reyini ansanm yon dezyèm fwa a, alò, Mardochée [d]t ap chita nan pòtay a wa a. [20] Esther potko fè yo konnen fanmi li yo, ni pèp li a, jis jan ke Mardochée te bay li lòd fè a, jis jan li te fè [e]lè se te li ki t ap swaye li a. [21] Nan jou sa yo, pandan Mardochée te chita nan pòtay palè a wa a, [f]Bigthan avèk Théresch, de ofisye a wa yo ki t ap veye pòt la, te vin fache e te chache mete men sou wa Assuérus. [22] Men konplo a te vin rekonèt pa Mardochée e [g]li te pale rèn Esther e Esther te pale wa a nan non a Mardochée. [23] Alò, lè yo fè rechèch nan konplo a e jwenn bout li, yo tou de te pann sou yon bwa; epi sa te ekri nan [h]Liv Achiv Kwonik Yo nan prezans wa a.

3 Apre evènman sa yo, Wa Assuérus te [i]elve pozisyon a Haman, fis a Hammedatha a, Agagit la, te pouse l devan e te etabli otorite li sou tout chèf ki te avèk li yo. [2] Tout sèvitè a wa yo ki te nan pòtay a wa a te bese ba e te bay onè a Haman; paske, se sa wa a te kòmande pa li menm. Men [j]Mardochée pa t bese, ni pa t bay onè. [3] Alò, [k]sèvitè a wa yo te di a Mardochée: "Poukisa w ap dezobeyi lòd a wa a?" [4] Alò, li te rive ke lè yo te pale chak jou avèk li e li te refize koute yo, ke yo te pale Haman pou wè si koz a Mardochée a ta kanpe, paske li te di yo ke se yon Jwif li te ye. [5] Lè Haman te wè ke [l]Mardochée pa t bese ni ba li onè, Haman te ranpli avèk laraj. [6] Men li pa t satisfè pou mete men l sou Mardochée sèl, paske yo te fè l konnen pèp Mardochée a. Konsa, Haman te [m]chache detwi tout Jwif yo, pèp Mardochée a, ki te toupatou nan tout wayòm Assuérus la.

[7] Nan premye mwa ki se mwa Nisan an, nan douzyèm ane Wa Assuérus la, bagay Pur a, sa vle di tiraj osò a, te voye devan Haman jou apre jou e soti mwa apre mwa, jis rive nan douzyèm mwa a, sa vle di, [n]mwa Adar a. [8] Epi Haman te di a Wa Assuérus: "Genyen yon sèten pèp ki gaye toupatou pami pèp la nan tout pwovens nan wayòm ou an; [o]lwa pa yo pa menm ak tout lòt pèp nan pwovens a wayòm ou an. Yo menm, yo pa swiv lwa a wa a, e konsa, li pa nan enterè a wa a pou kite yo rete la. [9] Si se plezi a wa a, kite yon dekrè pibliye pou yo ta detwi e mwen va peye di-mil talan ajan nan men a sila ki akonpli afè wa a, pou mete li nan kès a wa a."

[10] Konsa, [p]wa a te retire bag so li nan men l, e te bay li a Haman, fis a Hammedatha a, Agagit la, lènmi a Jwif yo. [11] Wa a te di Haman: "Ajan an se pa w, ni pèp la, pou fè avèk yo sa ou pito."

[12] Konsa, grefye a wa yo te rele nan trèzyèm jou nan premye mwa a, e li te ekri jan ke Haman te kòmande a [q]reprezantan a wa a nan tout pwovens yo, a gouvènè ki te sou chak pwovens yo e a chèf a chak pèp, chak pwovens selon ekriti pa li, chak pèp selon langaj pa li, tout sa ekri nan non Wa Assuérus e sele avèk bag so a wa a. [13] Lèt yo te voye pa mesaje wa yo nan tout pwovens a wa yo [r]pou detwi, pou touye e anile tout Jwif yo, ni jèn, ni granmoun, fanm avèk timoun, nan yon sèl jou, nan trèzyèm jou a douzyèm mwa a, ki se mwa Adar a, e pou [s]sezi tout byen pa yo kon piyaj. [14] [t]Yon kopi a dekrè a te dwe sikile kon lwa nan chak pwovens e te pibliye a tout pèp yo pou yo ta prepare pou jou sa a. [15] Mesaje wa yo te sòti, ranfòse pa dekrè a wa a, pandan dekrè a te pibliye nan sitadèl Suse la. Wa a avèk Haman te chita ansanm pou bwè, men [u]lavil Suse te twouble.

4 Lè Mardochée te vin aprann [v]tout sa ki te fèt yo, li te chire rad li. Li te mete twal sak avèk sann sou li, te ale deyò nan mitan lavil la, e te kriye byen fò anlè avèk amètim. [2] Li te rive jis nan pòtay a wa a, paske nanpwen pèsòn ki te abiye an twal sak ki ta kab antre sou pòtay a kay wa a. [3] Nan chak pwovens kote lòd la avèk dekrè a wa a te rive, te gen gwo doulè pami Jwif yo, avèk [w]fè jèn, gwo kriye avèk lamantasyon. Epi anpil te kouche sou twal sak avèk sann.

---

[a] 2:15 Est 2:7 [b] 2:17 Est 1:11 [c] 2:18 Est 1:7 [d] 2:19 Est 2:21 [e] 2:20 Est 2:7 [f] 2:21 Est 6:2 [g] 2:22 Est 6:1-2
[h] 2:23 Est 10:2 [i] 3:1 Est 5:11 [j] 3:2 Est 2:19 [k] 3:3 Est 2:19 [l] 3:5 Est 5:9 [m] 3:6 Sòm 83:4 [n] 3:7 Esd 6:15
[o] 3:8 Esd 4:12-15 [p] 3:10 Jen 41:42 [q] 3:12 Esd 8:36 [r] 3:13 Est 7:4 [s] 3:13 Est 8:11 [t] 3:14 Est 8:13-14
[u] 3:15 Est 8:15 [v] 4:1 Est 3:8-10 [w] 4:3 Est 4:16

⁴ Konsa, sèvant a Esther yo avèk enik li yo te vin di li sa, e rèn nan te tòde vire ak gwo lapèn. Konsa, li te voye rad pou abiye Mardochée pou l ta kab retire twal sak la sou li, men li te refize. ⁵ Alò, Esther te voye mande prezans a Hathac soti nan enik a wa yo, pou wa a te chwazi okipe li e te pase l lòd pou parèt kote Mardochée pou mande sa ki t ap pase a, e poukisa? ⁶ Konsa, Hathac te sòti ale kote Mardochée nan plas lavil la devan pòtay a wa a. ⁷ Mardochée te rakonte li tout sa ki te rive li ᵃan detay, kantite fòs a jan ke Haman te fè pwomès pou bay nan kès a wa a pou fin detwi tout Jwif yo. ⁸ Anplis, li te bay li ᵇyon kopi a dekrè ki te pibliye Suse la pou detwi yo, pou li ta kapab montre Esther pou fè l konnen e bay li lòd pou rive antre kote wa a pou plede pou favè li e plede avè l pou pwoteksyon pèp li a.
⁹ Hathac te retounen e te fè Esther konnen pawòl a Mardochée yo. ¹⁰ Esther te pale avèk Hathac e te mande li bay repons a Mardochée: ¹¹ "Tout sèvitè a wa yo avèk pèp an pwovens a wa yo byen konnen ke si nenpòt gason oswa fanm ᶜantre devan wa a nan lakou enteryè a san envite pa li menm, li gen yon sèl lwa; ke li va mete a lanmò, sof ke wa a lonje baton a wa a pou l kab viv. Epi mwen pa t envite kote wa a pandan trant jou sila yo."
¹² Yo te pataje pawòl a Esther yo avèk Mardochée. ¹³ Epi Mardochée te di yo reponn a Esther: "Pa imajine ke ou menm nan palè a wa a kab gen chans chape plis ke tout lòt Jwif yo. ¹⁴ Paske, si ou rete an silans nan moman sa a, sekou avèk ᵈdelivrans va sòti pou Jwif yo soti yon lòt kote, e ou menm avèk lakay papa ou va peri. Kilès ki kab konnen si se pa pou moman sa a ke ou te rive nan pozisyon wayal sila a."
¹⁵ Alò, Esther te di yo prepare reponn Mardochée, ¹⁶ "Ale rasanble tout Jwif ki rete Suse yo e fè jèn pou mwen. Pa manje ni bwè pandan twa jou, ni lannwit, ni la jounen. Mwen avèk sèvant mwen yo va ᵉfè jèn nan menm jan an. Epi se konsa, mwen va antre kote wa a, ki pa selon lalwa; epi si mwen peri, mwen peri." ¹⁷ Konsa, Mardochée te sòti ale fè jis sa ke Esther te bay li lòd fè a.

5 Alò, li te vin rive nan twazyèm jou ke Esther te mete sou li vètman wayal la, e te kanpe nan ᶠlakou enteryè a palè wa a devan chanm wa yo, e wa a te chita sou twòn wayal li a nan chanm twòn anfas antre pale a. ² Lè wa a te wè Esther, rèn nan, te kanpe nan lakou a, ᵍli te twouve favè nan zye li. Konsa, ʰwa a te lonje baton a wa a fèt an lò ki te nan men l lan, vè Esther. Pou sa, Esther te pwoche pre pou te touche pwent an wo baton an.
³ Epi wa a te di li: "Se kisa ki twouble ou, rèn Esther? Epi se kisa ke w ap mande? ⁱMenm jis mwatye wayòm mwen, li va bay a ou menm."

⁴ Esther te di: "Si sa fè wa a plezi, ke wa a avèk Haman kapab vini nan menm jou sa a nan yon bankè ke m gen tan prepare pou li."
⁵ Alò wa a te di: ʲ"Mennen Haman byen vit pou nou kapab fè kon Esther vle a." Konsa, wa a avèk Haman te vini nan bankè ke Esther te prepare a.
⁶ Pandan yo t ap bwè diven nan bankè a, ᵏwa a te di a Esther: "Se ki petisyon ke ou ap fè a, paske li va bay a ou menm. Kisa menm ou ap mande a? Menm jis mwatye wayòm nan, li va fèt."
⁷ Konsa, Esther te reponn: "Men petisyon mwen an e sa ke m mande a: ⁸ ˡSi mwen twouve favè nan zye a wa a, e si sa fè l plezi pou ban mwen petisyon mwen an, e fè sa ke m mande a, ke wa a avèk Haman kapab parèt nan bankè ke m va prepare pou yo a, e demen mwen va fè selon sa ke wa a mande a."
⁹ Alò, Haman te sòti nan jou sa a byen kontan avèk rejwisans nan kè l, men lè li te wè Mardochée ᵐnan pòtal palè a wa a, e ⁿte wè li pa t leve, ni tranble devan l, konsa, Haman te ranpli avèk laraj kont Mardochée. ¹⁰ Haman te kontwole tèt li menm malgre sa e te ale lakay li pou te voye chache zanmi li yo avèk madanm li, ᵒZérescha. ¹¹ Alò, Haman te rakonte yo glwa a richès li, fòs kantite petit li yo, chak moman ke wa a te ᵖleve li, e te fè l monte pi wo chèf avèk sèvitè a wa a.
¹² Anplis, Haman te di: "Menm Esther, rèn nan pa t kite lòt moun sof ke mwen menm vini avèk wa a nan bankè ke li te prepare a; epi ᵠdemen, ankò, mwen envite pa li menm avèk wa a. ¹³ Malgre tout sa, mwen vin pa kontan chak fwa ke m wè Mardochée, Jwif ki chita nan ʳpòtay a wa a."
¹⁴ Epi Zéresch, madanm li an, te di li: ˢ"Fè yo prepare yon wo etaj senkant koude nan wotè, e demen maten, mande wa a pou pann Mardochée ladann. Epi apre, ale nan bankè a avèk jwa." Konsèy la te fè Haman byen kontan e li te fè yo prepare etaj la.

6 Pandan nwit lan, wa a ᵗpa t kab dòmi. Pou sa, li te pase lòd pou mennen liv achiv kwonik yo pou yo te li li devan wa a. ² Li te twouve ekri ladann sa ke ᵘMardochée te rapòte konsènan Bigthan avèk Théresch la, de nan enik wa ki te gadyen pòtay yo, ki te chache pou mete men yo sou wa Assuérus la.
³ Wa a te mande: "Ki distenksyon oswa onè yo te bay a Mardochée pou sèvis sa a?"
Sèvitè a wa yo te di: "Anyen pa t fèt pou li."
⁴ Pou sa, wa a te di: "Kilès ki nan lakou a?" Alò, Haman te fenk antre nan lakou deyò a palè wa a pou l ta kab pale avèk wa a konsènan afè ᵛpann Mardochée sou etaj ki te bati pou li a.
⁵ Sèvitè a wa a te di li: "Men gade byen, Haman kanpe nan lakou a." Epi wa a te di li: "Kite li antre."
⁶ Pou sa, Haman te antre anndan e wa a te di li: "Kisa ki ta dwe fèt pou nonm nan ʷke wa a dezire onore

---

ᵃ **4:7** Est 3:9   ᵇ **4:8** Est 3:14   ᶜ **4:11** Est 5:1   ᵈ **4:14** Lev 26:42   ᵉ **4:16** Jl 1:14   ᶠ **5:1** Est 4:11   ᵍ **5:2** Est 2:9
ʰ **5:2** Est 4:11   ⁱ **5:3** Est 7:2   ʲ **5:5** Est 6:14   ᵏ **5:6** Est 7:2   ˡ **5:8** Est 7:3   ᵐ **5:9** Est 2:19   ⁿ **5:9** Est 3:5
ᵒ **5:10** Est 6:13   ᵖ **5:11** Est 3:1   ᵠ **5:12** Est 5:8   ʳ **5:13** Est 5:9   ˢ **5:14** Est 6:4   ᵗ **6:1** Est 6:16   ᵘ **6:2** Est 2:21-22
ᵛ **6:4** Est 5:14   ʷ **6:6** Est 6:7-11

a?" Epi Haman te di nan tèt li: "Se kilès wa a ta vle onore plis ke mwen menm nan?" ⁷ Epi Haman te di a wa a: "Pou nonm ke wa a vle onore a, ⁸ kite yo mennen yon vètman wayal ke wa a te konn mete, avèk ᵃcheval ke wa a te konn monte e sou tèt a sila, yon kouwòn wa a te fin mete. ⁹ Epi, konsa, kite vètman avèk cheval la remèt a youn nan chèf a wa ki pi onore a e kite yo abiye moun ke wa a vle onore a, mennen li sou do cheval la toupatou nan plas lavil la ᵇe pwoklame devan li, 'Se konsa pou l ta fèt a moun nan ke wa a vle onore a.'"

¹⁰ Epi wa a te di a Haman: "Byen vit pran vètman avèk cheval la kon ou te pale a e fè sa pou Mardochée, Jwif la, ki chita nan pòtay wa a. Pa manke nan anyen a tout sa ke ou te pale yo."

¹¹ Konsa, Haman te pran vètman an avèk cheval la, te abiye Mardochée, te mennen li sou cheval la nan tout plas lavil la, e te fè pwoklamasyon devan l, "Se konsa li va fèt pou nonm ke wa a vle onore a."

¹² Konsa, Mardochée te retounen nan pòtay a wa a, men Haman te kouri byen vit pou rive lakay li avèk kri doulè, ᶜak tèt li kouvri. ¹³ Haman te rakonte a ᵈZéresch, madanm li avèk tout zanmi li yo tout sa ki te rive li yo. Epi mesye saj yo avèk Zéresch, madanm li an, te di li: "Si Mardochée, devan sila ou kòmanse tonbe a, sòti nan Jwif yo, anverite, ou p ap genyen sou li, men anverite, ou va tonbe devan li."

¹⁴ Pandan yo t ap toujou pale avèk li, enik a wa yo te rive e byen prese, yo te ᵉmennen Haman nan bankè ke Esther te prepare a.

7 Alò, lè wa a avèk Haman te vini pou bwè diven an avèk Esther, rèn nan. ² Konsa, wa a te di a Esther ankò nan dezyèm jou a pandan yo t ap bwè diven pa yo nan bankè a, ᶠ"Se ki petisyon ou an, rèn Esther? Li va bay a ou menm. Se kisa ke w ap mande a? Menm jis rive mwatye wayòm nan, li va fèt."

³ Rèn Esther te reponn: ᵍ"Si mwen te jwenn favè nan zye ou, O wa, e si se plezi a wa a, ban mwen lavi mwen kon petisyon mwen an, avèk pèp mwen an, se sa ke mwen mande. ⁴ Paske ʰnou te fin vann, mwen menm avèk pèp mwen an, pou nou fin detwi, ⁱpou touye e anile nèt. Alò, si se te sèlman ke nou te vann kon esklav, gason kon fanm, mwen ta rete an silans, paske twoub la pa t ap merite ke m ta twouble wa a."

⁵ Konsa, Wa Assuérus te mande rèn Esther, "Ki moun li ye e kibò li ye, ki ta pwopoze fè afè sila a?"

⁶ Esther te di: ʲ"Yon oprimè avèk yon lènmi, se mechan Haman sila a!"

Pou sa a, Haman te vin ranpli avèk laperèz devan wa a avèk rèn nan. ⁷ Wa a nan kòlè li ᵏte leve kite bwè diven an, e te antre nan jaden palè a. Men Haman te rete pou mande Esther sekou pou lavi li, paske li te wè wa a te vin gen entansyon fè l move bagay. ⁸ Alò, lè wa a te retounen sòti nan jaden palè a pou l antre nan plas kote yo t ap bwè diven an, Haman t ap tonbe sou ˡsofa kote Esther te ye a. Konsa, wa a te di: "Èske li va menm vyole rèn nan pandan m la nan kay la?" Depi pawòl la te kite bouch a wa a, yo te kouvri figi a Haman.

⁹ Alò Harbona, youn nan enik yo devan wa a te di: "Gade byen, anverite, ᵐmen wo etaj senkant koude nan wotè ki kanpe kote kay Haman an, ke li te fè pou Mardochée ki te pale byen pou wa a!"

Epi wa a te di: "Pann li sou li!"

¹⁰ ⁿKonsa, yo te pann Haman sou wo etaj ke li te prepare pou Mardochée a e kòlè a wa a te vin bese.

8 Nan menm jou sa a, Wa Assuérus te bay lakay Haman, lènmi a Jwif yo, a rèn Esther. Mardochée te parèt devan wa a, paske Esther te pale wa a ᵒsa li te ye pou li. ² Wa a te fin retire bag so ke li te retire nan men a Haman an e te bay li a Mardochée. Konsa, Esther te plase Mardochée sou kay Haman an.

³ Esther te pale ankò a wa a, te tonbe nan pye li, te kriye e te sipliye li pou evite mechanste a Haman an, Agagit la, avèk konplo ke li te prepare kont Jwif yo. ⁴ ᵖWa a te lonje baton an lò a vè Esther. Konsa, Esther te leve kanpe devan wa a. ⁵ Li te di: "Si sa fè wa a plezi, si mwen te twouve favè devan li, wa a twouve koz sa a bon, e sa fè kè l kontan pou wè m, kite li ekri pou anile ᵠlèt ki te manevre pa Haman an, fis a Hammedatha a, Agagit la, ke li te ekri pou detwi Jwif ki nan tout pwovens a wa yo. ⁶ Paske, ʳkijan mwen kab sipòte wè gwo dezas ki va rive pèp mwen an e kijan mwen kab sipòte wè destriksyon a fanmi mwen yo?"

⁷ Pou sa, Wa Assuérus te pale a rèn Esther e a Mardochée, Jwif la: "Veye byen, ˢMwen te bay lakay Haman a Esther e li menm, yo te pann li sou wo etaj la akoz li te lonje men li kont Jwif yo. ⁸ Alò, ou menm ekri a Jwif yo jan ou twouve li bon sou non a wa a e sele lèt la avèk bag so a wa a; paske, yon dekrè ki ekri nan non a wa a e sele avèk bag so a wa a ᵗp ap kapab anile."

⁹ Pou sa, grefye a wa yo te rele nan lè sa a nan twazyèm mwa a (sa vle di, mwa Sivan an), nan twazyèm jou a; epi, li te ekri selon tout sa ke Mardochée te kòmande a Jwif yo, reprezantan a wa yo nan pwovens yo, gouvènè yo, avèk chèf a pwovens ki te lonje rive soti nan Inde jis rive Ethiopie, san-venn-sèt pwovens, a ᵘchak pwovens selon ekriti pa li e a chak pèp selon langaj yo, epi anplis a Jwif yo selon ekriti pa yo, avèk langaj pa yo. ¹⁰ Li te ekri nan non a Wa Assuérus, te sele li avèk bag so a wa a e te voye lèt yo pa mesaje yo monte sou ᵛcheval ki te nan ras cheval wayal yo. ¹¹ Nan lèt sa yo, wa a te bay dwa a Jwif yo nan chak vil, pou ʷrasanble e fè defans lavi yo, ˣpou detwi, pou touye e pou anile tout lame a nenpòt pèp oswa pwovens ki ta vin atake yo, menm ansanm avèk pitit yo ak fanm yo e piyaje byen

---

ᵃ **6:8** I Wa 1:33   ᵇ **6:9** Jen 41:43   ᶜ **6:12** II Sam 15:30   ᵈ **6:13** Est 5:10   ᵉ **6:14** Est 5:8   ᶠ **7:2** Est 5:6   ᵍ **7:3** Est 5:8   ʰ **7:4** Est 3:9   ⁱ **7:4** Est 3:13   ʲ **7:6** Est 3:10   ᵏ **7:7** Est 1:12   ˡ **7:8** Est 1:6   ᵐ **7:9** Est 5:14   ⁿ **7:10** Sòm 7:16   ᵒ **8:1** Est 2:7-15   ᵖ **8:4** Est 4:11   ᵠ **8:5** Est 3:13   ʳ **8:6** Est 7:4   ˢ **8:7** Est 8:1   ᵗ **8:8** Est 1:19   ᵘ **8:9** Est 1:22   ᵛ **8:10** I Wa 4:28   ʷ **8:11** Est 9:2   ˣ **8:11** Est 3:13

yo, ¹² nan ᵃyon sèl jou nan tout pwovens a Wa Assuérus yo, trèzyèm jou nan douzyèm mwa a, (sa vle di, mwa Adar a). ¹³ ᵇYon kopi a dekrè a te gen pou pibliye kon lwa nan chak pwovens e te pibliye a tout pèp yo, pou Jwif yo ta parèt nan jou sila pou fè revandikasyon yo sou lènmi yo. ¹⁴ Mesaje yo byen prese, bourade pa lòd a wa a, te sòti monte sou cheval wayal yo. Konsa, dekrè a te distribye nan sitadèl Suse la.

¹⁵ Epi Mardochée te sòti nan prezans a wa a nan vètman wayal la ki te an koulè ble e blan, avèk yon gran kouwòn an lò ak yon manto fèt an len fen e mov; epi ᶜlavil Suse te fè yon gwo kri avèk jwa, e te rejwi. ¹⁶ ᵈPou Jwif yo, te gen limyè, kè kontan, lajwa avèk lonè. ¹⁷ Nan chak pwovens nèt ak nan chak vil nenpòt kote lòd a wa a avèk dekrè li te rive a, te gen kè kontan avèk lajwa pou Jwif yo, yon fèt bankè avèk yon ᵉjou fèt. Epi ᶠanpil moun pami pèp peyi yo te vin Jwif yo, paske krent a Jwif yo te vin tonbe sou yo.

9 Alò, nan douzyèm mwa a (sa vle di mwa Adar a), sou trèzyèm jou a, ᵍlè lòd a wa a avèk dekrè li a te prèt pou acheve, nan jou lè lènmi a Jwif yo te gen espwa vin mèt sou yo a, li te vin vire tèt anba jiskaske Jwif yo menm te vin domine sou sila ki te rayi yo. ² Jwif yo te rasanble nan vil pa yo toupatou nan pwovens a Wa Assuérus yo pou mete men yo sou sila ki te chache fè yo mal yo. Konsa, pa t genyen moun ki te kab kanpe devan yo, ʰpaske perèz yo te vin tonbe sou tout moun nan pèp yo. ³ Menm tout chèf pwovens yo, ⁱreprezantan a wa yo, gouvènè yo e sila ki t ap fè afè a wa yo te asiste Jwif yo akoz laperèz a Mardochée te vin tonbe sou yo. ⁴ Anverite, Mardochée te gran lakay a wa a e repitasyon li te gaye toupatou nan pwovens yo, paske nonm nan, Mardouchée ʲte vin pi gwo e pi gwo. ⁵ Konsa, ᵏJwif yo te frape tout lènmi yo avèk nepe, te touye e detwi. Yo te fè sa yo te pito a sila ki te rayi yo. ⁶ Nan sitadèl Suse la, Jwif yo te touye e detwi senk-san òm. ⁷ Yo te touye Parchandatha, Dalphon, Aspatha, ⁸ Poratha, Adalia, Aridatha, ⁹ Parmaschtha, Arizaï, Aridaï avèk Vajezatha, ¹⁰ dis fis a Haman yo, fis a Hammedatha yo, lènmi a Jwif yo. Men yo te refize touche piyaj la.

¹¹ Nan menm jou sa a, fòs kantite a sila ki te touye nan sitadèl Suse la te rapòte a wa a. ¹² Wa a te di a rèn Esther: "Jwif yo te fin touye e detwi senk-san moun avèk fis a Haman yo nan sitadèl Suse la. Alò, konsa se kisa ke yo gen tan fè nan lòt pwovens a wa yo!" ˡKoulye a, se ki petisyon ou? Menm li menm va bay a ou menm. Epi kisa ou mande anplis? Li menm tou va fèt.

¹³ Epi Esther te di: "Si sa se plezi a wa a, ᵐkite demen, anplis, vin bay a Jwif ki nan Suse yo pou fè menm ak dekrè ki pou jodi a; epi kite dis fis a Haman yo vin pann sou wo etaj la."

¹⁴ Pou sa, wa a te kòmande pou li ta fèt konsa. Yon dekrè te pibliye nan Suse e dis fis a Haman yo te pann. ¹⁵ Jwif ki te nan Suse yo te rasanble, anplis, nan katòzyèm jou nan mwa a Adar a e te touye twa-san moun nan Suse, men ⁿyo pa t mete men yo sou piyaj la.

¹⁶ Alò, tout lòt moun nan Jwif yo ki te nan pwovens yo te ᵒrasanble pou defann lavi yo, pou te retire lènmi yo pami yo e pou te touye swasann-kenz-mil nan sila ki te rayi yo; men yo pa t mete men yo sou piyaj la. ¹⁷ Sa te fèt nan ᵖtrèzyèm jou nan mwa Adar a e nan katòzyèm jou a, yo te repoze e te fè li yon jou gwo fèt avèk rejwisans.

¹⁸ Men ᵠJwif ki te nan Suse yo te rasanble nan trèzyèm avèk katòzyèm jou nan menm mwa a. Men yo te repoze nan kenzyèm jou a, e te fè li yon jou gwo fèt avèk rejwisans. ¹⁹ Pou sa, Jwif nan andwa andeyò yo, ki te rete nan ʳlavil riral yo, fè katòzyèm jou nan mwa Adar a yon jou fèt pou rejwi, fè fèt ak voye pòsyon manje bay youn lòt.

²⁰ Epi Mardochée te fè yon rapò de evènman sila yo e li te voye lèt a tout Jwif ki te nan tout pwovens a Wa Assuérus yo, ni sila ki pre yo, ni sila ki te lwen yo, ²¹ pou fè yo konprann se devwa yo pou selebre katòzyèm jou a mwa Adar a avèk kenzyèm jou nan menm mwa a chak ane, ²² paske, nan jou sa yo, Jwif yo retire lènmi yo e se te nan mwa sa a te tristès la te ˢvin vire an kè kontan e kite rele anmwey la pou rive fè yon jou fèt; ke yo ta dwe fè yo jou a gwo bankè ak rejwisans; epi pou ᵗvoye manje bay youn lòt avèk kado pou pòv yo. ²³ Konsa, Jwif yo te acheve fè sa ke yo te kòmanse fè a e menm sa ke Mardochée te ekri yo. ²⁴ Paske Haman, fis a Hammedatha a, Agagit la, advèsè a tout Jwif yo, te manevre kont Jwif yo pou detwi yo, e ᵘte voye Pur, sa vle di osò, pou deranje yo ak detwi yo. ²⁵ Men lè li te rive nan atansyon a wa a, li te pase lòd pa lèt ᵛke manèv mechan li an pou li te divize kont Jwif yo ta retounen sou pwòp tèt li, e ke li menm avèk fis li yo ta pann sou wo etaj la.

²⁶ Pou sa, yo rele jou sila yo Purim menm non ak Pur. Epi ʷakoz enstriksyon nan lèt sila yo, akoz sa yo te wè konsa ak sa ki te rive yo, ²⁷ ˣJwif yo te etabli e te fè kon koutim yo avèk desandan yo, pou tout sila ki te fè alyans avèk yo, pou yo pa ta manke selebre de jou sa yo selon règ e selon tan ki apwente chak ane. ²⁸ Pou sa, jou sa yo te gen pou sonje e selebre pandan tout jenerasyon, tout fanmi, tout pwovens ak tout vil; epi jou sila yo a Purim pa te janm dwe neglije pami Jwif yo, ni memwa yo vin pèdi fòs pami desandan yo.

²⁹ Epi rèn Esther, ʸfi a Abichaïl la, avèk Mardochée, Jwif la, te ekri avèk plen otorite

---

ᵃ **8:12** Est 3:13   ᵇ **8:13** Est 3:14   ᶜ **8:15** Est 3:15   ᵈ **8:16** Sòm 97:11   ᵉ **8:17** Est 9:19   ᶠ **8:17** Est 9:27
ᵍ **9:1** Est 3:13   ʰ **9:2** Est 8:17   ⁱ **9:3** Esd 8:36   ʲ **9:4** II Sam 3:1   ᵏ **9:5** Est 3:13   ˡ **9:12** Est 5:6   ᵐ **9:13** Est 8:11
ⁿ **9:15** Est 9:10   ᵒ **9:16** Lev 26:7-8   ᵖ **9:17** Est 9:1   ᵠ **9:18** Est 8:11   ʳ **9:19** Det 3:5   ˢ **9:22** Sòm 30:11
ᵗ **9:22** Né 8:12   ᵘ **9:24** Est 3:7   ᵛ **9:25** Est 3:6-15   ʷ **9:26** Est 9:20   ˣ **9:27** Est 9:20-21   ʸ **9:29** Est 2:15

pou konfime dezyèm lèt sa a konsènan Purim. ³⁰ Li te voye lèt yo a tout Jwif ᵃnan san-venn-sèt pwovens a wayòm Assuérus yo, avèk pawòl lapè ak verite, ³¹ pou etabli jou a Purim sila yo nan tan ki apwente, jis jan ke Mardochée avèk rèn Esther te etabli a pou yo menm e pou desandan pa yo avèk enstriksyon ᵇpou tan jèn avèk lamantasyon yo. ³² Se te lòd Esther a ki te etabli koutim sila yo pou ᶜPurim, e sa te ekri nan liv la.

10 Alò Wa Assuérus te ᵈenpoze yon taks sou peyi a avèk ᵉpeyi kot lanmè yo. ² Epi tout sa li te acheve, otorite li avèk fòs li, ak listwa konplè ak ᶠwotè Mardochée te acheve nan sila wa a te fè l rive a, èske sila yo pa ekri nan Liv A Kwonik A Wa Mèdes Avèk Perse yo? ³ Paske Mardochée, Jwif la, te ᵍsèl dezyèm a Wa Assuérus la, byen gran pami Jwif yo, e byen renmen pa gwo fanmi li, tankou ʰyon moun ki te chache sa ki bon pou pèp li, e yon moun ki te pale lapè a tout desandan li yo.

ᵃ **9:30** Est 1:1 ᵇ **9:31** Est 4:3 ᶜ **9:32** Est 9:26 ᵈ **10:1** És 11:11 ᵉ **10:1** És 11:11 ᶠ **10:2** Est 8:15
ᵍ **10:3** Jen 41:43-44 ʰ **10:3** Né 2:10

Job

1 Te gen yon mesye nan [a]peyi Uts ki te rele Job. Nonm sa a te san repwòch, dwat, te gen lakrent Bondye e te vire kite tout mal. ² [b]Sèt fis ak twa fi te fèt a li menm. ³ Byen li te monte a sèt-mil mouton, twa-mil chamo, senk-san bèf kabwèt, senk-san femèl bourik ak anpil sèvitè. Nonm sila a se te [c]pi gran òm nan tout pati lès la. ⁴ Fis li yo te konn ale fè yon fèt lakay a yo chak, selon jou fèt pa li a, e yo te konn envite twa sè yo pou manje e bwè avèk yo. ⁵ Lè jou a fèt yo te fini, Job ta voye konsakre yo, nan leve granmmaten pou ofri [d]ofrann brile selon fòs kantite a yo tout. Paske Job te di: "Petèt fis mwen yo te peche, e te modi Bondye nan kè yo." Konsa Job te fè tout tan.

⁶ Alò, te rive yon jou lè [e]fis a Bondye yo te vin prezante yo menm devan Bondye, e Satan osi, te rive pami yo. ⁷ SENYÈ a te di a Satan: "Depi kibò ou sòti?"

Konsa, Satan te reponn SENYÈ a epi te di: [f]"Soti pwomennen sou latè a, e mache toupatou sou li."

⁸ SENYÈ a te di a Satan: "Èske ou remake [g]sèvitè mwen an, Job? Paske nanpwen okenn tankou li sou latè, yon nonm san repwòch ki gen lakrent Bondye, e ki vire kite tout mal."

⁹ [h]Satan te reponn SENYÈ a: "Èske Job gen lakrent Bondye pou granmesi? ¹⁰ Èske Ou pa t fè yon kloti antoure li avèk lakay li avèk tout sa li genyen sou chak kote? Ou te beni zèv men li yo, e [i]byen li grandi anpil nan peyi a. ¹¹ [j]Men lonje men Ou depi koulye a, touche tout sa li posede. Anverite li va modi Ou menm devan figi Ou."

¹² SENYÈ a te di a Satan: "Gade byen, tout sa li genyen sou pouvwa ou. Sèlman pa lonje men ou sou kò li."

Konsa, Satan te pati devan prezans SENYÈ a. ¹³ Alò, nan jou ke fis li avèk fi li yo t ap manje ak bwè diven lakay pi gran frè a, ¹⁴ yon mesaje te rive kote Job. Li te di: "Bèf yo t ap raboure, e bourik yo t ap manje akote yo, ¹⁵ men konsa, [k]Sabeyen yo te atake vin pran yo. Anplis, yo te touye sèvitè yo ak lam nepe, e se sèl mwen ki te chape pou di ou sa."

¹⁶ Pandan li te toujou ap pale, yon lòt osi te rive pou l te di: "Dife Bondye te tonbe soti nan syèl la, e te brile tout mouton avèk sèvitè yo. Li te manje yo nèt e se mwen sèl ki te chape pou di ou sa."

¹⁷ Pandan li te toujou ap pale, yon lòt osi te rive epi te di: "Kaldeyen yo te fòme twa bann pou vin desann sou chamo yo. Yo te pran yo, e touye sèvitè yo avèk lanm nepe. Se mwen sèl ki chape pou di ou sa."

¹⁸ Pandan li te toujou ap pale, yon lòt osi te rive epi te di: "Fis ou yo avèk fi ou yo t ap manje ak bwè diven lakay pi gran frè a, ¹⁹ epi men vwala, yo gwo van te travèse dezè a pou frape kat kwen kay la. Li te tonbe sou jenn moun sa yo epi yo te mouri. Se mwen sèl ki te chape pou vin di ou sa."

²⁰ Konsa Job te leve. Li te [l]chire vètman li, te pase razwa nan tèt li e te tonbe atè pou l te adore. ²¹ Li te di: "[m]Toutouni mwen te sòti nan vant manman m e toutouni mwen va retounen la. SENYÈ a te bay, e SENYÈ a pran. Beni se non SENYÈ a." ²² Pandan tout sa, Job pa t fè peche, ni li pa t bay repwòch a Bondye.

2 [n]Ankò, yon jou te rive lè fis a Bondye yo te vin prezante yo devan SENYÈ a, e Satan osi te vin prezante li menm devan SENYÈ a. ² SENYÈ a te di a Satan: "Kibò ou sòti?"

Satan te reponn SENYÈ a epi te di: "Soti pwomennen sou latè, e te mache toupatou sou li."

³ SENYÈ a te di a Satan: "Èske ou te remake sèvitè Mwen an, Job? Paske nanpwen okenn moun tankou li sou latè, yon nonm san repwòch e dwat ki gen lakrent Bondye, e ki vire kite tout mal. Epi li toujou [o]kenbe rèd ak entegrite li, malgre ou te eksite Mwen kont li san koz."

⁴ Satan te reponn SENYÈ a. Li te di: "Chè pou chè! Wi, tout sa yon nonm genyen, li va bay pou lavi li. ⁵ Malgre sa, lonje men Ou koulye a e [p]touche zo li avèk chè li. Li va modi Ou devan figi Ou."

⁶ Konsa, SENYÈ a te di a Satan: "Gade byen, li nan pouvwa ou. Sèlman konsève lavi li."

⁷ Konsa, Satan te sòti nan prezans SENYÈ a e te frape Job avèk [q]abse ak maleng soti anba pye li jis rive sou kwòn tèt li. ⁸ Job te pran yon mòso cha kanari pou grate kò l pandan [r]li te chita nan mitan sann yo. ⁹ Epi madanm li te di l: "Èske ou toujou kenbe rèd a entegrite ou a? Modi Bondye e mouri!"

¹⁰ Men li te di li: "Ou pale kon youn nan fanm san konprann. [s]Èske anverite nou va aksepte sa ki bon nan men Bondye, e pa aksepte sa ki mal?"

Nan tout sa, Job pa t peche avèk bouch li. ¹¹ Alò, lè twa zanmi a Job yo te tande tout malè ki te rive li yo, yo te vini yo chak sòti nan pwòp plas yo, Éliphaz, [t]Temanit lan, Bildad, Souachyen an ak Tsophar, Naamatit la. Yo te òganize yon randevou ansanm pou vini fè konsolasyon avèk li, e bay li rekonfò. ¹² Lè yo te leve zye yo a distans, yo pa t rekonèt li; yo te leve vwa yo anlè e te kriye. Yo chak te chire rad yo, e yo te [u]jete pousyè sou tèt yo vè syèl la. ¹³ [v]Konsa, yo te chita atè avèk li pandan sèt jou ak sèt nwit san pèsòn pa t pale yon mo ak li, paske yo te wè ke doulè li te tèlman gran.

3 Lè l fini, Job te ouvri bouch li e te modi jou li te fèt la. ² Job te di:

---

[a] **1:1** Jr 25:20 [b] **1:2** Job 42:13 [c] **1:3** Job 29:25 [d] **1:5** Jen 8:20 [e] **1:6** Job 38:7 [f] **1:7** I Pi 5:8 [g] **1:8** Jos 1:2-7
[h] **1:9** Rev 12:9 [i] **1:10** Job 1:3 [j] **1:11** Job 2:5 [k] **1:15** Jen 10:7 [l] **1:20** Jen 37:29-34 [m] **1:21** Ekl 5:15
[n] **2:1** Job 1:6-8 [o] **2:3** Job 27:5-6 [p] **2:5** Job 19:20 [q] **2:7** Det 28:35 [r] **2:8** Éz 27:30 [s] **2:10** Job 1:21
[t] **2:11** Job 6:19 [u] **2:12** Lam 2:10 [v] **2:13** Jen 50:10

³ ᵃ"Kite jou ke m te dwe fèt la peri,
ak nwit ki te anonse 'se yon gason ki fèt la.'
⁴ Ke jou sa a kapab vin fènwa nèt.
Pa kite Bondye anwo a pran swen li,
ni limyè vin klere sou li.
⁵ Kite ᵇfènwa avèk gwo tenèb reklame li.
Kite fènwa jou sa a modi li.
⁶ Selon nwit sa a, kite tenèb sezi li.
Kite li pa gen rejwisans nan jou ane a.
Kite li pa antre nan chif ki konte mwa yo.
⁷ Koute byen, kite nwit sa a rete esteril.
Pa kite okenn kri lajwa antre ladann.
⁸ Kite sila ki konn modi jou yo modi jou sa a,
sila ki prè pou fè Levyatan ᶜleve kò l.
⁹ Kite zetwal lannwit li yo vin etenn.
Kite li espere limyè, men pa twouve l.
E kite li pa wè maten vin parèt,
¹⁰ akoz li pa t fèmen ouvèti vant manman m,
ni kache twoub devan zye m.

¹¹ ᵈ"Poukisa mwen pa t mouri lè m te fèt?
Sòti nan vant l e mouri la menm?
¹² Poukisa jenou yo te resevwa m, e poukisa
tete a, pou m ta pran?
¹³ Paske koulye a mwen ᵉt ap gen tan
kouche pou m jwenn lapè;
mwen t ap dòmi depi lè sa a e mwen t
ap twouve repo,
¹⁴ ansanm ak ᶠwa ak konseye latè
ki te rebati ansyen mazi yo pou kont yo;
¹⁵ oswa avèk prens ᵍki te gen lò yo,
ki t ap plen lakay yo ak ajan;
¹⁶ Oswa kon yon fòs kouch ki kache,
mwen pa t ap egziste,
kon yon pitit ki pa t janm wè limyè.
¹⁷ La, mechan yo sispann fè laraj,
e la moun fatige yo jwenn ʰrepo.
¹⁸ Prizonye yo alèz ansanm.
Yo p ap tande vwa a sipèvizè a.
¹⁹ Ni piti, ni gran yo la.
E esklav la lib de mèt li.

²⁰ "Poukisa ⁱlimyè bay a sila ki soufri a,
e lavi a nanm anmè a,
²¹ ki ʲanvi wè lanmò, men nanpwen,
e fouye plis pou twouve li pase trezò kache,
²² ki rejwi anpil e fè lwanj lè yo rive
nan tonbo a?
²³ Poukisa limyè bay a yon nonm ᵏak
chemen an kache a,
ke Bondye te jennen tout kote a?
²⁴ Paske ˡsoupi mwen yo parèt menm moman
manje a rive devan ze m.
Epi kri mwen yo vide tankou dlo.
²⁵ Paske ᵐsa m krent lan te vini sou mwen.

Sa ke m pa vle wè a te tonbe sou mwen.
²⁶ ⁿMwen pa alèz, ni mwen pa anpè.
Mwen pa jwenn repo,
ni m pa kal,
men se boulvèsman ki vin parèt."

Konsa, Éliphaz, Temanit lan te reponn;
4 ² Si yon moun ta eseye pale yon
mo avèk ou,
èske ou va pèdi pasyans?
Men se ᵒkilès ki kab refize pale?
³ Gade byen, ᵖou te enstwi anpil lòt moun;
ou te ranfòse menm fèb yo.
⁴ Pawòl ou yo te ede fèb yo kanpe,
e ou te ranfòse jenou ki manke fòs yo.
⁵ Men koulye a, se sou ou sa rive,
e ou ᑫpa gen pasyans.
Sa touche ou menm e ou vin dekouraje nèt.
⁶ Èske se pa ʳlakrent Bondye pa ou
ki konfyans ou,
ak entegrite chemen ou yo ki espwa ou?

⁷ "Sonje byen, ˢse kilès ki kon peri inosan?
Oswa ki kote ou wè moun ladwati yo te detwi?
⁸ Selon sa ke mwen menm te wè, ᵗsila
ki raboure inikite yo,
ak sila ki simen twoub yo, yo rekòlte li.
⁹ ᵘPa souf Bondye, yo peri,
e pa van chalè Li, yo fini nèt.
¹⁰ ᵛGwo vwa a lyon fewòs la,
vwa fewòs a lyon an,
e dan a jenn lyon yo fin kase.
¹¹ ʷPi gran lyon an peri paske li manke manje,
e pitit li yo vin gaye.

¹² "Alò, an kachèt yon pawòl rive sou mwen;
zòrèy mwen te resevwa yon ˣti souf li.
¹³ Pami ʸrefleksyon enkyetan ki sòti
nan vizyon lannwit yo,
lè dòmi pwofon tonbe sou moun,
¹⁴ laperèz te vini sou mwen.
Mwen te tranble e zo m yo te souke.
¹⁵ Konsa, yon lespri te pase kote figi mwen;
plim sou chè mwen te kanpe sou kò m.
¹⁶ Li te kanpe an plas, men mwen pa t
kab distenge aparans li.
Yon fòm te devan zye m.
Te gen silans, epi mwen te tande yon vwa:
¹⁷ 'Èske ᶻlòm kapab jis devan Bondye?
Èske yon nonm kapab san tach devan
Sila ki fè l la?
¹⁸ Menm nan sèvitè Li yo, ᵃLi pa mete
konfyans;
ak pwòp zanj Li yo, Li jwenn fot.
¹⁹ Konbyen anplis, pou sila ki rete nan
kay fèt an ajil yo,

ᵃ **3:3** Jr 20:14-18   ᵇ **3:5** Jr 13:16   ᶜ **3:8** Job 41:1-25   ᵈ **3:11** Job 10:18-19   ᵉ **3:13** Job 3:13-19   ᶠ **3:14** Job 12:18
ᵍ **3:15** Job 27:16-17   ʰ **3:17** Job 17:6   ⁱ **3:20** Jr 20:18   ʲ **3:21** Rev 9:6   ᵏ **3:23** Job 19:6-12   ˡ **3:24** Job 6:7
ᵐ **3:25** Job 9:28   ⁿ **3:26** Job 7:13-14   ᵒ **4:2** Job 32:18-20   ᵖ **4:3** Job 4:3-4   ᑫ **4:5** Job 6:4   ʳ **4:6** Job 1:1
ˢ **4:7** Job 36:6-7   ᵗ **4:8** Os 10:13   ᵘ **4:9** És 11:4   ᵛ **4:10** Job 5:19   ʷ **4:11** Job 29:17   ˣ **4:12** Job 26:14
ʸ **4:13** Job 33:15   ᶻ **4:17** Job 9:2   ᵃ **4:18** Job 15:15

ki gen pousyè kon ªfondasyon,
ki vin kraze devan papiyon!
²⁰ ᵇAntre maten ak aswè, yo vin kase an mòso;
san yo pa wè anyen, yo peri nèt.
²¹ Èske ᶜkòd soutyen tant yo pa plwaye
pa anndan?
Yo mouri konsa, san sajès.'

5 "Rele koulye a; èske gen moun ki pou reponn?
A kilès nan ᵈsen fidèl yo ke ou va vire?
² Paske ᵉrankin va touye moun ki plen foli,
e jalouzi va touye moun senp lan.
³ Mwen te wè ᶠmoun san konprann ki
t ap pran rasin,
e byen vit, mwen te denonse kay li.
⁴ ᵍFis li yo pa jwenn sekirite ditou;
menm nan pòtay la, yo oprime,
ni pa gen moun pou delivre yo.
⁵ Moun grangou yo devore rekòlt li,
e mennen l yon kote plen pikan.
Epi ʰpelen an rete ovèt pou sezi tout byen yo.
⁶ Paske ⁱmalè pa sòti nan pousyè,
ni gwo twoub pa pouse soti nan tè;
⁷ paske ʲlòm fèt pou gwo twoub,
tankou etensèl dife vole anlè.

⁸ ᵏ"Men pou mwen, mwen ta chache Bondye,
pou m ta plede kòz mwen devan Bondye.
⁹ Bondye Ki konn fè gwo bagay ki
depase konesans lan;
mèvèy ki pa kab menm konte yo.
¹⁰ Li ˡbay lapli sou tè a,
e voye dlo sou chan yo,
¹¹ Jiskaske ᵐLi leve sila ki enb yo,
e sila ki an dèy yo, li leve bay sekou.
¹² Li ⁿanile manèv a sila ki gen riz yo
pou men yo pa reyisi.
¹³ Li ᵒkaptire saj yo nan pwòp riz pa yo,
e konsèy a moun k ap twonpe moun nan
vin kontrekare byen vit.
¹⁴ Nan gwo lajounen, yo ᵖjwenn ak tenèb,
e yo egare gwo midi tankou se te lannwit.
¹⁵ Men li sove yo de ᑫnepe a pwop bouch yo,
e menm malere a chape nan men pwisan an.
¹⁶ Akoz sa, sila ki san sekou a gen espwa,
e ʳinikite oblije pe bouch li.

¹⁷ "Gade byen kijan nonm
ke Bondye bay chatiman an gen kè kontan.
Konsa, ˢpa meprize disiplin Toupwisan an.
¹⁸ Paske se ᵗLi menm ki blese,
e se Li menm ki retire blesè a;
Li fè donmaj la, e pwòp men L ki geri l.
¹⁹ Soti sis fwa, Li va delivre ou de
twoub ou yo;
Menm nan sèt fwa, mal la p ap kab touche ou.

²⁰ Nan gwo grangou Li va delivre ou
devan lanmò,
e nan ᵘlagè, devan pouvwa nepe a.
²¹ Ou va pwoteje devan blese a lang lan,
e ᵛou p ap pè vyolans lan lè l vin parèt.
²² Ou va ʷri devan vyolans ak grangou,
e ou p ap pè bèt sovaj yo.
²³ Paske ou va fè alyans ak wòch chan yo,
e ˣbèt sovaj yo va anpè avèk ou.
²⁴ Ou va konnen ke ʸtant ou an pwoteje,
paske ou va vizite lakay ou san krent ni pèt.
²⁵ Anplis, ou va konnen ke ᶻdesandan
ou yo va anpil,
e ªsila ki sòti nan ou yo anpil tankou zèb latè.
²⁶ Ou va ᵇrive nan tonbo a ak tout fòs ou,
tankou gwo sak ble nan sezon li.
²⁷ Gade sa byen; nou te fè ankèt li, e
se konsa li ye.
Tande sa e konnen l pou kont ou."

6 Epi Job te reponn:
² ᶜ"O ke doulè m ta kab peze pou
mete nan balans lan,
ansanm ak gwo dega ki vin sou mwen yo!
³ Paske li ta pi lou ᵈpase sab lanmè yo.
Akoz sa a, pawòl mwen yo te tèlman san règ.
⁴ Paske ᵉflèch Toupwisan an fin antre
anndan m;
lespri m ap bwè pwazon.
Gwo laperèz de Bondye vin alinye
kont mwen.
⁵ Èske ᶠbourik mawon ranni sou zèb li,
oswa bèf rele sou manje li?
⁶ Èske bagay san gou kapab manje san sèl,
oswa èske pati blan nan zye poul a gen gou?
⁷ Nanm mwen ᵍp ap touche yo.
Yo tankou manje abominab pou mwen.

⁸ "O ke sa m mande ta kab rive,
e ke Bondye ta ban m sa m anvi wè a!
⁹ Ke Bondye ʰta dakò pou kraze m nèt,
ke Li ta lache men l pou retire mwen nèt!
¹⁰ Kite sa toujou kòm konsolasyon mwen;
wi, kite mwen rejwi nan doulè k ap
kraze mwen,
pou m ⁱpa t renye pawòl a Sila Ki Sen an.
¹¹ Ki jan fòs mwen ye, pou m ta tan?
Epi kilès lafen mwen, ke m ta dwe sipòte?
¹² Èske fòs mwen tankou wòch,
o èske chè m kon bwonz?
¹³ Èske se pa ke nanpwen ʲsekou anndan m,
ke tout sajès fin chase lwen mwen?

¹⁴ "Paske pou nonm ki pèdi tout espwa a,
li ta dwe twouve konpasyon nan zanmi li;

ª **4:19** Jen 2:7   ᵇ **4:20** Job 14:2   ᶜ **4:21** Job 8:22   ᵈ **5:1** Job 15:15   ᵉ **5:2** Pwov 12:16   ᶠ **5:3** Jr 12:2
ᵍ **5:4** Job 4:11   ʰ **5:5** Job 18:8-10   ⁱ **5:6** Job 15:35   ʲ **5:7** Job 14:1   ᵏ **5:8** Job 13:2-3   ˡ **5:10** Job 36:27-29
ᵐ **5:11** Job 22:29   ⁿ **5:12** Sòm 33:10   ᵒ **5:13** Job 37:24   ᵖ **5:20** Sòm 144:10   ᵛ **5:21** Sòm 91:5-6   ʷ **5:22** Job 8:21   ˣ **5:23** És
11:6-9   ʸ **5:24** Job 8:6   ᶻ **5:25** Sòm 112:2   ª **5:25** És 44:3-4   ᵇ **5:26** Job 42:17   ᶜ **6:2** Job 31:6   ᵈ **6:3** Job 23:2
ᵉ **6:4** Job 16:13   ᶠ **6:5** Job 39:5-8   ᵍ **6:7** Job 3:24   ʰ **6:9** Nonb 11:15   ⁱ **6:10** Job 22:22   ʲ **6:13** Job 26:2

menm a li menm ki ᵃkon pèdi lakrent
   Wo Pwisan an.
¹⁵ Frè m yo te aji ak ᵇdesepsyon kon
      yon ravin,
kon flèv ravin ki vin sèch;
¹⁶ ki vin sal tankou glas k ap fonn
kote lanèj kon kache.
¹⁷ Nan ᶜnan sezon sèch, yo pa la;
lè li cho, yo disparèt sou plas yo.
¹⁸ Chemen a kous pa yo tòde tout kote;
yo monte rive vin anyen;
yo vin disparèt.
¹⁹ Karavàn ᵈThéma yo te vin veye;
vwayajè Séba yo te gen espwa yo.
²⁰ Yo ᵉte desi paske yo te mete konfyans;
yo te vini la, e te etone.
²¹ Anverite, koulye a se konsa ou ye;
ou wè laperèz e ou vin pè.
²² Èske mwen te di ou: 'Ban m yon bagay'?
Oswa m te fè yon demann anba tab pou
         retire nan richès ou?
²³ Oswa 'delivre m nan men advèsè a'?
Oswa 'rachte mwen nan men opresè sila yo'?

²⁴ "Enstwi mwen e ᶠmwen va pe la!
Montre mwen kote mwen gen tò.
²⁵ Kèl doulè pawòl onèt sa yo genyen!
Men kisa diskou ou a pwouve?
²⁶ Èske ou gen entansyon repwoche
         pawòl mwen yo,
lè ou konnen se van ki mèt pawòl yo lè
         moun dekouraje nèt?
²⁷ Konsa, ou ta menm ᵍtire osò pou òfelen yo
e fè twòk pou zanmi ou.
²⁸ Alò, souple, gade mwen e wè si se
ʰmanti m ap fè nan figi ou.
²⁹ Rete la, koulye a e pa kite enjistis fèt.
Retounen kote m! Jiska prezan, ⁱladwati
      mwen rete ladan an.
³⁰ Èske gen enjistis sou lang mwen?
Èske bouch mwen pa kapab distenge
         gou gwo malè?"

7 "Èske lòm pa ʲoblije fè kòve sou latè?
   Èske jou li yo pa tankou jou a yon
         ᵏouvriye jounalye?
² Tankou esklav ki rale souf pou rive
         nan lonbraj,
tankou jounalye k ap tann kòb li,
³ se konsa mwen jwenn mwa yo plen mizè,
e ˡnwit plen ak gwo twoub k ap dezinyen
         pou mwen.
⁴ Lè m ᵐkouche mwen di: 'Se kilè m ap leve?'
Men nwit lan kontinye; m ap vire tounen
         jis rive nan maten.
⁵ ⁿChè m abiye ak vè ak kal ki fèt ak pousyè.

Po m vin di e li koule pij.
⁶ Jou m yo mache ᵒpi vit ke mach
      aparèy tise a.
Yo fini ᵖsanzespwa.
⁷ Sonje byen ke lavi m ᵠpa plis ke yon souf;
zye m ʳp ap wè sa ki bon ankò.
⁸ ˢZye a sila ki wè m yo, p ap wè m ankò.
Zye Ou va sou mwen, men ᵗmwen p
      ap la ankò.
⁹ Jan yon nwaj vin disparèt, li ale nèt.
Konsa sila ki desann nan sejou lanmò
      a pa p monte ankò.
¹⁰ Li p ap retounen ankò lakay li,
ni ᵘplas li p ap rekonèt li ankò.

¹¹ "Akoz sa a, mwen p ap ᵛmet fren
      nan bouch mwen.
Mwen va pale nan doulè lespri m;
mwen va plenyen nan lespri anmè mwen.
¹² Èske se lanmè mwen ye, oswa ʷbèt
      jeyan lanmè a,
pou Ou te mete gad sou mwen?
¹³ Si mwen di: ˣ'Kabann mwen va ban m repo,
sofa m va soulaje plent mwen,'
¹⁴ answit, Ou fè m krent ak rèv,
e teworize m ak vizyon;
¹⁵ jiskaske nanm mwen ta chwazi
      mouri toufe;
pito lanmò olye doulè mwen yo.
¹⁶ Mwen fin epwize nèt;
mwen p ap viv tout tan.
Kite mwen sèl, paske jou mwen yo pa
      plis ke yon souf.
¹⁷ ʸKisa lòm ye pou Ou reflechi sou li
e pou Ou bay ka li enpòtans,
¹⁸ pou ᶻOu fè l pase egzamen chak maten e
fè l pase eprèv chak moman?
¹⁹ ᵃÈske Ou p ap janm sispann gade m,
ni kite mwen anpè jiskaske m fin vale
      krache m?
²⁰ ᵇÈske mwen te peche? Kisa mwen te fè Ou,
ᶜOu menm, ki gadyen lòm?
Poukisa Ou te fè m objè tiraj Ou
jiskaske mwen vin yon fado pou pwòp
      tèt mwen?
²¹ Poukisa konsa ᵈOu pa padone
      transgresyon mwen yo,
e retire inikite mwen yo?
Paske koulye a, mwen va kouche
      nan pousyè a;
Ou va chache pou mwen, men m p
      ap la ankò."

8 Konsa, Bildad Schuach la, te reponn:
² "Pou konbyen de tan ou va pale
      bagay sa yo

ᵃ **6:14** Job 1:5   ᵇ **6:15** Jr 15:8   ᶜ **6:17** Job 24:19   ᵈ **6:19** És 21:14   ᵉ **6:20** Jr 14:3   ᶠ **6:24** Sòm 39:1   ᵍ **6:27** Jl 3:3   ʰ **6:28** Job 27:1   ⁱ **6:29** Job 13:18   ʲ **7:1** Job 5:7   ᵏ **7:1** Job 14:6   ˡ **7:3** Job 16:7   ᵐ **7:4** Det 28:67   ⁿ **7:5** Job 2:7   ᵒ **7:6** Job 9:25   ᵖ **7:6** Job 13:15   ᵠ **7:7** Sòm 78:39   ʳ **7:7** Job 9:25   ˢ **7:8** Job 8:18   ᵗ **7:8** Job 7:21   ᵘ **7:10** Job 8:18   ᵛ **7:11** Job 10:1   ʷ **7:12** Éz 32:2-3   ˣ **7:13** Job 7:4   ʸ **7:17** Sòm 8:4   ᶻ **7:18** Job 14:3   ᵃ **7:19** Job 9:18   ᵇ **7:20** Job 35:3-6   ᶜ **7:20** Sòm 36:6   ᵈ **7:21** Job 9:28

pou ^apawòl a bouch ou fè gwo van?
³ Èske ^bBondye konn konwonpi jistis la?
Oswa èske Toupwisan an konwonpi
    sa ki dwat?
⁴ ^cSi fis ou yo te peche kont Li,
alò, Li livre yo antre nan pouvwa
    transgresyon yo.
⁵ Si ou ta ^dchache Bondye e mande
konpasyon a Toupwisan an,
⁶ si ou te san tach e dwat;
anverite, koulye a,
^eLi ta leve Li menm pou ou e rekonpanse ou
jan ou te ye nan ladwati ou.
⁷ Malgre, kòmansman ou pa t remakab,
ou ta ^ffini avèk anpil gwo bagay.

⁸ "Souple, fè ^grechèch nan jenerasyon
    zansèt ansyen yo,
e bay konsiderasyon a bagay ke papa
    yo te twouve.
⁹ Paske nou menm se sèl bagay ayè
    nou konnen,
e nou pa konnen anyen,
paske ^hjou pa nou yo sou latè
se sèl yon lonbraj ki pase.
¹⁰ Èske yo p ap enstwi ou, pale ou e
fè pawòl ki nan tèt yo vin parèt?

¹¹ "Èske jon kab grandi san ma dlo?
Èske wozo konn pouse san dlo?
¹² Pandan li toujou vèt e san koupe a,
l ap fennen avan tout lòt plant yo.
¹³ Se konsa chemen a ⁱtout moun ki
    bliye Bondye yo.
Konsa espwa a moun enkwayan yo peri,
¹⁴ sila a ak konfyans frajil la
kap mete konfyans li nan ^jfil arenye a.
¹⁵ Arenye a mete konfyans sou ^klakay li,
men li p ap kanpe.
Li kenbe rèd sou li, men li p ap dire.
¹⁶ Li ^lbyen reyisi nan solèy la e
gaye toupatou nan jaden an.
¹⁷ Rasin li yo vlope toupatou sou pil wòch;
li sezi yon kay wòch.
¹⁸ Si li vin deplase sou ^mplas li,
alò plas li va refize rekonèt li e di:
"Mwen pa t janm wè w."
¹⁹ Gade byen, ⁿse sa ki fè lajwa chemen li;
epi dèyè li, gen lòt yo k ap pete sòti
    nan pousyè tè la.

²⁰ "Alò, ^oBondye p ap rejte yon nonm entèg;
ni li p ap bay soutyen a malfektè yo.
²¹ Jiska prezan, Li va ranpli ^pbouch ou
avèk ri lajwa e lèv ou avèk kri plezi.

²² Sila ki rayi ou yo va vin ^qabiye ak wont
e tant a mechan yo p ap la ankò."

9

Konsa, Job te reponn. Li te di:
² "Anverite, mwen konnen sa se vrè;
alò, kijan yon ^rnonm kapab genyen dwa
devan Bondye?
³ Si yon moun te vle ^sdiskite avèk Li,
li pa t ap kab byen reponn li menm
    yon fwa nan mil.
⁴ Bondye saj nan kè e pwisan nan fòs;
se kilès ki konn ^treziste ak Li san donmaj?
⁵ Se Li Menm ki deplase mòn yo, ki jan
    yo pa menm konnen,
lè Li boulvèse yo nan fachez Li.
⁶ Li ^usouke latè sòti nan plas li,
e fè ^vpilye fondasyon li yo tranble.
⁷ Li kòmande ^wsolèy la pou l pa klere
e ki mete yon so sou zetwal yo.
⁸ Se Li menm sèl ki ^xrale lonje syèl yo
e bese vag lanmè yo.
⁹ Li sèl ki fè sou syèl la ^ygwo Ourse
    la ak Orion an,
avèk Pleiades yo, avèk chanm ki nan sid yo.
¹⁰ Li menm ki ^zfè gwo bagay mèvèy yo,
avèk zèv mèvèy san kontwòl yo.
¹¹ Si Li ta vin pase bò kote mwen, ^amwen
    pa t ap wè L.
Si Li ta depase m nan wout, mwen
    pa t ap apèsi L.
¹² Gade byen, Li rache retire,
se kilès ki ka anpeche L?
Kilès ki ka di L: 'Kisa w ap fè la a'?

¹³ "Bondye p ap detounen kòlè Li.
Anba Li, byen akwoupi, se asistan a
    ^bRahab yo.
¹⁴ Kijan ^cmwen kab reponn Li,
e chwazi pwòp pawòl mwen yo devan L?
¹⁵ Paske malgre mwen te gen rezon,
mwen pa t kab reponn.
Mwen ta oblije ^dmande gras a Jij mwen an.
¹⁶ Menmsi mwen te rele, e Li te reponn mwen,
mwen pa t ap kab kwè ke Li ta koute vwa m.
¹⁷ Paske Li fin ^ebrize m nèt ak yon tanpèt,
e ogmante blese mwen yo san koz.
¹⁸ Li ^fpa lèse m pran souf,
men fè m debòde ak ^gsa ki anmè.
¹⁹ Men ^hpou pouvwa, men gade, se Li
    menm ki gen fòs!
Epi pou jistis, se kilès menm k ap voye
pwosè vèbal bay Li menm?
²⁰ Malgre mwen dwat, ⁱbouch mwen
    ap kondane m;
malgre mwen san tò, Li va deklare m koupab.
²¹ Mwen inosan; mwen pa okipe mwen menm;

---

^a **8:2** Job 6:26   ^b **8:3** Jen 18:25   ^c **8:4** Job 1:5-19   ^d **8:5** Job 5:17-27   ^e **8:6** Job 22:27   ^f **8:7** Job 42:12
^g **8:8** Det 4:32   ^h **8:9** Job 14:2   ⁱ **8:13** Sòm 9:17   ^j **8:14** És 59:5-6   ^k **8:15** Job 8:22   ^l **8:16** Sòm 37:35
^m **8:18** Job 7:10   ⁿ **8:19** Job 20:5   ^o **8:20** Job 4:7   ^p **8:21** Job 5:22   ^q **8:22** Sòm 132:18   ^r **9:2** Job 4:17
^s **9:3** Job 10:2   ^t **9:4** II Kwo 13:2   ^u **9:6** És 2:19   ^v **9:6** Sòm 75:3   ^w **9:7** És 13:10   ^x **9:8** Sòm 104:2
^y **9:9** Job 38:31-32   ^z **9:10** Job 5:9   ^a **9:11** Job 23:8-9   ^b **9:13** És 30:7   ^c **9:14** Job 9:3-32   ^d **9:15** Job 8:5
^e **9:17** Job 16:12-14   ^f **9:18** Job 7:19   ^g **9:18** Job 13:26   ^h **9:19** Job 9:4   ⁱ **9:20** Job 9:29

mwen ᵃrayi lavi m.

²² "Tout se menm bagay.
Akoz sa mwen di ᵇLi detwi inosan yo
   avèk koupab yo.'
²³ Si frèt la vin touye sibitman,
l ap ᶜmoke dezolasyon inosan an.
²⁴ Ak lemonn nan ᵈki sede nan men
   a mechan yo,
Li fin ᵉkouvri figi a jij latè yo.
Si se pa Li menm, eh byen se kilès?

²⁵ "Alò, ᶠjou m yo vin pi rapid pase yon
   nonm k ap fè kous;
Yo kouri ale. Yo pa wè anyen ki bon.
²⁶ Yo glise pase tankou kannòt k ap
   pase nan ᵍwozo,
tankou yon ʰèg ki vole plonje sou viktim li.
²⁷ Malgre mwen di ke m va bliye ⁱplent mwen,
ke m va kite figi tris la pou fè kè kontan,
²⁸ mwen krent tout doulè mwen yo.
Mwen konnen ke ʲOu p ap bliye fot mwen yo.
²⁹ Mwen gen tan fin jije ᵏkoupab.
Konsa, poukisa mwen ta dwe fè fòs anven?
³⁰ Si m ta ˡlave m nèt ak lanèj,
e pwòpte men m ak savon lesiv ki fò,
³¹ malgre sa, Ou ta plonje mwen nan kanal la,
e pwòp rad mwen yo ta vin rayi m.
³² Paske ᵐLi pa yon nonm kon mwen,
   ⁿpou m ta reponn Li,
pou nou ta kab rive nan tribinal ansanm.
³³ Nanpwen moun ki pou ᵒfè antant antre nou,
ki ta kab mete men l sou nou toulède.
³⁴ Kite Li ᵖretire baton Li sou mwen,
e pa kite laperèz Li plen m ak gwo laterè.
³⁵ Konsa, mwen ᵠta pale san fè laperèz
   devan L;
men mwen pa kab konsa pou kont mwen."

10 ʳ"Mwen rayi pwòp lavi m;
mwen va fè tout fòs ˢplent
   mwen yo parèt.
Mwen va pale ak anmè ki fonse nan
   nanm mwen.
² Mwen va di a Bondye: ᵗ'Pa kondane mwen!
Fè m konnen poukisa W ap goumen ak mwen.
³ Èske se vrèman bon pou Ou ta ᵘoprime;
pou meprize zèv men Ou yo
e pou Ou gade ak favè, manèv a mechan yo?
⁴ Èske zye Ou fèt ak chè? Oswa ᵛèske Ou wè
kon yon nonm wè?
⁵ Èske jou Ou yo tankou jou a moun mòtèl,
oswa ʷane Ou yo tankou ane a yon nonm,
⁶ pou ˣOu ta dwe chache koupabilite mwen

e fè rechèch dèyè peche m?
⁷ Malgre Ou konnen mwen pa koupab,
Sepandan, ʸnanpwen ki ka livre m sòti
   nan men Ou.'"

⁸ "Se ᶻmen Ou ki te fòme mwen nèt.
Konsa, ᵃèske Ou ta detwi mwen?
⁹ Sonje, souple, ke Ou te fè m ᵇkon ajil.
Èske Ou ta fè m retounen pousyè ankò?
¹⁰ Èske se pa tankou lèt ke Ou te vide mwen
e fè m kaye tankou fwomaj?
¹¹ Ou te abiye mwen ak po avèk chè
e koude mwen ansanm nan zo ak gwo venn.
¹² Ou te ᶜban mwen lavi avèk lanmou
   dous Ou.
Se swen Ou ki te konsève lespri m.
¹³ Malgre ᵈbagay sila yo, Ou te kache
   yo nan kè Ou.
Mwen konnen ke sa a se avèk ou:
¹⁴ si m peche, alò, Ou mete tach sou mwen.
Ou ᵉpa ta akite m de koupabilite mwen.
¹⁵ Si mwen mechan, malè a mwen!
Epi ᶠsi mwen jis, toujou, menm dwe
   leve tèt mwen.
Mwen chaje ak wont, e byen rekonnesan
   a mizè mwen.
¹⁶ Si tèt mwen ta vin leve wo, ᵍOu ta fè lachas
dèyè mwen tankou yon lyon;
epi ankò, Ou ta montre ʰpouvwa Ou
   kont mwen.
¹⁷ Ou renouvle ⁱtemwayaj Ou kont mwen,
e ogmante kòlè Ou vè mwen.
Dezas monte anwo dezas sou mwen."

¹⁸ "Alò, ʲpoukisa Ou te fè m sòti nan
   vant manman m?
Pito ke m te mouri e pa t gen zye ki te wè m!
¹⁹ Mwen te dwe tankou mwen pa t
   janm te egziste,
kon yon pote sòti nan vant pou rive nan tonbo.
²⁰ Èske jou m yo pa kout?
Rete!
Ralanti sou mwen pou m kab jwenn
yon ti kras kè kontan,
²¹ avan ke m ale—ᵏpou mwen pa tounen
nan andwa tenèb ak gwo fènwa!
²² Nan peyi sa a ki dezole nèt tankou tenèb la,
nan fon lonbraj san fòm nan, e ki klere
   tankou fènwa a.'"

11 Epi Tsophar, Naamatit la, te reponn:
² "Èske fòs kantite pawòl sa yo
   dwe pase san repons?
Eske yon nonm ˡpale anpil vin akite?

ᵃ **9:21** Job 7:16   ᵇ **9:22** Job 10:7-8   ᶜ **9:23** Job 24:12   ᵈ **9:24** Job 10:3   ᵉ **9:24** Job 12:17   ᶠ **9:25** Job 7:6
ᵍ **9:26** És 18:2   ʰ **9:26** Hab 1:8   ⁱ **9:27** Job 7:11   ʲ **9:28** Job 7:21   ᵏ **9:29** Job 10:2   ˡ **9:30** Jr 2:22
ᵐ **9:32** Ekl 6:10   ⁿ **9:32** Wo 9:20   ᵒ **9:33** Job 9:19   ᵖ **9:34** Job 13:21   ᵠ **9:35** Job 13:22   ʳ **10:1** Job 7:16
ˢ **10:1** Job 7:11   ᵗ **10:2** Job 9:29   ᵘ **10:3** Job 9:22-24   ᵛ **10:4** I Sam 16:7   ʷ **10:5** Job 36:26   ˣ **10:6** Job 14:16
ʸ **10:7** Job 9:12   ᶻ **10:8** Sòm 119:73   ᵃ **10:8** Job 9:22   ᵇ **10:9** Job 4:19   ᶜ **10:12** Job 33:4   ᵈ **10:13** Job 23:13
ᵉ **10:14** Job 7:21   ᶠ **10:15** Job 6:29   ᵍ **10:16** És 38:13   ʰ **10:16** Job 5:9   ⁱ **10:17** Rt 1:21   ʲ **10:18** Job 3:11-13
ᵏ **10:21** Sòm 88:12   ˡ **11:2** Job 8:2

³ Èske se akoz ògèy ou ke moun ta
   dwe rete san pale?
Lè ou ᵃmoke, èske nanpwan moun ki
   pou fè ou wont?
⁴ Paske ou te di 'Lenstriksyon pa m san fot,
e ᵇmwen inosan nan zye ou.'
⁵ Men fòk Bondye ta pale e ouvri bouch
   Li kont ou,
⁶ pou montre ou sekrè a sajès!
Paske sajès ki bon ᶜgen de bò.
Alò, konnen byen ke Bondye pa t egzije
tout sa inikite ou merite.

⁷ ᵈ"Èske ou kab dekouvri pwofondè
   a Bondye?
Èske ou kab twouve lizyè a Toupwisan an?
⁸ Yo ᵉwo tankou syèl la; kisa ou kab fè?
Yo pi fon ke sejou lanmò yo, kisa ou
   kab konnen?
⁹ Mezi li pi long ke latè, e pi laj pase lanmè.
¹⁰ Si Li pase pa la, oswa fèmen la nèt, oswa
   konvoke yon asanble,
ᶠkilès kap anpeche Li?
¹¹ Paske ᵍLi konnen moun ki fò,
e Li wè inikite menm san fè ankèt.
¹² Yon moun ensanse va vin entèlijan
lè pòtre a yon ʰbourik mawon fèt
   kon yon moun.

¹³ "Si ou ta vle vin bon,
ⁱdirije kè ou e ʲlonje men ou vè Li.
¹⁴ Si se inikite ki nan men ou, ᵏmete
   l byen lwen.
Pa kite mechanste demere nan tant pa ou.
¹⁵ Konsa, anverite, ou ta kab ˡleve figi
   ou wo san tach.
Wi, ou va fidèl nèt e ᵐpa oblije gen lakrent.
¹⁶ Konsa ou va ⁿbliye twoub ou a.
Ou va sonje l tankou dlo ki fin pase.
Se konsa ou ta kab sonje li.
¹⁷ Lavi ou va ᵒpi klè ke midi;
malgre gen fènwa a, lap tankou maten.
¹⁸ Ou va vin gen konfyans, akoz gen espwa.
Epi ou va gade toupatou e repoze ou
   an sekirite.
¹⁹ Ou va ᵖkouche dòmi e okenn moun
   pa p deranje ou.
Wi, anpil moun va ᵠmande favè ou.
²⁰ Men ʳzye a mechan yo va gate,
e ˢp ap gen chape pou yo.
Pou yo, espwa va pou yo kab rann
   dènye souf yo."

12 Job te reponn:
² Anverite, konsa, ᵗse nou menm
   ki se pèp la.
Se ak nou menm tout sajès ap mouri!
³ Men ᵘmwen gen lespri menm tankou ou;
mwen pa pi ba pase ou.
Epi se kilès ki pa konnen bagay parèy
   a sila yo?
⁴ Mwen se yon blag devan zanmi mwen yo,
sila ki te fè apèl Bondye a, e Li te reponn li an.
Nonm nan ki dwat e ᵛsan tò a vin yon blag.
⁵ Sila ki alèz la ri sou malè a;
men l ap tan pye l chape.
⁶ ʷTant volè a fè pwofi,
e sila ki pwovoke Bondye byen alez.
Se nan men yo pote dye pa yo.

⁷ "Alò, mande bèt yo menm pou yo
   kab enstwi ou;
ak zwazo syèl yo; kite yo pale ou.
⁸ Oswa, pale ak tè a e kite li enstwi ou.
Kite pwason lanmè yo fè deklarasyon pou ou.
⁹ Se kilès pami tout sila yo ki pa konnen
ke se ˣmen SENYÈ a ki fè sa?
¹⁰ ʸNan men a Sila poze lavi a tout sa ki viv la,
ansanm ak ᶻsouf tout limanite a.
¹¹ Èske ᵃzòrèy la pa pase a leprèv tout pawòl,
menm jan ke bouch la goute manje li a?
¹² Sajès rete ak ᵇgranmoun;
yon lavi ki long gen bon konprann.

¹³ "Avèk Bondye se ᶜsajès ak pwisans.
A Li menm se konsèy avèk ᵈbon konprann.
¹⁴ Gade byen, se Li menm ki ᵉdetwi; e
   sa p ap kab rebati.
Li mete yon nonm nan prizon, e nanpwen
   lage pou li.
¹⁵ Gade byen, Li anpeche dlo yo, e
   yo seche nèt;
Li ᶠvoye yo deyò pou yo inonde latè a.
¹⁶ Avèk Li menm se fòs ak sajès pwofon;
ᵍ sa ke lòt moun egare ak sila ki egare yo,
tou de se pou Li.
¹⁷ Li fè ʰkonseye yo mache pye atè
e fè ⁱjij yo antre nan foli.
¹⁸ Li ʲdetache chenn ki mare wa yo,
e mare senti yo ak yon sentiwon.
¹⁹ Li fè prèt yo mache san rad,
e boulvèse ᵏsila ki ansekirite yo.
²⁰ Li fè moun konfyans pa kab pale,
e ˡretire bon jijman a ansyen yo.
²¹ Li ᵐvide mepriz sou prens yo,
e lache senti a pwisan yo.
²² Li ⁿdevwale mistè ki nan tenèb yo,

ᵃ **11:3** Job 17:2   ᵇ **11:4** Job 10:7   ᶜ **11:6** Job 9:4   ᵈ **11:7** Job 33:12-13   ᵉ **11:8** Job 22:12   ᶠ **11:10** Job 9:12
ᵍ **11:11** Job 34:21-23   ʰ **11:12** Job 39:5   ⁱ **11:13** I Sam 7:3   ʲ **11:13** Sòm 88:9   ᵏ **11:14** Job 22:23
ˡ **11:15** Job 22:26   ᵐ **11:15** Sòm 27:3   ⁿ **11:16** És 65:16   ᵒ **11:17** Job 22:26   ᵖ **11:19** So 3:13   ᵠ **11:19** És 45:14
ʳ **11:20** Det 28:65   ˢ **11:20** Job 27:22   ᵗ **12:2** Job 17:10   ᵘ **12:3** Job 13:2   ᵛ **12:4** Job 6:29   ʷ **12:6** Job 9:24
ˣ **12:9** És 41:20   ʸ **12:10** Trav 17:28   ᶻ **12:10** Job 27:3   ᵃ **12:11** Job 34:3   ᵇ **12:12** Job 15:10   ᶜ **12:13** Job 9:4
ᵈ **12:13** Job 11:6   ᵉ **12:14** Job 19:10   ᶠ **12:15** Jen 7:11-24   ᵍ **12:16** Job 13:7-9   ʰ **12:17** Job 3:14   ⁱ **12:17** Job 9:24
ʲ **12:18** Sòm 116:16   ᵏ **12:19** Job 34:24-28   ˡ **12:20** Job 17:4   ᵐ **12:21** Job 34:19   ⁿ **12:22** Dan 2:22

e mennen fènwa pwofon yo antre nan limyè a.
²³ ªLi fè nasyon yo vin gran, e Li detwi yo.
Li fè nasyon yo grandi, e Li mennen yo ale.
²⁴ Li ᵇrache lespri a chèf pèp latè yo,
e fè yo egare nan yon savann san chemen.
²⁵ Yo ᶜtatonnen nan fènwa a san limyè.
Li fè yo ᵈkilbite tankou moun sou.

13 ᵉ"Veye byen, zye m gen tan wè tout sa.
Zòrèy mwen tande e konprann li.
² ᶠSa ou konnen yo, mwen konnen yo tou;
mwen pa pi ba pase ou.

³ "Men ᵍmwen ta pale ak Toupwisan an;
mwen vle diskite ak Bondye.
⁴ Men nou ʰsal moun ak manti.
Se yon bann ⁱdoktè sanzave nou ye.
⁵ Oswa pito ke ou ta ʲrete an silans nèt;
ke sa ta sèvi kon sajès ou!
⁶ Souple, tande pawòl mwen, e koute
mo a lèv mwen.
⁷ Èske ou kab ᵏpale pou Bondye sa ki pa jis,
e pale sa ki manti pou Li?
⁸ Èske ou va ˡpran ka pa Li?
Èske ou va diskite pou Bondye?
⁹ Èske sa va sòti byen lè Li bay ou egzamen?
Oswa ᵐèske ou va twonpe Li
kon yon moun konn twonpe yon moun?
¹⁰ Anverite, Li va repwoche ou
si ou apye yon bò ak patripri.
¹¹ Èske ⁿmajeste Li p ap bay ou lakrent?
Laperèz Li p ap tonbe sou ou?
¹² Ansyen pwovèb ou yo se pwovèb
ki fèt ak sann;
defans ou yo se defans ki fèt ak ajil.

¹³ ᵒ"Rete an silans devan m pou m kab pale;
epi kite nenpòt sa ki rive m k ap rive.
¹⁴ Poukisa mwen ta mete chè m nan
pwòp dan m
e ᵖmete lavi m nan men m?
¹⁵ ᵠMalgre Li ta touye mwen,
mwen va mete espwa m nan Li.
Malgre, mwen va ʳfè diskou chemen
mwen yo devan L.
¹⁶ Se sa, anplis, ki va ˢdelivrans mwen;
paske yon enkwayan p ap parèt nan
prezans Li.
¹⁷ Koute pawòl mwen byen pre e
kite deklarasyon mwen yo ranpli zòrèy ou.
¹⁸ Tande koulye a, mwen te prepare
ka mwen an;
mwen konnen ke ᵗmwen va jistifye.
¹⁹ ᵘSe kilès ki va diskite kont mwen?

Paske konsa, mwen ta rete anpè e mouri.

²⁰ "Se sèl de bagay pou pa fè mwen;
konsa mwen p ap kache devan figi Ou:
²¹ ᵛRetire men Ou sou mwen e
pa kite laperèz Ou fè m sezi.
²² Epi rele e ʷmwen va reponn;
oswa kite m pale epi reponn mwen.
²³ ˣFè m wè fòs kantite inikite mwen yo
avèk peche m yo?
Fè m rekonèt rebelyon mwen ak peche m yo.
²⁴ Poukisa Ou ʸkache figi Ou e
konsidere m kon ᶻlènmi Ou?
²⁵ Èske Ou ta fè yon fèy k ap vole
nan van tranble?
Oswa èske Ou va kouri dèyè ªpay
van an seche a.
²⁶ Paske Ou ekri ᵇbagay anmè kont mwen
e ᶜfè m eritye tout inikite a jenès mwen yo.
²⁷ Ou ᵈmete pye m nan chenn e
ou veye tout chemen mwen yo.
Ou limite distans pla pye m kab rive,
²⁸ pandan mwen ap dekonpoze
kon yon ᵉbagay k ap pouri,
kon yon vètman ki manje pa mit."

14 ᶠLòm ki fèt de fanm gen vi kout ki plen traka.
² Tankou yon flè, li parèt e li fennen.
Anplis, ᵍli sove ale kon lonbraj.
Li pa dire.
³ Èske Ou ouvri zye ou sou li
pou ʰmennen li an jijman avèk w?
⁴ ⁱSe kilès ki kab fè pwòp sa ki pa pwòp?
Pèsòn!
⁵ Konsi ʲfòs jou li yo avèk Ou,
fòs mwa li yo avèk Ou.
Ou te etabli limit li ke li p ap kab depase.
⁶ ᵏRetire zye Ou sou li pou l kab pran repò,
jiskaske li kab konplete jou li yo,
kon yon ouvriye jounalye.
⁷ Gen espwa pou yon pyebwa lè l koupe,
li kab boujonnen ankò,
nouvo boujon yo kab reyisi.
⁸ Malgre rasin li yo vin vye nan tè a,
e chouk li mouri nan tè sèch,
⁹ fè rive yon gout dlo,
e li va pete pouse boujon yo kon yon plant.
¹⁰ Men ˡlòm mouri pou kouche plat.
Lòm mouri e kibò li ye?
¹¹ Tankou ᵐdlo lanmè fè vapè monte
e rivyè a vin sèch,
¹² konsa ⁿlòm kouche, e li pa leve ankò.
Jiskaske syèl yo vin disparèt,
li p ap reveye, ni leve ankò.

ª **12:23** És 9:3   ᵇ **12:24** Job 12:20   ᶜ **12:25** Job 5:14   ᵈ **12:25** És 24:20   ᵉ **13:1** Job 12:9   ᶠ **13:2** Job 12:3
ᵍ **13:3** Job 13:22   ʰ **13:4** Sòm 119:69   ⁱ **13:4** Jr 23:32   ʲ **13:5** Job 13:13   ᵏ **13:7** Job 27:4   ˡ **13:8** Lev 19:5
ᵐ **13:9** Job 12:16   ⁿ **13:11** Job 31:23   ᵒ **13:13** Job 13:5   ᵖ **13:14** Sòm 119:109   ᵠ **13:15** Job 7:6   ʳ **13:15** Job 27:5
ˢ **13:16** Job 23:7   ᵗ **13:18** Job 9:21   ᵘ **13:19** És 50:8   ᵛ **13:21** Job 9:34   ʷ **13:22** Job 9:16   ˣ **13:23** Job 7:21
ʸ **13:24** Sòm 13:1   ᶻ **13:24** Lam 2:5   ª **13:25** Lev 26:36   ᵇ **13:26** Job 9:18   ᶜ **13:26** Sòm 25:7   ᵈ **13:27** Job 33:11
ᵉ **13:28** Job 2:7   ᶠ **14:1** Ekl 2:23   ᵍ **14:2** Job 8:9   ʰ **14:3** Sòm 143:2   ⁱ **14:4** Job 15:4   ʲ **14:5** Job 21:21
ᵏ **14:6** Job 7:19   ˡ **14:10** Job 3:13   ᵐ **14:11** És 19:5   ⁿ **14:12** Job 3:13

¹³ O ke ou ta kapab kache mwen nan
  sejou lanmò an,
pou ou ta kapab fè m kache ᵃjiskaske
  chalè Ou
retounen kote Ou!
Ke Ou ta fikse yon limit pou mwen,
  e sonje m!
¹⁴ Si yon nonm mouri, èske li va leve ankò?
Pou tout jou a lit mwen yo, mwen ta tann
jiskaske lè rive pou yo lage m.
¹⁵ Ou ta rele e mwen ta reponn Ou;
Konsa, Ou ta anvi anpil ᵇzèv men Ou yo.
¹⁶ Paske koulye a, ou konte tout pa
  mwen fè yo.
Èske Ou pa ᶜswiv peche m yo?
¹⁷ Transgresyon mwen yo sele nèt
  nan yon sachè
Konsa, Ou vlope tout inikite m yo.
¹⁸ Men mòn nan kap tonbe pa mòso
  pa fè anyen;
wòch la ap kite plas li.
¹⁹ Dlo a epwize wòch yo, gran fòs li
  lave pousyè tè a.
Se konsa Ou ᵈdetwi espwa a lòm.
²⁰ Ou vin fè l soumèt nèt pou tout
  tan, e li ᵉpati;
Ou chanje aparans li, e voye l ale.
²¹ Fis li yo vin resevwa lonè, men ᶠli
  menm pa konnen sa;
oswa fis li yo vin pa anyen, men li pa apèsi sa.
²² Men kò l fè mal;
epi li fè dèy sèlman pou pwòp tèt li.

15 Epi Éliphaz Temanit lan te reponn:
² Èske yon nonm saj ta dwe bay repons
ak konesans ki sòti nan van,
ᵍe ki plen tèt li avèk van lès?
³ Èske li ta diskite ak pale initil,
oswa ak pawòl ki pa gen valè?
⁴ Anverite, ou manke respè Bondye
e ou siprime tout kalite bon refleksyon
  devan Bondye.
⁵ Paske ᵸkoupabilite ou ki enstwi bouch ou,
e ou chwazi langaj a rizye yo.
⁶ ⁱPwòp bouch ou kondane ou, pa mwen
epi pwòp lèv ou fè temwayaj kont ou.

⁷ "Èske se ou ki te premye la ki te fèt sou tè a,
oswa ʲèske ou te fèt avan tout kolin yo?
⁸ Èske ou konn tande ᵏkonsèy sekrè
  a Bondye yo,
oswa èske tout sajès se pou ou sèl?
⁹ ˡKisa ou konnen ke nou pa konnen?
Èske ou konprann sa nou pa kapab konprann?
¹⁰ Genyen ni granmoun ak moun ᵐcheve
  blanch pami nou,

ki pi gran pase papa ou.
¹¹ Èske konsolasyon Bondye a twò piti pou ou,
menm mo ki pale ak dousè avèk ou yo?
¹² Poukisa aⁿkè ou pote ou rive lwen konsa?
Epi poukisa zye ou yo vin limen konsa?
¹³ Pou ou ta vire lespri ou kont Bondye e
kite pawòl parèy a sila yo sòti nan bouch ou?
¹⁴ Kisa lòm nan ye pou ᵒli ta kab san tach,
oswa ᵖsila ki fèt de fanm nan pou ta kab dwat?
¹⁵ Gade byen, Li pa mete konfyans
  menm nan ᵠsen Li yo
e menm syèl yo pa san tach nan zye Li;
¹⁶ konbyen anmwens, yon moun ki
  degoutan e konwonpi;
lòm ki ʳbwè inikite kon dlo a!

¹⁷ "M ap di ou, koute m byen;
sa mwen konn wè, anplis m ap deklare li;
¹⁸ ˢsa ke moun saj konn pale
e ki pa t kache sòti de papa pa yo,
¹⁹ A sila yo menm sèl ke tè a te donnen,
e pa t gen etranje ki te pase pami yo.
²⁰ Moun mechan an vire tounen ᵗnan
  pwòp doulè li tout tan,
e fòs lane pou moun mechan yo byen
  kontwole.
²¹ Bri laperèz sone nan zòrèy li.
ᵘPandan li anpè, destriktè a rive sou li.
²² Li pa gen espwa ᵛsòti nan tenèb la.
Desten li se ʷnepe.
²³ Li mache egare pou chache manje epi di:
'Kote li ye?'
Konsa, li konnen ke ˣjou tenèb la gen tan rive.
²⁴ Twoub ak gwo soufrans fè l gen
  gwo laperèz.
Yo fè l soumèt tankou yon wa ke yo
  prèt pou atake.
²⁵ Paske li fin lonje men l kont Bondye
e aji ak ʸawogans kont Toupwisan an.
²⁶ Li kouri kou rèd sou li tèt avan
avèk gwo boukliye li.
²⁷ Paske li fin ᶻkouvri figi li ak grès li,
e fè kwis li vin lou ak chè.
²⁸ Li te ᵃviv nan vil dezole yo,
nan kay kote pèsòn pa ta rete yo,
ki fèt pou vin dekonble nèt.
²⁹ Li ᵇp ap vin rich, ni fòtin li p ap dire;
tèt sereyal li yo p ap janm bese rive atè.
³⁰ Li p ap ᶜchape nan tenèb la.
Flanm nan va seche tout boujon li yo.
Kon ᵈsouf bouch li, lap wale nèt.
³¹ Pa kite li ᵉmete konfyans nan gwo vid la.
Sa a ta yon desepsyon;
paske gwo vid la va sèvi kon rekonpans li.
³² Sa va vin rive ᶠavan lè li.

ᵃ **14:13** És 26:20   ᵇ **14:15** Job 10:3   ᶜ **14:16** Job 10:6   ᵈ **14:19** Job 7:6   ᵉ **14:20** Job 4:20   ᶠ **14:21** Ekl 9:5
ᵍ **15:2** Job 6:26   ʰ **15:5** Job 22:5   ⁱ **15:6** Job 18:7   ʲ **15:7** Job 38:4-21   ᵏ **15:8** Wo 11:34   ˡ **15:9** Job 12:3
ᵐ **15:10** Job 12:12   ⁿ **15:12** Job 11:13   ᵒ **15:14** Ekl 7:20   ᵖ **15:14** Job 25:4   ᵠ **15:15** Job 5:1   ʳ **15:16** Job 34:7
ˢ **15:18** Job 8:8   ᵗ **15:20** Job 15:24   ᵘ **15:21** Job 20:21   ᵛ **15:22** Job 15:30   ʷ **15:22** Job 19:29   ˣ **15:23** Job 15:22-30
ʸ **15:25** Job 36:9   ᶻ **15:27** Sòm 73:7   ᵃ **15:28** Job 3:14   ᵇ **15:29** Job 27:16-17   ᶜ **15:30** Job 5:14   ᵈ **15:30** Job 4:9
ᵉ **15:31** Job 35:13   ᶠ **15:32** Job 22:16

Branch palmis li p ap vèt.
³³ Li va souke retire rezen li ki potko mi
    soti nan pye rezen a,
e va ᵃjete flè li kon pye oliv la.
³⁴ Paske konpanyen a enkwayan yo
    va byen esteril,
epi se dife kap brile tant anba pwès yo.
³⁵ Yo ᵇplante mal la, e yo rekòlte inikite;
epi se desepsyon k ap jèmen nan panse yo."

16
Epi Job te reponn:
² Mwen tande anpil bagay parèy
    a sila yo;
ᶜmove konsolatè nou tout ye.
³ Èske pa gen limit sou ᵈpawòl kap
    pouse van a?
Oswa se kilès k ap toumante ou ki
    fè ou reponn?
⁴ Mwen osi ta kab pale tankou ou, si
    mwen te nan plas ou.
Mwen ta kab konpoze pawòl yo kont ou
e ᵉsouke tèt mwen sou ou.
⁵ Mwen ta kab ranfòse ou ak bouch mwen,
e senpati a lèv mwen ta kab redwi doulè ou.
⁶ Mem si mwen pale sa pa redwi ᶠdoulè m;
si mwen ralanti nan pale, se kisa ki
    kite mwen?
⁷ Men koulye a, Li ᵍfin fatige m nèt;
Ou, Bondye, te ʰgate tout zanmi m yo.
⁸ Ou te fè m vin sèch nèt. Sa devni yon
    temwen kont mwen.
Epi ⁱjan mwen vin mèg, leve kont mwen.
Li fè temwayaj devan figi mwen.
⁹ Kòlè Li fin ʲchire mwen e chase m jis atè,
Li te modi blese m ak dan L.
ᵏAdvèsè mwen an chase mwen ak menas Li.
¹⁰ Yo te gade m, ˡbouch yo louvri.
Yo te souflete m sou machwè m ak mepriz;
yo te oganize yo menm kont mwen.
¹¹ Bondye te plase mwen nan men
    enkwayan yo,
e te jete mwen nan men a mechan yo.
¹² Mwen te alèz, men Li te ᵐbrize mwen,
Li te sezi mwen nan kou
e te souke mwen jiskaske m fè mòso;
anplis li te fè m objè tiraj.
¹³ ⁿFlèch Li yo antoure mwen. San pitye Li
    fann ren mwen ouvri nèt.
Li vide ᵒfyèl mwen atè.
¹⁴ Li kase antre brèch pa brèch;
Li kouri sou mwen kon yon jeyan.
¹⁵ Mwen te koud twal sak sou kò m
epi pouse kòn mwen antre nan pousyè.
¹⁶ Figi mwen vin wouj akoz ᵖkri mwen yo
e pòpyè zye m vin fonse nwa,
¹⁷ Malgre nanpwen vyolans nan men m,

e priyè mwen yo san tach.
¹⁸ O latè a, pa kouvri san kò mwen
e pa bay plas pou kriyè m yo pran repo.
¹⁹ Menm koulye a, gade byen,
ᵠtemwen m se nan syèl la.
Avoka m ki pale pou mwen la, an anwo.
²⁰ Se zanmi mwen yo k ap moke m.
ʳZye m kriye a Bondye.
²¹ O ke yon nonm ta kab plede avèk Bondye,
kon yon moun plede ak vwazen li!
²² Paske lè kèk ane fin pase, m ap prale
nan chemen ki pap retounen an.

17
"Lespri m fin kase.
Jou m yo etenn;
tonbo a pare pou mwen.
² ˢAnverite mokè yo avè m,
e zye m fikse sou pwovokasyon yo.

³ "Depoze la koulye a, yon sekirite.
Kanpe kon garanti mwen, ak Ou menm.
Se kilès ki kab antann avè m?
⁴ Paske Ou te ᵗanpeche kè yo konprann;
pou sa, ou pa p egzalte yo.
⁵ Sila ki enfòme kont zanmi li yo pou piyaj la,
menm zye pitit li yo va vin gate.

⁶ "Men Li te fè m vin tounen yon ᵘvye
    pwovèb pou pèp la.
Konsa, yo vin ᵛkrache sou figi m.
⁷ Anplis, zye m vin ʷpa wè klè akoz doulè m,
e tout nanm mwen tankou lonbraj.
⁸ Moun ladwati va byen twouble ak sa,
e ˣlinosan an va leve li menm kont
    enkwayan yo.
⁹ Malgre, ʸmoun dwat la va kenbe chemen li
e ᶻsila ki gen men pwòp yo va vin pi fò e pi fò.
¹⁰ Men nou tout, retounen;
malgre mwen ᵃpa twouve yon nonm
    saj pami nou.
¹¹ ᵇJou pa m yo fin pase, plan mwen
    yo vin chire nèt,
menm dezi a kè mwen yo.
¹² Yo fè lannwit mwen vin sanble lajounen.
Yo di 'limyè a toupre' lè tout se fènwa.
¹³ Si mwen chache ᶜSejou mò yo kon
    lakay mwen,
si mwen fè kabann mwen nan tenèb la;
¹⁴ Si mwen kriye a fòs tonbo a:
'Se ou ki papa m'; epi a ᵈvè a:
"Ou se manman m ak sè m';
¹⁵ Alò, koulye a, se kibò ᵉespwa mwen ye?
Epi se kilès k ap okipe espwa m?
¹⁶ Èske espwa m va desann avèk mwen
nan Sejou Lanmò yo?
Èske se ansanm n ap ᶠdesann nan pousyè a?"

ᵃ **15:33** Job 14:2 ᵇ **15:35** Sòm 7:14 ᶜ **16:2** Job 13:4 ᵈ **16:3** Job 6:26 ᵉ **16:4** So 2:15 ᶠ **16:6** Job 9:27-28
ᵍ **16:7** Job 7:3 ʰ **16:7** Job 19:13-15 ⁱ **16:8** Job 19:20 ʲ **16:9** Os 6:1 ᵏ **16:9** Job 13:24 ˡ **16:10** Sòm 22:14
ᵐ **16:12** Job 9:17 ⁿ **16:13** Job 6:4 ᵒ **16:13** Job 20:25 ᵖ **16:16** Job 16:20 ᵠ **16:19** Wo 1:9 ʳ **16:20** Job 17:7
ˢ **17:2** Job 12:4 ᵗ **17:4** Job 12:20 ᵘ **17:6** Job 17:2 ᵛ **17:6** Job 30:10 ʷ **17:7** Job 16:16 ˣ **17:8** Job 22:19
ʸ **17:9** Pwov 4:18 ᶻ **17:9** Job 22:30 ᵃ **17:10** Job 12:12 ᵇ **17:11** Job 7:6 ᶜ **17:13** Job 3:13 ᵈ **17:14** Job 21:26
ᵉ **17:15** Job 7:6 ᶠ **17:16** Job 3:17

18 Epi Bildad, Shuach la te reponn:
² "Pou jiskilè ou va chase pawòl?
Montre bon sans ou pou nou kab pale.
³ Poukisa nou [a]gade tankou bèt,
tankou sòt nan zye ou?
⁴ O ou menm ki chire pwòp kò ou
   menm nan kòlè ou,
èske se pou lakoz ou menm ke tè a
   ta abandone,
oswa wòch la deplase nan plas li?

⁵ "Anverite, [b]limyè a mechan an va etenn,
e flanm dife li pap bay limyè.
⁶ Limyè nan tant li an vin [c]fènwa,
e lanp li etenn sou li.
⁷ Gran pa dyanm li yo vin kout,
e [d]pwòp manèv li a vin desann li.
⁸ Paske li [e]tonbe nan pèlen an akoz
   pwòp pye li
e li mache sou file a.
⁹ Yon pèlen pran l pa talon,
e yon filè vin fèmen sou li.
¹⁰ Yon pyèj kache pou li nan tè a,
e yon zatrap sou chemen li.
¹¹ Patou [f]laperèz fè l sezi e kouri dèyè l
nan chak pa ke li fè.
¹² Fòs li vin [g]epwize e gwo dega parèt akote li.
¹³ Kò li devore pa maladi;
premye ne lanmò a [h]devore manm kò li yo.
¹⁴ Li [i]fin chire soti nan sekirite tant li an
e yo pran l pou l parèt devan wa laperèz la.
¹⁵ Anyen pa rete nan tant li ki pou li;
[j]souf gaye toupatou sou abitasyon li.
¹⁶ [k]Rasin li vin sèch anba li,
e [l]branch li fin koupe pa anwo.
¹⁷ [m] Memwa li fin disparèt sou tè a
men li pa gen non nan okenn lòt peyi.
¹⁸ Li bourade pouse lwen limyè a pou
   rive [n]nan tenèb,
e chase jis deyò mond kote moun rete a.
¹⁹ Li pa gen ni [o]desandan ni posterite
   pami pèp li a,
ni okenn moun ki rete kote li te demere.
²⁰ Sila nan lwès yo vin revòlte de [p]desten li
e sila nan lès yo vin sezi ak laperèz.
²¹ Anverite, se konsa [q]abitasyon a
   mechan yo ye a.
Sa se plas a sila ki pa konnen Bondye a."

19 Epi Job te reponn:
² Pou konbyen de tan, nou va
   toumante m,
e kraze mwen avèk pawòl yo?
³ Dis fwa sa yo nou te ensilte m;
nou pa menm wont fè m tò.
⁴ Menm si m fè erè, erè sa repoze anndan m.

⁵ Si anverite nou vin [r]ògeye kont mwen,
e fè m wè prèv a gwo wont mwen,
⁶ Alò, konnen byen ke [s]Bondye te fè m tò,
e te fèmen [t]pèlen Li an antoure mwen.

⁷ "Gade byen, [u]mwen kriye: 'Vyolans!'
Men nanpwen repons.
Mwen rele sekou! Men nanpwen jistis.
⁸ Li te [v]bare chemen mwen pou m
   pa kab pase,
e Li te mete fènwa sou pa m yo.
⁹ Li te retire lonè sou mwen e
te retire kouwòn nan sou tèt mwen.
¹⁰ Li [w]kraze desann mwen tout kote e
   mwen fin disparèt;
Li te dechouke espwa m kon yon pyebwa.
¹¹ Anplis, Li te [x]limen lakòlè Li kont mwen
e te [y]konsidere m kon lènmi Li.
¹² Lame Li a vin rasanble pou
[z]bati chemen pa yo kont mwen.
Yo fè kan kap antoure tant mwen an.

¹³ "Li te retire frè m yo byen lwen mwen
e sila mwen te konnen yo vin separe
   de mwen nèt.
¹⁴ Fanmi mwen yo vin fè fayit
e pi pwòch [a]zami m yo te bliye m.
¹⁵ Sila ki rete lakay mwen yo ak sèvant
   mwen yo
konsidere m kon yon etranje.
Mwen se yon etranje menm nan zye yo.
¹⁶ Mwen rele sèvitè mwen an, men
   li pa reponn;
mwen oblije sipliye l ak bouch mwen.
¹⁷ Menm souf mwen fè bay ofans a
   madanm mwen,
e mwen vin abominab a pwòp frè m.
¹⁸ Timoun yo meprize mwen.
Mwen leve e yo pale kont mwen.
¹⁹ Tout [b]asosye m yo etone ak krent devan m.
Sila ke m byen renmen yo te vire kont mwen.
²⁰ [c]Zo m yo kole sou po m ak chè m;
se sèl pa po dan m ke m chape lanmò.

²¹ "Gen pitye pou mwen, gen pitye,
O nou menm ki zanmi mwen yo,
paske [d]men Bondye vin frape mwen.
²² Poukisa n ap [e]pèsekite mwen menm
   tankou Bondye
e pa satisfè ak chè mwen.
²³ O ke pawòl mwen yo te ekri!
O ke yo te [f]enskri nan yon liv!
²⁴ Ke avèk pwent plim ak plon,
yo te grave sou wòch la jis pou tout tan!

---

[a] **18:3** Sòm 73:22   [b] **18:5** Job 21:17   [c] **18:6** Job 12:25   [d] **18:7** Job 15:6   [e] **18:8** És 24:17-18   [f] **18:11** Job 15:21
[g] **18:12** És 8:21   [h] **18:13** Za 14:12   [i] **18:14** Job 8:22   [j] **18:15** Sòm 11:6   [k] **18:16** Mat 4:1   [l] **18:16** Job 15:30-32
[m] **18:17** Sòm 34:16   [n] **18:18** Job 5:14   [o] **18:19** Job 27:14-15   [p] **18:20** Jr 50:27   [q] **18:21** Job 21:28
[r] **19:5** Sòm 35:26   [s] **19:6** Job 16:11   [t] **19:6** Lam 1:13   [u] **19:7** Job 30:20-24   [v] **19:8** Job 3:23   [w] **19:10** Job 12:14
[x] **19:11** Job 16:9   [y] **19:11** Job 13:24   [z] **19:12** Job 30:12   [a] **19:14** Job 19:19   [b] **19:19** Sòm 38:11
[c] **19:20** Sòm 102:5   [d] **19:21** Job 1:11   [e] **19:22** Job 13:24-25   [f] **19:23** És 30:8

²⁵ Men pou mwen, mwen konnen ke
  ᵃRedanmtè mwen an vivan.
Epi apre tout sa a, li va vin kanpe sou latè.
²⁶ Menm lè po m fin detwi,
malgre chè m fin sòti,
mwen va ᵇwè Bondye nan chè a;
²⁷ ke mwen, mwen menm va wè,
ke zye m va wè, e se pa kon yon etranje.

"Kè m ᶜvin fèb anndan m.
²⁸ Si nou di: 'Kijan nou va pèsekite li!'
pwiska rasin ka sa a se nan mwen,'
²⁹ fè lakrent ᵈnepe a pou kont nou,
paske lakòlè Bondye mennen pinisyon nepe a.
Fòk nou kab konnen, gen jijman."

20 Epi Tsophar, Naamatit lan, te reponn:
² "Akoz sa a, tout refleksyon k ap
  boulvèse m yo, fè m fè repons,
menm akoz tout anndan m tèlman ajite.
³ Mwen tande ᵉrepwòch ki fè m wont.
Konsa, lespri bon konprann mwen
  fè m reponn.
⁴ Èske ou pa konnen bagay sa a depi
  nan ᶠtan ansyen an,
depi lòm te mete sou latè,
⁵ Ke ᵍviktwa a mechan yo kout,
e ʰjwa a enkwayan an se pou yon moman?
⁶ Malgre wotè li ta ⁱrive nan syèl la,
pou tèt li ta touche nwaj yo,
⁷ L ap ʲperi nèt tankou fatra.
Sila ki te konn wè li yo va di: 'Kibò li ye?'
⁸ Li vole ale tankou yon ᵏrèv, e yo pa
  kab jwenn li.
Menm tankou yon rèv lannwit, li fin
  ˡchase ale.
⁹ ᵐZye ki te wè l la pa wè l ankò,
e plas li a pa gade li ankò.
¹⁰ ⁿFis li yo fè byen pou malere yo,
e men yo ᵒremèt byen li yo.
¹¹ ᵖZo li yo plen ak fòs jenès li,
men li kouche ansanm avè l nan pousyè a.

¹² "Sepandan, ᑫmechanste dous nan bouch li
e li kache li anba lang li,
¹³ Li pito mal la, e refize lage l,
men kenbe li ʳnan bouch li,
¹⁴ men manje nan vant li vire.
Li tounen pwazon vipè anndan l.
¹⁵ Li te vale richès,
men ˢvomi fè yo retounen vin parèt.
Bondye va fè yo sòti nan vant li.
¹⁶ Li souse ᵗpwazon koulèv yo;
lang a vipè a kap touye li.

¹⁷ Li pa gade ᵘdlo yo ankò,
ni rivyè ki koule yo ak siwo ak bòl lèt yo.
¹⁸ Li ᵛremèt sa ke li te pran an.
Li pa kab vale l.
Afè richès a komès li yo,
li pa kab menm rejwi de yo.
¹⁹ Paske li te ʷoprime e abandone malere yo.
Li te sezi yon kay ke li pa t bati.

²⁰ "Akoz li pa t kab kalme kè l,
li pat kab ˣkenbe anyen nan sa li renmen.
²¹ Anyen pat rete ke li pat devore;
akoz sa a, ʸbyen li yo pat dire.
²² Ranpli ak tout bagay li, li va jennen;
  ᶻ men a tout moun ki soufri yo va vini kont li.
²³ Lè li ᵃplen vant li, Bondye va voye kòlè
  fewòs pa Li sou li.
Lapli va tonbe sou li pandan l ap manje.
²⁴ Li kapab ᵇsove ale devan zam fèt ak fè a,
men banza fèt an bwonz lan va tire frennen l.
²⁵ L ap rale sòti parèt dèyè do li,
menm pwent glise a soti nan fyèl li.
ᶜ Gwo laperèz va parèt sou li.
²⁶ Fènwa nèt rezève kon trezò li,
e ᵈflanm dife san van an va devore li.
Li va manje tout sa ki rete nan tant li an.
²⁷ ᵉ Syèl yo va revele inikite li
e tè a va leve kont li.
²⁸ ᶠ Riches lakay li va pati,
posesyon li yo va ale ᵍnan jou kòlè Li a.
²⁹ Sa se ʰpòsyon a moun mechan
k ap sòti nan men Bondye,
sa se eritaj ke Bondye òdone pou bay li."

21 "Konsa, Job te reponn:
² Koute pawòl mwen byen pre;
kite sa sèvi tankou chemen pou konsole.
³ Pran pasyans pou m kab pale,
epi tann lè m fini pou ou kab ⁱgiyonnen m.
⁴ Pou mwen, èske ʲplent mwen an se
  anvè yon nonm?
Epi poukisa mwen pa ta dwe manke pasyans?
⁵ Gade mwen! Vin etone!
ᵏ Kouvri bouch ou ak men ou!
⁶ Lè m sonje, mwen twouble.
Chè m vin ranpli ak ˡlaperèz.

⁷ "Poukisa ᵐmechan yo viv toujou,
vin vye e vin pwisan nèt?
⁸ ⁿ Desandan yo vin etabli pou yo ka wè yo,
ak pitit pa yo devan zye yo.
⁹ Lakay yo ᵒpwoteje kont laperèz,
e baton Bondye pa janm rive sou yo.
¹⁰ Towo yo toujou kouple san manke.

ᵃ **19:25** És 43:14   ᵇ **19:26** I Kor 13:12   ᶜ **19:27** Sòm 73:26   ᵈ **19:29** Job 15:22   ᵉ **20:3** Job 19:3
ᶠ **20:4** Job 8:8   ᵍ **20:5** Sòm 37:35-36   ʰ **20:5** Job 8:13   ⁱ **20:6** És 14:13-14   ʲ **20:7** Job 4:20   ᵏ **20:8** Sòm 73:20
ˡ **20:8** Job 27:21-23   ᵐ **20:9** Job 7:8   ⁿ **20:10** Job 5:4   ᵒ **20:10** Job 27:16-17   ᵖ **20:11** Job 21:23-24
ᑫ **20:12** Job 15:16   ʳ **20:13** Nonb 11:18-23   ˢ **20:15** Job 20:10-21   ᵗ **20:16** Det 32:24-33   ᵘ **20:17** Det 32:13-14
ᵛ **20:18** Job 20:10-15   ʷ **20:19** Job 24:2-4   ˣ **20:20** Ekl 5:13-14   ʸ **20:21** Job 15:29   ᶻ **20:22** Job 5:5
ᵃ **20:23** Job 20:13   ᵇ **20:24** És 24:18   ᶜ **20:25** Job 18:11-14   ᵈ **20:26** Job 15:30   ᵉ **20:27** Det 31:28
ᶠ **20:28** Det 28:31   ᵍ **20:28** Job 20:15   ʰ **20:29** Job 27:13   ⁱ **21:3** Job 11:3   ʲ **21:4** Job 7:11   ᵏ **21:5** Jij 18:19
ˡ **21:6** Sòm 55:5   ᵐ **21:7** Jr 12:1   ⁿ **21:8** Sòm 17:14   ᵒ **21:9** Job 12:6

Vach yo fè pitit e pa fè foskouch.
¹¹ Yo mete pitit yo deyò tankou yon bann.
Yo flannen e danse toupatou.
¹² Yo chante ak tanbouren avèk ap,
e rejwi ak son flit la.
¹³ Yo ᵃpase jou yo nan byen reyisi.
Epi konsa yo desann nan Sejou Lanmò Yo.
¹⁴ Yo di Bondye: ᵇ'Kite nou!'
Nou pa menm vle konnen chemen Ou yo.
¹⁵ 'Se kilès Toupwisan an ye pou nou
ta sèvi Li,
e ki rekonpans nou ta twouve si nou ta
priye anvè Li?'
¹⁶ Gade byen, bonè pa yo pa rete nan men yo;
ᶜ konsèy a mechan yo lwen mwen.

¹⁷ "Èske se souvan ke ᵈlanp a mechan
yo etenn?
Èske ᵉmalè konn vin tonbe sou yo?
Èske Bondye mezire destriksyon nan
lakòlè Li?
¹⁸ Èske se tankou pay nan van yo ye vrè,
pay ke van pouse ale?
¹⁹ Ou di ke 'Bondye konsève inikite a yon
nonm pou fis li yo.'
Kite Bondye rekonpanse li menm pou
l konnen sa.
²⁰ Kite ᶠpwòp zye pa li wè lè l pouri gate.
Kite li bwè lakòlè Bondye.
²¹ Paske ki konsiderasyon ki genyen
pou lakay sila ki swiv li a,
lè fòs kantite mwa li yo vin koupe?

²² "Èske gen moun kab ᵍbay Bondye
konesans?
Se Li menm ki jije sila anwo yo.
²³ Yon moun ʰmouri ak tout fòs li,
byen alèz e kal;
²⁴ Tout bokal li yo plen lèt
e tout ⁱmwèl zo l li byen mou,
²⁵ Pandan yon lòt mouri ak yon nanm anmè,
e pa janm goute nan sa ki bon.
²⁶ Ansanm yo ʲkouche nan pousyè a
e vè vin kouvri yo.

²⁷ "Gade byen, mwen konnen sa ou ap panse
ak plan nou sèvi pou fè m tò yo.
²⁸ Paske ou ap di: 'Kote kay a ᵏprens lan
e kote tant kote mechan an rete a?'
²⁹ Èske nou pa janm mande vwayajè yo?
Èske nou pa konnen temwayaj yo bay?
³⁰ Paske mechan an, li menm, konsève
pou gwo jou malè a;
Y ap vin parèt nan jou kòlè a.
³¹ Se kilès ki va fè l repwòch pou zak li yo?

E kilès ki va rekonpanse li pou sa l fè?
³² Pandan l ap pote nan tonbo a, y ap
veye tonm li.
³³ Bòl tè vale a va kouvri l ak tout dousè;
anplis, ˡtout moun va swiv dèyè li,
menm ak gran fòs san kontwòl yo,
yo te ale devan l.
³⁴ Konsa, se kijan pou m ta ᵐtwouve rekonfò
nan konsolasyon an ven nou yo?
Paske repons nou yo fèt ak manti."

22 Epi Éliphaz, Temanit lan, te reponn:
² "Èske yon ⁿnonm plen kouraj
kapab itil a Bondye?
Byen klè yon nonm saj se itil a pwòp tèt li.
³ Èske Toupwisan an pran plezi nan
ladwati ou,
oswa twouve pwofi si chemen ou yo san fot?
⁴ Èske se akoz krentif la menm ou
gen pou Bondye
ke L ap repwoche ou?
Ke l ap ᵒantre nan jijman kont ou?
⁵ Se pa ke ᵖmechanste ou gran
e inikite ou yo san limit?
⁶ Paske ou te ᵠpran garanti a frè ou yo san koz
e te menm retire rad pa yo jis yo vin toutouni.
⁷ A moun fatige yo, ou ʳpa t bay dlo pou bwè
e a grangou yo, ou te ˢrefize yo pen.
⁸ Men tè a se pou nonm ki pwisan an,
e se ᵗmoun entèg ki rete ladann.
⁹ Ou te voye vèv yo ale men vid
e te kraze fòs a ᵘòfelen yo.
¹⁰ Akoz sa, pèlen yo antoure ou,
e ᵛlaperèz, sibitman, vin bay ou gwo lakrent,
¹¹ oswa se ʷfènwa pou ou pa kab wè
ak anpil dlo ki kouvri ou.

¹² "Èske Bondye pa ˣnan wotè syèl la?
Menm anplis, gade zetwal byen lwen
yo; kijan yo wo!
¹³ Ou di: ʸ'Kisa Bondye konnen?
Èske Li kab jije nan fènwa pwofon an?
¹⁴ ᶻNwaj yo se yon plas pou L kab kache,
pou L pa kab wè.
Se anwo plafon syèl la l ap mache.'
¹⁵ Èske ou va kenbe ᵃansyen chemen a,
kote mesye mechan yo te mache,
¹⁶ ki te rachte avan lè yo,
ki te lese fondasyon ki lave a
retire nèt pa rivyè a?
¹⁷ Yo te ᵇdi a Bondye: 'Kite nou!',
Epi: 'Kisa Toupwisan an kab fè pou nou?'
¹⁸ Sepandan, Li te ᶜranpli lakay yo
ak bon bagay;
men ᵈkonsèy a mechan yo lwen m.
¹⁹ ᵉMoun ladwati yo wè, yo fè kè kontan.

ᵃ **21:13** Job 21:23   ᵇ **21:14** Job 22:17   ᶜ **21:16** Job 22:18   ᵈ **21:17** Job 18:5-6   ᵉ **21:17** Job 31:2-3   ᶠ **21:20** Jr 31:30   ᵍ **21:22** Wo 11:34   ʰ **21:23** Job 20:11   ⁱ **21:24** Pwov 3:8   ʲ **21:26** Job 3:13   ᵏ **21:28** Job 1:3   ˡ **21:33** Job 3:19   ᵐ **21:34** Job 16:2   ⁿ **22:2** Job 35:7   ᵒ **22:4** Job 14:3   ᵖ **22:5** Job 11:6   ᵠ **22:6** Job 24:3-9   ʳ **22:7** Job 31:16-17   ˢ **22:7** Job 31:31   ᵗ **22:8** És 3:3   ᵘ **22:9** Job 6:27   ᵛ **22:10** Job 15:21   ʷ **22:11** Job 5:14   ˣ **22:12** Job 11:7-9   ʸ **22:13** És 29:15   ᶻ **22:14** Job 26:9   ᵃ **22:15** Job 34:8   ᵇ **22:17** Job 21:14-15   ᶜ **22:18** Job 12:6   ᵈ **22:18** Job 21:16   ᵉ **22:19** Sòm 52:6

Inosan yo moke yo.
²⁰ Yo di: 'Anverite, advèsè nou yo
    koupe retire nèt.
E ᵃdife a fin manje retay yo.'

²¹ ᵇ"Vin konnen L depi koulye a e fè
    lapè avè L;
se konsa, sa ki bon va rive kote ou.
²² Souple, resevwa ᶜenstriksyon nan bouch Li
e etabli pawòl Li yo nan kè ou.
²³ Si ou retounen bò kote Toupwisan an,
    ou va restore,
si ou ᵈretire inikite a byen lwen tant ou.
²⁴ ᵉMete riches ou nan pousyè a,
lò Ophir a pami wòch kouran dlo yo.
²⁵ Alò, se Toupwisan an ki va riches ou,
e pi bèl ajan pou ou.
²⁶ Paske konsa ou va ᶠrejwi nan Toupwisan an,
e leve figi ou vè Bondye.
²⁷ Ou va priye a Li menm, e ᵍLi va tande ou.
Ou va peye ve ou yo.
²⁸ Anplis, ou va fè yon dekrè e li va
    etabli pou ou;
konsa limyè va briye sou wout ou.
²⁹ Lè ou santi ou vin ba, alò ou va pale
    ak konfyans,
e moun ki ʰenb lan, Li va sove li.
³⁰ Li va delivre menm sila ki pa inosan yo,
e ⁱdelivrans sa a va fèt akoz men ou ki pwòp."

23 Alò, Job te reponn:
² Menm jodi a, ʲplent mwen
    yo se rebelyon.
Men Li rete lou malgre tout plent mwen yo.
³ O ke m ta kab konnen kibò mwen ta
    kab twouve Li,
pou m ta kab pwoche chèz Li a!
⁴ Mwen ta ᵏprezante ka m nan devan L,
e plen bouch mwen ak diskou yo.
⁵ Mwen ta vin aprann pawòl ke Li ta reponn yo
e apèsi sa Li ta di m.
⁶ Èske Li ta sèvi ˡgran fòs Li pou
    goumen ak mwen?
Non, anverite, Li ta koute mwen.
⁷ La, moun ladwati yo ta ᵐrezone avè L;
epi mwen ta ⁿdelivre jis pou tout tan
    de Jij mwen an.
⁸ Men gade, mwen fè avan, men Li pa la,
e mwen fè bak, men mwen ᵒpa kab twouve Li.
⁹ Lè L aji agoch, mwen pa kab wè Li.
Li vire adwat, mwen pa wè L.
¹⁰ Men Li konnen chemen ke m pran an.
Li fè m ᵖpase a leprèv, e mwen va
    sòti tankou lo.
¹¹ Pye m te ᵠkenbe fèm a pa Li.

Mwen te kenbe chemen Li an, e mwen
    pa t vire akote.
¹² Mwen pa t kite kòmand a lèv Li yo.
Mwen te kenbe ʳpawòl a bouch Li
kon pi presye pase manje ki fè m gen fòs la.
¹³ Men pa gen lòt tankou Li;
se kilès ki kab kanpe kont Li?
Sa ke nanm Li pito, se sa ke Li fè.
¹⁴ Paske li acheve sa ki deziye pou mwen an.
Se anpil dekrè konsa ki rete avè L.
¹⁵ Pou sa, mwen deranje nèt nan prezans Li.
Lè m kalkile, Li fè m pè anpil.
¹⁶ Se Bondye ki fè ˢkè m sote.
Se Toupwisan an ki deranje m konsa.
¹⁷ Akoz mwen pat koupe retire nèt
    avan fenwà a,
ni ᵗLi pat kouvri gwo tenèb la devan figi m.

24 ᵘ"Poukisa Toupwisan an pa mete tan nan rezèv?
E poukisa sila ki konnen Li yo pa wè
    ᵛjou Li yo?
² Kèk ʷretire limit bòn yo.
Yo sezi e devore bann mouton yo.
³ Yo pouse fè ale bourik a ˣòfelen yo,
yo pran bèf a vèv la kon garanti.
⁴ Yo pouse ʸendijan yo akote wout la.
Malere peyi a oblije kache nèt.
⁵ Gade byen, kon bourik mawon nan dezè a,
yo ᶻvin parèt pou chache manje.
Dezè a bay yo anpil manje pou pitit yo.
⁶ Yo rekòlte nan chan a lòt yo,
e ranmase nan chan rezen a mechan yo.
⁷ ᵃYo pase lannwit lan toutouni san rad,
e yo pa gen pwotèj kont fredi a.
⁸ Yo mouye ak lapli mòn yo,
e yo anbrase wòch yo akoz mank pwotèj yo.
⁹ Lòt yo sezi ᵇòfelen an soti nan tete a,
e kont malere a, yo pran garanti.
¹⁰ Se yo ki koz malere a ale toutouni san rad,
kap pote pakèt akoz grangou.
¹¹ Anndan miray moun sa yo, yo pwodwi lwil.
Yo foule li nan preswa, men yo swaf.
¹² Depi nan vil la, moun yo plenyen fò,
e nanm a sila ki blese yo pouse gwo plent,
men Bondye pa prete atansyon de foli sa a.

¹³ "Gen lòt moun ki fè rebèl kont limyè a.
Yo pa vle konnen pa li,
ni rete nan chemen li yo.
¹⁴ Asasen an ᶜleve granmmaten.
Li ᵈtouye malere a ak endijan an.
Nan lannwit, se yon vòlè li ye.
¹⁵ Zye ᵉadiltè a tann lannwit rive;
li di: 'Zye p ap janm wè m.'
Li kouvri figi li.

ᵃ **22:20** Job 15:30   ᵇ **22:21** Sòm 34:10   ᶜ **22:22** Job 8:10   ᵈ **22:23** Job 11:14   ᵉ **22:24** Job 31:24-25
ᶠ **22:26** Sòm 37:4   ᵍ **22:27** Job 34:28   ʰ **22:29** Jc 4:5   ⁱ **22:30** Job 42:7-8   ʲ **23:2** Job 7:11   ᵏ **23:4** Job 13:18
ˡ **23:6** Job 9:4   ᵐ **23:7** Job 13:3   ⁿ **23:7** Job 23:10   ᵒ **23:8** Job 9:11   ᵖ **23:10** Za 13:9   ᵠ **23:11** Job 31:7
ʳ **23:12** Job 6:10   ˢ **23:16** Det 20:3   ᵗ **23:17** Job 19:8   ᵘ **24:1** Trav 1:7   ᵛ **24:1** És 2:12   ʷ **24:2** Det 19:14
ˣ **24:3** Job 6:27   ʸ **24:4** Job 24:14   ᶻ **24:5** Sòm 104:23   ᵃ **24:7** Egz 22:26   ᵇ **24:9** Job 6:27   ᶜ **24:14** Mi 2:1
ᵈ **24:14** Sòm 10:8   ᵉ **24:15** Pwov 7:9

¹⁶ Nan fènwa, yo ᵃfouye anndan kay yo.
Yo ᵇfèmen yo menm pandan jounen an.
Yo pa konnen limyè.
¹⁷ Paske pou li maten se menm jan ak
fènwa a byen pwès,
tèlman li abitye ak ᶜgwo perèz nan
fènwa pwès la.

¹⁸ "Se kim yo ye k ap monte sou dlo.
Pòsyon pa yo ᵈmodi sou latè.
Yo pa tankou chan rezen yo.
¹⁹ Sechrès ak chalè manje dlo lanèj la.
Menm jan tou, ᵉSejou Lanmò fè sila
ki te peche yo.
²⁰ Vant manman an ᶠva bliye li.
Vè va manje li byen dous,
jiskaske moun pa sonje l ankò.
Konsa, mechanste la va kase tankou
yon pyebwa.
²¹ Li fè tò a fanm esteril la.
Li pa gen mizerikòd pou li.
²² Men Bondye konsève pwisan an pa lafòs Li.
Li vin gwo, men ᵍlavi li pa asire.
²³ Bondye bay yo sekirite e yo repoze ladan l.
ʰZye Li veye tout sa yo fè.
²⁴ Yo leve wo pou yon ⁱti tan, e yo ale.
Konsa, yo vin ʲrale ba e tankou tout lòt
bagay, yo pote ale.
Menm tankou tèt sereyal, yo koupe, yo retire.
²⁵ Alò, si se pa konsa li ye, se kilès
ki kab fè prèv
ke m bay manti, oswa anile pawòl mwen yo?"

25 Alò, Bildad, Shouachyen an te reponn:
² ᵏTout pouvwa ak lakrent
apatyen a Sila
ki etabli lapè nan wotè Li yo.
³ Èske fòs kantite ˡsòlda li yo kab kontwole?
Epi sou kilès ke limyè Li pa leve?
⁴ Konsa, se kijan yon nonm kapab ᵐdwat
devan Bondye?
Oswa, kijan sila ki te fèt de fanm nan
kapab vin pwòp?
⁵ Nan zye pa Li, menm lalin pa klè, ni
ⁿzetwal yo pa pwòp,
⁶ Konbyen, anmwens ᵒlòm, yon vè,
ak fis la a lòm nan, vè a menm nan!

26 Epi Job te reponn:
² Kèl kalite èd ou ye pou fèb yo!
Kèl sekou ou te bay a bra ki te ᵖsan fòs la!
³ Kèl konsèy ou te bay a sila ki san sajès la!
Kèl kalite bèl eklèsisman ou te bay
an abondans!
⁴ Se a kilès ou t ap eksprime pawòl
sa yo menm?

Epi se lespri a kilès ki te enspire ou menm?

⁵ ᑫLespri mò yo tranble anba dlo yo
avèk tout sila ki rete ladann yo.
⁶ Sejou Lanmò An se toutouni devan Bondye.
ʳLabim nan pa gen kouvèti.
⁷ Li ˢlonje rale zetwal nò a sou espas vid.
Li fè mond lan pandye san anyen pap kenbe l.
⁸ Li ᵗvlope dlo yo nan nwaj Li yo,
e nwaj la pa pete anba fòs yo.
⁹ Li fè ᵘkache figi gwo lalin nan
e gaye nwaj Li sou li.
¹⁰ Li te trase yon lizyè sou sifas dlo yo,
ak pou ᵛlimit tenèb la ak limyè a.
¹¹ Pilye syèl yo tanmen tranble,
e yo etone lè L repwòche yo.
¹² Ak pwisans Li, li kalme lanmè a,
e ak bon konprann Li, li te brize ʷRahab.
¹³ Ak souf Li, li dekore ˣsyèl la.
Se men L ki te frennen sèpan ki t ap sove ale a.
¹⁴ Gade byen, sa se yon ti kras bagay de
tout chemen L yo.
Epi a la ti kras souf pawòl nou konn
tande de Li!
Men tonnè pwisans Li an!
Se kilès ki kab konprann li?

27 Alò, Job te kontinye ʸdiskou li. Li te di:
² Kon Bondye viv la, ki te retire dwa m,
Toupwisanᶻki te fè m gen nanm anmè a,
³ paske tan lavi toujou nan mwen
ᵃSouf Bondye la nan nen m.
⁴ Lèv mwen, anverite, p ap pale sa ki pa dwat,
ni ᵇlang mwen pa p pale manti.
⁵ Fòk se lwen m pou m ta bay ou rezon.
Jiskaske m mouri, ᶜmwen p ap lage
entegrite m.
⁶ Mwen ᵈkenbe fèm a ladwati mwen.
Mwen p ap lage l menm.
Kè m pa repwoche m depi gen lavi ladan m.

⁷ "Kite lènmi m kapab tankou mechan a.
Kite sila ki leve kont mwen, san jistis.

⁸ Paske ki ᵉespwa sila ki san Bondye a genyen
lè l koupe retire nèt,
lè Bondye fè l oblije bay lavi li?
⁹ Èske Bondye va tande kri li lè ᶠmalè rive li?
¹⁰ Èske li va ᵍpran plezi nan Toupwisan an?
Èske li va rele non Bondye a nan tout
tan sa yo?
¹¹ Mwen va enstwi ou nan pwisans Bondye.
Pwojè Toupwisan an, mwen p ap kache l.
¹² Gade byen, nou tout gen tan wè sa.
Ebyen, poukisa nou aji nan foli?

ᵃ **24:16** Egz 22:2   ᵇ **24:16** Jn 3:20   ᶜ **24:17** Job 15:21   ᵈ **24:18** Job 15:21   ᵉ **24:19** Job 21:13   ᶠ **24:20** És 49:15   ᵍ **24:22** Job 18:20   ʰ **24:23** Job 10:4   ⁱ **24:24** Sòm 37:10   ʲ **24:24** Job 14:21   ᵏ **25:2** Job 9:4   ˡ **25:3** Job 16:13   ᵐ **25:4** Job 4:14-17   ⁿ **25:5** Job 15:15   ᵒ **25:6** Job 7:17   ᵖ **26:2** Sòm 71:9   ᑫ **26:5** Job 3:13   ʳ **26:6** Job 28:22   ˢ **26:7** Job 9:8   ᵗ **26:8** Job 37:11   ᵘ **26:9** Job 22:14   ᵛ **26:10** Job 38:19-24   ʷ **26:12** És 51:15   ˣ **26:13** Job 9:8   ʸ **27:1** Job 13:12   ᶻ **27:2** Job 9:18   ᵃ **27:3** Job 32:8   ᵇ **27:4** Job 6:28   ᶜ **27:5** Job 6:29   ᵈ **27:6** Job 2:3   ᵉ **27:8** Job 8:13   ᶠ **27:9** Pwov 1:27   ᵍ **27:10** Sòm 37:4

¹³ "Sa se pòsyon a moun mechan an
  ki va sòti Bondye,
ak eritaj ke ᵃmechan yo va resevwa nan
  men Toupwisan an.
¹⁴ Malgre fis li yo anpil, yo destine pou nepe.
Konsa, ᵇdesandan li yo ap toujou manke pen.
¹⁵ Sila ki swiv li yo va antere nan lamò
e ᶜvèv li yo p ap kriye pou li.
¹⁶ Malgre li fè gwo pil ajan an vin tankou se tè
e prepare vètman anpil tankou ajil,
¹⁷ li kab prepare l, ᵈmen se moun ladwati
  yo k ap mete li,
se inosan yo k ap divize ajan an.
¹⁸ Li te bati ᵉkay li tankou papiyon,
oswa tankou kay poto gadyen te fè.
¹⁹ Li kouche byen rich, men li pa janm
  vin genyen ankò;
li ouvri zye li men ᶠli pa la.
²⁰ ᵍGwo laperèz yo rive pran l tankou yon flèv.
Yon move tan vole retire l pandan lannwit.
²¹ Van lès la pote l ale e li pati.
Li fè l vire tounen ʰkite plas li.
²² Paske l ap plonje sou li san epanye,
pandan li eseye ⁱenvite l chape nan men l.
²³ Pèp la va bat men yo sou li.
Yo va ʲsifle sou li kon koulèv,
pou li kite plas li a."

28

Anverite, gen yon min pou ajan
  e yon plas pou rafine lò.
² Fè a retire nan pousyè a
e kwiv la fonn soti nan wòch la.
³ Lòm fè tenèb la pati,
e rive ᵏjis nan dènye limit lan.
Li chache twouve wòch kap kache a,
ak nan pwofon fènwa.
⁴ Li fouye yon twou fon byen lwen
  kote moun rete,
kote ki bliye nèt pa pye moun.
Konsa, yo pandye, yo balanse byen
  lwen limanite.
⁵ Pou tè a, depi nan li, manje sòti,
men anba, li boulvèse tankou dife.
⁶ Wòch li se sous a pyè safi yo.
Epi nan pousyè li, genyen lò.
⁷ Chemen li pa rekonèt pa koukou,
ni zye grigri pa janm wè l.
⁸ Bèt pi fewòs yo pa mache la,
ni lyon pa pase sou li.
⁹ Li mete men li sou wòch silèks la.
Li chavire mòn yo soti nan baz yo.
¹⁰ Li kreve kanal ki pase nan wòch yo,
e zye li wè tout sa ki presye.
¹¹ Li bouche flèv yo pou dlo pa koule
e sa ki kache yo, li fè yo parèt an limyè.

¹² "Men se ˡkibò yo twouve sajès?
Epi kibò yo jwenn sajès la?
¹³ ᵐLòm pa konnen valè li,
ni valè li pa kab twouve nan peyi
  moun vivan yo.
¹⁴ Labim nan di: "Li pa nan mwen".
Lanmè a di: 'Li pa bò kote m'.
¹⁵ ⁿLò pi pa egal ak valè l,
ni ajan pa kab peze kon pri li.
¹⁶ Valè li pa kab konpare ak lò Ophir,
oswa oniks presye, oswa safi.
¹⁷ ᵒNi lò ni vit pa egal avè l,
ni li pa kab fè echanj pou bagay ki
  fèt an lò fen.
¹⁸ Koray ak kristal, bliye sa nèt.
Posede ᵖsajès se pi wo ke pèl.
¹⁹ Topaz a Éthiopie a pa kab konpare avè l;
ni li pa kab valorize an ᑫlò pi.
²⁰ E byen, ʳse kibò sajès la sòti?
Epi kibò anplasman bon konprann nan ye?
²¹ Konsa, li kache a zye de tout èt vivan yo
e kache menm a zwazo syèl yo.
²² ˢLabim nan ak lanmò a pale:
'Ak zòrèy nou, nou konn tande rapò
  bagay sa a.'
²³ ᵗBondye konprann chemen li
e Li konnen plas li.
²⁴ "Paske Li ᵘchache jis rive nan dènye
  pwent latè
e wè tout bagay anba syèl yo.
²⁵ Lè L te bay ᵛpwa a van an
e te ʷdivize dlo yo pa mezi,
²⁶ Lè L te etabli yon ˣlimit pou lapli
e yon chemen pou kout eklè,
²⁷ Li te wè l e Li te deklare li.
Li te etabli li e anplis, Li te konprann bout li.
²⁸ Konsa, a lòm Li te di:
'Gade byen, ʸlakrent Senyè a, se sa ki sajès;
epi kite mal, se sa ki bon konprann.'"

29

Ankò, Job te reprann ᶻdiskou. Li te di:
² "O ke m te menm jan ke m te
  ye nan mwa lontan yo!
Kon nan jou ke Bondye te ᵃbay rega
  sou mwen yo;
³ Lè ᵇlanp Li yo te briye sou tèt mwen,
e pa limyè Li, mwen te mache pase
  nan fènwa a;
⁴ Jan mwen te ye nan pi bèl nan jou mwen yo,
lè ᶜamitye Bondye te sou tant mwen an;
⁵ lè Toupwisan an te toujou avè m,
e pitit mwen yo te antoure mwen;
⁶ lè pa mwen yo te benyen nan bè
e ᵈwòch la t ap vide ban mwen gwo flèv lwil!

ᵃ **27:13** Job 15:20   ᵇ **27:14** Job 20:10   ᶜ **27:15** Sòm 78:64   ᵈ **27:17** Job 20:18-21   ᵉ **27:18** Job 8:15
ᶠ **27:19** Job 7:8-10   ᵍ **27:20** Job 15:21   ʰ **27:21** Job 7:10   ⁱ **27:22** Job 11:20   ʲ **27:23** Job 18:18   ᵏ **28:3** Ekl 1:13
ˡ **28:12** Job 28:23-28   ᵐ **28:13** Mat 13:44-46   ⁿ **28:15** Pwov 3:13-14   ᵒ **28:17** Pwov 8:10   ᵖ **28:18** Pwov 8:11
ᑫ **28:19** Pwov 8:19   ʳ **28:20** Job 28:23-28   ˢ **28:22** Job 26:6   ᵗ **28:23** Job 9:4   ᵘ **28:24** Sòm 11:4
ᵛ **28:25** Sòm 135:7   ʷ **28:25** Job 38:8-11   ˣ **28:26** Job 37:6-12   ʸ **28:28** Pwov 9:10   ᶻ **29:1** Nonb 23:7
ᵃ **29:2** Jr 31:28   ᵇ **29:3** Job 18:6   ᶜ **29:4** Sòm 25:14   ᵈ **29:6** Det 32:13

⁷ Lè m te konn sòti nan ᵃpòtay lavil la,
pou m te gen chèz mwen sou plas la.
⁸ Jennonm yo te wè m, e te kache kò yo,
e granmoun yo te konn leve kanpe.
⁹ Prens yo te sispann pale
e te ᵇmete men yo sou bouch yo.
¹⁰ Vwa a moun pwisan yo te rete,
e ᶜlang yo te kole anlè nan bouch yo.
¹¹ Paske lè ᵈzòrèy la te tande m, li te
rele m beni,
e lè zye a te wè m, li te fè temwayaj
benediksyon,
¹² akoz mwen te delivre malere ki te
kriye pou sekou,
avèk ᵉòfelen ki pa t gen moun pou ede l la.
¹³ Benediksyon a sila ki te prèt pou peri
yo te rive sou mwen
e mwen te fè ᶠkè vèv la chante avèk jwa.
¹⁴ Mwen te ᵍabiye nan ladwati e li te kouvri m;
jistis mwen te tankou yon manto,
avèk yon tiban.
¹⁵ Mwen te sèvi kon ʰzye pou avèg yo,
e pye pou sila bwate yo.
¹⁶ Mwen te yon papa pou ⁱmalere a,
e ka ke m pa konnen an,
mwen te chache twouve bout li.
¹⁷ Mwen te ʲkase machwè a mechan an
e mwen te retire viktim nan anba dan l.
¹⁸ Konsa, mwen te reflechi, "Mwen va
mouri nan pwòp kay mwen,
e mwen va kontwole jou m yo anpil
tankou sab."
¹⁹ ᵏRasin mwen gaye tankou dlo e lawouze
kouche tout lannwit sou branch mwen yo.
²⁰ Fòs mwen toujou nèf,
e ˡbanza m renouvle nan men m.'
²¹ "Moun ᵐyo te koute e te tann.
Yo te sispann pale pou tande konsèy mwen.
²² Apre pawòl pa m, yo pa t pale ankò,
e ⁿpawòl mwen yo te etonnen yo.
²³ Yo te tann mwen tankou lapli.
Yo te ouvri bouch yo pou bwe,
konsi se pou lapli nan sezon prentan.
²⁴ Mwen te souri sou yo lè yo pa t kwè,
e limyè a figi m pa t janm vin ba.
²⁵ Mwen te chwazi yon chemen pou yo,
te chita tankou ᵒchèf,
e te demere tankou wa pami sòlda yo,
tankou yon moun ki bay rekonfò a sila
ki andèy yo."

30 Men koulye a, sila ki pi jenn pase
m ap ᵖgiyonnen m.

Papa a sila mwen pat ta dakò pou
mete ansanm ak chen bann mouton yo.
² Anverite, ki byen fòs men pa yo ta kab fè m?
Gwo fòs te deja disparèt nan yo
³ akoz mank bagay ak grangou.
Y ap manje tè sèk nan lannwit lan, ak pèt
e ak dezolasyon an.
⁴ Yo rache fèy raje nan mitan rakèt la.
Manje yo se rasin bayawonn.
⁵ Yo chase yo deyò lavil la nan dezè;
yo kriye dèyè yo tankou se vòlè,
⁶ jiskaske yo vin rete nan move ravin yo,
nan twou tè ak nan wòch yo.
⁷ Pami rak tibwa yo, yo rele fò.
Anba machacha a, yo vin rasanble ansanm.
⁸ Pitit a moun fou, wi, pitit a mechan yo,
yo te resevwa fwèt jis lè yo kite peyi a.
⁹ Men koulye a, se mwen menm yo
pase nan ᵠrizib;
mwen devni yon pawòl betiz pou yo.
¹⁰ Yo pè m, yo kanpe lwen m,
e yo pa sispann ʳkrache nan figi m.
¹¹ Akoz Li te lage fisèl banza a pou
te aflije mwen,
yo ˢrete retire brid la nèt devan m.
¹² Sou men dwat lan, nich sa vin leve.
Yo ᵗrale pye mwen akote.
Yo mennen kont mwen tout manèv
destriksyon yo.
¹³ Yo ᵘgate wout mwen.
Yo bourade lachit mwen
san mande sekou.
¹⁴ Tankou nan yon gran brèch, yo parèt;
nan mitan tanpèt, yo woule m.
¹⁵ ᵛGwo perèz yo vin vire kont mwen.
Yo tanmen gate respè m tankou van.
Byennèt mwen disparèt tankou nwaj.
¹⁶ Konsa, koulye a ʷnanm mwen vide nèt.
Jou afliksyon yo sezi m.
¹⁷ Nan lannwit, ˣzo m yo frennen anndan m,
e sa yo kap manje m pa pran repo.
¹⁸ Ak gwo fòs, vètman m vin ʸtòde sou mwen.
Li mare m nèt tankou kolye manto m.
¹⁹ Li te jete mwen nan ᶻlabou,
e mwen te vin tankou pousyè ak sann.
²⁰ Mwen ᵃkriye a Ou menm pou sekou,
men Ou pa reponn mwen.
Mwen kanpe, e se gete, ou gete m.
²¹ Ou vin okipe m ak mechanste.
Avèk fòs a men Ou, Ou ᵇpèsekite m.
²² Ou ᶜleve m wo sou van, e fè m monte;
epi Ou fè m fonn nèt nan move tan an.
²³ Paske mwen konnen ke Ou ap ᵈmennen
m a lanmò,

ᵃ **29:7** Job 31:21   ᵇ **29:9** Job 21:5   ᶜ **29:10** Sòm 137:6   ᵈ **29:11** Job 4:3-4   ᵉ **29:12** Job 31:17-21   ᶠ **29:13** Job 22:9
ᵍ **29:14** És 61:10   ʰ **29:15** Nonb 10:31   ⁱ **29:16** Job 24:4   ʲ **29:17** Sòm 3:7   ᵏ **29:19** Os 14:5   ˡ **29:20** Jen 49:24
ᵐ **29:21** Job 4:3   ⁿ **29:22** Det 32:2   ᵒ **29:25** Job 1:3   ᵖ **30:1** Job 12:4   ᵠ **30:9** Job 12:4   ʳ **30:10** És 50:6
ˢ **30:11** Sòm 32:9   ᵗ **30:12** Sòm 140:4-5   ᵘ **30:13** És 3:12   ᵛ **30:15** Job 3:25   ʷ **30:16** Sòm 42:4   ˣ **30:17** Job 30:30
ʸ **30:18** Job 2:7   ᶻ **30:19** Sòm 69:2-14   ᵃ **30:20** Job 19:7   ᵇ **30:21** Job 16:9-14   ᶜ **30:22** Job 9:17   ᵈ **30:23** Job 9:22

jis rive nan gwo ᵃkay asanble a ki fèt
  pou tout sila ki viv yo.
²⁴ Malgre, èske yon moun k ap tonbe
  pa lonje men l?
Oswa nan gwo pwoblem li pa ᵇkriye sekou?
²⁵ Èske mwen pa t kriye pou sila nan
  gwo twoub?
Èske nanm mwen pa t plen tristès
  pou ᶜmalere a?
²⁶ Lè m ᵈt ap tann sa ki bon an, se
  mal ki rive m;
lè m tap tann limyè, alò se tenèb ki te vini.
²⁷ Kè m twouble nèt ᵉanndan m.
Mwen pa kab poze.
Jou plen ak afliksyon yo parèt devan m.
²⁸ Mwen fè dèy toupatou san solèy.
Mwen kanpe nan asanble;
  mwen ᶠrele sekou.
²⁹ Mwen te vin frè ak ᵍchen mawon;
  zanmi ak otrich la.
³⁰ Chè m vin nwa sou mwen,
li kale, e ʰzo m yo brile ak lafyèv.
³¹ Pou sa, ⁱse doulè ap mwen jwe,
e flit mwen an sonne pou sila k ap kriye.

31

"Mwen te fè yon akò ak ʲzye m;
  alò kòman konsa mwen ta kab voye
    rega mwen sou yon vyèj?
² Paske se kisa ki ᵏpòsyon Bondye soti anwo a,
ak eritaj a Toupwisan an soti anwo a?
³ Èske li pa yon malè pou sila ki pa dwat yo,
ak yon dezas pou ˡsila ki fè inikite yo?
⁴ Èske Li pa ᵐwè chemen mwen yo
e kontwole tout pa mwen yo?

⁵ "Si mwen te ⁿmache nan sa ki fo,
e pye m te kouri dèyè twonpe moun,
⁶ (kite Li ᵒpeze mwen nan yon balans ki jis
e kite Bondye konnen entegrite m).
⁷ Si pa m yo te ᵖvire kite chemen an,
oswa kè m te swiv zye m,
oswa si gen yon tach ki kole sou men m,
⁸ kite mwen ᵠsimen pou yon lòt ta manje,
e kite tout sa m plante vin rache.

⁹ "Si kè m te ʳsedwi pa yon fanm,
oswa mwen te mize nan pòtay vwazen mwen,
¹⁰ kite madanm mwen graje pou yon lòt
e kite ˢlòt yo vin kouche sou li.
¹¹ Paske sa ta yon krim ᵗsansyèl;
anplis, li ta yon inikite ki ta dwe jije.
¹² Paske li ta yon dife ki pou limen jis
  rive nan ᵘSejou Lanmò yo
e ta derasine tout byen mwen ranmase yo.
¹³ Si mwen te ᵛrefize demand esklav mwen an,

gason kon fanm, lè l te fè yon plent
  kont mwen,
¹⁴ alò, kisa mwen ta kab fè lè Bondye leve?
Konsa, lè L rele m pou jijman,
ki repons mwen ta kab bay Li?
¹⁵ Èske ʷSila ki te fè m nan vant lan pa
  t fè li menm tou?
Se pa Li sèl ki te fòme nou nan vant lan?
¹⁶ Si mwen te ˣanpeche malere yo nan dezi yo,
oswa te fè zye a vèv la pa wè klè,
¹⁷ oswa te manje pòsyon pa mwen
  pou kont mwen
san ʸòfelen an pa jwen ladann,
¹⁸ (Men depi jenès mwen, òfelen an te
  grandi avè m tankou papa l
e soti nan anfans lan, mwen te fè gid
  pou vèv la),
¹⁹ si mwen te wè yon moun peri akoz
  mank rad,
oswa ke ᶻsila ak bezwen pa t gen anyen
  pou kouvri l,
²⁰ si kè li pa t beni m,
si li pa t chofe ak lenn mouton mwen an,
²¹ si mwen te leve men m kont ᵃòfelen an,
akoz mwen te wè soutyen mwen nan pòtay la,
²² alò, kite zepòl mwen tonbe sòti nan zepòl li,
e ᵇbra m kase soti nan zo li.
²³ Paske m pè anpil malè Bondye a.
Li tèlman gran ak ᶜmajeste,
m pa ka fè anyen devan L.
²⁴ Si se nan ᵈlò mwen te mete espwa m,
pou m te di lò fen a, 'se ou ki konfyans mwen,'
²⁵ Si mwen te ᵉrejwi akoz byen mwen
  yo te tèlman gran,
e akoz men m te tèlman ranmase anpil;
²⁶ si mwen te ᶠgade solèy la lè l t ap brile,
oswa lalin nan lè li prale nan bèlte li,
²⁷ epi kè m te vin sedwi an sekrè,
e men mwen te voye yon bo ki sòti
  nan bouch mwen,
²⁸ sa osi ta yon inikite ki merite jijman,
paske mwen t ap ᵍabandone Bondye anwo a.
²⁹ Èske mwen te ʰrejwi lè lènmi m te
  vin disparèt nèt?
Oswa bat men m lè mal vin rive li?
³⁰ Non, ⁱmwen pa t kite bouch mwen peche,
ni mwen pa t mande pou l ta mouri
  avèk malediksyon.
³¹ Èske mesye nan tant mwen yo pa t di:
'Ou pa p twouve yon moun ki pa ʲsatisfè
  ak vyann pa li a?'
³² Etranje a pa t rete deyò;
mwen te ouvri pòt mwen yo a vwayajè a.

ᵃ **30:23** Ekl 12:5   ᵇ **30:24** Job 19:7   ᶜ **30:25** Job 24:4   ᵈ **30:26** Job 3:25-26   ᵉ **30:27** Lam 2:11   ᶠ **30:28** Job 19:7
ᵍ **30:29** Sòm 44:19   ʰ **30:30** Sòm 102:3   ⁱ **30:31** És 24:8   ʲ **31:1** Mat 5:28   ᵏ **31:2** Job 20:29   ˡ **31:3** Job 34:22
ᵐ **31:4** II Kwo 16:9   ⁿ **31:5** Job 15:31   ᵒ **31:6** Job 6:2-3   ᵖ **31:7** Job 23:11   ᵠ **31:8** Lev 26:16   ʳ **31:9** Job 24:15
ˢ **31:10** Det 28:30   ᵗ **31:11** Lev 20:10   ᵘ **31:12** Job 26:6   ᵛ **31:13** Det 24:14-15   ʷ **31:15** Job 10:3   ˣ **31:16** Job 5:16
ʸ **31:17** Job 29:12   ᶻ **31:19** Job 24:4   ᵃ **31:21** Job 29:12   ᵇ **31:22** Job 38:15   ᶜ **31:23** Job 13:11   ᵈ **31:24** Job 22:24
ᵉ **31:25** Job 1:3-10   ᶠ **31:26** Det 4:19   ᵍ **31:28** Jos 24:27   ʰ **31:29** Pwov 17:5   ⁱ **31:30** Sòm 7:4   ʲ **31:31** Job 22:7

33 Èske m te ᵃkouvri transgresyon mwen
   yo tankou Adam?
Oswa kache inikite mwen nan kè mwen,
34 akoz mwen te ᵇkrent gwo foul la?
Oswa akoz krent gwo wont lan devan
   lòt fanmi yo,
te kenbe silans mwen e pa t sòti deyò?
35 O ke m te gen yon moun ki pou
   tande mwen!
Gade byen, men otograf mwen! Kite
   Toupwisan an reponn mwen!
Mennen pwosè vèbal ke ᶜakizè a te ekri.
36 Anverite, mwen ta pote l sou zepòl mwen;
mwen ta mare l sou mwen tankou
   yon kouwòn.
37 Mwen ta deklare a Li fòs kantite pa
   pye mwen yo pran.
Tankou ᵈyon prens mwen ta parèt devan L.
38 Si menm ᵉteren mwen an rele kont mwen,
e tout tranch li yo kriye ansanm;
39 si mwen te manje fwi li san lajan,
oswa te ᶠkòz ke mèt li yo te pèdi lavi yo,
40 kite ᵍpikan yo grandi olye ble
e zèb santi fò ranplase lòj la."

Pawòl yo a Job se fini.

32 Konsa, twa mesye sila yo te sispann reponn Job, akoz li te ʰdwat nan pwòp zye pa li. ² Men kòlè a Élihu, fis a Barakeel la, ⁱBizit nan fanmi a Ram nan, te brile kont Job. Kòlè li te brile paske li te jistifye pwòp tèt li devan Bondye. ³ Epi kòlè li te brile kont twa zanmi li yo akoz yo pa t jwenn bon repons, men karema, yo te kondane Job. ⁴ Alò, Élihu te tann yo fini pou pale ak Job, akoz yo menm te gen anpil ane pi gran pase li. ⁵ Konsa, lè Élihu wè ke pa t gen repons ki rete nan bouch a twa mesye yo, kòlè li te brile.
   ⁶ Pou sa, Élihu, fis a Barakeel la, Bizit
      la, te pale klè. Li te di:
"Mwen jèn selon ane yo, e nou menm,
   nou ʲgranmoun.
Akoz sa a, mwen te krent pou di nou sa
   ke m t ap panse a.
⁷ Mwen te reflechi ke se ᵏlaj ki te dwe pale,
ke anpil ane yo ta dwe bay sajès.
⁸ Men se yon lespri ki nan lòm,
e se souf a Toupwisan an ki bay yo
   bonˡkonprann.
⁹ Anpil ane pa vle di saj,
ni pa fwa, se pa ᵐgranmoun ki konprann
   sa ki dwat.
10 Pou sa, mwen di nou 'koute mwen;
mwen menm tou va di nou sa ke m panse.'
11 "Gade byen, mwen te tann pawòl nou yo.
Mwen te koute byen rezonman pa nou yo,

pandan nou t ap reflechi sou sa pou nou ta di.
12 Menm mwen te swiv nou byen pre;
anverite, pa t gen pèsòn ki te vin genyen Job.
Nanpwen moun ki te byen reponn pawòl li yo.
13 Pran atansyon nou pa di: ⁿ'Nou jwenn sajès.
Se Bondye ki pou korije l, se pa lòm.'
14 Paske pawòl li yo pa t pale kont
   mwen menm,
ni mwen p ap reponn li ak diskou pa nou yo.

15 "Yo etonnen nèt; yo pa reponn ankò.
Yo pa gen mo ki pou di.
16 Èske se tann, pou m ta tann akoz yo pa pale?
Akoz yo rete e pa reponn ankò?
17 Mwen menm tou va reponn pou
   kont mwen,
mwen osi va bay pozisyon pa m.
18 Paske mwen chaje ak pawòl.
Lespri m anndan mwen bourade m.
19 Men gade, lestonmak mwen tankou
   diven san mwayen respire;
tankou po diven nèf, li prèt menm pou pete.
20 Kite mwen pale pou m kab jwenn
   soulajman;
kite mwen ouvri lèv mwen pou bay repons.
21 Alò, pa kite mwen ᵒpran pati a okenn moun,
ni flate pèsòn.
22 Paske mwen pa konn flate moun,
sof Sila ki kreye mwen an, ta vin ranmase
   m fè m ale."

33 "Malgre sa, koulye a, Job, souple ᵖtande mesaj mwen an
e koute tout pawòl mwen yo.
² Gade byen, se koulye a mwen ouvri
   bouch mwen.
Se lang nan bouch mwen ki pale.
³ Pawòl mwen yo sòti nan ladwati kè mwen,
e lèv mwen pale ᵠsoti yon kè ki renmen
   verite a.
⁴ Se ʳLespri Bondye ki te fè m,
e souf Toupwisan an ki ban m lavi.
⁵ ˢDi m se pa sa, si ou kapab.
Alinye pawòl ou yo an lòd devan m, e kanpe.
⁶ Men gade byen, mwen se moun Bondye
   menm jan tankou ou.
Mwen menm tou te fèt ak ᵗajil la.
⁷ Gade byen, se pa ᵘokenn krent mwen gen,
ki ta bay ou laperèz,
ni se pa akoz fòs pwa balans mwen an,
ke ou ta twouve chaj la lou.

⁸ "Anverite, ou te pale kote pou m ta tande,
e mwen te tande son a pawòl ou yo.
⁹ Job te di: 'Mwen san tach, san transgresyon;

ᵃ **31:33** Jen 3:10 ᵇ **31:34** Egz 23:2 ᶜ **31:35** Job 27:7 ᵈ **31:37** Job 1:3 ᵉ **31:38** Job 24:2 ᶠ **31:39** I Wa 21:19
ᵍ **31:40** Job 32:13 ʰ **32:1** Job 10:7 ⁱ **32:2** Jen 22:21 ʲ **32:6** Job 15:10 ᵏ **32:7** Job 8:8-9 ˡ **32:8** Job 38:36
ᵐ **32:9** Job 32:7 ⁿ **32:13** Jr 9:23 ᵒ **32:21** Lev 19:15 ᵖ **33:1** Job 13:6 ᵠ **33:3** Job 6:28 ʳ **33:4** Jen 2:7
ˢ **33:5** Job 33:32 ᵗ **33:6** Job 4:19 ᵘ **33:7** Job 13:21

mwen inosan e [a]nanpwen koupabilite
   nan mwen.
[10] Gade byen, Li envante pretèks kont mwen;
Li [b]kontwole m tankou lènmi.
[11] Li [c]mete pye mwen nan sèp;
Li veye tout chemen mwen yo.'

[12] "Gade byen Job, kite mwen di ou, [d]ou
   pa gen rezon nan sa,
paske Bondye pi gran ke lòm.
[13] Poukisa ou [e]plenyen kont Li
ke Li pa eksplike ou tout zak Li yo?
[14] Anverite, [f]Bondye pale yon fwa,
   oswa de fwa,
men pèsòn pa okipe sa.
[15] Nan yon [g]rèv, yon vizyon nan nwit la,
lè dòmi pwofon kon tonbe sou lòm,
pandan yo nan somèy sou kabann yo,
[16] konsa, [h]Li ouvri zòrèy a lòm
e mete so sou enstriksyon yo,
[17] pou Li kapab vire lòm pou chanje
   kondwit li
e anpeche li fè ògèy.
[18] Konsa, Li [i]pwoteje nanm li pou l pa
   rive nan fòs la
e lavi li pou l pa lantre [j]nan Sejou Lanmò a.

[19] "Lòm, anplis, resevwa chatiman [k]doulè
   sou kabann li;
avèk plent san rete jis rive nan zo li;
[20] jiskaske lavi li vin [l]rayi pen,
e nanm li, manje ke li te pi renmen an.
[21] [m]Chè li epwize vin disparèt pou
   moun pa wè l
e zo li yo ki pa te konn vizib pouse vin parèt.
[22] [n]Nanm li vin rale toupre fòs lanmò a
e lavi li pwoche sila kap detwi yo.

[23] "Si gen yon zanj pou ta [o]entèsede pou li,
se tankou youn nan yon milye,
ki pou ta fè yon moun sonje sa k ap bon pou li,
[24] konsa, Bondye fè l gras. Li di l:
'Delivre li pou l pa rive nan fòs lanmò a,
Mwen te twouve yon [p]racha.'
[25] Kite chè li vin pi fre ke li te ye nan jenès li.
Kite li retoune nan jou a fòs jenès li yo.
[26] Konsa, li va [q]priye a Bondye,
e Li va aksepte li, pou l kab wè figi
   L plèn ak jwa.
Se konsa, Li restore ladwati a lòm.
[27] Li va chante devan lèzòm. Li va di:
"Mwen te peche, mwen te konwonpi
   sa ki dwat,
e li pa t bon pou mwen.

[28] Li te rachte nanm mwen pou l pa rive
   nan fòs lanmò a,
e lavi m [r]va wè limyè a.'

[29] "Gade byen, Bondye konn fè [s]tout bagay
sa yo de fwa, menm twa fwa ak yon nonm,
[30] pou [t]mennen nanm li fè l sòti kite
   fòs lanmò a,
pou l kab eklèsi ak limyè lavi a.
[31] Prete atansyon, O Job, koute m byen;
rete an silans e kite mwen pale.
[32] Si ou gen yon bagay pou di, alò,
   reponn mwen;
pale, paske mwen vle ba ou rezon.
[33] Men si non, koute mwen;
rete an silans, e mwen va montre ou sajès."

34

Alò, Élihu te kontinye. Li te di:
[2] "Koute pawòl mwen yo, sila
   ki saj pami nou.
Koute mwen, nou menm ki gen konesans.
[3] Paske [u]zòrèy la fè prèv pawòl yo,
jan bouch la goute manje a.
[4] Kite nou chwazi pou nou menm sa ki dwat;
kite nou konnen pami nou menm sa ki bon.
[5] Paske Job te di: 'Mwen dwat, men
[v]Bondye te rache dwa mwen an;
[6] èske mwen ta dwe manti selon dwa m?
[w]Blese m se san gerizon, san ke m pa
   fè transgresyon.'
[7] Se kilès ki tankou Job,
k ap [x]bwè giyonnen moun tankou se dlo,
[8] ki ale [y]kenbe konpanyen ak sila ki
   fè inikite yo,
e mache avèk moun malveyan yo?
[9] Paske li te di: [z]'Sa pa fè okenn avantaj
   pou moun
lè l pran plezi li nan Bondye.'

[10] "Pou sa, koute mwen, nou menm ki
   gen bon konprann.
Fòk se lwen pou Bondye ta [a]fè mechanste,
e pou Toupwisan an fè mal.
[11] Paske Li rekonpanse lòm selon [b]zèv li yo,
e fè li jwenn selon chemen li.
[12] Anverite, [c]Bondye p ap aji avèk mechanste,
ni Toupwisan an p ap fè jistis vin konwonpi.
[13] Se kilès ki te [d]bay Li otorite sou latè?
Epi se kilès ki te poze responsabilite tout
   mond lan sou Li?
[14] Si Li ta pran desizyon pou Li fè; si Li ta
[e]ranmase tout a Li menm
pwòp lespri Li a, menm ak souf Li a,
[15] Tout [f]chè ta peri ansanm,
e lòm ta [g]retounen nan pousyè.

---

[a] **33:9** Job 10:14   [b] **33:10** Job 13:24   [c] **33:11** Job 13:27   [d] **33:12** Ekl 7:20   [e] **33:13** Job 40:2   [f] **33:14** Job 33:29
[g] **33:15** Job 4:12-17   [h] **33:16** Job 36:10-15   [i] **33:18** Job 33:22-30   [j] **33:18** Job 15:22   [k] **33:19** Job 30:17
[l] **33:20** Job 3:24   [m] **33:21** Job 16:8   [n] **33:22** Job 33:18-28   [o] **33:23** Jen 40:8   [p] **33:24** Job 36:18   [q] **33:26** Job 22:27
[r] **33:28** Job 22:28   [s] **33:29** Ef 1:11   [t] **33:30** Job 33:18   [u] **34:3** Job 12:11   [v] **34:5** Job 27:2   [w] **34:6** Job 6:4
[x] **34:7** Job 15:16   [y] **34:8** Job 22:15   [z] **34:9** Job 21:5   [a] **34:10** Job 8:3   [b] **34:11** II Kor 5:10   [c] **34:12** Job 34:10
[d] **34:13** Job 38:4   [e] **34:14** Sòm 104:29   [f] **34:15** Jen 7:21   [g] **34:15** Job 10:9

¹⁶ "Men si gen moun bon konprann,
    koute sa a;
koute vwa pawòl mwen yo.
¹⁷ Èske menm ᵃyon moun ki rayi jistis
    ta dwe renye?
Èske ou va kondane Sila ki dwat e pwisan an,
¹⁸ ka p di a yon wa: 'Sanzave',
a prens yo: 'Nou mechan';
¹⁹ Ki p ap montre ᵇpatipri a prens yo,
ni rich yo kon pi enpòtan ke pòv,
paske tout moun se zèv a men Li ke yo ye.
²⁰ Nan yon moman, yo mouri;
epi ᶜnan mitan lannwit, yon pèp vin etone.
Pwisan yo disparèt.
Yo retire san yon men leve.

²¹ "Paske ᵈzye Li sou chemen a yon nonm.
Li wè tout pa li fè.
²² Nanpwen ᵉfènwa, ni lonbraj fonse
kote malfektè inikite yo kab kache kò yo.
²³ Paske Li pa ᶠbezwen obsève yon nonm anpil
pou li ta dwe pase an jijman devan Bondye.
²⁴ Li kraze ᵍmoun pwisan an an mòso, jan
    nou pa menm konprann,
e mete lòt moun nan plas yo.
²⁵ Se konsa, Li ʰkonnen zèv yo.
Li boulvèse yo nan lannwit, e yo kraze nèt.
²⁶ Li ⁱfrape yo tankou mechan
nan yon kote pou tout moun wè,
²⁷ Akoz yo ʲvire akote nan swiv Li, e pat
    okipe chemen Li yo;
²⁸ akoz yo te fè ᵏkri a malere a rive kote Li.
Li te tande kri a aflije yo.
²⁹ Lè L rete an silans, se kilès ki kab
    kondane L?
Epi lè L kache figi Li, alò, se kilès
    ki kab wè L?
Li pli wo ke nasyon, ni lòm,
³⁰ pou ˡanpeche moun ki san Bondye yo vin
reye, ke pa vin gen yon pèlen pou pèp yo.

³¹ "Paske èske nenpòt kon di Bondye,
'Mwen koupab, mwen p ap fè ofans ankò;
³² enstwi mwen sa ke m pa wè.
Si mwen te ᵐfè inikite, mwen p ap fè l ankò'?
³³ Èske Li va ⁿrekonpanse ak plan pa ou
    a, pou ou ka refize li?
Paske se ou menm ki oblije chwazi;
    se pa mwen.
Pou sa a, deklare sa ke ou konnen.
³⁴ Moun ak bon konprann va di mwen,
oswa yon nonm saj ki tande m va di:
³⁵ 'Job ᵒpale san konesans;
pawòl li yo san sajès.
³⁶ Mwen ta pito yo fè pwosè kont Job,

jis rive nan tout limit li,
akoz li reponn ᵖtankou moun mechan yo.
³⁷ Paske li ogmante ᑫrebelyon sou tout
    lòt peche l yo.
Li bat men li pami nou,
e ogmante pawòl li yo kont Bondye.'"

35 Konsa, Élihu te kontinye. Li te di:
² "Èske ou sipoze ke ʳou ge dwa sa a?
Èske ou ap di 'Ladwati pa m nan depase
    sa k nan Bondye a?'
³ Paske ou mande: 'Ki avantaj sa ye pou ou?
Ki ˢpwofi m ap jwenn ki plis pase si
    m te fè peche?'
⁴ Mwen va reponn ou,
menm ak zanmi ou yo tou.
⁵ ᵗGade nan syèl yo pou wè;
epi gade byen nan nwaj yo.
Yo pi wo pase ou.
⁶ Si ou te peche, ᵘkisa ou akonpli kont Li?
Epi si transgresyon ou yo anpil, kisa ou fè Li?
⁷ Si ou jis, ᵛkisa ou ba Li, oswa kisa Li
    ta jwenn nan men ou?
⁸ Mechanste ou ka donmaje yon nonm
    tankou ou menm,
e ladwati ou gen benefis pou yon fis a lòm.

⁹ "Akoz ʷfòs kantite opresyon yo, yo kriye fò.
Yo kriye pou sekou akoz bra a pwisan an.
¹⁰ Men ˣpèsòn pa di: 'Kote Bondye,
    Kreyatè mwen an,
ki bay chan kè kontan yo pandan nwit lan,
¹¹ ki ʸenstwi nou plis pase bèt latè yo,
pou fè nou vin pi saj pase zwazo nan syèl yo?'
¹² La, yo ᶻkriye fò, men nanpwen repons
akoz ògèy moun mechan yo.
¹³ Anverite, ᵃBondye p ap koute yon kri ki vid,
ni Toupwisan an p ap okipe l.
¹⁴ Konbyen anmwens, lè ou di ou pa wè Li.
ᵇKa a pase devan L, e fòk se Li ou tann!
¹⁵ Men koulye a, akoz Li pa t fè vizit
    nan kòlè Li,
ni Li pa t apresye awogans,
¹⁶ pou sa, Job ouvri bouch li an ven;
li ogmante pawòl li yo ᶜsan konesans."

36 Alò, Élihu te kontinye. Li te di:
² Tann mwen yon ti kras, e mwen
    va montre ou;
jiska prezan, gen anpil bagay ankò pou
    di sou pati Bondye.
³ M ap prale chache lespri m soti byen lwen;
mwen va fè prèv ᵈladwati a Kreyatè mwen an.
⁴ Paske anverite, pawòl mwen yo pa fo.
Yon ki pafè nan ᵉkonesans se avèk ou.

ᵃ **34:17** II Sam 23:3   ᵇ **34:19** I Pi 1:17   ᶜ **34:20** Egz 12:29   ᵈ **34:21** Pwov 15:3   ᵉ **34:22** Sòm 139:11-12
ᶠ **34:23** Job 11:11   ᵍ **34:24** Job 12:19   ʰ **34:25** Job 34:11   ⁱ **34:26** Sòm 9:5   ʲ **34:27** I Sam 15:11
ᵏ **34:28** Job 35:9   ˡ **34:30** Job 5:15   ᵐ **34:32** Job 33:27   ⁿ **34:33** Job 41:11   ᵒ **34:35** Job 35:16   ᵖ **34:36** Job 22:15
ᑫ **34:37** Job 23:2   ʳ **35:2** Job 27:2   ˢ **35:3** Job 9:30-31   ᵗ **35:5** Jen 15:5   ᵘ **35:6** Pwov 8:36   ᵛ **35:7** Luc 17:10
ʷ **35:9** Egz 2:23   ˣ **35:10** Job 21:14   ʸ **35:11** Sòm 94:12   ᶻ **35:12** Pwov 1:28   ᵃ **35:13** Jr 11:11   ᵇ **35:14** Job 31:35
ᶜ **35:16** Job 34:35   ᵈ **36:3** Job 8:3   ᵉ **36:4** Job 37:16

⁵ Gade byen, Bondye pwisan, men li
　　pa ᵃmeprize pèsòn;
Li pwisan nan fòs konprann pa Li.
⁶ Li pa konsève lavi a mechan yo,
　men Li bay jistis a ᵇaflije yo.
⁷ Li pa ᶜretire zye Li sou moun ladwati yo;
　men avèk wa ki chita sou twòn yo,
　li bay yo chèz jis pou tout tan, e yo leve wo.
⁸ Si yo mare ak gwo fè, e mare nèt nan
　　kòd ᵈaflije yo,
⁹ konsa, Li fè yo konnen travay yo,
　ak transgresyon yo;
　ke yo te leve tèt yo wo ak orgèy.
¹⁰ ᵉLi ouvri zòrèy yo pou yo ka instwi,
　e pase lòd pou yo retounen, kite inikite a.
¹¹ Si yo tande e sèvi Li, yo va fè dènye
　　jou yo nan abondans,
　e ane pa yo va ᶠranpli ak rejwisans.
¹² Men si yo pa tande, yo va peri pa nepe;
　yo va ᵍmouri san konesans.
¹³ Men enkwayan yo ranmase lakòlè;
　yo refize kriye sekou lè L mare yo.
¹⁴ Yo mouri nan jenès yo,
　e lavi yo vin pèdi pami ʰpwostitiye tanp yo.
¹⁵ Li delivre aflije yo nan afliksyon yo,
　e ouvri zòrèy yo nan tan opresyon yo.
¹⁶ Wi, anverite Li t ap ⁱmennen ou
　lwen bouch gwo twoub la,
　pou ou jwenn yon plas ki laj, e san limit.
　Konsa, sa ki plase sou tab ou, ta plen ak grès.
¹⁷ Men ou te ranpli ak ʲjijman sou mechan yo;
　se jijman ak jistis ki te posede ou.
¹⁸ Pa kite riches ou mennen ou nan ᵏlakòlè,
　ni pa kite gwosè sa a ˡkap vèse sou tab
　fè ou vire akote.
¹⁹ Èske richès ou yo ta fè ou envite
　　gwo twoub la?
　Oswa èske tout fòs pwisans ou ta ka
　　anpeche l rive?
²⁰ Pa fè lanvi pou ᵐlannwit,
　moman an ke moun koupe retire nèt
　　sou plas yo.
²¹ Fè atansyon; ⁿpa vire kote mal la,
　paske ou te chwazi sa a olye afliksyon an.
²² Gade byen, Bondye byen wo nan
　　pouvwa Li.
　Ki ᵒpwofesè ki tankou Li?
²³ Se kilès ki te dirije L pou pran
　　chemen Li an?
　Epi kilès ki ka di L ᵖ'Ou antò a?'
²⁴ Sonje ke ou dwe ᵍleve zèv Li yo wo,
　sa yo sou sila moun te konn chante yo.
²⁵ Tout moun konn wè sa.
　Lòm gade l soti lwen.

²⁶ Gade byen, Bondye leve wo, men
　　nou pa konnen Li.
ʳFòs kantite ane Li yo pa kab dekouvri menm.
²⁷ Konsa, ˢLi rale fè monte gout dlo yo.
　Yo fòme fè lapli ki sòti nan vapè,
²⁸ ke nwaj yo fè vide desann.
　Yo vin lage sou lòm an fòs kantite.
²⁹ Èske pèsòn kab konprann jan ᵗnwaj
　　yo vin gaye,
　ak tonnè k ap gwonde anwo plafon tant Li an?
³⁰ Gade byen, Li gaye limyè Li toupatou Li.
　Li kouvri fon lanmè yo.
³¹ Paske se avèk sa a ke li jije pèp yo.
　Li ᵘbay yo manje an gran kantite.
³² Li kouvri men Li ak eklè la,
　e ᵛpase lòd pou l frape sou mak la.
³³ ʷBri li deklare prezans Li;
　menm tout bèt yo konnen sa k ap vin rive a.

37 "Pou sa, menm kè mwen konn tranble.
　　Li vòltije kite plas li.
² Koute, O koute byen bri vwa L,
　k ap ˣgwonde tankou tonnè
　ak bri tonnè a k ap sòti nan bouch Li.
³ Anba tout syèl la, Li lage sa nèt ale,
　ak loray Li jis rive nan ʸtout pwent tè a.
⁴ Apre sa, yon gwo vwa ki rele fò;
　Li gwonde ak vwa majeste Li a.
　Li pa menm ralanti eklè lè yo tande vwa L.
⁵ Bondye gwonde avèk vwa mèvèy Li a.
　L ap fè gwo bagay ke nou pa kab
　　menm konprann.
⁶ Paske a lanèj la, Li di: 'Tonbe sou latè',
　e a ᶻinondasyon lapli a, Li di:
　'Kontinye tonbe fò'.
⁷ Li sele men a chak òm,
　pou ᵃtout moun kab konnen zèv Li yo.
⁸ Konsa, tout bèt sovaj va antre nan ᵇkav yo
　e rete lakay yo.
⁹ Men sòti nan ᶜsid, tanpèt la parèt
　e nan nò, fredi a.
¹⁰ Soti nan souf Bondye, se ᵈglas ki fèt,
　e sifas dlo yo vin glasi.
¹¹ Anplis, Li chaje vapè yo ak dlo e fè
　　ᵉnwaj la vin lou;
　Li fè nwaj la gaye pou vide ekleraj Li.
¹² Li chanje; Li gide l vire tounen
　pou l kab fè nenpòt sa Li kòmande l
　　sou tout ᶠsifas tè a.
¹³ Se swa pou ᵍkoreksyon, oswa pou
　　mond Li an,
　oswa pou ʰlanmou dous Li a, Li fè sa vin rive.

¹⁴ "Tande sa byen, O Job;
　Kanpe, e obsève mèvèy Bondye yo.

¹⁵ Èske ou konnen kijan Bondye etabli
tout sila yo,
e fè ekleraj nan nwaj Li yo vin limen?
¹⁶ Èske ou konnen bagay a chak kouch
nan nwaj yo,
mèvèy a Sila a ki ᵃpafè nan konesans?
¹⁷ Poukisa vètman ou cho lè tè a kalm
akoz van sid la?
¹⁸ Èske ou menm tou, ansanm avè L,
ka ouvri ᵇsyèl yo
ki gen gran fòs tankou yon miwa metal
ki fann nan dife?
¹⁹ Enstwi nou kisa pou nou ta pale Li;
paske akoz fènwa a, nou ᶜpa kab byen
ranje ka nou.
²⁰ Èske yo va di Li ke mwen ta renmen pale?
Oswa èske yon nonm ta pito di ke li ta
vle vin anglouti nèt?

²¹ "Alò lezòm pa wè limyè ki klere nan syèl yo
sof ke van an fin pase e eklèsi nwaj yo.
²² Sòti nan nò, se reyon majeste an lò;
Bondye antoure ak majeste etonnan.
²³ Toupwisan an,—nou pa kab jwenn Li.
Li egzalte nan pouvwa Li.
ᵈJistis Li ak ladwati Li gran;
Li pa janm oprime.
²⁴ Se pou sa lezòm plen lakrent ak respe Li;
Li pa ᵉkonsidere okenn moun ki saj nan kè."

38 Konsa, Bondye te ᶠreponn Job nan van
toubiyon an:
² Se kilès sa a ki ᵍtwouble konsèy Mwen an
ak pawòl san konesans yo?
³ Alò, mare senti ou tankou gason,
ʰM ap mande ou e ou va enstwi M!

⁴ "Kote ou te ye ⁱlè M te poze fondasyon
mond lan?
Pale si ou gen bon konprann,
⁵ Se kilès ki te etabli ʲmezi li? Konsi
ou konnen?
Oswa se kilès ki te lonje lign sou li?
⁶ Sou kilès ᵏbaz li yo te fonse?
Oswa se kilès ki te poze ang prensipal li a,
⁷ lè zetwal maten yo te chante ansanm,
e tout ˡfis Bondye yo te rele fò ak gran jwa?

⁸ "Oswa se kilès ki te ᵐdelimite lanmè
a ak pòt yo,
lè l te pete sòti nan vant lemonn nan;
⁹ lè M te fè yon nwaj sèvi vètman li
e fènwa byen pwès kon rad anfans li,
¹⁰ epi Mwen te ⁿplase lizyè sou li,
e te kadnase pòt li yo,
¹¹ lè Mwen te di: 'Men la, ou va rive e pa plis;
men la vag ògèy ou va rete'?

¹² "Èske pandan tout vi ou, ou te pase
lòd pou maten rive,
e fè solèy granmaten an konnen plas li,
¹³ pou l ta kenbe mechan yo sou pwent latè
e ᵒsouke l nèt pou yo sòti ladann?
¹⁴ Li vin chanje tankou ajil anba yon so;
epi prezante la tankou yon abiman.
¹⁵ ᵖSou mechan yo, limyè yo retire
e bwa souleve a vin kase.

¹⁶ "Èske ou konn antre nan sous lanmè yo,
oswa mache nan fon pwofondè a?
¹⁷ Èske pòtay lanmò yo te konn vin
vizib a ou menm?
Oswa èske ou konn wè pòtay ᵠlonbraj
lanmò yo?
¹⁸ Èske ou te konprann gwosè ak lajè
tout ʳtè a?
Di M si ou konnen tout sa a.

¹⁹ "Kote chemen an ye pou rive nan
abitasyon limyè a?
Epi tenèb la, kote landwa li,
²⁰ pou ou ta mennen li nan ˢlimit li,
pou ou ta kab konprann chemen pou
rive lakay li?
²¹ Fòk ou konnen paske ᵗou te fèt avan sa,
e kantite jou ou yo vast!
²² Èske ou konn antre nan ᵘkay depo nèj yo,
oswa èske ou konn wè kay depo pou lagrèl yo,
²³ ke M te rezève pou tan twoub la,
pou jou lagè ak batay la?
²⁴ Kote chemen a ki pou fè ᵛloray divize a
oswa ki kote van lès la te gaye sou tè a?

²⁵ "Se kilès ki te kreve yon kanal pou
gran inondasyon an,
oswa yon chemen pou eklè ak tonnè a,
²⁶ Pou mennen ʷlapli nan yon teren kote
nanpwen moun,
nan yon dezè san pèsòn ladann,
²⁷ Pou ˣsatisfè yon peyi savann dezole
e fè grenn zèb yo vin jèmen.
²⁸ Èske lapli gen papa?
Oswa se kilès ki te reyisi fè gout lawouze yo?
²⁹ Nan ki vant manman a sila ʸglas la te sòti?
Epi fredi syèl la, se kilès ki te fè nesans li?
³⁰ Dlo vin di tankou wòch
e sifas pwofondè a vin prizonye ladann.

³¹ "Èske ou konn mare chenn zetwal
ᶻPleiades yo,

ᵃ **37:16** Job 36:4   ᵇ **37:18** Jr 10:12   ᶜ **37:19** Job 9:14   ᵈ **37:23** Éz 18:23-32   ᵉ **37:24** Mat 11:25   ᶠ **38:1** Job 40:6
ᵍ **38:2** Job 35:16   ʰ **38:3** Job 42:4   ⁱ **38:4** Sòm 104:5   ʲ **38:5** Pwov 8:29   ᵏ **38:6** Job 26:7   ˡ **38:7** Job 1:6
ᵐ **38:8** Sòm 104:6-9   ⁿ **38:10** Pwov 8:29   ᵒ **38:13** Job 34:25-26   ᵖ **38:15** Job 5:14   ᵠ **38:17** Job 10:21
ʳ **38:18** Job 28:24   ˢ **38:20** Job 26:10   ᵗ **38:21** Job 15:7   ᵘ **38:22** Job 37:6   ᵛ **38:24** Job 26:10   ʷ **38:26** Job 36:27
ˣ **38:27** Sòm 104:13-14   ʸ **38:29** Job 37:10   ᶻ **38:31** Job 9:9

oswa lage kòd zetwal Orion yo?

³² Èske ou kab mennen fè parèt tout sign
Zodyak yo nan sezon yo,
oswa gide zetwal Gran Lous la ak pitit li yo?

³³ Èske ou konnen tout ªrègleman syèl la,
oswa èske ou kab etabli règleman pa
yo sou tè a?

³⁴ Èske ou kab leve vwa ou rive nan nwaj yo,
pou fè ᵇgwo kantite dlo vin kouvri ou?

³⁵ Èske ou kab ᶜvoye eklera j yo pou yo
rive di ou: 'Men nou isit la'?

³⁶ Se kilès ki te ᵈmete sajès nan kè lòm,
oswa te bay bon ᵉkonprann nan panse a?

³⁷ Se kilès ki kab konte nwaj yo ak sajès,
oswa ᶠvide gwo krich dlo syèl yo,

³⁸ Pou pousyè a vin di nan yon gwo ma dlo
e bòl tè yo vin kole ansanm?

³⁹ "Èske ou kab fè lachas pou bay
lyon an ᵍmanje,
oswa satisfè apeti a jenn ti lyon yo,

⁴⁰ Lè yo ʰkouche nan kav pa yo
e kouche tann pèlen bò lakay yo?

⁴¹ Se ⁱkilès ki prepare manje pou kòbo a
lè pitit li rele kote Bondye e mache
gaye grangou?

39

"Èske ou konnen lè kabrit mòn yo fè pitit?
Èske ou konn wè lè ʲsèf yo metba?

² Èske ou kab kontwole mwa ke yo
rete plenn yo,
oswa èske ou konnen lè yo fè pitit?

³ Yo bese a jenou, yo pouse fè pitit yo parèt,
yo fòse fè doulè yo fini nèt.

⁴ Pitit yo vin fò, yo grandi nan chan lib;
yo ale e yo pa retounen kote yo.

⁵ "Se kilès ki te fè ᵏbourik mawon yo vin lib?
Epi kilès ki te lache kòd ki te mare sou
bourik kous la,

⁶ ke Mwen te bay ˡsavann nan kon abitasyon li,
ak tè sale a kon kote pou l rete a?

⁷ Li pa bay valè a zen lavil la;
kri a chofè yo, li pa okipe yo.

⁸ Li chache nan tout mòn yo pou manje l
e chache jwenn tout sa ki vèt.

⁹ "Èske ᵐbèf mawon va dakò pou sèvi ou,
oswa èske l ap pase nwit lan devan
manjwa ou?

¹⁰ Èske ou kab mare bèf mawon a ak kòd pou l
rete nan ranp li, oswa èske l ap boulvèse
jaden an dèyè w?

¹¹ Èske ou va fè l konfyans akoz gran fòs li,
e kite l responsab travay ou?

¹² Èske ou va mete lafwa ou nan li pou
li pote semans lakay,
o ranmase seryèl sou glasi vannen an?

¹³ "Zèl a otrich yo bat anlè ak gran jwa,
men èske se plimaj lanmou?

¹⁴ Veye byen, li abandone pwòp ze li
yo sou latè a
pou yo ka chofe yo nan pousyè,

¹⁵ Li bliye yon grenn pye ka kraze yo,
oswa yon bèt sovaj kab foule yo.

¹⁶ Li maltrete pitit li yo ⁿak mechanste,
konsi yo pa t pou li;
menm si tout travay li ta an ven, sa pa regade l;

¹⁷ Akoz Bondye te fè li bliye sajès li,
e pa t bay li yon pòsyon bon konprann.

¹⁸ Lè l leve kò l anlè, li giyonnen cheval
la ak chevalye a.

¹⁹ Èske se ou ki te bay cheval la fòs?
Èske ou te abiye kou li ak krenyen?

²⁰ Èske ou fè l vòltije tankou yon krikèt?
ᵒGran souf ki sòti nan nen l byen etonnan.

²¹ Pye li fouye tè a nan vale a, e li kontan fòs li.
Li ᵖsòti parèt pou rankontre zam yo.

²² Li ri sou danje, ni li pa gen lakrent.
Li pa vire fè bak devan nepe;

²³ fouwo soukwe akote l,
lans k ap briye a, ak gwo frenn nan.

²⁴ Byen anraje e tranblan, li fè kous sou tè a,
e li p ap kanpe lè vwa twonpèt la sone.

²⁵ Depi twonpèt la sone li di: 'Aha!'
Soti lwen, li pran sant batay la, tonnè a
kapitèn yo ak kri gè a.

²⁶ Èske se pa bon konprann ou ke malfini an
konn vole anlè, avèk zèl li lonje vè sid?

²⁷ Èske se pa kòmand pa ou ke èg la monte wo
pou fè ᵍnich li nan wotè?

²⁸ Anwo sou falèz la, li rete e fè abitasyon li,
sou kwen wòch yon kote ki pa kab pwoche.

²⁹ Se la li ʳveye manje li;
zye li wè l soti lwen.

³⁰ Pitit li yo, anplis, konn souse san;
epi ˢkote mò yo ye; se la li ye."

40

Anplis, SENYÈ a te di a Job:

² "Èske li k ap jwenn fot va ᵗfè kont
ak Tou Pwisan an?
Kite li ki repwòche Bondye reponn sa."

³ Konsa, Job te reponn SENYÈ a. Li te di:

⁴ "Anverite, mwen pa anyen; ki repons
mwen kab bay Ou?
Mwen ᵘpoze men m sou bouch mwen.

⁵ Yon fwa mwen te pale e ᵛmwen pa replike;
menm de fwa, men m pap wale pi lwen."

ª **38:33** Sòm 148:6 ᵇ **38:34** Job 22:11 ᶜ **38:35** Job 36:32 ᵈ **38:36** Sòm 51:6 ᵉ **38:36** Job 32:8 ᶠ **38:37** Job 38:34
ᵍ **38:39** Sòm 104:21 ʰ **38:40** Job 37:8 ⁱ **38:41** Sòm 147:9 ʲ **39:1** Sòm 29:9 ᵏ **39:5** Job 6:5 ˡ **39:6** Jr 2:24
ᵐ **39:9** Sòm 22:21 ⁿ **39:16** Lam 4:3 ᵒ **39:20** Jr 8:16 ᵖ **39:21** Jr 8:6 ᵠ **39:27** Jr 49:16 ʳ **39:29** Job 9:26
ˢ **39:30** Mat 24:28 ᵗ **40:2** És 45:9 ᵘ **40:4** Job 21:5 ᵛ **40:5** Job 9:3-15

⁶ Konsa, ᵃSENYÈ a te reponn nan mitan
toubiyon an. Li te di:
⁷ Alò, mare senti ou kon gason;
Mwen va ᵇmande ou yon bagay, e ou
va enstwi M.
⁸ Èske ou anverite ou va anile jijman Mwen an?
Èske ou va kondane Mwen pou ou
menm kab jistifye?
⁹ Oswa èske ou gen yon bra tankou Bondye,
ak yon vwa ki ka ᶜgwonde tankou pa L la?
¹⁰ ᵈAbiye ou menm ak mayifisans ak grandè.
Mete sou ou lonè ak laglwa.
¹¹ Vide fè parèt nèt tout lakòlè k ap
ᵉdebòde nan ou.
Fè yon ti gade sou tout sila ki gen ògèy
yo, e desann yo.
¹² Fè rega sou tout sila ki gen ògèy yo,
e ᶠfè yo bese, vin ba.
Foule mechan yo nèt kote yo kanpe.
¹³ ᵍKache yo ansanm nan pousyè a.
Mare figi yo nan plas kache a.
¹⁴ Epi konsa M ap konfese a ou menm
ke se pwòp men dwat ou ki kab sove ou.
¹⁵ Gade byen Beyemòt la ʰke M te fè
menm tankou Mwen te fè w la;
Li manje zèb tankou bèf.
¹⁶ Gade koulye a, fòs li nan ren li,
e pouvwa li nan gwo venn a vant li yo.
¹⁷ Li koube ke li tankou yon sèd;
venn nan kwis li yo koude ansanm nèt.
¹⁸ Zo li se tiyo ki fèt an bwonz;
janm li tankou ba fè.
¹⁹ Li se ⁱpremye nan chemen Bondye a;
fòk se Sila ki fè l la, ki pou pwoche nepe li.
²⁰ Anverite, mòn yo ʲmennen bay li manje
kote tout bèt sovaj latè yo jwe.
²¹ Anba zèb dlo, li kouche;
nan kouvèti wozo a ak marekaj la.
²² Plant dlo yo kouvri li ak lonbraj;
bwa sikrèn k ap koule dlo a antoure li.
²³ Lè rivyè a vin anraje, li pa twouble;
li gen konfyans malgre ᵏJourdain an
rive jis nan bouch li.
²⁴ Èske gen moun ki kab kaptire li lè l ap veye;
menm ak pwent anfè, èske yon moun
kab pèse nen l?

41

Èske ou ka rale ˡLevyatan an deyò ak yon zen
lapèch?
Oswa peze lang li desann ak yon kòd?
² Èske ou kab ᵐmete yon kòd nan nen l,
oswa pèse machwè l ak yon zen?
³ Èske l ap fè ou anpil siplikasyon,
oswa èske l ap pale ak ou ak pawòl dous?
⁴ Èske l ap fè yon akò avèk ou?
Èske ou va pran l pou yon sèvitè pou tout tan?
⁵ Èske ou va jwe avè l konsi se yon zwazo,
oswa èske ou va mare li pou demwazèl ou yo?

⁶ Èske komèsan yo va fè komès avè l?
Èske y ap divize li pami machann yo?
⁷ Èske ou kab plen po li ak gwo lans,
oswa tèt li ak fren lapèch?
⁸ Poze men ou sou li! Sonje batay la byen!
Ou p ap fè l ankò
⁹ Gade byen, esperans ou fo.
Èske ou p ap vin bese ou, menm devan rega li?
¹⁰ Nanpwen moun ki gen kouraj ase pou
l ta tante ⁿfè l leve.
Ebyen, se kilès li ye ki kab kanpe devan M?
¹¹ Kilès ki te ᵒban Mwen yon bagay pou
M ta rekonpanse li?
Tout bagay anba tout syèl la se pa M.
¹² Konsa, Mwen p ap rete an silans
akoz manm li yo,
oswa gran pwisans li, oswa jan kò l
byen òganize.
¹³ Se kilès ki kab retire pwotèj eksteyè li?
Kilès ki kab penetre pwotèj fèt ak
chenn doub?
¹⁴ Kilès ki kab ouvri pòt figi li?
Gwo laperèz antoure dan l.
¹⁵ Gwo kal li yo se gran ògèy li;
yo fèmen byen byen di.
¹⁶ Youn tèlman pre lòt ke menm lè pa
kab pase antre yo.
¹⁷ Yo jwenn youn ak lòt;
yo kole yo chak youn sou lòt e yo pa
kab separe.
¹⁸ Lè li estène, li fè limyè vin parèt;
e zye li tankou ᵖpòpyè zye nan maten.
¹⁹ Tòch dife yo sòti nan bouch li;
sann volan yo vòltije vin parèt.
²⁰ Sòti nan nen l, se lafimen;
konsi k ap sòti nan yon gwo bonm k ap bouyi,
oswa fèy sèch k ap pran dife.
²¹ Souf li ka limen chabon,
e flanm yo sòti nan bouch li.
²² Kou li se yon rezèvwa fòs
e gwo laperèz danse devan l.
²³ Tout pli sou chè li vin jwenn ansanm;
byen solid sou li, e yo pa kab deplase.
²⁴ Kè li di tankou wòch,
di menm tankou gwo wòch moulen.
²⁵ Lè l leve pi pwisan yo vin pè;
akoz gwo son kraze brize a, yo fè bak nèt.
²⁶ Nepe ki rive kote li pa kab fè anyen,
ni gwo lans lan, flèch la, ni frenn nan.
²⁷ Pou li moso fè se konsi se pay;
bwonz se tankou bwa pouri.
²⁸ Flèch pa kab fè l sove ale;
wòch fistibal se kras raje devan l.
²⁹ Baton yo menm se pay.
Li ri lè frenn nan kouri vin jwenn l.
³⁰ Pati anba li se tankou cha kanari;
li gaye tankou yon baton ki vannen sou labou.

ᵃ **40:6** Job 38:1   ᵇ **40:7** Job 38:3   ᶜ **40:9** Job 37:5   ᵈ **40:10** Sòm 93:1   ᵉ **40:11** És 42:25   ᶠ **40:12** I Sam 2:7
ᵍ **40:13** És 2:10-12   ʰ **40:15** Job 40:19   ⁱ **40:19** Job 41:33   ʲ **40:20** Sòm 104:14   ᵏ **40:23** Jen 13:10
ˡ **41:1** Sòm 74:14   ᵐ **41:2** II Wa 19:28   ⁿ **41:10** Job 3:8   ᵒ **41:11** Wo 11:35   ᵖ **41:18** Job 3:9

³¹ Li fè pwofondè li yo bouyi tankou
yon bonm;
li fè lanmè a vin tankou yon ja pomad.
³² Dèyè l, li fè yon pa kim dlo briye;
konsi ou ta konnen se cheve blanch k
ap soti nan fon dlo a.
³³ Nanpwen ᵃanyen sou latè ki tankou li;
yon bèt ki fèt san pè anyen.
³⁴ Li gade sou tout bagay ki wo;
Li se wa sou tout ᵇfis ògèy yo.

42 Job te reponn SENYÈ a. Li te di:
² "Mwen konnen ke ᶜOu ka fè tout bagay,
e ke nanpwen volonte Ou ki kab detounen.
³ Ou te mande: 'Kilès sila ki ᵈkache konsèy san konesans lan?'"
"Konsa, mwen te deklare sa ke m pa t konprann nan;
bagay twò etonnan pou mwen, ke m pa t konnen yo.
⁴ Ou te di: 'Koute Mwen, e Mwen va pale;
Mwen va ᵉmande Ou, e Ou va enstwi Mwen.'
⁵ " Konsa, Mwen te kon ᶠtande de Ou nan zòrèy mwen yo,
men koulye a, zye m wè Ou.
⁶ Pou tout sa a, mwen rayi pwop tèt mwen,
e mwen repanti nan pousyè ak sann yo."

⁷ Li te vin rive apre SENYÈ a te pale pawòl sa yo a Job, ke SENYÈ a te di a Éliphaz, Temanit lan: "Lakòlè mwen limen kont ou e kont de zanmi ou yo, akoz ou pa t pale selon Mwen sa ki dwat, ᵍtankou sèvitè Mwen Job te fè a. ⁸ Alò, pou sa, pran pou nou menm sèt towo avèk sèt belye, rive kote sèvitè Mwen an Job, e ofri yon ʰofrann brile pou nou menm; epi sèvitè Mwen an, Job, va priye pou nou. Paske Mwen va aksepte li jis pou m pa a ji avèk nou selon foli nou, akoz nou pa t pale selon Mwen sa ki bon, tankou sèvitè Mwen Job te fè a."

⁹ Konsa, Éliphaz, Temanit lan avèk Bildad, Shouachyen an ak Tsophar, Naamatit la te ale fè sa ke SENYÈ a te di yo; epi SENYÈ a te aksepte Job.

¹⁰ SENYÈ a te ⁱrestore Job ak tout byen li ak pozisyon li lè l te priye pou zanmi li yo, e SENYÈ a te remèt tout sa li te genyen miltipliye de fwa anplis. ¹¹ Konsa, tout ʲfrè li yo ak sè li yo ak tout moun ki te konnen l oparavan yo te vin kote li, e yo te manje pen avèk li lakay li. Yo te rekonfòte li e konsole li akoz tout twoub ke SENYÈ a te mennen sou li yo. Epi yo chak te bay li yon pyès lajan ak yon bag an lò.

¹² ᵏSENYÈ a te beni dènye jou a Job yo plis pase premye yo. Epi li te gen katòz-mil mouton ak si-mil chamo, ak mil bèf kabwèt ak mil femèl bourik. ¹³ ˡLi te gen sèt fis ak twa fi. ¹⁴ Li te rele premye a Jemima, dezyèm nan Ketsia, twazyèm nan Kéren-Happuc. ¹⁵ Nan tout peyi a, pa t gen fanm ki te bèl tankou fi a Job yo. Konsa, papa yo te bay yo yon eritaj pami frè yo. ¹⁶ Apre sa, Job te viv pandan san-karant lane, e te wè fis li yo ak pitit a fis li yo, jis rive nan kat jenerasyon. ¹⁷ Konsa, ᵐJob te mouri, granmoun e plen ak jou.

ᵃ **41:33** Job 40:19   ᵇ **41:34** Job 28:8   ᶜ **42:2** Jen 18:14   ᵈ **42:3** Job 38:2   ᵉ **42:4** Job 38:3   ᶠ **42:5** Wo 10:17
ᵍ **42:7** Job 40:3-5   ʰ **42:8** Job 1:5   ⁱ **42:10** Sòm 85:1-3   ʲ **42:11** Job 19:13   ᵏ **42:12** Job 1:10   ˡ **42:13** Job 1:2
ᵐ **42:17** Jen 15:15

SÒM YO

Liv I

1 Beni se nonm ki ᵃpa mache nan konsèy mechan yo
ni kanpe nan pa pechè yo, ni chita nan
    chèz mokè yo,
² men ᵇgran plezi li se ᶜnan lalwa SENYÈ a.
Sou lalwa Li, li reflechi la jounen kon lannwit.
³ Li va tankou yon ᵈpyebwa ki plante
bò kote flèv dlo ki bay fwi li nan sezon li.
Fèy li p ap janm fane, e tout sa li fè
    byen reyisi.
⁴ Mechan yo pa konsa.
Yo tankou ᵉpay ke van an pouse ale.
⁵ Pou sa, mechan yo p ap kanpe nan
    chèz ᶠjijman an,
ni pechè yo nan asanble ak moun dwat yo.
⁶ Paske SENYÈ a ᵍkonnen chemen
a sila ki dwat yo,
men chemen a mechan yo va disparèt.

2 Poukisa nasyon yo ap boulvèse konsa,
e pèp yo fòmante yon vye bagay?
² Wa latè yo pran pòz yo e chèf yo
pran konsèy ansanm kont SENYÈ a,
e ʰkont onksyone pa Li a:
³ "Annou ⁱchire chenn sa yo,
e jete kòd ki mare nou yo!"
⁴ Sila ki chita nan syèl la ʲri;
SENYÈ A ap moke yo.
⁵ Anplis, Li va pale avèk yo nan ᵏkòlè Li.
Li va fè yo sezi nan kòlè Li.
⁶ Men pou Mwen menm,
Mwen fin plase Wa Mwen an sou Sion,
ˡmòn sen Mwen an.
⁷ Anverite, Mwen va pale selon deklarasyon
    SENYÈ a;
SENYÈ a te di Mwen: "Ou se ᵐFis Mwen.
Se jodi a, Mwen te fè Ou.
⁸ Mande Mwen, e Mwen va bay Ou
ⁿnasyon yo kon eritaj,
jis rive nan ᵒdènye pwent latè
kon posesyon pa Ou.
⁹ Ou va ᵖkase yo avèk yon baton fè,
Ou va ᵠkraze yo tankou veso kanari."
¹⁰ Konsa, O wa yo, ʳsèvi ak sajès.
Fè atansyon, O jij sou latè yo.
¹¹ Adore SENYÈ a avèk gran respè e
rejwi avèk ˢtranbleman.
¹² Fè omaj a Fis la, pou L pa vin fache,
epi ou ta mouri nan chemen an.
Paske gwo chalè Li kab limen ase vit.

A la beni se tout sila ki ᵗkache nan Li.

*Yon Sòm a David lè l te sove
ale devan Absalom, fis li a*

3 O SENYÈ, gade ki jan ᵘlènmi mwen
yo ap miltipliye;
Anpil moun leve kont mwen.
² Anpil moun pale de nanm mwen,
"Nanpwen ᵛdelivrans pou li nan Bondye." *Tan*
³ Men Ou menm, O SENYÈ, se yon
    pwotèj ki antoure mwen,
glwa mwen, ak Sila ki ʷfè tèt mwen leve a.
⁴ Mwen t ap kriye a SENYÈ a ak vwa mwen;
Li te ˣreponn mwen soti nan mòn sen
Li an *Tan*
⁵ Mwen ʸte kouche e dòmi;
mwen te leve, paske se SENYÈ a ki ban m fòs.
⁶ Mwen p ap pè menm dè milye de moun
ki ta ᶻpran pozisyon kont mwen de tout kote.
⁷ Leve, O SENYÈ!
Sove mwen, O Bondye mwen!
Paske Ou te souflete tout lènmi mwen yo.
Ou te ᵃkraze dan a mechan yo.
⁸ ᵇDelivrans se nan SENYÈ a.
Ke benediksyon Ou toujou poze sou pèp Ou a.

*Pou direktè koral la; sou enstriman ak
fil yo; yon sòm David*

4 Reponn mwen lè m rele Ou, O Bondye
    ladwati mwen;
Ou te fè m pran souf nan gran twoub
    mwen an.
ᶜFè m gras e tande lapriyè mwen.
² O fis a lòm yo, jiskilè laglwa Mwen va
    devni yon repwòch?
Jiskilè ou va renmen sa ki san valè
e ᵈtante twonpe moun? *Tan*
³ Men konnen ke SENYÈ a te mete nonm
    Bondye a apa pou Li menm.
SENYÈ a ᵉtande lè m fè apèl Li.
⁴ Tranble, men ᶠpa fè peche.
ᵍReflechi nan kè ou sou kabann ou,
    e rete kalm. *Tan*
⁵ Ofri sakrifis ladwati yo.
ʰMete konfyans nan SENYÈ a.
⁶ Anpil ap di: ⁱ"Kilès ki kab montre nou
    yon bagay ki bon?"
SENYÈ, leve wo limyè a vizaj Ou devan nou!
⁷ Ou te mete ʲlajwa nan kè m plis pase
lè gwo rekòlt sereyal mi ak diven
    nèf vin parèt.

ᵃ **1:1** Pwov 4:14   ᵇ **1:2** Sòm 119:14-35   ᶜ **1:2** Jos 1:8   ᵈ **1:3** Sòm 92:12-14   ᵉ **1:4** Sòm 5:5   ᶠ **1:5** Sòm 9:7,8,16
ᵍ **1:6** Na 1:7   ʰ **2:2** Jn 1:41   ⁱ **2:3** Jr 5:5   ʲ **2:4** Sòm 37:13   ᵏ **2:5** Sòm 21:8-9   ˡ **2:6** Sòm 48:1-2
ᵐ **2:7** Trav 13:33   ⁿ **2:8** Sòm 22:27   ᵒ **2:8** Sòm 67:7   ᵖ **2:9** Rev 2:26-27   ᵠ **2:9** Sòm 28:5   ʳ **2:10** Pwov 8:15
ˢ **2:11** Sòm 119:119-120   ᵗ **2:12** Sòm 5:11   ᵘ **3:1** II Sam 15:12   ᵛ **3:2** Sòm 22:7-8   ʷ **3:3** Sòm 27:5   ˣ **3:4** Sòm 4:3
ʸ **3:5** Lev 26:6   ᶻ **3:6** Sòm 118:10-13   ᵃ **3:7** Sòm 57:4   ᵇ **3:8** Sòm 28:8   ᶜ **4:1** Sòm 25:16   ᵈ **4:2** Sòm 31:18
ᵉ **4:3** Sòm 6:8-9   ᶠ **4:4** Ef 4:26   ᵍ **4:4** Sòm 77:4   ʰ **4:5** Sòm 37:3-5   ⁱ **4:6** Job 7:7   ʲ **4:7** És 9:3

⁸ Anpè, mwen va kouche pou dòmi,
paske Ou sèl, SENYÈ, fè m viv ansekirite.

Pou Direktè koral yo; fèt pou
akonpanye ak flit. Yon Sòm David.

5 ᵃPrete zòrèy Ou a pawòl mwen yo, O SENYÈ.
Konsidere refleksyon mwen yo.
² Koute bri kri sekou mwen yo,
ᵇWa mwen e Bondye mwen.
Pou Ou menm, mwen ap priye.
³ Nan maten O SENYÈ, Ou va tande
   vwa mwen.
Nan maten mwen va vèse bay Ou
   lapriyè mwen yo.
M apᶜtann, m ap veye.
⁴ Paske Ou se pa yon Bondye ki gen
   plezi nan mechanste.
ᵈNanpwen mal ki rete avèk Ou.
⁵ Sila ki plen ògèy p ap kab kanpe
   devan zye Ou.
ᵉOu rayi tout sila ki fè inikite yo.
⁶ Ou ᶠdetwi sila ki pale sa ki fo yo.
SENYÈ a rayi yon nonm ki vèse san,
ki twonpe moun.
⁷ Men pou mwen, pa gran lanmou
dous Ou a mwen va antre lakay Ou.
Nan tanp sen Ou an mwen va pwostène
mwen nèt an adorasyon.
⁸ O SENYÈ, mennen m ᵍnan ladwati Ou
   akoz lènmi mwen yo.
Fè chemen Ou dwat devan mwen.
⁹ Nanpwen anyen stab nan pawòl pa yo.
Anndan yo se pouriti menm.
ʰGòj yo se yon tonm ki louvri.
Yo fè flatè ak lang yo.
¹⁰ Kenbe yo koupab, O Bondye.
Selon pwòp manèv pa yo, kite yo tonbe!
Nan fòs kantite peche yo pouse yo deyò,
   paske se ⁱrebèl yo ye kont Ou.
¹¹ Men kite tout sila ki pran refij nan
   Ou yo, ʲfè kè kontan.
Kite yo toujou chante ak kè kontan,
akoz Ou fè abri pou yo.
Kite sila ki renmen non Ou yo kapab
fè kè kontan nan Ou.
¹² Paske se Ou menm ki beni nonm ki
   dwat la, O SENYÈ,
Ou ki ᵏantoure li avèk gras Ou,
tankou yon boukliye.

Pou direktè koral la; avèk enstriman ak
fil yo sou yon gita uit kòd.

Yon sòm David.

6 O SENYÈ, ˡpa repwoche mwen nan kòlè Ou,
ni ba m chatiman nan fachez Ou.
² Fè m gras, O SENYÈ, paske mwen
chagren anpil.
ᵐGeri mwen, O SENYÈ, paske zo m
   yo rele anmwey,
³ epi ⁿnanm mwen fè gwo chagren.
Men Ou, O SENYÈ,—jiskilè?
⁴ Retounen, O SENYÈ, ᵒfè nanm
   mwen chape.
Sove mwen akoz lanmou dous Ou a.
⁵ Paske mò yo ᵖpa rele non Ou.
Nan andwa kote mò yo ye a,
se kilès k ap bay Ou remèsiman?
⁶ Mwen bouke ak plent ki sòti anndan m.
Chak nwit, kabann mwen vin naje ak dlo.
ᑫDlo ki sòt nan zye m yo fin gate kabann nan.
⁷ ʳZye m pouri nèt ak gwo doulè.
Yo vin vye nèt akoz tout advèsè mwen yo.
⁸ ˢSòti sou mwen, nou tout ki fè mechanste yo,
paske SENYÈ a te tande gwo kri mwen.
⁹ SENYÈ a te tande demand priyè mwen.
SENYÈ a ᵗte resevwa lapriyè mwen.
¹⁰ Tout lènmi mwen yo va wont e deranje nèt.
Yo va vire fè bak ᵘsibitman.
Yo va vin wont anpil.

Yon Sòm David, ke li te chante a SENYÈ a pou
yon moun tribi Benjamin ki te rele Cush.

7 O SENYÈ Bondye mwen an, ᵛnan Ou
   mwen kache.
Sove mwen de tout sila k ap kouri dèyè
   m yo e fè m sekou,
² sof ke li ta chire nanm mwen ʷtankou
   yon lyon,
epi rale m akote pandan pa gen moun
   pou delivre m.
³ O SENYÈ mwen, si mwen menm te fè sa,
si gen ˣenjistis nan men m,
⁴ si mwen te rekonpanse mal a zanmi mwen,
oswa te ʸpiyaje sila ki te lènmi mwen
   a san koz la,
⁵ kite lènmi an kouri dèyè nanm mwen
jiskaske li pran l,
epi kite li foule lavi mwen jis atè.
Fè glwa mwen kouche nèt nan pousyè a. *Tan*
⁶ Leve, O SENYÈ, nan kòlè Ou;
leve Ou menm kont ᶻraj ladvèsè mwen yo.

ᵃ **5:1** Sòm 54:2   ᵇ **5:2** Sòm 84:3   ᶜ **5:3** Sòm 130:5   ᵈ **5:4** Sòm 92:15   ᵉ **5:5** Sòm 11:5   ᶠ **5:6** Sòm 52:4-5
ᵍ **5:8** Sòm 31:1   ʰ **5:9** Wo 3:13   ⁱ **5:10** Sòm 107:10   ʲ **5:11** Sòm 64:10   ᵏ **5:12** Sòm 32:7-10   ˡ **6:1** Sòm 38:1
ᵐ **6:2** Os 6:1   ⁿ **6:3** Sòm 88:3   ᵒ **6:4** Sòm 17:13   ᵖ **6:5** Ekl 9:10   ᑫ **6:6** Sòm 42:3   ʳ **6:7** Job 17:7
ˢ **6:8** Mat 7:23   ᵗ **6:9** Sòm 66:19-20   ᵘ **6:10** Sòm 73:19   ᵛ **7:1** Sòm 31:1   ʷ **7:2** Sòm 57:4   ˣ **7:3** I Sam 24:11
ʸ **7:4** I Sam 24:7   ᶻ **7:6** Sòm 138:7

Leve Ou menm pou mwen;
Ou menm ki te etabli jijman an.
⁷ Kite asanble ᵃa tout pèp yo antoure Ou.
Gouvènen yo, depi an wo.
⁸ Se SENYÈ a ki jije pèp yo.
ᵇFè m jistis O SENYÈ,
selon ladwati mwen ak jan mwen kanpe fèm.
⁹ Alò, mete fen a mechanste malfektè yo,
men etabli sila ki dwat yo.
Paske se ladwati Bondye ki ᶜfè prèv
nan kè avèk panse moun.
¹⁰ Boukliye mwen se avèk Bondye,
ki ᵈsove sila ki dwat yo.
¹¹ Bondye se yon jij ki jis
e ki ᵉrayi enjistis chak jou.
¹² Si yon nonm pa repanti, La p ᶠfile nepe Li.
Li deja koube banza Li; Li prèt.
¹³ Anplis, Li fin prepare pou kont Li
zam mòtèl yo.
Li fè flèch ak shaf ki brile yo.
¹⁴ Gade byen, l ap lite nan mechanste.
Wi, li plante jèm mechanste a,
epi li ᵍvin bay nesans a tout sa ki fo.
¹⁵ Li te fouye yon twou, kreve l nèt,
e vin ʰtonbe nan twou ke li te fè a.
¹⁶ ⁱMechanste li va retounen sou pwòp tèt li,
e vyolans pa l ap desann sou pwòp fwon li.
¹⁷ Mwen va bay remèsiman a SENYÈ
a ʲselon ladwati Li.
Mwen va chante lwanj a non SENYÈ
a,Toupwisan an.

Pou direktè koral la; jwe sou gitia la.

Yon sòm David.

8 O SENYÈ, Senyè nou an,
A la non Ou gran sou tout latè!
Ou te ᵏfè parèt klè mayifisans Ou
piwo pase syèl yo!
² ˡSoti nan bouch a ti bebe ki fenk fèt yo,
ak timoun k ap tete yo,
Ou te etabli pwisans Ou, akoz advèsè Ou yo,
pou fè lènmi an avèk vanjè a sispann.
³ Lè m reflechi sou syèl Ou yo, zèv
men Ou yo,
ᵐlalin ak zetwal ke Ou te fè yo,
⁴ ⁿKisa lòm nan ye, pou Ou reflechi sou li?
Oswa fis a pòm nan, pou Ou pran swen li?
⁵ Malgre, Ou te fè li yon ᵒti kras pi ba
pase Bondye,
e te kouwone li ak glwa avèk lonè!
⁶ Ou fè li regne sou zèv men Ou yo.
Ou ᵖte mete tout bagay anba pye li:
⁷ Tout mouton yo ak bèf yo, avèk bèt
sovaj nan chan,

⁸ zwazo nan syèl yo, avèk pwason lanmè yo,
ak tout sa ki pase nan chemen lanmè yo.
⁹ O SENYÈ, mèt nou an, a la non Ou
gran sou tout latè a.

Pou direktè koral la; Yon sòm David

9 Mwen va bay remèsiman a SENYÈ a
ak ᑫtout kè m;
Mwen va pale tout mèvèy Ou yo.
² Mwen va fè kè kontan e rejwi nan Ou;
Mwen va chante lwanj non Ou, O ʳPi Wo a.
³ Lè lènmi m yo vire fè bak, yo ˢtonbe
e peri devan Ou.
⁴ Paske Ou te bay soutyen a dwa m,
avèk koz mwen ki jis;
Ou chita sou twòn Ou e fè jijman
avèk ladwati.
⁵ Ou te fè chatiman nasyon yo;
Ou te detwi mechan yo;
Ou te ᵗefase non yo jis pou tout tan e
pou tout tan.
⁶ Lènmi an te rive a nan fen, e li te kraze nèt.
Ou te dechouke vil yo, jiskaske ᵘmemwa
a yo vin disparèt.
⁷ Men ᵛSENYÈ a la jis pou tout tan;
Li te etabli twòn Li pou jijman.
⁸ Li va jije mond lan avèk ladwati;
Li va rann jijman pou pèp yo avèk jistis.
⁹ SENYÈ a va osi yon sitadèl pou sila
ki oprime yo;
yon sitadèl nan tan twoub la.
¹⁰ Sila ki konnen non Ou yo, va mete
konfyans yo nan Ou,
paske Ou menm, SENYÈ, pa janm abandone
sila ki mete konfyans nan Ou yo.
¹¹ Chante lwanj a SENYÈ a, ki ʷrete nan Sion;
deklare pami pèp yo zèv Li yo.
¹² Paske Sila ki egzije san an sonje yo;
Li pa janm bliye kri a sila ki oprime yo.
¹³ Fè m gras, O SENYÈ;
gade byen soufrans mwen akoz sila ki
rayi mwen yo,
e ˣfè m leve soti nan pòtay lanmò yo,
¹⁴ pou m kab pale tout lwanj a Ou menm.
Konsa, nan pòtay a fi Sion yo,
mwen kapab ʸrejwi nan delivrans Ou.
¹⁵ Nasyon yo fin fonse kole nan twou
fòs yo te fè a;
nan ᶻpèlen yo te fè, pwòp pye yo vin
kole ladann.
¹⁶ Senyè a te ᵃleve tèt Li pou yo wè;
Li te rann jijman an.
Nan zèv a pwòp men Li, mechan an
kole nan pwòp pèlen li. *Tan*
¹⁷ ᵇMechan yo va retounen nan sejou lanmò a;

ᵃ **7:7** Sòm 22:27   ᵇ **7:8** Sòm 18:20   ᶜ **7:9** Jr 11:20   ᵈ **7:10** Sòm 97:10-11   ᵉ **7:11** Sòm 90:9   ᶠ **7:12** Det 32:41
ᵍ **7:14** És 59:4   ʰ **7:15** Job 4:8   ⁱ **7:16** Est 9:25   ʲ **7:17** Sòm 71:15-16   ᵏ **8:1** Sòm 57:5-11   ˡ **8:2** Mat 21:16
ᵐ **8:3** Sòm 136:9   ⁿ **8:4** Sòm 144:3   ᵒ **8:5** Jen 1:26   ᵖ **8:6** Ef 1:22   ᑫ **9:1** Sòm 86:12   ʳ **9:2** Sòm 83:18
ˢ **9:3** Sòm 27:2   ᵗ **9:5** Sòm 69:28   ᵘ **9:6** Sòm 34:1   ᵛ **9:7** Sòm 89:14   ʷ **9:11** Sòm 76:2   ˣ **9:13** Sòm 30:3
ʸ **9:14** Sòm 13:5   ᶻ **9:15** Sòm 57:6   ᵃ **9:16** Egz 7:5   ᵇ **9:17** Sòm 49:14

menm tout nasyon ki bliye Bondye yo.
[18] Paske [a]malere yo p ap bliye jis pou tout tan,
ni espwa a aflije yo p ap peri pou tout tan.
[19] Leve, [b]O SENYÈ, pa kite lòm vin genyen;
kite nasyon yo jije devan Ou.
[20] Bay yo lakrent, O SENYÈ;
fè nasyon yo konnen ke se sèlman
    [c]lòm yo ye. *Tan*

10
Poukisa Ou kanpe tèlman lwen, O Senyè?
Poukisa [d]Ou kache Ou menm nan
    tan twoub yo?
[2] Nan ògèy pa yo, mechan yo kouri
    cho dèyè aflije yo.
Kite yo [e]kenbe nan menm pèlen ke yo te fè a.
[3] Paske mechan a ap vin ògeye sou
    [f]dezi kè li a;
li beni moun voras la,
e eksprime madichon pou l rejte SENYÈ a.
[4] Mechan an nan wotè rega li, refize
    chache Bondye,
Tout panse li se ke: [g]"Nanpwen Bondye."
[5] Chemen pa li yo reyisi tout tan;
Jijman Ou yo tèlman wo, li pa wè yo.
Selon lènmi li yo, li giyonnen yo.
[6] Li di a pwòp tèt li: [h]"Mwen p ap
    ebranle menm;
Pandan tout jenerasyon yo,
mwen p ap gen pwoblèm ditou."
[7] [i]Bouch li plen ak malediksyon, avèk
    twonpe moun avèk oprime moun.
Anba lang li, se twonpe moun avèk
    mechanste.
[8] Li chita nan anbiskad pou veye vil yo;
nan anbiskad yo, li [j]touye inosan yo.
Zye li yo veye san bat sila ki pa gen espwa yo.
[9] Li kache yon kote an kachèt tankou
    lyon nan nan kav li.
Li kache pou kenbe aflije yo;
li kenbe aflije yo lè l rale mennen yo
    rive nan pèlen [k]an.
[10] Li akwoupi, li pare kò l;
konsa malere a vin tonbe
pa grif pwisan li yo.
[11] Li pale a tèt li: [l]"Bondye bliye.
Li kache figi Li; Li p ap janm wè sa."

[12] Leve O SENYÈ!
O Bondye, [m]leve men Ou wo!
Pa bliye aflije yo!
[13] Poukisa mechan an te meprize Bondye?
Li te di nan tèt li: "Ou p ap egzije m sa".
[14] Ou te wè sa, paske Ou te wè kont
mechanste ak agase moun pou pran sa an men.
Malere a ap depann de Ou menm;
Se Ou ki konn ede [n]òfelen an.
[15] [o]Kase bra a mechan yo avèk malfektè a!
Dekouvri mechanste li yo jiskaske
Ou pa twouve l ankò.
[16] SENYÈ a se Wa a pou tout tan!
[p]Nasyon yo va peri disparèt de peyi Li a.
[17] O SENYÈ, Ou te tande [q]dezi a enb yo;
Ou va ranfòse kè yo, Ou va enkline zòrèy Ou,
[18] pou bay jistis a òfelen an avèk [r]oprime a,
pou lòm ki mache sou tè a, pa koze
    laperèz ankò.

Pou direktè koral la; yon sòm David

11
Se nan SENYÈ a ke m [s]kache.
Kijan ou kapab di a nanm mwen:
"Sove ale kon yon zwazo nan mòn ou;
[2] Paske, gade byen, mechan yo koube banza,
Yo [t]fè flèch yo parèt sou kòd la,
pou tire nan fènwa sou sila ak kè ki dwat yo.
[3] Si [u]fondasyon yo vin detwi,
se kisa moun dwat yo kab fè?"
[4] SENYÈ a nan sen tanp Li an.
[v]SENYÈ a sou twon Li nan syèl la.
Zye Li veye.
Pòpyè zye Li sonde fis a lòm yo.
[5] SENYÈ a [w]sonde sila ki jis yo avèk
    sila ki mechan yo;
men sila ki renmen vyolans, Li rayi nan kè L.
[6] Sou mechan yo, Li va [x]voye chabon
    cho tankou lapli;
dife avèk souf avèk chabon brile va
    mele nan bwason yo.
[7] Paske Bondye dwat.
Li renmen ladwati.
Sila ki kanpe dwat yo va [y]wè figi Li.

Pou direktè koral la; sou yon gita uit kòd

Yon sòm David.

12
Sekou, SENYÈ, paske [z]moun ladwati
    yo sispann egziste,
Paske fidèl yo vin disparèt pami fis a lòm yo.
[2] Yo pale sa ki fo a youn lòt.
[a]Lèv flatè yo ak kè doub yo pale.
[3] Ke SENYÈ a vin koupe tout lèv flatè yo,
ak lang ki [b]pale gwo bagay yo;
[4] ki [c]te di: "Avèk lang nou, nou va reyisi.
Lèv nou se pou nou.
Se kilès ki kab mèt sou nou?"
[5] "Akoz dega a aflije yo, akoz kri a malere yo,
koulye a, [d]Mwen va leve", pale SENYÈ a;
"Mwen va mete li ansekirite de sila ki
    maltrete l la."
[6] Pawòl a SENYÈ a se pawòl ki san tach;
tankou ajan ki [e]teste nan founo,
rafine nan tè sèt fwa.

---

[a] **9:18** Sòm 9:12   [b] **9:19** Nonb 10:35   [c] **9:20** Sòm 62:9   [d] **10:1** Sòm 22:1   [e] **10:2** Sòm 7:16   [f] **10:3** Sòm 94:3
[g] **10:4** Sòm 14:1   [h] **10:6** Rev 18:7   [i] **10:7** Wo 3:14   [j] **10:8** Sòm 94:6   [k] **10:9** Sòm 140:5   [l] **10:11** Sòm 10:4
[m] **10:12** Sòm 17:7   [n] **10:14** Sòm 68:5   [o] **10:15** Sòm 37:17   [p] **10:16** Det 8:20   [q] **10:17** Sòm 9:18   [r] **10:18** Sòm 9:9
[s] **11:1** Sòm 2:12   [t] **11:2** Sòm 64:3   [u] **11:3** Sòm 82:5   [v] **11:4** Rev 4:2   [w] **11:5** Jen 22:1   [x] **11:6** Sòm 18:13-14
[y] **11:7** Sòm 16:11   [z] **12:1** És 57:1   [a] **12:2** Wo 16:18   [b] **12:3** Dan 7:8   [c] **12:4** Sòm 73:8-9   [d] **12:5** És 33:10
[e] **12:6** Pwov 30:5

⁷ Ou menm, O SENYÈ, va kenbe yo.
Ou va ᵃprezève li soti nan
jenerasyon sila a jis pou tout tan.
⁸ Mechan yo pwomennen toupatou tout kote
lè ᵇbagay ki lèd vin leve wo
pami fis a lòm yo.

Pou direktè koral la; yon sòm David

13 Jiskilè SENYÈ?
Èske Ou ap ᶜbliye mwen jis pou tout tan?
Pou konbyen de tan, Ou va kache figi
Ou de mwen?
² Pou konbyen de tan mwen va oblije
ᵈdepann sou pwòp konsèy tèt mwen,
ak tristès nan kè m tout lajounen?
Jiskilè lènmi m va vin leve wo sou mwen?
³ Okipe m, e reponn mwen, O SENYÈ,
Bondye mwen;
ᵉFè zye m wè, pou m pa mouri;
⁴ pou lènmi mwen an pa di: "Mwen
fin genyen l,"
ᶠepi advèsè mwen yo rejwi lè m pran chòk.
⁵ Men mwen va ᵍmete konfyans mwen
nan lanmou dous Ou a;
Kè m va rejwi nan delivrans ou
⁶ Mwen va ʰchante a SENYÈ a,
paske Li te aji ak bon kè avèk m.

Pou direktè koral la; yon sòm David

14 Moun fou a di nan kè l: "Nanpwen Bondye."
Yo konwonpi.
Yo te fè zak abominab.
ⁱNanpwen ki fè sa ki bon.
² SENYÈ a te gade anba soti nan syèl la
sou fis a lòm yo pou wè si genyen
ki ʲkonprann, k ap chache Bondye.
³ Yo tout te vire akote.
Ansanm yo te vin konwonpi.
ᵏNanpwen ki fè sa ki bon, pa menm youn.
⁴ Èske tout malfektè inikite yo pa konnen,
sila Ki ˡmanje pèp mwen yo
tankou y ap manje pen an,
san yo pa rele SENYÈ a?
⁵ La, yo nan gwo danje,
paske Bondye rete avèk jenerasyon ki dwat la.
⁶ Nou meprize bezwen aflije a,
men SENYÈ a se ᵐrefij li.
⁷ O ke sali Israël la ta sòti nan Sion!
Lè SENYÈ a ⁿrestore pèp kaptif li a,
Jacob va rejwi, e Israël va gen kè kontan.

Yon sòm David

15 O SENYÈ, se kilès ki kab rete nan tant Ou?
Kilès ki kab demere sou ᵒmòn sen Ou an?

² Sila ki mache nan entegrite a e ki fè
zèv ladwati yo;
li ki pale verite a nan kè li a;
³ ki pa fè kout lang sou lòt,
ni fè vwazen li mal,
ni patisipe nan fè repwòch kont zanmi li;
⁴ nan zye a sila yon vagabon meprize a,
men ki ᵖbay lonè a sila ki fè lakrent
SENYÈ yo;
li sèmante a pwòp pèt li, menm lè l fè l mal,
e li pa chanje menm;
⁵ Li pa vèse bay lajan li avèk enterè,
ni ᵠli pa aksepte yon kado anba tab
kont inosan an.

Sila ki fè bagay sa yo p ap janm ebranle.

Yon Sòm David

16 Pwoteje m O Bondye, paske ʳmwen
kache nan Ou.
² Mwen te di a SENYÈ, Ou se Senyè mwen.
Mwen pa gen anyen ki bon sof ke Ou menm.
³ Selon sen sou latè yo, se moun
manyifik yo ye;
sou yo menm mwen pran tout plezi m yo.

⁴ Doulè a sila ki te fè donn a yon lòt dye
va vin ogmante;
Mwen p ap vin vide ofrann bwason san pa yo,
ni non yo ˢp ap sòti sou lèv mwen.
⁵ SENYÈ a se ᵗpòsyon eritaj mwen
ak tas mwen;
Se Ou menm ki bay soutyen a pati pa m nan.

⁶ ᵘLizyè yo vin tonbe nan kote ki tèlman
bèl pou mwen.
Anverite, eritaj mwen bèl pou mwen.
⁷ Mwen va beni SENYÈ a ki te ban
m konsèy la.
Anverite, ᵛpanse mwen toujou vin enstwi
mwen pandan lannwit.
⁸ ʷMwen te mete SENYÈ a devan
zye m tout tan.
Akoz Li se men dwat mwen, mwen p
ap ebranle menm.
⁹ Pou sa, ˣkè m kontan e glwa mwen
fè rejwisans.
Anplis, chè m va toujou pwoteje.
¹⁰ Paske Ou p ap abandone nanm mwen
nan sejou mò yo;
ni Ou p ap ʸpèmèt Sila Ki Sen Ou an
vin tonbe an pouriti.
¹¹ Ou va fè m rekonèt ᶻchemen lavi a.
Nan prezans Ou, se lajwa ki an abondans nèt.

ᵃ **12:7** Sòm 37:28 ᵇ **12:8** És 32:5 ᶜ **13:1** Job 13:24 ᵈ **13:2** Sòm 42:4 ᵉ **13:3** Esd 9:8 ᶠ **13:4** Sòm 25:2
ᵍ **13:5** Sòm 52:8 ʰ **13:6** Sòm 96:1 ⁱ **14:1** Wo 3:10-12 ʲ **14:2** Sòm 92:6 ᵏ **14:3** Sòm 143:2 ˡ **14:4** Jr 10:25
ᵐ **14:6** Sòm 46:1 ⁿ **14:7** Sòm 85:1-2 ᵒ **15:1** Sòm 24:3 ᵖ **15:4** Trav 28:10 ᵠ **15:5** Egz 23:8 ʳ **16:1** Sòm 7:1
ˢ **16:4** Egz 23:13 ᵗ **16:5** Sòm 73:26 ᵘ **16:6** Sòm 78:55 ᵛ **16:7** Sòm 77:6 ʷ **16:8** Sòm 16:8-11 ˣ **16:9** Sòm 4:7
ʸ **16:10** Trav 13:35 ᶻ **16:11** Sòm 139:24

Nan men dwat Ou, se plezi ki dire jis
pou tout tan.

Yon Priyè a David

17 Koute yon koz ki jis, O SENYÈ e
okipe kri mwen.
Prete zòrèy a lapriyè mwen,
ki pa sòti nan ªlèv k ap twonpe moun.
² Kite ᵇpawòl mwen parèt akoz prezans Ou;
Kite zye Ou gade avèk jistis.
³ Ou te teste kè m.
Ou te vizite mwen pandan lannwit.
Ou te ᶜsonde mwen e Ou pa t jwenn anyen.
Mwen te fè desizyon eksprè pou bouch
mwen pa fè tò.
⁴ Alò, pou zèv a lòm yo, ᵈselon pawòl
a lèv Ou yo,
Mwen te evite chemen a vyolan yo.
⁵ ᵉPye mwen yo te kenbe fèm nan
chemen pa W la.
Pye mwen pat janm glise.
⁶ Mwen ᶠte rele Ou, paske Ou va reponn
mwen, O Bondye.
Enkline zòrèy W bò kote m.
Tande pawòl mwen yo.
⁷ Kon mèvèy Ou yo, montre m lanmou
dous Ou a,
O Sovè a sila ki kache nan men dwat Ou yo,
kont sila ki leve kont yo.
⁸ Kenbe m tankou ᵍde zye nan tèt Ou.
Kache mwen anba lonbraj a zèl Ou,
⁹ kont mechan ki depouye m yo,
ʰlènmi mòtèl mwen yo ki antoure m.
¹⁰ Yo fin fèmen kè rèd yo.
ⁱAvèk bouch yo, yo pale awogans.
¹¹ Koulye a, yo fin ʲantoure nou pandan
n ap mache.
Yo fikse zye yo sou nou pou jete nou atè.
¹² Se tankou yon lyon ki anvi devore,
tankou yon jenn lyon k ap ᵏkache
nan fènwa.
¹³ Leve, O SENYÈ, konfwonte li e bese li;
Delivre nanm mwen de mechan yo
avèk ˡnepe Ou,
¹⁴ Depi nan men mesye yo avèk men
Ou, O SENYÈ,
depi nan men lòm de mond sa yo,
ᵐk ap resevwa pòsyon pa yo nan vi sa a.
Ou menm plen vant a sila Ou renmen yo.
Fis ou yo gen kont,
e yo mete an rezèv pou pitit pa yo.
¹⁵ Pou mwen menm, mwen va ⁿwè figi
Ou nan ladwati a;
mwen va satisfè avèk vizaj Ou
lè m ouvri zye m.

*Pou direktè koral la. Yon sòm David, sèvitè SENYÈ
a, ki te pale a SENYÈ a, pawòl a chan ke li te adrese
bay SENYÈ a apre Li te delivre li soti nan men a
tout lènmi li yo e soti nan men a Saül. Konsa li te di:*

18 Mwen renmen Ou, O SENYÈ, fòs mwen.
² SENYÈ a se °wòch mwen, sitadèl
mwen e Delivrans mwen;
Bondye mwen, wòch mwen, nan sila mwen
jwenn pwoteksyon an.
³ Mwen rele SENYÈ a, ki dign pou bay lwanj;
epi mwen ᵖsove de lènmi mwen yo.
⁴ ᵠKòd lanmò yo te antoure mwen.
Flèv mal ki sòti nan peyi a mò yo te
teworize m.
⁵ Kòd peyi lanmò yo te antoure mwen;
pèlen lanmò yo te parèt devan m.
⁶ Nan gwo twoub mwen, mwen te rele
SENYÈ a,
e te kriye a Bondye pou sekou.
Depi nan tanp li an, li te tande vwa m.
ʳKri mwen pou sekou devan L
te rive nan zòrèy Li.
⁷ Konsa, latè a te tranble.
Fondasyon a mòn yo te tranble.
Yo te ebranle nèt, akoz kòlè Li.
⁸ Lafimen te sòti nan nen L.
ˢDife a devoran te soti nan bouch Li.
Chalè li te limen chabon.
⁹ Anplis, Li te bese syèl la e te desann
avèk ᵗfènwa byen pwès anba pye Li.
¹⁰ Li te monte sou yon cheriben, e te vole;
Li te vole sou ᵘzèl a van yo.
¹¹ Li te sèvi ᵛfènwa a tankou kote pou L
kache, yon tant ki pou kouvri L.
Fènwa nan dlo yo, nwaj pwès nan syèl yo.
¹² Soti nan gran ʷklate devan L,
gwo nwaj pwès Li yo,
Lagrèl avèk chabon dife te pase.
¹³ Anplis, SENYÈ a te eklate nan syèl yo.
Pi Pwisan an te fè vwa l sone:
wòch lagrèl yo avèk chabon dife.
¹⁴ Li te ˣvoye flèch li yo deyò e te gaye yo.
Avèk anpil gwo klate, Li te fè yo sove ale.
¹⁵ Konsa, gwo kanal dlo yo te parèt;
Fondasyon mond yo te vin toutouni;
ak repwòch Ou, O SENYÈ,
ʸlè gwo souf sòti nan nen Ou.
¹⁶ Li te voye soti an wo.
Li te pran m.
Li te rale mwen sòti nan pil dlo yo.
¹⁷ Li te ᶻdelivre mwen nan men
advèsè mwen byen fò;
de sila yo ki te rayi mwen yo,
paske yo te twò fò pou mwen.

ᵃ **17:1** És 29:13   ᵇ **17:2** Sòm 103:6   ᶜ **17:3** I Pi 1:7   ᵈ **17:4** Sòm 119:9   ᵉ **17:5** Job 23:11   ᶠ **17:6** Sòm 86:7
ᵍ **17:8** Det 32:10   ʰ **17:9** Sòm 31:20   ⁱ **17:10** Job 15:27   ʲ **17:11** Sòm 88:17   ᵏ **17:12** Sòm 10:9   ˡ **17:13** Sòm 22:20
ᵐ **17:14** Sòm 73:3-7   ⁿ **17:15** Sòm 11:7   ᵒ **18:2** Det 32:18   ᵖ **18:3** Sòm 34:6   ᵠ **18:4** Sòm 116:3   ʳ **18:6** Sòm 34:15
ˢ **18:8** Sòm 50:3   ᵗ **18:9** Sòm 97:2   ᵘ **18:10** Sòm 104:3   ᵛ **18:11** Det 4:11   ʷ **18:12** Sòm 104:2   ˣ **18:14** Sòm 144:6
ʸ **18:15** Sòm 106:9   ᶻ **18:17** Sòm 59:1

¹⁸ Yo te konfwonte mwen nan jou
   malè mwen,
men ᵃSENYÈ a te pwotèj mwen.
¹⁹ Li te mennen mwen fè m parèt nan
   yon bèl plas byen laj.
Li te fè m sekou, akoz ᵇLi te pran
   plezi nan mwen.
²⁰ SENYÈ a te byen ᶜrekonpanse mwen
   selon ladwati mwen.
Selon men m ki pwòp, Li fè m rekonpans.
²¹ Paske mwen te kenbe chemen SENYÈ a,
epi mwen pa t janm kite Bondye mwen an.
²² Paske tout ᵈòdonans Li yo te devan m.
Mwen pa t janm mete règleman Li yo akote.
²³ Anplis, mwen te toujou san fot devan L,
e mwen te ᵉrete lib de inikite m.
²⁴ Pou sa, SENYÈ a te ᶠfè m rekonpans
   selon ladwati mwen,
selon men pwòp ke Li te wè yo.
²⁵ Avèk sila ki gen bon kè, Ou montre
   kè ki bon.
Avèk sila ki san fot, Ou vin parèt san fot.
²⁶ Avèk sila ki san tach, Ou montre li
   san tach Ou. ᵍ
Epi avèk sila ki kwochi a, Ou parèt koken.
²⁷ Paske Ou sove yon pèp aflije,
men sila ak zye ki leve wo yo, Ou bese yo.
²⁸ Paske SENYÈ a va lime lanp mwen.
Se Bondye mwen an ki klere tenèb mwen.
²⁹ Paske avèk Ou, mwen kapab ʰkouri
   sou yon ekip lame.
Avèk Bondye mwen, mwen kab vòlti je
   sou yon mi.
³⁰ Pou Bondye, chemen Li ⁱsan fot.
Pawòl SENYÈ a pase a leprèv.
Li se yon boukliye pou tout moun
k ap pran sekou nan Li.
³¹ Paske ʲse kilès ke Bondye ye, sof
   ke SENYÈ a?
Epi se kilès ki wòch la, sof ke Bondye nou an?
³² Bondye ki ᵏmare senti m ak fòs,
epi fè chemen mwen san fot la?
³³ Li fè pye m yo vin tankou sèf,
epi ˡfè m vin plase kote ki wo yo.
³⁴ Li antrene men m pou batay la,
jiskaske men m ka koube banza ki
   fèt an bwonz.
³⁵ Anplis, Ou te ban mwen
ᵐboukliye sali Ou e
men dwat Ou te ban soutyen.
Se bonte Ou ki fè m gran.
³⁶ Ou ⁿfè longè pa m yo lonje pi laj anba m,
epi pye m pa t janm chape.
³⁷ Mwen te ᵒkouri dèyè lènmi m yo,
e mwen te pran yo.

Mwen pa t fè bak jiskaske yo tout te
   fin manje nèt.
³⁸ Mwen va frape yo jiskaske yo pa kab leve.
Yo va tonbe ᵖanba pye mwen.
³⁹ Ou te mare senti m avèk fòs pou batay la.
Ou te ᑫsoumèt anba m sila ki te leve
   kont mwen yo.
⁴⁰ Ou te, anplis, fè lènmi m yo vire do
   yo ban mwen;
konsa mwen te ʳdetwi sila ki te rayi mwen yo.
⁴¹ Yo te kriye sekou, men ˢpa t gen
   moun pou sove yo;
menm a SENYÈ a, men Li pa t reponn yo.
⁴² Mwen te bat yo kraze fen tankou
   ᵗpousyè devan van;
mwen te vide jete yo tankou labou nan lari.
⁴³ Ou te delivre mwen devan yon pèp
   plen ak konfli;
Ou te plase mwen kon ᵘchèf an tèt
   a nasyon yo;
Yon pèp ke m pa menm konnen,
se sèvitè mwen yo ye.
⁴⁴ Depi yo tande, yo obeyi mwen.
Etranje yo ᵛsoumèt devan m.
⁴⁵ Etranje yo vin disparèt devan m,
epi vin sòti tranblan nan fò yo.
⁴⁶ SENYÈ a ʷviv! Beni se wòch mwen an.
Leve byen wo, se Bondye a sali mwen an.
⁴⁷ Bondye ki egzekite vanjans pou mwen an,
e ki fè pèp yo soumèt anba m nan.
⁴⁸ Se Li menm ki delivre m de lènmi mwen yo.
Anverite, Ou leve m pi wo de sila ki
fè rebèl kont mwen yo.
Ou delivre mwen kont men lòm ˣvyolans lan.
⁴⁹ Pou sa, mwen va ʸbay remèsiman
a Ou menm pami nasyon yo, O SENYÈ,
epi mwen va chante lwanj a non Ou.
⁵⁰ Li bay gran delivrans a wa Li a,
epi montre lanmou dous Li a ᶻonksyone Li a,
a David avèk desandan li yo jis pou tout tan.

Pou direktè koral la; yon sòm David

19

¹ ᵃSyèl yo ap pale glwa Bondye a.
Jan yo tèlman gran deklare zèv men Li yo.
² Jou apre jou, l ap pale san rete;
ᵇNwit apre nwit, li revele konesans.
³ Nanpwen langaj, ni pa gen pawòl
kote na pa tande vwa yo.
⁴ ᶜ Sepandan, eko yo retanti sou tout latè,
ak sa yo pale jis nan ekstremite latè a.
Nan mitan yo, Li te plase yon tant pou solèy la,
⁵ ki tankou yon jennonm ki fenk marye
k ap sòti nan chanm li.
Li rejwi kon yon nonm fò k ap fè kous.
⁶ Li ᵈleve soti nan yon pwent syèl,

ᵃ **18:18** Sòm 16:8   ᵇ **18:19** Sòm 37:23   ᶜ **18:20** I Sam 24:19   ᵈ **18:22** Sòm 119:30   ᵉ **18:23** Sòm 19:12,13
ᶠ **18:24** I Sam 26:23   ᵍ **18:26** Job 25:5   ʰ **18:29** Sòm 18:33   ⁱ **18:30** Rev 15:3   ʲ **18:31** Sòm 86:8-10   ᵏ **18:32** És 45:5   ˡ **18:33** Det 32:13   ᵐ **18:35** Sòm 33:20   ⁿ **18:36** Sòm 18:33   ᵒ **18:37** Sòm 44:5   ᵖ **18:38** Sòm 47:3
ᑫ **18:39** Sòm 18:47   ʳ **18:40** Sòm 94:23   ˢ **18:41** Sòm 50:22   ᵗ **18:42** Sòm 83:13   ᵘ **18:43** II Sam 8:1-18
ᵛ **18:44** Sòm 66:3   ʷ **18:46** Job 19:25   ˣ **18:48** Sòm 11:5   ʸ **18:49** Wo 15:9   ᶻ **18:50** Sòm 28:8   ᵃ **19:1** Sòm 8:1
ᵇ **19:2** Sòm 139:12   ᶜ **19:4** Wo 10:18   ᵈ **19:6** Sòm 113:3

pou fè wonn li rive jis nan lòt pwent lan.
Anyen pa chape devan chalè li.

⁷ Lalwa SENYÈ a ᵃpafè
Li rekonfòte nanm.
Temwayaj SENYÈ a vrè,
k ap fè saj yo senp.
⁸ Prensip a SENYÈ yo dwat,
ki fè kè rejwi.
Kòmandman SENYÈ a san tach.
Li ᵇfè zye yo limen.
⁹ Lakrent SENYÈ a pi;
Li dire jis pou tout tan.
Jijman yo SENYÈ a vrè;
Yo ᶜjis san manke.
¹⁰ Yo ᵈpi chè pase lò, wi, pase anpil lò fen.
Yo pi dous pase myèl, pase siwo a
ki tonbe nan gato myèl la.
¹¹ Anplis, se pa yo menm ke sèvitè Ou a
resevwa avètisman pou fè atansyon.
Pou sila ki kenbe yo, gen gran ᵉrekonpans.
¹² Se kilès ki kab rekonèt fot li?
Padone mwen ᶠpou fot ke m pa konnen yo.

¹³ Anplis, pwoteje sèvitè ou a kont
peche ògèy yo.
Pa kite yo vin domine m.
Konsa, mwen kab rete san fot,
epi va inosan a gran peche.
¹⁴ Kite pawòl bouch mwen a avèk
ᵍrefleksyon kè m
vin akseptab devan zye Ou,
O SENYÈ, wòch mwen, ak sovè mwen an.

Pou direktè koral la; Yon sòm David

20 Ke SENYÈ a kapab reponn ou ʰnan
jou gran twoub la!
Ke non Bondye Jacob la kapab
kenbe ou ansekirite an wo!
² Ke Li kapab voye bay ou èd soti nan
sanktiyè a,
epi ⁱbay ou soutyen soti nan Sion.
³ Ke Li kapab ʲsonje tout ofrann sereyal ou yo,
ke Li twouve tout ofrann brile ou yo
byen akseptab!
⁴ Ke Li kapab bay ou dezi a kè ou,
e ᵏakonpli tout plan ou yo!
⁵ Nou va chante avèk jwa akoz viktwa ou.
Nan non Bondye nou an, nou va monte
drapo nou yo.
Ke SENYÈ a kapab ˡakonpli tout priyè ou yo.
⁶ Alò, mwen konnen ke SENYÈ a
va delivre moun onksyone pa Li a.
Li va ᵐreponn li soti nan syèl sen Li an,
avèk delivrans pwisan men dwat Li a.

⁷ Genyen kèk ki fè konfyans nan cha yo,
e kèk nan cheval yo,
ⁿMen nou va fè konfyans nan non SENYÈ
a, Bondye nou an.
⁸ Yo te pliye e yo te tonbe,
men ᵒnou te leve e nou te kanpe dwat.
⁹ Delivre nou O SENYÈ!
Ke ᵖWa a kapab reponn nou nan jou ke
nou rele Non Li an.

Pou direktè koral la; Yon sòm David

21 O SENYÈ, ᵍnan fòs Ou, Wa a va
fè kè kontan.
Nan delivrans Ou, ki gran rejwisans li va gen!
² Ou te bay li dezi a kè li,
ni Ou pa t refize demand a lèv li yo.
³ Paske Ou te vin rankontre Li avèk
benediksyon de tout bon bagay.
Ou te mete yon ʳkouwòn sou tèt li.
⁴ Li te mande Ou lavi e Ou te bay li.
Yon vi ki long ak ˢjou k ap dire
jis pou tout tan.
⁵ Glwa li gran nan sali pa Ou.
ᵗOnè ak majeste Ou te mete sou li.
⁶ Paske Ou te fè li beni pase tout moun,
jis pou tout tan;
Ou te fè li plen ak lajwa ᵘavèk kè kontan
nan prezans Ou.
⁷ Paske wa a mete konfyans li nan SENYÈ a.
Epi akoz lanmou dous a Pi Wo a,
ᵛLi p ap ebranle menm.
⁸ Men ou va ʷdekouvri tout lènmi ou yo.
Men dwat ou va jwenn sila ki rayi ou yo.
⁹ Ou va fè yo tankou yon founo k ap
brile nan tan kòlè ou.
SENYÈ a va ˣvale yo nèt nan kòlè Li,
epi dife va devore yo.
¹⁰ Ou va detwi posterite pa yo soti sou latè,
epi ʸdesandan yo ap disparèt pami
fis a lòm yo.
¹¹ Malgre yo te anvizaje mal kont Ou,
e te ᶻfòme yon konplo,
yo p ap reyisi.
¹² Paske Ou va fè yo vire do yo.
Ou va pwente ᵃbanza sou figi yo
ak bon kontwòl.
¹³ Ke Ou leve wo, O SENYÈ,
ak tout fòs Ou!
Nou va ᵇchante e bay lwanj a pwisans Ou.

Pou direktè koral la, avèk mizik bich granmaten an;

Yon sòm David.

22 ᶜBondye mwen, Bondye mwen, poukisa Ou
te abandone m?

ᵃ **19:7** Sòm 119:160 ᵇ **19:8** Sòm 36:9 ᶜ **19:9** Sòm 119:138 ᵈ **19:10** Sòm 119:72 ᵉ **19:11** Sòm 24:5-6
ᶠ **19:12** Sòm 139:23-24 ᵍ **19:14** Sòm 104:34 ʰ **20:1** Sòm 50:15 ⁱ **20:2** Sòm 110:2 ʲ **20:3** Trav 10:4
ᵏ **20:4** Sòm 145:19 ˡ **20:5** I Sam 1:17 ᵐ **20:6** És 58:9 ⁿ **20:7** II Kwo 32:8 ᵒ **20:8** Sòm 37:24 ᵖ **20:9** Sòm 3:7
ᵍ **21:1** Sòm 59:16-17 ʳ **21:3** II Sam 12:30 ˢ **21:4** Sòm 91:16 ᵗ **21:5** Sòm 96:6 ᵘ **21:6** Sòm 43:4 ᵛ **21:7** Sòm 112:6
ʷ **21:8** És 10:10 ˣ **21:9** Lam 2:2 ʸ **21:10** Sòm 37:28 ᶻ **21:11** Sòm 10:2 ᵃ **21:12** Sòm 7:12-13 ᵇ **21:13** Sòm 59:16
ᶜ **22:1** Mat 27:46

Kri a doulè sa a lwen delivrans mwen.
² O Bondye mwen, mwen ᵃkriye pandan
    lajounen, men Ou pa reponn.
E nan lannwit men m pa jwenn repo.
³ Sepandan, Ou sen;
Ou menm ki ᵇsou twòn lwanj pèp Israël la.
⁴ Nan Ou menm, zansèt nou yo te mete
    konfyans yo.
Yo te mete konfyans yo nan Ou,
e Ou te ᶜdelivre yo.
⁵ A Ou menm, yo te kriye, e yo te delivre.
ᵈNan Ou, yo te mete konfyans yo,
    epi pa t desi.
⁶ Men mwen se yon ᵉvè,
mwen pa menm yon moun.
Parèt abominab devan lèzòm,
e meprize pa tout moun.
⁷ Tout moun ki wè m vin moke mwen.
Yo ᶠsepare avèk lèv yo e yo
souke tèt yo pou di:
⁸ Li mete konfyans nan SENYÈ a.
Kite Li menm delivre li.
Kite Li sove li, paske Li pran plezi nan li.
⁹ Sepandan, Ou menm se Sila ki te
fè m sòti nan vant manman m nan.
Ou te fè m gen konfyans depi m
t ap souse tete manman m.
¹⁰ Sou Ou, mwen te depann ᵍdepi
    nesans mwen.
Ou te Bondye mwen depi nan vant
    manman m.
¹¹ ʰPa rete lwen mwen, paske gwo
    twoub la toupre.
Paske pwen moun ki pou ede m.
¹² Anpil towo vin antoure m.
Towo fò a ⁱBasan yo te ansèkle m.
¹³ Yo ouvri bouch yo byen laj sou mwen,
tankou yon ʲlyon voras k ap rele fò.
¹⁴ Mwen vin vide tankou dlo.
Tout zo m fin dejwente.
¹⁵ Fòs mwen vin sèch tankou cha kanari.
Lang mwen kole akote nan bouch mwen.
ᵏOu fè m kouche nan pousyè lanmò a.
¹⁶ Konsa, chen yo vin antoure mwen.
Yon bann malfektè vin ansèkle m.
Yo te ˡpèse dwat mwen avèk pye m.
¹⁷ Mwen kab kontwole tout zo m yo.
Yo ᵐgade mwen, yo fikse zye yo sou mwen.
¹⁸ Yo ⁿdivize rad mwen pami yo.
Pou vètman m, yo tire osò.
¹⁹ Men Ou menm, O SENYÈ, pa rete lwen!
Ou menm, sekou mwen, ᵒfè vit, vin
    rive ede m!
²⁰ Delivre nanm mwen devan ᵖnepe a,
lavi mwen devan pouvwa a chen an.

²¹ Fè m sekou soti nan bouch a ᵍlyon an,
soti sou kòn a bèf mawon.
Wi, Ou menm te reponn mwen.

²² Mwen va ʳpale non Ou a frè m yo.
Nan mitan asanble a, mwen va louwe Ou.
²³ ˢOu menm ki krent SENYÈ a, louwe Li.
Nou tout, desandan Jacob yo, bay Li glwa!
Kanpe byen sezi devan L,
nou tout, desandan Israël yo.
²⁴ Paske Li pa t meprize ni
rayi afliksyon a aflije yo.
Ni Li pa t kache figi Li a li menm,
men ᵗlè li te kriye a Li pou sekou, Li te tande.

²⁵ Se depi a Ou menm ke lwanj mwen sòti
nan gran asanble a;
Mwen va ᵘakonpli ve mwen yo devan
    sila ki krent Li yo.
²⁶ Aflije yo va manje e ᵛva satisfè.
Sila ki chache Li yo, va louwe SENYÈ a.
Ke kè Ou kapab viv jis pou tout tan!
²⁷ Tout ʷekstremite tè a nèt va sonje.
Yo va vire bò kote SENYÈ a.
Konsa, tout fanmi nan nasyon yo va
adore devan Ou.
²⁸ Paske ˣwayòm nan se pou SENYÈ a,
e pouvwa Li se sou tout nasyon yo.
²⁹ Tout moun ʸbyen reyisi sou latè va
    manje e adore.
Tout sila ki desann nan pousyè a va
    bese devan Li,
Menm sila ki pa kab fè nanm li viv la.
³⁰ Jenerasyon yo va sèvi Li.
Yo va pale de SENYÈ a
a ᶻdesandan yo k ap vini an.
³¹ Yo va vini.
Yo va deklare ladwati Li
a yon pèp ki ᵃva vin fèt.
Paske Li te reyisi fè tout bagay sa a.

Yon sòm David

23 Bondye se ᵇbèje mwen;
mwen p ap janm manke anyen.
² Li fè m kouche nan patiraj vèt yo.
Li ᶜmennen m akote dlo pezib yo.
³ Li restore nanm mwen.
Li gide mwen nan ᵈchemen ladwati yo,
akoz non sen Li an.
⁴ Malgre mwen ta mache nan vale
lonbraj lanmò a,
mwen p ap pè okenn mal, paske Ou avè m.
ᵉBaton Ou avèk kwòk Ou fè m gen konfyans.
⁵ Ou ranje yon tab devan mwen
nan prezans lènmi mwen yo.

ᵃ **22:2** Sòm 42:3   ᵇ **22:3** Det 10:21   ᶜ **22:4** Sòm 107:6   ᵈ **22:5** És 49:23   ᵉ **22:6** Job 25:6   ᶠ **22:7** Mat 27:39
ᵍ **22:10** És 46:3   ʰ **22:11** Sòm 71:12   ⁱ **22:12** Det 32:14   ʲ **22:13** Sòm 10:9   ᵏ **22:15** Jn 19:28   ˡ **22:16** Mat 27:35
ᵐ **22:17** Luc 23:27-35   ⁿ **22:18** Mat 27:35   ᵒ **22:19** Sòm 70:5   ᵖ **22:20** Sòm 37:14   ᵍ **22:21** Sòm 22:13
ʳ **22:22** Sòm 40:10   ˢ **22:23** Sòm 135:19-20   ᵗ **22:24** Sòm 31:22   ᵘ **22:25** Sòm 61:8   ᵛ **22:26** Sòm 107:9
ʷ **22:27** Sòm 2:8   ˣ **22:28** Za 14:9   ʸ **22:29** Hab 1:16   ᶻ **22:30** Sòm 102:18   ᵃ **22:31** Sòm 78:6   ᵇ **23:1** Éz 34:11-13   ᶜ **23:2** Rev 7:17   ᵈ **23:3** Pwov 4:11   ᵉ **23:4** Mi 7:14

Ou onksyone tèt mwen avèk lwil.
ᵃTas mwen fin debòde nèt.
⁶ Anverite, bonte Ou avèk lanmou dous Ou
va swiv mwen pou tout jou lavi mwen yo,
E mwen va ᵇviv lakay
SENYÈ a jis pou tout tan.

Yon sòm David

24 Tè a se pou SENYÈ a, avèk ᶜtout
sa ki ladann;
lemonn avèk tout sila ki rete ladann yo.
² Li te ᵈfonde li sou lanmè yo,
e te etabli li sou rivyè yo.

³ Se kilès ki kab monte sou kolin SENYÈ a?
Epi kilès ki kab kanpe nan ᵉlye sen pa Li an?
⁴ Sila ki gen men pwòp avèk yon kè
ki san tach,
ki pa ᶠleve nanm li vè sa ki fo,
ni ki pa fè fo temwayaj.
⁵ Li va resevwa yon benediksyon soti
nan SENYÈ a,
ak ᵍladwati soti nan Bondye delivrans li an.
⁶ Sa se jenerasyon a sila k ap ʰchache Li yo,
ka p chache figi Ou—menm Jacob. *Tan*

⁷ Leve wo lento ou yo, o pòtay yo!
Leve wo, o pòt ansyen yo!
Pou Wa ⁱglwa la kapab antre!
⁸ Se kilès ki Wa a glwa a?
SENYÈ fò e pwisan an,
SENYÈ a ʲpwisan nan batay la.
⁹ Leve wo lento ou yo, O Pòtay yo!
Leve wo, O pòt ansyen yo!
Pou Wa ᵏglwa la kapab antre!
¹⁰ Se kilès ki Wa glwa a?
SENYÈ dèzame ˡyo!
Se Li menm ki Wa glwa a. *Tan*

Yon sòm David

25 A Ou menm, O SENYÈ, mwen ᵐleve
nanm mwen.
² O Bondye mwen, nan Ou, mwen mete
konfyans mwen.
Pa kite mwen vin wont;
pa kite ⁿlènmi m yo fè fèt sou mwen.
³ Anverite, nanpwen nan sila ki tann
Ou yo ki va wont;
sila ki ᵒfè konplo kont Ou san koz yo, va wont.

⁴ ᵖFè m konnen pa Ou yo, O SENYÈ;
enstwi m nan chemen Ou yo.
⁵ Mennen mwen nan verite Ou e enstwi mwen,
Paske se Ou menm ki ᵠBondye
delivrans mwen;

se Ou m ap tann tout lajounen.
⁶ Sonje, O SENYÈ, mizerikòd Ou ak
lanmou dous Ou a,
Paske se yo ki la ʳdepi tan ale nèt.
⁷ Pa sonje ˢpeche jenès mwen yo, ni
transgresyon mwen yo.
Selon lanmou dous Ou, sonje mwen,
Pou koz a bonte Ou, O SENYÈ.
⁸ Bon e plen ladwati, se SENYÈ a;
pou sa, Li enstwi pechè yo nan chemen an.
⁹ Li ᵗdirije enb yo nan jistis, e
Li va enstwi enb yo nan chemen Li.
¹⁰ Tout chemen Bondye se nan
lanmou dous avèk verite
pou ᵘsila ki kenbe akò Li yo ak
temwayaj Li yo.
¹¹ Pou koz a non Ou, O SENYÈ,
ᵛpadone inikite mwen, paske li anpil.
¹² Kilès nonm nan ki gen krent SENYÈ a?
Li va ʷenstwi li nan chemen li ta dwe
chwazi a.
¹³ Nanm li va viv alèz.
Desandan li yo va resevwa eritaj peyi a.
¹⁴ ˣLamitye SENYÈ a se pou sila ki
gen lakrent Li yo.
Li va fè yo konnen akò Li.

¹⁵ Zye m toujou vè SENYÈ a,
paske Li va ʸretire pye mwen nan pèlen an.
¹⁶ ᶻVire vè mwen e fè m gras,
paske mwen abandone e aflije.
¹⁷ Twoub a kè m yo vin plis.
Mennen m sòti nan gwo detrès sa a.
¹⁸ Gade sou afliksyon mwen avèk
twoub mwen yo,
e ᵃpadone tout peche mwen yo.
¹⁹ Gade sou tout lènmi mwen yo,
paske yo anpil.
Epi yo ᵇrayi mwen avèk yon rayisman
ki vyolan.
²⁰ Gade nanm mwen e delivre mwen.
Pa kite m ᶜvin wont, paske mwen
pran refij nan Ou menm.
²¹ Kite ᵈentegrite avèk ladwati pwoteje mwen,
paske se Ou m ap tann.
²² Delivre Israël, O Bondye, sou
tout twoub li yo.

Yon sòm David

26 Fè m jistis, O SENYÈ, paske mwen te
mache nan entegrite mwen.
Mwen te mete konfyans mwen nan
SENYÈ a san varye.
² Chache anndan m, O SENYÈ, e pase
mwen a leprèv.

ᵃ **23:5** Sòm 16:5   ᵇ **23:6** Sòm 27:4-6   ᶜ **24:1** I Kor 10:26   ᵈ **24:2** Sòm 104:3-5   ᵉ **24:3** Sòm 65:4   ᶠ **24:4** Éz 18:15   ᵍ **24:5** Sòm 36:10   ʰ **24:6** Sòm 27:4-8   ⁱ **24:7** Trav 7:2   ʲ **24:8** Sòm 76:3-6   ᵏ **24:9** Sòm 26:8
ˡ **24:10** II Sam 5:10   ᵐ **25:1** II Sam 5:10   ⁿ **25:2** Sòm 13:4   ᵒ **25:3** Hab 1:13   ᵖ **25:4** Egz 33:13   ᵠ **25:5** Sòm 79:9
ʳ **25:6** Sòm 103:17   ˢ **25:7** Job 13:26   ᵗ **25:9** Sòm 23:3   ᵘ **25:10** Sòm 103:18   ᵛ **25:11** Egz 34:9   ʷ **25:12** Sòm 25:8
ˣ **25:14** Pwov 3:32   ʸ **25:15** Sòm 124:7   ᶻ **25:16** Sòm 69:16   ᵃ **25:18** Sòm 103:3   ᵇ **25:19** Sòm 9:13
ᶜ **25:20** Sòm 25:2   ᵈ **25:21** Sòm 41:12

ᵃSonde panse mwen avèk kè m.
³ Paske lanmou dous Ou a devan zye m.
Mwen ᵇte mache nan verite Ou.
⁴ Mwen pa ᶜchita avèk mesye k ap
    twonpe moun yo.
Ni mwen pa pale avèk sila k ap pran poz yo.
⁵ Mwen rayi asanble malfektè yo, e
mwen pa chita avèk mechan yo.
⁶ Mwen va lave men m nan inosans, e
mwen va antoure lotèl Ou, O SENYÈ,
⁷ pou m kapab pwoklame avèk vwa
    remèsiman a,
e deklare tout mèvèy Ou yo.
⁸ O SENYÈ, Mwen renmen abitasyon
    lakay Ou,
avèk kote ke ᵈglwa Ou rete a.
⁹ Pa retire nanm mwen ansanm avèk pechè yo,
ni lavi m avèk ᵉmesye ki vèse san yo,
¹⁰ nan men a sila ki gen manèv mechan yo,
ki nan mechanste pote ᶠkado vèse anba tab yo.

¹¹ Men pou mwen, mwen va mache nan
    entegrite mwen.
ᵍDelivre mwen e fè m gras.
¹² Pye m kanpe sou yon plas byen plat.
Nan ʰasanble a, mwen va beni SENYÈ a.

Yon sòm David

27 SENYÈ a se limyè mwen e ⁱsali mwen.
Se kilès pou m ta pè? SENYÈ a se
defans lavi mwen.
Se kilès k ap fè m gen laperèz?
² Lè malfektè yo te rive sou mwen
pou yo ta devore chè m,
advèsè mwen yo ak lènmi m yo
te ʲchape tonbe.
³ Malgre yon lame ta fè kan kont mwen,
    kè m p ap pè.
Malgre lagè leve kont mwen,
malgre sa, m ap gen ᵏkonfyans.
⁴ Yon sèl bagay ke m te mande a SENYÈ a;
se li mwen va chache:
pou m ta kab rete lakay SENYÈ a
tout jou lavi m yo,
pou m kab gade bèlte SENYÈ a, e
reflechi jis nan fon kè m nan tanp Li an.
⁵ Paske nan jou twoub la,
Li va ˡkache mwen nan tabènak Li.
Nan plas sekrè kote tant Li an ye a,
se la Li va fè m kache.
Li va leve mwen sou yon wòch.
⁶ Epi koulye a, ᵐtèt mwen va vin leve wo
sou lènmi m ki antoure m yo.
Konsa, mwen va ofri nan tant Li sakrifis
    avèk gwo kri lajwa.

Mwen va chante, wi, mwen va chante
    lwanj a SENYÈ a.

⁷ ⁿTande, O SENYÈ, lè m kriye avèk vwa m.
Fè m gras e reponn mwen.
⁸ Lè Ou te di m: ᵒ"Chache wè figi Mwen",
kè m te di Ou: "Figi Ou menm, O SENYÈ,
se li mwen va chache."
⁹ Pa kache figi Ou de mwen.
Pa detounen sèvitè Ou a pa deyò nan kòlè Ou.
Se Ou ki konn sekou mwen.
Pa abandone mwen, ni ᵖkite m sèl,
O Bondye delivrans mwen an.
¹⁰ Paske papa m ak manman m te
    abandone mwen,
Men ᵍSENYÈ a va ranmase mwen.
¹¹ ʳEnstwi mwen nan chemen Ou, O SENYÈ.
Mennen m nan yon wout ki a nivo, akoz
    lènmi mwen yo.
¹² Pa livre mwen de dezi lènmi mwen yo,
paske ˢfo temwen yo vin leve kont mwen,
sila k ap respire vyolans yo.
¹³ Mwen toujou gen konfyans sa a:
ke m va wè ᵗbonte SENYÈ a nan peyi
    a vivan yo.
¹⁴ Tann SENYÈ a.
ᵘKenbe fòs Ou e kite kè Ou pran kouraj.
Wi, tann SENYÈ a.

Yon sòm David

28 A Ou menm, O SENYÈ, mwen rele!
Wòch mwen an, pa vin soud devan m,
paske si Ou ᵛrete silan devan mwen,
mwen va devni kon sila ki desann nan
    twou fòs la nèt.
² Tande ʷvwa a siplikasyon mwen yo
lè m kriye a Ou menm pou sekou,
lè m leve men m vè sanktiyè sen Ou an.
³ ˣPa rale m sòti avèk mechan yo,
avèk sila ki fè inikite yo, ki pale lapè
    avèk vwazen yo,
pandan mechanste nan kè yo.
⁴ Rekonpanse yo ʸselon zèv yo ak selon
    mechanste yo abitye fè yo.
Rekonpanse yo selon zèv men yo.
Remèt yo tout rekonpans pa yo.
⁵ Akoz yo ᶻpa okipe zèv a SENYÈ yo,
ni travay men Li yo.
Pou sa, Li va chire yo desann, e Li p
    ap fè yo remonte.

⁶ Beni se SENYÈ a,
akoz Li ᵃte tande vwa a siplikasyon mwen yo.
⁷ SENYÈ a se fòs mwen ak boukliye mwen.
Kè m ᵇmete konfyans nan Li, e mwen

ᵃ **26:2** Sòm 7:9   ᵇ **26:3** II Wa 20:3   ᶜ **26:4** Sòm 1:1   ᵈ **26:8** Sòm 24:7   ᵉ **26:9** Sòm 139:19   ᶠ **26:10** Sòm 15:5
ᵍ **26:11** Sòm 44:26   ʰ **26:12** Sòm 22:22   ⁱ **27:1** És 33:2   ʲ **27:2** Sòm 9:3   ᵏ **27:3** Job 4:6   ˡ **27:5** Sòm 31:20
ᵐ **27:6** Sòm 3:3   ⁿ **27:7** Sòm 4:3   ᵒ **27:8** Sòm 105:4   ᵖ **27:9** Sòm 37:28   ᵍ **27:10** És 40:11   ʳ **27:11** Sòm 25:4
ˢ **27:12** Mat 26:60   ᵗ **27:13** Sòm 31:19   ᵘ **27:14** Sòm 31:24   ᵛ **28:1** Sòm 83:1   ʷ **28:2** Sòm 140:6   ˣ **28:3** Sòm 26:9
ʸ **28:4** Rev 18:6   ᶻ **28:5** És 5:12   ᵃ **28:6** Sòm 28:2   ᵇ **28:7** Sòm 13:5

jwenn sekou.
Pou sa, kè m leve wo nèt.
Avèk chanson mwen, mwen va di Li mèsi.
⁸ SENYÈ a se ᵃfòs yo.
Li se yon defans pou sove onksyone Li yo.
⁹ ᵇ Sove pèp Ou a, e beni eritaj pa Ou a.
Devni bèje yo tou,
e bay yo soutyen jis pou tout tan.

Yon sòm David

29 ᶜBay a SENYÈ a, O Fis a moun pwisan yo,
bay a SENYÈ a, glwa avèk gwo fòs.
² Bay a SENYÈ a, glwa ke non Li merite a.
Adore SENYÈ a ᵈavèk tout sa ki sen.

³ Vwa SENYÈ a sou dlo yo.
Bondye glwa la ᵉfè tonnè gwonde, eklate.
SENYÈ a sou anpil dlo.
⁴ Vwa SENYÈ a gen ᶠgwo fòs.
Vwa SENYÈ a ranpli ak majeste.
⁵ Vwa SENYÈ a fann bwa sèd yo.
Wi, SENYÈ a fann an mòso ᵍbwa
sèd Liban yo.
⁶ Li fè Liban sote. Li ponpe tankou
yon ti bèf, e
ʰSirion tankou yon jèn bèf mawon.
⁷ Vwa SENYÈ a koupe fè flanm dife.
⁸ Vwa SENYÈ a souke savann nan.
Vwa SENYÈ a souke savann Kadès la.
⁹ Vwa SENYÈ a fè ⁱbich la fè pitit.
Li fè forè a vin toutouni.
Nan tanp Li a, tout moun ki la yo rele: "Glwa"!

¹⁰ SENYÈ a te chita kon Wa nan gran
inondasyon an.
Wi, SENYÈ a chita kon ʲWa jis pou tout tan.
¹¹ SENYÈ a va bay fòs a pèp Li a.
SENYÈ a va beni pèp li a avèk ᵏlapè.

*Yon Sòm; yon chan nan Dedikasyon
Kay La; Yon Sòm David*

30 Mwen va leve Ou wo, O SENYÈ, paske
Ou ˡte leve mwen.
Ou pa t kite lènmi m yo rejwi sou mwen.
² O SENYÈ, Bondye mwen an, mwen
te kriye a Ou menm,
e Ou te ᵐgeri mwen.
³ O SENYÈ, Ou te fè nanm mwen monte
kite sejou lanmò yo.
Ou te kenbe m vivan, pou m pa t desann
nan gwo fòs la.
⁴ Chante lwanj a SENYÈ a, nou menm
ki fidèl Li yo.
Bay remèsiman a ⁿsen non Li.
⁵ Paske kòlè Li se sèlman pou yon moman,

men Bonte Li se pou tout tan.
Kriye a kapab dire ᵒpou nwit lan,
men kri lajwa a vin parèt nan maten.
⁶ Alò, pou mwen, mwen te di nan
bon tan mwen,
"Mwen ᵖp ap janm ebranle."
⁷ O SENYÈ, pa gras Ou, Ou te fè mòn
mwen an kanpe fèm.
Lè Ou te kache figi Ou, mwen te
dekouraje nèt.
⁸ A Ou menm, SENYÈ, mwen te rele.
A SENYÈ mwen an, mwen te fè
siplikasyon mwen yo:
⁹ "Ki benefis ki genyen nan san mwen
si mwen ᵠdesann nan gwo fòs la?
Èske pousyè a kab louwe Ou?
Èske li va deklare fidelite Ou?
¹⁰ Tande, O SENYÈ e fè m gras.
O SENYÈ, ʳban m soutyen."
¹¹ Ou te chanje doulè mwen, e
sa te fè m vin danse ak lajwa;
Ou te ˢdemare rad twal sak mwen an,
e te mare senti m avèk kè kontan.
¹² Konsa, pou kè m kab chante lwanj
Ou, e pa rete an silans.
O SENYÈ, Bondye mwen an, mwen va
bay Ou glwa pou tout tan, nèt.

Yon Sòm David

31 Nan Ou menm, SENYÈ, mwen kache.
Pa janm kite mwen ᵗvin wont.
Nan ladwati Ou, delivre mwen.
² Panche zòrèy W bò kote mwen.
Delivre mwen byen vit.
Devni pou mwen ᵘwòch ki ban m fòs,
yon sitadèl ki pou sove m.
³ Paske Ou se wòch mwen ak sitadèl mwen,
konsa, pou koz a non Ou, Ou va gide mwen.
⁴ Ou va rale m sòti nan filè ke yo te
prepare an sekrè pou mwen an,
paske se Ou ki fòs mwen.
⁵ ᵛNan men Ou, mwen mete lespri mwen.
Ou te rachte m, O SENYÈ, Bondye verite a.
⁶ Mwen rayi sila ki fè rega a fo zidòl yo,
men nan Bondye, mwen ʷmete
konfyans mwen.
⁷ Mwen va rejwi e fè kè kontan nan
lanmou dous Ou, akoz Ou te wè
soufrans mwen.
Ou te ˣwè soufrans a nanm mwen.
⁸ ʸOu pa t lage mwen nan men a lènmi an.
Ou te mete pye mwen nan yon kote byen laj.
⁹ Fè m gras, O SENYÈ, paske mwen
nan gwo twoub.
Zye m ak kò m ak nanm mwen;

ᵃ **28:8** Sòm 20:6 ᵇ **28:9** Sòm 80:1 ᶜ **29:1** I Kwo 16:28-29 ᵈ **29:2** II Kwo 20:21 ᵉ **29:3** Job 37:4,5
ᶠ **29:4** Sòm 68:33 ᵍ **29:5** Sòm 104:16 ʰ **29:6** Det 3:9 ⁱ **29:9** Job 39:1 ʲ **29:10** Sòm 10:16 ᵏ **29:11** Sòm 72:3
ˡ **30:1** Sòm 3:3 ᵐ **30:2** És 53:5 ⁿ **30:4** Os 12:5 ᵒ **30:5** II Kwo 4:17 ᵖ **30:6** Sòm 10:6 ᵠ **30:9** Sòm 28:1
ʳ **30:10** Sòm 27:9 ˢ **30:11** És 20:2 ᵗ **31:1** Sòm 25:2 ᵘ **31:2** Sòm 18:2 ᵛ **31:5** Luc 23:46 ʷ **31:6** Sòm 52:8
ˣ **31:7** Sòm 10:14 ʸ **31:8** Det 32:30

tout fin gate nèt akoz doulè m.
¹⁰ Paske lavi m fin pase nèt ak gwo doulè m,
ane mwen yo avèk soupi.
ᵃFòs mwen fin ale akoz inikite m.
Kò mwen fin epwize.
¹¹ Akoz tout advèsè mwen yo, mwen te
devni yon objè ᵇabominab,
sitou a vwazen mwen yo, e yon
objè laperèz a sila ki rekonèt mwen yo.
Sila ki wè m nan lari yo sove ale devan m.
¹² Mwen fin ᶜbliye tankou yon moun mouri,
disparèt nan panse (moun).
Mwen tankou yon veso ki fin kraze.
¹³ Paske mwen konn tande kout lang
anpil moun, laperèz toupatou.
ᵈYo pran konsèy ansanm kont mwen.
Yo te fè konplo pou rache lavi m.
¹⁴ Men pou mwen, mwen mete konfyans
nan Ou, O SENYÈ.
Mwen di: ᵉ"Se Ou menm ki Bondye mwen".
¹⁵ Moman mwen yo nan men Ou.
ᶠDelivre mwen nan men a lènmi mwen yo,
avèk sila ki pèsekite mwen yo.
¹⁶ Fè limyè figi Ou vin parèt sou sèvitè Ou a.
ᵍSove mwen nan lanmou dous Ou a.
¹⁷ Pa kite mwen fè wont, O SENYÈ,
paske se Ou ke m rele.
¹⁸ Kite lèv ki manti yo sispann,
sila yo ka p ʰpale ak awogans kont
moun dwat yo,
k ap fè ògèy pou desann moun.
¹⁹ Men a la gran ⁱbonte ke Ou
te konsève pou sila ki krent Ou yo,
ke Ou te fòje pou sila ki kache nan Ou
yo, devan fis a lòm yo!
²⁰ Ou kache yo nan kote sekrè a prezans
Ou, kont tout ʲmanèv a lòm.
Ou konsève yo an sekrè nan yon pwotèj
kont konplo a tout lang lèzòm.
²¹ Beni se SENYÈ a,
paske li te fè mèvèy a lanmou dous Li a
anvè mwen nan yon ᵏvil byen fò.
²² Pou mwen, mwen te di ak kè sote mwen:
"Mwen ˡkoupe retire nèt devan zye Ou".
Sepandan, Ou te tande vwa a siplikasyon
mwen yo
lè m te kriye a Ou menm.
²³ O renmen SENYÈ a, nou tout,
moun fidèl yo!
SENYÈ a toujou ᵐprezève moun fidèl yo,
e bay pwòp rekonpans a sila ki plen ògèy yo.
²⁴ Kenbe fèm e ⁿkite kè ou pran kouraj,
nou tout ki mete espwa nan SENYÈ a.

Yon Sòm David. Yon Sòm Refleksyon

32 ᵒA la beni se sila ki padone pou
transgresyon li,
pou peche li ki kouvri a!
² A la nonm beni se sila SENYÈ a pa
jije kon koupab la,
e nan lespri a sila ᵖki pa gen manti a.
³ Lè m te ᑫkenbe silans selon peche mwen,
kò m te desann bese nèt e mwen t ap
plenyen tout lajounen.
⁴ Paske lajounen kon lannwit,
ʳmen Ou te lou sou mwen.
Fòs mwen te epwize vin bese
tankou gwo chalè nan gran sezon ete. *Tan*
⁵ Mwen te vin rekonèt peche m devan Ou,
e inikite mwen, mwen pa t ankò kache.
Mwen te di: ˢ"Mwen va konfese transgresyon
mwen yo a SENYÈ a",
epi Ou te padone koupabilite m pou
peche mwen yo.
⁶ Konsa, kite tout sila ki fidèl yo priye
vè Ou menm,
ᵗnan yon lè ke Ou toujou disponib.
Anverite, nan gran flèv dlo yo,
yo p ap kab rive kote li ankò.
⁷ Ou se kote ke m konn kache a.
Ou ᵘpwoteje mwen kont gwo twoub.
Ou antoure mwen avèk chanson delivrans yo.
⁸ Mwen va ᵛenstwi ou e fè ou aprann chemen
nan sila ou dwe ale a.
Mwen va bay ou konsèy avèk zye M sou ou.
⁹ Pa fè ʷtankou cheval oswa milèt ki pa
gen konprann menm,
ki nan tout sikonstans, oblije gen brid ak
bosal ki pou ralanti yo.
Otreman, yo p ap vin kote ou.
¹⁰ Anpil se ˣtristès a mechan yo,
men sila ki mete konfyans li nan SENYÈ a,
se lanmou dous ki va antoure li.
¹¹ Fè kè kontan nan SENYÈ a e rejwi,
nou menm ki jis!
Rele avèk jwa, nou tout ʸki dwat nan
kè nou yo.

33 Rejwi ak lajwa nan SENYÈ a, O
moun ladwati yo!
Lwanj ᶻbèl lè l sòti nan moun ki dwat.
² ᵃBay remèsiman a SENYÈ avèk gita.
Chante lwanj a Li menm avèk ap dis kòd.
³ Chante a Li menm yon chan tounèf.
Jwe ak kapasite e fò avèk yon ᵇgwo kri lajwa.
⁴ Paske pawòl SENYÈ a dwat.
Tout zèv Li yo fèt ᶜavèk fidelite.
⁵ Li ᵈrenmen ladwati avèk jistis.
Latè ranpli avèk lanmou dous SENYÈ a.

ᵃ **31:10** Sòm 39:11   ᵇ **31:11** Sòm 69:19   ᶜ **31:12** Sòm 88:5   ᵈ **31:13** Mat 27:1   ᵉ **31:14** Sòm 140:6
ᶠ **31:15** Sòm 143:9   ᵍ **31:16** Sòm 6:4   ʰ **31:18** Jd 15   ⁱ **31:19** És 64:4   ʲ **31:20** Sòm 37:12   ᵏ **31:21** I Sam 23:7
ˡ **31:22** És 38:11-12   ᵐ **31:23** Sòm 145:20   ⁿ **31:24** Sòm 27:14   ᵒ **32:1** Sòm 85:2   ᵖ **32:2** Jn 1:47
ᑫ **32:3** Sòm 39:2-3   ʳ **32:4** I Sam 5:6   ˢ **32:5** I Jn 1:9   ᵗ **32:6** Sòm 69:13   ᵘ **32:7** Sòm 121:7   ᵛ **32:8** Sòm 25:8
ʷ **32:9** Pwov 26:3   ˣ **32:10** Wo 2:9   ʸ **32:11** Sòm 7:10   ᶻ **33:1** Sòm 92:1   ᵃ **33:2** Sòm 71:22   ᵇ **33:3** Sòm 98:4
ᶜ **33:4** Sòm 119:90   ᵈ **33:5** Sòm 11:7

⁶ Avèk pawòl SENYÈ a syèl yo te fèt:
pa souf a bouch Li, ᵃtout lame syèl yo.
⁷ Li ranmase tout ᵇdlo lanmè yo ansanm
  pou fè yon gwo pil.
Li fè tout pwofondè yo kouche fè kay depo.
⁸ Kite ᶜtout latè krent SENYÈ a.
Kite tout sila ki rete nan mond lan
kanpe etone nèt pa Li menm.
⁹ Paske ᵈLi te pale e mond lan te fèt.
Li te kòmande e li te kanpe fèm.
¹⁰ SENYÈ a ᵉranvèse konsèy a nasyon yo.
Li anile pwojè a pèp yo.
¹¹ ᶠKonsèy SENYÈ a kanpe jis pou tout tan,
e pwojè a kè Li yo de jenerasyon an
  jenerasyon.
¹² Beni se nasyon ki gen Bondye kon
  SENYÈ yo,
¹³ pèp ke Li te ᵍchwazi pou pwòp eritaj Li a.
SENYÈ a ʰgade depi nan syèl la.
Li wè tout fis a lòm yo.
¹⁴ Soti nan ⁱabitasyon Li an,
Li veye sou tout sila ki rete sou latè yo.
¹⁵ Li menm ki ʲfòme kè a yo tout,
Li menm ki konprann tout zèv yo.
¹⁶ ᵏWa a pa sove pa yon lame pwisan.
Yon gèrye pa delivre pa gran fòs Li.
¹⁷ Yon cheval se yon ˡfo espwa pou viktwa a,
ni li p ap delivre pèsòn ak pwisans li.
¹⁸ Veye byen, zye SENYÈ a sou sila
  ki krent Li yo,
sou sila ki ᵐmete espwa yo nan lanmou
  dous Li a,
¹⁹ pou ⁿdelivre nanm pa yo devan lanmò,
e kenbe yo vivan nan gwo grangou.
²⁰ Nanm nou ᵒap tann SENYÈ a.
Se Li menm ki sekou nou ak boukliye nou.
²¹ Paske ᵖkè nou rejwi nan Li, akoz
nou mete konfyans nou nan sen non Li.
²² Kite lanmou dous Ou, O SENYÈ,
  vin poze sou nou,
selon esperans ke nou te mete nan Ou a.

Yon Sòm David lè l te parèt tankou moun fou devan Abimélec ki te pouse l ale, epi konsa, li te pati.

34

Mwen va ᵠbeni SENYÈ a nan tout tan.
Lwanj Li va toujou nan bouch mwen.
² Nanm mwen va ʳfè glwa li nan SENYÈ a.
Enb yo va tande l, e yo va rejwi.
³ O leve SENYÈ a byen wo avè m.
Annou ˢleve non L wo ansanm.
⁴ Mwen te ᵗchache SENYÈ a e Li te
  reponn mwen,
epi te delivre mwen de tout perèz mwen yo.
⁵ Yo te gade vè Li, e te vin ranpli ak limyè.

Figi yo ᵘp ap janm wont.
⁶ Malere sila a te rele, e SENYÈ a te tande li,
epi ᵛte sove li sòti nan tout twoub li yo.
⁷ ʷZanj SENYÈ a fè kan antoure sila
  ki krent Li yo,
epi li sove yo nan gwo twoub.
⁸ O goute e wè ke Bondye bon.
A la beni nonm ˣki kache nan Li a beni!
⁹ Krent SENYÈ a, O nou menm ki ʸsen Li yo.
Pou sila ki krent Li yo, anyen pa manke.
¹⁰ Jenn ti lyon yo konn manke manje
  e soufri grangou,
men sila ki chache SENYÈ yo,
ᶻp ap manke okenn bon bagay.
¹¹ Vini, pitit, koute mwen.
Mwen va enstwi ou nan ᵃlakrent SENYÈ a.
¹² Se ki moun ki dezire lavi, e renmen
jou li yo pou li kapab ᵇwè sa ki bon?
¹³ Kenbe ᶜlang ou apa de sa ki mal,
e lèv ou pou pa bay manti.
¹⁴ Kite sa ki mal la epi fè sa ki bon.
ᵈChache lapè e fè efò pou twouve li.
¹⁵ ᵉZye a SENYÈ a sou sila ki dwat yo.
Zòrèy Li koute kri yo.
¹⁶ Figi SENYÈ a kont malfektè yo,
pou ᶠefase memwa yo sou tè a.
¹⁷ ᵍMoun dwat kriye.
SENYÈ a tande e vin delivre yo tout
  nan tout twoub yo.
¹⁸ SENYÈ a pre sila ak kè kase yo,
epi sove sila ki ʰkraze nan lespri yo.
¹⁹ Anpil, se ⁱafliksyon a moun dwat la,
men SENYÈ a delivre li sòti nan yo tout.
²⁰ Li konsève tout zo li yo.
ʲPa menm youn nan yo va kase.
²¹ Se ᵏmechanste ki va touye mechan an.
Sila ki rayi moun ladwati yo va kondane.
²² SENYÈ a rachte nanm a sèvitè Li yo.
P ap gen nan sila ki ˡkache nan Li yo
k ap kondane.

Yon Sòm David

35

Fè fòs SENYÈ, kont sila k ap sèvi ak
  fòs kont mwen yo.
Goumen ak sila k ap ᵐgoumen kont mwen yo.
² Pran an men boukliye ak pwotèj la,
epi leve kon ⁿsekou mwen.
³ Anplis rale lans ak rach batay la pou
rankontre sila k ap kouri dèyè m yo.
Pale ak nanm mwen "Se Mwen ki
  delivrans ou"!
⁴ Kite sila k ap chache lavi m yo vin
  wont e dezonere.

ᵃ **33:6** Jen 2:1 ᵇ **33:7** Egz 15:8 ᶜ **33:8** Sòm 67:7 ᵈ **33:9** Jen 1:3 ᵉ **33:10** Sòm 2:1-3 ᶠ **33:11** Job 23:12
ᵍ **33:13** Egz 19:5 ʰ **33:13** Job 28:24 ⁱ **33:14** I Wa 8:39-43 ʲ **33:15** Job 10:8 ᵏ **33:16** Sòm 44:6 ˡ **33:17** Sòm 20:7
ᵐ **33:18** Sòm 32:10 ⁿ **33:19** Sòm 56:13 ᵒ **33:20** És 8:17 ᵖ **33:21** Za 10:7 ᵠ **34:1** Ef 5:20 ʳ **34:2** Jr 9:24
ˢ **34:3** Sòm 18:46 ᵗ **34:4** Mat 7:7 ᵘ **34:5** Sòm 25:3 ᵛ **34:6** Sòm 34:4 ʷ **34:7** Sòm 91:11 ˣ **34:8** Sòm 2:12
ʸ **34:9** Sòm 31:23 ᶻ **34:10** Sòm 84:11 ᵃ **34:11** Sòm 111:10 ᵇ **34:12** Ekl 3:13 ᶜ **34:13** Pwov 13:3 ᵈ **34:14** És 1:16 ᵉ **34:15** Job 36:7 ᶠ **34:16** Am 9:4 ᵍ **34:17** Sòm 34:6 ʰ **34:18** És 57:15 ⁱ **34:19** II Tim 3:11
ʲ **34:20** Jn 19:33-36 ᵏ **34:21** Sòm 94:23 ˡ **34:22** Sòm 37:40 ᵐ **35:1** Sòm 56:2 ⁿ **35:2** Sòm 44:26

Kite sa yo ki anvizaje mal pou mwen
Vire do fè bak plen imiliyasyon.
⁵ Kite yo vin ᵃtankou pay nan van,
avèk zanj SENYÈ a k ap pouse yo ale.
⁶ ᵇKite wout yo plen avèk tenèb e vin glisan,
Avèk zanj SENYÈ a k ap kouri dèyè yo.
⁷ Paske san koz, yo te kache ᶜpèlen
    yo pou mwen.
San koz, yo te fouye yon fòs pou nanm mwen.
⁸ Kite l ᵈfin detwi nèt san l pa konnen.
Kite pèlen ke li te prepare a, kenbe li menm.
Kite l tonbe nan destriksyon sa a.

⁹ Nanm mwen va rejwi nan SENYÈ a.
Li va ᵉleve wo nan delivrans Li.
¹⁰ Tout zo m menm va di: "SENYÈ, se
    ᶠkilès ki tankou Ou menm?
Kilès ki delivre aflije yo nan men a sila
    ki twò fò pou li yo?
Wi, ak aflije e malere yo k ap soti
nan men a sila menm k ap vòlè yo?"
¹¹ ᵍFo temwen sovaj yo leve.
Yo mande mwen bagay ke m pa
    menm konnen.
¹² Yo ʰremèt mwen mal pou byen,
jiskaske gwo tristès antre nan nanm mwen.

¹³ Men pou mwen menm, lè yo te malad,
ⁱrad mwen te vin twal sak;
Mwen te imilye nanm mwen nan fè jèn,
epi lapriyè m te kontinye retounen
nan kè m.
¹⁴ Mwen te ale toupatou konsi se te zanmi
    mwen, oswa frè mwen.
Mwen te ʲkoube ak gwo tristès,
tankou yon moun ta fè dèy pou manman li.
¹⁵ Men moman ke m te chape tonbe a,
yo te ᵏrejwi, e te reyini yo ansanm.
San ke mwen pa menm konnen,
agresè sa yo te rasanble kont mwen.
Yo t ap chire m san rete.
¹⁶ Kon giyon vilgè, yo te ˡfè konsi yo
ta mòde m ak dan yo.
¹⁷ SENYÈ, ᵐjiskilè Ou va kontinye
gade bagay sa a konsa?
Sove nanm mwen kont ravaj yo,
Sèl lavi mwen genyen kont lyon yo.
¹⁸ Mwen va ⁿbay Ou remèsiman nan
    gran asanble a.
Mwen va bay Ou glwa pami yon gran foul.
¹⁹ Pa kite sila ki lènmi m san koz yo,
    rejwi sou mwen.
Ni pa kite sila ki rayi mwen san koz yo,
    fè kout zye sou mwen.
²⁰ Paske yo pa pale lapè,
men yo divize pawòl nan ᵒtwonpe sila
    ki kalm nan peyi yo.
²¹ Yo te ouvri bouch yo laj kont mwen.
Yo te di: ᵖ"Men li, men li, zye nou te wè l!"
²² Ou te wè sa, O SENYÈ, pa rete an silans
O SENYÈ, ᵠpa rete lwen m.
²³ ʳReveye Ou! Reveye Ou pou dwa
    m ak koz mwen,
Bondye mwen ak SENYÈ mwen.
²⁴ ˢJije mwen, O SENYÈ, Bondye mwen
    an, selon dwati Ou.
Pa kite yo rejwi sou mwen.
²⁵ Pa kite yo di nan kè yo:
"Men konsa, men sa nou pi pito a!"
Pa kite yo di: "Nou gen tan ᵗfin vale li nèt!"
²⁶ Kite sila ki rejwi nan gwo twoub
    mwen yo wont.
Kite sila ki leve yo menm sou mwen yo vin
    abiye ak wont avèk imilyasyon.

²⁷ Kite sila ki vle wè kòz dwat mwen yo
    rele avèk jwa e rejwi.
Kite yo di tout tan: "Leve SENYÈ a wo,
Li ki ᵘpran plezi lè sèvitè li byen reyisi."
²⁸ Konsa, lang mwen va deklare ladwati Ou
avèk lwanj Ou tout lajounen.

Pou direktè koral la; Yon Sòm David, sèvitè SENYÈ a

36 Se Peche ki pale nan fon kè a lòm
    ki san Bondye.
Nanpwen ᵛkrent Bondye devan zye l.
² Jan li kontan ak pwòp tèt li,
li pa janm wè pwop peche pa l la.
³ ʷPawòl a bouch li se mechanste avèk manti.
Li fè yon chemen ki pa bon.
⁴ Sou kabann li, li fè plan mechan;
Li antre nan yon wout ki p ap sòti byen;
Li ˣpa rayi mal.

⁵ ʸLanmou dous Ou, O SENYÈ, rive
    jis nan syèl yo,
fidelite Ou nan syèl la.
⁶ Ladwati Ou se tankou mòn Bondye yo,
eᶻjijman Ou yo tankou yon gran pwofondè.
O SENYÈ, Ou prezève ni lòm, ni bèt.
⁷ Lanmou dous Ou chè, O Bondye!
Pitit a lòm yo ᵃpran azil anba lonbraj zèl Ou.
⁸ Yo ᵇbwè jiskaske yo vin plen an
    abondans lakay Ou.
Konsa, Ou bay yo bwè nan rivyè plezi Ou yo.
⁹ Paske avèk Ou, se ᶜfontèn dlo lavi a.
Nan limyè pa Ou a, nou wè limyè.
¹⁰ O bay toujou lanmou dous Ou a pou
    sila ki konnen Ou yo,
ak ᵈladwati Ou pou sila ki dwat nan kè yo.

ᵃ **35:5** Sòm 83:13   ᵇ **35:6** Sòm 73:18   ᶜ **35:7** Sòm 9:15   ᵈ **35:8** I Tes 5:3   ᵉ **35:9** Sòm 9:14   ᶠ **35:10** Egz 15:11
ᵍ **35:11** Sòm 27:12   ʰ **35:12** Jr 18:20   ⁱ **35:13** Sòm 69:11   ʲ **35:14** Sòm 38:6   ᵏ **35:15** Ab 12   ˡ **35:16** Sòm 37:12
ᵐ **35:17** Hab 1:13   ⁿ **35:18** Sòm 22:22   ᵒ **35:20** Jr 9:7   ᵖ **35:21** Sòm 40:15   ᵠ **35:22** Sòm 10:1   ʳ **35:23** Sòm 7:6
ˢ **35:24** Sòm 9:4   ᵗ **35:25** Pwov 1:12   ᵘ **35:27** Sòm 147:11   ᵛ **36:1** Wo 3:18   ʷ **36:3** Sòm 10:7   ˣ **36:4** Wo 12:9   ʸ **36:5** Sòm 57:10   ᶻ **36:6** Wo 11:33   ᵃ **36:7** Rt 2:12   ᵇ **36:8** És 25:6   ᶜ **36:9** Jr 2:13   ᵈ **36:10** Sòm 24:5

¹¹ Pa kite pye ògèy vini sou mwen,
ni pa kite men a mechan yo chase mwen ale.
¹² Se la ᵃsila k ap fè inikite yo gen
   tan fin tonbe.
Yo te peze desann ak fòs, e yo p ap
   kab leve ankò.

Yon Sòm David

37 ¹ Pa twouble tèt ou akoz mechan yo. Pa vin
   ᵇpote lanvi pou malfektè yo.
² Paske yo va ᶜfennen vit tankou zèb chan,
e disparèt tankou zèb ki vèt.
³ Mete konfyans ou nan SENYÈ a, e
   fè sa ki bon.
ᵈDemere nan peyi a e kiltive nan bon tè.
⁴ Pran plezi ou nan SENYÈ a.
Konsa, Li va ᵉbay ou tout dezi a kè ou.
⁵ ᶠDedye chemen ou a SENYÈ a.
Mete konfyans nan Li, e sa L ap fè:
⁶ Li va mennen fè parèt ladwati ou kon limyè,
Ak jijman ou klere ᵍkon midi.
⁷ Pran repo nan SENYÈ a, e ʰtann Li
   ak pasyans;
Pa twouble ou akoz sila ki reyisi nan
   chemen li an,
Akoz nonm nan ki reyisi fè manèv
   mechan li yo.
⁸ Sispann fache pou l pa mennen ou
   nan fè mal.
Pa kite kè ou twouble; l ap mennen ou
   nan mechanste
⁹ Konsa, ⁱmalfektè yo va koupe retire nèt,
men sila k ap tann SENYÈ yo,
va vin genyen peyi a kon eritaj yo.
¹⁰ Men yon ʲti tan ankò, mechan an
   va disparèt.
Ou va chache avèk atansyon plas li,
men li p ap egziste.
¹¹ Konsa, ᵏenb yo va fè eritaj peyi a.
Yo va pran plezi yo nan reyisi anpil.
¹² Mechan an ˡfè konplo kont sila ki dwat yo.
Li manje dan l sou li.
¹³ SENYÈ a ri sou li, paske Li wè ke
   ᵐjou li a ap rive.
¹⁴ Mechan yo rale nepe e ⁿkoube banza yo,
pou jete aflije yo avèk malere a,
pou touye sila ki dwat nan kondwit yo.
¹⁵ Nepe yo va antre nan pwòp kè yo.
ᵒBanza yo ap kase.
¹⁶ ᵖPi bon se ti kras a moun dwat yo,
pase abondans anpil a mechan yo.
¹⁷ Paske bra a mechan yo va kase,
men SENYÈ a va ranfòse moun dwat yo.
¹⁸ SENYÈ a ᑫkonnen jou a sila ki dwat yo.
Eritaj yo va dire jis pou tout tan.

¹⁹ Yo p ap wont nan move tan.
Nan ʳjou gwo grangou yo, y ap jwenn kont.

²⁰ Men mechan yo va peri.
Lènmi a SENYÈ a, tankou laglwa a
   bèl chan yo.
Yo va vin disparèt.
Tankou ˢlafimen,
yo ale nèt.
²¹ Mechan an prete, men li pa remèt,
men moun dwat la ᵗranpli ak gras pou l
   ka bay an abondans.
²² Paske sila ke Bondye beni yo, va
   ᵘeritye peyi a,
men sila ke Li modi yo, va vin koupe
   retire nèt.
²³ ᵛPa a yon nonm etabli pa SENYÈ a.
Konsa, Li pran plezi nan chemen li.
²⁴ Lè ʷli tonbe, li p ap voye tèt anba nèt,
paske SENYÈ a se Sila ki kenbe men li an.
²⁵ Mwen te jèn e koulye a, mwen fin
   granmoun,
men ˣmwen poko wè moun dwat ki abandone,
ni desandan li yo k ap mande pen.
²⁶ Tout lajounen, ʸmoun dwat la
   plen ak gras pou prete moun.
Desandan li yo se yon benediksyon.
²⁷ Kite mal e fè sa ki bon,
pou ou kab viv ᶻjis pou tout tan.
²⁸ Paske SENYÈ a renmen jistis,
e li pa abandone fidèl li yo.
Yo prezève pou tout tan,
men mechan yo va vin koupe retire nèt.
²⁹ Moun ladwati yo va ᵃeritye peyi a,
pou viv ladann pou tout tan.
³⁰ Bouch a moun dwat yo va eksprime sajès,
epi lang li va ᵇpale jistis.
³¹ ᶜLalwa Bondye nan kè li.
Pa li yo pa janm glise.
³² Mechan an ap veye dwat la
pou ᵈchache touye li.
³³ SENYÈ a p ap kite l lantre nan men li,
ni ᵉkite li kondane lè li jije.
³⁴ Tann SENYÈ a e kenbe chemen Li an.
Konsa, Li va leve ou wo pou eritye peyi a.
Lè ᶠmechan yo koupe retire, ou va
   gen tan wè l.

³⁵ Mwen konn ᵍwè yon nonm mechan e vyolan
Ki gaye kò l tankou yon gwo pyebwa
   nan tè peyi natal li.
³⁶ Konsa, li mouri nèt, e vwala, li ʰpa t la ankò.
Mwen te chache li, men li pa t kab twouve.
³⁷ Byen remake nonm san tò a,

ᵃ **36:12** Sòm 140:10   ᵇ **37:1** Sòm 73:3   ᶜ **37:2** Job 14:2   ᵈ **37:3** Éz 34:13-14   ᵉ **37:4** Sòm 145:19   ᶠ **37:5** Pwov 16:3
ᵍ **37:6** Job 11:17   ʰ **37:7** Sòm 40:1   ⁱ **37:9** Sòm 37:2-22   ʲ **37:10** Job 24:24   ᵏ **37:11** Mat 5:5   ˡ **37:12** Sòm 31:13-20
ᵐ **37:13** I Sam 26:10   ⁿ **37:14** Lam 2:4   ᵒ **37:15** I Sam 2:4   ᵖ **37:16** Pwov 15:16   ᑫ **37:18** Sòm 1:6   ʳ **37:19** Job 5:20
ˢ **37:20** Sòm 68:2   ᵗ **37:21** Sòm 112:5-9   ᵘ **37:22** Pwov 3:33   ᵛ **37:23** Sam 2:9   ʷ **37:24** Pwov 24:15   ˣ **37:25** Eb 13:5   ʸ **37:26** Det 15:8   ᶻ **37:27** Sòm 102:28   ᵃ **37:29** Sòm 37:9   ᵇ **37:30** Sòm 119:13   ᶜ **37:31** Det 6:6
ᵈ **37:32** Sòm 37:14   ᵉ **37:33** Sòm 34:22   ᶠ **37:34** Sòm 52:5-6   ᵍ **37:35** Job 5:3   ʰ **37:36** Job 20:5

epi gade byen nonm ladwati a,
paske nonm lapè a va gen [a]posterite.
38 Men pechè a va detwi nèt.
Posterite a mechan an va [b]koupe retire nèt.
39 Men [c]delivrans a moun dwat yo soti
nan SENYÈ a.
Se Li menm ki fòs yo nan tan twoub la.
40 SENYÈ a ede yo e delivre yo.
Li delivre yo soti nan men mechan
yo e sove yo.
Li sove yo, akoz se nan Li ke yo [d]kache.

Youn Sòm David; tankou yon sonj memorab

38 O SENYÈ, [e]pa repwoche mwen
nan kòlè Ou,
ni fè m chatiman nan kòlè Ou k ap brile.
2 Paske [f]flèch Ou yo fin antre fon anndan m,
epi men Ou fin peze m.
3 [g]Nanpwen anyen ki ansante nan chè m,
akoz endiyasyon Ou.
Nanpwen lasante nan zo m yo
akoz peche mwen.
4 Paske [h]inikite mwen yo fin monte
sou tèt mwen.
Tankou yon fado lou, yo peze twòp
pou mwen.
5 Blese mwen yo vin santi e anfle akoz
[i]foli mwen.
6 Mwen fin koube nèt e [j]bese anpil.
Mwen ap fè doulè tout lajounen.
7 Paske ren mwen plen ak [k]brile.
Nanpwen anyen ansante nan chè m.
8 Mwen [l]pa kab santi anyen ankò.
Mwen fin kraze nèt.
Vwa m plenyen akoz kè m ajite.
9 SENYÈ, tout volonte m devan Ou.
Tout [m]plent a vwa m yo pa kache a Ou menm.
10 Kè m bat fò, [n]fòs mwen kite m.
Menm limyè a zye m, menm sa fin kite mwen.
11 Pwòch mwen yo avèk zanmi mwen yo
kanpe nan distans akoz touman m.
Fanmi m yo [o]kanpe byen lwen.
12 Sila ki chache lavi m yo, ap prepare
pyèj yo pou mwen.
Sila ki chache fè m donmaj yo ap fè
menas destriksyon.
Y ap manniganse trayizon tout lajounen.
13 Men mwen menm, tankou yon moun mouri,
mwen pa tande;
Epi se tankou yon bèbè, ki pa ouvri bouch li.
14 Wi, mwen tankou yon nonm ki pa tande.
E nan bouch mwen, pa gen repons.
15 Paske mwen mete espwa m nan Ou,
O SENYÈ.
Ou [p]va reponn, O SENYÈ, Bondye mwen an.

16 Paske mwen te di: "Ke yo pa vin
rejwi sou mwen.
Pou lè pye m chape, pou yo [q]ta vante
tèt yo kont mwen."
17 Paske mwen prèt pou tonbe.
[r]Tristès mwen devan m tout tan.
18 Konsa, mwen konfese inikite mwen.
Mwen ranpli avèk [s]regrè akoz peche m.
19 Men lènmi m yo plen kouraj e fò.
Yo anpil ki [t]rayi mwen san koz.
20 Sila ki remèt mal pou byen yo
se lènmi m akoz mwen swiv sa ki bon.
21 Pa abandone m, O SENYÈ.
O Bondye m nan, [u]pa rete lwen m!
22 Fè vit pou ede mwen,
O SENYÈ, delivrans mwen an!

Pou direktè koral la. Pou Jeduthyèn. Yon Sòm David

39 Mwen te di, mwen va veye chemen mwen,
pou m pa [v]fè peche ak lang mwen.
Mwen va veye bouch mwen,
konsi li gen yon brid ladann
toutotan mechan yo rete nan prezans mwen.
2 Mwen te [w]tankou bèbè e mwen te
rete an silans.
Mwen te evite menm sa ki ta kab bon.
Konsa, tristès mwen te vin pi mal.
3 [x]Kè m te cho anndan m.
Pandan mwen t ap reflechi dife a t ap brile.
Konsa, mwen te pale ak lang mwen:
4 SENYÈ, fè m konnen [y]longè a jou mwen yo.
Fè m konnen ke m fèb anpil.
5 Gade byen, Ou te fè jou mwen yo kontwole
tankou lajè a men m ki louvri.
Lavi mwen konsi li pa anyen devan zye Ou.
Anverite, lavi chak moun, [z]se yon sèl
grenn souf.
6 Anverite, tout moun mache toupatou
tankou yon lonbraj.
[a]Anverite, yo fè gwo zen pou ryen.
Li ranmase byen yo, men l pa konnen
kilès k ap rasanble yo.
7 Konsa, SENYÈ, Sila m ap tann nan?
[b]Espwa m se nan Ou.
8 [c]Delivre mwen de tout transgresyon
mwen yo.
Pa fè m repwòch a moun san sajès yo.
9 Mwen tounen tibebe.
Mwen pa ouvri bouch mwen,
akoz se [d]Ou ki te fè sa.
10 [e]Rete touman Ou sou mwen.
Kou men Ou venk mwen, m ap peri.
11 Avèk repwòch, Ou fè chatiman
a yon nonm pou inikite li.
Ou [f]manje tankou mit nan rad sa ki konsidere

---

[a] 37:37 És 57:1-2 [b] 37:38 Sòm 37:9 [c] 37:39 Sòm 3:8 [d] 37:40 I Kwo 5:20 [e] 38:1 Sòm 6:1 [f] 38:2 Job 6:4
[g] 38:3 És 1:6 [h] 38:4 Esd 9:6 [i] 38:5 Sòm 69:5 [j] 38:6 Sòm 35:14 [k] 38:7 Sòm 102:3 [l] 38:8 Lam 1:13-20
[m] 38:9 Sòm 6:5 [n] 38:10 Sòm 31:10 [o] 38:11 Luc 23:49 [p] 38:15 Sòm 17:6 [q] 38:16 Sòm 35:26
[r] 38:17 Sòm 13:2 [s] 38:18 II Kor 7:9-10 [t] 38:19 Sòm 35:19 [u] 38:21 Sòm 22:19 [v] 39:1 Job 2:10
[w] 39:2 Sòm 38:13 [x] 39:3 Sòm 32:4 [y] 39:4 Job 6:11 [z] 39:5 Sòm 89:47 [a] 39:6 I Kor 7:31 [b] 39:7 Sòm 38:15
[c] 39:8 Sòm 51:9-14 [d] 39:9 II Sam 16:10 [e] 39:10 Job 9:34 [f] 39:11 Job 13:28

pi chè pou li menm nan.
Anverite, tout moun se sèlman yon souf.
¹² Tande lapriyè mwen, O SENYÈ e
prete zòrèy Ou a kri mwen.
Pa rete an silans lè dlo ap koule nan zye m.
Paske mwen se yon etranje devan Ou,
yon vwayajè tankou tout papa zansèt
mwen yo.
¹³ ᵃVire rega figi Ou lwen m, pou m
kab ri ankò,
avan ke m mouri pou m pa la ankò."

Pou direktè koral la; Yon Sòm David

40 Mwen te ᵇtann avèk pasyans SENYÈ a.
Li te enkline vè mwen e te tande kri mwen.
² Li te mennen mwen sòti nan fòs k ap detwi a,
sòti deyò gwo ma ajil la.
Li te mete pye m sou wòch la e
te ᶜfè m kanpe byen fèm.
³ Li te mete yon ᵈchanson nèf nan
bouch mwen,
yon chan lwanj Bondye nou an.
Anpil moun va wè, vin gen lakrent e va
mete konfyans nan Bondye.
⁴ A la ᵉbeni se nonm ki mete konfyans
li nan SENYÈ a,
e ki pa t vire vè moun ògèy yo,
ni a sila ki vin vire nan sa ki fo yo.
⁵ Anpil, O SENYÈ Bondye mwen an,
se ᶠmèvèy ke Ou te fè yo,
ak panse Ou yo anvè nou.
Nanpwen ki kab konpare avèk Ou.
Si m ta deklare yo e pale sou yo tout,
yo ta vin twòp pou m ta kab konte.
⁶ ᵍSakrifis avèk ofrann sereyal,
Ou pa t dezire yo.
Ou te ouvri zòrèy mwen.
Ofrann brile avèk ofrann peche yo,
Ou pa t mande yo.
⁷ Konsa mwen te di: "Gade byen, mwen vini.
Nan woulo liv la, li ekri de mwen menm.
⁸ ʰMwen pran plezi nan fè volonte pa
Ou, O SENYÈ.
Lalwa Ou nan kè m."
⁹ Mwen te ⁱpwoklame bòn nouvèl ladwati
yo nan gran asanble a;
Gade byen, mwen p ap anpeche lèv mwen;
O SENYÈ, Ou konnen.
¹⁰ Mwen pa t kache ladwati Ou anndan kè m.
Mwen te pale selon fidelite Ou, avèk sali Ou.
Mwen pa t kache lanmou dous Ou avèk
verite Ou devan gran asanble a.
¹¹ Ou menm O SENYÈ, p ap refize mwen.
ʲLanmou dous Ou avèk verite Ou va
prezève mwen tout tan.

¹² Paske malè ki depase kontwòl yo te
antoure mwen.
ᵏInikite mwen yo te fin pran m nèt
jiskaske mwen pa t kab wè.
Yo plis pase cheve sou tèt mwen.
Kè m fin fè fayit.
¹³ ˡFè l plezi Ou, O SENYÈ, pou
delivre mwen.
Fè vit, O SENYÈ, pou ede mwen.
¹⁴ Kite sila yo vin wont e imilye ansanm,
sila ki ᵐchache lavi mwen pou detwi li.
Kite sila yo vire fè bak e dezonore,
sila ki pran plezi nan fè m mal yo.
¹⁵ Kite sila yo etone nèt akoz wont yo,
sila ki ⁿdi mwen: "Wayan, wayan!"
¹⁶ Kite tout sila ki wè Ou yo rejwi e
fè kè kontan nan Ou.
Kite tout sila ki renmen sali Ou yo
ᵒpale tout tan: "Ke SENYÈ a kapab
leve wo!"
¹⁷ Akoz mwen aflije e nan gwo bezwen,
ᵖkite SENYÈ a toujou sonje mwen.
Se Ou menm ki soutyen mwen ak
delivrans mwen.
Pa fè reta, O Bondye mwen an.

Pou direktè koral la; Yon Sòm David

41 A la beni sila ki konsidere ka malere a beni!
SENYÈ a va delivre li ᑫnan jou twoub li.
² SENYÈ a va pwoteje li e fè l viv.
Li va rele beni sou latè a.
Ni li ʳp ap livre a volonte lènmi li yo.
³ SENYÈ a va bay li soutyen lè l malad
sou kabann nan.
Nan maladi li, li va restore li a lasante.
⁴ Konsa, pou mwen, mwen te di: "O
SENYÈ, fè m gras.
Geri nanm mwen paske ˢmwen te
peche kont Ou."
⁵ Lènmi m yo ᵗpale mal kont mwen:
"Kilè l ap mouri pou non li disparèt?"
⁶ Si li vin wè m, li ᵘbay manti.
Kè li ranmase mechanste pou kont li.
Lè l sòti deyò, li pale sa.
⁷ Tout sila ki rayi mwen yo
soufle ti pawòl nan zòrèy youn lòt.
Kont mwen, yo ᵛfè plan pou
donmaje mwen epi yo di:
⁸ "Yon bagay mechan gen tan pran l,
pou lè l kouche, pou l ʷpa leve ankò."
⁹ Menm ˣzanmi ki te pre m nan,
nan sila mwen te mete konfyans la,
li ki te manje pen mwen,
te leve talon li kont mwen.

ᵃ **39:13** Job 7:19   ᵇ **40:1** Sòm 25:5   ᶜ **40:2** Sòm 37:23   ᵈ **40:3** Sòm 32:7   ᵉ **40:4** Sòm 34:8   ᶠ **40:5** Job 5:9
ᵍ **40:6** I Sam 15:22   ʰ **40:8** Jn 4:34   ⁱ **40:9** Sòm 22:22   ʲ **40:11** Sòm 43:3   ᵏ **40:12** Sòm 38:4   ˡ **40:13** Sòm 22:19
ᵐ **40:14** Sòm 63:9   ⁿ **40:15** Sòm 35:21   ᵒ **40:16** Sòm 35:27   ᵖ **40:17** Sòm 40:5   ᑫ **41:1** Sòm 27:5   ʳ **41:2** Sòm 27:12
ˢ **41:4** Sòm 51:4   ᵗ **41:5** Sòm 38:12   ᵘ **41:6** Sòm 12:2   ᵛ **41:7** Sòm 56:5   ʷ **41:8** Sòm 71:10-11   ˣ **41:9** II
Sam 15:12

¹⁰ Men Ou menm, O SENYÈ, fè m
   gras e ᵃfè m leve
pou m kab bay yo rekonpans yo.
¹¹ Se konsa ᵇmwen konnen ke Ou pran
   plezi nan mwen.
Akoz lènmi mwen an pa kriye viktwa
   sou mwen.
¹² Pou mwen menm, Ou soutni mwen
   nan entegrite m,
epi Ou mete mwen ᶜnan prezans Ou
   jis pou tout tan.

¹³ ᵈBeni se SENYÈ a, Bondye Israël la,
soti pou tout tan, jis rive pou tout tan.
Amen e amen.

LIV 2

*Pou direktè koral la. Refleksyon pa fis Koré
Yo. Yon refleksyon pa fis Kore yo.*

42 Jan sèf la ᵉrale souf ak swaf pou
        dlo ravin nan,
Konsa nanm mwen rale souf pou Ou,
   O Bondye.
² Nanm mwen swaf pou Bondye,
Pou Bondye vivan an.
Se kilè mwen kab vini pou ᶠparèt
   devan Bondye?
³ Se dlo nan zye m ki manje mwen
   lajounen kon lannwit.
Pandan y ap ᵍdi m tout lajounen:
"Kote Bondye ou a?"
⁴ Bagay sa yo mwen sonje e mwen
   ʰvide nanm mwen nèt anndan m.
Paske mwen te konn ale ansanm ak foul la,
pou pran devan nan pwosesyon pou
   rive lakay Bondye,
avèk yon vwa lajwa, ak remèsiman, yon
   gran foul k ap fè fèt sakre a.
⁵ Poukisa, o nanm mwen, ou nan dezespwa?
Epi poukisa ou twouble anndan m?
Mete espwa ou nan Bondye, paske mwen
va louwe Li ankò akoz ⁱsekou a prezans Li an.
⁶ O Bondye mwen, nanm mwen pèdi
   espwa anndan mwen.
Pou sa, mwen sonje Ou soti nan peyi
Jourdain an avèk tèt mòn a Hermon yo, soti
   kanpe nan Mòn Mitsear.
⁷ Pwofondè a rele pwofondè a nan son
   kaskad dlo Ou yo.
Tout ʲgwo dlo ak move lanmè Ou yo
   fin koule sou mwen.

⁸ SENYÈ a va ᵒdone lanmou dous Li
   a nan lajounen,
chan Li yo va avèk mwen ᵏpandan nwit lan:
Yon lapriyè a Bondye lavi mwen an.
⁹ Mwen va di a Bondye, wòch mwen an:
"Poukisa Ou te bliye mwen?
Poukisa mwen antre nan tristès akoz
   ˡopresyon lènmi an?"
¹⁰ Se tankou tout zo mwen yo kraze,
jan advèsè mwen yo anmède mwen,
pandan y ap ᵐdi m tout lajounen:
"Kote Bondye Ou a"?
¹¹ Poukisa ou nan dezespwa, O nanm mwen?
Epi poukisa ou vin twouble anndan mwen?
Mete espwa ou nan Bondye, paske m
   ap louwe Li ankò,
O soutyen kè mwen an, e Bondye mwen an.

43 ⁿDeklare m inosan, O Bondye mwen!
     Plede ka mwen kont yon nasyon enfidèl.
O delivre mwen soti nan men
   a lezòm mantè e enjis yo!
² Paske Ou se Bondye fòs mwen an.
Poukisa Ou rejte m?
Poukisa mwen ᵒfè dèy akoz opresyon
   a lènmi an?
³ Voye ᵖlimyè Ou deyò avèk verite Ou;
kite yo mennen mwen.
Kite yo mennen m nan mòn sen Ou an
   ak kote Ou abite yo.
⁴ Konsa, mwen va ale vè lotèl Bondye a,
Bondye ᵠlajwa m ki depase limit lan.
Konsa, sou gita a, mwen va bay Ou lwanj,
O Bondye, Bondye mwen an.
⁵ ʳPoukisa ou nan dezespwa, O nanm mwen?
E poukisa ou twouble anndan m?
Mete espwa ou nan Bondye!
Paske m ap louwe Li ankò:
O sove m, soutyen mwen an,
ak Bondye m.

*Pou direktè koral la; Yon Sòm
refleksyon pa fis a Koré yo*

44 O Bondye, nou te tande avèk zòrèy nou.
     Zansèt nou yo te pale nou
ˢtravay ke Ou te fè nan jou pa yo,
nan jou ansyen yo.
² Ou menm, avèk pwòp men Ou,
Ou te ᵗchase mete nasyon yo deyò,
men Ou te plante yo.
Ou te foule yo anba. Ou te aflije yo,
Ou te gaye yo toupatou.
³ Konsa, ᵘse pa ak pwòp nepe pa yo ke
   yo te posede peyi a,
ni se pa pwòp bra yo ki te sove yo,
men se men dwat Ou avèk bra Ou,
ak limyè prezans Ou an,
akoz Ou te bay yo favè.
⁴ Se Ou menm ki ᵛWa m, O Bondye.

ᵃ **41:10** Sòm 3:3   ᵇ **41:11** Sòm 37:23   ᶜ **41:12** Job 36:7   ᵈ **41:13** Sòm 72:18-19   ᵉ **42:1** Sòm 119:131
ᶠ **42:2** Egz 23:17   ᵍ **42:3** Sòm 79:10   ʰ **42:4** I Sam 1:15   ⁱ **42:5** Sòm 44:3   ʲ **42:7** Sòm 69:1-2   ᵏ **42:8** Job 35:10
ˡ **42:9** Sòm 17:9   ᵐ **42:10** Sòm 42:3   ⁿ **43:1** Sòm 26:1   ᵒ **43:2** Sòm 42:9   ᵖ **43:3** Sòm 36:9   ᵠ **43:4** Sòm 21:6
ʳ **43:5** Sòm 42:5-11   ˢ **44:1** Det 32:7   ᵗ **44:2** Jos 3:10   ᵘ **44:3** Det 8:17-18   ᵛ **44:4** Sòm 74:12

Òdone viktwa pou Jacob.
⁵ Ak pouvwa Ou menm, nou va pouse
  fè advèsè nou fè bak;
Nan non Ou, nou va ᵃpile fè desann
sila ki leve kont nou yo.
⁶ Paske mwen ᵇp ap mete konfyans
  nan banza mwen,
ni se pa nepe m k ap sove mwen.
⁷ Men Ou ᶜte sove nou kont advèsè nou yo,
Epi Ou te fè tout sila ki rayi nou yo wont.
⁸ Nan Bondye, nou te ᵈlouwe tout lajounen.
Nou va bay remèsiman a non Ou jis
  pou tout tan.

⁹ Alò, koulye a, Ou rejte nou,
e mennen nou nan gwo wont.
Ou ᵉpa sòti ankò avèk lame nou yo.
¹⁰ Ou fè nou vire ᶠfè bak devan advèsè a,
epi sila ki rayi nou yo fè piyaj pou kont yo.
¹¹ Ou te fè nou kon mouton,
tankou mouton ki te livre pou manje,
epi te ᵍgaye nou pami nasyon yo.
¹² Ou ʰvann pèp Ou bon mache e Ou pa
  fè pwofi nan vant lan.
¹³ Ou fè nou repwòche devan vwazen nou yo,
yon objè ki moke e ⁱgiyonnen pa sila ki
  antoure nou yo.
¹⁴ Ou fè nou ʲtounen yon vye mò pami
  nasyon yo,
Yon rizib ki fè moun ri pami pèp yo.
¹⁵ Tout lajounen dezonè sa a rete la devan m,
epi imilyasyon mwen kraze m nèt.
¹⁶ Akoz vwa a sila ki ᵏfè m repwòch e
  ki meprize mwen,
akoz prezans lènmi an avèk vanjè a.
¹⁷ Tout sa gen tan rive sou nou,
men nou pa te bliye Ou,
ni nou pa t ˡaji nan manti selon akò Ou a.
¹⁸ Kè nou pa t vire fè bak, ni pa nou yo
ᵐpa t varye soti nan chemen Ou.
¹⁹ Malgre, Ou te kraze nou nan landwa
  chen mawon yo,
e te kouvri nou avèk ⁿlonbraj lanmò a.
²⁰ Si nou te bliye non a Bondye nou an,
oswa lonje men nou vè yon ᵒlòt dye etranje,
²¹ èske Bondye pa ta ᵖdekouvri sa a?
Paske Li konnen tout sekrè a kè yo.
²² Men ᵠpou lakoz a Ou menm, nou vin
  touye tout lajounen.
Nou konsidere tankou mouton k ap
  rive labatwa.
²³ Leve Ou menm! Poukisa Ou ap
  dòmi, O SENYÈ?
Leve nan dòmi! ʳPa rejte nou nèt.

²⁴ Poukisa Ou ˢkache figi Ou e bliye ke
  n ap soufri e oprime?
²⁵ Paske ᵗnanm nou te neye jis rive
  nan pousyè.
Kò nou kole jis rive atè.
²⁶ ᵘLeve monte! Bay nou sekou!
Rachte nou pou koz
lanmou dous Ou a.

*Pou direktè koral la; selon "Flè Lis Yo."
Yon Sòm a fis a Koré yo.*

Yon Chanson Fèt Maryaj

45 Kè m debòde avèk yon bèl sijè.
Mwen resite vèsè mwen yo pou Wa a.
Lang mwen se plim a yon ekriven
  byen prepare.
² Ou pi bo pase tout lòt nan fis a lòm yo.
ᵛLagras debòde sou lèv ou.
Pou sa, Bondye te beni ou jis pou tout tan.
³ Mete nepe Ou sou kwis ou, O Sila
  Ki Pwisan an,
nan bèlte Ou avèk majeste Ou!
⁴ Nan majeste Ou, Ou va monte nèt an viktwa.
Pou koz verite avèk ʷimilite, avèk ladwati,
kite men dwat Ou enstwi Ou bagay mèvèy yo.
⁵ Flèch Ou yo filè.
Tout nasyon yo tonbe anba Ou,
epi flèch Ou yo ˣlantre nan kè lènmi a Wa a.
⁶ Twòn Ou, O SENYÈ, se pou tout tan
  e pou tout tan;
Baton ʸladwati a se baton wayal a
  wayòm Ou an.
⁷ Ou te renmen ladwati e ta rayi mechanste.
Pou sa, Bondye, Bondye pa Ou a,
te ᶻonksyone Ou avèk lwil lajwa plis ke
  moun parèy Ou yo.
⁸ Tout vètman Ou yo santi tankou lami,
  womaren ak sitwonèl.
Soti nan palè livwa yo, lenstriman a kòd
  yo vin fè Ou kontan.
⁹ Fi a wa yo vin pami fanm pi onore yo.
Sou ᵃmen dwat Ou, kanpe rèn nan, abiye
  an lò ki sòti Ophir a.
¹⁰ Koute byen, O fi, prete atansyon e
  panche zòrèy ou.
ᵇBliye pèp ou a avèk lakay papa ou.
¹¹ Konsa, wa a va dezire bèlte ou.
Akoz li se senyè ou, ᶜvin bese ba devan L.
¹² Fi ᵈTyr la va vini avèk yon kado.
Moun gwo riches pami pèp yo k ap
  chache favè ou.
¹³ Lamarye a wa a bèl nèt anndan.
Vètman li ᵉtrese antre sòti avèk lò.

ᵃ **44:5** Sòm 108:13   ᵇ **44:6** I Sam 17:47   ᶜ **44:7** Sòm 136:24   ᵈ **44:8** Sòm 34:2   ᵉ **44:9** Sòm 60:10   ᶠ **44:10** Lev 26:17
ᵍ **44:11** Lev 26:33   ʰ **44:12** Det 32:30   ⁱ **44:13** Sòm 80:6   ʲ **44:14** II Wa 19:21   ᵏ **44:16** Sòm 74:10
ˡ **44:17** Sòm 78:57   ᵐ **44:18** Job 23:11   ⁿ **44:19** Job 3:5   ᵒ **44:20** Det 6:14   ᵖ **44:21** Sòm 139:1-2   ᵠ **44:22** Wo 8:36   ʳ **44:23** Sòm 77:7   ˢ **44:24** Job 13:24   ᵗ **44:25** Sòm 119:25   ᵘ **44:26** Sòm 35:2   ᵛ **45:2** Luc 4:22
ʷ **45:4** So 2:3   ˣ **45:5** II Sam 18:14   ʸ **45:6** Sòm 98:9   ᶻ **45:7** Sòm 2:2   ᵃ **45:9** I Wa 2:19   ᵇ **45:10** Det 21:13
ᶜ **45:11** Ef 5:33   ᵈ **45:12** Sòm 87:4   ᵉ **45:13** Egz 39:2-3

¹⁴ Li va ᵃmennen kote Wa a nan yon
   zèv bwodri.
Vyèj yo, konpanyen li yo, k ap swiv li va
   mennen bò kote Ou.
¹⁵ Yo va mennen fè parèt avèk kè kontan
   ak anpil rejwisans.
Yo va antre nan palè a wa a.
¹⁶ Nan plas a papa zansèt ou yo, va
   gen fis ou yo.
Ou va fè yo prens sou tout latè.
¹⁷ Mwen va fè ᵇnon Ou sonje nan tout
   jenerasyon yo.
Akoz sa, tout pèp yo va bay Ou
   remèsiman pou tout tan e pou tout tan.

Yon Sòm a fis a Koré yo, selon Alamot; Yon chanson

46 Bondye se ᶜpwotèj nou ak fòs nou,
   yon sekou ki toujou la nan tan twoub la.
² Pou sa, nou ᵈp ap pè anyen, malgre latè
   ta chanje e malgre mòn yo
   ta chape antre nan fon lanmè.
³ Malgre dlo li yo ta fè laraj e kimen,
malgre mòn yo souke nan anfle ak
   ògèy yo. *Tan*

⁴ Genyen yon rivyè ak flèv li yo
ki fè kè vil Bondye a kontan;
lye sen a kote Pi Wo a ᵉdemere a.
⁵ Bondye nan mitan li. Li p ap deplase menm.
Bondye va ede li vin parèt nan maten.
⁶ Nasyon yo te fè gwo boulvèsman.
Wayòm yo te souke.
Li te leve vwa l e latè te ᶠfonn.
⁷ SENYÈ dèzame yo ᵍavèk nou.
Bondye Jacob la se sitadèl nou.

⁸ Vini, ʰgade byen zèv a SENYÈ yo
ki gwo dega Li fè nan tout latè.
⁹ Li fè lagè yo sispann jis rive nan
   ekstremite latè.
Li kase banza a, e koupe lans lan an de bout.
Li brile cha yo avèk dife.
¹⁰ "Kanpe la e ⁱkonnen ke se Mwen
   menm ki Bondye.
Mwen va leve wo pami nasyon yo.
Mwen va leve wo sou tè a."
¹¹ SENYÈ dèzame yo avèk nou.
Bondye Jacob la se sitadèl nou. *Tan*

Pou direktè koral la; Yo Sòm pa fis Koré yo.

47 O bat men nou ansanm, tout pèp yo.
   Rele fò a Bondye avèk yon vwa plen viktwa.
² Paske SENYÈ Pi Wo a merite lakrent.
Li se ʲGran Wa a sou tout latè a.

³ Li fè soumèt pèp yo anba nou,
ak nasyon yo anba pye nou.
⁴ Pou nou menm, Li chwazi eritaj nou,
ᵏglwa la a Jacob, ke Li renmen an. *Tan*
⁵ Bondye te monte avèk yon gwo rèl,
SENYÈ a avèk ˡson twonpèt la.
⁶ Chante lwanj Bondye a, chante lwanj yo!
Chante lwanj ᵐWa nou an, chante lwanj yo!
⁷ Paske Bondye se Wa a tout tè a.
Chante lwanj yo ⁿavèk yon chan byen bèl.
⁸ Bondye ᵒregne sou nasyon yo.
Bondye chita sou twòn wayal Li a.
⁹ Prens a pèp yo rasanble yo ansanm,
ᵖpèp a Bondye Abraham nan.
Paske tout boukliye sou latè yo se
   pou Bondye.
Li leve byen wo.

Yon Chan; yon Sòm fis a Koré yo.

48 Gran se Bondye e gran se lwanj Li merite a,
   nan Jérusalem, vil Bondye nou an,
   mòn sen pa Li a.
² Bèl nan wotè li, jwa tout latè a,
se Mòn Sion nan pati nò a,
ᑫVil gran Wa a.
³ Bondye te parèt nan sitadèl li yo.
La, Li te fè tèt Li rekonèt kon yon ʳrefij.
⁴ Men gade, ˢwa yo te rasanble yo.
Yo pase akote vil la ansanm.
⁵ Yo te wè li, e yo te etone.
Yo te ᵗsezi nèt, yo te kouri nan laperèz.
⁶ La, yo pèdi ekilib yo nèt.
Doulè ak sezisman te pran yo tankou
   ᵘfanm k ap akouche.
⁷ Avèk ᵛvan lès la, Ou te kraze bato Tarsis yo.
⁸ Jan nou konn tande a, se konsa nou vin wè,
nan vil SENYÈ dèzame yo,
nan vil Bondye pa nou an.
Bondye va ʷetabli li nèt, jis pou tout tan.
⁹ Nou te reflechi sou ˣlanmou dous
Ou a, O Bondye, nan mitan tanp Ou a.
¹⁰ Jan ʸnon Ou ye a, O Bondye,
Se konsa Lwanj Ou ye, jis rive nan
   dènye pwent tè a;
Men dwat Ou plen ladwati.
¹¹ Kite Mòn Sion fè kè kontan!
Kite ᶻfi a Juda yo rejwi akoz jijman Ou yo.
¹² Mache toupatou nan Sion e antoure li.
ᵃKonte fò wo li yo.
¹³ Konsidere ranpa li yo.
Antre nan palè li yo, pou ou kab
ᵇpale jenerasyon k ap vini an.
¹⁴ Paske Bondye se Bondye pa nou an
   jis pou tout tan.
ᶜLi va gide nou jiska lanmò.

ᵃ **45:14** So 1:4   ᵇ **45:17** Mal 1:11   ᶜ **46:1** Sòm 14:6   ᵈ **46:2** Sòm 23:4   ᵉ **46:4** Sòm 43:3   ᶠ **46:6** Am 9:5
ᵍ **46:7** Nonb 14:9   ʰ **46:8** Sòm 66:5   ⁱ **46:10** Sòm 100:3   ʲ **47:2** Mal 1:1   ᵏ **47:4** Am 6:8   ˡ **47:5** Sòm 98:6
ᵐ **47:6** Sòm 89:18   ⁿ **47:7** I Kor 14:15   ᵒ **47:8** I Kwo 16:31   ᵖ **47:9** Wo 4:11-12   ᑫ **48:2** Mat 5:35   ʳ **48:3** Sòm 46:7
ˢ **48:4** II Sam 10:6-19   ᵗ **48:5** Egz 15:15   ᵘ **48:6** És 13:8   ᵛ **48:7** Jr 18:17   ʷ **48:8** Sòm 87:5   ˣ **48:9** Sòm 26:3
ʸ **48:10** Det 28:58   ᶻ **48:11** Sòm 97:8   ᵃ **48:12** Né 3:1-27   ᵇ **48:13** Sòm 78:5-7   ᶜ **48:14** Sòm 23:4

Pou direktè koral la; Yon Sòm fis a Koré yo

49

Tande sa, tout pèp yo!
Prete zòrèy nou, tout sila ki rete
  nan mond la!
[2] Ni [a]ba, ni wo, rich ak malere ansanm.
[3] Bouch mwen va [b]pale sajès,
epi meditasyon a kè m va vin konprann.
[4] Mwen va apiye zòrèy mwen vè yon pwovèb.
Mwen va eksprime yon [c]devinèt sou ap la.
[5] Poukisa mwen ta gen [d]krent nan
  move jou yo,
Lè inikite a lènmi m yo antoure m?
[6] Malgre sila ki [e]mete konfyans nan richès yo,
ak ògeye nan kantite fòs lajan yo—
[7] nanpwen moun ki kab sou okenn
  mwayen [f]sove frè li,
ni li p ap kab bay Bondye yon racha pou li.
[8] Paske [g]redanmsyon nanm li koute chè.
Kèlkeswa sa li peye pa janm ase,
[9] pou l ta [h]viv toujou jis pou letènite,
pou li [i]pa ta janm tonbe nan pouriti menm.
[10] Paske li wè ke menm moun saj yo mouri.
Sila ki bèt ak sila ki fou yo mouri menm jan.
Yo [j]kite byen yo pou lòt yo.
[11] Yo [k]reflechi anndan kè yo ke kay yo
  se pou tout tan,
epi kote yo rete a se pou tout jenerasyon yo.
Yo te rele peyi yo a menm non ak yo.
[12] Men yon [l]nonm, malgre gran ògèy
  li, p ap dire.
Li tankou bèt yo ki peri.

[13] Konsa, sa se [m]chemen a sila ki
  manke sajès yo,
ak sila ki swiv yo, e ki vin dakò avèk pawòl yo.
[14] Tankou mouton, yo fin apwente pou
  rive nan sejou lanmò.
Lanmò va bèje yo.
Moun dwat yo va domine sou yo nan maten.
Men fòm yo va [n]fini nèt pa sejou lanmò
  a, lwen gran kay yo.
[15] Men [o]Bondye va rachte nanm mwen soti
pouvwa a sejou lanmò a,
paske Bondye va resevwa m.
[16] Ou pa bezwen pè [p]lè yon nonm vin rich,
lè glwa lakay li vin ogmante.
[17] Paske lè l mouri li p ap pote anyen ale.
Glwa li a p ap swiv li desann.
[18] Sepandan, pandan l ap viv, li [q]bat bravo
  pou pwòp tèt li—
Malgre moun ta bay ou glwa lè ou fè
  byen pou pwòp tèt ou—
[19] li va ale nan jenerasyon a zansèt li yo.
Yo p ap janm wè [r]limyè an.

[20] Lòm, nan pwòp glwa avèk ògèy li,
poutan, san konprann,
Se tankou bèt ki peri.

Yon Sòm Asaph

50

Sila Ki Pwisan Nèt la, Bondye, SENYÈ
  a, fin pale.
Li rele lemonn lan soti nan [s]leve solèy la
jis rive nan kote li kouche a.
[2] Soti nan Sion, [t]bèlte pafè a,
Bondye fè limyè Li parèt.
[3] Bondye nou [u]vin parèt.
Li pa rete an silans.
Dife devore devan L, e tanpèt yo antoure L.
[4] Li [v]rele tout syèl yo anwo,
avèk latè pou jije pèp Li a:
[5] "Rasanble fidèl Mwen yo kote M,
Sila ki te fè yon akò sakrifis yo avè M.
[6] Epi syèl yo deklare ladwati Li,
paske [w]Bondye, Li menm, se Jij. *Tan*
[7] "Koute O pèp Mwen an Mwen va pale.
O Israël, Mwen va fè temwayaj kont ou.
Mwen se Bondye, [x]Bondye pa ou a.
[8] Mwen pa [y]repwoche ou pou sakrifis ou yo.
Ofrann brile nou yo devan m tout tan.
[9] Mwen pa bezwen okenn [z]jenn towo
  sòti lakay ou,
Ni mal kabrit ki sòti nan pak ou yo.
[10] Paske [a]tout bèt nan forè yo se pou mwen,
ak tout bèt domestik sou mil kolin yo.
[11] Mwen konnen tout [b]zwazo nan mòn yo.
Tout sa ki fè mouvman nan chan yo
  se pou Mwen.
[12] Si mwen te grangou, mwen pa t ap di ou sa,
paske tout [c]mond lan se pou Mwen, avèk
  tout sa ki ladann.
[13] Èske m ta manje chè [d]towo yo,
oswa bwè san a mal kabrit yo?
[14] Ofri a Bondye [e]yon sakrifis remèsiman
e peye ve ou yo a Pi Wo a.
[15] Rele Mwen nan jou twoub la.
Mwen va [f]delivre ou e ou va onore M."

[16] Men a mechan yo Bondye di:
"Ki dwa ou genyen pou pale sou règleman
  Mwen yo,
pou pran [g]akò Mwen an nan bouch ou?
[17] Paske ou [h]rayi disiplin, e jete pawòl
  Mwen yo dèyè w.
[18] Lè ou wè yon vòlè, ou vin dakò avè l,
epi ou asosye ou avèk moun adiltè yo.

[19] Ou lage bouch ou nèt nan mechanste.
[i]Lang ou fè ankadreman pou manti.
[20] Ou chita [j]pale kont frè ou.

---

[a] **49:2** Sòm 62:9	[b] **49:3** Sòm 37:30	[c] **49:4** Nonb 12:8	[d] **49:5** Sòm 23:4	[e] **49:6** Job 31:24	[f] **49:7** Mat 25:8-9
[g] **49:8** Mat 16:26	[h] **49:9** Sòm 22:29	[i] **49:9** Sòm 16:10	[j] **49:10** Sòm 39:6	[k] **49:11** Jen 4:17	[l] **49:12** Sòm 49:20
[m] **49:13** Jr 17:11	[n] **49:14** Job 24:19	[o] **49:15** Jen 5:24	[p] **49:16** Sòm 37:7	[q] **49:18** Det 29:19	[r] **49:19** Job 33:30
[s] **50:1** Sòm 113:3	[t] **50:2** Sòm 48:2	[u] **50:3** Sòm 96:13	[v] **50:4** Det 4:26	[w] **50:6** Sòm 75:7	[x] **50:7** Fgz 20:2
[y] **50:8** Sòm 40:6	[z] **50:9** Sòm 69:31	[a] **50:10** Sòm 104:24	[b] **50:11** Mat 6:26	[c] **50:12** Egz 19:5	[d] **50:13** Sòm 50:9
[e] **50:14** Sòm 27:6	[f] **50:15** Sòm 81:7	[g] **50:16** És 29:13	[h] **50:17** Pwov 5:12	[i] **50:19** Sòm 36:3	[j] **50:20** Job 19:18

Ou fè kout lang fò kont pwòp pitit
manman ou.
²¹ Bagay sa yo, ou te fè yo,
e Mwen pa t di yon mo.
Ou te konprann ke M te menm jan ak ou.
Mwen va ᵃrepwoche ou
e pale ka a an lòd devan zye ou.

²² Alò, konsidere sa, nou menm ki
ᵇbliye Bondye,
oswa, Mwen va chire nou an mòso,
e p ap gen pèsòn ki pou sove nou.
²³ Sila ki ofri yon sakrifis remèsiman
onore M,
epi a sila ki fè chemen li dwat la,
Mwen va montre li sali Bondye a."

Yon Sòm David lè pwofèt la, Nathan te rive kote li lè l te fin ale kote Bath-Schéba.

51 Fè m gras, O Bondye, selon lanmou
dous Ou a.
Selon grandè a mizerikòd ou,
ᶜefase transgresyon mwen yo.
² Lave m nèt de inikite mwen yo e
netwaye m de peche mwen an.
³ Paske mwen konnen transgresyon mwen yo.
Peche mwen yo devan m tout tan.
⁴ Kont Ou, Ou menm sèlman, mwen te peche,
e te fè mal devan zye Ou.
Akoz sa, ᵈOu jis lè Ou pale, e san tò lè Ou jije.
⁵ Gade byen, mwen te fèt nan inikite,
e se nan peche manman m te vin ansent mwen.
⁶ Men vwala, Ou vle verite a menm nan
pati anndan m nèt.
Nan pati kache anndan m, Ou va ᵉfè
m konnen sajès.
⁷ Pirifye m ak izòp e mwen va pwòp.
Lave mwen e mwen va ᶠpi blan ke lanèj.
⁸ Fè m tande lajwa avèk kè kontan,
pou ᵍzo ke Ou te kase yo, vin rejwi.
⁹ ʰKache figi Ou de peche m yo.
Efase tout inikite mwen yo.
¹⁰ Kreye nan mwen yon kè pwòp, O SENYÈ,
epi refè yon lespri ki ⁱdwat anndan m.
¹¹ Pa jete mwen lwen prezans Ou e
pa retire ʲLespri Sen Ou an sou mwen.
¹² Restore nan mwen lajwa sali Ou a.
Ranfòse m avèk yon lespri bòn volonte.
¹³ Konsa, mwen va enstwi transgresè
yo chemen Ou yo,
e ᵏpechè yo va konvèti a Ou menm.
¹⁴ Delivre mwen de ˡkoupabilite san vèse a,
O Bondye, Bondye a sali mwen an.
Konsa, lang mwen va chante avèk jwa
selon ladwati a Ou menm nan.
¹⁵ O Mèt mwen an, ᵐouvri lèv mwen

pou m kab deklare lwanj Ou.
¹⁶ Paske Ou ⁿpa pran plezi nan sakrifis.
Otreman, mwen ta bay li.
Ofrann brile yo pa fè Ou kontan.
¹⁷ Sakrifis a Bondye yo se yon ᵒespri ki kraze.
Yon kè brize e ki repantan, O Bondye,
Ou p ap meprize l.

¹⁸ Avèk ᵖbonte Ou, fè byen pou Sion.
Bati miray a Jérusalem yo.
¹⁹ Konsa, Ou va rejwi nan ᵠsakrifis ladwati yo,
nan ofrann brile avèk ofrann brile nèt yo.
Konsa, jenn towo yo va ofri sou lotèl Ou a.

*Pou direktè koral la. Yon Sòm David,
lè Doeg, Edomit lan te vin di Saül
"David gen tan rive lakay Achimélic."*

52 Poukisa ou ògeye nan mechanste ou,
O lòm pwisan?
Lanmou dous Bondye a dire tout lajounen.
² Lang ou envante destriksyon,
tankou yon razwa ki file, plen desepsyon.
³ Ou ʳrenmen mechanste plis pase sa ki bon.
Fo bagay plis pase pale verite a.
⁴ Ou renmen tout pawòl ki devore,
yon lang ˢmantè.
⁵ Men Bondye va kase fè ou desann nèt;
Li va kenbe ou byen vit e ᵗchire fè ou
sòti nan tant ou an,
Epi dechouke fè ou sòti nan peyi
vivan yo. *Tan*
⁶ Moun dwat yo va ᵘwè, va gen lakrent;
yo va ri sou li epi di:
⁷ "Gade byen, men nonm ki refize pran
refij nan Bondye a,
men ki te mete konfyans nan abondans
richès li yo.
Li te ranfòse tèt li ak mechanste."
⁸ Men pou mwen menm, mwen tankou yon
pye doliv vèt lakay Bondye.
Mwen mete ᵛkonfyans mwen nan l
lanmou dous Bondye a
pou tout tan e pou tout tan.
⁹ Mwen va ʷbay Ou remèsiman pou tout
tan, paske Ou te fè sa.
Mwen va mete espwa nan non Ou,
paske sa bon nan prezans a fidèl Ou yo.

Pou direktè koral la; selon mizik Mahalath

Yon refleksyon pa David

53 Moun fou a di nan kè li: "Nanpwen
Bondye".
Yo konwonpi!
Yo fè zak enjis ki abominab.

ᵃ **50:21** Sòm 90:8   ᵇ **50:22** Job 8:13   ᶜ **51:1** Sòm 51:9   ᵈ **51:4** Wo 3:4   ᵉ **51:6** Pwov 2:6   ᶠ **51:7** És 1:18
ᵍ **51:8** Sòm 35:10   ʰ **51:9** Jr 16:17   ⁱ **51:10** Sòm 78:37   ʲ **51:11** És 63:10-11   ᵏ **51:13** Sòm 22:27   ˡ **51:14** II Sam 12:9   ᵐ **51:15** Egz 4:15   ⁿ **51:16** I Sam 15:22   ᵒ **51:17** Sòm 34:18   ᵖ **51:18** Sòm 69:35   ᵠ **51:19** Sòm 4:5
ʳ **52:3** Sòm 36:4   ˢ **52:4** Sòm 120:3   ᵗ **52:5** És 22:18-19   ᵘ **52:6** Sòm 37:34   ᵛ **52:8** Sòm 13:5   ʷ **52:9** Sòm 30:12

ᵃNanpwen ki fè sa ki bon.
² Bondye te gade anba soti nan syèl la
        sou fis a lòm yo,
pou wè si genyen ᵇyoun ki gen bon konprann,
        ka p chache Bondye.
³ ᶜYo tout te vire akote.
Ansanm yo vin konwonpi.
Nanpwen nan yo ki fè byen, pa menm youn.
⁴ Èske malfektè a mechanste sila yo pa
        gen okenn konesans,
ka p ᵈmanje pèp Mwen an konsi se
        pen yo manje,
epi ki pa rele Bondye?
⁵ La, yo te nan gwo laperèz kote pa
        te gen laperèz,
paske Bondye te gaye zo a sila ki fè
        kan kont ou yo.
Ou te fè yo vin wont, akoz ᵉBondye te rejte yo.
⁶ O ke ᶠdelivrans Israël ta parèt sòti Sion!
Lè Bondye restore pèp kaptif Li a,
kite Jacob rejwi, kite Israël fè kè kontan.

*Pou direktè koral la; sou
enstriman ak kòd yo. Yon sòm*

*a David, lè Zifyen yo te vin di Saül:
"Èske David pa kache pami nou?"*

54
Sove mwen, O Bondye, ak non Ou
e fè vanjans mwen ak pouvwa Ou.
² Koute lapriyè mwen, O Bondye.
ᵍPrete zòrèy a pawòl a bouch mwen.
³ Paske etranje yo fin leve kont mwen.
Moun vyolans yo te chache lavi mwen.
Yo ʰpa t mete Bondye devan yo.
⁴ Gade byen, Bondye se èd mwen.
SENYÈ a se ⁱsoutyen a nanm mwen.
⁵ Li va rekonpanse mal a lènmi mwen yo.
Detwi yo ʲnan fidelite Ou.
⁶ ᵏAvèk bòn volonte, mwen va fè
        sakrifis a Ou.
Mwen va bay remèsiman a non Ou, O
        SENYÈ, paske li bon.
⁷ Paske li te ˡdelivre mwen nan tout twoub.
Konsa, zye mwen te wè ak kè kontan,
        defèt lènmi m yo.

Pou direktè koral la; sou enstriman ak kòd yo

Yon Refleksyon David

55
Prete zòrèy a lapriyè mwen, O Bondye.
ᵐPa kache Ou menm a siplikasyon
        mwen yo.
² Prete atansyon a mwen e reponn mwen.
Mwen pa alèz nan plenn mwen yo.
Anverite, mwen deranje nèt

³ akoz vwa lènmi an,
akoz presyon mechan an.
Paske yo ⁿpote twoub desann sou mwen.
Nan kòlè yo, yo pote rankin kont mwen.
⁴ ᵒKè m twouble anndan m.
Sezisman lanmò fin tonbe sou mwen.
⁵ Laperèz avèk tranbleman fin rive sou mwen.
Mwen ᵖetone jiskaske m debòde.
⁶ Mwen te di: "O ke m te gen zèl kon
        toutrèl la!
Konsa, mwen ta sove ale pou ᵠtwouve repo.
Mwen ta demere nan dezè a."
⁷ Tande byen, mwen ta rive byen lwen.
Mwen ta ʳale rete nan savann nan. *Tan*
⁸ Mwen ta fè vit rive kote pou m kache
        kont ˢvan tanpèt la,
kont move tan an.
⁹ Mete yo nan konfizyon, O SENYÈ,
        ᵗdivize lang yo,
paske mwen te wè vyolans avèk goumen
        nan vil la.
¹⁰ La jounen kon lannwit, yo antoure vil
        la sou miray li yo.
Inikite avèk mechanste nan mitan li.
¹¹ Destriksyon ladann.
ᵘOpresyon avèk desepsyon pa janm
        kite lari li yo.
¹² Paske ᵛse pa lènmi an ki fè m repwòch.
Konsa, mwen ta kab sipòte l.
Ni se pa yon moun ki rayi mwen ki vin
        leve kont mwen.
Konsa, mwen ta kab kache de li.
¹³ Men se ou menm, yon nonm parèy mwen,
        konpanyen mwen ak zanmi mwen.
¹⁴ Nou menm, ki te fè kominyon
        dous ansanm,
ki te ʷmache nan kay Bondye a nan
        mitan tout pèp la.
¹⁵ Pou sa a Kite lanmò rive sibitman sou yo.
Kite yo ˣdesann tou vivan kote mò yo ye.
Paske mechanste a nan abitasyon yo,
        pami yo, kote yo rete a.
¹⁶ Pou mwen, mwen va ʸrele Bondye.
SENYÈ a va sove mwen.
¹⁷ ᶻNan aswè, nan maten ak midi, mwen
        va plenyen e bougonnen.
Li va tande vwa m.
¹⁸ Li te rachte nanm mwen anpè,
soti nan batay ki kont mwen an,
malgre yo ᵃanpil, k ap lite avè m yo.
¹⁹ Bondye ki sou fotèy L jis pou tout tan,
va tande e reponn ᵇyo. *Tan*

Nan sila pa gen chanjman an.
Yo pa gen krent Bondye a.

ᵃ **53:1** Wo 3:10   ᵇ **53:2** Wo 3:11   ᶜ **53:3** Wo 3:12   ᵈ **53:4** Jr 4:22   ᵉ **53:5** II Wa 17:20   ᶠ **53:6** Sòm 14:7
ᵍ **54:2** Sòm 5:1   ʰ **54:3** Sòm 36:1   ⁱ **54:4** Sòm 37:17-24   ʲ **54:5** Sòm 89:49   ᵏ **54:6** Nonb 15:3   ˡ **54:7** Sòm 34:6
ᵐ **55:1** Sòm 27:9   ⁿ **55:3** II Sam 16:7-8   ᵒ **55:4** Sòm 38:8   ᵖ **55:5** 21:6   ᵠ **55:6** Job 3:13   ʳ **55:7** I Sam 23:14
ˢ **55:8** És 4:6   ᵗ **55:9** Jen 11:9   ᵘ **55:11** Sòm 10:7   ᵛ **55:12** Sòm 41:9   ʷ **55:14** Sòm 42:4   ˣ **55:15** Nonb 16:30-33
ʸ **55:16** Sòm 57:2-3   ᶻ **55:17** Sòm 141:2   ᵃ **55:18** Sòm 56:2   ᵇ **55:19** Sòm 36:1

²⁰ Li te lonje men li kont moun ki te
   nan lapè avèk li a.
Li te ᵃvyole akò li a.
²¹ Pawòl li te pi dous pase bè,
men ak kè, li te fè lagè.
Pawòl li yo te ᵇpi dous pase lwil,
men se nepe rale yo te ye.

²² ᶜVoye fado ou sou SENYÈ a, e Li va
   bay ou soutyen.
Li p ap janm kite moun ladwati yo ebranle.
²³ Men Ou menm, O Bondye, va rale yo
   desann nan fòs destriksyon an.
ᵈMoun ki vèse san e ki bay manti
p ap rive fè mwatye nan jou yo.
Men mwen menm va mete konfyans nan Ou.

*Pou direktè koral la. Yon powèm David
lè Filisten yo te sezi li Gath.*

*Chante pa melodi "Toutrèl
San Chanson Nan Peyi Lwen An"*

56 Fè m gras, O Bondye, paske lòm fin
       foule m anba pye;
Nan goumen tout lajounen, li vin
   ᵉoprime mwen.
² Lènmi m yo vle vale m tout lajounen.
Yo anpil! Tout sila ki goumen ak ògèy
   kont mwen yo.
³ Lè mwen pè, mwen va mete konfyans
   nan Ou.
⁴ Nan Bondye! Mwen fè lwanj pawòl Li!
Nan Bondye! Mwen te mete konfyans mwen.
Mwen p ap pè.
ᶠKisa lòm ka fè m?
⁵ Tout lajounen, yo ᵍtòde pawòl mwen yo.
Tout panse yo kont mwen se pou mal.
⁶ Yo atake, yo kache, yo veye pa mwen yo.
Y ap ʰtann pou rache lavi m.
⁷ Akoz mechanste sa a, ⁱjete yo deyò.
Nan kòlè Ou, fè desann moun sa yo,
   O Bondye!
⁸ Ou te byen konte tout egare mwen fè.
Mete tout gout dlo ki sòti nan zye m
   yo nan boutèy Ou.
Èske yo tout pa ekri nan ʲliv Ou a?
⁹ Konsa, lènmi mwen yo va vire fè bak
   nan jou ke m rele a.
Men sa m byen konnen: Bondye pou mwen.
¹⁰ Nan Bondye, ma louwe pawòl li.
Nan SENYÈ a, ma louwe pawòl li.
¹¹ Nan Bondye, mwen te mete konfyans
   mwen.
Mwen p ap pè. Kisa lòm ka fè m?
¹² ᵏVe Ou yo mare sou mwen, O Bondye.

Mwen va rann ofrann remèsiman a Ou menm.
¹³ Paske Ou te delivre nanm mwen
   soti nan lanmò.
Ou te anpeche ˡpye mwen glise tonbe,
pou m ta kab mache devan Bondye
   nan limyè a moun vivan yo.

Pou direktè koral la; jwe a son Al-tashheth

*Yon Mikhtam David, lè l te sove
ale devan Saül nan kav la*

57 Fè m gras, SENYÈ, O Bondye, fè m gras,
       paske nanm mwen kache nan Ou.
Wi, nan ᵐlonbraj a zèl Ou, mwen va kache,
jiskaske destriksyon an fin pase.
² Mwen va kriye a Bondye Pi Wo a,
a Bondye ki ⁿacheve tout sa m mande an.
³ Li va ᵒvoye sòti nan syèl la pou sove mwen.
Li fè repwòch a sila ki foule mwen an. *Tan*
Bondye va voye fè rive lanmou dous
   Li ak verite Li.
⁴ Nanm mwen rete pami ᵖlyon yo.
Mwen oblije kouche pami sila k ap
   respire dife yo.
Fis a lòm yo menm ak dan kon frenn file,
epi lang yo kon yon epe file.
⁵ ᑫLeve anwo syèl yo, O Bondye;
Kite glwa Ou vin pi wo sou tout latè!

⁶ Yo te prepare yon gwo filè pou pa mwen yo;
Nanm mwen koube ba.
Yo te ʳfouye yon fòs devan m.
Yo te tonbe nan mitan li. *Tan*
⁷ ˢKè m kanpe fèm, O Bondye,
kè m fèm.
Mwen va chante, wi mwen va chante lwanj!
⁸ Leve, ᵗglwa mwen! Leve ap avèk gita!
Mwen va fè maten vin leve.
⁹ ᵘMwen va bay Ou remèsiman, O
   SENYÈ, pami pèp yo.
Mwen va chante lwanj ou pami nasyon yo.
¹⁰ Paske ᵛlanmou dous Ou a gran jis
   rive nan syèl yo,
epi verite Ou jis rive nan nwaj yo.
¹¹ ʷLeve anwo syèl yo, O Bondye.
Ke Glwa Ou kapab vin pi wo ke tout latè.

*Pou direktè koral la; Nan melodi la
"Pa Detwi". Yon Sòm David*

58 Vrèman, èske nou pale ladwati, O
       lòt dye yo?
Èske nou ˣjije san fòt, O fis a lòm yo?
² Non, nan kè, nou ʸfòmante inikite.
Sou latè, nou peze balans pou separe
bay vyolans ak men nou.

ᵃ **55:20** Nonb 30:2   ᵇ **55:21** Sòm 12:2   ᶜ **55:22** Sòm 37:5   ᵈ **55:23** Sòm 5:6   ᵉ **56:1** Sòm 17:9   ᶠ **56:4** Sòm 118:6
ᵍ **56:5** II Pi 3:16   ʰ **56:6** Sòm 71:10   ⁱ **56:7** Sòm 36:12   ʲ **56:8** Mal 3:16   ᵏ **56:12** Sòm 50:14   ˡ **56:13** Sòm 116:8
ᵐ **57:1** Rt 2:12   ⁿ **57:2** Sòm 138:8   ᵒ **57:3** Sòm 18:16   ᵖ **57:4** Sòm 35:17   ᑫ **57:5** Sòm 57:11   ʳ **57:6** Sòm 7:15
ˢ **57:7** Sòm 112:7   ᵗ **57:8** Sòm 16:9   ᵘ **57:9** Sòm 108:3   ᵛ **57:10** Sòm 36:5   ʷ **57:11** Sòm 57:5   ˣ **58:1** Sòm 82:2
ʸ **58:2** Mal 3:15

³ Mechan yo pèvès depi nan vant.
Sila ki bay manti yo fè move wout
    depi nesans yo.
⁴ Yo gen pwazon tankou ᵃpwazon sèpan.
Kon vipè soud ki bouche zòrèy li,
⁵ pou li pa tande vwa a sila k ap chame li yo,
malgre se yon ᵇmajisyen abil k ap fè wanga.
⁶ O Bondye, ᶜkraze dan nan bouch yo!
Kase gwo dan a jenn lyon an, O SENYÈ.
⁷ Kite yo ᵈkoule disparèt tankou dlo k
    ap kouri sou tè.
Lè flèch li yo parèt, kite yo fèt tankou
    shaf san tèt.
⁸ Kite yo tankou kalmason ki fonn,
ki vin disparèt pandan l ap mache,
tankou ᵉavòtman a yon fanm ki p ap
    janm wè solèy la.
⁹ Avan chodyè ou yo kab santi dife pikan yo,
Li va ᶠbale yo fè yo disparèt nan van toubiyon;
vèt ak sila kap brile yo, ansanm.
¹⁰ Moun ladwati a va rejwi lè l wè
    ᵍvanjans lan.
Li va lave pye li nan san a mechan yo,
¹¹ pou moun yo di: "Anverite, gen yon
    rekonpans pou moun ladwati yo.
Anverite, genyen yon Bondye k ap jije latè!"

Pou direktè koral la; Nan melodi la "Pa Detwi". Yon powèm David lè Saül te voye yo lakay pou touye l.

Sòm 59

ʰDelivre mwen de lènmi m yo, O
    Bondye mwen;
Plase mwen byen wo an sekirite
byen lwen de sila ki leve kont mwen yo.
² Delivre m de sila ki fè inikite yo,
e sove mwen de ⁱmoun ki vèse san yo.
³ Paske gade byen, yo ʲfè anbiskad pou lavi m.
Mesye fewòs ki fè atak kont mwen yo,
pa akoz transgresyon mwen, ni peche
    m, O SENYÈ.
⁴ Se pa akoz mwen koupab ke yo vin kouri
    mete yo kont mwen an.
ᵏLeve Ou menm pou wè, e fè m sekou!
⁵ Ou menm, O SENYÈ Bondye dèzame
    yo, Bondye Israël la,
leve e pini tout nasyon yo.
Pa bay gras a moun mechan yo ki fè
    trèt nan inikite. *Tan*
⁶ Yo retounen nan aswè.
Yo rele tankou ˡchen pandan yo
    antoure lavil la.
⁷ Gade byen, yo fè pete gwo gaz ak bouch yo.
ᵐNepe yo nan lèv yo, paske yo di:
"Kilès ki tande"?
⁸ Men Ou menm, O SENYÈ, ⁿri sou yo!
Ou menm, giyonnen tout nasyon sa yo.

⁹ O Fòs mwen, m ap veye tann Ou.
Bondye se ᵒsitadèl mwen.
¹⁰ Bondye mwen an ak lanmou dous
    Li a, va devan m.
Bondye va kite mwen ᵖtriyonfè sou
    advèsè mwen yo.
¹¹ Pa fin touye yo, ᵠsinon moun mwen
    yo ka bliye.
Gaye yo avèk pouvwa Ou, e rale fè yo desann,
O SENYÈ, boukliye nou an.
¹² Akoz peche a bouch yo avèk pawòl lèv yo,
Kite yo ʳsezi pran nan pwòp ògèy yo.
Paske se malediksyon avèk manti yo bay.
¹³ Detwi yo nan kòlè Ou!
Detwi yo pou yo disparèt nèt.
Pou Moun kab ˢkonnen se Bondye k ap
    renye sou Jacob,
jis rive sou tout latè. *Tan*
¹⁴ Kite yo ᵗretounen nan aswè.
Kite yo rele anlè tankou chen, pandan
    yo antoure vil la.
¹⁵ Yo ᵘgaye toupatou.
Yap tan tout lanwit si yo pa satisfè.

¹⁶ Men pou mwen, mwen va chante de fòs Ou.
Wi, avèk jwa, mwen va chante sou lanmou
    dous Ou nan maten.
Paske Ou te toujou sitadèl mwen,
yon ᵛpwotèj nan jou gran twoub mwen an.
¹⁷ A Ou menm, gran fòs mwen, mwen va
    chante lwanj a Ou menm.
Paske Bondye se sitadèl mwen,
Bondye ki montre mwen lanmou dous la.

Pou direktè koral la; selon melodi "Lis Akò La".

Yon powèm David, pou enstwi; lè l te lite avèk Aram-Naharaim e avèk Aram-Zobah; epi, Joab te retounen e te frape douz-mil Edomit nan Vale Sèl la.

60

O Bondye, ʷOu te rejte nou.
Ou te kraze nou.
Ou te fache.
O restore nou ankò.
² Ou te fè ˣlatè tranble.
Ou te fann li pou l ouvri.
Geri brèch li yo, paske l ap sekwe.
³ Ou te ʸfè pèp Ou a wè anpil bagay di.
Ou te bay nou diven pou bwè ki fè nou toudi.
⁴ Ou te bay yon drapo pou sila ki gen
    lakrent Ou yo,
pou fè l byen parèt akoz verite a. *Tan*

⁵ Pou ᶻbyeneme Ou yo kab delivre,
Sove avèk men dwat Ou e reponn nou!
⁶ Bondye te pale nan sentete Li:

ᵃ **58:4** Det 32:33   ᵇ **58:5** Ekl 10:11   ᶜ **58:6** Job 4:10   ᵈ **58:7** Jos 2:11   ᵉ **58:8** Job 3:16   ᶠ **58:9** Job 27:21   ᵍ **58:10** Det 32:43   ʰ **59:1** Sòm 143:9   ⁱ **59:2** Sòm 26:9   ʲ **59:3** Sòm 56:6   ᵏ **59:4** Sòm 7:6   ˡ **59:6** Sòm 22:16   ᵐ **59:7** Sòm 57:4   ⁿ **59:8** Sòm 37:13   ᵒ **59:9** Sòm 9:9   ᵖ **59:10** Sòm 54:7   ᵠ **59:11** Det 4:9   ʳ **59:12** So 3:11   ˢ **59:13** Sòm 83:18   ᵗ **59:14** Sòm 59:6   ᵘ **59:15** Job 15:23   ᵛ **59:16** II Sam 22:3   ʷ **60:1** Sòm 44:9   ˣ **60:2** Sòm 18:7   ʸ **60:3** Sòm 66:12   ᶻ **60:5** Det 33:12

"Mwen va triyonfe!
Mwen va divize Sichem
e tire yon lin nan vale ªSucoth la.
⁷ Galaad se pou Mwen e Manassé se pa M.
Anplis, Éphraïm se kas sou tèt Mwen.
Juda se ᵇbaton wayal Mwen an.
⁸ Moab se basen lave Mwen.
Sou ᶜEdom, Mwen va jete soulye Mwen.
Mwen rele viktwa sou peye Filisten yo."

⁹ Kilès k ap fè m rive nan vil fòterès la?
Kilès k ap mennen mwen antre Edom?
¹⁰ Èske Ou menm, SENYÈ a, pa t ᵈrejte nou?
Epi èske Ou p ap sòti avèk lame nou
 yo, O Bondye?
¹¹ O bannou sekou kont advèsè a,
paske delivrans pa lòm se an ven.
¹² Nan Bondye, nou va fè bèl bagay yo
ak gwo kouraj.
Se Li menm ki va foule lènmi nou
 yo anba pye.

*Pou direktè koral la; sou yon
enstriman a kòd; Yon Sòm David*

61 Koute kri mwen, O Bondye.
Prete atansyon a lapriyè mwen.
² Soti nan dènye pwent latè,
Mwen rele Ou lè kè m fèb;
Mennen mwen sou wòch
 ki pi wo pase m nan.
³ Paske Ou te yon refij pou mwen,
yon fò ki wo,
yon gran fòs kont lènmi yo.
⁴ Kite mwen ᵉrete nan tant Ou an jis
 pou tout tan.
Kite mwen pran refij anba zèl Ou. *Tan*
⁵ Paske Ou te koute ve mwen yo, O Bondye.
Ou te ban mwen eritaj a sila ki ᶠgen
 krent non Ou yo.
⁶ Ou va fè lavi a wa a byen long.
Ane li yo va tankou anpil jenerasyon.
⁷ Li va abite devan SENYÈ a jis pou tout tan.
Senyè, bay li ᵍlanmou dous avèk verite
 pou li kapab andire.
⁸ Konsa, mwen va chante lwanj Ou
 jis pou tout tan.
Konsa, m kapab peye ve mwen yo
 jou apre jou.

Pou direktè koral la; selon Jeduthun; Yon Sòm David

62 Nanm mwen ap poze sèl nan Bondye.
Sali m se nan Li.
² Se Li sèl ki ʰwòch mwen, sali mwen,
 ak sitadèl mwen.
Menm gwo sò pa p boulvèse m.
³ Pou jiskilè, nou va atake yon nonm?

Alò, èske nou ta touye li, nou tout,
tankou yon ⁱmiray k ap panche?
Tankou yon kloti k ap kraze?
⁴ Yo plen entansyòn pou pouse li soti
 nan wo pozisyon li.
Yo ʲpran plezi nan tout sa ki fo.
Yo beni avèk bouch yo, men anndan
 yo bay madichon.
⁵ Nanm mwen ᵏtann an silans sèlman Bondye.
Paske espwa mwen se nan Li.
⁶ Li se sèl ki ˡwòch mwen, sali mwen,
 ak sitadèl mwen.
Mwen p ap ebranle menm.
⁷ m Sali mwen an, avèk glwa mwen
 rete nan Bondye.
Wòch fòs mwen an, ak kote pou m
 kache, se nan Bondye.
⁸ Mete konfyans nan Li tout tan, O pèp la.
ⁿVide kè nou devan Li.
Bondye se yon refij pou nou.
⁹ Moun nan ᵒpozisyon ba yo se se sèl
 yon souf nan van.
Moun ki plase wo yo se manti.
Nan pèz balans yo, se monte, yap monte.
Ansanm menm, yo pi fay ke yon souf.
¹⁰ Pa mete konfyans nan peze kou
 moun desann.
Ni pa mete fo espwa nan ᵖvòlè.
Si richès nou ogmante, pa mete kè nou sou yo.
¹¹ Yon fwa, Bondye te pale.
De fwa, mwen gen tan tande sa:
Ke pouvwa, se pou Bondye.
¹² Epi anplis, lanmou dous se pou
 Ou, O Senyè.
Paske Ou bay rekonpans a lòm selon
 zèv li yo.

Yon Sòm David, lè l te nan dezè Juda a.

63 O Bondye, Ou se Bondye mwen.
Mwen va chache Ou ak tout kè m.
Nanm mwen ᵠswaf pou Ou.
Chè m anvi Ou nan yon peyi epwize e
 sèch kote nanpwen dlo.
² Konsa, mwen ʳte wè Ou nan sanktiyè a,
ak pouvwa Ou, ak laglwa Ou.
³ Akoz ˢlanmou dous Ou pi bon pase lavi,
lèv mwen va louwe Ou.
⁴ Pou sa, mwen va beni Ou ᵗtout tan ke m viv.
Mwen va leve men m nan non Ou.
⁵ Nanm mwen ᵘsatisfè konsi avèk ma
 zo ak grès,
e bouch mwen ap ofri lwanj
 avèk lèv ranpli de jwa.
⁶ Lè m sonje Ou sou kabann mwen,
mwen medite sou Ou nan ᵛvèy de nwi la.
⁷ Paske Ou te konn sekou mwen.

ª **60:6** Jen 33:17 ᵇ **60:7** Jen 49:10 ᶜ **60:8** II Sam 8:2-14 ᵈ **60:10** Sòm 60:1 ᵉ **61:4** Sòm 23:6 ᶠ **61:5** Det 28:58
ᵍ **61:7** Sòm 40:11 ʰ **62:2** Sòm 89:26 ⁱ **62:3** És 30:13 ʲ **62:4** Sòm 4:2 ᵏ **62:5** Sòm 62:1 ˡ **62:6** Sòm 62:2
ᵐ **62:7** Sòm 85:9 ⁿ **62:8** I Sam 1:15 ᵒ **62:9** Sòm 49:2 ᵖ **62:10** És 61:8 ᵠ **63:1** Sòm 42:2 ʳ **63:2** Sòm 27:4
ˢ **63:3** Sòm 69:16 ᵗ **63:4** Sòm 104:33 ᵘ **63:5** Sòm 36:8 ᵛ **63:6** Sòm 16:7

Nan ᵃlonbraj a zèl Ou, mwen chante ak jwa.
⁸ Nanm mwen ᵇkole ak Ou.
Men dwat Ou fè m kenbe.
⁹ Men sila ki chache lavi mwen pou
   detwi li yo,
Va desann ᶜjis nan fon latè.
¹⁰ Yo va ᵈlivre a pouvwa nepe.
Yo va tounen manje pou rena mawon.
¹¹ Men Wa a va rejwi nan Bondye.
Tout moun ki sèmante pa Li menm yo,
   va twouve glwa.
Paske bouch a sila ki bay manti yo, va fèmen.

Pou direktè koral la. Yon Sòm David.

64 Tande vwa m, O Bondye nan plent mwen an.
ᵉKonsève lavi m kont laperèz lènmi an.
² Pwoteje m kont konsèy sekrè a malfektè yo,
kont boulvèsman a ᶠsila ki fè mechanste yo.
³ Ki te file lang yo tankou nepe.
Yo te pwente flèch pawòl anmè yo,
⁴ pou tire an kachèt sou sila ki inosan yo.
Sibitman yo tire sou li, san lakrent.
⁵ Yo kenbe fèm a pwòp desen mechan yo.
Yo pale sou ᵍpyèj ke y ap fòme an sekrè yo.
Yo di: "Se kilès ki kab wè yo?"
⁶ Yo fè manèv pou enjistis e di:
"Nou prè pou yon konplo byen fòme".
Paske panse lenteryè a moun se byen fon.
⁷ Men ʰBondye va tire sou yo avèk yon flèch.
Sibitman, yo va blese.
⁸ Konsa, yo va ⁱchape tonbe.
Pwòp lang pa yo va kont yo.
Tout moun ki wè yo va souke tèt yo.
⁹ Nan moman sa a, tout moun va krent.
Konsa, yo va ʲdeklare zèv Bondye yo.
Ak sajès yo va konsidere sa Li te fè a.
¹⁰ Nonm ladwati a va ᵏkontan nan SENYÈ a!
Yo va pran refij nan Li,
epi tout moun dwat yo va fè kè kontan.

Pou direktè koral la; yon Sòm David. Yon chan.

65 Se lwanj k ap tan Ou, O Bondye nan Sion.
Ve yo va fèt anvè Ou.
² O Ou menm ki tande priyè yo,
a Ou menm ˡtout moun vini.
³ Inikite m t ap kanpe kont mwen;
men pou transgresyon nou yo,
Ou kouvri yo.
⁴ A la ᵐbeni se sila ke Ou chwazi a e
   mennen toupre,
pou l ka rete nan lakou Ou.
Nou va satisfè ak tout bagay ki bon lakay Ou,
sen tanp Ou a.
⁵ Avèk ⁿzèv mèvèy e dwat, Ou reponn nou,
O Bondye sali nou an.

Se Ou menm ki espwa tout pwen latè a,
jis rive nan lanmè pi lwen an.
⁶ Ki etabli mòn yo pa pwisans Ou,
Akoz Ou ᵒpran zam pwisans Ou.
⁷ Ou kalme raj vag lanmè yo,
Avèk gwo boulvèsman lanm yo.
⁸ Sila ki rete jis nan ᵖdènye pwent latè yo
kanpe byen etone a mèvèy Ou yo.
Ou fè maten avèk aswè kriye ak jwa.
⁹ Ou vizite tè a e fè li gen abondans.
Ou anrichi li anpil.
Flèv Bondye a plen ak dlo.
Ou prepare sereyal yo, paske se konsa
   ou oganizè l.
¹⁰ Ou wouze tranch li yo an abondans.
Ou fè do li vin poze.
Ou fè l vin mou ᑫak lapli an abondans;
Ou beni kwasans plant li.
¹¹ Ou te kouwone ane a avèk ʳbonte Ou.
Kabwa yo plen pwodwi rekòlt la.
¹² ˢ Patiraj nan dezè yo gen abondans,
Epi kolin yo mare senti yo ak jwa.
¹³ Chan yo ᵗabiye menm ak bann mouton.
Vale yo fin ranpli ak sereyal.
Yo rele fò ak lajwa!
Konsa, yo chante.

Pou direktè koral la; yon chan, yon Sòm

66 ᵘ Rele fò ak lajwa, Bondye tout latè a!
² Chante ᵛglwa a non Li!
Ranpli lwanj Li ak laglwa!
³ Di Bondye: "Zèv Ou yo ʷmèvèye"!
Akoz grandè a pwisans Ou, menm,
lènmi Ou yo va soumèt a Ou.
⁴ ˣ Tout latè va fè adorasyon a Ou menm.
Li va chante lwanj Ou.
Tout va chante lwanj a non Ou; *Tan*
⁵ Vini pou wè zèv Bondye yo.
Zèv etonnan anvè fis a lòm yo.
⁶ Li te ʸchanje lanmè a an tè sèch.
Yo te pase travèse ᶻrivyè apye.
La menm, nou te rejwi nan Li!
⁷ Li renye ak pwisans pou tout tan.
ᵃ Zye Li veye sou nasyon yo.
Pa kite rebèl yo egzalte kont Li.
⁸ Beni Bondye nou an, O pèp yo!
Fè lwanj Li ᵇsone,
⁹ ki ᶜkenbe nou pami vivan yo,
e ki pa kite pye nou glise.
¹⁰ Paske Ou te fè nou pase a leprèv, O Bondye.
Ou te ᵈrafine nou tankou ajan konn rafine.
¹¹ Ou te ᵉrale nou antre nan filè a.
Ou te mete yon fado lou sou ren nou.
¹² Ou te fè moun ᶠmonte sou tèt nou.
Nou te pase nan dife ak nan dlo,

men Ou te fè nou sòti antre yon kote
  avèk anpil abondans.
¹³ Mwen va vini lakay Ou avèk Ofrann brile.
Mwen va ªpeye Ou ve mwen yo,
¹⁴ ki te sòti nan lèv mwen,
ke bouch mwen te pale lè m te ᵇnan
  gwo twoub yo.
¹⁵ Mwen va ofri a Ou menm yon ofrann
  brile nan grès a bèt gra yo,
avèk lafimen a ᶜbelye yo.
Mwen va fè ofrann a towo yo avèk
  mal kabrit yo.
¹⁶ Vin tande, nou tout ki gen lakrent Bondye
e mwen a ᵈpale ou tout sa Li te fè
  pou nanm mwen.
¹⁷ Mwen te kriye a Li menm avèk
  bouch mwen.
Ak lang mwen, mwen te ᵉleve Li wo.
¹⁸ Si mwen ᶠgade inikite nan kè m,
Senyè a p ap koute mwen.
¹⁹ Men anverite, ᵍBondye te tande.
Li te teni kont de vwa a priyè mwen.
²⁰ Beni se Bondye, ki pa t refize koute
lapriyè mwen,
ni ki pa t kache lanmou dous Li a sou mwen.

*Pou direktè koral la; avèk enstriman ak
kòd yo. Yon Sòm; Yon Chan*

67 Ke Bondye, ka fè nou gras,
  ʰ beni nou e fè vizaj Li vin klere
    sou nou——
² Ke chemen Ou kapab byen koni sou tè a,
ak ⁱsali Ou pami tout nasyon yo.
³ Kite ʲpèp yo louwe Ou, O Bondye.
Kite tout pèp yo louwe Ou.
⁴ Kite nasyon yo fè kè kontan e chante ak jwa,
paske Ou va jije pèp yo avèk ladwati e
  ᵏgidenasyon yo sou tè a. *Tan*
⁵ Kite ˡpèp yo louwe Ou, O Bondye.
Kite tout pèp yo louwe Ou.
⁶ ᵐ Latè te bay pwodwi li.
Bondye, Bondye pa nou an, ap toujou
  beni nou.
⁷ Bondye ap toujou beni nou.
ⁿ Dènye pwent latè a va gen lakrent Li.

*Pou direktè koral la; avèk enstriman ak
kòd yo. Yon Sòm; Yon Chan*

68 Kite ᵒBondye leve!
  Kite lènmi Li yo vin gaye!
Kite sila ki rayi Li yo sove ale devan L.
² Kon lafimen konn chase,
konsa, chase yo.
Kon ᵖlasi kon fann devan dife,
konsa, kite mechan yo peri devan Bondye.

³ Men kite moun ᑫladwati yo fè kè kontan.
Kite yo leve wo devan Bondye.
Wi, kite yo rejwi avèk kè kontan.
⁴ Chante a Bondye! Chante lwanj a non Li!
Leve wo pou Sila ki monte sou nwaj yo:
  ʳnon l se SENYÈ a!
Rejwi devan Li an!
⁵ Yon ˢpapa pou òfelen yo
e yon jij pou vèv yo,
se Bondye nan lye sen Li an.
⁶ Bondye ᵗfè yon fanmi pou sila ki
  pa genyen an.
Li fè prizonye yo vin sòti deyò ak chan yo,
men rebèl yo viv nan yon peyi deseche.

⁷ O Bondye, lè Ou ᵘte sòti devan pèp Ou a,
lè Ou te mache travèse dezè a,
⁸ ᵛ Tè a te souke.
Syèl yo tou te lage lapli devan prezans
  Bondye,
Prezans Bondye Sinaï lan.
Mond la li menm tè a souke devan prezans
Bondye a, Bondye Israël la.
⁹ Ou, Bondye te voye nan tout kote
  yon gwo lapli.
Ou te konfime eritaj Ou lè li te fatige nèt.
¹⁰ Moun pa Ou yo te vin rete ladann.
Ou te ʷfouni tout bonte Ou pou
malere yo, O Bondye.
¹¹ Senyè a te anonce pawòl la.
ˣ Mesaje ki pwoklame bòn nouvèl yo
  se yon gwo lame.
¹² "Wa lame yo sove ale! Yo kouri!
Fanm nan rete nan kay la ʸdivize piyaj la!
¹³ Lè ou kouche ᶻnan pak mouton yo,
se tankou zèl toutrèl ki kouvri ak ajan e
plim li ak lò briyan.
¹⁴ Lè Toupwisan an te gaye wa yo la a,
Nèj t ap tonbe sou ªTsalmon.
¹⁵ Yon mòn Bondye se Mòn Basan.
Yon mòn apik e difisil se Mòn Basan.
¹⁶ Poukisa nou gade ak anvi,
O tout lòt mòn yo?
Sou mòn ke Bondye te ᵇapwente
konn abitasyon Li an?
Anverite, SENYÈ a va abite la pou tout tan.
¹⁷ Cha Bondye yo anpil sou milye dè milye.
Senyè a pami yo sòti Sinaï, nan sentete Li.
¹⁸ Ou te monte an wo.
Ou te mennen kaptif yo sòti.
Anplis, Ou te resevwa kado pami lòm,
menm pami rebèl yo tou,
pou SENYÈ a, Bondye a, kapab abite la.

¹⁹ Beni se Senyè a, ki ᶜpote fado nou chak jou,

ª **66:13** Sòm 22:25   ᵇ **66:14** Sòm 18:6   ᶜ **66:15** Nonb 6:14   ᵈ **66:16** Sòm 71:15-24   ᵉ **66:17** Sòm 31:1
ᶠ **66:18** Job 36:21   ᵍ **66:19** Sòm 18:6   ʰ **67:1** Nonb 6:25   ⁱ **67:2** És 52:10   ʲ **67:3** Sòm 66:4   ᵏ **67:4** Sòm 47:8
ˡ **67:5** Sòm 67:3   ᵐ **67:6** Lev 26:4   ⁿ **67:7** Sòm 22:27   ᵒ **68:1** Nonb 10:35   ᵖ **68:2** Sòm 22:14   ᑫ **68:3** Sòm 32:11
ʳ **68:4** Egz 6:3   ˢ **68:5** Sòm 10:14   ᵗ **68:6** Sòm 107:4-7   ᵘ **68:7** Egz 13:21   ᵛ **68:8** Egz 19:18   ʷ **68:10** Sòm 65:9
ˣ **68:11** Egz 15:20   ʸ **68:12** Jij 5:30   ᶻ **68:13** Jen 49:14   ª **68:14** Jij 9:48   ᵇ **68:16** Det 12:5   ᶜ **68:19** Sòm 55:22

Bondye ki se delivrans nou an. *Tan*
[20] Bondye pou nou se yon [a]Bondye delivrans.
Epi BONDYE, Senyè a sèl, ki fè nou
chape devan lanmò.
[21] Anverite, Bondye va [b]kraze tèt lènmi Li yo,
tèt la menm ak cheve a sila ki pèsiste
nan mechanste li yo.
[22] Senyè a te di: [c]"Mwen va mennen
fè yo sòti Basan.
Mwen va mennen yo retounen jis rive
nan fon lanmè a,
[23] pou pye ou kapab kraze yo bay san,
jis lang [d]chen ou yo kapab jwenn pòsyon
pa yo sou lènmi a."
[24] Yo te wè [e]pwosesyon solanèl Ou
a, O Bondye,
pwosesyon a Bondye mwen an, Wa mwen,
pou antre nan sanktiyè a.
[25] Chantè yo te ale, e mizisyen yo te swiv,
nan mitan a jenn fi ki t ap bat tanbouren yo.
[26] Beni Bondye nan asanble yo,
SENYÈ a menm, [f]fontèn dlo Israël la.
[27] Men gade [g]Benjamin, pi piti an Israël la,
k ap renye sou yo,
prens a Juda ki konseyè yo,
prens Zabulon ak prens a Nephthali yo.
[28] Bondye ou a te kòmande fòs Ou.
Montre ou dyanm, O Bondye, [h]nan sa
Ou te fè pou nou menm.
[29] Akoz tanp Jérusalem Ou a,
[i] wa yo va mennen kado bay Ou.
[30] Repwoche bèt sovaj yo nan mitan wozo a,
twoupo [j]towo yo avèk ti bèf a pèp yo.
Foule anba pye gwo bout pyès ajan yo.
Gaye pèp ki te renmen fè lagè yo.
[31] Prens yo va sòti an [k]Égypte.
Ethiopie va fè vit pou lonje men l vè Bondye.
[32] Chante a Bondye, O [l]wayòm sou latè yo,
Chante lwanj a Senyè a, *Tan*
[33] A Sila ki vwayaje monte sou [m]pi wo syèl la,
ki la depi nan tan ansyen yo.
Gade byen, Li pale ak gwo vwa,
yon vwa plen pwisans.
[34] Rekonèt fòs Bondye a!
Majeste Li sou tout Israël,
[n]pwisans Li nan syèl yo.
[35] O Bondye, Ou [o]etonnan nan sanktiyè Ou yo.
Bondye Israël la ki bay fòs ak pouvwa
a pèp Li yo.
Beni se Bondye!

*Pou direktè koral la. Sou melodi
"Lis Yo". Yon Sòm David.*

69

Sove mwen, O Bondye,
paske [p]dlo yo fin monte jis nan kou m!
[2] Mwen desann fon nan labou.
Nanpwen plas pou pye m kenbe.
Mwen fin rive nan dlo fon yo,
e yon [q]gwo inondasyon ap debòde sou mwen.
[3] Mwen [r]fatige nèt ak kriye mwen an.
Gòj mwen sèk nèt.
Zye m varye pandan mwen
ap tann Bondye mwen an.
[4] Sila ki [s]rayi mwen san koz yo plis pase
cheve sou tèt mwen.
Sila ki ta detwi mwen yo pwisan e san
rezon, yo fè lènmi avè m.
Sa ke m pa t janm vòlè, mwen oblije remèt li.
[5] O Bondye, Ou konnen [t]foli mwen.
Koupabilite mwen pa kache devan Ou.
[6] Pa kite sila k ap tann Ou yo vin [u]wont
akoz mwen,
O Senyè BONDYE dèzame yo.
Pa kite yo vin dezonere akoz mwen menm,
O Bondye Israël la.
[7] Paske pou koz Ou, mwen te pote repwòch.
Dezonè fin kouvri figi mwen.
[8] Mwen vin izole de frè m yo,
tankou yon etranje de fis a manman m yo.
[9] Epi akoz zèl mwen gen pou lakay Ou,
yo manje m nèt.
[v] Repwòch a sila ki te repwoche Ou yo
te vin tonbe sou mwen.
[10] Lè mwen te kriye [w]nan nanm mwen,
e te fè jèn,
sa te vin yon repwòch pou mwen.
[11] Lè m te fè [x]twal sak sèvi kon rad mwen,
mwen te vin yon vye pawòl,
yon rizib pou yo menm.
[12] Sila ki [y]chita nan pòtay yo pale afè mwen,
e moun sòt yo fè chan sou mwen.
[13] Men pou mwen, priyè mwen se a Ou
menm, O SENYÈ,
[z] nan yon lè ki bon,
nan grandè lanmou dous Ou a.
Reponn mwen avèk sali verite Ou a.
[14] Delivre mwen sòti nan [a]labou a.
Pa kite mwen fonse nèt ladann.
Kite m delivre de sa yo ki rayi mwen
yo, ak nan fon dlo yo.
[15] Pa kite [b]inondasyon dlo yo vin
anvayi mwen,
ni fon an vale m,
ni fòs la fèmen bouch li sou mwen.

---

[a] **68:20** Sòm 106:43 [b] **68:21** Sòm 110:6 [c] **68:22** Nonb 21:33 [d] **68:23** I Wa 21:19 [e] **68:24** Sòm 77:13
[f] **68:26** Det 33:28 [g] **68:27** Jij 5:14 [h] **68:28** És 26:12 [i] **68:29** I Wa 10:25 [j] **68:30** Sòm 22:12 [k] **68:31** És 19:19-21 [l] **68:32** Sòm 102:22 [m] **68:33** Det 10:14 [n] **68:34** Sòm 150:1 [o] **68:35** Det 7:21 [p] **69:1** Job 22:11
[q] **69:2** Jon 2:3 [r] **69:3** Sòm 6:6 [s] **69:4** Sòm 35:19 [t] **69:5** Sòm 38:5 [u] **69:6** II Sam 12:14 [v] **69:9** Sòm 119:139
[w] **69:10** Sòm 35:13 [x] **69:11** Sòm 35:13 [y] **69:12** Jen 19:1 [z] **69:13** Sòm 32:6 [a] **69:14** Sòm 69:2
[b] **69:15** Sòm 124:4-5

¹⁶ Reponn mwen, O SENYÈ, paske
    lanmou dous Ou a bon;
Selon grandè a mizerikòd Ou, ᵃvire
    kote mwen.
¹⁷ ᵇ Pa kache figi Ou de sèvitè Ou a,
    paske mwen nan gwo pwoblèm.
Reponn mwen vit.
¹⁸ Rale nanm mwen pre. Rachte l!
ᶜ Rachte mwen akoz lènmi mwen yo!
¹⁹ Ou konnen ᵈrepwòch mwen, wont mwen,
    avèk dezonè mwen an.
Tout advèsè mwen yo devan Ou.
²⁰ Repwòch fin kraze kè m.
Mwen vin ba nèt.
Mwen te chache pitye, men pa t genyen;
ᵉkondoleyans, men nanpwen.
²¹ Anplis, yo te ban mwen fyèl kon manje
    ak ᶠvinèg pou swaf mwen.
²² Ke ᵍtab devan yo devni yon pèlen.
Lè yo nan tan lapè, kite li tounen yon pyèj.
²³ Ke ʰzye yo vin twouble pou yo pa kab wè.
Ke do yo koube nèt.
²⁴ ⁱ Vide kòlè Ou sou yo.
Ke fachèz kòlè Ou ki brile ka vini sou yo.
²⁵ Pou ʲkan yo kapab dezole.
Pou pa gen moun ki rete ankò nan tant yo.
²⁶ Paske yo te pèsekite sila ke Ou
    menm ᵏte blese a.
Yo pale sou doulè a sila ke Ou menm
    te blese yo.
²⁷ Ogmante inikite sou inikite yo.
Ni ˡpa kite yo antre nan ladwati Ou.
²⁸ Ke yo kapab efase soti nan liv lavi a.
Pou yo pa vin anrejistre nan achiv ak
    moun ladwati yo.
²⁹ Men mwen aflije e mwen nan doulè.
Ke delivrans Ou, O Bondye kapab plase
    mwen an sekirite an wo.
³⁰ Mwen va louwe non Bondye avèk chan yo,
epi ᵐleve Li wo avèk remèsiman.
³¹ Se sa k ap ⁿfè kè SENYÈ kontan
    plis pase yon bèf,
ni pase yon jenn towo avèk kòn ak zago.
³² Enb yo te wè sa e yo kontan.
Nou menm ki chache Bondye, ᵒkite kè
    nou reprann fòs.
³³ Paske ᵖSENYÈ a tande malere yo,
e Li pa meprize moun pa L ki prizonye yo.

³⁴ Kite syèl la avèk tè a louwe Li,
lanmè yo avèk ᑫtout sa ki fè mouvman
    ladann yo.
³⁵ Paske Bondye va delivre Sion e
    bati vil Juda yo,
pou yo kab rete la e posede li.

³⁶ Desandan a sèvitè Li yo va eritye li.
Sila ki renmen non Li yo ʳva rete ladann.

Pou direktè koral la; Yon Sòm David. Yon souvni

70 ˢ O Bondye, fè vit pou delivre mwen.
O SENYÈ, fè vit pou ban m sekou!
² ᵗ Kite sila k ap chache lavi m yo vin
    wont e imilye.
Kite sila ki pran plezi nan fè m mal yo
    vire fè bak ak dezonè.
³ ᵘ Kite sila ki di: "ah, ah!" yo vire fè
    bak akoz wont yo.
⁴ Kite tout moun k ap chache Ou yo rejwi
    e fè kè kontan nan Ou.
Kite sila ki renmen sali Ou yo di tout tan:
"Kite Bondye egzalte".
⁵ Men mwen aflije e mwen nan nesesite.
ᵛFè vit vin kote mwen, O Bondye!
Se Ou menm ki sekou mwen ak
    delivrans mwen.
O SENYÈ, pa mize.

71 ʷ Nan Ou, O SENYÈ, mwen te pran refij.
Pa janm kite mwen vin wont.
² ˣ Nan ladwati Ou, delivre mwen e
    fè m sekou.
Panche zòrèy Ou bò kote m e sove mwen.
³ Devni pou mwen wòch abitasyon mwen an,
    kote mwen kab vini tout tan.
Ou te pase lòd pou sove mwen,
    paske Ou se ʸwòch mwen ak sitadèl mwen.
⁴ ᶻ Delivre mwen, O Bondye mwen, nan
    men a mechan yo,
Fè m sòti nan ponyèt a malfektè a ak
    san pitye a,
⁵ Paske Ou se espwa m, O SENYÈ Bondye,
Ou se ᵃkonfyans mwen soti nan jenès mwen.
⁶ Pa Ou menm, mwen te twouve ᵇsoutyen
    depi lè m te fèt.
Se Ou menm ki te retire mwen nan
    vant manman m.
Tout tan se Ou menm ke m louwe.
⁷ Mwen parèt kon yon ᶜmèvèy pou
    anpil moun,
men se Ou ki fò refij mwen.
⁸ Bouch mwen plen avèk lwanj Ou
ak ᵈglwa Ou tout lajounen.
⁹ Pa jete mwen akote nan ᵉtan vyeyès mwen.
Pa abandone mwen lè fòs mwen vin febli.
¹⁰ Paske Lènmi m yo te pale kont mwen.
Sila k ap veye pou pran lavi m yo ᶠap
    pran konsèy ansanm,
¹¹ Y ap di: ᵍ"Bondye fin abandone li.
Annou kouri dèyè l, e sezi li.
Paske nanpwen moun ki pou delivre l."

ᵃ **69:16** Sòm 25:16   ᵇ **69:17** Sòm 27:9   ᶜ **69:18** Sòm 119:134   ᵈ **69:19** Sòm 22:6   ᵉ **69:20** Job 16:2
ᶠ **69:21** Mat 27:34-48   ᵍ **69:22** Wo 11:9-10   ʰ **69:23** És 6:10   ⁱ **69:24** Sòm 79:6   ʲ **69:25** Mat 23:38   ᵏ **69:26** És 53:4   ˡ **69:27** És 26:10   ᵐ **69:30** Sòm 34:3   ⁿ **69:31** Sòm 50:13-14   ᵒ **69:32** Sòm 22:26   ᵖ **69:33** Sòm 12:5
ᑫ **69:34** És 55:12   ʳ **69:36** Sòm 37:29   ˢ **70:1** Sòm 40:13-17   ᵗ **70:2** Sòm 35:4-26   ᵘ **70:3** Sòm 40:15
ᵛ **70:5** Sòm 141:1   ʷ **71:1** Sòm 25:2-3   ˣ **71:2** Sòm 31:1   ʸ **71:3** Sòm 18:2   ᶻ **71:4** Sòm 140:1-4   ᵃ **71:5** Sòm 22:9
ᵇ **71:6** Sòm 22:10   ᶜ **71:7** És 8:18   ᵈ **71:8** Sòm 96:6   ᵉ **71:9** Sòm 71:18   ᶠ **71:10** Sòm 31:13   ᵍ **71:11** Sòm 3:2

¹² O Bondye, ᵃpa rete lwen mwen.
O Bondye m, fè vit a sekou mwen!
¹³ Kite sila ki advèsè a nanm mwen yo
    vin wont e manje nèt.
Kite yo kouvri avèk repwòch ak dezonè
    k ap ᵇchache blese mwen.
¹⁴ Men pou mwen, mwen va kenbe espwa
    m pou tout tan.
Mwen va ᶜbay Ou lwanj plis toujou.
¹⁵ Bouch mwen va pale ladwati Ou,
ak sali Ou tout lajounen,
menmsi mwen ᵈpa kab fin konnen
fòs valè tout jou sa yo.
¹⁶ Mwen va vini ak zèv pwisan SENYÈ
    Bondye a.
Mwen va ᵉpale ladwati Ou, sèl de Ou menm.
¹⁷ O Bondye, Ou ᶠte enstwi mwen depi
    jenès mwen.
Jiska prezan, mwen toujou deklare
    mèvèy Ou yo.
¹⁸ Wi, menm lè m vye ak cheve blanch, O
    Bondye, pa abandone m,
jiskaske mwen fin ᵍdeklare fòs Ou a
    jenerasyon sila a,
ak pwisans Ou a tout sila k ap vini yo.
¹⁹ Paske ladwati Ou, O Bondye, rive
    jis nan syèl la.
Ou menm ki te fè gwo bagay yo.
O Bondye, se ʰkilès ki tankou Ou menm?
²⁰ Ou menm ki te fè m wè anpil twoub
    ak gwo pwoblèm,
va fè m viv.
Ou va mennen mwen monte soti nan
    ⁱfon tè yo.
²¹ Ke Ou fè lonè mwen vin plis e vire ban
    m konsolasyon ankò.
²² Konsa, mwen va louwe Ou avèk ap la pou
    fidelite Ou, O Bondye mwen.
A Ou menm, mwen va chante lwanj avèk gita,
O ʲSila Ki Sen an Israël la.
²³ Lèv mwen va rele ak jwa lè mwen
    chante lwanj a Ou menm
pou ᵏnanm mwen ke Ou te rachte a.
²⁴ Lang mwen, anplis, va pale ladwati
    Ou tout lajounen.
Paske yo wont, yo imilye,
Sila ki te chache fè m mal yo.

Yon Sòm a Salomon

72 Bay a wa a ˡsajès lajistis Ou, O Bondye,
    ak ladwati Ou a fis a wa a.
² Li va ᵐjije pèp Ou a avèk ladwati,
    e aflije Ou yo avèk jistis.
³ Mòn yo va pote ⁿlapè a pèp la,

e kolin yo, fwi ladwati a.
⁴ Li va jije malere a pèp la.
Li va fè sekou pou pitit a malere yo,
    e kraze opresè a an mòso.
⁵ Yo va krent Ou ᵒpou tout tan ke
    solèy la klere
ak tout tan ke genyen lalin, pandan tout
    jenerasyon yo.
⁶ Li va desann ᵖtankou lapli sou chan
    zèb fenk koupe yo,
tankou farinaj ki wouze tè a.
⁷ Nan jou li yo, moun ladwati yo va fleri,
    avèk ᵠlapè an abondans jiskaske lalin
    nan pa wè ankò.
⁸ Anplis, l ap renye jiskaske yon ʳlanmè
    rive nan yon lòt lanmè a,
e soti nan Rivyè a jis rive nan dènye
    pwent tè a.
⁹ Pèp ki abite nan dezè a va bese devan l,
    e lènmi li yo ˢva niche pousyè a.
¹⁰ Wa a Tarsis yo avèk lil yo va pote kado.
Wa a Séba avèk ᵗSaba yo ap ofri kado.
¹¹ Konsa, tout wa yo va bese ba devan l,
    pou tout ᵘnasyon yo sèvi li.
¹² Paske li va ᵛdelivre malere a lè l
    kriye sekou;
aflije a tou, lè l san soutyen an.
¹³ Li va gen ʷmizerikòd sou malere a
    avèk endijan an.
Konsa, lavi a pòv yo, li va sove.
¹⁴ Li va rachte lavi yo soti nan opresyon
    avèk vyolans,
e san yo va chè nan zye Li.
¹⁵ Konsa, li va viv, e ˣlò a Séba va
    bay a li menm.
Moun va priye pou li san rete.
Yo va beni li tout lajounen.
¹⁶ Va genyen anpil sereyal sou tout
    kolin peye a.
Fwi li yo k ap vannen nan van tankou
    pye sèd a Liban yo.
Sa ki nan vil yo va fleri tankou ʸvèdi latè.
¹⁷ Non li va dire jis pou tout tan.
Non li va la ᶻtoutotan solèy la ap briye a.
Tout lezòm va beni pa li.
Tout nasyon yo va rele li beni.

¹⁸ Beni se SENYÈ Bondye a, Bondye Israël la!
Li sèl ki fè mèvèy!
¹⁹ Beni se ᵃnon laglwa Li jis pou tout tan!
Ke tout tè a kapab ranpli ak glwa Li!
Amen e amen.

²⁰ Priyè yo a David, fis la a Jesse fini.

ᵃ **71:12** Sòm 10:1   ᵇ **71:13** Est 9:2   ᶜ **71:14** Sòm 71:8   ᵈ **71:15** Sòm 40:5   ᵉ **71:16** Sòm 51:14   ᶠ **71:17** Det 4:5
ᵍ **71:18** Sòm 22:31   ʰ **71:19** Det 3:24   ⁱ **71:20** Sòm 86:13   ʲ **71:22** II Wa 19:22   ᵏ **71:23** Sòm 34:22   ˡ **72:1** I Wa 3:9   ᵐ **72:2** És 9:7   ⁿ **72:3** És 2:4   ᵒ **72:5** Sòm 72:17   ᵖ **72:6** Det 32:2   ᵠ **72:7** És 2:4   ʳ **72:8** Egz 23:31
ˢ **72:9** És 49:23   ᵗ **72:10** Jen 10:7   ᵘ **72:11** Sòm 86:9   ᵛ **72:12** Job 29:12   ʷ **72:13** Pwov 19:17   ˣ **72:15** És 60:6   ʸ **72:16** Job 5:25   ᶻ **72:17** Sòm 89:36   ᵃ **72:19** Né 9:5

LIV 3

Yon Sòm Asaph

73 Anverite, Bondye bon a Israël,
a sila avèk kè ki ᵃsan tach yo!
² Men pou mwen, ᵇpye m te prèt pou
glise tonbe,
Pa m yo te prèt pou chape.
³ Paske mwen te gen anvi awogan yo,
lè m te wè jan ᶜmechan yo te byen reyisi.
⁴ Paske nan lanmò yo, nanpwen soufrans
e kò yo byen gra.
⁵ Yo pa nan pwoblèm tankou lòt moun,
ni yo pa toumante tankou limanite.
⁶ Pou sa, yo pote ògèy tankou yon bèl ᵈkolye.
Abiman vyolans kouvri kon yon bèl rad.
⁷ Zye yo anfle nan mitan ᵉgrès yo.
Imajinasyon a kè yo dechennen nèt.
⁸ Yo ᶠgiyonnen moun.
Ak mechanste, yo pale afè oprime lòt moun.
Yo pale konsi se anwo sa soti.
⁹ Nan bouch ᵍyo rive nan syèl la,
pandan lang yo fè gwo pwomnad sou tout latè.
¹⁰ Akoz sa a, pèp pa yo retounen kote yo,
e yo kontinye bwè ʰgran sous yo nèt.
¹¹ Yo di: "Kòman Bondye konnen?
Eske gen konesans kote Pi Wo a?"
¹² Gade byen, sila yo se mechan yo ye.
Konsi, toujou ⁱalèz, yo te agrandi richès yo.
¹³ Anverite, ʲse an ven mwen te kenbe
kè m san tach,
ak lave men m nan inosans.
¹⁴ Paske mwen te twouble tout lajounen
e te resevwa ᵏchatiman chak maten.
¹⁵ Si mwen te di: "Mwen va pale konsa,"
gade byen, mwen ta trayi ˡjenerasyon
pitit Ou yo.
¹⁶ Lè m te ᵐreflechi pou konprann sa, zye
m pa t wè klè menm.
¹⁷ Men jis lè m te antre nan sanktiyè Bondye a,
mwen te vin konprann jan yo ta ⁿfini.
¹⁸ Anverite, Ou te mete yo kote ki ᵒglise anpil.
Ou te jete yo ba jiskaske yo fini nèt.
¹⁹ Men kijan yo va ᵖdetwi nan yon enstan!
Y ap bale nèt ale avèk gran perèz kap
rive sibitman!
²⁰ Tankou yon rèv lè yon leve, O SENYÈ,
lè Ou leve, Ou va ᵠmeprize pwòp fòm yo.
Ou va rayi rèv de lespri yo.
²¹ Lè kè m te vin anmè,
e kè m te ʳpike anndan m,
²² alò, mwen te vin ensansib e san
bon konprann.
Mwen te tankou yon ˢbèt devan Ou.

²³ Sepandan, ᵗmwen avè W tout tan.
Ou te kenbe men dwat mwen.
²⁴ Avèk konsèy Ou, Ou va gide mwen,
e apre, ᵘresevwa mwen nan laglwa.
²⁵ ᵛ Se kilès mwen gen nan syèl la sof ke Ou?
Epi anplis ke Ou, mwen pa vle anyen sou latè.
²⁶ ʷ Chè mwen avèk kè mwen kab fè fayit,
men Bondye se fòs kè mwen ak pòsyon
mwen jis pou tout tan.
²⁷ Paske gade byen, sila ki lwen yo va ˣperi.
Ou te detwi tout sila ki pa t fidèl a
Ou menm yo.
²⁸ Men pou mwen, rete pre Bondye
se bonte mwen.
Mwen te fè Senyè a, BONDYE a,
ʸrefij mwen,
Pou m kab pale tout zèv Ou yo.

Yon Sòm Asaph

74 O Bondye, poukisa Ou te rejte nou
pou tout tan?
Poukisa kòlè Ou ᶻfè lafimen kont mouton
patiraj Ou an?
² Sonje asanble Ou a, ke Ou te achte
depi tan ansyen yo,
sa yo ke Ou te ᵃrachte pou fè tribi eritaj pa Ou:
Mòn Sion sila a, kote Ou te abite.
³ Vire pa Ou yo pou rive kote mazi
ki kraze nèt yo,
kote lènmi a ᵇfin fè tout mechanste li
anndan sanktiyè a.
⁴ Advèsè Ou yo te vin anraje nan mitan
kote asanble Ou a.
Yo fin monte ᶜpwòp drapo yo kon
avètisman an.
⁵ Yo aji kòn yon moun k ap
leve ᵈrach li nan mitan yon forè bwa.
⁶ Epi koulye a, tout travay skilpti li yo, ᵉ
yo kraze ak rach avèk mato.
⁷ Yo fin ᶠbrile sanktiyè Ou a jis rive atè.
Yo te souye abitasyon ki fèt nan non Ou an.
⁸ Yo te ᵍpale nan kè yo: "Annou kraze yo nèt."
Yo te brile tout kote asanble Bondye
nan tout peyi a.
⁹ Nou paz ankò wè mèvèy yo.
ʰNanpwen pwofèt ankò.
Ni pa genyen pami nou ki konnen konbyen
de tan sa va dire.
¹⁰ Konbyen de tan, O Bondye,
advèsè a va moke nou ak mo brile?
Èske se pou tout tan lènmi an va ⁱgiyonnen
non Ou konsa?
¹¹ Poukisa Ou retire men Ou?
Sitou men dwat Ou?

ᵃ **73:1** Sòm 24:4 ᵇ **73:2** Sòm 94:18 ᶜ **73:3** Job 21:7 ᵈ **73:6** Jen 41:42 ᵉ **73:7** Job 15:27 ᶠ **73:8** Sòm 1:1
ᵍ **73:9** Rev 13:6 ʰ **73:10** Sòm 23:5 ⁱ **73:12** Jr 49:31 ʲ **73:13** Job 21:15 ᵏ **73:14** Job 33:9 ˡ **73:15** Sòm 14:5
ᵐ **73:16** Ekl 8:17 ⁿ **73:17** Sòm 37:38 ᵒ **73:18** Sòm 35:6 ᵖ **73:19** Sòm 16:21 ᵠ **73:20** I Sam 2:30
ʳ **73:21** Trav 2:37 ˢ **73:22** Job 18:3 ᵗ **73:23** Sòm 16:8 ᵘ **73:24** Jen 5:24 ᵛ **73:25** Sòm 16:2 ʷ **73:26** Sòm 38:10
ˣ **73:27** Sòm 37:20 ʸ **73:28** Sòm 14:6 ᶻ **74:1** Det 29:20 ᵃ **74:2** Egz 15:13 ᵇ **74:3** Sòm 79:1 ᶜ **74:4** Nonb 2:2
ᵈ **74:5** Jr 46:22 ᵉ **74:6** I Wa 6:18-35 ᶠ **74:7** II Wa 25:9 ᵍ **74:8** Sòm 83:4 ʰ **74:9** I Sam 3:1 ⁱ **74:10** Lev 24:16

Fè l parèt sòti anndan lestonmak Ou
  pou ^adetwi yo!

¹² Men Bondye se ^bWa mwen depi nan
  tan ansyen yo.
Li te fè zèv delivrans nan mitan latè.
¹³ Ou te divize lanmè a ak fòs kouraj Ou.
Ou te kraze tèt ^cgwo bèt lanmè yo.
¹⁴ Ou te kraze tèt ^dLevyatan an.
Ou te bay li kon manje pou bèt sovaj.
¹⁵ Ou te fè pete sous ki koule dlo fre.
Ou te seche gwo rivyè pwisan yo.
¹⁶ Jou yo se pou Ou, anplis, nwit yo se pou Ou.
Ou te ^eprepare limyè a avèk solèy la.
¹⁷ Ou te etabli tout lizyè latè yo.
Ou te fè ^fsezon ete ak sezon livè.

¹⁸ Sonje bagay sa a, O SENYÈ,
ke lènmi yo te meprize Ou,
e ^gyon pèp ki plen ak foli te refize non Ou.
¹⁹ Pa livre nanm a toutrèl Ou a bèt sovaj yo.
Pa bliye lavi aflije Ou yo pou tout tan.
²⁰ Konsidere akò Ou, paske
^h kote fènwa yo nan tout latè a,
plen ak abitasyon vyolans yo.
²¹ Pa kite ⁱoprime yo retounen nan gwo wont.
Kite aflije yo ak malere yo louwe Non Ou.
²² Leve, O Bondye! Plede koz Ou!
Sonje jan ^jlòm plen foli meprize Ou
  tout lajounen.
²³ Pa bliye vwa advèsè Ou yo.
^k Gwo zen a sila ki leve kont Ou yo monte
  tout tan, san rete.

Pou direktè koral la; pou jwe a melodi "Pa Detwi"

Yon Sòm Asaph, yon Chanson

75 Nou bay remèsiman a Ou menm, O Bondye,
Nou bay remèsiman, paske Non Ou toupre.
Moun yo fè deklarasyon ^lzèv mèvèy Ou yo.

² "Lè Mwen menm fikse yon tan ki apwente,
Mwen va ^mjije avèk jistis.
³ Latè avèk tout sa ki ladann souke.
Se Mwen menm ki kenbe pilye li yo." *Tan*
⁴ Mwen te di a awogan yo: "Pa vin ògeye!"
A mechan an: ⁿ"Pa leve kòn nan.
⁵ Pa leve kòn ou anwo.
^o Pa pale kou rèd avèk ògèy ensolan."
⁶ Paske ni sòti nan lès, ni nan lwès,
ni bò kote ^pdezè a,
kab gen fòs pou leve moun anwo;
⁷ Men Bondye se jij la.
Li ^qfè yon moun desann,

e li leve yon lòt fè l wo.
⁸ Paske gen yon tas nan men SENYÈ a,
e diven an ap kimen.
Li byen mele e Bondye vide fè l sòti ladann.
Anverite, ^rtout mechan yo oblije bwè l jis
  rive nan dènye ti gout li.

⁹ Men pou mwen, mwen va ^sdeklare sa
  jis pou tout tan.
Mwen va chante lwanj a Bondye Jacob la.
¹⁰ Tout kòn a mechan yo, Mwen va
  koupe fè yo sòti nèt.
Men ^tkòn a moun ladwati yo va leve wo.

Pou direktè koral la; sou enstriman ak kòd

Yon Sòm Asaph, yon Chanson

76 Bondye byen rekonèt nan Juda.
Non Li ^ugran an Israël.
² Tabènak Li a nan Salem.
^v Abitasyon Li an osi nan Sion.
³ La, Li te ^wkase flèch dife yo,
boukliye ak nepe ak zam lagè yo.
⁴ Ou manyifik, pi majeste pase mòn
ak bèt lachas yo.
⁵ Sila ak ^xgran kouraj yo te piyaje,
yo te fonse tonbe nan dòmi mò a.
Okenn nan gèrye yo ka sèvi men yo.
⁶ Nan repwòch Ou, O Bondye Jacob,
ni ^ychevalye yo ak cheval la te tonbe nan
  yon pwofon somèy.
⁷ Ou menm, Ou merite lakrent.
Se ^zkilès ki kab kanpe nan prezans
  Ou lè Ou fache?
⁸ Ou te fè jijman pase soti nan syèl la.
Latè te ^akrent, e te kanpe rete an plas
⁹ lè Bondye te leve nan jijman an,
pou sove tout enb sou latè yo. *Tan*
¹⁰ Paske kòlè a lòm va bay Ou glwa.
Se retay kòlè pa W, ki sispann fè mal.
¹¹ ^b Fè ve Ou yo a SENYÈ a, Bondye
  Ou a e akonpli yo.
Kite tout sila ki antoure Li yo
mennen don a Sila ki merite lakrent lan.
¹² Li va koupe retire nanm a prens yo.
Wa latè yo ^cgen lakrent Li.

Pou direktè koral la: pou Jeduthun. Yon Sòm Asaph

77 Vwa m leve vè Bondye!
Mwen ^dkriye pou sekou.
Vwa m leve vè Bondye pou L tande mwen.
² Nan ^ejou gwo twoub mwen an, mwen
  te chache SENYÈ a.
Nan nwit, mwen te lonje men m san poze.
Nanm mwen te refize rekonfòte.

---

^a **74:11** Sòm 59:13   ^b **74:12** Sòm 44:4   ^c **74:13** Sòm 148:7   ^d **74:14** Job 41:1   ^e **74:16** Jen 1:14-18   ^f **74:17** Det 32:8
^g **74:18** Det 32:6   ^h **74:20** Sòm 88:6   ⁱ **74:21** Sòm 103:6   ^j **74:22** Sòm 14:1   ^k **74:23** Sòm 65:7   ^l **75:1** Sòm 26:7
^m **75:2** Sòm 9:8   ⁿ **75:4** Za 1:21   ^o **75:5** I Sam 2:3   ^p **75:6** Sòm 3:3   ^q **75:7** Sòm 50:6   ^r **75:8** Ab 16
^s **75:9** Sòm 22:22   ^t **75:10** I Sam 2:1   ^u **76:1** Sòm 99:3   ^v **76:2** Sòm 27:5   ^w **76:3** Sòm 46:9   ^x **76:5** És
10:12   ^y **76:6** Egz 15:1-21   ^z **76:7** Esd 9:15   ^a **76:8** I Kwo 16:30   ^b **76:11** Ekl 5:4-6   ^c **76:12** Sòm 47:2
^d **77:1** Sòm 3:4   ^e **77:2** Sòm 50:15

³ Lè mwen sonje Bondye, alò, lespri
   m twouble.
Mwen fè soupi; ᵃlespri m febli nèt.

⁴ Ou te kenbe zye mwen yo louvri.
Mwen tèlman twouble ke m ᵇpa kab pale.
⁵ Mwen te reflechi sou ᶜjou lansyen
   yo, ane lontan yo.
⁶ Chanson mwen, mwen va sonje
   pandan lannwit.
Mwen ᵈreflechi tout tan nan kè mwen.
Lespri m reflechi jis rive nan fon kè m:
⁷ "Èske Senyè a va rejte nou pou tout tan?
Èske Li ᵉp ap janm kite favè Li vini
   sou nou ankò?
⁸ Èske lanmou dous Li a kite nou pou tout tan?
Èske ᶠpwomès Li yo fini nèt?
⁹ Èske Bondye te bliye gras Li,
Oswa nan kòlè Li, èske Li te retire
   mizerikòd Li a?" *Tan*
¹⁰ Epi mwen te di: "Se chagren mwen
   ki fè m panse
ᵍ men dwat a Wo Pwisan an vin chanje."
¹¹ Mwen va sonje ʰzèv SENYÈ yo.
Anverite, Mwen va sonje mèvèy Ou yo
   nan tan ansyen yo.
¹² Mwen va ⁱreflechi tout tan sou tout
   zèv Ou yo,
pou m sonje nan kè m tout sa Ou te fè.
¹³ Chemen Ou a, O Bondye, se apa.
ʲ Ki dye ki gran tankou Bondye pa nou an?
¹⁴ Ou se Bondye ki fè zèv mèvèy.
Ou te fè pwisans Ou rekonèt pami pèp yo.
¹⁵ Avèk pwòp pouvwa Ou, Ou te
   ᵏrachte pèp Ou a,
fis a Jacob yo avèk Joseph. *Tan*
¹⁶ l Dlo yo te wè Ou, O Bondye.
Dlo yo te wè Ou.
Yo te nan gran doulè.
Anplis, fon yo te boulvèse.
¹⁷ ᵐ Nwaj yo te vide gwo dlo.
Syèl yo te bay gwo kout loray.
Flèch Ou yo te lime pa isit e pa lòtbò.
¹⁸ ⁿ Bwi tonnè a eklate nan toubiyon an.
Loray yo te klere tout tè a.
Mond lan te tranble.
Li te souke.
¹⁹ ᵒ Chemen Ou an te nan lanmè a,
e vwa Ou nan dlo pwisan yo.
Kote Ou mache p ap kab dekouvri menm.
²⁰ Ou te dirije pèp Ou a tankou yon bann,
pa men ᵖMoïse avèk Aaron.

Yon Sòm a Asaph

78
ᑫ Koute, O pèp mwen an a lenstriksyon
   mwen.
Panche zòrèy Ou vè pawòl a bouch mwen.
² Mwen va ʳouvri bouch mwen avèk
   yon parabòl.
Mwen va pale pawòl fonse a tan ansyen yo,
³ ke nou te tande, konnen e ke
ˢ papa zansèt nou yo te fè nou konprann.
⁴ Nou p ap kache yo a pitit nou yo,
men nou va ᵗpale a jenerasyon k ap vini
   yo, tout lwanj SENYÈ a,
fòs Li ak gran mèvèy ke Li te konn fè yo.
⁵ Paske Li te etabli yon temwayaj
nan Jacob e te chwazi yon lwa an Israël,
sou sila Li te kòmande papa zansèt nou yo
pou yo ta ᵘenstwi yo a pitit pa yo.
⁶ Ke jenerasyon k ap vini an ta kab konnen.
Menm pou sila ki poko fèt yo,
pou yo ta kab leve e ᵛpale a pitit yo,
⁷ pou yo kab mete konfyans yo
nan Bondye e pa bliye zèv Bondye yo,
men ʷkenbe kòmandman Li yo.
⁸ Pou yo ˣpa fè tankou papa zansèt yo,
yon jenerasyon tèt di e rebèl,
yon jenerasyon ki pa t gen kè fidèl,
ki pa t gen lespri fidèl a Bondye.
⁹ Fis a Éphraïm yo ki kon tire flèch,
   te pote banza yo.
Sepandan, nan jou batay la, ʸyo te fè bak.
¹⁰ Yo ᶻpa t kenbe akò yo ak Bondye
e te refize mache nan lalwa Li.
¹¹ Yo te ᵃbliye zèv Li yo avèk mirak ke
   Li te montre yo.
¹² Li te fòje mirak yo devan zansèt yo,
nan peyi Égypte la ak nan ᵇchan Tsoan an.
¹³ Li te divize lanmè a e te fè l pase ladann.
Li te fè dlo yo ᶜkanpe wo tankou yon gwo pil.
¹⁴ Apre, Li te dirije yo avèk nwaj
nan lajounen e nan tout nwit lan avèk
   ᵈlimyè dife.
¹⁵ Li te ᵉfann wòch yo nan dezè a
e te bay yo anpil dlo pou bwè tankou
   nan fon yo.
¹⁶ Li te ᶠfè parèt sous ki te pete sòti
   nan wòch la,
e te fè dlo desann tankou larivyè.
¹⁷ Sepandan, yo te kontinye peche kont Li,
e fè ᵍrebèl kont Pi Wo nan dezè a.
¹⁸ Konsa, nan kè yo, yo te pase Bondye
   a leprèv
lè yo te mande ʰmanje selon dezi yo.
¹⁹ Wi, yo te pale kont Bondye.

ᵃ **77:3** Sòm 61:2   ᵇ **77:4** Sòm 39:9   ᶜ **77:5** Det 32:7   ᵈ **77:6** Sòm 4:4   ᵉ **77:7** Sòm 85:1-5   ᶠ **77:8** II Pi 3:9   ᵍ **77:10** Sòm 44:2-3   ʰ **77:11** Sòm 105:5   ⁱ **77:12** Sòm 145:5   ʲ **77:13** Egz 15:11   ᵏ **77:15** Egz 6:6   ˡ **77:16** Egz 14:21   ᵐ **77:17** Jij 5:4   ⁿ **77:18** Sòm 18:13   ᵒ **77:19** És 51:10   ᵖ **77:20** Egz 6:26   ᑫ **78:1** És 51:4   ʳ **78:2** Sòm 49:4   ˢ **78:3** Sòm 44:1   ᵗ **78:4** Egz 13:8   ᵘ **78:5** Det 4:9   ᵛ **78:6** Det 11:19   ʷ **78:7** Det 4:2   ˣ **78:8** II Wa 17:14   ʸ **78:9** Jij 20:39   ᶻ **78:10** Jij 2:20   ᵃ **78:11** Sòm 106:13   ᵇ **78:12** Nonb 13:22   ᶜ **78:13** Egz 15:8   ᵈ **78:14** Egz 14:24   ᵉ **78:15** Egz 17:6   ᶠ **78:16** Nonb 20:8   ᵍ **78:17** Det 9:22   ʰ **78:18** Nonb 11:4

Yo te di: [a]"Èske Bondye kapab prepare
yon tab nan dezè a?
[20] Gade byen, Li te frape wòch la pou dlo
kouri sòti e gwo sous yo t ap debòde.
Èske Li kapab bay pen tou?
Èske Li kab [b]founi vyann pou pèp Li a?"
[21] Pou sa, SENYÈ a te tande e te
[c]ranpli ak kòlè.
Konsa, yon dife te limen kont Jacob,
e chalè te monte tou kont Israël.
[22] Paske yo [d]pa t kwè nan Bondye,
e pa t mete konfyans yo nan delivrans Li.
[23] Men Li te kòmande nwaj anlè yo, e
te [e]louvri pòt syèl yo.
[24] Li te fè lamàn vin tonbe tankou lapli sou yo,
pou yo manje e te bay yo manje soti
nan syèl la.
[25] Lòm te manje manje a zanj yo.
Li te voye manje ba yo an abondans.
[26] Li te [f]fè van lès la vante nan syèl yo
e avèk pwisans Li,
Li te dirije van sid la.
[27] Li te fè tonbe vyann sou yo tankou
lapli, tankou pousyè,
menm [g]zwazo ak zèl tankou sab lanmè.
[28] Alò, Li te kite yo tonbe nan mitan kan
an, toupatou abitasyon yo.
[29] Konsa, yo te [h]manje vant plen,
e sa yo te mande, se sa Li te bay yo.
[30] Avan, yo te satisfè dezi yo,
[i] pandan manje a te toujou nan bouch yo,
[31] [j] kòlè Bondye te leve kont yo e
te touye kèk nan pi vayan pami yo.
Li te frape desann mesye pi chwazi Israël yo.
[32] Malgre tout sa, yo te peche toujou,
e pa t kwè nan zèv mèvèy Li yo.
[33] Akoz sa, Li te fè [k]jou yo fini mal,
e ane yo nan laperèz sibit.
[34] Lè Li te touye yo, nan lè sa a, yo
te [l]chache Li.
Yo te retounen chache Li ak dilijans.
[35] Konsa, yo te sonje ke Bondye te wòch yo,
e Pi Wo a, [m]redanmtè yo.
[36] Men yo te [n]twonpe Li ak bouch yo.
Yo te manti a Li ak lang yo.
[37] Paske kè yo pa t [o]fèm vè Li menm,
ni yo pa t fidèl selon akò Li.
[38] Men Li menm, akoz mizerikòd Li,
te padone inikite yo, e pa t detwi yo.
Wi, souvan Li te ralanti kòlè Li e pa t
kite tout kòlè li vin leve.
[39] Konsa, Li te sonje ke se sèl chè yo te ye,
yon [p]van pase ki pa retounen ankò.
[40] Konbyen fwa yo te fè rebèl kont
Li nan dezè a,

e te [q]fè L soufri lapèn la nan savann an!
[41] Anpil fwa, yo te pase Bondye a [r]leprèv,
epi te fè Sila Ki Sen A Israël la soufri doulè.
[42] Yo [s]pa t sonje pwisans Li,
ni jou ke Li te delivre yo nan men advèsè yo,
[43] lè Li te akonpli mirak Li yo an Égypte
ak [t]mèvèy Li yo nan chan Tsoan an.
[44] Li te chanje rivyè yo an san.
Konsa, nan sous yo, yo pa t kab bwè.
[45] Li te voye pami yo mouch
an gran kantite ki te devore yo,
avèk [u]krapo ki te detwi yo.
[46] Li te bay chan rekòlt a chwalbwa a,
ak pwodwi travay yo a [v]krikèt la.
[47] Li te detwi chan fwi yo ak [w]lagrèl e
bwa sikomò yo ak fredi.
[48] Li te bay [x]bèt yo tou a lagrèl e twoupo
yo a loray.
[49] Li te [y]voye sou yo chalè kòlè Li,
gwo kòlè avèk endiyasyon ak twoub,
ak yon bann zanj ki pou detwi yo.
[50] Li te fè yon chemen pou lakòlè Li.
Li pa t epagne nanm yo de lanmò,
men te [z]bay lavi yo a gwo fleyo.
[51] Li te frape di tout premye ne an Égypte yo,
premye sòti a fòs kouraj yo nan tant
a Cham yo.
[52] Men Li te mennen fè sòti pwòp pèp
li a tankou mouton.
Li te dirije yo nan dezè a [a]tankou yon twoupo.
[53] Li te dirije yo avèk swen pou yo pa pè,
men [b]lanmè te vale lènmi yo.
[54] Konsa, [c]Li te mennen yo nan peyi sen Li an,
vè peyi ti kolin ke men dwat Li te
vin posede a.
[55] Anplis, li te chase nasyon yo devan yo,
te pataje pou yo yon eritaj selon mezi li, e
te fè tribi Israël yo abite nan tant yo.
[56] Sepandan, yo te tante e [d]fè rebèl kont
Bondye Pi Wo a,
e pa t kenbe temwayaj Li yo,
[57] men yo te vire fè bak e te aji nan malveyans
tankou papa zansèt yo.
Yo te vire akote tankou yon banza ki tòde.
[58] Paske yo te pwovoke Li avèk [e]wo plas yo,
e te fè L jalou avèk imaj taye yo.
[59] Lè Bondye te tande, Li te vin ranpli
avèk kòlè,
e te [f]vin deteste Israël anpil.
[60] Jiskaske Li te abandone abitasyon
Silo, tant ke li te konn monte pami lòm nan,
[61] e te bay yo menm ki te fòs Li, an kaptivite,
glwa Li nan men advèsè a.
[62] Anplis, Li te livre pèp Li a de nepe e
te vin ranpli avèk kòlè kont eritaj Li a.

---

[a] **78:19** Egz 16:3   [b] **78:20** Nonb 11:18   [c] **78:21** Nonb 11:1   [d] **78:22** Det 1:32   [e] **78:23** Jen 7:11   [f] **78:26** Nonb 11:31
[g] **78:27** Egz 16:13   [h] **78:29** Nonb 11:19-20   [i] **78:30** Nonb 11:33   [j] **78:31** Nonb 11:33-34   [k] **78:33** Nonb 14:29-35
[l] **78:34** Nonb 21:7   [m] **78:35** Egz 15:13   [n] **78:36** Egz 24:7-8   [o] **78:37** Sòm 51:10   [p] **78:39** Job 7:7-16
[q] **78:40** Sòm 95:10   [r] **78:41** Nonb 14:22   [s] **78:42** Jij 8:34   [t] **78:43** Egz 4:21   [v] **78:45** Egz 8:6   [u] **78:46** Egz 10:14
[w] **78:47** Egz 9:23-25   [x] **78:48** Egz 9:19   [y] **78:49** Egz 15:7   [z] **78:50** Egz 12:29-30   [a] **78:52** Sòm 77:20
[b] **78:53** Egz 14:27-28   [c] **78:54** Egz 15:7   [d] **78:56** Jij 2:11-13   [e] **78:58** Lev 26:30   [f] **78:59** Lev 26:30

⁶³ Dife te devore jennonm Li yo e
ᵃvyèj Li yo pa t gen chan maryaj.
⁶⁴ ᵇ Prèt Li yo te tonbe pa nepe e
Vèv Li yo pa t kab kriye.
⁶⁵ Konsa, SENYÈ a te leve tankou se
  nan dòmi Li te ye,
tankou yon ᶜgèrye ki rele fò akoz diven.
⁶⁶ Li ᵈte pouse advèsè Li yo fè bak.
Li te mete sou yo yon repwòch ki pa
  t ap fini menm.
⁶⁷ Anplis, Li te ᵉrejte tant Jospeh la,
ni pa t chwazi tribi Éphraïm nan.
⁶⁸ Men Li te chwazi tribi Juda a,
Mòn ᶠSion ke Li te renmen anpil la.
⁶⁹ Li te ᵍbati sanktiyè Li tankou wotè mòn yo,
tankou latè ke Li te etabli jis pou tout tan an.
⁷⁰ Anplis, Li te chwazi David, sèvitè Li a.
Li te pran l sòti nan Pak mouton yo,
⁷¹ sòti nan okipe mouton k ap fè pitit,
  avèk ti mouton nouris,
Li te mennen li, pou vin bèje Jacob, pèp Li a,
avèk ʰIsraël, eritaj Li a.
⁷² Konsa, Li te fè bèje yo selon ⁱentegrite kè l,
e te gide yo avèk men abil li.

Yon Sòm Asaph

79

O Bondye, nasyon yo te anvayi eritaj Ou a.
Yo te souye sen tanp Ou an.
Yo te fè Jérusalem kouche nan yon pil ranblè.
² Yo te bay kadav sèvitè Ou yo kon manje
  pou zwazo syèl yo.
Chè a fidèl Ou yo, yo fin bay a bèt latè yo.
³ Yo te vide san yo tankou dlo toupatou
  Jérusalem.
ʲ Pa t genyen moun ki pou antere yo.
⁴ Nou gen tan vin yon repwòch pou
  vwazen nou yo,
Yon rizib ak yon betiz pou sila ki
  antoure nou yo.
⁵ Jiskilè, O SENYÈ?
Èske Ou va rete fache nèt?
Èske jalouzi Ou va ᵏbrile tankou dife tout tan?
⁶ ˡ Vide kòlè Ou sou nasyon ki pa
  rekonèt Ou yo,
ak sou wayòm yo ki pa rele non Ou yo.
⁷ Paske yo te ᵐdevore Jacob.
Yo te devaste abitasyon Li an.
⁸ ⁿ Pa sonje inikite a papa zansèt nou yo
  pou kenbe kont nou.
Kite mizerikòd Ou vini vit rankontre nou,
paske nou fin rive ba nèt.
⁹ ᵒ Fè nou sekou, O Bondye sali nou an,
  pou glwa a non Ou.
Delivre nou e padone peche nou yo,
  pou koz a non Ou.

¹⁰ ᵖ Poukisa nasyon yo ta di: "Kote
  Bondye yo ye?"
Kite li vin rekonèt pami nasyon yo
  devan zye nou,
ke vanjans pou san sèvitè Ou yo ap vèse.
¹¹ Kite ᵠvwa prizonyè k ap plenyen yo
  rive devan Ou.
Selon grandè fòs Ou, prezève sila ki
  kondane a lamò.
¹² Fè remet a vwazen nou yo, ʳsèt fwa
antre nan vant yo, repwòch avèk sila
yo te repwoche Ou a, O SENYÈ.
¹³ Konsa nou menm, pèp Ou a,
  ak ˢmouton a patiraj Ou a,
Va bay Ou remèsiman jis pou tout tan.
A tout jenerasyon yo, nou va pale lwanj Ou.

*Pou direktè koral la; pou jwe a "Lis
Akò Yo". Yon Sòm Asaph*

80

O prete zòrèy Ou, Bèje Israël la,
Ou menm ki mennen Joseph tankou
  yon twoupo,
Ou menm ki ᵗchita sou twòn anwo cheriben
  yo, se pou ou briye.
² Devan Éphraïm avèk Benjamin ak
  Manassé, fè vire tout fòs Ou.
Vin bannou sekou!
³ O Bondye, restore nou!
ᵘFè vizaj Ou briye sou nou
e nou va sove.

⁴ O Bondye dèzame yo,
ᵛ pou konbyen de tan Ou va fache kont
  lapriyè a pèp Ou a?
⁵ Ou te bay yo ʷpen fèt ak dlo ki t ap
  sòti nan zye yo.
Ou te fè yo bwè dlo a zye yo an gran kantite.
⁶ Ou fè nou vin yon objè konfli devan
  ˣvwazen nou yo.
Lènmi nou yo ri pami yo menm.
⁷ O Bondye dèzame yo, restore nou!
Fè vizaj Ou klere sou nou e nou va sove.

⁸ Ou te rachte yon pye rezen soti an Égypte.
Ou te chase mete nasyon yo deyò pou
  te ʸplante li la.
⁹ Ou te netwaye tè a devan l.
Li te ᶻanrasine byen fon e te ranpli peyi a.
¹⁰ Mòn yo te kouvri ak lonbraj li.
ᵃ Branch li yo te kon bwa sèd Bondye yo.
¹¹ Li te voye branch li yo rive ᵇjis nan lanmè,
ak boujon li yo jis nan Rivyè a.
¹² Poukisa Ou te ᶜkraze tout kloti li yo,
pou tout sila ki pase la yo kab rekòlte
  fwi li yo?

ᵃ **78:63** Jr 7:34   ᵇ **78:64** I Sam 4:17   ᶜ **78:65** És 42:13   ᵈ **78:66** I Sam 5:6   ᵉ **78:67** Sòm 78:60   ᶠ **78:68** Sòm 87:2
ᵍ **78:69** I Wa 6:1-38   ʰ **78:71** I Sam 10:1   ⁱ **78:72** I Wa 9:4   ʲ **79:3** Jr 14:16   ᵏ **79:5** Sòm 89:46   ˡ **79:6** Sòm 69:24
ᵐ **79:7** Sòm 53:4   ⁿ **79:8** Sòm 106:6   ᵒ **79:9** II Kwo 14:11   ᵖ **79:10** Sòm 42:10   ᵠ **79:11** Sòm 102:20
ʳ **79:12** Jen 4:15   ˢ **79:13** Sòm 74:1   ᵗ **80:1** Egz 25:22   ᵘ **80:3** Nonb 6:25   ᵛ **80:4** Sòm 79:5   ʷ **80:5** Sòm 42:3
ˣ **80:6** Sòm 44:13   ʸ **80:8** Jr 11:17   ᶻ **80:9** Os 14:5   ᵃ **80:10** Jen 49:22   ᵇ **80:11** Sòm 72:8   ᶜ **80:12** Sòm 89:40

¹³ Yon gwo mal kochon sovaj sòti nan
    forè pou manje ladann
e bèt sovaj chan an manje sou li.
¹⁴ O Bondye dèzame yo, vire fè bak
    depi koulye a,
nou sipliye Ou, souple.
ᵃGade soti anwo nan syèl la pou wè,
e okipe pye rezen sila a.
¹⁵ Menm boujon ke men dwat Ou te plante a,
e branch ke Ou te bay fòs pou Ou menm nan.
¹⁶ Li fin brile ak dife.
Li fin koupe atè nèt.
Yo peri ak repwòch devan Ou.
¹⁷ Kite ᵇmen Ou rete sou nonm nan
ki se moun men dwat Ou a,
sou fis a lòm ke ou te fè pwisan pou
    Ou menm nan.
¹⁸ Konsa, nou p ap vire fè bak kite Ou.
Fè nou leve ankò e nou va rele non Ou.
¹⁹ O SENYÈ dezame yo, restore nou.
Fè figi Ou briye sou nou e nou va sove.

*Pou direktè koral la; pou jwe
sou Gitia la. Yon Sòm Asaph*

81 Chante avèk jwa a Bondye ki se fòs nou!
Rele fò ak jwa a ᶜBondye a Jacob la!
² Leve yon chan, bat ᵈtanbouren an,
gita ak son ki dous la ansanm avèk ap la.
³ Sone twonpèt la nan nouvèl lin nan,
sou plèn lin nan, nan jou ᵉfèt nou an.
⁴ Paske se yon règleman Israël,
yon òdonans a Bondye Jacob la.
⁵ Li te etabli li kon yon temwayaj nan Joseph
lè li te ᶠale toupatou nan peyi Égypte la.
Mwen te tande yon lang ke M pa t konnen.
⁶ Mwen te retire fado a sou zepòl li.
Men li yo te vin lib panyen an.
⁷ Ou te ᵍrele nan twoub la e Mwen
te fè ou sekou.
Mwen te reponn Ou nan plas kote
    tonnè a kache a.
Mwen te fè ou pase eprèv nan dlo
    Meriba yo. *Tan*

⁸ Tande, O pèp Mwen an e Mwen va
    korije nou.
O Israël, si ou ʰta koute Mwen!
⁹ Pa kite okenn dye etranje rete pami nou.
Ni nou pa pou adore okenn dye etranje.
¹⁰ ⁱ Mwen menm, SENYÈ a, se Bondye
    nou an,
ki te mennen nou sòti nan peyi Égypte la.
Ouvri bouch nou byen laj e mwen va ranpli li.
¹¹ Men pèp Mwen an ʲpa t koute vwa M.
Ni Israël pa t obeyi Mwen.
¹² Akoz sa, Mwen te ᵏlage yo a kè di yo,
pou mache nan pwòp manèv yo.
¹³ O ke pèp Mwen an ta koute Mwen,
ke Israël ta ˡmache nan vwa Mwen yo!
¹⁴ Mwen ta ᵐsoumèt lènmi yo byen vit
e ta vire men m kont advèsè yo.
¹⁵ ⁿ Sila ki rayi SENYÈ yo ta tresayi
    devan Li menm
e pinisyon yo ta pou tout tan.
¹⁶ Men ou menm, Mwen ta nouri ou avèk
    ᵒpi bon kalite ble a.
Avèk siwo ki sòti nan wòch, Mwen
    ta satisfè ou.

Yon Sòm Asaph

82 Bondye vin kanpe nan mitan pwòp
asanble Li a.
Li fè jijman nan mitan ᵖdye yo.
² Pou konbyen de tan nou va jije san jistis,
e ᵠmontre favè a mechan yo?

³ "Fè defans fèb yo ak ᵒfelen yo.
Fè jistis a aflije ak malere yo.
⁴ ʳ Sove fèb yo ak malere yo.
Delivre fè yo sòti nan men a mechan yo."
⁵ Yo pa konnen ni yo pa konprann.
Yo ˢmache toupatou nan fènwa.
Tout fondasyon tè yo fin souke nèt.
⁶ Mwen ᵗte di: "Se dye ke nou ye,
e nou tout se fis a Pi Wo a.
⁷ Sepandan, ᵘnou va mouri tankou moun,
e tonbe tankou nenpòt nan prens yo."
⁸ Leve, O Bondye, jije tè a!
Paske se Ou ki ᵛposede tout nasyon yo.

Yon Chan. Yon Sòm Asaph

83 O Bondye, ʷpa rete an silans.
Pa fè silans, O Bondye.
Pa rete trankil.
² Paske gade byen, lènmi Ou yo ap fè zen.
Sila ki rayi Ou yo leve tèt yo byen wo.
³ Yo fè plan malen kont pèp Ou a.
Yo fè konplo ansanm kont sila ki se trezò Ou.
⁴ Yo te di: "Vini, ˣannou disparèt yo
    nèt kon nasyon,
pou non Israël la pa sonje ankò menm."
⁵ Paske yo te ʸfè konplo ansanm ak
    yon sèl panse.
Kont Ou menm, yo fè yon akò.
⁶ Tant a Édom avèk Izmayelit yo, Moab
    ak Agarenyen yo,
⁷ Guebal, Ammon, Amalek, Filisten yo
    avèk pèp Tyr yo;
⁸ Anplis, Asiryen yo te vin jwenn
    ansanm avèk yo,

ᵃ **80:14** Sòm 102:19   ᵇ **80:17** Sòm 89:21   ᶜ **81:1** Sòm 84:8   ᵈ **81:2** Egz 15:20   ᵉ **81:3** Lev 23:24   ᶠ **81:5** Egz 11:4
ᵍ **81:7** Egz 2:23   ʰ **81:8** Sòm 95:7   ⁱ **81:10** Egz 20:2   ʲ **81:11** Det 32:15   ᵏ **81:12** Job 8:4   ˡ **81:13** Sòm 128:1
ᵐ **81:14** Sòm 18:47   ⁿ **81:15** Wo 1:30   ᵒ **81:16** Det 32:14   ᵖ **82:1** Egz 21:6   ᵠ **82:2** Det 1:17   ʳ **82:4** Job 29:12
ˢ **82:5** Pwov 2:13   ᵗ **82:6** Sòm 82:1   ᵘ **82:7** Job 21:32   ᵛ **82:8** Sòm 2:8   ʷ **83:1** Sòm 28:1   ˣ **83:4** Est 3:6
ʸ **83:5** Sòm 2:2

yo te prete lamen a ᵃpitit a Lot yo. *Tan*
⁹ Aji avèk yo ᵇtankou Madian,
tankou avèk Sisera ak Jabin nan ravin
　　　Kison an!
¹⁰ Ki te fin detwi nan En-Dor,
ki te ᶜvin tankou fimye sou latè.
¹¹ Fè tout chèf yo tankou Oreb avèk Zeeb
e tout prens yo tankou ᵈZébach avèk
　　　Tsalmunna,
¹² Ki te di: ᵉ"Annou vin posede patiraj
　　　Bondye yo pou kont nou."
¹³ O Bondye mwen, fè yo tankou
　　　pousyè toubiyon!
Tankou pay devan van!
¹⁴ Tankou ᶠdife ki brile forè a, ak flanm ki
limen nan tout mòn nan pou yo brile nèt.
¹⁵ Konsa, kouri dèyè yo ᵍavèk tanpèt Ou
e teworize yo ak gwo siklòn Ou.
¹⁶ ʰ Plen figi yo ak gwo wont,
pou yo kab chache non pa Ou, O SENYÈ.
¹⁷ Kite yo vin ⁱwont e dekouraje jis
　　　pou tout tan.
Wi, kite yo imilye e peri,
¹⁸ pou yo kapab konnen ke se Ou menm sèl
ki pote non "Bondye", ʲPi Wo sou tout tè a.

Pou direktè koral la; sou gitia la.
Yon Sòm a fis a Koré yo.

84 A la abitasyon Ou yo bèl, O SENYÈ
　　　dèzame yo!
² ᵏ Nanm mwen anvi e menm gen gwo
　　　dezi pou lakou SENYÈ a.
Kè m ak chè m chante avèk jwa a
　　　Bondye vivan an.
³ Zwazo a osi te twouve yon kay, e
iwondèl la yon nich pou li menm,
kote li kapab swaye pitit li yo pre lòtel Ou yo,
Oh Wa m ak Bondye m.
⁴ A la ˡbeni sila ki demere nan lakay
　　　Ou yo beni!
Y ap ba Ou lwanj jis pou tout tan.
⁵ A la beni nonm ki ᵐgen fòs li nan Ou,
Nan kè a sila lide fè wout nan gran
　　　chemen vè Sion an ye.
⁶ Lè yo pase nan vale Baca a, yo fè
　　　l fè yon sous;
ⁿ Premye lapli a kouvri li avèk benediksyon.
⁷ Yo sòti nan fòs pou antre nan fòs yo.
Yo chak parèt devan Bondye nan Sion.
⁸ O SENYÈ dèzame yo, tande lapriyè mwen.
Prete zorèy Ou, O ᵒBondye Jacob la! *Tan*
⁹ Gade byen boukliye nou an.
Gade sou vizaj ᵖonksyone Ou a.
¹⁰ Paske ᵍyon sèl jou nan lakou Ou a,
pi bon pase mil jou deyò.

Pito m te geran pòt lakay Bondye mwen an,
pase pou m ta abite nan tant a mechan yo.
¹¹ Paske SENYÈ a, Bondye a, se ʳyon
　　　solèy ak yon boukliye.
SENYÈ a va bay gras avèk glwa.
Li pa refize anyen ki bon a sila ki
　　　mache dwat yo.
¹² O SENYÈ dèzame yo!
A la moun ki mete konfyans li nan Ou a beni!

Pou direktè koral la; Yon Sòm a fis a Koré yo

85 O SENYÈ, Ou te montre favè Ou
　　　a peyi Ou a.
Ou te ˢrestore kaptivite a Jacob la.
² Ou te ᵗpadone inikite a pèp Ou a.
Ou te kouvri tout peche yo.
³ Ou te retire tout gran kòlè Ou.
Ou te ᵘdetounen kòlè Ou ki brile a.
⁴ Restore nou, O Bondye a sali nou an,
e ᵛfè endiyasyon Ou anvè nou, sispann.
⁵ Èske ʷOu va fache avèk nou jis pou tout tan?
Èske Ou va pwolonje kòlè Ou jis a tout
　　　jenerasyon yo?
⁶ Èske se pa Ou menm ki pou fè nou
　　　ˣreprann ankò?
Pou pèp Ou a kapab rejwi nan Ou?
⁷ Montre nou lanmou dous Ou a, O SENYÈ.
ʸ Pèmèt nou resevwa sali Ou a.
⁸ Mwen va tande sa ke Bondye, SENYÈ
　　　a, va di.
Paske La p ᶻpale lapè a pèp Li a, a fidèl Li yo,
men pa kite yo retounen nan foli yo.
⁹ Anverite, sekou Li toupre a sila ki
　　　gen lakrent Li yo,
pou laglwa Li kapab rete nan peyi nou an.
¹⁰ Lanmou dous avèk verite te vin
　　　jwenn ansanm.
ᵃLadwati avèk lapè te vin bo youn lòt.
¹¹ Verite ᵇvòlti je sòti nan latè, e
Ladwati veye depi anwo nan syèl la.
¹² Anverite, SENYÈ a va bay sa ki bon,
e ᶜpeyi nou an va bay rekòlt li.
¹³ Ladwati va mache devan L.
L ap prepare yon gran chemen pou
　　　mak pla pye Li yo.

Yon priyè a David

86 Prete m zòrèy Ou, O SENYÈ e
　　　reponn mwen.
Paske mwen ᵈaflije e malere.
² ᵉ Konsève nanm mwen, paske mwen
　　　se yon nonm fidèl.
Ou menm, Bondye mwen an,
sove sèvitè Ou ki mete konfyans nan Ou a.
³ Montre m gras Ou, O SENYÈ, paske

ᵃ **83:8** Det 2:9　ᵇ **83:9** Jij 7:1-24　ᶜ **83:10** So 1:17　ᵈ **83:11** Jij 8:12-21　ᵉ **83:12** II Kwo 20:11　ᶠ **83:14** És 9:18
ᵍ **83:15** Job 9:17　ʰ **83:16** Job 10:15　ⁱ **83:17** Sòm 35:4　ʲ **83:18** Sòm 9:2　ᵏ **84:2** Sòm 42:1-2　ˡ **84:4** Sòm 65:4
ᵐ **84:5** Sòm 81:1　ⁿ **84:6** Sòm 107:35　ᵒ **84:8** Sòm 81:1　ᵖ **84:9** I Sam 16:6　ᵍ **84:10** Sòm 27:4　ʳ **84:11** És
60:19-20　ˢ **85:1** Egz 1:11　ᵗ **85:2** Nonb 14:19　ᵘ **85:3** Egz 32:12　ᵛ **85:4** Dan 9:16　ʷ **85:5** Sòm 74:1
ˣ **85:6** Sòm 71:20　ʸ **85:7** Sòm 106:4　ᶻ **85:8** Sòm 29:11　ᵃ **85:10** Sòm 72:3　ᵇ **85:11** És 45:8　ᶜ **85:12** Lev 26:4
ᵈ **86:1** Sòm 40:17　ᵉ **86:2** Sòm 25:20

se ᵃa Ou menm mwen kriye tout lajounen.
⁴ Fè nanm a sèvitè Ou a kontan,
paske a Ou menm, SENYÈ, mwen
leve nanm mwen.
⁵ Paske Ou menm, Senyè a,
Ou plen bonte e Ou ᵇprèt pou padone,
ranpli avèk lanmou dous, pou tout sila
ki rele sou non Ou yo.
⁶ ᶜ Prete zòrèy Ou, O SENYÈ, a lapriyè mwen.
Prete atansyon a vwa siplikasyon mwen yo.
⁷ Nan jou twoub mwen an, mwen va rele Ou,
paske ᵈOu va reponn mwen.
⁸ Nanpwen tankou Ou pami dye yo, O Senyè,
ni nanpwen zèv ᵉtankou pa Ou yo.
⁹ ᶠ Tout nasyon ke Ou te fè yo, va vini pou
adore devan Ou, O Senyè,
e yo va bay non Ou glwa.
¹⁰ Paske Ou gran e ᵍfè zèv ki mèvèye.
Se Ou sèl ki Bondye.
¹¹ Montre m chemen Ou an, O SENYÈ.
Mwen va mache nan verite Ou.
ʰFè kè m dispoze pou krent non Ou.
¹² Mwen va ⁱba Ou remèsiman,
O SENYÈ, Bondye mwen an, avèk tout kè m.
Mwen va bay glwa a non Ou jis pou tout tan.
¹³ Paske lanmou dous Ou anvè mwen gran,
e Ou te ʲdelivre nanm mwen soti nan fon
sejou lanmò yo.
¹⁴ O Bondye, mesye awogan yo te ᵏleve
kont mwen,
yon bann mesye vyolan ap chache lavi mwen.
Yo pa mete Ou devan yo.
¹⁵ Men Ou menm, O SENYÈ,
Ou se yon Bondye ki ˡplen ak gras
avèk mizerikòd,
lan nan kòlè e plen avèk lanmou dous
ak verite.
¹⁶ Vire vè mwen e fè m gras.
O ᵐdispoze fòs Ou a sèvitè Ou a,
e fè sekou a fis a sèvant Ou a.
¹⁷ Montre m yon sign bonte Ou,
pou sila ki rayi mwen yo kapab wè
l e vin wont.
Paske Ou menm, O SENYÈ, ⁿte fè m
sekou, e te konsole mwen.

Yon Sòm a fis a Koré yo; Yon Chan

87

⁰ Fondasyon Li nan mòn sen yo.
² SENYÈ a ᵖrenmen pòtay Sion yo
plis pase tout lòt abitasyon a Jacob yo.
³ Yo pale sou gran mèvèy ou,
O ᵠgran vil Bondye. *Tan*
⁴ Mwen va mete ʳRahab avèk Babylone
pami sila ki rekonèt Mwen yo.
Men vwala, Philistie, Tyr, avèk Éthiopie:

"Tèl moun te fèt la".
⁵ Men selon Sion, li va pale,
"Sa a ak sila a fèt ladann."
Pi Wo a, Li menm, va ˢetabli Sion.
⁶ SENYÈ a va konte lè Li ᵗanrejistre
tout pèp yo: "Sa a te fèt la". *Tan*
⁷ Epi sila ki chante ansanm avèk sila ki
jwe flit yo va di:
"Tout ᵘsous lajwa mwen se nan ou".

Yon Chan. Yon Sòm a fis a Koré yo

*Pou direktè Koral la; selon melodi
"Soufrans Afliksyon An".*

Yon refleksyon pa Héman, Ezrachit la

88

O SENYÈ, Bondye sali mwen an,
Mwen te kriye fò lajounen kon
lannwit devan Ou.
² Kite priyè mwen ᵛvini devan Ou.
Panche zòrèy Ou vè kri mwen an!
³ Paske nanm mwen gen kont twoub li.
ʷLavi m vin toupre sejou lanmò a.
⁴ Mwen vin konte pami sila ki ˣdesann
nan fòs yo.
Mwen parèt tankou yon nonm san fòs,
⁵ abandone pami mò yo, tankou sila
ki te touye e kouche nan tonm lan.
Sila a nou pa sonje ankò menm,
ki ʸkoupe retire nan men Ou.
⁶ Ou te mete m nan ᶻfòs pi ba a, nan plas
fènwa yo, nan fon yo.
⁷ Kòlè Ou ᵃvin poze sou mwen.
Ou te aflije m ak tout vag lanmè Ou yo. *Tan*
⁸ Ou te retire tout moun mwen konnen
byen lwen m.
Ou te fè m yon objè abominab devan yo.
Mwen fèmen anndan nèt e mwen pa kab sòti.
⁹ Zye m gen tan pouri akoz afliksyon.
Mwen te rele Ou chak jou, O SENYÈ.
Mwen te lonje men m yo vè Ou menm.
¹⁰ Èske Ou va fè mirak pou mò yo?
Èske ᵇlespri ki fin pati yo va leve pou
bay Ou lwanj? *Tan*
¹¹ Èske lanmò dous Ou a va deklare
nan tonbo a?
Fidelite Ou nan labim nan?
¹² Èske mirak Ou yo va fèt parèt nan
ᶜtenèb la?
Oswa ladwati Ou nan peyi kote tout
bagay bliye yo?
¹³ Men anvè Ou, O SENYÈ, mwen te kriye.
Nan maten, lapriyè mwen vini devan Ou.
¹⁴ O SENYÈ, poukisa Ou rejte nanm mwen?
Poukisa Ou ᵈkache figi Ou kont mwen?

ᵃ **86:3** Sòm 25:5 ᵇ **86:5** Sòm 130:4 ᶜ **86:6** Sòm 55:1 ᵈ **86:7** Sòm 17:6 ᵉ **86:8** Det 3:24 ᶠ **86:9** Sòm 22:27
ᵍ **86:10** Egz 15:11 ʰ **86:11** Jr 32:39 ⁱ **86:12** Sòm 111:1 ʲ **86:13** Sòm 30:3 ᵏ **86:14** Sòm 54:3 ˡ **86:15** Sòm 86:5
ᵐ **86:16** Sòm 68:35 ⁿ **86:17** Sòm 78:69 ᵒ **87:1** Sòm 78:69 ᵖ **87:2** Sòm 78:67-68 ᵠ **87:3** Sòm 46:4
ʳ **87:4** Job 9:13 ˢ **87:5** Sòm 48:8 ᵗ **87:6** Sòm 69:28 ᵘ **87:7** Sòm 36:9 ᵛ **88:2** Sòm 18:6 ʷ **88:3** Sòm 107:18
ˣ **88:4** Sòm 28:1 ʸ **88:5** Sòm 31:22 ᶻ **88:6** Sòm 86:13 ᵃ **88:7** Sòm 32:4 ᵇ **88:10** Sòm 6:5 ᶜ **88:12** Job 10:21
ᵈ **88:14** Job 13:24

¹⁵ Mwen te aflije e ᵃprèt pou mouri depi
   nan jenès mwen.
Pandan mwen soufri gwo laperèz Ou
   yo, mwen distrè nèt.
¹⁶ Kòlè Ou ki brile fin pase sou mwen.
Gwo laperèz Ou yo te ᵇkoupe retire m.
¹⁷ Yo fin antoure mwen tankou dlo
   tout lajounen.
Yo ᶜansèkle m nèt.
¹⁸ Ou te retire renmen mwen ak zanmi
   m nan lwen m nèt,
ak zanmi m yo, nan tenèb.

Yon Refleksyon pa Éthan, Ezrachit la

89 Mwen va chante lanmou dous SENYÈ
   a jis pou tout tan.
Ak bouch mwen, mwen va fè tout jenerasyon
   yo konnen fidelite Ou.
² Paske mwen te di: "Lanmou dous Ou a
va kanpe janm jis pou tout tan.
Ou te etabli syèl yo.
Fidelite Ou rete nan yo.

³ "Mwen, Bondye, te fè yon akò avèk
   ᵈmoun apwente mwen a.
Mwen te sèmante pa David, sèvitè mwen an,
⁴ 'Mwen va etabli ᵉjèm ou nèt
e bati twòn Ou pandan tout jenerasyon
   yo.'" *Tan*
⁵ Syèl yo va louwe mèvèy Ou yo, O SENYÈ,
ansanm ak fidelite Ou nan asanble ᶠsen yo.
⁶ Paske kilès nan syèl la ki konpare
   ak SENYÈ a?
Kilès pami ᵍfis a pwisan yo ki tankou
   SENYÈ a,
⁷ Yon Bondye ki resevwa lakrent anpil
   nan asanble a sen yo,
e ʰmèvèye plis pase tout sila ki antoure Li yo?
⁸ O SENYÈ Bondye dèzame yo, ⁱse kilès ki
tankou Ou, O SENYÈ pwisan an?
Anplis, fidelite Ou antoure Ou.
⁹ Ou domine ògèy lanmè a.
Lè vag li yo vin leve, Ou ʲkalme yo.
¹⁰ Ou menm, Ou te kraze ᵏRahab (Égypte)
tankou yon moun ki fin touye.
Ou te gaye lènmi Ou yo avèk men pwisan Ou.
¹¹ ˡSyèl yo se pou Ou.
Tè a se pa Ou tou.
Lemond ak tout sa ki ladann,
se Ou menm ki te etabli yo.
¹² ᵐNò ak sid, se Ou menm ki te kreye yo.
Thabor avèk Hermon kriye avèk jwa
   a non Ou.
¹³ Ou gen yon men byen fò.

ⁿ Men dwat Ou leve byen wo.
¹⁴ Ladwati avèk jistis se fondasyon
   twòn Ou an.
ᵒLanmou dous avèk verite mache devan Ou.
¹⁵ A la beni, pèp ki konnen son lajwa a beni!
O SENYÈ, yo mache nan ᵖlimyè a vizaj Ou a.
¹⁶ Nan ⁿnon Ou, yo rejwi tout lajounen,
e pa ladwati Ou, yo vin egzalte.
¹⁷ Paske Ou se glwa a ʳfòs yo,
e pa favè Ou, kòn nou vin egzalte.
¹⁸ Paske boukliye nou apatyen a SENYÈ a,
e wa nou an se Sila Ki Sen An Israël la. ˢ

¹⁹ Yon fwa, Ou te pale nan yon vizyon
   a fidèl Ou yo.
Ou te di: "Mwen te bay soutyen a yon
   moun ki pwisan.
Mwen te fè leve yon jenn nom ki te
   chwazi pami pèp la.
²⁰ Mwen te ᵗtwouve David, sèvitè Mwen an.
Avèk lwil sen Mwen an, mwen te onksyone l.
²¹ Avèk li menm, ᵘmen M va vin etabli.
Anplis, bra M va ranfòse li.
²² Lènmi an p ap ᵛtwonpe li.
Ni fis a mechanste a p ap aflije li.
²³ Men Mwen va ʷkraze advèsè li yo devan l,
e frape sila ki rayi li yo.
²⁴ Fidelite Mwen avèk lanmou dous
   Mwen va avèk li.
Nan non Mwen, ˣkòn li va vin egzalte.
²⁵ Mwen va osi mete men li ʸsou lanmè a,
ak men dwat li sou rivyè yo.
²⁶ Li va kriye a Mwen: 'Ou se papa m,
Bondy m ᶻWòch a sali mwen an.
²⁷ Anplis, Mwen va fè li premye ne Mwen,
pi wo pami tout wa latè yo.'
²⁸ Lanmou dous Mwen va kenbe pou
   li jis pou tout tan,
ᵃ e akò Mwen va konfime a li menm.
²⁹ Konsa, Mwen va etabli ᵇdesandan li
   yo jis pou tout tan,
e twòn li tankou jou syèl yo.
³⁰ Si fis li yo ᶜabandone lalwa Mwen an, e
pa mache nan jijman Mwen yo,
³¹ si yo vyole règleman Mwen yo, e
pa kenbe kòmandman Mwen yo,
³² alò Mwen va pini transgresyon yo
   avèk yon ᵈbaton,
e inikite yo avèk kout fwèt.
³³ Men Mwen p ap retire ᵉlanmou dous sou li,
ni aji avèk movèz fwa selon fidelite mwen.
³⁴ Mwen p ap vyole ᶠakò mwen an,
ni fè okenn chanjman nan pawòl ki te
   sòti nan lèv Mwen yo.

ᵃ **88:15** Pwov 24:11   ᵇ **88:16** Lam 3:54   ᶜ **88:17** Sòm 17:11   ᵈ **89:3** I Wa 8:16   ᵉ **89:4** II Sam 7:16
ᶠ **89:5** Job 5:1   ᵍ **89:6** Sòm 29:1   ʰ **89:7** Sòm 96:4   ⁱ **89:8** Sòm 35:10   ʲ **89:9** Sòm 65:7   ᵏ **89:10** Sòm 87:4
ˡ **89:11** Jen 1:1   ᵐ **89:12** Jos 19:22   ⁿ **89:13** Sòm 98:1   ᵒ **89:14** Sòm 85:13   ᵖ **89:15** Sòm 4:6   ᵠ **89:16** Sòm 105:3
ʳ **89:17** Sòm 28:8   ˢ **89:18** I Wa 11:34   ᵗ **89:20** I Sam 13:14   ᵘ **89:21** Sòm 18:35   ᵛ **89:22** Sòm 7:10
ʷ **89:23** II Sam 7:9   ˣ **89:24** Sòm 132:7   ʸ **89:25** Sòm 72:8   ᶻ **89:26** II Sam 22:47   ᵃ **89:28** Sòm 89:3-34
ᵇ **89:29** Sòm 18:50   ᶜ **89:30** II Sam 7:14   ᵈ **89:32** Job 9:34   ᵉ **89:33** II Sam 7:15   ᶠ **89:34** Det 7:9

35 Depi Mwen fin ᵃsèmante selon
   sentete Mwen,
Mwen p ap manti a David.
36 Desandan li yo va dire jis pou tout tan,
e twòn li va ᵇtankou solèy la devan M.
37 Li va etabli jis pou tout tan tankou lalin nan,
ᶜtemwen nan syèl la ki toujou fidèl."

38 Men koulye a Ou vin ᵈrefize ak rejete,
Ou te plen ak kòlè kont onksyone Ou a.
39 Ou te ᵉdesann e rejete akò a sèvitè ou a.
Ou te pwofane kouwòn li an nan pousyè.
40 Ou te ᶠkraze tout miray li yo.
Ou te fè sitadèl li yo kraze nèt.
41 ᵍ Tout moun ki pase akote piyaje li.
Li devni yon objè abominab pami
   vwazen li yo.
42 Ou te egzalte men dwat a advèsè li yo.
Ou te ʰfè lènmi li yo rejwi.
43 Anplis, ou te plwaye lam nepe li a, e
ⁱ fè l pa kanpe pou batay la.
44 Ou te fè ʲmayifisans li vin kraze fini e
te jete twòn li jis atè.
45 Ou te fè jou a jenès li yo ᵏvin kout.
Ou te kouvri li ak gwo wont.
46 Jiskilè, O SENYÈ?
Èske Ou va kache figi Ou jis pou tout tan?
Èske ˡkòlè Ou va brile tankou dife
   pou tout tan?
47 ᵐ Sonje longè lavi mwen genyen
tèlman kout ke li tankou yon foli!
Se Ou ki te kreye tout fis a lòm yo!
48 Ki moun ki kab viv e pa ⁿwè lanmò?
Èske li kab delivre nanm li de pouvwa
sejou lanmò a? *Tan*
49 Kote lanmou dous Ou te kon genyen,
   O SENYÈ?
Sa Ou te ᵒsèmante a David nan fidelite Ou a?
50 Sonje, O Senyè, ᵖrepwòch a sèvitè Ou yo,
jan mwen pote nan lestonmak mwen,
repwòch a tout nasyon pwisant yo,
51 Avèk sila, ᑫlènmi Ou yo te fè repwòch
yo, O SENYÈ.
Se konsa yo te repwoche mak pla pye
onksyone Ou a.

52 ʳ Beni se SENYÈ a pou tout tan!
Amen, e Amen.

LIV 4

Yon priyè Moïse; Moun Bondye a.

90 Senyè, se te kote Ou, lakay nou te ye
pandan tout jenerasyon yo.

2 Avan mòn yo te vin parèt,
oswa Ou te bay nesans a mond lan avèk tè a,
menm ˢpou tout tan e pou tout tan,
   Ou se Bondye.
3 Ou fè lòm retounen nan pousyè a, epi di:
"Retounen, O pitit a lòm yo."
4 Paske mil ane devan zye Ou
se tankou ayè lè l fenk pase, oswa tankou
   yon veye lannwit lan.
5 Ou ᵗbale yo ale pandan y ap dòmi.
6 Nan maten, yo vin tankou yon chan
zèb nèf ki fènk leve.
Vè aswè, chan an febli e fennen nèt ale.
7 Paske nou ᵘfin manje nèt akoz kòlè Ou.
E akoz kòlè Ou, nou boulvèse nèt.
8 Ou te ᵛmete inikite nou yo devan Ou.
Peche ki kache yo vin parèt nan limyè
   prezans Ou.
9 Paske ʷtout jou nou yo pase nan
   gran kòlè Ou.
Ane nou yo ap fini kon souf.
10 Pou jou lavi nou yo, yo gen swasann-dizan,
oswa akoz gwo fòs, katre-ventan.
Men ògèy a jou sa yo se sèlman kòve
   ak tristès.
Paske byen vit li prale, e nou ˣvole ale.
11 Se kilès ki konprann ʸfòs a kòlè Ou a?
Avèk gwo kòlè Ou, selon krent ke
   Ou merite a?
12 Pou sa, montre nou jan pou konte
   jou nou yo,
pou nou kab ᶻofri Ou yon kè ki plen sajès.
13 Lache, O SENYÈ!
Konbyen tan sa va ye?
Pran sa akè pou kòz sèvitè ou yo!
14 O fè nou satisfè nan maten avèk
   lanmou dous Ou a,
pou nou kab chante ak jwa e fè kè kontan
   pandan tout jou nou yo.
15 Fè nou rejwi pou menm kantite jou
ke Ou te aflije nou yo,
tout ᵃane ke nou te wè mal yo.
16 Kite zèv Ou yo vin parèt a sèvitè Ou yo,
ak ᵇmajeste Ou a pitit yo.
17 Kite favè SENYÈ a, Bondye nou
   an, vini sou nou,
epi ᶜkonfime pou nou menm zèv men nou yo.
Wi, konfime zèv men nou yo.

91 Sila ki rete nan abri Pi Wo a va poze nan
   ᵈlonbraj Toupwisan an.
2 Mwen va di a SENYÈ a:
"Se Li ki sitadèl mwen an, ak Bondye
   mwen an.
Se nan Li mwen mete ᵉkonfyans!"

ᵃ **89:35** Sòm 60:6   ᵇ **89:36** Sòm 72:17   ᶜ **89:37** Job 16:19   ᵈ **89:38** Det 32:19   ᵉ **89:39** Sòm 60:6   ᶠ **89:40** Sòm 80:12
ᵍ **89:41** Sòm 80:12   ʰ **89:42** Sòm 80:6   ⁱ **89:43** Sòm 44:10   ʲ **89:44** Éz 28:7   ᵏ **89:45** Sòm 102:23   ˡ **89:46** Sòm 79:5
ᵐ **89:47** Job 7:7   ⁿ **89:48** Sòm 22:29   ᵒ **89:49** II Sam 7:15   ᵖ **89:50** Sòm 69:9   ᑫ **89:51** Sòm 74:10-22
ʳ **89:52** Sòm 41:13   ˢ **90:2** Sòm 93:2   ᵗ **90:5** Job 22:16   ᵘ **90:7** Sòm 39:11   ᵛ **90:8** Sòm 50:21   ʷ **90:9** Sòm 78:33
ˣ **90:10** Job 20:8   ʸ **90:11** Sòm 76:7   ᶻ **90:12** Pwov 2:1-6   ᵃ **90:15** Det 2:14-16   ᵇ **90:16** I Wa 8:11
ᶜ **90:17** Sòm 37:23   ᵈ **91:1** Sòm 17:8   ᵉ **91:2** Sòm 25:2

³ Paske se Li menm ki delivre ou soti
   nan pèlen a chasè a,
ak ªravaj gwo maladi yo.
⁴ Li va ᵇkouvri ou ak plim Li yo.
Anba zèl Li, ou kapab chache pwotèj.
Fidelite Li se yon boukliye ak yon ranpa.
⁵ Ou p ap pè laperèz lannwit, ni ᶜflèch
   k ap vole lajounen,
⁶ ni gwo maladi ki swiv nan fènwa,
ni destriksyon ki devaste a midi.
⁷ Yon milye kapab tonbe bò kote dwat ou,
ak di mil sou men agoch ou,
men ᵈsa p ap pwoche ou.
⁸ Ou va sèlman gade avèk zye ou pou
ᵉ wè rekonpans a mechan yo.
⁹ Paske ou te fè SENYÈ a, vin ᶠsekou ou,
menm Pi Wo a, kote pou ou rete.
¹⁰ ᵍ Nanpwen mal k ap rive ou,
Ni okenn toumant k ap pwoche tant ou.
¹¹ Paske Li va bay ʰzanj Li yo lòd
   konsènan ou menm,
pou veye ou nan tout chemen ou yo.
¹² Yo va ⁱleve ou byen wo nan men yo,
pou ou pa frape pye ou kont wòch.
¹³ Ou va ʲpile sou lyon an ak koulèv la.
Jenn lyon an avèk sèpan an, ou va foule yo nèt.
¹⁴ Paske li te renmen Mwen,
pou sa, Mwen va delivre li.
Mwen va ᵏmete li byen solid an wo,
akoz li te rekonèt non Mwen.
¹⁵ Li va ˡfè apèl non Mwen e Mwen
   va reponn li.
Mwen va avèk Li nan tan twoub la.
Mwen va delivre li e bay li lonè.
¹⁶ Mwen va satisfè li avèk yon lavi ki long,
e kite li wè sali mwen.

Yon Sòm. Yon chan pou jou Saba a

92 Li bon pou bay lwanj a SENYÈ a,
pou chante lwanj a non Ou, O Pi Wo a,
² pou deklare lanmou dous Ou nan maten
avèk ᵐfidelite Ou nan lannwit,
³ avèk ⁿlenstriman a kòd e avèk ap,
avèk mizik ki retanti sou lir.
⁴ Paske Ou menm, O SENYÈ, te fè m
   kontan avèk sa Ou te fè a.
Mwen va chante chan viktwa a akoz
ᵒzèv men Ou yo.
⁵ A la zèv Ou yo gran, O SENYÈ!
Panse Ou yo byen pwofon.
⁶ Yon ᵖnonm ensanse pa gen konesans,
ni yon nonm bèt pa konprann sa:
⁷ Ke lè mechan yo te pouse tankou zèb la,
e tout sa ki fè inikite t ap byen reyisi yo,
se te pou yo ta kapab ᵠdetwi jis pou tout tan.

⁸ Men Ou menm O SENYÈ, Ou ʳan wo
   jis pou tout tan.
⁹ Paske gade byen, lènmi Ou yo, O SENYÈ,
paske gade byen, ˢlènmi Ou yo va peri.
Tout moun ki fè inikite yo va gaye nèt.
¹⁰ Men Ou te fè kòn mwen an leve wo
   tankou bèf mawon.
Mwen te onksyone avèk lwil nèf.
¹¹ Epi zye mwen vin ᵗgade avèk kè kontan
malfektè ki leve kont mwen yo.
¹² Moun dwat la va fleri tankou palmis.
Li va grandi tankou pye sèd nan Liban.
¹³ Plante lakay SENYÈ a, yo va fleri
   tankou palmis.
Yo va fleri nan lakou kay Bondye nou an.
¹⁴ Yo va ᵘbay fwi toujou lè yo vin vye.
Yo va plen ak dlo bwa vèt.
Y ap rete vèt nèt.
¹⁵ Konsa, yo deklare ke SENYÈ a
   toujou dwat.
Li se wòch mwen,
e ᵛnanpwen anyen ki pa dwat nan Li.

93 SENYÈ a renye!
Li abiye an majeste!
SENYÈ a te abiye Li ak fòs.
Anverite, mond lan etabli byen solid.
Li pa ebranle menm.
² Twòn Ou etabli depi tan ansyen an.
Ou la depi nan etènite.
³ Flèv yo te leve, O SENYÈ,
Flèv yo te leve vwa yo, flèv yo te leve
   gwo vag frapan yo.
⁴ Plis pase bri a anpil dlo, pase gwo vag
   lanmè debòde,
SENYÈ anwo a pwisan.
⁵ ʷ Regleman Ou yo kanpe nèt;
Sentete byen bèl lakay Ou a
O SENYÈ, jis pou tout tan.

94 O SENYÈ, Bondye a ˣvanjans lan,
Bondye a vanjans lan, kite limyè vin parèt!
² Vin leve, O ʸJij sou tè a.
Bay rekonpans a moun ògeye yo.
³ Pou konbyen de tan mechan yo, O SENYÈ,
pou konbyen de tan ᶻmechan yo va
   leve tèt yo wo?
⁴ Yo vide pawòl yo, yo pale avèk ògèy.
Tout moun ki fè mechanste yo ªvante tèt yo.
⁵ Yo kraze pèp Ou a, O SENYÈ.
ᵇYo aflije eritaj Ou a.
⁶ Yo ᶜtouye vèv yo avèk etranje a.
Yo asasine ᵈfelen yo.
⁷ ᵈ Yo fin di: "SENYÈ a pa wè, ni Bondye
Jacob la p ap okipe sa a."
⁸ Veye sa a, nou menm ki ᵉensansib
   pami pèp la;

ª **91:3** I Wa 8:37   ᵇ **91:4** És 51:16   ᶜ **91:5** Sòm 64:4   ᵈ **91:7** Jen 7:23   ᵉ **91:8** Sòm 37:34   ᶠ **91:9** Sòm 91:2
ᵍ **91:10** Pwov 12:21   ʰ **91:11** Sòm 34:7   ⁱ **91:12** Mat 4:6   ʲ **91:13** Jij 14:6   ᵏ **91:14** Sòm 59:1   ˡ **91:15** Job 12:4
ᵐ **92:2** Sòm 89:1   ⁿ **92:3** I Sam 10:5   ᵒ **92:4** Sòm 8:6   ᵖ **92:6** Sòm 49:10   ᵠ **92:7** Sòm 37:38   ʳ **92:8** Sòm 83:18
ˢ **92:9** Sòm 37:20   ᵗ **92:11** Sòm 54:7   ᵘ **92:14** Pwov 11:30   ᵛ **92:15** Wo 9:14   ʷ **93:5** Sòm 19:7   ˣ **94:1** Det 32:35
ʸ **94:2** Jen 18:25   ᶻ **94:3** Job 20:5   ª **94:4** Sòm 10:3   ᵇ **94:5** És 3:15   ᶜ **94:6** És 10:2   ᵈ **94:7** Job 22:13
ᵉ **94:8** Sòm 92:6

Kilè n ap konprann, nou menm ki bèt?
⁹ Sila ki ᵃplante zòrèy la, èske Li pa tande?
Sila ke te fòme zye a, èske Li pa wè.
¹⁰ Sila ki fè chatiman nasyon yo,
èske Li p ap fè repwòch?
Sila ki ᵇenstwi lòm; Li konnen!
¹¹ SENYÈ a ᶜkonnen panse a lòm,
ke se sèlman yon souf ke yo ye.
¹² Beni se nonm ke Ou bay chatiman an,
O SENYÈ,
ke Ou ᵈenstwi nan lalwa Ou a,
¹³ pou Ou kapab bay li sekou nan ᵉjou
   advèsite yo,
jiskaske yon fòs fin fouye pou mechan yo.
¹⁴ Paske SENYÈ a p ap abandone pèp Li a,
ni Li p ap ᶠlage pèp eritaj Li a.
¹⁵ Paske ᵍjijman an va devni dwat ankò e
tout pèp ladwati yo va swiv li.
¹⁶ Se kilès ki va ʰkanpe pou mwen kont
   malfektè yo?
Se kilès ki va pran pozisyon li pou mwen
   kont sila ki fè mechanste yo?
¹⁷ Si ⁱSENYÈ a pa t sekou mwen,
nanm mwen ta fin abite nan andwa silans lan.
¹⁸ Si mwen ta di: ʲ"Pye m glise,"
Lanmou dous Ou a, O SENYÈ, va kenbe m.
¹⁹ Lè panse twoub mwen yo vin ogmante
   anndan m,
ᵏ konsolasyon Ou yo fè kè m kontan.
²⁰ Èske yon ˡtwòn mechan kapab fè
   amitye avèk Ou?
Yon moun ki imajine fè mal pa dekrè?
²¹ Yo vin reyini ansanm kont lavi
   moun dwat yo,
e ᵐkondane inosan yo a lanmò.
²² Men SENYÈ a se toujou sitadèl mwen e
Bondye mwen an, ⁿwòch ki pwoteje mwen an.
²³ Li te fè mechanste pa yo retounen sou yo, e
va ᵒkoupe retire yo nèt nan mechanste pa yo.
SENYÈ nou an va koupe retire yo.

95 O vini, annou chante a SENYÈ a!
Annou rele fò avèk jwa a wòch ki
   sove nou an;
² Annou vini devan prezans Li avèk
   remèsiman,
Annou rele fò a Li menm avèk sòm.
³ Paske SENYÈ a se yon ᵖgran Bondye, e
yon gran wa pi wo ke tout dye yo.
⁴ Nan men Sila ᵠpwofondè latè yo ye a.
Pwent mòn yo osi se pou Li.
⁵ Lanmè a se pou Li, paske se te Li
   menm ʳki te fè l.
Ak men L, Li te fòme tè sèch la.
⁶ Vini, annou fè adorasyon, e annou pwostène,

Annou mete ajenou devan SENYÈ
   ˢki te fè nou an.
⁷ Paske se Li menm ki Bondye nou an.
Nou se moun patiraj Li ak mouton men Li yo.
ᵗ Jodi a, si nou ta vle tande vwa L,
⁸ pa fè kè nou vin di tankou nan ᵘMeriba,
tankou nan jou a Massa nan dezè yo,
⁹ "lè papa zansèt nou yo te ᵛpase M a leprèv.
Yo te tante Mwen, malgre yo te deja
   wè zèv Mwen yo.
¹⁰ Pandan ʷkarantan, Mwen te rayi
   jenerasyon sila a e te di:
"Yo se yon pèp ki egare nan kè yo.
Yo pa rekonèt chemen Mwen yo."
¹¹ Akoz sa, Mwen te sèmante nan kòlè Mwen,
"Anverite, yo p ap antre nan ˣrepo Mwen an."

96 Chante a SENYÈ a yon ʸchan tounèf!
Chante a SENYÈ a tout latè a.
² Chante a SENYÈ a!
Beni non Li!
ᶻ Pwoklame bòn nouvèl Sali a Li de
   jou an jou.
³ Pale ᵃglwa Li pami nasyon yo,
zèv mèvèy Li yo pami tout pèp yo.
⁴ Paske gran se SENYÈ a!
Li merite gran lwanj.
Fòk Li resevwa krentif nou ᵇpi wo
   ke tout dye yo.
⁵ Paske tout dye a pèp yo se zidòl,
men SENYÈ a te fè syèl yo.
⁶ ᶜ Tout bèlte ak majeste devan L.
Pwisans ak bèlte rete nan sanktiyè Li a.
⁷ Bay a SENYÈ a, O fanmi a pèp yo,
ᵈ bay a SENYÈ a glwa ak pwisans.
⁸ Bay a SENYÈ a ᵉglwa a non Li.
Pote yon ofrann e antre nan lakou Li yo.
⁹ Adore SENYÈ a nan abiman ki sen.
ᶠ Tranble devan L, tout latè a.
¹⁰ Pale pami nasyon yo, "SENYÈ a renye."
Anverite, mond lan etabli byen solid.
Li p ap ebranle menm.
SENYÈ a va jije pèp yo avèk jistis.
¹¹ Kite ᵍsyèl yo vin kontan e kite latè rejwi.
Kite lanmè a fè gwo bri ansanm ak
   tout sa ki ladann.
¹² Kite chan yo leve fè kè kontan, ak
   tout sa ki ladann yo.
Epi tout ʰbwa nan forè yo va chante ak jwa
¹³ devan SENYÈ a, paske La p vini.
Paske La p vini pou jije latè. ⁱLi va
   jije mond lan
avèk ladwati e pèp yo ak fidelite Li.

97 SENYÈ a renye, kite latè rejwi!
Kite tout ʲlil yo fè kè kontan!

ᵃ **94:9** Egz 4:11   ᵇ **94:10** Job 35:11   ᶜ **94:11** Job 11:11   ᵈ **94:12** Sòm 119:171   ᵉ **94:13** Sòm 49:5
ᶠ **94:14** Sòm 37:28   ᵍ **94:15** Sòm 97:2   ʰ **94:16** Nonb 10:35   ⁱ **94:17** Sòm 124:1-2   ʲ **94:18** Sòm 38:16
ᵏ **94:19** És 57:18   ˡ **94:20** Am 6:3   ᵐ **94:21** Egz 23:7   ⁿ **94:22** Sòm 18:2   ᵒ **94:23** Sòm 7:16   ᵖ **95:3** Sòm 48:1
ᵠ **95:4** Sòm 135:6   ʳ **95:5** Jen 1:9-10   ˢ **95:6** Sòm 100:3   ᵗ **95:7** Eb 3:7-11-15   ᵘ **95:8** Egz 17:2-7   ᵛ **95:9** Nonb 14:22
ʷ **95:10** Trav 7:36   ˣ **95:11** Det 12:9   ʸ **96:1** Sòm 40:3   ᶻ **96:2** Sòm 71:15   ᵃ **96:3** Sòm 145:12   ᵇ **96:4** Sòm 95:3
ᶜ **96:6** Sòm 104:1   ᵈ **96:7** I Kwo 16:28-29   ᵉ **96:8** Sòm 79:9   ᶠ **96:9** Sòm 33:8   ᵍ **96:11** Sòm 69:34   ʰ **96:12** És 44:23   ⁱ **96:13** Rev 19:11   ʲ **97:1** És 42:10-12

² Nwaj ak fènwa pwofon ap antoure Li.
ᵃ Ladwati avèk jistis se fondasyon twòn Li an.
³ Se ᵇdife ki ale devan L pou brile tout
advèsè Li yo toupatou.
⁴ ᶜ Loray Li yo klere tout mond lan.
Latè wè e li tranble.
⁵ Mòn yo ᵈfonn tankou lasi devan
    prezans SENYÈ a,
devan prezans SENYÈ tout latè a.
⁶ ᵉ Syèl yo deklare ladwati Li e tout pèp
    yo te wè glwa Li.
⁷ Kite tout sila ki sèvi limaj taye yo vin wont,
ki vin ògeye sou zafè ᶠzidòl yo.
Adore Li, tout dye yo.
⁸ Sion te tande sa e ᵍte rejwi.
Fi a Sion yo te rejwi akoz jijman Ou,
    O SENYÈ.
⁹ Paske Ou menm se SENYÈ Pi Wo
    a sou tout latè.
Ou leve ʰpi wo anpil pase tout dye yo.
¹⁰ ⁱ Nou menm ki renmen SENYÈ
    a, rayi mal la!
Li pwoteje nanm a fidèl Li yo.
Li delivre yo nan men a mechan yo.
¹¹ Se limyè ki simen kon semans pou
    moun ladwati yo,
ak ʲkè kontan pou sila ak kè ki dwat yo.
¹² Fè kè kontan nan SENYÈ a, nou menm
    ki moun dwat yo e
bay remèsiman a non sen Li an.

Yon Sòm

98 O chante a SENYÈ a yon chan tounèf,
    paske Li te fè anpil bèl mèvèy.
Men dwat Li ak ᵏbra sen Li yo te vin
    genyen viktwa pou Li.
² SENYÈ a te fè sali Li rekonèt.
Li te ˡdevwale ladwati Li pou tout
    nasyon yo wè.
³ Li te sonje lanmou dous Li a avèk fidelite
    Li pou lakay Israël.
⁴ Rele fò ak jwa a SENYÈ a, tout latè!
Eklate ak chanson, wi chante lwanj Li yo!
⁵ Chante lwanj a SENYÈ a avèk ap,
avèk ap ak ᵐvwa melodi a.
⁶ Avèk ⁿtwonpèt ak son a kòn.
Rele fò devan Wa a, SENYÈ a.
⁷ Kite ᵒlanmè a fè gwo bri ak tout sa ki ladann,
Lemonn ak tout sa ki rete ladann yo.
⁸ Kite ᵖlarivyè yo bat men yo.
Kite mòn yo chante ansanm ak jwa
⁹ devan SENYÈ a,
paske l ap vini pou jije latè.
Li va jije lemonn ak ladwati Li
E ᵍpèp yo avèk jistis.

99 SENYÈ a renye! Kite pèp yo pran tranble.
Li ʳplase twòn Li an anwo cheriben yo.
Kite latè pran tranble!
² SENYÈ a gran nan Sion.
Li ˢleve wo anwo tout pèp yo.
³ Kite yo louwe non Ou ki ᵗgran e mèvèye;
Se sen ke Li ye.

⁴ Pwisans a Wa a ᵘrenmen lajistis.
Ou te etabli ekite.
Ou te fè jistis ak ladwati Ou vin rive
    nan Jacob.
⁵ Leve wo SENYÈ, Bondye nou an!
ᵛAdore nan machpye twòn Li an.
Se sen ke Li ye.

⁶ Moïse avèk Aaron te pami prèt Li yo e
Samuel te pami sila ki te rele non Li yo.
Yo te ʷrele non SENYÈ a e Li te reponn yo.
⁷ Li ˣte pale ak yo nan pilye nwaj la.
Yo te kenbe temwayaj Li yo,
avèk règleman ke Li te bay yo.
⁸ O SENYÈ, Bondye nou an, Ou te reponn yo.
Ou te pou yo yon Bondye ki padone,
men Ou te pran ʸvanjans sou zak mechan yo.
⁹ Egzalte SENYÈ, Bondye nou an!
Adore nan mon sen Li an,
paske sen se SENYÈ a, Bondye nou an!

Yon Sòm Remèsiman an

100 ᶻ Rele fò a SENYÈ tout latè a!
² ᵃ Sèvi SENYÈ a avèk kè kontan!
Vini devan Li avèk chan lajwa.
³ Konnen ke SENYÈ a, Li menm, se Bondye.
Se Li menm ki te ᵇfè nou, e se pou Li nou ye.
Nou se pèp Li e mouton patiraj Li.
⁴ Antre nan pòtay Li yo avèk remèsiman,
e nan lakou Li yo avèk lwanj.
Ba Li remèsiman!
Beni non Li!
⁵ Paske Bondye bon.
Lanmou dous li a dire jis pou tout tan,
    ᶜ e fidelite Li a tout jenerasyon yo.

Yon Sòm David

101 Mwen va ᵈchante de lanmou dous
    avèk jistis.
A Ou menm, O SENYÈ, mwen va
    chante lwanj.
² Mwen va prete atansyon a chemen
    san repwòch la.
Kilè Ou va vini kote mwen?
Mwen va mache anndan lakay mwen ak
    ᵉentegrite nan kè m.

ᵃ **97:2** Sòm 89:14   ᵇ **97:3** Mal 4:1   ᶜ **97:4** Egz 19:16   ᵈ **97:5** Sòm 46:6   ᵉ **97:6** Sòm 19:1   ᶠ **97:7** Sòm 106:36
ᵍ **97:8** Sòm 48:11   ʰ **97:9** Sòm 83:18   ⁱ **97:10** Sòm 34:14   ʲ **97:11** Sòm 64:10   ᵏ **98:1** És 52:10   ˡ **98:2** És 62:2
ᵐ **98:5** És 51:3   ⁿ **98:6** Nonb 10:10   ᵒ **98:7** Sòm 96:11   ᵖ **98:8** Sòm 93:3   ᵍ **98:9** Sòm 96:10   ʳ **99:1** Egz 25:22
ˢ **99:2** Sòm 97:9   ᵗ **99:3** Det 28:58   ᵘ **99:4** Sòm 11:7   ᵛ **99:5** Sòm 132:7   ʷ **99:6** Egz 15:25   ˣ **99:7** Egz 33:9
ʸ **99:8** Egz 32:28   ᶻ **100:1** Sòm 95:1   ᵃ **100:2** Det 12:11-12   ᵇ **100:3** Job 10:3-8   ᶜ **100:5** Sòm 119:90
ᵈ **101:1** Sòm 51:14   ᵉ **101:2** I Wa 9:4

³ Mwen p ap mete okenn vye bagay
   devan zye m.
Mwen rayi zèv a sila ki ᵃchite yo.
Sa p ap tache men l sou mwen.
⁴ Yon ᵇkè ki pèvès va oblije kite
   prezans mwen.
Mwen p ap aksepte konnen okenn mal.
⁵ Nenpòt moun ki bay vwazen li kout
   lang an sekrè,
li menm, mwen va detwi.
Nenpòt moun ak ᶜrega awogan oswa ògèy,
   mwen p ap sipòte li.
⁶ Zye m va sou fidèl a peyi a pou yo
   kab rete avè m.
Sila ki mache nan chemen ᵈsan fot
   la, se li menm
ki va sèvitè mwen.
⁷ Sila ki ᵉpratike manti p ap rete lakay mwen.
Sila ki bay manti p ap kenbe pozisyon
   li devan m.
⁸ Chak maten mwen va detwi tout
   mechan nan peyi yo,
Pou m kab ᶠkoupe retire nan vil SENYÈ a,
   tout moun ki fè inikite yo.

102 Koute lapriyè mwen, O SENYÈ!
Epi kite kri sekou mwen ᵍrive
   bò kote Ou.
² Pa kache figi Ou sou mwen nan jou
   gwo twoub mwen an;
Panche zòrèy Ou bò kote m.
Nan jou ke m rele Ou a, ʰreponn mwen vit.
³ Paske jou m yo ⁱte manje nèt nan lafimen,
e zo m te chofe tankou yon chemine.
⁴ Kè m ʲfin frape tankou zèb.
Li fennen nèt.
Anverite, mwen bliye manje pen mwen.
⁵ Akoz gwo bri kri mwen yo,
ᵏzo m yo kole sou chè m.
⁶ Mwen sanble ak yon ˡgrangozye nan dezè.
Mwen tankou yon frize nan gran savann.
⁷ Mwen ᵐkouche zye tou louvri.
Mwen tankou yon zwazo izole sou
   twati kay la.
⁸ Lènmi m yo repwoche m tout lajounen.
Sila ki ⁿmoke m yo sèvi ak non mwen
   kon madichon.
⁹ Paske mwen te manje sann kon pen e
ᵒmele bwason m ak dlo zye m,
¹⁰ akoz endiyasyon avèk kòlè Ou.
Ou te ᵖleve m wo e te jete m lwen.
¹¹ Jou m yo tankou yon ᵠlonbraj ki vin long.
Mwen vin fennen tankou zèb.
¹² Men Ou menm, O SENYÈ, Ou dire
   jis pou tout tan

E ʳnon Ou jis a tout jenerasyon yo.
¹³ Ou va leve pou fè pitye sou Sion,
paske se lè pou ˢfè li gras.
Lè apwente a fin rive l.
¹⁴ Anverite, sèvitè Ou yo twouve plezi
   nan wòch li yo.
Yo plen tristès akoz pousyè li.
¹⁵ Pou sa, ᵗnasyon yo va krent non SENYÈ a,
e tout wa latè yo va krent glwa Ou.
¹⁶ Paske se SENYÈ a ki te ᵘranfòse Sion.
Li te parèt nan glwa Li.
¹⁷ Li te ᵛprete atansyon a lapriyè malere yo,
e pa t meprize priyè yo.
¹⁸ Sa va ekri pou jenerasyon k ap vini an.
Pou ʷyon pèp ki poko kreye kapab bay
   lwanj a SENYÈ a.
¹⁹ Li te gade anba soti nan wotè sen Li an.
ˣSoti nan syèl la, SENYÈ a te veye sou latè,
²⁰ pou tande vwa plenyen a prizonye a,
pou ʸmete an libète sila ki te kondane
   a lanmò yo,
²¹ Pou lezòm ta kab ᶻpale sou non
   SENYÈ a nan Sion,
e bay lwanj Li nan Jérusalem,
²² pandan ᵃpèp yo rasanble ansanm ak
   wayòm yo, pou sèvi SENYÈ a.

²³ Li fin febli fòs mwen nan chemen an.
Li ᵇrakousi nonb de jou mwen yo.
²⁴ Mwen te di: "O Bondye mwen an,
ᶜpa rache m nan mitan jou mwen yo.
Ane pa Ou yo dire pandan tout jenerasyon yo.
²⁵ Depi tan ansyen yo, Ou te ᵈfonde latè,
e syèl yo se zèv lamen Ou yo.
²⁶ Malgre yo ᵉperi, Ou menm va rete toujou.
Wi, tout bagay nan yo va vin epwize
   tankou yon vètman.
Tankou rad, Ou va chanje yo, e yo va chanje.
²⁷ Men Ou menm, se menm jan an Ou ye.
Ane pa Ou yo p ap janm fini.
²⁸ Pitit a sèvitè Ou yo va kontinye,
e desandan pa yo va etabli devan Ou."

Yon Sòm David

103 ᶠBeni SENYÈ a, O nanm mwen!
Tout sa ki nan mwen, beni sen non Li!
² Beni SENYÈ a, O nanm mwen,
e pa janm ᵍbliye benefis Li yo,
³ ki ʰpadone tout inikite ou yo,
ki geri tout maladi ou yo,
⁴ ki rachte lavi ou soti nan fòs la,
ki kouwone ou avèk lanmou dous avèk
   mizerikòd;

ᵃ **101:3** Jos 23:6   ᵇ **101:4** Pwov 11:20   ᶜ **101:5** Sòm 10:4   ᵈ **101:6** Sòm 119:1   ᵉ **101:7** Sòm 43:1
ᶠ **101:8** Sòm 118:10-12   ᵍ **102:1** Egz 2:23   ʰ **102:2** Sòm 69:17   ⁱ **102:3** Sòm 37:20   ʲ **102:4** Sòm 90:5-6
ᵏ **102:5** Job 19:20   ˡ **102:6** És 34:11   ᵐ **102:7** Sòm 77:4   ⁿ **102:8** Trav 26:11   ᵒ **102:9** Sòm 42:3
ᵖ **102:10** Job 27:21   ᵠ **102:11** Job 14:2   ʳ **102:12** Egz 3:15   ˢ **102:13** És 60:10   ᵗ **102:15** I Wa 8:43
ᵘ **102:16** Sòm 142:2   ᵛ **102:17** Né 1:6   ʷ **102:18** Sòm 22:31   ˣ **102:19** Sòm 33:13   ʸ **102:20** Sòm 146:7
ᶻ **102:21** Sòm 22:22   ᵃ **102:22** Sòm 22:27   ᵇ **102:23** Sòm 39:5   ᶜ **102:24** Sòm 39:13   ᵈ **102:25** Jen 1:1
ᵉ **102:26** És 34:4   ᶠ **103:1** Sòm 104:1-35   ᵍ **103:2** Det 6:6   ʰ **103:3** Egz 34:7

⁵ ki satisfè ane ou yo avèk bon bagay,
Pou jenès ou vin ᵃrenouvle tankou èg la.
⁶ SENYÈ a ᵇfè zèv ladwati pou tout
    sila ki oprime yo.
⁷ Li te fè chemen Li yo byen klè a Moïse,
zèv Li yo a fis Israël yo.
⁸ SENYÈ a plen ᶜmizerikòd ak gras,
lan nan kòlè e ranpli avèk lanmou dous.
⁹ Li p ap toujou goumen ak nou,
ni Li p ap ᵈkenbe kòlè Li jis pou tout tan.
¹⁰ Li ᵉpa t aji avèk nou selon peche nou yo,
ni rekonpanse nou selon inikite nou yo.
¹¹ Paske menm jan syèl yo pi wo pase tè a,
menm jan an lanmou dous Li a ye anvè
    sila ki krent Li yo.
¹² Menm jan lès lwen lwès la,
Se konsa li te retire transgresyon nou
    yo lwen nou.
¹³ Menm jan ᶠke yon papa gen konpasyon
    pou pitit li yo,
se konsa ke SENYÈ a gen konpasyon
    pou sila ki krent Li yo.
¹⁴ Paske Li menm, Li konnen jan nou fèt.
Li sonje byen ke nou pa plis ke ᵍpousyè.
¹⁵ Men pou lòm, jou li yo se ʰtankou zèb.
Tankou yon flè nan chan, se konsa li fleri.
¹⁶ Depi ⁱvan fin pase sou li, li pa la ankò e
plas li a pa rekonèt li ankò.
¹⁷ Men ʲlanmou dous a SENYÈ a,
soti pou tout tan jis rive pou tout tan
sou sila ki gen lakrent Li yo
e ladwati Li a pitit pitit li yo,
¹⁸ pou sila ki kenbe akò Li yo,
e sonje règleman Li yo pou fè yo.
¹⁹ SENYÈ a te etabli twòn li nan syèl la
e souverènte li regne sou tout bagay.
²⁰ Beni SENYÈ a, nou menm, zanj Li yo,
pwisan nan fòs, ki akonpli pawòl Li,
ki obeyisan a vwa pawòl Li!
²¹ Beni SENYÈ a, nou tout, lame Li yo,
nou menm ᵏki sèvi Li nan fè volonte Li.
²² Beni SENYÈ a, nou tout, zèv Li yo,
nan tout kote nan wayòm Li an.
Beni SENYÈ a, O nanm mwen!

104

Beni SENYÈ a, O nanm mwen!
O SENYÈ, Bondye mwen an, Ou
    tèlman gran.
Ou ˡabiye avèk bèlte ak majeste.
² Li kouvri Li menm ak limyè kon yon manto.
ᵐKi ouvri syèl la tankou yon rido tant.
³ Li poze gran travès wo chanm nan nan dlo.
Li fè ⁿnwaj yo sèvi kon cha Li.
Li mache sou zèl van an.
⁴ Li fè van yo vin mesaje Li.

Flanm ᵒdife yo se minis Li.
⁵ Li te ᵖetabli tè a sou pwòp fondasyon li,
pou l pa varye pou tout tan ni pou tout tan.
⁶ Ou te ᑫkouvri li avèk fon an tankou
    yon vètman.
Dlo yo te kanpe anwo mòn yo.
⁷ Ak repwòch Ou, yo te sove ale.
Lè vwa Ou te ʳsone, yo te kouri ale.
⁸ Mòn yo te leve, vale yo te vin fon
nan ˢplas ke Ou te kòmande pou yo a.
⁹ Ou te plase yon ᵗlimit pou dlo yo pa
    ta depase,
pou yo pa retounen kouvri tè a.
¹⁰ Li fè ᵘsous yo vin koule nan vale yo.
Yo koule antre mòn yo.
¹¹ Yo bay dlo pou bwè a tout bèt chan yo.
ᵛBourik mawon yo bwè pou satisfè swaf yo.
¹² Akote yo, zwazo syèl yo va ʷpoze kay.
Yo va leve vwa yo pami branch bwa yo.
¹³ Li awoze mòn yo soti nan chanm anwo yo.
ˣLatè satisfè avèk fwi a zèv Li yo.
¹⁴ Li fè ʸzèb grandi pou bèt yo e vèdi
pou zèv a lòm nan,
pou li kab fè manje sòti nan tè a,
¹⁵ e diven ki fè kè a lòm kontan an,
pou li kab fè figi li klere ak lwil,
ak manje ki ᶻbay soutyen a kè lòm nan.
¹⁶ Pyebwa a SENYÈ yo bwè dlo
    jiskaske yo plen,
pye sèd Liban ke Li te plante yo,
¹⁷ kote zwazo yo fè nich yo.
Sigòy ki fè kay li nan pye sipre yo.
¹⁸ Mòn wo yo se pou kabrit mawon yo.
Gwo falèz yo se yon kote pou ᵃdaman
    yo kache.
¹⁹ Li te fè lalin nan ᵇpou sezon yo.
Solèy la konnen plas kote pou l vin kouche a.
²⁰ Ou te chwazi tenèb la e li te devni lannwit,
pou tout ᶜbèt forè yo mache toupatou.
²¹ Jenn lyon yo rele fò dèyè viktim yo,
e ᵈchache manje yo nan men Bondye.
²² Solèy la vin leve.
Yo retire yo pou ale kouche nan ᵉtanyè yo.
²³ Lòm ale fè ᶠtravay li.
Li fè fòs jis lannwit rive.
²⁴ O SENYÈ, a la zèv Ou yo anpil!
Nan sajès, Ou te fè tout bagay.
Latè ranpli ak byen Ou yo.
²⁵ Genyen ᵍlanmè, gran e vast.
Ladann, gen gwo ekip pwason ki pa
    kab menm konte
gwo bèt, kòn ti bèt.
²⁶ Genyen gwo bato k ap pase ladann, ak
levyatan ke Ou te fòme pou fè spò ladann nan.

ᵃ **103:5** És 40:31   ᵇ **103:6** Sòm 99:4   ᶜ **103:8** Egz 34:6   ᵈ **103:9** Jr 3:5-12   ᵉ **103:10** Esd 9:13   ᶠ **103:13** Mal 3:17
ᵍ **103:14** Jen 3:19   ʰ **103:15** Sòm 90:5   ⁱ **103:16** És 40:7   ʲ **103:17** Sòm 25:6   ᵏ **103:21** Sòm 104:4
ˡ **104:1** Sòm 93:1   ᵐ **104:2** És 40:22   ⁿ **104:3** Ez 19:1   ᵒ **104:4** II Wa 2:11   ᵖ **104:5** Job 38:4   ᑫ **104:6** Jen 1:2
ʳ **104:7** Sòm 29:3   ˢ **104:8** Sòm 33:7   ᵗ **104:9** Job 38:10   ᵘ **104:10** Sòm 107:35   ᵛ **104:11** Job 39:5
ʷ **104:12** Mat 8:20   ˣ **104:13** Jr 10:11   ʸ **104:14** Job 38:27   ᶻ **104:15** Jen 18:5   ᵃ **104:18** Lev 11:5   ᵇ **104:19** Jen 1:14
ᶜ **104:20** Sòm 50:10   ᵈ **104:21** Sòm 145:15   ᵉ **104:22** Job 37:8   ᶠ **104:23** Jen 3:19   ᵍ **104:25** Sòm 8:8

²⁷ Yo tout ap tann Ou pou ᵃbay yo
  manje nan lè yo.
²⁸ Ou bay yo, e yo ranmase li.
Ou ᵇouvri men Ou, e yo satisfè ak bonte.
²⁹ Ou kache figi Ou, e yo chagren nèt.
Ou retire ᶜlespri yo; yo mouri e yo retounen
  nan pousyè yo.
³⁰ Ou voye ᵈLespri Ou deyò; yo vin kreye.
Konsa, Ou renouvle fas tè a.
³¹ Kite ᵉglwa SENYÈ a dire jis pou tout tan.
Kite SENYÈ a rejwi nan zèv Li yo.
³² Li gade tè a e tè a vin ᶠtranble.
Li touche mòn yo e yo fè lafimen.
³³ Mwen va chante a SENYÈ a ᵍtoutotan
  ke m ap viv.
Mwen va chante lwanj a Bondye mwen
  an toutotan ke m la.
³⁴ Kite ʰrefleksyon mwen yo fè L plezi.
Pou kont mwen, mwen va kontan nan
  SENYÈ a.
³⁵ Kite pechè yo vin disparèt sou tè a,
E ⁱmechan yo vin pa la ankò.
Beni SENYÈ a, O nanm mwen.
Bay SENYÈ a lwanj!

105 O bay remèsiman a SENYÈ a!
  Rele non Li!
Fè zèv Li yo ʲrekonèt pami pèp yo.
² Chante a Li menm. Chante lwanj a Li.
ᵏPale sou tout mèvèy Li yo.
³ Bay non Li glwa!
Kite ˡkè a sila ki chache SENYÈ yo
  vin kontan.
⁴ Chache SENYÈ a ak fòs Li.
ᵐChache fas Li san rete.
⁵ Sonje mèvèy ke Li te fè yo,
  mirak Li yo avèk ⁿjijman ke bouch
  Li te pale yo.
⁶ O jèm Abraham, sèvitè Li a, O fis Jacob la,
sila ke Li te ᵒchwazi yo!
⁷ Li se SENYÈ a, Bondye nou an.
ᵖJijman Li yo nan tout latè.
⁸ Li te sonje akò Li a jis pou tout tan,
pawòl ke Li te pase lòd bay pandan
  ᑫmil jenerasyon.
⁹ Akò ke Li te fè avèk Abraham nan,
ak ʳsèman ke Li te fè avèk Isaac la.
¹⁰ Li te ˢkonfime li a Jacob kon yon règleman,
a Israël kon yon akò ki la pou tout tan.
¹¹ Konsa Li te di: "A ou menm, Mwen
  va bay peyi
Canaan kon ᵗpòsyon eritaj ou,"
¹² Sa te fèt lè se te sèlman kèk grenn
  moun ke yo te ye,

pa anpil menm, mele ak moun ᵘetranje
  yo ladann l.
¹³ Yo t ap mache toupatou
soti nan yon nasyon pou rive nan yon lòt,
soti nan yon wayòm pou rive kote yon lòt pèp.
¹⁴ Li ᵛpa t kite pèsòn peze yo.
Wi, Li te repwoche wa yo pou koz a yo menm:
¹⁵ ʷ"Pa touche onksyone mwen yo!
Pa fè pwofèt Mwen yo okenn mal!"
¹⁶ Li te ˣrele gwo grangou rive nan peyi a.
Li te kraze sous pen an nèt.
¹⁷ Li te voye yon nonm devan yo, Joseph
  ki te vann kon esklav.
¹⁸ Yo te aflije ʸpye li ak chenn.
Joseph, pou kont li, te kouche nan fè yo,
¹⁹ jiskaske pawòl li te vin acheve.
ᶻPawòl SENYÈ a te fè l kanpe janm.
²⁰ ᵃWa a te voye lage li.
Dirijan a pèp la menm, te bay li libète.
²¹ Li te ᵇfè li mèt lakay li ak chèf sou
  tout byen li yo,
²² pou mete prens li yo nan prizon lè l te pito,
pou l te kab enstwi ansyen sa yo sajès.
²³ Israël osi te rive an Égypte.
Konsa Jacob te ᶜvin demere nan peyi
  Cham nan.
²⁴ SENYÈ a te fè pèp pa Li vin peple anpil.
Li te ᵈfè yo vin pifò ke advèsè yo.
²⁵ Li te ᵉvire kè yo pou yo rayi pèp Li a,
pou yo aji ak gwo mechanste avèk
  sèvitè Li yo.
²⁶ Li te ᶠvoye Moïse, sèvitè Li a,
avèk Aaron ke Li te chwazi.
²⁷ Yo te ᵍfè zèv mèvèy Li yo pami yo,
avèk mirak nan peyi Cham yo.
²⁸ Li te ʰvoye tenèb e te fè l fènwa.
Epi yo pa t fè rebèl kont pawòl Li yo.
²⁹ Li te ⁱfè dlo yo devni san
e te fè pwason yo mouri.
³⁰ Peyi yo te ranvaye avèk ʲkrapo,
menm jis rive nan chanm a wa yo.
³¹ Li te pale e te vin rive yon ᵏepidemi
mouch yo, ak vèmin nan tout teritwa yo.
³² Li te bay yo ˡlagrèl pou lapli,
avèk dife brile nan peyi yo.
³³ Li te frape fè desann tout chan fwi yo e
te kraze fann pyebwa nan teritwa yo.
³⁴ Li te pale e ᵐkrikèt volan yo te vini.
Ak jenn krikèt san kontwòl.
³⁵ Yo te manje tout sa ki te vèt nan peyi yo,
e te manje fwi a teren yo.
³⁶ Anplis, Li te frape touye tout premye
  ne nan peyi yo,

ᵃ **104:27** Job 36:31   ᵇ **104:28** Sòm 145:16   ᶜ **104:29** Jen 3:19   ᵈ **104:30** Job 33:4   ᵉ **104:31** Sòm 86:12
ᶠ **104:32** Hab 3:10   ᵍ **104:33** Sòm 63:4   ʰ **104:34** Sòm 19:4   ⁱ **104:35** Sòm 37:10   ʲ **105:1** Sòm 145:12
ᵏ **105:2** Sòm 77:12   ˡ **105:3** Sòm 33:21   ᵐ **105:4** Sòm 27:8   ⁿ **105:5** Sòm 119:13   ᵒ **105:6** I Kwo 16:13
ᵖ **105:7** És 26:9   ᑫ **105:8** Det 7:9   ʳ **105:9** Jen 26:3   ˢ **105:10** Jen 28:13-15   ᵗ **105:11** Jos 23:4   ᵘ **105:12** Jen 23:4
ᵛ **105:14** Jen 20:7   ʷ **105:18** Jen 26:11   ˣ **105:18** Jen 39:20   ʸ **105:18** Jen 39:20   ᶻ **105:19** Jen 40:20
ᵃ **105:20** Jen 41:14   ᵇ **105:21** Jen 41:40-44   ᶜ **105:23** Trav 13:7   ᵈ **105:24** Egz 1:7-9   ᵉ **105:25** Egz 1:8
ᶠ **105:26** Egz 3:10   ᵍ **105:27** Sòm 78:43-51   ʰ **105:28** Egz 10:21-22   ⁱ **105:29** Egz 7:20-21   ʲ **105:30** Egz 8:6
ᵏ **105:31** Egz 8:16-21   ˡ **105:32** Egz 9:23-25   ᵐ **105:34** Egz 10:12-15

ᵃpremye fwi a fòs yo.
³⁷ Li te fè yo sòti ak ᵇajan ak lò.
Pami pèp Li yo, pa t gen yon grenn ki te tonbe.
³⁸ Égypte te ᶜkontan lè yo te sòti,
paske laperèz yo te fin tonbe sou yo.
³⁹ Li te louvri yon ᵈnwaj kon kouvèti,
avèk dife ki pou klere nan nwit la.
⁴⁰ Yo te mande e li te pote zòtolan pou
te satisfè yo avèk ᵉpen syèl la.
⁴¹ Li te ouvri wòch la e ᶠdlo te sòti ladann.
Li te koule kote sèch yo tankou yon rivyè.
⁴² Li te ᵍsonje pawòl sen Li yo avèk
Abraham, sèvitè Li a.
⁴³ Konsa, Li te mennen fè sòti pèp
Li a avèk jwa,
sila ke Li te chwazi avèk ʰgwo kri ak
kè kontan yo.
⁴⁴ Li te ⁱbay yo, anplis, peyi a nasyon yo,
Pou yo ta pran posesyon a zèv a pèp yo,
⁴⁵ pou yo te kab ʲkenbe règleman Li yo,
e swiv lwa Li yo.
Louwe SENYÈ a!

106 Louwe SENYÈ la!
O bay remèsiman a SENYÈ a,
paske Li bon,
paske ᵏlanmou dous Li an se pou tout tan.
² Se kilès ki kab pale sou zèv pwisan
a SENYÈ yo,
Oswa fè vin parèt tout lwanj Li yo?
³ A la beni sila ki ˡkenbe jistis yo beni.
Beni se sila ki pratike ladwati nan tout tan yo!
⁴ Sonje mwen, O SENYÈ, nan ᵐfavè
Ou anvè pèp Ou a.
Vizite mwen avèk sali Ou,
⁵ pou m kab wè sila ke Ou te chwazi
yo ⁿbyen reyisi;
pou m kab rejwi nan kè kontan a
nasyon Ou an,
pou m ka bay glwa de eritaj Ou.

⁶ Nou te peche menm jan ᵒak papa
zansèt nou yo.
Nou te fè inikite; nou te aji mal.
⁷ Papa zansèt nou yo an Égypte pa t
konprann mèvèy Ou yo.
Yo pa t sonje lamou dous Ou,
men yo te ᵖfè rebèl bò lanmè a, nan
Lanmè Wouj la.
⁸ Sepandan, Li te sove yo pou koz non Li,
pou L te kab ᵠfè pwisans Li rekonèt.
⁹ Konsa, Li te repwoche Lanmè Wouj,
e li te vin sèch,
Li te ʳmennen yo pase nan fon yo,

menm jan yo te pase nan dezè a.
¹⁰ Konsa, Li te ˢsove yo depi nan men a
sila ki te rayi yo,
e te rachte yo soti nan men a lènmi an.
¹¹ ᵗDlo yo te kouvri advèsè yo.
Nanpwen nan yo ki te rete.
¹² Nan lè sa a, yo te kwè nan pawòl Li yo.
Yo te chante lwanj Li.

¹³ Men byen vit, yo te ᵘbliye zèv Li yo.
Yo pa t tann konsèy Li,
¹⁴ men yo te vin gen ᵛgwo anvi nan
savann nan,
e te pase Bondye a leprèv nan dezè a.
¹⁵ Pou sa, Li te ʷba yo sa yo te mande a,
men te voye yon maladi epwizan pami yo.
¹⁶ Yo te vin ˣjalou a Moïse nan kan an,
ak Aaron, fidèl sen a SENYÈ a.
¹⁷ Akòz sa a,ʸtè la te louvri vale Dathan,
epi te anglouti tout konpanyen Abiram yo.
¹⁸ Konsa, yon gwo ᶻdife te vin monte nan
mitan konpanyen yo.
Flanm nan te manje mechan yo.
¹⁹ Yo te ᵃfè yon jèn bèf nan Horeb.
Yo te adore yon imaj fonn.
²⁰ Yo te ᵇfè echanj glwa yo pou imaj a
yon bèf ki manje zèb.
²¹ Yo te ᶜbliye Bondye, sovè yo a,
ki te fè gwo bagay an Égypte yo,
²² ᵈmèvèy nan peyi Cham yo, ak bagay
mèvèy bò Lanmè Wouj la.
²³ Akoz sa, Li te di Li ta detwi yo,
men se te ᵉMoïse ki te kanpe nan brèch
la devan Li,
pou detounen kòlè Li pou l pa t detwi yo.
²⁴ Alò, yo te meprize bèl peyi a.
Yo ᶠpa t kwè nan pawòl Li,
²⁵ men te ᵍplenyen nan tant yo.
Yo pa t koute vwa SENYÈ a.
²⁶ Akoz sa, Li te ʰsèmante a yo ke Li
ta jete yo nan dezè a,
²⁷ ke Li ta voye desandan yo pami nasyon yo,
e ⁱgaye yo nan peyi yo.
²⁸ Yo te vin ʲjwenn yo menm, anplis,
ak Baal-Peor,
pou manje sakrifis ki te ofri a mò yo.
²⁹ Konsa, yo te ᵏpwovoke Li a lakòlè
ak zèv yo.
E yon epidemi te kase vin parèt nan mitan yo.
³⁰ Epi Phinées ˡte kanpe pou te entèsede,
epi epidemi an te vin sispann.
³¹ Sa a te ᵐkonte a li menm kon ladwati,
pou tout jenerasyon yo jis pou tout tan.

ᵃ **105:36** Jen 49:3   ᵇ **105:37** Egz 12:35-36   ᶜ **105:38** Egz 12:33   ᵈ **105:39** Egz 13:21   ᵉ **105:40** Egz 16:15
ᶠ **105:41** Egz 17:6   ᵍ **105:42** Jen 15:13-14   ʰ **105:43** Egz 15:1   ⁱ **105:44** Jos 11:16-23   ʲ **105:45** Det 4:1-40
ᵏ **106:1** I Kwo 16:34-41   ˡ **106:3** Sòm 15:2   ᵐ **106:4** Sòm 44:3   ⁿ **106:5** Sòm 1:3   ᵒ **106:6** II Kwo 30:7
ᵖ **106:7** Egz 14:11-12   ᵠ **106:8** Egz 9:16   ʳ **106:9** És 63:11-13   ˢ **106:10** Egz 14:30   ᵗ **106:11** Egz 14:27-28
ᵘ **106:13** Egz 15:24   ᵛ **106:14** Nonb 11:4   ʷ **106:15** Nonb 11:31   ˣ **106:16** Nonb 16:1-3   ʸ **106:17** Nonb 16:32
ᶻ **106:18** Nonb 16:35   ᵃ **106:19** Egz 32:4   ᵇ **106:20** Jr 2:11   ᶜ **106:21** Sòm 78:11   ᵈ **106:22** Sòm 105:27
ᵉ **106:23** Egz 32:11-14   ᶠ **106:24** Det 1:32   ᵍ **106:25** Nonb 14:2   ʰ **106:26** Nonb 14:28-35   ⁱ **106:27** Lev 26:33
ʲ **106:28** Nonb 25:3   ᵏ **106:29** Nonb 25:4   ˡ **106:30** Nonb 25:7   ᵐ **106:31** Jen 15:6

³² Anplis, yo te ᵃpwovoke Li a lakòlè
   bò dlo Meriba yo,
Jiskaske sa te sòti byen mal pou Moïse
   sou kont yo.
³³ Akoz yo te ᵇfè rebèl kont Lespri Li a,
Li te pale san reflechi avèk lèv li.
³⁴ Yo pa t detwi lòt pèp yo, jan ᶜSENYÈ
   a te kòmande yo a,
³⁵ men ᵈyo te fè melanj ak nasyon yo.
Yo te aprann abitid yo.
³⁶ Yo te sèvi zidòl yo, ᵉki te devni yon
   pèlen pou yo.
³⁷ Se te menm pwòp fi ak fis yo ke yo ᶠofri
   kon sakrifis a dyab yo.
³⁸ Yo te vèse san inosan, san a pwop
   ᵍfis ak fi yo,
ke yo te bay kon sakrifis a zidòl Canaan yo.
Peyi a te kontamine nèt ak san.
³⁹ Konsa, yo te vin ʰpa pwòp nan abitid yo,
e te jwe pwostitiye nan zèv yo.
⁴⁰ Akoz sa, kòlè SENYÈ a te limen
   kont pèp Li a.
Li te vin rayi eritaj Li a.
⁴¹ Konsa, ⁱLi te bay yo nan men a nasyon yo,
pou sila ki te rayi yo vin renye sou yo.
⁴² Lènmi yo, anplis, te oprime yo,
e yo te oblije soumèt anba pouvwa yo.
⁴³ Anpil fwa, Li te delivre yo.
Malgre, yo menm te plen rebelyon
   nan konsèy yo,
e te plonje desann nan inikite yo.
⁴⁴ Sepandan, Li te gade twoub yo lè Li
   te ʲtande kri yo.
⁴⁵ Li te fè menm ᵏsonje akò Li pou koz yo menm,
e te vin ralanti selon grandè lanmou dous Li a.
⁴⁶ Anplis, Li te fè yo ˡresevwa mizerikòd Li,
menm nan men a tout nasyon ki te fè
   yo prizonye yo.

⁴⁷ ᵐSove nou, O SENYÈ, Bondye nou an.
Ranmase nou pami nasyon yo,
pou bay remèsiman a non sen Ou an,
avèk viktwa ki sòti nan lwanj Ou yo.

⁴⁸ ⁿBeni se SENYÈ a, Bondye Israël la,
pou tout tan jis pou tout tan.
Kite tout pèp la di: "Amen."
Louwe SENYÈ a!

LIV 5

107
O bay remèsiman a Bondye,
   paske ᵒLi Bon,
paske lanmou dous Li dire jis pou tout tan.

² Kite ᵖrachte a SENYÈ yo pale: "Se sa!"
Sila ke Li fin rachte soti nan men advèsè a,
³ e te ᵠranmase soti nan peyi yo,
soti nan lès e soti nan lwès,
soti nan nò e soti nan sid.

⁴ Yo te ʳmache egare nan dezè yo.
Yo pa t jwenn yon vil pou yo ta rete.
⁵ Yo te grangou ak swaf.
ˢNanm yo te fennen anndan yo.
⁶ Yo te ᵗkriye fò a SENYÈ a nan gran
   twoub yo,
Konsa, Li te delivre yo sòti nan twoub yo.
⁷ Anplis, Li te mennen yo pa yon
   chemen dwat,
pou rive nan yon vil ki deja etabli ak
   moun ladann.
⁸ ᵘKite yo bay remèsiman a SENYÈ a
   pou lanmou dous Li a,
pou mèvèy Li yo anvè fis a lòm yo!
⁹ Paske Li te satisfè nanm swaf la, e
ᵛnanm grangou a, Li te ranpli li ak sa ki bon.

¹⁰ Te gen sila ki te viv nan tenèb yo ak
   nan lonbraj lanmò yo,
ʷPrizonye yo nan mizè ak chenn yo,
¹¹ akoz yo te fè rebèl kont pawòl Bondye a,
e te meprize ˣkonsèy a Pi Wo a.
¹² Akoz sa, Li te imilye kè yo ak travay fòse.
Yo te chape tonbe e ʸpa t gen moun ki
   pou bay yo sekou.
¹³ Epi nan gwo pwoblèm yo, yo te ᶻrele
   fò a SENYÈ a.
Li te delivre yo sòti nan gwo twoub yo.
¹⁴ Li te ᵃmennen yo sòti nan tenèb la,
nan lonbraj lanmò a, e te kase chire kòd li yo.
¹⁵ ᵇKite yo bay remèsiman a SENYÈ a pou
Lanmou dous Li a ak pou mèvèy Li yo
   anvè fis a lòm yo!
¹⁶ Paske Li te ᶜkraze pòtay an bwonz yo,
e te koupe ba fè yo.

¹⁷ Yo te vin fou nèt nan rebelyon yo
e ᵈakoz inikite yo, yo te aflije.
¹⁸ Nanm yo te rayi tout kalite manje
e yo te rive toupre ᵉpòtay lanmò yo.
¹⁹ Konsa yo te kriye fò a SENYÈ a
   nan gran mizè yo,
e Li te sove yo sòti nan gwo pwoblèm yo.
²⁰ Li te voye pawòl Li pou te geri yo,
pou te ᶠdelivre yo sòti nan destriksyon yo.

ᵃ **106:32** Nonb 20:2-13   ᵇ **106:33** Nonb 20:3-10   ᶜ **106:34** Det 7:2-16   ᵈ **106:35** Jij 3:5-6   ᵉ **106:36** Det 7:16
ᶠ **106:37** Det 12:31   ᵍ **106:38** Det 18:10   ʰ **106:39** Lev 18:24   ⁱ **106:41** Jij 4:3   ʲ **106:44** Jij 3:9
ᵏ **106:45** Lev 26:42   ˡ **106:46** I Wa 8:50   ᵐ **106:47** I Kwo 16:35-36   ⁿ **106:48** Sòm 41:13   ᵒ **107:1** II Kwo 5:13
ᵖ **107:2** És 35:9-10   ᵠ **107:3** Det 30:20   ʳ **107:4** Nonb 14:33   ˢ **107:5** Sòm 77:3   ᵗ **107:6** Sòm 50:15
ᵘ **107:8** Sòm 107:15-31   ᵛ **107:9** Sòm 146:7   ʷ **107:10** Job 36:8   ˣ **107:11** Sòm 73:24   ʸ **107:12** Sòm 22:11
ᶻ **107:13** Sòm 107:6   ᵃ **107:14** Sòm 86:13   ᵇ **107:15** Sòm 107:8-31   ᶜ **107:16** És 45:1-2   ᵈ **107:17** És 65:6-7
ᵉ **107:18** Job 38:17   ᶠ **107:20** Job 33:28-30

²¹ Kite yo bay remèsiman pou Lanmou
    dous Li a,
ak mèvèy Li yo anvè fis a lòm yo!

²² Anplis, kite yo ofri ᵃsakrifis a
    remèsiman yo
e pale sou afè zèv Li yo ak chan lajwa.
²³ Sila ki ᵇdesann bò kote lanmè nan bato yo,
ki fè komès sou gwo dlo yo,
²⁴ yo te konn wè zèv SENYÈ yo,
avèk mèvèy Li yo nan gran fon an.
²⁵ Paske Li te pale e fè leve yon gwo
    van tanpèt,
ki te ᶜfè leve gwo vag lanmè yo.
²⁶ Yo te leve jis rive nan syèl yo e te desann
    jis rive nan fon yo.
Nanm yo te ᵈfann avèk mizè.
²⁷ Yo te gaye, bite tankou moun sou.
Yo te fin about nèt.
²⁸ Yo te kriye a Bondye nan mizè yo,
e Li te mennen yo sòti nan twoub yo.
²⁹ Li ᵉte fè tanpèt la vin kalm,
jiskaske vag lanmè yo te vin kalm.
³⁰ Konsa, yo te kontan akoz yo te kalme,
e Li te gide yo pou rive nan pò ke yo te pito a.
³¹ Kite yo bay remèsiman a SENYÈ a
    pou lanmou dous Li a,
pou mèvèy Li yo anvè fis a lòm yo!

³² Kite yo ᶠleve L wo, anplis, nan
    asanble a pèp la,
e beni Li nan asanble ansyen yo.

³³ Li ᵍchanje rivyè yo vin tounen dezè,
e sous dlo yo an tè deseche.
³⁴ Yon tè fètil vin tounen savann tè sale,
akoz mechanste a sila ki rete ladann yo.
³⁵ Li ʰchanje dezè a vin tounen gwo sous dlo,
e tè deseche a an sous k ap koule.
³⁶ Epi la, li fè moun grangou yo vin rete,
pou yo vin etabli ⁱyon vil ki plen moun,
³⁷ pou yo ka plante chan yo,
ʲplante chan rezen yo,
e ranmase yon gwo rekòlt.
³⁸ Anplis, Li beni yo!
Yo ᵏmiltipliye anpil,
e li pa kite bèt chan pa yo bese.
³⁹ Lè yo ˡvin febli, koube nèt,
akoz opresyon avèk mizè ak tristès,
⁴⁰ Li ᵐvide wont sou prens yo e
fè yo vin mache egare nan yon savann
    ki san chemen.
⁴¹ Men Li ⁿfè malere a chita wo ansekirite,
byen lwen tout afliksyon,
e fè fanmi li yo byen pwoteje kon yon twoupo.

⁴² Moun ᵒdwat yo wè l e yo kontan.
Men tout mechan yo fèmen bouch yo.
⁴³ Se kilès ki ᵖsaj? Kite li bay atansyon a bagay
sa yo e konsidere lanmou dous SENYÈ a.

Yon chan. Yon Sòm David

108

¹ ᵠKè m fèm, O Bondye; mwen va chante.
Mwen va chante lwanj ou, menm
    avèk tout nanm mwen.
² Fè leve ap avèk lir!
Mwen va fè leve solèy la!
³ Mwen va bay remèsiman a Ou menm,
O SENYÈ, pami pèp yo.
Mwen va chante lwanj a Ou pami nasyon yo.
⁴ Paske lanmou dous Ou a gran ʳpase syèl yo,
e verite Ou rive jis nan syèl yo.
⁵ ˢLeve wo, O Bondye, anwo syèl yo ak
    glwa Ou anwo tout tè a.
⁶ ᵗPou sila ke Ou tèlman renmen an,
    kapab delivre.
Sove avèk men dwat Ou e reponn mwen!
⁷ Bondye te pale nan sentete Li a:
"Mwen va leve wo,
Mwen va divize Sichem, e mezire tout
    vale Succoth la.
⁸ Galaad se pou Mwen. Manassé se pa M.
Ephraïm se kas sou tèt Mwen.
ᵘJuda se baton wayal Mwen.
⁹ Moab se basen lesiv Mwen.
Sou Edom, Mwen va jete soulye M.
Sou Philistie, Mwen va rele byen fò."
¹⁰ Se ᵛkilès ki va mennen M antre nan
    vil fòtifye a?
Kilès ki va mennen M Edom?
¹¹ Se pa ke Ou, Ou menm, O Bondye,
te ʷrejte nou an?
Èske Ou p ap sòti avèk lame nou yo,
    O Bondye?
¹² O bannou sekou kont advèsè a,
paske delivrans a lòm se anven.
¹³ Avèk Bondye, nou va fè zèv vanyan.
ˣSe Li menm ki va foule advèsè nou
    yo anba pye L.

Pou direktè koral la; Yon Sòm David

109

¹ O Bondye lwanj mwen an, ʸpa
    rete an silans!
² Paske yo te ouvri bouch ᶻdesepsyon ak
    mechanste a kont mwen.
Yo te pale kont mwen avèk yon lang
    k ap manti.
³ Anplis, yo te antoure mwen avèk pawòl
    ki plen rayisman
E yo te goumen kont mwen ᵃsan koz.

ᵃ **107:22** Lev 7:12   ᵇ **107:23** És 42:10   ᶜ **107:25** Sòm 93:3,4   ᵈ **107:26** Sòm 22:14   ᵉ **107:29** Sòm 65:7
ᶠ **107:32** Sòm 34:3   ᵍ **107:33** I Wa 17:1-7   ʰ **107:35** Sòm 105:41   ⁱ **107:36** Sòm 107:4-7   ʲ **107:37** II Wa 19:29   ᵏ **107:38** Jen 12:2   ˡ **107:39** II Wa 10:32   ᵐ **107:40** Job 12:21   ⁿ **107:41** I Sam 2:8   ᵒ **107:42** Job 22:19
ᵖ **107:43** Sòm 64:9   ᵠ **108:1** Sòm 57:7-11   ʳ **108:4** Sòm 113:4   ˢ **108:5** Sòm 57:5   ᵗ **108:6** Sòm 60:5-12
ᵘ **108:8** Jen 49:10   ᵛ **108:10** Sòm 60:9   ʷ **108:11** Sòm 44:9   ˣ **108:13** És 60:12   ʸ **109:1** Sòm 28:1
ᶻ **109:2** Sòm 10:7   ᵃ **109:3** Sòm 35:7

⁴ An echanj pou lanmou m, yo te aji
  kon akizatè mwen;
men mwen toujou ap priye.
⁵ Konsa, yo te rekonpanse mwen mal pou
  byen ak ᵃrayisman pou lanmou m.
⁶ Plase yon nonm mechan sou li e kite
yon akizatè kanpe sou men dwat Li.
⁷ Lè l fin jije, kite li sòti koupab
e kite ᵇlapriyè li devni peche.
⁸ Kite jou li yo vin mwens.
Kite ᶜyon lòt moun pran pozisyon li.
⁹ Kite pitit li yo rete san papa,
e kite ᵈmadanm li vin vèv.
¹⁰ Kite pitit li yo mache egare, e
  mande nan lari.
Kite yo chache yo nan kay kraze a
  kote yo rete.
¹¹ Kite moun li dwe, sezi tout sa li posede
e etranje yo piyaje tout sa li pwodwi.
¹² Kite l rive ke nanpwen moun ki pou
  ofri li lanmou dous,
Ni okenn moun ki pou fè gras a òfelen li yo.
¹³ Kite desandan li yo koupe retire nèt.
Nan jenerasyon ki swiv yo, kite ᵉnon yo
efase nèt.
¹⁴ Kite ᶠinikite a papa zansèt li yo vin
  sonje devan SENYÈ a,
E pa kite peche a manman l yo vin efase.
¹⁵ Kite yo devan SENYÈ a tout tan pou L
ᵍkoupe retire memwa yo sou latè,
¹⁶ akoz li pa t sonje montre lanmou dous,
men te pèsekite e te aflije malere a,
ak sila ki dekouraje nan kè l la,
pou l mete yo a lanmò.
¹⁷ Anplis, li te renmen bay madichon.
Konsa, ʰmadichon an te retounen sou li.
Li pa t renmen beni.
Konsa, sa te rete lwen l.
¹⁸ Men li te abiye li menm ak madichon
  tankou vètman,
e sa te ⁱfonse nan kò l tankou dlo, tankou
  lwil, sa rive nan zo li.
¹⁹ Kite sa rive li tankou yon ʲvètman k ap
  sèvi pou kouvri kò l,
paske sentiwon sa a ap toujou mare l.
²⁰ Kite SENYÈ a bay sa kon rekonpans
  akizatè mwen yo,
ak sila ki ᵏpale mal kont nanm mwen yo.

²¹ Men Ou menm, O Bondye, SENYÈ a,
aji dousman avè m ˡpou koz a non Ou.
Akoz lanmou dous Ou a bon, delivre m,
²² paske mwen aflije e malere.
Kè m blese anndan m.

²³ Mwen ap pase tankou yon lonbraj
  ki vin long.
Mwen souke retire tankou ᵐkrikèt volan.
²⁴ Jenou m vin fèb nan fè ⁿjèn
e chè m vin mèg, san grès.
²⁵ Mwen menm, anplis, te vin yon
  repwòch a yo menm.
Lè yo wè m, yo ᵒsouke tèt yo.
²⁶ ᵖFè m sekou, O SENYÈ, Bondye mwen an.
Sove mwen selon lanmou dous Ou a.
²⁷ Konsa, ya konnen ke sa te fèt pa men Ou,
ke se Ou menm, SENYÈ a, ki te fè l.
²⁸ Kite yo menm bay madichon sou mwen,
men pou Ou menm, bay benediksyon.
Lè yo leve, yo va wont, men ᑫsèvitè Ou
  a va fè kè kontan.
²⁹ Kite ʳakizatè mwen yo vin abiye ak dezonè.
Kite yo kouvri yo menm ak pwòp wont
yo tankou se avèk yon manto.
³⁰ Avèk bouch mwen, mwen va bay
anpil remèsiman a SENYÈ a.
Nan mitan gwo foul la, ˢmwen va louwe Li.
³¹ Paske Li kanpe kote men dwat malere a
pou sove li de men a sila ki ᵗjije nanm li yo.

Yon Sòm David

110 ᵘSENYÈ a di a Senyè mwen an: "Chita
  bò kote men dwat Mwen
Jiskaske Mwen fè ènmi Ou yo vin yon
  machpye pou Ou."
² SENYÈ a va lonje ᵛbaton wayal Ou
  a soti nan Sion e di:
"Se pou ou renye nan mitan ènmi Ou yo".
³ Pèp Ou a va sèvi ak bòn volonte nan
  jou pouvwa Ou yo.
Yo parèt an sentete, soti nan zantray maten an;
ak jennes Ou, tankou ʷlawouzaj gran
  maten an.
⁴ SENYÈ a fin sèmante. Li ˣp ap
  chanje panse L:
"Ou se yon prèt jis pou tout tan selon
  lòd Melchisédek."
⁵ SENYÈ a sou men dwat ou.
Li va ʸkraze wa yo nan jou kòlè Li a.
⁶ Li va ᶻjije pami nasyon yo.
Li fè gwo pil kadav yo,
Li va brize tèt a chèf tout latè a.
⁷ Li va ᵃbwè nan flèv pandan L an wout;
konsa, Li va leve tèt Li wo.

111 Louwe SENYÈ a!
Mwen va bay lwanj a SENYÈ a
  ak tout kè m,
ᵇAnsanm ak moun ladwati yo ak
  nan asanble a.
² ᶜGran se zèv a SENYÈ yo!

ᵃ **109:5** Jn 7:7 ᵇ **109:7** Pwov 28:9 ᶜ **109:8** Trav 1:20 ᵈ **109:9** Jr 18:21 ᵉ **109:13** Sòm 9:5 ᶠ **109:14** Egz 20:5
ᵍ **109:15** Job 18:17 ʰ **109:17** Pwov 14:14 ⁱ **109:18** Nonb 5:22 ʲ **109:19** Sòm 73:6 ᵏ **109:20** Sòm 41:5
ˡ **109:21** Sòm 23:3 ᵐ **109:23** Egz 10:19 ⁿ **109:24** Sòm 35:13 ᵒ **109:25** Sòm 22:7 ᵖ **109:26** Sòm 119:86
ᑫ **109:28** És 65:14 ʳ **109:29** Job 8:22 ˢ **109:30** Sòm 22:22 ᵗ **109:31** Sòm 37:33 ᵘ **110:1** Mat 22:44
ᵛ **110:2** Sòm 45:6 ʷ **110:3** II Sam 17:12 ˣ **110:4** Nonb 23:19 ʸ **110:5** Sòm 68:14 ᶻ **110:6** És 2:4
ᵃ **110:7** Jij 7:5-6 ᵇ **111:1** Sòm 89:7 ᶜ **111:2** Sòm 92:5

Yo etidye pa tout moun ki pran plezi nan yo.
³ Ranpli ak bèlte avèk majeste se zèv Li yo.
Ladwati Li dire jis pou tout tan.
⁴ Li te fè mèvèy Li yo pou nou sonje nèt.
SENYÈ a ᵃranpli ak gras avèk mizerikòd.
⁵ Li te ᵇbay manje a sila ki gen lakrent Li yo.
Li va sonje akò Li a jis pou tout tan.
⁶ Li te fè pèp Li wè pouvwa a a zèv Li yo,
lè L te bay yo nasyon yo kòn eritaj.
⁷ Zèv men Li yo se ᶜverite avèk jistis.
Tout prensip Li yo vrè.
⁸ Yo va ᵈandire jis pou tout tan.
Yo fèt nan verite avèk ladwati.
⁹ Li te voye ᵉdelivrans a pèp Li a.
Li te òdone akò Li a jis pou tout tan.
Sen e mèvèye, se non Li.
¹⁰ ᶠLakrent SENYÈ a se kòmansman sa jès.
Tout sila ki fè kòmandman Li yo gen
    bon konprann.
Lwanj Li dire jis pou tout tan!

112 Louwe SENYÈ a!
A la beni nonm ᵍki krent SENYÈ a beni!
Sila ki pran gwo plezi nan kòmandman Li yo.
² Desandan li yo va pwisan sou latè.
Jenerasyon ladwati a va beni.
³ Anpil byen ak gwo richès rete lakay li.
Ladwati li dire pou tout tan.
⁴ Limyè vin leve nan tenèb ʰpou moun
    ladwati a;
Li plen gras ak mizerikòd, ak jistis.
⁵ L ale byen pou nonm nan ki ⁱgen
    mizerikòd e ki prete;
Li va prezève koz li a nan jijman an.
⁶ Paske li p ap janm ebranle.
Moun ʲdwat la va sonje jis pou tout tan.
⁷ Li p ap krent move nouvèl.
Kè Li fèm ᵏak konfyans nan SENYÈ a.
⁸ ˡKè li kanpe janm.
Li pa pè anyen, jiskaske denyè moman an lè
li gade ak kè kontan advèsè li yo.
⁹ Li ᵐte bay ak jenewozite a pòv yo.
Ladwati li dire jis pou tout tan.
Kòn li va egzalte nan lonè.
¹⁰ Mechan an va wè l e l ap vekse nèt.
Li va ⁿmanje dan l e vin fonn pou l disparèt.
Dezi a mechan an va peri.

113 Louwe SENYÈ a!
Louwe, O ᵒsèvitè a SENYÈ yo,
Louwe non SENYÈ a.
² ᵖBeni se non SENYÈ a,
soti nan tan sa a e jis pou tout tan.
³ ᑫDepi solèy leve jiskaske li kouche,
non SENYÈ a dwe louwe.

⁴ SENYÈ a ʳwo, anwo tout nasyon yo!
Glwa Li pi wo syèl yo!
⁵ Se ˢkilès ki tankou SENYÈ a, Bondye
    nou an,
Ki sou twòn Li anwo a,
⁶ ki ᵗabese tèt Li pou gade tout bagay
ki nan syèl yo ak sou latè yo?
⁷ Li ᵘfè malere a leve sòti nan pousyè a
e leve endijan an sòti nan pil sann nan,
⁸ pou fè yo ᵛchita avèk prens yo.
Menm avèk prens a pèp Li yo.
⁹ Li ʷfè fanm steril la vin rete nan kay
kon yon manman pitit ak kè kontan.
Louwe SENYÈ a!

114 Lè Israël te sòti ˣan Égypte,
lakay Jacob soti de yon pèp lang etranje,
² Juda te vin sanktiyè Li a,
Israël, ʸwayòm Li.
³ Lanmè a te gade e te sove ale.
ᶻJourdain an te vire fè bak.
⁴ Mòn yo te ᵃsote tankou belye,
kolin yo tankou ti mouton.
⁵ ᵇSa k pase ou menm, O lanmè, ke ou
    te sove ale konsa?
O Jourdain an, ke Ou te vire fè bak konsa?
⁶ O mòn yo, ke ou sote tankou belye konsa?
O kolin yo, tankou ti mouton konsa?
⁷ ᶜPran tranble, O latè, devan SENYÈ a,
Devan Bondye a Jacob la,
⁸ Ki te fè wòch la devni yon ma dlo,
ᵈwòch silèks la yon sous k ap koule.

115 Pa pou nou, O SENYÈ, pa pou nou,
men ᵉpou Non Ou glwa bay,
akoz lanmou dous Ou, akoz verite Ou.
² Poukisa nasyon yo ta di:
ᶠ"Kote Bondye yo a ye koulye a?"
³ Men ᵍBondye nou an nan syèl yo.
Li fè sa Li pito.
⁴ Zidòl yo se ajan ak lò, ʰzèv men a lòm.
⁵ Yo gen bouch, men yo ⁱpa kab pale.
Yo gen zye, men yo pa kab wè.
⁶ Yo gen zòrèy, men yo pa kab tande.
Yo gen nen, men yo pa kab santi anyen.
⁷ Yo gen men, men yo pa kab manyen.
Yo gen pye, men yo pa kab mache.
Nanpwen okenn bri ki sòti nan gòj yo.
⁸ ʲSila ki mete konfyans nan yo va tankou yo.
Wi, tankou tout moun ki fè yo konfyans yo.
⁹ O Israël, mete konfyans ou nan SENYÈ a!
Se Li menm ki ᵏsekou ak boukliye yo.
¹⁰ O lakay ˡAaron, mete konfyans ou
    nan SENYÈ a;
Se Li menm ki sekou ak boukliye yo.

ᵃ **111:4** Sòm 86:5-17   ᵇ **111:5** Mat 6:31-33   ᶜ **111:7** Rev 13:3   ᵈ **111:8** Sòm 119:160   ᵉ **111:9** Luc 1:69
ᶠ **111:10** Job 28:28   ᵍ **112:1** Sòm 128:1   ʰ **112:4** Job 11:17   ⁱ **112:5** Sòm 37:21   ʲ **112:6** Sòm 15:5   ᵏ **112:7** Sòm 56:4
ˡ **112:8** Eb 13:9   ᵐ **112:9** II Kor 9:9   ⁿ **112:10** Sòm 35:16   ᵒ **113:1** Sòm 34:22   ᵖ **113:2** Sòm 145:21
ᑫ **113:3** Sòm 50:1   ʳ **113:4** Sòm 8:1   ˢ **113:5** Egz 15:11   ᵗ **113:6** Sòm 11:4   ᵘ **113:7** I Sam 2:6   ᵛ **113:8** Job 36:7
ʷ **113:9** I Sam 2:5   ˣ **114:1** Egz 19:6   ʸ **114:2** Egz 19:6   ᶻ **114:3** Jos 3:13-16   ᵃ **114:4** Egz 19:18   ᵇ **114:5** Hab 3:8
ᶜ **114:7** Sòm 96:9   ᵈ **114:8** Det 8:15   ᵉ **115:1** Sòm 29:2   ᶠ **115:2** Sòm 42:3-10   ᵍ **115:3** Sòm 103:19
ʰ **115:4** Det 4:28   ⁱ **115:5** Jr 10:5   ʲ **115:8** Sòm 135:18   ᵏ **115:9** Sòm 33:20   ˡ **115:10** Sòm 118:3

¹¹ Nou menm ki ᵃgen lakrent SENYÈ a,
mete konfyans nou nan SENYÈ a.
Se Li menm ki sekou yo ak boukliye yo.
¹² SENYÈ a ᵇte toujou sonje nou.
Li va beni nou.
Li va beni lakay Israël la.
Li va beni lakay Aaron an.
¹³ Li va beni sila ki krent SENYÈ yo,
ᶜpiti kon gran.
¹⁴ Ke SENYÈ a kab ᵈfè nou grandi plis,
nou menm ak pitit nou yo.
¹⁵ Ke nou ta vin beni pa SENYÈ a,
ᵉKreyatè syèl la ak tè a.
¹⁶ Syèl yo se ᶠSyèl SENYÈ a,
Men latè, Li te bay li a fis a lòm yo.
¹⁷ ᵍMò yo pa louwe SENYÈ a,
ni sila ki desann antre nan silans yo.
¹⁸ Men nou va beni SENYÈ a,
soti nan moman sa a e rive jis pou tout tan.
Louwe SENYÈ la!

116 Mwen renmen SENYÈ a, paske
Li tande vwa m,
avèk siplikasyon mwen yo.
² Akoz Li te ʰpanche zòrèy Li bò kote m,
pou sa, mwen va rele non Li pandan
tout tan ke m viv.
³ Kòd lanmò yo te antoure m,
e laperèz fòs lanmò te vini sou mwen.
Mwen te jwenn twoub ak gwo tristès.
⁴ Alò, mwen te rele non SENYÈ a.
O SENYÈ, mwen sipliye Ou, ⁱsove
lavi mwen!
⁵ Ranpli ak gras ak ladwati, se SENYÈ a.
Wi, Bondye nou an plen ak ʲmizerikòd.
⁶ SENYÈ a toujou pwoteje ᵏmoun senp yo.
Mwen te abese mwen nèt e Li te sove mwen.
⁷ Reprann ˡrepo ou, O nanm mwen, paske
Bondye te aji nan bonte Li avèk ou.
⁸ Paske Ou te ᵐdelivre nanm mwen
devan lanmò,
zye m pou m pa kriye, pye m pou m
pa glise tonbe.
⁹ Mwen va mache devan SENYÈ a nan
ⁿpeyi moun vivan an.
¹⁰ Mwen ᵒte kwè, pou sa mwen te di:
"Mwen te vrèman aflije."
¹¹ Mwen te di nan mitan gwo twoub mwen yo:
ᵖ"Tout moun se mantè".
¹² Kisa mwen kapab ᵠbay a SENYÈ a
Pou tout bonte Li anvè mwen?
¹³ Mwen va leve wo ʳkoup sali a,
e rele non SENYÈ a.
¹⁴ Mwen va ˢpeye tout ve mwen yo
anvè SENYÈ a.

Wi, nan prezans tout pèp Li a!
¹⁵ ᵗByen chè nan zye SENYÈ a, se lanmò
a fidèl Li yo.
¹⁶ O SENYÈ, anverite, mwen se sèvitè Ou.
Mwen se sèvitè Ou, fis a sèvant Ou an.
Ou fin ᵘlache kòd mwen yo.
¹⁷ A Ou menm, mwen va ofri yon
ᵛsakrifis remèsiman,
e va rele sou non SENYÈ a.
¹⁸ Mwen va ʷpeye ve mwen yo a SENYÈ a.
Wi, kite l fèt nan prezans a tout pèp Li a!
¹⁹ Nan ˣlakou lakay SENYÈ a, nan
mitan nou menm,
O Jérusalem, Louwe SENYÈ a!

117 ʸLouwe SENYÈ a, tout nasyon yo!
Selebre Li, tout pèp yo!
² Paske lanmou dous Li a gran anvè nou,
Verite SENYÈ a dire jis pou tout tan.
Beni SENYÈ a!

118 Bay remèsiman a SENYÈ a,
paske Li bon.
Lanmou dous Li a dire jis pou tout tan.
² O kite ᶻIsraël di: "Lanmou dous Li
a se pou tout tan".
³ O kite ᵃlakay Aaron di: "Lanmou dous
Li a se pou Tout tan."
⁴ O kite sila ᵇki krent SENYÈ yo di:
"Lanmou dous Li a se pou tout tan."
⁵ Depi nan ᶜgran pwoblèm mwen yo,
mwen te rele SENYÈ a;
SENYÈ a te reponn mwen e te mete m
yon kote byen laj.
⁶ SENYÈ a pou mwen; mwen pa pè.
ᵈKisa lòm kab fè m?
⁷ SENYÈ a pou mwen pami sila ki
ede mwen yo;
Akoz sa, mwen va gade ak kè kontan
sila ki rayi mwen yo.
⁸ Li ᵉpi bon pou kache nan SENYÈ a,
pase pou mete konfyans nan lòm.
⁹ Li ᶠpi bon pou kache nan SENYÈ a,
pase pou mete konfyans nan prens yo.
¹⁰ Tout nasyon yo ᵍte antoure mwen.
Nan non SENYÈ a, mwen te anverite,
koupe retire yo nèt.
¹¹ Yo te antoure mwen, wi, yo te
antoure mwen.
Nan non SENYÈ a, mwen va anverite,
koupe retire yo nèt.
¹² Yo te antoure mwen ʰtankou myèl.
Yo te efase nèt tankou dife nan bwa pikan.
Nan non SENYÈ a, mwen va anverite,
koupe retire yo nèt.

ᵃ **115:11** Sòm 22:23   ᵇ **115:12** Sòm 98:3   ᶜ **115:13** Rev 11:18   ᵈ **115:14** Det 1:11   ᵉ **115:15** Jen 1:1
ᶠ **115:16** Sòm 89:11   ᵍ **115:17** Sòm 6:5   ʰ **116:2** Sòm 17:6   ⁱ **116:4** Sòm 17:13   ʲ **116:5** Egz 34:6
ᵏ **116:6** Sòm 19:7   ˡ **116:7** Jr 6:16   ᵐ **116:8** Sòm 49:15   ⁿ **116:9** Sòm 27:13   ᵒ **116:10** II Kor 4:13
ᵖ **116:11** Sòm 62:9   ᵠ **116:12** II Kwo 32:25   ʳ **116:13** Sòm 16:5   ˢ **116:14** Sòm 50:14   ᵗ **116:15** Sòm 72:14
ᵘ **116:16** Sòm 107:14   ᵛ **116:17** Lev 7:12   ʷ **116:18** Sòm 116:14   ˣ **116:19** Sòm 92:13   ʸ **117:1** Wo 15:11
ᶻ **118:2** Sòm 115:9   ᵃ **118:3** Sòm 115:10   ᵇ **118:4** Sòm 115:11   ᶜ **118:5** Sòm 18:6   ᵈ **118:6** Sòm 56:4-11
ᵉ **118:8** II Kwo 32:7-8   ᶠ **118:9** Sòm 146:3   ᵍ **118:10** Sòm 3:6   ʰ **118:12** Det 1:44

¹³ Ou te pouse mwen ak vyolans jiskaske
   mwen t ap tonbe,
Men SENYÈ a te ᵃfè m sekou.
¹⁴ SENYÈ a se fòs mwen ak chanson mwen.
Li te vin sali mwen.
¹⁵ Son lajwa eklate ak delivrans nan tant
   a moun ki dwat yo.
Men ᵇdwat a SENYÈ a se vanyan!
¹⁶ Men dwat a SENYÈ a leve wo!
Men ᶜdwat a SENYÈ a se vanyan!
¹⁷ Mwen p ap mouri, men m ap viv,
e mwen va ᵈpale sou zèv a SENYÈ yo.
¹⁸ SENYÈ a te ᵉkorije m ak severite,
men Li pa t lage mwen a lanmò.
¹⁹ ᶠOuvri pòtay ladwati yo pou mwen.
Mwen va antre nan yo.
Mwen va bay remèsiman a SENYÈ a.
²⁰ Sa se pòtay SENYÈ a.
ᵍMoun ladwati yo va antre ladann.
²¹ Mwen va bay Ou remèsiman,
paske Ou te ʰreponn mwen,
e Ou te vin sali mwen.
²² ⁱWòch ke sila ki t ap bati yo te refize a,
gen tan vini wòch ang prensipal la.
²³ Sa fèt pa SENYÈ a.
Li se yon mèvèy nan zye nou.
²⁴ Sa se jou ke SENYÈ a te fè.
Annou ʲrejwi nou e fè kè kontan ladann.
²⁵ O SENYÈ, sove nou koulye a, nou
   sipliye Ou!
O SENYÈ, nou sipliye Ou, voye ᵏabondans!
²⁶ ˡBeni se sila ki vini nan non SENYÈ a!
Nou te beni Ou depi lakay SENYÈ a.
²⁷ SENYÈ a se Bondye, e Li te bannou
   ᵐlimyè.
Mare sakrifis la ak kòd sou kòn lotèl yo.
²⁸ Ou se Bondye mwen e mwen va bay
   Ou remèsiman;
Ou se Bondye mwen e mwen va leve Ou wo.
²⁹ Bay remèsiman a SENYÈ a, paske Li bon!
Paske lanmou dous Li a dire jis pou tout tan.

ALÈPH.

119 A la beni se sila ak chemen ki ⁿsan fot yo,
ki mache nan lalwa SENYÈ a.
² A la beni se sila ki kenbe temwayaj Li yo,
Ki chache Li ᵒak tout kè yo.
³ Ki ᵖpa fè okenn inikite. Yo mache
   nan chemen Li yo.
⁴ Ou te ᑫòdone règleman Ou yo, pou nou
   ta kenbe yo ak dilijans.
⁵ O ke chemen mwen yo kapab vin etabli
pou kenbe règleman Ou yo!
⁶ Konsa, mwen p ap vin desi lè m gade
kòmandman Ou yo.

⁷ Mwen va bay Ou remèsiman avèk
   yon kè ki dwat,
lè mwen aprann jijman dwat Ou yo.
⁸ Mwen va kenbe règleman Ou yo.
Pa abandone m nèt!

BETH

⁹ Kijan yon jennonm kapab kenbe wout
   li yo san fot?
ʳNan kenbe li selon pawòl Ou.
¹⁰ Ak ˢtout kè mwen, mwen te chache Ou.
Pa kite mwen vin egare e kite lòd Ou yo.
¹¹ Pawòl Ou yo, mwen te kenbe yo nan kè m,
pou m pa t peche kont Ou.
¹² Beni se Ou menm SENYÈ a.
Enstwi mwen nan règleman Ou yo.
¹³ Avèk lèv mwen, mwen te pale selon
tout òdonans bouch Ou yo.
¹⁴ Mwen te rejwi nan chemen temwayaj
   Ou yo,
konsi se nan tout richès yo.
¹⁵ Mwen va reflechi sou règleman Ou yo,
e okipe chemen Ou yo.
¹⁶ Mwen va ᵗrejwi nan lòd Ou yo.
Mwen p ap bliye pawòl Ou.

GIMEL

¹⁷ A ji ak gras avèk sèvitè Ou a,
pou m kab viv e kenbe pawòl Ou.
¹⁸ Ouvri zye m pou m kab wè bèl bagay
   nan lalwa Ou yo.
¹⁹ Mwen se yon ᵘetranje sou latè.
Pa kache kòmandman Ou yo de mwen.
²⁰ Nanm mwen kraze ak anvi pou òdonans
   Ou yo tout tan.
²¹ Ou repwoche ògeye yo, moun
   madichonnen ᵛyo,
k ap egare kite kòmandman Ou yo.
²² Retire repwòch ak mepri a sou mwen,
paske mwen obsève temwayaj Ou yo.
²³ Malgre prens yo vin chita pou pale
   kont mwen,
Sèvitè Ou va reflechi tout tan sou
   règleman Ou yo.
²⁴ Anplis, temwayaj Ou yo se plezi mwen
   ak konseye mwen yo.

DALETH

²⁵ Nanm mwen kole rèd nan pousyè a.
Fè m leve selon pawòl Ou.
²⁶ Mwen te pale sou chemen mwen yo,
e Ou te reponn mwen.
ʷEnstwi mwen nan règleman Ou yo.
²⁷ Fè m konprann chemen òdonans Ou yo,
pou m kab reflechi tout tan sou mèvèy Ou yo.

ᵃ **118:13** Sòm 86:17   ᵇ **118:15** Egz 15:6   ᶜ **118:16** Egz 15:6   ᵈ **118:17** Sòm 73:28   ᵉ **118:18** Sòm 73:14
ᶠ **118:19** És 26:2   ᵍ **118:20** Sòm 15:1-2   ʰ **118:21** Sòm 116:1   ⁱ **118:22** Mat 21:42   ʲ **118:24** Sòm 31:7
ᵏ **118:25** Sòm 122:6-7   ˡ **118:26** Mat 21:9   ᵐ **118:27** Est 8:16   ⁿ **119:1** Sòm 128:1   ᵒ **119:2** Det 6:5   ᵖ **119:3** I Jn 3:9   ᑫ **119:4** Det 4:13   ʳ **119:9** I Wa 2:4   ˢ **119:10** II Kwo 15:15   ᵗ **119:16** Sòm 1:2   ᵘ **119:19** Jen 47:9
ᵛ **119:21** Det 27:26   ʷ **119:26** Sòm 25:4

²⁸ ªNanm mwen ap kriye akoz doulè.
Ban m fòs selon pawòl Ou a.
²⁹ Retire sou mwen fo chemen an e
ban mwen gras nan lalwa Ou a.
³⁰ Mwen te chwazi chemen fidèl Ou a.
Mwen te mete òdonans Ou yo devan m.
³¹ Mwen ᵇkole rèd de temwayaj Ou yo.
O SENYÈ, pa fè m desi.
³² Mwen va kouri nan vwa kòmandman Ou yo,
paske Ou va fè kè m vin grandi.

HE

³³ Enstwi mwen, O SENYÈ, nan chemen
règleman Ou yo
e mwen va obsève li jiska lafen.
³⁴ Ban mwen bon konprann, pou m kab
obsève lalwa Ou.
Konsa, mwen va kenbe li ak tout kè m.
³⁵ Fè m mache nan pa kòmandman Ou yo,
paske sa fè kè m kontan.
³⁶ Enkline kè m a temwayaj Ou yo,
e pa nan ranmase richès malonèt.
³⁷ Vire zye m pou yo pa gade vanite e
fè m reprann mwen nan chemen Ou yo.
³⁸ ᶜEtabli pawòl Ou a Sèvitè Ou a,
kon sila ki gen lakrent Ou.
³⁹ Detounen lwen m repwòch Ou ke mwen
krent anpil, paske òdonans Ou yo bon.
⁴⁰ Gade byen, mwen gen anpil anvi pou
òdonans Ou yo!
Fè m remonte nan ladwati Ou.

VAV

⁴¹ Anplis, ke lanmou dous Ou a kapab
rive kote mwen,
O SENYÈ, sali Ou a selon pawòl Ou.
⁴² Pou m kab genyen yon repons pou sila
ki repwoche m nan,
paske mwen mete konfyans mwen
nan pawòl Ou.
⁴³ Pa retire pawòl verite a pou l ta kite
bouch mwen nèt,
Paske se òdonans Ou yo ke m ap tann.
⁴⁴ Konsa, mwen va kenbe lalwa Ou
tout tan nèt,
pou tout tan e pou tout tan.
⁴⁵ Epi mwen va ᵈmache nan libète,
paske se òdonans Ou ke m chache.
⁴⁶ Anplis, mwen va pale sou temwayaj Ou
ᵉdevan wa yo, e mwen p ap desi.
⁴⁷ Mwen va pran plezi nan kòmandman Ou yo,
ke mwen tèlman renmen.
⁴⁸ Mwen va lonje men m vè kòmandman
Ou yo
ke m tèlman renmen.
Mwen va reflechi tout tan sou règleman
Ou yo.

ZAYIN

⁴⁹ Sonje pawòl a sèvitè Ou a.
Se nan li Ou te fè m gen espwa a.
⁵⁰ Se sa ki ban m rekonfò nan mizè mwen an,
paske se pawòl Ou ki fè m rekouvri fòs.
⁵¹ Moun awogan yo meprize m nèt,
men mwen pa ᶠvire kite lalwa Ou.
⁵² Mwen te sonje òdonans Ou yo depi nan
tan ansyen, O SENYÈ,
e yo rekonfòte mwen.
⁵³ Chalè endiyasyon gen tan pran m
akoz mechan yo,
ki ᵍabandone lalwa Ou.
⁵⁴ Règleman Ou yo se chanson mwen
nan kay kote m ʰdemere.
⁵⁵ O SENYÈ, Mwen sonje non Ou
nan lannwit e
mwen kenbe lalwa Ou.
⁵⁶ Se sa ki chemen m,
mwen kenbe tout òdonans Ou yo.

HETH

⁵⁷ Se SENYÈ a ki pòsyon mwen.
Mwen te fè pwomès pou ⁱkenbe pawòl Ou yo.
⁵⁸ Mwen te ʲchache favè Ou ak tout kè m.
Fè m gras selon pawòl Ou.
⁵⁹ Mwen te ᵏkonsidere chemen mwen yo,
e te vire pye m vè temwayaj Ou yo.
⁶⁰ Mwen te fè vit e mwen pa t fè reta
pou obeyi kòmandman Ou yo.
⁶¹ ˡKòd a mechan yo te antoure m,
men mwen pa t bliye lalwa Ou.
⁶² A minwi, mwen va leve bay Ou remèsiman,
akoz òdonans dwat Ou yo.
⁶³ Mwen se zanmi parèy a tout sila ki
gen lakrent Ou yo ak sila ki swiv
règleman Ou yo.
⁶⁴ Latè ranpli ak lanmou dous Ou a,
O SENYÈ.
Enstwi m règleman Ou yo.

TETH

⁶⁵ Ou te aji ak sèvitè Ou a, O SENYÈ,
selon pawòl Ou.
⁶⁶ Enstwi mwen pou m ᵐsèvi bon jijman
ak konesans,
Paske mwen kwè nan kòmandman Ou yo.
⁶⁷ Avan mwen te aflije, mwen te mache
nan wout egare,
men koulye a, mwen swiv pawòl Ou.
⁶⁸ Ou bon e Ou ⁿfè sa ki bon.
Enstwi mwen nan règleman Ou yo.
⁶⁹ Awogan yo te fòje yon manti kont mwen.
Avèk tout kè m, mwen va obsève tout
òdonans Ou yo.

ª **119:28** Sòm 22:14 ᵇ **119:31** Det 11:22 ᶜ **119:38** II Sam 7:25 ᵈ **119:45** Pwov 4:12 ᵉ **119:46** Mat 10:18
ᶠ **119:51** Job 23:11 ᵍ **119:53** Sòm 89:30 ʰ **119:54** Jen 47:9 ⁱ **119:57** Det 33:9 ʲ **119:58** I Wa 13:6
ᵏ **119:59** Mc 14:72 ˡ **119:61** Job 36:8 ᵐ **119:66** Phm 1:9 ⁿ **119:68** Det 8:16

⁷⁰ Kè yo rèd, ᵃkouvri ak grès, men mwen
    pran plezi nan lalwa Ou.
⁷¹ Li bon pou mwen ke m te aflije,
pou m te kab aprann règleman Ou yo.
⁷² Lalwa bouch Ou pi bon pou mwen,
pase pyès lò ak ajan pa milye.

YODH

⁷³ Men Ou te fè m e te fòme mwen.
Ban m bon konprann pou m kab aprann
    kòmandman Ou yo.
⁷⁴ Ke sila ki krent Ou yo kapab wè m
    e fè kè kontan.
Paske mwen mete espwa m pawòl Ou yo.
⁷⁵ Mwen konnen, O SENYÈ, ke jijman
    Ou yo dwat,
ke se nan nan ᵇfidelite, Ou te aflije mwen.
⁷⁶ O ke lanmou dous Ou a kapab
    konsole mwen,
Selon pawòl Ou a sèvitè Ou a.
⁷⁷ Ke mizerikòd Ou kapab rive kote
    mwen, pou m kab viv,
paske lalwa Ou se plezi mwen.
⁷⁸ Ke ᶜawogan yo kapab vin desi, paske
yo desann mwen, ranvèse mwen ak manti.
Men mwen va reflechi tout tan sou
    òdonans Ou yo.
⁷⁹ Ke sila ki krent Ou yo kapab vire
    kote mwen.
Yo va konnen règleman Ou yo.
⁸⁰ Ke kè m kapab san tò nan règleman Ou yo,
pou m pa vin desi.

KAPH

⁸¹ Nanm mwen fè gwo anvi pou sali Ou.
Se pawòl Ou m ap tann.
⁸² Zye m vin ba ak anvi pawòl Ou,
pandan m ap di: "Kilè W ap vin
    konsole mwen?"
⁸³ Sepandan, mwen vin tankou yon vye kwi
    diven k ap pran lafimen,
Mwen pa bliye règleman Ou yo.
⁸⁴ Konbyen jou sèvitè Ou gen?
Se kilè Ou va ᵈpase jijman sou sila ki
    pèsekite mwen yo?
⁸⁵ Awogan yo fin fouye fòs yo pou mwen,
Sila ki pa an akò ak lalwa Ou yo.
⁸⁶ Tout kòmandman Ou yo fidèl.
Se ak manti yo te pèsekite mwen.
Fè m sekou!
⁸⁷ Yo te prèske fin detwi m sou latè,
Men pou mwen, mwen ᵉpa t kite
    òdonans Ou yo.
⁸⁸ Fè m reprann mwen selon lanmou
    dous Ou a,
Pou m kab kenbe temwayaj a bouch Ou yo.

LAMEDH

⁸⁹ Jis pou tout tan, O SENYÈ, pawòl Ou fin
etabli nan syèl la.
⁹⁰ Fidelite Ou pandan tout jenerasyon yo.
Ou te etabli tè a e li vin kanpe nèt.
⁹¹ Yo kanpe nan jou sa a selon ᶠlòd Ou.
Paske tout bagay se sèvitè Ou.
⁹² Si lalwa Ou pa t plezi mwen,
mwen t ap gen tan peri nan mizè mwen an.
⁹³ Mwen p ap janm bliye òdonans Ou yo,
Paske se avèk yo menm ke Ou fè m
    reprann fòs.
⁹⁴ Se pa W mwen ye. Fè m sekou!
Paske mwen te chache òdonans Ou yo.
⁹⁵ Mechan yo ap tann mwen pou detwi m.
Se ak dilijans ke mwen konsidere
    temwayaj Ou yo.
⁹⁶ Mwen gen tan fin wè lizyè a tout pèfèksyon,
men kòmandman Ou an vrèman vast.

MEM

⁹⁷ O! A la mwen renmen lalwa Ou a!
Se sou li ke m ᵍreflechi tout la jounen.
⁹⁸ ʰKòmandman Ou yo fè m pi saj
    pase ènmi m yo,
Paske yo toujou pou mwen.
⁹⁹ Mwen vin gen plis konprann pase tout
    pwofesè mwen yo,
Paske temwayaj Ou yo se meditasyon mwen.
¹⁰⁰ Mwen gen konprann plis pase
    granmoun yo,
akoz mwen te swiv òdonans Ou yo.
¹⁰¹ Mwen te ⁱanpeche pye m antre
nan tout wout ki gen mechanste,
Pou m te kab kenbe pawòl Ou.
¹⁰² Mwen pa t ʲvire kite règleman Ou yo,
paske se Ou menm ki te enstwi m.
¹⁰³ A la pawòl Ou yo dous nan gou mwen!
Wi, pi dous pase siwo myèl nan bouch mwen!
¹⁰⁴ Soti nan òdonans Ou yo, mwen jwenn
    bon konprann.
Pou sa, mwen rayi tout fo chemen yo.

NUN

¹⁰⁵ Pawòl Ou se yon lanp pou pye m, e
yon limyè nan pa pye mwen.
¹⁰⁶ Mwen te sèmante e mwen va konfime sa,
Ke m va kenbe òdonans Ou yo.
¹⁰⁷ Mwen vin aflije anpil, anpil; fè m
    reprann fòs mwen,
O SENYÈ, selon pawòl Ou.
¹⁰⁸ O aksepte ᵏofrann bòn volonte a
    bouch mwen an,
O SENYÈ, enstwi mwen nan òdonans Ou yo.
¹⁰⁹ ˡLavi m tout tan nan men m,
malgre, mwen pa bliye lalwa Ou a.

ᵃ **119:70** Det 32:15   ᵇ **119:75** Eb 12:10   ᶜ **119:78** Jr 50:32   ᵈ **119:84** Rev 6:10   ᵉ **119:87** És 58:2   ᶠ **119:91** Jr 31:35   ᵍ **119:97** Sòm 1:2   ʰ **119:98** Det 4:6   ⁱ **119:101** Pwov 1:15   ʲ **119:102** Det 17:20   ᵏ **119:108** Os 14:2   ˡ **119:109** Jij 12:3

¹¹⁰ Mechan yo te poze yon pèlen pou mwen,
malgre, mwen pa t varye soti nan
   òdonans Ou yo.
¹¹¹ Mwen te ᵃeritye temwayaj Ou yo
   pou tout tan,
paske se yo ki lajwa kè m.
¹¹² Mwen te enkline kè m pou fè
   règleman Ou yo
jis pou tout tan, jiska lafen.

SAMEKH

¹¹³ Mwen rayi moun ki ᵇgen de fas, men
   mwen renmen lalwa Ou a.
¹¹⁴ Ou se kote a pou m kache a ak
   ᶜboukliye mwen,
Mwen ap mete espwa m nan pawòl Ou.
¹¹⁵ Kite mwen, malfektè, pou m kab swiv
   kòmandman a Bondye mwen yo.
¹¹⁶ Soutni mwen selon pawòl Ou, pou
   m kab viv.
Pa kite mwen vin wont nan espwa mwen.
¹¹⁷ Kenbe mwen pou m kab jwenn
   sekou, pou m gen
konsiderasyon pou règleman Ou yo tout tan.
¹¹⁸ Ou te rejte tout sila ki te egare kite
   règleman Ou yo,
paske sediksyon yo a pa reyisi.
¹¹⁹ Ou te fè tout mechan sou latè yo disparèt
   tankou ᵈkim initil.
Pou sa, mwen renmen temwayaj Ou yo.
¹²⁰ Chè m ap tranble akoz lakrent Ou menm,
   e mwen gen laperèz jijman Ou yo.

AYIN

¹²¹ Mwen te ᵉfè sa ki jis e dwat.
Pa kite mwen nan men oprese̋ mwen yo.
¹²² A ji kon ᶠsoutyèn pou bonte a sèvitè Ou a.
Pa kite awogan yo oprime mwen.
¹²³ Zye m bese ak anvi wè delivrans Ou,
avèk pawòl ladwati Ou.
¹²⁴ A ji avèk sèvitè Ou ᵍselon lanmou
   dous Ou a
e enstwi mwen nan règleman Ou yo.
¹²⁵ Mwen se sèvitè Ou. Fè m konprann
pou m konnen temwayaj Ou yo.
¹²⁶ Se lè pou Ou ʰaji, SENYÈ,
paske yo te vyole lalwa Ou a.
¹²⁷ Pou sa, mwen renmen kòmandman Ou yo,
plis pase lò, wi plis pase lò fen.
¹²⁸ Pou sa, mwen konsidere byen tout
òdonans Ou yo selon tout bagay.
Mwen rayi tout sa ki fo.

PE

¹²⁹ Temwayaj Ou yo mèvèye.
Akoz sa, nanm mwen toujou swiv yo.
¹³⁰ Lè pawòl ⁱOu antre, li bay limyè.
Li bay bon konprann a sila ki senp yo.
¹³¹ Mwen te louvri bouch mwen byen laj e
te rale souf mwen byen vit.
Se konsa mwen te gen anvi pou
   kòmandman Ou yo.
¹³² Vire kote mwen e fè m gras,
menm jan ke Ou konn fè ak sila ki
   renmen non Ou yo.
¹³³ Byen etabli tout pa mwen yo nan
   pawòl Ou,
e pa kite inikite vin domine sou mwen.
¹³⁴ Rachte mwen anba opresyon a lòm,
pou m kab kenbe òdonans Ou yo.
¹³⁵ ʲFè figi Ou klere sou sèvitè Ou a,
e enstwi mwen nan règleman Ou yo.
¹³⁶ Se ᵏrivyè dlo menm ki koule sòti
   nan zye m,
akoz yo menm ki pa kenbe lalwa Ou a.

TZADHE

¹³⁷ Ouˡdwat, O SENYÈ e jis se jijman Ou yo.
¹³⁸ Ou te kòmande tout temwayaj Ou
   yo ak ladwati.
Yo fidèl nèt.
¹³⁹ Zèl mwen fin manje m nèt,
akoz advèsè mwen yo te bliye pawòl Ou yo.
¹⁴⁰ Pawòl Ou san tach; akoz sa, sèvitè
   Ou a renmen yo anpil.
¹⁴¹ Mwen vin piti e meprize.
Mwen pa janm bliye òdonans Ou yo.
¹⁴² Ladwati Ou se yon dwati ki jis pou tout
   tan e lalwa Ou se verite.
¹⁴³ Twoub ak doulè gen tan rive sou mwen.
Malgre kòmandman Ou yo se plezi mwen.
¹⁴⁴ Temwayaj Ou yo dwat jis pou tout tan.
Ban mwen bon konprann pou m kab viv.

QOPH

¹⁴⁵ Mwen te kriye ak tout kè mwen.
Reponn mwen, O SENYÈ!
Mwen va swiv tout règleman Ou yo.
¹⁴⁶ Mwen te kriye a Ou menm. Sove mwen!
Mwen va obeyi tout regleman Ou yo.
¹⁴⁷ Mwen leve avan solèy leve pou
   kriye pou sekou.
Mwen ap tann pawòl Ou yo.
¹⁴⁸ Zye m rete ovèt pandan vè lanwit la,
konsa, pou m kab reflechi san rete
sou pawòl Ou.
¹⁴⁹ Tande vwa m selon lanmou dous Ou a.
Fè m reprann fòs mwen, O SENYÈ,
   selon règleman Ou yo.
¹⁵⁰ Sila ki swiv mechanste yo apwoche.
   Yo lwen lalwa Ou a.
¹⁵¹ Ou toupre, O SENYÈ e tout kòmandman
   Ou yo se verite.

ᵃ **119:111** Det 33:4   ᵇ **119:113** I Wa 18:21   ᶜ **119:114** Sòm 84:9   ᵈ **119:119** És 1:22-25   ᵉ **119:121** II Sam 8:15
ᶠ **119:122** Job 17:3   ᵍ **119:124** Sòm 51:1   ʰ **119:126** Jr 18:23   ⁱ **119:130** Pwov 6:23   ʲ **119:135** Nonb 6:25
ᵏ **119:136** Jr 9:1-18   ˡ **119:137** Esd 9:15

¹⁵² Depi nan tan ansyen yo, mwen te ᵃkonnen
  de temwayaj Ou yo,
ke Ou te etabli yo jis pou tout tan yo.

RESH

¹⁵³ ᵇGade sou afliksyon mwen an e delivre m,
paske mwen pa bliye lalwa Ou a.
¹⁵⁴ ᶜPlede kòz mwen e rachte mwen!
Fè m reprann fòs mwen selon pawòl Ou.
¹⁵⁵ Sali a ᵈlwen mechan yo, paske yo pa
  chache règleman pa W yo.
¹⁵⁶ ᵉGran se mizerikòd Ou yo, O SENYÈ.
Fè m reprann fòs mwen selon òdonans Ou yo.
¹⁵⁷ Anpil se pèsekitè mwen yo, ak
  advèsè mwen yo.
Malgre mwen pa vire kite temwayaj Ou yo.
¹⁵⁸ Mwen gade ᶠmoun trèt yo e mwen
  rayi yo nèt,
akoz yo pa kenbe pawòl Ou.
¹⁵⁹ Konsidere jan mwen renmen
  òdonans Ou yo.
Fè m reprann fòs, O SENYÈ, selon
  lanmou dous Ou a.
¹⁶⁰ Fòs Kantite tout pawòl Ou yo se verite, e
tout règleman dwat Ou yo la jis pou tout tan.

SIN AK SHIN

¹⁶¹ ᵍPrens yo pèsekite mwen san koz,
men kè m kanpe etonnen devan pawòl Ou yo.
¹⁶² Mwen rejwi nan pawòl Ou kon
  yon moun ki ʰjwenn gwo piyaj.
¹⁶³ Mwen rayi tankou bagay abominab,
  tout sa ki fo.
Men lalwa Ou a, mwen renmen l nèt.
¹⁶⁴ Sèt fwa pa jou mwen louwe Ou,
akoz òdonans dwat Ou yo.
¹⁶⁵ Sila ki renmen lalwa Ou yo gen gwo lapè.
Pa gen anyen pou ta fè yo chite.
¹⁶⁶ Mwen espere ⁱgen Sali Ou, O SENYÈ.
Mwen te fè kòmandman Ou yo.
¹⁶⁷ Nanm mwen kenbe temwayaj Ou yo.
Mwen renmen yo anpil anpil.
¹⁶⁸ Mwen kenbe òdonans Ou yo avèk
  temwayaj Ou yo,
Paske se ʲtout chemen mwen yo ki devan Ou.

TAV

¹⁶⁹ Kite kri mwen vini devan Ou, O SENYÈ.
Ban mwen konesans selon pawòl Ou.
¹⁷⁰ Kite siplikasyon mwen yo parèt devan Ou.
ᵏDelivre mwen selon pawòl Ou.
¹⁷¹ Kite lèv mwen eksprime lwanj,
paske Ou enstwi mwen nan règleman Ou yo.
¹⁷² Kite lang mwen chante de pawòl Ou,
paske tout kòmandman Ou yo dwat.

¹⁷³ Kite men Ou parèt pou fè m sekou,
paske mwen te ˡchwazi òdonans Ou yo.
¹⁷⁴ Mwen anvi wè delivrans Ou, O SENYÈ.
Lalwa Ou se gran plezi mwen.
¹⁷⁵ Kite ᵐnanm mwen viv pou l kapab
  louwe Ou.
Kite òdonans Ou yo ban m sekou.
¹⁷⁶ Mwen te ⁿvin egare tankou yon
  mouton pèdi.
Chache jwenn sèvitè Ou a, paske mwen pa
bliye kòmandman Ou yo.

Yon chanson pou monte vè tanp lan

120 ᵒNan gran twoub mwen an, mwen
  te kriye a SENYÈ a.
Li te reponn mwen.
² Delivre nanm mwen, O SENYÈ, de
  lèv k ap bay desepsyon,
de lang ki plen manti yo.
³ Kisa pou W ta resevwa, e kisa pou m ta
  fè ou, O ᵖlang mansonjè?
⁴ Flèch pwent file a gèrye yo, avèk chabon
  pye gayak tou limen.
⁵ Malè a mwen, paske mwen demere nan
  tant a ᑫMéschec,
Paske mwen rete pami tant a Kédar yo!
⁶ Nanm mwen gen demè li avèk sila ki
  ʳrayi lapè yo pandan twòp tan.
⁷ Mwen ˢvle lapè, men lè m pale, se
  lagè yo pito.

Yon Sòm pou monte vè tanp lan

121 Mwen leve zye m vè ᵗmòn yo.
  Se kibò sekou mwen va sòti?
² Sekou m sòti nan SENYÈ a,
  ki ᵘte fè syèl la ak tè a.

³ Li ᵛp ap kite pye ou chape.
Sila ki kenbe ou a p ap kabicha, ni dòmi.
⁴ Gade byen, Sila ki kenbe Israël p ap
  kabicha, ni Li p ap dòmi.
⁵ SENYÈ a se ʷgadyen ou.
SENYÈ a se lonbraj a men dwat ou.
⁶ ˣSolèy p ap frape ou lajounen,
ni lalin pandan lannwit.
⁷ SENYÈ a va pwoteje ou de tout mal.
Li va kenbe nanm ou.
⁸ Li va ʸpwoteje ou lè ou sòti ak lè ou antre,
depi nan moman sa a e jis rive pou tout tan.

Yon Sòm pou monte vè tanp lan. Yon Sòm David.

122 Mwen te kontan lè yo te di mwen,
  "Annou ᶻale lakay SENYÈ a."
² Pye nou kanpe anndan pòtay ou yo,
  O Jérusalem!

ᵃ **119:152** Sòm 119:125   ᵇ **119:153** Lam 5:1   ᶜ **119:154** I Sam 24:15   ᵈ **119:155** Job 5:4   ᵉ **119:156** II Sam 24:14   ᶠ **119:158** És 21:2   ᵍ **119:161** I Sam 24:11   ʰ **119:162** I Sam 30:16   ⁱ **119:166** Jen 49:18   ʲ **119:168** Job 24:23   ᵏ **119:170** Sòm 22:20   ˡ **119:173** Jos 24:22   ᵐ **119:175** És 55:3   ⁿ **119:176** És 53:6   ᵒ **120:1** Sòm 18:6   ᵖ **120:3** Sòm 52:4   ᑫ **120:5** Jen 10:2   ʳ **120:6** Sòm 35:20   ˢ **120:7** Sòm 109:4   ᵗ **121:1** Sòm 87:1   ᵘ **121:2** Sòm 115:15   ᵛ **121:3** I Sam 2:9   ʷ **121:5** Sòm 91:4   ˣ **121:6** Sòm 91:5   ʸ **121:8** Det 28:6   ᶻ **122:1** Sòm 42:4

³ Jérusalem, ki bati kon yon vil ki ᵃkole
  dyanm ansanm,
⁴ sou sila, tribi yo konn ᵇmonte, menm
  tribi a SENYÈ yo,
  yon òdonans pou Israël, pou bay remèsiman
  a non SENYÈ a.
⁵ Paske la, ᶜtwòn yo te plase pou jijman,
  twòn lakay David yo.
⁶ Priye pou lapè Jérusalem.
  Sila ki renmen ou yo va ᵈpwospere.
⁷ Ke lapè kapab anndan miray ou yo, e
  pwosperite nan ᵉpalè ou yo.
⁸ Pou koz a frè m yo ak zanmi mwen
  yo, m ap di koulye a,
ᶠ"Ke lapè anndan ou".
⁹ ᵍPou koz a kay SENYÈ a, Bondye nou an,
  mwen va chache byen ou.

Yon chan pou monte vè tanp lan

123 A Ou menm, mwen leve zye mwen,
  O Ou menm ʰki chita sou
  twòn Ou nan syèl la!
² Men gade, jan zye a ⁱsèvitè yo rete
  sou men a mèt yo,
  Jan zye a yon sèvant sou men mètrès li,
  Se konsa, zye nou ye vè SENYÈ a, Bondye
  nou an, jiskaske li fè nou gras.
³ Bannou gras, O SENYÈ, bannou gras,
  paske nou ranpli ʲak mepriz.
⁴ Nanm nou ranpli ak ᵏensilt a sila ki alèz yo,
  avèk mepriz a sila ki plen ògèy yo.

Yon Sòm pou monte vè tanp lan. Yon Sòm David.

124 ˡSi se pa t SENYÈ a ki te pou nou,
  kite Israël di koulye a,
² Si se pa t SENYÈ a ki te pou nou,
  lè lezòm te leve kont nou yo,
³ Alò, yo t ap gen tan fin ᵐvale nou tou vivan,
  lè kòlè yo te limen kont nou an.
⁴ Nan lè sa a, ⁿdlo yo t ap fin anglouti nou nèt.
  Kouran dlo yo ta fin pase sou nanm nou.
⁵ Nan lè sa a, ᵒdlo anraje yo t ap fin
  pase sou nanm nou.
⁶ Beni se SENYÈ a, ki pa t livre nou
  pou ᵖchire nan dan yo.
⁷ Nanm nou gen tan fin chape tankou
  yon zwazo
  ki sòti nan ᵠpèlen a moun k ap fè lachan yo.
  Pèlen an fin kase e nou chape.
⁸ Sekou nou se nan non SENYÈ a, ki te
  ʳfè syèl la ak tè a.

Yon chan pou monte vè tanp lan.

125 Sila ki mete konfyans yo nan SENYÈ
  a tankou Mòn Sion,
  ki pa kab deplase, men ki dire jis pou tout tan.
² Kon mòn antoure Jérusalem yo,
  se konsa ˢSENYÈ a antoure pèp Li a
  depi moman sa a, e jis rive pou tout tan.
³ Paske baton wayal plen mechanste p ap
  poze sou peyi a moun ladwati yo,
  jis pou moun dwat yo pa leve men
  yo pou fè mal.
⁴ Fè byen, SENYÈ, a sila ki bon yo, ak
  sila ki ᵗdwat nan kè yo.
⁵ Men pou sila ki vire akote pou ᵘchemen
  kwochi pa yo,
  SENYÈ a va mennen yo sòti avèk
  sila ki fè inikite yo.
  Ke lapè rete sou Israël.

Yon chan pou monte vè tanp lan

126 Lè SENYÈ a te fè mennen tounen
  kaptif Sion yo,
  nou te ᵛtankou sila ki fè rèv yo.
² Nan lè sa a, bouch nou te plen
  ak ri lajwa e lang nou avèk kri lajwa.
  Konsa, yo te di pami nasyon yo:
  "SENYÈ a ʷte fè gwo bagay pou yo."
³ SENYÈ a te fè gwo bagay yo pou nou.
  Nou ˣkontan.
⁴ Fè retounen kaptif nou yo, O SENYÈ,
  kon ʸrivyè nan dezè a.
⁵ Sila ki simen ak dlo nan zye yo
  Va rekòlte avèk ᶻgwo kri lajwa.
⁶ Sila ki soti ap kriye akoz chàj makout
  semans lan.
  Men l ap retounen ankò ak kri lajwa,
  akoz chàj pakèt rekòlt l ap pote a.

Yon chan pou monte vè tanp lan. Yon chan Salomon.

127 Amwenske se SENYÈ a ki bati kay la,
  sila ki bati li yo, travay anven.
  Amwenske SENYÈ a ᵃveye pòtay la,
  gadyen an rete zye louvri anven.
² Se an ven pou ou leve bonè e ale dòmi ta,
  pou ᵇmanje pen a travay di yo,
  paske se domi Li bay a moun li renmen.
³ Veye byen, pitit se yon don SENYÈ a.
  ᶜFwi a vant la se yon rekonpans.
⁴ Tankou flèch nan men a yon ᵈgèrye,
  Se konsa pitit a jèn yo ye.
⁵ A la ᵉbeni se nonm ke veso l plen ak yo.
  Yo p ap wont lè yo pale ak lènmi yo
  nan pòtay la.

Yon chan pou monte vè tanp lan.

128 ᶠA la beni se tout sila ki gen lakrent
  SENYÈ yo,
  ki mache nan chemen Li yo.

ᵃ **122:3** II Sam 5:9   ᵇ **122:4** Egz 23:17   ᶜ **122:5** Det 17:8   ᵈ **122:6** Sòm 102:14   ᵉ **122:7** Sòm 48:3-13
ᶠ **122:8** I Sam 25:6   ᵍ **122:9** Né 2:10   ʰ **123:1** Sòm 2:4   ⁱ **123:2** Pwov 27:18   ʲ **123:3** Né 4:4   ᵏ **123:4** Né 2:19
ˡ **124:1** Sòm 94:17   ᵐ **124:3** Nonb 16:30   ⁿ **124:4** Job 22:11   ᵒ **124:5** Job 38:11   ᵖ **124:6** Sòm 27:2
ᵠ **124:7** Sòm 91:3   ʳ **124:8** Jen 1:1   ˢ **125:2** Za 2:5   ᵗ **125:4** Sòm 7:10   ᵘ **125:5** Pwov 2:15   ᵛ **126:1** Trav 12:9
ʷ **126:2** I Sam 12:24   ˣ **126:3** És 25:9   ʸ **126:4** És 35:6   ᶻ **126:5** És 35:10   ᵃ **127:1** Sòm 121:4   ᵇ **127:2** Jen 3:17
ᶜ **127:3** Det 7:13   ᵈ **127:4** Sòm 112:2   ᵉ **127:5** Sòm 128:2-3   ᶠ **128:1** Sòm 112:1

² Lè ou manje nan ᵃfwi a men ou yo,
ou va kontan e sa va ale byen pou ou.
³ Madanm ou ap tankou yon ᵇchan rezen
ki bay anpil rezen lakay ou.
Pitit ou yo va tankou plan bwa doliv
ki antoure tab ou.
⁴ Gade byen, paske se konsa nonm ki
krent SENYÈ a va beni.
⁵ ᶜKe SENYÈ a beni ou depi nan Sion;
ke ou wè pwosperite Jérusalem nan pandan
tout jou lavi ou yo!
⁶ Wi, pou ou ka wè ᵈpitit a pitit ou yo!
Ke lapè rete sou Israël!

Yon chan pou monte vè tanp lan.

129 "Anpil fwa, yo te pèsekite mwen soti
nan ᵉjenès mwen.
Kite Israël di koulye a:
² "Anpil fwa, yo te pèsekite mwen soti
nan jenès mwen,
men yo pa janm reyisi kont mwen.
³ Labourè yo te laboure chan yo sou do m.
Yo fè tranch tè yo vin pi long."
⁴ SENYÈ a dwat.
Kòd a mechan yo, Li te koupe yo fè bout.
⁵ Ke tout sila ki ᶠrayi Sion yo vin wont!
Ke yo retounen fè bak menm.
⁶ Kite yo vin tankou ᵍzèb sou kay la;
zèb ki fennen avan li grandi,
⁷ jis moun rekòlt la p ap kapab plen men l,
oubyen sila ki mare pote pake a,
pa p ka plen lestomak li.
⁸ Ni sila ki pase yo, p ap di:
"Ke ʰbenediksyon SENYÈ a rete avèk ou.
Nou beni ou nan non SENYÈ a."

Yon chan pou monte vè tanp lan.

130 Soti nan ⁱpwofondè abim nan, mwen te
kriye a Ou menm, O SENYÈ.
² SENYÈ, koute vwa mwen!
Kite zòrèy Ou rete atantif a vwa
siplikasyon mwen yo.
³ Si Ou menm, SENYÈ, ta sonje inikite yo,
O SENYÈ, se kilès ki ta kab ʲkanpe?
⁴ Men avèk Ou menm, gen padon,
pou moun ta gen reverans Ou.
⁵ Mwen tann SENYÈ a.
Nanm mwen ap tann e nan pawòl Li,
mwen mete espwa m.
⁶ Nanm mwen ap tann SENYÈ a plis
pase gadyen k ap tann maten rive a.
Anverite, plis pase gadyen k ap tann
maten rive a.
⁷ O Israël, mete espwa nan SENYÈ a.
Paske kote SENYÈ a ye, gen mizerikòd.

Avèk Li, gen redanmsyon an ᵏabondans.
⁸ Li va fè ˡredanmsyon Israël de tout
inikite Li yo.

Yon chan pou monte vè tanp lan.

131 O SENYÈ, kè m pa ògeye, ni zye
m pa ᵐgen awogans.
Ni m pa fouye kò m nan gwo zafè,
ni nan sa ki twò wo pou mwen.
² Anverite, mwen te fin ranje e kalme
nanm mwen.
Menm jan ke yon ⁿpitit poze sou manman l,
anndan m, nanm mwen tankou yon
pitit ki sevre.
³ O Israël, ᵒmete espwa nan SENYÈ a
depi koulye a e jis rive pou tout tan.

Yon chan pou monte vè tanp lan.

132 Sonje, SENYÈ, pou koz David, ak
ᵖtout soufrans li an,
² jan li te sèmante a SENYÈ a,
e te fè ve a Toupwisan a Jacob la:
³ Anverite, mwen p ap antre qlakay mwen,
ni kouche sou kabann mwen;
⁴ mwen p ap ʳkite zye m dòmi,
ni pòpyè zye m fèmen,
⁵ jiskaske m jwenn yon ˢkote pou SENYÈ a,
yon abitasyon pou Toupwisan a Jacob la.
⁶ Men koute, nou te tande koze sa a
nan ᵗÉphrata,
nou te twouve l nan plèn Jaar a.
⁷ Annou antre nan abitasyon Li a.
Annou fè adorasyon kote machpye
twòn Li an ye a.
⁸ Leve, O SENYÈ, vini nan plas repo Ou a,
Ou menm avèk lach fòs Ou.
⁹ Kite prèt Ou yo ᵘabiye nan ladwati, e
kite fidèl Ou yo chante ak lajwa.
¹⁰ Pou koz David, sèvitè Ou a, pa vire
fas kont ᵛonksyone Ou a.
¹¹ SENYÈ a te sèmante a David anverite.
Sou sila Li p ap fè bak:
"Nan fwi a kò Ou, mwen va etabli
sou twòn Ou.
¹² Si fis ou yo kenbe akò Mwen ak
temwayaj ke Mwen va enstwi yo,
fis pa yo tou va ʷchita sou twòn Ou an
jis pou tout tan."
¹³ Paske SENYÈ a te ˣchwazi Sion.
Li te vle l pou abitasyon Li.
¹⁴ "Sa se ʸplas repo Mwen, jis pou tout tan.
Isit la Mwen va rete, paske Mwen te vle sa.
¹⁵ Mwen va beni pwovizyon li ak abondans.
Mwen va satisfè malere li yo ak pen.
¹⁶ Anplis, Mwen va abiye ᶻprèt li yo ak Sali,

ᵃ **128:2** Sòm 109:11   ᵇ **128:3** Éz 19:10   ᶜ **128:5** Sòm 134:3   ᵈ **128:6** Jen 48:11   ᵉ **129:1** És 47:12   ᶠ **129:5** Mi 4:11   ᵍ **129:6** II Wa 19:26   ʰ **129:8** Rt 2:4   ⁱ **130:1** Sòm 42:7   ʲ **130:3** Sòm 76:7   ᵏ **130:7** Sòm 111:9   ˡ **130:8** Sòm 103:3-4   ᵐ **131:1** Pwov 30:13   ⁿ **131:2** Mat 18:3   ᵒ **131:3** Sòm 130:7   ᵖ **132:1** Jen 49:24   q **132:3** Job 21:28   ʳ **132:4** Pwov 6:4   ˢ **132:5** I Wa 8:17   ᵗ **132:6** Jen 35:19   ᵘ **132:9** Jen 35:19   ᵛ **132:10** Sòm 2:2   ʷ **132:12** Luc 1:32   ˣ **132:13** Sòm 48:1-2   ʸ **132:14** Sòm 132:8   ᶻ **132:16** II Kwo 6:41

e fidèl li yo va chante byen fò ak lajwa.
¹⁷ La Mwen va koze kòn a David la
boujonnen pou l parèt.
Mwen te prepare yon ᵃlanp pou onksyone
pa M nan.
¹⁸ Lènmi li yo, Mwen va abiye yo ak wont.
Men sou li menm, ᵇkouwòn li an va briye."

Yon chan pou monte vè tanp lan.

133 Gade byen, a la bon e agreyab
pou ᶜfrè yo viv ak tèt ansanm!
² Se tankou ᵈlwil presye ki koule sou tèt,
vin desann jis sou bab, menm bab Aaron,
vin desann rive sou kote vètman li.
³ Se tankou lawouze Mòn Hermon
ki vin desann sou mòn Sion nan;
paske la, SENYÈ a te kòmande
benediksyon an——ᵉlavi jis pou tout tan.

Yon chan pou monte vè tanp lan.

134 Gade byen! ᶠBeni SENYÈ a, tout
sèvitè SENYÈ yo,
Ki sèvi pandan lannwit lakay SENYÈ a!
² ᵍLeve men nou vè sanktiyè a, e beni
SENYÈ a.
³ Ke SENYÈ a ʰbeni ou soti nan Sion,
Sila ki te fè syèl la avèk tè a.

135 ⁱBeni SENYÈ a!
Beni non SENYÈ a!
Beni Li, O sèvitè a SENYÈ yo,
² nou menm ki kanpe lakay SENYÈ a,
nan ʲlakou lakay SENYÈ nou an!
³ Beni SENYÈ a, paske ᵏSENYÈ a bon.
Chante lwanj a non Li, paske sa bèl.
⁴ Paske SENYÈ a te chwazi Jacob
pou Li menm,
Israël pou pwòp ˡposesyon pa Li.
⁵ Paske mwen konnen ke SENYÈ a gran,
e ke SENYÈ nou an ᵐpi wo ke tout dye yo.
⁶ ⁿNenpòt sa ke SENYÈ a vle, Li fè l,
nan syèl la oswa sou tè a,
nan lanmè yo ak nan tout fon yo.
⁷ Li fè vapè monte soti nan tout pwent tè yo.
Ki ᵒfè rive loray avèk lapli yo,
ki fè van vin parèt sòti nan trezò Li yo.
⁸ Li te ᵖfrape premye ne Égypte yo,
ni lòm, ni bèt.
⁹ Li te voye ᵠsign ak mèvèy nan mitan
nou, O Égypte,
sou Farawon avèk tout sèvitè Li yo.
¹⁰ Li te ʳfrape anpil nasyon,
e te detwi wa pwisan yo.
¹¹ Sihon, wa Amoreyen yo, Og,
wa Basan ak tout wayòm a Canaan yo.

¹² Epi Li te ˢbay yo peyi yo kon eritaj,
yon eritaj a Israël, pèp Li a.
¹³ ᵗNon Ou, O SENYÈ, dire jis pou tout tan,
Memwa Ou, O SENYÈ, pou tout
jenerasyon yo.
¹⁴ Paske SENYÈ a va ᵘjije pèp Li a, e
va gen konpasyon pou sèvitè Li yo.

¹⁵ ᵛZidòl a nasyon yo pa anyen sof
ke ajan ak lò,
zèv a men a lòm.
¹⁶ Yo gen bouch, men yo pa pale.
Yo gen zye, men yo pa wè.
¹⁷ Yo gen zòrèy, men yo pa tande,
ni nanpwen souf nan bouch yo.
¹⁸ Sila ki fè yo va vin tankou yo.
Wi, tout sila ki mete konfyans nan yo.
¹⁹ O lakay ʷIsraël, beni SENYÈ a!
O lakay Aaron, Beni SENYÈ a!
²⁰ O lakay Lévi, beni SENYÈ a!
Nou menm ˣki gen lakrent SENYÈ a,
beni SENYÈ a!
²¹ Ke SENYÈ a beni soti ʸnan Sion,
Sila ki abite Jérusalem nan,
Beni SENYÈ a!

136 ᶻBay remèsiman a SENYÈ a,
paske Li Bon,
paske lanmou dous Li a dire jis pou tout tan.
² Bay remèsiman a ᵃBondye anwo tout dye yo,
paske lanmou dous Li a dire jis pou tout tan.
³ Bay remèsiman a Senyè de tout senyè yo,
paske lanmou dous li a dire jis pou tout tan;
⁴ A Sila ᵇsèl ki fè gwo mèvèy yo,
paske lanmou dous Li a dire jis pou tout tan;
⁵ A Sila ki ak gran kapasite te fè syèl la,
paske lanmou dous Li a dire jis pou tout tan;
⁶ a Sila ki te ᶜranje tè a anwo dlo yo,
paske lanmou dous Li a dire jis pou tout tan;
⁷ a Sila ki te ᵈfè gran limyè yo,
paske lanmou dous Li a dire jis pou tout tan;
⁸ ᵉsolèy ki pou domine lajounen an,
paske lanmou dous Li a dire jis pou tout tan;
⁹ Lalin ak zetwal pou domine lannwit,
paske lanmou dous Li a dire jis pou tout tan;
¹⁰ A Sila ki te ᶠfrape Ejipsyen yo nan
premye ne yo,
paske lanmou dous Li a dire jis pou tout tan;
¹¹ ki te ᵍmennen Israël fè l sòti nan mitan yo,
paske lanmou dous Li a dire jis pou tout tan;
¹² Avèk yon men fò ak yon bra ʰlonje nèt,
paske lanmou dous Li a dire jis pou tout tan;
¹³ a Sila ki te ⁱdivize Lanmè Wouj fè de bò a,
paske lanmou dous Li a dire jis pou tout tan;
¹⁴ ki te fè Israël pase nan mitan li,

ᵃ **132:17** 1 Wa 11:36   ᵇ **132:18** Sòm 21:3   ᶜ **133:1** Jen 13:8   ᵈ **133:2** Egz 29:7   ᵉ **133:3** Sòm 21:4
ᶠ **134:1** Sòm 103:21   ᵍ **134:2** Sòm 28:2   ʰ **134:3** Sòm 128:5   ⁱ **135:1** Sòm 113:1   ʲ **135:2** Sòm 92:13
ᵏ **135:3** Sòm 100:5   ˡ **135:4** Egz 19:5   ᵐ **135:5** Sòm 97:9   ⁿ **135:6** Sòm 115:3   ᵒ **135:7** Jr 10:13
ᵖ **135:8** Egz 12:12   ᵠ **135:9** Egz 7:10   ʳ **135:10** Sòm 44:2   ˢ **135:12** Det 29:8   ᵗ **135:13** Egz 3:15
ᵘ **135:15** Det 32:26   ᵛ **135:15** Sòm 115:4-8   ʷ **135:19** Sòm 115:9   ˣ **135:20** Sòm 118:4   ʸ **135:21** Sòm 128:5
ᶻ **136:1** 1 Kwo 16:25   ᵃ **136:2** Det 10:17   ᵇ **136:4** Det 6:22   ᶜ **136:6** Jen 1:2-9   ᵈ **136:7** Jen 1:14-18
ᵉ **136:8** Jen 1:16   ᶠ **136:10** Egz 12:29   ᵍ **136:11** Egz 12:51   ʰ **136:12** Egz 6:1-7   ⁱ **136:13** Egz 14:21

paske lanmou dous Li a dire jis pou tout tan;
¹⁵ men ᵃLi te boulvèse Farawon ak lame
li a nan Lanmè Wouj la,
paske lanmou dous Li a dire jis pou tout tan;
¹⁶ a Sila ki te ᵇmennen pèp Li a nan dezè a,
paske lanmou dous Li a dire jis pou tout tan;
¹⁷ a Sila ki te ᶜfrape gran wa yo,
paske lanmou dous Li a dire jis pou tout tan;
¹⁸ ki te ᵈtouye wa pwisan yo,
paske lanmou dous Li a dire jis pou tout tan;
¹⁹ ᵉSihon, wa Amoreyen an,
paske lanmou dous Li a dire jis pou tout tan;
²⁰ ak ᶠOg, wa Basan an,
paske lanmou dous Li a dire jis pou tout tan;
²¹ e te ᵍbay peyi yo kon eritaj,
paske lanmou dous Li a dire jis pou tout tan;
²² menm yon eritaj a Israël, ʰsèvitè Li a,
paske lanmou dous Li a dire jis pou tout tan;
²³ ki te ⁱsonje nou nan eta imilyasyon nou yo,
paske lanmou dous Li a dire jis pou tout tan;
²⁴ epi ki te ʲdelivre nou nan men
advèsè nou yo,
paske lanmou dous Li a dire jis pou tout tan;
²⁵ ki ᵏbay manje a tout chè,
paske lanmou dous Li a dire jis pou tout tan.
²⁶ Bay remèsiman a ˡBondye syèl la,
paske lanmou dous Li a dire jis pou tout tan;

137 Bò rivyè a Babylone yo, se la nou te chita.
Nou te ᵐkriye, lè nou te sonje Sion.
² Sou pye ⁿsikrèn nan mitan li an, nou
te pandye ap nou yo.
³ Paske la, ravisè nou yo te mande nou
chante pou yo,
e ᵒbouwo nou yo ak gwo kè kontan, t ap di:
"Chante pou nou youn nan chanson Sion yo."
⁴ Kijan pou nou ta chante ᵖchan SENYÈ
a nan yon peyi etranje?
⁵ Si mwen ᵍta bliye ou, O Jérusalem, kite men
dwat mwen bliye kapasite li.
⁶ Ke lang mwen kole rèd anlè bouch mwen,
Si m pa ta sonje ou, si m pa ta ʳleve
Jérusalem wo,
pi wo ke pi gwo plezi m yo.
⁷ Sonje, O SENYÈ, kont fis a Édom yo,
jou a Jérusalem nan,
ke yo te di: "Raze l nèt!
Raze l ˢjis rive nan fondasyon li."
⁸ O fi a Babylone nan, Ou menm ki te
ᵗdevaste nou an,
A la beni sila ki rekonpanse ou ak menm
rekonpans ke ou te rekonpanse nou
an va beni!
⁹ A la beni sila ki sezi pitit ou yo,
e ki ᵘkraze yo nan wòch la va beni!

Yon Sòm David

138 ᵛMwen va bay Ou remèsiman
avèk tout kè m.
Mwen va chante lwanj a Ou devan lòt dye yo.
² Mwen va pwostène mwen ʷvè sen tanp Ou a,
e bay remèsiman a non Ou pou lanmou
dous Ou ak verite Ou a;
Paske Ou te bay glwa a Non ak Pawòl
Ou plis ke tout bagay.
³ Nan jou ke m te rele Ou a, Ou te
reponn mwen.
Ou te fè m plen ak kouraj ak ˣfòs nan
nanm mwen.
⁴ ʸTout wa sou latè yo va ba Ou remèsiman,
O SENYÈ,
lè yo fin tande pawòl a bouch Ou.
⁵ Wi, yo va chante sou chemen SENYÈ a,
paske ᶻgran se glwa SENYÈ a.
⁶ Paske malgre SENYÈ a egzalte,
Li toujou okipe sila ki ba yo.
Men moun ki ᵃògeye yo,
Li rekonèt yo de lwen.
⁷ Malgre mwen mache nan mitan gwo twoub,
Ou va fè m ᵇreprann mwen.
Ou va lonje fè parèt men Ou kont kòlè
ènmi m yo.
Men dwat Ou a sove mwen.
⁸ SENYÈ a va akonpli sa ki konsène mwen an.
Lanmou dous Ou a, O SENYÈ, se
pou tout tan.
Pa abandone zèv men Ou yo.

Pou direktè koral la; Yon Sòm David

139 O SENYÈ, Ou te ᶜsonde mwen
e te konnen mwen.
² Ou konnen lè m chita ak lè m leve.
Ou konprann panse mwen yo de lwen.
³ Ou konn ᵈegzamine chemen mwen fè avèk
kouche mwen, e rekonèt bagay pi entim
nan chemen mwen yo.
⁴ Menm avan mwen gen yon pawòl sou
bouch mwen,
Men gade, O SENYÈ, Ou ᵉkonnen
tout li menm.
⁵ Ou fin antoure mwen ni devan, ni dèyè e
Ou te ᶠpoze men Ou sou mwen.
⁶ ᵍKonesans konsa twò mèvèye pou mwen.
Li twò wo.
Mwen pa kab rive kote l.
⁷ ʰKibò mwen kab ale kite lespri Ou?
Oswa kibò mwen kab sove ale pou m
ta kite prezans Ou?
⁸ ⁱSi mwen monte nan syèl la, Ou la.

ᵃ **136:15** Egz 14:27   ᵇ **136:16** Egz 13:18   ᶜ **136:17** Sòm 135:10-12   ᵈ **136:18** Det 29:7   ᵉ **136:19** Nonb 21:21-24
ᶠ **136:20** Nonb 21:33-35   ᵍ **136:21** Jos 12:1   ʰ **136:22** Sòm 105:6   ⁱ **136:23** Sòm 9:12   ʲ **136:24** Jij 6:9
ᵏ **136:25** Sòm 104:27   ˡ **136:26** Sòm 104:27   ᵐ **137:1** Né 1:4   ⁿ **137:2** Lev 23:40   ᵒ **137:3** És 49:17   ᵖ **137:4** II
Kwo 29:17   ᵍ **137:5** És 65:11   ʳ **137:6** Né 2:3   ˢ **137:7** Sòm 74:7   ᵗ **137:8** És 13:1-22   ᵘ **137:9** II Wa
8:12   ᵛ **138:1** Sòm 111:1   ʷ **138:2** I Wa 8:29   ˣ **138:3** Sòm 28:7   ʸ **138:4** Sòm 72:11   ᶻ **138:5** Sòm 21:5
ᵃ **138:6** Sòm 40:4   ᵇ **138:7** Éz 9:8-9   ᶜ **139:1** Sòm 17:3   ᵈ **139:3** Job 14:16   ᵉ **139:4** Eb 4:13   ᶠ **139:5** Job 9:33
ᵍ **139:6** Wo 11:33   ʰ **139:7** Jr 23:24   ⁱ **139:8** Am 9:2-4

Si m fè kabann mwen nan sejou mò yo,
  men vwala, Ou la.
⁹ Si mwen pran zèl nan maten,
  si m ta rete nan pati lanmè pi lwen an,
¹⁰ menm la, se men Ou k ap ᵃmennen mwen,
  e se men dwat Ou k ap kenbe m.
¹¹ Si mwen di: "Anverite, ᵇtenèb la va
    kouvri mwen,
  e limyè ki antoure mwen an va vin fènwa,"
¹² menm tenèb la pa tenèb pou Ou,
  e fènwa a klere menm jan ak lajounen.
ᶜTenèb ak limyè se menm pou Ou menm.
¹³ Paske se Ou menm ki te fòme pati
    anndan m yo.
Ou te ᵈtise mwen, pyese m soti nan
    vant Manman m.
¹⁴ Mwen va bay Ou anpil remèsiman,
  paske mwen fèt yon fason mèvèye.
Zèv Ou yo ᵉdepase bon konprann
  e nanm mwen byen konnen sa.
¹⁵ ᶠFòm mwen pa t kache a Ou menm lè
    m te fèt nan sekrè a,
  e tise kon mèvèy etonnan nan fon tè a.
¹⁶ Zye Ou te wè matyè san fòm mwen.
Epi nan liv ᵍOu a, te deja ekri tout jou ki te
  òdone pou mwen yo, menm lè youn nan
    yo potko fin rive.
¹⁷ Anplis, SENYÈ, a la presye se ʰpanse
    Ou yo yo pou mwen!
A la gran, yo gran anpil!
¹⁸ Si m te konte yo, yo t ap an kantite
    depase sab.
Lè m ⁱleve nan dòmi, mwen toujou avèk Ou.
¹⁹ O ke Ou ta ʲtouye mechan yo, O Bondye.
Soti sou mwen, O moun ki vèse san.
²⁰ Paske yo ᵏpale kont Ou ak mechanste,
  e lènmi Ou yo pran non Ou an ven.
²¹ Èske m pa ˡrayi sila ki rayi Ou yo,
    O SENYÈ?
Epi èske mwen pa t blese menm de sila
    ki leve kont Ou yo?
²² Mwen rayi yo ak yon rayisman ale nèt.
Yo devni lènmi m.
²³ Sonde mwen, O Bondye e konnen kè mwen.
Mete mwen a leprèv e konnen panse mwen yo.
²⁴ Konsa, wè si gen okenn move chemen
    nan mwen e
  mennen mwen nan chemen etènèl la.

Pou direktè koral la; Yon Sòm David

140 ᵐDelivre m, O SENYÈ, de moun
      mechan yo.
Delivre m de moun vyolan yo:
² ka p ⁿfè manèv mechan nan kè yo.
Tout tan, y ap fè pwovokasyon pou fè lagè.

³ Yo file lang yo tankou koulèv.
ᵒPwazon a sèpan mòtèl la anba lèv yo. *Tan*
⁴ Kenbe m, O SENYÈ, de men moun
    mechan yo.
Pwoteje m de moun vyolan ki te ᵖfè plan
    pou pye m yo ta tonbe yo.
⁵ Ògeye yo fin ranje yon pèlen pou mwen.
Avèk kòd, yo te ouvri yon pèlen bò wout la.
Yo fin plase yon ᑫpyèj pou mwen. *Tan*
⁶ Mwen te di a SENYÈ a: "Se Ou ki
    Bondye mwen."
Bay zòrèy, O SENYÈ, a vwa a siplikasyon
    mwen yo.
⁷ O BONDYE Senyè a, fòs a sali mwen an,
Ou te ʳkouvri tèt mwen nan jou batay la.
⁸ Pa akonpli, O SENYÈ, dezi a mechan an.
Pa pèmèt manèv mechan li yo, pou l pa
    vin leve wo. *Tan*
⁹ Epi pou chèf an tèt a sila ki antoure
    mwen yo,
  pou ˢmalveyans a pwòp lèv yo kapab
    vin kouvri yo.
¹⁰ Kite ᵗchabon tou limen vin tonbe sou yo.
Kite yo jete nan dife,
  nan fòs fon kote yo p ap kab leve sòti.
¹¹ Sila ki bay kout lang yo pap vin
    etabli sou latè.
ᵘMal la va kouri vit dèyè moun vyolans lan.
¹² Mwen konnen ke SENYÈ a va bay
    soutyen a aflije yo,
  e fè ᵛjistis pou malere a.
¹³ Anverite, moun dwat yo va bay
    remèsiman a non Ou.
Epi moun dwat yo va abite nan prezans Ou.

Yon Sòm David

141 ʷO SENYÈ, mwen rele non Ou.
      Fè vit! Vin kote m!
Prete zòrèy Ou a vwa mwen lè m rele Ou!
² Ke lapriyè mwen kapab konte kon
    lansan devan Ou;
  lè m ˣleve men m, kon sakrifis ofrann aswè a.
³ Plase yon gadyen sou bouch mwen,
    O SENYÈ.
Veye dri sou ʸpòt lèv mwen yo.
⁴ Pa mennen kè m vè okenn mal,
  pou pratike zèv mechan yo, avèk moun
    ki ᶻfè inikite yo.
Ni pa kite mwen manje manje ki fèt pa yo.
⁵ Kite moun ᵃladwati yo frape mwen.
Konsa, li dous.
Kite li korije mwen.
L ap tankou lwil ki koule sou tèt la.
Pa kite tèt mwen refize li,

paske lapriyè mwen toujou kont zak
    mechan yo.
⁶ Jij pa yo ᵃfin jete a tè bò kote wòch yo.
Yo va tande pawòl mwen yo, paske
    yo byen pale.
⁷ Tankou lè yon moun laboure pou fann tè a,
se konsa zo nou yo fin gaye nan ᵇbouch
    sejou mò a.
⁸ Paske zye mwen se sou Ou, O
    BONDYE, Senyè a.
Nan Ou, mwen kache.
Pa kite nanm mwen san pwotèj.
⁹ Sove m de dan pyèj ke yo te prepare
    pou mwen yo,
avèk ᶜpèlen a sila ki fè inikite yo.
¹⁰ Kite mechan yo ᵈtonbe nan pwòp filè yo,
pandan mwen pase akote.

*Yon Sòm Refleksyon pa David lè l
te nan kav la. Yon lapriyè*

142 Mwen kriye fò avèk vwa mwen
    vè SENYÈ a.
Ak vwa m, mwen ᵉfè siplikasyon a SENYÈ
    a pou m mande L mizerikòd.
² Mwen vide plent mwen yo devan L.
Mwen deklare ᶠpwoblèm mwen yo devan L.
³ Lè ᵍlespri m te fin bat anndan m,
Ou te konnen chemen mwen.
Nan wout kote m mache a, yo te sere
    yon pyèj pou mwen.
⁴ Gade adwat pou wè. Nanpwen moun
    ki veye pou mwen.
Nanpwen moun ki pou fè m chape.
Nanpwen moun ki pou pran swen m.
⁵ Mwen te kriye a Ou menm, O SENYÈ.
Mwen te di "Se Ou menm ki ʰsekou mwen,
pòsyon mwen nan peyi moun vivan yo."
⁶ "Prete atansyon a kri mwen yo, paske
    mwen vin desann ba nèt.
Delivre mwen nan men pèsekitè mwen yo,
paske yo ⁱtwò fò pou mwen.
⁷ ʲMennen nanm mwen sòti nan prizon,
pou m kab bay remèsiman a non Ou.
Moun ladwati mwen yo va antoure mwen,
paske Ou va aji nan bonte Ou anvè mwen."

Yon Sòm David

143 Tande lapriyè mwen, O SENYÈ.
Prete zòrèy Ou a siplikasyon mwen yo.
Nan fidelite Ou, reponn mwen, ak
    ᵏladwati Ou!
² Konsa, pa antre nan jijman avèk sèvitè Ou a,
ˡpaske nan zye Ou, nanpwen moun
    vivan ki jis.
³ Paske lènmi an te pèsekite nanm mwen.

Li fin kraze lavi m jis rive atè.
Li ᵐte fè m rete kote fènwa, tankou sila
    ki mouri lontan yo.
⁴ Pou sa, lespri m kraze nèt anndan m.
Kè m ⁿnan gwo twoub anndan m.
⁵ Mwen sonje ansyen jou yo.
Mwen reflechi tout tan sou tout sa Ou te fè.
Mwen panse sou zèv men Ou yo.
⁶ Mwen lonje men m vè Ou menm.
ᵒNanm mwen fè gwo anvi pou Ou, kon
    yon peyi deseche.
⁷ Reponn mwen vit, O SENYÈ, lespri
    m vin febli;
ᵖPa kache figi Ou sou mwen, oswa mwen va
    vini kon sila ki desann nan fòs yo.
⁸ Kite mwen tande lanmou dous Ou a
    nan granmmaten,
paske mwen mete konfyans mwen nan Ou.
Enstwi mwen nan chemen ke m ta
    dwe mache a,
paske se a Ou ke mwen qleve nanm mwen.
⁹ ʳDelivre mwen, O SENYÈ, de lènmi
    mwen yo.
Mwen kache nan Ou.
¹⁰ Enstwi mwen pou fè volonte Ou,
paske se Ou menm ki Bondye mwen.
Lespri Ou bon.
Kondwi mwen sou tèren ladwati a.
¹¹ ˢPou koz a non Ou, O SENYÈ, fè m
    reprann fòs mwen.
Nan ladwati Ou, mennen nanm mwen
    sòti nan gwo twoub la.
¹² Epi nan lanmou dous Ou a, fè lennmi
    m yo koupe retire nèt.
ᵗDetwi tout sila ki aflije nanm mwen yo,
paske mwen se sèvitè Ou.

Yon Sòm David

144 Beni se SENYÈ a, wòch mwen an,
ki ᵘenstwi men m pou fè lagè,
ak dwèt mwen pou batay.
² Lanmou dous mwen e sitadèl mwen an,
ᵛFòterès mwen ak liberatè mwen an,
Boukliye mwen an nan sila mwen kache a,
Ki soumèt pèp mwen an anba m.
³ O SENYÈ, ʷse kisa lòm nan ye pou
    Ou panse a li?
Oswa fis a lòm nan pou Ou panse a Li?
⁴ ˣLòm se tankou yon sèl souf.
Jou li yo se tankou yon lonbraj k ap pase.
⁵ Bese syèl Ou yo, O SENYÈ e desann.
Touche mòn yo pou yo kab fè lafimen.
⁶ Fè parèt ʸeklè pou gaye yo.
Voye flèch Ou pou mete yo nan konfizyon.
⁷ Lonje men Ou soti anwo.

ᵃ **141:6** II Kwo 25:12   ᵇ **141:7** Nonb 16:32-33   ᶜ **141:9** Sòm 140:5   ᵈ **141:10** Sòm 7:15   ᵉ **142:1** Sòm 30:8
ᶠ **142:2** Sòm 77:2   ᵍ **142:3** Sòm 77:3   ʰ **142:5** Sòm 91:2-9   ⁱ **142:6** Sòm 18:17   ʲ **142:7** Sòm 143:11
ᵏ **143:1** Sòm 71:2   ˡ **143:2** Job 14:3   ᵐ **143:3** Sòm 88:6   ⁿ **143:4** Lam 3:11   ᵒ **143:6** Sòm 42:2   ᵖ **143:7** Sòm 27:9
ᵠ **143:8** Sòm 86:4   ʳ **143:9** Sòm 31:15   ˢ **143:11** Sòm 25:11   ᵗ **143:12** Sòm 54:5   ᵘ **144:1** II Sam 22:35
ᵛ **144:2** Sòm 59:9   ʷ **144:3** Sòm 8:4   ˣ **144:4** Sòm 39:11   ʸ **144:6** Sòm 18:14

Fè m sekou!
Delivre m sòti nan gwo dlo yo,
nan men ªetranje yo ak
⁸ bouch kap pale manti yo e ᵇmen
dwat a sila ki se men dwat a manti yo.
⁹ Mwen va chante yon ᶜchan tounèf a
Ou menm, O Bondye;
Sou ap dis kòd yo, mwen va chante
lwanj a Ou menm,
¹⁰ Ki konn sove wa yo, ki fè David, sèvitè Li a,
ᵈchape de nepe lanmò a.
¹¹ Fè m sekou e delivre m de men
a ᵉetranje yo,
Bouch a sila ki pale desepsyon yo,
e men dwat a sila ki men dwat a manti yo.

¹² Kite fis nou yo nan jenès yo parèt
tankou plant ki fin grandi,
e fi nou yo tankou pilye taye ki pou ta
embeli yon palè wayal.
¹³ Kite ᶠdepo nou yo toujou plen, nan bay
tout kalite pwodwi.
Kite twoupo nou yo pwodwi dè milye e dè
di milye nan chan nou yo.
¹⁴ Kite bèf nou yo ka pote gwo chaj.
Pou nou pa gen kase kay, ni kouri kite, e
nanpwen moun k ap ᵍrele "anmwey"
nan lari nou yo.
¹⁵ A la beni pèp ki ranje konsa beni!
A la ʰbeni pèp ki gen Bondye pou
SENYÈ yo beni.

Yon chan lwanj pa David

145 Mwen va ⁱleve Ou wo,
O Bondye mwen, O Wa a.
Mwen va beni non Ou pou tout tan e
pou tout tan.
² Chak jou, mwen va beni Ou e mwen
va louwe non Ou pou tout tan e pou tout tan.
³ Gran se SENYÈ a, dign de lwanj.
ʲGrandè Li pa kab fin sonde menm.
⁴ Yon ᵏjenerasyon va louwe zèv Ou yo
jis rive nan yon lòt.
Yo va pwoklame zèv pwisan Ou yo.
⁵ Sou bèlte e glwa a majeste Ou
avèk ˡzèv mèvèy Ou yo,
mwen va reflechi tout tan.
⁶ Lezòm va pale sou pouvwa a ᵐzèv
mèvèy Ou yo
e mwen va pale jan Ou gran.
⁷ Yo va pouse pale ak enpasyans sou
memwa a bonte Ou.
Yo va rele fò ak lajwa de ladwati Ou.
⁸ SENYÈ a ⁿplen gras avèk mizerikòd,

lan nan kòlè e gran nan lanmou dous Li a.
⁹ SENYÈ a bon pou tout moun e gras Li
lonje rive sou tout zèv Li yo.
¹⁰ ᵒTout zèv Ou yo va di Ou: "Mèsi",
O SENYÈ, e fidèl Ou yo va beni Ou.
¹¹ Yo va pale ᵖglwa a wayòm Ou an, e
pale sou zafè pouvwa Ou yo;
¹² Pou ᵠfè rekonèt a fis a lòm yo,
zèv pwisan Ou yo avèk glwa ak
majeste a wayòm Ou an.
¹³ Wayòm Ou an se yon ʳwayòm etènèl
e règn Ou an dire pou tout jenerasyon yo.
¹⁴ SENYÈ a bay soutyen a tout moun ki tonbe.
Li ˢleve wo tout sila ki vin pwostène yo.
¹⁵ Zye a tout moun genyen espwa sou Ou.
Ou ᵗbay yo manje yo nan lè yo.
¹⁶ Ou ᵘouvri men Ou pou satisfè dezi
a tout sila k ap viv yo.
¹⁷ Senyè a ᵛdwat nan tout chemen Li yo, e
ranpli ak bonte nan tout zèv Li yo.
¹⁸ SENYÈ a toupre tout sila ki rele Li yo,
tout sila ki rele liʷ ak verite yo.
¹⁹ Li va ˣranpli dezi a sila ki gen lakrent Li yo.
Anplis Li va tande kri yo e Li va sove yo.
²⁰ SENYÈ a kenbe tout sila ki renmen Li yo,
men ʸmechan yo, Li va detwi.
²¹ Bouch mwen va pale lwanj SENYÈ a,
e ᶻtout chè va beni sen non Li an jis pou
tout tan e pou tout tan.

146 Beni SENYÈ a!
ªBeni SENYÈ a, O nanm mwen!
² Mwen va beni SENYÈ a ᵇpandan
mwen ap viv.
Mwen va chante lwanj a Bondye pa mwen an
pandan mwen sou latè a.
³ ᶜPa mete konfyans nan prens yo.
Nan lòm mòtèl, nan sila nanpwen Sali a.
⁴ ᵈLespri li pa rete; li retounen nan tè a.
Nan menm jou sa a, panse li yo vin peri.
⁵ A la beni sila ki gen sekou nan Bondye
Jacob la beni,
sila ki ᵉmete espwa li nan SENYÈ a,
Bondye li a,
⁶ Ki te fè syèl la avèk tè a,
ᶠlanmè ak tout sa ki ladann.
Ki fidèl jis pou tout tan.
⁷ Ki ᵍegzekite jistis pou oprime yo.
Ki bay manje a moun grangou yo.
SENYÈ a mete prizonye yo an libète.
⁸ SENYÈ a ʰouvri zye a avèg yo.
SENYÈ a leve sila ki vin pwostène yo.
SENYÈ a renmen moun ladwati yo.
⁹ SENYÈ a ⁱpwoteje etranje yo.

ª **144:7** Sòm 18:44   ᵇ **144:8** Jen 14:22   ᶜ **144:9** Sòm 33:3   ᵈ **144:10** II Sam 18:7   ᵉ **144:11** Sòm 18:44
ᶠ **144:13** Pwov 3:9-10   ᵍ **144:14** És 24:11   ʰ **144:15** Sòm 33:12   ⁱ **145:1** Sòm 30:1   ʲ **145:3** Job 5:9
ᵏ **145:4** Sòm 22:30-31   ˡ **145:5** Sòm 119:27   ᵐ **145:6** Det 10:21   ⁿ **145:8** Egz 34:6   ᵒ **145:10** Sòm 19:1
ᵖ **145:11** Jr 14:21   ᵠ **145:12** Egz 14:21   ʳ **145:13** Sòm 10:16   ˢ **145:14** Sòm 146:8   ᵗ **145:15** Sòm 104:27
ᵘ **145:16** Sòm 104:28   ᵛ **145:17** Sòm 116:5   ʷ **145:18** Jn 4:24   ˣ **145:19** Sòm 21:2   ʸ **145:20** Sòm 9:5
ᶻ **145:21** Sòm 65:2   ª **146:1** Sòm 103:1   ᵇ **146:2** Sòm 63:4   ᶜ **146:3** Sòm 118:9   ᵈ **146:4** Ekl 12:7
ᵉ **146:5** Sòm 71:5   ᶠ **146:6** Trav 14:15   ᵍ **146:7** Sòm 103:6   ʰ **146:8** Mat 9:30   ⁱ **146:9** Egz 22:21

Li bay soutyen a òfelen an ak vèv la,
men Li jennen wout mechan an.
[10] SENYÈ a va renye jis pou tout tan,
Bondye pa Ou a, O Sion, jis pou tout
   jenerasyon yo.
Louwe SENYÈ a!

147
Louwe SENYÈ a!
Paske li bon pou chante lwanj a
   Bondye nou an.
Paske se agreyab epi lwanj Li se [a]dous.
[2] SENYÈ a ap ranfòse Jérusalem.
Li [b]ranmase egzile Israël yo.
[3] Li geri sila ak [c]kè kase yo e mete
   pansman sou blesi yo.
[4] Li konte fòs kantite zetwal yo.
Li [d]bay non a yo tout.
[5] Gran se SENYÈ nou an e Li ranpli ak fòs.
[e]Bon konprann Li an san limit nèt.
[6] SENYÈ a bay [f]soutyen a aflije yo.
Li fè mechan yo bese desann jis rive atè.
[7] [g]Chante a SENYÈ a ak remèsiman.
Chante lwanj a Bondye nou an sou gita,
[8] ki kouvri syèl la ak nwaj yo,
ki [h]founi lapli pou tè a,
ki fè zèb yo grandi sou mòn yo.
[9] Li bay bèt la manje li,
ak [i]jenn kòbo k ap kriye yo.
[10] Li pa pran plezi nan fòs cheval la.
Li [j]pa pran plezi nan janm a moun.
[11] SENYÈ a bay favè a sila ki krent Li yo,
[k]sila ki tann lanmou dous Li yo.
[12] Louwe SENYÈ a, O Jérusalem!
Louwe Bondye ou a, O Sion!
[13] Paske Li te fòtifye ba fè nan pòtay ou yo;
Li te [l]beni fis ou yo anndan w.
[14] Li [m]fè lapè anndan lizyè ou yo.
Li satisfè ou ak meyè kalite ble.
[15] Li voye lòd Li sou latè.
[n]Pawòl Li kouri byen vit.
[16] Li bay lanèj kon lenn.
Li gaye [o]lawouze glase kon sann.
[17] Li jete voye glas Li kon ti mòso.
Se kilès ki kab kanpe devan [p]fredi Li a?
[18] Li voye pawòl Li pou fonn yo.
Li fè [q]van Li soufle e dlo yo koule.
[19] Li [r]deklare pawòl Li yo a Jacob,
règleman Li yo ak òdonans Li yo a Israël.
[20] Li [s]pa t aji konsa avèk okenn lòt nasyon.
Selon òdonans Li yo, yo pa konnen yo.
Louwe SENYÈ a!

148
[t]Louwe SENYÈ a!
Louwe SENYÈ a soti nan syèl yo!

Louwe Li kote ki wo yo!
[2] Louwe Li, tout zanj Li yo.
Louwe Li, [u]tout lame Li yo!
[3] Louwe Li, solèy ak lalin nan.
Louwe Li, tout zetwal ki limen yo!
[4] Louwe Li, pi wo syèl yo,
ak [v]dlo ki anwo syèl yo.
[5] Kite yo louwe non SENYÈ a,
paske [w]Li te pase lòd, e sa te fèt.
[6] Anplis, Li te etabli yo jis pou tout tan.
Li te pase yon [x]dekrè ki p ap janm disparèt.
[7] Louwe SENYÈ a soti sou latè,
[y]gwo bèt voras lanmè a ak tout fon an.
[8] Dife ak lagrèl, lanèj ak nwaj,
van tanpèt ki [z]akonpli pawòl Li yo.
[9] Mòn yo ak tout kolin yo,
[a]pye fwi yo ak tout pye sèd yo,
[10] Bèt sovaj yo ak tout bèt chan yo,
sa ki [b]trennen atè ak bèt ki vole yo,
[11] [c]wa latè yo ak tout pèp yo,
prens yo ak tout jij latè yo,
[12] ni jennonm, ni vyèj,
granmoun ak timoun.
[13] Kite yo louwe non SENYÈ a,
paske se sèl non Li ki leve wo.
[d]Glwa Li pi wo tè a ak syèl la.
[14] Li te leve yon kòn pou pèp Li a,
Lwanj pou tout fidèl Li yo,
menm pou fis Israël yo, yon pèp toupre Li.
Louwe SENYÈ a.

149
Louwe SENYÈ a!
Chante a SENYÈ a yon chan tounèf,
avèk lwanj Li [e]nan asanble fidèl Li yo.
[2] Kite Israël fè kè kontan nan Kreyatè li a.
Kite fis a Sion yo rejwi nan [f]Wa yo a.
[3] Kite yo louwe non Li avèk dans!
Kite yo chante lwanj a Li
avèk [g]tanbouren ak gita.
[4] Paske SENYÈ a pran plezi nan pèp Li a.
Li va [h]anbeli enb yo avèk sali Li.
[5] Kite fidèl yo leve wo nan glwa.
Kite yo chante ak lajwa sou kabann yo.
[6] Ke [i]gwo lwanj a Bondye yo kapab
   nan bouch yo,
ak yon nepe file de bò nan men yo,
[7] pou [j]fè vanjans sou nasyon yo,
avèk pinisyon sou lòt pèp yo;
[8] pou mare wa yo ak chenn,
ak [k]moun pwisan yo nan gwo chenn an fè,
[9] pou [l]egzekite sou yo jijman ki te ekri a.
Sa se lonè de tout fidèl Li yo.
Louwe SENYÈ a!

---

[a] 147:1 Sòm 33:1 [b] 147:2 Det 30:3 [c] 147:3 Sòm 34:8 [d] 147:4 És 40:26 [e] 147:5 És 40:28 [f] 147:6 Sòm 37:24
[g] 147:7 Sòm 33:2 [h] 147:8 Job 5:10 [i] 147:9 Job 38:41 [j] 147:10 I Sam 16:7 [k] 147:11 Sòm 33:18
[l] 147:13 Sòm 37:26 [m] 147:14 Sòm 29:11 [n] 147:15 Sòm 104:4 [o] 147:16 Job 38:29 [p] 147:17 Job 37:9
[q] 147:18 Sòm 107:25 [r] 147:19 Det 33:3-4 [s] 147:20 Det 4:7-34 [t] 148:1 Sòm 69:34 [u] 148:2 Sòm 103:20-21
[v] 148:4 Jen 1:7 [w] 148:5 Jen 1:1 [x] 148:6 Job 38:33 [y] 148:7 Jen 1:21 [z] 148:8 Sòm 37:12 [a] 148:9 És 55:12 [b] 148:10 Os 2:18 [c] 148:11 Sòm 102:15 [d] 148:13 És 12:4 [e] 149:1 Sòm 35:18 [f] 149:2 Jij 8:23
[g] 149:3 Egz 15:20 [h] 149:4 Sòm 132:16 [i] 149:6 Sòm 66:17 [j] 149:7 Éz 25:17 [k] 149:8 Na 3:10 [l] 149:9 Det 7:12

150

¹ Louwe SENYÈ a!
Louwe SENYÈ a nan ᵃsanktiyè Li a!
Louwe Li nan gran espas syèl la pou tout zak pouvwa Li yo!
² Louwe Li pou ᵇzèv pwisan Li yo!
Louwe Li selon bèlte a grandè Li!
³ Louwe Li ak son ᶜtwonpèt la!
Louwe Li ak ap avèk gita!
⁴ Louwe Li ak ᵈtanbouren ak dans!
Louwe Li ak enstriman a kòd ak flit!
⁵ Louwe Li ak ᵉsenbal byen fò!
Louwe Li ak senbal k ap retanti!
⁶ Kite ᶠtout sa ki gen souf louwe SENYÈ a!
Louwe SENYÈ a!

ᵃ **150:1** Sòm 73:17 ᵇ **150:2** Sòm 145:12 ᶜ **150:3** Sòm 98:6 ᵈ **150:4** Sòm 149:3 ᵉ **150:5** II Sam 6:5
ᶠ **150:6** Sòm 103:22

Pwovèb Yo

1 [a]Pwovèb Salomon yo, fis a David la, wa Israël la:
² pou konnen sajès avèk enstriksyon,
Pou dekouvri pawòl [b]bon konprann yo,
³ Pou [c]resevwa enstriksyon nan jan
   pou aji ak sajès,
ladwati, jistis, menm jan pou tout moun;
⁴ Pou [d]avèti san konprann yo e bay konesans
   ak pridans a jenn yo.
⁵ Yon nonm saj va tande, va grandi
   nan konesans li
e yon [e]nonm bon konprann va twouve
   konsèy ki saj,
⁶ Pou konprann yon pwovèb ak mo kache,
   pawòl a saj yo avèk [f]devinèt yo.

⁷ [g]Lakrent SENYÈ a se kòmansman sajès la;
sila ki plen foli, meprize sajès ak lenstriksyon.
⁸ Tande byen, fis mwen an, lenstriksyon
   papa ou,
e [h]pa abandone leson a manman ou yo;
⁹ Anverite, yo fè yon [i]kouwòn byen
   bèl sou tèt ou,
ak yon bèl dekorasyon nan kou ou.
¹⁰ Fis mwen an, si pechè yo vin tante
   ou, [j]pa dakò.
¹¹ Si yo di: "Vini avèk nou, annou [k]kouche
   yon pyèj pou san,
annou fè anbiskad pou inosan yo san koz;
¹² Annou [l]vale yo vivan tankou Sejou mò yo,
menm an antye tankou sila k ap desann
   nan fòs yo.
¹³ Nou va jwenn tout kalite byen presye,
nou va ranpli lakay nou ak piyaj.
¹⁴ Tire osò pa ou ansanm ak nou.
Nou tout va gen yon sèl bous"—
¹⁵ Fis mwen an, [m]pa mache nan chemen
   avèk yo.
¹⁶ Paske [n]pye yo kouri jwenn mal,
e yo fè vit pou yo vèse san.
¹⁷ Anverite, se initil pou ouvri yon
   filè ak pen gaye
devan nenpòt kalite zwazo;
¹⁸ men yap kouche yon pyèj pou pwòp
   san pa yo.
[o] Yo fè anbiskad pou pwòp lavi pa yo.
¹⁹ Se konsa tout chemen yo ye a pou
tout moun ki [p]vin genyen pa mwayen vyolans.
Se pwòp lavi yo kap vin rache.

²⁰ [q]Sajès rele fò nan lari.
Li leve vwa li nan plas la.
²¹ Nan tèt lari ki gen zen yo, li kriye fò.
Nan antre pòtay lari yo,
li fè moun tande tout pawòl li yo:
²² "Jiskilè, O moun san bon konprann yo,
nou va renmen rete san konprann anyen?
Pou mokè yo rejwi yo nan moke moun e
moun san konprann yo rayi konesans?
²³ Vire sou repwòch mwen an.
Gade byen, mwen [r]va vide lespri m sou nou.
Mwen va fè nou konnen pawòl mwen yo.
²⁴ Akoz mwen te rele nou e nou te refize;
mwen te [s]lonje men m, e pèsòn pa t okipe sa,
²⁵ men nou te neglije tout konsèy mwen yo,
e nou [t]pa t vle tande repwòch mwen;
²⁶ konsa, mwen menm anplis, va ri
   sou malè nou yo.
Mwen va moke nou lè [u]gran laperèz la rive,
²⁷ lè gran laperèz nou rive tankou tanpèt
e gwo dezas nou yo tankou [v]toubiyon,
lè gwo pwoblèm ak soufrans rive sou nou.
²⁸ Nan lè sa a, yo va rele m, men mwen
   p ap reponn.
Yo va [w]chache mwen avèk dilijans, men
   yo p ap twouve m,
²⁹ akoz yo te [x]rayi konesans
e pa t chwazi gen lakrent SENYÈ a.
³⁰ Yo te refize konsèy mwen.
Yo te rejte tout repwòch mwen yo.
³¹ Pou sa, yo va [y]manje fwi a pwòp
   chemen yo,
e vant yo va vin plen ak pwòp manèv yo.
³² Paske [z]chemen kwochi a moun
san konprann yo va touye yo.
Kè kontan a sila ki plen foli va detwi yo.
³³ Men sila ki koute mwen an
va viv ansekirite,
e li va rete alèz san pè malè."

2 Fis mwen an, si ou resevwa pawòl mwen yo,
e [a]gade kòmandman mwen yo nan kè ou,
² e [b]fè zòrèy ou atantif a sajès;
e enkline zòrèy ou vè bon konprann,
³ wi, si ou leve vwa w pou sajès;
e leve vwa ou vè bon konprann;
⁴ si ou chache li kon ajan,
e fè rechèch dèyè li kon trezò [c]ki kache;
⁵ nan lè sa a, ou va dekouvri [d]lakrent
   SENYÈ a,
e dekouvri konesans Bondye a.
⁶ Paske, [e]SENYÈ a bay sajès.

---

[a] **1:1** I Wa 4:32   [b] **1:2** Pwov 4:1   [c] **1:3** Pwov 2:1   [d] **1:4** Pwov 8:5-12   [e] **1:5** Pwov 14:6   [f] **1:6** Nonb 12:8
[g] **1:7** Job 28:28   [h] **1:8** Pwov 6:20   [i] **1:9** Jen 41:42   [j] **1:10** Jen 39:7-10   [k] **1:11** Pwov 12:6   [l] **1:12** Sòm 124:3
[m] **1:15** Sòm 1:1   [n] **1:16** Pwov 6:17-18   [o] **1:18** Pwov 11:19   [p] **1:19** Pwov 15:27   [q] **1:20** Pwov 8:1-3   [r] **1:23** És 32:15   [s] **1:24** És 65:2   [t] **1:25** Pwov 15:10   [u] **1:26** Pwov 10:24   [v] **1:27** Pwov 10:25   [w] **1:28** Pwov 8:17
[x] **1:29** Job 21:14   [y] **1:31** Job 4:8   [z] **1:32** Jr 2:19   [a] **2:1** Pwov 3:1   [b] **2:2** Pwov 22:17   [c] **2:4** Job 3:21
[d] **2:5** Pwov 1:7   [e] **2:6** I Wa 3:12

Nan bouch Li, soti konesans ak bon konprann.
⁷ Li mete sajès nan depo pou moun dwat la.
Li se ᵃboukliye pou sila ki mache ak
    entegrite yo,
⁸ Ka p veye chemen la jistis yo,
e ᵇpwoteje chemen a fidèl Li yo.
⁹ Konsa, ou va dekouvri ᶜladwati ak jistis,
e menm egalite avèk tout bon chemen yo.
¹⁰ Paske, sajès va antre nan kè ou,
e ᵈkonesans va fè ou alèz jis rive nan nanm ou.
¹¹ Bon konprann va ᵉpwoteje ou,
konesans va veye sou ou,
¹² pou ᶠpwoteje ou kont chemen mal la,
kont lòm ki pale bagay pèvès yo.
¹³ Kont sila ki ᵍkite chemen ladwati yo
pou mache nan chemen fènwa yo;
¹⁴ ki ʰpran plezi nan fè sa ki mal
e rejwi nan mechanste mal la.
¹⁵ Chemen a sila ki vin ⁱkwochi yo
e ki vin gaye kò yo nan tout sa yo fè.
¹⁶ Pou delivre ou soti nan men fanm etranje a,
soti nan men ʲfanm adiltè ki flate ak pawòl li;
¹⁷ ki kite ᵏkonpanyen jenès li a,
e ki bliye akò a Bondye li;
¹⁸ paske lakay li mennen a lanmò
e tras a pla pye li yo rive kote mò yo.
¹⁹ Pèsòn ˡki ale kote li menm, pa
    retounen ankò,
ni yo pa jwenn pa lavi.
²⁰ Akoz sa a, ou va ᵐmache nan chemen
    a sila ki bon yo,
e swiv tras a moun ladwati yo.
²¹ Paske moun dwat yo va viv nan peyi a,
e ⁿsila ki san tò yo va rete ladann;
²² men mechan yo va koupe retire
    nèt de peyi a,
e moun trèt yo va ᵒdechouke de li.

3 Fis mwen an, ᵖpa bliye enstriksyon mwen an,
men kite kè ou kenbe kòmandman Mwen yo;
² paske konsa, longè jou, ane lavi ak lapè yo
va vin ogmante sou ou.
³ Pa kite ᵠdousè ak verite kite ou.
Mare yo antoure kou ou.
Ekri yo sou tablo kè ou.
⁴ Konsa, ou va twouve favè avèk ʳbon
    repitasyon
nan men Bondye a, ak moun.
⁵ ˢMete konfyans nan SENYÈ a ak tout kè ou;
pa apiye sou pwòp bon konprann pa w.
⁶ Nan tout chemen ou yo rekonèt Li;
konsa Li va ᵗfè pa ou yo vin dwat.
⁷ ᵘPa vin saj nan pwòp zye pa ou;
krent SENYÈ a e vire kite mal.
⁸ Li va sèvi kon yon ᵛgerizon pou kò ou,
ak rafrechisman a zo ou.
⁹ Onore SENYÈ a ak sa ki soti nan
    bonte ou yo;
ak ʷpremye pati nan tout prodwi ou,
¹⁰ pou ˣdepo ou yo kab vin plen ak abondans,
e pou sitèn ou yo plen ak diven tounèf.
¹¹ ʸFis mwen an, pa rejte disiplin SENYÈ a,
ni rayi repwòch Li,
¹² Paske ᶻsila ke SENYÈ a renmen
    an, Li korije li,
jis tankou yon papa konn korije
fis nan sila li pran plezi a.

¹³ ᵃA la beni nonm ki twouve sajès,
e nonm ki vin genyen bon konprann nan beni!
¹⁴ Paske ᵇavantaj li pi bon ke avantaj ajan,
e pwofi li pi bon ke lò fen.
¹⁵ Li ᶜpi presye pase bijou;
e okenn lòt bagay ke ou ta dezire pa
    kab konpare avèk li.
¹⁶ Lavi ki long va trouve nan men dwat li.
Nan men goch li se ᵈrichès ak lonè.
¹⁷ ᵉChemen li yo byen dous,
e tout pa li yo se lapè.
¹⁸ Li se yon ᶠpyebwa lavi a sila ki pran l yo,
e byen kontan se tout sila ki kenbe l fèm yo.
¹⁹ SENYÈ a ᵍak sajès te fonde latè a;
ak bon konprann Li te etabli syèl yo.
²⁰ Ak konesans Li, ʰfon yo te vin ouvri,
e syèl yo te vin degoute lawouze.
²¹ Fis mwen an, pa kite yo vin disparèt
    devan zye ou;
kenbe bon sajès ak bon konprann.
²² Konsa yo va ⁱlavi pou nanm ou
ak dekorasyon pou kou ou.
²³ Konsa, ou va mache nan chemen
    ou ak sekirite,
e pye ou p ap ʲchape.
²⁴ Lè ou ᵏkouche ou p ap pè;
kouche ou ak dòmi ou va byen dous.
²⁵ Pa pè gwo laperèz ki parèt sibitman,
ni atak a mechan an lè l vini.
²⁶ Paske Bondye va konfyans ou,
e va ˡveye pye ou pou l pa pran nan pyèj.

²⁷ ᵐPa refize fè byen a sila ki merite l yo,
si se nan kapasite ou pou fè l.
²⁸ Pa di vwazen ou: "Ale e retounen pita",
oswa "Demen, m ap bay ou", lè l deja
    nan men w.
²⁹ ⁿPa kalkile mal kont vwazen ou
pandan l ap viv an sekirite akote ou.
³⁰ Pa fè kont ak yon nonm san koz,
depi li pa konn fè ou tò.

ᵃ **2:7** Sòm 84:11   ᵇ **2:8** I Sam 2:9   ᶜ **2:9** Pwov 8:20   ᵈ **2:10** Pwov 22:18   ᵉ **2:11** Pwov 4:6   ᶠ **2:12** Pwov 28:26
ᵍ **2:13** Pwov 21:16   ʰ **2:14** Pwov 10:23   ⁱ **2:15** Sòm 125:5   ʲ **2:16** Pwov 23:27   ᵏ **2:17** Mat 2:14-15
ˡ **2:19** Ekl 7:26   ᵐ **2:20** Eb 6:12   ⁿ **2:21** Pwov 28:10   ᵒ **2:22** Det 28:63   ᵖ **3:1** Sòm 119:61   ᵠ **3:3** II
Sam 15:20   ʳ **3:4** Sòm 111:10   ˢ **3:5** Sòm 37:3-5   ᵗ **3:6** És 45:13   ᵘ **3:7** Wo 12:16   ᵛ **3:8** Pwov 4:22
ʷ **3:9** Egz 23:19   ˣ **3:10** Det 28:8   ʸ **3:11** Job 5:17   ᶻ **3:12** Rev 3:19   ᵃ **3:13** Pwov 8:32-34   ᵇ **3:14** Job 28:15-19
ᶜ **3:15** Job 28:18   ᵈ **3:16** Pwov 8:18   ᵉ **3:17** Mat 11:29   ᶠ **3:18** Jen 2:9   ᵍ **3:19** Sòm 104:24   ʰ **3:20** Jen 7:11
ⁱ **3:22** Det 32:47   ʲ **3:23** Sòm 91:12   ᵏ **3:24** Job 11:9   ˡ **3:26** I Sam 2:9   ᵐ **3:27** Wo 13:7   ⁿ **3:29** Pwov 6:14

³¹ ªPinga ou gen anvi a yon nonm vyolan,
ni pa chwazi chemen li yo.
³² Moun pèvès se yon abominasyon
  a SENYÈ a;
men SENYÈ a ᵇvin toupre a sila yo ki dwat yo.
³³ Malediksyon SENYÈ a sou kay mechan yo,
men Li ᶜbeni abitasyon a moun dwat yo.
³⁴ ᵈLi moke moun k ap moke,
men Li bay gras a sila ki aflije yo.
³⁵ ᵉSaj yo va resevwa gran respe kon eritaj,
men moun plen foli yo va dezonere.

4 Tande, O fis yo, ᶠenstriksyon a yon papa,
e fè atansyon pou ou kab reyisi jwenn
  bon konprann,
² Paske mwen bay ou bon konsèy;
ᵍpa abandone enstriksyon mwen.
³ Lè m te yon jenn timoun ak papa m,
byen jenn e ʰsèl fis devan zye a manman m,
⁴ Alò, li te ⁱenstwi mwen e te di mwen:
"Kite kè ou kenbe fèm a pawòl mwen;
kenbe lòd mwen yo pou ou viv.
⁵ Vin ranmase sajès!
ʲRanmase bon konprann!
Pa bliye, ni pa vire kite pawòl a bouch
  mwen yo.
⁶ Pa abandone li e li va pwoteje ou;
ᵏrenmen li e li va veye sou ou.
⁷ Men sa ki kòmansman sajès la:
ˡRanmase sajès!
Epi avèk sa ou rasanble a,
chache bon konprann.
⁸ ᵐMete valè li wo e li va fè ou leve;
li va bay ou onè si ou anbrase l.
⁹ Li va poze ⁿsou tèt ou yon kouwòn lagras;
li va prezante ou avèk yon kouwòn byen bèl."

¹⁰ Tande, fis mwen an, ᵒvin dakò ak
  pawòl mwen yo,
e lane lavi ou yo va vin byen long.
¹¹ Mwen te ᵖdirije ou nan chemen sajès la;
mwen te kondwi ou nan pa ladwati yo.
¹² Lè ou mache, pa ou yo p ap jennen;
epi si ou kouri, ᑫou p ap glise tonbe.
¹³ ʳPran enstriksyon; pa lage menm.
Pwoteje li paske li se lavi ou.
¹⁴ ˢPa antre nan chemen mechan yo,
e pa avanse nan vwa malfektè yo.
¹⁵ Evite li, pa pase kote li;
vire kite li e ale byen lwen.
¹⁶ Paske, yo p ap kab dòmi si yo pa fè mal;
epi dòmi vin vòle soti nan zye yo
si yo pa fè lòt glise tonbe.
¹⁷ Paske yo ᵗmanje pen a malveyan yo
e bwè diven vyolans.

¹⁸ Men pa a moun dwat yo se tankou
  limyè granmmaten
ki ᵘbriye pi fò e pi fò jiskaske li vin fè jou nèt.
¹⁹ ᵛChemen mechan yo tankou tenèb;
yo pa konnen sou kisa pou yo tonbe.

²⁰ Fis mwen an, ʷprete atansyon a
  pawòl mwen yo;
panche zòrèy ou vè diskou mwen yo.
²¹ Pa kite yo vin disparèt devan zye ou;
ˣkenbe yo nan fon kè ou.
²² Paske yo se ʸlavi a sila ki jwenn yo,
ak lasante a tout kò yo.
²³ Veye sou kè ou ak tout dilijans;
paske ᶻde li, sous lavi yo koule.
²⁴ Mete lwen de ou yon bouch manti
e ªmete tout pawòl foub byen lwen ou.
²⁵ Kite zye ou gade tou dwat devan
e kite vizyon ou konsantre devan nèt.
²⁶ ᵇVeye wout pye ou konn pran
e tout chemen ou yo va byen etabli.
²⁷ ᶜPa vire ni adwat ni agoch;
fè pye ou vire kite mal.

5 Fis mwen an, fè atansyon a sajès mwen,
ᵈapiye zòrèy ou vè bon konprann mwen;
² pou ou kab kenbe sajès
e pou ᵉlèv ou ka konsève konesans.
³ Paske lèv a fanm adiltè a degoute siwo,
e pale li ᶠpi dous pase lwil;
⁴ men a lafen, li vin anmè pase kou fyèl,
epi file kon yon nepe ki koupe de bò.
⁵ Pye li yo ᵍdesann vè lanmò
e pa li yo kenbe fèm nan chemen Sejou mò yo.
⁶ Li pa reflechi sou pa lavi a;
vwa li yo pa stab, ʰli pa rekonèt bagay sa a.

⁷ Alò, fis mwen yo, koute mwen,
e ⁱpa bliye pawòl a bouch mwen yo.
⁸ Kenbe wout ou byen lwen li, e
pa pwoche toupre ʲpòt lakay li.
⁹ Oswa ou va bay fòs ou a lòt yo
ak ane ou yo a mechan an.
¹⁰ Konsa, etranje yo va ranpli ak fòs ou,
e byen yo ke ou te ranmase ak swè ou,
va rive lakay a yon etranje.
¹¹ Epi ou va plenyen nan gòj
lè dènye moman lavi ou rive,
lè chè ou ak kò ou fin manje nèt.
¹² Ou va di: "Ki jan mwen te ᵏrayi
  enstriksyon!
Ak "Ki jan kè m te rayi repwòch!
¹³ Mwen pa t koute vwa a sa yo kap
  enstwi m yo,

ª **3:31** Sòm 37:1   ᵇ **3:32** Job 29:4   ᶜ **3:33** Job 8:6   ᵈ **3:34** Jc 4:6   ᵉ **3:35** Dan 12:3   ᶠ **4:1** Sòm 34:11
ᵍ **4:2** Sòm 89:30   ʰ **4:3** Za 12:10   ⁱ **4:4** Ef 6:4   ʲ **4:5** Pwov 16:16   ᵏ **4:6** II Tim 2:10   ˡ **4:7** Pwov 23:23
ᵐ **4:8** I Sam 2:30   ⁿ **4:9** Pwov 1:9   ᵒ **4:10** Pwov 2:1   ᵖ **4:11** I Sam 12:23   ᑫ **4:12** Sòm 91:11   ʳ **4:13** Pwov 3:18
ˢ **4:14** Sòm 1:1   ᵗ **4:17** Pwov 13:2   ᵘ **4:18** Dan 12:3   ᵛ **4:19** Job 18:5-6   ʷ **4:20** Pwov 5:1   ˣ **4:21** Pwov 7:1-2
ʸ **4:22** Pwov 3:22   ᶻ **4:23** Mat 12:34   ª **4:24** Pwov 19:1   ᵇ **4:26** Pwov 5:21   ᶜ **4:27** Det 5:32   ᵈ **5:1** Pwov 22:17
ᵉ **5:2** Mal 2:7   ᶠ **5:3** Sòm 55:21   ᵍ **5:5** Pwov 7:27   ʰ **5:6** Pwov 30:20   ⁱ **5:7** Sòm 119:102   ʲ **5:8** Pwov 9:14
ᵏ **5:12** Pwov 1:7-29

ni mwen pa t panche zòrèy mwen vè
  [a]mèt mwen yo.

¹⁴ Mwen te prèt pou fini nèt nan mitan
  asanble a ak kongregasyon an."
¹⁵ Bwè dlo nan pwòp sitèn pa ou e dlo
  fre nan pwi pa ou.
¹⁶ Èske [b]sous ou yo dwe dispèse nan
  peyi etranje,
kòn vwa dlo k ap kouri nan lari yo?
¹⁷ Kite yo pou ou sèl, e pa pou etranje
  yo avèk ou yo.
¹⁸ Kite fontèn dlo ou a rete beni,
e rejwi ou nan madanm a jenès ou a.
¹⁹ Tankou yon sèf amourez ak yon
  bich elegan,
kite tete li yo satisfè ou tout tan.
Rete debòde nèt ak lanmou li.
²⁰ Paske poukisa fis mwen an,
ou ta dwe renmen ak yon fanm adiltè,
e anbrase lestonmak a yon [c]etranje?
²¹ Paske chemen a yon nonm se devan
  zye a SENYÈ a,
e Li [d]veye tout pa li yo.
²² [e]Pwòp inikite a mechan an va kaptire li.
Li va kole nan kòd a pwòp peche pa li.
²³ Li va [f]mouri akoz mank enstriksyon,
e nan grandè foli li, li va vin egare.

6 Fis mwen an, si ou devni [g]garanti dèt
  pou vwazen ou,
ou te fè pwomès pou yon lòt ki pa pa w.
² Ou te tonbe nan pèlen akoz pawòl
  a bouch ou,
ou te kenbe menm, akoz pawòl bouch ou yo.
³ Alò fè sa, fis mwen an, pou delivre tèt ou.
Akoz ou te vin antre nan men a vwazen ou an,
ale desann pou jennen vwazen ou an.
⁴ Pa kite [h]dòmi tonbe nan zye ou,
ni somèy rive sou pòpyè zye ou.
⁵ Chape tèt ou kon yon antilòp nan
  men a chasè,
oswa [i]zwazo a nan pelen moun lachas la.

⁶ Ale kote [j]foumi, o parese.
Veye abitid li yo e vin saj!
⁷ Li menm, [k]san pa gen chèf, ni ofisye, ni mèt,
⁸ kon prepare manje li [l]nan gran sezon an
e ranmase pwovizyon li nan rekòlt la.
⁹ Pou konbyen de tan ou va kouche
  konsa O parese?
Se kilè ou va leve soti nan dòmi?
¹⁰ [m]Yon ti dòmi, yon ti somèy,
yon ti pliye men ou yo pou repoze;
¹¹ [n]mizè ou va vin parèt sou ou tankou
  yon vagabon,
e nesesite ou tankou yon nonm k ap pote zam.

¹² Yon sanzave, yon moun mechan
se sila ki mache ak yon [o]bouch pèvès,
¹³ ki [p]bat zye li, ki fè siy ak pye li,
ki pwente ak dwèt li;
¹⁴ ki avèk pèvèsite nan kè l
fè tout tan sa ki mal,
ki [q]gaye konfli.
¹⁵ Pou sa, [r]malè li va parèt sibitman;
nan yon enstan li va kase nèt;
e li p ap gen gerizon ditou.

¹⁶ Gen sis bagay ke SENYÈ a rayi;
wi sèt menm ki abominab devan l:
¹⁷ Zye ògeye, [s]yon lang k ap bay manti,
avèk men ki vèse san inosan,
¹⁸ Yon kè ki divize plan mechan yo,
[t]pye ki kouri vit pou jwenn mal,
¹⁹ Yon [u]fo temwen ki bay manti,
ak yon moun ki gaye konfli pami frè yo.

²⁰ [v]Fis mwen an, swiv lòd a papa ou
e pa abandone enstriksyon manman ou.
²¹ [w]Mare yo tout tan sou kè ou;
mare yo nan kou ou.
²² Lè ou [x]mache toupatou, yo va gide ou.
Lè ou dòmi, yo va veye sou ou.
Epi lè ou leve, yo va pale avèk ou.
²³ Paske [y]kòmandman an se yon lanp,
e enstriksyon li se limyè.
Konsa, repwòch ki disipline a se chemen lavi a
²⁴ pou [z]anpeche ou rive nan fanm movèz vi a,
a lang glise de fanm adiltè a.
²⁵ [a]Pa dezire bote li nan kè ou,
ni kite li kapte ou avèk pòpyè zye li.
²⁶ Paske akoz yon pwostitiye,
yon gason redwi a yon mòso pen.
Yon fanm adiltè fè lachase lavi presye.
²⁷ Èske yon nonm kab mete dife poze
  antre janm li yo
pou rad li pa brile?
²⁸ Oswa èske yon nonm kab mache
  sou chabon limen,
san ke pye l pa brile?
²⁹ Se konsa li ye ak yon nonm ki
[b]antre nan madanm vwazen li.
Nenpòt moun ki manyen l p ap sòti
  san pinisyon.
³⁰ Pèsòn pa meprize yon vòlè
kap vòlè pou l kab [c]satisfè grangou.
³¹ Men si pa aza, li jwenn li, la oblije
[d]repeye li sèt fwa.
Lap oblije bay tout sa li posede lakay li.
³² Sila ki fè adiltè ak yon fanm manke sajès;

---

[a] **5:13** Pwov 1:8   [b] **5:16** Pwov 5:18   [c] **5:20** Pwov 2:16   [d] **5:21** Pwov 4:26   [e] **5:22** Nonb 32:23   [f] **5:23** Job 4:21
[g] **6:1** Pwov 11:15   [h] **6:4** Sòm 132:4   [i] **6:5** Sòm 91:3   [j] **6:6** Pwov 30:24-25   [k] **6:7** Pwov 30:27   [l] **6:8** Pwov 10:5
[m] **6:10** Pwov 24:33   [n] **6:11** Pwov 24:34   [o] **6:12** Pwov 4:24   [p] **6:13** Job 15:12   [q] **6:14** Pwov 6:19   [r] **6:15** Pwov 24:22
[s] **6:17** Sòm 31:18   [t] **6:18** Pwov 1:16   [u] **6:19** Sòm 27:1   [v] **6:20** Ef 6:1   [w] **6:21** Pwov 3:3   [x] **6:22** Pwov 3:23
[y] **6:23** Sòm 19:8   [z] **6:24** Pwov 5:3   [a] **6:25** Mat 5:28   [b] **6:29** Éz 18:6   [c] **6:30** Job 38:39   [d] **6:31** Egz 22:1-4

nonm nan ki fè sa a, ᵃdetwi pwòp nanm li.
³³ L ap twouve blesi ak gwo wont,
e repwòch li p ap efase menm.
³⁴ Paske ᵇjalouzi fè laraj nan yon nonm;
li p ap fè gras nan jou vanjans lan.
³⁵ Li p ap dakò dedonmaje ak ranson,
ni li p ap satisfè malgre ou fè li anpil kado.

7 Fis mwen an, ᶜkenbe pawòl mwen yo
e kache kòmandman mwen yo anndan ou.
² Kenbe kòmandman mwen yo pou viv,
ak enstriksyon mwen yo
ᵈkon de grenn zye nan tèt ou.
³ Mare yo sou dwèt ou;
ᵉekri yo sou tablo a kè ou.
⁴ Di a sajès: "Se ou ki sè mwen,"
e rele sajès pi bon zanmi ou,
⁵ Pou li kab anpeche ou ale
jwenn ak yon fanm adiltè;
yon fanm etranje a ki fè flate ak pawòl li.
⁶ Paske bo fenèt lakay mwen,
mwen te gade ᶠnan fant fenèt mwen an.
⁷ Konsa, mwen te wè pami moun ᵍsòt yo,
e te rekonèt pami jenn yo,
yon jennonm ki te manke bon sans;
⁸ ki t ap pase nan lari a toupre
kwen kay fanm nan.
Konsa, li pran chemen pou rive ʰlakay li,
⁹ nan solèy kouche a, nan aswè,
nan mitan lannwit ak nan fènwa.
¹⁰ Epi gade, yon fanm vin pwoche li
ⁱabiye kon pwostitiye ak riz nan kè l.
¹¹ Li parèt plen kouraj nan rebelyon li.
ʲPye li pa rete lakay li.
¹² Koulye a nan lari yo, koulye a nan plas yo,
lap ᵏkache tan nan tout kwen.
¹³ Konsa, li sezi li, bo li;
e ak ˡfigi byen ranje, li di li:
¹⁴ "Mwen te prèt pou ale fè ofrann lapè yo.
Se jodi a, mwen ᵐfin peye ve mwen yo.
¹⁵ Konsa, mwen te vin rankontre ou,
pou jwenn prezans ou;
e konsa, mwen te twouve ou.
¹⁶ Mwen byen ranje kabann mwen ak kouvèti;
avèk bèl ⁿdra Égypte yo.
¹⁷ Mwen te flite kabann nan ak pafen
flè jasmen, lwil womaren ak ᵒkanèl.
¹⁸ Vini, annou bwè ladann
e fè lanmou jis rive nan maten.
Annou fè kè nou kontan ak doudous nou yo.
¹⁹ Paske mari m pa lakay la;
li ale nan yon gran vwayaj.
²⁰ Li te pran yon sak lajan avè l.
Jis rive nan plèn lin, l ap retounen lakay."
²¹ Ak anpil ankourajman, li atire li;
avèk ᵖlèv a flatè, li sedwi li.

²² Sibitman, li swiv li tankou
yon bèf k ap monte labatwa,
tankou moun sòt
kab mache rive nan ne koulan an.
²³ Jiskaske yon flèch frennen li nan fwa l;
tankou yon ᑫzwazo k ap fè vit pou
rive nan pèlen.
Se konsa, li pa konnen ke sa va koute lavi li.

²⁴ Alò, pou sa, fis yo, ʳkoute mwen
e okipe pawòl a bouch mwen yo.
²⁵ Pa kite kè ou ˢvire akote nan chemen li yo!
Pa vin antre egare nan wout li yo!
²⁶ Paske, anpil se viktim ke li deja
jete anba yo;
e ᵗanpil se sila ki te mouri akoz li.
²⁷ ᵘLakay li nan wout Sejou mò yo,
k ap desann nan chanm lanmò yo.

8 Èske ᵛsajès pa rele?
Èske bon konprann pa leve vwa li?
² Anlè ʷwotè akote chemen yo, akote
kafou wout yo;
la li pran pozisyon li.
³ Akote ˣpòtay yo, nan ouvèti vil la,
nan antre pòtay yo, li kriye fò:
⁴ Vè nou menm, O mesye yo, mwen rele!
Konsa, vwa m se pou fis a lòm yo.
⁵ O moun ensanse yo, vin aprann pridans!
ʸMoun fou yo, vin konprann sajès!
⁶ Koute mwen, paske mwen va pale
gwo bagay.
Lè lèv mwen louvri, ᶻy ap devwale
bagay ki kòrèk.
⁷ Paske ᵃbouch mwen va eksprime verite;
epi mechanste vin abominab a lèv mwen.
⁸ Tout pawòl a bouch mwen yo dwat;
nanpwen anyen ᵇkwochi oswa pèvès
ladann yo.
⁹ Yo byen dwat pou sila ki konprann nan,
e kòrèk pou sila ki ᶜjwenn konesans lan.
¹⁰ Pran ᵈkonsèy mwen olye a jan,
e konesans olye pi chwa nan lò pi.
¹¹ Paske, sajès ᵉpi bon ke bijou;
epi tout pi bèl bagay yo p ap kab konpare avè l.

¹² Mwen se sajès. Mwen rete avèk
bon konprann.
Konsa, mwen fè jwenn ᶠkonesans ak bon sans.
¹³ ᵍLakrent SENYÈ a se pou rayi mal,
ansanm ak ògèy, awogans, ak yon
bouch pevès.
¹⁴ ʰKonsèy ak bon sajès se pou mwen.
Entèlijans se non mwen. Pouvwa se pa m.
¹⁵ Akoz mwen, ⁱwa yo vin renye;
e gouvènè yo fè dekrè lajistis.

ᵃ **6:32** Pwov 7:22-23   ᵇ **6:34** Pwov 27:4   ᶜ **7:1** Pwov 2:1   ᵈ **7:2** Det 32:10   ᵉ **7:3** Pwov 3:3   ᶠ **7:6** Pwov 6:32
ᵍ **7:7** Pwov 1:22   ʰ **7:8** Pwov 7:27   ⁱ **7:10** Jen 38:14-15   ʲ **7:11** I Tim 5:13   ᵏ **7:12** Pwov 23:28   ˡ **7:13** Pwov 21:29
ᵐ **7:14** Lev 7:16   ⁿ **7:16** És 19:9   ᵒ **7:17** Egz 30:23   ᵖ **7:21** Pwov 5:3   ᑫ **7:23** Ekl 9:12   ʳ **7:24** Pwov 5:7
ˢ **7:25** Pwov 5:8   ᵗ **7:26** Pwov 9:18   ᵘ **7:27** Pwov 2:18   ᵛ **8:1** Pwov 1:20-21   ʷ **8:2** Pwov 9:3-14   ˣ **8:3** Job 29:7
ʸ **8:5** Pwov 1:22-32   ᶻ **8:6** Pwov 23:16   ᵃ **8:7** Sòm 37:30   ᵇ **8:8** Det 32:5   ᶜ **8:9** Pwov 3:13   ᵈ **8:10** Pwov 3:14-15
ᵉ **8:11** Job 28:15-18   ᶠ **8:12** Pwov 1:4   ᵍ **8:13** Pwov 3:7   ʰ **8:14** Pwov 1:25   ⁱ **8:15** II Kwo 1:10

¹⁶ Akoz mwen, prens ak nòb yo pran pouvwa;
tout moun ki fè jijman ki bon yo.
¹⁷ Mwen renmen sila ki renmen m yo.
ªSila ki chache mwen ak dilijans yo
   va jwenn mwen.
¹⁸ ᵇRichès ak lonè avèk m;
richès k ap dire ak ladwati.
¹⁹ Fwi mwen ᶜpi bon ke lò, menm lò pi.
Rannman mwen pi bon ke pi bèl ajan an.
²⁰ Mwen mache nan ladwati,
nan mitan wout lajistis yo,
²¹ Pou m bay a sila ki renmen m, richès;
pou m kab ᵈranpli kès yo.

²² SENYÈ a te posede m ᵉnan kòmansman
   travay pa Li;
menm avan zèv ansyen Li yo.
²³ Depi nan etènite, mwen te etabli,
depi nan kòmansman, ᶠdepi nan tan pi
   ansyen mond lan.
²⁴ Lè potko gen ᵍpwofondè, mwen te fèt,
lè pa t gen sous ki t ap bonbade dlo yo.
²⁵ ʰAvan mòn yo te poze, avan kolin yo,
mwen te fèt;
²⁶ pandan li potko fè tè a ak chan yo,
ni premye grenn pousyè mond lan.
²⁷ Lè Li te etabli syèl yo, mwen te la,
lè ⁱLi te trase yon sèk won fas a pwofondè a,
²⁸ lè Li te fè syèl yo anwo vin fèm,
lè sous nan fon yo te vin etabli,
²⁹ lè Li te mete lizyè sou lanmè a pou
   dlo pa t vyole lòd Li,
lè Li te make tras ʲfondasyon tè a;
³⁰ Nan tan sa a, mwen te akote Li,
yon mèt ouvriye; epi, mwen te fè L
   plezi tout lajounen
e te rejwi devan L tout tan,
³¹ Mwen t ap Rejwi nan mond lan, tè Li a,
e fè ᵏkè kontan nan fis a lòm yo.

³² "Alò, pou sa, fis yo, ˡkoute mwen;
paske beni se sila ki kenbe chemen mwen yo.
³³ ᵐKoute lenstriksyon pou ou vin saj
   e pa neglije l.
³⁴ ⁿBeni se moun ki koute mwen an,
k ap veye chak jou nan pòtay mwen yo,
k ap veye kote poto pòt kay mwen an.
³⁵ Paske sila ki twouve mwen an, jwenn lavi
e resevwa lonè devan SENYÈ a.
³⁶ Men sila ki peche kont mwen an, fè
   pwòp tèt li mal;
tout sila ki rayi mwen yo, ᵒrenmen lanmò."

9 Sajès ᵖbati kay li a;
li taye sèt gwo pilye li yo.
² Li te ᑫprepare manje li,

li te mele diven li; anplis, li fin ranje tab li.
³ Li ʳvoye demwazèl li yo deyò,
li rele soti nan anlè wotè pwent vil yo:
⁴ "Pou sila ki ensanse a, kite li antre isit la!"
Pou sila ki ˢmanke bon konprann nan, li di:
⁵ "Vin ᵗmanje manje mwen an,
e bwè diven ke m te melanje a.
⁶ Kite foli ou pou ou ka viv;
epi ᵘavanse nan chemen bon konprann nan."

⁷ Sila ki ᵛkorije yon mokè resevwa dezonè
   pou pwòp tèt li,
e sila ki repwoche yon nonm mechan
va resevwa ofans sou tèt li.
⁸ Pa repwoche yon mokè, sinon li va rayi ou;
ʷrepwoche yon nonm saj e li va renmen ou.
⁹ Bay konsèy a yon nonm saj e li va vin pi saj,
enstwi yon nonm dwat e li va ˣogmante
   konesans li.
¹⁰ ʸLakrent SENYÈ a se kòmansman a sajès
e konesans a Sila Ki Sen an se bon konprann.
¹¹ Paske ᶻpa mwen, jou ou yo va miltipliye,
e ane yo ap ogmante sou lavi ou.
¹² Si ou saj, ou saj ªpou pwòp tèt ou;
e si ou moke, ou pote sa a pou kont ou.

¹³ Fanm sòt ᵇpale byen fò ak gwo vwa;
li bèt, e li pa konnen anyen.
¹⁴ Li chita devan pòtay lakay li,
sou yon chèz akote ᶜwo plas vil yo.
¹⁵ Li rele sila ki pase yo,
ki ap fè chemen yo dwat yo:
¹⁶ ᵈSila ki pa konnen anyen an,
kite li antre isit la.
Pou sila ki manke konprann nan, li di:
¹⁷ "Dlo yo vòlè dous
e ᵉpen ki manje an sekrè byen agreyab."
¹⁸ Men mesye a pa konnen ke se la mò yo ye a.
Vizitè li yo la.
Yo nan fon Sejou mò yo.

10 Pwovèb a Salomon yo.
Yon fis ki saj fè papa li kontan,
men yon fis ki plen ak foli
se yon gwo doulè pou manman l.
² ᶠRichès ranmase pa mechanste pa reyisi,
men ladwati delivre soti nan lanmò.
³ SENYÈ a p ap kite moun ladwati
   yo grangou,
men l ap rejte lanvi mechan an.
⁴ Malere se sila ki travay ak men lach;
men lamen moun dilijan an, anrichi.
⁵ Sila ki fè rekòlt nan gran sezon an a,
se yon fis ki aji ak sajès;
men sila ki dòmi nan lè rekòlt la,
fè gwo wont.

ª **8:17** Pwov 2:4-5   ᵇ **8:18** Pwov 3:16   ᶜ **8:19** Job 28:15   ᵈ **8:21** Pwov 24:4   ᵉ **8:22** Job 28:26-28   ᶠ **8:23** Jn 17:5   ᵍ **8:24** Jen 1:2   ʰ **8:25** Job 15:7   ⁱ **8:27** Job 26:10   ʲ **8:29** Job 38:6   ᵏ **8:31** Sòm 16:3   ˡ **8:32** Pwov 5:7   ᵐ **8:33** Pwov 4:1   ⁿ **8:34** Pwov 3:13-18   ᵒ **8:36** Pwov 21:6   ᵖ **9:1** Kol 3:9-10   ᑫ **9:2** Mat 22:4   ʳ **9:3** Sòm 68:11   ˢ **9:4** Pwov 6:32   ᵗ **9:5** Kan 5:1   ᵘ **9:6** Éz 11:20   ᵛ **9:7** Pwov 23:9   ʷ **9:8** Sòm 141:5   ˣ **9:9** Pwov 1:5   ʸ **9:10** Job 28:28   ᶻ **9:11** Pwov 3:16   ª **9:12** Job 22:2   ᵇ **9:13** Pwov 7:11   ᶜ **9:14** Pwov 9:3   ᵈ **9:16** Pwov 9:4   ᵉ **9:17** Pwov 20:17   ᶠ **10:2** Sòm 49:7

⁶ Benediksyon se sou tèt a moun dwat la;
men ᵃbouch mechan an kache vyolans.
⁷ Memwa a moun dwat la beni;
men ᵇnon mechan an vin pouri.
⁸ ᶜSaj nan kè yo va resevwa lòd chèf la;
men yon moun fou ki pale anpil ap pèdi.
⁹ Sila ki mache ak entegrite a, mache
    an sekirite;
men sila ᵈki fè wout kwochi a va vin dekouvri.
¹⁰ Sila ᵉki bat zye a, koze pwoblèm,
e moun fou a ki pale anpil, fè dega.
¹¹ ᶠBouch a moun dwat se yon fontèn dlo lavi,
men bouch a mechan an kache vyolans.
¹² Rayisman pwovoke konfli;
men lanmou kouvri tout fot.
¹³ Sou ᵍlèv a moun ki konn disène,
    nou twouve sajès;
men gen baton pou do a sila ki manke
    konprann nan.
¹⁴ Moun saj yo ranmase konesans;
men ak ʰbouch moun fou a, destriksyon
    an toupre.
¹⁵ Byen a moun rich se yon sitadèl pou li.
ⁱ Sa ki detwi malere a se mizè.
¹⁶ ʲSalè a moun dwat se lavi;
revni a mechan an se pinisyon.
¹⁷ Sila ki swiv enstriksyon an, ᵏsou wout lavi;
men sila ki pa tande repwòch la vin egare nèt.
¹⁸ Sila ˡki kache rayisman an gen lèv
    k ap bay manti;
e sila ki gaye difamasyon an se yon moun fou.
¹⁹ Lè gen anpil pawòl, transgresyon
    pa kab evite;
men ᵐsila ki frennen lèv li gen sajès.
²⁰ Lang a moun dwat yo se tankou
    ⁿajan pi chwazi a;
men kè a mechan an vo piti.
²¹ ᵒLèv a moun dwat yo fè anpil moun manje;
men moun fou yo mouri akoz mank
    bon konprann.
²² Benediksyon SENYÈ a fè moun rich;
konsa li pa mele ak chagren.
²³ Fè mal se tankou fè spò pou moun
    san konprann nan;
e se konsa sajès la ye pou moun entèlijan an.
²⁴ Sa ke mechan an pè a, ap rive sou li;
men ᵖsa ke moun dwat la vle, va vin reyisi.
²⁵ Lè toubiyon an fin pase, mechan
    an vin disparèt;
men moun dwat la gen yon fondasyon etènèl.
²⁶ Tankou vinèg anba dan ak lafimen nan zye;
se konsa ᑫparese a ye pou sila ki voye li yo.
²⁷ ʳLakrent SENYÈ a pwolonje lavi;
men lane mechan yo va kout.

²⁸ Lespwa a moun dwat la se kè kontan;
men ˢentansyon mechan an va peri.
²⁹ Chemen Bondye a se yon sitadèl pou
    moun dwat yo;
men ᵗdestriksyon nèt pou tout ouvriye
    inikite yo.
³⁰ Moun ladwati a p ap janm souke;
men ᵘmechan yo p ap demere nan peyi a.
³¹ ᵛBouch a moun dwat la koule ak sajès;
men lang pèvès la vin koupe.
³² Lèv a moun dwat yo fè parèt ʷsa ki bon;
men bouch a mechan an, sa ki pèvèti.

11 Yon ˣfo balans se abominasyon a SENYÈ a;
men yon pwa ki jis se plezi Li.
² Lè ʸògèy vin monte, dezonè vin swiv;
men avèk moun enb lan, se sajès.
³ Entegrite a moun dwat la va gide yo;
men ᶻkoripsyon a sila ki fè konplo
    a va detwi yo.
⁴ Richès pa gen avantaj nan jou jijman an;
men ᵃladwati va delivre moun soti nan lanmò.
⁵ Ladwati a sila ki san tò a va fè wout
    li vin swa;
men mechan an va tonbe akoz pwòp
    inikite pa Li.
⁶ Ladwati a moun dwat yo va delivre yo;
men moun trèt yo ᵇva kenbe pa pwòp
    vorasite yo.
⁷ Lè yon nonm mechan mouri,
ᶜsa li anvizaje a mouri avè l.
⁸ Moun dwat la va delivre soti nan twoub;
men mechan an va pran plas li.
⁹ Avèk bouch li, moun san Bondye a
    detwi vwazen li;
men ak konesans, moun dwat yo va delivre.
¹⁰ Lè sa ᵈale byen ak moun dwat yo, vil
    la fè rejwisans;
e lè mechan yo peri, gen gwo kri lajwa.
¹¹ Avèk benediksyon a moun dwat yo,
    yon vil vin leve wo;
men avèk bouch a mechan yo, li vin chire nèt.
¹² Sila ki meprize vwazen li an, manke bon tèt;
men yon nonm ak bon konprann pa
    pale menm.
¹³ Sila ki mache toupatou tankou rapòte,
    revele sekrè yo;
men sila ki dign de konfyans sere yon bagay.
¹⁴ Kote ki pa gen ᵉgid, moun yo tonbe;
men ak anpil konseye, gen viktwa.
¹⁵ Sila ki se ᶠgaranti pou yon moun
    li pa konnen,
va vrèman soufri pou sa a;
men sila ki rayi vin yon garanti va asire.
¹⁶ Yon ᵍfanm ak gras twouve onè;

ᵃ **10:6** Pwov 10:11   ᵇ **10:7** Sòm 9:5   ᶜ **10:8** Pwov 9:8   ᵈ **10:9** Pwov 26:6   ᵉ **10:10** Sòm 35:19   ᶠ **10:11** Sòm 37:30
ᵍ **10:13** Pwov 10:31   ʰ **10:14** Pwov 10:8-10   ⁱ **10:15** Pwov 19:7   ʲ **10:16** Pwov 11:18-19   ᵏ **10:17** Pwov 6:23
ˡ **10:18** Pwov 26:24   ᵐ **10:19** Pwov 17:27   ⁿ **10:20** Pwov 8:19   ᵒ **10:21** Pwov 10:11   ᵖ **10:24** Sòm 145:19
ᑫ **10:26** Pwov 26:6   ʳ **10:27** Pwov 3:2   ˢ **10:28** Job 8:13   ᵗ **10:29** Pwov 21:15   ᵘ **10:30** Pwov 2:22
ᵛ **10:31** Sòm 37:30   ʷ **10:32** Ekl 12:10   ˣ **11:1** Lev 19:35-36   ʸ **11:2** Pwov 16:18   ᶻ **11:3** Pwov 19:3
ᵃ **11:4** Jen 7:1   ᵇ **11:6** Sòm 7:15-16   ᶜ **11:7** Pwov 10:28   ᵈ **11:10** Pwov 28:12   ᵉ **11:14** Pwov 15:22
ᶠ **11:15** Pwov 6:1   ᵍ **11:16** Pwov 31:28-30

e mesye san prensip yo twouve richès.
¹⁷ Yon nonm ki fè ᵃgras fè byen pou
  pwòp tèt li;
men yon nonm mechan fè tèt li mal.
¹⁸ Mechan an ranmase salè li nan koken;
men sila ki ᵇsimen ladwati a, va twouve
  vrè rekonpans lan.
¹⁹ Sila ki fidèl nan ladwati a va jwenn lavi,
e sila ki pouswiv mal la va jwenn pwòp
  lanmò pa li.
²⁰ Sila ki pèvès nan kè yo abominab
  a SENYÈ a;
men sila ki san tò nan chemen yo, se ᶜplezi Li.
²¹ Anverite, moun mechan an p ap chape
  anba pinisyon;
men desandan a moun dwat yo va delivre.
²² Tankou yon bag fèt an lò nan nen a kochon,
se konsa yon bèl fanm ki manke bon sans.
²³ Dezi a moun dwat la se sèlman sa ki bon;
men ᵈdezi a mechan an mennen jijman.
²⁴ Gen yon moun ki separe bay; malgre
  sa li vin ogmante plis.
Genyen ki refize bay sa ke li dwe, e
  sa fè l vin manke.
²⁵ Sila ᵉki bay ak bon kè a va pwospere;
sila ki bay dlo a va jwenn dlo kont pou tèt li.
²⁶ Sila ki refize bay manje sereyal la,
  ᶠva modi pa pèp la;
men benediksyon va tonbe sou sila
  ki vann li an.
²⁷ Sila ki chache sa ki bon an, chache
  favè Bondye;
men ᵍsila ki chache mal la,
se mal la k ap vin jwenn li.
²⁸ Sila ki ʰmete konfyans nan richès
  li va vin tonbe;
men moun dwat la va grandi tankou fèy
  vèt sou pyebwa.
²⁹ Sila ki mennen twoub lakay li va erite van;
e san konprann nan va vin sèvitè a sila
  ki gen kè saj la.
³⁰ Fwi ladwati a se yon pyebwa lavi,
e ⁱsila ki saj va sove nanm yo.
³¹ Si ʲmoun dwat yo twouve rekonpans
  yo sou latè,
konbyen anplis pou mechan an avèk pechè a!

12

Nenpòt moun ki renmen disiplin,
  renmen konesans,
men sila ki rayi korije a, se bèt.
² Yon ᵏbon moun va jwenn favè SENYÈ a;
men Bondye va kondane sila ki fè
  manèv mechanste a.
³ Yon nonm p ap etabli ak mal la;
men rasin ˡmoun dwat la p ap sòti menm.
⁴ Yon bon madanm se kouwòn a mari li;

men sila ki fè l wont lan se tankou
  ᵐpouriti nan zo li.
⁵ Panse a moun dwat yo jis;
men konsèy a mechan yo se desepsyon.
⁶ Pawòl a mechan yo kouche tann pyèj
  pou vèse san;
men ⁿbouch moun dwat yo va delivre yo.
⁷ Mechan yo va boulvèse e vin disparèt;
men kay a moun dwat yo va kanpe.
⁸ Yon nonm ap twouve glwa selon
  entèlijans li;
men sila ak panse pèvès la va meprize.
⁹ Meyè se sila ki enkoni a, men gen sèvitè,
pase sila ki onore pwòp tèt li e manke pen an.
¹⁰ Yon nonm ladwati gen respè pou
  lavi a bèt li;
men konpasyon a mechan an se mechanste.
¹¹ Sila ᵒki raboure tè li a va gen anpil pen;
men sila ki swiv bagay san valè yo manke
  bon konprann.
¹² Moun mechan an vle pran piyaj
  a mechan yo;
men rasin ladwati yo ᵖva donnen fwi li.
¹³ Yon moun mechan pyeje pa
  transgresyon lèv li;
men moun dwat la va evite pwoblèm.
¹⁴ Yon nonm va satisfè avèk sa ki bon
  kon fwi a pawòl li,
e zèv lamen a yon nonm va retounen kote li.
¹⁵ Chemen a yon moun fou bon nan zye li;
men yon nonm saj koute konsèy.
¹⁶ Lè yon moun fou vekse, ou konnen sa vit;
men sila ki saj la evite wont.
¹⁷ Sila ki pale verite a pale sa ki dwat;
men yon fo temwen twonpe.
¹⁸ Genyen yon moun ki pale san pridans
tankou sila k ap goumen ak nepe yo;
men lang a saj la pote gerizon.
¹⁹ Lèv verite yo va etabli pou tout tan;
men ᵠlang ki bay manti a rete pou yon moman.
²⁰ Desepsyon se nan kè a sila k ap fè
  manèv mechanste yo;
men konseye lapè yo gen jwa.
²¹ ʳNanpwen mal ki rive moun dwat yo;
men mechan yo plen ak twoub.
²² ˢLèv ki manti a abominab a SENYÈ a;
men sila ki aji nan fidelite, se plezi Li.
²³ Yon moun ᵗpridan kache sa li konnen;
men kè moun san konprann pale jis nan foli.
²⁴ Men a dilijan yo va kòmande;
men parese a va ᵘfè kòve.
²⁵ Gwo pwoblèm nan kè a yon moun
  peze li desann;
men yon ᵛbon pawòl fè l leve.
²⁶ Moun ladwati a se yon gid a vwazen li;

ᵃ **11:17** Mat 5:7 ᵇ **11:18** Os 10:12 ᶜ **11:20** I Kwo 29:17 ᵈ **11:23** Pwov 10:28 ᵉ **11:25** Pwov 3:9-10
ᶠ **11:26** Pwov 24:24 ᵍ **11:27** Est 7:10 ʰ **11:28** Sòm 49:6 ⁱ **11:30** Pwov 14:25 ʲ **11:31** II Sam 22:21-25
ᵏ **12:2** Pwov 3:4 ˡ **12:3** Pwov 10:25 ᵐ **12:4** Pwov 14:30 ⁿ **12:6** Pwov 14:3 ᵒ **12:11** Pwov 28:19
ᵖ **12:12** Pwov 11:30 ᵠ **12:19** Sòm 52:4-5 ʳ **12:21** Sòm 91:10 ˢ **12:22** Rev 22:15 ᵗ **12:23** Pwov 10:14
ᵘ **12:24** Jen 49:15 ᵛ **12:25** És 50:4

men chemen a mechan fè yo egare.
²⁷ Yon nonm parese pa menm boukannen
bèt lachas li,
men pi presye nan sa yon nonm ᵃposede
se dilijans.
²⁸ ᵇNan chemen ladwati se lavi;
e nan wout li nanpwen lanmò.

13

Yon ᶜfis ki saj aksepte disiplin a papa l,
men yon mokè pa koute repwòch.
² Fwi pawòl la ki soti nan bouch moun se
rejwisans de sa ki bon;
men volonte moun infidèl se vyolans.
³ Sila ki ᵈkontwole bouch li, konsève lavi li;
sila ki ouvri lèv li byen laj va detwi nèt.
⁴ Nanm a parese a anvi, e li pa jwenn;
men nanm a moun dilijan an vin gra.
⁵ Yon nonm dwat ᵉrayi sa ki fo;
men zak mechan yo degoutan e fè gwo wont.
⁶ Ladwati se ᶠyon pwotèj pou sila ki san fot la;
men mechanste fè pechè a vin souye nèt.
⁷ Genyen moun ki pretann yo rich, men
yo pa gen anyen;
yon lòt pretann li ᵍmalere men li gen
gwo richès.
⁸ Ranson pou lavi a yon nonm rich se richès li;
men malere a pa tande menas.
⁹ Limyè a moun dwat la se rejwisans;
men ʰlanp a mechan an va etenn.
¹⁰ Ògèy pa pote anyen sof ke konfli;
men sajès rete ak sila ki resevwa konsèy yo.
¹¹ Richès ki sòti nan manti koule ale;
men sila ki rasanble ak men li, fè l grandi.
¹² Lespwa jennen fè kè a malad;
men dezi acheve a se yon pyebwa lavi.
¹³ Sila ki ⁱmeprize lenstriksyon va peye fwe a;
men sila ki respekte lòd yo va resevwa
rekonpans li.
¹⁴ Lenstriksyon a saj yo se yon ʲfontèn dlo lavi
pou detounen pèlen lanmò a.
¹⁵ ᵏBon konprann pwodwi favè;
men chemen moun ki pa fidèl la di.
¹⁶ Tout moun ki ˡpridan aji ak konesans;
men yon moun san konprann parèt ak foli li.
¹⁷ Yon mesaje mechan tonbe nan advèsite;
men sila ki pote pawòl ak bòn fwa a,
pote gerizon
¹⁸ Mizè ak wont se pou sila ki ᵐmanke
disiplin nan;
men sila ki konsidere repwòch la va onore.
¹⁹ Yon dezi ki realize se dous a nanm nan,
men moun bèt pa vle kite mechanste.
²⁰ ⁿSila ki mache ak moun saj va vin saj;
men bon zanmi a moun ensanse a va soufri.
²¹ Se malè ki kouri dèyè pechè yo;
men moun dwat yo va pwospere.

²² Yon bon moun va ᵒlese eritaj pou
pitit pitit li;
men richès a pechè yo konsève pou
moun dwat yo.
²³ Gen ᵖanpil manje nan tè malere a;
men li fin bale nèt akoz enjistis.
²⁴ Sila ki ralanti baton li, rayi fis li;
men sila ki renmen l va ba li ᑫdisiplin
ak dilijans.
²⁵ Moun dwat la gen kont pou satisfè dezi li;
men vant ʳmechan an toujou gen bezwen.

14

ˢFanm saj la bati kay li,
men fanm ensanse a demoli li ak
pwòp men li.
² Sila ki mache nan ladwati a gen
lakrent SENYÈ a;
men sila ki fè chemen ᵗkwochi a meprize li.
³ Nan bouch a moun sòt la, se yon
baton pou do li;
men ᵘlèv a saj yo va pwoteje yo.
⁴ Kote nanpwen bèf, manjwa a pwòp;
men se fòs a bèf la ki fè richès.
⁵ Yon ᵛtemwen fidèl p ap bay manti;
men yon fo temwen pale manti.
⁶ Yon mokè chache sajès, e li pa jwenn anyen;
men konesans fasil pou sila ki gen bon
konprann nan.
⁷ Kite ʷprezans a yon moun ensanse,
sinon ou p ap rekonèt pawòl a saj yo.
⁸ Sajès a moun rezonab la se pou l
konprann chemen li;
men ˣbetiz a moun ensanse a se desepsyon.
⁹ Moun ensanse kontwole peche kon jwèt;
men ʸpami moun dwat yo, gen bòn volonte.
¹⁰ Kè a konnen pwòp ᶻamètim ak bonè li;
men ak lòt, sa p ap pataje.
¹¹ ᵃLakay mechan yo va detwi;
men tant a moun dwat la va fleri.
¹² Gen yon chemen ki sanble bon pou lòm;
men ᵇfen li se chemen lanmò an.
¹³ Menm lè bouch ri, kè a ka gen doulè,
e ᶜlajwa kon fini nan tristès.
¹⁴ Kè a ki pa fidèl va ᵈjwen rekonpans
pou pwòp chemen li;
men yon bon moun va rekonpanse
pou sa li fè a.
¹⁵ Moun san konprann kwè nan tout bagay;
men yon nonm k ap refleshi veye pa li yo.
¹⁶ Yon nonm saj fè atansyon pou l
ᵉvire kite mal;
men yon moun fou plen ògèy; li pa pè anyen.
¹⁷ Yon nonm kolerik aji nan foli,
e yon nonm kokèn va rayi pa lòt yo.
¹⁸ Moun san konprann yo gen foli kon eritaj;
men moun rezonab lan kouwone ak konesans.

ᵃ **12:27** Pwov 10:4   ᵇ **12:28** Det 30:15   ᶜ **13:1** Pwov 10:1   ᵈ **13:3** Pwov 18:21   ᵉ **13:5** Kol 3:9   ᶠ **13:6** Pwov 11:3
ᵍ **13:7** Luc 12:33   ʰ **13:9** Job 18:5   ⁱ **13:13** Nonb 15:31   ʲ **13:14** Sòm 10:11   ᵏ **13:15** Sòm 111:10
ˡ **13:16** Pwov 12:23   ᵐ **13:18** Pwov 15:5-32   ⁿ **13:20** Pwov 2:20   ᵒ **13:22** Esd 9:12   ᵖ **13:23** Pwov 12:11
ᑫ **13:24** Det 8:5   ʳ **13:25** Pwov 13:18   ˢ **14:1** Rt 4:11   ᵗ **14:2** Pwov 2:15   ᵘ **14:3** Pwov 12:6   ᵛ **14:5** Rev 1:5
ʷ **14:7** Pwov 23:9   ˣ **14:8** I Kor 3:19   ʸ **14:9** Pwov 3:34   ᶻ **14:10** I Sam 1:10   ᵃ **14:11** Job 8:15   ᵇ **14:12** Wo
6:21   ᶜ **14:13** Ekl 2:1-2   ᵈ **14:14** Pwov 1:31   ᵉ **14:16** Job 28:28

¹⁹ ᵃMal la va bese devan sa ki bon an;
e mechan an devan pòtay a moun dwat la.
²⁰ ᵇMalere a vin rayi menm pa vwazen li;
men moun gwo kòb gen anpil zanmi.
²¹ Sila ki meprize vwazen li fè peche;
men ᶜsilaki fè gras a malere a, beni.
²² Èske sila ki ᵈfòmante mechanste
    a, pa egare?
Men ladousè avèk verite se pou sa yo
    ki fè sa ki bon.
²³ Nan tout travay gen pwofi;
men pale anpil mennen nan povrete.
²⁴ ᵉKouwòn saj yo se richès yo;
men betiz moun ensanse se foli yo.
²⁵ Yon vrè temwen sove lavi a moun;
men sila ki ᶠpale manti pase moun nan betiz.
²⁶ Nan ᵍlakrent SENYÈ a, gen gwo konfyans;
e pitit li yo va jwenn sekou.
²⁷ Lakrent SENYÈ a se yon fontèn dlo lavi,
pou moun ka evite pèlen lanmò yo.
²⁸ Nan fòs kantite a pèp yo se glwa a yon wa,
men afè prens ki manke moun gate nèt.
²⁹ Sila ki ʰlan nan kòlè a, gen gwo konprann;
men sila ki fè fache vit, leve foli byen wo.
³⁰ Yon kè trankil se lavi pou kò a;
men pasyon fè tout zo yo ⁱpouri.
³¹ Sila ki oprime malere a ap vekse Kreyatè li;
men sila ki gen bonte anvè pòv la, onore L.
³² Mechan an jete anba pa malfezans li;
men moun ladwati a gen sekou lè l mouri.
³³ Sajès se nan kè a sila ki gen bon
    konprann nan;
menm moun ensanse yo, nan kè, yo konnen.
³⁴ Ladwati leve yon nasyon;
men peche se yon gwo wont pou yon pèp.
³⁵ Favè a wa a se anvè ʲsèvitè ki aji ak sajès;
men kòlè li se anvè sila ki fè gwo wont.

15

Yon repons ki dous kalme kòlè;
men yon ᵏmo sevè pwovoke gwo fache.
² ˡLang a saj la gen pou mèt, konnesans;
men bouch a sila ki manke konprann
    nan eksprime foli.
³ Zye a SENYÈ a tout kote;
L ap veye sa ki bon ak sa ki mal.
⁴ Yon lang ki kalme se yon pyebwa lavi;
men si l gen desepsyon, l ap kraze lespri.
⁵ Yon moun ensanse refize disiplin a papa l;
men sila ki aksepte repwòch gen sajès.
⁶ Gran richès twouve nan kay a moun dwat yo;
men gwo twoub se salè a mechan an.
⁷ Lèv a moun saj yo gaye konesans;
men se pa konsa ak kè moun ensansib yo.
⁸ Sakrifis a mechan an abominab a SENYÈ a;
men ᵐlapriyè moun dwat yo se gwo plezi Li.
⁹ Chemen mechan an abominab a SENYÈ a;

men Li renmen sila ki ⁿchache ladwati a.
¹⁰ Pinisyon byen di ap tann sila ki
    abandone chemen an;
sila ki rayi korije a va mouri.
¹¹ Sejou mò yo ak labim nan parèt devan
zye SENYÈ a;
konbyen, anplis, pou ᵒkè a lòm!
¹² ᵖSila ki moke a pa renmen sila ki
    fè l repwòch la;
li pa janm ale kote moun saj.
¹³ Kè ki gen lajwa fè figi moun rejwi;
men lè kè a tris, ᵠlespri a vin brize.
¹⁴ ʳLespri a moun entèlijan an chache
    konesans;
men bouch a moun sòt la, manje foli.
¹⁵ Tout jou aflije yo move;
men yon kè kontan se yon fèt ki pa
    janm sispann.
¹⁶ Pi bon se piti ak lakrent SENYÈ a,
pase gwo richès ak gwo twoub ladann.
¹⁷ Pi bon se yon plato legim avèk lanmou,
pase yon bèf gra ak rayisman.
¹⁸ Yon nonm ki kolerik pwovoke konfli;
men sila ki lan nan kòlè a kalme yon kont.
¹⁹ Wout a parese a se tankou yon ran pikan;
men pa a moun dwat la se yon gran chemen.
²⁰ Yon ˢfis ki saj fè papa l kontan;
men yon gason ensanse meprize manman l.
²¹ Foli se gwo plezi pou sila ki manke
    bon konprann nan;
men yon nonm ak bon konprann ᵗmache dwat.
²² San konsèy, plan yo vin jennen;
men ak anpil konseyè, yo vin reyisi.
²³ Yon nonm jwenn kè kontan nan yon
    repons ki jis,
e a la bèl yon mo livre nan pwòp lè li bèl!
²⁴ Wout lavi a mennen moun saj la anwo,
pou l kab evite Sejou mò k ap tann li anba a.
²⁵ SENYÈ a va demoli kay moun ògeye a;
men L ap etabli lizyè vèv la.
²⁶ Plan mechan yo abominab a SENYÈ a;
men pawòl agreyab yo san tach.
²⁷ Sila ki fè pwofi ak movèz fwa a,
twouble pwòp lakay li;
men sila ki rayi afè anba tab la, va viv.
²⁸ Kè a moun dwat la ᵘreflechi anpil
    pou bay repons;
men bouch a mechan an fè anpil move
    bagay vin parèt.
²⁹ SENYÈ a lwen mechan an;
men Li ᵛtande lapriyè a moun dwat yo.
³⁰ Zye klè fè kè kontan;
bòn nouvèl kon mete grès sou zo.
³¹ Zòrèy k ap koute repwòch ap viv;
zore ki koute koreksyon ap alèz pami saj yo.

ᵃ **14:19** I Sam 2:36 ᵇ **14:20** Pwov 19:7 ᶜ **14:21** Sòm 41:1 ᵈ **14:22** Sòm 36:4 ᵉ **14:24** Pwov 10:22
ᶠ **14:25** Pwov 14:5 ᵍ **14:26** Pwov 18:10 ʰ **14:29** Pwov 16:32 ⁱ **14:30** Pwov 12:4 ʲ **14:35** Mat 24:45-47
ᵏ **15:1** I Sam 25:10-13 ˡ **15:2** Pwov 15:7 ᵐ **15:8** Pwov 15:29 ⁿ **15:9** I Tim 6:11 ᵒ **15:11** I Sam 16:7
ᵖ **15:12** Pwov 13:1 ᵠ **15:13** Pwov 17:22 ʳ **15:14** Pwov 18:15 ˢ **15:20** Pwov 10:1 ᵗ **15:21** Pwov 14:8
ᵘ **15:28** I Pi 3:15 ᵛ **15:29** Sòm 145:18-19

³² Sila ki neglije disiplin meprize pwòp tèt li;
men sila ki ᵃkoute repwòch ranmase
   bon konprann.
³³ Lakrent SENYÈ a se enstriksyon
   ki bay sajès;
avan onè, fòk imilite.

16

¹ ᵇPlan kè a sòti nan lòm;
men repons a lang lan sòti nan SENYÈ a.
² Tout chemen a yon nonm pwòp nan zye pa li;
men SENYÈ a peze sa k nan kè l.
³ ᶜKonsakre tout zèv ou yo a SENYÈ a,
e plan ou yo va etabli.
⁴ SENYÈ a te fè tout bagay pou pwòp sèvis li;
menm ᵈmechan yo pou jou jijman an.
⁵ Tout sila ki gen kè ògèy, abominab
   a SENYÈ a;
anverite, li p ap chape anba pinisyon.
⁶ Pa ᵉlanmou dous avèk verite, inikite lave;
e pa lakrent SENYÈ a moun chape anba mal.
⁷ Lè chemen a yon nonm fè SENYÈ a kontan,
ᶠl ap fè menm lènmi li yo vin anpè avè l.
⁸ Pi bon se piti ak ladwati
pase gwo kòb k ap antre avèk enjistis.
⁹ Panse a lòm fè plan pou wout li;
men ᵍSENYÈ a dirije pa li yo.
¹⁰ Se desizyon diven ki nan lèv a wa a;
bouch li pa dwe fè erè nan jijman.
¹¹ Yon balans ki jis apatyen a Bondye;
li veye sou tout pwa nan sak yo.
¹² Se abominab pou wa yo komèt zak mechan,
paske yon ʰtwòn etabli sou ladwati.
¹³ Lèv ki dwat se plezi a wa yo;
e sila ki pale dwat, vin renmen.
¹⁴ Kòlè a yon wa se tankou mesaje lanmò;
men yon nonm saj va kalme li.
¹⁵ Nan vizaj a yon wa briye lavi;
e favè li se tankou yon nwaj avèk
   lapli prentan.
¹⁶ A la bon li pi bon pou resevwa sajès pase lò!
Pito nou jwenn bon konprann pase ajan.
¹⁷ ⁱGran chemen a moun dwat la se
   pou kite mal;
sila ki veye chemen li an prezève lavi li.
¹⁸ Ògèy ale devan destriksyon
e yon lespri ògèy devan moun kap tonbe.
¹⁹ Li pi bon pou rete ʲenb nan lespri
   avèk sila ki ba yo,
pase divize piyaj ak moun ògeye yo.
²⁰ Sila ki bay atansyon a pawòl la va
   jwenn sa ki bon;
beni se sila ki mete konfyans li nan SENYÈ a.
²¹ ᵏMoun saj nan kè va rekonèt kon
   moun bon konprann;
e dousè nan pale va ogmante kapasite
   konvenk moun.
²² Bon konprann se yon fontèn dlo lavi
   pou sila ki genyen l;
men pou disipline moun ensanse yo se foli.
²³ ˡKè moun saj la enstwi bouch li;
li ogmante pouvwa l pou konvenk
   moun ak lèv li.
²⁴ ᵐPawòl agreyab se yon nich gato siwo myèl;
dous pou nanm nan, ak gerizon pou zo.
²⁵ ⁿGen wout ki parèt bon a yon nonm;
men fen li se lanmò.
²⁶ Apeti a yon ouvriye fè byen pou li;
paske se grangou ki ankouraje l.
²⁷ ᵒsanzave fòmante mechanste;
pawòl li yo brile tankou dife wouj.
²⁸ Yon nonm pèvès gaye konfli,
e yon nonm k ap bay kout lang ap separe
   bon zanmi yo.
²⁹ Yon nonm vyolan ᵖap tante vwazen li
pou l mennen li nan move chemen.
³⁰ Sila kap bay je dou, fè l pou l kab
   mennen bagay pèvès;
sila ki fèmen sere lèv li, fè mal la rive.
³¹ Yon ۹tèt blanch se yon kouwòn laglwa;
li jwenn nan chemen ladwati a.
³² Sila ki lan nan kòlè a pi bon pase pwisan yo;
e sila ki gouvène lespri li a pi bon pase sila
   kap kaptire yon gran vil.
³³ Tiraj osò fèt nan fon wòb;
men tout desizyon ki sòti, sòti nan SENYÈ a.

17

¹ Pi bon se yon mòso pen sèch ak lapè
pase yon kay ak gwo manje nan konfli.
² Yon sèvitè ki aji avèk sajès
va renye sou yon fis ki aji ak wont;
li va pataje eritaj la pami frè yo.
³ Po rafine se pou ajan, e founo se pou lò;
men ʳSENYÈ a ap sonde tout kè.
⁴ Yon malfektè koute lèv mechan yo;
yon mantè prete atansyon a yon lang
   kap detwi.
⁵ Sila ki moke ˢmalere a moke Kreyatè li;
sila ki rejwi nan malè a, p ap soti san pinisyon.
⁶ Pitit a pitit se kouwòn a granmoun,
e ᵗglwa a fis yo se papa yo.
⁷ Bèl diskou pa byen koresponn ak yon
   moun ki ensanse,
bokou mwens ᵘlèv kap manti sou yon prens.
⁸ Vèse kòb anba tab se tankou wanga
   pou mèt li;
nenpòt kote li vire, li byen reyisi.
⁹ Sila ki ᵛkouvri yon transgresyon,
   chache lanmou;
men sila ki repete yon koze, separe
   bon zanmi yo.
¹⁰ Yon repwòch antre pi fon nan moun
   bon konprann nan
pase anpil kou sou yon moun ensanse.

ᵃ **15:32** Pwov 15:5   ᵇ **16:1** Pwov 16:9   ᶜ **16:3** Sòm 37:5   ᵈ **16:4** Wo 9:22   ᵉ **16:6** Dan 4:27   ᶠ **16:7** Jen 33:4
ᵍ **16:9** Sòm 37:23   ʰ **16:12** Pwov 25:5   ⁱ **16:17** És 35:8   ʲ **16:19** Pwov 3:34   ᵏ **16:21** Os 14:9   ˡ **16:23** Sòm 37:30
ᵐ **16:24** Sòm 19:10   ⁿ **16:25** Pwov 12:15   ᵒ **16:27** Pwov 6:12-18   ᵖ **16:29** Pwov 1:10   ۹ **16:31** Pwov 20:29
ʳ **17:3** I Kwo 29:17   ˢ **17:5** Pwov 14:31   ᵗ **17:6** Egz 20:12   ᵘ **17:7** Sòm 31:18   ᵛ **17:9** Pwov 10:12

¹¹ Yon nonm rebèl se mal l ap chache;
konsa, yon mesaje byen sovaj va voye kont li.
¹² Pito yon nonm rankontre yon ᵃlous
fewòs ki separe de pitit li,
pase yon moun ensanse nan mitan foli li.
¹³ Pou sila ki ᵇremèt mal pou byen an,
mal la p ap janm kite lakay li.
¹⁴ Kòmansman a konfli se tankou pete
gwo baryè dlo;
konsa, ᶜkite kont la avan l kòmanse.
¹⁵ Sila ki ᵈbay rezon a mechan an, ni sila
ki kondane moun dwat la;
tou de abominab a SENYÈ a.
¹⁶ Poukisa gen kòb nan men moun ensanse a
pou l ᵉachte sajès, konsi, li pa konprann
anyen?
¹⁷ Yon ᶠzanmi renmen tout tan;
yon frè fèt pou move tan.
¹⁸ Yon nonm ki manke konprann
ᵍsèvi garanti,
e devni responsab nan prezans a vwazen li.
¹⁹ Sila ki renmen vyole lalwa a renmen konfli;
sila ki ʰawogan an, chache gwo dega.
²⁰ Sila ki gen panse kwochi a, ⁱpa jwenn
anyen ki bon,
e sila ki pèvès nan pawòl li yo tonbe nan mal.
²¹ Sila ki fè pitit ki san konprann nan,
fè l nan tristès;
e papa a yon moun ensanse pa gen kè kontan.
²² Yon kè kontan se bon remèd;
men yon lespri brize ʲseche tout zo.
²³ Yon nonm mechan an resevwa kòb
anba tab an sekrè;
pou l ᵏtòde chemen lajistis.
²⁴ Sajès se devan fas a sila ki gen bon
konprann nan;
men ˡzye a moun ensanse yo chache jis
rive nan tout pwent latè.
²⁵ Yon fis ki san konprann se yon tèt
chaje a papa l,
ak ᵐgwo chagren a sila ki te pòte li a.
²⁶ Anplis, li pa bon pou ⁿpini moun dwat la,
ni pou frape prens yo akoz entegrite yo.
²⁷ Sila ki kenbe pawòl li, gen konesans;
e sila ki gen ᵒlespri kalm nan se yon nonm
ak bon konprann.
²⁸ Menm yon moun ensanse, lè l rete an
silans, konsidere kon saj;
lè l fèmen lèv li, li parèt rezonab.

18

Sila ki izole pwòp tèt li, chache
pwòp enterè l;
bon jijman an pa anyèn devan l.
² Yon moun ensanse pa pran plezi nan
bon konprann;
men sèlman ᵖnan devwale pwòp panse li.

³ Lè yon nonm mechan vin parèt, mepriz
la vini ansanm avè l;
e avèk dezonè, wont vin parèt.
⁴ Pawòl yo ki sòti nan bouch a yon nonm
se yon ᵠdlo byen fon;
dlo sajès se yon dlo fre k ap koule tout tan.
⁵ Panche vè youn moun mechan an pa bon,
ni pou fè jijman ki rache jistis nan men
moun dwat yo.
⁶ Lèv a yon moun ensanse mennen konfli;
bouch li ap mande kou.
⁷ Bouch a ʳmoun san konprann nan se dega li;
e lèv li se pèlen pou nanm li.
⁸ Pawòl a sila ki chichote pawòl nan
zòrèy moun nan
se tankou bonbon ki gen gou dous;
se jis nan fon kò a yo desann.
⁹ Anplis, sila ki parese nan travay li a
se ˢfrè a sila ki detwi.
¹⁰ ᵗNon SENYÈ a se yon sitadèl byen fò;
moun ladwati a kouri ladann pou
jwenn sekou.
¹¹ Pou yon nonm ᵘrich, byen li se yon vil ki fò;
kon yon miray byen wo nan panse li.
¹² ᵛAvan destriksyon, kè yon nonm plen ògèy;
men imilite ale devan onè.
¹³ Sila ki ʷbay repons avan li koute a;
plen foli ak wont.
¹⁴ Lespri a yon moun kapab sipòte maladi;
men nan ka lespri brize a, se kilès ki
kab sipòte li?
¹⁵ ˣPanse a sila ki gen bon konprann nan,
ranmase konesans;
anplis, zòrèy a saj la chache konesans.
¹⁶ ʸDon a yon nonm fè kont espas pou li,
e mennen li devan moun enpòtan.
¹⁷ Premye moun pou plede ka li a,
sanble gen rezon;
jiskaske yon lòt moun vin egzamine l.
¹⁸ ᶻTiraj osò fè konfli sispann;
lap pran desizyon antre moun pwisan yo.
¹⁹ Yon frè ki blese se pi rèd pou konvenk
pase yon vil fòtifye;
konfli ak li se tankou ba fè nan yon sitadèl.
²⁰ Se fwi a bouch moun ki satisfè vant li;
ᵃl ap satisfè ak sa ke lèv li pwodwi.
²¹ ᵇLanmò ak lavi nan pouvwa a lang lan;
e sila ki renmen l yo, va manje fwi li.
²² Sila ki jwenn yon ᶜmadanm, jwenn
yon bon bagay,
e twouve favè SENYÈ a.
²³ ᵈMalere a pale: "Souple, fè m gras";
men moun rich la reponn byen di.
²⁴ Yon nonm ak anpil zanmi vin kraze nèt;

ᵃ **17:12** II Sam 17:8 ᵇ **17:13** Sòm 35:12 ᶜ **17:14** Pwov 20:3 ᵈ **17:15** Egz 23:7 ᵉ **17:16** Pwov 23:23 ᶠ **17:17** Rt 1:16 ᵍ **17:18** Pwov 6:1 ʰ **17:19** Pwov 16:18 ⁱ **17:20** Pwov 24:20 ʲ **17:22** Sòm 22:15 ᵏ **17:23** Egz 23:8 ˡ **17:24** Ekl 2:14 ᵐ **17:25** Pwov 10:1 ⁿ **17:26** Pwov 17:5 ᵒ **17:27** Pwov 14:29 ᵖ **18:2** Pwov 12:23 ᵠ **18:4** Pwov 20:5 ʳ **18:7** Sòm 64:8 ˢ **18:9** Pwov 28:24 ᵗ **18:10** Egz 3:15 ᵘ **18:11** Pwov 10:15 ᵛ **18:12** Pwov 11:2 ʷ **18:13** Pwov 20:25 ˣ **18:15** Pwov 15:4 ʸ **18:16** Jen 32:20 ᶻ **18:18** Pwov 16:33 ᵃ **18:20** Pwov 14:14 ᵇ **18:21** Pwov 12:13 ᶜ **18:22** Jen 2:18 ᵈ **18:23** Pwov 19:7

men gen ᵃyon kalite zanmi ki rete pi
  pwòch pase yon frè.
19 ᵇPi bon se yon malere ki mache ak entegrite
  pase sila ak bouch konwonpi ki ensanse a.
² Anplis, li pa bon pou gen gwo kouraj,
  san konesans,
ni pou prese rive ᶜfè fo pa.
³ Foli a yon nonm fè chemen l gate;
e kè li anraje kont SENYÈ a.
⁴ ᵈRichès fè zanmi ogmante anpil;
men malere pèdi zanmi li yo.
⁵ Yon ᵉfo temwen pa prale san pinisyon;
e sila ki fè manti a, p ap chape.
⁶ ᶠAnpil moun va chache favè a yon moun
  jenere ak men ouvri;
tout moun se zanmi a sila ki bay kado.
⁷ Tout frè a malere yo a rayi li;
konbyen, anplis, pou zanmi l kouri kite l.
ᵍL ale jwenn yo ak pawòl plede, men
  yo fin ale.
⁸ Sila ki twouve sajès renmen pwòp nanm li.
Sila ki kenbe ak bon konprann nan va
  ʰjwenn sa ki bon.
⁹ Yon ⁱfo temwen pa prale san pinisyon;
epi sila ki bay manti a, va peri.
¹⁰ Lavi alèz pa fèt pou moun ensanse;
bokou mwens pou yon ʲesklav ta gen
  otorite sou prens yo.
¹¹ Yon nonm ak bon konprann lan nan kòlè;
se glwa li ᵏpou bliye yon transgresyon.
¹² ˡKòlè a wa a se tankou yon lyon k ap rele fò;
men favè li se tankou lawouze sou zèb vèt.
¹³ Se yon fis plen foli k ap detwi papa l,
e yon madanm k ap ᵐdiskite a
se tankou dlo kap degoute san rete.
¹⁴ Kay ak byen se ⁿeritaj ki sòti nan papa;
men yon fanm pridan sòti nan SENYÈ a.
¹⁵ ᵒParès va voye yon pwofon somèy
  sou moun,
e yon nonm ki pa travay, va soufri grangou.
¹⁶ Sila ki ᵖkenbe kòmandman an
  kenbe nanm li,
men sila ki enpridan nan kondwit va mouri.
¹⁷ Yon moun ki ᵠfè gras a yon malere
  prete a SENYÈ a,
e Li va bay li rekonpans pou bon zèv li a.
¹⁸ ʳBay fis ou a disiplin pandan gen espwa;
pa chache lanmò li.
¹⁹ Yon nonm ak gwo kòlè va pote pinisyon li;
paske si ou pwoteje moun nan ou va
  oblije fè l ankò.
²⁰ Koute konsèy e aksepte disiplin pou ou
kab vin saj pou tout rès vi ou.
²¹ Plan nan kè lòm yo anpil;

men se konsèy SENYÈ a ki kanpe.
²² Sa ki dezirab nan yon nonm se yon
  kè ki dous.
Pito yon nonm ta malere pase li ta yon mantè.
²³ ˢLakrent SENYÈ a dirije a lavi pou
  fè moun dòmi
ak kè satisfè, san kontamine ak mal.
²⁴ Parese a fouye men l nan plato a;
men li refize rale l rive nan bouch li.
²⁵ Frape yon mokè pou moun san konprann
  nan vin gen lespri;
ᵗrepwòch a yon moun bon konprann,
va fè l genyen konesans.
²⁶ Sila ᵘki atake papa li e chase manman l ale,
se yon fis ki fè wont ak dega patou.
²⁷ Sispann koute disiplin, fis mwen an
e ou va pèdi chemen konesans.
²⁸ Yon temwen ki fè dezòd moke lajistis;
e bouch mechan an ᵛgaye inikite.
²⁹ Gen desizyon jijman pou mokè yo;
ak kou pou do a moun ensanse yo.

20 Diven se yon mokè, e ʷbwason fò fè
  goumen rive nan tenten;
nenpòt moun ki vin sou, pa li pa saj.
² Laperèz a wa a se tankou gwo vwa
  lyon k ap rele fò;
sila ki fè l fache ˣva pèdi lavi l.
³ ʸRete lwen konfli ak rayisman, e ou
  va gen respe;
alò, nenpòt moun ensanse ka fè yon kont.
⁴ ᶻParese a pa laboure tè nan sezon otòn;
akoz sa li mande charite pandan rekòlt
  la, e li p ap gen anyen.
⁵ Yon plan nan kè moun se tankou dlo fon;
men yon nonm ak bon konprann rale l fè l sòti.
⁶ Gen anpil moun ki pwomèt fidelite;
men kibò pou jwenn yon nonm onèt?
⁷ Yon nonm dwat ki mache nan entegrite l;
ᵃA la beni fis ki vini apre li yo beni!
⁸ ᵇYon wa ki chita sou twòn lajistis
fè tout mal sove ale ak pwòp zye l.
⁹ ᶜSe kilès ki kapab di: "Mwen te
  netwaye kè m;
mwen vin pirifye de tout peche m?"
¹⁰ ᵈBalans ki pa ojis ak mezi ki pa ojis;
tou de abominab a SENYÈ a.
¹¹ Menm yon ti moun se ᵉrekonnet
  pa zèv li yo;
si li aji byen e si kondwit li dwat.
¹² ᶠZòrèy ki tande ak zye ki wè;
se SENYÈ a ki te fè tou de.
¹³ ᵍPa renmen dòmi, sinon ou va vin malere;
ouvri zye ou e ou va satisfè ak manje.
¹⁴ "Pa bon, pa bon", di sila k ap achte a;

ᵃ **18:24** Pwov 17:17   ᵇ **19:1** Pwov 28:6   ᶜ **19:2** Pwov 21:5   ᵈ **19:4** Pwov 14:20   ᵉ **19:5** Egz 23:1
ᶠ **19:6** Pwov 29:26   ᵍ **19:7** Pwov 18:23   ʰ **19:8** Pwov 16:20   ⁱ **19:9** Pwov 19:5   ʲ **19:10** Pwov 30:22
ᵏ **19:11** Mat 5:44   ˡ **19:12** Pwov 16:14   ᵐ **19:13** Pwov 21:9-19   ⁿ **19:14** II Kwo 12:14   ᵒ **19:15** Pwov 6:9-10
ᵖ **19:16** Pwov 16:16   ᵠ **19:17** Det 15:7-8   ʳ **19:18** Pwov 13:24   ˢ **19:23** Pwov 14:27   ᵗ **19:25** Pwov 9:8
ᵘ **19:26** Pwov 28:24   ᵛ **19:28** Job 15:16   ʷ **20:1** Pwov 3:14   ˣ **20:2** Nonb 16:38   ʸ **20:3** Jen 13:7   ᶻ **20:4** Pwov 13:4
ᵃ **20:7** Sòm 37:26   ᵇ **20:8** Pwov 20:26   ᶜ **20:9** I Wa 8:46   ᵈ **20:10** Pwov 11:1   ᵉ **20:11** Mat 7:16   ᶠ **20:12** Egz 4:11
ᵍ **20:13** Pwov 6:9-10

men lè l fè wout li, li pale kè l kontan.
¹⁵ Gen lò ak tout kalite bijou;
men lèv plèn konesans se pi bèl bagay.
¹⁶ Lè l sèvi garanti pou yon enkoni,
pran manto li;
epi pou fanm andeyò a, fè papye pwose
vèbal pou sa li pwomèt la.
¹⁷ ᵃPen kòn twouve nan bay manti dous;
men pita, bouch la plen gravye.
¹⁸ Fè tout plan ak konsiltasyon;
ᵇfè lagè ak konsèy saj.
¹⁹ Sila ki difame moun devwale sekrè;
pou sa a, pa asosye ou ak moun ki mache
bouch ouvri.
²⁰ Sila ki ᶜmodi papa li oswa manman li an,
lanp li va etenn nan tan fènwa.
²¹ Yon eritaj ranmase vit nan kòmansman
a, p ap beni nan lafen.
²² ᵈPa di: "M ap rekonpanse mechanste";
tann SENYÈ a, e Li va sove ou.
²³ ᵉPwa ki pa ojis ak mezi ki pa ojis;
tou de abominab a SENYÈ a.
²⁴ ᶠPa a yon nonm regle pa SENYÈ a;
konsa, kijan yon nonm kab vin konprann
chemen li?
²⁵ Se yon pèlen pou yon nonm ta di
avèk enpridans:
"Sa sen!" e ᵍaprè ve yo fèt, pou fè ankèt.
²⁶ Yon wa ki saj va vannen mechan yo
e fè ʰwou moulen pase anwo yo.
²⁷ Lespri a lòm se lanp SENYÈ a,
ki chache pati ki pi entim nan li yo.
²⁸ Fidelite ak ⁱverite prezève wa a,
e ladwati bay twòn li an soutyen.
²⁹ Glwa a jèn yo se fòs yo,
e lonè a granmoun yo se cheve blan yo.
³⁰ ʲKout fwèt ki blese fè disparèt mechanste;
li frape rive nan pati pi fon yo.

21 Kè a wa a se tankou kanal dlo nan
men SENYÈ a;
Li ᵏvire l kote Li vle.
² Chemen a yon moun bon nan pwòp zye li;
men SENYÈ a ˡpeze kè yo.
³ SENYÈ a pito ᵐladwati ak lajistis
plis pase sakrifis.
⁴ Zye ki leve wo ak kè ki plen ògèy;
ⁿlanp a mechan yo se peche.
⁵ Plan a ᵒdilijan an mennen byen si,
vè avantaj;
men tout moun ki aji san reflechi va,
san dout, vin pòv.
⁶ Ranmase anpil byen ak lang k ap bay manti
se yon vapè k ap sove ale, k ap kouri
dèyè lanmò.

⁷ Vyolans a mechan yo va trennen
yo fè yo pati,
akoz yo ᵖrefize aji ak jistis.
⁸ Chemen a yon moun koupab qkwochi;
men pou sila ki san tach la, kondwit li dwat.
⁹ Li pi bon pou viv nan ti kwen sou twati a
pase nan yon kay ak yon fanm k ap fè
kont tout tan.
¹⁰ Nanm a mechan an vle mal;
vwazen li an pa twouve gras nan zye l.
¹¹ Lè ʳmokè a vin pini, moun san konprann
nan vin saj;
men lè moun saj la enstwi, li resevwa
konesans.
¹² Lè Sila Ki Dwat La pran an konsiderasyon
kay mechan an,
ˢafè mechan an vin detwi nèt.
¹³ Sila ki ᵗfèmen zòrèy li a kri afli je a,
va vin kriye pou kont li, men li p ap
jwenn ᵘrepons.
¹⁴ Yon ᵛkado vèse an sekrè kalme fachez,
e yon anba tab ki glise rive, bese gwo kòlè.
¹⁵ Aplike lajistis se yon plezi pou moun dwat;
men se yon gwo laperèz pou malfektè
inikite yo.
¹⁶ Yon nonm egare ki kite chemen bon
konprann nan,
va jwenn repo nan asanble mò yo.
¹⁷ Sila ki ʷrenmen plezi, va vin pòv;
sila ki renmen diven ak lwil, p ap janm rich.
¹⁸ Mechan an se yon ˣranson pou
moun dwat yo;
e sila ki fè trèt la pou sila ki kanpe janm.
¹⁹ ʸLi pi bon pou rete nan dezè
pase viv ak yon fanm k ap agase
moun tout tan.
²⁰ Gen bèl trezò ak lwil nan abitasyon
a moun saj la;
men, moun san konprann nan ᶻvale tout.
²¹ Sila ki ᵃswiv ladwati ak fidelite a
jwenn lavi, ladwati ak lonè.
²² Yon ᵇnonm saj monte sou miray vil pwisan,
e fè tonbe sitadèl la ki te bay yo konfyans.
²³ Sila ki ᶜveye bouch li ak lang li
pwoteje nanm li kont gwo twoub.
²⁴ Ògèy, Monte Tèt Wo, Mokè;
men tit a sila ki aji nan ògèy ak ensolans yo.
²⁵ Se ᵈvolonte a parese a ki fè l mouri,
paske men li refize travay;
²⁶ Gen moun tout lajounen kap anvi
yon bagay,
pandan moun dwat yo ᵉap vèse bay san rete.
²⁷ Sakrifis an mechan yo abominab;
se konbyen anplis, lè l pote ak movèz fwa.

ᵃ **20:17** Pwov 9:17   ᵇ **20:18** Pwov 24:6   ᶜ **20:20** Egz 21:17   ᵈ **20:22** Sòm 27:14   ᵉ **20:23** Pwov 11:1
ᶠ **20:24** Pwov 16:9   ᵍ **20:25** Ekl 5:4-5   ʰ **20:26** És 28:27   ⁱ **20:28** Pwov 29:14   ʲ **20:30** Sòm 89:32
ᵏ **21:1** Esd 6:22   ˡ **21:2** Pwov 16:2   ᵐ **21:3** I Sam 15:22   ⁿ **21:4** Pwov 24:20   ᵒ **21:5** Pwov 10:4   ᵖ **21:7** Am 5:7   q **21:8** Pwov 2:15   ʳ **21:11** Pwov 19:25   ˢ **21:12** Pwov 14:11   ᵗ **21:13** Mat 18:30-34   ᵘ **21:13** Jc 2:13   ᵛ **21:14** Pwov 18:16   ʷ **21:17** Pwov 23:21   ˣ **21:18** És 43:3   ʸ **21:19** Pwov 21:9   ᶻ **21:20** Job 20:15-18
ᵃ **21:21** Pwov 15:9   ᵇ **21:22** II Sam 5:6-9   ᶜ **21:23** Pwov 12:13   ᵈ **21:25** Pwov 13:4   ᵉ **21:26** Sòm 37:26

²⁸ Yon ᵃfo temwen va peri;
men sila ki koute verite a va pale ak letènite.
²⁹ Moun mechan an afiche yon figi brav;
men pou ᵇmoun ladwati a, chemen li an sèten.
³⁰ ᶜNanpwen sajès, ni bon konprann, ni
    konsèy kont SENYÈ a.
³¹ Cheval la prepare pou jou batay la;
men ᵈviktwa a se nan men SENYÈ a.

22

Yon ᵉbon non pi bon pase tout richès;
e favè Bondye, pase ajan ak lò.
² Rich la ak malere a mare ansanm;
se SENYÈ a ki ᶠfè yo tout.
³ Sila ki ᵍreflechi, wè mal e kache kò li;
men ensanse yo antre ladann e jwenn
    pinisyon.
⁴ Rekonpans pou imilite avèk lakrent
    SENYÈ a
se richès, bon repitasyon, ak lavi.
⁵ ʰPikan ak pèlen se nan chemen a pèvès yo;
sila ki veye nanm li, va rete lwen yo.
⁶ ⁱLeve yon timoun nan chemen li ta dwe ale,
e lè li vin gran, li p ap kite li;
menm lè l granmoun, li p ap kite li.
⁷ ʲRich yo domine sou pòv yo,
e moun ki prete vin esklav a sila k
    ap bay prè a.
⁸ Sila ki ᵏsimen inikite a va rekòlte vanite;
e baton kòlè li a va detwi.
⁹ Sila ki ˡbay ak men louvri va beni;
paske li bay manje a malere.
¹⁰ ᵐMete moun k ap moke moun yo deyò,
e diskisyon an prale tou;
wi, konfli ak dezonore moun ap sispann.
¹¹ Sila ki renmen ⁿkè ki san tach
e ki pale ak gras, va zanmi a wa a.
¹² Zye a SENYÈ a konsève konesans;
men Li boulvèse pawòl moun malveyan yo.
¹³ ᵒParese a di: "Gen yon lyon deyò a;
m ap mouri nan lari!"
¹⁴ Bouch a ᵖfanm adiltè a se yon fòs byen fon;
sila ke SENYÈ a modi va tonbe ladann.
¹⁵ Foli mare nan kè a yon timoun;
baton disiplin nan va retire sa mete lwen li.
¹⁶ Sila ki oprime malere a pou ogmante tèt li;
ni sila k ap fè kado a rich yo, va rive
    nan povrete.

¹⁷ ᵍApiye zòrèy ou pou tande pawòl a saj yo;
epi aplike ou a konesans mwen.
¹⁸ Paske sa va ʳbyen agreyab pou ou
si ou kenbe yo anndan ou, pou yo toujou
    prè sou lèv ou.
¹⁹ Pou ˢkonfyans ou kapab nan SENYÈ a,
mwen te enstwi ou jodi a, menm ou
    menm nan.
²⁰ Èske mwen pa t ekri ou trant ᵗbèl bagay,
de konsèy ak konesans yo?
²¹ Pou fè ou ᵘkonnen vrè pawòl verite yo,
pou ou kab byen reponn sila ki te voye ou a?

²² Pa vòlè malere a paske li pòv,
ni ᵛkraze aflije nan pòtay la;
²³ paske, SENYÈ a va ʷplede ka yo
e pran lavi a sila ki vòlè yo.

²⁴ Pa asosye ak yon nonm ki livre a kòlè;
oswa ale ak yon ˣmoun kolerik,
²⁵ sinon, ou va ʸaprann mès li yo
e jwenn yon pèlen pou tèt ou.
²⁶ Pa konte pami sila ki ᶻsèvi kon garanti yo,
pami sila ki fè sekirite pou dèt yo.
²⁷ Si ou pa gen mwayen pou ou kab peye,
poukisa ou ta kite l ᵃrale kabann nan
    sòti anba ou?

²⁸ ᵇPa deplase ansyen bòn
ke papa zansèt nou yo te mete a.
²⁹ Èske ou wè yon nonm byen abil
    nan travay li?
Li va ᶜkanpe devan wa yo;
li p ap oblije kanpe devan nenpòt
    kalite vye moun.

23

Lè ou chita sou tab ak yon ki gouvènè,
konsidere byen sa ki devan ou.
² Konsa, mete yon kouto sou gòj ou
si ou se yon ᵈnonm ak gwo lanvi.
³ Pa dezire bon manje a ou,
paske se yon repa desepsyon.
⁴ Pa fatige kò ou pou jwenn richès;
ᵉsispann reflechi sou sa.
⁵ Depi ou mete zye ou sou li, l ale.
Paske, anverite, ᶠli gen zèl kon yon èg
k ap vole vè syèl yo.
⁶ Pa manje pen a yon ᵍmesye ki chich,
ni anvi bèl bagay li;
⁷ paske jan li panse nan tèt li a, se konsa li ye.
Li di ou: "Manje e bwè!" Men ʰkè li pa avè w.
⁸ Ou va ⁱvomi mòso ke ou te manje a
e gaspiye tout bèl pawòl ou yo.

⁹ ʲPa pale nan zòrèy a moun sòt,
paske l ap meprize sajès a pawòl ou yo.

¹⁰ Pa deplase ansyen bòn nan,
ni ᵏantre nan chan òfelen yo,
¹¹ Paske ˡRedanmtè yo a pwisan;

Li va plede ka yo kont ou.

¹² Aplike kè ou a disiplin
ak zòrèy ou a pawòl ki pote konesans.
¹³ ᵃPa ralanti disiplin sou yon timoun;
malgre ou frape li ak yon baton, li p ap mouri.
¹⁴ Ou va frape li ak baton
pou ᵇdelivre nanm li de sejou mò yo.

¹⁵ Fis mwen an, si kè ou ᶜsaj,
pwòp kè m va kontan tou.
¹⁶ Wi, jis anndan m va rejwi
lè lèv ou pale ᵈsa ki dwat.
¹⁷ ᵉPa kite kè ou fè lanvi pechè yo,
men viv nan lakrent SENYÈ a tout tan.
¹⁸ Anverite, gen davni,
e ᶠespwa ou p ap anile.
¹⁹ Koute, fis mwen an, vin saj
pou ᵍdirije kè ou nan chemen an.
²⁰ Pa bwè twòp diven,
ni fè ʰvoras nan manje vyann;
²¹ paske sila ki ⁱbwè twòp la ak moun
voras la va vin pòv;
e dòmi nan zye a va fè l abiye ak vye
twal chire.
²² ʲKoute papa ou ki te fè ou a,
e pa meprize manman ou lè l vin granmoun.
²³ ᵏAchte verite e pa vann li!
Ranmase sajès, enstriksyon ak bon konprann.
²⁴ Papa a sila ki dwat la va rejwi anpil,
e ˡsila ki fè yon fis ki saj la va gen kè
kontan nan li.
²⁵ Kite ᵐpapa ou ak manman ou fè kè kontan;
kite fanm ki te fè ou a, rejwi.
²⁶ Ban m kè ou, fis mwen an;
kite zye ou ⁿfè kè kontan nan chemen
mwen yo.
²⁷ Paske yon pwostitiye se yon fòs byen fon,
e yon ᵒfanm adiltè se yon ti pwi etwat.
²⁸ Anverite, li ᵖkache veye tankou vòlè,
pou l ogmante enfidelite pami lòm.

²⁹ Se kilès ki gen ᑫgwo pwoblèm?
Se kilès ki gen tristès?
Se kilès ki gen konfli?
Se kilès kap plenyèn?
Se kilès ki blese san rezon?
Se kilès ki gen zye wouj?
³⁰ Sila ki ʳmize sou diven nan,
sila ki ale goute diven mele an.
³¹ Pa gade diven an lè l wouj,
lè l fè klè nan tas la,
lè l ˢdesann byen dous.
³² Nan dènye moman an, li ᵗmòde
tankou sèpan;
li brile tankou bouch koulèv.
³³ Zye ou va wè bagay ki dwòl,
e panse ou va ᵘtwouble anpil.
³⁴ Ou va tankou yon moun ki kouche
nan mitan lanmè,
oswa tankou yon moun ki kouche sou
ma batiman.
³⁵ "Yo te frape m, men mwen pa t santi anyen!
Yo te bat mwen, men mwen pa t konnen sa!
Lè m leve, m ap ᵛchache pou m kab
bwè ankò."

24

¹ Pa fè anvi a moun mechan,
ni dezire ʷpou avèk yo;
² paske panse yo fòmante ˣvyolans
e lèv yo pale inikite.
³ ʸAvèk sajès, kay la bati
e avèk bon konprann, li vin etabli.
⁴ Pa konesans, chanm yon moun vin
ᶻranpli avèk tout bèl kalite richès.
⁵ Yon nonm saj byen fò,
e yon nonm ak konesans ogmante pouvwa li.
⁶ Paske ak konsèy saj ou va fè lagè,
e ᵃak konseye an abondans, gen viktwa.
⁷ Sajès ᵇtwò wo pou moun ensanse a;
li pa ouvri bouch li nan pòtay la.
⁸ Yon moun ki fè plan pou fè mal,
moun va rele li magouyè.
⁹ Fòmante foli se peche,
e mokè a abominab a tout moun.
¹⁰ Si ou ᶜlach nan jou gran pwoblèm
nan, fòs ou pa fò.
¹¹ ᵈDelivre sila k ap mennen vè lanmò a,
ak sila k ap mache tonbe vè labatwa a.
O, kenbe yo!
¹² Si ou di: "Gade, nou pa t konnen sa";
èske Li pa ᵉkonsidere sa, sila ki peze kè?
Epi èske Li pa konnen sa, sila kap
kenbe nanm ou an?
Èske Li p ap rann a lòm selon zèv li?
¹³ Fis mwen, manje ᶠsiwo myèl, paske li bon;
wi, siwo sòti nan nich lan dous pou goute.
¹⁴ Konnen ke ᵍsajès se konsa pou nanm ou;
si ou twouve li, va gen yon avni, e espwa
ou p ap anile.
¹⁵ ʰPa kouche mete pyèj, o lòm mechan,
kont kote ke moun dwat la rete a.
Pa detwi kote repo li a;
¹⁶ paske yon ⁱnonm ladwati tonbe sèt
fwa e leve ankò,
men se nan lè gwo malè ke mechan an tonbe.
¹⁷ ʲPa rejwi lè lènmi ou tonbe.

ᵃ **23:13** Pwov 13:24   ᵇ **23:14** I Kor 5:5   ᶜ **23:15** Pwov 23:24   ᵈ **23:16** Pwov 8:6   ᵉ **23:17** Sòm 37:1
ᶠ **23:18** Sòm 9:18   ᵍ **23:19** Pwov 4:23   ʰ **23:20** Det 21:20   ⁱ **23:21** Pwov 21:17   ʲ **23:22** Pwov 1:8
ᵏ **23:23** Pwov 4:7   ˡ **23:24** Pwov 10:1   ᵐ **23:25** Pwov 27:11   ⁿ **23:26** Sòm 1:2   ᵒ **23:27** Pwov 5:20
ᵖ **23:28** Pwov 6:26   ᑫ **23:29** És 5:11-22   ʳ **23:30** I Sam 25:36   ˢ **23:31** Kan 7:9   ᵗ **23:32** Job 20:16
ᵘ **23:33** Pwov 2:12   ᵛ **23:35** Pwov 26:11   ʷ **24:1** Sòm 1:1   ˣ **24:2** És 30:12   ʸ **24:3** Pwov 9:1   ᶻ **24:4** Pwov 8:21
ᵃ **24:6** Pwov 11:14   ᵇ **24:7** Sòm 10:5   ᶜ **24:10** Det 20:8   ᵈ **24:11** Sòm 82:4   ᵉ **24:12** Ekl 5:8   ᶠ **24:13** Sòm 19:10
ᵍ **24:14** Pwov 2:10   ʰ **24:15** Sòm 10:9-10   ⁱ **24:16** Job 5:19   ʲ **24:17** Job 31:29

Ni pa kite kè ou kontan lè l tonbe;
¹⁸ Oswa, SENYÈ a va wè l,
vin pa kontan e detounen kòlè Li de li.
¹⁹ ᵃPa twouble tèt ou pou malveyan yo,
ni fè lanvi pou mechan yo,
²⁰ paske pou yon nonm mechan, ᵇpa gen avni.
Lanp a mechan an va etenn nèt.
²¹ Fis mwen an, ᶜgen lakrent SENYÈ
a ak wa a;
pa asosye ak sila ki pa stab yo,
²² paske, ᵈmalè yo va leve vit.
Kilès ki konnen destriksyon an k ap
sòti nan yo de a.

²³ Sila yo, anplis, se pawòl a sajès:

Fè ᵉpatipri nan jijman pa bon.
²⁴ Sila ki di a mechan an: "Ou dwat",
ᶠpèp yo va modi li e nasyon yo va rayi li;
²⁵ men pou ᵍsila ki repwoche mechan yo,
lap wale byen ak yo.
Bon benediksyon va tonbe sou yo.
²⁶ Yon repons onèt tankou yon bo sou lèv yo.
²⁷ Prepare tout travay ou a deyò;
byen prepare chan ou.
Apre, alò, bati kay ou.
²⁸ Pa vin yon temwen kont vwazen ou san koz,
e ʰpa bay manti ak lèv ou.
²⁹ ⁱPa di: "Se konsa mwen va fè l paske
li te fè m konsa;
mwen va rann a nonm nan selon zèv li yo."
³⁰ Mwen te pase nan chan parese a;
akote chan rezen a nonm ki manke ʲbon
konprann nan.
³¹ Epi gade byen, li te plen ak raje pikan,
e kouvri ak move zèb,
ᵏMiray an wòch la te fin kraze nèt.
³² Lè m te wè, mwen te reflechi sou sa;
mwen te gade e m te resevwa enstriksyon.
³³ ˡ"Yon ti dòmi, yon ti somèy,
yon ti pliye men pou repoze,"
³⁴ Konsa mizè ou va vin parèt sou ou
tankou yon vòlè;
ak bezwen tankou yon bandi kon zam.

25

Sila yo se ᵐpwovèb yo a Salomon ke mesye
Ézéchias yo, wa Juda a te dechifre.
² Se glwa Bondye pou kache yon bagay;
men se glwa a ⁿwa yo pou chache
konprann yon bagay.
³ Tankou syèl la nan wotè a, ak tè a
nan pwofondè a,
se konsa kè a wa a ensondab.
⁴ Retire vye kras sou ajan k ap fonn nan, e va
sòti metal pi pou òfèv la.
⁵ Retire ᵒmechan an devan wa a,

e twòn li an va etabli nan ladwati.
⁶ Pa reklame bèl repitasyon nan
prezans a wa a,
e pa kanpe nan plas a moun pwisan yo;
⁷ paske li pi bon pou yo di ou: "Vin
monte isit la",
olye pou ou ta oblije desann piba nan
prezans a prens lan,
ke zye ou te wè.
⁸ Pa fè vit lantre nan tribinal ᵖpou
diskite ka ou;
anfen, sa ou va fè lè vwazen ou fè ou
desann nèt.
⁹ ᵠDiskite pwòp ka pa ou devan vwazen ou,
e pa devwale sekrè a yon lòt,
¹⁰ oswa sila ki tande ou a, va fè ou repwòch,
e move rapò sou ou menm p ap janm disparèt.

¹¹ Tankou pòm an lò ki monte sou ajan,
se konsa yon ʳmo byen plase nan moman li.
¹² Tankou yon ˢzanno an lò ak yon
dekorasyon an lò fen
se yon repwòch saj nan zòrèy k ap koute.
¹³ Tankou fredi lanèj nan lè rekòlt,
se konsa yon ᵗmesaje fidèl ye a sila
ki voye l yo,
paske li rafrechi nanm a mèt li yo.
¹⁴ Tankou ᵘnwaj ak van san lapli,
se konsa yon nonm ki ogmante don li
yo ak manti.
¹⁵ Ak ᵛpasyans, yon chèf ka vin pèswade;
se yon lang dous ki kase zo.
¹⁶ Èske ou te ʷjwenn siwo myèl?
Manje sèlman kont ou,
pou ou pa gen twòp pou vomi li.
¹⁷ Kite pye ou raman pile lakay vwazen ou,
sinon li va fatige avè w, e vin rayi ou.
¹⁸ Tankou gwo baton, nepe, oswa flèch file,
se konsa yon nonm ki pote ˣfo temwen
kont vwazen li.
¹⁹ Tankou yon move dan ak yon pye
ki pa estab,
se konsa konfyans nan yon ʸnonm enfidèl
nan tan gwo twoub.
²⁰ Tankou yon moun ki retire rad li
nan jou fredi,
oswa tankou vinèg sou poud bikabonat,
se konsa sila ki chante chan ak kè
twouble yo ye.
²¹ ᶻSi lènmi ou grangou, ba li manje;
epi si li swaf, ba li dlo pou l bwè;
²² paske, ou va anpile chabon tou
limen sou tèt li,
e ᵃSENYÈ a va bay ou rekonpans.
²³ Van nò pote lapli

ᵃ **24:19** Sòm 37:1   ᵇ **24:20** Job 15:31   ᶜ **24:21** Wo 13:1-7   ᵈ **24:22** Pwov 24:16   ᵉ **24:23** Pwov 18:5
ᶠ **24:24** Pwov 11:26   ᵍ **24:25** Pwov 28:23   ʰ **24:28** Lev 6:2-3   ⁱ **24:29** Pwov 24:16   ʲ **24:30** Pwov 6:22
ᵏ **24:31** És 5:5   ˡ **24:33** Pwov 6:10   ᵐ **25:1** Pwov 1:1   ⁿ **25:2** Esd 6:1   ᵒ **25:5** Pwov 20:8   ᵖ **25:8** Pwov 17:14
ᵠ **25:9** Mat 18:15   ʳ **25:11** Pwov 15:23   ˢ **25:12** Egz 32:2   ᵗ **25:13** Pwov 13:17   ᵘ **25:14** Jd 12   ᵛ **25:15** Jen 32:4
ʷ **25:16** Jij 14:8   ˣ **25:18** Egz 20:16   ʸ **25:19** Job 6:15   ᶻ **25:21** Egz 23:4-5   ᵃ **25:22** II Sam 16:12

e yon ᵃlang medizan, pote yon move vizaj.
²⁴ Li ᵇpi bon pou viv nan yon kwen twati
pase nan yon kay avèk yon fanm k ap
   fè kont tout tan.
²⁵ Tankou dlo frèt pou yon nanm fatige,
se konsa yon ᶜbòn nouvèl ki sòti nan
   yon peyi lwen.
²⁶ Tankou yon ᵈsous ki foule anba pye
   ak yon pwi kontamine,
se konsa yon nonm dwat ki bay plas
   a mechan an.
²⁷ Li pa bon pou bwè anpil siwo myèl,
ni li pa bon pou ᵉchache pwòp glwa pa w.
²⁸ Tankou yon gran vil ki kase antre san miray,
se konsa yon nonm ki ᶠpa kontwole
   pwòp tèt li.

26

Tankou lanèj nan sezon chalè a, tankou
   lapli nan sezon rekòlt,
se konsa respè ᵍpa merite rive sou yon
   moun ensanse.
² Tankou yon ti zwazo k ap sove ale, tankou
   yon ti iwondèl nan vòl li,
se konsa yon ʰmadichon san koz p ap poze.
³ Yon fwèt se pou chwal la, yon brid
   pou bourik la,
ak ⁱbaton pou do a moun ensanse a.
⁴ ʲPa reponn yon moun ensanse selon foli l,
oswa ou va vin tankou li.
⁵ ᵏReponn yon moun ensanse selon
   foli li merite,
pou l pa vin saj nan pwòp zye li.
⁶ Li koupe pwòp pye li, e bwè vyolans,
ki voye yon mesaj pa men a moun ensanse a.
⁷ Tankou janm ki initil pou moun bwate a,
se konsa yon pwovèb nan bouch a
   moun ensanse.
⁸ Tankou yon moun ki mare wòch
   anndan fistibal
se konsa sila ki bay respè a moun ensanse a.
⁹ Tankou yon pikan ki tonbe nan men yon
   moun k ap bwè gwòg,
se konsa yon pwovèb nan bouch a
   moun ki ensanse.
¹⁰ Tankou moun ak banza k ap blese
   tout moun,
se konsa sila ki anplwaye moun ensanse a,
ak sila ki anplwaye sila k ap pase pa aza a.
¹¹ Tankou ˡyon chen ki retounen nan vomi li,
se konsa yon moun ensanse kap repete foli li.
¹² Èske ou wè yon moun ki saj nan
   pwòp zye li?
ᵐGen plis espwa pou moun fou pase li menm.
¹³ ⁿParese a di: "Gen yon lyon nan lari a!
Yon lyon nan plas la!"
¹⁴ Tankou pòt la vire sou gon li,
se konsa ᵒparese a sou kabann li.
¹⁵ ᵖParese a fouye men l nan plato a;
men l twò fatige pou fè l ankò rive
   nan bouch li.
¹⁶ Parese a ᵠpi saj nan pwòp zye li
pase sèt moun ki kab reponn ak bon konprann.
¹⁷ Tankou yon moun ki pran yon
   chen pa zòrèy,
se konsa sila k ap pase pa aza a,
pou l gaye nan goumen ki pa apatyen
   a li menm nan.
¹⁸ Tankou yon moun fou k ap jete ʳbwa
   dife, flèch ak lanmò,
¹⁹ se konsa nonm ki tronpe vwazen
   li an pou di:
ˢ"Èske se pa blag mwen t ap fè?"
²⁰ Akoz mank bwa, dife a etenn;
lè ti koze sispann, ᵗrayisman vin kalme.
²¹ Tankou chabon tou limen anvè sann ki
   cho ak bwa anvè dife,
se konsa yon moun tchenpwèt ᵘchofe
   pwoblèm pou limen konfli.
²² ᵛPawòl a moun k ap chichote nan
   zòrèy moun nan,
vin tankou bèl ti mòso delika.
Yo desann rive jis nan pati pi fon kò a.
²³ Tankou veso ki fèt ak tè ki kouvri
   ak yon kouch ajan,
se konsa lèv ki brile ak yon kè ki mechan.
²⁴ Yon nonm malonèt, ʷkache sa pou
   l pa parèt sou lèv li;
men nan kè l, li fè depo desepsyon.
²⁵ Lè l ˣpale byen dous, pa kwè l;
paske, gen sèt abominasyon nan kè l.
²⁶ Malgre rayisman kouvri kò l ak riz,
mechanste li va ʸdevwale devan asanble a.
²⁷ Sila ki ᶻfouye fòs la va tonbe ladann,
e sila ki woule wòch la, sou li menm
   l ap retounen.
²⁸ Yon lang ki bay manti, rayi sila li kraze yo,
e zèv a lang flatè a se dega.

27

Pa vin ògeye sou bagay demen,
paske ou ᵃpa konnen kisa yon jou ka pote.
² Kite ᵇyon lòt moun ba ou lwanj,
e pa fè ak pwòp bouch ou.
Kite l fèt pa yon ou pa konnen,
e pa de pwòp lèv ou.
³ Yon gwo wòch lou ak sab gen pwa;
men moun ensanse k ap anmède a
pi lou pase yo tou de.
⁴ Fachez rèd fè move.
Kòlè se yon inondasyon.
Men se ᶜkilès ki ka kanpe devan jalouzi.
⁵ Repwòch ki klè pi bon pase lanmou
   ki kache.

ᵃ **25:23** Sòm 101:5   ᵇ **25:24** Pwov 21:9   ᶜ **25:25** Pwov 15:30   ᵈ **25:26** Éz 32:2   ᵉ **25:27** Pwov 27:2
ᶠ **25:28** II Kwo 32:5   ᵍ **26:1** Pwov 17:7   ʰ **26:2** Nonb 23:8   ⁱ **26:3** Pwov 10:13   ʲ **26:4** Pwov 23:9
ᵏ **26:5** Mat 16:1-4   ˡ **26:11** II Pi 2:22   ᵐ **26:12** Pwov 29:20   ⁿ **26:13** Pwov 22:13   ᵒ **26:14** Pwov 6:9
ᵖ **26:15** Pwov 19:24   ᵠ **26:16** Pwov 27:11   ʳ **26:18** És 50:11   ˢ **26:19** Ef 5:4   ᵗ **26:20** Pwov 22:10
ᵘ **26:21** Pwov 15:18   ᵛ **26:22** Pwov 18:8   ʷ **26:24** Sòm 41:6   ˣ **26:25** Sòm 28:3   ʸ **26:26** Luc 8:17
ᶻ **26:27** Est 7:10   ᵃ **27:1** Luc 12:19-20   ᵇ **27:2** Pwov 25:27   ᶜ **27:4** Pwov 6:34

⁶ Fidèl se blese a yon zanmi;
men twonpri se ᵃbo a yon ènmi.
⁷ Moun vant plen rayi siwo myèl;
men pou sila ki grangou,
nenpòt bagay anmè vin dous.
⁸ Tankou yon ᵇzwazo ki egare nich li,
se konsa yon nonm ki mache lwen kay li.
⁹ ᶜLwil ak pafen fè kè kontan;
se konsa konsèy a yon nonm dous
　　　　pou zanmi li.
¹⁰ Pa abandone pwòp zanmi ou, ni
　　ᵈzanmi a papa ou.
Pa ale lakay frè ou nan jou malè ou.
Pi bon se yon vwazen toupre pase yon
　　　　frè ki byen lwen.
¹¹ ᵉSèvi ak sajès, fis mwen,
e fè kè m kontan pou m kab reponn sila
　　ki repwoche mwen an.
¹² Yon nonm ki saj wè mal e li kache kò l;
men sila ki fou a avanse pou peye pri a.
¹³ Pran vètman li lè l sèvi garanti pou
　　　　yon enkoni,
e pou yon fanm adiltè, kenbe mesye a
　　menm kon garanti a.
¹⁴ Sila ki beni zanmi li ak gwo vwa
　　　bonè maten an,
sa va rekonèt kon madichon pou li.
¹⁵ ᶠDlo k ap degoute san rete nan jou gwo lapli
avèk fanm k ap fè kont san rete sòti
　　　menm jan;
¹⁶ Sila ki ta anpeche fanm sa a, vle
　　anpeche van,
oswa sezi lwil ak men dwat li.

¹⁷ Se fè ki file fè;
se konsa yon nonm file zanmi l.
¹⁸ Sila ki pran swen pye fig la va manje fwi li,
e sila ki pran swen mèt li a va jwenn lonè.
¹⁹ Tankou nan dlo, figi reflete figi,
konsa kè a yon nonm reflete lentansyon l.
²⁰ ᵍSejou Lanmò ak labim pa janm satisfè;
ni zye a lòm pa janm satisfè.
²¹ Po fonn nan se pou ajan, e founo se pou lò;
konsa, yon nom rafine pa lwanj ke l resevwa.
²² Malgre ou ta ʰfoule yon moun fou ak
　　　pilon jiskaske li fè poud,
tankou sereyal byen kraze a, foli li p
　　ap sòti sou li.

²³ ⁱKonnen byen kondisyon a bann ou yo,
e okipe twoupo ou yo;
²⁴ paske richès pa la pou tout tan,
ni yon ʲkouwòn pa rete pandan tout
　　　jenerasyon.
²⁵ Zèb yo vin disparèt, e sa ki nèf la vin pouse,

e zèb mòn yo ᵏfin ranmase.
²⁶ Jenn mouton yo va sèvi kon vètman ou,
e kabrit yo va mennen pri a yon chan.
²⁷ Lèt kabrit ap kont pou manje ou,
pou manje tout lakay ou,
ak soutyen pou tout sèvant lakay ou yo.

28 Mechan yo ˡsove ale lè pa gen k ap
　　kouri dèyè yo;
men moun dwat yo gen kouraj kon lyon.
² Pa transgresyon a yon pèp, ᵐchèf
　　peyi yo vin anpil;
men lòd se etabi pa yon nonm bon
　　konprann ak konesans.
³ Yon moun pòv ki peze malere
se tankou gwo lapli ki lave tè a san kite anyen.
⁴ Sila ki abandone lalwa a ⁿbay lwanj
　　a moun mechan;
men sila ki kenbe lalwa a va kanpe devan yo.
⁵ Moun mechan yo ᵒpa konprann lajistis;
men sila ki chache SENYÈ yo konprann
　　tout bagay.
⁶ ᵖPi bon se malere ki mache ak ladwati a
pase sila ki kwochi a, menm si l gen
　　anpil richès.
⁷ Sila ki kenbe lalwa a se yon fis ak
　　bon konprann;
men sila ki fè zanmi ak moun ᵠvoras
　　fè papa l wont.
⁸ Sila ki agrandi richès li avèk ʳenterè
　　sou lajan,
ranmase li pou sila k ap fè gras a malere a.
⁹ Sila ki vire zòrèy li pou pa koute lalwa a,
menm ˢlapriyè li abominab.
¹⁰ Sila ki egare moun dwat la nan move
　　chemen an
va li menm tonbe nan pwòp fòs li;
men ᵗsila ki san tò a, va gen bon eritaj.
¹¹ Mesye rich la saj nan pwòp zye l;
men malere ki gen bon konprann nan wè
　　l jis li sonde l nèt.
¹² Lè moun ladwati a gen viktwa, gen
　　anpil glwa;
men ᵘlè mechan yo leve tout moun
　　kache kò yo.
¹³ Sila ki kache transgresyon li yo,
p ap fè pwogrè;
men sila ki ᵛkonfese yo e kite yo, va
　　jwenn konpasyon.
¹⁴ A la beni se sila ki toujou ʷgen
　　lakrent Bondye a!
Men sila ki fè kè l di va tonbe nan malè.
¹⁵ Tankou lyon k ap rele fò ak lous k ap atake,
se konsa yon ˣchèf mechan ye sou
　　yon pèp malere.

Pwov

ᵃ **27:6** Mat 26:49　　ᵇ **27:8** Pwov 26:2　　ᶜ **27:9** Sòm 23:5　　ᵈ **27:10** I Wa 12:6-8　　ᵉ **27:11** Pwov 10:1
ᶠ **27:15** Pwov 19:13　　ᵍ **27:20** Job 26:6　　ʰ **27:22** Pwov 23:35　　ⁱ **27:23** Jr 31:10　　ʲ **27:24** Job 19:9　　ᵏ **27:25** És 17:5　　ˡ **28:1** Lev 26:17-36　　ᵐ **28:2** I Wa 16:8-28　　ⁿ **28:4** Sòm 49:18　　ᵒ **28:5** Sòm 92:6　　ᵖ **28:6** Pwov 19:1
ᵠ **28:7** Pwov 23:20　　ʳ **28:8** Egz 22:25　　ˢ **28:9** Sòm 66:18　　ᵗ **28:10** Mat 6:33　　ᵘ **28:12** Pwov 28:28
ᵛ **28:13** Sòm 32:5　　ʷ **28:14** Pwov 23:17　　ˣ **28:15** Egz 1:14

¹⁶ Yon ᵃgouvènè ki peze pèp la manke
    bon konprann;
men sila ki rayi richès ki pa jis, pwolonje
    jou li yo.
¹⁷ Yon nonm ki ᵇtwouble ak koupabilite
    san moun
va yon fijitif jiskaske li mouri.
Pinga pèsòn ba li soutyen.
¹⁸ Sila ki mache san tò a va delivre;
men sila ki ᶜkwochi a va tonbe byen vit.
¹⁹ ᵈSila ki laboure tè a va gen anpil manje;
men sila ki swiv vanite va jwenn anpil mizè.
²⁰ Yon nonm ᵉfidèl va gen anpil benediksyon;
men sila ki fè vit pou jwenn richès, p ap
    chape anba pinisyon.
²¹ Montre patipri pa bon,
paske yon sèl mòso pen ka fè yon
    moun transgrese.
²² Yon nonm ak ᶠmove zye kouri dèyè richès
e li pa konnen kisa k ap rive li.
²³ Sila ki bay yon moun repwòch
va jwenn plis favè pase sila ki ᵍfè flatè
    ak lang li an.
²⁴ Sila ki vòlè papa li oswa manman l
epi di: "Sa pa yon transgresyon",
se ʰparèy ak yon moun ki detwi.
²⁵ Yon nonm awogan ap ⁱpwovoke konfli;
men sila ki mete konfyans nan SENYÈ
    a va pwospere.
²⁶ Sila ki ʲmete konfyans nan pwòp kè
    li a se yon moun fou;
men sila ki mache ak sajès la va delivre.
²⁷ Sila ki ᵏbay a malere a p ap janm manke;
men sila ki fèmen zye l ap jwenn anpil
    malediksyon.
²⁸ Lè mechan yo leve, pèp la kache kò yo;
men lè yo peri moun dwat yo vin plis.

29 Yon nonm ki fè tèt di apre anpil repwòch
    va ˡvin kraze sibitman san remèd.
² Lè ᵐmoun dwat yo vin ogmante,
    pèp la rejwi;
men lè yo moun mechan gouvène,
    pèp la jemi.
³ Yon nonm ki ⁿrenmen sajès fè papa l kontan;
men sila ki pase tan l ak pwostitiye
    yo gate byen li.
⁴ ᵒAvèk jistis, wa a fè tout peyi a vin estab;
men yon nonm ki aksepte kòb anba
    tab boulvèse li.
⁵ Yon nonm ki ᵖflate vwazen li
ap ouvri filè pou pla pye li.
⁶ Pa transgresyon yon nonm mechan
vin ᵍpran nan pyèj nèt;
men moun dwat la va chante e rejwi.

⁷ Moun ʳladwati a gen kè pou dwa malere;
men mechan an pa menm konprann afè sa a.
⁸ Mokè yo, fè gwo vil la pran dife;
men moun ˢsaj yo kalme kòlè.
⁹ Lè yon nonm saj gen yon kont ak yon
    moun san konprann,
moun san konprann nan anraje oswa ri,
    e nanpwen repo.
¹⁰ Moun k ap ᵗvèse san rayi inosan an;
men moun dwat yo pwoteje lavi li.
¹¹ Moun san konprann toujou fache;
men ᵘyon nonm saj kenbe tèt li anba kontwòl.
¹² Si ᵛgouvènè a prete atansyon a manti,
tout minis li yo va vin mechan.
¹³ Malere a ak opresè a gen yon bagay
    ki sanble;
se SENYÈ a ki ʷmete limyè nan zye tou de.
¹⁴ Si yon ˣwa jije pòv yo ak verite,
twòn li va etabli jis pou tout tan.
¹⁵ ʸBaton ak repwòch bay sajès;
men timoun ki fè sa li pito a mennen
    wont sou manman l.
¹⁶ Lè mechan yo vin plis, transgresyon
    yo ogmante;
men ᶻmoun dwat yo va wè tonbe yo.
¹⁷ Korije fis ou e li va ba ou rekonfò;
anplis, li va ᵃbay nanm ou gwo plezi.
¹⁸ Kote nanpwen ᵇvizyon, pèp la san fren;
men byen kontan se sila ki kenbe lalwa a.
¹⁹ Pawòl sèl p ap ka enstwi yon esklav;
paske malgre li konprann, li p ap reponn.
²⁰ Èske ou wè yon nonm ki ᶜpale vit
san reflechi?
Gen plis espwa pou moun fou a pase li menm.
²¹ Sila ki byen swaye esklav li depi li piti a,
nan lafen, twouve yon fis.
²² Yon ᵈnonm an kòlè pwovoke konfli
e yon nonm ki plen fachèz fè anpil tò.
²³ Ògèy a yon nonm va mennen li ba;
men yon ᵉlespri enb va jwenn respè.
²⁴ Sila ki fè konplo ak yon volè rayi
    pwòp lavi li;
li ᶠpran sèman an men li pa pale anyen.
²⁵ Lakrent a lòm mennen yon pèlen;
men sila ki ᵍmete konfyans li nan SENYÈ
    a va leve wo.
²⁶ Gen anpil moun k ap chache favè
    a sila ki gouvène a;
men ʰlajistis pou lòm va sòti nan SENYÈ a.
²⁷ Tankou yon nonm ⁱenjis abominab
    a moun dwat,
yon nonm ladwati abominab a mechan yo.

30 Pawòl a Agur, fis a Jaké a, pwofèt la:
    nonm nan pale Ithiel,

ᵃ **28:16** Ekl 10:16 ᵇ **28:17** Jen 9:6 ᶜ **28:18** Pwov 10:27 ᵈ **28:19** Pwov 12:11 ᵉ **28:20** Pwov 10:6
ᶠ **28:22** Pwov 23:6 ᵍ **28:23** Pwov 29:5 ʰ **28:24** Pwov 18:9 ⁱ **28:25** Pwov 15:18 ʲ **28:26** Pwov 3:5
ᵏ **28:27** Pwov 11:24 ˡ **29:1** Pwov 6:15 ᵐ **29:2** Est 8:15 ⁿ **29:3** Pwov 10:1 ᵒ **29:4** II Kwo 9:8 ᵖ **29:5** Sòm 5:9
ᵍ **29:6** Pwov 22:5 ʳ **29:7** Job 29:16 ˢ **29:8** Pwov 16:14 ᵗ **29:10** Jen 4:5-8 ᵘ **29:11** Pwov 19:11 ᵛ **29:12** I Wa 12:14 ʷ **29:13** Esd 9:8 ˣ **29:14** Sòm 72:4 ʸ **29:15** Pwov 13:24 ᶻ **29:16** Sòm 37:34-36 ᵃ **29:17** Pwov 10:1
ᵇ **29:18** I Sam 3:1 ᶜ **29:20** Jc 1:19 ᵈ **29:22** Pwov 15:18 ᵉ **29:23** Pwov 15:33 ᶠ **29:24** Lev 5:1
ᵍ **29:25** Sòm 91:1-16 ʰ **29:26** És 49:4 ⁱ **29:27** Sòm 6:8

a Ithiel ak Ucal:
² "Anverite, mwen ªpi bèt pase tout moun
e mwen pa gen konprann a yon nonm.
³ Mwen pa t aprann sajès,
ni mwen pa gen ᵇkonesans a Sila Ki Sen an.
⁴ Kilès ki te ᶜmonte nan syèl la e te desann?
Kilès ki te ranmase van nan ponyèt li?
Kilès ki te vlope dlo nan vètman li?
Kilès ki te etabli tout pwent tè yo?
Ki non li e ki non fis Li a?
Asireman, ou konnen!

⁵ "Tout ᵈpawòl Bondye pase a leprèv;
Li se yon boukliye pou sila ki kache nan Li yo.
⁶ ᵉPa ogmante sou pawòl Li yo,
oswa Li va repwoche ou
e ou va fè prèv ke se yon mantè ou ye.

⁷ "De bagay m te mande ou yo;
pa refize m yo avan m mouri:
⁸ Fè desepsyon ak manti rete lwen mwen.
Pa ban m richès ni povrete.
Nouri mwen ak ᶠmanje ki se pòsyon pa m nan,
⁹ pou m pa ᵍvin plen e refize rekonèt Ou
pou di: 'Se kilès ki SENYÈ a?'
oswa, pou m ta manke, vin vòlè
e fè yon gwo wont sou non Bondye mwen an.

¹⁰ "Pa pale mal yon esklav a mèt li,
sinon li va ʰmodi ou, e ou va twouve koupab.
¹¹ Gen yon kalite moun ki ⁱmodi papa li
e refize beni manman l.
¹² Gen yon kalite ki san tach nan pwòp zye li;
sepandan, yo poko lave pou sòti salte a.
¹³ Gen yon kalite—O, jan ʲzye li leve wo,
e pòpyè zye li leve ak awogans.
¹⁴ Gen yon kalite moun ak dan tankou nepe
ak machwè tankou kouto,
ki prèt pou ᵏdevore aflije sou fas tè yo,
e fè moun malere yo disparèt pami moun.

¹⁵ "Sansi a gen de fi: 'Ban mwen' ak 'Ban m'.

"Gen twa bagay ki pa janm satisfè, menm
kat ki refize di: 'Se kont':
¹⁶ Sejou Lanmò a, ˡvant fanm esteril la,
latè a ki pa janm jwenn dlo ase,
ak dife ki pa janm di: 'Se kont'.

¹⁷ "Pou zye moun ki moke yon papa e ki
giyonnen yon manman,
ᵐkòbo nan vale a va vin rache l,
e jenn èg yo va manje li.

¹⁸ "Gen twa bagay ki twò bèl pou mwen,
kat ke m pa konprann:
¹⁹ ⁿVòl a yon èg nan syèl la,
pa sèpan an sou wòch,
chemen gwo bato a nan mitan lanmè,
ak manèv a yon jennonm ak yon fi.

²⁰ "Men konsa chemen a ᵒfanm adiltè a:
Li manje, li siye bouch li e li pale klè:
'Mwen pa t fè mal'.

²¹ "Anba twa bagay, latè tranble,
e anba kat, li pa ka kenbe:
²² Anba yon ᵖesklav lè li vin wa,
ak yon moun fou lè l vin satisfè ak manje,
²³ anba yon fanm neglije lè l jwenn mari,
ak yon sèvant lè l pran plas mètrès kay la.

²⁴ "Kat bagay ki tou piti sou latè, men
yo plen sajès:
²⁵ ᵠFoumi se pa yon pèp ki fò;
men yo prepare manje yo nan gran sezon.
²⁶ ʳChat mawon se pa yon pèp pwisan;
men yo fè kay yo nan wòch.
²⁷ Krikèt volan yo pa gen wa;
men yo parèt ˢbyen alinye.
²⁸ Zandolit ke ou kab kenbe nan men ou;
sepandan, li antre nan palè a wa a.

²⁹ "Gen twa bagay ki mache parèt bèl,
menm kat ki bèl lè yo mache:
³⁰ Lyon ki ᵗpwisan pami bèt yo,
e ki pa fè bak devan okenn bèt;
³¹ Jan kòk mache a,
menm ak mal kabrit,
o yon wa lè lame parèt avè l.

³² "Si ou te fè foli nan leve tèt ou byen wo,
oswa si ou te fè konplo pou mal,
ᵘmete men ou sou bouch ou.
³³ Paske lèt k ap laboure vin fè bè,
ak peze nen pote san;
se konsa ᵛlaboure kòlè pwodwi konfli."

31

Pawòl a wa Lemuel yo; pwofesi ke manman
li te ansegne li a:

² "O fis mwen an!
O fis a vant mwen an!
O fis a ve mwen yo!
³ ʷPa bay fòs ou a fanm,
ni wout ou a sila ki konn detwi wa yo.
⁴ Se pa pou ˣwa yo, O Lemuel,
se pa pou wa yo bwè diven, ni pou chèf
yo ta bwè diven,
⁵ Paske y ap bwè epi vin bliye dekrè
ki te fèt la,

ª **30:2** Sòm 49:10   ᵇ **30:3** Pwov 9:10   ᶜ **30:4** Rev 19:12   ᵈ **30:5** Sòm 12:6   ᵉ **30:6** Det 4:2   ᶠ **30:8** Job 23:12
ᵍ **30:9** Det 8:12   ʰ **30:10** Ekl 7:21   ⁱ **30:11** Egz 21:17   ʲ **30:13** Pwov 6:17   ᵏ **30:14** Sòm 14:4   ˡ **30:16** Jen 30:1
ᵐ **30:17** Det 28:26   ⁿ **30:19** Det 28:49   ᵒ **30:20** Pwov 5:6   ᵖ **30:22** Pwov 19:10   ᵠ **30:25** Pwov 6:5   ʳ **30:26** Lev 11:5
ˢ **30:27** Job 2:7   ᵗ **30:30** Jij 14:18   ᵘ **30:32** Job 21:5   ᵛ **30:33** Pwov 10:12   ʷ **31:3** Pwov 5:9   ˣ **31:4** Ekl 10:17

e [a]tòde dwa a sila ki aflije yo.
⁶ Bay bwason fò a sila k ap [b]peri a,
ak diven a sila ki gen lavi anmè a.
⁷ Kite li bwè pou bliye mizè li
e pa sonje pwoblèm li ankò.
⁸ [c]Ouvri bouch ou pou bèbè a;
pou dwa yo a tout sila ki san sekou.
⁹ Ouvri bouch ou, fè jijman ak dwati,
e defann [d]dwa a aflije yo ak endijan an."

¹⁰ Yon [e]madanm ki ekselan, se kilès
ki ka twouve li?
Paske valè li depase bijou.
¹¹ Kè a mari li mete konfyans nan li
e li p ap manke reyisi.
¹² Li fè l sa ki bon e pa sa ki mal
pandan tout jou lavi li.
¹³ Li chache lèn ak len e travay avèk
men l ak kè kontan.
¹⁴ Li tankou bato komès;
li mennen manje li soti byen lwen.
¹⁵ Anplis, li leve pandan li toujou fènwa pou
[f]bay manje a tout lakay li,
ak yon pòsyon pou sèvant li yo.
¹⁶ Li konsidere yon chan e achte li.
Ak benefis travay li, li plante yon chan rezen.
¹⁷ Li [g]mare senti l ak gwo fòs
pou fè bra li vin fò.
¹⁸ Li santi ke siksè li bon;
lanp li pa janm etenn lannwit.
¹⁹ Li lonje men l vè aparèy tise a
e men l kenbe l.
²⁰ Li [h]lonje men l vè pòv yo
avèk sila ki gen bezwen an.
²¹ Lakay li pa fè krent pou lanèj,
paske tout lakay [i]abiye an wouj.
²² Li fè [j]kouvèti pou tèt li;
tout vètman li se twal fen blan ak mov.
²³ Mari li byen rekonèt [k]nan pòtay lavil yo,
lè l chita pami ansyen a peyi yo.
²⁴ Li fè [l]vètman an len pou vann yo,
e founi sentiwon a tout komèsan yo.
²⁵ Fòs ak [m]respè se abiman li
e li souri a lavni.
²⁶ Li [n]ouvri bouch li avèk sajès
e enstriksyon ladousè sou lang li.
²⁷ Li gade byen tout afè lakay li
e li pa manje [o]pen laparès.
²⁸ Pitit li yo leve e beni li;
mari li tou ba li gwo lwanj pou di l:
²⁹ "Anpil fi te fè byen bon;
men ou pi bon anpil pase yo tout."
³⁰ Chàm konn twonpe e bèlte konn vanite;
men se fanm nan ki [p]krent SENYÈ a
k ap resevwa lwanj.
³¹ Ba li sa ke men l te pwodwi,
epi kite zèv li yo fè lwanj li nan pòtay yo.

---

[a] **31:5** Egz 23:6 [b] **31:6** Job 29:13 [c] **31:8** Job 29:12-17 [d] **31:9** És 1:17 [e] **31:10** Rt 3:11 [f] **31:15** Luc 12:42
[g] **31:17** I Wa 18:46 [h] **31:20** Det 15:11 [i] **31:21** II Sam 1:24 [j] **31:22** Pwov 7:16 [k] **31:23** Det 16:18
[l] **31:24** Jij 14:12 [m] **31:25** I Tim 2:9-10 [n] **31:26** Pwov 10:31 [o] **31:27** Pwov 15:19 [p] **31:30** Sòm 112:1

Eklezyas Yo

1 Pawòl [a]predikatè a, fis a David la, Wa Jérusalem. [2] [b]"Vanite sou vanite", predikatè la di: "Vanite sou vanite! Tout se vanite." [3] [c]Ki avantaj yon nonm gen nan tout travay ke li fè anba solèy la? [4] Yon jenerasyon ale e yon jenerasyon vini; men [d]tè a rete pou tout tan. [5] Anplis, [e]solèy la leve e solèy la kouche; konsa li kouri al jwenn plas li pou li leve la ankò. [6] Van an [f]soufle vè sid, vire kote nò e kontinye vire fè wonn li. Sou menm kous vire won an, li retounen ankò. [7] Tout rivyè yo desann vè lanmè a; sepandan li pa vin plen. Nan plas kote rivyè yo koule a, se la yo koule ankò. [8] Tout bagay sa yo fatigan; lòm pa kapab menm eksplike sa. [g]Zye pa satisfè ak wè, ni zòrèy ak tande. [9] [h]Sa ki te ye, se sa ki va ye e sa ki te konn fèt, se sa k ap fèt. Konsa, nanpwen anyen ki nèf anba syèl la. [10] Èske gen yon bagay sou sila a nou ta kab di: "Men sa a nèf"? De ja, li te la depi syèk ki te ekoule avan nou yo. [11] [i]Nanpwen memwa a ansyen bagay yo, ni anplis a sila k ap vini pita, pami sila ki vini apre yo.

[12] Mwen menm, [j]predikatè a, te sèvi kon wa sou Israël nan Jérusalem. [13] Mwen te konsantre tout refleksyon mwen pou chache e [k]egzamine sou sajès tout sa ki te konn fèt anba syèl la. Sa se yon gwo tach lou ke Bondye te bay fis a lòm yo pou l ta aflije yo. [14] Mwen te wè tout zèv ki te fèt anba solèy la e, men vwala, tout se [l]vanite e chache kouri dèyè van. [15] Sa ki [m]kwochi p ap ka drese e sa ki manke p ap ka konte. [16] Mwen te di a pwòp tèt mwen: "Men gade, mwen te fè [n]sajès vin grandi e ogmante plis pase tout lòt wa ki te sou Jérusalem avan mwen yo. Wi, panse mwen te obsève anpil richès ak sajès avèk konesans." [17] Mwen te dirije panse mwen pou konnen sajès e pou konnen sa ki ensanse ak sa ki foli nèt. Konsa, mwen te vin wè ke sa osi se [o]chache kouri dèyè van. [18] Paske [p]nan anpil sajès gen anpil tristès, e nan anpil konesans gen anpil doulè.

2 Mwen te di nan tèt mwen: "Vini koulye a, mwen va teste ou ak [q]plezi. Pou sa, fè kè ou kontan." Epi sa osi se te vanite. [2] [r]Mwen te di de afè ri, "Sa se foli," e de plezi, "Kisa l ap akonpli?"

[3] Mwen te fè ankèt ak panse m kòman pou eksite kò m ak diven pandan panse m ap gide m ak sajès ak jan pou kenbe foli, jiskaske m ta kapab wè [s]sa ki bon ki genyen pou fis a lòm yo fè anba syèl la pandan ti kras ane ke y ap viv yo. [4] Mwen te agrandi zèv mwen yo. Mwen te [t]bati kay pou mwen; mwen te plante chan rezen pou mwen. [5] Mwen te fè jaden ak [u]bèl plas pou tèt mwen e mwen te plante ladann yo tout kalite pye fwi. [6] Mwen te fè [v]gwo basen dlo pou tèt mwen pou awoze yon forè bwa ki t ap grandi. [7] Mwen te achte esklav, ni mal ni femèl e mwen te genyen [w]ki te fèt lakay mwen. Anplis mwen te genyen bann mouton avèk twoupo pi gran pase tout wa ki te Jérusalem avan m yo. [8] Anplis, mwen te ranmase a jan ak [x]lò pou pwòp tèt mwen ansanm ak trezò a wa yo ak pwovens pa yo. Mwen te founi pou pwòp tèt mwen chantè, ni mal, ni femèl, e tout plezi a lòm yo—anpil konkibin. [9] Epi mwen te vin [y]gran, pi gran pase tout wa ki te avan m Jérusalem yo. Konsa, sajès mwen te kanpe avè m. [10] Tout sa ke zye m te anvi, mwen pa t refize yo. Mwen pa t refize kè m okenn plezi li te vle, paske kè m te kontan akoz tout zèv mwen yo, e sa se te [z]rekonpans pou tout travay mwen yo. [11] Konsa, mwen te konsidere tout zèv men m te konn fè yo, avèk travay ke m te fòse fè yo, men gade byen, tout te [a]vanite ak kouri dèyè van, e pa t gen okenn avantaj anba solèy la.

[12] Konsa mwen te vire [b]konsidere sajès, afè moun ensanse menm ak foli; paske se kisa yon nonm ki sivre wa a sila a ka fè, sinon sa ki te konn fèt de ja? [13] Epi mwen te wè ke [c]sajès toujou genyen sou vanite tankou limyè genyen sou tenèb. [14] Zye a mesye saj la anndan tèt li; men [d]moun ensanse a mache nan tenèb. Sepandan, mwen konnen ke se menm desten ki va rive yo tou de. [15] Konsa, mwen rive di tèt mwen: "Kon desten a moun ensanse a, se konsa l ap rive m. [e]Alò, poukisa mwen te fòse fè anpil sajès?" Alò, pou sa mwen te di tèt mwen: "Sa, anplis, se vanite." [16] Paske nanpwen [f]okenn memwa k ap sonje nonm saj la, menm jan pou ensanse a, akoz nan tout jou k ap vini yo, tout moun va bliye yo nèt. Epi konsa, nonm saj la ak ensanse a mouri tou de!

[17] Pou sa, mwen te [g]rayi lavi, paske travay ki te fèt anba solèy la te yon doulè pou mwen; paske tout bagay se kòve ak kouri dèyè van. [18] Konsa, mwen te rayi [h]tout fwi a travay mwen yo, pou sila mwen te fè efò anba solèy la; paske mwen ap oblije kite li bay nonm nan k ap swiv mwen an. [19] Epi se kilès ki konnen si li va saj, oswa [i]moun fou? Malgre li va gen kontwòl sou tout fwi travay mwen. Pou sila mwen te fòse fè ak sajès yo, anba solèy la. Sa, anplis, se vanite.

[20] Pou sa, mwen te pèdi espwa nèt a tout fwi a zèv mwen pou sila mwen te travay anba solèy la. [21] Kote ki genyen yon nonm ki te travay ak sajès, konesans ak [j]kapasite, alò, li va kite eritaj li a yon moun ki pa t travay pou yo. Sa osi se vanite ak yon gwo mal.

---

[a] **1:1** Ekl 1:12 [b] **1:2** Sòm 39:5-6 [c] **1:3** Ekl 2:11 [d] **1:4** Sòm 104:5 [e] **1:5** Sòm 19:6 [f] **1:6** Ekl 11:5
[g] **1:8** Pwov 27:20 [h] **1:9** Ekl 1:10 [i] **1:11** Ekl 2:16 [j] **1:12** Ekl 1:1 [k] **1:13** Ekl 3:10-11 [l] **1:14** Ekl 2:11-17
[m] **1:15** Ekl 7:13 [n] **1:16** I Wa 3:12 [o] **1:17** Ekl 1:14 [u] **2:5** Né 2:8 [v] **2:6** Né 2:14 [w] **2:7** Jen 14:14 [x] **2:8** I Wa 9:28
[s] **2:3** Ekl 2:24 [t] **2:4** I Wa 7:1-12
[y] **2:9** I Kwo 29:25 [z] **2:10** Ekl 3:22 [a] **2:11** Ekl 1:14 [b] **2:12** Ekl 1:17 [c] **2:13** Ekl 7:11-19 [d] **2:14** I Jn 2:11
[e] **2:15** Ekl 6:8-11 [f] **2:16** Ekl 1:11 [g] **2:17** Ekl 4:2-3 [h] **2:18** Sòm 39:6 [i] **2:19** I Wa 12:13 [j] **2:21** Ekl 4:4
[p] **1:18** Ekl 2:23 [q] **2:1** Ekl 7:4 [r] **2:2** Pwov 14:13

²² Paske se kisa ke yon nonm jwenn ᵃpou tout travay li, nan efò ke li te fòse fè anba solèy la? ²³ Paske tout jou li yo travay li plen ak doulè ak chagren; menm nan lannwit tèt li ᵇpa jwenn repo. Sa tou, se vanite. ²⁴ Nanpwen anyen pi bon pou yon nonm ke manje, bwè, e di tèt li, ke travay li a bon. Sa a mwen konn wè tou, ke li sòti ᶜnan men Bondye. ²⁵ Paske se kilès ki ka manje, e kilès ki ka jwenn plezi li plis pase m? ²⁶ Paske a yon nonm ki bon nan zye Bondye, ᵈLi te bay sa jès, konesans ak lajwa; men a peche a, Li te bay tach ranmase ak rasanble pou li kab bay a sila ki bon nan zye Bondye a. Sa anplis se vanite ak kouri dèyè van.

3 Gen yon lè apwente pou tout bagay. Epi yon ᵉtan pou chak sa ki rive anba syèl la—
² Yon tan pou ne,
yon ᶠtan pou mouri;
yon tan pou plante,
ak yon tan pou dechouke
sa ki plante a.
³ Yon ᵍtan pou touye
e yon tan pou geri;
yon tan pou demoli
e yon tan pou bati.
⁴ Yon tan pou ʰkriye
e yon tan pou ri;
yon tan pou fè dèy
e yon tan pou danse.
⁵ Yon tan pou voye wòch
e yon tan pou ranmase wòch;
yon tan pou anbrase
e yon tan pou evite anbrase.
⁶ Yon tan pou chache
e yon tan pou pèdi.
Yon tan pou konsève,
e yon tan pou jete.
⁷ Yon tan pou chire
e yon tan pou koude;
yon tan pou ⁱrete an silans
e yon tan pou pale.
⁸ Yon tan pou fè lanmou
e yon tan pou ʲrayisman;
yon tan pou fè lagè
e yon tan pou fè lapè.

⁹ ᵏKi avantaj ouvriye a genyen nan tout efò ke li fè yo? ¹⁰ Mwen te wè ˡtach ke Bondye te bay a fis a lòm yo, avèk sila yo okipe tèt yo. ¹¹ Li te ᵐfè tout bagay bon nan tan li. Anplis, Li te mete letènite nan kè yo, pou le lòm pa ka fin konprann travay Bondye te fè a soti nan kòmansman jis rive nan lafen. ¹² Mwen konnen ke ⁿpa gen pi bon bagay pou yo ta fè pase rejwi e fè byen pandan yo gen lavi a. ¹³ Anplis, pou tout moun ki manje ak bwè yo wè bonte Bondye nan tout travay li yo—se don Bondye sa ye. ¹⁴ Mwen konnen ke tout sa Bondye fè va dire pou tout tan.

Nanpwen anyen pou mete sou li e nanpwen anyen pou retire sou li, paske Bondye te tèlman travay pou lòm ta ᵒgen lakrent Li. ¹⁵ Sa ᵖki egziste, te la deja e sa ki va ye, te ye deja. Konsa, Bondye chache jwenn sa ki fin pase.

¹⁶ Anplis, mwen te wè anba solèy la ke nan plas lajistis gen ᑫmechanste; e nan plas ladwati gen mechanste. ¹⁷ Mwen te di a pwòp tèt mwen: ʳ"Bondye va jije ni sila ki dwat la, ni sila ki mechan an," paske gen yon tan pou chak zèv ak chak bagay. ¹⁸ Mwen te di pwòp tèt mwen selon fis a lòm yo: "Anverite, Bondye te fè yo pase a leprèv pou yo ta wè ke se tanjou ˢbèt ke yo ye." ¹⁹ ᵗPaske desten a fis a lòm yo ak desten a bèt yo se menm. Tankou youn mouri, konsa lòt la mouri. Anverite, yo tout gen menm souf la, e nanpwen avantaj pou lòm sou bèt yo, paske tout se vanite. ²⁰ Tout ale menm kote. Tout te sòti nan ᵘpousyè a, e tout ap retounen nan pousyè a. ²¹ Se kilès ki ka konnen ke ᵛsouf a lòm monte anwo e souf a bèt yo desann anba tè?

²² Mwen te wè ke ʷnanpwen anyen ki pi bon pou lòm ta fè pase fè kè kontan nan tout sa li fè, paske se konsa sò a tonbe pou li. Paske se kilès ki ka fè l wè sa ki va vin rive apre li?

4 Konsa, mwen te gade ankò sou tout zèv k ap oprime moun anba solèy la. Epi gade byen, mwen te wè dlo nan zye a oprime yo, e yo ˣpa t jwenn pèsòn pou bay yo soulajman. Sou kote a sila ki t ap oprime yo, te gen gwo pouvwa; men, yo pa t jwenn pèsòn pou bay yo soulajman. ² Pou sa, ʸmwen te felisite tout sila ki fin mouri deja yo, olye sila k ap viv yo. ³ Men ᶻpi beni pase tou de nan yo se sila ki pa t janm egziste a, ki pa t wè tout mechanste ki konn fèt anba solèy la. ⁴ Mwen konn wè tout zèv ak tout ᵃmetye ki konn fèt, fèt akoz lanvi antre yon nonm ak vwazen li. Sa anplis se vanite ak fè lachas dèyè van.

⁵ Moun ensanse a ᵇpliye men l e manje pwòp chè li. ⁶ Yon men plen repo se ᶜmiyò ke de ponyèt plen travay k ap fè kòve dèyè van an.

⁷ Konsa mwen te gade ankò sou vanite anba solèy la. ⁸ Te gen yon sèten mesye san fanmi ki pa t genyen ni fis, ni frè. Sepandan, nan travay li, pa t gen repo menm. Anverite, ᵈzye li pa t janm satisfè ak richès, men li pa t janm kon mande: "Epi pou ki moun m ap travay e prive tèt mwen de plezi konsa?" Sa, anplis se vanite, e sa se yon kòve ki plen doulè.

⁹ De moun pi bon pase yon sèl, paske y ap jwenn bon benefis pou travay yo. ¹⁰ Paske si youn nan yo ta tonbe, lòt la va leve pare li. Men malè a sila ki tonbe lè nanpwen lòt pou fè l leve a. ¹¹ Anplis, si de moun kouche ansanm, youn chofe lòt; men ᵉki jan yon sèl moun ta ka chofe? ¹² Anplis, si youn ka venk sila

---

ᵃ **2:22** Ekl 4:4   ᵇ **2:23** Sòm 127:2   ᶜ **2:24** Ekl 3:13   ᵈ **2:26** Job 32:8   ᵉ **3:1** Ekl 3:17   ᶠ **3:2** Job 14:5
ᵍ **3:3** Jen 9:5   ʰ **3:4** Wo 12:15   ⁱ **3:7** Am 5:13   ʲ **3:8** Sòm 101:3   ᵏ **3:9** Ekl 1:3   ˡ **3:10** Ekl 1:13   ᵐ **3:11** Jen 1:31
ⁿ **3:12** Ekl 2:24   ᵒ **3:14** Ekl 5:7   ᵖ **3:15** Ekl 1:9   ᑫ **3:16** Ekl 4:1   ʳ **3:17** Jen 18:25   ˢ **3:18** Sòm 49:12-20
ᵗ **3:19** Sòm 49:12   ᵘ **3:20** Jen 3:19   ᵛ **3:21** Ekl 12:7   ʷ **3:22** Ekl 2:24   ˣ **4:1** Jr 16:7   ʸ **4:2** Job 3:11-26
ᶻ **4:3** Job 3:11-26   ᵃ **4:4** Ekl 2:21   ᵇ **4:5** Pwov 6:10   ᶜ **4:6** Pwov 15:16-17   ᵈ **4:8** Pwov 27:20   ᵉ **4:11** I Wa 1:1-4

ki sèl la, de ka reziste ak li; epi yon kòd fèt ak twa fil ap mal pou chire. ¹³ Yon jenn jan ki ᵃmalere men ki gen sa jès, miyò pase yon ansyen wa ki ensanse, e ki pa konn resevwa konsèy. ¹⁴ Paske li te sòti nan prizon pou vin wa, malgre li te fèt malere nan wayòm li an. ¹⁵ Mwen te wè tout sa k ap viv anba solèy la kouri bò kote dezyèm jenn jan ki ranplase li an. ¹⁶ Pèp la p ap janm fini; tout moun ki te avan yo, ni sila k ap vini pita yo p ap kontan avèk li. Anverite, sa osi se vanite ak kouri dèyè van.

5 Veye pa ou yo pandan w ap desann lakay Bondye a, e vin toupre pou koute olye ᵇofri sakrifis a moun ensanse yo. Paske yo pa konnen ke se mal y ap fè. ² Pa ᶜfè vit avèk pawòl ou, ni kouri twò vit pou soulve yon refleksyon devan prezans Bondye. Paske Bondye nan syèl la, e ou sou tè a; pou sa pa kite pawòl ou yo vin anpil. ³ Paske rèv la vin akonpli ak anpil travay; e vwa a yon ᵈmoun ensanse, ak anpil pawòl. ⁴ Lè ou ᵉfè vow ve a Bondye, pa fè reta pou peye l; paske li pa pran plezi nan moun ki plen foli. Peye sa ou te pwomèt la! ⁵ Li ᶠpi bon pou pa fè ve pase fè yon ve pou pa peye l. ⁶ Pa kite pawòl ou yo fè ou fè peche, e pa di nan prezans a mesaje Bondye a ke ou te mal pale. Poukisa Bondye ta dwe vin fache akoz vwa ou, e detwi tout zèv men ou yo? ⁷ Paske nan fè anpil rèv ak nan anpil pawòl, gen yon gwo vid. Pito ᵍgen lakrent Bondye.

⁸ Si ou wè malere a vin oprime e ʰpa gen la jistis nan pwovens yo, pa sezi lè ou wè l. Paske gen chèf sou chèf, e gen chèf pi wo sou yo. ⁹ Apre tout bagay, yon wa ki kiltive latè se yon avantaj pou peyi a. ¹⁰ ⁱSila ki renmen la jan an p ap satisfè ak la jan; ni sila ki renmen richès la ak sa li reyisi. Sa anplis se vanite. ¹¹ ʲLè bon bagay ogmante, sila ki manje yo ogmante. Konsa, pa gen lòt avantaj pou mèt yo, sof ke kanpe veye?

¹² Dòmi a ouvriye a ᵏdous, kit li manje piti oswa anpil; men vant plen a moun rich la p ap kite l dòmi. ¹³ Gen yon gwo mechanste ke m konn wè anba solèy la: ˡrichès sere pa mèt li jiskaske li rive donmaje pwòp tèt li. ¹⁴ Lè richès sa yo te pèdi akoz yon move envestiman, e li vin papa a yon fis; alò, nanpwen anyen pou ba li. ¹⁵ Kon li soti nan vant manman li toutouni an; se konsa li va retounen jan li te sòti a. Li p ap ᵐpote anyen nan men l kon fwi travay li. ¹⁶ Sa anplis se yon gwo malè—menm jan yon nonm fèt la, se konsa l ap mouri. Alò, kote avantaj pou sila k ap travay di nan van an? ¹⁷ Pandan tout lavi li, li manje nan tenèb ak gwo chagren, maladi ak kòlè.

¹⁸ Men sa mwen konn wè ki bon e ki pwòp pou moun fè a: manje, bwè e fè kè kontan nan tout travay ke li fè anba solèy la, pandan ti tan kout ke Bondye ba li a. Paske se sa ki ⁿrekonpans li. ¹⁹ Anplis, menm jan pou tout moun ke ᵒBondye te bay richès ak byen yo, anplis Li te bay li kapasite pou manje ladann yo e rejwi nan travay li. Sa se don Bondye a. ²⁰ Konsa, se pa souvan ke moun nan va konsidere ane lavi li yo, paske ᵖBondye kenbe l okipe tout tan ak rejwisans kè li.

6 Gen yon ᵍmal ke m konn wè anba syèl la e ki gaye patou pami lòm— ² Yon nonm ke Bondye ʳfin bay richès, byen ak lonè, jiskaske nanm li pa manke anyen nan tout sa ke li dezire. Men Bondye pa kite li manje ladann, paske yon etranje ap jwe benefis yo. Sa se vanite ak gwo malè.

³ Si yon nonm fè yon santèn timoun e viv anpil ane, malgre fòs kantite ke yo kapab ye, men nanm li pa janm satisfè ak bon bagay, e li pa menm ka fè yon bon antèman; alò, mwen di: ˢ"Pito li te sòti kon foskouch nan vant li." ⁴ Paske li parèt an ven e non li vin kouvri nan fènwa. ⁵ Li pa janm wè solèy la, e li p ap janm konnen anyen; li pi bon pase lòt la. ⁶ Menm si lòt la viv pandan mil ane de fwa e pa rejwi de bon bagay—èske se pa tout moun ki ale menm kote a? ⁷ ᵗTout travay a lòm se pou satisfè bouch li; malgre sa, apeti li pa janm satisfè. ⁸ Paske, se ki lavantaj yon nonm saj genyen sou yon moun san konprann? Ki lavantaj malere a genyen nan konnen jan pou mache devan sila ki vivan yo? ⁹ Sa ke zye wè pi bon pase sa ke nanm dezire. Sa tou, se san rezon ak kouri dèyè van. ¹⁰ Tout sa ki egziste te gen non deja, e yo tout konnen sa ke lòm nan ye; paske li ᵘpa ka goumen ak sila ki pi fò pase l. ¹¹ Paske, gen anpil pawòl ki ogmante vanite. Alò, se ki lavantaj pou yon nonm? ¹² Paske kilès ki konnen sa ki bon pou yon nonm pandan lavi li, pandan ti kras ane lavi li ki san rezon an? Li va pase yo tankou lonbraj. Paske se kilès ki ka di ᵛsa k ap rive apre li anba solèy la?

7 Yon ʷbon non pi bon pase yon pomad swa, e jou mouri pi bon pase jou nou te ne a. ² Li pi bon pou ale nan kay k ap fè dèy pase nan kay k ap fè fèt; paske se konsa ke ˣchak moun va fini, e sila ki vivan an pran sa a kè. ³ Tristès pi bon pase ri; paske lè figi moun nan tris, kè la vin pi bon. ⁴ Pase saj la anndan lakay k ap fè dèy; men panse a san konprann nan kay plezi. ⁵ Li pi bon pou koute repwòch a yon nonm saj pase pou yon moun ta koute chanson a moun san konprann yo. ⁶ Paske tankou bwa pikan sèch pete nan dife; se konsa ʸlè yon nonm ensanse ap ri; epi sa anplis se vanite. ⁷ Paske chantay ka fè yon nonm saj vin fou, e ᶻlajan anba tab fè kè vin konwonpi. ⁸ Lè yon bagay ᵃfin fèt, li pi bon pase lè l te kòmanse a.

Pasyans nan lespri pi bon pase awogans lespri a. ⁹ Pa ᵇchofè kè ou pou vin fache; paske fache rete nan kè a moun ensanse. ¹⁰ Pa di: "Poukisa jou lontan yo te pi bon pase jodi a"? Paske nanpwen sa jès nan kesyon sa a.

ᵃ **4:13** Ekl 7:19   ᵇ **5:1** I Sam 15:22   ᶜ **5:2** Pwov 20:25   ᵈ **5:3** Job 11:2   ᵉ **5:4** Nonb 30:2   ᶠ **5:5** Pwov 20:25
ᵍ **5:7** Ekl 3:14   ʰ **5:8** Éz 18:18   ⁱ **5:10** Ekl 1:8   ʲ **5:11** Ekl 2:9   ᵏ **5:12** Pwov 3:24   ˡ **5:13** Ekl 6:2
ᵐ **5:15** Sòm 49:17   ⁿ **5:18** Ekl 2:10   ᵒ **5:19** II Kwo 1:12   ᵖ **5:20** Egz 23:25   ᵠ **6:1** Ekl 5:13   ʳ **6:2** I Wa 3:13
ˢ **6:3** Job 3:16   ᵗ **6:7** Pwov 16:26   ᵘ **6:10** Job 9:32   ᵛ **6:12** Ekl 3:22   ʷ **7:1** Pwov 22:1   ˣ **7:2** Ekl 2:14-16
ʸ **7:6** Ekl 2:2   ᶻ **7:7** Egz 23:8   ᵃ **7:8** Ekl 7:1   ᵇ **7:9** Pwov 14:5

¹¹ Sajès ansanm ak eritaj bon, e se yon ᵃavantaj pou sila ki konn wè solèy yo. ¹² Paske sajès se yon pwotèj, menm ke lajan se yon pwotèj la; men avantaj a bon konprann nan se ke ᵇsajès va prezève lavi a sila ki genyen l.

¹³ Konsidere zèv Bondye yo, paske se kilès ki ᶜka drese sa ke Li menm te koube? ¹⁴ Nan jou bonè yo fè kè kontan; men ᵈnan jou malè yo, reflechi—Bondye te fè tou de pou lòm pa dekouvri anyen nan sa k ap swiv li.

¹⁵ Mwen te wè tout bagay pandan ᵉtout jou vanite mwen yo; gen yon nonm dwat ki mouri nan ladwati, ak yon nonm mechan ki fè vi li long ak mechanste li a. ¹⁶ Pa fè eksè nan ladwati, ᶠni pa vin twò saj. Poukisa ou ta detwi pwòp tèt ou? ¹⁷ Pa fè eksè nan mechanste, ni pa vin ensanse. Poukisa ou ta vle ᵍmouri avan lè ou? ¹⁸ Li bon pou ou ta kenbe pran yon bagay san ou pa lage lòt la; paske sila ki ʰgen lakrent Bondye a pa vini ak tou de. ¹⁹ ⁱSajès ranfòse yon nonm saj plis pase dis gwo chèf ki nan yon vil. ²⁰ Anverite, ʲnanpwen yon moun dwat sou latè ki fè sa ki bon tout tan, e ki pa janm peche. ²¹ Anplis, pa pran a kè tout pawòl ki pale, sof ke ou ta tande sèvitè ou lè l ap ᵏbay ou madichon. ²² Paske ou vin konprann ke ou menm tou anpil fwa konn bay moun madichon. ²³ Mwen te tante fè tout sa ak sajès e mwen te di: "Mwen va saj", men sa te chape lwen mwen. ²⁴ Sa ki te konn egziste vin lwen, e se yon ˡmistè menm. Se kilès ki ka dekouvri li? ²⁵ Mwen te ᵐdirije panse m pou konnen; pou fè ankèt e chache sajès avèk rezon, e pou konnen mechanste se foli; e foli menm rive fè moun fou.

²⁶ Epi mwen te dekouvri pi anmè pase mouri, kè a fanm ki fè pèlen an. Men li yo se tankou chenn. Yon moun ki plè Bondye va chape anba men l, men ⁿpechè a va vin kaptire anba l.

²⁷ "Gade byen, se sa mwen dekouvri," predikatè a di: "Ajoute yon bagay a yon lòt pou twouve konprann." ²⁸ Sou sila m toujou ap chache a, men m poko jwenn; mwen te twouve yon nonm pami mil, men mwen pa t jwenn ᵒfanm pami tout sa yo. ²⁹ Men gade, se sèl sa mwen dekouvri; Bondye te fè lòm kanpe dwat, men yo chache anpil manèv pou vin koube.

8 Se kilès ki tankou nonm saj ki konnen sans a yon bagay? Sajès a yon nonm klere li e fè vizaj sèvè li a vin briye.

² Mwen di: "Swiv lòd wa a akoz ᵖsèman ki te fèt devan Bondye a. ³ Pa prese ᵠabandone lòd li. Pa jwenn ou menm nan yon move konbinezon, paske l ap fè nenpòt sa ki fè li plezi." ⁴ Akoz pawòl a wa a pote otorite, ʳse kilès ki va di l: "Kisa w ap fè la a?" ⁵ Sila ki swiv yon kòmand wayal pa ˢjwenn twoub; paske yon kè saj konnen tan ak mwayen ki bon pou a ji. ⁶ Paske ᵗgen yon tan ak mwayen ki bon pou chak plezi, malgre pwoblèm moun an peze lou sou li. ⁷ Si pa gen pèsòn ki ᵘkonnen ki sa k ap vin rive, se kilès ki ka di li kilè li va rive. ⁸ Nanpwen moun ki ka sèvi ak van pou anpeche van, ni ki gen otorite sou jou lanmò a; epi pa gen lese tonbe ni kite nan tan lagè, ni ᵛmal la kap fèt p ap delivre sila ki fè l yo.

⁹ Tout sa mwen konn wè yo, e kon aplike panse m a tout zèv ki te fèt anba solèy la, kote moun sèvi ʷotorite l sou lòt pou fè mal la. ¹⁰ Konsa, mwen konn wè mechan yo antere, menm sila ki te konn antre sòti nan lye sen yo, e ˣase vit yo vin bliye nèt nan menm vil kote yo te aji konsa a. Sa tou, se vanite. ¹¹ Akoz jijman kont yon zak mechan pa rive ase vit; akoz sa, ʸkè fis a lòm nan ki rete pami yo vin dedye nèt pou fè mal. ¹² Malgre yon pechè fè mal san fwa e mennen yon vi ki long, mwen toujou konnen ke sa ᶻprale byen pou sila ki gen lakrent Bondye yo, ki gen lakrent devan L yo. ¹³ Men, sa ᵃpa prale byen pou moun mechan an, e li p ap pwolonje jou li yo tankou yon lonbraj, paske li pa gen lakrent Bondye. ¹⁴ Gen yon vanite ki fèt sou latè, sa vle di, gen ᵇmoun dwat ki vin viktim a mechan yo. Yon lòt kote, gen moun mechan an ki vin tonbe akoz zèv moun dwat yo. Mwen di sa anplis se vanite. ¹⁵ Pou sa, mwen te rekòmande plezi; paske, pa gen anyen pou ᶜyon moun anba solèy la fè sof ke manje, bwè, e fè plezi; epi sa va fè l kanpe nan travay di li diran tout jou lavi, ke Bondye te bay li anba solèy la.

¹⁶ Lè mwen te bay kè m pou aprann sajès ak pou m wè tach ki te konn fèt sou tè a, (malgre sa ta fè yon moun pa janm dòmi ni lajounen, ni lannwit), ¹⁷ konsa, lè mwen te wè tout zèv Bondye te fè, mwen te vin aprann ke ᵈlòm p ap kapab dekouvri travay ki te konn fèt anba solèy la. Malgre lòm ta chache ak tout dilijans, li p ap twouve li. Malgre yon nonm saj ta di: "Mwen konnen", li p ap ka dekouvri li.

9 Paske, tout sa mwen te pote kon fado nan kè m pou eksplike li; ke moun dwat yo, moun saj yo, avèk tout zèv yo nan men Bondye. Lòm pa konnen si se lanmou, oswa rayisman; nenpòt bagay kapab tann li. ² Se menm bagay la pou tout moun. Gen yon sèl desten pou moun dwat yo ak mechan yo; pou bon an, pou moun san tach la, ak pou enpi a; pou sila ki ofri sakrifis ak sila ki pa ofri sakrifis la. Tankou sila ki dwat ak pechè a menm jan; tankou sila ki fè sèman an, se konsa sila ki refize sèmante a ye. ³ Men yon mal nan tout sa ki konn fèt anba solèy la, ke gen menm desten an pou tout moun. Anplis, kè a fis a lòm yo plen mechanste, e ᵉfoli rete nan kè yo pandan tout lavi yo. Apre, yo ale kote mò yo. ⁴ Paske, nenpòt moun ki jwenn ansanm ak lòt vivan yo gen espwa; anverite, yon chen vivan pi bon pase yon lyon ki mouri. ⁵ Paske vivan yo konnen ke y ap mouri; men mò yo ᶠpa konnen anyen; ni yo pa jwenn rekonpans ankò, paske memwa yo fin bliye nèt.

ᵃ **7:11** Pwov 8:10-11   ᵇ **7:12** Pwov 3:18   ᶜ **7:13** Ekl 1:15   ᵈ **7:14** Det 8:5   ᵉ **7:15** Ekl 6:12   ᶠ **7:16** Wo 12:3
ᵍ **7:17** Job 22:16   ʰ **7:18** Ekl 3:14   ⁱ **7:19** Ekl 7:12   ʲ **7:20** I Wa 8:46   ᵏ **7:21** Pwov 30:10   ˡ **7:24** Wo 11:33
ᵐ **7:25** Ekl 1:15-17   ⁿ **7:26** Pwov 22:14   ᵒ **7:28** I Wa 11:3   ᵖ **8:2** Egz 22:11   ᵠ **8:3** Ekl 10:4   ʳ **8:4** Job 9:12
ˢ **8:5** Pwov 12:21   ᵗ **8:6** Ekl 3:1-17   ᵘ **8:7** Ekl 3:22   ᵛ **8:8** Ekl 8:13   ʷ **8:9** Ekl 4:1   ˣ **8:10** Ekl 1:11
ʸ **8:11** Ekl 9:3   ᶻ **8:12** Det 4:40   ᵃ **8:13** Ekl 8:8   ᵇ **8:14** Sòm 73:14   ᶜ **8:15** Ekl 2:24   ᵈ **8:17** Ekl 3:11
ᵉ **9:3** Ekl 1:17   ᶠ **9:5** Job 14:21

⁶ Anverite, lanmou yo, rayisman yo, ak fòs kouraj yo deja fin mouri, e yo ᵃpa gen pati ankò nan tout sa ki fèt anba solèy la.

⁷ Ale ᵇmanje pen ou ak kè kontan e bwè diven ak kè plen ak jwa; paske Bondye deja pran plezi nan sa ou fè a. ⁸ Kite tout ᶜvètman ou yo rete blan tout tan, e pa kite lwil la manke sou tèt ou. ⁹ Fè rejwisans lavi ou ak fanm ke ou renmen pandan tout jou kout lavi ou ke Li te bay ou anba solèy la. Paske sa se ᵈrekonpans ou nan lavi ak nan travay di ou konn fè anba solèy la. ¹⁰ Nenpòt sa ke men ou jwenn pou fè, ᵉfè l ak tout kouraj ou. Paske pa gen aktivite, ni plan, ni konesans, ni sajès nan Sejou mò kote ou prale a.

¹¹ Anplis, mwen te wè anba solèy la ke ᶠkous la pa pou moun ki rapid la, ni batay la pa pou gwo gèrye yo, ni pen pou saj la, ni richès a sila ki byen konprann nan, ni favè a moun abil; paske tan avèk jan tout bagay dewoule vin genyen yo tout. ¹² Anplis, lòm ᵍpa konnen lè li tankou pwason ki kenbe nan yon filè mechan an, o zwazo ki kenbe nan pèlen an. Se konsa fis a lòm yo sezi nan yon move moman. Epi lanmò an tonbe sou yo sibitman.

¹³ Sa osi, mwen te vin konprann kon sajès anba solèy la, e li te etone panse m. ¹⁴ ʰTe gen yon ti vil ak kèk grenn moun ladann. Yon gran wa te parèt sou li, te antoure li, e te konstwi zam syèj kont li. ¹⁵ Men te twouve ladann yon malere byen saj; li te delivre vil la ⁱavèk sajès li. Men pa t gen pèsòn ki te sonje moun malere sila a. ¹⁶ Konsa mwen te di: ʲ"Sajès pi bon pase pwisans." Men sajès a malere a meprize, e pou pawòl li, pèsòn pa tande yo. ¹⁷ ᵏPawòl a saj k ap koute lè tout bagay kalm pi bon pase vwa chèf k ap rele fò nan mitan moun ensanse. ¹⁸ Sajès pi bon ke zam lagè; ˡmen yon sèl pechè detwi anpil ki bon.

10 Mouch mouri bay ᵐlwil pafen yon move odè; Se konsa yon ti kras foli gen pouvwa pou depase sajès ak respè.
² Kè a yon moun saj mennen li adwat, men ⁿkè a moun san konprann nan mennen l agoch.
³ Menm lè ensanse a mache nan lari li manke bon tèt.
Li ᵒmontre tout moun ke se moun fou li ye.
⁴ Si kòlè a wa a vin monte kont ou, pa abandone pozisyon ou; paske rete kalm ka evite gwo ofans.
⁵ Gen yon mal mwen konn wè anba solèy la, tankou yon fot ki sòti nan sila k ap gouvène a——
⁶ ᵖFoli plase nan anpil kote byen wo pandan rich yo chita kote ki ba. ⁷ Mwen konn wè esklav ki ᵠmonte sou cheval ak prens k ap mache atè tankou esklav. ⁸ ʳSila ki fouye fè yon twou ka byen tonbe ladann, e yon sèpan ka mòde gèrye a ki kraze yon miray. ⁹ Sila ki taye wòch yo ka blese ladann, e sila ki fann gwo bout bwa a kapab an danje. ¹⁰ Si rach la pa gen tay, e li pa file pwent li; alò, li va egzije plis fòs. Avantaj a sajès se reyisi!

¹¹ Si sèpan an mòde ˢavan li vin chame, nanpwen pwofi. ¹² ᵗPawòl ki soti nan bouch sila ki saj la plen ak gras, men pawòl a moun ensanse a fin manje l nèt; ¹³ Kòmansman diskou ensanse a se foli, e fen diskou li se plen ᵘmechanste ak betiz ¹⁴ Malgre tout sa, moun ensanse a ogmante pawòl li yo.

Pèsòn pa konnen sa ki va rive, e kilès kab di li ᵛsa ki va rive apre li. ¹⁵ Zèv a moun ensanse a tèlman fatige l ke li pa konnen kijan pou li rive nan vil la.

¹⁶ Malè a ou menm, O peyi ki gen jenn
ti gason kon wa;
ak prens yo k ap fè fèt granmaten.
¹⁷ Beni se ou menm, O peyi ki gen yon fis
byen prepare kon wa a
ak prens ki manje nan pwòp lè yo,
pou bay fòs,
e non pou fè ʷbanbòch vin sou.
¹⁸ Akoz ˣparès ak neglijans, twati a vin pann,
e nan enpridans kay la vin koule.
¹⁹ Yon gwo tab manje fèt pou yo rejwi yo,
ʸdiven pou fè kè kontan;
epi lajan se repons pou tout bagay.
²⁰ Anplis, nan chanm a kouche ou, pa
ᶻbay wa a madichon;
e nan chanm a kouche ou, pa bay yon
moun rich madichon.
Paske yon zwazo syèl la ka pote bri a,
e sa ki gen zèl yo ka fè yo konnen bagay la.

11 ᵃVoye pen ou sou sifas dlo,
e apre anpil jou, ou va twouve l.
² Divize byen ou fè sèt, oswa uit menm;
paske ou pa janm konnen ki malè k
ap rive sou latè.
³ Si nwaj yo plen, yo vide lapli sou latè;
epi si yon bwa tonbe vè sid, oswa vè nò,
kote li tonbe a, se la l ap kouche.
⁴ Sila ke veye van an p ap simen;
ni sila ki veye syèl la p ap rekòlte.
⁵ Menm jan ke ou pa konnen chemen van an,
ni jan zo yo vin fòme nan vant a fanm
ansent lan,
se konsa ou pa konnen zèv Bondye
ki fè tout bagay la.
⁶ Simen semans ou ᵇnan maten an;
ni pa gaspiye tan nan aswè.
Paske ou pa janm konnen si se nan maten
oswa nan aswè semans lan ap reyisi;
ni si se pa tou de k ap bon.
⁷ Limyè a byen bèl,
e li bon pou zye ᶜwè solèy la.

ᵃ **9:6** Ekl 2:10   ᵇ **9:7** Ekl 2:24   ᶜ **9:8** Rev 3:4   ᵈ **9:9** Ekl 2:10   ᵉ **9:10** Ekl 11:6   ᶠ **9:11** Am 2:14
ᵍ **9:12** Luc 21:34-35   ʰ **9:14** II Sam 20:16-22   ⁱ **9:15** II Sam 20:16-22   ʲ **9:16** Pwov 21:22   ᵏ **9:17** Ekl 7:5
ˡ **9:18** Jos 7:1-26   ᵐ **10:1** Egz 30:25   ⁿ **10:2** Mat 6:33   ᵒ **10:3** Pwov 13:16   ᵖ **10:6** Est 3:1-5   ᵠ **10:7** Est 6:8-10
ʳ **10:8** Sòm 7:15   ˢ **10:11** Sòm 58:4-5   ᵗ **10:12** Pwov 10:32   ᵘ **10:13** Ekl 7:25   ᵛ **10:14** Ekl 3:22   ʷ **10:17** Pwov 31:4
ˣ **10:18** Pwov 24:30-34   ʸ **10:19** Jij 9:13   ᶻ **10:20** Egz 22:28   ᵃ **11:1** Det 15:10   ᵇ **11:6** Ekl 9:10   ᶜ **11:7** Ekl 6:5

⁸ Anverite, si yon nonm ta viv anpil ane,
kite li rejwi li nan yo tout;
men pa kite l bliye ᵃjou tenèb yo,
  paske yo va anpil.
Tout sa ki gen pou vini se vanite.
⁹ Rejwi jennonm, pandan jenès ou,
e kite kè ou rete kontan
pandan ane de laj jenès ou yo.
Swiv sa ki atire kè ou ak dezi a zye ou,
men konnen byen ke Bondye
va rele ou nan jijman pou tout bagay sa yo.
¹⁰ Pou sa, retire gwo doulè ak mechanste
pou l pa nan kè ou,
e fè ᵇmal rete lwen chè ou;
paske jenès ak ane jenès yo va disparèt vit.

12 Anplis, ᶜsonje Kreyatè ou a nan
    jou jenès ou yo,
avan move jou yo rive e ane yo pwoche
lè ou va di:
"Mwen pa pran plezi nan yo;"
² Avan ᵈsolèy la ak limyè a, lalin nan ak
    zetwal yo vin tounwa,
e nwaj yo retounen apre lapli yo;
³ nan jou ke gadyen kay la tranble a,
e mesye pwisan yo vin ᵉkoube a.
Lè sa yo k ap moule a rete san travay
akoz anpil nan yo ki manke,
e sila k ap gade nan fenèt yo vin mal pou wè.
⁴ Lè pòt vè lari yo vin fèmen akoz bri
    moulen an vin ba,
e yon moun va leve ak son zwazo a,
epi tout fi chanson yo va rete ba.
⁵ Anplis mesye yo va vin pè yon wo plas
ak gwo danje k ap vini a.
Lè pye zanmann nan fleri, krikèt volan
    rale kò l olon wout la,
e dezi gason an pa ka.
Paske lòm nan ap prale nan ᶠkay etènèl li a,
pandan sila k ap fè dèy yo vire toupatou
    nan wout la.
⁶ Sonje Li avan kòd ajan an kase,
e ᵍbòl an lò a kraze kivèt dlo la kote
    pwi a vin fann,
e wou sitèn nan vin kraze.
⁷ Paske konsa pousyè la va retounen nan
tè a jan li te ye a,
e lespri a va retounen kote ʰBondye
    ki te bay li a.

⁸ ⁱ"Vanite sou vanite", predikatè a di:
    "tout se vanite!"
⁹ Anplis akoz li te yon nonm saj, predikatè a te enstwi pèp la ak konesans. Wi, li te reflechi, chache twouve, e te aranje ʲanpil pwovèb. ¹⁰ Predikatè a te chache jwenn bèl mò pou ekri ᵏpawòl verite yo byen kòrèk. ¹¹ ˡPawòl a moun saj yo tankou pwent pike bèt yo ye; tankou klou ki kloure nèt, se konsa ansanm a pawòl sila yo ye. Se yon sèl Bèje ki bay yo tout.
¹² Men anplis ke sa, fis mwen, veye byen: ekri ᵐanpil liv se yon bagay san rete, e anpil devosyon a liv yo va fatige kò ou. ¹³ Konklizyon lè tout bagay fin tande se: ⁿGen lakrent Bondye e kenbe kòmandman li yo, akoz se sa ki aplike a tout moun. ¹⁴ Paske ᵒBondye va pote tout zèv nan jijman; tout sa ki kache, kit li bon kit li mal.

ᵃ **11:8** Ekl 12:1 ᵇ **11:10** II Kor 7:1 ᶜ **12:1** Det 8:18 ᵈ **12:2** És 5:30 ᵉ **12:3** Sòm 35:14 ᶠ **12:5** Job 17:3
ᵍ **12:6** Za 4:2-3 ʰ **12:7** Nonb 16:22 ⁱ **12:8** Ekl 1:2 ʲ **12:9** I Wa 4:32 ᵏ **12:10** Pwov 22:20 ˡ **12:11** Trav 2:37
ᵐ **12:12** I Wa 4:32 ⁿ **12:13** Ekl 3:14 ᵒ **12:14** Ekl 3:17

Kantik A Kantik Yo

1 Kantik A [a]Kantik Yo, ki ekri pa Salomon.

Jenn Fi a

² Kite l bo m ak bo bouch li!
Paske [b]lanmou ou bon pase diven.

³ Lwil pafen ou yo santi bon.
[c]Non ou menm se tankou lwil kap vide;
se pou sa ke tout vyèj yo renmen ou konsa.
⁴ Rale m dèyè ou e annou kouri ansanm!
Wa a mennen m nan chanm li yo.

Lòt Yo

[d]"Nou va rejwi nan ou e fè kè kontan;
nou va leve lanmou ou wo plis pase diven.

Jenn Fi a

Ak bon rezon, yo renmen ou konsa."
⁵ Mwen menm, mwen nwa; men mwen
byen bèl,
O fi a Jérusalem yo, tankou tant [e]Kédar yo,
tankou rido a Salomon yo.
⁶ Pa gade mwen konsa akoz mwen nwa;
solèy la brile m konsa.
[f]Fis a manman m yo te byen fache avè m;
Yo te fè m gadyen chan rezen yo.
Men pwòp jaden pa m nan vin neglije.
⁷ Pale mwen, ou menm nan
ke nanm mwen tèlman renmen;
ki kote ou fè patiraj twoupo ou a?
Ki kote ou konn fè l kouche a midi?
Paske poukisa mwen ta tankou yon moun
ki vwale figi li nan kote twoupo [g]zanmi ou yo?

Salomon

⁸ Si ou menm, ou pa konnen,
O [h]pi bèl pami tout fanm yo;
janbe swiv wout twoupo a,
e fè patiraj pou jenn kabrit ou yo
akote tant bèje ou yo.
⁹ Pou mwen, cheri mwen an,
ou tankou [i]pi bèl poulich
pami sa kap rale cha Farawon an.
¹⁰ Bò figi ou byen bèl ak zanno,
kou ou ak [j]bèl kolye.

Lòt Yo

¹¹ Nou va fè pou ou dekorasyon an lò
anbeli ak pwent an ajan tou won.

Jenn Fi a

¹² Pandan wa a te sou tab li,
[k]pafen mwen te rive kote l ak bèl odè.
¹³ Sila ke m renmen an se yon pòch pafen;
[l]fèy bazilik ki pase tout nwit lan antre
tete mwen.
¹⁴ Cheri mwen an se yon grap flè jasmen
byen plase nan chan rezen [m]En-Guédi yo.

Salomon

¹⁵ "Tèlman ou bèl, cheri mwen an;
tèlman ou bèl!
[n]Zye ou tankou toutrèl yo."

Jenn Fi Lan

¹⁶ Gade jan ou bèl e byen agreyab,
[o]cheri mwen an;
anverite, se zèb vèt kap fè kabann nou.

Salomon

¹⁷ Pilye kay nou se [p]bwa sèd
e travès yo se bwa pen.

Jenn Fi An

2 Mwen se flè Woz Saron an,
flè Lis a vale yo.

Salomon

² Tankou yon flè lis pami pikan yo,
se konsa [q]cheri mwen an ye
pami tout jenn fi yo.

Jenn Fi an

³ Tankou yon [r]pye pòm pami bwa nan forè,
se konsa cheri mwen an ye pami jennonm yo.
Nan lonbraj li mwen te pran gwo plezi
pou m te chita;
konsa fwi li te dous nan gou m.
⁴ Li te mennen m nan gwo sal bankè li,
e [s]drapo li monte sou mwen an se lanmou.
⁵ Ban m fòs ak [t]gato rezen,
rafrechi m ak pòm,
akoz mwen malad ak lanmou.
⁶ Kite men goch li rete anba tèt mwen
ak men dwat li pou l [u]anbrase m.
⁷ M ap [v]avèti nou, O fi a Jérusalem yo,
nan non antilòp ak bich mawon an,
pou nou pa fè lanmou m leve,
ni ouvri zye li jiskaske se plezi li.

---

[a] **1:1** I Wa 4:32   [b] **1:2** Kan 1:4   [c] **1:3** Ekl 7:1   [d] **1:4** Kan 1:4   [e] **1:5** És 60:7   [f] **1:6** Sòm 69:8   [g] **1:7** Kan 8:13
[h] **1:8** Kan 5:9   [i] **1:9** II Kwo 1:16-17   [j] **1:10** Jen 24:53   [k] **1:12** Kan 4:14   [l] **1:13** Sòm 45:8   [m] **1:14** I Sam 23:29
[n] **1:15** Kan 4:1   [o] **1:16** Kan 2:3-17   [p] **1:17** I Wa 6:9-10   [q] **2:2** Kan 1:9   [r] **2:3** Kan 8:5   [s] **2:4** Sòm 20:5
[t] **2:5** II Sam 6:19   [u] **2:6** Pwov 4:8   [v] **2:7** Kan 3:5

⁸ Koute! Men cheri mwen an!
Men l ap vini!
L ap monte ᵃsou mòn yo,
epi vòltije sou kolin yo!
⁹ Cheri mwen an tankou yon ᵇantilòp,
oswa yon jenn sèf.
Gade byen, li kanpe dèyè mi kay nou an;
l ap gade nan fenèt yo, l ap gade nan jalouzi a.

¹⁰ Cheri mwen an te reponn mwen
e te di m: ᶜ"Leve vini cheri mwen an,
pi bèl mwen an.
¹¹ Paske gade, sezon fredi a fin pase,
lapli fin pati nèt.
¹² Flè yo deja parèt nan peyi a;
tan an chante a fin rive!
Vwa ᵈtoutrèl la ap koute deja nan peyi a.
¹³ Fwi ᵉpye fig etranje a fin mi,
e chan rezen yo bay odè pafen.
Leve vini, annou pati!"

Salomon

¹⁴ O toutrèl nan ᶠfant wòch mwen an,
nan kote sekrè chemen ki monte apik,
kite mwen wè figi ou, kite mwen
    tande vwa ou!
Paske vwa ou dous e fòm ou bèl nèt.
¹⁵ ᵍKenbe rena yo pou nou,
ti rena k ap detwi chan rezen yo,
paske chan nou yo ap fè flè.

Jenn Fi an

¹⁶ Cheri mwen an se pa m,
e mwen se pa l.
Li fè patiraj twoupo li pami flè lis yo.
¹⁷ ʰJiskaske joune a vin fè fre
lè lonbraj yo kouri ale;
vire, cheri mwen an,
fè tankou antilòp la, oswa jenn sèf sou
    mòn Bether a.

Jenn Fi an

3 Sou kabann mwen, pandan nwit la,
    mwen te chache sila ⁱke nanm
        mwen renmen an.
Mwen te chache l, men m pa t jwenn li.
² Koulye a fòk mwen leve mache
    toupatou nan vil la;
nan ʲri yo ak nan plas yo.
Fòk mwen chache sila ke nanm mwen
    renmen an.
Mwen te chache l, men m pa t jwenn li.
³ ᵏGadyen ki fè tou vil la te twouve m.
Mwen te mande l: "Èske ou konn wè
sila ke nanm mwen renmen an?"
⁴ Lè m ˡfenk kite yo mwen te jwenn

sila ke nanm mwen renmen an.
Mwen te kenbe l, mwen te refize lage l
jiskaske mwen mennen l rive lakay
    manman m,
pou l antre nan chanm a sila ki te vin
    ansent mwen an.

⁵ M ap ᵐavèti nou, O fi a Jérusalem yo,
nan non antilòp ak bich mawon an,
pou nou pa fè lanmou leve
ni ouvri zye l jiskaske se plezi li.

⁶ Se kisa k ap monte kite dezè a
tankou pilye lafimen yo,
byen pafime ak fèy bazilik ak ⁿlansan,
plen ak poud santi bon machann yo?
⁷ Gade byen, se kanape vwayaj Salomon
    k ap monte;
swasant òm pwisan kap antoure l,
mesye pwisan Israël yo.
⁸ Yo tout ki konn manyen nepe,
ᵒki fò nan afè lagè;
chak mesye gen nepe l bò kote li,
pou fè gad kont menas lannwit yo.

⁹ Wa Salomon te fè pou kont li
yon kanape vwayaj ak bwa Liban an.
¹⁰ Li te fè pye li ak ajan e repo pou do a ak lò.
Kote pou chita a fabrike ak twal mov,
e tout anndan li byen dekore pa ᵖfi
    Jérusalem yo.
¹¹ Ale, O fi a Sion yo,
e fikse byen Wa Salomon ak kouwòn sila a
manman l te kouwone l nan ᑫjou fèt maryaj li,
nan jou kè kontan li an.

Salomon

4 A la ou bèl, cheri mwen an, a la ou bèl!
ʳZye ou tankou toutrèl dèyè vwal ou;
cheve ou tankou yon bann kabrit
ki fin desann sòti Mòn Galaad.
² ˢDan ou tankou yon bann mouton
ak lenn fenk taye ki sot benyen.
Yo tout fè pòtre jimo yo,
ni youn nan yo pa pèdi pitit li.
³ Lèv ou tankou ᵗfisèl wouj
e bouch ou tèlman bèl.
De bò figi ou tankou yon tranch grenad
    dèyè vwal ou.
⁴ ᵘKou ou tankou fò David la,
bati ak wòch byen ranje sou sila yo mete
    mil boukliye yo,
tout boukliye won a mesye pwisan yo.
⁵ ᵛDe tete ou tankou de jèn ti antilòp;
jimo manman k ap chache manje
    pami flè lis yo.

ᵃ **2:8** Kan 2:17 ᵇ **2:9** Pwov 6:5 ᶜ **2:10** Kan 2:13 ᵈ **2:12** Jen 15:9 ᵉ **2:13** Mat 24:32 ᶠ **2:14** Jr 48:28
ᵍ **2:15** Éz 13:4 ʰ **2:17** Kan 4:6 ⁱ **3:1** Kan 1:7 ʲ **3:2** Jr 5:1 ᵏ **3:3** Kan 5:7 ˡ **3:4** Pwov 8:17 ᵐ **3:5** Kan 2:7
ⁿ **3:6** Egz 30:34 ᵒ **3:8** Jr 50:9 ᵖ **3:10** Kan 1:5 ᑫ **3:11** És 62:5 ʳ **4:1** Kan 1:15 ˢ **4:2** Kan 6:6 ᵗ **4:3** Jos 2:18
ᵘ **4:4** Kan 7:4 ᵛ **4:5** Kan 7:3

⁶ ªJiskaske jou a bese pou l vin fre
e lonbraj yo vin disparèt,
mwen va trase chemen mwen rive nan mòn
fèy bazilik la, ak nan kolin lansan an.

⁷ ᵇOu fin bèl nèt, cheri mwen an,
e nanpwen defo nan ou.
⁸ Vin avè m soti ᶜLiban, fi maryaj mwen an;
m bezwen ou vini avè m sòti Liban.
Vwayaje desann soti nan wo pwent Amana,
soti nan wo pwent Mòn Senir ak Hermon;
soti nan kav lyon yo, nan mòn a leyopa yo.

⁹ Ou fè kè m bat pi vit sè mwen, fi
maryaj mwen an;
ou te fè kè m bat pi vit ak yon sèl ti
kout zye tou kout,
ak yon sèl bout fisèl nan ᵈkolye ou.
¹⁰ ᵉA la bèl lanmou ou bèl, sè mwen an,
fi maryaj mwen an!
A la pi bon lanmou ou pi bon pase diven
e bon odè a lwil ou depase tout kalite epis!
¹¹ Lèv ou, fi a maryaj mwen an, gen
gou siwo myèl;
siwo myèl ak lèt anba lang ou.
Bon odè vètman ou tankou ᶠbon odè Liban an.
¹² Yon jaden fèmen ak kle se sè mwen,
fi a maryaj mwen;
yon jaden wòch ki fèmen,
yon fontèn dlo ki ᵍansèkle.
¹³ Boujon ou se yon chan kiltive ak
pye grenad,
ak fwi chwazi, pye jasmen ak ti bonm;
¹⁴ ti bonm ak safran, sitwonèl ak kannèl,
ak tout bwa lansan yo, ʰlami ak lalwa,
ansanm ak tout meyè kalite epis yo.
¹⁵ Ou menm se yon sous jaden,
yon pwi ⁱdlo fre ak ti ravin dlo k ap
kouri soti Liban.

Jenn Fi an

¹⁶ Leve, o van nan nò a, e vini van nan sid!
Fè jaden mwen respire ak souf bon odè;
kite epis li yo vante gaye toupatou.
Ke cheri mwen an vin nan jaden li an
pou manje tout fwi chwa li yo.

Salomon

5 Mwen te vini nan jaden mwen an, sè mwen,
fi a maryaj mwen an.
Mwen te ranmase lami mwen ak tout
fèy awomatik mwen.
Mwen te manje gato myèl ak siwo
myèl mwen;
mwen te bwè diven mwen ak lèt mwen.

Lòt Yo Manje, zanmi nou yo; bwè e vin sou ak lanmou!

Jenn Fi a

² Mwen t ap dòmi, men kè m t ap veye.
Yon vwa! Cheri mwen an t ap frape sou pòt la:
"Ouvri pou mwen, sè mwen, cheri mwen an,
toutrèl mwen an, ou menm ki pafè pou mwen
an! Tèt mwen mouye ak lawouze,
ʲtrès cheve mwen ak imidite nwit lan.
³ Mwen te ᵏfin retire rad mwen;
kijan pou m ta remete l ankò a?
Mwen te lave pye mwen;
kijan pou m ta fè vin sal yo ankò a?
⁴ Cheri mwen an te lonje men l pase
nan twou pòt la.
Tout ˡsantiman kè m te leve pou li.
⁵ Mwen te leve pou ouvri pou cheri mwen an.
Men m te ᵐdegoute menm ak lami,
e dwèt mwen ak dlo lami, sou manch
boulon pòt lan.
⁶ Mwen te ouvri a cheri mwen an,
men cheri mwen an te ⁿvire kite pou l ale!
Kè m te sòti lè l te pale a.
Mwen te chache li, men mwen pa t jwenn li.
Mwen te rele li, men li pa t reponn mwen.
⁷ ᵒGadyen ki te fè tou vil la te twouve mwen.
Yo te bat mwen.
Yo te blese mwen.
Jandam sou miray la te retire gwo
manto mwen an.

⁸ "M ap ᵖavèti nou, O fi a Jérusalem yo,
si nou jwenn cheri mwen an, konsa nou va di l;
ke mwen malad ak lanmou."

Lòt Yo

⁹ "Ki jan cheri ki cheri ou a,
sinon pi bèl pami fanm yo?
Ki jan cheri ki cheri ou a,
pi bon pase lòt,
ke ou ta nomen non l devan nou konsa?"

Jenn Fi a

¹⁰ Cheri mwen an mèvèye,
yon figi wouj ranpli ak sante,
k ap ᵠparèt miyò pami di-mil.
¹¹ Tèt li tankou lò, lò san tach;
ʳtrès cheve li tankou grap rezen
e nwa tankou kòbo.
¹² Zye li tankou toutrèl
akote dlo k ap koule,
ki benyen nan lèt,

ki monte kon bijou akote yon ᵃbasen dlo.
¹³ De bò figi li tankou yon kabann fèt
   ak fèy awomatik,
kap poze sou yon kouch zèb santi bon.
Lèv li yo se flè ᵇlis ki degoute dlo lami.
¹⁴ Men li se wondèl fèt an lò,
anbeli ak bijou beril.
Kò li se ivwa taye ki kouvri ak pyè safi.
¹⁵ Janm li se pilye fèt an mèb blan,
plase sou yon baz lò san tach;
aparans li tankou ᶜchwa Liban an,
kon pi bèl bwa sèd li.
¹⁶ Bouch li plen ak dousè.
Li dezirab nèt.
Sa se cheri mwen an,
e sa se zanmi mwen an,
o fi Jérusalem yo.

Lòt yo

6 ᵈ"Kote cheri ou a te ale, o pi bèl pami
   fanm yo?
Kote cheri ou a te vire, pou nou ka chache
   li ansanm avèk ou?"

Jenn Fi a

² Cheri mwen an te desann nan jaden li an,
nan kabann ki fèt ak fèy awomatik,
pou fè patiraj twoupo li nan jaden yo,
pou ranmase flè ᵉlis.
³ Mwen pou cheri mwen an e cheri
   mwen pou mwen;
sila ki fè patiraj twoupo li pami flè lis yo.

Salomon

⁴ Ou bèl, cheri mwen an, tankou ᶠThirtsa;
bèl tankou Jérusalem,
mèvèye tankou yon lame ak drapo yo.
⁵ Vire zye ou! Pa gade m!
Paske zye ou fè m egare.
ᵍCheve ou tankou yon bann kabrit k ap
   soti desann Galaad.
⁶ ʰDan ou tankou yon bann mouton
ki fenk monte sot benyen.
Yo tout ki pòtre marasa.
Nanpwen menm youn nan yo ki pèdi pitit.
⁷ ⁱDe bò figi ou tankou yon tranch grenad
dèyè vwal ou.

⁸ Genyen swasant rèn ak katre-ven konkibin,
e ʲjèn fi menm pa kab konte;
⁹ Men toutrèl mwen an, parèy san parèy
   mwen an inik;
li se sèl fi a manman li.
Fi san tach a sila ki te pote li a.

ᵏJenn fi yo te wè l e te rele l beni;
ni rèn ni konkibin yo.
Yo te louwe l pou di:

¹⁰ Kilès li ye ki grandi kon solèy leve a,
bèl tankou plèn lin nan,
san tach tankou ˡsolèy la,
e mèvèye tankou yon lame ak tout drapo li a?

¹¹ Mwen te desann nan chan bwa nwa yo
pou wè bwa vèt yo nan vale a;
pou wè si chan rezen fin fè boujon,
oswa ᵐgrenad yo te fleri.
¹² Avan mwen te menm konnen,
dezi m te plase mwen sou cha a pèp
   nòb mwen an.

Lòt Yo

¹³ Retounen, retounen, O Silamit lan;
ⁿretounen, retounen, pou zye nou ka gade ou!

Salomon

Poukisa ou ta gade Silamit lan tankou se
   nan dans a de twoup koral?

7 A la bèl pye ou bèl nan sandal yo, o pitit a nòb
   yo!
O ᵒfi a prens lan!
Koub kwis ou tankou bijou, zèv a yon vrè atis.
² Lonbrit ou kon yon tas won ki pa janm
   manke diven mele;
vant ou se yon bèl pakèt ble ankadre ak flè lis;
³ ᵖDe tete ou se de jenn pòtre a yon antilòp,
jimo a yon antilòp.
⁴ Kou ou se yon kou ivwa,
zye ou tankou sous dlo nan ᵠHesbon yo
akote pòtay a Bath-Rabbim nan.
Nen ou tankou tou Liban ki gade vè Damas la.
⁵ Tèt ou kouwone ou tankou ʳMòn Carmel
e très cheve tèt ou tankou fisèl mov.
Wa a kaptire pa très ou yo.
⁶ A la ou ˢbèl e a la ou mèvèye,
ak tout bèlte ou yo!
⁷ Lè ou kanpe se tankou yon pye palmis
e tete ou se grap li yo.
⁸ Mwen te di: "Mwen va monte pye palmis lan,
mwen va kenbe tij fwi li yo."
O ke tete ou yo kapab tankou yon grap
ki pann sou chan rezen nan
e bon odè a ᵗsouf ou tankou pòm,
⁹ Epi ᵘbouch ou tankou meyè diven an, ki
   desann byen swa pou cheri mwen an,
e koule dousman nan lèv a sila
ki tonbe nan dòmi yo.

ᵃ **5:12** Egz 25:7   ᵇ **5:13** Kan 2:1   ᶜ **5:15** Kan 7:4   ᵈ **6:1** Kan 5:6   ᵉ **6:2** Kan 2:1   ᶠ **6:4** I Wa 14:17
ᵍ **6:5** Kan 4:1   ʰ **6:6** Kan 4:2   ⁱ **6:7** Kan 4:3   ʲ **6:8** Kan 1:3   ᵏ **6:9** Jen 30:13   ˡ **6:10** Mat 17:2   ᵐ **6:11** Kan 4:13
ⁿ **6:13** Jij 21:21   ᵒ **7:1** Sòm 45:13   ᵖ **7:3** Kan 4:5   ᵠ **7:4** Nonb 21:26   ʳ **7:5** És 35:2   ˢ **7:6** Kan 1:15-16
ᵗ **7:8** Kan 2:5   ᵘ **7:9** Kan 5:16

Jenn Fi a

¹⁰ Mwen pou cheri mwen an
e ᵃdezi li se pou mwen.
¹¹ Vini, cheri mwen an!
Annou pati ale nan chan yo
e fè lojman nan ti vil yo.
¹² Annou leve bonè pou rive nan
　　　　chan rezen yo;
annou ᵇgade pou wè si chan rezen an
gen tan boujonnen e flè li yo fin ouvri.
Se la, m ap bay ou lanmou mwen an.
¹³ Mandragò yo fin bay bèl odè;
epi sou tout pòt nou yo se tout meyè fwi yo,
ni nèf ni ansyen,
ki te konsève pou ou, lanmou mwen an.

8 O ke ou te tankou frè m,
　　ki te souse nan tete a manman m.
Si mwen te jwenn ou deyò, mwen ta bo ou;
nonplis, pèsòn pa ta denonse m pou sa!
² Mwen ta mennen ou e ᶜfè ou antre
lakay a manman m ki te konn enstwi mwen an.
Mwen ta bay ou diven pafime ki sòti
nan ji grenad mwen yo pou ou bwè.
³ Kite ᵈmen goch li rete anba tèt mwen
e men dwat li anbrase m.

⁴ "ᵉMwen vle nou sèmante, o fi Jérusalem yo,
pa fè lanmou a vin leve,
ni ankouraje l jiskaske se plezi li.

Lòt Yo

⁵ Se ᶠki fi sa a k ap monte sòti nan dezè a,
k ap apiye sou cheri li a?"

Jenn Fi an

Anba pye pòm nan, mwen te fè ou leve;
se la manman ou te gen doulè e te fè
　　ou vin parèt.

⁶ Mete mwen tankou yon so sou kè ou,
tankou yon ᵍso sou bra ou.
Paske lanmou gen fòs menm jan ak lanmò.

Jalouzi sevè tankou Sejou mò yo;
lè l pete se tankou dife k ap pete.
Vrèman se flanm SENYÈ a.
⁷ Anpil dlo p ap ka etenn lanmou,
ni rivyè p ap ka inonde l.
ʰMenm si yon nonm ta bay tout richès
　　lakay li pou lanmou,
sa ta konplètman meprize.

Frè Yo

⁸ Nou gen yon ti sè e li ⁱpa gen tete menm;
kisa n ap fè pou sè nou an nan jou
　　ke yon moun
ta vin pale pou l ta fiyanse avè l?

⁹ Si ti fi a se yon mi, nou va bati yon ranpa
　　fèt an ajan pou antoure l;
men, si li se yon pòt, n ap fè yon barikad
ak ʲgwo planch bwa sèd.

Jenn Fi a

¹⁰ Mwen te yon miray e ᵏtete mwen
　　te tankou fò yo;
konsa, mwen te devni nan zye li kon yon
moun ki jwenn lapè.
¹¹ Salomon te gen yon chan rezen nan
　　Baal-Hamon;
Li te ˡbay jerans chan rezen an a gadyen yo.
Yo chak te gen pou pote mil sik ajan
　　pou fwi li yo.
¹² Pwòp chan rezen mwen an se devan m;
mil sik ajan yo se pou ou, Salomon
ak de-san pou sila ki okipe fwi li yo.

Salomon

¹³ O ou menm, ki chita nan jaden yo,
ansanm ak zanmi mwen yo,
kite m tande vwa ou.

Jenn Fi an

¹⁴ Annou pati, cheri mwen an!
Fè tankou yon antilòp,
oswa yon jenn sèf sou mòn ki plen epis yo.

ᵃ **7:10** Sòm 45:11　ᵇ **7:12** Kan 6:11　ᶜ **8:2** Kan 3:4　ᵈ **8:3** Kan 2:6　ᵉ **8:4** Kan 2:7　ᶠ **8:5** Kan 3:6　ᵍ **8:6** És 49:16　ʰ **8:7** Pwov 6:35　ⁱ **8:8** Éz 16:7　ʲ **8:9** I Wa 6:15　ᵏ **8:10** Éz 16:7　ˡ **8:11** Mat 21:33

Ésaïe

1 ¹ Vizyon Ésaïe a, fis a Amots la, konsènan Juda avèk Jérusalem, ke li te wè pandan tan pouvwa a Ozias, Jotham, Achaz ak ᵃÉzéchias, wa Juda yo.

² Koute O syèl yo e tande O latè;
paske SENYÈ a pale:
"Fis Mwen leve yo,
men yo ᵇfè rebèl kont Mwen.
³ Yon bèf konnen mèt li
e yon bourik manjwa a mèt li,
men Israël ᶜpa konsa.
Pèp Mwen an pa reflechi."
⁴ Elas, yon nasyon plen peche,
yon pèp peze avèk inikite,
ᵈras malfektè, fis ki fè zak konwonpi!
Yo te abandone SENYÈ a;
yo te meprize Sila Ki Sen Israël la.
Yo te vire kite Li nèt.
⁵ Se ki bo nou va pran so ankò?
ᵉPoukisa nou mache fè rebèl san rete?
Tout tèt la malad e tout kè a fèb.
⁶ ᶠDepi nan pla pye jis rive nan tèt,
nanpwen anyen ak sante ladann,
sèlman kote ki brize, ak maleng ak blese.
Yo pa pran swen, ni panse, ni soulaje l ak lwil.
⁷ ᵍPeyi nou an vin devaste, vil nou yo
brile ak dife.
Chan nou yo——se etranje k ap devore
yo nan prezans nou;
se dezolasyon nèt, pandan etranje yo
ap ranvèse li.
⁸ Fi Sion an vin tankou yon ti tonèl
nan yon chan rezen,
tankou abri a yon gadyen nan yon
chan konkonb,
tankou yon vil ki anba syèj.
⁹ ʰAmwenske SENYÈ dèzame yo te kite
kèk grenn chape viv,
nou t ap tankou Sodome,
nou t ap sanble ak Gomorrhe.

¹⁰ Tande pawòl SENYÈ a, nou menm,
chèf ⁱSodome yo;
bay zòrèy nou enstriksyon Bondye nou a,
nou menm pèp Gomorrhe.
¹¹ ʲ"Ki sa gran fòs kantite sakrifis sa yo ye
k ap ogmante pou Mwen?" di SENYÈ a.
Mwen fin resevwa kont ofrann brile
a belye ak grès a bèf gra yo.
Mwen pa pran plezi nan san towo yo,
jenn mouton, ni kabrit.
¹² Lè nou vin ᵏparèt devan M,
kilès ki egzije nou vin foule lakou
Mwen an konsa?

¹³ Pa vin pote ofrann san valè sa yo ankò;
lansan vin abominab devan M.
Nouvèl lin ak Saba a, apèl asanble yo—
Mwen pa ka ˡsipòte inikite ansanm ak
asanble solanèl la.
¹⁴ Mwen rayi fèt nouvèl lin yo ak fèt
apwente nou yo.
Yo vin yon gwo fado pou mwen.
Mwen ᵐfatige sipòte yo.
¹⁵ Pou sa, lè nou ouvri men nou nan lapriyè,
Mwen va kache zye M de nou menm.
Wi, menm si nou ogmante lapriyè nou
yo, Mwen p ap koute yo.
Men nou kouvri ak san.
¹⁶ Lave nou pou nou vin pwòp;
retire zak malonèt nou yo devan zye M.
ⁿSispann fè mechanste.
¹⁷ Aprann fè sa ki bon;
chache la jistis,
fè sekou oprime yo,
defann òfelen yo,
plede ka a vèv la.

¹⁸ "Alò, vini koulye a; ᵒannou rezone
ansanm, di SENYÈ a:
"Malgre peche nou yo wouj, yo va vin
blan tankou lanèj;
malgre yo fonse tankou kramwazi, y
ap vin tankou len.
¹⁹ Si nou vin dakò e obeyi,
nou va ᵖmanje pi bon bagay ki gen nan peyi a;
²⁰ men si nou refize, e fè rebèl,
nou va devore pa nepe."
Anverite, ᵍbouch SENYÈ a fin pale."

²¹ Gade vil fidèl la vin devni yon ʳpwostitiye!
Sila ki te konn plen ak jistis la!
Nan yon lè, ladwati te rete nan li,
men koulye a, se asasen yo ye.
²² A jan ou yo, koulye a vin tounen kim
e bwason ou vin mele ak dlo.
²³ ˢChèf ou yo se rebèl yo ye
k ap fè zanmi parèy ak volè.
Se yo tout ki renmen resevwa
anba tab ak kouri dèyè benifis.
Yo pa defann òfelen an,
ni ka a vèv la pa rive devan yo.

²⁴ Pou sa, Senyè BONDYE dèzame yo,
Toupwisan Israël la, deklare:
"Ah, M ap jwenn soulajman de advèsè
Mwen yo;

ᵃ **1:1** II Wa 18:1-20 ᵇ **1:2** És 30:1-9 ᶜ **1:3** Jr 9:3 ᵈ **1:4** És 14:20 ᵉ **1:5** És 31:6 ᶠ **1:6** Job 2:7 ᵍ **1:7** Lev 26:33
ʰ **1:9** Wo 9:29 ⁱ **1:10** És 3:9 ʲ **1:11** Sòm 50:8 ᵏ **1:12** Egz 23:17 ˡ **1:13** Jr 7:9-10 ᵐ **1:14** És 7:13
ⁿ **1:16** Jr 25:5 ᵒ **1:18** És 41:1-21 ᵖ **1:19** És 55:2 ᵍ **1:20** És 40:5 ʳ **1:21** És 57:3-9 ˢ **1:23** Os 5:10

M ap ᵃpran vanjans mwen sou lènmi
    Mwen yo.
²⁵ Mwen va vire men m kont nou
e Mwen va ᵇfonn kim nou an tankou
    se ak likid lesiv,
pou l pa gen metal ki rete.
²⁶ Mwen va restore ᶜjij nou yo tankou
    nan kòmansman an
ak konseye yo jan lè nou te fenk kòmanse a.
Apre sa, yo va rele nou vil ladwati,
yon vil ki fidèl.
²⁷ Sion va ᵈrachte ak lajistis, e sila ki repanti
    ladann yo va plen ladwati a.
²⁸ Men transgresè ak pechè yo va
    ᵉkraze ansanm,
e sila ki abandone SENYÈ yo va vin
    disparèt nèt.
²⁹ Anverite, nou va wont pou bwadchenn
    ke nou te pito yo,
e nou va wont pou ᶠjaden ke nou te pito yo.
³⁰ Paske nou va tankou yon bwadchenn
    ak ᵍfèy ki fennen,
oswa tankou yon jaden ki pa gen dlo menm.
³¹ Sila ki pwisan an va devni retay pishpèn.
Zèv li yo anplis va tankou etensèl dife.
Konsa, y ap brile ansanm
e p ap gen moun ki pou fè yo etenn."

2 Pawòl ke ʰÉsaïe, fis a Amots la, te wè konsènan
Juda avèk Jérusalem.
² Alò, li va vin rive ⁱnan dènye jou yo,
ke mòn lakay SENYÈ a va etabli kon
    chèf a mòn yo.
Li va leve pi wo pase kolin yo,
e tout nasyon yo va kouri vin jwenn li.
³ Konsa, anpil pèp va vini e yo va di:
Vini, annou monte nan mòn SENYÈ a,
lakay Bondye a Jacob la;
pou L kab enstwi nou konsènan chemen Li yo,
e pou nou kapab mache nan pa Li yo.
Paske lalwa a va sòti fè parèt ʲsoti nan Sion,
e pawòl Bondye a soti nan Jérusalem.
⁴ Li va jije pami nasyon yo,
e Li va rann desizyon pou anpil pèp.
Yo va frape nepe yo pou fè cha tè a,
ak lans lagè pou fè kwòk imondaj yo.
Nasyon p ap leve nepe kont nasyon
e jis pou tout tan,
yo p ap vin aprann fè lagè ankò.

⁵ Vini lakay Jacob;
annou mache nan ᵏlimyè SENYÈ a.
⁶ Paske ou te ˡabandone pèp Ou a, lakay Jacob,
akoz yo plen ak jan de panse yo
ki sòti nan lès;

akoz yo vin pwofèt ki swiv Filisten yo,
k ap antann yo ak pitit a etranje yo.
⁷ Anplis, peyi yo vin plen ak ajan ak lò
e pou richès yo, nanpwen fen.
Peyi yo osi vin plen ak cheval yo,
e ak cha lagè yo, nanpwen fen.
⁸ Peyi yo anplis ᵐplen ak zidòl;
yo adore zèv men pa yo, sa ke dwèt yo te fè.
⁹ Pou sa, lòm vin imilye;
e limanite vin bese.
Konsa, ⁿpa padone yo.
¹⁰ Antre nan wòch,
e kache nan pousyè,
kont ᵒlaperèz SENYÈ a,
kont mayifisans ak majeste li.
¹¹ ᵖÒgèy a lòm va vin bese
e wotè a lòm va vin imilye.
E nan jou sa a se sèl SENYÈ a k ap egzalte.

¹² Paske SENYÈ dèzame yo va gen
    yon jou jijman
kont nenpòt moun ᑫki ògeye, e ki awogan;
nenpòt moun ki leve tèt li wo va bese li.
¹³ Epi kont tout bwa sèd Liban an ki byen wo,
e ki leve tèt yo wo,
kont tout ʳchenn Basan yo.
¹⁴ Kont tout ˢmòn wo yo,
kont tout kolin ki leve wo yo,
¹⁵ Kont tout ᵗfò wo yo,
kont tout miray fòtifye yo,
¹⁶ Kont tout ᵘbato Tarsis yo,
kont tout sa ki bèl pou wè yo.
¹⁷ Ògèy a lòm va vin imilye
e wotè a lòm va vin desann.
Se sèl SENYÈ a ki va egzalte nan jou sa a.
¹⁸ Men ᵛzidòl yo va vin disparèt nèt.
¹⁹ Tout moun va ʷantre nan kav pami
    wòch yo,
ak nan twou tè a,
devan gran laperèz SENYÈ a,
ak gwo bagay etonnan de majeste Li,
lè Li leve pou fè tè a tranble.
²⁰ Nan jou sa a, tout moun va ˣjete deyò
    rat ak chòv-sourit,
zidòl fèt an ajan, ak zidòl fèt an lò,
ke yo te fè pou yo menm ta adore,
²¹ pou yo ka ʸantre nan kav wòch
ak twou wòch nan falèz yo,
pou yo pa parèt devan laperèz SENYÈ,
ak gwo bagay etonan a majeste Li a,
lè Li leve pou fè latè tranble.
²² Sispann mete konfyans nan lòm;
souf vi li se sèl nan nen l.
ᶻKisa li vo?

ᵃ **1:24** Det 28:63   ᵇ **1:25** Éz 22:19-22   ᶜ **1:26** És 60:17   ᵈ **1:27** És 35:9   ᵉ **1:28** Sòm 9:5   ᶠ **1:29** És 65:3   ᵍ **1:30** És 64:6   ʰ **2:1** És 66:24   ⁱ **2:2** Mi 4:1-3   ʲ **2:3** És 51:4-5   ᵏ **2:5** És 60:1-20   ˡ **2:6** Det 31:17   ᵐ **2:8** És 10:11   ⁿ **2:9** Né 4:5   ᵒ **2:10** II Tes 1:9   ᵖ **2:11** És 5:15   ᑫ **2:12** Job 40:11-12   ʳ **2:13** Za 11:2   ˢ **2:14** És 40:4   ᵗ **2:15** És 25:12   ᵘ **2:16** I Wa 10:22   ᵛ **2:18** És 21:9   ʷ **2:19** És 2:10   ˣ **2:20** És 30:22   ʸ **2:21** És 2:19   ᶻ **2:22** És 40:15-17

3 Paske gade byen, Senyè BONDYE dèzame yo va [a]retire sou Jérusalem ak Juda ni sipò, ni mwayen materyo,
tout sa ki pou founi pen
e tout sa ki pou founi dlo;
[2] [b]Nonm pwisan an,
gèrye la,
jij ak pwofèt la,
divinò a ak ansyen an,
[3] Kapitèn dè senkant yo,
nonm ki resevwa onè a,
konseye a,
atizan an,
ak sila ki fò nan fè wanga a.
[4] Konsa, Mwen va fè [c]senp tigason yo
vin chèf sou yo,
e timoun san kontwòl yo va vin renye sou yo.
[5] Epi pèp la va [d]oprime,
youn pa yon lòt e chak pa vwazen li;
jenn yo va fè rebèl kont granmoun yo
e sila ki enferyè a kont sila ki gen onè a.
[6] Lè yon nonm [e]mete men l sou frè l
lakay papa l, epi di:
"Se ou ki gen manto a, se ou k ap chèf nou an,
e tout miray kraze sa yo va anba pouvwa ou",
[7] Nan jou sa a, li va diskite ak yo e li va di:
"Se pa mwen menm k ap [f]geri nou an;
paske lakay mwen pa gen ni pen, ni manto;
se pa mwen menm pou nou ta chwazi
chèf sou pèp la."
[8] Paske Jérusalem chape glise e Juda
fin tonbe akoz
pawòl ak zak yo kont SENYÈ a;
pou yo [g]fè rebèl kont prezans sen Li an.
[9] Vizaj figi yo fè temwen kont yo,
e yo montre tout moun peche yo
tankou Sodome.
Yo pa menm kache sa a. Malè a yo menm!
Paske yo [h]mennen mal la vin tonbe sou yo.
[10] Di a [i]moun dwat yo sa prale byen pou yo,
paske yo va manje fwi a zèv yo.
[11] Malè a mechan an!
Sa prale mal pou li.
Paske [j]sa li merite a, se sa k ap rive li.
[12] O pèp Mwen an! Moun ki oprime
yo se timoun
ak fanm ki gouvène sou yo.
O pèp Mwen an! [k]Sila k ap gide ou
yo egare ou,
e konfonn direksyon chemen nou yo.

[13] Se [l]SENYÈ a ki parèt kon advèsè yo
e ki kanpe pou jije pèp la.
[14] SENYÈ a [m]antre nan jijman ak ansyen
ak prens a pèp Li a.

"Se nou ki te devore chan rezen an;
piyaj malere a fèt anndan lakay nou.
[15] Se kilès ki bannou dwa pou [n]kraze
pèp Mwen an,
e foule figi malere yo?" SENYÈ
dèzame yo pale.

[16] Anplis SENYÈ a di: "Akoz [o]fi a
Sion yo ògeye,
mache ak tèt anlè ak zye k ap sedwi,
mache ak ti pa kout pou atire zye gason,
e fè sone tout ti son braslè sou pye yo.
[17] Pou sa, SENYÈ a va aflije tèt fi a
Sion yo ak kal,
e SENYÈ a va fè tèt yo chòv."
[18] Nan jou sa a, SENYÈ a va retire bèlte a
braslè pye yo, bando sou tèt yo, [p]dekorasyon kwasan, [19] zanno zòrèy yo, braslè yo, vwal yo, [20] [q]dekorasyon tèt yo, chenn nan pye yo, bèl twal sentiwon yo ak bwat pafen yo, bwòch yo, [21] bag dwèt yo, [r]zanno nen yo. [22] Vètman gwo fèt yo, gwo manto yo, bous lajan yo, [23] miwa men yo, ti sou-vètman yo, tiban yo, ak vwal yo.
[24] Epi li va fin rive ke olye sant pafen dous,
ap gen move odè pouriti;
olye se sentiwon, ap gen yon kòd;
olye se [s]cheve swa byen ranje,
ap gen yon tèt chòv;
olye se bèl vètman, ya mete twal sak;
epi y ap pote etanp sou kò pou ranplase bote.
[25] Gason nou yo va [t]tonbe devan nepe,
ak moun pwisan nou yo nan batay.
[26] Epi pòtay vil la va kriye fò ak lamantasyon,
doulè ak dezolasyon nèt. Li va [u]chita atè.

4 Paske sèt fanm va kenbe [v]yon sèl gason nan jou sa a pou di l: "Nou va manje pwòp pen nou e mete pwòp rad nou. Sèlman, kite nou rele pa non ou. Souple retire wont nou an!"
[2] Nan jou sa a, branch SENYÈ a va bèl, plen ak glwa, e fwi tè a va fè yo leve tèt yo wo akoz bèlte a tout retay Israël yo. [3] Li va rive ke sila ki rete Sion an ak sila yo ki rete Jérusalem nan va rele sen— tout moun ki anrejistre pou [w]lavi Jérusalem yo. [4] Lè Senyè a fin lave fè sòti tout salte fi a Sion yo, e pirifye Jérusalem de tout san vèse pou fè l sòti nan mitan li, pa lespri jistis ak [x]lespri brile a. [5] SENYÈ la va fè sou tout landwa Mòn Sion, ak sou tout asanble li yo, yon [y]nwaj pa jou, lafimen a menm, epi eklere ak yon flanm dife pandan nwit la, paske sou tout glwa la, va genyen yon kouvèti. [6] Va gen [z]abri pou bay lonbraj kont chalè jounen an, e pou pwoteje kont tanpèt ak lapli.

5 Kite mwen chante koulye a pou byeneme mwen an, selon chan rezen Li.

---

[a] **3:1** Lev 26:26 [b] **3:2** II Wa 24:14 [c] **3:4** Ekl 10:16 [d] **3:5** Mi 7:3-6 [e] **3:6** És 4:1 [f] **3:7** Éz 34:4 [g] **3:8** És 65:3 [h] **3:9** Pwov 8:36 [i] **3:10** Det 28:1-14 [j] **3:11** Det 28:15-68 [k] **3:12** És 9:16 [l] **3:13** És 66:16 [m] **3:14** Job 22:4 [n] **3:15** Sòm 94:5 [o] **3:16** Kan 3:11 [p] **3:18** Jij 8:21-26 [q] **3:20** Egz 29:38 [r] **3:21** Jen 24:47 [s] **3:24** I Pi 3:3 [t] **3:25** És 1:20 [u] **3:26** Lam 2:10 [v] **4:1** Jen 30:23 [w] **4:3** Egz 32:32 [x] **4:4** És 1:31 [y] **4:5** Egz 13:21-22 [z] **4:6** Sòm 27:5

Byeneme m nan te gen yon ªchan rezen
sou yon kolin byen fètil.
² Li te fouye toupatou li,
retire wòch li yo,
e te plante li avèk pye rezen pi chwazi a.
ᵇLi te bati yon fò nan mitan l,
e te fouye yon basen diven ladann.
Alò, li te sipoze pou l ta pwodwi bon rezen yo,
men li te pwodwi sèlman sa ki pa bon.

³ Konsa, O abitan Jérusalem yo ak
mesye Juda yo,
ᶜjije antre Mwen menm ak chan rezen
Mwen an.
⁴ ᵈKisa anplis ki gen pou fèt pou chan rezen
Mwen an ke M pa t fè deja?
Poukisa lè M te atann a bon rezen yo,
li te vin pwodwi sa ki pa bon yo?
⁵ Pou sa a, kite Mwen di nou koulye a sa M
ap fè ak chan rezen sa a:
Mwen va retire kloti li e li va brile;
Mwen va kraze miray li e li va vin foule nèt.
⁶ Mwen va gaye gate l nèt.
Li p ap koupe ni sèkle ak wou,
men pikan ak zepin va vin leve nan li.
Anplis, Mwen va pase lòd sou nwaj yo
pou ᵉlapli pa tonbe ladann.
⁷ Paske ᶠchan rezen SENYÈ dèzame
yo se lakay Israël,
e pèp Juda a se plant ki ba Li plezi a.
Konsa, Li t ap chache jistis;
men olye sa Li te jwenn san vèse;
pou ladwati, men olye sa, moun k ap
rele "Amwey".

⁸ Malè a sila ki ogmante kay sou kay
ak chan a sou lòt chan,
jiskaske pa gen plas,
pou ou oblije rete sèl nan mitan peyi a!
⁹ Nan zòrèy mwen SENYÈ dèzame
yo te sèmante:
"Anverite, anpil kay va vin ᵍvid;
menm sa ki bèl yo, san moun pou rete ladann.
¹⁰ Paske kat ekta teren p ap donnen plis
ke yon bat (22 lit) diven
e yon ʰomè (220 lit) p ap bay plis ke yon
efa (22 lit) sereyal."
¹¹ Malè a sila ki leve granmaten yo
pou yo ka kouri dèyè ⁱbwason fò,
sila ki rete kanpe tan lannwit pou diven
an ka anflame yo.
¹² Gwo fèt pa yo akonpanye ak jwe gita ak
ap, tanbouren, flit ak diven;
men ʲyo pa okipe zèv SENYÈ yo,
ni yo pa konsidere zèv men Li yo.

¹³ Pou sa, pèp Mwen an antre an egzil
akoz ᵏmank konesans yo;
epi mesye ki gen onè yo
rete grangou e foul moun yo rete sèch ak swaf.
¹⁴ Pou sa, ˡSejou mò yo vin fè gòj li pi gwo
e louvri bouch li jiskaske li pa ka kontwole;
epi bèlte a Jérusalem, tout pèp li a,
ak gwo kri kè kontan yo, vin desann ladann.
¹⁵ Pou sa, tout moun yo va imilye e
limanite va abese;
anplis, ᵐzye a ògeye a va vin febli nèt.
¹⁶ Men SENYÈ dèzame yo va leve
wo nan jijman
e Bondye sen an va montre ⁿsentete
Li nan ladwati.
¹⁷ Konsa, ᵒjèn mouton yo va manje alèz
konsi se nan chan patiraj
e etranje yo va manje pami ansyen mazi
a moun rich yo.

¹⁸ Malè a sila ki rale ᵖinikite ak kòd manti,
e ki fè peche tankou se kòd kabwèt;
¹⁹ ᵠKa p di: "Kite Li fè vit,
kite Li prese fè travay Li pou nou ka wè;
kite volonte a Sila Ki Sen an Israël la
vin rapwoche pou fè sa rive pou nou
ka konnen!"
²⁰ Malè a sila ki ʳrele mal la bon,
ak bon nan mal;
sila ki prezante tenèb la tankou limyè a,
ak limyè a kon tenèb la;
sila ki prezante sa ki anmè a kon dous,
e sa ki dous kon anmè.
²¹ Malè a sila ki ˢsaj nan pwòp zye yo
e ki sipoze ke yo byen koken yo!
²² ᵗMalè a sila ki vanyan nan bwè gwòg la
e gen gwo kouraj nan mele bwason fò a,
²³ sila ki jistifye mechan yo pou kòb
glise anba tab
e ki ᵘrachte dwa a sila ki gen rezon yo!

²⁴ Akoz sa, tankou lang dife a manje
pay sèch yo
e konsonmen zèb sèch nan flanm nan,
konsa rasin yo va vin tankou pouriti,
e flè yo va vannen ale tankou pousyè;
paske yo fin ᵛrejte lalwa SENYÈ dèzame yo,
e te rayi pawòl a Sila Ki Sen An Israël la.
²⁵ Akoz sa, kòlè SENYÈ a te brile
kont pèp Li a,
Li te lonje men l kont yo e te frape
yo tonbe anba.
Mòn yo te tranble
e kadav yo te kouche tankou fatra nan
mitan lari a.

ª **5:1** Sòm 80:8 ᵇ **5:2** Jr 2:21 ᶜ **5:3** Mat 21:40 ᵈ **5:4** II Kwo 36:16 ᵉ **5:6** I Wa 8:35 ᶠ **5:7** Sòm 80:8-11
ᵍ **5:9** Mat 23:38 ʰ **5:10** Éz 45:11 ⁱ **5:11** Pwov 23:29-30 ʲ **5:12** Job 34:27 ᵏ **5:13** És 1:3 ˡ **5:14** Pwov 30:16
ᵐ **5:15** És 2:11 ⁿ **5:16** És 8:13 ᵒ **5:17** És 7:25 ᵖ **5:18** És 59:4-8 ᵠ **5:19** Éz 12:22 ʳ **5:20** Pwov 17:15
ˢ **5:21** Pwov 3:7 ᵗ **5:22** Pwov 23:30 ᵘ **5:23** Sòm 94:21 ᵛ **5:24** És 8:6

[a]Menm ak tout sa a, kòlè Li a poko fin pase,
men men L toujou lonje.

26 Konsa, Li va leve yon [b]drapo a yon
  nasyon byen lwen
e Li va soufle pou li soti nan dènye pwent latè;
epi gade byen, li va vini byen vit ak gwo vitès.
27 Nan nasyon sila a, nanpwen moun ki
  ni fatige, ni tonbe;
nanpwen moun k ap kabicha oswa k ap dòmi;
ni [c]sentiwon nan senti li pa lage,
menm bretèl sandal li pa janm kase.
28 [d]Flèch li yo file e tout banza li yo fin koube;
pye cheval li yo parèt kon pyè silèks,
e wou cha li yo tankou toubiyon.
29 Kri [e]gwonde li tankou yon lyon
e vwa li tankou jèn lyon;
li fè gwo bri pandan l ap sezi viktim li an
e pote l ale kote nanpwen moun pou delivre li.
30 Epi li va gwonde sou li nan jou sa a
  tankou gwo bri lanmè.
Si yon moun anwò dlo [f]ta gade vè latè;
men gade, tout fènwa ak gwo twoub.
Menm limyè fènwa akoz nwaj li yo.

6 Nan ane Wa Ozias te mouri an, [g]mwen te wè SENYÈ a ki te chita sou yon twòn, byen wo e egzalte, avèk kè wòb Li ki te ranpli tanp lan. 2 Serafen yo te kanpe pi wo Li, [h]yo chak ak sis zèl: ak de, li te kouvri figi li; ak de, li te kouvri pye li e ak de, li te vole.

3 Youn te rele a yon lòt epi te di:
"Sen, Sen, Sen, se SENYÈ dèzame yo;
[i] tout latè plen ak glwa Li."

4 Fondasyon a papòt yo te tranble ak vwa a sila ki te rele fò a pandan [j]tanp lan te plen ak lafimen. 5 Konsa, mwen te di: "Malè a mwen, paske mwen fin detwi nèt! Akoz mwen se yon nonm ak [k]lèv ki pa pwòp, e mwen viv pami yon pèp ak lèv ki pa pwòp; paske zye m te wè Wa a, SENYÈ dèzame yo."

6 Epi youn nan serafen yo te vole kote m ak yon mòso chabon tou limen nan men l, ke li te pran sou [l]otèl la ak pensèt. 7 Li te touche bouch mwen ak li, epi te di: "Men vwala, sa fin touche lèv ou; epi [m]inikite pa ou retire e peche ou vin padone."

8 Konsa, mwen te tande vwa SENYÈ a, ki te di: "Se kilès ke m ap voye, e se kilès k ap ale pou Nou?" Epi [n]mwen te di: "Men mwen! Voye mwen!"

9 Li te di: "Ale di pèp sa a:
'Kontinye [o]koute, men pa wè;
kontinye gade, men pa konprann.'
10 [p]Rann kè a pèp sa a ensansib, zòrèy yo
  di e zye yo mal pou wè;
otreman, petèt yo ta wè ak zye yo,
tande ak zòrèy yo,
konprann ak kè yo
e retounen pou resevwa gerizon."
11 Epi mwen te di: "Senyè, pou konbyen tan?"
Li te reponn:
"Jiskaske vil yo fin devaste nèt e pa gen
  moun pou rete ladan yo,
kay yo vin san moun e peyi a fin dezole,
12 epi SENYÈ a fin [q]retire moun yo byen lwen
e plas abandone yo vin anpil nan mitan peyi a.
13 Sepandan, si genyen yon dizyèm
  pòsyon ladann,
li va osi manje nèt,
tankou yon bwa terebinth oswa yon
  bwadchenn
ak chouk ki rete lè l koupe mete atè.
[r]Konsa, Semans ki sen se chouk li."

7 Alò, li te vin rive nan jou Achaz yo, fis a Jotham la, fis a Ozias la, wa Juda a, ke Retsin, wa Syrie a ak Pékach, fis a Remalia a, wa Israël la, te monte vè Jérusalem pou fè lagè kont li, men yo [s]pa t ka genyen l. 2 Lè rapò a te rive kote [t]lakay David e te di: "Siryen yo te fè kan Éphraïm", ke Achaz ak kè pèp li te vin ajite tankou bwa forè k ap souke nan van.

3 Konsa, SENYÈ a te di a Ésaïe: "Sòti la koulye a pou rankontre Achaz, ou menm ak fis ou, Schear-Jaschub, nan pwent [u]kanal la premye ma dlo sou gran chemen ki mennen kote chan Foulon an. 4 Epi di li: 'Fè atansyon e rete kalm. Pa pè e pa dekouraje akoz grenn chouk [v]sann cho sa yo k ap fè lafimen akoz de gwo kòlè Retsin ak Syrie, ak fis Remalia a. 5 Paske [w]Syrie, Éphraïm ak fis a Remalia yo, te fè plan mechanste kont ou e te di: 6 Annou monte kont Juda, teworize l, fè pou nou yon brèch nan miray li yo, e fè fis a Tabeel la vin wa nan mitan li." 7 Konsa pale Senyè BONDYE a: [x]"Sa p ap kanpe, ni sa p ap pase." 8 Paske tèt Syrie a se [y]Damas, tèt Damas se Retsin (e nan yon lòt swasann-senk ane, Éphraïm va kraze nèt jiskaske li pa menm yon pèp ankò), 9 Epi tèt a Éphraïm se Samarie, tèt a Samarie se fis a Remalia a. [z]Si ou pa kwè, anverite, ou p ap etabli.'"

10 SENYÈ a te pale ankò ak Achaz. Li te di: 11 "Mande yon [a]sign pou ou menm soti nan SENYÈ a, Bondye ou a; fè l nan fon a, tankou Sejou mò yo, oswa nan wotè tankou rive nan syèl la."

12 Men Achaz te di: "Mwen p ap mande, ni mwen p ap pase SENYÈ a a leprèv!"

13 Epi li te di: "Koute koulye a, O lakay David! Èske se yon bagay ki twò piti pou nou menm pou tante pasyans a lezòm, ke nou va tante pasyans a [b]Bondye mwen an tou? 14 Pou sa, SENYÈ a, Li menm, va bay nou yon sign: Gade byen, yon [c]vyèj va vin ansent. Li va fè yon fis e li va rele non Li [d]Emmanuel. 15 Li va manje [e]bòl lèt kaye ak siwo myèl nan lè Li gen konesans ase pou refize mal e

---

[a] **5:25** És 9:12-21 [b] **5:26** És 13:2-3 [c] **5:27** Job 12:18 [d] **5:28** Sòm 7:12-13 [e] **5:29** Jr 51:38 [f] **5:30** És 8:22 [g] **6:1** Jn 12:41 [h] **6:2** Rev 4:8 [i] **6:3** Nonb 14:21 [j] **6:4** Egz 6:12-30 [k] **6:5** Egz 6:12-30 [l] **6:6** Rev 8:3 [m] **6:7** És 40:2 [n] **6:8** Trav 26:19 [o] **6:9** És 43:8 [p] **6:10** Mat 13:15 [q] **6:12** Det 28:64 [r] **6:13** Det 7:6 [s] **7:1** És 7:6-7 [t] **7:2** És 7:13 [u] **7:3** II Wa 18:17 [v] **7:4** Am 4:11 [w] **7:5** És 7:2 [x] **7:7** És 8:10 [y] **7:8** Jen 14:15 [z] **7:9** II Kwo 20:20 [a] **7:11** II Wa 19:29 [b] **7:13** És 25:1 [c] **7:14** Mat 1:23 [d] **7:14** És 8:8-10 [e] **7:15** És 7:22

chwazi sa ki bon. ¹⁶ Paske avan jenn gason a va gen ase konesans pou refize mal e chwazi sa ki bon, ᵃpeyi a de wa ke nou krent yo va abandone nèt. ¹⁷ SENYÈ a va mennen fè rive sou nou, sou pèp nou an ak sou lakay papa nou, jou konsi ki pa t janm gen parèy depi jou ke ᵇÉphraïm te separe ak Juda a—Wa Assyrie a.

¹⁸ Nan jou sa a, SENYÈ a va soufle mouch ki nan ᶜkote pi lwen nan rivyè Égypte yo ak foul myèl ki rete Assyrie. ¹⁹ Yo tout va vini fè anplasman sou ravin apik yo, sou ᵈti pla falèz yo, kloti bwa pikan yo ak sou tout sous patiraj bèt yo.

²⁰ Nan jou sa a, SENYÈ a va ᵉraze ak yon razwa, ki lwe soti nan rejyon lòtbò rivyè Euphrate la. Se wa Assyrie la menm. L ap manje tout jis nan tèt ak plim sou pye, pou l rive fin manje jis nan bab la.

²¹ Alò, nan jou sa a, yon nonm ka fè viv yon sèl grenn ᶠgazèl bèf ak yon pè mouton. ²² Men akoz gwo kantite lèt ki pwodwi, li va bwè bòl lèt kaye a, paske tout moun ki rete nan peyi a va bwè ᵍbòl lèt ak siwo myèl la.

²³ Konsa, li va rive nan jou sa a, ke ʰtout kote ki te konn genyen mil pye rezen, ki te gen valè a mil sik ajan, va vin tounen raje ak pikan. ²⁴ Moun va vini la ak banza ak flèch yo akoz tout tè a va vin fè raje ak pikan. ²⁵ Tout kolin ki te konn kiltive ak wou yo, nou p ap prale la akoz nou pè raje ak pikan. Li va devni yon kote pou ⁱpye bèf ak mouton pou yo foule l nèt."

8 SENYÈ a te di mwen, pran pou ou yon gwo tablo, e ekri sou li an lèt òdinè: " rele non l 'Maher-Schalal-Chasch-Baz" ʲ(Vit se piyaj la e rapid se viktim nan), ² Epi Mwen va pran pou Mwen temwen fidèl pou fè temwayaj, ᵏUrie, prèt la ak Zacharie, fis a Bérékia a.

³ Pou sa, mwen te pwoche pwofetès la. Li te vin ansent e li te bay nesans a yon fis. Epi SENYÈ a te di mwen: "Bay li non Maher-Schalal-Chasch-Baz. ⁴ Paske avan tigason an konnen jan pou li kriye: 'Papa mwen oswa manman mwen', tout richès Damas ak piyaj Samarie yo va fin pote ale devan wa Assyrie a."

⁵ Ankò SENYÈ a te pale ak mwen. Li te di: ⁶ "Konsi moun sa yo fin ˡrejte dlo Siloé k ap koule dous la pou rejwi nan Retsin ak fis Remalia a; ⁷ Alò, pou sa, men gade, SENYÈ a prè pou mennen sou yo dlo fò an gran kantite ki sòti nan rivyè Euphrate la, wa Assyrie ak tout glwa li. Dlo sa a va ᵐmonte wo pou kite kanal li yo e vide sou tout rebò li yo. ⁸ Li va pase kouri nèt rive Juda. Li va debòde e pase sou li nèt jiskaske li ⁿrive menm nan kou li. Konsa, zèl ouvri li yo va ranpli lajè peyi ou a, O Emmanuel!

⁹ "Se pou fè bwi, o pèp yo, e vin ᵒkraze nèt! Bay zòrèy nou, tout peyi lwen yo. Mare senti nou, malgre n ap fin brize nèt! Mare senti nou, malgre n ap brize nèt. ¹⁰ ᵖ Fè yon plan, e sa ap bloke. Pale yon pawòl, e sa p ap dire. Paske Bondye avèk nou."

¹¹ Paske se konsa SENYÈ a te pale mwen ak gwo pouvwa e te pase m lòd pou m ᵠpa mache nan chemen a pèp sa a, epi te di: ¹² "Ou pa dwe di: 'Konplo' de tout sa ke pèp sa a rele 'konplo' a. ʳOu pa pou pè sa ke yo menm pè a, ni etone pa li. ¹³ Se SENYÈ dèzame yo ˢke ou dwe gade kon sen. Se Li k ap vin lakrent ou. Se li k ap fè w etone. ¹⁴ Li va devni yon sanktiyè; men pou toulède kay Israël yo, L ap yon ᵗwòch pou fè nou bite, yon zatrap ak yon pèlen pou sila ki rete Jérusalem yo. ¹⁵ Se anpil moun ᵘk ap bite sou yo, yo va tonbe e yo va kraze nèt. Yo menm va pran nan pyèj e va tonbe pou yo kenbe nèt."

¹⁶ Mare akò la. Sele lalwa pami ᵛdisip mwen yo. ¹⁷ Mwen va ʷtann SENYÈ a ki kache figi Li kont kay Jacob la. Mwen va chache Li ak enpasyans. ¹⁸ Gade byen, mwen menm ak pitit ke SENYÈ a te ban mwen yo se pou ˣsign ak mèvèy an Israël ki sòti depi nan SENYÈ Dèzame yo, ki demere sou Mòn Sion.

¹⁹ Lè y ap di nou: "Konsilte sila ki konn pale ak mò yo ak divinò ki yo menm pale ak ti souf e bougonnen;" èske yon pèp pa ta dwe konsilte Bondye pa yo? Èske yo ta dwe konsilte mò yo pou sila ki vivan yo? ²⁰ Vire kote lalwa ak akò la! Si yo pa pale selon pawòl sa a, se akoz ke ʸyo pa gen granmaten k ap vini. ²¹ Yo va pase nan peyi a, ᶻplen gwo pwoblèm ak grangou nèt. Li va vin rive ke lè yo grangou, y ap vin anraje e modi wa yo ak Bondye pandan y ap gade anlè. ²² Epi konsa, y ap gade vè latè, gade byen, gwo twoub ak fènwa, dezolasyon ak gwo lapèn. Konsa, yo va ᵃchase ale nan tenèb.

9 Men nanpwen tristès ankò pou sila ki te nan gwo lapèn nan; nan tan pase yo, Li te trete ᵇpeyi Zabulon ak peyi Nephthali tankou sa ki pa t gen valè; men pi lwen, Li te fè li plenn glwa, pa lòtbò rivyè Jourdain an, Galilée a pèp etranje yo.

² ᶜ Pèp ki mache nan tenèb la va wè yon gwo limyè;
sila ki rete nan peyi lonbraj lamò a,
limyè va fonse briye sou yo;
³ ᵈ Ou te fè pèp la grandi anpil;
Ou ogmante kè kontan yo.

Yo kontan prezans Ou. Menm jan moun yo gen kè kontan an nan rekòlt la lè y ap divize piyaj la. ⁴ Paske Ou va kraze fado ki peze sou do yo a ak baton sou zepòl yo; baton a ᵉsila ki oprime yo, tankou nan batay Madian an. ⁵ Paske tout protej gèrye a ak bwi gwo batay, ak manto ki woule nan san va sèvi pou brile, yon lwil pou dife a. ⁶ Paske yon pitit va ne a nou menm, yon fis va bay a nou menm; epi

---

ᵃ **7:16** És 8:14 ᵇ **7:17** I Wa 12:16 ᶜ **7:18** És 13:5 ᵈ **7:19** És 2:19 ᵉ **7:20** II Wa 18:13-16 ᶠ **7:21** És 14:30
ᵍ **7:22** És 8:15 ʰ **7:23** És 5:10 ⁱ **7:25** És 5:17 ʲ **8:1** És 8:3 ᵏ **8:2** II Wa 16:10-16 ˡ **8:6** És 1:20 ᵐ **8:7** Am 8:8
ⁿ **8:8** És 30:28 ᵒ **8:9** Dan 2:34-35 ᵖ **8:10** Job 5:12 ᵠ **8:11** Esd 2:8 ʳ **8:12** I Pi 3:14-15 ˢ **8:13** Nonb 20:12
ᵗ **8:14** Luc 2:34 ᵘ **8:15** És 28:13 ᵛ **8:16** Dan 12:4 ʷ **8:17** És 25:9 ˣ **8:18** Luc 2:34 ʸ **8:20** És 8:22
ᶻ **8:21** És 9:20-21 ᵃ **8:22** És 8:20 ᵇ **9:1** Mat 4:15-16 ᶜ **9:2** Mat 4:16 ᵈ **9:3** És 26:15 ᵉ **9:4** És 14:4

ᵃgouvènman an va rete sou zepòl Li. Non Li va rele Konseye Mèvèye, Bondye Pwisan an, Papa Etènèl la, Prens Lapè a. ⁷ᵇ P ap gen fen nan gouvènman Li an ni p ap manke gen lapè sou twòn David la ak sou wayòm li an, pou etabli li e soutni l ak jistis avèk ladwati soti nan moman sa a jis rive pou tout tan. Zèl a SENYÈ dèzame yo va akonpli sa a.

⁸ SENYÈ a voye yon mesaj rive nan Jacob
e li tonbe sou Israël.
⁹ Tout pèp la va konnen sa;
ᶜ Éphraïm ak moun ki rete Samarie yo,
k ap pale ak awogans e ak ògèy nan kè yo:
¹⁰ᵈ "Brik yo fin tonbe,
men nou va rebati ak wòch taye;
bwa sikomò yo fin koupe,
men nou va ranplase yo ak bwa sèd."
¹¹ Akoz sa, SENYÈ a fè leve kont yo
advèsè ki sòti ᵉRetsin yo
e chofe ènmi yo,
¹² Siryen lès yo ak ᶠFilisten lwès yo;
epi yo va devore Israël ak machwè ki ouvri.
Malgre sa, kòlè Li p ap detounen
e men L va toujou lonje.

¹³ Sepandan, pèp la ᵍp ap vire retounen
kote Sila ki te frape yo a,
ni yo pa chache SENYÈ dèzame yo.
¹⁴ Konsa, SENYÈ a va koupe retire ni
ʰtèt ni ke sou Israël,
ni branch palmis ak wozo nan yon sèl jou.
¹⁵ Tèt la se ⁱansyen ki byen respekte a
e ke a se pwofèt ki ansegne manti a.
¹⁶ Paske sila k ap gide pèp sa yo, egare yo.
Epi sila ki gide pa yo ap mennen yo antre
nan gwo konfizyon.
¹⁷ Akoz sa, SENYÈ a pa pran plezi
nan jennonm yo,
ni Li pa fè pitye pou òfelen yo, ni pou vèv yo;
paske yo tout se malfektè ki san Bondye
e ʲbouch yo tout ap pale nan foli.
Malgre tout sa, kòlè Li pa detounen,
e men L toujou lonje.

¹⁸ᵏ Paske mechanste brile tankou dife;
li manje ni pikan ni raje.
Menm gwo rak bwa forè, li fè pran flanm
e yo woule monte kon yon gwo kolòn lafimen.
¹⁹ Se gwo kòlè a SENYÈ dèzame yo
ki brile peyi a,
e se pèp la ki se lwil pou dife a.
ˡNanpwen moun ki eseye sove frè l.
²⁰ Yo manje sou men dwat la, men yo
rete grangou;
yo manje sou men goch la, men yo pa satisfè.
Yo chak manje ᵐchè pwòp bra yo.

²¹ Manassé devore Éphraïm, Éphraïm
devore Manassé
e ansanm, yo kont Juda.
ⁿ Malgre tout sa, kòlè Li pa detounen
e men Li toujou lonje.

10 Malè a sila ki ᵒfè règleman la jistis ki pa dwat
yo ak sila k ap anrejistre desizyon ki pa jis yo,
² pou rache la jistis nan men a endijan yo, vòlè dwa
a moun malere yo, pou vèv ka sèvi kon piyaj pou
yo, e ᵖpou yo ka piyaje òfelen yo. ³ Alò, se kisa nou
va fè nan ᵠjou chatiman an ak nan jou destriksyon
ki va sòti byen lwen an? A kilès nou va kouri rive
pou jwenn sekou? Epi se ki kote nou va lèse richès
ak byen nou?

⁴ Anyen pa rete men akwoupi pami kaptif yo
oswa tonbe pami sila ki touye yo. ʳMalgre sa, kòlè
Li pa detounen e men L toujou lonje.

⁵ Malè a ˢAssyrie, baton kòlè Mwen an, e zouti
pou kòlè Mwen an. ⁶ Mwen voye li kont yon nasyon
ki san Bondye e Mwen bay li komisyon kont pèp
k ap resevwa kòlè Mwen an, pou kaptire piyaj yo,
sezi byen yo, e pou foule yo anba tankou ᵗlabou nan
lari. ⁷ Men ᵘse pa sa ki entansyon li; ni plan an pa
konsa nan kè l. Men pito bi li se pou detwi e koupe
retire nèt pami anpil nasyon. ⁸ Paske li di: "Èske tout
prens mwen yo pa wa yo? ⁹ Èske Calno pa tankou
ᵛCarkemisch, oswa Hamath pa tankou Arpad? Ni
Samarie pa tankou Damas? ¹⁰ Menm jan men m te
rive kote ʷwayòm a zidòl yo, ki te gen imaj taye
pi gran pase sila Jérusalem ak Samarie yo, ¹¹ eske
mwen p ap fè a Jérusalem ak imaj pa li yo menm jan
ke m te fè a Samarie ak ˣzidòl pa li yo?" ¹² Se konsa
li va rive ke lè Senyè a fin akonpli tout travay Li yo
sou Mòn Sion ak sou Jérusalem, Mwen va pini fwi a
kè ògèy wa Assyrie a ak gwosè awogans li. ¹³ Paske
li te di: "Ak pouvwa men m ak sajès mwen, mwen te
fè sa a, paske mwen gen konprann. Mwen te ʸretire
bòn a tout pèp la, mwen te piyaje tout byen yo, e
tankou yon nonm pwisan, mwen te ranvèse chèf yo.
¹⁴ Epi men m te lonje desann jis li rive nan richès a
pèp la kon yon ᶻnich, e tankou yon moun ta ranmase
ze ki abandone, se konsa mwen te ranmase tout latè.
Konsa, pa t gen youn nan yo ki te bat zèl li, oswa te
ouvri bèk li, ni ki te kriye." ¹⁵ Èske rach la fèt pou
ᵃvin ògeye sou sila ki koupe avè l la? Èske si konn
egzalte tèt li sou sila ki manevre l la? Sa ta sanble
ak yon baton ki voye sila ki leve l la, oswa tankou
yon baton ki leve sa ki pa fèt ak bwa a. ¹⁶ Pou sa,
Senyè a, BONDYE dèzame yo, va voye yon ᵇmaladi
deperi moun nèt pami gèrye vanyan li yo; epi anba
ògèy li, va rasanble yon dife tankou yon flanm k ap
brile. ¹⁷ Limyè Israël la va devni yon dife; ᶜSila ki
Sen an, yon flanm. Li va brile yo e devore pikan li
yo ak raje li yo nan yon sèl jou. ¹⁸ Epi Li va ᵈdetwi

ᵃ **9:6** Mat 28:18   ᵇ **9:7** Dan 2:44   ᶜ **9:9** És 7:8-9   ᵈ **9:10** Mal 1:4   ᵉ **9:11** És 7:1-8   ᶠ **9:12** II Kwo 28:18   ᵍ **9:13** Jr 5:3   ʰ **9:14** És 19:15   ⁱ **9:15** És 3:2-3   ʲ **9:17** Mat 12:34   ᵏ **9:18** Sòm 83:14   ˡ **9:19** Mi 7:2-6   ᵐ **9:20** És 49:26   ⁿ **9:21** És 5:25   ᵒ **10:1** Sòm 94:20   ᵖ **10:2** És 1:23   ᵠ **10:3** És 13:6   ʳ **10:4** És 5:25   ˢ **10:5** Jr 51:20   ᵗ **10:6** És 5:25   ᵘ **10:7** Jen 50:20   ᵛ **10:9** II Kwo 35:20   ʷ **10:10** II Wa 19:17-18   ˣ **10:11** És 2:8   ʸ **10:13** Ag 2:6-11   ᶻ **10:14** Jr 49:16   ᵃ **10:15** És 29:16   ᵇ **10:16** Sòm 106:15   ᶜ **10:17** És 37:23   ᵈ **10:18** És 10:33-34

glwa a forè ak jaden plen ak fwi li yo, ni nanm, ni kò; epi sa va tankou lè yon nonm malad vin deperi nèt e deseche nèt. [19] Epi [a]rès bwa ki rete nan forè li yo, va vin tèlman piti an kantite, ke yon timoun ta ka konte yo. [20] Alò nan jou sa a, retay Israël la ak sila lakay Jacob ki te chape yo p ap janm depann de sila ki te frape yo, men va anverite [b]depann de SENYÈ a, Sila ki sen an Israël la. [21] Yon retay va retounen, retay a Jacob la, retounen kote Bondye pwisan an. [22] Paske malgre pèp ou a, O Israël, kapab tankou sab lanmè, sèlman yon retay ladann va retounen. Yon [c]destriksyon, debòde ak ladwati, fèt pou rive. [23] Paske yon destriksyon konplè nan tout latè a dekrete deja, e [d]SENYÈ dèzame yo va egzekite li. [24] Pou sa, konsa pale Senyè BONDYE dèzame yo: "O pèp Mwen an, ki rete Sion an, pa pè Assyrie ki [e]frape nou ak baton an e ki leve baton l kont nou kon Ejipsyen yo te konn fè a. [25] Paske nan [f]yon tan byen kout, kòlè Mwen kont nou va fin pase, e kòlè Mwen va dirije vè destriksyon pa yo." [26] SENYÈ dèzame yo va leve yon gwo fwèt kont li tankou masak a Madian nan wòch Oreb la. Baton Li va lonje sou lanmè a e Li va leve li wo [g]jan Li te konn fè an Égypte la. [27] Konsa li va rive nan jou sa a, ke [h]chaj Li va leve soti sou do nou, jouk Li sou kou nou, e jouk la va kraze akoz lwil oksonye. [28] Li te vini kont Ajjath, li te pase nan Migron; nan Micmasch, li te depoze [i]bagaj li. [29] Yo te pase nan lakoup lan epi te di: [j]"Nan Guéba, nou va fè plas pou nou rete." Rama nan laperèz nèt e Guibea a Saul la sove ale nèt. [30] Kriye fò ak vwa ou, [k]fi a Gallim nan! Fè atansyon, Laïs ak malere Anathoth! [31] Madména fin sove ale. Abitan Guébim yo fin chache sekou. [32] Men jodi a, li va rete Nob. [l]Li souke ponyèt li vè mòn fi a Sion an, kolin a Jérusalem nan. [33] Gade byen, SENYÈ a, BONDYE dèzame yo va koupe tout branch yo ak yon gran bri. Sa osi ki gen [m]gran tay va koupe nèt e sila a gran wotè yo va vin bese nèt. [34] Li va koupe nèt gwo rakbwa forè a ak yon rach ki fèt an fè, e Liban va tonbe akoz Toupwisan an.

11 Yon boujon va vòltije soti nan chouk Jessé a e yon [n]branch ki sòti nan rasin li, va bay anpil fwi.
[2] [o]Lespri SENYÈ a va poze sou Li,
lespri a sajès ak bon konprann,
lespri a konsèy ak pwisans lan,
lespri a konesans ak lakrent SENYÈ a.
[3] Li va pran plezi nan lakrent SENYÈ a.
Li p ap jije selon sa ke zye l [p]wè,
ni fè yon desizyon pa sa ke zòrèy li tande;
[4] men ak [q]ladwati, Li va jije malere yo,
e pran desizyon ak jistis pou aflije sou latè yo.
Li va frape tè a ak baton bouch Li,
e avèk souf lèv Li yo, Li va detwi mechan yo.

[5] Anplis, ladwati va sentiwon an ki
antoure ren Li
e fidelite va sentiwon ki pase nan senti Li a.

[6] [r]Lou a va demere ak jèn mouton an,
leyopa va kouche ak jèn kabrit la,
jèn bèf la ak jèn lyon an ansanm ak bèf gra a;
epi yon tigason va mennen yo.
[7] Anplis, vach la ak lous la va manje
zèb nan patiraj la;
pitit pa yo va kouche ansanm e lyon an va
manje zèb tankou bèf la.
[8] Pitit k ap tete, va jwe bò twou koulèv
anpwazone a,
e pitit sevre a va mete men l sou kav vipè a.
[9] Yo p ap donmaje ni detwi nan tout
mòn sen Mwen an,
paske latè va ranpli ak konesans SENYÈ a,
tankou dlo kouvri lanmè a.

[10] Nan jou sa a, [s]nasyon yo va retounen vè rasin a Jessé a, ki va kanpe tankou yon sinyal pou pèp la. Epi plas repo Li a va ranpli ak laglwa. [11] Li va vin rive nan jou sa a ke SENYÈ a va ranmase yon dezyèm fwa ak men Li, retay a pèp Li a ki rete soti Assyrie [t]Égypte, Pathros, Cush, Élam Schinear, ak Hamath ak devan lil lanmè yo. [12] Li va leve yon drapo pou nasyon yo, [u]rasanble egzile Israël yo, e Li va rasanble dispèse Juda ki soti nan kat kwen latè yo. [13] [v]Jalouzi Éphraïm nan va fini, e sila ki twouble Juda va koupe retire nèt. Éphraïm p ap jalou a Juda e Juda p ap twouble Éphraïm. [14] Yo va [w]desann sou pant Filisten yo vè lwès. Ansanm yo va piyaje fis a lès yo. Yo va posede Edom ak Moab e fis a Ammon yo va vin soumèt a yo menm. [15] Konsa, SENYÈ a va detwi lang lanmè Égypte la nèt. Li va pase men L sou [x]rivyè a ak van cho a e Li va li frape divize l an sèt flèv pou fè moun kapab travèse li pye sèk. [16] Va gen yon gran chemen k ap sòti depi Assyrie pou retay a pèp Li, menm jan ki te genyen pou Israël [y]nan jou ke yo te monte kite peyi Egypte la.

12 Nou va di nan jou sa a: "Mwen va bay remèsiman a Ou menm, O SENYÈ; paske [z]malgre ou te fache avèk mwen, kòlè Ou vin detounen, e Ou fè m twouve rekonfò. [2] Gade byen, Bondye se delivrans mwen. Mwen va [a]fè li konfyans e mwen pa pè, paske SENYÈ BONDYE a se fòs mwen ak chan mwen; se Sila ki te devni sali mwen an." [3] Akoz sa, plen ak jwa, nou va [b]rale dlo nan sous sali yo. [4] Konsa, nan jou sa a, nou va di: "Bay remèsiman a SENYÈ a! Rele non Li! [c]Fè konnen zèv Li yo pami pèp latè yo! Fè yo sonje ke non Li egzalte! [5] [d]Louwe SENYÈ a ak chanson yo, paske Li te fè gwo bagay! Kite

---
[a] **10:19** És 21:17 [b] **10:20** II Kwo 14:11 [c] **10:22** És 28:22 [d] **10:23** És 28:22 [e] **10:24** Egz 5:14-16 [f] **10:25** És 17:4 [g] **10:26** Egz 14:27 [h] **10:27** És 9:4 [i] **10:28** Jij 18:21 [j] **10:29** Jos 21:17 [k] **10:30** I Sam 25:44 [l] **10:32** És 19:16 [m] **10:33** És 37:24-38 [n] **11:1** Rev 5:5 [o] **11:2** És 42:1 [p] **11:3** Jn 2:25 [q] **11:4** És 9:7 [r] **11:6** És 65:25 [s] **11:10** Luc 2:32 [t] **11:11** És 19:21-22 [u] **11:12** És 56:8 [v] **11:13** És 9:21 [w] **11:14** Jr 48:40 [x] **11:15** És 7:20 [y] **11:16** Egz 14:26-29 [z] **12:1** Sòm 30:5 [a] **12:2** És 26:3 [b] **12:3** Jn 4:10 [c] **12:4** Sòm 145:4 [d] **12:5** Egz 15:1

sa konnen sou tout latè! [6] Fè kri anlè e rele ak jwa, O nou menm ki rete Sion, paske [a]gran nan mitan nou se Sila Ki Sen an Israël la!"

13
Pwofesi konsènan [b]Babylon ke Ésaïe, fis a Amots la, te wè a.

[2] Leve yon drapo sou [c]mòn toutouni an! Leve vwa nou vè yo! Fè sign ak men pou yo ka antre nan pòt a prens yo! [3] Mwen te pase lòd anvè konsakre Mwen yo; menm [d]gran gèrye Mwen yo. Mwen te rele sila ki rejwi nan pwisans Mwen yo, pou egzekite kòlè Mwen. [4] Yon [e]bri a gwo zen sou mòn yo, tankou bri anpil moun! Yon son a gwo bri nan wayòm yo; son a nasyon yo ki vin rasanble ansanm! SENYÈ dèzame yo ap rasanble lame a pou batay. [5] Yo sòti nan yon peyi byen lwen, soti nan ekstremite pi lwen yo, SENYÈ a avèk zouti a gwo kòlè Li yo, pou [f]detwi tout peyi a.

[6] Rele anmwey, paske [g]jou SENYÈ a toupre! Li va rive tankou yon destriksyon k ap sòti nan Toupwisan an. [7] Akoz sa, tout men yo va tonbe san fòs e [h]kè a tout moun va fann. [8] Y ap vin pè anpil; doulè ak gwo lapèn va sezi yo nèt. Yo va [i]vire tòde tankou fanm k ap akouche; youn va gade lòt ak sezisman. Figi yo k ap fè flanm dife. [9] Gade byen, [j]jou SENYÈ a ap vini, byen sovaj ak gwo kòlè tèrib; kòlè k ap brile pou fè peyi a dezole! Li va ekstèmine pechè ki sou li yo. [10] Konsa, zetwal syèl yo ak fòmasyon yo p ap bay limyè yo. [k]Solèy la va nwa lè l leve e lalin nan p ap bay limyè li. [11] Konsa Mwen va pini mond lan pou mechanste li ak [l]mechan yo pou inikite yo. Mwen va mete fen ak awogans moun ògeye e desann awogans a sila ki san pitye a. [12] Mwen va fè lòm mòtèl la vin [m]pi ra pase lò san tach, e limanite ke lò Ophir. [13] Pou sa, Mwen va fè syèl yo tranble e latè va fin souke jiskaske li kite plas li nan kòlè a SENYÈ dèzame yo nan [n]jou kòlè Li k ap anflame a. [14] Konsa li va rive ke menm tankou yon antilop k ap chase, oswa [o]mouton san moun pou rasanble yo, yo chak va vire vè pwòp pèp yo, e yo chak va sove ale rive nan pwòp peyi yo. [15] Nenpòt moun yo rankontre, yo va [p]frennen touye nèt, e nenpòt moun ke yo kaptire, va mouri pa nepe. [16] [q]Timoun piti pa yo, anplis, va kraze an mòso devan zye yo. Lakay yo va piyaje e madanm yo va vyole.

[17] Gade byen, Mwen va fè Mèdes [r]leve kont yo; kont sila ki p ap bay ajan valè yo, ni pran plezi nan lò yo. [18] Banza yo va koupe jennonm yo tankou zèb; yo p ap menm gen konpasyon pou fwi zantray la, ni [s]zye yo p ap fè pitye pou timoun. [19] Konsa, Babylon [t]bèlte a wayòm yo, glwa ak ògèy a Kaldeyen yo, va tankou lè ke Bondye te boulvèse Sodome ak Gomorrhe a. [20] Li [u]p ap janm abite ankò, ni pèsòn p ap viv ladann soti nan yon jenerasyon a yon lòt. Arab la p ap monte tant li la, ni bèje yo p ap fè twoupo yo kouche la. [21] Men se [v]bèt sovaj dezè ki va kouche la, e lakay yo va plen jakal. Anplis, otrich va viv la e kabrit mawon k ap vòltije la. [22] Chat mawon va plenyen nan fò ki wo yo, e jakal yo nan bèl [w]palè yo. Move lè pa li a va rive ase vit e jou li yo p ap pwolonje.

14
SENYÈ a va ankò gen konpasyon sou Jacob, pou l chwazi Israël ankò e fè yo rete nan pwòp peyi yo. Etranje yo va vin jwenn ak yo e atache yo menm a kay Jacob la. [2] Yo va mennen yo fè yo vini nan plas yo, e lakay Israël va posede yo nan peyi SENYÈ a, kon sèvant ak sèvitè. Konsa, yo va pran sila ki te pran yo kaptif yo, yo va kaptire yo e vin mèt sou sila ki te oprime yo.

[3] Li va rive nan jou lè SENYÈ a [x]ba ou repò sou doulè ou, twoub ou ak redi di nan sila ou te vin esklav la, [4] Ke ou va [y]pran chante sa a kont wa Babylon nan epi di: "Gade ki jan opresè a vin sispann! Gwo twoub la pa la ankò!" [5] SENYÈ a fin kase baton a mechan an, baton a wa yo [6] [z]ki te konn frape pèp la ak gran kòlè, ak kou san rete, ki te soumèt nasyon yo ak gwo kòlè ak gwo pèsekisyon san fren. [7] Tout latè gen repo e rete kalm. Yo [a]eklate ak chante kè kontan yo. [8] Menm [b]bwa siprè yo rejwi sou ou e bwa sèd Liban yo ap di: "Paske ou te bese ou, pa gen moun ki koupe bwa k ap monte kont nou. [9] [c]Se jou mò a depi anba, gen kè kontan sou ou, pou l ka rankontre ou lè ou vini. Li leve menm pou ou lespri mò yo, tout chèf sou tout latè yo. Li fè leve tout wa a tout nasyon yo soti nan twòn yo. [10] [d]Yo tout va reponn epi mande ou: 'Ou menm, èske ou vin fèb tankou nou? Èske ou vini tankou nou?' [11] Tout [e]gwo bagay fèt ou ak mizik ap ou yo fin desann rive nan se jou mò yo. Se vè ki fè kabann anba ou e se vè k ap kouvri ou."

[12] Kòman ou te tonbe soti nan syèl la, O [f]zetwal granmmaten an! Ou te koupe ra tè; ou menm ki te detwi tout nasyon yo! [13] Men nan kè ou, ou te di: "Mwen va [g]monte jis rive nan syèl la! Mwen va fè leve twòn mwen piwo zetwal Bondye yo! Mwen va chita sou mòn asanble a nan fon nò yo! [14] Mwen va monte piwo nwaj yo! Mwen va fè mwen menm tankou Pi Wo a!" [15] Sepandan, ou [h]va pouse desann nan Sejou mò yo, kote fon a gwo fòs la ye a. [16] Sila ki wè ou va fikse zye sou ou. Yo va reflechi sou ou pou di: "Èske se nonm sila a ki te fè tè a tranble a, ki te souke wayòm yo? [17] Ki te fè mond lan tankou yon dezè a, ki te boulvèse gwo vil li yo, ki te [i]refize kite prizonye li yo ale lakay yo?"

[18] Tout wa sou latè yo kouche nan glwa yo, chak nan pwòp tonbo pa yo. [19] Men ou menm, ou te jete deyò tonbo pa ou a, tankou yon branch rejte, abiye ak sila ki te touye yo, ki te pèse ak nepe yo, ki te desann kote wòch a fòs la tankou yon kadav, [j]kraze foule ak pye. [20] Ou p ap reyini ak yo nan

---

[a] **12:6** És 1:24   [b] **13:1** És 47:1-15   [c] **13:2** Jr 51:25   [d] **13:3** Jl 3:11   [e] **13:4** És 5:30   [f] **13:5** És 24:1   [g] **13:6** És 2:12   [h] **13:7** És 19:1   [i] **13:8** És 26:17   [j] **13:9** És 13:6   [k] **13:10** És 24:23   [l] **13:11** És 3:11   [m] **13:12** És 4:1   [n] **13:13** Lam 1:12   [o] **13:14** I Wa 22:17   [p] **13:15** És 14:9   [q] **13:16** Sòm 137:8-9   [r] **13:17** Jr 51:11   [s] **13:18** Esd 9:5-10   [t] **13:19** Dan 4:30   [u] **13:20** És 14:23   [v] **13:21** És 34:11-15   [w] **13:22** És 25:2   [x] **14:3** Esd 9:8-9   [y] **14:4** Ag 2:6   [z] **14:6** És 10:14   [a] **14:7** Sòm 47:1-3   [b] **14:8** És 55:12   [c] **14:9** És 5:14   [d] **14:10** Éz 32:21   [e] **14:11** És 5:14   [f] **14:12** II Pi 1:19   [g] **14:13** Éz 28:2   [h] **14:15** Éz 28:8   [i] **14:17** És 45:13   [j] **14:19** És 5:25

antèman, akoz ou te detwi peyi ou a. Ou te touye pèp ou a. Konsa, non ªdesandan a malfektè sila yo pa p nonmen jis pou tout tan!
²¹ Prepare pou fis li yo yon kote pou masak, akoz ᵇinikite a papa yo. Konsa pou yo pa leve pran posesyon latè e ranpli sifas mond lan ak gwo vil. ²² "Mwen va leve kont yo", deklare SENYÈ dèzame yo. "Mwen va koupe retire yo nèt de non Babylone ak desandan yo de ᶜsila ki fèt ak sila ki gen pou vini yo," deklare SENYÈ a. ²³ "Anplis, M ap fè l tounen yon marekaj pou ᵈkochon mawon yo. Mwen va bale li ak bale destriksyon an," deklare SENYÈ dèzame yo.
²⁴ SENYÈ dèzame yo fin sèmante. Li te di: "Anverite, ᵉjan ke Mwen te fè plan an, se konsa li va rive! Jan ke M te planifye a, se konsa l ap kanpe! ²⁵ Pou M kraze Assyrie nan peyi Mwen an e pou M foule li sou mòn Mwen yo. Konsa ᶠjouk li ya retire sou yo e gwo chaj li va sòti sou zepòl yo. ²⁶ Sa se ᵍplan a ki te fòme kont tout tè a. Sa se men ki lonje kont tout nasyon yo. ²⁷ Paske ʰSENYÈ dèzame yo te fè yon plan e se kilès ki ka anpeche l? Epi pou men lonje pa l la, se kilès ki ka fè l fè bak?"
²⁸ Nan ⁱane Wa Achaz te mouri an, Pwofesi sa a te fèt:
²⁹ Pa rejwi, O Peyi Filisten yo, nou tout, akoz baton ki te konn frape ou a fin kase. Soti nan rasin sèpan an, yon vipè va vin parèt, k ap fè kon fwi, yon ʲsèpan k ap vole. ³⁰ Premyè nè malere a va manje byen, e endijan an va kouche ansekirite. Mwen va detwi rasin pa ou ak ᵏgwo grangou, e anplis l ap touye sila ki te chape yo.
³¹ Rele anmwey, O pòtay la! Kriye fò, O Gran Vil la! Fann nèt, O Filistia, nou tout! Paske lafimen ap sòti nan ˡnò e nanpwen moun k ap fè reta. Lennmi a kwense nou nèt.
³² Alò, kòman yon moun ka reponn ᵐmesaje a nasyon yo? Ke se SENYÈ a ki te etabli Sion, e aflije a pèp Li yo va chache sekou nan li.

15 Pwofesi konsènan Moab la.
Anverite nan yon sèl nwit, ⁿAr-Moab fin devaste e detwi nèt. Nan yon sè nwit, Kir-Moab fin devaste e detwi nèt. ² Yo fin monte nan tanp lan ak ᵒDibon, menm kote wo plas yo pou kriye. Moab rele anmwey sou Nebo ak Médeba. Razwa fin pase sou tèt tout moun e tout bab fin koupe. ³ Nan lari yo, yo fin abiye ak ᵖtwal sak. Sou twati lakay yo e sou gwo plas yo, tout moun ap rele anmwey e vin fann nèt akoz dlo ki sòti nan zye yo. ⁴ Anplis, ᑫHesbon ak Éléalé rele anmwey; vwa yo konn tande jis rive Jahats. Akoz sa, tout mesye ak zam yo kriye fò; nanm yo tranble anndan. ⁵ Kè m kriye fò pou Moab! Prens li yo sove ale rive jis Tsoar yo, jis Églath-Schelischija yo. Yo monte pant Luchith la pandan y ap kriye nèt; anverite, menm sou wout pou rive Choronaïm nan, y ap leve yon kri anmwey ʳpou destriksyon yo. ⁶ Paske dlo a Nimrin yo abandone. Anverite, zèb la fennen nèt; menm boujon gazon mouri. ˢPa gen anyen ki vèt. ⁷ Pou sa, ᵗgwo kantite byen ke yo vin genyen pou mete nan depo, yo pote yo ale sou flèv dlo Arabim nan. ⁸ Paske kri anmwey la fin kouri ale antoure peyi Moab la. Plenyen li an rive jis Egalïm, e lamantasyon li an jis Beer-Élim. ⁹ Paske dlo a Dimon yo plen ak san. Anverite Mwen va ogmante mizè sou Dimon, ak yon ᵘlyon sou sila yo k ap sove ale Moab, menm ankò sou retay yo nan peyi a.

16 Voye mouton tribi a bay gouvènè peyi a, soti nan Sela pa wout dezè a, jis rive nan mòn a fi Sion an. ² Li va rive ke tankou ᵛzwazo k ap sove ale, oswa k ap gaye sòti nan nich yo, fi Moab yo va parèt kote pou janbe Arnon an. ³ "Bannou konsèy! Fè yon desizyon! Voye lonbraj ou tankou lannwit nan gran la jounen! ʷKache sila ki san abri yo! Pa trayi refijye a! ⁴ Kite refijye Moab yo rete avè w! Devni yon kote pou yo kache kont destriktè a." Paske ˣopresè yo p ap reyisi. Destriksyon an va sispann. Opresè ap disparèt nèt nan peyi a. ⁵ Yon twòn va etabli avèk lanmou dous, e yon jij va chita ak fidelite sou li nan tant ʸDavid la. Li va chache jistis e va fè vit pou etabli ladwati.

⁶ ᶻNou konn tande afè ògèy Moab la, yon ògèy ki depase; afè awogans li an, ògèy li a, ak gwo kòlè li a. Pawòl anfle ògèy li pa anyen. ⁷ Pou sa, Moab va rele anmwey; tout sila nan Moab yo va plenyen anlè. Ou va plenyen pou ªgato rezen a Kir-Haréseth kon sila konplètman frape yo. ⁸ Paske chan a Hesbon yo te fennen, ansanm ak chan rezen a ᵇSibma yo. Mèt nasyon yo te kraze gwo grap ki te pi chwazi li yo, ki te rive jis Jaezer e te lonje kote dezè yo. Branch li yo te gaye nèt e te menm pase lòtbò lanmè a. ⁹ Pou sa, Mwen va ᶜkriye byen fò pou Jaezer, pou chan Sibma a. Mwen va tranpe nou nèt ak dlo k ap sòti nan zye m, O Hesbon ak Éléalé, paske sou fwi gran sezon nou yo ak rekòlt nou yo gen gwo lagè. ¹⁰ ᵈKè kontan ak lajwa sou chan fètil la ale. Nan chan rezen yo tou, p ap genyen chante a, ni gwo kri egzaltasyon yo, ni ouvriye k ap foule diven anba pye li nan peze yo. Mwen te fè kriye sa yo sispann. ¹¹ Pou sa, ᵉkè mwen sone tankou ap pou Moab ak santiman anndan mwen pou Kir-Haréseth. ¹² Konsa, li va rive ke lè Moab prezante tèt li, lè l fin fatige kò l sou ᶠwo plas li e rive nan sanktiyè li a pou fè lapriyè, li p ap reyisi.

¹³ Se pawòl sa a ke SENYÈ a te pale avan sa sou Moab. ¹⁴ Men koulye a, SENYÈ a pale e di: "Avan twazan fin rive, jan yon ᵍanplwaye ta konte yo, glwa a Moab la va vin degrade ansanm ak tout gwo kantite pèp li a, e retay li va vin piti e san fòs."

ª **14:20** Job 18:16-19   ᵇ **14:21** Egz 20:5   ᶜ **14:22** Job 18:19   ᵈ **14:23** És 34:11   ᵉ **14:24** Job 23:13   ᶠ **14:25** És 9:4   ᵍ **14:26** És 23:9   ʰ **14:27** II Kwo 20:6   ⁱ **14:28** II Wa 16:20   ʲ **14:29** És 30:6   ᵏ **14:30** És 8:21   ˡ **14:31** Jr 1:14   ᵐ **14:32** És 37:9   ⁿ **15:1** Nonb 21:28   ᵒ **15:2** Jr 48:18-22   ᵖ **15:3** Jon 3:6-8   ᑫ **15:4** Nonb 21:28   ʳ **15:5** És 59:7   ˢ **15:6** Jl 1:10-12   ᵗ **15:7** És 30:6   ᵘ **15:9** II Wa 17:25   ᵛ **16:2** Pwov 27:8   ʷ **16:3** I Wa 18:4   ˣ **16:4** És 9:4   ʸ **16:5** És 9:7   ᶻ **16:6** Jr 48:29   ª **16:7** I Kwo 16:3   ᵇ **16:8** Nonb 32:38   ᶜ **16:9** Jr 48:32   ᵈ **16:10** És 24:8   ᵉ **16:11** És 24:8   ᶠ **16:12** És 15:2   ᵍ **16:14** Job 7:1

17 Pwofesi sou Damas.

"Gade byen, Damas prèt pou retire nèt kon vil. Li va tonbe nèt an yon ᵃgwo pil mazi. ² Vil ᵇAroër yo ap abandone nèt. Y ap sèvi kon plas pou twoupo yo kouche. P ap gen pèsòn pou fè yo pè. ³ ᶜVil fòtifye a va disparèt nan Éphraïm e wa Damas la ak retay Syrie. Yo va tankou laglwa a fis Israël yo," deklare SENYÈ dèzame yo.

⁴ Alò, nan jou sa a, ᵈglwa Jacob la va febli nèt, e grès chè li va vin megri. ⁵ Li va tankou lè mwasonè sereyal la ap ranmase; lè bra li ap rekòlte tèt sereyal yo. Wi, tankou yon moun k ap ranmase tèt sereyal nan ᵉvale Rephaïm yo. ⁶ Sepandan, ᶠkèk nan mwason an va rete tankou lè yo rekòlte bwa doliv. Y ap jwenn de oswa twa grenn sou branch piwo a, kat oswa senk nan bwa ki donnen pi byen yo, deklare SENYÈ a, Bondye Israël la. ⁷ Nan jou sa a, lòm va ᵍgen respè pou Kreyatè li a e zye li va gade vè Sila Ki Sen An Israël la. ⁸ Yo p ap gade vè lotèl yo, zèv a men li yo, ni yo p ap okipe ka sa ke dwèt yo te fè; ni ʰAsherim yo ni lanp lansan yo. ⁹ Nan jou sa a, vil ranfòse yo va tankou kote abandone nan forè a; tankou branch ke yo te abandone devan fis Israël yo. Konsa, tè a va dezole. ¹⁰ Paske nou te bliye ⁱBondye a sali nou an, ni nou pa t sonje wòch ki se sekou nou an. Pou sa, nou plante bèl plant e plase yo pami boujon chan a dye etranje yo. ¹¹ Nan jou ke nou plante l la, nou fè bèl kloti pou li. Nan ʲmaten, nou fè jèm nan rive fè flè; men rekòlt la ap sove ale nan jou gwo maladi, nan jou doulè san rete a.

¹² Sepandan, gwo zen a anpil nasyon ᵏki gwonde tankou anpil dlo yo, e ki fè bri a anpil nasyon k ap kouri desann tankou gwo dlo pwisan! ¹³ ˡNasyon yo fè gwo bri desann tankou gwonde a anpil dlo, men Li va repwoche e yo va kouri rive byen lwen, yo va chase tankou pay sou mòn devan van, oswa toubiyon van an fè avan gwo tanpèt. ¹⁴ Nan aswè, gade, gwo laperèz! Avan maten, yo ᵐdisparèt nèt. Se konsa pòsyon a sila k ap ranmase byen nou yo e tiraj osò a sila ki piyaje nou yo.

18 Elas! O peyi a zèl k ap fè gwo bri krikèt volan yo, ki rete lòtbò rivyè a ⁿEthiopie yo. ² Nou voye reprezantan yo bò lanmè a, menm sou veso fèt ak fèy papiris ki kouri sou sifas dlo. Ale, mesaje rapid yo, vè yon nasyon ᵒwo e swa, vè yon pèp ke tout moun pè, ni sa ki pre ni sa ki lwen, vè yon nasyon pwisan ki oprime tout moun, peyi ke rivyè yo divize a! ³ Nou tout, abitan mond lan ak sila ki rete sou latè yo, depi drapo a leve sou mòn yo, ᵖnou va wè l, e depi twonpèt la sone, n ap tande l.

⁴ Paske se konsa SENYÈ a te pale mwen: "Mwen va gade soti nan ᵠkote ke M rete byen kalm la. Mwen va tankou gwo chalè nan plen solèy, tankou yon nwaj lawouze nan chalè rekòlt la." ⁵ Paske ʳavan rekòlt la, la menm boujon yo ak flè a devni rezen ki mi; alò, Li va koupe retire nan bwa rezen ak yon sèpèt. Li va koupe retire branch k ap gaye yo. ⁶ Yo va lese atè ansanm pou ˢzwazo mòn ki manje chè yo; pou bèt latè yo. Zwazo ki manje chè yo va pase tout gran sezon an nan manje yo, e tout bèt latè yo va paske sezon rekòlt la sou yo. ⁷ Nan lè sa a, yon kado omaj ki sòti nan yon ᵗpèp wo e swa va pote bay SENYÈ dèzame yo. Li va soti menm nan yon pèp ki inspire lakrent a sila ki pre, ak sila ki lwen yo; yon nasyon pwisan ki fè kalkil, ki oprime tout moun, yon peyi ke rivyè yo divize a. L ap rive nan plas ki pote non SENYÈ dèzame yo, menm Mòn Sion an.

19 Pwofesi konsènan Égypte la.

"Gade byen, SENYÈ a monte sou yon nwaj rapid pou L rive Égypte. Zidòl Égypte yo va tranble nan prezans Li; ᵘkè Ejipsyen yo va fann anndan yo. ² Pou sa, Mwen va eksite Ejipsyen vin kont Ejipsyen. Yo ᵛchak va goumen kont frè pa yo, e yo chak kont vwazen yo; vil kont vil e wayòm kont wayòm. ³ Konsa, lespri a Ejipsyen yo va vin twouble anndan yo, e Mwen va boulvèse tout plan yo. Konsa, ʷyo va vire kote zidòl, fantom a mò yo, sila ki pale ak mò yo ak divinò yo. ⁴ Anplis, Mwen va livre Ejipsyen yo nan men a yon ˣmèt mechan. Yon gran wa pwisan va gouvène sou yo," deklare Senyè BONDYE dèzame yo.

⁵ ʸDlo lanmè yo va vin sèch e rivyè a va vin sèch san dlo. ⁶ Kanal yo va lage yon movèz odè. Rivyè Égypte yo va vin sèch e san dlo. ᶻWozo ak zèb dlo yo va rete pouri. ⁷ Gwo wozo a bò Rivyè ᵃNil la, arebò Nil la ak tout chan ki fin plante akote Nil la va vin sèch, pouse ale, e p ap gen la ankò. ⁸ ᵇMoun lapèch yo va plenyen; tout sila ki konn voye yon liy nan Nil la va lamante, e sila ki ouvri filè sou dlo yo va santi gwo pèt. ⁹ Anplis, sila k ap pwodwi twal len nan ki fèt ak len swa ak bòs ᶜtwal blan yo va tris nèt. ¹⁰ ᵈPilye a Égypte yo va kraze nèt; tout anplwaye yo va afilje nan nanm yo.

¹¹ Prens a ᵉTsoan yo pa plis ke moun fou. Konseye a pi saj Farawon yo vin bèt nèt. Kòman nou menm, mesye, nou ka di Farawon: "Mwen se fis a moun saj yo, fis a wa ansyen yo"? ¹² Eh byen, kote moun saj ou yo? Souple, kite yo pale ak ou, e kite yo konprann sa ke SENYÈ dèzame yo te ᶠplanifye pou fè kont Égypte. ¹³ Prens a Tsoan yo te aji nan foli. Prens a ᵍNoph yo te byen tronpe. Sila ki ta ang prensipal a pèp li a fin mennen Égypte nan wout egare. ¹⁴ SENYÈ a te mele nan li yon lespri ki fè l toudi; ʰyo mennen Égypte nan wout egare nan tout sa li fè, tankou moun sou k ap glise tonbe nan vomisman li. ¹⁵ P ap gen travay pou Égypte; ⁱni pou tèt li, ni pou ke

---

ᵃ **17:1** És 25:2　ᵇ **17:2** Nonb 32:34　ᶜ **17:3** És 7:8-16　ᵈ **17:4** És 10:3　ᵉ **17:5** II Sam 5:18-22　ᶠ **17:6** Det 4:27　ᵍ **17:7** És 10:20　ʰ **17:8** Egz 34:13　ⁱ **17:10** Sòm 68:19　ʲ **17:11** Sòm 90:6　ᵏ **17:12** És 5:30　ˡ **17:13** És 33:3　ᵐ **17:14** II Wa 19:35　ⁿ **18:1** II Wa 19:19　ᵒ **18:2** És 18:7　ᵖ **18:3** És 26:11　ᵠ **18:4** És 26:21　ʳ **18:5** És 17:10-11　ˢ **18:6** És 46:11　ᵗ **18:7** Sòm 68:31　ᵘ **19:1** Jos 2:11　ᵛ **19:2** Jij 7:22　ʷ **19:3** I Kwo 10:13　ˣ **19:4** És 20:4　ʸ **19:5** És 50:2　ᶻ **19:6** Job 8:11　ᵃ **19:7** És 23:3-10　ᵇ **19:8** Éz 47:10　ᶜ **19:9** Pwov 7:16　ᵈ **19:10** Sòm 11:3　ᵉ **19:11** Nonb 13:22　ᶠ **19:12** És 14:24　ᵍ **19:13** Jr 2:16　ʰ **19:14** És 3:12　ⁱ **19:15** És 9:14-15

li, branch palmis li, oswa sa ke wozo li yo ka fè. [16] Nan jou sa a, Ejipsyen yo va vin tankou fanm. Yo va tranble nan gwo laperèz akoz [a]pase men ke SENYÈ a ap fè pase sou yo. [17] Peyi Juda va devni yon gwo laperèz pou Égypte. Tout moun ki tande non li va gen gwo lakrent li akoz volonte a SENYÈ dèzame yo, ki poze kont yo. [18] Nan jou sa a, senk gwo vil peyi Égypte yo va pale langaj a Kanaraneyen yo, e yo va [b]sèmante alyans ak SENYÈ dèzame yo. Youn nan yo va rele Vil Destriksyon an.

[19] Nan jou sa a, va gen yon [c]lotèl a SENYÈ a nan mitan peyi Égypte la, e yon pilye a SENYÈ a toupre fwontyè li a. [20] Li va vin fè yon sign ak yon temwen a SENYÈ dèzame yo nan peyi Égypte; paske yo va kriye a SENYÈ a akoz sila k ap oprime moun yo, e Li va voye ba yo yon [d]sovè, yon defansè e Li va delivre yo. [21] Konsa SENYÈ a va fè Égypte konnen Li. Konsa, Ejipsyen yo va konnen SENYÈ a nan jou sa a. Yo va anplis adore Li avèk [e]sakrifis ak ofrann. Yo va fè yon ve a SENYÈ a, epi yo va akonpli li. [22] SENYÈ a va frape Égypte; frape, men [f]geri li. Yo va retounen kote SENYÈ, epi Li va reponn yo e geri yo.

[23] Nan jou sa a, va gen yon gran chemen soti an Égypte pou rive Assyrie. Asiryen yo va antre an Égypte, e Ejipsyen yo an Assyrie. Ejipsyen ak Asiryen yo va [g]adore ansanm.

[24] Nan jou sa a, Israël va fè yon twazyèm nan, ansanm ak Égypte ak Assyrie, yon gran benediksyon nan mitan mond lan. [25] Paske SENYÈ dèzame yo ap beni yo e di: "Beni se [h]Égypte, pèp Mwen an e Assyrie, zèv men Mwen an, ak Israël, eritaj Mwen an."

20 Nan ane ke kòmandan Asiryen an te vini [i]Asdod la, lè Sargon, wa Assyrie a, te voye li goumen kont Asdod la pou te pran li, [2] nan lè ke SENYÈ a te pale pa Ésaïe, fis a Amots la, epi te di: "Ale retire [j]twal sak la sou kwis ou e retire soulye nan pye ou." Se konsa li te fè, epi li te ale toutouni, epi pye a tè. [3] Konsa, SENYÈ a te di: "Menm jan tankou sèvitè Mwen an, Ésaïe, te ale toutouni e pye atè pandan twazan kon yon [k]sign nan, e kon yon avètisman kont Égypte ak Éthiopie, [4] menm jan, wa a Assyrie va mennen fè sòti kaptif Ejipsyen yo ansanm ak egzile Éthiopie yo [l]jenn kon vye, toutouni, e pye atè ak tout do yo dekouvri, pou fè Égypte vin wont. [5] Epi yo va vin dezole e wont akoz Éthiopie, sou ki espwa yo, e anplis ak Égypte, fyètè yo a. [6] Pou sa, moun ki rete nan peyi bò lanmè sa a, va di nan jou sa a: 'Gade byen, se konsa espwa nou vin rive! Gade kote nou te kouri ale pou sekou, pou delivre anba men wa a Assyrie a! Epi koulye a, nou menm, [m]se kòman nou va chape?'"

21 Pwofesi konsènan dezè lanmè a.

Kon tanpèt van nan dezè a kontinye ravaje, sa sòti nan dezè a, de yon peyi etonnan. [2] Yon vizyon tèlman rèd devwale devan m. [n]Moun nan ki trèt la, fè trèt toujou, e sila k ap detwi a, detwi toujou. Monte Élam, fè syèj! Mwen te fè tout plenyen Médie sispann. [3] Pou rezon sa a, [o]kwis mwen plen doulè. Gwo lapèn sezi mwen tankou doulè a fanm ansent. Mwen tèlman twouble ke m pa ka tande. Mwen tèlman pè ke m pa ka wè. [4] Panse mwen ap vire tounen. Gwo efryans plen tèt mwen. Ti limyè aswè a ke m te anvi wè a, koulye a vin [p]fè m tranble. [5] Yo [q]prepare tab la, yo plase watchman nan, yo manje, yo bwè. Leve, o kapitèn yo, mete lwil sou boukliye yo! [6] Paske konsa SENYÈ a pale avèk mwen: "Ale pozisyone gadyen an; kite li [r]bay rapò a sa li wè a. [7] Lè l wè sila ki [s]monte cheval yo, chevalye aliye pa de yo, yon lign bourik yo, yon lign chamo yo, kite li veye ak atansyon, veye byen pre." [8] Gadyen nan rele kon yon lyon: [t]"O SENYÈ, mwen kanpe tout jou yo san deplase sou wo tou la! Nan lanwit sou pòs gad la! [9] Atansyon! Veye byen! Men yon ekip moun monte, chevalye alinye pa de yo ap vini." Li te reponn: "Tonbe, Babylone fin tonbe! Tout [u]imaj a dye li yo kraze atè."

[10] O [v]moun pa m ke yo fin bat nèt kon sereyal! Sa ke m te tande soti nan SENYÈ dèzame yo, Bondye Israël la, sa mwen fè nou konnen. [11] Pwofesi konsènan Edom an.

Gen yon moun ki toujou ap rele m depi nan [w]Séir: "Gadyen, kijan nwit lan ap avanse? Gadyen, kijan nwit lan ap avanse?" [12] Gadyen an reponn: "Maten an vin pwoche; men osi anplis, nwit lan. Si ou ta vle fè ankèt, fè ankèt. Retounen ankò."

[13] Pwofesi konsènan Arabie a.

Fòk nou pase nwit lan nan rakbwa pikan Arabie yo, O karavàn a [x]Dedan yo. [14] Pote dlo pou moun swaf yo, O moun ki rete nan peyi [y]Théma yo; rankontre ak sila k ap sove ale ak pen an. [15] Paske yo te [z]sove ale chape devan nepe yo, devan nepe ki rale yo, banza ki koube a ak presyon batay la. [16] Paske konsa SENYÈ a te di mwen: "Nan yon ane, jan yon anplwaye ta kab konwole li, tout grandè a [a]Kédar va fini; [17] epi [b]retay sòlda banza yo, mesye pwisan a, fis a Kédar yo, va vin yon tikras; paske SENYÈ a, Bondye Israël la, te pale."

22 Pwofesi konsènan vale a vizyon an.

Sa k pase nou koulye a, ke nou tout monte sou [c]twati kay yo? [2] Nou menm ki te plen ak gwo bri, nou menm vil plen ak zen. Mò pa nou yo [d]pa t mouri akoz nepe, ni yo pa t mouri nan batay la. [3] [e]Tout chèf nou yo te kouri ale ansanm e te kaptire san sèvi ak banza yo. Nou tout ke yo te twouve yo

---

[a] 19:16 És 11:15 [b] 19:18 És 45:23 [c] 19:19 És 56:7 [d] 19:20 És 43:3 [e] 19:21 És 56:7 [f] 19:22 Det 32:39
[g] 19:23 És 27:13 [h] 19:25 És 45:14 [i] 20:1 I Sam 5:1 [j] 20:2 Za 13:4 [k] 20:3 És 8:18 [l] 20:4 És 47:2-3
[m] 20:6 Mat 23:33 [n] 21:2 És 24:16 [o] 21:3 És 13:8 [p] 21:4 Det 28:67 [q] 21:5 Jr 51:39-57 [r] 21:6 II Wa 9:17-20 [s] 21:7 És 21:9 [t] 21:8 Ag 2:1 [u] 21:9 És 46:1 [v] 21:10 Jr 51:33 [w] 21:11 Jen 32:3 [x] 21:13 Jen 10:7
[y] 21:14 Jen 25:15 [z] 21:15 És 13:14-15 [a] 21:16 Sòm 120:5 [b] 21:17 És 10:19 [c] 22:1 És 15:3 [d] 22:2 Jr 14:18 [e] 22:3 És 21:15

te kaptire ansanm, malgre yo te sove ale rive byen lwen. [4] Akoz sa, mwen di nou: "Tounen zye nou byen lwen m; kite mwen [a]kriye byen fò, pa eseye rekonfòte m pou destriksyon a fi a pèp mwen an."

[5] Paske Senyè BONDYE dèzame yo te fè yon jou panik [b]opresyon ak konfizyon nan vale vizyon an, miray ki kraze ak kriye nan mòn lan. [6] Élam te leve fouwo flèch yo, cha yo, sòlda sou pa yo ak chevalye yo; epi [c]Kir te dekouvri boukliye a. [7] Vale pi bèl nou yo te vin plen ak cha e chevalye yo te pran pozisyon yo nan pòtay la. [8] Epi li te retire defans Juda. Nan jou sa a, nou te depann de zam a [d]kay forè yo. [9] Nou te wè ke brèch nan miray vil a David yo te anpil; epi nou te [e]fè koleksyon dlo nan etan dlo pi ba a. [10] Konsa nou te konte kay Jérusalem e nou te detwi kay yo pou ranfòse miray la. [11] Nou te fè yon rezèvwa antre de miray yo pou dlo a [f]ansyen etan dlo a. Men nou pa t depann sou Li ki te fè l, ni ou pa t fè konsiderasyon de Li ki te fè plan an depi tan ansyen nan.

[12] Akoz sa, nan jou ke Senyè BONDYE dèzame yo te rele nou pou kriye ak gwo plenyen yo, pou [g]pase razwa nan tèt ak mete twal sak yo. [13] Men olye sa, nou fè gwo fèt ak kè kontan, touye bèf, kòche mouton, manje vyann ak bwè diven: [h]"Kite nou fè fèt; paske demen nou va mouri." [14] Men SENYÈ dèzame yo te revele Li menm nan zore m yo: "Anverite, [i]nou p ap padone pou krim sa a jiskaske nou mouri", pale Senyè BONDYE dèzame yo. [15] Se konsa, pale Senyè BONDYE dèzame yo: "Vini, ale kote jeran sila a, kote [j]Schebna ki se chèf an tèt anndan kay wa a. [16] 'Ki dwa ou gen isit la e se kilès ou gen isit la ki fè w fouye yon tonm pou ou menm isit la?' Ou menm ki fouye yon tonm sou gran wotè a, ki fouye yon plas repo nan wòch la?" [17] Gade byen, SENYÈ a prèt pou voye ou tèt devan. Li prèt pou sezi ou byen di, [18] epi fè ou woule fè yon bòl pou jete nan yon gwo peyi. La, ou va mouri e la, bèl cha ou yo ap ye; Ou menm ki se wont pou lakay mèt ou a. [19] M ap [k]retire ou nan pozisyon ou e m ap rale ou desann soti nan wo plas ou.

[20] Konsa, li va rive nan jou sa a ke Mwen va voye rele sèvitè Mwen an, [l]Éliakim, fis a Hilkija a, [21] Mwen va abiye l ak vètman pa w e tache sentiwon pa w, byen tache sou li. Mwen va fè l konfyans pou l pran otorite pa w la e li va vin yon [m]papa a sila ki rete Jérusalem yo ak lakay Juda a. [22] Konsa, Mwen va mete [n]kle lakay David la sou zepòl li. Lè l ouvri li, pèsòn p ap fèmen l e lè l fèmen l, pèsòn p ap ouvri li. [23] Mwen va kondwi li antre tankou yon [o]klou sou yon kote byen solid e li va devni yon twòn glwa pou lakay papa l. [24] Konsa, yo va kloue sou li tout glwa lakay papa l, desandan ak sila k ap vini yo, tout veso pi piti yo, soti nan bòl, jis rive nan bokal. [25] "Nan jou sa a", deklare SENYÈ dèzame yo: [p]"Klou ki kloue nan yon kote solid la, va rache tonbe. Epi chaj ki kenbe sou li a va koupe retire nèt; paske SENYÈ a te pale."

23 Pwofesi konsènan Tyr a.

Rele anmwey, O bato a [q]Tarsis yo! Paske Tyr detwi e li vin rete san kay, ni pò. Rapò a rive kote yo soti nan peyi Chypre. [2] [r]Rete san pale, O moun ki rete nan peyi kot yo; komèsan a Sidon yo k ap travèse lanmè a fin ranplase ou. [3] Sou anpil dlo sereyal a [s]Nil la, rekòlt a Rivyè a te mwayen lavi li. Se li ki te mache pou nasyon yo. [4] Rete wont, [t]O Sidon; paske lanmè a pale, sitadèl lanmè a, di: "Mwen pa t gen doulè, ni fè pitit; mwen pa t leve jennonm, ni leve vyèj." [5] Lè rapò a rive an Égypte, y ap twouble anpil akoz rapò Tyr a. [6] Janbe rive [u]Tarsis! Rele anmwey, O moun peyi kot yo! [7] Èske sa se gwo vil [v]kè kontan nou an, ki te bati soti antikite yo, pye a sila ki te konn pote li jis byen lwen nan vwaj yo?

[8] Kilès ki te fè plan sila a kont Tyr, ki te konn [w]bay tout kouwòn yo, komèsan a sila ki te prens yo, machann a sila ki te gen onè sou tout latè yo? [9] SENYÈ dèzame yo te planifye sa, pou souye ògèy a tout bèltè sa a e imilye [x]tout gran sou latè yo. [10] Debòde peyi ou a tankou Rivyè Nil, O fi a Tarsis; nanpwen anyen ki pou anpeche ou ankò. [11] Li fin lonje men l sou lanmè a, Li te fè wayòm yo tranble. SENYÈ a te pase lòd konsènan Canaan pou [y]detwi tout fò ranfòse yo. [12] Li fin di: "Ou p ap leve tèt ou wo ankò, O vyèj kraze Sidon nan! Leve, travèse [z]Chypre; menm la, ou p ap jwenn repo."

[13] Gade byen, peyi a Kaldeyen yo—sa se pèp ki pa t egziste. Assyrie te dezigne l pou moun dezè—yo te fè leve fò syèj yo, byen wo. Yo te kraze palè li yo, yo te fè l vin yon pil mazi kraze. [14] Rele anmwey, O [a]bato a Tarsis yo, paske sitadèl ranfòse nou yo vin detwi! [15] Alò, nan jou sa a, Tyr va vin bliye pandan [b]swasann-dizan, tankou jou a yon sèl wa. Nan fen swasann-dizan yo, sa va vin rive Tyr tankou nan chanson a fanm pwostitiye a. [16] Pran pa ou, mache nan vil la, O fanm pwostitiye ki fin bliye. Rale kòd li yo ak ladrès; chante anpil chan pou yo ka sonje ou. [17] Li va vin rive nan [c]fen swasann-dizan yo, ke SENYÈ a va vizite Tyr. Apre, li va retounen jwenn salè pwostitiye li yo e li va fè pwostitiye ak tout wayòm sou tout fas latè yo. [18] Sa li reyalize ak salè pwostitiye a, li va [d]mete li apa pou SENYÈ a. Li p ap mete li nan depo, ni sere l nan kote; men sa li reyalize a va devni manje ase ak vètman byen chwazi pou sila ki demere nan prezans SENYÈ yo.

24 Gade byen, SENYÈ a [e]va devaste tout latè ak gwo destriksyon, boulvèse sifas li e gaye tout moun ki rete ladann. [2] Pèp la menm jan ak prèt la, sèvitè a tankou mèt li, sèvant lan tankou mètrès li,

---

[a] **22:4** És 15:3 [b] **22:5** És 10:6 [c] **22:6** II Wa 16:9 [d] **22:8** I Wa 7:2 [e] **22:9** II Wa 20:20 [f] **22:11** II Wa 20:20 [g] **22:12** Mi 1:16 [h] **22:13** És 56:12 [i] **22:14** I Sam 3:14 [j] **22:15** II Wa 18:18-37 [k] **22:19** Job 40:11-12 [l] **22:20** II Wa 18:18 [m] **22:21** Jen 45:8 [n] **22:22** Rev 3:7 [o] **22:23** Esd 9:8 [p] **22:25** És 22:23 [q] **23:1** Jen 10:4 [r] **23:2** És 47:5 [s] **23:3** Jos 13:3 [t] **23:4** Jen 10:15-19 [u] **23:6** És 23:1 [v] **23:7** És 22:2 [w] **23:8** Éz 28:2 [x] **23:9** És 5:13 [y] **23:11** Éz 25:2 [z] **23:12** És 23:1 [a] **23:14** Éz 2:16 [b] **23:15** Jr 25:11-22 [c] **23:17** És 23:15 [d] **23:18** Egz 28:36 [e] **24:1** És 2:19

sa k ap achte tankou sa k ap vann, sila k ap fè prè a tankou sila k ap prete a, ᵃsila ki resevwa kredi a tankou sila k ap bay kredi a. ³ Latè va devaste nèt e vin depouye, paske SENYÈ a te pale pawòl sa a. ⁴ ᵇLatè kriye ak doulè e vin fennen nèt. Sila ki egzalte wo sou moun latè yo vin disparèt. ⁵ Anplis, latè vin plen ak pouriti a moun k ap viv ladann, paske yo te transgrese lalwa yo, vyole règleman yo, e te kraze akò letènèl la. ⁶ Akoz sa, yon ᶜmalediksyon devore latè a, e sila ki rete ladann yo vin twouve koupab. Konsa, sila ki rete sou latè yo vin brile e se sèl kèk grenn moun ki rete. ⁷ ᵈDiven nèf la fèb. Chan rezen an gate. Tout kè kontan yo fè gwo plent. ⁸ ᵉKè kontan a tanbouren yo vin rete, bri a moun k ap fete yo vin sispann. ⁹ Yo pa bwè diven ak chanson; bwason fò yo vin ᶠanmè pou sila ki bwè l yo. ¹⁰ Vil gwo dezòd la vin kraze nèt. ᵍTout kay vin fèmen pou pèsòn pa antre. ¹¹ Gen gwo kriye nan lari a pou afè diven. ʰTout kè kontan vire an gwo tristès. ¹² Se dezolasyon ki rete nan vil la e ⁱpòtay la fin kraze nèt. ¹³ Paske se ʲkonsa l ap ye nan mitan latè a pami pèp yo; tankou lè bwa doliv souke fò, tankou sila ki ranmase apre rekòlt rezen an fin fèt yo. ¹⁴ ᵏYo leve vwa yo; yo kriye ak kè kontan. Yo kriye soti nan lwès akoz majeste SENYÈ a. ¹⁵ Pou sa, bay glwa a SENYÈ a nan lès, non SENYÈ a, Bondye Israël la, nan ˡpeyi kot lanmè yo. ¹⁶ Soti nan ᵐdènye pwent latè, nou tande chan yo: "Glwa a Sila Ki Dwat la," men mwen di: "Malè a mwen menm! Malè a mwen menm! Elas pou mwen! Moun trèt yo aji an trèt e moun trèt yo aji an trèt anpil." ¹⁷ ⁿGwo laperèz, twou fòs ak pèlen vin devan nou menm ki rete sou latè. ¹⁸ Konsa, li va rive ke sila ki sove ale lè l tande bwa dega a va vin tonbe nan fòs la, e sila ki rale kò l sòti nan fòs la va pran nan pèlen an; paske ᵒfenèt anlè yo vin louvri e fondasyon latè yo ap tranble. ¹⁹ Latè vin dechire. Latè vin ᵖfann nèt. Latè souke ak vyolans. ²⁰ Latè woule de bò tankou moun ki anba gwòg. Li pyete tankou vye kay pay. Akoz transgresyon li yo peze lou sou li, li va tonbe nèt ᑫpou l pa janm leve ankò. ²¹ Li va rive nan jou sa a ke SENYÈ a va ʳpini lame syèl anwo yo ak wa latè sou latè yo. ²² Yo va ranmase ansanm tankou ˢprizonye nan yon kacho e yo va fèmen nan prizon. Apre anpil jou, yo va pini. ²³ Konsa, ᵗlalin nan va vin twouble e solèy la va vin wont, paske SENYÈ dèzame yo va renye sou Mòn Sion ak Jérusalem, e laglwa Li va devan ansyen Li yo.

25 O SENYÈ, Ou se Bondye mwen. Mwen va leve Ou byen wo! Mwen va bay remèsiman a non Ou, paske Ou te fè gwo mèvèy; ᵘplan yo ki te fòme depi lontan, avèk tout fidelite ak verite. ² Paske Ou te fè yon gran vil vin tounen yon gwo pil wòch, yon vil byen fòtifye vin detwi nèt. Yon ᵛpalè pou etranje yo pa yon vil ankò; li p ap janm rebati. ³ Akoz sa, yon pèp byen fò va bay Ou glwa. ʷGran vil a nasyon ki mechan yo va fè Ou omaj. ⁴ Ou te toujou yon abri pou sila ki san sekou yo; yon defans pou malere nan gwo twoub la, yon pwotèj kont tanpèt, lonbraj kont chalè. Paske souf a ˣmechan yo se tankou gwo tanpèt lapli kont yon miray. ⁵ Tankou chalè nan gwo sechrès, Ou fè bese ʸzen a etranje yo; tankou chalè toupre lonbraj a yon nwaj, chanson a malveyan an vin bese ba.

⁶ SENYÈ dèzame yo va prepare yon gwo bankè pou ᶻtout pèp sou mòn sa a; yon bankè diven rasi, mòso chwazi ak mwèl zo, diven byen rafine. ⁷ Sou mòn sa a, Li va vale nèt ᵃkouvèti pwotèj ki sou tout pèp yo, menm vwal la ki tann sou tout nasyon yo. ⁸ Li te ᵇvale lanmò jis pou tout tan! Senyè BONDYE a va siye tout dlo nan zye a tout moun e li va retire repwòch a pèp Li a sou tout latè. Paske SENYÈ a te pale.

⁹ Konsa, li va pale nan jou sa a, "Gade byen, ᶜsa se Bondye nou an! Sila nou te tann pou L te ka sove nou an! Sa se SENYÈ a! Sila nou t ap tann nan! Annou rejwi e fè kè kontan nan sali Li a!" ¹⁰ Paske men SENYÈ a va rete sou mòn sa a.

Epi ᵈMoab va foule kote li ye, tankou pay fin foule nan dlo a yon pil fimye. ¹¹ L ap ouvri men l byen gran nan mitan li kon yon moun k ap naje ta lonje men l yo pou naje; men SENYÈ a va ᵉdesann ògèy li ansanm ak manèv koken a men li yo. ¹² L ap desann ranfòsman fò ki ᶠpa t ka menm pwoche la, li va anile yo, bese yo e jete yo atè, jis rive nan pousyè.

26 Nan jou sa a, chanson sa a va chante nan peyi Juda:
"Nou gen yon vil ki fò;
li monte miray ak ranfò pou ᵍsekirite.
² Ouvri ʰpòtay yo pou nasyon ladwati
    a ka antre;
sila ki rete fidèl la.
³ Sila ki rete fèm nan panse li yo,
Ou va kenbe nan ⁱlapè pafè,
akoz li gen konfyans nan Ou.
⁴ Mete konfyans nan SENYÈ a jis
    pou tout tan,
paske nan BONDYE SENYÈ a,
nou gen yon ʲWòch etènèl.
⁵ Paske Li te bese sila ki te rete anwo yo,
vil ki pa t kapab venk lan.
ᵏLi te desann li ba.
Li te desann li jis atè.
Li te jete li nan pousyè.
⁶ ˡPye va foule l, pye a malere a,
pla pye a sila ki san sekou yo."
⁷ ᵐChemen moun jis se ladwati.

O Sila Ki Dwat la, fè wout a moun dwat
yo a byen pla.

[8] Anverite, selon jijman Ou yo,
O SENYÈ, nou t ap tann Ou.
Non Ou, menm [a]memwa Ou, se dezi
a nanm nou.
[9] [b]Nan lannwit, nanm mwen anvi Ou.
Anverite, lespri m anndan mwen chache
Ou ak enpasyans;
paske lè jijman Ou yo rive sou latè,
sila ki rete ladann yo, aprann ladwati.
[10] Malgre mechan an ta jwenn favè, li
pa p aprann ladwati.
Li [c]aji ak enjistis nan peyi ladwati.
Konsa, li p ap janm wè majeste Senyè a.

[11] O SENYÈ, men Ou leve wo, men
[d]yo pa wè li;
men yo va wè zèl Ou pou pèp la
e y ap vin wont.
Anverite, dife va devore lènmi Ou yo.
[12] SENYÈ, Ou va etabli [e]lapè pou nou,
akoz ou te akonpli pou nou tout zèv nou yo.
[13] O SENYÈ, Bondye nou an, lòt mèt apà
de ou te gouvène nou;
men se non Ou sèl, ke nap konfese.
[14] [f]Sila ki mouri yo p ap viv.
Lespri ki pati yo p ap leve ankò.
Konsa, Ou te pini yo, detwi yo
e Ou te efase tout memwa a yo menm.
[15] [g] Ou te ogmante nasyon an, O SENYÈ,
Ou te agrandi nasyon an!
Ou leve wo!
Ou te fè tout lizyè peyi a vin pi laj.

[16] O SENYÈ, nan mitan [h]gwo twoub
yo, yo te chache Ou.
Yo pa t ka fè plis pase respire yon priyè
le chatiman Ou te sou yo.
[17] [i]Tankou fanm ansent k ap pwoche
tan pou akouche;
li vire kò l e li rele anmwey nan doulè
ansent lan;
se konsa nou te ye devan Ou, O SENYÈ.
[18] Nou te ansent, nou te vire kò,
men nou pa t bay nesans a plis ke van.
Nou pa t ka akonpli delivrans sou tè a,
ni [j]pitit mond yo pa t tonbe.
[19] Moun [k]mouri Ou yo va viv;
kadav pa yo va leve.
Nou menm ki kouche nan pousyè a,
leve e fè kri lajwa,
paske lawouze ou se lawouze solèy leve a,
e latè va bay nesans a lespri ki te pati yo.

[20] Vini, pèp mwen an, antre nan chanm nou
e fèmen pòt nou dèyè nou.
Kache pou yon ti tan jiskaske [l]gwo
kòlè a fin pase.
[21] Paske gade byen, SENYÈ a prèt pou
sòti nan plas Li,
pou pini sila ki rete sou latè yo pou inikite yo.
Konsa, latè va fè parèt tout san vèse li yo,
e li p ap kache mò li yo ankò.

27

Nan jou sa a, SENYÈ a va pini Leviathan ak
gwo nepe a byen di. Leviathan, sèpan tòde
a, kap pran flit; [m]li va touye dragon an ki rete nan
lanmè a.
[2] Nan jou sa a, chante pou li [n]"Yon bèl chan
rezen! [3] Mwen, SENYÈ a, se jeran li. Mwen
wouze li tout tan. Pou pèsòn pa fè l donmaj,
Mwen [o]veye li lajounen kon lannwit. [4] Mwen pa
moun lakòlè. Men si Mwen ta jwenn raje ak pikan
yo, Mwen ta fè batay! [p]Mwen ta mache sou yo, e
brile yo nèt. [5] Oswa, kite li [q]depann de fòs Mwen
pou l ka fè lapè avè M. Kite li fè lapè avè M."
[6] Nan jou k ap vini yo, Jacob va pran rasin. Israël
va fleri e boujonnen. Yo va plen tout mond lan ak
[r]fwi. [7] Èske Li te frape yo, jan [s]li te frape yo? Oswa
èske se tankou masak Sila ki touye yo a, Li te touye
yo? [8] Ou te konfwonte yo ak egzil; ou te pouse yo
ale. Ak souf fewòs Li, Li te chase yo ale nan jou
[t]van lès la. [9] Akoz sa e atravè sa, inikite a Jacob la
va padone. Konsa, sa va tout fwi la pou [u]rete peche
li: lè l fè lotèl wòch yo vin tankou poud wòch lakrè,
pou Asherim nan ak lotèl lansan yo pa kanpe ankò.
[10] Paske vil fòtifye a vin sèl, yon anplasman kay
ki dezole e ki vin bliye tankou dezè. [v]Jenn bèf la
va manje la, li va kouche e manje sou branch li yo.
[11] Lè branch li yo vin sèch, yo vin kase yo. Fanm
yo va vini pou fè dife avèk yo, paske se yon pèp san
konprann. Akoz sa [w]Kreyatè yo a p ap fè konpasyon
sou yo. Li ki te fòme yo a p ap bay yo gras.
[12] Nan jou sa a, SENYÈ a va kòmanse bat gwo
rekòlt Li depi nan flèv Rivyè Euphrate la jis rive nan
dlo Égypte la, e nou va vin ranmase youn pa youn,
O fis Israël yo.
[13] Anplis, li va vin rive ke nan jou ke [x]gran
twonpèt la ap sone a, sila ki t ap peri nan peyi
Assyrie yo, e ki te gaye an Égypte yo, va vin
adore SENYÈ a nan mòn sen Jérusalem nan.

28

Malè a kouwòn ògèy a moun sou ak diven
[y]Éphraïm yo, ak flè fane li ki pèdi bèlte ak
glwa li. Li menm ki sou tèt vale fètil a sila ki fin
sou ak diven yo! [2] Veye byen, SENYÈ a gen [z]yon
asistan ase fò e pwisan. Tankou tanpèt lagrèl, yon
tanpèt destriksyon, yon tanpèt pwisan k ap debòde
dlo, Li va vin jete yo atè ak men Li. [3] Kouwòn ògèy
a moun sou Éphraïm yo va vin [a]foule anba pye. [4] Epi
flè ki kanpe sou tèt vale fètil la, va vin pèdi bèlte li

---

[a] **26:8** Egz 3:15   [b] **26:9** Sòm 63:5-6   [c] **26:10** Os 11:7   [d] **26:11** És 44:9-18   [e] **26:12** És 26:3   [f] **26:14** Det 4:28
[g] **26:15** És 9:3   [h] **26:16** És 37:3   [i] **26:17** És 13:8   [j] **26:18** Sòm 17:14   [k] **26:19** És 25:8   [l] **26:20** És 10:5-25
[m] **27:1** És 51:9   [n] **27:2** Sòm 80:8   [o] **27:3** I Sam 2:9   [p] **27:4** És 33:12   [q] **27:5** És 12:2   [r] **27:6** És 4:2
[s] **27:7** És 10:12-17   [t] **27:8** Jr 4:11   [u] **27:9** Wo 11:27   [v] **27:10** És 17:2   [w] **27:11** Det 32:18   [x] **27:13** Lev 25:9
[y] **28:1** És 9:9   [z] **28:2** És 8:7   [a] **28:3** És 26:6

tankou ªpremye fwi figye etranje ke yon moun wè avan gran sezon a. Yon moun jwenn l, epi lapoula, li vale l. ⁵ Nan jou sa a, SENYÈ dèzame yo va vini yon bèl ᵇkouwòn, yon dyadèm ranpli ak glwa pou retay a pèp Li a. ⁶ Li va yon ᶜespri la jistis pou sila ki chita nan jijman an, yon ranfòsman pou sila k ap detounen atak devan pòtay yo.

⁷ Anplis yo vin toudi akoz bwason fò yo: prèt la ak pwofèt la vin toudi ak bwason fò. Yo vin konfonn akoz diven an, e yo vin toudi akoz bwason fò a. Yo kilbite pandan y ap fè ᵈvizyon, e yo manke tonbe lè y ap rann jijman. ⁸ Paske tout tab yo plen ak salte ᵉvomisman an; pa menm gen yon kote ki pwòp.

⁹ A ki moun Li ta enstwi konesans e a kilès Li ta entèprete mesaj la? Sila ki fenk ᶠsevre nan lèt yo? Sila ki fenk sispann pran tete yo? ¹⁰ Paske Li pale, ᵍLòd sou lòd, lòd sou lòd, liy sou liy, liy sou liy, yon ti kras pa isi, yon ti kras pa la.

¹¹ Anverite, Li va pale ak pèp sa a ak ʰlèv bege e ak yon lang etranje, ¹² Sila ki te di yo: "Men ⁱrepo isit la; bay repo a sila ki fatige yo," epi: "Men repo", men yo pa t koute. ¹³ Akoz sa, pawòl SENYÈ a, yo va: "Lòd sou lòd, lòd sou lòd, liy sou liy, liy sou liy, yon ti kras pa isi, yon ti kras pa la," pou yo kapab ale, ʲchape glise pa dèyè, vin kraze, pran nan pèlen e vin prizonye.

¹⁴ Pou sa, koute pawòl SENYÈ a, O ᵏnou menm k ap moke yo, sila ki chèf sou pèp sa a ki rete nan Jérusalem nan: ¹⁵ "Akoz nou te di: 'Nou te fè yon akò ak lanmò', epi ak Sejou mò yo, nou te vin angaje. Gwo dega p ap rive sou nou lè l pase, paske nou te fè pwotèj nou ak manti e nou te ˡkache kò nou ak desepsyon." ¹⁶ Pou sa, Senyè BONDYE a di: ᵐ"Gade byen, Mwen ap poze nan Sion yon wòch, yon wòch eprèv, yon wòch ang prensipal pou fondasyon ki plase byen solid la. Sila ki kwè nan li a, p ap twouble menm. ¹⁷ Mwen va fè ⁿjistis sèvi kon lign mezi e ladwati kon règ nivo. Lagrèl va bale tout fatra nèt ki fèt ak manti, e dlo yo va debòde antre nan kote sekrè a. ¹⁸ Akò nou an ak lanmò va anile, e angajman nou an ak Sejou mò yo p ap kanpe. Lè gwo twoub la k ap kraze tout moun nan, pase kote nou, alò, nou va ᵒfoule anba l. ¹⁹ Otan li pase, li va kenbe nou; maten apre maten, l ap pase. Nenpòt lè pandan lajounen oswa lannwit, pou konprann sa li ye a, va pote gwo laperèz." ²⁰ Kabann nan twò kout pou lonje kò nou e ᵖdra a twò etwat pou vlope nou. ²¹ Paske SENYÈ a va leve tankou nan Mòn Peratsim. Li va fache tankou nan vale ᵠGabaon, pou fè tach Li, tach ki pa sanblab ak lòt, e pou egzekite travay Li, travay ekstrawòdinè Li. ²² Alò, konsa, pa aji tankou mokè yo, pou chenn ki mare nou yo pa vin pi rèd. Paske mwen te tande soti nan Senyè BONDYE dèzame yo, desizyon deja fèt pou ʳdetwi tout latè a.

²³ Prete zòrèy nou pou tande vwa mwen! Koute e tande pawòl mwen yo. ²⁴ Èske kiltivatè a raboure tout tan pou plante grenn semans? Èske li pa janm sispann vire tè a? ²⁵ Èske li pa fè tè a nivo pou simen ˢgrenn lanni, gaye grenn kimen, plante ble nan ranje yolòj nan plas li ak pitimi nan kote pa li? ²⁶ Paske Bondye pa li a enstwi li, e montre li sa ki bon. ²⁷ Paske grenn lanni pa kraze vannen ak ᵗgwo baton, ni wou kabwèt pa woule sou kimen, men lanni bat ak yon planch bwa e kimen ak yon baton. ²⁸ Sereyal pou fè pen oblije kraze; anverite, li p ap ka kontinye bat pou vannen li tout tan. Menmsi wou kabwèt li a ak pye cheval li yo ta pase sou li, cheval la pa ka fè l moulen. ²⁹ Sa anplis, sòti nan SENYÈ dèzame yo, ki te fè konsèy Li mèvèye, ak sajès Li ᵘbyen gran.

29
Malè a Ariel! Ariel, vil kote David yon fwa ᵛte fè kan an! Ogmante lane sou lane, obsève fèt ou yo nan lè yo. ² Mwen va mennen gwo pwoblèm sou Ariel e li va vin yon vil ʷgwo doulè ak lamantasyon. Pou Mwen, li va tankou yon lotèl k ap brile a. ³ Mwen va ˣfè kan kont ou e antoure ou. Mwen va monte aparèy syèj kont ou e fè yo monte fò batay kont ou. ⁴ Konsa ou va vin ʸbese. Se jis nan tè a, pale ou va bougonnen depi nan pousyè. Vwa ou va, anplis, tankou yon vwa a yon lespri, konsi ou konnen l deja, k ap soti nan tè a. Se konsa pawòl ou yo va chichote soti nan pousyè a.

⁵ Men fòs kantite a lènmi ou yo va devni tankou ᶻpousyè fen e fòs kantite a mechan san prensip yo va tankou pay k ap vannen ale. Sa va fèt nan yon moman; sibitman. ⁶ Li va vizite pa SENYÈ dèzame yo. Li va pini yo ak ᵃtonnè, tranbleman detè, gwo bri, toubiyon ak tanpèt ak flanm dife a ki manje tout bagay. ⁷ Konsa, ᵇfòs kantite a tout nasyon ki va fè lagè kont Ariel yo, menm tout moun ki fè lagè kont li ak gwo fò li yo ak sila ki bay li gwo twoub, sa va devni tankou yon rèv, yon vizyon nan nwit. ⁸ Sa va tankou lè yon nonm grangou fè rèv—e gade byen, l ap manje. Men lè l leve nan dòmi a, gade byen, li toujou fèb e grangou; li pa satisfè. Oswa lè yon nonm swaf fè rev—epi gade byen, l ap bwe, men lè l leve li toujou fèb, e swaf la pa t satisfè. Se ᶜkonsa kantite tout nasyon ki fè lagè kont Mòn Sion yo va ye.

⁹ ᵈPran reta epi tan! Avegle tèt nou pou nou avèg! Yo vin sou, men pa avèk diven; yo kilbite, men pa akoz bwason fò. ¹⁰ Paske SENYÈ a te vide sou nou, yon lespri ᵉpwofon somèy. Li te fèmen zye nou menm, pwofèt yo, e Li te kouvri tèt nou menm, konseye yo. ¹¹ Tout vizyon va pou nou tankou pawòl a yon ᶠliv ki fèmen ak so. Lè yo bay li a yon moun ki

---

ª **28:4** Os 9:10   ᵇ **28:5** És 62:3   ᶜ **28:6** I Wa 3:28   ᵈ **28:7** És 29:11   ᵉ **28:8** Jr 48:26   ᶠ **28:9** Sòm 131:2
ᵍ **28:10** II Kwo 36:15   ʰ **28:11** És 33:19   ⁱ **28:12** És 11:10   ʲ **28:13** És 8:15   ᵏ **28:14** És 29:20   ˡ **28:15** És 29:15   ᵐ **28:16** Wo 9:33   ⁿ **28:17** II Wa 21:13   ᵒ **28:18** És 28:3   ᵖ **28:20** És 59:6   ᵠ **28:21** Jos 10:10-12
ʳ **28:22** És 10:22-23   ˢ **28:25** Mat 23:23   ᵗ **28:27** Am 1:3   ᵘ **28:29** És 31:2   ᵛ **29:1** II Sam 5:9   ʷ **29:2** És 3:26
ˣ **29:3** Luc 19:43   ʸ **29:4** És 8:19   ᶻ **29:5** És 17:13   ᵃ **29:6** I Sam 2:10   ᵇ **29:7** Mi 4:11-12   ᶜ **29:8** És 8:19
ᵈ **29:9** És 29:1   ᵉ **29:10** Sòm 69:23   ᶠ **29:11** És 8:16

konn li, yo di l: "Souple, li sa a." Men li va di: "Mwen pa kapab, paske li fèmen ak so." [12] Konsa liv la va bay a sila ki pa ka li, e y ap di l: "Souple, li sa a." Epi li va di: "Mwen pa kapab li."

[13] Senyè a te di: "Akoz [a]pèp sa a rapwoche ak pawòl pa yo, e onore Mwen ak lèv yo, men yo retire kè yo byen lwen Mwen, e akoz adorasyon yo pou Mwen fèt pa tradisyon ki aprann pa kè, [14] pou sa, gade byen, Mwen va yon fwa ankò aji ak mèvèy pami pèp sa; yon mèvèy ki etonan! Konsa, [b]sajès a moun saj pa yo va disparèt, e konesans a moun ki gen bon konprann yo va vin kache."

[15] Malè a sila ki kache plan yo byen fon pou SENYÈ a pa wè, e ki fè [c]zak yo nan fènwa a, e y ap di: "Se kilès ki wè nou?" Oswa "Se kilès ki rekonèt nou?" [16] Ou chavire bagay la nèt! Èske sila ki fè kanari a ta dwe konsidere egal ak ajil la, pou sa ki te fèt la, ta ka di a sila ki fè li a: "Li pa t fè mwen"; oswa [d]sa ki te fòme a ta ka di a sila ki te fòme li a: "Li pa konprann anyen?"

[17] Èske se pa yon ti kras tan ki rete ankò avan Liban vin transfòme an yon [e]chan fètil, e chan fètil la va konsidere kon yon forè? [18] Nan jou sa a, [f]moun soud yo va tande pawòl a liv la e zye avèg yo va wè sa ki te kon fènwa ak tenèb. [19] Anplis, [g]moun enb yo va fè kè yo pi kontan ak SENYÈ a, e malere yo pami moun yo va rejwi nan Sila Ki Sen an Israël la. [20] Paske moun san pitye yo va rive nan fen yo, e mokè yo va disparèt. Anverite, [h]tout moun ak lentansyon fè mal, va vin koupe retire nèt— [21] sila ki pou valè a yon sèl pawòl, rele moun nan tribinal la, epi fè pyeje pou sila ki korije moun nan pòtay la, e ak fwod, rache dwa inosan ak fo temwayaj.

[22] Akoz sa a, SENYÈ a ki te rachte Abraham nan, di konsènan lakay Jacob: [i]"Jacob p ap ankò vin wont, ni figi li vin pal. [23] Men lè li wè [j]pitit li yo, zèv men Mwen yo nan mitan li, yo va sanktifye non Mwen. Anverite, yo va sanktifye non a Sila Ki Sen a Jacob la, e va kanpe byen etone devan Bondye Israël la. [24] Anplis, sila ki fè tò nan panse yo, va [k]konnen verite a, e sila ki kritike yo va resevwa enstriksyon."

30

"Malè a pitit k ap fè rebèl yo", deklare SENYÈ a: "Sila ki resevwa konsèy, men ki pa pa M; ki [l]fè yon alyans, men pa nan Lespri pa M, pou ogmante peche sou peche; [2] ki fè wout desann an Égypte san konsilte Mwen, pou yo ka [m]fè azil, pou Farawon bay yo sekirite, e pou yo chache pwotèj nan lonbraj Égypte! [3] Akoz sa, sekirite Farawon va vin [n]wont nou, e pwotèj nan lonbraj Égypte la va fè imilyasyon nou. [4] Paske [o]prens pa yo se nan Tsoan e anbasadè pa yo vin parèt nan Hanès. [5] Tout moun va vin [p]wont akoz yon pèp ki p ap ka bay yo okenn avantaj, ni pou sekou, ni pou pwofi, men pou wont, e anplis, pou repwòch."

[6] Pwofesi konsènan bèt nan [q]dezè Midi yo. Atravè yon peyi gwo twoub ak gwo doulè, ladan ki sòti manman lyon ak lyon an, vipè ak sèpan volan an; yo pote gwo kantite byen yo sou do jenn bourik, e trezò yo sou do chamo, pou rive kote yon pèp ki pa kapab bay yo okenn avantaj. [7] Paske sekou Égypte, se vanite san rezilta. Akoz sa, Mwen te rele li Rahab ki kanpe janm. [r8] Koulye a, ale, [s]ekri li sou yon adwaz devan yo, e enskri li sou yon woulo papye pou l ka sèvi nan tan k ap vini yo. Konsa la sèvi yon temwen jis pou tout tan. [9] Paske sa se yon pèp rebèl, fis manti, fis ki refize [t]koute enstriksyon SENYÈ a; [10] ki di a konseye yo, "Ou pa dwe wè vizyon", epi a pwofèt yo, "Ou pa dwe pwofetize a nou menm sa ki dwat. [u]Pale nou bèl pawòl dous, pwofetize ilizyon. [11] Sòti nan wout la, [v]vire sou kote chemen an. Pa kite nou tande menm ankò afè a Sila Ki Sen an Israël la." [12] Akoz sa, konsa pale Sila Ki Sen an Israël la: [w]"Akoz nou te rejte pawòl sa a, e te mete konfyans nou nan opresyon ak desepsyon, e te depann de yo, [13] akoz sa, [x]inikite sa a va pou nou kon yon gwo brèch nan miray ki prèt pou tonbe a, yon gwo pati k ap souke nan yon miray ki wo, ki ka pete tonbe [y]sibitman, nan yon enstan. [14] Lè l vin kraze, l ap tankou [z]po a mèt kanari a, ki tèlman kraze ak vyolans ke yon mòso cha p ap ka twouve pami mòso yo, ki ta ka menm pote dife sòti nan founo a, oswa kenbe dlo ki sòti nan sitèn nan."

[15] Paske konsa pale Senyè BONDYE a, sèl Sila Ki Sen an Israël la te di: "Nan repantans ak [a]repo, nou va sove. Nan kalm ak konfyans, fòs nou ye." Men nou pa t vle. [16] Nou te di: "Non, paske nou va sove ale sou [b]cheval". Akoz sa, nou va sove ale! "Nou va sove ale ak tout vitès". Konsa, sila ki kouri dèyè ou va vini byen rapid. [17] [c]Mil moun va sove ale menase pa yon sèl moun. Nou va sove ale sou menas a senk moun, jiskaske nou vin lage tankou yon drapo sou yon do mòn; tankou yon siyal k ap limen sou yon kolin.

[18] Konsa, SENYÈ a ap tan. Li vle fè nou gras pou Li kapab egzalte, pou Li kapab fè nou mizerikòd. Paske SENYÈ a se yon Bondye de jistis. A la beni tout sila k ap tan Li yo beni! [d19] Paske moun yo va rete nan Sion, nan Jérusalem. Nou [e]p ap kriye ankò. Anverite Li va fè nou gras lè L tande vwa kriye nou. Lè L tande l, Li va reponn nou. [20] Sepandan, Senyè a te bay nou pen advèsite, ak dlo lafliksyon, malgre, pwofesè nou yo, p ap [f]kache tèt yo ankò, men zye nou va wè pwofesè nou yo. [21] Nenpòt lè ou vire adwat oswa agoch, zorèy nou va tande yon pawòl dèyè nou: "Sa se chemen an, mache ladann". [22] Nou va kraze jete limaj taye nou yo ki kouvri ak yon kouch ajàn, ak limaj an lò fon yo. Nou va gaye yo tankou bagay sal. Nou va di yo: "Retire ou la!"

---

[a] **29:13** Éz 33:31   [b] **29:14** És 44:25   [c] **29:15** Job 22:13   [d] **29:16** És 45:9   [e] **29:17** Sòm 84:6   [f] **29:18** És 35:5
[g] **29:19** Sòm 25:9   [h] **29:20** És 59:4   [i] **29:22** És 45:17   [j] **29:23** És 49:20-26   [k] **29:24** És 41:20   [l] **30:1** És 8:11-12   [m] **30:2** És 36:9   [n] **30:3** És 20:5-6   [o] **30:4** És 19:11   [p] **30:5** Jr 2:36   [q] **30:6** Jen 12:9   [r] **30:7** Job 9:13   [s] **30:8** És 8:1   [t] **30:9** És 1:10   [u] **30:10** I Wa 22:8-13   [v] **30:11** Trav 13:8   [w] **30:12** És 5:24   [x] **30:13** És 26:21
[y] **30:13** És 29:5   [z] **30:14** Sòm 2:9   [a] **30:15** Sòm 116:7   [b] **30:16** És 2:7   [c] **30:17** Lev 26:36   [d] **30:18** És 8:17
[e] **30:19** És 25:8   [f] **30:20** Sòm 74:9

²³ Epi Li va ᵃbay lapli pou grenn semans ke ou simen nan tè a, ak pen ki soti nan rekòlt tè a. Li va bon e li va anpil. Nan jou sa a, bèt nou yo va manje nan yon patiraj byen laj. ²⁴ Anplis, bèf ak bourik ki travay latè yo va manje yon manje bon gou, ki te ᵇvannen ak pèl ak fouchèt. ²⁵ Sou chak mòn ki wo ak chak ᶜkolin, va gen sous ki kouri ak dlo nan jou gwo masak la lè fò yo vin tonbe. ²⁶ ᵈLimyè lalin nan va tankou limyè solèy la, e limyè solèy la va sèt fwa pi klere tankou limyè ki pou sèt jou, nan jou ke SENYÈ a geri frakti a pèp Li a e panse blesi ki te frape yo. ²⁷ Gade byen, ᵉnon a SENYÈ a sòti yon kote byen lwen. Lakòlè Li plen chalè ak lafimen k ap monte byen pwès. Lèv Li plen ak gwo kòlè e lang Li tankou yon dife k ap brile tout bagay. ²⁸ Souf Li tankou yon flèv k ap debòde, ki rive jis nan kou, pou souke nasyon yo. L ap fè yo ale retou nan yon paswa destriksyon. Yon ᶠbrid ki mennen nan destriksyon an va plase nan bouch a pèp yo. ²⁹ Konsa, nou va chante tankou nan lannwit la, tankou lè nou rete nan fèt ak kè kontan, tankou lè yon moun ap mache sou son a flit, pou ale nan mòn SENYÈ a, Wòch Israël la. ³⁰ SENYÈ a va fè yo tande vwa otorite Li, bra Li k ap desann ak gwo kòlè, nan flanm dife k ap brile tout bagay la, nan nwaj k ap pete ak gwo lapli ak lagrèl yo. ³¹ Paske ak vwa SENYÈ a, Assyrie va vin etone nèt. L ap vin frape ak ᵍbaton. ³² Chak kout baton pinisyon ke SENYÈ a mete sou li, va fèt ak mizik a tanbouren ak gita. Li va fè batay ak yo. ʰL ap rale tout zam yo parèt. Li va goumen kont yo. ³³ Paske ⁱplas pou brile a te prepare depi lontan. Anverite, li te prepare pou wa a. Li te fè l fon e laj, yon boukan ak anpil bwa. Se souf SENYÈ a, tankou yon tòran souf k ap limen dife sou li.

31 Malè a sila ki desann Égypte pou sekou yo, ki depann de cheval yo,
ki fè konfyans a cha yo paske yo anpil,
ak nan chevalye yo paske yo tèlman fò;
men yo pa gade sou ʲSila Ki Sen an Israël la,
ni chache SENYÈ a!
² Men anplis, Li saj;
Li va mennen dezas;
Li ᵏp ap retire pawòl Li menm;
men Li va leve kont kay malfektè yo,
ak kont sekou a sila ki fè mechanste yo.
³ Alò, Ejipsyen yo se ˡmoun.
Se pa Bondye.
Cheval yo se chè; se pa lespri.
Pou sa, SENYÈ la va lonje men L;
sila k ap bay sekou a va glise tonbe.
Sila ki resevwa sekou a va tonbe,
e yo tout va rive fini ansanm.

⁴ Paske konsa SENYÈ a di mwen:
"Tankou lyon oswa jenn lyon gwonde
sou kò bèt l ap manje,
lè yon bann bèje vin parèt la;
li p ap pè vwa yo,
ni li p ap deranje akoz bri yo fè.
Konsa, SENYÈ dèzame yo va vin desann
pou ᵐfè lagè sou Mòn Sion ak sou kolin li an."
⁵ Tankou zwazo k ap vole,
se konsa SENYÈ a va pwoteje Jérusalem.
Li va ⁿpwoteje li e delivre li.
Li va pase sou sa pou sove li.
⁶ Retounen kote Sila ke nou te ᵒtèlman
neglije a, O fis Israël yo.
⁷ Paske nan jou sa a, tout moun
va jete deyò zidòl an ajan li yo ak
zidòl an lò li yo,
ke ᵖmen plen peche nou yo te fè pou nou.
⁸ Epi Asiryen an va tonbe pa yon nepe
ki pa t pou lòm,
e ᑫnepe a ki pa pou lòm va devore l.
Pou sa, li p ap chape anba nepe a,
e jenn mesye li yo va devni ouvriye kòve.
⁹ "Wòch li va disparèt akoz panik,
e prens li yo va gen gwo lakrent devan
drapo a",
deklare SENYÈ a,
ʳSila ki gen dife Li nan Sion an,
ak founo nan Jérusalem nan.

32 Gade byen, yon ˢwa va renye ak ladwati e prens yo va renye ak jistis.
² Yon nonm va tankou yon abri kont van
ak yon pwotèj kont tanpèt,
tankou sous dlo nan yon peyi sèch,
tankou ᵗlonbraj a yon gwo wòch nan
yon peyi ki deseche.
³ Alò, zye a sila ki wè yo, p ap vin avegle;
zòrèy a sila ki tande yo, va koute.
⁴ Kè a sila ki ᵘaji san reflechi a va
konprann verite,
e lang lan a sila ki bege a va pale klè.
⁵ Li p ap rive ankò ke yo rele ᵛmoun
fou, prens;
ni rele vakabon, moun bon kè.
⁶ Paske moun fou a pale foli,
e kè li apiye vè mechanste:
pou fè sa ki kont Bondye
e pale mal kont SENYÈ a,
pou ʷkenbe moun grangou a san satisfè,
e pou anpeche moun swaf la bwè.
⁷ Pou vakabon an, zam li se mechanste.
Li ˣfòme plan mechan pou detwi moun
aflije a ak kout lang,
malgre sila ki nan bezwen an pale sa ki bon.
⁸ Men ʸsila ki prens toujou fòme plan ki bèl;

ᵃ **30:23** Sòm 65:9-13   ᵇ **30:24** Mat 3:12   ᶜ **30:25** És 35:6-7   ᵈ **30:26** És 24:23   ᵉ **30:27** És 59:19   ᶠ **30:28** Am 9:9   ᵍ **30:31** És 10:26   ʰ **30:32** Éz 32:10   ⁱ **30:33** II Wa 23:10   ʲ **31:1** És 10:17   ᵏ **31:2** Nonb 23:19   ˡ **31:3** Éz 28:9   ᵐ **31:4** És 42:13   ⁿ **31:5** És 37:35   ᵒ **31:6** És 1:2-5   ᵖ **31:7** I Wa 12:30   ᑫ **31:8** És 66:16   ʳ **31:9** És 10:16-17   ˢ **32:1** Sòm 72:1-4   ᵗ **32:2** És 4:6   ᵘ **32:4** És 29:24   ᵛ **32:5** I Sam 25:25   ʷ **32:6** És 3:15   ˣ **32:7** Jr 5:26-28   ʸ **32:8** Pwov 11:25

epi pa bèl plan an, ap kanpe.
⁹ Leve ou menm, O ᵃfanm ki alèz e
  tande vwa mwen!
Prete zòrèy a pawòl mwen, fi ki alèz,
  san pwoblèm yo.
¹⁰ Nan yon ane ak kèk jou, nou va twouble,
O fi ki san pridans yo;
ᵇpaske, afè fwi diven an va fini,
ni rekòlt la p ap rive.
¹¹ Tranble, fanm alèz yo;
twouble, nou menm ki san pridans!
ᶜRetire rad nou, dezabiye nou
e mete twal sak nan senti nou.
¹² ᵈBat lestomak nou pou bèl chan jaden yo,
pou chan ki plen ak fwi rezen yo.
¹³ Anplisᵉpou peyi a pèp mwen an,
kote pikan ak raje va pouse monte;
wi pou tout kay plen ak jwa yo
ak gran vil kè kontan yo.
¹⁴ Paske ᶠpalè a vin vid,
e gran vil plen moun yo vin abandone.
Kolin ak fò ki wo yo vin tounen kav
  yo jis pou tout tan,
yon plezi pou bourik mawon,
yon patiraj pou bann mouton yo;
¹⁵ jiskaske ᵍLespri a vide sou nou soti anwo,
epi savann nan vin fè yon chan fètil,
e chan fètil la va vin konsidere kon yon forè.

¹⁶ Nan lè sa a ʰlajistis va demere nan dezè a
e ladwati nan chan fètil la.
¹⁷ Epi ⁱzèv ladwati a va lapè,
e sèvis ladwati a va kalm ak konfyans
k ap dire jis pou tout tan.
¹⁸ Nan lè sa a, pèp mwen an va viv nan
  yon abitasyon lapè,
ak sekirite ki san twoub nan plas repo
  san pwoblèm.
¹⁹ Malgre lagrèl tonbe kraze forè a, e ʲgran
vil la va vin devaste nèt.
²⁰ A la ᵏbeni nou va beni,
nou menm ki simen akote tout dlo yo,
ki lage pye bèf ak bourik la.

33 Malè a ou menm, O ou ki detwi lòt
  pandan ou pa t detwi;
epi sila ki fè trèt pandan lòt moun pa
  t aji an trèt avè w.
Depi ou fin detwi, ou osi va vin detwi nèt.
Depi ou fin fè trèt, lòt moun va ˡfè
  trèt kont ou.

² O SENYÈ, ᵐfè nou gras. Nou t ap tann Ou.
Sèvi kon fòs pa nou chak maten,
delivrans pa nou nan tan gwo twoub.
³ Lè bri zen an vin leve, ⁿpèp yo sove ale.

Lè Ou fè leve Ou menm, nasyon yo gaye.
⁴ Piyaj pa W va ranmase tankou cheni
  ranmase.
Tankou krikèt volan konn vòltije, se
  konsa y ap vòltije sou li.
⁵ SENYÈ a leve wo, paske se anwo ke Li rete.
Li te ᵒranpli Sion ak jistis ak ladwati.
⁶ Se Li k ap fè tan pa nou estab, ᵖrichès a
  delivrans, sajès ak konesans.
Lakrent SENYÈ a se trezò ou.

⁷ Gade byen, mesye pwisan pa yo
  kriye nan lari,
ᑫanbasadè lapè yo kriye fò.
⁸ Gran chemen yo rete vid.
ʳMoun ki vwayaje yo sispann.
Li te kase akò a.
Li te meprize vil yo.
Li pa respekte pèsòn.
⁹ ˢPeyi a kriye ak doulè, ak kè fennen.
Liban vin wont e tanme disparèt.
Saron vin tankou yon dezè e Basan ak
  Carmel pèdi tout fèyaj.
¹⁰ "Koulye a, ᵗMwen va leve", SENYÈ a di:
"Koulye a Mwen va egzalte.
Koulye a Mwen va leve wo.
¹¹ Nou te ansent pay, e nou va akouche pay.
ᵘ Souf Mwen va manje nou tankou dife.
¹² Pèp yo va brile kon lacho,
ᵛtankou pikan koupe ki fin brile nan dife a."

¹³ "Nou menm ki lwen yo, ʷkoute sa
  ke M te fè a;
epi nou menm ki toupre, rekonèt
  pwisans Mwen."
¹⁴ ˣPechè Sion yo vin sezi ak laperèz;
tranbleman fin sezi enkwayan yo.
Se kilès pami nou ki ka viv ak yon dife
  ki manje tout bagay?
"Se kilès nan nou ki ka viv ak dife k
  ap brile tou tan an?"
¹⁵ Sila ki mache nan ladwati a e ki pale
  ak kè sensè a?
Sila ki refize benefis lajan ki sòti
  nan enjistis la,
e ki souke men l pou sa ki vèse anba
  tab pa rete nan yo;
sila ki bouche zòrèy li pou l pa menm
  tande afè vèse san,
e ki ʸfèmen zye l pou l pa gade mal.
¹⁶ Li va demere nan wotè yo;
ᶻpwotèj pa li va nan wòch solid ke lènmi
  yo pa ka pwoche.
Pen li va vèse bay li, e dlo li va asire.

ᵃ **32:9** És 47:8 ᵇ **32:10** És 5:5-6 ᶜ **32:11** És 47:2 ᵈ **32:12** Na 2:7 ᵉ **32:13** És 5:6-17 ᶠ **32:14** És 13:22
ᵍ **32:15** És 11:2 ʰ **32:16** És 33:5 ⁱ **32:17** Sòm 72:2-3 ʲ **32:19** És 24:10-12 ᵏ **32:20** Ekl 11:1 ˡ **33:1** Jr 25:12-14 ᵐ **33:2** És 30:18-19 ⁿ **33:3** És 17:13 ᵒ **33:5** És 1:26 ᵖ **33:6** És 45:17 ᑫ **33:7** II Wa 18:18-37
ʳ **33:8** És 35:8 ˢ **33:9** És 3:26 ᵗ **33:10** Sòm 12:5 ᵘ **33:11** És 1:31 ᵛ **33:12** II Sam 23:6-7 ʷ **33:13** Sòm 48:10
ˣ **33:14** És 1:28 ʸ **33:15** Sòm 119:37 ᶻ **33:16** És 25:4

¹⁷ Zye nou va wè Wa a nan tout bèlte Li.
Yo va wè ᵃyon peyi ki byen lwen.
¹⁸ Kè ou va medite sou gwo laperèz la.
"Kote sila ki te konte a?
Kote sila ki te peze a?
Kote sila ki te konte fò yo?"
¹⁹ Ou p ap ankò wè yon pèp fewòs,
yon pèp ak ᵇlangaj dwòl ke ou pa konprann,
a lang bege ke pèsòn pa konprann.
²⁰ Gade sou Sion, gran vil a gwo fèt
    dezinye yo.
Zye ou va wè Jérusalem, yon abitasyon
    san twoub,
yon ᶜtant ki p ap bezwen pliye.
Pikèt li p ap janm rache,
ni kòd li yo p ap chire.
²¹ Men la, SENYÈ va avèk nou nan majeste,
yon ᵈkote ak rivyè ak gwo kanal,
sou sila gwo kannòt ak anpil zaviwon
    p ap janm pase,
ni gwo bato p ap janm pase la.
²² Paske SENYÈ a se ᵉjij nou.
Se SENYÈ a ki bay lwa nou yo.
Se SENYÈ a ki wa nou.
Se Li menm ki va sove nou.

²³ Kòd vwal nou yo vin lach.
Yo p at ka soutini baz ma bato a byen,
ni kenbe vwal la gran ouvri.
Alò, piyaj la a gwo boutin nan te divize.
ᶠSila ki bwate a te pran piyaj la.

²⁴ Pèp peyi a pa p di: "Mwen malad".
Moun ki rete la yo va padone pou inikite yo.

34
Rapwoche, O nasyon yo pou tande!
Koute, o pèp yo!
ᵍKite latè ak tout sa ki ladann tande,
e lemonn ak tout sa ki ladann.
² Paske ʰgwo kòlè SENYÈ a kont
    tout nasyon yo
e jijman Li brile kont tout lame yo.
Li te detwi yo nèt.
Li te donnen yo a yon gwo masak.
³ Konsa, mò yo va ⁱjete deyò.
Kadav yo va fè movèz odè,
e mòn yo va tranpe ak san yo.
⁴ Tout lame syèl la va vin efase.
ʲSyèl la va woule monte tankou yon woulo liv;
e tout lame li yo va vin fennen nèt,
tankou yon fèy ta fennen sou branch
    chan rezen an,
oswa jan li deseche tonbe sou yon pye fig.
⁵ Paske ᵏnepe Mwen bwe ase nan syèl la.
Gade byen, li va desann pou jije Édom
ak pèp ke Mwen te chwazi pou destriksyon yo.

⁶ Nepe SENYÈ a plen ak san.
Li kouvri ak grès, ak san jenn mouton,
ak bouk yo, ak grès a ren belye.
Paske SENYÈ a gen yon sakrifis nan ˡBotsra,
ak yon gwo masak nan peyi Édom.
⁷ Anplis, bèf mawon va desann ak yo,
ak jenn towo, ak towo pwisan yo.
Konsa, peyi yo va ᵐtranpe ak san,
e pousyè yo va vin gra ak grès.

⁸ Paske SENYÈ a gen yon jou vanjans,
yon ane vanjans pou koz a Sion an.
⁹ Sous dlo li yo va devni goudwon
e tè pousyè li kon ⁿsouf.
Peyi li va tounen goudwon k ap brile.
¹⁰ Li p ap etenn ni lajounen, ni lannwit.
ᵒLafimen li va monte jis pou tout tan.
De jenerasyon an jenerasyon, li va dezole.
Okenn moun p ap pase ladann
pou tout tan e pou tout tan.
¹¹ Men ᵖgrangozye ak ti bèt atè a va
    vin posede li
e ibou ak kònèy a va demere ladann.
Li va tann sou li lign latwoublay,
ak fil a plon vid la.
¹² Yo va rele prens li yo a wayòm nan,
men ᵠp ap gen k ap parèt.
Tout prens li yo p ap anyen.
¹³ Pikan yo va pouse nan gwo fò li yo,
chadwon ak gwo raje nan ʳgwo vil ranfòse yo.
L ap devni yon kote frekante pa chen mawon.
Li va fè kay tribinal pou otrich la.
¹⁴ ˢBèt dezè yo va fè reyinyon ak lou yo;
kabrit sovaj ak gwo plim va kriye
    anvè parèy li.
Wi, gwo bèt lannwit va vin rete la;
l ap twouve pou kont li yon kote pou l
    ka repoze.
¹⁵ La, koulèv pyebwa a va fè nich li
    pou ponn ze;
li va kale yo e ranmase yo anba pwotèj li.
Menm ᵗbèt malfini yo va rankontre la,
yo chak ak pwòp parèy yo.

¹⁶ Chache nan liv SENYÈ a, epi li:
Nanpwen youn nan sila yo ki p ap la;
okenn p ap manke parèy yo.
Paske ᵘbouch Mwen te pase lòd,
e Lespri Li te ranmase yo.
¹⁷ Li te ᵛtire osò pou yo,
e se men L ki separe bay yo selon lign mezi a.
Yo va posede kote a jis pou tout tan.
De jenerasyon an jenerasyon, yo va
    abite ladann.

ᵃ **33:17** És 26:15 ᵇ **33:19** Det 28:49-50 ᶜ **33:20** És 54:2 ᵈ **33:21** És 41:18 ᵉ **33:22** És 2:4 ᶠ **33:23** II Wa 7:8 ᵍ **34:1** Det 32:1 ʰ **34:2** És 26:20 ⁱ **34:3** És 14:9 ʲ **34:4** Rev 6:12-14 ᵏ **34:5** Det 32:41-42 ˡ **34:6** És 63:1 ᵐ **34:7** És 63:6 ⁿ **34:9** Det 29:23 ᵒ **34:10** Rev 14:11 ᵖ **34:11** So 2:14 ᵠ **34:12** Jr 27:20 ʳ **34:13** És 13:22 ˢ **34:14** És 13:21 ᵗ **34:15** Det 14:13 ᵘ **34:16** És 1:20 ᵛ **34:17** És 17:13

35

¹ Savann nan ak dezè a va kontan.
ᵃTè dezole a va rejwi e flèri, tankou
  yon woz.
² Li va fleri anpil, rejwi ak kè kontan,
e fè yon kri lajwa.
Glwa Liban an va bay a li menm;
majeste a Carmen ak Saron an.
Yo va wè ᵇglwa SENYÈ a, majeste a
  Bondye nou an.

³ ᶜAnkouraje men ki pedi fòs,
e ranfòse jenou ki fèb la.
⁴ Pale a sila ki gen ᵈkè twouble yo,
"Pran kouraj!
Pa pè!
Gade byen, Bondye nou an va vini ak vanjans.
Rekonpans Li an va rive.
Li va vini, e Li va sove nou."

⁵ Konsa, ᵉzye avèg yo va louvri,
e zòrèy a soud yo debouche.
⁶ ᶠMoun bwate yo va vòltije tankou sèf,
e lang bèbè a va rele ak gwo jwa.
Paske dlo va pete nan tè sèch yo,
ak vwa dlo yo nan dezè a.
⁷ Peyi deseche a va vin tounen yon letan,
e tè swaf kòn ᵍsous k ap pete dlo.
Nan landwa chen mawon yo,
nan kote yo poze a , va gen zèb ak
  wozo ak jon.
⁸ Yon gran chemen va la, yon gran ri.
Li va rele Chemen Sen an.
Sila ki pa pwòp p ap vwayaje sou li,
men li va sèvi pou sila ki mache nan
  Chemen an.
Moun mechan ak enpridan an pa p mache la.
⁹ Nanpwen lyon k ap la,
ni p ap gen bèt sovaj k ap mache sou li.
Yo p ap twouve la.
Men ʰrachte yo va mache la.
¹⁰ ⁱRachte a SENYÈ yo va retounen.
Ya vini ak gwo kri lajwa lantre nan Sion;
lajwa ki p ap janm fini ap sou tèt yo.
Yo va twouve kè kontan ak lajwa;
tristès ak soupi va sove ale.

36

¹ ʲAlò, nan katòzyèm ane a Wa Ézéchias la Sanchérib, wa Assyrie a, te monte kont tout vil ranfòse Juda yo e te sezi yo. ² Konsa, wa Assyrie a te voye Rabschaké sòti Lakis nan Jérusalem vè wa Ézéchias avèk yon gwo lame. Li te kanpe kote kanal la sou gran chemen a ki rele Chan Foule a. ³ Epi ᵏÉliakim, fis a Hilkija a, ki te chèf sou kay wa a, Schebna, grefye a ak Joach, fis a Asaph la, grefye achiv la, te sòti vin kote l.

⁴ ˡRabschaké te di yo: "Pale koulye a a Ézéchias; 'Se konsa gran wa a, wa Assyrie a pale: "Ki konfyans sa ou genyen an? ⁵ Mwen di ou ke Konsèy nou ak fòs pou fè lagè nou pa plis pase pawòl vid. Alò, de kilès nou va depann lè ᵐnou fè rebelyon kont mwen an? ⁶ Gade byen, ou depann de baton a wozo kraze sila a. Égypte menm. Men si yon nonm apiye kote li, baton li an ap antre nan men l e frennen l nèt. ⁿSe konsa Farawon, wa Égypte la ye pou tout sila ki depann de li yo. ⁷ Men si ou di m: 'Nou mete konfyans nan SENYÈ a, Bondye nou an', èske se pa ᵒwo plas ak lotèl a Li menm yo ke Ézéchias te retire e te di Juda ak Jérusalem: 'Ou va adore isit la devan lotèl sila a'? ⁸ Alò, pou rezon sa a, vin fè yon antant ak mèt mwen an, wa Assyrie a, e mwen va bannou de-mil cheval, si nou ka jwenn chevalye kont pou mete sou yo. ⁹ Kijan, alò, nou ka refize menm youn nan pi piti ofisye a mèt mwen yo pou ᵖdepann de Égypte pou cha ak chevalye? ¹⁰ Èske konsa, mwen te monte san pèmisyon SENYÈ a, kont peyi sa a pou detwi l? ᵠSENYÈ a te di mwen: "Ale monte kont peyi sa a pou detwi l.""'

¹¹ Epi Éliakim, Schebna ak Joach te di a Rabschaké: "Alò, pale ak sèvitè ou yo an ʳJideyen nan zòrèy a moun ki sou miray yo."

¹² Men Rabschaké te di: "Èske mèt mwen an te voye m sèlman a mèt nou ak nou menm pou pale pawòl sa yo, e pa a moun sila yo ki chita sou miray la, ki va oblije manje pwòp poupou yo e bwè dlo pipi yo ansanm avèk nou?" ¹³ Konsa Rabschaké te kanpe e te ˢkriye ak yon gwo vwa an Jideyen. Li te di: "Tande pawòl a gran wa a, wa Assyrie a. ¹⁴ Konsa pale wa a: 'Pa kite Ézéchias pase nou nan ᵗtenten, paske li p ap ka delivre nou! ¹⁵ Ni pa kite Ézéchias fè nou ᵘmete konfyans nan SENYÈ a, oswa di nou: "Anverite SENYÈ a va delivre nou, vil sa a p ap bay nan men a wa Assyrie a."' ¹⁶ Pa koute Ézéchias, paske konsa pale wa Assyrie a: 'Fè lapè ak mwen, vin jwenn mwen, chak moun va manje nan pwòp chan rezen pa li, chak moun nan pwòp pye fig pa li, e chak moun va bwè ᵛdlo nan pwòp sitèn pa li, ¹⁷ jiskaske m vin mennen nou ale nan yon peyi tankou peyi pa nou an, yon peyi ak anpil sereyal ak diven nèf, yon peyi ak pen ak chan rezen. ¹⁸ Veye pou Ézéchias pa egare nou e di nou: ʷ"SENYÈ a va delivre nou". Èske youn nan dye a nasyon yo te delivre tè li a anba men a wa Assyrie a? ¹⁹ Kote dye a Hamath ak Arpad yo? Kote dye a Sepharvaïm yo? Epi kilè yo te ˣdelivre Samarie nan men m?" ²⁰ Se kilès pami tout ʸdye peyi sila yo ki te delivre peyi pa yo nan men m, pou SENYÈ a ta delivre Jérusalem nan soti men m?"'

²¹ Men yo te pe la e ᶻpa t di l yon mo, paske lòd a wa a se te: "Pa reponn li."

ᵃ **35:1** És 41:19 ᵇ **35:2** És 25:9 ᶜ **35:3** Job 4:3-4 ᵈ **35:4** És 32:4 ᵉ **35:5** És 29:18 ᶠ **35:6** Mat 15:30
ᵍ **35:7** És 49:10 ʰ **35:9** És 51:10 ⁱ **35:10** És 1:27 ʲ **36:1** II Wa 18:13 ᵏ **36:3** És 22:20 ˡ **36:4** II Wa 18:19
ᵐ **36:5** II Wa 18:7 ⁿ **36:6** Sòm 146:3 ᵒ **36:7** Det 12:2-5 ᵖ **36:9** És 20:5 ᵠ **36:10** I Wa 13:18 ʳ **36:11** És 36:13 ˢ **36:13** II Kwo 32:18 ᵗ **36:14** És 37:10 ᵘ **36:15** És 36:18-20 ᵛ **36:16** Pwov 5:15 ʷ **36:18** És 36:15
ˣ **36:19** II Wa 17:6 ʸ **36:20** I Wa 20:23-28 ᶻ **36:21** Pwov 9:7-8

²² Epi ªÉliakim, fis a Hilkija a, ki te chèf sou kay la, Schebna, sekretè a ak Joach, fis a Asaph, achivist la, te rive kote Ézéchias ak rad yo chire, e te di li pawòl a Rabschaké yo.

37 ᵇLè wa Ézéchias te tande sa, li te chire rad li, te kouvri kò l ak sak twal, e li te antre lakay SENYÈ a. ² Li te voye Éliakim ki te chèf nan kay la avèk Schebna, grefye a ak ansyen a prèt yo, kouvri ak sak twal, kote ᶜÉsaïe, pwofèt la, fis a Amots la. ³ Yo te di l: "Men konsa pale Ézéchias: 'Jou sa a se yon ᵈjou gwo malè, repwòch ak rejè; paske pitit yo rive nan lè pou yo fèt e nanpwen fòs pou akouche yo. ⁴ Petèt, SENYÈ Bondye ou a, va tande pawòl a Rabschaké, ke mèt li a, wa Assyrie a, te voye pou ᵉrepwoche Bondye vivan an, e li va repwoche pawòl ke SENYÈ a, Bondye ou a, te tande yo. Pou sa, leve lapriyè yo pou retay ki la toujou yo.'"

⁵ Se konsa sèvitè a Wa Ézéchias yo te rive kote Ésaïe.

⁶ Ésaïe te di yo: "Konsa nou va pale mèt nou an, 'Se konsa SENYÈ a pale: ᶠ"Pa pè akoz pawòl ke ou te tande yo, avèk sila sèvitè a wa Assyrie yo te blasfeme non Mwen. ⁷ Gade byen, Mwen va mete yon lespri nan li pou l ᵍtande yon rimè pou li retounen nan pwòp peyi li. Epi Mwen va fè l tonbe pa nepe nan pwòp peyi li."'"

⁸ Pou sa a, Rabschaké te retounen e te twouve wa Assyrie a t ap goumen kont Libna, paske li te tande ke wa a te kite ʰLakis. ⁹ Lè li menm, wa Assyrie a tande yo pale de Tirhaka, wa ⁱCush la: "Li te parèt deyò pou goumen kont nou," epi le l tande sa, li te voye mesaje yo kote Ézéchias e te di: ¹⁰ "Konsa ou va di a Ézéchias, wa a Juda a: ʲ'Pa kite Bondye ou a nan sila ou menm konfyans ou an pase ou anba rizib pou di ou: "Jérusalem p ap bay nan men wa Assyrie a." ¹¹ ᵏGade byen, ou te tande sa ke wa Assyrie yo te fè a tout peyi yo, ke yo te detwi yo nèt. Konsa, èske ou va chape? ¹² Èske dye a nasyon sa yo ke papa m te detwi yo te delivre yo; Gozan, Charan, Retseph, ak fis a Éden ki te Telassar yo? ¹³ Kote wa Hamath la, wa Arpad la, ak wa nan vil a Sepharvaïm lan, Héna, ak Ivva?'"

¹⁴ Ézéchias te pran lèt la nan men mesaje a, li te li li. Konsa, li te monte lakay SENYÈ a, e li te ouvri li devan SENYÈ a. ¹⁵ Ézéchias te priye a SENYÈ a e te di: ¹⁶ "O SENYÈ dèzame yo, Bondye Israël la, ki chita sou twòn li anwo cheriben yo, Ou se Bondye a, Ou menm sèl, sou tout wayòm latè yo. ˡOu te fè syèl la ak latè a. ¹⁷ Panche zòrèy Ou, O SENYÈ pou ᵐtande. Ouvri zye Ou, O SENYÈ pou Ou wè. Koute byen tout pawòl ke Sanchérib te voye pou repwoche Bondye vivan an. ¹⁸ Anverite O SENYÈ, ⁿwa Assyrie yo te detwi tout peyi yo ak tout tè pa yo. ¹⁹ Epi li te jete dye pa yo nan dife, paske se pa t dye yo te ye, men ᵒzèv ki te fèt pa men a lòm, ak bwa ak wòch. Konsa yo te detwi yo. ²⁰ Koulye a, O SENYÈ, Bondye nou an, ᵖdelivre nou soti nan men l pou tout wayòm latè yo ka konnen ke Ou menm sèl SENYÈ a, se Bondye."

²¹ Ésaïe, fis a Amots la te voye kote Ézéchias e te di: "Konsa pale SENYÈ a, Bondye Israël la, 'Akoz nou te priye a Mwen menm sou Sanchérib, wa Assyrie a, ²² men pawòl ke SENYÈ a fin pale kont li: ᵠFi vyèj a Sion an desann ou nèt! Li pa bay ou valè. Fi a Jérusalem nan souke tèt li devan w! ²³ Se kilès ou te meprize e blasfeme? Kont kilès ou te leve vwa ou, e kont kilès ou te leve zye ou ak ògèy la? Kont ʳSila Ki Sen an Israël la! ²⁴ Ak sèvitè ou yo, ou te meprize SENYÈ a! Ou te di: 'Ak tout cha mwen yo, mwen te monte sou wotè a mòn yo, kote pi izole nan Liban yo. Epi mwen va koupe ˢbwa sèd li yo ak tout bwa pichpen pi bèl yo. Mwen va monte kote tèt mòn pi wo li a, nan forè pi bèl li yo. ²⁵ Mwen te fouye pwi yo, mwen te bwè dlo yo e ᵗak pla pye mwen, mwen fè tout rivyè an Égypte yo vin sèch.'"

²⁶ "Èske ou pa t tande? Lontan sa, Mwen te fè li; depi nan tan ansyen yo, Mwen te ᵘplanifye sa. Koulye a Mwen fin fè l rive, pou ou ta fè gwo vil fòtifye yo vin tounen gwo pil mazi. ²⁷ Akoz sa, moun ki rete ladann yo te manke fòs. Yo te plen konfizyon ak wont. Yo te tankou zèb chan, tankou zèb vèt, tankou ᵛzèb sou twati kay ki fennen avan li fin grandi. ²⁸ Men Mwen ʷkonnen lè ou chita ak lè ou sòti, lè ou antre ak lè ou fè laraj kont Mwen. ²⁹ Akoz laraj ou fè kont Mwen, e akoz ˣògèy ou rive monte nan zòrèy Mwen; pou sa, Mwen va mete yon gwo kwòk nan nen ou ak brid Mwen nan lèv ou, e Mwen va vire fè ou tounen pa chemen ke ou te antre a."

³⁰ "Epi sa va sign pou ou: ou va manje ane sa a sa ki ʸgrandi pou li, nan dezyèm ane sa ki vin parèt menm jan an. Nan twazyèm ane a, plante, rekòlte, plante chan rezen yo e manje fwi yo. ³¹ Retay lakay Juda ki chape a va ankò ᶻpran rasin anba pou donnen fwi anlè. ³² Paske soti nan Jérusalem, va vin parèt yon retay e sòti nan Mòn Sion, kèk moun ki chape. ªZèl kouraj SENYÈ a va akonpli sa a."

³³ "Pou sa" pale SENYÈ a, pale konsènan wa Assyrie a konsa: "Li p ap rive nan vil sa a, ni tire yon flèch la. Li p ap parèt devan l ak bouklye, ni monte yon ᵇran syèj kont li. ³⁴ ᶜPa menm chemen ke li te vini an, pa li menm li va retounen e li p ap rive sou vil sa a,' deklare SENYÈ a. ³⁵ 'Paske Mwen va ᵈdefann vil sa a pou sove li pou pwòp koz pa M, e pou koz sèvitè Mwen an, David.'"

³⁶ Epi ᵉzanj SENYÈ a te sòti deyò e te frape san-katre-ven-senk-mil lòm nan kan Asiryen yo. Lè moun te leve bonè granmmaten, gade byen, yo tout te mouri. ³⁷ Konsa, Sanchérib, wa Assyrie a te sòti, te retounen lakay li e te rete ᶠNinive. ³⁸ Li

te vin rive pandan li t ap adore lakay Nisroc, dye pa li a, ke Adrammélec ak Scharetser, fis li yo, te touye li ak nepe e yo te chape antre nan peyi Ararat. Konsa, ᵃÉsar-Haddon, fis li a, te renye nan plas li.

38 ᵇNan jou sa yo, Ézéchias te vin malad, prèt pou mouri. Epi Ésaïe, pwofèt la, fis a Amots la, te vin kote li. Li te di l: "Konsa pale SENYÈ a: 'Mete lakay ou an lòd, paske ou va mouri; ou p ap viv.'"

² Ézéchias te vire figi li vè mi kay la pou te priye a SENYÈ a. ³ Li te di: "Sonje koulye a, O SENYÈ, mwen mande Ou souple, pou jan mwen te ᶜmache devan Ou nan verite, ak yon kè entèg e te fè sa ki te bon devan zye Ou." Konsa, Ézéchias te plere byen fò.

⁴ Alò, pawòl SENYÈ a te rive kote Ésaïe, epi te di l: ⁵ "Ale pale ak Ézéchias epi di li: 'Konsa pale SENYÈ a: "Mwen te tande lapriyè ou, Mwen te wè dlo ki t ap sòti nan zye ou. Gade byen, Mwen va mete ᵈkenzan sou lavi ou. ⁶ Mwen va ᵉdelivre ou ak vil sa a soti nan men a wa Assyrie a, epi Mwen va defann vil sa a."' ⁷ Konsa, sa va ᶠsign pou ou soti nan SENYÈ a, ke SENYÈ a va fè bagay sa ke Li te pale a: ⁸ Gade byen, Mwen va ᵍfè lonbraj sou eskalye a, lonbraj ki te desann avèk solèy la sou eskalye Achaz la, pou fè back dis pa." Epi konsa lonbraj solèy la te fè bak dis pa sou menm eskalye kote li te desann nan.

⁹ Men yon chanson ke Ézéchias te ekri apre li te malad e te vin refè a:

¹⁰ Mwen te di: ʰ"Nan mitan lavi m,
mwen gen pou antre nan pòtay Sejou mò yo.
Mwen gen pou pèdi tout rès ane mwen yo."
¹¹ Mwen te di: "Mwen p ap wè SENYÈ a;
SENYÈ ⁱnan peyi vivan yo.
Mwen p ap wè moun ankò pami sila
 ki viv nan mond yo.
¹² Tankou ʲtant a yon bèje, lakay mwen
 va rache retire sou mwen.
Tankou yon bòs twal, m ap woule fè
 monte lavi m.
L ap koupe m fè m sòti nan ankadreman
 bòs twal la.
Soti lajounen rive nan lannwit,
Ou va fè yon fen ak mwen.
¹³ Mwen te kalme nanm mwen jis
 rive nan maten.
ᵏTankou yon lyon—se konsa Li kraze
 tout zo m,
soti lajounen jis rive lannwit, ou fè
 yon fen ak mwen.
¹⁴ Tankou yon iwondèl, tankou yon zwazo
 se konsa mwen kriye.
Mwen plenyen kon yon toutrèl.
Zye m gade ak feblès vè wotè yo.

O Senyè, mwen oprime!
Fè m sekou!
¹⁵ Kisa mwen kapab di?
Non sèlman Li te pale ak mwen,
Men Li, Li menm, te fè l.
Mwen va ˡmache an règ pandan tout ane m yo
akoz gou anmè kè m fin goute.
¹⁶ O Senyè, se pou bagay sa yo ke moun viv,
e nan sa yo, lespri m jwenn lavi.
ᵐOu te fè m twouve lasante e te fè m viv!
¹⁷ Alò, mwen te manke gen lapè;
men Ou menm ki te ⁿkenbe nanm mwen,
pou l pa antre nan fòs gwo abim nan,
Ou te jete tout peche m yo dèyè do Ou.
¹⁸ Paske Sejou mò yo p ap ka remèsye Ou.
Lanmò menm p ap ka bay Ou lwanj.
Sila ki ᵒdesann nan fos yo
p ap ka gen espwa fidelite Ou.
¹⁹ Se ᵖvivan, vivan yo ki bay Ou remèsiman,
tankou mwen menm, mwen fè jodi a.
Yon papa va pale ak fis li yo selon fidelite Ou.
²⁰ Anverite, SENYÈ a va sove mwen.
Konsa, nou va chante chanson mwen yo
sou enstriman kòd yo pou tout lavi nou
 lakay SENYÈ a."

²¹ Alò ᵠÉsaïe te di: "kite yo fè yon pomad ak gato fig etranje e mete li sou abse a, pou l ka geri." ²² Epi Ézéchias te di: "Se kisa k ap ʳsign ke mwen va monte lakay SENYÈ a?"

39 ˢNan lè sa a Merodac-Baladan, fis a Baladan nan, wa Babylon nan, te voye lèt ak yon kado bay Ézéchias, paske li te tande ke li te malad, e li te refè. ² Ézéchias te ᵗkontan e te montre yo tout trezò lakay li yo; ajan ak lò a, epis ak lwil presye, tout zam li yo ak tout sa ki te la nan trezò a. Pa t gen anyen lakay li a ni nan tout wayòm li an ke Ézéchias pa t montre yo.

³ Alò, Ésaïe, pwofèt la, te vin kote Wa Ézéchias. Li te di l: "Se kisa mesye sa yo te di, e se kibò yo sòti pou vin kote nou la a?"

Ézéchias te di: "Yo vin kote m soti nan yon ᵘpeyi lwen, Babylone."

⁴ Li te di: "Se kisa yo te wè lakay ou a?"

Ézéchias te reponn: "Yo te wè tout sa ki lakay mwen an. Nanpwen anyen pami trezò mwen yo ke mwen pa t montre yo."

⁵ Konsa, Ésaïe te di a Ézéchias: "Tande ᵛpawòl SENYÈ dèzame yo, ⁶ 'Gade byen, jou yo ap vini lè ʷtout sa ki lakay ou ak tout sa ke papa ou yo te mete nan depo, jis rive nan jodi a, va pote ale Babylone. Anyen p ap rete', pale SENYÈ a. ⁷ 'Va gen kèk nan fis ou yo ki sòti nan ou menm, ke ou va fè. Yo va ˣpote ale, e yo va vin fè ofisye nan palè a wa Babylon nan.'"

ᵃ **37:38** Éz 4:12 ᵇ **38:1** II Wa 20:1-11 ᶜ **38:3** II Wa 18:5-6 ᵈ **38:5** II Wa 18:2-13 ᵉ **38:6** És 31:5
ᶠ **38:7** Jij 6:17-40 ᵍ **38:8** II Wa 20:9-11 ʰ **38:10** Sòm 102:24 ʰ **38:11** Sòm 27:13 ʲ **38:12** II Kor 5:1-4
ᵏ **38:13** Job 10:16 ˡ **38:15** I Wa 21:27 ᵐ **38:16** Sòm 119:25 ⁿ **38:17** Sòm 30:3 ᵒ **38:18** Nonb 16:33
ᵖ **38:19** Sòm 118:17 ᵠ **38:21** II Wa 20:7-8 ʳ **38:22** És 38:7 ˢ **39:1** II Wa 20:12-19 ᵗ **39:2** II Kwo 32:25-31
ᵘ **39:3** Det 28:49 ᵛ **39:5** I Sam 13:13-14 ʷ **39:6** II Wa 24:13 ˣ **39:7** II Wa 24:10-16

⁸ Ézéchias te di a Ésaïe: "Pawòl SENYÈ ke ou te pale a, bon." Paske li te panse: "Ap gen lapè ak verite ᵃnan jou mwen yo."

40 ᵇ"Konsole, O konsole pèp Mwen an," pale Bondye ou an.
² "Pale ak dousè ak Jérusalem.
Rele a li menm, ke ᶜkonfli li fini an,
ke inikite li retire a,
ke li te resevwa nan men SENYÈ a
doub pou tout peche li yo."

³ Yon vwa k ap rele fò,
"Debleye chemen an pou SENYÈ
  a nan dezè a!
Fè vin swa nan dezè a yon gran chemen
  pou Bondye nou an.
⁴ Kite tout vale yo vin leve wo,
e tout mòn ak kolin yo vin ba.
Kite move teren an vin pla,
e teren difisil yo vin yon vale ki swa.
⁵ ᵈGlwa a SENYÈ a va vin parèt,
e tout chè va wè sa ansanm;
paske bouch a SENYÈ a fin pale."

⁶ Yon vwa pale: "Rele fò."
Yon lòt reponn: "Kisa pou m rele?"
ᵉ "Tout chè se zèb,
e tout bèlte li se tankou flè nan chan.
⁷ ᶠZèb la fennen,
flè a pèdi koulè l,
depi souf SENYÈ a soufle sou li.
Anverite, pèp la se zèb.
⁸ Zèb la fennen,
flè a pèdi koulè l,
men ᵍpawòl Bondye nou an kanpe jis
  pou tout tan."

⁹ Mete ou menm sou yon mòn ki wo,
O Sion, ki pote bòn nouvèl.
Leve vwa ou wo ak gwo pouvwa,
O Jérusalem, ki pote bòn nouvèl la!
Leve wo! Pa pè anyen!
Di a ʰvil Juda yo: Men Bondye nou an!
¹⁰ Gade byen, Senyè BONDYE a, va
  vini ⁱak pwisans.
Se bra L k ap kòmande pou Li.
Gade byen salè Li avè L,
e rekonpans li devan L.
¹¹ Tankou yon bèje, Li va ʲpran swen
  bann mouton Li.
Nan bra Li, Li va ranmase jenn mouton yo,
e pote yo sou lestonmak Li.
Ak dousè, Li va mennen manma a
ak ti mouton piti yo.

¹² Se kilès ki te ᵏmezire dlo nan pla men L?
Kilès ki te etabli mezi syèl yo ak yon
  men louvri;
ki te fè kalkil pousyè latè pa mezi,
ki te peze mòn yo nan gwo balans,
e ki te peze kolin yo ak ti balans piti a?
¹³ Se ˡkilès ki te dirije Lespri SENYÈ a,
oswa kòn enstwi Li pou l konseye L?
¹⁴ Ak kilès Li te konsilte,
e se kilès ki te ᵐbay Li bon konprann?
Epi kilès ki te montre Li chemen lajistis la,
ki te enstwi Li nan konesans,
e ki te fè L konnen chemen an pou L
  byen konprann?
¹⁵ Gade byen, ⁿnasyon yo se tankou yon
  gout dlo nan yon bokit;
yo parèt tankou yon grenn pousyè
  sou balans la.
Gade byen, li leve fè monte lil yo konsi
  se yon ti kras pousyè.
¹⁶ Menm Liban pa kont pou brile, ni ᵒbèt li yo
pa kont pou fè ofrann brile.
¹⁷ ᵖTout nasyon yo se konsi yo pa
  anyen devan L,
Li gade yo tankou mwens ke anyen,
  kon vanite.

¹⁸ ᵠ A kilès, alò, nou ta konpare Bondye?
Oswa avèk ki imaj nou ta fè L sanble?
¹⁹ Pou Zidòl la, se yon ouvriye ki fòme l,
ak òfèv ki ʳkouvri l ak lò
e fè chenn li an ajan,
²⁰ Sila ki twò pòv pou fè ofrann sa a,
pran yon pyebwa ki pa konn pouri;
li chache jwenn yon mèt atizan pou prepare
yon zidòl ki ˢp ap deplase.

²¹ ᵗ Èske nou pa konnen? Èske nou
  pa konn tande?
Èske sa pa t deklare a nou menm depi
  nan kòmansman?
Èske nou pa t konprann sa depi nan
  fondasyon latè?
²² Se Li menm ki chita anwo ᵘwonn tè a
ki veye nou ki rete ladann tankou krikèt volan;
ki lonje ouvri syèl yo tankou yon rido
e fè yo deplwaye tankou yon tant pou
  moun viv ladann.
²³ Se Li menm ki redwi gwo chèf yo
  pou yo pa anyen,
ki ᵛfè jij latè yo vin san sans.
²⁴ Apèn yo fin plante, apèn yo fin simen,
apèn stòk yo fin pran rasin nan tè a,
Li sèlman soufle sou yo,
e yo fennen pouʷtanpèt la pote yo ale
  tankou pay.

ᵃ **39:8** II Kwo 34:28   ᵇ **40:1** És 12:1   ᶜ **40:2** És 41:11-13   ᵈ **40:5** És 6:3   ᵉ **40:6** Job 14:2   ᶠ **40:7** Sòm 90:5-6
ᵍ **40:8** És 55:11   ʰ **40:9** És 44:26   ⁱ **40:10** És 9:6-7   ʲ **40:11** Jr 31:10   ᵏ **40:12** Job 38:8-11   ˡ **40:13** Wo 11:34
ᵐ **40:14** Job 21:22   ⁿ **40:15** Jr 10:10   ᵒ **40:16** Sòm 50:9-11   ᵖ **40:17** És 29:7   ᵠ **40:18** Ezg 8:10   ʳ **40:19** És 2:20   ˢ **40:20** I Sam 5:3-4   ᵗ **40:21** Sòm 19:1   ᵘ **40:22** Job 22:14   ᵛ **40:23** És 5:21   ʷ **40:24** És 17:13

25 "Alò, ªak kilès ou va konpare Mwen,
pou M ta kapab vin egal avè l?"
pale Sila Ki Sen an.
26 ᵇLeve zye nou anlè,
e gade kilès ki te kreye zetwal sila yo;
Sila ki mennen lame selès yo sòti pa chif yo.
Li rele yo tout pa non yo.
Akoz grandè a pwisans Li
ak fòs pouvwa Li,
nanpwen youn nan yo ki manke.

27 Poukisa ou di, O Jacob, e pale O Israël:
"Chemen Mwen an kache de SENYÈ a
e ᶜjistis ke m merite a chape de atansyon
Bondye M"?
28 Èske nou pa konnen?
Èske nou pa tande?
Ke ᵈBondye Etènèl la, SENYÈ a,
Kreyatè a dènye pwent latè a,
pa konn fatige, ni bouke.
Konprann pa Li depase tout bon konprann.
29 Li bay fòs a sila ki ᵉfatige yo,
e a sila ki manke fòs yo, li bay plis pouvwa.
30 Malgre moun ᶠ jenn yo febli e vin bouke,
e jenn nom plen kouraj yo vin glise tonbe;
31 sila ki tann SENYÈ yo va ᵍrenouvle
ak kouraj nèf;
yo va monte anwo ak zèl kon èg.
Yo va kouri, e yo p ap bouke;
yo va mache, e yo p ap fatige.

41 "Peyi kot lanmè yo, koute Mwen an silans
e kite pèp yo renouvele fòs yo.
Kite yo vin parèt pa devan,
konsa, kite yo pale.
Annou reyini ansanm pou fè jijman.
2 Kilès ki te fè leve yon k ap soti nan lès?
Kilès ki te rele li vin kanpe a pye nan
ladwati la?
Li livre nasyon yo devan li e Li fè
wa yo soumèt;
li fè yo tankou pousyè ak nepe li,
tankou pay k ap chase pa van devan banza li.
3 Li kouri dèyè yo, e Li pase san danje,
menm nan yon chemen kote li pa t konn
pase ak pye li.
4 Se kilès ki te fè sa a e ki te acheve li;
ki te rele fè parèt tout jenerasyon yo
soti nan kòmansman?
ʰMwen, SENYÈ a, se premye a ak dènye
a. Mwen se Li."

5 Peyi kot yo te wè e yo gen lakrent;
ⁱdènye pwent latè yo tranble.
Yo rapwoche; yo rive.
6 Chak moun ap ede vwazen li.
Yo di a frè yo: "Pran kouraj!"

7 Konsa, ʲbòs atizan an ankouraje bòs
fonn metal la.
Sila ki fè metal vin poli ak mato a
ankouraje sila k ap bat fè a.
Li di a sila k ap soude a: "Li bon".
Li kloure li ak klou pou l rete nan plas li.

8 Men ou menm, O Israël, ᵏsèvitè Mwen an,
Jacob ke M te chwazi a,
desandan Abraham nan, zami Mwen an;
9 ou menm, ke M te ˡpran soti nan tout
ekstremite latè yo,
e te rele soti nan kote pi izole yo pou te di ou:
'Ou se sèvitè Mwen. Mwen te chwazi ou
e Mwen pa t rejte ou.'
10 Pa ᵐpè, paske Mwen avèk ou.
Pa gade toupatou ak kè twouble, paske
Mwen se Bondye ou.
Mwen va fòtifye ou.
Anverite Mwen va bay ou sekou.
Anverite Mwen va bay ou soutyen ak
men ladwati,
men dwat Mwen.
11 Gade byen, ⁿtout sila ki fache ak ou yo
va vin wont e dezonore.
Sila k ap pran pòz kont ou yo va vin konsi
se pa anyen e yo va peri.
12 ᵒOu va chache sila k ap fè pwoblèm
ak ou yo,
men ou p ap jwenn yo.
Sila ki fè lagè ak ou yo va vin konsi
se pa anyen e yo p ap egziste ankò.
13 Paske Mwen se SENYÈ a, Bondye ou a,
ki soutni men dwat Ou,
ki di ou, pa pè, Mwen va ba ou sekou.
14 "Pinga ou pè, ou menm, ᵖvètè Jacob la,
nou menm mesye Israël yo.
Mwen va ede nou", deklare SENYÈ a.
"Redanmtè ou a se Sila Ki Sen an Israël la.
15 Gade byen, Mwen te fè ou vin yon
zouti tounèf,
byen file tou de bò, pou kraze vannen
rekòlt la.
ᵠOu va vannen mòn yo, kraze yo fen,
e fè kolin yo vin tankou pay.
16 Ou va ʳvannen yo;
van a va pote yo ale e tanpèt va gaye yo.
Men ou va rejwi nan SENYÈ a;
ou va fè lwanj Sila Ki Sen an Israël la.

17 Aflije yo ak malere yo ap chache
dlo, men nanpwen;
lang yo sèch ak swaf la.
Mwen menm, SENYÈ a, ˢva reponn yo.
Mwen, Bondye Israël la p ap abandone yo.
18 Mwen va ouvri rivyè yo sou wotè ki vid yo

ᵃ **40:25** És 40:18   ᵇ **40:26** És 51:6   ᶜ **40:27** Job 27:2   ᵈ **40:28** Jen 21:33   ᵉ **40:29** És 50:4   ᶠ **40:30** Jr 6:11
ᵍ **40:31** Job 17:9   ʰ **41:4** És 43:10   ⁱ **41:5** Jos 5:1   ʲ **41:7** És 44:12-13   ᵏ **41:8** És 42:19   ˡ **41:9** És 11:11
ᵐ **41:10** Det 20:1   ⁿ **41:11** És 45:24   ᵒ **41:12** Job 20:7-9   ᵖ **41:14** Job 25:6   ᵠ **41:15** Mi 4:13   ʳ **41:16** Jr 51:2   ˢ **41:17** És 30:19

ak sous nan mitan vale yo.
Mwen va fè ªdezè a vin yon letan dlo,
e tè sèch la yon fontèn dlo.
¹⁹ Mwen va plase pye sèd nan dezè a,
pye akasya, ak pye jasmen ak pye doliv.
Mwen va mete pye pichpen nan dezè a
    ansanm ak pye bwadòm;
²⁰ pou yo ka wè, vin rekonèt,
reflechi e ranmase bon konprann ansanm,
ke ᵇmen SENYÈ a te fè sa,
ke Sila Ki Sen an Israël te kreye li a.

²¹ "Prezante ka nou yo", pale SENYÈ a.
"Pote gwo diskou nou yo", pale Wa a Jacob la.
²² Mennen fè yo vin parèt
e deklare a nou menm sa ki va rive!
Epi pou ᶜevenman lontan yo, deklare kisa
yo te ye, pou nou ka konsidere yo,
e konnen kijan y ap sòti.
Oswa, anonse a nou menm sa k ap vini an.
²³ Deklare bagay ki va vin rive apre yo,
pou nou ka konnen ke se dye nou ye.
Anverite, ᵈfè byen, oswa fè mal, pou nou ka
gade toupatou ansanm ak kè twouble.
²⁴ Gade byen, nou pou ryen e zèv nou
    yo pa pou anyen.
Sila ki pito nou an se yon abominnasyon.

²⁵ Mwen te fè leve ᵉyon moun soti nan
    nò e li vin parèt;
depi nan solèy leve a, li va rele non Mwen;
li va vini sou chèf yo, kon sou mòtye,
tankou bòs kanari mache sou ajil.
²⁶ Se kilès ki te ᶠdeklare sa depi nan
    kòmansman an,
pou nou ta ka konnen?
Oswa depi tan ansyen yo, pou nou ta
    kapab di: "Li se vrè"?
San dout, pa t gen moun ki te deklare sa;
san dout, pa t gen moun ki te pwoklame sa;
san dout, pa t gen moun ki te tande
    pawòl sila yo.
²⁷ Mwen se premye pou di a Sion:
'Men vwala, men yo la;'
epi a Jérusalem: 'Mwen va voye yon
    ᵍmesaje bòn nouvèl'.
²⁸ Men ʰlè M gade, nanpwen pèsòn e pa
    gen konseye pami yo,
ki, si M te mande, ta kapab bay yon repons.
²⁹ Gade byen, yo tout fo. Zèv yo san valè.
Imaj fonn yo se ⁱvan ak konfizyon.

42 "Gade byen, men Sèvitè Mwen an, ke
    M ap soutni an;
ʲsila ke M chwazi a, ki fè nanm Mwen plezi a.
Mwen te mete Lespri M sou Li.

Li va mennen fè lajistis vin parèt devan
    nasyon yo.
² Li p ap kriye menm,
ni leve vwa l,
ni fè vwa l tande nan lari.
³ Yon wozo ki brize, Li p ap kase,
e yon fisèl bouji ki brile fèb,
Li p ap etenn.
Ak fidelite, Li va mennen ᵏlajistis
e fè l vin parèt.
⁴ Li p ap ˡdekouraje oswa vin kraze
jiskaske Li etabli lajistis sou tout latè,
epi peyi kot yo va tann lalwa Li."

⁵ Konsa pale Bondye SENYÈ a
ki te ᵐkreye syèl yo e ki tann yo,
ki te fè latè vin laj ak tout sa ki viv ladann,
ki bay souf a tout pèp ki vivan sou li,
e lespri lavi a tout moun ki mache ladann,
⁶ Mwen menm se SENYÈ a.
Mwen te ⁿrele Ou nan ladwati.
Anplis, Mwen va kenbe Ou nan men.
Mwen va pran swen Ou.
Mwen va chwazi Ou kon yon akò pou pèp la,
kon yon limyè pou nasyon yo,
⁷ pou ᵒouvri zye avèg yo,
pou mennen prizonye yo sòti nan kacho a,
e fè sila ki viv nan tenèb yo sòti nan prizon an.

⁸ "Mwen se SENYÈ a.
Sa se non Mwen.
Mwen p ap bay ᵖglwa Mwen a yon lòt,
ni lwanj Mwen a imaj taye.
⁹ Gade byen, ᑫansyen bagay yo te fin akonpli;
koulye a, Mwen deklare bagay nèf yo.
Avan yo leve vin parèt, Mwen pwoklame
yo a nou menm."

¹⁰ Chante a SENYÈ a yon chan tounèf,
lwanj Li jis rive nan ʳdènye pwent latè!
Nou menm ki desann nan lanmè a, ak
    tout sa ki ladann,
nou menm lil yo ak sila ki viv sou yo.
¹¹ Kite ˢdezè a ak vil li yo leve vwa yo;
anplasman kote Kédar rete a.
Kite sila ki rete nan Sela la chante anlè;
kite yo chante ak kè kontan soti nan
    wotè mòn yo.
¹² Kite yo ᵗbay glwa a SENYÈ a
e deklare lwanj Li nan peyi kot yo.
¹³ ᵘSENYÈ a va avanse tankou yon gèrye,
li va chofe zèl Li tankou yon nonm lagè.
Li va kriye fò, wi Li va leve yon kri lagè.
Li va enpoze Li sou lènmi Li yo.

¹⁴ ᵛMwen te rete an silans depi lontan sa.

ᵃ **41:18** Sòm 107:35 ᵇ **41:20** Job 12:9 ᶜ **41:22** És 43:9 ᵈ **41:23** Jr 10:5 ᵉ **41:25** És 41:2 ᶠ **41:26** És 41:22
ᵍ **41:27** És 40:9 ʰ **41:28** És 50:2 ⁱ **41:29** Jr 5:13 ʲ **42:1** Luc 9:35 ᵏ **42:3** Sòm 72:2-4 ˡ **42:4** És 40:28
ᵐ **42:5** Sòm 102:25-26 ⁿ **42:6** És 41:2 ᵒ **42:7** És 29:18 ᵖ **42:8** Egz 20:3-5 ᑫ **42:9** És 48:3 ʳ **42:10** És 49:6
ˢ **42:11** És 32:16 ᵗ **42:12** És 24:15 ᵘ **42:13** Egz 15:3 ᵛ **42:14** Sòm 50:21

Mwen te rete kalm e te kontwole Mwen.
Koulye a, tankou yon fanm k ap fè pitit,
 Mwen va plenyen.
Mwen va rale gwo souf e respire fò.
15 Mwen va ªravaje tout mòn yo ak kolin yo,
e zèb ak raje yo va vin fennen nèt.
Mwen va fè rivyè yo vin il yo, e seche letan.
16 Mwen va ᵇmennen avèg yo pa yon
 chemen yo pa konnen,
nan wout yo pa konnen, Mwen va gide yo.
Mwen va fè tenèb la vin limyè devan yo
e move kote yo va vin plat.
Se bagay sa yo Mwen va fè
e Mwen p ap kite yo pa fèt.

17 "Sila ki mete konfyans yo nan zidòl yo
e ki di a imaj fonn yo:
'Se nou menm ki dye pa nou',
va voye tounen pa dèyè e va ᶜvin wont nèt.

18 ᵈ"Tande, nou menm ki soud!
Epi gade, nou menm ki avèg, pou nou ka wè.
19 Se kilès ki avèg sof ke ᵉsèvitè Mwen an,
oswa tèlman soud tankou mesaje ke
 Mwen voye a?
Se kilès ki avèg tankou sila ki anpè avè M,
oswa tèlman avèg tankou sèvitè a SENYÈ a?
20 ᶠNou te wè anpil bagay, men nou
 pa swiv yo;
zòrèy nou louvri, men nanpwen moun
 ki tande.
21 SENYÈ a te kontan pou koz ladwati Li;
pou fè lalwa a ᵍgran e plen respe.
22 Men pèp sa a se yon pèp depouye e piyaje.
Yo tout ʰkole nan kav yo oswa
 kache nan prizon yo.
Yo devni viktim san okenn moun ki
 pou delivre yo;
yon piyaj san okenn moun ki pou di:
 "Restore yo!"

23 Se kilès pami nou k ap prete zòrèy a sa a?
Kilès k ap okipe sa e kòmanse koute
 depi koulye a?
24 Se kilès ki te livre Jacob pou l depouye
e Israël a piyajè yo?
Èske se pa t SENYÈ a, kont sila nou
 te peche a?
Paske yo te refize mache nan chemen Li yo;
ni yo pa t swiv lalwa Li.
25 Pou sa, Li te vide sou li chalè kòlè Li
ak ⁱfòs kouraj batay la.
Sa te fè l pran flanm toupatou,
men li pa t rekonèt sa a.
Li t ap brile l, men li pa t okipe sa."

43 Men koulye a, konsa pale SENYÈ a,
 ʲKreyatè ou a, O Jacob,
e Sila ki te fòme ou a, O Israël:
"Pa pè, paske Mwen te rachte ou.
Mwen te rele ou pa non ou.
Se pa M ou ye!
2 Lè w ap ᵏpase nan gwo dlo yo,
Mwen va la avèk ou;
epi nan rivyè yo,
yo p ap debòde sou ou.
Lè w ap mache nan dife a, ou p ap brile,
ni flanm nan p ap brile ou.
3 Paske Mwen se SENYÈ a, Bondye ou a,
Sila Ki Sen en Israël la, ˡSovè ou a.
Mwen te bay Égypte kon ranson ou
Cush ak Saba nan plas ou.
4 Akoz ou ᵐpresye nan zye M,
akoz ou gen gran valè
e Mwen renmen ou,
Mwen va bay lòt moun nan plas ou
e lòt pèp an echanj pou lavi ou.
5 Pa pè, paske ⁿMwen avèk ou;
Mwen va mennen desandan ou yo soti nan lès
e ranmase ou nan lwès.
6 Mwen va di a ᵒnò: 'Lage yo!'
Epi a sid: 'Pa anpeche yo!'
Mennen fis Mwen yo soti lwen
e fi Mwen yo soti nan dènye pwent latè yo—
7 tout moun ki rele pa non Mwen
e ke Mwen te ᵖkreye pou glwa Mwen,
ke M te fòme, menm sa ke m te fè."

8 Mennen fè parèt pèp ki ᵠavèg la,
 malgre yo gen zye
e soud la, malgre yo gen zòrèy.
9 Kite tout nasyon yo ʳreyini ansanm
e tout pèp yo rasanble.
Kilès pami yo ki kapab deklare sa
e pwoklame a nou menm bagay a tan
 ansyen yo?
Kite yo prezante temwen pa yo pou
 yo ka jistifye,
oswa kite yo tande e di: "Sa se vrè".

10 "Nou se temwen Mwen," deklare SENYÈ a,
"Ak sèvitè ke M te chwazi;
pou nou ka konnen, kwè nan Mwen
e konprann ke ˢMwen se Li menm nan.
Avan Mwen, pa t gen lòt Bondye ki te fòme
e apre Mwen, p ap gen menm.
11 Mwen menm, Mwen se SENYÈ a
 e nanpwen ᵗsovè
apa de Mwen menm.
12 Se Mwen ki te deklare, sove, pwoklame
e pat genyen ᵘdye etranje pami nou.
Konsa, nou se temwen M",

ª **42:15** És 2:12-16 ᵇ **42:16** És 29:18 ᶜ **42:17** Sòm 97:7 ᵈ **42:18** És 29:18 ᵉ **42:19** És 41:8 ᶠ **42:20** Wo 2:21 ᵍ **42:21** És 42:4 ʰ **42:22** És 24:18 ⁱ **42:25** És 5:25 ʲ **43:1** És 43:15 ᵏ **43:2** Sòm 66:12 ˡ **43:3** És 19:20 ᵐ **43:4** Egz 19:5-6 ⁿ **43:5** És 8:10 ᵒ **43:6** És 8:10 ᵖ **43:7** Sòm 100:3 ᵠ **43:8** És 6:9 ʳ **43:9** És 34:1 ˢ **43:10** És 41:4 ᵗ **43:11** És 43:3 ᵘ **43:12** Det 32:16

deklare SENYÈ a:
"Epi Mwen se Bondye.
[13] Menm depi nan letènite, Mwen se Li menm
e [a]pa genyen moun ki ka delivre fè
sòti nan men M;
Mwen aji e se kilès ki ka ranvèse l?"
[14] Konsa pale SENYÈ a, [b]Redanmtè nou an, Sila Ki Sen an Israël la; "Pou koz nou, Mwen voye kote Babylone e Mwen va mennen yo tout desann kote nou kon kaptif, menm Kaldeyen yo nan bato anndan sila yo rejwi yo. [15] Mwen se SENYÈ a, Sila Ki Sen pa nou an, [c]Kreyatè Israël la, Wa nou an."
[16] Konsa pale SENYÈ a, ki [d]fè yon wout sou lanmè a,
e yon chemen nan dlo pwisan yo,
[17] Ki mennen fè parèt [e]cha avèk cheval la,
lame ak mesye pwisan a
(Yo va kouche ansanm e yo p ap leve ankò;
yo te etenn tankou yon fisèl bouji):
[18] Pa kite ansyen bagay yo antre nan tèt nou,
ni reflechi sou bagay ki fin pase.
[19] Gade byen, Mwen va fè yon bagay [f]tounèf;
koulye a, li va pete vin parèt.
Èske nou p ap rekonèt li?
Menm yon chemen nan dezè a Mwen va fè,
ak rivyè yo nan dezè a.
[20] Bèt nan chan yo va bay glwa a Mwen menm,
chen mawon nan chan yo ak otrich yo,
akoz Mwen te [g]bay dlo nan savann nan
e rivyè nan dezè a pou pèp chwazi
Mwen an ka bwè.
[21] [h]Pèp ke M te fòme pou Mwen an va
deklare lwanj Mwen.

[22] Men ou pa t rele Mwen, O Jacob;
men ou te[i]vin fatige ak Mwen, O Israël.
[23] Ou [j]pa t mennen ban Mwen mouton
a ofrann brile ou yo,
ni ou pa t onore M ak ofrann brile ou yo,
ni ou pa t onore M ak sakrifis ou yo.
Mwen pa t mete gwo fado sou ou ak
ofrann yo,
ni fè ou fatige ak lansan.
[24] Ou pa t mennen ban M kann dous ak lajan,
ni ou pa t plen M ak grès a sakrifis ou yo.
Olye de sa, ou te chaje Mwen ak peche ou yo.
Ou te [k]fatige M ak inikite ou yo.

[25] Mwen menm, Mwen se Sila ki [l]efase
transgresyon ou yo,
pou koz Mwen;
e Mwen p ap sonje peche ou yo.
[26] Mete M nan memwa ou.
[m]Annou diskite ka nou ansanm.
Prezante ka ou pou ou ka jistifye ak eprèv ou.
[27] [n]Premye zansèt ou yo te peche,
e enstriktè ou yo te trangrese kont Mwen.
[28] Pou sa, Mwen va deklare prens a
sanktyè yo pa pwòp;
Mwen va fè Jacob yon malediksyon,
e Israël kon yon [o]repwòch.

44

"Men koulye a, koute, O Jacob, [p]sèvitè Mwen an;
Israël ke M te chwazi a.
[2] Konsa pale SENYÈ ki te fè ou a,
ki te fòme ou soti nan vant lan,
ki va bay ou soutyen,
kap di: 'Pa pè, O Jacob, sèvitè Mwen an;
ak ou menm [q]Israël ke M te chwazi a.
[3] Paske Mwen va vide dlo sou yon tè ki swaf
e vwa dlo sou tè ki sèch.
Mwen va [r]vide Lespri M sou ras ou
e benediksyon sou desandan ou yo;
[4] konsa, yo va vin vòltije pami zèb
kon [s]bwa akote sous dlo.'
[5] Sila a va di: 'Mwen pou SENYÈ a;'
epi lòt la va rele sou non Jacob;
epi yon lòt va [t]ekri sou men l:
'Apatyen a SENYÈ a',
epi va nonmen non Israël ak respè.

[6] Konsa pale SENYÈ a, Wa Israël la,
ak [u]Redanmtè li a, SENYÈ dèzame yo:
Mwen se premye e Mwen se dènye a;
nanpwen Bondye sof ke Mwen menm.
[7] Se kilès ki tankou Mwen? [v]Kite li
pwoklame e deklare sa;
Wi, kite li pale M sa an lòd.
Depi lè ke M te etabli ansyen nasyon a.
Epi kite yo deklare a yo menm bagay
k ap vini yo ak evenman ki va rive yo.
[8] Pa tranble, pa pè.
Èske depi lontan, Mwen pa t anonse
sa a nou menm
e te demontre nou sa?
Konsa, nou se temwen M.
Èske gen okenn Bondye [w]sof ke
Mwen menm?
Anverite, nanpwen!
Mwen pa konnen okenn lòt Wòch."

[9] Sila ki fè yon imaj taye yo, tout se pou ryen.
Sa ke yo bay enpòtans yo, pa gen benefis.
Menm pwòp temwen pa yo pa wè ni konnen.
Yo pa ka menm [x]vin wont.
[10] Se kilès ki te fòme yon dye,
oswa te fè yon zidòl fonn ki [y]san benefis?
[11] Gade byen, tout zami l yo va [z]vin wont,
paske bòs atizan yo menm se sèlman lòm.
Kite yo rasanble yo menm,

---

[a] **43:13** Sòm 50:22 [b] **43:14** És 41:14 [c] **43:15** És 43:1 [d] **43:16** Egz 14:21-22 [e] **43:17** Egz 15:19 [f] **43:19** És 42:9 [g] **43:20** És 41:17-18 [h] **43:21** És 43:1 [i] **43:22** Mi 6:3 [j] **43:23** Am 5:25 [k] **43:24** Sòm 95:10 [l] **43:25** És 44:22 [m] **43:26** És 1:18 [n] **43:27** És 51:2 [o] **43:28** Sòm 79:4 [p] **44:1** És 41:8 [q] **44:2** Det 32:15 [r] **44:3** És 32:15 [s] **44:4** Lev 23:40 [t] **44:5** Egz 13:9 [u] **44:6** És 41:14 [v] **44:7** És 41:22-26 [w] **44:8** Det 4:35-39 [x] **44:9** Sòm 97:7 [y] **44:10** És 41:29 [z] **44:11** Sòm 97:7

kite yo kanpe,
kite yo tranble,
kite yo tout ansanm vin wont.

[12] [a]Moun nan fòme bout fè a pou fè yon
zouti pou koupe.
Yon travay ki fèt sou chabon limen.
Li fòme li ak mato,
e travay li ak bra li ki fò.
Anplis, li vin grangou e pèdi fòs;
li pa bwè dlo e li vin fatige.
[13] [b]Yon lòt taye bwa, li mezire li ak mèt mezi;
li trase sou li ak lakrè wouj.
Li travay li ak rif la, trase l ak konpa
e fè li sanble ak fòm a yon moun,
tankou bèlte a lòm,
pou l ka plase li anndan yon kay.
[14] Anverite, li koupe bwa sèd yo pou kont li,
pran yon bwa pichpen oswa yon bwadchenn
e leve li pou kont li pami bwa forè yo.
Li plante yon bwa pen e lapli fè l grandi.
[15] Epi li devni yon bagay pou moun ka brile.
Li pran kèk nan li pou l ka chofe
e anplis, fè dife pou kwit pen. Anplis li
fè yon dye epi l adore l.
Li fè li yon imaj taye e li [c]tonbe ba devan l.
[16] Mwatye li, li brile nan dife;
sou mwatye sa a, li manje vyann
pandan li kwit yon gwo mòs e li satisfè.
Anplis, li chofè kò l epi di: "Aha, koulye
a mwen fin chofe ase; mwen
te wè dife a."
[17] Men rès la, li sèvi pou fòme yon dye,
imaj taye pa li.
Li tonbe ba devan l pou l adore l; anplis,
li [d]priye a li menm e di: "Delivre m, paske
se ou ki dye mwen."

[18] Yo pa konnen, ni yo pa konprann,
paske Li te [e]fèmen zye yo pou yo pa wè
e kè yo pou yo pa konprann.
[19] Nanpwen moun ki sonje, ni pa
gen konesans
ni konprann pou l ta di:
"Mwen te brile mwatye li nan dife a
e anplis, mwen te kwit pen sou chabon li.
Mwen boukannen vyann, e mwen manje li.
Èske m ap fè rès la vin yon [f]abominasyon?
Èske mwen va tonbe ba devan yon bout bwa!"
[20] La p manje sou sann yo.
Yon [g]kè ki twonpe te mennen l sou kote.
Li p ap kapab delivre nanm li menm.
Ni li pa mande:
"Èske pa gen manti nan men dwat mwen?"

[21] [h]"Sonje bagay sa yo, O Jacob e Israël,
paske ou se sèvitè Mwen, O Israël.
Mwen p ap janm bliye ou.
[22] Mwen te [i]efase transgresyon ou yo
tankou yon nwaj byen pwès,
ak peche ou yo tankou yon nwaj.
Retounen kote Mwen, paske Mwen
te rachte ou."

[23] Rele ak jwa, O syèl yo, paske SENYÈ
a te fè sa!
Rele ak jwa, ou menm, kote pi ba sou latè yo!
Pete ak gwo kri lajwa, O mòn yo,
O forè ak tout pyebwa ki ladann yo;
paske [j]SENYÈ a te rachte Jacob,
e an Israël,
Li va devwale glwa Li.

[24] Konsa pale SENYÈ a, Redanmtè ou a
e sila ki te fè ou soti nan vant la:
"Mwen, SENYÈ a, se Kreyatè a tout bagay,
Mwen te [k]lonje ouvri syèl yo pou kont Mwen,
e Mwen te lonje ouvri latè, Mwen sèl Mwen;
[25] [l]ki fristre sila yo ki plen ògeye ak mantè yo;
ki te devwale divinò yo tankou moun fou,
ki te fè mesye saj yo rale fè bak,
pou l vire sajès yo fè l tounen foli;
[26] ki te [m]konfime pawòl a sèvitè Li a
e te acheve bi a mesaje Li yo.
Se Mwen menm ki di de Jérusalem:
Li va gen moun ladann!' Epi a vil a Juda yo:
'Yo va bati.'
Konsa, Mwen va fè leve mazi li yo ankò.
[27] Se Mwen menm ki pale a fon lanmè
a: 'Vin sèch,'
e Mwen va fè rivyè ou yo [n]vin sèk.
[28] Se Mwen menm ki di de Cyrus:
'Li se bèje Mwen, epi li va acheve tout
volonte mwen.'
Li va deklare a Jérusalem:[o] 'Li va bati,'
e de tanp lan: 'Fondasyon ou yo va poze.'"

45 Konsa pale SENYÈ a a Cyrus, onksyone Li
a, ke M te pran pa [p]men dwat la, pou soumèt
nasyon yo devan l e pou lache senti a wa yo, pou
ouvri pòt devan l pou pòtay yo pa fèmen:
[2] "Mwen va ale devan ou
pou [q]fè move kote yo vin swa.
Mwen va kraze pòt an bwonz yo
e fin koupe nèt ba an fè li yo.
[3] Mwen va bay ou [r]trezò lannwit yo
ak richès k ap kache kote sekrè yo,
pou ou ka konnen ke se Mwen, SENYÈ a,
Bondye Israël la, ki rele ou pa non ou.
[4] Pou koz sèvitè Mwen an, Jacob ak Israël,
sila ke M te chwazi a,
Mwen te, anplis, rele ou pa non ou.
Mwen te bay ou yon tit k ap respekte,

---

[a] **44:12** És 40:19-20 [b] **44:13** És 41:7 [c] **44:15** II Kwo 25:14 [d] **44:17** I Wa 18:26-28 [e] **44:18** Sòm 81:12
[f] **44:19** Det 27:15 [g] **44:20** Job 15:31 [h] **44:21** És 46:8 [i] **44:22** Sòm 51:1-9 [j] **44:23** És 43:1 [k] **44:24** És
40:22 [l] **44:25** És 47:13 [m] **44:26** Za 1:6 [n] **44:27** És 42:15 [o] **44:28** II Kwo 36:22-23 [p] **45:1** Sòm 73:23
[q] **45:2** Sòm 107:6 [r] **45:3** Jr 41:8

malgre ou [a]pa t rekonèt Mwen.
⁵ Mwen se SENYÈ a e pa gen lòt.
Apa de Mwen menm, pa gen Bondye.
Mwen va [b]fòtifye ou,
malgre ou pa t rekonèt Mwen;
⁶ ke [c]lèzòm ka konnen depi solèy leve
jiskaske solèy kouche,
ke nanpwen lòt sof ke Mwen menm.
Mwen se SENYÈ a e nanpwen lòt;
⁷ Sila ki te fòme limyè a ak fènwa a,
ki fè bonè e ki [d]kreye malè.
Mwen se SENYÈ a,
ki fè tout sila yo.

⁸ Degoute depi anwo, O syèl yo,
e kite nwaj yo vide fè ladwati desann.
Kite [e]latè ouvri nèt pou sali a ka donnen fwi,
pou fè ladwati vòltije monte avè l.
Mwen, SENYÈ a te kreye l.
⁹ Malè a sila ki goumen ak Kreyatè li a—
yon veso fèt ak tè pami veso latè yo!
Èske [f]ajil va di a bòs kanari a: 'Se kisa
w ap fè la a?'
Oswa bagay w ap fè a, ta di: "Li pa gen men'?
¹⁰ Malè a sila ki di a yon papa: 'Ki kalite
bagay ou te fè la?'
Oswa a yon fanm: 'A kilès w ap bay
nesans lan?'"

¹¹ Konsa pale SENYÈ a, Sila Ki Sen An Israël
ak Kreyatè li a:
[g]"Mande M de bagay k ap vini a konsènan
fis Mwen yo
e ou kòmande Mwen menm selon zèv
men M yo!
¹² Se Mwen ki te fè latè e te kreye lòm sou li.
Mwen te lonje ouvri syèl yo ak men M
e mete tout [h]lame selès pa yo an lòd.
¹³ Mwen te fè leve nan li [i]ladwati
e Mwen va fè wout li yo swa.
Li va bati vil Mwen,
e va kite egzile Mwen yo vin libere,
pa pou pèyman oswa rekonpans,"
pale SENYÈ dèzame yo.

¹⁴ Konsa pale SENYÈ a: "Prodwi a Égypte yo
ak machandiz a Ethiopie a ak Sabeyen yo,
mesye a gran tay yo, va vin travèse kote ou.
Yo va pou ou.
Yo va mache dèyè w.
Yo va vini ak chenn sou yo, e va bese
devan ou;
yo va fè siplikasyon a ou menm.
'Anverite [j]Bondye pami nou; e pa gen lòt.
Nanpwen lòt Bondye'"
¹⁵ Anverite, Ou se yon Dye ki [k]kache tèt Li,
O Bondye Israël la, Sovè a!
¹⁶ Yo va [l]desi, imilye menm, yo tout.
Sa yo ki fabrike zidòl yo va sòti ansanm
ak gwo wont.
¹⁷ Israël va sove pa SENYÈ a, ak yon
sali ki pou tout tan.
Ou [m]p ap vin wont, ni imilye jiska letènite.

¹⁸ Paske SENYÈ a ki te kreye syèl la ak tè a,
Dye la ki te fòme tè a e ki te fè l la;
Ki te etabli li, e Li pa t kreye li [n]vid,
men te fòme l pou moun ka viv ladann di:
"Mwen se SENYÈ a.
Nanpwen lòt.
¹⁹ Mwen pa t pale an sekrè, nan yon
peyi fènwa.
Mwen pa t di a desandan Jacob yo,
'Chache M anven.'
Mwen, SENYÈ a, [o]pale ladwati.
Mwen deklare sa ki dwat."

²⁰ [p]"Rasanble nou e vini.
Rapwoche nou ansanm, nou menm,
refijye a nasyon yo.
Lòt yo pa gen konesans;
sila ki pote zidòl an bwa yo toupatou,
e ki priye a yon dye ki p ap ka sove yo.
²¹ Deklare e prezante ka nou an.
Anverite, kite yo fè konsiltasyon ansanm.
Se kilès ki te anonse sa depi nan tan ansyen yo,
ki te deklare sa depi lontan?
Èske se pa Mwen, SENYÈ a?
Epi [q]nanpwen lòt Dye sof ke Mwen,
yon Dye ladwati e yon Sovè. Nanpwen
lòt sof ke Mwen.

²² [r]"Vire kote Mwen pou vin sove, tout
pwent latè yo;
paske Mwen se Bondye e pa gen lòt.
²³ Mwen te sèmante pa Mwen menm,
pawòl la te fin sòti nan bouch Mwen
nan ladwati
e li p ap vire fè bak;
ke a Mwen menm, [s]tout jenou va koube
e tout lang va sèmante fidelite.
²⁴ Yo va di de Mwen:
'Se sèlman [t]nan SENYÈ a ki gen ladwati
ak pwisans.'"
Lèzòm va vin kote Li e tout moun ki te
fè laràj kont Li va vin wont nèt.
²⁵ Nan SENYÈ a, tout desandan Israël
yo va vin [u]jistifye
e va rejwi!

46
[v]Bel vin pwostène,
Nebo koube nèt.
Imaj pa yo kon pote sou bèt;

---

[a] **45:4** Trav 17:23 [b] **45:5** Sòm 18:39 [c] **45:6** Sòm 102:15 [d] **45:7** És 31:2 [e] **45:8** Sòm 85:11 [f] **45:9** És 29:16
[g] **45:11** Jr 31:9 [h] **45:12** Jen 2:1 [i] **45:13** És 41:2 [j] **45:14** Jr 16:19 [k] **45:15** Sòm 44:24 [l] **45:16** És 42:17
[m] **45:17** És 49:23 [n] **45:18** Jen 1:2 [o] **45:19** Sòm 19:8 [p] **45:20** És 43:9 [q] **45:21** És 45:5 [r] **45:22** Nonb 21:8-9
[s] **45:23** Wo 14:11 [t] **45:24** Jr 33:16 [u] **45:25** I Wa 8:27 [v] **46:1** És 2:18

menm sou tout kalite bèt domestik.
Bagay ke nou pote yo se chaj lou;
yon fado ki pèze sa yo ki fatige.
² Yo koube nèt e yo vin pwostène ansanm.
Yo pa t ka delivre chaj lou a,
men yo menm [a]vin prizonye yo.

³ Koute Mwen, O lakay Jacob
ak tout retay lakay Israël la;
nou menm ki te [b]pote menm depi nan nesans,
ki te pote depi nan vant.
⁴ Jis rive nan vyeyès nou, Mwen se Li,
e menm lè [c]cheve nou blanch, Mwen
va pote nou.
Mwen te fè, e Mwen va pote.
Mwen va pote, e Mwen va delivre.

⁵ [d]A kilès nou ta fè Mwen sanble,
fè Mwen vin egal e konpare Mwen,
konsi nou te menm bagay?
⁶ Kèk kon [e]vide lò ki sòti nan bous,
oswa peze ajan sou balans.
Anplwaye yon òfèv,
e l ap fè l vin tounen yon dye.
Yo pwostène—
e anverite, yo adore l.
⁷ Yo fè l monte sou zepòl pou pote l;
yo pote l, mete li nan plas li, e li kanpe la.
Li p ap ka deplase nan plas li.
Malgre yon moun ta kriye anvè li, [f]li
p ap ka reponn;
li p ap ka delivre l nan gwo pwoblèm li an.

⁸ Sonje sa e kanpe fèm kon gason;
[g]kenbe sa nan tèt nou ankò, transgresè yo.
⁹ Sonje [h]ansyen bagay ki pase lontan yo,
paske Mwen se Bondye e nanpwen lòt.
Mwen se Bondye, epi pa gen tankou Mwen,
¹⁰ ki deklare lafen depi nan kòmansman
e depi tan lansyen yo, bagay ki pa t
janm fèt yo.
Mwen ki di w: [i]"Volonte m va etabli e Mwen
va akonpli tout bon plezi M."
¹¹ M ap rele yon zwazo ki manje chè
soti nan lès,
yon nonm volonte Mwen an,
k ap soti nan yon peyi lwen.
Anverite, Mwen te [j]pale.
Anverite, Mwen va fè sa rive.
Mwen ki te fè plan an;
Mwen k ap fè l rive.

¹² Koute Mwen, nou menm, moun [k]tèt di,
ki lwen ladwati yo!
¹³ Mwen mennen ladwati Mwen vin toupre.
Li pa lwen,

epi sali Mwen p ap fè reta.
Mwen va bay [l]sali nan Sion
e glwa Mwen a Israël.

47 "Vin desann chita nan pousyè a, O [m]fi vyèj
Babylone nan;
Chita atè san twòn, O fi a Kaldeyen yo!
Paske ou p ap rele fanm dous ankò,
ni bèl fanm.
² Pran yon wòch moulen pou moulen farin.
Retire [n]vwal ou leve jip la wo, dekouvri
janm yo.
Travèse rivyè yo.
³ Toutouni ou va dekouvri e wont ou
va vin parèt.
Mwen va [o]pran vanjans
e Mwen p ap bliye pèsòn."

⁴ [p]Redanmtè nou an, SENYÈ dèzame
yo se non Li,
Sila Ki Sen an Israël la.
⁵ [q]Chita an silans e antre nan fènwa a,
O fi a Kaldeyen yo,
paske ou p ap rele ankò rèn a wayòm yo.
⁶ Mwen te fache ak pèp Mwen an;
Mwen te pwofane eritaj Mwen an,
e Mwen te livre pèp Mwen nan men ou.
Ou pa t montre yo gras,
men menm ak [r]granmoun nan vyeyès yo,
ou te fè jouk ou byen lou.
⁷ Malgre, ou te di: 'Se [s]rèn ke m ap ye
jis pou tout tan.'
Bagay sila yo, ou pa t konsidere yo, ni
sonje kote yo t ap rive.

⁸ "Alò, tande sa, ou menm, moun sansyèl yo,
ki viv ansekirite, k ap di nan kè nou:
'Se mwen menm e nanpwen lòt.
Mwen p ap janm [t]chita tankou yon vèv,
ni konnen pèt timoun.'
⁹ Men de bagay sa yo va rive sou nou
[u]sibitman
nan yon jou:
pèt a pitit ak afè vin vèv la.
Yo va rive an mezi plen nèt;
malgre tout maji nou ak gwo pouvwa
wanga nou konn fè yo.
¹⁰ Ou te santi ou te [v]byen pwoteje nan
mechanste ou
e ou te di: 'Pèsòn pa wè m'.
Sajès ou ak konesans ou, yo fin chape kite ou;
paske nan kè ou, ou te di:
'Se mwen menm e nanpwen lòt sof ke mwen'.
¹¹ Men [w]malè va vini sou ou ke ou p ap gen
maji pou detounen.
Gwo dega ke ou p ap ka menm konprann
va vini sou ou.

---

[a] 46:2 Jij 18:17-24   [b] 46:3 Sòm 71:6   [c] 46:4 Sòm 71:18   [d] 46:5 És 40:18-25   [e] 46:6 És 40:19   [f] 46:7 És 41:28   [g] 46:8 És 44:19   [h] 46:9 Det 32:7   [i] 46:10 Sòm 33:11   [j] 46:11 Nonb 23:19   [k] 46:12 Sòm 76:5   [l] 46:13 És 61:3   [m] 47:1 Sòm 137:8   [n] 47:2 Jen 24:65   [o] 47:3 És 34:8   [p] 47:4 És 41:14   [q] 47:5 És 23:2   [r] 47:6 Det 28:50   [s] 47:7 És 47:5   [t] 47:8 Rev 18:7   [u] 47:9 Sòm 73:19   [v] 47:10 Sòm 52:7   [w] 47:11 És 57:1

Destriksyon ke ou pa t janmn sispèk
va rive sou ou sibitman.

¹² Kanpe fèm nan tout ᵃmaji ak wanga
ke ou te sèvi depi nan jenès ou yo.
Petèt ou va reyisi, petèt ou va fè moun tranble.
¹³ Ou vin ᵇfatige ak tout konsèyè yo.
Alò koulye a, kite mèt zetwal ki fè
    pwofesi ak yo,
k ap fè prediksyon avni ak nouvèl lin yo,
vin kanpe pou pwoteje ou sou sa k ap
    vin rive ou yo.
¹⁴ Gade byen, yo ᶜtankou pay.
Dife ap brile yo.
Yo p ap ka sove kò yo devan pouvwa
    flanm yo.
P ap gen chabon ki pou chofe kò yo,
ni flanm dife pou yo chita devan l!
¹⁵ Men kijan tout travay lavi ou ap tèminen:
Tout sa yo ki ᵈfè komès ak ou depi
    nan jenès ou yo
va mache egare nan chemen pa yo;
nanpwen moun ki pou ta sove ou.

48 "Tande sa, O lakay Jacob,
    ki rele pa non Israël,
ki te sòti nan dlo Juda la.
Nou ᵉsèmante pa non SENYÈ a,
e envoke Bondye Israël la,
men san verite e san ladwati.
² Paske yo rele tèt yo menm jan ak vil sen an
e yo ᶠdepann sou Bondye Israël la;
SENYÈ dèzame se non Li.
³ Mwen te ᵍdeklare ansyen bagay lontan yo,
yo te sòti nan bouch Mwen e Mwen
    te pwoklame yo.
Sibitman Mwen te fè yo, e yo te vin rive.
⁴ Akoz Mwen konnen ke ʰtèt ou di,
kou ou tankou ba fè,
e fwontèn ou tankou bwonz;
⁵ pou sa, Mwen te deklare sa a ou
    menm lontan sa;
avan yo te rive, Mwen te pwoklame
    yo a Ou menm,
pou ou pa ta di: 'Se ⁱzidòl mwen an ki te fè l;
imaj taye mwen ak imaj fonn mwen an
ki te kòmande yo.'
⁶ Ou te tande sa!
Gade tout sa!
Konsa, ou menm, èske ou p ap deklare li?

Mwen pwoklame ʲbagay tounèf yo a ou
    menm soti kounye a,
tout bagay kache a ke ou pa t konnen yo.
⁷ Se koulye a yo fèt, e pa lontan sa.
Avan jou sa a, ou pa t tande yo.
Konsa, ou p ap di: "Gade byen, mwen
    te konnen yo".
⁸ Anverite, Ou pa t konn tande yo,
ni ou pa t konnen yo.
Menm depi lontan, zòrèy ou pa t ouvri,
paske Mwen te konnen ke ou aji nan koken.
Depi nan nesans ou, se ᵏrebèl ou te ye.
⁹ ˡPou koz a non Mwen, M ap fè kòlè
    Mwen pran ti reta;
pou koz lwanj Mwen, Mwen ralanti l pou ou,
pou'm pa koupe retire ou nèt.
¹⁰ Gade byen, Mwen te rafine ou, men
    pa tankou ajan;
Mwen te fè ou pase a leprèv nan
    founo doulè a.
¹¹ Pou koz pa M,
pou pwòp koz pa Mwen, Mwen va aji;
paske kòman non Mwen ka vin
    pwofane konsa?
ᵐGlwa Mwen, Mwen p ap ka sede l
    bay yon lòt.

¹² Koute Mwen, O Jacob,
menm Israël ke M te rele a;
Mwen se Li menm nan.
ⁿMwen se premye a.
E Mwen se osi dènye a.
¹³ Anverite, men M te ᵒetabli latè,
e men dwat Mwen te louvri syèl yo.
Lè M rele yo, yo kanpe ansanm.

¹⁴ Rasanble, nou tout pou koute!
Se kilès pami yo ki te deklare bagay sa yo?
Sila SENYÈ a renmen; li va ᵖakonpli sa
    li pito sou Babylone.
Men L va kontra Kaldeyen yo.
¹⁵ Mwen menm, Mwen te pale.
Anverite, Mwen te ᵠrele li.
Mwen te mennen li,
e Li va fè chemen li yo vin reyisi.
¹⁶ Vin toupre Mwen, koute sa:

"Depi nan kòmansman, Mwen pa t
    pale an sekrè;
depi tan sa te rive a, Mwen te la."

Epi koulye a ʳSenyè BONDYE a te voye
    Mwen ak Lespri Li.

¹⁷ Konsa pale SENYÈ a,
Redanmtè ou a,
Sila Ki Sen an Israël la:
"Mwen se SENYÈ a, Bondye ou a,
ki enstwi ou pou ou ta byen reyisi,
ki ˢmennen ou nan chemen ke ou ta dwe ale a.

ᵃ **47:12** És 47:9   ᵇ **47:13** Jr 51:58-64   ᶜ **47:14** És 5:24   ᵈ **47:15** Rev 18:11   ᵉ **48:1** Det 6:13   ᶠ **48:2** És 10:20   ᵍ **48:3** És 41:22   ʰ **48:4** Egz 32:9   ⁱ **48:5** Jr 44:15-18   ʲ **48:6** És 42:9   ᵏ **48:8** Det 9:7-24   ˡ **48:9** Né 9:30-31   ᵐ **48:11** Det 32:26-27   ⁿ **48:12** És 44:6   ᵒ **48:13** Egz 20:11   ᵖ **48:14** És 46:10-11   ᵠ **48:15** És 41:12   ʳ **48:16** Za 2:9-11   ˢ **48:17** Sòm 32:8

¹⁸ Si sèlman ou te ᵃokipe kòmandman
  Mwen yo!
Konsa afè ou t ap mache byen tankou
  yon rivyè,
e ladwati ou tankou lam lanmè yo.
¹⁹ Desandan nou yo t ap tankou sab e pitit
  ou yo tankou grenn sab.
ᵇNon pa li pa ta janm vin disparèt ni detwi
  devan prezans Mwen."

²⁰ ᶜAle kite Babylone!
Sove ale devan Kaldeyen yo!
Deklare ak son a kri lajwa, pwoklame sa.
Voye li rive jis nan dènye pwent latè.
Anonse li, "SENYÈ a te rachte sèvitè
  Li a, Jacob."
²¹ Yo pa t swaf lè Li te mennen yo
  travèse dezè yo.
Li te fè dlo sòti nan wòch pou yo;
Li te fann wòch la e ᵈdlo te vin pete.

²² ᵉ"Pa gen lapè pou mechan yo", SENYÈ a di.

49 Koute Mwen, O ᶠlil yo
e tande byen, pèp ki sòti lwen yo.
SENYÈ a te rele Mwen depi nan vant;
depi nan vant manman M, Li te rele M.
² Li te fè bouch Mwen tankou yon nepe file;
nan ᵍlonbraj men L, Li te kache Mwen.
Anplis, Li te fè M vin yon flèch byen poli,
e Li te kache Mwen nan fouwo Li.
³ Li te di Mwen: ʰ"Ou se sèvitè Mwen,
Israël nan sila Mwen va montre glwa
  Mwen an."
⁴ Men Mwen te di: "Mwen te ⁱtravay di an ven.
Mwen te depanse fòs Mwen pou
  ryen ak vanite;
sepandan, anverite, jistis pa m avèk SENYÈ a,
e rekonpans Mwen avèk Bondye Mwen an."

⁵ Konsa pale SENYÈ a, ki te fòme m
  depi nan vant
pou m ta Sèvitè Li a:
Li di pou mennen Jacob retounen kote Li a,
pou Israël ta ranmase vè Li
(paske mwen te ʲresevwa lonè nan
  zye SENYÈ a
e Bondye Mwen an se fòs Mwen),
⁶ Li di: "Se yon bagay twò piti pou ou
  ta Sèvitè Mwen,
pou leve fè monte tout tribi Jacob yo,
e restore retay Israël la.
Konsa anplis, Mwen va fè Ou ᵏyon
  limyè a nasyon yo,
pou sali Mwen ka rive jis nan dènye
  pwent latè."

⁷ Konsa pale SENYÈ a, Redanmtè Israël
  la ak Sila Ki Sen li an,
a Sila ke lòm ˡmeprize a, a Sila ki rayi
  pa nasyon an,
a Sèvitè a chèf yo:
"Wa yo va wè e vin leve,
Prens yo, anplis, va vin pwostène,
  akoz SENYÈ a,
Sila ki fidèl la, Sila Ki Sen an Israël ki
  te chwazi Ou a."

⁸ Konsa pale SENYÈ a, se nan yon
  tan konvenab,
ke M te reponn Ou.
Nan jou sali a, Mwen te bay Ou sekou.
Mwen va kenbe Ou e ᵐbay Ou kon yon
  akò pou pèp la,
pou restore peyi a, e pou fè yo posede
  eritaj dezole yo.
⁹ Pou pale a ⁿkaptif yo: 'Vin parèt'!
Epi a sila nan tenèb yo: 'Montre tèt ou'.
Akote chemen yo, yo va manje
e patiraj yo va sou tout wotè vid yo.
¹⁰ Yo p ap grangou, ni soufri swaf,
ni solèy ki brile p ap frape yo;
Paske Sila ki gen konpasyon pou yo
  a va ᵒmennen yo
e va gide yo rive nan sous dlo yo.
¹¹ Mwen va fè tout ᵖmòn Mwen yo
  vin yon chemen,
e gran chemen Mwen yo va vin leve wo.
¹² Gade byen, sa yo va vini sòti lwen;
epi gade, sila yo va soti nan ᵠnò ak nan lwès la,
e sila yo va soti nan peyi Sinim yo.
¹³ Rele fò ak jwa, O syèl yo!
Rejwi, O latè!
Eklate ak gwo kri lajwa, O mòn yo!
Paske ʳSENYÈ a te konsole pèp Li a.
Li va gen konpasyon pou aflije Li yo.

¹⁴ Men Sion te di: "SENYÈ a te
  abandone mwen,
e Senyè a te bliye mwen."
¹⁵ Èske yon fanm ka bliye pitit k ap souse li a,
pou l pa gen konpasyon sou fis ki sòti
  nan vant li an?
Menm sila yo ka bliye, men ˢMwen p
  ap bliye ou.
¹⁶ Gade byen, Mwen te ᵗenskri ou nan
  pla men Mwen.
Miray ou yo devan Mwen tout tan.
¹⁷ Fè pitit ou yo, fè vit.
Sila k ap ᵘdetwi yo e k ap devaste
  yo va kite ou.
¹⁸ "Leve zye ou e gade toupatou;
yo tout rasanble ansanm pou yo vin kote ou.

ᵃ **48:18** Det 5:29   ᵇ **48:19** És 56:5   ᶜ **48:20** Jr 50:8   ᵈ **48:21** Sòm 78:20   ᵉ **48:22** És 57:21   ᶠ **49:1** És 42:4
ᵍ **49:2** És 51:16   ʰ **49:3** Za 3:8   ⁱ **49:4** És 65:23   ʲ **49:5** És 43:4   ᵏ **49:6** És 42:6   ˡ **49:7** Sòm 22:6-8
ᵐ **49:8** És 42:6   ⁿ **49:9** És 42:7   ᵒ **49:10** Sòm 23:2   ᵖ **49:11** És 40:4   ᵠ **49:12** És 43:5-6   ʳ **49:13** És 40:1
ˢ **49:15** És 44:21   ᵗ **49:16** Kan 8:6   ᵘ **49:17** És 10:6

ᵃKon Mwen viv la," deklare SENYÈ a:
"Ou va, anverite abiye ak yo tout,
    pou yo sèvi kon bijou ou,
    e tache yo sou ou kon yon jenn fi k ap marye."
¹⁹ Nan plas dezè e dezole ou yo,
    nan peyi detwi nèt ou a,
anverite, koulye a, ou va manke kont espas
        pou sila ki vivan yo,
e ᵇsila ki te vale ou yo va ale byen lwen.
²⁰ ᶜPitit ke ou te pèdi yo va gen tan di
    nan zòrèy ou:
"Plas sa a twò piti pou mwen;
fè espas pou mwen pou m ka viv isit la."
²¹ Epi ou va di nan kè ou: 'Se kilès ki te
        fè sila yo pou mwen,
paske mwen te pèdi pitit mwen yo,
    e mwen rete sèl, yon ᵈegzile e yon vwayajè?
Konsa, se kilès ki te leve sila yo?
Gade byen, mwen te kite sèl. Ki kote
    sila yo te sòti?'"

²² Konsa pale Senyè BONDYE a:
"Gade byen, Mwen va leve men M
        vè nasyon yo
e Mwen va monte drapo Mwen a lòt pèp yo.
Yo va ᵉmennen fis ou yo nan sen yo,
e fi nou yo va pote sou zepòl yo.
²³ Wa yo va sèvi kon papa adoptif nou yo,
e fi yo kon manman nouris.
Yo va bese ba devan ou ak figi yo atè,
    pou niche pousyè nan pye ou.
Konsa, ou va konnen ke Mwen se SENYÈ a;
sila ki ᶠtann Mwen yo p ap vin wont."

²⁴ ᵍÈske piyaj la kapab rache nan men
        a nonm pwisan an?
Oswa èske kaptif lejitim yo kapab delivre?
²⁵ Anverite, konsa pale SENYÈ a: "Menm
    ʰkaptif a nonm pwisan la va soti,
e piyaj la va rache nan men nonm fò a;
paske Mwen va batay ak sila ki batay avèk ou
e Mwen va sove fis ou yo.
²⁶ Mwen va fè opresè ou yo manje
        pwòp chè yo;
yo va vin sou ak pwòp san yo tankou
        ak diven dous.
Konsa, tout chè va konnen ke Mwen
        menm, SENYÈ a,
se Sovè ou e redanmtè ou, Pwisan A Jacob la."

50 Konsa pale SENYÈ a: "Kote sètifika
        divòs ak sila
Mwen te voye manman ou ale a?
Oswa èske Mwen te ⁱvann ou bay ou yo?
Gade byen, ou te vann akoz inikite ou yo,
e manman ou te voye ale akoz
    transgresyon ou yo.

² Poukisa pa t gen moun lè M te vini an?
Lè M te rele a, èske pa t gen moun
        pou reponn?
Èske men M tèlman kout pou li pa ka rachte?
Oswa èske Mwen pa gen okenn pouvwa
        pou rachte moun?
Gade byen, Mwen fè lanmè a sèk ak
        repwòch Mwen;
Mwen ʲfè rivyè yo vin dezè.
Pwason pa yo gen move sant akoz mank
        dlo, e yo mouri ak swaf.
³ Mwen ᵏabiye syèl yo ak fènwa
e kouvri yo ak twal sak."

⁴ Senyè a te ban Mwen lang a ˡsa yo
        ki enstwi yo,
pou M ka konnen jan pou bay pawòl
        soutyen a sila ki fatige.
Li fè M leve maten apre maten,
Li fè zòrèy Mwen leve pou koute
        kon yon disip.
⁵ SENYÈ a te ouvri zòrèy Mwen.
Mwen ᵐpa t rebèl, ni Mwen pa t fè bak.
⁶ Mwen ⁿte bay do M a sila ki te vle
        frape Mwen yo,
ak machwè M a sila ki t ap rache bab
        Mwen yo;
Mwen pa t kouvri figi Mwen devan
        imilyasyon ak krache.
⁷ Paske Senyè BONDYE a va ᵒfè M sekou.
Pou sa, Mwen pa t twouble menm.
Pou sa, Mwen te fè figi M vin di tankou silèks.
Konsa, Mwen konnen ke M p ap vin wont.
⁸ Sila ki ᵖjistifye Mwen an toupre;
se kilès ki mennen ka a kont Mwen?
Kite li rale pre M.
⁹ Gade byen, Senyè BONDYE a fè M sekou;
se kilès ki kondane Mwen?
Gade byen, yo tout va vin vye;
epwize tankou yon vètman.
Mit papiyon twal yo va manje yo.

¹⁰ Se kilès pami nou ki krent SENYÈ a,
ki obeyi vwa a ᵠsèvitè Li a,
ki mache nan fènwa e ki pa gen limyè a?
Kite li mete konfyans nan non SENYÈ a
e depann de Bondye li a.
¹¹ Gade byen, nou tout ki ʳlimen yon dife,
ki antoure nou ak tòch ki limen dife yo;
mache nan limyè dife nou te fè a,
e pami tòch yo nou te lime a.
Men sa nou va jwenn nan men Mwen an:
Nou va kouche pou fè lamantasyon.

51 "Koute mwen, nou menm ki swiv ladwati a,
        k ap ˢchache SENYÈ a:
Gade vè wòch sou sila nou te taye a,

ᵃ **49:18** És 45:23   ᵇ **49:19** Sòm 56:1-2   ᶜ **49:20** És 54:1-3   ᵈ **49:21** És 5:13   ᵉ **49:22** És 14:2   ᶠ **49:23** Sòm 37:9
ᵍ **49:24** Mat 12:29   ʰ **49:25** És 10:6   ⁱ **50:1** Det 32:30   ʲ **50:2** Jos 3:16   ᵏ **50:3** És 13:10   ˡ **50:4** És 8:16
ᵐ **50:5** Mat 26:39   ⁿ **50:6** Mat 26:67   ᵒ **50:7** És 42:1   ᵖ **50:8** És 45:25   ᵠ **50:10** És 49:2-3   ʳ **50:11** Pwov 26:18
ˢ **51:1** Sòm 94:15

vè min wòch kote nou te retire a.
² Gade vè ªAbraham, papa nou an
    ak Sarah, ki te fè nou soti nan vant.
Lè li te yon sèl Mwen te rele li,
Mwen te beni li e te fè l vin miltipliye."
³ Anverite, SENYÈ a te konsole Sion;
Li te rekonfòte tout kote dezole li yo.
Epi savann li yo te fèt sanble ak ᵇÉden,
    e dezè yo tankou jaden Senyè a.
Lajwa ak kè kontan va twouve nan yo;
    remèsiman ak son melodi chanson.

⁴ "Prete atansyon a Mwen, O pèp Mwen an
    e prete Mwen zòrèy nou, O nasyon Mwen an;
paske yon lwa va sòti nan Mwen
    e Mwen va ᶜpoze jistis Mwen kon yon
        limyè a tout pèp yo.
⁵ ᵈLadwati Mwen toupre a.
Sali Mwen te voye deyò.
Se bra M kap jije pèp yo.
Peyi kot yo va tann Mwen,
    e bra M va jije pèp yo.
⁶ Leve zye nou vè syèl la
    e gade anba vè latè;
paske syèl la va disparèt tankou lafimen;
ᵉlatè va epwize tankou yon vètman.
Konsa, moun ki rete ladann yo va mouri;
    men delivrans Mwen va la jis pou tout tan,
    e ladwati Mwen p ap janm sispann.

⁷ "Koute Mwen, nou menm ki konnen ladwati,
    yon pèp ki gen lalwa M nan ᶠkè yo.
Pa pè repwòch a lòm,
    ni dekouraje lè y ap meprize nou.
⁸ Paske papiyon a manje yo tankou
        yon vètman,
    e ᵍmit va manje yo tankou len.
Men ladwati Mwen va jis pou tout tan,
    e sali Mwen a tout jenerasyon yo."

⁹ "Leve, leve, mete fòs sou Ou, O bra
        SENYÈ a;
leve tankou nan jou lansyen yo.
ʰÈske se pa t Ou menm ki te koupe
        Rahab an ti mòso a,
    ki te frennen dragon an nèt la?
¹⁰ Èske se pa Ou menm ki te seche lanmè a,
    dlo yo a gran fon an;
ki te fè pwofondè lanmè yo yon chemen
    pou rachte yo ta ka travèse lòtbò?
¹¹ Pou sa, rachte a SENYÈ yo va retounen;
vini ak gwo kri lajwa a Sion yo.
Epi lajwa ki dire nèt la va sou tèt yo.
Yo va jwenn kè kontan ak lajwa,
    e ⁱtristès ak soupi pa yo va disparèt nèt.

¹² "Mwen, Mwen menm se Sila ki ʲbannou
        konsolasyon an.
Se kilès ou ye pou ou pè moun ki va mouri,
    ak fis a moun ki fèt tankou zèb la?
¹³ Èske ou te ᵏbliye SENYÈ a, Kreyatè ou a,
    ki te rale ouvri syèl yo
    e te poze fondasyon latè yo?
Eske nou krent tout jounen akoz
        kòlè opresè a,
    pandan l ap prepare pou detwi?
Men ki kote kòlè opresè sila a?
¹⁴ Toutalè ˡegzile a va libere.
Li p ap mouri nan kacho a,
    ni li p ap manke pen.
¹⁵ Paske Mwen se SENYÈ Bondye ou a,
    ki fè ᵐboulvèse lanmè a,
    Ki fè lanm li yo gwonde.
SENYÈ dèzame yo se non Li.
¹⁶ Mwen te ⁿmete pawòl Mwen nan bouch ou
    e te kouvri ou avèk lonbraj men Mwen,
    pou etabli syèl yo, fonde latè a
    e pou di a Sion: 'Ou se pèp Mwen.'"

¹⁷ ᵒLeve ou menm! Leve ou menm!
Kanpe, O Jérusalem!
Ou menm ki te bwè depi nan men SENYÈ
        a, tas kòlè Li.
Gode ki pou fè ou kilbite a,
    ou fin bwè jis rive nan kras anba l.
¹⁸ ᵖNanpwen moun ki pou gide fi a
    pami tout fis li te fè yo,
ni nanpwen moun ki pou pran l pa lamen
    pami tout fis li te leve yo.
¹⁹ Se de bagay sa yo ki gen tan rive ou—
    se kilès ki va kriye pou ou?—
ᑫdevastasyon ak destriksyon,
gwo grangou, ak nepe.
Kijan pou m ta konsole ou?
²⁰ Fis ou yo vin endispoze;
    yo kouche atè sou pwent a chak ri,
    tankou antilòp ki kenbe nan pèlen.
Yo ranpli ak kòlè SENYÈ a,
    ak ʳrepwòch Bondye ou a.

²¹ Pou sa, souple, koute sa, ou menm ki ˢaflije,
    ki sou, men pa avèk diven:
²² Konsa pale Senyè ou a,
SENYÈ a, menm Bondye ou,
    ki pran plede kòz pou pèp Li a:
"Gade byen, Mwen te retire ᵗtas kilbite a,
    gode kòlè Mwen an soti nan men ou;
    ou p ap janm bwè l ankò.
²³ M ap mete li nan men a sila k ap
        toumante ou yo,
    ki te di nanm ou: ᵘ'Kouche pou nou
        ka mache sou ou'.

ª **51:2** És 29:22   ᵇ **51:3** Jen 2:8   ᶜ **51:4** És 1:27   ᵈ **51:5** És 46:13   ᵉ **51:6** Sòm 102:25-26   ᶠ **51:7** Sòm 37:31
ᵍ **51:8** És 14:11   ʰ **51:9** Job 26:12   ⁱ **51:11** És 60:19   ʲ **51:12** És 51:3   ᵏ **51:13** Det 6:12   ˡ **51:14** És 48:20
ᵐ **51:15** Sòm 107:25   ⁿ **51:16** Det 18:18   ᵒ **51:17** És 51:9   ᵖ **51:18** Sòm 88:18   ᑫ **51:19** És 8:21   ʳ **51:20** És 66:15   ˢ **51:21** És 54:11   ᵗ **51:22** És 51:17   ᵘ **51:23** Jos 10:24

Ou te kouche fè do ou vin tankou tè a;
tankou gran lari pou sila k ap mache sou li yo."

52 ᵃLeve, leve! Abiye ou menm ak
fòs ou, O Sion.
Abiye ak bèl vètman ou yo, O Jérusalem,
vil sen an;
paske ensikonsi yo ak pa pwòp yo
p ap antre kote ou a ankò.
² Souke leve kò ou ᵇsòti nan pousyè a,
O kaptif Jérusalem nan!
Retire chenn sa yo nan kou ou,
O fi kaptif a Sion an.

³ Paske konsa pale SENYÈ a: "Ou te
vann pou granmesi
e ou va ᶜrachte san vèse la jan."

⁴ Paske konsa pale SENYÈ a:
"Pèp Mwen an nan kòmansman,
ᵈte desann an Égypte pou rezide la,
epi Asiryen yo te oprime yo san koz.
⁵ Alò, pou sa, kisa Mwen gen pou fè isit
la?" deklare SENYÈ a,
"konsi pèp Mwen an te retire san koz?"
Ankò deklare SENYÈ a:
"Konsi, pèp Mwen rachte pou reyen,
epi sila ki renye sou yo giyonnen yo
ak kè kontan,
e ᵉnon Mwen blasfeme tout la jounen,
⁶ pou sa, pèp Mwen an va ᶠkonnen non Mwen.
Pou sa, nan jou sa a, yo va konnen se
Mwen menm k ap pale.
Gade byen, se Mwen!"

⁷ A la bèl sou mon yo, se pye a sila ki
pote ᵍbòn nouvèl la,
ki anonse lapè,
ki pote bòn nouvèl k ap fè kè kontan,
ki anonse Sali,
ki di a Sion: "Bondye pa ou a renye!"
⁸ Gadyen ou yo leve ʰvwa yo.
Yo rele fò ak kè kontan ansanm;
paske yo va wè ak pwòp zye yo
lè SENYÈ a retounen nan Sion an.
⁹ Eklate, rele ak jwa ansanm, kote ki
dezole Jérusalem yo,
paske SENYÈ a te konsole pèp Li a.
Li te ⁱrachte Jérusalem.
¹⁰ SENYÈ a te dekouvri sen bra Li pou
tout nasyon yo wè.
ʲTout dènye pwent latè yo te wè sali a
Bondye nou an.

¹¹ ᵏSòti! Sòti! Kite kote sa a!
Pa touche anyen ki pa pwòp!
Sòti nan mitan li!

Vin pirifye nou menm!
Netwaye nou, nou ki pote veso SENYÈ a.
¹² Nou p ap kite ak gran vites,
ni nou p ap kouri devan moun;
paske ˡSENYÈ a va ale devan nou
e Bondye Israël la va fè gad an aryè.

¹³ Gade byen, ᵐsèvitè Mwen an va
aji avèk sajès.
Li va leve wo, e vin egzalte anpil.
¹⁴ Menm jan ke anpil moun te etone de ou—
konsa ⁿaparans Li te defòme plis ke
tout lòt moun,
e fòm li plis ke fis a lòm yo.
¹⁵ Konsa, Li va farinen sou anpil nasyon.
Wa yo va pe bouch yo pou koz Li;
paske ᵒsa ke yo pa t konn tande a, yo va wè l,
e sa ke yo pa t koute, yo va konprann li.

53 ᵖSe kilès ki te kwè mesaj nou yo?
Epi a kilès bra SENYÈ a te vin revele?
² Paske Li te grandi devan nou kon
yon ᵍboujon vèt,
e tankou yon rasin ki sòti nan tè sèk.
Li pa gen okenn bèlte nan fòm Li,
ni majeste pou nou ta gade sou Li,
ni aparans pou nou ta atire a Li.
³ Li te meprize e abandone pa lòm;
yon nonm ak gwo tristès
ki te konnen gwo soufrans,
ak tout maladi.
Tankou yon moun de sila moun kache figi yo,
Li te vin ʳmeprize,
e nou pa t bay Li okenn valè.

⁴ Anverite, se doulè nou yo Li te ˢpote
ak soufrans nou yo Li te chaje sou do L;
men nou te rekonèt Li kon moun pini,
frape pa Bondye e aflije.
⁵ Men Li te frennen, pèse nèt pou
peche nou yo.
Li te kraze pou ᵗinikite nou yo.
Chatiman ki fè nou gen lapè a te tonbe sou Li,
e se pa blesi Li yo, nou te jwenn gerizon.
⁶ Nou tout kon mouton, te pèdi chemen
nou yo.
Nou chak te antre nan pwòp chemen pa nou,
men SENYÈ a te fè inikite a nou tout
tonbe sou Li.

⁷ Li te vin oprime e aflije;
malgre sa, Li pa t ouvri bouch Li.
ᵘTankou yon jèn mouton ki t ap
mennen labatwa,
e tankou yon mouton ki rete an silans
devan sila
k ap taye lenn li yo,

ᵃ **52:1** És 51:9-17   ᵇ **52:2** És 29:4   ᶜ **52:3** És 1:27   ᵈ **52:4** Jen 46:6   ᵉ **52:5** Éz 36:20-23   ᶠ **52:6** És 49:23
ᵍ **52:7** És 40:9   ʰ **52:8** És 62:6   ⁱ **52:9** És 43:1   ʲ **52:10** És 45:22   ᵏ **52:11** És 48:20   ˡ **52:12** És 26:7
ᵐ **52:13** És 42:1   ⁿ **52:14** És 53:2-3   ᵒ **52:15** Wo 15:21   ᵖ **53:1** Jn 12:38   ᵍ **53:2** És 11:1   ʳ **53:3** Mc 10:33
ˢ **53:4** Mat 8:17   ᵗ **53:5** I Pi 2:24-25   ᵘ **53:7** Trav 8:32-33

konsa Li pa t ouvri bouch Li.
⁸ Avèk opresyon avèk jijman Li te retire nèt.
Selon jenerasyon Li,
yo te konsidere Li te koupe retire nèt
    nan peyi a vivan yo,
ke Li te kraze ᵃakoz peche a pèp Mwen yo.
⁹ Tonbo pa L te pataje pami moun mechan yo,
men se avèk yon nonm rich Li te ye
    nan lanmò Li,
malgre Li pa t fè okenn vyolans,
ni pa t gen okenn desepsyon nan bouch Li.

¹⁰ Men SENYÈ a te kontan ᵇbrize Li;
pou mete Li nan gwo soufrans,
pou L ta rann Li menm kon yon ofrann
    koupabilite,
pou L ta wè desandan Li yo.
Li va pwolonje jou Li yo,
e bon plezi SENYÈ a va reyisi nan men Li.
¹¹ Apre gwo doulè nanm Li an,
Li va ᶜwè limyè a,
e Li va satisfè.
Sèvitè Ladwati Mwen an va jistifye
    anpil moun
akoz konnesans Li anvè Li menm;
e Li va pote inikite yo.
¹² Konsa, Mwen va bay Li yon pòsyon
    ak gwo moun yo.
Li va divize piyaj ak moun pwisan yo,
akoz Li te livre ᵈnanm Li menm a lanmò,
e Li te konte avèk malfektè yo;
malgre Li te pote peche a anpil moun,
e te entèsede pou koupab yo.

54

"Chante, O esteril la!
    Ou menm ki pa t kapab fè pitit!
Eklate nan yon gwo kri lajwa, e kriye fò,
ou menm ki pa t gen doulè ansent lan!
Paske fis fanm ᵉabandone an va depase fis a
fanm ki marye yo", SENYÈ a di.
² "Agrandi anplasman tant ou;
lonje rido lakay ou, pa ralanti!
Fè kòd yo pi long e fòtifye ᶠpikèt yo.
³ Paske ou va ᵍgaye toupatou, ni adwat,
    ni agoch.
Konsa, desandan ou yo va posede nasyon yo.
Yo va rete ankò nan vil abandone yo."

⁴ "Pa pè, paske ou ʰp ap vin wont.
Pa santi ou imilye, paske ou p ap desi.
Ou p ap sonje wont jenès ou
ak repwòch tankou vèv.
Sa va bliye nèt.
⁵ Paske ⁱmari ou se Kreyatè ou a;
yo rele L SENYÈ dèzame yo.
Redanmtè ou se Sila Ki Sen An Israël la.
Yo rele Li Bondye a tout latè a.
⁶ Paske SENYÈ a te rele ou

kon yon madanm ʲabandone e atriste
    nan lespri,
menm kon yon madanm nan jenès li
lè l abandone," di Bondye ou.

⁷ "Pou yon ᵏti tan kout, Mwen te kite ou;
men ak gran konpasyon, Mwen va
    ranmase ou.
⁸ Nan anpil kòlè, Mwen te kache figi M
    pou yon moman,
men ak lanmou dous ki p ap janm fini an,
Mwen va gen konpasyon pou ou", di
    SENYÈ a, Redanmtè ou a.

⁹ "Paske pou Mwen, sa se tankou jou Noé yo.
Menm jan Mwen te sèmante ke dlo a Noé yo
    ˡpa ta janm inonde latè ankò,
konsa Mwen te sèmante ke Mwen p ap
    fache avèk ou,
ni ke Mwen p ap repwoche nou.
¹⁰ Paske mòn yo kapab deplase,
e kolin yo ka disparèt,
men lanmou dous Mwen anvè ou menm
    p ap retire de ou.
Ni ᵐakò lapè Mwen p ap soti menm,"
di SENYÈ ki gen konpasyon pou ou a.

¹¹ O sila ki aflije a, balote pa tanpèt la
    e san ⁿkonsolasyon an;
gade byen, Mwen va monte bijou ou
    ak bon kòl
ki fèt pou bijou bèl koulè yo,
epi fondasyon ou yo va poze ak pyè safi.
¹² Anplis, Mwen va fè ranpa ou ak bijou ribi,
pòtay nou yo ak pyè kristal,
e tout miray ou yo ak pyè presye.
¹³ ᵒTout fis ou yo va enstwi pa SENYÈ a;
pitit ou yo va gen lapè ak bonè nèt.
¹⁴ Nan ᵖladwati, ou va etabli;
ou va rete lwen opresyon,
paske ou p ap gen lakrent.
Ou p ap gen gwo laperèz, paske li p
    ap pwoche ou.
¹⁵ Si nenpòt moun atake ou, se pa kote
    M sa va sòti.
ᑫNenpòt moun ki atake ou va tonbe
    akoz ou menm.

¹⁶ "Gade byen, se Mwen menm ki te
    kreye bòs fòjewon
ki pou soufle dife chabon an,
e fè sòti yon zam pou travay li.
Mwen te kreye destriktè a pou l ka detwi.
¹⁷ Nanpwen zam ki fòme kont ou k ap reyisi;
epi tout lang ki akize ou nan jijman,
    ou va kondane yo.
Sa se eritaj a sèvitè a SENYÈ yo.

ᵃ **53:8** És 55:5-12 ᵇ **53:10** És 53:5 ᶜ **53:11** Jn 10:14-18 ᵈ **53:12** Mat 26:38-42 ᵉ **54:1** És 62:4 ᶠ **54:2** Egz 35:18
ᵍ **54:3** Jen 28:14 ʰ **54:4** És 45:17 ⁱ **54:5** Jr 3:14 ʲ **54:6** És 49:14-21 ᵏ **54:7** És 26:20 ˡ **54:9** Jen 9:11
ᵐ **54:10** II Sam 23:5 ⁿ **54:11** És 51:18-19 ᵒ **54:13** Jn 6:45 ᵖ **54:14** És 1:26-27 ᑫ **54:15** És 41:11-16

55

ᵃJistis pa yo sòti de Mwen," deklare SENYÈ a.
"Gade! Tout sa ki swaf yo, vin nan dlo!
Nou menm ki pa gen kòb yo, vin
    achte pou manje.
Vin achte diven ak lèt san lajan, e san frè.
² Poukisa nou depanse lajan pou sa ki pa pen,
ak kouraj travay nou pou sa ki pa ka satisfè?
Koute Mwen avèk atansyon, ᵇmanje sa ki bon
e pran plezi nou an abondans.
³ Prete zòrèy nou e vin kote Mwen.
Koute pou nou ka viv.
ᶜMwen va fè yon akò avè w k ap dire
    pou tout tan,
selon mizerikòd fidèl ki te montre a David la.
⁴ Gade byen, Mwen te bay ᵈli kon yon
    temwen a pèp la,
yon chèf ak kòmandè pou pèp la.
⁵ Gade byen, ou va rele yon nasyon
    ou pa rekonèt;
yon nasyon ki pa rekonèt ou va ᵉkouri
    bò kote ou,
akoz SENYÈ Bondye ou a,
ak Sila Ki Sen an Israël la;
paske Li te bay ou glwa."

⁶ ᶠChache SENYÈ a pandan Li kapab twouve;
rele Li pandan Li toupre a.
⁷ ᵍKite mechan an abandone chemen li an,
ak pechè a, panse li yo.
Kite li retounen kote SENYÈ a
e Li va gen mizerikòd sou li;
anvè Bondye nou an, ki pa janm manke
    mizerikòd.

⁸ "Paske, panse pa Mwen yo se pa
    ʰpanse pa w,
ni wout ou yo se pa wout pa M", deklare
    SENYÈ a.
⁹ Paske ⁱtankou syèl yo pi wo ke tè a,
konsa wout Mwen yo pi wo ke wout pa w yo,
e panse Mwen yo se panse pa w yo.
¹⁰ Paske menm jan ke lapli ak lanèj
    desann sòti nan syèl la,
e pa retounen la, san ke yo pa awoze tè a,
pou fè l donnen e boujonnen,
pou fè l bay ʲsemans pou kiltivatè,
ak pen pou sila k ap manje a;
¹¹ se konsa pawòl Mwen ki sòti nan
    bouch Mwen va ye.
Li ᵏp ap retounen kote Mwen vid,
san ke li pa akonpli sa ke M dezire a,
san ke li pa akonpli bi pou sila Mwen
    te voye li a.
¹² Paske ou va sòti ak ˡkè kontan
e mennen sòti ak lapè.
Mòn yo ak kolin yo va eklate
nan gwo kri lajwa devan ou,
e tout bwa nan chan yo va bat men yo.
¹³ Olye de bwa pikan, bwa siprè va leve;
olye ᵐmachacha, bwa jasmen va leve.
Sa va sèvi kon yon memoryal a SENYÈ a,
kon yon sign k ap dire nèt, ki p ap
    janm disparèt.

56

Konsa pale SENYÈ a:
"Konsève sa ki jis
e fè sa ki dwat,
paske ⁿsali Mwen an prèt pou rive
e ladwati Mwen va vin revele.
² A la ᵒbeni nonm ki fè sa a beni,
e fis a mesye a ki kenbe sa a fèm;
ki pa janm derespekte Saba a,
e ki anpeche men l fè mal la."

³ Pa kite etranje a ki te vin jwenn ak
    SENYÈ a di:
"Anverite, SENYÈ a va fè m separe
    de pèp li a."
Ni pa kite ᵖenik lan di:
"Gade byen, mwen se yon bwa sèch".

⁴ Paske konsa pale SENYÈ a:
"A enik yo ki ᵠkenbe Saba Mwen yo,
ki chwazi sa ki fè M plezi,
e ki kenbe fèm nan akò Mwen an,
⁵ a yo menm, Mwen va livre depi andann
    lakay Mwen an;
anndan miray Mwen yo, yon memoryal
e yon ʳnon ki meyè a fis yo oswa fi yo.
Mwen va bay yo yon non
k ap dire nèt jis pou letènite,
ki p ap janm disparèt."

⁶ "Anplis, ˢetranje ki vin atache yo
    menm a SENYÈ a,
pou sèvi Li,
pou renmen non a SENYÈ a,
pou vin sèvitè Li,
yo tout ki pa derespekte Saba a,
e ki kenbe fèm sou akò Mwen an;
⁷ menm sila yo Mwen va mennen sou
    mòn sen Mwen an,
e fè yo plenn lajwa andedan kay priyè
    Mwen an.
Ofrann brile yo ak sakrifis yo va akseptab
    sou lotèl Mwen an;
paske ᵗkay Mwen an va rele yon kay
    lapriyè pou tout pèp yo."
⁸ Senyè BONDYE a, ki ᵘrasanble dispèse
    a Israël yo, deklare:
"Mwen va rasanble lòt yo anvè yo,
lòt anplis de sila ki deja rasanble yo."

ᵃ **54:17** És 45:24 ᵇ **55:2** Sòm 22:26 ᶜ **55:3** Trav 13:34 ᵈ **55:4** Sòm 18:43 ᵉ **55:5** Za 8:22 ᶠ **55:6** Sòm 32:6
ᵍ **55:7** És 1:16-19 ʰ **55:8** És 65:2 ⁱ **55:9** Sòm 103:11 ʲ **55:10** II Kwo 9:10 ᵏ **55:11** És 44:26 ˡ **55:12** Sòm 105:43
ᵐ **55:13** És 5:6 ⁿ **56:1** Sòm 85:9 ᵒ **56:2** Sòm 112:1 ᵖ **56:3** Det 23:1 ᵠ **56:4** És 56:2-6 ʳ **56:5** És 62:2
ˢ **56:6** És 56:3 ᵗ **56:7** Mat 21:13 ᵘ **56:8** És 11:12

⁹ Nou tout, ᵃbèt a chan yo,
vin manje,
ak tout bèt a forè yo.
¹⁰ ᵇGadyen Li yo avèg.
Tout nan yo san konprann.
Se chen bèbè ki pa ka jape;
moun k ap kouche fè rèv,
ki renmen somèy.
¹¹ Wi, chen yo voras.
Yo pa janm jwenn asi.
Se bèje yo ye san konprann.
Yo tout ᶜvire tounen nan pwòp chemen pa yo,
yo chak nan ranmase byen de tout katye.
¹² "Vini", yo di: "Annou twouve diven;
annou bwè anpil bwason fò.
Epi ᵈdemen na p fè menm jan ak jodi a!
Plis menm!"

57

Moun dwat la peri,
men pèsòn pa pran sa a kè.
Sila ak mizerikòd vin retire,
men pèsòn pa konsidere
ke moun dwat la retire pou anpeche
ᵉmal la rive l.
² Li antre nan lapè.
Chak antre nan pwòp kabann pa l;
tout sila ki te ᶠmache dwat nan chemen li yo.

³ "Men vini isit la, nou menm fis a yon manbo,
ᵍdesandan a yon fanm adiltè ak yon
pwostitiye.
⁴ Se kont kilès nou fè plezi a?
Kont kilès nou ouvri bouch nou laj
e lonje lang nou an?
Se pa desandan a ʰrebèl nou ye,
ak pòtè a desepsyon?
⁵ Kap limen tèt nou pami bwadchenn yo,
anba tout gwo bwa vèt,
ki ⁱfè masak timoun yo nan ravin yo,
anba fenèt wòch gwo falèz yo?
⁶ Pami ʲwòch swa nan ravin nan se
pòsyon pa w;
pou yo menm ou te voye osò a.
Menm pou yo menm, ou te vide yon
ofrann bwason.
Ou te fè yon ofrann sereyal.
Èske M ta dwe ralanti konsènan bagay sa yo?
⁷ Sou yon gwo mòn byen wo, ou ᵏte
fè kabann ou.
Anplis, se la, ou te monte pou ofri sakrifis.
⁸ Dèyè pòt la ak chanbrann pòt la, ou
te fè monte souvni ou;
ou te ouvri ou menm a yon lòt sòf ke mwen.
Konsa, ou te monte.
Ou te ale fè kabann ou byen laj.
Konsa ou te antann ou avèk yo.
Ou te byen renmen sa ou te we sou kabann yo.

⁹ Ou te ale kote wa a ak lwil,
e ou te ogmante pafen ou yo;
ou te ˡvoye mesaje ou yo rete lwen,
e te degrade ou menm jis rive nan
Sejou mò yo.
¹⁰ Ou te fatige akoz wout ou te long,
men ou pa t di: ᵐ'Nanpwen espwa.'
Ou te jwenn fòs renouvle.
Ou pa t febli menm.

¹¹ De ⁿkilès ou te pè e twouble a,
ki fè w manti pou w pa sonje Mwen an,
ni menm panse a Mwen an?
Èske Mwen pa t rete an silans pou anpil tan
ki fè ou pa gen lakrent Mwen an?
¹² Mwen va ᵒdeklare ladwati ou ak zèv ou yo,
men yo p ap nan avantaj ou.
¹³ Lè ou vin kriye fò, ᵖkite zidòl ou
yo delivre ou.
Men van an va pote yo ale.
Yon souf va rale yo monte.
Men sila ki kache nan Mwen an va
eritye peyi a.
Li va posede mòn sen Mwen an."

¹⁴ Li va di: ᑫ"Fè l monte, fè l monte,
prepare chemen an!
Retire obstak la ki nan wout pèp Mwen an."
¹⁵ Paske se konsa Sila ki wo e egzalte,
Sila ki viv jis pou tout tan an,
non a Li se Sila ki Sen an, pale:
"Mwen rete nan kote ki wo e ki sen,
anplis ak li menm ki gen ʳkè ki pi e ki enb,
pou fè leve lespri a enb yo,
e fè leve kè a sila a ki plen regrè pou peche.
¹⁶ Mwen p ap goumen ak ou pou tout tan,
ˢni se pa pou tout tan ke M ap fache a;
paske lespri a ta vin fèb devan M,
ak nanm a sila ke M te fè yo.
¹⁷ Akoz inikite ᵗgwo lanvi li,
Mwen te fè kòlè, e Mwen te frape li.
Mwen te kache figi Mwen; Mwen te fache.
Konsa li te kontinye regrese nan wout
kè l te pran an.
¹⁸ Mwen te wè chemen li yo; malgre
sa, ᵘM ap geri li;
Mwen va mennen li e restore konsolasyon
a li menm ak sila k ap lamante pou li.
¹⁹ Mwen kreye fwi a lèv yo:
"Lapè, lapè, pou sila ki ᵛlwen yo,
ak pou sila ki pre yo," SENYÈ a di:
"Epi Mwen va geri yo."
²⁰ Men ʷmechan yo tankou lanmè k
ap boulvèse.
Li p ap ka kalme, e dlo yo
rale fè monte fatra ak labou.

ᵃ **56:9** Éz 3:17   ᵇ **56:10** Éz 3:17   ᶜ **56:11** És 57:17   ᵈ **56:12** Sòm 10:6   ᵉ **57:1** II Wa 22:20   ᶠ **57:2** És 26:7
ᵍ **57:3** És 1:4   ʰ **57:4** És 48:8   ⁱ **57:5** II Wa 23:10   ʲ **57:6** Jr 3:9   ᵏ **57:7** Éz 23:41   ˡ **57:9** Éz 23:16-40
ᵐ **57:10** Jr 2:25   ⁿ **57:11** Pwov 29:25   ᵒ **57:12** És 58:1-2   ᵖ **57:13** Jr 22:20   ᑫ **57:14** És 62:10   ʳ **57:15** Sòm 34:18
ˢ **57:16** Sòm 85:5   ᵗ **57:17** És 2:7   ᵘ **57:18** És 19:22   ᵛ **57:19** Trav 2:39   ʷ **57:20** Job 18:5-14

²¹ ᵃ"Nanpwen lapè" Bondye Mwen an di:
"pou mechan yo".

58

ᵇ"Kriye fò, ni pa rete!
Leve vwa ou tankou yon twonpèt!
Deklare a pèp Mwen transgresyon yo,
e a lakay Jacob la, peche yo.
² Malgre yo chache Mwen de jou an jou
e te fè gwo lanvi pou konnen chemen
    Mwen yo,
konsi se yon nasyon ki fè ladwati,
e ki pa t abandone règleman a Bondye yo.
Yo mande Mwen pou fè desizyon ki jis.
Yo pran plezi ᶜnan pwoksimite Bondye a.
³ 'Poukisa nou ᵈfè jèn e Ou pa wè?
Èske nou imilye nou e Ou pa wè?'

"Gade byen, nan jou jèn lan, ou satisfè
    tout dezi nou yo
e nou kòmande byen di tout ouvriye nou yo.
⁴ Gade byen, nou fè jèn pou ᵉkonfli ak kont;
pou nou frape ak ponyèt mechan an.
Kalite jèn nou fè la jodi a pa p fè vwa
    ou tande anwo a.
⁵ Èske se jèn sa a ki fè kè M kontan?
Yon jou pou yon nonm ta imilye li menm?
Pou bese tèt li kon wozo,
e gaye ᶠtwal sak ak sann kon kabann anba l?
Èske se yon jèn ke ou rele sa;
menm yon jou k ap akseptab a SENYÈ a?

⁶ "Se pa jèn sa ke M pito;
pou ᵍlache lyann mechanste yo,
pou demare kòd jouk la,
pou lese oprime yo pran libète
e kase tout jouk yo?
⁷ Èske se pa pou divize pen ou ak moun
    grangou yo,
e mennen endijan yo antre nan kay?
Lè ou wè ʰtoutouni an, pou kouvri l;
epi pou ou pa kache tèt ou de pwòp chè ou?
⁸ Konsa, limyè ou va pete kon granmmaten,
e ⁱgerizon ou va vòltije vit devan ou.
Ladwati ou va ale devan ou,
e laglwa SENYÈ a va fè gad ou an aryè.
⁹ Nan lè sa a, ou va rele, e SENYÈ a va reponn.
Ou va kriye e Li va di: 'Men Mwen isit la'.

"Si ou retire jouk la nan mitan nou,
sispann ʲpwente dwat sou lòt
e sispann pale mechanste;
¹⁰ si ou vide nanm ou a sila ki grangou,
e satisfè dezi a aflije a;
nan lè sa a, ᵏlimyè ou va leve nan fènwa,
e tristès ou va klere kon gran lajounen.
¹¹ Epi SENYÈ a va gide ou tout tan,
satisfè dezi ou yo kote ki sèch yo,

e bay fòs a zo ou yo.
Konsa, ou va kon yon jaden byen awoze
e tankou yon ˡsous dlo ki p ap janm seche.
¹² Sila ki pami ou yo va ᵐrebati ansyen
    mazi yo.
Ou va fè releve ansyen fondasyon yo.
Konsa yo va rele ou Sila Ki Te Repare
    Brèch la,
Sila Ki Te Restore Lari Yo Ak Kay Yo.

¹³ "Si, nan Saba a, ou vire pye ou,
pou sispann fè pwòp plezi pa ou nan
    jou sen Mwen an,
e rele Saba a yon gwo plezi,
epi jou sen a SENYÈ onorab,
e bay li onè,
olye chache ⁿchemen pa ou,
olye pwòp plezi pa ou,
ak pale pwòp pawòl pa w,
¹⁴ konsa ou va pran plezi nan SENYÈ a,
e Mwen va fè ou monte ᵒsou wotè latè yo.
Mwen va bay ou manje,
e Mwen va ba ou eritaj a Jacob, papa ou a,
paske bouch SENYÈ a pale sa a."

59

Gade byen, ᵖmen SENYÈ a pa tèlman kout
pou l pa ka sove;
ni zòrèy Li pa di pou l pa ka tande.
² Men se ᵍinikite nou yo ki fè nou separe
    ak Bondye nou an,
e se peche nou yo
ki te kache figi Li de nou menm, pou
    Li pa tande.
³ Paske ʳmen nou souye ak san vèse,
e dwèt nou ak inikite.
Lèv nou fin pale sa ki fo,
e lang nou plenyen mechanste.
⁴ Nanpwen moun ki fè pwosè ak dwati,
ni ki fè plent ak entegrite.
Yo mete konfyans nan vanite,
e yo pale manti.
Yo ˢsimen mal e yo rekòlte mechanste.
⁵ Yo kale ze koulèv yo,
e ᵗtrese fil arenye yo.
Sila ki manje ze yo va mouri;
e nan sa ki kraze a, yon koulèv va
    pete vin parèt.
⁶ Fil pa yo p ap fè rad;
ni zèv yo p ap ka ᵘkouvri yo.
Zèv pa yo se zèv inikite,
e se zak vyolans ki rete nan men yo.
⁷ ᵛPye pa yo kouri vè mal,
e yo fè vit pou vèse san inosan an.
Panse pa yo se panse inikite,
e destriksyon ak dega sou chemen yo.
⁸ Yo pa konnen ʷchemen lapè,
e nanpwen jistis nan yo.

ᵃ **57:21** És 48:22   ᵇ **58:1** És 40:6   ᶜ **58:2** Sòm 119:151   ᵈ **58:3** Mal 3:14   ᵉ **58:4** És 3:14   ᶠ **58:5** I Wa 21:27   ᵍ **58:6** Né 5:10-12   ʰ **58:7** Mat 25:35-36   ⁱ **58:8** Egz 14:19   ʲ **58:9** Pwov 6:13   ᵏ **58:10** Job 11:17   ˡ **58:11** Jn 4:14   ᵐ **58:12** És 49:8   ⁿ **58:13** És 55:8   ᵒ **58:14** Det 32:13   ᵖ **59:1** Nonb 1:23   ᵍ **59:2** És 1:15   ʳ **59:3** És 1:15-21   ˢ **59:4** Job 15:35   ᵗ **59:5** Job 8:14   ᵘ **59:6** És 28:20   ᵛ **59:7** Pwov 1:16   ʷ **59:8** Luc 1:79

Yo te fè wout kwochi;
nenpòt moun ki antre kote yo pa konnen lapè.

⁹ Akoz sa, lajistis rete lwen nou,
e ladwati pa fin rive sou nou.
Nou espere jwenn limyè pou klere nou,
men nou mache nan fènwa.
¹⁰ Nou ᵃtatonnen akote mi an tankou
moun avèg.
Nou tatonnen kon sila ki pa gen zye yo.
Nou kilbite a midi konsi se nan aswè.
Pami sila ki plen kouraj yo, nou parèt
tankou moun mouri.
¹¹ Epi nou tout ᵇgwonde tankou lous,
e plenyen ak tristès kon toutrèl.
Nou espere lajistis, men nanpwen;
pou delivrans, men li lwen nou.

¹² Paske transgresyon nou yo miltipliye
devan Ou,
e ᶜpeche nou yo temwaye kont nou.
Paske transgresyon nou yo rete avèk nou
e nou konnen inikite nou yo:
¹³ Nou fè rebèl e nou ᵈnye SENYÈ a.
Nou vire kite Bondye nou an,
ak pawòl opresyon ak rebèl.
Nan kè a, nou fòmante
e fè vin parèt pawòl manti.
¹⁴ ᵉLajistis vin detounen
e ladwati vin kanpe byen lwen.
Paske verite a fin glise tonbe nan lari
e ladwati p ap ka antre.
¹⁵ Wi, verite a manke;
epi sila ki vire akote pou li pa fè mal la,
ᶠfin fè pwòp tèt li yon viktim.

Alò, SENYÈ a te wè
e sa pa t fè plezi devan zye L,
ke pa t gen jistis.
¹⁶ Li te wè ke pa t gen pèsòn,
e te etone ke pa t gen moun ki pou entèsede.
Akoz sa a, ᵍpwòp bra Li te mennen
sali a rive kote Li,
e ladwati Li te bay Li soutyen.
¹⁷ Li te abiye ak ladwati kon pwotèj lestomak,
e ak ʰkas sali a sou tèt Li.
Li te mete vètman vanjans kon abiman,
e te vlope tèt Li ak zèl, kon manto Li.
¹⁸ ⁱSelon zèv pa yo, konsa Li va
rekonpanse yo:
jijman ak kòlè a advèsè Li yo,
rekonpans a lènmi Li yo;
a peyi kot yo, Li va bay sa yo merite.
¹⁹ Akoz sa, yo va gen krent non SENYÈ
a soti nan lwès
e glwa Li soti kote solèy leve a;

paske Li va ʲvini tankou dlo ravin k ap
desann byen rapid.
Se van SENYÈ a kap pouse l.

²⁰ "Yon ᵏRedanmtè va vini nan Sion,
e a sila ki vire kite transgresyon Jacob
yo," deklare SENYÈ a.
²¹ "Pou Mwen menm, sa se ˡakò mwen avèk yo,"
di SENYÈ a: "Lespri Mwen ki sou ou a, e pawòl
Mwen ke M te mete nan bouch ou yo p ap janm
disparèt nan bouch ou, ni bouch a desandan ou yo,
ni bouch a desandan pa yo," pale SENYÈ a, "depi
koulye a e jis rive pou tout tan."

60 "Leve, briye; paske limyè ou fin parèt
e ᵐglwa a SENYÈ a fin leve sou ou.
² Paske gade byen, ⁿtenèb va kouvri latè
e pwofon tenèb tout pèp yo.
Men SENYÈ a va vin leve sou ou,
e glwa li va parèt sou ou.
³ ᵒNasyon yo va vin kote limyè ou a,
e wa yo nan klète lè ou leve a.

⁴ ᵖ"Leve zye ou toupatou e gade;
yo tout rasanble ansanm;
yo vin kote ou.
Fis ou yo va vini soti lwen,
e fi ou yo va pote nan bra yo.
⁵ Epi ou va wè, ou va ᵠplen ak limyè;
kè ou va kontan e ou va rejwi.
Paske abondans lanmè a va vire vè ou;
gran richès a nasyon yo va rive kote ou.
⁶ Anpil chamo va kouvri ou,
jenn chamo a Madian ak Épha yo.
Tout sila soti ʳSéba yo va vini.
Yo va pote lò ak lansan,
e yo va pote bòn nouvèl a, lwanj a SENYÈ a.
⁷ Tout bann mouton Kédar yo va
rasanble kote ou.
Belye a Nebajoth yo va sèvi ou;
yo va vin aksepte pou monte sou lotèl
Mwen an,
e Mwen va ˢglorifye kay Mwen an
ki plen lonè ak mayifisans.

⁸ ᵗ"Se kilès sa yo ki vole tankou yon nwaj
ak tankou toutrèl vè fenèt pa yo?
⁹ Anverite, peyi kot yo va tann Mwen;
ᵘgwo bato Tarsis yo va vini premyèman
pou mennen fis ou yo soti lwen;
ajan ak lò yo avèk yo, pou non SENYÈ
Bondye ou a
e pou Sila Ki Sen an Israël la,
akoz Li te bay ou glwa.

¹⁰ ᵛ"Etranje yo va bati, fòtifye miray ou yo,
epi wa pa yo va fè sèvis pa yo.

ᵃ **59:10** Det 28:29 ᵇ **59:11** És 38:14 ᶜ **59:12** És 3:9 ᵈ **59:13** Jos 24:27 ᵉ **59:14** És 1:21 ᶠ **59:15** És 5:23 ᵍ **59:16** Sòm 98:1 ʰ **59:17** Ef 6:17 ⁱ **59:18** Job 34:11 ʲ **59:19** És 30:28 ᵏ **59:20** Wo 11:26 ˡ **59:21** Jr 31:31-34 ᵐ **60:1** És 24:23 ⁿ **60:2** És 58:10 ᵒ **60:3** És 2:3 ᵖ **60:4** És 11:12 ᵠ **60:5** Sòm 34:5 ʳ **60:6** Jen 25:3 ˢ **60:7** És 60:13 ᵗ **60:8** És 49:21 ᵘ **60:9** Sòm 48:7 ᵛ **60:10** És 14:1-2

Paske nan kòlè Mwen, Mwen te frape ou
e nan gras Mwen, Mwen te fè ou mizerikòd.
[11] [a]Pòtay ou yo va vin louvri nèt tout tan;
yo p ap fèmen ni lajounen, ni lannwit,
pou yo kapab pote bay ou richès a
    tout nasyon yo,
ak wa yo kon kaptif.
[12] Paske [b]nasyon ak wayòm ki p ap
    sèvi ou a va peri;
wi, nasyon sa yo va fin detwi nèt.

[13] "Glwa a Liban an va rive kote ou,
bwa pichpen an, bwa sèd ak bwa blan
pou anbeli plas sanktyè Mwen an.
Mwen va fè [c]plas pye Mwen yo vin plen glwa.
[14] [d]Fis a sila ki te aflije ou yo va vin
    bese devan ou
e tout sila ki te meprize ou yo
va bese yo menm devan pla pye ou.
Yo va rele ou vil SENYÈ a,
Sion a Sila Ki Sen an Israël la.

[15] "Konsi, ou te abandone e rayi, pou
    pèsòn pa pase ladann,
Mwen va fè ou [e]vin plen ak majeste,
yon objè lajwa de jenerasyon an jenerasyon.
[16] Anplis, ou va souse lèt a nasyon yo,
e ou va souse tete a wa yo.
Konsa, ou va konnen ke Mwen, SENYÈ a,
se [f]Sovè ou e Redanmtè ou,
Sila Ki Pwisan a Jacob la.
[17] Olye bwonz, Mwen va pote lò;
olye fè, Mwen va pote ajan;
olye bwa, Mwen va pote bwonz
e olye wòch, Mwen va pote fè.
Anplis, Mwen va fè lapè vin chèf ou
e ladwati kon konseye ou.
[18] [g]Vyolans p ap tande ankò nan peyi ou,
ni devastasyon oswa destriksyon
    anndan lizyè ou;
men ou va rele miray ou yo: "Sali" e
    pòtay ou yo: "Lwanj".
[19] Ou p ap sèvi [h]solèy la pou limyè
    lajounen ankò,
ni klate lalin a nan pou ba ou limyè;
men ou va gen SENYÈ a kon yon limyè etènèl
e Bondye ou kon glwa ou.
[20] [i]Solèy ou p ap bese ankò,
ni lalin nan p ap febli;
paske ou va gen SENYÈ a kon limyè etènèl
e jou ke ou kriye ak gwo doulè yo va fini.
[21] Epi tout moun ou yo va dwat,
Yo va [j]posede peyi a jis pou tout tan;
branch ke M te plante a, zèv a men M yo,
pou M kapab resevwa glwa.
[22] Pi piti a va devni yon gran pèp

e pi piti menm nan, yon nasyon pwisan.
Mwen, SENYÈ a va fè l prese rive nan lè l."

61 [k]Lespri Senyè BONDYE a sou mwen,
akoz SENYÈ a te onksyone mwen pou pote
    bòn nouvèl a moun aflije yo.
Li te voye mwen pou bay soutyen a sila
    ak kè brize yo,
pou pwoklame libète a kaptif yo
e delivrans a prizonye yo;
[2] pou [l]pwoklame lane gras SENYÈ a
e jou a vanjans Bondye nou an;
pou konsole tout moun ak kè ki tris,
[3] pou fè pwovizyon pou sila ak kè tris Sion yo;
pou bay yo yon bèl kouwòn pou
    ranplase sann yo,
ak [m]lwil kè kontan pou ranplase tristès la,
ak abiman lwanj pou ranplase lespri kraze a.
Konsa, yo va rele pye chenn ladwati,
yon plantasyon SENYÈ a,
pou Li kapab resevwa glwa.

[4] Yo va [n]rebati ansyen mazi yo,
yo va fè leve wo sa ki te kraze depi lontan yo.
Yo va repare vil ki te detwi yo,
dezolasyon de anpil jenerasyon yo.
[5] [o]Etranje yo va kanpe pou okipe bann
    mouton nou yo,
e pitit a etranje yo va kiltivatè tè nou,
ak chan rezen nou yo.
[6] Men nou va rele kon [p]prèt SENYÈ a;
Lèzòm va rele nou sèvitè yo a Bondye nou an.
Nou va manje richès a nasyon yo,
e nan richès pa yo, nou va vante tèt nou.
[7] Olye de wont nou, [q]nou va gen yon
    pòsyon doub;
olye de imilyasyon, yo va rele ak lajwa
    sou pòsyon pa yo.
Akoz sa, yo va posede yon pòsyon
    doub nan peyi yo;
lajwa etènèl la va pou yo.
[8] Paske Mwen, SENYÈ a, [r]renmen lajistis;
Mwen rayi vòl ak malfezans.
Ak fidelite Mwen va bay yo rekonpans yo,
e Mwen va fè yon akò k ap dire pou
    tout tan avèk yo.
[9] Desandan pa yo va rekonèt pami nasyon yo,
e posterite yo nan mitan a tout pèp yo.
Tout moun ki wè yo va rekonèt yo,
akoz yo se [s]desandan ke SENYÈ a te beni yo.

[10] Mwen va rejwi anpil nan SENYÈ a;
nanm mwen va rejwi anpil nan Bondyè
    mwen an,
paske Li te abiye mwen ak vètman sali yo.
Li te vlope m nan yon manto ladwati,

---

[a] **60:11** És 26:2   [b] **60:12** És 14:2   [c] **60:13** I Kwo 28:2   [d] **60:14** És 14:1-2   [e] **60:15** És 4:2   [f] **60:16** És 19:20
[g] **60:18** És 54:14   [h] **60:19** Rev 21:23   [i] **60:20** És 30:26   [j] **60:21** Sòm 37:11-22   [k] **61:1** Mat 11:5   [l] **61:2** És 49:8   [m] **61:3** Sòm 23:5   [n] **61:4** És 49:8   [o] **61:5** És 14:2   [p] **61:6** És 66:21   [q] **61:7** És 40:2   [r] **61:8** És 5:16
[s] **61:9** És 44:3

tankou yon jennonm fenk marye dekore
  kò l ak yon kouwòn;
e tankou yon ªjenn fi maryaj abiye
  kò l ak bijou.
¹¹ Paske jan tè a fè boujon li vin parèt la,
jaden an fè bagay ki simen ladann yo
  vin pete grandi,
konsa Senyè BONDYE a va fè ᵇladwati
  ak lwanj pete grandi devan
  tout nasyon yo.

62 Pou koz Sion, Mwen p ap rete an silans
e pou koz Jérusalem, Mwen p ap
  rete san pawòl,
jiskaske ᶜladwati li vin parèt tankou
  gran limyè
e sali li tankou yon tòch k ap brile.
² ᵈNasyon yo va wè ladwati ou
e tout wa yo glwa ou.
Konsa, ou va rele pa yon non nouvo ke
  bouch SENYÈ a va bay.
³ Anplis, ou va yon ᵉkouwòn byen bèl
  nan men SENYÈ a ,
e yon dyadèm wayal nan men Bondye ou a.
⁴ Sa p ap di a ou menm ankò: "Abandone",
ni a peyi ou, yo p ap di ankò: "Dezole";
men ou va rele: "Plezi Mwen nan li",
  epi peyi ou: ᶠ"Marye".
Paske SENYÈ a pran plezi nan ou
e a Li menm, peyi ou va marye.
⁵ Paske menm jan ke yon jennonm
  marye ak yon vyèj,
konsa fis ou yo va marye avèk ou;
epi menm jan jennonm maryaj la
ap rejwi ak jenn fi maryaj la,
konsa ᵍBondye ou a va rejwi ak ou.

⁶ Sou miray ou yo, O Jérusalem,
Mwen te plase ʰgadyen yo.
Tout lajounen ak tout lannwit,
yo p ap janm rete an silans.
Nou menm ki raple SENYÈ a,
pa pran repo pou tèt nou;
⁷ ni pa bay Li repo jiskaske Li etabli
e fè ⁱJérusalem yon lwanj sou tout tè a.

⁸ ʲSENYÈ a te sèmante pa men dwat Li
e pa men pwisan Li:
"Mwen p ap janm bay sereyal pa ou ankò
kon manje pou lènmi ou yo;
ni etranje yo p ap janm bwè diven nèf
pou sila ou te depanse fòs ou a."
⁹ Men sila ki ᵏranmase li,
se yo k ap manje li e louwe SENYÈ a.
Sila ki rekòlte li yo va bwè li nan lakou
sanktiyè pa Mwen an.

¹⁰ Antre ladann, antre nan pòtay yo!
Netwaye chemen an pou pèp la!
ˡBati, bati chemen an!
Retire wòch yo, leve yon drapo sou nasyon yo.
¹¹ Gade byen, SENYÈ a te pwoklame
  a pwent tè a:
"Di a fi Sion an: 'Men ᵐsali ou a rive!
Gade byen rekonpans Li avè L e rekonpans
  Li devan L!'"
¹² Konsa, yo va rele yo: ⁿ"Pèp sen an,
  rachte a SENYÈ yo".
Ou va rele: "Sila Ki Chache e ki vin twouve a,
Yon Vil Ki Pa Abandone."

63 Se kilès sa ki sòti Edom an,
avèk vètman Botsra byen kolore a?
Kilès sila a, ak abiman majeste Li,
k ap mache nan grandè ak fòs li a?
"Se Mwen menm ki pale nan ladwati,
ᵒki pwisan pou delivre a."
² Poukisa abiman Ou wouj
e vètman Ou tankou sila
k ap ᵖmache nan kivèt diven an?

³ "Mwen te foule nan kivèt diven an sèl,
Pami pèp yo, pa t gen moun avè M.
Anplis, Mwen te foule yo nan kòlè Mwen,
e Mwen te ᵠmache kraze yo nan kòlè
  Mwen an.
Gout san lavi yo te flite sou abiman Mwen
e Mwen te tache tout vètman Mwen yo.
⁴ Paske ʳjou vanjans lan te nan kè M;
e ane racha a M yo rive.
⁵ Mwen te gade e pa t gen pèsòn pou ede;
Mwen te etone ke pa t gen pèsòn pou
  bay soutyen.
Akoz sa ˢpwòp bra M te pote Sali Mwen
e kòlè Mwen te fè M kanpe.
⁶ Mwen ᵗte foule nasyon yo byen ba
  nan kòlè Mwen;
Mwen te fè yo sou nan kòlè Mwen.
Mwen te vide san lavi yo sou tè a."

⁷ Mwen va pale de ᵘlanmou dous SENYÈ a,
ak lwanj SENYÈ a.
Apre tout sa ke SENYÈ a te bannou,
ak gran bonte anvè lakay Israël ke
  Li te bay yo,
selon labondans konpasyon li,
epi selon gran mizerikòd Li.
⁸ Paske Li te di: "Anverite, yo se pèp Mwen,
fis ki p ap aji nan manti."
Pou sa, Li te devni ᵛSovè yo.
⁹ Nan tout afliksyon yo, ʷLi te aflije
e zanj a prezans Li an te sove yo.
Nan lanmou dous Li a ak mizerikòd Li,
Li te rachte yo.

ᵃ **61:10** Rev 21:2   ᵇ **61:11** Sòm 72:3   ᶜ **62:1** És 1:26   ᵈ **62:2** És 60:3   ᵉ **62:3** És 28:5   ᶠ **62:4** Os 2:19-20
ᵍ **62:5** És 65:19   ʰ **62:6** És 52:8   ⁱ **62:7** És 60:18   ʲ **62:8** És 45:23   ᵏ **62:9** És 65:13-23   ˡ **62:10** És 57:14
ᵐ **62:11** És 51:5   ⁿ **62:12** Det 7:6   ᵒ **63:1** So 3:17   ᵖ **63:2** Rev 19:13-15   ᵠ **63:3** Mi 7:10   ʳ **63:4** És 34:8
ˢ **63:5** Sòm 44:3   ᵗ **63:6** És 22:5   ᵘ **63:7** Sòm 25:6   ᵛ **63:8** És 60:16   ʷ **63:9** Jij 10:16

Li te leve yo, e te pote yo
pandan tout ansyen jou yo.

10 Men yo te fè rebèl
e konsa, yo te fè ªLespri Sen Li an vin tris.
Akoz sa, Li te vire Li menm, e Li te
   devni lènmi yo;
Li te goumen kont yo pou kont Li.

11 Men konsa, Li a te vin sonje ansyen jou yo
ak Moïse e pèp Li.
Li te di "Kote Li, Sila ki te fè yo monte
   sòti nan lanmè
ak bèje a bann mouton Li yo?
Kote Li, Sila ki te ᵇmete Lespri Sen Li
   nan mitan yo a?"
12 Ki te fè men glwa Li a ale akote men
   dwat Moïse la?
Ki te ᶜdivize dlo yo devan yo
pou fè pou pwòp tèt Li
yon non ki ta dire pou tout tan?
13 Ki te mennen yo atravè fon yo
tankou cheval nan dezè a,
pou yo pa ᵈchape tonbe?
14 Tankou bèt ki te desann nan vale yo,
Lespri SENYÈ a te bay yo repo.
Konsa, Ou te ᵉmennen pèp Ou a
pou fè pou Ou yon non ki plen laglwa.

15 Gade anba depi nan syèl la
e wè soti nan abitasyon sen Ou
ki plen ak glwa Ou.
Kote zèl Ou ak zèv pwisan Ou yo?
Santiman a kè ou ak konpasyon Ou
te vin anpeche de mwen.
16 Paske Ou se ᶠPapa nou,
malgre Abraham pa rekonèt nou,
ni Israël pa rekonèt nou.
Ou menm, O SENYÈ, Ou se Papa nou,
Redanmtè nou soti nan tan ansyen
   yo se non Ou.
17 Poukisa, O SENYÈ, Ou ᵍfè nou egare
   kite chemen Ou yo?
E te fè kè nou di pou nou pa gen lakrent Ou?
Pou koz sèvitè Ou yo, tribi a eritaj Ou
   yo, retounen.
18 Pèp sen Ou yo te posede sanktyè Ou
   a pou yon ti tan;
advèsè nou yo te ʰfoule li ba nèt.
19 Nou te vin sanble ak sila ke Ou pa t
   janm gouvène yo,
tankou sila ki pa t rele pa non Ou yo.

64 O ke Ou ta chire syèl yo,
ke Ou ta desann,
ke mòn yo ta ⁱtranble devan prezans Ou—
2 tankou dife anflame touf bwa chan an,

tankou dife fè dlo bouyi.
Fè non Ou rekonèt a advèsè Ou yo,
pou ʲnasyon yo ka tranble devan prezans Ou!
3 Kon lè Ou te fè ᵏbagay mèvèy ke nou
   pa t prevwa yo;
Ou te desann.
Mòn yo te tranble devan prezans Ou.
4 Depi nan jou ansyen yo, ˡyo pa t tande
   ni sezi ak zorèy,
ni zye pa t wè yon Bondye sof ke Ou,
k ap aji pou sila k ap tann Li an.
5 Ou rankontre avèk sila ki rejwi a nan
   fè sa ki dwat,
ki sonje Ou nan chemen pa Ou yo.
Gade byen, ᵐOu te fache paske nou te peche,
nou te kontinye nan peche pandan anpil tan.
Èske nou va sove?
6 Paske nou tout te vini tankou yon
   moun ki pa pwòp.
Tout ⁿzèv ladwati nou yo tankou yon
   rad ki sal nèt;
konsa, nou tout vin fennen kon yon fèy,
e inikite nou yo tankou van, pote nou ale.
7 Nanpwen moun ki rele non Ou,
ki leve pou atache a Ou menm;
paske Ou te ᵒkache figi Ou a nou menm
e te livre nou nan pouvwa inikite nou yo.

8 Pou sa, O SENYÈ, Ou se Papa nou,
nou se ajil la e se Ou ki met kanari a;
nou tout se ᵖzèv men Ou yo.
9 Pa vin fache depase, O SENYÈ,
ᑫni sonje inikite nou yo pou tout tan.
Gade byen, gade koulye a, nou tout
   se pèp Ou a.
10 ʳVil sen Ou yo te vin yon dezè;
Sion te vin yon dezè,
Jérusalem yon kote dezole.
11 ˢBèl kay sen nou an,
kote papa nou yo te ba Ou lwanj yo,
te brile ak dife;
epi tout bagay ki te chè a nou menm
   te vin kraze nèt.
12 Èske Ou va ᵗralanti Ou menm, devan
   bagay sa yo, O SENYÈ?
Èske Ou va rete an silans e bannou lapèn
   ki depase mezi a?

65 "Mwen te chache pa ᵘsila
ki pa t mande pou Mwen yo;
Mwen te twouve pa sila
ki pa t chache M.
Mwen te di: "Men Mwen isit la! Men
   Mwen isit la!'
a yon nasyon ki pa t rele non Mwen.
2 ᵛMwen te louvri men M tout lajounen
   a yon pèp rebèl,

ᵃ **63:10** Sòm 51:11   ᵇ **63:11** Nonb 11:17-29   ᶜ **63:12** Egz 14:21-22   ᵈ **63:13** Jr 31:9   ᵉ **63:14** Det 32:12
ᶠ **63:16** És 1:2   ᵍ **63:17** És 30:28   ʰ **63:18** Sòm 74:3-7   ⁱ **64:1** Jij 5:5   ʲ **64:2** Sòm 99:1   ᵏ **64:3** Sòm 65:5
ˡ **64:4** I Kor 2:9   ᵐ **64:5** Éz 12:1   ⁿ **64:6** És 46:12   ᵒ **64:7** Det 31:18   ᵖ **64:8** Sòm 100:3   ᑫ **64:9** És 43:25
ʳ **64:10** És 48:2   ˢ **64:11** II Wa 25:9   ᵗ **64:12** Sòm 74:10   ᵘ **65:1** Wo 9:24-26   ᵛ **65:2** Wo 10:21

ki mache nan chemen ki pa bon,
k ap swiv pwòp panse pa yo,
³ Yon pèp ki ᵃpwovoke M tout tan nan figi M,
k ap ofri sakrifis nan jaden yo
e k ap brile lansan sou brik yo;
⁴ ki chita nan mitan tonm yo
e ki pase nwit lan kote kache yo;
ki ᵇmanje chè kochon,
ak soup fèt ak sa ki pa pwòp.
⁵ Ki di: ᶜ"Rete la, ou menm, pa pwoche mwen;
mwen pi sen pase ou'!
Sila yo se lafimen nan nen Mwen,
yon dife ki brile tout lajounen.

⁶ "Gade byen, li ekri devan Mwen:
Mwen p ap rete an silans,
men ᵈMwen va bay rekonpans;
Mwen va rekonpanse jis rive nan
                         lestonmak yo,
⁷ ni pou pwòp inikite pa yo
ak inikite a zansèt yo ansanm", pale SENYÈ a.
"Akoz yo te brile lansan sou mòn yo
e te moke M sou kolin yo;
pou sa, Mwen va ᵉmezire zèv yo te fè,
jis rive nan lestonmak yo."

⁸ Konsa pale SENYÈ a;
"Menm jan divin tounèf twouve nan
                    yon grap rezen,
e yon moun di, 'pa detwi l, paske gen
                    benefis ladann':
konsa Mwen va aji pou sèvitè ki pou
                    Mwen yo,
pou M ᶠpa detwi yo tout.
⁹ Mwen va mennen fè sòti zanfan Jacob yo
e yon eritye mòn Mwen yo kap soti nan Juda.
Menm ᵍchwazi pa M yo va eritye l
e sèvitè Mwen yo va demere la.
¹⁰ Saron va yon peyi ki fè patiraj
pou bann mouton yo,
e vale Acor yon kote pou twoupo yo
                    ka repoze,
pou pèp Mwen ki ʰchache Mwen an.

¹¹ "Men nou menm ki ⁱabandone SENYÈ a,
ki bliye mòn sen Mwen an,
ki ranje yon tab pou Gran Chans,
ki plen tas ak diven mele pou Desten an;
¹² Mwen va ranje desten nou ak nepe,
e nou tout va bese devan masak la.
Akoz Mwen te rele nou, men nou ʲpa t reponn;
Mwen te pale, men nou pa t tande.
Epi nou te fè mal devan zye M,
e te chwazi sa ki pa t fè m plezi."
¹³ Pou sa, konsa pale Senyè BONDYE a:
"Gade byen, sèvitè Mwen yo va ᵏmanje,

men nou va rete grangou.
Gade byen, sèvitè Mwen yo va bwè,
men nou va rete swaf.
Gade byen, sèvitè Mwen yo va rejwi,
men nou va twouve gwo wont.
¹⁴ Gade byen, sèvitè Mwen yo va rele
          ak jwa ak kè kontan,
men nou va ˡkriye fò ak yon kè plen doulè,
e nou va rele anmwey ak yon lespri
          ki kraze nèt.
¹⁵ Ou va kite non nou kon yon malediksyon
a moun chwazi pa Mwen yo,
e Senyè BONDYE a va touye nou.
Li va rele sèvitè Li yo pa yon ᵐlòt non.
¹⁶ Paske sila ki beni sou tè a,
va beni pa ⁿBondye verite a;
epi sila ki sèmante nan tout tè a,
va sèmante pa Bondye verite a;
paske ansyen twoub yo fin bliye
e paske yo kache devan zye M."

¹⁷ Paske gade byen,
Mwen va kreye yon ᵒsyèl tounèf,
ak yon tè tounèf;
epi ansyen bagay yo p ap sonje ankò,
ni p ap menm antre nan panse.
¹⁸ Men ᵖfè kè kontan e rejwi nou
jis pou tout tan nan sa ke M kreye yo;
paske gade byen, Mwen kreye Jérusalem
          pou rejwisans,
e pèp li a pou kè kontan.
¹⁹ Anplis, Mwen va ᵍrejwi de Jérusalem.
Mwen va fè kè kontan nan pèp Mwen an.
Epi p ap tande ankò nan li
vwa kriye ak son moun k ap kriye.

²⁰ "P ap genyen ladann ankò timoun ki
          viv sèlman kèk jou,
ni granmoun ki pa fin fè tout jou li yo;
paske jenn yo va mouri nan laj santan
e sila ki pa rive nan laj santan yo va
          konsidere kon moun modi.
²¹ Yo va ʳbati kay yo pou yo viv ladann;
anplis, yo va plante chan rezen yo e
          manje fwi yo.
²² Yo p ap bati kay pou yon lòt moun
          rete ladann,
yo p ap plante pou yon lòt moun vin manje.
Paske ˢkon lavi a yon pyebwa, se konsa
jou a pèp Mwen an va ye,
e moun chwazi pa M yo va gen tan
rejwi nan pwòp zèv men yo.
²³ Yo ᵗp ap travay an ven, ni fè pitit pou mizè;
paske yo se desandan a sila ki beni
          pa SENYÈ a,
e anplis, desandan yo, menm jan.

ᵃ **65:3** Job 1:11   ᵇ **65:4** Lev 11:7   ᶜ **65:5** Mat 9:11   ᵈ **65:6** Jr 16:18   ᵉ **65:7** Jr 5:29   ᶠ **65:8** És 1:9   ᵍ **65:9** És 57:13   ʰ **65:10** És 51:1   ⁱ **65:11** Det 29:24-25   ʲ **65:12** II Kwo 36:15-16   ᵏ **65:13** És 1:19   ˡ **65:14** És 13:6   ᵐ **65:15** És 62:2   ⁿ **65:16** Egz 34:6   ᵒ **65:17** És 66:22   ᵖ **65:18** Sòm 98   ᵍ **65:19** És 62:4-5   ʳ **65:21** És 32:18   ˢ **65:22** Sòm 92:12-14   ᵗ **65:23** Det 28:3-12

²⁴ Anplis, li va vin rive ke avan yo rele,
   Mwen va reponn;
epi pandan yo toujou ap pale, Mwen
   va ᵃtande.
²⁵ ᵇLou ak ti mouton va manje ansanm.
Lyon an va manje pay kon bèf.
Men pousyè va sèvi kon manje pou sèpan an.
Yo p ap fè mal ni donmaj nan tout mòn
   sen Mwen an,"
di SENYÈ a.

66
Konsa pale SENYÈ a:
ᶜ"Syèl la se twòn Mwen e tè a
   se machpye M.
Alò, ki kote ou ta kab bati yon kay
   pou Mwen?
Epi ki kote pou M ta ka repoze?
² Paske se ᵈmen M ki te fè tout bagay sa yo;
se konsa tout bagay sa yo te vin egziste,"
   deklare SENYÈ a.
"Men a sila Mwen va gade a;
sila ki enb ak kè ki repanti a,
e ki tranble devan pawòl Mwen yo.
³ Men sila ki touye yon bèf la,
li tankou sila ki touye yon moun nan;
sila ki fè sakrifis a yon jenn mouton an,
li tankou yon moun ki kase kou a yon chen;
sila ki fè ofrann sereyal la, li tankou sila
   ki ofri san kochon an;
sila ki brile lansan an, li tankou sila ki
   fè beni yon zidòl la.
Konsi yo te chwazi pwòp chemen pa yo,
e nanm yo pran gwo plezi nan
   abominasyon yo.
⁴ Konsa, Mwen va deziye pinisyon yo,
e Mwen va mennen sou yo sa ke yo plis pè a.
Paske Mwen te rele, men pèsòn pa t reponn;
Mwen te pale, men yo pa t koute,
men se ᵉmal yo te fè devan zye M,
e yo te chwazi sa ki pa t fè M plezi."

⁵ Tande pawòl SENYÈ a,
nou menm ki tranble devan pawòl Li yo:
"Frè nou ki rayi nou yo, ki ᶠrejte nou
   akoz non Mwen,
Yo te di:
'Kite SENYÈ a resevwa glwa,
pou nou ka wè nou fè kè kontan.'
Men sila yo k ap wont.
⁶ Yon vwa gwo boulvèsman soti nan vil la,
yon vwa soti nan tanp lan;
vwa a SENYÈ la k ap ᵍrann rekonpans
   a lènmi Li yo.

⁷ "Avan fi a gen doulè, li te anfante;
avan gwo doulè a te rive li, ʰli te fè yon gason.
⁸ Se ⁱkilès ki te tande yon koze konsa a?
Kilès ki te wè yon bagay konsa?
Èske yon peyi kapab fèt nan yon sèl jou?
Èske yon nasyon ka vin parèt nan yon enstan?
La menm Sion te vin gen doulè,
li te fè fis li yo vin parèt.
⁹ Èske Mwen va rive pre pwen akouchman an,
pou mwen ʲpa livre pitit la?" pale SENYÈ a.
"Oswa èske Mwen ki fè fanm akouche a,
ta fèmen vant lan?" pale Bondye nou an.

¹⁰ "Fè ᵏkè kontan ak Jérusalem,
e rejwi de li, nou tout ki renmen li yo.
Fè kè kontan anpil, nou tout ki te fè
   kè tris pou li yo,
¹¹ pou nou kapab souse e ˡjwenn
   satisfaksyon nan tete li,
pou nou kapab souse pou jwenn plezi nan
   gwo lestonmak li a."

¹² Paske konsa pale SENYÈ a:
"Gade byen, Mwen lonje bay fi a ᵐlapè
   tankou yon rivyè
e glwa a nasyon yo kon yon flèv k ap debòde.
Nou va vin pran tete,
nou va pote sou kwis e vin jwe sou jenou.
¹³ Tankou yon timoun ki jwenn rekonfò
   a manman l,
se konsa Mwen va ⁿrekonfòte nou;
epi nan Jérusalem, nou va rekonfòte."

¹⁴ Nou va wè sa;
ᵒkè nou va kontan e zo nou
va fleri tankou zèb vèt tounèf.
Men SENYÈ a va rekonèt pa sèvitè Li yo;
men Li va fè gwo kòlè kont lènmi Li yo.

¹⁵ Paske gade byen, SENYÈ a va vini
   avèk dife,
e ᵖcha Li yo va tankou van toubiyon.
Li va rann kòlè Li ak gwo raj
e repwòch Li ak flanm dife.
¹⁶ Paske SENYÈ a va egzekite jijman ak ᵠdife
e avèk nepe Li sou tout chè;
e sila ki va touye pa nepe yo va anpil.
¹⁷ "Sila ki sanktifye e pirifye tèt pou ale nan
jaden yo, k ap swiv moun mitan an, ki manje chè
kochon, bagay abominab, ak sourit la, va sispann
ʳnèt", deklare SENYÈ a. ¹⁸ "Paske Mwen konnen
zèv yo ak ˢpanse yo. Lè a ap rive pou rasanble
tout nasyon ak tout lang yo. Konsa, yo va vini wè
glwa Mwen. ¹⁹ Mwen va mete yon sign pami yo e
Mwen va voye bay nasyon yo sila ki chape pami
yo: Tarsis, Pul, Lud, Tubal ak Javan, nan peyi kot
byen lwen ki pa t janm tande afè laglwa Mwen, ni
ki pa t konn wè laglwa Mwen. Epi yo va ᵗdeklare
glwa Mwen pami nasyon yo. ²⁰ Yo va ᵘmennen

ᵃ **65:24** Sòm 91:15   ᵇ **65:25** És 11:6   ᶜ **66:1** I Wa 8:27   ᵈ **66:2** És 40:26   ᵉ **66:4** II Wa 21:2-6   ᶠ **66:5** Mat 5:10-12
ᵍ **66:6** És 59:18   ʰ **66:7** Rev 12:5   ⁱ **66:8** És 64:4   ʲ **66:9** És 37:3   ᵏ **66:10** Det 32:43   ˡ **66:11** És 49:23
ᵐ **66:12** Sòm 72:3-7   ⁿ **66:13** És 12:1   ᵒ **66:14** Za 10:7   ᵖ **66:15** Sòm 68:17   ᵠ **66:16** És 30:30   ʳ **66:17** És 1:28-31   ˢ **66:18** És 59:7   ᵗ **66:19** I Kwo 16:24   ᵘ **66:20** És 43:6

tout frè nou yo soti nan tout nasyon yo kon yon ofrann sereyal a SENYÈ a. Yo va vini sou cheval, nan cha, sou kabwèt kouvri, sou milèt ak chamo pou rive sou mòn sen Mwen an, Jérusalem", di SENYÈ a. "Jis konsa, fis Israël yo pote ofrann sereyal nan yon veso pwòp a lakay SENYÈ a. ²¹ Anplis, Mwen va pran kèk nan yo kon ^aprèt ak Levit", SENYÈ a di.

²² "Paske menm jan ke ^bsyèl tounèf la ak tè tounèf ke Mwen va fè a va dire nèt devan Mwen", deklare SENYÈ a; "se konsa desandan nou yo ak non nou va dire nèt. ²³ Epi li va fèt ke soti nan lalin tounèf pou rive nan lalin tounèf la, e soti nan Saba a pou rive nan Saba a, tout limanite va vin pwostène ^cdevan Mwen," SENYÈ a di. ²⁴ "Yo va ale gade sou kadav a moun ki te fè transgresyon kont Mwen yo. Paske ^dvè pa yo p ap mouri e dife pa yo p ap etenn. Konsa yo va vin yon abominasyon pou tout limanite."

---

^a **66:21** Egz 19:6   ^b **66:22** És 65:17   ^c **66:23** És 19:21-23   ^d **66:24** És 14:11

Liv
Jérémie

1 Pawòl a [a]Jérémie yo, fis a Hilkija a, yon nan prèt yo ki te nan Anathoth nan peyi Benjamin. [2] Pawòl SENYÈ a te vini kote li nan jou [b]Josias yo, fis a Amon an, wa Juda a, nan trèzyèm ane règn li an. [3] Li te anplis, vin rive nan jou [c]Jojakim yo, fis a Josias la, wa Juda a, jis rive nan fen onzyèm ane Sédécias, fis a Josias la, wa Juda a, jis rive nan egzil a Jérusalem nan senkyèm mwa a. [4] Alò, pawòl SENYÈ a te vin kote mwen e te di:

[5] Avan Mwen te fòme ou nan vant,
 Mwen te konnen ou,
e avan ou te fèt mwen te konsakre ou.
Mwen te [d]deziye ou kon yon pwofèt
 a nasyon yo.

[6] Konsa, mwen te di: "Malè a mwen, Senyè BONDYE! Gade byen, mwen pa menm konnen kijan pou m pale, paske [e]mwen se sèlman yon jennonm."

[7] Men SENYÈ a te di mwen: "Pa di: 'Mwen se sèlman yon jennonm', paske tout kote Mwen voye ou, ou va ale, e [f]tout sa ke Mwen kòmande ou, ou va pale l. [8] [g]Pa pè yo, Paske Mwen avèk ou pou delivre ou", SENYÈ a di.

[9] Epi SENYÈ a te lonje men L e te [h]touche bouch mwen. Konsa, SENYÈ a te di mwen: "Gade byen, Mwen te mete pawòl Mwen nan bouch ou. [10] Ou wè, [i]Mwen te deziye ou nan jou sa a sou nasyon yo, ak sou wayòm yo, pou rache, pou demoli, pou detwi, pou boulvèse, pou bati ak pou plante."

[11] Pawòl SENYÈ a te rive kote mwen. Li te di: "Se kisa ou wè, [j]Jérémie?" Mwen te reponn: "Mwen wè yon bout branch zanmann."

[12] Konsa, SENYÈ a te di mwen: "Ou te wè byen; paske [k]Mwen ap veye sou pawòl Mwen pou pawòl Mwen vin fèt."

[13] Pawòl SENYÈ a te vin kote mwen yon dezyèm fwa epi te di: "Se kisa ou wè"?

Epi mwen te di: "Mwen wè yon chodyè k ap bouyi, k ap apiye fas li kont nò a." [14] Konsa, SENYÈ a te di mwen: [m]"Depi nan nò a, mal la va pete vin parèt sou tout sila ki rete nan peyi a. [15] Paske gade byen, Mwen ap rele tout fanmi a wayòm yo nan nò", deklare SENYÈ a;

"Yo va vini, e yo chak va [n]plase twòn yo
 nan antre pòtay Jérusalem nan,
kont tout miray antoure li yo, e kont
 tout vil Juda yo.

[16] Mwen va pwononse jijman Mwen sou
 yo pou tout mechanste yo,
akòz yo te abandone Mwen,
te [o]ofri sakrifis a lòt dye yo,
e te adore pwòp zèv men pa yo.

[17] "Alò, pou sa a, [p]mare senti ou, epi leve pou pale yo tout sa ke M kòmande ou. Pa pè devan yo, sinon Mwen va fè ou pè devan yo. [18] Gade byen, Mwen te fè ou menm jodi a kon yon vil fòtifye, kon yon pilye fè e kon miray an bwonz kont yon peyi nèt—a wa Juda yo, ak prens li yo, vè prèt li yo e a pèp a peyi a. [19] Yo va goumen kont ou, men yo p ap reyisi; paske [q]Mwen avèk ou pou delivre ou," deklare SENYÈ a.

2 Alò pawòl SENYÈ a te vin kote mwen epi te di: [2] "Ale e pwoklame nan zòrèy a Jérusalem pou di: 'Konsa pale SENYÈ a:

"Mwen sonje de ou, [r]jan ou te renmen
 M lè ou te jenn;
lanmou ou lè ou te fiyanse avè M,
jan ou te swiv Mwen nan dezè a,
nan yon peyi ki pa t konn simen.

[3] Israël te sen a SENYÈ, [s]premye a rekòlt Li a.
Tout moun ki te manje de li va vin koupab.
Se mal ki va rive yo,'" deklare SENYÈ a."

[4] Tande pawòl SENYÈ a, O lakay Jacob ak tout fanmi lakay Israël yo. [5] Konsa pale SENYÈ a:

[t]"Ki enjistis papa zansèt nou yo
 te jwenn nan Mwen,
pou yo te ale lwen Mwen,
pou yo te mache dèyè sa ki vid
pou te vin vid yo menm?
[6] Yo pa t mande: 'Kote SENYÈ a
 ki te mennen nou sòti nan peyi Égypte la,
ki te mennen nou nan dezè a,
pou travèse yon peyi dezè ak fòs yo,
nan yon peyi ak sechrès e ak fon tenèb,
yon peyi ke pèsòn pa t konn travèse
e kote okenn moun pa t rete?'
[7] Mwen te mennen ou antre nan yon peyi fètil
 pou manje fwi li ak bon bagay li yo.
Men nou te vini, e nou te [u]souye peyi Mwen
 an ak eritaj Mwen an,
nou te fè li vin abominab.
[8] Prèt yo pa t di: 'Kote SENYÈ a ye?'
Epi sila yo ki te responsab lalwa a [v]pa
 t rekonèt Mwen.
Chèf yo tou te fè transgresyon kont Mwen;
pwofèt yo te pwofetize pou Baal,
e te mache dèyè bagay ki pa t gen benefis.

[9] "Pou sa, jiska prezan, Mwen va [w]fè kont
 avèk nou", deklare SENYÈ a:
"Menm avèk pitit a pitit nou yo, Mwen
 va fè kont.

---

[a] **1:1** II Kwo 35:25 [b] **1:2** I Wa 13:2 [c] **1:3** II Wa 23:34 [d] **1:5** Jr 1:10 [e] **1:6** I Wa 3:7 [f] **1:7** Nonb 22:20
[g] **1:8** Egz 3:12 [h] **1:9** És 6:7 [i] **1:10** Rev 11:3-6 [j] **1:11** Jr 24:3 [k] **1:12** Jr 31:28 [l] **1:13** Za 4:2 [m] **1:14** És 41:25 [n] **1:15** És 22:7 [o] **1:16** Jr 7:9 [p] **1:17** I Wa 18:46 [q] **1:19** Nonb 14:9 [r] **2:2** Éz 16:8 [s] **2:3** Jc 1:18
[t] **2:5** És 5:4 [u] **2:7** Sòm 106:38 [v] **2:8** Jr 4:22 [w] **2:9** Jr 2:35

¹⁰ Alò, ᵃtravèse rive nan peyi kot yo
   nan Kittim pou wè;
voye Kédar pou obsève e wè si janmen
   te gen yon bagay konsa!
¹¹ Èske yon nasyon janm te chanje dye pa yo,
malgre, se pa dye yo te ye?
Men pèp Mwen an te ᵇfè echanj glwa pa
   yo pou sa ki san benefis.
¹² Menm ᶜsyèl yo etonnen, jis yo vin fremi.
Reste byen dezole, deklare SENYÈ a.
¹³ Paske pèp Mwen an te komèt de kalite mal:
Yo te abandone Mwen, ᵈfontèn dlo vivan yo,
epi yo te fouye pou kont yo lòt sitèn;
   sitèn yo ki kraze ki pa ka kenbe dlo.
¹⁴ Èske Israël se yon ᵉesklav?
Èske li se yon esklav ki te fèt lakay nou?
Pou ki rezon li te devni yon kaptif?
¹⁵ Jenn ᶠlyon yo gwonde sou li;
ak gwo bri yo leve vwa yo.
Yo te fin gate peyi li nèt.
Vil li yo brile nèt.
Pa gen moun ki pou rete ladann.
¹⁶ Anplis, mesye Memphis ak Tachpanès yo
te brize ᵍkouwòn tèt ou a.
¹⁷ Èske Se pa ou menm ki ʰfè sa
lè ou kite SENYÈ Bondye ou a,
pandan Li t ap mennen ou nan chemen an?
¹⁸ Men koulye a, se kisa w ap fè ⁱnan wout
   pou rive Égypte la,
lè w ale pou bwè dlo nan Rivyè Nil lan?
Oswa se kisa w ap fè nan wout pou
   ale Assyrie a,
pou bwè dlo nan flèv pa yo a?
¹⁹ Pwòp mechanste ou va korije ou,
e ʲenfidelite ou va repwoche ou.
Pou sa, konnen e wè ke se mal e anmè ke ou
te abandone SENYÈ a, Bondye ou a.
Laperèz Mwen pa nan ou," deklare Senyè
   BONDYE dèzame yo.
²⁰ Paske lontan sa, ᵏMwen te kraze jouk ou a.
Mwen te chire kòd mare ou yo.
Men ou te di: "Mwen p ap sèvi!'
Paske sou chak kolin ki wo, e anba
   chak bwa vèt,
ou te kouche tankou pwostitiye.
²¹ Sepandan, Mwen te plante chan rezen
   pi chwazi pou ou,
   yon grenn ki fidèl nèt.
Alò kòman konsa ou te vin detounen devan M
pou tounen yon ˡboujon ki dejenere nèt
sou yon chan rezen etranje?
²² Malgre se ak savon lesiv ou ta savonnen
   ak anpil savon,
ᵐtach inikite ou rete devan M,"
deklare Senyè BONDYE a.
²³ ⁿ"Kòman ou ka di: 'Mwen pa sal,

Mwen pa t kouri dèyè Baal yo?'
Gade chemen ou nan vale a!
Konnen byen sa ou te fè a!
Ou se yon jenn femèl chamo byen rapid,
k ap fè chemen l kote li pito.
²⁴ Yon ᵒfemèl bourik mawon ki abitye
   nan savann nan,
k ap pran sant van pou lè l bezwen
   kwaze ak mal.
Nan lè chalè li, se kilès ki ka detounen l?
Tout moun k ap chache l p ap fatige kò yo;
nan mwa li, yo va jwenn ak li.
²⁵ Kenbe bon fè sou pye ou e mouye gòj
   ou pou ou pa swaf;
men ou te di: 'Sa p ap ka fèt, Non!
Paske mwen te fè renmen ak etranje yo;
se dèyè yo m ap prale.'
²⁶ Tankou ᵖvòlè vin wont lè l vin dekouvri,
se konsa lakay Israël vin wont—
wa yo, prens yo, ak prèt yo ak pwofèt yo!
²⁷ kap di pyebwa a: 'Se ou ki papa mwen',
epi a yon wòch: 'Se ou ki fè mwen.'
Paske yo te ᑫvire do ban Mwen olye figi yo;
men nan tan gwo pwoblèm yo,
yo va di Mwen: 'Leve pou sove nou.'
²⁸ Men kote ʳdye ke ou te fè pou kont
   ou yo ye?
Kite yo leve, si yo ka sove ou nan tan
   twoub ou yo;
paske selon fòs kantite vil ou yo, kantite
   dye ou ye, O Juda.
²⁹ Poukisa ou fè kont avè M?
ˢNou tout te fè transgresyon kont Mwen,"
deklare SENYÈ a.
³⁰ ᵗ"Anven Mwen te frape fis ou yo;
men yo pa t aksepte okenn chatiman.
Nepe ou te fin devore pwofèt ou yo
tankou lyon k ap detwi.
³¹ O jenerasyon, koute byen a pawòl
   SENYÈ a.
Èske Mwen te yon dezè pou Israël,
oswa yon peyi fènwa byen pwès?
Poukisa pèp Mwen an di: ᵘ"Nou lib pou
   nou gaye toupatou.
Nou p ap vin kote Ou ankò?'
³² Èske vyèj la ka bliye dekorasyon li yo,
oswa fi maryaj la, vètman li an?
Sepandan, pèp Mwen an fin ᵛbliye Mwen
pandan jou ki pa ka menm konte.
³³ A la byen ou prepare chemen ou pou
   chache lanmou!
Konsa, menm fanm mechan yo, ou te
   enstwi nan chemen ou yo.
³⁴ Anplis, sou jip ou, yo twouve ʷsan lavi
   a malere ki inosan yo.
Ou pa t jwenn yo t ap kase kay ou.

ᵃ **2:10** És 23:12   ᵇ **2:11** Sòm 106:20   ᶜ **2:12** És 1:2   ᵈ **2:13** Sòm 36:9   ᵉ **2:14** Jr 5:19   ᶠ **2:15** Jr 50:17
ᵍ **2:16** Det 33:20   ʰ **2:17** Det 32:10   ⁱ **2:18** És 30:2   ʲ **2:19** És 3:9   ᵏ **2:20** Lev 26:13   ˡ **2:21** És 5:4
ᵐ **2:22** Job 14:7   ⁿ **2:23** Pwov 30:12   ᵒ **2:24** Jr 14:6   ᵖ **2:26** Jr 48:27   ᑫ **2:27** Jr 18:17   ʳ **2:28** Det 32:37
ˢ **2:29** Jr 5:1   ᵗ **2:30** És 1:5   ᵘ **2:31** Det 32:15   ᵛ **2:32** Sòm 106:21   ʷ **2:34** II Wa 21:16

Men se akoz tout bagay sa yo,
35 Sepandan, ou te di: 'Mwen inosan.
Asireman, kòlè Li pa sou mwen.'
Gade byen, Mwen va [a]"antre nan jijman
avèk ou, paske ou di:
'Mwen pa t peche.'
36 Poukisa ou mache toupatou konsa
nan chanje wout ou?
Anplis, [b]Égypte va fè ou wont,
menm jan ke Assyrie te fè ou wont lan.
37 Soti kote sa a tou, ou va sòti ak men
ou sou tèt;
paske SENYÈ a te rejte [c]sila ke ou te
fè konfyans yo
e ou p ap jwenn avantaj avèk yo."

3 Bondye di: [d]"Si yon mari divòse ak madanm li, e li kite li pou jwenn yon lòt gason, èske li va retounen kote li? Èske tè sa a p ap souye nèt? Men ou se yon pwostitiye ak anpil renmen; sepandan, se bò kote M, ou vin vire," deklare SENYÈ a.
2 "Leve zye ou pou wè mòn toutouni yo epi gade: "Se ki kote yo pa t kouche ak nou? Akote chemen yo, ou te chita tann yo. Tankou yon Arab nan dezè, ou te [e]pouri peyi a ak pwostitisyon ou ak mechanste ou. 3 Akoz sa, farinaj lapli te vin sispann e lapli sezon prentan pa t rive. Men fon ou te gen yon fontèn [f]pwostitiye; ou te refize vin wont. 4 Se pa depi koulye a, ou va rele a Mwen: 'Papa mwen, ou se zanmi jenès mwen'?
5 [g] "'Èske Li va fache jis pou tout tan? Èske Li va ensanse ak kòlè jiska lafen?' Gade byen, ou te pale, ou te fè bagay ki mal e ou te fè pwòp volonte ou."
6 Alò, SENYÈ a te di m nan jou a wa Josias yo: "Èske ou te wè sa ke Israël enfidèl te fè a? Li te [h]monte sou tout kolin ki wo yo e anba tout bwa vèt. La, li te yon pwostitiye. 7 [i]Mwen te reflechi: 'Apre li fin fè tout bagay sa yo, li va retounen kote Mwen.' Men li pa t retounen e sè trèt li a, Juda, te wè l. 8 Konsa, lè Mwen te wè tout enfidelite ak pwostitiye li yo, Mwen te voye li ale, e Mwen te fè yon dekrè pou divòse ak li. Men [j]sè trèt li a, Juda, pa t gen lakrent, men li te ale fè pwostitiye tou. 9 Akoz li te pran pwostitiye li a kon yon bagay lejè, li te pouri peyi a e te fè adiltè ak [k]wòch ak pyebwa. 10 Men malgre tout sa, sè trèt li a, Juda, pa t retounen kote Mwen ak tout kè l, men pito ak [l]desepsyon", deklare SENYÈ a.
11 Konsa, SENYÈ a te di m: "Israël enfidèl la te montre li pi dwat pase trèt la, Juda. 12 Ale pwoklame pawòl sa yo vè nò, epi di: [m]"Retounen, Israël enfidèl', deklare SENYÈ a; 'Mwen p ap gade ou ak kòlè. Paske Mwen gen mizerikòd, deklare SENYÈ a; Mwen p ap rete fache jis pou tout tan. 13 Sèlman [n]rekonèt inikite ou, ke ou te transgrese kont SENYÈ a, Bondye ou a. Ou te gaye favè ou bay etranje yo anba tout bwa vèt e ou pa t obeyi vwa M,'" deklare SENYÈ a.
14 "Retounen, O fis enfidèl," deklare SENYÈ a, "paske Mwen se yon [o]mèt pou nou. Mwen va retire de nou, youn nan yon vil e de nan yon fanmi, e Mwen va mennen nou Sion." 15 "Konsa, Mwen va bannou bèje selon pwòp kè Mwen, ki va [p]fè nou manje sou konesans ak bon konprann.
16 Li va vin rive nan jou sa yo ke lè nou vin ogmante, e vin anpil nan peyi a", deklare SENYÈ a, "yo [q]p ap di mo ankò: 'Lach akò SENYÈ a'. Ni sa p ap vini nan tèt yo. Yo p ap sonje li, yo p ap remake pèt li, ni li p ap refèt ankò. 17 Nan lè sa a, yo va rele Jérusalem: [r]"Twòn SENYÈ a' e tout nasyon yo va rasanble vè li; vè Jérusalem, vè non SENYÈ a. Ni yo p ap ankò mache ak tèt di ak kè mechan yo. 18 Nan jou sa yo, lakay Juda va mache ak lakay Israël, e yo va vini ansanm sòti nan peyi nò pou rive nan [s]peyi ke Mwen te bay a papa zansèt nou yo kon eritaj la."
19 "Epi Mwen te di: 'Kòman Mwen fè lanvi pou plase ou pami fis Mwen yo, e bay ou yon bèl peyi, eritaj ki [t]pi bèl pami nasyon yo!' Epi Mwen te di: 'Ou va rele Mwen: "Papa Mwen", e ou p ap detounen sispann swiv Mwen.'"
20 "Anverite, kon yon fanm fè trèt pou kite mari li, se konsa ou te [u]fè trèt kite Mwen, O lakay Israël", deklare SENYÈ a. 21 Yon vwa vin tande sou wotè mòn vid yo; vwa k ap kriye ak vwa siplikasyon a fis Israël yo; akoz yo te pèvèti chemen yo, yo te [v]bliye SENYÈ a, Bondye yo. 22 "Retounen, O fis enfidèl, Mwen va geri enfidelite ou."
"Gade byen, nou vin kote Ou; paske Ou se SENYÈ a, Bondye nou an. 23 Anverite, soutyèn [w]kolin yo se yon desepsyon, yon zen sou mòn yo. Anverite, SENYÈ a, Bondye nou an, se sali Israël. 24 Men [x]afè wont sa a te manje fòs zèv zansèt nou yo depi nan jenès nou. Li te manje bann mouton yo ak twoupo yo, fis ak fi yo. 25 Kite nou kouche nan wont nou, e kite imilyasyon kouvre nou. Paske nou te peche kontre Senyè a, nou menm ak papa nou yo, depi nan jenès nou yo, jis rive menm jodi a. E nou pa t obeyi lavwa Senyè a, papa nou.

4 "Si ou va [y]retounen, O Israël", deklare SENYÈ a, "si ou va retounen kote Mwen, e si ou va retire bagay abominab ou yo devan prezans Mwen; konsa, ou p ap retire. 2 Si ou va sèmante: 'Kon SENYÈ a vivan an', [z]anverite, ak jistis, e nan ladwati; konsa, nasyon yo va beni tèt yo nan Li, e nan Li yo va gen glwa."
3 Paske se konsa SENYÈ a pale a mesye a Juda ak Jérusalem yo: "Kraze e prepare tè ki poze a; [a]pa simen pami pikan yo. 4 Sikonsi tèt nou a SENYÈ a e retire prepuce kè nou, mesye Juda yo, ak sila ki rete Jérusalem yo, sinon kòlè Mwen va vin parèt

---

[a] **2:35** Pwov 28:13   [b] **2:36** II Kwo 28:16   [c] **2:37** Jr 37:7-10   [d] **3:1** Det 24:1-4   [e] **3:2** Jr 2:7   [f] **3:3** Lev 26:19
[g] **3:5** Sòm 103:9   [h] **3:6** Jr 17:2   [i] **3:7** II Wa 17:13   [j] **3:8** Éz 16:46-47   [k] **3:9** És 57:6   [l] **3:10** Jr 12:2
[m] **3:12** Jr 3:14-22   [n] **3:13** Det 30:1-3   [o] **3:14** Jr 31:32   [p] **3:15** Trav 20:28   [q] **3:16** És 65:17   [r] **3:17** Jr 17:12   [s] **3:18** Am 9:15   [t] **3:19** Sòm 16:6   [u] **3:20** És 48:8   [v] **3:21** És 17:10   [w] **3:23** Jr 17:2   [x] **3:24** Os 9:10
[y] **4:1** Jr 3:22   [z] **4:2** És 48:1   [a] **4:3** Mat 13:7

tankou dife e brile [a]pou okenn moun pa ka tenyen l, akoz mechanste a zèv nou yo. [5] Deklare nan Juda e pwoklame nan Jérusalem, pou di: 'Soufle twonpèt nan peyi a!' Kriye fò! Di yo: [b]"Rasanble nou pou nou antre nan vil fòtifye yo.' [6] Leve yon drapo vè Sion! Chache sekou! Pa kanpe anplas, paske Mwen ap mennen [c]malè sòti nan nò, ak gwo destriksyon."

[7] Yon [d]lyon ale soti nan rak bwa li; yon destriktè a nasyon yo gen tan derape. Li fin kite plas li pou fè peyi ou a vin yon savann. Vil ou yo va pil mazi ki san moun pou rete ladan yo. [8] Pou sa, [e]abiye an twal sak! Rele fò! Kriye anmwey! Paske gwo kòlè SENYÈ a pa t kite nou. [9] "Li va vin rive nan jou sa a," deklare SENYÈ a: "ke kè a wa a ak kè prens yo va fè fayit. Prèt yo va sezi e [f]pwofèt yo va etone."

[10] Nan lè sa a, mwen te di: "O, Senyè BONDYE! Asireman ou te pase pèp sa [g]nan rizib nèt lè Ou te di: 'Ou va gen lapè'. Men alò, yon nepe parèt sou gòj yo."

[11] Nan lè sa a, li va pale a pèp sa a, e a Jérusalem: "Yon [h]van sechrès ki sòti nan mòn sèk nan dezè a, nan direksyon fi a pèp Mwen an—— li pa pou vannen ni pou netwaye. [12] Yon van fò depase sa a——va vini sou lòd Mwen. Alò, anplis Mwen va pwononse jijman kont yo."

[13] Gade byen, li monte tankou nwaj, e cha lagè li yo kon toubiyon. Cheval li yo [i]pi vit ke èg. Malè a nou menm, paske nou vin detwi nèt! [14] Lave kè ou retire mal la, O Jérusalem, pou ou ka sove. Pou jiskilè [j]panse mechan nou yo va rete anndan ou? [15] Paske yon vwa deklare soti [k]Dan e pwoklame mechanste soti mòn Éphraïm. [16] "Livre rapò li bay nasyon yo koulye a! Pwoklame sou Jérusalem, 'Moun syèj yo sòti nan yon [l]peyi lwen! Yo leve vwa yo kontra vil Juda yo. [17] Tankou gadyen k ap veye yon chan an, yo kont li toupatou, akoz li te [m]fè rebèl kont Mwen'", deklare SENYÈ a. [18] [n]"Chemen pa ou yo ak zèv pa ou yo te mennen fè bagay sa yo rive ou. Sa se mal ou. Li amè anpil! A la sa rive jis nan kè ou!"

[19] [o]Nanm mwen, nanm mwen! Mwen nan gwo soufrans! O kè mwen! Kè m ap bat anndan m. Mwen p ap ka rete an silans, pwiske ou te tande, O nanm mwen, son de twonpèt la, alam lagè a. [20] [p]Dega sou dega vin pwoklame, paske tout peyi a fin detwi nèt. Sibitman, tant mwen yo vin devaste; rido mwen yo vin devaste nan yon moman. [21] Pou konbyen de tan mwen va oblije wè drapo a, e koute son twonpèt la?

[22] "Paske, pèp mwen an rete nan foli. Yo pa rekonèt Mwen. Yo se timoun sòt ki pa gen konprann. Yo koken nan [q]fè mal, men pou fè sa ki bon, yo pa konnen." [23] Mwen te gade sou tè a e, gade byen, li te [r]san fòm e vid; vè syèl yo men yo pa t gen limyè. [24] Mwen te gade vè mòn yo, e gade byen, yo t ap [s]souke; tout kolin yo te fè mouvman ale retou. [25] Mwen te gade, e gade byen, pa t gen moun, e tout [t]zwazo syèl yo te vin sove ale. [26] Mwen te gade e gade byen, bon peyi fètil la te vin yon dezè, e tout vil li yo te fin demoli devan SENYÈ a, devan gwo kòlè Li. [27] Paske konsa pale SENYÈ a: [u]"Tout peyi a va dezole; malgre, Mwen p ap fin detwi li nèt. [28] Pou sa, tout latè va kriye ak doulè, e syèl anwo yo va fènwa, akoz Mwen te pale sa a. Mwen te fè plan sa a, e Mwen p ap chanje lide Mwen. Ni Mwen p ap detounen sou sa."

[29] Ak bri chevalye a, ak mèt banza yo, [v]tout vil yo vin sove ale. Yo antre nan gran rak bwa, e yo monte sou wòch yo. Tout vil yo vin abandone e nanpwen pèsòn ki rete ladan yo. [30] Ou menm, O sila ki dezole a, [w]se kisa ou va fè? Malgre ou abiye an kramwazi, malgre ou dekore kò ou ak dekorasyon an lò, malgre ou agrandi zye ou ak penti, se anven ou fè kò ou bèl la. Sila ki renmen ou yo meprize ou. Yo chache lavi ou. [31] Paske mwen te tande kri yon fanm nan doulè l; doulè a yon fanm k ap fè premye pitit, kri fi a Sion an, k ap [x]soufle fò, lonje men l e rele, "Anmwey! Mwen pedi kouraj nèt devan asasen yo."

5

"Mache ale retou toupatou nan lari Jérusalem. Gade koulye a, e byen nòte. Chèche nan plas ouvri li yo. Si ou ka twouve yon moun [y]ki fè jistis, k ap chache verite, alò Mwen va padone Jérusalem. [2] E [z]poutan, yo di: 'Tankou SENYÈ a viv la', anverite, y ap fè fo temwayaj."

[3] O SENYÈ, èske zye ou pa chache verite? Ou te frape yo, men yo pa t sanse doulè. Ou te fè yo megri, men yo pa t aksepte korije. Yo fè figi yo pi di pase wòch. Yo refize repanti.

[4] Alò, mwen te di: "Se sèlman malere ke yo ye. Se ensanse yo ye; [a]yo pa konnen chemen SENYÈ a, ni règleman a Bondye yo. [5] Mwen va ale kote moun pwa yo. Se ak yo ke mwen va pale, paske [b]yo menm konnen chemen SENYÈ a, ak règleman a Bondye yo." Men yo menm tou, ak volonte ansanm te kraze jouk la, e chire tout kòd yo. [6] Akoz sa, yon lyon ki sòti nan forè va touye yo. Yon lou dezè a va detwi yo, yon [c]leyopa ap veye vil yo. Tout moun ki sòti kote yo va chire an mòso, akoz transgresyon yo anpil, enfidelite yo bokou.

[7] Pou ki rezon Mwen ta padone ou? Fis ou yo te abandone Mwen pou yo [d]sèmante pa sila ki pa dye yo. Lè M te fin bay yo manje vant plen, yo te fè adiltè. Yo te mache rive lakay pwostitiye a. [8] Yo te tankou gwo cheval kò dyanm, byen nouri, yo chak t ap ranni dèyè [e]madanm vwazen yo. [9] "Èske Mwen pa dwe pini pèp sa a," deklare SENYÈ a: "Sou yon nasyon konsa, [f]èske Mwen pa dwe pran vanjans?

[10] "Ale monte nan ranje chan rezen li yo e detwi yo, men pa fin detwi nèt. Rache branch li yo, paske

se pa pou SENYÈ a yo ye. ¹¹ Paske lakay Israël ak lakay Juda te fè M trèt anpil", deklare SENYÈ a.

¹² Yo te manti sou SENYÈ a, pou di: "Li pa la; malè p ap rive nou e nou ᵃp ap wè nepe ni gwo grangou. ¹³ ᵇPwofèt yo se tankou van, e pawòl la pa nan yo. Se konsa, li va rive yo!"

¹⁴ Pou sa, pale SENYÈ a, Bondye dèzame yo: "Akoz nou te pale pawòl sa a, gade byen, Mwen ap fè ᶜpawòl Mwen nan bouch ou vin dife, pèp sa a vin bwa a, e li va manje yo nèt. ¹⁵ Gade byen, M ap ᵈfè parèt yon nasyon kont nou soti byen lwen, O lakay Israël," deklare SENYÈ a. "Li se yon nasyon ki dire anpil, yon nasyon depi nan tan lansyen yo, yon nasyon ak yon lang ou pa konnen, ni ou p ap ka konprann sa y ap di. ¹⁶ Fouwo pa yo se kon yon tonm tou ᵉlouvri; yo tout se gèrye vanyan. ¹⁷ Yo va devore rekòlt ou ak manje ou. Yo va devore fis ou yo ak fi ou yo. Yo va devore bann mouton ou yo ak twoupo ou yo. Yo va devore chan rezen ou yo ak figye etranje ou yo. Yo va kraze ak nepe, tout ᶠvil fòtifye ou yo, kote ou te konn mete konfyans ou."

¹⁸ "Malgre, menm nan jou sa yo", deklare SENYÈ a, "Mwen p ap fin detwi nou nèt. ¹⁹ Li va vin rive ke lè yo di: 'Poukisa SENYÈ Bondye nou an te fè nou tout bagay sa yo?' ke ou va di yo: 'Jan nou te abandone M nan pou te sèvi dye etranje nan peyi nou; alò, se konsa nou va ᵍsèvi etranje nan yon peyi ki pa pou nou.'

²⁰ "Deklare sa a nan kay Jacob la e pwoklame li nan Juda, pou di: ²¹ 'Tande sa, O pèp ki plen foli, ki san konprann, ki gen ʰzye, men ki pa ka wè, ki gen zòrèy, men ki pa tande. ²² Èske nou pa ⁱkrent Mwen?' deklare SENYÈ a. 'Èske nou pa tranble devan prezans Mwen? Paske Mwen te poze sab la kon lizyè lanmè a; yon dekrè etènèl, pou l pa ka travèse l. Malgre lanm lanmè yo vole, yo p ap ka enpoze yo; malgre yo fè raj, yo p ap ka travèse li.'

²³ "Men pèp sa a gen kè rebèl ak kè ki ʲdi; yo te vire sou kote e yo te ale. ²⁴ Yo pa di nan kè yo: 'Alò koulye a, annou gen lakrent SENYÈ a, Bondye nou an, ki ᵏbay lapli nan sezon li, ni lapli sezon otòn ak lapli sezon prentan, Sila ki kenbe pou nou semèn rekòlt nou yo.'

²⁵ ˡ"Inikite nou yo fin detounen bagay sa yo, e peche nou yo te retire tout sa ki bon pou nou. ²⁶ Paske moun mechan twouve yo pami pèp Mwen an. Y ap ᵐveye tankou moun k ap pran bèt nan pèlen. Yo ranje pèlen an. Se moun yo pran. ²⁷ Kon yon kalòj plen zwazo, se konsa lakay yo plen ⁿdesepsyon. Akoz sa, yo te vin moun byen enpòtan ak anpil byen. ²⁸ Yo fin ᵒgra. Kò yo plen ak grès e yo vin reyisi depase ak zèv fèt ak mechanste yo. Yo pa plede koz òfelen an, pou yo ta reyisi; ni yo pa defann dwa malere yo.

²⁹ ᵖ "Èske Mwen p ap pini pèp sa a?" deklare SENYÈ a, "Sou yon nasyon konsa, èske Mwen p ap pran vanjans Mwen?

³⁰ "Yon bagay degoutan e ᵠetonan te rive nan peyi a: ³¹ ʳPwofèt yo fè fo pwofesi e prèt yo domine selon pwòp otorite yo. Epi, a la renmen pèp Mwen an renmen l konsa! Men se kisa n ap fè lè sa rive nan bout pou l fini?

6 "Pran flit pou sove, O fis a ˢBenjamin yo! Sòti nan mitan Jérusalem! Soufle yon twonpèt Tekoa e leve sinyal la sou Beth-Hakkérem, paske malè ap veye nou soti nan nò, yon gwo destriksyon. ² Sila ki bèl e delika a, ᵗfi a Sion an, Mwen va koupe retire l nèt. ³ ᵘBèje yo ak bann mouton pa yo va vin kote li. Yo va monte tant yo antoure li, e yo chak va fè pak bèt yo nan plas yo.

⁴ ᵛ"Prepare lagè kont li! Leve! Annou atake a midi. Malè a nou menm, paske joune a ap vin bese, paske lonbraj lannwit yo ap vin pi long! ⁵ Leve e annou atake pandan nwit lan pou ʷdetwi palè li yo!" ⁶ Paske konsa pale SENYÈ dèzame yo; "Koupe pyebwa li yo, e fè monte yon ˣran syèj kont Jérusalem. Se vil ki dwe pini an, vil ki plen opresyon an. ⁷ Kon yon pwi kenbe dlo li fre, se konsa li rafrechi mechanste li. ʸVyolans ak destriksyon vin tande nan li. Maladi ak blesi devan M tout tan. ⁸ Se pou ou vin avèti, O Jérusalem, ᶻpou M pa vin about ak ou, pou vin fè ou dezole, yon peyi ki san moun."

⁹ Konsa pale SENYÈ dèzame yo: "Yo va ᵃfè yon rekòlt nèt, tankou chan rezen retay Israël la. Repase men ou ankò sou branch yo konsi se dènye ranmase rezen yo."

¹⁰ Se a kilès pou m ta pale e bay avètisman pou yo ka tande? Gade byen, zòrèy yo bouche e yo p ap ka koute. Gade byen, ᵇpawòl SENYÈ a vin sèvi kon repwòch pou yo. Yo pa twouve okenn plezi ladann. ¹¹ Men mwen ᶜplen ak kòlè SENYÈ a. Mwen vin bouke ak kenbe l anndan.

"Vide li sou timoun lari yo ak sou jenn
   gason k ap rasanble;
paske ni mari, ni madanm, yo va vin pran,
menm sa ki nan laj ak granmoun.
¹² ᵈLakay pa yo va bay a lòt moun, chan yo
   ak madanm yo ansanm;
paske M ap lonje men M kont tout sila ki rete
nan peyi yo," deklare SENYÈ a.
¹³ Paske soti nan pi piti pami yo jis rive
   nan pi gran yo;
yo tout se ᵉvoras dèyè richès.
Soti nan pwofèt la, jis rive nan prèt la.
Tout se malonèt.
¹⁴ Yo te ᶠgeri gwo blese pèp Mwen an
   ak pansman lejè.
Y ap di: "Lapè, lapè", men nanpwen lapè.

ᵃ **5:12** Jr 23:17   ᵇ **5:13** Job 8:2   ᶜ **5:14** És 24:6   ᵈ **5:15** Det 28:49   ᵉ **5:16** Sòm 5:9   ᶠ **5:17** Os 8:14
ᵍ **5:19** Det 28:48   ʰ **5:21** És 6:9   ⁱ **5:22** Det 28:58   ʲ **5:23** Det 21:18   ᵏ **5:24** Sòm 147:8   ˡ **5:25** Jr 2:17
ᵐ **5:26** Sòm 10:9   ⁿ **5:27** Jr 9:6   ᵒ **5:28** Det 32:15   ᵖ **5:29** Jr 5:9   ᵠ **5:30** Jr 23:14   ʳ **5:31** Éz 13:6   ˢ **6:1** Jos 18:28
ᵗ **6:2** És 1:8   ᵘ **6:3** Jr 12:10   ᵛ **6:4** Jr 6:23   ʷ **6:5** És 32:14   ˣ **6:6** Jr 32:24   ʸ **6:7** Jr 20:8   ᶻ **6:8** Éz 23:18
ᵃ **6:9** Jr 16:16   ᵇ **6:10** Jr 20:8   ᶜ **6:11** Job 32:18-19   ᵈ **6:12** Det 28:30   ᵉ **6:13** És 56:11   ᶠ **6:14** Jr 8:11

¹⁵ Èske yo te vin ᵃwont akoz bagay
   abominab yo te fè?
Yo pa t wont menm.
Yo pa t menm konnen kijan pou yo
   ta vin wont.
Akoz sa, yo va tonbe pami sila ki tonbe yo.
Nan lè ke Mwen fè vizit ak yo,
   yo va vin jete anba", di SENYÈ a.
¹⁶ Konsa pale SENYÈ a: "Kanpe akote chemen yo e gade. Mande pou ansyen wout yo, 'Kote bon chemen an ye?' Mache ladann l. Konsa, ᵇnou va jwenn repo pou nanm nou." Men yo te di: 'Nou p ap mache ladann'. ¹⁷ Mwen te mete ᶜgadyen yo sou nou. Mwen te di: 'Koute son a twonpèt la!' Men yo te di: 'Nou p ap koute.' ¹⁸ Pou sa, tande, O nasyon yo e konnen, O asanble a, sa ki pami yo. ¹⁹ Koute, O latè! Gade byen, Mwen ap mennen gwo dega sou pèp sa a; menm ᵈfwi a panse pa yo, akoz yo pa t koute pawòl Mwen yo, e selon lalwa Mwen an, yo te rejte li. ²⁰ Paske kisa sa sèvi ᵉlansan ki rive kote Mwen sòti Séba, ak kann dous soti nan yon peyi lwen? Ofrann brile nou yo pa fè M plezi."

²¹ Pou sa, pale SENYÈ a: "Gade byen, ᶠMwen ap poze blòk k ap fè pèp sa a bite. Yo va bite kont yo. Papa yo ak fis yo va bite ansanm. Vwazen ak zanmi li va peri." ²² Konsa pale SENYÈ a: "Gade byen, ᵍyon pèp ap sòti nan peyi nò, yon gwo nasyon va leve soti nan ekstremite latè byen lwen. ²³ Yo kenbe rèd ak ʰbanza ak lans. Yo mechan anpil e yo pa gen mizerikòd menm. Vwa pa yo fè raj tankou lanmè, e yo monte sou cheval yo, byen alinyen kon yon sèl moun pou batay kont ou, O fi Sion nan!"

²⁴ Nou konn tande rapò sa a. Men nou yo vin lage nèt. Gwo ⁱdoulè fin sezi nou tankou doulè a yon fanm k ap akouche. ²⁵ Pa antre nan chan an, ni pa mache sou wout la, paske nepe lènmi a ak ʲgwo laperèz sou tout kote. ²⁶ O fi a pèp mwen an, mete twal sak! Woule nan sann! ᵏKriye fò konsi se pou sèl fis ke ou te fè a! Fè yon lamantasyon ki anmè pase tout lòt yo. Paske sibitman destriktè a va parèt sou nou.

²⁷ "Mwen te ˡfè ou eseyis la pou sonde metal pami pèp Mwen an, pou ou ka sonde e konnen chemen yo. ²⁸ Yo tout fè rebèl ak tèt di. Y ap mache toupotou bay move rapò a lòt. Se ᵐbwonz ak fè yo ye; yo tout konwonpi. ²⁹ Ponp fòj la soufle fò. Plon an manje nèt nan dife a. Anven, yo rafine toujou, men ⁿmechan yo pa janm vin separe. ³⁰ Moun va rele yo ajan rejte, akoz ᵒSENYÈ a te rejte yo."

7 Pawòl ki te vini a Jérémie soti nan SENYÈ a, ki te di: ² ᵖ"Kanpe nan pòtay lakay SENYÈ a. La, pwoklame pawòl sa a. Di l konsa: 'Koute pawòl SENYÈ a, nou tout nan Juda, ki antre nan pòtay sa yo pou adore SENYÈ a!'"

³ Konsa pale SENYÈ dèzame yo, Bondye Israël la, ᵠ"Korije chemen nou yo ak zèv nou yo, e Mwen va kite nou rete nan plas sa a. ⁴ ʳPa mete konfyans nan pawòl manti k ap di nou: 'Sa se tanp SENYÈ a, tanp SENYÈ a, tanp SENYÈ a.' ⁵ Paske si, anverite, nou korije chemen nou yo, ak zèv nou yo; si, anverite, nou ˢpratike jistis antre yon nonm ak vwazen li, ⁶ si nou pa oprime etranje a, òfelen an, oswa vèv la e pa vèse san inosan a nan plas sa, ni ᵗmache dèyè lòt dye anvè pwòp destriksyon nou, ⁷ alò, Mwen va kite nou rete nan plas sa a, nan ᵘpeyi ke M te bay a papa zansèt nou yo jis pou tout tan. ⁸ Gade byen, nou ap mete konfyans nan ᵛpawòl riz yo. Yo p ap ka fè anyen pou nou. ⁹ Èske nou va vòlè, touye moun, komèt adiltè, bay fo temwayaj, ofri sakrifis a Baal, e mache dèyè ʷlòt dye ke nou pa t konnen, ¹⁰ epi konsa,ˣvin kanpe devan Mwen nan kay sila a, ki rele pa non Mwen an, pou di M: 'Nou delivre,' —konsa pou nou ka fè tout bagay abominab sila yo? ¹¹ Èske kay sila a, ki rele pa non pa M nan, èske non l vin chanje pou l vin yon ʸkav plen vòlè devan zye nou? Gade byen, Mwen menm, Mwen te wè l," deklare SENYÈ a.

¹² "Men ale koulye a kote plas Mwen an ᶻSilo, kote non Mwen te rete an premye a. Gade la pou wè sa M te fè li akoz mechanste a pèp Mwen an, Israël la. ¹³ Konsa, akoz nou te fè tout bagay sa yo," deklare SENYÈ a: "akoz Mwen te pale ak nou, lè M te ᵃleve bonè pou nou te pale, men nou pa t tande. Mwen te rele nou, men nou pa t reponn. ¹⁴ Akoz sa a, Mwen va fè rive nan ᵇkay ki rele pa non Mwen an, nan sila nou mete konfyans lan e plas ke M te bay a nou menm ak papa zansèt nou yo, menm sa M te fè nan Silo a. ¹⁵ Mwen va ᶜjete nou deyò pou zye m pa wè nou, tankou Mwen te jete tout frè nou yo deyò, tout desandan Éphraïm yo.

¹⁶ "Pou ou menm, ᵈpa priye pou pèp sila a. Pa leve yon kri pou yo, ni entèsede avè M, paske Mwen pa tande ou. ¹⁷ Èske ou pa wè ki sa y ap fè nan vil Juda yo ak nan lari Jérusalem yo? ¹⁸ Timoun yo ranmase bwa, papa yo mete dife ladann e fanm yo bat pat farin nan pou fè gato pou rèn syèl la. Yo vide ofrann bwason bay lòt dye yo pou yo ka ᵉvekse M. ¹⁹ ᶠÈske yo vekse M? deklare SENYÈ a. Èske se pa tèt yo ke y ap vekse jis rive nan malkonprann ki rive sou pwòp figi yo?"

²⁰ Pou sa, pale SENYÈ BONDYE a, ᵍ"Kòlè Mwen ak chalè Mwen va vide sou plas sa a, ni sou lòm, ni bèt, ni bwa chan, ak sou tout fwi tè yo. Li va brile, e li p ap ka etenn."

²¹ Konsa pale SENYÈ dèzame yo, Bondye Israël la: "Ajoute ofrann nou yo sou sakrifis nou yo e ʰmanje chè. ²² Paske Mwen pa t ⁱpale ak papa zansèt nou yo, ni kòmande yo nan jou ke M te mennen yo

---

ᵃ **6:15** Jr 3:3   ᵇ **6:16** Mat 11:29   ᶜ **6:17** És 21:11   ᵈ **6:19** Pwov 1:31   ᵉ **6:20** Egz 30:23   ᶠ **6:21** És 8:14   ᵍ **6:22** Jr 1:15   ʰ **6:23** És 13:18   ⁱ **6:24** És 21:3   ʲ **6:25** Jr 20:10   ᵏ **6:26** Am 8:10   ˡ **6:27** Jr 1:18   ᵐ **6:28** Éz 22:18   ⁿ **6:29** Jr 15:9   ᵒ **6:30** Jr 7:29   ᵖ **7:2** Jr 17:19   ᵠ **7:3** Jr 4:1   ʳ **7:4** Jr 7:8   ˢ **7:5** I Wa 6:12   ᵗ **7:6** Det 6:14-15   ᵘ **7:8** Jr 7:4   ʷ **7:9** Egz 20:3   ˣ **7:10** Éz 23:39   ʸ **7:11** Mat 21:13   ᶻ **7:12** Jij 18:31   ᵃ **7:13** Jr 7:25   ᵇ **7:14** Det 12:5   ᶜ **7:15** Jr 15:1   ᵈ **7:16** Egz 32:10   ᵉ **7:18** Det 32:16-21   ᶠ **7:19** Job 35:6   ᵍ **7:20** És 42:25   ʰ **7:21** Éz 33:25   ⁱ **7:22** I Sam 15:22

sòti nan peyi Égypte la, pou ofrann brile, ni pou sakrifis. ²³ Men sa ke M te kòmande yo e Mwen te di: ᵃ"Obeyi vwa M, e Mwen va Bondye nou e nou va pèp Mwen. Mache nan tout vwa ke M kòmande nou yo, pou tout bagay ale byen ak nou.' ²⁴ Sepandan, yo pa t obeyi, ni yo pa t panche zòrèy vè Mwen. Men yo te mache nan pwòp konsèy pa yo, nan tèt di a kè mechan yo, e yo ᵇte fè an aryè olye yo fè devan. ²⁵ Depi nan jou ke papa zansèt nou yo te sòti nan peyi Égypte la, jis rive nan jou sila a, ᶜMwen te voye bannou tout sèvitè Mwen yo ak pwofèt yo. Chak jou Mwen te leve granmmaten pou voye yo. ²⁶ Sepandan, yo pa t koute Mwen, ni panche zòrèy yo, men yo te fè tèt di. Yo te ᵈfè plis mal pase papa yo.

²⁷ "Ou va ᵉpale tout pawòl sa yo avèk yo, men yo p ap koute ou. Ou va rele kote yo, men yo p ap reponn ou. ²⁸ Ou va di yo: 'Sa se nasyon ki ᶠpa t obeyi vwa SENYÈ a, Bondye pa yo a, ni ki pa t aksepte koreksyon. Verite fin peri e koupe retire nèt nan bouch yo. ²⁹ Koupe retire cheve ou, e jete li. Kòmanse fè gwo kri sou wotè vid yo. Paske SENYÈ a fin ᵍrejte e abandone jenerasyon kòlè Li a.'

³⁰ "Paske fis a Juda yo te fè mal nan zye M," deklare SENYÈ a. "Yo te ʰmete bagay abominab pa yo nan kay ki rele pa non Mwen an, pou souye li. ³¹ Yo te bati wo plas la nan Topheth, ki nan vale a fis a Hinnom an, pou ⁱbrile fis ak fi pa yo nan dife, ke M pa t kòmande, ni sa pa t rive nan tèt Mwen. ³² ʲPou sa, gade byen, jou yo ap vini," deklare SENYÈ a: "lè li p ap rele Topheth ankò, ni vale a fis a Hinnom an, men vale a masak la; paske yo va fè antèman Topheth, jis pa gen plas pou antere ankò. ³³ ᵏKadav mouri a pèp sila yo va fè manje pou zwazo syèl yo ak pou bèt latè yo. Epi nanpwen moun k ap chase yo ale. ³⁴ Nan moman sa a, Mwen va fè sispann soti nan vil a Juda yo ak lari a Jérusalem yo, vwa a kè kontan ak vwa a jennonm k ap marye a, ak fi maryaj la; paske ˡpeyi a va devaste nèt."

8 "Nan lè sa a", deklare SENYÈ a: "yo va ᵐmennen fè vin parèt zo a wa a Juda yo, ak zo a prens pa yo, zo a prèt yo ak zo a pwofèt yo, e zo a pèp Jérusalem yo soti nan tonm pa yo. ² Yo va gaye yo parèt devan solèy la, lalin nan ak tout ⁿlame syèl, ke yo te renmen yo, ke yo te sèvi yo, ke yo te kouri dèyè yo, e ke yo te adore yo. Yo p ap ranmase, ni yo p ap antere; yo va rete kon fimye bèt sou sifas latè. ³ Epi pami retay sila ki rete nan fanmi mechan sila yo, se ᵒlanmò ke y ap chwazi pito ke lavi, retay ki rete nan tout plas ke M te konn bourade yo rive yo," deklare SENYÈ dèzame yo. ⁴ "Ou va di yo: 'Konsa pale SENYÈ a, "'Èske moun konn ᵖtonbe pou l pa leve ankò? Èske moun konn vire kite pou l pa retounen

⁵ Poukisa pèp sa a, Jérusalem, te ᵠvire akote
 nan enfidelite san rete a?
Yo kenbe rèd a desepsyon.
Yo refize retounen.
⁶ Mwen te koute e te tande, men yo pa
 t pale sa ki dwat;
ʳokenn moun pa t repanti de mechanste
 yo pou l ta di:
'Kisa mwen te fè la a?'
Yo chak vin vire nan pwòp chemen pa yo,
tankou yon cheval k ap kouri antre nan batay.
⁷ Menm zwazo sigòy anlè a konnen sezon li.
Toutrèl ak iwondèl ak valèt kontwole
 lè antre sòti pa yo;
men ˢpèp Mwen an pa konnen règleman
 SENYÈ a.

⁸ ᵗ"'Kòman nou ka di: "Mwen saj',
epi lalwa SENYÈ a avèk nou?"
Men gade byen, fo plim a skrib yo fè
 sa tounen gwo manti.
⁹ Mesye saj yo ᵘvin wont, yo vin
 deranje e sezi.
Gade byen, yo te rejte pawòl SENYÈ la.
Ki kalite sajès ka rete nan yo?
¹⁰ Akoz sa, Mwen va bay madanm pa
 yo a lòt moun,
ak chan pa yo a lòt moun k ap okipe yo.
Paske soti nan pi piti a jis rive nan pi gran an,
yo tout ᵛlanvi gen sa ki pou lòt.
Soti nan pwofèt la jis rive nan prèt la,
 tout aji ak desepsyon.
¹¹ Yo ʷfè gerizon pèp Mwen an ak
 pansma lejè.
Y ap di: "Lapè, lapè," men nanpwen lapè.
¹² Èske yo pa t wont akoz zak abominab
 yo te fè yo?
Anverite, yo pa t wont.
Yo pa t konprann menm ki jan pou
 yo ta vin wont.
Akoz sa, yo va ˣtonbe pami sila k ap tonbe yo.
Nan lè pinisyon pa yo, yo va abese,"
 di SENYÈ a.

¹³ ʸ"'Anverite, Mwen va detwi yo nèt,
 "deklare SENYÈ a.
P ap gen rezen sou chan rezen an,
ni fig sou pye figye etranje a.
Fèy yo va fennen,
epi sa ke M te bay yo va disparèt.'"

¹⁴ "Poukisa nou chita an plas?
Rasanble nou!
Annou antre nan vil fòtifye yo,
epi la, annou rete an silans;
paske SENYÈ a, Bondye nou an,

ᵃ **7:23** Egz 15:26 ᵇ **7:24** Jr 15:6 ᶜ **7:25** II Kwo 36:15 ᵈ **7:26** Jr 16:12 ᵉ **7:27** Jr 1:7 ᶠ **7:28** Jr 6:17 ᵍ **7:29** Jr 6:30 ʰ **7:30** II Wa 21:3 ⁱ **7:31** Lev 18:21 ʲ **7:32** Jr 19:6-11 ᵏ **7:33** Det 28:26 ˡ **7:34** Lev 26:33 ᵐ **8:1** Éz 6:5 ⁿ **8:2** II Wa 23:5 ᵒ **8:3** Job 3:21-22 ᵖ **8:4** Pwov 24:16 ᵠ **8:5** Jr 5:6 ʳ **8:6** Éz 22:30 ˢ **8:7** Pwov 6:6-8 ᵗ **8:8** Job 5:12-13 ᵘ **8:9** És 19:11 ᵛ **8:10** És 56:11 ʷ **8:11** Jr 6:4 ˣ **8:12** És 9:14 ʸ **8:13** Jr 14:12

te fè nou tonbe an silans.
Li te bannou ᵃdlo anpwazone pou nou bwè,
paske nou te peche kont SENYÈ a.
¹⁵ Nou ᵇte tann lapè, men anyen bon pa t vini;
yon tan gerizon, men gade byen, gwo laperèz.
¹⁶ Soti nan Dan te tande gwo souf cheval.
Ak son ranni a etalon li yo, tout tè a souke;
paske yo te vini ᶜdevore peyi a ak tout
        ki sa ki ladann,
vil la ansanm ak tout moun ki rete ladann.
¹⁷ "Paske gade byen, Mwen ap ᵈvoye
    sèpan yo kont nou,
vipè yo ki p ap ka chame;
e yo va mòde nou," deklare SENYÈ a.
¹⁸ Tristès Mwen depase gerizon;
ᵉkè M fennen anndan m!
¹⁹ Gade byen! Koute kri a fi pèp mwen an
soti nan yon peyi byen lwen:
"Èske SENYÈ a pa nan Sion?
Èske wa li a pa nan li?"

"Poukisa yo pwovoke fachez Mwen
        ak imaj taye yo;
ak ᶠzidòl etranje yo?"

²⁰ "Rekòlt la fin pase.
Gran sezon an fini,
e nou poko sove."

²¹ Akoz fi a pèp mwen an brize,
mwen menm brize tou;
mwen fè dèy konsi pou yon mò.
Mwen kraze ba nèt.
²² Èske pa gen pomad gerizon nan Galaad?
Èske nanpwen doktè la?
Alò ᵍpoukisa lasante fi a pèp mwen
        an pa t restore?

9 O ke tèt mwen te dlo,
e ke zye m yo te yon fontèn dlo,
pou m ta ka kriye lajounen kon lannwit
pou lanmò a ʰfi a pèp mwen an!
² O ke m ta gen nan dezè a,
yon plas pou moun k ap vwayaje rete,
pou m ta ka sòti nan mitan pèp mwen an.
Pou m kite yo nèt!
Paske yo tout se ⁱadiltè, yon bann moun trèt.
³ "Yo koube lang yo konsi se banza pou
    tire ak fo prensip.
Yo fò nan peyi a, men pa pou verite a.
Yo kite yon kalite mal pou antre nan yon lòt,
e yo pa rekonèt Mwen", deklare SENYÈ a.
⁴ "Fòk chak ʲbyen veye kont vwazen li,
pou l pa mete konfyans nan okenn frè;
akoz tout frè yo aji nan koken,
e tout vwazen yo ap voye kout lang.
⁵ Yo tout ᵏpase vwazen parèy yo nan rizib.

Yo refize pale verite.
Yo fin enstwi pwòp lang yo pou pale manti;
yo vin fatige nèt nan fè inikite.
⁶ Abitasyon ou se nan mitan desepsyon.
Nan desepsyon yo ˡrefize rekonèt Mwen",
    deklare SENYÈ a.
⁷ Pou sa, konsa pale SENYÈ dèzame yo:
"Gade byen, Mwen va fann yo nèt, e
        ᵐfè yo pase a leprèv;
paske se kisa anplis ke M ka fè, akoz
    fi a pèp Mwen an?
⁸ Lang pa yo se yon flèch mòtèl;
li pale ⁿmanti.
Avèk bouch li, li pale lapè ak vwazen li,
men anndan li fè plan anbiskad pou pran l.
⁹ Èske mwen p ap pini yo pou bagay sa
        yo?" deklare SENYÈ a.
"Sou yon nasyon konsa, èske Mwen
        p ap pran vanjans?
¹⁰ Paske mòn yo va tanmen fè gwo kri
ak dèy pou patiraj dezè a,
gwo plent, akoz yo vin ᵒbrile nèt,
jiskaske pèsòn pa pase ladann.
Menm vwa a bèt yo p ap tande la ankò;
ni zwazo syèl yo ak bèt latè yo fin sove ale;
yo ale nèt.

¹¹ "Mwen va fè Jérusalem tounen
        yon pil mazi,
yon kote abandone pou chen mawon.
Mwen va fè vil Juda yo yon ᵖkote ki kraze nèt,
san pèsòn pou rete ladan."
¹² Ki moun saj ki ka konprann sa a? Epi kilès
li menm bouch SENYÈ a te pale, pou l ka fè
deklarasyon sa a? ᑫPoukisa peyi a vin detwi
konsa, brile nèt kon yon dezè, pou pèsòn pa
menm pase ladann?
¹³ SENYÈ a di: "Akoz yo te ʳabandone Lalwa ke
Mwen te mete devan yo a e yo pa t obeyi vwa Mwen,
ni mache selon li, ¹⁴ men te ˢmache dèyè tèt di a
pwòp kè yo, e dèyè Baal yo, kon papa yo te montre
yo a." ¹⁵ Pou sa, pale SENYÈ dèzame yo, Bondye
Israël la: "Gade byen, Mwen va ᵗfè yo manje bwa
anmè e bay yo dlo anpwazone pou yo bwè. ¹⁶ Mwen
va ᵘgaye yo pami nasyon, ke ni yo menm, ni papa
zansèt yo pa t janm konnen. Mwen va voye nepe pou
swiv yo jiskaske yo vin detwi nèt."
¹⁷ Konsa pale SENYÈ dèzame yo:
"Konsidere e rele ᵛfanm pou fè dèy,
        pou yo ka vini.
Voye fanm instwi sa yo, pou yo ka vini!
¹⁸ Kite yo fè vit pran rele anmwey pou nou,
pou ʷzye nou ka vide dlo e pòpyè zye nou ka
fè dlo kouri desann.
¹⁹ Paske vwa ki rele anmwey la tande
        soti nan Sion:

ᵃ **8:14** Det 29:18   ᵇ **8:15** Jr 8:11   ᶜ **8:16** Jr 3:24   ᵈ **8:17** Nonb 21:6   ᵉ **8:18** Jr 23:9   ᶠ **8:19** Sòm 31:6
ᵍ **8:22** Jr 14:19   ʰ **9:1** Jr 6:26   ⁱ **9:2** Jr 5:7-8   ʲ **9:4** Sòm 12:2   ᵏ **9:5** Mi 6:12   ˡ **9:6** Job 21:14-15   ᵐ **9:7** Os 11:8   ⁿ **9:8** Sòm 28:3   ᵒ **9:10** Jr 12:4-10   ᵖ **9:11** És 25:2   ᑫ **9:12** Sòm 107:34   ʳ **9:13** II Kwo 7:19   ˢ **9:14** Jr 7:24   ᵗ **9:15** Sòm 80:5   ᵘ **9:16** Lev 26:33   ᵛ **9:17** II Kwo 35:25   ʷ **9:18** És 22:4

'A la detwi nou vin detwi nèt!
Nou te vin mete nan gwo wont,
paske nou [a]te kite peyi la,
akoz yo te kraze tout lakay nou yo.'"

20 Alò tande byen pawòl SENYÈ a,
    O [b]fanm yo.
Kite zòrèy nou resevwa pawòl bouch Li.
Montre fi nou yo jan pou yo fè dèy.
Chak moun montre vwazen li yon
    chan lamante a.
21 Paske [c]lanmò fin antre nan fenèt nou nèt.
Li te antre nan palè nou yo
pou fèmen timoun yo andedan
ak jenn gason yo nan lari.
22 Pale, "Konsa di SENYÈ a,
"'Kadav moun yo va tonbe tankou [d]fimye
    bèt nan chan,
tankou men plen sereyal lè moun fin rekòlt la.
Pèsòn p ap ranmase yo.'"
23 Konsa pale SENYÈ a:
[e]"Pa kite yon nonm saj vin ògeye nan sajès li.
Pa kite yon nonm pwisan vin ògeye nan fòs li,
ni yon nonm rich vin ògeye nan richès li.
24 Men kite sila ki [f]vin ògeye a, vin
    ògeye nan sa;
ke li gen konprann, e li rekonèt Mwen,
ke se Mwen se SENYÈ a,
ki aji nan lanmou dous, jistis,
ak ladwati sou latè a;
paske Mwen pran gwo plezi nan bagay sa
    yo," deklare SENYÈ a.
25 Gade byen, gen jou k ap vini, "deklare
SENYÈ a, ke Mwen va pini tout sila ki te sikonsi,
men vrèman yo [g]pa sikonsi— 26 Égypte ak Juda,
Édom ak fis a Ammon yo e Moab ak tout sila
k ap viv nan dezè yo, k ap taye cheve sou de bò
tanp yo; paske tout nasyon yo ensikonsi e tout
lakay Israël se [h]ensikonsi nan kè."

10 Tande pawòl la ke SENYÈ a ap pale ak ou,
    O lakay Israël. 2 Konsa pale SENYÈ a:
[i]"Pa aprann abitid a nasyon yo,
ni pa vin krent sign nan syèl yo,
malgre nasyon yo krent yo anpil.
3 Paske abitid a pèp yo se afè twonpe moun;
konsi se [j]bwa ki koupe nan forè,
zèv men atizan ki koupe ak zouti.
4 Yo dekore l ak ajan ak lò;
yo [k]tache li ak klou ak mato, pou l pa deplase.
5 Yo tankou yon bwa palmis
ki fòme pa men moun,
men yo [l]pa ka pale.
Fòk yo pote yo,
paske yo pa ka mache!
Pa krent yo;

paske yo p ap ka fè okenn mal,
ni yo p ap ka fè anyen ki bon."
6 [m]Nanpwen moun ki tankou Ou, O SENYÈ.
Ou gran!
Gran se non Ou an pwisans!
7 Se [n]kilès ki pa ta krent Ou,
O Wa a nasyon yo?
Anverite, se sa Ou merite!
Paske pami tout moun saj nan nasyon yo,
ak nan tout wayòm yo,
nanpwen okenn tankou Ou.
8 Men yo tout ansanm se [o]ensanse
e plen ak foli;
instwi pa zidòl yo——se bwa yo ye!
9 Ajan byen bat pote soti Tarsis ak lò
    ki sòti Uphaz,
travay a yon atizan e men a yon òfèv.
Vètman yo an vyolèt e mov;
tout se [p]zèv a ouvriye byen fò.
10 Men SENYÈ a se [q]vrè Bondye a;
Li se Bondye vivan an e Wa etènèl la.
Devan kòlè Li, tout latè tranble
e nasyon yo p ap ka sipòte gwo kòlè Li a.
11 Konsa ou va di yo: [r]"dye ki pa t fè syèl la ak tè
yo va peri soti sou latè ak anba syèl yo."
12 Bondye te fè tè a pa pouvwa Li.
Li te [s]etabli lemonn ak sajès Li;
ak konprann Li, Li te etann syèl yo.
13 Lè Li fè vwa L sone,
dlo yo mele nan syèl yo.
Li fè [t]nwaj yo monte soti nan dènye
    pwent tè a.
Li fè loray pou lapli,
e Li fè van sòti nan depo Li yo.
14 Tout moun se [u]ensanse, san konesans.
Tout òfèv yo vin wont akoz zidòl li;
paske imaj fonn li se desepsyon.
Nanpwen souf nan yo.
15 Yo [v]san valè, yon zèv k ap twonpe.
Nan lè règleman pa yo, yo va peri.
16 [w]Pòsyon ki pou Jacob la pa konsa;
paske [w]Kreyatè a tout bagay se Li menm;
e Israël se tribi eritaj Li.
SENYÈ dèzame yo se non Li.
17 [x]Leve pakèt ou atè a, nou menm
    ki anba syèj!
18 Paske konsa pale SENYÈ a:
"Gade byen, M ap [y]voye pèp peye sa a
    deyò nan moman sa a.
Mwen va fè yo pase anpil doulè, jis
    yo byen santi li."
19 Malè a mwen, akoz [z]blesi m nan!
Blesi m nan byen grav.
Men mwen te di:
"Anverite, sa se gwo doulè m;

---

[a] **9:19** Det 28:29   [b] **9:20** És 32:9   [c] **9:21** II Kwo 36:17   [d] **9:22** Sòm 83:10   [e] **9:23** Ekl 9:11   [f] **9:24** Sòm 20:7
[g] **9:25** Jr 4:4   [h] **9:26** Lev 26   [i] **10:2** Lev 18:3   [j] **10:3** Sòm 44:9-20   [k] **10:4** És 40:20   [l] **10:5** Sòm 115:5
[m] **10:6** Egz 15:11   [n] **10:7** Rev 15:4   [o] **10:8** Jr 4:22   [p] **10:9** Sòm 115:4   [q] **10:10** És 65:16   [r] **10:11** Sòm 96:5
[s] **10:12** Sòm 78:69   [t] **10:13** Job 36:27-29   [u] **10:14** Jr 10:8   [v] **10:15** És 41:24   [w] **10:16** És 45:7   [x] **10:17** Éz 12:3-12   [y] **10:18** I Sam 25:29   [z] **10:19** Jr 14:17

fòk mwen pote l."
²⁰ ªTant mwen an fin detwi.
Tout kòd mwen yo fin chire.
Fis mwen yo te kite mwen.
Yo pa la ankò.
Nanpwen moun ki pou la ji tant mwen
 an ankò,
ni pou monte rido mwen yo.
²¹ Paske bè je yo vin tankou bèt ensanse;
yo ᵇpa t chache SENYÈ a.
Akoz sa, yo pa reyisi;
tout bann mouton yo fin gaye.
²² Bri rapò a rive!
Gade byen, l ap vini— yon gwo zen k
 ap ᶜsòti nan peyi nò a!
K ap fè vil a Juda yo vin yon dezolasyon,
yon andwa pou chen mawon.
²³ Mwen konnen, O SENYÈ, ke ᵈchemen
 a yon nonm pa nan li menm,
ni se pa posib pou moun ki mache a
 dirije pwòp pa pye li.
²⁴ ᵉKorije mwen, O SENYÈ, men avèk jistis;
pa nan kòlè Ou,
sinon Ou va fè m vin pa anyen menm.
²⁵ ᶠVide gwo kòlè Ou a sou nasyon ki
 pa konnen Ou yo
ak sou fanmi ki pa rekonèt non Ou yo;
paske yo te devore Jacob.
Yo te devore li, manje l nèt e te devaste
 tout abitasyon li an.

11 Pawòl ki te vini a Jérémie soti nan SENYÈ a, t ap di: ² "Koute pawòl ᵍakò sila a e pale avèk mesye Juda yo ak sila ki rete Jérusalem yo. ³ Di yo: 'Konsa pale SENYÈ a, Bondye Israël la, ʰ"Modi se nonm ki pa okipe pawòl akò sila a, ⁴ ke Mwen te kòmande papa zansèt nou yo pou fè nan jou ke M te mennen yo sòti nan peyi Égypte la, soti nan ⁱfouno fè a, lè M te di yo: 'Koute vwa Mwen e fè selon tout sa ke Mwen kòmande nou. Konsa, nou va pèp Mwen e Mwen va Bondye nou,' ⁵ pou m ka etabli ʲsèman ke M te fè ak papa zansèt nou yo, pou bay yo yon peyi k ap koule ak lèt, ak siwo myèl, jan li ye nan jou sa a.'"'

Mwen te reponn: "Amen O SENYÈ". ⁶ Konsa, SENYÈ a te di mwen: "Pwoklame tout pawòl sa yo nan vil Juda yo ak nan lari Jérusalem yo, pou di: 'ᵏTande pawòl akò sa a pou fè yo. ⁷ 'Paske Mwen te ˡavèti papa zansèt pa w yo solanèlman nan jou ke M te mennen yo sòti nan peyi Égypte la, menm pou rive nan jou sila a, Mwen t ap avèti tout tan e t ap di: "Tande vwa Mwen". ⁸ Malgre sa, yo pa t obeyi, ni panche zòrèy yo vè Mwen. Men yo te mache chak selon tèt di a kè mechan yo. Akoz sa, Mwen te mennen sou yo tout ᵐpawòl akò sila a, ke M te kòmande pou yo fè, men yo pa t fè yo.'"

⁹ Konsa, SENYÈ a te di m: "Gen yon ⁿkonplo vin k ap fèt pami mesye Juda yo ak moun ki rete Jérusalem yo. ¹⁰ Yo te vire retounen vè inikite a papa zansèt yo, ki te refize tande pawòl Mwen yo. Yo ᵒte ale dèyè lòt dye pou sèvi yo. Lakay Israël ak lakay Juda te kraze akò ke M te fè ak papa zansèt yo." ¹¹ Pou sa, pale SENYÈ a: "Gade byen" Mwen ap ᵖmennen yon gwo dezas sou yo, ke yo p ap ka chape menm. Malgre yo kriye ban Mwen, Mwen p ap koute yo. ¹² Konsa, lavil a Juda ak pèp Jérusalem nan va ᑫale kriye a lòt dye kote yo brile lansan an; men anverite, yo p ap sove yo nan tan gwo dezas yo. ¹³ Paske dye nou yo menm kantite ak vil nou yo, O Juda; epi menm kantite ak lari Jérusalem yo se lotèl kote nou te plase ʳgwo wont sa yo, menm pou brile lansan bay Baal yo.

¹⁴ "Akoz sa, pa priye pou pèp sa a. Ni pa leve gwo kri oswa fè lapriyè pou yo; paske Mwen ˢp ap koute yo lè yo rele Mwen akoz gwo dezas yo.
¹⁵ Ki dwa ᵗbyeneme Mwen an genyen
 lakay Mwen an
konsi li fin fè zak lèd ak anpil gason,
epi chè sen an fin kite ou?
Lè ou te fè mal sa a,
konsa, ou te rejwi."

¹⁶ SENYÈ a te bay ou non:
"Bwa doliv, byen bèl ak anpil fwi".
Ak ᵘgwo bri, li te limen dife sou non sa a,
e branch li yo te kase.

¹⁷ SENYÈ dèzame ki te plante ou a, te pase lòd malè kont ou akoz mechanste lakay Israël la ak lakay Juda a; akoz yo te pwovoke Mwen ak ᵛofrann sakrifis ke yo te leve vè Baal yo.

¹⁸ Anplis, SENYÈ a te ʷfè m konprann, e mwen te konnen li. Konsa, Ou te montre m zak yo. ¹⁹ Men mwen te tankou yon ˣjenn mouton dou k ap mennen labatwa. Mwen pa t konnen ke yo te fòme yon konplo kont mwen; Ke yo t ap di, "Annou detwi bwa a ak fwi li.
Annou koupe l nèt soti nan peyi vivan yo,
pou non li pa sonje ankò."
²⁰ Men O SENYÈ dèzame yo, ki ʸfè
 jijman ki dwat yo,
ki sonde santiman ak kè yo,
kite mwen wè vanjans Ou sou yo;
paske se Ou menm, mwen te fè konnen
 koz mwen an.
²¹ Akoz sa, SENYÈ a pale selon mesye ᶻAnathoth yo, k ap chache lavi mwen, k ap di: "Pa pwofetize nan non SENYÈ a, pou ou pa mouri nan men nou"— ²² Akoz sa, pale SENYÈ dèzame yo: "Gade byen, Mwen prèt pou pini yo! ªJennnonm yo va mouri pa nepe, fis ak fi yo va mouri ak gwo grangou. ²³ Menm yon retay ᵇp ap rete pou yo. Paske Mwen ap mennen

---

ª **10:20** Jr 4:20 ᵇ **10:21** Jr 2:8 ᶜ **10:22** Jr 1:14 ᵈ **10:23** Pwov 16:1 ᵉ **10:24** Sòm 6:1 ᶠ **10:25** Sòm 79:6-7
ᵍ **11:2** Egz 19:5 ʰ **11:3** Det 27:26 ⁱ **11:4** Det 4:20 ʲ **11:5** Egz 13:5 ᵏ **11:6** Jn 13:17 ˡ **11:7** I Sam 8:9
ᵐ **11:8** Lev 26:14-43 ⁿ **11:9** Éz 22:25 ᵒ **11:10** Jij 2:11-13 ᵖ **11:11** II Wa 22:16 ᑫ **11:12** Det 32:37 ʳ **11:13** Jr 3:24 ˢ **11:14** Jr 3:24 ᵗ **11:15** Jr 13:27 ᵘ **11:16** Sòm 83:2 ᵛ **11:17** Jr 7:9 ʷ **11:18** I Sam 23:11-12
ˣ **11:19** És 53:7 ʸ **11:20** Jen 18:35 ᶻ **11:21** Jr 1:1 ª **11:22** II Kwo 36:17 ᵇ **11:23** Jr 6:9

yon dezas sou mesye Anathoth yo, jis li rive ane règleman pa yo."

12 Byen dwat, se Ou menm, O SENYÈ,
lè m plede ka m avèk Ou.
Anverite, mwen ta diskite yon ka
　　lajistis avèk Ou.
Poukisa ᵃchemen mechan an byen
　　reyisi konsa?
Poukisa tout sa ki aji nan manti yo
　　rete alèz konsa?
² Ou te plante yo. Wi, konsa yo fin pran rasin.
Yo grandi. Wi, yo fè fwi.
Ou ᵇtoupre nan lèv yo, men lespri yo lwen W.
³ Men Ou konnen mwen, O SENYÈ.
Ou wè mwen.
Ou fè egzamen pou wè kè m vè Ou menm.
Rale yo akote, tankou mouton k ap
　　prale labatwa;
mete yo apa pou ᶜjou gwo masak la.
⁴ Depi kilè peyi a va gen dèy konsa,
e ᵈvèdi chan an vin sèch konsa?
Akoz mechanste a sila ki rete ladann yo,
ni bèt ni zwazo detwi nèt;
akoz yo te di: "Li p ap wè dènye fen nou an."
⁵ Si ou te kouri ak moun apye yo,
e yo fè ou bouke,
kijan ou ka fè kous ak cheval?
Malgre, nan yon peyi lapè, ou gen sekirite,
men kijan ou va reyisi nan ᵉvye rakbwa
　　Jourdain an?
⁶ Paske menm ᶠfrè ou yo ak lakay papa ou a;
menm yo menm, te fè trèt avèk ou!
Menm yo menm, te rele dèyè ou.
Pa kwè yo, malgre bèl pawòl dous.

⁷ "Mwen te abandone lakay Mwen an,
Mwen te abandone eritaj Mwen an;
Mwen fin bay ᵍfi byeneme a nanm Mwen an
pou antre nan men lènmi li yo.
⁸ Eritaj Mwen an te vini pou Mwen,
kon yon lyon
k ap gwonde nan forè a.
Li te gwonde kont Mwen.
Akoz sa, Mwen te vin ʰrayi li.
⁹ Èske eritaj Mwen an gen tan vin tankou
　　yon zwazo takte nan lachas?
Èske gen ⁱzwazo voras kont li tout kote?
Ale, rasanble tout bèt sovaj nan chan yo.
Mennen yo pou yo ka devore."
¹⁰ Anpil ʲbèje fin gate chan rezen Mwen yo.
Yo te foule chan Mwen an anba pye;
yo te fè bèl chan Mwen an vin yon
　　savann dezole.
¹¹ Li te vin yon dezè.
Abandonen, li plenyen devan M.
Tout latè vin dezole,

akoz pèsòn ᵏpa pran sa an kè.
¹² Sou tout ˡdo mòn sèch nan dezè yo,
　　destriktè yo vin parèt,
paske yon nepe SENYÈ a ap devore
soti nan yon pwent peyi a jis rive nan lòt la.
Nanpwen lapè pou pèsòn.
¹³ Se ᵐble yo te simen e yo rekòlte pikan.
Yo te fè gwo efò, san ke yo pa reyisi anyen.
Men se pou nou vin wont rekòlt nou an
　　akoz gwo kòlè SENYÈ a."

¹⁴ Konsa pale SENYÈ a de tout ⁿvwazen mechan k ap atake eritaj ke Mwen te bay a pèp Mwen an, Israël: "Gade byen, Mwen prèt pou dechouke yo depi nan peyi pa yo. Anplis, Mwen va dechouke lakay Juda soti nan mitan yo. ¹⁵ Epi li va vin rive ke apre Mwen dechouke yo, Mwen va ankò gen konpasyon pou yo. Mwen va ᵒmennen yo retounen, yo chak a eritaj pa yo, e yo chak nan pwòp peyi pa yo. ¹⁶ Epi si, anverite, yo va ᵖaprann chemen a pèp Mwen an, pou sèmante pa non Mwen: 'Kon SENYÈ a viv la', menm jan ke yo menm te enstwi pèp Mwen an pou sèmante pa Baal yo, yo va vin etabli nan mitan pèp Mwen an. ¹⁷ Men si yo pa koute, alò, Mwen va ᵍdechouke nasyon sa a, dechouke e detwi li," deklare SENYÈ a.

13 Konsa SENYÈ a te pale mwen: "Ale ʳachte pou kont ou yon senti an twal len. Mete l nan senti ou, men pa mete li nan dlo."
² Konsa mwen te achte senti a selon ˢpawòl SENYÈ a, e te mete l nan senti mwen.
³ Epi pawòl SENYÈ a te vin kote mwen yon dezyèm fwa a, epi te di: ⁴ "Pran senti ke ou te achte a, ki antoure senti ou a, leve ale nan ᵗRivyè Euphrate la, e kache li la nan yon twou wòch."
⁵ Konsa, mwen te ale kache li akote Rivyè Euphrate la, ᵘjan SENYÈ a te kòmande mwen an.
⁶ Apre anpil jou, SENYÈ a te di m: "Leve ale nan Rivyè Euphrate la e leve pran senti ke M te kòmande ou sere la a."
⁷ Epi mwen te ale nan Rivyè Euphrate la, mwen te fouye e mwen te pran senti a sòti nan plas kote mwen te sere li. Konsa, gade byen, senti a te gate. Li te vin san valè.
⁸ Epi pawòl SENYÈ a te rive kote mwen. Li te di: ⁹ "Konsa pale SENYÈ a: 'Se konsa Mwen va detwi ᵛògèy a Juda ak gwo ògèy a Jérusalem nan. ¹⁰ Pèp mechan sila a, ki refize koute pawòl Mwen yo, ki mache nan kou tèt di a kè yo e te ale dèyè lòt dye pou sèvi yo, e pou pwostène devan yo, kite yo vin tankou senti sa a, san okenn valè nèt. ¹¹ Paske jan senti a kwoke nan senti a yon nonm nan, se konsa Mwen te fè tout lakay Israël ʷkwoke sou Mwen,' deklare SENYÈ a: 'pou yo ta kapab pou Mwen, yon pèp, de rekonesans, pou lwanj e pou glwa; men yo pa t koute.'

ᵃ **12:1** Job 12:6　ᵇ **12:2** És 29:13　ᶜ **12:3** Jr 17:8　ᵈ **12:4** Jl 1:10-17　ᵉ **12:5** Jr 49:19　ᶠ **12:6** Jen 37:4-11
ᵍ **12:7** Jr 11:15　ʰ **12:8** Os 9:15　ⁱ **12:9** II Wa 24:2　ʲ **12:10** Jr 6:3　ᵏ **12:11** És 42:25　ˡ **12:12** Jr 3:2-21
ᵐ **12:13** Lev 26:16　ⁿ **12:14** Jr 49:1-7　ᵒ **12:15** Am 9:14　ᵖ **12:16** És 42:6　ᵍ **12:17** Sòm 2:8-12　ʳ **13:1** Jr 13:11　ˢ **13:2** És 20:2　ᵗ **13:4** Jr 51:63　ᵘ **13:5** Egz 39:42-43　ᵛ **13:9** Lev 26:19　ʷ **13:11** Egz 19:5-6

¹² "Pou sa, ou gen pou pale pawòl sa a yo: 'Konsa pale SENYÈ a, Bondye Israël la, "Fòk tout veso yo plen ak diven."' Epi lè yo di ou: 'Èske nou pa konnen ke tout veso oblije plen ak diven?' ¹³ Alò, pale yo: 'Konsa pale SENYÈ a: "Gade byen, Mwen prèt pou plen tout sila ki rete nan peyi sa yo—wa k ap chita pou David sou twòn li an, prèt yo, pwofèt yo ak tout moun nan peyi Jérusalem yo—ak koze ᵃvin sou nèt la! ¹⁴ Mwen va kraze yo, youn kont lòt, ni papa ni fis ansanm", deklare SENYÈ a. "Mwen p ap gen ᵇpitye, ni regrè, ni konpasyon pou yo pa detwi."'"

¹⁵ Koute e prete atansyon ak sa.
Pa fè ᶜògèy, paske SENYÈ a fin pale.
¹⁶ Bay glwa a SENYÈ a, Bondye nou
    an, avan li pote ᵈfènwa,
avan pye nou vin glise tonbe sou mòn
    k ap plen tenèb yo;
pou pandan nou ap tann limyè,
Li pa fè l antre nan fènwa lanmò a
pou l rive nan tenèb ki san espwa.
¹⁷ Men ᵉsi ou pa koute sa a,
nanm mwen va kriye an sekrè pou
    kalite ògèy sa a.
Wi, zye m va kriye anmè e koule anpil dlo,
akoz bann mouton SENYÈ a fin kaptif nèt.
¹⁸ Di a ᶠwa a ak manman rèn nan:
"Pran yon chèz ki ba,
paske bèl kouwòn ou an,
kouwòn de glwa a menm,
fin tonbe kite tèt ou."
¹⁹ ᵍVil negev yo te fèmen ak kle,
e nanpwen moun ki pou louvri yo.
Tout Juda fin antre an egzil, antre an egzil nèt.
²⁰ Leve zye ou pou wè, ʰmen sila k ap
    vini soti nan nò yo.
Kote bann mouton ki te bay a ou menm
    nan, bèl mouton ou yo?
²¹ Kisa ou va di lè Li chwazi yo chèf
    sou nou—
konsi, se nou menm ki te enstwi yo—
ansyen ⁱzanmi nou yo vin chèf sou nou?
Èske gwo doulè p ap sezi ou tankou yon
    fanm nan akouchman?
²² "Si ou di nan kè ou, ʲpoukisa bagay
    sa te rive mwen?"
Akoz grandè a inikite ou, jip ou yo
    te vin retire
e talon ou yo te vin ekspoze.
²³ ᵏÈske Etyopyen an ka chanje koulè po li,
oswa leyopa a takte li yo?
Sèl Konsa nou menm tou, ak abitid fè mal,
ta ka chanje l pou vin fè byen.

²⁴ Akoz sa, Mwen va ˡgaye yo kon pay
    nan van, nan van dezè a.
²⁵ "Sa se ᵐtiraj osò pa nou,

pòsyon ke nou resevwa sòti nan Mwen
    an", deklare SENYÈ a,
"akoz nou te bliye Mwen
e te mete konfyans nan sa ki fo.
²⁶ Akoz sa, Mwen menm va ⁿretire jip
    ou anwo figi ou,
pou wont ou kapab vin vizib.
²⁷ Mwen te wè abominasyon nou yo,
    akᵒadiltè ou yo
e ranni ak anvi pou fè pwostitisyon lèd ou yo,
sou kolin ak nan chan yo.
Malè a ou menm, O Jérusalem!
Pou jiskilè ou va rete pa pwòp?"
Pou konbyen de tan sa va dire?

14 Sa se pawòl SENYÈ a a Jérémie konsènan
ᵖgwo sechrès la:
² Juda kriye ak doulè
e pòtay li yo vin abandone.
Yo chita atè pou fè dèy e ᵠkri Jérusalem
    vin monte.
³ Prens pa yo te ʳvoye sèvitè yo chache dlo.
Yo rive nan sitèn yo,
men nanpwen dlo.
Yo te retounen ak veso yo vid.
Yo te vin wont, imilye e yo te kouvri tèt yo.
⁴ Akoz ˢtè sèch la vin fann,
akoz pa t gen lapli sou peyi a;
kiltivatè yo te vin wont.
Yo te kouvri tèt yo.
⁵ Wi, menm femèl sèf nan chan an
fè pitit pou kite yo.
ᵗNanpwen zèb.
⁶ ᵘBourik mawon yo kanpe sou kolin sèch yo.
Y ap rale soufle fò tankou chen mawon.
Zye yo vin febli, paske nanpwen anyen ki vèt.
⁷ Malgre inikite nou yo temwaye kont nou,
O SENYÈ, aji pou koz a non Ou!
Rebelyon nou anpil.
Nou te peche kontre Ou.
⁸ O Espwa Israël la,
ᵛSovè li nan tan gwo twoub la,
poukisa Ou tankou yon etranje nan peyi a?
Oswa yon vwayajè ki te monte tant li lannwit?
⁹ Poukisa Ou tankou yon nonm twouble,
tankou yon nonm pwisan ki pa kapab
    bay sekou?
Malgre sa, Ou nan mitan nou, O SENYÈ
    e nou vin rele pa non Ou;
pa abandone nou!
¹⁰ Konsa pale SENYÈ a a pèp sa a:
"Malgre yo tèlman renmen egare;
yo pa t kenbe pye yo nan bon kontwòl.
Akoz sa, SENYÈ a pa aksepte yo.
Koulye a, li sonje inikite yo.
Li fè yo rand kont pou peche yo."

ᵃ **13:13** Sòm 60:3   ᵇ **13:14** Det 29:20   ᶜ **13:15** Pwov 16:5   ᵈ **13:16** És 5:30   ᵉ **13:17** Mal 2:2   ᶠ **13:18** II Wa 24:12   ᵍ **13:19** Jr 32:44   ʰ **13:20** Jr 1:15   ⁱ **13:21** Jr 2:25   ʲ **13:22** Jr 5:19   ᵏ **13:23** Pwov 27:22   ˡ **13:24** Lev 26:23   ᵐ **13:25** Job 20:29   ⁿ **13:26** Lam 1:8   ᵒ **13:27** Jr 5:7-8   ᵖ **14:1** Jr 17:8   ᵠ **14:2** I Sam 5:12   ʳ **14:3** I Wa 18:5   ˢ **14:4** Jl 1:19   ᵗ **14:5** És 15:6   ᵘ **14:6** Job 39:5-6   ᵛ **14:8** És 43:3

¹¹ Pou sa, SENYÈ a te di m: ᵃ"Pa fè lapriyè nan favè a pèp sa a. ¹² Lè yo fè jèn, Mwen p ap koute kri yo; epi lè yo ofri ofrann brile ak ofrann sereyal, Mwen p ap aksepte yo. Pito Mwen va fè yo disparèt ak nepe, ak gwo grangou, bèt ak maladi k ap ravaje chan yo." ¹³ Men "A, Senyè, BONDYE a!" Mwen te di: "Gade, pwofèt yo ap di yo: 'Ou ᵇp ap wè nepe, ni gwo grangou, men se lapè k ap rete nèt nan plas sa a.'"

¹⁴ Konsa, SENYÈ a te di Mwen: ᶜ"Pwofèt yo ap pwofetize sa ki fo nan non Mwen. Mwen pa t voye yo, ni kòmande yo, ni pale avèk yo. Y ap pwofetize yon vizyon ki fo, prediksyon, sa ki san enpòtans, ak manti k ap sòti nan pwòp panse pa yo. ¹⁵ Pou sa, pale SENYÈ a, selon pwofèt ki pwofetize nan non Mwen, malgre se pa Mwen ki te voye yo—men yo kontinye ap di: 'P ap gen nepe ni gwo grangou nan peyi sa a',ᵈ ak nepe e gwo grangou, pwofèt sa yo ap rankontre fen yo! ¹⁶ Pèp la tou, a sila yo bay pwofesi sa a ap jete deyò nan lari Jérusalem akoz gwo grangou ak nepe. P ap gen moun ki pou antere yo—ni yo menm, ni madanm yo, ni fis yo ni fi yo—paske Mwen va ᵉvide pwòp mechanste pa yo sou yo.

¹⁷ "Ou va di yo pawòl sa a:
'Kite zye m koule ak dlo lannwit kon la jounen
e pa kite dlo yo sispann;
Paske ᶠfi vyèj a pèp mwen an
te kraze ak yon gran brèch,
ak yon blesi byen grav.
¹⁸ Si mwen ale andeyò peyi a,
gade byen, tout sila ki mouri ak nepe yo!
Oswa si mwen antre nan vil la,
gade byen, maladi ak gwo grangou!
Paske ᵍpwofèt la, ak prèt la tou te fè ale vini
nan yon peyi ke yo pa t menm konnen.'"

¹⁹ Èske Ou te rejte Juda nèt?
Oswa èske Ou te rayi Sion?
Poukisa Ou te frape nou jiskaske nou
ʰvin pa ka geri?
Nou t ap tann lapè, men anyen ki bon pa t vini;
pou yon tan pou nou ta ka geri,
men gade byen, se gwo laperèz!
²⁰ Nou konnen mechanste nou yo, O SENYÈ,
inikite a papa zansèt nou yo,
paske ⁱnou te peche kont Ou.
²¹ Pa meprize nou, ʲpou koz a pwòp non Ou:
pa kite twòn a glwa ou a dezonore.
Sonje e pa kase akò Ou avèk nou.
²² Èske genyen pami zidòl a nasyon yo
ki konn bay lapli?
Oswa èske syèl yo ka fè lapli pou kont yo?
Èske se pa Ou menm, O SENYÈ,
Bondye nou an?
Akoz sa, nou mete ᵏespwa nan Ou,

paske se Ou ki te fè tout bagay sa yo.

15 Alò, SENYÈ a te di mwen: "Menm si ˡMoïse ak Samuel te kanpe devan M, kè M pa t ap avèk pèp sa a. Voye yo sòti nan prezans Mwen! Kite yo ale nèt! ² Konsa l ap rive ke lè yo mande ou: 'Ki jan n ap prale?', alò, ou va di yo: 'Se konsa SENYÈ a pale:

"Sila ki ᵐpou mouri yo, a lanmò;
ak sila ki pou nepe yo, a nepe;
sila ki pou gwo grangou yo, a gwo grangou a;
e sila ki pou kaptif yo, a kaptivite."'

³ "Mwen va ⁿchwazi sou yo kat kalite jan," pale SENYÈ a: "nepe ki pou touye, chen ki pou chire yo, e bèt syèl yo, ak bèt latè pou devore e detwi yo. ⁴ Mwen va ᵒfè yo yon objè sezisman pami tout wayòm latè yo, akoz Manassé, fis a Ézéchias la, wa Juda a, pou sa li te fè Jérusalem nan."

⁵ "Anverite, se kilès k ap gen pitye pou
ou, O Jérusalem?
Oswa kilès k ap ᵖfè gwo kri pou ou?
Oswa k ap vire sou kote pou mande
si ou byen?
⁶ Ou menm ki abandonen Mwen an,"
deklare SENYÈ a,
"Ou kontinye ap fè bak.
Pou sa, Mwen te ᑫlonje men M kont ou
e Mwen te pou detwi ou.
Mwen bouke demontre ou konpasyon!
⁷ Mwen te vannen yo ak yon fouchèt
vannen nan pòtay peyi a.
Mwen te ʳprive yo de pitit yo.
Mwen te detwi pèp Mwen an.
Yo pa t vire kite chemen yo.
⁸ ˢVèv pa yo vin plis ke grenn sab lanmè
devan Mwen.
Mwen te fè parèt kont yo;
kont manman a yon jennonm,
yon destriktè a midi.
Mwen te sibitman fè desann sou li gwo
doulè ak sezisman.
⁹ Sila ki te ᵗfè sèt pitit gason te vin chagren;
li te rale denyè souf.
Solèy pa li te vin desann nan mitan la jounen;
li te soufri wont e li te menm imilye.
Konsa, Mwen va remèt sila ki chape
de nepe yo
devan lènmi yo," deklare SENYÈ a.

¹⁰ Malè se mwen, manman m, ki te fè mwen,
yon ᵘnonm ki fè twoub leve,
yon nonm ki fè kontansyon nan tout latè a!
Mwen pa t prete lajan a lòt moun, ni
pèsòn pa t prete mwen;
malgre sa, yo tout ban m madichon.
¹¹ SENYÈ a te di: "Anverite, Mwen va
ᵛbay ou fòs pou sa ki bon.

ᵃ **14:11** Egz 32:10   ᵇ **14:13** Jr 5:12   ᶜ **14:14** Jr 5:31   ᵈ **14:15** Jr 23:15   ᵉ **14:16** Pwov 1:31   ᶠ **14:17** És 37:22
ᵍ **14:18** Jr 6:13   ʰ **14:19** Jr 30:13   ⁱ **14:20** Jr 8:14   ʲ **14:21** Sòm 25:11   ᵏ **14:22** Lam 3:26   ˡ **15:1** Egz 32:11-14
ᵐ **15:2** Jr 14:12   ⁿ **15:3** Lev 26:16-25   ᵒ **15:4** Lev 26:33   ᵖ **15:5** Na 3:7   ᑫ **15:6** És 1:4   ʳ **15:7** Jr 18:21
ˢ **15:8** És 3:25-26   ᵗ **15:9** I Sam 2:5   ᵘ **15:10** Jr 1:18-19   ᵛ **15:11** Sòm 138:3

Anverite, Mwen va fè lènmi an fè
  siplikasyon pou ou
nan yon tan gwo dezas, ak yon tan gwo doulè.
12 Èske yon moun ka kraze fè;
  [a]fè ki sòti nan nò, oswa bwonz?
13 Mwen va bay gwo richès ou ak trezò ou yo,
  kon piyaj ki [b]san frè;
sa a, konsa, pou tout peche ou yo,
  menm anndan tout lizyè ou yo.
14 Mwen va fè lènmi ou yo mennen yo nan yon
  [c]peyi ke ou pa konnen;
paske yon dife te vin limen nan kòlè Mwen
  ki va brile sou ou."

15 [d]Ou menm ki konnen, O SENYÈ,
sonje mwen e pran vanjans sou pèsekitè
  mwen yo.
Nan pasyans Ou, O SENYÈ, pa retire m nèt;
rekonèt ke pou non Ou, mwen te
  sipòte repwòch.
16 Pawòl Ou yo te vin twouve;
mwen te [e]manje yo.
Pawòl Ou yo te vin pou mwen yon gwo jwa
  ki fè kè m rejwi;
paske mwen te rele pa non Ou, O SENYÈ
  Bondye Dèzame yo.
17 Mwen [f]pa t chita nan sèk moun k
  ap fè banbòch,
ni mwen pa t vante tèt mwen wo.
Akoz men Ou sou mwen, mwen te chita
  apa pou kont mwen,
paske Ou te ranpli mwen ak endiyasyon.
18 Poukisa, doulè mwen an rete tout tan,
e [g]blese mwen an reste san gerizon?
Èske Ou menm, anverite,
va devni pou mwen kon yon sous twonpe,
ak dlo sou sila yo pa ka depann?

19 Konsa, pale SENYÈ a:
  [h]"Si ou retounen, alò, Mwen va mennen
    ou ankò
  pou ou kanpe devan M.
Si ou separe sa ki presye soti de sa ki san valè,
  ou va vin tankou bouch Mwen.
Yo va retounen kote ou;
men ou menm, ou pa p retounen kote
  yo menm.
20 Mwen va fè ou devan pèp sa a, yon
  miray fòtifye ak bwonz.
Malgre yo goumen kont ou, yo p ap
  genyen sou ou;
paske [i]Mwen avèk ou pou ba ou sekou
  e pou delivre ou," deklare SENYÈ a.
21 "Konsa, Mwen va delivre ou nan
  men a mechan yo

e Mwen va [j]rachte ou soti nan men
  a vyolan yo."

16 Anplis, pawòl SENYÈ a te vin kote mwen.
Li te di: 2 "Ou p ap pran yon madanm pou ou
menm, ni fè fis ak fi nan kote sa a." 3 Paske konsa
pale SENYÈ a konsènan fis ak fi ki fèt nan plas sila
a, e konsènan [k]manman yo ki te fè yo ak papa yo ki
te fè yo nan peyi sa a: 4 "Yo va [l]mouri mo yo ki byen
move. Yo p ap fè dèy pou yo, ni antere yo. Yo va
rete tankou fimye bèt sou sifas latè. Yo va manje nèt
ak nepe ak gwo grangou. Kadav yo va devni manje
pou zwazo syèl ak pou bèt sovaj latè yo."
  5 Paske konsa pale SENYÈ a: "Pa antre nan [m]kay
doulè a, ni pa ale kriye pou yo! Pa regret yo! Paske
Mwen te retire lapè M de pèp sa a," deklare SENYÈ
a: "lanmou Mwen ak konpasyon Mwen." 6 Ni gran,
ni piti va mouri nan peyi sa a. Yo p ap antere, yo p
ap fè dèy pou yo, ni p ap gen moun ki [n]blese kò l
oswa pase razwa nan tèt li pou yo. 7 Pèsòn p ap [o]kase
pen doulè a pou yo, pou konsole okenn moun pou
lanmò, ni bay yo yon tas konsolasyon pou bwè pou
papa yo, oswa manman yo.
  8 "Anplis, ou [p]pa prale nan yon kay ki gen fèt pou
chita ak yo pou manje ak bwè." 9 Paske konsa pale
SENYÈ dèzame yo, Bondye Israël la: "Gade byen,
Mwen va [q]elimine nèt nan plas sa, vwa rejwisans
ak vwa kè kontan, vwa a jèn gason fenk marye ak
vwa a jèn fi marye, devan zye nou e nan pwòp tan pa
nou. 10 Alò, lè ou di pèp sa a tout pawòl sa yo, yo va
di ou: [r]'Pou ki rezon SENYÈ a te deklare tout gwo
malè sa a kont nou? Epi ki inikite oswa ki peche ke
nou te fè kont SENYÈ a, Bondye nou an?' 11 Nan lè
sa a, ou gen pou di yo: [s]'Akoz papa zansèt nou yo te
abandone Mwen,' deklare SENYÈ a: 'pou te swiv lòt
dye yo, pou te sèvi yo e te pwostène devan yo. Konsa
yo te abandone Mwen e yo pa t kenbe lalwa Mwen
an. 12 Nou tou, te fè mal [t]plis menm ke papa zansèt
nou yo. Paske gade byen, nou chak ap mache selon
tèt di a pwòp kè mechan pa nou, san koute Mwen.
13 Akoz sa, Mwen va [u]jete nou deyò peyi sa a, antre
nan yon peyi ke nou pa t janm konnen, ni nou menm,
ni papa zansèt nou yo. La menm, nou va sèvi lòt dye
yo la jounen kon lannwit, paske Mwen p ap bannou
okenn favè.'
  14 "Akoz sa, gade byen, gen jou k ap vini," deklare
SENYÈ a: "lè fraz sila a p ap menm repete ankò: 'Jan
SENYÈ vivan an, ki te mennen, fè fis Israël yo soti
nan [v]peyi Égypte la', 15 Men: 'Jan SENYÈ vivan an,
ki te mennen fè monte fis Israël yo [w]soti nan peyi
nò a e soti nan tout peyi kote Li te ekzile yo.' Paske
Mwen va restore yo a pwòp peyi yo, ke Mwen te bay
a papa zansèt yo.
  16 "Gade byen, Mwen ap voye anpil [x]moun
lapèch," deklare SENYÈ a: "Epi yo va fè lapèch
pou yo. Apre sa a, Mwen va voye anpil moun
lachas e yo va fè lachas pou yo nan tout kolin ak

---

[a] **15:12** Jr 28:14   [b] **15:13** Sòm 44:12   [c] **15:14** Sòm 44:12   [d] **15:15** Jr 12:3   [e] **15:16** Éz 3:3   [f] **15:17** Sòm 1:1
[g] **15:18** Job 34:6   [h] **15:19** Job 34:6   [i] **15:20** Sòm 46:7   [j] **15:21** Jen 48:16   [k] **16:3** Jr 15:8   [l] **16:4** Jr 15:2
[m] **16:5** Éz 24:16-23   [n] **16:6** Det 14:1   [o] **16:7** Det 14:1   [p] **16:8** Ekl 7:2-4   [q] **16:9** Jr 7:34   [r] **16:10** Det 29:24
[s] **16:11** Det 29:25   [t] **16:12** Jr 7:26   [u] **16:13** Det 4:26-27   [v] **16:14** Egz 20:2   [w] **16:15** Sòm 106:47   [x] **16:16** Am 4:2

nan tout kwen nan gwo wòch yo. ¹⁷ Paske zye M sou tout chemen pa yo. Yo pa kache devan figi Mwen, ᵃni inikite yo pa kache devan zye M. ¹⁸ Premyèman, Mwen va rekonpanse doub tout inikite ak peche yo, akoz yo te ᵇfè peyi a pouri nèt. Akoz yo te ranpli eritaj Mwen an ak kadav a zidòl abominab yo, e eritaj Mwen an ak abominasyon pa yo."

¹⁹ O SENYÈ, fòs mwen an, sitadèl mwen an
e ᶜsekou mwen an nan jou gwo malè a,
vè Ou menm, nasyon yo va vini soti nan
    dènye pwent latè.
Yo va di:
"Papa zansèt nou yo pa t gen okenn
    eritaj sof ke manti
sa ki pouriyen, san enpòtans e san benefis."
²⁰ Èske lòm dwe fè dye pou kont li,
malgre ᵈse pa dye yo ye?
²¹ "Akoz sa, gade byen, Mwen va fè
    yo konnen,
fwa sa a, Mwen va ᵉfè yo konnen pouvwa
    M, ak pwisans Mwen.
Konsa, yo va konnen ke non Mwen
    se SENYÈ a."

17 Peche a Juda ekri ak yon plim fèt an fè,
ak yon pwent dyaman.
Li ᶠgrave sou tablo kè yo,
ak sou kòn lotèl pa yo.
² Menm jan yo sonje ᵍpitit pa yo,
se konsa yo sonje lotèl pa yo,
ak Asherim sou kote bwa vèt, sou wo kolin yo.
³ O ʰmòn nan vil andeyò Mwen an,
Mwen va bay yo tout richès ou yo
ak tout trezò ou yo kon piyaj,
wo plas ou yo pou peche, nan tout lizyè ou yo.
⁴ Epi ou va menm pou kont ou, ⁱkite eritaj
    ke M te ba ou la.
Konsa, Mwen va fè ou sèvi lènmi ou yo
nan peyi ke ou pa konnen an;
paske ou te limen nan kòlè Mwen yon dife
ki va brile jis pou tout tan.
⁵ Konsa pale SENYÈ a:
ʲ"Modi se moun ki mete konfyans nan lòm,
ki fè lachè vin fòs li,
ak kè a sila ki tounen lwen SENYÈ a.
⁶ Paske li va tankou ᵏbwa raje nan dezè;
li p ap janm wè lè bonè rive,
men li va viv pami wòch savann nan dezè a,
nan yon peyi sale, san moun ki rete ladann.

⁷ "Beni se nonm ki konfye nan SENYÈ a,
ak sila ki ˡmete konfyans li nan SENYÈ a.
⁸ Paske li va tankou yon ab ki plante kote dlo,
ki lonje rasin li akote yon sous dlo.

Li p ap pè lè chalè a rive, men fèy li yo va vèt.
Li p ap twouble nan ane ᵐsechrès la,
ni sispann bay fwi.
⁹ Kè lòm plen ⁿmanti plis ke tout lòt yo.
Nanpwen lasante ladann nan.
Se kilès ki ka konprann li?

¹⁰ "Mwen, SENYÈ a, Mwen sonde kè;
Mwen pase panse a leprèv,
ᵒpou M ka menm bay a chak moun
    selon chemen pa li,
selon fwi a zèv li yo."

¹¹ Kon yon pentad ki kale ze ki pa t pou li,
se konsa sila ki ranmase richès san dwa.
Nan mitan jou li yo, yo va kite li,
e lè vi l fini, li va yon ᵖmoun bèt.
¹² ᵠYon twòn plen ak laglwa plase an wo,
depi kòmansman an, se li ki azil nou.
¹³ O SENYÈ, espwa Israël la,
tout moun ki abandone Ou yo, va vin wont.
Sila yo ki kite Mwen sou latè yo,
sou latè non yo va vin ʳenskri,
akoz yo te abandone SENYÈ a,
sous dlo vivan an.
¹⁴ ˢGeri mwen, O SENYÈ e mwen va geri nèt!
Sove mwen e mwen va sove!
Paske se Ou menm ki lwanj mwen an.
¹⁵ Gade, y ap ᵗdi mwen tout tan:
"Kote pawòl SENYÈ a?
Kite l ranpli koulye a".
¹⁶ Men pou mwen menm, mwen pa t kouri
pou m ta sispann fè bèje pou Ou,
ni mwen pa t anvi wè jou malè sa a.
ᵘ Ou konnen!
Tout pawòl lèv mwen yo te nan prezans Ou.
¹⁷ Pa ᵛfè m gwo laperèz.
Ou se azil mwen nan jou gwo twoub la.
¹⁸ Ke sila ki pèsekite mwen yo vin wont,
men pou mwen menm, pa kite mwen
    vin wont;
kite yo twouble nèt, men pa kite m
    vin twouble.
ʷMennen sou yo yon jou gwo twoub.
Detwi yo ak yon destriksyon ki doub!

¹⁹ Konsa SENYÈ a te pale mwen: "Ale kanpe nan pòtay piblik la, kote wa Juda yo fè antre sòti a, nan tout pòtay Jérusalem yo. ²⁰ Pale yo konsa: ˣ"Koute pawòl SENYÈ a, wa Juda yo, e tout Juda ak tout sila k ap viv Jérusalem yo, k ap fè antre sòti nan pòtay yo: ²¹ Konsa pale SENYÈ a: "Veye afè nou e ʸpa pote okenn chaj nan jou Saba a, ni pa mennen anyen antre nan pòtay Jérusalem nan. ²² Nou p ap fè okenn chaj sòti lakay nou nan jou Saba a. Ni pa ᶻfè okenn travay, men kenbe jou Saba a sen, jan

---

ᵃ **16:17** Jr 2:22   ᵇ **16:18** Nonb 35:33-34   ᶜ **16:19** Na 1:7   ᵈ **16:20** Sòm 115:4-8   ᵉ **16:21** Sòm 9:16
ᶠ **17:1** Pwov 3:3   ᵍ **17:2** Jr 7:18   ʰ **17:3** Jr 26:18   ⁱ **17:4** Jr 12:7   ʲ **17:5** Sòm 146:3   ᵏ **17:6** Jr 48:6
ˡ **17:7** Sòm 40:4   ᵐ **17:8** Sòm 1:1   ⁿ **17:9** Wo 7:11   ᵒ **17:10** Sòm 62:12   ᵖ **17:11** Luc 12:20   ᵠ **17:12** Jr 3:17
ʳ **17:13** Luc 10:20   ˢ **17:14** Jr 30:17   ᵗ **17:15** És 5:19   ᵘ **17:16** Jr 12:3   ᵛ **17:17** Sòm 88:15   ʷ **17:18** Sòm 35:8
ˣ **17:20** Esd 2:7   ʸ **17:21** Nonb 15:32-36   ᶻ **17:22** Egz 16:23-29

Mwen te kòmande papa zansèt nou yo. ²³ Men yo pa t koute, ni panche zòrèy yo, men yo te fè tèt di pou yo pa ta koute, ni vin korije. ²⁴ Men li va vin rive ke si ou ᵃkoute M byen pre," deklare SENYÈ a, "pou pa fè chaj antre nan pòtay lavil sa a nan jou Saba a, men ou kenbe Saba a sen e pa fè travay sou li, ²⁵ ᵇalò, va genyen moun ki antre nan pòtay lavil sa a, wa ak prens ki chita sou twòn a David yo, monte sou cha yo ak sou cheval yo, yo menm ak prens pa yo, moun Juda ak sila ki rete Jérusalem yo e vil sa a va abite jis pou tout tan. ²⁶ Yo va antre ladann soti nan ᶜvil a Juda yo ak tout andwa ki antoure Jérusalem yo; soti nan peyi Benjamin, soti nan ba plèn nan, nan peyi kolin yo ak nan dezè a, k ap pote ofrann brile, sakrifis, ofrann sereyal, ak lansan e yo va mennen sakrifis a remèsiman lakay SENYÈ a. ²⁷ Men ᵈsi nou pa koute Mwen e pa kenbe jou Saba a sen ak sispann pote chaj e antre nan pòtay Jérusalem nan jou Saba a; alò, Mwen va limen yon dife nan pòtay li yo. Konsa, li va devore palè Jérusalem yo, e li p ap etenn menm.'"

18 Pawòl ki te vini a Jérémie soti nan SENYÈ a ki te di: ² "Leve ᵉdesann lakay mèt krich la, e la Mwen va anonse pawòl Mwen yo a ou menm."

³ Konsa, mwen te desann lakay mèt krich la. E gade byen, li t ap fè yon bagay sou wou a. ⁴ Men veso ke li t ap fè ak ajil la te gate nan men mèt krich la. Pou sa, li te refòme l fè yon lòt veso jan sa te fè l plezi fè a.

⁵ Pawòl SENYÈ a te vin kote mwen. Li te di: ⁶ Èske Mwen pa kabab, O lakay Israël, a ji avèk ou menm jan mèt krich la konn fè a? deklare SENYÈ a. Gade byen, tankou ᶠajil la nan men mèt krich la a, se konsa ou ye nan men Mwen, O lakay Israël. ⁷ Nan yon moman, Mwen ka pale konsa konsènan yon nasyon, oswa konsènan yon wayòm pou ᵍdechouke li, pou jete li atè, oswa pou detwi li. ⁸ Men si nasyon sa a ke Mwen te pale a, vin kite mechanste li a, Mwen va vin ʰrepanti konsènan gwo twoub ke m te gen entansyon fè rive l la. ⁹ Oswa, nan yon lòt moman, Mwen ka pale konsènan yon nasyon, oswa konsènan yon wayòm pou ⁱbati li, oswa pou etabli li. ¹⁰ Men si li fè mal nan zye M e pa obeyi vwa M, alò, Mwen va ʲrepanti de byen nan ke M te fè pwomès fè yo.

¹¹ Alò, pou sa, pale ak mesye Juda yo, ak moun ki rete Jérusalem yo. Di yo: 'Konsa pale SENYÈ a: "Gade byen, Mwen ap prepare gwo malè kont nou, e Mwen ap fòme yon plan kont nou. ᵏVire fè bak, nou chak, soti nan wout mechan li, e korije de zak nou yo."' ¹² Men yo va di: 'Sa pa ka fèt! Paske nou ap swiv pwòp plan pa nou, e nou chak va aji selon pwòp panse a ˡkè di nou.'

¹³ Akoz sa a, pale SENYÈ a:
"Mande, koulye a, pami nasyon yo;
se kilès ki konn tande yon koze konsa?
ᵐVyèj Israël la te fè yon bagay pi lèd
 pase tout bagay.
¹⁴ Èske lanèj Liban konn fè fayit
 pou l pa kite wòch chan an a?
Oswa èske dlo frèt ki koule soti depi lwen
 va vin sèch?
¹⁵ Paske pèp Mwen an fin bliye Mwen.
ⁿYo brile lansan bay dye ki san valè yo.
Yo chape tonbe kite chemen yo,
soti nan chemen ansyen yo, pou mache
 nan vye ti wout,
men pa sou gran chemen an.
¹⁶ Y ap fè peyi nou vin yon ᵒdega,
 yon objè moun ap sifle.
Tout sila ki pase ladann va etone pou sa
 e va souke tèt yo.
¹⁷ Tankou van lès, Mwen va ᵖgaye yo
 nèt devan lènmi an,
Nan jou kalamite yo, Mwen va ba yo do m.
Yo p ap wè figi M.

¹⁸ Konsa yo te di: "Vini! Annou ᵍfè konplo kont Jérémie! Anverite, lalwa p ap pral pèdi de prèt la, ni konsèy a saj yo, ni pawòl sen a pwofèt la! Vini, annou frape li ak kout lang, e pa okipe okenn nan pawòl li yo."

¹⁹ Koute mwen, SENYÈ e,
koute sa le lènmi m yo ap di!
²⁰ ʳÈske se ak mal ke yon moun dwe
 rekonpanse pou sa ki bon?
Paske se yon fòs yo fin fouye pou mwen.
Sonje kijan mwen te kanpe devan Ou,
pou pale sa ki bon pou yo menm,
pou m ta ka fè kòlè Ou vire kite yo.
²¹ Pou sa, ˢlivre pitit yo a gwo grangou
e livre yo anba pouvwa nepe a.
Kite madanm pa yo rete san pitit e vèv.
Kite mesye yo tou vin frape a lanmò;
e jennonm yo vin frape ak nepe nan batay la.
²² Pou yon gwo kri ka tande soti lakay yo
ᵗlè sibitman, Ou mennen rive yon bann
 piyajè sou yo;
paske se te fouye yon fòs pou pran mwen,
e te kache pèlen pou pye m.
²³ Malgre sa, Ou menm, O SENYÈ,
 Ou konnen tout
manèv mòtèl yo kont mwen yo.
ᵘPa padone inikite pa yo, ni efase peche
 yo devan zye Ou.
Men kite yo boulvèse nèt jis yo jete
 nèt devan Ou.
Aji avèk yo nan lè kòlè Ou a!

19 Konsa pale SENYÈ a: "Ale achte yon po kanari nan men mèt krich la. Pran kèk nan ᵛansyen a pèp yo, ak kèk nan prèt prensipal yo. ² Konsa, ale deyò nan ʷvale Ben-Hinnom nan, ki akote antre pòtay kanari kraze a, e la

---

ᵃ **17:24** Egz 15:26   ᵇ **17:25** Jr 22:4   ᶜ **17:26** Jr 32:44   ᵈ **17:27** És 1:20   ᵉ **18:2** Jr 19:1-2   ᶠ **18:6** És 45:9
ᵍ **18:7** Jr 1:10   ʰ **18:8** Sòm 106:45   ⁱ **18:9** Jr 1:10   ʲ **18:10** I Sam 2:30   ᵏ **18:11** II Wa 17:3   ˡ **18:12** Det 29:19
ᵐ **18:13** Jr 14:7   ⁿ **18:15** És 65:7   ᵒ **18:16** Jr 25:9   ᵖ **18:17** Job 27:21   ᵍ **18:18** Jr 11:19   ʳ **18:20** Sòm 109:4
ˢ **18:21** Sòm 109:9   ᵗ **18:22** Jr 18:20   ᵘ **18:23** Né 4:5   ᵛ **19:1** Nonb 11:16   ʷ **19:2** Jos 15:8

pwoklame pawòl ke M pale ou yo. ³ Di: 'Tande pawòl SENYÈ a, O wa Juda yo ak moun ki rete Jérusalem yo: konsa pale SENYÈ dèzame yo, Bondye Israël la: "Gade byen, Mwen prèt pou mennen gwo malè sou plas sa a, k ap fè ᵃzòrèy a tout moun ki tande yo vin toudi. ⁴ Akoz yo te abandone Mwen, yo te ᵇfè plas sa a vin pa pwòp, e yo te brile sakrifis nan li bay lòt dye, ke ni yo menm, ni papa zansèt yo, ni wa a Juda yo pa t janm konnen—epi akoz yo te plen plas sa a ak san a inosan yo, ⁵ akoz yo te bati ᶜwo plas a Baal yo pou brile pwòp fis pa yo nan dife kon ofrann brile a Baal yo, yon bagay ke Mwen pa t janm kòmande, ni pale, ni li pa t janm antre nan tèt Mwen.' ⁶ Akoz tout sa a, gade byen, jou yo ap vini," deklare SENYÈ a: "pou plas sa a pa rele ᵈ'Topheth' ankò, oswa 'Vale Ben-Hinnom' nan; men pito, 'Vale a Gwo Masak' la.

⁷ "'"Mwen va ᵉfè nil tout konsèy Juda a ak Jérusalem nan plas sa a. Mwen va fè yo tonbe pa nepe devan lènmi yo, e pa men a sila k ap chache lavi yo. Konsa, Mwen va bay kadav yo pou manje a zwazo syèl yo, ak bèt sovaj latè yo. ⁸ Anplis, Mwen va fè vil sa a yon dega, yon objè degoutan k ap fè moun soufle anlè kon koulév. ᶠTout moun ki pase akote li va vin etone, e sifle anlè akoz tout dezas li yo. ⁹ Mwen va fè yo ᵍmanje chè pwòp fis pa yo ak fi pa yo. Yo va manje chè youn lòt nan syèj la, ak nan gwo twoub avèk sila lènmi pa yo, ak sila k ap chache lavi yo va twouble yo.'"

¹⁰ "Nan moman sa a, ou gen pou kraze ʰkanari a devan zye a tout moun ki akonpanye ou. ¹¹ Epi di yo: 'Konsa pale SENYÈ dèzame yo: "Se konsa Mwen va ⁱkraze pèp sa a ak vil sa a, jis jan ke yon moun kraze yon po kanari, pou l pa ka repare ankò. Yo va antere Topheth, jis lè pa gen plas pou antere ankò. ¹² Se konsa, mwen va trete plas sa a ak moun ki rete ladann yo," deklare SENYÈ a, "pou fè vil sa a tankou Topheth. ¹³ Lakay Juda ak lakay a wa Juda yo va vin souye kon ʲTopheth, akoz anwo twati a tout kay yo te brile sakrifis a tout lame syèl yo, e te vide bwason kon ofrann a lòt dye yo."'"

¹⁴ Konsa, Jérémie te sòti Topheth, kote SENYÈ a te voye l pwofetize a. Li te kanpe nan ᵏlakou lakay SENYÈ a e te di a tout pèp la: ¹⁵ "Konsa pale SENYÈ dèzame yo, Bondye Israël la: 'Gade byen, Mwen prèt pou mennen sou vil sila a ak tout bouk li yo tout gwo twoub ke M te deklare kont li yo, akoz yo te fè tèt yo di ˡpou pa koute pawòl Mwen yo.'"

20 Lè Paschhur, prèt la, fis a Immer a, ki te ᵐchèf ofisye lakay SENYÈ a, te tande Jérémie fè pwofesi sila yo, ² Paschhur te fè yo ⁿbat Jérémie, pwofèt la. Li te mete li nan sèp yo ki te kote Pòtay Anwo Benjamin an, ki te nan lakay SENYÈ a. ³ Nan pwochen jou a, lè Paschhur te lage Jérémie sòti nan sèp yo, Jérémie te di li: "Paschhur se pa non ke SENYÈ a te ᵒbay ou, men pito Magor-Missabib. ⁴ Paske konsa pale SENYÈ a: 'Gade byen, Mwen va fè ou vin yon gwo laperèz pou pwòp tèt ou, ak tout zanmi ou yo. Pandan zye ou toujou ap gade, yo va tonbe pa nepe lènmi pa yo. Se konsa, mwen va ᵖlivre tout Juda, pou tonbe nan men a wa Babylone nan. Li va pote yo ale tankou egzile Babylone e li va touye yo ak nepe. ⁵ Anplis, Mwen va livre tout richès vil sa a, tout pwodwi li yo ak tout bagay koute chè li yo, menm tout trezò a wa a Juda yo, e mwen va livre yo nan ᵠmen a lènmi yo. Yo va piyaje yo, pote yo ale, e pote yo Babylone. ⁶ Konsa, ou menm, Paschhur, ou menm ak tout sila ki rete lakay ou yo, va ale an kaptivite. Ou va antre nan Babylone. Ou va mouri la, e la, ou va antere; ou menm avèk tout ʳzanmi ou yo ki te bay fo pwofesi yo.'"

⁷ O SENYÈ, Ou te mennen m e mwen
te mennen;
Ou pi fò pase m, e Ou te genyen m.
Mwen te vin yon ˢgwo blag tout lajounen;
se tout moun k ap moke mwen.
⁸ Paske chak fwa ke m pale, mwen kriye fò;
mwen pwoklame vyolans ak destriksyon!
Konsa,, ᵗpawòl SENYÈ a te fè m
resevwa repwòch.
Mwen pase nan rizib tout lajounen.
⁹ Si mwen di: "Mwen p ap sonje Li ankò,
ni pale ankò nan non Li",
alò, anndan kè mwen vin ᵘkon yon
dife k ap brile ki fèmen nan zo m.
Mwen bouke kenbe l anndan m,
mwen pa kapab.
¹⁰ Paske mwen tande detripe nan zòrèy
anpil moun:
"Danje, danje toupatou! Denonse! Wi,
annou denonse li!"
Tout zanmi m ke m kon fè konfyans yo,
k ap tann pou yo wè lè mwen tonbe, ap di:
"Petèt nou ka mennen l,
pou nou ka vin enpoze nou sou li
e konsa, nou va pran vanjans sou li."
¹¹ Men ᵛSENYÈ a avè m kon yon ewo fewòs.
Akoz sa, pèsekitè mwen yo va tonbe
vin fè bak.
Yo p ap reyisi.
Yo va wont nèt akoz yo fè fayit,
ak yon wont ki p ap janm pase, ki p
ap janm bliye.
¹² Sepandan, O SENYÈ dèzame yo,
Ou menm ki ʷsonde moun dwat yo,
ki wè panse ak kè a;
kite mwen wè vanjans Ou sou yo;
paske a Ou menm, mwen te konfye ka m nan.

ᵃ **19:3** I Sam 3:11   ᵇ **19:4** Éz 7:22   ᶜ **19:5** Nonb 22:41   ᵈ **19:6** És 30:33   ᵉ **19:7** Sòm 33:10-11   ᶠ **19:8** I Wa 9:8   ᵍ **19:9** Lev 26:29   ʰ **19:10** Jr 19:1   ⁱ **19:11** Sòm 2:9   ʲ **19:13** II Wa 23:10   ᵏ **19:14** II Kwo 20:5   ˡ **19:15** Sòm 58:4   ᵐ **20:1** II Wa 25:18   ⁿ **20:2** I Wa 22:27   ᵒ **20:3** És 8:3   ᵖ **20:4** Jr 21:4-10   ᵠ **20:5** II Wa 20:17-18   ʳ **20:6** Jr 20:4   ˢ **20:7** Job 12:4   ᵗ **20:8** II Kwo 36:16   ᵘ **20:9** Éz 3:14   ᵛ **20:11** Jr 1:8   ʷ **20:12** Sòm 7:9

¹³ Chante a SENYÈ a, louwe SENYÈ a!
Paske Li te ªdelivre nanm a malere a
soti nan men a malfektè yo.
¹⁴ Kite ᵇjou ke mwen te fèt la modi;
kite jou ke manman m te akouche m
nan vin pa beni!
¹⁵ Kite nonm ki te mennen nouvèl kote
papa m nan,
ki te di: "Yon ᶜtigason te fèt a ou menm,"
e ki te fè l byen kontan an, vin modi.
¹⁶ Men kite nonm sa a vin kon gwo vil ke
SENYÈ a te ᵈkraze nèt san pitye.
Kite li tande gwo kri nan granmmaten
ak kri "Anmwey" a midi,
¹⁷ akoz li pa t ᵉtouye m avan mwen te fèt,
pou manman m ta ka sèvi kon tonbo a
pou vant li rete ansent pou tout tan.
¹⁸ Poukisa mwen te janm sòti nan vant,
pou m ta ᶠgade twoub ak tristès,
pou jou m yo ta pase nan wont?

21 Pawòl ki te vini kote Jérémie soti nan SENYÈ a, lè ᵍWa Sédécias te voye Paschhur, fis a Malkija a, ak Sophonie, fis a Maaséja a, prèt la, pou di l: ² Souple, mande a SENYÈ a pou nou menm, paske ʰNebucadnetsar, wa Babylone nan ap fè lagè kont nou. Petèt SENYÈ a va aji avèk nou selon zèv mèvèy Li yo, pou lènmi an rete kò l sou nou.

³ Alò, Jérémie te di yo: "Nou va di Sédécias konsa: ⁴ 'Konsa pale SENYÈ Bondye Israël la: "Gade byen, Mwen prèt pou ⁱvire zam lagè ki nan men nou yo, zam ak sila n ap batay kont wa Babylone nan, ak Kaldeyen k ap fè syèj nou deyò miray la. Konsa, Mwen va rasanble yo nan mitan vil sa a. ⁵ Mwen menm, ʲMwen va fè lagè kont nou ak yon men lonje, ak yon bra pwisan, menm ak kòlè, gwo kòlè, ak gwo endiyasyon. ⁶ Anplis, Mwen va frape tout sa ki rete nan vil sa a, ni lòm, ni bèt. Yo va mouri akoz yon gwo ᵏepidemi. ⁷ Lè l fini", deklare SENYÈ a: ˡ"Mwen va livre Sédécias, wa Juda a ak sèvitè li yo ak pèp la, sila yo ki chape nan vil sa a de epidemi, nepe, ak gwo grangou, pou fè yo antre nan men a wa Nebucadnetsar, wa Babylone nan, nan men a lènmi pa yo ak nan men a sila k ap chache lavi yo. Epi li va frape yo ak kout nepe. Li p ap lese yo, ni gen okenn pitye, ni konpasyon pou yo.'"

⁸ "Anplis, Ou va di a pèp sa a: 'Konsa pale SENYÈ a: "Gade byen, Mwen ᵐmete devan nou chemen lavi ak chemen lanmò. ⁹ Sila ki ⁿrete nan vil sa a va mouri pa nepe ak gwo grangou, ak epidemi, men sila ki soti e desann kote Kaldeyen k ap fè syèj kont nou yo, va sove lavi li e lavi li. Li va chape ak lavi li. ¹⁰ Paske Mwen te ᵒranje figi M kont vil sa a pou mal, e pa pou byen," deklare SENYÈ a. "Li va livre nan men a wa Babylone nan e li va brile li ak dife."'

¹¹ "Konsa, di a lakay ᵖwa Juda a: 'Tande pawòl SENYÈ a. ¹² O lakay David, konsa pale SENYÈ a:
'Aji ak jistis chak maten.
Delivre moun ki te vòlè devan pouvwa
a sila ki te oprime l la,
pou gwo kòlè Mwen pa sòti deyò kon dife
e brile yon jan pou okenn pa ka etenn,
akoz mechanste a zak yo.
¹³ Gade byen, Mwen kontra ou,
O ᵠsila ki rete nan ba plèn nan,' deklare
SENYÈ a.
'Nou menm k ap di: "Se kilès k ap
desann kont nou?"
Oswa, "Se kilès k ap antre nan abitasyon
nou yo?"
¹⁴ Mwen va pini nou ʳselon rezilta zak nou
yo, deklare SENYÈ a:
"Epi Mwen va limen yon dife nan forè li
ki va devore tout ozanviwon li."'

22 Konsa pale SENYÈ a: "Ale desann kote kay wa Juda a, e pale pawòl sa a: ² Di l konsa: 'Koute pawòl SENYÈ a, O wa Juda, ki ˢchita sou twòn David la, ou menm, sèvitè ou yo ak pèp ou a ki antre nan pòtay sila yo. ³ Konsa pale SENYÈ a: ᵗ"Fè jistis ak ladwati e delivre sila ki te vòlè devan pouvwa sila ki te oprime l la. Anplis pa maltrete ni fè vyolans a yon etranje, ᵘfelen an ak vèv la. Ni pa vèse san inosan nan plas sa a. ⁴ Paske si nou menm mesye yo va, anverite, fè bagay sa a, alò, ᵘwa yo va antre nan pòtay kay sa a, e va chita nan plas David sou twòn li an. Yo va monte sou cha yo ak sou cheval yo—yo menm, sèvitè yo ak pèp li a. ⁵ Men si nou pa obeyi pawòl sa yo, Mwen ᵛsèmante pa Mwen menm," deklare SENYÈ a: "ke kay sila a va vin dezole."'"

⁶ Paske konsa pale SENYÈ a konsènan kay wa Juda a:
"Ou tankou Galaad pou Mwen,
tankou tèt mòn Liban an.
Malgre, anverite Mwen va fè nou kon
yon ʷdezè,
kon vil ki abandone.
⁷ Paske Mwen va mete ˣdestriktè apa pou ou,
yo chak ak zam yo.
Epi yo va koupe mete atè bwa sèd
pi chwazi ou yo e jete yo nan dife.

⁸ "Anpil nasyon va pase kote vil sa a. Konsa, yo va ʸdi youn lòt: 'Poukisa SENYÈ a te fè bagay sa a gwo vil sa a?' ⁹ Epi yo va reponn: 'Akoz yo te ᶻabandone akò SENYÈ a, Bondye yo a, e te pwostène yo a lòt dye yo e te sèvi yo.'"

¹⁰ ªPa kriye pou mò yo.
Pa fè dèy pou li,
men kriye san rete pou sila ki sòti a;
paske li p ap janm retounen,

ª **20:13** Sòm 34:6   ᵇ **20:14** Job 3:3-6   ᶜ **20:15** Jen 21:6-7   ᵈ **20:16** Jen 19:25   ᵉ **20:17** Job 3:10-16
ᶠ **20:18** Job 3:20   ᵍ **21:1** II Wa 24:17-18   ʰ **21:2** II Wa 25:1   ⁱ **21:4** Jr 32:5   ʲ **21:5** És 63:10   ᵏ **21:6** Jr 14:12   ˡ **21:7** II Wa 25:5-21   ᵐ **21:8** Det 30:15-19   ⁿ **21:9** Jr 38:2-23   ᵒ **21:10** Lev 17:10   ᵖ **21:11** Jr 17:20
ᵠ **21:13** Sòm 125:2   ʳ **21:14** És 3:10-11   ˢ **22:2** És 9:7   ᵗ **22:3** És 58:6-7   ᵘ **22:4** Jr 17:25   ᵛ **22:5** Jen 22:16
ʷ **22:6** Sòm 107:34   ˣ **22:7** És 10:3-6   ʸ **22:8** Det 29:24-26   ᶻ **22:9** II Wa 22:17   ª **22:10** Ekl 4:2

ni li p ap wè peyi l ankò.

¹¹ Paske se konsa SENYÈ a pale a ᵃSchallum, fis a Josias, wa Juda a, ki te vin wa nan plas Josias, papa li, ki te ale kite plas sa a: "Li p ap janm retounen la, ¹² men nan plas kote li te mennen an kaptivite a, se la li va ᵇmouri e li p ap wè peyi sila ankò."

¹³ "Malè a sila ki bati kay li ᶜsan ladwati,
chanm anlè yo san jistis,
ki itilize sèvis vwazen li san peye
e ki pa bay li salè li,
¹⁴ Ki di: "Mwen va ᵈbati pou mwen menm
yon kay ak anpil espas,
ak gwo chanm Anlè.
Mwen va koupe fenèt li yo,
ba li panno bwa sèd
e pentire l an koulè wouj.'

¹⁵ "Èske ou dwe wa akoz ou pi fò nan
afè bwa sèd?
Èske papa ou pa t manje, bwè
e ᵉfè jistis ak sa ki dwat?
Epi sa te ale byen pou li.
¹⁶ Li te plede koz a malere ak aflije yo,
epi sa te ale byen.
ᶠÈske se pa sa ki vle di ou rekonèt Mwen
an?" Deklare SENYÈ a.
¹⁷ "Men zye ou ak kè ou rete sèlman
sou richès ki ranmase nan zak malonèt,
nan vèse san inosan,
nan opresyon ak vyolans."

¹⁸ Pou sa, konsa SENYÈ a pale konsènan Jojakim, fis a Josias, wa Juda a: "Yo p ap fè dèy pou li.
Ni rele 'Anmwey, frè m!' ni 'Anmwey sè m!'
"Yo p ap fè gwo kri pou li.
Ni 'Anmwey, mèt mwen!'
Ni 'Anmwey, pou grand pwisans li!'
¹⁹ Li va ᵍantere ak antèman bourik,
trennen e jete deyò pòtay Jérusalem yo."

²⁰ "Ale monte kote Liban.
Kriye fò e leve vwa ou nan Basan.
Kriye anplis depi ʰAbarim,
paske tout moun ki renmen ou yo
vin kraze nèt.
²¹ Mwen te pale ak ou nan pwosperite,
men ⁱou te di: 'Mwen p ap koute'!
Konsa abitid ou depi nan jenès ou,
ke ou te refize obeyi lavwa M.
²² Van an va bale fè disparèt tout bèje ou yo,
ak moun ki renmen ou yo,
y ap wale an kaptivite.
Konsa, ou va anverite ʲwont e imilye
akoz tout mechanste ou yo.
²³ Nou menm k ap viv Liban,
ki fè nich ak bwa sèd yo,

nou va plenyen nan gòj lè gran doulè
a rive sou ou;
ᵏdoulè tankou yon fanm k ap akouche a!
²⁴ "Kon Mwen viv la", deklare SENYÈ a:
"Menmsi ˡJeconia, fis a Jojakim nan, te yon bag
so nan men dwat Mwen; malgre sa, Mwen ta rale
retire ou. ²⁵ Epi mwen ta ᵐlese ou tonbe nan men
a sila k ap chache lavi ou yo; wi, nan men a sila ke
ou krent anpil yo, menm nan men Nebucadnetsar,
wa a Babylone nan, e nan men a Kaldeyen yo.
²⁶ Mwen va jete ou ak ⁿmanman ou ki te fè ou a
jis nan yon lòt peyi kote ou pa t fèt, e la ou va
mouri. ²⁷ Men pou peyi kote yo ta vle retounen
an, yo p ap retounen la."
²⁸ Èske nonm sa a, Jenocia se yon po
meprize, kraze nèt?
Oswa èske li se yon veso lèd, san valè?
Poukisa li menm ak desandan li yo te
ᵒjete deyò konsa
e depoze nan yon peyi ke yo pa t konnen?
²⁹ O latè, latè, latè,
ᵖtande pawòl SENYÈ a!
³⁰ Konsa pale SENYÈ a:
"Mete nonm sa a nan lis kon ᑫ'san pitit',
yon nonm ki p ap reyisi nan jou li yo.
Paske nanpwen moun nan desandan li
yo ki va reyisi,
ni k ap chita sou twòn David la,
ni gouvène ankò nan Juda."

23 "Malè a bèje k ap ʳdetwi e gaye mouton patiraj Mwen yo!" deklare SENYÈ a. ² Akoz sa, pale SENYÈ Bondye Israël la konsènan bèje k ap fè gadyen pèp Mwen yo: "Nou fin gaye bann mouton Mwen, chase yo ale, e nou pa t okipe yo. Gade byen, Mwen prèt pou ˢregle nou pou mechanste a zak nou yo," deklare SENYÈ a. ³ "Epi konsa, Mwen va ᵗrasanble retay bann mouton Mwen an soti nan tout peyi ke m te pouse yo ale yo, e mennen yo retounen nan pa yo. Yo va vin bay fwi e peple anpil. ⁴ Anplis, Mwen va leve bèje sou yo e yo va okipe yo. Konsa, yo ᵘp ap pè ankò, ni plen ak laperèz ni okenn moun p ap manke," deklare SENYÈ a.

⁵ "Gade byen, jou yo ap vini", deklare
SENYÈ a:
"lè Mwen va fè leve pou lakay David,
yon ᵛbranch plen ladwati.
Li va renye kon wa, aji ak sajès e fè jistis
ak ladwati nan peyi a.
⁶ Nan jou Li yo, Juda va sove,
e Israël va rete ansekirite.
Men ʷnon pa sila yo va rele Li a:
'SENYÈ a, Ladwati Nou an.'"

⁷ ˣ"Akoz sa, gade byen, jou yo ap vini", deklare SENYÈ a: "lè yo p ap di ankò: 'Kon SENYÈ a viv

---

ᵃ **22:11** II Wa 23:30-34   ᵇ **22:12** II Wa 23:34   ᶜ **22:13** Jr 17:11   ᵈ **22:14** És 5:8   ᵉ **22:15** II Wa 23:25
ᶠ **22:16** I Kwo 28:9   ᵍ **22:19** I Wa 21:23   ʰ **22:20** Nonb 27:12   ⁱ **22:21** Jr 13:10   ʲ **22:22** És 65:13   ᵏ **22:23** Jr 4:31   ˡ **22:24** II Wa 24:6   ᵐ **22:25** II Wa 24:15-16   ⁿ **22:26** II Wa 24:8   ᵒ **22:28** Jr 15:1   ᵖ **22:29** Det 4:26
ᑫ **22:30** I Kwo 3:17   ʳ **23:1** És 56:9-12   ˢ **23:2** Egz 32:34   ᵗ **23:3** És 11:11-16   ᵘ **23:4** Jr 30:10   ᵛ **23:5** És 4:2   ʷ **23:6** És 7:14   ˣ **23:7** És 43:18-19

ki te mennen fè monte fis Israël yo soti nan peyi Égypte;' ⁸ men: 'Kon SENYÈ a viv, ki te ᵃmennen e fè retounen desandan lakay Israël yo soti nan peyi nò a e soti nan tout peyi kote mwen te chase yo ale yo.' Konsa, yo va viv sou pwòp tèren pa yo."
⁹ Epi pou pwofèt yo:
ᵇkè m fin kase anndan m.
Tout zo m yo tranble;
Mwen vin kon yon moun sou,
menm yon moun ki soumèt anba gwòg,
akoz SENYÈ a,
e akoz pawòl sen Li yo.
¹⁰ "Paske peyi a plen ak ᶜadiltè;
paske akoz madichon, peyi a ap kriye.
Patiraj nan savann yo fin seche.
Y ap kouri nan move chemen
e pwisans yo pa pou sa ki dwat.
¹¹ ᵈNi pwofèt ni prèt yo vin pouri nèt.
Menm anndan lakay Mwen an,
Mwen jwenn mechanste yo",
deklare SENYÈ a.
¹² Akoz sa, chemen pa yo va yon wout
ki glise nan tenèb la;
yo va vin chase jis rive nan fènwa
e vin glise tonbe ladann;
paske Mwen va mennen gwo kalamite sou yo
nan ane règleman yo," deklare SENYÈ a.

¹³ "Anplis, pami pwofèt Samarie yo,
Mwen te wè yon betiz.
Yo te ᵉpwofetize pa Baal
e yo te egare pèp Mwen an, Israël.
¹⁴ Osi, pami pwofèt Jérusalem yo, Mwen
te wè yon move bagay:
Zak ᶠadiltè, e yo mache nan sa ki fo.
Yo ranfòse men a malfektè yo,
pou okenn moun pa vire kite mechanste li.
Yo tout vin pou Mwen tankou Sodome
e abitan li yo kon Gomorrhe.
¹⁵ Akoz sa, pale SENYÈ dèzame yo konsènan pwofèt yo:
"Gade byen, Mwen ap bay yo ᵍmanje bwa lanmè
e fè yo bwè dlo anpwazone;
paske soti nan pwofèt Jérusalem yo,
tout kalite pouriti gaye nan tout peyi a."
¹⁶ Konsa pale SENYÈ dèzame yo:
"Pa koute pawòl a pwofèt k ap fè pwofesi devan nou yo.
Y ap ʰmennen nou nan bagay ki pou ryen.
Yo pale yon vizyon ki sòti nan pwòp imajinasyon pa yo,
men pa nan bouch SENYÈ a.
¹⁷ Yo kontinye di a sila k ap meprize Mwen yo,

'SENYÈ a te di: ⁱ"Nou va gen lapè"'"
e pou tout sila k ap mache nan pwòp tèt di yo, yo di:
"Malè p ap rive nou."
¹⁸ Men se kilès ki te kanpe nan konsèy a SENYÈ a,
pou l ta wè e tande pawòl li?
Kilès ki te ʲprete atansyon a pawòl Mwen, e te koute l?
¹⁹ Gade byen, ᵏtanpèt SENYÈ a deja sòti ak gwo kòlè li.
Tankou yon toubiyon k ap vire touwon,
li va vire desann sou tèt a mechan an.
²⁰ ˡKòlè SENYÈ a p ap vire fè bak jiskaske Li fin fèt
pou l acheve tout volonte a kè li yo.
Nan dènye jou yo, nou va konprann sa byen klè.
²¹ Mwen pa t voye ᵐpwofèt sila yo,
men yo te kouri.
Mwen pa t pale ak yo, men yo te fè pwofesi.
²² Men si yo te konn ⁿkanpe nan konsèy Mwen an;
alò, yo t ap anonse pawòl Mwen yo a pèp Mwen an
pou fè yo vire fè bak kite wout mechan yo,
ak mechanste a zak pa yo.

²³ "Èske Mwen se pa yon Bondye ki ᵒtoupre?" deklare SENYÈ a:
"E ki pa yon Bondye ki lwen?
²⁴ Èske yon nonm ka kache kò l yon kote kachèt
pou M pa wè l?" deklare SENYÈ a?
ᵖ"Èske Mwen pa ranpli syèl yo ak tè a?" deklare SENYÈ a?"
²⁵ "Mwen te tande sa pwofèt ki fè ᑫfo pwofesi nan non Mwen yo te di. Y ap di: 'Mwen te fè yon rèv, mwen te fè yon rèv!' ²⁶ Pou konbyen de tan? Èske gen yon bagay nan kè pwofèt ki fè fo pwofesi yo, menm pwofèt sila ki ʳtwonpe pwòp kè yo? ²⁷ Yo gen entansyon ˢfè pèp Mwen an bliye non Mwen ak rèv ke yo repete youn ak lòt yo, menm jan ke papa zansèt yo te bliye non M akoz Baal? ²⁸ Pwofèt ki fè rèv la, kite li repete rèv li a. Epi sila ki gen pawòl pa M, kite l pale pawòl pa M nan ak verite. ᵗKisa gen nan pay ki sanble ak sereyal? ²⁹ Èske pawòl Mwen pa tankou yon dife?" deklare SENYÈ a: "Èske li pa tankou yon ᵘmato ki kraze fann wòch?"
³⁰ Pou sa, gade byen, ᵛ"Mwen kont pwofèt yo," deklare SENYÈ a: "Ki vòlè pawòl Mwen yo soti nan youn lòt." ³¹ "Gade byen, Mwen kont pwofèt yo", deklare SENYÈ a: "Ki sèvi lang yo pou deklare, 'SENYÈ a deklare'. ³² Gade byen, Mwen kont sila ki te fè pwofesi fo ʷrèv" deklare SENYÈ a: "E ki te

---

ᵃ **23:8** És 43:5-6 ᵇ **23:9** Jr 8:18 ᶜ **23:10** Sòm 107:34 ᵈ **23:11** Jr 6:13 ᵉ **23:13** I Wa 18:18-21 ᶠ **23:14** Jr 29:23 ᵍ **23:15** Det 29:18 ʰ **23:16** Jr 27:9-10 ⁱ **23:17** Jr 8:11 ʲ **23:18** Job 33:31 ᵏ **23:19** Jr 25:32 ˡ **23:20** II Wa 23:26 ᵐ **23:21** Jr 14:14 ⁿ **23:22** Jr 9:12 ᵒ **23:23** Sòm 139:1-10 ᵖ **23:24** I Wa 8:27 ᑫ **23:25** Jr 14:14 ʳ **23:26** I Tim 4:1-2 ˢ **23:27** Det 13:1-3 ᵗ **23:28** I Kor 3:12-13 ᵘ **23:29** II Kor 10:4-5 ᵛ **23:30** Det 18:20 ʷ **23:32** Det 13:1-2

repete yo pou egare pèp Mwen yo ak manti yo, ak ògèy san kontwòl yo, malgre se pa Mwen ki te voye yo, ni kòmande yo. Ni yo pa founi okenn benefis pou pèp sa a," deklare SENYÈ a.

33 "Alò, lè pèp sa a, pwofèt la oswa prèt la mande ou pou di: 'Se kilès ki [a]pòt pawòl SENYÈ a?' Alò, ou va reponn yo: 'Ki pòt pawòl sa a?' "Mwen va retire jete nou" deklare SENYÈ a'. 34 Epi pou pwofèt la, prèt la oswa pèp la ki di: [b]'Pòt pawòl SENYÈ a', Mwen va mennen pinisyon sou moun sila a ak lakay li. 35 Konsa nou chak va di a vwazen li, ak frè li: [c]'Se ki repons SENYÈ a te bay', oswa 'se ak kilès SENYÈ a te pale?' 36 Paske nou p ap sonje pwofesi SENYÈ a ankò, akoz pawòl a chak moun va devni pwop mesaj li. Konsa nou fin [d]tòde pawòl a SENYÈ dèzame yo, Bondye nou an. 37 Pou sa a, nou va di a pwofèt sa a: 'Ki repons SENYÈ a te bannou?' epi 'Kisa SENYÈ a te di'? 38 Akoz nou di: 'Pwofesi SENYÈ a,' anverite, konsa pale SENYÈ a: 'Akoz nou sèvi pawòl sila a, "pwofesi SENYÈ a," Mwen ap voye kote nou pou di: "Nou pa pou di 'Pwofesi SENYÈ a.'"' 39 Akoz sa, gade byen, [e]Mwen va, anverite, bliye nou e jete nou lwen prezans Mwen, ansanm ak vil ke M te bannou ak papa zansèt nou yo. 40 Mwen va fè poze yon [f]repwòch ki p ap janm sòti sou nou, ak yon imilyasyon ki p ap janm bliye."

24 Pawòl SENYÈ a te demontre m, epi, gade byen, de panyen fig etranje ki te plase devan tanp SENYÈ a, lè [g]Nebucadnetsar, wa Babylone nan, te fin retire Jeconia, fis a Jojakim nan, wa Juda a, diri jan a Juda yo ak gwo atizan ak bòs fòjewon Jérusalem yo pou te mennen yo Babylone. 2 Yon panyen te gen bon fig etranje yo, tankou nan [h]premye rekòlt yo, e lòt panyen an te gen move fig ki pa t ka manje akoz yo te pouri.

3 Konsa, SENYÈ a te di m: [i]"Kisa ou wè, Jérémie?"

Mwen te reponn: "Fig etranje yo, bon fig etranje yo, byen bon, ak move fig etranje yo, byen move, ki pa ka manje akoz yo pouri."

4 Epi pawòl SENYÈ a te vin kote mwen. Li te di: 5 "Konsa pale SENYÈ Israël a 'Tankou bon fig etranje yo, konsa Mwen va konsidere [j]kon bon, kaptif a Juda yo, ke m te voye sòti nan plas sa a pou antre nan peyi Kaldeyen yo. 6 Paske Mwen va fikse zye M sou yo pou byen e Mwen va [k]mennen yo ankò nan peyi sa a. Mwen va bati yo, e Mwen p ap rale fè yo desann. Mwen va plante yo e Mwen p ap rache yo. 7 Mwen va bay yo yon [l]kè pou rekonèt Mwen, ke se Mwen ki SENYÈ a. Konsa, yo va pèp Mwen e Mwen va Bondye yo, paske yo va retounen kote Mwen ak tout kè yo.'"

8 "Men tankou move fig etranje ki pa ka manje akoz yo pouri yo—anverite, konsa", pale SENYÈ a—"Konsa Mwen va abandone Sédécias, wa Juda a, diri jan li yo, [m]retay Jérusalem ki rete nan peyi sa a, ak sila ki rete nan peyi Égypte yo. 9 Mwen va fè yo vin yon gwo laperèz ak yon mal pou tout wayòm latè yo, kon repwòch, yon vye mo, yon rizib, e yon [n]madichon tout kote ke M gaye yo. 10 Mwen va voye [o]nepe ak gwo grangou, maladi ak bèt pou ravaje chan yo jiskaske yo fin detwi soti nan peyi ke M te bay a yo menm nan ak papa zansèt yo."

25 Pawòl ki te rive kote Jérémie konsènan tout pèp a Juda a, nan katriyèm ane a [p]Jojakim, fis a Josias, wa Juda a, (ki te nan premye ane Nebucadnetsar, wa Babylone nan), 2 ke Jérémie, pwofèt la, te pale a tout [q]pèp Juda a e a tout moun ki te rete Jérusalem yo. Li te di: 3 Depi nan trèzyèm ane Josias, fis a Amon an, wa Juda a, menm rive nan jou sa a, pandan venn-twazan sila yo, pawòl SENYÈ a te vin kote mwen. Konsa, mwen te pale avèk nou; mwen te leve bonè pou pale ak nou, men nou pa t koute, ni nou pa t panche zòrèy nou pou tande.

4 SENYÈ a te voye bannou tout [r]sèvitè Li yo ak pwofèt yo. Li te leve bonè pou voye yo, men nou pa t koute, ni panche zòrèy nou pou koute, 5 Li te di: [s]"Vire koulye a nou tout e kite wout mechan nou, mechanste a zak nou yo pou vin rete nan peyi ke SENYÈ a bannou ak papa zansèt nou yo pou tout tan, jis rive pou tout tan. 6 [t]Pa mache dèyè lòt dye pou sèvi e adore yo, ni pa pwovoke M a lakòlè ak zèv men nou yo. Konsa, Mwen p ap fè nou okenn mal."

7 "Sepandan, nou pa t janm koute Mwen," deklare SENYÈ a: "pou nou ka pwovoke m a lakòlè ak zèv men nou yo, jis rive nan pwòp donmaj nou."

8 Pou sa, konsa pale SENYÈ dèzame yo: "Akoz nou pa t obeyi pawòl Mwen yo, 9 gade byen, Mwen va voye pran tout fanmi nò yo," deklare SENYÈ a: "Epi Mwen va voye kote Nebucadnetsar, wa Babylone nan, [u]sèvitè Mwen an. Mwen va fè yo vini kont peyi sa a, kont tout moun ki rete ladann yo, e kont tout nasyon ki antoure li yo. Konsa, Mwen va detwi yo nèt, fè yo vin yon gwo laperèz, yon objè moun sifle kon koulèv ak yon dezolasyon k ap la pou tout tan. 10 Anplis, Mwen va [v]retire sou yo vwa ki plen ak lajwa, e vwa a kè kontan an, vwa a jennonm ki fenk marye, vwa a jenn fi marye a, son a wòch moulen yo ak limyè a lanp lan. 11 Tout peyi sa a va vin yon dezolasyon ak yon gwo laperèz, e nasyon sa yo va sèvi wa Babylone nan pandan [w]swasann-dis ane."

12 "Konsa, li va vin rive ke [x]lè swasann-dis ane vin fini, Mwen va pini wa Babylone nan ak nasyon sa a," deklare SENYÈ a: "pou inikite pa yo. Pou peyi Kaldeyen yo, Mwen va fè li vin yon dezolasyon nèt jis pou tout tan. 13 Mwen va fè rive sou peyi sa a tout pawòl Mwen ke Mwen te pwononse kont li, tout sa

---

[a] 23:33 És 13:1 [b] 23:34 Lam 2:14 [c] 23:35 Jr 33:3 [d] 23:36 Gal 1:7-8 [e] 23:39 Jr 7:14-15 [f] 23:40 Jr 20:11
[g] 24:1 II Wa 24:10-16 [h] 24:2 Mi 7:1 [i] 24:3 Jr 1:11-13 [j] 24:5 Na 1:7 [k] 24:6 Jr 12:15 [l] 24:7 Jr 12:15
[m] 24:8 Jr 39:9 [n] 24:9 És 65:15 [o] 24:10 És 51:19 [p] 25:1 II Wa 24:1-2 [q] 25:2 Jr 18:11 [r] 25:4 II Kwo 36:15
[s] 25:5 II Wa 17:13 [t] 25:6 Det 6:14 [u] 25:9 És 13:3 [v] 25:10 És 24:8-11 [w] 25:11 II Kwo 36:21 [x] 25:12 Esd 1:1

ki ekri nan ªliv sa a, ke Jérémie te fè kon pwofesi kont tout nasyon sa yo. ¹⁴ (Paske, ᵇanpil nasyon ak gwo wa va fè yo vin esklav, menm yo menm. Konsa, Mwen va rekonpanse yo selon zèv yo.)"

¹⁵ Paske SENYÈ a, Bondye Israël la di mwen: "Pran ᶜtas diven kòlè sa a soti nan men Mwen, e fè tout nasyon kote Mwen voye ou yo bwè l. ¹⁶ Yo va ᵈbwè, kilbite e vin fou akoz nepe ke Mwen va voye pami yo."

¹⁷ Konsa, mwen te pran tas la nan men SENYÈ a, e mwen te ᵉfè tout nasyon sou sila SENYÈ a te voye mwen yo, bwè l: ¹⁸ ᶠJérusalem ak vil Juda yo, wa pa li yo ak prens li yo, pou fè yo vin detwi nèt, yon gwo laperèz, yon objè k ap fè moun sifle anlè kon koulèv, yon madichon, jis jan sa ye jodi a; ¹⁹ ᵍFarawon, wa Égypte la, sèvitè li yo, prens li yo ak tout pèp li a; ²⁰ epi tout etranje yo, tout wa ʰpeyi Uts yo, tout wa peyi Filisten yo, menm Askalon, Gaza, Ékron, ak sila ki rete Asdod yo; ²¹ Édom, ⁱMoab ak fis Ammon yo; ²² epi tout wa Tyr yo, tout wa Sidon yo ak wa ʲpeyi kot ki lòtbò lanmè yo; ²³ Dedan ak Théma, ak ᵏBuz e tout sila ki koupe kwen cheve yo; ²⁴ epi tout wa Arabie yo ak tout wa a pèp etranje ki rete nan dezè yo; ²⁵ epi tout wa Zimri yo, tout wa a ˡÉlam yo ak tout wa a Médie yo; ²⁶ epi tout wa nò yo, ni pre, ni lwen, youn avèk lòt; epi ᵐtout wayòm latè ki sou sifas tè a. Wa Schéschac la va bwè apre yo.

²⁷ "Ou va di yo: 'Konsa pale SENYÈ dèzame yo, Bondye Israël la, "Bwè, vin sou, vomi, tonbe e pa leve ankò akoz ⁿnepe ke Mwen va voye pami nou an."'

²⁸ Epi li va vin rive ke si yo ᵒrefize pran tas la nan men ou pou bwè, alò ou va di yo: 'Konsa pale SENYÈ dèzame yo: "Anverite, nou va bwè! ²⁹ Paske gade byen, Mwen ap kòmanse fè yon zèv k ap yon kalamite nan vil sa a, ki ᵖrele pa non Mwen an. Èske nou dwe konplètman chape anba pinisyon? Nou p ap chape anba pinisyon, paske Mwen ap fè apèl nepe a kont tout sila ki rete sou latè yo", deklare SENYÈ dèzame yo.'

³⁰ "Akoz sa, ou va pwofetize kont yo ak tout pawòl sa yo. Ou va di yo:

'SENYÈ a va ᵠgwonde fò depi anwo;
vwa l va eksprime depi nan abitasyon sen li an.
Li va gwonde ak pwisans kont bann
   mouton pa li an.
Li va rele fò tankou sila k ap foule rezen yo,
kont tout sila ki rete sou latè yo.
³¹ Yon zen va rive soti nan dènye
   ekstremite latè,
akoz SENYÈ a ʳgen yon kont pou regle
   ak tout nasyon yo.
Li va antre nan jijman ak tout chè yo.

Pou mechan yo, li va livre yo a nepe,'"
   deklare SENYÈ a.

³² Konsa pale SENYÈ dèzame yo:
"Gade byen, mal la va sòti vin parèt de
   nasyon a nasyon,
e yon ˢgwo tanpèt va tòde jis rive nan pwent
   pi lwen de mond lan.

³³ Sila ki ᵗtouye pa SENYÈ yo nan jou sa a va soti nan yon pwent latè jis rive nan lòt la. Yo p ap kriye pou yo, vin ranmase yo, ni antere. Yo va tankou fimye bèt sou sifas latè.

³⁴ Kriye fò, nou menm k ap fè bèje yo;
rele anmwey!
Woule kò nou nan sann,
nou menm ki mèt a bann mouton yo;
paske jou a ᵘmasak nou yo ak egzil la fin rive,
e nou va tonbe kon veso pi chwazi a.
³⁵ ᵛSove ale pa p posib pou bèje yo.
Mèt bann mouton yo p ap chape.
³⁶ Tande kri a bèje yo,
ak plent a mèt bann mouton yo.
Konsa, SENYÈ a ap detwi patiraj yo,
³⁷ Epi ʷpak mouton lapè yo tonbe an silans,
akoz gwo kòlè SENYÈ a."
³⁸ Li soti nan kote kachèt Li yo ˣkon lyon an,
paske peyi yo te devni yon gwo laperèz
akoz gwo vyolans nepe k ap oprime,
e akoz gwo wa a kòlè Li.

26 Nan kòmansman règn a ʸwa Jojakim nan, fis a Josias la, wa a Juda a, pawòl sa a te sòti nan SENYÈ a: ² "Konsa pale SENYÈ a: 'Kanpe nan lakou lakay SENYÈ a pou pale ak tout vil Juda a ki te vin adore lakay SENYÈ a'. Bay yo tout pawòl ke M te kòmande ou pou pale avèk yo. ᶻPa manke menm yon mo! ³ Petèt yo va koute e tout moun va vire kite pwòp wout mechan pa yo, pou M ᵃta kapab repanti de malè ke M planifye pou fè rive yo, akoz mechanste a zak yo.'" ⁴ Men sa ou va di yo: "Konsa pale SENYÈ a: ᵇ'Si nou refize koute Mwen, pou mache nan lalwa ke M te mete devan nou an, ⁵ pou koute pawòl a ᶜsèvitè Mwen yo, pwofèt ke M te voye a nou menm tout tan, tout tan yo,—men nou pa t koute— ⁶ konsa, Mwen va fè kay sila kon Silo e vil sa a, Mwen va fè li vin yon ᵈmadichon pou tout nasyon sou latè yo.'"

⁷ ᵉPrèt yo, pwofèt yo ak tout pèp la te tande Jérémie pale pawòl sa yo lakay SENYÈ a. ⁸ Lè Jérémie te fin pale tout sa ke SENYÈ a te kòmande pale a tout pèp la, prèt yo ak pwofèt yo ak tout pèp la te sezi li. Yo te di: ᶠ"Fòk ou mouri! ⁹ Poukisa ou te pwofetize nan non SENYÈ a e te di: 'Kay sa a va tankou Silo e vil sa a va vin dezète, san moun?'" Konsa, ᵍtout pèp la te rasanble antoure Jérémie lakay SENYÈ a.

ᵃ **25:13** Jr 36:4-32   ᵇ **25:14** Jr 27:7   ᶜ **25:15** Job 21:20   ᵈ **25:16** Na 3:11   ᵉ **25:17** Jr 1:10   ᶠ **25:18** Sòm 60:3
ᵍ **25:19** Jr 46:2-28   ʰ **25:20** Job 1:1   ⁱ **25:21** Jr 48:1-47   ʲ **25:22** Jr 31:10   ᵏ **25:23** Jen 22:21   ˡ **25:25** Jen 10:22
ᵐ **25:26** Jr 25:9   ⁿ **25:27** Éz 21:4-5   ᵒ **25:28** Job 34:33   ᵖ **25:29** I Wa 8:43   ᵠ **25:30** Jl 2:11   ʳ **25:31** Os 4:1
ˢ **25:32** És 30:30   ᵗ **25:33** És 14:2-3   ᵘ **25:34** És 34:6-7   ᵛ **25:35** Job 11:20   ʷ **25:37** És 27:10   ˣ **25:38** Jr 4:7
ʸ **26:1** II Wa 23:36   ᶻ **26:2** Det 4:2   ᵃ **26:3** Jr 18:8   ᵇ **26:4** Lev 26:14   ᶜ **26:5** II Wa 9:7   ᵈ **26:6** II Wa 22:19
ᵉ **26:7** Jr 5:31   ᶠ **26:8** Jr 11:19   ᵍ **26:9** Trav 3:11

¹⁰ Lè ofisye a Juda yo te tande bagay sa yo, yo te vin monte soti lakay a wa a pou rive lakay SENYÈ a, e yo te chita nan antre Pòtay Nèf lakay SENYÈ a. ¹¹ Epi prèt yo ak pwofèt yo te pale ak ofisye yo ak tout pèp la e te di: "Nonm sa a merite mouri! Li te pwofetize kont vil sila a, jan nou te koute ak pwòp tande nou an."

¹² Konsa, Jérémie te pale ak tout ofisye yo ak tout pèp la. Li te di: ᵃ"SENYÈ a te voye mwen pou pwofetize kont tout kay sila a, tout pawòl ke nou te tande yo. ¹³ Alò, pou sa, ᵇkorije chemen nou yo ak zèv nou yo, e obeyi a vwa SENYÈ a, Bondye nou an; epi SENYÈ a va chanje lide sou malè ke Li te pwononse kont nou an. ¹⁴ Men pou mwen menm, ᶜse nan men nou mwen ye. Fè sa nou pito avè m jan nou wè li bon nan zye nou an. ¹⁵ Sèlman, konnen byen ke si nou mete m a lanmò, nou va mennen ᵈsan inosan vin tonbe sou nou menm, sou vil sa a, ak tout moun ki rete ladan; paske anverite, SENYÈ a te voye mwen kote nou pou pale tout pawòl sa yo nan zòrèy nou."

¹⁶ Epi ofisye yo ak tout pèp la te di a prèt yo e a pwofèt yo: ᵉ"Nou p ap pase lòd lanmò pou nonm sa a, paske li te pale nou nan non SENYÈ a, Bondye nou an."

¹⁷ Epi ᶠkèk nan ansyen peyi a te leve e te pale a tout asanble a pèp la. Yo te di: ¹⁸ ᵍ"Michée, moun Moréscheth la, te pwofetize nan tan Ézéchias, wa Juda a. Li te pale a tout pèp Juda e te di: 'Konsa SENYÈ dèzame yo te pale:

"Sion va raboure kon yon chan,
Jérusalem va vin yon pil mazi
e mòn kay la kon pwent ki piwo nan yon forè."
¹⁹ "'Èske Ézéchias, wa Juda a, ak tout Juda te mete l a lanmò? Èske li pa t gen lakrent SENYÈ a, chache favè SENYÈ a, e SENYÈ a te chanje lide Li sou malè ke li te pwononse kont yo a? Men nou ap komèt yon gwo mal kont pwòp tèt pa nou.'"

²⁰ Anverite, te gen yon nonm ki te pwofetize nan non SENYÈ a, Urie, fis a Schemaeja a, a ʰKirjath-Jearim. Li te pwofetize kont vil sa a e kont peyi sa a, pawòl parèy a tout sa a Jérémie yo. ²¹ Lè wa Jojakim ak tout mesye pwisan pa li yo ak tout ofisye yo tande pawòl li yo, alò, wa a te eseye mete l a lanmò. Men Urie te tande. Li te krent e li te ⁱsove ale rive an Égypte. ²² Konsa, wa Jojakim te voye mesye li yo an Égypte: Elnathan, fis a Acbor a kèk lòt mesye avèk li te ale antre an Égypte. ²³ Epi yo te mennen Urie soti an Égypte, te fè l rive kote wa Jojakim ki te ʲtouye l ak yon nepe e te jete kadav li nan simityè endijan yo.

²⁴ Men men Achikam, fis a Schaphan nan, te avèk Jérémie, ki te fè l ᵏpa rive nan men a pèp la pou mete l a lanmò.

27 Nan kòmansman règn wa ˡSédécias, fis a Josias la, wa Juda a, pawòl sa a te rive kote Jérémie soti nan SENYÈ a, epi te di, ² Konsa SENYÈ a pale ak mwen: "Fè pou kont ou ᵐlyen ak jouk e mete yo sou kou ou. ³ Epi voye pawòl kote wa ⁿEdom an, wa Moab la, wa a fis Ammon yo, wa Tyre la e wa a Sidon an pa mesaje ki vini Jérusalem kote Sédécias, wa Juda a. ⁴ Kòmande yo ale kote mèt pa yo e di yo: 'Konsa pale SENYÈ dèzame yo, Bondye Israël la, konsa nou va di a mèt nou yo, ⁵ "Mwen te fè latè, lèzòm ak bèt ki sou sifas latè yo ᵒpa gran pouvwa Mwen ak men M lonje, e Mwen va bay li a sila ki fè M plezi nan zye mwen. ⁶ Koulye a, Mwen ᵖte bay tout peyi sila yo nan men a Nebucadnetsar, wa Babylone, sèvitè Mwen an e Mwen te bay li, anplis, bèt sovaj chan yo pou sèvi li. ⁷ Tout nasyon yo va sèvi li e fis li ak gran fis li jis rive nan lè pwòp peyi li vini. Nan moman sa a, anpil nasyon ak anpil wa va fè li vin sèvitè yo."'"

⁸ "Li va rive ke nasyon oswa wayòm ki refize sèvi Nebucadnetsar, wa Babylone nan, e ki pa mete kou li anba jouk a wa Babylone nan, Mwen va pini nasyon sa a ak ᵠnepe a, ak gwo grangou e ak envazyon ensèk k ap ravaje tout chan yo," deklare SENYÈ a: "jiskaske Mwen fin detwi nasyon sa a pa men li.

⁹ "Men pou nou menm, ʳpa koute pwofèt nou yo, divinò nou yo, moun ki fè rèv yo, moun k ap devine yo, ni sila ki fè wanga yo, k ap di: 'Nou p ap sèvi wa Babylone nan'. ¹⁰ Paske pwofesi pa yo se ˢmanti y ap bannou pou yo deplase nou ale lwen peyi nou, pou fè M ta pouse bourade nou deyò e nou va peri. ¹¹ Men nasyon a ki ᵗbese kou li anba jouk wa Babylone nan e ki sèvi li, Mwen va kite nan peyi li," deklare SENYÈ a. "Konsa, yo va travay tè a pou viv ladann."

¹² Mwen te pale pawòl tankou sila yo a ᵘSédécias, wa Juda a. Mwen te di l: "Mennen kou nou anba jouk a wa Babylone nan pou sèvi li ak pèp li a, e viv! ¹³ Poukisa nou va ᵛmouri, nou menm avèk pèp nou an, pa nepe, gwo grangou, ak ravaj bèt ki manje tout chan yo, kon SENYÈ a te pale a nasyon sa a ki refize sèvi wa Babylone nan? ¹⁴ Konsa, ʷpa koute pawòl a pwofèt k ap pale ak nou, k ap di: 'Nou p ap oblije sèvi wa Babylone nan,' paske y ap fè pwofesi manti a nou menm. ¹⁵ Paske ˣMwen pa t voye yo," deklare SENYÈ a: "Yo fè fo pwofesi nan non Mwen, pou m ka pouse bourade nou deyò pou nou ka peri, nou menm ak pwofèt ki fè pwofesi sa yo bannou yo."

¹⁶ Apre, mwen te pale ak prèt yo e a tout pèp sa a. Mwen te di: "Konsa pale SENYÈ a: Pa koute pawòl a pwofèt nou yo ki fè pwofesi bannou ki di: 'Gade byen, ʸveso lakay SENYÈ yo va retounen rapid soti Babylone;' paske yo fè pwofesi manti bannou. ¹⁷ Pa koute yo. Sèvi wa Babylone nan e viv! Poukisa

---
ᵃ **26:12** Jr 1:17-18   ᵇ **26:13** Jr 7:3-5   ᶜ **26:14** Jr 38:5   ᵈ **26:15** Nonb 35:33   ᵉ **26:16** Trav 5:34-39
ᶠ **26:17** Trav 5:34   ᵍ **26:18** Mi 1:1   ʰ **26:20** Jos 9:17   ⁱ **26:21** Jr 36:12   ʲ **26:23** Jr 2:30   ᵏ **26:24** I Wa 18:4
ˡ **27:1** II Wa 24:18-20   ᵐ **27:2** Jr 30:8   ⁿ **27:3** Jr 25:21-22   ᵒ **27:5** Det 9:29   ᵖ **27:6** Jr 21:7   ᵠ **27:8** Jr 24:10
ʳ **27:9** Egz 22:18   ˢ **27:10** Jr 23:25   ᵗ **27:11** Jr 27:2-12   ᵘ **27:12** Jr 27:3   ᵛ **27:13** Pwov 8:36   ʷ **27:14** Jr 27:9   ˣ **27:15** Jr 23:21   ʸ **27:16** II Wa 24:13

vil sa a ta dwe ᵃdetwi nèt? ¹⁸ Men ᵇsi se pwofèt yo ye, e si pawòl SENYÈ a avèk yo, kite yo koulye a fè demann a SENYÈ dèzame yo, pou veso ki rete lakay SENYÈ yo, lakay wa Juda a ak Jérusalem yo pa ale Babylone. ¹⁹ Paske se konsa pale SENYÈ dèzame yo konsènan ᶜpilye yo, konsènan lanmè a, konsènan baz yo e konsènan tout lòt veso ki rete nan vil sa a, ²⁰ ke Nebucadnetsar, wa Babylone nan, pa t pran lè l te pote Jeconia, fis a Jojakim nan, wa Juda a, te fè ᵈsòti Jérusalem pou rive Babylone, ak tout gwo moun Juda ak Jérusalem yo. ²¹ Wi, se konsa SENYÈ dèzame yo, Bondye Israël la, te pale konsènan veso ki rete lakay SENYÈ yo, lakay wa Juda a ak Jérusalem yo, ²² 'Yo va pote rive Babylone e yo va la jis rive jou ke m vizite yo a,' deklare SENYÈ a. 'Apre, Mwen va ᵉmennen yo retounen e restore yo nan plas sa a.'"

28 Alò, nan menm ane a, nan kòmansman règn a ᶠSédécias, wa Juda a, nan katriyèm ane, nan senkyèm mwa Hanania, fis a Azzur a, pwofèt ki te sòti nan Gabaon an, te pale ak mwen lakay SENYÈ a, nan prezans a prèt yo e a tout pèp yo. Li te di: ² ᵍ"Konsa pale SENYÈ dèzame yo, Bondye Israël la, 'Mwen te kase jouk wa Babylone nan. ³ Pandan dezan Mwen va fè rive nan plas sa a, ʰtout veso lakay SENYÈ yo, ke Nebucadnetsar, wa Babylone nan, te pran fè sòti nan plas sa a pou te pote Babylone yo. ⁴ Anplis, Mwen va mennen fè retounen nan plas sa a, Jeconia, fis a Jojakim nan, wa a Juda a ak tout egzile Juda ki te ale Babylone yo,' deklare SENYÈ a, 'paske Mwen va kase fado a wa a Babylone nan.'"

⁵ Answit pwofèt Jérémie te pale ak pwofèt Hanania nan prezans a prèt yo, e nan prezans lan a tout moun ki te kanpe ⁱlakay SENYÈ yo, ⁶ epi pwofèt Jérémie te di: ʲ"Amen! Ke SENYÈ a fè l konsa. Ke SENYÈ a kapab konfime pawòl ke ou te pale yo, pou fè mennen retounen veso lakay SENYÈ yo, e tout moun ki ekzile yo, sòti Babylone pou antre nan plas sa a. ⁷ Malgre sa, ᵏtande pawòl sa a ke m prèt pou pale nan tande pa w ak tande a tout pèp la! ⁸ Pwofèt ki te avan mwen yo, e avan ou depi nan tan ansyen an, te ˡpwofetize kont anpil peyi e kont gwo wayòm, pou lagè, pou kalamite ak envazyon ensèk ki ta ravaje peyi yo. ⁹ Pwofèt ki te pwofetize lapè a, ᵐlè pwofesi sa a vin rive; alò, pwofèt sa a va vin rekonèt kon yon pwofèt ke SENYÈ te vrèman voye."

¹⁰ Alò Hanania, pwofèt la, te retire ⁿjouk la sou kou Jérémie e te kraze li. ¹¹ Hanania te pale nan prezans a tout pèp la e te di: ᵒ"Konsa pale SENYÈ a, 'Menm konsa, avan dezan, Mwen va kase jouk Nebucadnetsar, wa Babylone nan, fè l sòti sou kou a tout nasyon yo.'" Alò, pwofèt Jérémie te al fè wout li.

¹² ᵖPawòl SENYÈ a te rive kote Jérémie lè Hanania te fin kase jouk a sou kou pwofèt Jérémie an. Li te di: ¹³ "Ale pale ak Hanania e di: 'Konsa pale SENYÈ a, "Ou te kase jouk ki fèt an bwa yo, men ou fè rive olye de yo, jouk yo ki fèt an fè." ¹⁴ Paske konsa pale SENYÈ dèzame yo, Bondye Israël la: "Mwen te mete yon ᵠjouk fèt an fè sou kou a tout nasyon sila yo, pou yo ka sèvi Nebucadnetsar, wa Babylone nan; epi yo va sèvi li. Anplis, Mwen te bay li bèt chan yo."'"

¹⁵ Epi Jérémie, pwofèt la, te di a Hanania, pwofèt la: "Koute koulye a, Hanania, SENYÈ a pa t voye ou e ʳou te fè pèp sa a kwè nan yon manti. ¹⁶ Pou sa, se konsa SENYÈ a pale: 'Gade byen, Mwen prèt pou retire ou sou sifas tè a. Ane sa a, ou va mouri, akoz ou te ˢkonseye rebelyon kont SENYÈ a.'" ¹⁷ Se konsa Hanania, pwofèt la, te mouri nan menm ane sa a nan setyèm mwa a.

29 Alò, sila yo se pawòl a ᵗlèt ke Jérémie, pwofèt la, te voye soti Jérusalem bay lòt ansyen an egzil yo, ansanm ak prèt yo, pwofèt yo ak tout moun ke Nebucadnetsar te pran pou fè antre an egzil soti Jérusalem pou rive Babylone yo, ² (lè Wa ᵘJeconia ak manman rèn nan, ofisye tribinal yo, prens a Juda yo, gwo bòs atizan yo, ak sila ki travay nan metal yo te fin pati Jérusalem.) ³ Lèt la te voye pa men Éleasa, fis a Schaphan ak Guemaria a, fis a ᵛHilkija a, ke Sédécias, fis wa Juda a, te voye Babylone kote wa Nebucadnetsar. Li te di:

⁴ Konsa pale SENYÈ dèzame yo, Bondye Israël la, a tout egzile ke m te ʷvoye an egzil soti Jérusalem pou rive Babylone yo: ⁵ ˣ"Bati kay e viv nan yo. Plante jaden e manje pwodwi yo. ⁶ Pran ʸmadanm e vin papa a fis ak fi. Pran madanm pou fis nou yo e bay a fi nou yo mari yo, epi vin miltipliye la e pa diminye. ⁷ Chache bonè a peyi sa a kote Mwen te voye nou an egzil la, e priye a SENYÈ a pou li; paske nan bonè pa li, ou va jwenn bonè." ⁸ Paske konsa pale SENYÈ dèzame yo, Bondye Israël la: "Pa kite ᶻpwofèt ki rete nan mitan nou yo ak divinò nou yo twonpe nou, ni pa koute rèv ke yo fè. ⁹ Paske yo ᵃfè fo pwofesi bannou nan non Mwen. Mwen pa t voye yo," deklare SENYÈ a. ¹⁰ Paske konsa pale SENYÈ a: "Lè ᵇswasann-dizan yo fin ekoule pou Babylone, Mwen va vizite nou, e ranpli nou ak bon pawòl Mwen a nou menm, pou mennen nou retounen nan plas sa a. ¹¹ Paske Mwen konnen ᶜplan ke M genyen pou nou yo," deklare SENYÈ a, "plan pou bonè e pa pou malè, pou bay nou yon bon avni ak

---

ᵃ **27:17** Jr 7:34   ᵇ **27:18** I Wa 18:24   ᶜ **27:19** I Wa 7:15   ᵈ **27:20** II Wa 24:12-16   ᵉ **27:22** Esd 1:7-11   ᶠ **28:1** II Wa 24:18-20   ᵍ **28:2** Jr 27:12   ʰ **28:3** II Wa 24:13   ⁱ **28:5** Jr 28:1   ʲ **28:6** I Wa 1:36   ᵏ **28:7** I Wa 22:28   ˡ **28:8** Lev 26:14-39   ᵐ **28:9** Det 18:22   ⁿ **28:10** Jr 27:2   ᵒ **28:11** Jr 14:14   ᵖ **28:12** Jr 1:2   ᵠ **28:14** Det 28:48   ʳ **28:15** Jr 20:6   ˢ **28:16** Det 13:5   ᵗ **29:1** II Kwo 30:1-6   ᵘ **29:2** II Wa 24:12-16   ᵛ **29:3** I Kwo 6:13   ʷ **29:4** Jr 24:5   ˣ **29:5** Jr 29:28   ʸ **29:6** Jr 16:2-4   ᶻ **29:8** Jr 27:9   ᵃ **29:9** Jr 27:15   ᵇ **29:10** II Kwo 36:21-23   ᶜ **29:11** Sòm 40:5

espwa. ¹²Epi nou va ªrele Mwen, vin kote Mwen pou priye, e Mwen va koute nou. ¹³Nou va ᵇchache Mwen e nou va jwenn Mwen lè nou chache M ak tout kè nou. ¹⁴Mwen va vin ᶜtwouve pa nou menm" deklare SENYÈ a: "Epi Mwen va restore bonte nou e ranmase nou soti nan tout nasyon yo ak plas kote Mwen te chase fè nou rive yo," deklare SENYÈ a. "Epi Mwen va mennen nou fè nou retounen rive nan plas ke Mwen te fè nou pòte ale kon kaptif yo."

¹⁵Akoz nou te di: "SENYÈ a te fè leve pwofèt yo pou nou Babylone"— ¹⁶Pou sa, pale SENYÈ a konsènan wa ki chita sou twòn David la, e konsènan tout moun ki rete nan vil sa yo, frè nou yo ki ᵈpa t antre ak nou an egzil yo— ¹⁷Konsa pale SENYÈ dèzame yo: "Gade byen, Mwen ap voye sou yo ᵉnepe ak gwo grangou, ensèk ak maladi pou ravaje chan yo, Mwen va fè yo tankou fig etranje ki louvri pete fann, e ki pa ka manje akoz yo pouri nèt. ¹⁸Mwen va kouri dèyè yo ak nepe, ak gwo grangou, ak ensèk ak maladi pou ravaje chan yo. Mwen va fè yo jete ale retou pami tout wayòm latè yo, pou yo kapab vin yon gwo laperèz pou tout wayòm sou latè yo, pou yo kapab vin yon ᶠmadichon, yon bagay lèd e degoutan, yon objè k ap fè moun sifle anlè kon koulèv, yon repwòch pami tout nasyon kote Mwen te chase fè yo ale yo, ¹⁹akoz yo ᵍpa t koute pawòl Mwen yo," deklare SENYÈ a: "ke Mwen te voye bay yo ankò e ankò pa sèvitè Mwen yo, pwofèt yo. Men nou pa t koute", deklare SENYÈ a.

²⁰Pou sa, nou menm, koute pawòl SENYÈ a, nou menm ki ekzile yo, ke M te ʰvoye ale kite Jérusalem pou rive Babylone yo. ²¹ "Konsa pale SENYÈ dèzame yo, Bondye Israël la, konsènan Achab, fis a Kolaja a, e konsènan Sédécias, fis a Maaséja a, k ap ⁱfè fo pwofesi bannou nan non Mwen, 'Gade Byen, Mwen va livre yo nan men Nebucadnetsar, wa Babylone nan e li va touye yo devan zye nou. ²²Akoz yo menm, yon ʲmadichon va vin itilize pa tout egzile Juda ki Babylone yo, ki va di: "Ke SENYÈ a fè ou tankou Sédécias ak tankou Achab, ke wa Babylone nan te boukannen nan dife a, ²³akoz yo te aji ak foli an Israël. Yo te ᵏkomèt adiltè ak madanm a vwazen yo, e yo te pale manti nan non Mwen, ke M pa t janm kòmande yo fè. Mwen se Sila ki konnen, e Mwen se temwen," deklare SENYÈ a.'"

²⁴A ˡSchemaeja, Nechelamit lan, ou va di: ²⁵ "Konsa pale SENYÈ dèzame yo, Bondye Israël la: 'Akoz ou te voye ᵐlèt nan pwòp non pa w a tout pèp Jérusalem nan, a Sophonie, fis a Maaséja a, prèt la, epi a tout prèt yo, epi di: ²⁶ "SENYÈ a te fè nou prèt olye Johojada, prèt la, pou vin chèf lakay SENYÈ a sou chak moun fou ki pwofetize, pou ⁿmete li nan sèp ak nan kolye an fè. ²⁷Alò, konsa, poukisa ou pa t repwoche Jérémie a ᵒAnathoth ki fè pwop tèt li pwofet ou menm nan? ²⁸Paske, li te ᵖvoye nou Babylone e li te di: Egzil la va byen long. Bati kay pou viv. Plante jaden pou manje pwodwi yo."'"

²⁹ᑫSophonie, prèt la, te li lèt sa a bay Jérémie, pwofèt la. ³⁰Epi pawòl a SENYÈ a te vini a Jérémie ki te di: ³¹ "Voye kote tout egzile yo e di: 'Konsa pale SENYÈ a konsènan Schemaeja, Nechelamit lan: "Akoz Schemaeja te ʳpwofetize a nou menm, malgre Mwen pa t voye l e li te fè nou kwè nan yon manti," ³²Akoz sa, pale SENYÈ a: "Gade byen, Mwen prèt pou pini Schemaeja, Nechelamit lan, ak desandan li yo. ˢLi p ap gen pèsòn k ap viv pami pèp sa a, ni li p ap wè bonte ke Mwen prèt pou fè pou pèp Mwen an," deklare SENYÈ a: "akoz li te preche rebelyon kont SENYÈ a."'"

30

Pawòl ki te vini a Jérémie soti nan SENYÈ a, ki te di: ² "Konsa pale SENYÈ a, Bondye Israël la: ᵗ'Ekri tout pawòl ke M te bay ou yo nan yon liv. ³Paske gade byen, jou yo ap vini,' deklare SENYÈ a: 'lè Mwen va restore fòtin pèp Mwen an, ᵘIsraël ak Juda.' Senyè a di. 'Anplis, Mwen va mennen yo retounen nan peyi ke m te bay a papa zansèt yo, e yo va posede li.'"

⁴Alò, sila yo se pawòl ke SENYÈ a te pale konsènan Israël e konsènan Juda: ⁵Paske konsa pale SENYÈ a:

"Mwen te tande son a yon ᵛgwo laperèz,
a yon gwo krent;
pa gen lapè.
⁶ Mande koulye a pou wè si yon gason
kapab fè pitit.
Poukisa Mwen wè tout gason ak men
li sou ti vant yo,
ʷkonsi se fanm k ap fè pitit?
Epi poukisa tout figi yo vin pal konsa?
⁷ Elas, paske jou sa a gran, pa gen ki parèy a li.
Li se lè a ˣgwo doulè Jacob la;
men li va sove de li.

⁸"Li va vin rive nan jou sa a, deklare SENYÈ dèzame yo:
ke Mwen va ʸkase jouk li a soti sou kou nou.
Mwen va chire kòd yo,
e etranje yo p ap fè yo esklav ankò.
⁹ Men yo va sèvi SENYÈ a, Bondye pa yo a
e ᶻDavid, wa yo a, ke Mwen va fè
leve wo pou yo.
¹⁰ Pa pè anyen, O Jacob, sèvitè Mwen an," deklare SENYÈ a:
"Epi pa pèdi kouraj, O Israël;

ª **29:12** Sòm 50:15   ᵇ **29:13** Det 4:29   ᶜ **29:14** Det 30:1-10   ᵈ **29:16** Jr 38:2-23   ᵉ **29:17** Jr 27:8   ᶠ **29:18** És 65:15   ᵍ **29:19** Jr 6:19   ʰ **29:20** Jr 24:5   ⁱ **29:21** Jr 14:14-15   ʲ **29:22** És 65:15   ᵏ **29:23** Jr 5:8   ˡ **29:24** Jr 29:31-32   ᵐ **29:25** Jr 29:1   ⁿ **29:26** Trav 16:24   ᵒ **29:27** Jr 1:1   ᵖ **29:28** Jr 29:1   ᑫ **29:29** Jr 29:25   ʳ **29:31** Jr 14:14-15   ˢ **29:32** I Sam 2:30-34   ᵗ **30:2** És 30:8   ᵘ **30:3** Jr 3:18   ᵛ **30:5** És 5:30   ʷ **30:6** Jr 4:31   ˣ **30:7** Jr 2:27-28   ʸ **30:8** És 9:4   ᶻ **30:9** És 55:3-5

paske gade byen, Mwen va sove ou soti lwen
e posterite ou soti nan peyi kaptivite yo.
Jacob va retounen,
Li va kalm, alèz,
e ᵃnanpwen moun k ap fè l fè pè.
¹¹ Paske Mwen avèk ou, deklare SENYÈ
a, pou sove ou;
paske Mwen va detwi nèt tout nasyon kote
Mwen te gaye ou yo,
sèlman ou menm ke M p ap detwi nèt.
Men m ap fè ou korije fil a mezi;
Mwen p ap kite ou san pinisyon."
¹² Paske konsa pale SENYÈ a:
"Blesi ou yo pa kab geri,
e ᵇkondisyon ou byen grav.
¹³ Nanpwen moun ki pou plede koz ou;
pa gen gerizon pou maleng nan, ᶜni
ou p ap ka refè.
¹⁴ Tout moun ki renmen ou yo fin bliye ou,
yo pa chache ou;
paske Mwen te blese ou ak blesi a yon lènmi,
ak pinisyon a yon moun ki mechan,
akoz inikite ou gran e peche ou anpil.

¹⁵ Poukisa w ap kriye akoz blesi ou yo?
Doulè ou a pa gen gerizon.
Akoz inikite ou yo gran e peche ou yo anpil,
Mwen te fè ou sa a.
¹⁶ Akoz sa, tout sila ki ᵈdevore ou yo
va vin devore;
epi tout advèsè ou yo, yo chak, yo va
antre an kaptivite.
Sila ki piyaje ou yo va tounen piyaj yo menm,
e tout sila yo ki fè nou vin viktim yo,
va vin viktim yo menm.
¹⁷ Paske M ap fè ou ᵉreprann lasante,
e Mwen va geri ou de tout blesi ou yo,"
deklare SENYÈ a:
"Akoz yo te rele ou yon rejte e yo te di:
'Se Sion; nanpwen moun ki bezwen
anyen ladan.'"
¹⁸ Konsa pale SENYÈ a:
"Gade byen, Mwen va restore fòtin a
tant a Jacob yo,
e gen konpasyon pou lakay li yo;
vil la va rebati sou ranblè li yo
e ᶠpalè a va kanpe nan pwòp plas li.
¹⁹ Nan yo menm, va sòti remèsiman ak
vwa a sila k ap fè fèt yo.
Mwen va miltipliye yo e yo p ap diminye;
anplis, Mwen va bay yo ᵍglwa, e yo p
ap meprize;
²⁰ Pitit pa yo tou va tankou oparavan,
e kongregasyon yo va ʰetabli devan M.
Mwen va pini tout sila k ap oprime yo.
²¹ Chèf pa yo va youn nan yo,

e sila ki gouvène yo va sòti nan mitan yo.
Mwen va ⁱmennen li toupre,
e li va vin toupre Mwen;
paske se kilès ki ta gen kouraj pou pwoche
M?" deklare SENYÈ a.
²² "Nou va vin pèp Mwen e Mwen va
vin Bondye pa nou."
²³ Gade byen, ʲtanpèt SENYÈ a, kòlè
Li fin depanse nèt,
yon tanpèt k ap ravaje;
li va eklate sou tèt a mechan yo.
²⁴ ᵏKòlè fewòs SENYÈ a p ap detounen
jiskaske li fin fè,
jiskaske li fin acheve entansyon a kè Li.
Nan dènye jou yo, ou va konprann sa."

31 "Nan lè sa a", deklare SENYÈ a: "Mwen va
vin ˡBondye a tout fanmi Israël yo, e yo va vin
pèp Mwen."
² Konsa pale SENYÈ a: "Pèp ki te chape de nepe
a, ᵐte jwenn gras nan dezè a— Israël la menm, lè
M te bay li repo li."
³ SENYÈ a te parèt a li menm soti lwen epi te di:
"Wi, Mwen te renmen ou ak yon lanmou
ki p ap janm fini.
Konsa, Mwen te atire ou ak lanmou dous.
⁴ ⁿYon lòt fwa ankò, Mwen va bati ou,
e ou va vin rebati, O vyèj Israël la!
Yon lòt fwa, ou va reprann tanbouren ou yo.
Ou va vin parèt nan dans a sila k ap fete yo.
⁵ Yon lòt fwa, ou va ᵒplante chan rezen
yo sou kolin Samarie yo.
Plantè yo va plante e yo va kontan ak fwi li.
⁶ Paske jou a va rive lè gadyen
sou kolin Éphraïm yo va kriye fò:
'Annou leve! Annou ᵖmonte Sion, kote
SENYÈ a, Bondye nou an.'"
⁷ Paske konsa pale SENYÈ a:
"Chante anlè ak kè kontan pou Jacob,
e kriye fò pami chèf nasyon yo.
Pwoklame, bay lwanj epi di:
'O SENYÈ ᵠsove pèp Ou a, retay Israël la!'
⁸ Gade byen, Mwen ap mennen yo sòti
nan peyi nò a,
e Mwen va ranmase yo soti nan pati
pi lwen latè a.
Pami yo, avèg ak ʳbwate yo,
fanm lan ak pitit li,
ak sila ki gen doulè tranche ansanm.
Yon gran konpanyen, yo va retounen isit la.
⁹ Ak dlo nan zye, yo va vini.
Ak siplikasyon, Mwen va mennen yo;
Mwen va fè yo mache akote sous dlo yo,
sou yon chemen dwat kote yo p ap ˢtonbe a;
paske Mwen se yon Papa pou Israël
men Éphraïm se premye ne Mwen."

ᵃ **30:10** Mi 4:4   ᵇ **30:12** II Kwo 36:16   ᶜ **30:13** Jr 14:19   ᵈ **30:16** Jr 2:3   ᵉ **30:17** Egz 15:26   ᶠ **30:18** I Kwo 29:1-19
ᵍ **30:19** És 55:5   ʰ **30:20** És 54:14   ⁱ **30:21** Nonb 16:5   ʲ **30:23** Jr 23:19   ᵏ **30:24** Jr 4:8   ˡ **31:1** Jr 30:22
ᵐ **31:2** Nonb 14:20   ⁿ **31:4** Jr 24:6   ᵒ **31:5** Sòm 107:37   ᵖ **31:6** És 2:3   ᵠ **31:7** Sòm 28:9   ʳ **31:8** Éz 34:16
ˢ **31:9** És 63:13

¹⁰ "Tande pawòl SENYÈ a, O nasyon yo!
E deklare nan peyi kot byen lwen yo,
epi di: 'Sila ki te gaye Israël la, va ranmase li,
e kenbe li kon yon ᵃbèje k ap gade
   bann mouton li.'
¹¹ Paske SENYÈ a te ᵇrachte Jacob.
Li te rachte l soti nan men a sila ki
   te pi fò pase l.
¹² Yo va vin kriye fò ak lajwa sou
   ᶜwotè a Sion yo,
e yo va gen kè kontan nèt sou bonte SENYÈ a,
sou sereyal ak diven tounèf, ak lwil
e sou jenn a bann mouton an ak twoupo a.
Nanm yo va tankou yon jaden wouze.
Yo p ap janm soufri tristès ankò.
¹³ Epi vyèj la va rejwi nan dans lan,
ansanm ak jennonm yo ak ansyen yo;
paske Mwen va ᵈfè tristès yo vin tounen lajwa.
Mwen va rekonfòte yo,
e bay yo kè kontan pou ranplase tristès yo.
¹⁴ Mwen va ranpli nanm a prèt yo
   ak abondans,
e pèp Mwen an va ᵉsatisfè ak bonte Mwen,"
   deklare SENYÈ a.

¹⁵ Konsa pale SENYÈ a,
ᶠ"Yon vwa vin tande nan Rama,
   lamantasyon yo
ak gwo kriye dlo k ap sòti nan zye yo.
Rachel ap kriye pou pitit li yo.
Li refize rekonfòte pou pitit li yo,
akoz yo pa la ankò."
¹⁶ Konsa pale SENYÈ a:
"Anpeche vwa ou k ap kriye,
ak zye ou ap fè dlo;
paske ᵍtravay ou va vin rekonpanse,"
   deklare SENYÈ a:
"Yo va retounen sòti nan peyi ènmi an.
¹⁷ Gen ʰespwa davni pou ou," deklare
   SENYÈ a:
"Pitit ou yo va retounen nan peyi pa yo.
¹⁸ "Anverite, Mwen te tande Éphraïm
   ap kriye ak doulè:
'Ou te fè m ⁱsibi chatiman.
Mwen te sibi chatiman
tankou yon jenn bèf ki poko fin donte.
Mennen m pou m ka restore,
paske se Ou menm ki SENYÈ a,
   Bondye mwen an.
¹⁹ Paske lè m te retounen, mwen te ʲrepanti.
Epi apre mwen te enstwi.
Mwen te frape pwòp kwis mwen.
Mwen te vin wont e twouble menm;
paske mwen te pote repwòch jenès mwen.'
²⁰ Èske ᵏÉphraïm se fis Mwen?

Èske li se yon pitit ki fè M anpil plezi?
Anverite, Mwen te pale kont li souvan,
   men M sonje l toujou;
konsa kè M gen gwo dezi pou li.
Anverite, Mwen va fè gras pou li",
   deklare SENYÈ a.

²¹ "Plase pou ou menm ransèyman chemen yo;
mete pou kont ou poto k ap dirije.
Konsantre tout panse ou sou direksyon
   gran chemen an,
wout sou sila ou te ale a.
ˡRetounen, O vyèj Israël;
retounen kote vil sila yo, vil pa w yo.
²² Pou konbyen de tan ou va fè ale retou,
O ᵐfi ki enfidèl?
Paske SENYÈ a te fè yon bagay nèf sou latè:
yon fanm va antoure yon nonm."

²³ Konsa pale SENYÈ dèzame yo, Bondye Israël la: "Yon fwa ankò, yo va pale pawòl sa a nan peyi Juda ak nan vil li yo lè M fin restore bonè li: 'Ke SENYÈ a beni ou, O ⁿkay ladwati a, O mòn sen an!' ²⁴ Juda ak tout vil li yo va demere ansanm ladann, kiltivatè a ak sila k ap deplase ak bann mouton li yo. ²⁵ ᵒPaske Mwen rafrechi chak nanm ki fatige ak tout moun ki pèdi fòs yo."
²⁶ Nan moman sa a, mwen te ᵖreveye nan dòmi, e mwen te gade; dòmi an te tèlman dous pou mwen.
²⁷ "Gade byen, jou yo ap vini", deklare SENYÈ a: "Lè M va ᑫplante lakay Israël ak lakay Juda avèk semans a lòm e avèk semans a bèt. ²⁸ Konsi Mwen te veye sou yo pou rache yo, pou kraze yo, pou boulvèse yo, pou detwi yo, e pou mennen gwo dezas; se konsa mwen va veye sou yo pou ʳbati e pou plante," deklare SENYÈ a. ²⁹ "Nan jou sa yo, yo p ap di ankò:
ˢ 'Papa yo te manje rezen si,
e dan timoun yo vin kanpe apik.'
³⁰ Men ᵗchak moun va mouri akoz pwòp inikite pa li. Chak moun ki manje rezen si yo, se pwòp dan pa l k ap vin kanpe apik.
³¹ "Gade byen, jou yo ap vini", deklare SENYÈ a: "lè Mwen va fè yon ᵘakò tounèf avèk lakay Israël, e avèk lakay Juda, ³² pa tankou ᵛakò ke M te fè ak papa yo a nan jou ke M te pran yo pa lamen pou mennen yo sòti nan peyi Égypte la; akò Mwen ke yo te kraze a, malgre Mwen te mon mari pou yo a," deklare SENYÈ a. ³³ "Men sa se akò ke M va fè ak lakay Israël apre jou sa yo", deklare SENYÈ a:
ʷ"Mwen va mete lalwa M anndan yo
e sou kè yo Mwen va ekri l;
epi Mwen va Bondye yo,
e yo va pèp Mwen.
³⁴ "Yo p ap ankò enstwi, chak moun
   vwazen pa li,

ᵃ **31:10** És 40:11   ᵇ **31:11** És 44:23   ᶜ **31:12** Éz 17:23   ᵈ **31:13** És 61:3   ᵉ **31:14** Jr 50:19   ᶠ **31:15** Mat 2:18
ᵍ **31:16** Rt 2:12   ʰ **31:17** Jr 29:11   ⁱ **31:18** Job 5:17   ʲ **31:19** Éz 36:31   ᵏ **31:20** Os 11:8   ˡ **31:21** És 48:20
ᵐ **31:22** Jr 3:6   ⁿ **31:23** És 1:26   ᵒ **31:25** Sòm 107:9   ᵖ **31:26** Za 4:1   ᑫ **31:27** Éz 39:11   ʳ **31:28** Jr 24:6
ˢ **31:29** Lam 5:7   ᵗ **31:30** Det 24:16   ᵘ **31:31** Jr 32:40   ᵛ **31:32** Egz 19:5   ʷ **31:33** Sòm 40:8

e chak moun frè pa li pou di: 'Konnen SENYÈ a,'
paske yo tout va konnen Mwen,
soti nan pi piti nan yo jis rive nan pi gran nan yo a,"
deklare SENYÈ a,
"paske Mwen va padone inikite yo,
e ªpeche yo, Mwen p ap sonje yo ankò."
35 SENYÈ a ki ᵇbay solèy kon limyè nan la jounen
e ki etabli lòd pou lalin ak zetwal yo pou bay limyè nan aswè,
ki boulvèse lanmè a jis lanm li gwonde—
SENYÈ dèzame yo se non Li, k ap di:
36 ᶜ"Si lòd sa a vin deregle devan M, deklare SENYÈ a:
"Alò desandan Israël yo osi va sispann kon yon nasyon devan M, jis pou tout tan."
37 Konsa pale SENYÈ a: "ᵈSi syèl anwo yo ka mezire,
e fondasyon tè yo ka kontwole pa anba;
alò, Mwen va osi jete tout desandan Israël yo nèt
pou tout sa yo te fè yo," deklare SENYÈ a.
38 "Gade byen, jou yo ap vini," deklare SENYÈ a: "Lè ᵉvil la va rebati pou SENYÈ a, soti nan fò Hananeel la jis rive nan Pòtay Kwen an. 39 Konsa ᶠlign mezi a va kontinye ale tou dwat jis rive nan kolin Gareb, epi li va vire Goath. 40 "Konsa tout vale kadav yo ak sann yo, e tout chan yo jis rive nan flèv ᵍCédron nan, pou rive nan kwen Pòtay Cheval la, vè lès, va sen a SENYÈ a. Konsa, li p ap rache retire, ni jete ba ankò, jis pou tout tan."

32 Pawòl ki te vini a Jérémie soti nan SENYÈ a, nan ʰdizyèm ane Sédécias, wa Juda a, ki te nan dizuityèm ane a Nebucadnetsar. 2 Alò, nan lè sa a, lame a wa Babylone nan t ap fè syèj sou Jérusalem, e Jérémie, pwofèt la, te fèmen nan ⁱlakou gad ki te lakay wa a Juda a.

3 Akoz Sédécias, wa Juda a te ʲmete li nan prizon e te di: "Poukisa ou pwofetize konsa pou di: 'Konsa pale SENYÈ a: "Gade byen, Mwen prèt pou bay vil sa a nan men a Wa Babylone nan e li va pran l; 4 epi Sédécias, wa Juda a p ap chape nan men a Kaldeyen yo, men anverite, li va livre bay nan lamen wa Babylone nan. Li va ᵏpale ak li fasafas e va wè li zye nan zye. 5 Epi konsa, li va pran Sédécias fè l rive Babylone e li va la jiskaske Mwen vizite li," deklare SENYÈ a. "Malgre nou goumen kont Kaldeyen yo, nou ˡp ap reyisi."'"

6 Jérémie te reponn: "Pawòl SENYÈ a te rive kote mwen e te di: 7 Gade byen, Hanameel, fis a Schallum nan, tonton ou, ap vin kote ou, e li va di: 'Achte pou ou menm chan mwen ki nan Anathoth, paske se ou menm ki gen ᵐdwa redanmsyon pou achte l.'"

8 "Konsa, Hanameel, fis a tonton m nan, te vin kote mwen nan ⁿlakou gad la selon pawòl SENYÈ a. Li te di mwen: 'Achte chan mwen an, souple, ki Anathoth, nan peyi Benjamin an; paske ou gen dwa posede l e redanmsyon an se pou ou. Achte l pou ou menm.'

"Epi mwen te konnen ke sa se te pawòl SENYÈ a. 9 Mwen te achte chan ki te Anathoth la nan men Hanameel, fis a tonton m nan e mwen te ᵒpeze a jan bay pou li, disèt sik a jan. 10 Mwen te ᵖsiyen e mete so sou papye tè a, te rele temwen, e te peze a jan sou balans pou bay. 11 Alò, mwen te pran papye vant lan, ansanm ak kopi ki te fèmen anba so a, tout ᵠtèm ak kondisyon vant yo, ak kopi a ouvri. 12 Epi mwen te bay papye vant lan bay ʳBaruc, fis a Néri ja a, fis a Macheséja a, devan zye a Hanameel, fis a tonton m nan, e devan zye a temwen ki te siyen papye vant lan, devan tout Jwif ki te chita nan lakou gad yo.

13 "Epi mwen te kòmande Baruc nan prezans yo, e mwen te di: 14 Konsa pale SENYÈ dèzame yo, Bondye Israël a: 'Pran papye tè sila yo, zak vant sa a ki fèmen ak so, ansanm ak zak vant sa a ki ouvri, e mete yo nan yon veso fèt ak a jil, pou yo ka dire pou anpil tan.' 15 Paske konsa pale SENYÈ dèzame yo, Bondye Israël la: ˢ'Kay yo, jaden yo ak chan rezen yo ap vin achte ankò nan peyi sa a.'

16 "Lè mwen te fin bay papye tè a a Baruc, fis a Néri ja a; alò, mwen te ᵗpriye a SENYÈ a, e te di:

17 'A, SENYÈ Bondye! Gade byen, Ou te ᵘfè syèl yo ak tè a ak gran pouvwa Ou, e ak men Ou lonje! Nanpwen anyen ki twò difisil pou Ou, 18 Ou menm ki montre lanmou dous a dè milye, men rekonpanse inikite a papa yo nan sen a jenerasyon k ap swiv yo. Gran e pwisan Bondye, SENYÈ dèzame yo se non Li, 19 ᵛGran an konsèy e pwisan an zèv, ki gen zye ki ouvri nan tout chemen a fis a lòm yo, ki rekonpanse tout moun selon chemen li, e selon fwi lan a zèv li; 20 ki te ʷopere sign ak mèvèy nan peyi Égypte la, jis rive nan jou sa a, an Israël e pami tout imanite; epi Ou te fè yon non pou Ou menm, jan sa ye jodi a. 21 Ou te ˣmennen pèp Ou a, Israël sòti nan peyi Égypte ak sign ak mèvèy, avèk yon men pwisan, yon bra lonje e avèk gwo laperèz. 22 Epi Ou te bay yo peyi sa a, ke Ou te ʸsèmante a papa zansèt yo pou bay yo, yon peyi k ap koule ak lèt ak siwo myèl. 23 Yo te antre e te pran posesyon li, men yo pa t obeyi a vwa Ou, ni ᶻmache nan lalwa Ou. Yo pa t

---

ᵃ **31:34** És 43:25 ᵇ **31:35** Jen 1:14-18 ᶜ **31:36** Am 9:8-9 ᵈ **31:37** És 40:12 ᵉ **31:38** Jr 30:18 ᶠ **31:39** Za 2:1 ᵍ **31:40** II Sam 15:23 ʰ **32:1** II Wa 25:1-2 ⁱ **32:2** Né 3:25 ʲ **32:3** II Wa 6:32 ᵏ **32:4** Jr 39:5 ˡ **32:5** Éz 17:9-15 ᵐ **32:7** Lev 25:25 ⁿ **32:8** Jr 32:2 ᵒ **32:9** Jen 23:16 ᵖ **32:10** És 44:5 ᵠ **32:11** Luc 2:27 ʳ **32:12** Jr 32:16 ˢ **32:15** Jr 30:18 ᵗ **32:16** Jen 32:9-12 ᵘ **32:17** II Wa 19:15 ᵛ **32:19** És 9:6 ʷ **32:20** Sòm 78:43 ˣ **32:21** Egz 6:6 ʸ **32:22** Egz 3:8-17 ᶻ **32:23** Esd 9:7

fè anyen nan tout sa Ou te kòmande yo fè yo. Pou sa, Ou fè tout malè sa a rive sou yo.

24 "Gade byen, men balkon tè syèj yo fin rive kote vil la pou pran l. Epi vil la fin bay nan men a Kaldeyen ki goumen kont li yo, akoz nepe, ak gwo grangou, avèk ensèk ak maladi ki devaste. Konsa, sa Ou te pale a fin rive. Gade byen, Ou wè l. 25 Ou te di mwen, O Senyè BONDYE, 'Achte pou ou menm chan an ak lajan; rele temwen yo' —malgre vil la fin bay nan men a Kaldeyen yo."

26 Konsa, pawòl SENYÈ a te rive a Jérémie. Li te di: 27 "Gade byen, Mwen se SENYÈ a, ªBondye a tout chè yo. Èske gen bagay twò difisil pou Mwen? 28 Pou sa, pale SENYÈ a: 'Gade byen, Mwen prèt pou ᵇbay vil sa a nan men a Kaldeyen yo, e nan men a Nebucadnetsar, wa Babylone nan, e li va pran l. 29 Kaldeyen k ap goumen kont vil sa yo va antre ᶜmete dife nan tout vil sa a, e brile li, ak kay kote te gen ofrann lansan a Baal sou twati yo, e yo te vide ofrann bwason yo a lòt dye pou fè m fache.'"

30 "Anverite, fis Israël yo ak fis Juda yo t ap fè sèlman sa ki ᵈmal devan zye M soti nan jenès yo; paske fis a Israël yo te pwovoke M sèlman a lakòlè ak zèv men yo", deklare SENYÈ a. 31 "Anverite, vil sa a te atire kòlè M ak raj Mwen an soti nan jou ke yo te bati li a, menm rive nan jou sa a, pou sa ta dwe ᵉretire devan figi Mwen, 32 akoz tout mechanste ke fis Israël yo ak fis Juda yo te fè, pou yo ta pwovoke Mwen a lakòlè—yo menm, ᶠwa yo, chèf yo, prèt yo, pwofèt yo, mesye a Juda yo, ak tout moun ki rete Jérusalem yo. 33 Yo te vire do ban Mwen olye figi yo. Malgre ᵍenstriksyon ke Mwen te bay yo ankò e ankò, men yo pa t ap koute M pou resevwa lenstriksyon an. 34 Men yo te ʰmete bagay abominab pa yo nan kay ki rele pa non pa M nan, pou souye l. 35 Yo te bati ⁱwo plas a Baal ki nan vale Ben-Hinnom nan, pou fè fis yo pase nan dife a Moloc, bagay ke M pa t kòmande yo, ni sa pa t antre nan panse M ke yo ta dwe fè bagay abominab sa a, pou fè Juda peche."

36 Alò, pou sa, konsa pale SENYÈ a, Bondye Israël la, konsènan vil sa a ke ou te di: "Li te ʲlivre nan men a wa a Babylone nan pa nepe, pa gwo grangou, e pa gwo epidemi." 37 "Gade byen, Mwen va ranmase yo soti nan tout peyi kote Mwen te pouse bouyante pou yo, ale nan kòlè ak raj Mwen an, ak gran endiyasyon Mwen an; epi Mwen va mennen yo retounen nan plas sa a. Epi la, Mwen va ᵏfè yo rete anpè. 38 Yo va ˡpèp Mwen e Mwen va Bondye yo; 39 Epi Mwen va ᵐbay yo yon sèl kè ak yon sèl chemen pou yo ka toujou gen lakrent Mwen pou pwòp byen pa yo e pou byen a pitit apre yo. 40 Mwen va fè yon akò k ap pou tout tan nèt avèk yo, ke Mwen ⁿp ap vire kite yo, pou fè yo byen. Konsa Mwen va mete lakrent Mwen anndan kè yo pou yo pa vire kite Mwen. 41 Mwen va rejwi de yo pou fè byen pou yo. E Mwen va, ak fidelite, ᵒplante yo nan peyi sa a, ak tout kè Mwen e ak tout nanm Mwen."

42 Paske SENYÈ a di, ᵖ"Menm jan ke M te mennen tout gwo dezas sa a sou pèp sa a, konsa Mwen va mennen sou yo tout bonte ke Mwen ap pwomèt yo. 43 ᑫChan yo va vin achte nan peyi sa a kote ou te di: 'Sa se yon dezolasyon, san moun ni bèt. Li livre nan men a Kaldeyen yo.' 44 Mesye yo va achte chan yo pou lajan, ʳsiyen, mete so sou papye tè yo, e rele temwen nan peyi Benjamin an, nan andwa a Jérusalem yo, nan vil a Juda yo, nan vil a peyi kolin yo, nan vil nan ba plèn yo. Ak nan vil dezè yo; paske Mwen va ranvèse kaptivite yo," deklare SENYÈ a.

33

1 Epi pawòl SENYÈ a te vin kote Jérémie yon dezyèm fwa, pandan li te toujou ˢnan prizon nan lakou gad la. Li te di: 2 "Konsa pale ᵗSENYÈ a ki te fè tè a, SENYÈ a ki te fòme li pou etabli li a—SENYÈ a se non Li. 3 ᵘ'Rele Mwen, Mwen va reponn ou e Mwen va di ou gwo bagay pwisan ke ou pa t janm konnen.' 4 Paske konsa pale SENYÈ Israël la konsènan kay nan vil sa yo, e konsènan kay a wa a Juda k ap vin kraze pou fè yon ranpa kont ᵛbalkon tè syèj yo e kont nepe a, 5 'Pandan y ap vini pou goumen kont Kaldeyen yo e pou plen yo ak kadav moun ke M te masakre nan kòlè Mwen ak gwo kòlè Mwen yo, epi Mwen te ʷkache figi M kont vil sa a, akoz tout mechanste yo, 6 'gade byen, Mwen va mennen kote li lasante ak gerizon, e Mwen va geri yo. Epi Mwen va montre yo ˣlapè ak verite an abondans. 7 Mwen va restore bonè a Juda ak bonè a Israël, e Mwen va ʸrebati yo jan yo te ye o kòmansman an. 8 Mwen va ᶻnetwaye yo de tout inikite avèk sila yo te peche kont Mwen yo. Mwen va padone tout inikite pa sila yo te peche kont Mwen yo e pa sila yo te fè transgresyon kont Mwen yo. 9 Vil sa va pou Mwen yon non lajwa, lwanj ak laglwa devan ªtout nasyon latè yo, ki va tande afè tout byen ke M fè pou yo. Yo va gen lakrent e tranble akoz tout byen ak tout lapè ke M fè pou li.'"

10 Konsa pale SENYÈ a: "Yon fwa ankò yo va tande nan plas sa a, sou sa ou w ap di a: 'Sa se yon ᵇdezè, san moun e san bèt, sa vle di nan vil a Juda yo ak ri Jérusalem yo, ki dezole, san moun e san pèsòn ni bèt pou rete ladann,' 11 vwa lajwa a ak vwa kè kontan, vwa a yon jennonm ki fenk marye e vwa a jenn fi maryaj la, vwa a sila k ap di yo: 'Bay remèsiman a SENYÈ dèzame yo, paske SENYÈ a bon, paske lanmou dous Li dire jis pou tout tan'; k ap pote yon ofrann remèsiman antre lakay SENYÈ

ª 32:27 Nonb 16:22   ᵇ 32:28 II Wa 25:11   ᶜ 32:29 II Kwo 36:19   ᵈ 32:30 Det 9:7-12   ᵉ 32:31 II Wa 23:27
ᶠ 32:32 Esd 9:7   ᵍ 32:33 II Kwo 36:15-16   ʰ 32:34 II Wa 21:1-7   ⁱ 32:35 II Kwo 28:2   ʲ 32:36 Jr 32:24
ᵏ 32:37 Jr 23:6   ˡ 32:38 Jr 24:7   ᵐ 32:39 II Kwo 30:12   ⁿ 32:40 Det 31:6   ᵒ 32:41 Os 2:19-20   ᵖ 32:42 Jr 31:28
ᑫ 32:43 Jr 32:15-25   ʳ 32:44 Jr 32:10   ˢ 33:1 Jr 32:2-8   ᵗ 33:2 Jr 51:19   ᵘ 33:3 Sòm 50:15   ᵛ 33:4 Jr 32:24
ʷ 33:5 És 8:17   ˣ 33:6 És 66:12   ʸ 33:7 És 1:26   ᶻ 33:8 Sòm 51:2   ª 33:9 Jr 3:17-19   ᵇ 33:10 Jr 32:43

a. Paske Mwen va restore bonè a peyi a jan li te ye oparavan an," pale SENYÈ a.

[12] Konsa pale SENYÈ dèzame yo: "Va ankò gen nan plas sa a ki dezè ki [a]san moun ni bèt e nan tout vil li yo, yon kote pou bèje k ap okipe bann mouton yo rete. [13] Nan vil a peyi kolin yo, nan vil a ba plèn yo, nan vil a dezè yo, nan peyi Benjamin an, nan andwa a Jérusalem yo e nan vil a Juda yo, bann mouton yo va ankò [b]pase anba men a sila k ap konte yo a," pale SENYÈ a.

[14] "Gade byen, jou yo ap vini", deklare SENYÈ a: "Lè Mwen va [c]akonpli bon pawòl la Mwen te pale konsènan lakay Israël la ak lakay Juda a.

[15] "Nan jou sa yo e nan lè sa a,
Mwen va fè yon [d]Branch ladwati a
    David pete vin parèt.
Li va egzekite [e]la jistis ak ladwati sou tout latè.
[16] Nan jou sa yo, Juda va vin sove
e Jérusalem va ansekirite.
Men non pa sila li va rele a:
[f]SENYÈ a se ladwati nou."

[17] "Paske, se konsa SENYÈ a pale: 'David [g]p ap janm manke yon nonm pou chita sou twòn lakay Israël la. [18] Konsa, [h]prèt Levit yo p ap janm manke yon nonm devan Mwen, pou ofri ofrann brile, pou brile ofrann sereyal e pou prepare sakrifis yo tout tan san rete.'"

[19] Pawòl SENYÈ a te vin kote Jérémie e te di: [20] "Konsa pale SENYÈ a: 'Si ou ka [i]kraze akò Mwen an pou jounen an, e akò Mwen an pou nwit lan, pou jou sa a ak nwit sa a pa rive nan lè deziye yo, [21] alò, konsa sèlman, [j]akò Mwen an kab kraze avèk David, Sèvitè Mwen an, pou li pa gen yon fis pou renye sou twòn li an e avèk prèt Levit yo, pou ministè pa m yo. [22] Tankou lame syèl la pa ka konte e sab lanmè a pa ka mezire, konsa Mwen va miltipliye desandan a David yo, sèvitè Mwen an ak Levit ki sèvi Mwen yo.'"

[23] Epi pawòl SENYÈ a te vini a Jérémie. Li te di: [24] "Pa okipe bagay pèp sa a te pale, lè yo di: [k]'De fanmi ke SENYÈ a te chwazi yo, Li te fin rejte yo'? Konsa, yo meprize pèp Mwen an; yo pa menm ankò tankou yon nasyon nan zye yo. [25] Konsa pale SENYÈ a: 'Si [l]akò Mwen an pou la jounen ak lannwit pa kanpe, epi aranjman ki òdone nan syèl yo pa t fèt pa Mwen menm, [26] alò, sèl konsa, Mwen ta rejte desandan a Jacob yo ak David, sèvitè Mwen an e pa chwazi pami desandan li yo [m]chèf sou desandan a Abraham, Issac ak Jacob yo. Men Mwen va restore bonè pa yo, e Mwen va genyen mizerikòd pou yo.'"

34

Pawòl ki te vini a Jérémie soti nan SENYÈ a, lè Nebucadnetsar, wa Babylone nan, ak tout lame li a, ak [n]tout wayòm latè ki te anba pouvwa l yo ak tout pèp yo, t ap goumen kont Jérusalem e kont tout vil li yo, ki te di: [2] Konsa pale SENYÈ Bondye Israël la: "Ale pale a Sédécias, wa Juda a, epi di li: 'Konsa pale SENYÈ a: "Gade byen, [o]Mwen ap bay vil sa a pou antre nan men a wa Babylone nan, e li va brile li ak dife. [3] [p]Ou p ap chape nan men l, paske anverite, ou va kapte e va livre nan men l. Konsa, zye ou va wè wa Babylone nan. Li va pale avèk ou fasafas. Se nan Babylone ou prale."'"

[4] "Sepandan, tande pawòl SENYÈ a, O Sédécias, wa Juda a. Konsa pale SENYÈ a konsènan ou menm, 'Ou p ap mouri pa nepe. [5] Ou va mouri anpè. Tankou epis yo te brile pou antèman papa zansèt ou yo, ansyen wa ki te avan ou yo, se konsa yo va brile epis pou ou. [q]Yo va fè kri dèy pou ou: "Anmwey mèt nou an", paske se Mwen ki bay mo sa a' deklare SENYÈ a."

[6] Epi Jérémie te pale [r]tout pawòl sila yo a Sédécias, wa Juda nan Jérusalem [7] lè lame a wa Babylone nan te goumen kont Jérusalem e kont tout rès vil Juda yo; konsi, Lakis ak Azéka, paske se sèl yo ki ki te rete kon [s]vil fòtifye pami vil a Juda yo.

[8] Pawòl ki te vini a Jérémie soti nan SENYÈ a apre Wa Sédécias te fin [t]fè yon antant ak tout moun ki te Jérusalem yo pou libere yo: [9] pou chak moun ta bay libète a sèvitè li e chak moun a sèvant li, yon gason Ebre oswa yon fanm Ebre; [u]pou pèsòn pa ta kenbe yo, yon Jwif frè parèy yo, nan esklavaj. [10] Epi tout [v]ofisye yo ak tout pèp la te obeyi e sila ki te antre nan akò a, ke chan moun ta libere sèvitè ak sèvant li yo, pou okenn moun pa ta kenbe yo an esklavaj. Yo te obeyi e te bay yo libète. [11] Men apre yo te fin vire, yo te reprann sèvitè ak sèvant ke yo te bay libète yo, e te fè yo soumèt ankò nan sèvitè ak sèvant yo.

[12] Alò, pawòl SENYÈ a te vini a Jérémie soti nan SENYÈ a. Li te di: [13] Konsa pale SENYÈ Bondye Israël la: Mwen te [w]fè yon akò ak papa zansèt nou yo nan jou ke M te mennen yo sòti nan peyi Égypte la, soti nan kay esklavaj la. Mwen te di: [14] [x]Nan fen sèt ane yo, nou chak va libere frè Ebre ki te vann a li menm nan, e ki te sèvi nou pandan si ane yo. Yo va voye li lib de nou menm. Men papa zansèt nou yo pa t obeyi Mwen, ni pa t panche zòrèy yo kote Mwen. [15] Malgre sa, nan tan sa a, nou ta vire fè sa ki dwat nan zye M, chak moun te pwoklame libète a vwazen li e nou te fè yon akò avèk Mwen nan kay ki rele pa non Mwen an. [16] Men koulye a, nou te vire [y]derespekte non Mwen, chak moun te reprann sèvitè ak sèvant ke nou te libere selon dezi yo, e nou te fè yo vin soumèt pou devni ankò sèvitè ak sèvant nou.

[17] Akoz sa, pale SENYÈ a: "Nou pa t obeyi Mwen nan pwoklame libète chak mesye a frè li, e chak mesye a vwazen li, gade byen, Mwen ap pwoklame libète pou nou," deklare SENYÈ a:

---

[a] **33:12** Jr 32:43   [b] **33:13** Lev 27:32   [c] **33:14** És 32:1-2   [d] **33:15** És 4:2   [e] **33:15** És 4:2   [f] **33:16** És 45:24-25   [g] **33:17** II Sam 7:16   [h] **33:18** Nonb 3:5-10   [i] **33:20** Sòm 89:37   [j] **33:21** II Sam 23:5   [k] **33:24** És 7:17   [l] **33:25** Jen 8:22   [m] **33:26** Jen 49:10   [n] **34:1** Jr 1:15   [o] **34:2** Jr 21:10   [p] **34:3** II Wa 25:4-5   [q] **34:5** Jr 22:18   [r] **34:6** I Sam 3:18   [s] **34:7** I Sam 3:18   [t] **34:8** II Wa 11:17   [u] **34:9** Lev 25:39   [v] **34:10** Jr 26:10-16   [w] **34:13** Egz 24:3-8   [x] **34:14** Egz 21:2   [y] **34:16** Egz 20:7

"pou nepe a, pou envazyon ensèk ak maladi, pou gwo grangou. Konsa, Mwen va fè nou vin yon ᵃobjè lèd e degoutan pou tout wayòm yo sou latè yo. ¹⁸ Mwen va bay mesye ki te transgrese akò Mwen yo, ki pa t akonpli pawòl a akò ke yo te fè devan M, lè yo te ᵇkoupe jenn bèf la an de mòso pou te pase nan mitan de pati li yo— ¹⁹ Ofisyèl a Juda yo, ak ofisyèl a Jérusalem yo, ofisye tribinal la e prèt ak tout pèp peyi ki te pase antre de pati jenn bèf la— ²⁰ Mwen va livre yo nan men a lènmi yo, e nan men a sila k ap chache pran lavi yo. Epi kadav yo va sèvi kon manje pou zwazo syèl yo, ak bèt sovaj latè yo.

²¹ "Sédécias, wa Juda a, ak ofisye pa l yo, Mwen va livre yo nan men lènmi pa yo, nan men a sila k ap chache lavi yo ak nan men a lame Babylone ᶜki te ale kite nou an. ²² Gade byen, Mwen va pase lòd", deklare SENYÈ a: "Epi Mwen va mennen yo retounen nan vil sa a. Konsa, yo va goumen kont li, pran li e brile li ak dife, epi Mwen va fè lavil Juda yo vin yon ᵈkote dezète san moun ki rete ladan yo."

35 Pawòl ki te rive a Jérémie soti nan SENYÈ a nan jou a ᵉJojakim yo, fis a Josias la, wa Juda a, te di: ² "Ale lakay ᶠRekabit yo. Pale avèk yo e mennen yo antre lakay SENYÈ a, nan youn nan chanm yo, e bay yo diven pou yo bwè."

³ Konsa, mwen te pran Jaazania, fis a Jérémie an, fis a Habazinia a, frè li yo, tout fis li yo ak tout kay Rekabit yo, ⁴ epi mwen te mennen yo lakay SENYÈ la, nan chanm a fis a Hanan yo, fis a Jigdalia a, nonm Bondye ki te toupre chanm ofisye yo, ki te anwo chanm Maaséja a, fis a Schallum nan, ᵍgadyen pòt la. ⁵ Epi mwen te plase devan mesye lakay Rekabit yo, krich plen ak diven ak tas, epi mwen te di yo: ʰ"Bwè diven!"

⁶ Men yo te di: "Nou p ap bwè diven, paske Jonadab, fis a Récab la, papa nou, te bannou lòd e te di: ⁱ"Nou p ap bwè diven, ni nou menm, ni fis nou yo jis pou tout tan. ⁷ Nou pa pou bati kay e nou pa pou simen semans, ni plante chan rezen, ni achte youn; men se nan tant nou dwe viv pandan tout jou nou yo, pou nou kapab viv ʲanpil jou nan peyi kote nou demere a.' ⁸ Nou te ᵏobeyi a vwa Jonadab, fis a Récab la, papa nou, nan tout sa li te kòmande nou, pou pa bwè diven pandan tout jou nou yo, nou menm, madanm nou, fis nou yo ak fi nou yo, ⁹ ni bati pou nou menm kay pou nou ta viv ladann. Nou ˡpa genyen chan rezen yo, ni chan kiltive, ni semans, ¹⁰ "Men se sèlman ᵐnan tant nou te rete yo. Nou te obeyi e te fè selon tout sa ke Jonadab, papa nou, te kòmande nou yo. ¹¹ Men lè Nebucadnetsar, wa Babylone nan, te monte kont peyi a, nou te di: 'Vini! Annou ale Jérusalem akoz lakrent lame Kaldeyen yo ak lakrent lame Siryen yo. Konsa, nou va rete Jérusalem.'"

¹² Epi pawòl SENYÈ a te vini a Jérémie. Li te di: ¹³ "Konsa pale SENYÈ a, Bondye Israël la: 'Ale di a mesye Juda yo, e a sila k ap viv Jérusalem yo: ⁿ"Èske nou p ap resevwa lenstriksyon pou koute pawòl Mwen yo?" deklare SENYÈ a. ¹⁴ ᵒ"Pawòl a Jonadab, fis a Récab la, ke li te kòmande fis li yo pou pa bwè diven yo, byen obsève. Pou sa, yo pa bwè diven jis rive jou sa a, paske yo te obeyi lòd papa yo. Men Mwen te pale ak nou ankò e ankò, e nou pa t koute Mwen. ¹⁵ Anplis, Mwen te voye a nou menm tout sèvitè Mwen yo, pwofèt yo. Mwen te voye yo ankò e ankò e yo te di: 'Vire koulye a chak moun kite move chemen li, korije zèv mechan nou yo, e ᵖpa kouri dèyè lòt dye yo pou adore yo. Konsa, nou va demere nan peyi ke M te ba a nou menm e a papa zansèt nou yo;' men nou pa t enkline zòrèy nou, ni nou pa t koute Mwen. ¹⁶ Anverite, fis a Jonadab yo, fis a Récab la te ᵠswiv lòd a papa yo ak sila li te kòmande yo, men pèp sa a pa t koute Mwen.'"

¹⁷ "Akoz sa, pale SENYÈ a, Bondye dèzame yo, Bondye Israël la: 'Gade byen, ʳMwen ap mennen sou Juda ak sou tout sila ki rete Jérusalem yo, tout dezas ke M te pwononse kont yo, akoz Mwen te pale ak yo, men yo pa t koute, e Mwen te rele yo, men yo pa t reponn.'"

¹⁸ Epi Jérémie te di a lakay Rekabit yo: "Konsa pale SENYÈ dèzame yo, Bondye Israël la: 'Akoz nou te ˢobeyi lòd a Jonadab, papa nou an, nou te swiv tout lòd li yo, e te fè tout sa ke li te kòmande nou;' ¹⁹ Pou sa, konsa pale SENYÈ dèzame yo, Bondye Israël la: 'Jonadab, fis a Récab la, ᵗp ap manke yon nonm ki pou toujou kanpe devan M.'"

36 Nan ᵘkatriyèm ane Jojakim, fis a Josias la, wa Juda a, pawòl sa a te rive a Jérémie soti nan SENYÈ a. Li te di: ² "Pran yon woulo e ekri sou li tout pawòl ke M te pale ou konsènan ᵛIsraël, konsènan Juda, e konsènan tout nasyon yo, depi nan jou ke M te premyèman pale ak ou a, depi nan jou a Josias yo, jis pou rive nan jou sa a. ³ Petèt, lakay Juda va tande afè tout malè ke M gen lentansyon fè rive yo, jiskaske tout moun va detounen kite chemen mechan pa yo; epi konsa, Mwen kapab ʷpadone inikite ak peche yo."

⁴ Konsa, Jérémie te rele Baruc, fis a Nérija a, e Baruc te ekri sou yon ˣwoulo, selon dikte Jérémie, tout pawòl ke SENYÈ a te pale a li yo. ⁵ Jérémie te kòmande Baruc. Li te di: "Mwen ʸlimite. Mwen p ap ka antre lakay SENYÈ a. ⁶ Akoz sa, ou va ale li depi nan woulo ke ou te ekri selon dikte mwen an, pawòl a SENYÈ a. Li l a pèp lakay SENYÈ a nan yon ᶻjou jèn. Epi anplis, ou va li yo a tout pèp Juda a lè yo antre sòti nan vil yo. ⁷ ᵃPetèt siplikasyon yo va vini devan SENYÈ a, e tout moun va detounen kite chemen mechan

---

ᵃ **34:17** Det 28:25 ᵇ **34:18** Jen 15:10 ᶜ **34:21** Jr 37:5-11 ᵈ **34:22** Jr 4:7 ᵉ **35:1** II Wa 23:34-36 ᶠ **35:2** II Wa 10:15 ᵍ **35:4** I Kwo 9:18 ʰ **35:5** Am 2:12 ⁱ **35:6** Lev 10:9 ʲ **35:7** Egz 20:12 ᵏ **35:8** Pwov 1:8-9 ˡ **35:9** Sòm 37:16 ᵐ **35:10** Jr 35:7 ⁿ **35:13** És 28:9-12 ᵒ **35:14** Jr 35:6-10 ᵖ **35:15** Det 2:14 ᵠ **35:16** Jr 35:14 ʳ **35:17** Jos 23:15 ˢ **35:18** Egz 20:12 ᵗ **35:19** I Kwo 2:55 ᵘ **36:1** II Wa 24:1 ᵛ **36:2** Jr 3:3-10 ʷ **36:3** Jon 3:10 ˣ **36:4** Jr 36:14 ʸ **36:5** Jr 32:2 ᶻ **36:6** Jr 36:9 ᵃ **36:7** I Wa 8:33

yo. Paske kòlè ak gwo mekontantman SENYÈ a pwononse kont pèp sa a, byen gran."

[8] Baruc, fis a Néri ja a, te fè selon tout sa ke Jérémie, pwofèt la, te kòmande li yo. Li te [a]li nan woulo pawòl a SENYÈ a, lakay SENYÈ a. [9] Alò, nan senkyèm ane Jojakim lan, fis a Josias, wa a Juda a, nan nevyèm mwa a, tout pèp Jérusalem nan ak tout moun ki te antre soti nan vil Jérusalem yo, te pwoklame yon [b]jèn devan SENYÈ a. [10] Epi Baruc te li nan woulo pawòl a Jérémie yo lakay SENYÈ a nan [c]chanm a Guemaria, fis a Schaphan an, grefye nan tribinal anwo a, nan antre Pòtay Nèf la lakay SENYÈ a, devan tout pèp la.

[11] Alò, lè [d]Michée, fis a Guemaria, fis a Schaphan an, te tande tout pawòl a SENYÈ a soti nan liv la, [12] Li te desann lakay wa a, nan chanm grefye a. Epi gade byen, tout ofisye yo te chita la—[e]Élischama, grefye a, Delaja, fis a Schemaeja a, Elnathan, fis a Acbor a, Guemaria, fis a Schaphan an e Sédécias, fis a Hanania a, ak tout lòt chèf yo. [13] Michée te [f]deklare a yo menm tout pawòl ke li te tande lè Baruc te li soti nan liv a pèp la. [14] Epi tout ofisye yo te voye Jehudi, fis a Nethania, fis a Schélémia, fis a Cuschi a, kote Baruc e te di: "Pran nan men ou woulo ke ou te li a pèp la e vini."

Konsa Baruc, fis a Nethania, [g]te pran woulo a nan men l e te ale kote yo. [15] Yo te di li: "Chita la, souple e li li bannou."

Konsa, Baruc te [h]li li bay yo.

[16] Lè yo te tande tout pawòl yo; ak gwo perèz, yo [i]te vire youn vè lòt e yo te di a Baruc: "Anverite, nou va bay rapò tout pawòl sa yo bay wa a." [17] Epi yo te mande Baruc e te di: "Di nou, souple, [j]kijan ou te ekri tout pawòl sa yo? Èske se te selon dikte pa li?"

[18] Epi Baruc te di yo: "Li te [k]dikte tout pawòl sa yo e mwen te ekri yo ak lank nan liv la." [19] Alò, ofisye yo te di a Baruc: "Ale, [l]kache tèt ou, ou menm ak Jérémie e pa kite pèsòn konnen kote nou ye."

[20] Pou sa, yo te ale kote [m]wa a nan lakou a, men yo te depoze woulo a nan chanm Élischama, grefye a, e yo te fè rapò tout pawòl sa yo a wa a. [21] Epi wa a te voye Jehudi chache woulo a, e li te retire li nan chanm Élischama, grefye a. Epi Jehudi [n]te li li bay wa a ansanm ak tout ofisye ki te kanpe akote wa a. [22] Alò, wa a te chita nan [o]kay sezon livè a, nan nevyèm mwa a, ak dife ki t ap brile nan recho la devan l. [23] Lè Jehudi te fin li twa oswa kat pòsyon, wa a te koupe li ak yon kouto e te [p]jete l i nan dife ki te nan recho a, jiskaske woulo a te fin manje nèt nan dife ki te nan recho a. [24] Malgre sa, wa a ak tout sèvitè ki te tande pawòl sila yo [q]pa t pè, ni yo pa t chire rad yo. [25] Menmsi Elnathan, Delaja ak Guemaria te [r]sipliye wa a pou l pa brile woulo a, li te refize koute yo. [26] Epi wa a te kòmande Jerachmeel, fis a wa a, Seraja, fis Azriel e Schélémia, fis a Abdeel, pou [s]sezi Baruc, grefye a ak Jérémie, pwofèt la, men SENYÈ a te kache yo.

[27] Epi pawòl SENYÈ a te rive kote Jérémie lè wa a te fin [t]brile woulo pawòl ke Baruc te ekri selon dikte Jérémie a e te di: [28] [u]"Pran ankò yon lòt woulo e ekri sou li tout menm pawòl ki te ekri sou premye woulo ke Jojakim, wa Juda, te brile a. [29] Epi konsènan Jojakim, wa Juda, ou va di: 'Konsa pale SENYÈ a: "Ou te brile woulo sa a e ou te di: [v]"Poukisa ou te ekri sou li ke wa Babylone nan va, anverite, vin detwi peyi sa a e va fè ni lòm ni bèt vin disparèt ladann?"'
[30] 'Akoz sa', pale SENYÈ a konsènan Jojakim wa Juda a: "Li [w]p ap gen okenn moun ki pou chita sou twòn David la, e kadav li va jete deyò nan chalè la jounen ak gwo fredi lannwit. [31] Anplis, Mwen va [x]pini li ak desandan li yo ak sèvitè pou inikite yo, e Mwen va mennen sou yo ak sila k ap viv Jérusalem yo, ak mesye Juda yo, tout malè ke M te deklare a yo menm yo—men yo pa t koute."'"

[32] Epi Jérémie te pran yon lòt woulo. Li te bay li a Baruc, fis a Néri ja a, grefye a, epi li te [y]ekri sou li selon dikte a Jérémie, tout pawòl a liv ke Jojakim, wa Juda a te brile nan dife a; epi anpil pawòl parèy a yo te ajoute nan yo.

37

Alò, [z]Sédécias, fis a Josias ke Nebucadnetsar, wa Babylone nan, te fè wa nan peyi Juda a, te renye kon wa nan plas a Jeconia, fis a Jojakim nan. [2] Men [a]ni li menm, ni sèvitè li yo, ni pèp peyi a te koute pawòl SENYÈ a, ke li te pale pa Jérémie, pwofèt la.

[3] Men wa Sédécias te voye Jucal, fis a Schélémia a, ak Sophonie, fis a Maaséja a, kote Jérémie, pwofèt la. Li te di: [b]"Souple, priye a SENYÈ a, Bondye nou an, pou nou menm."

[4] Alò, Jérémie te toujou ap sikile pami pèp la, paske yo potko [c]mete l nan prizon. [5] Antretan, [d]lame Farawon an te gen tan sòti an Égypte; epi lè Kaldeyen ki t ap fè syèj Jérusalem yo te tande rapò de yo a, yo te leve syèj la sou Jérusalem.

[6] Alò, pawòl SENYÈ a te vin kote Jérémie, pwofèt la e te di: [7] "Konsa pale SENYÈ a, Bondye Israël la: 'Konsa nou va di a wa Juda a, ki te voye nou kote m pou mande konsèy la: "Gade byen, lame [e]Farawon ki te vin parèt pou bannou asistans lan va retounen nan pwòp peyi li an Égypte. [8] Kaldeyen yo va [f]retounen pou goumen kont vil sa a, e yo va pran l pou brile l ak dife."'"

[9] "Konsa pale SENYÈ a: 'Pa [g]twonpe tèt nou pou nou di: "Kaldeyen yo vrèman va kite nou", paske vrèman, yo pa prale. [10] Paske [h]menm si nou te bat tout lame Kaldeyen ki t ap goumen kont nou yo e

---

[a] 36:8 Jr 1:17   [b] 36:9 Jij 20:26   [c] 36:10 Jr 35:4   [d] 36:11 Jr 36:13   [e] 36:12 Jr 36:20   [f] 36:13 II Wa 22:10
[g] 36:14 Jr 36:2   [h] 36:15 Jr 36:21   [i] 36:16 Jr 36:24   [j] 36:17 Jn 9:10-26   [k] 36:18 Jr 36:4   [l] 36:19 I Wa 17:3   [m] 36:20 Jr 36:12   [n] 36:21 II Wa 22:10   [o] 36:22 Jij 3:20   [p] 36:23 I Wa 22:8-27   [q] 36:24 Sòm 36:1
[r] 36:25 Jen 37:22-27   [s] 36:26 I Wa 19:1-14   [t] 36:27 Jr 36:23   [u] 36:28 Jr 36:4-23   [v] 36:29 És 29:21
[w] 36:30 II Wa 24:12-15   [x] 36:31 Jr 23:34   [y] 36:32 Egz 4:15-16   [z] 37:1 II Wa 24:17   [a] 37:2 Jr 24:19-20
[b] 37:3 I Wa 13:6   [c] 37:4 I Wa 13:6   [d] 37:5 I Wa 13:6   [e] 37:6 És 30:1-3   [f] 37:7 És 30:1-3   [g] 37:8 Jr 34:22   [h] 37:9 Jr 29:8
[h] 37:10 Lev 26:36-38

te gen sèlman moun blese ki rete pami yo, yo chak nan tant pa yo, yo ta soulve e brile vil sa a ak dife.'"

11 Alò, li te vin rive ke lè lame Kaldeyen an te leve syèj Jérusalem nan akoz lame Farawon an, 12 ke Jérémie te sòti deyò Jérusalem pou ale nan peyi Benjamin pou l ta ka [a]pran posesyon a yon teren pami pèp la. 13 Pandan li te kote Pòtay Benjamin an, yon kapitèn nan gad la ki te rele Jireija, fis a Schélémia, fis a Hanania a, te la. Li te [b]arete Jérémie, pwofèt la e te di: "W ap vin apiye Kaldeyen yo!"

14 Men Jérémie te di: [c]"Manti! Mwen p ap apiye Kaldeyen yo". Men li te refize koute li. Konsa, Jireija te arete Jérémie e te mennen li kote ofisye yo. 15 Ofisye yo te fache ak Jérémie. Yo te bat li e yo te [d]anprizone li lakay Jonathan, grefye a, ke yo te sèvi pou prizon.

16 Lè Jérémie te fin rive nan [e]donjon an, sa vle di, yon chanm prizon, li te rete la pandan anpil jou. 17 Konsa, Wa Sédécias te voye retire li. Nan palè li, wa a an sekrè te kesyone l. Li te mande: "Èske gen yon pawòl ki sòti nan SENYÈ a?"

Jérémie te reponn: "Wi, genyen!" Epi li te di: "Ou va [f]livre nan men wa a Babylone nan."

18 Anplis, Jérémie te di a Wa Sédécias: "Nan ki fason mwen te peche kont ou an, oswa kont sèvitè ou yo, oswa kont pèp sa a, pou ou te mete m nan prizon an? 19 Alò, ki kote pwofèt ki te pwofetize devan ou ye, ki t ap di: [g]'Wa Babylone nan p ap parèt kont nou, ni kont peyi sa a'? 20 Men koulye a, souple, koute mwen, O mèt mwen, e wa mwen: souple, kite [h]demann mwen an rive devan ou, e pa fè m retounen lakay Jonathan, grefye a, pou mwen pa mouri la."

21 Epi Wa Sédécias te pase lòd e yo te pase lòd selon Jérémie pou l rete nan [i]lakou kay gad la. Yo te bay li yon pen ki sòti nan lari boulanje a, jiskaske tout pen nan vil la te fini nèt. Konsa, Jérémie te rete nan lakou kay gad la.

38 Alò, Schephathia, fis a Mattan e Guedalia, fis a [j]Paschhur, fis a Malkija, te tande pawòl ke Jérémie t ap pale a tout pèp la e t ap di: 2 "Konsa pale SENYÈ a: [k]'Sila ki rete nan vil sa a va mouri ak nepe, ak gwo grangou e ak gwo ravaj ak maladi, men sila ki sòti pou rive anvè Kaldeyen yo va viv. Li va gen pwòp lavi l kon pwòp benefis pa l e li va viv.' 3 Konsa pale SENYÈ a: 'Vil sa a va anverite [l]livre nan men a wa Babylone nan, e li va kaptire l.'"

4 Epi ofisye yo te di a wa a: "Koulye a, kite nonm sa a vin mete a lanmò, konsi l ap [m]dekouraje mesye lagè ki rete nan vil sa a, ak tout pèp la lè l pale pawòl konsa avèk yo; paske nonm sa a p ap chache byen a pèp sa a, men malè yo."

5 Konsa, Wa Sédécias te di: "Gade byen, li nan men nou; paske wa a [n]p ap ka fè anyen kont nou menm."

6 Epi yo te pran Jérémie e te jete li nan [o]sitèn a Malkija, fis a wa a, ki te nan lakou kay gad la. Yo te fè Jérémie desann ladann ak kòd yo. Alò, nan sitèn nan, pa t gen dlo, men sèlman labou, e Jérémie te fonse antre nan labou a.

7 Men [p]Ébed Mélec, Etyopyen an, yon enik, pandan li te lakay wa a, te tande ke yo te mete Jérémie nan sitèn nan. Alò, wa a te chita nan antre Pòtay Benjamin an. 8 Epi Ébed-Mélec te sòti nan palè a wa a pou pale ak wa a. Li te di: 9 "Mèt mwen, wa a, mesye sila yo te aji ak mechanste nan tout sa yo te fè Jérémie yo, pwofèt ki te jete nan sitèn nan. Li va mouri kote li ye akoz gwo grangou, paske [q]nanpwen pen ankò nan vil la."

10 Epi wa a te kòmande Ébed-Mélec, Etyopyen an, e te di l: "Pran trant mesye soti isit la anba otorite ou e mennen fè monte Jérémie soti nan sitèn nan avan l mouri." 11 Konsa, Ébed-Mélec te pran mesye yo anba otorite li, e te antre nan palè a wa a, yon kote pi ba depo a. Li te pran la vye rad epwize ak vye twal epwize e te fè yo desann sou kòd, antre nan pwi a, rive kote Jérémie. 12 Konsa, Ébed-Mélec, Etyopyen an te di a Jérémie: "Alò, mete rad epwize sa yo ak twal yo anba bra ou, anba kòd yo."

Jérémie te fè l. 13 Konsa, yo te rale Jérémie fè l monte leve sòti nan sitèn nan, e Jérémie te rete nan [r]lakou kay gad la.

14 Epi Wa Sédécias te voye fè yo mennen Jérémie, pwofèt la, kote li nan twazyèm antre ki nan kay SENYÈ a; epi wa a te di a Jérémie: "Mwen ap [s]mande ou yon bagay. Pa kache anyen devan m."

15 Epi Jérémie te reponn a Sédécias: [t]"Si mwen pale ou, anverite, ou p ap mete m a lanmò? Anplis, menm si m bay ou konsèy, ou p ap koute mwen."

16 Men wa Sédécias te sèmante a Jérémie an sekrè. Li te di: "Kon SENYÈ a viv la, ki te fè [u]nanm nou, anverite, mwen p ap mete ou a lanmò, ni mwen p ap livre ou nan men a mesye sila k ap chache pran lavi ou yo."

17 Epi Jérémie te di a Sédécias: "Konsa pale SENYÈ a, Bondye dèzame yo, Bondye Israël la; 'Si, anverite, ou va [v]sòti deyò pou vin soumèt a wa Babylone nan; alò, ou va viv, vil sa a p ap brile ak dife e ou menm ak lakay ou va viv. 18 Men si ou pa ale deyò kote ofisye a wa Babylone yo, alò, vil sa va livre nan men a Kaldeyen yo. Epi yo va brile li ak dife e ou menm, ou p ap chape nan men yo.'"

19 Epi Wa Sédécias te reponn a Jérémie: "Mwen [w]krent Jwif ki te janbe kote Kaldeyen yo, paske yo kapab petèt livre mwen nan men yo, e yo va abize m."

20 Men Jérémie te di: "Yo p ap livre ou nan men yo. Souple, [x]obeyi SENYÈ a nan sa ke m ap di ou a, pou l ka ale byen pou ou, e pou ou kapab viv.

---

[a] **37:12** Jr 32:8   [b] **37:13** Jr 18:18   [c] **37:14** Sòm 27:12   [d] **37:15** Jen 39:20   [e] **37:16** Jr 38:6   [f] **37:17** Jr 21:7   [g] **37:19** Jr 27:14   [h] **37:20** Jr 36:7   [i] **37:21** Jr 32:2   [j] **38:1** Jr 21:1   [k] **38:2** Jr 21:9   [l] **38:3** Jr 21:10   [m] **38:4** Egz 5:4   [n] **38:5** II Sam 3:39   [o] **38:6** Jr 37:16-21   [p] **38:7** Jr 39:16   [q] **38:9** Jr 37:21   [r] **38:13** Né 3:25   [s] **38:14** I Sam 3:17-18   [t] **38:15** Luc 22:67-68   [u] **38:16** Nonb 16:22   [v] **38:17** II Wa 24:12   [w] **38:19** És 51:12   [x] **38:20** II Kwo 20:20

²¹ Men si ou kontinye refize ale deyò, men pawòl ke SENYÈ a te montre m nan: ²² Alò, gade byen, tout fanm ki te rete nan palè wa Juda a, va mennen deyò kote prens a wa Babylone yo; epi fanm sa yo va di:

"Pwòch zanmi ou yo te egare ou
e te vin domine sou ou;
pandan pye ou te kole nan labou a,
yo te vire kite ou."

²³ Anplis, yo va mennen deyò tout madanm ou yo ak fis ou yo devan Kaldeyen yo, e ou ᵃmenm, ou p ap ka chape nan men yo, men ou va sezi pa men wa Babylone nan e vil sa a va brile ak dife.'"

²⁴ Epi Sédécias te di a Jérémie: "Pa kite pèsòn konnen e pawòl sa yo, e ou p ap mouri. ²⁵ Men si ofisye yo tande ke mwen te pale avèk ou, te vin rekonèt ou e di ou: 'Pale a nou sa ke ou te di wa a, sa ke wa a te di ou a; pa kache sa devan nou e nou p ap mete ou a lanmò,' ²⁶ alò, ou gen pou di yo: 'Mwen t ap ᵇprezante siplikasyon mwen yo devan wa a, pou l pa fè m retounen lakay Jonathan pou m pa ta mouri la.'"

²⁷ Epi tout ofisye yo te vin kote Jérémie pou te kesyone li. Pou sa, li te reponn yo selon pawòl ke wa a te kòmande yo. Epi yo te sispann pale ak li, konsi konvèsasyon an pa t koute pa okenn moun.

²⁸ Konsa, Jérémie te ᶜrete nan lakou kay gad yo jis rive jou ke Jérusalem te vin kaptire a.

39 Alò, lè Jérusalem te vin kaptire ᵈnan nevyèm ane pouvwa Sédécias la, wa Juda a, nan dizyèm mwa, Nebucadnetsar, wa Babylone nan, ak tout lame li te rive kote Jérusalem pou te fè syèj sou li. ² Nan onzyèm ane pouvwa Sédécias la, nan katriyèm mwa a, nan nevyèm jou nan mwa a, yon ᵉbrèch te fèt nan miray vil la. ³ Epi tout ᶠofisye a wa Babylone yo te antre ladann. Yo te chita bò kote Pòtay Mitan a; Nergal-Scharetser, Samgar-Nebu, Sarsekim, chèf a enik yo, Nergal-Sar-Ezer, chèf a majisyen yo, ak tout rès chèf a wa Babylon yo. ⁴ Lè Sédécias, wa Juda a, ak tout mesye lagè yo te wè yo, yo te sove ale e te ale deyò lavil la nan nwit lan pa chemen jaden a wa a, atravè ᵍpòtay antre de miray yo. Konsa li te sove ale vè dezè a.

⁵ Men lame Kaldeyen yo te kouri dèyè yo e te kaptire Sédécias nan plèn Jéricho. Yo te sezi li e te mennen li monte kote Nebucadnetsar, wa Babylone nan, nan ʰRibla, nan peyi a Hamath la. Epi li te pwononse jijman sou li. ⁶ Epi wa Babylone nan te touye fis a Sédécias yo, devan zye l nan Ribla. Anplis, wa Babylone nan te touye tout mesye enpòtan Juda yo. ⁷ Epi li te ⁱavegle zye a Sédécias, e te mare li ak braslè an bwonz pou mennen l Babylone.

⁸ Anplis, Kaldeyen yo te ʲbrile palè wa a ak dife avèk kay a pèp la, e yo te kraze miray Jérusalem yo. ⁹ Tout rès pèp la ki te rete lavil la, ak ᵏsila ki te abandone vil la, ki te janbe kote li, e retay ki te rete nan vil la, Nebuzaradan, chèf gad yo, te pote yo an egzil Babylone. ¹⁰ Men kèk nan sila ki te ˡmalere nèt yo, ki pa t gen anyen yo, Nebuzaradan, chèf gad yo, te kite yo dèyè nan peyi Juda a, e te bay yo chan rezen ak chan pou yo kiltive nan menm lè sa a.

¹¹ Alò, Nebucadnetsar, wa Babylone nan, te pase lòd de ᵐJérémie pa Nebuzaradan, chèf gad la. Li te di: ¹² "Pran l e okipe l, ⁿpa fè l anyen ki mal, men pito aji avèk li jan li mande ou a."

¹³ Konsa Nebuzaradan, chèf gad yo, te voye pawòl pa Nebuschazban, chèf a enik yo, Nergal-Scharetser, chèf a majisyen yo, ak tout chèf a wa Babylone yo, ¹⁴ te voye ᵒretire Jérémie sòti nan lakou kay gad la e te fè Guedalia, fis Achikam, fis a Schaphan nan, responsab pou mennen li lakay li. Konsa, li te rete pami pèp li a.

¹⁵ Alò, pawòl SENYÈ a te rive kote Jérémie pandan li te ᵖanprizone nan lakou kay gad la. Li te di: ¹⁶ "Ale pale ak Ébed-Mélec, Etyopyen an pou di l: 'Konsa pale SENYÈ dèzame yo, Bondye Israël la: "Gade byen, Mwen prèt pou mennen pawòl Mwen yo sou vil sa a pou dezas e pa pou pwosperite. Konsa ᑫyo va fèt devan ou nan jou sa a. ¹⁷ Men mwen va ʳdelivre ou nan jou sa a," deklare SENYÈ a: "Ou p ap livre nan men a moun sa yo ke ou pè yo. ¹⁸ Paske anverite, Mwen va sove ou e ou p ap tonbe anba nepe, men ou va gen lavi ou kon benefis, akoz ou te ˢmete konfyans nan Mwen," deklare SENYÈ a.'"

40 Pawòl ki te rive kote Jérémie soti nan SENYÈ a lè Nebuzaradan, chèf a gad yo te lage li nan Rama, lè l te pran li mare ak ᵗchenn pami tout egzil a Jérusalem ak Juda ki t ap egzile Babylone yo. ² Alò, chèf a gad yo te pran Jérémie. Yo te di l: ᵘ"SENYÈ a, Bondye ou a, te pwomèt gwo malè sa a kont plas sa a; ³ epi SENYÈ a te fè l vin parèt. Li te fè l jan sa te pwomèt la. Akoz nou te ᵛpeche kont SENYÈ a e pa t koute vwa li, pou sa, bagay sa a te vin rive nou. ⁴ Men koulye a, gade byen, mwen ap ʷlibere ou jodi a de chenn ki nan men ou yo. Si ou ta prefere vini ak mwen Babylone, vini e mwen va okipe ou. Men si ou prefere pa ale, ou pa oblije. Gade, tout peyi a devan ou. Ale kote li sanble bon e an règ pou ou ta ale." ⁵ Kòm Jérémie poko t ap tounen, li te di: "Ale konsa, alò, retounen a Guedalia, fis a Achikam, fis a Schaphan an, ke wa Babylone nan te ˣapwente sou vil a Juda yo, e rete la pami pèp la; oswa, ale kote li sanble pi bon pou ou ta ale."

Konsa chèf gad la te bay li yon pòsyon manje ak yon kado e te kite li ale. ⁶ Konsa, Jérémie te ale ᵃMitspa, kote Guedalia, fis a Achikam e te rete avè l pami moun ki te rete nan peyi a.

⁷ Alò, tout chèf lame ki te nan chan an ak mesye pa yo te tande ke wa Babylone nan te chwazi Guedalia, fis a Achikam nan, sou peyi a, e ke li te mete li an chaj de tout mesye yo, fanm ak timoun yo, sila ki te ᵇpi malere pase tout moun nan peyi a, ki pa t oblije fè egzil Babylone yo. ⁸ Pou sa, yo te vin kote Guedalia Mitspa, ansanm ak Ismaël, fis a Nethania a ak Jochanan e Jonathan, fis a Karéach, Seraja, fis a Thanhumeth, fis a Éphaï, ᶜNethopha ak Jezania, fis a Maacatite, yo menm ak mesye pa yo. ⁹ Epi Guedalia, fis a Achikam, fis a Schaphan an, te ᵈsèmante a yo menm e a mesye pa yo. Li te di: "Pa pe sèvi Kaldeyen yo. Rete nan peyi a pou sèvi wa Babylone nan, pou sa ale byen pou nou. ¹⁰ Alò, pou mwen menm, gade byen, mwen ap rete Mitspa, pou m ka ᵉkanpe pou nou devan Kaldeyen ki va vini kote nou yo. Men pou nou, ranmase divin nan, fwi sezon ete a ak lwil epi mete yo nan veso pou konsève yo e rete nan vil nou ke nou fin okipe yo."

¹¹ Menm jan an osi, tout Jwif ki te ᶠMoab yo, pami fis a Ammon nan Edom yo e ki te nan tout lòt peyi yo, te tande ke wa Babylone nan te kite yon retay pou Juda, e ke li te deziyen sou yo, Guedalia, fis a Achakim, fis a Schaphan an. ¹² Epi tout Jwif yo te ᵍretounen soti tout kote ke yo te chase ale yo pou te vini nan peyi Juda, kote Guedalia nan Mitspa e te ranmase diven nan gran sezon an an gran kantite.

¹³ Alò, Jochanan, fis a Karéach ak tout chèf lame ki te nan chan an te vini a Guedalia nan Mitspa. ¹⁴ Yo te di a li menm: "Èske ou konnen ke Baalis, wa a fis ʰAmmon yo te voye Ismaël, fis a Nethania a, pou pran lavi ou?"

Men Guedalia, fis a Achakim nan, pa t kwè yo.

¹⁵ Epi Jochanan, fis a Karéach la, te pale an sekrè ak Guedalia nan Mitspa. Li te di: ⁱ"Kite mwen ale touye Ismaël, fis a Nethania a e pèsòn p ap konnen! Poukisa li ta dwe pran lavi ou pou tout Jwif ki rasanble a ou menm yo ta gaye, e pou retay Juda ta peri?"

¹⁶ Men Guedalia, fis a Achikam nan, te di a Jochanan, fis a Karéach la: ʲ"Pa fè bagay sa a, paske ou ap di yon manti sou Ismaël."

41 Nan setyèm mwa Ismaël, fis a Nethania a, fis a Élischama, manm fanmi wayal la, e youn nan chèf prensipal a wa yo, ansanm ak dis mesye te rive Mitspa, kote Guedalia, fis a Achikam nan. Pandan yo ᵏt ap manje pen ansanm nan Mitspa, ² Ismaël, fis a Nethania a ak dis mesye ki t ap manje avèk li yo te leve e te ˡtouye Guedalia, fis a Achikam, fis a Schaphan an, ak nepe, e te mete a lanmò sila ke wa Babylone nan te apwente sou peyi a. ³ Ismaël, anplis, te frape touye tout Jwif ki te avèk l yo, sa vle di ak Guedalia nan Mitspa, menm ak Kaldeyen ki te la yo, mesye lagè yo.

⁴ Alò, li te rive nan pwochen jou apre lanmò a Guedalia a, lè pèsòn pa t konnen anyen sou sa, ⁵ ke katre-ven gason te sòti Sichem, Silo ak Samarie avèk ᵐbab yo retire nèt ak razwa, ak rad yo chire e kò yo blese, ofrann ak lansan nan men yo pou pote lakay SENYÈ a. ⁶ Epi Ismaël, fis a Nethania a, te sòti Mitspa pou rankontre yo e li t ap ⁿkriye nan wout la; epi pandan li te rankontre yo, li te di yo: "Vin kote Guedalia, fis a Akchikam nan!" ⁷ Malgre sa, li te rive ke lè yo te antre anndan vil la, Ismaël, fis a Nethania a ak mesye ki te avè l yo te ᵒtouye yo e jete yo nan sitèn nan. ⁸ Men dis nan mesye ki te pami yo te di a Ismaël: "pa mete nou a lanmò, paske nou gen depo ble, lòj, lwil ansanm ak siwo myèl ki kache nan chan an."

Akoz sa, li te ralanti e pa t mete yo ansanm ak zanmi parèy yo a lanmò. ⁹ Alò, konsènan sitèn kote Ismaël te jete tout kadav a mesye ke li te touye akoz Guedalia yo, se te sila ki te bati pa wa Asa a pou Baescha, wa Israël la; Ismaël, fis a Nethania a, te plen li ak moun mouri yo.

¹⁰ Epi Ismaël te pran an kaptif tout ᵖretay ki te Mitspa yo, fi a wa yo ak tout moun ki te rete Mitspa yo, ke Nebuzaradan, chèf gad la, te mete sou chaj Guedalia, fis a Achikam nan. Konsa Ismaël, fis a Nethania a, te pran yo an kaptif e te pati pou janbe kote fis a Ammon yo.

¹¹ Men Jochanan, fis a Karéach la ak tout ᵠchèf a fòs lame ki te avèk li yo te tande afè mechanste ke Ismaël, fis a Nethania a, te fè a. ¹² Pou sa, yo te pran tout mesye yo pou te ale goumen ak Ismaël, fis a Nethania. Yo te rankontre li akote ʳgwo basen ki Gabaon an. ¹³ Alò, la menm tout moun ki te avèk Ismaël yo te wè Jochanan, fis a Karéach la ak chèf lame an ki te avèk li yo. Konsa, yo te kontan. ¹⁴ Tout moun ke Ismaël te pran kaptif soti Mitspa yo te vire retounen pou te ale kote Jochanan, fis a Karéach la. ¹⁵ Men Ismaël, fis a Nethania a, te ˢchape nan men Jochanan ak uit mesye pou te rive kote fis a Ammon yo.

¹⁶ Epi Jochanan, fis a Karéach la ak tout chèf fòs lame ki te avèk li yo te pran soti Mitspa ᵗtout sila nan retay moun ke li te reprann soti nan men Ismaël, fis a Nethania, lè l te fin touye Guedalia, fis a Achikam nan— ki vle di mesye ki te sòlda yo, fanm yo, timoun yo, ak enik ke li te mennen retounen soti Gabaon an. ¹⁷ Yo te ale rete Gerut-Kimham, toupre Bethléem, pou yo te ka ale an Égypte, ¹⁸ akoz Kaldeyen yo. Yo te krent yo, akoz Ismaël, fis a Nethania, te touye Guedalia, fis a Achikam nan, ke ᵘwa Babylone nan te apwente sou peyi a.

42 Epi tout gran chèf lame yo, ᵛJochanan, fis a Karéach la, Jezania, fis a Hosée a, ak tout pèp

---

ᵃ **40:6** Jij 20:1   ᵇ **40:7** Jr 39:10   ᶜ **40:8** II Sam 23:28-29   ᵈ **40:9** I Sam 20:16-17   ᵉ **40:10** Det 1:38   ᶠ **40:11** Nonb 22:1   ᵍ **40:12** Jr 43:5   ʰ **40:14** I Sam 11:1-3   ⁱ **40:15** I Sam 26:8   ʲ **40:16** Mat 10:16   ᵏ **41:1** Sòm 41:9   ˡ **41:2** II Sam 3:27   ᵐ **41:5** Lev 19:27   ⁿ **41:6** II Sam 3:16   ᵒ **41:7** Sòm 55:23   ᵖ **41:10** Jr 40:11-12   ᵠ **41:11** Jr 40:11-12   ʳ **41:12** II Sam 2:13   ˢ **41:15** I Sam 30:17   ᵗ **41:16** Jr 42:8   ᵘ **41:18** Jr 40:5   ᵛ **42:1** Jr 40:8-13

la, ni piti, ni gran, te pwoche. ² Yo te di a Jérémie, pwofèt la: "Souple, kite demand nou an vin parèt devan ou, e priye SENYÈ a, Bondye ou a, pou nou; pou tout retay sa a, akoz nou se sèlman ᵃkèk grenn ki rete pami anpil nan nou, jan zye ou konn wè nou an, ³ pou SENYÈ a, Bondye ou a, kapab pale nou de ᵇchemen ke nou ta dwe pran an, ak bagay ke nou ta dwe fè a."

⁴ Jérémie, pwofèt la, te di yo: "Mwen te tande. Gade byen, mwen va priye a SENYÈ a, Bondye nou an, an akò ak tout pawòl nou yo, epi mwen va di nou tout mesaj avèk sila SENYÈ a va reponn nou yo. Mwen p ap kenbe dèyè menm yon mo pou nou."

⁵ Epi yo te di a Jérémie: "Ke ᶜSENYÈ a kapab yon vrè fidèl temwen kont nou si nou pa aji selon tout mesaj ke SENYÈ a, Bondye ou a, va voye pou nou. ⁶ Kit li dous, kit li pa dous, nou va ᵈkoute vwa SENYÈ a sou sila nou ap voye ou a, pou sa kapab ale byen pou nou lè nou koute vwa SENYÈ a, Bondye nou an."

⁷ Alò, lè ᵉsèt jou fin ekoule, pawòl SENYÈ a te rive kote Jérémie. ⁸ Konsa, li te rele Jochanan, fis a Karéach la, ak tout chèf lame ki te avè l yo ak tout pèp la, ni piti, ni gran. ⁹ Epi li te di yo: "Konsa ᶠpale SENYÈ a, Bondye Israël la, a Sila nou te voye mwen pou prezante sa nou t ap mande devan L lan: ¹⁰ 'Si, anverite, nou va rete nan peyi sa a; alò, Mwen va ᵍankouraje nou, Mwen p ap detwi nou, Mwen va plante nou e Mwen p ap dechouke nou, men Mwen va ralanti sou malè avèk sila Mwen te aflije nou an. ¹¹ Pa pè wa Babylone nan, k ap bannou perèz nan moman sa a. Pa pè l, paske ʰMwen avèk nou pou sove nou e pou delivre nou de men l. ¹² Anplis, Mwen va montre nou konpasyon, ⁱpou l ta genyen konpasyon anvè nou e restore nou sou pwòp tè pa nou.

¹³ '"Men si nou ap di: ʲ"Nou p ap rete nan peyi sa a," pou nou pa ta koute vwa a SENYÈ a, Bondye nou an, ¹⁴ epi di: "Non, men nou va ale ᵏnan peyi Égypte, kote nou p ap tande afè lagè, ni son a twonpèt, ni grangou pou pen, e se la nou va rete;"' ¹⁵ alò, nan ka sa a, koute pawòl SENYÈ a, O retay a Juda yo. Konsa pale SENYÈ dèzame yo, Bondye Israël la: 'Si nou, anverite, fikse vizaj nou pou antre an ˡÉgypte e pou antre an rezidans lan, ¹⁶ alò, ᵐnepe ke nou vrèman krent lan va rive pran nou nan peyi Égypte la, epi grangou ke nou krent anpil la, va swiv nou de prè an Égypte, e la nou va mouri. ¹⁷ Konsa, tout mesye ki fikse panse yo pou rive la pou Égypte, pou fè rezidans yo la, va mouri pa nepe, pa grangou, ak gwo epidemi. Yo ⁿp ap gen retay, ni ki chape sou gwo malè ke Mwen va fè vini sou yo a.' ¹⁸ Paske konsa pale SENYÈ dèzame yo, Bondye Israël la: 'Tankou gwo kòlè ak mekontantman Mwen te vide sou sila ki rete Jérusalem yo, se konsa gwo kòlè Mwen va vide sou nou lè nou antre an Égypte. Konsa, nou va devni yon ᵒmadichon, yon objè degoutan, yon anatèm e yon repwòch. Ni nou p ap janm wè kote sila a ankò.'

¹⁹ "SENYÈ a te pale ak nou, O retay Juda a: 'Pa ᵖpale antre an Égypte!' Nou ta dwe konprann byen klè ke jodi a, mwen te avèti nou sa. ²⁰ Paske nou ᑫtwonpe pwòp tèt nou. Se nou menm ki te voye mwen kote SENYÈ a, Bondye nou an. Nou te di: "Priye pou nou a SENYÈ a, Bondye nou an, epi nenpòt sa SENYÈ a, Bondye nou an di, fè nou konnen e nou va fè l." ²¹ Konsa, jodi a, mwen te di nou, men nou ʳpa t obeyi SENYÈ a, Bondye nou an, menm nan tout sa Li te voye mwen pale nou yo. ²² Akoz sa, nou ta koulye a dwe konprann ke nou va ˢmouri pa nepe, pa grangou e pa gwo epidemi, nan plas kote nou vle ale rezide a.

43 Men la menm Jérémie, ke SENYÈ a, Bondye pa yo a, te voye a, te ᵗfin pale tout pèp la tout pawòl a SENYÈ a, Bondye pa yo a—— sa vle di, tout pawòl sila yo— ² Azaria, ᵘfis a Hosée, Jochanan, fis a Karéach e tout mesye ògeye yo te di a Jérémie: "W ap bay manti! SENYÈ a, Bondye nou an, pa t voye ou di: 'Nou p ap antre Égypte pou rete la'. ³ Men se ᵛBaruc, fis a Nérija a, k ap chofe ou kont nou pou livre nou nan men a Kaldeye yo, pou yo menm mete nou a lanmò, oswa ekzile nou Babylone."

⁴ Pou sa, Jochanan, fis a Karéach la ak tout chèf lame yo, ak tout pèp la, pa t obeyi vwa SENYÈ a pou rete nan peyi Juda a. ⁵ Men Jochanan, fis a Karéach la, ak tout chèf lame yo te pran ʷtout retay a Juda yo, ki te retounen soti nan tout nasyon kote yo te konn chase yo rive, pou yo ta ka rete nan peyi Juda a— ⁶ mesye yo, fanm yo, timoun yo, ˣfi a wa yo, e chak moun ke Nebuzaradan, chèf a kò gad la te kite avèk Guedalia, fis a Achikam nan ak granpapa a Schaphan, ansanm ak Jérémie, pwofèt la e Baruc, fis a Nérija a. ⁷ Epi yo te antre nan peyi Égypte la paske yo pa t obeyi a vwa SENYÈ ʸe yo te rive jis Tachnaès.

⁸ Epi pawòl SENYÈ a te vin kote Jérémie nan ᶻTachpanès. Li te di: ⁹ "Pran kèk nan gwo wòch nan men ou, e sere yo nan mòtye nan pave brik ki nan antre palè Farawon ki nan Tachpanès la, devan zye a kèk nan Jwif yo. ¹⁰ Epi di yo: 'Konsa pale SENYÈ dèzame yo, Bondye Israël la: "Gade byen, Mwen va voye chache Nebucadnetsar, wa Babylone nan ᵃsèvitè Mwen an, e Mwen va plase twòn li byen dirèk anwo wòch sila ke m te kache yo; epi li va ouvri gwo abri wayal pa l anwo yo. ¹¹ Anplis, li va vin frape peyi Égypte la. Sila ki te fèt pou mouri va mouri; sila pou prizon yo, va vin anprizone, e sila ki pou nepe yo, va jwenn nepe. ¹² Epi Mwen va mete dife sou tanp dye Égypte yo, li va brile yo e soti avèk yo kon prizonye. Li va vlope li menm ak peyi Égypte

---

ᵃ **42:2** Lev 26:22   ᵇ **42:3** Sòm 86:11   ᶜ **42:5** Jen 31:50   ᵈ **42:6** Egz 24:7   ᵉ **42:7** Sòm 27:14   ᶠ **42:9** II Wa 19:4   ᵍ **42:10** Jr 24:6   ʰ **42:11** Nonb 14:9   ⁱ **42:12** Né 1:11   ʲ **42:13** Egz 5:2   ᵏ **42:14** És 31:1   ˡ **42:15** Det 17:16   ᵐ **42:16** Jr 44:13-27   ⁿ **42:17** Jr 44:14-28   ᵒ **42:18** Det 29:21   ᵖ **42:19** Det 17:16   ᑫ **42:20** Jr 43:2   ʳ **42:21** Jr 43:4   ˢ **42:22** Os 9:6   ᵗ **43:1** Jr 26:8   ᵘ **43:2** Jr 42:1   ᵛ **43:3** Jr 36:4-32   ʷ **43:5** Jr 40:11   ˣ **43:6** Jr 41:10   ʸ **43:7** Jr 2:16   ᶻ **43:8** Jr 46:14   ᵃ **43:10** És 44:28

kon yon bèje vlope kò l ak vètman li, e li va sòti la, ansekirite. ¹³ Anplis, li va kraze nèt imaj an wòch Beth-Schémech yo, ki nan peyi Égypte la, epi tanp dye a Égypte yo, li va brile yo ak dife.'"

44 Pawòl ki te rive kote Jérémie pou tout Jwif ki te rete nan peyi Égypte yo, sila ki te rete nan ᵃMigdol yo, Tachpanès Noph ak nan peyi a Pathros yo. Li te di: ² "Konsa pale SENYÈ dèzame yo, Bondye Israël la: 'Nou menm, nou te wè tout malè ke M te mennen sou Jérusalem ak tout vil Juda yo. Gade byen, nan jou sa a, ᵇyo fin kraze nèt e pèsòn pa rete nan yo, ³ akoz mechanste ke yo te fè pou ᶜpwovoke M a lakòlè, akoz yo te kontinye brile sakrifis pou sèvi lòt dye ke yo pa t konnen, ni yo, ni nou menm, ni zansèt nou yo. ⁴ Malgre sa, Mwen te ᵈvoye bannou tout sèvitè mwen yo, pwofèt yo, ankò e ankò e Mwen te di: "Ah, pa fè bagay abominab sila ke m menm rayi a." ⁵ Men ᵉyo pa t koute, ni panche zòrèy yo pou kite mechanste yo, pou yo pa brile sakrifis a lòt dye yo. ⁶ Akoz sa, kòlè Mwen ak mekontantman Mwen te vide e te brile nan ᶠvil Juda yo ak nan ri a Jérusalem yo, jiskaske yo vin detwi nèt e vin yon dezolasyon jis rive jodi a.'

⁷ "Alò, konsa pale SENYÈ a, Bondye Israël la: 'Poukisa n ap fè gwo mal sa a nou menm, pou nou ta ᵍkoupe retire nèt de nou menm, gason, fanm, pitit, ak tibebe, pou kite tèt nou san retay. ⁸ Epi pwovoke M a lakòlè avèk zèv men nou, ʰbrile sakrifis a lòt dye nan peyi Égypte yo, kote nou ap antre pou rezide, pou nou kab vin koupe retire nèt e devni yon madichon ak yon repwòch pami tout nasyon sou latè yo? ⁹ Èske nou fin bliye ⁱmechanste a papa zansèt nou yo, mechanste a wa a Juda yo, mechanste a madanm yo, pwòp mechanste pa nou, mechanste a madanm pa nou yo, ke yo te komèt nan peyi Juda a ak nan ri Jérusalem yo. ¹⁰ Men yo pa t repanti, menm jis rive jodi a, ni yo pa t gen lakrent, ni ʲmache nan lalwa Mwen, ni règleman ke M te mete devan nou yo ak devan papa zansèt nou yo.'

¹¹ "Pou sa, konsa pale SENYÈ dèzame yo, Bondye Israël la: 'Gade byen, Mwen ap ᵏfikse fas Mwen kont nou pou malè, menm pou koupe retire tout Juda. ¹² Epi Mwen va ˡretire retay Juda ki te fikse panse yo sou antre nan peyi Égypte pou abite la, e yo va tout twouve move desten pa yo. La, nan peyi Égypte, yo va tonbe pa nepe e rankontre desten yo nan gwo grangou. Yo va devni yon madichon, yon objè degoutan, yon anatèm ak yon repwòch. ¹³ Epi Mwen va pini sila ki rete an peyi Égypte, kon mwen te pini Jérusalem, ak nepe a, ak grangou, ak bèt ki ravaje chan e ak epidemi. ¹⁴ Konsa, ᵐp ap gen moun ki chape, ni ki retounen nan retay Juda ki te antre nan peyi Égypte pou rezide la ak entansyon pou retounen nan peyi Juda, kote yo gen anvi retounen viv la. Paske okenn moun p ap retounen sof ke kèk grenn ki chape.'"

¹⁵ Epi ⁿtout sila ki te konnen ke madanm yo t ap brile sakrifis a lòt dye yo, ansanm ak tout fanm ki te kanpe la yo, yon gwo asanble, menm ak tout moun ki te rete Pathros nan peyi Égypte la, te reponn a Jérémie. Yo te di: ¹⁶ "Pou ᵒmesaj ke ou te pale nou nan non SENYÈ a, nou p ap koute ou! ¹⁷ Men pito, nou va akonpli tout pawòl ki te sòti nan bouch pa nou, lè n ap brile sakrifis a ᵖrèn syèl la, e vide bwason devan l, menm jan ke nou menm, ak papa zansèt nou yo, wa nou yo, ak prèt nou yo te konn fè nan vil Juda yo ak nan ri a Jérusalem yo. Paske nan lè sa a, nou te gen kont manje, nou te byen alèz e nou pa t konn soufri malè. ¹⁸ Men depi lè nou te sispann brile sakrifis a rèn syèl la ak vide bwason devan l, nou te vin ᵠmanke tout bagay, e nou te vin anile pa nepe ak gwo grangou." ¹⁹ Fanm yo te pale: "Lè nou t ap ʳbrile sakrifis a rèn syèl la, e nou t ap vide ofrann bwason a li menm, èske se te san mari nou ke nou te fè pou li gato sakrifis nan imaj li e te vide ofrann bwason a li menm?"

²⁰ Epi Jérémie te di a tout pèp la, a mesye yo ak fanm yo—menm a tout pèp ki t ap reponn li konsa yo—e li te di: ²¹ Pou ˢsakrifis lafimen ke nou te brile nan vil Juda yo ak ri a Jérusalem yo, nou menm ak papa zansèt nou yo, wa nou yo, ak prens nou yo e pèp peyi a, èske SENYÈ a pa t sonje yo, e èske tout sa pa t antre nan panse Li? ²² Konsa, SENYÈ a pa t ka sipòte sa akoz mechanste a zak nou yo, akoz zak abominab ke nou te komèt yo. Se pou sa, peyi nou an fin detwi nèt, yon objè degoutan ak yon madichon, san pèsòn pou rete ladann, jan li ye jodi a. ²³ Akoz nou te brile sakrifis yo, nou te peche kont SENYÈ a e pa t obeyi vwa SENYÈ a, ni mache nan lalwa Li, règleman Li yo, ak temwayaj Li yo; akoz sa, gran malè sa a vin tonbe sou nou, jan li ye jodi a.

²⁴ Konsa, Jérémie te di a tout pèp la, ansanm ak tout fanm yo: "Tande pawòl SENYÈ a, tout Juda ki rete ᵗnan peyi Égypte la, ²⁵ Konsa pale SENYÈ dèzame yo, Bondye Israël la, konsa: 'Pou nou menm ak madanm nou, nou te pale ak bouch nou, nou te akonpli sa ak men nou, e nou te di: "Anverite, nou va akonpli ve ke nou te fè yo, pou nou brile sakrifis a rèn syèl la, e vide bwason nou yo a li menm."

ᵘ"'Ale fè l, pou akonpli ve nou yo; e byen si, akonpli ve nou yo!'

²⁶ "Sepandan, tande pawòl SENYÈ a, tout moun Juda ki rete nan peyi Égypte la: 'Gade byen, Mwen te sèmante pa gran non Mwen,' SENYÈ a di: ᵛ'Pinga non Mwen janm nome ankò nan bouch a okenn moun Juda nan tout peyi Égypte la, pou ta di: "Jan Senyè BONDYE a viv la." ²⁷ Gade byen, M ap veye sou yo pou malè yo, e pa pou byen yo. ʷTout mesye Juda ki nan peyi Égypte yo, va rankontre lafen pa yo ak nepe e ak

---

ᵃ **44:1** Egz 14:2 ᵇ **44:2** És 6:11 ᶜ **44:3** És 3:8 ᵈ **44:4** Jr 7:13-25 ᵉ **44:5** Jr 11:8-10 ᶠ **44:6** Jr 7:17-34
ᵍ **44:7** Jr 3:24 ʰ **44:8** Jr 7:9 ⁱ **44:9** Jr 7:9-18 ʲ **44:10** Jr 26:4 ᵏ **44:11** Lev 17:10 ˡ **44:12** Jr 42:15-22
ᵐ **44:14** Jr 22:10 ⁿ **44:15** Pwov 11:21 ᵒ **44:16** Pwov 1:24-27 ᵖ **44:17** II Wa 17:16 ᵠ **44:18** Nonb 11:5-6
ʳ **44:19** Jr 7:18 ˢ **44:21** Éz 8:10-11 ᵗ **44:24** Jr 43:7 ᵘ **44:25** Éz 20:39 ᵛ **44:26** Sòm 50:16 ʷ **44:27** II Wa 21:14

gwo grangou jiskaske yo fin disparèt nèt. [28] Sila ki chape anba nepe yo va retounen sòti nan peyi Égypte pou rive Juda [a]p ap gen anpil menm. Nan lè sa a, retay Juda ki te ale nan peyi Égypte pou rezide yo, va konnen pawòl a kilès k ap kanpe, si se pa M nan, oswa pa yo a'.

[29] "'Sa va sèvi kon sign pou nou', SENYÈ a di: 'ke Mwen va pini nou nan plas sa a, pou nou ka konnen ke [b]pawòl Mwen va, anverite, kanpe kont nou pou malè nou.' [30] Konsa pale SENYÈ a: 'Gade byen, Mwen va livre [c]Farawon Hophra, wa Égypte la, nan men lènmi li yo; nan men a sila k ap chache lavi li, menm jan ke m te livre Sédécias, wa Juda a, nan men Nebucadnetsar, wa Babylone nan, ki te ènmi li e ki t ap chache lavi li.'"

45

Mesaj ke Jérémie, pwofèt la, te pale a Baruc, fis a Nérija, lè l te fin ekri pawòl sila yo nan yon liv selon dikte Jérémie, nan [d]katriyèm ane Jojakim, fis a Josias, wa Juda a, lè l te di: [2] Konsa pale SENYÈ a, Bondye Israël la a ou menm, O Baruc: [3] 'Ou te di: "Ah! Malè a mwen menm! Paske SENYÈ a te mete tristès nan doulè m; mwen fatige ak plent mwen yo e mwen pa jwenn repo."'

[4] "Se konsa ou dwe pale li, 'Konsa pale SENYÈ a: "Gade byen, [e]sa ke M te bati a, Mwen prèt pou demoli li, e sa ke M te plante a, Mwen prèt pou rache li; sa vle di, tout peyi a." [5] Men ou menm, èske w ap chache gwo bagay pou ou menm? Pa chache, paske gade byen, Mwen va mennen dezas sou tout chè,' deklare SENYÈ a: "Men Mwen va kite ou chape ak lavi ou a, nenpòt kote ou ale."

46

Sa ki te rive jan pawòl SENYÈ a a Jérémie, pwofèt la, [f]konsènan nasyon yo.

[2] Pou Égypte: konsènan lame [g]Farawon Neco, wa Égypte la, ki te akote rivyè Euphrate nan Carkemisch, ke Nebucadnetsar, wa Babylone nan, te bat nèt nan katriyèm ane Jojakim, fis a Josias, wa Juda a.

[3] [h]"Alinye pwotèj ak boukliye
e pwoche pre pou batay la.
[4] Sele cheval, e monte sou do yo;
pran pozisyon nou ak kas nan tèt!
Netwaye tout lans yo,
e mete abiman an bwonz!
[5] Poukisa mwen te wè sa?
Yo pè nèt, y ap [i]rale fè bak,
mesye pwisan yo fin bat nèt,
e sèl abri yo sove ale san gade dèyè.
Se gwo laperèz tout kote!"
deklare SENYÈ a.
[6] Pa kite [j]sila ki pi rapid la sove ale,
ni moun pwisan an chape poul li.
Nan nò, akote rivyè Euphrate la,
yo te glise, chape tonbe.

[7] Se kilès sa ki [k]leve tankou rivyè Nil la,
tankou rivyè ki gen dlo k ap jayi toupatou yo?
[8] Égypte leve tankou rivyè Nil la,
menm tankou rivyè ki gen dlo k ap
  jayi toupatou yo.
Li te di: "Mwen va [l]leve kouvri peyi sa a;
anverite, Mwen va detwi vil la ak moun
  ki rete ladann yo."
[9] An avan, cheval yo!
Kouri tankou moun fou, cha lagè yo!
Kite moun pwisan yo mache devan:
Éthiopie ak Puth ki manevre boukliye a,
[m]Lidyen ki manevre e koube banza a.
[10] Paske jou sa a se pou Senyè BONDYE
  dèzame yo,
yon jou vanjans,
pou L kapab fè vanjans Li sou lènmi Li yo.
Nepe a va devore vin satisfè,
Li va bwè kont li nan san yo;
paske va genyen yon [n]sakrifis pou Senyè
  BONDYE dèzame yo,
nan peyi nò a, akote Larivyè Euphrate la.
[11] [o]Monte Galaad pou jwenn pomad
  gerizon an,
O fi vyè j Égypte la!
Anven nou te miltipliye remèd yo;
nanpwen gerizon pou nou.
[12] Nasyon yo te tande de bagay [p]wont ou an,
e tè a plen ak kri detrès ou;
paske yon gran gèrye tonbe sou gran gèye,
e toulède tonbe atè ansanm.

[13] Sa se mesaj ke SENYÈ a te pale a Jérémie, pwofèt la, konsènan avni a wa Nebucadnetsar, wa Babylone nan, pou [q]frape peyi Égypte la:

[14] "Se pou nou deklare an Égypte
e pwoklame nan Migdol;
pwoklame tou nan Noph e nan [r]Tachpanès;
Di: 'Pran pozisyon nou e kanpe,
paske nepe fin devore sila ki antoure nou yo.'
[15] Poukisa mesye pwisan nou yo vin
  pwostène?
Yo pa kanpe akoz SENYÈ a te [s]pouse
  yo desann.
[16] Li fè anpil [t]tonbe;
anverite, yo tonbe youn kont lòt.
Yo te di: 'Kanpe! Annou retounen kote
pwòp pèp pa nou, nan peyi natal nou,
lwen nepe a sila k ap oprime a.'
[17] Yo te kriye la: 'Farawon, wa Égypte la,
pa plis ke yon [u]gwo bri;
li te kite tan deziye a fin pase!'

[18] "Jan Mwen viv la," deklare [v]Wa a
ki gen kon non Li SENYÈ dèzame yo,

---

[a] **44:28** És 10:19 [b] **44:29** Pwov 19:21 [c] **44:30** II Wa 25:4-7 [d] **45:1** II Wa 24:1 [e] **45:4** És 5:5 [f] **46:1** Jr 1:10 [g] **46:2** II Wa 18:21 [h] **46:3** És 21:5 [i] **46:5** És 42:17 [j] **46:6** És 30:16 [k] **46:7** Jr 47:2 [l] **46:8** És 37:24 [m] **46:9** Jr 47:3 [n] **46:10** És 34:6 [o] **46:11** Jr 8:22 [p] **46:12** Jr 2:36 [q] **46:13** És 19:1 [r] **46:14** Jr 43:8 [s] **46:15** Sòm 18:14-39 [t] **46:16** Lev 26:36-37 [u] **46:17** Egz 15:9-10 [v] **46:18** Jr 48:15

"Anverite, youn ki parèt gran tankou Mòn
     Thabor pami mòn yo,
oswa tankou Carmel akote lanmè a;
se konsa lap vini.
¹⁹ Prepare valiz ou pou ᵃegzil,
O fi k ap demere an Égypte,
paske Noph va devni yon dezolasyon;
li va brile menm,
pou l rete vid san moun ladann.

²⁰ "Égypte se yon gazèl byen bèl,
men yon gwo mouch ap vini ᵇsoti nan nò.
Li fin rive.
²¹ Anplis, sòlda mèsenè etranje nan
     mitan li yo
tankou jenn bèf yo byen angrese,
paske yo menm tou te fin vire nèt;
yo te sove ale ansanm.
Yo pa t kanpe,
paske jou malè pa yo fin rive sou yo;
lè ᶜpinisyon pa yo.
²² Son li va soti kon yon sèpan;
paske tankou yon lame, yo vini,
yo rive kote li ak moun k ap pote rach.
²³ "Yo va koupe forè li", deklare SENYÈ a;
anverite, li p ap twouve ankò;
paske yo plis pase gwo lame krikèt volan.
Fòs kantite yo depase kontwòl.
²⁴ Fi Égypte la ap fè gwo wont;
lap livre nan pouvwa moun nan nò yo."
²⁵ SENYÈ dèzame yo, Bondye Israël la di:
"Gade byen, Mwen ap pini Amon ki rete ᵈThebes
la, Farawon e Égypte ansanm ak dye li yo ak wa
li yo, menm Farawon ak sila ki mete konfyans
nan li yo. ²⁶ Mwen va livre yo a sila k ap ᵉchache
touye yo, menm nan men Nebucadnetsar, wa
Babylone nan ak nan men chèf li yo. Malgre sa,
apre, li va vin gen moun ki rete ladann jan li te ye
nan tan pase a." deklare SENYÈ a.
²⁷ Men pou ou menm, O! Jacob, sèvitè
     Mwen an,
pa gen lakrent, ni pa twouble, O Israël!
Paske ou wè, Mwen va ᶠsove nou soti lwen,
e desandan nou yo soti nan peyi kaptivite yo.
Jacob va retounen pou rete san twoub,
ansekirite, san pèsòn ki pou fè l tranble.
²⁸ O Jacob, sèvitè Mwen an, pa gen lakrent!"
deklare SENYÈ a:
"paske, Mwen avèk ou.
Paske Mwen va fè fen a tout nasyon
kote Mwen te chase ou ale yo.
Sepandan, Mwen ᵍp ap fè fen a ou menm;
men Mwen va korije ou jan sa dwe fèt
e Mwen p ap kite ou san pinisyon."

47 Sa kite vini kon pawòl SENYÈ a de
Jérémie, pwofèt la, konsènan ʰFilisten yo,
avan Farawon te fin bat peyi Gaza.

² Konsa pale SENYÈ a:
"Gade byen, dlo yo ap leve soti nan ⁱnò
e l ap vin fè yon gwo fòs inondasyon
     dlo k ap debòde
jis li vin kouvri latè ak tout kapasite l,
menm vil a sila ki rete ladann.
Mesye yo va kriye fò,
c tout moun ladann va rele anmwey.
³ Akoz bri zago cheval li k ap kouri rèd,
zen a cha li yo, ak gwonde a wou yo,
papa yo pa p retounen pran pitit yo,
men men yo va lage nèt ak sezisman.
⁴ Akoz jou k ap vini pou detwi tout Filisten yo,
pou koupe retire nèt de Tyr ak Sidon
     tout soutyen ki rete yo;
paske SENYÈ a ap detwi Filisten yo,
retay a kot Caphtor a.
⁵ Gaza vin chòv;
ʲAskalon te fin detwi nèt.
O retay vale yo!
Pandan konbyen de tan
nou va blese pwòp chè nou?

⁶ "'Ah ᵏnepe SENYÈ a!
Pandan konbyen de tan
ou va refize vin kalm?
Ralanti, rantre nan fouwo a;
repoze e rete trankil.'

⁷ "Kòman li ka kalm, lè SENYÈ a bay li lòd?
Kont Ashkalon, kont kot lanmè a;
Se la, Li te ˡranje pou l te fèt."

48 Konsènan ᵐMoab. Konsa pale SENYÈ
dèzame yo, Bondye Israël la:
"Malè a Nebo!
Paske li fin detwi.
Kirjathaïm te rive wont nèt.
Li vin kaptire.
Sitadèl la ki te leve byen wo a te fè wont.
Li te vin kraze nèt.
² Pa genyen lwanj pou Moab ankò.
Nan ⁿHesbon, yo te fè plan pou malè li:
'Vini, annou koupe retire l nèt
pou l pa menm yon nasyon ankò!'
Nou menm tou, Madmen, va vin an silans.
Nepe a va swiv nou.
³ Bri a gwo krik ap sòti ᵒChoronaïm;
ravaj ak gwo destriksyon!
⁴ Moab fin kraze.
Pitit li yo te fè yon kri detrès.
⁵ Paske akote pant ki monte vè ᵖLuchith la,
yo va monte avèk kri san rete.
Paske nan pant ki desann kote
     Choronaïm nan,
yo te tande gwo kri ak doulè
akoz destriksyon an.
⁶ ᑫChape poul nou, sove lavi nou,

ᵃ **46:19** És 20:4 ᵇ **46:20** Jr 1:14 ᶜ **46:21** Jr 48:44 ᵈ **46:25** Egz 30:14-16 ᵉ **46:26** Jr 44:30 ᶠ **46:27** És 11:11 ᵍ **46:28** Jr 4:27 ʰ **47:1** Jr 25:20 ⁱ **47:2** És 14:31 ʲ **47:5** Jij 1:18 ᵏ **47:6** Jij 7:20 ˡ **47:7** Mi 6:9 ᵐ **48:1** És 15:1 ⁿ **48:2** Nonb 21:25 ᵒ **48:3** És 15:5 ᵖ **48:5** És 15:5 ᑫ **48:6** Jr 51:6

pou nou ka tankou yon bayawonn nan dezè a.
[7] Paske akoz konfyans nou mete nan
pwòp zèv nou
ak trezò pa nou;
menm nou menm va vin kaptire.
[a]Kemosch va antre an egzil
ansanm ak prèt li yo ak prens li yo.
[8] Yon destriktè va vini nan chak vil,
pou pa gen vil ki chape;
vale a, anplis, ap detwi,
e [b]wo plèn nan va detwi,
jan SENYÈ a te pale a.
[9] Bay zèl a Moab, paske li va sove ale;
epi vil pa li yo va vin yon [c]dezè,
san moun ki pou rete ladan yo.

[10] "Malè a sila ki fè travay SENYÈ a
ak [d]neglijans,
e malè a sila ki anpeche nepe l vèse san.

[11] "Moab te [e]alèz depi nan jenès li;
anplis, li pa t janm deranje.
Tankou diven ki rete nan boutèy orijinal,
ki pa t vide de veso a veso,
nonplis li pa t janm ale an egzil.
Akoz sa, li kenbe bon gou li,
ni odè li pa chanje.
[12] Akoz sa, gade byen, jou yo ap vini",
deklare SENYÈ a:
"lè Mwen va voye kote li sila ki
chavire bato yo
e yo va chavire li, yo va vide veso li yo
e kraze tout bokal li yo.
[13] Epi Moab va wont pou Kemosch, menm jan
lakay Israël te wont pou [f]Béthel,
konfyans pa yo.

[14] "Kòman nou ka di: 'Nou se [g]vanyan gèrye
e moun plen kouraj pou batay'?
[15] Moab fin detwi nèt,
e moun fin monte kote vil li yo;
anplis, [h]jenn mesye pi chwazi li yo fin
tonbe nan gwo masak,"
deklare Wa a, ki pote non a SENYÈ
dèzame yo.
[16] "Gwo dega Moab la [i]prèt pou rive
e malè li va chofe rive vit.
[17] Fè dèy pou li, nou menm tout ki antoure li,
menm nou menm tout ki te konnen non li, di:
'Gade ki jan gwo fòs [j]baton wayal la fin kase,
yon baton ki te tèlman bèl!'

[18] O fi ki rete Dibon an,
"Desann kite glwa ou pou vin chita sou tè sèk;
paske destriktè Moab la te vin kont ou.
Li te detwi sitadèl ou yo.

[19] Kanpe akote wout la pou veye,
O moun ki rete Aroër.
Mande gason 'ki moun ki sove ale a'?
E fi a 'ki moun ki chape poul li a'?
Mande: 'Kisa ki te pase?'
[20] Moab fin fè wont nèt, paske li fin kraze nèt.
Fè gwo kri, rele anmwey!
Deklare akote Rivyè Arnon an ke
Moab te fin detwi.
[21] Jijman fin rive sou plèn nan tou,
sou Holon, sou Jahats e kont Méphaath,
[22] Sou Dibon, sou Nebo, sou Beth-Diblathaïm,
[23] Sou Kirjathaïm sou Beth-Gamul,
sou Beth-Meon,
[24] Sou [k]Kerijoth, sou Botsra, sou tout vil nan
peyi Moab yo, ni lwen, ni pre.
[25] [l]Kòn Moab te fin koupe nèt e bra
li te fin kase,"
deklare SENYÈ a.

[26] [m]"Fè l vin sou,
paske li te plen ògèy anvè SENYÈ a.
Pou sa, Moab va vire tounen nan vomisman li,
e anplis, li va vin yon rizib pou tout
moun ka ri.
[27] Alò, èske nou pa t konsidere Israël
kon yon rizib?
Oswa, èske se pami volè li te tonbe?
Paske chak fwa nou pale sou li,
nou souke tèt nou konsi n ap giyonnen li.
[28] Kite vil yo pou rete nan [n]kav wo yo,
O moun Moab yo!
Fè tankou toutrèl ki fè nich li dèyè
bouch gwo kav yo.

[29] [o]"Nou konn tande afè ògèy Moab la.
Li vrèman ògeye nan ensolans li,
ògèy li, awogans kè li,
ak leve pwòp tèt li byen wo.
[30] Mwen konnen [p]gwo kòlè li," deklare
SENYÈ a:
"Men sa initil;
gwo ògèy li a pa reyisi anyen.
[31] Pou sa, mwen va [q]rele anmwey pou Moab,
menm pou tout Moab mwen va rele fò.
Mwen va plenyen ak tristès pou mesye
a Kir-Hérès yo.
[32] Plis ke [r]kriye pou Jaezer, mwen va kriye
pou ou, O chan rezen Sibma a.
Chan rezen nou yo te lonje rive lòtbò lanmè a.
Yo te rive nan lanmè Jaezer a.
Sou fwi gran sezon ak rekòlt rezen nou,
destriktè a vin tonbe.
[33] Konsa, [s]lajwa ak kè kontan vin retire
nan chan plen ak fwi a,
menm nan Moab.

---

[a] **48:7** Nonb 21:29   [b] **48:8** Jos 13:9   [c] **48:9** Jr 44:22   [d] **48:10** I Wa 20:39-42   [e] **48:11** Jr 22:21   [f] **48:13** I Wa 12:29   [g] **48:14** Sòm 33:16   [h] **48:15** És 40:30-31   [i] **48:16** És 13:22   [j] **48:17** És 13:22   [k] **48:24** Jr 48:41   [l] **48:25** Sòm 75:10   [m] **48:26** Jr 25:15   [n] **48:28** Jij 6:2   [o] **48:29** És 16:6   [p] **48:30** És 37:28   [q] **48:31** És 15:5   [r] **48:32** És 16:8-9   [s] **48:33** És 16:10

Epi Mwen te fè diven vin sispann nan
    pèz diven yo.
Pèsòn p ap foule yo ak gwo kri.
Kri ki genyen, se ke pa gen kriye menm.
[34] Soti nan gwo kri Hesbon an, menm
    rive Élealé,
menm nan Jahats, yo te leve vwa yo,
    soti Tsoar,
jis rive Choronaïm, jiska Églath-Schelischija;
paske dlo a Nimrim yo va anplis vin dezole.
[35] M ap fè Moab fini nèt", deklare SENYÈ a:
"Sila ki ofri sakrifis sou wo plas yo e sila ki
[a]brile lansan a dye li yo.
[36] Akoz sa, [b]kè M kriye pou Moab tankou flit;
kè M kriye tou pou mesye Kir-Hérès yo.
Akoz yo te pèdi tout abondans li te
    konn pwodwi.
[37] Paske [c]tout tèt vin chòv e tout bab
    vin koupe kout;
genyen blesi sou tout men yo ak twal
    sak sou kwis.
[38] Sou tout [d]twati a Moab yo ak nan lari yo,
se lamantasyon tout kote;
paske mwen te kraze Moab kon yon
    veso san valè,"
deklare SENYÈ a.
[39] "A la kraze li kraze! Yo te rele anmwey.
Gade kijan Moab te vire do li—li
    vin wont nèt!
Konsa, Moab va vin yon rizib ak yon
[e]objè degoutan
a tout moun ki antoure li yo."
[40] Paske konsa pale SENYÈ a: "Gade
    byen, li va vole
rapid tankou èg e [f]lonje zèl li ouvri
    kont Moab.
[41] Kerijoth te fin kaptire e sitadèl yo
    te vin pran.
[g]Kè a mesye pwisan Moab yo nan jou sa a,
va tankou kè a yon fanm k ap pouse pitit.
[42] Moab a [h]detwi jiskaske li vin pa
    yon pèp ankò,
akoz li te vin awogan anvè SENYÈ a.
[43] [i]Gwo laperèz devan twou fòs, ak pèlen
    ap vini sou nou,
O moun Moab yo," deklare SENYÈ a.
[44] "Sila ki sove ale devan gwo laperèz la,
    va tonbe nan fòs la
e sila ki monte sòti nan fòs la,
va kenbe nan pèlen an;
paske Mwen va mennen sou li, menm
    sou Moab,
ane a [j]pinisyon yo", deklare SENYÈ a.
[45] "Nan lonbraj Hesbon, mesye ki chape
    yo rete san fòs;
paske dife a parèt sòti nan Hesbon,

yon [k]flanm soti nan mitan Sihon
e li te devore fwontèn tèt a Moab
ak zo bwa tèt mò a banbochè yo.
[46] Malè pou ou, Moab! Pèp [l]Kemosch
    la fin peri;
paske fis nou yo vin prizonye e fi nou
    yo ale an kaptivite.

[47] "Malgre sa, Mwen va [m]restore Moab
    nan dènye jou yo,"
deklare SENYÈ a.
Jiska prezan, jijman an rive sou Moab.

49

Konsènan fis a [n]Ammon yo. Konsa pale
SENYÈ a:
"Èske Israël pa gen fis?
Oswa èske li pa gen eritye?
Alò poukisa Malcom te pran posesyon
    sou Gad,
e se pèp li ki vin rete nan vil pa yo?
[2] Pou sa, gade byen, jou yo ap vini",
deklare SENYÈ a:
"ke Mwen va fè yon twonpèt fè son lagè
kont Rabbath, fis a Ammon yo;
epi li va devni pil dezole, e [o]vil li yo
    va limen ak dife.
Konsa, Israël va pran posesyon de sila
    ki posede l yo,"
pale SENYÈ a.
[3] "Rele anmwey, O Hesbon! Paske
    Aï fin detwi!
Kriye fò, O fi a Rabbath yo!
[p]Mare senti nou ak twal sak ak gwo kri
e kouri fè ale retou anndan miray yo;
paske Malcom va ale an egzil
ansanm ak prèt li yo ak prens yo.
[4] Pouki sa ou ògeye pou vale yo! Vale
    yo kap koule,
O fi ki chite fè bak, ki plase konfyans
    li nan trezò li yo?
E k ap di: 'Kilès ki va vini kont mwen?'
[5] Gade byen, m ap fè gwo laperèz rive sou ou,"
deklare Senyè BONDYE dèzame yo:
"Soti nan tout kote ki antoure ou yo;
epi nou chak va chase sòti tèt devan,
san pèsòn ki pou rasanble sila ki gaye yo.

[6] "Men apre, Mwen va restore fòtin a
    fis a Ammon yo,"
deklare SENYÈ a.

[7] Konsènan Édom. Konsa pale SENYÈ
    dèzame yo:
"Èske pa gen sajès ankò nan [q]Théman?
Èske tout konsèy a sila ki pridan yo fin pèdi?
Èske sajès yo vin pouri?
[8] Chape poul ou, retounen, rete nan
    pwofondè yo,

---
[a] 48:35 Jr 7:9   [b] 48:36 És 5:15   [c] 48:37 És 15:2   [d] 48:38 És 22:1   [e] 48:39 Éz 26:16   [f] 48:40 És 8:8   [g] 48:41 Jr 49:22   [h] 48:42 Sòm 83:4   [i] 48:43 És 24:17-18   [j] 48:44 Jr 46:21   [k] 48:45 Nonb 21:28-29   [l] 48:46 Jij 11:24   [m] 48:47 Jr 12:14-17   [n] 49:1 Det 23:3-4   [o] 49:2 Jos 17:11-16   [p] 49:3 És 32:11   [q] 49:7 Jen 36:11-34

O sila ki rete Dedan yo! Paske Mwen
    va mennen
[a]dezas Ésaü a sou li nan lè M ap pini li a.
⁹ Si sila k ap ranmase rezen yo te vin kote ou,
èske yo pa t ap kite kèk grenn fwi tonbe atè?
Si yon [b]vòlè te vini lannwit,
yo ta vole sèlman kont yo pou yo ta jwenn ase.
¹⁰ Men Mwen te rete rad sou Ésaü.
Mwen te dekouvri kote kache li yo
jiskaske li pa t ka kache menm.
Desandan li yo, moun fanmi li yo,
    vwazen li yo ak
[c]li menm pa egziste menm ankò.
¹¹ Kite òfelen ou yo dèyè; Mwen va
    konsève yo.
Kite [d]vèv ou yo mete konfyans yo nan Mwen."
¹² Paske konsa pale SENYÈ a: "Gade byen, sila ki pa t kondane pou bwè [e]tas yo va, anverite, bwè l, e èske se ou sèl k ap epanye? Nou p ap epanye, men anverite, nou va bwè l. ¹³ Paske Mwen te [f]sèmante pa Mwen menm", deklare SENYÈ a: "ke Botsra va devni yon objè degoutan, yon repwòch, yon pil mazi kraze ak yon malediksyon. Tout vil li yo va vin pil mazi."

¹⁴ Mwen te tande yon mesaj soti nan SENYÈ a
e yon [g]mesaje vin voye pami tout
    nasyon yo, t ap
di: "Rasanble nou ansanm.
Vin kont li!
Leve pou batay!"

¹⁵ "Paske gade byen, Mwen te fè nou
    piti pami nasyon yo,
meprize pami lòm.
¹⁶ Men pou laperèz a ou menm,
awogans a kè ou te twonpe ou;
ou menm ki rete nan twou wòch yo,
ki okipe wotè a kolin nan.
Malgre ou fè nich ou wo tankou èg,
M ap [h]rale ou desann soti la,"
deklare SENYÈ a.
¹⁷ "Édom va devni yon [i]objè degoutan;
chak moun ki pase bò kote li va etone,
e va sifle kon koulèv sou tout blesi li yo.
¹⁸ Tankou [j]boulvèsman Sodome ak Gomorrhe
ak vwazen li yo", di SENYÈ a:
"pèsòn p ap viv la, ni p ap gen youn nan
fis a lòm ki rete la.

¹⁹ "Gade byen, youn va monte kon yon lyon
ki soti nan rakbwa Jourdain an kont
    yon patiraj ki
tèlman byen wouze;
pou yon moman, mwen va fè l kouri kite li
e nenpòt moun ki [k]deziye,
Mwen va bay li pouvwa sou li.

Paske se kilès ki tankou Mwen menm?
E se kilès k ap voye pwosè vèbal tribinal
    ban Mwen?
Alò, se kilès ki bèje ki ka kanpe
    devan Mwen?"
²⁰ Pou sa, koute [l]plan ke SENYÈ a
    fòme kont Édom
ak objektif ke Li te fòme kont moun
    ki rete Théman yo:
Anverite, yo va trennen yo deyò,
menm pi piti nan bann mouton an.
Anverite, Li va fè patiraj yo vin dezole
    akoz de yo menm.
²¹ [m]Latè te souke akoz bri chit yo. Gen
    yon gwo kri anmwey!
Bri li te rive jis nan Lamè Wouj.
²² Gade byen, Li va monte, desann kon yon èg
e lonje zèl li kont Botsra.
[n]Kè a moun pwisan yo va tankou
kè a yon fanm k ap pouse pitit.

²³ Konsènan [o]Damas.
"Hamath ak Arpad fè wont nèt,
paske yo te resevwa move nouvèl.
Yo dekouraje. Kouraj yo ba nèt.
Gen enkyetid bò lanmè a;
li pa ka kalme.
²⁴ Damas vin enpwisan nèt;
li te vire sove ale, e gwo laperèz fin sezi li.
Gwo doulè ak sezisman pran l
tankou yon fanm k ap akouche.
²⁵ Ki jan [p]vil lwanj Mwen an pa vin dezète,
vil lajwa Mwen an!
²⁶ Konsa, [q]jennonm pa l yo va tonbe
    nan ri li yo
e tout mesye lagè yo va tonbe an silans
    nan jou sa a,"
deklare SENYÈ dèzame yo.
²⁷ Mwen va mete dife nan miray Damas lan
e li va devore tou bèl palè Ben-hadad yo.

²⁸ Konsènan Kédar ak wayòm a Hatsor yo,
ke Nebucadnetsar, wa Babylone nan,
    te pran nan batay.
Konsa pale SENYÈ a:
"Leve monte Kédar e detwi [r]mesye nan lès yo.
²⁹ Yo va pran tant yo ak bann mouton yo;
yo va pote pou kont yo tout rido tant yo,
tout byen yo ak tout [s]chamo yo
e yo va rele a youn lòt: 'Gwo laperèz
    tout kote!'
³⁰ "Kouri, sove ale! Rete nan pwofondè
    yo, o pèp Hatsor a",
deklare SENYÈ a:
"Paske [t]Nebucadnetsar, wa Babylone nan,
te fòme yon plan kont nou

---

[a] **49:8** Jr 46:21   [b] **49:9** Ab 5   [c] **49:10** És 17:14   [d] **49:11** Za 7:10   [e] **49:12** Jr 25:15   [f] **49:13** Jen 22:16
[g] **49:14** És 18:2   [h] **49:16** Am 9:2   [i] **49:17** Jr 18:16   [j] **49:18** Jen 19:24-25   [k] **49:19** Nonb 16:5   [l] **49:20** És 14:24-27   [m] **49:21** Jr 50:46   [n] **49:22** És 13:8   [o] **49:23** Jen 14:15   [p] **49:25** Jr 33:9   [q] **49:26** Jr 11:22
[r] **49:28** Job 1:3   [s] **49:29** I Kwo 5:21   [t] **49:30** Jr 25:9

e te fome yon plan kont nou.
³¹ Leve monte kont yon nasyon ᵃki alèz,
　　ki viv ansekirite,"
deklare SENYÈ a:
"Li pa gen pòtay, ni fè fòje;
yo rete pou kont yo."
³² Chamo pa yo va devni piyaj,
gran kantite bèt yo va sèvi kon bagay
　　sòlda pran,
Mwen va ᵇgaye bay tout van yo a sila ki
koupe kwen cheve yo;
e Mwen va mennen sou yo gwo dezas
　　ki sòti tout kote,"
deklare SENYÈ a.
³³ "Hatsor va vin yon kote pou chen mawon,
yon kote dezole jis pou tout tan.
P ap gen moun ki rete la,
ni yon grenn nan fis a lòm p ap rete ladann."

³⁴ Sa ki te sòti kon pawòl SENYÈ a konsènan
Élam, nan kòmansman règn a Sédécias, wa Juda a,
t ap di: ³⁵ "Konsa pale SENYÈ dèzame yo:
'Gade byen, Mwen va ᶜkraze banza Élam nan,
pi fò nan pwisans pa yo.
³⁶ Mwen va mennen sou Élam kat van
ki sòti nan kat pwent syèl yo,
e Mwen va ᵈgaye pèp yo a tout van sa yo.
P ap gen nasyon kote moun rejte a
　　Élam yo pa prale.
³⁷ Konsa, Mwen va kraze Élam devan
　　lènmi yo
ak devan sila k ap chache lavi yo.
Mwen va ᵉmennen gwo kalamite sou yo,
menm kòlè sovaj Mwen', deklare SENYÈ a.
'Mwen va voye nepe kont yo
jiskaske Mwen fin manje yo nèt.
³⁸ Epi Mwen va mete twòn pa Mwen
　　nan Élam,
e Mwen va detwi wa pa yo ak ofisye pa
　　yo,' deklare SENYÈ a.
³⁹ 'Men li va vin rive nan dènye jou yo,
ke Mwen va ᶠrestore fòtin Élam yo',
　　deklare SENYÈ a."

50 Pawòl ke SENYÈ a te pale konsènan
ᵍBabylone, peyi Kaldeyen yo, pa Jérémie,
pwofèt la:
² "Deklare e pwoklame pami nasyon yo.
Pwoklame sa e leve yon drapo.
Pa kache sa, men di: ʰ'Babylone te kaptire
Bel gen tan plen regre,
Merodac fin nan gwo twoub!
Imaj li yo fè wont, e zidòl li yo fin sans espwa.'
³ Paske yon nasyon gen tan monte kont
　　li soti nan ⁱnò;
sa va fè peyi li vin yon objè degoutan
e p ap genyen moun ki rete ladann.
Ni moun, ni bèt fin egare ale; yo ale nèt!

⁴ "Nan jou sa yo ak nan lè sa a," deklare
　　SENYÈ a:
"Fis Israël yo va vini, ni yo menm, ni
　　fis a Juda yo tou;
yo va avanse ap kriye ʲpandan yo prale
e se SENYÈ a, Bondye ke yo va chache a.
⁵ Yo va ᵏmande pou chemen ki ale
　　nan Sion an,
e vire figi yo vè direksyon li.
Yo va di 'Vin mete tèt nou ak SENYÈ a,
nan yon akò k ap dire jis pou tout tan,
youn ki p ap janm bliye.'
⁶ Pèp Mwen an gen tan vin ˡmouton ki pèdi.
Bèje yo te egare o.
Yo te fè yo vire akote mòn yo.
Yo te avanse soti sou mòn pou rive sou kolin,
e yo te bliye plas repo yo.
⁷ Tout moun ki rive sou yo te devore yo;
epi advèse yo te di: ᵐ'Nou pa koupab,
paske se yo ki te peche kont SENYÈ
ki se abitasyon ladwati a,
menm SENYÈ a, espwa a papa zansèt yo.'

⁸ "Detounen kite ⁿmitan Babylone!
Sòti nan peyi Kaldeyen yo.
Fè konsi se mal kabrit k ap mache
　　nan tèt bann an.
⁹ Paske gade byen, Mwen va ᵒleve fè
　　parèt kont Babylone,
yon gwo foul nasyon pwisan soti
　　nan peyi nò a.
Yo va rale lign batay yo kont li.
Depi la, yo va vin an kaptivite.
Flèch yo va tankou yon gèrye ekspè,
ki pa janm retounen men vid.
¹⁰ Chaldée va vin yon viktim;
tout moun ki piyaje li va jwenn kont yo,"
deklare SENYÈ a.

¹¹ "Akoz nou kontan, akoz nou ap fete,
o nou menm ki te konn ᵖpiyaje eritaj
　　Mwen an;
akoz nou fè sote tankou yon jenn gazèl
k ap foule sereyal;
epi ki vin ranni kon jenn poulen,
¹² ᵠmanman nou va tèlman wont,
sila ki te bay nou nesans lan va imilye.
Gade byen, li va pi piti pami nasyon yo,
yon savann, yon peyi sèch, yon dezè.
¹³ Akoz endiyasyon SENYÈ a, li p ap abite,
men li va dezole nèt.
Tout moun ki pase kote Babylone va vin sezi.
E va sifle kon koulèv akoz tout dega li yo.
¹⁴ Monte lign batay ou kont Babylone
　　tout kote,
nou tout ki konn koube banza.
Tire sou li.

ᵃ **49:31** Jij 18:7　ᵇ **49:32** Éz 5:10　ᶜ **49:35** Sòm 46:9　ᵈ **49:36** Jr 49:32　ᵉ **49:37** Jr 6:19　ᶠ **49:39** Jr 48:47
ᵍ **50:1** Jen 10:10　ʰ **50:2** Jr 51:31　ⁱ **50:3** És 13:7　ʲ **50:4** Éz 3:12-13　ᵏ **50:5** És 35:8　ˡ **50:6** És 53:6
ᵐ **50:7** Jr 2:3　ⁿ **50:8** És 48:20　ᵒ **50:9** Jr 51:1　ᵖ **50:11** Jr 12:14　ᵠ **50:12** Jr 15:9

Pa konsève flèch nou yo,
paske li te peche kont SENYÈ a.
¹⁵ Leve kriye batay la kont li tout kote!
Li te tonbe. Mi defans li yo fin tonbe,
miray li yo fin demoli.
Paske sa se ªvanjans SENYÈ a.
Pran vanjans sou li.
Jan li te konn fè a, fè l konsa.
¹⁶ Koupe retire ᵇkiltivatè Babylone nan;
ak sila ki voye kouto nan lè rekòlt la.
Akoz krent nepe opresè a,
yo chak va retounen vè pwòp pèp pa yo,
e yo chak va sove ale nan pwòp peyi yo.

¹⁷ "Israël se yon ᶜbann moun kap kouri
devan lachas
lyon an te chase yo ale.
Premye ki te devore li a se te wa Assyrie a,
e dènye ki te kraze zo li yo se te
Nebucadnetsar, wa Babylone nan."
¹⁸ Pou sa, konsa pale SENYÈ dèzame yo, Bondye
Israël la:
"Gade byen, Mwen va pini wa Babylone
nan ak peyi li a,
menm jan ke M ᵈte pini wa Assyrie a.
¹⁹ Epi Mwen va ᵉmennen Israël retounen
nan patiraj li
e li va jwen manje li sou Carmel ak sou Basan;
epi dezi li va satisfè nan peyi kolin
Éphraïm ak Galaad yo.
²⁰ Nan jou sa yo ak nan lè sa a", deklare
SENYÈ a:
"rechèch va fèt pou jwenn inikite Israël la,
men ᶠp ap genyen;
epi pou peche a Juda yo, men yo p ap jwenn;
paske Mwen va padone sila ke M kite
kon retay yo."

²¹ "Kont peyi Merathaïm nan, monte;
kont li ak kont moun ᵍPékod yo.
Touye yo e detwi yo nèt," deklare SENYÈ a;
"epi fè selon tout sa ke M te kòmande nou yo.
²² Bri batay la nan peyi a
ak destriksyon an vin gran.
²³ Gade kijan ʰmato k ap frape tout latè a
fin koupe an moso e kraze!
Gade kijan Babylone te vin yon objè
degoutan pami nasyon yo!
²⁴ Mwen te ⁱpoze yon pèlen pou ou
e ou menm te kenbe tou, o Babylone.
Pandan ou pa t menm konnen,
ou tou te dekouvri, ou e te pran,
akoz ou te goumen kont SENYÈ a."
²⁵ SENYÈ a te ouvri depo zam Li.
Li te fè parèt ʲzam endiyasyon Li yo,
paske Senyè BONDYE Dèzame yo

gen travay ki pou fèt nan peyi Kaldeyen yo.
²⁶ Vin kote li soti nan lizyè ki pi lwen an.
Ouvri depo li yo.
Anpile li kon gwo pil.
ᵏDetwi li nèt.
Pa kite anyen rete pou li.
²⁷ ˡMete tout jenn towo li yo a nepe.
Kite yo desann nan masak la!
Malè a yo menm, paske jou pa yo a rive,
lè pinisyon pa yo a.
²⁸ Tande ᵐbri a sila k ap sove ale yo,
ak sila k ap pran flit kite tè Babylone nan,
pou deklare an Sion vanjans a SENYÈ
Bondye nou an;
vanjans pou tanp Li an.

²⁹ "Rele anpil kont Babylone,
tout sila ki konn koube banza yo.
Fè kan kont li tout kote,
pa bay li mwayen pou chape menm.
Rekonpanse li selon zèv li yo.
Selon tout sa li te fè yo, konsa fè li;
paske li te vin ⁿawogan kont SENYÈ a,
kont Sila Ki Sen an Israël la.
³⁰ Pou sa, ᵒjennonm pa l yo va tonbe nan lari;
e tout mesye lagè li yo va tonbe an silans
nan jou sa a," deklare SENYÈ a.
³¹ "Gade byen, ᵖMwen kont ou,
O sila ki plen awogans lan", deklare Senyè
BONDYE dèzame yo,
"Paske jou pa ou a fin rive,
lè ke M va pini ou a.
³² ᑫSila ki awogan an va glise tonbe, san
pèsòn pou leve li;
epi Mwen va mete dife nan vil li yo
e li va devore tout andwa l yo."
³³ Konsa pale SENYÈ dèzame yo:
"Fis Israël yo vin oprime, ansanm ak
fis a Juda yo.
ʳTout moun ki te pran yo an kaptivite yo
te kenbe yo di.
Yo te refize lage yo.
³⁴ Redanmtè yo a fò.
SENYÈ dèzame yo se non Li;
Li va plede ka yo ak gwo fòs
pou L ka mennen lapè sou tè a,
men gwo twoub sou sila ki rete Babylone yo.

³⁵ "Yon nepe kont Kaldeyen yo",
deklare SENYÈ a:
"Kont moun ki rete Babylone yo,
kont ˢofisye li yo ak mesye saj li yo!
³⁶ Yon nepe kont ᵗmoun anfle yo;
yo va devni moun fou!
Yon nepe kont mesye pwisan li yo;
yo va twouble nèt!

ª **50:15** Sòm 137:8   ᵇ **50:16** Jl 1:11   ᶜ **50:17** Jl 3:2   ᵈ **50:18** És 10:12   ᵉ **50:19** És 65:10   ᶠ **50:20** És 43:25
ᵍ **50:21** Éz 23:23   ʰ **50:23** Jr 51:20-24   ⁱ **50:24** Jr 48:43-44   ʲ **50:25** És 13:5   ᵏ **50:26** És 14:23   ˡ **50:27** És 34:7   ᵐ **50:28** És 48:20   ⁿ **50:29** Egz 10:3   ᵒ **50:30** És 13:17   ᵖ **50:31** Jr 21:13   ᑫ **50:32** És 10:12-15
ʳ **50:33** És 14:17   ˢ **50:35** Dan 5:1-8   ᵗ **50:36** És 44:25

37 Yon nepe kont ᵃcheval li yo,
kont cha lagè yo,
kont tout etranje ki rete nan mitan l yo
e yo va vin tankou fanm!
Yon nepe rete sou trezò li yo,
e yo va piyaje!
38 Yon sechrès sou dlo li yo,
e yo va vin sèch nèt!
Paske se yon peyi ᵇimaj taye,
e yo fou pou zidòl sa yo.
39 Akoz sa, ᶜbèt dezè yo va viv la,
ansanm ak chen mawon.
Anplis, otrich va viv ladann,
e li p ap janm gen moun ladann ankò,
ni moun k ap viv la de jenerasyon an
jenerasyon.
40 "Tankou lè Bondye te boulvèse ᵈSodome
ak Gomorrhe
ak vwazen li yo," deklare SENYÈ a:
"Nanpwen moun k ap viv la, ni fis a lòm
k ap rete ladann.

41 "Gade byen, yon pèp ap vini ᵉsoti nan nò,
Yon gwo nasyon ak anpil wa
va leve soti nan dènye pwent latè.
42 Yo sezi banza yo, ak lans yo;
yo mechan e yo san mizerikòd.
ᶠVwa yo gwonde tankou lanmè.
Yo monte sou cheval yo,
chaken byen òdone tankou moun
pou fè batay kont ou, O fi a Babylone nan.
43 Wa Babylone nan te tande rapò de yo,
e men li pann san fòs.
ᵍGwo dekourajman sezi li;
gwo doulè tankou yon fanm k ap pouse pitit.
44 Gade byen, youn va monte kon yon lyon
soti nan rakbwa Jourdain an,
rive nan yon abitasyon byen fò;
paske nan yon moman, Mwen va fè
yo kouri kite li.
Epi nenpòt moun ki ʰchwazi,
Mwen va dezinye l mete sou li.
Paske se kilès ki tankou Mwen?
E se kilès k ap fè m tan lè M?
Kilès ki bèje ki ka kanpe devan M?"
45 Pou sa, tande ⁱkonsèy SENYÈ a,
ke li te fè kont Babylone;
plan a ke Li deja fome kont peyi Kaldeyen yo:
Anverite, yo va vin trennen deyò,
menm piti nan bann mouton yo.
Anverite, li va fè abitasyon yo dezole sou yo.
46 Latè vin souke ak gwo kri "Babylone
te vin pran!"
E ʲgwo kri sa a vin tande pami nasyon yo.

51

Konsa pale SENYÈ a:
"Gade byen, Mwen va fè leve
kont Babylone
e kont moun k ap viv Chaldée yo,
ᵏlespri a yon van kap detwi.
2 Mwen va voye etranje yo Babylone
pou yo ka ˡvannen l,
pou yo kapab devaste peyi li a;
paske tout kote nan jou gwo malè li a,
yo va kontra li toupatou.
3 Kontra sila a ki ᵐkoube a,
kite achè koube banza li.
Kontra sila a ki leve nan pwotèj li yo,
pa kite jennonm li yo chape!
Touye tout lame li nèt!
4 Yo va tonbe atè mouri nan peyi Kaldeyen yo,
ⁿfrennen nèt, kouche nan lari yo.
5 Paske ni Israël, ni Juda te abandone
pa Bondye li,
SENYÈ dèzame yo;
sepandan, peyi yo ᵒplen koupabilite devan
Sila Ki Sen an Israël la.

6 ᵖ"Sove ale soti nan mitan Babylone!
Nou chak sove lavi nou!
Pa vin koupe retire nan inikite l,
paske sa se lè vanjans SENYÈ a.
Li va rann rekonpans bay li.
7 Babylone te yon tas fèt an lò nan
men SENYÈ a,
ki te fè tout mond lan vin sou.
Nasyon yo te bwè nan diven l lan;
akoz sa, nasyon yo ap vin anraje.
8 Sibitman, ᵠBabylone vin tonbe e kraze nèt;
rele anmwey sou li!
Pote pomad pou doulè li.
Petèt li ka geri.

9 "Nou te pito gerizon pou Babylone,
men li pa t geri.
Abandone l.
Kite nou chak ale nan pwòp peyi pa nou;
paske jijman li an ʳfin rive nan syèl la,
e leve wo rive jis nan syèl yo.
10 'SENYÈ a te ˢmennen ladwati nou an.
Vini, annou rakonte depi nan Sion
zèv a SENYÈ a, Bondye nou an!'

11 ᵗ"File flèch, plen fouwo yo!
Kenbe pwotèj yo djanm!
SENYÈ a te fè leve lespri a wa yo nan Médie,
paske volonte L kont Babylone pou detwi li.
Paske se vanjans SENYÈ a,
vanjans pou tanp Li an.
12 Leve yon sinyal kont miray Babylone yo!
Plase yon gad byen fò!

ᵃ **50:37** Sòm 20:7   ᵇ **50:38** És 46:1-7   ᶜ **50:39** És 13:21   ᵈ **50:40** Jen 19:24-25   ᵉ **50:41** És 13:2-5   ᶠ **50:42** És 5:30   ᵍ **50:43** Jr 30:6   ʰ **50:44** Nonb 16:5   ⁱ **50:45** Sòm 33:11   ʲ **50:46** És 5:7   ᵏ **51:1** Jr 4:11-12   ˡ **51:2** És 41:16   ᵐ **51:3** Jr 50:14-29   ⁿ **51:4** És 13:5   ᵒ **51:5** Os 4:1-2   ᵖ **51:6** Jr 50:8-28   ᵠ **51:8** És 21:9   ʳ **51:9** Éz 9:6   ˢ **51:10** Sòm 37:6   ᵗ **51:11** Jr 46:4-9

Pozisyone santinèl yo,
mete gason an anbiskad.
Paske SENYÈ a pa t sèlman ᵃfè plan,
men te acheve objektif sa Li te pale
konsènan sila ki rete Babylone yo.
¹³ O nou menm ki rete bò kote anpil dlo yo,
plen ak richès yo,
dènye lè nou an gen tan rive,
mezi ᵇgwo lanvi nou.
¹⁴ SENYÈ dèzame yo te sèmante pa kont Li.
Li te di:
'Anverite, mwen va plen nou ak moun
kon yon gwo foul krikèt volan
e yo va kriye fò ak gwo kri laviktwa sou nou.'

¹⁵ "Sila ki te fè latè a ak fòs pouvwa Li a,
ki te etabli lemonn ak sajès Li,
e ak bon konprann Li, te ᶜetabli syèl yo;
¹⁶ lè ᵈvwa L sone,
yon gwo kaskad dlo desann nan syèl yo,
e Li fè nwaj monte soti nan dènye
   pwent latè yo.
Li fè loray pou lapli,
e mennen van parèt sòti nan depo Li yo.

¹⁷ "Tout lòm gen tan fè bèt, san okenn
   konesans;
tout òfèv yo fè wont akoz imaj fonn yo,
paske imaj fonn yo se yon desepsyon
e nanpwen souf nan yo.
¹⁸ Yo ᵉsan valè, yon zèv pou moke moun;
nan tan pinisyon yo, yo va peri.
¹⁹ ᶠPòsyon Jacob pa tankou sa yo;
paske Sila ki fè tout bagay la se Li menm
e selon tribi eritaj Li a,
SENYÈ dèzame yo se non L.

²⁰ "Li di: "Ou se baton lagè M ak zam
   lagè M yo;
epi avèk ou, Mwen kraze nasyon yo.
Avèk ou, Mwen detwi wayòm yo.
²¹ Avèk ou, Mwen ᵍkraze cheval la
ak sila ki monte sou li.
Avèk ou, mwen kraze cha lagè a,
ak sila ki monte ladann nan.
²² Avèk ou, Mwen kraze ni gason, ni fanm.
Avèk ou, Mwen kraze jennonm nan
   ak vyèj la.
²³ Avèk ou, Mwen kraze bèje a ak bann
   mouton li an.
Avèk ou, Mwen kraze kiltivatè a ak
   bèf cha li yo
Avèk ou, Mwen kraze majistra yo ak prefè yo.
²⁴ "Mwen va rekonpanse Babylone ak tout pèp
Chaldée a pou ʰtout mechanste ke yo te fè nan Sion
devan zye nou", deklare SENYÈ a.

²⁵ "Gade byen, ⁱMwen kont ou O mòn
   k ap detwi,
ki detwi tout tè a," deklare SENYÈ a:
"Mwen va lonje men M kont ou,
fè ou woule desann soti nan kwen
   falèz byen wo yo
e Mwen va fè ou vin yon mòn ki fin brile nèt.
²⁶ Yo p ap pran nan men ou,
menm yon wòch pou fè kwen,
ni yon wòch pou fondasyon yo,
men ou va ʲdezole jis pou tout tan,"
   deklare SENYÈ a.

²⁷ "Leve yon sinyal nan peyi a,
soufle yon twonpèt pami nasyon yo!
Konsakre nasyon yo kont li!
Rele kont li wayòm ᵏArarat, Minni ak
   Aschkenaz yo!
Chwazi yon gwo chèf kont li;
leve cheval tankou yon foul krikèt
   volan voras.
²⁸ Konsakre nasyon yo kont li,
Wa a Médie yo, majistra pa yo ak prefè yo,
ak tout peyi ke yo konn domine yo.
²⁹ ˡPeyi a ta tranble e tòde;
paske volonte a SENYÈ a kont
   Babylone kanpe,
pou fè peyi Babylone vin yon dezolasyon
   san moun.
³⁰ Mesye pwisan a Babylone yo te
   sispann goumen;
yo rete nan sitadèl fòtifye yo.
Fòs yo fin epwize nèt.
Yo vin tankou fanm.
Lakay yo pran dife.
Fè fòje sou pòtay li yo fin kraze.
³¹ ᵐYoun kouri rankontre yon lòt;
yon mesaje rankontre yon lòt,
pou pale wa Babylone nan ke vil li
   a fin kaptire,
soti nan yon pwent pou rive nan yon lòt.
³² Kote pou yo janbe rivyè yo fin sezi tou.
Yo te brile marekaj yo ak dife,
e sòlda lagè yo vin sezi ak gwo laperèz."
³³ Paske konsa pale SENYÈ dèzame yo, Bondye
Israël la:
"Fi Babylone nan tankou yon ⁿglasi vannen.
Nan lè li, li foule byen solid, men
   nan yon ti tan,
sezon rekòlt la rive sou li."

³⁴ "Nebucadnetsar, wa Babylone nan,
te devore mwen.
Li te kraze mwen.
Li te depoze mwen tankou yon boutèy vid.
Tankou yon dragon, li te ᵒvale mwen.
Li te plen vant li ak bagay liks mwen yo.

ᵃ **51:12** Jr 4:28   ᵇ **51:13** És 57:17   ᶜ **51:15** Job 9:8   ᵈ **51:16** Job 37:2-6   ᵉ **51:18** Jr 18:15   ᶠ **51:19** Sòm 73:26
ᵍ **51:21** Egz 15:1   ʰ **51:24** Jr 50:15-29   ⁱ **51:25** Jr 50:31   ʲ **51:26** És 13:19-22   ᵏ **51:27** Jen 8:4   ˡ **51:29** Jr 8:16   ᵐ **51:31** II Kwo 30:6   ⁿ **51:33** És 21:10   ᵒ **51:34** Job 20:15

Li te lave mwen ale nèt.
³⁵ Ke ᵃvyolans anvè mwen an,
e anvè chè mwen an,
kapab tonbe sou Babylone."
Pèp Sion an va di:
"Ke san mwen kapab tonbe sou moun
    Chaldée yo",
Jérusalem va di.

³⁶ "Akoz sa", pale SENYÈ a:
"Gade byen, Mwen va ᵇplede ka ou,
e egzije vanjans nèt pou ou.
Mwen va seche lanmè li,
e fè sous li yo vin sèch.
³⁷ ᶜBabylone va devni yon gwo pil ranblè,
yon kay pou chen mawon,
yon objè degoutan, ak sifle kon koulèv,
san gen moun ki rete ladann.
³⁸ Yo va gwonde ansanm kon ᵈjenn lyon,
yo va gwonde kon pitit a lyon.
³⁹ Lè yo vin rive cho ase, mwen va
    sèvi yo bankè yo,
e fè yo sou, pou yo ka fè kè kontan
    nèt e ᵉdòmi nèt,
pou yo pa leve ankò menm", deklare
    SENYÈ a.

⁴⁰ "Mwen va bese yo tankou jenn mouton
    ᶠnan labatwa,
kon belye ansanm ak mal kabrit.

⁴¹ "Gade kijan ᵍSchéschac fin kaptire!
Kijan glwa a tout tè a vin pran!
Gade kijan Babylone devni yon objè
    degoutan pami nasyon yo!
⁴² ʰLanmè fin monte sou Babylone;
li te anvayi pa move vag li yo.
⁴³ Vil li yo te devni yon objè degoutan e lèd,
yon peyi sèk, yon dezè, yon peyi kote
ⁱmoun pa viv
e pami sila, yon fis a lòm pa menm pase.
⁴⁴ Mwen va pini Bel nan Babylone
e Mwen va fè sa li te vale a ʲsòti nan bouch li.
Nasyon yo p ap kouri ankò kote li.
Menm miray Babylone nan va tonbe!

⁴⁵ ᵏ"Sòti nan mitan li, pèp Mwen an
e nou chak sove tèt nou de kòlè SENYÈ a.
⁴⁶ Alò, pa kite kè nou vin febli e pa pè ˡrapò
k ap tande nan tout peyi a,
paske rapò a va rive nan yon ane,
e apre yon lòt rapò nan yon lòt ane,
gen vyolans nan peyi a,
e yon wa kont yon lòt wa.
⁴⁷ Pou sa, gade byen, jou yo ap vini lè
    Mwen va pini

ᵐzidòl taye a Babylone yo.
Konsa, tout peyi li a va vin wont,
e tout mò li yo va tonbe nan mitan li.
⁴⁸ Answit, syèl ak tè a ak tout sa ki ladann va
rele fò ak jwa sou Babylone;
paske ⁿdestriktè yo va vin kote li soti nan
    nò," deklare SENYÈ a.

⁴⁹ "Anverite, Babylone gen pou tonbe
pou sila ki te touye an Israël yo.
Menm jan pou Babylone an,
ᵒmoun de tout peyi a va tonbe.
⁵⁰ Nou menm ki te chape anba nepe yo, sòti!
Pa rete menm!
ᵖSonje SENYÈ a de lwen;
kite Jérusalem parèt nan lespri ou.

⁵¹ ᵠ"Nou vin wont akoz nou te tande repwòch.
Wont lan fin kouvri figi nou,
paske etranje yo te antre kote ki sen
    lakay SENYÈ a."

⁵² "Pou sa, gade byen, jou yo ap vini",
    deklare SENYÈ a:
"Lè Mwen va fè jijman sou ʳzidòl taye yo.
Konsa, sila ak blesi mòtèl yo
va plenyen nan tout peyi li a.
⁵³ Malgre Babylone ta monte nan syèl la,
e malgre li ta ranfòse sitadèl li a;
destriktè yo va soti kote ˢMwen,
e destriktè yo va rive kote li", deklare
    SENYÈ a.

⁵⁴ ᵗ"Bri a gwo kri k ap sòti Babylone,
ak gwo destriksyon k ap soti nan peyi
    Kaldeyen yo!
⁵⁵ Paske SENYÈ a va detwi Babylone.
Li va fè gran vwa a li te konn fè a sispann;
ᵘvag lanmè yo ki tap gwonde kon anpil dlo,
ak gwo son a vwa yo ki tap retanti toupatou.
⁵⁶ Paske sila k ap detwi a fin rive sou li,
sou Babylone nan menm.
Mesye pwisan li yo fin kaptire.
Banza yo fin kraze nèt.
Paske SENYÈ a se yon Bondye k ap
    bay rekonpans.
L ap rekonpanse nèt.
⁵⁷ Mwen va fè prens li yo ak saj li yo sou;
menm majistra li yo ak prefè li yo.
Konsa, yo ka dòmi yon ᵛdòmi san rete
    pou yo pa leve menm",
deklare Wa a, ki rele SENYÈ dèzame yo.

⁵⁸ Konsa pale SENYÈ dèzame yo:
"Miray Babylone nan ki tèlman laj
va vin demoli nèt.

ᵃ **51:35** Sòm 137:8   ᵇ **51:36** Sòm 140:12   ᶜ **51:37** Rev 18:2   ᵈ **51:38** Jr 2:15   ᵉ **51:39** Sòm 76:5   ᶠ **51:40** Jr 48:15   ᵍ **51:41** Jr 25:26   ʰ **51:42** És 8:7-8   ⁱ **51:43** És 13:20   ʲ **51:44** Éz 1:7-8   ᵏ **51:45** És 48:20   ˡ **51:46** II Wa 19:7   ᵐ **51:47** És 21:9   ⁿ **51:48** Jr 50:3   ᵒ **51:49** Rev 18:24   ᵖ **51:50** Det 4:29-31   ᵠ **51:51** Sòm 44:15   ʳ **51:52** Jr 50:38   ˢ **51:53** És 13:3   ᵗ **51:54** Jr 48:3-5   ᵘ **51:55** Sòm 18:4   ᵛ **51:57** Sòm 76:5-6

Wo [a]pòtay li yo va pran dife.
Donk, pèp yo va travay di pou ryen,
e nasyon yo va bouke nèt akoz dife a."

[59] Mesaj ke Jérémie, pwofèt la, te kòmande Seraja, fis a Nérija a, pitit pitit gason a Machséja, lè l te ale ak [b]Sédécias, wa Juda a, Babylone nan katriyèm ane règn li a. (Alò, Seraja te chèf diri jan lakay wa a.) [60] Konsa, Jérémie te [c]ekri nan yon sèl woulo tout malè ki ta rive sou Babylone yo, sa vle di tout pawòl sila ki te ekri konsènan Babylone yo. [61] Epi Jérémie te di a Seraja: "Depi ou vini Babylone, alò, fè si ke ou li tout pawòl sila yo a wot vwa, [62] Epi di: 'Ou menm, O SENYÈ! Ou te pwomèt, konsènan plas sa a pou koupe retire l nèt, pou pa menm gen [d]anyen ki rete ladann, ni lòm, ni bèt, men li va yon kote dezole jis pou tout tan'. [63] Konsa, li va fèt ke depi ou fin li woulo sa a, ou va mare yon wòch sou li e [e]jete l nan mitan rivyè Euphrate la. [64] Ou va di: 'Se konsa Babylone va fonse desann pou l [f]pa leve ankò, akoz malè ke Mwen va mennen sou li; epi yo va vin bouke nèt.'"
Jiska prezan, sa se pawòl a Jérémie yo.

52

[g]Sédécias te gen la j a venteyen ane lè l te devni wa a e li te renye pandan onz ane Jérusalem. Non manman l te Hamuthal, fi a Jérémie nan Libna a. [2] Li te fè mal nan zye SENYÈ a tankou tout sa ke [h]Jojakim te fè yo. [3] Paske akoz kòlè SENYÈ a, bagay sa a te rive Jérusalem ak Juda jiskaske Li te jete yo deyò prezans Li.

Epi Sédécias te [i]fè rebèl kont wa Babylone nan. [4] Alò, li te vin rive nan nevyèm ane règn li an, nan dizyèm jou nan dizyèm mwa a, ke Nebucadnetsar, wa Babylone nan te vini, li menm ak tout lame li a, kont Jérusalem, te fè kan kont li e te bati yon miray [j]syèj ki te antoure li. [5] [k]Konsa, vil la te anba syèj jis rive nan onzyèm ane a wa Sédécias.

[6] Nan Nevyèm jou nan katriyèm mwa a, [l]gwo grangou a te tèlman rèd nan vil la ke pa t gen manje pou pèp peyi a. [7] Konsa yo te [m]kase antre nan vil la, e tout mesye lagè yo te kouri kite vil la pandan lannwit lan bò kote pòtay ki te antre de miray ki te akote jaden a wa a. Sepandan, Kaldeyen yo te antoure vil la nèt. Yo te ale pa chemen Araba a vle di dezè a. [8] Men lame Kaldeyen an te kouri dèyè wa a. Li te [n]rive sou Sédécias nan plèn Jéricho e tout lame li a te gen tan gaye kite li. [9] Epi yo te kaptire wa a. Yo te mennen li monte kote wa Babylone nan kote [o]Ribla nan peyi Hamath, e li te kondane li la. [10] Wa Babylone nan [p]te touye fis a Sédécias yo devan zye l e anplis, li te touye tout prens Juda yo Ribla. [11] Anplis, li te [q]avegle zye a Sédécias. Konsa, wa Babylone nan te anprizone l ak braslè an bwonz, te mennen li Babylone, e te mete l nan prizon jis rive jou ke li te mouri an.

[12] Alò, nan dizyèm jou nan senkyèm mwa a, ki te diz-nevyèm ane a wa Nebucadnetsar, wa Babylone nan, [r]Nebuzaradan, chèf an tèt kò gad la, ki te nan sèvis wa a Babylone nan, te rive Jérusalem. [13] Li te [s]brile kay SENYÈ a lakay wa a, ak tout kay Jérusalem yo; menm tout gwo kay yo, li te brile yo ak dife. [14] Konsa, tout lame Kaldeyen ki te avèk chèf kò gad yo, te [t]demoli tout miray ki te antoure Jérusalem yo. [15] Epi Nebuzaradan, chèf kò gad yo, te [u]mennen, pote an egzil kèk nan moun ki pi malere pami pèp la, tout lòt moun ki te rete nan vil la, sila ki te dezète Jérusalem yo pou ale kote wa Babylone nan ak tout rès moun metye yo. [16] Men [v]Nebuzaradan, chèf kò gad la, te kite kèk moun nan pi malere yo pou okipe chan rezen yo, e pou laboure tè a.

[17] Alò, pilye an bwonz, ki te apatyen a lakay SENYÈ a, baz yo, ak gwo [w]lanmè an bwonz ki te lakay SENYÈ a, Kaldeyen yo te kraze yo an mòso e te pote tout bwonz yo Babylone. [18] Anplis, yo te pran [x]veso yo, pèl yo, etoufè yo, basen yo, po yo ak tout veso an bwonz ki te sèvi nan tanp lan. [19] Anplis, chèf kò gad la te retire [y]bòl yo, plato sann yo, basen yo, po yo, chandelye yo, sa ki te fèt an lò fen ak sa ki te fèt an ajan fen.

[20] De pilye yo, sèl lanmè a, douz towo an bwonz ki te anba lanmè a, ak baz yo, ke Wa Salomon te fè pou lakay SENYÈ a——bwonz nan tout veso sa yo te [z]depase kontwòl nan pwa. [21] Epi pou pilye yo, wotè a chak pilye te diz-uit koude, li te mezire douz koude [a]sikonferans lan, kat dwat nan epesè e vid nan mitan. [22] Alò, yon [b]tèt kouvèti an bwonz te sou li; epi wotè a chak tèt kouvèti te senk koude, ak yon sistèm mèch fèt avèk chèn an fil tòde pou tèt kouvèti ak grenad sou tèt kouvèti ki antoure l yo, tout nan bwonz nèt. Epi dezyèm pilye a te tankou sila a, menm ak grenad yo. [23] Te gen [c]katre-ven-sèz grenad byen parèt; tout nan grenad yo te kontwole an santèn, sou sistèm mèch la toupatou.

[24] Epi chèf kò gad la te pran Seraja, chèf prèt la, Sophonie, dezyèm wo prèt la, ak twa [d]ofisye a tanp yo. [25] Anplis, li te pran soti nan vil la, yon ofisye ki te yon sipèvizè pou mesye lagè yo, sèt nan [e]konseye wa ki te twouve nan vil yo, grefye a wo kòmandan ki te òganize pèp peyi a ak swasant mesye a pèp ki te twouve nan mitan vil yo. [26] Nebuzaradan, chèf kò gad la te pran yo e te [f]mennen yo kote wa Babylone nan Ribla. [27] Epi wa Babylone nan te [g]frape yo mete a lanmò nan Ribla nan peyi Hamath la.

Konsa, Juda te mennen ale an egzil kite peyi li. [28] Sila yo se moun ke [h]Nebucadnetsar te pote ale an egzil nan setyèm ane a: twa-mil-venn-twa Jwif;

---

[a] 51:58 És 45:1-2   [b] 51:59 Jr 28:1   [c] 51:60 És 30:8   [d] 51:62 Jr 51:43   [e] 51:63 Jr 19:10   [f] 51:64 Na 1:8   [g] 52:1 II Wa 24:18   [h] 52:2 Jr 36:30-31   [i] 52:3 II Kwo 36:13   [j] 52:4 Jr 32:24   [k] 52:5 II Wa 25:2   [l] 52:6 II Wa 25:3   [m] 52:7 II Wa 25:4   [n] 52:8 Jr 21:7   [o] 52:9 Nonb 34:11   [p] 52:10 II Wa 25:7   [q] 52:11 Jr 39:7   [r] 52:12 Jr 39:9   [s] 52:13 I Wa 9:8   [t] 52:14 II Wa 25:10   [u] 52:15 II Wa 25:11   [v] 52:16 II Wa 25:12   [w] 52:17 I Wa 7:23-26   [x] 52:18 Egz 27:3   [y] 52:19 I Wa 7:49-50   [z] 52:20 I Wa 7:47   [a] 52:21 I Wa 7:15   [b] 52:22 I Wa 7:16   [c] 52:23 I Wa 7:20   [d] 52:24 I Kwo 9:19   [e] 52:25 II Wa 25:19   [f] 52:26 II Wa 25:20   [g] 52:27 II Wa 25:21   [h] 52:28 II Wa 24:2-16

²⁹ nan diz-uityèm ane Nebucadnetsar a, ui-san-trant-de moun ki sòti Jérusalem;
³⁰ nan venn-twazyèm ane a Nebucadnetsar a, ªNebuzaradan, chèf kò gad yo te pote an egzil sèt-san-karant-senk Jwif. Nom de moun antou te kat-mil moun.
³¹ Alò, li te vin rive nan trant-setyèm ane egzil Jojakin, wa Juda a, nan douzyèm mwa a, sou venn-senkyèm jou a mwa a, ke Évil-Merodac, wa Babylone nan, nan premye ane règn li a, te montre favè li a Jojakin, wa Juda a, e te lage li nan prizon. ³² ᵇKonsa, li te pale dousman avèk li e te mete twòn li pi wo pase twòn a wa ki te avèk li Babylone yo. ³³ Konsa, Jojakin te chanje rad prizonye li a, e te ᶜpran repa li nan prezans a wa a pandan tout rès jou lavi li yo. ³⁴ Pou okipe li, li te resevwa yon ᵈpòsyon nòmal chak jou pandan tout rès jou lavi li, jis rive jou li te mouri an.

ª **52:30** II Wa 25:11   ᵇ **52:32** II Wa 25:28   ᶜ **52:33** II Sam 9:7-13   ᵈ **52:34** II Sam 9:10

Lamantasyon Yo

1 ¹ A la sèl,
    vil ki te konn ªplen moun nan chita sèl!
Li vin tankou yon vèv
ki te konn byen pwisan pami nasyon yo!
Sila ki te konn yon fanm
byen gran pami nasyon yo!
Li menm ki te yon prensès pami pwovens yo,
Koulye a, se travo fòse li oblije fè!

² Li kriye byen anmè nan nwit lan.
Dlo zye li kouri desann figi l.
Pami tout sila ki te renmen l yo,
nanpwen moun ki pou bay li rekonfò.
Tout zanmi li yo fè l trèt;
yo te tounen lènmi l.

³ ᵇJuda antre an egzil anba gwo opresyon;
anba esklavaj byen di.
Li demere pami nasyon yo;
pou repo, nanpwen.
Tout sila k ap pesekite l yo,
fin sezi li nan mitan gwo twoub li.

⁴ ᶜChemen Sion yo ap fè dèy;
pèsòn pa rive nan fèt li yo.
Tout pòtay li yo vin dezole.
Prèt li yo ap plenn nan gòj,
vyèj li yo vin aflije,
e li menm, li vin anmè.

⁵ Advèsè li yo te vin mèt li.
Lènmi li yo ap byen reyisi;
paske SENYÈ a te ᵈkoze doulè l,
akoz gwo kantite transgresyon li yo.
Pitit li yo se prizonye devan advèsè yo.

⁶ Tout ᵉmajeste fin kite fi a Sion an.
Prens li yo vin tankou sèf ki pa t jwenn patiraj.
Yo sove ale san rezistans
devan mèt lachas la.

⁷ Jérusalem sonje tout bagay presye li yo
    ᶠnan jou afliksyon li.
Tout bèl bagay ki te la depi nan jou ansyen yo;
lè pèp li a te tonbe nan men a advèsè a,
e pat gen okenn ki pou ede l.
Advèsè yo te wè l.
Yo te giyonnen l akoz tristes li.

⁸ Jérusalem te ᵍfè gwo peche.
Konsa, li te vin yon bagay ki pa pwòp.
Tout sila ki te konn louwe l yo,
meprize l akoz yo te wè li toutouni.
Menm li menm plenn nan gòj, e vire an ayè.

⁹ Depi nan jip li, salte a te la.
Li pa t konsidere davni li.
Akoz sa li te vin tonbe yon fason etonan.
Napwan moun pou konsole l.
"Gade, O SENYÈ, afliksyon mwen an;
paske ènmi an vante tèt.
Li vin ògeye!"

¹⁰ Advèsè a te lonje men l sou tout bagay
presye fi a te genyen;
li te wè ènmi yo antre nan sanktyè li a;
sila ke Ou menm te kòmande pou yo
ʰpa antre nan asanble Ou a.

¹¹ Tout pèp li a plenn nan gòj.
Yap ⁱchache pen.
Tout sa ak valè deja vèse bay pou manje,
pou kenbe nanm yo vivan an.
"Gade, O SENYÈ, paske mwen vin meprize."

¹² Èske sa pa anyen pou nou tout ki pase
    nan wout sa a?
Gade pou wè si genyen yon doulè ki
    tankou doulè mwen an,
doulè ki te pase vin nan men m nan,
avèk sila ʲSENYÈ a te aflije m nan jou
    a gran kòlè Li a.

¹³ Soti anwo, Li te voye dife antre nan ᵏzo m,
e lap dominen yo.
Li te ouvri yon pèlen pou pye m;
Li te fè m vire fè bak.
Li te fè m vin dezole, fèb tout lajounen.

¹⁴ Jouk transgresyon mwen yo vin mare;
ak men Li yo koude nèt ansanm.
Yo te rive jis nan kou m;
Li te fè fòs mwen vin kraze disparèt.
Senyè a te ˡlivre m nan men a sila yo;
kont yo, mwen pa ka kanpe.

¹⁵ Senyè a te rejte tout mesye pwisan
    ki nan mitan m yo.
Li te rele yon asanble solanèl kont mwen
    pou kraze ᵐjennonm mwen yo.
Senyè a te foule, konsi se nan yon pèz
    rezen, fi vyèj a Juda a.

¹⁶ Pou bagay sa yo, mwen ap kriye.
Zye m koule ak dlo.
Konsolatè kap refreshi nanm mwen lwen m,

ª **1:1** És 22:2 ᵇ **1:3** Jr 13:19 ᶜ **1:4** Jl 1:8-13 ᵈ **1:5** Sòm 90:7-8 ᵉ **1:6** Jr 13:18 ᶠ **1:7** Jr 37:7-10 ᵍ **1:8** És 59:2-13 ʰ **1:10** Det 23:3 ⁱ **1:11** Jr 38:9 ʲ **1:12** Jr 30:23-24 ᵏ **1:13** Job 30:30 ˡ **1:14** Jr 32:3-5 ᵐ **1:15** Jr 6:11

Nanpwen ᵃokenn ki ta ka konsole mwen,
okenn ki ta ka restore nanm mwen.
Pitit mwen yo vin dezole akoz ènmi
    an te vin genyen.

¹⁷ Sion lonje men l ouvri nèt.
Nanpwen ki pou konsole l.
SENYÈ a te bay lòd konsènan Jacob,
ke sila ki antoure l yo ta lènmi avè l.
ᵇJérusalem te devni yon bagay pa
    pwòp pami yo.

¹⁸ SENYÈ a jis;
paske mwen te ᶜfè rebèl kont lòd Li.
Tande koulye a, tout pèp yo
e gade byen doulè m nan.
Vyèj mwen yo ak jennonm mwen yo
te antre an kaptivite.

¹⁹ Mwen te rele vè renmen mwen yo,
men yo te fè m desi.
ᵈPrèt mwen yo ak ansyen mwen yo
    te peri nan vil la
pandan yo t ap chache manje
pou restore fòs yo pou kont yo.

²⁰ Gade, O SENYÈ, paske mwen nan
    gwo twoub.
ᵉLespri m twouble anpil;
kè m boulvèse anndan m,
paske mwen te fè rebèl anpil.
Nan lari, se nepe k ap touye;
nan kay, se tankou lanmò.

²¹ Yo te tande ke m ap plenyen nan gòj;
men nanpwen ki pou konsole m.
Tout lènmi mwen yo tande afè gwo
    malè m nan.
Yo ᶠkontan Ou te fè sa.
O ke Ou ta mennen jou ke Ou te pwoklame a,
pou yo ka vin tankou mwen.

²² Kite tout mechanste yo vini devan Ou.
Konsa, ᵍaji avèk yo kon Ou te aji avè m nan,
pou tout transgresyon mwen yo.
Paske plent k ap sòti anndan m yo anpil
e kè m vin fèb nèt.

2 Gade kijan Senyè a te kouvri fi a Sion an
    ak yon nwaj nan kòlè li!
Li te ʰjete soti nan syèl la, jis rive atè
    glwa Israël la.
Li pa t menm sonje machpye pa L la,
    nan jou kòlè Li.

² Senyè a te vale tout nèt.
Li pa t epanye tout abitasyon Jacob yo.
Nan gwo chalè Li, Li te jete sitadèl fi a Juda a.

Li te ⁱbese yo nèt jis rive atè.
Li te pwofane wayòm nan ak tout prens li yo.

³ Nan gwo chalè, Li te koupe tout fòs Israël la.
Li te retire men dwat Li soti devan lènmi an.
Konsa, Li te ʲbrile Jacob tankou flanm dife
ki konsome toupatou.

⁴ Li te koube ᵏbanza Li kon yon lènmi.
Li te poze men dwat li konsi se yon advèsè.
Konsa, Li te touye tout ki bèl pou gade.
Nan tant a fi a Sion an,
Li te vin vide gwo kòlè Li tankou dife.

⁵ Senyè a vin tankou yon ˡlènmi.
Li te vale Israël nèt.
Li te vale tout palè li yo.
Li te detwi sitadèl li yo.
Li te miltipliye doulè yo ak plent yo
nan fi a Juda yo.

⁶ Ak vyolans, Li te aji sou tanp Li an,
konsi se yon tonèl jaden.
Li te ᵐdetwi kote ke Li menm te deziye
pou asanble yo.
SENYÈ a te fè bliye tout jou fèt ak
    Saba Sion yo,
e Li te meprize ni wa a, ni prèt la
nan gwo kòlè Li a.

⁷ Senyè a te rejte lotèl Li a.
Li te abandone sanktyè Li a.
Li te ⁿlivre nan men lènmi an, miray
    a palè li yo.
Yo te fè yon bri nan kay SENYÈ a, konsi
li ta nan yon jou fèt deziye.

⁸ SENYÈ a te pran desizyon pou detwi
    miray a fi a Sion an.
Li te ᵒlonje yon lign.
Li pa t ralanti men l nan destriksyon.
Li te fè ni ranpa, ni miray la plen tristès;
y ap kriye ansanm.

⁹ ᵖPòtay li yo te fonse antre nan tè,
Li te detwi e kraze fè fòje a.
Wa li yo ak prens li yo vin gaye pami
    nasyon yo;
lalwa, nanpwen ankò.
Anplis, pwofèt li yo pa resevwa vizyon
    de SENYÈ a.

¹⁰ Ansyen a fi a Sion yo chita atè.
Yo rete an silans.
Yo te jete ᵍpousyè sou tèt yo.
Yo abiye yo ak twal sak.
Vyèj Jérusalem yo fin bese tèt yo jis a tè a.

ᵃ **1:16** Sòm 69:20   ᵇ **1:17** Lam 1:8   ᶜ **1:18** I Sam 12:14-15   ᵈ **1:19** Jr 14:15   ᵉ **1:20** És 16:11   ᶠ **1:21** Sòm 35:15
ᵍ **1:22** Né 4:4   ʰ **2:1** És 14:12-15   ⁱ **2:2** És 25:12   ʲ **2:3** És 42:25   ᵏ **2:4** Job 6:4   ˡ **2:5** Jr 30:14   ᵐ **2:6** Jr 52:13   ⁿ **2:7** Jr 33:4-5   ᵒ **2:8** II Wa 21:13   ᵖ **2:9** Né 1:3   ᵍ **2:10** Job 2:12

¹¹ Zye m gate akoz dlo k ap sòti ladann,
ᵃlespri m vin nan gwo twoub;
kè m vin vide atè nèt, akoz
fi a pèp mwen an vin detwi
e timoun ak tibebe yo ap fennen
nan lari vil la.

¹² Yo mande manman yo: ᵇ"Kote sereyal
ak diven an?"
Konsa, yo fennen tankou yon nonm ki
blese nan lari vil yo,
pandan lavi yo menm vin vide nan sen
manman yo.

¹³ Kisa pou m ta di ou?
A kilès pou m ta konpare ou, O fi
Jérusalem nan?
A kisa pou m ta di ou sanble pandan mwen
ap mennen rekonfò bay ou a,
O fi vyèj a Sion an?
Paske destriksyon ou an vast tankou lanmè.
Se kilès ki ka ᶜgeri ou?

¹⁴ Pwofèt ou yo te wè pou ou vizyon ki te fo;
ki te plen foli.
Yo pa t ᵈdekouvri inikite ou
pou restore ou sòti an kaptivite,
men yo te wè pou ou vizyon
pòt pawòl ki te fo,
ki te egare ou.

¹⁵ Tout moun ki pase akote chemen an
ᵉbat men yo pou moke ou.
Yo sifle anlè kon koulèv
sou fi Jérusalem nan, epi yo di:
"Men èske se vil sa a yo te konn rele
'pèfeksyon a bèlte a, yon jwa de tout tè a'?"

¹⁶ Tout lènmi ou yo te louvri bouch
yo laj kont ou.
Yo sifle anlè kon koulèv.
Yo fwote dan yo.
Yo di: "Nou te ᶠvale l nèt!
Anverite, se jou sa ke nou t ap tann nan.
Nou gen tan jwenn li.
Nou gen tan wè l."

¹⁷ SENYÈ a te ᵍacheve objektif Li;
Li te akonpli pawòl Li, pawòl ke Li
te kòmande soti nan jou ansyen yo.
Li te jete ba,
Li pat fè pitye.
Li te fè lènmi an rejwi sou ou.
Li te egzalte pwisans a advèsè ou yo.

¹⁸ ʰKè yo te kriye fò a Senyè a.
O miray a fi Sion an,
kite dlo sòti nan zye ou lajounen kon lannwit.
Pa aksepte okenn soulajman;
'Pa kite zye ou pran repo.

¹⁹ Leve, kriye fò nan nwit lan,
nan kòmansman vèy nwit lan!
ⁱVide kè ou konsi se dlo devan prezans
Senyè a.
Leve men ou a Li menm pou lavi pitit ou yo
ki fèb nèt ak grangou sou tèt a tout ri yo.

²⁰ Gade pou wè, O SENYÈ! Avèk kilès
ou te aji konsa?
Èske fanm ta dwe ʲmanje pwòp pitit pa yo,
pitit yo ki te fèt an bòn sante?
Èske prèt la ak pwofèt la
dwe vin touye nan sanktyè Senyè a?

²¹ Sou tè nan lari yo, kouche ᵏjenn yo
ak granmoun yo.
Vyèj mwen yo ak jennonm mwen yo
te tonbe sou nepe.
Ou te touye yo nan jou gwo kòlè Ou a;
Ou te fè masak, san pitye.

²² Ou te rele nou konsi se nan jou a
yon fèt etabli,
gwo laperèz mwen yo tout kote.
ˡNanpwen moun ki te chape sòti vivan
nan jou kòlè SENYÈ a.
Sila ke m te fè e leve yo,
lènmi m te anile yo nèt.

3 Mwen se moun ki te ᵐwè afliksyon
akoz baton kòlè Li a.
² Li te bourade mwen,
e te fè m mache nan ⁿtenèb,
pa nan limyè.
³ Anverite, li te ᵒvire men L kont mwen
plizyè fwa, tout jounen an.

⁴ Li te fè chè m ak po m vin epwize
sòti sou mwen,
Li te ᵖkase zo m yo.
⁵ Li te ᑫjennen mwen e te antoure m
ak ametim ak difikilte.
⁶ Nan kote ki ʳfènwa, li te fè m abite,
tankou sila ki fin mouri lontan yo.

⁷ Li te ˢantoure m anndan pou m pa ka sòti.
Li te fè chenn mwen an byen lou.
⁸ Menm lè m kriye e rele sekou,
Li ᵗfèmen lapriyè m deyò.
⁹ Li te ᵘbloke wout mwen yo ak wòch taye.
Li te fè chemen mwen yo vin kwochi.

ᵃ **2:11** Jr 4:19 ᵇ **2:12** Jr 5:17 ᶜ **2:13** Jr 8:22 ᵈ **2:14** És 58:1 ᵉ **2:15** Job 27:23 ᶠ **2:16** Sòm 56:2 ᵍ **2:17** Jr 4:28 ʰ **2:18** Sòm 119:145 ⁱ **2:19** I Sam 1:15 ʲ **2:20** Jr 19:9 ᵏ **2:21** II Kwo 36:17 ˡ **2:22** Jr 11:11
ᵐ **3:1** Sòm 88:7-16 ⁿ **3:2** Job 30:26 ᵒ **3:3** Sòm 38:2 ᵖ **3:4** Sòm 51:8 ᑫ **3:5** Job 19:8 ʳ **3:6** Sòm 88:5-6
ˢ **3:7** Job 3:23 ᵗ **3:8** Job 30:20 ᵘ **3:9** És 63:17

¹⁰ Li pou mwen tankou yon lous ki
  kouche ap tann,
tankou yon lyon nan kote an kachèt.
¹¹ Li te detounen tout chemen mwen yo
e Li te ᵃchire mwen an mòso;
Li te fè m vin dezole nèt.
¹² Li te koube banza Li,
e Li te ᵇchwazi m kon pwen final pou flèch Li.

¹³ Li te fè flèch nan ᶜfouwo L yo
antre nan ren mwen.
¹⁴ Mwen te vin yon ᵈrizib pou tout
  pèp mwen an,
chante giyonnen yo sonnen tout lajounen.
¹⁵ Li te ᵉplen mwen ak anmetim.
Li te fè m sou ak dlo absent.

¹⁶ Li te ᶠkase dan m ak gravye.
Li fè m kache nan pousyè.
¹⁷ Nanm mwen ᵍp ap jwenn lapè ankò.
Bonè vin bliye pou mwen.
¹⁸ Konsa mwen di: "Fòs mwen fin peri,
ansanm ak ʰespwa m ki sòti nan SENYÈ a."

¹⁹ Sonje soufrans mwen ak mizè mwen an;
dlo absent ak anmetim ki nan kè m nan.
²⁰ Anverite, nanm mwen sonje yo.
Li vin ⁱkoube anndan mwen.
²¹ Men sa mwen sonje nan tèt mwen;
pou sa, mwen gen ʲespwa.

²² Lamou dous SENYÈ a, anvèrite, p
  ap janm sispann,
ᵏpaske mizerikòd Li p ap janm manke.
²³ Yo renouvle chak maten.
Gran se ˡfidelite Ou.
²⁴ "SENYÈ a se ᵐpòsyon mwen."
Se sa nanm mwen di m.
Konsa, mwen mete espwa m nan Li.

²⁵ SENYÈ a montre dousè Li a sila
  ki ⁿtann Li yo,
a moun ki chache Li a.
²⁶ Se bon pou yon nonm gen espwa,
e ᵒtann byen trankil pou sali SENYÈ a.
²⁷ Se bon pou yon nonm pote jouk la
  nan jenès li.

²⁸ Kite li ᵖchita apa pou kont li, e
  rete an silans,
akoz Li te poze sa sou li.
²⁹ Kite li mete bouch li nan pousyè,
si se konsa, pou l ka gen ᵠespwa.

³⁰ Kite li lonje ʳmachwè li, bay sila k
  ap frape l la.
Kite li ranpli ak repwòch.

³¹ Paske se pa pou tout tan ke Senyè
  a ap ˢrejte.
³² Paske malgre se gwo doulè ke Li fè rive;
alò, Li va gen ᵗmizerikòd selon gran
  lanmou dous Li a.
³³ Paske ᵘse pa ak kè kontan ke Li aflije,
oswa pou atriste fis a lòm yo.

³⁴ Pou kraze anba pye, tout prizonye
  nan mond la,
³⁵ pou retire ᵛjistis sou yon nonm nan
  prezans a Pi Wo a,
³⁶ pou ʷfè yon nonm tò nan pwosè legal pa li,
sou bagay sa yo, Senyè a p ap dakò.

³⁷ Se kilès la ki pale, e ˣsa vin rive,
amwenske Senyè a te pase lòd la?
³⁸ Èske ʸsa ki bon ak sa ki mal
pa soti nan bouch a Pi Wo a?
³⁹ Poukisa yon nonm vivan dwe plenyen,
yon nonmᶻta plenyen lè l resevwa pinisyon
  pou pwòp peche l yo?

⁴⁰ Annou ᵃegzamine e sonde wout nou yo
pou nou retounen kote SENYÈ a.
⁴¹ Annou ᵇleve kè nou ak men nou vè
  Bondye nan syèl la;
⁴² Nou te ᶜpeche e nou te fè rebèl;
Ou pa t padone.

⁴³ Ou te kouvri nou ak ᵈkòlè e te
  kouri dèyè nou.
Ou te touye.
Ou pa t gen pitye menm.
⁴⁴ Ou te ᵉkouvri tèt Ou ak yon nwaj lakolè,
pou okenn lapriyè pa ka pase ladann.
⁴⁵ Ou fè nou kon ᶠpoupou bèt ak fatra
ki rejte nan mitan lòt nasyon yo.

⁴⁶ Tout lènmi nou yo te ᵍouvri bouch
  yo laj kont nou.
⁴⁷ ʰSezisman ak pyèj tonbe sou nou,
ravaj ak destriksyon.

⁴⁸ ⁱZye m koule nèt ak flèv dlo
akoz destriksyon a fi a pèp mwen an.
⁴⁹ Zye m koule ʲsan sès, san rete menm
  pou yon ti moman,
⁵⁰ jiskaske SENYÈ a ᵏgade anba
soti nan wotè syèl la pou wè.

ᵃ **3:11** Job 16:12-13   ᵇ **3:12** Job 6:4   ᶜ **3:13** Jr 5:16   ᵈ **3:14** Sòm 22:6-7   ᵉ **3:15** Jr 9:15   ᶠ **3:16** Sòm 3:7
ᵍ **3:17** És 59:11   ʰ **3:18** Job 17:5   ⁱ **3:20** Sòm 42:5-11   ʲ **3:21** Sòm 130:7   ᵏ **3:22** Mal 3:6   ˡ **3:23** Eb
10:23   ᵐ **3:24** Sòm 16:5   ⁿ **3:25** Sòm 27:14   ᵒ **3:26** Sòm 37:7   ᵖ **3:28** Jr 15:7   ᵠ **3:29** Jr 31:17
ʳ **3:30** Job 16:10   ˢ **3:31** Sòm 77:7   ᵗ **3:32** Sòm 78:38   ᵘ **3:33** Sòm 119:67-75   ᵛ **3:35** Sòm 140:12   ʷ **3:36** Jr
22:3   ˣ **3:37** Sòm 33:9-11   ʸ **3:38** Job 2:10   ᶻ **3:39** Jr 30:15   ᵃ **3:40** Sòm 119:59   ᵇ **3:41** Sòm 25:1
ᶜ **3:42** Né 9:26   ᵈ **3:43** Lam 2:2-21   ᵉ **3:44** Lam 3:8   ᶠ **3:45** I Kor 4:13   ᵍ **3:46** Job 30:9-10   ʰ **3:47** És
24:17-18   ⁱ **3:48** Sòm 119:136   ʲ **3:49** Sòm 77:2   ᵏ **3:50** Sòm 80:14

⁵¹ Zye m pote doulè rive nan nanm mwen,
akoz tout fi nan vil mwen.

⁵² ªLènmi m yo san koz te fè lachas dèyè
    m tankou zwazo.
Se lènmi m san koz.
⁵³ Yo te fè m rete an silans ᵇnan twou fòs la
e te poze yon wòch sou mwen.
⁵⁴ Dlo yo te koule ᶜdepase tèt mwen.
Mwen te di: "Mwen fin koupe retire nèt"!

⁵⁵ Mwen ᵈte rele non Ou, O SENYÈ,
depi nan twou fòs pi ba a.
⁵⁶ Ou te ᵉtande vwa m:
pa kache zòrèy W de lapriyè mwen pou sekou,
ak kriyè mwen an.

⁵⁷ Ou te ᶠvin rapwoche lè m te rele Ou a.
Ou te di: "Pa pè!"

⁵⁸ O Senyè, Ou ᵍte plede ka pou nanm
    mwen an.
Ou te rachte lavi mwen.
⁵⁹ O SENYÈ, Ou te wè jan m oprime.
ʰJije ka m nan.
⁶⁰ Ou te wè tout vanjans pa yo;
tout ⁱmanèv yo kont mwen.

⁶¹ Ou te tande ʲrepwòch yo, O SENYÈ,
tout manèv yo kont mwen.
⁶² ᵏLèv a sila k ap atake m yo
ak konplo yo kont mwen tout lajounen.
⁶³ Gade jan yo ˡchita ak jan yo leve;
se mwen ki sijè chan giyonnen yo a.

⁶⁴ Ou va ᵐrekonpanse yo, O SENYÈ,
selon zèv men yo.
⁶⁵ Ou va bay yo yon kè ki di;
ⁿmadichon pa yo va sou yo.
⁶⁶ Ou va ᵒkouri dèyè yo nan kòlè Ou
e detwi yo soti anba syèl SENYÈ a!

4

A la fonse koulè lò a vin ᵖbese!
Lò pi a pa menm ankò!
Wòch tanp yo vide deyò nan tout kwen lari.

² Pyè presye a fis a Sion yo;
ki gen valè kon lò fen,
gade kijan yo konsidere kon ᵠveso tè,
travay a potye a!

³ Menm chen mawon yo konn bay tete;
yo kite pitit yo souse yo.
Men fi a pèp mwen an te vin ʳmechan
kon yon otrich nan dezè.

⁴ ˢLang a ti bebe a kole nan fon bouch yo,
tèlman yo swaf;
ti piti yo mande pen,
men pèsòn pa kase bay yo.

⁵ Sila ki te konn manje ᵗti manje delika yo,
vin abandone nan lari.
Sila ki te leve nan abiman an mov yo
ap degaje yo chèche kaka bèf.

⁶ Paske inikite a fi a pèp mwen an
pi gwo ke peche Sodome,
ki te ᵘboulvèse nan yon moman,
san pa t gen men ki boulvèse l.

⁷ Prens li yo te ᵛpi pwòp ke lanèj.
Yo te pi blan ke lèt.
Yo te pi wouj pase koray.
Yo te poli tankou pyè safi.

⁸ Aparans yo koulye a ʷpi nwa ke
    poud chabon.
Yo pa menm rekonèt yo nan lari.
Chè yo vin kole sou zo yo.
Li fennen nèt.
Li vin tankou bwa.

⁹ Pi bon se sila ki te touye ak nepe yo,
ke sila ki touye ak grangou yo;
paske yo vin chagren
e epwize akoz mank fwi chan an.

¹⁰ Men a fanm ki te konn plen konpasyon yo
te bouyi pwòp pitit yo.
Yo te devni ˣmanje pou yo,
akoz destriksyon a fi a pèp mwen an.

¹¹ SENYÈ a te ʸacheve gwo kòlè Li a.
Li te vide gwo kòlè Li a.
Li te limen yon dife nan Sion,
ki te manje tout fondasyon Li yo.

¹² Wa latè yo pa t kwè,
ni okenn abitan nan mond lan,
ke advèsè ak ènmi an ta ka ᶻantre
nan pòtay Jérusalem nan.

¹³ Akoz peche a pwofèt li yo
ak inikite a prèt li yo,
ki te vèse nan mitan li
ªsan a moun ladwati yo.

¹⁴ Yo egare e avèg nan lari yo.
Yo te vin souye ak ᵇsan,
jiskaske pèsòn pa t ka manyen abiman yo.

ª **3:52** I Sam 26:20   ᵇ **3:53** Dan 6:17   ᶜ **3:54** Sòm 69:2   ᵈ **3:55** Sòm 130:1   ᵉ **3:56** Job 34:28   ᶠ **3:57** Sòm 145:18
ᵍ **3:58** Jr 50:34   ʰ **3:59** Sòm 26:1   ⁱ **3:60** Jr 11:19   ʲ **3:61** Sòm 74:18   ᵏ **3:62** Sòm 59:7-12   ˡ **3:63** Sòm 139:2
ᵐ **3:64** Sòm 28:4   ⁿ **3:65** Egz 14:8   ᵒ **3:66** Lam 3:43   ᵖ **4:1** Éz 7:19-22   ᵠ **4:2** És 30:14   ʳ **4:3** És 49:15
ˢ **4:4** Sòm 22:15   ᵗ **4:5** Jr 6:2   ᵘ **4:6** Jen 19:25   ᵛ **4:7** Sòm 51:7   ʷ **4:8** Job 30:30   ˣ **4:10** Det 28:53-55
ʸ **4:11** Jr 7:20   ᶻ **4:12** Jr 21:13   ª **4:13** Jr 2:30   ᵇ **4:14** És 1:15

15 "Sòti! ªPa pwòp!" Yo te kriye a yo menm.
"Sòti, sòti, pa touche!"
Konsa yo te sove ale, e te mache toupatou.
Pami nasyon yo, yo te di:
"Yo p ap ka kontinye rete pami nou".

16 Prezans a SENYÈ a te gaye yo.
Li p ap kontinye bay yo swen.
Yo pa t ᵇonore prèt yo,
Yo pa t respekte ansyen yo.

17 Malgre sa, zye nou febli.
Chache sekou te vin ᶜinitil.
Nan chache, nou te chache pou yon nasyon
ki pa t ka sove.

18 Konsa, yo te ᵈfè lachas dèyè nou
jiskaske nou pa t ka mache nan lari nou yo.
Lafen nou vin pwòch.
Jou nou yo fin ranpli,
paske dènye moman nou vin rive.

19 Sila ki te kouri dèyè nou yo
te pi vit pase èg k ap volè anlè.
Yo te fè lachas sou nou nan mòn yo.
Yo te kache tann anbiskad pou nou
          nan savann nan.

20 Souf lè ki nan nen nou,
nou menm ki onksyone de ᵉSENYÈ a,
te vin kaptire nan twou fòs yo,
de sila nou te konn di:
"Anba lonbraj li, nou va viv pami nasyon yo".

21 Rejwi e fè kè kontan, O fi a ᶠEdom nan,
ki rete nan peyi Uts la.
Tas la va fè wonn vin jwenn ou tou.
Ou va vin sou.
Ou va vin toutouni.

22 Pinisyon pou inikite nou yo fin ᵍkonplete,
O fi a Sion an.
Li p ap ekzile nou ankò.
Li va pini inikite nou an, O fi Edom an.
Li va fè parèt tout peche ou yo!

5 Sonje, O SENYÈ, sa ki te rive nou an.
    Gade pou wè ʰrepwòch nou.
2 Eritaj nou te bay kon don a ⁱetranje yo,
kay nou yo a moun nou pa konnen.
3 Nou te devni òfelen ʲsan papa.
Manman nou yo tankou vèv.
4 Nou oblije achte ᵏdlo pou nou bwè.
Bwa nou se vann, yo vann nou li.
5 Sila k ap kouri dèyè nou yo rive sou kou nou.
Nou vin bouke nèt.
ˡNanpwen repo pou nou.
6 Nou te vin soumèt devan ᵐEgypte ak Assyrie
pou nou jwenn ase pen.
7 ⁿPapa zansèt nou yo te peche,
men yo pa la ankò;
se nou menm ki te pote inikite pa yo.
8 Se ᵒesklav yo k ap domine sou nou;
nanpwen moun ki pou delivre nou
          nan men yo.
9 Nou ᵖriske lavi nou pou jwenn pen
akoz nepe nan dezè a.
10 Po nou vin ᵠkwit tankou yon fou,
akoz gwo chalè grangou a.
11 Yo te ravaje tout ʳfanm Sion yo;
vyèj lavil a Juda yo.
12 Prens yo te pann pa men yo;
ˢansyen yo te vin pa respekte.
13 Jennonm yo te ᵗfòse travay devan moulen an
e timoun yo te kilbite anba gwo chaj bwa yo.
14 Ansyen yo ale kite pòtay la;
jennonm yo ale kite ᵘmizik yo.
15 Jwa nan kè nou vin ᵛsispann;
danse vin ranplase pa fè dèy.
16 Kouwòn nan soti sou tèt nou;
ʷmalè a nou menm, paske nou te peche!
17 Akoz sa, ˣkè nou febli;
akoz bagay sa yo, zye nou pa wè klè.
18 Akoz ʸMòn Sion ki kouche dezole nèt,
rena yo fè patwouj ladann.

19 Ou menm, O SENYÈ, Ou renye
          jis pou tout tan;
ᶻtwòn Ou se de jenerasyon an jenerasyon.
20 Poukisa Ou ªabliye nou jis pou tout tan?
Poukisa Ou abandone nou jis rive
          tout tan sa a?
21 ᵇRestore nou a Ou menm O SENYÈ,
pou nou ka vin restore.
Fè jou nou yo vin jan yo te ye nan tan pase yo.
22 Men ᶜOu deja fin rejte nou nèt.
Ou rete byen fache nèt ak nou.

ª **4:15** Lev 13:45-46   ᵇ **4:16** És 9:14-16   ᶜ **4:17** Jr 37:7   ᵈ **4:18** Jr 16:16   ᵉ **4:20** II Sam 1:14   ᶠ **4:21** Sòm 137:7
ᵍ **4:22** És 40:2   ʰ **5:1** Sòm 44:13-16   ⁱ **5:2** És 1:7   ʲ **5:3** Egz 22:24   ᵏ **5:4** És 3:1   ˡ **5:5** Né 9:36-37
ᵐ **5:6** Os 9:3   ⁿ **5:7** Jr 14:20   ᵒ **5:8** Né 5:15   ᵖ **5:9** Jr 40:9-12   ᵠ **5:10** Job 30:30   ʳ **5:11** És 13:16   ˢ **5:12** És 47:6   ᵗ **5:13** Jij 16:21   ᵘ **5:14** És 24:8   ᵛ **5:15** Jr 25:10   ʷ **5:16** És 3:9-11   ˣ **5:17** És 1:5   ʸ **5:18** Mi 3:12
ᶻ **5:19** Sòm 45:6   ª **5:20** Sòm 13:1   ᵇ **5:21** Sòm 80:3   ᶜ **5:22** Sòm 60:1-2

Ézéchiel

1 Alò, li te vin rive nan trèzyèm ane, sou senkyèm jou a Katriyèm mwa a, pandan mwen te akote rivyè Kebar a, pami egzile yo, ke ªsyèl yo te louvri, e mwen te wè vizyon a Bondye.

² (Sou senkyèm jou nan mwa a, nan senkyèm ane egzil a Wa Jojakin nan, ³ ᵇPawòl SENYÈ a te rive eksprè a Ézéchiel, prèt la, fis a Buzi, nan peyi Kaldeyen yo akote rivyè Kebar a; epi la, men SENYÈ a te vini sou li.)

⁴ Pandan mwen t ap gade, men gade byen, yon ᶜvan tanpèt te vini soti nan nò, yon gwo nwaj ak loraj ki t ap tire san rete; yon limyè byen klere te antoure l e nan mitan l, yon bagay tankou metal ki klere nan mitan dife a. ⁵ Anndan li, te gen fòm ki te sanble ᵈkat kreyati vivan. Men ki jan yo te parèt: yo te gen yon fòm tankou moun. ⁶ Yo chak te gen ᵉkat figi ak kat zèl. ⁷ Janm yo te dwat, pye yo te tankou zago jenn bèf, e yo te klere tankou ᶠbwonz poli. ⁸ Anba zèl yo, nan kat kote yo, te gen ᵍmen a moun. Yo kat te gen figi ak zèl yo konsa: ⁹ Zèl pa yo te jwente youn lòt. Yo pa t vire lè yo te deplase. Yo chak te ʰale tou dwat devan.

¹⁰ Pou ⁱfòm a figi yo a, yo chak te gen figi tankou a yon moun. Toule kat te gen figi a yon lyon adwat, figi a yon towo agoch, e toule kat te gen figi a yon èg. ¹¹ Se konsa figi yo te ye. Zèl yo te ouvri anlè. Yo chak te gen de ki te touche a yon lòt kreyati e ʲde ki te kouvri kò yo. ¹² Epi yo chak te ale tou dwat devan. ᵏNenpòt kote lespri a te prèt pou ale, yo ta ale, san menm vire pandan yo t ap prale a. ¹³ Nan mitan kreyati vivan yo, te gen yon bagay ki te sanble ak ˡchabon dife, tankou tòch ki t ap file fè ale retou pami kreyati vivan yo. Dife a te klere e loray te vòlti je soti nan dife a. ¹⁴ Epi kreyati vivan yo te ᵐkouri fè ale retou tankou kout loray.

¹⁵ Alò, pandan mwen t ap gade kreyati vivan yo, gade byen, te gen yon ⁿwou sou tè a akote kreyati vivan yo, pou chak nan kat fas de yo. ¹⁶ Wou yo te sanble, jan yo te fèt la, tankou yon ᵒwòch krizolit briyan. E toule kat te gen menm fòm. Nan aparans la, jan yo fè l la, yo te fèt konsi yon wou te anndan yon lòt wou. ¹⁷ Nenpòt lè yo deplase, yo deplase nan nenpòt nan kat direksyon yo, ᵖsan menm vire pandan yo t ap deplase a. ¹⁸ Wotè a wou yo te tèlman wo. Yo te etonan. Arebò toule kat te ᵠplen ak zye toutotou l nèt.

¹⁹ Nenpòt lè kreyati vivan yo te deplase, wou yo te deplase avèk yo. Epi nenpòt lè kreyati vivan yo te ʳleve kite tè a, wou yo te leve tou. ²⁰ ˢNenpòt kote lespri a te prèt pou ale, yo ta ale nan direksyon sa a. Epi wou yo te leve toupre bò kote yo; paske lespri a kreyati vivan yo te nan wou yo. ²¹ ᵗNenpòt kote sa yo te ale, sila yo te ale tou. Lè sa yo te kanpe an plas, sila yo te kanpe an plas tou. Epi nenpòt lè sa yo te monte kite tè a, wou yo te leve toupre bò kote yo; paske lespri a kreyati vivan yo te nan wou yo.

²² Alò, ᵘanwo tèt a kreyati vivan yo, te gen yon bagay tankou yon gwo espas, tankou yon briyans mèvèy kon kristal, ki te ouvri byen laj sou tèt yo. ²³ Anba gwo espas la, zèl yo te lonje dwat, youn anvè lòt. Yo chak te gen ᵛde zèl ki te kouvri kò l tou, youn yon kote e youn yon lòt kote. ²⁴ Anplis, mwen te tande son a zèl yo tankou son anpil gwo dlo pandan yo t ap prale, tankou vwa a Toupwisan an, yon son a gwo boulvèsman, tankou son a yon lame ki nan kan li. Nenpòt lè yo sispann fè mouvman, yo lage desann zèl yo.

²⁵ Konsa, te sòti yon vwa depi anwo ʷgran espas lan ki te sou tèt pa yo. Nenpòt lè yo te sispann fè mouvman, yo te lage desann zèl yo. ²⁶ Alò, anwo gwo espas ki te anwo tèt yo a, te gen yon bagay ki ˣte sanble ak yon twòn, tankou yon pyè safi nan aparans. Epi sou sa ki te sanble a yon twòn nan, byen wo, te gen yon fòm ak aparans a yon nonm. ²⁷ Sa mwen te wè, te soti nan aparans a ren Li ak piwo, yon bagay tankou metal klere ki te sanble dife toutotou anndan l. Soti nan aparans a ren Li e piba, mwen te wè yon bagay tankou dife, epi te gen yon ekla limyè ki te antoure Li. ²⁸ Menm jan ak aparans a ʸlakansyèl nan nwaj yo nan jou l ap fè lapli, konsa aparans a ekla limyè ki te antoure li a te ye.

Konsa aparans a imaj a glwa a SENYÈ a te ye. Lè m te wè l, mwen te tonbe sou figi mwen, e mwen te tande yon vwa ki t ap pale.

2 Li te di mwen: "Fis a lòm, ᶻkanpe sou pye ou pou m ka pale avèk ou!" ² Pandan Li t ap pale ak mwen an, ªLespri a te antre nan mwen. Li te mete mwen sou pye mwen, epi mwen te tande Li pale ak mwen.

³ Li te di m: "Fis a lòm, Mwen ap voye ou kote fis Israël yo, a yon pèp rebèl ki te fè rebèl kont Mwen. ᵇYo menm ak papa zansèt yo te transgrese kont Mwen jis rive jodi a. ⁴ M ap voye ou kote sila yo ki angran, ki gen ᶜtèt di. Ou va di yo: 'Konsa pale Senyè BONDYE a.' ⁵ Pou yo menm, menm si yo koute oswa pa koute—paske se kay rebèl ke yo ye—yo va ᵈkonnen ke yon pwofèt te pami yo. ⁶ Epi ou menm, fis a lòm, ᵉpa krent yo ni krent pawòl yo, malgre pikan ak zepin avèk ou, e malgre ou chita pami eskòpyon yo. Ni pa krent pawòl yo, ni twouble nan prezans yo, paske se yon kay rebèl ke yo ye.

⁷ Men ou va ᶠpale pawòl Mwen yo avèk yo, menm

ª **1:1** Mat 3:16 ᵇ **1:3** II Pi 1:21 ᶜ **1:4** És 21:1 ᵈ **1:5** Éz 10:15 ᵉ **1:6** Éz 1:10 ᶠ **1:7** Dan 10:6 ᵍ **1:8** Éz 10:8-21 ʰ **1:9** Éz 1:12 ⁱ **1:10** Rev 4:7 ʲ **1:11** És 6:2 ᵏ **1:12** Éz 1:20 ˡ **1:13** Sòm 104:4 ᵐ **1:14** Za 4:10 ⁿ **1:15** Éz 1:19-21 ᵒ **1:16** Éz 10:9 ᵖ **1:17** Éz 1:9-12 ᵠ **1:18** Éz 10:12 ʳ **1:19** Éz 10:19 ˢ **1:20** Éz 1:12 ᵗ **1:21** Éz 10:17 ᵘ **1:22** Éz 10:1 ᵛ **1:23** Éz 1:6-11 ʷ **1:25** Éz 1:22 ˣ **1:26** És 6:1 ʸ **1:28** Jen 9:13 ᶻ **2:1** Dan 10:11 ª **2:2** Éz 3:24 ᵇ **2:3** Éz 20:18-30 ᶜ **2:4** Sòm 95:8 ᵈ **2:5** Éz 33:33 ᵉ **2:6** És 51:12 ᶠ **2:7** Jr 1:7-17

si yo koute oswa yo pa koute, paske se rebèl yo ye. ⁸ Alò, ou menm, fis a lòm, koute sa ke M ap pale ou a. Pa vin fè rebèl tankou kay rebèl sila a. Ouvri bouch ou pou ᵃmanje sa ke M ap bay ou a."

⁹ Konsa, mwen te gade e gade byen, yon men te lonje vè mwen menm. Epi alò, yon ᵇwoulo liv te ladann. ¹⁰ Lè L te louvri li devan mwen. Li te ekri ni pa devan ni pa dèyè, e ekri sou li, se te lamantasyon, doulè ak ᶜmizè.

3 Li te di mwen: "Fis a lòm, manje sa ou jwenn. ᵈManje woulo sa a pou ale pale ak lakay Israël." ² Konsa, mwen te louvri bouch mwen eᵉLi te lonje ban m woulo a pou manje.

³ Li te di mwen: "Fis a lòm, bay vant ou manje, e plen kò ou ak woulo sa ke Mwen ap bay ou a."

Alò, mwen te manje li. Li te dous kon siwo myèl nan bouch mwen.

⁴ Konsa, Li te di mwen: "Fis a lòm, ale lakay Israël pou pale pawòl Mwen yo avèk yo. ⁵ Paske ᶠou p ap voye kote yon pèp ak langaj ki difisil, men a pèp Israël la. ⁶ Ni a anpil pèp ak pawòl ki pa ka konprann, ni lang difisil, ak pawòl ke ou p ap ka konprann. Men Mwen voye ou kote sila ki ta dwe koute ou yo. ⁷ Malgre sa, lakay Israël p ap dakò koute ou, akoz yo p ap dakò koute Mwen menm. ᵍAnverite, tout lakay Israël gen tèt di e wondonmon. ⁸ Gade byen, Mwen te fin fè figi ou di kont figi yo, e fwontèn ou di kont fwontèn yo. ⁹ Tankou dyaman, pi di pase silèks, Mwen te fè fwontèn ou. Pa krent yo ni vin twouble devan yo, malgre yo se yon kay rebèl."

¹⁰ Anplis, Li te di mwen: "Fis a lòm, pran mete nan kè ou tout ʰpawòl Mwen yo, ke Mwen va pale a ou e koute ak atansyon. ¹¹ Ale kote egzile yo, fis a pèp ou yo. Pale ak yo e di yo, menm si yo koute oswa yo pa koute: 'Konsa pale Senyè BONDYE a.'"

¹² Konsa, ⁱLespri a te leve mwen monte e mwen te tande yon gwo bri k ap gwonde dèyè m: "Beni se glwa SENYÈ a nan plas Li a." ¹³ Epi mwen te tande zèl a kreyati vivan yo, youn k ap touche lòt e bri a ʲwou yo bò kote yo, menm yon gwo bri k ap gwonde. ¹⁴ Konsa, Lespri a te leve mwen monte e te pran m ale. Mwen te vini byen anmè ak laraj nan lespri m, e ᵏmen SENYÈ a te fò sou mwen. ¹⁵ Konsa, mwen te vini kote egzile ki te rete akote rivyè Kebar yo nan Thel-Abib. Mwen te chita la, etonen nèt pandan ˡsèt jou kote yo te rete a.

¹⁶ ᵐNan fen sèt jou yo, pawòl SENYÈ a te vini sou mwen e te di: ¹⁷ "Fis a lòm, Mwen te chwazi ou kon ⁿgadyen pou lakay Israël. Depi lè ou tande yon pawòl sòti nan bouch mwen, avèti yo li soti nan Mwen. ¹⁸ Lè Mwen di a mechan an: 'Ou va, anverite, mouri' e ou pa avèti li, ni pale fò pou avèti mechan an pou kite chemen mechan l lan, pou l ka viv, mechan sila a va mouri nan inikite li, men ᵒsan li, mwen va egzije li soti nan men ou. ¹⁹ Men si ou te avèti mechan an, e li pa kite mechanste li a, ni chemen mechan li an, li va mouri nan inikite li, men ou ᵖdelivre nanm ou."

²⁰ "Ankò, ᑫlè yon nonm ladwati ta vire kite ladwati pou komèt inikite e Mwen plase yon obstak devan l, li va mouri. Akoz ou pa t avèti li, li va mouri nan peche li e zèv ladwati ke li te konn fè yo, p ap sonje, men san li, mwen va egzije li nan men ou. ²¹ Sepandan, si ou te ʳavèti nonm dwat la ke moun ladwati pa dwe peche, e li pa peche, li va anverite viv, akoz li te koute avètisman an; epi ou delivre nanm ou."

²² Men a SENYÈ a te sou mwen la, e Li te di m: "Leve ou menm, ale deyò nan plèn nan, epi la, Mwen va ˢpale avèk ou."

²³ Konsa, mwen te leve ale nan plèn nan. Epi gade byen, ᵗglwa a SENYÈ a te kanpe la, tankou glwa ke m te wè akote rivyè Kebar a. Epi mwen te tonbe sou figi m.

²⁴ Nan lè sa a, ᵘLespri a te antre nan mwen. Li te fè m kanpe sou pye m, Li te pale avè m e te di mwen: "Ale, fèmen tèt ou anndan lakay ou. ²⁵ Selon ou menm, fis a lòm, y ap ᵛmete kòd sou ou pou mare ou ak yo. Konsa, ou p ap ka sòti deyò pami yo. ²⁶ ʷMwen va fè lang ou kole anlè bouch ou pou ou vin bèbè e pou ou p ap ka fè yo repwoch, paske lakay yo rebèl. ²⁷ Men ˣlè M pale ak ou, Mwen va ouvri bouch ou e ou va di yo: 'Konsa pale Senyè BONDYE a'. Sila ki tande a, kite li tande; epi sila ki refize tande a, kite li refize; paske yo se yon kay rebèl."

4 "Alò, ou menm, fis a lòm, ʸchache pou ou yon moso mozayik. Mete l devan ou e desiyen yon vil sou li, menm Jérusalem nan. ² Konsa, poze ᶻfè syèj kontra li. Bati yon miray syèj, leve teras, fòme kan a, prepare e pozisyone dè belye mouton kont li tout ozanviwon. ³ Ankò, chache pou ou yon plak an fè, pozisyone li tankou yon miray ki fèt an fè antre ou menm ak vil la e mete fas ou anvè li. Li anba syèj. Konsa ou va mete li anba syèj menm. Sa va yon ᵃsign pou lakay Israël.

⁴ "Pou ou menm, kouche sou kote goch ou e mete inikite lakay Israël la sou li. Ou va ᵇpote inikite yo pou menm fòs jou ke ou kouche sou li yo. ⁵ Mwen te kontwole fòs kantite jou ki koresponn a fòs kantite ane a inikite yo; twa-san-katra-ven-di jou. Konsa ᶜou va pote inikite a lakay Israël la.

⁶ Lè ou fin konplete sila yo, ou va kouche yon dezyèm fwa sou kote dwat ou pou pote inikite lakay Juda a. Mwen te kontwole li pou ou pandan karant jou; yon jou pou ᵈchak ane. ⁷ Konsa, ou va mete figi ou vè syèj a Jérusalem ak bra ou dekouvri pou ᵉpwofetize kont li. ⁸ Alò, gade byen, Mwen va ᶠmete

---

ᵃ **2:8** Jr 15:16   ᵇ **2:9** Jr 36:2   ᶜ **2:10** És 3:11   ᵈ **3:1** Éz 2:9   ᵉ **3:2** Jr 25:17   ᶠ **3:5** Jon 1:2   ᵍ **3:7** I Sam 8:7   ʰ **3:10** Job 22:22   ⁱ **3:12** Éz 3:14   ʲ **3:13** Éz 1:15   ᵏ **3:14** II Wa 3:15   ˡ **3:15** Job 2:13   ᵐ **3:16** Jr 42:7   ⁿ **3:17** És 52:8   ᵒ **3:18** Éz 3:20   ᵖ **3:19** Éz 14:14-20   ᑫ **3:20** Sòm 125:5   ʳ **3:21** Trav 20:31   ˢ **3:22** Trav 9:6   ᵗ **3:23** Éz 1:28   ᵘ **3:24** Éz 2:2   ᵛ **3:25** Éz 4:8   ʷ **3:26** Éz 24:27   ˣ **3:27** Éz 24:27   ʸ **4:1** És 20:2   ᶻ **4:2** Jr 6:6   ᵃ **4:3** És 8:18   ᵇ **4:4** Lev 10:17   ᶜ **4:5** Nonb 14:34   ᵈ **4:6** Nonb 14:34   ᵉ **4:7** Éz 21:2   ᶠ **4:8** Éz 3:25

kòd sou ou pou ou pa kapab vire soti yon kote a yon lòt jiskaske ou fin konplete jou a syèj ou yo.

⁹ "Men pou ou menm, pran ble, lòj, pwa, pwa tann, pitimi, ak ᵃble mòn. Mete yo nan yon sèl veso e fè pen ak yo. Ou va manje l selon nonb jou ke ou kouche sou kote ou yo, twa-san-katre-ven-di jou. ¹⁰ Manje ke ou va manje a va ᵇven sik pa jou selon pwa li. Ou va manje ladann de tanzantan. ¹¹ Dlo ou bwè a va yon sizyèm en (1 lit pa mezi). Ou va bwè l de tanzantan. ¹² Ou va manje li kon gato lòj. Ou va kwit li devan yo ak fimye ᶜpoupou moun." ¹³ Epi SENYÈ a te di: "Konsa fis Israël yo va manje pen ᵈpa pwòp yo pami nasyon kote m ap chase yo ale yo."

¹⁴ Men mwen te di: "Ah Senyè BONDYE! Mwen pa t janm konn souye nanm mwen. Paske depi nan jenès mwen jis rive koulye a, mwen pa t janm manje sa ki te mouri pou kont li, oswa ki te chire pa bèt sovaj, ni okenn ᵉvyann ki pa t pwòp pa t janm antre nan bouch mwen."

¹⁵ Konsa, Li te di mwen: "Men gade, m ap bay ou kaka bèf pou ranplase poupou moun nan. Sou li menm ou va prepare pen ou an."

¹⁶ Anplis ke sa, Li te di mwen: "Fis a lòm, gade byen, Mwen va ᶠkase pen sa a nan Jérusalem. Yo va manje pen mezire selon pwa, e ak kè twouble. Yo va bwè dlo pa mezi ak gwo laperèz ¹⁷ ke pen ak dlo va vin ra. Konsa, yo va etonnen youn lòt e yo ᵍvin deperi nan inikite yo."

5 "Pou ou menm, Fis a lòm, pran yon ʰnepe byen file. Pran l pou sèvi kon razwa sou tèt ou ak bab ou. Epi pran yon ⁱbalans pou peze e divize cheve a. ² Yon tyè, ou va brile nan dife nan mitan vil la, lè ʲjou syèj yo vin fini. Epi ou va pran yon tyè e frape l avèk nepe toupatou nan vil la e yon tyè, ou va gaye nan van. Konsa, Mwen va rale yon nepe fè l sòti nan fouwo pa dèyè yo. ³ Pran osi, kèk grenn nan cheve a, pa anpil, e mare yo nan pwent wòb ou. ⁴ Ankò, pran kèk nan yo pou jete nan dife, e brile yo nan dife a. Soti nan li, yon dife va gaye rive nan tout lakay Israël la.

⁵ "K o n s a p a l e S e n y è B O N D Y E a : 'S a s e Jérusalem. Mwen te mete li nan ᵏmitan a nasyon yo ak peyi ki antoure li yo. ⁶ Men li te fè rebèl kont lòd Mwen yo pi mal pase nasyon yo, e kont règleman Mwen yo, ᵐplis ke peyi ki antoure li yo. Paske yo te rejte lòd Mwen yo, e pa t mache nan règleman Mwen yo.'

⁷ "Akoz sa, konsa pale Senyè BONDYE a: 'Akoz ou gen ᵐplis twoub pase nasyon ki te antoure ou yo, ou pa t mache nan règleman Mwen yo, ni ou pa t swiv lòd Mwen yo, ni ou pa t swiv lòd a nasyon ki te antoure ou yo'; ⁸ akoz sa, konsa pale Senyè BONDYE a: 'Gade byen, Mwen, Mwen menm kont ou, e Mwen va ⁿegzekite jijman pami nou pou tout lòt nasyon yo ka wè. ⁹ Akoz tout abominasyon nou yo, Mwen va fè pami nou sa ke Mwen ᵒpa t fè, e tankou sa Mwen p ap janm fè ankò. ¹⁰ Pou sa, ᵖpapa yo va manje fis yo pami nou, e fis yo va manje papa yo. Paske Mwen va egzekite jijman sou nou e gaye tout retay nou yo nan tout van. ¹¹ Jan Mwen viv la', deklare Senyè BONDYE a: 'Anverite, akoz nou te ᑫsouye Sanktyè pa M nan ak tout zidòl abominab nou yo, e ak tout abominasyon nou yo, konsa M ap desann nou. Pou sa, Zye m p ap gen pitye, e Mwen p ap epanye pèsòn. ¹² Yon tyè nan nou va mouri akoz epidemi. Yo va vin mouri nan gwo grangou nan mitan nou. Yon tyè va tonbe devan nepe ki toupatou nou. Yon tyè, mwen va ʳgaye nan tout van yo, e Mwen va rale yon nepe dèyè yo.'"

¹³ Konsa, kòlè M va achevi. Mwen va satisfè gwo mekontantman Mwen sou yo, e Mwen va ˢsatisfè. Epi yo va vin konnen ke Mwen menm, SENYÈ a, Mwen te pale ak zèl lè Mwen te achevi kòlè Mwen sou yo a.

¹⁴ "'Anplis, Mwen va fè ou vin yon kote dezole ak yon ᵗobjè repwòch pami nasyon ki antoure ou yo, nan zye a tout sila ki pase la yo. ¹⁵ Konsa, sa va yon repwòch, yon ensilt, yon avètisman e yon objè degoutan pou nasyon ki antoure ou yo lè Mwen ᵘegzekite jijman kontra ou nan kòlè Mwen, mekontantman, ak repwòch plen ak raj— Mwen, SENYÈ a fin pale— ¹⁶ lè Mwen voye kont yo flèch mechan yo, kon gwo grangou a, yon flèch ki te voye pou detwi nou. Mwen va osi fè gwo grangou a vin pi rèd sou ou e va kase retire sous pen an. ¹⁷ Anplis, ᵛMwen va voye sou ou gwo grangou, ak bèt sovaj yo e yo va fè ou soufre gwo pèt. Epidemi ak vèse san va rive sou ou. Mwen va mennen nepe sou ou. Mwen, SENYÈ a, Mwen te pale sa a.'"

6 Pawòl SENYÈ a te vin kote mwen. Li te di: ² "Fis a lòm, mete figi ou vè ʷmòn Israël yo, e pwofetize kont yo. ³ Di yo: 'Mòn Israël yo, koute pawòl Senyè BONDYE a! Konsa pale Senyè BONDYE a a mòn yo, kolin yo, ravin dlo yo, ak vale yo: "Gade byen, Mwen menm, Mwen va mennen yon nepe sou nou, e ˣMwen va detwi wo plas nou yo. ⁴ Konsa lotèl nou yo va vin dezole, e lotèl lansan yo va vin kraze nèt. Mwen va fè mò nou yo tonbe devan zidòl nou yo. ⁵ Anplis, Mwen va poze kadav mò fis Israël yo devan zidòl yo. E Mwen va gaye ʸzo nou yo toutotou lotèl nou yo. ⁶ Nan tout kote nou rete, vil nou yo va vin yon savann, e wo plas yo va vin dezole, pou lotèl nou yo kapab vin abandone nèt. Yo va fè yon kote dezole, pou zidòl nou yo ka vin kraze e fini nèt, pou lotèl lansan yo ka vin kraze nèt e zèv nou yo ka vin efase nèt. ⁷ Sila yo touye yo va tonbe pami nou, e nou va konnen ke se Mwen ki SENYÈ a.

ᵃ **4:9** Egz 9:32   ᵇ **4:10** Éz 45:12   ᶜ **4:12** És 36:12   ᵈ **4:13** Dan 1:8   ᵉ **4:14** Trav 10:14   ᶠ **4:16** Lev 26:26
ᵍ **4:17** Lev 26:39   ʰ **5:1** Lev 21:5   ⁱ **5:1** Dan 5:27   ʲ **5:2** Jr 39:1-2   ᵏ **5:5** Det 4:6   ˡ **5:6** II Wa 17:8-20
ᵐ **5:7** II Wa 21:9-11   ⁿ **5:8** Jr 24:9   ᵒ **5:9** Dan 9:12   ᵖ **5:10** Sòm 44:11   ᑫ **5:11** Jr 7:9-11   ʳ **5:12** Éz 5:2-10
ˢ **5:13** És 1:24   ᵗ **5:14** Sòm 74:3-10   ᵘ **5:15** És 66:15-16   ᵛ **5:17** Lev 26:22   ʷ **6:2** Éz 36:1   ˣ **6:3** Lev 26:30
ʸ **6:5** II Wa 23:14-20

⁸ "'"Malgre sa, Mwen va kite yon ªretay, paske nou va genyen sila ki chape anba nepe pami nasyon yo nan lè nou vin gaye pami lòt peyi yo. ⁹ Nan moman sa a, sila ki te chape yo va sonje Mwen pami nasyon yo kote yo pote kon kaptif yo. A la blese Mwen blese ᵇpa kè adiltè yo, ki te vire kite Mwen e pa zye yo, ki te fè pwostitiye dèyè zidòl yo. Yo va rayi tèt yo nan pwòp zye yo pou mechanste ke yo te komèt yo, pou tout abominasyon yo. ¹⁰ Konsa, yo va konnen ke Mwen se SENYÈ a. Se pa anven ke M te di Mwen ta mennen dezas sa a fè vin rive sou yo.'"

¹¹ "Konsa pale Senyè BONDYE a: 'Bat men nou, frape pye nou atè e di: "Elas!", akoz mechanste a tout mal abominab lakay Israël ki va tonbe pa ᶜnepe a, gwo grangou ak epidemi yo. ¹² Sila ki lwen an va mouri pa epidemi, sila ki pre a va tonbe sou nepe e sila ki rete vin anba syèj la, va mouri nan gwo grangou a. Konsa, Mwen va ᵈpase gwo kòlè Mwen sou yo. ¹³ Nan moman sa a, nou va konnen ke Mwen se SENYÈ a. Lè ᵉmoun touye pa yo jwenn pami zidòl ki antoure lotèl yo, sou tout kolin ki wo, sou tout tèt mòn, anba tout bwa vèt— kote yo te ofri odè ki santi bon a tout zidòl yo. ¹⁴ Konsa, pami tout abitasyon yo, Mwen va lonje men m kont yo, fè peyi a vin pi dezole e abandone, depi dezè a ki pase vè Dibla a, jis rive nan tout abitasyon yo. Konsa, yo va konnen ke Mwen se SENYÈ a.'"

7 Anplis, pawòl SENYÈ a te vin kote mwen. Li te di: ² Ou menm, fis a lòm, konsa pale Senyè BONDYE a, ᶠLafen! Lafen ap pwoche sou kat kwen peyi a. ³ Se koulye a, lafen an sou ou, e Mwen va voye kòlè Mwen kont ou. Mwen va jije ou selon zèv ou. Mwen va mennen tout abominasyon ou yo sou ou. ⁴ Paske zye M p ap gen pitye pou ou, ni Mwen p ap ralanti pou ou, men Mwen va ᵍmennen chemen ou yo rive sou ou, abominasyon ou yo va pami ou, e ou va konnen ke Mwen se SENYÈ a!

⁵ "Konsa pale Senyè BONDYE a: 'Yon gwo ʰdezas! Yon dezas san parèy! Gade byen, l ap vini. ⁶ Lafen an ap vini. Lafen an gen tan rive! Li te ⁱleve kont ou. Gade byen, li fin rive! ⁷ Move lè ou a fin rive, O moun peyi a! Lè a rive! ʲJou toupre a—gwo zen olye kri lajwa a ap kriye sou mòn yo. ⁸ Koulye a, nan yon ti tan, Mwen va vide kòlè Mwen sou ou, e achevi kòlè Mwen kont ou. Konsa, M ap ᵏjije ou selon tout chemen ou yo, e mennen sou ou tout abominasyon ou yo. ⁹ Zye m p ap montre okenn pitye, ni Mwen p ap ralanti. Mwen va rekonpanse ou selon chemen ou yo pandan abominasyon ou yo pami nou. Konsa, ou va konnen ke se Mwen, SENYÈ a, ki fè frap la.

¹⁰ "'Gade jou a! Gade l byen, l ap vini! Move lè ou a deja parèt. ˡBaton an fin boujonnen. Ògèy la fin fleri. ¹¹ Vyolans fin grandi pou vin fè yon baton ᵐmechanste. Okenn nan yo p ap rete; okenn nan moun yo, okenn nan richès yo, ni okenn bagay ki gen gwo valè pami yo. ¹² Lè a fin rive! Jou a prè. Pa kite moun k ap achte a rejwi, ni moun k ap vann nan soufri, paske ⁿgwo chalè a kont tout foul moun yo. ¹³ Anverite, moun k ap vann nan p ap ᵒretounen nan sa li te vann nan, malgre yo toujou vivan; paske vizyon konsène tout foul moun yo. Yo p ap retounen, ni okenn nan yo p ap ka pwolonje lavi yo nan mitan inikite yo. ¹⁴ Yo te ᵖsoufle twonpèt la, e te fè tout bagay vin prè, men pèsòn pa prale nan batay la, paske gwo kòlè Mwen an kont tout foul moun yo.

¹⁵ ᑫ"'Nepe a deyò e epidemi ak gwo grangou a anndan. Sila ki nan chan an va mouri pa nepe. Gwo grangou ak epidemi va, anplis, manje sila anndan vil yo. ¹⁶ Menm lè sila ki chape yo rive deyò, yo va sou mòn yo tankou ʳtoutrèl nan vale yo, yo tout ap kriye, yo chak nan pwòp inikite yo. ¹⁷ ˢTout men yo va lage vid e tout jenou yo va vin kon dlo. ¹⁸ Yo va ᵗabiye yo menm ak twal sak e lafyèv frison va boulvèse yo. Lawont va sou tout figi yo, e tout tèt yo va chòv. ¹⁹ Yo va jete ᵘajan yo nan lari, e lò yo va vin yon bagay repinyans. Lajan ak lò yo p ap kapab delivre yo nan jou gwo chalè SENYÈ a. Yo p ap ka satisfè apeti yo, ni yo p ap kapab plen vant yo, paske se li ki te fè yo chite. ²⁰ Yo te transfòme bote a òneman pa Li yo pou vin ògèy e ᵛyo te fè imaj abominasyon yo ak bagay detestab yo avè l. Konsa, Mwen va fè l vin yon bagay abominab pou yo menm. ²¹ Mwen va bay li nan men ʷetranje yo kon piyaj, nan men mechan sou latè yo kon donmaj, e yo va pwofane li nèt. ²² Anplis, Mwen va vire ˣfigi Mwen lwen yo, e yo va pwofane plas sekrè Mwen an. Vòlè yo va antre nan li, e yo va pwofane li.

²³ "'Fè chèn nan, paske peyi a plen ak ʸkrim sanglan, e vil la plen ak vyolans. ²⁴ Akoz sa, Mwen va mennen fè vini sila ki pi mal nan tout nasyon yo, e se yo k ap posede lakay yo. Mwen va, anplis, fè ògèy a sila ki pwisan yo sispann. Lye sen yo va vin gate nèt. ²⁵ Lè gwo doulè a rive, yo va chache ᶻlapè, men p ap genyen menm. ²⁶ ᵃGwo dega va rive sou gwo dega, e gwo koze sou gwo koze. Konsa, yo va chache yon vizyon soti nan yon pwofèt, men lalwa va fin pèdi nan men prèt la, e p ap gen konsèy menm nan men ansyen yo. ²⁷ Wa a va fè dèy, prens lan va ᵇabiye ak dezespwa, e men a pèp peyi a va pran tranble. Selon kondwit yo, Mwen va a ji avèk yo, e selon jijman yo, Mwen va jije yo. Konsa, yo va konnen ke se Mwen ki SENYÈ a.'"

ª **6:8** És 6:13   ᵇ **6:9** Sòm 78:40   ᶜ **6:11** Éz 5:12   ᵈ **6:12** Lam 4:11-22   ᵉ **6:13** Éz 6:4-7   ᶠ **7:2** Éz 7:3-6   ᵍ **7:4** Éz 11:21   ʰ **7:5** II Wa 21:12-13   ⁱ **7:6** Za 13:7   ʲ **7:7** Éz 22:5   ᵏ **7:8** Éz 7:3   ˡ **7:10** Sòm 89:32   ᵐ **7:11** Sòm 73:8   ⁿ **7:12** És 5:13-14   ᵒ **7:13** Lev 25:24-31   ᵖ **7:14** Nonb 10:9   ᑫ **7:15** Jr 14:18   ʳ **7:16** És 38:14   ˢ **7:17** És 13:7   ᵗ **7:18** És 15:3   ᵘ **7:19** Pwov 11:4   ᵛ **7:20** Jr 7:30   ʷ **7:21** II Wa 24:13   ˣ **7:22** Jr 18:17   ʸ **7:23** Éz 9:9   ᶻ **7:25** Éz 13:10-16   ᵃ **7:26** És 47:11   ᵇ **7:27** Job 8:22

8 Li te vin rive nan sizyèm ane, sou senkyèm jou, nan sizyèm mwa a, pandan mwen te chita lakay mwen ak ansyen a Juda yo ki te chita devan m, ke men Senyè BONDYE a te tonbe sou mwen la. ² Answit, mwen te gade e vwala, yon imaj kon aparans a yon nonm—soti nan ren li pou rive anba, te gen aparans dife e soti nan ren li pou monte, aparans yon bagay briyan ᵃtankou metal k ap klere. ³ Li te lonje yon bagay sanblab ak yon men, e li te kenbe m nan cheve m nan pati dèyè tèt mwen. Konsa, ᵇLespri a te leve m monte rive antre tè a ak syèl la, e li te mennen mwen nan vizyon Bondye yo pou rive Jérusalem nan antre kote nò nan pòtay pa anndan an, kote ki te gen chèz pou zidòl ki rele jalouzi a, ki konn pwovoke jalouzi a. ⁴ Gade byen, ᶜglwa Bondye Israël la te la, tankou aparans ke m te wè nan plèn nan.

⁵ Li te di mwen: "Fis a lòm, leve zye ou koulye a vè nò."

Konsa, mwen te leve zye m vè nò, e gade byen, nan nò a pòtay lotèl, se te ᵈzidòl jalouzi a ki te nan antre a.

⁶ Li te di mwen: "Fis a lòm, èske ou wè ki sa y ap fè, gwo ᵉabominasyon ke lakay Israël ap fè isit la, pou m ta kite sanktyè Mwen an? Malgre toujou, ou va wè abominasyon ki pi gwo."

⁷ Li te mennen m nan antre lakou enterye a, e lè m te gade, vwala, yon twou nan mi an. ⁸ Li te di mwen: "Fis a lòm, ᶠfouye yon twou fonse antre nan mi an." Konsa, mwen te fouye yon twou fonse antre nan mi an e vwala, yon pòt pou antre.

⁹ L i t e d i m w e n : "A n t r e l a d a n n p o u w è abominasyon mechan ke y ap komèt isit la."

¹⁰ Konsa, mwen te antre e vwala, tout fòm bagay ki trennen atè, bèt ak bagay abominab, ak tout zidòl lakay Israël yo te grave kon desen sou mi an toutotou li. ¹¹ Epi te kanpe devan yo, ᵍswasann-dis lansyen a lakay Israël yo, e Jaazania, fis a Schaphan an, te kanpe nan mitan yo, chak moun ak pwòp veso lansan li, e odè nwaj lansan an a t ap leve.

¹² Epi Li te di mwen: "Fis a lòm, èske ou wè sa ke ansyen lakay Israël yo ap komèt nan fènwa a, chak moun nan chanm a pwòp imaj taye li? Paske men ki sa y ap di: 'SENYÈ a pa wè nou. SENYÈ a fin abandone peyi a.'" ¹³ Epi Li te di mwen: "Malgre sa, ou va wè abominasyon ki pi gwo ke y ap komèt."

¹⁴ Konsa, Li te mennen mwen nan antre a ʰpòtay lakay SENYÈ a ki te vè nò; epi vwala, te gen fanm la ki t ap kriye pou Thammuz. ¹⁵ Li te di mwen: "Èske ou wè sa, fis a lòm? Malgre sa, ou va wè pi gwo abominasyon ke sa yo."

¹⁶ Konsa, Li te mennen mwen antre nan lakou enterye lakay SENYÈ a. Epi vwala, nan antre tanp SENYÈ a, antre galri ak lotèl la, anviwon venn-senk òm, avèk do yo bay tanp SENYÈ a, e figi yo vè lès. Epi ⁱyo t ap pwostène yo an lès vè solèy la.

¹⁷ Li te di mwen: "Èske ou wè sa, fis a lòm? Èske se yon bagay twò piti pou lakay Juda ta komèt abominasyon ke yo te komèt isit la? Paske yo te ʲranpli peyi a ak vyolans e te pwovoke M plizyè fwa? Gade byen, y ap vekse M menm ak ti branch bwa yo poze sou nen yo. ¹⁸ Akoz sa, anverite, Mwen va aji ak gwo kòlè. Zye m p ap gen pitye, ni Mwen p ap epanye pèsòn. ᵏMalgre yo kriye nan zòrèy Mwen ak gwo vwa, malgre sa, Mwen p ap koute yo."

9 Answit, Li te kriye fò pou m tande ak yon gwo ˡvwa e te di: "Vin pi pre, O nou menm ki an chaj vil la, chak moun ak pwòp zam destriksyon li nan men l." ² Gade byen, sis moun te sòti nan pòtay anlè ki pozisyone vè nò a, chak moun ak pwòp zam masak li nan men l. Pami yo, te gen yon ᵐsèten nonm abiye an len, ak yon valiz pou ekri nan senti l. Epi yo te antre ladann e te kanpe akote lotèl an bwonz lan.

³ Konsa, laglwa Bondye Israël la te leve monte soti nan cheriben kote l te poze a, pou rive nan papòt tanp lan. Epi Li te rele nonm abiye an len ak yon valiz pou ekri nan senti li an. ⁴ SENYÈ a te di li: "Ale pase nan mitan vil la, menm nan mitan Jérusalem, mete yon mak sou fwon a mesye ki plenn nan gòj e ki ⁿfè soupi pou tout abominasyon k ap komèt nan mitan li yo."

⁵ Men pou lòt yo, Li te di nan zòrèy mwen: "Travèse vil la dèyè li pou frape. Pa kite zye ou fè pitye, ni pa ralanti. ⁶ Konplètman, ᵒtouye granmoun, jenn gason, jenn fi, timoun yo ak fanm, men pa touche okenn moun ki gen mak la. Kòmanse soti nan sanktyè pa M nan."

Konsa, yo te kòmanse ak ansyen ki te devan tanp yo.

⁷ Epi Li te di yo: "Souye tanp lan e plen lakou a ak mò yo. Ale deyò!" Konsa, yo te ale deyò pou te frape moun nan vil yo.

⁸ Pandan yo t ap frape moun yo e mwen sèl te rete, mwen te ᵖtonbe sou figi mwen, mwen te kriye fò pou te di: "Anmwey, Senyè BONDYE! Èske W ap detwi tout retay Israël la pandan W ap vide gwo kòlè ou sou Jérusalem nan?"

⁹ Li te reponn mwen: "Inikite lakay Israël ak Juda yo vin trè trè gran. Peyi a vin plen ak san, e vil la ᑫplen ak pèvèsyon. Paske yo di: 'SENYÈ a te abandone tout peyi a e SENYÈ a pa wè!' ¹⁰ Men pou Mwen, ʳzye M p ap gen pitye ni Mwen p ap ralanti, men Mwen va fè kondwit yo vin rive sou pwòp tèt yo."

¹¹ Epi gade byen, nonm abiye an len, ki te gen valiz ekri nan senti li jan nou te di a, t ap di: "Mwen te fè l jis jan ou te kòmande mwen an."

10 Answit, mwen te gade e vwala, nan ˢgran espas ouvri ki te sou tèt a cheriben yo, yon bagay tankou yon wòch safi ki pa aparans, te sanble

---

ᵃ **8:2** Éz 1:4-27 ᵇ **8:3** Éz 3:12 ᶜ **8:4** Éz 1:28 ᵈ **8:5** Sòm 78:58 ᵉ **8:6** II Wa 23:4-5 ᶠ **8:8** És 29:15 ᵍ **8:11** Nonb 11:16-25 ʰ **8:14** Éz 44:4 ⁱ **8:16** Det 4:19 ʲ **8:17** Éz 7:11-23 ᵏ **8:18** És 1:15 ˡ **9:1** És 6:8 ᵐ **9:2** Lev 16:4 ⁿ **9:4** Sòm 119:53-136 ᵒ **9:6** II Kwo 36:17 ᵖ **9:8** I Kwo 21:16 ᑫ **9:9** Éz 22:29 ʳ **9:10** És 65:6 ˢ **10:1** Éz 1:22-26

yon twòn ki te parèt anlè yo. ² Li te pale ak nonm abiye an len an e te di: "Antre nan mitan ᵃwou k ap vire vit fè wonn anba cheriben an, plen men nou ak chabon tou limen ki antre cheriben yo e gaye yo toupatou nan vil la."

Konsa, li te antre pou m te ka wè l. ³ Alò, cheriben yo te kanpe bò dwat a tanp lan lè nonm nan te antre ladann nan e nwaj la te plen ᵇlakou enteryè a. ⁴ Epi ᶜglwa a SENYÈ a te leve monte soti nan cheriben yo, jis rive nan papòt tanp lan. Tanp lan te plen ak nwaj la e lakou a te plen ak ekla a glwa SENYÈ a. ⁵ Anplis, bri a zèl cheriben yo te vin tande jis rive nan lakou eksteyè a, tankou ᵈvwa SENYÈ Pwisan an lè L pale.

⁶ Li te vin rive lè Li te kòmande nonm abiye an len an e te di: "Pran dife soti nan mitan wou k ap vire vit fè wonn yo, soti antre cheriben yo". Epi li te antre e te kanpe akote yon wou. ⁷ Konsa, cheriben an te lonje men l soti antre cheriben kote dife ki te antre cheriben yo, pran ladann pou mete nan men a sila ki te abiye an len an, ki te pran l e te sòti deyò. ⁸ Fòm men a yon moun te parèt isit nan cheriben nan anba zèl yo.

⁹ Alò, mwen te gade e vwala, ᵉkat wou akote cheriben yo, yon wou akote chak cheriben. Aparans a wou yo te tankou ekla a pyè krizolit. ¹⁰ Selon aparans yo, toule kat te sanble menm jan, konsi se te yon wou ki te anndan yon lòt wou. ¹¹ Lè yo te deplase yo, yo te ale ᶠnan kat direksyon pa yo san vire pandan yo t ap prale a. Yo te toujou swiv direksyon kote yo te fikse a, san vire pandan yo t ap prale a. ¹² Tout ᵍkò yo, do yo, men yo, zèl yo e wou yo te plen zye toutotou, wou ki t ap sèvi pou toule kat yo. ¹³ Wou yo te rele nan zòrèy mwen, kon wou toubiyon. ¹⁴ Yo chak te gen kat figi. Premye figi a te figi a yon cheriben, dezyèm figi a te figi a yon nonm, twazyèm figi a te figi yon lyon e katriyèm figi a te figi a yon èg.

¹⁵ Konsa, cheriben yo te leve monte. Yo se ʰkreyati vivan ke m te wè akote rivyè Kebar a. ¹⁶ Lè cheriben yo te deplase, wou yo ta ale bò kote yo; anplis, lè cheriben yo te leve zèl yo pou leve atè a, wou yo pa t vire pou kite bò kote yo. ¹⁷ Lè cheriben yo te ⁱkanpe an plas, wou yo ta kanpe an plas. Lè yo te leve, wou yo ta leve avèk yo, paske lespri a kreyati vivan an te nan yo.

¹⁸ Epi glwa SENYÈ a te kite papòt tanp lan e te kanpe ʲanwo cheriben yo. ¹⁹ Lè ᵏcheriben yo te pati, yo te leve zèl yo pou te monte leve kite tè a devan zye m avèk wou yo bò kote yo. Konsa, yo te kanpe dyanm nan antre a pòtay lès lakay SENYÈ a; e glwa a Bondye Israël la te tann sou yo.

²⁰ Sa yo se ˡkreyati vivan ke m te wè anba Bondye Israël la akote rivyè Kebar a; konsa, mwen te konnen ke se cheriben yo te ye. ²¹ ᵐChak te gen kat figi, chak te gen kat zèl, e anba zèl yo, se te fòm men moun. ²² Selon sa figi yo te sanble, yo te gen menm figi yo aparans ke mwen te wè akote rivyè Kebar a. Yo chak te ale tou dwat devan.

11 Anplis, ⁿLespri a te leve m monte e te mennen mwen nan pòtay lès lakay SENYÈ a ki te anfas vè lès. Epi gade byen, venn-senk mesye nan antre pòtay la e pami yo, mwen te wè Jaazania, fis a Azzur a ak Pelathia, fis a Benaja a, chèf yo a pèp la. ² Li te di mwen: "Fis a lòm, sila yo se mesye yo ki fè plan inikite e ki ᵒbay move konsèy nan vil sa a, ³ ka p di: 'Tan pou bati kay yo pa pwòch. ᵖVil sa a se chodyè a e nou se chè a.' ⁴ Akoz sa, ᑫpwofetize kont yo, fis a lòm. Se pou ou pwofetize!"

⁵ Lespri SENYÈ a te tonbe sou mwen e Li te di mwen: "Pale konsa, 'Konsa pale SENYÈ a: "Konsa ou reflechi, o lakay Israël, paske ʳMwen konnen panse nou yo. ⁶ Nou te ˢmiltipliye moun ki touye yo nan vil sa a, e plen ri yo nèt avèk yo."

⁷ "'Pou sa, pale Senyè BONDYE a: ᵗ"Moun touye nou yo ke nou te fè kouche nan mitan vil la, se chè a, e vil la se chodyè a; men nou va mennen sòti ladann. ⁸ Nou te ᵘpè yon nepe. Pou sa, mwen va mennen yon nepe rive sou nou," deklare Senyè BONDYE a. ⁹ "Epi Mwen va mennen nou sòti nan mitan vil la. Mwen va delivre nou nan men a etranje yo, e ᵛegzekite jijman kont nou. ¹⁰ Nou va ʷtonbe pa nepe. Mwen va jije nou jis rive nan lizyè Israël la. Konsa, nou va konnen ke Mwen se SENYÈ a. ¹¹ Vil la p ap yon ˣchodyè pou nou, ni nou p ap chè nan mitan l. Men Mwen va jije nou jis rive nan lizyè Israël la. ¹² Konsa, nou va konnen ke Mwen se SENYÈ a, paske nou pa t mache nan règleman Mwen yo. Ni nou pa t ʸswiv lalwa Mwen yo, men nou te aji selon lalwa a nasyon sila ki antoure nou yo.'"'"

¹³ Alò, li te vin rive ke pandan mwen t ap pwofetize a, ke ᶻPelathia, fis a Benaja a, te mouri. Epi mwen te tonbe sou figi mwen, mwen te kriye fò ak yon gwo vwa e mwen te di: "Anmwey, Senyè BONDYE! Èske Ou va mennen retay Israël la pou fin detwi nèt?" ¹⁴ Epi pawòl SENYÈ a te rive kote mwen. Li te di: ¹⁵ "Fis a lòm, frè ou yo, fanmi ou yo, egzile parèy ou yo ak tout lakay Israël la, yo tout, se moun a sila abitan Jérusalem yo te di: 'Ale lwen SENYÈ a; peyi sa a te bay a ᵃnou kon posesyon.'"

¹⁶ "Akoz sa, ou va di: 'Konsa pale Senyè BONDYE a: "Byenke mwen te deplase yo byen lwen pami nasyon yo e byenke mwen te gaye yo pami peyi yo, malgre mwen va yon ᵇabri pou yo pou yon ti tan nan peyi kote yo rive yo."'

¹⁷ "Akoz sa, ou va di: 'Konsa pale Senyè BONDYE a: "Mwen va ᶜranmase nou soti nan pèp

---

ᵃ **10:2** Éz 1:15-21   ᵇ **10:3** Éz 8:3-16   ᶜ **10:4** Éz 9:3   ᵈ **10:5** Job 40:9   ᵉ **10:9** Éz 1:15-17   ᶠ **10:11** Éz 1:17
ᵍ **10:12** Rev 4:6-8   ʰ **10:15** Éz 1:3-5   ⁱ **10:17** Éz 1:21   ʲ **10:18** Sòm 18:10   ᵏ **10:19** Éz 11:22   ˡ **10:20** Éz 1:5-26   ᵐ **10:21** Éz 1:6-8   ⁿ **11:1** Éz 3:12-14   ᵒ **11:2** Sòm 2:1   ᵖ **11:3** Jr 1:13   ᑫ **11:4** Éz 3:4-17   ʳ **11:5** Jr 11:20   ˢ **11:6** És 1:15   ᵗ **11:7** Éz 24:3-13   ᵘ **11:8** Pwov 10:24   ᵛ **11:9** Éz 5:8   ʷ **11:10** Jr 52:9-10   ˣ **11:11** Éz 11:3-7   ʸ **11:12** Éz 18:8-9   ᶻ **11:13** Éz 11:1   ᵃ **11:15** Éz 33:24   ᵇ **11:16** Sòm 31:20   ᶜ **11:17** És 11:11-16

yo, Mwen va rasanble nou sòti nan peyi pami sila nou te gaye yo, e Mwen va bannou peyi Israël la."
¹⁸ "'Lè yo vini la, yo va ᵃretire tout bagay abominab li yo ak tout abominasyon li yo sòti ladann. ¹⁹ Konsa, Mwen va bay yo yon sèl kè e Mwen va mete yon lespri nèf anndan yo. Epi Mwen va retire ᵇkè wòch ki nan chè yo a, e Mwen bay yo yon kè ki fèt ak chè, ²⁰ pou yo ka ᶜmache nan règleman Mwen yo e kenbe lalwa Mwen yo pou fè yo. Konsa, yo va pèp Mwen e Mwen va Bondye yo. ²¹ Men pou sila ak kè k ap swiv bagay abominab yo ak abominasyon yo, Mwen va ᵈmennen kondwit yo desann sou tèt yo," deklare "Senyè BONDYE a."

²² Epi cheriben yo te ᵉleve zèl yo ak wou akote yo e glwa a Bondye Israël la te vin pann sou yo. ²³ ᶠGlwa SENYÈ a te monte soti nan mitan vil la e te kanpe anwo mòn ki nan pati lès vil la. ²⁴ Epi Lespri a te fè m leve e te mennen mwen nan yon vizyon pa Lespri Bondye a, bò kote egzile Chaldée yo.

Se konsa vizyon mwen te wè a, te ᵍkite mwen. ²⁵ Epi mwen te ʰdi egzile yo tout bagay ke SENYÈ a te montre mwen.

12 Pawòl SENYÈ a te vin kote mwen. Li te di:
² Fis a lòm, ou rete nan mitan yon ⁱkay rebèl, ki gen zye pou wè, men yo pa wè, e zòrèy pou tande, men yo pa tande; paske se kay rebèl yo ye.

³ "Pou sa, fis a lòm, prepare valiz ou menm pou ou ekzile e antre an egzil nan mitan jounen an kote yo ka wè l byen klè. Nan egzil, ou va deplase yon kote pou rive yon lòt kote devan zye yo. ʲPetèt yo va konprann, malgre se yon kay rebèl yo ye. ⁴ Mete bagaj ou deyò devan zye yo, kon bagaj pou egzil. Konsa, ou va sòti deyò nan aswè devan zye yo, tankou sila ki prale an egzil yo. ⁵ Fouye yon twou nan miray la devan zye yo, e sòti ladann pou vin deyò. ⁶ Mete bagaj ou sou zepòl ou devan yo pou yo wè e pote li sòti deyò nan aswè. Ou va kouvri figi ou pou ou pa ka wè peyi a, paske Mwen plase ou kon yon sign pou lakay Israël."

⁷ ᵏMwen te fè sa konsa jan mwen te kòmande a. Nan lajounen, mwen te mennen bagaj mwen deyò, tankou bagaj a yon egzile. Epi nan aswè, mwen te fouye yon twou nan miray la ak men m. Mwen te sòti deyò nan fènwa a e te pote li sou zepòl mwen pou yo ta ka wè l.

⁸ Nan maten, pawòl SENYÈ a te rive kote mwen e te di: ⁹ "Fis a lòm, èske lakay Israël, kay rebèl sa a, pa t di ou: ˡ'Kisa w ap fè la a?'

¹⁰ "Di yo: 'Konsa pale Senyè BONDYE a: ᵐ"Fado sa a se pou prens Jérusalem nan, li menm ak tout lakay Israël ki ladann nan."'

¹¹ "Di yo: 'Mwen se yon sign pou nou. Jan mwen te fè, se konsa l ap vin rive nou. Konsa, yo va ⁿale an egzil, an kaptivite.

¹² ᵒ"'Prens ki pami yo a va chaje bagaj li sou zepòl li nan aswè pou sòti. Yo va fouye yon twou nan miray la pou fè l sòti. Li va kouvri figi li pou li pa wè peyi a ak pwòp zye li. ¹³ Anplis, Mwen va voye filè Mwen sou li e li va vin kenbe nan pèlen Mwen. Konsa, Mwen va mennen li Babylone, nan peyi a Kaldeyen yo. Men ᵖli p ap wè l; malgre sa, se la l ap mouri. ¹⁴ Mwen va ᑫgaye nan tout van, tout sila ki antoure li yo, moun k ap ede li yo ak tout sòlda li yo. Epi se nepe a Mwen va rale dèyè yo.

¹⁵ "'Pou yo ka ʳkonnen ke Mwen se SENYÈ a lè Mwen gaye yo pami nasyon yo e pwopaje yo pami peyi yo. ¹⁶ Men Mwen va epanye kèk nan yo de nepe a, gwo grangou a, ak epidemi a, pou yo ka pale tout abominasyon yo pami nasyon kote yo prale yo. Konsa, yo va ˢkonnen ke Mwen se SENYÈ a.'"

¹⁷ Anplis, pawòl SENYÈ a te vin kote mwen e te di: ¹⁸ "Fis a lòm, ᵗmanje pen ou ak tranbleman, e bwè dlo ou ak tranbleman e ak kè twouble. ¹⁹ Di a pèp peyi a: 'Konsa pale Senyè BONDYE a konsènan moun ki rete Jérusalem yo nan peyi Israël la: "Yo va manje pen yo ak kè twouble e bwè dlo ak gwo laperèz, akoz peyi yo va ᵘdepouye nèt de tout bonte li, akoz vyolans a tout moun ki demere ladann yo. ²⁰ ᵛVil kote moun rete yo va vin devaste nèt e peyi a va vin yon dezolasyon. Konsa, ou va konnen ke Mwen se SENYÈ a."'"

²¹ Pawòl SENYÈ a te vin kote mwen e te di: ²² "Fis a lòm, ki pwovèb sa a, ke nou menm pèp la, gen konsènan peyi Israël, ki di: ʷ'Jou yo long e tout vizyon yo vin gate'? ²³ Pou sa, di yo: 'Konsa pale Senyè BONDYE a: "Mwen va fè pwovèb sa a sispann pou yo pa sèvi l ankò kon pwovèb an Israël."' Men di yo: ˣ"Jou yo ap apwoche ansanm ak lè pou tout vizyon yo akonpli. ²⁴ Paske p ap gen ankò okenn ʸfo vizyon ni okenn divinasyon flatè anndan kay Israël la. ²⁵ Paske Mwen menm, SENYÈ a va pale e nenpòt ᶻpawòl ke M di, va vin acheve. Sa p ap pran reta ankò, paske nan jou ou yo, O lakay rebèl, Mwen va pale pawòl la e Mwen va akonpli li," deklare Senyè BONDYE a.'"

²⁶ Anplis, pawòl SENYÈ a te vin kote mwen e te di: ²⁷ "Fis a lòm, gade byen, lakay Israël ap di: 'Vizyon ke li fè a se pou ᵃanpil ane k ap vini e li pwofetize pou yon tan ki lwen.'

²⁸ "Pou sa, di yo: 'Konsa pale Senyè BONDYE a: "Okenn nan pawòl Mwen yo p ap pran reta ankò. Nenpòt sa ke M pale, va vin akonpli," deklare Senyè BONDYE a.'"

13 Pawòl SENYÈ a te vin kote mwen. Li te di:
² "Fis a lòm, pwofetize kont ᵇpwofèt Israël ki pwofetize. Di a sila kap pwofetize pawòl ki soti nan pwòp enspirasyon pa yo, 'Koute pawòl SENYÈ a: ³ Konsa pale Senyè BONDYE a: "Malè a pwofèt san konprann k ap swiv pwòp lespri pa yo, e ki pa

---

ᵃ **11:18** Éz 37:23   ᵇ **11:19** Za 7:12   ᶜ **11:20** Sòm 105:45   ᵈ **11:21** Éz 9:10   ᵉ **11:22** Éz 10:19   ᶠ **11:23** Éz 8:4   ᵍ **11:24** Trav 10:16   ʰ **11:25** Éz 2:7   ⁱ **12:2** Sòm 78:40   ʲ **12:3** Jr 26:3   ᵏ **12:7** Éz 24:18   ˡ **12:9** Éz 17:12   ᵐ **12:10** II Wa 9:25   ⁿ **12:11** Jr 15:2   ᵒ **12:12** II Wa 25:4   ᵖ **12:13** Jr 39:7   ᑫ **12:14** II Wa 25:4-5   ʳ **12:15** Éz 6:7-14   ˢ **12:16** Jr 22:8-9   ᵗ **12:18** Lam 5:9   ᵘ **12:19** Jr 10:22   ᵛ **12:20** És 3:26   ʷ **12:22** Jr 5:12   ˣ **12:23** Sòm 37:13   ʸ **12:24** Jr 14:13-16   ᶻ **12:25** Nonb 14:28-34   ᵃ **12:27** Éz 12:22   ᵇ **13:2** És 9:15

t vrèman wè anyen. ⁴ O Israël, pwofèt nou yo te tankou rena pami pil mazi ki fin kraze. ⁵ Nou pa t antre nan brèch yo, ni nou pa t bati yon miray pou antoure lakay Israël pou l ta ka kanpe nan batay nan jou SENYÈ a. ⁶ Yo wè ᵃtout sa ki fo, ak divinò k ap bay manti yo, k ap di: 'Pawòl SENYÈ a deklare', lè se pa SENYÈ a ki te voye yo. Malgre sa, yo gen espwa ke pawòl yo va vin akonpli. ⁷ ᵇÈske nou pa t fè yon fo vizyon e pale ak lang ki t ap bay manti lè nou te di: 'SENYÈ a deklare', men se pa Mwen ki te pale a?'"

⁸ Akoz sa, pale Senyè BONDYE a: "Akoz nou te pale sa ki fo, e te wè yon manti; akoz sa, gade byen, ᶜMwen kont nou," deklare Senyè BONDYE a. ⁹ "Konsa, men Mwen va kont ᵈpwofèt yo ki fè fo vizyon yo; ki pale divinasyon ki manti yo. Yo p ap gen plas nan konsèy a pèp Mwen an ni yo p ap ekri nan rejis lakay Israël yo. Ni yo p ap antre nan peyi Israël la. Konsa, nou ka konnen ke Mwen se Senyè BONDYE a.

¹⁰ "'Akoz, anverite yo te ᵉegare pèp Mwen an lè yo te di: "Lapè," lè pa t gen lapè. Lè nenpòt moun bati yon miray, gade byen, yo fè l randwi ak lacho. ¹¹ Donk, pale a sila ki randwi li ak lacho yo, ke li va tonbe. Yon inondasyon lapli va vini, e nou menm, o gran lagrèl, va tonbe. Yon van vyolan va pete l. ¹² Gade byen, lè miray la fin tonbe, èske yo p ap mande nou: "Kote lacho ke nou te sèvi nan randwi li a?"

¹³ "'Pou sa, pale Senyè BONDYE a: "Mwen va fè yon van vyolan vin pete nan kòlè Mwen. Anplis, va genyen nan mekontantman Mwen, yon inondasyon lapli ak ᶠlagrèl pou konsonmen li nèt ak gwo laraj. ¹⁴ Konsa, Mwen va demoli miray ke nou te kouvri ak randisaj la jis rive atè, jis ᵍfondasyon li yo fin ekspoze nèt. Epi lè l tonbe, nou va vin manje nan mitan li. Epi nou va vin konprann ke se Mwen ki SENYÈ a. ¹⁵ Se konsa, Mwen va pase kòlè Mwen sou miray la ak sou sila ki te fè randisaj ak lacho sou li yo. Mwen va di nou, 'Miray la pa la ankò, ni bòs randisaj yo pa la ankò. ¹⁶ Konsa ak pwofèt Israël sa yo ki pwofetize a Jérusalem yo, ki te ʰfè vizyon lapè pou li yo, lè pat gen lapè,'" deklare Senyè BONDYE a.

¹⁷ Alò, ou menm, fis a lòm, mete figi ou kont fi a pèp ou yo, k ap pwofetize apati ⁱpwòp enspirasyon yo. Se pou ou pwofetize kont yo, ¹⁸ pou di: "Konsa pale Senyè BONDYE a: 'Malè a fanm ki koud braslè kon wanga sou tout ponyèt yo e fè vwal yo pou tèt moun tout wotè, pou ʲfè lachas moun! Èske nou va chase nanm a pèp Mwen an, men konsève nanm a lòt yo pou nou menm? ¹⁹ ᵏPou yon men ki plen ak lòj ak kèk grenn pen, nou te degrade Mwen a pèp Mwen an, pou fè lantre nan lanmò kèk nanm ki pa ta dwe mouri, e kenbe vivan lòt ki pa ta dwe viv, nan fè manti ou a pèp Mwen an ki koute manti.'"

²⁰ Akoz sa, pale Senyè BONDYE a: "Gade byen, Mwen kont braslè wanga nou yo, avèk sila nou chache lavi moun, tankou se zwazo yo. Mwen va rache yo nan bra nou. Epi Mwen va lage nanm sa yo lib, menm nanm de sila ke nou kapte tankou se zwazo yo. ²¹ Anplis, Mwen va chire vwal nou yo, Mwen va ˡdelivre pèp Mwen an soti nan men nou, e yo p ap nan men nou ankò pou fè viktim lachas. Konsa, nou va konnen ke Mwen se SENYÈ a. ²² Akoz nou te ᵐdekouraje moun ladwati a lè Mwen pa t fè yo trist; epi nou te ankouraje mechan an pou l pa kite mechanste li pou l sove, ²³ pou sa, nou p ap fè fo vizyon ankò, ni pratike divinasyon. Mwen va ⁿdelivre pèp Mwen an sòti nan men nou. Konsa, nou va konnen ke Mwen se SENYÈ a."

14 Epi kèk nan ᵒansyen Israël yo te parèt kote mwen e te chita devan m. ² Pawòl SENYÈ a te rive kote mwen. Li te di: ³ "Fis a lòm, mesye sila yo te ᵖfin etabli zidòl pa yo nan kè yo. Yo te mete yo toudwat devan figi yo kon wòch k ap fè moun chite a pou fè yo tonbe nan inikite yo. Èske Mwen ta menm dwe koute kesyon yo? ⁴ Pou sa, pale ak yo e di yo: 'Konsa pale Senyè BONDYE a: "Nenpòt moun lakay Israël ki pozisyone zidòl nan kè li, ki mete dwat devan figi l, wòch ki pou fè l tonbe nan inikite li a, e alò, ta vin jwenn pwofèt la, Mwen menm, SENYÈ a, va vin bay li repons sou sijè a, an akòd ak ᵍfòs kantite zidòl li genyen yo, ⁵ pou M ka kenbe ʳkè lakay Israël la, tout ki byen lwen M akoz zidòl yo."'

⁶ "Pou sa, di a tout lakay Israël la, 'Konsa pale Senyè BONDYE a: ˢ"Repanti, vire kite zidòl nou yo e vire figi nou lwen de tout abominasyon nou yo."'

⁷ "Paske nenpòt moun lakay Israël, o menm ᵗetranje ki vin viv la, ki separe li de Mwen menm, pou l mete zidòl li yo nan kè l, ki vin mete dwat devan figi li, wòch ki pou fè l tonbe nan inikite li a, e alò apre ta rive kote pwofèt la pou mande koze pou pwòp tèt li, Mwen menm, SENYÈ a, Mwen va vin parèt pou bay li repons nan pwòp pèsonaj pa M. ⁸ Mwen va ᵘpozisyone figi M kont mesye sa a, fè li yon sign ak yon pwovèb, e Mwen va koupe retire li nèt de pèp Mwen an. Konsa, nou va konnen ke Mwen se SENYÈ a.

⁹ "Men si pwofèt sila vin twonpe, epi pale yon pawòl, se Mwen menm, SENYÈ a, ki te fè pwofèt sa a vin twonpe. Konsa, Mwen va lonje men M kont li pou ᵛdetwi li soti pami pèp Mwen an, Israël. ¹⁰ Yo va pote frè inikite yo. Jan inikite a sila k ap mande l pale a, se konsa inikite a pwofèt la va ye, ¹¹ pou lakay Israël pa egare lwen Mwen ankò, e pou yo pa souye tèt yo ankò ak tout transgresyon yo. Konsa, yo va vin pèp mwen, e Mwen va Bondye yo," deklare Senyè BONDYE a.

¹² Ankò, pawòl SENYÈ a te vin kote mwen e te di: ¹³ "Fis a lòm, si yon peyi peche kont Mwen nan

---

ᵃ **13:6** Jr 29:8   ᵇ **13:7** Éz 22:28   ᶜ **13:8** Éz 5:8   ᵈ **13:9** Jr 20:3-6   ᵉ **13:10** Jr 23:32   ᶠ **13:13** Egz 9:24-25
ᵍ **13:14** Mi 1:6   ʰ **13:16** Jr 6:14   ⁱ **13:17** Éz 13:2   ʲ **13:18** II Pi 2:14   ᵏ **13:19** Pwov 28:21   ˡ **13:21** Sòm 91:3
ᵐ **13:22** Am 5:12   ⁿ **13:23** Éz 13:21   ᵒ **14:1** II Wa 6:32   ᵖ **14:3** Éz 20:16   ᵍ **14:4** I Wa 21:20-24   ʳ **14:5** Jr 17:10   ˢ **14:6** I Sam 7:3   ᵗ **14:7** Egz 12:48   ᵘ **14:8** Jr 44:11   ᵛ **14:9** Jr 6:14-15

[a]komèt enfidelite, Mwen va lonje men M kont li, detwi sous pen li, voye gwo grangou kont li, e koupe retire nèt de li, ni lòm, ni bèt. 14 [b]Menmsi twa mesye sila yo, Noé, Daniel, ak Job te nan mitan yo, ladwati yo pa ta delivre plis ke pwop nanm pa yo", deklare Senyè BONDYE a.

15 "Si Mwen te fè [c]bèt sovaj pase nan peyi a, e li vin dezole jis pou pèsòn pa ta pase ladann akoz bèt yo, 16 menmsi twa mesye sila yo te la nan mitan l, kon Mwen viv la", deklare Senyè BONDYE a, "yo pa t ap ka delivre ni fis yo, ni fi yo. [d]Se yo sèl ki t ap delivre, men peyi a t ap vin dezole nèt.

17 "Ni, si Mwen ta [e]mennen yon nepe sou peyi sa a e di: 'Kite nepe a pase nan tout peyi a pou koupe retire nèt ni lòm ni bèt ladann,'— 18 menmsi, twa mesye sila yo te nan mitan l, kon Mwen viv la," deklare Senyè BONDYE a, "yo pa t ap ka delivre ni fis yo, ni fi yo, men se sèl yo menm ki ta delivre.

19 "Oswa, si M ta voye yon [f]gwo grangou kont peyi sa, e vide kòlè Mwen an san sou li, pou koupe retire nèt ni lòm ni bèt ladann— 20 menmsi Noé, Daniel ak Job te nan mitan l, kon Mwen viv la, deklare Senyè BONDYE a, "yo pa t ap ka delivre ni fis yo, ni fi yo. Yo ta delivre sèlman pwòp tèt yo, pa ladwati pa yo."

21 Paske konsa pale Senyè BONDYE a: "Konbyen ankò [g]lè Mwen voye kat gwo jijman Mwen yo kont Jérusalem: nepe, gwo grangou, bèt sovaj ak epidemi pou koupe retire nèt ni lòm ni bèt sou li! 22 Malgre sa, gade byen, gen yon retay ki va pote soti ladann, ni fis, ni fi. Gade byen, yo va vin parèt vè ou menm e ou va wè [h]kondwit ak zèv yo. Konsa ou va vin rekonfòte pou gwo malè ke M te mennen sou Jérusalem nan, pou tout bagay ke M te mennen sou li yo. 23 Nan lè sa a, yo va rekonfòte ou lè ou wè kondwit ak aksyon yo, paske ou va konnen ke M pa t fè [i]anyen san koz," deklare Senyè BONDYE a.

15 Konsa, pawòl SENYÈ a te vin kote mwen. Li te di: 2 Fis a lòm, kisa bwa [j]chan rezen fè pou li pi bon pase nenpòt bwa, branch lyann yo ki pami pyebwa forè yo? 3 Èske ou ka retire bwa sou li pou fè yon bagay, oswa èske moun ka fè yon kwòk ak li pou pann veso? 4 Si yo te mete li nan [k]dife la pou brile, dife a fin manje de pwent li e mitan an fin boukannen tounwa. Konsa, èske li ka itil pou yon bagay? 5 Gade byen, pandan li an bòn fòm nan, li pa itil anyen. Konbyen anmwens lè dife fin manje li e vin boukannen l tounwa a, pou l ka itil pou fè yon bagay!

6 Pou sa, konsa pale Senyè BONDYE a: "Jan lyann yo pami tout pyebwa forè yo, ke m te bay nan dife pou brile a, se konsa mwen te bay moun ki rete Jérusalem yo. 7 Mwen mete figi M kont yo. Byenke yo te [l]sòti nan dife a, malgre sa, dife a va manje yo. Ou va konnen ke Mwen se SENYÈ a, lè Mwen mete figi M kont yo. 8 Konsa, Mwen va fè tè a vin dezole, akoz yo te [m]aji ak enfidelite," deklare Senyè BONDYE a.

16 Ankò, pawòl SENYÈ a te vin kote mwen. Li te di: 2 "Fis a lòm, [n]fè Jérusalem konnen abominasyon li yo. 3 Di li: 'Konsa pale Senyè BONDYE a a Jérusalem: "Orijin ou ak nesans ou se te nan peyi Canaan, papa ou se te yon Amoreyen e manman ou yon Etyèn. 4 Pou nesans ou, [o]nan jou ou te fèt la, kòd lonbrit ou pa t koupe, ni ou pa t lave ak dlo pou vin pwòp. Ou pa t fwote ak sèl, ni menm vlope nan rad. 5 Pa t gen zye ki te gen pitye pou ou, ni ki te gen konpasyon pou ou. Pito ou te jete nan yon [p]chan ouvri, paske yo te twouve ou abominab depi jou ke ou te fèt la.

6 ""Lè m te pase bò kote ou, e Mwen te wè ou t ap tòde nan san ou, Mwen te di ou pandan ou te nan san ou an: 'Viv'! Wi, Mwen te di ou pandan ou te nan san ou an: 'Viv'! 7 Mwen te [q]fè ou vin anpil, tankou plant nan chan yo. Ou te vin grandi, ou te vin wo, e ou te vin rive nan laj pou bèl flè. Tete ou te fòme e cheve ou te grandi. Malgre sa, ou te toutouni e san rad.

8 ""Mwen te pase bò kote ou pou te wè ou e gade byen, ou te vin nan lè pou fè renmen. Alò konsa, mwen te lonje jip Mwen sou ou pou te kouvri toutouni ou an. Anplis, Mwen te [r]sèmante a ou menm, e te antre nan yon akò avèk ou pou ou te vin pou Mwen," deklare Senyè BONDYE a.

9 ""Mwen te benyen ou ak dlo, lave fè san sòti sou ou e Mwen te [s]onksyone ou avèk lwil. 10 Anplis, Mwen te abiye ou ak twal ak bèl [t]bwodri, Mwen te mete sandal fèt ak po bazann nan pye ou. Mwen te vlope ou ak len fen e te kouvri ou ak swa. 11 Mwen te fè ou bèl ak dekorasyon. Mwen te mete braslè nan men ou ak yon [u]kolye nan kou ou. 12 Anplis, mwen te mete yon zanno nan nen ou, zanno nan zòrèy ou ak yon [v]bèl kouwòn nan tèt ou. 13 Konsa, ou te anbeli ak lò ak ajan e wòb ou te fèt ak len fen, oswa ak twal bwodri. Ou te manje farin fen, siwo myèl, ak lwil. Konsa, ou te tèlman vin bèl, e vin avanse nan yon pozisyon [w]wayal. 14 Answit, rekonesans ou te ale toupatou pami nasyon yo akoz bèlte ou. Paske li te [x]pafè, akoz mayifisans ke Mwen te fè poze sou ou a," deklare Senyè BONDYE a.

15 ""Men ou te [y]mete konfyans nan bèlte ou; ou te jwe pwostitiye akoz tout rekonesans ou. Ou te vide pwostitisyon ou an nan tout moun ale vini ki te disponib. 16 Ou te pran kèk nan rad ou yo, pou fè pou kont ou wo plas ak plizyè koulè, e te jwe pwostitiye ak yo. Sa a pa ta janm dwe rive, ni li pa p fèt. 17 Anplis, ou te pran bèl [z]bijou ou yo, fèt ak lò ak ajan pa M, ke M te bay ou. Ak yo ou te fè pou kont ou imaj a gason pou ou te ka jwe pwostitiye ak yo.

---

[a] 14:13 Éz 15:8   [b] 14:14 Jr 15:1   [c] 14:15 Lev 26:22   [d] 14:16 Jen 19:29   [e] 14:17 Lev 26:25   [f] 14:19 Jr 14:12
[g] 14:21 Éz 5:17   [h] 14:22 Éz 12:16   [i] 14:23 Jr 22:8-9   [j] 15:2 Sòm 80:8-16   [k] 15:4 És 27:11   [l] 15:7 I Wa 19:17
[m] 15:8 Éz 14:13   [n] 16:2 És 58:1   [o] 16:4 Os 2:3   [p] 16:5 Det 32:10   [q] 16:7 Egz 1:7   [r] 16:8 Jen 22:16-18
[s] 16:9 Rt 3:3   [t] 16:10 Egz 26:36   [u] 16:11 Jen 41:42   [v] 16:12 És 28:5   [w] 16:13 I Sam 10:1   [x] 16:14 Sòm 50:2
[y] 16:15 És 57:8   [z] 16:17 Éz 16:11-12

¹⁸ Epi ou te pran twal bwodri ou a pou te kouvri yo, e te ofri lwil ak lansan Mwen an devan yo. ¹⁹ Anplis, ᵃpen Mwen an, ke M te bay ou a, farin fen, lwil ak siwo myèl, avèk sila Mwen te konn bay ou manje yo, ou te ofri yo devan yo kon yon odè santi bon. Se konsa sa te rive," deklare Senyè BONDYE a.
²⁰ "'Anplis, ou te pran fis ak fi ke ou te fè pou Mwen yo, e ou te sèvi yo kon ᵇsakrifis a zidòl pou yo ta ka vin devore. Èske afè pwostitisyon ou an te yon ti bagay piti? ²¹ Ou te fè labatwa ak pitit Mwen yo, e te ofri yo bay zidòl lè ou koze yo ᶜpase nan dife. ²² Anplis ke tout abominasyon ak pwostitisyon ou yo, ou pa t sonje jou ᵈjenès ou yo, lè ou te toutouni, san rad e t ap tòde nan pwòp san ou an.
²³ "'Konsa, li te vin rive apre tout mechanste ou yo—Malè, malè a ou menm!', deklare Senyè BONDYE — ²⁴ "Ke ou te bati pou kont ou yon lotèl, e te fè yon ᵉwo plas tout kote. ²⁵ Ou te bati pou kont ou yon wo plas nan pwent anwo nan ᶠtout lari, ou te fè belte ou vin abominab e ou te ouvri janm ou pou tout sila ki te pou ou yo. Epi ou te ogmante pwostitisyon ou an. ²⁶ Anplis, ou te jwe pwostitiye ak Ejipsyen yo, vwazen ou yo ak gwo anvi lachè e ou te ogmante pwostitisyon ou an pou ᵍfè m vin fache. ²⁷ Gade byen, Mwen te lonje men M kont ou pou te diminye nan sa ki te pou ou yo. Epi Mwen te livre ou a volonte a sila ki rayi ou yo, ʰfi a Filisten yo, ki wont devan kondwit lèd ou a. ²⁸ Anplis, ou te jwe pwostitiye ak ⁱAsiryen yo akoz ou pa t satisfè. Wi, ou te jwe pwostitiye ak yo e ou te toujou pa satisfè a. ²⁹ Anplis, ou te ogmante pwostitisyon ou an ak peyi komèsan yo, Chaldée. Menm malgre sa, ou pa t satisfè.
³⁰ "'A la kè ou fèb!" deklare Senyè BONDYE a, "pandan w ap fè tout bagay sa yo, aksyon a yon ʲpwostitiye ki san wont. ³¹ Lè ou te bati lotèl ou yo nan pwent a tout lari a, e te fè wo plas ou yo tout kote yo, ᵏsan menm mande kòb, ou pa t sanble a yon pwostitiye.
³² "'Ou menm, fanm adiltè, ki pran etranje olye de mari li! ³³ Mesye yo konn bay kado a tout pwostitiye, men ou te bay kado ou a tout moun ki renmen ou yo pou rale yo vin kote ou sòti nan tout direksyon pou zak pwostitisyon ou yo. ³⁴ Konsa, ou apà de fanm sa yo nan fè pwostitisyon ou an. Nan sa, nanpwen moun ki jwe pwostitiye tankou ou. Ou menm konn vèse lajan olye resevwa lajan. Konsa, ou apà.'"
³⁵ "Pou sa, O pwostitiye, tande pawòl SENYÈ a. ³⁶ 'Konsa pale Senyè BONDYE a: "Akoz bagay lèd ou yo te vin vide nèt, toutouni ou a te fin dekouvri nèt atravè pwostitisyon ou ak moun ki renmen ou yo, e ak tout ˡzidòl abominab ou yo, e akoz san a fis ou ke ou te bay a zidòl yo, ³⁷ akoz sa, gade byen, Mwen va ᵐrasanble tout moun ki renmen ou yo avèk sila ou te pran plezi yo, menm tout sila ke ou te renmen yo, ak tout sila ou te rayi yo. Konsa, Mwen va rasanble yo kont ou soti nan tout direksyon e Mwen va fè toutouni ou an vin parèt a yo menm pou yo ka wè toutouni ou an nèt. ³⁸ Konsa, Mwen va jije ou kon fanm k ap komèt adiltè, oswa k ap vèse san moun ta jije. Epi Mwen va mennen sou ou san gwo kòlè a ak jalouzi. ³⁹ Anplis, Mwen va bay ou nan men a moun ki renmen ou yo, e yo va demoli tout lotèl ou yo, demoli wo plas ou yo, ⁿretire tout rad sou ou, retire tout bijou ou yo e kite ou toutouni, san rad. ⁴⁰ Yo va pouse yon ᵒgwo foul kont ou, yo va lapide ou e rache ou an mòso ak nepe yo. ⁴¹ Yo va ᵖbrile lakay ou ak dife e egzekite jijman sou ou devan zye anpil fanm. Nan lè sa a, mwen va fè ou sispann jwe pwostitiye e ou p ap peye moun ou renmen yo ankò. ⁴² Konsa, Mwen ᵠva kalme gwo chalè kòlè Mwen an kont ou. Jalouzi Mwen va kite ou, Mwen va vin satisfè e Mwen p ap fache ankò.
⁴³ "'Akoz ou pa t sonje jou jenès ou yo, men te fè m ʳvin anraje akoz tout bagay sa yo; gade byen, Mwen, nan kou pa M nan, Mwen va desann tout kondwit ou a sou pwòp tèt ou," deklare Senyè BONDYE a, "pou ou pa komèt bagay lèd sa a pou mete sou tout lòt abominasyon ou yo."
⁴⁴ "'Gade byen, tout moun ki site ˢpwovèb va site pwovèb sila a konsènan ou menm. Yo va di: 'Jan manman an ye a, se konsa fi a ye.' ⁴⁵ Ou se fi a manman ou, li te rayi mari li ak pitit li. Ou se, anplis, sè a sè ou yo, ki te ᵗrayi mari yo ak pitit yo. Manman ou te yon Etyèn e papa ou te yon Amoreyen. ⁴⁶ Alò, ᵘpi gran sè ou a se Samarie, ki viv sou kote nò ou, ak tout fi li yo; epi pi jèn sè ou a, ki rete nan kote sid ou a, se Sodome, ak tout fi li yo. ⁴⁷ Malgre sa, ou pa t sèlman mache nan chemen yo, oswa aji selon abominasyon yo; men konsi sa te twò piti, avan lontan, ou te aji ᵛpi konwonpi nan kondwit ou ke yo menm. ⁴⁸ Kon Mwen viv la", deklare Senyè BONDYE a: "Sodome, sè ou a, ak fi li yo pa t fè menm jan ak ou ak fi ou yo.
⁴⁹ "'Gade byen, sa se te koupabilite a sè ou a, Sodome: li menm ak fi li yo te gen ʷawogans, anpil manje ak lavi alèz, men li pa t ede endijan ak malere yo. ⁵⁰ Konsa, yo te plen ògèy e te komèt ˣabominasyon devan M. Pou sa, Mwen te retire yo lè M te wè sa. ⁵¹ Anplis, Samarie pa t komèt mwatye nan peche ou yo, paske ou te ogmante abominasyon ou yo plis pase yo. Konsa, ou te fè sè ou a parèt ʸdwat akoz tout abominasyon ke ou te komèt yo. ⁵² Anplis, sipòte wont ou paske ou te fè jijman an vin favorab pou sè ou yo. Akoz peche nan sila ou te ᶻaji pi mal ke yo menm yo, yo vin pi dwat pase ou. Wi, anplis vin twouble nèt e sipòte wont ou an, akoz ou te fè sè ou yo parèt dwat.

ᵃ **16:19** Os 2:8   ᵇ **16:20** Sòm 106:37-38   ᶜ **16:21** Egz 13:2   ᵈ **16:22** Jr 2:2   ᵉ **16:24** Sòm 78:58   ᶠ **16:25** Pwov 9:14
ᵍ **16:26** Jr 7:18-19   ʰ **16:27** És 9:12   ⁱ **16:28** II Wa 16:7-18   ʲ **16:30** És 3:9   ᵏ **16:31** És 52:3   ˡ **16:36** Jr 19:5   ᵐ **16:37** Jr 13:22-26   ⁿ **16:39** Éz 23:47   ᵒ **16:40** Egz 23:47   ᵖ **16:41** II Wa 25:9   ᵠ **16:42** II Sam 24:25
ʳ **16:43** És 63:10   ˢ **16:44** I Sam 24:13   ᵗ **16:45** És 1:4   ᵘ **16:46** Jr 3:8-11   ᵛ **16:47** II Wa 21:9   ʷ **16:49** Jen 19:9
ˣ **16:50** Jen 13:13   ʸ **16:51** Jr 3:8-11   ᶻ **16:52** Éz 16:47-51

⁵³ "'"Malgre sa, Mwen va restore kaptivite yo, kaptivite Sodome ak fi li yo, kaptivite Samarie ak fi li yo, e ansanm avèk yo, kaptivite pa w, ⁵⁴ pou ou ka pote imilyasyon ou e sanse ou vin ᵃwont pou tout sa ou te fè lè ou te devni yon konsolasyon pou yo. ⁵⁵ Sè ou yo, Sodome ak fi li yo, e Samarie ak fi li yo, va retounen nan eta yo te ye a, e ou menm avèk fi ou yo va, anplis, retounen nan eta nou te ye a. ⁵⁶ Paske non a sè ou a, Sodome, pa t tande nan lèv ou nan jou ògèy ou a, ⁵⁷ avan ᵇmechanste ou te dekouvri a. Paske koulye a, ou devni repwòch a fi Syrie yo, e a tout sila ki antoure li yo, a fi a Filisten yo, sila ki antoure ou ki meprize ou yo. ⁵⁸ Ou te ᶜpote pinisyon zak lèd ou te fè, ak tout abominasyon yo," deklare SENYÈ a.

⁵⁹ "'Paske konsa pale Senyè BONDYE a: "Mwen va, anplis, fè avèk ou jan ou te fè a, ou menm ki te ᵈmeprize sèman an, e ki te kraze akò a. ⁶⁰ Malgre sa, Mwen va sonje akò Mwen an avèk ou nan jou jenès ou yo, e Mwen va etabli yon akò ᵉk ap dire pou tout tan avèk ou. ⁶¹ Epi ou va ᶠsonje chemen ou yo, e ou va vin wont lè ou resevwa sè ou yo, ni pi gran, ni pi piti. Mwen va bay ou yo kon fi pa w, men pa selon akò ou a. ⁶² Konsa, Mwen va ᵍetabli akò Mwen an avèk ou e ou va konnen ke Mwen se SENYÈ a, ⁶³ pou ou ka ʰsonje, vin wont, e pa janm ouvri bouch ou ankò akoz imilyasyon ou, pou lè M te padone ou pou tout sa ou te fè yo," Senyè, BONDYE a deklare.'"

17 Alò, pawòl SENYÈ a te vin kote mwen. L te di: ² "Fis a lòm, pwopoze yon devinèt e pale yon ⁱparabòl a lakay Israël. ³ Di yo: 'Konsa pale Senyè BONDYE a: "Yon gwo èg ak ʲgwo zèl, gwo zèl louvri ak anpil bèl plim de anpil koulè te vini Liban, e te rache pran tèt pye sèd la. ⁴ Li te rache tout ti branch nan pi wo tèt li, e te pote li nan peyi komèsan yo. Li te plase li nan yon vil machann yo.

⁵ "'"Anplis, li te pran semans peyi a pou te plante li nan yon ᵏtè fètil. Li te mete li akote gwo dlo. Li te plase li tankou yon pye sikren. ⁶ Konsa, li te boujonnen e te vin yon lyann ba ki t ap kouvri toupatou ak branch li yo ki te tounen vè li menm, men rasin li yo te rete anba l. Konsa, li te vin yon plant, li te bay boujon e li te pwodwi anpil ti branch.

⁷ "'"Men te gen yon lòt gwo èg ak gwo zèl ak anpil plim. Epi gade byen, lyann sa a te koube rasin li yo vè li menm e te voye branch yo deyò vè li menm soti nan tè kote li te ˡplante a, pou l te ka wouze li. ⁸ Li te plante nan bon tè, akote anpil dlo, pou l te ka fè anpil branch ak bay fwi, e vin yon pye rezen byen bèl."

⁹ "Pale, 'Konsa di Senyè BONDYE a: "Èske li va grandi byen? Èske li pa p rache rasin li yo, e koupe fwi li, pou li fennen nèt—pou tout fèy k ap pete yo ta fennen? Epi kit se pa gwo fòs, kit se pa anpil moun, li p ap ka leve sòti nan rasin li ankò. ¹⁰ Gade byen, akoz li te plante, èske l ap grandi byen? Èske li p ap ᵐfennen nèt toutotan ke van lès ap frape li yo? Li va fennen sou tè a kote li te plante a?"'"

¹¹ Anplis, pawòl SENYÈ a te rive kote mwen e te di: ¹² "Di koulye a a kay rebèl la, 'Èske ou pa konnen sa bagay sa yo vle di?' Di yo: 'Gade byen, ⁿwa Babylone nan te rive Jérusalem, te pran wa ak prens li yo e te mennen yo kote li Babylone. ¹³ Li te pran youn nan fanmi wa a pou li te fè yon akò avè l e te fè l sèmante. Anplis, li te retire pwisan yo nan peyi a, ¹⁴ Pou wayòm nan ᵒta vin ba, pou l pa egzalte tèt li, men nan swiv akò L pou li ka kanpe ankò. ¹⁵ Men li te fè rebèl kont li lè l te voye reprezantan li yo kote Égypte pou yo ta ka ba li cheval ak anpil sòlda. Èske li va reyisi? Èske sila ki fè kalite bagay sa yo va chape? Èske li, anverite, kapab kraze akò a e chape?

¹⁶ "'"Jan Mwen viv la', deklare Senyè BONDYE a, 'Anverite, nan peyi wa ki te fè l wa, sèman a sila li te meprize a, e akò a sila li te kraze a; alò, avèk li menm,ᵖnan mitan Babylone, li va mouri. ¹⁷ ᵍFarawon ak lame pwisan li an, ak gran fòs pèp li a, p ap ede li nan lagè a, lè yo fè monte ran syèj e bati miray syèj pou koupe lavi anpil moun. ¹⁸ 'Konsa, li te meprize sèman an lè l te kraze akò a e gade byen, li te ʳfè sèman li an, men gade tout bagay li te fè. Li p ap chape.'"

¹⁹ "Akoz sa, pale Senyè BONDYE a: 'Jan Mwen viv la, anverite, sèman Mwen an ke li te meprize a, ak akò Mwen an ke li te kraze a, Mwen va koze malè sou tèt li. ²⁰ Filè Mwen an va kouvri li nèt e li va kenbe nan pèlen an. Epi Mwen va mennen li Babylone e ˢantre nan jijman avèk li selon zak enfidèl ke li te komèt kont Mwen an. ²¹ Tout mesye byen chwazi pami sòlda li yo va tonbe pa nepe, e sila ki chape yo va gaye nan tout van. Konsa nou va konnen ke Mwen menm, SENYÈ a te pale.'

²² "Senyè BONDYE a di: 'Anplis, Mwen va pran yon ti branch piti soti anlè pye sèd la e Mwen va plante li. Mwen va rache nan pi wo pwent a jenn ti boujon li yo, youn ki piti e ki mou e Mwen va plante li sou yon ᵗmòn ki byen wo. ²³ Sou mòn byen wo Israël la, Mwen va plante li, pou li kapab pwodwi gwo branch, bay fwi e devni yon gwo pye ᵘsèd byen bèl. Epi zwazo de tout kalite yo va fè nich yo anba li. Yo va pran repo nan lonbraj branch li yo. ²⁴ Tout pyebwa nan chan yo va konnen ke Mwen se SENYÈ a. Mwen desann pyebwa ki byen wo a, egzalte pyebwa ki ba a, seche pyebwa ki vèt la e fè pyebwa ki sèch la fleri.

"'Mwen, SENYÈ a, te pale e Mwen te akonpli sa.'"

18 Pawòl SENYÈ a te vin kote mwen. Li te di: ² ᵛ"Kisa sa vle di lè ou sèvi pwovèb sa a konsènan peyi Israël e di:

'Papa yo manje rezen si yo,

ᵃ **16:54** Jr 2:26   ᵇ **16:57** Éz 16:36-37   ᶜ **16:58** Éz 23:49   ᵈ **16:59** És 24:5   ᵉ **16:60** És 55:3   ᶠ **16:61** Jr 50:4-5   ᵍ **16:62** Éz 20:37   ʰ **16:63** Éz 36:31-32   ⁱ **17:2** Éz 20:49   ʲ **17:3** Dan 4:22   ᵏ **17:5** Det 8:7-9   ˡ **17:7** Éz 31:4   ᵐ **17:10** Éz 19:14   ⁿ **17:12** II Wa 24:11-15   ᵒ **17:14** Éz 29:14   ᵖ **17:16** Jr 52:11   ᵍ **17:17** És 36:6   ʳ **17:18** I Kwo 29:24   ˢ **17:20** Jr 2:35   ᵗ **17:22** Sòm 72:16   ᵘ **17:23** Sòm 72:16   ᵛ **18:2** És 3:15

epi dan timoun yo va kanpe apik'?
³ "Jan Mwen viv la", deklare Senyè BONDYE a: "nou p ap itilize pwovèb sa a an Israël ankò. ⁴ Gade byen, tout nanm yo se pa M yo ye. Nanm a papa a ansanm ak nanm a fis la se pa M. Nanm ki ᵃpeche a, se li k ap mouri.

⁵ "Men si yon nonm dwat
e li aji ak jistis ak ladwati,
⁶ pou li pa manje nan lotèl mòn yo,
ni ᵇleve zye li vè zidòl lakay Israël yo,
ni souye ak madanm vwazen li,
ni pwoche yon fanm pandan lè règ li—
⁷ Si yon nonm pa oprime okenn moun,
men remèt a sila ki te prete li sa li te pwomèt,
epi ᶜpa fè vòl, men bay pen li a sila ki grangou
e kouvri moun toutouni ak rad,
⁸ si li pa prete moun lajan ak ᵈenterè,
    ni pran plis,
si li gade men l pou l pa fè inikite,
e egzekite yon vrè jistis antre moun ak moun,
⁹ si li mache nan ᵉrègleman Mwen yo,
ak lòd Mwen yo pou l aji ak fidelite;
li se yon moun dwat,
e anverite, li va viv," deklare Senyè
    BONDYE a.

¹⁰ "Alò, li kapab gen yon fis ki volè, ki vèse san, e ki fè nenpòt nan bagay sa yo,
¹¹ o malgre li pa t fè okenn nan bagay sa yo,
men li konn manje kote lotèl mòn yo
e ᶠsouye ak madanm a vwazen li,
¹² Oprime malere ak endijan,
ᵍ te fè vòl desepsyon an,
pa remèt sa li pwomèt,
epi te leve zye li a zidòl,
te komèt abominasyon,
¹³ te prete lajan sou enterè
    pou l pran benefis sou malere;
èske l ap viv? Li p ap viv! Li te komèt tout abominasyon sila yo; anverite, li va mouri. San li va tonbe sou pwòp tèt li.
¹⁴ "Alò, gade byen, si li gen yon fis ki te wè tout peche papa l te komèt, e ʰlè l wè sa, li fè lakrent pou l pa fè menm jan.
¹⁵ "Li pa manje nan lotèl mòn yo
ni leve zye li a zidòl lakay Israël yo,
ni souye ak madanm vwazen li,
¹⁶ Ni oprime okenn moun,
ni refize remèt sa li te pwomèt pou l te fè,
ni pa vòlè, men li ⁱbay pen li a moun
    grangou yo
e kouvri sila ki toutouni yo ak rad,
¹⁷ Li retire men li sou malere a,
li pa egzije enterè, ni pwofi,
men li fè règleman Mwen yo

e mache nan lòd mwen yo;
ʲli p ap mouri pou inikite a papa li. Anverite, li va viv. ¹⁸ Alò, pou papa li, akoz li te pratike opresyon, te vòlè frè li, e te fè sa ki pa t bon pami pèp li a, gade byen, li va mouri nan inikite li a.

¹⁹ "Malgre sa, ou di: 'Poukisa fis la pa pote pinisyon pou inikite a papa li? Lè fis la pratike ᵏjistis ak ladwati, swiv tout lòd Mwen yo e fè yo, anverite, li va viv. ²⁰ Moun ki fè peche a va mouri. Fis la p ap pote pinisyon pou linikite a papa li, ni papa a p ap chaje ak pinisyon pou peche a fis la. ˡLadwati a moun ki dwat va sou pwòp tèt pa li e mechanste a mechan an va sou pwòp tèt li.

²¹ "Men si moun ᵐmechan an vire kite tout peche ke li te konn komèt yo pou vin swiv tout règleman Mwen yo, e pratike la jistis ak ladwati, anverite, li va viv, li p ap mouri. ²² Tout transgresyon ke li te konn komèt yo, p ap sonje ankò kont li. Akoz ⁿladwati ke li te vin pratike a, li va viv. ²³ Èske Mwen pran plezi nan lanmò a mechan yo?" deklare Senyè BONDYE a: "pou M pa pito ke li ta ᵒvire kite chemen li an pou viv?"

²⁴ "Men lè yon nonm ladwati vire kite ladwati li a, komèt inikite e fè selon tout abominasyon ke yon nonm mechan konn fè, èske li va viv? ᵖTout zèv ladwati ke li te konn fè yo, p ap sonje akoz trèt ke li te fè ak peche ke li te komèt la. Nan peche li ke li te peche a, li va mouri.

²⁵ "Men nou di: 'Wout Senyè pa dwat.' Koute koulye a, O lakay Israël! Èske ᵍwout Mwen an pa dwat? Èske chemen Mwen pa nivo? Èske se pa chemen pa nou an ki pa nivo? ²⁶ Lè yon moun ladwati vire kite ladwati li, komèt inikite e mouri akoz li, pou inikite ke li te komèt la, li mouri nan inikite li te fè a. ²⁷ Ankò, lè yon nonm mechan vire ʳkite mechanste ke li te komèt pou pratike la jistis ak ladwati, li va sove nanm li vivan. ²⁸ Akoz li te konsidere, e te vire kite tout transgresyon ke li te konn komèt yo, li va anverite viv. Li p ap mouri. ²⁹ Men lakay Israël ap di: 'Wout Senyè a pa dwat.' Èske wout Mwen yo pa dwat, O lakay Israël? Èske se pa wout pa ou yo ki pa dwat?

³⁰ "Akoz sa a, Mwen va jije nou, O lakay Israël, chak moun selon kondwit li," deklare Senyè BONDYE a. ˢ"Repanti e vire kite tout transgresyon nou yo, pou inikite sa a pa devni yon wòch chite ki pou fè nou tonbe. ³¹ ᵗJete lwen nou tout transgresyon ke nou konn komèt yo, epi fè pou tèt nou yon kè tounèf avèk yon lespri tounèf! Paske poukisa ou ta mouri, O lakay Israël? ³² Paske Mwen pa pran ᵘplezi nan lanmò a okenn moun ki mouri," deklare Senyè BONDYE a. "Akoz sa, repanti pou viv."

19 "Pou noumenm, komanse fè gwo lamantasyon pou ᵛprens Israël yo, ² Epi di:

ᵃ **18:4** Éz 18:20   ᵇ **18:6** Det 4:19   ᶜ **18:7** Lev 19:13   ᵈ **18:8** Egz 22:15   ᵉ **18:9** Lev 18:5   ᶠ **18:11** I Kor 6:9
ᵍ **18:12** És 59:6-7   ʰ **18:14** II Kwo 29:6-10   ⁱ **18:16** Job 31:16-20   ʲ **18:17** Wo 2:6   ᵏ **18:19** Éz 18:9   ˡ **18:20** I Wa 8:32   ᵐ **18:21** Éz 18:27-28   ⁿ **18:22** Sòm 18:20-24   ᵒ **18:23** Sòm 147:11   ᵖ **18:24** Éz 18:22   ᵍ **18:25** Jen 18:25
ʳ **18:27** És 1:18   ˢ **18:30** Éz 14:6   ᵗ **18:31** És 1:16-17   ᵘ **18:32** Éz 18:23   ᵛ **19:1** II Wa 23:29-34

'Kisa manman ou te ye?
Yon manman lyon pami lyon yo!
Li te kouche pami jenn ti lyon yo;
pami jenn lyon yo, li te leve pitit li yo.
³ Lè l te fin leve youn nan pitit li yo,
pitit la te devni yon lyon.
Li te vin aprann jan pou li dechire bèt
　　pou li manje;
li te devore moun.
⁴ Alò, nasyon yo te tande de li;
li te vin kaptire nan twou fòs pa yo,
e yo te ᵃmennen li ak kwòk, rive nan
　　peyi Égypte.

⁵ "'Lè manman lyon an te wè ke li te tann,
ke espwa li te vin pèdi,
li te pran yon lòt nan pitit li yo,
e te fè l vin yon jenn ti lyon.
⁶ Konsa, i li te ᵇmache toupatou pami lyon yo.
Li te devni yon jenn ti lyon.
Li te aprann jan pou kenbe viktim li.
Li te devore moun.
⁷ Li te konnen palè yo,
e li te devaste vil yo.
Peyi a ak tout bèlte li te vin gate nèt,
akoz son a gwonde li.
⁸ ᶜNasyon yo te atake li tout kote
soti nan pwovens yo.
Yo te ouvri filè yo sou li.
Li te vin kaptire nan twou fòs yo.
⁹ Yo te mete li nan yon kalòj ak kwòk,
e te ᵈmennen li kote wa Babylone nan.
Yo te mennen li andedan fò yo
pou vwa l pa tande menm ankò
sou mòn Israël yo.

¹⁰ "'Manman ou te ᵉtankou yon lyann
nan san ou an.
Li te plante bò kote dlo.
Li te plen fwi ak anpil branch, akoz
　　dlo an abondans.
¹¹ Li te gen branch ki dyanm,
ki ta ka sèvi pou baton wa yo.
Wotè li te leve pi wo nwaj yo
pou moun ta ka wè l
nan tout wotè li ak tout branch li yo.
¹² Men li te vin ᶠrache ak kòlè.
Li te jete atè nèt,
epi van nan lès te seche fwi li yo.
Gwo branch dyanm li yo te vin rache.
Yo te fennen.
Dife te manje yo nèt.
¹³ Epi koulye a, li vin plante nan ᵍdezè a,
nan yon peyi ki sèch e ki swaf.
¹⁴ ʰDife a fin gaye nan tout branch li yo.
Li te konsonmen boujon ak fwi li yo,
jiskaske pa t gen ladann yon branch
ki dyanm, pou fè baton pou wa a.'
Sa se yon lamantasyon. Konsa, li va sèvi kon yon
lamantasyon."

20 Alò, nan setyèm ane, nan senkyèm mwa a, nan dizyèm jou nan mwa a, kèk nan ⁱansyen Israël yo te vin mande SENYÈ a konsèy. Yo te chita devan m.

² Konsa, pawòl SENYÈ a te vin kote mwen. Li te di: ³ "Fis a lòm, pale ak ansyen Israël yo pou di yo: 'Konsa pale Senyè BONDYE a: "Èske nou vini la pou mande M konsèy? Jan Mwen viv la," deklare Senyè BONDYE a: ʲ"Nou p ap vin mande M konsèy."'

⁴ "Èske ou va jije yo, fis a lòm? Èske ou va jije yo? Fè yo konnen abominasyon a papa yo. ⁵ Di yo: 'Konsa pale Senyè BONDYE a: "Nan jou ke M te ᵏchwazi Israël la, e te sèmante a desandan a lakay Jacob yo pou te revele Mwen menm a yo menm nan peyi Égypte la, lè M te sèmante a yo menm, e te di: 'Mwen se SENYÈ a, Bondye nou an,' ⁶ Nan jou sa a, Mwen te sèmante a yo menm ˡpou mennen fè yo sòti nan peyi Égypte, pou antre nan yon peyi ke M te chwazi pou yo, ki koule lèt avèk siwo myèl, ki se glwa a tout peyi yo. ⁷ Mwen te di a yo menm: ᵐ'Voye jete, nou chak, bagay abominab a zye nou yo, e pa souye tèt nou ak zidòl Égypte yo. Mwen se SENYÈ a, Bondye nou an.'

⁸ "'Men yo te fè rebèl kont Mwen, e yo pa t dakò koute Mwen. Yo pa t voye jete bagay abominab a zye yo, ni yo pa t abandone ⁿzidòl a Égypte yo. Konsa, Mwen te detèmine pou vide gwo chalè kòlè Mwen sou yo, pou akonpli kòlè Mwen sou yo nan mitan peyi Égypte. ⁹ Men Mwen te aji ᵒpou koz non Mwen, pou li pa ta vin degrade nan zye a nasyon pami sila yo te rete yo, nan zye a sila Mwen te fè Mwen menm rekonèt a yo lè M te fè yo sòti nan peyi Égypte la. ¹⁰ Konsa, Mwen te retire yo nan peyi Égypte pou te mennen yo nan ᵖdezè a. ¹¹ Mwen te bay yo ᵠlalwa Mwen yo, e te fè yo rekonèt règleman Mwen yo, pa sila, si yon nonm swiv yo, li va viv nan yo. ¹² Anplis, Mwen te bay yo Saba Mwen yo pou vin yon ʳsign antre Mwen menm ak yo, pou yo ta ka konnen ke Mwen se SENYÈ ki sanktifye yo a.

¹³ "'Men lakay Israël te fè rebèl kont Mwen, nan dezè a. Yo pa t mache nan lalwa Mwen yo, e yo te refize règleman Mwen yo, pa sila, si yon nonm swiv yo, li va viv nan yo. Epi ˢSaba Mwen yo, yo te vin pwofane nèt. Konsa, Mwen te pran desizyon pou vide chalè kòlè Mwen sou yo nan dezè a, pou manje yo nèt. ¹⁴ Men Mwen te aji pou koz non Mwen, pou li pa ta degrade nan zye a nasyon yo, devan zye a sila Mwen te fè yo sòti yo. ¹⁵ Anplis, ᵗMwen te sèmante a yo nan dezè a pou Mwen pa ta mennen yo antre nan peyi ke M te bay a yo menm nan, peyi ki t ap koule ak siwo myèl, ki se glwa a tout peyi yo, ¹⁶ akoz

---

ᵃ **19:4** II Wa 23:34　ᵇ **19:6** II Wa 24:9　ᶜ **19:8** II Wa 24:11　ᵈ **19:9** II Wa 24:15　ᵉ **19:10** Sòm 80:8-11　ᶠ **19:12** Jr 31:28　ᵍ **19:13** II Wa 24:12-16　ʰ **19:14** Éz 15:4　ⁱ **20:1** Éz 8:1-12　ʲ **20:3** Éz 14:3　ᵏ **20:5** Egz 6:6-8　ˡ **20:6** Jr 32:22　ᵐ **20:7** Egz 20:4　ⁿ **20:8** Egz 32:1-9　ᵒ **20:9** Egz 32:11-14　ᵖ **20:10** Egz 19:1　ᵠ **20:11** Egz 20:1-26　ʳ **20:12** Egz 31:13-17　ˢ **20:13** És 56:6　ᵗ **20:15** Nonb 14:30

yo te rejte règleman Mwen yo e pou lalwa Mwen yo, yo pa t mache ladan yo. Menm Saba Mwen yo, yo te pwofane yo, paske ᵃkè yo te tout tan ap mache dèyè zidòl yo. ¹⁷ Malgre sa, zye M te epanye yo olye de detwi yo e Mwen pa t ᵇdetwi yo nèt nan dezè a. ¹⁸ Mwen te di a ᶜpitit yo nan dezè a: 'Pa mache nan règleman a papa nou yo, ni swiv règleman yo oswa souye tèt nou ak zidòl yo. ¹⁹ Mwen se SENYÈ a, Bondye nou an. ᵈMache nan règleman Mwen yo e swiv òdonans Mwen yo pou fè yo. ²⁰ Sanktifye Saba Mwen yo. Konsa, yo va vin yon sign antre Mwen menm ak nou, pou nou ka konnen ke Mwen se SENYÈ Bondye nou an.'

²¹ "'Men ᵉpitit yo te fè rebèl kont Mwen. Yo pa t mache nan règleman Mwen yo, ni yo pa t fè atansyon pou swiv òdonans Mwen yo, pa sila, si yon nonm swiv yo, li va viv la. Yo te pwofane Saba Mwen yo. Konsa, mwen te pran desizyon pou vide chalè kòlè Mwen sou yo, pou akonpli kòlè Mwen kont yo nan dezè a. ²² Men Mwen te ralanti men M. Konsa, Mwen te aji ᶠpou koz non Mwen, pou li pa ta vin degrade devan zye a nasyon yo devan zye sila Mwen te fè yo sòti yo. ²³ Anplis, Mwen te sèmante a yo menm nan dezè a pou Mwen ta ᵍgaye yo pami nasyon yo, e dispèse yo nan tout peyi yo, ²⁴ akoz yo pa t swiv òdonans Mwen yo, men te refize tout règleman Mwen yo, te pwofane Saba Mwen yo, e ʰzye yo te sou zidòl a papa zansèt yo. ²⁵ Mwen te bay yo anplis, règleman ki ⁱpa t bon ak òdonans yo sou sila yo pa t ka viv. ²⁶ Mwen te deklare yo pa pwòp akoz de sakrifis yo. Yo te koze tout premye ne yo pase nan dife pou Mwen ta fè yo vin sanzespwa; konsa, pou yo ta konnen ke se Mwen menm ki SENYÈ a.'"

²⁷ "Pou sa, fis a lòm, pale ak lakay Israël pou di yo: 'Konsa pale Senyè BONDYE a: "Malgre nan sa, papa zansèt nou yo te ʲblasfeme Mwen lè yo te enfidèl a lalwa M. ²⁸ Lè Mwen te mennen yo nan peyi ke M te sèmante pou bay yo a, yo te vin wè tout ᵏkolin wo ak tout bwa ki plen fèy yo. La, yo te ofri sakrifis yo, e la yo te prezante ofrann ki te fè M fache nèt. La, yo te fè monte odè santi bon, e la, yo te vide ofrann bwason yo. ²⁹ Konsa, Mwen te di yo: 'Kisa wo plas kote nou prale a ye?' Pou sa, yo rele non plas sa a "Bama "jis rive jou sa a.'"

³⁰ "Akoz sa, pale ak lakay Israël: 'Konsa pale Senyè BONDYE a: "Èske nou va souye tèt nou menm, swiv abitid ˡpapa zansèt nou yo e jwe pwostitiye apre bagay abominab yo? ³¹ Lè nou ofri ofrann nou yo, lè nou ᵐfè fis nou yo pase nan dife, nou ap souye tèt nou ak tout zidòl yo jis rive nan jou sa a. Epi èske nou ta dwe vin mande Mwen konsèy, O lakay Israël? Jan Mwen viv la," deklare Senyè BONDYE a, Mwen p ap kite nou mande M anyen.

³² "'Sa ki ⁿvini nan lespri nou an, se pa sa k ap rive vrè, lè nou di: 'Nou va tankou lòt nasyon yo, tankou fanmi a peyi yo, k ap sèvi bwa ak wòch yo.' ³³ Jan Mwen viv la", deklare Senyè BONDYE a: "Anverite, ak yon men pwisan, ak yon ᵒbra lonje e avèk chalè a kòlè Mwen vide deyò, Mwen va vin wa sou nou. ³⁴ Mwen va mennen nou soti nan tout pèp yo, rasanble nou soti nan peyi kote nou gaye yo, ak yon men pwisan, ak yon bra lonje e ak ᵖchalè kòlè Mwen vide nèt. ³⁵ Epi Mwen va mennen nou antre nan ᵠdezè a pèp yo, e la Mwen va antre nan jijman avèk nou fasafas. ³⁶ Jan Mwen te ʳantre nan jijman ak papa zansèt nou yo nan dezè an Égypte la, konsa Mwen va antre nan jijman avèk nou", deklare Senyè BONDYE a. ³⁷ "Mwen va fè nou ˢpase anba baton e Mwen va mennen nou antre anba angajman akò a. ³⁸ Mwen va fè retire pami nou, rebèl ak sila ki transgrese kont Mwen yo. Mwen va mennen yo sòti nan peyi kote yo demere a, men yo ᵗp ap antre nan peyi Israël. Konsa, nou va konnen ke Mwen se SENYÈ a."

³⁹ "Pou nou menm, O lakay Israël," deklare Senyè Bondye a: "Ale, nou chak sèvi zidòl pa nou; menm pi ta tou, si nou p ap koute M. Men nou p ap ᵘpwofane non sen M ankò ak ofrann ak zidòl nou yo. ⁴⁰ Paske sou mòn sen Mwen an, sou wotè mòn Israël la," deklare Senyè BONDYE a: "la, tout lakay Israël, ᵛyo tout, va sèvi Mwen nan peyi a. La Mwen va aksepte yo e la, Mwen va egzije ofrann nou yo, avèk ofrann premyè fwi nou yo, ak tout bagay sen nou yo. ⁴¹ Kon yon odè santi bon, Mwen va aksepte nou lè Mwen ʷmennen nou sòti nan pèp yo, e rasanble nou soti nan peyi kote nou te gaye yo. Epi Mwen va vin sen nan nou devan zye a tout nasyon yo. ⁴² Konsa, nou va konnen ke Mwen se SENYÈ a, ˣlè mwen mennen nou fè nou antre nan peyi Israël la, nan peyi ke M te sèmante pou bay a papa zansèt nou yo. ⁴³ La, nou va sonje chemen nou yo ak tout zèv yo avèk sila nou te souye tèt nou yo. Epi nou va ʸrayi pwòp tèt nou nan pwòp zye nou pou tout bagay mal ke nou te fè yo. ⁴⁴ Konsa, nou va konnen ke se Mwen ki SENYÈ a, lè Mwen fin regle avèk nou pou koz non Mwen, pa selon chemen mechan nou yo, ni selon zak konwonpi nou yo, O lakay Israël," deklare Senyè BONDYE a.'"

⁴⁵ Alò, pawòl SENYÈ a te rive kote mwen. Li te di: ⁴⁶ "Fis a lòm, mete figi ou vè Théman. Pale fò kont tout sid la, e ᶻpwofetize kont peyi forè nan Negev la. ⁴⁷ Di a forè Negev la: 'Koute pawòl SENYÈ a. Konsa pale Senyè BONDYE a: "Gade byen, Mwen prèt pou ᵃlimen yon dife nan nou, e li va konsonmen tout bwa vèt nan nou menm ak tout bwa sèch. Flanm dife sa a p ap etenn e tout sifas latè soti nan sid jis rive nan nò va brile

---

ᵃ **20:16** Éz 11:21   ᵇ **20:17** Jr 4:27   ᶜ **20:18** Nonb 14:31   ᵈ **20:19** Det 5:32-33   ᵉ **20:21** Nonb 21:5   ᶠ **20:22** És 48:9-11   ᵍ **20:23** Lev 26:33   ʰ **20:24** Éz 6:9   ⁱ **20:25** Sòm 81:12   ʲ **20:27** Nonb 15:30   ᵏ **20:28** I Wa 14:23   ˡ **20:30** Jij 2:19   ᵐ **20:31** Sòm 106:37-39   ⁿ **20:32** Éz 11:5   ᵒ **20:33** Jr 21:5   ᵖ **20:34** Jr 42:18   ᵠ **20:35** Éz 19:13   ʳ **20:36** Nonb 11:1-25   ˢ **20:37** Lev 27:32   ᵗ **20:38** Nonb 14:29-30   ᵘ **20:39** És 1:3-15   ᵛ **20:40** És 66:23   ʷ **20:41** És 27:12-13   ˣ **20:42** És 27:12-13   ʸ **20:43** Jr 31:18   ᶻ **20:46** Éz 21:2   ᵃ **20:47** És 9:18

pa li menm. ⁴⁸ Tout chè va wè ke Mwen menm, SENYÈ a, te limen li. Li p ap etenn."'"

⁴⁹ Epi mwen te di: "O Senyè BONDYE! Y ap di de mwen: 'Èske se pa parabòl sèlman ᵃl ap pale?'"

21 Konsa, pawòl SENYÈ a te vin kote Mwen. Li te di: ² "Fis a lòm, ᵇran je figi ou vè Jérusalem. Pale kont sanktyè yo e pwofetize kont peyi Israël: ³ Di a peyi Israël la: 'Konsa pale SENYÈ a: "Gade byen, Mwen vin kont nou. Mwen va rale nepe Mwen nan fouwo e Mwen va koupe retire de nou ᶜmoun dwat yo ak mechan yo. ⁴ Konsa, lè M ap koupe retire nèt de nou, moun dwat yo ansanm ak mechan yo, nan mwen fwa, nepe M va rale soti nan fouwo li kont tout chè soti nan sid jis rive nan nò. ⁵ Konsa, tout chè va konnen ke Mwen, SENYÈ a, te rale nepe Mwen sòti nan fouwo. Li ᵈp ap remete nan fouwo ankò."'

⁶ "Pou ou menm, fis a lòm, plenn fò nan gòj ou ak kè kase, ak doulè òrib. Plenn nan gòj devan zye yo, ak kè kase, byen amè. ⁷ Konsa, lè yo mande ou, 'Poukisa w ap plenn nan?' ou va di: 'Akoz ᵉnouvèl k ap vini an! Tout kè va fann, tout men va vin pèdi fòs, nanm a tout moun va vin fennen e tout jenou yo va vin fèb tankou dlo. Gade byen, sa ap vini e sa va fèt', deklare Senyè BONDYE a.'"

⁸ Ankò, pawòl SENYÈ a te rive kote mwen. Li te di: ⁹ "Fis a lòm, pwofetize e di: 'Konsa pale SENYÈ a:

"Yon ᶠnepe! Yon nepe!
Li file e anplis, klere!
¹⁰ File pou fè yon ᵍmasak,
klere pou tire kon kout loray!
Èske se konsa nou dwe fè kè kontan?
Baton fis Mwen an, kondannen denyè
pyebwa a.
¹¹ Li fèt pou li ta poli,
pou yo kab manyen li.
Nepe a file e poli,
pou plase nan men a sila k ap touye a.
¹² Kriye fò e rele anmwey, fis a lòm;
paske li kont pèp Mwen an,
li kont tout ʰprens Israël yo.
Yo vin livre a nepe a avèk pèp Mwen an.
Akoz sa, frape kwis ou.

¹³ "Paske gen yon tribinal. Kisa pou di si menm baton ki kondanen an pa la ankò?" deklare Senyè BONDYE a.

¹⁴ "Pou sa, ou menm, fis a lòm,
pwofetize e bat men ou ansanm.
Kite nepe a vin ⁱdouble pou twazyèm fwa a,
nepe pou tout sila ak blesi fatal yo.
Se nepe pou gran la ki pote yon blesi fatal.
Nan chanm yo l ap antre.
¹⁵ Pou kè yo ka fann, e anpil moun

ʲtonbe sou pòtay yo, Mwen te plase nepe
klere a devan tout potay yo.
Ah! Li fèt pou frape tankou loray;
li byen pwenti ak lentansyon fè masak.
¹⁶ Rasanble nou menm.
Ale adwat!
Pozisyone ou byen alinye!
Ale agoch,
nenpòt kote ou gade.
¹⁷ Anplis, Mwen va bat men M ansanm;
Mwen ᵏsatisfè chalè kòlè Mwen.
Mwen, SENYÈ a, Mwen te pale li."

¹⁸ Pawòl SENYÈ a te vin kote mwen. Li te di: ¹⁹ "Pou ou menm, fis a lòm, ˡfè de wout pou nepe wa Babylone nan kapab vini. Toulède va sòti nan yon sèl peyi. Epi fè yon endikasyon sou poto bwa. Fè l nan tèt wout pou antre nan vil la. ²⁰ Ou va trase wout la pou nepe a vin rive nan Rabbath a fis a Ammon yo, e vè Juda, nan ᵐJérusalem fòtifye a. ²¹ Paske wa Babylone nan te kanpe nan kote wout yo divize a, nan tèt a de wout yo, pou fè sèvis divinò. Li te souke flèch yo, li konsilte zidòl lakay yo, li egzamine fwa a. ²² Sou men dwat li, oso a an te parèt; 'Jérusalem,' pou ⁿmonte ak gwo moso bwa long pou kraze pòtay yo, pou ouvri bouch pou masak la, pou leve vwa gwo kri batay la, pou mete gwo bout bwa long yo kont pòtay yo, pou monte ran syèj yo, pou bati yon miray syèj. ²³ Epi sa va pou yo kon yon fo divinasyon nan zye yo. Yo te fè sèman solanèl, men li ᵒmennen inikite nan memwa yo, pou yo ka vin sezi yo.

²⁴ "Akoz sa", pale Senyè BONDYE a: 'Akoz nou te mennen inikite nan memwa nou, nan sa, transgresyon nou yo vin dekouvri nèt. Konsa, pou tout zak nou yo, peche nou vin parèt—akoz nou vin sonje yo, men lan va vin sezi nou.

²⁵ "'Epi ou menm, O nonm mechan an ak blesi fatal la, prens Israël la, ou menm ak ᵖjou ki rive a, nan moman pinisyon final lan. ²⁶ Konsa pale Senyè BONDYE a: "Retire mouchwa sou tèt ou a e retire kouwòn nan. Sa p ap menm ankò. ᑫLeve sa ki ba e bese sa ki wo. ²⁷ Mwen va boulvèse, boulvèse, boulvèse tout sa a. Sa tou p ap genyen li ankò jiskaske ʳSila ki gen dwa a vini, e Mwen va bay li a Li menm."'

²⁸ "Ou menm, fis a lòm, pwofetize e di: 'Konsa pale Senyè BONDYE a konsènan fis a Ammon yo e konsènan 'repwòch' yo:

"Yon nepe, yon nepe fin rale!
Li klere pou masak la,
pou fè l konsonmen nèt,
pou li kapab tankou loray.
²⁹ Pandan yo wè pou ou ˢfo vizyon yo,
pandan yo devine manti pou ou,
pou mete ou sou kou a mechan ki gen
blesi fatal la,
jou a sila ki fin rive a, nan lè pinisyon final la.

ᵃ **20:49** Éz 17:2   ᵇ **21:2** Éz 20:46   ᶜ **21:3** Jr 31:13   ᵈ **21:5** I Sam 3:12   ᵉ **21:7** Éz 7:26   ᶠ **21:9** Det 32:41   ᵍ **21:10** És 34:5-6   ʰ **21:12** Éz 21:25   ⁱ **21:14** Lev 26:21-24   ʲ **21:15** És 59:10   ᵏ **21:17** Éz 5:13   ˡ **21:19** Jr 1:10   ᵐ **21:20** Sòm 48:12   ⁿ **21:22** Éz 4:2   ᵒ **21:23** Nonb 5:15   ᵖ **21:25** Sòm 37:13   ᑫ **21:26** Sòm 75:7   ʳ **21:27** Sòm 2:6   ˢ **21:29** Jr 27:9

³⁰ Remete li nan fouwo a.
Nan ᵃplas kote ou te kreye a,
nan pwòp peyi ou an, Mwen va jije ou.
³¹ Mwen va ᵇvide kòlè Mwen sou ou.
Mwen va soufle sou ou ak dife kòlè Mwen
e Mwen va livre ou nan men a lezòm brital yo;
sila ak gran kapasite pou detwi.
³² Ou va vinᶜbwa sèch pou dife a;
san ou va vide nan mitan peyi a.
Yo p ap sonje ou ankò;
paske Mwen menm, SENYÈ a, fin pale."'"

22 Alò, pawòl SENYÈ a te rive kote mwen. Li te di: ² "Epi ou menm, fis a lòm, èske ou va jije? Èske ou jije vil sanglan an? Alò, fè l konnen tout abominasyon li yo. ³ Ou va di: 'Konsa pale Senyè BONDYE a: "Yon vil k ap ᵈvèse san nan mitan li, pou tan pa li ka vini e ki fè zidòl kont enterè li, pou l ka vin souye! ⁴ Ou te vin koupab pa san ke ou te vèse yo e vin souye pa zidòl ke ou te fè yo. Konsa, ou te mennen jou ou a vin pre, e ou fin rive nan ane ou yo. Akoz sa a, Mwen te fè ou vin yon repwòch pou nasyon yo, e yon vye rizib pou tout peyi yo. ⁵ Sila ki pre ak sila ki lwen ou yo va moke ou, ou menm ak move repitasyon, plen ᵉtwoub.

⁶ "'"Gade byen, ᶠchèf Israël yo, yo chak selon fòs pouvwa yo, te nan ou ak bi pou vèse san an. ⁷ Nan ou yo te trete papa ak manman a le jè. ᵍEtran je yo te oprime nan mitan ou. Òfelen ak vèv yo te maltrete nan ou. ⁸ Ou te meprize bagay sen Mwen yo, e ou pwofane ʰSaba Mwen yo. ⁹ Mesye medizan yo te anndan ou nan bi pou yo ta kа vèse san. Nan ou, yo te manje sou lotèl mòn yo. Nan mitan ou, yo te ⁱkomèt zak ki tèlman lèd. ¹⁰ Nan ou, yo te ʲdekouvri nidite a papa yo. Nan ou, yo te imilye fanm ki pa t pwòp akoz règ yo. ¹¹ Youn te komèt abominasyon ak madanm a vwazen li, e yon lòt, nan yon zak byen lèd, te ᵏsouye bèlfi li. Epi yon lòt, nan ou, te imilye sè li, pitit a papa li. ¹² Nan ou, yo te ˡtouche anba tab pou yo ta vèse san. Ou te pran enterè ak pwofi, ou te fè donmaj a vwazen ou yo pou ou kab vin genyen pa opresyon, e ou te bliye Mwen," deklare Senyè BONDYE a.

¹³ "'"Alò, gade byen, Mwen frape men M kont pwofi malonèt ou, ke ou te vin genyen nan vèse san moun pami ou. ¹⁴ Èske ᵐkè ou kapab sipòte, oswa èske men ou kapab gen fòs nan jou ke Mwen va regle ou a? Mwen menm, SENYÈ a, te pale e Mwen va aji. ¹⁵ Mwen va gaye ou pami nasyon yo, Mwen va dispèse ou nan tout peyi yo, e Mwen va ⁿfè disparèt sa ki pa pwòp pami ou. ¹⁶ Ou va pwofane tèt ou devan zye a tout nasyon yo, e ou va ᵒkonnen ke Mwen se SENYÈ a."'"

¹⁷ Pawòl SENYÈ a te vin kote mwen. Li te di: ¹⁸ "Fis a lòm, lakay Israël la te vin dechè pou Mwen. Yo tout se ᵖbwonz, fè blan, fè ak plon nan fou. Yo se dechè a jan. ¹⁹ Pou sa, konsa pale Senyè BONDYE a: 'Akoz nou tout te vin dechè, pou sa, gade byen, Mwen pral rasanble nou nan mitan Jérusalem. ²⁰ Jan yo rasanble ajan, bwonz, fè, plon, ak fè blan nan qfou pou soufle dife sou li pou fann li, konsa, Mwen va rasanble nou nan mekontantman Mwen ak nan chalè kòlè Mwen, e la, Mwen va depoze nou pou fann nou. ²¹ Mwen va rasanble nou pou soufle sou nou avèk dife kòlè Mwen, e nou va vin fann nèt nan mitan li. ²² Tankou ajan fann nan founo, se konsa nou va fann nan mitan li. Konsa, nou va konnen ke Mwen menm, SENYÈ a, te ʳvide chalè kòlè Mwen sou nou.'"

²³ Ankò pawòl SENYÈ a te vin kote mwen. Li te di: ²⁴ "Fis a lòm, di a fi a: 'Ou se peyi ki ˢpa pwòp la, ki p ap gen lapli nan jou kòlè a.' ²⁵ Gen konplo a pwofèt nan mitan li yo, kon yon lyon voras k ap dechire bèt pou li manje. Yo fin devore nanm moun. Yo te pran trezò presye ak tout bagay chè yo. Yo te fè anpil vèv nan mitan li. ²⁶ Prèt li yo te fè vyolans kont lalwa Mwen an, e te pwofane bagay sen Mwen yo. Yo pa t fè okenn ᵗseparasyon antre sa ki sen ak sa ki pwofàn, ni yo pa t ansegne distenksyon antre sa ki pa pwòp ak sa ki pwòp. Yo kache zye yo devan Saba Mwen yo, e Mwen vin pwofane pami yo. ²⁷ Prens ki anndan li yo tankou lou k ap dechire bèt pou yo manje, k ap vèse san e detwi ᵘlavi pou fè benefis malonèt. ²⁸ Pwofèt li yo blanchi tout bagay ak lacho pou yo, nan fè fo ᵛvizyon ak divinasyon manti pou yo; divinasyon k ap di: 'Konsa pale Senyè BONDYE a', lè SENYÈ a pa t pale. ²⁹ Pèp peyi a te pratike ʷopresyon ak vòl, yo te vòlè malere ak endijan yo, e te oprime sila ki rete pami yo san jistis.

³⁰ "Mwen te ˣchache pami yo yon nonm ki pou ta bati miray la e kanpe nan brèch la devan Mwen pou peyi a, pou M pa ta detwi li, men Mwen pa t jwenn pèsòn. ³¹ Pou sa, Mwen fin vide chalè a kòlè Mwen sou yo. Mwen te konsonmen yo nèt ak dife a chalè kòlè Mwen. ʸChemen pa yo, Mwen te fè l desann sou tèt yo," deklare Senyè BONDYE a.

23 Pawòl SENYÈ a te vini kote Mwen ankò te di: ² "Fis a lòm, te gen ᶻde fanm, fi a yon sèl manman. ³ Yo te ᵃjwe pwostitiye an Égypte. Yo te jwe pwostitiye a nan jenès yo. Tete yo te peze e flè vyèj yo te touche. ⁴ Non yo se te Ohola ak sè li, Oholiba. Konsa, yo te vin pou Mwen, epi yo te vin fè fis ak fi. Epi pou zafè non yo a, Samarie se Ohola e Jérusalem se Oholiba.

⁵ "Ohola te jwe pwostitiye a pandan li te pou Mwen an. Li te kouri ak anvi dèyè moun ki renmen li yo, dèyè ᵇAsiryen yo, vwazen li yo. ⁶ Sila yo te abiye an mov, ᶜchèf ak ofisye yo, yo tout te bèl jenn gason, chevalye k ap galope cheval. ⁷ Li te pataje pwostitiye li ak yo; tout nan yo te dè mesye byen chwazi an Assyrie. Epi avèk yo tout, li te kouri ak anvi lachè a, ak tout

---
ᵃ **21:30** Éz 25:5   ᵇ **21:31** Éz 14:9   ᶜ **21:32** Éz 20:47-48   ᵈ **22:3** Éz 22:6-27   ᵉ **22:5** És 22:2   ᶠ **22:6** És 1:23   ᵍ **22:7** Egz 22:21   ʰ **22:8** Éz 20:13-24   ⁱ **22:9** Éz 23:29   ʲ **22:10** Lev 18:8   ᵏ **22:11** Lev 18:15   ˡ **22:12** Lev 19:13   ᵐ **22:14** Éz 21:7   ⁿ **22:15** Éz 23:27-48   ᵒ **22:16** Sòm 83:18   ᵖ **22:18** Jr 6:23-30   ᑫ **22:20** És 1:25   ʳ **22:22** Éz 20:8-33   ˢ **22:24** És 9:13   ᵗ **22:26** Lev 10:10   ᵘ **22:27** Éz 22:25   ᵛ **22:28** Jr 23:25-32   ʷ **22:29** És 5:7   ˣ **22:30** És 59:16   ʸ **22:31** Éz 7:3-9   ᶻ **23:2** Éz 16:46   ᵃ **23:3** Lev 17:7   ᵇ **23:5** II Wa 15:19   ᶜ **23:6** Éz 23:12-13

zidòl yo, li te ªsouye tèt li. ⁸ Li pa t abandone zak pwostitisyon li yo ki te la ᵇdepi nan tan Égypte la; paske nan jenès li, gason te kouche avèk li. Yo te manyen tete vyèj li e te vide dezi lachè sou li.
⁹ "Akoz sa, Mwen te bay li nan men a moun ki ᶜrenmen li yo, nan men Asiryen yo. Sou sila yo, li te pote anvi lachè yo. ¹⁰ Yo te ᵈdekouvri nidite li. Yo te pran fis ak fi li yo, men yo te touye li menm ak nepe. Konsa, li te vin yon pawòl avètisman pami fanm yo, e yo te egzekite jijman yo sou li.
¹¹ "Alò sè li, Oholiba, te wè sa, men li menm te vin ᵉpi konwonpi nan anvi pa li a ke sè li a, e pwostitiye li a te pi mal pase pwostitiye sè li. ¹² Li te gen anvi pou ᶠAsiryen yo, chèf yo ak ofisye yo, sila ki pre yo, sila ki abiye kon prens yo, chevalye k ap galope cheval yo, yo tout se bèl gason byen pòtan. ¹³ Mwen te wè ke li te souye tèt li. Yo toulède te pran menm wout la.
¹⁴ "Konsa, li te fè pwostitiye li a vin pi gwo. Epi li te wè ᵍpòtre gason yo sou miray la, imaj a Kaldeyen yo fèt an penti wouj, ¹⁵ abiye ak sentiwon nan ren yo, avèk mòso twal long nan tèt yo, yo tout te sanble ofisye, tankou Babilonyen ki Chaldée yo, peyi nesans yo. ¹⁶ Lè li te wè yo, li te fè ʰgwo anvi lachè dèyè yo, e te voye mesaje kote yo Chaldée. ¹⁷ⁱBabilonyen yo te vin kote li sou kabann lanmou an e te souye li ak pwostitiye yo. Epi lè li te fin defile pa yo, li te bouke jis li about ak yo. ¹⁸ Konsa, li te dekouvri zak pwostitisyon li an e li te dekouvri nidite li, epi Mwen te vin ʲabout avèk li, menm jan Mwen te about ak sè li a. ¹⁹ Malgre sa, li te miltipliye pwostitisyon li yo, lè l te sonje jou jenès li yo, lè l te konn jwe pwostitiye nan peyi Égypte la. ²⁰ Li te ᵏfè lanvi nan kouri dèyè tout moun ki gen chè tankou chè bourik ak ekoulman kon ekoulman cheval yo. ²¹ Konsa, ou te fè lanvi pou ˡbagay lèd jenès ou yo lè Ejipsyen yo te konn manyen lestonmak ou akoz tete jenès ou yo.
²² "Akoz sa, Oholiba, konsa pale Senyè BONDYE a: 'Gade byen, Mwen va fè moun ki renmen ou yo soulve kont ou, soti nan sila yo ki pa byen avè w, e Mwen va mennen yo kont ou sou tout kote: ²³ ᵐBabilonyen yo ak tout Kaldeyen yo, Pekod, Schoa, Koa, ak tout Asiryen ki avèk yo; yo tout, jenn gason byen pòtan yo, chèf yo ak tout ofisye yo, ofisye ak mesye ki gen bon renome yo, tout sila k ap galope cheval yo. ²⁴ Yo va vini kont ou ak zam, cha, ak charyo e avèk yon gwo twoup moun yo. Yo va mete yo menm kont ou avèk zam, cha e avèk gwo twoup moun. Yo va mete yo kont ou tout kote ak nepe, boukliye ak kas. Konsa, Mwen va angaje ⁿjijman a yo menm e yo va jije ou selon koutim yo. ²⁵ Mwen va pozisyone ᵒjalouzi Mwen kont ou, pou yo ka aji avèk ou nan kòlè a gwo chalè Mwen an. Yo va retire nen ou ak zòrèy ou. Sila ki chape yo va tonbe pa nepe. Yo va pran fis ou yo ak fi ou yo, e sila ki chape yo va manje nan dife. ²⁶ Anplis, yo va ᵖretire tout rad sou ou e yo va pran bèl bijou ou yo. ²⁷ Konsa, ᑫMwen va fè zak lèd ak zak pwostitisyon ke ou mennen sòti an Égypte yo vin sispann nan ou, pou ou pa leve zye ou bay yo, ni sonje Égypte ankò.'
²⁸ "Paske konsa pale Senyè BONDYE a: 'Gade byen, Mwen va livre ou nan men a sila ke ou ʳrayi yo, nan men a yo menm de sila ou te vin ekate yo. ²⁹ Yo va ˢaji avèk ou ak rayisman, pran tout sa ou posede e kite ou toutouni san anyen menm. Konsa, nidite a zak pwostitisyon ou yo va vin ekspoze, ni zak lèd ou yo, ni zak pwostitisyon ou yo. ³⁰ Bagay sa yo ap fèt a ou menm akoz ou te ᵗjwe pwostitiye ak nasyon yo, akoz ou te souye tèt ou ak zidòl yo. ³¹ Ou te mache nan chemen a sè ou a. Pou sa, Mwen va mete ᵘtas pa li a nan men ou.'
³² "Konsa pale Senyè BONDYE a:
"Ou va ᵛbwè tas a sè ou a ki fon e ki laj.
Yo va ri sou ou e fè rizib sou ou.
Li byen gwo.
³³ Ou va vin plen ak ʷsoulay ak tristès,
tas a gwo laperèz ak dezolasyon,
tas a sè ou a, Samarie.
³⁴ Ou va ˣbwè li e vide li nèt.
Epi ou va manje sou ti mòso chire yo
e dechire tete ou;
paske Mwen te pale sa a", deklare Senyè BONDYE a.
³⁵ "Pou sa, pale Senyè BONDYE a: 'Akoz ou te bliye Mwen e te jete Mwen dèyè do ou, se pou ou sipòte, koulye a, pinisyon zak lèd ak zak pwostitisyon ou yo.'" ³⁶ Anplis, SENYÈ a te di mwen: "Fis a lòm, èske ou va jije Ohola ak Oholiba? Alò, ʸdeklare a yo menm abominasyon yo. ³⁷ Paske yo te komèt adiltè e yo gen san nan men yo. Konsa, yo te komèt adiltè ak zidòl yo e te menm fè fis yo, ᶻke yo te fè pou Mwen yo, pase nan dife pou sèvi kon manje zidòl. ³⁸ Ankò, yo te fè M sa: yo te ªsouye sanktyè Mwen an nan menm jou a, e te pwofane Saba Mwen yo. ³⁹ Paske lè yo te fin masakre tout fis yo pou zidòl yo, yo te antre nan ᵇsanktyè Mwen an nan menm jou a pou pwofane li; epi konsa, yo te fè anndan lakay Mwen an.
⁴⁰ "Anplis, sè ou yo te menm voye pou mesye ki te sòti lwen yo, a sila yon mesaje te voye. Epi gade byen, yo te vini. Pou sa a, ou te benyen kò w, ᶜpentire zye ou, e dekore tèt ou ak bijou ou. ⁴¹ Ou te chita sou yon ᵈsofa byen bèl ak yon tab byen ranje devan l sou sila ou te mete lansan Mwen ak lwil Mwen an.
⁴² "Bri a ᵉyon fèt ki plen moun ki alèz te avèk li. Lezòm klas ba, ak moun banal yo te mennen soti

---

ª **23:7** Éz 20:7 ᵇ **23:8** Egz 32:4 ᶜ **23:9** Éz 16:37 ᵈ **23:10** Éz 16:37-41 ᵉ **23:11** Jr 3:8-11 ᶠ **23:12** II Wa 16:7 ᵍ **23:14** Éz 8:10 ʰ **23:16** Éz 23:20 ⁱ **23:17** II Wa 24:17 ʲ **23:18** Sòm 78:59 ᵏ **23:20** Éz 16:26 ˡ **23:21** Jr 3:9 ᵐ **23:23** II Wa 20:14-17 ⁿ **23:24** Jr 39:5-6 ᵒ **23:25** Egz 34:14 ᵖ **23:26** Jr 13:22 ᑫ **23:27** Éz 16:41 ʳ **23:28** Jr 21:7-10 ˢ **23:29** Det 28:48 ᵗ **23:30** Éz 6:9 ᵘ **23:31** II Wa 21:13 ᵛ **23:32** Sòm 60:3 ʷ **23:33** Jr 25:15-27 ˣ **23:34** Sòm 75:8 ʸ **23:36** És 58:1 ᶻ **23:37** Éz 16:20 ª **23:38** II Wa 21:4-7 ᵇ **23:39** Jr 7:9-11 ᶜ **23:40** II Wa 9:30 ᵈ **23:41** Est 1:6 ᵉ **23:42** Éz 16:49

nan dezè a. Yo te mete braslè nan men a fanm sa yo ak bèl kouwòn nan tèt yo. ⁴³ Epi Mwen te di a li menm ki te ᵃepwize nèt akoz adiltè li yo: 'Èske yo va jwe pwostitiye ak li, koulye a, pandan li konsa a? ⁴⁴ Men yo te antre ladann konsi yo t ap antre nan yon pwostitiye. Konsa, yo te antre nan Ohola ak Oholiba, fanm zak lèd yo. ⁴⁵ Men yo menm, moun ladwati yo, va ᵇjije yo ak jijman a yon fanm adiltè, e avèk jijman a yon fanm ki te vèse san, akoz se fanm adiltè ke yo ye, epi yo gen san sou men yo.

⁴⁶ "Paske konsa pale Senyè BONDYE a: 'Mennen yon twoup kont yo e livre yo a ᶜgwo laperèz ak piya j. ⁴⁷ Twoup sa a va ᵈlapide yo ak wòch e rache yo ak nepe yo. Yo va touye fis ak fi yo e brile lakay yo ak dife.

⁴⁸ "'Konsa, Mwen va fè zak lèd yo kite peyi a, pou tout fanm yo kapab vin avèti e pa kòmèt zak lèd jan nou konn fè a. ⁴⁹ Zak lèd nou yo va ᵉvin rekonpanse sou nou e nou va pote pinisyon pou adorasyon zidòl nou yo. Konsa, nou va konnen ke Mwen se Senyè BONDYE a.'"

24 Ankò pawòl SENYÈ a te vin kote mwen nan nevyèm ane, nan dizyèm mwa a, nan dizyèm jou nan mwa a e te di: ² "Fis a lòm, ekri non a jou a, jou sa a menm. Wa Babylone nan te vin ᶠmete syèj sou Jérusalem nan menm jou sa a. ³ Pale yon ᵍparabòl a kay rebèl la pou di yo: 'Konsa pale Senyè BONDYE a:

"Mete chodyè a sou difè a.
Mete l,
e anplis, vide dlo ladann.
⁴ ʰMete mòso yo ladann,
tout bon mòso yo:
kwis ak zepòl la.
Plen li ak zo byen chwazi yo.
⁵ Pran mouton ki pi byen ⁱchwazi
nan bann nan,
e anplis, mete pil bwa anba chodyè a.
Fè l bouyi fò.
Anplis, fè bouyi zo ki ladann yo nèt."

⁶ "'Pou sa, pale Senyè BONDYE a:
"Malè a peyi ʲsanglan sila a,
a chodyè nan sila gen lawouy ladann l!
Lawouy la ki pa sòti ladann l!
Retire ladann mòso pa mòso,
san menm tire oso.

⁷ "'"Paske san fanm nan vèse
se nan mitan l.
Li te mete l sou wòch vid la.
Li pa t ᵏvide li atè a,
pou kouvri li ak pousyè.
⁸ Pou l kapab ˡkoze gwo chalè
ak kòlè k ap pran vanjans,
Mwen te mete san li sou wòch vid la,
pou li kab pa kouvri."

⁹ "'Akoz sa, pale Senyè BONDYE a: ᵐ
"Malè a vil sanglan sila a!
Anplis, Mwen menm, Mwen va fè pil la gwo.
¹⁰ Ogmante bwa a.
Byen ran je dife a.
Bouyi chè vyann nan byen.
Mele epis ladann e kite zo yo vin brile.
¹¹ Epi mete li vid sou chabon limen li an
pou li ka byen cho,
pou bwonz li an kapab
gen koulè wouj
pou tout ⁿsalte li yo
kapab vin fann ladann,
jiskaske lawouy li a fin manje nèt.
¹² Fi a te ᵒfè M fatige
ak travay di ke M fè;
malgre sa, gwo lawouy li a pa t kite li.
Kite lawouy li a rete nan dife a!
¹³ "'"Nan salte ou a se tout zak ki lèd yo. Akoz mwen ta netwaye ou, malgre sa, ou pa pwòp; ou p ap vin pwòp de salte ou yo jiskaske Mwen ᵖfè chalè kòlè Mwen an sou ou poze.

¹⁴ "'"Mwen, SENYÈ a, Mwen te pale. Sa ap vini e Mwen va a ji. Mwen p ap ralanti e Mwen p ap gen pitye ni mwen p ap gen regrè. Selon zak ou yo, Mwen va jije ou," deklare Senyè BONDYE a.'"

¹⁵ Konsa, pawòl SENYÈ a te rive kote mwen e te di: ¹⁶ "Fis a lòm, gade byen, Mwen prèt pou retire sou ou ᵠdezi zye ou yo ak yon sèl kou; men ou p ap plenyen, ni ou p ap kriye, ni dlo p ap vini nan zye ou. ¹⁷ Plenn nan gòj san fè bri. Pa fè dèy pou mò. Mare moso twal long ou nan tèt ou, mete soulye nan pye ou. Pa kouvri bouch ou e ʳpa manje pen fè dèy a."

¹⁸ Konsa, mwen te pale ak pèp la nan maten an, e nan aswè, madanm mwen te mouri. Konsa, nan maten an, mwen te fè jan yo te kòmande mwen an.

¹⁹ Pèp la te mande m: "Èske ou p ap di nou kisa sa vle di ke ou ap aji konsa?"

²⁰ Epi mwen te di yo: "Pawòl SENYÈ a te vin kote mwen. Li te di: ²¹ 'Pale ak lakay Israël: "Konsa pale Senyè BONDYE a: 'Gade byen, Mwen prèt pou pwofane sanktyè Mwen an, ògèy a pouvwa nou an, dezi a zye nou, e plezi a nanm nou. Epi ˢfis ak fi nou yo, ke nou te kite dèyè yo; yo va tonbe pa nepe. ²² Nou va fè jan mwen te fè a. Nou p ap kouvri bouch nou, ni nou p ap manje pen fè dèy a. ²³ Tiban nou va sou tèt nou e soulye nou nan pye nou. Nou p ap fè dèy, ni nou p ap kriye; men ᵗnou va plenyen nan inikite nou yo e nou va plenyen youn bay lòt. ²⁴ Konsa, Ézéchiel va vin yon ᵘsign pou nou, selon tout sa ke li menm te fè, nou va fè yo. Lè sa rive, alò nou va konnen ke Mwen se Senyè BONDYE a.'"'

²⁵ "Pou ou menm, fis a lòm, èske sa p ap nan jou a lè M ap retire ᵛfòs yo nan men yo, lajwa fyète yo, dezi a zye yo e plezi a kè yo, fis ak fi pa yo, ²⁶ pou

---

ᵃ **23:43** Éz 23:3 ᵇ **23:45** Éz 16:38 ᶜ **23:46** Jr 15:4 ᵈ **23:47** Lev 20:10 ᵉ **23:49** És 59:18 ᶠ **24:2** II Wa 25:1
ᵍ **24:3** Sòm 78:2 ʰ **24:4** Mi 3:2-3 ⁱ **24:5** Jr 39:6 ʲ **24:6** II Wa 24:3-4 ᵏ **24:7** Lev 17:13 ˡ **24:8** És 26:21
ᵐ **24:9** Éz 24:6 ⁿ **24:11** Éz 22:15 ᵒ **24:12** Jr 9:5 ᵖ **24:13** Éz 5:13 ᵠ **24:16** Kan 7:10 ʳ **24:17** Jr 16:7
ˢ **24:21** Jr 6:11 ᵗ **24:23** Lev 26:39 ᵘ **24:24** Éz 4:3 ᵛ **24:25** Sòm 48:2

nan sou jou sila a, sila ki ªchape a va vin kote ou ak enfòmasyon pou zòrèy ou?²⁷ Nan jou sa a, ᵇbouch ou va vin louvri a sila ki te chape a, ou va pale, e ou p ap bèbè ankò. Konsa, ou va vin yon sign pou yo, e yo va konnen ke Mwen se SENYÈ a."

25 Epi pawòl SENYÈ a te rive kote mwen. Li te di: ² Fis a lòm, mete figi ou vè ᶜfis a Ammon yo e pwofetize kont yo, ³ Di a fis a Ammon yo: 'Tande pawòl Senyè BONDYE a! Konsa pale Senyè BONDYE a: "Akoz ou te di: 'Ha ha!' kont sanktyè Mwen an lè li te vin pwofane a, kont peyi Israël lè l te vin dezole nèt la, e kont lakay Juda lè l te antre an egzil la, ⁴ pou sa, gade byen, Mwen va bay ou menm a ᵈfis lès yo pou yo genyen ou nèt. Yo va mete kan yo pami ou e fè anplasman yo pami ou. Y ap manje fwi ou yo e bwè lèt ou yo. ⁵ Mwen va fè ᵉRabba vin yon patiraj pou chamo e fis a Ammon yo vin yon kote pou fè pak pou bann mouton. Konsa, nou va konnen ke Mwen se SENYÈ a." ⁶ Paske konsa pale Senyè BONDYE a: "Akoz nou te ᶠbat men nou, frape pye nou atè e te rejwi ak tout mepriz ki te nan kè nou kont peyi Israël, ⁷ pou sa, gade byen, Mwen te lonje men M kont nou e Mwen va bay nou kon ᵍpiyaj a nasyon yo. Epi Mwen va koupe retire nou nèt de pèp yo, e fè nou peri soti nan peyi yo. Mwen va detwi nou. Konsa, nou va konnen ke Mwen se SENYÈ a."

⁸ "Konsa pale Senyè BONDYE a: "Akoz ʰMoab ak Séir di: 'Gade byen, lakay Juda a tankou tout nasyon yo,' ⁹ pou sa, gade byen, Mwen prive vil li yo de pòsyon bò kote yo, vil ki sou fwontyè li yo, ki se glwa a tout peyi a; ⁱBeth-Jeschimoth Baal-Meon, ak Kirjathaïm, ¹⁰ epi Mwen va bay li kon posesyon ansanm avèk ʲfis a Ammon yo bay fis a lès yo, pou fis a Ammon pa vin sonje menm pami nasyon yo. ¹¹ Konsa, Mwen va egzekite jijman sou Moab, epi yo va ᵏkonnen ke Mwen se SENYÈ a."

¹² "Konsa pale Senyè BONDYE a: "Akoz ˡÉdom te aji kont lakay Juda lè l te pran vanjans, e te vin koupab anpil nan vanje tèt yo sou yo," ¹³ akoz sa, konsa pale Senyè BONDYE a: "Mwen va osi ᵐlonje men M kont Édom e koupe retire nèt ni lòm ni bèt sou li. Mwen va fè dega ladann nèt. Soti nan Théman, jis rive nan Dedan, yo va tonbe pa nepe. ¹⁴ ⁿMwen va poze vanjans Mwen sou Édom pa men a pèp Mwen an, Israël. Pou sa, yo va aji nan Édom selon mekontantman Mwen e selon chalè kòlè Mwen. Konsa, yo va vin konnen vanjans Mwen an," deklare Senyè BONDYE a.

¹⁵ "'Konsa pale Senyè BONDYE a: "Akoz Filisten yo te aji ak ᵒvanjans e te pran vanjans yo avèk tout mepriz a nanm pou detwi ak yon rayisman etènèl," ¹⁶ akoz sa, konsa pale Senyè BONDYE a: "Gade byen, Mwen va lonje men M kont Filisten yo, menm koupe retire ᵖKeretyen yo nèt, e detwi retay ki bò kot lanmè a. ¹⁷ Mwen va egzekite gwo vanjans sou yo ak repwòch ki plen ak chalè kòlè Mwen. Epi yo va ᑫkonnen ke Mwen se SENYÈ a lè Mwen poze vanjans Mwen sou yo a.""

26 Alò, nan onzyèm ane, nan premye nan mwa a, pawòl SENYÈ a te vin kote mwen. Li te di: ² "Fis a lòm, akoz Tyr te di konsènan Jérusalem: 'Ha ha! Gade byen, ʳpòtay a pèp yo fin kraze; koulye a l ap remet nan men m. Mwen va vin ranpli koulye a akoz li devaste nèt;' ³ akoz sa, pale Senyè BONDYE a: 'Gade byen, Mwen vin kont ou, O Tyr, e Mwen va mennen fè monte ˢanpil nasyon kont ou, tankou lanmè mennen lanm li. ⁴ Yo va ᵗdetwi miray a Tyr e demoli tou wo li yo. Anplis, Mwen va grate retire ranblè li yo, e fè l vin yon wòch vid. ⁵ Li va vin yon kote pou ouvri filè nan mitan lanmè a, paske Mwen te pale,' deklare Senyè BONDYE a. 'Konsa, li va vin ᵘpiyaj pou nasyon yo. ⁶ Anplis, fi li yo ki lòtbò pi gwo teren an va vin touye pa nepe e yo va konnen ke Mwen se SENYÈ a.'

⁷ "Paske konsa pale Senyè BONDYE a: 'Gade byen, Mwen va mennen sou Tyr soti nan nò Nebucadnetsar, wa Babylone nan, ᵛwadèwa a, ak cheval, cha, kavalye ak yon gwo lame. ⁸ Li va touye fi ou yo sou gwo chan an ak nepe. Li va fè miray syèj kont ou, fè monte yon ʷran kont ou e fè monte yon gwo boukliye kont ou. ⁹ Ak gwo mòso bwa fèt pou kraze a, ke l ap diri je kont miray ou yo, e ak rach li yo li va demoli tou wo ou yo. ¹⁰ Akoz gwo fòs kantite cheval li yo, pousyè leve la yo va kouvri ou. Miray ou yo va ˣsouke ak bri kavalye, ak charyo ak cha yo lè l ap antre nan pòtay ou yo tankou lè moun ap antre nan yon vil lè yo fin fè brèch ladann. ¹¹ Ak zago ʸcheval li yo, li va foule tout lari ou yo nèt. Li va touye moun ou yo ak nepe. Gwo pilye lafòs ou yo va tonbe atè. ¹² Anplis, yo va fè piyaj a tout richès ak machandiz ou yo. ᶻYo va kraze mi ou yo, detwi bèl kay ou yo, e jete wòch ak, poto bwa yo ak tout ranblè ou yo nan dlo. ¹³ Konsa, Mwen va fè son a chante ou yo vin sispann, e son ªap ou yo p ap tande ankò. ¹⁴ Mwen va fè ou yon wòch vid. Ou va sèvi kon yon kote pou ouvri filè. Ou p ap ᵇbati ankò, paske Mwen, SENYÈ a te pale', deklare Senyè BONDYE a.

¹⁵ "Konsa pale Senyè BONDYE a a Tyr: 'Èske ᶜpeyi kot lanmè yo pa ta souke menm nan son chit ou a lè sila ki blese yo plenn nan gòj yo, lè masak fèt nan mitan nou? ¹⁶ Nan lè sa a, tout prens lanmè yo va ᵈdesann soti nan twòn yo retire vèb yo e menm retire bèl vètman bwodri yo. Yo va abiye tèt yo ak men yo k ap tranble; yo va chita atè, ap tranble tout tan e vin efreye akoz de ou. ¹⁷ Yo va leve yon ᵉlamantasyon sou ou e di ou:

ª **24:26** I Sam 4:12 ᵇ **24:27** Éz 3:26 ᶜ **25:2** Jr 49:1-6 ᵈ **25:4** Jij 6:3-33 ᵉ **25:5** Det 3:11 ᶠ **25:6** Job 27:23 ᵍ **25:7** És 33:4 ʰ **25:8** És 15:1 ⁱ **25:9** Nonb 33:49 ʲ **25:10** Éz 25:4 ᵏ **25:11** Sòm 9:16 ˡ **25:12** II Kwo 28:17 ᵐ **25:13** Jr 49:8 ⁿ **25:14** És 11:14 ᵒ **25:15** És 14:29-31 ᵖ **25:16** I Sam 30:14 ᑫ **25:17** Sòm 9:16 ʳ **26:2** Éz 62:10 ˢ **26:3** Mi 4:11 ᵗ **26:4** És 23:11 ᵘ **26:5** Éz 25:7 ᵛ **26:7** Éz 7:12 ʷ **26:8** Jr 32:24 ˣ **26:10** Éz 26:15 ʸ **26:11** És 5:28 ᶻ **26:12** Jr 52:14 ª **26:13** És 5:12 ᵇ **26:14** Det 13:16 ᶜ **26:15** Éz 26:18 ᵈ **26:16** Jon 3:6 ᵉ **26:17** Éz 19:1-14

"Gade kijan ou vin peri, O sila ki te
        plen moun nan,
Soti sou lanmè yo, O gwo vil byen renome
ki te pwisan sou lanmè,
li menm ak tout moun ki te rete ladann yo,
ki te enpoze gwo laperèz li sou tout
        abitan li yo!"
[18] Koulye a, [a]peyi bò lanmè yo va tranble
        nan jou chit ou a.
Wi, peyi kot ki bò lanmè yo
va vin etone jiskaske yo tranble akoz
        ou vin disparèt.'
[19] "Paske konsa pale Senyè BONDYE a: "Lè
Mwen fè ou vin yon vil dezole, kon vil ki pa gen
moun yo, lè Mwen [b]mennen pwofondè a sou ou
pou gwo dlo vin kouvri ou, [20] konsa, Mwen va fè
ou desann ak sila ki [c]desann nan twou fòs la, al
jwenn pèp ansyen yo. Mwen va fè ou rete nan
pati ki piba sou tè a, tankou ansyen kote dezole
yo, ak sila ki desann nan twou fòs la, pou ou pa
menm gen moun ki abite nan ou. Men Mwen va
mete laglwa nan peyi a vivan yo. [21] Mwen va
mennen [d]gwo laperèz sou ou e ou p ap egziste
ankò. Malgre y ap chache ou, yo p ap janm jwenn
ou ankò', deklare Senyè BONDYE a."

27 Anplis, pawòl SENYÈ a te rive kote mwen.
Li te di: [2] "Ou menm, fis a lòm, [e]eleve yon
lamantasyon sou Tyr [3] Di a Tyr, 'Ou ki rete nan antre
lanmè a, komèsan a pèp anpil peyi bò kot lanmè yo,
Konsa pale Senyè BONDYE a:
"O Tyr, ou te di 'Mwen pafè nan bèlte.'
[4] Lizyè ou nan kè lanmè yo.
Sila ki te bati ou yo te fè bèlte ou pafè.
[5] Yo te fè tout planch ou yo ak pye
        siprè Senir yo.
Yo te chache pye sèd Liban yo pou
        fè ma pou ou.
[6] Ak chèn a Basan, yo te fè zaviwon ou yo.
Ak ban ivwa, yo te koupe fè tras sou bwa siprè
ki te fèt ak pye sèd ki te mennen sòti
        jis Kittim.
[7] Vwal ou te fèt ak len fen ki te sòti an Égypte,
ki te sèvi kon mak drapo ou.
Anba pwotèj solay byen kolore an [f]ble e mov,
ki te sòti nan peyi kòt Élischa yo,
[8] mesye Sidon yo ak Arvad t ap bourade
        zaviwon ou yo.
Mesye [g]saj ou yo, O Tyr, te nan ou.
Se yo ki te pilòt yo.
[9] Ansyen a [h]Guebal yo ak mesye saj li
        yo te avèk nou,
pou repare kote ki ouvri yo.
Tout bato lanmè yo ak mèt bato yo te la pou
okipe machandiz ou yo.

[10] [i]"Perse, Lud, ak Puth te nan lame ou,
mesye lagè ou yo.
Yo te pann boukliye ak kas nan ou.
Yo te fè grandè ou parèt byen bèl.
[11] Fis a Avad yo ak lame ou a
te sou miray ou yo,
e gèrye yo te pann boukliye yo
sou miray ou yo toupatou.
Yo te vin pèfeksone bèlte ou a.
[12] "'Tarsis te kliyan ou, akoz abondans tout kalite
richès ou yo. Avèk ajan, fè, fè blan, ak plon, yo te
achte machandiz ou yo.
[13] "'Javan, Tubal, ak Méschec te fè komès ak ou.
Ak [j]lavi a moun ak veso plen bwonz, yo te achte
machandiz ou yo."
[14] "'Sila nan [k]Beth-Togarma yo te bay cheval ak
cheval lagè ak milèt pou byen ou yo."
[15] "'Fis a [l]Dedan yo te fè trafik avèk ou. Anpil
peyi kot lanmè yo te vin fè mache ou. Kòn ivwa ak
ebèn te pote pou fè twòk.
[16] m"'Syrie te fè trafik avèk ou akoz abondans
byen ou yo. Yo te peye pou bagay ou yo ak pyè
presye, tenti mov, zèv bwodri, len fen, koray ak pyè
woubi."
[17] "'Juda ak peyi Israël te fè komès ak ou. Ak ble
ki sòti [n]Minnith, gato, siwo myèl, lwil ak bom, yo
te peye pou machandiz ou."
[18] o"'Damas te kliyan ou akoz gwo kantite byen
ou yo, akoz gwo kantite a tout kalite richès ou yo,
akoz diven Helbon an ak len blan an."
[19] "'Vendan ak Javan te peye pou bagay ki sòti
Uzal yo. Fè fòje, kasya, ak kann dous te pami
machandiz ou yo."
[20] p"'Dedan te fè komès ak ou nan sèl pou monte
cheval."
[21] "'Arabie ak tout prens a Kédar yo, te kliyan
ou pou jenn mouton, belye ak kabrit yo. Nan tout
sa yo, yo te kliyan ou."
[22] "'Vandè a [q]Séba ak Raema yo te fè trafik ak
ou. Yo te peye pou byen ou yo ak pi bon nan tout
kalite epis, e ak tout bijou presye ak lò."
[23] "'Charan, Canné, ak [r]Éden, machann a Séba,
Assyrie, ak Kilmad yo te fè komès ak ou." [24] Yo te
fè komès ak ou nan bèl abiman, nan vètman an ble
ak bwodri fen, nan tapi a tout koulè, ak kòd trese
byen sere, ki te pami machandiz ou yo.
[25] s"'Bato a Tarsis yo te transpòte
        machandiz ou yo.
Epi ou te vin ranpli,
te tèlman vin bèl nan kè lanmè yo.
[26] Mèt zaviwon yo te mennen ou nan [t]gwo dlo.
Van lès la te vin kraze ou nan kè lanmè yo.
[27] Richès ou yo, byen ou yo, machandiz ou yo,
maren ak pilòt ou yo,
Gwo bòs pou ranje bato yo,
vandè ki fè komès machandiz,
Ak tout mesye lagè ki nan ou yo,

---

[a] **26:18** És 41:5   [b] **26:19** És 8:7-8   [c] **26:20** És 14:9   [d] **26:21** Éz 26:15-16   [e] **27:2** Jr 9:10   [f] **27:7** Egz 25:4
[g] **27:8** I Wa 9:27   [h] **27:9** Jos 13:5   [i] **27:10** Éz 30:5   [j] **27:13** Jl 3:3   [k] **27:14** Jen 10:3   [l] **27:15** Jr 25:23
[m] **27:16** Jij 10:6   [n] **27:17** Jij 11:33   [o] **27:18** Jen 14:15   [p] **27:20** Jen 25:3   [q] **27:22** Jen 10:7   [r] **27:23** II Wa 19:12   [s] **27:25** És 2:16   [t] **27:26** Éz 26:19

ak tout twoup ki pami ou a,
va tonbe antre nan kè lanmè yo nan jou
  boulvèsman ou an.
²⁸ Nan son kri a pilòt ou yo,
tè patiraj yo va ᵃsouke.
²⁹ Tout moun ki konn manyen zaviwon,
ᵇmesye maren ak tout pilòt lanmè yo
va desann kite bato yo.
Yo va kanpe atè,
³⁰ epi yo va fè vwa yo vin tande sou ou,
e yo va kriye anmè.
Yo va ᶜjete pousyè sou tèt yo.
Yo va vire tounen nan mitan sann yo.
³¹ Anplis, yo va fè tèt yo vin chòv pou ou,
e mare senti yo ak twal sak.
Yo va kriye pou ou nan amètim nanm yo,
ak yon plenyen byen anmè.
³² Anplis, nan gwo kri yo fè, yo va fè leve yon
ᵈlamantasyon pou ou e menm kriye pou ou:
'Se kilès ki tankou Tyr, tankou sila ki
rete an silans nan mitan lanmè a?'
³³ Lè tout byen ou yo te sòti toupatou
  sou lanmè yo,
ou te fè kè anpil pèp kontan.
Ak ᵉfòs kantite richès ak machandiz ou yo,
ou te fè wa latè yo vin rich.
³⁴ Alò, koulye a lè ou vin kraze nèt
  pa lanmè yo,
nan fon dlo yo,
ᶠmachandiz ou ak tout twoup ou yo
te tonbe pami ou.
³⁵ Tout ᵍsila ki rete nan peyi kot lanmè yo
te vin efreye de ou,
e wa yo vin plen ak gwo laperèz.
Vizaj yo vin twouble.
³⁶ Komèsan pami pèp yo vin sifle anlè
  kon koulèv sou ou.
Lafèn ou te vreman etonnan,
e ou ʰp ap la ankò, jis pou tout tan.'"

28 Pawòl SENYÈ a te vin kote M ankò e te di:
² "Fis a lòm, pale ak chèf Tyr la: 'Konsa pale
Senyè BONDYE a,
"Akoz kè ou vin leve,
e ou te di: 'Mwen se yon dye,
Mwen chita sou chèz Bondye,
nan kè lanmè yo';
malgre, ou se yon ⁱnonm
e ou pa yon dye;
sepandan, ou ta fè kè ou tankou kè Bondye—
³ gade byen, ou pi saj ke ʲDaniel.
Nanpwen sekrè ki twò difisil pou ou.
⁴ Ak sajès ou ak bon konprann ou,
ou te vin genyen richès pou tèt ou,
e ou te vin gen lò ak ajan pou kès trezò ou yo.
⁵ Ak gwo sajès ou, ak komès ou, ou te
  vin ogmante richès ou
e ᵏkè ou vin leve akoz richès ou yo—"
⁶ "'Akoz sa, konsa pale Senyè BONDYE a:
"Akoz ou te ˡfè kè ou tankou kè Bondye,
⁷ akoz sa, gade byen,
Mwen va mennen ᵐetranje yo sou ou,
sila ki pi sovaj pami nasyon yo.
Konsa, yo va rale nepe yo kont bèlte
  a sajès ou,
e yo va souye gwo bèlte ou a.
⁸ Yo va mennen ou desann nan twou fòs la,
e ou va mouri ⁿlanmò a sila ki touye
nan kè lanmè yo.
⁹ Èske ou va di: 'Mwen se yon dye',
nan prezans a sila ki te touye ou a?
Donk, ou se yon nonm e ou pa Bondye,
nan men a sila ki blese ou yo.
¹⁰ Ou va mouri lanmò a ᵒensikonsi yo,
  nan men etranje yo,
paske Mwen te pale," deklare Senyè
  BONDYE a!'"

¹¹ Ankò pawòl SENYÈ a te vin kote mwen. Li te
di: ¹² "Fis a lòm, reprann lamantasyon sou wa Tyr
la e di l: 'Konsa pale Senyè BONDYE a:
"Ou te genyen so pèfeksyon an,
plen sajès e pafè an bèlte.
¹³ Ou te nan ᵖÉden, jaden Bondye a.
Tout pyè presye yo te sèvi pou kouvri ou:
Ribi, topaz, dyaman; krizolit, oniks, ak jasp,
Safi, malachi, emwòd,
epi lò. Baz kalite travay
pou tout prezantasyon te nan ou.
Nan jou ou te kreye a, yo te prepare.
¹⁴ Ou te cheriben onksyone ki kouvri a
e Mwen te plase ou la.
Ou te sou mòn sen Bondye a.
Ou te mache nan mitan a pyè dife yo.
¹⁵ Ou te ᑫsan fot nan tout chemen
ou yo depi jou ou te kreye a,
jis rive nan lè inikite te vin twouve nan ou a.
¹⁶ Akoz ʳgwo fòs kantite komès ou a,
ou te vin ranpli anndan ou ak vyolans
e ou te peche.
Akoz sa, Mwen te jete ou kon pwofane
sòti nan mòn Bondye a.
Mwen te detwi ou, O cheriben ki kouvri a,
soti nan mitan wòch dife a.
¹⁷ Kè ou te vin leve wo akoz ˢbèlte ou.
Ou te fè sajès ou vin konwonpi
akoz gwo bèlte ou a.
Mwen te jete ou atè.
Mwen te mete ou devan wa yo
pou yo wè ou.
¹⁸ Akoz gwo fòs kantite inikite ou yo,
nan enjistis de komès ou a,
ou te pwofane sanktyè ou yo.

ᵃ **27:28** Éz 26:10-18   ᵇ **27:29** Rev 18:17-19   ᶜ **27:30** I Sam 4:12   ᵈ **27:32** Éz 26:17   ᵉ **27:33** Éz 27:12-18
ᶠ **27:34** Za 9:3-4   ᵍ **27:35** És 23:6   ʰ **27:36** Sòm 37:10-36   ⁱ **28:2** Sòm 9:20   ʲ **28:3** Dan 1:20   ᵏ **28:5** Job 31:24-25
ˡ **28:6** Egz 9:17   ᵐ **28:7** Éz 26:7   ⁿ **28:8** Éz 27:26-34   ᵒ **28:10** I Sam 17:26-36   ᵖ **28:13** Jen 2:8   ᑫ **28:15** Éz
27:3-4   ʳ **28:16** Éz 27:12   ˢ **28:17** Éz 27:3-4

Akoz sa, Mwen te mennen ᵃdife soti
　　nan mitan ou.
Li fin manje ou nèt.
Mwen te fè ou vin tounen sann sou tè a
devan zye a tout moun ki wè ou yo.
¹⁹ Tout moun ki rekonèt ou pami pèp yo
vin etone jiskaske yo vin sezi de ou.
Ou te vin yon gwo etonman laperèz,
e ou va sispann egziste jis ᵇpou tout tan.'"'
²⁰ Pawòl SENYÈ a te rive kote mwen. Li te di:
²¹ "Fis a lòm, mete figi ou vè ᶜSidon. Pwofetize kont li, ²² epi di: 'Konsa pale Senyè BONDYE a:
"Gade byen, Mwen kont ou, O Sidon,
e Mwen va vin glorifye nan mitan ou.
Nan lè sa a, yo va konnen ke Mwen
　　se SENYÈ a,
lè Mwen ᵈegzekite jijman ladann li,
e nan li, Mwen vin sen.
²³ Paske Mwen va voye epidemi ak bèt
　　pou ravaje chan l.
San ap koule nan ri li yo.
ᵉSila ki blese yo va tonbe nan mitan li,
e nepe va antoure l tout kote.
Konsa, yo va konnen ke Mwen se SENYÈ a.
²⁴ "'P ap gen pou lakay Israël ankò ᶠrakbwa pikan ni yon grenn pikan plen doulè k ap sòti nan sila ki te moke yo. Epi yo va konnen ke Mwen se Senyè BONDYE a."
²⁵ "'Konsa pale Senyè BONDYE a: "Lè M ᵍrasanble lakay Israël soti nan pèp kote yo gaye yo, e fè sentete Mwen vin parèt nan yo devan zye a tout nasyon yo, nan lè sa a, yo va viv nan peyi ke M te bay a sèvitè Mwen an, Jacob. ²⁶ Yo va viv an sekirite ladann. Wi, yo va ʰbati kay, plante chan rezen e viv ansekirite lè Mwen egzekite jijman sou tout sila ki moke de yo. Epi yo va konnen ke Mwen se SENYÈ a, Bondye yo a."'"

29 Nan ⁱdizyèm ane, nan dizyèm mwa, nan douz nan mwa a, pawòl SENYÈ a te vin kote mwen. Li te di: ² Fis a lòm, mete figi ou kont Farawon, wa Égypte la, e pwofetize kont li ak tout Égypte. ³ Pale e di: 'Konsa pale Senyè BONDYE a,
"Gade byen, Mwen kont ou, Farawon,
　　wa Égypte,
ʲgwo mons la ki kouche nan mitan
rivyè li yo, k ap di:
'Rivyè Nil lan se pou mwen
e se mwen menm ki te fè li.'
⁴ ᵏMwen va mete gwo kwòk nan machwè ou e fè pwason larivyè ou yo vin kole sou kal ou yo.
Konsa, Mwen va rale fè ou sòti nan
　　mitan rivyè ou yo,
ansanm ak tout pwason larivyè ou yo k
　　ap kole sou kal ou yo.
⁵ Mwen va ˡjete ou lwen nan dezè a,
ou menm ak tout pwason rivyè ou yo.
Ou va tonbe nan chan ouvri.
Ou p ap rasanble ni reyini ankò.
Mwen te bay ou kon manje bèt latè
　　ak zwazo syèl yo.
⁶ "'Konsa, tout moun ki rete an Égypte va konnen ke Mwen se SENYÈ a. Paske yo te sèlman yon ᵐgòl fèt ak wozo pou lakay Israël. ⁷ Lè yo te kenbe ou nan men yo, ou te kraze e chire tout men ak zepòl yo, Epi lè yo te apiye sou ou, ou te kraze kwis yo."
⁸ "'Akoz sa, pale Senyè BONDYE a: "Gade byen, Mwen va ⁿmennen sou ou nepe a, e Mwen va koupe retire nèt de ou ni moun, ni bèt. ⁹ Peyi Égypte va devni yon dezolasyon ak yon savann dezole. Konsa, yo va konnen ke Mwen se SENYÈ a.

"'Paske ou te di: 'Larivyè Nil lan se pou mwen e mwen te fè li.' ¹⁰ Pou sa, gade byen, Mwen ᵒkont ou, e Mwen kont rivyè ou yo. Mwen va fè peyi Égypte vin yon savann dezole an yon dezolasyon, soti Migdol jis rive Syène, menm pou rive nan lizyè Éthiopie. ¹¹ Pye a moun ᵖp ap pase ladann, pye a bèt p ap pase ladann, e l ap rete san moun pandan karantan. ¹² Konsa, Mwen va fè peyi Égypte vin yon dezolasyon nan mitan peyi ki dezole yo. Vil li yo, nan mitan a vil ki fin devaste nèt yo, yo va dezole pandan karantan. Mwen va ᑫgaye Ejipsyen yo pami nasyon yo, e lage yo toupatou pami peyi yo."
¹³ "'Paske konsa pale Senyè BONDYE a: "Nan fen karantan an, Mwen va ʳrasanble Ejipsyen yo soti nan pèp kote yo te gaye yo. ¹⁴ Mwen va ranvèse fòtin li yo, e fè yo retounen nan peyi ˢPathros, nan peyi orijin yo. La, yo va rete yon wayòm ki fèb. ¹⁵ Li va pi fèb pami wayòm yo e li p ap janm leve tèt li ankò kon chèf lòt nasyon yo. Mwen va fè yo tèlman vin piti ke yo p ap ᵗrenye sou lòt nasyon yo. ¹⁶ Konsa, li p ap janm sèvi ankò kon konfyans pou lakay Israël la, pou l pa kontinye ᵘpote nan tèt yo, inikite lè yo te vire kote Égypte la. Epi yo va konnen ke Mwen se Senyè BONDYE a."'"

¹⁷ Alò, ᵛnan venn-setyèm ane, nan premye mwa, nan premye jou nan mwa a, pawòl SENYÈ a te vin kote mwen. Li te di: ¹⁸ "Fis a lòm, ʷNebucadnetsar, wa Babylone nan, te fè lame li a travay di kont Tyr; tout tèt te vin chòv e tout epòl te fwote vin fè maleng. Men li menm ak lame li pa t reyisi salè soti nan Tyre pou travay li te fè kont li an. ¹⁹ Akoz sa, pale Senyè BONDYE a: 'Gade byen, Mwen va bay peyi Égypte a Nebucadnetsar, wa Babylone nan. Epi li va pote fè ale tout ˣpèp li yo, kaptire donmaj li yo, e sezi li kon piyaj. Sa a va sèvi kon salè pou lame li a. ²⁰ Mwen te bay li peyi Égypte pou travay ke li te ʸfè a, paske yo te aji pou Mwen,' deklare Senyè BONDYE a.

ᵃ **28:18** Am 1:9-10　　ᵇ **28:19** Jr 51:64　　ᶜ **28:21** Jen 10:15-19　　ᵈ **28:22** Éz 28:26　　ᵉ **28:23** Jr 51:52
ᶠ **28:24** Nonb 33:55　　ᵍ **28:25** Sòm 106:47　　ʰ **28:26** És 32:15-44　　ⁱ **29:1** Éz 6:1　　ʲ **29:3** Éz 27:1　　ᵏ **29:4** II Wa 19:28　　ˡ **29:5** Éz 32:4-6　　ᵐ **29:6** II Wa 18:21　　ⁿ **29:8** Jr 46:13　　ᵒ **29:10** Éz 13:8　　ᵖ **29:11** Jr 43:11-12
ᑫ **29:12** Jr 46:19　　ʳ **29:13** És 19:22　　ˢ **29:14** És 11:11　　ᵗ **29:15** Éz 31:2　　ᵘ **29:16** És 64:9　　ᵛ **29:17** Éz 24:1
ʷ **29:18** Jr 25:9　　ˣ **29:19** Jr 43:10-13　　ʸ **29:20** És 10:6-7

²¹ "Nan jou sa a, ªMwen va fè yon kòn vin pouse pou lakay Israël, e Mwen va ouvri bouch ou nan mitan yo. Epi konsa, yo va konnen ke Mwen se SENYÈ a."

30 Pawòl SENYÈ a te vin kote m ankò e te di: ² "Fis a lòm, pwofetize e di:
'Konsa pale Senyè BONDYE a,
"Rele ᵇ'Anmwey! Elas pou jou a!'
³ Paske jou a pwòch.
Menm ᶜjou SENYÈ a pwòch.
Li va yon jou nwaj,
  yon tan fènwa pou nasyon yo.
⁴ Yon nepe va rive sou Égypte
e gwo doulè va rive Ethiopie,
lè sila yo touye yo tonbe an Égypte.
Yo va ᵈretire tout richès li yo
e fondasyon li yo va fin demoli nèt.
⁵ "'Ethiopie, Puth, Lud, tout ᵉArabie, Cub, ak tout moun peyi ki nan gwoup aliyans yo va tonbe ak yo pa nepe."
⁶ "'Konsa pale SENYÈ a:
"Anverite, sila ki sipòte ᶠÉgypte yo va tonbe.
Ògèy a pouvwa li a va tonbe.
Soti nan Migdol jis rive Syène,
yo va tonbe pa nepe,"
deklare Senyè BONDYE a.
⁷ Yo va vin dezole nan ᵍmitan peyi
  ki dezole yo.
Konsa, vil li yo va nan mitan vil k
  ap devaste yo.
⁸ Yo va konnen ke Mwen se SENYÈ a,
lè M limen ʰdife an Égypte la,
e tout sila ki te ede l yo vin kraze nèt.
⁹ "'Nan jou sa a, ⁱmesaje yo va ale soti devan Mwen sou bato pou entimide Ethiopie akoz lenpridans. Gwo doulè va vin sou yo menm jan ak jou Égypte la; paske gade byen, l ap vini!"
¹⁰ "'Konsa pale Senyè BONDYE a:
"Anplis ʲMwen va fè gwo foul lame
  Égypte la vin sispann
pa men Nebucadnetsar, wa Babylone nan.
¹¹ Li menm ak pèp li a avè l,
ᵏpi mechan pami nasyon yo va antre
  pou detwi peyi a.
Yo va rale nepe yo kont Égypte,
e plen peyi a ak mò yo.
¹² Anplis, Mwen va seche kanal larivyè Nil yo,
e vann ˡpeyi a pou antre nan men moun
  mechan yo.
Mwen va fè peyi a vin dezole
ak tout sa ki ladann
pa men etranje yo.
Mwen, SENYÈ a, fin pale."
¹³ "'Konsa pale Senyè Bondye a:
"Anplis, Mwen va ᵐdetwi zidòl yo,
e fè imaj yo sispann nan Noph.
P ap gen prens ankò nan peyi Égypte.
Mwen va mete laperèz nan peyi Égypte.
¹⁴ Mwen va fè Pathros vin dezole,
mete dife nan ⁿTsoan,
e egzekite jijman sou Nò.
¹⁵ Mwen va vide chalè kòlè Mwen
sou Sin, sitadèl a Égypte la.
Anplis, Mwen va koupe retire nèt
  gwo foul Nò yo.
¹⁶ Mwen va mete dife an Égypte.
Sin va vin tòde ak gwo doulè.
No va kraze an mòso, separe.
Noph va gen brèch nèt ak gwo twoub
  chak jou.
¹⁷ Jenn mesye a On ak Pi Béseth yo va
  tonbe pa nepe.
Y ap antre an kaptivite.
¹⁸ Nan ᵒTachpanès, jounen an va vin fènwa,
lè M kraze jouk an fè Égypte la.
Nan lè sa a, ògèy pouvwa li va sispann nan li.
Yon nwaj va kouvri li,
e fi li yo va antre an kaptivite.
¹⁹ Konsa Mwen va ᵖegzekite jijman
  sou Égypte.
Konsa, yo va konnen ke Mwen se
  SENYÈ a.""

²⁰ Nan ᵠonzyèm ane, nan premye mwa, nan setyèm jou nan mwa a, pawòl SENYÈ a te vin kote mwen. Li te di: ²¹ "Fis a lòm, Mwen te ʳkase bra Farawon an, wa Égypte la. Gade byen, li pa t velope ak pansman pou l ta geri, ni ak bandaj pou l ta ka vin gen fòs pou kenbe nepe. ²² Konsa, pale Senyè BONDYE a: ˢ'Gade byen, Mwen kont Farawon, wa Égypte la, e Mwen va kase bra li, ni sa ki gen fòs ni sa ki kase deja a. Epi Mwen va fè nepe a tonbe kite men li. ²³ Mwen va gaye Ejipsyen yo pami nasyon yo e dispèse yo pami peyi yo. ²⁴ Paske Mwen va ranfòse men a wa Babylone nan, e mete nepe Mwen nan men l. Men Mwen va kase bra a Farawon, pou li ka vin plenyen nan gòj devan wa Babylone nan, ak plent a yon nonm ki blese jis a lamò. ²⁵ Konsa, Mwen va ranfòse bra a wa Babylone nan, men bra a Farawon yo va tonbe. Nan lè sa a, yo va konnen ke Mwen se SENYÈ a, lè M mete nepe M nan men a wa Babylone nan, e lè li ᵗlonje li kont peyi Égypte la. ²⁶ Lè Mwen gaye Ejipsyen yo pami nasyon yo, e dispèse yo pami peyi yo, alò, yo va konnen ke Mwen se SENYÈ a.'"

31 Nan ᵘonzyèm ane, nan twazyèm mwa, nan premye nan mwa a, pawòl SENYÈ a te vin kote mwen. Li te di: ² "Fis a lòm, pale a Farawon, wa Égypte la, ak gwo foul lame li yo:
'Ak kilès ou sanble nan grandè ou?

ᵃ **29:21** I Sam 2:10 ᵇ **30:2** És 13:6 ᶜ **30:3** Éz 7:19 ᵈ **30:4** Éz 29:19 ᵉ **30:5** Jr 25:20-24 ᶠ **30:6** És 20:3-6
ᵍ **30:7** Jr 25:18-26 ʰ **30:8** Éz 22:31 ⁱ **30:9** És 18:1-2 ʲ **30:10** Éz 29:19 ᵏ **30:11** Éz 28:7 ˡ **30:12** És 19:4 ᵐ **30:13** És 2:18 ⁿ **30:14** Sòm 78:12-43 ᵒ **30:18** Jr 43:8 ᵖ **30:19** Sòm 9:16 ᵠ **30:20** Éz 26:1
ʳ **30:21** Sòm 10:5 ˢ **30:22** II Wa 24:7 ᵗ **30:25** Jos 8:18 ᵘ **31:1** Jr 52:5-6

³ Gade byen, Assyrie te yon pye ᵃsèd
    nan Liban.
Branch li yo te bèl nan lonbraj forè
    a e byen wo.
Tèt li te rive pami nwaj yo.
⁴ ᵇDlo te fè l grandi, pwofondè te fè li wo.
Ak rivyè li yo, li te tout tan ap vin elaji
    lizyè li toupatou.
Li te voye kanal li yo nan tout pyebwa chan yo.
⁵ Akoz sa, ᶜwotè li te piwo ke tout
    pyebwa chan yo,
e branch li yo te vin anpil e byen long
akoz anpil dlo ki te fè l gaye yo.
⁶ Tout ᵈzwazo syèl yo te fè nich nan
    branch li yo.
Anba branch sila yo, tout bèt chan yo
    te vin fè pitit.
Tout gran nasyon yo te vin rete anba lonbraj li.
⁷ Konsa, li te bèl nan grandè li, nan
    longè branch li yo;
paske rasin li te lonje rive kote anpil dlo.
⁸ Pye sèd nan jaden ᵉBondye yo pa
    t ka egal ak li.
Pye sipre yo pa t ka gen branch tankou l,
ni pa t gen lòt bwa ki konpare ak branch li yo.
Menm bwa pen an pa t gen branch kon li.
Pa t gen pyebwa nan jaden Bondye yo
ki ta ka parèy li nan bèlte.
⁹ Mwen te fè l bèl ak fòs kantite branch li yo,
e tout pyebwa ᶠÉden yo te jalou devan l.'
¹⁰ "Akoz sa, pale Senyè BONDYE a: 'Akoz li
byenwo nan wotè l, te mete tèt li rive pami nwaj
yo e ᵍkè l te awogan nan wotè li, ¹¹ pou sa, Mwen
va livre l nan men a ʰpi pwisan an a nasyon yo. Li
va regle sa nèt. Selon mechanste li, konsa Mwen te
chase li. ¹² ⁱEtranje yo, pi pwisan a nasyon yo, te
koupe li a tè e te kite li. Sou mòn yo e nan tout vale
yo, branch li yo te vin tonbe, e gwo branch li yo te vin
kase nan tout ravin peyi yo. Konsa, tout pèp sou latè
yo te desann kite lonbraj li e te menm kite li. ¹³ Nan
gwo dega li yo, tout ʲzwazo syèl yo va vin demere e
tout bèt chan yo va sou branch pa l ki tonbe, ¹⁴ pou
tout pyebwa akote dlo yo pa ka vin leve tèt yo wo
nan wotè yo. Pwisan pa yo p ap mete tèt yo pami
nwaj yo, menm sa yo akote sous dlo yo pa ka kanpe
dwat nan wotè yo. Paske yo tout te livre a lanmò,
pou rive ᵏanba tè pami fis a lòm yo, ak sila ki desann
nan twou fòs yo.'

¹⁵ "Konsa pale Senyè BONDYE a: 'Nan jou
ke li te desann nan sejou mò yo, Mwen te ˡkoze
lamantasyon. Mwen te fèmen pwofondè a sou
li epi te bouche rivyè li yo. Epi anpil dlo li yo
Mwen te vin bouche nèt. Mwen te fè Liban kriye
ak gwo doulè pou li e tout pyebwa nan chan yo te
vin fennen akoz li. ¹⁶ Mwen te fè tout nasyon yo

ᵐtranble nan son a chit li a, lè M t ap fè l desann
nan sejou mò yo ak sila ki desann nan twou fòs
yo. Tout pyebwa byen wouze Liban yo, pi byen
chwazi ak pi meyè a Liban yo, te vin rekonfòte
anba tè. ¹⁷ Yo menm tou ⁿte desann avè l nan
sejou mò yo akote sila ki te touye pa nepe yo. Epi
sila ki te fòs li yo, te rete anba lonbraj li pami
nasyon yo.
¹⁸ "'A kilès nan pyebwa Éden yo ou egal konsa
nan glwa ak grandè? Malgre sa, ou va vin desann ak
pyebwa Éden yo jis rive anba tè. Ou va vin kouche
nan mitan ensikonsi yo, avèk sila ki te touye pa nepe
yo.
º"'Se konsa Farawon va ye ak tout gwo foul lame
li yo!" deklare Senyè BONDYE a."

32 Nan ᵖdouzyèm ane, nan douzyèm mwa, nan
premye nan mwa a, "pawòl SENYÈ a te vin
kote mwen. Li te di: ² 'Fis a lòm, leve fè lamantasyon
sou Farawon, wa Égypte la. Di li:
"Ou te konpare tèt ou ak yon jenn
    ᵠlyon nasyon yo;
sependan, ou tankou yon gwo bèt
    sovaj lanmè a.
Ou pete vin parèt nan rivyè ou yo.
Ou te fè labou vin leve ak pye ou yo,
e te fè larivyè pa yo vin sal nèt."
³ Konsa pale Senyè BONDYE a:
"Koulye a, Mwen va ʳouvri filè Mwen sou ou
avèk konpanyen a anpil moun,
e nan filè Mwen an, yo va fè ou leve.
⁴ Mwen va kite ou sou latè.
Mwen va jete ou sou chan ouvri,
epi Mwen va fè tout ˢzwazo syèl yo
    poze sou ou.
Mwen va fè tout bèt sou latè yo vin
    satisfè sou ou.
⁵ Mwen va lage chè ᵗsou mòn yo,
e Mwen va plen vale yo ak kadav ou yo.
⁶ Anplis, Mwen va fè tè a bwè san ou.
L ap rive jis nan mòn yo.
ᵘKous dlo yo va vin plen ak ou.
⁷ Konsa, lè M ᵛetenn ou, Mwen va
    kouvri syèl yo
e fè zetwal yo fènwa.
Mwen va kouvri solèy la ak yon nwaj,
e lalin nan p ap bay limyè.
⁸ Tout ʷlimyè k ap briye nan syèl la,
Mwen va fè yo vin nwa sou ou, e
va mete fènwa sou peyi ou a,"
deklare Senyè BONDYE a.
⁹ "Anplis, Mwen va twouble kè a anpil nasyon,
lè Mwen ˣmennen destriksyon ou
    pami nasyon yo,
jis rive nan peyi ke ou pa t janm konnen.
¹⁰ Mwen va fè anpil pèp vin ʸetone sezi de ou,

ᵃ **31:3** És 10:33-34 ᵇ **31:4** Éz 17:5-8 ᶜ **31:5** Dan 4:11 ᵈ **31:6** Éz 17:23 ᵉ **31:8** Jen 2:8-9 ᶠ **31:9** Jen 2:8-9
ᵍ **31:10** II Kwo 32:25 ʰ **31:11** Éz 30:10-11 ⁱ **31:12** Éz 7:21 ʲ **31:13** Éz 18:6 ᵏ **31:14** Nonb 16:30-33
ˡ **31:15** Éz 32:7 ᵐ **31:16** Éz 26:15 ⁿ **31:17** Sòm 9:17 º **31:18** Sòm 52:7 ᵖ **32:1** Éz 30:20 ᵠ **32:2** Jr 4:7
ʳ **32:3** Éz 12:13 ˢ **32:4** És 18:6 ᵗ **32:5** Éz 31:12 ᵘ **32:6** Egz 7:17 ᵛ **32:7** Job 18:5-6 ʷ **32:8** Jen 1:14
ˣ **32:9** Egz 15:14-16 ʸ **32:10** Éz 27:35

e wa yo va tèlman gen gwo laperèz pou ou,
lè M fè nepe M parèt devan yo akoz ou menm.
Yo va tranble tout tan,
chak moun pou pwòp lavi li,
nan jou ke ou tonbe a."
¹¹ Paske konsa pale Senyè BONDYE a:
"Nepe a wa Babylone nan va vini sou ou.
¹² Pa nepe a pwisan yo,
Mwen va fè gwo foul lame ou yo tonbe.
Yo tout se ᵃchèf sovaj pami nasyon yo.
Yo va devaste ògèy Égypte la,
e tout gwo foul lame li yo va detwi.
¹³ Anplis, Mwen va detwi tout bèt
ki rete bò kote anpil dlo li yo.
Pye moun p ap gaye labou ankò,
ni zago a bèt p ap gaye labou ankò.
¹⁴ Konsa, Mwen va fè dlo yo vin kalm
e fè rivyè yo vin kouri kon lwil,"
deklare Senyè BONDYE a.
¹⁵ "Lè Mwen fè peyi Égypte vin yon
ᵇdezolasyon,
e peyi a vin pèdi tout sa ki te fè l plen yo,
lè M frape tout sila ki rete ladann yo,
alò, yo va konnen ke Mwen se SENYÈ a.
¹⁶ "'Sa se yon ᶜlamantasyon. Ak li menm, y ap fè dèy. Fi a nasyon yo va chante li. Sou Égypte ak sou tout gwo foul lame li yo, yo va chante li", deklare Senyè BONDYE a.'"

¹⁷ Nan ᵈdouzyèm ane, nan kenz nan mwa a, pawòl SENYÈ a te vin kote mwen. Li te di: ¹⁸ "Fis a lòm, rele anmwey pou gwo foul a Égypte yo. ᵉDesann yo mwen ak fi a nasyon pwisan yo, jis rive nan pwofondè li a, ansanm avèk sila ki desann nan twou fòs yo. ¹⁹ 'Se ki moun ou depase nan bèlte? Desann, fè kabann ou ak ᶠensikonsi yo.' ²⁰ Yo va tonbe nan mitan sila ki touye pa nepe yo. Fi a vin livre pou nepe a. Fè l ᵍrale soti ak tout gwo foul li yo. ²¹ Pi gran pami pwisan yo va pale ak li nan mitan sejou mò yo ansanm ak sila ki t ap ede li yo. 'Yo fin desann, yo kouche san fè mouvman, ensikonsi yo, touye pa nepe yo.'
²² ʰ"Assyrie, li la, ak tout konpanyen li yo. Tonbo li yo antoure li. Yo tout touye, tonbe pa nepe, ²³ ⁱtonbo a sila ki plase nan pati pi izole twou fòs la. Epi konpanyen li yo antoure tonbo li. Yo tout te touye, tonbe akoz nepe a; tout sila ki te fè gwo laperèz gaye nan peyi moun vivan yo.
²⁴ ʲ"Élam la ak tout gwo foul li yo ki antoure tonbo li a. Yo tout mouri, tonbe pa nepe, e te desann ensikonsi nan pati piba latè yo; sila ki te kreye gwo laperèz nan tout peyi moun vivan yo, e te pote wont yo, ansanm avèk sila ki te desann nan twou fòs yo. ²⁵ Yo fè ᵏkabann Elam nan pami sila ki touye ak tout gwo foul li yo. Tonbo yo antoure li. Yo tout se ensikonsi, touye pa nepe. Paske se gwo laperèz yo te kreye nan peyi moun vivan yo, e konsa,yo te pote wont yo avèk sila ki desann nan twou fòs yo. Yo rive nan mitan sila ki te touye yo.
²⁶ "Méschec ˡTubal, ak tout gwo foul yo la. Tonbo yo antoure yo. Yo tout se ensikonsi, touye pa nepe. Paske se gwo laperèz yo te kreye nan peyi moun vivan yo. ²⁷ ᵐNi yo pa p kouche akote chèf pwisan a ensikonsi yo, sila ki te desann nan sejou mò yo ak zam lagè yo, ak nepe yo byen plase anba tèt yo. Men inikite yo te rete menm sou zo yo; sepandan, se pi pwisan yo te teworize nan peyi moun vivan yo.
²⁸ "Men nan mitan ensikonsi a, ou va vin kraze, e kouche avèk sila ki te touye pa nepe yo.
²⁹ "La tou, gen ⁿÉdom, wa li ak tout prens li yo, ki malgre tout pwisans yo, vin kouche avèk sila ki te touye pa nepe yo. Yo va kouche avèk ensikonsi yo e avèk sila ki desann nan twou fòs yo.
³⁰ "La tou, gen chèf ᵒlanò yo, yo tout ak tout Sidonyen yo. Malgre tout gwo laperèz yo te kreye akoz pwisans yo, nan wont, yo te desann avèk sila ki te touye pa nepe yo. Konsa, yo te kouche ensikonsi avèk sila ki te touye pa nepe yo, e te pote gwo wont yo avèk lòt yo ki desann nan twou fòs yo.
³¹ "S a y o , F a r a w o n v a w è e l i v a t w o u v e ᵖkonsolasyon pou tout gwo foul li yo ki te touye pa nepe yo, menm Farawon ak tout lame li a," deklare Senyè BONDYE a. ³² Sepandan, Mwen te mete gwo laperèz li nan peyi moun vivan yo. Malgre sa, li va kouche ak ensikonsi yo, avèk sila ki te touye pa nepe yo, menm Farawon ak tout gwo lame li yo", deklare Senyè BONDYE a.

33

Konsa, pawòl SENYÈ a te rive kote mwen. Li te di: ² "Fis a lòm, pale a ᵠfis a pèp ou yo pou di yo: 'Si Mwen mennen nepe sou yon peyi, e pèp peyi a pran yon nonm soti pami yo pou fè li gadyen yo, ³ epi lè li wè nepe a ap vini sou peyi a, li ʳsoufle sou twonpèt pou avèti moun yo, ⁴ men sila ki tande son twonpèt la ˢpa okipe l, e nepe a rive pran l, mennen l ale, san li ap tonbe sou pwòp tèt li. ⁵ Li te tande son twonpèt la men li pa t okipe l. San li va soti tèt li. Men si li te okipe sa a, li t ap sove lavi li. ⁶ Men si gadyen an wè nepe a ap vini, e li pa sonnen twonpèt la, moun yo pa avèti, e nepe a rive retire nenpòt moun pami yo, moun nan ᵗsoti nan inikite li. Men san li, Mwen va egzije sa a nan men gadyen an.'
⁷ "Alò, pou ou menm, fis a lòm, Mwen te chwazi ou kon gadyen pou lakay Israël. Konsa, ou va tande yon mesaj soti nan bouch Mwen pou ᵘavèti yo pou Mwen. ⁸ Lè M di a mechan an: 'O nonm mechan ᵛanverite ou va mouri', men ou pa pale pou avèti e detounen mechan an pou l ka kite chemen mechan li an, nonm mechan sa a va mouri nan inikite li, men san li, Mwen va egzije sa nan men ou. ⁹ Men si ou, bò kote pa ou, ou avèti yon nonm mechan pou vire kite chemen li, e li ʷpa vire kite chemen li an, li va mouri nan inikite li, men ou delivre lavi ou.

ᵃ **32:12** Éz 28:7   ᵇ **32:15** Sòm 107:33-34   ᶜ **32:16** II Sam 1:17   ᵈ **32:17** Éz 31:1   ᵉ **32:18** Jr 1:10   ᶠ **32:19** Jr 9:25-26   ᵍ **32:20** Sòm 28:3   ʰ **32:22** Éz 27:23   ⁱ **32:23** És 14:15   ʲ **32:24** Jen 10:22   ᵏ **32:25** Sòm 139:8   ˡ **32:26** Jen 10:2   ᵐ **32:27** És 14:18-19   ⁿ **32:29** És 34:5-15   ᵒ **32:30** Jr 1:15   ᵖ **32:31** Éz 14:22   ᵠ **33:2** Éz 3:11   ʳ **33:3** Né 4:18-20   ˢ **33:4** II Kwo 25:16   ᵗ **33:6** Éz 18:20-24   ᵘ **33:7** Jr 1:17   ᵛ **33:8** És 3:11   ʷ **33:9** Trav 13:40-46

¹⁰ "Alò, pou ou, fis a lòm, pale ak lakay Israël: 'Pale konsa e di: "Anverite, transgresyon nou yo ak peche nou yo sou nou, e nou ap ᵃpouri ladan yo. Donk kòman nou ka viv?"' ¹¹ Pale ak yo: "'Jan Mwen viv la," deklare Senyè BONDYE a: ᵇ"Mwen pa pran plezi nan lanmò a mechan yo, men pito pou mechan an vire kite chemen li an pou li viv. Retounen, retounen kite chemen mechan nou yo! Poukisa konsa ou ta mouri, O lakay Israël?"

¹² "Epi ou menm, fis a lòm, di a sitwayen parèy ou yo: 'Ladwati a yon nonm dwat p ap ka delivre li nan jou transgresyon li. E mechanste a mechan an, li ᶜp ap tonbe akoz li, si li vire kite mechanste a. Ni yon nonm dwati p ap ka viv sou ladwati li nan jou ke li vin fè peche a.' ¹³ Lè Mwen di a nonm dwat la ke, anverite, li va viv la, e li tèlman kwè nan ladwati li pou li komèt inikite, okenn nan zèv dwat li yo p ap vin sonje; men nan menm inikite sa ke li te fè a, li va mouri. ¹⁴ Men lè Mwen di a mechan an: "Anverite, ou va mouri," e li ᵈvire kite peche li, pou vin pratike la jistis ak ladwati, ¹⁵ si yon nonm mechan vin remèt sa li te pwomèt pou bay, ᵉremèt sa li te pran nan vòlè, mache nan règleman ki bay lavi san ke li pa komèt inikite, li va anverite viv. Li p ap mouri. ¹⁶ ᶠOkenn nan peche ke li te komèt yo p ap vin sonje kont li. Li pratike la jistis ak ladwati. Anverite, li va viv.

¹⁷ "'Malgre sa, sitwayen parèy ou yo di: "Chemen Senyè a pa dwat," men se pwòp chemen pa yo ki pa dwat la. ¹⁸ Lè moun ladwati a kite ladwati pou ᵍkomèt inikite, alò, li va mouri ladann. ¹⁹ Men lè mechan an vire kite mechanste li an pou vin pratike la jistis ak ladwati, li va viv ladan yo. ²⁰ Men nou di: ʰ"Chemen SENYÈ a pa jis". O lakay Israël, Mwen va jije nou chak selon chemen nou."'

²¹ Alò, nan douzyèm ane egzil nou an, nan senkyèm jou nan dizyèm mwa a, yon moun ki te chape Jérusalem te vin kote mwen. Li te di: ⁱ"Yo fin pran vil la." ²² Alò, ʲmen SENYÈ a te sou mwen pandan nwit lan avan moun chape a te vin parèt la. Epi konsa, Li te louvri bouch mwen avan lè li te vin kote mwen maten an. Donk, bouch mwen te louvri e mwen pa t ankò bèbè.

²³ Epi pawòl SENYÈ a te vin kote mwen. Li te di: ²⁴ "Fis a lòm, sila kiᵏrete kote dezole sa yo nan peyi Israël ap di: 'Abraham se te yon sèl, malgre sa, li te posede tè a. Men nou menm anpil. Peyi a te donnen a nou.' ²⁵ Pou sa, pale yo: 'Konsa pale Senyè BONDYE a: "Nou manje vyann ak ˡsan ladann; nou leve zye nou vè zidòl yo pandan n ap vèse san. Èske konsa, nou ta dwe vin posede peyi a? ²⁶ Nou ᵐmete konfyans nou nan nepe nou, nou komèt zak abominab, e nou tout souye madanm a vwazen nou. Èske konsa, nou ta dwe posede peyi a?"'

²⁷ "Konsa ou va pale ak yo: 'Konsa pale Senyè BONDYE a: "Jan Mwen viv la, anverite, sila ki nan savann yo va ⁿtonbe pa nepe. Nenpòt moun ki nan chan ouvri a, Mwen va bay li a bèt sovaj pou devore li, e sila ki nan sitadèl ak nan kav yo, yo va mouri akoz ensèk ak gwo maladi. ²⁸ Mwen va ᵒfè tè a vin dezole jis pou l etonnen moun. Ògèy a pouvwa li a va sispann. Mòn Israël yo va vin dezole jiskaske pèsòn p ap travèse yo. ²⁹ Konsa yo va konnen ke Mwen se SENYÈ a, lè M fè peyi a vin yon dezolasyon ak yon dezè akoz tout zak abominab ke yo te komèt yo."'

³⁰ "Men pou ou menm, fis a lòm, sitwayen parèy ou yo ap pale de ou. Akote miray yo ak nan pòtay kay yo, y ap pale youn a lòt, yo chak a frè yo pou di: ᵖ'Vini koulye a pou tande mesaj sila ki sòti nan SENYÈ a.' ³¹ Yo vin kote ou jan moun konn vini. Yo chita devan ou tankou pèp Mwen an pou yo tande pawòl ou. Men yo pa fè yo. Paske nan ᵠbouch, yo renmen, men kè yo ap kouri dèyè pwòp benifis pa yo. ³² Gade byen, ou vin pou yo tankou yon chan sansyèl ki chante pa yon moun ak yon ʳbèl vwa, byen jwe sou enstriman. Paske yo tande pawòl ou yo, men yo pa pratike yo.

³³ "Pou sa, lè a rive—gade byen, li va rive—alò, yo va konnen ke ˢyon pwofèt te la nan mitan yo."

34

Pawòl SENYÈ a te vin kote mwen. Li te di: ² "Fis a lòm, pwofetize kont ᵗbèje Israël yo. Pwofetize e di a bèje sila yo: 'Konsa pale Senyè BONDYE a: "Malè, bèje Israël yo k ap nouri pwòp tèt yo! Èske bèje yo pa dwe bay manje a bann mouton an? ³ Nou ᵘmanje grès e fè abiman ak len an. Nou kòche mouton gra a, san bay manje a bann mouton an. ⁴ Sila ki manke lasante yo, nou pa t ranfòse yo. Sa ki malad yo, nou pa t geri yo. Sa ki brize yo nou pa t panse yo. Sa ki gaye yo, nou pa t mennen yo retounen, ni nou pa t chache sa ki pèdi yo. Men ak opresyon e ak severite, nou te domine sou yo. ⁵ Yo te gaye akoz yo te manke yon bèje. Yo te devni ᵛmanje pou tout bèt sovaj nan chan a, e yo te vin gaye nèt. ⁶ Bann mouton Mwen an te ʷmache egare nan tout mòn yo, ak sou tout wo kolin yo. Bann mouton Mwen an te gaye sou tout sifas tè a, e pa t gen moun pou ale jwenn yo, ni chache yo.

⁷ "'Pou sa, nou menm ki bèje yo, tande pawòl SENYÈ a: ⁸ "Jan Mwen viv la," deklare Senyè BONDYE a: "anverite, akoz bann mouton Mwen an te vin ˣviktim, bann mouton Mwen an te menm vin manje pa tout bèt chan yo, akoz yo te manke yon bèje. Bèje Mwen yo pa t chache bann mouton Mwen an, men bèje Mwen yo te nouri pwòp tèt pa yo. Konsa, yo pa t bay manje a bann mouton Mwen an. ⁹ Akoz sa, nou menm ki bèje yo, tande pawòl SENYÈ a:" ¹⁰ Konsa pale Senyè BONDYE a: "Gade byen, Mwen kont bèje yo, Mwen va egzije mouton Mwen yo nan men yo, e fè yo ʸsispann bay manje a mouton yo. Konsa bèje yo

---

ᵃ **33:10** Lev 26:39 ᵇ **33:11** Éz 18:23-32 ᶜ **33:12** II Kwo 7:14 ᵈ **33:14** És 55:7 ᵉ **33:15** Egz 22:1-4 ᶠ **33:16** És 1:18 ᵍ **33:18** Éz 3:20 ʰ **33:20** Éz 18:25 ⁱ **33:21** II Wa 25:10 ʲ **33:22** Éz 1:3 ᵏ **33:24** Jr 39:10 ˡ **33:25** Lev 17:10-14 ᵐ **33:26** Mi 2:1-2 ⁿ **33:27** Jr 15:2-3 ᵒ **33:28** Éz 5:14 ᵖ **33:30** Sòm 29:13 ᵠ **33:31** Sòm 78:36-37 ʳ **33:32** Mc 6:20 ˢ **33:33** Jr 28:9 ᵗ **34:2** Jr 2:8 ᵘ **34:3** Za 11:16 ᵛ **34:5** Éz 34:8-28 ʷ **34:6** Jr 40:11-12 ˣ **34:8** Trav 20:29 ʸ **34:10** I Sam 2:29-30

p ap bay pwòp tèt yo manje ankò, men Mwen va delivre bann mouton Mwen an soti nan bouch yo, pou yo ka pa sèvi kon manje pou yo ankò."
[11] "'Paske konsa pale Senyè BONDYE a: "Gade byen, Mwen va [a]chache mouton Mwen yo pou kont Mwen, e Mwen va chache jwenn yo. [12] Kon yon bèje konn pran swen bann mouton li nan jou ke li pami mouton ki gaye yo, konsa Mwen va [b]pran swen mouton Mwen yo. Epi Mwen va delivre yo soti de tout peyi ke yo te gaye yo nan jou gwo nwaj ki te plen tristès la. [13] Mwen va mennen yo sòti pami pèp yo, rasanble yo soti nan peyi yo, e mennen yo nan pwòp peyi yo. Konsa, Mwen va bay yo manje sou mòn Israël yo, akote [c]sous dlo yo ak tout kote ki abite nan peyi a. [14] Mwen va bay yo manje nan yon [d]bon patiraj e pak kote yo manje a, va sou wotè mòn Israël yo. Nan yon bon pak yo va kouche. Yo va manje sou patiraj rich nan mòn Israël yo. [15] Mwen va bay manje a bann mouton pa M e Mwen va mennen yo nan repo", deklare Senyè BONDYE a. [16] "Mwen va chache sila ki pèdi yo, mennen fè retounen sila ki gaye yo, panse sila ki blese yo, e ranfòse sa ki te malad. Men sila ki [e]gra ak gwo fòs yo, Mwen va detwi yo. Mwen va bay yo manje nan jistis."'

[17] "Epi pou nou menm, bann Mwen an, konsa pale Senyè BONDYE a: 'Gade byen, Mwen va [f]jije antre yon mouton ak yon lòt, antre belye ak mal kabrit. [18] Èske se yon bagay ki [g]twò piti pou nou, pou nou ta manje nan bon patiraj, pou nou oblije foule anba pye nou rès patiraj nou yo? Oswa pou ou ta bwè nan dlo ki pwòp yo, pou ou oblije foule tout lòt yo ak pye nou? [19] Pou bann mouton Mwen yo, oblije manje sa ke ou foule ak pye, e bwè sa ke ou fè vin sal ak pye ou!'

[20] "Akoz sa, konsa pale Senyè BONDYE a a yo menm: 'Gade byen, Mwen menm, Mwen va fè jijman antre mouton gra ak mouton mèg yo. [21] Akoz nou pouse ak bò kote e ak zepòl la, e [h]lanse kòn sou tout sila ki fèb yo, jiskaske nou fin gaye yo a letranje, [22] pou sa, Mwen va [i]delivre bann mouton Mwen an e yo p ap viktim ankò. Epi Mwen va jije antre yon mouton ak yon lòt. [23] Konsa, Mwen va [j]plase sou yo yon sèl bèje, sèvitè Mwen an, David e li va bay yo manje. Li va bay yo manje li menm e li va vin bèje yo. [24] Epi Mwen menm, SENYÈ a, va vin Bondye yo, e sèvitè Mwen an, [k]David, va prens pami yo. Mwen menm, SENYÈ a, fin pale.

[25] "'Mwen va fè yon akò lapè ak yo e [l]retire bèt sovaj sou peyi a pou yo ka viv ansekirite nan dezè a, e dòmi byen nan forè a. [26] Mwen va fè yo menm ak tout kote ki antoure kolin Mwen yo vin yon [m]benediksyon. Epi Mwen va fè bèl lapli tonbe, e lapli sa a va yon lapli ki pote benediksyon. [27] Anplis, pyebwa nan chan yo va donnen fwi yo. Latè a va donnen pwodwi li, e yo va [n]ansekirite nan peyi yo. Konsa, yo va konnen ke Mwen se SENYÈ a, lè M fin kase fè jouk yo a, e delivre yo soti nan men a sila ki te fè yo esklav yo. [28] Yo p ap viktim a nasyon yo ankò, e bèt latè yo p ap devore yo ankò. Men yo va [o]viv ansekirite e pèsòn p ap fè yo pè. [29] Mwen va etabli pou yo yon [p]plantasyon ki plen rekonesans. Yo p ap viktim a gwo grangou ankò, ni yo p ap sipòte ensilt a nasyon yo ankò. [30] Nan lè sa a, yo va konnen ke [q]Mwen menm, SENYÈ a, Bondye pa yo avèk yo e ke yo menm, lakay Israël la, se pèp Mwen, deklare Senyè BONDYE a. [31] Pou nou menm, [r]mouton Mwen yo, mouton a patiraj pa Mwen yo, nou se lòm e Mwen se Bondye nou,' deklare Senyè BONDYE a."

35

Anplis, pawòl SENYÈ a te vin kote Mwen. Li te di: [2] "Fis a lòm, mete figi ou kont [s]Mòn Séir e pwofetize kont li. [3] Di li:

'Konsa pale Senyè BONDYE a:
"Gade byen, Mwen kont ou, Mòn Séir,
Mwen va lonje men M kont ou
pou fè ou vin yon [t]dezolasyon ak yon dezè.
[4] Mwen va fè [u]devaste vil ou yo
e ou va vin Yon dezolasyon.
Konsa, ou va konnen ke Mwen se SENYÈ a.

[5] "'"Paske ou te gen [v]rayisman san rete, e ou te livre fis Israël yo anba pouvwa nepe a nan lè malè yo, nan lè gwo pinisyon lafen an. [6] Akoz sa, jan Mwen viv la", deklare Senyè BONDYE a: "Mwen va livre ou a [w]san vèse, san vèse va swiv ou. Akoz ou pa t rayi san vèse, pou sa, san vèse va swiv ou. [7] Mwen va fè Mòn Séir vin yon dezè ak yon kote dezole. Mwen va dekoupe retire nèt sou li sila k ap pase antre retou ladann li. [8] Mwen va [x]plen mòn li yo ak kadav li yo. Sou kolin ou yo, nan vale ou yo ak nan tout ravin ou yo, sila ki mouri pa nepe yo va tonbe. [9] Mwen va fè ou vin yon [y]dezolasyon jis pou tout tan e vil ou yo p ap gen moun menm. Konsa ou va konnen ke Mwen se SENYÈ a.

[10] "'"Akoz ou te [z]di: ' De(2) Nasyon sila yo ak de(2) peyi sa yo va pou mwen e nou va posede yo,' sepandan, SENYÈ a te la, [11] Jan Mwen viv la", deklare Senyè Bondye a: "Mwen va regle ou [a]selon kòlè ou ak selon jalouzi ke ou te montre, akoz rayisman ou kont yo. Konsa, Mwen va fè Mwen menm vin rekonèt pami yo lè M jije ou. [12] Nan lè sa a, ou va konnen ke Mwen menm, SENYÈ a, te tande tout vye mo ou yo; sa ke ou te pale kont mòn Israël yo lè ou te di: 'Yo fin dezole nèt. Yo fin [b]livre nan men nou pou manje nèt.' [13] Konsa, ou te [c]pale ak awogans kont Mwen e ou te miltipliye pawòl ou yo kont Mwen. Mwen te tande sa." [14] Konsa pale Senyè BONDYE a:

---

[a] 34:11 Éz 11:17 [b] 34:12 És 40:11 [c] 34:13 És 30:25 [d] 34:14 Sòm 23:2 [e] 34:16 És 10:16 [f] 34:17 Éz 20:38 [g] 34:18 Nonb 16:9-13 [h] 34:21 Det 33:17 [i] 34:22 Sòm 72:12-14 [j] 34:23 Rev 7:17 [k] 34:24 És 55:3 [l] 34:25 Job 5:22-23 [m] 34:26 Jen 12:2 [n] 34:27 Éz 38:8-11 [o] 34:28 Jr 30:10 [p] 34:29 És 4:2 [q] 34:30 Sòm 46:7-11 [r] 34:31 Sòm 78:52 [s] 35:2 Jen 36:8 [t] 35:3 Jr 49:13-18 [u] 35:4 Éz 6:6 [v] 35:5 Sòm 137:7 [w] 35:6 És 63:2-6 [x] 35:8 És 34:5-6 [y] 35:9 Jr 49:13 [z] 35:10 Sòm 83:4-7 [a] 35:11 Sòm 137:7 [b] 35:12 Jr 50:7 [c] 35:13 És 10:13-14

[a]"Pandan tout tè a ap rejwi, Mwen va fè ou vin yon dezolasyon. 15 Jan ou te rejwi sou eritaj lakay Israël akoz li te dezole a, se [b]konsa Mwen va fè ou menm. Ou va vin yon dezolasyon, O Mòn Séir! Ak tout Édom, yo tout ladann. Nan lè sa a, yo va konnen ke Mwen se SENYÈ a.'"

36 Epi ou menm, fis a lòm, pwofetize a mòn Israël yo e di: "O mòn Israël yo, tande pawòl SENYÈ a. 2 Konsa pale Senyè BONDYE a: 'Akoz lènmi an te pale kont nou, "Ah, ah!", ak [c]"Wo plas yo vin devni posesyon nou,"' 3 akoz sa, pwofetize e di: 'Konsa pale Senyè Bondye a: "Se ak bon rezon yo te fè nou [d]dezole, e te kraze nou tout kote a, pou nou te vin yon posesyon a rès nasyon yo, epi nou te vin retire nan pawòl ak ti soufle nan zòrèy a pèp la." 4 Akoz sa, O, mòn Israël yo, tande pawòl a Senyè BONDYE a. Konsa pale Senyè BONDYE a mòn yo ak kolin yo, a ravin yo ak vale yo, a vil dezole ki te vin [e]viktim ak yon rizib pou rès nasyon ki antoure l yo, 5 Akoz sa, pale Senyè BONDYE a: "Anverite nan dife a jalouzi Mwen, Mwen te pale kont tout [f]rès nasyon yo e kont tout Édom, ki te konfiske peyi Mwen an pou yo menm tankou yon posesyon ak yon kè ki plen ak jwa e yon nanm ki plen ak mepriz, pou yo ta ka sezi chan li yo kon piyaj."' 6 Akoz sa, pwofetize konsènan peyi Israël la, e di a mòn e a kolin yo, a ravin yo e a vale yo: 'konsa pale Senyè Bondye a: "Gade byen, Mwen te pale nan jalouzi Mwen ak nan chalè kòlè Mwen, akoz nou te [g]andire ensilt a nasyon yo."' 7 Akoz sa, pale Senyè Bondye a: "Mwen te sèmante, 'Anverite, nasyon ki antoure nou va yo menm andire wont pa yo.'

8 "'"Men nou menm, O mòn Israël yo, nou va [h]lonje fè branch nou yo vin parèt pou pote fwi pou pèp Mwen an, Israël; paske avan anpil tan, y ap vini. 9 Paske gade byen, Mwen pou nou, Mwen va [i]vire kote nou, e nou va vin kiltive e plante. 10 Mwen va fè moun miltipliye sou nou, [j]tout lakay Israël la, tout moun ladann. Konsa, vil yo va abite e dezè yo va vin rebati. 11 Mwen va miltipliye sou nou, ni moun, ni bèt. Yo va vin ogmante e yo va bay fwi, epi Mwen va fè nou peple teren an jan nou te ye avan an, e Mwen va trete nou [k]pi byen ke avan. Konsa, nou va konnen ke Mwen se SENYÈ a. 12 Wi, Mwen va fè [l]mesye yo—pèp Mwen an, Israël— mache sou ou e posede ou, pou ou kapab vin eritaj pa yo pou yo pa janm retire pitit yo nan men yo ankò."

13 "'Konsa pale Senyè BONDYE a: "Akoz lòt nasyon yo di nou: 'Ou se yon [m]pèp ki manje moun e ou te fè peye ou pèdi pitit li yo,' 14 Akoz sa, ou p ap manje moun ankò e ou p ap responsab pèt pitit peye ou yo," deklare Senyè BONDYE a. 15 "Mwen p ap kite nou koute ensilt a nasyon yo ankò, ni nou p ap pote mepriz a nasyon yo ankò, ni ou p ap fè nasyon pa w [n]vin chite ankò", deklare Senyè BONDYE a.'"

16 Epi pawòl SENYÈ a te rive kote mwen e te di: 17 "Fis a lòm, lè lakay Israël t ap viv nan pwòp peyi yo, yo te [o]souye li ak chemen pa yo ak zak yo. Chemen yo devan M pa t pwòp tankou yon fanm nan lè règ li. 18 Akoz sa, Mwen te [p]vide chalè kòlè Mwen sou yo pou san ke yo te vèse sou peyi a, akoz yo te souye li ak zidòl yo. 19 Anplis, Mwen te [q]gaye yo pami nasyon yo, e yo te vin dispèse toupatou nan peyi yo. Selon chemen yo ak zak yo, Mwen te jije yo. 20 Lè yo te rive nan nasyon kote yo te ale yo, yo te [r]pwofane non Mwen. Paske yo te di a yo menm: 'Sila yo se pèp SENYÈ a; malgre, yo te vin sòti kite peyi Li a.' 21 Men Mwen te vle konsève onè a [s]non sen Mwen an, ke lakay Israël te pwofane pami nasyon kote yo te ale yo.

22 "Akoz sa, pale ak lakay Israël 'Konsa pale Senyè BONDYE a: [t]"Se pa pou koz nou, O lakay Israël, ke Mwen prèt pou a ji a, men pou non sen Mwen an, ke ou te pwofane pami nasyon kote nou te ale yo. 23 Mwen va [u]fè valè sentete a gwo non Mwen an ki te pwofane pami nasyon yo, ke nou te pwofane nan mitan yo. Nan lè sa a nasyon yo va konnen ke Mwen se SENYÈ a," deklare Senyè BONDYE a: "lè M fè prèv sentete Mwen pami nou devan zye yo. 24 Paske Mwen va [v]retire nou soti nan nasyon yo, rasanble nou soti nan tout peyi yo pou mennen nou antre nan pwòp peyi pa nou an. 25 Epi Mwen va flite yon dlo pwòp sou nou e nou va vin pwòp. Mwen va netwaye nou de [w]tout sa ki malpwòp nan nou, e de tout zidòl nou yo. 26 Anplis, Mwen va bay nou yon kè tounèf e Mwen va mete yon lespri tounèf anndan nou. Epi Mwen va retire [x]kè wòch la soti nan chè nou pou bay nou yon kè ki fèt ak chè. 27 Mwen va [y]mete Lespri M anndan nou, fè nou mache nan règleman Mwen yo e nou va fè atansyon pou swiv tout lwa Mwen yo. 28 Nou va rete nan peyi ke M te bay a papa zansèt nou yo. Konsa, nou va [z]pèp Mwen yo e Mwen va Bondye pa nou. 29 Anplis, Mwen va sove nou de tout sa ki pa pwòp nan nou. Epi Mwen va rele pou sereyal miltipliye li e mwen [a]p ap mennen gwo grangou rive sou nou. 30 Mwen va [b]miltipliye fwi sou pyebwa ak pwodwi chan an, pou nou pa resevwa mepriz a gwo grangou pami nasyon yo ankò."

31 "'"Nan lè sa a, nou va [c]sonje chemen mechan nou yo, zak nou ki pa t bon yo, e nou va rayi tèt nou nan pwòp zye nou, akoz inikite ak abominasyon nou yo. 32 Se pa [d]pou koz nou ke m ap fè sa," deklare Senyè BONDYE a: "Ke nou byen konprann sa a. Rete wont e twouble akoz chemen nou yo, O lakay Israël!"

33 "'Konsa pale Senyè BONDYE a: "Nan jou ke M netwaye nou soti nan tout inikite nou yo, [e]Mwen

---

[a] 35:14 És 44:23 [b] 35:15 Ab 15 [c] 36:2 Det 32:13 [d] 36:3 Jr 2:15 [e] 36:4 Éz 34:8-28 [f] 36:5 Jr 25:9
[g] 36:6 Sòm 74:10 [h] 36:8 És 4:2 [i] 36:9 Lev 26:9 [j] 36:10 És 27:6 [k] 36:11 Job 42:12 [l] 36:12 Éz 34:13-14 [m] 36:13 Nonb 13:22 [n] 36:15 És 63:13 [o] 36:17 Jr 2:7 [p] 36:18 II Kwo 34:21-25 [q] 36:19 Det 28:64
[r] 36:20 És 52:5 [s] 36:21 Sòm 74:18 [t] 36:22 Det 7:7-8 [u] 36:23 És 5:16 [v] 36:24 És 43:5-6 [w] 36:25 És 4:4
[x] 36:26 Éz 11:19 [y] 36:27 És 44:3 [z] 36:28 Éz 14:11 [a] 36:29 Éz 34:27-29 [b] 36:30 Lev 26:4 [c] 36:31 Éz 16:61-63 [d] 36:32 Det 9:5 [e] 36:33 Éz 36:10

va fè vil la vin peple ak moun e kote dezole yo vin rebati. ³⁴ Tèren dezole a va kiltive olye de vin yon dezolasyon devan zye a tout moun ki pase yo. ³⁵ Yo va di: 'Tè dezole sa a te vin tankou ᵃjaden Éden. Epi dezè a, vil ranblè yo vin ranfòse e vin gen moun.' ³⁶ Nan lè sa a, nasyon ki rete antoure nou yo va konnen ke Mwen menm, SENYÈ a, te rebati pil mazi yo, e te plante sa ki te vin dezè a. Mwen menm, SENYÈ a, fin pale e Mwen ᵇva fè sa."

³⁷ "'Konsa pale Senyè BONDYE a: "Konsa anplis, men sa lakay Israël va mande M fè pou yo: Mwen va fè pèp pa yo a vin anpil tankou bann mouton. ³⁸ Tankou bann mouton ki pou fè sakrifis, tankou bann mouton Jérusalem nan lè fèt li yo, konsa vil dezole yo va vin plen ak yon ᶜbann moun. Konsa, yo va konnen ke Mwen se SENYÈ a."'"

37 Men SENYÈ a te sou mwen, Li te ᵈmennen mwen sòti pa Lespri SENYÈ a, e te depoze m nan mitan vale a. Konsa, vale a te plen ak zo. ² Li te fè m pase toutotou nan yo, e gade byen, te gen anpil sou sifas vale a. Epi gade byen, yo te byen sèch. ³ Li te di mwen: "Fis a lòm, ᵉèske zo sila yo kapab viv?"

Konsa, mwen te reponn: "O Senyè BONDYE! Ou menm ki konnen."

⁴ Ankò li te di mwen: ᶠ"Pwofetize sou zo sila yo pou di yo: 'O zo sèch yo, tande pawòl SENYÈ a. ⁵ Konsa pale Senyè BONDYE a a zo sila yo: "Gade byen, Mwen va fè ᵍsouf lavi antre nan nou pou nou kapab vin vivan. ⁶ Mwen va mete venn sou nou, kite chè vin grandi sou nou ankò, e mete souf nan nou pou nou ka vin vivan. Epi nou va ʰkonnen ke Mwen se SENYÈ a."'" ⁷ Konsa, mwen te pwofetize ⁱjan mwen te kòmande a. Epi pandan mwen t ap pwofetize a, te gen yon bri e, gade byen, yon son tankou yon bagay k ap souke. Konsa, zo yo te vin rive ansanm, zo ak zo parèy yo. ⁸ Mwen te gade e vwala, venn te vin sou yo, chè te vin grandi, e po yo te vin kouvri. Men pa t gen souf nan yo.

⁹ Epi li te di mwen: "Pwofetize a souf lavi a! Pwofetize, fis a lòm, e di a souf lavi a: 'Konsa pale Senyè BONDYE a: 'Vin sòti nan kat van yo, O souf lavi, e ʲsoufle sou sila ke yo te touye yo, pou yo ka vin vivan.'"

¹⁰ Konsa, mwen te pwofetize jan Li te kòmande mwen an. ᵏSouf lavi a te antre nan yo. Yo te vin vivan e te kanpe sou pye yo, yon lame gran depase.

¹¹ Konsa li te di mwen: "Fis a lòm, zo sila yo se ˡtout lakay Israël. Gade byen, yo di: 'Zo nou yo vin sèch e espwa nou fin peri. Nou fin koupe retire nèt.' ¹² Pou sa, pwofetize e di yo: 'Konsa pale Senyè BONDYE a: "Gade byen, Mwen va ouvri tonm nou yo pou ᵐfè nou monte sòti nan tonm nou yo, pèp Mwen an; epi Mwen va mennen nou antre nan peyi Israël. ¹³ Nan lè sa a, nou va konnen ke Mwen se SENYÈ a, lè M fin ouvri tonm nou yo e fè nou monte sòti nan tonm nou yo, pèp Mwen an. ¹⁴ Mwen va ⁿmete Lespri M anndan nou, nou va vin vivan e Mwen va mete nou sou pwòp teren pa nou. Nan lè sa a, nou va konnen ke Mwen, SENYÈ a, te fin pale, e te fè sa," deklare SENYÈ a.'"

¹⁵ Pawòl SENYÈ a te vin kote mwen ankò. Li te di: ¹⁶ "Ou menm, fis a lòm, pran pou kont ou yon mòso bwa e ekri sou li: 'Pou ᵒJuda e pou fis a Israël parèy li yo'. Epi pran yon lòt mòso bwa e ekri sou li: 'Pou Joseph, bwa Éphraïm nan, ak tout lakay Israël parèy li yo.' ¹⁷ Konsa, pou kont ou, fè yo ᵖvin jwenn youn ak lòt pou vin fè yon sèl bwa, pou yo ka vin youn nan men ou."

¹⁸ "Lè fis a pèp ou yo mande ou e di: 'Èske ou p ap deklare a nou menm ᑫsa ou vle di ak sa yo?' ¹⁹ Di yo: 'Konsa pale Senyè BONDYE a: "Gade byen, Mwen va pran bwa Joseph la, ki nan men Éphraïm nan, ak tribi Israël parèy li yo, epi Mwen va mete yo avèk li, avèk bwa a Juda. Konsa, yo va fè yon sèl bwa. Yo va vin youn nan men M. ²⁰ Bwa sou sila ou ekri yo, va nan men ou devan zye yo."' ²¹ Pale ak yo: 'Konsa pale Senyè BONDYE a: "Gade byen, Mwen va ʳpran fis Israël yo soti nan nasyon kote yo te ale yo. Epi Mwen va rasanble yo soti tout kote pou mennen yo antre nan pwòp peyi pa yo. ²² Konsa, Mwen va fè yo vin ˢyon nasyon nan peyi a, sou mòn Israël yo, epi yon wa va wa pou yo tout. Konsa, yo p ap fè de nasyon ankò e yo p ap divize an de wayòm ankò. ²³ Yo p ap souye tèt yo ak zidòl yo ankò, ni ak bagay abominab yo, ni ak okenn nan transgresyon yo. Konsa, ᵗMwen va delivre yo de tout abitasyon kote yo te fè peche yo e Mwen va netwaye yo. Yo va pèp Mwen e Mwen va Bondye yo."

²⁴ "'"Sèvitè Mwen an, ᵘDavid va wa sou yo e yo tout va gen yon sèl bèje. Yo va mache nan règleman Mwen yo, e yo va kenbe lalwa M yo, e yo va swiv yo. ²⁵ Yo va viv sou tè ke M te bay a Jacob la, sèvitè Mwen an, nan sila papa zansèt nou yo te rete a. Yo va viv sou li, yo menm, fis ak fis a fis yo, jis pou tout tan, epi ᵛDavid, sèvitè Mwen an, va prens yo jis pou tout tan. ²⁶ Mwen va fè yon akò lapè avèk yo. Li va yon ʷakò k ap dire pou tout tan avèk yo. Mwen va etabli yo, fè yo vin miltipliye e Mwen va mete sanktyè Mwen nan mitan yo jis pou tout tan. ²⁷ Anplis, ˣabitasyon Mwen an va avèk yo, epi Mwen va Bondye yo, e yo va pèp Mwen. ²⁸ Konsa, nasyon yo va konnen ke ʸMwen se SENYÈ ki sanktifye Israël la lè sanktyè Mwen an nan mitan yo jis pou tout tan."'"

38 Epi pawòl Bondye te vin kote mwen. Li te di: ² "Fis a lòm, mete figi ou vè ᶻGog nan peyi Magog, prens a Rosch la, Méschec, ak Tubal e pwofetize kont li. ³ Di l: 'Konsa pale Senyè BONDYE a: "Gade byen, Mwen kont ou, O Gog,

---

ᵃ **36:35** És 51:3   ᵇ **36:36** Éz 17:24   ᶜ **36:38** Sòm 74:1   ᵈ **37:1** Éz 8:3   ᵉ **37:3** Éz 26:19   ᶠ **37:4** Éz 37:9-12
ᵍ **37:5** Jen 2:7   ʰ **37:6** És 49:23   ⁱ **37:7** Jr 13:5-7   ʲ **37:9** Sòm 104:30   ᵏ **37:10** Rev 11:11   ˡ **37:11** Jr 33:24
ᵐ **37:12** Det 32:39   ⁿ **37:14** És 32:15   ᵒ **37:16** II Kwo 10:17   ᵖ **37:17** És 11:13   ᑫ **37:18** Éz 12:9   ʳ **37:21** És 43:5-6   ˢ **37:22** Jr 3:18   ᵗ **37:23** Éz 36:28-29   ᵘ **37:24** Jr 30:9   ᵛ **37:25** És 11:1   ʷ **37:26** Sòm 89:3-4
ˣ **37:27** Jn 1:14   ʸ **37:28** Egz 31:13   ᶻ **38:2** Éz 38:3-18

prens a Rosch la, Méschec ak Tubal. ⁴ Mwen va fè ou detounen. Mwen va mete yon kwòk nan machwè ou, e Mwen va ᵃrale ou deyò ak tout lame ou a; cheval ak chevalye yo, yo tout byen abiye, yon gran twoup moun, boukliye ak pwotèj, tout k ap manyen nepe; ⁵ ᵇPerse Ethiopie e Put avèk yo, yo tout ak boukliye ak kas; ⁶ Gomer ak tout twoup li yo; ᶜBeth-Togarma soti kote ki pi lwen nan nò a avèk tout twoup li yo—anpil moun avèk ou."

⁷ ᵈ"'Prepare ou e rete prepare, ou menm ak tout twoup ki rasanble antoure ou yo. Veye byen sou yo. ⁸ Apre anpil jou, ou va vizite. Nan dènye ane yo, ou va vin antre nan teren ki vin restore soti anba nepe a. Moun ki ᵉrasanble va soti anpil nasyon pou rive sou mòn Israël yo. Yon kote ki te devni san vale, va soti nan men nasyon yo, e la, y ap viv ansekirite, yo tout. ⁹ Ou va monte. Ou va vini ᶠtankou yon tanpèt. Ou va tankou yon nwaj k ap kouvri peyi a, ou menm ak tout twoup ou yo, ansanm ak anpil lòt nasyon yo.'

¹⁰ "Konsa pale Senyè BONDYE a: ᵍ"Li va rive nan jou sa a, ke kèk panse va vin antre nan lespri ou e ou va anvizaje yon move plan. ¹¹ Konsa ou va di: 'Mwen va monte kont peyi a ak ʰvil san miray yo. Mwen va ale kont sila ki an repo yo, ki viv ansekirite yo, yo tout k ap viv san miray yo, san fè fòje ni pòtay yo, ¹² pou ⁱkaptire e sezi piyaj la, pou vire men ou kont kote dezè ki, koulye a, gen moun yo, e kont pèp ki vin rasanble soti nan nasyon yo, ki te vin genyen byen ak bèt, ki viv nan mitan mond lan.' ¹³ Séba, Dedan, komèsan ʲTarsis yo ak tout ti vil li yo va di ou: 'Èske ou vini pou kaptire piyaj la? Èske ou te rasanble twoup ou yo ou pou sezi piyaj la, pou pote ale ajan ak lò, pou pote ale bèt ak anpil byen, pou sezi gwo piyaj la?'"

¹⁴ "Pou sa, pwofetize, fis a lòm e di a Gog: 'Konsa pale Senyè BONDYE a: "Nan jou ke pèp Mwen an ap ᵏviv ansekirite a, èske ou p ap konnen sa? ¹⁵ Ou va sòti nan plas kote ki pi lwen yo nan nò a, ou menm ak anpil pèp avèk ou, yo tout ap galope cheval, yon gwo asanble e yon lame pwisan. ¹⁶ Epi ou va vini kont pèp Mwen an, Israël, tankou yon gran nwaj k ap kouvri tout tè a. Li va vin rive nan dènye jou ke Mwen va mennen ou vini kont peyi Mwen, pou nasyon yo ka konnen Mwen lè M fin ˡsanktifye atravè ou menm, O Gog, devan zye yo."

¹⁷ "'Konsa pale Senyè BONDYE a: "Èske ou se moun sou sila ke M te pale nan ansyen jou yo pa sèvitè Mwen yo, pwofèt Israël yo? Sila ki te ᵐpwofetize nan jou sa yo pandan anpil ane pou M ta mennen ou kont yo? ¹⁸ Li va vin rive nan jou sila a, lè Gog monte kont peyi Israël", deklare Senyè BONDYE a: "ke gwo chalè mekontantman Mwen va monte nan ⁿkòlè Mwen. ¹⁹ Nan devouman Mwen ak nan chalè kòlè Mwen, Mwen deklare ke nan jou sa a, va anverite gen yon gwo ᵒtranbleman detè nan peyi Israël. ²⁰ ᵖPwason lanmè yo, zwazo syèl yo, bèt nan chan yo, tout bèt sila k ap kouri atè yo ak tout moun sou sifas tè a va souke devan prezans Mwen. Mòn yo tou va jete anba, ti wout apik yo va vin bouche e tout miray va tonbe atè. ²¹ Mwen va rele yon nepe kont li sou tout mòn Mwen yo", deklare Senyè BONDYE a. ᵠ"Nepe a tout moun va kont frè yo. ²² Ak ensèk ak maladi, e ak san, Mwen va antre an ʳjijman ak li. Mwen va voye lapli sou li ak twoup li yo e sou kantite moun ki vini avèk li yo, yon gwo lapli ak gwo wòch lagrèl, ak dife, ak souf. ²³ Mwen va egzalte tèt Mwen, sanktifye tèt Mwen e ˢfè tèt Mwen menm vin rekonèt nan zye a anpil nasyon. Konsa, yo va konnen ke Mwen se SENYÈ a."'"

39 "Epi ᵗou menm, fis a lòm, pwofetize kont Gog pou di: 'Konsa pale Senyè BONDYE a: "Gade byen, Mwen kont ou, O Gog! Prens a Rosch, Méschec ak Tubal la. ² Epi Mwen va detounen ou, kontinye wout la, pran ou soti nan kote nò ki pi izole a pou mennen ou kont mòn Israël yo. ³ Mwen va ᵘfrape banza ou jis li kite men goch ou, e fè flèch yo tonbe kite men dwat ou. ⁴ Ou va ᵛtonbe sou mòn Israël yo, ou menm, tout sòlda ou yo ak moun ki avèk ou yo. Mwen va bay ou kon manje a tout kalite zwazo kanivò ak bèt nan chan. ⁵ Ou va tonbe nan chan ouvri, paske se Mwen menm ki fin pale sa," deklare Senyè BONDYE a. ⁶ "Epi Mwen va voye dife sou Magog ak sila ki rete ansekirite nan il ʷkot lanmè yo, epi yo va konnen ke Mwen se SENYÈ a.

⁷ "'Non sen Mwen an, Mwen va fè Li vin rekonèt nan mitan pèp Mwen an, Israël. Konsa, Mwen p ap kite non Mwen vin ˣpwofane ankò. Nasyon yo va konnen ke Mwen se Senyè a, Sila Ki Sen an Israël la. ⁸ Gade byen, sa ap vini e sa va fèt," deklare Senyè BONDYE a. "Sa se jou nan sila Mwen te pale a."

⁹ "'Nan lè sa a, sila ki rete nan vil Israël yo va ʸsòti deyò pou limen dife ak zam yo pou brile yo, ni pwotèj yo, ni boukliye yo, banza ak flèch yo, baton lagè ak nepe yo e pandan sèt ane, yo va fè dife ak yo. ¹⁰ Yo p ap pran bwa nan chan a ni sanble pou dife ki soti nan forè yo, paske yo va fè dife ak zam yo. Epi yo va pran piyaj a sila ki te piyaje moun yo, e sezi ᶻpiyaj a sila ki te fè piyaj yo," deklare Senyè BONDYE a.

¹¹ "'Nan jou sa a, Mwen va bay Gog yon simityè la an Israël, nan vale kote moun yo pase sou kote lès lanmè a, e li va bloke sila ki ta pase ladan. Konsa, yo va antere Gog ak tout foul li a, e yo va rele la, 'Vale Moun Gog la'.

¹² "'Pandan sèt mwa, lakay Israël va fè antèman yo pou ᵃnetwaye peyi a. ¹³ Menm tout pèp peyi a, va fè antèman yo. Epi sa va fè yo renome pàtou nan jou

---
ᵃ **38:4** És 43:17 ᵇ **38:5** II Kwo 36:20 ᶜ **38:6** Jen 10:3 ᵈ **38:7** És 8:9 ᵉ **38:8** És 11:11 ᶠ **38:9** És 5:28
ᵍ **38:10** Sòm 36:4 ʰ **38:11** Za 2:4 ⁱ **38:12** És 10:6 ʲ **38:13** Éz 27:12 ᵏ **38:14** Jr 23:6 ˡ **38:16** És 5:16
ᵐ **38:17** És 5:26-29 ⁿ **38:18** Sòm 18:8-15 ᵒ **38:19** Jl 3:16 ᵖ **38:20** Jr 4:24-25 ᵠ **38:21** Jij 7:22 ʳ **38:22** És 66:16 ˢ **38:23** Sòm 9:16 ᵗ **39:1** Éz 38:2 ᵘ **39:3** Sòm 76:3 ᵛ **39:4** És 14:24-25 ʷ **39:6** Sòm 72:10
ˣ **39:7** Egz 20:7 ʸ **39:9** És 66:24 ᶻ **39:10** És 14:2 ᵃ **39:12** Det 21:23

sa a, pou pwop tèt Mwen ka resevwa glwa," deklare Senyè BONDYE a."

14 "Yo va mete apa moun ki anplwaye nèt k ap pase nan peyi a. Sila yo k ap pase ap rive kote y ap [a]antere sa yo ki rete sou sifas tè a, pou yo ka netwaye li. Nan fen sèt mwa yo, yo va fè yon rechèch pou twouve yo. 15 Pandan sila k ap fè rechèch nan peyi yo ap pase, e nenpòt moun wè zo a yon moun, alò, li va mete yon makè akote l jiskaske ekip antèman an vin antere li nan Vale Moun Gog la. 16 Pou sa, non vil la menm va Hamona. Konsa yo va netwaye peyi a."

17 "Pou ou menm, fis a lòm, konsa pale Senyè BONDYE a: 'Pale a tout kalite [b]zwazo, ak tout bèt nan chan: "Rasanble nou e vini. Rasanble soti tout kote anvè sakrifis Mwen ke M ap pral fè pou nou an, yon yon gwo sakrifis sou mòn Israël yo, pou nou ka manje chè ak bwè san. 18 Nou va manje chè a mesye pwisan yo e bwè san a prens latè yo, konsi se te [c]belye, jenn mouton, kabrit, ak towo, tout bèt gra a Basan yo. 19 Akoz sa, nou va manje grès jiskaske nou vin toufe nèt ak sakrifis Mwen, ke M fin fè pou nou an. 20 Nou va toufe nèt sou tab Mwen an ak [d]cheval yo, ak mesye mèt cha yo, mesye pwisan yo ak tout gwo mesye lagè yo", deklare Senyè BONDYE a.'

21 "Konsa, Mwen va mete [e]glwa Mwen pami nasyon yo. Tout nasyon yo va wè jijman ke Mwen te egzekite ak men M ke M te fè poze sou yo a. 22 Epi lakay Israël va [f]konnen ke Mwen se SENYÈ a, Bondye yo a, depi jou sa a, pou rive ale nèt. 23 Nasyon yo va konnen ke lakay Israël te antre an egzil akoz [g]inikite yo. Akoz yo te aji kon trèt ak Mwen, Mwen te kache figi Mwen de yo. Konsa, Mwen te livre yo nan men advèsè yo, e yo tout te tonbe devan nepe. 24 [h]Selon salte yo e selon transgresyon yo, Mwen te aji avèk yo, e Mwen te kache figi Mwen de yo."

25 "Pou sa, pale Senyè BONDYE a: 'Koulye a, Mwen va [i]restore avni a Jacob, e Mwen va gen mizerikòd pou tout lakay Israël, epi Mwen va jalou pou non sen Mwen an. 26 Yo va bliye wont yo ak tout trèt yo te konn fè kont Mwen yo, lè y ap [j]viv ansekirite nan pwòp peyi pa yo, lè okenn p ap fè yo pè. 27 Lè Mwen [k]mennen yo retounen soti nan lòt pèp yo, e rasanble yo soti nan peyi lènmi yo; nan lè sa a, Mwen va vin sanktifye de yo devan zye a anpil nasyon. 28 Nan lè sa a, yo va konnen ke Mwen se SENYÈ a, Bondye yo a, akoz mwen te fè yo antre an egzil pami nasyon yo, e alò, Mwen te rasanble yo ankò nan pwòp peyi yo. Epi Mwen p ap kite okenn nan yo kaptif ankò. 29 Mwen p ap kache figi Mwen de yo ankò, paske M ap gen tan fin [l]vide Lespri m sou lakay Israël,' deklare Senyè BONDYE a."

40

Nan venn-senkyèm ane egzil nou an, nan kòmansman ane a, nan dizyèm jou nan mwa a, nan katòzyèm ane apre [m]vil la te fin pran an, nan menm jou sa a, men SENYÈ a te sou mwen e Li te mennen mwen la. 2 Nan vizyon a Bondye yo, Li te mennen m nan peyi Israël, Li te depoze m sou yon mòn byen wo. Epi sou li vè sid te gen yon [n]konstriksyon tankou yon vil. 3 Konsa, se la li te mennen mwen, epi gade byen, te gen yon nonm ak aparans tankou aparans a bwonz, yon lign fisèl fèt ak len ak yon [o]baton apantaj nan men l. Konsa, li te kanpe nan pòtay la. 4 Nonm nan te di m: "Fis a lòm, wè ak zye ou e prete atansyon a tout sa ke m va montre ou; paske ou te vin mennen isit la pou m ta ka montre ou li. Deklare a lakay Israël tout sa ke ou wè."

5 Gade byen, te gen yon [p]miray sou deyò a tanp lan toutozanviwon, e nan men a nonm nan, te gen yon baton ki mezire sis koude. Yo chak te yon koude plis lajè a yon pla men.

6 Konsa, li te ale nan pòtay ki te gen fas li vè lès. Li te monte sou eskalye li yo, e te mezire papòt pòtay la, yon ba kann nan lajè, epi lòt papòt la te yon ba kann nan lajè. 7 [q]Chanm gad la te yon ba kann nan longè, e yon ba kann nan lajè, epi te gen senk koude antre chanm gad yo. Epi papòt pòtay la akote galri pòtay ki te ouvri pa anndan an te yon ba kann.

8 Li te mezire galri a vè fas pòtay la pa anndan, yon ba kann. 9 Li te mezire galri a pòtay la, uit koude, epi pilye akote li yo, de koude. Epi galri a pòtay la te vè kay la.

10 Chanm gad a pòtay lès yo te twa nan kote sa a, ak twa de lòt kote. Toule twa nan de kote te gen menm mezi. Pilye akote yo te gen menm mezi a nan chak kote tou. 11 Li te mezire lajè pòtay la, dis koude e longè pòtay la, trèz koude. 12 Te gen yon mi baryè yon koude lajè nan chak kote, epi chanm gad yo te sis koude kare nan chak kote. 13 Li te mezire pòtay la soti nan twati a youn nan chanm gad yo, rive nan twati a lòt la, yon lajè a venn-senk koude soti nan yon pòt jis rive nan pòt a lòt an anfas la. 14 Li te fè pilye akote yo swasant koude wotè, epi lakou a te rive nan pilye yo jis li antoure [r]pòtay a. 15 Soti devan antre a pòtay antre a pou rive devan galri enteryè a, te gen senkant koude. 16 Te gen [s]fenèt ki fèt ak gri ki te vizavi a chanm gad yo, nan pozisyon akote pilye yo ak pòtay ki te antoure yo a, e menm jan pou galri yo. Epi te gen fenèt toutozanviwon pa anndan. Epi sou chak pilye akote yo, te gen dekorasyon pye palmis.

17 Konsa, li te mennen mwen nan lakou eksteryè a, e gade byen, te gen chanm ak yon pave ki te fèt pou tout lakou a toupatou. Trant chanm yo te ouvri sou pave a. 18 Pave a te akote pòtay yo, e koresponn a longè pòtay yo, menm pave pi ba a. 19 Epi li te mezire lajè a soti devan [t]pòtay pi ba a

---

[a] 39:14 Jr 14:16 [b] 39:17 És 56:9 [c] 39:18 Jr 51:40 [d] 39:20 Sòm 76:5-6 [e] 39:21 Egz 9:16 [f] 39:22 Jr 24:7 [g] 39:23 Jr 22:8-9 [h] 39:24 II Wa 17:7 [i] 39:25 És 27:12-13 [j] 39:26 I Wa 4:25 [k] 39:27 Éz 36:24 [l] 39:29 Egz 32:15 [m] 40:1 II Wa 25:1-7 [n] 40:2 I Kwo 28:12-19 [o] 40:3 Rev 11:1 [p] 40:5 És 26:1 [q] 40:7 Éz 40:10-21 [r] 40:14 Egz 27:9 [s] 40:16 I Wa 6:4 [t] 40:19 Éz 40:23-27

pou rive devan pati eksteryè a lakou enteryè a, yon santèn koude nan lès ak nan nò.

20 ᵃJan pou pòtay lakou eksteryè ki bay fas vè nò a, li te mezire longè li ak lajè li. 21 Li te gen twa ᵇchanm gad chak kote. Pilye akote li yo ak galri li yo te gen menm mezi ak premye pòtay la. Longè li te senkant koude e lajè a te venn-senk koude. 22 ᶜFenèt li yo, galri li yo ak dekorasyon pye palmis li yo te gen menm mezi ak pòtay ki te bay fas vè lès la. Epi li te vin jwenn pa sèt mach eskalye yo, e galri li te devan yo. 23 Lakou enteryè a te gen yon pòtay anfas pòtay nan nò a, menm jan ak pòtay nan lès la. Li te mezire ᵈsan koude soti nan yon pòtay a yon pòtay.

24 Nan lè sa a, li te mennen m vè sid e gade byen, te gen yon ᵉpòtay vè sid la. Li te mezire pilye akote li yo ak galri li yo selon menm mezi sila yo. 25 Pòtay ak galri li yo te gen ᶠfenèt toutotou tankou lòt fenèt yo. Longè la te senkant koude e lajè a te venn-senk koude. 26 Te gen sèt ᵍmachpye ki t ap monte vè li e galri li yo te devan yo. Li te gen dekorasyon pye palmis yo sou pilye akote yo, youn nan chak kote. 27 Lakou enteryè a te gen yon pòtay vè ʰsid. Li te mezire de pòtay a pòtay vè sid, san koude.

28 Epi li te mennen m nan lakou enteryè a pa pòtay sid la, e li te mezire pòtay sid la ⁱselon menm mezi yo. 29 ʲChanm gad li yo tou, pilye akote li yo ak galri li yo tout selon menm mezi yo. Epi te gen fenèt nan li ak galri yo ki te antoure l toupatou. Li te gen senkant koude nan longè e venn-senk koude nan lajè. 30 Te gen ᵏgalri yo toupatou, venn-senk koude longè e senk koude lajè. 31 Galri li yo te vè lakou eksteryè a. Dekorasyon pye palmis yo te sou pilye akote li yo e eskalye li a te gen uit ˡmachpye.

32 Li te mennen m nan ᵐlakou enteryè a vè lès. Li te mezire pòtay la selon menm mezi sila yo. 33 ⁿChanm gad li yo tou, pilye akote li yo ak galri li yo te selon menm mezi sa yo. Pòtay ak galri li yo te gen fenèt toutotou. Li te senkant koude nan longè e venn-senk koude nan lajè. 34 ᵒGalri li yo te vè lakou eksteryè a. Dekorasyon pye palmis yo te sou pilye akote li yo e eskalye a te gen uit machpye.

35 Ankò, li te mennen mwen antre nan ᵖpòtay nò a. Li te mezire li selon menm mezi yo— 36 avèk ᵠchanm gad li yo, pliye akote li yo ak galri li yo. Pòtay la te gen fenèt toutotou. Longè a te senkant koude e lajè a te venn-senk koude. 37 Pilye akote li yo te vè lakou eksteryè a. Dekorasyon pye palmis yo te sou pilye akote li yo, youn sou chak kote. Eskalye li a te gen uit ʳmachpye.

38 Yon ˢchanm ak pòtay li te bò pilye nan pòtay yo. La, yo te lave ofrann brile yo. 39 Nan galri pòtay la, te gen de tab nan chak kote, tab sou sila yo te touye ᵗofrann brile yo, ofrann peche yo ak ofrann koupabilite a. 40 Sou kote deyò a, pandan yon moun t ap monte vè pòtay nò a, te gen de tab, epi sou lòt kote galri pòtay la, te gen de tab. 41 Kat ᵘtab te nan chak kote toupre pòtay la, ki fè uit tab antou sou sila yo te touye sakrifis yo. 42 Pou ofrann brile yo, te gen kat tab an ᵛwòch taye, yon koude edmi nan longè, yon koude edmi nan lajè e yon koude nan wotè, tab sou sila yo poze enstriman avèk sila yo touye ofrann brile ak sakrifis la. 43 Kwòk yo, longè a yon pla Men te enstale toupatou nan kay la. Sou tab yo, yo te mete chè ofrann nan.

44 Soti deyò jis rive nan pòtay enteryè a, se te chanm pou ʷchantè nan lakou enteryè yo. Youn nan sila yo te akote pòtay nò a, ak fas li vè sid la, ak youn akote pòtay sid la, ak fas li vè nò. 45 Li te di mwen: "Sa se chanm ki bay fas vè sid la, ki pou prèt ki responsab ˣlokipe tanp yo. 46 Men chanm ki bay fas vè nò a se pou prèt ki responsab okipe lotèl yo. Sila yo se ʸfis a Tsadok yo, ki soti nan fis a Levi ki vin rapwoche yo de SENYÈ a pou fè sèvis Li." 47 Li te mezire lakou a, an fòm kare nèt, ᶻsan koude nan longè pa san koude nan lajè. Epi lotèl la te devan tanp lan.

48 Nan lè sa a, li te mennen m nan ᵃgalri a tanp lan e li te mezire chak kote pilye a galri a, senk koude nan chak kote. Lajè a pòtay la te twa koude nan chak kote. 49 Longè a galeri a te ven koude e lajè a te onz koude. Vè ᵇeskalye pa sila li ta ka monte a, te gen kolòn ki te te apatyen a pilye akote yo, youn nan chak kote.

41 Epi li te fè m rive kote ᶜchanm gran asanble tanp lan, e li te mezire pilye akote yo: sis koude nan lajè nan chak kote se te lajè a pilye akote a. ² Lajè a antre a te dis koude ak akote chak antre yo te dis koude nan chak kote, epi akote antre a te senk koude de chak kote. Li te mezire longè a chanm gran asanble tanp lan, ki te ᵈkarant koude e lajè a, ven koude.

³ Konsa, li te antre ᵉanndan an e li te mezire chak pilye akote pòtay la, de koude, e pòtay la, sis koude nan wotè, epi lajè pòtay la, sèt koude. ⁴ Li te mezire longè li, ven koude ak lajè li, ven koude, devan ᶠchanm gran asanble a e li te di mwen: "Sa a se lye ki pi sen an".

⁵ Li te mezire miray a tanp lan, sis koude; epi lajè a chanm akote yo, kat koude, toutotou kay la nan chak kote. ⁶ ᵍChanm akote yo te nan twa etaj, youn anwo lòt e trant nan chak etaj. Chanm akote yo te lonje rive nan miray ki te toupatou sou kote enteryè yo, pou yo ta ka twouve soutyèn, men pa tache nan miray a tanp lan li menm. ⁷ Chanm akote ki te antoure tanp yo te vin pi laj nan chak nivo etaj yo. Akoz ʰkonstriksyon ki te antoure tanp lan te monte pa etaj sou tout kote a tanp lan. Konsa, lajè a tanp lan te vin pi gwo pandan li t ap monte piwo.

ᵃ **40:20** Éz 40:6   ᵇ **40:21** Éz 40:7   ᶜ **40:22** Éz 40:16   ᵈ **40:23** Éz 40:19-27   ᵉ **40:24** Éz 40:6-22   ᶠ **40:25** Éz 40:16-29   ᵍ **40:26** Éz 40:6-22   ʰ **40:27** Éz 40:23-32   ⁱ **40:28** Éz 40:32-35   ʲ **40:29** Éz 40:7-21   ᵏ **40:30** Éz 40:16-21   ˡ **40:31** Éz 40:22-37   ᵐ **40:32** Éz 40:28-35   ⁿ **40:33** Éz 40:29   ᵒ **40:34** Éz 40:16   ᵖ **40:35** Éz 40:27-32   ᵠ **40:36** Éz 40:7-29   ʳ **40:37** Éz 40:34   ˢ **40:38** I Kwo 28:12   ᵗ **40:39** Lev 1:3-7   ᵘ **40:41** Éz 40:39-40   ᵛ **40:42** Egz 20:25   ʷ **40:44** I Kwo 6:31-32   ˣ **40:45** I Kwo 9:23   ʸ **40:46** I Wa 2:35   ᶻ **40:47** Éz 40:19-27   ᵃ **40:48** I Wa 6:3   ᵇ **40:49** Éz 40:31-37   ᶜ **41:1** Éz 41:21-23   ᵈ **41:2** I Wa 6:2-17   ᵉ **41:3** Éz 40:16   ᶠ **41:4** I Wa 6:5   ᵍ **41:6** I Wa 6:5-10   ʰ **41:7** I Wa 6:8

Konsa, yon moun ta monte soti nan pi ba etaj la pou rive nan piwo a pa yon pasaj nan dezyèm etaj la.

⁸ Mwen te wè anplis ke kay la te gen yon plafon elve toutotou li. Fondasyon a chanm akote yo te yon bwa kann nèt de ᵃsis gran koude. ⁹ Gwosè a miray eksteryè pou chanm akote yo te senk koude. ᵇMen espas lib antre chanm akote yo te apatyen a tanp lan. ¹⁰ Antre ᶜchanm yo te yon espas de ven koude toutotou tanp lan nan tout akote yo. ¹¹ Pòtay a chanm akote yo vè ᵈespas lib la te yon sèl pòtay vè nò a ak yon lòt pòtay vè sid. Lajè a espas lib la te senk koude toutotou li.

¹² ᵉKonstriksyon ki te devan kote ki apa nan bò vè lwès la, te swasann-dis koude lajè; epi miray a konstriksyon an te senk koude nan gwosè nan toutotou li e longè li te katre-ven-dis koude.

¹³ Konsa, li te mezire tanp lan, yon santèn koude nan longè l; ᶠkote apa a, konstriksyon an, ak miray li yo, te osi san koude nan longè. ¹⁴ Anplis, lajè pa devan a tanp lan e lajè a kote apa yo avèk kote lès la, te vin fè total san koude.

¹⁵ Li te mezire longè a konstriksyon an avèk devan kote apa a dèyè li a, ak yon galri nan chak bò, san koude. Li te osi mezire enteryè a chanm gran asanble a ak galri lakou yo, ¹⁶ ᵍpapòt yo, fenèt ak gri yo, ak galri ki antoure twa etaj yo ki anfas papòt la, te fèt ak pano anbwa toupatou soti atè jis rive nan fenèt yo, (men fenèt yo menm te kouvri), ¹⁷ rive nan antre a, nan anndan kay la, nan deyò ak nan tout miray la toutotou li nèt, ni anndan ni deyò, te mezire. ¹⁸ Li te grave ak ʰcheriben ak pye palmis; epi yon pye palmis te antre cheriben ak cheriben e chak cheriben te gen de figi, ¹⁹ Figi a yon nonm vè pye palmis lan sou yon bò e figi a yon jenn lyon vè pye palmis lan sou lòtbò a. Yo te grave menm jan sou tout lakay toutotou li. ²⁰ Soti atè jis rive anwo, nan antre a, cheriben yo ak ⁱpye palmis yo te grave e sou miray a chanm gran asanble a tou.

²¹ ʲPilye pòt a chanm gran asanble a te an fòm kare. Epi devan sanktyè a, aparans a yon pilye pòt te menm ak lòt la. ²² ᵏLotèl la te fèt an bwa, twa koude nan wotè e longè a de koude. Kwen li yo, baz li e akote li yo te an bwa. Epi li te di mwen: "Sa se tab ki devan SENYÈ a." ²³ Gran chanm asanble a ak sanktyè a, yo chak te gen yon ˡpòt doub. ²⁴ Chak nan pòt yo te gen de fèy, ᵐde fèy ki koube plwaye ouvri fèmen; de fèy pou yon pòt e de fèy pou lòt la. ²⁵ Anplis, te gen grave sou yo, sou pòt chanm gran asanble a, ⁿcheriben ak pye palmis yo tankou sila ki te grave sou miray yo. Epi te gen yon papòt an bwa devan galeri pa deyò. ²⁶ Te gen ᵒfenèt ak gri yo, ak pye palmis yo sou yon bò ak yon lòt, sou kote galeri yo. Se konsa chanm akote ak papòt kay yo te ye.

42 Epi li te mennen mwen deyò nan lakou a, nan chemen vè nò a. Li te mennen m nan ᵖchanm ki te anfas kote apa a ak anfas konstriksyon an vè nò. ² Avèk longè a, ki te ᵍsan koude a, se te pòt nò a; lajè a te senkant koude. ³ Anfas ven koude ki te pou lakou enteryè a e anfas ʳpave ki te apatyen a lakou eksteryè a, se te galri ki te koresponn ak galeri sou twa etaj yo. ⁴ Devan ˢchanm yo, se te yon machpye pa anndan de dis koude nan lajè, yon chemen de san koude nan longè, epi ouvèti pa yo te vè nò. ⁵ Alò, chanm anlè yo te pi piti akoz ᵗgalri yo te pran plis espas sou yo ke sila nan baz ak mitan etaj nan konstriksyon yo. ⁶ Paske se nan ᵘtwa etaj yo te ye e pa t gen pilye tankou pilye nan lakou yo. Akoz sa, chanm anlè yo te vin pi etwat ke mitan ak piba yo. ⁷ Pou ᵛmiray eksteryè bò chanm yo, vè lakou deyò anfas chanm yo, longè li te senkant koude. ⁸ Paske longè a chanm ki te nan lakou eksteryè yo te senkant koude. Epi gade byen, longè a sila anfas tanp yo te ʷsan koude. ⁹ Pi ba chanm sa yo, se te antre sou kote lès la, kote yon moun ka antre nan yo soti nan lakou eksteryè a.

¹⁰ Nan epesè miray la sou kote lès, anfas kote apa a e anfas konstriksyon an, te gen ˣchanm yo. ¹¹ ʸChemen devan yo a te sanble ak chanm ki te sou kote nò yo. Selon longè yo, konsa lajè yo te ye e tout kote pou antre sòti yo te menm selon aranjman ak ouvèti pa yo. ¹² Nan koresponn a pòt chanm ki te vè sid yo, te gen yon pòt nan tèt chemen an, chemen devan ᶻmiray ki te vè lès la, kote yon moun ta antre ladan yo.

¹³ Konsa, li te di mwen: "Chanm nò yo ak chanm sid yo, ki anfas a kote apa a, yo se ᵃchanm sen kote prèt ki rapwoche de SENYÈ a va manje bagay ki sen pase tout lòt yo. La, yo va fè poze bagay pi sen yo, ofrann sereyal la, ofrann peche ak ofrann koupabilite a; paske kote sa a sen. ¹⁴ Lè prèt yo antre, alò yo p ap sòti nan lakou eksteryè a lè yo kite sanktyè a san ke yo pa mete la vètman ak sila yo fè sèvis la, paske yo sen. Yo va mete lòt vètman sou yo; nan lè sa a, yo va pwoche sa ki pou pèp la."

¹⁵ Alò, lè l te fin mezire kay enteryè a, li te mennen mwen deyò pa chemen ᵇpòtay ki te bay fas vè lès la e te mezire li toupatou. ¹⁶ Li te mezire kote lès la ak baton mezi a, senk-san baton pa ᶜmezi baton an. ¹⁷ Li te mezire kote nò a senk-san baton pa mezi baton an. ¹⁸ Nan sid, li te mezire senk-san baton ak mezi baton an. ¹⁹ Li te vire kote lwès e li te mezire senk-san baton ak mezi baton an. ²⁰ Li te mezire li nan kat kote yo. Li te gen yon ᵈmiray ki te antoure l nèt; longè ki te senk-san ak lajè ki te senk-san an, pou te divize antre sa ki sen ak sa ki pwofàn.

43 Nan lè sa a, li te mennen m nan ᵃpòtay la; pòtay ki gen fas li vè lès la; ² Epi gade byen, glwa Bondye Israël la t ap vini soti nan chemen lès la. Vwa Li te tankou son anpil dlo; epi tè a te limen ak glwa Li. ³ Epi se te tankou vizyon ke m te fè a, tankou vizyon ke m te fè lè Li te vini pou ᵇdetwi vil la. Epi vizyon yo te tankou vizyon ke m te fè bò kote rivyè Kebar a; epi mwen te tonbe sou figi m. ⁴ Konsa, glwa SENYÈ a te vini nan kay la pa chemen pòtay ki te gen fas li vè ᶜlès la. ⁵ Epi Lespri a te leve m anlè e te mennen m antre nan lakou enteryè a; epi gade byen, glwa SENYÈ a te ranpli kay la.

⁶ Nan lè sa a, mwen te tande yon moun ki t ap pale ak mwen soti nan kay la, pandan yon ᵈnonm te kanpe akote mwen. ⁷ Li te di mwen: "Fis a lòm, sa se plas pou ᵉtwòn Mwen an, ak plas machpye Mwen an, kote Mwen va demere pami fis Israël yo jis pou tout tan. Lakay Israël p ap souye non sen Mwen an ankò, ni yo menm ni wa yo, pa zak pwostitisyon yo, e pa kadav a wa yo lè yo fin mouri, ⁸ lè yo te mete papòt pa yo akote papòt pa Mwen, poto pòt pa yo akote poto pòt pa Mwen. Te gen yon miray ki te antre Mwen ak yo. Epi yo te ᶠsouye non sen Mwen an ak abominasyon ke yo te kòmèt yo. Pou sa, Mwen te konsonmen yo nan gwo kòlè Mwen. ⁹ Koulye a, kite yo ᵍmete akote zak pwostitisyon yo ak kadav a wa yo byen lwen Mwen. Konsa, Mwen va demere pami yo jis pou tout tan."

¹⁰ "Pou ou menm, fis a lòm, ʰbay detay a tanp lan a lakay Israël, pou yo ka wont de inikite yo; epi kite yo mezire plan an. ¹¹ Si yo vin wont de tout sa ke yo te fè yo, fè yo konnen dizay kay la, fòm li, antre ak sòti li yo, dizay li, tout règleman ak tout lwa li yo. Ekri li ⁱdevan zye yo pou yo ka wè tout dizay ak tout règleman li yo pou fè yo.

¹² "Sa se lwa kay la: tout espas toutozanviwon anwo ʲmòn nan va sen pase tout kote. Gade byen, sa se lwa kay la."

¹³ "Epi sa yo se mezi lotèl la an koude ᵏ(koude ki se yon koude plis mezi yon pla men): baz la va yon koude, lajè a va yon koude e arebò sou akote a va anviwon yon anpan; epi sa va wotè a baz lotèl la. ¹⁴ Soti nan baz atè a pou rive ˡpiba ankadreman an, li va de koude, e lajè a va yon koude; epi soti nan pi piti ankadreman an pou rive nan pi gran ankadreman an, li va kat koude e lajè a va yon koude. ¹⁵ Fou chofaj lotèl la va kat koude; epi soti nan fou chofaj la, kat kòn yo va monte anwo a. ¹⁶ Alò, fou lotèl la va longè a douz koude pa douz nan lajè, ᵐan kare nan kat kote li yo. ¹⁷ Ankadreman an va katòz koude nan longè, katòz nan lajè nan kat kote li yo, arebò li va mwatye koude a e baz li va yon koude toutozanviwon li; epi ⁿeskalye li yo va bay fas vè lès."

¹⁸ Epi Li te di mwen: "Fis a lòm, konsa pale Senyè BONDYE a: 'Sila yo se règleman pou lotèl la nan jou ke li bati a, pou ofri ᵒofrann brile sou li e pou flite san sou li. ¹⁹ 'Ou va bay a prèt Levit ki sòti nan fanmi ᵖTsadok yo, ki rapwoche de Mwen pou fè sèvis Mwen yo,' deklare Senyè BONDYE a, 'yon jenn towo pou yon ofrann peche. ²⁰ 'Ou va pran kèk nan san li, mete li sou kat ᵠkòn yo, sou kat kwen ankadreman an ak toutotou arebò a. Konsa, ou va fè l vin pwòp e fè ekspiyasyon pou li. ²¹ Ou va, anplis, pran towo pou ofrann peche a, e li va vin ʳbrile nan kote ki chwazi nan kay la deyò sanktiyè a.

²² "'Nan dezyèm jou a, ou va ofri yon mal kabrit san defo kon ofrann peche, e yo va ˢnetwaye lotèl la jan yo te netwaye li ak towo a. ²³ Lè ou fin netwaye li, ou va prezante yon ᵗjenn towo san defo ak yon belye san defo ki soti nan bann mouton an. ²⁴ Ou va prezante yo devan SENYÈ a; prèt yo va jete ᵘsèl sou yo e yo va ofri yo kon ofrann brile a SENYÈ a.

²⁵ ᵛ"'Pandan sèt jou, ou va prepare chak jou yon kabrit kon ofrann peche; anplis, yon jenn towo ak yon belye san defo ki soti nan bann mouton an, va vin prepare. ²⁶ Pandan sèt jou, yo va fè ekspiyasyon pou lotèl la e fè l vin pwòp; se konsa yo va konsakre li. ²⁷ Lè yo fin konplete nonb de jou yo, li va rive ke nan ʷuityèm jou a e kontinye, prèt yo va ofri ofrann brile pa nou an sou otèl la ak ofrann lapè nou yo. Konsa, Mwen va aksepte nou,' deklare Senyè BONDYE a.'"

44 Nan lè sa a, Li te mennen m retounen pa chemen a ˣpòtay eksteryè sanktiyè a, ki bay fas li vè lès la; epi li te fèmen. ² SENYÈ a te di mwen: "Pòtay sa a va fèmen. Li p ap louvri, ni pèsòn p ap janm antre pa li, paske ʸSENYÈ Bondye Israël la te antre pa li. Akoz sa, li va fèmen. ³ Pou ᶻprens lan, li va chita ladann tankou prens pou manje pen devan SENYÈ a. Li va antre pa chemen galri pòtay la e li va sòti pa menm chemen an."

⁴ Epi li te mennen m pa chemen pòtay nò a pou rive devan kay la. Konsa, mwen te gade e vwala ᵃglwa SENYÈ a te ranpli lakay SENYÈ a e mwen te tonbe sou figi m.

⁵ SENYÈ a te di mwen: "Fis a lòm, make byen, gade ak zye ou e tande ak zòrèy ou tout sa ke M di ou konsènan tout ᵇrègleman lakay SENYÈ yo, e konsènan tout lwa li yo. Epi make byen antre kay la, ak tout sòti ki gen nan sanktyè a. ⁶ Ou va di a ᶜsila k ap fè rebèl yo: 'Senyè BONDYE la di: "Se kont! Sispann fè tout abominasyon nou yo, O lakay Israël. ⁷ Lè nou te mennen etranje yo antre, ᵈensikonsi nan kè yo ak ensikonsi nan chè yo, pou antre nan sanktyè Mwen an, pou pwofane li, menm lakay Mwen an, lè nou te ofri manje Mwen an, grès ak san an; paske yo te anile akò Mwen an—tout sa, anplis de tout abominasyon nou yo. ⁸ Epi nou pa t ᵉrete responsab nou menm de bagay sen Mwen yo, men te mete

---
ᵃ **43:1** Éz 10:19   ᵇ **43:3** Jr 1:10   ᶜ **43:4** Éz 10:19   ᵈ **43:6** Éz 1:26   ᵉ **43:7** Sòm 47:8   ᶠ **43:8** Éz 8:3-16
ᵍ **43:9** Éz 18:30-31   ʰ **43:10** Éz 40:4   ⁱ **43:11** Éz 12:3   ʲ **43:12** Éz 40:2   ᵏ **43:13** Éz 40:5   ˡ **43:14** Éz 43:17-20   ᵐ **43:16** Egz 27:1   ⁿ **43:17** Egz 20:26   ᵒ **43:18** Egz 40:29   ᵖ **43:19** I Wa 2:35   ᵠ **43:20** Lev 8:15
ʳ **43:21** Egz 29:14   ˢ **43:22** Éz 43:20-26   ᵗ **43:23** Egz 29:1-10   ᵘ **43:24** Lev 2:13   ᵛ **43:25** Egz 29:35-37
ʷ **43:27** Lev 9:1   ˣ **44:1** Éz 40:6-17   ʸ **44:2** Éz 43:2-4   ᶻ **44:3** Éz 34:24   ᵃ **44:4** És 6:3-4   ᵇ **44:5** Det 12:32
ᶜ **44:6** Éz 2:5-7   ᵈ **44:7** Lev 26:41   ᵉ **44:8** Lev 22:2

etranje yo responsab de sanktiyè mwen an." ⁹ Konsa pale Senyè BONDYE a: ᵃ"Okenn etranje ensikonsi nan kè ak ensikonsi nan chè, tout etranje ki pami fis Israël yo, p ap antre nan sanktyè pa M nan.

¹⁰ """Men Levit ki te ale lwen Mwen lè Israël te vin egare a, ki te ᵇvin egare kite Mwen ki t ap kouri dèyè zidòl yo, va pote pinisyon pou inikite pa yo. ¹¹ Malgre sa, yo va ᶜfè sèvis nan sanktiyè Mwen an gen zye sou pòtay kay yo ak fè sèvis nan kay la. Yo va touye ofrann brile ak sakrifis pou pèp la e yo va kanpe devan yo pou fè sèvis. ¹² Akoz yo te fè sèvis pou yo ᵈdevan zidòl yo, e yo te vin yon wòch chite inikite pou lakay Israël; akoz sa, Mwen te sèmante kont yo", deklare Senyè BONDYE a: "Ke yo va pote pinisyon pou inikite pa yo a. ¹³ Konsa, yo p ap ᵉvin rapwoche de Mwen pou sèvi kon prèt pou Mwen, ni vin rapwoche de okenn nan bagay sen Mwen yo, vè bagay ki sen pase tout lòt yo; men yo va pote wont ak abominasyon ke yo te fè yo. ¹⁴ Malgre sa, Mwen va deziye yo pou ᶠkenbe responsabilite kay la, pou tout sèvis ak tout sa k ap fèt ladann.

¹⁵ """Men ᵍprèt Levit yo, fis a Tsadok yo, ki te kenbe responsabilite sanktyè pa M nan lè fis Israël yo te vin egare kite Mwen an, va vin rapwoche de Mwen pou fè sèvis pou Mwen. Yo va kanpe devan M pou ofri Mwen grès ak san an," deklare Senyè BONDYE a. ¹⁶ Yo va ʰantre nan sanktiyè Mwen an. Yo va vin rapwoche de tab Mwen an pou fè sèvis Mwen e kenbe responsabilite Mwen an.

¹⁷ """Li va fèt ke lè yo antre nan pòtay lakou enteryè yo, yo va abiye ak ⁱvètman len. Epi lenn p ap sou yo pandan y ap fè sèvis nan pòtay lakou enteryè yo ak anndan kay yo. ¹⁸ Moso twal an len va sou tèt yo e souvètman fèt ak len va nan ren yo. Yo p ap abiye ak okenn bagay ki pou fè yo swè. ¹⁹ Lè yo sòti deyò vè pèp la, nan lakou deyò a, yo va ʲretire vètman yo te sèvi nan fè sèvis la, e lage yo nan chanm sen yo. Yo va mete lòt vètman pou yo pa transmèt sentete a pèp la avèk vètman yo.

²⁰ """Anplis, yo ᵏp ap pase razwa nan tèt yo, ni yo p ap kite cheve a vin long. Se sèl cheve nan tèt yo y ap koupe. ²¹ Ni ˡokenn nan prèt yo pa pou bwè diven pandan y ap antre nan lakou enteryè a. ²² Epi yo p ap marye ak yon vèv ni yon ᵐfanm divòse, men yo va pran vyèj ki soti nan desandan lakay Israël yo, oswa yon vèv ki se vèv a yon prèt. ²³ Anplis, yo va enstwi pèp Mwen an pou ⁿdistenge antre sa ki sen ak sa ki pwofàn e fè yo distenge antre sa ki pa pwòp ak sa ki pwòp.

²⁴ """Nan yon diskisyon, yo va kanpe pran plas yo pou jije. Yo va jije sa selon ᵒdonans Mwen yo. Yo va, anplis, kenbe lwa M yo ak règleman Mwen yo, nan tout ᵒfèt chwazi Mwen yo. Yo va kenbe tout Saba Mwen yo sen.

²⁵ ᵖ""Yo p ap ale kote yon moun mouri pou yo vin souye; sepandan, pou papa, manman, pou fis, fi, pou frè, oswa yon sè ki pa t gen mari, yo kapab souye tèt yo. ²⁶ Aprè li fin ᑫnetwaye, sèt jou va ekoule pou li. ²⁷ Nan jou ke li antre nan sanktiyè a, nan ʳlakou enteryè pou fè sèvis nan sanktiyè a, li va ofri lofrann peche pa li a", deklare Senyè BONDYE a.

²⁸ "Epi sa va konsidere kon yon eritaj pou yo, ke ˢse Mwen ki eritaj yo; epi ou p ap bay yo okenn posesyon an Israël——se Mwen menm ki posesyon yo. ²⁹ Yo va ᵗmanje ofrann sereyal la, ofrann peche a ak ofrann koupabilite; epi tout bagay ki konsakre an Israël va pou yo. ³⁰ Premye a tout premye fwi tout kalite ak tout don a tout kalite soti nan tout sa nou kontribye va pou prèt yo. Nou va, anplis, bay prèt la premye nan bòl farin nou yo, pou fè ᵘbenediksyon vin poze sou lakay nou. ³¹ Prèt yo p ap manje okenn zwazo, bèt ki te ᵛmouri pa mò natirèl, oswa ki te dechire an mòso.

45 """Anplis, lè ou ʷdivize pa tiraj osò peyi eritaj la, ou va ofri yon pòsyon a SENYÈ a, yon pòsyon sen nan tè a. Longè li va venn-senk-mil koude e lajè li va ven-mil koude. Li va sen anndan toutozanviwon lizyè li yo. ² Sòti nan pòsyon sa a, va gen pou kote sen an yon pòsyon ˣsenk-san koude pa senk-san koude ak yon espas ouvri de senkant koude nan lajè ki antoure li. ³ Soti kote sa a, ou va mezire yon longè venn-senk-mil koude ak yon lajè di-mil koude. Nan li, va gen sanktiyè a, kote ki sen pase tout kote a. ⁴ Se va pòsyon ki sen nan peyi a. Li va pou prèt yo, sèvitè sanktiyè yo, ki te vin rapwoche pou fè sèvis SENYÈ a. Li va yon kote pou lakay yo e yon kote ki sen pou sanktiyè a. ⁵ Yon kote ʸvenn-senk-mil koude nan longè e di-mil koude nan lajè va pou Levit yo, sèvitè kay yo ak posesyon pa yo, vil pou yo rete ladann.

⁶ """Ou va bay ᶻvil la yon pòsyon senk-mil koude nan lajè ak venn-senk-mil koude nan longè, k ap akote pòsyon sen an. Sa va pou tout kay Israël la nèt."

⁷ """Prens lan va gen tè a sou toude kote pòsyon sen an ki pou vil la, akote espas sen ak tè vil la, sou kote lwès vè lwès la, e sou kote lès vè lès la, ki koresponn nan longè a youn nan pòsyon a pòsyon yo, k ap sòti nan lizyè lwès peyi a pou rive nan lizyè lès la. ⁸ Nan peyi a, sa va tèren pa li an Israël. Epi prens Mwen yo p ap ᵃoprime pèp Mwen an ankò, men yo va kite lakay Israël pou rès la selon tribi pa yo."

⁹ "Konsa pale Senyè BONDYE a: "Se ase! Nou menm ki prens an Israël yo! Kite vyolans ak destriksyon an pou pratike ᵇlajistis ak ladwati! Sispann fè piyaj sou pèp Mwen an," deklare Senyè BONDYE a. ¹⁰ "Ou va gen balans ki ᶜpeze byen, yon mezi efa ak yon mezi bat ki jis. ¹¹ Mezi efa a ak bat la va gen menm fòs, jiskaske

---

ᵃ **44:9** Éz 44:7 ᵇ **44:10** II Wa 23:8-9 ᶜ **44:11** Nonb 3:5-37 ᵈ **44:12** II Wa 16:10-16 ᵉ **44:13** Nonb 18:3
ᶠ **44:14** Nonb 18:4 ᵍ **44:15** Jr 33:18-22 ʰ **44:16** Nonb 18:5-8 ⁱ **44:17** Egz 28:42-43 ʲ **44:19** Lev 6:10
ᵏ **44:20** Nonb 18:4 ˡ **44:21** Lev 21:5 ᵐ **44:22** Lev 21:7-14 ⁿ **44:23** Lev 10:10 ᵒ **44:24** Lev 23:2-4
ᵖ **44:25** Lev 21:1-4 ᑫ **44:26** Nonb 19:13-19 ʳ **44:27** Éz 44:17 ˢ **44:28** Nonb 18:20 ᵗ **44:29** Nonb 18:9-14
ᵘ **44:30** Mal 3:10 ᵛ **44:31** Lev 22:8 ʷ **45:1** Nonb 34:13 ˣ **45:2** Éz 42:20 ʸ **45:5** Éz 48:13 ᶻ **45:6** Éz
48:15-18 ᵃ **45:8** És 11:3-5 ᵇ **45:9** Jr 22:3 ᶜ **45:10** Lev 19:36

yon mezi bat gen yon dizyèm ªomè e yon mezi efa gen yon dizyèm omè; se selon omè yo va regle. ¹² ᵇSekèl la va gen ven gera; ven sekèl, plis venn-senk sekèl, plis kenz sekèl va sèvi kon mezi min ou."

¹³ """Men ofrann ke ou va ofri a: yon sizyèm efa soti nan yon omè ble; yon sizyèm efa soti nan yon omè lòj; ¹⁴ Epi pòsyon lwil la jan li etabli a; yon dizyèm bat soti nan chak kò (kò a tankou omè a, gen 10 bat). ¹⁵ Epi yon mouton soti nan chak bann mouton ak de-san bèt ki soti kote ki awoze an Israël yo——pou yon ᶜofrann sereyal, yon ofrann brile ak ofrann lapè yo, pou fè ekspiyasyon pou yo", deklare Senyè BONDYE a. ¹⁶ ᵈ"Tout pèp peyi a va bay ofrann sa a pou prens Israël la. ¹⁷ Se va devwa ᵉprens lan pou founi ofrann brile yo, ofrann sereyal yo ak ofrann bwason yo nan fèt yo, nan fèt nouvèl lalin yo, nan Saba yo, nan tout fèt etabli pou lakay Israël yo. Li va founi ofrann peche a, ofrann sereyal la ak ofrann brile a, pou fè ekspiyasyon pou lakay Israël."

¹⁸ """Konsa pale Senyè BONDYE a: "Nan premye mwa a, nan premye nan mwa a, ou va pran yon jenn towo ᶠsan defo pou netwaye sanktiyè a. ¹⁹ Prèt la va pran kèk nan san soti nan ofrann peche a pou mete li sou poto pòt yo, nan ᵍkat kwen ankadreman lotèl la ak sou poto pòtay la nan lakou enteryè a tanp lan. ²⁰ Konsa nou va fè nan setyèm jou nan mwa a pou tout moun ki ʰvin egare kite chemen dwat la, oswa ki fè enpridans. Konsa ou va fè ekspiyasyon pou kay la.

²¹ """Nan premye mwa a, nan katòzyèm jou nan mwa a, ou va fè ⁱPak la, yon fèt pandan sèt jou; pen san ledven va manje. ²² Nan jou sa a, prens lan va founi pou tèt li ak tout pèp peyi a, yon ʲtowo pou yon ofrann peche. ²³ Pandan ᵏsèt jou nan fèt la, li va founi kon yon ofrann brile a SENYÈ a sèt towo ak sèt belye san defo chak jou nan sèt jou yo ak yon mal kabrit chak jou kon yon ofrann peche. ²⁴ Li va founi kon yon ˡofrann sereyal, yon efa ak yon towo, yon efa ak yon belye e yon mezi lwil ak yon efa. ²⁵ """Nan ᵐsetyèm mwa a, nan kenzyèm jou a, nan fèt la, li va founi konsa, sèt jou pou ofrann peche a, ofrann brile a, ofrann sereyal la ak lwil la."

46 """Konsa pale Senyè BONDYE a: "Pòtay pou lakou enteryè ki bay fas vè lès la va fèmen pandan sis ⁿjou travay yo; men li va ouvri nan Saba a e li va vin ouvri nan jou nouvèl lin nan. ² ᵒPrens lan va antre pa chemen galri a soti deyò pou kanpe akote poto pòtay la. Epi prèt yo va founi ofrann brile li yo ak ofrann lapè li yo, li va adore nan papòt pòtay la e li va sòti. Men pòtay la p ap fèmen jis rive nan aswè. ³ ᵖPèp peyi a osi va adore nan papòt pòtay la devan SENYÈ a, nan Saba yo ak nouvèl lin yo. ⁴ Ofrann brile ke prens lan va ofri a SENYÈ a nan jou Saba a va ᵠsis jenn mouton san defo, ak yon belye san defo; ⁵ epi ofrann ʳsereyal la va yon efa ak belye a, ofrann sereyal la ak jenn mouton yo va kantite ke li kapab bay la e yon mezi lwil ak yon efa. ⁶ Nan jou nouvèl ˢlin nan, li va ofri yon jenn towo san defo; anplis, sis jenn mouton ak yon belye ki san defo. ⁷ Epi li va founi yon ofrann sereyal, yon efa ak towo a, yon efa ak belye a, ak jenn mouton yo, kantite ke li kapab bay la, yon mezi lwil ak yon efa. ⁸ Lè ᵗprens lan antre, li va antre pa galri pòtay la e li va sòti pa menm chemen an."

⁹ """Men lè pèp peyi a vini ᵘdevan SENYÈ la nan fèt chwazi yo, sila ki antre pa pòtay nò pou adore a va sòti pa pòtay sid la. Epi sila ki antre pa pòtay sid la va sòti pa pòtay nò a. Pèsòn pa pou retounen pa menm chemen ke li te antre a, men li va sòti tou dwat. ¹⁰ Lè yo antre, prens lan va antre ᵛpami yo; epi lè yo sòti, li va sòti."

¹¹ """Nan ʷfèt ak jou fèt chwazi yo, ofrann sereyal yo va yon efa ak yon towo, yon efa ak yon belye, ak jenn mouton yo, kantite ke l ap kapab bay la, yon mezi lwil ak yon efa. ¹² Lè prens lan founi yon ˣofrann bòn volonte, yon ofrann brile, oswa ofrann lapè kon ofrann bòn volonte a SENYÈ la, pòtay vè lès la va vin ouvri pou li. Epi li va founi ofrann brile pa li a, ak ofrann lapè li a jan li konn fè nan jou Saba a. Epi li va sòti e pòtay la va vin fèmen lè li fin sòti.

¹³ """Epi ou va founi yon ʸmouton yon lane, san defo pou yon ofrann brile a SENYÈ a chak jou; chak maten, ou va founi li. ¹⁴ Anplis, ou va founi yon ofrann sereyal ak li chak maten, yon sizyèm efa ak yon tyè mezi lwil pou mouye farin fen an, yon ofrann sereyal a SENYÈ a tout tan selon yon òdonans ki p ap janm fini oubyen chanje. ¹⁵ Konsa, yo va founi yon ofrann sereyal ak li chak maten, kon yon ᶻofrann brile ki va fèt tout tan."

¹⁶ """Konsa pale Senyè BONDYE a: "Si prens lan bay yon ªdon eritaj a nenpòt nan fis li yo, li va apatyen a fis li yo; se posesyon pa yo selon règleman eritaj la. ¹⁷ Men si li bay yon don nan eritaj li a youn nan sèvitè li yo, sa va pou li jis rive nan ᵇane libète a; epi li va retounen a prens lan. Eritaj li va sèl pou fis li yo; li va apatyen a yo menm. ¹⁸ Prens lan pa pou pran nan eritaj a pèp la e mete yo deyò nan pwòp posesyon pa yo. Li va bay fis li yo yon eritaj k ap sòti nan pwòp posesyon pa li, pou pèp Mwen an pa vin divize, okenn moun, de posesyon pa li a.""

¹⁹ Epi li te mennen m pase nan ᶜantre akote pòtay la, antre anndan chanm sen pou prèt yo, ki te bay fas vè nò. Epi gade byen, te gen yo plas pa dèyè nèt vè lwès. ²⁰ Li te di mwen: "Sa se plas kote prèt yo va bouyi ᵈofrann koupab ak ofrann peche a kote yo va kwit ofrann sereyal la, pou

---

ª **45:11** És 5:10   ᵇ **45:12** Egz 30:13   ᶜ **45:15** Éz 45:17   ᵈ **45:16** Egz 30:14-15   ᵉ **45:17** Éz 46:4-12
ᶠ **45:18** Lev 22:20   ᵍ **45:19** Lev 16:18-20   ʰ **45:20** Lev 4:27   ⁱ **45:21** Egz 12:1-24   ʲ **45:22** Lev 4:14
ᵏ **45:23** Lev 23:8   ˡ **45:24** Nonb 28:12-15   ᵐ **45:25** Lev 23:33-43   ⁿ **46:1** Egz 20:9   ᵒ **46:2** Éz 44:3
ᵖ **46:3** Luc 1:10   ᵠ **46:4** Nonb 28:9   ʳ **46:5** Nonb 28:12   ˢ **46:6** Éz 46:1   ᵗ **46:8** Éz 44:3   ᵘ **46:9** Egz 34:23
ᵛ **46:10** II Sam 6:14-15   ʷ **46:11** Éz 45:17   ˣ **46:12** Lev 23:38   ʸ **46:13** Nonb 28:3-5   ᶻ **46:15** Egz 29:42
ª **46:16** II Kwo 21:3   ᵇ **46:17** Lev 25:10   ᶜ **46:19** Éz 42:9   ᵈ **46:20** II Kwo 35:13

yo pa oblije mennen yo deyò nan lakou eksteryè a pou l ta transmèt sentete a pèp la."

²¹ Konsa, li te mennen m deyò nan lakou eksteryè a e te mennen m travèse kat kwen lakou a; epi gade byen; nan chak kwen lakou a, te gen yon ti lakou. ²² Nan kat kwen lakou a, te gen ti lakou fèmen karant koude nan longè e trant koude nan lajè, yo tout te nan menm mezi. ²³ Te gen yon miray ki te antoure yo, antoure yo toule kat, e pozisyon pou bouyi yo a te fèt toutozanviwon anba mi yo. ²⁴ Epi li te di m: "Sila yo se plas bouyi kote sèvitè kay yo va bouyi sakrifis a pèp yo."

47 Epi li te mennen m retounen nan ᵃpòt kay la; epi gade byen dlo t ap koule soti anba papòt kay la vè lès, paske kay la te bay fas vè lès. Epi dlo a t ap koule soti pa anba, soti akote dwat kay la, soti kote sid lotèl la. ² Li te mennen mwen deyò pa chemen pòtay nò a, epi te mennen m ozanviwon pa deyò rive nan pòtay eksteryè a, pa chemen pòtay ki bay fas vè lès la. Epi gade byen, dlo t ap koule soti nan kote sid la.

³ Lè mesye a te sòti deyò vè lès ak yon kòd mezi nan men l, li te mezire mil koude e li te mennen m pase nan dlo a, dlo ki te rive nan cheviy pye l yo. ⁴ Ankò, li te mezire mil koude e li te mennen m pase nan dlo ki rive jis nan jenou yo. Ankò, li te mezire mil koude e li te mennen m pase nan dlo ki rive nan senti y. ⁵ Ankò, li te mezire mil koude; epi yon rivyè ke m pa t ka travèse, paske dlo a te vin leve, te gen ase dlo naje ladann, yon ᵇrivyè ki pa t ka janbe sou pye.

⁶ Li te di m: "Fis a lòm, èske ou ᶜwè sa a?" Konsa, li te mennen m retounen rive arebò rivyè a. ⁷ Alò, lè m te retounen, gade byen, akote rivyè a, te gen anpil ᵈpyebwa nan yon kote yo ak nan lòt la. ⁸ Li te di mwen: "Dlo sila yo sòti nan rejyon lès pou desann rive nan ᵉdezè a. Depi la, yo kontinye vè lanmè, menm antre nan lanmè. Lanmè a ap soti, e dlo lanmè yo va geri. ⁹ Li va vin rive ke tout kreyati vivan ki naje tout kote ke rivyè a ale, yo va viv. Konsa, va genyen anpil pwason, paske dlo sa yo ale la e dlo lanmè yo va geri. ᶠTout bagay va viv nenpòt kote rivyè a ale. ¹⁰ Epi li va vin rive ke ᵍmesye lapèch yo va kanpe akote li. Soti En-Guédi jis rive En-Églaïm, va gen kote pou ouvri filè yo. Pwason pa yo va selon espès pa yo, tankou pwason Gwo Lanmè a, anpil, anpil. ¹¹ Men marekaj li yo ak fòs li yo p ap geri; yo va rete ʰsale. ¹² Akote rivyè a, arebò li, soti yon kote a yon lòt, va grandi tout pyebwa ki bay manje. Fèy yo p ap fennen e fwi yo p ap manke. Yo va donnen chak mwa akoz dlo yo koule soti nan sanktiyè a, fwi pa yo va pou manje e ⁱfèy yo va pou gerizon."

¹³ Konsa pale Senyè BONDYE a: "Sa va sèvi kon ʲlizyè ak sila nou va divize peyi a kon eritaj pami douz tribi Israël yo. Joseph va gen de pòsyon. ¹⁴ Nou va divize li kon eritaj, chak egal ak lòt; paske Mwen te ᵏsèmante pou bay li a papa zansèt nou yo, e peyi sa a va tonbe a nou menm kon eritaj.

¹⁵ "Sa se ˡlizyè peyi a: nan kote nò, soti nan Gwo Lanmè a, pa chemen Hethlon, jis rive nan antre a Tsedad; ¹⁶ ᵐHamath, Bérotha, Sibraïm, ki antre lizyè Damas ak lizyè Hamath; Hatzer-Hatthicon, kote lizyè Havran an. ¹⁷ Lizyè a va rive soti nan lanmè a ⁿHatsar-Énon nan lizyè Damas e nan rejyon nò, vè nò, se lizyè Hamath la. Sa se fwontyè nan kote nò a."

¹⁸ "Nan kote ᵒlès la, soti nan antre Havran, Damas Galaad ak peyi Israël yo, se va Larivyè Jourdain an; soti nan lizyè nò a jis rive nan lanmè lès la, ou va mezire li. Sa se kote lès la."

¹⁹ "Nan kote sid la, vè sid li va soti nan Thamar jis rive nan dlo ᵖMeriba-Kadès, pou rive nan flèv Égypte la ak nan Gwo Lanmè a. Sa se kote sid la, vè sid."

²⁰ "Nan kote ᵠlwès la, se va Gwo Lanmè a, soti nan lizyè sid la pou rive nan yon pwent anfas Lebo-Hamath. Sa se kote lwès la."

²¹ "Konsa nou va pataje peyi sa pami nou menm selon trib Israël yo. ²² Ou va divize li pa tiraj osò kon eritaj pami nou menm e pami letranje ki rete nan mitan nou yo, ki fè fis nan mitan nou yo. Epi yo va pou nou tankou moun peyi natal, pami fis Israël yo; yo va resevwa yon ʳeritaj avèk nou pami tribi Israël yo. ²³ Epi nan tribi kote etranje a rete a, se la ou va bay li eritaj li," deklare Senyè BONDYE a.

48 Alò, ˢsila yo se non a tribi yo: soti nan pwent nò a akote chemen a Hethlon rive Lebo-Hamath, Hatsar-Énon nan lizyè Damas la, vè nò a akote Hamath, ki kouri soti nan lès pou ale nan lwès Dan, yon pòsyon.

² ᵗAkote lizyè a Dan nan, soti nan kote lès la rive nan kote lwès la, Aser, yon pòsyon.

³ Akote lizyè Aser a, soti nan kote lès la pou rive nan kote lwès la, ᵘNephthali, yon pòsyon.

⁴ Akote lizyè ᵛNephthali a, soti nan kote lès la pou rive nan kote lwès la, Manassé, yon pòsyon.

⁵ Akote ʷlizyè Manassé a, soti nan kote lès la pou rive nan kote lwès la, Éphraïm, yon pòsyon.

⁶ Akote ˣlizyè Éphraïm nan, soti nan kote lès la pou rive nan kote lwès la, Ruben, yon pòsyon.

⁷ Akote ʸlizyè Ruben an, soti nan kote lès la pou rive nan kote lwès la, Juda, yon pòsyon.

⁸ Epi akote ᶻlizyè Juda a, soti nan kote lès la jis rive nan kote lwès la, va yon pòsyon ke nou va mete akote, venn-senk-mil koude nan lajè ak nan longè, kon youn nan pòsyon yo, soti nan kote lès la pou rive nan kote lwès la; epi sanktiyè a va nan mitan li.

⁹ Pòsyon ke nou va rezève pou SENYÈ a, venn-senk-mil koude nan longè e di-mil koude nan lajè. ¹⁰ Pòsyon sen an va pou sila yo; pou ᵃprèt yo, vè nò, venn-senk-mil koude nan longè vè lwès,

---

ᵃ **47:1** Éz 41:2   ᵇ **47:5** És 11:9   ᶜ **47:6** Éz 8:6   ᵈ **47:7** És 60:13-21   ᵉ **47:8** Det 3:17   ᶠ **47:9** És 12:3   ᵍ **47:10** Mat 4:19   ʰ **47:11** Det 29:23   ⁱ **47:12** Rev 22:2   ʲ **47:13** Nonb 34:2-12   ᵏ **47:14** Det 1:8   ˡ **47:15** Nonb 34:7-9   ᵐ **47:16** Nonb 13:21   ⁿ **47:17** Nonb 34:9   ᵒ **47:18** Nonb 34:10-12   ᵖ **47:19** Det 32:51   ᵠ **47:20** Nonb 34:6   ʳ **47:22** Trav 11:18   ˢ **48:1** Egz 1:1   ᵗ **48:2** Jos 19:24-31   ᵘ **48:3** Jos 19:32-39   ᵛ **48:4** Jos 13:29-31   ʷ **48:5** Jos 16:5-9   ˣ **48:6** Jos 13:15-21   ʸ **48:7** Jos 15:1-63   ᶻ **48:8** És 12:6   ᵃ **48:10** Éz 44:28

di-mil nan lajè e vè sid, venn-senk-mil nan longè; epi sanktiyè SENYÈ a va nan mitan l. ¹¹ Li va pou prèt ki sen ᵃpami fis a Tsadok yo, ki te kenbe responsabilite Mwen an, ki pa t vin egare lè fis Israël yo te vin egare, jan Levit yo te egare a. ¹² Li va yon pòsyon pou yo soti nan pòsyon peyi a, yon kote ki sen pase tout kote, akote pòsyon Levit yo.

¹³ Akote lizyè prèt yo, Levit yo va gen venn-senk-mil koude nan longè e di-mil nan lajè. Longè total la va venn-senk-mil koude e lajè a va di-mil koude. ¹⁴ Anplis, yo ᵇp ap ni vann ni fè echanj okenn ladann, ni anile okenn nan pòsyon chwazi nan teren sa a; paske li sen a SENYÈ a.

¹⁵ Rès la, senk-mil koude nan lajè e venn-senk-mil koude nan longè, va pou ᶜsèvis villa, pou kay yo ak pou espas ouvri yo; epi la vil la va nan mitan li. ¹⁶ Sa yo va mezi li: Nan kote nò a, kat-mil-senk-san koude, kote sid la, ᵈkat-mil-senk-san koude, kote lès la, kat-mil-senk-san koude e kote lwès la, kat-mil-senk-san koude. ¹⁷ Vil la va gen espas ouvri yo: Nan nò, de-san-senkant koude, nan sid, de-san-senkant koude, nan lès, de-san-senkant koude e nan lwès, de-san-senkant koude. ¹⁸ Rès longè akote pòsyon ki sen an, va di-mil koude vè lès e di-mil koude vè lwès; epi li va kouri akote pòsyon sen an. Epi pwodwi li yo va vin manje pou ouvriye vil yo. ¹⁹ Ouvriye vil yo, ki sòti nan tout tribi Israël yo, va kiltive li. ²⁰ Tout pòsyon an va venn-senk-mil pa venn-senk-mil koude; nou va mete apa pòsyon sen an, yon pòsyon an fòm kare, ak teren vil la.

²¹ Tout sa ki rete va pou prens lan, de yon kote a yon lòt kote de pòsyon sen an ak teren vil la; devan venn-senk-mil koude a pòsyon an vè lizyè lès la e vè lwès, devan venn-senk-mil koude vè lizyè lwès la, akote pòsyon yo, li va pou prens lan. Epi pòsyon sen an ak sanktiyè kay la va nan mitan li. ²² Apa de teren Levit yo ak teren vil la, ki nan mitan a sila ki apatyen a prens lan, tout bagay antre lizyè Juda a ak lizyè Benjamin an va pou prens lan.

²³ Pou tout rès tribi yo: Soti nan kote lès la pou rive nan kote lwès la, ᵉBenjamin, yon pòsyon.

²⁴ Akote lizyè Benjamin an, soti nan kote lès la pou rive nan lwès la, ᶠSiméon, yon pòsyon.

²⁵ Akote lizyè Siméon an, soti nan kote lès la pou rive nan kote lwès la, ᵍIssacar, yon pòsyon.

²⁶ Akote lizyè Issacar a, soti nan kote lès la pou rive nan kote lwès la, ʰZabulon, yon pòsyon.

²⁷ Akote lizyè Zabulon an, soti nan kote lès la pou rive nan kote lwès la, ⁱGad, yon pòsyon.

²⁸ Akote lizyè Gad la, soti nan kote vè sid la, lizyè a va soti ʲThamar jis rive nan dlo a Meriba yo nan Kadès, nan flèv Égypte la, jis rive nan Gwo Lanmè a.

²⁹ Sa se ᵏpeyi ke nou va divize selon tiraj osò bay tribi Israël yo kon eritaj e sila yo se pòsyon pa yo," deklare Senyè BONDYE a.

³⁰ "Sa yo se kote pou sòti nan vil la: ˡNan kote nò a, kat-mil-senk-san koude pa mezi, ³¹ Sa yo va pòtay vil yo, ᵐki gen non a tribi Israël yo, twa pòtay vè nò: pòtay Ruben an, youn; pòtay Juda a, youn; pòtay Levi a, youn.

³² "Nan kote lès la, kat-mil-senk-san koude, va gen twa pòtay sila yo: pòtay Joseph la, youn; pòtay Benjamin an, youn; pòtay Dan nan, youn.

³³ "Nan kote sid la, kat-mil-senk-san koude pa mezi, va gen twa pòtay: pòtay Siméon an, youn; pòtay Issacar a, youn; pòtay Zabulon an, youn.

³⁴ "Nan kote lwès la, kat-mil-senk-san koude, twa pòtay: pòtay Gad la, youn; pòtay Aser a, youn; pòtay Nephthali a, youn.

³⁵ "Vil la va diz-ui-mil koude antoure nèt; epi non a vil la soti nan jou sa a va: 'SENYÈ a la'."

ᵃ **48:11** Éz 40:46 ᵇ **48:14** Lev 25:32-34 ᶜ **48:15** Éz 42:20 ᵈ **48:16** Rev 21:16 ᵉ **48:23** Jos 18:21-28
ᶠ **48:24** Jos 19:1-9 ᵍ **48:25** Jos 19:17-23 ʰ **48:26** Jos 19:10-16 ⁱ **48:27** Jos 13:24-28 ʲ **48:28** Jen 14:7
ᵏ **48:29** Éz 47:13-20 ˡ **48:30** Éz 48:32-34 ᵐ **48:31** Rev 21:12-13

DANIEL

1 Nan twazyèm ane a règn ªJojakim, wa Juda a; Nebucadnetsar, wa Babylone nan, te rive Jérusalem e te fè syèj sou li. ² Senyè a te livre Jojakim, wa Juda a, nan men li, ansanm ak kèk nan ᵇveso lakay Bondye yo. Epi Nebucadnetsar te pote yo nan peyi Schinear, kote lakay dye pa li a, e li te mennen veso yo antre nan trezò a dye li a.

³ Alò, wa a te pase lòd a Aschpenaz, chèf sou ofisye pa l yo, pou mennen kèk nan fis Israël yo, ansanm ak kèk nan ᶜfanmi wayal la ak kèk nan prens yo: ⁴ jennonm ki te san defo, ki te bo gason, ki te montre yo entèlijan nan tout kalite sajès, beni avèk bon konprann e ak kapasite pou disène, e ki te gen kapasite pou fè sèvis nan palè a wa a; pou l ta ka enstwi yo nan lèt ak langaj Kaldeyen yo. ⁵ Wa a te chwazi pou yo yon pòsyon manje ki te sòti nan meyè manje a wa a ak nan diven ke li a konn bwè. Anplis, li te fè lòd pou yo ta kapab fè enstriksyon lekòl pandan twazan, epi nan fen a twazan yo, yo te dwe antre nan sèvis pèsonèl a wa a.

⁶ Alò, pami yo, soti nan fis a Juda yo, se te ᵈDaniel, Hanania, Mischaël, ak Azaria. ⁷ Answit, chèf nan linik yo te bay nouvo non a yo menm. Pou Daniel, li te bay non Beltschatsar, Hanania non a Schadrac, Mischaël non a Méschac e Azaria, non a Abed-Nego.

⁸ Men Daniel te pran desizyon nan panse li pou li pa t ᵉsouye tèt li ak meyè manje a wa a, ni ak diven li te konn bwè a. Konsa, li te chache pèmisyon a chèf nan linik yo pou li pa ta souye tèt li. ⁹ Alò, Bondye te bay Daniel ᶠfavè ak gras devan zye a chèf ofisye yo. ¹⁰ Epi chèf nan linik yo te di a Daniel: "Mwen gen krent mèt mwen, Wa a, ki te bay lòd konsènan manje nou ak bwason nou. Paske poukisa li ta dwe wè figi nou nan yon eta pi mal ke lòt jennonm ki gen menm laj avèk nou yo? Alò, nou ta fè mwen peye pri tèt mwen bay wa a."

¹¹ Men Daniel te di a sipèvizè ke chèf nan linik yo te chwazi sou Daniel, Hanania, Mischaël, ak Azaria a, ¹² "Souple, teste sèvitè ou yo pandan di jou. Kite nou ᵍresevwa sèlman kèk legim pou manje ak dlo pou bwè. ¹³ Epi konsa, kite aparans nou vin konpare ak aparans a jennonm k ap manje meyè manje a wa a; epi aji ak sèvitè ou yo selon sa ou wè a." ¹⁴ Konsa, li te koute yo nan bagay sa a, e te teste yo pandan di jou.

¹⁵ ʰNan fen di jou yo, aparans yo te parèt pi bon, e yo te angrese plis ke tout jennonm ki t ap manje meyè manje a wa a. ¹⁶ Akoz sa, sipèvizè a te kontinye retire meyè manje sa yo, ak diven yo te dwe pou bwè, e te kontinye ⁱbay yo legim yo.

¹⁷ Konsènan kat jennonm sila yo ʲBondye te bay yo konesans ak entèlijans nan tout pati etid ak sajès yo. Epi Daniel te gen konprann nan tout kalite vizyon ak rèv.

¹⁸ Konsa, nan fen jou wa a te etabli pou prezante yo a, linik a wa a te fè yo parèt devan Nebucadnetsar. ¹⁹ Wa a te pale ak yo e pami yo tout, pa t gen youn ki te konpare ak Daniel, Hanania, Mischaël, ak Azaria. Akoz sa, yo te ᵏantre nan sèvis pèsonèl a wa a. ²⁰ Pou chak sikonstans ke wa a te konsilte yo pou sajès ak bon konprann, li te twouve yo ˡdis fwa pi bon ke tout majisyen ak mèt zetwal ki te nan tout wayòm li a.

²¹ Epi Daniel te kontinye jis rive nan ᵐpremye ane Cyrus, wa a.

2 Alò, nan dezyèm ane règn a Nebucadnetsar a, Nebucadnetsar te ⁿfè rèv yo. Epi lespri li te twouble, e li pa t ka dòmi. ² Konsa, wa a te pase lòd pou rele fè antre tout ᵒmajisyen yo, mèt zetwal yo, moun ki fè cham, mèt wanga ak Kaldeyen yo pou pale ak wa a, e fè l tande ki rèv li te fè yo. Konsa, yo te antre e te kanpe devan wa a. ³ Wa a te di yo: "Mwen ᵖte fè yon rèv e lespri m vin twouble pou l ta konprann rèv la."

⁴ Kaldeyen yo te pale ak wa a an Arameyen: "O wa, viv jis pou tout tan! Pale rèv la a sèvitè ou yo e nou va deklare entèpretasyon li."

⁵ Wa a te reponn a Kaldeyen yo: "Lòd mwen an fin etabli: si nou pa fè m konnen rèv la ak entèpretasyon li a, nou va vin ᵠchire mòso an mòso, e lakay nou va vin yon pil ranblè. ⁶ Men si nou deklare rèv la ak entèpretasyon li, nou va resevwa nan men m, ʳkado, rekonpans ak gwo lonè. Pou sa, fè m deklarasyon rèv la ak entèpretasyon li."

⁷ Yo te reponn yon dezyèm fwa. Yo te di: "Kite wa a ˢeksplike rèv la a sèvitè li yo e nou va deklare entèpretasyon li."

⁸ Wa a te reponn: "Mwen konnen, anverite, ke nou ap jwe pou tan, paske nou te wè ke lòd mwen an gentan fin byen etabli. ⁹ Men si nou pa fè m konnen rèv la, ap gen ᵗyon sèl dekrè pou nou. Paske nou te vin antann nou, youn ak lòt pou fè manti ak pale pawòl konwonpi devan m, jiskaske bagay la vin chanje. Pou sa a, fè m konnen rèv la pou m ka konnen ke nou kapab deklare entèpretasyon li ban mwen."

¹⁰ Kaldeyen yo te reponn wa a, e te di: "Nanpwen yon nonm sou latè ki kapab deklare bagay la bay wa a, otan ke okenn gwo wa oswa chèf pa t janm mande okenn bagay konsa a okenn ᵘmajisyen, mèt wanga, oswa Kaldeyen. ¹¹ Anplis, bagay ke wa a mande a

---

ª **1:1** II Wa 24:1   ᵇ **1:2** II Kwo 36:7   ᶜ **1:3** II Wa 24:15   ᵈ **1:6** Éz 14:14-20   ᵉ **1:8** Lev 11:47   ᶠ **1:9** Jen 39:21
ᵍ **1:12** Dan 1:16   ʰ **1:15** Egz 23:25   ⁱ **1:16** Dan 1:12   ʲ **1:17** I Wa 3:12-28   ᵏ **1:19** Jen 41:46   ˡ **1:20** I Wa 4:30-31   ᵐ **1:21** Dan 6:28   ⁿ **2:1** Jen 40:5-8   ᵒ **2:2** Jen 41:8   ᵖ **2:3** Jen 40:7   ᵠ **2:5** Éz 6:11   ʳ **2:6** Dan 2:48
ˢ **2:7** Dan 2:4   ᵗ **2:9** Est 4:11   ᵘ **2:10** Dan 2:2-27

difisil, e nanpwen okenn lòt moun ki ka deklare li bay wa a sof ke ᵃdye yo, ki pa rete nan chè mòtèl." ¹² Akoz sa, wa a te vin ᵇranpli ak kòlè ak gwo mekontantman, e li te bay lòd pou detwi tout mesye saj Babylone yo. ¹³ Konsa, dekrè a te pibliye ke mesye saj yo ta dwe touye. Konsa, yo t ap chache ᶜDaniel ak zanmi li yo pou touye yo.

¹⁴ Men Daniel te reponn ak sajès e ak bon konprann a ᵈAjoc, chèf kò gad a wa a, ki te ale deyò pou touye mesye saj a Babylone yo. ¹⁵ Li te di a Ajoc, chèf pou wa a: "Pou ki rezon dekrè a wa a prese konsa?" Epi Ajoc te pale Daniel tout bagay la. ¹⁶ Konsa, Daniel te antre anndan e te fè yon demann a wa a pou li ta bay li tan, pou l ta ka deklare entèpretasyon an bay a wa a.

¹⁷ Epi Daniel te ale lakay li. Li te fè zanmi li yo ᵉHanania, Mischaël, ak Azaria okouran konsènan bagay sila a, ¹⁸ pou yo ta kapab ᶠfè yon demann mizerikòd a Bondye syèl la konsènan mistè sa a, pou Daniel ak zanmi li yo pa ta vin detwi ak lòt nan mesye saj a Babylone yo. ¹⁹ Konsa, mistè a te revele a Daniel nan yon ᵍvizyon lanwit la. ²⁰ Daniel te di:

"Kite non Bondye vin beni jis pou tout tan,
paske ʰsajès ak pouvwa se pou Li.
²¹ Se Li menm ki ⁱchanje tan ak sikonstans yo.
Li retire wa e Li etabli wa.
Li bay sajès a moun saj yo,
e konesans a moun ki gen bon konprann.
²² Se Li menm ki ʲrevele sekre pwofond yo.
Li fè parèt sa ki nan tenèb yo,
e se limyè a ki rete avè L.
²³ A Ou menm, O ᵏBondye de papa
    zansèt mwen yo,
mwen remèsi Ou.
Mwen bay Ou lwanj,
paske Ou te ban mwen sajès ak pouvwa.
Menm koulye a, Ou te fè m konnen sa
ke nou te mande Ou a,
Paske Ou te revele a nou menm
    pwoblem a wa a."

²⁴ Akoz sa, Daniel te antre kote Ajoc, ke wa a te chwazi pou detwi mesye saj Babylone yo. Li te antre e te pale avè l konsa: ˡ"Pa detwi mesye saj a Babylone yo! Pran m antre nan prezans a wa a, e mwen va deklare entèpretasyon an bay wa a."

²⁵ Konsa, Ajoc te ᵐmennen Daniel byen vit devan prezans a wa a, e li te pale avèk li konsa: "Mwen te twouve yon nonm pami egzile Juda yo ki kapab fè wa a konnen entèpretasyon an."

²⁶ Wa a te di a Daniel, ki te rele ⁿBeltschatsar: "Èske ou kapab fè m konnen rèv ke m te fè a, ak entèpretasyon li an?"

²⁷ Daniel te reponn devan wa a. Li te di: º"Konsènan mistè sou sila wa a te mande a, ni mesye saj yo, ni mèt zetwal yo, ni majisyen yo, ni divinò yo p ap kapab deklare sa a wa a. ²⁸ Men gen yon Bondye nan syèl la ki devwale mistè yo, e Li te fè konnen a Wa Nebucadnetsar sa ki va rive nan ᵖdènye jou yo. Men rèv ak vizyon nan tèt ou yo sou kabann ou an, se konsa:

²⁹ "Konsènan ou menm, o wa, pandan sou kabann ou an, refleksyon ou te vire vè sa ki ta vin rive nan tan ki gen pou vini yo. Epi ᵠSila ki fè revelasyon mistè yo te fè ou konnen sa k ap vini yo. ³⁰ Men selon mwen menm, mistè sa a pa t revele a mwen menm akoz sajès ki plis pase tout lòt moun k ap viv yo, men pou bi ke entèpretasyon an ta kapab vin konnen a wa a, e ke ou ta ka konprann ʳrefleksyon a panse ou yo.

³¹ "Ou menm, O wa, ou t ap gade e vwala, te gen yon sèl gwo estati. Estati sa a, ki te byen laj e tèlman bèl, te kanpe devan ou e aparans li te ˢetonan. ³² ᵗTèt estati a an lò fen, lestomak ak bra li an ajan, vant li ak kwis li an bwonz, ³³ janm li an fè, pye li, yon pati an fè e yon pati an ajil. ³⁴ Ou te kontinye gade, jiskaske yon pyè wòch te taye ᵘsan men moun, e li ta frape estati a sou pye li ki fèt an fè ak ajil la e li te kraze yo a mòso. ³⁵ Epi fè a, ajil la, bronz ak ajan an te vin kraze nan menm moman an e te vin tankou pay ki sòti sou glasi vannen nan gran sezon. Konsa, van te pote yo ale jiskaske ᵛyo pa t menm jwenn tras yo. Men wòch ki te frape estati a te vin fè yon gwo mòn, e te ranpli tout latè.

³⁶ "Sesakiterèvla. Konsa, nouvabay ʷlentèpretasyon li devan wa a. ³⁷ Ou menm, O wa, ou se ˣwadèwa yo, a sila Bondye syèl la te bay wayòm nan, pouvwa, pwisans ak glwa a. ³⁸ Epi nenpòt kote fis a lòm yo rete, oswa ʸbèt nan chan yo, oswa zwazo syèl yo, Li te bay yo nan men ou, e Li te fè ou chèf sou yo. Ou se tèt an lò a.

³⁹ "Apre ou, va leve yon lòt wayòm ki enferyè a ou menm e yon lòt twazyèm ak bwonz, ki va renye sou tout latè. ⁴⁰ Epi va gen yon ᶻkatriyèm wayòm ak fòs tankou fè. Menm jan ke fè a kraze e fann tout bagay yo, konsa, tankou fè ki kraze vin fè anpil mòso yo, li va vin kraze e fann tout sila yo an mòso. ⁴¹ Nan sila ou te wè pye ak dwèt pye yo, yon pati an fè ak yon pati an ajil la, li va yon wayòm divize. Men li va genyen nan li kapasite pou vin di kon fè, jan ou te wè fè a mele ak ajil la. ⁴² Dwèt pye li yo te mele fè ak kanari; konsa, yon pati nan wayòm nan va fò e yon pati va frajil. ⁴³ Epi jan ou te wè fè a mele ak ajil òdinè a, yo va vin mele youn ak lòt nan jèm a lòm; men yo p ap kole byen youn ak lòt, menm jan fè a pa mele ak kanari.

⁴⁴ "Nan jou a wa sila yo, Bondye syèl yo va ᵃetabli yon wayòm ki p ap janm detwi, e wayòm sa a p ap lese pou yon lòt pèp. Li va kraze e mete fen a tout wayòm sila yo, men li va, li menm dire pou tout tan. ⁴⁵ Jan ou te wè ke yon wòch te taye sòti sou yon mòn

---

ᵃ **2:11** Jen 41:39   ᵇ **2:12** Sòm 76:10   ᶜ **2:13** Dan 1:19-20   ᵈ **2:14** Dan 2:24   ᵉ **2:17** Dan 1:6   ᶠ **2:18** Est 4:15
ᵍ **2:19** Nonb 12:6   ʰ **2:20** I Kwo 29:11-12   ⁱ **2:21** Sòm 31:15   ʲ **2:22** Job 12:22   ᵏ **2:23** Jen 31:42   ˡ **2:24** Dan 2:12-13
ᵐ **2:25** Dan 1:7   ⁿ **2:26** Jen 46:8-27   º **2:27** Dan 2:2-11   ᵖ **2:28** Jen 49:1   ᵠ **2:29** Dan 2:23-47   ʳ **2:30** Sòm 139:2
ˢ **2:31** Hab 1:7   ᵗ **2:32** Dan 2:38   ᵘ **2:34** Dan 8:25   ᵛ **2:35** Sòm 37:10   ʷ **2:36** Dan 2:24   ˣ **2:37** És 47:5
ʸ **2:38** Sòm 50:10-11   ᶻ **2:40** Dan 7:23   ᵃ **2:44** És 9:6-7

san sèvi ak men moun e ke li te kraze fè a, bwonz lan, ajil la, ajan an, ak lò a ªgran Bondye a te fè konnen a wa a sa ki va rive nan tan k ap vini an. Donk, rèv la vrè e entèpretasyon li fèt ak fidelite."

⁴⁶ Konsa, Wa Nebucadnetsar te tonbe sou figi li. Li te rann ᵇomaj a Daniel e li te pase lòd pou prezante li ak yon ofrann ak lansan ki santi bon. ⁴⁷ Wa a te reponn Daniel. Li te di: "Anverite, Bondye ou a se yon ᶜDye a tout dye yo, yon Senyè a wa yo, e youn ki devwale mistè yo; paske ou te vin gen kapasite pou revele mistè sila a."

⁴⁸ Konsa, wa a te ᵈLeve Daniel, te bay li anpil gwo kado. Li te fè li chèf sou tout pwovens a Babylone yo, e li te vin chèf an tèt a tout mesye saj a Babylone yo. ⁴⁹ Daniel te fè yon demann a wa a, e wa a te chwazi Schadrac, Méschac ak Abed-Nego sou tout afè yo nan pwovens Babylone, men se te Daniel ki te rete nan pòtay a wa a.

3 Wa Nebucadnetsar te fè yon estati fèt an lò ak yon ᵉimaj lò, wotè a sila a te swasant koude e lajè li sis koude. Li te fè l monte sou plèn Dura nan pwovens a Babylone. ² Epi Nebucadnetsar, wa a, te voye rasanble tout ᶠsatrap yo, prefè yo, gouvènè yo, konseye yo, trezorye yo, jij yo, tout majistra ak chèf an pwovens yo pou vini nan seremoni dedikas imaj ke Nebucadnetsar, wa a, te fè monte a. ³ Konsa, satrap yo, prefè yo, gouvènè yo, konseye yo, trezorye yo, jij yo, majistra yo ak tout chèf an pwovens yo te rasanble pou seremoni dedikas imaj ke Nebucadnetsar te fè monte a; epi yo te kanpe devan imaj ke Nebucadnetsar te fè monte a.

⁴ Moun ki konn fè piblikasyon pou wa a te pwoklame byen fò: "A nou menm, lòd la bay ᵍO pèp yo, nasyon yo ak tout lang yo, ⁵ ke nan moman ke nou tande son a twonpèt la, flit la, bandyo a, saltiyon an, gita a, kònmiz lan, ak tout lòt kalite enstriman mizik yo, nou va pwostène nou pou adore imaj an lò ke Nebucadnetsar, wa a, te fè monte a. ⁶ Men, nenpòt moun ki pa pwostène pou adore va, lapoula, vin jete nan yon ʰfouno dife byen cho."

⁷ Pou sa, lè tout pèp yo te tande son a twonpèt la, flit la, bandyo a, saltiyon an, gita a, kònmiz lan, ak tout lòt kalite enstriman mizik yo, tout pèp yo, nasyon yo ak langaj yo te pwostène e te adore imaj an lò ke Nebucadnetsar, wa a, te fè monte a.

⁸ Pou rezon sa a, nan lè sa a, kèk Kaldeyen te vin parèt pou fè pwosè kont Jwif yo.ⁱ ⁹ Yo te pale e te di a Nebucadnetsar, wa a: ʲ"O wa, viv jis pou tout tan! ¹⁰ Ou menm, O wa, ou te ᵏfè yon dekrè ke tout moun ki tande son a twonpèt la, flit la, bandyo a, saltiyon an, gita a, kònmiz lan, ak tout lòt kalite enstriman mizik yo, yo va pwostène pou adore imaj an lò a. ¹¹ Men nenpòt moun ki pa pwostène, va jete nan mitan a yon founo dife byen cho. ¹² Genyen sèten Jwif ke ou te ˡchwazi sou administrasyon pwovens Babylone nan, Schadrac, Méschac ak Abed-Nego. Mesye sila yo, O wa, pa t okipe ou. Yo pa sèvi dye pa ou yo, ni adore imaj an lò ke ou te fè monte a."

¹³ Epi Nebucadnetsar ᵐbyen anraje ak kòlè te pase lòd pou mennen Schadrac, Méschac ak Abed-Nego. Epi mesye sila yo te mennen devan wa a. ¹⁴ Nebucadnetsar te reponn e te di yo: "Èske se vrè, Schadrac, Méschac ak abed-Nego, ke nou pa sèvi ⁿdye mwen yo ni adore imaj an lò ke mwen te fè monte a? ¹⁵ Alò, si nou pare, nan moman nou tande son a twonpèt la, flit la, bandyo a, saltiyon an, gita a, kònmiz lan, ak tout lòt kalite enstriman mizik yo, pou nou pwostène e adore imaj ke mwen te fè a, se byen. Men, si nou pa adore, nou va byen vit ᵒjete nan yon founo dife byen cho. Epi ᵖki dye ki genyen ki kapab delivre nou sòti nan men mwen?"

¹⁶ ᵠSchadrac, Méschac ak Abed-Nego te reponn a wa a: "O Nebucadnetsar, nou pa oblije bay ou yon repons a kesyon sa a. ¹⁷ Si se konsa, Bondye nou an, Sila ke nou sèvi a, kapab delivre nou soti nan founo dife byen cho a; epi ʳLi a delivre nou sòti nan men ou, O wa. ¹⁸ Men menm si li pa fè sa, ˢkite sa vin konnen a ou menm, O wa, ke nou p ap sèvi dye pa ou yo ni adore imaj fèt an lò ke ou te fè monte a."

¹⁹ Konsa, Nebucadnetsar te ranpli ak ᵗchalè kòlè e figi li te vin move kont Schadrac Méschac ak Abed-Nego. Li te reponn ak bay lòd pou monte chalè founo a sèt fwa plis ke li te konn brile a. ²⁰ Li te kòmande sèten gèrye vanyan ki te nan lame li a pou mare Schadrac, Méschac ak Abed-Nego, pou yo ta jete yo nan founo dife byen cho a. ²¹ Alò, mesye sila yo te mare nèt ak ᵘpantalon yo, mayo yo, kas yo, ak tout lòt rad pa yo, e yo te jete nan mitan founo dife byen cho a. ²² Pou rezon sa a, akoz lòd a wa te ᵛbyen ijan e founo a te vin tèlman cho, flanm dife a te touye mesye ki te pote, fè monte, Schadrac, Méschac ak Abed-Nego yo. ²³ Men twa mesye sila yo, ʷSchadrac, Méschac ak Abed-Nego te tonbe nan mitan founo dife byen cho a toujou mare.

²⁴ Epi Nebucadnetsar, wa a, te vin etone e te kanpe vit. Li te di a wo ofisye li yo: "Se pa twa mesye nou te voye jete tou mare nan mitan dife a?"

Yo te reponn a wa a: "Byen si, O wa."

²⁵ Li te di: "Gade! Mwen wè kat mesye lage k ap ˣmache toupatou nan mitan dife a san yo pa gen anyen e aparans a katriyèm nan sanble yon fis a dye yo!" ²⁶ Epi Nebucadnetsar te vin toupre pòt founo dife byen cho a. Li te pale e te di: "Schadrac, Méschac ak Abed-Nego, vini deyò, sèvitè a ʸBondye Pi Wo a e vin la a!"

ª **2:45** Det 10:17   ᵇ **2:46** Dan 3:5-7   ᶜ **2:47** Det 10:17   ᵈ **2:48** Jen 41:39-43   ᵉ **3:1** I Wa 12:28   ᶠ **3:2** Dan 3:3-27
ᵍ **3:4** Dan 3:7   ʰ **3:6** Jr 29:22   ⁱ **3:8** Éz 4:12-16   ʲ **3:9** Dan 2:4   ᵏ **3:10** Est 3:12-14   ˡ **3:12** Dan 2:49
ᵐ **3:13** Dan 2:12   ⁿ **3:14** És 46:1   ᵒ **3:15** Dan 3:6   ᵖ **3:15** Egz 5:2   ᵠ **3:16** Dan 1:7   ʳ **3:17** I Sam 17:37
ˢ **3:18** Eb 11:25   ᵗ **3:19** Est 7:7   ᵘ **3:21** Dan 3:27   ᵛ **3:22** Egz 12:33   ʷ **3:23** És 43:2   ˣ **3:25** Sòm 91:3-9
ʸ **3:26** Dan 3:17

Konsa, Schadrac, Méschac ak Abed-Nego [a]te sòti nan mitan dife a. [27] Satrap yo, prefè yo, gouvènè yo, ak wo ofisye a wa yo te reyini antoure yo. Yo te wè ke dife a pa t fè okenn efè sou kò a mesye sila yo. Ni menm cheve yo pa t brile, pantalon pa yo pa t abime, ni sant dife a pa t rive sou yo.[b] [28] Nebucadnetsar te pale. Li te di: "Beni se Bondye a Schadrac, Méschac ak Abed-Nego a, ki te voye [c]zanj Li pou te delivre sèvitè Li yo ki te mete [d]konfyans yo nan Li, ki te chanje lòd a wa a e ki te sede bay kò yo pou yo pa ta sèvi ni adore okenn lòt dye sof ke Bondye pa yo a. [29] Konsa, mwen [e]fè yon dekrè ke nenpòt pèp, nasyon, oswa lang ki pale yon bagay kont Bondye a Schadrac, Méschac, ak Abed-Nego a, li va chire mòso an mòso, e lakay pa li va redwi a yon pil ranblè, paske [f]nanpwen lòt dye ki kapab delivre konsa." [30] Answit, wa a te [g]fè Schadrac, Méschac ak Abed-Nego vin pwospere nan pwovens Babylone nan.

4

Nebucadnetsar, wa a a tout pèp yo, nasyon ak lang, ki rete sou tout tè a:

"Ke lapè nou kapab vin anpil![h]

[2] Li te sanble bon pou mwen deklare sign ak mèvèy ke [i]Bondye Pi Wo a te fè pou mwen yo.

[3] A la gran [j]sign Li yo gran!
A la pwisan mèvèy Li yo pwisan!
Wayòm Li se yon wayòm k ap dire
   jis pou tout tan,
epi dominasyon li de jenerasyon an
   jenerasyon.

[4] Mwen, Nebucadnetsar, mwen te alèz nan lakay mwen e mwen [k]t ap pwospere nan palè mwen an. [5] Mwen te fè yon rèv e li te fè m gen gwo laperèz; epi refleksyon sila yo sou kabann mwen ak [l]vizyon yo nan panse m te fè m gen gwo laperèz. [6] Konsa, mwen te pase lòd pou fè [m]mennen devan prezans mwen tout mesye saj Babylone yo, pou yo ta ka fè m konnen entèpretasyon a rèv la. [7] Epi majisyen yo, mèt zetwal yo, Kaldeyen yo ak divinò yo te antre e mwen te pale yo rèv la, men yo pa t ka fè m konnen [n]entèpretasyon li. [8] Men finalman, Daniel te antre devan m, ke non li te Beltschatsar, selon non dye pa mwen an e nan sila [o]lespri a dye sen yo ye a. Mwen te pale rèv la a li menm, e te di:

[9] O Beltschatsar, chèf majisyen yo, akoz mwen konnen ke lespri a dye sen yo nan ou e [p]nanpwen mistè ki difisil pou ou [q]fè m konnen vizyon a rèv mwen ke m te fè yo, ansanm ak entèpretasyon li. [10] Alò, men vizyon ki te nan tèt mwen pandan mwen kouche sou kabann mwen an: Mwen t ap gade e vwala, yon [r]bwa nan mitan tè a e wotè l te byen gran. [11] Bwa a te grandi byen gwo, e li te vin fò epi wotè l te [s]rive jis nan syèl la. Li te vizib jis rive nan dènye pwent a tout tè a. [12] Fèy li te byen bèl, fwi li te anpil e nan li, te gen manje pou tout moun. Bèt chan yo te jwenn lonbraj anba li, epi zwazo nan syèl yo te rete sou branch li, epi tout kreyati vivan yo te jwenn manje yo ladann.[t]

[13] Mwen t ap gade vizyon yo nan panse m, sou kabann mwen an, epi vwala [u]yon ki sen k ap veye te desann soti nan syèl la. [14] Li te kriye fò e te pale konsa: Koupe bwa a e retire branch li yo! Retire tout fèy li, e gaye fwi li yo! Kite bèt yo ale soti anba l ak zwazo yo soti sou branch li.[v] [15] Sepandan [w]kite chouk la rete anrasine nan tè a, menm avèk yon bann an fè ak bwonz k ap ansèkle l nan zèb nèf chan an. Kite moun sa a tranpe ak lawouze syèl la. Kite li pataje zèb la avèk bèt chan latè yo. [16] Kite kè li vin chanje pou l pa kè moun ankò, men ke kè a yon bèt vin bay a li menm. Konsa, kite [x]sèt epòk vin pase sou li.

[17] Dekrèt sa a se dekrè a sila ki t ap veye yo, epi desizyon sa a se yon lòd a sila ki sen yo, pou tout sila k ap viv yo kapab [y]konnen Ke Pi Wo a se chèf sou wayòm a lèzòm, epi Li va [z]bay li a nenpòt moun Li pito, epi Li va ranje bay li sou moun ki pi ba yo.

[18] S a s e r è v k e m w e n m e n m, Nebucadnetsar, te fè. Alò, ou menm, Beltschatsar, ou fè m konnen entèpretasyon li, kòmsi nanpwen lòt moun pami [a]mesye saj wayòm mwen yo ki kapab fè m konnen entèpretasyon an. Men ou menm, ou kapab, paske lespri a dye sen yo nan ou."

[19] Konsa Daniel, ki rele Beltschatsar, te vin bèbè pandan yon ti tan e [b]refleksyon li yo te fè l pè. Wa a te reponn e te di: "Beltschatsar, pa kite rèv la, ni entèpretasyon li twouble ou."

Beltschatsar te reponn: "Senyè mwen, pito ke rèv la te apatyen a sila ki rayi ou yo, e entèpretasyon li a lènmi ou yo! [20] [c]Pyebwa ke ou te wè a, ki te vin gran, e te vin fò a, wotè a sila ki te rive jis nan syèl la, e te vizib a tout tè a; [21] epi fèy a sila ki te bèl, fwi anpil la, pyebwa nan sila te gen manje pou tout moun nan,

---

[a] **3:26** Det 4:20   [b] **3:27** És 43:2; Dan 3:21   [c] **3:28** Sòm 34:7-8   [d] **3:28** Sòm 22:4-5   [e] **3:29** Dan 6:26
[f] **3:29** Dan 2:47   [g] **3:30** Dan 2:49   [h] **4:1** Éz 4:17   [i] **4:2** Dan 3:26   [j] **4:3** Sòm 77:19   [k] **4:4** Sòm 30:6
[l] **4:5** Dan 2:1-28   [m] **4:6** Jen 41:8   [n] **4:7** És 44:25   [o] **4:8** Dan 4:9-18   [p] **4:9** Éz 28:3   [q] **4:9** Jen 41:15
[r] **4:10** Éz 31:3-6   [s] **4:11** Det 9:1   [t] **4:12** Jr 27:6   [u] **4:13** Det 33:2   [v] **4:14** Éz 31:10-14   [w] **4:15** Job 14:7-9
[x] **4:16** Dan 4:23-32   [y] **4:17** Sòm 9:16   [z] **4:17** Jr 27:5-7   [a] **4:18** Jen 41:8-15   [b] **4:19** Jr 4:19   [c] **4:20** Dan 4:10-12

pyebwa anba sila bèt chan yo te viv la, e sou branch a sila zwazo syèl yo te vin poze a— ²² se ᵃou menm, O wa! Paske ou te vin gran, e ou te vin fò; epi majeste ou te vin gran rive jis nan syèl la, e ᵇdominasyon ou jis rive nan dènye pwent latè.

²³ "Epi tandiske wa a te wè yon ki t ap veye, yon ki sen, ki t ap desann kite syèl la e ki t ap di: ᶜ'Koupe bwa a e detwi li; sepandan, kite chouk la ak rasin li nan tè a, menm avèk yon bann fè ak bwonz k ap ansèkle li nan zèb nèf nan chan an, kite li menm moun nan tranpe ak lawouze syèl la, e kite li pataje li ak bèt chan yo jiskaske sèt epòk vin pase sou li,'

²⁴ "Sa se entèpretasyon an, O wa, e sa se dekrè a Pi Wo a ki te ᵈvin rive sou senyè mwen an, wa a: ²⁵ Ke ou va chase ale lwen de moun, ou va rete ak bèt chan, yo va fè ou manje zèb tankou bèf, e ou va tranpe ak lawouze syèl la. Epi sèt epòk va vin pase sou ou jiskaske ou vin rekonèt ke ᵉPi Wo a se chèf sou wayòm a lèzòm, e Li bay li a sila ke Li pito. ²⁶ Epi, tandiske li te kòmande pou kite chouk la ak rasin pyebwa a, wayòm ou an va asire apre ou vin rekonèt ke se ᶠsyèl la ki renye. ²⁷ Akoz sa, O wa, ke konsèy mwen an kapab fè ou kontan: Sispann koulye a, peche ou yo. Ranplase yo ak ladwati, e inikite ou yo avèk ᵍmontre mizerikòd a malere ou. Petèt konsa, kapab genyen yon pwolonjman trankilite ou."

²⁸ Tout sa te vin rive a Nebucadnetsar, wa a.ʰ ²⁹ ⁱDouz mwa pita, li t ap mache sou twati palè wa a Babylone. ³⁰ Wa a te reflechi e te di: "Èske se pa Gran Babylone ʲsa a, ke m te bati kon yon rezidans wayal pa fòs pouvwa mwen an, e pou glwa a pwòp majeste mwen an?"

³¹ Pandan pawòl sa te toujou nan bouch a wa a, yon vwa te sòti nan syèl la e te di: "Wa Nebucadnetsar, a ou menm sa deklare; 'Wayòm nan rache soti nan men ou. ³² Ou va chase ale lwen de moun e plas ou pou rete va avèk bèt chan yo. Yo va fè ou manje zèb tankou bèf, e sèt epòk a va pase sou ou jiskaske ou rekonèt ke Pi Wo a se chèf sou tout wayòm a lèzòm e Li bay li a nenpòt moun ke Li pito.'"ᵏ

³³ La poula, pawòl konsènan Nebucadnetsar a te vin akonpli. Li te ˡchase ale lwen de moun, li te kòmanse manje zèb tankou bèf, kò l te tranpe ak lawouze syèl la jiskaske cheve li te vin gran kon plim a yon èg, e zong li kon zong a yon zwazo.

³⁴ Men lè tan sa a te fini, mwen menm, Nebucadnetsar, mwen te leve zye m vè syèl la, bon konprann mwen te retounen sou mwen. Mwen te beni ᵐPi Wo a, mwen te louwe e mwen te bay omaj a ⁿSila ki vivan jis pou tout tan an;
Paske règn Li se yon règn ki dire pou tout tan epi wayòm Li de jenerasyon an jenerasyon.
³⁵ Tout sila ki rete sou latè yo pa konte
pou anyen,
men ᵒLi fè selon volonte Li nan lame syèl la e pami sila ki rete sou latè yo;
epi nanpwen moun ki ka evite men Li, ni mande Li: "Kisa Ou fè la a?"

³⁶ Nan lè sa a ᵖbon konprann mwen te retounen sou mwen. Epi majeste ak mayifisans mwen te restore a mwen menm pou glwa a wayòm mwen an. Konsa, konseye mwen yo ak prens mwen yo te kòmanse chache twouve mwen. Mwen te retabli nan wayòm mwen, e pi bon ᵠpi gwo pwisans te vin ogmante sou mwen. ³⁷ Alò, mwen menm Nebucadnetsar, mwen fè lwanj, egzaltasyon ak lonè a Wa syèl la, paske ʳtout zèv Li yo vrè, chemen Li yo jis e Li kapab imilye sila ki ˢmache ak ògèy yo.

5 Belschatsar, wa a te fè yon ᵗgran fèt pou yon milye nan gwo chèf li yo, e li t ap bwè diven nan prezans a milye a gwo chèf yo. ² Lè Belschatsar te goute diven an, li te pase lòd pou pote ᵘveso fèt an lò ak a jan ke Nebucadnetsar, papa li, te retire nan tanp ki te Jérusalem yo, pou wa a ak prens li yo, madanm li yo ak ti mennaj li yo ta kapab bwè nan yo. ³ Konsa, yo te mennen veso fèt an lò ki te sòti nan tanp lan, lakay Bondye ki te Jérusalem nan. Epi wa a ak prens li yo, madanm li yo ak ti mennaj li yo te bwè nan yo. ⁴ Yo te bwè diven an e te louwe dye a ᵛlò, ak a jan, bwonz, fè, bwa ak wòch yo.

⁵ Sibitman, men a yon moun te vin parèt. Li te kòmanse ekri anfas chandelye sou randisaj miray palè a Wa a, e wa a te wè pati nan men ki t ap ekri a. ⁶ Konsa, figi a wa a te vin blanchi, refleksyon li yo te fè l gen gwo laperèz; jwen ren li te vin pèdi fòs e jenou li te kòmanse souke jiskaske youn t ap frape kont lòt.

⁷ Wa a te rele byen fò pou yo mennen mèt zetwal yo, Kaldeyen ak divinò yo. Wa a te pale e te di a mesye saj Babylone yo: "Nenpòt moun ki ka li enskripsyon sa a e eksplike entèpretasyon li, li va abiye an mov, resevwa yon kolye an lò nan

---

ᵃ **4:22** II Sam 12:7 ᵇ **4:22** Jr 27:6,7 ᶜ **4:23** Dan 4:14-15 ᵈ **4:24** Job 40:11-12 ᵉ **4:25** Sòm 83:18
ᶠ **4:26** Dan 2:18-44 ᵍ **4:27** Sòm 41:1-3 ʰ **4:28** Nonb 23:19 ⁱ **4:29** II Pi 3:9 ʲ **4:30** Eb 2:4 ᵏ **4:32** Dan 4:25;
Dan 4:16 ˡ **4:33** Dan 4:25 ᵐ **4:34** Dan 4:2 ⁿ **4:34** Sòm 102:24-27 ᵒ **4:35** Sòm 33:11; Job 42:2 ᵖ **4:36** II
Kwo 33:12,13 ᵠ **4:36** Pwov 22:4 ʳ **4:37** Det 32:4 ˢ **4:37** Egz 18:11 ᵗ **5:1** Est 1:3 ᵘ **5:2** II Wa 24:13
ᵛ **5:4** Sòm 115:4

kou li, e vin jwenn pozisyon kon twazyèm chèf nan peyi a."

⁸ Alò, tout moun nan mesye saj a wa yo te antre, men ᵃyo pa t ka li enskripsyon an ni fè wa a konnen sa li vle di. ⁹ Epi wa Belschatsar te plen ak ᵇgwo laperèz, figi li te vin pi pal e prens li yo te vin twouble.

¹⁰ Rèn nan te antre nan kay bankè a akoz pawòl a wa a ak prens li yo. Rèn nan te pale e te di: ᶜ"O wa, viv jis pou tout tan! Pa kite refleksyon ou yo fè ou pè, ni figi ou vin pal. ¹¹ Gen yon ᵈnonm nan wayòm ou a, nan li menm twouve ᵉlespri a dye sen yo; epi nan jou a papa ou yo, limyè, bon konprann, ak sajès tankou sajès a dye yo te twouve nan li. Epi Wa Nebucadnetsar, papa ou, Wa a, te chwazi li chèf sou majisyen yo, mèt zetwal yo, Kaldeyen ak divinò yo. ¹² Se te akoz yon ᶠlespri ekstrawòdinè, konesans, bon konprann, entèpretasyon a rèv yo, eksplikasyon a fraz ki nwa ak kapasite pou rezoud pwoblèm difisil. Tout sa te twouve nan Daniel sila a, ke wa a te rele Beltschatsar. Kounye a, kite yo rele Daniel e li va fè deklarasyon e entèpretasyon an."

¹³ Konsa, Daniel te mennen devan wa a. Wa a te pale e te di a Daniel: "Èske ou se menm Daniel ki te youn nan ᵍegzile a Juda yo, ke papa mwen, wa a, te mennen soti Juda a? ¹⁴ Alò, mwen te tande de ou menm, ke lespri a dye yo nan ou, ke konesans, bon konprann ak sajès ki depase tout moun twouve nan ou. ¹⁵ Epi koulye a, mesye saj yo, mèt zetwal yo te mennen devan m pou yo ta ka li enskripsyon sa a e fè entèpretasyon an vin konnen a mwen menm, men yo ʰpa t ka deklare entèpretasyon a mesaj la. ¹⁶ Men mwen te tande konsènan ou menm, ke ou kapab bay entèpretasyon e rezoud pwoblèm difisil. Alò, si ou kapab li enskripsyon an, e fè mwen konnen entèpretasyon an, ou va abiye an mov, pote yon kolye an lò nan kou ou e ou va gen otorite kon twazyèm chèf nan wayòm nan."ⁱ

¹⁷ Daniel te reponn e te di devan wa a: ʲ"Kenbe kado ou yo pou ou menm, oswa bay rekonpans ou yo a yon lòt moun. Sepandan, mwen va li enskripsyon an pou wa a, e mwen fè l konnen lentèpretasyon an.

¹⁸ "O wa, ᵏBondye Pi Wo a ˡte bay souverènte, grandè ak glwa a Nebucadnetsar, papa ou. ¹⁹ Akoz grandè ke Li te bay li a, tout pèp yo, nasyon ak lang yo te gen lakrent li, e te tranble devan l. ᵐNenpòt moun li te pito, li te touye l, e nenpòt moun li te pito, li te lese l viv. Epi nenpòt moun li te pito, li te leve l e nenpòt moun li te pito, li te imilye l. ²⁰ Men lè kè l te ⁿvin egzalte wo, lespri li te vin ᵒtèlman ògeye, ke li te aji ak awogans, li te depoze de twòn wayal li a, e glwa li a te rache soti nan men l. ²¹ Anplis, li te ᵖchase lwen de lòm, kè l te vin transfòme kon kè a bèt e li te vin rete ak bourik mawon. Yo te fè li manje zèb kon bèf e kò l te tranpe ak lawouze syèl la jiskaske li te vin rekonèt Bondye Pi Wo a se chèf sou wayòm a lèzòm e ke li mete chèf sou li sila ke Li pito.

²² "Malgre sa, ou menm, fis li a, Belschatsar ᑫpa t imilye kè ou, malgre ou te konnen tout sa, ²³ men ou te ʳegzalte tèt ou kont Senyè syèl la. Konsa, yo te mennen veso lakay Li yo devan ou e ou menm ak prens ou yo, madanm ou yo, ak ti mennaj ou yo t ap bwè diven nan yo. Ou te bay lwanj a dye a ajan, lò, bwonz, fè, bwa, ak wòch yo, ki pa wè, tande, ni konprann. Men Bondye ˢnan men a Sila souf lavi ou ye a, pou Sila tout chemen ou yo ye a, ou pa t bay Li glwa. ²⁴ Konsa, men an te voye devan l, e sa se enskripsyon ki te byen ekri a.ᵗ

²⁵ "Alò, sa se enskripsyon ki te byen ekri a: 'MENE, MENE, TEKEL, UPHARSIN.'

²⁶ "S a s e e n t è p r e t a s y o n a m e s a j l a: 'MENE'—Bondye te konte wayòm ou an e te mete fen a li.ᵘ

²⁷ 'TEKEL'—ou te ᵛpeze sou balans e ou te manke.

²⁸ 'PERES'—wayòm ou an vin divize, e li va bay a ʷmoun Mèd ak Pès yo."

²⁹ Konsa, Belschatsar te pase lòd pou yo te ˣabiye Daniel an mov, e mete yon kolye an lò nan kou li. Li te pibliye yon dekrè selon li ke Daniel te gen otorite kon twazyèm chèf nan wayòm nan.

³⁰ Menm nwit sa a, Belschatsar, wa Kaldeyen an te touye.ʸ ³¹ Konsa ᶻDarius, Mèd la, te resevwa wayòm nan ak anviwon laj swasann-de lane.

6 Li te fè Darius plezi pou chwazi san-ven satrap sou wayòm nan, pou yo ta kapab pran chaj a tout wayòm nan. ² Epi sou yo menm, twa chèf. Youn nan chèf sila yo se te ᵃDaniel. Satrap sila yo ta dwe responsab bay kont sou yo menm, pou wa a pa ta soufre okenn pèt. ³ Daniel te kòmanse distenge li menm pami chèf ak satrap yo akoz li te posede yon ᵇlespri ekstrawòdinè, e wa a te fè plan pou plase li sou ᶜtout wayòm nan.

⁴ Konsa, chèf ak satrap yo te kòmanse chache pou twouve yon koz akizasyon kont Daniel nan zafè wayòm nan; men yo pa t ka jwenn ᵈokenn baz pou akize l, ni okenn koripsyon, akoz li te fidèl. Okenn neglijans ni koripsyon pa t ka twouve nan li. ⁵ Epi mesye sila yo te di: "Nou p ap jwenn okenn mwayen pou fè akizasyon kont Daniel eksepte nou jwenn sa kont li konsènan ᵉlalwa Bondye li a."

⁶ Alò, chèf sila yo ak satrap yo te antann yo pou te parèt devan wa a, e te pale avèk li konsa: "Wa Darius, viv jis pou tout tan!ᶠ ⁷ Tout chèf wayòm ak prefè yo, satrap yo, wo ofisyèl ak gouvènè yo te ᵍfè konsiltasyon ansanm pou wa a ta etabli yon estati e fè yon dekrè pou nenpòt moun ki ta fè yon priyè a yon lòt dye oswa lòm sof ke ou menm pandan trant jou, o wa, dwe ʰjete nan fòs lyon an. ⁸ Alò, O wa,

---
ᵃ **5:8** Jen 41:8 ᵇ **5:9** Job 18:11 ᶜ **5:10** Dan 3:9 ᵈ **5:11** Jen 41:11-15 ᵉ **5:11** Dan 4:8 ᶠ **5:12** Dan 5:14
ᵍ **5:13** Éz 4:1 ʰ **5:15** És 47:12 ⁱ **5:16** Jen 40:8 ʲ **5:17** II Wa 5:16 ᵏ **5:18** Dan 4:2 ˡ **5:18** Dan 2:37
ᵐ **5:19** Dan 2:12-13 ⁿ **5:20** Egz 9:17 ᵒ **5:20** II Wa 17:4 ᵖ **5:21** Job 30:3-7 ᑫ **5:22** Egz 10:3 ʳ **5:23** II Wa 14:10 ˢ **5:23** Job 12:10 ᵗ **5:24** Dan 5:5 ᵘ **5:26** És 13:6,17-19 ᵛ **5:27** Job 31:6 ʷ **5:28** És 13:17
ˣ **5:29** Dan 5:7-16 ʸ **5:30** És 21:4-9 ᶻ **5:31** Dan 6:1 ᵃ **6:2** Dan 2:48,49 ᵇ **6:3** Dan 5:12,14 ᶜ **6:3** Jen 41:40
ᵈ **6:4** Dan 6:22 ᵉ **6:5** Trav 24:13-21 ᶠ **6:6** Né 2:3 ᵍ **6:7** Sòm 59:3 ʰ **6:7** Sòm 10:9

[a]fè dekrè a e siyen dokiman pou l pa ka chanje selon lalwa Mèd ak Pès yo, ki p ap ka chanje." [9] Konsa Darius, wa a, te [b]siyen dokiman an, ak dekrè a.

[10] Alò, lè Daniel te konnen ke dokiman an te fin siyen, li te lantre lakay li (alò, nan chanm anwo a, te gen fenèt ki te ouvri vè Jérusalem), epi li te mete li sou jenou li twa fwa pa jou, pou [c]fè lapriyè, e [d]bay remèsiman devan Bondye li a, jan li te kon fè oparavan an. [11] Alò, mesye sila yo te reyini ansanm [e]e yo te vin jwenn Daniel ki t ap fè petisyon ak siplikasyon li devan Bondye li a. [12] Konsa, yo te pwoche pou te pale devan wa a konsènan dekrè a: "Èske ou pa t siyen yon dekrè ke yon moun ki ta fè petisyon a yon lòt dye oswa lòm sof ke ou menm, O wa, pandan trant jou, ta vin jete nan fòs lyon an?" Wa a te reponn: "Pawòl sa a se verite, selon [f]Lalwa a Mèd ak Pès yo, ki p ap ka chanje menm."

[13] Epi yo te reponn, e te pale devan wa a: "Daniel, ki se youn nan egzile ki soti Juda yo [g]pa okipe ou, O wa, ni dekrè ki ou te siyen an, men kontinye fè petisyon li yo twa fwa pa jou." [14] Alò, depi wa a te fin tande pawòl sa a, li te vin byen twouble e te dirije panse li sou mwayen pou delivre Daniel. Epi jiskaske solèy fin kouche, li te kontinye fè efò pou l ta ka sove li.

[15] Alò, mesye sila yo te rasanble ansanm devan wa a. Yo te di wa a: "Byen konprann, O wa, ke sa se yon [h]lwa a Mèd ak Pès yo, ke okenn pwosè legal, ni dekrè ke wa a ta etabli, pa kapab chanje."

[16] Konsa, wa a te pase lòd pou mennen Daniel jete nan fos lyon an. Wa a te pale. Li te di a Daniel: [i]"Bondye ou a, ke ou sèvi san rete a, va Li menm, delivre ou."

[17] Yon [j]wòch te mennen pou te plase sou bouch a fòs la, epi wa a sele li ak pwòp bag so li a, e ak bag so a prens li yo, pou anyen pa ta chanje konsènan Daniel. [18] Konsa, wa a te ale nan palè li e te pase nwit lan nan fè jèn. Pa t gen okenn enstriman mizik ki te pote devan l, epi somèy te kite l.[k]

[19] Alò, wa a te leve avan solèy la, lè bajou fenk kase e li te fè vit ale nan fòs lyon an. [20] Lè li te vin pre fòs kote Daniel la, li te kriye fò ak yon vwa byen twouble. Wa a te pale e te di a Daniel: "Daniel, sèvitè a Bondye vivan an, èske [l]Bondye ou a, ke ou sèvi san rete a [m]te gen kapasite pou delivre ou de lyon yo?"

[21] Konsa, Daniel te reponn a wa: [n]"O wa, viv jis pou tout tan! [22] Bondye mwen an [o]te voye zanj li. Li [p]te fèmen bouch a lyon yo e yo pa t fè m okenn mal, paske, mwen te twouve inosan devan l, e anplis, anvè ou menm, O wa a, mwen pa t fè okenn krim."

[23] Wa a te vrèman kontan e te pase lòd pou Daniel ta retire nan fòs la. Konsa, Daniel te vin retire nan fòs la e okenn blesi pa t menm twouve sou li, akoz li te [q]mete konfyans nan Bondye li a.

[24] Konsa, wa a te pase lòd pou yo te mennen mesye sila ki te aji ak movèz fwa, pou akize Daniel yo, e yo te [r]jete yo menm, pitit yo ak madanm yo nan fòs lyon an. Konsa, yo pa t menm rive nan baz fòs la avan lyon yo te sezi yo e te kraze tout zo yo.

[25] Epi Darius, wa a te ekri a tout pèp yo, nasyon ak lang ki t ap viv nan tout peyi a:

[s]"Ke lapè ou kapab vin miltipliye!
[26] Mwen fè yon dekrè ke nan tout dominasyon wayòm mwen an, pou tout moun gen pou gen lakrent e tranble devan Dye Daniel la;
Paske Li se [t]Bondye vivan an,
ki [u]dire jis pou tout tan an,
epi wayòm Li an se yon wayòm ki p ap janm detwi.
Règn li an va jis pou tout tan.
[27] Li delivre e Li sove,
Li fè sign ak mèvèy nan syèl la ak sou tè a.
Li menm ki te delivre Daniel soti nan pouvwa a lyon yo."[v]

[28] Konsa, Daniel sila a te vin pwospere pandan règn a Darius la, e pandan règn a Cyrus, Pès la.[w]

7

Nan premye ane Belschatsar, wa Babylone nan, Daniel te fè yon rèv ak vizyon nan panse li, sou kabann li. Epi li te [x]ekri rèv la e te rakonte bagay prensipal yo.

[2] Daniel te di: "Mwen t ap gade nan vizyon mwen pandan nwit lan; epi vwala [y]kat van syèl yo t ap boulvèse gwo lanmè a. [3] Epi kat gran [z]bèt t ap monte soti nan lanmè a, youn pa t sanble lòt.

[4] "Premye a te [a]tankou yon lyon e li te gen zèl a èg. Mwen te gade jiskaske plim li yo te vin rache, epi li te leve kite tè a ,pou l te fèt vin kanpe sou de pye kon yon moun. Anplis, li te resevwa kè a yon moun.

[5] "Konsa, vwala, yon lòt bèt, yon dezyèm, ki te sanble ak yon lous. Li te vin leve nan yon bò e twa zo kòt te nan bouch li nan dan li. Konsa, yo te di a li: 'Leve, devore anpil vyann!'

[6] "Apre sa, mwen te kontinye gade e vwala, yon lòt [b]tankou yon leyopa, ki te gen sou do li kat zèl a yon zwazo. Bèt sa, anplis, te gen [c]kat tèt, e dominasyon te vin bay a li menm.

[7] "Apre sa, mwen te kontinye gade nan vizyon nwit lan e vwala, yon katriyèm bèt, byen tèrib, pwisan e fò depase. Li te gen gwo dan fèt an fè. Li te devore, kraze e foule tout sa ki te rete anba pye li. Li te diferan de tout lòt bèt ki te parèt avan li yo. Li te gen [d]dis kòn.

[8] "Pandan mwen t ap reflechi sou kòn yo, vwala [e]yon lòt kòn, yon ti piti, te vin leve pami yo, e twa

---

[a] 6:8 Est 3:12; Est 1:19   [b] 6:9 Sòm 118:9   [c] 6:10 Dan 9:4-19   [d] 6:10 Sòm 34:1   [e] 6:11 Sòm 37:32-33
[f] 6:12 Est 1:19   [g] 6:13 Est 3:8   [h] 6:15 Est 8:8   [i] 6:16 Job 5:19   [j] 6:17 Lam 3:53   [k] 6:18 II Sam 12:16,17;
Est 6:1   [l] 6:20 Jen 18:14   [m] 6:20 Dan 6:16,27   [n] 6:21 Dan 2:4   [o] 6:22 Sòm 91:11-13   [p] 6:22 Nonb 20:16
[q] 6:23 I Kwo 5:20   [r] 6:24 Det 19:18,19; Det 24:16   [s] 6:25 Esd 4:17   [t] 6:26 Dan 4:34   [u] 6:26 Sòm 93:1,2
[v] 6:27 Dan 4:2-3   [w] 6:28 II Kwo 36:22   [x] 7:1 Jr 36:4   [y] 7:2 Rev 7:1   [z] 7:3 Dan 7:7   [a] 7:4 Jr 4:7
[b] 7:6 Rev 13:2   [c] 7:6 Dan 8:22   [d] 7:7 Rev 12:3   [e] 7:8 Dan 8:9

nan premye kòn yo te rache pa rasin yo. Epi vwala, kòn sila a te gen zye tankou zye a moun e yon ᵃbouch ki te eksprime anpil bagay ak gwo awogans.

⁹ "Mwen te kontinye gade jiskaske ᵇtwòn
  yo te vin plase.
Epi youn ki te Ansyen de Jou Yo te chita.
Abiman Li te tankou lanèj blan,
  e cheve nan tèt Li te tankou lenn san tach.
Twòn Li te briyan akoz flanm yo,
  e wou li yo te yon dife ki t ap brile.
¹⁰ Yon rivyè dife t ap koule pou l vin
  parèt devan L;
Milye dè milye t ap okipe L.
Di-mil fwa di-mil te kanpe devan L.
Jijman an te etabli.
ᶜLiv yo te vin ouvri.

¹¹ "Alò, mwen te kontinye gade, akoz son a pawòl awogan ke kòn nan t ap pale yo. Mwen te kontinye gade jiskaske bèt la te vin touye, kò l te detwi, e li te vin bay a ᵈdife ki t ap brile a. ¹² Pou tout lòt bèt yo, dominasyon yo te vin retire, men yo te resevwa yon pwolongasyon lavi pandan yon sezon ak pandan yon tan.

¹³ "Mwen te kontinye gade nan vizyon nwit lan, epi vwala, la te vini ak nwaj syèl yo, yon moun tankou yon ᵉFis a Lòm t ap vini; epi Li te vin parèt devan Ansyen A Jou Yo e te fè l vin prè. ¹⁴ A li menm, Li te bay ᶠdominasyon, glwa a ak yon wayòm, pou tout pèp, nasyon ak lang yo ta ka sèvi Li. ᵍDominasyon Li an se yon dominasyon k ap dire jis pou tout tan, ki p ap janm fini. Epi wayòm Li an se yon wayòm ki p ap detwi.

¹⁵ "Pou mwen menm, Daniel, lespri mwen te twouble anndan mwen, e vizyon nan panse m yo te kontinye ban m ʰgwo laperèz. ¹⁶ Mwen te pwoche youn nan sila ki te ⁱkanpe akote yo, e te kòmanse mande li kisa tout sa te vle di.

"Konsa, li te ʲeksplike mwen e te fè m konnen byen dirèk entèpretasyon a tout bagay sa yo. ¹⁷ 'Gwo bèt sila yo, ki se kat yo, se kat wa ki va leve soti nan tè a. ¹⁸ Men lè sa a Sila Ki Pi Wo a va ᵏresevwa wayòm nan, e va posede wayòm nan jis pou tout tan, pou tout laj ki gen pou vini yo.'

¹⁹ "Epi mwen te dezire konnen kisa ˡKatriyèm bèt la te sinyifi, ki pa t menm jan ak lòt bèt yo, te vreman tèrib, ak dan li an fè, e grif li an bwonz; ki te devore, kraze e foule rès la anba pye li; ²⁰ epi kisa dis kòn sou tèt li yo ak lòt kòn ki te vin leve a te sinyifi e devan sila twa nan yo te tonbe a, menm kòn ki te gen zye ak bouch ki te pi djanam nan aparans ke parèy li yo. ²¹ Mwen te kontinye gade; kòn sa a t ap ᵐfè lagè ak fidèl yo, e te enpoze li sou yo. ²² Jiskaske Ansyen A Jou Yo te vini, epi ⁿjijman an te fèt nan favè a sen a Sila Ki Pi Wo a e lè a te rive pou sen yo te pran posesyon a wayòm nan.

²³ "Konsa, li te di: 'Katriyèm bèt la va yon katriyèm wayòm sou latè, ki va apa de tout lòt wayòm yo. Li va devore tout latè, mache sou li e kraze li an mòso. ²⁴ E pou ᵒdis kòn yo, sòti nan wayòm sa a, dis wa va leve. Konsa, yon lòt va leve apre yo, li p ap menm jan ak lòt ki te avan yo, e li va kraze twa wa yo. ²⁵ Li va pale kont Pi Wo a, li va ᵖepwize sen a Sila Ki Pi Wo a, epi li va gen entansyon pou ᵠfè chanjman nan tan ak lwa yo. Yo va vin livre nan men li pandan yon tan ak tan yo, ak yon mwatye tan.

²⁶ "'Men jijman an va etabli. Dominasyon li an va ʳrache, anile e detwi jis pou tout tan. ²⁷ Epi wayòm a dominasyon an, ak grandè a tout wayòm yo anba tout syèl la va vin livre a pèp a sen a Pi Wo yo. Wayòm Li an, yon wayòm k ap dire jis pou tout tan e tout dominasyon yo va sèvi e obeyi Li.'ˢ

²⁸ "Se konsa bagay la te fini. Pou mwen menm, Daniel, refleksyon mwen yo te ᵗtwouble m anpil anpil, e figi m te vin pal; men mwen te ᵘkenbe bagay la nan kè m."

8 Nan twazyèm ane règn a Belschatsar a, wa a, yon vizyon te parèt a mwen menm, Daniel, apre sa ki parèt a mwen an premye a. ² Mwen te gade nan vizyon an e pandan mwen t ap gade a, mwen te nan ᵛSuse, palè ki nan pwovens Élam nan. Epi mwen te gade nan vizyon an, e mwen te bò Kanal Ulaï a. ³ Mwen te leve zye m pou te gade e vwala, yon ʷbelye ak de kòn ki te kanpe devan kanal la. Alò, de kòn yo te long, men youn te pi long ke lòt la e sa ki pi long lan ki te leve an dènye. ⁴ Mwen te wè belye a ki t ap frape tèt li vè lwès, vè nò e vè sid. Pa t gen bèt ki te ka kanpe devan li, ni pa t gen youn ki te kab delivre soti anba men li. ˣMen li te fè sa li te pito e te leve tèt li Wo.

⁵ Pandan mwen t ap gade a, vwala yon mal kabrit t ap vini soti nan lwès sou fas tout tè a, san touche tè a e kabrit la te gen yon kòn ʸparèt byen klè antre zye li. ⁶ Li te pwoche kote belye ki te gen de kòn nan, belye ke m te wè kanpe devan kanal la e li te kouri fò sou li ak gwo chalè pwisans li. ⁷ Mwen te wè li vin bò kote belye a e li te anraje sou li. Epi li te frape belye a. Li te kraze de kòn li yo e belye a pa t gen fòs pou reziste ak li. Konsa, li te voye l a tè e te ponpe sou li. Pa t gen moun ki pou delivre belye a devan pouvwa li. ⁸ Epi kabrit mal la te agrandi pouvwa li anpil, anpil. Men depi li te vin pwisan an, ᶻpi gwo kòn nan te kase. Epi li te ranplase ak kat kòn ki parèt byen klè ki te sòti vè ᵃkat van syèl yo.

⁹ Youn nan kòn yo te parèt ᵇyon ti jan piti e li te grandi byen vit vè sid, vè lès e vè ᶜpeyi laglwa a. ¹⁰ Li te grandi rive jis nan lame syèl la. Li te fè kèk nan lame a ak kèk nan ᵈzetwal yo tonbe atè e li te ᵉponpe sou yo. ¹¹ Li te menm agrandi pwòp tèt li pou l ta

---

ᵃ **7:8** Rev 13:5,6 ᵇ **7:9** Rev 20:4 ᶜ **7:10** Dan 12:1 ᵈ **7:11** Rev 19:20 ᵉ **7:13** Mat 24:30 ᶠ **7:14** Dan 7:27
ᵍ **7:14** Mi 4:7 ʰ **7:15** Dan 4:19 ⁱ **7:16** Za 1:9-19 ʲ **7:16** Dan 8:16 ᵏ **7:18** Sòm 149:5-9 ˡ **7:19** Dan 7:7-8
ᵐ **7:21** Rev 11:7 ⁿ **7:22** Dan 7:10 ᵒ **7:24** Dan 7:7 ᵖ **7:25** Rev 13:7 ᵠ **7:25** Dan 2:21 ʳ **7:26** Rev 17:4
ˢ **7:27** És 54:3; Sòm 2:6-12 ᵗ **7:28** Dan 4:19 ᵘ **7:28** Luc 2:19,51 ᵛ **8:2** Né 1:1; Jen 10:22 ʷ **8:3** Dan 8:20
ˣ **8:4** Dan 11:3 ʸ **8:5** Dan 8:8-21 ᶻ **8:8** Dan 8:22 ᵃ **8:8** Dan 7:2 ᵇ **8:9** Dan 8:23 ᶜ **8:9** Sòm 48:2
ᵈ **8:10** És 14:13 ᵉ **8:10** Dan 7:7

ka egal ak Chèf Tèt lame syèl la. Konsa, li te retire nan men l ᵃsakrifis nòmal la, e plas sanktyè Li a te jete anba. ¹² Epi akoz transgresyon, lame a va vin livre a kòn nan ansanm ak sakrifis nòmal la. Li te ᵇvoye verite a jis atè e sa te fè plezi e li te pwospere.

¹³ Alò, mwen te tande sila ki sen an ap pale e yon lòt ki sen te di a sila ki t ap pale a: ᶜ"Pandan konbyen tan vizyon a sakrifis nòmal la va kontinye, pandan transgresyon an ap ravaje e kite ni sen lye an ansanm ak lame a vin foule anba pye?"

¹⁴ Li te di mwen: "Pandan ᵈde-mil-twa-san swa ak maten. Epi alò, sen lye a va vin pwòp ankò."

¹⁵ Lè mwen menm, Daniel, te fè vizyon an, mwen te chache konprann li. Epi gade byen, kanpe devan mwen se te yon bagay ki te sanble ak yon ᵉmoun. ¹⁶ Mwen te tande vwa a yon moun antre de rebò kanal Ulaï a. Li te rele fò e li te di: ᶠ"Gabriel, fè nonm sa a konprann vizyon an."

¹⁷ Konsa, li te vin toupre kote mwen te kanpe a. Lè l te parèt, mwen te gen gwo laperèz, e mwen te tonbe sou figi m. Men li te di mwen: "Fis a lòm, konprann vizyon an; paske vizyon an apatyen a bagay a dènye tan yo."ᵍ

¹⁸ Alò, pandan li t ap pale avè m, Mwen te ʰtonbe nan yon pwofon somèy ak figi m atè, men li te ⁱtouche mwen e te fè m kanpe dwat.

¹⁹ Li te di: "Gade byen, mwen va fè ou konnen sa k ap vin rive nan dènye epòk gwo kòlè a, paske li apatyen a moman ki chwazi pou lafen an.ʲ ²⁰ ᵏBelye ke ou te wè ak de kòn yo reprezante wa a Mèdes ak Perse yo. ²¹ Epi kabrit la se wayòm a Grèce la e gran kòn antre zye li yo se premye wa a. ²² Kòn ki te kase a ak kat kòn ki te leve nan plas li a se kat wayòm ki va leve sòti nan nasyon sa a, malgre se pa avèk pouvwa li.ˡ

²³ "Epi nan dènye pati wayòm yo a, lè transgresè yo fin fè tout transgresyon yo, yon wa va leve ki fiwos, e plen devinèt koken. ²⁴ Pouvwa li a va trè pwisan, men se pa p ap pwòp pouvwa li. Konsa, li va ᵐdetwi ak gran pwisans. Li va gen gran siksè, e li va fè sa li pito. Li va detwi mesye pwisan ak moun ki sen yo. ²⁵ Atravè manèv li yo, se ak riz k ap avanse nan men li. Konsa, li va leve tèt li wo nan kè l, epi li va detwi anpil moun pandan yo ansekirite. Anplis, li va kanpe kont Prens dè prens yo, men li va vin kraze ⁿsan èd moun.

²⁶ "Vizyon sila a, aswè ak maten ki te pale a, se verite. Men ᵒsele vizyon an, pou l pa pale menm, paske li apatyen a anpil ᵖjou ki gen pou vini."

²⁷ Konsa, mwen menm, Daniel, te vin malad pandan plizyè jou. Lè m te leve ankò, mwen te kontinye fè zafè a wa a. Mwen te etone de vizyon an e mwen pa t gen moun ki te konprann li.

9 Nan premye ane ᵠDarius, fis a Assuérus, Mèd la, ki te vin wa sou wayòm a Kaldeyen yo— ² nan premye ane a règn pa li a, mwen menm, Daniel, mwen te konprann selon liv yo, nonb dèzane selon pawòl SENYÈ a te vini a Jérémie, pwofèt la, pou ta fè akonplisman dezolasyon a Jérusalem yo, menm swasann-dis ane yo. ³ Konsa, mwen te chache fas Senyè Bondye a, pou jwenn Li nan lapriyè ak siplikasyon, fè jèn ak twal sak ak sann.

⁴ Mwen te priye a SENYÈ a, Bondye mwen an. Mwen te konfese e mwen te di:

"O SENYÈ, Gran Bondye ki etonnan la, ʳki ˢkenbe akò ak mizerikòd li pou sila ki renmen Li, e ki swiv kòmandman Li yo, ⁵ nou te peche; nou te komèt inikite. Nou te aji ak mechanste e nou te fè ᵗrebèl, jiskaske nou ᵘvire kite kòmandman Ou yo ak règleman Ou yo. ⁶ Anplis, nou pa t ᵛkoute sèvitè Ou yo, pwofèt yo, ki te pale nan non Ou, a wa nou yo, prens nou yo, papa zansèt nou yo, ak tout moun peyi a.

⁷ ʷLadwati apatyen a Ou menm, O Senyè! Men a nou menm, gwo wont parèt byen klè, jan li ye jis rive nan jou sa a; a moun Juda yo, sila k ap viv Jérusalem ak tout Israël yo, sila ki rete pre ak sila ki lwen ˣnan tout peyi kote Ou te chase yo ale akoz zak enfidèl ke yo te komèt kont Ou yo. ⁸ O Senyè, gwo wont ak twoub byen klè se akoz nou, ak wa nou yo, prens nou yo ak papa zansèt nou yo akoz yo te peche kont Ou. ⁹ A Senyè Bondye nou an, se ʸMizerikòd ak padon akoz nou te fè rebèl kont Li. ¹⁰ Ni nou pa t obeyi vwa SENYÈ Bondye nou an, pou mache nan enstriksyon ke Li te ᶻmete devan nou pa sèvitè Li yo, pwofèt yo. ¹¹ Anverite ᵃtout Israël te transgrese lalwa Ou a, te vire akote e pa t obeyi vwa Ou.

Konsa, ᵇmalediksyon te vide sou nou, ansanm ak sèman ki ekri nan lalwa Moïse, sèvitè Bondye a, paske nou te peche kont Li. ¹² Li te konfime pawòl ke Li te pale kont nou e kont chèf ki te gouvène nou yo, pou fè vini sou nou yon gwo malè. Paske anba tout syèl la, pa t janm gen okenn bagay ki te fèt tankou sa ki te fèt Jérusalem nan.ᶜ ¹³ Jan sa ekri nan lalwa Moïse la, tout malè sa a te vini sou nou. Malgre sa, nou ᵈpa t chache gras a SENYÈ la, Bondye nou an, ak desizyon pou ᵉvire kite inikite nou, e vin okipe nou de verite pa Ou a. ¹⁴ Akoz sa, SENYÈ a te ᶠkenbe malè nan men l e te pote li sou nou. Paske, SENYÈ a,

---
ᵃ **8:11** Éz 46:14 ᵇ **8:12** És 59:14 ᶜ **8:13** Sòm 74:10 ᵈ **8:14** Dan 7:25 ᵉ **8:15** Dan 7:13 ᶠ **8:16** Dan 9:21
ᵍ **8:17** Dan 8:19 ʰ **8:18** Dan 10:9 ⁱ **8:18** Éz 2:2 ʲ **8:19** Dan 8:15-17 ᵏ **8:20** Dan 8:3 ˡ **8:22** Dan 8:8
ᵐ **8:24** Dan 8:11-13 ⁿ **8:25** Job 34:20 ᵒ **8:26** Éz 12:27 ᵖ **8:26** Dan 10:14 ᵠ **9:1** Dan 5:31 ʳ **9:4** Det 7:21
ˢ **9:4** Det 7:9 ᵗ **9:5** Lam 1:18-20 ᵘ **9:5** Sòm 119:176 ᵛ **9:6** II Kwo 36:16 ʷ **9:7** Jr 23:6 ˣ **9:7** Det 4:27
ʸ **9:9** Né 9:17 ᶻ **9:10** II Wa 17:13-15 ᵃ **9:11** És 1:3,4 ᵇ **9:11** Det 27:15-26 ᶜ **9:12** És 44:26 ᵈ **9:13** Job 36:13
ᵉ **9:13** Jr 31:18 ᶠ **9:14** Jr 31:28

Bondye nou an, dwat nan tout zèv ke Li fè yo, men nou pa t obeyi vwa li.

¹⁵ Konsa, Senyè, Bondye nou an, ki te ᵃmennen pèp Ou a sòti nan peyi Egypte la ak yon men pwisan, e te fè yon non pou Ou menm, jan sa ye nan jou sa a, nou te peche. Nou te fè mechanste. ¹⁶ O Senyè, an akò ak tout zak ladwati Ou yo, kite ᵇgwo kòlè ak mekontantman Ou vire kite vil Ou a, Jérusalem, mòn sen Ou an. Paske, akoz peche nou yo ak inikite a papa zansèt nou yo, Jérusalem ak pèp Ou a te vin yon repwòch pou tout sila ki antoure nou yo.

¹⁷ Pou sa, koulye a, Bondye nou an, koute lapriyè a sèvitè Ou a, ak siplikasyon li yo, e pou koz a Ou menm, O Senyè, ᶜkite fas ou briye sou sanktiyè dezole Ou a. ¹⁸ O, Bondye mwen an, apiye zòrèy W pou tande! Ouvri zye ou pou wè dezolasyon nou yo, ak vil la ki rele pa non Ou a; paske nou p ap prezante siplikasyon nou yo akoz okenn dwati de nou menm, men akoz gran mizerikòd Ou. ᵈ¹⁹ O Senyè, koute! O Senyè, padone! O Senyè, tande e aji! Pou koz pa Ou, O Bondye mwen an, ᵉpa fè reta. Paske vil Ou a, ak pèp Ou a rele pa non Ou."

²⁰ Alò, pandan mwen t ap pale e fè priyè a, pou m ᶠkonfese peche m yo, ak peche a pèp mwen an, Israël, ak prezante siplikasyon mwen yo devan SENYÈ Bondye mwen an, pou mòn sen a Bondye mwen an— ²¹ pandan mwen te toujou ap pale nan lapriyè a— alò, nonm nan ᵍGabriel, ke m te wè nan vizyon oparavan an, te vole rive byen vit kote mwen, e te touche mwen vè lè pou ofrann nan aswè a. ²² Li te ban mwen enstriksyon. Li te pale ak mwen e te di: "O Daniel, koulye a mwen vin parèt pou bay sa jès ak bon ʰkonprann. ²³ Nan kòmansman siplikasyon ou yo, lòd la te fin pase, e mwen vini pou di Ou, paske ou ⁱse byeneme. Konsa, prete atansyon a mesaj la pou vin konprann vizyon an.

²⁴ "Swasann-dis semèn te òdone pou pèp ou ak vil sen ou an, pou fini ak transgresyon, pou mete fen a peche yo, pou rekonsilye inikite yo, pou mennen fè antre ʲladwati ki san fen, pou mete so sou vizyon ak pwofesi, e pou onksyone lye ki sen pase tout la. ²⁵ "Konsa, ou ta dwe konnen e disène ke depi yon ᵏdekrè vin pibliye pou restore e rebati Jérusalem jis rive nan Onksyone a, Prens lan, va gen sèt semèn ak swasann-de semèn. Li va rebati ankò, ak plas la, e ak kanal ranpa a, menm nan yon tan ki twouble. ²⁶ Epi apre swasann-de semèn yo, Onksyone a va ˡkoupe retite nèt, e Li p ap gen anyen. E pèp a prens la ki vini an, va ᵐdetwi vil ak sanktyè a. Epi lafen li an va vini ak yon inondasyon ak lagè jis rive nan lafèn. Konsa, dezolasyon yo deja detèmine. ²⁷ Li va fè yon akò ki byen fò avèk anpil moun pandan yon semèn. Men nan mitan semèn nan, li va fè sispann sakrifis ak ofrann sereyal yo. Epi sou zèl ⁿabominasyon yo, va vini yon moun ki fè dezolasyon. Men lè l rive nan fen an nèt, ᵒki deja detèmine, lakòlè va vide sou sila ki fè dezolasyon an."

10 Nan twazyèm ane Cyrus, wa Perse la, yon mesaj te revele a Daniel, ki te rele Belschatsar. ᵖMesaj la te vrè; menm yon gran gè. Li te konprann mesaj la, e te ᵠgen konprann vizyon an.

² Nan jou sila yo, mwen menm, Daniel, mwen t ap fè dèy pandan twa semèn. ³ Mwen ʳpa t manje okenn bon manje; ni vyann, ni diven nan pa t antre nan bouch mwen. Ni mwen pa t sèvi okenn pomad pou onksyone jiskaske tout twa semèn sila yo te fin akonpli.

⁴ Nan venn-katriyèm jou nan premye mwa a, pandan mwen te akote gran ˢrivyè a, ki se Hiddékel, ⁵ mwen te leve zye m gade e vwala, te gen yon sèten nonm ᵗabiye an len, ak senti l mare ak yon sentiwon lò pi ki sòti Uphaz. ⁶ Anplis, kò li te tankou krizolit, figi li kon aparans ak loray ᵘzye li kon tòch flanm dife, bra li ak pye li tankou bwonz byen poli e son a pawòl li yo kon son a yon gran foul.

⁷ Alò, mwen menm, Daniel, mwen ᵛtou sèl te wè vizyon an, pandan mesye ki te avè m yo pa t wè vizyon an, men yon gwo laperèz te vin tonbe sou yo e yo te kouri ale kache kò yo. ⁸ Konsa, mwen te ʷrete sèl, e mwen te wè gran vizyon sila a. Konsa, ˣpa t gen fòs ki te rete nan mwen, paske koulè po m te vin pal tankou moun ki mouri, e mwen te pèdi tout fòs mwen nèt. ⁹ Men mwen te tande son a pawòl li yo. Depi mwen te tande son pawòl li yo, mwen te ʸtonbe nan yon gwo somèy sou figi mwen, figi m atè nèt.

¹⁰ Konsa, gade byen, yon men te ᶻtouche mwen ki te plase m sou men ak jenou m yo. ¹¹ Li te di mwen: "O Daniel, nonm ki trè byeneme a, konprann pawòl ke mwen va pale ou yo. ᵇKanpe dwat! Paske mwen te voye kote ou koulye a." Lè li te pale pawòl sa a, mwen menm, mwen te kanpe. Mwen t ap tranble.

¹² Alò, li te di mwen: "Pa pè, Daniel, paske depi premye jou ke ou te dedye kè ou pou konprann sa a, lè ou te ᶜimilye ou devan Bondye ou a, pawòl ou yo te vin tande. Konsa, mwen te vini ᵈakoz pawòl ou yo. ¹³ Men prens a wayòm Perse la te kanpe kont mwen pandan venteyen jou; epi gade byen ᵉMicaël, youn nan chèf a prens yo, te vin ede m, paske mwen te rete la sèl ak wa a Perse yo. ¹⁴ Koulye a, mwen gen tan vini pou bay ou konprann de sa ki va rive a

---

ᵃ **9:15** Det 5:15   ᵇ **9:16** Jr 32:31-32   ᶜ **9:17** Nonb 6:24-26; Lam 5:18   ᵈ **9:18** Sòm 80:14; Jr 7:10-12   ᵉ **9:19** Sòm 44:23
ᶠ **9:20** És 6:5   ᵍ **9:21** Dan 8:16   ʰ **9:22** Dan 8:16   ⁱ **9:23** Dan 10:11,19; Mat 24:15   ʲ **9:24** II Kwo 29:24; És 51:6,8
ᵏ **9:25** Esd 4:24   ˡ **9:26** És 53:8   ᵐ **9:26** Mat 24:2   ⁿ **9:27** Dan 11:31   ᵒ **9:27** És 10:23   ᵖ **10:1** Dan 8:26
ᵠ **10:1** Dan 1:17   ʳ **10:3** Dan 6:18   ˢ **10:4** Éz 1:3   ᵗ **10:5** Éz 9:2; Rev 1:13   ᵘ **10:6** Rev 1:14   ᵛ **10:7** II Wa 6:17-20   ʷ **10:8** Jen 32:24   ˣ **10:8** Mat 7:28   ʸ **10:9** Jen 15:12   ᶻ **10:10** Jr 1:9   ᵃ **10:11** Dan 8:16,17
ᵇ **10:11** Éz 2:1   ᶜ **10:12** Dan 9:20-23   ᵈ **10:12** Trav 10:30,31   ᵉ **10:13** Dan 10:21

pèp ou a nan ᵃdènye jou yo, paske vizyon an apatyen a anpil jou ki poko rive."

¹⁵ Lè li te pale ak mwen konsènan pawòl sila yo, mwen te vire figi mwen vè tè a e mwen ᵇpa t ka pale menm. ¹⁶ Epi gade byen, yon bagay ki te sanble ak yon fis a lòm te ᶜtouche lèv mwen. Konsa, mwen te louvri bouch mwen pou te pale, e mwen te di a sila ki te kanpe devan m nan: "O senyè mwen an, akoz vizyon an ᵈchagren te antre nan mwen e tout fòs mwen te kite m. ¹⁷ Paske ᵉkòman yon kalite sèvitè konsa kapab pale ak youn tankou senyè mwen an? Epi pou mwen, fòs pa rete nan mwen, ni okenn souf pa rete nan mwen."

¹⁸ Epi sila a ki te sanble ak fis a lòm nan, te touche mwen ankò e te ᶠban m fòs. ¹⁹ Li te di mwen: "O nonm trè byeneme a, ᵍpa pè. Lapè avèk ou. Pran kouraj! Wi, se pou vin vanyan!"

Alò, depi lè li te fin pale ak mwen an, mwen te resevwa fòs, e mwen te di: "Kite senyè mwen an pale, paske ou te ban m fòs."

²⁰ Konsa, li te di: "Èske ou pa konprann poukisa mwen te vin kote ou a? Men mwen va retounen koulye a, pou goumen kont prens a Perse la. Lè mwen ale, gade byen ʰprens a Grèce la va vini. ²¹ Men mwen va di ou sa ki enskri nan pawòl ⁱverite a. Nanpwen okenn moun k ap kanpe avè m kont sila yo, sòf ke ʲMicaël, prens ou an.

11 "Nan ᵏpremye ane Darius, Mèd la, Mwen te leve pou m ta kapab vin yon ankourajman ak yon pwotèj pou li.

² "Epi koulye a, mwen va di ou verite a. Gade byen, va gen twa wa ankò ki va leve Perse. Epi katriyèm nan va bokou pi rich ke tout lòt yo. Lè li vin fò akoz richès li yo, li va pwovoke tout pouvwa li a kont wayòm ˡGrèce la. ³ Konsa, yon ᵐwa pwisan va vin leve. Li va gouvène ak gwo otorite e fè sa li pito. ⁴ Epi lè li fin leve, wayòm li an va vin kraze e divize vè kat van syèl yo, men se pa a pwòp desandan pa li, ni selon otorite ke li te gouvène, paske wayòm li an va ⁿvin dechouke e vin bay a lòt moun ke yo menm.

⁵ "Epi °wa a Sid la va vin fò, ansanm ak youn nan prens li yo ki va vin pi fò ke li, e li va domine li. Dominasyon li an va vrèman gran. ⁶ Apre kèk ane, yo va fè yon alyans e fi wa a Sid la va vin kote ᵖwa Nò a pou antann yo pou yo gen lapè. Men fi a p ap ka kenbe pozisyon pouvwa li a. Ni li menm wa Sid la, li p ap ka kenbe pouvwa pa li a; men fi a va vin livre, ansanm ak sila ki te mennen l antre ak sila ki te devni papa l, menm ak sila ki te bay li soutyen nan lè sa yo.

⁷ "Men youn nan desandan fanmi fi yo va leve nan plas li. Li va vin kont lame pa yo, pou l antre nan ᑫsitadèl wa Nò a. Li va aji kont yo, e li va vankre yo. ⁸ Anplis ʳdye, imaj metal, veso presye an ajan ak lò yo, li va pote yo an kaptivite an Egypte. Konsa, li va sispann atake wa Nò a pandan kèk ane. ⁹ Li va antre nan wayòm a wa Sid la, men li va retounen nan pwòp peyi li. ¹⁰ Fis li yo va rasanble yon gwo lame ki va vin debòde ˢe travèse. Konsa, yo va retounen fè lagè rive jis nan pwòp sitadèl li a.

¹¹ ᵗ"Wa Sid la va anraje e vin goumen ak wa Nò a. Epi dezyèm nan va leve yon gwo foul lame kont premye a, men foul lame sila a va livre nan men a premye a. ¹² Epi foul lame a va vin leve retire. Kè li va vin egzalte e li va fè sòlda tonbe pa di-milye, men, li p ap ka enpoze li. ¹³ Paske, wa Nò a va retounen e leve yon foul ki pi gwo ke sa avan an. Epi li va vini nan fen tan yo, menm nan fen ane yo, avèk yon gwo lame e avèk anpil minisyon.ᵘ

¹⁴ "Alò, nan tan sila yo, va gen anpil moun ki va leve kont wa Sid la. Sila ki vyolan pami pèp nou an va leve yo menm pou etabli vizyon an, men yo va tonbe. ¹⁵ Epi wa Nò a va vini, li va monte yon ᵛteras e li va pran yon vil byen fòtifye. Konsa, lame a Sid yo p ap ka kanpe, ni meyè solda byen chwazi li yo. Li p ap gen okenn fòs pou l ka kanpe. ¹⁶ Men sila ki vini kont li an va ʷfè sa li pito, e ˣnanpwen moun ki ka kanpe devan li. Konsa, li va kanpe nan peyi laglwa a, e nan men li va gen destriksyon. ¹⁷ Li va ʸmete fas li pou vini ak pouvwa a tout wayòm li a. Li va mennen avèk li yon pwopozisyon lapè, ke li va etabli. Li va anplis bay li fi a fanm nan pou detwi wayòm nan. Men li p ap kanpe pou li, ni bay li soutyen. ¹⁸ Apre sa li va vire fas li vè ᶻpeyi kot yo, e li va kaptire anpil nan yo. Men yon chèf va fè repwòch li a sispann. Anplis, li va fè l peye pou ensolans li. ¹⁹ Konsa, li va vire fas li vè fòterès pwòp peyi li a, men li va glise tonbe, e li p ap ka releve ankò.

²⁰ "Epi nan plas li a, yon moun va koze yon mèt kontribisyon a travèse wayòm nan pou kontwole glwa li. Malgre sa, nan kèk jou, li va vin detwi, malgre se pa ni nan kòlè, ni nan batay.ᵃ

²¹ "Nan plas li a, yon nonm meprizab va vin leve, a sila tit a wa a pa t vin bay. Men li va vini nan yon tan trankil e li va ᵇsezi wayòm nan ak ti manèv koken flatè moun. ²² ᶜLame debòde peyi a va soti devan l, e vin kraze nèt, ansanm ak prens akò a. ²³ Apre yon akò lapè fin fèt ak li, li va fè travay desepsyon. Li va monte reyisi pran pouvwa a ak yon ti ekip tou piti. ²⁴ Nan tan lapè a, li va antre nan pati wayòm ki ᵈpi rich la, e li va fè sa ke zansèt li yo pa t janm fè, ni zansèt zansèt li yo. Li va distribye piyaj ak byen yo pami yo. Konsa, li va fòme yon plan kont sitadèl yo, men sèlman pou yon ti tan.

²⁵ "Li va pwovoke pwisans ak kouraj li kont ᵉwa a Sid la ak yon gwo lame. Konsa, wa Sid la va fòme yon vrèman gwo lame pou fè lagè, men li p ap ka kanpe, paske yo va fòme yon plan kont li. ²⁶ Sila ki te kon manje pi bon manje nan men l, va detwi li, epi

---

ᵃ **10:14** Det 31:29; Dan 8:26   ᵇ **10:15** Éz 3:26   ᶜ **10:16** És 6:7   ᵈ **10:16** Dan 7:15,28   ᵉ **10:17** Egz 24:10-11
ᶠ **10:18** És 35:3-4   ᵍ **10:19** Jij 6:23   ʰ **10:20** Dan 8:21   ⁱ **10:21** Dan 12:4   ʲ **10:21** Dan 10:13   ᵏ **11:1** Dan 5:31
ˡ **11:2** Dan 8:21   ᵐ **11:3** Dan 8:5-21   ⁿ **11:4** Jr 12:15-17   ᵒ **11:5** Dan 8:9-11   ᵖ **11:6** Dan 11:7-40
ᑫ **11:7** Dan 11:19-39   ʳ **11:8** És 37:19   ˢ **11:10** És 8:8   ᵗ **11:11** Dan 11:5   ᵘ **11:13** Dan 4:16   ᵛ **11:15** Jr 6:6
ʷ **11:16** Dan 5:19   ˣ **11:16** Jos 1:5   ʸ **11:17** II Wa 12:17   ᶻ **11:18** Jen 10:5   ᵃ **11:20** És 60:17   ᵇ **11:21** II Sam 15:6   ᶜ **11:22** Dan 9:26   ᵈ **11:24** Nonb 13:20   ᵉ **11:25** Dan 11:5

lame li a va ᵃbale nèt. Konsa, anpil moun va tonbe mouri. ²⁷ Selon toulède wa sa yo, kè yo apiye vè fè mal. Yo va pale manti youn ak lòt sou menm tab, men sa p ap reyisi, paske ᵇfen an toujou gen pou vini nan lè apwente a. ²⁸ Konsa, li va retounen nan sid, nan peyi li ak anpil piyaj. Men kè li va kont akò sen an, e li va pran desizyon retounen nan peyi li.

²⁹ "Nan lè apwente a, li va retounen antre nan Sid la. Men nan fwa sa a, li p ap menm jan li te ye fwa avan an. ³⁰ Paske bato a ᶜKittim yo va vini kont li. Akoz sa, li va vin gen chagren. Li va retounen byen anraje kont akò sen an, e li va aji. Konsa, li va retounen pran desizyon pou antann li ak sila ki vyole akò sen yo.

³¹ "Sòlda li yo va ᵈpwofane sanktyè a, fò a menm, e fè sakrifis nòmal la vin sispann. Konsa, yo va fè monte ᵉabominasyon dezolasyon an. ³² Ak lèv flatè, li va sedwi sila ki vyole akò yo, men pèp ki konnen Bondye a va ᶠkanpe fèm pou aji.

³³ ᵍ"Sila ki gen bon konprann pami pèp la va bay konesans a anpil moun. Malgre sa, yo va ʰtonbe pa nepe, pa dife, pa kaptivite e pa piyaj pandan anpil jou. ³⁴ Alò, lè yo tonbe, yo va resevwa yon ti èd, men anpil lòt moun va vin jwenn ak yo an ⁱipokrizi. ³⁵ Kèk nan sila ki gen bon konprann yo va tonbe pou yo ka rafine ʲpirifye, e fè yo ᵏblan, jis menm lè dènye tan an rive. Akoz li toujou gen pou vini nan lè apwente a.

³⁶ "Konsa, wa a va fè sa li pito. Li va vin egzalte. Li va ˡbay tèt li glwa pi wo pase tout dye yo, e li va ᵐpale anpil bagay byen move kont Bondye a dye yo. Konsa, li va pwospere jiskaske endiyasyon an fini, paske dekrè ki pibliye a va akonpli. ³⁷ Li p ap montre okenn respè pou dye a zansèt li yo, ni pou dezi fanm, ni li p ap gen respè pou okenn lòt dye. Paske li va leve tèt li ak glwa pi wo ke yo tout. ³⁸ Men olye de sa, li va bay glwa a dye a fòterès yo. Yon dye ke zansèt li yo pa t konnen, li va bay glwa ak lò, ajan, pyè presye ak trezò. ³⁹ Li va aji kont fòterès ki pi fò yo ak soutyen a yon dye etranje. Nenpòt moun ki rekonèt li, li va ogmante yo ak glwa, e li va fè yo domine sou anpil, e va divize teritwa a pou yon pri.

⁴⁰ "Nan lè lafen an ⁿwa Sid la va atake li. ᵒWa Nò a va rive kont li ak cha, ak chevalye, e ak anpil bato. Epi li va antre nan peyi yo, debòde yo e pase anndan yo. ⁴¹ Anplis, li va antre nan Peyi Laglwa a, e anpil peyi va ranvèse. Men sila yo va delivre soti nan men li: Edom ᵖMoab, ak premye nan fis a ᵠAmmon yo. ⁴² Anplis, li va lonje men li kont lòt peyi yo, e peyi Egypte la p ap chape. ⁴³ Men li va pran kontwòl tout trezò kache ak lò, ajan ak tout bagay presye an Egypte yo. ʳLibyen yo ak Etyopyen yo va swiv pye li yo. ⁴⁴ Men rimè ki sòti nan Lès ak nan Nò va vin twouble li. Li va soti deyò ak gwo kòlè pou detwi e fè anpil disparèt nèt. ⁴⁵ Li va fè monte tant a palè li a antre lanmè a ak ˢMòn Sen Laglwa a. Malgre sa, li va rive nan fen li e nanpwen moun k ap bay li soutyen.

12 "Alò, nan lè sa a, Micaël, gran prens ki te kanpe pou fis a pèp ou yo, va leve. Epi va gen ᵗyon tan gwo twoub ᵘjan sa pa t janm te konn fèt soti lè te gen yon nasyon jis rive nan lè sa a. Epi nan lè sa a, pèp ou a va vin delivre, tout moun ke gen non ekri nan liv la. ² ᵛAnpil nan sila ki dòmi nan pousyè latè yo va leve, ʷyon pati pou lavi etènèl yo, men lòt yo pou gwo wont ak mepriz ki p ap janm fini. ³ Sila ki gen bon konprann yo va ˣbriye klè tankou ekla a tout syèl la. Epi sila ki ʸmennen anpil moun vè ladwati yo, va brile tankou zetwal jis pou tout tan, e pou tout tan. ⁴ Men ou menm, Daniel, kache pawòl sila yo, e ᶻsele liv la nèt jis rive nan fen tan yo. ᵃAnpil moun va kouri fè ale vini, e konesans va ogmante."

⁵ Epi mwen menm, Daniel te gade, e vwala, de lòt moun te kanpe, youn sou bò rivyè sa a, e lòt la sou lòtbò a. ⁶ Konsa youn te di a mesye ᵇabiye an len an, ki te sou dlo rivyè a: ᶜ"Konbyen tan pou rive nan fen a bagay mèvèy sila yo?"

⁷ Mwen te tande nonm abiye an len an, ki te sou dlo rivyè a, lè l te ᵈLeve men dwat li ak men goch li vè syèl la. Li te jire pa li menm ki viv pou tout tan an, ki li va pou ᵉyon tan, tan yo, ak yon mwatye tan. Lè yo fin kraze pouvwa a pèp sen an, tout evenman sila yo va fini.

⁸ Konsa, mwen te tande, men mwen pa t ka konprann. Akoz sa, mwen te di: "Senyè mwen, kisa ki va fen a evenman sila yo?"

⁹ Li te di: "Ale, Daniel, paske pawòl sila yo kache e sele nèt, jiska moman lafen an. ¹⁰ Anpil moun va pirifye tèt yo, e fè tèt yo blan pou vin rafine, men mechan yo va aji ak mechanste. Konsa okenn nan mechan yo p ap konprann, men sila ki gen sajès yo va konprann.

¹¹ "Soti nan lè ke sakrifis nòmal la te vin aboli a ᶠabominasyon ak dezolasyon vin monte a, va genyen mil-de-san-katreven-dis (1,290) jou. ¹² Beni se sila ki va tann, e rive jis nan ᵍMil-twa-san-trann-senk (1,335) jou yo.

¹³ "Men ou menm, kontinye fè wout ou, jis rive nan fen an. Paske ou va antre nan ʰrepo, e ou va kanpe ankò pou pòsyon eritaj pa ou a nan fen jou yo."

ᵃ **11:26** Dan 11:10-40   ᵇ **11:27** Dan 8:19   ᶜ **11:30** Jen 10:4   ᵈ **11:31** Dan 8:11-13   ᵉ **11:31** Dan 9:27   ᶠ **11:32** Mi 5:7-9   ᵍ **11:33** Mal 2:7   ʰ **11:33** Mat 24:9   ⁱ **11:34** Dan 11:21-32   ʲ **11:35** Jn 15:2   ᵏ **11:35** Rev 7:14   ˡ **11:36** És 14:13   ᵐ **11:36** Rev 13:5,6   ⁿ **11:40** Dan 11:11   ᵒ **11:40** Dan 11:7,13,15   ᵖ **11:41** Jr 48:47   ᵠ **11:41** Jr 49:6   ʳ **11:43** II Kwo 12:3   ˢ **11:45** És 11:9   ᵗ **12:1** Rev 7:14   ᵘ **12:1** Jr 30:7   ᵛ **12:2** És 26:19   ʷ **12:2** Mat 25:46   ˣ **12:3** Jn 5:35   ʸ **12:3** És 53:11   ᶻ **12:4** És 8:16   ᵃ **12:4** És 11:9   ᵇ **12:6** Éz 9:2   ᶜ **12:6** Dan 8:13   ᵈ **12:7** Éz 20:5   ᵉ **12:7** Dan 7:25   ᶠ **12:11** Dan 9:27   ᵍ **12:12** Dan 8:14   ʰ **12:13** És 57:2

Osée

1 Pawòl SENYÈ a ki te vini a Osée, fis a Béeri a, pandan jou Ozias yo, Jotham, Achaz, ak Ézéchias, wa a Juda a e nan tan Jéroboam, fis a Joas la, wa Israël la.

² Lè SENYÈ a te pale an premye pa Osée, SENYÈ a te di a Osée: "Ale, pran pou ou menm, yon madanm pwostitiye, ak pitit enfidèl yo. Paske [a]peyi a ap komèt gwo pwostitisyon. L ap abandone SENYÈ a."

³ Konsa, li te ale pran Gomer, fi a Diblaïm nan. Li te vin ansent, e li te fè yon fis pou li.

⁴ Konsa, SENYÈ a te di li: "Bay li non [b]Jizreel; paske deja nan yon ti tan [c]mwen va vanje san a Jizreel sou lakay Jéhu. Epi sa va koze wayòm lakay Israël la fini. ⁵ Nan jou sa a, Mwen va [d]kraze banza Israël la nan [e]vale Jizreel la."

⁶ Konsa, li te vin ansent ankò, e li te bay nesans a yon fi. Epi SENYÈ a te di li: "Rele li Lo Ruchama, paske Mwen p ap [f]fè konpasyon ankò pou lakay Israël, pou M ta janm padone yo. ⁷ Men Mwen va genyen konpasyon pou lakay Juda. Y va [g]delivre pa SENYÈ Bondye yo, a e yo p ap delivre ni pa [h]banza, ni pa nepe, ni pa batay, pa cheval, ni chevalye."

⁸ Alò, lè li te fin sevre Lo Ruchama, li te vin ansent, e li te fè yon fis.

⁹ Epi SENYÈ a te di: "Rele li Lo Ammi, paske nou pa pèp Mwen, ni Mwen pa Bondye nou."

¹⁰ Malgre sa, fis Israël yo va tankou sab lanmè, ki p ap ka mezire, ni konte. Men [i]nan plas kote sa te pale a yo menm nan, 'Nou pa pèp Mwen an', sa va pale a yo menm 'Yo va rele fis a Bondye vivan an.' ¹¹ Konsa, fis a Juda ak fis Israël yo va vin [j]rasanble ansanm, epi yo va chwazi pou kont yo [k]yon sèl chèf, epi yo va monte depi nan peye a, paske jou a Jizreel la va vreman gran.

2 "Di a frè ou a 'Pèp mwen yo'! Epi a sè ou yo, 'Byen ame mwen an!'

² Rebike manman ou! Rebike, paske li pa madanm mwen; ni mwen pa mari li. Kite li retire pwostisyon li yo devan figi li, ak adiltè li yo soti antre tete li yo;

³ sinon M ta chire retire tout rad li
pou fè l parèt
toutouni menm jan ak [l]jou li te fèt la;
pou [m]fè l vin tankou yon peyi dezè
e touye li ak swaf.

⁴ Anplis, Mwen p ap fè mizerikòd
sou pitit li yo,
akoz yo se [n]pitit a pwostitiye.

⁵ Paske manman yo te fè pwostitisyon.
Li ki te fè yo aji san wont, paske li te di:
'Mwen va swiv moun ki renmen mwen yo,
ki ban m pen ak dlo mwen, lenn ak len mwen,
lwil ak bwason mwen.'

⁶ Akoz sa, Mwen va fè monte yon kloti pikan,
e Mwen va bati yon mi kont li
pou l pa ka twouve ti wout li yo.

⁷ Li va kouri dèyè moun ki renmen li yo,
men li p ap ka rive sou yo.
Li va chache yo, men li p ap jwenn yo.
Konsa li va di: 'M ap prale retounen
kote premye mari Mwen an,
paske lè sa a te pi bon pou mwen
pase koulye a.'

⁸ Paske li [o]pa t konnen ke se te [p]Mwen
ki te bay li sereyal la,
diven nèf ak lwil la,
e ki te bay li anpil lò ak ajan
ke yo te fè sèvi pou Baal yo.

⁹ Akoz sa, Mwen va [q]reprann
sereyal Mwen an nan lè rekòlt la
ak diven Mwen an nan sezon li an.
Mwen va, anplis, retire lenn Mwen an
ak len Ki te pou kouvri pou li pa t toutouni an.

¹⁰ Konsa, Mwen va [r]dekouvri wont
li devan zye
a tout moun ki renmen li yo,
e pèsòn p ap mande fè l soti nan men Mwen.

¹¹ Anplis, Mwen va [s]mete fen a tout
kè kontan l;
[t]fèt li yo, nouvèl lin li yo, Saba a,
ak tout Gwo rasanbleman fèt li yo.

¹² Mwen va detwi pye rezen li yo
ansanm ak pye fig fwi etranje yo selon
sila li te di:
'Sa yo se salè mwen,
ke moun ki renmen m yo te ban mwen.'
Mwen va [u]fè yo tounen yon rakbwa,
e bèt chan va devore yo.

¹³ Mwen va pini li pou jou Baal yo,
kote li te brile lasan nan,
lè l te abiye tèt li ak zanno ak bijou yo,
pou l swiv moun ki renmen li yo,
epi te[v]bliye Mwen" deklare SENYÈ a.

¹⁴ Pou sa, gade byen,
Mwen va atire li [w]mennen li
antre nan dezè a pou pale dous avèk li.

¹⁵ Epi soti la, Mwen va bay li [x]chan rezen yo,
ak Vale Akò a kon yon pòt espwa.
Li va reponn la tankou nan jou jenès li yo,
tankou nan jou lè l te vin monte
soti nan peyi Égypte la.

¹⁶ Li va vin rive nan jou sa a",

---

[a] **1:2** Det 31:16 [b] **1:4** Os 2:22 [c] **1:4** II Wa 10:11 [d] **1:5** Jr 49:35 [e] **1:5** Jos 17:16 [f] **1:6** Os 2:4 [g] **1:7** Jr 25:5,6 [h] **1:7** Sòm 44:3-7 [i] **1:10** Wo 9:26; És 65:1 [j] **1:11** Jr 23:5,6 [k] **1:11** Jr 30:21 [l] **2:3** Éz 16:4 [m] **2:3** És 32:13,14 [n] **2:4** Jr 13:14 [o] **2:8** És 1:3 [p] **2:8** Éz 16:19 [q] **2:9** Os 8:7 [r] **2:10** Éz 16:37 [s] **2:11** Jr 7:34 [t] **2:11** Os 3:4 [u] **2:12** És 5:5 [v] **2:13** Os 4:6 [w] **2:14** Éz 20:33-38 [x] **2:15** Jos 7:26

deklare SENYÈ a,
"ke ou va rele Mwen: ᵃ'Mari mwen'
e ou p ap rele M ankò: 'Met mwen'.
¹⁷ Paske ᵇMwen va retire non a Baal
   yo soti nan bouch li,
pou yo pa nonmen pa non yo ankò.
¹⁸ Nan jou sa a, anplis, Mwen va fè yon Akò
pou yo ak ᶜbèt chan yo,
zwazo syèl yo ak sa ki trennen atè yo.
Mwen va ᵈaboli banza, nepe ak lagè
   soti nant peyi a,
e Mwen va fè yo kouche dòmi ansekirite.
¹⁹ Mwen va fè ou vin renmen M jis
   pou tout tan.
Wi, Mwen va fè ou vin renmen M nan
   ladwati ak lajistis,
nan lanmou dous ak konpasyon.ᵉ
²⁰ Epi Mwen va fè ou renmen M nan fidelite.
Nan lè sa a, ou va konnen SENYÈ a.ᶠ
²¹ "Li va vin rive nan jou sa a ke ᵍMwen
   va reponn",
deklare SENYÈ a.
"Mwen va reponn a syèl yo,
e yo va reponn a tè a.
²² Epi ʰLatè va reponn a sereyal la,
   diven nèf ak lwil la;
epi yo va reponn a Jizreel.
²³ Mwen va simen li kote M nan tè a,
Mwen va genyen mizerikòd pou li,
fi ki pa t konn jwenn mizerikòd la.
Konsa, ⁱMwen va di a sila ki pa t pèp
   Mwen an:
'Ou se pèp Mwen an!'
Epi yo va reponn: 'Ou se Bondye mwen!'"

3 Alò, SENYÈ a te di mwen: "Ale ankò, renmen ak yon fanm ki renmen pa yon lòt, malgre se yon fanm adiltè, menm jan ʲke SENYÈ a renmen fis Israël yo, poutan, yo vire vè lòt dye yo, e yo renmen gato rezen yo."

² Konsa, mwen te ᵏachte fanm nan pou yon sòm a kenz pyès ajan ak yon omè edmi lòj. ³ Mwen te di li: "Ou va rete avè m pandan anpil jou. Ou p ap fè pwostitisyon, ni ou p ap madanm a yon gason. Epi konsa, mwen va menm jan anvè ou menm." ˡ

⁴ Paske, fis Israël yo va ᵐrete pandan anpil jou san wa ni prens, san ⁿsakrifis, ni pilye sakre, san efòd e san zidòl lakay yo. ⁵ Apre sa, fis Israël yo va retounen chache SENYÈ Bondye yo a, ak ᵒDavid, wa yo a. Yo va vini avèk krentif kote SENYÈ a e kote bonte Li nan dènye jou yo.

4 Koute pawòl SENYÈ a, O fis a Israël yo,
   paske SENYÈ a gen yon pwose
      kont pèp peyi a:
Anverite, nanpwen fidelite, ni dousè, ni
   konesans Bondye nan peyi a.ᵖ

² Gen joure ak madichon, vyole konfyans,
asasine moun, vòlè, fè adiltè.
Yo aji ak vyolans jiskaske yo vèse san,
e vèse san fè san vèse plis.ᑫ
³ Akoz sa, peyi a va ʳfè dèy.
Tout moun ki rete ladann ap megri
menm ak tout sa ki viv.
Menm bèt chan yo ak zwazo syèl yo,
epi pwason lanmè yo va mouri.

⁴ Malgre sa, pa kite okenn moun pote
   akizasyon,
ni okenn moun vin repwoche;
paske pèp nou an se tankou sila
ki ˢfè kont ak prèt yo.
⁵ Konsa, nou va ᵗglise tonbe nan lajounen
e menm pwofèt la va glise tonbe
avèk nou nan lannwit.
Epi Mwen va detwi manman ou.
⁶ Pèp Mwen an detwi akoz mank konesans.
Akoz ou te rejte konesans,
Mwen menm tou, Mwen va rejte ou.
Ou p ap ka fè prèt pou Mwen,
akoz ou te bliye lalwa Bondye.
Konsa, Mwen menm tou,
Mwen ap bliye pitit nou yo.
⁷ Plis ke yo te miltipliye,
plis ke yo te peche kont mwen.
Mwen va ᵘfè glwa yo vin chanje an wont.
⁸ Yo manje sou peche a pèp Mwen an,
e yo ᵛdirije volonte yo vè inikite yo.
⁹ Se konsa sa va ye: jan pèp la ye a,
se konsa prèt la ye.
Akoz sa, Mwen va pini yo pou chemen yo,
e Mwen va rekonpanse yo pou zak yo.ʷ
¹⁰ Yo va manje, men yo p ap gen ase.
Yo va ˣfè pwostitisyon, men yo p ap ogmante,
akoz yo ʸsispann koute SENYÈ a.
¹¹ Lavi pwostitisyon, ᶻdiven,
ak diven nèf retire bon konprann.
¹² Pèp mwen an ᵃmande konsèy
a zidòl ki fèt ak bwa yo.
Paske yon lespri pwostitisyon te egare yo;
yo te enfidèl a Bondye yo a.
¹³ Yo ofri sakrifis sou ᵇtèt mòn yo,
e yo brile lansan sou kolin yo.
ᶜAnba pye bwadchèn yo,
pye sikrèn ak pye mapou yo;
akoz lonbraj yo dous.
Akoz sa, fi nou yo fè pwostitisyon
e madanm nou yo fè adiltè.ᑫ
¹⁴ Mwen p ap pini fi nou yo lè yo fè
   pwostitisyon,
ni madanm nou yo lè yo fè adiltè.
Paske, mesye yo, yo menm,

ᵃ **2:16** És 54:5   ᵇ **2:17** Egz 23:13   ᶜ **2:18** Job 5:23   ᵈ **2:18** És 2:4   ᵉ **2:19** És 1:27   ᶠ **2:20** Jr 31:33,34   ᵍ **2:21** És 55:10   ʰ **2:22** Jr 31:12   ⁱ **2:23** Wo 9:25   ʲ **3:1** Jr 3:20   ᵏ **3:2** Rt 4:10   ˡ **3:3** Det 21:13   ᵐ **3:4** Os 10:3   ⁿ **3:4** Dan 9:27   ᵒ **3:5** Jr 30:9   ᵖ **4:1** Os 12:2; És 59:4   ᑫ **4:2** Jen 4:8; Det 5:18   ʳ **4:3** És 24:4   ˢ **4:4** Det 14:3,7   ᵗ **4:5** Éz 14:3   ᵘ **4:7** Hab 2:16   ᵛ **4:8** És 56:11   ʷ **4:9** Os 8:13   ˣ **4:10** Os 7:4   ʸ **4:10** Os 9:1   ᶻ **4:11** Pwov 20:1   ᵃ **4:12** És 44:19   ᵇ **4:13** Jr 3:6   ᶜ **4:13** És 1:29

ale sou kote ak ᵃpwostitiye yo,
e fè sakrifis yo ak pwostitiye tanp yo.
Konsa, pèp san konprann nan vin detwi nèt.

¹⁵ Malgre sa, ou menm, Israël, ou fè
    pwostitisyon an,
men ou pa kite Juda vin koupab;
pa monte vè Guilgal,
ni monte nan Beth-Aven,
ni ᵇsèmante: "Jan Bondye vivan an!"
¹⁶ Paske Israël fè tèt li di,
tankou yon gazèl ak tèt rèd.
Èske SENYÈ a, koulye a, kapab nouri yo
tankou jenn mouton nan yon bèl chan?ᶜ
¹⁷ Éphraïm vin jwenn ak ᵈzidòl yo.
Kite li pou kont li.
¹⁸ Bwason yo vin gen gou si.
Yo jwe pwostitiye tout tan.
Chèf yo vrèman renmen wont yo.ᵉ
¹⁹ ᶠVan an te vlope li nan zèl li yo;
yo va wont akoz sakrifis yo fè.

5 Tande bagay sa a, O prèt yo!
    Prete zòrèy ou O lakay Israël!
Koute byen, O lakay wa a!
Paske jijman an se pou ou,
paske ou te yon pèlen nan Mitspa
e yon Filè ouvri sou Thabor.ᵍ
² ʰRebèl yo ⁱdesann fon nan fè masak;
men Mwen va fè chatiman rive sou Yo tout.
³ Mwen ʲkonnen Éphraïm
e Israël pa kache devan M;
paske koulye a, O Éphraïm, ou te jwe
    pwostitiye.
Israël te souye tèt li.
⁴ Zak yo p ap pèmèt ke yo retounen
    jwenn Bondye yo a,
paske, yon ᵏlespri pwostitisyon rete
    anndan yo.
Yo ˡpa konnen SENYÈ a.
⁵ Anplis, ògèy Israël la temwaye kont li.
Donk, Israël ak Éphraïm va tonbe
    nan inikite yo.
Anplis, ᵐJuda va tonbe avèk yo.
⁶ Yo va ale avèk bann mouton ak twoupo yo
pou y al chache SENYÈ a,
men yo ⁿp ap jwenn Li.
Li te ᵒretire tèt Li kite yo.
⁷ Yo te ᵖaji an trèt kont SENYÈ a,
paske yo te fè pitit ilejitim.
Koulye a nouvèl lin nan
va devore yo menm ak chan yo.

⁸ ᑫ"Soufle kòn Guibea a, twonpèt Rama a.
Sone alam Beth-Aven nan:
ʳDèyè ou, Benjamin!

⁹ Éphraïm va vin yon kote dezole nan
    ˢjou repwòch la;
Pami tribi Israël yo, Mwen ᵗdeklare
    sa ki va rive.
¹⁰ Prens a Juda yo te vin tankou sila ki
    ᵘdeplase Bòn yo;
Sou yo, Mwen va vide tout
chalè kòlè Mwen an tankou dlo.
¹¹ Éphraïm vin oprime,
Li vin kraze nan jijman an,
ᵛakoz li te pran desizyon pou swiv zidòl yo.
¹² Akoz sa, mwen vin tankou
yon papiyon twal pou Éphraïm
e tankou pouriti pou lakay Juda.ʷ

¹³ "Lè Éphraïm te wè maladi li a,
e Juda, jan li te blese a;
alò, Éphraïm te ale kote Assyrie.
Li te voye kote Wa Jareb.
Men li p ap ka geri w,
ni li p ap ka fè geri maleng ou an.ˣ
¹⁴ Paske, Mwen va tankou yon lyon
    pou Éphraïm,
e Mwen va tankou yon jenn lyon pou
    lakay Juda.
ʸMwen menm, Mwen va chire an mòso
e Mwen va ale.
Mwen va pote ale, e ᶻp ap gen
moun ki pou delivre.
¹⁵ Mwen va ale retounen nan plas Mwen,
jiskaske yo vin ᵃrekonèt koupabilite yo,
pou chache fas Mwen.
Nan soufrans yo, y ap vin chache
    Mwen ak tout kè."

6 Vini, annou retounen kote SENYÈ a;
    paske li te ᵇchire nou,
men Li va geri nou.
Li te blese nou,
men ᶜLi va panse nou.
² Li va ᵈfè nou vin refè apre de jou;
Nan twazyèm jou a Li va fè nou leve.
Konsa, nou va viv devan Li.
³ Annou ᵉrekonèt SENYÈ a;
annou refize lage pou nou ka konnen
    SENYÈ a.
ᶠ Aparans Li asire tankou solèy
k ap leve granmmaten.
Konsa, Li va vini sou nou tankou lapli,
tankou lapli prentan k ap wouze latè.

⁴ Kisa pou M fè ak ou, O Éphraïm?
Kisa pou M fè ak ou, O Juda?
Paske fidelite ou tankou nwaj nan maten,
tankou farinay ki disparèt bonè.

ᵃ **4:14** Det 23:17   ᵇ **4:15** Jr 5:2   ᶜ **4:16** És 5:17   ᵈ **4:17** Os 13:2   ᵉ **4:18** Mi 3:11   ᶠ **4:19** Os 12:1   ᵍ **5:1** Os 9:8   ʰ **5:2** Os 9:15   ⁱ **5:2** És 29:15   ʲ **5:3** Am 3:2   ᵏ **5:4** Os 4:12   ˡ **5:4** Os 4:6,14   ᵐ **5:5** Éz 23:31-35   ⁿ **5:6** Pwov 1:28   ᵒ **5:6** Éz 8:6   ᵖ **5:7** És 48:8   ᑫ **5:8** Jl 2:1   ʳ **5:8** Jij 5:14   ˢ **5:9** És 37:3   ᵗ **5:9** És 46:10   ᵘ **5:10** Det 19:14   ᵛ **5:11** Mi 6:16   ʷ **5:12** Sòm 39:11   ˣ **5:13** Os 7:11; Os 10:6   ʸ **5:14** Sòm 50:22   ᶻ **5:14** Mi 5:8   ᵃ **5:15** És 64:7   ᵇ **6:1** Det 32:39   ᶜ **6:1** Jr 30:17   ᵈ **6:2** Sòm 30:5   ᵉ **6:3** És 2:3   ᶠ **6:3** Sòm 19:6

⁵ Akoz sa, Mwen te taye yo an mòso
    ak pwofèt yo;
Mwen te touye yo ak ᵃpawòl bouch Mwen.
Jijman Ou yo se tankou loray k ap tire.
⁶ Paske, Mwen ᵇpito mizerikòd ᶜolye sakrifis,
epi konesans Bondye a plis ke ofrann brile.
⁷ Men ᵈyo menm, tankou Adam te ᵉkase
    transgresyon akò a.
La, yo pa t fidèl anvè Mwen.
⁸ Galaad se yon vil ki plen ak malfektè,
plen ak tach san.ᶠ
⁹ Epi tankou bandi k ap tann yon moun;
konsa, yon twoup prèt asasine moun
sou wout pou rive Sichem nan.
Se gwo krim y ap fè.
¹⁰ Nan lakay Israël, Mwen te wè yon
    ᵍmove bagay.
Gen pwostitisyon nan Éphraïm.
Israël souye pwòp tèt li.

¹¹ Ou menm tou, O Juda!
Gen yon ʰrekòlt ki deja apwente pou
    ou menm,
lè Mwen retabli byennèt pèp Mwen an.

7 Lè M ⁱta geri blesi Israël,
    inikite a Éphraïm nan vin dekouvri,
ak mechanste a Samarie a tou;
paske yo aji nan ʲmanti.
Vòlè a antre,
bandi yo atake pa deyò.
² Yo pa menm reflechi nan kè yo ke Mwen
ᵏSonje tout mechanste yo.
Alò, zak yo ap antoure yo;
yo devan figi Mwen.
³ ˡAk mechanste yo, yo fè kè wa a kontan,
epi prens yo, ak ᵐmanti yo.
⁴ Yo tout se ⁿadiltè;
yo tankou yon fou la
ke bos boulanje sispann chofe,
depi nan lè l ap petri Pat farin nan,
jis rive lè pan an fin leve.
⁵ Nan jou a wa nou an, prens yo
te fè tèt yo malad ak chalè diven an.
Li te lonje men li ak mokè yo.ᵒ
⁶ Paske kè yo vin tankou yon ᵖfou
pandan y ap kouche tan moun.
Fachez yo fè gwo touf lafimen tout lannwit.
Nan maten, li brile tankou yon gwo
    flanm dife.
⁷ Yo tout cho tankou yon fou.
Yo manje ᑫjij yo.
Tout wa yo fin tonbe.
ʳNanpwen youn pami yo ki rele M.
⁸ Éphraïm ˢmele li menm ak nasyon yo.
Éphraïm se yon gato ki pa t vire.

⁹ Etranje yo devore fòs li,
men li pa wè sa a.
Anplis, cheve blanch yo la sou li,
men li pa konnen.ᵗ
¹⁰ Malgre sa ᵘògèy Israël la fè temwaye kont li,
ᵛmen yo pa retounen kote SENYÈ a,
    Bondye yo a.
Ni yo pa chache Li, malgre tout sa.

¹¹ Konsa, Éphraïm te vin tankou
yon toutrèl egare, ʷsan bon sans.
Yo rele vè Egypte.
Yo ale ˣAssyrie.
¹² Lè yo ale, Mwen va ouvri pèlen
    Mwen sou yo.
Mwen va desann yo tankou zwazo syèl yo.
Mwen va bay yo chatiman,
jan kongregasyon yo a te tande a.ʸ
¹³ Malè a yo menm!
Paske yo te ᶻgaye kite Mwen!
Destriksyon pou yo menm,
paske yo te fè rebèl kont Mwen!
Mwen ᵃta rachte yo,
men yo fè manti kont Mwen.
¹⁴ ᵇYo pa t kriye a Mwen menm avèk kè yo,
men yo rele fò sou kabann yo.
Yo rasanble tèt yo pou sereyal ak diven nèf.
Men yo ᶜvire kite Mwen.
¹⁵ Malgre se Mwen ki enstwi ponyèt yo
    pou yo ta vin fò,
malgre sa yo ᵈfè konplo pou mal kont Mwen.
¹⁶ Yo vire, men pa a Sila ki anwo a.
Yo tankou yon banza k ap twonpe moun.
Prens yo va tonbe devan nepe
akoz ᵉensolans a lang yo.
Sa va fèt pou yo ka vin pase nan rizib
    nan peyi Egypte.

8 Mete twonpèt la sou lèv ou yo!
    Yon bagay tankou malfini
vini kont lakay SENYÈ a;
akoz yo te transgrese akò Mwen an,
e fè rebèl kont lalwa Mwen an.
² Yo va rele a Mwen menm:
'Bondye mwen an, nou menm—Israël—Nou
    konnen Ou.'
³ Israël te rejte sa ki bon;
lènmi an va kouri dèyè l.
⁴ Yo vin plase wa yo, men pa selon
    Mwen menm.
Yo te chwazi prens yo, men pa selon
    Mwen menm.
Ak ᶠajan ak lò pa yo, yo te fè zidòl
    pou kont yo,
jis pou yo ta ka koupe retire nèt.
⁵ Kite Samarie jete ᵍjenn bèf li deyò!

ᵃ **6:5** Jr 23:29   ᵇ **6:6** Mat 9:13   ᶜ **6:6** És 1:11   ᵈ **6:7** Job 31:33   ᵉ **6:7** Os 8:1   ᶠ **6:8** Os 12:11; Os 4:2   ᵍ **6:10** Jr 5:30,31   ʰ **6:11** Jr 51:33; So 2:7   ⁱ **7:1** Éz 24:13   ʲ **7:1** Os 4:2   ᵏ **7:2** Sòm 25:7   ˡ **7:3** Wo 1:32   ᵐ **7:3** Os 4:2   ⁿ **7:4** Jr 9:2   ᵒ **7:5** És 28:1,7   ᵖ **7:6** Sòm 21:9   ᑫ **7:7** Os 13:10   ʳ **7:7** És 64:7   ˢ **7:8** Sòm 106:35   ᵗ **7:9** És 1:7   ᵘ **7:10** Os 5:5   ᵛ **7:10** És 9:13   ʷ **7:11** Os 4:6,11,14   ˣ **7:11** Os 5:13   ʸ **7:12** Éz 12:13; Lev 26:14-39   ᶻ **7:13** Jr 14:10   ᵃ **7:13** Jr 51:9   ᵇ **7:14** Job 35:9-11   ᶜ **7:14** Os 13:16   ᵈ **7:15** Na 1:9   ᵉ **7:16** Sòm 12:3,4; Éz 23:32   ᶠ **8:4** Os 2:8   ᵍ **8:5** Os 10:3

Kòlè Mwen ap brile kont yo!
Pou konbyen de tan yo va rete
san kapasite pou pirifye?
⁶ Paske, sa sòti menm an Israël!
Se yon ouvriye ki fè l. Li pa yon Dye.
Anverite, jenn bèf Samarie a va kraze
    an mòso.ª
⁷ Paske ᵇyo simen van,
e yo rekòlte ᶜtoubiyon.
⁸ Israël vin ᵈvale nèt.
Koulye a, se pami nasyon yo ye;
tankou yon ᵉveso ki pa bay plezi a
    okenn moun.
⁹ Paske yo te monte ᶠAssyrie,
kon yon ᵍbourik mawon pou kont li.
Éphraïm te achte moun pou l ta renmen ak yo.
¹⁰ Malgre yo vann tèt yo pami nasyon yo,
se koulye a, Mwen va ranmase yo.
Yo kòmanse vin ʰfebli akoz presyon
a ⁱwa de sa yo ak pwisans.
¹¹ Akoz Éphraïm te ʲMiltipliye lotèl
    pou fè peche yo,
Yo te devni lotèl pou li pou peche yo.
¹² Malgre sa ᵏMwen te ekri pou li
règleman san fen de ˡLalwa Mwen yo,
men yo gade yo tankou yon bagay ki dwòl.
¹³ Pou sakrifis ofrann Mwen yo,
yo fè sakrifis vyann, e yo manje l.
SENYÈ a pa pran okenn plezi nan yo.
Konsa, Li va ᵐsonje inikite yo,
e ⁿpini peche yo.
Yo va retounen an Egypte.
¹⁴ Paske Israël te ᵒbliye Kreyatè li.
Li te ᵖbati palè yo.
Konsa, Juda te miltipliye vil fòtifye yo;
men Mwen va voye dife sou vil li yo,
e konsa, li va devore gwo palè li yo.

9 ᵍPa rejwi, O Israël, ak lajwa kon nasyon yo!
    Paske ou te ʳfè pwostitisyon.
Ou te abandone Bondye ou a.
Ou te renmen salè kòb ki konn
ranmase sou nenpòt glasi vannen.
² Glasi vannen a ak pèz diven an ˢp
    ap nouri yo,
e diven nèf la va fè yo vin twonpe.
³ Yo p ap rete nan peyi SENYÈ a,
men Éphraïm va retounen an ᵗÉgypte,
e yo va manje ᵘsa ki pa pwòp an Assyrie.
⁴ Yo p ap vide ofrann bwason diven
    a SENYÈ a,
Ni yo p ap fè L plezi.
Sakrifis yo va tankou pen moun ki fè
    dèy pou mò.
Tout moun ki manje ladan va vin souye,
paske pen pa yo va sèlman pou plen vant yo.

Li p ap antre lakay SENYÈ a.ᵛ
⁵ ʷKisa ou va fè nan jou fèt apwente a,
ak nan jou a fèt SENYÈ a?
⁶ Paske, gade byen, lè yo pran flit devan
    destriksyon,
Égypte va ranmase yo.
Moph va antere yo.
Se machacha k ap vin pran trezò a jan yo.
Se bwa pikan k ap fè tant yo.
⁷ Jou ˣpinisyon yo gen tan rive.
Jou ʸjijman yo gen tan rive.
Israël va konsidere Pwofèt la kon yon
    moun fou,
moun ki gen gwo limyè a kon plen ak foli,
akoz inikite ou yo tèlman vin anpil,
e akoz rayisman ou yo vin tèlman gran.
⁸ Yon pwofèt veye sou Éphraïm
avèk Bondye mwen an.
Yon pèlen moun pou kapte se nan tout
    chemen li yo,
e se sèl mepriz li twouve lakay Bondye li a.
⁹ Yo antre tèt yo byen ᶻfon nan koripsyon,
tankou nan jou a Guibea yo.
Li va sonje ªinikite yo.
Li va pini peche yo.
¹⁰ Mwen te twouve Israël
tankou ᵇrezen yo nan dezè.
Mwen te wè papa zansèt nou yo
tankou ᶜpremye fwi sou pye fig nan
    premye sezon li.
Men yo te rive kote Baal-Peor;
yo te konsakre tèt yo a gwo wont,
e yo te vin abominab menm jan
ak sila ke yo te renmen a.
¹¹ Pou Éphraïm ᵈglwa yo va vole ale
    kon zwazo.
P ap gen ni nesans, ni ansent, ni konsepsyon.
¹² Malgre yo leve pwòp pitit yo,
Mwen va Prive yo de yo,
jiskaske pa gen yon moun ki rete.
Wi, anverite ᵉmalè a yo menm, lè
    Mwen kite yo!
¹³ Mwen wè Éphraïm, jan Mwen te wè Tyr la,
plante nan yon bèl chan;
men Éphraïm va fè parèt ak pitit li yo
    pou gran masak la.ᶠ
¹⁴ Bay yo!—O SENYÈ! Kisa Ou va bay yo?
Bay yo yon ti vant foskouch ᵍak tete sèch.

¹⁵ Tout mechanste yo se nan Guilgal;
Anverite se la Mwen te rayi yo!
Akoz ʰmechanste a zak yo,
Mwen va chase yo sòti lakay Mwen.
Mwen p ap renmen yo ankò;
tout prens yo se ⁱrebèl.

ª **8:6** Os 13:2 ᵇ **8:7** Pwov 22:8 ᶜ **8:7** És 66:15 ᵈ **8:8** II Wa 17:6 ᵉ **8:8** Jr 22:28 ᶠ **8:9** Os 7:11 ᵍ **8:9** Jr 2:24 ʰ **8:10** Jr 42:2 ⁱ **8:10** És 10:8 ʲ **8:11** Os 10:1 ᵏ **8:12** Det 4:6,8 ˡ **8:12** Os 4:6 ᵐ **8:13** Jr 14:10 ⁿ **8:13** Os 4:9 ᵒ **8:14** Det 32:18 ᵖ **8:14** És 9:9,10 ᵍ **9:1** És 22:12,13 ʳ **9:1** Os 4:12 ˢ **9:2** Os 2:9 ᵗ **9:3** Os 7:16 ᵘ **9:3** Éz 4:13 ᵛ **9:4** Jr 6:20; Ag 2:13,14 ʷ **9:5** És 10:3 ˣ **9:7** Os 10:3 ʸ **9:7** És 34:8 ᶻ **9:9** És 31:6 ª **9:9** Os 7:2 ᵇ **9:10** Mi 7:1 ᶜ **9:10** Jr 24:2 ᵈ **9:11** Os 4:7 ᵉ **9:12** Det 31:17 ᶠ **9:13** Éz 26:1-21 ᵍ **9:14** Os 9:11 ʰ **9:15** Os 4:9 ⁱ **9:15** És 1:23

¹⁶ Éphraïm vin frape.
Rasin yo vin sèch.
Yo p ap bay fwi.
Menm si yo ka fè pitit,
Mwen va touye ᵃfwi byeneme a vant yo a.

¹⁷ Bondye mwen an va jete yo deyò
akoz yo ᵇpa t koute Li;
epi yo va ᶜvin vagabon pami nasyon yo.

10 Israël se yon pye rezen byen fètil;
li pwodwi fwi pou pwòp tèt li.
Selon kantite fwi li te genyen,
li te miltipliye lotèl li yo.
Selon bonte a peyi yo a, yo te fè pilye sakre.
² Kè yo vin ᵈdivize.
Koulye a, yo gen pou pote pwòp
ᵉkoupabilite yo.
SENYÈ a va kraze lotèl yo.
Li va detwi pilye sakre yo.
³ Anverite, koulye a yo va di: "Nou ᶠpa gen wa,
paske nou pa krent SENYÈ a.
Epi wa a, se kisa li ka fè pou nou?"
⁴ Se sèlman pawòl ke yo pale,
ak ᵍfo sèman pou fè akò.
Donk ʰjijman yo pete leve tankou zèb
k ap anpwazone nan tras chan yo.
⁵ Pèp Samarie yo va gen lakrent
akoz jenn bèf Beth-Aven nan.
Anverite, pèp li a va fè lamantasyon pou li,
ak ⁱprèt zidòl yo k ap kriye pou li,
pou ʲglwa li, akoz sa fin ale kite li nèt.
⁶ Sa va pote ale osi an Assyrie
pou fè omaj a Wa Jareb.
Éphraïm va resevwa lawont,
e Israël va vin wont de pwòp konsèy li.ᵏ
⁷ Pou Samarie, wa li a va ˡvin peri
tankou ti bout bwa Ki parèt sou fas dlo.
⁸ Anplis, wo plas Aven yo,
peche Israël la, va vin detwi.
Pikan ak raje va grandi sou lotèl yo.
Yo va di a mòn yo: "Kouvri nou!"
E a kolin yo: "Vin tonbe sou nou."ᵐ

⁹ O Israël! Depi nan jou a Guibea yo,
ou te peche.
Se la yo te kanpe!
Ni batay kont fis inikite yo pa t kite
yo nan Guibea.
¹⁰ Lè se ⁿvolonte Mwen,
Mwen va bay yo ᵒchatiman.
Konsa, pèp yo va vin rasanble kont yo
lè yo mare nèt nan koupabilite doub yo.
¹¹ Éphraïm se yon ᵖgazèl bèf byen antrene
ki renmen foule grenn nan,
men Mwen va ᵠpase jouk la
sou bèl kou li a.
Mwen va mete yon kavalye sou Éphraïm.
Juda va raboure.
Jacob va repase pou kraze bol tè a.
¹² Simen a nou menm anvè ladwati,
rekòlte selon ladousè.
Fann tè ki poze ou a;
se lè pou chache SENYÈ a
jis lè Li vin vide ladwati sou nou.ʳ
¹³ Nou te ˢraboure mechanste;
nou te rekòlte lenjistis.
Nou te manje fwi ᵗmanti a,
akoz nou te mete konfyans nou nan
chemen nou,
nan fòs kantite gèrye pisan nou yo.
¹⁴ Akoz sa, yon gran gè va leve pami
pèp nou an
e ᵘtout fòterès nou yo va detwi,
tankou Schalman te detwi Beth-Arbel
nan jou batay la,
lè manman an te kraze an mòso ak pitit li yo.
¹⁵ Konsa li va ye pou nou menm
nan Bétel akoz gwo Mechanste nou yo.
Bonè nan maten, wa Israël la va vin detwi nèt.

11 Lè Israël te yon timoun, Mwen te renmen l;
epi soti nan Égypte, Mwen te
rele fis mwen an.ᵛ
² Plis pwofèt yo te rele yo, plis yo te
kouri kite yo.
Yo te kontinye ʷfè sakrifis bay Baal yo,
e ˣbrile lansan bay zidòl yo.
³ Malgre sa, se te Mwen
ki te montre Éphraïm jan pou l mache.
Nan bra M, Mwen te pran yo;
men yo pa t konnen ke Mwen te geri yo.
⁴ Mwen te mennen yo ak kòd a yon nonm,
ak lyann lanmou.
Konsa, ʸMwen te vini pou yo
kon sila ki retire jouk la sòti nan kou yo.
Mwen te bese mete manje devan yo.

⁵ Yo p ap retounen nan peyi Égypte,
men Wa Assyrie a va vin wa yo,
akoz yo te ᶻrefize retounen kote Mwen.
⁶ Nepe va tonbe kont vil yo,
pou kraze pòtay ak fè fòje yo,
e li va ᵃfè tout plan yo disparèt.
⁷ Pèp Mwen an fè desizyon nèt pou
ᵇvire kite Mwen.
Malgre yo rele yo vè Sila ki Pi Wo a,
anverite, yo p ap egzalte.

⁸ ᶜKòman Mwen ta kapab lage ou, O
Éphraïm?
Kòman Mwen ta kapab kite ou ale, O Israël?

ᵃ **9:16** Os 8:7; Éz 24:21   ᵇ **9:17** Os 4:10   ᶜ **9:17** Os 7:13   ᵈ **10:2** Jr 2:28   ᵉ **10:2** I Wa 14:23   ᶠ **10:3** Sòm 12:4
ᵍ **10:4** Éz 17:13-19   ʰ **10:4** Det 31:16,17   ⁱ **10:5** II Wa 23:5   ʲ **10:5** Os 9:11   ᵏ **10:6** Os 4:7; És 30:3   ˡ **10:7** Os 13:11   ᵐ **10:8** I Wa 12:28-30; És 2:19   ⁿ **10:10** Éz 5:13   ᵒ **10:10** Os 4:9   ᵖ **10:11** Jr 50:11   ᵠ **10:11** Jr 28:14
ʳ **10:12** Pwov 11:18; Os 12:6   ˢ **10:13** Job 4:8   ᵗ **10:13** Os 4:2   ᵘ **10:14** És 17:3   ᵛ **11:1** Os 2:15   ʷ **11:2** Os 2:13
ˣ **11:2** És 65:7   ʸ **11:4** Lev 26:13; Egz 16:32   ᶻ **11:5** Os 7:16   ᵃ **11:6** Lam 2:9   ᵇ **11:7** Jr 3:6,7   ᶜ **11:8** Os 6:4

Kòman Mwen ta kapab fè ou tankou Adma?
Kòman Mwen ta kapab aji avèk ou
　　tankou ᵃTseboïm?
Kè M vire nèt anndan M;
konpasyon Mwen vin anflame.
⁹ Mwen ᵇp ap egzekite chalè kòlè Mwen;
Mwen p ap detwi Éphraïm ankò.
Paske ᶜse Bondye Mwen ye, Mwen pa lòm;
Sila Ki Sen nan mitan nou an
e Mwen p ap antre nan kòlè.
¹⁰ Yo va ᵈmache dèyè SENYÈ a,
Li va gwonde kon yon lyon;
Anverite, Li va gwonde, e fis li yo va vini,
ap ᵉtranble soti nan lwès.
¹¹ Yo va vini tranblan tankou zwazo,
　　soti an Égypte,
e kon toutrèl soti nan peyi ᶠAssyrie;
epi Mwen va plase yo nan kay pa yo,
　　deklare SENYÈ a.

¹² Éphraïm antoure Mwen ak ᵍmanti,
e lakay Israël ak desepsyon.
Men anplis, Juda toujou egare,
kont Bondye, li pa fidèl a Sila Ki Sen an.

12 Éphraïm manje sou van,
　　e kouri dèyè ʰvan lès la.
Li kontinye ap ogmante nan manti ak vyolans.
Anplis, li fè yon akò ak Assyrie
e lwil vin pote an Égypte.
² Plis toujou, SENYÈ a gen yon kont ak Juda
e Li va pini Jacob ⁱselon chemen li yo.
Li va rekonpanse li selon zak li yo.
³ Nan vant manman, li te ʲkenbe frè l pa talon;
epi lè l fin grandi, li te ᵏlite ak Bondye.
⁴ Wi, li te lite ak zanj lan, e li te enpoze l;
li te kriye e li te ˡchache favè li.
Li te jwenn Li Béthel, e se la, Li te
　　pale ak nou.
⁵ Menm SENYÈ a, Bondye dèzame yo,
SENYÈ a se ᵐnon Li!
⁶ Pou sa, retounen kote Bondye ou a,
ⁿSwiv ladousè ak lajistis,
e tann Bondye ou a tout tan.
⁷ Men yon machann, ak ᵒfo balans
　　lan nan men l.
Li renmen twonpe moun.
⁸ Éphraïm te di: "Anverite, mwen gen
　　tan vin rich.
Mwen te twouve richès mwen pou
　　kont mwen;
Nan tout zèv mwen yo, yo p ap dekouvri
ᵖokenn inikite, ki ta peche."

⁹ Men Mwen menm, SENYÈ Bondye ou,

depi nan peyi Égypte la, va fè ou ᑫviv
　　nan tant ankò,
tankou nan jou fèt deziye yo.
¹⁰ Anplis, Mwen te pale ak pwofèt yo
e mwen te miltipliye vizyon yo;
epi selon ministè ʳpwofèt yo,
mwen te sèvi ˢparabòl.
¹¹ Èske gen inikite nan Galaad?
Anverite, yo tout san valè.
Nan Guilgal, yo fè sakrifis towo;
wi ᵗlotèl pa yo tankou pil wòch nan
　　mitan chan.
¹² Alò, Jacob te sove ale nan peyi Aram,
ᵘIsraël te travay pou resevwa yon madanm.
Pou yon madanm, li te fè gadyen mouton.
¹³ Epi pa yon ᵛpwofèt, SENYÈ a
te mennen Israël sòti an Égypte.
Pa yon pwofèt, li te vin prezève.
¹⁴ Éphraïm te pwovoke gwo kòlè amè.
Akoz sa, Senyè li va kite ʷsan li koule sou li,
e fè ˣrepwòch li tounen sou li.

13 ʸLè Éphraïm te pale, te gen tranbleman.
Li te leve tèt li wo an Israël;
men ak Baal, li te fè mal, e li te mouri.
² Epi koulye a, yo peche plis toujou,
e yo fè pou tèt yo ᶻimaj fonn an ajan,
menm zidòl yo selon jan yo konprann.
Yo tout se zèv a mèt ouvriye yo ye.
Yo di a yo menm: "Yo ofri sakrifis imen
　　yo, e bo ᵃti bèf yo!"
³ Akoz sa, yo va tankou ᵇnwaj nan maten an
ak lawouze k ap disparèt bonè,
tankou pay ke van pote ale soti nan
　　glasi vannen,
e tankou ᶜLafimen soti nan chemine.
⁴ Malgre sa, Mwen se SENYÈ, Bondye ou,
depi nan peyi Égypte la;
epi ou pa pou konnen ᵈokenn dye
sof ke Mwen;
paske nanpwen sovè ᵉsof ke Mwen.
⁵ Mwen te ᶠpran swen ou nan dezè a,
nan peyi sechrès la.
⁶ Lè yo te vin jwenn patiraj yo, yo
　　te vin satisfè;
yo te vin satisfè e kè yo te vin ògeye.
Konsa, yo te bliye Mwen.ᵍ
⁷ Akoz sa, Mwen va vin ʰtankou yon
　　lyon anvè yo.
Kon yon ⁱleyopa, Mwen va kouche
an kachèt bò chemen an.
⁸ Mwen va rankontre yo ʲkon yon lous
ki fenk fin pèdi pitit li,
e mwen va chire lestomak yo nèt.
Sou plas, Mwen va ᵏdevore yo tankou

ᵃ **11:8** Jen 14:8　ᵇ **11:9** Det 13:17　ᶜ **11:9** Nonb 23:19　ᵈ **11:10** Os 3:5　ᵉ **11:10** És 66:2,5　ᶠ **11:11** És 11:11; Éz 28:25,26　ᵍ **11:12** Os 4:2　ʰ **12:1** Jen 41:6　ⁱ **12:2** Os 4:1; Os 7:2　ʲ **12:3** Jen 25:26　ᵏ **12:3** Jen 32:28　ˡ **12:4** Jen 32:26　ᵐ **12:5** Egz 3:15　ⁿ **12:6** Os 6:1-3; Mi 6:8　ᵒ **12:7** Pwov 11:1　ᵖ **12:8** Os 4:8　ᑫ **12:9** Lev 23:42　ʳ **12:10** II Wa 17:13　ˢ **12:10** Éz 17:2　ᵗ **12:11** Os 8:11　ᵘ **12:12** Jen 28:5; Jen 29:20　ᵛ **12:13** Egz 14:19-22　ʷ **12:14** Éz 18:10-13　ˣ **12:14** Dan 11:18　ʸ **13:1** Job 29:21,22　ᶻ **13:2** Os 46:6　ᵃ **13:2** Os 8:5,6　ᵇ **13:3** Os 6:4　ᶜ **13:3** Sòm 68:2　ᵈ **13:4** Egz 20:3　ᵉ **13:4** És 43:11　ᶠ **13:5** Det 2:7　ᵍ **13:6** Os 7:14; Os 2:13　ʰ **13:7** Lam 3:10　ⁱ **13:7** Jr 5:6　ʲ **13:8** II Sam 17:8　ᵏ **13:8** Sòm 50:22

yon manman lyon,
jan yon bèt sovaj ta chire yo.
⁹ Se destriksyon pa w, O Israël!
Akoz ou kont Mwen, kont ᵃsekou ou.
¹⁰ Kote ᵇwa ou a koulye a,
pou li ta ka sove ou nan tout vil ou yo?
Ak ᶜjij ke ou te mande yo: "Ban mwen
yon wa ak prens yo"?
¹¹ Mwen ᵈte bay ou yon wa nan kòlè Mwen,
e Mwen te fè l soti nan kòlè Mwen.
¹² Inikite a Éphraïm vin ogmante nèt;
peche li vin ᵉmete nan depo.
¹³ Doulè a yon fanm k ap pouse pitit
va vini sou li;
se pa ᶠyon fis ki saj, k ap rete nan vant
ki ouvri e k ap tann li soti a.
¹⁴ Mwen va rachte yo soti
anba pouvwa a Sejou mò yo;
mwen va ᵍrachte yo soti anba lanmò.
O lanmò! Kote pikan ou yo?
O Sejou mò yo! Kote destriksyon ou an?
Repantans va vin kache devan zye M.
¹⁵ Malgre li pote fwi pami frè li yo,
yon ʰvan nan lès va vini;
van SENYÈ a k ap monte soti nan dezè a.
Sous dlo li va vin sèch,
e fontèn dlo li va seche.
Li va ⁱpiyaje trezò tout bagay ki gen valè.
¹⁶ Samarie va pote ʲkoupabilite li,
paske li te ᵏfè rebèl kont Bondye li a.
Yo va tonbe pa nepe.
Timoun piti yo va vin kraze an mòso,
epi fanm ansent yo va vin dechire nèt.

14

¹Retounen, O Israël, kote SENYÈ,
Bondye ou a.
Paske ou te glise tonbe akoz inikite ou.
² Pran avèk ou menm pawòl yo,
pou retounen kote SENYÈ a.
Di Li: ᵐ"Retire tout inikite nou yo,
e resevwa nou ak gras Ou,
pou nou ka bay ofrann bèf yo kon ve a lèv nou.
³ Assyrie p ap sove nou.
Nou p ap monte sou cheval;
ni nou p ap di ankò a
ⁿzèv men nou yo: "Ou se dye nou."
Paske nan Ou, òfelen an twouve mizerikòd."

⁴ "Mwen va ᵒgeri enfidelite yo;
Mwen va ᵖrenmen yo an abondans,
paske kòlè Mwen fin vire lwen yo.
⁵ Mwen va tankou ᵠLawouze pou Israël;
li va fleri kon flè lis,
e li va anrasine tankou pye sèd a Liban yo.
⁶ Boujon li yo va vin pete,
e bèlte li va tankou pye doliv etranje a.
Li va santi bon kon bèl odè Liban an.
⁷ Moun yo va rete nan lonbraj li.
Yo va reprann fòs tankou ʳsereyal ki
jwenn lapli;
yo va fleri tankou pye rezen.
Y ap fè bon odè tankou diven Liban an.
⁸ O Éphraïm! Kisa M gen pou fè
ankò ak zidòl?
Se Mwen menm ki okipe l;
Mwen tankou yon pye ˢsiprè byen vèt;
nan ᵗMwen, tout fwi ou sòti."

⁹ ᵘNenpòt moun ki saj, kite li konprann
bagay sa yo;
Sila ki pridan an, kite li konnen yo.
Paske, chemen a SENYÈ yo dwat,
e moun ladwati a va mache ladan yo;
men transgresè yo va glise tonbe nan yo.

ᵃ **13:9** Det 33:26,29 ᵇ **13:10** II Wa 17:4 ᶜ **13:10** I Sam 8:5,6 ᵈ **13:11** I Sam 8:7 ᵉ **13:12** Det 32:34,35
ᶠ **13:13** Det 32:6 ᵍ **13:14** Sòm 49:15 ʰ **13:15** Jen 41:6 ⁱ **13:15** Jr 20:5 ʲ **13:16** Os 10:2 ᵏ **13:16** Os 7:14
ˡ **14:1** Os 6:1 ᵐ **14:2** Mi 7:18,19 ⁿ **14:3** Os 8:6; Os 4:12 ᵒ **14:4** És 57:18 ᵖ **14:4** So 3:17 ᵠ **14:5** Pwov 19:12
ʳ **14:7** Os 2:21,22 ˢ **14:8** És 41:19 ᵗ **14:8** Éz 17:23 ᵘ **14:9** Sòm 107:43

JOËL

1 Pawòl SENYÈ a te vin kote ᵃJoël,
fis a Pethuel la.
² Koute sa, ᵇansyen nou yo,
koute sa, tout abitan peyi a!
ᶜÈske yon bagay konsa konn rive nan
    jou nou yo,
oswa nan jou a papa zansèt nou yo?
³ ᵈPale pitit nou yo bagay sa a, e kite pitit nou
pale pitit pa yo ak pitit a yon lòt jenerasyon.
⁴ Sa ke ti krikèt la te kite,
ᵉ gwo krikèt la fin manje.
Sa ke gwo krikèt la te kite,
ti cheni an te manje.
Sa ke ti cheni an te kite,
ᶠgwo cheni an te manje.
⁵ Moun sou yo, leve pou nou ka kriye!
Rele fò, nou tout k ap bwè diven an,
akoz diven dous lan,
paske li deja retire pou l kite bouch nou.ᵍ
⁶ Paske yon nasyon deja anvayi peyi mwen an,
ak gwo pwisans, fòs kantite moun
    depase kontwòl.
ʰDan l se dan a yon lyon;
gwo dan l yo se tankou dan a yon
    manman lyon.
⁷ Li te ⁱfè chan rezen mwen an
vin yon kote gate.
Li te rache pye fig mwen an.
Li fin rache li nèt nèt, e jete li.
Branch yo te vin blanch.
⁸ ʲRele fò tankou yon vyèj ki ᵏabiye
    ak twal sak
pou fiyanse jenès li ki mouri.
⁹ ˡOfrann sereyal ak ofrann bwason an
vin koupe soti lakay SENYÈ a.
ᵐPrèt yo, sèvitè a SENYÈ a, ap lamante.
¹⁰ Chan an vin gate nèt.
ⁿPeyi a ap fè dèy.
Paske tout sereyal la fin gate nèt.
Diven nèf la fin seche,
lwil fre a vin sispann.
¹¹ Se pou nou pa konprann anyèn,
O kiltivatè yo!
Rele anmwey,
O nou menm k ap okipe pye rezen yo!
Ble ak lòj la te peri nèt;
ᵒrekòlt chan an fin detwi.
¹² ᵖPye rezen an vin sèch,
e pye fig la vin pa donnen.
Pye grenad la, pye palmis lan ak pye pòm nan;
menm tout pyebwa nan chan an fin cheche.

Anverite ᑫLajwa a vin seche soti pami
    fis a lòm yo.
¹³ ʳMare senti nou ak twal sak e kriye fò,
O prèt yo, Rele anmwey!
O sèvitè a lotèl yo,
Vin pase nwit lan ak twal sak,
chèf sèvitè a Bondye mwen yo.
Paske ofrann sereyal la ak ofrann bwason an
p ap antre lakay Bondye nou an.
¹⁴ Vin konsakre jèn nan!
Pwoklame asanble solanèl lan!
Rasanble tout ansyen yo
ak tout moun ki rete nan peyi a,
pou yo vini lakay SENYÈ a, Bondye nou an,
pou kriye fò anvè SENYÈ a.ˢ
¹⁵ Elas pou jou a!
Paske ᵗjou SENYÈ a vin pwòch.
Li va vini tankou ᵘdestriksyon ki soti
nan Toupwisan an.
¹⁶ Èske manje a pa t retire soti devan zye nou?
Lajwa ak kè kontan soti lakay Bondye
    nou an?ᵛ
¹⁷ Jèm yo vin pouri anba bòl tè yo.
Depo yo vin abandone.
Kay depo yo fin demoli nèt,
paske sereyal la vin sispann nèt.ʷ
¹⁸ Ala plenyen ˣbèt yo plenyen nan gòj!
Twoupo bèf yo ap gaye toupatou,
paske pa gen patiraj pou yo.
Menm bann mouton yo ap soufri.
¹⁹ A Ou menm, O SENYÈ, Mwen kriye;
paske dife fin devore patiraj nan savann yo,
e flanm dife fin brile tout pyebwa
    nan chan yo.ʸ
²⁰ Menm bèt chan yo ᶻrele vè Ou menm;
paske ᵃsous dlo yo fin seche e dife a te devore
tout patiraj nan savann yo.

2 Soufle twonpèt la nan Sion,
e sone alam nan sou mòn sen Mwen an!
Kite tout moun k ap viv nan peyi a tranble,
paske jou SENYÈ a ap vini.
Anverite, li vin pwòch.ᵇ
² Yon jou fènwa ak pèdi espwa,
yon jou nwaj yo ak tenèb byen pwès.
Tankou solèy k ap leve sou mòn yo;
konsa gen yon gwo pèp pwisan.
Pa t janm gen yon bagay konsa,
ni p ap janm gen anyen ankò,
jis rive nan ane anpil jenerasyon yo.ᶜ
³ Devan yo, se dife k ap devore,

ᵃ **1:1** Trav 2:16   ᵇ **1:2** Job 8:8   ᶜ **1:2** Jr 30:7   ᵈ **1:3** Egz 10:2   ᵉ **1:4** Na 3:15,16   ᶠ **1:4** És 33:4   ᵍ **1:5** Jl 3:3; És 32:10   ʰ **1:6** Rev 9:8   ⁱ **1:7** És 5:6   ʲ **1:8** És 22:12   ᵏ **1:8** Jl 1:13   ˡ **1:9** Os 9:4   ᵐ **1:9** Jl 2:17   ⁿ **1:10** Jr 12:11   ᵒ **1:11** És 17:1   ᵖ **1:12** Jl 1:10   ᑫ **1:12** És 16:10   ʳ **1:13** Jr 4:8   ˢ **1:14** Jon 3:8   ᵗ **1:15** Jl 2:1,11,31   ᵘ **1:15** És 13:6   ᵛ **1:16** És 3:7   ʷ **1:17** És 17:10,11   ˣ **1:18** I Wa 8:5   ʸ **1:19** Sòm 50:15   ᶻ **1:20** Sòm 104:21   ᵃ **1:20** I Wa 17:7   ᵇ **2:1** Jl 1:15   ᶜ **2:2** Jl 2:10,31; Lam 1:12

e dèyè yo, se yon flanm k ap brile.
Peyi a vin ᵃtankou jaden Eden devan yo,
men yon savann ᵇdezole dèyè yo,
e nanpwen anyen ki chape.
⁴ ᶜAparans yo se tankou aparans cheval la;
epi kon yon kavalye kouri cheval li,
se konsa yo kouri.
⁵ Tankou bri cha a k ap vòltije sou tèt mòn yo,
se konsa yo sote;
tankou bri a yon flanm dife k ap devore pay,
se konsa yon gwo pèp ranje li pou batay.ᵈ
⁶ Devan yo, pèp yo vin nan gwo ᵉsoufrans.
Tout figi yo vin pal.
⁷ Yo kouri tankou mesye pwisan yo.
Yo monte mi tankou sòlda.
Konsa, yo ᶠmache byen ranje,
ni yo pa kite pa yo.
⁸ Youn pa jennen lòt.
Yo chak mache nan pa yo.
Lè y ap eklate travèse defans yo,
yo pa kase ran ranje an.
⁹ Yo kouri sou vil la.
Yo kouri sou miray la.
Yo antre nan ᵍkay yo;
ʰnan fenèt yo antre kon vòlè.
¹⁰ Devan yo, tè a ⁱsouke.
Syèl yo tranble.
ʲSolèy la ak lalin nan vin tou nwa,
e zetwal yo vin pèdi briyans yo.
¹¹ Vwa SENYÈ a pale devan lame Li a.
Anverite, kan Li vin byen gran,
paske ᵏbyen fò se sila ki akonpli pawòl Li a.
ˡAnverite, jou SENYÈ a gran.
Li tèrib anpil!
Se kilès ki ka sipòte li?
¹² "Koulye a menm", deklare SENYÈ a,
ᵐ"retounen kote Mwen ak tout kè nou;
avèk ⁿjèn, avèk gwo kri, e avèk gwo
        lamantasyon."
¹³ Konsa, ᵒrann kè nou, olye vètman nou."
Retounen kote SENYÈ a, Bondye nou an,
paske Li ᵖplen gras ak mizerikòd,
lan nan kòlè, plen ak lanmou dous,
e konn ralanti nan fè malè.
¹⁴ Kilès ki ka konnen ᵠsi Li p ap
        repanti kite sa a,
pou L kite dèyè Li yon benediksyon,
menm yon ofrann sereyal
ak yon ofrann bwason pou SENYÈ a,
        Bondye nou an.
¹⁵ Soufle yon twonpèt nan Sion!
ʳKonsakre yon jèn.
Pwoklame yon asanble solanèl.
¹⁶ Rasanble moun yo.
ˢFè yon asanble ki sen.
Reyini ansyen yo.
Rasanble timoun ak sila pran tete yo.
Kite mesye marye a sòti nan chanm li,
e lamarye a sòti nan chanm maryaj la.
¹⁷ Kite prèt yo, sèvitè SENYÈ yo,
kriye antre galri a ak lotèl la,
kite yo di: ᵗ"Epagne pèp Ou a, O SENYÈ!
Pa fè eritaj Ou a vin yon repwòch,
yon vye mò pami nasyon yo.
Poukisa nasyon yo ta dwe di: ᵘ"Kote
        Bondye Yo a ye?"

¹⁸ Konsa, SENYÈ a te vin jalou pou peyi Li a,
e Li te ᵛfè mizerikòd a pèp Li a.
¹⁹ SENYÈ a te reponn pou di a pèp Li a:
"Gade byen, Mwen va voye bannou
        sereyal, diven nèf ak lwil.
Nou va vin satisfè nèt ak yo.
ʷ Mwen p ap fè nou ankò vin yon repwòch
        pami nasyon yo.
²⁰ Men ˣLame nò a, Mwen va retire li
        ale lwen nou,
Mwen va pouse li ale nan yon peyi
        sèk e dezole.
Tèt devan lame a, Mwen va lage nan
        lanmè lès la;
pwent dèyè a, nan lanmè lwès la.
Konsa, sant pouriti li a va vin leve.
Movèz odè li va vin monte,
paske se gwo bagay li te konn fè."
²¹ ʸPinga nou pè, O peyi a!
Rejwi e fè kè nou kontan,
paske SENYÈ a te fè gwo bagay.
²² Pa pè, nou menm bèt chan yo;
paske patiraj yo nan dezè a deja vin vèt,
paske pyebwa a vin bay fwi li.
Pye fig la ak pye rezen an bay tout fòs yo.ᶻ

²³ Konsa, se pou nou fè kè kontan,
O fis a Sion yo!
Rejwi nou nan SENYÈ a, Bondye nou an;
paske Li te ᵃbay nou lapli bonè nan
        kantite ki jis,
li te fè vide sou nou lapli,
premyè ak ᵇdenyè lapli nan tankou avan an.
²⁴ Glasi vannen yo va plen ak sereyal,
e chodyè yo va debòde ak diven nèf ak lwil.ᶜ
²⁵ Konsa, Mwen va restore bannou pou ane
ke ᵈgwo krikèt te manje yo,
ak ti krikèt la ki kouri a tè a,
ak ti cheni ak gwo cheni ke M voye pami nou,
gwo lame ke Mwen menm te
voye pami nou.
²⁶ Nou va genyen anpil manje,
nou va vin satisfè,

ᵃ **2:3** És 51:3   ᵇ **2:3** Egz 10:5,15   ᶜ **2:4** Rev 9:7   ᵈ **2:5** Rev 9:9   ᵉ **2:6** És 13:8   ᶠ **2:7** Pwov 30:27   ᵍ **2:9** Egz 10:6
ʰ **2:9** Jr 9:21   ⁱ **2:10** Sòm 18:7   ʲ **2:10** És 13:10   ᵏ **2:11** Jr 50:34   ˡ **2:11** Jl 1:15   ᵐ **2:12** Det 4:29
ⁿ **2:12** Dan 9:3   ᵒ **2:13** Sòm 34:18   ᵖ **2:13** Egz 34:6   ᵠ **2:14** Jr 26:3   ʳ **2:15** Jl 1:14   ˢ **2:16** I Sam 16:5
ᵗ **2:17** Egz 32:11,12   ᵘ **2:17** Sòm 42:10   ᵛ **2:18** És 60:10   ʷ **2:19** Éz 34:29   ˣ **2:20** Jr 1:14,15   ʸ **2:21** És 54:4   ᶻ **2:22** Sòm 65:12,13   ᵃ **2:23** Det 11:14   ᵇ **2:23** Lev 26:4   ᶜ **2:24** Lev 26:10   ᵈ **2:25** Jl 1:4-7

e nou va fè lwanj non SENYÈ a,
Bondye nou a,
ki te ªaji ak mèvèy avèk nou.
Konsa, pèp Mwen an ᵇp ap janm vin
desi ankò.

²⁷ Konsa, nou va konnen ke
Mwen nan mitan Israël,
ke Mwen se SENYÈ a, Bondye nou an,
e ke pa gen okenn lòt;
epi pèp Mwen an p ap janm vin desi.ᶜ

²⁸ Li va vin rive apre sa,
ke Mwen va ᵈvide Lespri M sou tout ᵉchè.
Fis nou yo ak fi nou yo va pwofetize,
e granmoun nou yo va fè vizyon yo.
²⁹ Menm sou sèvitè ak sèvan yo,
mwen va vide Lespri Mwen nan jou sa yo.
³⁰ Mwen va ᶠmontre mèvèy yo
nan syèl la ak sou tè a:
san, dife, ak gwo kolòn lafimen.
³¹ Solèy la va vin tou nwa,
e lalin nan tankou san
devan gwo jou tèrib SENYÈ a.ᵍ
³² Epi li va vin rive ke ʰnenpòt moun
ki rele non SENYÈ a, li va delivre;
paske nan Mòn Sion ak Jérusalem,
va gen sila ki chape yo,
jan SENYÈ a te di a,
menm pami retay la, sa yo SENYÈ a rele.

3 "Paske gade byen, nan jou sila yo
ak nan lè sa a,
lè Mwen va restore davni Juda ak Jérusalem,ⁱ
² Mwen va ʲrasanble tout nasyon yo
pou mennen yo desann nan vale Josaphat la.
Epi Mwen va ᵏantre la nan jijman avèk yo
pou pèp ak eritaj Mwen an, Israël,
ke yo te gaye pami nasyon yo.
Yo te divize tè Mwen an,
³ epi te ˡvoye tiraj osò pou pèp Mwen an.
Yo te ᵐtwoke yon gason pou yon pwostitiye
ak yon fi yo vann pou diven,
pou yo ta ka bwè."

⁴ "Anplis, se kisa ou ye pou Mwen, O
Tyr, ak Sidon,
ak tout rejyon a Philistine yo?
Èske se yon rekonpans ke n ap ban Mwen?
Men si Mwen pa jwenn rekonpans
byen vit e san delè,
Mwen va fè rekonpans nou an
ⁿretounen sou tèt nou.
⁵ Akoz nou te ᵒpran ajan Mwen
ak lò Mwen, e te mennen bagay

presye sakre Mwen yo nan tanp nou yo,
⁶ epi nou te vann ᵖfis a Juda ak Jérusalem yo
bay Grèk yo pou yo ta ka vin rete
lwen teritwa yo,
⁷ gade byen, Mwen va ᵠfè yo leve soti
nan plas kote nou te vann yo,
pou retounen rekonpans nou an
sou pwòp tèt nou.
⁸ Anplis, Mwen va ʳvann fis nou yo
ak fi nou yo nan men a fis a Juda yo.
Konsa, yo va vann yo bay ˢSabeyen yo,
yon nasyon byen lwen,"
paske SENYÈ a fin pale.

⁹ Pwoklame sa pami nasyon yo:
ᵗ"Prepare nou pou fè lagè!
Anime mesye pwisan yo!
Kite tout sòlda yo vin pi pre.
Kite yo monte kote nou.
¹⁰ ᵘBat lam cha pou yo fè epe,
ak kwòk rebondaj pou fè lans.
Kite moun fèb yo di: 'Mwen pwisan!'
¹¹ ᵛFè vit vini, tout nasyon ki ozalantou yo.
Rasanble nou ansanm."
Fè desann la, O SENYÈ, moun pwisan Ou yo.
¹² "Kite nasyon yo leve pwop tèt yo
pou vin monte nan vale Josaphat la,;
paske se la Mwen va chita pou jije
tout nasyon ki ozalantou yo.ʷ
¹³ ˣFè antre boutdigo rekòlt la,
paske ʸrekòlt la vin mi.
Vin mache foule anba pye,
paske pèz diven an vin plen.
Chodyè yo ap debòde, paske mechanste
yo vin gran."
¹⁴ ᶻGwo foul yo, Gwo foul nan vale
desizyon an!
Paske jou SENYÈ a toupre nan vale
desizyon an.
¹⁵ ªSolèy la ak lalin nan va vin tou nwa,
e zetwal yo va pèdi briyans yo.
¹⁶ Senyè a va gwonde soti nan Sion,
e va sone vwa Li soti Jérusalem.
Syèl yo ak tè a va tranble,
men SENYÈ a se yon ᵇrefij pou pèp Li a,
ak yon ᶜsitadèl pou fis Israël yo.
¹⁷ Konsa, nou va ᵈkonnen
ke Mwen se SENYÈ a, Bondye nou an,
ka p viv nan Sion, mòn sen Mwen an.
Nan lè sa a Jérusalem va sen,
e ᵉetranje yo p ap pase ladann ankò.
¹⁸ Epi nan jou sa a, mòn yo va degoute
diven nèf.
Nan kolin yo, se lèt ki va koule;
tout ᶠravin nan Juda va gen dlo,

ª **2:26** Sòm 126:2,3   ᵇ **2:26** És 45:17   ᶜ **2:27** Lev 26:11,12; És 45:5,6   ᵈ **2:28** És 32:15   ᵉ **2:28** És 40:5
ᶠ **2:30** Mat 24:29   ᵍ **2:31** És 13:10   ʰ **2:32** Jr 33:3   ⁱ **3:1** Jr 16:5   ʲ **3:2** És 66:18   ᵏ **3:2** Jr 25:31   ˡ **3:3** Ab 11   ᵐ **3:3** Am 2:6   ⁿ **3:4** És 34:8   ᵒ **3:5** II Wa 12:18   ᵖ **3:6** Éz 27:13   ᵠ **3:7** És 43:5   ʳ **3:8** És 14:2
ˢ **3:8** Job 1:15   ᵗ **3:9** Jr 6:4   ᵘ **3:10** És 2:4   ᵛ **3:11** Éz 38:15,16   ʷ **3:12** Jl 3:2,14; Sòm 7:6   ˣ **3:13** Rev 14:14-19
ʸ **3:13** Jr 51:33   ᶻ **3:14** És 34:2-8   ª **3:15** Jl 2:10,31   ᵇ **3:16** Sòm 61:3   ᶜ **3:16** Jr 16:9   ᵈ **3:17** Jl 2:27
ᵉ **3:17** És 52:1   ᶠ **3:18** És 30:25

epi yon [a]sous va sòti lakay SENYÈ a
pou awoze vale a Sittim nan.
[19] Égypte va vin yon dezè,
Edom va vin yon savann dezole,
akoz [b]vyolans ki te fèt sou fis Israël yo,
akoz yo te vèse san inosan an nan peyi yo.

[20] Men Juda va gen moun ladann jis
pou tout tan
e Jérusalem de jenerasyon an jenerasyon.[c]
[21] Epi Mwen va vanje san ke M potko
vanje yo,
paske SENYÈ a rete nan Sion."[d]

---

[a] **3:18** Éz 47:1-12   [b] **3:19** Ab 10   [c] **3:20** Éz 37:25   [d] **3:21** És 4:4

AMOS

1 Pawòl a Amos, ki te pami bèje mouton ªTekoa yo, de sa li te wè nan vizyon konsènan Israël nan jou a Ozias, wa Juda a, e nan jou a Jéroboam, fis a Joas la, wa Israël la, dezan avan tranbleman tè an. ² Li te di:

ᵇ"SENYÈ a va gwonde soti nan Sion.
Li va fè son vwa Li soti Jérusalem;
epi patiraj a bèje yo va fè dèy,
e anwo tèt Carmel va vin seche nèt."

³ Konsa pale SENYÈ a:
"Akoz de ᶜtwa transgresyon a Damas
    yo, menm kat;
mwen p ap retire pinisyon li;
akoz yo te bat Galaad ak zouti an fè yo.
⁴ Pou sa, Mwen va voye dife sou kay Hazaël
e li va devore sitadèl a Ben-Hadad yo.ᵈ
⁵ Anplis, Mwen va ᵉkase baryè an fè Damas la;
Mwen va koupe retire sila ki rete nan
    vale Bikath-Aven nan,
ak sila ki kenbe baton wayal la soti Beth-Éden;
epi pèp Syrie a va ale an egzil an ᶠKir,"
di SENYÈ a.

⁶ Konsa pale SENYÈ a:
"Akoz de twa transgresyon Gaza yo,
    menm kat;
mwen p ap retire pinisyon an,
akoz yo te depòte tout pèp la,
pou ᵍlivre yo bay Édom.
⁷ Pou sa, Mwen va voye dife sou miray Gaza a,
epi li va devore sitadèl li yo nèt.
⁸ Anplis, Mwen va koupe retire sila ki
    rete Asdod yo,
ak sila ki kenbe baton wayal la nan Askalon.
Mwen va tounen men mwen kont Ékron,
epi retay a ʰFilisten yo va peri,"
di Senyè BONDYE a.

⁹ Konsa pale SENYÈ a:
"Akoz de twa transgresyon Tyr yo, menm kat,
mwen p ap retire pinisyon an,
akoz yo te livre tout pèp la nèt bay Édom,
e yo pa t sonje akò ⁱfratènèl la.
¹⁰ Akoz sa, Mwen va ʲvoye dife sou
    miray Tyr la,
e li va devore sitadèl li yo."

¹¹ Konsa pale SENYÈ a:
"Akoz de twa transgresyon Édom yo,
    menm kat;
Mwen p ap retire pinisyon an,
akoz li te kouri dèyè frè l ak nepe
e te refize gen pitye.
Mekontantman li te dechire tout tan,
e li te kenbe kòlè li jis pou tout tan."ᵏ

¹² Pou sa, Mwen va voye dife sou Théman,
e li va devore tout sitadèl Botsra yo."ˡ
¹³ Konsa pale SENYÈ a:
"Akoz de twa transgresyon a fis a Ammon
    yo, menm kat;
Mwen p ap retire pinisyon an,
akoz yo te ᵐchire vant fanm ansent Galaad yo
pou ⁿagrandi lizyè yo.
¹⁴ Pou sa, Mwen va sanble yon dife sou
    miray ᵒRabba a.
Li va devore sitadèl li yo nèt,
nan mitan gwo kri lagè nan jou batay la,
nan mitan siklòn nan jou tanpèt la.
¹⁵ Konsa, wa yo a va antre an egzil, ᵖli menm
    ansanm ak prens li yo,"
di Senyè a.

2 Konsa pale SENYÈ a:
"Akoz de twa transgresyon Moab
    yo, menm kat;
Mwen p ap retire pinisyon an,
akoz li te ᑫbrile zo a wa Édom nan
pou l fè lacho.
² Pou sa, Mwen va voye dife sou Moab
e li va devore sitadèl ʳKérijoth yo.
Moab va mouri nan mitan gwo zen,
kri lagè ak son a twonpèt.
³ Anplis, Mwen va koupe retire ˢjij
    la nan mitan yo,
e touye tout prens li yo ansanm avè l,"
di SENYÈ a.

⁴ Konsa pale SENYÈ a:
"Akoz de twa transgresyon a Juda
    yo, menm kat,
mwen p ap retire pinisyon an,
akoz yo te ᵗrejte lalwa SENYÈ a,
e yo pa t kenbe règleman Li yo;
ᵘmanti yo te koz yo vin egare,
dèyè sila menm papa zansèt yo te mache.
⁵ Pou sa, Mwen va voye dife sou Juda,
e li va devore palè a Jérusalem yo."ᵛ

⁶ Konsa pale SENYÈ a:
"Akoz de twa transgresyon a Israël
    yo, menm kat,
Mwen p ap retire pinisyon an;
akoz yo te ʷvann sila ki dwat yo pou lajan,
e malere yo pou achte de grenn sapat.
⁷ Sila yo k ap foule tèt a malere a,
jis pou l rive nan pousyè,
k ap refi bay jistis a oprimen an.
Yon gason ak papa li antre nan menm
    fanm nan
pou yo ka pwofane non sen Mwen an.

ᵃ **1:1** II Sam 14:2; Za 14:5   ᵇ **1:2** És 42:13   ᶜ **1:3** Am 2:1,4,6   ᵈ **1:4** I Wa 20:1   ᵉ **1:5** Jr 51:30   ᶠ **1:5** II Wa 16:9   ᵍ **1:6** Éz 35:5   ʰ **1:8** És 14:29-31   ⁱ **1:9** I Wa 9:11-14   ʲ **1:10** Za 14:5   ᵏ **1:11** Nonb 20:14-21; És 57:16   ˡ **1:12** Jr 49:7,20   ᵐ **1:13** II Wa 15:16   ⁿ **1:13** És 5:8   ᵒ **1:14** Det 3:11   ᵖ **1:15** Jr 49:3   ᑫ **2:1** II Wa 3:26,27   ʳ **2:2** Jr 48:24,41   ˢ **2:3** Sòm 2:10   ᵗ **2:4** Jij 2:17-20   ᵘ **2:4** És 9:15,16   ᵛ **2:5** Jr 17:27   ʷ **2:6** Jl 3:3

⁸ Yo lonje kò yo bò kote tout lotèl,
sou vètman ᵃki te pran kon garanti yo.
Nan kay Bondye yo a, yo bwè diven nan
ki te bay pou peye amann yo.
⁹ Malgre sa, se te Mwen menm
ki te detwi ᵇAmoreyen yo devan yo,
malgre ᶜwotè yo te tankou wotè a pye palmis
e yo te gen fòs tankou bwadchenn.
Mwen te detwi ni fwi yo pa anlè, ni
    rasin yo pa anba.

¹⁰ "Se te Mwen menm ki te mennen nou
monte soti peyi Égypte la.
E Mwen te mennen nou nan dezè a
    pandan ᵈkarantan,
pou nou ta ka posede peyi ᵉAmoreyen yo.
¹¹ Mwen te ᶠfè leve kèk nan fis nou
    yo kon pwofèt,
e kèk nan jennonm nou yo kon ᵍNazareyen.
Èske se pa sa, fis Israël yo?" di SENYÈ a.
¹² Men, nou te fè Nazareyen yo bwè divin,
e nou te kòmande pwofèt yo. Nou te di yo:
ʰ"Pa pwofetize!"
¹³ Gade byen, Mwen ⁱva peze nou anba chaj,
kon kabwa chaje lè l plen chaj sereyal.
¹⁴ ʲKouri kite p ap posib, menm pou
    sila ki pi vit la;
Sila ki dyanm lan,
p ap ka ranfòse fòs li,
ni sila ki pwisan an,
p ap ka delivre tèt li.
¹⁵ Ni sila ki ᵏfò ak banza a, p ap ka kanpe.
Sila ki rapid a pye a p ap ka delivre tèt li.
Sila ki konn monte ˡcheval la p ap chape.
¹⁶ Menm pi brav pami gèrye yo
va ᵐchape poul yo toutouni nan jou sa a",
di SENYÈ a.

3 Tande pawòl sa a ke SENYÈ a te pale kont nou
menm, fis Israël yo; kont tout fanmi ke Li te
mennen fè monte soti nan peyi Égypte la:ⁿ
² "Nou sèlman, Mwen te chwazi
pami tout fanmi sou latè yo.
Akoz sa, Mwen va ᵒpini nou
pou tout inikite nou yo."
³ Èske de mache ansanm,
san yo pa antann yo?
⁴ Èske yon lyon va gwonde nan rak bwa
san ke li pa kaptire yon bagay?
Èske yon jèn ti lyon
ka kriye deyò tanyè a san li pa pran anyen?
⁵ Èske yon zwazo ka kenbe
nan yon pèlen atè, si resò a pa t rale?
Èske pèlen an ka vòltije sòti atè,
san ke li gen yon bagay pou kenbe?
⁶ Èske twonpèt sone nan vil la,

san pèp la p ap pè?
Èske malè kon rive nan yon vil,
san ke SENYÈ a ki fè l?ᵖ
⁷ Anverite, SENYÈ a p ap fè anyen,
san Li pa ᑫaveti sèvitè li yo, pwofèt yo.
⁸ Yon lyon fin gwonde!
Se kilès ki p ap pè?
SENYÈ a fin pale!
Se kilès ki ka refize pwofetize?
⁹ Pwoklame sou sitadèl Asdod yo,
ak sitadèl peyi Égypte yo.
Di yo konsa:
Rasanble nou sou ʳmòn Samarie yo
pou wè gwo zen ki anndan yo,
ak ˢopresyon ki nan mitan yo.
¹⁰ "Paske yo pa konn fè sa ki dwat,"
    di SENYÈ a,
"sila yo k ap ᵗkache piyaj yo
ak sa yo ranmase nan palè pa yo."
¹¹ Pou sa, konsa pale Senyè BONDYE a:
"Yon ᵘlènmi va ranvwaye peyi a.
Li va rale desann barikad ou yo,
epiᵛsitadèl ou yo va piyaje."
¹² Konsa pale SENYÈ a:
Menm jan bèje a ʷrache de janm
soti nan bouch lyon an,
oswa yon mòso zòrèy,
konsa, fis Israël ki rete Samarie yo,
alèz sou bèl mèb yo,
ak kousen swa yo sou kabann nan,
va vin chape.
¹³ "Tande, e fè temwaye kont kay Jacob la," di
Senyè BONDYE a, Bondye dèzame yo.ˣ
¹⁴ "Paske nan jou ke Mwen va vizite
transgresyon Israël yo sou li,
Mwen va anplis, vizite lotèl Béthel yo.
Konsa, kòn lotèl yo va vin koupe retire nèt.
Yo va tonbe atè.ʸ
¹⁵ Kay ᶻsezon livè a, Mwen va frape
ansanm avèk kay ᵃsezon lete a.
Kay livwa yo va vin peri,
e gran mezon yo p ap la ankò,"
di Senyè a.

4 Tande pawòl sa a, nou menm, vach ᵇBasan k ap
rete sou mòn Samarie yo, k ap oprime malere,
k ap kraze sila ki nan bezwen yo, ki di a mari nou
yo: "Pote bwason nou!"
² Senyè BONDYE a te sèmante pa sentete Li,
"Gade byen, jou yo ap vini sou nou,
lè yo va rache pran nou ak kwòk vyann,
e dènye bout nan nou ak gaf pwason.ᶜ
³ Nou va ᵈsòti atravè brèch miray yo,
nou chak tou dwat devan li a,
e konsa, nou va jete nan sitadèl la,"
    deklare SENYÈ a.

ᵃ **2:8** Egz 22:26   ᵇ **2:9** Nonb 21:23-25   ᶜ **2:9** Nonb 13:32   ᵈ **2:10** Det 2:7   ᵉ **2:10** Egz 3:8   ᶠ **2:11** Det 18:18
ᵍ **2:11** Nonb 6:2,3   ʰ **2:12** És 30:10   ⁱ **2:13** És 1:14   ʲ **2:14** És 30:16,17   ᵏ **2:15** Jr 51:56   ˡ **2:15** És 31:3
ᵐ **2:16** Jij 4:17   ⁿ **3:1** Jr 8:3   ᵒ **3:2** Jr 14:10   ᵖ **3:6** És 14:24-27   ᑫ **3:7** Jen 6:13   ʳ **3:9** Am 4:1   ˢ **3:9** Am
5:11   ᵗ **3:10** Hab 2:8-10   ᵘ **3:11** Am 6:14   ᵛ **3:11** Am 2:5   ʷ **3:12** I Sam 17:34-37   ˣ **3:13** Éz 2:7   ʸ **3:14** II
Wa 23:15   ᶻ **3:15** Jr 36:22   ᵃ **3:15** Jij 3:20   ᵇ **4:1** Sòm 22:12   ᶜ **4:2** És 37:29; Jr 16:16   ᵈ **4:3** Jr 52:7

⁴ "Antre nan Béthel pou fè peche;
nan Guilgal pou miltipliye peche yo!
ᵃPote sakrifis nou yo chak maten,
dim nou yo chak twa jou.
⁵ Ofri yon ᵇofrann remèsiman,
sitou sa ki gen ledven ladan,
epi pwoklame ᶜofrann bòn volonte yo.
Fè l parèt wo pou moun wè!
Paske se konsa nou renmen fè l, nou menm,
fis Israël yo," deklare SENYÈ a.
⁶ "Men Mwen te bay nou anplis, ᵈdan netwaye
nan tout vil nou yo,
ak mank pen tout kote.
Malgre sa, nou pa t retounen
vin jwenn Mwen," deklare SENYÈ a.
⁷ Anplis de sa, Mwen te ᵉfè lapli sispann
pandan te gen twa mwa ankò avan rekòlt la.
Konsa, Mwen te voye lapli nan yon vil
pandan Mwen te refize li nan yon lòt.
Yon pati te jwenn lapli, pandan pati ki pa t
resevwa lapli a te seche.
⁸ Konsa, de oswa twa vil te kilbite rive nan
yon lòt pou bwè ᶠdlo, men yo pa t satisfè;
malgre sa, nou ᵍpa t retounen vin
jwenn Mwen,
deklare SENYÈ a.
⁹ Mwen te ʰfrape nou ak van cho, ak lakanni;
epi ⁱcheni te devore jaden ak chan
rezen nou yo, pye figye etranje ak
pye doliv yo.
Malgre sa, nou pa t retounen vin
jwenn Mwen,"
deklare SENYÈ a.
¹⁰ "Mwen te voye yon epidemi nan mitan nou,
tankou sa ki te konn rive an Égypte yo.
Mwen te ʲtouye jenn mesye nou yo ak nepe,
e te retire cheval nou yo.
E Mwen te fè ᵏmovèz odè kan ou
monte antre nan nen nou.
Malgre sa, nou pa t retounen vin
jwenn Mwen,"
deklare SENYÈ a.
¹¹ "Mwen te boulvèse kèk nan nou nèt,
jan ˡBondye te boulvèse Sodome ak
Gomorrhe.
Nou te tankou yon bout bwa byen cho
ki te rache soti nan dife;
malgre sa, nou pa t retounen vin jwenn
Mwen," deklare SENYÈ a.
¹² "Akoz sa, se konsa Mwen va fè ou, O Israël!
Paske se sa Mwen va fè ou;
prepare pou ᵐrankontre Bondye ou
a, O Israël.
¹³ Paske gade byen, Sila ki ⁿfòme mòn yo,
ki kreye van an,

e ki ᵒdeklare a lòm tout refleksyon li yo;
sila ki fè jou leve nan fènwa a,
e ki foule wo plas sou latè yo;
SENYÈ Bondye dèzame yo, se non Li."

5 Tande pawòl sa ke m reprann pou nou kon yon
chan; Yon plent konsi, pou sila ki mouri deja yo,
O lakay Israël:ᵖ
² Li fin tonbe, li p ap leve ankò—
ᑫVyèj Israël la.
Li kouche byen neglije sou tèren li;
ʳnanpwen moun ki pou leve l.
³ Paske, konsa pale Senyè BONDYE a:
"Vil ki te gen mil sòlda soti,
va gen ˢsan ki rete,
e sila ki gen san ki ale yo,
va gen ᵗdis ki rete pou lakay Israël."
⁴ Paske, konsa pale SENYÈ a a lakay Israël:
ᵘ"Chache Mwen ᵛpou nou ka viv.
⁵ Men pa ale Béthel, ni pa vini Guilgal,
ni travèse Beer-Schéba.
Paske anverite, Guilgal va antre an kaptivite
e gwo twoub va rive Béthel.ʷ
⁶ ˣChache SENYÈ a pou nou ka viv,
sinon Li va eklate kon ʸdife
nan lakay Joseph,
e li va devore san pa gen okenn moun
ki pou etenn li Béthel.
⁷ Nou menm ki fè ᶻjistis vin tounen lanvè,
e ki jete ladwati rive jis atè yo,
⁸ Chache Li ki te kreye ᵃPléiades ak Orion yo,
ki ᵇchanje gwo fènwa yo pou vin
tounen maten,
ki etenn lajounen pou fè lannwit,
ki rele dlo lanmè yo e vide sou sifas tè a;
SENYÈ a, se non L.
⁹ Se Li menm ki jayi ak destriksyon
sou moun pwisan yo,
jiskaske ᶜdestriksyon sa a rive sou sitadèl la.
¹⁰ Yo rayi sila k ap ᵈreprimande nan pòtay la
ni yo pa vle wè sila ki pale ak entegrite a.
¹¹ Konsa, akoz nou foule malere a,
e egzije taks nan blè sou li,
akoz nou fin bati bèl ᵉkay ak wòch byen taye,
malgre nou pa menm rete nan yo,
konsa, nou fin plante bèl chan rezen yo,
men nou ᶠp ap bwè diven yo.
¹² Paske Mwen konnen transgresyon nou yo
vin anpil e peche nou yo vin gran;
nou menm ki ᵍboulvèse moun dwat yo,
ki aksepte tout sa ki glise anba tab yo,
e ki detounen malere a nan pòtay la.
¹³ Alò nan yon tan konsa,
sila ki saj la oblije rete an silans,
paske tan an vin plen ak mechanste.ʰ
¹⁴ Chache sa ki bon e pa sa ki mal,

ᵃ **4:4** Nonb 28:3 ᵇ **4:5** Lev 7:13 ᶜ **4:5** Lev 22:18-21 ᵈ **4:6** És 3:1 ᵉ **4:7** Det 11:17 ᶠ **4:8** I Wa 18:5
ᵍ **4:8** Jr 3:7 ʰ **4:9** Det 28:22 ⁱ **4:9** Jl 1:4,7 ʲ **4:10** Jr 11:22 ᵏ **4:10** Jl 2:20 ˡ **4:11** Jen 19:24,25; So
3:2 ᵐ **4:12** És 32:11 ⁿ **4:13** Job 38:4-7 ᵒ **4:13** Dan 2:28,30 ᵖ **5:1** Jr 7:29 ᑫ **5:2** Jr 14:17 ʳ **5:2** És
51:18 ˢ **5:3** És 6:13 ᵗ **5:3** Am 6:9 ᵘ **5:4** Det 4:29 ᵛ **5:4** Det 4:29 ʷ **5:5** I Wa 12:28,29 ˣ **5:6** És 55:3,6,7
ʸ **5:6** Det 4:24 ᶻ **5:7** Am 2:3 ᵃ **5:8** Job 9:9 ᵇ **5:8** Job 12:22 ᶜ **5:9** Mi 5:11 ᵈ **5:10** És 29:21 ᵉ **5:11** Am
3:15 ᶠ **5:11** Mi 6:15 ᵍ **5:12** És 1:23 ʰ **5:13** Ekl 3:7

pou nou ka viv;
epi konsa, SENYÈ dèzame yo kapab
  avèk nou,
jis jan nou te pale a!ᵃ

¹⁵ Rayi mal e renmen sa ki bon,
e etabli jistis nan pòtay la!
Petèt SENYÈ Bondye dèzame yo
ka fè gras a retay Joseph la."ᵇ

¹⁶ Alò, SENYÈ Bondye dèzame yo, Senyè a di :
"Va gen gwo lamantasyon tout kote
e nan lari a, yo va rele: 'Elas! Elas!'
Yo va rele kiltivatè a pou fè dèy,
yo va peye moun pou l fè lamantasyon.ᶜ

¹⁷ Epi nan ᵈtout chan rezen yo, va gen gwo kri,
paske Mwen va pase nan mitan nou",
di SENYÈ a.

¹⁸ Elas pou nou menm ki anvi wè ᵉjou
  SENYÈ a!
Pouki sa nou lanvi we jou SENYÈ a?
Li va yon jou ᶠtenèb olye limyè.

¹⁹ Tankou lè yon nonm ᵍkouri kite
  yon lyon pou l
rakontre yon lous;
oswa pou l rive lakay li,
apiye men l sou mi kay la,
pou yon koulèv vin mòde l.

²⁰ Èske jou SENYÈ a p ap yon jou ʰtenèb
olye de limyè a, fènwa a menm san
  klate ladann?

²¹ Mwen rayi, Mwen va ⁱrefize aksepte
  fèt nou yo,
ni Mwen p ap pran plezi nan asanble
  solanèl nou yo.

²² Menmsi nou ofri ban Mwen ofrann
  brile ak ofrann sereyal,
Mwen p ap aksepte yo;
ni Mwen p ap menm gade ʲofrann lapè a
bèt gra nou yo.

²³ Retire sou Mwen bri a chanson nou yo;
Mwen p ap menm koute son a ap nou yo.

²⁴ Men kite jistis koule desann tankou dlo,
e ladwati tankou yon gwo larivyè,

²⁵ ᵏÈske nou te pote ban Mwen ofrann sakrifis ak
ofrann sereyal nan dezè a pandan karant ane yo, O
lakay Israël? ²⁶ Anplis ˡnou te pote Sikkuth, wa nou
an, ak Kiyyun, imaj nou yo, ak zetwal dye nou, ke
nou te fè pou nou menm yo. ²⁷ "Pou sa, Mwen va
fè nou antre an egzil pi lwen Damas," di SENYÈ a,
ki gen non Li ki se Bondye dèzame yo.

6 Malè a sila ki alèz nan Sion yo,
  e ak sila ki santi yo ansekirite nan
    mòn Samarie yo,
ᵐmesye ki distenge pami meyè nan nasyon yo,
a sila lakay Israël konn vini yo.
² Ale janbe kote ⁿCalné pou gade.

Soti la rive Hamath Gran an,
pou desann kote Gath de Filisten yo.
Èske yo pi bon ke wayòm sila yo?
Èske teritwa pa yo a pi gran pase pa nou an?
³ Malè a nou ki konn ᵒranvoye jou malè!
Ka pote sant vyolans lan vin pi pre!

⁴ K ap repoze sou kabann fèt ak livwa yo,
k ap gaye kò yo sou gwo sofa yo,
e k ap ᵖmanje jenn mouton ki soti nan pak la,
ak jenn bèf ki soti nan mitan tonèl bèt la;

⁵ sila ki enpwovize ak son ap la,
ki envante lenstriman mizik yo menm
  jan ak David;

⁶ Sila k ap bwè diven nan kalbas sakrifis
  yo pandan yo
onksyone kò yo ak pi bon lwil yo,
malgre sa, yo pa ᑫkriye pou Joseph,
ki fin devaste nèt la.

⁷ Akoz sa, yo va antre an egzil nan
  tèt a egzile yo.
Banbòch a sanzave yo va sispann.ʳ

⁸ Senyè BONDYE a te sèmante pa Li menm,
SENYÈ Bondye dèzame yo te deklare:
"Mwen rayi awogans a Jacob la,
e Mwen deteste sitadèl li yo.
Pou sa, Mwen va livre tout vil la ak
  tout sa ki ladann."ˢ

⁹ Epi li va vin rive ke si genyen dizòm ki rete
nan yon kay, yo va mouri.

¹⁰ Alò tonton a youn, oswa ᵗmèt mòg k ap antere l
a va leve pote zo li sòti nan kay la. Konsa, li va mande
a sila ki nan pati pi anndan nan kay la: "Èske gen
lòt moun avèk ou?" Epi sila a va reponn: "Nanpwen
moun". Konsa li va reponn: "Rete an silans. Paske
non a SENYÈ a ᵘpa dwe nonmen menm."

¹¹ "Paske gade byen, SENYÈ a pral ᵛkòmande
  ʷ pou gwo lakay la vin kraze nèt,
e ti kay la an ti mòso.

¹² Èske cheval konn kouri sou wòch,
oswa èske yo ka charye wòch yo ak bèf?
Konsa,, nou te fè ˣLa jistis vin tounen pwazon
e fwi ladwati vin anmè nèt.

¹³ Nou menm k ap rejwi nan yon ʸbagay
  ki pa anyen,
epi k ap di: 'Èske se pa ak pwòp fòs kouraj
nou nou rive pran kòn nan pou nou?'

¹⁴ Paske gade byen, Mwen pral leve
  yon nasyon
kont nou, O lakay Israël,"
deklare SENYÈ Bondye dèzame yo;
"e yo va aflije nou soti nan antre Hamath
pou rive jis nan flèv Araba a."

7 Konsa Senyè BONDYE a te montre m e gade
byen, Li t ap fòme yon gwo ᶻrafal krikèt nan lè

ᵃ **5:14** Mi 3:11   ᵇ **5:15** Sòm 97:10   ᶜ **5:16** Jr 9:10,18-20   ᵈ **5:17** És 16:10   ᵉ **5:18** És 5:19   ᶠ **5:18** Jl 2:2
ᵍ **5:19** Job 20:24   ʰ **5:20** És 13:10   ⁱ **5:21** És 1:11-16; Lev 26:31   ʲ **5:22** Lev 7:11-15   ᵏ **5:25** Det 32:17
ˡ **5:26** Trav 7:43   ᵐ **6:1** Egz 19:5   ⁿ **6:2** Jen 10:10   ᵒ **6:3** És 56:12   ᵖ **6:4** Éz 34:2,3   ᑫ **6:6** Éz 9:4   ʳ **6:7** És
13:10; Am 7:11,17   ˢ **6:8** És 13:10; Lev 26:30   ᵗ **6:10** I Sam 31:12   ᵘ **6:10** Jr 44:26   ᵛ **6:11** És 55:11   ʷ **6:11** II
Wa 25:9   ˣ **6:12** I Wa 21:7-13   ʸ **6:13** Job 8:14,15   ᶻ **7:1** Jl 1:4

jaden prentan an te kòmanse boujonnen an. Epi gade byen, rekòlt la te fèt nan lè wa a te fin koupe zèb la. ² Epi li te vin rive lè li te ᵃfin manje tout plant peyi a, ke m te di: "Senyè BONDYE, souple, padone! Kòman Jacob ka kanpe? Li tèlman ᵇpiti!" ³ SENYÈ a te repanti de sa. "Sa p ap rive," SENYÈ a te di.ᶜ

⁴ Konsa Senyè BONDYE a te montre mwen, e gade byen, Senyè BONDYE a t ap rele pou jijman an ak ᵈdife a. Li te devore tout gwo pwofondè a, e te kòmanse devore tèren nan. ⁵ Epi mwen te di: "Senyè, souple, sispann! ᵉKòman Jacob ka kanpe? Li tèlman piti!"

⁶ SENYÈ a te ᶠrepanti de sa. "Sa a tou, p ap rive", Senyè BONDYE a te di.

⁷ Konsa Li te monte m, e gade byen, Senyè a te kanpe akote yon mi ki monte ak yon filaplon nan men L. ⁸ SENYÈ a te di m: "Se kisa ou wè, Amos?"

Mwen te di: "Yon filaplon."

Konsa, Senyè a te di: "Gade byen, Mwen prèt pou plase yon ᵍfilaplon nan mitan pèp Mwen an, Israël. Mwen p ap ʰkite yo chape ankò. ⁹ ⁱWo plas Isaac yo va vin abandone, e ʲsanktyè Israël yo va vin kraze nèt. Answit, Mwen va leve kont lakay Jéroboam ak nepe."

¹⁰ Konsa, Amatsia, prèt Béthel la te voye pawòl kote Jéroboam, wa Israël la. Li te di: "Amos te ᵏfè konplo kont ou nan mitan kay Israël la. Peyi a p ap ka sipòte tout pawòl li yo. ¹¹ Paske konsa Amos di: 'Jéroboam va mouri pa nepe a, e Israël va anverite kite peyi li pou ale an egzil.'"

¹² Amatsia te di a Amos: ˡ"Ale, ou menm ki divinò, sove ale nan peyi Juda. Manje pen e pwofetize la! ¹³ Men ᵐpa pwofetize nan Béthel, paske se ⁿsanktyè ak rezidans la a wa a!"

¹⁴ Konsa, Amos te reponn a Amatsia: "Mwen pa t yon pwofèt, ni mwen pa t fis a yon pwofèt; men mwen te yon gadyen bèt ak yon kiltivatè pye fig frans.ᵒ ¹⁵ Men SENYÈ a te retire mwen soti dèyè bann mouton an, e SENYÈ a te di mwen: 'Ale ᵖpwofetize a pèp Mwen an, Israël.' ¹⁶ Konsa, tande pawòl SENYÈ a: 'W ap di: 'Ou pa pou pwofetize kont Israël, ᵠni ou pa pou pale kont lakay Isaac.' ¹⁷ Akoz sa, SENYÈ a di: ʳ"Madanm ou va devni yon pwostitiye nan vil la, ˢfis ou yo ak fi ou yo va tonbe pa nepe, peyi ou a va divize ak yon lign apantaj, e ou menm, ou va mouri nan yon peyi ki pa pwòp. Anplis, Israël va anverite kite peyi li a pou li ale an egzil.'"

8 Konsa Senyè BONDYE a te montre mwen, e gade byen, te gen yon panyen fwi gran sezon.
² Li te di: "Kisa ou wè, Amos?"

Epi mwen te di: "Yon panyen fwi gran sezon." Konsa, SENYÈ a te di mwen:
ᵗ"Lafen gen tan rive pou pèp Mwen an, Israël.

Mwen p ap ᵘpwoteje yo ankò.
³ Kantik a tanp la va tounen chan lamantasyon nan jou sa a," deklare Senyè BONDYE a.
ᵛ"Kadav yo va anpil.

Nan chak andwa, yo va jete yo deyò an silans.
⁴ Tande sa, nou menm k ap ʷvale
    malere yo nèt,
pou mete fen a tout pòv yo,
⁵ ka p di: 'Kilè nouvèl lin nan ap fini
    pou nou ka vann sereyal la?
Ak Saba a pou nou ka ouvri mache ble a?
N ap fè efa a pi piti, e sik la pi gwo.
Anplis, n ap ˣtwonpe ak balans malonèt,
⁶ pou ʸachte sila ki san sekou a pou lajan,
ak malere a pou de grenn sapat.
Menm balizaj ble a n ap vann!'"
⁷ SENYÈ a te sèmante pa glwa Jacob la:
"Anverite, Mwen p ap janm bliye
    okenn nan zak yo.ᶻ
⁸ Akoz sa, èske peyi a p ap ᵃpran tranble,
e tout moun ki rete ladann p ap ᵇfè
    lamantasyon?
Anverite, tout peyi a va leve tankou
    Rivyè Nil la.
Li va vin ajite toupatou e bese tankou
    Rivyè Égypte la.
⁹ Li va vin rive nan jou sa a", deklare
    Senyè BONDYE a,
ke Mwen va fè ᶜsolèy la desann a midi,
e mwen va ᵈfè tè a nan fènwa nan plen jounen.
¹⁰ Answit, Mwen va fè fèt nou yo vin
    tounen dèy;
tout chan lajwa nou yo va tounen
    lamantasyon.
Mwen va fè nou pote ᵉtwal sak sou
    senti a tout moun,
ak tèt chòv sou tout tèt.
Mwen va fè li ᶠtankou yon moman dèy
    pou yon sèl fis inik,
e lafen li tankou yon jou anmè.
¹¹ "Gade byen, jou yo ap vini," deklare
    Senyè BONDYE a,
"lè Mwen va voye gwo grangou sou peyi a,
pa yon grangou pou pen oswa pou dlo,
men ᵍpou koute pawòl SENYÈ a.
¹² Pèp la va kilbite tou egare
sòti nan yon lanmè pou rive nan lòt lanmè,
e sòti nan nò pou rive menm nan lès;
yo va gaye toupatou pou ʰchache pawòl
    SENYÈ a,
men yo p ap jwenn li.
¹³ Nan jou sa a, bèl tifi vyèj yo
ak jennonm yo va ⁱvin endispoze akoz swaf la.
¹⁴ Menm jan pou sila ki sèmante pa
    ʲpeche Samarie a,

ᵃ **7:2** Egz 10:15 ᵇ **7:2** És 37:4 ᶜ **7:3** És 13:10; Det 32:36 ᵈ **7:4** Det 32:22 ᵉ **7:5** Am 7:2 ᶠ **7:6** Sòm 106:45
ᵍ **7:8** II Wa 21:13 ʰ **7:8** Jr 15:6 ⁱ **7:9** Jen 46:1 ʲ **7:9** Lev 26:31 ᵏ **7:10** Jr 26:8-11 ˡ **7:12** Mat 8:34
ᵐ **7:13** Am 2:12 ⁿ **7:13** I Wa 12:29,32 ᵒ **7:14** I Wa 20:35 ᵖ **7:15** Jr 1:7 ᵠ **7:16** Det 32:2 ʳ **7:17** Os 4:13,14 ˢ **7:17** Jr 14:16 ᵗ **8:2** Éz 7:2,3,6 ᵘ **8:2** Am 7:8 ᵛ **8:3** Am 6:8-10 ʷ **8:4** Sòm 14:4 ˣ **8:5** Os 12:7
ʸ **8:6** Am 2:6 ᶻ **8:7** És 13:10; Sòm 10:11 ᵃ **8:8** Sòm 18:7 ᵇ **8:8** Os 4:3 ᶜ **8:9** Job 5:14 ᵈ **8:9** És 59:9,10
ᵉ **8:10** És 15:2,3 ᶠ **8:10** Jr 6:26 ᵍ **8:11** I Sam 3:1 ʰ **8:12** Éz 20:3,31 ⁱ **8:13** És 41:17 ʲ **8:14** Os 8:5

ki di: 'Jan dye ou a vivan an, O ªDan!'
e 'Jan chemen Beer-Schéba vivan an';
yo va tonbe e yo p ap leve ankò."

9 Mwen te wè Senyè a ki te kanpe akote lotèl la e Li te di: "Frape tèt poto yo jiskaske papòt yo tranble. Kraze yo an moso sou tèt a yo tout! Answit, mwen va ᵇtouye rès yo ak nepe. Yo ᶜp ap gen yon grenn refijye ki pou sove ale, ni yon refijye k ap chape. ² Menmsi yo ta fouye antre nan ᵈsejou mò yo; la, men Mwen va pran yo soti la. Menmsi yo ᵉmonte rive nan syèl la, Mwen va rale yo soti la pou fè yo desann. ³ Menmsi yo kache sou tèt mòn Carmel la, Mwen va ᶠchèche fè yo soti la; epi menmsi yo ta kache kò yo anba nan pwofondè lanmè a, mwen va kòmande ᵍsèpan an, e li va mòde yo. ⁴ Menmsi yo antre an ʰkaptivite devan lènmi yo, Mwen va kòmande nepe soti la pou touye yo. Konsa, Mwen va fikse zye M kont yo pou mal, e non pa pou byen. ⁵ Senyè BONDYE dèzame yo, se Sila ki ⁱtouche tè a pou li fann, e ʲtout sila ki rete ladann yo, va fè dèy. Kriye sa a va monte tankou Rivyè Nil lan, e vin bese ankò tankou Nil Égypte la. ⁶ Sila ki bati chanm wo Li yo nan syèl yo, e ki te etabli vout plafon syèl la anwo tè a, sila ki rele dlo lanmè yo pou vide yo sou sifas tè a—se SENYÈ a ki non Li.ᵏ ⁷ Èske nou pa tankou fis a Ethiopie yo pou Mwen, O fis Israël yo?" deklare SENYÈ a. "Èske Mwen pa t mennen Israël fè l monte soti nan peyi Égypte, ak ˡFilisten yo soti Caphtor e Siryen yo soti Kir? ⁸ Gade byen, zye a Senyè BONDYE a sou wayòm nan ki plen peche a; Mwen va detwi l soti sou sifas tè a. Sepandan ᵐLakay Jacob la p ap detwi nèt," deklare SENYÈ a. ⁹ "Paske gade byen, Mwen ap kòmande, e Mwen va ⁿsouke lakay Israël pami nasyon yo, tankou yon grenn k ap souke nan yon paswa, men menm yon grenn p ap tonbe atè. ¹⁰ Tout ᵒpechè pami pèp Mwen an va mouri pa nepe, sila yo k ap di: ᵖ'Malè pa rive sou nou ni parèt devan nou.' ¹¹ Nan jou sa a, Mwen va ᵍfè leve ʳLakay David ki te tonbe a, e ranfòse brèch li yo. Anplis, Mwen va leve mazi kraze li yo, e fè l vin rebati tankou nan jou ansyen yo; ¹² ˢpou yo kapab vin posede retay ᵗÉdom an ak tout nasyon ki rele pa non Mwen yo," deklare SENYÈ ki fè sa a.

¹³ "Gade byen, jou yo ap vini," deklare SENYÈ a,
"lè ᵘsila k ap raboure a va depase sila k ap rekòlte a,
e sila k ap foule rezen an va depase sila k ap simen grenn nan;
lè ᵛmòn yo va degoute diven dous e tout kolin yo va vin fann nèt ak dousè li.
¹⁴ Anplis, Mwen va ʷrestore pèp Mwen an, Israël, ki an kaptivite a,
e yo va ˣrebati vil ki kraze nèt yo pou yo viv ladan yo.
Anplis, yo va plante chan rezen yo pou bwè diven yo;
epi fè jaden pou manje fwi yo.
¹⁵ Mwen va osi plante yo sou pwòp tèren pa yo,
e ʸyo p ap dechouke yo ankò soti nan peyi ke Mwen te bay yo a," pale SENYÈ a, Bondye Ou a.

ᵃ **8:14** I Wa 12:28,29   ᵇ **9:1** Am 7:17   ᶜ **9:1** Jr 11:11   ᵈ **9:2** Sòm 139:8   ᵉ **9:2** Jr 51:53   ᶠ **9:3** Jr 16:16
ᵍ **9:3** És 27:1   ʰ **9:4** Lev 26:33   ⁱ **9:5** Sòm 104:32   ʲ **9:5** Am 8:8   ᵏ **9:6** És 13:10; Sòm 104:3,13   ˡ **9:7** Det 2:23
ᵐ **9:8** Jr 5:10   ⁿ **9:9** És 30:28   ᵒ **9:10** És 33:14   ᵖ **9:10** Am 6:3   ᵠ **9:11** Trav 15:16-18   ʳ **9:11** És 16:5   ˢ **9:12** Ab 19   ᵗ **9:12** Nonb 24:18   ᵘ **9:13** Lev 26:5   ᵛ **9:13** Jl 3:18   ʷ **9:14** Sòm 53:6   ˣ **9:14** És 61:4   ʸ **9:15** És 60:21

ABIDAS

1 Vizyon Abdias la. Konsa pale Senyè BONDYE a konsènan Édom. Nou te tande yon rapò soti nan SENYÈ a, yon [a]mesaje te voye pami nasyon yo. Li t ap di: [b]"Leve, annou ale goumen kont li"— ² Gade byen, Mwen va fè ou [c]vin piti pami nasyon yo. Ou vin meprize anpil. ³ [d]Awogans a kè nou te twonpe nou, nou menm ki rete nan falèz wòch yo, nan wotè a abitasyon nou, ki di nan kè nou: "Se kilès ki ka rale m rive atè?" ⁴ "Menmsi nou [e]bati anlè tankou èg, menmsi nou mete nich nou pami [f]zetwal yo, mwen va rale nou fè nou desann soti la," deklare SENYÈ a. ⁵ Si [g]vòlè te vin kote nou, vòlè nan lannwit yo— o ala devaste nou va vin devaste— èske yo pa t ap vòlè sèlman pou yo ta jwenn ase? Si ranmasè rezen yo te rive kote nou [h]èske yo pa t ap kite kèk ti rès? ⁶ Ala depouye Ésaü a vin [i]depouye! Ala fouye yo va fouye trezò kache li yo! ⁷ Tout [j]sila ki fè alyans avèk nou yo va voye nou kote fwontyè a. Sila ki anpè ak nou yo te twonpe nou, e yo deja genyen nou. Zanmi ki manje [k]pen nou yo ap fè pèlen pou nou. Nanpwen bon konprann nan li.

⁸ Èske Mwen p ap nan jou sa a, deklare SENYÈ a; [l]"Detwi mesye sa j Édom yo, e retire bon konprann ki soti sou mòn Ésaü a? ⁹ Answit, mesye pwisan nou yo va vin enkyete, O [m]Théman, jis tout kapab koupe retire nèt de mòn Ésaü ak gwo masak. ¹⁰ Akoz [n]vyolans anvè frè nou Jacob, nou va vin kouvri ak wont, e nou va vin koupe retire nèt jis pou tout tan. ¹¹ Nan jou ke nou te kanpe a distans, nan jou ke etranje yo te bwote tout byen li, lòt nasyon yo te antre nan pòtay li, e te fè tiraj osò pou Jérusalem—nou menm tou te sanble ak yo.[o] ¹² Pa vin rejwi ou nan jou malè frè ou a, ni pa rejwi ou sou fis a Juda yo nan jou destriksyon yo a. Pa anfle ou menm nan jou malè yo.[p] ¹³ Pa antre nan pòtay pèp Mwen an nan [q]jou malè yo. Ni pa rejwi ou de gwo dega nan jou malè yo. Pa [r]piyaje byen yo nan jou malè yo. ¹⁴ Pa [s]kanpe nan kafou chemen pou touye sila k ap sove ale sòti nan yo. Epi pa livre a lènmi sila ki chape nan jou malè yo. ¹⁵ Paske [t]jou SENYÈ a ap rapwoche sou tout nasyon yo! Jan ou te fè a, se konsa yo va fè ou. ¹⁶ Paske menm jan ou te [u]bwè sou mòn sen Mwen an, Konsa tout nasyon yo va bwè tout tan. Yo va bwè, yo va vale, l ap vin konsi yo pa t janm te la. ¹⁷ Men sou mòn [v]Sion, va genyen sila ki chape yo, e mòn sa va sen. Epi lakay Jacob va posede posesyon yo. ¹⁸ Answit, lakay Jacob va vin yon dife, e lakay Joseph va vin yon flanm; men lakay Ésaü va vin kon pay. Konsa, yo va limen dife sou yo pou brile yo nèt pou [w]pa gen ki rete lakay Ésaü ankò," paske SENYÈ a fin pale.

¹⁹ Moun Negev la va vin [x]posede mòn a Ésaü ak sila a Schfela yo, gwo plèn Philistie a. Yo va posede teritwa Éphraïm, teritwa Samarie e Benjamin va vin posede Galaad, tou. ²⁰ Epi egzile a lame fis Israël sa a, ki pami Kananeyen yo, va posede jis rive [y]Sarepta, e egzile Jérusalem ki Sepharad yo va vin posede [z]vil Negev yo. ²¹ [a]Liberatè yo va monte Mòn Sion pou ji je mòn Ésaü a e wayòm nan va vin pou a SENYÈ a.

---

[a] **1:1** És 18:2 [b] **1:1** Jr 6:4,5 [c] **1:2** Nonb 24:18 [d] **1:3** És 16:6 [e] **1:4** Job 20:6,7 [f] **1:4** És 14:12-15 [g] **1:5** Jr 49:9 [h] **1:5** Det 24:21 [i] **1:6** Jr 49:10 [j] **1:7** Jr 30:14 [k] **1:7** Sòm 41:9 [l] **1:8** Job 5:12-14 [m] **1:9** Jen 36:11 [n] **1:10** Jen 27:41; Éz 35:9 [o] **1:11** Sòm 83:5,6; Éz 35:10 [p] **1:12** Éz 13:10; Mi 4:11 [q] **1:13** Éz 35:5 [r] **1:13** Éz 36:2,3 [s] **1:14** Éz 16:3,4 [t] **1:15** Éz 30:3 [u] **1:16** Jr 49:12 [v] **1:17** Éz 4:2,3; És 14:1,2 [w] **1:18** Jr 11:23 [x] **1:19** És 11:14 [y] **1:20** I Wa 17:9 [z] **1:20** Jr 32:44 [a] **1:21** Né 9:27

JONAS

1 Pawòl SENYÈ a te vini a ªJonas, fis a Amitthaï a. Li te di: ² "Leve, ale Ninive, gran vil la, e kriye kont li, paske ᵇmechanste yo monte devan Mwen."

³ Men Jonas te leve al kacheᶜTarsis pou kite prezans SENYÈ a. Konsa, li te desann ᵈJoppa, e li te jwenn yon bato ki t ap prale Tarsis. Li te peye frè a, e te desann ladann pou ale avèk yo Tarsis pou l envite prezans SENYÈ a.

⁴ Men ᵉSENYÈ a te lanse yon gwo van sou lanmè a. Te gen yon gwo tanpèt sou lanmè a jiskaske bato a te prèt pou kraze nèt. ⁵ Answit, ouvriye bato yo te vin pè e yo chak te kriye a ᶠpwòp dye pa yo. Yo te ᵍvide chaj ki te nan bato a nan lanmè a pou te fè l pi lejè. Men Jonas te ale anba nan fon bato a, epi kote li te kouche a, li te tonbe dòmi. ⁶ Konsa, kapitèn bato a te pwoche li e te di: "Kòman fè w ap dòmi an? Leve ʰrele dye pa ou a. Petèt ⁱdye ou a va fè pa nou pou nou pa peri."

⁷ Chak mesye yo te di a konparèy yo: "Vini, annou fè tiraj osò pou nou ka konprann sou kont kilès gwo malè sa a rive nou an." Yo te fè tiraj osò a, e ʲsò a te tonbe sou Jonas. ⁸ Konsa yo te di li: ᵏ"Pale nou koulye a! Sou kont a kilès malè sa a rive nou an? Ki metye ou? Epi ki kote ou sòti? Ki peyi ou? Nan ki pèp ou sòti?"

⁹ Li te di yo: "Mwen se yon ˡEbre, e mwen gen lakrent pou SENYÈ Bondye syèl la, ki te fè lanmè a ak tè sèch la." ¹⁰ Pou sa a, mesye yo te vin pè anpil e yo te di li: "Kisa ou te fè la?" Paske mesye yo te deja konprann ke li ᵐt ap sove ale sòti kite prezans a SENYÈ a, akoz sa li te di yo. ¹¹ Konsa, yo te di l: "Kisa pou nou ta fè ou pou lanmè a vin kalm pou nou?" Paske lanmè a t ap vin pi move plis toujou.

¹² Li te di yo: "Leve mwen, jete m nan lanmè a. Konsa, lanmè va vin kalm pou nou; paske mwen konnen ke se ⁿakoz mwen menm ke gwo tanpèt sa a rive sou nou."

¹³ Sepandan, mesye yo te bouje zaviwon yo fò pou yo ta ka rive atè, men yo pa t kapab, paske lanmè te vin pi move kont yo. ¹⁴ Pou sa a, yo te rele SENYÈ a e te di: "O SENYÈ, pa kite nou peri sou kont a nonm sila a, ni pa mete san inosan sou nou; paske ᵒOu menm, O SENYÈ, Ou fè sa ki fè Ou plezi."

¹⁵ Konsa, yo te leve Jonas, yo te voye li nan lanmè a, e lanmè ᵖte vin sispann anraje. ¹⁶ Epi mesye yo te vin krent SENYÈ a anpil. Yo te ofri yon sakrifis a SENYÈ a e te fè ᑫve yo a Li menm.

¹⁷ Epi SENYÈ a te chwazi yon gwo pwason pou vale Jonas, e Jonas te nan ʳvant pwason a pandan twa jou ak twa nwit.

2 Konsa, Jonas te priye a SENYÈ Bondye li a depi ˢnan vant pwason an. ² Li te di:
"Mwen te rele nan detrès mwen bay
    SENYÈ a,
e Li te reponn mwen.
Mwen te kriye pou sekou
depi nan pwofondè ᵗsejou mò yo.
Ou te tande vwa mwen.
³ Ou te ᵘjete mwen nan gwo pwofondè a,
nan kè lanmè yo,
e gwo kouran dlo a te vale mwen.
Gwo lam lanmè ou yo ak gwo vag lanmè
ou yo te pase sou mwen.
⁴ Konsa, mwen te di: 'Mwen te ᵛvin
    chase lwen fas ou.
Malgre sa, mwen va gade ankò vè
    tanp sen Ou an.'
⁵ ʷDlo te antoure mwen
jiskaske m rive nan pwen lanmò.
Gwo ˣpwofondè a te vale mwen;
zèb lanmè yo te vlope tèt mwen.
⁶ Mwen te desann jis rive nan baz mòn yo.
Latè ak bawo li yo te antoure mwen
    pou tout tan,
men Ou te ʸleve lavi m monte soti nan fòs la,
O SENYÈ Bondye mwen an!

⁷ "Pandan mwen t ap ᶻvin endispoze nèt,
Mwen te ªsonje SENYÈ a
e lapriyè mwen te rive kote Ou nan
    tanp sen Ou an.
⁸ Sila ki ᵇkonsidere zidòl san valè yo
abandone tout sous mizerikòd,
⁹ Men mwen va fè sakrifis a Ou menm
ak vwa aksyon de gras la.
Sa ke mwen te sèmante a, se li mwen
    va ᶜakonpli.
ᵈSali a sòti nan SENYÈ a."

¹⁰ Epi SENYÈ a te kòmande ᵉpwason an e li te vomi Jonas sou tè sèch la.

3 Alò, pawòl SENYÈ a te vini a Jonas pou yon dezyèm fwa. Li te di: ² "Leve ale ᶠNinive, gwo vil la e ᵍpwoklame a li menm tout pwoklamasyon ke Mwen va pale ou yo."

³ Konsa, Jonas te ale Ninive selon pawòl SENYÈ a. Alò, Ninive te ʰtèlman yon gwo vil, li te pran twa jou ap mache pou travèse l. ⁴ Jonas te kòmanse travèse vil la pandan yon jou. Li te ⁱkriye fò e te di: "Nan karant jou, Ninive va detwi nèt."

⁵ Answit, pèp Ninive lan te kwè Bondye. Yo te deklare yon ʲjèn e yo te mete twal sak soti nan pi

---

ª **1:1** II Wa 14:25   ᵇ **1:2** Jen 18:20   ᶜ **1:3** És 23:1,6,10   ᵈ **1:3** Jos 19:46   ᵉ **1:4** Sòm 107:23-28   ᶠ **1:5** I Wa 18:26   ᵍ **1:5** Trav 27:18,19,38   ʰ **1:6** Sòm 107:28   ⁱ **1:6** II Sam 12:22   ʲ **1:7** Nonb 32:23   ᵏ **1:8** Jos 7:19   ˡ **1:9** Jen 14:13   ᵐ **1:10** Job 27:22   ⁿ **1:12** II Sam 24:17   ᵒ **1:14** Sòm 115:3   ᵖ **1:15** Sòm 65:7   ᑫ **1:16** Sòm 50:14   ʳ **1:17** Mat 12:40   ˢ **2:1** Job 13:15   ᵗ **2:2** Sòm 18:5,6   ᵘ **2:3** Sòm 69:1,2,14,15   ᵛ **2:4** Sòm 31:22   ʷ **2:5** Lam 3:54   ˣ **2:5** Sòm 69:1-2   ʸ **2:6** Job 33:28   ᶻ **2:7** Sòm 142:3   ª **2:7** Sòm 77:10,11   ᵇ **2:8** II Wa 17:15   ᶜ **2:9** Job 22:27   ᵈ **2:9** Sòm 3:8   ᵉ **2:10** Jon 1:17   ᶠ **3:2** So 2:13   ᵍ **3:2** Jr 1:17   ʰ **3:3** Jon 1:2   ⁱ **3:4** Mat 12:41   ʲ **3:5** Dan 9:3

gran pou rive nan pi piti pami yo. 6 Lè pawòl la te rive kote wa Ninive lan, li te leve soti sou twòn li, e te mete manto wayal li sou kote. Li te kouvri tèt li ak twal sak e li te chita nan mitan sann.[a] 7 Li te pibliye yon [b]pwoklamasyon. Li te di: "Nan Ninive, pa dekrè wa a ak prens li yo: Pa kite ni lòm, ni bèt, ni bann mouton, ni twoupo goute anyen. Pa kite yo ni manje ni bwè dlo. 8 Men ni lòm ni bèt dwe vin kouvri ak twal sak. Konsa, kite yo rele Bondye avèk tout kè yo, pou tout moun kapab [c]vire kite chemen mechan yo a, e vire kite vyolans ki nan men yo. 9 [d]Kilès ki konnen, petèt Bondye va repanti e ralanti sou gwo kòlè Li a pou nou pa peri."

10 Lè Bondye te wè zèv yo, ke yo te [e]vire kite chemen mechan yo a, alò [f]Bondye te repanti de gwo malè ke Li te deklare pou fè rive sou yo a. Epi Li pa t fè sa ankò.

4 Men sa te fè Jonas pa kontan anpil e li te vin [g]fache. 2 Li te priye a SENYÈ a. Li te di: "Souple, SENYÈ, èske se pa sa ke m te di lè m te nan pwòp peyi mwen an? Alò, se pou m te evite sa ki fè m te sove ale rive Tarsis. Paske mwen te konnen ke Ou se yon Bondye ki plen gras ak mizerikòd, ki lan nan kòlè, ki ranpli ak lanmou dous, e Ou se Sila ki ralanti selon malè a. 3 Alò, pou sa, koulye a, O SENYÈ, souple, pran lavi mwen. Paske lanmò [h]pi bon ke lavi pou mwen."

4 SENYÈ a te di: "Èske ou gen bon rezon pou ou fache a?"

5 Epi Jonas te sòti nan vil la e te chita sou kote lès la. La, li te fè yon tonèl pou li menm, e li te [i]chita anba l nan lonbraj jis pou l ta sèvi kon abri sou tèt li, pou delivre l de mekontantman li an. Epi lyann nan te fè Jonas byen kontan. 7 Men Bondye te chwazi yon cheni nan granmaten nan pwochen jou a. Li te atake lyann nan e li te vin [j]fennen. 8 Lè solèy la te leve, Bondye te chwazi yon [k]van lès byen cho, solèy la [l]te bat tèt Jonas jiskaske li te vin fèb. Konsa, li t ap mande ak tout nanm li, e te di: "Lanmò pi bon ke lavi pou mwen."

9 Epi Bondye te di a Jonas: "Èske ou gen bon rezon pou fache akoz lyann nan?"

Jonas te reponn: "Mwen gen bon rezon pou m fache, menm jiska lanmò."

10 Konsa, SENYÈ a te di: "Ou te gen konpasyon pou plant sila ke ou pa t fè okenn travay pou li a, ke ou menm pa t fè grandi, ki te vin parèt nan yon nwit e te vin peri nan yon nwit. 11 Èske Mwen pa ta dwe [m]gen konpasyon pou Ninive, gwo vil la, nan sila ki genyen plis ke san-ven-mil moun ki pa konn diferans antre men dwat ak men goch yo ak yon gwo kantite bèt, tou?"

---

[a] **3:6** Est 4:1-4   [b] **3:7** II Kwo 20:3   [c] **3:8** És 1:16-19   [d] **3:9** II Sam 12:22   [e] **3:10** I Wa 21:27-29   [f] **3:10** Egz 32:14
[g] **4:1** Jon 4:4   [h] **4:3** Job 7:15,16   [i] **4:5** I Wa 19:9,13   [j] **4:7** Jl 1:12   [k] **4:8** Éz 19:12   [l] **4:8** Sòm 121:6
[m] **4:11** Jon 3:10; Det 1:39

MICHÉE

1 Pawòl SENYÈ a ki te adrese a [a]Michée, moun Moréscheth la, nan jou a Jotham, Achaz, ak Ézéchias, wa Juda yo, pawòl ke li te wè konsènan Samarie ak Jérusalem nan.

² Tande, O pèp yo, nou tout!
[b]Koute, O latè a, ak tout sa ki ladann.
Kite SENYÈ Bondye a vin [c]temwen kont nou;
SENYÈ a, depi nan tanp sen Li an.
³ Paske gade byen, SENYÈ a ap vin
  [d]sòti nan plas Li a.
Li va vin desann pou [e]foule wo plas latè yo.
⁴ [f]Mòn yo fann anba Li;
Vale yo fann tankou lasi devan dife,
tankou dlo k ap vide desann yon pant apik.

⁵ Tout sa se pou rebelyon a Jacob la
ak pou peche Israël la.
Se kisa ki [g]rebelyon a Jacob la?
Èske se pa [h]Samarie?
Se kisa ki wo plas a Juda yo?
Èske se pa Jérusalem?
⁶ Alò, Mwen va fè Samarie vin yon pil
  [i]mazi nan yon chan louvri,
tankou yon kote pou plante yon chan rezen.
Mwen va vide wòch batisman li yo nan vale a,
e Mwen va dekouvri mete toutouni tout
  fondasyon li yo.
⁷ Tout [j]zidòl li yo va vin kraze nèt,
tout kado yo bay li yo va vin brile ak dife a,
e tout zidòl li yo Mwen va detwi;
paske se pou salè a yon [k]pwostitiye ke
  li te ranmase yo,
e pou salè a yon pwostitiye yo va remèt.

⁸ Pousa, mwen oblije fè dèy e kriye fò.
Mwen oblije ale [l]pye atè ak toutouni.
Mwen oblije fè lamantasyon tankou
  [m]chen mawon,
plenyen tankou otrich!
⁹ Paske [n]blesi li a p ap ka geri;
paske li fin rive nan Juda.
Li rive nan pòtay a pèp mwen an,
menm Jérusalem.
¹⁰ [o]Pa pale sa nan Gath.
Pa kriye menm.
Nan Beth-Leaphra mwen te woule
kò mwen nan pousyè.
¹¹ Ale fè wout ou, ou menm ki rete Schaphir;
nan [p]lawont ak toutouni ou.
Moun [q]Tsaanan p ap chape.
Plenyen Beth-Haëtsel la:

Li va retire sou ou tout soutyen li.
¹² Paske moun Maroth vin fèb nan
  [r]tann sa ki bon,
akoz malè vin desann sòti nan SENYÈ a,
rive nan pòtay Jérusalem nan.
¹³ Tache cheval yo nan cha lagè a, O
  moun [s]Lakis!
Fi sila a te kòmansman peche pou fi Sion an—
akoz se nan ou, yo te twouve zak
  rebelyon a Israël yo.
¹⁴ Alò, ou va bay kado dadye a
  Moreschet-Gath.
Lakay [t]Aczib yo va vin yon [u]desepsyon
  pou wa Israël yo.
¹⁵ Anplis, Mwen va mennen bay nou sila
k ap pran posesyon nou an,
O nou menm k ap viv nan [v]Marécha yo!
Glwa Israël la va antre menm nan [w]Adullam.
¹⁶ Vin [x]chòv nèt;
koupe tout cheve ou pou pitit ke ou
  renmen an.
Elaji tèt chòv ou pou vin tankou èg,
paske [y]yo te ale an egzil kite ou!

2 Malè a sila k ap [z]fè plan inikite yo,
  k ap manevre mechanste sou kabann yo!
Lè maten rive, yo pratike li,
paske sa nan pouvwa a men yo.
² Yo lanvi chan a lòt, epi konsa yo sezi yo,
kay yo, e konsa yo pran yo.
Yo oprimen yon nonm ak kay li,
Yon nonm ak tout eritaj li.

³ Pou sa, pale SENYÈ a:
"Gade byen, Mwen ap fè yon plan
  kont pèp sa a,
yon malè k ap fè nou p ap ka retire kou nou;
ni nou p ap ka mache ak awogans,
paske sa se yon [a]move tan.
⁴ Nan jou sa a, yo va [b]fè leve kont
  nou yon pawòl;
mokè yo va kriye ak yon lamantasyon tris.
Yo va di: 'Nou fin [c]detwi nèt!
Li divize eritaj a pèp mwen an.
A la retire, Li retire l nan men mwen!
Li bay moun trèt yo! Li divize bay
  chan nou yo!'"
⁵ Akoz sa, nou p ap gen pèsòn ki va
  tann [d]lign mezi
pou fè tiraj osò nan asanble SENYÈ a.
⁶ "Pa pwofetize"!—yo pwofetize—

---
[a] **1:1** Jr 26:18   [b] **1:2** Jr 6:19   [c] **1:2** És 50:7   [d] **1:3** És 26:21   [e] **1:3** Am 4:13   [f] **1:4** Sòm 97:5   [g] **1:5** Jr 2:19   [h] **1:5** És 7:9   [i] **1:6** II Wa 19:25   [j] **1:7** Det 9:21   [k] **1:7** Det 23:18   [l] **1:8** És 32:11   [m] **1:8** És 13:21,22   [n] **1:9** És 3:26   [o] **1:10** II Sam 1:20   [p] **1:11** Éz 23:29   [q] **1:11** Jos 15:37   [r] **1:12** És 59:9-11   [s] **1:13** Jos 10:3   [t] **1:14** Jos 15:44   [u] **1:14** Jr 15:18   [v] **1:15** Jos 15:44   [w] **1:15** II Sam 23:13   [x] **1:16** És 22:12   [y] **1:16** II Wa 17:6   [z] **2:1** Sòm 36:4   [a] **2:3** Det 28:48; Am 5:13   [b] **2:4** Hab 2:6   [c] **2:4** És 6:11   [d] **2:5** Nonb 34:13,16-29

"Pa pwofetize de bagay de sila yo.
Repwòch sa yo p ap janm rive nou."
⁷ Èske sa dwe pale, O Lakay Jacob?
"Èske Lespri SENYÈ a pa ᵃan kolè?
Èske bagay sa yo se zèv pa Li?
Èske pawòl Mwen yo pa fè byen
pou sila k ap mache dwat la?"
⁸ Men koulye a, pèp Mwen an leve
    tankou yon ᵇènmi.
Nou chire retire manto ak abiman
de sila k ap pase pa aza yo;
moun k ap retounen, soti nan lagè.
⁹ Fanm a pèp Mwen yo, nou ᶜchase yo deyò
pou soti kite bèl ti kay yo.
Nan men jèn pitit yo, nou rache retire
tout benediksyon Mwen, jis pou tout tan.
¹⁰ Leve ale!
Se pa isit ou ap jwenn repo;
li plen ak sa ki ᵈpa pwòp, sa kab detwi,
menm avèk yon destriksyon byen grav.
¹¹ Si yon nonm ap mache nan yon
lespri manti pou l di:
ᵉ "Mwen va pale avèk nou konsènan
diven ak bwason fò,"
li ta kapab menm vin pwofèt a ᶠpèp sa a.
¹² Anverite, Mwen va ᵍrasanble nou
    tout, O Jacob!
Anverite, Mwen va ranmase ʰretay Israël yo.
Mwen va mete yo ansanm tankou
    mouton nan pak;
tankou yon bann mouton nan mitan patiraj yo.
Y ap plenn ak moun.
¹³ Sila k ap ouvri kraze chemen a va
    ale devan yo.
Yo kraze pòtay la pou soti.
Se wa yo ki pase devan yo,
ak SENYÈ la a latèt yo.

3 Konsa, mwen te di:
"Koute koulye a, chèf a Jacob yo ak sila
k ap gouvène lakay Israël yo.
Èske nou pa dwe konnen lajistis?ⁱ
² Nou menm ki rayi sa ki bon,
e ki renmen sa ki mal;
ki ʲchire po yo sou kò yo,
ak chè yo soti sou zo yo;
³ k ap anplisᵏmanje chè pèp Mwen an,
chire po yo sou yo, kraze zo yo
e ˡkoupe yo an mòso,
tankou se pou mete nan chodyè,
tankou vyann nan bonm nan.
⁴ Konsa,, yo va kriye fò a SENYÈ a,
men Li p ap reponn yo.
Olye de sa, nan lè sa a, Li va ᵐkache
    figi li a yo menm,
akoz yo te pratike zak ki mechan."

⁵ Konsa pale SENYÈ a konsènan pwofèt ki te
ⁿmennen pèp mwen an nan erè yo. Lè yo bay yo kèk
bagay pou mòde ak dan yo, yo kriye: "Lapè"! men
kont sila ki pa mete anyen nan bouch yo, yo deklare
lagè.
⁶ Akoz sa, li fènwa ᵒsou nou—san vizyon
e fènwa pou nou—san apèsi davni.
ᵖSolèy la va kouche sou pwofèt yo,
e lajounen va vin fènwa sou yo.
⁷ Vwayan yo va wont
e ᵠdivinò yo va nan konfizyon.
Anverite, yo tout va ʳkouvri bouch yo
akoz Bondye pa reponn.
⁸ Men kanta mwen menm,
ˢmwen ranpli ak pouvwa pa Lespri SENYÈ a,
ak jistis ak kouraj Li,
pou ᵗfè Jacob konnen zak rebelyon li an;
menm a Israël, peche pa l la.
⁹ Alò, tande sa, chèf lakay Jacob yo,
ak sila k ap gouvène lakay Israël yo,
ki ᵘrayi jistis,
e ki vire tòde tout sa ki dwat,
¹⁰ Ki ᵛbati Sion ak san koule,
e Jérusalem ak vyolans e enjistis.
¹¹ Chèf li yo fè ʷjijman
pou jwenn sa ki glise anba tab,
e ˣprèt li yo enstwi pou kòb,
pandan pwofèt li yo ap pwofetize pou lajan.
Malgre sa, yo apiye sou SENYÈ a.
Yo di: "Se pa SENYÈ a ki nan mitan nou?
Okenn malè p ap rive sou nou."
¹² Konsa, akoz nou menm,
ʸSion va vin raboure tankou yon chan,
e ᶻJérusalem va vin yon pil mazi,
e mòn tanp lan va devni
tankou wo plas yo nan forè a.

4 Men nan dènye jou yo, li va vin rive ke mòn
    a SENYÈ a va vin etabli kon chèf
    a mòn yo.
Li va vin leve anwo kolin yo e pèp nasyon yo
va kouri kon dlo pou rive kote l.ᵃ
² Anpil nasyon va vin di:
"Vini, annou monte sou mòn SENYÈ a,
lakay Bondye Jacob la,
pou L ka enstwi nou nan chemen Li yo
e pou nou ka mache sou pa Li yo."
Paske depi nan Sion, lalwa va sòti
e pawòl SENYÈ a va soti Jérusalem.ᵇ
³ Konsa, Li va ᶜjije antre anpil pèp e pran
desizyon pou anpil nasyon ki byen lwen.
Yo va bat nepe yo pou fè yo tounen ᵈcha
pou laboure latè yo,
ak lans lagè yo pou fè yo tounen
    kwòk imondaj.

ᵃ **2:7** És 50:2   ᵇ **2:8** Jr 12:8   ᶜ **2:9** Jr 10:20   ᵈ **2:10** Sòm 106:38   ᵉ **2:11** Jr 5:31   ᶠ **2:11** És 30:10,11
ᵍ **2:12** Mi 4:6,7   ʰ **2:12** Mi 5:7,8   ⁱ **3:1** Sòm 82:1-5   ʲ **3:2** Sòm 53:4   ᵏ **3:3** Sòm 14:4   ˡ **3:3** Éz 11:3
ᵐ **3:4** Det 31:17; És 3:11   ⁿ **3:5** És 3:12   ᵒ **3:6** És 8:20-22   ᵖ **3:6** És 59:10   ᵠ **3:7** És 44:25   ʳ **3:7** Mi 7:16
ˢ **3:8** És 61:1-2   ᵗ **3:8** És 58:1   ᵘ **3:9** Sòm 58:1,2   ᵛ **3:10** Jr 22:13,17   ʷ **3:11** És 1:23   ˣ **3:11** Jr 6:13   ʸ **3:12** Jr
26:18   ᶻ **3:12** Sòm 79:1   ᵃ **4:1** És 2:2-4; Sòm 22:27   ᵇ **4:2** És 2:3; Sòm 25:8,9,12   ᶜ **4:3** És 2:4   ᵈ **4:3** Jl 3:10

Nasyon p ap leve nepe kont nasyon e
p ap aprann fè lagè ankò.
⁴ Men yo va fè chak moun ᵃchita anba chan
rezen pa yo ak anba pye fig pa yo.
Pèsòn p ap fè yo pè:
paske bouch SENYÈ dèzame yo fin pale sa.
⁵ Malgre tout pèp yo mache
nan non dye pa yo, pou nou menm,
ᵇnou va mache nan non SENYÈ Bondye
nou an jis pou tout tan e pou tout tan.
⁶ "Nan jou sa a", deklare SENYÈ a,
"Mwen va ᶜrasanble moun bwate yo,
e Mwen va reyini moun rejte yo,
ak sa ke M te aflije yo.
⁷ Mwen va fè moun bwate yo
vin yon ᵈretay e moun rejte yo
vin yon nasyon pwisan;
Konsa, ᵉSENYÈ a va renye sou yo
nan Mòn Sion
depi koulye a rive jis pou tout tan."
⁸ A nou menm ᶠwo tou bann mouton an,
mòn fi Sion an,
sou ou menm, li va retounen.
Wi, menm ᵍansyen pouvwa a,
wayòm nan de fi Jérusalem nan.

⁹ Alò, poukisa ou ʰrele anmwey konsa?
Èske pa gen wa pami nou?
Èske ⁱkonseye nou an fin peri?
Kite gwo doulè a sezi nou
kon yon fanm k ap pouse fè pitit?
¹⁰ Se pou ou vin an doulè,
doulè pou pouse fè pitit
fi a Sion an,
kon yon fanm ki ansent;
paske koulye a, ou va ʲsòti nan vil la
pou rete nan chan,
e ou va ale menm nan Babylone.
ᵏLa ou va delivre.
La SENYÈ a va rachte ou,
soti nan men ènmi ou yo.

¹¹ Epi koulye a, gen ˡanpil nasyon
ki rasanble kont ou k ap di:
"Kite li fin souye nèt,
e kite zye nou wè dezi nou sou Sion."
¹² Men yo pa ᵐkonnen refleksyon a SENYÈ a,
ni yo pa konprann bi Li a;
paske Li te ranmase moun sa yo,
kon pakèt sereyal yo,
pou pote sou glasi vannen an.
¹³ Leve pou ⁿbat jèm nan, O fi a Sion an!
Paske M ap fè kòn ou an vin yon kòn fè,
e zago ou kon yon zago an bwonz.
Ou va ᵒbat an mòso anpil pèp,

pou ou kapab konsakre a SENYÈ a
tout richès enjis pa yo,
ke nou ranmase ak tout byen pa yo,
bay SENYÈ tout latè a.

5

Alò, rasanble nou an twoup lame,
O fi a lame yo.
Li fin fè syèj kont nou.
Ak gwo baton, yo va ᵖfrape jij Israël
la sou machwè.
² Men ou menm, Bethléhem Éphrata,
pi piti pami fanmi a Juda yo,
nan ᑫou va soti de Mwen
Youn pou vin chèf an Israël.
Lè pou L vin parèt la te etabli depi
nan tan ansyen yo, jis rive nan jou etènite yo.
³ Akoz sa, Li va ʳabandone yo jiskaske
sila ki te gen doulè a, fin pouse fè pitit la.
Nan lè sa a, retay nan frè li yo
va retounen vin jwenn fis Israël yo.
⁴ Konsa Li va leve pou mennen
ˢ bann mouton Li an nan fòs SENYÈ a,
nan majeste a non SENYÈ, Bondye Li a.
Epi yo va viv, paske nan tan sa a,
Li va pwisan jis rive nan ᵗdènye pwent latè.
⁵ Li va lapè nouᵘ lè Asiryen yo vini
nan peyi nou an,
e lè li va mache nan palè nou yo.
Konsa, nou va leve kont li sèt bèje ak
uit chèf prensipal.
⁶ Yo va ᵛregle peyi Assyrie ak nepe,
ak peyi Nimrod la menm nan pòtay li yo.
Konsa, li va ʷdelivre nou soti nan
men Asiryen an
lè l fè envazyon peyi nou an,
ak lè li mache anndan fwontyè nou an.
⁷ Epi konsa, ˣretay Jacob la va
nan mitan anpil nasyon pèp yo,
tankou lawouze ki sòti nan SENYÈ a,
tankou lapli k ap farinen sou zèb,
ki p ap tann lòm,
ni fè reta pou fis a lòm yo.
⁸ Retay Jacob la va pami nasyon yo,
pami anpil pèp;
Tankou yon lyon pami bèt forè,
tankou yon jèn lyon nan mitan bann mouton;
li menm, si l pase, mache, dechire an mòso
e ʸp ap gen pèsòn ki pou delivre.
⁹ Ke men ou vin ᶻLeve kont advèsè Ou yo
e lènmi Ou yo va vin koupe retire nèt.
¹⁰ "Li va rive, nan jou sa a,", deklare
SENYÈ a,
ᵃ"ke Mwen va retire cheval nou yo
nan mitan nou
e Mwen va detwi cha lagè nou yo.

ᵃ **4:4** I Wa 4:25; Lev 26:6   ᵇ **4:5** Za 10:12   ᶜ **4:6** Sòm 147:2   ᵈ **4:7** Mi 5:7,8   ᵉ **4:7** És 24:23   ᶠ **4:8** Sòm 48:3,12
ᵍ **4:8** És 1:26   ʰ **4:9** Jr 8:19   ⁱ **4:9** És 3:1-3   ʲ **4:10** II Wa 20:18   ᵏ **4:10** És 43:14   ˡ **4:11** És 5:25-30
ᵐ **4:12** Sòm 147:19,20   ⁿ **4:13** És 41:15   ᵒ **4:13** Jr 51:20-23   ᵖ **5:1** I Wa 22:24   ᑫ **5:2** És 11:1; Jr 30:21
ʳ **5:3** Os 11:8   ˢ **5:4** És 40:11   ᵗ **5:4** És 45:22   ᵘ **5:5** És 9:6; És 8:7-8   ᵛ **5:6** Na 2:11-13   ʷ **5:6** És 14:25
ˣ **5:7** Mi 2:12   ʸ **5:8** Jen 49:9; Sòm 50:22   ᶻ **5:9** Sòm 10:12   ᵃ **5:10** Za 9:10

¹¹ "Anplis, Mwen va koupe retire ᵃvil
nan peyi nou yo e mwen va jete tout
miray fòterès nou yo.
¹² Mwen va koupe retire zafè tout ᵇwanga
soti nan men nou, e nou p ap gen divinò ankò.
¹³ ᶜMwen va retire imaj taye nou yo ak
pilye sakre ki pami nou yo,
pou nou pa adore zèv men nou yo ankò.
¹⁴ Mwen va dechouke ᵈAsherim ki
pami nou yo,
e mwen va detwi vil nou yo.
¹⁵ Epi Mwen va ᵉegzekite vanjans kòlè
ak gwo mekontantman sou nasyon ki
pa t koute yo."

6 Koute koulye a sa ke SENYÈ a ap di:
"Leve, plede ka ou devan mòn yo;
kite kolin yo tande vwa ou.
² Koute, O mòn yo, pwosè vèbal SENYÈ a,
e ou menm, fondasyon latè ki dire tout tan yo.
Paske ᶠSENYÈ a gen yon ka kont pèp Li a,
e Li va plede ka Li ak Israël.
³ "Pèp Mwen, se kisa Mwen te fè Ou?
ᵍNan kisa Mwen te fatige ou?
Reponn Mwen!
⁴ Anverite Mwen te mennen nou
monte soti nan peyi Égypte.
Mwen te rachte ou soti nan kay esklavaj la.
Mwen te voye devan ou Moïse, Aaron
ak Marie."ʰ
⁵ Pèp mwen, sonje koulye a konsèy
Balak, wa Moab la ak sa Balaam,
fis a Beor a, te reponn li depi
nan Sittim rive Guilgal,
pou nou ta ka konnen zèv ladwati a
SENYÈ a."

⁶ ⁱAvèk kisa mwen ta dwe vin parèt
devan SENYÈ a,
e bese m ba devan Bondye anlè a?
Èske mwen ta vini ak ofrann brile,
ak ti bèf ki gen yon lane?
⁷ Èske SENYÈ a pran plezi nan ʲmilye
de belye yo?
Oswa nan dè di-milye de rivyè lwil yo?
Èske se ᵏpremye ne mwen an mwen dwe bay
pou zak rebelyon mwen yo?
Fwi a kò m pou peche nanm mwen an?
⁸ Li te montre ou, O lòm, sa ki bon.
Ki sa SENYÈ a egzije de ou?
Sèl pou ˡfè sa ki jis, renmen ᵐMizerikòd,
e mache nan imilite ak Bondye ou a?
⁹ Vwa SENYÈ a va rele vè vil la,
e sajès, li menm, fè lakrent non Ou.
"Koute baton an,
ak Sila ki te deziye l.

¹⁰ Èske toujou gen trezò ⁿmechanste
lakay mechan an, ak yon mezi ki manke?
Ki se madichonnen?
¹¹ Èske Mwen kapab tolere yon ᵒfo balans
ak yon sachè fo pèz?
¹² Paske moun rich li yo plen vyolans.
Rezidan li yo fè ᵖmanti,
e ᵠlang yo twonpe soti nan bouch yo.

¹³ Konsa tou, Mwen te frape ou ak
ʳyon blesi grav.
Mwen te fè ou vin dezole akoz peche ou yo.
¹⁴ Ou va manje, men ou ˢp ap satisfè.
Imilyasyon ou va nan mitan ou.
Ou va vin mete sou kote,
men ou p ap ᵗkonsève,
e sa ke ou t ap rezève a,
Mwen va bay li a nepe.
¹⁵ Ou va simen, men ou p ap rekòlte.
Ou va kraze grenn oliv anba pye,
men ou menm p ap onksyone ak lwil;
kraze rezen, men ou p ap bwè diven an.ᵘ
¹⁶ Paske se règleman ᵛOmri yo nou kenbe,
ak tout zèv lakay Achab yo nou obsève,
e se nan konsèy yo ke nou ʷmache.
Akoz sa, Mwen va fè ou vin detwi nèt.
Pèp ou a va giyonnen,
e ou va sipòte repwòch a pèp Mwen an."

7 Malè a mwen menm!
Anverite, mwen tankou moun
k ap ranmase fwi gran sezon,
k ap rasanble retay rezen yo lè yo fin
retire diven.
Pa gen grap rezen pou manje,
ni yon grenn ˣpremye fwi fig etranje
pou m ta anvi goute.
² Moun fidèl ʸfin disparèt sou latè a,
e nanpwen moun dwat pami lòm.
Yo tout kouche an anbiskad pou ᶻvèse san;
yo tout fè lachas dèyè frè yo ak pèlen.
³ Toude men yo sou sa ki mal la pou fè l ᵃbyen.
Prens lan mande, e jij la prè pou yon
ᵇglise anba tab.
Yon nonm pwisan prezante tout mechanste
ke nanm li bezwen.
Konsa yo trese l pou fè l vin yon sèl.
⁴ Pi bon nan yo se pikan.
Pi dwat la pi mal pase kloti zepin.
Jou gadyen ou,
jou ᶜvizitasyon ou an fin rive.
Koulye a y ap ᵈboulvèse, egare nèt.
⁵ Pa ᵉfè konfyans ak yon vwazen.
Pa fè konfyans ak yon zanmi.
Ak fi la k ap kouche ak ou a,

ᵃ **5:11** És 1:7   ᵇ **5:12** Det 18:10-12   ᶜ **5:13** És 2:18   ᵈ **5:14** Egz 34:13   ᵉ **5:15** És 1:24   ᶠ **6:2** És 1:18
ᵍ **6:3** Jr 2:5; És 43:22,23   ʰ **6:4** Det 7:8; Egz 4:10-16   ⁱ **6:6** Sòm 40:6-8   ʲ **6:7** Sòm 50:9   ᵏ **6:7** Lev 18:21
ˡ **6:8** És 56:1   ᵐ **6:8** Os 6:6   ⁿ **6:10** Jr 5:26,27   ᵒ **6:11** Lev 19:36   ᵖ **6:12** Jr 9:2-6,8   ᵠ **6:12** És 3:8   ʳ **6:13** Mi 1:9; És 1:7   ˢ **6:14** És 9:20   ᵗ **6:14** És 30:6   ᵘ **6:15** Det 28:38-40; Am 5:11   ᵛ **6:16** I Wa 16:25,26   ʷ **6:16** Jr 7:24   ˣ **7:1** És 28:4   ʸ **7:2** És 57:1   ᶻ **7:2** És 59:7   ᵃ **7:3** Pwov 4:16,17   ᵇ **7:3** Am 5:12   ᶜ **7:4** És 10:3
ᵈ **7:4** És 22:5   ᵉ **7:5** Jr 9:4

gade pòt bouch ou!
⁶ ᵃFis la derespekte papa a,
e fi a leve kont manman li,
bèlfi a kont bèlmè li;
lènmi a yon nonm se anndan lakay li.
⁷ Men pou mwen menm,
mwen va ᵇgade vè SENYÈ a.
Mwen va ᶜtann Bondye a sali mwen an.
Bondye mwen an va koute mwen.
⁸ ᵈPa rejwi nou kont mwen menm, O
    lènmi mwen.
Malgre mwen tonbe, mwen va leve ankò.
Malgre mwen chita nan tenèb,
SENYÈ a va yon ᵉlimyè pou mwen.
⁹ Mwen va pote endiyasyon SENYÈ a,
akoz mwen te peche kont Li,
jiskaske li ᶠplede ka mwen an,
e egzekite jijman pou mwen.
Konsa, Li va mennen m sòti nan plen limyè,
e mwen va wè ladwati Li.
¹⁰ Answit, lènmi m va wè sa,
e gwo wont va kouvri fi la ki te di m:
"Kote SENYÈ Bondye ou a?"
Zye m va gade fi sa a.
Epi konsa, nan lè sa a, li va
vin foule anba pye tankou kras labou nan lari.ᵍ
¹¹ Sa va yon jou pou ʰbati miray ou yo.
Nan jou sa a, lizyè ou yo va vin grandi.
¹² Sa va yon jou ke yo va ⁱvin kote ou
soti Assyrie ak vil Égypte yo;
soti Égypte menm pou rive Rivyè Euphrate la,
menm soti nan lanmè,
rive nan lanmè,
nan mòn rive nan mòn.
¹³ Malgre, latè va vin ʲdezole

akoz sila k ap viv ladann yo,
akoz fwi a zak yo.
¹⁴ ᵏMennen pèp Ou a ak kwòk beje Ou a,
bann mouton a eritaj Ou a,
ki rete pou kont yo, nan forè.
Kite yo manje nan mitan bon pa,
nan Basan ak Galaad, ˡtankou nan
    ansyen tan an.
¹⁵ "Tankou nan jou lè ou te sòti nan
    peyi Égypte la,
Mwen va montre ou ᵐMirak."
¹⁶ Nasyon yo ⁿva wè,
e yo va wont de tout pwisans yo.
Yo va ᵒmete men yo sou bouch yo;
zòrèy yo va vin soud.
¹⁷ Yo va niche pousyè tankou sèpan.
Tankou bagay k ap ranpe sou latè,
yo va sòti ᵖtou ap tranble nan sitadèl
    souteren yo.
Yo va vin vè SENYÈ Bondye nou an,
    ak ᑫgwo lakrent;
konsa, yo va pè devan Ou.
¹⁸ Se kilès ki yon Bondye tankou Ou,
ki ʳpadone inikite,
e ki bliye zak rebèl a retay pèp eritaj li?
Li pa ˢkenbe kòlè li pou tout tan an,
akoz Li pran plezi nan lanmou dous Li.
¹⁹ Li va gen konpasyon pou nou ankò.
ᵗLi va foule inikite nou yo anba pye L.
Wi, Ou va ᵘjete tout peche yo nan fon lanmè.
²⁰ Ou va bay ᵛverite a Jacob
ak mizerikòd a Abraham,
tankou Ou te sèmante a papa zansèt nou yo
depi nan jou ansyen yo.

ᵃ **7:6** Mat 10:21,25   ᵇ **7:7** Hab 2:1   ᶜ **7:7** Sòm 130:5   ᵈ **7:8** Pwov 24:17   ᵉ **7:8** És 9:2   ᶠ **7:9** Jr 50:34
ᵍ **7:10** És 51:23   ʰ **7:11** És 54:11   ⁱ **7:12** És 19:23-25   ʲ **7:13** Jr 25:11   ᵏ **7:14** Sòm 95:7   ˡ **7:14** Am 9:11
ᵐ **7:15** Egz 3:20   ⁿ **7:16** És 26:11   ᵒ **7:16** Mi 3:7   ᵖ **7:17** Sòm 18:45   ᑫ **7:17** És 25:3   ʳ **7:18** Egz 34:7,9
ˢ **7:18** Sòm 103:8,9,13   ᵗ **7:19** Jr 50:20   ᵘ **7:19** És 38:17   ᵛ **7:20** Jen 24:27

Mi

NAHUM

1 Pwofesi pou Ninive. Liv vizyon a Nahum nan, Elkochit la. ² Yon Dye [a]jalou k ap fè vanjans se SENYÈ a. SENYÈ a plen chalè kòlè ak vanjans. SENYÈ a ap pran vanjans Li sou sa yo ki kont Li yo. Sou lènmi Li yo, li konsève chalè kòlè Li. ³ SENYÈ a [b]lan nan kòlè, e Li plen pwisans. Konsa, li byen si ke SENYÈ a p ap kite koupab la san pinisyon. Mwayen Li se nan toubiyon ak tanpèt, e nwaj yo se pousyè anba pye Li. ⁴ Li [c]Repwoche lanmè a, e fè l vin sèch. Li fè larivyè yo vin sèch. Basan ak Carmel seche; flè a Liban yo vin fennen. ⁵ Mòn yo [d]tranble akoz Li e kolin yo vin fann nèt. Anverite latè a boulvèse pa prezans Li, lemonn ak tout sa ki rete ladann. ⁶ Se kilès ki ka kanpe devan gwo kòlè Li? Kilès ki ka sipòte [e]chalè kòlè Li? Se tankou dife [f]kòlè Li vide; Li menm ki fè wòch yo kraze an mòso. ⁷ SENYÈ a [g]bon; se yon sitadèl nan jou malè. Epi Li konnen sila ki pran refij nan li yo. ⁸ Men tankou yon [h]inondasyon ki debòde nèt, li va fè vil Ninive disparèt nèt, e kouri dèyè lènmi Li yo jis rive nan fènwa. ⁹ Nenpòt panse nou konn [i]fè kont SENYÈ a, li va mete fen a sa [j]nèt. Gwo twoub sa a p ap parèt de fwa. ¹⁰ Kon bwa pikan mele mare, kon sila ki sou ak bwason yo, yo va [k]vin konsonmen nèt kon pay ki fennen nèt. ¹¹ Nan ou, te sòti yon moun ki te [l]fè move konplo kont SENYÈ a, yon [m]konseye mechan.

¹² Konsa pale SENYÈ a: "Byenke yo plen fòs e yo gen anpil moun; malgre sa, yo va [n]vin koupe retire e disparèt. Byenke Mwen te aflije ou, Mwen p ap aflije ou [o]ankò. ¹³ Pou sa, Koulye a, Mwen va [p]kraze retire jouk li ki mare sou ou a, e mwen va eklate chèn ou yo."

¹⁴ SENYÈ a fin pase lòd konsènan ou menm: [q]"P ap gen desandan ki pou pote non ou ankò. Mwen va koupe retire zidòl ak imaj soti lakay dye ou yo. M ap prepare yon kote antèman pou ou; paske ou vin abominab."

¹⁵ Gade byen [r]sou mòn yo, pye a li ki pote bòn nouvèl, ki anonse lapè yo! Fè fèt nou, O Juda! Akonpli ve nou yo. Paske sa p ap janm rive ankò pou mechan sila an vin pase nan mitan nou. Li fin koupe retire nèt.

2 Sila ki konn kaze brize a gen tan monte kont ou. Kenbe fò a! Veye chemen an! Ranfòse ren ou! Ranmase tout kouraj ou![s]

² Paske SENYÈ a va restore tout [t]glwa a Jacob, menm jan ak glwa Israël la, paske piyajè yo fin piyaje yo, e te [u]rache branch rezen li yo.

³ Boukliye a mesye pwisan li yo vin wouj. Gèrye yo vin abiye an [v]kramwazi. Cha yo klere an asye nan jou derape a. Lans an bwa pichpen yo vin parèt. ⁴ [w]Cha yo kouri fou nan lari. Yo sikile san kontwòl sou wout yo. Aparans yo tankou tòch, yo kouri patou tankou kout loray. ⁵ Li rele [x]gèye pi chwa li yo. Yo [y]manke tonbe nan fòme yo. Yo prese rive nan miray la. Gwo barikàd syèj defans la fin prepare. ⁶ Pòtay rivyè yo ouvri e palè a fin kraze nèt. ⁷ Bagay la fin fèt; Ninive vin toutouni, li fin pote ale nèt. Sèvant li yo ap plenyen ak vwa toutrèl; y ap [z]bat lestonmak yo. ⁸ Men Ninive te tankou ti lak dlo depi lontan; malgre sa, y ap sove ale. "Rete, Rete"! Yo kriye fò, Men [a]pèsòn pa gade dèyè. ⁹ Pran piyaj ajan! Pran piyaj [b]lò! Paske gen trezò san limit—gen valè nan tout bagay presye yo. ¹⁰ Li vin vid nèt! Wi, li vin dezole e gate. [c]Kè yo ap fann e jenou yo si tèlman ap sekwe, youn bat lòt. Doulè ak laperèz domine tout kò a, e [d]Figi yo vin blèm! ¹¹ Kote fòs lyon yo ye? Kote plas la tout jenn lyon yo te manje? Kote andwa a manman lyon an ak ti lyon an te konn mache? Plas la kote okenn pa t konn fè yo pè? ¹² Lyon an te kon chire viktim yo an mòso ase pou manje ti lyon li yo. Li te touye pou manman lyon li yo. Li te plen kav li ak chè ki dechire e tanyè li ak viktim. ¹³ "Gade byen [e]Mwen kont ou", pale SENYÈ dèzame yo. "Mwen va brile cha lagè li yo nan lafimen. Nepe a va devore jenn lyon ou yo. Mwen va retire nan peyi a, tout chè nou te konn manje. Konsa, vwa mesaje nou yo p ap tande ankò."

3 [f]Malè a vil sanglan an! Li plen nèt ak manti ak piyaj. Viktim li yo san fen. ² [g]Bri a fwèt la, bri a wou k ap sone sou wòch yo, cheval k ap galope yo ak cha k ap vòltije yo! ³ Chevalye k ap kouri desann yo; nepe k ap klere yo, lans k ap briye tankou solèy yo. [h]Anpil mò, yon gwo ma kadav, ak [i]kò mouri san kontwòl— yo manke tonbe sou kadav mò yo! ⁴ Tout sa akoz anpil aktivite a pwostitye yo, sila ki vrèman byen pòtan yo, mètrès a gwo maji yo, ki vann nasyon yo nan pwostitisyon li yo, ak fanmi yo nan gwo wanga li konn fè yo. ⁵ "Gade byen, Mwen vin kont ou", deklare SENYÈ dèzame yo. Mwen va [j]Leve jip ou jis rive nan figi ou pou [k]montre a nasyon yo toutouni ou, pou wayòm yo wè wont ou. ⁶ Mwen va jete bagay ki sal nèt sou ou, [l]fè ou vin avili e fè ou vin [m]espektak. ⁷ Konsa, li va vin rive ke tout moun ki wè ou, yo va fè bak, e yo va di: "Men Ninive fin devaste nèt! [n]Se kilès k ap fè dèy pou li? Se kibò pou m ta jwenn moun ki pou rekonfòte ou?"

---

[a] **1:2** Egz 20:5; Det 32:35,41 [b] **1:3** Egz 34:6,7 [c] **1:4** Jos 3:15,16; És 33:9 [d] **1:5** Egz 19:18; És 24:1,20 [e] **1:6** És 13:13 [f] **1:6** És 66:15 [g] **1:7** Sòm 25:8 [h] **1:8** És 28:2,17 [i] **1:9** Sòm 2:1 [j] **1:9** És 28:22 [k] **1:10** És 5:24 [l] **1:11** És 10:7-11 [m] **1:11** Éz 11:2 [n] **1:12** És 10:16-19,33,34 [o] **1:12** Lam 3:31,32 [p] **1:13** És 9:4 [q] **1:14** Job 18:17; Éz 32:22 [r] **1:15** És 40:9 [s] **2:1** Jr 51:20-23 [t] **2:2** És 60:15 [u] **2:2** Sòm 80:12,13 [v] **2:3** Éz 23:14,15 [w] **2:4** És 66:15 [x] **2:5** Na 3:18 [y] **2:5** Jr 46:12 [z] **2:7** És 32:12 [a] **2:8** Jr 46:5 [b] **2:9** Rev 18:12,16 [c] **2:10** Sòm 22:14 [d] **2:10** Jl 2:6 [e] **2:13** Jr 21:13 [f] **3:1** Éz 22:6,9 [g] **3:2** Job 39:22-25 [h] **3:3** És 34:3 [i] **3:3** És 37:36 [j] **3:5** És 47:2,3 [k] **3:5** Éz 16:37 [l] **3:6** Job 30:8 [m] **3:6** És 14:16 [n] **3:7** És 51:19

⁸ Èske ou pi bon pase ᵃNò Amon ki te pozisyone pami rivyè yo, ki te antoure ak dlo, ki te gen lanmè kon pwotèj li, e se lanmè ki te sèvi kon miray li? ⁹ Se Éthiopie ki te pwisans li, ansanm ak Égypte ki te san limit. ᵇPuth ak ᶜLibie te pami soutyen ou yo. ¹⁰ Men li te ᵈpote ale; li te antre an kaptivite. Tout ti pitit li yo te vin kraze an mòso nan tèt tout ri yo. Yo te fè tiraj osò pou onorab li yo, e mesye pwisan li yo te mare nan chèn. ¹¹ Ou menm tou va vin sou nèt. Ou va ᵉkache. Ou menm tou va chache yon kote pou ou kache akoz de ènmi an. ¹² Tout gwo fò nou yo va tankou ᶠpye fig etranje ak ᵍfwi ki mi— lè yo sekwe yo, yo tonbe nan bouch a sila k ap manje yo a. ¹³ Gade byen, pèp ou a se fanm yo ye pami nou! Pòtay peyi ou yo vin ʰouvri byen laj bay lènmi ou yo. Dife fin devore baryè pòtay ou yo.

¹⁴ ⁱRale dlo ou pou kont ou pou fè syèj la! Ranfòse fò ou yo! Antre nan ajil la, e foule mòtye a anba pye ou. Byen bati kay fou k ap fè brik yo fò! ¹⁵ La, dife sa menm va vin devore ou nèt. Nepe va koupe retire ou nèt. Li va devore ou tankou krikèt volan. Li va fè ou vin anpil tankou yon krikèt volan. Li va fè ou vin anpil tankou krikèt. ¹⁶ Ou fin ogmante ʲmachann ou yo plis pase zetwal syèl yo— krikèt volan ravaje, epi, konsa, li vole ale. ¹⁷ ᵏGad nou yo tankou krikèt. ˡJandam nou yo tankou gwo lame krikèt volan k ap poze sou wòch nan jou fredi. Lè solèy la leve yo sove ale. Kote yo rive a, pèsòn pa konnen.

¹⁸ Bèje ou yo ap dòmi, O wa Assyrie. Prens ou yo kouche nèt. Pèp ou an vin gaye sou mòn yo, e nanpwen moun ki pou rasanble yo.ᵐ ¹⁹ Nanpwen ⁿti pansman pou sa k ap fè ou mal la. ᵒBlesi ou a p ap ka geri. Tout moun ki tande koze ou va bat men yo sou ou, paske kilès moun san rete, ki pa t resevwa nan mechanste ou?

ᵃ **3:8** Jr 46:25   ᵇ **3:9** Jr 46:9   ᶜ **3:9** II Kwo 12:3   ᵈ **3:10** És 19:4   ᵉ **3:11** És 2:10,19   ᶠ **3:12** Rev 6:13
ᵍ **3:12** És 28:4   ʰ **3:13** És 45:1,2   ⁱ **3:14** II Kwo 32:3,4; Na 2:1   ʲ **3:16** És 23:8   ᵏ **3:17** Rev 9:7   ˡ **3:17** Jr 51:27   ᵐ **3:18** Sòm 76:5,6; I Wa 22:17   ⁿ **3:19** Jr 46:11   ᵒ **3:19** Jr 30:12

Habacuc

1 [a]Pwofesi ke Habacuc, pwofèt la te wè. [2] [b]Pandan konbyen tan, O SENYÈ, mwen va kriye sekou e Ou pa tande? Mwen kriye a Ou menm, "Vyolans!" Men Ou [c]pa delivre. [3] Poukisa Ou fè m wè inikite, e Ou gade sou tout mechanste yo? Wi, se [d]destriksyon ak vyolans ki devan mwen; [e]gwo konfli ak kont k ap leve toupatou. [4] Akoz sa, yo vin pa okipe yo de lalwa e jistis la pa janm avanse. Paske mechan yo vin antoure moun ladwati yo. Lajistis tòde nèt.[f]

[5] "Gade pami nasyon yo! Obsève byen! Se pou nou vin sezi e menm etone! Paske Mwen ap fè nan jou pa w yo, yon bagay ke ou pa t ap kwè, malgre ke ou ta tande l. [6] Paske, gade byen, Mwen ap [g]leve Kaldeyen yo, pèp fewòs e san kontwòl sa a, k ap mache sou tout tè a pou [h]sezi kote ki pa pou yo. [7] Yo plen tout moun ak gwo [i]laperèz, ak lakrent. [j]Jistis ak otorite pa yo sòti sèl nan yo menm. [8] [k]Chevalye yo pi vit ke leyopa e pi vijilan ke [l]lou lannwit. Chevalye yo vin galope. Chevalye yo sòti lwen. Yo vole tankou èg k ap plonje desann pou devore. [9] Yo tout vini pou fè vyolans. Nan rega pa yo [m]se an avan. Yo ranmase kaptif tankou sab. [10] Yo giyonnen wa yo e yo moke gouvènè yo. Yo pase tout bastyon yo nan tenten. Yo sanble ranblè tè yo e yo sezi yo. [11] Tankou [n]van yo va vole pase, pou yo ale nèt. Yo vrèman [o]koupab; yo mete fòs yo nan dye pa yo a."

[12] Èske se pa nan letènite Ou sòti, O SENYÈ, Bondye mwen an, Sila Ki Sen mwen an? Nou p ap mouri. Ou menm, O SENYÈ, Ou te dezinye yo pou jijman an. Ou menm, O Woche a, Ou te etabli yo pou pinisyon. [13] Zye Ou twò pafè pou gade mal, e Ou pa ka menm gade mechanste. Poukisa Ou sipòte sila ki trèt yo? Poukisa Ou rete an silans pandan mechan yo ap vale sila ki pi jis pase yo?[p] [14] Poukisa kite yo fè lòm tankou pwason lanmè, tankou sila k ap trennen atè ki pa gen gouvènè sou yo? [15] Pou Kaldeyen yo, yo [q]rale yo fè y o tout monte ak yon zen. Yo [r]rale pote yo ale ak pèlen, e ranmase yo ansanm nan filè pwason. Se konsa y ap rejwi e fè kè kontan. [16] Tout sa, akoz yo ofri yon sakrifis a filè yo; yo brile lansan nan filè a; paske pa bagay sa yo, lavi a vin bon, e manje yo vin anpil. [17] Èske se konsa yap kontinye vide filè yo, e kontinye [s]detwi nasyon yo san mizerikòd?

2 Mwen va kanpe sou pòs gad mwen e mwen va pran pozisyon sou ranpa a. Mwen va [t]veye san rete pou wè [u]ki sa Li va pale avèk mwen, ak jan pou m ta reponn, selon plent mwen pote bay L.

[2] Konsa SENYÈ a te reponn mwen. Li te di: [v]"Ekri vizyon an e montre li klè sou tablo, pou sila k ap kouri a ka li l. [3] Paske vizyon an toujou pou lè deziye a. La p pwoche vit pou rive nan bi li, ni li p ap fè fayit. Menmsi li fè reta, [w]tann li; paske anverite, li va vini. Li [x]p ap fè mize. [4] Gade byen, kè l anfle. Nanm li pa dwat anndan l, men [y]moun dwat la va viv pa lafwa li. [5] Anplis, diven devwale yon [z]moun ògeye, ki pa rete lakay li. [a]L ap ogmante apeti li tankou Sejou mò a. Epi konsa, li menm, tankou lanmò a, pa kapab satisfè. Li rasanble a li menm tout nasyon yo e li ranmase tout pèp yo a li menm.

[6] "Èske tout moun sa yo p ap [b]Leve yon chan mokè kont li, yon tire pwen kont li pou li di: "Malè a sila ki ogmante sa ki pa pou li— pou jiskilè l ap fè tèt li rich ak chantay li yo?" [7] Èske moun ki dwe w yo p ap leve [c]sibitman? Èske yo p ap vin souleve? Anverite, ou va vin piyaj pou yo. [8] Akoz ou te [d]piyaje anpil nasyon, tout retay pèp yo va piyaje ou. L ap konsa, akoz tout san moun ki vèse ak vyolans ki fèt nan peyi a, nan vil la, ak tout moun ki rete ladann yo.

[9] "Malè a sila ki jwenn [e]avantaj malonèt pou lakay li a, pou [f]mete nich li byen wo, pou l ta ka delivre soti nan men a gwo malè! [10] Ou te machinen yon gwo wont pou lakay ou nan detwi anpil pèp. Konsa, ou te [g]peche kont pwòp nanm ou. [11] Anverite, wòch la va kriye soti nan mi an, e poto travès la va reponn li.[h]

[12] "Malè a sila ki [i]bati yon vil ak san vèse, e ki fonde yon vil ak inikite! [13] Anverite, èske sa pa soti nan SENYÈ dèzame yo pou moun travay di pou dife a, e nasyon yo fatige kò yo pou granmesi?[j] [14] Paske latè va [k]ranpli ak konesans ak laglwa SENYÈ a, tankou dlo kouvri lanmè.

[15] "Malè a sila ki bay moun k ap fòse vwazen ou bwè, k ap mele gwòg pa w ladann, menm pou fè yo sou, pou gade toutouni yo! [16] Ou plen ak wont san onè. Konsa, ou va bwè ou menm e dekouvri pwòp toutouni pa ou. [l]Tas nan men dwat SENYÈ a va vire tou won pou rive kote ou, e [m]wont total va ranplase laglwa ou. [17] Paske vyolans ki fèt Liban an va fè ou plonje desann, ansanm ak destriksyon a bèt wa pou gwo laperèz; akoz de san vèse a moun ak vyolans tè a, nan chak vil la ak tout sila ki rete ladann yo.

[18] "Ki pwofi ki gen nan zidòl la, lè mèt li fin taye l? Swa yon imaj, fome pa yon[n]pwofesè k ap bay manti? Paske sila menm ki te fè l la mete konfyans

---

[a] **1:1** És 13:1 [b] **1:2** Sòm 13:1,2 [c] **1:2** Jr 14:9 [d] **1:3** Jr 20:8 [e] **1:3** Jr 15:10 [f] **1:4** Sòm 58:1,2; És 5:20 [g] **1:6** II Wa 24:2 [h] **1:6** Jr 8:10 [i] **1:7** És 18:2,7 [j] **1:7** Jr 39:5-9 [k] **1:8** Jr 4:13 [l] **1:8** So 3:3 [m] **1:9** II Wa 12:17 [n] **1:11** Jr 2:3 [o] **1:11** Jr 4:11 [p] **1:13** Sòm 50:21; Sòm 35:25 [q] **1:15** Jr 16:16 [r] **1:15** Sòm 10:9 [s] **1:17** És 14:5,6 [t] **2:1** Sòm 5:3 [u] **2:1** Sòm 85:8 [v] **2:2** Det 27:8 [w] **2:3** Sòm 27:14 [x] **2:3** Éz 12:25 [y] **2:4** Wo 1:17 [z] **2:5** Pwov 21:24 [a] **2:5** Pwov 27:20 [b] **2:6** És 14:4-10 [c] **2:7** Pwov 29:1 [d] **2:8** És 33:1 [e] **2:9** Jr 22:13 [f] **2:9** Jr 49:16 [g] **2:10** Jr 26:19 [h] **2:11** Jos 24:27 [i] **2:12** Mi 3:10 [j] **2:13** És 50:11 [k] **2:14** Sòm 22:27 [l] **2:16** Jr 25:15,17 [m] **2:16** Na 3:6 [n] **2:18** Jr 10:8,14

li nan pwòp zèv li a, lè l fòme zidòl ki bebe. [19] Malè a sila ki di a yon mòso bwa: 'Leve!", a yon wòch ki pa ka pale: "Kanpe!" Èske se sila a ki ka enstwi? Men gade byen, li kouvri nèt ak lò ak ajan, e [a]pa gen okenn souf ladann. [20] Men SENYÈ a nan sen tanp Li. Ke tout tè a fè silans devan Li."[b]

3 Yon priyè Habacuc, pwofèt la, selon fòm Sigonoth la.

[2] SENYÈ, mwen te tande yon rapò
sou Ou menm
e mwen kanpe etonnen nèt.
O SENYÈ, fè zèv ou yo leve ankò nan
mitan ane yo.
Fè yo vin koni nan mitan ane yo.
Nan chalè kòlè, Ou sonje mizerikòd.[c]
[3] Bondye soti nan Théman;
Sila ki Sen an soti nan Mòn [d]Paran. *Tan*

Bèlte Li kouvri syèl la,
e tè a vin plen ak lwanj Li.
[4] [e]Ekla Li tankou reyon solèy la.
Gen tras klate limyè ki soti nan men L,
e nanpwen anyen ki kache de [f]pouvwa Li.
[5] Devan Li, tout kalite touman mache;
dèyè Li, epidemi a swiv sou pye L.[g]
[6] Li te kanpe;
tè a te sikwe.
Li te gade;
nasyon yo te [h]etone.
Wi, lansyen mòn yo te vin detwi,
ansyen kolin yo te vin efondre.
Chemen li yo dire jis pou tout tan.
[7] Mwen te wè tant a Cush yo [i]anba detrès.
Rido tant a Madian yo t ap tranble.
[8] Èske SENYÈ a te malkontan ak rivyè yo?
Èske se ak rivyè yo Ou te fache?
Oswa, èske kòlè Ou te kont lanmè a,
ki fè Ou te monte sou cheval Ou yo,
sou cha delivrans Ou yo?[j]
[9] Ou te rale banza a soti nan fouwo l;
Ou te rele flech ou yo fè semàn an. *Selah.*
Ou te fann tè a ak rivyè yo.[k]
[10] Mòn yo te wè Ou e yo te tranble.
Flèv dlo yo te kouri desann.
Pwofondè a te gwononde.
Li te [l]leve men l anlè.

[11] [m]Solèy la ak lalin nan te kanpe nan plas yo.
Nan eklè flèch Ou yo,
ak briyans lans Ou yo,
solay ak lalin nan te kanpe sou plas.
[12] Nan gwo kòlè Ou, Ou te [n]mache
travèse tè a.
Nan kòlè Ou, Ou te [o]foule mache
sou nasyon yo.
[13] Ou te soti pou [p]delivrans a pèp Ou a,
pou sali pèp onksyon Ou an.
Ou te frape tèt peyi mechanste an.
Ou te ekspoze li nèt,
depi nan kwis li pou rive nan kou l. *Selah.*

[14] Ou te frennen tèt gèye li yo ak
pwòp nepe yo.
Yo te antre kon toubiyon pou gaye nou.
Ak gwo lajwa yo te tankou sila
ki devore malere an sekrè yo.[q]
[15] Ou te [r]foule mache sou lanmè a
ak cheval Ou yo,
sou lam lanmè a k ap boulvèse dlo a.
[16] Mwen te tande,
e zantray m te tranble.
Lèv mwen te tranble ak son vwa a.
Pouiti la lantre nan zo m,
mwen te tranble sou plas,
paske [s]mwen oblije tann jou detrès
la, byen kal,
tan pèp la k ap leve vin anvayi nou.
[17] Menmsi [t]pye fig la pa ta fleri,
ni pa gen fwi sou branch rezen yo,
menmsi donn oliv la vin sispann,
e chan yo pa pwodwi manje,
menmsi bann mouton an ta koupe
separe de Pak la,
e pa gen bèf nan pak la,
[18] mwen va toujou egzalte nan SENYÈ a.
Mwen va rejwi nan [u]Bondye, sali mwen.
Mwen va ranpli ak jwa akoz delivrans
mwen an.
[19] Senyè BONDYE mwen an se [v]fòs mwen.
Li te fè pye mwen vin tankou pye sèf;
Li te ban m fòs pou mache sou wo plas yo.
Pou direktè koral la, sou enstriman a kòd yo.

---

[a] **2:19** Sòm 135:17   [b] **2:20** Mi 1:2; So 1:7   [c] **3:2** Sòm 71:20; Hab 1:5   [d] **3:3** Jr 49:7; Jen 21:21   [e] **3:4** Sòm 18:12   [f] **3:4** Job 26:14   [g] **3:5** Egz 12:29-30   [h] **3:6** Job 21:18; Hab 1:12   [i] **3:7** Egz 15:14-16   [j] **3:8** Egz 7:19,20; Egz 14:16,21   [k] **3:9** Sòm 78:16   [l] **3:10** Sòm 93:3   [m] **3:11** Jos 10:12-14   [n] **3:12** Sòm 68:7   [o] **3:12** És 41:15   [p] **3:13** Egz 15:2   [q] **3:14** Dan 11:40; Sòm 10:8   [r] **3:15** Sòm 77:19   [s] **3:16** Luc 21:19   [t] **3:17** Jl 1:10-12   [u] **3:18** Sòm 25:5   [v] **3:19** Sòm 18:32,33

SOPHONIE

1 Pawòl SENYÈ a ki te vini a Sophonie, fis a Cuschi a, fis a Guedalia, fis a Amaria, fis a Ézéchias, nan tan Josias, fis a Amon an, wa a Juda a.

² "Mwen va retire tout bagay nèt sou fas tè a", deklare SENYÈ a.[a] ³ Mwen va retire ni [b]lòm, ni bèt. Mwen va retire [c]zwazo syèl yo ak pwason lanmè yo, ansanm ak pil fatra yo ak moun mechan yo. Mwen va koupe retire lòm soti sou fas tè a, deklare SENYÈ a. ⁴ Konsa Mwen va lonje men M kont Juda e kont tout sila ki rete Jérusalem yo. Mwen va [d]koupe retire retay a Baal la nan plas sa a ak non a tout [e]prèt zidòl yo, ⁵ sila ki adore sou [f]twati kay, lame syèl yo, sila ki adore yo ki fè sèman pa SENYÈ a, e ki an menm tan, fè sèman pa [g]Milcom, ⁶ sila ki te [h]vire fè bak pou yo pa swiv SENYÈ yo, ak sila ki [i]pa t ni chache ni mande pou SENYÈ a."

⁷ [j]Fè silans devan Senyè BONDYE a! Paske [k]jou SENYÈ a pre rive. Paske Bondye te prepare yon sakrifis. Li te konsakre envite Li yo. ⁸ Li va vin rive nan jou sakrifis SENYÈ a, ke mwen va [l]pini prens yo, fis a wa yo, ak tout sila ki abiye ak [m]vètman etranje yo. ⁹ Mwen va pini nan jou sa a tout sila ki sote anlè papòt tanp yo, ki plen kay mèt yo ak vyolans ak desepsyon.[n]

¹⁰ Nan jou sa a, deklare SENYÈ a, va gen son a yon gwo kri soti nan [o]Pòtay Pwason an, yon kri: "Anmwey" soti nan [p]dezyèm katye a, ak yon gwo bri eklatman soti nan kolin yo. ¹¹ Rele "Anmwey!", O nou menm k ap viv Macthesch. Paske tout pèp [q]Canaran an va pe bouch yo nèt. Tout sila ki chaje avèk ajan yo va vin koupe retire nèt. ¹² Li va vin rive nan lè sa a ke Mwen va chache tout Jérusalem ak lanp, e mwen va pini moun ki [r]deside sou sa yo fin bwe, k ap di nan kè yo: "SENYÈ a [s]p ap fè byen, ni Li p ap fè mal!" ¹³ Konsa, richès yo va tounen piyaj e lakay yo va vin devaste. Wi, yo va [t]bati kay, men yo p ap rete ladan yo. Yo va plante chan rezen, men yo p ap bwè diven yo.

¹⁴ Pre rive se [u]gran [v]jou SENYÈ a, pre rive, e l ap pwoche byen vit. Koute vwa a, jou a SENYÈ a! Nan jou sa a, gèrye a va kriye amè. ¹⁵ Jou sa a se yon jou kòlè ak chalè, yon jou [w]gwo twoub ak rele anmwey, yon jou destriksyon ak dezolasyon, yon jou [x]tenèb ak dekourajman, yon jou nyaj ak gwo fènwa a. ¹⁶ Yon jou [y]twonpèt ak kri batay kont vil fòtifye yo, e kont gwo ranpa yo. ¹⁷ Mwen va mennen [z]gwo pwoblèm sou lezòm, pou yo vin mache [a]tankou moun avèg, akoz yo te peche kont SENYÈ a. Konsa, san yo va vide tankou pousyè e chè yo kon fimye bèt. ¹⁸ Ni [b]ajan yo, ni lò yo p ap kapab delivre yo nan jou jijman an, men [c]tout latè va vin devore nèt pa dife jalouzi Li. Paske Li va mete yon fen, yon fen ki tèrib, a tout moun ki rete sou tè a.

2 Rasanble nou ansanm, wi rasanble nou, O nasyon [d]ki pa gen wont, ² avan dekrè a vini—avan yo pase tankou pay vannen —avan [e]chalè vyolan SENYÈ a vin rive sou nou, avan [f]jou a kòlè SENYÈ a vin rive sou nou. ³ [g]Chache SENYÈ a, nou tout ki enb sou tè a, ki te kenbe òdonans li yo. [h]Chache ladwati. Chache imilite. Petèt nou va jwenn pwoteksyon nan jou kòlè SENYÈ a. ⁴ Paske Gaza va vin abandone, e Askalon va vin yon kote dezole. Asdod va chase mete deyò nan mitan jounen, e [i]Ékron va vin dechouke. ⁵ Malè pou sila ki rete kote lanmè yo, nasyon a [j]Keretyen yo! Pawòl SENYÈ a kont ou, O Canaran, peyi Filisten yo! Mwen va detwi nou jiskaske pa gen moun ki rete la ankò. ⁶ Konsa bò kot lanmè a va tounen patiraj pou bèt, avèk kay pou bèje e pak pou bann mouton yo.[k] ⁷ Epi kot lanmè a va apatyen a [l]retay lakay Juda a. Yo va fè [m]patiraj yo sou li. Nan kay Askalon yo, yo va kouche nan aswè; paske SENYÈ Bondye yo a va pran swen yo e restore davni yo. ⁸ Mwen te tande lè Moab t ap [n]vekse nou. Ak [o]malediksyon a fis Ammon yo, ke yo t ap vekse pèp Mwen an, e te fè tèt yo vin plen ògèy kont lizyè pa yo a. ⁹ Akoz sa, jan Mwen vivan an, deklare SENYÈ dèzame yo, Bondye Israël la, "Anverite, Moab va vin tankou Sodome e fis a Ammon yo tankou Gomorrhe— yon kote plen pikan, yon twou plen sèl, yon kote devaste nèt. Retay a pèp Mwen an va [p]piyaje yo, e sila ki rete nan nasyon Mwen an, va eritye yo." ¹⁰ Se sa yo va twouve kon rekonpans [q]ògèy yo, akoz yo te fè [r]vekse, e te vin awogan kont pèp a SENYÈ dèzame yo. ¹¹ SENYÈ a va vin [s]tèrib pou yo, paske Li va fè tout dye teritwa yo mouri ak grangou. Konsa, tout moun, depi nan nasyon yo va [t]adore Li, yo chak nan pwòp plas yo.

¹² Nou menm tou [u]Etyopyen yo, nou va detwi pa nepe Mwen.

¹³ Li va [v]lonje men Li kont nò pou detwi Assyrie, e li va fè Ninive vin yon kote dezole, sèk tankou dezè. ¹⁴ Bann bèt sovaj va vin kouche nan mitan l, tout kalite bèt yo. [w]Grangozye, ni zagoudi va vin rete sou gran vil li yo. Vwa yo va chante nan fenèt

---

[a] **1:2** Jen 6:7   [b] **1:3** És 6:11,12   [c] **1:3** Jr 4:25   [d] **1:4** Mi 5:13   [e] **1:4** II Wa 23:5   [f] **1:5** II Wa 23:12 [g] **1:5** I Wa 11:5,23   [h] **1:6** És 1:4   [i] **1:6** És 9:13   [j] **1:7** Hab 2:20   [k] **1:7** So 1:14   [l] **1:8** És 24:21   [m] **1:8** És 2:6   [n] **1:9** Jr 5:27   [o] **1:10** II Kwo 33:14   [p] **1:10** II Kwo 34:22   [q] **1:11** So 2:5   [r] **1:12** Jr 48:11   [s] **1:12** Éz 8:12   [t] **1:13** Am 5:11   [u] **1:14** Jr 30:7   [v] **1:14** Éz 7:7-12   [w] **1:15** És 22:5   [x] **1:15** Jl 2:2,31   [y] **1:16** És 27:13 [z] **1:17** Jr 10:18   [a] **1:17** Det 28:39   [b] **1:18** Éz 7:19   [c] **1:18** So 3:8   [d] **2:1** Jr 3:3   [e] **2:2** Lam 4:11   [f] **2:2** So 1:18   [g] **2:3** Sòm 105:4   [h] **2:3** Am 5:14,15   [i] **2:4** Am 1:7,8   [j] **2:5** Éz 25:16   [k] **2:6** És 5:17   [l] **2:7** És 11:16 [m] **2:7** És 32:14   [n] **2:8** Éz 25:8   [o] **2:8** Éz 25:3   [p] **2:9** És 11:14   [q] **2:10** És 16:6   [r] **2:10** So 2:8   [s] **2:11** Jl 2:11   [t] **2:11** Sòm 72:8-11   [u] **2:12** És 18:1-7   [v] **2:13** És 14:26   [w] **2:14** És 14:23

yo. Papòt yo va rete dezole, paske Li te devwale nèt tout gran travès bwa sèd yo. [15] Sa se gwo vil ki plen ak kè kontan, ki [a]te viv san refleshi. Li te di nan kè l: [b]"Se Mwen, e nanpwen sòf ke mwen." Ala dezole li vin dezole! Yon kote pou bèt repoze yo. Tout moun ki pase kote l va soufle kon koulèv, e va voye pwen mare yo anlè sou li.

3 Malè a sila ki [c]fè rebèl e ki [d]vin souye a; vil k ap oprime tout! [2] Fi sa ki pa t obeyi a okenn vwa a. Li [e]pa t dakò resevwa enstriksyon. Li pa t mete [f]konfyans nan SENYÈ a. Li pa t rapwoche de Bondye li a.

[3] [g]Prens anndan li yo tankou lyon voras. Jij li yo tankou [h]lou nan aswè. Yo p ap kite anyen rete pou maten. [4] Pwofèt li yo se moun trèt [i]san prensip. [j]Prèt li yo te souye sanktyè a. Yo te fè vyolans a lalwa. [5] SENYÈ a [k]plen ladwati nan mitan li. Li p ap [l]fè okenn enjistis. Chak maten Li fè jistis pa li vin parèt nan limyè. Li pa janm pa reyisi, men moun enjis yo pa gen wont menm.

[6] Mwen te detwi nasyon yo. Ranpa yo dezole nèt. Ri yo te vin [m]gate, pou pèsòn moun pa pase. Vil yo fin detwi nèt, pou pa gen moun, [n]pou pa gen pèsòn ki rete ladan yo. [7] Mwen te di: "Sèlman gen lakrent Mwen. [o]Resevwa enstriksyon". Konsa, kote nou rete a pa p vin koupe retire nèt, selon tout sa ke Mwen te deziye pou rive l. Men yo te leve bonè e te konwonpi nan tout zèv yo.

[8] "Akoz sa, tann Mwen, deklare SENYÈ a, jis rive jou ke M leve pran piyaj la. Anverite, se desizyon Mwen pou [p]rasanble nasyon yo, pou mete wayòm yo ansanm, pou M ka vide sou yo tout chalè kòlè Mwen, tout kòlè vyolan Mwen an. Paske [q]tout tè a va vin devore avèk dife jalouzi Mwen an.

[9] Paske nan lè sa a, Mwen va bay a pèp nasyon yo [r]lèv ki pirifye, pou yo tout ka rele non SENYÈ a, pou sèvi Li de zepòl a zepòl. [10] Soti byen lwen rivyè Ethiopie yo, moun ki adore Mwen yo, menm fi dispèse Mwen an va vin [s]pote ofrann ban Mwen. [11] Nan jou sa a, ou p ap [t]vin gen okenn wont pou zak avèk sila ou te fè rebèl kont Mwen yo; paske nan lè sa a Mwen va retire nan mitan nou, sila ki [u]plen ak ògèy nou yo. Konsa, nou p ap janm vin awogan ankò sou mòn sen Mwen an. [12] Men Mwen va kite pami nou yon pèp ki afli je, ki malere, e yo va chache pwoteksyon yo nan non SENYÈ a.[v] [13] Retay Israël la p ap [w]fè okenn inikite, ni yo p ap bay manti, ni yon lang twonpe moun p ap twouve nan bouch yo. Paske yo va manje, e kouche, e pèsòn moun p ap fè yo pè."

[14] Chante, O fi a Sion an! Rele fò, O Israël! Se pou ou kontan e rejwi ak tout kè ou, O fi Jérusalem nan! [15] SENYÈ a te retire [x]jijman ou yo. Li te chase tout ènmi ou yo. Wa Israël la, SENYÈ a, la [y]nan mitan nou. Ou pa gen pou pè gwo dega ankò. [16] Nan jou sa a, sa va di a Jérusalem: [z]"Pa pè anyen, O Sion! [a]Pa kite men ou vin fèb. [17] SENYÈ a, Bondye ou a nan mitan ou; yon plen pwisans ki va sove a. Li va rejwi sou ou avèk jwa. Li va fè ou vin kalm ak lanmou Li. Li va chante fè fèt la jwa sou ou. [18] Mwen va retire de nou sa yo ki gen chagren [b]pou fèt deziye yo. Se yon repwòch yo ye pou ou. [19] Gade byen, nan lè sa a, Mwen va regle ak [c]tout sila k ap oprime ou yo. Mwen va sove sila ki bwate yo, e rasanble sila ki te rejte yo. M ap bay lwanj ak lonè a sa yo ki p at gen plis ke wont sou tout latè. [20] Nan lè sa a, Mwen va [d]fè nou antre e nan menm lè sa a, Mwen va rasanble nou ansanm. Anverite, mwen va ban nou lonè ak lwanj pami tout nasyon pèp sou latè yo, lè Mwen mennen [e]retounen tout bonè nou devan zye nou, pale SENYÈ a.

---

[a] **2:15** És 32:9,11   [b] **2:15** És 47:8   [c] **3:1** Jr 5:23   [d] **3:1** Éz 23:30   [e] **3:2** Jr 2:30   [f] **3:2** Sòm 78:22   [g] **3:3** Éz 22:27   [h] **3:3** Jr 5:6   [i] **3:4** Jij 9:4   [j] **3:4** Éz 22:26   [k] **3:5** Det 32:4   [l] **3:5** Sòm 92:15   [m] **3:6** Jr 9:12   [n] **3:6** So 2:5   [o] **3:7** Job 36:10   [p] **3:8** Éz 38:14-23   [q] **3:8** So 1:18   [r] **3:9** És 19:18   [s] **3:10** És 60:6,7   [t] **3:11** És 45:17   [u] **3:11** 2:12   [v] **3:12** Éz 14:30; És 50:10   [w] **3:13** Sòm 119:3; Za 8:3,16   [x] **3:15** Sòm 19:9   [y] **3:15** Éz 37:26-28   [z] **3:16** És 35:3,4   [a] **3:16** Job 4:3   [b] **3:18** Sòm 42:2-4   [c] **3:19** És 60:14   [d] **3:20** Éz 37:12,21   [e] **3:20** Jr 29:14

AGGÉE

1 Nan dezyèm ane Darius, wa a, nan premye jou sizyèm mwa a, pawòl SENYÈ a te vini pa pwofèt ᵃAggée a ᵇZorobabel, fis a Schealthiel la, gouvènè a Juda, e a Josué, fis la a Jotsadak la, wo prèt la. Li te di: ² "Konsa pale SENYÈ dèzame yo: 'Pèp sa a di: "Lè a poko rive; lè pou rebati kay SENYÈ a."'"

³ Konsa, pawòl SENYÈ a te vini pa Aggée, pwofèt la. Li te di: ⁴ Èske se lè pou nou menm, pou nou rete nan kay panno nou pandan kay sila a ᶜrete nan movèz eta? ⁵ Alò, konsa pale SENYÈ dèzame yo: "Konsidere chemen nou yo! ⁶ Nou te ᵈsimen anpil, men rekòlt la te piti. Nou manje, men nou pa manje ase. Nou bwè, men li manke asi. Nou mete rad, men yo pa kont pou envite fredi, epi sila ki jwenn salè li a, li mete salè li a nan yon bous ki plen twou."

⁷ Konsa pale SENYÈ dèzame yo: "Konsidere chemen nou yo! ⁸ Monte sou mòn yo, pote bwa pou ᵉrebati tanp lan pou M kapab ᶠpran plezi e jwenn glwa ladann," pale SENYÈ a. ⁹ "Nou chache anpil, men gade byen, ti kras vin jwenn nou; lè nou te mennen l lakay nou, Mwen ᵍsoufle sou li pou fè l ale. Poukisa?" deklare SENYÈ dèzame yo: "Akoz kay Mwen ki rete an movèz eta a, pandan nou tout ap byen okipe pwòp lakay nou. ¹⁰ Akoz sa, akoz nou menm ʰsyèl la te vin ralanti nan lawouze li, e latè te vin refize pwodwi fwi li. ¹¹ Mwen te rele yon ⁱgwo sechrès vini sou peyi a, sou mòn yo, sou grenn sereyal yo, sou diven nèf la, sou lwil la, sou tout pwodwi latè yo, sou lòm, sou bèt ak sou tout zèv men nou yo."

¹² Konsa, Zorobabel, fis a Schealthiel la ak Josué, fis a Jotsadak la, wo prèt la ak tout retay a pèp la, te ʲobeyi vwa a SENYÈ a, Bondye yo a, e pawòl a Aggée yo, pwofèt la, akoz se SENYÈ a, Bondye yo a ki te voye li. Epi pèp la te ᵏmontre lakrent pou SENYÈ a.

¹³ Answit Aggée, mesaje SENYÈ a, te pale nan komisyon SENYÈ a bay pèp la. Li te di, ˡ"Mwen avèk nou, deklare SENYÈ a."

¹⁴ Konsa, SENYÈ a te twouble lespri Zorobabel, fis a Schealthiel la, gouvènè a Juda a, lespri Josué, fis a Jotsadak la, wo prèt la ak lespri ᵐretay pèp la; epi yo te vini ⁿtravay nan kay SENYÈ dèzame yo, Bondye yo a, ¹⁵ nan venn-katriyèm jou sizyèm mwa a, nan dezyèm ane a Darius, wa a.

2 Nan venteyen jou nan setyèm mwa a, pawòl SENYÈ a te vin kote ᵒAggée, pwofèt la. Li te di: ² "Pale koulye a a Zorobabel, fis a Schealthiel la, gouvènè a Juda a, a Josué, fis a Jotsadak la, wo prèt la e a ᵖretay a pèp la e di: ³ 'Se kilès ki rete pami nou ki te wè tanp sa a lontan nan tout glwa li? Se kijan nou wè li koulye a? Èske li pa vin pa sanble anyen nan zye nou?ᑫ ⁴ Men koulye a ʳse pou ou vin dyanm, Zorobabel,' deklare SENYÈ a: 'Se pou ou vin dyanm, ou menm tou, Josué, fis a Jotsadak la, wo prèt la e tout pèp peyi a, se pou nou vin dyanm,' deklare SENYÈ a: 'epi travay, paske ˢMwen avèk nou,' deklare SENYÈ dèzame yo. ⁵ Selon ᵗpwomès ke M te fè nou an depi lè nou te sòti nan peyi Égypte la, Lespri M t ap viv pami nou. 'Pa pè anyen!' ⁶ Paske konsa pale SENYÈ dèzame yo: ᵘ"Yon fwa ankò ᵛnan yon ti tan, Mwen va souke syèl yo, tè a, lanmè a ak tè sèch la. ⁷ Mwen va souke ʷtout nasyon yo. Konsa, ˣgwo richès de tout nasyon yo va vini, e Mwen va plen kay sa a ak glwa,' pale SENYÈ dèzame yo. ⁸ ʸ'Ajan se pa M e lò se pa M', deklare SENYÈ dèzame yo. ⁹ 'Denyè ᶻglwa kay sa a va pi gran ke ansyen an,' pale SENYÈ dèzame yo: 'Epi nan plas sa a, Mwen va bay ᵃLapè,' deklare SENYÈ dèzame yo."

¹⁰ Nan ᵇvenn-kat nan nevyèm mwa a, nan dezyèm ane a Darius la, pawòl SENYÈ a te vini a Aggée, pwofèt la. Li te di: ¹¹ "Konsa pale SENYÈ dèzame yo: 'Kounye a ᶜmande prèt yo konsènan Lalwa a. Mande yo: ¹² Si yon nonm pote ᵈvyann sakre vlope nan ke wòb li, e avèk ke wòb li, li touche pen, manje kwit, diven, lwil, oswa nenpòt lòt manje, èske sa ki touche pa li menm va vin sakre?'"

Prèt yo te reponn: "Non".

¹³ Anplis, Aggée te mande: ᵉ"Si yon moun ki pa pwòp akoz yon kadav, ta touche nenpòt bagay nan sa yo, èske moun sa va pa pwòp?"

Prèt yo te reponn: "Yo va vin pa pwòp."

¹⁴ Epi Aggée te di: ᶠ"'Se konsa pèp sa a ye. Epi se konsa nasyon sa a ye devan Mwen,' deklare SENYÈ a: 'Anplis, se konsa tout zèv men yo ak sa ke yo ofri la yo vin pa pwòp. ¹⁵ Alò, koulye a, m ap priye nou ᵍbyen konsidere sa soti nan jou sa a pou gade dèyè nèt: avan yon sèl wòch te plase sou yon wòch sou tanp SENYÈ a. ¹⁶ Pandan tout tan sa a, lè yon moun te rive sou yon pil sereyal ak ven mezi, te gen sèlman dis. Lè yon moun te rive sou gwo ja diven, pou rale retire senkant mezi, te gen sèlman ven. ¹⁷ Tout zèv ki te fèt ak men nou yo, Mwen te frape ak ʰdestriksyon, lakanni, ak lagrèl. Malgre sa, nou pa t retounen vin jwenn Mwen,' deklare SENYÈ a. ¹⁸ ⁱ'Byen konsidere sa, m ap priye nou. Soti nan jou sa a gade dèyè nèt, soti nan venn-katriyèm jou nan nevyèm mwa a; depi jou lè tanp SENYÈ a te ʲfonde a, konsidere sa: ¹⁹ Èske semans lan gen tan rive nan

---

ᵃ **1:1** Esd 5:1	ᵇ **1:1** Né 7:7	ᶜ **1:4** Jr 33:10,12	ᵈ **1:6** Det 28:38-40	ᵉ **1:8** I Wa 6:1	ᶠ **1:8** Sòm 132:13,14
ᵍ **1:9** És 40:7	ʰ **1:10** Det 28:23,24	ⁱ **1:11** Jr 14:2-6	ʲ **1:12** És 1:19	ᵏ **1:12** Det 31:12,13	ˡ **1:13** Sòm 46:11
ᵐ **1:14** Ag 1:12	ⁿ **1:14** Esd 5:2	ᵒ **2:1** Ag 1:11	ᵖ **2:2** Ag 1:12	ᑫ **2:3** Esd 3:12	ʳ **2:4** Det 31:23
ˢ **2:4** II Sam 5:10	ᵗ **2:5** Egz 19:4-6	ᵘ **2:6** Eb 12:26	ᵛ **2:6** És 10:25	ʷ **2:7** Dan 2:44	ˣ **2:7** És 60:4-9
ʸ **2:8** I Kwo 29:14-16	ᶻ **2:9** Za 2:5	ᵃ **2:9** És 9:6,7	ᵇ **2:10** Ag 2:20	ᶜ **2:11** Det 17:8-11	ᵈ **2:12** Egz 29:37
ᵉ **2:13** Lev 22:4-6	ᶠ **2:14** Pwov 15:8	ᵍ **2:15** Ag 1:5,7	ʰ **2:17** Det 28:22	ⁱ **2:18** Det 32:29	ʲ **2:18** Esd 5:1,2

depo a? Menm pye rezen an, pye fig etranje a, pye grenad ak bwa doliv la, pa reyisi pote anyen. Malgre sa, soti nan jou sila a, Mwen va [a]beni nou.'"

[20] Konsa, pawòl SENYÈ a te vini yon dezyèm fwa a Aggée nan [b]venn-katriyèm jou nan mwa a e te di: [21] "Pale ak Zorobabel, gouvènè a Juda a e di: 'Mwen va [c]souke syèl yo ak tè a. [22] Mwen va [d]boulvèse twòn tankou yon [f]bag so, paske [g]Mwen te chwazi ou,' deklare SENYÈ dèzame yo."

a wayòm yo, e detwi [e]pouvwa wayòm a nasyon yo. Epi Mwen va boulvèse cha lagè yo ansanm ak sila k ap kondwi cha yo. Cheval yo ak chevalye yo va tonbe, yo tout pa nepe a frè yo.' [23] 'Nan jou sa a,' deklare SENYÈ dèzame yo: "Mwen va pran ou, Zorobabel, fis a Schealthiel la, sèvitè Mwen an,' deklare SENYÈ a. 'Epi konsa, Mwen va fè ou vin

---

[a] **2:19** Sòm 128:1-6 [b] **2:20** Ag 2:10 [c] **2:21** Ag 2:6 [d] **2:22** Éz 26:16 [e] **2:22** Mi 7:16

ZACHARIE

1 Nan uityèm mwa, dezyèm ane Wa Darius la, pawòl SENYÈ a te vini a ªZacharie, pwofèt la, fis a Bérékia, fis a ᵇIddo a. Li te di: ² "SENYÈ a te ᶜfache anpil anpil avèk zansèt nou yo. ³ Konsa, se pou ou di a yo menm: 'Konsa pale SENYÈ dèzame yo: ᵈ"Retounen vin jwenn Mwen," deklare SENYÈ dèzame yo: "Pou M kapab retounen vin jwenn nou," pale SENYÈ dèzame yo. ⁴ "Pa fè tankou zansèt nou yo, a sila ansyen pwofèt yo te kriye e te di: 'Konsa pale SENYÈ dèzame yo: 'Retounen koulye a kite chemen mechan ak zak mechan nou yo.' Men yo ᵉpa t koute ni okipe Mwen', deklare SENYÈ a.ᶠ ⁵ ᵍPapa zansèt nou yo, ki kote yo ye? Epi ʰpwofèt yo, èske yo viv pou tout tan? ⁶ Men èske pawòl Mwen yo ak règleman Mwen yo, lòd ke M te bay a sèvitè Mwen yo, pwofèt yo, èske yo pa t depase zansèt nou yo?

"Konsa yo te repanti e te di: ⁱ"Jan SENYÈ dèzame yo te gen entansyon fè ak nou selon chemen ak zak nou yo, se konsa Li fin aji avèk nou.'"

⁷ Nan venn-katriyèm jou nan onzyèm mwa a, ki se mwa Schebat a, nan dezyèm ane wa Darius la, pawòl SENYÈ a te rive kote Zacharie, pwofèt la, fis a Bérékia, fis a Iddo a, konsa: ⁸ Mwen t ap gade pandan nwit lan e vwala, yon nonm te monte sou yon ʲcheval wouj. Li te kanpe pami pye Jasmen ki te nan ravin yo e dèyè li, te gen cheval wouj, cheval alzan ak cheval ᵏblan.

⁹ Konsa, mwen te di: "O Senyè mwen an! Se kisa sa yo ye?"

Epi ˡzanj ki t ap pale avèk mwen an te di mwen: "Mwen va montre ou kisa yo ye."

¹⁰ Epi nonm ki te kanpe pami pye Jasmen yo te reponn. Li te di: "Sa yo se sila ke SENYÈ a te voye pou fè ᵐpatwouj sou latè."

¹¹ Konsa, yo te reponn zanj SENYÈ ki te kanpe pami pye Jasmen yo. Yo te di: "Nou te fè patwouj sou tè a e gade byen ⁿtout tè a kalm. Li gen lapè." ¹² Epi zanj SENYÈ a te di: "O SENYÈ dèzame yo, ᵒpandan konbyen de tan Ou va refize gen konpasyon pou Jérusalem ak vil a Juda yo, de kilès Ou te si tèlman pa t kontan pandan ᵖswasann-dis ane sila yo?"

¹³ SENYÈ a te reponn zanj ki t ap pale avè m nan ak pawòl ki plen gras, pawòl dous ki pou kalme.ᑫ ¹⁴ Konsa, zanj ki t ap pale avè m nan te di mwen: "Se pou ou kriye pou di: 'Konsa pale SENYÈ dèzame yo: "Mwen ʳjalou depase pou Jérusalem ak Sion. ¹⁵ Men Mwen fache anpil anpil ak nasyon ki ˢalèz yo. Paske pandan Mwen te fache sèlman yon ti kras, yo te ogmante afliksyon an." ¹⁶ Akoz sa, SENYÈ a di konsa: "Mwen ap ᵗretounen kote Jérusalem ak mizerikòd. ᵘKay Mwen an va bati ladann l", deklare SENYÈ dèzame yo; " epi yon lign va vin tire sou Jérusalem.'"

¹⁷ "Se pou ou kriye ankò e di: 'Konsa pale SENYÈ dèzame yo: ᵛ"Vil Mwen yo va vin debòde ak abondans ankò. SENYÈ a va soulaje Sion, e ʷchwazi Jérusalem ankò."'"

¹⁸ Konsa, Mwen te leve zye m; mwen te gade, e konsa, te gen kat kòn. ¹⁹ Mwen te di a zanj ki t ap pale avè m nan: "Kisa sa yo ye?"

Li te reponn mwen: "Sa yo se ˣkòn ki te gaye Juda, Israël, ak Jérusalem yo." ²⁰ SENYÈ a te montre mwen kat ʸgwo bòs fòjewon. ²¹ Mwen te di: "Se kisa sa yo ap vin fè?" Epi li te di: "Sa yo se kòn ki te gaye Juda yo pou pèsòn pa t leve tèt yo. Men bòs fòjewon sila yo ki te vini pou teworize yo, pou ᶻfonn kòn a nasyon ki te leve kòn yo kont peyi Juda pou te gaye li a."

2 Konsa, Mwen te leve zye m gade e vwala, te gen yon nonm ak yon ªlign mezi nan men l. ² Konsa mwen te di: "Ki kote ou prale la a?"

Li te di mwen: "Pou mezire Jérusalem, pou wè ki lajè li genyen ak longè li."ᵇ

³ Epi vwala ᶜzanj ki t ap pale avèk mwen an te sòti, e yon lòt zanj te vin parèt pou rankontre avè l. ⁴ Li te di li: "Kouri pale ak jennonm sa a pou di l: ᵈ'Jérusalem va vin plen moun tankou vilaj ki ᵉsan miray, akoz kantite moun ak bèt k ap rete ladann. ⁵ Paske Mwen menm', deklare SENYÈ a: 'Mwen va devni yon ᶠmiray dife k ap antoure fi a, e Mwen va laglwa nan mitan l.

⁶ "'Vini! Vini! ᵍSove ale kite peyi nò a,' deklare SENYÈ a: 'paske Mwen te gaye nou tankou kat van syèl yo,' deklare SENYÈ a. ⁷ 'Vini Sion! ʰKouri chape poul nou, nou ki rete ak fi a Babylone nan.' ⁸ Paske konsa pale SENYÈ dèzame yo: 'Dèyè ⁱglwa pa Li a, Li te voye mwen kont nasyon k ap piyaje nou yo, paske sila ki touche ou a, te touche ponm de zye tèt Li. ⁹ Paske, gade byen, Mwen va ʲsouke men M sou yo, e yo va vin ᵏpiyaj pou sila ki te sèvi yo. Epi konsa, ou va konnen ke se SENYÈ dèzame yo ki te voye Mwen. ¹⁰ Chante ak lajwa e fè kè ou kontan, O fi a Sion an! Paske, gade byen, Mwen ap vini, e Mwen va ˡrete nan mitan nou,' deklare SENYÈ a. ¹¹ ᵐAnpil nasyon va vin jwenn yo ak SENYÈ a nan jou sa a, e va devni pèp Mwen. Epi Mwen va demere nan mitan nou, e nou va konnen ke se SENYÈ dèzame yo ki te voye Mwen kote nou. ¹² SENYÈ a va ⁿposede Juda kon pòsyon pa Li nan

---

ª **1:1** Esd 5:1 ᵇ **1:1** Né 12:4,16 ᶜ **1:2** II Kwo 36:16 ᵈ **1:3** És 31:6 ᵉ **1:4** Jr 6:17 ᶠ **1:4** És 1:16-19
ᵍ **1:5** Lam 5:7 ʰ **1:5** Jn 8:52 ⁱ **1:6** Lam 2:17 ʲ **1:8** Za 6:2 ᵏ **1:8** Rev 6:2 ˡ **1:9** Za 2:3 ᵐ **1:10** Job 1:7
ⁿ **1:11** És 14:7 ᵒ **1:12** Sòm 74:10 ᵖ **1:12** Jr 25:11 ᑫ **1:13** És 40:1,2 ʳ **1:14** Za 8:2 ˢ **1:15** Sòm 123:4; Am 1:11 ᵗ **1:16** És 54:8-10 ᵘ **1:16** Ezd 6:14,15 ᵛ **1:17** És 44:26 ʷ **1:17** Za 2:12 ˣ **1:19** I Wa 22:11
ʸ **1:20** És 44:12 ᶻ **1:21** Sòm 75:10 ª **2:1** Jr 31:39 ᵇ **2:2** Jr 31:39 ᶜ **2:3** Za 1:9 ᵈ **2:4** Jr 1:17 ᵉ **2:4** Éz 38:11 ᶠ **2:5** És 4:5 ᵍ **2:6** Jr 3:18 ʰ **2:7** És 48:20 ⁱ **2:8** És 60:7-9 ʲ **2:9** És 19:16 ᵏ **2:9** És 14:2
ˡ **2:10** Za 2:5 ᵐ **2:11** Mi 4:2 ⁿ **2:12** Det 32:9

peyi sen an, e Li va ᵃchwazi Jérusalem ankò. ¹³ ᵇSe pou nou fè silans, tout chè, devan SENYÈ a; paske Li gen tan leve nan abitasyon sen Li an."

3 Konsa, li te montre mwen ᶜJosué, wo prèt ki te kanpe devan zanj SENYÈ a, ak ᵈSatan ki te kanpe sou men dwat li pou akize li. ² SENYÈ a te di a Satan: ᵉ"SENYÈ a repwoche ou, Satan! Anverite, SENYÈ ki te chwazi Jérusalem nan va repwoche ou! Èske sa se pa yon bout bwa cho ki retire soti nan dife?"

³ Alò, Josué te abiye ak ᶠrad sal, e te kanpe devan zanj lan. ⁴ Li te pale e te di a sila ki te kanpe devan l yo: ᵍ"Retire rad sal yo sou li." A li menm Li te di, "Gade byen, Mwen te ʰretire inikite sou ou e Mwen va abiye ou ak vètman byen chè."

⁵ Mwen te di: "Kite yo mete yon ⁱtiban pwòp sou tèt li."

Konsa, yo te mete yon tiban pwòp sou tèt li, e yo te abiye li. Zanj SENYÈ a te kanpe sou kote.

⁶ Zanj SENYÈ a ak vwa solanèl te asire Josué. Li te di: ⁷ "Konsa pale SENYÈ dèzame yo: 'Si ou va ʲmache nan chemen Mwen yo, si ou va fè sèvis Mwen, alò, ou va osi gouvène lakay Mwen an. Ou va osi gadyen lakou Mwen an, e ou va gen lib aksè pami tout sila ki kanpe la yo. ⁸ Alò koute, Josué, wo prèt la, ou menm ak zanmi ki chita devan ou yo—anverite, yo se moun ki sèvi kon yon sign. Paske gade byen, Mwen va fè parèt sèvitè Mwen an ᵏScion. ⁹ Paske gade byen, wòch ke Mwen te plase devan Josué a; sou yon sèl wòch, gen sèt zye. Gade byen, men mo a Mwen va fè grave sou li,' deklare SENYÈ dèzame yo. 'Epi Mwen va ˡretire inikite a peyi sa a nan yon sèl jou. ¹⁰ Nan jou sa a,' deklare SENYÈ dèzame yo: 'nou chak va envite vwazen nou yo pou vin chita anba ᵐpye rezen an ak anba pye fig pa nou.'"

4 Konsa, ⁿzanj ki t ap pale avè m nan te retounen. E te Li te fè m ᵒLeve tankou yon nonm yo te leve soti nan dòmi. ² Li te di m: "Kisa ou wè?"

Mwen te di: "Mwen te wè e vwala, yon chandelye ki fèt nèt an lò, avèk bòl li sou tèt li, ak sèt lanp li yo. Gen sèt bobèch pou chak lanp ki sou li yo.ᵖ ³ Anplis, gen ᵠde bwa doliv yo sou kote li, youn sou kote dwat bòl la, e lòt la sou kote goch la."

⁴ Mwen te di a zanj ki t ap pale avè m nan. Mwen te di: "Kisa sa yo ye ʳmèt mwen?"

⁵ Konsa, zanj ki t ap pale avè m nan te reponn. Li te di m: "Èske ou pa konnen kisa sa yo ye?"

Mwen te reponn: "Non, mèt mwen."ˢ

⁶ E p i l i t e d i m : "S a s e p a w ò l S E N Y È a Zorobabel la ki di: ᵗ'Se pa pa lafòs, ni pa pwisans, men pa ᵘLespri Mwen,' pale SENYÈ dèzame yo. ⁷ 'Se kilès ou ye, O gran montay la? Devan Zorobabel, ou va vin tounen tè pla. Konsa, li va fè vin parèt ak wòch prensipal la, ak gwo kri k ap di: "Gras, gras a li!"'"

⁸ Anplis, pawòl SENYÈ a te vin kote mwen. Li te di: ⁹ "Men a Zorobabel te poze fondasyon kay sa. Se men l k ap fin fè l. Konsa, ou va konnen ke se SENYÈ dèzame yo ki te voye mwen kote ou. ¹⁰ Paske se kilès ki te meprize jou a ti bagay yo? Men sèt sila yo va rejwi lè yo wè liy a plòn an nan men Zorobabel. Sa yo se ᵛzye SENYÈ a k ap ʷveye toupatou sou tout tè a."

¹¹ Mwen te di li: "Se kisa ˣde bwa doliv sila yo ki sou kote dwat ak sou kote goch a chandelye yo ye?"

¹² Mwen te mande l yon dezyèm fwa. Mwen te di li: "Se kisa de branch doliv sila yo ki sou kote de tij an lò k ap vide lwil an lò k ap soti nan yo a?"

¹³ Li te reponn mwen, e te di: "Èske ou pa konnen kisa yo ye?" Mwen te di: "Non mèt mwen." ¹⁴ Li te di: "Sa yo se de moun ʸonksyone yo ki kanpe akote Mèt a tout tè a."

5 Answit, mwen te leve zye m ankò. Mwen te gade e mwen te wè, yon liv woulo ki t ap vole anlè. ᶻ² Konsa, li te di mwen: ᵃ"Kisa ou wè la a?"

Mwen te reponn: "Mwen wè yon liv woulo k ap vole anlè; longè li se ven koude e la jè li se dis koude."

³ Li te di mwen: "Sa se malediksyon k ap vin parèt sou fas a tout tè a. Anverite, tout moun ki ᵇvòlè va vin koupe retire nan yon bò selon li; epi tout moun ki ᶜfè fo sèman va vin koupe retire nan lòt bò a selon li. ⁴ Mwen va fè li vin parèt", deklare SENYÈ dèzame yo: "Epi li va ᵈantre lakay a vòlè a ak lakay a sila ki fè fo sèman nan non Mwen an. Konsa, li va rete nèt nan mitan kay li a, e li va ᵉdetwi l nèt ansanm ak bwa travès ak tout wòch yo."

⁵ Epi ᶠzanj ki t ap pale avè m nan te sòti deyò. Li te di mwen: "Koulye a leve zye ou pou wè sa k ap vin parèt la."

⁶ Mwen te di: "Kisa li ye?"

Li te di: "Sa se panyen efa a k ap vin parèt la." Li te di ankò: "Sa se inikite ki nan tout peyi a.ᵍ ⁷ Epi vwala, yon kouvèti an plon ki peze yon talan (40 kilo) te vin leve. Epi te gen yon fanm ki chita nan mitan panyen an".ʰ ⁸ Zanj la te di: "Sa se ⁱMechanste!" Epi li te jete fanm nan rive nan mitan panyen efa a, e li te voye mas plon an sou bouch panyen an.

⁹ Mwen te leve zye m, mwen te gade e mwen te wè te gen de fanm ak van nan zèl yo. Zèl yo te tankou zèl a ʲsigòy. Konsa, yo te leve panyen efa a antre tè a ak syèl la. ¹⁰ Mwen te di a zanj ki t ap pale avè m nan: "Se ki kote yo prale ak panyen an la a?"

¹¹ Li te di mwen: "Pou bati yon tanp pou fanm nan, nan peyi Schinear. Konsa, lè l fin prepare, fi la va pozisyone la sou pwòp baz pa l."

ᵃ **2:12** II Kwo 6:6   ᵇ **2:13** Hab 2:20   ᶜ **3:1** Esd 5:2   ᵈ **3:1** I Kwo 21:1   ᵉ **3:2** Am 4:11   ᶠ **3:3** Esd 9:15
ᵍ **3:4** És 43:25   ʰ **3:4** Mi 7:18,19   ⁱ **3:5** Job 29:14   ʲ **3:7** I Wa 3:14   ᵏ **3:8** És 11:1   ˡ **3:9** Jr 31:34
ᵐ **3:10** I Wa 4:25   ⁿ **4:1** Iza 1:9   ᵒ **4:1** I Wa 19:5-7   ᵖ **4:2** Egz 25:31,37; Rev 4:5   ᵠ **4:3** Za 4:11   ʳ **4:4** Za 1:9   ˢ **4:5** Za 1:9   ᵗ **4:6** És 11:2-4   ᵘ **4:6** II Kwo 32:7-8   ᵛ **4:10** II Kwo 16:9   ʷ **4:10** Za 1:10   ˣ **4:11** Za 4:3   ʸ **4:14** Egz 29:7   ᶻ **5:1** Jr 36:2   ᵃ **5:2** Za 4:2   ᵇ **5:3** Egz 20:15   ᶜ **5:3** Lev 19:12   ᵈ **5:4** Os 4:2,3
ᵉ **5:4** Lev 14:34,35   ᶠ **5:5** Za 1:9   ᵍ **5:6** Lev 19:36   ʰ **5:7** Os 12:7   ⁱ **5:8** Os 12:7   ʲ **5:9** Lev 11:13

6 Alò, mwen te leve zye m ankò pou m te gade, e vwala [a]te gen kat cha ki t ap soti parèt antre de mòn. Mòn yo te mòn ki fèt an bwonz. ² Nan premye cha a, te gen [b]cheval wouj. Nan dezyèm cha a, te gen cheval nwa. ³ Nan twazyèm cha a te gen [c]cheval blan. Nan katriyèm cha a, te gen cheval takte yo, tout nan yo byen dyanm. ⁴ Konsa mwen te pale. Mwen te di a zanj ki t ap pale avè m nan: [d]"Kisa sa yo ye, mèt mwen?"

⁵ Zanj lan te reponn mwen. Li te di: "Sa yo se [e]kat lespri a syèl yo k ap prale soti devan Senyè a tout tè a. ⁶ Cha kote cheval nwa yo ye a ap prale nan [f]peyi nò a, epi blan yo te soti dèyè yo. Epi takte yo ap prale nan [g]peyi sid la." ⁷ Konsa, cheval ki dyanm yo te ale. Yo te sòti pou yo ta ka [h]mache ale retou sou tout latè. Konsa, yo te mache ale retou sou latè a.

⁸ Answit, li te rele m. Li te pale pou di m: "Gade byen, yo se sila k ap prale vè peyi nò a, e yo te [i]apeze chalè kòlè Mwen nan peyi nò a."

⁹ Anplis, pawòl SENYÈ a te vin kote mwen. Li te di: [j]10 [k]"Pran yon ofrann soti nan egzile yo, soti nan Heldaï, Tobija, ak Jedaeja. Ale nan menm jou a e antre lakay Josias, fis a Sophonie an, kote yo soti Babylone nan. ¹¹ Pran a jan ak lò, fè yon [l]kouwòn byen bèl, e mete li sou tèt a Josué, fis a Jotsadak la, wo prèt la. ¹² Epi di a li menm: 'Konsa pale SENYÈ dèzame yo: "Gade byen, nonm ki gen non ki rele [m]Scion an. Li va grandi soti kote Li ye a, e Li va bati tanp SENYÈ a. ¹³ Wi, se Li menm ki va bati tanp SENYÈ a. Li va [n]pote laglwa, e Li va chita pou gouvène sou twòn Li an. Konsa, Li va yon [o]prèt ki chita sou twòn Li, e konsey lapè a va antre yo de (2)."' ¹⁴ Alò [p]kouwòn yo va devni yon souvni nan tanp SENYÈ a pou Hélem, Tobija, Jedaeja, Hen, fis a Sophonie an.

¹⁵ [q]Sila ki lwen yo va vin bati nan tanp SENYÈ a." Konsa ou va konnen ke se SENYÈ dèzame yo ki te voye mwen vè nou. Sa va vin rive si nou obeyi nèt SENYÈ a, Bondye nou an.

7 Nan katriyèm ane wa Darius la, pawòl SENYÈ a te vini a Zacharie, nan katriyèm jou nevyèm mwa a, ki se Kisleu.[r] ² Alò, vil Béthel te voye Scharetser, Réguem-Mélec avèk moun pa yo pou [s]chache favè SENYÈ a, ³ pou li te pale ak prèt ki apatyen a lakay SENYÈ Dèzame Yo, a pwofèt yo pou di: "Èske mwen ta dwe kriye nan senkyèm mwa a, pou mete m apa, menm jan mwen te fè l pandan tout lane sa yo?"[t]

⁴ Konsa, pawòl SENYÈ a te vin kote mwen. Li te di: ⁵ "Di a tout pèp peyi a, e a prèt yo: 'Lè nou te fè jèn ak lamantasyon nan senkyèm jou nan setyèm mwa yo, pandan [u]swasann-dis ane sila yo, èske se te vrèman pou [v]Mwen ke nou te fè jèn nan? ⁶ Lè nou manje ak bwè, èske nou pa manje pou pwòp tèt nou, e èske nou pa bwè pou pwòp tèt nou? ⁷ Èske se pa pawòl sila yo ke SENYÈ a te pwoklame pa ansyen pwofèt yo, lè Jérusalem te gen anpil moun, e t ap [w]pwospere ansanm ak vil ki te antoure li yo, e lè Negev ak ti kolin yo te gen moun ki t ap viv ladan yo?'"

⁸ Epi pawòl SENYÈ a te vin kote Zacharie. Li te di: ⁹ "Konsa pale SENYÈ dèzame yo: [x]'Ekzekite vrè ji jman, e pratike [y]Ladousè ak konpasyon, chak moun anvè frè li. ¹⁰ [z]Pa oprime ni vèv, ni òfelen, ni etranje, ni malere. Ni [a]pa kite pèsòn nan nou panse mal nan kè li, youn kont lòt.' ¹¹ Men yo te [b]refize koute sa. Yo te leve zepòl yo, e te bouche zòrèy yo pou yo pa tande. ¹² Yo te fè [c]kè yo di tankou [d]silèks pou yo pa tande lalwa ak zèv ke SENYÈ dèzame yo te voye pa Lespri Li pa ansyen pwofèt yo. Akoz sa, chalè a gwo kòlè a te sòti nan SENYÈ dèzame yo. ¹³ Epi menm jan Li te rele pou yo pa koute, konsa [e]yo va rele e Mwen p ap koute, pale SENYÈ dèzame yo. ¹⁴ Men Mwen va [f]gaye yo ak yon van tanpèt pami tout nasyon ke yo pa t konnen yo. Se konsa peyi a te vin dezole dèyè yo pou [g]pèsòn moun pa t fè ale vini ladann. Paske yo te fè bèl peyi a vin dezole nèt."

8 Pawòl SENYÈ Dèzame yo te vini kote mwen. Li te di: ² Konsa pale SENYÈ Dèzame yo: "Mwen [h]jalou anpil pou Sion; wi, ak gwo kòlè Mwen jalou pou li."

³ Konsa pale SENYÈ a: "Mwen fin retounen nan Sion, e Mwen va [i]demere nan mitan Jérusalem. Jérusalem va rele 'Vil Verite a, e Mòn SENYÈ Dèzame yo, yo va rele 'Mòn Sen an.'"

⁴ Konsa pale SENYÈ Dèzame yo: [j]"Va gen ni granmoun gason, ni granmoun fanm nan ri a Jérusalem yo. Chak gason ak baton nan men l akoz anpil la j li. ⁵ Epi ri vil yo va vin ranpli ak [k]jenn gason e jenn fi k ap jwe nan ri yo tou."

⁶ Konsa pale SENYÈ Dèzame yo: "Si sa parèt etonnan nan zye a retay pèp sila a nan jou sa yo, èske sa va parèt [l]etonnan tou nan zye pa m?" deklare SENYÈ Dèzame yo.

⁷ Konsa pale SENYÈ Dèzame yo: "Gade byen, Mwen va sove pèp Mwen soti nan peyi [m]lès la, e soti nan peyi lwès la. ⁸ Mwen va [n]mennen yo vin rete nan mitan Jérusalem. Yo va [o]pèp Mwen, e Mwen va Bondye yo nan laverite ak ladwati."

⁹ Konsa pale SENYÈ Dèzame yo: "Kite men nou vin dyanm, nou menm k ap koute nan jou sa yo, pawòl sa yo ki soti nan bouch a [p]pwofèt ki te pale nan jou ke fondasyon kay SENYÈ Dèzame yo te poze a, menm tanp lan, pou li te kapab vin bati. ¹⁰ Paske avan jou sa yo, pa t gen salè pou moun, pa t gen salè bèt; pa t gen lapè nonplis pou sila ki t ap antre oswa ki t ap soti, [q]akoz lènmi li yo. Paske

---

[a] **6:1** Dan 7:3   [b] **6:2** Za 1:8   [c] **6:3** Rev 6:2   [d] **6:4** Za 1:9   [e] **6:5** Jr 49:36   [f] **6:6** Jr 1:14,15   [g] **6:6** És 43:6   [h] **6:7** Za 1:10   [i] **6:8** Éz 5:13   [j] **6:9** Za 1:1   [k] **6:10** Esd 7:14-16   [l] **6:11** II Sam 12:30   [m] **6:12** És 4:2   [n] **6:13** És 9:6   [o] **6:13** Sòm 110:1,4   [p] **6:14** Za 6:11   [q] **6:15** És 56:6-8   [r] **7:1** Né 1:1   [s] **7:2** I Wa 13:6   [t] **7:3** Esd 3:10-12; Za 8:19   [u] **7:5** Za 1:12   [v] **7:5** És 1:11,12   [w] **7:7** Jr 22:21; Jr 13:19   [x] **7:9** Éz 18:8   [y] **7:9** II Sam 9:7   [z] **7:10** Egz 22:22   [a] **7:10** Sòm 21:11   [b] **7:11** Jr 5:3   [c] **7:12** II Kwo 36:13   [d] **7:12** Jr 17:1   [e] **7:13** Pwov 1:24-28   [f] **7:14** Det 4:27   [g] **7:14** És 60:15   [h] **8:2** Za 1:14   [i] **8:3** Za 2:10,11   [j] **8:4** És 65:20   [k] **8:5** Jr 30:19,20   [l] **8:6** Jr 32:17,21   [m] **8:7** Sòm 107:3   [n] **8:8** So 3:20   [o] **8:8** Éz 11:20   [p] **8:9** Esd 5:1   [q] **8:10** I Kwo 15:5

Mwen [a]te mete tout moun kont pwochen yo. [11] Men koulye a, Mwen [b]p ap aji ak retay pèp sa a tankou nan tan ansyen yo," deklare SENYÈ Dèzame yo. [12] "Paske va gen semans [c]Lapè; pye rezen an va bay fwi li, peyi a va fè pwodiksyon pa l, e syèl yo va bay lawouze yo. Konsa, Mwen va fè retay a pèp sa a vin eritye [d]tout bagay sa yo. [13] Li va vin rive ke menm jan nou te yon [e]madichon pami nasyon yo, O lakay Juda, konsa Mwen va sove nou, pou nou kapab devni yon [f]benediksyon. Pa pè, men kite men nou rete dyanm."
[14] Paske konsa pale SENYÈ Dèzame yo: "Menm jan ke Mwen te [g]gen entansyon fè nou mal lè papa zansèt nou yo te pwovoke Mwen a lakòlè a," pale SENYÈ Dèzame yo, "epi Mwen pa [h]t ap repanti, [15] konsa ankò, Mwen te pran desizyon nan jou sila yo pou [i]fè byen pou Jérusalem ak lakay Juda. Pa pè! [16] Sa yo se bagay ke nou va fè yo: pale [j]verite a youn lòt, [k]egzekite jijman pou laverite ak lapè nan pòtay nou yo. [17] Anplis, ke pèsòn nan nou pa fè plan mal nan kè li kont pwochen li, ni pa renmen fo sèman nan jijman. Paske tout sa yo se bagay ke M rayi," deklare SENYÈ a.[l]
[18] Epi pawòl SENYÈ Dèzame yo te vin kote mwen. Li te di: [19] Konsa pale SENYÈ Dèzame yo: "Jèn nan katriyèm mwa a, jèn nan [m]senkyèm mwa a, jèn nan setyèm mwa a e jèn nan dizyèm mwa yo va devni pou lakay Juda gwo lajwa, kè kontan ak gwo fèt rejwisans; Donk [n]Lanmou, laverite ak lapè."
[20] Konsa pale SENYÈ Dèzame yo: "Li va toujou rive ke [o]pèp nasyon yo va vini, pèp a anpil vil. [21] Pèp k ap viv nan yon nasyon va ale nan yon lòt e va di: 'Annou ale vit [p]chache favè SENYÈ a e chache SENYÈ Dèzame yo. Mwen menm tou, mwen prale.' [22] Konsa [q]anpil pèp ak nasyon pwisan va vin chache SENYÈ Dèzame yo nan Jérusalem, e pou [r]mande favè SENYÈ a."
[23] Konsa pale SENYÈ Dèzame yo: "Nan jou sila yo, dis mesye ki nan tout nasyon yo va [s]kenbe vètman an sila ki Jwif la, e va di: 'Na p ale avèk ou, paske nou tande ke Bondye avèk ou.'"

9

Yon revelasyon.

Pawòl SENYÈ a kont peyi Hadrac la,
e l ap poze sou [t]Damas,
paske zye a lòm ak tout trib Israël
se vè SENYÈ a,
[2] epi osi vè [u]Hamath, ki nan lizyè li a;
[v]Tyr ak Sidon paske yo saj anpil.
[3] Paske Tyr te bati pou kont li yon [w]fò;
li te fè depo ajan tankou pousyè,
ak depo [x]lò tankou labou nan lari.
[4] Gade byen, SENYÈ a va [y]rache
tout sa li posede,
e jete tout richès li yo nan lanmè.
Li va devore nèt ak dife a.

[5] Askalon va wè l e vin pè.
Anplis, gaza va tòde ak gwo doulè;
epi Ékron, pou sa li te atann va desi.
Anplis ke sa, wa a va peri Gaza
e Askalon va vin pa gen moun.
[6] Yon ras mele va vin rete [z]Asdod
e Mwen va rache ògèy a Filisten yo.
[7] Mwen va retire san li,
soti nan bouch li,
ak abominasyon soti nan mitan dan l yo.
Konsa, yo va devni osi yon retay
pou Bondye nou an.
Yo va tankou yon chèf pou Juda e
Ékron va tankou Jebizyen yo.
[8] Mwen va kanpe antoure kay Mwen
an kont lame a,
pou pèsòn moun pa travèse oswa retounen.
Konsa, p ap gen moun k ap travèse pou
oprime yo ankò.
Paske koulye a, ak zye pa m, Mwen wè.[a]

[9] Rejwi anpil, O fi a Sion an!
Kriye yon son viktwa, O fi a Sion an!
Gade byen [b]wa ou ap vini kote ou;
Li [c]jis e Li gen Sali;
Li enb e Li monte sou yon bourik,
menm yon jenn pòtre,
pitit a yon bourik.
[10] Mwen va koupe retire cha Éphraïm nan,
ansanm ak cheval Jérusalem nan.
Banza lagè a va koupe retire;
Li va pale [d]Lapè a nasyon yo.
Wayòm Li an va soti nan lanmè jis
    rive nan lanmè,
e nan Rivyè Euphrate la jis pou l
rive nan dènye pwent tè a.

[11] Menmjan an pou ou menm tou,
akoz [e]san akò Mwen an ki avèk ou,
Mwen te mete prizonye ou yo an libète
soti nan twou fòs ki pa gen dlo a.
[12] Retounen nan [f]sitadèl la,
O prizonye ki gen lespwa a!
Nan jou sa a menm, Mwen deklare
ke Mwen va [g]remèt ou doub de sa.
[13] Paske Mwen te [h]koube Juda
konsi se te banza Mwen.
Mwen te plen banza a avèk Éphraïm.
Mwen va fè leve fis ou yo, O Sion,
kont fis ou yo, O Grèce,
e Mwen va fè ou vin tankou [i]nepe
a yon gèrye pwisan.

---

[a] 8:10 És 19:2   [b] 8:11 Sòm 103:9   [c] 8:12 Lev 26:3-6   [d] 8:12 És 61:7   [e] 8:13 Jr 29:18   [f] 8:13 Sòm 72:17
[g] 8:14 Jr 31:28   [h] 8:14 Jr 4:28   [i] 8:15 Jr 29:11   [j] 8:16 Sòm 15:2   [k] 8:16 És 9:7   [l] 8:17 Pwov 3:29; Za 5:4
[m] 8:19 Za 7:3,5   [n] 8:19 Luc 1:74,75   [o] 8:20 Sòm 117:1   [p] 8:21 Za 2:7   [q] 8:22 És 2:2,3   [r] 8:22 Za 8:21
[s] 8:23 És 45:14-24   [t] 9:1 És 17:1   [u] 9:2 Jr 49:23   [v] 9:2 Éz 28:2-5,12   [w] 9:3 Jos 19:29   [x] 9:3 I Wa 10:21,27
[y] 9:4 Éz 26:3-5; És 28:18   [z] 9:6 Am 1:8   [a] 9:8 És 54:14   [b] 9:9 Sòm 110:1   [c] 9:9 So 3:5   [d] 9:10 És 57:19;
Sòm 72:8   [e] 9:11 Egz 24:8   [f] 9:12 Jr 16:19   [g] 9:12 És 61:7   [h] 9:13 Jr 51:20   [i] 9:13 Sòm 45:3

¹⁴ Epi SENYÈ a va vin parèt ªsou yo,
e flèch Li va pati tankou kout loray.
Senyè BONDYE a va sone twonpèt la,
e Li va mache nan van tanpèt sid yo.
¹⁵ ᵇSENYÈ dèzame yo va defann yo.
Yo va ᶜdevore, e yo va foule anba pye
ak tout wòch fistibal yo.
Yo va bwè, e fè bwi tankou se diven y ap bwè.
Epi yo va vin ranpli tankou basen sakrifis,
tankou kwen lotèl yo.

¹⁶ Konsa SENYÈ a, Bondye yo a, va ᵈsove yo
nan jou sa a, tankou foul moun a pèp Li a;
paske yo tankou wòch presye,
bijou yon kouwòn k ap klere toupatou
anwo tout peyi Li a.
¹⁷ Paske a la gran, bonte Li va gran,
e a la gran, bèlte Li va gran!
Sereyal la va fè jenn mesye yo pwospere
ak diven nèf pou vyèj yo.ᵉ

10 Mande pou ᶠLapli ki sòti
nan SENYÈ a nan epòk prentan.
Se SENYÈ a ki fè ᵍnwaj tanpèt yo;
epi se Li ki bay lapli lejè a tout
pou jaden plant yo.
² Paske ʰzidòl lakay yo pale inikite;
ⁱdivinò yo k ap fè vizyon ki pa vrè,
ke yo repete kòn fo rèv.
Yo bay rekonfò an ven.
Konsa, pèp la mache egare tankou mouton;
yo aflije akoz yo pa gen bèje.

³ Kòlè ʲMwen limen kont bèje yo.
Mwen va pini mal kabrit yo,
paske SENYÈ dèzame yo te ᵏvizite
bann mouton li an lakay Juda,
e Li va fè yo vin tankou cheval
majeste Li nan batay la.
⁴ De li menm, va vin parèt ˡwòch ang lan,
de li menm, pikèt tant lan,
de li menm, banza batay la,
de li menm, tout wa yo ansanm.
⁵ Yo va tankou mesye pwisan yo,
k ap ᵐfoule lènmi yo anba pye yo,
nan labou lari a nan batay la.
Yo va goumen, paske SENYÈ a va avèk yo;
epi sila ki monte sou cheval yo va anbwouye.

⁶ Mwen va ranfòse lakay Juda a, Mwen va
sove lakay Joseph la e
mwen va ⁿfè yo retounen;
paske Mwen gen ᵒkonpasyon pou yo.
Konsa, yo va vin konsi Mwen pa t
janm rejte yo,
paske Mwen se SENYÈ a, Bondye yo,
e mwen va reponn yo.
⁷ Éphraïm va vin tankou yon gwo
nonm pwisan
e kè yo va kontan konsi se ak diven.
Anverite, pitit yo va wè sa,
e yo va kontan,
kè yo va rejwi nan SENYÈ a.ᵖ
⁸ Mwen va soufle pou yo
pou yo kab vin rasanble yo,
paske Mwen te rachte yo.
Konsa, yo va vin ᑫanpil,
ʳjan yo te ye oparavan an.
⁹ Lè Mwen gaye yo pami lòt pèp yo,
yo va ˢsonje Mwen nan peyi lwen yo.
Yo va viv ak pitit yo,
e yo va retounen.
¹⁰ Mwen va mennen yo retounen
soti nan peyi Égypte la,
e rasanble yo soti Assyrie.
Mwen va mennen yo antre nan peyi
ᵗGalaad ak Liban jiskaske ᵘpa gen
espas pou yo.
¹¹ Li va pase nan ᵛLanmè afliksyon an,
e Li va frape lanm lanmè yo,
jiskaske tout pwofondè ʷRivyè Nil
lan vin sèch.
Epi ògèy Assyrie va vin bese e
baton Égypte la va sòti.
¹² Mwen va ranfòse yo nan SENYÈ a.
Nan non pa Li, yo va mache monte desann"
deklare SENYÈ a.ˣ

11 Ouvri pòt ou yo, O Liban,
pou ʸdife ka devore ᶻbwa sèd ou yo.
² Rele anmwey, O pye siprè a,
paske bwa sèd la fin tonbe,
akoz bèl ab plen ak glwa yo fin detwi.
Rele anmwey, O bwadchenn a Basan yo,
paske gran forè a fin tonbe.
³ Men yon vwa kriye lamantasyon a bèje yo!
ª Paske glwa gran fore yo fin detwi;
yon vwa jenn lyon k ap gwonde a!
Paske ògèy Jourdain nan fin kraze nèt.
⁴ Konsa pale SENYÈ a, Bondye mwen an: "Nouri
bann mouton k apᵇkòche a. ⁵ Sila ki achte yo, kòche
yo, e rete san koupabilite. Sila ki vann yo va di: 'Beni
se SENYÈ a, paske mwen vin rich!' Epi pwòp bèje
pa yo pa menm gen pitye pou yo.ᶜ ⁶ Paske Mwen ᵈp
ap fè pitye ankò pou pèp peyi a," deklare SENYÈ
a; "men gade, Mwen va delivre tout mesye yo,
yo tout anba men pwochen yo, e anba pouvwa a wa
li a. Y ap frape peyi a e Mwen ᵉp ap delivre yo anba
pouvwa yo."

⁷ Konsa, mwen te nouri bann mouton pou kòche
a; soutou, aflije nan bann mouton yo. Mwen te pran
pou mwen de baton: youn mwen te rele ᶠGras e lòt la,

ª **9:14** És 31:5; Sòm 18:14   ᵇ **9:15** És 37:35   ᶜ **9:15** Za 12:6   ᵈ **9:16** Jr 31:10,11   ᵉ **9:17** Jr 31:12,14; Sòm 27:4
ᶠ **10:1** Jl 2:23   ᵍ **10:1** Jr 10:13   ʰ **10:2** Éz 21:21   ⁱ **10:2** Jr 27:9   ʲ **10:3** Jr 25:34-36   ᵏ **10:3** Éz 34:12
ˡ **10:4** Luc 20:17   ᵐ **10:5** II Sam 22:43   ⁿ **10:6** Za 8:8   ᵒ **10:6** És 54:8   ᵖ **10:7** És 54:13   ᑫ **10:8** Jr 33:22
ʳ **10:8** Éz 36:11   ˢ **10:9** I Wa 8:47,48   ᵗ **10:10** Jr 50:19   ᵘ **10:10** És 49:19,20   ᵛ **10:11** És 51:9,10   ʷ **10:11** És 19:5-7   ˣ **10:12** Mi 4:5   ʸ **11:1** Jr 22:6,7   ᶻ **11:1** Éz 31:3   ª **11:3** Jr 25:34-36   ᵇ **11:4** Sòm 44:22   ᶜ **11:5** Os 12:8; Éz 34:2,3   ᵈ **11:6** Jr 13:14   ᵉ **11:6** Sòm 50:22   ᶠ **11:7** Sòm 27:4

mwen te rele li ᵃTèt Ansanm. Konsa, mwen te nouri bann mouton an. ⁸ Epi mwen te koupe retire nèt twa bèje sila yo nan ᵇyon mwa, paske nanm mwen te pèdi pasyans avèk yo, e nanm pa yo te fatige avè m tou. ⁹ Epi mwen te di: "Mwen p ap nouri nou. Sa ki fèt pou ᶜmouri, kite l mouri, e sa ki fèt pou koupe retire nèt, kite l koupe retire. Epi konsa, kite sila ki rete yo manje chè youn lòt." ¹⁰ Mwen te pran baton Gras la, e mwen te koupe li an twa mòso pou m te kab ᵈkraze akò ke m te fè ak tout pèp la. ¹¹ Konsa, li te kraze nan jou sa a. Epi konsa, aflije nan bann mouton yo ki t ap gade mwen an, te vin konprann ke se te pawòl SENYÈ a.ᵉ ¹² Mwen te di yo: "Si sa bon nan zye nou, peye m salè mwen an, men si se pa sa, pa okipe w." Konsa, yo te peze trant sik ajan kòm salè mwen an.ᶠ ¹³ Konsa, SENYÈ a te di mwen: "Jete sa vè ᵍbòs potye a—pri manyifik valè M ki te estime pa yo menm nan!" Konsa, mwen te pran trant sik ajan, e mwen te jete yo vè bòs potye a, lakay SENYÈ a. ¹⁴ Epi mwen te koupe an mòso dezyèm baton ki rele Tèt Ansanm nan, pou ʰkraze fratènite ki te egziste antre Juda ak Israël la.

¹⁵ SENYÈ a te di mwen: "Pran ankò pou ou menm, enstriman a yon bèje ki ⁱsan konprann. ¹⁶ Paske, gade byen, Mwen ap fè leve yon bèje nan peyi a, yon bèje ki ʲp ap vizite sila ke yo koupe retire yo, ni chache sila ke yo gaye yo, ni geri sila ki aflije a, ni nouri sila ki ansante a, men li va devore chè a mouton gra yo, e li va menm chire retire zago yo. ¹⁷ ᵏMalè a bèje san valè ki abandone bann mouton an! Nepe va sou bra li ak sou zye dwat li! Bra li va vin seche nèt e zye dwat la va vin avèg nèt."

12 Pwofesi pawòl SENYÈ a konsènan Israël la. Konsa pale SENYÈ ki etann syèl yo a, ki poze fondasyon latè yo, e ki ˡkreye lespri a lòm nan anndan l lan. ² "Gade byen, Mwen ap fè Jérusalem vin yon tas ki va fè tout pèp ki antoure l yo vin toudi. Epi nan lè syèj la kont Jérusalem nan, li va vin osi, kont ᵐJuda. ³ Li va vin rive nan jou sa a, ke Mwen va fè Jérusalem vin yon ⁿwòch ki lou pou tout pèp yo. Tout ki vin leve l va vin blese grav. Epi tout nasyon latè yo va rasanble ansanm kont li. ⁴ Nan jou sa a," deklare SENYÈ a: "Mwen va frape tout cheval yo pou l dezoryante, e chevalye yo avèk foli. Men Mwen va ouvri zye Mwen sou lakay Juda, pandan Mwen ap frape tout cheval a pèp nasyon yo pou yo vin avèg. ⁵ Konsa, tout chèf a Juda yo va di nan kè yo: 'Moun ki rete Jérusalem yo se fòs mwen nan SENYÈ dèzame yo, Bondye pa yo a.'

⁶ Nan jou sa a, Mwen va fè chèf Juda yo vin tankou yon gwo boukan dife pami mòso bwa yo, ak yon tòch k ap fè flanm dife pami pakèt sereyal yo. Yo va devore tout pèp ki ozanviwon yo, ni sou men dwat yo ni sou men goch yo pandan ᵒsila ki rete Jérusalem yo va toujou demere nan pwòp lye pa yo Jérusalem.

⁷ SENYÈ a va osi ᵖsove anpremye tant a Juda yo, pou glwa kay David la, e glwa a sila ki viv rete Jérusalem p ap depase Juda. ⁸ Nan jou sa a, SENYÈ a va ᑫdefann moun Jérusalem yo. Sila ki fèb pami yo nan jou sa a va tankou David, e kay David la va tankou Bondye, tankou ʳzanj SENYÈ a devan yo. ⁹ Epi nan jou sa a, Mwen va ˢkòmanse detwi tout nasyon ki vini kont Jérusalem yo.

¹⁰ Epi Mwen va ᵗvide sou kay David la ak sou moun Jérusalem yo, Lespri a gras ak Lespri lapriyè pou mande mizerikòd. Konsa, yo va gade vè Mwen menm Sila ke yo te ᵘpèse a. Yo va soufri gwo doulè pou Li, tankou yon moun k ap fè dèy pou yon sèl fis li genyen, e yo va kriye anpil anpil sou Li jan yon moun ta kriye sou sèl fis inik li. ¹¹ Nan jou sa a, va gen ᵛgwo doulè Jérusalem, tankou fè dèy pou Hadadrimmon nan vale Meguiddon an. ¹² Peyi a va kriye, chak fanmi apa; fanmi lakay David la apa e madanm yo apa; fanmi lakay Nathan an apa e madanm yo apa; ¹³ fanmi lakay Levi apa e madanm yo apa; fanmi a Schimeï yo apa e madanm yo apa; ¹⁴ tout fanmi ki rete yo, chak fanmi apa e madanm yo apa.

13 "Nan jou sa a, va gen yon fontèn dlo ki ʷva ouvri pou lakay David, e pou sila ki rete Jérusalem yo, pou ˣpeche ak salte.

² "Li va vin rive nan jou sa a", deklare SENYÈ dèzame yo: "ke Mwen va koupe retire non a zidòl yo soti nan peyi a, e yo p ap sonje yo ankò. Mwen va osi retire ʸpwofèt yo ak ᶻlespri pa pwòp la soti nan peyi a. ³ Lè yon moun va pwofetize, alò, papa l ak manman l ki te fè l la va di li: 'Ou ᵃp ap viv, paske ou ᵇpale sa ki fo nan non SENYÈ a.' Konsa, papa li ak manman li ki te fè l la, va fwennen l lè li pwofetize. ⁴ Anplis, li va vin rive nan jou sa a, ke tout pwofèt yo va ᶜvin wont de vizyon yo fè, lè yo ap pwofetize. Yo p ap mete gwo wòb fèt an pwal pou twonpe moun; ⁵ men yon pwofèt va di: 'Mwen ᵈpa yon pwofèt; mwen se yon kiltivatè tè a, paske mwen se yon sèvitè atache nèt depi mwen jèn.' ⁶ Konsa, yon moun va vin di l: 'Ki blesi sa ki ᵉnan mitan bra ou yo?' Epi li va reponn: 'Sa yo se blesi ke mwen te pran lakay zami mwen yo.'

⁷ "Leve, O nepe, kont ᶠbèje Mwen an,
e kont nonm nan ki byen pre M,"
deklare SENYÈ dèzame yo.
Frape bèje a pou mouton yo ka gaye;
epi Mwen va vire men M kont jenn ti piti yo.
⁸ "Sa va vin rive nan tout peyi a" deklare
SENYÈ a,
"Ke ᵍde pati de li va vin koupe retire
pou l mouri;

ᵃ **11:7** Sòm 133:1   ᵇ **11:8** Os 5:7   ᶜ **11:9** Jr 15:2   ᵈ **11:10** Sòm 89:39   ᵉ **11:11** So 3:12   ᶠ **11:12** Jen 37:28
ᵍ **11:13** Mat 27:3-10   ʰ **11:14** És 9:21   ⁱ **11:15** És 6:10-12   ʲ **11:16** Jr 23:2   ᵏ **11:17** Jr 23:1   ˡ **12:1** És 57:16
ᵐ **12:2** Za 14:14   ⁿ **12:3** Dan 2:34,35,44,45   ᵒ **12:6** Za 2:4   ᵖ **12:7** Jr 30:18   ᑫ **12:8** Jl 3:16   ʳ **12:8** Egz 14:19
ˢ **12:9** Za 14:2,3   ᵗ **12:10** És 44:3   ᵘ **12:10** Jn 19:37   ᵛ **12:11** Mat 24:30   ʷ **13:1** Jr 2:13   ˣ **13:1** Sòm 51:2,7
ʸ **13:2** Jr 23:14,15   ᶻ **13:2** I Wa 22:22   ᵃ **13:3** Det 18:20   ᵇ **13:3** Jr 23:35   ᶜ **13:4** Jr 6:15   ᵈ **13:5** Am 7:14
ᵉ **13:6** II Wa 9:24   ᶠ **13:7** És 40:11   ᵍ **13:8** És 6:13

men twazyèm pati a va rete ladann l.

⁹ "Konsa, Mwen va mennen fè pase twazyèm pati a nan dife.
Mwen va rafine yo tankou yo rafine ajan, e pase yo a leprèv tankou lò.
Yo va rele non Mwen, e Mwen va tande yo.
Mwen va di: 'Yo se pèp Mwen', e yo va di: 'SENYÈ a, se Bondye mwen an.'"ᵃ

14 Gade byen, yon ᵇjou pou SENYÈ a ap vini, jou lè piyaj ke yo rache de nou menm yo, va divize andedan nou. ² Paske Mwen va ᶜrasanble tout nasyon yo kont Jérusalem pou batay. Vil la va vin kaptire, kay yo va piyaje, fanm yo va vyole. Mwatye nan vil la va voye an egzil, men rès a pèp la p ap koupe retire de vil la. ³ Konsa, SENYÈ a va parèt pou ᵈgoumen kont nasyon sila yo jan Li goumen nan yon jou batay la. ⁴ Nan jou sa a, pye Li va ᵉpoze sou Mòn Olivier a, ki devan Jérusalem sou pati lès la. Epi Mòn Olivier a va nan mitan soti nan lès pou rive nan lwès, e va gen yon gwo gwo vale. Mwatye nan mòn nan va deplase vè nò e lòt mwatye a vè sid. ⁵ Nou va sove ale pa vale a mòn Mwen yo, paske vale a mòn yo va rive jis Atzel. Wi, nou va sove ale menm jan ke nou te sove ale devan ᵍtranbleman tè nan jou Ozias la, wa Juda a. Epi SENYÈ a, Bondye mwen an va vini e tout sen fidèl yo va avèk Li!

⁶ Nan jou sa a ʰp ap gen limyè, ni fredi, ni glas sou tè. ⁷ Li va yon jou inik ki ⁱkonnen pa SENYÈ a; li p ap ni lajounen ni lannwit, men li va vin rive ke nan ʲaswè, va gen limyè.

⁸ Li va rive nan jou sa a, ᵏkouran dlo yo va koule sòti Jérusalem; mwatye nan yo vè pati lès lanmè a, e lòt mwatye a vè pati lwès lanmè a. Li va konsa ni nan sezon ete ni nan sezon ivè.

⁹ Epi SENYÈ a va ˡwa sou tout tè a. Nan jou sa a, se SENYÈ a va yon sèl, e non Li va yon sèl.

¹⁰ Tout peyi a va devni yon savann, depi ᵐGuéba jis rive ⁿRimmon, nan sid Jérusalem. Men Jérusalem va vin leve e rete nan plas li soti nan Pòtay Benjamin an, jis rive nan pozisyon premye Pòtay la, pou janbe nan Pòtal Kwen an, e soti nan tou Hananéel la, jis rive nan pèz diven a wa a. ¹¹ Moun yo va viv ladann, e p ap gen malediksyon ankò, paske Jérusalem va ᵒrete ansekirite.

¹² Men sa va fleyo avèk sila SENYÈ a va frape tout pèp ki te fè lagè kont Jérusalem yo: chè yo va ᵖpouri pandan yo kanpe sou pye yo, zye yo va pouri nan tèt yo, e lang yo va pouri nan pwòp bouch yo. ¹³ Li va vin rive nan jou sa a ke yon gwo panik ki sòti nan SENYÈ a va tonbe sou yo. Konsa, chak va ᑫkenbe men vwazen li, e men a youn va vin leve kont men a lòt la. ¹⁴ ʳ Anplis, Juda va goumen nan Jérusalem. Richès a tout nasyon ki ozanviwon yo va vin rasanble ansanm; lò, ajan ak vètman an gran kantite.

¹⁵ Jan ˢfleyo sa a ye a, se konsa tou fleyo a va ye sou cheval, milèt, chamo, bourik ak tout bèf ki va nan kan sa yo.

¹⁶ Epi li va vin rive ke tout moun ki rete nan tout nasyon ki te ale kont Jérusalem yo, yo tout va ᵗale monte ane pa ane pou adore Wa a, SENYÈ Dèzame yo, e pou selebre ᵘFèt Tonèl yo. ¹⁷ Epi sa va rive ke nenpòt moun nan fanmi sou latè yo ki pa monte Jérusalem pou adore Wa a, SENYÈ Dèzame yo, ᵛLapli p ap tonbe sou yo. ¹⁸ Si fanmi peyi Egypte la pa monte oswa pa vini; alò, lapli p ap tonbe sou yo. Va gen fleyo ke SENYÈ a te frape nasyon ki pa t monte pou selebre Fèt Tonèl Yo.ʷ ¹⁹ Sa va pinisyon Egypte la ak pinisyon a tout nasyon ki pa monte pou selebre Fèt Tonèl yo.

²⁰ Nan jou sa a, va gen anons sa sou klòch cheval yo: ˣ"SEN A SENYÈ A". Epi chodyè ki kwit manje lakay SENYÈ yo va tankou bòl devan lotèl yo. ²¹ Tout chodyè pou kwit manje Jérusalem ak Juda yo va vin sen pou SENYÈ Dèzame yo; epi tout moun ki fè sakrifis yo va vin pran yo, e bouyi sakrifis ladan yo. Epi p ap gen ankò, yon ʸKananeyen nan kay SENYÈ Dèzame yo nan jou sa a.

ᵃ **13:9** És 48:10 ᵇ **14:1** És 13:6,9; Za 14:14 ᶜ **14:2** Za 12:2,3 ᵈ **14:3** Za 9:14,15 ᵉ **14:4** Éz 11:23 ᶠ **14:4** És 64:1,2 ᵍ **14:5** És 29:6 ʰ **14:6** És 13:10 ⁱ **14:7** És 45:21 ʲ **14:7** És 58:10 ᵏ **14:8** Éz 47:1-12 ˡ **14:9** És 2:2-4 ᵐ **14:10** I Wa 15:22 ⁿ **14:10** Jos 15:32 ᵒ **14:11** Jr 23:5,6 ᵖ **14:12** Lev 26:16 ᑫ **14:13** Za 11:6 ʳ **14:14** Za 12:2,5 ˢ **14:15** Za 14:12 ᵗ **14:16** És 60:6-9 ᵘ **14:16** Lev 23:34-44 ᵛ **14:17** Jr 14:3-6 ʷ **14:18** Za 14:12,15 ˣ **14:20** Egz 28:36-38 ʸ **14:21** So 1:11

MALACHIE

1 [a]Revelasyon pawòl SENYÈ a bay Israël pa Malachie.

[2] "Mwen te [b]renmen nou," pale SENYÈ a. Men ou di: "Nan kisa ou te renmen nou an?" "Se pa Ésaü ki te frè Jacob?" deklare SENYÈ a. "Men se Jacob Mwen te renmen; [3] men Mwen te rayi Ésaü. Mwen te [c]fè mòn li yo vin yon kote dezole, e Mwen te livre eritaj li bay chen mawon dezè yo." [4] Tandiske Edom di: "Yo fin bat nou nèt, [d]men nou va [e]retounen vin bati sou ranblè yo;" konsa pale SENYÈ Dèzame yo: "Yo va bati, men mwen va jete; konsa, moun va rele yo peyi mechan an, e pèp sou sila SENYÈ a fache pou tout tan an."

[5] Zye nou va wè sa e nou va di: "SENYÈ a gran! Menm pi lwen lizyè Israël la!"[f]

[6] "Yon fis [g]onore papa li, e yon sèvitè onore mèt li. Alò, si Mwen se yon [h]papa, kote onè pa M nan? Epi si Mwen se yon mèt, kote respè M nan?" pale SENYÈ Dèzame yo a prèt yo ki meprize non Mwen an. "Men nou di: 'Nan kisa nou te meprize non Ou an?' [7] N ap ofri [i]pen ki souye sou lotèl Mwen an. Men nou di: 'Nan kisa nou te souye Ou a?' Nan sa, n ap di: 'Tab SENYÈ a meprizab.' [8] Lè nou ofri [j]bèt avèg kon sakrifis la, èske sa pa yon mal? Epi lè nou ofri bèt ki bwate e ki malad la, èske sa pa yon mal? Poukisa nou pa ofri sa yo bay gwo chèf peyi a? Èske l ap kontan avèk nou? Oswa, èske se ak dousè ak kè kontan ke l ap aksepte nou?" pale SENYÈ Dèzame yo.

[9] Men koulye a, chèche mande favè Bondye, pou Li kapab beni nou? Ak yon ofrann konsa, èske L ap aksepte okenn nan nou ak dousè? mande SENYÈ Dèzame yo.[k]

[10] O ke te genyen youn nan nou pou ta [l]fèmen pòt yo, pou nou pa ta chofe dife pou granmèsi sou lotèl Mwen an! "Mwen pa kontan avèk nou", pale SENYÈ Dèzame yo. "Ofrann nan k ap sòti nan men nou, Mwen p ap aksepte l nonpli. [11] Paske depi solèy la leve jis rive kote li kouche a, [m]non Mwen va [n]gran pami nasyon yo, e tout kote, lansan ak ofrann sereyal ki san tach sa vin ofri a non Mwen. Paske non Mwen va gran pami nasyon yo," pale SENYÈ Dèzame yo. [12] "Men nou ap [o]pwofane li lè nou di: 'Tab SENYÈ a vin souye, fwi li, menm manje li vin meprizab.' [13] Nou di tou: 'Gade, a la fatigan sa fatigan!' Nou pa vle menm pran sant li," pale SENYÈ Dèzame yo. "Konsa, nou te pote sa ke yo te pran nan [p]vyolans, sa ki te [q]bwate ak sa ki te malad. Konsa menm, nou pote ofrann nan! Èske se sa ke Mwen ta dwe aksepte nan men nou an?" pale SENYÈ a.

[14] "Men malè pou sila k ap [r]twonpe a, ki gen nan bann mouton li an, yon mal, ki fè sèman pou livre li, men ki anfen, fè sakrifis bay SENYÈ a ak yon [s]bèt ki gen defo. Paske Mwen se yon gwo Wa," pale SENYÈ Dèzame yo, "e non Mwen etonnan pami nasyon yo."

2 "Alò, koulye a, prèt yo, lòd sa a se pou nou. [2] Si nou [t]pa koute e si nou pa pran sa a kè pou bay lonè a non Mwen", pale SENYÈ dèzame yo, "alò, Mwen va voye malediksyon sou nou, e Mwen va fè benediksyon nou yo vin tounen malediksyon. Anverite, Mwen fin modi yo deja, akoz nou pa pran sa a kè. [3] Gade byen, Mwen va fè repwòch nou rive jis sou desandan nou yo, e Mwen va gaye poupou sou figi nou, menm poupou a festen nou yo; epi nou va vin disparèt ansanm avè l.[u] [4] Konsa, nou va konnen ke Mwen te voye lòd sa a bannou, pou [v]akò Mwen an kapab kontinye ak Lévi", pale SENYÈ dèzame yo. [5] "Akò Mwen an avèk li se te akò pou lavi ak lapè. Mwen te bay li yo pou li ta kab vin gen lakrent anvè M; epi konsa, li te krent Mwen e te vin gen gwo lakrent pou non Mwen.[w] [6] [x]Lalwa verite a te nan bouch li, e inikite pa t janm sou lèv li. Li te mache avè M nan lapè ak ladwati, e li te [y]detounen anpil moun soti nan inikite. [7] Paske lèv a yon prèt dwe gade [z]konesans, e moun ta dwe [a]chache lalwa soti nan bouch li. Paske li se mesaje a SENYÈ dèzame yo. [8] Men pou nou menm, nou te detounen kite chemen an. Nou te koze anpil moun [b]chite nan lalwa a. Nou te dezonore akò Lévi a," pale SENYÈ dèzame yo. [9] "Akoz sa [c]Mwen te fè nou vin meprizab tou, e vin [d]imilye devan tout pèp la, akoz nou pa t gade chemen Mwen yo, men nou te nan patipri nan lalwa a. [10] Èske se pa [e]yon sèl papa nou genyen? [f]Èske se pa yon sèl Bondye a ki te kreye nou? Poukisa nou chak ap trayi pwòp frè nou, nan pwofane akò a papa zansèt nou yo? [11] Juda te aji nan [g]enfidelite, e yon abominasyon te fèt an Israël ak Jérusalem; paske Juda te [h]pwofane sanktyè a SENYÈ a, ke li renmen, e te vin marye ak fi a yon dye etranje. [12] SENYÈ a va koupe retire nonm nan ki fè sa a, sila ki leve e sila ki reponn nan, soti nan tant a Jacob yo, oswa sila ki prezante ofrann a SENYÈ Dèzame yo.[i]

[13] "Men yon lòt bagay nou fè: nou kouvri lotèl SENYÈ a ak dlo k ap sòti nan zye nou, nan kriye ak plenyen, akoz [j]Li pa konsidere ofrann yo ankò, ni aksepte yo ak favè ki soti nan men nou. [14] Malgre sa, nou di: 'Pou ki rezon?' Paske SENYÈ a te yon temwen antre nou menm [k]ak madanm jènès nou an,

---

[a] **1:1** És 13:1 [b] **1:2** Det 4:37 [c] **1:3** Jr 49:10,16-18 [d] **1:4** Jr 5:17 [e] **1:4** És 9:9,10 [f] **1:5** Sòm 35:27
[g] **1:6** Egz 20:12 [h] **1:6** Det 1:31 [i] **1:7** Lev 3:11 [j] **1:8** Jr 27:18 [k] **1:9** Jr 27:18 [l] **1:10** És 1:13 [m] **1:11** Sòm 111:9
[n] **1:11** És 66:18,19 [o] **1:12** Mal 1:7 [p] **1:13** Lev 6:4 [q] **1:13** Mal 1:8 [r] **1:14** Trav 5:1-4 [s] **1:14** Lev 22:18-20
[t] **2:2** Lev 26:14,15 [u] **2:3** Lev 26:16 [v] **2:4** Nonb 3:11-13,45 [w] **2:5** Nonb 25:7,8,13 [x] **2:6** Sòm 119:142,151,160
[y] **2:6** Jr 23:22 [z] **2:7** Lev 10:11 [a] **2:7** Nonb 27:21 [b] **2:8** Jr 18:15 [c] **2:9** Na 3:6 [d] **2:9** Éz 7:26 [e] **2:10** És 63:16 [f] **2:10** Trav 17:24 [g] **2:11** Jr 3:7-9 [h] **2:11** Esd 9:1,2 [i] **2:12** Jr 11:14 [j] **2:13** Jr 11:14 [k] **2:14** És 54:6

kont sila nou te ᵃa ji an trèt la, malgre li se konpanyen e madanm nou selon akò nou an. ¹⁵ Éske Li pa t fè nou youn sèl? Malgre, se te li ki te gen retay Lespri a. Pouki sa youn sèl? Li t ap chache ᵇdesandan ladwati a. Alò, veye lespri nou byen ke pèsòn pa ᶜa ji an trèt kont madanm jenès li a. ¹⁶ Youn ki rayi epi ᵈdivòse", pale SENYÈ a, Bondye Israël la, "kouvri vètman li ak vyolans lan," pale SENYÈ a. "Pou sa, veye lespri nou byen, ke nou pa enfidèl.

¹⁷ "Nou te fatige SENYÈ a ak pawòl nou yo. Malgre sa, nou di: 'Nan kisa nou te fatige Li a?' Paske n ap di: ᵉ"Tout moun k ap fè mal, bon nan zye SENYÈ a, e Li ᶠpran plezi nan yo;' oswa 'Kote Bondye jistis la ye?'"

3 ᵍ"Gade byen, Mwen va voye mesaje Mwen an, e li va ʰnetwaye chemen an devan Mwen. Konsa, Senyè a, ke n ap chache a, va vini sibitman nan tanp Li an. Gade byen, mesaje akò a, nan sila nou pran plezi a, L ap vini," pale SENYÈ Dèzame yo. ² "Men se kilès k ap ka ⁱsipòte jou vini Li an? Oswa, se kilès k ap ka kanpe lè Li parèt la? Paske se va tankou dife nan founo a, e se va tankou savon lesiv. ³ Li va chita tankou yon bòs metal k ap pirifye a jan. Li va ʲpirifye fis a Levi yo, e rafine yo tankou lò ak a jan, pou yo ka ofri bay SENYÈ a ofrann ladwati. ⁴ Konsa, ofrann Juda ak Jérusalem yo va yon ᵏplezi pou SENYÈ a tankou nan jou ansyen ak jou lontan yo.

⁵ "Konsa, Mwen va vin kote nou pou jijman. Mwen va fè temwen byen rapid kont ˡwangatè yo, kont moun ᵐadiltè yo, ak kont sila k ap fè fo temwayaj yo; kont sila k ap oprime ouvriye yo nan salè yo, vèv yo, òfelen yo, sila ki refize bay soutyen yo a etranje yo, ak sila ki pa gen lakrent Mwen yo," pale SENYÈ dèzame yo.

⁶ "Paske Mwen menm SENYÈ a, Mwen ⁿpa chanje. Se pou sa, nou menm, O fis a Jacob yo, nou pa t fin detwi nèt. ⁷ Depi nan jou a papa zansèt nou yo, nou te vire kite règleman Mwen yo, e nou pa t kenbe yo. ᵒRetounen vin jwenn Mwen, e Mwen va retounen vin jwenn nou," pale SENYÈ Dèzame yo. "Men nou di: 'Nan kisa nou va retounen vin jwenn Ou an?'

⁸ "Èske yon nonm va vòlè Bondye? Men nou ap vòlè M! Men nou di: 'Nan kisa nou te vòlè Ou a?' Nan dim ak ofrann yo.ᵖ ⁹ Nou vin ᑫmodi avèk malediksyon an;. Paske nou ap vòlè Mwen; tout nasyon an nèt! ¹⁰ ʳMennen fè antre tout dim yo nan depo kay la, pou ka gen manje nan kay Mwen an, e pase Mwen a leprèv nan sa", pale SENYÈ a:

"Pou nou wè si Mwen p ap louvri pou nou tout fenèt syèl yo, e vide sou nou yon benediksyon jiskaske nou pa gen ase kote ankò pou nou resevwa li. ¹¹ Nan lè sa a, Mwen va repwoche, pou nou menm, sila k ap ˢdevore nou, pou li pa ankò detwi fwi latè yo. Konsa, pye rezen an p ap ankò jete fwi li avan lè nan chan an", pale SENYÈ Dèzame yo. ¹² "Tout nasyon yo va rele nou beni, paske nou va yon peyi byen bèl", pale SENYÈ dèzame yo.

¹³ "Pawòl nou yo te di kont mwen." Pale SENYÈ a. "Malgre sa, nou di: 'Kisa nou te pale kont Ou yo?' ¹⁴ "Nou te di: 'Se an ven yo sèvi Bondye'; epi 'Ki avantaj sa gen pou nou kenbe règleman Li yo, e pou nou mache lamante devan SENYÈ Dèzame yo?ᵗ ¹⁵ Koulye a, nou vin rele moun ògeye yo, 'beni'. Non sèlman malfektè yo vin leve wo, men yo menm tante Bondye, e yo ᵘchape.'"

¹⁶ Answit, sila ki te ᵛgen lakrent SENYÈ yo te pale a youn lòt; konsa, SENYÈ a te prete zòrèy Li. Li te tande yo, e yon liv souvni te ekri devan Li pou sila ki te gen lakrent SENYÈ yo, e ki te bay gwo respè a non Li yo. ¹⁷ "Konsa, yo va vin ʷpou Mwen", pale SENYÈ Dèzame yo, "nan jou sa a ke M prepare posesyon Mwen an. Epi Mwen va fè yo gras menm jan yon nonm ta ˣfè gras a pwòp fis k ap sèvi li a." ¹⁸ Konsa, nou va retounen pou nou ʸbyen konprann diferans la antre ladwati ak mal, antre sila k ap sèvi Bondye ak sila ki p ap sèvi Li.

4 "Paske gade byen, jou a ap vini, byen cho tankou yon founo, lè tout moun ògeye yo ak tout malfektè yo va vin tounen pay vannen. Jou k ap vini an va fin boule yo nèt," pale SENYÈ Dèzame yo: "jiskaske li pa kite pou yo ni rasin ni branch.ᶻ ² Men pou nou menm ki gen lakrent non Mwen an, ᵃsolèy ladwati a va vin leve ak gerizon nan zèl li. Konsa, nou va sòti deyò pou sote toupatou tankou ti bèf ki fenk sòti nan pak yo. ³ Nou va ᵇfoule mechan an anba pye nou, paske yo va tankou sann anba pla pye nou nan jou ke Mwen fè", pale SENYÈ dèzame yo.

⁴ ᶜ"Son je lalwa a sèvitè Mwen an, Moïse, règleman ak òdonans ke M te kòmande li nan Horeb pou tout Israël yo.

⁵ "Gade byen, Mwen ap voye bannou ᵈÉlie, pwofèt la, avan gwo jou tèrib a SENYÈ a vin rive a. ⁶ Li va ᵉtounen kè a papa yo vè pitit yo, e kè a pitit yo vè papa yo, pou m pa vin ᶠfrape peyi a avèk yon malediksyon."

ᵃ **2:14** Jr 9:2   ᵇ **2:15** Rt 4:12   ᶜ **2:15** Egz 20:14   ᵈ **2:16** Det 24:1   ᵉ **2:17** És 5:20   ᶠ **2:17** Job 9:24
ᵍ **3:1** Mat 11:10,14   ʰ **3:1** És 40:3   ⁱ **3:2** És 33:14   ʲ **3:3** És 1:25   ᵏ **3:4** Sòm 51:17-19   ˡ **3:5** Det 18:10
ᵐ **3:5** Éz 22:9-11   ⁿ **3:6** Nonb 23:19   ᵒ **3:7** Za 1:3   ᵖ **3:8** Né 13:11,12   ᑫ **3:9** Mal 2:2   ʳ **3:10** Lev 27:30
ˢ **3:11** Jl 1:4   ᵗ **3:14** És 58:3   ᵘ **3:15** Jr 7:10   ᵛ **3:16** Sòm 34:15   ʷ **3:17** És 43:1   ˣ **3:17** Sòm 103:13
ʸ **3:18** Jen 18:25   ᶻ **4:1** Sòm 21:9; És 9:18,19   ᵃ **4:2** II Sam 23:4; Jr 30:17   ᵇ **4:3** Job 40:12   ᶜ **4:4** Det 4:23
ᵈ **4:5** Mat 11:14   ᵉ **4:6** Luc 1:17   ᶠ **4:6** És 11:4

LEVANJIL SELON MATTHÏEU

1 Rejis a zansèt Jésus Kris yo, ªfis a David, fis a Abraham nan. ² Abraham te papa Isaac. Isaac te fè Jacob. Jacob te papa Juda ak lòt frè l yo. ³ Juda te papa ᵇPharès avèk Zara pa Thamar, Pharès te papa Esrom, epi Esrom te papa a Ram. ⁴ Ram te papa Aminadab. Aminadab te papa Naasson. Naasson te papa Salmon. ⁵ Salmon e Rehab te fè Boaz. Boaz te papa Obed pa Ruth; Obed te papa Isaï. ⁶ Epi Isaï te bay nesans a David, wa a. ᶜDavid te fè Salomon pa Bathshéba ki te madanm a Urie. ⁷ Salomon te fè ᵈRoboam. Roboam fè Abia, e pa Abia, Asa. ⁸ Asa te fè Josaphat, e pa Josaphat, Joram. Pa Joram, Ozias; ⁹ Pou Ozias te fèt Jotham; e a Jotham, Achaz; a Achaz, Ézéchias; ¹⁰ epi pa Ézéchias te fèt Manassé; e a Manassé, Amon; e pa Amon ᵉJosias; ¹¹ Josias te fè Jéchonias ak frè li yo nan tan ᶠdepòtasyon Babylone nan.

¹² Aprè depòtasyon Babylone nan, Jéchonias te fè Salathiel; e pa Salathiel, Zorobabel. ¹³ A Zorobabel te fèt Abiud; e a Abiud, Eliakim, e a Eliakim, Azor. ¹⁴ Pou Azor te vin fèt Sadok, e a Sadok, Achim, e a Achim, Éliud. ¹⁵ A Éliud te vin fèt Éléazar. Éléazar te fè Matthan, e pou Matthan, Jacob. ¹⁶ Jacob te fè Joseph, mari a Marie a, manman a Jésus ᵍke yo rele Kris la.

¹⁷ Konsa, tout jenerasyon yo soti nan Abraham jiska David se katòz jenerasyon epi kite David pou rive nan depòtasyon Babylone nan, se katòz jenerasyon. E pouʰkite depòtasyon Babylone nan pou rive a Kris la, se katòz jenerasyon.

¹⁸ Nesans a Jésus, Kris la te fèt konsa: Lè ⁱmanman Li, Marie, te fiyanse ak Joseph, avan ke yo te vini ansanm, li te twouve ansent pa Lespri Sen an. ¹⁹ Konsa, Joseph, mari li, ki te yon nonm dwat, pa t vle fè l wont. Pou sa a, li te pran desizyon pou ʲmete l sou kote an sekrè. ²⁰ Men pandan li t ap anvizaje sa, konsa, yon zanj Bondye te parèt devan li nan yon rèv epi te di l konsa:

ᵏ"Joseph, fis a David la, ou pa bezwen pè pran Marie kon madanm ou; pwiske sa ki gen tan plase nan vant li an, soti nan Lespri Sen an. ²¹ Li va fè yon fis, epi ou va rele li Jésus paske se Li menm ki ˡva sove pèp li a de peche yo."

²² Tout sa te fèt pou akonpli sa ki ᵐte pale pa Senyè a, atravè pwofèt yo;

²³ ⁿ"Koute byen, vyèj la va ᵒvin ansent
e l ap fè yon gason.
Y ap nonmen li Emmanuel",
ki tradwi vle di "Bondye Avèk Nou".

²⁴ Konsa, Joseph te leve nan dòmi. Li te fè sa ke zanj Senyè a te mande l fè a, e te pran li pou madanm li. ²⁵ Li te kenbe l kon yon vyèj jiskaske li te fin fè gason an, epi ᵖli te rele li Jésus.

2 Aprè Jésus te fin ᑫfèt Bethléem nan peyi Judée pandan Hérode te wa, konsa yon ekip mesye saj ki sòti nan lès te rive Jérusalem pou mande; ² "Kote sila ki fèt ʳWa a Jwif yo a? Nou gen tan wè zetwal Li nan pati lès la, e nou vini pou adore Li."

³ Lè Hérode te tande sa, li te vin twouble, e tout Jérusalem avèk li. ⁴ Li te rasanble tout chèf prèt yo avèk skrib a pèp la, e te kòmanse mande yo kote Kris la t ap fèt la.

⁵ Yo te di li: ˢ"Nan Bethléem a Judée jan li te ekri pa pwofèt la";

⁶ ᵗ"E ou menm, Bethléem, peyi Judée,
ou pa manke valè pami chèf Judée yo:
paske yon Gran Chèf k ap sòti nan ou menm,
Li va vin yon bèje pou pèp Mwen an, Israël".

⁷ Konsa, Hérode te rele mesye saj yo an sekrè pou fè yon ankèt egzakt pou konnen kilè ᵘzetwal la te parèt la. ⁸ Li te voye yo Bethléem e li te di yo: "Ale Chèche pou twouve Pitit la, e lè nou jwenn li, voye di m sa, pou m ka ale adore Li tou."

⁹ Lè yo fin tande wa a, yo ale fè wout yo, e konsa zetwal la ke yo te wè nan lès la, te ale devan yo jiskaske li te vin kanpe kote menm ke Pitit la te ye a. ¹⁰ Lè yo te wè zetwal la, yo te rejwi anpil avèk anpil jwa. ¹¹ Yo te ale nan kay la e te wè Pitit la avèk Marie, manman Li. Yo te pwostène devan Li pou te ᵛadore L. Yo te ouvri trezò yo e te prezante L kòm kado, lò, lansan, ak lami. ¹² Men akoz ke yo te avèti ʷnan yon rèv ke yo pa t dwe retounen kote Hérode, yo te ale nan peyi yo pa yon lòt wout.

¹³ Lè yo fin pati, lapoula yon zanj Bondye te ˣvin parèt a Joseph nan yon rèv. Li te di l: "Leve pran Pitit la avèk manman L epi kouri ale an Égypte. Rete la jiskaske mwen di ou, paske Hérode ap chèche Zanfan sila a pou l ka detwi L."

¹⁴ Joseph te leve pran Pitit la avèk manman L pandan nwit lan pou te ale an Égypte. ¹⁵ Li te rete la jiskaske Hérode te mouri. Sa te fèt pou akonpli sa Senyè a te pale pa pwofèt la pou li ta kapab akonpli lè l te di: "Pou soti an Égypte, Mwen te rele Fis Mwen an".

¹⁶ Lè Hérode te vin wè ke li te ʸtwonpe pa mesye saj yo, li te vin anraje. Konsa, li te voye touye tout ti gason mwens ke de zan nan tout anviwon Bethléem nan, selon tan li te vin konprann pa mesye saj yo.

¹⁷ Konsa, sa ki te pale pa pwofèt Jérémie an te vin akonpli lè l te di konsa:

¹⁸ ᶻ"Yon vwa te tande nan Rama;
yo te kriye e fè gwo lamantasyon.

ª **1:1** És 9:6   ᵇ **1:3** Rt 4:18-22   ᶜ **1:6** II Sam 11:27   ᵈ **1:7** I Kwo 3:10   ᵉ **1:10** I Kwo 3:14   ᶠ **1:11** II Wa 24:14   ᵍ **1:16** Mat 27:17-22   ʰ **1:17** II Wa 24:14   ⁱ **1:18** Mat 12:46   ʲ **1:19** Det 22:20-24   ᵏ **1:20** Luc 2:4   ˡ **1:21** Luc 2:11   ᵐ **1:22** Luc 24:44   ⁿ **1:23** És 7:14   ᵒ **1:23** És 9:6,7   ᵖ **1:25** Mat 1:21   ᑫ **2:1** Mi 5:2   ʳ **2:2** Jr 23:5   ˢ **2:5** Jn 7:42   ᵗ **2:6** Mi 5:2   ᵘ **2:7** Nonb 24:17   ᵛ **2:11** Mat 14:33   ʷ **2:12** Job 33:15   ˣ **2:13** Mat 2:12,19   ʸ **2:16** Mat 2:1   ᶻ **2:18** Jr 31:15

Rachel ki t ap kriye pou Pitit li yo;
li te refize konsole, paske yo pa t la ankò."

[19] Men lè Hérode te vin mouri, yon zanj [a]te parèt an Égypte pou di Joseph nan yon rèv: [20] "Leve, pran Pitit la avèk manman L pou ale nan peyi Israël, paske sila yo ki t ap chèche touye Pitit la gen tan mouri."

[21] Konsa Joseph te leve pran Pitit la avèk manman L, e te ale nan peyi Israël. [22] Men lè li tande ke Archélaüs te gwo chèf nan Judée nan plas papa li, Hérode, li te pè ale la. Lè li te fin [b]avèti pa Bondye nan yon rèv, li te sòti la, e te ale nan anviwon Galilée yo. [23] Li te vin rete nan yon vil yo rele [c]Nazareth pou sa ke pwofèt yo te pale yo ta kapab akonpli: "Yo va rele Li yon Nazareyen".

3 Alò, [d]nan jou sa yo, Jean Baptiste te vin parèt. Li t ap preche nan gran savann Judée a, e li t ap di: [2] [e]"Repanti paske Wayòm Syèl la gen tan parèt." [3] Paske sila a se de [f]li menm ke pwofèt Esaïe te pale a lè l te di: [g]

"Men vwa a youn k ap kriye nan savann nan,
Prepare chemen Bondye a!
Fè chemen Li yo dwat"!

[4] Alò, Jean li menm te gen [h]yon rad fèt avèk pwal chamo avèk yon sentiwon fèt an kwi nan senti li. Li te konn manje krikèt avèk siwo myèl sovaj. [5] Jérusalem avèk tout Judée [i]t ap vin kote l, avèk tout zòn ozanviwon Jourdain an. [6] Yo t ap [j]batize pa li menm nan lariviyè Jourdain an pandan yo t ap konfese peche yo.

[7] Men lè li te wè anpil [k]Farizyen avèk [l]Sadiseyen ki t ap vini pou batèm nan, li te di yo: "Men yon bann vipè; kilès ki te di nou chape anba kòlè k ap vini an? [8] [m]Pou sa, pote yon fwi ki dign de repantans lan. [9] Pa sipoze ke nou kapab di pwòp tèt nou: [n]'Nou gen Abraham kòm papa'. Paske m ap di nou ke Bondye kapab fè leve soti nan wòch sa yo, pitit Abraham yo. [10] [o]Rach la tou parèt nan rasin bwa yo; konsa, tout ab ki pa pote bon fwi va koupe pou jete nan lanfè."

[11] "Pou mwen menm, m ap batize nou avèk dlo pou repantans, men sila a k ap vini aprè mwen an pi fò pase m. Mwen pa menm dign pou m retire sandal Li yo. Li menm L ap batize nou avèk [p]Lespri Sen an, epi avèk dife. [12] Fouch vannen an deja nan men Li. L ap netwaye glasi a nèt e mete tout ble yo nan depo, men L ap brile tout pay la avèk yon dife ki p ap kapab etenn."

[13] [q]Nan lè sa a, Jésus te rive soti Galilée toupre lariyyè Jourdain an. Li te vin kote Jean pou L ta kapab batize. [14] Men Jean te eseye anpeche Li. Li te di: "Mwen bezwen batize pa Ou menm, men Ou vin kote mwen?"

[15] Men Jésus te reponn li. Li te di l: "Kite sa fèt nan moman sa a; paske se konsa li dwe fèt [r]pou nou kapab akonpli tout ladwati." Konsa li te kite sa fèt. [16] Aprè Jésus te batize, Li te soti tou dwat nan dlo a, e lapoula syèl yo te vin louvri. [s]Li te wè Lespri Bondye a desann kon yon toutrèl e vin poze sou Li. [17] Epi yon vwa ki te soti nan syèl yo te di: [t]"Sa se Fis byeneme Mwen an, e nan Li menm, Mwen pran plezi."

4 [u]Apre sa, Lespri Sen an te mennen Jésus nan savann nan pou L ta kapab tante pa Satan. [2] Lè Li te fin fè jèn [v]karant jou avèk karant nwit lan, Li te grangou. [3] [w]Konsa, Tantatè a te parèt, e te di Li: "Si Ou se [x]Fis Bondye a, kòmande wòch sa yo vin pen."

[4] Men Li te reponn li e te di l: "Sa ekri [y]Lòm pa pou viv sèlman pa pen, men pa chak mo ki sòti nan bouch Bondye".

[5] Apre sa, Satan te mennen Li antre nan [z]vil sen, Jérusalem nan. Li te fè L kanpe sou pi wo pwent tanp lan. [6] Konsa, li te di Li: "Si Ou menm se Fis Bondye a, jete kò Ou anba, paske sa ekri:

[a]'L ap bay zanj Li yo lòd de Ou menm, e
'ak men yo, y ap bay Ou soutyen
pou ke Ou pa ta menm frape
pye Ou kont yon wòch'".

[7] Jésus te di l: "Anplis sa ekri: 'Ou pa pou tante Senyè a, Bondye Ou a'".

[8] [b]Ankò dyab la te mennen Li nan yon mòn wo e te montre Li tout wayòm nan mond lan, avèk tout glwa yo. [9] Li te di Li: [c]"Tout bagay sa yo, mwen va bay Ou yo si Ou pwostène pou adore mwen."

[10] Konsa, Jésus te di li: "Soti la Satan! Paske sa ekri: [d]'Ou va adore Senyè a, Bondye ou a, e sèvi Li menm sèl'".

[11] Konsa, dyab la te kite Li, e lapoula, [e]zanj yo te vini sèvi Li.

[12] Alò lè Jésus te tande ke [f]Jean te arete, Li te retire kò li pou L antre Galilée. [13] Lè Li kite Nazareth, Li te vin [g]rete Capernanüm, toupre lanmè a, nan zòn Zabulon avèk Nephtali. [14] Sa te fèt pou akonpli sa ke pwofèt Esaïe te pale lè li te di:

[15] [h]"Peyi Zabulon ak peyi Nephtali,
toupre lanmè a, lòtbò Jourdain an,
Galilée ki pou payen yo"
[16] [i]"Pèp la ki te chita nan tenèb la te
wè yon gwo limyè;
e sila yo ki te chita nan peyi lonbraj lanmò a,
sou yo menm yon limyè te vin parèt."

[17] [j]Depi lè sa a, Jésus te kòmanse preche. Li te di: "Repanti, paske wayòm syèl la pwòch."

[18] [k]Alò pandan Jésus t ap mache sou kote lanmè Galilée a, Li te wè de frè yo, Simon, ke yo rele Pierre, ak André, frè li. Yo t ap voye yon filè nan

---

[a] **2:19** Mat 1:20   [b] **2:22** Mat 2:12,13-19   [c] **2:23** Luc 1:26   [d] **3:1** Jn 1:6-8   [e] **3:2** Mat 4:17   [f] **3:3** Luc 1:17-76
[g] **3:3** És 40:3   [h] **3:4** II Wa 1:8   [i] **3:5** Mc 1:5   [j] **3:6** Mat 3:11   [k] **3:7** Mat 16:1   [l] **3:7** Mat 22:23   [m] **3:8** Luc 3:8
[n] **3:9** Luc 3:8   [o] **3:10** Luc 3:9   [p] **3:11** Mc 1:4-8   [q] **3:13** Jn 1:29-34   [r] **3:15** Sòm 40:7-8   [s] **3:16** Mc 1:10
[t] **3:17** Sòm 2:7   [u] **4:1** Mc 1:12,13   [v] **4:2** Egz 34:28   [w] **4:3** I Tes 3:5   [x] **4:3** Mat 14:33   [y] **4:4** Det 8:3
[z] **4:5** Né 11:18   [a] **4:6** Sòm 91:11-12   [b] **4:8** Mat 26:10   [c] **4:9** I Kor 10:20   [d] **4:10** Det 6:13   [e] **4:11** Mat 28:5
[f] **4:12** Mat 14:3   [g] **4:13** Mat 11:23   [h] **4:15** És 9:1   [i] **4:16** És 9:2   [j] **4:17** Mc 1:14,15   [k] **4:18** Luc 5:2-11

lanmè a, paske se moun lapèch yo te ye. ¹⁹ Li te di yo: "Swiv Mwen e M ap fè nou vin fè lapèch moun."

²⁰ Lapoula, yo te kite filè yo pou yo te swiv Li. ²¹ Lè Li te vin ale pi lwen, Li te wè de lòt frè, ᵃJacques fis a Zébédé avèk Jean, frè li. Yo te nan kannòt la avèk Zébédé, papa yo. Yo t ap repare filè yo. Li te rele yo. ²² Imedyatman, yo te kite kannòt la avèk papa yo pou yo te swiv Li. ²³ Jésus t ap prale toupatou nan tout Galilée. Li t ap ᵇenstwi nan sinagòg yo pou pwoklame bòn nouvèl wayòm nan, e Li t ap fè gerizon tout kalite maladi pami pèp la. ²⁴ Nouvèl Li te gaye ᶜtoupatou nan peyi Syrie. Yo te pote bay Li tout sila ki te gen maladi avèk tout kalite doulè yo, sila ki te gen move lespri yo, sila ki te fè gwo kriz, ki te vin paralize yo, e Li te geri yo. ²⁵ Gran foul la te swiv Li ᵈsoti Galilée, Decapolis, Jérusalem avèk Judée e rive jis lòtbò Jourdain an.

5 Lè Jésus te wè foul la, Li te monte sou mòn nan. Lè Li fin chita, disip Li yo te vin kote L. ² Li te ᵉlouvri bouch Li e te kòmanse enstwi yo konsa:

³ "Beni se sila yo ki malere an espri;
paske wayòm syèl la se pou yo.
⁴ Beni se ᶠsila yo ki soufri doulè akoz gwo pèt;
yo va konsole.
⁵ Beni se sila yo ki ᵍenb;
yo va resevwa tout latè kòm eritaj.
⁶ Beni se ʰsila yo ki grangou avèk swaf
pou ladwati;
yo va satisfè.
⁷ Beni se ⁱsila yo ki bay mizerikòd;
yo va resevwa mizerikòd.
⁸ Beni se ʲsila yo ki gen kè pwòp nèt;
yo va wè Bondye.
⁹ Beni se sila yo ki fè lapè; ᵏ
yo va rele yo fis Bondye.
¹⁰ Beni se sila yo ki te ˡpèsekite pou ladwati;
wayòm syèl la se pou yo.
¹¹ "Beni se nou menm lè moun ᵐensilte nou, pèsekite nou e pale san verite tout kalite mal kont nou pou koz a Non Mwen. ¹² Rejwi e fè kè nou kontan. Rekonpans nou nan syèl la gran; paske ⁿse konsa yo te pèsekite pwofèt ki te avan nou yo.

¹³ "Nou se sèl latè; men ᵒsi sèl la pèdi gou li, kijan pou l fè l rekouvri gou sèl ankò? Li p ap bon ankò sof pou voye jete e pile anba pye moun.

¹⁴ "Nou se ᵖlimyè lemonn; yon vil ki plase sou tèt yon mòn pa kapab kache. ¹⁵ ᵠNi moun p ap limen yon lanp pou mete li anba yon panyen; men sou yon tab kote li va bay limyè pou tout sila yo ki nan kay la. ¹⁶ Kite limyè nou an klere devan tout moun pou yo kapab ʳwè bon zèv nou, e bay glwa a Papa nou ki nan syèl la.

¹⁷ "Pa panse ke Mwen te vini pou ˢaboli Lalwa ak pwofèt yo. Mwen pa te vini pou aboli, men pou akonpli. ¹⁸ Paske vrèman Mwen di nou ᵗjiskaske syèl la avèk tè a disparèt, ni yon ti lèt, ni yon ti mak p ap disparèt nan Lalwa a, jiskaske tout bagay fin acheve. ¹⁹ Pou sa, nenpòt moun ki anile menm yon ki pi piti nan kòmandman sa yo, e bay enstriksyon a lòt pou fè sa, l ap rele pi piti ᵘnan wayòm syèl la. Men sila ki kenbe yo e enstwi lòt pou fè yo tou, li va rele pi gran nan wayòm syèl la. ²⁰ Paske m ap di nou ke si ladwati nou pa depase sila a skrib avèk Farizyen yo, nou p ap janm antre nan wayòm syèl la. ²¹ Nou konn tande ke tout ansyen yo te di: ᵛ'Nou pa pou touye moun' e 'Nenpòt moun ki touye moun ap rann kont devan tribinal'. ²² Men Mwen di nou ke nenpòt moun ki fache avèk frè li, ap koupab devan ʷtribinal. Epi nenpòt moun ki di: 'Raka' (pou ryen) ap koupab devan tribinal pi wo a, epi sila ki di: 'enbesil' ap koupab pou l antre nan lanfè.

²³ "Pou sa, lè ou ap ˣprezante ofrann ou sou lotèl la, e pandan ou la, ou son je kè frè ou a gen yon bagay kont ou, ²⁴ kite ofrann ou an la devan lotèl a e ale fè wout ou. Premyeman, rekonsilye avèk frè ou, e apre vin prezante ofrann ou an.

²⁵ "Fè zanmi depi nan wout avèk lènmi k ap mennen ou tribinal la, pou li pa livre ou devan jij la, e jij la va livre ou bay otorite pou jete ou nan prizon. ²⁶ Anverite Mwen di nou, ʸnou p ap soti la jiskaske nou peye dènye santim nan.

²⁷ "Nou konn tande ke yo te di: ᶻ'Nou pa pou fè adiltè'; ²⁸ men Mwen di nou ke nenpòt moun ki gade yon fanm ᵃavèk lanvi pou li, gen tan fè adiltè avèk li deja nan kè l.

²⁹ "Konsa, ᵇsi zye dwat ou fè ou tonbe, rache li e jete li lwen ou. Paske li pi bon pou pèdi yon manm nan kò ou, pase pou kite tout kò ou jete nan lanfè. ³⁰ ᶜSi men dwat ou fè ou tonbe, koupe li e jete li lwen ou. Paske li pi bon pou yon pati nan kò ou ta pèdi olye pou tout kò ou ta ale nan lanfè."

³¹ "Epi yo te konn di: ᵈ'Nenpòt moun ki voye madanm li ale; kite li bay li yon sètifika divòs pou voye l ale.' ³² ᵉMen Mwen di nou ke nenpòt moun ki voye madanm li ale, sof pou enfidelite, fè l komèt adiltè, e nenpòt moun ki marye avèk yon fanm divòse fè adiltè.

³³ "Ankò, nou konn tande yo te di a lansyen yo: ᶠ'Nou pa pou fè fo sèman, men nou gen pou akonpli tout sa ke nou sèmante a Bondye'. ³⁴ Men Mwen di nou: ᵍPa sèmante menm, ni pa syèl la, paske se ʰtwòn Bondye li ye; ³⁵ ni pa tè a, paske se kote Li mete pye Li, ni pa Jérusalem, paske se ⁱGran Vil a Gran Wa a. ³⁶ Ni nou pa pou sèmante sou tèt nou paske nou pa kapab fè menm yon grenn cheve vin blan, ni nwa. ³⁷ Men kite pawòl nou sèlman 'wi' pou

---

ᵃ **4:21** Mat 10:2 ᵇ **4:23** Mat 9:35 ᶜ **4:24** Mc 7:26 ᵈ **4:25** Mc 3:7,8 ᵉ **5:2** Mat 13:35 ᶠ **5:4** És 61:2
ᵍ **5:5** Sòm 37:11 ʰ **5:6** És 55:1-2 ⁱ **5:7** Pwov 11:17 ʲ **5:8** Sòm 24:4 ᵏ **5:9** Mat 5:45 ˡ **5:10** I Pi 3:14
ᵐ **5:11** I Pi 4:14 ⁿ **5:12** II Kwo 36:16 ᵒ **5:13** Mc 9:50 ᵖ **5:14** Pwov 4:18 ᵠ **5:15** Mc 4:21 ʳ **5:16** I Pi 2:12
ˢ **5:17** Mc 7:12 ᵗ **5:18** Mat 24:35 ᵘ **5:19** Mat 11:11 ᵛ **5:21** Mat 10:2 ʷ **5:22** Det 16:18 ˣ **5:23** Mat 5:24
ʸ **5:26** Luc 12:59 ᶻ **5:27** Egz 20:14 ᵃ **5:28** II Sam 11:25 ᵇ **5:29** Mat 18:9 ᶜ **5:30** Mat 18:8 ᵈ **5:31** Det 24:1,3
ᵉ **5:32** Mat 19:9 ᶠ **5:33** Lev 19:12 ᵍ **5:34** Jc 5:12 ʰ **5:34** Det 23:3-6; És 66:1 ⁱ **5:35** Det 23:3-6; És 66:1

'wi' e 'non' pou 'non'. Nenpòt bagay ki depase sa yo soti nan mèt mechanste a.

38 "Nou konn tande ke yo konn di: [a]"Zye pou zye e dan pou dan'; 39 men Mwen di nou: Pa reziste a sila ki mechan an, men si [b]nenpòt moun frape nou bò figi dwat nou, vire bay li lòt la tou. 40 Si nenpòt moun vle fè pwosè kont nou pou l pran chemiz nou, bay li palto a tou. 41 Nenpòt moun ki fòse nou pou mache yon kilomèt avèk li, fè de kilomèt. 42 [c]Bay a sila ki mande nou an, e pa vire do bay sila ki vle prete nan men nou an.

43 "Nou konn tande ke yo di: 'Renmen vwazen nou, e rayi lènmi nou.' 44 Men Mwen di nou: [d]Renmen lènmi nou y o e priye pou sila ki pèsekite nou yo, 45 pou nou kapab [e]fis a Papa nou ki nan syèl la. Paske Li fè solèy Li leve sou mechan yo, ak bon yo, e voye lapli sou sila ki dwat yo, ak sila ki pa dwat yo. 46 "Paske [f]si nou renmen sila ki renmen nou yo, ki rekonpans nou ka resevwa? Èske kolektè kontribisyon yo pa fè menm bagay la tou? 47 Epi si nou salye frè nou yo sèlman, kisa nou fè plis ke lòt moun yo? Èske payen yo pa fè menm bagay la tou?

48 Pou sa, nou dwe pafè menm jan ke Papa nou ki nan syèl la pafè." [g]

6

"Veye pou nou pa pratike ladwati nou devan moun [h]pou yo kapab wè nou. Si se konsa, nou p ap twouve okenn rekonpans nan men Papa nou ki nan syèl la.

2 "Pou sa, lè nou ap bay lacharite, pa sonnen yon twonpèt devan nou tankou ipokrit yo konn fè nan sinagòg ak lari yo, pou yo [i]kapab resevwa lonè a lòm. M ap di ou, yo gen tan resevwa tout rekonpans yo. 3 Men lè nou ap bay lacharite, pa kite men goch nou konnen kisa men dwat nou ap fè; 4 ke lacharite nou kapab an sekrè, e [j]Papa nou ki wè an sekrè a, ap bannou rekonpans.

5 "Lè nou ap fè lapriyè, pa fè l tankou ipokrit yo. Yo [k]renmen kanpe pou fè lapriyè nan sinagòg yo ak nan kwen lari pou moun kapab wè yo. Anverite, Mwen di nou, yo gen tan twouve tout rekonpans yo.

6 "Men nou menm, lè nou ap priye, [l]ale nan ti chanm andedan kay nou an, e fèmen pòt nou. Priye a Papa nou ki an sekrè a, e Papa nou ki wè an sekrè a ap bay nou rekonpans.

7 "Lè nou ap priye, pa itilize anpil mo vag, e san sans jan payen yo konn fè a; paske yo sipoze ke lapriyè yo ap tande akoz [m]anpil mo. 8 Men pa fè tankou yo; paske [n]Papa nou konnen kisa nou bezwen menm avan nou mande Li. 9 Pou tout sa, [o]priye konsa:

"'Papa nou ki nan syèl la,
ke non Ou kapab Sen.

10 Ke Wayòm Ou kapab vini,
ke volonte Ou kapab fèt sou latè
menm jan ke li fèt nan syèl la.
11 Bay nou pou jou sa a pen
[p] ke nou bezwen an,
12 Epi [q]padone nou ofans nou yo
menm jan ke nou padone sila ki fè nou tò yo.
13 Epi pa mennen nou nan tantasyon, men
[r]delivre nou de mal.
Paske wayòm nan, pouvwa a, avèk glwa a
se pou Ou menm pou tout letènite. Amèn.'

14 [s]"Paske si nou padone moun yo pou ofans pa yo, Papa nou ki nan syèl la va padone nou menm. 15 Men [t]si nou pa padone moun yo pou ofans pa yo, Papa nou p ap padone ofans pa nou yo.

16 "Konsa, [u]lè nou ap fè jèn, pa mete yon figi tris jan ipokrit yo konn fè a. Paske yo neglije aparans yo pou moun kapab wè ke y ap fè jèn. Anverite, yo deja twouve tout rekonpans pa yo.

17 "Men nou menm, lè nou ap fè jèn, [v]onksyone tèt nou avèk lwil e lave figi nou, 18 pou moun pa wè ke nou ap fè jèn, men se Papa nou ki nan sekrè a k ap wè. Konsa, [w]Papa nou ki wè nan sekrè a ap bannou rekonpans.

19 [x]"Pa ranmase trezò nou isit la nan mond sa a kote ensèk avèk lawouj ap detwi yo, e kote vòlè kapab kase antre pou vòlè. 20 Men pito nou ranmase pou nou [y]trezò ki nan syèl la kote ensèk avèk lawouj p ap detwi yo, e kote vòlè p ap kase ni vòlè. 21 Paske [z]kote trezò nou ye se la kè nou va ye tou.

22 "Lanp kò nou se [a]zye nou. Konsa si zye nou klè, tout kò nou ap plen limyè. 23 Men si [b]zye nou pa bon, tout kò nou ap plen tenèb.

"Konsa, si limyè ki nan nou an se tenèb, ki pwofondè tenèb sa a genyen!

24 [c]"Nanpwen moun ki kab sèvi de mèt; swa l ap rayi youn pou renmen lòt la, oswa l ap renmen youn pou meprize lòt la. Nou pa kapab sèvi Bondye ak richès.

25 [d]"Pou rezon sa a, Mwen di nou pa enkyete nou pou lavi nou, kisa nou ap manje, ni sa nou ap bwè; ni pou kò nou, pou sa nou ap mete sou li. Èske lavi pa plis ke manje, e kò a plis ke rad nou mete sou li? 26 [e]Gade zwazo ki anlè yo; yo pa simen, ni rekòlte, ni ranmase pou mete nan depo. Malgre sa, Papa yo bay yo manje. Èske nou pa vo bokou plis ke yo?

27 "Epi kilès nan nou ki avèk [f]enkyetid kapab ogmante vi li menm yon ti kras? 28 E poukisa nou [g]enkyete pou zafè rad?

"Gade flè lis ki nan chan yo; yo pa travay, ni fè twal; 29 men Mwen di nou ke menm [h]Salomon nan tout glwa li pa t mete pi bèl rad pase youn nan yo.

30 "Men si se konsa ke Bondye abiye [i]zèb chan an, ki

---

[a] 5:38 Egz 21:24 [b] 5:39 I Kor 6:7 [c] 5:42 Det 15:7-11 [d] 5:44 Luc 6:27 [e] 5:45 Mat 5:9 [f] 5:46 Luc 6:32 [g] 5:48 Lev 19:2; I Jn 3:12 [h] 6:1 Mat 6:5,16 [i] 6:2 Mat 6:5,16 [j] 6:4 Jr 17:10 [k] 6:5 Mc 11:25 [l] 6:6 És 26:20 [m] 6:7 I Wa 18:26 [n] 6:8 Sòm 38:9 [o] 6:9 Luc 11:1-4 [p] 6:11 Pwov 30:8 [q] 6:12 Egz 34:7 [r] 6:13 Jn 17:15 [s] 6:14 Mat 7:2 [t] 6:15 Mat 18:35 [u] 6:16 És 58:5 [v] 6:17 Rt 3:3 [w] 6:18 Mat 6:4-6 [x] 6:19 Pwov 23:4 [y] 6:20 Mat 19:21 [z] 6:21 Luc 12:34 [a] 6:22 Luc 11:34-35 [b] 6:23 Mat 20:15 [c] 6:24 I Wa 18:21 [d] 6:25 Luc 12:22-31 [e] 6:26 Job 35:11 [f] 6:27 Mat 6:25,28,31,34 [g] 6:28 Mat 6:25-28 [h] 6:29 I Wa 10:4-7 [i] 6:30 Jc 1:10-11

la jodi a, e demen ap jete nan dife, konbyen anplis L ap fè pou nou, o ᵃnou menm, moun ki manke lafwa! ³¹ "Konsa, pa ᵇenkyete nou, pou di: 'Kisa n ap manje?' ni 'Kisa n ap bwè?' ni 'Avèk kisa n ap abiye?' ³² Paske se tout bagay sa yo ke tout payen yo cho pou chèche, men ᶜPapa nou ki nan syèl la konnen ke nou bezwen tout bagay sa yo. ³³ Chèche premyèman wayòm Li avèk ladwati Li, epi ᵈtout bagay sa yo ap vini anplis.

³⁴ "Pou sa, pa enkyete nou pou demen, paske demen ap okipe tèt li. Chak jou gen kont pwoblèm li pou regle pou kont li." ᵉ

7 ᶠ"Pa jije pou nou menm pa vin jije. ² Paske menm jan ke nou jije a, nou menm tou, nou va vin jije; ᵍpa menm mezi ke nou sèvi a, yo va mezire bay nou. ³ E poukisa nou ʰgade ti kras poud ki nan zye frè nou an, men nou pa wè gwo bout bwa ki nan zye pa nou an? ⁴ ⁱO ki jan nou kapab di frè nou an: 'Kite m retire ti kras sa a ki nan zye ou a', epi gade, gwo bout bwa nan zye w? ⁵ Ipokrit! Premyeman, retire gwo bout bwa nan zye ou a, e konsa w ap kapab wè byen klè pou retire ti kras ki nan zye frè ou a.

⁶ ʲ"Pa bay sa ki sen a chen yo; ni pa jete pèl nou yo devan kochon yo, sinon yo va foule yo anba pye epi vire pou chire nou an mòso.

⁷ ᵏ"Mande, e nou va resevwa. Chache, e nou va twouve. Frape nan pòt la, e l ap louvri. ⁸ Paske tout moun ki mande ap resevwa. E sila ki chèche yo va twouve. E a sila ki frape yo, pòt la va louvri. ⁹ O ki moun pami nou lè Pitit li mande yon moso pen, l ap bay li yon wòch? ¹⁰ O si li mande yon pwason, èske l ap bay li yon koulèv? ¹¹ Si nou menm ki mechan, konnen ki jan pou bay bon kado a pitit nou yo, ˡkonbyen anplis, Papa nou ki nan syèl la ap bay sa ki bon a sila ki mande Li yo. ¹² ᵐPou sa, menm jan ke nou vle moun a ji avèk nou, fè yo menm bagay la, paske ⁿsa se Lalwa, ak Pwofèt yo.

¹³ ᵒ"Antre pa pòt etwat la; paske pòt la j la, e chemen byen gwo ki mennen nan destriksyon an. Gen anpil moun k ap antre pa li menm. ¹⁴ Paske pòt etwat la, e chemen piti ki mennen a lavi a. Ni pa gen anpil moun k ap twouve l.

¹⁵ "Veye nou ak ᵖfo pwofèt yo, ki vin kote nou ak vètman brebi; men anndan se lou visye yo ye. ¹⁶ Nou ap ᵠkonnen yo pa fwi yo. Rezen pa janm soti nan raje pikan, ni fig frans nan move zèb. ¹⁷ Menm jan an, ʳchak bon ab ap bay bon fwi, men yon move ab ap bay move fwi. ¹⁸ Yon bon ab p ap kapab bay move fwi, ni yon move ab p ap pwodwi bon fwi. ¹⁹ ˢChak ab ki pa bay bon fwi ap koupe jete nan lanfè. ²⁰ Konsa, nou ap konnen yo ᵗpa fwi yo.

²¹ ᵘ"Se pa tout moun ki rele 'Senyè, Senyè' k ap antre nan wayòm syèl la, men sila yo ki fè volonte a Papa M ki nan syèl la. ²² ᵛAnpil ap di Mwen nan jou sa: 'Senyè, Senyè, èske nou pa t pwofetize nan non Ou? Èske nan non Ou, nou pa t chase move lespri yo e nan non Ou, nou pa t fè anpil mirak?' ²³ Konsa, nan moman sa a, M ap deklare: ʷ"Mwen pa t janm konnen nou. Kite Mwen, nou tout ki pratike lenjistis.'

²⁴ "Pou sa, ˣtout moun ki tande pawòl sa yo ke Mwen bay yo, e ki a ji sou yo, y ap tankou yon nonm saj ki bati kay li sou wòch. ²⁵ Lapli te tonbe, inondasyon te vini, van te soufle e te frape kont kay la, men li pa t tonbe paske fondasyon li te sou wòch. ²⁶ Tout moun ki tande pawòl sa yo ke Mwen pale yo, e ki pa aji sou yo, y ap tankou yon moun sòt. Li te bati kay li sou sab. ²⁷ Lapli te tonbe, inondasyon te vini, van te soufle e te frape kont kay la. Li te tonbe, e tonbe sa a te byen gwo."

²⁸ Lè Jésus te fin pale mo sa yo, ʸfoul la te byen etone pou jan Li te enstwi yo a. ²⁹ Paske Li te enstwi yo tankou yon moun avèk otorite, e pa tankou skrib yo.

8 Lè Jésus te fin desann mòn nan, yon gran foul te swiv Li. ² Epi ᶻyon moun lalèp te vin kote L, te bese devan Li. Li te di: "Senyè, si se volonte Ou, Ou kapab fè m vin pwòp".

³ Jésus te lonje men Li e te touche l. Li te di l: "Se volonte Mwen; vin pwòp." Imedyatman ᵃlèp la te vin pwòp. ⁴ Jésus te di li: "Gade pou ou pa di pèsòn sa, men ᵇale prezante ou devan prèt la, epi bay yo ofrann lan ke Moïse te mande a kon yon temwayaj a yo menm."

⁵ ᶜLè Jésus te fin antre Capernaüm, yon chèf sentiwon Women te vin siplipe Li: ⁶ "Senyè, sèvitè mwen an kouche ᵈparalize lakay mwen. L ap soufri anpil."

⁷ Jésus Li te di li: "M ap vin geri li."

⁸ Men sentiwon an te reponn Li: "Senyè, mwen pa dign pou Ou pase anba twati kay mwen, men sèlman di yon mo, e sèvitè mwen an va geri. ⁹ Paske mwen menm tou se yon moun anba ᵉotorite, avèk sòlda anba mwen. Mwen di a youn 'ale', li ale, e a yon lòt 'vini', e li vini, epi a esklav mwen 'Fè sa' e li fè l."

¹⁰ Lè Jésus te tande sa, Li te etone e te di a sila ki t ap swiv Li yo: "Anverite, Mwen di nou, Mwen pa twouve lafwa konsa nan okenn moun an Israël. ¹¹ Konsa, Mwen di nou ke anpil moun ᶠva vin soti nan lès ak lwès pou chita sou tab avèk Abraham, Isaac ak Jacob nan wayòm syèl la; ¹² men ᵍfis yo a wayòm lan ap jete deyò nan ʰfon tenèb. E nan plas sa a, yo va rele anmwey e yo va manje dan yo." ¹³ Jésus te di a sentiwon an: "Ou mèt ale. Ke sa fèt pou ou ⁱjan ou kwè a." Konsa, sèvitè li a te geri nan menm lè sa a.

ᵃ **6:30** Mat 8:26 ᵇ **6:31** Mat 6:25,27,28,34 ᶜ **6:32** Mat 6:8 ᵈ **6:33** Mat 19:28 ᵉ **6:34** Pwov 30:8 ᶠ **7:1** Wo 14:10,13 ᵍ **7:2** Mc 4:24 ʰ **7:3** Wo 2:1 ⁱ **7:4** Luc 6:42 ʲ **7:6** Mat 15:26 ᵏ **7:7** Luc 11:9-13 ˡ **7:11** Sòm 84:11 ᵐ **7:12** Luc 6:31 ⁿ **7:12** Mat 22:40 ᵒ **7:13** Luc 13:24 ᵖ **7:15** Mat 24:11,24 ᵠ **7:16** Mat 7:20 ʳ **7:17** Mat 12:33,35 ˢ **7:19** Mat 3:10 ᵗ **7:20** Mat 7:16 ᵘ **7:21** Luc 6:46 ᵛ **7:22** Mat 25:11 ʷ **7:23** Sòm 6:8 ˣ **7:24** Mat 16:18 ʸ **7:28** Mat 13:54 ᶻ **8:2** Mc 1:40-44 ᵃ **8:3** Mat 11:5 ᵇ **8:4** Mat 1:44 ᶜ **8:5** Luc 7:1-10 ᵈ **8:6** Mat 4:24 ᵉ **8:9** Mc 1:27 ᶠ **8:11** És 49:12 ᵍ **8:12** Mat 13:38 ʰ **8:12** Mat 22:13 ⁱ **8:13** Mat 9:22,29

¹⁴ ªLè Jésus te antre lakay Pierre, Li te wè bèlmè li kouche malad sou kabann li avèk lafyèv. ¹⁵ Lè Li fin touche men li, lafyèv la te kite l. Konsa, li te leve pou sèvi Li. ¹⁶ Lè fènwa te vin rive, yo te pote bay Li anpil moun ᵇki te gen move lespri. Li te jete move lespri sa yo deyò avèk yon mo, e te ᶜgeri tout malad yo. ¹⁷ Sa te fèt pou akonpli sa ke pwofèt Ésaïe te pale lè li te di: ᵈ"Li menm te pran tout enfimite nou yo, e pote tout maladi nou yo."

¹⁸ Lè Jésus te wè yon foul t ap antoure l, ᵉLi te pase lòd pou pati ale lòtbò lanmè a.

¹⁹ ᶠYon sèten skrib te parèt. Li te di L: "Mèt, m ap swiv ou nenpòt kote ou ale."

²⁰ Jésus te di li: "Rena yo gen twou pou yo kache, e zwazo anlè yo gen nich pa yo, men ᵍFis a Lòm nan pa gen kote pou repoze tèt Li."

²¹ Yon lòt nan disip Li yo te di Li: "Senyè, kite mwen premyèman ale antere papa m."

²² Men Jésus te di li: ʰ"Swiv Mwen. Kite mò yo antere mò parèy yo."

²³ ⁱLè L fin antre nan kannòt la, disip Li yo te swiv Li. ²⁴ Epi konsa, te vin leve yon gwo tanpèt sou lanmè a, ki te fè vag lanmè yo kouvri kannòt la; men Jésus, Li menm, t ap dòmi. ²⁵ Disip Li yo te vin fè L leve. Yo te di L: "Senyè, sove nou! N ap peri!"

²⁶ Li te reponn yo: "Poukisa nou pè konsa, ʲmoun ak ti lafwa piti?" Konsa Li te leve. Li te reprimande van an avèk lanmè a, e tan an te vin kalm nèt.

²⁷ Moun yo te etone. Yo te di: "Ki kalite moun sa a ye, ke menm van avèk lanmè obeyi Li?"

²⁸ ᵏLè li te rive lòtbò nan peyi Gadarenyen yo, de moun ki te gen move lespri te rankontre li pandan yo t ap soti nan tonm yo. Yo te tèlman vyolan ke pèsòn pa t kapab pase nan chemen sa a. ²⁹ Epi yo te kriye e te di: ˡ"Kisa nou gen avè W, Fis Bondye a? Èske Ou vini la pou toumante nou avan lè a?" ³⁰ A yon distans, te gen yon bann kochon ki t ap manje. ³¹ Epi lespri yo te kòmanse sipliye Li konsa: "Si ou ap mete nou deyò, voye nou nan bann kochon sa yo."

³² Li te di yo: "Ale!"

Yo te pati e te ale nan kochon yo. Lapoula, tout bann kochon yo te kouri desann falèz la, tonbe nan lanmè, pou mouri nan dlo a.

³³ Gadyen yo te kouri ale antre nan vil la kote yo te fè rapò tout bagay sa yo, ansanm avèk sa ki te rive ᵐmoun move lespri yo. ³⁴ Konsa, tout vil la te soti pou rankontre Jésus. Lè yo te wè L, ⁿyo te sipliye Li pou kite peyi yo a.

9 Li te antre nan yon kannòt pou travèse dlo a, e te vin rive nan ºpwòp vil Li a. ² ᵖEpi konsa, yo te pote bay Li yon moun paralize ki kouche sou yon kabann. Lè Jésus te wè lafwa yo, Li te di a moun paralize a: "Pran kouraj fis Mwen, peche ou yo padone."

³ Kèk nan skrib yo te reflechi nan kè yo: "Moun sa a ᵍap blasfeme."

⁴ Men Jésus te ʳkonnen panse yo e Li te di: "Poukisa nou ap reflechi mal nan kè nou? ⁵ Kisa ki pi fasil pou di: ˢ'Peche ou yo padone', oubyen 'leve mache'? ⁶ Men pou nou kapab konprann ke Fis a lòm nan gen otorite sou latè pou padone peche", Li te di a paralitik la: "Leve, pran kabann ou e ale lakay ou!"

⁷ Epi konsa, Li te leve ale lakay li. ⁸ Lè foul la te wè sa, yo te etonnen, e yo te ᵗbay glwa a Bondye ki te bay otorite konsa a lèzòm.

⁹ ᵘLè Jésus te kite kote sa a, Li te wè yon nonm yo rele Matthieu ki te chita nan biwo kontribisyon an. Li te di l: "Swiv Mwen!" Epi li te leve e te swiv Li. ¹⁰ Li vin rive pandan Li te sou tab nan kay la, ke anpil ouvriye travay Kontribisyon an, avèk anpil pechè t ap manje avèk Jésus ak disip Li yo. ¹¹ Lè Farizyen yo te wè sa, yo te di a disip Li yo: ᵛ"Poukisa Mèt nou ap manje avèk moun kontribisyon ak pechè sa yo?"

¹² Men, lè Jésus tande sa, Li te di yo: "Se pa ʷsila ki ansante yo ki bezwen yon doktè, men sila ki malad yo. ¹³ Men ale konprann kisa sa vle di: ˣ"Mwen dezire mizerikòd, pa sakrifis', paske mwen pa t vini pou rele jis yo, men pechè yo."

¹⁴ Aprè sa, disip a Jean yo ʸte vini mande L: "Poukisa nou menm avèk Farizyen yo fè jèn, men disip Ou yo pa fè l?"

¹⁵ Jésus di yo konsa: "Èske moun k ap fete avèk mesye marya j la kapab tris pandan mesye a toujou la? Men jou yo ap vini lè mesye a p ap la ankò e nan tan sa a, yo va fè jèn. ¹⁶ Men pèsòn pa pyese yon vye rad avèk yon twal nèf dekwa ke twal nèf la pa vin chire lè l ap ratresi pou chire rad la pi mal. ¹⁷ Ni moun pa mete diven nèf nan po kwi ansyen, sinon po a ap fann, diven an va tonbe, e ansyen po a va gate. Men yo mete diven nèf nan po nèf pou tou de kapab konsève."

¹⁸ ᶻPandan Li t ap pale konsa avèk yo, yon ofisye sinagòg la te vin bese devan Li e te di L: "Fi mwen an apèn fin mouri, men si ou vin mete men ou sou li, l ap viv."

¹⁹ Jésus te leve e te swiv li ansanm avèk tout disip Li yo. ²⁰ Konsa, yon fanm ki te soufri yon maladi pèt de san depi douz ane te parèt pa dèyè Li, e te touche ªrebò vètman Li; ²¹ paske li t ap di nan tèt li: "Si sèlman mwen kapab ᵇtouche rebò vètman Li, m ap geri."

²² Men Jésus te vire wè li e te di li: "Fi mwen, pran kouraj, ᶜfwa ou gen tan fè ou geri." Lapoula, fanm nan te gen tan geri.

²³ Konsa, lè Jésus te rive lakay ofisye a, Li te wè ᵈmoun ki t ap jwe flit avèk yon foul ki t ap fè anpil bwi avèk dezòd. ²⁴ Li te di: "Fè yon ti deplase; fi a ᵉpa mouri, men se dòmi, l ap dòmi."

ª **8:14** Mc 1:29-34   ᵇ **8:16** Mat 4:24   ᶜ **8:16** Mat 4:23   ᵈ **8:17** És 53:4   ᵉ **8:18** Mc 4:35   ᶠ **8:19** Luc 9:57-60
ᵍ **8:20** Dan 7:13   ʰ **8:22** Mat 9:9   ⁱ **8:23** Mc 4:36-41   ʲ **8:26** Mat 6:30   ᵏ **8:28** Mc 5:1-17   ˡ **8:29** Jij 11:12
ᵐ **8:33** Mat 4:24   ⁿ **8:34** Am 7:12   º **9:1** Mat 4:13   ᵖ **9:2** Mc 2:3-12   ᵍ **9:3** Mc 3:28-29   ʳ **9:4** Mat 12:25
ˢ **9:5** Mat 9:2,6   ᵗ **9:8** Mat 5:16   ᵘ **9:9** Mc 2:14-22   ᵛ **9:11** Mat 11:19   ʷ **9:12** Mc 2:17   ˣ **9:13** Os 6:6
ʸ **9:14** Luc 18:12   ᶻ **9:18** Mc 5:22-43   ª **9:20** Nonb 15:38   ᵇ **9:21** Mat 14:36   ᶜ **9:22** Mat 9:29   ᵈ **9:23** II Kwo 35:25   ᵉ **9:24** Jn 11:13

Epi yo te kòmanse ri sou Li. ²⁵ Men ᵃlè foul la te soti deyò, Li te antre, ᵇpran men li, e fi a te vin leve. ²⁶ ᶜNouvèl sa a te kouri toupatou nan peyi a.

²⁷ Lè Jésus te rive pi lwen, de moun avèg t ap swiv Li. Konsa, yo t ap kriye: "Fè nou gras ᵈFis a David la!" ²⁸ Lè L te fin antre nan kay la, yo te vin kote L. Li te mande yo: "Èske nou kwè ke Mwen kapab fè sa?"

Yo te reponn Li: "Wi, Senyè".

²⁹ Li te touche zye yo e te di: "Ke sa fèt ᵉselon lafwa nou." ³⁰ Epi zye yo te vin louvri. Jésus ᶠte pale ak yo sevèman: "Gade byen, pa kite pèsòn konnen bagay sa a." ³¹ Men yo te ale deyò e ᵍte gaye nouvèl la toupatou nan peyi a.

³² E pandan yo t ap soti deyò, konsa, yo te pote bay Li ʰyon moun bèbè avèk yon move lespri. ³³ Lè Li fin jete move lespri a, bèbè a vin pale. Tout foul la te byen etone. Yo te di: ⁱ"Nou pa janm wè anyen parèy a sa an Israël."

³⁴ Men Farizyen yo t ap di: ʲ"Li chase move lespri yo pa pouvwa a mèt move lespri yo."

³⁵ Jésus t ap prale toupatou nan tout vil ak tout bouk yo. Li t ap ᵏenstwi nan sinagòg yo pou pwoklame bòn nouvèl wayòm nan, e Li t ap geri tout kalite maladi ak pwoblèm fizik. ³⁶ Epi lè Li wè tout foul moun yo, Li te gen konpasyon pou yo, ˡpaske yo te dezole e dekouraje tankou mouton ki san gadò. ³⁷ Konsa Li di a disip Li yo: ᵐ"Rekòlt la anpil, men ouvriye yo manke. ³⁸ Pou sa, sipliye Senyè rekòlt la pou voye ouvriye nan rekòlt Li a."

10 Jésus te rele douz disip li yo. Li te bay yo pouvwa sou move lespri yo, pou chase yo deyò, e pou geri tout kalite enfimite avèk maladi. ⁿ² ᵒAlò, non a douz apot yo te konsa: Premye a, Simon, ke yo rele Pierre, André, frè li, Jacques, fis a Zébédée, Jean, frè li, ³ ᵖPhilippe ak Barthélèmy; Thomas ak Matthieu ki te kolektè kontribisyon an, Jacques, fis Alphée a, ak Thaddée; ⁴ Simon, Zelòt la ak ᵠJudas Iscariot, sila ki te trayi Jésus a.

⁵ Douz sila yo Jésus te voye lè Li te fin enstwi yo konsa: "Pa antre nan chemen payen yo, ni pa antre nan okenn vil ki pou ʳSamariten yo, ⁶ Men pito ale vè ˢmouton ki pèdi lakay Israël yo. ⁷ Pandan n ap prale, preche epi di: ᵗ'Wayòm syèl la prèt pou rive.' ⁸ Geri malad yo, leve mò yo, pirifye lepre yo, chase move lespri yo. Nou te resevwa gratis, nou mèt bay gratis. ⁹ ᵘNou pa pou pran ni lò, ni la jan ni kwiv pou mete nan bous senti nou, ¹⁰ Ni yon sak pou vwayaj nou, pa menm de chemiz, ni sapat, ni baton; paske yon ᵛouvriye merite soutyen li.

¹¹ "Nan nenpòt vil oubyen bouk ke nou antre, mande kilès ki gen merit nan li, epi ak li pou nou rete jis lè nou kite vil sa a. ¹² Pandan n ap antre nan kay la, ʷbay li salitasyon nou. ¹³ Epi si kay la gen merit, ke benediksyon lapè nou rete sou li, men si li pa gen merit, ke benediksyon lapè nou retounen sou nou. ¹⁴ Nenpòt moun ki pa resevwa nou, ni pa okipe pawòl nou, lè nou kite kay sa a, oubyen vil sa a, ˣsouke pye nou pou pousyè li pa rete. ¹⁵ Anverite Mwen di nou, ʸl ap pi tolerab pou peyi Sodome ak Gomorrhe nan jou jijman an pase vil sa a."

¹⁶ ᶻVeye byen, Mwen voye nou tankou mouton nan mitan lou. Konsa, se pou nou saj kon sèpan, men inosan kon toutrèl.

¹⁷ Men veye lèzòm, y ap livre nou devan ᵃtribinal yo, e y ap bat nou ak fwèt nan sinagòg yo. ¹⁸ Konsa, y ap menm fè nou vini devan ofisye ak wa yo pou non Mwen, kon yon temwayaj de yo menm ak lòt nasyon yo. ¹⁹ ᵇMen lè yo livre nou nan men yo, pa enkyete sa n ap di; paske nou va resevwa nan lè sa, sa nou gen pou nou pale. ²⁰ Paske ᶜse pa nou menm k ap pale, men se Lespri Papa nou an k ap pale nan nou.

²¹ ᵈFrè va livre frè l a lanmò, e papa va livre Pitit li. Zanfan yo ap leve kont paran yo e fè mete yo a lanmò. ²² ᵉNou va rayi pa tout moun akoz non Mwen, men sila ki reziste jiska lafen an ap sove.

²³ Men nenpòt lè ke yo pèsekite nou nan yon vil, sove ale nan yon lòt. Paske anverite Mwen di nou, nou p ap gen tan fin pase nan tout vil Israël yo, ᶠpou lè Fis a Lòm nan vini.

²⁴ ᵍYon disip pa pi wo pase enstriktè li, ni yon esklav pase mèt li. ²⁵ Se kont pou yon disip pou li vini menm jan avèk enstriktè li, e yon esklav menm jan ak mèt li. Si yo rele mèt kay la ʰBéelzébul, konbyen anplis pou yo kalomye manm kay li yo! ²⁶ Pou sa, pa pè yo; ⁱpaske pa gen anyen ki kouvri ki p ap dekouvri, e kache ki p ap revele. ²⁷ ʲSa ke Mwen di nou nan tenèb, pale li nan plen limyè, e sa ke nou tande yo chikote nan zòrèy nou, pwoklame li sou twati kay la. ²⁸ Epi pa pè sa ki kapab touye kò a men ki pa ka touye nanm nan. Men pito ᵏpè sila ki kapab detwi ni nanm nan, ni kò a nan lanfè.

²⁹ ˡÈske yo pa vann de zwazo pou yon santim? Malgre sa, pa gen youn nan yo k ap tonbe atè san ke Papa nou pa konnen. ³⁰ Men ᵐmenm chak ti grenn cheve nan tèt nou gen tan kontwole. ³¹ Konsa, nou pa bezwen pè. Nou ⁿgen bokou plis valè pase anpil zwazo. ³² Pou sa, tout moun ki konfese M devan lòm, Mwen menm osi, M ap konfese l devan Papa m ki nan syèl la. ³³ Men ᵒnenpòt moun ki renye m devan lòm, M ap renye l devan papa M ki nan syèl la.

³⁴ ᵖPa sipoze ke Mwen vini pou pote lapè sou latè. Mwen pa t vini pou pote lapè, men nepe. ³⁵ Mwen

---

ᵃ **9:25** Trav 9:40   ᵇ **9:25** Mc 9:27   ᶜ **9:26** Mat 4:24   ᵈ **9:27** Mat 1:1   ᵉ **9:29** Mat 8:13   ᶠ **9:30** Mat 8:4
ᵍ **9:31** Mat 4:24   ʰ **9:32** Mat 12:22,24   ⁱ **9:33** Mc 2:12   ʲ **9:34** Mat 12:24   ᵏ **9:35** Mat 4:23   ˡ **9:36** Nonb 27:17
ᵐ **9:37** Luc 10:2   ⁿ **10:1** Mc 3:13-15   ᵒ **10:2** Mc 3:16-19   ᵖ **10:3** Jn 1:4; Jn 11:16   ᵠ **10:4** Mat 26:14   ʳ **10:5** II Wa 17:24   ˢ **10:6** Mat 15:24   ᵗ **10:7** Mat 3:2   ᵘ **10:9** Luc 22:35   ᵛ **10:10** I Kor 9:14   ʷ **10:12** I Sam 25:6
ˣ **10:14** Trav 15:21   ʸ **10:15** Mat 11:22,24   ᶻ **10:16** Luc 10:3   ᵃ **10:17** Mat 5:22   ᵇ **10:19** Mc 13:11-13
ᶜ **10:20** Luc 12:12   ᵈ **10:21** Mat 10:35,36   ᵉ **10:22** Mat 24:9   ᶠ **10:23** Mat 16:27   ᵍ **10:24** Luc 6:40   ʰ **10:25** II Wa 1:2   ⁱ **10:26** Mc 4:22   ʲ **10:27** Luc 12:3   ᵏ **10:28** Eb 10:31   ˡ **10:29** Luc 12:6   ᵐ **10:30** I Sam 14:45
ⁿ **10:31** Mat 12:12   ᵒ **10:33** Mc 8:38   ᵖ **10:34** Luc 12:51-55

te vini pou ᵃmete yon nonm kont papa li, yon fi kont manman li, e yon bèlfi kont bèlmè Li. ³⁶ Epi ᵇlènmi a yon nonm ap manm a pwòp kay li. ³⁷ ᶜSila ki renmen papa li oubyen manman li plis ke Mwen, li pa dign de Mwen; e sila ki renmen fis li, oubyen fi li plis ke Mwen, li pa dign de Mwen. ³⁸ Epi ᵈsila ki pa pran kwa li pou swiv Mwen, li pa merite Mwen. ³⁹ ᵉSila k ap konsève lavi li, li va pèdi li; men sila ki pèdi vi li pou Mwen, l ap twouve li.

⁴⁰ Sila ki resevwa nou menm, resevwa M; e ᶠsi la ki resevwa Mwen, resevwa Sila ki te voye Mwen an. ⁴¹ ᵍSila ki resevwa yon pwofèt nan non a yon pwofèt ap resevwa rekonpans a yon pwofèt. Epi li ki resevwa yon nonm ladwati nan non a yon nonm ladwati, va resevwa rekonpans la a yon nonm dwat. ⁴² Nenpòt moun ki nan non a yon disip, bay youn nan pitit sa yo menm yon tas dlo frèt pou bwe; anverite, Mwen di nou li pa p pèdi rekonpans li.

11 ʰLè Jésus te fin bay enstriksyon a douz disip Li yo, Li te kite kote sa a pou enstwi e preche nan vil pa yo.

² ⁱAlò, lè Jean, depi nan prizon an, te tande tout zèv ke Kris la t ap fè yo. Konsa, li te voye yon mesaj pa disip Li yo. ³ Li te mande L: "Èske Ou se ʲSila ke nou t ap tann nan, oubyen èske nou bezwen tann yon lòt?"

⁴ Jésus te reponn yo e te di: "Ale fè rapò a Jean selon tout sa nou tande e wè: ⁵ ᵏAvèg yo vin wè, sila ki t ap bwate yo vin mache dwat, lepre yo vin pirifye, soud yo vin tande, mò yo vin resisite, e malere yo tande bòn nouvèl la. ⁶ Beni se sila ki ˡpa chite akoz Mwen menm nan."

⁷ Pandan mesye sa yo, disip a Jean Baptiste yo t ap prale, Jésus te kòmanse pale avèk foul la konsènan Jean: "Kisa nou te ᵐale wè nan savann nan? Yon wozo ki souke pa van? ⁸ Men kisa nou te ale wè? Yon nonm abiye ak rad ki swa? Sila ki mete rad swa yo rete nan palè a wa yo. ⁹ Men kisa nou te sòti pou wè? ⁿYon pwofèt? Wi, Mwen di nou e se youn ki plis ke yon pwofèt. ¹⁰ Se selon sila menm ke pwofèt yo te ekri: ᵒGade byen! Mwen voye mesaje Mwen an devan fas nou, ki va prepare chemen an devan nou." ¹¹ Anverite Mwen di nou, pami sila ki fèt pa fanm yo, pa janm leve youn ki pi gran ke Jean Baptiste; malgre sa, sila ki pi piti nan wayòm syèl la, pi gran pase li. ¹² ᵖDepi jou a Jean Baptiste yo jis rive kounye a, wayòm syèl la ap soufri vyolans, e lòm vyolan yo pran li pa lafòs. ¹³ Paske tout pwofèt yo ansanm ak Lalwa a te pwofetize jiska Jean. ¹⁴ Konsa, si nou kapab aksepte l, se li menm ki ᵠElie, sila ki te genyen pou vini an. ¹⁵ ʳSila ki gen zòrèy pou tande, kite l tande.

¹⁶ "Men a kisa Mwen kapab konpare jenerasyon sila a? Li tankou timoun ki chita nan mache a, k ap rele lòt timoun ¹⁷ pou di: 'Nou te jwe flit pou nou, e nou pa t danse. Nou te chante yon antèman, e nou pa t kriye'. ¹⁸ Paske Jean te vini san man je ni ˢbwè, e yo di: ᵗ'Li gen yon move lespri'! ¹⁹ Men Fis a Lòm nan te vini avèk manje e avèk bwè, e yo di: ᵘ'Gade, li manje twòp, li bwè twòp, e li fè zanmi avèk moun biwo kontribisyon an, ak pechè yo!' Men sa jès la toujou jistifye pa zanfan li yo.

²⁰ Li te kòmanse repwoche vil kote pi fò ᵛmirak yo te fèt yo, paske yo pa t repanti. ²¹ ʷMalè a ou menm, Chorazin! Malè a ou menm, Bethsaïda! Si mirak ki te fèt nan nou yo, te fèt nan Tyr ak Sidon, yo t ap gen tan repanti lontan avèk rad sak ak sann. ²² Malgre sa Mwen di nou, l ap pi tolerab pou Tir ak Sidon nan ˣjou jijman an pase pou nou menm. ²³ Epi nou menm, ʸCapernaüm; nou p ap monte nan syèl la! Nou konnen sa? Nou ap ᶻdesann nan Lanfè. Paske si mirak ki te fèt nan nou yo, te fèt nan Sodome; yo ta toujou la jodi a. ²⁴ Malgre sa, Mwen di nou ke ᵃli va pi tolerab pou peyi Sodome nan jou jijman an pase pou nou menm.

²⁵ ᵇ Nan lè sa a, Jésus te reponn. Li te di: "Mwen bay Ou glwa, O Papa, Senyè syèl la ak tè a, ke Ou kache bagay sa yo pou saj avèk entèlijan yo pa wè, e Ou te montre yo menm a zanfan yo. ²⁶ Wi ᶜPapa, konsa sa te fè plezi nan zye Ou. ²⁷ Papa M ᵈfin lon je ban Mwen tout bagay. Pèsòn pa konnen Fis la, sof Papa a; ni pèsòn pa konnen Papa a, sof ke Fis La, ak nenpòt moun ke Fis La vle revele Li menm.

²⁸ ᵉ"Vini a Mwen menm, tout sila yo ki fatige, k ap pote chaj lou, e M ap bannou repo. Aprann de Mwen menm; paske Mwen dous e enb nan kè, e Mwen va bay nou repo. ²⁹ Pran jouk mwen sou nou, e vin ᶠaprann de Mwen menm, paske Mwen dous e enb nan kè; e ᵍnou va jwenn repo pou nanm nou. ³⁰ Paske ʰjouk Mwen an dous, e chaj Mwen an lejè."

12 Nan lè sa a, Jésus te pase nan chan sereyal yo nan jou Saba a e disip Li yo te vin grangou. Yo te kòmanse keyi tèt grenn sereyal pou manje yo. ² Men lè Farizyen yo te wè sa, yo te di Li: "Gade, disip Ou yo fè sa ki ⁱpa pèmi nan yon jou Saba."

³ Men Li te di yo: "Èske nou pa li sa ke David te fè lè li te vin grangou; li menm avèk lòt moun ki te avèk l yo? ⁴ Jan li te antre nan kay Bondye a, e ʲte manje pen ki te konsakre ki pa t pèmi pou li ta manje, ni pou sa yo ki te avè l yo, men te sèlman pou prèt yo? ⁵ Oubyen èske nou pa t li nan Lalwa a ke nan jou Saba a, prèt yo nan tanp lan te konn vyole Saba a men rete inosan? ⁶ Men Mwen di nou ke yon choz ᵏpi gran pase tanp lan isit la. ⁷ Men si nou te konnen kisa sa vle di: ˡ'Mwen dezire mizerikòd olye

---

ᵃ **10:35** Mi 7:6   ᵇ **10:36** Mi 7:6   ᶜ **10:37** Det 33:9   ᵈ **10:38** Mat 16:24   ᵉ **10:39** Mat 16:25   ᶠ **10:40** Mc 9:37   ᵍ **10:41** Mat 25:44-45   ʰ **11:1** Mat 7:28   ⁱ **11:2** Mat 4:12   ʲ **11:3** Sòm 118:26   ᵏ **11:5** És 35:5   ˡ **11:6** Mat 5:29   ᵐ **11:7** Mat 3:1   ⁿ **11:9** Mat 14:5   ᵒ **11:10** Mal 3:1   ᵖ **11:12** Luc 16:16   ᵠ **11:14** Mal 4:5   ʳ **11:15** Mat 13:9,43   ˢ **11:18** Luc 1:15   ᵗ **11:18** Mat 9:34   ᵘ **11:19** Mat 9:11   ᵛ **11:20** Luc 10:13-15   ʷ **11:21** Luc 10:13-15   ˣ **11:22** Mat 10:15   ʸ **11:23** Mat 4:13   ᶻ **11:23** És 14:13-15   ᵃ **11:24** Mat 10:15   ᵇ **11:25** Luc 10:21   ᶜ **11:26** Luc 22:42   ᵈ **11:27** Mat 28:18   ᵉ **11:28** Jr 31:25   ᶠ **11:29** Jn 13:15   ᵍ **11:29** Jr 6:16   ʰ **11:30** I Jn 5:3   ⁱ **12:2** Mat 12:10   ʲ **12:4** I Sam 2:16   ᵏ **12:6** II Kwo 6:18   ˡ **12:7** I Sam 6:6

sakrifis', nou pa t ap kondane inosan yo. ⁸ Paske ᵃFis a Lòm nan se Senyè Saba a."

⁹ Konsa, Li te ᵇkite la e te ale nan sinagòg yo. ¹⁰ Epi vwala, te gen yon mesye avèk yon men ki sèch. Farizyen yo te mande L: ᶜ"Èske li pèmi pou geri nan jou Saba a?" Yo te mande sa a pou yo ta kapab akize Li.

¹¹ Li te reponn yo: ᵈ"Ki moun nan sila ki pami nou yo, si li te gen yon mouton ki tonbe nan yon twou nan Saba a, pa t ap lonje pran l e fè l sòti nan twou a? ¹² ᵉKonbyen plis valè a yon moun pase yon mouton? Ebyen, li pèmi pou fè sa ki bon nan Saba a." ¹³ Konsa, Li di mesye a: "Lonje men ou!" ᶠLi te lonje li, e li te retounen nòmal tankou lòt la. ¹⁴ Men Farizyen yo te soti deyò, pou ᵍfè konplo ansanm kont Li, sou kijan yo ta kapab detwi L.

¹⁵ Men Jésus te vin konnen tout sa, e Li te retire kò l.

Anpil moun te swiv Li, e ʰLi te geri yo tout. ¹⁶ Epi Li te ⁱpase lòd pou yo pa fè pèsòn konnen ki moun Li te ye. ¹⁷ Sa te fèt pou akonpli sa ki te pale pa pwofèt Ésaïe a lè li te di:

¹⁸ ʲ"Gade sèvitè Mwen ke Mwen te chwazi a;
ᵏbyeneme Mwen ki fè nanm Mwen
    byen kontan an.
M ap mete lespri Mwen sou Li,
e Li va pwoklame jistis a payen yo.
¹⁹ ˡLi p ap diskite, ni kriye;
ni pèsòn p ap tande vwa Li nan lari.
²⁰ ᵐYon wozo brize, Li p ap kase,
e yon fisèl bouji k ap toufe,
Li p ap tenyen,
jouk lè Li mennen jistis la rive nan viktwa a.
²¹ ⁿNan Non Pa Li, payen yo ap gen espwa."

²² ᵒApre sa, yo te pote bay Li yon mesye ki te avèg e bèbè akoz yon move lespri. Li te geri li, e bèbè a te vin pale e li te vin wè. ²³ Tout foul la te etone, e te kòmanse di: "Èske se posib ke moun sa a kapab ᵖFis a David?" ²⁴ Men lè Farizyen yo tande sa, yo te di: "Mesye sa ap ᵠchase move lespri sa yo pa Béelzébul ki mèt a tout move lespri yo."

²⁵ ʳLi te konnen panse yo, e Li te di yo: "Nenpòt wayòm ki divize kont pwòp tèt li va gaye; e nenpòt vil oswa kay ki divize kont pwòp tèt li p ap kanpe. ²⁶ Si se ˢSatan k ap jete Satan, li divize kont pwòp tèt li. Konsa kijan wayòm li va kanpe? ²⁷ Epi si Mwen menm ᵗpa fòs Béelzébul, chase move lespri yo, pa kilès fis nou yo ap jete yo? Pou rezon sa a, se yo menm k ap jije nou. ²⁸ Men ᵘsi Mwen chase move lespri yo pa Lespri Bondye a, wayòm Bondye a gen tan vini sou nou. ²⁹ Oubyen kijan yon moun kapab antre nan kay a nonm fò, pou pran tout byen li, sof ke premyèman li mare nonm fò a? Lè l fini, l ap piyaje kay la.

³⁰ ᵛ"Sila ki pa pou Mwen an, kont Mwen; e sila ki pa ranmase avè M nan ap gaye. ³¹ ʷPou sa, Mwen di nou, nenpòt peche, menm blasfèm kapab padone; men blasfèm kont Lespri Sen an p ap kapab padone. ³² ˣNenpòt moun ki pale yon mo kont Fis a Lòm nan, l ap padone; men nenpòt moun ki pale yon mo kont Lespri Sen an, sa p ap padone, ni nan ʸlaj sila a ni nan laj k ap vini an.

³³ "Swa pyebwa a bon, e fwi li bon; oubyen pyebwa a pouri e fwi li pouri. ᶻPyebwa a rekonèt pa fwi ke li bay. ³⁴ ᵃNou menm nich vipè, jan nou mechan; kijan nou sipoze nou kapab pale sa ki bon? Se bouch la ki pale tout sa ki plen kè a. ³⁵ ᵇBon moun nan fè sòti nan bon trezò li, sa ki bon; e move moun nan fè sòti nan move trezò li, sa ki mal. ³⁶ Epi Mwen di nou ke nan ᶜjou jijman an, moun ap rann kont pou chak ti mo ke yo pale anven. ³⁷ Paske pa pawòl nou, nou va jistifye; e pa pawòl nou, nou va kondane."

³⁸ Kèk nan Skrib ak Farizyen yo te reponn li konsa: ᵈ"Mèt, nou vle wè yon sign de Ou menm".

³⁹ Men li te reponn yo konsa: ᵉ"Yon jenerasyon mechan ak adiltè vle yon sign; men pa gen yon sign ke n ap bay sof ke sign ki pou pwofèt Jonas la. ⁴⁰ Menm jan ke ᶠJonas te pase twa jou ak twa nwit nan vant gwo pwason an, konsa Fis a Lòm nan ap pase ᵍtwa jou ak twa nwit nan kè latè. ⁴¹ Moun Niniv ap kanpe avèk jenerasyon sila a nan jijman e kondane li, paske ʰyo te repanti lè Jonas te preche yo. Epi veye byen, yon bagay pi gran pase Jonas gen tan rive isit la. ⁴² ⁱRèn nan Sid la ap leve avèk jenerasyon sila a nan jijman e kondane li, paske li te sòti nan dènye ekstremite latè pou tande sajès Salomon; epi veye byen, yon choz pi gran pase Salomon gen tan rive isit la.

⁴³ ʲ"Alò, lè yon move lespri kite yon nonm, li pase nan zòn sèk san dlo pou chache repo, men li pa jwenn. ⁴⁴ Konsa li di: M ap retounen lakay kote mwen te sòti a. Lè li vini li twouve li vid, bale e ranje nan lòd. ⁴⁵ Konsa l ale chache sèt lòt espri pi mal ke li. Yo antre la pou vin avè l, epi ᵏdènye eta a moun sa a pi mal pase premye a. Se konsa l ap ye avèk jenerasyon mechan sila a."

⁴⁶ ˡPandan Li te toujou ap pale avèk foul la, konsa, manman L avèk frè Li yo te vin parèt pa deyò akoz yo te vle pale avèk Li. ⁴⁷ Yon moun te di li: "Gade, manman Ou avèk frè Ou yo kanpe deyò a pou pale avèk ou!"

⁴⁸ Men Li te reponn sila ki te pale avèk Li pou di l: "Kilès ki manman M? E kilès ki frè M?" ⁴⁹ Konsa, byen lonje men L vè disip Li yo, Li te di: "Gade manman M ak frè Mwen yo. ⁵⁰ Paske sila ki fè volonte a Papa M ki nan syèl la, se li menm ki frè M, sè M, ak manman M."

ᵃ **12:8** Mat 8:20   ᵇ **12:9** Mc 3:1-6   ᶜ **12:10** Mat 12:2   ᵈ **12:11** Luc 14:5   ᵉ **12:12** Mat 10:31   ᶠ **12:13** Mat 8:3   ᵍ **12:14** Mat 26:4   ʰ **12:15** Mat 4:23   ⁱ **12:16** Mat 8:4   ʲ **12:18** És 42:1   ᵏ **12:18** Mat 3:17   ˡ **12:19** És 42:2   ᵐ **12:20** És 42:3   ⁿ **12:21** Wo 15:2   ᵒ **12:22** Mat 9:32,34   ᵖ **12:23** Mat 9:27   ᵠ **12:24** Mat 9:34   ʳ **12:25** Mat 23:27   ˢ **12:26** Mat 4:10   ᵗ **12:27** Trav 19:13   ᵘ **12:28** I Jn 3:8   ᵛ **12:30** Mc 9:40   ʷ **12:31** Luc 12:10   ˣ **12:32** Luc 12:10   ʸ **12:32** Mat 13:22,39   ᶻ **12:33** Mat 7:16-18   ᵃ **12:34** Mat 3:7   ᵇ **12:35** Pwov 10:20,21   ᶜ **12:36** Mat 10:15   ᵈ **12:38** Mat 16:1   ᵉ **12:39** Mat 16:4   ᶠ **12:40** Jon 1:17   ᵍ **12:40** Mat 16:21   ʰ **12:41** Jon 3:5   ⁱ **12:42** I Wa 10:1   ʲ **12:43** Luc 11:24-26   ᵏ **12:45** Mc 5:9   ˡ **12:46** Mc 3:31-35

13 Nan jou sa a, Jésus te sòti nan kay la e te chita [a]bò kote lanmè a. ² Yon gran foul te rasanble bò kote L, epi [b]Li te antre chita nan yon kannòt. Foul la te kanpe arebò lanmè a. ³ Li te pale anpil bagay avèk yo an [c]parabòl konsa: "Gade byen, yon moun ki t ap plante, te ale deyò pou simen grenn. ⁴ Pandan li t ap simen, kèk grenn te tonbe akote wout la, e zwazo te vin manje yo. ⁵ Gen lòt ki te tonbe kote ki plen wòch kote te manke tè, epi yo te leve byen vit pwiske tè a te manke pwofondè. ⁶ Men lè solèy la vin leve, yo te vin sèch; akoz ke yo te manke rasin, yo te vin fennen. ⁷ Lòt te tonbe pami pikan e pikan yo te leve toufe yo. ⁸ Lòt te tonbe nan bon tè kote yo te bay yon bon rekòlt; kèk miltipliye [d]san fwa, kèk swasant fwa, e kèk trant fwa. ⁹ [e]Sila ki gen zòrèy la, kite li tande."

¹⁰ Disip Li yo te vin kote L e te mande: "Poukisa ou pale avèk yo an parabòl konsa?"

¹¹ Li te reponn yo: [f]"A nou menm, li pèmèt pou nou konnen sekrè a wayòm syèl la, men pou yo menm, sa poko pèmèt. ¹² [g]Paske pou nenpòt moun ki genyen, l ap vin resevwa plis, e l ap gen an abondans; men pou nenpòt moun ki pa genyen, menm sa li genyen an ap retire nan men l. ¹³ Se pou sa Mwen pale ak yo an parabòl; paske pandan y ap [h]gade yo p ap wè, e pandan y ap tande yo p ap koute, ni yo p ap konprann. ¹⁴ Se nan yo menm, ke pwofesi Ésaïe a ap akonpli lè l di:

[i]"Nou va kontinye tande, men nou p
  ap konprann;
nou va kontinye gade, men nap manke apèsi.
¹⁵ [j]Paske kè a pèp sa a pa sansib ankò.
Avèk zòrèy yo manke tande e yo
  fèmen zye yo;
otreman yo ta wè avèk zye yo, tande
  avèk zòrèy yo,
konprann avèk kè yo, e retounen pou
  M ta kapab geri yo.'

¹⁶ [k]"Men beni se zye pa nou paske yo wè; e zòrèy nou paske yo tande. ¹⁷ Anverite, Mwen di nou ke [l]anpil pwofèt ak moun ladwati te vle wè sa ke nou menm wè a, men yo pa t janm wè; e pou tande sa ke nou tande a, men yo pa t tande l.

¹⁸ "Pou sa, [m]tande parabòl moun ki t ap simen an. ¹⁹ Lè nenpòt moun tande [n]pawòl wayòm nan e li pa konprann li, mechan an (Satan) vini rache sa ki te plante nan kè li a. Sa se grenn ki te simen akote wout la. ²⁰ Sa ki te simen nan wòch yo se moun ki tande pawòl la e imedyatman li resevwa l avèk jwa; ²¹ men li pa gen rasin pou kont li, e li dire sèlman pou yon moman. Lè gen aflisyon avèk pèsekisyon akoz pawòl la, byen vit [o]li chite. ²² Epi sila ki te simen pami pikan yo se moun ki tande pawòl la, men tout pwoblèm mond sa a, avèk [p]sediksyon richès yo toufe pawòl la, e li pa donnen fwi. ²³ Konsa, sila ki te gen grenn ki tonbe nan bon tè a, se moun ki tande pawòl la e ki konprann li. Li vrèman pote fwi ki pwodwi pafwa, [q]san fwa, pafwa swasant fwa, e pafwa trant fwa sa li te simen an."

²⁴ Jésus te bay yo yon lòt parabòl. Li te di: [r]"Wayòm syèl la se kon yon nonm ki simen bon semans nan chan li. ²⁵ Men pandan ouvriye li yo t ap dòmi, lènmi li yo te vin simen zèb pikan pami ble a, e ale. ²⁶ Men lè ble a te vin leve e fòme tèt grenn, zèb pikan yo te parèt tou. ²⁷ Epi esklav a mèt tè yo te vin di l: 'Mèt, èske nou pa t simen bon semans nan chan ou an? Kijan konsa li vin plen avèk zèb pikan sa yo.'

²⁸ "Epi Li te di yo: 'Yon lènmi te fè sa!' E esklav yo te di li: 'Ou pa vle nou ale ranmase yo?'

²⁹ "Men li te di yo: 'Non, paske pandan nou ap ranmase zèb pikan yo, nou kab derasinen ble a tou. ³⁰ Kite toulède grandi ansanm jouk rekòlt la rive. Nan tan rekòlt la, mwen va di ouvriye yo, premyèman, ranmase zèb pikan yo, mare yo nan pake e brile yo. Men [s]ranmase ble a pou mete li nan depo mwen.'"

³¹ Li te pale yon lòt parabòl a yo menm. Li te di: [t]"Wayòm syèl la tankou yon grenn moutad ke yon nonm te pran pou simen nan jaden li. ³² Malgre grenn sa a pi piti pase tout lòt grenn yo, lè li vin grandi, li pi gran pase tout lòt plant nan jaden an, e te vin fè yon pyebwa kote tout zwazo ki vole anlè vin [u]fè nich nan branch li yo."

³³ Li pale yon lòt parabòl a yo menm konsa: [v]"Wayòm syèl la tankou ledven ke yon fanm te pran pou sere nan twa mezi farin jiskaske tout vin leve."

³⁴ Tout bagay sa yo, Jésus te pale a foul la an parabòl, epi Li pa t pale avèk yo [w]san parabòl. ³⁵ Se te pou akonpli sa ki te pale pa pwofèt yo lè yo te di: [x]

"Mwen va ouvri bouch Mwen an parabòl;
Mwen va eksprime sekrè ki kache depi
  fondasyon mond sa a."

³⁶ Apre sa, Li kite foul la e Li te ale nan [y]kay la. Disip Li yo te vin kote l pou di: [z]"Eksplike nou parabòl konsènan zèb pikan nan chan an."

³⁷ Li te di: "Sila a ki simen bon semans lan se [a]Fis a Lòm nan. ³⁸ Chan an se lemonn, e bon semans lan, se sila yo ki [b]fis a wayòm nan. Zèb pikan yo se sila yo ki [c]fis a mechan an. ³⁹ Epi lènmi ki te simen move grenn nan se Satan. Rekòlt la se [d]fen tan yo, epi ouvriye yo se zanj yo. ⁴⁰ Pou sa, menm jan ke zèb pikan yo ranmase e brile avèk dife, konsa sa ap ye nan [e]fen tan yo. ⁴¹ [f]Fis a Lòm nan ap voye zanj li yo pou ranmase fè sòti nan wayòm Li an, tout obstak ki fè moun tonbe, avèk tout sila k ap fè mechanste. ⁴² [g]L ap jete yo nan founo dife a e nan plas sa a, [h]y

---

[a] **13:1** Mc 2:13   [b] **13:2** Luc 5:3   [c] **13:3** Mat 13:10   [d] **13:8** Jen 26:12   [e] **13:9** Mat 11:15   [f] **13:11** Mat 19:11
[g] **13:12** Mat 25:29   [h] **13:13** Det 29:4   [i] **13:14** És 16:9   [j] **13:15** És 6:10   [k] **13:16** Mat 16:17   [l] **13:17** Jn 8:56   [m] **13:18** Mc 4:13-20   [n] **13:19** Mat 4:23   [o] **13:21** Mat 11:6   [p] **13:22** Mat 19:23   [q] **13:23** Mat 13:8
[r] **13:24** Mat 13:31,33,45,47   [s] **13:30** Mat 3:12   [t] **13:31** Mat 13:24   [u] **13:32** Éz 17:23   [v] **13:33** Mat 13:24
[w] **13:34** Mc 4:34   [x] **13:35** Sòm 78:2   [y] **13:36** Mat 13:1   [z] **13:36** Mat 15:15   [a] **13:37** Mat 8:20   [b] **13:38** Mat 8:12
[c] **13:38** Jn 8:44   [d] **13:39** Mat 16:4   [e] **13:40** Mat 12:32   [f] **13:41** Mat 8:20   [g] **13:42** Mat 13:50   [h] **13:42** Mat 8:12

ap kriye e y ap manje dan yo. ⁴³ ᵃKonsa, sila ki gen ladwati yo ap fè klè tankou solèy la nan wayòm Papa yo a. Sila ki gen zòrèy la, kite l tande.

⁴⁴ "Wayòm syèl la tankou yon trezò ki te sere nan yon chan. Yon nonm te twouve li e te sere l ankò. Ranpli ak lajwa, li te kouri ale ᵇvann tout sa li te posede, e te achte chan sa a.

⁴⁵ "Ankò, ᶜwayòm syèl la tankou yon machann k ap chèche bèl pèl. ⁴⁶ Lè li twouve youn ki gen gran valè, li te ale vann tout sa li te posede pou achte l.

⁴⁷ "Ankò, ᵈwayòm syèl la se yon filè ki voye nan lanmè pou ranmase tout kalite pwason. ⁴⁸ Lè l fin ranpli, yo rale li atè. Yo te chita pou mete bon pwason nan yon veso, e te jete move yo. ⁴⁹ Konsa sa ap ye nan ᵉfen tan yo. Zanj yo ap tou parèt e y ap fè triyaj mechan yo pami jis yo. ⁵⁰ Epi ᶠy ap jete mechan yo nan founo dife a, kote y ap kriye e manje dan yo.

⁵¹ "Èske nou konprann tout bagay sa yo?"

Yo reponn Li: "Wi."

⁵² Epi Jésus te di yo: "Konsa, chak skrib ki vini yon disip a wayòm nan se tankou yon mèt kay ki fè vin parèt nan trezò li sa ki nèf ak sa ki vye."

⁵³ ᵍLè Jésus te fini avèk parabòl sa yo, li kite la. ⁵⁴ ʰLi rive nan vil pa Li a, e Li te ⁱkòmanse preche nan sinagòg yo, jiskaske yo te etone e te di: "Kote nonm sa a twouve sajès sila ak pouvwa fè mirak sa yo? ⁵⁵ Se pa pitit a chapant la? Èske yo pa rele ʲmanman L Marie, e frè li yo Jacques, Joseph, Simon ak Judas? ⁵⁶ Epi ᵏsè Li yo; èske yo tout pa avèk nou? Ebyen, kote nonm sa a twouve tout bagay sa yo?" ⁵⁷ Konsa, yo te ˡpran ofans de Li.

Men Jésus te di yo: "ᵐYon pwofèt p ap janm manke respè sof ke nan pwòp vil li, ak nan pwòp kay li." ⁵⁸ Li pa t fè anpil mirak la akoz ke yo pa t kwè.

14 ⁿNan lè sa a, Hérode, tetrak la, te tande nouvèl a Jésus. ² Konsa, Li te di a sèvitè pa li yo: ᵒ"Se Jean Baptiste sa a ye. Li gen tan leve soti vivan nan lanmò. Se pou sa li kapab fè tout mirak sa yo." ³ Paske lè ᵖHérode te fè yo arete Jean, li te mare li e mete li nan prizon akoz Hérodias, madanm a frè li, Philippe. ⁴ Paske Jean t ap di li ke ᵠli pa pèmèt pou l ta genyen l kon madanm. ⁵ Epi malgre ke Hérode te vle touye li, li te pè pèp la paske yo te konsidere li kon ʳyon pwofèt. ⁶ Men lè fèt nesans Hérode te rive, Pitit a Hérodias te vin danse devan yo, e ˢHérode te trè kontan. ⁷ Konsa, li menm te sèmante pou bay li nenpòt sa ke li te mande li. ⁸ Akoz ke fi a te ankouraje pa manman l, li te di: "Ban m isit la menm sou yon plato, tèt a Jean Baptiste."

⁹ Malgre sa te fè l tris, wa a te kòmande sa fèt akoz sèman an, e akoz tout vizitè ki te la avèk yo. ¹⁰ Li te voye fè yo koupe tèt a Jean nan prizon an. ¹¹ Yo te pote tèt li sou yon plato e te bay fi a. Konsa, fi a te pote l bay manman l. ¹² Disip li yo te vin pran kò a e te antere l. Apre, yo te ale bay rapò a Jésus. ¹³ ᵗLè Jésus tande sa, Li te retire kò L nan yon kannòt pou kont Li nan yon landwa izole. Lè foul la te tande sa, yo te sòti lavil la apye pou swiv Li.

¹⁴ Lè L te debake atè, Li te wè yon gran foul. Li te gen konpasyon pou yo, e Li te ᵘgeri malad yo.

¹⁵ Lè li te vin fènwa, disip yo te vin di Li: "Plas sa a dezète, e lè a gen tan depase. Konsa, voye foul la ale pou yo kapab rive nan bouk yo pou achte kèk manje."

¹⁶ Men Jésus te di yo: "Yo pa bezwen ale. Nou menm, bay yo manje!"

¹⁷ Yo te di Li: "Nou gen sèlman ᵛsenk pen ak de grenn pwason."

¹⁸ Li te di: "Pote yo ban Mwen!" ¹⁹ Li te kòmande tout foul la chita atè. Li te pran senk pen avèk de pwason yo. Li te gade anwo nan syèl la, e te ʷbeni manje a. Li te kase pen yo, Li te bay disip yo, epi disip yo te bay foul la. ²⁰ Tout te manje e tout te byen satisfè. Yo te ranmase sa ki te rete nan mòso kase yo, e yo te rete douz ˣpanyen byen plen. ²¹ Te gen anviwon senk-mil gason ki te manje san konte fanm avèk timoun.

²² ʸImedyatman, Li te fè disip yo antre nan kannòt la pou ale lòtbò a, pandan Li menm te voye foul la ale. ²³ Apre li te voye foul la ale, ᶻLi te monte mòn nan Li sèl Li, pou L ta kapab priye. Lè lannwit vin rive, Li te la pou kont Li. ²⁴ Men kannòt la te deja byen lwen tè a, byen bat pa vag lanmè yo, paske van an te byen ᵃmove. ²⁵ Nan katriyèm vèy nwit lan, Li te vin kote yo ap mache sou lanmè a. ²⁶ Lè disip Li yo te wè L ap mache sou lanmè a, yo te krent, e yo te di: "Sa se yon ᵇfantom" epi yo te kriye fò avèk laperèz. ²⁷ Men imedyatman, Jésus te pale avèk yo e te di: ᶜ"Pran kouraj! Se Mwen menm! Pa pè."

²⁸ Konsa, Pierre te reponn Li: "Senyè, si se Ou menm, kòmande m vin kote Ou sou dlo a."

²⁹ Li te reponn: "Vini!" Pierre te sòti nan kannòt la, e te mache sou dlo a vè Jésus. ³⁰ Men lè l te wè van an, li te vin pè, e te kòmanse desann nan dlo a. Li te rele: "Senyè, sove m!"

³¹ Lapoula, Jésus te lonje men li e te kenbe l. Li te di l konsa: "Ou menm avèk mank lafwa, poukisa ou te doute?" ³² Lè yo te fin antre nan kannòt la, van an te vin sispann. ³³ Sila ki te nan kannòt yo te adore Li. Yo te di: "Anverite, Ou se ᵈFis Bondye a."

³⁴ ᵉLè yo te fin travèse, yo te rive atè nan Génésareth. ³⁵ Lè moun nan plas sa yo te rekonèt Li, yo te voye nouvèl nan tout ozanviwon an, e yo te pote bay Li tout sila ki te malad yo. ³⁶ Yo t ap sipliye L pou yo ta kapab sèlman touche rebò a vètman Li, e tout sila ki te ᶠtouche L yo te geri nèt.

ᵃ **13:43** Dan 12:3	ᵇ **13:44** Mat 13:46	ᶜ **13:45** Mat 13:24	ᵈ **13:47** Mat 13:44	ᵉ **13:49** Mat 13:39,40
ᶠ **13:50** Mat 13:42	ᵍ **13:53** Mat 7:28	ʰ **13:54** Mc 6:1-6	ⁱ **13:54** Mat 4:23	ʲ **13:55** Mat 12:46	ᵏ **13:56** Mc 6:3
ˡ **13:57** Mat 11:6	ᵐ **13:57** Mc 6:4	ⁿ **14:1** Mc 6:14-29	ᵒ **14:2** Mat 16:14	ᵖ **14:3** Mc 8:15	ᵠ **14:4** Lev 18:16
ʳ **14:5** Mat 11:9	ˢ **14:6** Mc 8:15	ᵗ **14:13** Mat 15:32-38	ᵘ **14:14** Mat 4:23	ᵛ **14:17** Mat 16:9	ʷ **14:19** I Sam 9:13
ˣ **14:20** Mat 16:9	ʸ **14:22** Mc 6:45-51	ᶻ **14:23** Mc 6:46	ᵃ **14:24** Trav 27:4	ᵇ **14:26** Luc 24:37	ᶜ **14:27** Mat 9:2
ᵈ **14:33** Mat 4:3	ᵉ **14:34** Jn 6:24,25	ᶠ **14:36** Mat 9:21			

15 ᵃApre sa, kèk Farizyen ak Skrib ki te sòti Jérusalem te vin kote Jésus pou mande L: ² "Poukisa disip ou yo vyole tradisyon a lansyen nou yo? Paske yo ᵇpa lave men yo lè yo manje pen."

³ Li te reponn yo: "E poukisa nou menm vyole kòmandman Bondye a pou koz a tradisyon nou yo? ⁴ Paske Bondye te di: 'Onore papa ou avèk manman ou,' epi: 'Sila ki pale mal a manman li oswa a papa li, va mete a lanmò.'"

⁵ Men nou di: "Nenpòt moun ki di a manman l oswa papa l, tout sa mwen genyen ki ta kapab ede ou se pou Bondye, ⁶ li pa oblije onore ni papa l ni manman l". Konsa, nou te anile pawòl Bondye a pou koz tradisyon pa nou an. ⁷ Nou menm ipokrit; anverite, Ésaïe te bay pwofesi sou nou lè l te di:

⁸ ᶜ"Pèp sa a onore M avèk lèv yo,
men kè yo byen lwen Mwen.

⁹ An ven yo adore M;
lè yo enstwi kòm ᵈdoktrin, prensip a lòm."

¹⁰ Apre sa, Li te rele foul akote Li a, e Li te di yo: "Tande e konprann"; ¹¹ ᵉSe pa sa ki antre nan bouch la ki kontamine yon nonm, men se sa ki sòti nan bouch la ki kontamine l."

¹² Alò, disip Li yo te vin kote L. Yo te di L: "Èske Ou konnen ke Farizyen yo te blese lè yo te tande pawòl sa a?"

¹³ Men Li te reponn y e di: ᶠ"Chak plant ke Papa M pa plante, ap vin rache. ¹⁴ Pa okipe yo. Yo se ᵍavèg k ap gide avèg. ʰSi yon avèg ap gide yon avèg, se toude k ap tonbe nan yon twou."

¹⁵ Pierre te reponn, e te di L: ⁱ"Eksplike nou paraból sa a."

¹⁶ Li te di: "Èske nou menm, nou toujou manke konprann nan? ¹⁷ Èske nou pa konprann ke tout bagay ki antre nan bouch, e ki pase nan vant, ap vin elimine? ¹⁸ Men ʲbagay ki sòti nan bouch yo, se nan kè yo sòti, e se sa yo ki kontamine yon moun.

¹⁹ "Paske se nan kè move panse yo sòti; touye moun, adiltè, imoralite seksyèl, vòlè, fo temwen, tripotay. ²⁰ Se bagay sa yo ki kontamine yon moun, men manje san lave men pa kapab kontamine yon moun."

²¹ Konsa, Jésus te kite la, e retire kò l pou landwa ᵏTyr ak Sidon. ²² Epi gade, yon fanm Canaan nan rejyon sa a te vin parèt. Li te kòmanse kriye fò e te di: "Fè m gras, Senyè, Fis a David la! Fi mwen an gen yon ˡmove lespri."

²³ Men Li pa t reponn li yon mo. Disip Li yo te vin kote L. Yo te di L: "Fè l ale; l ap rele dèyè nou tout kote nou ale".

²⁴ Men Li te reponn e te di: "Mwen te voye sèlman pou ᵐmouton pèdi nan lakay Israël la."

²⁵ Men fanm nan te ⁿvin bese devan Li, e te di: "Senyè, ede m!"

²⁶ Men Li te reponn: "Li pa bon pou pran manje ki pou timoun yo pou jete l bay chen."

²⁷ Men li te di: "Wi Senyè, men menm chen yo manje ti kras manje k ap tonbe sòti sou tab mèt la."

²⁸ Jésus te reponn li: "Men fanm, ᵒlafwa ou gran! Ke sa fèt jan ou vle a". Epi fi li a te geri lapoula.

²⁹ ᵖLè Li kite la, Jésus te ale bò kote Lanmè Galilée a. Li te monte yon mòn e Li te chita la.

³⁰ Gran foul la te vin kote Li. Yo t ap mennen avèk yo sila ki te bwete, kokobe, avèg, bèbè ak anpil lòt. Yo te depoze yo bò kote pye Li e ᑫLi te geri yo. ³¹ Konsa, foul la te vin etone lè yo te wè bèbè pale, kokobe restore, bwete mache, avèk avèg yo ki te wè e yo te ʳbay glwa a Bondye Israël la.

³² ˢJésus te rele disip Li yo pou vin kote L. Li te di: "Mwen santi konpasyon pou foul la, paske yo la avèk M koulye a pandan twa jou, e yo pa gen anyen pou yo manje. Mwen pa vle voye yo ale grangou, paske yo kab fennen sou wout la."

³³ Disip Li yo te mande L: "Kibò nou ta twouve kantite pen sa a nan yon andwa izole konsa pou bay yon gran foul konsa?"

³⁴ Jésus te mande yo: "Konbyen pen nou genyen"?
Yo te di: "Sèt, avèk kèk ti pwason."

³⁵ Li te kòmande foul la chita atè. ³⁶ Li te pran sèt ti pen yo avèk pwason an. Lè Li te fin ᵗremèsye Bondye pou yo, Li te kase yo, e te bay disip Li yo, ki te bay tout foul la. ³⁷ Konsa, tout moun te manje e te satisfè. Lè yo te ranmase mòso kase ki te rete yo, te rete sèt gran ᵘpanyen byen plen. ³⁸ Sila ki te manje yo te kat mil gason plis fanm avèk timoun.

³⁹ Apre Li voye foul la ale, Li te monte nan yon kannòt e te ale nan rejyon ᵛMagadan nan.

16 ʷFarizyen ak Sadiseyen yo te vin kote Jésus pou sonde L. Yo te mande Li pou bay yo yon sign ki sòti nan syèl la.

² Men Li te reponn yo: ˣ"Lè se nan aswè, nou di 'l ap fè bon tan, paske syèl la wouj'. ³ Epi nan maten, 'pral gen yon tanpèt jodi a, paske syèl la wouj e menasan.' ʸIpokrit! Nou konn kalkile aparans syèl la, men nou pa konn disène sign nan tan sila yo? ⁴ ᶻYon jenerasyon mechan e adiltè ap chache yon sign, men yo p ap resevwa l, eksepte sign ki pou Jonas la." Konsa, Li te sòti kite yo.

⁵ Lè disip yo te ale lòtbò lanmè a, yo te bliye pote pen.

⁶ Jésus te di yo: "Veye e fè atansyon pou ledven Farizyen ak Sadiseyen yo."

⁷ Yo te kòmanse diskite pami yo menm. Yo te di: "Se paske nou pa pote pen an."

⁸ Men Jésus, okouran de sa, te di yo: ᵃ"O moun ak ti lafwa piti yo, poukisa nou diskite pami nou ke nou pa gen pen? ⁹ Èske nou poko konprann ni sonje jiska prezan ᵇsenk pen ki te pou senk mil mesye yo,

---

ᵃ **15:1** Mc 7:1-23 ᵇ **15:2** Luc 11:38 ᶜ **15:8** És 29:13 ᵈ **15:9** Kol 2:22 ᵉ **15:11** Mat 15:18 ᶠ **15:13** És 60:21 ᵍ **15:14** Mat 23:16,24 ʰ **15:14** Luc 6:39 ⁱ **15:15** Mat 13:36 ʲ **15:18** Mat 12:34 ᵏ **15:21** Mat 11:21 ˡ **15:22** Mat 4:24 ᵐ **15:24** Mat 10:6 ⁿ **15:25** Mat 8:2 ᵒ **15:28** Mat 9:22 ᵖ **15:29** Mat 15:29 ᑫ **15:30** Mat 4:23 ʳ **15:31** Mat 9:8 ˢ **15:32** Mat 14:13-21 ᵗ **15:36** Mat 14:9 ᵘ **15:37** Mat 16:10 ᵛ **15:39** Mc 8:10 ʷ **16:1** Mc 8:11-21 ˣ **16:2** Luc 12:54 ʸ **16:3** Luc 12:56 ᶻ **16:4** Mat 12:39 ᵃ **16:8** Mat 6:30 ᵇ **16:9** Mat 14:17-21

e konbyen panyen nou te ranmase? [10] Ni [a]sèt pen ki te pou kat mil moun yo, e konbyen gran panyen nou te ranmase? [11] Ki jan ke nou pa konprann ke Mwen pa t pale avèk nou pou afè pen? Men fè atansyon ak ledven Farizyen ak Sadiseyen yo."

[12] Konsa, yo te vin konprann ke Li pa t pale de ledven nan pen, men enstriksyon a [b]Farizyen ak Sadiseyen yo.

[13] [c]Alò, lè Jésus te vini nan landwa Césarée de Philippe, Li te kòmanse mande disip Li yo: "Ki moun yo di ke Fis a Lòm nan ye?"

[14] Yo te di: "Kèk moun di ke se [d]Jean Baptiste, lòt [e]Elie, e lòt, Jérémie oswa youn nan pwofèt yo."

[15] Li te di yo: "Men nou menm, ki moun nou di Mwen ye?"

[16] Simon Pierre te reponn Li: "Ou menm se Kris La, [f]Fis a [g]Bondye vivan an."

[17] Jésus te reponn li: "Ou menm ou beni, Simon, fis Jonas la, paske chè avèk san pa t revele ou sa, men Papa M ki nan syèl la. [18] Epi Mwen di Ou ke ou menm, ou se [h]Pierre e se sou wòch sa a M ap bati legliz Mwen an, e pòtay peyi [i]mò yo p ap kapab venk li. [19] M ap bay ou kle wayòm syèl la; [j]nenpòt sa ou mare sou latè, ap mare nan syèl la; e nenpòt sa ou demare sou latè, ap demare nan syèl la."

[20] [k]Apre sa, Li te avèti yo pou pa di pèsòn ke se Kris la Li te ye.

[21] [l]Depi lè sa a, Jésus te kòmanse montre disip Li yo ke Li te oblije ale Jérusalem pou soufri anpil bagay nan men lansyen yo, wo prèt yo ak skrib yo; pou yo ta menm touye L, e pou L ta leve nan twazyèm jou a.

[22] Konsa, Pierre te mennen L akote. Li te di L: "Ke Bondye anpeche sa, Senyè! Sa p ap janm rive Ou."

[23] Men Li te vire bò kote Pierre: "Mete ou dèyè M [m]Satan! Ou menm, ou se yon wòch chite pou Mwen. Ou pa mete tèt ou nan enterè Bondye, men nan enterè a lòm."

[24] Jésus te di a disip Li yo: "Si yon moun vle swiv Mwen, li dwe nye tèt li, [n]pran kwa li e swiv Mwen. [25] Paske [o]nenpòt moun ki vle sove vi li, ap pèdi li; men nenpòt moun ki pèdi vi li pou koz Mwen menm, ap twouve li. [26] Paske ki pwofi yon nonm ap twouve si li vin genyen tout lemonn, men li pèdi pwòp nanm li? Kisa yon nonm ap bay an echanj pou nanm li?

[27] "Paske Fis a Lòm nan [p]ap vini nan tout glwa Papa Li, avèk zanj Li yo, e y ap rekonpanse tout moun selon zak yo.

[28] "Anverite, Mwen di nou, gen nan nou ki kanpe la a ki p ap goute lanmò jiskaske yo wè Fis a Lòm nan k ap vini nan wayòm Li an."

17

[q]Sis jou pita, Jésus te pran [r]Pierre, Jacques ak frè li, Jean pou kont yo, e te mennen yo sou yon mòn byen wo. [2] Konsa, Li te transfòme la devan yo. Figi Li te klere tankou solèy la, e vètman li te vin blanch tankou limyè. [3] Epi konsa, gade, yo te wè Moïse ak Elie ki t ap pale avèk Li.

[4] Pierre te di a Jésus: "Senyè, se bon pou nou isit la. Si Ou vle, [s]m ap fè twa tabènak isit la; youn pou Ou, youn pou Moïse, e youn pou Elie."

[5] Pandan Li t ap pale, vwala, yon nwaj byen briyan te kouvri yo. E konsa, [t]yon vwa sòti nan nwaj la e te di: "Sa se Fis byeneme Mwen an. Avèk Li, Mwen byen kontan. Koute Li!"

[6] Lè disip Li yo te tande sa, yo te tonbe sou figi yo byen sezi avèk laperèz.

[7] Jésus te vin kote yo. Li te touche yo, e te di: "Leve, e [u]pa pè."

[8] Lè yo leve zye yo, yo pa t wè pèsòn sof ke Jésus ki te la pou kont Li.

[9] [v]Pandan yo t ap desann mòn nan, Jésus te kòmande yo: "Pa pale pèsòn afè vizyon sila a jiskaske Fis a Lòm nan fin [w]leve soti nan lanmò."

[10] Epi disip Li yo te mande L: "E poukisa Skrib yo toujou di ke [x]Elie oblije vini avan?"

[11] Li te reponn yo: "Elie ap vini e l ap restore tout bagay. [12] Men Mwen di nou ke Elie te vini deja, e yo pa t rekonèt li, men yo te fè avè l sa ke yo te pito. Menm jan an, [y]Fis a Lòm nan ap soufri nan men yo."

[13] Konsa, disip yo te vin konprann ke Li t ap pale de Jean Baptiste.

[14] [z]Lè yo rive bò kote foul la, yon mesye te vin tonbe sou jenou devan Li. Li te di L: [15] "Senyè, gen pitye pou fis mwen an. Li se yon [a]epileptik; li byen malad. Souvan li tonbe nan dife a, e pafwa menm nan dlo. [16] Mwen te pote li bay disip Ou yo, men yo pa t kapab geri li."

[17] Jésus te reponn. Li te di: "O jenerasyon enkredil e pèvès; pandan konbyen de tan M ap avèk nou? Pandan konbyen de tan M ap sipòte nou? Mennen li ban Mwen!" [18] Jésus te reprimande lespri a. Dyab la te sòti sou li, epi jennonm nan te geri lapoula.

[19] Konsa, disip yo te vin kote Jésus an prive. Yo te mande L: "Poukisa nou menm pa t kapab chase l?"

[20] Li te di yo: "Paske lafwa nou tèlman piti. Paske konsa Mwen di nou: [b]Si nou gen lafwa gwosè yon grenn moutad, nou ap di a mòn sa a: 'Deplase ou isit la, ale la,'epi l ap prale. Nanpwen anyen k ap enposib pou nou. [21] [c]Men kalite sila a pa sòti sof ke pa lapriyè, avèk jèn."

[22] [d]Pandan yo t ap rasanble Galilée, Jésus te di yo: "Fis a Lòm nan prèt pou livre nan men a lèzòm. [23] [e]Yo va touye Li, e Li va leve nan twazyèm jou a." Yo te byen tris.

---

[a] **16:10** Mat 15:34-38   [b] **16:12** Mat 3:7   [c] **16:13** Mc 8:27-29   [d] **16:14** Mat 14:2   [e] **16:14** Mat 17:10   [f] **16:16** Mat 4:3   [g] **16:16** Sòm 42:2   [h] **16:18** Mat 4:18   [i] **16:18** Mat 11:23   [j] **16:19** Mat 18:18   [k] **16:20** Mat 8:4   [l] **16:21** Mc 8:31-38   [m] **16:23** Mat 4:10   [n] **16:24** Mat 10:38   [o] **16:25** Mat 10:39   [p] **16:27** Mc 8:38   [q] **17:1** Mc 9:2-8   [r] **17:1** Mat 26:37   [s] **17:4** Mc 9:5   [t] **17:5** Mc 1:11   [u] **17:7** Mat 14:27   [v] **17:9** Mc 9:9-13   [w] **17:9** Mat 16:21   [x] **17:10** Mal 4:5   [y] **17:12** Mat 8:20   [z] **17:14** Mc 9:14-23   [a] **17:15** Mat 4:24   [b] **17:20** Mat 21:2   [c] **17:21** Mc 9:29   [d] **17:22** Mc 9:30-32   [e] **17:23** Mat 16:21

²⁴ Lè yo te ale Capernaüm, sila ki te fè koleksyon taks ᵃdrachma yo te vin Kote Pierre, Li te mande l: "Èske mèt ou a pa peye taks drachma?"

²⁵ Li te reponn: "Wi".

Lè Pierre te antre nan kay la, Jésus, akoz Li te konnen sa li t ap mande, te di: "Kisa ou panse, Simon? Nan men ki moun wa sou latè yo ranmase ᵇtarif ak enpo? Èske se nan men fis pa yo, oubyen èske se nan men moun yo pa rekonèt?"

²⁶ Lè li reponn: "Moun yo pa rekonèt", Jésus te di l: "Konsa, fis yo egzante. ²⁷ Sepandan, pou nou pa ᶜofanse yo, ale bò kote lanmè a; voye yon filè ladann e rale premye pwason ki vini an. Lè nou ouvri bouch li nou va wè yon statère (yon kòb Women). Pran li pote bay yo pou ou ak Mwen."

18 ᵈNan lè sa a, disip yo te vin jwenn Jésus pou mande L: "Kilès konsa ki pi gran nan wayòm syèl la?"

² Jésus te rele yon timoun vin kote Li, e te plase l nan mitan yo. ³ Li te di yo: "Anverite Mwen di nou, anmwenske nou konvèti pou ᵉvini tankou timoun yo, nou p ap antre nan wayòm syèl la. ⁴ Nenpòt moun ki vin enb tankou timoun sa a, se li menm ki pi gran nan wayòm syèl la.

⁵ "Epi nenpòt moun ki resevwa yon pitit tankou sa a nan non Mwen, li resevwa Mwen. ⁶ Men ᶠnenpòt moun ki lakoz pou fè youn nan timoun sa yo ki kwè nan Mwen an vin chape tonbe, li ta mye pou li menm si yon gwo wòch moulen ta mare nan kou li, e li ta vin mouri nan fon lanmè.

⁷ "Malè a mond sa a akoz wòch chite li yo! Wòch chite sa yo ᵍpa kapab pa vini, men malè a moun sila a ki fè yo parèt.

⁸ ʰ"Si men nou oubyen pye nou fè nou tonbe, koupe l e jete l lwen nou. Li pi bon pou antre nan lavi tankou yon kokobe oubyen bwate, pase ak toude men ak pye nou pou nou ta jete nan lanfè etènèl la.

⁹ ⁱ"Epi si zye nou fè nou tonbe, rache li jete li byen lwen nou. Li pi bon pou antre nan lavi avèk yon sèl grenn zye olye avèk toude pou nou ta jete nan lanfè dife a.

¹⁰ "Veye pou nou pa meprize youn nan timoun sa yo, paske Mwen di nou ke ʲzanj yo nan syèl la toujou wè figi a Papa M ki nan syèl la. ¹¹ ᵏPaske Fis a Lòm nan te vini pou sove sila ki te pèdi a.

¹² "Kisa nou panse? ˡSi yon moun gen san mouton e youn vin pèdi, èske li p ap kite katre-ven-diz-nèf yo sou mòn nan pou ale chèche sila ki pèdi a? ¹³ Epi si li twouve li, Mwen di nou, l ap rejwi plis sou sila a pase lòt katre-ven-diz-nèf ki pa t janm pèdi yo.

¹⁴ "Konsa se pa volonte Papa nou nan syèl la pou youn nan Pitit sila yo ta pèdi.

¹⁵ ᵐ"Si frè ou peche, rele l apa pou pale avèk li. Si li koute ou, ou gen tan rekonsilye ak frè ou a. ¹⁶ Men si li pa koute ou, ale kote l avèk youn oubyen de lòt dekwa ke ⁿ'pa bouch a de oubyen twa temwen tout bagay ki fèt kapab konfime.' ¹⁷ Epi si li refize koute yo, pale avèk legliz la, e si li refize koute menm legliz la, ᵒkite li devni a ou menm tankou yon payen oswa yon nan kolektè kontribisyon yo.

¹⁸ "Anverite Mwen di nou: ᵖ"Nenpòt sa nou mare sou latè, l ap mare nan syèl la; e nenpòt sa nou lage sou latè, l ap lage nan syèl la.

¹⁹ "Ankò Mwen di nou ke si de nan nou dakò sou latè sou nenpòt bagay ke yo mande, ᑫli va fèt pou yo pa Papa M ki nan syèl la. ²⁰ Paske kote de oubyen twa reyini ansanm nan non Mwen, ʳMwen la nan mitan yo."

²¹ Apre sa, Pierre te vin kote L e te mande L: "Senyè, ˢkonbyen fwa frè m kapab peche kont mwen pou m toujou padone l? Jis ᵗsèt fwa?"

²² Jésus te reponn li: "Mwen p ap di ou sèt fwa, men jiska ᵘswasann-dis fwa sèt.

²³ "Pou rezon sa a, ᵛwayòm syèl la kapab konpare avèk yon sèten wa ki te vle ʷregle kont la jan yo avèk esklav li yo. ²⁴ Lè li kòmanse regle yo, yo mennen bay li yon nonm ki te dwe li di-mil talan (yon fòtin imans.) ²⁵ Men akoz ke li ˣpa t gen mwayen pou peye, mèt li te kòmande ke yo ta ʸvann mesyè a, ni madanm li ak Pitit li yo ak tout sa li te posede, pou ranbousman an ta kapab fèt.

²⁶ "Konsa, esklav la vin tonbe atè ᶻpwostène devan li, e te di: 'Gen pasyans avèk mwen m ap peye ou tout.' ²⁷ Konsa, mèt esklav sila a te santi konpasyon pou li, te lage li e ᵃte padone dèt la.

²⁸ "Men esklav la te ale twouve yon lòt esklav parèy li, ki te dwe l san denye (yon ti kòb). Li te sezi li, e te kòmanse trangle l e te di: 'Peye sa ou dwe a'.

²⁹ "Esklav parèy li a te tonbe pwostène e te sipliye l: 'Pran pasyans avèk m, e m ap peye ou.' ³⁰ Men li pa t vle fè sa. Li te voye jete l nan prizon jis lè li ta kapab repeye tout sa li te dwe a.

³¹ "Lè lòt esklav yo te wè sa ki te rive a, yo te byen twouble. Yo te vin bay yon rapò a mèt pa yo a sou tout sa ki te rive yo.

³² "Konsa, mèt li a te voye yon manda pou fè l vini. Li te di l: Ala esklav mechan ou ye! Mwen te padone ou tout dèt sa a, paske ou te sipliye m. ³³ ᵇKonsa, èske ou pa t dwe gen konpasyon pou esklav parèy ou a menm jan ke mwen te gen konpasyon pou ou a? ³⁴ Epi mèt li a, byen fache, te livre bay moun nan pou l tòtire jis lè li ta repeye tout sa li te dwe l la.

³⁵ "Konsa ᶜPapa M nan syèl la va fè a nou menm osi si nou pa padone frè nou yo jis nan kè nou."

19 Lè Jésus te fin pale pawòl sa yo, li te kite Galilée pou ᵈale nan rejyon Judée, lòtbò Jourdain an. ² Gran foul yo te swiv Li, e ᵉLi te geri yo la.

ᵃ **17:24** Egz 30:13   ᵇ **17:25** Wo 13:7   ᶜ **17:27** Mat 5:29-30   ᵈ **18:1** Mc 9:33-37   ᵉ **18:3** Mat 19:14   ᶠ **18:6** Mc 9:42   ᵍ **18:7** Luc 17:1   ʰ **18:8** Mat 5:30   ⁱ **18:9** Mat 5:29   ʲ **18:10** Luc 1:19   ᵏ **18:11** Luc 19:10   ˡ **18:12** Luc 15:4-7   ᵐ **18:15** Lev 19:17   ⁿ **18:16** Det 19:15   ᵒ **18:17** II Tim 3:6-14   ᵖ **18:18** Mat 16:19   ᑫ **18:19** Mat 7:7   ʳ **18:20** Mat 28:20   ˢ **18:21** Mat 18:15   ᵗ **18:21** Luc 17:4   ᵘ **18:22** Jen 4:24   ᵛ **18:23** Mat 13:24   ʷ **18:23** Mat 25:19   ˣ **18:25** Luc 7:42   ʸ **18:25** Egz 21:2   ᶻ **18:26** Egz 8:2   ᵃ **18:27** Luc 7:42   ᵇ **18:33** Mat 6:12   ᶜ **18:35** Mat 6:14   ᵈ **19:1** Mc 10:1-12   ᵉ **19:2** Mat 4:23

³ Kèk Farizyen te vin kote Li pou fè pase L eprèv. Yo mande L: ᵃ"Èske li pèmèt pou yon nonm divòse ak madanm li pou okenn rezon?"

⁴ Li te reponn yo: "Èske nou pa konn li ᵇke Sila ki te kreye yo depi nan kòmansman an, te fè yo mal ak femèl, ⁵ ke: ᶜ'pou koz sa a, yon nonm ap kite papa li ak manman li pou vin atache a madanm li, epi yo de a ap vini yon sèl chè? ⁶ Konsa, se pa de yo ye ankò, men yon sèl chè. Sa ke Bondye mete ansanm, pa kite okenn moun separe l.'"

⁷ Yo te mande L: "Ebyen, ᵈpoukisa Moïse te kòmande yo pou 'Bay li yon sètifika divòs e voye li ale?'"

⁸ Li te reponn yo: "Akoz kè di nou, Moïse te pèmèt nou divòse ak madanm nou yo, men depi nan kòmansman an, se pa konsa li te ye. ⁹ Mwen di nou: ᵉNenpòt moun ki divòse ak madanm li, sof ke pou imoralite, epi marye avèk yon lòt fanm, li fè adiltè."

¹⁰ Disip Li yo te di L: "Si se konsa relasyon a yon mesye ye avèk madanm li, li pi bon pou pa marye."

¹¹ Men Li te di yo: ᶠ"Se pa tout moun ki kapab aksepte sa nou di a, men sèl sa yo ke li te bay. ¹² Paske gen enik ki te fèt konsa depi nan vant manman yo, e gen enik ki te fèt konsa pa lòm; e gen enik ki te fèt konsa pou tèt yo, pou koz a wayòm syèl la. Sila ki kapab aksepte sa, kite l aksepte li."

¹³ Apre sa, ᵍyo te mennen kèk timoun kote L pou Li ta kapab mete men Li sou yo e priye pou yo; men disip yo te reprimande yo.

¹⁴ Konsa, Jésus te di: ʰ"Bay timoun yo pèmi, e pa anpeche yo vin kote Mwen, paske wayòm syèl la se pou sila ki tankou yo". ¹⁵ Apre Li mete men Li sou yo, Li kite la.

¹⁶ ⁱKonsa, youn moun te vini la, e te di: "Mèt, ki bon bagay Mwen kapab fè pou m jwenn lavi etènèl?"

¹⁷ Li te di l: "Poukisa ou ap kesyone M sou sa ki bon? Gen yon sèl ki bon, Bondye. Men ʲsi ou vle antre nan lavi, kenbe kòmandman yo."

¹⁸ Li te mande Li: "Kilès nan yo?"

Jésus te reponn li: ᵏ"Ou pa pou touye moun, ou pa pou fè adiltè, ou pa pou vòlè, ou pa pou pote fo temwayaj. ¹⁹ ˡOnore papa ou avèk manman ou, epi ᵐrenmen pwochen ou tankou tèt ou."

²⁰ Jennonm nan te di L: "Tout bagay sa yo, mwen fè yo. Kisa mwen manke?"

²¹ Jésus te di l: "Si ou vle pafè, ⁿale vann tout sa ou posede, bay malere yo, e w ap gen richès nan syèl la; epi vin swiv Mwen."

²² Men lè jennonm nan te tande pawòl sa a, li te sòti dezole, paske li te gen anpil byen.

²³ Jésus te di a disip Li yo: "Anverite Mwen di nou: ᵒLi difisil pou yon nonm rich antre nan wayòm syèl la. ²⁴ Ankò, Mwen di nou: ᵖLi pi fasil pou yon chamo pase nan zye a yon zegwi, pase pou yon nonm rich antre nan wayòm Bondye a."

²⁵ Lè disip Li yo te tande sa, yo te etone e te di: "Kilès konsa ki kab sove?"

²⁶ Jésus te byen gade yo, e te di: ᑫ"Avèk moun, li pa posib, men avèk Bondye, tout bagay posib."

²⁷ Konsa Pierre te reponn Li. Li te di: "Gade, nou fin kite tout bagay pou te swiv Ou. Kisa k ap gen pou nou?"

²⁸ Jésus te di yo: "Anverite, Mwen di nou ke nou ki te swiv Mwen yo, nan tan renouvèlman tout bagay la, lè Fis a Lòm nan vin chita sou twòn Li nan tout glwa Li, nou menm ʳtou, n ap chita sou douz twòn pou jije douz tribi Israël yo.

²⁹ ˢ"Tout moun ki kite kay yo oubyen frè yo oubyen sè yo, papa, Manman, zanfan, oubyen tè pou koz a Non Mwen, ap resevwa anpil fwa sa a, e va eritye lavi etènèl. ³⁰ ᵗMen anpil moun ki premye ap dènye, e dènye yo, ap vin premye."

20 "Paske wayòm syèl la tankou yon mèt tè ki ale deyò granmaten pou anplwaye ouvriye pou ᵘchan rezen li. ² Lè li te fin antann li avèk ouvriye yo pou yon denye (frè kòb jounalye) pou jou a, li voye yo nan chan an.

³ "Vè twazyèm lè, li te soti pou wè lòt moun san anyen pou fè, ki te kanpe nan mache a. ⁴ Li te di yo: 'Nou menm tou, ale nan chan rezen an, epi nenpòt bagay ki jis, m ap bannou.' Konsa, yo ale.

⁵ "Ankò li ale deyò vè sizyèm lè, nevyèm lè, e te fè menm bagay la. ⁶ "Vè onzyèm lè, li te ale deyò e te touve lòt moun ki tap kanpe. Li te di yo: 'Poukisa nou kanpe la tout lajounen san fè anyen?'

⁷ "Yo te reponn li: 'Paske pèsòn pa anplwaye nou.'

"Li te di yo: 'Nou menm tou, ale nan chan rezen an.'

⁸ "Lè ᵛaswè rive, mèt chan rezen an te di fòmann nan: 'Rele ouvriye yo pou peye yo salè yo. Kòmanse avèk dènye ekip la, pou ale nan premye a.'

⁹ "Lè ouvriye ki te antre vè onzyèm lè yo te vini, yo chak te resevwa yon denye. ¹⁰ Konsa, lè sa ki te anplwaye anpremye yo te vini, yo te sipoze yo t ap resevwa plis, men yo chak te resevwa yon denye.

¹¹ Alò, lè yo te resevwa l, yo te plenyen kont mèt tè a. ¹² Yo te di: 'Moun sa yo te travay sèlman pou yon èdtan, men ou fè yo menm jan avèk nou ki pote tout fado a, avèk ʷchalè ki t ap brile nou tout jounen an.'

¹³ "Men li te reponn a younn nan yo: ˣ'Zanmi m, mwen pa fè ou okenn tò. Èske ou pa t vin dakò pou yon denye? ¹⁴ Pran sa ki pou ou a, epi al fè wout ou. Se volonte m pou bay moun sa menm fòs avèk ou. ¹⁵ Èske m pa gen dwa fè sa mwen vle avèk sa ki pou mwen? Oubyen èske ʸzye ou plen ak lanvi paske mwen gen jenewozite?'

ᵃ **19:3** Mat 5:31   ᵇ **19:4** Jen 1:27   ᶜ **19:5** Jen 2:24   ᵈ **19:7** Det 24:1-4   ᵉ **19:9** Mat 5:32   ᶠ **19:11** I Kor 7:7
ᵍ **19:13** Mc 10:13-16   ʰ **19:14** Mat 18:3   ⁱ **19:16** Luc 10:25-28   ʲ **19:17** Lev 18:5   ᵏ **19:18** Egz 20:13-16
ˡ **19:19** Egz 20:12   ᵐ **19:19** Lev 19:18   ⁿ **19:21** Luc 12:33   ᵒ **19:23** Mat 13:22   ᵖ **19:24** Mc 10:25
ᑫ **19:26** Jen 18:14   ʳ **19:28** Luc 22:30   ˢ **19:29** Mat 6:33   ᵗ **19:30** Mat 20:16   ᵘ **20:1** Mat 21:28,33
ᵛ **20:8** Lev 19:13   ʷ **20:12** Jon 4:8   ˣ **20:13** Mat 22:12   ʸ **20:15** Det 15:9

16 "Konsa ᵃdènye a ap vin premye, e premye a ap vin dènye."

17 ᵇ Lè Jésus te apèn parèt pou monte a Jérusalem, Li te pran douz disip yo akote pou kont yo. Pandan yo nan wout la, Li te di yo: 18 "Gade, n ap monte Jérusalem, epi Fis a Lòm nan ᶜap livre a chèf prèt yo ak Skrib yo, e y ap kondane Li a lanmò. 19 Konsa, y ap livre Li a payen yo pou yo ka moke L e bay Li kout fwèt, e y ap krisifye Li. Epi ᵈnan twazyèm jou a, L ap leve."

20 ᵉManman a fis Zébédée yo te vin kote L avèk fis li yo. Li te bese devan L pou mande L yon favè.

21 Li te di L: "Kisa ou vle?"

Li te di L: "Pase lòd pou nan Wayòm ou an, de fis mwen yo ᶠkapab chita youn sou bò dwat Ou ak youn sou bò goch Ou."

22 Men Jésus te reponn: "Nou pa konnen kisa n ap mande a. Èske nou kapab ᵍbwè tas ke Mwen prè pou M bwè a?"

Yo te di Li: "Nou kapab".

23 Li te di yo: ʰ"Tas Mwen an nou ap bwè, men pou chita adwat Mwen, oubyen agoch Mwen, se pa Mwen ki pou bay li, men se pou sila papa M te ⁱprepare li yo."

24 Konsa, lè dis yo te tande sa, yo te vin trè fache avèk de frè yo.

25 ʲMen Jésus te rele yo a Li menm e te di yo: "Ou konnen ke chèf payen yo pran pozisyon yo kon gwo chèf sou yo, epi moun enpòtan pa yo egzèse gwo otorite sou yo.

26 "Li pa konsa pami nou, ᵏmen sila ki ta vle gran pami nou an, ap vin sèvitè nou. 27 Epi sila a ki vle premye pami nou an, va vin esklav nou. 28 Menm jan ke Fis a Lòm nan ˡpa t vini pou fè lòt sèvi Li, men pou sèvi lòt yo, e pou bay vi li pou ranson vi a anpil lòt moun."

29 ᵐPandan yo t ap kite Jéricho, yon gran foul te swiv Li.

30 Epi konsa de moun avèg ki te chita akote wout la, lè yo te tande ke Jésus t ap pase la, te kòmanse kriye: "Senyè, ⁿgen pitye pou nou, Fis a David la!"

31 Men moun yo te pale ak yo sevèman pou yo sispann pale, men yo rele pi fò: "Senyè, gen pitye pou nou, ᵒFis a David la".

32 Epi Jésus te rete la. Li te rele yo, e te di: "Kisa nou ta renmen Mwen fè pou nou?"

33 Yo te reponn Li: "Senyè, nou vle zye nou louvri".

34 Jésus, ranpli avèk konpasyon, te touche zye yo. Imedyatman yo te vin wè, e yo te swiv Li.

21 ᵖLè yo te pwoche Jérusalem pou rive kote Bethphagé nan Mòn Oliv la, Jésus te voye de nan disip li yo, 2 epi te di yo: "Ale nan vilaj anfas nou an, epi nou va twouve yon bourik ki mare la avèk pitit li. Demare yo, e mennen yo ban Mwen. 3 Epi si yon moun di nou yon bagay, nou va di li konsa: 'Senyè a gen bezwen yo', epi lapoula, l ap voye yo."

4 ᵠTout sa te fèt pou sa ki te pale pa pwofèt la ta kapab akonpli, lè li te di:

5 ʳ"Pale a fi Sion an,
  Men gade, Wa ou ap vin kote ou,
  dou, e monte sou yon bourik,
  yon jenn bourik, Pitit a yon bèt ki pote chaj".

6 Epi disip yo te ale fè tout sa Li te mande yo.
7 Konsa yo te mennen bourik la avèk Pitit li a e te mete vètman yo, epi konsa, sou vètman yo Li te chita.

8 Pifò nan foul la te ˢplase vètman yo louvri sou wout la, e kèk lòt t ap koupe branch nan bwa yo pou plase sou wout la.

9 Foul la ki te ale devan Li, ni sa ki te swiv Li t ap rele: "Ozana (Glwa a Bondye) a Fis a David la! ᵗBeni se Sila ki vini nan non Senyè a! Ozana ᵘnan pi wo a!"

10 Lè Li te antre Jérusalem, tout vil la te byen boulvèse e t ap di: "Ki moun sa ye?" 11 Epi foul la t ap di: "Sa se ᵛpwofèt Jésus ki sòti Nazareth nan Galilée a".

12 ʷJésus te antre nan tanp lan e te chase mete tout moun deyò ki t ap achte e vann nan tanp lan. Li te chavire tab a moun ki t ap chanje lajan yo, avèk chèz a moun ki t ap vann toutrèl yo. 13 Li te di yo: "Li ekri: ˣ'Lakay Mwen an va rele yon kay pou lapriyè,' men nou menm, nou fè li yon ʸtwou kachèt pou vòlè!"

14 Avèg yo avèk bwate yo te vin kote L nan tanp lan, e ᶻLi te geri yo.

15 Men lè chèf prèt yo avèk skrib yo te wè tout mèvèy ke Li te fè yo, epi timoun nan tanp yo ki t ap kriye: "Ozana a ᵃFis a David la!", yo te ankòlè anpil. 16 Epi yo te di Li: "Ou pa tande kisa timoun sa yo ap di?" Jésus te reponn yo: "Wi, nou pa janm konn li ᵇ'Nan bouch a timoun avèk ti bebe k ap tete yo, nou prepare lwanj pou Ou menm'"?

17 Li te kite yo, e sòti pou ale nan vil ᶜBéthanie pou pase nwit lan.

18 ᵈAlò nan maten, Li te retounen nan vil la. Li te vin grangou. 19 Li te wè yon sèl ᵉpye fig frans akote wout la. Men lè L vin kote l, Li pa twouve anyen sof ke fèy yo. Konsa Li pale li: "Ou p ap janm gen fwi ki sòti sou ou ankò!" Epi lapoula, pye fig frans lan te vin fennen nèt.

20 Lè yo wè sa, disip yo te etone. Yo te di: "Ki jan fig frans sa a fè vin fennen nan yon moman konsa?"

21 Jésus te reponn e te di yo: "Anverite Mwen di nou: ᶠSi nou gen lafwa e nou pa doute, non sèlman n ap fè sa ki te fèt a fig frans lan, men menm si nou di a mòn sa a: 'Leve ale jete ou nan lanmè', sa va fèt.

ᵃ **20:16** Mat 19:30   ᵇ **20:17** Mc 10:32-34   ᶜ **20:18** Mat 16:21   ᵈ **20:19** Mat 16:21   ᵉ **20:20** Mc 10:35-45
ᶠ **20:21** Mat 19:28   ᵍ **20:22** És 51:17-22   ʰ **20:23** Trav 12:2   ⁱ **20:23** Mat 25:34   ʲ **20:25** Mat 20:25-28
ᵏ **20:26** Mat 2:11   ˡ **20:28** Mat 26:28   ᵐ **20:29** Mat 9:27-31   ⁿ **20:30** Mat 9:27   ᵒ **20:31** Mat 9:27   ᵖ **21:1** Mc 11:1-10   ᵠ **21:4** Mc 11:7-10   ʳ **21:5** És 62:11   ˢ **21:8** II Wa 9:13   ᵗ **21:9** Sòm 118:26   ᵘ **21:9** Luc 2:14
ᵛ **21:11** Mat 21:26   ʷ **21:12** Mc 11:15-18   ˣ **21:13** És 56:7   ʸ **21:13** Jr 7:11   ᶻ **21:14** Mat 4:23   ᵃ **21:15** Mat 9:27
ᵇ **21:16** Sòm 8:2   ᶜ **21:17** Mat 26:6   ᵈ **21:18** Mc 11:12-24   ᵉ **21:19** Luc 13:6-9   ᶠ **21:21** Mat 17:20

²² Epi ᵃtout sa nou mande nan lapriyè e kwè, nou va resevwa li."

²³ ᵇLè Li te fin antre nan tanp lan, chèf prèt yo avèk lansyen pami pèp la te vin kote L pandan Li t ap enstwi pou mande L: "Pa ki otorite Ou fè bagay sa yo? Se kilès ki te bay ou otorite sila a?"

²⁴ Jésus te reponn yo: "M ap mande nou yon bagay tou, e si nou reponn Mwen, M ap fè nou konnen pa ki otorite Mwen fè bagay sila yo. ²⁵ Batèm a Jean an, kibò li sòti? Èske sous li se syèl la, oubyen lòm?"

Konsa, yo te kòmanse rezone pami yo menm. Yo te di: "Si nou di 'syèl la', L ap di nou 'ebyen poukisa nou pa t kwè l?' ²⁶ Men si nou di 'lòm', nou pè foul la, paske yo tout kwè ke Jean te ᶜyon pwofèt."

²⁷ Yo te reponn Jésus. Yo te di: "Nou pa konnen". Li te reponn yo: "Ni Mwen menm p ap di nou pa ki otorite Mwen fè bagay sa yo."

²⁸ "Men kisa nou panse? Yon nonm te gen de fis. Li te vini a premye a, e te di l: 'Fis mwen, ale travay pou mwen jodi a nan ᵈchan rezen an.'"

²⁹ "Li te reponn: 'M p ap prale'. Men, apre li te regrèt sa, e li te ale.

³⁰ "Nonm nan te rive kote dezyèm nan, e te di menm bagay la. Men li menm te reponn, e te di: Avozòd! Men li pa t ale. ³¹ Kilès nan de fis sa yo ki te fè volonte a papa l?"

Yo te reponn: "Premye a".

Jésus te di yo: "Anverite, Mwen di nou ke ᵉkolektè kontribisyon yo avèk fanm movèz vi yo va antre nan wayòm syèl la avan nou menm. ³² Paske Jean te vini a nou menm nan chemen ladwati, men nou pa t kwè li; men ᶠkolektè kontribisyon yo avèk fanm movèz vi yo te kwè li.. Men nou menm ki te wè sa, nou pa t menm repanti lè l fin fèt pou nou ta kwè li.

³³ "Koute yon lòt parabòl. Te gen yon mèt tè ki te plante yon chan rezen. Li te antoure li avèk yon miray. Li te fouye yon rezèvwa pou kraze rezen yo, e te bati yon tou ki wo. Li te antann demwatye ak kiltivatè yo, e te ale fè yon vwayaj.

³⁴ "Lè lè rekòlt la te rive, li te ᵍvoye esklav li yo jwenn kiltivatè yo pou resevwa pwodwi pa li a. ³⁵ Konsa, kiltivatè yo te pran esklav li yo, te bat youn, te touye yon lòt, e yo te kalonnen twazyèm lan avèk kout wòch.

³⁶ "Ankò liʰte voye yon lòt ekip esklav pi gran pase premye yo, e yo fè yo menm bagay la.

³⁷ "Men anfen, li te voye fis li a. Li te di: 'Y ap respekte fis mwen an.' ³⁸ Men lè kiltivatè yo te wè fis la, yo te di pami yo, 'Sa se eritye a. Vini, annou touye li epi sezi eritaj li a.' ³⁹ Konsa, yo te pran li, voye li deyò chan an e yo te touye li.

⁴⁰ "Akoz sa, lè mèt teren an vini, kisa l ap fè avèk kiltivatè sa yo?"

⁴¹ Yo te di Li: "L ap mennen malveyan sa yo a yon move fen, epi li ⁱva lwe chan sa a bay lòt kiltivatè k ap peye li sa yo dwe yo nan pwòp lè yo."

⁴² Jésus te di yo:
"Èske nou pa janm li nan Ekriti Sen yo, ʲ
'Wòch ke sila ki t ap bati yo te rejte a,
te devni wòch ang prensipal la.
Sa te sòti nan Senyè a, e se te yon mèvèy
nan zye nou.'?"

⁴³ "Akoz sa Mwen di nou: Wayòm syèl la ap vin pran nan men nou pou plase bay yon nasyon k ap pwodwi fwi li. ⁴⁴ Epi ᵏsila ki tonbe sou wòch sila ap kraze an mòso, men sou sila ke li tonbe a, l ap gaye li tankou poud."

⁴⁵ Lè chèf prèt ak Farizyen yo te tande parabòl Li yo, yo te konprann ke Li t ap pale de yo menm. ⁴⁶ Lè yo te chèche mwayen sezi Li, yo te ˡkrent foul la paske yo te konsidere Li kon yon ᵐpwofèt.

22 Ankò Jésus te reponn yo e pale ak yo an parabòl. Li te di: ² ⁿ"Wayòm syèl la tankou yon wa ki fè yon fèt maryaj pou fis li. ³ Li te ᵒvoye esklav li yo deyò pou rele sila yo ki te envite nan fèt maryaj la, men yo pa t dakò vini.

⁴ "Ankò li ᵖvoye lòt esklav pou di: "Gade, mwen prepare anpil manje. Bèf avèk anpil lòt bèt gra gen tan fin kòche. Tout bagay prè. Vini nan fèt maryaj la.

⁵ "Men yo pa t okipe li. Yo fè wout yo. Youn ale nan chan li, yon lòt pou okipe afè l. ⁶ Konsa, rès yo te sezi esklav li yo, e te maltrete e touye yo. ⁷ Lè wa a tande sa a, li te anraje. Li te voye lame li pou te detwi tout asasen sa yo, e te mete dife nan vil pa yo.

⁸ "Apre, li te di a esklav li yo: 'Maryaj la prepare, men sila ki te envite yo pa dign. ⁹ Pou sa, ale nan ᵍgran wout yo, epi tout sila nou twouve la yo, envite yo nan fèt maryaj la.'

¹⁰ "Konsa, esklav sila yo te ale deyò nan lari yo pou te ranmase tout sa yo te twouve, ni mechan, ni bon, epi chan maryaj la te ranpli avèk moun envite yo.

¹¹ "Men lè wa a te vini pou wè sila ki te vini yo, li twouve ʳyon nonm ki pa abiye avèk vètman maryaj la. ¹² Li te di li: ˢ'Zanmi m, kijan ou fè antre isit la san vètman maryaj la?' Moun nan pa t kab menm pale.

¹³ "Konsa, wa a te di a sèvitè yo: Mare men li avèk pye li, e jete li deyò nan ᵗfon tenèb. Nan plas sa a, va genyen gwo kriye avèk manje dan. ¹⁴ Paske gen anpil moun k ap ᵘresevwa apèl la, men pa anpil moun kap chwazi."

¹⁵ ᵛKonsa, Farizyen yo te ale pran konsèy ansanm pou twouve kijan yo ta kab kenbe L nan pèlen pawòl ke Li te pale yo. ¹⁶ Yo te voye disip pa yo ansanm avèk ʷEwodyen yo. Yo te di: "Mèt, nou konnen ke Ou bay verite, e enstwi chemen Bondye a ak verite,

---

ᵃ **21:22** Mat 7:7   ᵇ **21:23** Mc 11:27-33   ᶜ **21:26** Mat 11:9   ᵈ **21:28** Mat 20:1   ᵉ **21:31** Luc 7:29,37   ᶠ **21:32** Luc 3:12   ᵍ **21:34** Mat 22:3   ʰ **21:36** Mat 22:4   ⁱ **21:41** Mat 8:11   ʲ **21:42** Sòm 118:22   ᵏ **21:44** És 8:14,15   ˡ **21:46** Mat 21:26   ᵐ **21:46** Mat 21:11   ⁿ **22:2** Mat 13:24   ᵒ **22:3** Mat 21:34   ᵖ **22:4** Mat 21:36   ᵠ **22:9** Éz 21:21   ʳ **22:11** II Wa 10:22   ˢ **22:12** Mat 20:13   ᵗ **22:13** Mat 8:12   ᵘ **22:14** Mat 24:22   ᵛ **22:15** Mc 12:13-17   ʷ **22:16** Mc 3:6

san patipri, paske Ou pa pran pati a pèsòn. ¹⁷ Pou sa, di nou kisa Ou panse? Èske li pèmèt pou peye ᵃtaks a ᵇCésar? Wi oubyen non?"

¹⁸ Men Jésus te konprann mechanste yo. Li te reponn: "Poukisa nou ap tante M konsa? Ipokrit nou ye! ¹⁹ Montre M ᶜkòb ke nou sèvi pou peye taks la."

Yo te pote bay Li yon denye.
²⁰ Li te mande yo: "Limaj avèk lenskripsyon a ki moun nou wè la a?"

²¹ Yo reponn Li: "Se pou César".

Li te di yo: ᵈ"Ebyen, bay a César sa ki pou César, e bay Bondye sa ki pou Bondye."

²² Lè yo tande sa, yo te etone e yo te ᵉkite Li ale.

²³ ᶠNan menm jou sa a, kèk nan Sadiseyen yo (ki di pa gen rezirèksyon) te vin kote L pou poze L kesyon. ²⁴ Yo te di: "Mèt, Moïse te di: ᵍ"Si yon nonm mouri, li pa gen pitit, frè li, nan fanmi ki pi prè a va marye avèk madanm li, pou l elve yon Pitit pou frè li.' ²⁵ Konsa, te gen sèt frè avèk nou. Premye a te marye. Li mouri san fè Pitit e li te kite madanm li pou frè l la. ²⁶ Konsa tou, dezyèm lan, twazyèm nan, jouk rive nan setyèm frè a. ²⁷ An dènye lye, fanm te nan mouri. ²⁸ Konsa nan rezirèksyon an, se madanm a kilès l ap ye? Paske yo tout te genyen l."

²⁹ Men Jésus te reponn yo: "Nou twonpe nou. Nou ʰpa konprann Ekriti Sen yo, ni pouvwa Bondye a. ³⁰ Paske nan rezirèksyon an, yo ⁱpa marye, ni bay moun nan maryaj, men se kon zanj nan syèl yo. ³¹ Men konsènan rezirèksyon mò yo, nou pa t li sa ki te pale a nou pa Bondye lè Li di nou: ³² ʲ'Mwen menm se Bondye Abraham, Bondye Isaac, Bondye Jacob la'? Li menm pa Bondye a mò yo, men a sila ki vivan yo."

³³ Lè foul la te tande sa, ᵏyo te etone de jan Li te enstwi a.

³⁴ ˡMen lè Farizyen yo te tande ke Li gen tan fè Sadiseyen yo sispann pale, yo te reyini ansanm.

³⁵ Youn nan yo, yon ᵐavoka, te kesyone L pou pase l a leprèv. ³⁶ "Mèt, kilès nan kòmandman nan Lalwa a ki pi gran?" ³⁷ Li te reponn li: ⁿ"'Ou va renmen Senyè a, Bondye ou avèk tout kè ou, avèk tout nanm ou, e avèk tout lespri ou'.

³⁸ "Sa se premye e pi gran kòmandman an. ³⁹ Dezyèm nan se parèy a li menm: ᵒ'Ou va renmen vwazen ou tankou tèt ou'.

⁴⁰ ᵖ'Sou de kòmandman sa yo depann tout Lalwa, avèk pwofèt yo."

⁴¹ ᵠAlò, pandan Farizyen yo te ansanm, Jésus te poze yo yon kesyon. ⁴² Li te mande yo: "Kisa nou panse de Kris la? Se Fis a kilès Li ye?"

Yo te reponn Li: ʳ"Fis a David la".

⁴³ Li te di yo: "Ebyen, ki jan konsa ke nan Lespri a, David te rele Li 'Senyè' lè li te di:

⁴⁴ ˢ"SENYÈ a di a SENYÈ mwen an,
'Chita sou men dwat Mwen,
jouk lè Mwen mete lènmi ou yo anba pye ou'?
⁴⁵ "Si David li menm rele Li 'Senyè', ki jan Li fè kapab Pitit Li?"

⁴⁶ Pèsòn pa t kapab reponn Li yon mo, ᵗni yo pa t tante mande Li anyen depi jou sa a.

23

Alò, Jésus te pale avèk foul la ak disip Li yo ² Li te di yo: ᵘ"Skrib yo avèk Farizyen yo gen tan chita nan chèz Moïse la. ³ Pou sa, tout sa yo mande nou fè ak swiv, fè l. Men pa swiv zak yo, paske yo pale bagay sa yo, men yo pa fè yo. ⁴ ᵛYo mare gwo chaj e mete yo sou zepòl a moun; men yo menm, yo p ap leve menm yon dwèt pou ede yo.

⁵ "Men yo fè tout zak pa yo pou moun kapab wè. Yo ʷagrandi filaktè pa yo (ti bwat ki pote woulo avèk Ekriti Sen yo ekri ladann) e fè ganiti (alonj ki fèt ak kòd) arebò vètman yo vin pi long. ⁶ Yo ˣrenmen plas onè nan resepsyon yo, avèk plas ki pi enpòtan nan sinagòg yo, ⁷ ak salitasyon ki plen respè nan mache yo, e pou tout moun rele yo ʸ'Rabbi' (Mèt).

⁸ "Men pa kite yo rele nou ᶻ'Rabbi', paske se yon sèl ki Mèt nou, e nou tout se frè nou ye. ⁹ Epi pa rele pèsòn sou latè 'papa', paske se ᵃyon sèl ki Papa nou; Sila ki nan syèl la. ¹⁰ Ni pa kite yo rele nou Direktè, paske nou gen yon sèl Direktè; se Kris la.

¹¹ ᵇ"Men pi gran pami nou an va vin sèvitè nou. ¹² ᶜKonsa, sila ki pran wo plas yo ap desann, e sila ki desann tèt yo ap vin gen yon wo plas.

¹³ "Men malè a nou menm Skrib yo avèk Farizyen yo! Ipokrit nou ye! Paske ᵈnou devore kay vèv yo menm lè nou pretann n ap fè lapriyè long; pou sa, nou a pre se v wa yon pi gwo kondanasyon. ¹⁴ "Malè a nou menm Skrib ak Farizyen yo! Ipokrit! ᵉPaske nou bloke wayòm syèl la kont moun. Nou p ap antre nou menm, ni nou pa kite sila k ap antre yo ale ladann.

¹⁵ "Malè a nou menm Skrib ak Farizyen yo; ipokrit nou ye! Paske nou travèse tout latè avèk lanmè pou fè ᶠyon sèl disip; e lè nou fè l, li vini de fwa pis fis lanfè ke nou menm.

¹⁶ "Malè a nou menm, ᵍgid ki avèg! Ki di: 'Sila ki sèmante sou tanp lan, sa pa anyen, men sila ki sèmante sou lò a tanp lan, se oblije.' ¹⁷ Bann sòt ak moun avèg! ʰKisa ki pi gran? Lò a, oubyen tanp lan ki sanktifye lò a?

¹⁸ "Epi 'Sila ki sèmante sou lotèl la, sa pa anyen; men sila ki sèmante sou ofrann ki sou lotèl la, li oblije'. ¹⁹ Moun avèg! ⁱKilès ki pi enpòtan, ofrann sou lotèl la, oubyen lotèl la ki sanktifye lofrann nan?

²⁰ "Pou sa, sila ki sèmante sou lotèl la, sèmante ni sou li, ni sou tout bagay ki sou li. ²¹ Epi sila ki sèmante sou tanp lan, sèmante non sèlman sou tanp

---

ᵃ **22:17** Mat 17:25   ᵇ **22:17** Luc 3:1   ᶜ **22:19** Mat 17:25   ᵈ **22:21** Mc 12:7   ᵉ **22:22** Mc 12:12   ᶠ **22:23** Mc 12:18-27   ᵍ **22:24** Det 25:5   ʰ **22:29** Jn 20:9   ⁱ **22:30** Mat 24:38   ʲ **22:32** Egz 3:6   ᵏ **22:33** Mat 7:28   ˡ **22:34** Luc 10:25-37   ᵐ **22:35** Luc 7:30   ⁿ **22:37** Det 6:5   ᵒ **22:39** Lev 19:18   ᵖ **22:40** Mat 7:12   ᵠ **22:41** Mc 12:35-37   ʳ **22:42** Mat 9:27   ˢ **22:44** Mc 12:34   ᵗ **22:46** Sòm 110:1   ᵘ **23:2** Det 33:3   ᵛ **23:4** Luc 11:46   ʷ **23:5** Egz 13:9   ˣ **23:5** Luc 11:43   ʸ **23:7** Mat 23:8   ᶻ **23:8** Mat 23:7   ᵃ **23:9** Mat 6:9   ᵇ **23:11** Mat 20:26   ᶜ **23:12** Luc 14:11   ᵈ **23:13** Mc 12:40   ᵉ **23:14** Luc 11:52   ᶠ **23:15** Trav 2:10   ᵍ **23:16** Mat 15:14   ʰ **23:17** Egz 30:29   ⁱ **23:19** Egz 29:37

lan, men osi sou Sila ki ªrete ladann nan. ²² Epi sila ki sèmante sou syèl la, ᵇsèmante non sèlman sou twòn Bondye a, men sou Sila ki chita ladann nan.

²³ ᶜ"Malè a nou menm, Skrib ak Farizyen yo, ipokrit! Paske nou bay ladim nan mant, ani, avèk pèsi (yon kalite epis) men nou neglije pòsyon Lalwa ki pote plis pwa yo; lajistis, mizerikòd, ak fidelite. Men bagay sa yo nou dwe fè yo san neglije lòt yo. ²⁴ Nou menm, ᵈgid ki avèg, ki sèvi ak yon paswa pou retire mouch, men nou vale yon chamo!

²⁵ "Malè a nou menm Skrib ak Farizyen yo, ipokrit! ᵉNou netwaye deyò tas la ak plato a, men anndan yo plen avèk bann vòlè k ap peze souse ak mechanste pou achevi tout bezwen pèsonèl yo. ²⁶ Nou menm, Farizyen ki avèg yo; premyèman, ᶠnetwaye anndan tas la ak plato a, pou deyò li kapab vin pwòp tou.

²⁷ ᵍ"Malè a nou menm, Skrib ak Farizyen yo, ipokrit! Paske nou tankou tonm ki blanchi deyò pou parèt bèl, men anndan yo ranpli avèk zo mò ak tout kalite pouriti. ²⁸ Menm jan an, nou menm tou, nou gen aparans ladwati, men anndan nou ranpli avèk ipokrizi ak linikite.

²⁹ ʰ"Malè a nou menm Skrib ak Farizyen yo, ipokrit! Nou bati tonm pou pwofèt yo e dekore moniman a sila ki te jis yo, ³⁰ epi di: 'Si nou te viv nan jou zansèt nou yo, nou pa t ap ede yo vèse san a pwofèt yo'. ³¹ An konsekans, nou temwaye kont pwòp tèt pa nou; ke nou menm ⁱse fis a moun ki te touye pwofèt yo.

³² "Konsa, ranpli mezi koupabilite nou, menm jan tankou zansèt nou yo te fè a. ³³ Bann sèpan, ʲnich ranpli ak koulèv; kijan pou nou ta kapab chape de chatiman lanfè a?

³⁴ ᵏ"Pou sa, gade, Mwen ap voye bann ou pwofèt ak moun saj, ak Skrib yo. Kèk nan yo, nou va touye e krisifye. Kèk nan yo, nou ap bay kout fwèt nan sinagòg nou yo, e pèsekite yo soti nan yon vil jiska yon lòt, ³⁵ pou sa rive ke sou nou kapab tonbe koupabilite pou tout san ki te vèse sou latè yo, kòmanse avèk Abel ki te jis, pou rive jouk nan san Zacharie, ˡfis a Barachie a, ke nou te ᵐasasine antre tanp lan ak lotèl la.

³⁶ "Anverite, Mwen di nou ke tout bagay sa yo ap rive sou ⁿjenerasyon sila a.

³⁷ "O ᵒJérusalem, Jérusalem, ki touye pwofèt yo e asasine sila ki te voye a li menm yo avèk kout wòch! Konbyen fwa Mwen te vle rasanble nou ansanm, kon yon poul rasanble pitit li anba zèl li, men nou pa t vle.

³⁸ "Gade byen, ᵖlakay nou rete nan men nou dezole nèt. ³⁹ Paske Mwen di nou: Depi koulye a, nou p ap wè M jiskaske nou di: ᑫ'Beni se Sila ki vini nan non Senyè a.'"

24 ʳJésus te sòti nan tanp lan e t ap fè wout Li. Disip Li yo te vini pou montre Li bèl konstriksyon tanp lan. ² Men Li te di yo: "Konsa, nou wè tout bagay sa yo? Anverite, Mwen di nou ke ˢpa menm yon wòch isit la ap rete sou youn lòt ki p ap jete dekonble nèt."

³ Pandan Li t ap chita sou ᵗMòn Oliv la, disip Li yo te vin kote Li an prive. Yo te mande L: "Di nou kilè bagay sa yo ap rive, e ki sign k ap fè nou konnen ke Ou ap vini, e k ap enfòme nou sou fen tan yo?"

⁴ Jésus te reponn yo: "Fè atansyon pou pèsòn pa kondwi nou nan erè!" ⁵ Konsa, ᵘanpil moun ap vini nan non Mwen k ap di: 'Se Mwen ki Kris La', e yo va kondwi anpil moun nan erè.

⁶ "Nou va tande afè ᵛlagè, avèk bwi ki pale sou lagè, men fè atansyon pou nou pa pè. Fòk bagay sa yo rive, men sa se pa lafen an. ⁷ Paske ʷnasyon ap leve kont nasyon, epi wayòm kont wayòm. Nan plizyè andwa, va gen gwo grangou avèk tranbleman de tè yo. ⁸ ˣMen tout bagay sa yo se sèlman kòmansman an; tankou premye doulè a fanm k ap akouche a.

⁹ ʸ"Epi konsa yo va livre nou nan touman, e yo va touye nou. ᶻNou va rayi pa tout nasyon yo pou koz a non Mwen.

¹⁰ "Konsa, nan tan sa a, anpil moun ap ᵃchite. Youn ap denonse lòt, e youn ap rayi lòt. ¹¹ Epi anpil ᵇfo pwofèt ap leve, e y ap mennen anpil moun nan erè. ¹² Epi akoz inikite ogmante, lanmou a pi fò moun ap vin fwèt. ¹³ ᶜMen sila ki kenbe fèm jiska lafen an ap sove.

¹⁴ "Epi ᵈbòn nouvèl a wayòm sila a va preche nan tout ᵉlemonn kon yon temwayaj a tout nasyon yo, e apre sa a, lafen an va rive.

¹⁵ "Pou sa, kon pwofèt Daniel te pale a, lè nou wè ᶠabominasyon dezolasyon an ki te pale pa Daniel, pwofèt la, k ap kanpe nan lye sen an, (kite moun k ap li a konprann) ¹⁶ nan moman sa a kite sila nan Judée yo sove pou ale nan mòn yo. ¹⁷ Nenpòt moun ki ᵍanwo kay la pa dwe desann pou pran byen li nan kay li, ¹⁸ ni nenpòt moun ki nan chan an pa dwe retounen pou pran rad li. ¹⁹ Men ʰmalè a sila ki ansent yo e a sila k ap bay pitit yo tete nan jou sa yo!

²⁰ "Men priye pou ou pa oblije sove ale nan livè, ni nan yon jou Saba, ²¹ paske nan tan sa a, ap gen yon ⁱgwo tribilasyon yon jan ki pa janm fèt depi nan kòmansman mond lan, jouk rive koulye a, ni p ap janm genyen ankò. ²² Konsa, si jou sa yo pa t rakousi, pa t ap gen vi ki t ap sove. Men pou ʲlakoz a sila ki chwazi yo, y ap rakousi.

²³ ᵏ"Nan lè sa a, si yon moun di nou: 'Gade, men Kris la isit la', oubyen 'Men Li la', pa kwè li. ²⁴ Paske fo Kris yo ak fo pwofèt yo ap prezante e montre gwo ˡsign avèk mirak pou yo ta kab, si li te posib, redwi

---

ª **23:21** I Wa 8:13 ᵇ **23:22** És 66:1 ᶜ **23:23** Mat 23:13 ᵈ **23:24** Mat 23:16 ᵉ **23:25** Mc 7:4 ᶠ **23:26** Mc 7:4 ᵍ **23:27** Luc 11:44 ʰ **23:29** Luc 11:47 ⁱ **23:31** Mat 23:34-37 ʲ **23:33** Mat 3:7 ᵏ **23:34** Mat 23:34-36 ˡ **23:35** Za 1:1 ᵐ **23:35** II Kwo 24:21 ⁿ **23:36** Mat 10:23 ᵒ **23:37** Luc 13:34-35 ᵖ **23:38** I Wa 9:7 ᑫ **23:39** Sòm 118:26 ʳ **24:1** Mc 13 ˢ **24:2** Luc 19:44 ᵗ **24:3** Mat 21:1 ᵘ **24:5** Mat 24:11-24 ᵛ **24:6** Rev 4:6 ʷ **24:7** II Kwo 15:6 ˣ **24:8** Mat 24:8-20 ʸ **24:9** Mat 10:17 ᶻ **24:9** Mat 10:22 ᵃ **24:10** Mat 11:6 ᵇ **24:11** Mat 7:15 ᶜ **24:13** Mat 10:22 ᵈ **24:14** Mat 4:23 ᵉ **24:14** Luc 4:5 ᶠ **24:15** Dan 9:27 ᵍ **24:17** I Sam 9:25 ʰ **24:19** Luc 23:29 ⁱ **24:21** Dan 12:1 ʲ **24:22** Mat 22:14 ᵏ **24:23** Luc 17:23 ˡ **24:24** Jn 4:48

nan erè menm ªsila ki eli yo. ²⁵ Veye, Mwen avèti nou davans.

²⁶ "Si yo di nou 'Men Li nan dezè a' pa ale la; oubyen 'Gade la, Li la nan chanm pa anndan an, pa kwè yo. ²⁷ ᵇPaske menm jan ke kout eklè a sòti nan lès pou klere jouk rive nan lwès, konsa n ap wè vini Fis a Lòm nan. ²⁸ ᶜNenpòt kote kadav la ye, se la ou va twouve votou yo.

²⁹ "Men imedyatman apre tribilasyon nan jou sa yo, ᵈsolèy la va vin nwa. Lalin lan p ap bay limyè, zetwal yo va tonbe sòti nan syèl la, e pouvwa syèl yo va souke.

³⁰ "Epi nan moman sa a, ᵉsign a Fis a Lòm nan va parèt nan syèl la, e tout tribi sou tè a va kriye avèk doulè, paske yo va wè ᶠFis a Lòm nan vini sòti sou nyaj syèl yo avèk pouvwa ak gran glwa, ³¹ epi Li va voye zanj Li avèk ᵍyon gwo twonpèt, e yo va rasanble ansanm ak sila ki eli yo, ki sòti nan kat van yo, sòti nan yon pwent syèl la ale nan lòt pwent lan.

³² "Koulye a, vin konprann parabòl a pye fig frans lan: lè branch li vin vèt, e prezante fèy, nou konnen ke gran sezon chalè a rive sou nou. ³³ Ou menm tou, lè nou wè tout bagay sa yo, rekonèt ke Li pwòch, ʰLi parèt menm nan pòt la.

³⁴ "Anverite, Mwen di nou: ⁱJenerasyon sila a p ap disparèt jouk lè ke tout bagay sa yo fin pase. ³⁵ ʲSyèl la avèk tè a va disparèt, men pawòl pa M yo p ap janm disparèt. ³⁶ Men ᵏkonsènan jou sa a, avèk lè sa a, pèsòn pa konnen, pa menm zanj nan syèl yo, ni Fis la, men sèl Papa a.

³⁷ "Paske vini a Fis a Lòm nan va ˡmenm jan avèk jou a Noé yo. ³⁸ Paske menm jan ke jou yo te ye avan gwo delij la, yo t ap manje e bwè; yo t ap ᵐmarye, e t ap bay moun nan maryaj, jouk jou ke ⁿNoé te antre nan lach la. ³⁹ Epi yo pa t konprann jiskaske delij la te vini e pote yo tout ale; konsa l ap ye avèk ᵒvini a Fis a Lòm nan.

⁴⁰ "Nan moman sa a, ap gen de mesyè nan yon chan; youn ap prale; lòt la ap rete. ⁴¹ ᵖDe fanm k ap moulen nan moulen an; youn ap prale, lòt la ap rete.

⁴² "Pou sa, ᵠ⁴³ men konnen byen yon bagay; ʳsi mèt kay la te konnen a ˢkilè nan nwit lan vòlè a t ap parèt, li t ap veye plis, e pa t ap kite kay la kase. ⁴⁴ Pou rezon sa a, ᵗfòk nou menm, nou byen prepare tou. Paske Fis a Lòm nan ap vini nan yon lè ke nou pa sipoze.

⁴⁵ ᵘ"Kilès, konsa, ki se esklav fidèl e rezonab ke mèt la te mete responsab tout lakay li, pou bay yo manje nan lè ke yo bezwen? ⁴⁶ Beni se esklav k ap fè sa lè mèt li vini an. ⁴⁷ Anverite Mwen di nou ke ᵛl ap mete li kòm chèf sou tout byen li yo.

⁴⁸ "Men si esklav mechan sa a di nan kè li, 'Mèt mwen p ap vini pandan anpil jou', ⁴⁹ epi li kòmanse bat esklav parèy li yo, manje e bwè avèk moun sou yo, ⁵⁰ mèt a esklav sa a ap vini nan yon jou ke li pa t panse, e nan yon lè ke li pa t konnen, ⁵¹ epi li va koupe li an mòso e bay li yon plas avèk ipokrit yo. Se la, y ap gen ʷkriye avèk manje dan."

25 ˣ"Konsa, Wayòm syèl la tankou dis vyèj ki te pran ʸlanp yo pou soti e rankontre jennonm k ap marye a. ² Senk nan yo te manke sajès, men lòt senk yo te ᶻgen bon konprann. ³ Lè sila ki manke sajès yo te pran lanp yo, yo pa t pran lwil avèk yo. ⁴ Men ªsaj yo te pran lwil nan veso ansanm avèk lanp yo. ⁵ Konsa, pandan jennonm nan t ap pran reta, yo tout te vin fatige, e dòmi te pran yo.

⁶ "Men a minwi, te gen yon gwo kri: 'Men gade, jennonm k ap marye a parèt! Vin rankontre li.'

⁷ "Alò, tout vyèj sa yo te leve pou prepare lanp pa yo. ⁸ Men sila ki pa t saj yo te di a sila ki te pridan yo: 'Bannou kèk nan lwil pa nou an, paske lanp nou yo ap etenn.'

⁹ "Men ᵇsaj yo te reponn: 'Non, pwiske si nou fè sa, nou p ap rete kont pou nou. Pito nou ale kote machann pou nou achte pou tèt nou.'

¹⁰ "Konsa, pandan yo t ap pral achte, jennonm nan te vin parèt e sila ki te ᶜprepare yo te antre avè l ᵈnan fèt maryaj la. Epi pòt la te vin fèmen.

¹¹ "Pita lòt vyèj yo te vini. Yo te di: ᵉ'Senyè, Senyè, louvri pòt la pou nou.

¹² "Men li te reponn yo konsa: 'Anverite mwen di nou, mwen pa rekonèt nou.'

¹³ "Pou sa, ᶠfè atansyon, paske nou pa konnen ni jou, ni lè.

¹⁴ ᵍ"Konsa, li menm jan avèk yon nonm ki fenk pare pou fè yon vwayaj. Li rele esklav li yo, e konfye tout sa li posede nan men yo menm. ¹⁵ A youn li te bay senk talan (yon gwo sòm dajan) a yon lòt de, e a yon lòt, youn, selon kapasite ke chak te genyen. Epi li te ʰsòti pou fè vwayaj la. ¹⁶ Imedyatman, sila ki te resevwa senk ⁱtalan yo te fè afè avèk yo, e te ranmase yon lòt senk talan anplis. ¹⁷ "Menm jan an, sila ki te resevwa de talan yo te vin jwenn de lòt. ¹⁸ Men sila ki te resevwa yon sèl talan an te ale fouye yon twou nan tè pou te sere la jan mèt li.

¹⁹ "Apre anpil tan, mèt a esklav sa yo te vini pou te ʲregle kont avèk yo. ²⁰ Sila ki te resevwa senk ᵏtalan yo te vin pote li avèk yon lòt senk talan ankò, epi te di: 'Mèt, ou te fè m konfyans ak senk talan. Ou wè, mwen fè l rapòte senk talan anplis.'

²¹ "Mèt li te di li: 'Byen fèt, bon e fidèl sèvitè. Ou te fidèl avèk yon ti kras bagay. M ap ˡfè ou responsab anpil bagay. Antre nan lajwa a mèt ou.'

²² "Sila ki te resevwa de ᵐtalan yo te vin epi te di: 'Mèt, ou te fè m konfyans ak de talan. Ou wè, mwen fè l rapòte de talan anplis.'

ª **24:24** Mat 22:14 ᵇ **24:27** Luc 17:24 ᶜ **24:28** Job 39:30 ᵈ **24:29** És 13:10 ᵉ **24:30** Mat 24:3 ᶠ **24:30** Dan 7:13
ᵍ **24:31** Egz 19:16 ʰ **24:33** Jc 5:9 ⁱ **24:34** Mat 10:23 ʲ **24:35** Mat 5:18 ᵏ **24:36** Mc 13:32 ˡ **24:37** Jen 6:5
ᵐ **24:38** Mat 22:30 ⁿ **24:38** Jen 7:7 ᵒ **24:39** Mat 16:27 ᵖ **24:41** Luc 17:35 ᵠ **24:42** Mat 24:43-44
ʳ **24:43** Luc 12:39 ˢ **24:43** Mc 13:35 ᵗ **24:44** Mat 24:42,43 ᵘ **24:45** Luc 12:42-46 ᵛ **24:47** Mat 25:21-23
ʷ **24:51** Mat 8:12 ˣ **25:1** Mat 13:24 ʸ **25:1** Trav 20:8 ᶻ **25:2** Mat 7:24 ª **25:4** Mat 7:24 ᵇ **25:9** Mat 7:24
ᶜ **25:10** Mat 24:42 ᵈ **25:10** Luc 12:35 ᵉ **25:11** Mat 7:2 ᶠ **25:13** Mat 24:42 ᵍ **25:14** Mat 25:14-30
ʰ **25:15** Mat 21:33 ⁱ **25:16** Mat 18:24 ʲ **25:19** Mat 18:23 ᵏ **25:20** Mat 18:24 ˡ **25:21** Luc 12:44
ᵐ **25:22** Mat 18:24

²³ "Mèt li te di li: 'Byen fèt, bon sèvitè ᵃfidèl la. Ou te fidèl avèk yon ti kras bagay. M ap fè ou responsab anpil bagay. Antre nan lajwa a mèt ou.'

²⁴ "Konsa, sila osi ki te resevwa yon sèl ᵇtalan an te vini e te di: 'Mèt, mwen te byen konprann ke ou menm se te yon mèt ki di; ke ou rekòlte kote ou pa plante, e ranmase kote ou pa simen. ²⁵ Epi mwen te krent, e te ale sere talan an nan tè. Gade byen, ou twouve sa ki pou ou a.'

²⁶ "Men mèt li te reponn li e te di: 'Esklav malveyan e parese! Ou te konnen ke mwen rekòlte kote mwen pa plante, e ranmase kote mwen pa simen. ²⁷ Pou sa, ou te dwe mete kòb mwen an labank kote ou pa lè m rive mwen ta kapab resevwa l avèk enterè.

²⁸ "Konsa, retire talan an nan men li, epi bay li a sila a ki gen dis talan yo. ²⁹ ᶜPaske a sila a ki genyen an, l ap resevwa plis e l ap gen an abondans, men pou sila a ki pa genyen an, menm sa li genyen an ap retire nan men l. ³⁰ Voye esklav initil sila a nan ᵈfon tenèb, nan plas kote ap genyen kriye ak manje dan.'

³¹ "Men lè ᵉFis a Lòm nan vini nan tout glwa Li avèk tout zanj Li yo, Li va chita sou twòn glwa pa Li a. ³² Tout nasyon yo va rasanble devan Li. E Li va separe yo youn de lòt, ᶠkon yon gadyen patiraj separe mouton avèk kabrit. ³³ Konsa, l ap mete mouton yo adwat li, e kabrit yo ᵍagoch Li.

³⁴ "Epi Wa la va di a sila ki adwat li yo: 'Vini, nou menm ki beni pa Papa m; ʰerityè wayòm nan ki te prepare pou nou depi fondasyon mond lan. ³⁵ Paske ⁱMwen te grangou, e nou te ban M bagay pou M manje. Mwen te swaf, e nou te ban M bwè. Mwen te yon etranje, e nou te envite M antre, ³⁶ ʲMwen te touni, e nou te ban M rad. Mwen te malad e nou te vizite M. Mwen te nan prizon e nou te vin kote M.

³⁷ "Epi jis yo ap di Li: 'Senyè, kilè nou te wè Ou grangou e te bay Ou manje, ni swaf pou te bay Ou bwè? ³⁸ Epi kilè nou te wè Ou yon etranje, epi envite Ou antre, oubyen touni pou te bay Ou rad? ³⁹ Epi kilè nou te wè Ou malad, e te vizite Ou; oubyen nan prizon pou te vizite Ou?'

⁴⁰ "Konsa, wa a va reponn yo: 'Anverite, Mwen di nou ᵏmenm jan ke nou te fè li a youn nan frè Mwen yo, nou te fè l a Mwen menm tou.'

⁴¹ "Apre Li va di a sila ki agoch Li yo: ˡ'Sòti sou Mwen, nou menm ki modi, pou ale nan dife etènèl ki te prepare pou Satan avèk zanj li yo a. ⁴² Paske Mwen te grangou, men nou te refize ban M manje. Mwen te swaf, e nou pa t ban M bwè. ⁴³ Mwen te yon etranje, e nou pa t envite M antre, touni, e nou pa t ban M rad, nan prizon e nou pa t vizite M.

⁴⁴ "Alò yo menm va reponn: 'Senyè, kilè nou te wè Ou grangou, oswa swaf, oswa yon etranje, touni, malad oubyen nan prizon, e nou pa t okipe Ou?'

⁴⁵ "Konsa L ap reponn yo: 'Anverite Mwen di nou, menm jan ke nou pa t fè li pou youn nan pi piti nan sa yo, nou pa t fè l pou Mwen tou.' ⁴⁶ Epi sila yo va ale nan pinisyon etènèl, men jis yo nan ᵐlavi etènèl."

26 ⁿ Lè Jésus te fin pale tout pawòl sa yo, Li te di a disip Li yo: ² ᵒ"Nou konnen ke apre de jou, Jou Pak Jwif la ap vini, e Fis a Lòm nan ap livre a yo menm pou yo kab krisifye L."

³ Nan moman sa a, chèf prèt yo avèk lansyen a pèp yo te reyini ansanm ᵖnan lakou tribinal wo prèt ke yo te rele Caïphe la. ⁴ Epi yo te ᵠfè konplo ansanm pou sezi Jésus an sekrè e touye Li. ⁵ Men yo t ap di: "Pa fè l pandan fèt la ʳotreman sa kab fè yon gwo revòlt pami pèp la."

⁶ ˢAlò, lè Jésus te Béthanie nan kay a Simon, lepre la, ⁷ ᵗyon fanm te vin kote L avèk yon bokal pòslèn plen avèk pafen ki te trè chè. Li te vide li sou tèt Jésus, pandan Li te sou tab la.

⁸ Men disip yo te mekontan lè yo te wè sa. Yo te di: "Poukisa l ap fè gaspiyaj konsa? ⁹ Pwiske pafen sa a ta kapab vann pou yon gwo pri, e lajan sa a ta kapab separe bay a malere yo."

¹⁰ Men Jésus te konprann sa, e te di yo: "Poukisa nou ap twouble fanm nan? Li fè M yon bon bagay. ¹¹ Paske ᵘmalere yo ap toujou avèk nou, men Mwen menm, Mwen p ap la pou tout tan. ¹² Pwiske lè li te vide pafen sila a sou kò M, li te fè l ᵛpou prepare Mwen pou lantèman. ¹³ Anverite, Mwen di nou ke ʷnenpòt kote ke bòn nouvèl sila a preche nan tout mond lan, sa ke fanm sila a te fè a, ap toujou pale pou yo sonje li nèt."

¹⁴ ˣKonsa, youn nan douz yo ki te rele Judas Iscariot te ale kote chèf prèt yo. ¹⁵ Li te di yo: "Kisa nou ap ban mwen si mwen livre Li bannou?"

ʸYo te peze bay li trant pyès a jan. ¹⁶ Depi lè sa a, li te kòmanse chache yon bon moman pou trayi li.

¹⁷ ᶻAlò, nan premye jou Fèt Pen San Ledven an, disip yo te vin kote Jésus pou mande L: "Kibò Ou vle nou prepare manje Jou Pak Jwif la pou Ou?"

¹⁸ Li te di yo: "Ale nan vil la a yon ᵃsèten mesye e di li: 'Mèt la di nou "Lè Mwen prèske rive. M ap fè fèt Jou Pak la lakay ou avèk disip Mwen yo.""'

¹⁹ Disip yo te fè sa, jan Jésus te mande yo a. Konsa, yo te prepare Jou Pak la.

²⁰ ᵇAlò, lè fènwa te vin rive, Jésus te lonje sou tab la avèk douz disip yo. ²¹ Pandan yo t ap manje, Li te di yo: ᶜ"Anverite Mwen di nou, youn nan nou ap trayi M".

²² Avèk yon doulè pwofon, yo chak te kòmanse mande L: "Asireman, se pa mwen menm, Senyè?"

²³ Li te reponn: ᵈ"Sila ki mete men l avèk mwen nan bòl la, se li menm k ap trayi Mwen an. ²⁴ Fis a Lòm nan gen pou ale, ᵉjan ke li ekri sou Li a, men

---
ᵃ **25:23** Mat 24:45,47 ᵇ **25:24** Mat 18:24 ᶜ **25:29** Mat 13:12 ᵈ **25:30** Mat 8:12 ᵉ **25:31** Mat 16:27 ᶠ **25:32** Éz 34:17-20 ᵍ **25:33** Ekl 10:2 ʰ **25:34** Mat 5:3 ⁱ **25:35** És 58:7 ʲ **25:36** És 58:7 ᵏ **25:40** Pwov 19:17 ˡ **25:41** Mat 7:23 ᵐ **25:46** Mat 19:20 ⁿ **26:1** Mat 7:28 ᵒ **26:2** Mc 14:1-2 ᵖ **26:3** Mat 26:58,59 ᵠ **26:4** Mat 12:14 ʳ **26:5** Mat 27:24 ˢ **26:6** Luc 7:37-39 ᵗ **26:7** Luc 7:37 ᵘ **26:11** Det 15:11 ᵛ **26:12** Jn 19:40 ʷ **26:13** Mc 14:9 ˣ **26:14** Mc 14:10-11 ʸ **26:15** Egz 21:32 ᶻ **26:17** Mc 14:12-16 ᵃ **26:18** Mc 14:13 ᵇ **26:20** Mc 14:17-21 ᶜ **26:21** Luc 22:21-23 ᵈ **26:23** Sòm 41:9 ᵉ **26:24** Mat 26:31-54

malè a sila ki trayi Fis a Lòm nan! Li t ap pi bon pou li si li pa t janm fèt."

25 [a]Judas, ki t ap trayi Li a te reponn: "Asireman se pa mwen menm, Rabbi (Mèt)?"

Li te reponn li: "Se ou menm ki di l."

26 [b]Pandan yo t ap manje, Jésus te pran kèk pen. Li te beni li, kase l epi separe bay disip Li yo. Li te di: "Pran, manje; sa se kò Mwen."

27 Li te pran tas la e te bay remèsiman. Li te bay yo e Li te di: "Bwè ladann, nou tout; 28 paske [c]sa se san akò Mwen ki vèse pou anpil moun, pou padon peche yo. 29 Men Mwen di nou, Mwen p ap bwè fwi rezen sila a ankò depi koulye a, jouk rive lè Mwen bwè l de nouvo avèk nou nan wayòm Papa Mwen an."

30 [d]Apre yo chante yon kantik, yo te ale nan Mòn Oliv la.

31 Konsa, Jésus te di yo: "Nou tout ap gaye akoz Mwen pandan nwit sa a, paske sa ekri: [e]'Mwen va frape e fè tonbe bèje a, epi tout mouton va gaye.' 32 Men lè M leve, [f]M ap prale devan nou Galilée."

33 Men Pierre te reponn e te di Li: "Menm lè tout lòt yo fè bak akoz de Ou menm, mwen menm, mwen p ap fè bak."

34 Jésus te di li: [g]"Anverite Mwen di ou ke menm nwit sa a, avan kòk la gen tan chante, ou ap gen tan nye Mwen twa fwa."

35 Pierre te di Li: [h]"Menm si mwen oblije mouri avèk Ou, mwen p ap janm nye Ou." Tout lòt disip yo te di menm bagay sila a tou.

36 [i]Konsa, Jésus te vini avèk yo nan yon plas yo rele Gethsémané. Li te di a disip Li yo: "Chita isit la pandan Mwen prale lòtbò a pou priye."

37 Li te pran avèk L [j]Pierre, avèk de fis Zébédée yo, epi Li te kòmanse ranpli avèk gwo doulè ak tristès. 38 Konsa Li te di yo: "Nanm Mwen jis nan fon Mwen tris, jiskaske rive nan pwent pou mouri. Rete isit la pou veye avè M". [k]39 Li te ale yon ti jan pi lwen; Li te tonbe sou figi Li, e te priye konsa: "Papa M, si se posib, kite [l]tas sila a chape de Mwen menm; [m]men pa jan Mwen menm ta vle l la, men jan volonte pa W la."

40 Li te vin vire vè disip Li yo e te twouve yo t ap dòmi. Li te di a Pierre: "Konsa, nou pa t kapab [n]veye avè M pandan yon sèl èdtan? 41 Veye byen e priye pou nou pa antre nan tantasyon. [o]Lespri a byen dispoze, men chè la fèb."

42 Li te kite yo yon dezyèm fwa e te priye konsa: "Papa M, si tas sa a p ap kab retire anmwens ke M bwè l, [p]ke volonte Ou fèt."

43 Ankò Li te retounen e te twouve yo t ap dòmi, paske zye yo te byen lou. 44 Konsa, Li te kite yo ankò pou te ale pou priye yon twazyèm fwa. Li te fè menm priyè a yon fwa ankò.

45 Apre Li te vin kote disip Li yo. Li te mande yo: "Èske nou toujou ap dòmi epi pran repo nou? Gade, [q]lè a rive. Fis a Lòm nan ap livre nan men pechè yo. 46 Leve, annou ale. Men gade, sila k ap trayi Mwen an gen tan rive!"

47 [r]Pandan Li te toujou ap pale, Judas, youn nan douz yo, te pwoche. Li te akonpanye pa yon gwo foul avèk nepe ak baton, ki te voye pa gran prèt ak lansyen a pèp yo. 48 Konsa, sila ki t ap trayi Li a te deja bay yo yon sinyal. Li te di: "Sila ke m bo a, se Li menm. Sezi Li." 49 Touswit, Li te ale kote Jésus. Li te di: "Bonswa [s]Rabbi (Mèt)!" e li te bo Li.

50 Jésus te di Li: [t]"Zanmi M, poukisa ou vini la." Konsa yo vin mete men yo sou Li, e te sezi Li.

51 Epi konsa, [u]youn nan yo ki te avèk Jésus te rale nepe l, te voye l e koupe zòrèy a esklav gran prèt la.

52 Alò, Jésus te di l: "Remete nepe ou nan plas li; paske [v]tout sila ki leve nepe yo, y ap peri pa nepe. 53 Men èske nou panse ke Mwen pa kapab fè apèl a Papa M, e l ap voye ban Mwen plis ke [w]douz lejyon (sa vle di 72,000) [x]zanj? 54 Men kijan konsa, [y]pou Ekriti Sen yo kab vin akonpli ki fè nou konnen jan l ap oblije fèt?"

55 Nan moman sa a, Jésus te di a foul la: "Èske nou vini avèk nepe ak baton pou arete M, konsi nou ta vin kont yon vòlè? [z]Chak jou Mwen te konn chita nan tanp lan pou enstwi nou, e nou pa t janm sezi M. 56 Men tout sa vin rive pou [a]Ekriti Sen yo selon pwofèt yo ta kapab vin akonpli."

Lapoula, tout disip Li yo te kouri kite Li.

57 [b]Sila ki te sezi Jésus yo te mennen L ale pou wè Caïphe, gran prèt la, kote skrib yo avèk lansyen a pèp yo te gen tan rasanble.

58 Men [c]Pierre te swiv Li a yon distans jouk yo rive nan [d]lakou wo prèt la. Li te antre avèk yo e chita avèk gad yo pou wè jan li ta fini.

59 Epi chèf prèt yo avèk tout [e]Konsèy la t ap fòse wè si yo ta kab twouve kèk fo temwaya j kont Jésus, pou yo ta kapab mete L a lanmò. 60 Men yo pa t twouve okenn, malgre ke anpil fo temwaya j te vin prezante.

Men pita, [f]te gen de ki te vin prezante. 61 Yo te di: "Nonm sa a te di: [g]"Mwen kapab detwi tanp Bondye a, e rebati li nan twa jou."'

62 Konsa, wo prèt la te kanpe pou te di L: "Èske Ou p ap reponn? Kisa ke moun sa yo ap temwaye kont ou an?"

63 Men Jésus te rete an silans.

[h]Epi wo prèt la te di L: "Mwen egzije Ou pa Bondye vivan an, pou di nou, si Ou menm se Kris La, Fis Bondye a."

64 Jésus te di li: "Ou te di li ou menm. Malgre sa, Mwen ap di nou, apre sa, nou va wè Fis a Lòm nan

---

[a] 26:25 Mat 26:14   [b] 26:26 I Kor 10:16   [c] 26:28 Egz 24:8   [d] 26:30 Mc 14:26-31   [e] 26:31 Za 13:7
[f] 26:32 Mat 28:7,10,16   [g] 26:34 Mat 26:75   [h] 26:35 Jn 13:37   [i] 26:36 Mat 14:32-42   [j] 26:37 Mat 4:21
[k] 26:38 Jn 12:27   [l] 26:39 Mat 20:22   [m] 26:39 Mat 26:42   [n] 26:40 Mat 26:38   [o] 26:41 Mc 14:38
[p] 26:42 Mat 26:39   [q] 26:45 Mc 14:41   [r] 26:47 Mc 14:43-50   [s] 26:49 Mat 23:7   [t] 26:50 Mat 20:13
[u] 26:51 Mc 14:47   [v] 26:52 Jen 9:6   [w] 26:53 Mc 5:9,15   [x] 26:53 Mat 4:11   [y] 26:54 Mat 26:24   [z] 26:55 Mc 12:35   [a] 26:56 Mat 26:24   [b] 26:57 Mat 14:53-65   [c] 26:58 Jn 18:15   [d] 26:58 Mat 26:3   [e] 26:59 Mat 5:22
[f] 26:60 Det 19:15   [g] 26:61 Mat 27:40   [h] 26:63 Mat 26:63-66

k ap chita sou men dwat Pwisan an e ᵃk ap vini sou nyaj ki nan syèl yo."

⁶⁵ Konsa wo prèt la te ᵇchire rad li e te di: "Li gen tan vin blasfeme! Kisa nou bezwen ankò kon temwayaj? Gade, nou fin tande blasfèm nan. ⁶⁶ Kisa nou panse?" Yo te reponn e te di: ᶜ"Li merite lanmò!"

⁶⁷ ᵈEpi yo krache nan figi Li, e te bat Li avèk kout pwen. Lòt yo te souflete L. ⁶⁸ Yo te di: ᵉ"Pwofetize pou nou, Ou menm Kris la! Kilès ki te frape Ou a?"

⁶⁹ ᶠKonsa, Pierre te chita deyò a nan lakou a, e yon sèten fi ki t ap sèvi lòt yo te vin kote l. Li te di l: "Ou te osi avèk Jésus, Galileyen an."

⁷⁰ Men Li demanti devan tout e te di: "Mwen pa konnen menm de kisa w ap pale a!"

⁷¹ Epi lè li fin sòti sou galri a, yon lòt fi ki t ap sèvi te wè l e te di: "Mesye sila a te avèk Jésus, Nazareyen an."

⁷² Ankò li te demanti sa avèk yon sèman: "Mwen pa menm konnen mesye sila a!"

⁷³ Epi yon ti jan pita, sila ki te la yo, te vin kote Pierre. Yo te di l: "Asireman ou menm, ou se youn nan yo. ᵍJan ou pale a devwale ou."

⁷⁴ Konsa li te kòmanse bay madichon e te sèmante: "Mwen pa menm konnen nonm sila a!"

Imedyatman, kòk la te chante. ⁷⁵ Pierre te sonje mo Jésus a, lè Li te di: "Avan kók la chante, ou va nye Mwen twa fwa." E li te ale deyò pou te kriye yon kriye anmè.

27 Alò, lè maten ʰvin rive, tout chèf prèt yo avèk lansyen a pèp la te pran diskite kont Jésus pou mete Li a lanmò. ² Yo te mare Li, mennen L ale pou te livre Li a ⁱPilate, gouvènè peyi a.

³ Konsa, lè ʲJudas ki te trayi Li a te wè ke Li te kondane, Li te sanse regrèt. Li te retounen bay ᵏtrant pyès ajan yo bay chèf prèt yo avèk lansyen a pèp yo. ⁴ Li te di yo: "Mwen te peche. Mwen te trayi san inosan an."

Men yo te reponn l: "Kisa sa ye pou nou? ˡOkipe sa ou menm!"

⁵ Pou sa a, li te jete pyès ajan yo nan santyè tanp lan. ᵐLi te sòti, e te ale pann tèt li.

⁶ Chèf prèt yo te pran pyès ajan yo, e te di: "Sa pa pèmèt pou nou mete yo nan kès tanp lan, akoz ke se pri san." ⁷ Konsa, yo te mete tèt yo ansanm. Avèk kòb la, yo te achte yon chan yo te rele Chan Kanari a pou yon simityè pou etranje yo. ⁸ ⁿPou rezon sa a, yo rele chan sa a Chan San an, jiska jodi a.

⁹ Epi sa ki te pale pa pwofèt Jérémie a te akonpli, sa ki te di:

ᵒ"Yo te pran trant pyès ajan,
pri sou Sila a ke yo te etabli yon pri;
ke kèk nan fis Israël te etabli,

¹⁰ epi yo te bay yo pou ᵖChan Kanari a jan Senyè a te dirije m nan."

¹¹ ᵍAlò, Jésus te kanpe devan gouvènè a, e gouvènè a te kesyone L konsa: "Èske ou se Wa a Jwif yo"?

Jésus te reponn li: "Se konsa ou di a."

¹² Lè Li te akize pa chèf prèt yo avèk lansyen a pèp yo, ʳLi pa t reponn.

¹³ Konsa, Pilate te di L: "Èske ou pa tande konbyen bagay yo temwaye kont Ou?"

¹⁴ ˢLi pa t reponn li menm a yon sèl akizasyon. Gouvènè a te byen etone pou sa.

¹⁵ ᵗAlò, nan fèt la, gouvènè a te abitye lage pou pèp la yon sèl prizonye selon volonte pa yo. ¹⁶ Nan moman sa a, yo te gen yon move prizonye byen rekonèt, yo te rele Barabbas.

¹⁷ Konsa, lè yo te reyini ansanm, Pilate te mande yo: "Kilès nou vle m lage pou nou? Barabbas, oubyen Jésus ᵘke yo rele Kris la?" ¹⁸ Paske li te byen konprann ke se jalouzi ki te fè yo livre Li.

¹⁹ ᵛPandan Li te chita sou chèz jijman an, madanm li te voye di li: "Pa gen anyen pou fè avèk Nonm jis sila a; paske jodi a, mwen te soufri anpil nan yon rèv akoz de Li menm."

²⁰ Men chèf prèt yo avèk lansyen yo te konvenk yo pou ʷmande pou Barabbas, e pou mete Jésus a lanmò.

²¹ Men gouvènè a te reponn e te di yo: "Kilès nan de sa yo nou ta vle m lage bannou?"

E yo te di: "Barabbas!"

²² Pilate te di: "E kisa pou mwen ta fè avèk Jésus ˣke yo rele Kris la?"

E yo te di: "Krisifye Li!"

²³ Li te di: "Poukisa, ki mal Li fè?"

Men yo te kontinye rele pi fò: "Krisifye Li!"

²⁴ Konsa, lè Pilate te wè ke li pa t ap rezoud anyen, men okontrè, pèp la te kòmanse ap fè tenten, li te pran dlo pou ʸte lave men li devan pèp la, e te di: "Mwen inosan a san Nonm sila a; fè l nou menm".

²⁵ Tout pèp la te reponn e te di: ᶻ"Kite san Li sou nou e sou Pitit nou yo!"

²⁶ Konsa, li te lage Barabbas pou yo; men li te fè yo ᵃbat Jésus avèk fwèt, epi li te livre Li pou L te krisifye.

²⁷ ᵇEpi sòlda a gouvènè yo te pran Jésus ale nan pretwa a (lakou gad la), e te rasanble tout kowòt la (yon bann sòlda Women) pou antoure Li. ²⁸ Yo te retire rad sou Li, te abiye Li avèk yon vètman wouj. ²⁹ ᶜEpi lè yo fin trese yon kouwòn avèk bwa pikan, yo te mete li sou tèt Li, ak yon wozo nan men dwat Li. Yo te bese ajenou devan L pou te moke L. Yo te di L: "Salitasyon, Wa a Jwif yo!" ³⁰ ᵈYo te krache sou Li, yo te pran wozo a e te kòmanse bat Li nan tèt.

³¹ ᵉLè yo te fin moke L, yo te retire vètman wouj la sou Li, te remete rad Li sou Li pou mennen L

ᵃ **26:64** Dan 7:13   ᵇ **26:65** Nonb 14:6   ᶜ **26:66** Lev 24:16   ᵈ **26:67** És 50:6   ᵉ **26:68** Mc 14:65   ᶠ **26:69** Mc 14:66-72   ᵍ **26:73** Mc 14:70   ʰ **27:1** Mc 15:1   ⁱ **27:2** Luc 3:1   ʲ **27:3** Mat 26:14   ᵏ **27:3** Mat 26:15   ˡ **27:4** Mat 27:24   ᵐ **27:5** Mat 26:24   ⁿ **27:8** Trav 1:19   ᵒ **27:9** Za 11:12   ᵖ **27:10** Za 11:13   ᵍ **27:11** Mc 15:2-5   ʳ **27:12** Mat 26:63   ˢ **27:14** Mat 27:12   ᵗ **27:15** Jn 18:39   ᵘ **27:17** Mat 1:16   ᵛ **27:19** Jn 19:13   ʷ **27:20** Trav 3:14   ˣ **27:22** Mat 1:16   ʸ **27:24** Det 21:6-8   ᶻ **27:25** Jos 2:19   ᵃ **27:26** Mc 15:15   ᵇ **27:27** Mc 15:16-20   ᶜ **27:29** Mc 15:17   ᵈ **27:30** Mat 26:67   ᵉ **27:31** Mc 15:20

al krisifye. ³² ªPandan yo t ap sòti, yo te rankontre yon nonm peyi Siryen ke yo te rele Simon, e yo te fòse li pote Kwa Li a.

³³ ᵇLè yo te rive nan yon plas yo rele Golgotha, ki vle di Plas Zo Bwa Tèt La, ³⁴ ᶜyo te bay Li diven pou bwè mele avèk fyèl. Men lè L te goute l, Li pa t dakò bwè l. ³⁵ Answit lè yo te fin krisifye L, yo te ᵈpataje vètman Li pami yo selon tiraj osò. ³⁶ Epi konsa, yo te chita e te ᵉkòmanse veye L la. ³⁷ Yo te plase anwo tèt Li akizasyon ki te kont Li an ki te di: ᶠ"SA SE JÉSUS WA JWIF LA."

³⁸ Nan menm lè sa a, de vòlè te krisifye avè L, youn pa adwat Li, e youn pa agoch Li. ³⁹ Sila yo ki t ap pase la yo t ap voye kout lang sou Li, e t ap ᵍsouke tèt yo. ⁴⁰ Yo t ap di: ʰ"Ou menm k ap detwi tanp lan pou rebati li nan twa jou a, sove pwòp tèt ou! ⁱSi ou se Fis Bondye a, sòti sou kwa a."

⁴¹ Epi menm jan an, chèf prèt yo avèk skrib ak lansyen yo t ap moke L e t ap di: ⁴² ʲ"Li te sove lòt yo; Li pa kapab sove pwòp tèt Li. Si Li se Wa Israël la, koulye a, kite L sòti sou kwa a, e n ap kwè nan Li. ⁴³ ᵏLi mete konfyans nan Bondye. Kite Li sove Li koulye a, si Li vlè L; paske Li te di: 'Mwen se Fis Bondye a'".

⁴⁴ Anplis, ˡvolè ki te krisifye avè L yo t ap voye menm ensilt yo sou Li.

⁴⁵ ᵐAlò, depi sizyèm lè (midi), fènwa te tonbe sou tout tè a jis rive nan nevyèm lè (twazè).

⁴⁶ Nan anviwon nevyèm lè, Jésus te kriye avèk yon vwa byen fò: ⁿ"Eli, Eli, lima sabachthani?" Ki vle di: "Bondye m, Bondye m, Poukisa Ou abandone Mwen?"

⁴⁷ Epi kèk nan yo ki te kanpe la, lè yo te tande sa, yo te kòmanse di: "Nonm sa a ap rele Elie". ⁴⁸ ᵒE lapoula, youn nan yo te kouri pran yon eponj. Li te ranpli li avèk vinèg si, e plase li sou yon wozo pou te bay Li pou bwè. ⁴⁹ Men lòt yo te di: "Annou wè si Elie ap vin sove L".

⁵⁰ Konsa, Jésus ᵖte kriye ankò avèk yon vwa fò, e te kite nanm Li sòti.

⁵¹ ᵠEpi gade, ʳvwal tanp lan te chire de bout soti anwo, rive jouk anba, epi latè te tranble, e wòch yo te vin fann. ⁵² Konsa, tonm yo te louvri e kò anpil sen ki ˢt ap dòmi te vin leve. ⁵³ Yo te sòti nan tonm yo lè Li te fin resisite e te antre nan ᵗvil sen an kote yo te parèt a anpil moun.

⁵⁴ ᵘEpi santeyè a ak sila ki te avèk li yo ki t ap veye Jésus yo, lè yo te wè tranbleman de tè a, ak bagay ki t ap fèt yo te vin fè pè anpil. Yo te di: "Anverite, sa se te Fis a Bondye a!"

⁵⁵ ᵛAnpil fanm te la. Yo t ap gade a yon distans. Se te sila ki te swiv Jésus yo soti Galilée pandan yo t ap sèvi L. ⁵⁶ Pami yo, te gen ʷMarie a Magdala, Marie, manman a Jacques ak Joseph, e manman a fis Zébédée yo.

⁵⁷ ˣLè li te fin fènwa, te vini yon nonm rich ki te soti Arimathée, ke yo te rele Joseph. Li menm osi, li te deja yon disip a Jésus. ⁵⁸ Mesye sila a te mande Pilate pou kò Jésus.

Konsa Pilate te kòmande ke li te livre bay li.

⁵⁹ Epi Joseph te pran kò a e te vlope li nan yon twal lèn pwòp. ⁶⁰ Li te mete li nan pwòp tonm nèf pa li, ki te fouye nan wòch. Li te woule yon ʸgwo wòch kont antre a, e li te kite lye a.

⁶¹ Epi Marie ki te sòti Magdala te la avèk lòt Marie a, ki te chita anfas tonm lan.

⁶² Konsa, nan jou swivan an, ki te jou apre ᶻpreparasyon an, chèf prèt yo avèk Farizyen yo te reyini avèk Pilate. ⁶³ Yo te di l: "Mèt, nou sonje ke lè Li te vivan an ke twonpè sila a te di: ª'Apre twa jou, Mwen va leve ankò.' ⁶⁴ Pou sa, kòmande pou yo mete tonm nan an sekirite jiska twa jou. Otreman, disip Li yo kab vin vòlè Li e di pèp la ke Li gen tan leve nan lanmò; epi dènye desepsyon sila a ap pi mal pase premye a."

⁶⁵ Pilate te di yo: "Nou genyen ᵇgad la; ale mete li ansekirite jan nou konnen an."

⁶⁶ Epi yo te ale mete tonm nan ansekirite. Plis ke gad la, yo te mete yon ᶜso sou wòch la.

28 ᵈAlò, apre Saba a, lè li te kòmanse fè jou nan premye jou semèn nan, Marie Magdala ak lòt Marie a te vini pou gade tonm nan.

² Lapoula, te gen yon gwo tranbleman de tè, e ᵉyon zanj Bondye te desann soti nan syèl la. Li te vin woule ᶠwòch akote a, e li te chita sou li. ³ Li te ᵍparèt tankou kout eklè, e vètman li te blanch tankou lanèj.

⁴ Gad yo te vin tranble avèk lakrent, e yo te tounen tankou moun mouri.

⁵ Konsa zanj lan te reponn e te di a fanm yo: ʰ"Pa pè, paske mwen konnen ke nou ap chèche Jésus ki te krisifye a. ⁶ Li pa la, paske Li leve, ⁱmenm jan Li te di a. Vin wè plas kote Li te kouche a." ⁷ "Epi ale vit pou di disip Li yo ke Li leve soti nan lanmò. Epi gade byen, L ap prale devan nou nanʲGalilée. La nou va wè Li. Gade byen, mwen gen tan di nou sa."

⁸ Yo te kite tonm nan vit avèk lakrent, avèk gwo lajwa, e yo te kouri ale bay rapò a disip Li yo.

⁹ Pandan yo t ap w ale pou pale disip Li yo, gade byen, Jésus te rankontre yo e te salye yo.

Yo te vin kote l, te kenbe pye Li, e te adore L. ¹⁰ Jésus te di yo: "Pa pè. Ale di ᵏfrè M yo pati pou rive nan Galilée. La, yo va wè M."

¹¹ Pandan yo te nan wout la, konsa kèk nan ˡgad yo te antre lavil la pou te bay rapò a chèf prèt yo sou tout sa ki te rive yo a. ¹² Konsa, lè yo te rasanble avèk tout lansyen yo e te pran konsèy ansanm, yo te bay

---

ª **27:32** Jn 19:17   ᵇ **27:33** Mc 15:22-32   ᶜ **27:34** Sòm 69:21   ᵈ **27:35** Sòm 22:18   ᵉ **27:36** Mat 27:54   ᶠ **27:37** Mc 15:26   ᵍ **27:39** Job 16:4   ʰ **27:40** Mat 26:61   ⁱ **27:40** Mat 27:42   ʲ **27:42** Mc 15:31   ᵏ **27:43** Sòm 22:8   ˡ **27:44** Luc 23:3-9-43   ᵐ **27:45** Mc 15:33-41   ⁿ **27:46** Sòm 22:1   ᵒ **27:48** Sòm 69:21   ᵖ **27:50** Mc 15:37   ᵠ **27:51** Luc 23:47-49   ʳ **27:51** Egz 26:31   ˢ **27:52** Trav 7:60   ᵗ **27:53** Mat 4:5   ᵘ **27:54** Mc 15:39   ᵛ **27:55** Mc 15:40   ʷ **27:56** Mat 12:55   ˣ **27:57** Mc 15:42-47   ʸ **27:60** Mat 27:56   ᶻ **27:62** Mat 27:56   ª **27:63** Mat 16:21   ᵇ **27:65** Mat 27:66   ᶜ **27:66** Dan 6:17   ᵈ **28:1** Jn 20:1-8   ᵉ **28:2** Luc 24:4   ᶠ **28:2** Mat 27:66   ᵍ **28:3** Dan 7:9   ʰ **28:5** Mc 14:27   ⁱ **28:6** Mat 12:40   ʲ **28:7** Mat 26:32   ᵏ **28:10** Jn 20:17   ˡ **28:11** Mat 27:65,66

yon gwo sòm la jan a sòlda yo. 13 Yo te di yo: "Nou gen pou di: 'Disip Li yo te vini nan lannwit e te vòlè L pote ale pandan nou t ap dòmi. 14 Si sa ta gen tan rive nan ªzòrèy Gouvènè a, n ap pale avè l pou pwote je nou pou nou pa gen pwoblèm'".

15 Alò, yo te pran kòb la, e te fè jan yo te enstwi yo. Listwa sila a te ᵇgaye pami Jwif yo e kontinye jouk jou sila a.

16 Men onz disip yo te fè wout yo pou ᶜGalilée, vè mòn ke Jésus te dezinye a. 17 Lè yo te wè Li, yo te adore Li; men ᵈkèk te doute. 18 Jésus te vin pale avèk yo, e te di: ᵉ"Mwen fin resevwa tout pouvwa nan syèl la ak sou latè. 19 Konsa, ale ᶠfè disip a tout nasyon yo, epi ᵍbatize yo nan non Papa a, Fis la, avèk Lespri Sen an. 20 Enstwi yo pou swiv tout sa ke Mwen te kòmande nou yo, epi konsa, ʰMwen va avèk nou toujou jiska lafen de laj."

ᵃ **28:14** Mat 27:2   ᵇ **28:15** Mat 9:31   ᶜ **28:16** Mat 26:32   ᵈ **28:17** Mc 16:11   ᵉ **28:18** Dan 7:13   ᶠ **28:19** Mat 15:32
ᵍ **28:19** Trav 2:38   ʰ **28:20** Mat 18:20

LEVANJIL SELON MARC

1 Kòmansman bòn nouvèl Jésus Kris la, [a]Fis Bondye a. [2] Jan li ekri nan Ésaïe, pwofèt la, [b]"Gade byen, Mwen voye mesaje Mwen an pa devan nou,
ki va prepare chemen nou;
[3] [c]Se vwa a youn k ap kriye nan dezè a,
[d]'Prepare chemen SENYÈ a; fè wout li dwat.'"
[4] Jean Baptiste te parèt nan savann nan pou [e]preche batèm repantans lan pou [f]padon peche yo. [5] Tout peyi Judée a t ap prale bò kote li avèk tout pèp Jérusalem lan. Konsa, yo t ap batize pa li menm nan larivyè Jourdain an. Yo t ap konfese peche yo. [6] Jean te abiye avèk pwal chamo. Yon sentiwon te antoure senti li, epi manje li se te krikèt avèk myèl sovaj. [7] Li t ap preche pou di: "Apre mwen gen youn k ap vini ki pi gran pase m, epi mwen pa menm dign pou m ta bese demare lasèt sandal Li. [8] Mwen batize nou avèk dlo, men Li va batize nou avèk Lespri Sen an."

[9] [g]Nan jou sa yo, Jésus te sòti Nazareth nan Galilée, e te batize pa Jean nan Jourdain an. [10] Nan menm moman ke Li te sòti nan dlo a, Li te wè syèl la vin louvri, e Lespri a kon yon toutrèl te vin desann sou Li. [11] Yon vwa te sòti nan syèl la: [h]"Ou menm se Fis byeneme Mwen an; nan Ou menm, Mwen byen kontan."

[12] Nan menm moman an Lespri a te pouse Li ale nan dezè a. [13] [i]Konsa, Li te nan dezè a pou karant jou pandan [j]Satan t ap tante Li. Li te avèk bèt sovaj yo, epi se zanj yo ki te okipe Li.

[14] [k]Alò, apre Jean te fin arete, Jésus te vini Galilée. Li t ap [l]preche Bòn Nouvèl Bondye a. [15] Li te di: [m]"Lè a gen tan rive, epi wayòm Bondye a pwòch; repanti e kwè nan Bòn Nouvèl la."

[16] [n]Pandan li t ap pase bò kote lanmè Galilée a, Li te wè Simon avèk André, frè a Simon an, ki t ap voye yon senn nan lanmè a, paske se moun lapèch yo te ye. [17] Jésus te di yo: "Swiv Mwen, e M ap fè nou fè lapèch moun." [18] La menm, yo te kite senn yo pou te swiv Li.

[19] Pi lwen Li te wè Jacques, fis Zébédée a, ak Jean, frè li a, ki t ap repare senn yo nan kannòt la. [20] Lapoula Li te rele yo, e yo te kite Zébédée, papa yo, nan kannòt la avèk sèvitè jounalye yo, e te sòti pou swiv Li.

[21] Yo te ale Capernaüm. Imedyatman nan Saba a, Li te antre nan sinagòg la pou l te kòmanse enstwi. [22] [p]Yo te etone pou jan Li te enstwi a. Paske Li te enstwi kon yon moun ki te gen otorite, e pa kon skrib yo.

[23] Nan menm lè sa a, te gen yon mesye nan sinagòg la ki te gen yon move lespri. Li t ap rele fò [24] pou di: [q]"Kisa nou gen avè w, Jésus de Nazareth? Èske Ou vini pou detwi nou? Mwen konnen kilès Ou ye [r]Sila ki Sen Bondye a!"
[25] Konsa Jésus te reprimande L. Li te di l: "Pe la, e sòti nan li!"

[26] Move lespri a te boulvèse li avèk gwo kriz. Li te kriye ak yon vwa fò, e te kite li. [27] Yo tout te etone. Yo te diskite pami yo e te di: "Kisa sa ye? Yon enstriksyon nèf? Avèk otorite Li kòmande menm move lespri yo, e yo obeyi Li!" [28] Byen vit nouvèl la te kouri toupatou nan tout anviwon Galilée a.

[29] [s]Depi lè yo kite sinagòg la, yo te antre lakay Simon avèk André ansanm avèk Jacques ak Jean. [30] Bèlmè Simon an te kouche malad avèk yon lafyèv. Imedyatman an yo te pale avèk Li konsènan li.

[31] Jésus te vin kote l. Li te leve li pa men li, epi lafyèv la te kite li. Konsa li te sèvi yo.

[32] [t]Lè nwit lan te rive e solèy la fin kouche, yo te pote bay Li tout moun ki te malad yo, avèk sila ki te gen move lespri yo. [33] Tout [u]vil la te rasanble devan pòt la.

[34] Li te [v]geri anpil moun ki te malad avèk plizyè kalite maladi, e te chase anpil dyab. Li pa t kite yo pale paske yo te konnen kilès Li te ye.

[35] [w]Nan granmmaten, pandan li te toujou fènwa, Li te leve e te ale deyò nan yon kote izole kote li t ap priye.

[36] Konsa, Simon avèk sila ki te avè l yo t ap chèche Li. [37] Yo te twouve li, e te di L: "Tout moun ap chèche Ou".

[38] Li te di yo: "Annou ale yon lòt kote nan vil ki toupre yo pou M kab preche la tou, paske se pou sa ke M te vini." [39] [x] Li te ale nan sinagòg yo toupatou nan tout Galilée, e Li t ap preche, e chase move lespri yo.

[40] [y]Yon lepre te vin kote L, e t ap sipliye L. Li te tonbe ajenou devan L, e te di L: "Si Ou vle, Ou kapab fè m vin pwòp".

[41] Kè Li te vin plen avèk konpasyon. Li te lonje men L, te touche li, e te di L: "Mwen vle. Vin pwòp". [42] Konsa, touswit lèp la te kite l, e li te vin pwòp.

[43] Konsa, Li te avèti li byen sevè, e byen vit, Li te voye l ale. [44] Li te di li: [z]"Fè atansyon pou pa di anyen a pèsòn; men [a]ale montre ou menm a prèt la, e ofri li yon ofrann pou pirifikasyon ou, sa ke Moïse te kòmande a, kon yon temwayaj a yo menm."

---

[a] **1:1** Mat 4:3 [b] **1:2** Mat 3:1-11 [c] **1:3** És 40:3 [d] **1:3** Mat 11:10; Luc 7:10 [e] **1:4** Trav 13:24 [f] **1:4** Luc 1:77
[g] **1:9** Mat 3:13-17 [h] **1:11** Sòm 2:7 [i] **1:12** Mat 4:1-11 [j] **1:13** Mat 4:10 [k] **1:14** Mat 4:12 [l] **1:14** Mat 4:23
[m] **1:15** Gal 4:4 [n] **1:16** Luc 5:2-11 [o] **1:21** Luc 4:31-37 [p] **1:22** Mat 7:28 [q] **1:24** Mat 8:29 [r] **1:24** Luc 4:24
[s] **1:29** Mat 8:14,15 [t] **1:32** Mat 8:16,17 [u] **1:33** Mc 1:21 [v] **1:34** Mat 4:23 [w] **1:35** Luc 4:42,43 [x] **1:39** Mat 4:23
[y] **1:40** Mat 8:2-4 [z] **1:44** Mat 8:4 [a] **1:44** Lev 14:1

⁴⁵ Men li te ale deyò e te kòmanse ᵃpwoklame sa toupatou. Li te gaye nouvèl la jouk lè Jésus pa t kapab antre piblikman nan yon vil ankò, men te rete andeyò nan zòn dezè yo. Moun yo te sòti vin kote l de tout andwa.

2 Lè L te retounen kèk jou apre, nouvèl la te gaye ke Li te lakay Li.
² Byen vit ᵇanpil moun te rasanble devan pòt la pou jis lè pa t gen plas ankò, e Li te pale pawòl la bay yo.
³ Epi yo te pote bay Li yon paralitik ki te pote pa kat mesye. ⁴ Yo pa t kab rive bò kote L akoz foul la. Konsa, yo te retire twati kay la, e lè yo te fin fouye yon twou, yo te lonje palèt la desann sou li avèk mesye paralize ki te kouche a.
⁵ Jésus, lè L te wè lafwa yo, te di a paralitik la: "Fis Mwen, peche ou yo padone."
⁶ Men te gen kèk nan skrib yo ki te chita la ki te rezone nan kè yo: ᶜ⁷ "Poukisa nonm sa a pale konsa? L ap blasfeme; ᵈkilès sof ke Bondye sèl ki kab padone peche?"
⁸ Epi nan menm moman an, Jésus, okouran nan lespri Li ke yo t ap refleshi konsa, te di yo: "Poukisa nou ap rezone sou bagay sa yo konsa nan kè nou?
⁹ Kisa ki pi fasil pou di a paralitik la: 'Peche ou yo padone', oubyen leve pran palèt ou e mache?'
¹⁰ Men pou nou ka konnen ke Fis a Lòm nan gen otorite sou latè pou padone peche yo" —Li te di a paralitik la: ¹¹ "Mwen di ou leve, pran palèt ou e ale lakay ou."
¹² Byen vit, li te leve, pran palèt li, e te sòti deyò devan tout moun. Yo tout te etone. Yo t ap ᵉbay glwa a Bondye. Yo t ap di: ᶠ"Nou pa janm wè yon bagay konsa".
¹³ Li te ale deyò ankò bò kote lanmè a. ᵍTout foul la te vin kote Li, e Li t ap enstwi yo. ¹⁴ ʰPandan Li t ap pase, Li te wè Lévi, fis a Alphée a, ki te chita nan biwo kontribisyon an. Li te di li: "Swiv Mwen"! Konsa, li te leve pou swiv Li.
¹⁵ Li te vin rive pandan Li te sou tab lakay li a, ke anpil kolektè kontribisyon avèk pechè yo t ap dine avèk Jésus ak disip Li yo. Yo te anpil, e yo t ap swiv Li. ¹⁶ Lè ⁱskrib ak Farizyen yo te wè ke Li t ap manje avèk pechè ak ajan kontribisyon yo, yo te kòmanse di a disip Li yo: "Poukisa L ap manje e bwè avèk ajan kontribisyon yo avèk pechè yo?"
¹⁷ Lè L te tande sa, Jésus te di yo: ʲ"Se pa sila ki ansante yo ki bezwen yon doktè, men sila ki malad yo. Mwen pa t vini pou rele moun ki jis yo, men pechè yo".
¹⁸ ᵏDisip a Jean avèk Farizyen yo t ap fè jèn, epi yo te vin di L: "Poukisa disip a Jean avèk disip a Farizyen yo fè jèn, men disip Ou yo pa fè L?"
¹⁹ Jésus te di yo: "Pandan jenn gason k ap marye a avèk yo, èske patisipan fèt yo fè jèn? Non, depi jennonm nan la, yo pa kapab fè jèn. ²⁰ Men ˡjou yo ap vini lè jennonm nan va retire de yo. Konsa, nan jou sa a, ya fè jèn.
²¹ "Pèsòn pa koud yon moso twal ki poko lave sou yon vye rad, pou lè l fin lave, twal nèf la pa sere e separe de li; nèf la va kite ansyen an, e rad la va vin chire pi mal. ²² E pèsòn pa mete diven nèf nan ansyen veso kwi; otreman, diven an va pete kwi a e diven an va vin pèdi, ansanm ak kwi a; men diven nèf toujou ale nan veso kwi ki fre."
²³ ᵐKonsa, li te vin rive ke pandan Li t ap pase nan chan sereyal yo nan Saba a, pandan disip Li yo t ap ale, yo te kòmanse keyi tèt grenn sereyal.
²⁴ Farizyen yo t ap di Li: "Gade la, ⁿpoukisa y ap fè sa ki pa pèmi nan Saba"?
²⁵ Li te di yo: "Èske nou pa janm li sa ke David te fè lè li te nan bezwen e te vin grangou, li menm avèk moun pa l yo? ²⁶ Kijan li te antre menm nan kay Bondye a nan tan wo prèt la ᵒAbiathar? Jan li te manje pen konsakre a ki pa pèmi pou pèsòn manje sof ke prèt yo, e li te bay li osi a sila ki te avè l yo?"
²⁷ Jésus te di yo: ᵖ"Saba a te fèt pou lòm, e pa lòm pou Saba a. ²⁸ Konsa, Fis a Lòm nan se Mèt la, menm a Saba a."

3 ᵠLi te antre ankò nan sinagòg la, epi yon nonm te la avèk yon men sèch. ² Yo t ap veye L pou wè si Li t ap geri li nan Saba a ʳpou yo ta kapab akize Li.
³ Li te di nonm avèk men sèch la: "Leve vin devan!"
⁴ Li te di yo: "Èske li pèmi nan Saba a pou fè byen, oubyen pou fè mal, pou sove yon vi, oubyen pou touye"? Men yo te rete an silans.
⁵ Lè L fin ˢgade toupatou, byen fache, byen blese akoz kè di yo, Li te di a nonm nan: "Lonje men ou". Li te lonje l, e men li te geri.
⁶ Imedyatman, Farizyen yo te ale deyò pou fè konplo kont Li avèk ᵗEwodyen yo pou wè kijan yo ta kapab detwi Li.
⁷ ᵘJésus te retire kò l bò kote lanmè a ansanm avèk disip Li yo. Yon gran foul ki sòti Galilée t ap swiv li, ansanm avèk moun peyi Judée yo, ⁸ avèk Jérusalem, Idumée ak lòtbò Jourdain an ak landwa Tyr avèk Sidon. Yon gwo foul moun ki te tande tout sa Li t ap fè, te vin kote Li. ⁹ ᵛ Li te di disip Li yo ke yon kannòt ta dwe prepare pou Li, akoz gran foul la, pou yo pa peze L twòp. ¹⁰ Paske Li te ʷgeri anpil moun, e kon rezilta, tout sa ki te aflije yo t ap peze L pou yo ta kapab ˣtouche L.
¹¹ E nenpòt lè ke move lespri yo te wè L, yo t ap tonbe devan Li, kriye fò e di: "Ou se ʸFis Bondye a!"
¹² Konsa, Li te reponn yo ᶻavèk severite pou yo pa di ki moun li te ye.

ᵃ **1:45** Mat 28:15 ᵇ **2:2** Mc 1:45 ᶜ **2:6** Luc 6:10 ᵈ **2:7** És 43:25 ᵉ **2:12** Mat 9:8 ᶠ **2:12** Mat 9:33
ᵍ **2:13** Mc 1:45 ʰ **2:14** Mc 9:9-13 ⁱ **2:16** Luc 5:30 ʲ **2:17** Mat 9:12,13 ᵏ **2:18** Mat 9:14-17 ˡ **2:20** Mat 9:15
ᵐ **2:23** Mat 12:1-8 ⁿ **2:24** Mat 12:2 ᵒ **2:26** I Sam 21:1 ᵖ **2:27** Egz 23:12 ᵠ **3:1** Mat 12:9-14 ʳ **3:2** Mat 12:10
ˢ **3:5** Luc 6:10 ᵗ **3:6** Mat 22:16 ᵘ **3:7** Mat 12:15,16 ᵛ **3:9** Mc 4:1 ʷ **3:10** Mat 4:23 ˣ **3:10** Mat 9:21
ʸ **3:11** Mat 4:3 ᶻ **3:12** Mat 8:4

¹³ Li te ᵃmonte sou mòn nan, pou L te rele sila ke Li menm te vle yo, e yo te vin kote Li. ¹⁴ Li te dezinye douz yo, pou yo ta kapab avè L, e pou Li ta kapab voye yo deyò pou preche, ¹⁵ e pou yo ta kab gen otorite pou chase move lespri yo: ¹⁶ ᵇSimon, ki rele Pierre, ¹⁷ Jacques, fis Zébédée a, avèk Jean, frè a Jacques, (a li menm Li te bay non Boanergès ki vle di Fis a tonnè yo); ¹⁸ André, ak Philippe, ak Barthélemy, ak Matthieu, ak Thomas, ak Jacques, fis Alphée a, ak Thaddée, e Simon, Zelòt la; ¹⁹ ansanm avèk Judas Iscariot, sila ki te trayi Jésus a.

²⁰ Apre, Li te ᶜretounen lakay Li, e foul la te rasanble ankò jiskaske yo pa t kab menm manje yon repa.

²¹ Lè ᵈpwòp fanmi pa Li te tande sa, yo te ale deyò pou pran chaj Li, paske yo t ap di: "Li gen tan pèdi bon tèt Li".

²² Konsa, skrib ki te sòti Jérusalem yo t ap di: "Se ᵉBéelzébul menm ki pran L. Li ᶠchase move lespri yo pa mèt move lespri yo".

²³ ᵍLi te rele yo a Li menm, e te kòmanse pale ak yo an parabòl: "Kijan Satan kapab chase Satan mete l deyò? ²⁴ Si yon wayòm divize kont tèt li, wayòm sa a p ap kapab kanpe. ²⁵ Si yon kay divize kont tèt li, kay sa a p ap kab kanpe. ²⁶ Si ʰSatan fin leve kont tèt li, epi li divize, li p ap kab kanpe, men li fini!

²⁷ ⁱ"Men pèsòn p ap kapab antre lakay a yon nonm fò, e piyaje byen li, sof ke premyèman li mare mesye fò a; e apre sa, l ap piyaje kay li.

²⁸ ʲ"Anverite, Mwen di nou tout peche fis a lòm yo ap padone, e menm nenpòt blasfèm yo fè; ²⁹ men ᵏnenpòt moun ki blasfeme kont Lespri Sen an p ap janm gen padon, men yo va rete koupab de yon peche etènèl."

³⁰ Paske yo t ap di ke "Li gen yon move lespri".

³¹ ˡAlò, manman Li, avèk frè Li yo te rive kanpe deyò a, yo te voye kote Li e te rele Li.

³² Yon foul te chita toupatou antoure L, e yo te di Li: "Gade, manman Ou avèk frè Ou yo ap chèche Ou deyò a".

³³ Li te reponn yo e te di: "Kilès ki manman M ak frè M?"

³⁴ Li te gade toupatou sou sila ki te chita antoure Li yo e Li te di: ᵐ"Gade, men manman M avèk frè M yo! ³⁵ Paske sila ki ⁿfè volonte a Papa M yo, se yo menm ki frè M, sè M, ak manman M".

4 ᵒLi te kòmanse enstwi yo ankò bò kote lanmè a. Yon gwo foul te ransanble kote Li jiskaske Li te vin antre nan yon kannòt sou lanmè a e Li te chita. Tout foul la te kanpe atè bò lanmè a.

² Konsa, Li te enstwi yo anpil bagay an parabòl. Li t ap di yo nan ansèyman li; ³ "Koute! Yon moun ki t ap simen te ale deyò pou simen grenn. ᵖ⁴ Pandan li t ap simen, kèk grenn te tonbe akote wout la pou zwazo yo vin manje l nèt.

⁵ "Lòt grenn te tonbe nan wòch kote pa t gen anpil tè. Byen vit, li te leve, paske tè a pa t gen pwofondè. ⁶ Konsa, lè solèy la fin leve, li te vin brile, e akoz li pa t gen rasin, li te fennen.

⁷ "Lòt grenn tonbe pami pikan yo. Pikan yo leve toufe li, e li pa t bay donn.

⁸ "Lòt grenn te tonbe nan bon tè e pandan yo t ap grandi, ogmante, yo vin bay yon rekòlt ki te pwodwi trant, swasant, e menm san fwa."

⁹ Konsa li te di: ᵠ"Sila ki gen zòrèy pou tande, kite l tande".

¹⁰ Pandan Li te apa pou kont Li, sila ki t ap swiv Li yo ansanm avèk douz yo t ap poze L kesyon sou parabòl yo.

¹¹ Li te di yo: "A nou menm te gen tan bay mistè a wayòm Bondye a; men ʳsila ki rete deyò yo, ap resevwa tout bagay an parabòl. ¹² Pou l rive ke ˢMalgre yo wè, yo kapab wè san apèsi; e pandan y ap tande, yo kapab tande e pa konprann. Otreman, yo ta kab retounen pou twouve padon."

¹³ ᵗLi te di yo: "Èske nou pa konprann parabòl sila a? Alò kijan nou va konprann tout parabòl yo?

¹⁴ "Moun k ap simen an simen pawòl la. ¹⁵ Se sila ki akote wout yo, ke lè pawòl la fin simen, yo tande. Men byen vit, ᵘSatan vin pran pawòl ki te simen an, e rachte l soti nan yo.

¹⁶ "E nan yon jan ki sanble ak sa, sila yo se yo menm ki te simen kote ki plen wòch yo. Lè yo fin tande pawòl la, byen vit, yo resevwa l avèk jwa. ¹⁷ Men yo pa gen rasin fon nan yo menm. Yo la pou yon ti tan. Lè afliksyon oswa pèsekisyon vini akoz pawòl la, lapoula yo vin chite.

¹⁸ "Lòt yo se sila yo ki te te simen pami pikan yo. Se yo ki te tande pawòl yo, ¹⁹ men tout pwoblèm ᵛmond sa a ak ʷsediksyon richès yo, avèk lanvi pou lòt bagay toufe pawòl la, pou li pa donnen fwi.

²⁰ "Sila ki te te simen nan bon tè a, se yo menm ki te tande pawòl la, yo te aksepte li, e yo te vin ˣbay fwi trant, swasant e menm san fwa."

²¹ Konsa Li t ap di yo: ʸ"Èske yon lanp pote pou mete anba yon panyen oubyen anba yon kabann? Èske yo pa pote li pou mete li sou yon chandelye? ²² ᶻPaske anyen pa kache, sof ke pou revele, ni anyen pa an sekrè, sof ke pou parèt nan limyè. ²³ ᵃSi yon moun gen zòrèy pou tande, kite l tande."

²⁴ E Li t ap di yo: "Fè atansyon a sa nou koute. ᵇMenm jan ke nou mezire bay, li va mezire remèt a nou menm; e menm plis, y ap bannou ki tande. ²⁵ ᶜPaske a nenpòt moun ki genyen, l ap resevwa anplis, e a nenpòt moun ki pa genyen, menm sa li genyen an ap retire nan men li."

²⁶ E Li t ap di: "Wayòm syèl la se tankou yon mesye k ap voye semans sou latè. ²⁷ Konsa, l ale

---

ᵃ **3:13** Mat 5:1   ᵇ **3:16** Trav 1:13   ᶜ **3:20** Mc 2:1   ᵈ **3:21** Jn 10:20   ᵉ **3:22** Mat 10:25   ᶠ **3:22** Mat 9:34
ᵍ **3:23** Mat 12:25-29   ʰ **3:26** Mat 4:10   ⁱ **3:27** És 49:24,25   ʲ **3:28** Mat 12:31-32   ᵏ **3:29** Luc 12:10
ˡ **3:31** Mat 12:46-50   ᵐ **3:34** Mat 12:49   ⁿ **3:35** Ef 6:6   ᵒ **4:1** Mat 13:1-15   ᵖ **4:3** Mat 13:3   ᵠ **4:9** Mat 11:15
ʳ **4:11** I Kor 5:12   ˢ **4:12** És 6:9   ᵗ **4:13** Mat 13:18-23   ᵘ **4:15** Mat 4:10   ᵛ **4:19** Pwov 23:4   ʷ **4:19** Pwov 23:4
ˣ **4:20** Jn 15:2   ʸ **4:21** Mat 5:15   ᶻ **4:22** Mat 10:26   ᵃ **4:23** Mat 11:15   ᵇ **4:24** Mat 7:2   ᶜ **4:25** Mat 13:12

sou kabann li nan aswè, li leve lajounen, e semans lan pouse e grandi; ki jan sa fè fèt, li menm pa konnen. ²⁸ Tè a pwodwi rekòlt pou kont li; premyèman flèch, answit tèt la, e apre sa, grenn mi yo nan tèt la. ²⁹ Men depi rekòlt la vin prè, byen vit l ap bay li kouto, paske lè rekòlt la rive."

³⁰ ᵃLi te di: "Kijan n ap imajine wayòm Bondye a, oubyen selon ki parabòl nou kapab reprezante li? ³¹ Li tankou yon grenn moutad ke lè l simen nan tè, li pi piti pase tout grenn ki sou latè. ³² Malgre sa, lè l fin simen, li grandi e vin pi gwo pase tout lòt plant nan jaden yo, epi fè gwo branch, pou zwazo anlè yo kab vin fè nich anba lonbraj li."

³³ Ak anpil parabòl konsa, Li te pale pawòl la avèk yo nan limit yo ta kapab tande l pou konprann. ³⁴ Li pa t pale avèk yo ᵇsan parabòl; men Li t ap eksplike tout bagay an prive a disip Li yo.

³⁵ ᶜNan jou sa a, lè lannwit vin rive, Li te di yo: "Annou pase pa lòtbò". ³⁶ Yo te kite foul la e te ᵈpran Li avèk yo jan Li te ye nan kannòt la. Anplis, te gen lòt kannòt ki te avèk Li.

³⁷ Konsa, te vin leve yon gwo van tanpèt, ak vag lanmè ki t ap kase sou kannòt la otan ke kannòt la te prèske fin plen nèt. ³⁸ Jésus Li menm te nan pwent dèyè kote L t ap dòmi sou yon kousen. Yo te fè L leve e te di Li: "Mèt, èske sa pa fè Ou anyen ke n ap mouri?"

³⁹ Li te leve, e konsa, Li te ᵉreprimande van an e te di a lanmè a: "Fè silans, rete kalm!" Epi van an te vin bese e tan an te vini byen kalm.

⁴⁰ Li te di yo: "Poukisa nou pè konsa? ᶠJiska prezan, nou poko gen lafwa?"

⁴¹ Yo te etone avèk laperèz e yo te di: "Ki moun sa ye ke menm van avèk dlo lanmè obeyi Li?"

5 ᵍYo te vini lòtbò lanmè a nan peyi Gadarenyen yo. ² Lè Li te fin sòti nan ʰkannòt la, lapoula yon mesye avèk yon move lespri ki sòti nan tonm yo te rankontre Li. ³ Li t ap viv pami tonm yo, e pèsòn pa t kab mare l ankò, menm avèk yon chèn. ⁴ Paske li te konn mare souvant avèk gwo fè avèk chèn nan pye li. Chèn yo te konn vin chire separe nèt pa fòs li, e fè yo te kase an mòso. Pèsòn pa t kab dome l. ⁵ Konsa, tout tan, lajounen kon lannwit, pami tonm yo ak nan mòn yo, li t ap kriye fò e t ap blese kò l avèk wòch.

⁶ Lè l wè Jésus a distans, li kouri pwoche L pou l bese devan L. ⁷ Li te kriye avèk yon vwa fò, e te di: ⁱ"Kisa m gen avè w Jésus, Fis a ʲBondye Pi Wo a? Mwen sipliye Ou pa Bondye, pa toumante mwen!"

⁸ Paske Li t ap di a li menm: "Sòti nan mesye sa a, ou menm move lespri a!" ⁹ Konsa, Li te mande l: "Kòman yo rele ou?"

Li te di L: "Yo rele m ᵏLejyon, paske nou anpil." ¹⁰ Li te kòmanse sipliye Li seryezman pou Li pa voye yo deyò peyi a.

¹¹ Konsa, te gen yon gwo bann kochon ki t ap manje la nan mòn nan. ¹² Tout move lespri yo te sipliye Li e te di: "Voye nou nan kochon yo pou nou kapab antre nan yo". ¹³ Jésus te bay yo pèmisyon. Konsa nan sòti a, move lespri yo te antre nan kochon yo, e bann nan te kouri desann pant falèz mòn nan, jouk rive nan lanmè. Te gen anviwon de-mil nan yo, e yo te mouri nan dlo lanmè a.

¹⁴ Konsa, gadyen yo te kouri kite lye a, e te bay rapò sa nan vil la, tankou andeyò. E moun yo te vini pou wè sa ki te rive a. ¹⁵ Yo te vin kote Jésus e yo te wè mesye ki te konn gen move lespri a byen chita, byen abiye ˡavèk tout bon lespri li. Se te menm moun ki te gen ᵐ"Lejyon an", e yo te vin gen krent. ¹⁶ Konsa, sila ki te wè l yo, te pale ak yo sou jan sa te rive ⁿmesye move lespri a, ak tout afè kochon yo. ¹⁷ E yo te kòmanse ᵒsipliye L pou L kite landwa sa a.

¹⁸ ᵖPandan Li t ap antre nan kannòt la, mesye ki te gen move lespri a te sipliye L pou l ta kapab ale avèk Li. ¹⁹ Men Li pa t kite L ale, men te di li: ᑫ"Ale lakay moun ou yo e bay yo rapò sou ki gran bagay SENYÈ a te fè pou ou, ak jan Li te fè ou gras." ²⁰ Li te sòti, e te kòmanse ʳpwoklame nan ˢDecapolis ki kalite bon bagay Jésus te fè pou li, e tout moun te etone.

²¹ Lè Jésus te fin pase lòtbò ankò nan ᵗkannòt la, yon gwo foul te rasanble antoure Li. Li te ᵘbò kote lanmè a. ²² ᵛYoun nan ofisye sinagòg yo ki te rele Jaïrus te pwoche. Lè l te wè Li, li te tonbe sou jenou Li. ²³ Li te sipliye Li byen fò e te di: "Tifi mwen an prèt pou mouri. Silvouplè, vin ʷpoze men Ou sou Li pou li kapab vin geri e viv." ²⁴ Epi Li te ale avèk li. Yon gwo foul t ap swiv Li e yo t ap peze L.

²⁵ Konsa, te gen yon fanm ki te gen yon emoraji pandan douz ane. ²⁶ E li te soufri anpil nan men a anpil doktè. Li te depanse tout sa li te posede san rezilta, men li te vin pi mal atò. ²⁷ Apre li te fin tande koze Jésus a, li te pwoche dèyè Li nan foul la, e te touche vètman Li. ²⁸ Paske li te reflechi: "Si m sèlman touche rad Li, mwen va geri". ²⁹ Konsa, nan menm moman an, ekoulman san an te vin seche, e fanm nan te santi nan kò l ke ˣmaladi a te geri.

³⁰ Nan menm moman an, Jésus te santi nan Li menm ke ʸpouvwa a te kite L. Li te vire kote foul la e te di: "Kilès ki te touche vètman Mwen an?"

³¹ Disip Li yo te di L: "Ou wè tout foul sa a k ap peze Ou, e Ou mande: 'Kilès ki touche M nan?'"

³² Li te gade toupatou pou wè fanm ki te fè sa a.

³³ Konsa, fanm nan, tou ap tranble avèk lakrent, konsyan de sa ki te rive l la, li te vin tonbe devan Li, e te di Li tout laverite.

³⁴ Jésus te di li: "Fi, ᶻse lafwa ou ki bay ou lasante. ᵃAle anpè, e resevwa gerizon de maladi ou a".

ᵃ **4:30** Mat 13:31-32   ᵇ **4:34** Mat 13:34   ᶜ **4:35** Mat 8:18-27   ᵈ **4:36** Mat 3:9   ᵉ **4:39** Sòm 65:7   ᶠ **4:40** Mat 14:31
ᵍ **5:1** Mat 8:28-34   ʰ **5:2** Mc 3:9   ⁱ **5:7** Mat 8:29   ʲ **5:7** Luc 8:28   ᵏ **5:9** Mat 26:53   ˡ **5:15** Luc 8:35
ᵐ **5:15** Mc 5:9   ⁿ **5:16** Mat 4:24   ᵒ **5:17** Mat 8:34   ᵖ **5:18** Luc 8:38-39   ᑫ **5:19** Luc 8:39   ʳ **5:20** Sòm 66:16
ˢ **5:20** Mat 4:25   ᵗ **5:21** Mc 4:36   ᵘ **5:21** Mc 4:1   ᵛ **5:22** Mat 9:18-26   ʷ **5:23** Mc 6:5   ˣ **5:29** Mc 3:10
ʸ **5:30** Luc 5:17   ᶻ **5:34** Mat 9:22   ᵃ **5:34** Luc 7:50

³⁵ Pandan Li t ap pale, moun yo te rive sòti lakay ofisye sinagòg la. Yo te di l: "Fi ou a gen tan mouri; ou pa bezwen twouble Mèt la ankò". ᵃ³⁶ Men Jésus te gen tan tande sa ki t ap pale a, e te di a ofisye sinagòg la: ᵇ"Pa pè ankò; sèlman kwè".
³⁷ Konsa, Li pa t kite pèsòn swiv Li sof ke ᶜPierre, Jacques, ak Jean, frè a Jacques. ³⁸ Yo ᵈte vini lakay ofisye sinagòg la, epi Li te wè yon gwo tèntèn, ak moun ki t ap kriye fò e rele "anmwey". ³⁹ Li antre, e Li te di yo: "Poukisa nou ap fè tout bri sa a, e kriye konsa? Pitit sa a pa mouri, men l ap dòmi".
⁴⁰ Konsa yo te kòmanse ri sou Li. Men lè Li te fin mete yo tout deyò, Li te pran manman ak papa a pitit la avèk moun pa L yo, e te antre kote pitit la te ye a. ⁴¹ Li te pran pitit la pa men li, e te di li: "Talita koum" ki vle di ᵉ"Tifi, Mwen di ou leve!"
⁴² Lapoula, tifi a te leve e te kòmanse mache. Li te gen douz ane. Tout moun te sezi. ⁴³ Konsa, Li te ᶠbay yo yon lòd sevè ke pèsòn pa dwe tande afè sa a. Epi Li di yo pou bay tifi a yon bagay pou li manje.

6 ᵍJésus te kite la. Li te vini nan ʰpwòp vil pa Li a, e disip Li yo te swiv Li. ² Lè Saba a te vin rive, Li te kòmanse ⁱenstwi nan sinagòg la. Anpil moun te tande L. Yo te etone e te di: "Kote nonm sa a twouve bagay sa yo, e se ki sa jès sa ke Li resevwa, pou mirak konsa yo ka fèt pa men L?" ³ Se pa ʲchapant lan, fis Marie a, frè a Jacques, avèk Joses, ak Jude, ak Simon an? Se pa sè Li yo ki avèk nou? E yo te ᵏofanse de Li.
⁴ Konsa, Jésus te di yo: ˡ"Yon pwofèt pa janm san onè sof ke nan pwòp vil pa L, pami pwòp fanmi li e nan pwòp kay Li." ⁵ Li pa t kab fè anpil mirak la, malgre Li te ᵐpoze men Li sou kèk moun malad, e Li te geri yo. ⁶ Li te etone pa enkredilite yo.
Epi Li t ap ale toupatou nan ti bouk yo pou bay enstriksyon.ⁿ ⁷ Li te rele douz yo e te kòmanse voye yo sòti ᵖde pa de, e Li te bay yo otorite sou move lespri yo. ⁸ ᑫKonsa, Li te avèti o ke yo pa t pou pran anyen pou vwayaj la sof ke yon baton; ni pen, ni yon sak, ni lajan pou mete nan senti yo; ⁹ men yo te pou mete sapat yo, e Li te di anplis: "Pa menm mete de tinik (yon wòb le jè)".
¹⁰ Li te di yo: "Nenpòt kote nou antre nan yon kay, rete la jouk lè nou kite vil la. ¹¹ Epi nenpòt kote ki pa resevwa nou, oswa koute nou, pandan nou ap kite la, ʳsouke retire menm pousyè ki anba pye nou kon temwayaj kont yo. Asireman mwen di ou, l ap pi tolerab pou Sodome ak Gomorrhe nan jou jijman an pase vil sa a!"
¹² ˢYo te sòti deyò e yo t ap preche ke moun dwe repanti. ¹³ Yo t ap chase anpil move lespri, yo t ap ᵗonksyone malad yo avèk lwil, e t ap geri yo.
¹⁴ ᵘ Wa Hérode te tande de bagay sa yo pwiske non Li te deja vini byen koni. Moun t ap di ke Jean Baptiste te gen tan leve soti nan lanmò, ki fè L vin gen pouvwa pou fè tout mirak sa yo.
¹⁵ Men lòt t ap di: "Li menm se ᵛÉlie". Lòt t ap di: "Li se yon pwofèt, kon youn nan ansyen pwofèt yo".
¹⁶ Men lè Hérode te tande sa, Li t ap di: "Jean, tèt de sila ke m te fin koupe a, gen tan resisite!" ¹⁷ Paske se te Hérode menm ki te voye fè arete Jean, e li te mare l nan prizon pou koz ʷHérodias, madanm a frè li a, Philippe, akoz ke li te marye avè l. ¹⁸ Paske Jean t ap di a Hérode: ˣ"Li pa pèmèt pou ou gen madanm a frè ou". ¹⁹ Konsa, Hérodias te gen yon kont avèk li, e te vle mete L a lanmò men l pa t kab fè l; ʸ²⁰ Paske ᶻHérode te pè Jean, pwiske li te konnen ke li te yon nonm ladwati ki sen, e li te pwote je l. Lè Hérode te konn koute l, li te konn byen twouble; men li te bay li plezi pou koute l.
²¹ Men yon jou okazyon an te vin parèt pandan fèt nesans Hérode. Li te ᵃofri yon gwo fèt pou gwo chèf diri jan avèk kòmandan milit è yo nan Galilée. ²² Lè ᵇfi a Hérodias la te vini pou kont li e te danse, li te fè Hérode kontan ak tout vizitè li yo nan fèt la. Konsa Wa a te di fi a: "Mande mwen nenpòt sa ou vle, e m ap bay ou li". ²³ Li te sèmante a li menm: "Nenpòt sa ou vle, m ap bay ou li, ᶜjiska mwatye wayòm mwen an".
²⁴ Konsa, li te ale deyò e te mande manman l: "Kisa mwen dwe mande?" Epi li te di l: "Tèt a Jean Baptiste".
²⁵ Lapoula, li te vini avèk vitès devan Wa a avèk yon demann. Li te di: "Mwen vle ke ou ban mwen koulye a menm, tèt a Jean Baptiste sou yon plato".
²⁶ Malgre ke Wa a te byen tris akoz sèman an, men akoz vizitè li yo, li pa t gen kouraj pou l refize l. ²⁷ Imedyatman Wa a te voye yon gad avèk lòd pou vini avèk tèt li. Li te ale, e te fè yo koupe tèt li nan prizon an. ²⁸ Konsa yo te pote tèt li sou yon plato pou bay fi a, e fi a te bay li a manman l.
²⁹ Lè disip li yo te tande sa, yo te vin pran kò l, e te mete l nan yon tonm.
³⁰ ᵈApòt yo te rasanble avèk Jésus. Yo te bay Li yon rapò de tout sa yo te fè ak sa yo te enstwi.
³¹ Li te di yo: "Vini apa pou kont nou nan yon plas apa pou pran yon ti repo". Paske anpil moun t ap antre, sòti, e yo pa t menm gen tan manje.
³² ᵉYo te kite la nan yon kannòt pou ale nan yon plas apa pou kont yo. ³³ Konsa, lè pèp la te wè ke yo t ap prale, anpil moun te rekonèt yo. Yo te kouri jwenn yo apye, sòti nan tout vil yo, epi yo te rive avan yo.
³⁴ Lè Jésus te rive atè, Li ᶠte wè yon gwo foul. Konsa, Li te gen konpasyon pou yo paske ᵍyo te tankou mouton san gadò. Li te kòmanse enstwi yo anpil bagay.
³⁵ Lè li te deja byen ta, disip Li yo te vin kote Li. Yo te di: "Plas sa a byen izole, e li deja fin byen ta.

ᵃ **5:35** Mc 5:22   ᵇ **5:36** Luc 8:50   ᶜ **5:37** Mat 17:1   ᵈ **5:38** Mc 5:22   ᵉ **5:41** Luc 7:14   ᶠ **5:43** Mat 8:4
ᵍ **6:1** Mat 13:54-58   ʰ **6:1** Luc 4:16-23   ⁱ **6:2** Mat 4:23   ʲ **6:3** Mat 13:55   ᵏ **6:3** Mat 11:6   ˡ **6:4** Mat 13:57
ᵐ **6:5** Mc 5:23   ⁿ **6:6** Mat 9:35   ᵒ **6:7** Luc 10:4-11   ᵖ **6:7** Luc 10:1   ᑫ **6:8** Mat 10:10   ʳ **6:11** Mat 10:14
ˢ **6:12** Mat 11:1   ᵗ **6:13** Jc 5:14   ᵘ **6:14** Mat 14:1-12   ᵛ **6:15** Mat 16:14   ʷ **6:17** Mat 14:3   ˣ **6:18** Mat 14:4
ʸ **6:19** Mat 14:3   ᶻ **6:20** Mat 21:26   ᵃ **6:21** Est 1:3   ᵇ **6:22** Mat 14:3   ᶜ **6:23** Est 5:3-6   ᵈ **6:30** Mat 10:2
ᵉ **6:32** Mc 8:2-9   ᶠ **6:34** Mat 9:36   ᵍ **6:34** Nonb 27:17

³⁶ Voye yo ale pou yo kapab ale nan landwa pa yo avèk vil pa yo pou achte kèk manje pou tèt yo."
³⁷ Men Li te di yo: "Nou menm bay yo manje!"
ᵃ

Yo te reponn Li: "Ou vle nou ale depanse de-san denye nan pen pou nou bay yo manje?"
³⁸ Li te di yo: "Konbyen pen nou genyen? Al gade!" Lè yo konnen, yo di: "Senk pen ak de pwason".
³⁹ Konsa, Li te kòmande yo pou chita pa gwoup nan zèb vèt la. ⁴⁰ Yo te chita pa gwoup de santèn, e pa gwoup de senkantèn. ⁴¹ Li te pran senk pen yo avèk de pwason yo. Li te gade vè syèl la, e Li te ᵇbeni manje a. Li te kase pen yo, e Li te kontinye bay disip yo pou mete devan yo. Li te divize bay nan de pwason yo pami yo tout.
⁴² Yo tout te manje, e yo te satisfè. ⁴³ Yo te ranmase douz ᶜpanyen byen plen avèk moso kase yo; e anplis, pwason. ⁴⁴ Te gen ᵈsenk-mil mesye ki te manje pen yo.
⁴⁵ ᵉKonsa, Jésus te fè disip Li yo antre nan kannòt la pou ale devan Li lòtbò vè Bethsaïda, pandan Li menm t ap voye foul la ale. ⁴⁶ Lè Li fin ᶠdi yo orevwa, Li te ale nan mòn nan pou priye.
⁴⁷ Lè lannwit te rive, kannòt la te nan mitan lanmè a, e Jésus te atè pou kont Li. ⁴⁸ Lè L te wè yo t ap fè fòs sou zaviwon yo akoz van an te kont yo, nan anviwon ᵍkatriyèm è nan aswè, Li te vin kote yo ap mache sou lanmè a, kòmsi Li te gen entansyon ale devan pou kite yo dèyè.
⁴⁹ Men lè yo te wè L ap mache sou lanmè a, yo te sipoze ke Li te yon fantòm e yo te kriye fò; ⁵⁰ pwiske yo tout te wè Li e yo te pè. Men nan moman sa a Li te pale avèk yo. Li te di yo: ʰ"Pran kouraj! Se Mwen menm! ⁱPa pè." ⁵¹ Li te antre ʲnan kannòt la avèk yo, e van an te sispann. Yo te vreman sezi. ⁵² Akoz yo pa t reyisi gen okenn konprann nan afè pen yo, kè yo te di.
ᵏ ⁵³ ˡLè yo fin travèse lòtbò, yo te rive atè nan Génésareth e te mare kannòt la atè. ⁵⁴ Nan moman yo te kite kannòt la, pèp la te rekonèt yo. ⁵⁵ Konsa, pèp la te kouri toupatou nan tout peyi a, e te kòmanse pote sila ki te malad yo sou palèt nan plas kote Li te ye a.
⁵⁶ Nenpòt kote Li te antre nan bouk ak gran vil oswa andeyò, yo t ap vin depoze moun malad nan mache yo pou sipliye L pou yo ta kapab sèlman ᵐtouche ⁿrebò vètman Li, akoz tout moun ki te touche l t ap vin geri.

7 ᵒFarizyen yo avèk kèk nan skrib yo te antoure Jésus lè yo te sòti Jérusalem. ² Lè yo te wè ke kèk nan disip Li yo t ap manje pen avèk men ᵖenpi, sa vle di, san lave, ³ (pwiske Farizyen yo avèk tout Jwif yo pa manje sof ke yo lave men yo kòrèk, pou obsève ᵠtradisyon a ansyen yo. ⁴ Lè yo sòti nan mache, yo pa manje sof ke yo gen tan benyen. Anplis yo gen anpil lòt bagay ke yo konn resevwa kon prensip, tankou lavaj a ʳtas, avèk krich, ak po kwiv yo.)
⁵ Pou sa, Farizyen yo ak skrib yo te mande L: "Poukisa disip ou yo pa mache selon ˢtradisyon ansyen yo, men manje pen avèk men ki pa lave?"
⁶ Li te reponn yo: "Byen jis Ésaïe te fè pwofesi sou nou kom ipokrit, lè li te ekri: ᵗ'Pèp sa bay Mwen lonè avèk lèv yo, men kè yo lwen Mwen. ⁷ ᵘMen anven yo adore Mwen lè y ap enstwi kòm doktrin, prensip a lòm.'
⁸ "Nou neglije kòmandman a Bondye yo, pou kenbe tradisyon a lòm yo—kon lavaj krich yo ak anpil lòt bagay" ᵛ ⁹ Li t ap di yo anplis: " Ak konesans nou mete kòmandman Bondye a akote, pou kenbe tradisyon pa nou yo. ¹⁰ Paske Moïse te di: ʷ'Onore papa ou avèk manman ou'; epi ˣ'sila ki pale mal a papa li oswa manman li, fòk li mete a lanmò.'
¹¹ "Men nou di: 'Si yon nonm di a papa l, ni a manman l, nenpòt sa ke m genyen se ʸKòba'" (sa vle di, "bay a Bondye"), ¹² "Nou pa pèmèt moun nan fè anyen ankò ni pou papa l, ni pou manman l. ¹³ Konsa nou fè pawòl Bondye a vin nil ak ᶻtradisyon ke nou transmèt a youn lòt. Nou fè anpil bagay konsa."
¹⁴ Li te rele foul la kote Li ankò. Li te di yo: "Koute Mwen, nou tout, e konprann: ¹⁵ Nanpwen anyen deyò yon nonm k ap fè l sal, men se bagay ki sòti pa anndan yon nonm ki fè l sal. ¹⁶ Si yon moun gen zòrèy, kite li tande."
¹⁷ Lè Li te kite foul la, Li te antre ᵃnan kay la. Disip Li yo te kesyone L sou parabòl sila a.
¹⁸ Epi Li te di yo: "Èske nou si tèlman manke konprann tou? Èske nou pa konprann ke sa ki sòti deyò yon nonm pou antre ladann pa kapab souye l, ¹⁹ paske sa pa antre nan kè l, men nan vant li epi li vin elimine?" (Konsa Li te deklare ke tout kalite manje ᵇpwòp.)
²⁰ Li te di: ᶜ"Sa ki sòti nan yon moun, se sa ki souye l. ²¹ Paske pa anndan, sòti nan kè lòm tout move panse, fònikasyon, vòl, touye moun, adiltè, ²² zak lanvi sa ki pou lòt, mechanste, desepsyon, sansyalite, ᵈjalouzi, kout lang, ògèy, ak tout kalite foli. ²³ Tout mal sa yo sòti pa anndan, epi souye yon nonm."
²⁴ ᵉJésus te leve e te pati pou rejyon Tyr la. Lè Li te antre nan yon kay, Li pa t vle pèsòn konnen sa, men Li pa t kab evite atire atansyon.
²⁵ Men lè yon fanm ak yon tifi ki te gen yon move lespri te tande de Jésus, li te vin kote L nan menm moman an, e te tonbe nan pye Li. ²⁶ Alò, fanm sila a te yon moun etranje nan ras Siwofonisyèn. E li te kontinye mande L pou chase move lespri a sou pitit li a.

ᵃ **6:37** Jn 6:7   ᵇ **6:41** Mat 14:9   ᶜ **6:43** Mat 14:21   ᵈ **6:44** Mat 14:21   ᵉ **6:45** Mat 14:22-32   ᶠ **6:46** Trav 18:18-21
ᵍ **6:48** Mat 24:43   ʰ **6:50** Mat 9:2   ⁱ **6:50** Mat 14:27   ʲ **6:51** Mc 6:32   ᵏ **6:52** Mc 8:17; Wo 11:7   ˡ **6:53** Jn 6:24
ᵐ **6:56** Mc 3:10   ⁿ **6:56** Mc 9:20   ᵒ **7:1** Mc 15:1-20   ᵖ **7:2** Mat 15:2   ᵠ **7:3** Mc 7:5,8,9,13   ʳ **7:4** Mat 23:25
ˢ **7:5** Mc 7:3,8,9,13   ᵗ **7:6** És 29:13   ᵘ **7:7** És 29:13   ᵛ **7:8** Mc 7:3,5,9,13   ʷ **7:10** Egz 20:12   ˣ **7:10** Egz 21:17
ʸ **7:11** Lev 1:2   ᶻ **7:13** Mc 7:3-9   ᵃ **7:17** Mc 2:1   ᵇ **7:19** Luc 11:41   ᶜ **7:20** Mat 15:18   ᵈ **7:22** Mac 6:23
ᵉ **7:24** Mat 15:21-28

²⁷ Jésus te di li: "Kite zanfan yo satisfè avan, paske li pa bon pou pran pen timoun yo pou jete l bay chen."

²⁸ Men fanm nan te reponn Li: "Wi Mèt, men menm ti chen anba tab yo manje ti moso ke timoun yo lese tonbe yo."

²⁹ Konsa Li te di li: "Akoz repons sa a, al fè wout ou; move lespri a gen tan kite fi ou a."

³⁰ E lè fanm nan te retounen lakay li, li te twouve tifi a byen kouche sou kabann nan, e move lespri a te gen tan kite li.

³¹ ᵃAnkò Li te kite rejyon Tyr la, e te pase pa Sidon jiska lanmè Galilée a, nan rejyon Decapolis.

³² Yo te mennen bay Li yon moun ki te soud, ki te pale avèk anpil difikilte, e yo te sipliye L pou ᵇmete men Li sou li.

³³ ᶜJésus te mennen l apa gran foul la, e te mete dwat Li anndan zòrèy moun nan. Li te krache, e te touche lang li avèk krache a. ³⁴ Pandan Li gade vè syèl la, Li te ᵈsoupire byen fò, e te di li: "Ifafata!" Sa vle di "Ouvri!" ³⁵ Konsa zòrèy li te louvri. Lang lou a te disparèt, e li te vin pale kon nòmal.

³⁶ Li te bay yo lòd pou yo pa pale avèk pèsòn; men plis Li te bay lòd, plis yo te ᵉkontinye gaye nouvèl la toupatou. ³⁷ Yo te vin etone nèt. Yo t ap di: "Li fè tout bagay byen. Li fè menm soud yo tande, e bèbè yo pale".

8 Nan jou sa yo, lè te gen ankò yon gwo foul ki pa t gen anyen pou yo manje, ᶠJésus te rele disip Li yo. Li te di yo: ² ᵍ"Mwen santi konpasyon pou foul la pwiske yo rete avèk Mwen koulye a pandan twa jou, e yo pa gen anyen pou yo manje. ³ Si Mwen voye yo lakay yo grangou, y ap fennen nan wout la, e gen nan yo ki sòti nan lwen distans."

⁴ Disip Li yo te reponn Li: "Kote yon moun kapab jwenn ase pen isit la pou satisfè moun sa yo nan yon andwa izole konsa"?

⁵ Li te mande yo: "Konbyen moso pen nou genyen?" Yo te di Li: "Sèt".

⁶ Konsa, Li te fè yo chita atè. Li te pran sèt pen yo, e te kase yo an mòso. Li te kòmanse bay yo a disip Li yo pou sèvi yo, e te bay yo a foul la. ⁷ Anplis yo te genyen kèk ti pwason. ʰLè L fin beni yo, Li te kòmande sa yo anplis pou separe bay.

⁸ Yo te manje e yo te satisfè. Yo te ranmase sèt gwo ⁱpanyen plen avèk moso kase ki te rete. ⁹ Te gen anviwon kat mil ki te la. Konsa, Li te voye yo ale. ¹⁰ Nan menm moman sa a, Li te antre nan kannòt la avèk disip Li yo, pou te rive nan peyi yo rele ʲDalmanutha a.

¹¹ ᵏFarizyen yo te parèt e yo te kòmanse diskite avèk L. Yo te mande L yon sign ki sòti nan syèl la pou teste li.

¹² Avèk yon gwo soupi ki sòti nan lespri Li, Li te di: "Poukisa jenerasyon sila a ap chèche yon sign? Anverite Mwen di nou: ˡNanpwen sign k ap parèt a jenerasyon sila a." ¹³ Lè L fin kite yo, Li te monte kannòt la pou te ale lòtbò.

¹⁴ Yo te bliye pran pen, e pa t gen plis ke yon moso nan kannòt la avèk yo.

¹⁵ Li te avèti yo di: ᵐ"Veye byen! Fè atansyon kont ledven Farizyen yo, ak ledven Hérode la!"

¹⁶ Konsa, yo te kòmanse diskite youn avèk lòt pwoblèm ke yo pa t gen pen an.

¹⁷ Jésus te konprann sa byen, e te di yo: "Poukisa nou ap pale afè pen an? ⁿÈske nou poko wè ni konprann? Èske nou gen kè di? ¹⁸ ᵒMalgre nou gen zye, èske nou pa wè? E malgre nou gen zòrèy, èske nou pa tande? E èske nou pa sonje ¹⁹ lè Mwen te kase ᵖsenk pen yo pou senk mil moun, konbyen ᵠpanyen plen avèk moso kase nou te ranmase?"

Yo te di Li: "Douz".

²⁰ "Epi lè Mwen te kase ʳsèt pou kat mil moun yo, konbyen gwo panyen plen avèk moso kase nou te ranmase?"

Yo te di yo: "Sèt".

²¹ Li te mande yo: ˢ"Èske nou poko menm konprann?"

²² Yo te rive Bethsaïda. Moun yo te pote bay Li yon mesye avèg e yo te sipliye L pou te ᵗtouche l.

²³ Li te pran mesye avèg la pa men li, Li te ᵘmennen l sòti nan vil la. Lè L fin krache sou zye li e mete men L sou li, Li te mande l: "Èske ou pa wè anyen?"

²⁴ Konsa, li te leve tèt li gade e te di: "Mwen wè moun. Konsi mwen wè yo tankou pyebwa k ap mache toupatou."

²⁵ Ankò Li te mete men Li sou zye li. Li te gade byen fiks, e li te vin restore. Konsa, li te wè tout bagay byen klè.

²⁶ Li te voye li lakay li e te di: "Pa menm antre ᵛnan vil la."

²⁷ Jésus te sòti avèk disip Li yo pou lantre nan vilaj Césarée ʷPhilippe. Sou wout la Li te diskite ak disip Li yo. Li te mande yo: "Kilès moun yo di ke Mwen ye?"

²⁸ Yo te di Li: "Jean Baptiste, e kèk lòt Élie, men lòt, youn nan pwofèt yo".

²⁹ Li te kesyone yo plis; "Men kilès nou menm nou di ke Mwen ye?" ˣPierre te reponn e te di Li: "Ou menm se Kris la."

³⁰ Konsa, ʸLi te avèti yo pou pa di pèsòn anyen sou Li menm.

³¹ ᶻLi te kòmanse enstwi yo ke Fis a Lòm nan t ap oblije soufri anpil bagay, vin rechte pa ansyen yo avèk chèf prèt ak skrib yo, e touye. E apre twa jou, Li ta resisite ankò. ³² Li t ap pale bagay la ᵃbyen klè.

Konsa, Pierre te mennen L akote e te kòmanse repwoche L.

ᵃ **7:31** Mat 15:29-31 ᵇ **7:32** Mc 5:23 ᶜ **7:33** Mc 8:23 ᵈ **7:34** Mc 8:12 ᵉ **7:36** Mc 1:45 ᶠ **8:1** Mc 6:34-44 ᵍ **8:2** Mc 9:36 ʰ **8:7** Mat 14:19 ⁱ **8:8** Mat 15:37 ʲ **8:10** Mat 15:39 ᵏ **8:11** Mat 16:1-12; Mat 12:38 ˡ **8:12** Mat 12:39 ᵐ **8:15** Mat 16:6 ⁿ **8:17** Mc 6:52 ᵒ **8:18** Jr 5:21 ᵖ **8:19** Mc 6:41-44 ᵠ **8:19** Mat 14:20 ʳ **8:20** Mat 8:6-9 ˢ **8:21** Mc 6:52 ᵗ **8:22** Mc 3:10 ᵘ **8:23** Mc 7:33; Mc 5:23 ᵛ **8:26** Mc 8:23 ʷ **8:27** Mat 16:13-16 ˣ **8:29** Jn 6:68-69 ʸ **8:30** Mat 8:4 ᶻ **8:31** Mat 16:21-28 ᵃ **8:32** Jn 10:24

³³ Men lè l te vire gade dèyè, Li te wè disip Li yo, e Li te repwoche Pierre, e te di l: "Mete ou dèyè M, ᵃSatan! Paske ou p ap mete panse ou sou enterè Bondye a, men enterè lòm."

³⁴ Li te rele foul la avèk disip Li yo. Li te di yo: "Si yon moun vle swiv Mwen, fòk li renonse pwòp tèt li, ᵇpran kwa li, e swiv Mwen. ³⁵ Paske ᶜnenpòt moun ki vle sove vi li, va pèdi li; men nenpòt moun ki pèdi vi li akoz Mwen ak levanjil la, ap sove li.
³⁶ "Paske kisa sa sèvi a yon nonm si l genyen tou lemonn men l pèdi nanm li? ³⁷ Paske kisa yon nonm ap bay an echanj pou nanm Li.
³⁸ "Paske ᵈnenpòt moun ki wont de Mwen menm avèk pawòl Mwen, nan jenerasyon adiltè e konwonpi sila a, Fis a Lòm nan ap wont de li menm tou lè Li vini nan glwa a Papa Li avèk zanj sen yo."

9 Jésus te di yo: ᵉ"Anverite Mwen di nou, gen kèk moun nan sila ki kanpe la yo ki p ap goute lanmò jouk lè yo fin wè wayòm Bondye a rive avèk pouvwa."

² ᶠSis jou pita, Jésus te pran avè L, Pierre, Jacques, avèk Jean, e te mennen yo sou yon mòn wo pou kont yo. La, devan yo, Li te transfòme nan yon lòt fòm.
³ ᵍRad Li yo te vin klere jis yo blanchi nèt, blanch kon okenn moun k ap fè lesiv nan mond sa a, pa t janm kab fè. ⁴ Konsa, Élie ak Moïse te parèt devan yo ansanm, e yo t ap pale avèk Jésus.
⁵ Pierre te reponn pou di Jésus: "Mèt, se bon pou nou isit la; ʰannou fè twa tabènak, youn pou Ou, youn pou Moïse, e youn pou Élie." ⁶ Paske li pa t konnen ki repons pou bay, akoz kè yo te plen avèk laperèz.
⁷ Konsa, yon nwaj te fòme ki te vin mete yo nan fon lonbraj, e yon vwa te vin sòti nan nwaj la, ⁱ"Sa se Fis Mwen; koute Li!"
⁸ Nan menm moman sa a, yo te gade toupatou e pa t wè pèsòn avèk yo ankò, sof ke Jésus sèl.
⁹ ʲPandan yo t ap desann mòn nan, Li te bay yo lòd pou pa di pèsòn sa yo te wè a, jouk lè ke Fis a Lòm nan ta leve soti nan lanmò. ¹⁰ Yo te reflechi anpil sou pawòl sa a, e te diskite youn avèk lòt sou sa sa vle di: "leve soti nan lanmò an".
¹¹ Yo te mande Li: "Poukisa skrib yo di ke ᵏÉlie oblije vini avan an?"
¹² Li te di yo: "Élie vrèman ap vini avan pou restore tout bagay. Men poukisa li ekri sou Fis a Lòm nan ke ˡLi va soufri anpil bagay, e vin meprize? ¹³ Men Mwen di nou Élie vrèman gen tan vini, e yo te fè l sa ke yo te pito, jan ke sa ekri sou li a."
¹⁴ ᵐLè yo te retounen kote disip yo, yo te wè yon gwo foul ki te antoure yo, e kèk skrib ki t ap diskite avèk yo. ¹⁵ Imedyatman, lè tout foul la te wè Li, yo te ⁿetone, e yo te kouri vini salye Li.

¹⁶ E Li te mande yo: "Kisa nou ap diskite avèk yo la a?"
¹⁷ Epi yon moun nan foul la te reponn Li: "Mèt, mwen te pote bay Ou fis Mwen an, ki gen yon move lespri ki fè l bèbè; ¹⁸ epi lè li sezi l, li voye li atè. Li kimen nan bouch e manje dan l; kò li vin tou rèd. Mwen te pale disip Ou yo pou chase l, men yo pa t kapab."
¹⁹ Konsa, Li te reponn yo e te di: "O jenerasyon enkredil, pou konbyen de tan ankò M ap avèk nou? Konbyen de tan ankò M ap sipòte nou? Fè l vin kote Mwen!"
²⁰ Yo te pote gason an kote Li. E lè li te wè L, lapoula lespri a te jete li nan yon gwo kriz. Li te tonbe atè, te kòmanse woule toupatou e kimen nan bouch.
²¹ Jésus te mande papa li: "Depi kilè bagay sa a konn rive li?" Li te di: "Depi li timoun. ²² Souvan li konn voye li ni nan dlo, ni nan dife pou l detwi l. Men si Ou kapab fè yon bagay, gen pitye pou nou, e ede nou!"
²³ Jésus te di li: "Si Ou kapab? ᵒTout bagay posib pou sila a ki kwè a."
²⁴ Konsa, papa a tigason an te kriye fò e te di: "Mwen kwè; ede enkredilite Mwen an."
²⁵ Lè Jésus te wè yon ᵖfoul moun t ap rasanble, Li te reprimande move lespri a. Li te di L: "Ou menm lespri soud e bèbè, Mwen kòmande ou, sòti nan li, e pa antre nan li ankò."
²⁶ Lè lespri a fin kriye fò, e jete li nan gwo kriz tèrib li, li te sòti. Ti gason an te tèlman parèt kon yon kadav, ki te fè pi fò nan yo te di: "Li mouri!"
²⁷ Men Jésus te pran li pa men li, te leve l, e Li te kanpe.
²⁸ Lè Li te vini ᑫnan kay la, disip Li yo te kòmanse kesyone Li an prive: "Poukisa nou pa t kapab chase l?"
²⁹ Li te di yo: "Kalite sila a p ap kab sòti pa anyen, sof ke lapriyè."
³⁰ ʳDepi la yo te ale pase nan tout Galilée, e Li pa t vle ke pèsòn konnen anyen sou sa. ³¹ Paske Li t ap enstwi disip Li yo e t ap di yo: ˢ"Fis a Lòm nan va livre nan men a lèzòm, e yo va touye Li. Epi lè Li fin touye, L ap resisite ankò twa jou pita." ³² Men ᵗyo pa t konprann pawòl sila a, e yo te pè mande L.
³³ ᵘYo te vini Capernaüm, e lè Li te nan kay la, Li te kòmanse kesyone yo: "De kisa nou t ap diskite nan wout la?" ³⁴ Men yo te rete an silans; paske nan wout la, yo ᵛt ap diskite de kilès nan yo ki te pi gran.
³⁵ Lè Li te fin chita, Li te rele douz yo, e Li te ʷdi yo: "Si yon moun vle premye, li va dènye de tout moun, e vin sèvitè a tout moun."
³⁶ Li te pran yon timoun, e te fè l chita devan yo. Epi lè L pran li nan bra Li, Li te di yo: ³⁷ ˣ"Nenpòt moun ki resevwa yon timoun tankou sila a nan non

---

ᵃ **8:33** Mat 4:10   ᵇ **8:34** Mat 10:38   ᶜ **8:35** Mat 10:39   ᵈ **8:38** Mat 10:33   ᵉ **9:1** Mat 16:28   ᶠ **9:2** Mat 17:1-8
ᵍ **9:3** Mat 28:3   ʰ **9:5** Mat 17:4   ⁱ **9:7** Mat 3:17   ʲ **9:9** Mat 17:9-13   ᵏ **9:11** Mal 4:5   ˡ **9:12** Mat 16:21
ᵐ **9:14** Mat 17:14-19   ⁿ **9:15** Mc 14:33   ᵒ **9:23** Mat 17:20   ᵖ **9:25** Mc 9:15   ᑫ **9:28** Mc 2:1   ʳ **9:30** Mat 17:22-23
ˢ **9:31** Mat 16:21   ᵗ **9:32** Luc 2:50   ᵘ **9:33** Mat 18:1-5   ᵛ **9:34** Mat 18:4   ʷ **9:35** Mat 20:26   ˣ **9:37** Mat 10:40

pa M, resevwa M; e nenpòt moun ki resevwa M, li pa resevwa Mwen, men Sila ki voye Mwen an."

38 ªJean te di Li: "Mèt, nou te wè yon moun ki t ap chase move lespri yo nan non Ou, e nou te eseye fè l sispann, paske li pa t ap swiv nou."

39 Men Jésus te di: "Pa anpeche li, paske pa gen moun k ap fè yon mirak nan non Mwen, e apre byen vit ki ka pale mal de Mwen. 40 ᵇPaske sila ki pa kont nou an, li pou nou. 41 Paske nenpòt moun ki bay nou yon tas dlo pou bwè akoz nou nan Kris yo, anverite Mwen di nou, li p ap pèdi rekonpans li.

42 ᶜ"Nenpòt moun ki fè youn nan pitit sa yo ki kwè vin chape tonbe, li t ap pi bon pou li si yo te mete yon gwo wòch moulen nan kou li, e jete l nan lanmè.

43 ᵈ"Si men nou fè nou chape tonbe, koupe l nèt; li pi bon pou nou ta antre nan lavi kokobe, pase avèk de men, pou nou ta jete nan twou san fon an, nan lanfè ki "pa kapab etenn nan, 44 'kote vè pa mouri, e dife pa janm etenn.'

45 "E si pye nou fè nou chape tonbe, koupe li nèt; li pi bon pou nou antre nan lavi bwete, pase genyen tou de pye nou, e vin jete nan ᵉlanfè, 46 kote vè pa mouri, e dife pa janm etenn.

47 ᶠ"Si zye nou fè nou chape tonbe, retire li jete; li pi bon pou nou antre nan wayòm Bondye a avèk yon sèl zye, pase jete nan lanfè avèk de zye. 48 Kote vè pa mouri, e dife pa janm etenn.

ᵍ 49 "Paske tout moun va vin sale ak dife, e chak sakrifis ap sizonnen ak sèl.

50 "Disèl la bon, men ʰsi disèl la vin pèdi gou, kilès k ap fè l gen gou sèl ankò. Fòk nou gen sèl nan nou, e rete anpè youn avèk lòt."

10 ⁱLè l leve, Li te kite la pou landwa Juda a, ak lòtbò Jourdain an. Foul yo te antoure Li ankò, e selon koutim Li, Li te kòmanse enstwi yo ankò.

2 Kèk Farizyen te vin kote L pou sonde L, e te kesyone L pou si li te pèmi pou yon mesye divòse ak madanm li.

3 Konsa, Li te reponn li e te di: "Kisa Moïse te kòmande nou?"

4 Yo te di: ʲ"Moïse te bay dwa pou yon mesye ekri yon sètifika pou l divòse ak li, epi voye l ale."

5 Men Jésus te di yo: ᵏ"Akoz kè di nou, li te ekri nou kòmandman sa a. 6 Men ˡdepi kòmansman kreyasyon an, Bondye te fè yo mal ak femèl. 7 Pou rezon sa a, yon gason va kite papa li ak manman li, 8 ᵐepi yo de a ap vin fè yon sèl chè. An konsekans, se pa de yo ye ankò, men yon sèl chè. 9 Pou rezon sa a, sa ke Bondye gen tan lye ansanm, pa kite okenn moun separe l."

10 Anndan kay la, disip yo te kesyone Li ankò. 11 E Li te di yo: ⁿ"Nenpòt moun ki divòse ak madanm li pou marye avèk yon lòt fanm, fè adiltè kont li. 12 E si ᵒfanm nan divòse ak mari li e marye avèk yon lòt, li menm tou fè adiltè."

13 ᵖKonsa yo t ap pote timoun bay li pou L ta kapab touche yo, e disip yo te reprimande yo. 14 Men lè Jésus te wè sa, Li te mekontan e te di yo: "Kite timoun yo vini kote Mwen; pa anpeche yo, ᵠpaske wayòm Bondye a se pou sila ki tankou sa yo. 15 Anverite Mwen di nou: ʳnenpòt moun ki pa resevwa wayòm Bondye a kon yon timoun, li p ap antre li menm."

16 Epi li te ˢpran yo nan bra Li, te beni yo, e te poze men L sou yo.

17 ᵗPandan Li t ap prepare pou yon vwayaj, yon nonm te kouri kote L, te mete l ajenou devan Li. Li te mande L: "Bon Mèt, kisa mwen dwe fè pou ᵘeritye lavi etènèl?"

18 Epi Jésus te di Li: "Poukisa ou rele M bon? Nanpwen moun ki bon sof ke Bondye sèl. 19 Ou konnen kòmandman yo, ᵛ'Pa touye moun, pa fè adiltè, pa vòlè, pa fè fo temwayaj, pa twonpe moun, onore papa ou avèk manman ou'."

20 Konsa li te di Li: "Mèt, mwen fè ʷtout bagay sa yo depi mwen timoun."

21 Jésus te byen gade li. Li te gen yon lanmou pou li. Li te di l: "Yon bagay ou manke; ale vann tout sa ou posede, bay malere yo, e ou va gen ˣrichès nan syèl la. E konsa, vin swiv Mwen."

22 Men avèk pawòl sa yo, li te vin atriste. Li te kite lye sa a, byen dezole, paske li te yon moun ki te gen anpil byen.

23 Jésus te gade toupatou e te di a disip li yo: ʸ"Ala sa ap difisil pou sila ki gen anpil richès antre nan wayòm Bondye a!"

24 Disip Li yo te ᶻetone de pawòl Li yo. Men Jésus te reponn yo ankò e te di yo: "Zanfan yo, ala sa difisil pou antre nan wayòm Bondye a! 25 ªL ap pi fasil pou yon chamo pase nan zye a yon egwi, pase pou yon moun rich antre nan wayòm Bondye a."

26 Yo te menm pi etone. Yo te di l: "Ebyen, kilès ki kab sove?"

27 Tou ap gade yo Jésus te di: ᵇ"Avèk moun, sa pa posib, men li pa konsa avèk Bondye. Paske tout bagay posib avèk Bondye."

28 ᶜPierre te kòmanse di L: "Gade, nou gen tan kite tout bagay e te swiv Ou."

29 Jésus te di: "Anverite Mwen di nou, ᵈ'Nanpwen pèsòn ki kite kay li, oswa frè li, oswa sè li ak pitit li, ni manman ni papa, oswa jaden li pou koz Mwen ak pou koz levanjil la, 30 men ke l ap resevwa san fwa plis koulye a, nan tan sila a, kay, frè, sè ansanm avèk pèsekisyon yo; e ᵉnan laj k ap vini an, lavi etènèl. 31 Menᶠ anpil moun ki premye ap vin dènye; e dènye yo va vin premye.

ª **9:38** Luc 9:49-50   ᵇ **9:40** Mat 12:30   ᶜ **9:42** Mat 18:6   ᵈ **9:43** Mat 5:3; Mat 3:12   ᵉ **9:45** Mat 5:22
ᶠ **9:47** Mat 5:29   ᵍ **9:48** És 66:24; Mat 3:12   ʰ **9:50** Mat 5:13   ⁱ **10:1** Mat 19:1-9   ʲ **10:4** Det 24:1-3
ᵏ **10:5** Mat 19:8   ˡ **10:6** Mc 13:19; Jen 1:27   ᵐ **10:8** Jen 2:24   ⁿ **10:11** Mat 5:32   ᵒ **10:12** I Kor 7:11
ᵖ **10:13** Mat 19:13-15   ᵠ **10:14** Mat 5:3   ʳ **10:15** Mat 18:3   ˢ **10:16** Mc 9:36   ᵗ **10:17** Mat 19:16-30
ᵘ **10:17** Mat 25:34   ᵛ **10:19** Egz 20:12-16   ʷ **10:20** Mat 19:20   ˣ **10:21** Mat 6:20   ʸ **10:23** Mat 19:23   ᶻ **10:24** Mc 1:27   ª **10:25** Mat 19:24   ᵇ **10:27** Mat 19:26   ᶜ **10:28** Mat 4:20-22   ᵈ **10:29** Mat 6:33   ᵉ **10:30** Mat 12:32
ᶠ **10:31** Mat 19:3

³² ᵃYo te sou wout la pou ale Jérusalem e Jésus t ap mache pi devan yo. Yo te etone, e sila ki te swiv yo te pè anpil.

Ankò Li te rele douz yo akote e te kòmanse di yo kisa ki ta vin rive Li.

³³ "Byen gade, nou ap monte Jérusalem. ᵇFis a Lòm nan va livre a chèf prèt yo avèk skrib yo. Yo va kondane Li a lanmò, e yo va livre li a payen yo. ³⁴ Epi y ap moke L, ᶜkrache sou Li, bay Li gwo kout fwèt, e touye L. Twa jou pita, L ap resisite."

³⁵ ᵈJacques, Jean, avèk de fis Zébédée yo te vin kote L. Yo te di L: "Mèt, nou vle ke Ou fè pou nou nenpòt sa ke nou mande Ou".

³⁶ Li te di yo: "Kisa nou vle M fè pou nou"?

³⁷ Yo te di L: "Bannou dwa pou nou ᵉkapab chita nan glwa Ou, youn sou bò dwat Ou, e youn sou bò gòch Ou nan glwa Ou."

³⁸ Men Jésus te di yo: ᶠ"Nou pa konnen sa n ap mande a. Èske nou kapab bwè tas ke M ap bwè a, oubyen batize avèk batèm ke Mwen ap batize a?"

³⁹ Yo te di L: "Nou kapab". Jésus te reponn yo: "Tas ke M ap bwè a, ᵍnou ap bwè. Epi nou ap batize avèk menm batèm ke M ap batize a. ⁴⁰ Men pou chita bò dwat Mwen, oubyen bò gòch Mwen an, sila a se pa pa M nan pou M ta bay, ʰmen se pou sila ke li te prepare yo."

⁴¹ ⁱLè yo tande sa, dis lòt yo te kòmanse santi ke yo te mekontan avèk Jacques ak Jean.

⁴² Konsa, Jésus te rele yo a Li menm. Li te di yo: "Nou konnen ke sila ki rekonèt kon chèf pami payen yo domine sou yo, epi gwo chèf yo egzèse otorite sou yo. ⁴³ Men li pa konsa pami nou menm, ʲmen nenpòt moun ki vle vin gran pami nou, va sèvi nou. ⁴⁴ Nenpòt moun ki vle premye pami nou, va vin esklav a nou tout. ⁴⁵ Paske menm Fis a Lòm nan ᵏpa t vin pou yo sèvi Li, men pou bay vi li kon yon ranson pou anpil lòt."

⁴⁶ ˡKonsa yo te rive Jéricho. E pandan Li t ap kite Jéricho avèk disip Li yo, ansanm ak yon gwo foul la, yon avèg ki t ap mande, ki te rele Bartimée, fis a Timée, te chita akote wout la. ⁴⁷ Lè l tande ke se te Jésus, Nazareyen an, li te kòmanse kriye fò e te di: "Jésus, ᵐFis a David la, gen pitye pou mwen!"

⁴⁸ Konsa, anpil moun t ap pale ak li sevèman pou li ta pe la, men li te kriye pi fò: ⁿ"Fis a David la: gen pitye pou mwen!"

⁴⁹ Konsa, Jésus te rete la, e te di: "Rele Li." Yo te rele avèg la. Yo te di l: ᵒ"Pran kouraj! Leve kanpe! L ap rele ou." ⁵⁰ Li te jete akote gwo vètman li, te vòlti je kanpe byen vit, e te rive kote Jésus.

⁵¹ Jésus te reponn li, e te di l: "Kisa ou vle M fè pou ou?"

Mesye avèg la te di L: "Rabouni (ki vle di Mèt), mwen vle wè ankò!" ᵖ

⁵² Jésus te di l: "Ale! Lafwa ou fè ou geri."

Lapoula, li te wè ankò, e li t ap swiv Li sou wout la.

11 ᑫPandan yo t ap pwoche Jérusalem, nan Bethphagé avèk Béthanie, toupre mòn Oliv la, Li te bay komisyon a de nan disip Li yo. ² Li te di yo: "Ale nan bouk ki anfas nou an. Pandan n ap antre, nou ap twouve yon ti bourik mare, ki poko menm monte. Demare li e mennen l isit la. ³ Si yon moun di nou: 'Poukisa n ap fè sa?', di l: 'Senyè a gen bezwen li'. Konsa, l ap voye l vini isit la."

⁴ Yo te ale, e te twouve yon ti bourik mare toupre pòt la, deyò nan lari a, e yo te demare li.

⁵ Konsa, kèk nan sila ki te la yo t ap di yo: "Kisa nou ap fè la a? N ap demare ti bourik la?"

⁶ Yo te pale yo jan Jésus te di a, e yo te bay yo dwa pran l.

⁷ Yo te ʳpote ti bourik la bay Jésus. Yo te mete vètman yo sou li, e Li te chita sou li.

⁸ Konsa, anpil moun te tann vètman yo sou wout la, e lòt t ap poze branch fèy yo te koupe nan chan sou wout la. ⁹ Sila ki te ale devan yo ak sila ki t ap swiv yo, t ap kriye fò: "Ozana! ˢBeni se Sila a ki vini nan non SENYÈ a! ¹⁰ Beni se wayòm zansèt nou David, k ap vini an! Ozana ᵗnan pi wo a!"

¹¹ ᵘJésus te antre Jérusalem e te antre nan tanp lan. Lè Li te fin gade sou tout bagay, ᵛLi te kite la pou Béthanie avèk douz yo akoz ke lè a te deja fè tà.

¹² Nan demen, lè yo te kite Béthanie, Li te vin grangou. ʷ¹³ Li te wè nan distans, yon pye fig etranje avèk tout fèy yo. Li te ale pou wè si petèt li t ap twouve kèk bagay sou li. Lè l rive, li pa t twouve anyen sof ke fèy yo, paske li pa t nan sezon fwi. ¹⁴ E Li te pale a li: "Ke pèsòn pa janm manje fwi ki sòti nan ou ankò!"

E disip Li yo te tande l.

¹⁵ ˣKonsa yo te rive Jérusalem. Li te antre nan tanp lan e te kòmanse voye deyò sila ki t ap achte ak vann nan tanp lan. Li te chavire tab a sila ki t ap chanje lajan yo ak chèz a sila ki t ap vann toutrèl yo. ¹⁶ Li pa t ap kite pèsòn pase nan tanp lan ki pote yon chaj. ¹⁷ E Li te kòmanse pale ak yo. Li te di yo: "Èske li pa ekri: ʸLakay Mwen an ap rele yon Kay Lapriyè pou tout nasyon yo'? Men nou fin fè l vin yon kav kote vòlè kache."

¹⁸ Chèf prèt yo avèk skrib yo te tande, e yo ᶻte kòmanse ap chèche jan pou detwi Li. Paske yo te pè Li akoz tout foul la te etone pa prensip ke Li te bay yo.

¹⁹ ᵃLè aswè te rive, Li te kite vil la.

²⁰ ᵇPandan yo t ap pase lantre granmmaten an, yo vin wè ke pye fig etranje a te seche jis rive nan rasin.

²¹ Konsa, Pierre te sonje, e te di Li: ᶜ"Rabbi, gade pye fig frans ke Ou te modi a gen tan vin sèch".

ᵃ **10:32** Mat 20:17-19	ᵇ **10:33** Mc 8:31	ᶜ **10:34** Mat 16:21	ᵈ **10:35** Mat 20:20-28	ᵉ **10:37** Mat 19:28
ᶠ **10:38** Mat 20:22	ᵍ **10:39** Trav 12:2	ʰ **10:40** Mat 13:11	ⁱ **10:41** Mc 10:42-45	ʲ **10:43** Mat 20:26
ᵏ **10:45** Mat 20:28	ˡ **10:46** Mat 20:29-34	ᵐ **10:47** Mat 9:27	ⁿ **10:48** Mat 9:27	ᵒ **10:49** Mat 9:2
ᵖ **10:51** Mat 23:7	ᑫ **11:1** Mat 21:1-9	ʳ **11:7** Mat 21:4-9	ˢ **11:9** Sòm 118:26	ᵗ **11:10** Mat 21:9
ᵘ **11:11** Mat 21:12	ᵛ **11:11** Mat 21:17	ʷ **11:12** Mat 21:18-22	ˣ **11:15** Jn 2:13-16	ʸ **11:17** És 56:7; Jr 7:11
ᶻ **11:18** Mat 21:46	ᵃ **11:19** Mat 21:17	ᵇ **11:20** Mat 21:19-22	ᶜ **11:21** Mat 23:7	

²² Jésus te reponn e te di yo: ᵃ"Mete lafwa nan Bondye. ²³ Anverite, Mwen di nou, nenpòt moun ki di a mòn sa a: 'Retire ou la e ale jete ou nan lanmè, san doute nan kè l, men kwè ke sa li di a va rive, sa va rive. ᵇ²⁴ Pou sa, Mwen di nou, pou ᶜtout bagay ke nou priye e mande, kwè ke nou gen tan resevwa l deja, e li va fèt.

²⁵ "Nenpòt lè ke n ap kanpe pou fè lapriyè, ᵈsi nou gen yon bagay kont yon moun, padone l, pou Papa nou osi, ki nan syèl la kapab padone nou pou ofans pa nou yo. ²⁶ ᵉ Men si nou pa padone, Papa nou nan syèl la p ap padone ofans pa nou yo nonplis."

²⁷ Konsa, yo te rive ankò Jérusalem. ᶠE pandan Li t ap mache nan tanp lan, chèf prèt yo avèk skrib yo ak ansyen yo te vin kote L. ²⁸ Yo te di L: "Pa ki otorite W ap fè bagay sa yo; oubyen kilès ki te bay Ou otorite sa a pou fè bagay sa yo?" ²⁹ Jésus te di yo: "M ap poze nou yon kesyon, e nou va reponn Mwen; epi konsa, Mwen menm, M ap di nou pa ki otorite Mwen fè bagay sa yo. ³⁰ Èske batèm a Jean an te sòti nan syèl la, oubyen nan lòm? Reponn Mwen." ³¹ Yo te rezone pami yo menm pou di: "Si nou di 'nan syèl la', l ap di poukisa nou pa t kwè li? ³² Men si nou di de lòm?" Konsa, yo te pè foul la, paske tout moun te konsidere ke Jean te vrèman yon pwofèt.

³³ Yo te reponn Jésus e te di: "Nou pa konnen". Konsa, Jésus te di yo: "Nonplis, Mwen p ap di nou pa ki otorite Mwen fè bagay sa yo".

12 Konsa, Li te kòmanse pale yo an parabòl: ᵍ"Yon nonm te plante yon jaden rezen, te antoure l avèk yon miray, e te fouye yon basen anba pèz diven an. Li te bati yon kay gad byen wo, e li te lwe l a kiltivatè yo. Konsa, li te fè yon vwayaj nan yon lòt peyi. ² Nan lè rekòlt la, li te voye yon esklav li kote kiltivatè yo pou l ta kapab resevwa kèk nan pwodwi jaden an nan men a kiltivatè yo. ³ Konsa, yo te pran li, yo te bat li, e te voye li ale men vid. ⁴ Ankò li te voye yon lòt esklav. Yo te blese li nan tèt, e te maltrete l byen maltrete. ⁵ Epi li voye yon lòt. Sila a yo te touye. E anpil lòt; kèk yo te bat, e kèk yo te touye.

⁶ "Li te gen youn anplis, yon fis byeneme. Konsa, an dènye lye, li te voye li bay yo. Li te di: 'Yo va respekte fis mwen an'.

⁷ "Men kiltivatè rezen sa yo te di youn ak lòt: 'Sa se eritye a; vini, annou touye l e jete l deyò jaden an, e eritaj la ap vin pou nou!' ⁸ Epi yo te pran li, yo te touye li, e te jete li deyò jaden an.

⁹ "Kisa mèt jaden an ap fè? Li va vin detwi kiltivatè rezen yo, e li va bay jaden an a lòt moun. ¹⁰ Èske nou pa t menm li Ekriti sila a?:

ʰ'Wòch ke moun ki t ap bati yo te refize a;
sila a te devni wòch ang prensipal la.

¹¹ ⁱSa te vin rive soti nan Bondye,
e se yon mèvèy nan zye nou.'?"

¹² Konsa, yo t ap chache sezi li; malgre yo te pè foul la, paske yo te konprann ke Li te pale parabòl sa a kont yo menm. Konsa, ʲyo te kite Li e te ale.

¹³ Yo te voye kèk nan Farizyen yo ak Ewodyen yo kote Li, pou yo ta kapab pran l nan pèlen avèk pwòp pawòl Li. ᵏ¹⁴ Yo te vini, e te mande L: "Mèt, nou konnen ke Ou bay verite a, e Ou pa nan patipri a pèsòn, men enstwi chemen Bondye a ak verite: Èske li pèmi pou peye taks a César; wi, oubyen non?

¹⁵ "Èske n ap peye, oubyen èske nou p ap peye?" Men Li menm ki te konnen se ipokrit yo t ap fè, Li te di yo: "Poukisa nou ap tante Mwen? Pote ban m yon denye (kòb jounalye peyi a) pou M gade l."

¹⁶ Epi yo te pote l.
Li te di yo: "Se imaj ak non a ki moun ki la a?"
Yo te di Li: "Se pou César".

¹⁷ Konsa, Jésus te di yo: ˡ"Bay César bagay sila a ki pou César yo, e a Bondye bagay ki pou Bondye yo." E yo te etone de Li menm.

¹⁸ Alò, ᵐSadiseyen yo, ki di ke nanpwen rezirèksyon, te vin kote L e te kesyone L. Yo te di: ¹⁹ "Mèt, Moïse te ekri pou nou ke ⁿ'Si frè a yon nonm mouri, e kite dèyè l madanm li, san li pa gen pitit, ke frè l la dwe pran madanm nan pou fè yon eritye pou frè li a.' ²⁰ Te gen sèt frè; epi premye a te pran yon madanm, e li te mouri san fè eritye. ²¹ Epi dezyèm nan te pran l, e te mouri san kite eritye; epi twazyèm nan menm jan an, ²² Epi menm jan an tout sèt yo, san kite eritye. An dènye lye, fanm nan te mouri tou. ²³ Nan rezirèksyon an, lè yo leve ankò, se madanm a kilès l ap ye? Paske tout sèt yo te genyen l kòm madanm."

²⁴ Jésus te di yo: "Èske se pa pou rezon sa a ke nou twonpe nou an; paske nou pa konprann ni Ekriti yo ni pouvwa Bondye? ²⁵ Paske lè yo leve soti nan lanmò, yo p ap marye, ni bay moun nan maryaj, men yo ap tankou zanj nan syèl yo. ²⁶ Men konsènan fè ke mò yo leve ankò a, èske nou pa t li nan ᵒpasaj liv Moïse la, devan ti bwa brile a, ke Bondye te pale l e te di l: 'Mwen menm se Bondye Abraham nan, Bondye Isaac ak Bondye Jacob la'?

²⁷ ᵖ"Li pa Bondye a mò yo, men a vivan yo. Nou menm nou byen twonpe nou."

²⁸ ᵍYoun nan skrib yo te vini e te tande y ap diskite. Akoz ke li te konprann ke Li te reponn yo byen, li te mande L: "Ki kòmandman ki pi enpòtan an?"

²⁹ Epi Jésus te reponn: "Pi enpòtan an se ʳ'Tande O Israël! SENYÈ, Bondye nou an se Yon Sèl SENYÈ a. ³⁰ ˢOu va renmen SENYÈ ou a, Bondye ou a avèk tout kè ou, avèk tout nanm ou, avèk tout lespri ou, e avèk tout fòs ou.'

³¹ "Dezyèm nan se sa: ᵃ'Ou va renmen vwazen ou an tankou tèt ou.' Nanpwen lòt kòmandman pi gran pase sa yo."

³² Skrib la te di L: "Se sa Mèt, Ou vrèman pale ke ᵇLi se Youn, e nanpwen lòt sof ke Li Menm. ³³ᶜE pou renmen Li avèk tout kè nou, avèk tout konprann nou, e avèk tout fòs nou, e pou renmen vwazen nou tankou tèt ou, se bokou plis pase tout ofrann brile avèk sakrifis."

³⁴ Lè Jésus te wè ke li te reponn avèk bon konprann, Li te di li: "Ou pa lwen wayòm Bondye a".

ᵈApre sa, pèsòn pa t tante poze Li okenn lòt kesyon.

³⁵ ᵉJésus te kòmanse di pandan Li t ap enstwi nan tanp lan: "Kijan sa rive ke skrib yo di ke Kris la se fis a David la? ³⁶ Menm David te di nan Lespri Sen an:

ᶠ'Senyè a te di a Senyè Mwen an,
chita sou men dwat Mwen,
jouk lè ke M mete tout lènmi Ou yo
anba pye Ou.'

³⁷ "David li menm rele Lì 'Senyè', e nan ki sans Li kapab fis Li?"

ᵍGwo foul pèp la te kontan tande Li.

³⁸ ʰNan enstriksyon Li, Li t ap di: "Fè atansyon kont skrib yo ki renmen mache toupatou ak gwo vètman, e ki renmen resevwa salitasyon ak respè nan mache a, ³⁹ ak premye plas nan sinagòg yo, ak pozisyon lonè nan bankè yo, ⁴⁰ ⁱki devore kay vèv yo, e pou parèt byen, yo fè gwo priyè. Sila yo ap resevwa yon pi gwo kondanasyon."

⁴¹ ʲLi te chita anfas trezò tanp lan, e te kòmanse gade jan foul la t ap mete kòb yo nan trezò a. Anpil moun rich t ap mete gwo la jan ladann. ⁴² Epi yon vèv malere te vin mete ladann de ti kòb an kwiv ki te gen valè a yon santim.

⁴³ Li te rele disip Li yo a Li menm e Li te di yo: "Anverite Mwen di nou, vèv malere sila a te mete plis pase tout lòt ki bay nan trezò a. ⁴⁴ Paske yo tout te mete selon fòs sa yo te genyen, men malgre li te malere, li te mete tout sa li te posede, tout sa ke li te gen ᵏpou li viv."

13

¹Pandan Li t ap sòti nan tanp lan, youn nan disip Li yo te di Li: "Mèt, gade! A la bèl wòch, e a la bèl konstriksyon!"

² Jésus te di li: "Ou wè gwo konstriksyon sa yo? ᵐPa menm yon wòch va rete sou yon lòt ki p ap dekonble."

³ Pandan Li te chita sou ⁿMòn Oliv la, anfas tanp lan, Pierre avèk Jacques e Jean ak André t ap kesyone L an prive. ⁴ "Di nou kilè bagay sa yo ap rive, e kisa k ap yon sign pou lè tout bagay sa yo va akonpli."

⁵ Epi Jésus te kòmanse di yo: "Veye ke pèsòn pa mete nou nan erè. ⁶ Anpil va vini nan non Mwen, e y ap di: ᵒ"Mwen se Li menm!' Y ap mennen nou nan anpil erè. ⁷ Lè nou tande afè lagè ak bwi lagè, pa enkyete nou. Fòk sa fèt, men se pa lafen. ⁸ Paske nasyon va leve kont nasyon, e wayòm kont wayòm. Va gen tranbleman de tè nan plizyè andwa. Va gen famin ak twoub. Bagay sa yo se kòmansman a doulè nesans lan.

⁹ "Men veye nou; paske y ap ᵖlivre nou devan tribinal yo, e nou va resevwa kout fwèt nan sinagòg yo, e nou va kanpe devan gouvènè avèk wa yo pou koz a non Mwen, kon yon temwayaj a yo menm. ¹⁰ Men premyèman, fòk ᵠbòn nouvèl la preche a tout nasyon yo. ¹¹ ʳ"Lè yo arete nou, e livre nou, pa enkyete nou an avans pou sa ke nou va di, men di nenpòt sa ke nou resevwa nan lè sa a. Paske se pa nou k ap pale, men Lespri Sen an.

¹² "Konsa, frè va livre frè a lanmò, e yon papa, pitit li. Pitit yo va leve kont paran yo, e fè mete yo a lanmò. ¹³ ˢNou va rayi pa tout moun akoz non Mwen, men sila a ki pèsevere jiska lafen an, va sove.

¹⁴ "Men ᵗlè nou wè Abominasyon Dezolasyon an, sila ke Daniel te pale a, k ap kanpe kote li pa ta dwe ye," (ke sila k ap li sa a konprann), "alò, kite sila ki nan Juda yo kouri ale nan mòn yo. ¹⁵ ᵘEpi kite sila ki sou do kay yo pa desann antre ladann pou pran anyen nan kay la. ¹⁶ Epi kite sila ki nan chan an pa retounen pran vètman li. ¹⁷ Men malè a sila avèk pitit nan vant yo, ak sila ki nouris nan jou sa yo.

¹⁸ "Men priye ke sa pa rive nan sezon fwedi. ¹⁹ Paske jou sa yo va yon tribilasyon ki pa janm konn fèt ᵛdepi kòmansman kreyasyon an ke Bondye te fè, jouk rive koulye a e ki p ap janm fèt ankò.

²⁰ "Anmwens ke Bondye te fè jou sa yo pi kout, nanpwen lavi ki t ap sove. Men pou koz a eli ke Li te chwazi yo, Li te fè jou yo vin pi kout. ²¹ E alò, si nenpòt moun ta di nou: "Men Kris la isit la", oubyen: "Gade, Li la"; pa kwè li. ²² Paske fo Kris yo ak fo pwofèt yo va parèt, e va montre nou ʷsign ak mèvèy jis, si te posib, pou sedwi menm eli yo. ²³ Men fè atansyon, gade byen, Mwen te di nou tout bagay davans.

²⁴ "Men nan jou sa yo, apre tribilasyon sila yo, solèy la ap vin nwa fonse, e lalin nan p ap bay limyè. ˣ²⁵ ʸEpi zetwal yo va ap tonbe soti nan syèl la, e pouvwa ki nan syèl yo va sekwe nèt.

²⁶ "Nan lè sa a yo va wè ᶻFis a Lòm nan k ap vini nan nyaj yo avèk gwo pouvwa avèk glwa. ²⁷ Li va voye zanj Li yo, e yo va ᵃranmase tout eli Li yo, soti nan kat van yo, jis rive nan pwent tè ki pi lwen an, jouk nan pwent syèl ki pi lwen an.

²⁸ "Alò, konprann parabòl de pye fig etranje a. Lè branch li vin vèt, e l ap pouse fèy, nou konnen ke

---

ᵃ **12:31** Lev 19:18   ᵇ **12:32** Det 4:35   ᶜ **12:33** Det 6:5; I Sam 15:22   ᵈ **12:34** Mat 22:46   ᵉ **12:35** Mat 22:41-46
ᶠ **12:36** Sòm 110:1   ᵍ **12:37** Jn 12:9   ʰ **12:38** Mat 23:1-7   ⁱ **12:40** Luc 20:47   ʲ **12:41** Luc 21:1-4
ᵏ **12:44** Luc 8:43   ˡ **13:1** Mat 24:2   ᵐ **13:2** Luc 19:44   ⁿ **13:3** Mat 21:1   ᵒ **13:6** Jn 8:24   ᵖ **13:9** Mat 10:17
ᵠ **13:10** Mat 24:14   ʳ **13:11** Mat 10:19-22   ˢ **13:13** Mat 10:22   ᵗ **13:14** Mat 24:15   ᵘ **13:15** Luc 17:31
ᵛ **13:19** Dan 12:1   ʷ **13:22** Mat 24:24   ˣ **13:24** És 13:10   ʸ **13:25** És 34:4   ᶻ **13:26** Dan 7:13   ᵃ **13:27** Det 30:4

gran sezon an prèt pou rive. ²⁹ Menm jan an nou menm, lè nou wè bagay sa yo ap fèt, rekonèt ke Li menm Li prè, Li nan pòt la menm. ³⁰ Anverite Mwen di nou, jenerasyon sila p ap gen tan pase jouk lè ke tout bagay sa yo fèt. ³¹ Syèl la ak latè ap pase, men pawòl pa M yo p ap pase.

³² ᵃ"Men de jou sa a, oubyen lè sa a, pèsòn pa konnen, pa menm zanj ki nan syèl yo, ni Fis la, men sèl Papa a. ³³ Fè atansyon, ᵇrete vijilan, paske nou pa konnen lè a. ³⁴ ᶜSe tankou yon mesye ki sòti nan yon vwayaj ki kite kay li e mete esklav li yo responsab. Li te bay a chak moun, tach li, e osi a gadyen pòt la, pou l ta rete vijilan.

³⁵ "Pou sa, rete vijilan. Paske nou pa konnen kilè mèt kay la ap parèt; si se nan aswè, a minwi, oubyen ᵈlè kòk la chante granmmaten; ³⁶ sof ke li ta vini sibitman, e twouve nou nan dòmi. ᵉ³⁷ E sa ke Mwen di nou an, Mwen di li a tout moun: ᶠ"Rete vijilan!"

14 ᵍAlò, Pak Jwif la avèk Pen San Ledven an, t ap fète nan de jou. Konsa, chèf prèt avèk skrib yo t ap chache kijan pou yo ta sezi L pa riz pou touye Li. ² Paske yo t ap di: "Pa pandan fèt la, otreman sa kab fè pèp la fè twoub."

³ ʰPandan Li te Béthanie lakay Simon, lepre a, e yo chita sou tab la, yon fanm te vini avèk yon bokal alabat ranpli avèk nard, ki te koute byen chè. Fanm nan te kraze bokal la, e te vide li sou tèt Jésus.

⁴ Men kèk moun te mekontan e te pale youn ak lòt: "Poukisa l ap gaspiye pafen sila a? ⁵ Paske pafen sila a ta kapab vann pou plis ke twa san denye (fòs kòb yon jou travay) e li ta kab bay a malere yo." E yo t ap kritike l.

⁶ Men Jésus te di: "Lese li. Poukisa nou ap twouble li? Li fè M yon bon zèv. ⁷ Paske ⁱmalere yo ap toujou la avèk nou, e nenpòt lè nou vle, nou kapab fè byen pou yo; men Mwen menm, M p ap la tout tan. ⁸ Li fè sa li ta kapab. ʲLi te fè onksyon kò M davans, pou lantèman an. ⁹ Anverite Mwen di nou: ᵏNenpòt kote ke bòn nouvèl la ta preche nan tout lemonn, sa ke fanm sa a fè a, li va pale nan memwa li."

¹⁰ ˡ Judas Iscariot, ki te youn nan douz yo, te ale bò kote chèf prèt yo pou li ta kapab trayi Jésus a yo menm. ¹¹ Yo te kontan lè yo te tande sa, e te pwomèt li la jan. Konsa, li t ap chache kijan pou trayi Li nan yon moman favorab.

¹² ᵐNan premye jou Pen San Ledven an, lè jenn mouton Pak la t ap touye kon sakrifis la, disip Li yo te di Li: "Kote Ou vle nou ale fè preparasyon pou Ou kapab manje Pak la?"

¹³ Li te voye de nan disip Li yo. Li te di yo: "Antre nan vil la, e yon mesye k ap pote yon krich dlo ap rankontre nou. Swiv li. ¹⁴ Epi nenpòt kote li antre, di a mèt kay la: 'Mèt la mande: 'Kote chanm ⁿvizitè Mwen an, pou M kab manje Pak la avèk disip Mwen

yo?' ¹⁵ Li menm va montre nou yon gran chanm anlè, byen founi e prè. Prepare pou nou la."

¹⁶ Konsa, disip yo te sòti e te vini nan vil la. Yo te twouve l jan ke Li te eksplike yo a. Konsa, yo te prepare Pak la la.

¹⁷ ᵒLè li te fènwa, li te vini avèk douz yo.

¹⁸ Pandan yo te chita a tab e t ap manje, Jésus te di: "Anverite, Mwen di nou ke youn nan nou va trayi Mwen; li menm k ap manje avè M."

¹⁹ Yo te kòmanse tris. Yo t ap mande Li youn pa youn: "Asireman se pa mwen!"

²⁰ Li te di yo: "Se youn nan douz yo; youn ki tranpe manje l nan veso ansanm avè M nan. ²¹ Paske Fis a Lòm nan gen pou ale, jan ke sa ekri sou Li a; men malè a nonm sa a, pa li menm Fis a Lòm nan trayi a. Li t ap pi bon pou li si li pa t janm fèt."

²² ᵖPandan yo t ap manje, Li te pran pen an, e apre yon benediksyon, Li te kase li, te bay yo, e te di: "Pran sa; se kò Mwen."

²³ Li te pran yon tas, te bay gras, e Li te bay yo li. Yo tout te bwè ladann. ²⁴ Konsa Li te di yo: "Sa se ᵠsan akò Mwen ki vèse pou anpil moun. ²⁵ Anverite Mwen di nou, Mwen p ap janm bwè fwi rezen ankò jouk jou ke M bwè l de nouvo nan wayòm Bondye a."

²⁶ ʳApre yo te fin chante yon kantik, yo ale deyò nan Mòn Oliv la.

²⁷ ˢ Jésus te di yo: "Akoz Mwen menm, nou tout va fè lachit aswe a; paske sa ekri: ᵗ"Mwen va frape bèje atè a, e mouton yo va gaye'.

²⁸ "Men apre M fin leve, ᵘM ap prale devan nou Galilée."

²⁹ Men Pierre te di Li: "Menm si tout moun chite; mwen menm, m p ap fè sa."

³⁰ Jésus te di l: "Anverite, Mwen di ou, ke, ᵛnan menm nwit sa a, ou va nye Mwen twa fwa avan ʷkòk la gen tan chante de fwa."

³¹ Men Pierre te kontinye pèsiste: "Menm si mwen oblije mouri avè Ou, Mwen p ap nye Ou." Konsa, yo tout t ap di menm bagay la tou.

³² ˣYo te vini nan yon plas yo te rele Gethsémané. Li te di disip Li yo: "Chita isit la jouk lè ke M fin priye."

³³ Li te ʸpran avè L Pierre, Jacques, ak Jean, e Li te kòmanse trè enkyete, e twouble. ³⁴ Li te di yo: ᶻ"Nanm Mwen gen yon tristès pwofon; jis nan pwen pou M mouri. Rete la e veye toujou."

³⁵ Li te ale yon ti kras pi devan, te tonbe atè e te kòmanse priye pou, si se te posib, pou ᵃlè sa a ta kapab pase de Li. ³⁶ Li t ap di: ᵇ"Abba! Papa! Tout bagay posib pou Ou; retire tas sa a sou Mwen. ᶜMalgre pa kon Mwen vle a, men kon Ou vle a."

³⁷ Li vini e twouve yo t ap dòmi. Li te di a Pierre: "Simon, èske w ap dòmi? Èske ou pa t kapab rete

---

ᵃ **13:32** Mat 24:36 ᵇ **13:33** Ef 6:18 ᶜ **13:34** Luc 12:36-38 ᵈ **13:35** Mc 14:30 ᵉ **13:36** Wo 13:11
ᶠ **13:37** Mat 24:42 ᵍ **14:1** Mat 26:2-5 ʰ **14:3** Luc 7:37-39 ⁱ **14:7** Det 15:11 ʲ **14:8** Jn 19:40 ᵏ **14:9** Mat 26:13
ˡ **14:10** Mat 26:14-16 ᵐ **14:12** Mat 26:17-19 ⁿ **14:14** Luc 22:11 ᵒ **14:17** Jn 13:18 ᵖ **14:22** Mc 10:16
ᵠ **14:24** Egz 24:8 ʳ **14:26** Mat 26:30 ˢ **14:27** Mat 26:31-35 ᵗ **14:27** Za 13:7 ᵘ **14:28** Mat 28:16
ᵛ **14:30** Mat 26:34 ʷ **14:30** Mc 14:68-72 ˣ **14:32** Mat 26:36-46 ʸ **14:33** Mc 9:15 ᶻ **14:34** Mat 26:38
ᵃ **14:35** Mat 26:45 ᵇ **14:36** Wo 8:15 ᶜ **14:36** Mat 26:39

veye pou yon sèl èdtan? ³⁸ ᵃKontinye veye e priye pou ou pa antre nan tantasyon. Lespri a dispoze, men chè la fèb."

³⁹ Konsa, yon lòt fwa Li te ale priye, e te di menm mo yo. ⁴⁰ Ankò, Li te vini e te twouve yo t ap dòmi, paske zye yo te byen lou. Ni yo pa t konnen kisa pou yo ta di Li.

⁴¹ Li te vini yon twazyèm fwa e te di yo: " Dòmi toujou e pran repo nou. Sa sifi. ᵇLè a fin rive. Gade, Fis a Lòm nan ap trayi pou rive nan men pechè yo. ⁴² Leve! An ale nou! Gade, sila a ki trayi M nan parèt."

⁴³ ᶜNan menm moman an, pandan Li toujou t ap pale, Judas, youn nan douz yo, te vin parèt, akonpanye pa yon foul avèk nepe ak baton ki te sòti nan chèf prèt yo, avèk skrib yo, ak ansyen yo.

⁴⁴ Alò, sila ki t ap trayi Li a, te bay yo yon siyal lè l te di: "Nenpòt moun ke m bo, se Li menm. Sezi Li e mennen Li ale anba gad yo." ⁴⁵ Lè l rive, l ale lapoula bò kote Li, e te di: ᵈ"Mèt!", e te bo Li. ⁴⁶ Yo te mete men sou Li e te sezi Li. ⁴⁷ Men yon sèten mesye nan sila ki te kanpe la yo te rale nepe li. Li te frape esklav a wo prèt la, e te koupe retire zòrèy li.

⁴⁸ Jésus te reponn e te di yo: "Èske nou vini avèk nepe ak baton pou arete M, konsi nou ta kab kont yon vòlè? ⁴⁹ Chak jou Mwen te avèk nou ᵉnan tanp la ap enstwi, e nou pa t janm sezi M. Men sa fèt pou Ekriti yo kapab akonpli." ⁵⁰ Konsa, yo tout te kouri kite Li.

⁵¹ Yon sèten jennonm t ap swiv Li, abiye sèl ak yon dra lèn ki kouvri kò l toutouni. Jennom yo te sezi li, ⁵² men li te rale kò l pou l kite dra a, e chape toutouni.

⁵³ ᶠYo te mennen Jésus ale vè wo prèt la. Tout chèf prèt avèk ansyen yo, ak skrib yo te reyini ansanm.

⁵⁴ Pierre te swiv Li a yon distans, jouk L antre nan lakou wo prèt la. Li te chita avèk ofisye yo e t ap ᵍchofe kò li bò kote dife a.

⁵⁵ Alò, chèf prèt yo avèk tout ʰkonsèy la t ap eseye twouve temwayaj kont Jésus, pou mete L a lanmò. Men yo pa t twouve anyen. ⁵⁶ Paske anpil t ap bay fo temwayaj kont Li, men temwayaj yo pa t koresponn. ⁵⁷ Kèk te kanpe e te bay fo temwayaj kont Li. Yo t ap di: ⁵⁸ "Nou te tande Li di: ⁱ"Mwen va detwi tanp sa ki fèt avèk men, e nan twa jou, mwen va bati yon lòt ki fèt san men.'" ⁵⁹ Epi menm nan sa a, temwayaj yo pa t koresponn.

⁶⁰ Wo prèt la te leve. Li te vini devan, e te kesyone Jésus. Li te di: "Èske ou pa reponn kesyon yo? Kisa ke moun sa yo ap temwaye konsa kont ou yo?"

⁶¹ Men Li te rete an silans, e pa t reponn yo. ʲAnkò wo prèt la te poze L kesyon e t ap di Li: "Èske Ou menm se Kris la, Fis a Sila Ki Beni an?"

⁶² Jésus te reponn li: "Se Mwen. Nou va wè ᵏFis a Lòm nan vin chita bò dwat Pwisans lan, e ˡvini avèk nwaj nan syèl yo."

⁶³ Konsa, wo prèt la te ᵐchire rad li. Li te di: "Kisa nou bezwen kòm temwayaj ankò? ⁶⁴ Nou tande ⁿblasfèm nan! Kisa sa sanble selon nou menm?"

Konsa, yo tout te kondane Li, ke Li te merite lanmò. ⁶⁵ Epi kèk te kòmanse ᵒkrache sou Li, e bat Li avèk kout pwen. Yo t ap di L: ᵖ"Pwofetize!" Ofisye yo te fwape L ak kalòt nan figi.

⁶⁶ ᑫ Pierre te anba nan lakou tribinal la. Yon fi ki sèvi nan kay a wo prèt la te vini. ⁶⁷ E lè l wè Pierre ki t ap ʳchofe kò l, li byen gade l e te di: "Ou te la tou avèk Jésus, ˢNazareyen an."

⁶⁸ Men Li te demanti sa, e te di: "Mwen pa menm konnen, ni konprann, kisa w ap pale a." Epi li ale sou galeri deyò a.

⁶⁹ Sèvant kay la te wè li e te kòmanse di ankò a sila ki te la yo: "Sila a se youn nan yo!" ⁷⁰ Men ankò, li t ap demanti sa a.

E apre kèk tan, sila ki te la yo t ap di ankò a Pierre: "Asireman ou se youn nan yo, ᵗpaske ou menm osi se yon Galilyen."

⁷¹ Men li te kòmanse bay madichon e joure: "Mwen pa konnen nonm sila a ke n ap pale a."

⁷² Imedyatman, kòk la te chante pou dezyèm fwa a. E Pierre te sonje jan Jésus te di l la: "Avan ᵘkòk la chante de fwa, ou va nye M twa fwa." Nan sonje sa a, li te kòmanse kriye.

15

ᵛNan granmmaten, chèf prèt avèk ansyen yo ak skrib yo, ansanm ak tout konsèy la te reyini lamenm. Yo te mare Jésus, e te mennen Li ale pou livre Li bay Pilate.

² ʷPilate te kesyone L: "Èske Ou se Wa a Jwif yo?"

Li te reponn yo e te di li: "Se ou ki di l."

³ Chèf prèt yo te akize L byen sevè sou anpil bagay.

⁴ Pilate t ap kesyone L toujou. Li te di: "Kòmsi Ou pa reponn? Ou pa wè konbyen akizasyon y ap pote kont Ou?"

⁵ Men Jésus ˣpa t reponn anplis, jiskaske Pilate te etone.

⁶ ʸAlò, nan fèt la, li te konn lage pou yo, yon prizonye ki chwazi selon demann pa yo. ⁷ Epi te gen yon mesye yo rele Barabbas, ki te vin pran prizon, ansanm avèk sila ki t ap fè revòlt yo. Mesye sa yo, te responsab touye moun. ⁸ Foul la te pwoche Pilate, e te kòmanse mande l fè sa ke li te gen abitid fè pou yo a. ⁹ Pilate te reponn yo. Li te mande: "Èske nou vle ke m ta lage pou nou Wa a Jwif yo?" ¹⁰ Paske li te byen konprann ke chèf prèt yo te livre Li akoz jalouzi.

¹¹ Men chèf prèt yo te chofe foul la ᶻpou mande Pilate, olye sa a, pou li ta lage bay yo Barabbas.

ᵃ **14:38** Mat 26:41   ᵇ **14:41** Mc 14:35   ᶜ **14:43** Mat 26:47-56   ᵈ **14:45** Mat 23:7   ᵉ **14:49** Mc 12:35
ᶠ **14:53** Mat 26:57-68   ᵍ **14:54** Mc 14:67   ʰ **14:55** Mat 5:22   ⁱ **14:58** Mat 26:61   ʲ **14:61** Mat 26:63
ᵏ **14:62** Sòm 110:1   ˡ **14:62** Dan 7:13   ᵐ **14:63** Nonb 14:6   ⁿ **14:64** Lev 24:16   ᵒ **14:65** Mat 26:67
ᵖ **14:65** Luc 22:64   ᑫ **14:66** Mat 26:69-75   ʳ **14:67** Mc 14:54   ˢ **14:67** Mc 1:24   ᵗ **14:70** Mat 26:73   ᵘ **14:72** Mc 14:30-68   ᵛ **15:1** Mat 27:1   ʷ **15:2** Mat 27:11-14   ˣ **15:5** Mat 27:12   ʸ **15:6** Mat 27:15-26   ᶻ **15:11** Trav 3:14

¹² Epi Pilate te reponn yo ankò: "Ebyen, kisa pou m ta fè avèk Li menm ke nou rele Wa Jwif yo?"
¹³ Konsa, yo te rele fò: "Krisifye Li!"
¹⁴ Men Pilate t ap di yo: "Poukisa? Ki mal Li fè?" Men yo te rele pi fò: "Krisifye Li!"
¹⁵ Akoz ke li te vle satisfè foul la, Pilate te lage Barabbas pou yo. Lè li te fin fè yo bat Jésus [a]ak fwèt, li te livre L, pou L ta krisifye.
¹⁶ [b]Sòlda yo te pran L antre nan lakou a (sa vle di Pretwa a). Yo te rele ansanm yon kowòt Women antye. ¹⁷ Yo te abiye Li an mov, e lè yo te fin trese yon kouwòn zepin, yo te mete l sou tèt Li. ¹⁸ Konsa, yo te kòmanse salye Li: "Sali, Wa a Jwif yo!" ¹⁹ Yo te kontinye bat tèt Li avèk yon wozo, yo te krache sou Li. Yo te mete yo ajenou, epi yo te bese devan Li. ²⁰ Lè yo te fin moke L, yo retire vètman mov la, e te mete pwòp rad Li sou Li. E yo te mennen Li deyò pou krisifye Li. ²¹ [c]Yo te pran yon mesye pa lafòs ki t ap sòti andeyò pou fè l fè kòve; Simon de Cyrène, (papa a Alexandre ak Rufus), pou pote kwa Li a.
²² Konsa, yo te [d]mennen Li nan plas Golgotha, ki tradwi kon Plas A Zo Bwatèt. ²³ Yo te eseye bay Li [e]diven mele avèk myrr; men Li pa t pran li. ²⁴ Epi yo te krisifye Li e te [f]divize vètman Li yo pami yo menm. Yo te fè tiraj osò pou yo detèmine sa ke yo chak ta pran.
²⁵ Se te nan [g]twazyèm lè ke yo te krisifye Li a.
²⁶ Lenskripsyon avèk detay akizasyon kont Li an te di: [h]"Wa a Jwif yo".
²⁷ Konsa, yo te krisifye de vòlè avè L; youn sou men dwat Li, e youn sou men goch Li. ²⁸ Epi konsa, Lekriti sen an te akonpli ki te di: [i]"Epi Li te konte pami malfektè yo."
²⁹ Sila ki t ap pase yo t ap voye ensilt; yo t ap [j]souke tèt yo e t ap di: "Gade! Ou menm ki t ap [k]detwi tanp lan, e rebati li nan twa jou. ³⁰ Sove tèt Ou, e desann sou kwa a!"
³¹ Menm jan an, chèf prèt yo ansanm avèk skrib yo, t ap moke Li pami yo menm e t ap di: [l]"Li te sove lòt yo; Li pa kapab sove tèt Li." ³² "Kite Kris sa a, Wa Israël La, desann kwa a koulye a pou nou kapab wè e kwè!" [m]Sila ki te krisifye avèk Li yo t ap ensilte L menm jan an.
³³ [n]Lè sizyèm lè a te rive, tenèb te tonbe sou tout latè jiska nevyèm lè. ³⁴ Nan nevyèm lè a, Jésus te kriye fò avèk yon gwo vwa: "Eloi, Eloi, lama sabachthani?" ki tradwi "Bondye M, Bondye M, poukisa Ou abandone Mwen?"
[o] ³⁵ Lè kèk nan moun ki te la yo tande sa, yo te di: "Gade, L ap rele Élie."
³⁶ Yon moun te kouri ale pran yon eponj e te ranpli li avèk vinèg si. Li te mete l sou yon wozo, e te bay Li bwè. Li te di: " Kite l konsa! Annou wè koulye a si Élie ap vin fè L desann."

³⁷ [p]Konsa, Jésus te pouse yon gwo kri, e te rann dènye souf li.
³⁸ [q]Vwal tanp lan te chire an de, soti anwo, jis rive anba.
³⁹ [r]Lè santenye Women nan, ki te kanpe tou dwat devan Li a, te wè jan Li te rann dènye souf Li a, li te di: "Anverite, nonm sila a se te Fis Bondye a."
⁴⁰ [s]Te gen osi, fanm ki t ap veye a yon distans. Pami yo se te Marie Magdalène, e Marie, manman a Jacques Le Mineur, avèk Joset, e Salomé. ⁴¹ Lè Li te Galilée, yo te konn swiv Li e [t]sèvi Li, e anpil lòt fanm osi te vin monte avèk Li Jérusalem.
⁴² Lè aswè te rive, akoz Jou Preparasyon an, sa vle di, jou avan Saba a, [u] ⁴³ Joseph Arimathée [v]te vini. Li te yon manm enpòtan nan Konsèy la, e li osi t ap tann wayòm Bondye a. Li te [w]ranmase kouraj li pou ale devan Pilate, e li te mande kò Jésus a.
⁴⁴ Pilate te vle konnen si Li te gen tan mouri. Li te rele santenye Women an, e te mande l si li te mouri deja. ⁴⁵ Konsa, lè l vin konprann sa selon [x]santenye Women an, li te bay kò a a Joseph.
⁴⁶ Joseph te pote yon twal lèn, te desann Li, e li vlope L nan twal lèn an. Li te mete L nan tonm ki te fouye nan wòch la, e li te woule yon gwo wòch kont antre a tonm nan.
⁴⁷ [y]Marie Magdala, avèk Marie, manman Joses te wè kote yo te mete Li.

16
[z]Lè Saba a te fini, Marie Magdala, avèk Marie, manman a Jacques, ak Salomé, te pote epis pou yo ta kab fè onksyon kò Li. ² Epi trè bonè, nan premye jou semèn nan, yo te vini nan tonm nan lè solèy la t ap fenk leve. ³ E yo t ap di youn ak lòt: "Kilès k ap woule [a]wòch la sòti nan antre tonm nan pou nou?"
⁴ Nan gade anlè, yo te wè ke wòch la te deja gen tan woule sòti, malgre ke li te byen gwo. ⁵ [b]Epi lè yo te antre nan tonm nan, yo te wè yon jennonm ki te chita sou bò dwat, abiye ak yon vètman blan, epi yo te sezi.
⁶ Li te di yo: "Pa sezi, nou ap chache Jésus, Nazareyen ki te krisifye a. [c]Li leve. Li pa isit la. Gade, la se plas kote yo te mete L la. ⁷ Men ale, pale disip Li yo, ansanm avèk Pierre; [d]L ap prale devan nou Galilée. La nou va wè Li jan ke Li te di nou an."
⁸ Yo te fè vit sove ale kite tonm nan, akoz tranbleman ak sezisman te gen tan pran yo. Yo pa t di anyen a pèsòn, paske yo te krent.
⁹ Alò, apre Li te leve bonè nan premye jou semèn nan, Li te parèt premyèman a [e]Marie Magdala, moun sou sila ke Li te retire sèt move lespri yo.
¹⁰ [f]Marie te ale bay rapò a sila ki te konn avèk Li yo pandan yo te nan doulè e t ap kriye. ¹¹ Lè yo te tande ke Li te vivan, e li te wè L, [g]yo te refize kwè sa.

---
[a] **15:15** Mat 27:26 [b] **15:16** Mat 27:27-31 [c] **15:21** Mat 27:32 [d] **15:22** Mat 27:33-44 [e] **15:23** Mat 27:34
[f] **15:24** Sòm 22:18 [g] **15:25** Mc 15:33 [h] **15:26** Mat 27:37 [i] **15:28** És 53:12 [j] **15:29** Sòm 22:7 [k] **15:29** Mc 14:58 [l] **15:31** Mat 27:42 [m] **15:32** Mat 27:44 [n] **15:33** Sòm 22:1 [o] **15:34** Sòm 22:1 [p] **15:37** Mat 27:50
[q] **15:38** Egz 26:31-33 [r] **15:39** Mat 27:54 [s] **15:40** Luc 23:49 [t] **15:41** Mat 27:55 [u] **15:42** Mat 27:57-61
[v] **15:43** Mat 27:57 [w] **15:43** Jn 19:38 [x] **15:45** Mc 15:39 [y] **15:47** Mat 27:56 [z] **16:1** Jn 20:1-8 [a] **16:3** Mat 27:60
[b] **16:5** Jn 20:11-12 [c] **16:6** Mat 28:6 [d] **16:7** Mat 26:32 [e] **16:9** Mat 27:56 [f] **16:10** Jn 20:18 [g] **16:11** Mat 28:17

¹² Epi apre sa, Li te parèt nan yon lòt fòm a ᵃyo de pandan yo t ap mache fè wout yo andeyò. ¹³ Epi yo te kite la, e te ale bay rapò a lòt yo, men yo ᵇpa t kwè yo nonplis.

¹⁴ Apre, Li te vin parèt a ᶜonz yo menm, pandan yo te sou tab. Li te bay yo repwòch pou enkredilite ak kè di yo, paske yo pa t kwè sila ki te wè l yo apre li te leve a.

¹⁵ Li te di yo: ᵈ"Ale nan tout lemonn e preche bòn nouvèl la a tout kreyasyon an. ¹⁶ Sila ki kwè e vin batize yo, va sove; men sila ki pa kwè yo, va kondane.ᵉ ¹⁷ Sign sa yo ap swiv sila ki kwè yo. ᶠNan non pa M, yo va chase move lespri yo; yo va pale an lang tounèf; ¹⁸ yo va kenbe koulèv, e si yo bwè nenpòt pwazon mòtèl, li p ap fè yo anyen; yo va ᵍmete men sou malad yo, e y ap refè."

¹⁹ Alò, lè SENYÈ a te fin pale avèk yo, Li te monte resevwa nan syèl la, e te chita sou men dwat Bondye. ʰ²⁰ Konsa, yo te ale deyò e te preche toupatou, pandan Senyè a te avèk yo, e te konfime pawòl pa sign ki te swiv yo. Amen.

ᵃ **16:12** Luc 24:13-35   ᵇ **16:13** Mat 28:17   ᶜ **16:14** Luc 24:36   ᵈ **16:15** Mat 28:19   ᵉ **16:16** Jn 3:18-36
ᶠ **16:17** Mc 9:38   ᵍ **16:18** Mc 5:23   ʰ **16:19** Luc 9:51

LEVANJIL SELON LUC

1 Akoz gen anpil moun ki deja antreprann pou rasanble yon listwa de bagay ki te [a]fèt pami nou yo, ² jis jan ke yo te lonje bay a nou menm pa men a sila yo, ki [b]depi nan kòmansman an te wè avèk [c]pwòp zye yo, e kon sèvitè a pawòl la, te fè nou konnen yo. ³ Sa te sanble bon pou mwen tou, akoz ke m te fè yon ankèt konplè depi nan kòmansman an, pou m ekri sa pou nou ta byen konprann jan li te rive a, [d]chè ekselans Théophile. ⁴ Konsa, ou ta kapab konnen verite egzakt la, selon bagay ke ou te [e]enstwi yo.

⁵ Nan jou Hérode yo, wa Juda a, te gen yon sèten prèt ki te rele Zacharie nan [f]divizyon Abijah. Li te gen yon madanm ki soti nan fi Aaron yo, yo te rele Elizabeth. ⁶ Yo te toude jis devan zye Bondye. Yo te mache [g]san fòt nan tout kòmandman ak devwa Senyè a. ⁷ Men yo pa t gen pitit, akoz Elizabeth te esteril, e yo toude te avanse nan laj.

⁸ Alò, li vin rive ke pandan [h]li t ap fè sèvis prèt la devan Bondye nan pwòp tan divizyon pa l, ⁹ selon koutim nan pozisyon li kon prèt, li te chwazi pa tiraj osò pou [i]antre nan tanp Senyè a pou brile lansan. ¹⁰ Tout foul pèp la t ap priye [j]deyò a nan lè ofrann lansan an.

¹¹ Konsa, [k]yon zanj Bondye te parèt kote li, e te kanpe adwat lotèl lansan an. ¹² Zacharie te twouble lè l te wè li, e[l]lakrent te sezi li. ¹³ Men zanj lan te di l: "Ou pa bezwen pè, Zacharie, paske sa ou te mande a, tande nan syèl la, e madanm ou, Elizabeth, va fè yon fis pou ou, e [m]ou va nonmen li Jean. ¹⁴ Ou va gen lajwa avèk kè kontan, e anpil moun va rejwi nan nesans li.

¹⁵ "Paske li va gran nan zye Bondye. Li p ap [n]bwè ni diven, ni gwòg; e li va ranpli avèk Lespri Sen an menm lè l toujou nan vant. ¹⁶ Li va fè anpil moun nan fis Israël yo [o]retounen a Senyè a, Bondye yo a. ¹⁷ Se li ki va ale devan Li menm, nan lespri avèk pouvwa Élie a, [p]pou fè kè a papa yo retounen a zanfan yo, e dezobeyisan yo a yon lespri ladwati; pou fè prepare yon pèp pou Bondye."

¹⁸ Zacharie te di a zanj lan: "Kijan m ap fè konnen sa? Paske [q]mwen menm se yon granmoun, e madanm mwen avanse nan laj."

¹⁹ Zanj lan te reponn li e te di: "Mwen se [r]Gabriel, ki kanpe nan prezans Bondye a. Mwen te voye pou pale ak ou, e pou pote bòn nouvèl sila a. ²⁰ Konsa, gade. Ou va rete an silans nèt, e ou p ap kapab pale jiskaske bagay sa yo rive, paske ou pa t kwè pawòl mwen, ki va akonpli nan pwòp lè pa l la."

²¹ Pèp la t ap tann Zacharie, e yo te etone pa reta ke li te fè nan tanp lan. ²² Men lè l parèt li pa t kapab pale avèk yo. Konsa, yo te vin konprann ke se te yon vizyon ke li te fè nan tanp lan. Li te [s]kontinye fè sign bay yo, e te rete bèbè.

²³ Lè jou a sèvis li kon prèt te fini, li te retounen lakay li. ²⁴ Apre jou sa yo, Elizabeth te vin ansent. Li te kache pandan senk mwa, e te di: ²⁵ "Se konsa ke Senyè a aji avè m nan jou ke Li te voye gras Li sou mwen, e Li te [t]retire wont mwen pami lèzòm".

²⁶ Alò, nan sizyèm mwa ansent Elizabeth la, zanj Gabriel la te voye sòti nan Bondye a yon vil nan Galilée ki te rele [u]Nazareth, ²⁷ a yon vyèj ki te fiyanse a yon nonm ki te rele Joseph, ki te sòti nan [v]desandan David yo. Vyèj la te rele Marie. ²⁸ Lè l te antre, li te di li: "Sali a ou menm ki twouve favè! Bondye se avèk ou. Ou beni pami fanm yo!"

²⁹ Men Marie [w]te twouble anpil pa pawòl sa a, e li t ap reflechi sou ki kalite salitasyon sa a te ye.

³⁰ Konsa zanj lan te di l: [x]"Ou pa bezwen krent, Marie, paske ou gen tan twouve favè ak Bondye. ³¹ Gade byen, ou va vin ansent. Ou va fè yon fis, e ou [y]va bay li non a Jésus. ³² Li va gran e Li va rele Fis a [z]Pi Wo a; epi Senyè Bondye a va bay Li [a]twòn a zansèt Li a, David. ³³ Li va renye sou lakay Jacob pou tout tan, [b]e wayòm Li an p ap janm fini."

³⁴ Marie te di a zanj lan: "Kijan bagay sa a kapab ye, paske mwen menm se yon vyèj?"

³⁵ Zanj lan te reponn. Li te di li: "Lespri Sen an va vini sou ou, e pwisans a Pi Wo a va kouvri ou avèk lonbraj Li. Pou rezon sa a, pitit sen sa a va rele Fis a Bondye. ³⁶ Epi veye byen, menm nan fanmi ou Elizabeth anplis gen tan vin ansent avèk yon fis nan vyeyès li, e li menm ki te rele esteril, koulye a, nan sizyèm mwa li. ³⁷ Paske [c]anyen pa enposib avèk Bondye."

³⁸ Marie te di li: "Men gade, sèvant-dedike a Senyè a; kite sa fèt sou mwen selon pawòl ou." Konsa, zanj lan te kite li.

³⁹ Alò, nan moman sa a, Marie te leve. Li te sòti byen vit pou rive nan peyi kolin yo, nan yon [d]vil yo rele Juda. ⁴⁰ Li te antre lakay a Zacharie, e te salye Elizabeth.

⁴¹ Li te rive ke lè Elizabeth te tande salitasyon Marie a, pitit la te sote nan vant li, epi Elizabeth te [e]ranpli avèk Lespri Sen an. ⁴² Li te kriye fò avèk yon gran vwa e te di: "Beni se ou pami fanm yo, e beni se fwi a vant ou an! ⁴³ Kijan bagay sa a rive m, ke manman [f]Senyè mwen an ta vin kote mwen? ⁴⁴ Paske gade byen, lè son a salitasyon ou an te rive nan zòrèy mwen, pitit la te sote nan vant mwen avèk

---

[a] **1:1** Wo 4:21   [b] **1:2** Jn 15:27   [c] **1:2** II Pi 1:16   [d] **1:3** Trav 23:26   [e] **1:4** Trav 18:25   [f] **1:5** I Kwo 24:10
[g] **1:6** Fil 2:15   [h] **1:8** I Kwo 24:19   [i] **1:9** Egz 30:7   [j] **1:10** Lev 16:17   [k] **1:11** Luc 2:9   [l] **1:12** Luc 2:9
[m] **1:13** Luc 1:6-63   [n] **1:15** Nonb 6:3   [o] **1:16** Mat 3:2,6   [p] **1:17** Mal 4:6   [q] **1:18** Jen 17:17   [r] **1:19** Dan 8:16
[s] **1:22** Luc 1:62   [t] **1:25** Jen 30:23   [u] **1:26** Mat 2:23   [v] **1:27** Mat 1:16-20   [w] **1:29** Luc 1:12   [x] **1:30** Mat 14:27
[y] **1:31** És 7:14   [z] **1:32** Mc 5:7   [a] **1:32** II Sam 7:12-16   [b] **1:33** II Sam 7:13-16   [c] **1:37** Jen 18:4   [d] **1:39** Jos 20:7
[e] **1:41** Luc 1:67   [f] **1:43** Luc 2:11

jwa. ⁴⁵ ᵃBeni se sila a ki te kwè ke sa Senyè a te pale a ta vin akonpli."
⁴⁶ Marie te di:
ᵇ"Nanm mwen ᶜegzalte Senyè a,
⁴⁷ Lespri ᵈmwen gen tan rejwi nan Bondye,
Sovè mwen an.
⁴⁸ Paske li te gade ᵉeta ba sèvant Li an;
paske gade byen, soti nan moman sa a
jiska tout jenerasyon yo, yo va rele m beni.
⁴⁹ Paske Toupwisan an
te fè gwo bagay pou mwen.
Non Li sen.
⁵⁰ ᶠEpi mizerikòd Li sou jenerasyon
apre jenerasyon vè sila ki krent Li yo.
⁵¹ ᵍLi fè zèv pwisan yo avèk bra Li.
Li te gaye sila avèk panse ògèy nan kè yo.
⁵² Li rale fè desann chèf yo sou twòn yo,
e Li ʰegzalte sila ki enb yo.
⁵³ ⁱLi ranpli sila ki grangou yo avèk bon bagay;
e Li voye rich yo ale avèk men vid.
⁵⁴ Li bay sekou a Israël, sèvitè Li a,
kon yon sonj mizerikòd Li,
⁵⁵ jan Li te pale a zansèt nou yo,
a ʲAbraham avèk jenerasyon Li yo
jis pou tout tan".
⁵⁶ Marie te rete avèk li pandan anviwon twa mwa, e te retounen lakay li. ⁵⁷ Alò, lè te rive pou Elizabeth akouche, e li te fè yon fis. ⁵⁸ Vwazen li yo avèk fanmi li yo te tande ke Senyè a te ᵏmontre mizerikòd Li, e yo t ap rejwi avèk li. ⁵⁹ Li te vin rive ke nan ˡuityèm jou a, yo te vini pou sikonsi pitit la, e yo t ap rele li Zacharie, non a papa li. ⁶⁰ Men manman li te reponn e te di: "Non anverite, men ᵐl ap rele Jean." ⁶¹ Yo te di li: "Nanpwen pèsòn pami fanmi ou ki rele pa non sa a." ⁶² Konsa, yo te ⁿfè sign a papa a, pou konnen ki non li te vle bay li. ⁶³ Li te mande yon tablo, e te ekri konsa: ᵒ"Non li se Jean". Yo tout te etone. ⁶⁴ ᵖKonsa, nan yon sèl kou bouch li te louvri, lang li te vin lache e li te kòmanse pale e bay glwa a Bondye. ⁶⁵ Lakrent te vin tonbe sou tout sila yo ki te rete nan landwa sila a; epi tout bagay sa yo te pale nan tout ᵠpeyi kolin a Juda yo. ⁶⁶ Tout sila ki te tande koze sa yo te ʳsonje sa, e te toujou mande: "Alò, kisa nou sipoze pitit sa a va devni?" Paske men Senyè a te vrèman sou li.
⁶⁷ Papa li, Zacharie, ˢranpli avèk Lespri Sen an, te pwofetize. Li te di:
⁶⁸ Beni se Senyè a, Bondye Israël la,
paske li vizite nou,
Li te acheve ᵗredanmsyon pou pèp Li a.
⁶⁹ Li te leve yon ᵘkòn sali pou nou
lakay David la, sèvitè Li a.
⁷⁰ ᵛJan Li te pale pa bouch a pwofèt Li yo
depi nan ansyen tan an,
⁷¹ Delivrans sou ʷlènmi nou yo,
ak nan men a tout sila ki rayi nou yo;
⁷² pou montre mizerikòd vè zansèt nou yo,
ˣe pou sonje akò sen Li an,
⁷³ ʸSèman ke Li te fè a Abraham,
zansèt nou an,
⁷⁴ pou pèmèt ke nou menm,
ki te delivre nan men lènmi nou yo,
ta kapab sèvi Li san krent,
⁷⁵ ᶻnan sentete ak ladwati devan Li,
pandan tout jou nou yo.
⁷⁶ Epi ou menm pitit, ou va rele
pwofèt a Pi Wo a;
paske ou va ale ᵃdevan Senyè a,
pou prepare chemen Li an;
⁷⁷ pou bay pèp Li a konesans a sali a,
ᵇpou padon peche pa yo.
⁷⁸ Akoz de mizerikòd byen dous a
Bondye nou an,
ᶜk ap fè Solèy ki leve soti anwo a vin
vizite nou.
⁷⁹ ᵈPou briye sou sila ki chita nan tenèb yo
ak nan lonbraj lanmò a,
pou gide pye nou nan chemen lapè a.
⁸⁰ ᵉPitit la te kontinye grandi, e te vin fò nan lespri. Konsa, li te viv nan dezè yo jis jou li te parèt piblikman an Israël.

2 Alò, li te rive nan jou sa yo te gen yon dekrè te sòti nan ᶠCésar Auguste, ke yon ᵍresansman global ta vin fèt pou tout mond lan kote moun rete. ² Sa se te premye resansman global ki te fèt pandan Quirinius te gouvènè a Syrie. ³ Tout moun te kòmanse anrejistre pou resansman an, chak moun nan pwòp vil pa li.

⁴ Anplis, Joseph te monte kite Galilée nan vil Nazareth la, pou rive nan Juda, vil David, ke yo rele Bethléhem nan, akoz ke ʰli te sòti nan kay ak fanmi a David, ⁵ pou l ta kapab anrejistre ansanm avèk Marie, ki te fiyanse li, e ki te ansent.

⁶ Li te vin rive ke pandan yo te la, jou yo te vin rive pou l akouche. ⁷ Li te ⁱbay nesans a premye fis li, epi li te vlope Li nan twal pou nouvo ne yo. Li te mete Li nan yon manjwa, akoz ke pa t gen plas pou Li nan otèl la.

⁸ Nan menm andwa a, te gen bèje deyò nan chan an ki t ap okipe bann mouton yo pandan nwit lan. ⁹ Konsa yon ʲzanj Bondye te vin kanpe sibitman devan yo, epi glwa a Bondye te klere toutotou de yo; e yo te vin ranpli avèk laperèz. ¹⁰ Men zanj yo te di yo: ᵏ"Pa pè, paske gade, mwen pote bòn nouvèl a gwo lajwa ki va pou tout pèp la. ¹¹ Paske jodi a nan vil David la, te vin ne pou nou menm, yon ˡSovè, ki se Kris la, Senyè a. ¹² ᵐEpi sa va yon sign pou nou;

ᵃ **1:45** Luc 1:20-48   ᵇ **1:46** I Sam 2:1-10   ᶜ **1:46** Sòm 34:21   ᵈ **1:47** Sòm 35:9   ᵉ **1:48** Sòm 138:6
ᶠ **1:50** Sòm 103:17   ᵍ **1:51** Sòm 98:1   ʰ **1:52** Job 5:11   ⁱ **1:53** Sòm 107:9   ʲ **1:55** Jen 17:7   ᵏ **1:58** Jen 19:19
ˡ **1:59** Jen 17:12   ᵐ **1:60** Luc 1:13-63   ⁿ **1:62** Luc 1:22   ᵒ **1:63** Luc 1:13-60   ᵖ **1:64** Luc 1:20   ᵠ **1:65** Luc 1:39
ʳ **1:66** Trav 11:21   ˢ **1:67** Luc 1:41   ᵗ **1:68** Luc 2:38   ᵘ **1:69** Luc 2:1-10   ᵛ **1:70** Wo 1:2   ʷ **1:71** Sòm 106:10
ˣ **1:72** Sòm 105:8-42   ʸ **1:73** Jen 22:16   ᶻ **1:75** Ef 4:24   ᵃ **1:76** Mal 3:1   ᵇ **1:77** Jr 31:34   ᶜ **1:78** Mal 4:2
ᵈ **1:79** És 9:2   ᵉ **1:80** Luc 2:40   ᶠ **2:1** Mat 22:17   ᵍ **2:1** Mat 4:24   ʰ **2:4** Luc 1:27   ⁱ **2:7** Mat 1:25
ʲ **2:9** Luc 1:11   ᵏ **2:10** Mat 14:27   ˡ **2:11** Mat 1:21   ᵐ **2:12** I Sam 2:34

nou va twouve yon anfan vlope nan twal, e kouche nan yon manjwa."

¹³ Lapoula te parèt avèk zanj lan yon foul lame syèl la ki t ap fè lwanj Bondye, e ap di:
¹⁴ ᵃ"Glwa a Bondye nan pi wo a,
e sou latè a, lapè pami lèzòm
ki fè L kontan yo."

¹⁵ Li te rive ke lè zanj yo te kite yo pou retounen nan syèl, ke bèje yo te kòmanse di youn ak lòt: "Alò, annou ale toudwat Bethléhem pou wè bagay sa a ke Bondye fè nou konprann nan."

¹⁶ Yo te fè vit pou rive e te twouve chemen pou rive kote Marie avèk Joseph, avèk pitit ki te kouche nan manjwa a. ¹⁷ Alò, lè yo te wè sa, yo te fè konnen pawòl ki te livre a yo konsènan pitit sila a. ¹⁸ Tout moun ki te tande sa te etone de bagay ke bèje yo t ap di yo.

¹⁹ Men Marie te ᵇkache tout sa pou sonje l, e li te reflechi sou yo nan kè li.

²⁰ Bèje yo te retounen e yo ᶜt ap bay Bondye glwa avèk lwanj pou tout sa ke yo te tande e wè, jan ke li te pale a yo menm nan.

²¹ Lè ᵈuit jou te fin pase avan sikonsizyon Li te fèt, yo te bay Li non Jésus, menm non ki te bay pa zanj yo avan Li te plase nan vant lan.

²² ᵉLè jou pou yo vin pirifye yo te rive selon Lalwa Moïse la, yo te mennen Li Jérusalem pou prezante Li devan Senyè a. ²³ (Jan li ekri nan Lalwa Senyè a: ᶠ"Tout mal ki premye ouvri vant lan va rele sen a Bondye"), ²⁴ epi pou ofri yon sakrifis selon sa ki te pale nan Lalwa Senyè a, ᵍ"yon pè toutrèl, oswa, de jenn pijon."

²⁵ Konsa, te gen yon mesye Jérusalem ki te rele Siméon. Mesye sa a te jis e devwe. Li t ap ʰchache konsolasyon Israël, epi Lespri Sen an te sou li. ²⁶ Li te revele a li menm ke li pa t ap ⁱwè lanmò avan ke li te wè Kris a Senyè a. ²⁷ Konsa, li te nan Lespri a lè l te antre nan tanp lan nan menm lè paran Jésus yo te pote pitit la, ʲpou akonpli pou Li koutim Lalwa a. ²⁸ Epi li te ranmase li nan bwa li. Li te beni Bondye, e te di:

²⁹ "Koulye a Senyè, W ap kite sèvitè Ou a
ᵏpati anpè selon pawòl Ou.
³⁰ Paske zye m gen tan ˡwè delivrans Ou,
³¹ ke ou prepare devan tout nasyon yo;
³² "yon limyè revelasyon pou payen yo,
epi laglwa a pèp Ou a, Israël."

³³ Papa L avèk ᵐmanman L te etone de bagay ke yo t ap di sou Li yo.

³⁴ Siméon te beni yo, e te di a Marie, manman Li: "Veye byen, anfan sila a fèt pou ⁿtonbe ak leve a anpil moun an Israël, e pou yon sign k ap koze opozisyon. ³⁵ Yon nepe va travèse menm nanm pa ou, jiskaske panse a kè anpil moun kapab vin revele."

³⁶ Anplis te gen yon pwofetès, Anne, fi a Phanuel, ki te nan ᵒtribi Aser. Li te avanse nan laj, e li ᵖte viv avèk mari li pandan sèt ane apre maryaj la, ³⁷ answit, kon vèv jis rive nan laj katre-ven-kat ane. Li pa t janm kite tanp lan e te sèvi la jounen kon lannwit nan ᵠjèn ak lapriyè. ³⁸ Nan menm moman sila a, li te monte, e li te bay glwa a Bondye. Li te kontinye pale de Li a tout sila ki t ap ʳchache redanmsyon Jérusalem nan.

³⁹ Lè yo te fin acheve tout bagay selon Lalwa Senyè a, yo te retounen Galilée, nan ˢpwòp vil pa yo, nan Nazareth.

⁴⁰ ᵗPitit la te kontinye grandi, e Li t ap vin fò. Li te ogmante nan sajès, e gras Bondye te sou Li.

⁴¹ Alò paran Li yo te konn ale Jérusalem chak ane nan ᵘfèt Pak Jwif la.

⁴² Lè L te vin gen douz ane, yo te monte la selon koutim fèt la. ⁴³ Pandan yo t ap retounen, apre ᵛtout jou yo te pase, jenn gason an, Jésus te rete dèyè nan Jérusalem. Men paran Li yo pa t konnen sa. ⁴⁴ Yo te sipoze ke Li te pami lòt moun yo. Yo te vwaya je pandan yon jou, e yo te kòmanse ap chache Li pami manm fanmi avèk zanmi yo.

⁴⁵ Lè yo pa t twouve Li, yo te retounen Jérusalem pou chache Li. ⁴⁶ Konsa apre twa jou, yo te twouve Li nan tanp lan. Li t ap chita pami mèt yo, pou tande yo, e poze yo kesyon. ⁴⁷ Tout sila ki te tande Li yo ʷte etone de jan li te konprann, ak repons ke Li te bay yo.

⁴⁸ Lè yo te wè Li, yo te etone. Manman Li te di Li: "Pitit mwen, Poukisa Ou trete nou konsa? Gade, ˣpapa Ou ak mwen menm te enkyete, e nou t ap chache Ou."

⁴⁹ Li te di yo: "Poukisa nou t ap chache mwen? Èske nou pa t konnen ke M ʸte oblije lakay Papa M?" ⁵⁰ Men ᶻyo pa t konprann pawòl ke Li te di yo a.

⁵¹ Konsa, Li te ale avèk yo, e te rive nan ᵃNazareth. Li te kontinye anba otorite yo, e manman L ᵇte gade tout bagay sa yo nan kè l.

⁵² Epi Jésus te kontinye grandi nan sajès, ak wotè, epi nan ᶜgras Bondye e avèk lèzòm.

3 Alò nan kenzyèm ane pouvwa a Tibère César a, pandan ᵈPonce Pilate te Gouvènè Juda, ᵉHérode te tetrak (wa a zòn sila a), frè l Philippe te tetrak pou Lituréa avèk Trachonite, e Lysanias te tetrark nan Abilène, ² nan tan a Anne ak Caïphe kon wo prèt, ᶠpawòl Bondye a te vini a Jean, fis Zacharie a, pandan l te nan dezè a.

³ Konsa, li te vini nan ᵍtout distri ki te antoure Jourdain yo, e li t ap preche yon batèm repantans pou padon peche yo. ⁴ Jan sa ekri nan liv pawòl a Ésaïe yo, pwofèt la:
"Lavwa a yon moun ʰ k ap kriye nan dezè a,
'Prepare chemen SENYÈ a,

ᵃ **2:14** Mat 21:9 ᵇ **2:19** Luc 2:51 ᶜ **2:20** Mat 9:8 ᵈ **2:21** Jen 17:12 ᵉ **2:22** Lev 12:6-8 ᶠ **2:23** Egz 13:2,12 ᵍ **2:24** Lev 5:11 ʰ **2:25** Mc 15:43 ⁱ **2:26** Sòm 89:48 ʲ **2:27** Luc 2:22 ᵏ **2:29** Luc 2:26 ˡ **2:30** Sòm 119:166-174 ᵐ **2:33** Mat 12:46 ⁿ **2:34** Mat 21:44 ᵒ **2:36** Jos 19:24 ᵖ **2:36** 1 Tim 5:9 ᵠ **2:37** Luc 5:33 ʳ **2:38** Luc 1:68 ˢ **2:39** Mat 2:23 ᵗ **2:40** Luc 1:80 ᵘ **2:41** Egz 12:11 ᵛ **2:43** Egz 12:15 ʷ **2:47** Mat 7:28 ˣ **2:48** Luc 2:49 ʸ **2:49** Jn 4:34 ᶻ **2:50** Mc 9:32 ᵃ **2:51** Luc 2:3 ᵇ **2:51** Luc 2:19 ᶜ **2:52** Luc 2:40 ᵈ **3:1** Mat 27:2 ᵉ **3:1** Mat 14:1 ᶠ **3:2** Mat 3:1-10 ᵍ **3:3** Mat 3:5 ʰ **3:4** És 40:3

Fè wout Li yo dwat,
⁵ ᵃ Chak vale va ranpli,
E tout gwo mòn ak ti kolin va vin bese.
Kwochi yo a va vin drese,
E move wout yo va vin swa.
⁶ ᵇ Tout chè va wè delivrans Bondye a.'"

⁷ Konsa, li te kòmanse pale avèk foul la ki te sòti avè l pou batèm nan: ᶜ"Nou menm, nich vipè! Kilès ki te avèti nou sove kite kòlè k ap vini an? ⁸ Pou sa, pote fwi ki an akò avèk repantans yo, e pa kòmanse di a nou menm: ᵈ'Nou gen Abraham pou papa nou', paske mwen di nou ke menm nan wòch sa yo, Bondye kapab fè leve pitit a Abraham yo. ⁹ Anverite, rach la deja poze sou rasin a bwa yo. Konsa, chak ᵉbwa ki pa donnen bon fwi va koupe e jete nan dife."

¹⁰ Foul la ki t ap kesyone li, t ap di: ᶠ"Alò, kisa pou nou ta fè?"

¹¹ Li te reponn yo, e te di: "Ke moun ki gen de tinik lan ᵍpataje avèk sila ki pa genyen an, e ke sila ki gen manje a fè menm jan an."

¹² Anplis, ʰajan kolektè kontribisyon yo te vini pou batize. Yo t ap mande l: "Mèt, kisa nou dwe fè?"

¹³ Li te di yo: "Pa kolekte plis ke yo mande nou pran."

¹⁴ Konsa, kèk sòlda t ap mande li: "Epi kisa pou nou menm fè"?

Li te di yo: "Pa pran lajan sou okenn moun pa lafòs, ni ⁱfè fo akizasyon kont pèsòn. Rete satisfè avèk salè nou."

¹⁵ Alò, pandan pèp la t ap antisipe, e t ap reflechi nan kè yo sou Jean, ʲpou konprann si se Kris la ke li te ye, ¹⁶ ᵏJean te reponn. Li te di yo tout: "Kanta mwen menm, mwen ap batize nou avèk dlo. Men gen Youn k ap vini ki pi pwisan pase m; menm lasèt sandal Li, mwen pa dign pou demare. Li va batize nou avèk Lespri Sen an, e avèk dife. ¹⁷ Laye vannen an deja nan men L, pou netwaye glasi a nèt, e ranmase tout ble antre nan depo Li; men l ap brile pay yo avèk ˡdife ki pa kapab etenn."

¹⁸ Konsa, avèk anpil lòt egzòtasyon tou, Li te preche bòn nouvèl la bay pèp la.

¹⁹ Men lè l te bay ᵐHérode, tetrak la tò akoz Hérodias, madanm a frè l la, e akoz tout mechanste ke Hérode te fè yo, ²⁰ Hérode te ogmante peche l sou sa yo. Li te vin ⁿmete Jean nan prizon.

²¹ ᵒKonsa, li te vin rive ke lè tout pèp la t ap batize, Jésus te batize tou. Epi pandan Li t ap priye, syèl la te vin ouvri, ²² e Lespri Sen an te desann sou Li nan fòm tankou yon toutrèl. E yon vwa te sòti nan syèl la: ᵖ"Ou menm se Fis byeneme Mwen an; nan Ou menm, Mwen byen kontan."

²³ ᑫLè L te kòmanse ministè Li, Jésus Li menm te nan laj, anviwon trant ane, e selon kwayans moun yo, fis a Joseph, fis a Héli, ²⁴ fis a Matthat, fis a Lévi, fis a Melchi, fis a Jannaï, fis a Joseph, ²⁵ fis a Mattathias, fis a Amos, fis a Nahum, fis a Esli, fis a Naggaï, ²⁶ fis a Maath, fis a Mattathias, fis a Séméï, fis a Joseph, fis a Joda, ²⁷ fis a Joanan, fis a Rhésa, ʳfis a Zorobabel, fis a Salathiel, fis a Néri, ²⁸ fis a Melchi, fis a Addi, fis a Kosam, fis a Elmadam, fis a Er, ²⁹ fis a Jésus, fis a Éliézer, fis a Jorim, fis a Matthat, fis a Lévi ³⁰ fis a Siméon, fis a Juda, fis a Joseph, fis a Jonam, fis a Éliakim, ³¹ fis a Méléa, fis a Menna, fis a Mattatha, fis a Nathan, fis a David, ³² ˢfis a Isaï, fis a Jobed, fis a Booz, fis a Salmon, fis a Naason, ³³ fis a Aminadab, fis a Admin, fis a Arni, fis a Esrom, fis a Pharès, fis a Juda ³⁴ fis a Jacob, fis a Isaac ᵗfis a Abraham, fis a Thara, fis a Nachor, ³⁵ fis a Seruch, fis a Ragau, fis a Phalek, fis a Éber, fis a Sala, ³⁶ fis a Kaínam, fis a Arphaxad, fis a Sem, ᵘfis a Noé, fis a Lamech, ³⁷ fis a Mathusala, fis a Énoch, fis a Jared, fis a Maléléel, fis a Kaïnan, ³⁸ fis a Énos, fis a Seth, fis a Adam, fis a Bondye.

4 ᵛJésus, ranpli avèk Lespri Sen an, te retounen soti nan Jourdain an. Li te mennen pa Lespri a nan dezè a ² pandan ʷkarant jou, e Li te vin tante pa dyab la. Li pa t manje anyen pandan jou sa yo, epi lè jou yo te fini, Li te vin grangou.

³ Konsa, dyab la te di L: "Si Ou se fis Bondye a, kòmande wòch sila a vin pen."

⁴ Jésus te reponn li: "Li ekri. ˣ'Lòm pa viv sèlman sou pen.'"

⁵ ʸKonsa, li te mennen Li monte, e te montre Li tout wayòm latè yo nan yon enstan de tan. ⁶ Dyab la te di Li: "Mwen va bay Ou tout domenn sila a avèk glwa li, ᶻpaske li livre nan men m, e mwen ap bay li a sila a ke m pito. ⁷ Konsa, si Ou pwostène devan m, tout li ap vini pou Ou."

⁸ Jésus te reponn. Li te di l konsa: "Sa ekri ᵃ'Ou va adore Senyè a Bondye ou a, e sèvi Li menm sèlman.'"

⁹ ᵇAnkò li te mennen Li Jérusalem. Li te fè L kanpe sou pwent twati tanp lan, e te di Li: "Si Ou se Fis Bondye a, voye kò Ou anba soti isit la, ¹⁰ paske sa ekri:

'Li va bay zanj Li yo chaj de ou pou
  pwoteje ou,'
¹¹ epi nan men pa yo, yo va kenbe ou,
  pou ou pa frape pye ou kont wòch.'"

¹² Konsa, Jésus te reponn li, e te di: "Li kon di; ᶜ'Nou pa pou pase Senyè a, Bondye nou nan eprèv.'"

¹³ Lè dyab la te fin fè tout tantasyon yo, li te kite Li jiska yon moman konvenab.

¹⁴ ᵈJésus te retounen Galilée anba pouvwa Lespri a. ᵉNouvèl Li te gaye toupatou nan tout andwa ki antoure distri yo. ¹⁵ Li te kòmanse

---
ᵃ **3:5** És 40:4   ᵇ **3:6** És 40:5   ᶜ **3:7** Mat 12:34   ᵈ **3:8** Jn 8:33   ᵉ **3:9** Mat 7:9   ᶠ **3:10** Luc 3:12,14   ᵍ **3:11** És 58:7
ʰ **3:12** Luc 7:29   ⁱ **3:14** Egz 20:16   ʲ **3:15** Jn 1:19   ᵏ **3:16** Mat 3:11-12   ˡ **3:17** Mc 9:43-48   ᵐ **3:19** Mat 14:3
ⁿ **3:20** Jn 3:24   ᵒ **3:21** Mat 3:13-17   ᵖ **3:22** Sòm 2:7   ᑫ **3:23** Mat 4:17   ʳ **3:27** Mat 1:12   ˢ **3:32** Mat 1:16
ᵗ **3:34** Jen 11:26-30   ᵘ **3:36** Jen 5:3-32   ᵛ **4:1** Mat 4:1-11   ʷ **4:2** Egz 34:28   ˣ **4:4** Det 8:3   ʸ **4:5** Mat 4:8-10
ᶻ **4:6** I Jn 5:9   ᵃ **4:8** Det 6:13   ᵇ **4:9** Mat 4:5-7   ᶜ **4:12** Det 6:16   ᵈ **4:14** Mat 4:12   ᵉ **4:14** Mat 9:26

ᵃenstwi nan sinagòg yo, e te resevwa lwanj a tout moun. ¹⁶ Li te vini Nazareth, kote Li te elve a, e kon koutim Li, ᵇLi te antre nan sinagòg la nan Saba a. Li te kanpe pou li. ¹⁷ Yo te lon je bay Li liv a pwofèt Ésaïe a. Li te ouvri l e te twouve plas kote sa te ekri:

¹⁸ ᶜ "Lespri Senyè a sou Mwen,
paske Li te onksyone M pou preche
bòn nouvèl la a malere yo.
Li te voye M pou pwoklame libète a
prizonye yo,
pou fè avèg yo vin wè, pou libere sila
ki oprime yo.
¹⁹ Pou pwoklame ᵈane favorab a Senyè a."

²⁰ Li te ᵉfèmen liv la. Li te remèt li bay atandan an, e Li te chita. Zye a tout sinagòg la te fikse sou Li. ²¹ Li te di yo: "Jodi a menm, Ekriti sila a akonpli nan zòrèy nou."

²² Epi tout moun t ap pale byen de Li, e yo te etone akoz pawòl a gras ki ap tonbe soti nan lèv Li. Yo t ap di: "ᶠSe pa fis a Joseph la?" ²³ Li te di yo: "San dout nou va repete pwovèb sila pou Mwen: 'Doktè, geri pwòp tèt Ou!' Sa ke nou tande ke Ou te fè nan ᵍCapernaüm, fè l isit la lakay Ou tou."

²⁴ Konsa, Li te di: "Anverite Mwen di nou, ʰnanpwen pwofèt ki byen resevwa nan pwòp vil li. ²⁵ Men, Mwen di nou anverite, ke te gen anpil vèv nan Israël ⁱnan jou Élie yo, lè syèl la te fèmen nèt pandan twazan si mwa, lè gwo grangou te rive sou tout peyi a. ²⁶ Malgre sa, Élie pa t voye a okenn nan yo, men sèlman a ʲSarepta, nan peyi Sidon, a yon fanm ki te yon vèv. ²⁷ Epi te gen anpil lèp an Israël nan tan pwofèt Élie a, men okenn pa t pirifye, men ᵏsèlman Naaman, yon Siryen."

²⁸ Konsa, tout sinagòg la anraje lè yo te tande bagay sa yo; ²⁹ Yo te soulve, yo te ˡpouse bourade Li deyò vil la, e te mennen Li nan ³⁰ do ti mòn a kote vil yo te bati, pou yo ta kapab jete L anba nan falèz la. Men Li te ᵐpase nan mitan yo, e Li te al fè wout Li.

³¹ Konsa, ⁿLi te desann Capernaüm, yon vil nan Galilée. Li t ap enstwi yo nan Saba a. ³² Yo te etone de enstriksyon Li, paske ᵒmesaj Li yo te avèk otorite.

³³ Te gen yon mesye nan sinagòg la ki te posede pa lespri a yon dyab enpi, e li t ap kriye avèk yon vwa fò: ³⁴ "Kite nou gon kont nou! ᵖKisa nou gen avèk Ou, Jésus de qNazareth? Èske Ou vini pou detwi nou? Mwen konnen ki moun Ou ye, Sila Ki Sen a Bondye a!"

³⁵ Jésus te ʳreprimande li. Li te di: "Fè silans e sòti sou li!" Lè dyab la te fin jete li atè a nan mitan yo, li te sòti sou li san fè l mal.

³⁶ Sezisman te pran yo tout. Yo t ap diskite youn avèk lòt e t ap di: "Ki mesaj sa a? Paske avèk otorite ak pwisans Li kòmande lespri enpi yo, e yo te sòti." ³⁷ ˢNouvèl a Li menm t ap gaye toupatou nan distri ozanviwon yo.

³⁸ ᵗKonsa, Li te leve kite sinagòg la, e Li te antre lakay Simon. Alò, bèlmè Simon t ap soufri anba yon gwo lafyèv, e yo te mande Li pou ede l. ³⁹ Konsa Li te kanpe anwo li; Li te ᵘreprimande fyèv la. Fyèv la te kite li, epi imedyatman li te leve pou sèvi yo.

⁴⁰ ᵛPandan solèy la t ap kouche, tout moun ki te gen moun malad avèk plizyè kalite maladi, te pote yo vini. Li te mete men L sou yo tout, e Li t ap geri yo. ⁴¹ Anplis, dyab yo t ap sòti nan anpil moun. Yo t ap kriye e t ap di: "Ou se Fis Bondye a!" Men Li t ap reprimande yo. Li ʷpa t kite yo pale menm, paske yo te konnen ke Li te Kris la.

⁴² ˣLè jou a te rive, Li te sòti pou te ale yon kote ki pa t gen moun. Foul la t ap chache Li, e te vini kote Li. Konsa, yo te kenbe L pou anpeche Li ale. ⁴³ Men Li te di yo: "Mwen oblije preche Wayòm Bondye a nan lòt vil yo tou; ʸpaske Mwen te voye pou rezon sa a." ⁴⁴ Konsa, Li te kontinye ap preche nan sinagòg ᶻJudée yo.

5 ᵃAlò, li te vin pase ke foul la t ap peze sou li pou koute pawòl Bondye a, lè L t ap kanpe akote lak ke yo rele Génésareth la. ² Li te wè de kannòt ki te twouve akote lak la, men moun lapèch yo te deja desann yo, e t ap lave filè yo. ³ Li te ᵇantre nan youn nan kannòt yo ki te pou Simon, e Li te mande li pou mete yo a yon ti distans de tè a. Li te chita, e te kòmanse enstwi foul la depi nan kannòt la.

⁴ Lè Li te fin pale, Li te di Simon: "Mete nou deyò nan dlo fon eᶜlage filè yo pou kenbe pwason."
⁵ Simon te reponn pou di L: ᵈ"Mèt, nou travay di tout nwit lan, e nou pa t kenbe anyen; men selon sa Ou mande a, m ap lage filè yo."

⁶ ᵉLè yo te fin fè sa, yo te pran yon gwo kantite pwason. Filè yo te tanmen chire. ⁷ Konsa, yo te fè sign pou moun parèy yo nan lòt kannòt yo vin ede yo. Yo te vini, e te plen tou de kannòt yo jiskaske yo te kòmanse plonje.

⁸ Men lè Simon Pierre te wè sa, li te tonbe nan pye Jésus. Li te di L: "Ale lwen mwen, paske se yon pechè mwen ye, O Senyè!" ⁹ Paske sezisman te pran l avèk tout zanmi li yo akoz kantite pwason yo te kenbe. ¹⁰ Anplis, Jacques avèk Jean, fis Zébédée yo ki te asosye yo avèk Simon te sezi tou.

Jésus te reponn Simon: ᶠ"Pa pè, depi koulye a, se moun n ap kenbe." ¹¹ Lè yo te fin fè kannòt yo rive atè, ᵍyo te kite tout bagay pou yo te swiv Li.

¹² ʰPandan Li te nan youn nan vil yo, gade byen, te gen yon nonm ki te kouvri avèk lalèp. Lè l te wè Jésus, li te tonbe sou figi li, e li te enplore Li: "Senyè, si Ou vle, Ou kapab fè m pwòp."

ᵃ **4:15** Mat 4:23   ᵇ **4:16** Mat 13:54   ᶜ **4:18** És 61:1   ᵈ **4:19** És 61:1   ᵉ **4:20** Luc 4:17   ᶠ **4:22** Mat 13:55
ᵍ **4:23** Mat 4:13   ʰ **4:24** Mat 13:57   ⁱ **4:25** I Wa 17:1   ʲ **4:26** I Wa 17:9   ᵏ **4:27** II Wa 5:1-14   ˡ **4:29** Nonb 15:35
ᵐ **4:30** Jn 10:39   ⁿ **4:31** Mc 1:21-28   ᵒ **4:32** Luc 4:17   ᵖ **4:34** Mat 8:29   ᵠ **4:34** Mat 1:24   ʳ **4:35** Mat 8:26
ˢ **4:37** Luc 4:14   ᵗ **4:38** Mat 8:14-15   ᵘ **4:39** Luc 4:35-41   ᵛ **4:40** Mat 8:16-17   ʷ **4:41** Mat 8:16   ˣ **4:42** Mc 1:35-38   ʸ **4:43** Mat 1:38   ᶻ **4:44** Mat 4:23   ᵃ **5:1** Mat 4:18-22   ᵇ **5:3** Mat 13:2   ᶜ **5:4** Jn 21:6   ᵈ **5:5** Luc 8:24
ᵉ **5:6** Jn 21:6   ᶠ **5:10** Mat 14:27   ᵍ **5:11** Mat 4:20-22   ʰ **5:12** Mat 8:2-4

¹³ Li te lonje men L, e te touche li. Li te di: "Mwen vle. Vin pwòp." Imedyatman, lalèp la te kite li. ¹⁴ Li te kòmande li pou pa di pèsòn sa: "Men ale[a]montre ou menm a prèt yo, e fè yon ofrann pou netwayaj ou, jan Moïse te kòmande a, kon yon temwayaj a yo menm."

¹⁵ Men [b]nouvèl sou Li t ap gaye menm pi lwen. Gwo foul moun t ap rasanble pou tande Li, e pou geri de maladi yo. ¹⁶ Men Jésus Li menm, te konn souvan chape ale nan dezè a pou[c]priye.

¹⁷ Li te rive yon jou pandan Li t ap enstwi, ke kèk Farizyen avèk mèt Lalwa te chita la. Yo te [d]sòti nan chak vilaj Galilée, Juda ak Jérusalem. Konsa, [e]pwisans a Senyè a te prezan pou l te geri moun.

¹⁸ [f] Kèk moun t ap pote sou yon kabann, yon nonm ki te paralize. Konsa, yo t ap eseye fè l antre pou mete l devan L. ¹⁹ Men san twouve mwayen pou fè l antre akoz foul la, yo te monte sou tèt kay la, e te fè l desann nan yon twou nan kouvèti mitan foul la, devan Jésus.

²⁰ Lè L te wè lafwa yo, Li te di: "Mesye, peche ou yo padone".

²¹ Skrib yo avèk Farizyen yo te kòmanse rezone. Yo t ap di: [g]"Ki moun sa k ap blasfeme konsa? [h]Kilès ki kapab padone peche sof ke Bondye sèl?"

²² Men Jésus, ki te okouran de jan yo t ap reflechi a, te reponn e te di yo: "Poukisa nou ap reflechi nan kè nou konsa? ²³ Kisa ki pi fasil pou di: 'Peche ou yo padone', oubyen pou di: 'Leve mache'? ²⁴ Men pou nou kab konnen ke Fis a Lòm nan gen otorite sou latè pou padone peche yo," li te di a paralitik la: [i]"Mwen di ou leve, pran kabann ou e ale lakay ou."

²⁵ Lapoula nonm nan te leve devan yo, ranmase nat li, e li te ale lakay li [j]ranpli avèk lwanj Bondye.

²⁶ Yo tout te sezi, etone menm, e [k]t ap bay Bondye glwa. Yo te ranpli avèk lakrent, e t ap di: "Nou wè bagay ki tèlman remakab jodi a".

²⁷ [l]Apre sa, Li te sòti deyò e li te wè yon ajan kontribisyon ki te rele Levi ki te chita nan biwo kontribisyon an. Li te di li: "Swiv Mwen". ²⁸ Konsa, li te [m]kite tout bagay dèyè, e te leve swiv Li.

²⁹ [n]Lévi te fè yon resepsyon pou Li lakay li. Yo te gen yon gwo [o]foul kolektè kontribisyon avèk lòt moun ki t ap manje sou tab la avèk yo. ³⁰ [p]Farizyen yo avèk Skrib yo te kòmanse plenyen bay disip Li yo. Yo t ap di: "Poukisa nou manje e bwè avèk kolektè kontribisyon ak pechè yo?"

³¹ Jésus te reponn e te di yo: [q]"Se pa sila ki ansante yo ki bezwen yon doktè, men sila ki malad yo." ³² Mwen pa t vini pou rele jis yo, men pechè yo a larepantans.

³³ Yo te di Li: [r]"Disip a Jean yo souvan fè jèn e fè lapriyè; disip a Farizyen yo fè menm jan an. Men pa Ou yo, manje e bwè."

³⁴ Jésus te di yo: "Nou pa kapab fè zanmi fèt maryaj yo fè jèn pandan jennonm maryaj la toujou avèk yo. Èske se pa vrè? ³⁵ [s]Men jou yo ap vini lè jennonm nan ap kite yo. Alò, yo va fè jèn nan jou sa yo."

³⁶ Li t ap di yo yon parabòl: "Pèsonn pa chire yon mòso twal, fè l sòti nan yon vètman nèf, pou mete l sou yon vètman ki vye. Otreman l ap non sèlman fin chire nèf la, men nèf la p ap parèt menm jan ak vye a. ³⁷ Epi pèsonn pa mete diven nèf nan veso vye kwi, otreman diven nèf la va pete kwi a, gaye tonbe, e vye kwi yo va vin gate. ³⁸ Men diven nèf la oblije vide nan po fèt avèk kwi nèf. ³⁹ Epi pèsonn, lè l fin bwè sa ki ansyen, pa janm vle nèf la, paske li di: 'Vye a pi bon'".

6 [t]Alò, li vin rive ke nan yon dezyèm Saba apre premye a, Li t ap pase nan yon chan ble. Konsa, disip Li yo t ap ranmase e manje tèt ble yo, lè yo fin fwote yo nan men yo. ² Men kèk nan Farizyen yo te di: "Poukisa nou fè sa ki pa [u]pèmi nan Saba a?"

³ Jésus te reponn yo e te di: "Èske nou pa janm li[v]sa ke David te fè lè li te grangou; li menm avèk sila ki te avèk li yo? ⁴ Kijan li te antre nan kay Bondye a, li te pran manje[w]pen konsakre a, ki pa t pèmi pou pèsonn manje sof ke prèt yo sèl, e li te bay a sila ki te avè l yo?" ⁵ Li te di yo: "Fis a Lòm nan se Senyè a Saba a."

⁶ [x]Nan yon lòt Saba, Li te antre nan sinagòg la. Li t ap enstwi. Te gen yon mesye la avèk yon men dwat ki te sèch.

⁷ Konsa, skrib yo avèk Farizyen yo [y]t ap veye L byen pre, pou wè si Li ta geri nan Saba a, pou yo ta kapab twouve yon rezon pou akize L.

⁸ Men Li te [z]konnen panse yo. Li te di a mesye avèk men sèch la: "Leve vin devan."

Konsa, li te leve vin devan.

⁹ Jésus te di yo: "Mwen mande nou, èske se pèmi nan Saba a, pou fè byen, oubyen pou fè mal? Pou sove yon vi, oubyen pou detwi li?" ¹⁰ Lè L[a]fin gade yo tout, Li te di li: "Lonje men ou!"

Konsa, li te fè l. Epi men l te restore.

¹¹ Men yo menm te anraje. Yo te diskite ansanm sou sa yo ta kapab fè a Jésus.

¹² Se te nan lè sa yo ke Li te kon ale nan mòn nan pou [b]priye. Li te pase tout nwit lan nan lapriyè ak Bondye. ¹³ Lè li te fè jou, [c]Li te rele disip Li yo kote Li. Konsa, Li te chwazi douz pami yo ke Li te osi nome kòm apòt: ¹⁴ Simon, ke Li te osi rele Pierre, André, frè li, Jacques, Jean, Philippe, Barthélemy; ¹⁵ [d]Matthieu, Thomas; Jacques, fis de Alphée; Simon ki te rele Zelòt la; ¹⁶ Jude, fis a

---

a **5:14** Lev 13:49	b **5:15** Mat 9:26	c **5:16** Mat 14:23	d **5:17** Mc 1:45	e **5:17** Mc 5:30	f **5:18** Mat 9:2-8
g **5:21** Luc 7:49	h **5:21** És 43:25	i **5:24** Mat 4:24	j **5:25** Mc 9:8	k **5:26** Mat 9:8	l **5:27** Mat 9:9-17
m **5:28** Luc 5:11	n **5:29** Mat 9:9	o **5:29** Luc 15:1	p **5:30** Mc 2:16	q **5:31** Mat 9:12,13	r **5:33** Mat 9:14
s **5:35** Mat 9:15	t **6:1** Mat 12:1-8	u **6:2** Mat 12:2	v **6:3** I Sam 21:6	w **6:4** Lev 24:9	x **6:6** Mat 12:9-14
y **6:7** Mc 3:2	z **6:8** Mat 9:4	a **6:10** Mc 3:5	b **6:12** Mat 14:23	c **6:13** Mat 10:2-4	d **6:15** Mat 9:9

Jacques; ak Judas Iscariot, ki te devni yon moun trèt.

¹⁷ Jésus te desann avèk yo, e Li te kanpe nan yon kote pla. Te gen ᵃyon gwo foul disip Li yo, ak yon gwo foul moun ki te sòti nan tout Juda avèk Jérusalem, avèk zòn kot Tyr avèk Sidon. ¹⁸ Yo te vin pou tande Li, e pou geri de maladi yo; epi sila ki te twouble avèk lespri enpi yo t ap geri. ¹⁹ Tout foul la t ap eseye ᵇtouche Li, paske ᶜpouvwa t ap sòti sou Li, e t ap geri yo tout.

²⁰ Li te leve zye L, vè disip Li yo, e te kòmanse di: ᵈ"Beni se nou menm ki malere, paske wayòm Bondye a se pou nou.

²¹ "Beni se nou menm ki grangou koulye a, paske nou va satisfè. Beni se nou menm ki kriye koulye a, paske nou va ri.

²² "Beni se nou menm lè lèzòm rayi nou, ᵉizole nou, ensilte nou, e bafwe non nou kon mechan pou koz Fis a Lòm nan.

²³ "Fè kè kontan nan jou sa a, e sote ponpe avèk jwa, paske, gade byen, rekonpans nou gran nan syèl la. Paske seᶠmenm jan an, zansèt pa yo te konn maltrete pwofèt yo.

²⁴ "Men malè a ᵍnou menm ki rich, paske nou ap resevwa tout konfò nou.

²⁵ "Malè a sila ki byen manje koulye a yo, paske nou va grangou.

"Malè a nou menm ki ri koulye a, paske n ap kriye anpil.

²⁶ "Malè a nou menm lè tout moun pale byen de nou, paske menm jan an, zansèt yo te konn aji avèkʰfo pwofèt yo.

²⁷ "Men Mwen di nou menm k ap tande: ⁱrenmen lènmi nou yo, e fè byen a sila ki rayi nou yo. ²⁸ Beni sila ki bannou madichon yo. ʲ"Priye pou sila ki maltrete nou yo.

²⁹ ᵏ "Nenpòt moun ki frape nou sou yon bò figi, ofri li lòt la tou; epi sila ki pran manto nou, pa refize li chemiz lan tou.

³⁰ "Bay a tout sila ki mande nou yo, e sila ki pran sa ki pou nou, pa mande l remèt li.

³¹ "Menm jan ke nou vle mounˡaji avèk nou, fè l menm jan an nan menm fason an.

³² ᵐ"Si nou renmen sila ki renmen nou yo, ki merit sa pote pou nou? Paske menm pechè yo renmen sila ki renmen yo. ³³ Si nou fè byen a sila ki fè byen a nou yo, ki merit sa pote pou nou? Paske pechè yo fè menm bagay la. ³⁴ ⁿSi nou prete a sila ke nou sipoze kapab repeye nou, ki merit sa pote pou nou? Menm pechè yo prete a pechè yo pou yo kapab resevwa anretou.

³⁵ "Men renmen lènmi nou yo, fè byen, e prete, san sipoze ke yo va remèt; epi rekonpans nou va gran, e nou va vinᵒfis a ᵖTrè Wo a; paske Li menm, Li plen charite pou lèzòm engra e malveyan.

³⁶ "Fè mizerikòd menm jan ke Papa nou fè mizerikòd.

³⁷ ᵍ"Pa jije e nou p ap jije; pa kondane, e nou p ap kondane; padone, e nou va padone. ³⁸ "Bay, e li va remèt a nou; bon mezi, byen peze, souke ansanm, menm debòde, yo va vide sou nou. ʳPaske avèk mezi ou mezire a, li va mezire bay ou anretou."

³⁹ Epi Li te anplis pale yon parabòl a yo menm: "Èskeˢyon nonm avèg kapab mennen yon nonm avèg? Èske tou de p ap tonbe nan twou?

⁴⁰ ᵗ"Yon disip pa pi wo ke mèt li; men Nenpòt moun, le li fin enstwi, ap tankou mèt li.

⁴¹ "Poukisa n ap gade pousyè ki nan zye a frè nou an, men pa okipe bout bwa ki nan zye pa nou an? ⁴² Oubyen kijan nou kapab di a frè nou an: 'Frè m, kite m retire pousyè sa a ki nan zye ou a, lè nou menm pa wè bout bwa ki nan zye pa nou an? Nou ipokrit, premyèman retire bout bwa nan zye nou an, e nou va wè klè pou retire pousyè ki nan zye frè nou an.

⁴³ ᵘ"Paske nanpwen bon ab ki pote move fwi; e lòt kote, yon move ab ki pwodwi bon fwi. ⁴⁴ ᵛPaske chak ab rekonèt pa pwòp fwi li. Konsa, lèzòm pa ranmase fig frans nan bwa zepin, ni yo p ap rekòlte fwi rezen nan yon touf pikan.

⁴⁵ ʷ "Yon bon nonm, nan trezò a kè li, pote sa ki bon; epi moun mechan an nan trezò mechan an va fè parèt sa ki mechan; ˣpaske bouch li pale sa ki ranpli kè li.

⁴⁶ ʸ"Poukisa nou rele M 'Senyè, Senyè', e pa fè sa ke M di? ⁴⁷ ᶻChak moun ki vin kote Mwen, e ki tande pawòl Mwen yo pou aji sou yo, Mwen va montre nou ak kisa li sanble: ⁴⁸ Li tankou yon nonm k ap bati yon kay, ki te fouye fon, e ki mete yon fondasyon sou wòch la; epi lè inondasyon rive, tòran dlo a pete sou kay la, men li pa t kapab souke l, akoz ke li te byen bati.

⁴⁹ "Men sila ki tande e ki pa aji, se tankou yon nonm ki bati kay li sou tè a san okenn fondasyon; epi tòran dlo a pete kont li. Lapoula li vin tonbe, e destriksyon a kay sa a vin gran."

7 Lè Li te fin konplete tout diskou Li a nan tande a pèp la, ᵃLi te ale Capernaüm. ² Epi esklav a yon sèten santenye, ke li te renmen anpil, te malad e te prèt pou mouri. ³ Lè li te tande afè Jésus a, ᵇchèf santenye a te voye kèk nan Jwif ansyen yo pou mande Li vin sove lavi a esklav li a. ⁴ Lè yo te rive kote Jésus, yo te siplìye L avèk tout kè yo. Yo te di: "Li merite pou Ou ta fè sa pou li. ⁵ Paske li renmen nasyon nou an. Se te li ki te bati sinagòg nou an."

⁶ Jésus te pran wout la avèk yo. Lè Li te vin prè kay la, santenye a te voye zanmi yo pou di L: "Senyè, pa twouble tèt Ou plis, paske mwen pa dign pou Ou ta antre menm anba twati kay mwen. ⁷ Pou rezon sa a,

---

ᵃ **6:17** Mat 4:25   ᵇ **6:19** Mat 9:21   ᶜ **6:19** Luc 5:17   ᵈ **6:20** Mat 5:3-12   ᵉ **6:22** Jn 9:22   ᶠ **6:23** II Kwo 36:16   ᵍ **6:24** Luc 16:25   ʰ **6:26** Mat 7:15   ⁱ **6:27** Mat 5:44   ʲ **6:28** Mat 5:44   ᵏ **6:29** Mat 9:3   ˡ **6:31** Mat 7:12   ᵐ **6:32** Mat 5:46   ⁿ **6:34** Mat 5:42   ᵒ **6:35** Mat 5:9   ᵖ **6:35** Luc 1:32   ᵍ **6:37** Mat 7:1-5   ʳ **6:38** Mc 4:24   ˢ **6:39** Mat 15:14   ᵗ **6:40** Mat 10:24   ᵘ **6:43** Mat 7:16-20   ᵛ **6:44** Mat 7:16   ʷ **6:45** Mat 12:35   ˣ **6:45** Mat 12:34   ʸ **6:46** Mal 1:6   ᶻ **6:47** Jc 1:22   ᵃ **7:1** Mat 8:5-13   ᵇ **7:3** Mat 8:5

mwen pa t menm konsidere ke m te dign pou m te vin kote Ou. Men sèlman di yon mo e sèvitè mwen an va geri. [8] Paske mwen tou se yon moun plase anba otorite, avèk sòlda yo anba m. Mwen di a sila a: 'Ale', e li ale, e a yon lòt 'Vini', e li vini; e a esklav mwen 'Fè sa', e li tou fè l."

[9] Alò, lè Jésus te tande sa, Li te etone de li. Li te vire di foul ki t ap swiv Li a: "Mwen di nou, [a]pa menm an Israël Mwen pa t twouve yon si gran lafwa." [10] Epi lè sila ki te voye yo te vin retounen, yo te twouve esklav la an bòn sante.

[11] Pa anpil tan apre sa, Li te ale nan yon vil yo rele Naïn. Disip Li yo t ap ale avè l akonpanye pa yon gwo foul moun. [12] Pandan Li t ap pwoche pòtay lavil la, gade, yo t ap pote yon nonm mouri. Li te sèl fis a manman l ki te yon vèv. Yon foul konsiderab te avè l. [13] Lè [b]Senyè a te wè l, li te gen konpasyon pou li. Li te di l: "Pa kriye." [14] Li te pwoche, te touche sèkèy la, e moun potè yo te kanpe san deplase. Li te di: "Jennonm, Mwen di ou leve!" [15] Moun mouri an te vin chita, e te kòmanse pale. Konsa, Jésus te remèt li bay manman l.

[16] [c]Lakrent te sezi yo tout, yo t ap bay glwa a Bondye, e te di: "Yon gran pwofèt gen tan leve pami nou!" E "Bondye vizite pèp Li a"! [17] Rapò sila a konsènan Li te gaye toupatou nan Juda ak tout landwa nan distri yo.

[18] [d]Disip a Jean te bay li rapò konsènan tout bagay sa yo. [19] Konsa, li te rele de nan disip li yo, e te voye yo kote [e]Senyè a pou mande: "Èske Ou se Sila k ap vini an, oubyen èske n ap tann yon lòt?" [20] Lè mesye yo te rive a Li menm, yo te di: "Jean-Baptiste voye nou kote Ou menm pou mande 'Èske Ou se Sila k ap vini an, oubyen èske n ap tann yon lòt?'"

[21] Nan menm lè sa a, Li te [f]geri anpil moun avèk maladi, [g]afliksyon, ak move lespri; epi Li te bay vizyon a anpil moun ki te avèg. [22] Li te reponn e te di yo: "Ale bay rapò a Jean sou sa nou wè ak tande.[h]

'Avèg yo vin wè, bwate yo vin mache,
lepre yo vin pwòp, soud yo tande, mò yo leve,
[i]e malere yo gen bòn nouvèl la preche
a yo menm.

[23] Beni se sila ki pa pran ofans
akoz Mwen.'"

[24] Lè mesaje a Jean yo te sòti, Li te kòmanse pale a foul la sou Jean: "Kisa nou te ale nan dezè a pou wè? Yon wozo k ap souke pa van? [25] Men kisa nou te ale pou wè? Yon nonm abiye an twal swa? Gade byen, sila ki abiye byen bèl e ki viv nan richès yo se nan palè wayal yo ye. [26] Men kisa nou te ale wè? Yon pwofèt? Wi, Mwen di nou, se youn ki plis ke yon pwofèt.

[27] "Se li menm sou sila yo te ekri a:
[j]'Veye byen, Mwen voye, mesaje
Mwen devan fas Ou,
ki va prepare chemen Ou an devan Ou.'

[28] "Mwen di nou, pami sila ki ne de fanm yo, nanpwen youn ki pi gran ke Jean; malgre sila ki pi piti nan wayòm Bondye a, pi gran pase li."

[29] Lè tout pèp la avèk kolektè kontribisyon yo te tande sa, yo te rekonèt jistis Bondye; [k]akoz yo te batize avèk batèm Jean an. [30] Men Farizyen yo avèk [l]avoka yo te rejte volonte a Bondye pou yo menm, akoz ke yo pa t batize avèk batèm a Jean an.

[31] "A kisa Mwen kapab konpare lèzòm nan jenerasyon sila a, e ak kisa yo sanble? [32] Yo tankou timoun ki chita nan plas mache a, e k ap rele youn lòt; epi yo di: 'Nou te jwe flit la pou ou, e ou pa t danse; nou te chante yon antèman, e ou pa t kriye.' [33] Paske Jean-Baptiste te vini[m]san manje pen, ni bwè diven; epi nou di ke li te gen yon dyab! [34] Fis a Lòm nan vini nan manje, ak bwè; epi nou di: 'Gade, yon nonm ki manje twòp, yon moun sou, yon zanmi a kolektè kontribisyon avèk pechè yo!' [35] Men sajès la[n]jistifye pa tout pitit li yo.

[36] Alò, youn nan Farizyen yo t ap mande L pou dine avèk li. Konsa, Li te antre lakay Farizyen an, e te rete sou tab la. [37] [o]E te gen yon fanm nan vil la ki te yon pechè. Lè l vin konprann ke Li te sou tab lakay Farizyen an, li te pote yon bokal blan plen avèk pafen albat. [38] Li te kanpe dèyè Li, kote pye Li. Pandan l ap kriye, li te kòmanse mouye pye Li avèk dlo ki sòti nan zye li, epi siye yo avèk cheve li. Li te kontinye siye yo avèk cheve tèt li e bese nan pye Li, pou onksyone yo avèk pafen an. [39] Alò, lè Farizyen ki te envite Li a te wè sa, li te di a pwòp tèt li: "Si mesye sa a te [p]yon pwofèt, Li t ap konnen ki kalite moun fanm sa a ye k ap touche Li a, ke li se yon pechè."

[40] Jésus te reponn li: "Simon, Mwen gen yon bagay pou di ou."

Li te di: "Pale, Mèt."

[41] Yon sèten moun ki prete lajan te gen de zòm ki te dwe l: youn te dwe l senk-san[q]denye, epi lòt la, senkant. [42] Lè yo [r]pa t kapab repeye, avèk gras, li te padone yo toulède. Pou sa, kilès nan yo k ap renmen li plis?"

[43] Simon te reponn e te di: "Mwen sipoze ke se sila ke li te padone plis la."

" Li te di li: "Ou jije byen".

[44] Lè Li vire vè fanm nan, Li te di Simon: "Èske ou wè fanm sa a? Mwen te antre lakay ou. Ou [s]pa t ban M dlo pou pye Mwen, men li mouye pye M avèk dlo zye li, e li te siye yo avèk cheve li. [45] Ou pa t [t]bo M; men li menm, depi lè M antre a li pa sispann bo pye Mwen. [46] [u]Ou pa t onksyone tèt Mwen avèk lwil, men li te onksyone pye Mwen avèk pafen.

[47] "Pou rezon sa a Mwen di ou, peche li yo ki te anpil, vin padone, paske li te renmen anpil: men sila a ki padone piti, renmen piti."

[48] Answit Li te di li: [v]"Peche ou yo padone".

---

[a] **7:9** Mat 8:10   [b] **7:13** Luc 7:19   [c] **7:16** Luc 5:26   [d] **7:18** Mat 11:2-19   [e] **7:19** Luc 7:13   [f] **7:21** Mat 4:23
[g] **7:21** Mc 3:10   [h] **7:22** És 35:5   [i] **7:22** És 61:1   [j] **7:27** Mal 3:1   [k] **7:29** Mat 21:32   [l] **7:30** Mat 22:35
[m] **7:33** Luc 1:15   [n] **7:35** Luc 7:29   [o] **7:37** Mat 26:6-13   [p] **7:39** Luc 7:16   [q] **7:41** Mat 18:28   [r] **7:42** Mat 18:25
[s] **7:44** Jen 18:4   [t] **7:45** II Sam 15:5   [u] **7:46** II Sam 12:20   [v] **7:48** Mat 9:2

⁴⁹ Sila ki te sou tab avèk Li yo te kòmanse di a yo menm: ᵃ"Ki moun sa ye ki menm padone peche?" ⁵⁰ Epi Li te di a fanm nan: "Lafwa ou sove ou; ᵇale anpè."

8

Yon ti tan apre, Li te kòmanse ale de yon vil ak yon bouk a lòt, pou ᶜpwoklame e preche wayòm syèl la. Douz yo te avèk Li. ² Anplis te gen avèk yo ᵈkèk fanm ki te geri de move lespri yo ak maladi yo. Te gen Marie, ke yo te rele Magdala a, sou kilès sèt dyab yo te sòti a, ³ avèk Jeanne, madanm Chouza a, ᵉentandan Hérode la, ak anpil lòt ki t ap kontribye a soutyen li sòti nan mwayen pèsonèl yo.

⁴ Lè yon gran foul t ap rasanble, e sila yo ki sòti nan plizyè vil t ap vwayaje rive kote Li, Li te pale nan yon parabòl: ⁵ "Semè a te sòti pou simen semans li; e pandan li t ap simen, kèk te tonbe akote wout la; epi yo te vin foule anba pye, e zwazo anlè yo te manje yo. ⁶ Lòt semans te tonbe nan tè plen wòch, e pandan yo t ap grandi, yo te fennen akoz ke li pa t gen dlo. ⁷ Lòt semans te tonbe pami pikan; epi pikan yo te grandi avè l, e te trangle yo. ⁸ Lòt semans te tonbe nan bon tè, te grandi, e te pwodwi yon rekòlt san fwa pi gran."

Pandan Li t ap di bagay sa yo, Li t ap rele fò: ᶠ"Sila ki gen zòrèy pou tande, kite l tande."

⁹ ᵍDisip Li yo te kòmanse poze L kesyon sou sa ke parabòl sa a ta kapab vle di.

¹⁰ Li te di: "A nou menm li pèmi pou konnen mistè a wayòm Bondye a, men pou lòt yo, li fèt an parabòl, dekwa ke nan ʰgade, yo vin pa wè, e nan tande, pou yo pa konprann.

¹¹ "Alò, parabòl la se sa: ⁱSemans lan se pawòl Bondye a.

¹² "Sila yo akote wout la se sila yo ki te tande; epi dyab la vin rache pawòl la nan kè yo, pou yo pa kwè e vin sove.

¹³ "Sila yo nan tè plen wòch la se sila yo ke lè yo tande, resevwa pawòl la avèk jwa, men yo pa gen rasin. Yo kwè pou yon tan, epi nan tan tantasyon, yo lage tonbe.

¹⁴ "Semans ki te tonbe pami pikan yo se sila yo ki te tande, epi pandan yo ap fè wout yo, yo vin trangle avèk pwoblèm pa yo ak richès a vi sa a. Konsa yo pa pote fwi ki vin mi.

¹⁵ "Semans nan bon tè a se sila yo ki te tande pawòl la avèk yon kè onèt e bon, e ki kenbe fèm, k ap pote fwi avèk pèseverans.

¹⁶ "Alò, ʲpèsonn, lè l fin limen yon lanp pa kouvri li avèk yon veso, ni mete l anba yon kabann; men li mete li sou yon chandelye, pou sila yo ki antre kapab wè limyè a. ¹⁷ ᵏPaske pa gen anyen kache ki p ap vin parèt, ni anyen an sekrè ki p ap revele pou vin nan limyè.

¹⁸ "Pou sa, okipe nou de jan nou tande. ˡPaske nenpòt moun ki genyen, se plis k ap bay a li menm; e a sila ki pa genyen an, menm sa li sipoze li genyen an va rache soti nan men li."

¹⁹ ᵐManman Li avèk frè L yo te vin kote L, e yo pa t kapab rive kote L akoz foul la. ²⁰ Konsa moun yo te bay Li rapò a: "Manman Ou avèk frè Ou yo kanpe deyò a e vle wè Ou."

²¹ Men Li te reponn yo e te di yo: "Manman M avèk Papa M se sila yo ⁿki tande pawòl Bondye a, e ki fè l."

²² ᵒNan youn nan jou sa yo, Li te monte avèk disip Li yo nan yon kannòt. Li te di yo: "Annou pase pa lòtbò lak la." Yo te pati.

²³ Men pandan yo t ap ale sou vwal a, Li te tonbe nan dòmi. Epi gwo van te vin desann sou ᵖplak la, e yo te kòmanse inonde e te vin an danje.

²⁴ Yo te vini a Jésus e yo te fè L leve. Yo te di: ᵠ"Mèt, Mèt, n ap peri!"

Lè L vin leve, Li te ʳreprimande van an avèk gwo lam lanmè yo, e yo te sispann. Konsa, tan an te vin kalm.

²⁵ Li te di yo: "Kote lafwa nou ye?"

Yo te ranpli avèk lakrent. Yo te etone, e te di youn lòt: "Alò, kilès nonm sa ye ki kòmande menm van avèk dlo a, e yo obeyi a?"

²⁶ ˢYo te kouri a vwal jouk lè yo rive nan peyi a Jerazenyen yo ki anfas Galilée. ²⁷ Lè Li te desann atè, Li te rankontre pa yon sèten mesye nan vil la, ki te domine pa dyab. Li pa t konn mete rad depi lontan, e li pa t viv nan kay, men nan tonbo.

²⁸ Lè l wè Jésus, li te kriye fò e te tonbe devan Li. Li te di ak yon gwo vwa: ᵗ"Kisa m gen avè ou Jésus, Fis a ᵘPi Wo Bondye a? Mwen sipliye ou, pa toumante mwen."

²⁹ Paske Li te kòmande lespri enpi a pou sòti nan mesye a. Paske li te konn sezi li anpil fwa; e li te mare avèk chenn avèk fè nan pye li, e Li te kenbe anba gad. Li te konn pete tout kontrent sa yo pou dyab yo ta pouse l nan dezè a. ³⁰ Jésus te mande li: ᵛ"Kòman yo rele ou?" E li te di: "Lejyon", paske anpil dyab te gen tan antre nan li. ³¹ Yo t ap sipliye L pou pa voye yo ʷnan abim nan. ³² Alò te gen yon gwo bann kochon ki t ap manje la nan mòn nan, e dyab yo te sipliye Li pou kite yo antre nan kochon yo. Konsa, Li te bay yo pèmisyon. ³³ Dyab yo te sòti nan mesye a, e te antre nan kochon yo, bann nan kouri desann pant falèz la, tonbe ˣnan lak la, e mouri nan dlo a. ³⁴ Lè gadyen kochon yo te wè sa ki rive a, yo te kouri ale bay rapò a nan vil la avèk tout landwa andeyò yo.

³⁵ Pèp la te sòti vin wè sa ki te rive a, e yo te vin kote Jésus. Yo te twouve nonm ki te konn gen dyab la. Li te chita ʸnan pye Jésus, byen abiye, e nan bon tèt li. Yo te vin pè.

³⁶ Sila yo ki te wè sa, te eksplike yo kijan nonm nan ki te ᶻposede pa dyab yo, te vin geri.

ᵃ **7:49** Luc 5:21 ᵇ **7:50** Mc 5:34 ᶜ **8:1** Mat 4:23 ᵈ **8:2** Mat 27:55 ᵉ **8:3** Mat 14:1 ᶠ **8:8** Mat 11:5 ᵍ **8:9** Mat 13:10-23 ʰ **8:10** És 6:9 ⁱ **8:11** I Pi 1:23 ʲ **8:16** Mat 5:15 ᵏ **8:17** Mat 10:26 ˡ **8:18** Mat 13:12 ᵐ **8:19** Mat 12:46-50 ⁿ **8:21** Luc 11:28 ᵒ **8:22** Mat 8:23-27 ᵖ **8:23** Luc 5:1 ᵠ **8:24** Luc 5:5 ʳ **8:24** Luc 4:39 ˢ **8:26** Mat 8:28-34 ᵗ **8:28** Mat 8:29 ᵘ **8:28** Mc 5:7 ᵛ **8:30** Mat 26:53 ʷ **8:31** Wo 10:7 ˣ **8:33** Luc 5:11 ʸ **8:35** Luc 10:39 ᶻ **8:36** Mat 4:24

³⁷ Tout pèp Jerazenyen yo an ak landwa andeyò yo te mande pou L ta kite yo paske yo te ranpli avèk yon gwo perèz. Li te antre nan kannòt la, e te pati.
³⁸ Men mesye a ke dyab yo te kite a te ᵃsipliye L pou L ta kapab ale avèk li, men Li te voye li ale e te di: ³⁹ "Retounen lakay ou pou eksplike yo ki gwo bagay ke Bondye te fè pou ou."
Donk li te ale, e te pwoklame toupatou nan tout vil la ki gwo bagay Bondye te fè pou li.
⁴⁰ ᵇLè Jésus te retounen, foul la te resevwa L byen, paske yo tout t ap tann Li.
⁴¹ ᶜKonsa, te vini yon nonm ki te rele Jaïrus ki te yon ofisye sinagòg la. Li te tonbe nan pye a Jésus e te kòmanse sipliye Li pou te vini lakay li; ⁴² paske li te gen yon sèl fi, anviwon laj a douz lane, e li te mouri.
Men pandan Li t ap ale, foul la t ap peze Li.
⁴³ Konsa, yon fanm, ki te koule san pou plis ke douz lane, men pa t kapab twouve gerizon pa okenn moun, ⁴⁴ te pwoche dèyè Li. Li te touche arebò vètman Li, e nan menm moman an, san an te rete.
⁴⁵ Jésus te di: "Kilès ki te touche Mwen an?"
E pandan yo tout t ap demanti ke se pa yo, Pierre te di: ᵈ"Mèt, foul la ap bourade ou e peze Ou."
⁴⁶ Men Jésus te di: "Yon moun vrèman te touche M, paske Mwen te konnen lèᵉpouvwa a te kite M nan."
⁴⁷ Lè fanm nan te wè ke li t ap dekouvri, li te vini byen tranble, e te tonbe devan Li. Li te deklare nan prezans a tout moun poukisa li te touche L la ak jan li te vin geri nan menm enstan.
⁴⁸ Jésus te di li: "Fi Mwen, lafwa ou te fè ou geri; ᶠale anpè."
⁴⁹ Pandan Li te toujou ap pale, yon moun te soti lakayᵍofisye sinagòg la, e te di: "Pitit ou a gen tan mouri. Pa twouble Mèt la ankò."
⁵⁰ Men lè Jésus te tande sa, Li te reponn li: ʰ"Pa pè; sèlman kwè, e li va geri."
⁵¹ Lè Li te rive nan kay la, Li pa t kite okenn lòt moun antre avè L, sof ke Pierre avèk Jean ak Jacques, epi manman ak papa pitit la.
⁵² Alò yo tout t ap kriye, e t ap ⁱlamante pou li; men Li te di: "Sispann kriye, paske li pa mouri, men ʲl ap dòmi."
⁵³ Yo te kòmanse ap ri sou Li, paske yo te konnen ke li te mouri.
⁵⁴ Men Li menm te pran li pa lamen, Li te rele e te di: "Pitit, leve!"
⁵⁵ Konsa, lespri lavi li te retounen, e li te leve imedyatman. Li te bay lòd pou yo bay li yon bagay pou l manje.
⁵⁶ Paran li yo te etone, men Li te ᵏenstwi yo pou pa pale pèsonn sa ki te rive a.

9 ˡLi te rele douz yo ansanm, e te bay yo pouvwa avèk otorite sou tout dyab, e pou geri maladi. ² Li te voye yo ale pou ᵐpwoklame wayòm Bondye a, e pou geri maladi.
³ Konsa, Li te di yo: ⁿ"Pa pran anyen pou vwayaj nou, ni yon baton, ni yon sak, ni pen, ni lajan. Pa menm pote yon dezyèm vètman. ⁴ Nan nenpòt kay ke nou antre, rete la jiskaske nou kite vil sa a. ⁵ Pou sila yo ki pa resevwa nou, lè n ap kite vil sa a, ᵒsouke pousyè sòti nan pye nou kon yon temwayaj kont yo."
⁶ Pandan yo t ap kite la, yo te kòmanse ale pami bouk yo, ap ᵖpreche levanjil la, e te fè gerizon toupatou.
⁷ ᵠAlò, Hérode, tetrak la te tande tout sa ki t ap fèt yo. Konsa, li te gravman twouble, paske kèk moun te di ke se te Jean ki te leve soti nan lanmò.
⁸ Selon kèk ʳlòt Élie ki vin parèt, oswa youn nan ansyen pwofèt yo te leve ankò.
⁹ Hérode te di: "Mwen menm te fè yo koupe tèt a Jean, men kilès nonm sa a ye, ke m tande tout koze sa yo?" ˢLi te kontinye ap eseye pou l ta kab wè L.
¹⁰ Lè apòt yo te retounen, yo te bay Jésus yon istwa de tout sa ki te rive a.
ᵗLi te fè yo ale avè L, pou yo fè retrèt vè yon vilaj yo rele Betsaïda.
¹¹ Men foul la te konnen sa. Yo te swiv Li, e Li te resevwa yo avèk kè ouvè.
Li te kòmanse pale avèk yo sou wayòm syèl la, e te fè gerizon pou sila yo ki te bezwen geri.
¹² Alò jou a te kòmanse ap avanse, e douz yo te vin di Li: "Voye foul la ale pou yo kapab ale nan vilaj yo oswa andeyò pou yo twouve lojman. Konsa, yo ka jwenn yon bagay pou yo manje, paske nou isit la nan yon kote ki izole."
¹³ Men Li te di yo: "Nou menm bay yo manje!"
Yo te reponn Li: "Nou pa gen plis ke senk pen avèk de pwason, sof ke petèt ke nou ta ale achte pen pou tout moun sa yo." ¹⁴ (Paske te gen anviwon senk-mil moun.)
Li te di a disip Li yo: "Fè yo chita ᵘnan gwoup de senkant chak."
¹⁵ Konsa yo te fè; yo te fè tout moun chita.
¹⁶ Answit, Li te pran senk pen avèk de pwason yo. Li te gade vè syèl la, e Li te beni yo. Li te kase yo, e te lonje bay disip yo pou mete devan foul la.
¹⁷ Yo te manje jis vant tout moun te plen. E mòso tou kase ke yo te ranmase yo te fè douz ᵛpanyen byen ranpli.
¹⁸ ʷLi te vin rive ke pandan Li t ap priye sèl, disip yo te toupre. Konsa, Li te poze yon kesyon. Li te mande: "Kilès moun pèp la di ke Mwen ye?"
¹⁹ Yo te reponn Li, e te di: "Jean-Baptiste, oswa Eli; men lòt yo, youn nan ansyen pwofèt yo ki leve ankò."
²⁰ Li te mande yo: "Men kilès nou menm, nou di ke Mwen ye"?
Pierre te reponn. Li te di: ˣ"Kris la a Bondye a."

ᵃ **8:38** Mc 5:18-20   ᵇ **8:40** Mat 9:1   ᶜ **8:41** Mat 9:18-26   ᵈ **8:45** Luc 5:5   ᵉ **8:46** Luc 5:17   ᶠ **8:48** Mc 5:34
ᵍ **8:49** Luc 8:41   ʰ **8:50** Mc 5:36   ⁱ **8:52** Luc 23:27   ʲ **8:52** Jn 11:13   ᵏ **8:56** Mat 8:4   ˡ **9:1** Mat 10:5
ᵐ **9:2** Mat 10:7   ⁿ **9:3** Luc 10:4-12   ᵒ **9:5** Luc 10:11   ᵖ **9:6** Mc 6:12   ᵠ **9:7** Mc 6:14   ʳ **9:8** Mat 16:14
ˢ **9:9** Luc 23:8   ᵗ **9:10** Mat 14:13-21   ᵘ **9:14** Mc 6:39   ᵛ **9:17** Mat 14:20   ʷ **9:18** Mat 16:13-16   ˣ **9:20** Jn 6:68

²¹ Men Li te ᵃavèti yo avèk severite pou yo pa pale sa a pèsonn.

²² ᵇKonsa Li te di: "Fis a Lòm nan va oblije soufri anpil bagay, e va rejte pa ansyen yo, ak chèf prèt yo, ak skrib yo. Li va vin touye, e va vin leve nan twazyèm jou a."

²³ Li t ap di a yo tout: ᶜ"Si Nenpòt moun vle swiv Mwen, li dwe renonse a pwòp tèt li, pran kwa li e swiv Mwen. ²⁴ Paske ᵈNenpòt moun ki vle sove vi li va pèdi li, men sila a ki pèdi lavi li pou koz Mwen, se li ki va sove li.

²⁵ "Paske ki avantaj yon nonm gen si li vin genyen tou lemonn, e vinᵉpèdi, pou peye kon pri a, pwòp nanm li?

²⁶ ᶠ"Paske Nenpòt moun ki wont Mwen, ak pawòl Mwen yo, a li menm, Fis a Lòm nan va wont lè Li vini nan glwa Li, ak glwa a Papa a, e glwa a zanj sen yo.

²⁷ "Men Mwen di nou anverite, ᵍgen nan sila yo ki kanpe la a ki p ap goute lanmò jouk lè ke yo wè wayòm Bondye a."

²⁸ Anviwon uit jou aprè pawòl sa yo, ʰLi te pran Pierre avèk Jean, avèk Jacques, e te monte nan mòn nan pou priye.

²⁹ Pandan Li t ap ⁱpriye, aspè figi Li te vin chanje, e vètman Li te vin klere kon blan briyan. ³⁰ Epi gade, de zòm t ap pale avèk Li. Se te Moïse avèk Elie, ³¹ ki te vin parèt nan glwa, e t ap pale sou afè ʲdepa Li, ke Li te prèt pou acheve nan Jérusalem.

³² Alò, Pierre avèk lòt parèy li yo te vin ᵏlou ak dòmi. Men lè zye pa yo te vin ouvri, yo te wè glwa Li ak de zòm sa yo ki te kanpe avèk L. ³³ Konsa, Li te vin rive ke pandan sila yo t ap kite Li, Pierre te di a Jésus: "Mèt, li bon pou nou isit la. ˡAnnou fè twa tabènak; youn pou Ou, youn pou Moïse, e youn pou Elie." Men li pa t fin konprann sa li t ap di a.

³⁴ Pandan li t ap di sa, yon nyaj te fòme. Li te pase yon lonbraj sou yo, epi yo te krent lè yo te antre nan lonbraj la.

³⁵ Answit yon vwa te sòti nan lonbraj la. Li te di: ᵐ"Sa se fis byeneme Mwen an; koute Li!"

³⁶ Lè vwa a te pale, Jésus te twouve li sèl. Yo te ⁿrete an silans, e pa t di pèsonn sa ki te rive nan jou sa yo.

³⁷ ᵒNan jou swivan an, lè yo te desann sòti nan mòn nan, yon gwo foul te rankontre Li. ³⁸ Konsa yon mesye nan foul la te rele fò: "Mèt, mwen sipliye ou pou gade wè fis mwen an, paske se li sèl gason ke m genyen. ³⁹ Yon lespri konn sezi li. Li rele fò, lespri a jete li nan gwo kriz ki fè bouch li kimen, e pandan lespri a ap kite li, li kontinye maspinen l nèt jiskaske li ale. ⁴⁰ Mwen te sipliye disip ou yo pou chase l, men yo pa t kapab."

⁴¹ Jésus te reponn: "O jenerasyon enkredil, e pèvès! Pou jis kilè M ap avèk nou, pou sipòte nou? Mennen pitit ou a isit la."

⁴² Pandan Li t ap pwoche, dyab la te voye l atè, e te jete l nan yon gwo kriz. Men Jésus te repwòche lespri enpi a; Li te geri gason an, e te remèt li bay papa l.

⁴³ Yo tout te etone akoz grandè Bondye.

ᴾMen pandan tout t ap admire tout sa ke Li t ap fè, Li te di a disip Li yo: ⁴⁴ "Kite pawòl sa yo penetre nan zòrèy nou; ᑫpaske Fis a Lòm nan va livre nan men a lèzòm."

⁴⁵ Men ʳyo pa t konprann pawòl sila a, e sans li te kache a yo menm pou yo pa t kab konprann li. Yo te pè kesyone L sou pawòl sa a.

⁴⁶ ˢKonsa, yon gwo diskisyon te leve pami yo sou kilès nan yo ki ta pi gran.

⁴⁷ Men Jésus, byen ᵗokouran a sa yo t ap panse nan kè yo a, te pran yon timoun. Li te mete li kanpe akote Li. ⁴⁸ Li te di yo: ᵘ"Nenpòt moun ki resevwa timoun sa a nan non Mwen an resevwa Mwen; e nenpòt moun ki resevwa Mwen, resevwa Papa a, ki te voye Mwen an. Paske sila ki pi piti pami nou an, se li menm ki pi gran."

⁴⁹ ᵛJean te reponn. Li te di: "Mèt, nou te wè yon moun ki t ap chase dyab nan non Ou, e nou te eseye anpeche li akoz ke li p ap swiv ak nou."

⁵⁰ Men Jésus te di l: "Pa anpeche liʷpaske sila ki pa kont nou an pou nou."

⁵¹ Lè jou yo t ap pwoche pou L te leve, li te pran desizyon nèt ˣpou ale Jérusalem. ⁵² Li te voye mesaje yo devan Li. Konsa, yo te ale antre nan yon vil a ʸSamariten yo, pou fè aranjman pou li.

⁵³ Men yo pa t resevwa Li ᶻakoz ke Li t ap vwayaje ak figi Li fikse vè Jérusalem.

⁵⁴ Lè Jacques avèk Jean te wè sa, yo te di: "Senyè, èske Ou ta vle nou ᵃkòmande dife sòti nan syèl la pou devore yo?"

⁵⁵ Men Li te vire e te reprimande yo: "Nou pa konnen de ki kalite lespri nou ye; ⁵⁶ paske Fis a Lòm nan pa t vini pou detwi lavi moun, men pou sove yo." Konsa, yo te kontinye pou ale nan yon lòt vil.

⁵⁷ Pandan yo t ap prale akote wout la, ᵇyon moun te di Li: "Mwen va swiv Ou Nenpòt kote Ou ale."

⁵⁸ Jésus te di Li: "Rena yo gen twou yo, e zwazo yo gen nich yo, men ᶜFis a Lòm nan pa gen kote pou poze tèt Li."

⁵⁹ Konsa, Li te di a yon lòt: ᵈ"Swiv Mwen". Men li te di: "Kite m ale avan pou antere papa m."

⁶⁰ Men Li te di li: "Kite mò yo antere mò yo; men pou ou menm, aleᵉpwoklame toupatou wayòm Bondye a."

⁶¹ Yon lòt osi te di: "Mwen va swiv Ou Senyè; men ᶠkite m dabò di orevwa a moun lakay mwen."

ᵃ **9:21** Mat 8:4 ᵇ **9:22** Mat 21:16-28 ᶜ **9:23** Mat 10:38 ᵈ **9:24** Mat 10:39 ᵉ **9:25** Eb 10:34 ᶠ **9:26** Mat 10:23
ᵍ **9:27** Mat 16:28 ʰ **9:28** Mat 17:1-8 ⁱ **9:29** Luc 3:21 ʲ **9:31** II Pi 1:15 ᵏ **9:32** Mat 26:43 ˡ **9:33** Mat 17:4
ᵐ **9:35** És 42:1 ⁿ **9:36** Mat 17:9 ᵒ **9:37** Mat 17:14-18 ᵖ **9:43** Mat 17:22 ᑫ **9:44** Luc 9:22 ʳ **9:45** Mc 9:32
ˢ **9:46** Luc 22:24 ᵗ **9:47** Mat 9:4 ᵘ **9:48** Mat 10:40 ᵛ **9:49** Mc 9:38-40 ʷ **9:50** Mat 12:30 ˣ **9:51** Luc 13:22
ʸ **9:52** Mat 10:5 ᶻ **9:53** Jn 4:9 ᵃ **9:54** II Wa 1:9-16 ᵇ **9:57** Mat 8:19-22 ᶜ **9:58** Mat 8:20 ᵈ **9:59** Mat 4:23
ᵉ **9:60** Mat 4:23 ᶠ **9:61** I Wa 19:20

⁶² Men Jésus te di li: ᵃ"Nenpòt moun ki mete men li sou cha a pou gade pa dèyè pa dign de wayòm Bondye a."

10 Alò, apre sa, Senyè a te nonmen swasann-dis ᵇlòt. Li te voye yo ᶜde pa de devan Li nan chak vil ak andwa kote Li menm te gen pou vini.

² Li t ap di yo: ᵈ"Rekòlt la anpil, men ouvriye yo piti. Konsa, sipliye Senyè rekòlt la pou L voye ouvriye nan chan rekòlt Li a.

³ "Ale fè wout nou! ᵉVeye byen, Mwen voye nou tankou jenn mouton nan mitan lou. ⁴ ᶠPa pote bous, ni sak, ni soulye. Pa menm salye pèsonn nan wout la.

⁵ "'Nan nenpòt kay ke nou antre, premyèman mande pou Lapè rete sou kay sa a'. ⁶ Si yon nonm lapè a la, lapè nou va rete sou li; men si li pa la, li va retounen sou nou. ⁷ Rete nan kay sa a. Manje e bwè sa ke yo mete devan nou; paske ᵍouvriye a dign de salè li. Pa kontinye pase de kay an kay.

⁸ "Nan Nenpòt vil ke nou antre, e yo resevwa nou, ʰmanje sa yo mete devan nou. ⁹ Geri sila yo ki malad nan li. Di yo: ⁱWayòm syèl la gen tan vin toupre nou".

¹⁰ "Men nan Nenpòt vil ke nou antre, si yo pa resevwa nou, tou ale nan lari yo e di: ¹¹ ʲMenm pousyè vil nou an ki kole nan pye nou, nou siye li kont nou menm. Men konnen sa byen; ke wayòm syèl la gen tan vin toupre nou".

¹² "Mwen di nou, ᵏli va pi tolerab nan jou sa pou Sodome ke pou vil sa a.

¹³ ˡ"Malè a nou menm, Chorazin! Malè a nou menm, Bethsaïde! Paske si mirak ki te fèt nan nou yo te konn fèt nan Tyr avèk Sidon, yo t ap vin repanti lontan sa, e vin chita nan sann abiye ak twal sak.

¹⁴ "Men li va pi tolerab pou ᵐTyr ak Sidon nan jijman an, pase pou nou menm.

¹⁵ "Epi nou menm, ⁿCapernaüm, nou p ap egzalte nan syèl la, men nou ap jete anba nan sejou mò yo.

¹⁶ ᵒ"Sila ki koute nou an, koute Mwen; e sila ki rejte nou an, rejte Mwen. E sila ki rejte Mwen an, rejte Sila a ki voye Mwen an."

¹⁷ Swasann-dis yo te retounen avèk jwa. Yo te di: "Senyè, menm ᵖdyab yo soumèt a nou menm nan non Ou".

¹⁸ Li te di yo: "Mwen t ap gade ᵠSatan k ap tonbe soti nan syèl la tankou yon kout loraj. ¹⁹ Veye byen, Mwen bannou otorite pou ʳmache sou sèpan avèk eskòpyon anba pye nou, sou tout pouvwa a lènmi an, e anyen p ap fè nou mal.

²⁰ "Malgre sa, pa rejwi nan sa, ke lespri yo soumèt a nou menm, men rejwi paske ˢnon nou ekri nan syèl la."

²¹ ᵗNan menm moman an, Li te rejwi anpil nan Lespri Sen an. Li te di: "Mwen louwe Ou, o Papa, Senyè a syèl la avèk tè a, Ke Ou kache bagay sa yo devan saj yo ak entèlijan yo pou revele yo a zanfan yo. Wi, Papa, paske konsa sa te fè plezi nan zye Ou."

²² ᵘ"Tout bagay te livre a Mwen menm pa Papa M, e ᵛpèsòn pa konnen ki moun Fis la ye, sof ke Papa a, e ki moun Papa a ye, sof ke Fis la, ak Nenpòt moun ke Fis la revele L.

²³ ʷLi te vire vè disip yo Li te di an prive: "Beni se zye ki wè bagay ke nou gen tan wè a. ²⁴ Paske Mwen di nou, ke anpil nan pwofèt avèk wa yo te vle wè bagay ke nou wè yo, men yo pa t wè yo, ni tande bagay ke nou tande yo, e yo pa t tande yo."

²⁵ ˣEpi vwala, yon sèten avoka te kanpe pou pase l nan leprèv. Li te di L: "Mèt, kisa pou m ta fè pou eritye lavi etènèl?"

²⁶ Li te pale li: "Kisa ki ekri nan Lalwa? Kijan ou li li?"

²⁷ Li te reponn:
ʸ "Ou va renmen Senyè a, Bondye ou a
    avèk tout kè ou, avèk tout nanm ou,
    avèk tout fòs ou,
  e avèk tout panse ou, epi vwazen ou
    tankou tèt ou."

²⁸ Li te di li: "Ou reponn byen kòrèk. ᶻFè sa, e ou va viv."

²⁹ Men li te vle ᵃjistifye tèt li. Li te di a Jésus, "E kilès ki vwazen mwen?"

³⁰ Jésus te reponn e te di: "Yon sèten mesye t ap ᵇdesann sòti Jérusalem pou rive Jéricho. Li te tonbe pami vòlè yo. Yo te pran rad li. Yo te bat li, e yo te kite l mwatye mouri.

³¹ "Konsa, pa aza, yon sèten prèt t ap desann nan wout sa a. Lè l te wè li, li te vin pase sou lòtbò wout la.

³² "Menm jan an, yon Levit tou, lè l te rive kote a, li te wè l, e te vin pase sou lòtbò.

³³ "Men yon sèten ᶜSamariten, ki t ap fè yon vwayaj, te rive sou li. Lè l te wè l, li te gen konpasyon. ³⁴ Li te vini kote li, te mete lwil avèk diven sou blesi li yo, e te panse yo. Li te vin mete li sou pwòp bèt pa li, e te mennen li nan yon pansyon pou l pran swen li. ³⁵ Nan landemen, li te rale kòb de denye. Li te bay yo a mèt otèl la e te di l: 'Pran swen li, epi nenpòt sa ke ou depanse, lè m tounen, mwen va remèt ou li.'

³⁶ "Kilès nan twa sa yo ou kwè ki te fè prèv ke se te yon bon vwazen a mesye ki te tonbe nan men vòlè yo?"

³⁷ Li te reponn: "Sila ki te gen konpasyon pou li a." Konsa Jésus te di l: "Ale fè menm bagay la."

³⁸ Pandan yo t ap vwayaje, Li te antre nan yon sèten vil. Konsa, yon fanm yo rele ᵈMarthe te resevwa Li lakay li.

ᵃ **9:62** Fil 3:13 ᵇ **10:1** Luc 9:1-52 ᶜ **10:1** Mc 6:7 ᵈ **10:2** Mat 9:37-38 ᵉ **10:3** Mat 10:16 ᶠ **10:4** Mat 10:9-14
ᵍ **10:7** Mat 10:10 ʰ **10:8** I Kor 10:27 ⁱ **10:9** Mat 3:2 ʲ **10:11** Mat 10:14 ᵏ **10:12** Jen 19:24-28
ˡ **10:13** Mat 11:21-23 ᵐ **10:14** Mat 11:21 ⁿ **10:15** És 14:13-15 ᵒ **10:16** Mat 10:40 ᵖ **10:17** Luc 9:1
ᵠ **10:18** Mat 4:10 ʳ **10:19** Sòm 91:13 ˢ **10:20** Egz 32:32 ᵗ **10:21** Mat 11:25-27 ᵘ **10:22** Jn 3:35 ᵛ **10:22** Jn 10:15 ʷ **10:23** Mat 13:16-17 ˣ **10:25** Mat 19:16-19 ʸ **10:27** Det 6:5 ᶻ **10:28** Lev 18:5 ᵃ **10:29** Luc 16:15
ᵇ **10:30** Luc 18:31 ᶜ **10:33** Mat 10:5 ᵈ **10:38** Luc 10:40

³⁹ Li te gen yon sè yo te rele ªMarie, ki anplis t ap koute pawòl Senyè a, byen chita nan pye Li. ⁴⁰ Men ᵇMarthe te gen tèt chaje akoz tout sèvis lakay yo. Li te pwoche Jésus, e te di: "Senyè, èske sa pa fè Ou anyen ke sè m nan kite m ap fè tout sèvis la pou kont mwen? Alò, di l vin ede m."
⁴¹ Men Senyè a te reponn li, e te di: "Marthe, Marthe, ou ᶜenkyete e twouble pa anpil bagay, ⁴² ᵈmen se yon sèl bagay ki nesesè. Marie te chwazi sila ki bon an, e sa p ap retire soti nan men li."

11 Li te rive ke pandan Li t ap priye nan yon sèten kote, lè L te fini, youn nan disip Li yo te di Li: Senyè, montre nou kijan pou nou priye, menm jan ke Jean osi te montre disip li yo.
² Li te di yo: ᵉ"Lè n ap priye, di:
'Papa nou ki nan syèl la,
ke non Ou kapab Sen.
Ke wayòm Ou kapab vini.
Ke volonte ou kapab fèt sou latè a,
menm jan kon nan syèl la.
³ Bannou chak jou pen nou pou jounen an.
⁴ Konsa, padone peche nou yo, paske nou menm osi padone tout sila ki ᶠdwe nou.
Pa mennen nou nan tantasyon, men delivre nou de sila ki mechan an.'"
⁵ Answit, Li te di yo: "Sipoze ke youn nan nou ta gen yon zanmi, e nou ale kote li a minwi pou di li: 'Zanmi, prete m twa mòso pen. ⁶ Mwen gen yon zanmi ki vini, soti nan yon vwayaj, e mwen pa gen anyen pou mete devan l.' ⁷ Depi anndan, li va di: 'Pa deranje m! Pòt la fèmen deja. Pitit mwen yo avèk mwen menm deja nan kabann nan, e mwen pa kapab leve pou bay ou anyen.' ⁸ Mwen di nou, menm si li p ap leve bay li anyen paske li se zanmi li, men ᵍakoz pèsistans li, l ap leve pou bay li kont sa li bezwen.
⁹ "Donk Mwen di nou: ʰMande, e nou va resevwa. Chache e nou va twouve. Frape, e l ap ouvri bannou. ¹⁰ Paske tout moun ki mande, va resevwa. Sila a ki chache, va twouve. E a sila a ki frape, l ap ouvri.
¹¹ "Alò, sipoze ke youn nan papa nou yo resevwa yon demann de fis li pou yon pen. Li p ap bay li yon wòch olye de pen. Se pa sa? O si li mande pou yon pwason, èske li va bay li yon kolèv? ¹² Oubyen si li mande li pou bay li yon ze, èske l ap bay li yon eskòpyon? ¹³ ⁱSi nou menm ki mechan, alò, konnen kijan pou bay bon kado a pitit nou yo, konbyen anplis Papa nou nan syèl la va bay Lespri Sen an a sila yo ki mande Li?"
¹⁴ ʲAnswit, Li t ap chase yon dyab nan yon bèbè. Lè dyab la te fin sòti, gason bèbè a te pale. Konsa, foul la te etone.
¹⁵ Men kèk nan yo te di: ᵏ"Li chase dyab yo pa ˡBéelzébul, mèt dyab yo." ¹⁶ Gen Lòt yo, pou teste L, ᵐt ap mande L yon sign ki sòti nan syèl la. ¹⁷ ⁿMen Li te konnen panse yo. Li te di yo: "Nenpòt wayòm ki divize kont tèt li va detwi. E yon kay divize kont tèt li ap tonbe. ¹⁸ ᵒSi Satan osi divize kont tèt li, kijan wayòm li an va kanpe? Paske nou di ke Mwen chase dyab yo pa Béelzébul. ¹⁹ Men si Mwen menm pa ᵖBéelzébul chase dyab yo, pa kilès fis nou yo konn chase yo? Konsa, se yo menm k ap jij nou yo. ²⁰ Men, si Mwen chase dyab yo ak ᑫdwèt Bondye a, alò, ʳwayòm syèl la gen tan vini sou nou. ²¹ Lè yon nonm fò, plen zam, veye pwòp kay li, byen li yo rete ansekirite. ²² Men lè yon moun avèk plis fòs pase l vin atake l, li bat li, e li retire nan men li tout zam li yo, pou l vin divize piyaj la. ²³ ˢSila ki pa avèk Mwen an, kont Mwen; e sila ki pa rasanble avèk Mwen an, ap gaye. ²⁴ ᵗLè lespri enpi a kite yon nonm, li travèse kote ki sèch pou chache repo. Lè l pa twouve, li di: 'Mwen va retounen lakay mwen kote m sòti a.' ²⁵ "Lè l vini, li touve l byen bale, e mete an lòd. ²⁶ Answit li sòti pou chache pran sèt lòt dyab pi mal pase li menm, e yo vin antre pou viv la. Konsa, dènye eta a nonm sa a pi mal pase premye a."
²⁷ Pandan Jésus t ap di bagay sa yo, youn nan fanm yo nan foul la te leve vwa li. Li te di Li: ᵘ"Beni se vant ki te pote Ou a, e tete kote Ou te souse a."
²⁸ Men Li te di: "Okontrè, beni se ᵛsila yo ki tande pawòl Bondye a, e ki swiv li."
²⁹ Pandan foul la t ap ogmante, Li te kòmanse di: ʷ"Jenerasyon sila a se yon jenerasyon pèvès; l ap chache yon sign, men okenn sign p ap bay, sof ke sign a Jonas la. ³⁰ Paske menm jan ke ˣJonas te vin yon sign pou Ninivit yo, menm jan an Fis a Lòm nan va ye pou jenerasyon sila a.
³¹ ʸ"Rèn Sid la va leve avèk lèzòm a jenerasyon sila nan jijman, e kondane yo; akoz li menm te vini soti nan lekstremite tè a pou tande sajès a Salomon, e konsa, veye byen, gen yon bagay pi gran pase Salomon isit la.
³² "Lèzòm Niniv yo va kanpe avèk jenerasyon sila a nan jijman an, e kondane li, paske ᶻyo te repanti lè Jonas te preche. Konsa, veye byen, gen yon bagay pi gran ke Jonas isit la.
³³ ᵃ"Pèsòn, lè l fin limen yon lanp pa mete li nan yon kote an kachèt, ni anba yon panyen, men sou yon chandelye, pou sila ki antre yo kapab wè limyè a.
³⁴ "Lanp a kò nou se zye nou. Lè zye nou klè, tout kò nou osi ranpli avèk limyè; men lè l pa bon, kò nou osi ranpli avèk tenèb.
³⁵ "Alò, veye ke limyè nan nou an pa tenèb.
³⁶ "Si donk, tout kò nou ranpli avèk limyè, san tenèb ladann, li va klere nèt, tankou lè lanp klere nou avèk reyon li."

ª **10:39** Luc 10:42   ᵇ **10:40** Luc 10:38-41   ᶜ **10:41** Mat 6:25   ᵈ **10:42** Sòm 27:4   ᵉ **11:2** Mat 6:9-13
ᶠ **11:4** Luc 13:4   ᵍ **11:8** Luc 18:5   ʰ **11:9** Mat 7:7-11   ⁱ **11:13** Mat 7:11   ʲ **11:14** Mat 9:32-34   ᵏ **11:15** Mat 9:24
ˡ **11:15** Mat 10:25   ᵐ **11:16** Mat 12:38   ⁿ **11:17** Mat 12:25-29   ᵒ **11:18** Mat 4:10   ᵖ **11:19** Mat 10:25
ᑫ **11:20** Egz 8:19   ʳ **11:20** Mat 3:2   ˢ **11:23** Mat 12:30   ᵗ **11:24** Mat 12:43-45   ᵘ **11:27** Luc 23:29
ᵛ **11:28** Luc 8:21   ʷ **11:29** Mat 16:4   ˣ **11:30** Jon 3:4   ʸ **11:31** I Wa 10:1-10   ᶻ **11:32** Jon 3:5   ᵃ **11:33** Mat 5:15

³⁷ Alò, lè L fin pale, yon Farizyen te mande Li pou dine avè L. Li te antre e te repoze sou tab la. ³⁸ Lè Farizyen an te wè sa, li te etone, paske Li pa t fè ᵃdevwa lave men L avan manje a.

³⁹ Men Senyè a te di: ᵇ"Nou menm Farizyen yo netwaye tas la pa deyò, ansanm ak plato a. Men anndan nou ranpli avèk vòl ak mechanste. ⁴⁰ ᶜ Nou menm bann ensanse, èske Sila ki te fè deyò a, pa t fè anndan an tou? ⁴¹ Men ᵈbay sa ki anndan an kòm charite, e konsa tout bagay ap ᵉpwòp pou nou.

⁴² "Men ᶠmalè a nou menm, Farizyen yo! Paske nou ᵍpeye ladim, mant, ak lari de tout epis jaden an. Malgre sa, nou neglije la jistis avèk lanmou Bondye. Men bagay sa yo nou te dwe fè, san neglije lòt yo. ⁴³ Malè a nou menm, Farizyen yo! Paske nou renmen ʰchèz a chèf nan sinagòg yo, ak salitasyon respè nan mache yo. ⁴⁴ Malè a nou menm! Paske nou tankou tonm kache, pou moun mache sou yo san ke yo pa menm konnen."

⁴⁵ Youn nan ⁱavoka yo te reponn Li: "Mèt, lè Ou di sa, W ap ensilte nou osi."

⁴⁶ Konsa, Li te di: "Malè a nou menm, avoka yo osi! Paske ʲnou chaje kò a moun avèk chaj ki lou, pandan nou menm, nou p ap menm manyen chaj sa yo avèk youn nan dwèt nou.

⁴⁷ ᵏ"Malè a nou menm! Paske nou bati tonm a pwofèt yo, pandan se zansèt nou yo ki te touye yo. ⁴⁸ Konsa, nou vin temwen yo, e vin dakò avèk zak a zansèt nou yo. Paske se te yo menm ki te touye yo, e se nou ki bati tonm yo.

⁴⁹ ˡ"Pou rezon sa, sajès a Bondye te di: "Mwen va voye bay yo pwofèt ak apòt. Kèk yo va touye, e kèk yo va pèsekite; ⁵⁰ jiskaske tout san a pwofèt yo ki te vèse ᵐdepi fondasyon mond lan kapab chaje kont jenerasyon sila a, ⁵¹ soti nan san Abel la, jis rive nan ⁿsan a Zacharie, ki te peri antre nan otèl la ak kay Bondye a. Wi, Mwen di nou, li va chaje kont jenerasyon sila a.

⁵² "Malè a nou menm, avoka yo! Paske yo pran nan men nou kle konesans lan. Nou pa t antre nou menm, e sila ki t ap antre ladann yo, nou te anpeche yo."

⁵³ Lè L te kite la, skrib yo avèk Farizyen yo te kòmanse vin move anpil. Yo te kesyone L byen pre sou anpil sijè, ⁵⁴ paske yo t ap eseye fòme yon konplo kont Li pou kenbe L nan yon pawòl ke Li ta petèt pale.

12

Antre tan an, apre anpil milye moun te rasanble ansanm jiskaske youn t ap mache sou lòt, Li te kòmanse pale a disip Li yo dabò: ᵒ"Veye ledven Farizyen yo ki se ipokrizi.

² ᵖ"Men pa gen anyen ki kouvri ki p ap vin parèt, e ki kache ki p ap konnen. ³ Konsa, Nenpòt sa ke nou di nan tenèb va tande nan limyè, e sa nou te pale ak vwa ba, menm nan chanm pa anndan yo va pwoklame sou ᵍtwati kay yo.

⁴ "Mwen di nou, ʳzanmi Mwen yo, pa pè sa yo ki kapab touye kò a, men apre sa pa gen plis ke yo kab fè. ⁵ "Men Mwen avèti nou kilès pou nou krent; ˢkrent Sila a ki lè L fin touye, gen otorite pou jete nan lanfè; wi, Mwen di nou, krent Li!

⁶ "Èske ᵗsenk zwazo pa vann pou de santim? Malgre sa, nanpwen youn nan yo ki bliye devan Bondye. ⁷ ᵘAnverite, menm cheve nan tèt nou yo kontwole. Pa krent, nou gen bokou plis valè pase anpil zwazo.

⁸ " Mwen di nou, tout sila yo ki ᵛkonfese M devan lèzòm, Fis a Lòm nan va konfese l tou devan zanj a Bondye yo; ⁹ men ʷsila ki refize rekonèt Mwen devan lòm, va rejte devan zanj Bondye yo.

¹⁰ ˣ"Epi Nenpòt moun ki pale yon mo kont Fis a Lòm nan, li va padone; men sila ki fè blasfèm kont Lespri Sen an, p ap padone.

¹¹ "Lè yo mennen nou devan sinagòg yo, ak gwo chèf avèk otorite yo, pa ʸtwouble nou de kisa nou va pale kòm defans nou, ni kisa nou gen pou di; ¹² paske ᶻLespri Sen an va montre nou nan menm lè sa a, kisa nou dwe di."

¹³ Yon moun nan foul la te di Li: "Mèt, pale frè m nan pou divize eritaj la avè m."

¹⁴ Men Li te di li: ᵃ"Mesye, kilès ki te mete M jij oswa medyatè antre nou?"

¹⁵ Answit Li te di yo: ᵇ"Fè atansyon, e veye kont tout kalite lanvi; paske menm lè yon moun gen anpil richès, lavi li se pa sa li posede."

¹⁶ Konsa, Li te bay yo yon parabòl: "Tè a pou yon sèten nonm rich te trè bon, e te pwodwi anpil.

¹⁷ "Epi li te kòmanse reflechi avèk pwòp tèt li: 'Kisa pou m ta fè; akoz ke m pa gen depo pou mete rekòlt mwen yo?'

¹⁸ "Answit li te di: Men kisa m ap fè; m ap retire tout depo ke m genyen yo, e m ap bati pi gwo pou mete tout rekòlt mwen yo. ¹⁹ Epi mwen va di a nanm mwen: ᶜ'Nanm, ou gen anpil byen rezève pou anpil ane; pran repo ou, manje, bwè, e rejwi ou.'"

²⁰ "Men Bondye te di l: 'Alò nonm ensanse! Menm nwit sa a, ᵈnanm ou ap rachte de ou; e ᵉkoulye a, kilès k ap mèt a sa ou prepare yo?'

²¹ "Konsa se mesye la kiᶠranmase trezò li pou li menm, men ki pa rich anvè Bondye."

²² Li te di sa a disip Li yo: ᵍ"Pou rezon sa a, Mwen di nou, pa twouble pou lavi, pou sa nou va manje, ni pou kò nou, konsi, pou kijan nou ap abiye nou. ²³ Paske lavi plis ke manje, e kò a plis ke vètman.

²⁴ "Konsidere ʰkòbo yo, paske yo pa simen, ni yo pa rekòlte; epi yo pa gen depo ni pwotèj, men Bondye bay yo manje. Konbyen plis valè nou genyen pase zwazo yo.

ᵃ **11:38** Mat 15:2   ᵇ **11:39** Mat 23:25   ᶜ **11:40** Luc 12:20   ᵈ **11:41** Luc 12:33   ᵉ **11:41** Tit 1:15
ᶠ **11:42** Mat 23:23   ᵍ **11:42** Lev 27:30   ʰ **11:43** Mat 23:6   ⁱ **11:45** Mat 22:35; Mat 23:27   ʲ **11:46** Mat 23:4
ᵏ **11:47** Mat 23:29   ˡ **11:49** I Kor 1:24-30   ᵐ **11:50** Mat 25:34   ⁿ **11:51** II Kwo 24:20-21   ᵒ **12:1** Mat 16:6-11
ᵖ **12:2** Mat 10:26   ᵠ **12:3** Mat 10:27   ʳ **12:4** Jn 15:13-15   ˢ **12:5** Eb 10:31   ᵗ **12:6** Mat 10:29   ᵘ **12:7** Mat 10:30
ᵛ **12:8** Mat 10:32   ʷ **12:9** Mat 10:33   ˣ **12:10** Mat 12:31-32   ʸ **12:11** Mat 6:25   ᶻ **12:12** Mat 10:20   ᵃ **12:14** Mi 6:8   ᵇ **12:15** I Tim 6:6-10   ᶜ **12:19** Ekl 11:9   ᵈ **12:20** Job 27:8   ᵉ **12:20** Sòm 39:6   ᶠ **12:21** Luc 12:33
ᵍ **12:22** Mat 6:25-33   ʰ **12:24** Job 38:41

²⁵ "Epi kilès nan nou ki kab fè kè twouble a ogmante menm ᵃyon èdtan nan longè lavi li? ²⁶ Si pou sa nou pa kapab fè menm yon ti bagay, poukisa nou fè kè twouble pou lòt bagay?

²⁷ "Konsidere flè lis yo, jan yo grandi; yo pa travay ni fè twal, men Mwen di nou ke menmᵇSalomon nan tout glwa li pa t abiye li menm tankou youn nan sa yo. ²⁸ Men si Bondye abiye zèb nan chan yo ki jodi a vivan, e demen ap jete nan founèz la, konbyen anplis li va abiye nou, ᶜo moun ti lafwa piti!

²⁹ "Konsa, pa mande kisa nou va manje, ni kisa nou va bwè, e paᵈkontinye enkyete nou. ³⁰ Paske tout bagay sa yo, tout nasyon nan mond lan chache yo avèk lanvi pa yo; men Papa nou konnen ke nou bezwen bagay sa yo. ³¹ Men chache wayòm Li, e ᵉbagay sa yo va vini a nou tou.

³² "Pa krent, ᶠti bann nan, paske ᵍPapa nou te chwazi avèk jwa pou bannou wayòm nan.

³³ ʰ"Vann sa nou posede, e bay kado lacharite. Fè pou kont nou bous ki p ap janm ize, yon trezò ki p ap kab gate nan syèl la, kote vòlè pa pwoche, ni papiyon detwi. ³⁴ Paske ⁱkote trezò nou ye, se la kè nou va ye tou.

³⁵ "Rete abiye tout tan, ʲbyen parèt, avèk lanp nou tou jou limen.

³⁶ "Fè tankou mesye k ap tann mèt yo lè l retounen apre fèt maryaj la, pou yo kapab ouvri pòt la imedyatman lè l fin frape. ³⁷ Beni se esklav sila yo ke mèt la va twouve ᵏk ap byen veye lè l vini. Anverite Mwen di nou keˡli va mare senti li pou sèvi yo. Li va fè yo repoze sou tab la, e li va vini pou bay yo sèvis. ³⁸ ᵐMenm si l vini nan dezyèm oubyen twazyèm lè nwit lan, e li twouve yo konsa, se beni esklav sa a va ye.

³⁹ ⁿ"Men, byen konnen sa, ke si mèt kay la te konnen a kilè vòlè a t ap vini, li pa t ap kite l kase kay la. ⁴⁰ Nou tou, rete vijilan; paske Fis a Lòm nan ap vini nan yon ᵒlè ke nou pa ta sipoze.

⁴¹ "Pierre te di: 'Senyè, èske W ap bay parabòl sa pou nou, oubyen ᵖpou tout lòt yo tou?'"

⁴² Senyè a te reponn: 'Alò, ᵠkilès ki se jeran fidèl e abil ke mèt li va mete an chaj tout lòt sèvitè yo, pou bay yo manje yo nan lè li dwe fèt? ⁴³ Beni se ʳesklav sila a ke mèt la twouve ap fè sa lè l vini an. ⁴⁴ Anverite Mwen di nou ke li va mete li an chaj de tout byen li yo.

⁴⁵ "Men si esklav la di nan kè l: Mèt mwen ap mize pou rive, epi li kòmanse bat esklav yo, ni fanm, ni gason, epi manje, bwè, e vin sou; ⁴⁶ mèt esklav sa a va vini nan yon jou ke li pa prevwa, nan yon lè ke li pa konnen, e li va koupe li an mòso, e mete li yon kote avèk enkwayan yo.

⁴⁷ "Alò esklav sa a ki te konnen volonte a mèt li a; men pa t prepare ni aji an akò avèk volonte l, va ˢresevwa anpil kout fwèt. ⁴⁸ Men sila ki pa t ᵗkonnen, men te fè zak ki te merite kou, p ap resevwa plis ke kèk.

"Pou tout sila yo ki te resevwa anpil konprann, anpil ap egzije de yo; e a sila ki te konfye anpil, a li menm y ap mande menm plis.

⁴⁹ "Mwen vini pou voye dife sou latè; e kijan Mwen ta kontan si li te deja limen!

⁵⁰ "Men Mwen gen yon ᵘbatèm pou M pase, e kijan sa twouble M jiskaske li fin acheve!

⁵¹ ᵛ"Èske nou sipoze ke Mwen te vini pou bay lapè sou latè? Mwen di nou non, men olye sa, divizyon. ⁵² Paske depi koulye a, senk moun nan yon kay va divize, twa kont de, e de kont twa. ⁵³ Yo va divize, ʷpapa kont fis, e fis kont papa; manman kont fi, e fi kont manman; bèlmè kont bèlfi, e bèlfi kont bèlmè."

⁵⁴ Li t ap di anplis a foul la: ˣ"Lè nou wè yon nwaj k ap leve nan lwès, imedyatman nou di :'L ap fè lapli', e se konsa sa rive. ⁵⁵ Epi lè nou wè yon van sid k ap soufle, nou di: ʸ'L ap fè chalè', e se konsa sa rive. ⁵⁶ Ipokrit nou ye! ᶻNou konnen kijan pou nou analize aparans a tè a, avèk syèl la, men poukisa nou pa analize tan prezan sila a?

⁵⁷ ᵃ" "Poukisa nou menm pou kont nou pa jije sa ki bon? ⁵⁸ Paske ᵇpandan nou ap rive devan majistra avèk advèsè nou, menm nan wout la, fè yon efò pou antann avè l; pou li pa mennen nou devan jij la, e jij la livre nou a ofisye jistis la, k ap jete nou nan prizon. ⁵⁹ Mwen di nou, nou p ap sòti la jiskaske nou fin peye dènye ᶜsantim nan."

13 Alò, nan menm lè sa a, te gen kèk moun prezan ki te bay Li yon rapò sou Galileyen sila yo, ke ᵈPilate te mele san yo avèk sakrifis pa yo.

² Jésus te reponn yo: ᵉ"Èske nou sipoze ke Galileyen sa yo te pi gwo pechè pase tout lòt Galileyen yo akoz yo te soufri sò sa a? ³ Mwen di nou: 'Non', men amwenske nou repanti, nou tout ap peri konsa. ⁴ Oubyen èske nou sipoze ke lè tou nan ᶠSiloé a te tonbe sou diz-uit yo, e te touye yo, ke yo te koupab pase tout lòt moun ki t ap viv Jérusalem yo?

⁵ "Mwen di nou non, men amwenske nou repanti, nou tout va peri menm jan an."

⁶ Li te kòmanse pale parabòl sila a: "Yon sètan mesye te gen yon ᵍpye fig frans ki te plante nan chan li. Li te vini pou chache fwi sou li, e li pa t twouve anyen. ⁷ Konsa, li te di a jeran chan rezen yo: 'Gade, depi twa lane m ap vini la pou chache fwi, sou pye sila a, san twouve anyen. ʰKoupe retire li nèt! Poukisa menm l ap okipe espas tè a?' ⁸ Li te reponn pou di l: 'Kite li nan plas li mesye, pou lane sila a toujou, jis lè ke m fouye tè otou de li pou mete

---

ᵃ **12:25** Sòm 39:5   ᵇ **12:27** I Wa 10:4-7   ᶜ **12:28** Mat 6:30   ᵈ **12:29** Mat 6:31   ᵉ **12:31** Mat 6:33   ᶠ **12:32** Jn 21:15-17
ᵍ **12:32** Ef 1:5-9   ʰ **12:33** Mat 19:21   ⁱ **12:34** Mat 6:21   ʲ **12:35** Ef 6:14   ᵏ **12:37** Mat 24:42   ˡ **12:37** Luc 17:8
ᵐ **12:38** Mat 24:43   ⁿ **12:39** Mat 24:43-44   ᵒ **12:40** Luc 12:47-48   ᵖ **12:41** Luc 12:47-48   ᵠ **12:42** Mat 24:45-51
ʳ **12:43** Luc 12:42   ˢ **12:47** Det 25:2   ᵗ **12:48** Lev 5:17   ᵘ **12:50** Mc 10:38   ᵛ **12:51** Mat 10:34-36   ʷ **12:53** Mi 7:6   ˣ **12:54** Mat 16:2   ʸ **12:55** Mat 20:12   ᶻ **12:56** Mat 16:3   ᵃ **12:57** Luc 21:30   ᵇ **12:58** Mat 5:25,26
ᶜ **12:59** Mc 12:42   ᵈ **13:1** Mat 27   ᵉ **13:2** Jn 9:2   ᶠ **13:4** Né 3:5   ᵍ **13:6** Mat 21:19   ʰ **13:7** Mat 3:10

angrè. ⁹ Si li pote fwi lane pwochèn, sa bon, men si sa pa fèt, koupe l jete.'"

¹⁰ Konsa, li t ap ᵃenstwi nan youn nan sinagòg yo nan Saba a. ¹¹ Epi vwala, te gen yon fanm ki t ap vèse san pandan diz-uit lane. Li te gen yon ᵇmaladi ki te fèt pa yon move lespri, ki fè l koube doub, e li pa t kapab drese menm.

¹² Lè Jésus te wè l, Li te rele li vini. Li te di l: "Fanm, ou lib de enfimite ou a". ¹³ Li te ᶜpoze men Li sou li, e imedyatman, li te drese dwat ankò, e te kòmanse bay lwanj a Bondye.

¹⁴ Men ofisye sinagòg la, byen move akoz Jésus te geri nan Saba a, te di foul la kòm repons: ᵈ"Gen sis jou pou travay kapab fèt. Konsa, vini pandan jou sa yo pou geri, men pa nan jou Saba a."

¹⁵ Men Senyè a te reponn li: "Nou ipokrit, ᵉèske nou chak nan Saba a pa demare bèf li, oswa bourik li sou manjwa a pou l kab mennen l al bwè? ¹⁶ Alò, fanm sa a, ᶠyon fi Abraham, jan li ye a, mare pa Satan pandan diz-uit ane byen long, èske li pa t dwe lage nan chèn sila a nan jou Saba a?"

¹⁷ Pandan ke Li t ap di sa a, tout advèsè Li yo te imilye, men ᵍtout foul la te rejwi yo nan tout mèvèy ke Li t ap fè yo.

¹⁸ Konsa ʰLi t ap di: "A kisa wayòm Bondye a sanble, e a kilès Mwen kapab konpare li? ¹⁹ Se tankou yon grenn moutad ke yon mesye te ale jete nan pwòp jaden li. Li te grandi e li te vin tounen yon pyebwa, epi ⁱzwazo anlè yo te vin fè nich nan branch li."

²⁰ Ankò Li te di: ʲ"A kilès pou M ta konpare wayòm syèl la? ²¹ ᵏSe tankou ledven ke yon fanm te pran e mete nan twa mezi farin jiskaske tout te vin leve."

²² Li t ap pase de yon vil a yon lòt, pou bay enstriksyon pandan Li t ap ˡfè wout Li vè Jérusalem. ²³ Konsa, yon moun te di Li: "Senyè, èske se sèlman kèk moun k ap sove?"

Li te reponn yo: ²⁴ ᵐ"Fè efò pou antre pa pòt etwat la; paske anpil, Mwen di nou, va eseye antre, e yo p ap kapab. ²⁵ Depi mèt kay la leve ᵑfèmen pòt la, epi konsa, n ap kanpe deyò pou di: 'Senyè, ouvri pou nou'. Alò, Li va reponn, e va di nou: ᵒ"Mwen pa konnen nou, ni kote nou sòti.'

²⁶ "Konsa, nouᵖva kòmanse di: 'Nou te manje bwè nan prezans Ou, e Ou te enstwi nan lari nou yo.'

²⁷ "Epi Li va di: 'Mwen di nou, Mwen pa konnen kote nou sòti. ᵠKite Mwen, nou tout ki fè inikite.'

²⁸ Va gen kriye fò, ak manje dan ʳnan plas sa a lè nou wè Abraham, Isaac avèk Jacob ak tout pwofèt yo nan wayòm syèl la, men nou menm, k ap jete deyò.

²⁹ Yoˢva sòti nan lès, ak lwès, e nan nò avèk sid, epi yo va repoze sou tab la nan wayòm syèl la.

³⁰ "Gade byen, genᵗkèk moun ki dènye ki va vin premye, e kèk moun ki premye ki va vin dènye."

³¹ Nan menm jou sa a, kèk Farizyen te pwoche. Yo te di L: "Ale kite isit la, paske ᵘHérode vle touye Ou."

³² Li te reponn yo: "Ale di rena sa a 'Gade, Mwen chase move lespri yo, e Mwen fè gerizon jodi a, ak demen. Epi nan twazyèm jou a ᵛbi m va fin acheve.

³³ Malgre sa, Mwen oblije fè wout Mwen jodi a, demen ak jou apre a, paske li pa kapab fèt pou yonʷpwofèt ta peri andeyò Jérusalem.'"

³⁴ O Jérusalem, Jérusalem, vilˣki touye pwofèt yo, e lapide sila ki te voye kote li yo! Kijan souvan Mwen te vle rasanble pitit nou yo ansanm tankou yon poul ranmase pitit li yo anba zèl li, men nou pa t fè sa!

³⁵ "Gade, lakay nou rete nan men nou dezole, epi Mwen di nou, nou p ap wè M ankò jiskaske nou di: ʸ'Beni se Sila a ki vini nan non Senyè a!'"

14 Li te rive ke lè L te antre lakay a youn nan dirijan Farizyen yo, nan Saba a pou manje pen, yo t ap veye L de prè.

² Epi la devan li, te gen yon nonm ki t ap soufri avèk maladi kò anfle.

³ Konsa, Jésus te reponn e te pale avèk avoka ak Farizyen yo. Li te mande: ᶻ"Èske se pèmi pou geri nan Saba a oubyen non?"

⁴ Men yo te rete san pale. Li te kenbe li, geri li, e te voye l ale.

⁵ Li te di yo: ᵃ"Kilès nan nou k ap gen yon fis, oswa yon bèf tonbe nan yon pwi, ki p ap imedyatman rale l sòti nan yon jou Saba?"

⁶ ᵇEpi yo pa t kapab reponn sa menm.

⁷ Alò, Li te kòmanse pale an parabòl a sila ki te envite yo, lè L te wè jan yo t ap ᶜchwazi chita nan plas donè sou tab la. Li t ap di yo: ⁸ "Lè nou envite pa yon moun nan yon fèt maryaj, ᵈpa pran plas donè paske yon moun pi distenge pase ou kapab deja envite pa mèt la. ⁹ Epi sila ki te envite nou toulède a ka petèt vin di ou: 'Bay plas ou a nonm sila a, e answit akᵉgwo wont, w ap vin okipe dènye plas la'.

¹⁰ "Men, lè nou envite, ale chita nan dènye plas la, dekwa ke lè sila a ki te envite nou an vini, li kapab di nou: 'Zanmiᶠvin pi devan'. Konsa, nou va gen onè nan zye a tout moun ki chita sou menm tab sa a avèk nou.

¹¹ ᵍ"Paske tout sila yo ki leve tèt yo va vin desann, e sila yo ki desann tèt yo, va vin leve."

¹² Anplis, Li te ale di a sila a ki te envite L la: "Lè w ap fè yon bankè oswa yon soupe, pa envite ni zanmi ou, ni frè ou, ni fanmi ou, ni vwazen ki rich yo, otreman yo ta kab envite ou anretou, e sa va sèvi kòm rekonpans a ou menm.

¹³ "Men lè w ap fè yon resepsyon, envite malere yo, sila ki bwate yo, ki kokobe yo, ak avèg yo. ¹⁴ Konsa ou va beni, paske yo pa gen

---

ᵃ **13:10** Mat 4:23   ᵇ **13:11** Luc 13:16   ᶜ **13:13** Mc 5:23   ᵈ **13:14** Egz 20:9   ᵉ **13:15** Luc 14:5   ᶠ **13:16** Luc 19:9
ᵍ **13:17** Luc 18:43   ʰ **13:18** Mat 13:31   ⁱ **13:19** Éz 17:23   ʲ **13:20** Mat 13:24   ᵏ **13:21** Mat 13:33
ˡ **13:22** Luc 9:51   ᵐ **13:24** Mat 7:13   ⁿ **13:25** Mat 25:10   ᵒ **13:25** Mat 7:23   ᵖ **13:26** Luc 3:8   ᵠ **13:27** Sòm 6:8
ʳ **13:28** Mat 8:12   ˢ **13:29** Mat 8:11   ᵗ **13:30** Mat 19:30   ᵘ **13:31** Mat 14:1   ᵛ **13:32** Eb 2:10   ʷ **13:33** Mat 21:11
ˣ **13:34** Luc 19:41   ʸ **13:35** Sòm 118:26   ᶻ **14:3** Mat 12:2   ᵃ **14:5** Mat 12:11   ᵇ **14:6** Mat 22:46   ᶜ **14:7** Mat 23:6
ᵈ **14:8** Pwov 25:6-7   ᵉ **14:9** Luc 3:8   ᶠ **14:10** Pwov 25:6,7   ᵍ **14:11** II Sam 22:28

mwayen pou remèt ou sa; paske yo va remèt ou sa nan[a]rezirèksyon moun ki jis yo."

[15] Lè youn nan sila ki te chita sou tab avèk Li yo te tande sa, li te di Li: [b]"Beni se tout moun ki va manje pen nan wayòm Bondye a!"

[16] Men Li te di li: "Yon[c]mesye t ap fè yon gwo bankè, e li te envite anpil moun. [17] Nan lè bankè a, li te voye esklav Li pou di sila ki te envite yo: 'Vini! Tout bagay pare koulye a.'

[18] "Men yo tout ansanm te kòmanse fè eskiz.

"Premye a te di li: 'Mwen achte yon mòso tè, e Mwen bezwen ale wè l. Silvouplè, eskize mwen.'

[19] "Yon lòt te di: 'Mwen fenk achte senk pè bèf kabwa, e mwen pral eseye yo. Silvouplè, eskize mwen.'

[20] "Epi Yon lòt te di: [d]'Mwen fenk marye ak yon fi, e pou rezon sa a, mwen pa kapab vini.'

[21] "Esklav la te retounen rapòte sa a mèt li. Answit mèt kay la te vin fache, e te di a esklav li a: 'Ale depi koulye a nan tout lari ak wout vil yo, e mennen isit la malere yo, bwate yo, avèg ak kokobe yo.'

[22] "Konsa, esklav la te di: "Mèt, sa ou te mande gen tan fèt, e malgre sa, gen espas toujou.

[23] "Mèt la te di a esklav la: 'Ale nan gran ri yo ak sou kote kloti yo, epi fòse yo antre, pou kay mwen an kapab byen plen. [24] Paske mwen di nou ke pa gen yon moun sila yo ki te envite k ap goute manje mwen an.'"

[25] Alò, gwo foul la t ap prale avèk l, e Li te vire di yo: [26][e]"Si Nenpòt moun vini a Mwen, e li pa rayi pwòp papa li, avèk manman li, ak madanm, ak pitit, frè, sè, wi, e menm pwòp vi li, li pa kapab disip Mwen. [27] Nenpòt moun ki[f]pa pote pwòp kwa li pou swiv Mwen, li pa kapab disip Mwen.

[28] "Paske kilès nan nou lè li vle bati yon tou fòterès, pa chita avan pou kalkile frè yo pou wè si li gen kont mwayen pou fin fè l? [29] Otreman, lè l fin fè fondasyon an, e li p ap kab fin fè l, tout sila k ap obsève l yo ap vin pase l nan betiz. [30] Yo va di: 'Mesye sa a te kòmanse bati, e li pa kapab fini.'

[31] "Oubyen ki wa, lè li pati pou rankontre yon lòt wa nan batay, li p ap dabò[g]kalkile si l ap gen ase de fòs avèk di-mil moun pou rankontre lòt la k ap vin kont li avèk ven-mil? [32] Otreman, pandan lòt la toujou lwen, l ap voye yon delegasyon pou mande kondisyon pou fè lapè.

[33] "Konsa, nanpwen youn nan nou ki kapab disip Mwen si li pa[h]renonse ak tout sa li posede.

[34] "Konsa, sèl la bon; men si menm[i]sèl la, pèdi gou li, avèk kisa li va reprann gou l. [35] Li initil ni pou tè a, ni pou fimye a; fòk li jete. [j]Sila ki gen zòrèy la, kite l tande."

15 Alò tout [k]kolektè kontribisyon yo avèk pechè yo t ap vin toupre L pou koute Li. [2] Ni Farizyen yo, ni skrib yo te kòmanse plenyen.

Yo t ap di: "Mesye sa a resevwa pechè yo e [l]manje avèk yo."

[3] Donk Li te di yo parabòl sila a. Li te di: [4][m]"Ki moun pami nou, si li gen yon santèn mouton e li vin pèdi youn, li p ap kite Katreven-diznèf la nan chan patiraj la, pou ale dèyè sila ki pèdi a, jiskaske li twouve l? [5] E lè l twouve li, l ap mete l sou zepòl li, e l ap rejwi. [6] Lè l rive lakay li, l ap rele ansanm tout zanmi avèk vwazen li yo, e l ap di yo: 'Rejwi avèk m, paske mwen twouve mouton m ki te pèdi a!'

[7] "Mwen di nou ke menm jan an, va gen plis jwa nan syèl la sou yon pechè ki repanti, ke sou katreven-diznèf moun ki pa bezwen repanti.

[8] "Oubyen, ki fanm, si li gen dis pyès lajan, e vin pèdi youn nan yo, li p ap limen yon lanp, e bale kay la pou l chache avèk atansyon jiskaske li twouve l? [9] Lè l twouve l, l ap rele tout zanmi li yo ansanm, e l ap di yo: 'Rejwi avèk m, paske mwen twouve pyès lajan ke m te pèdi a!'

[10] "Menm jan an konsa, Mwen di nou, gen la jwa[n]nan prezans zanj Bondye yo, sou yon sèl pechè ki repanti."

[11] Ankò li di: "Yon sèten mesye te gen de fis; [12] Pi jenn nan te di a papa li: 'Papa, ban m[o]pati pa m nan eritaj ki tonbe pou mwen an.' Donk, li te[p]divize byen li pami yo.

[13] "Pa anpil jou apre, pi jenn fis la te rasanble tout bagay pou te fè yon vwayaj nan yon peyi byen lwen, kote li te gaspiye tout eritaj li a nan yon vi banbòch. [14] Alò, lè l te fin depanse tout, yon gwo grangou te parèt nan peyi sila a, e li te kòmanse vin nan bezwen. [15] Donk, li te ale anplwaye tèt li a yon sitwayen nan peyi sila a, e li te voye li nan chan an pou bay kochon yo manje. [16] Epi li te anvi plen vant li avèk po kochon yo t ap manje yo, e pèsòn pa t bay li anyen.

[17] "Men lè li te vin reflechi byen, li te di: 'Konbyen nan ouvriye papa m yo ki gen kont pen, men mwen ap mouri isit la avèk grangou. [18] Mwen va leve ale vè papa m', e mwen va di l: 'Papa, mwen peche kont syèl la, e nan zye ou. [19] Mwen pa ankò dign pou rele fis ou. Fè m tankou youn nan anplwaye ou yo.'
[20] Donk, li te leve, e te ale kote papa l.

"Men pandan l te toujou byen lwen, papa li te wè li. Li te gen konpasyon pou li. Li te kouri[q]anbrase l e te bo li. [21] Epi fis la te di li: 'Papa, mwen peche kont syèl la, e nan zye ou. Mwen pa ankò dign pou m kapab rele fis ou.

[22] "Men papa a te di a esklav li yo: 'Fè vit pote[r]pi bèl vètman ki genyen an, mete li sou li, e [s]mete yon bag nan men li ak soulye nan pye li. [23] Anplis mennen jenn ti bèf byen gra a; touye li, e annou manje pou fè fèt. [24] Paske konsa, fis mwen an te[t]mouri; koulye a li vivan ankò. Li te pèdi, men mwen jwenn li ankò.' Epi yo te kòmanse fè fèt la.

---
[a] 14:14 Jn 5:29   [b] 14:15 Rev 19:9   [c] 14:16 Mat 22:2-14   [d] 14:20 Det 24:5   [e] 14:26 Mat 10:37   [f] 14:27 Mat 10:38
[g] 14:31 Pwov 20:18   [h] 14:33 Fil 3:7   [i] 14:34 Mat 5:13   [j] 14:35 Mat 11:5   [k] 15:1 Luc 5:29   [l] 15:2 Mat 9:11
[m] 15:4 Mat 18:12-14   [n] 15:10 Mat 10:32   [o] 15:12 Det 21:17   [p] 15:12 Luc 15:30   [q] 15:20 Jen 45:14   [r] 15:22 Za 3:4   [s] 15:22 Jen 41:42   [t] 15:24 Mat 8:22

²⁵ "Alò, pi gran fis la te nan chan an. Lè li te vin toupre kay la, li te tande mizik avèk moun k ap danse. ²⁶ Li te rele youn nan sèvitè yo, e te kòmanse fè ankèt pou mande kisa bagay sa yo ta kapab ye. ²⁷ "Li te di li: 'Frè ou a vini, e papa ou touye jenn ti bèf byen gra a, paske li rejwenn li ankò sen e sof.'

²⁸ "Men li te vin fache, e li pa t dakò antre. Papa l te soti. Li te kòmanse plede avè l.
²⁹ "Men li te reponn e te di a papa l: "Gade, pandan konbyen ane m ap sèvi ou, e mwen pa janm negli je yon lòd ou; men malgre sa, ou pa janm ban mwen yon kabrit pou m ta kapab fè fèt avèk zami mwen yo. ³⁰ Men lè fis sila a te vini, li menm ki devore[a] byen ou avèk pwostitiye yo, ou te touye ti bèf byen gra a, pou li.

³¹ "Papa a te di l: 'Fis mwen, ou toujou avè m, e tout sa ke m gen se pou ou. ³² Men nou te dwe fè fèt, e rejwi, paske frè ou sa a[b] te mouri, e li kòmanse ap viv ankò. Li te pèdi, e koulye a, li retwouve.'"

16 Alò, Li t ap osi di a disip yo: "Te gen yon sèten mesye rich ki te gen yon jeran. Konsa, yon rapò te vin rive ke li t ap[c] gaspiye byen li yo. ² Li te rele li, e te di li: 'Kisa ke m tande sou ou la a? Bay yon kontwòl sou jerans ou, paske ou pa kab jeran ankò.'

³ "Jeran an te di a pwòp tèt li: 'Kisa m ta fè, paske mèt mwen ap retire jerans lan nan men mwen? Mwen pa gen ase fòs pou m fouye, e mwen wont mande lacharite. ⁴ Mwen konnen kisa mwen va fè, pou lè yo retire m nan jerans lan, pou moun yo kab resevwa m lakay pa yo a.'

⁵ "Konsa, li te rele chak moun ki te dwe mèt li a. Li te kòmanse di a premye a: 'Konbyen ou dwe mèt mwen an?'

⁶ "Li te di: 'San mezi lwil'. E li te di li: 'Pran nòt ou e chita byen vit pou ekri senkant.'

⁷ "Answit, li te di a yon lòt: 'Epi konbyen ou dwe?'

"Li te reponn: 'San mezi ble.' E li te di li: 'Pran nòt ou pou ekri katreven.'

⁸ "Konsa, mèt la te fè konpliman a jeran enjis la, paske li te aji avèk yon koken sajès. Paske fis a laj sila yo pi koken nan relasyon a moun parèy yo pase[d] fis a limyè yo.

⁹ "Mwen di nou: "Fè zanmi pou tèt nou pa mwayen a[e] richès enjis yo; pou lè l echwe, yo kapab resevwa nou nan kay ki etènèl yo.

¹⁰ [f] "Sila a ki fidèl nan yon ti bagay piti, ap fidèl osi nan bagay ki gran. E sila ki enjis nan ti bagay piti, ap enjis osi nan bagay ki gran.

¹¹ "Donk, si nou pa fidèl nan sèvis[g] richès enjis yo, kilès ki va konfye nou vrè richès yo. ¹² Epi si nou pa fidèl nan sèvis ak sa ki pou yon lòt, kilès ki va bannou sa ki pou nou?"

¹³ [h] "Okenn sèvitè pa kapab sèvi de mèt; paske swa l ap rayi youn, e renmen lòt la, oswa l ap kenbe a youn e meprize lòt la. Nou pa kapab sèvi Bondye, ak richès yo."

¹⁴ Alò, Farizyen yo ki te [i] renmen lajan anpil t ap koute tout bagay sa yo, e yo t ap moke L.

¹⁵ Li te di yo: "Nou menm se sila yo ki jistifye pwòp tèt nou nan zye lèzòm, men[j] Bondye konnen kè nou. Paske sila ki gen gwo valè pami lèzòm yo, yo abominab nan zye Bondye.

¹⁶ [k] "Lalwa avèk pwofèt yo te pwoklame jiska Jean. Depi lè sa a [l] bòn nouvèl a wayòm Bondye a preche, e tout moun ap fòse antre ladann. ¹⁷ [m] Men li pi fasil pou syèl la avèk tè a vin disparèt pase pou yon sèl mak oubyen lèt Lalwa ta anile.

¹⁸ [n] "Nenpòt moun ki divòse ak madanm li pou marye avèk yon lòt fè adiltè; e sila a ki marye a youn ki divòse ak yon mari, fè adiltè.

¹⁹ "Alò, te gen yon sèten mesye rich ki te toujou abiye an mov ak lèn fen, e ki t ap viv nan gran richès chak jou.

²⁰ "Alò, yon sèten mesye pòv ki te rele Lazare te[o] kouche devan pòtay li, kouvri nèt avèk maleng. ²¹ Li te byen anvi resevwa sèl ti mòso ki t ap tonbe soti sou tab mesye rich la. Anplis menm chen te konn vin pou niche maleng li yo.

²² "Epi rive ke nonm malere a te mouri, e li te vin pote pa zanj yo pou rive nan sen[p] Abraham nan. Konsa, mesye rich la te mouri tou, e li te antere. ²³ Nan[q] plas se jou mò yo, li te nan toumant. Li te leve zye li, e te wè Abraham byen lwen, ak Lazare nan sen li. ²⁴ Li te kriye fò, e te di: [r] "Papa Abraham, fè m gras, voye Lazare pou li kapab mete dwèt li nan dlo pou rafrechi lang mwen! Paske mwen nan doulè ekstrèm nan [s] flanm sa a.

²⁵ "Men Abraham te di: 'Pitit, sonje ke pandan lavi [t] ou, ou te resevwa bon bagay yo. E menm jan an, Lazare te resevwa move bagay yo. Men koulye a, l ap konsole isit la, e ou menm nan gran doulè. ²⁶ Anplis de sa, antre nou avèk ou menm, gen yon gran vid byen etabli pou anpeche sila isit yo ki vle travèse kote ou a, e ke pèson pa kapab travèse soti la a pou rive kote nou menm nan.'

²⁷ "Pou sa li te di: 'Alò, mwen sipliye ou Papa, pou ou voye li lakay papa m— ²⁸ Pwiske mwen gen senk frè—pou li kapab [u] avèti yo, pou ke yo menm tou pa vini nan plas toumant sa a.'

²⁹ "Men Abraham te di: 'Yo gen [v] Moïse avèk pwofèt yo. Kite yo tande yo.'

³⁰ "Men li te di: 'Non. Papa Abraham, men si yon moun ta sòti nan mò a, ale kote yo, yo va repanti!"[w]

³¹ "Men li te di yo: 'Si yo pa koute Moïse avèk pwofèt yo, nonpli, yo p ap kwè menm si yon moun leve soti nan lanmò.'

17 Li te di a disip Li yo: [x] "Li nesesè ke wòch k ap fè moun chite yo vin parèt, men malè a sila

---

[a] **15:30** Pwov 29:3 [b] **15:32** Luc 15:24 [c] **16:1** Luc 15:13 [d] **16:8** Jn 12:36 [e] **16:9** Mat 6:24 [f] **16:10** Mat 25:21-23
[g] **16:11** Luc 16:9 [h] **16:13** Mat 6:24 [i] **16:14** II Tim 3:2 [j] **16:15** I Sam 16:7 [k] **16:16** Mat 4:12 [l] **16:16** Mat 11:23
[m] **16:17** Mat 5:18 [n] **16:18** Mat 5:32 [o] **16:20** Trav 3:2 [p] **16:22** Jn 1:18 [q] **16:23** Mat 11:23 [r] **16:24** Luc 3:8
[s] **16:24** Mat 25:41 [t] **16:25** Luc 6:14 [u] **16:28** Trav 2:40 [v] **16:29** Luc 4:17 [w] **16:30** Luc 3:8 [x] **17:1** Mat 18:7

a ke atravè l sa rive! ² ªLi ta miyò pou li si yon wòch moulen te pann nan kou li, e te jete nan mitan lanmè, pase ke li ta fè youn nan pitit sa yo vin tonbe.

³ "Fè atansyon! ᵇSi frè nou peche, reprimande l; e si li repanti, padone l. ⁴ Epi si li peche kont nouᶜsèt fwa pa jou, e retounen vè nou sèt fwa pou di 'Mwen repanti', padone l."

⁵ Alò, apòt yo te di: "Senyè, fè nou gen plis lafwa!"

⁶ Senyè a te di: "Si nou te gen lafwa tankou yonᵈgrenn moutad, nou ta di a pye sikomò sila a, 'Derasine ou e ale plante ou nan lanmè;' konsa, li ta obeyi nou.

⁷ "Men kilès nan nou, ki te gen yon esklav ki t ap laboure tè a, oswa k ap okipe mouton, ki va di li lè li vini soti nan chan an, vini koulye a pou chita manje? ⁸ Men èske li p ap di li: ᵉ'Prepare yon bagay pou m manje; mete rad pwòp sou ou, e sèvi m pandan mwen ap manje ak bwè? E aprè, ou va manje e bwè'? ⁹ Li p ap remèsye esklav la paske li te fè bagay ki te kòmande yo. Èske se pa vrè? ¹⁰ "Konsa, nou menm tou lè nou fè tout bagay ke yo kòmande nou fè, nou di: 'Nou se esklav ki pa dign; nou fè sèlman sa ke nou dwe fè.'"

¹¹ Pandan Li te nan wout vè Jérusalem, ᶠLi t ap pase antre Samarie ak Galilée. ¹² Pandan Li t ap antre nan yon sèten vilaj, dis lepre ki te ᵍkanpe a yon distans te rankontre L. ¹³ Yo te leve vwa yo e t ap di: "Jésus, ʰMèt, fè nou gras!"

¹⁴ Lè Li te wè yo, Li te di yo: ⁱ"Ale montre nou menm a prèt yo." Pandan yo t ap prale, yo te vin pirifye.

¹⁵ Men youn nan yo, lè l wè ke li te geri, te vire retounen e te ʲbay glwa a Bondye avèk yon vwa byen fò. ¹⁶ Li te tonbe sou figi li nan pye Jésus, e t ap bay Li remèsiman. Li te yon Samariten.

¹⁷ Jésus te reponn e te di: "Se pa dis ki te pirifye? Men nèf yo—-kote yo ye? ¹⁸ Èske pa t gen youn ki te vire tounen pouᵏbay glwa a Bondye sof etranje sila a?" ¹⁹ Epi Li te di li: "Leve al fè wout ou. ˡLafwa ou geri ou."

²⁰ Alò, lè L te kesyone pa Farizyen yo sou ᵐkilè wayòm a Bondye a t ap vini, Li te reponn yo e te di: "Wayòm syèl la p ap vini avèk sign ak mirak pou nou kab wè; ²¹ ni yo p apⁿdi: 'Men li isit la!' Oubyen 'men li la!' Paske, veye byen, wayòm syèl la nan mitan nou."

²² Ankò Li te di a disip yo: ᵒ"Jou yo ap vini lè nou va anvi wè youn nan jou Fis a Lòm yo, e nou p ap wè l. ²³ ᵖYo va di nou: 'Gade la! Gade isit la!' Pa ale, e pa kouri dèyè yo.

²⁴ ᵠ"Paske menm jan ak loray, lè l fè ekleraj nan yon pati nan syèl la briye jis rive nan lòt pati syèl la, se konsa Fis a Lòm nan va ye nan jou Li a. ²⁵ ʳMen dabò, fòk li soufri anpil bagay e rejte pa jenerasyon sila a.

²⁶ ˢ"Menm jan ke sa te rive nan tan Noé a, se konsa l ap ye nan jou Fis a Lòm yo. ²⁷ "Yo t ap manje, yo t ap bwè, yo t ap marye e bay nan maryaj jis rive jou ke Noé te antre nan lach la; konsa, delij la te parèt e te detwi yo tout.

²⁸ "Se te menm jan ke sa te rive nanᵗjou Lot yo; yo t ap manje, yo t ap bwè, yo t ap achte, yo t ap vann, yo t ap plante, yo t ap bati.

²⁹ "Men nan jou ke Lot te sòti nan Sodome nan, dife avèk souf te tonbe tankou lapli e te detwi yo tout.

³⁰ "Li va menm jan nan jou ke Fis a Lòm nanᵘap revele a. ³¹ Nan jou sa a, sila a kiᵛsou twati kay, e ki gen byen nan kay la, pa pou desann pou pran yo. Menm jan an, sila ki nan chan an pa pou vire tounen.

³² ʷ"Sonje madanm a Lot.

³³ ˣ "Nenpòt moun ki chache sove lavi li va pèdi li, e Nenpòt moun ki pèdi lavi li va konsève l.

³⁴ "Mwen di nou ke nan nwit sa a, ap gen de moun nan yon sèl kabann; youn ap pran, e lòt la ap rete. ³⁵ Va gen de fanm k ap moulen nan menm kote a. Youn va pran, e lòt la va rete. ³⁶ De mesye va nan chan an. Youn ap pran, e lòt la va rete."

³⁷ Konsa yo te reponn: "Ki kote, Senyè?"

E Li te di yo: "Koteʸkadav la ye, se la votou yo va rasanble."

18 Alò, Li t ap di yo yon parabòl pou montre ke nan tout tan yo te ᶻdwe priye, e pa ªdekouraje. ² Li t ap di: "Te gen nan yon sèten vil, yon jij ki pa t pè Bondye, ni pa tᵇrespekte moun.

³ "Alò, Te gen yon vèv nan menm vil sa a, e li te toujou ap vin kote li pou di l: 'Ban m pwoteksyon kont advèsè mwen an.'

⁴ "Nan kòmansman, li pa t dakò, men apre li te vin di tèt li: 'Malgre ke m pa pè Bondye, niᶜrespekte moun, ⁵ menᵈakoz ke vèv sa a anmède m, mwen va bay li pwoteksyon legal. Otreman li ap kontinye vin kote mwen tout tan, e l ap fatige m nèt.'"

⁶ Epi ᵉSenyè a te di: "Koute byen sa ke jij enjis la te vle di. ⁷ Alò, èske Bondye p ap fè jistis pouᶠsila Li chwazi yo, ki kriye a Li lajounen kon lannwit, epi èske Li vaᵍfè anpil reta sou yo?

⁸ "Mwen di nou ke Li va fè jistis pou yo byen vit. Sepandan lè Fis a Lòm nan vini, ʰèske Li va twouve lafwa sou latè?"

⁹ Li te anplis pale parabòl sila a pou kèk moun ki teⁱ kwè nan tèt yo ke yo te jis, eʲte gade lòt yo kòm piba. ¹⁰ "De mesyeᵏte monte nan tanp lan pou priye, yon Farizyen, e lòt la yon kolektè kontribisyon.

¹¹ "Farizyen an teˡkanpe e t ap priye konsa a li menm: 'Bondye, mwen remèsye Ou ke mwen pa

---

ª **17:2** Mat 18:6   ᵇ **17:3** Mat 18:15   ᶜ **17:4** Mat 18:21   ᵈ **17:6** Mat 13:31   ᵉ **17:8** Luc 12:37   ᶠ **17:11** Luc 9:52
ᵍ **17:12** Lev 13:45   ʰ **17:13** Luc 5:5   ⁱ **17:14** Lev 14:1-32   ʲ **17:15** Mat 9:8   ᵏ **17:18** Mat 9:8   ˡ **17:19** Mat 9:22
ᵐ **17:20** Luc 19:11   ⁿ **17:21** Luc 17:23   ᵒ **17:22** Mat 9:15   ᵖ **17:23** Mat 24:23   ᵠ **17:24** Mat 24:27
ʳ **17:25** Mat 16:21   ˢ **17:26** Mat 24:37-39   ᵗ **17:28** Jen 19   ᵘ **17:30** Mat 16:27   ᵛ **17:31** Mat 24:17
ʷ **17:32** Jen 19:26   ˣ **17:37** Mat 10:39   ʸ **17:37** Mat 24:28   ᶻ **18:1** Luc 11:5-10   ª **18:1** II Kor 4:1
ᵇ **18:2** Luc 18:4   ᶜ **18:4** Luc 18:2   ᵈ **18:5** Luc 11:8   ᵉ **18:6** Luc 7:13   ᶠ **18:7** Mat 24:22   ᵍ **18:7** II Pi 3:9
ʰ **18:8** Luc 17:26   ⁱ **18:9** Luc 16:15   ʲ **18:9** Wo 14:3,10   ᵏ **18:10** I Wa 10:5   ˡ **18:11** Mat 6:5

tankou lòt moun; twonpè yo, enjis yo, adiltè yo, oswa menm tankou kolektè kontribisyon sila a. ¹² Mwen fè jèn de fwa chak semèn. Mwen[a]peye ladim sou tout sa mwen fè.' ¹³ Men kolektè kontribisyon an te kanpe a yon distans, e[b]pa t menm dakò pou leve zye li vè syèl la, men li[c]t ap bat lestomak li, e t ap di: "Bondye, fè gras a mwen, ki pechè a.

¹⁴ "Mwen di nou ke mesye sa a te desann lakay li jistifye pase lòt la, paske[d]nenpòt moun ki leve tèt li va vin imilye, e sila a ki imilye tèt li a, va vin leve."

¹⁵ [e]Alò, yo t ap pote menm tibebe bay li pou Li ta kapab touche yo, men lè disip yo te wè sa, yo te kòmanse reprimande yo. ¹⁶ Men Jésus te rele yo, e te di: "Kite timoun yo vin kote Mwen, e pa anpeche yo, paske wayòm Bondye a se pou sila yo ki tankou yo menm. ¹⁷ "Anverite, Mwen di nou: [f]'Nenpòt moun ki pa resevwa wayòm Bondye a tankou yon timoun, li p ap antre ladan l menm.'"

¹⁸ [g]Konsa, yon sèten direktè te kesyone L e te di: "Bon mèt, kisa pou m ta fè pou eritye lavi etènèl?" ¹⁹ Jésus te mande l: "Poukisa ou rele M bon? Nanpwen pèsòn ki bon sof ke Bondye sèl. ²⁰ Ou konnen kòmandman yo. [h]'Pa fè adiltè, pa touye moun, pa vòlè, pa fè fo temwayaj, onore papa ou avèk manman ou.'"

²¹ Li te di: "Tout bagay sa yo mwen fè yo depi nan jenès mwen". ²² Lè Jésus te tande sa, Li te di li: "Yon sèl bagay ou manke toujou. [i]Vann tout sa ke ou posede e separe yo bay malere. Konsa ou va gen richès nan syèl la, epi vin swiv Mwen."

²³ Men li te tande bagay sa yo, li te vin byen tris, paske li te gen anpil richès.

²⁴ Lè l wè tristès li, Jésus te gade l, e te di: [j]"Tèlman li difisil pou sila ki rich yo antre nan wayòm Bondye a! ²⁵ [k]Li pi fasil pou yon chamo pase nan zye a yon egwi, pase pou yon nonm rich ta antre nan wayòm Bondye a."

²⁶ Sila yo ki te tande sa te di: "Alò, kilès ki kapab sove?"

²⁷ Men Li te di: [l]"Bagay ki pa posib avèk lòm posib avèk Bondye."

²⁸ Konsa, Pierre te di: "Gade byen, [m]nou kite pwòp kay nou pou swiv Ou."

²⁹ Li te di yo: "Anverite Mwen di nou ke [n]pa gen pèsòn ki te kite kay, oswa madanm, oswa paran, oswa zanfan yo, pou koz a wayòm syèl la, ³⁰ ki p ap resevwa bokou plis nan tan sila a, e [o]nan laj k ap vini an, lavi etènèl."

³¹ [p]Answit Li te pran douz yo sou kote, e te di yo: "Veye byen, n ap monte Jérusalem, e tout bagay ki te ekri pa pwofèt yo konsènan Fis a Lòm nan va vin acheve. ³² [q]Paske Li va livre a etranje yo, e li va moke, maltrete, e y ap krache sou Li. ³³ Lè yo fin bat Li avèk fwèt, yo va touye Li. Epi nan twazyèm jou a, l ap leve ankò."

³⁴ Men [r]disip yo pa t konprann anyen nan bagay sa yo. Pawòl sa te kache a yo menm, e yo pa t konprann bagay ki t ap pale yo.

³⁵ [s]Pandan Jésus t ap pwoche Jéricho, yon sèten mesye avèg te chita akote wout la pou mande charite. ³⁶ Alò, li te tande foul la ki t ap pase, e te kòmanse mande kisa sa te ye. ³⁷ Yo te reponn Li ke Jésus de Nazareth t ap pase.

³⁸ Konsa, li te kòmanse rele fò, e te di: "Jésus, [t]Fis a David la, Fè m gras!"

³⁹ Sila yo ki t ap diri je chemen an t ap pale sevèman avè l pou fè silans; men li te kriye pi fò, "Jésus, [u]Fis a David la, Fè m gras!"

⁴⁰ Jésus te kanpe, e te bay lòd pou yo voye l kote Li. Lè l te vin toupre, Li te kesyone l: ⁴¹ "Kisa ou vle M fè pou ou?"

Epi Li te di: "Senyè, mwen vle vin wè ankò."

⁴² Jésus te di li: "Resevwa vizyon ou; [v]lafwa ou fè ou geri."

⁴³ Imedyatman, li te vin wè ankò. Konsa, li te kòmanse swiv Li e li t ap [w]bay glwa a Bondye. Lè tout moun te wè sa, yo te bay lwanj a Bondye.

19
Li te [x]antre Jéricho e t ap travèse. ² La te gen yon mesye yo te rele Zachée. Li te chèf a kolektè kontribisyon yo, e li te rich. ³ Zachée t ap fè efò pou ta kab wè kilès Jésus te ye, paske li te piti nan tay. ⁴ Donk li te kouri devan yo, e li te monte yon pyebwa ki rele[y]sikomò pou l ta kapab wè Li, paske Li te gen pou pase pa la.

⁵ Lè Jésus te rive nan lye a, Li te gade anlè, e te di: "Zachée, fè vit desann, paske jodi a fòk Mwen rete lakay ou."

⁶ Li te kouri desann, e te resevwa Li avèk jwa.

⁷ Lè yo te wè sa, yo tout te kòmanse plenyen pou di: "Li vin rete lakay a yon pechè."

⁸ Zachée te kanpe e te di a Senyè a: "Gade byen, Senyè, menm mwatye sa ke m posede, m ap bay a malere yo, e si m te twonpe nenpòt moun de nenpòt bagay, mwen va remèt [z]kat fwa sa."

⁹ Jésus te di li: "Jodi a delivrans gen tan vini nan kay sa a, paske li menm tou, se [a]yon fis Abraham. ¹⁰ Paske [b]Fis a Lòm nan vini pou chache e sove sa ki te pèdi."

¹¹ Pandan yo t ap koute bagay sa yo, Li te kontinye bay yon parabòl, akoz ke [c]Li te toupre Jérusalem, e yo te sipoze ke [d]wayòm a Bondye a t ap parèt imedyatman. ¹² Akoz sa a, Li te di: [e]"Yon sèten prens te vwayaje nan yon peyi byen lwen pou resevwa yon wayòm pou li menm, e answit, pou li retounen. ¹³ Konsa, li te rele dis

---
[a] **18:12** Luc 11:42   [b] **18:13** Esd 9:6   [c] **18:13** Luc 23:48   [d] **18:14** Mat 23:12   [e] **18:15** Mat 19:13-15
[f] **18:17** Mat 18:3   [g] **18:18** Luc 10:25-28   [h] **18:20** Egz 20:12-16   [i] **18:22** Mat 19:21   [j] **18:24** Mat 19:23
[k] **18:25** Mat 19:24   [l] **18:27** Mat 19:26   [m] **18:28** Luc 5:11   [n] **18:29** Mat 6:33   [o] **18:30** Mat 12:32
[p] **18:31** Mat 20:17-19   [q] **18:32** Mat 16:21   [r] **18:34** Mc 9:32   [s] **18:35** Mat 20:20-34   [t] **18:38** Luc 18:38; Mat 9:27
[u] **18:39** Luc 18:38; Mat 9:27   [v] **18:42** Mat 9:22   [w] **18:43** Mat 9:8   [x] **19:1** Luc 18:35   [y] **19:4** I Wa 10:27
[z] **19:8** Egz 22:1   [a] **19:9** Luc 3:8   [b] **19:10** Mat 18:11   [c] **19:11** Luc 9:51   [d] **19:11** Luc 17:20   [e] **19:12** Mat 25:14-30

nan esklav li yo, e te bay yo dis min, e te di yo: "Fè biznis avèk sa jiskaske Mwen retounen."

14 "Men sitwayen li yo te rayi li, e yo te voye yon delegasyon dèyè l pou di: 'Nou pa vle nonm sa renye sou nou.'

15 "Lè l te retounen, apre li te resevwa wayòm nan, li te kòmande ke esklav sa yo ke li te bay kòb la, vin kote l pou li ta kapab konnen ki biznis yo te reyisi fè.

16 "Premye a te parèt e te di: Mèt, min ou an fè dis min anplis."

17 "Li te di li: 'Trè byen fèt, bon esklav! Akoz ke ou [a]fidèl nan yon ti bagay tou piti, vin pran otorite sou dis vil.'

18 "Dezyèm nan te vini, e te di: 'Min ou an Mèt, li fè senk min anplis.' 19 Li te di li osi: 'E w ap vin responsab senk vil.'

20 "Yon lòt te vini e te di: 'Mèt, men min ou an ke m te konsève nan yon mouchwa; 21 paske mwen te pè ou, akoz ke ou menm se yon moun trè egzijan. Ou ranmase sa ke ou pa t depoze, e rekòlte sa ke ou pa t simen.'

22 "Li te di li: "Esklav mechan, pa pwòp pawòl ou, mwen va jije ou. Èske ou pa t konnen ke m se yon moun egzijan, ke m ranmase sa ke m pa t depoze, e rekòlte sa ke m pa t simen? 23 'Alò, poukisa ou pa t mete kòb la labank, e lè m te vini, mwen ta twouve li avèk enterè?'

24 "Answit li te di a sila ki te kanpe la yo, 'Tou pran min li an, e bay li a sila ki gen dis la.'

25 "Men yo te di li: 'Mèt, li gen dis deja.'

26 b"Mwen di nou ke a tout moun ki gen, plis y ap resevwa, men a sila a ki pa genyen an, menm sa ke li genyen an va pran nan men l.

27 "Men cLènmi M sa yo ki pa t vle M renye sou yo a, mennen yo isit la, e touye yo nan prezans mwen."

28 Lè L fin pale bagay sa yo, Li dte pran devan pou monte vè Jérusalem.

29 eLè L te pwoche Bethphagé ak Béthanie, toupre mòn ki rele Mòn Oliv la, Li te voye de nan disip Li yo devan. 30 Li te di: "Ale nan vil anfas ou a. La, pandan nou ap antre, nou va twouve yon jenn bourik, sou li, moun poko monte menm. Demare l, mennen l vin isit la. 31 Si Nenpòt moun mande nou poukisa nou ap demare li, se konsa nou va reponn: 'Senyè a gen bezwen li.'"

32 Donk sila ki te voye yo te ale, e yo te twouve li jan ke li te di yo a.

33 Pandan yo t ap demare jenn bourik la, mèt li te mande yo: "Poukisa nou ap demare jenn bourik la?"

34 Yo te di: "Senyè a gen bezwen li."

35 fYo te mennen l kote Jésus, epi yo te voye rad pa yo sou bourik la, e te mete Jésus sou li.

36 Pandan li t ap prale, yo t ap ouvri rad yo sou wout la.

37 Lè L t ap pwoche toupre kote pou desann Mòn Oliv la, tout foul disip yo te kòmanse glouwe Bondye avèk jwa e avèk yon gran vwa, pou tout mirak ke yo te wè yo. 38 Yo t ap rele: h"Beni se Wa a ki vini nan non Senyè a! Lapè nan syèl la, avèk glwa nan trè wo a!"

39 iKèk nan Farizyen yo ki te nan foul la, te di Li: "Mèt, reprimande disip ou yo!"

40 Men Li te reponn e te di: "Mwen di nou, si sila yo rete an silans, jmenm wòch yo va pran rele."

41 Lè l te pwoche Jérusalem Li te wè vil la e Li te komanse kkriye sou li. 42 Li t ap di: "Si ou te konnen nan jou sa, menm ou menm, bagay ki konn fè lapè! Men koulye a, bagay sa yo kache de zye ou.

43 "Paske jou yo ap vini sou ou lè lènmi ou yo va lfè monte yon barikad devan ou, antoure ou, e kwense nou ladann tout kote. 44 Konsa, yo va raze ou a nivo latè avèk zanfan ou tout ladann. Ni myo p ap kite nan ou menm yon wòch sou yon lòt, akoz ke ou pa t rekonèt lè ou te vizite a."

45 nJésus te antre nan tanp lan e te kòmanse pouse mete deyò sila ki t ap vann yo, 46 Li te di yo: "Li ekri. o"Lakay Mwen va yon kay lapriyè, men nou fè l vin yon kav vòlè.'"

47 Chak jou Li t ap penstwi nan tanp lan, men chèf prèt ak skrib yo avèk direktè yo pami pèp la t ap eseye detwi Li. 48 Men yo pa t kab twouve anyen ke yo ta kab fè, paske tout pèp la t ap akwoche sou chak pawòl Li te pale.

20 qNan youn nan jou ke Li t ap enstwi pèp la nan tanp lan, e preche bòn nouvèl la, chèf prèt yo avèk skrib yo avèk ansyen yo te vin parèt devan Li. 2 Yo te mande Li: "Fè nou konnen pa ki otorite Ou fè bagay sa yo, oswa se kilès ki te bay Ou otorite sa a?"

3 Jésus te reponn yo: "Mwen ap poze nou yon kesyon, epi fè M konnen: 4 Èske batèm a Jean an te sòti nan syèl la, oswa nan lòm?"

5 Yo te rezone pami yo, e te di: "Si nou di 'Nan syèl la,' li ap di: 'Ebyen, poukisa nou pa t kwè li?' 6 Men si nou di: 'Nan lòm', tout pèp la va lapide nou avèk wòch jiskaske nou mouri, paske yo konvenk ke Jean te yon rpwofèt." 7 Konsa, yo te reponn ke yo pa t konnen kote sa sòti.

8 Jésus te reponn yo: "Ni Mwen p ap di nou pa ki otorite ke M fè bagay sa yo."

9 s Li te kòmanse di pèp la parabòl sila a: Yon mesye te plante yon chan rezen. Li te lwe li a kiltivatè yo, e li te ale nan yon vwayaj ki te dire anpil. 10 Nan tan rekòlt la, li te voye yon esklav kote kiltivatè yo pou yo ta kapab bay li kèk nan rekòlt chan an. Men ouvriye ki okipe lyàn rezen yo te bat li, e te voye li ale men vid. 11 Alò, li te eseye voye yon lòt esklav. Yo te bat li tou, e te

---

a **19:17** Luc 16:10   b **19:26** Mat 13:12   c **19:27** Luc 19:4   d **19:28** Mc 10:32   e **19:29** Mat 21:1-9
f **19:35** Mat 21:4-9   g **19:37** Luc 18:43   h **19:38** Sòm 118:26   i **19:39** Mat 21:15   j **19:40** Hab 2:11
k **19:41** Luc 13:34-35   l **19:43** Ekl 9:14   m **19:44** Mat 24:2   n **19:45** Jn 2:13-16   o **19:46** És 56:7
p **19:47** Mat 26:55   q **20:1** Mat 21:23-27   r **20:6** Mat 11:9   s **20:9** Mat 21:33-46

maltrete l jiskaske se te yon eskandal. Konsa, yo te voye li ale men vid. ¹² Konsa, li te eseye voye yon twazyèm. Sila a osi yo te blese e te mete l deyò. ¹³ Mèt chan an te di: "Kisa pou m ta fè la a? M ap voye fis byeneme mwen an. Petèt yo va ᵃrespekte li.

¹⁴ Men lè ouvriye ki te okipe lyàn rezen yo te wè li, yo te rezone youn avèk lòt konsa: 'Sa se eritye a. Annou touye li pou eritaj la kapab pou nou.' ¹⁵ Donk yo te jete li deyò chan rezen an, e te touye li. Pou sa, kisa mèt chan rezen an ap fè yo? ¹⁶ Li va vin ᵇdetwi ouvriye chan sa yo, e li va bay chan rezen an a lòt."

Lè yo te tande li, yo te di: "Pa janm kite sa fèt!"
¹⁷ Alò, Li te gade yo, e te di: "Ebyen sou kilès sa ekri: ᶜ

'Wòch ke sila ki t ap bati yo te rejte a;
sila a te devni ᵈlang prensipal la.'?
¹⁸ ᵉTout moun ki tonbe sou wòch sa a,
va kraze an mòso; men sou nenpòt
moun ke li menm tonbe,
l ap gaye li tankou pousyè."

¹⁹ Skrib yo avèk chèf prèt yo ᶠte eseye mete men sou Li, nan menm lè sa a, men yo te pè pèp la. Paske yo te byen konprann ke Li te pale parabòl sa a kont yo menm. ²⁰ ᵍDonk yo te veye li, e te voye espyon ki te pretann ke se te moun jis yo te ye, pou yo ta kapab kenbe Li nan yon pawòl, pou yo ta kab livre Li devan lalwa a ak otorite gouvènè a. ²¹ Yo te poze Li kesyon. Yo te mande l: "Mèt, nou konnen ke Ou pale e enstwi byen dwat, ke Ou pa nan patipri a pèsòn, men enstwi chemen Bondye a ak verite. ²² Èske Li pèmi pou nou ʰpeye taks a César, oubyen non?"

²³ Men Li te konprann koken yo. Li te reponn yo: ²⁴ "Montre M yon kòb denye. Se pòtre avèk enskripsyon a kilès moun li genyen?" Yo te di: "César."

²⁵ Li te di yo: "Pou sa, ⁱbay a César sa ki pou César, e a Bondye, sa ki pou Bondye."

²⁶ Yo pa t kapab ʲkenbe L nan yon pawòl nan prezans a pèp la; e byen etone pa repons Li, yo te vin rete an silans. ²⁷ Alò kèk nan ᵏSadiseyen yo te vin kote L, (sa yo ki di ke pa gen rezirèksyon). ²⁸ Yo te kesyone L, konsa: "Mèt, Moïse te ekri pou nou ke ˡsi frè a yon mesye mouri avèk yon madanm, san li pa fè pitit, frè li a ta dwe pran madanm li, e fè reyisi yon posterite pou frè li a. ²⁹ Alò, konsa, te gen sèt frè. Premye a te pran yon madanm, e li te mouri san pitit. ³⁰ Konsa, dezyèm nan, ³¹ epi twazyèm nan te pran l. Epi menm jan an, tout nan sèt yo te pran l, e tout te mouri san kite pitit. ³² Finalman, fanm nan te mouri tou. ³³ Konsa, nan rezirèksyon an, se madanm a kilès l ap ye? Paske toule sèt moun yo te genyen li kòm madanm."

³⁴ Jésus te di yo: "Fis a laj sila yo marye e bay moun nan maryaj. ³⁵ Men sila yo ki konsidere dign pou rive nan laj sila a, e rezirèksyon ᵐa mò yo, pa marye, ni yo pa bay moun nan maryaj. ³⁶ Ni, yo pa kapab mouri ankò, paske yo tankou zanj, e se ⁿfis a Bondye, fis a rezirèksyon an. ³⁷ Men ke ᵒmò yo leve, te montre menm pa Moïse nan pasaj sou touf bwa ki t ap boule a, kote li rele Senyè a *Bondye Abraham nan, Bondye Isaac la ak Bondye a Jacob la.* Alò, Li pa Bondye a mò yo, men Bondye a vivan an, pou tout sila ki ³⁸ viv de Li yo."

³⁹ Kèk nan skrib yo te reponn e te di: "Mèt, Ou pale byen." ⁴⁰ Paske ᵖyo pa t gen kouraj pou poze L kesyon sou anyen ankò.

⁴¹ ᵠAlò Li te di yo, "Kijan sa fèt ke yo di ke Kris la se Fis a David? ⁴² Paske David, li menm di nan liv Sòm Yo: ʳ

'Senyè a te di a Senyè mwen an, chita
bò dwat Mwen,
⁴³ ˢJiskaske M fè lènmi ou yo yon ti ban
pou lonje pye ou."

⁴⁴ Konsa, David rele Li Senyè, e kijan se fis Li ke li ye a?"

⁴⁵ ᵗPandan tout pèp la t ap koute, Li te di a disip yo: ⁴⁶ "Fè atansyon de skrib yo ᵘki renmen mache toupatou ak gwo abiman long, e ki renmen salitasyon respè nan mache yo, ak chèz pi enpòtan nan sinagòg yo, ak plas a lonè nan bankè yo; ⁴⁷ ki devore kay a vèv yo, e pou yo ka pran pòz, yo ofri gwo priyè long yo. Sila yo va resevwa pi gwo kondanasyon."

21

ᵛAlò, Li leve zye li e te wè moun rich yo ki t ap mete ofrann nan bwat kès nan tanp lan. ² Konsa, Li te wè yon sètèn vèv pòv ki t ap mete ʷde ti pyès monnen an kwiv. ³ Li te di: "Anverite Mwen di nou, ke fanm pòv sila a te mete plis pase yo tout; ⁴ paske yo te mete ofrann selon abondans yo; men li menm, nan povrete li, li te mete tout sa li te gen ˣpou l viv."

⁵ ʸAlò, pandan kèk moun t ap pale de tanp lan, kijan li te byen dekore avèk bèl bijou, ak kado konsakre yo, Li te di: ⁶ "Pou bagay sa yo ke nou ap gade la a, jou a va vini lè ᶻp ap rete yon sèl wòch sou lòt ki p ap chire dekonble.

⁷ Yo te mande L: "Mèt, kilè bagay sa yo ap rive? Epi ki sign k ap demontre ke yo prèt pou rive?"

⁸ Li te di: "Veye byen pou nou pa twonpe; paske anpil moun ap vini nan non Mwen, e yo va di: ᵃ'Mwen se Li menm', e, 'Lè a toupre'. ᵇPa kouri dèyè yo. ⁹ Lè nou tande afè lagè, avèk boulvèsman, pa enkyete; paske fòk bagay sa yo rive avan, men lafen an poko ap rive."

ᵃ **20:13** Luc 18:2 ᵇ **20:16** Mat 21:41 ᶜ **20:17** Sòm 118:22 ᵈ **20:17** Ef 2:20 ᵉ **20:18** Mat 21:44 ᶠ **20:19** Luc 19:47 ᵍ **20:20** Mc 3:2 ʰ **20:22** Mat 17:5 ⁱ **20:25** Mat 22:21 ʲ **20:26** Luc 11:54 ᵏ **20:27** Mat 22:23-33 ˡ **20:28** Det 25:5 ᵐ **20:35** Mat 12:32 ⁿ **20:36** Wo 8:16 ᵒ **20:37** Mc 12:26 ᵖ **20:40** Mat 22:46; Mat 22:32 ᵠ **20:41** Mat 22:41-46 ʳ **20:42** Sòm 110:1 ˢ **20:43** Sòm 110:1 ᵗ **20:45** Mat 23:1-7 ᵘ **20:46** Luc 11:43 ᵛ **21:1** Mc 12:4-44 ʷ **21:2** Mc 12:42 ˣ **21:4** Luc 12:44 ʸ **21:5** Mat 24 ᶻ **21:6** Luc 19:44 ᵃ **21:8** Jn 8:24 ᵇ **21:8** Luc 17:23

¹⁰ Ankò, Li te di yo: "Nasyon va leve kont nasyon, e wayòm kont wayòm. ¹¹ Va gen gran tranbleman detè, e nan plizyè andwa, epidemi avèk gwo grangou. Va gen gwo laperèz avèk gwo sign ki sòti nan syèl la. ¹² Men avan tout bagay sa yo, ᵃyo va mete men sou nou, yo va pèsekite nou, e yo va livre nou nan sinagòg avèk prizon yo. Yo va mennen nou devan wa ak gouvènè yo pou koz a non Mwen. ¹³ ᵇSa va ouvri yon chemen pou temwayaj nou. ¹⁴ ᶜPou sa, pran desizyon avan lè pou pa prepare defans nou. ¹⁵ Paske ᵈMwen va bannou pawòl avèk sajès pou okenn nan advèsè nou yo pa kapab reziste ni demanti. ¹⁶ Men Nou va trayi menm pa paran nou, frè, manm fanmi nou avèk zanmi nou. Yo va mete kèk nan nou a lanmò. ¹⁷ Nou va rayi pa tout moun akoz non Mwen. ¹⁸ Men ᵉpa menm yon cheve nan tèt nou p ap peri. ¹⁹ ᶠPa pèseverans nou, nou va reyisi genyen lavi nou.

²⁰ Men lè nou wè Jérusalem ᵍantoure pa lame, nan moman sa a, rekonèt ke dezolasyon li toupre. ²¹ Answit ʰnan lè sa a, sila ki nan Juda yo va oblije sove pou ale nan mòn yo, sila ki nan mitan vil yo va oblije sòti, e sila ki andeyò yo p ap pou antre nan vil la. ²² Paske jou sa yo se ⁱjou vanjans yo, pou tout bagay ki ekri yo kapab vin akonpli. ²³ Malè a sila yo k ap pote pitit, ak sila yo ki nouris nan jou sa yo, paske va gen gwo ʲtwoub sou tè a, e kòlè sou pèp sila a. ²⁴ Yo va tonbe pa lam nepe, e yo va mennen kòm kaptif pou antre nan tout nasyon yo. Jérusalem va ᵏfoule anba pye pa payen yo jiskaske ˡtan payen yo fin acheve.

²⁵ Konsa, va gen sign nan solèy la, lalin ak zetwal yo, e sou latè, sezisman pami nasyon yo, ak gwo malantandi akoz laraj lanmè a ak lanm lanmè yo. ²⁶ Moun va pèdi kapasite akoz laperèz, avèk twòp refleksyon sou sa k ap rive nan mond lan. Paske pouvwa nan syèl yo ap vin ebranle. ²⁷ Answit yo va wè ᵐFis a Lòm nan k ap vini nan yon nyaj avèk pouvwa, ak gran glwa. ²⁸ Men lè bagay sa yo kòmanse fèt, ranje kò nou, e leve tèt nou, ⁿpaske delivrans nou ap toupre.

²⁹ Answit Li te di yo yon parabòl: Veye byen pye figye frans lan, avèk tout pyebwa yo. ³⁰ Depi yo pouse fèy, nou va wè sa, e nou vaᵒkonnen pou kont nou ke gran sezon chalè a toupre kounye a. ³¹ Menm jan an, nou menm tou, lè nou wè bagay sa yo ap fèt, rekonèt ke ᵖwayòm Bondye a toupre. ³² Anverite Mwen di nou, ke jenerasyon sila a p ap pase avan tout bagay sa yo rive. ³³ ᵠSyèl la avèk tè a va pase, men pawòl Mwen yo p ap pase.

³⁴ ʳVeye nou, swa kè nou va vin lou nan banbòch ak bwason avèk enkyetid lavi yo, paske jou sa a va vini sou nou sibitman. ³⁵ Paske li va vini kon yon piyej sou tout sila yo ki rete sou fas tout tè a. ³⁶ Men ˢrete vijilan tout tan avèk lapriyè pou nou kapab gen fòs pou chape de tout bagay sila yo ki prèt pou rive, e pou kanpe devan Fis a Lòm nan."

³⁷ Alò pandan jounen an, Li t ap ᵗenstwi nan tanp lan; men nan aswè, Li te konn ale deyò pou pase nwit lan sou ᵘmòn ki rele Olivye a. ³⁸ Epi tout pèp la te toujou leve granmmaten pou vin kote Li nan tanp lan pou koute Li.

22 ᵛAlò, fèt Pen San Ledven an ki rele Pak Jwif la, t ap pwoche. ² Konsa, Chèf prèt avèk skrib yo ʷt ap chache kijan yo ta kapab mete L a lanmò; paske yo te pè pèp la.

³ ˣKonsa, Satan te antre nan Judas ki te rele Iscariot, ki te konte pami douz yo. ⁴ Li te sòti, e te diskite avèk chèf prèt avèk ʸofisye yo sou jan li ta kapab trayi Li a yo menm. ⁵ Yo te kontan, e te vin dakò pou bay li lajan. ⁶ Donk, li te antann li avèk yo, e te kòmanse chache yon bon okazyon pou livre Li bay yo kote pa t gen foul moun.

⁷ ᶻAlò, te rive premye jou Pen San Ledven an pandan lè yo te oblije fè sakrifis jenn mouton an. ⁸ Li te voye ᵃPierre avèk Jean e te di: "Ale prepare Pak la pou nou pou nou kab manje li."

⁹ Yo te mande li: "Ki kote Ou vle nou prepare l?"

¹⁰ Li te di yo: "Gade, lè nou antre nan vil la, yon mesye k ap pote yon vaz dlo va vin rankontre nou. Swiv li pou antre nan kay kote li antre a." ¹¹ Nou va di a mèt kay la: "Mèt la di nou, 'Kote chanm vizitè a kote Mwen kapab manje Pak la avèk disip Mwen yo?' ¹² Epi li va montre nou yon gwo chanm anlè, byen founi. Prepare li la."

¹³ Yo te pati e te twouve tout bagay jan li te di yo a. Yo te prepare Pak la.

¹⁴ ᵇLè lè a te rive, Li te repoze a tab, e apòt yo te avè L. ¹⁵ Li te di yo: "Mwen te seryezman anvi manje Pak sa a avèk nou avan Mwen soufri; ¹⁶ paske Mwen di nou, Mwen p ap janm manje li ankò, ᶜjiskaske li vin akonpli nan wayòm Bondye a." ¹⁷ ᵈLè l te fin pran yon tas, e te beni li, Li te di: "Pran sa a, e pataje li pami nou menm. ¹⁸ Paskeᵉ Mwen di nou, Mwen p ap bwè fwi rezen an depi kounye a jiskaske wayòm Bondye a vini."

¹⁹ Lè L te fin pran yon pen e te ᶠbeni li, Li te kase l. Li te bay yo e te di: "Sa se kò M ki bay pou nou menm. Fè sa nan memwa a Mwen menm." ²⁰ Menm jan an, Li te pran tas la lè yo te fin manje e te di: "Tas sa se ᵍakò nèf de san Mwen an ki vide ʰnèt pou nou. ²¹ ⁱ Men gade, men la a sila ki trayi Mwen an; li la avè M sou tab la. ²² Paske anverite, Fis a Lòm nan va ale ʲjan sa te deja detèmine a. Men malè a moun ki trayi Li a!"

ᵃ **21:12** Mat 10:19-22   ᵇ **21:13** Phm 1:12   ᶜ **21:14** Luc 12:11   ᵈ **21:15** Luc 12:12   ᵉ **21:18** Mat 10:30
ᶠ **21:19** Mat 19:22   ᵍ **21:20** Luc 19:43   ʰ **21:21** Luc 17:31   ⁱ **21:22** És 63:4   ʲ **21:23** Dan 8:19   ᵏ **21:24** Rev 11:2
ˡ **21:24** Wo 11:25   ᵐ **21:27** Dan 7:13   ⁿ **21:28** Luc 18:7   ᵒ **21:30** Luc 12:57   ᵖ **21:31** Mat 3:2   ᵠ **21:33** Mat 5:18
ʳ **21:34** Mat 24:42-44   ˢ **21:36** Mc 13:33   ᵗ **21:37** Mat 26:55   ᵘ **21:37** Mat 21:1   ᵛ **22:1** Egz 12:1-27
ʷ **22:2** Mat 12:14   ˣ **22:3** Mat 26:14-16   ʸ **22:4** I Kwo 9:11   ᶻ **22:7** Mat 26:17-19   ᵃ **22:8** Trav 3:1-11
ᵇ **22:14** Mat 26:20   ᶜ **22:16** Luc 14:15   ᵈ **22:17** I Kor 10:16   ᵉ **22:18** Mat 26:29   ᶠ **22:19** Mat 14:9
ᵍ **22:20** Mat 26:28   ʰ **22:20** Egz 24:8   ⁱ **22:21** Sòm 41:9   ʲ **22:22** Trav 2:23

²³ Konsa, yo te kòmanse diskite pami yo kilès nan yo ke li ta kapab ye pou ta fè bagay sa a.

²⁴ Te leve osi yon diskisyon pami yo sou kilès nan yo ki te konsidere kòm pi gran. ²⁵ ᵃMen Li te di yo: "Wa a payen yo domine yo, e sila ki gen otorite sou yo, yo rele 'byenfetè'. ²⁶ Men se pa konsa pou nou menm, ᵇmen fòk sila a ki pi gran pami nou an vin tankou pi piti a, e direktè a tankou sèvitè a. ²⁷ Paske, kilès ki pi gran an, sila a ki repoze a tab la, oubyen sila k ap sèvi a? Se pa sila ki repoze a tab la? Men ᶜMwen menm, mwen pami nou kòm sila k ap sèvi a.

²⁸ Nou menm se sila yo ki te kanpe avè M nan toutᵈeprèv Mwen yo. ²⁹ Epi menm jan an ke Papa M ban Mwen ᵉyon wayòm, Mwen bannou li, ³⁰ pou nou kapab manje e bwè sou tab Mwen nan wayòm Mwen an. Konsa, ᶠnou va chita sou douz twòn yo pou jije douz tribi Israël yo.

³¹ Simon, Simon, veye byen. ᵍSatan mande pèmisyon pouʰvannen ou tankou ble. ³² Men Mwen teⁱpriye pou ou, pou lafwa ou pa pèdi; e pou ou, nan lè ke ou retounen ankò, kab bay frè ou yo fòs."

³³ ʲMen li te di Li: "Senyè, avèk Ou, mwen prepare pou m ale ni nan prizon, ni a lanmò!"

³⁴ Li te reponn: "Mwen di ou, Pierre, ke kòk la p ap gen tan chante jodi a avan ou di twa fwa ke ou pa rekonèt Mwen."

³⁵ Li te di yo: ᵏ"Lè Mwen te voye nou deyò san bous, ni sak, ni sapat la, nou pa t manke anyen; se pa sa?" E yo te di: "Non, anyen".

³⁶ Li te di yo ankò: "Men koulye a, nenpòt moun ki gen yon bous, fòk li pran l avè l; menm jan an tou, yon sak. E nenpòt moun ki pa gen, fòk li vann manto li, pou achte youn nepe. ³⁷ Paske Mwen di nou ke sa ki ekri a oblije akonpli nan Mwen. ˡ'E Li te konte pami malfektè yo.' Paskeᵐsa ki gen referans a Mwen menm nan gen pou ranpli."

³⁸ Yo te di: "Senyè, gade, men de ⁿnepe." E Li te di yo: "Sa sifi."

³⁹ Li te sòti, e te kontinye ᵒkòm abitid Li, vè Mòn Olivye a. Disip Li yo osi te swiv Li. ⁴⁰ Lè L te rive la, Li te di yo: "Priye pou nou pa antre nan tantasyon."ᵖ

⁴¹ Konsa, Li te kite yo pou rive vè distans ke yon moun kab voye yon wòch, e Li te mete L sou jenou pou priye. ⁴² Li t ap di: "Papa, si se volonte Ou, rete tas sa a sou Mwen; ᵠmalgre pa selon volonte M, men ke pa W la kapab fèt."

⁴³ Alò, yon ʳzanj syèl la te parèt a Li menm pou bay Li fòs. ⁴⁴ ˢAk gwo toumant, Li t ap priye avèk entansite. Swè Li te vin tankou gwo gout san ki t ap tonbe atè.

⁴⁵ Lè L te leve soti nan lapriyè, Li te vin kote disip yo e te twouve yo nan dòmi akoz tristès yo. ⁴⁶ Li te di yo: "Poukisa nou ap dòmi? Leve e ᵗpriye pou nou pa antre nan tantasyon."

⁴⁷ ᵘPandan Li te toujou ap pale, men yon foul te parèt avèk sila ki te rele Judas a, youn nan douz yo, ki t ap mennen yo. Li te pwoche Jésus pou bo L. ⁴⁸ Men Jésus te di li: "Judas, èske w ap trayi Fis a Lòm nan avèk yon bo?"

⁴⁹ Lè sila ki te antoure Li yo te wè sa ki t ap fèt la, yo te di: "Senyè, èske n ap frape avèk ᵛnepe a"? ⁵⁰ Konsa, youn nan yo te frape esklav a wo prèt la, e te koupe zòrèy dwat li.

⁵¹ Men Jésus te reponn e te di: "Anmwens, kite m fè sa a" epi Li te touche zòrèy la, e te geri li. ⁵² Jésus te di a chèf prèt avèk ʷofisye a tanp ki te vini kont Li yo: "Nou vini avèk nepe ak baton tankou nou t ap vini kont yon vòlè? ⁵³ Pandan ke Mwen te avèk nou chak jou nan tanp lan, nou pa t mete men sou Mwen; men lè sa a avèk pouvwa tenèb la se lè pa nou an."

⁵⁴ Lè yo te fin arete Li, yo te mennen L ale, e te fè L rive lakay wo prèt la. Men ˣPierre t ap swiv a yon distans. ⁵⁵ ʸApre yo te fin sanble dife nan mitan lakou tribinal la, e te chita ansanm, Pierre te chita pami yo. ⁵⁶ Alò, yon fi ki t ap sèvi, lè l te wè li nan limyè dife a, li te gade l toupre, e te di: "Mesye sa a te avè L tou, wi."

⁵⁷ Men Li te demanti sa, e te di: "Fanm, mwen pa konnen Li."

⁵⁸ Yon ti jan pita, ᶻyon lòt te wè l, e te di: "Ou menm se youn nan yo tou." Men Pierre te di: "Mesye, se pa mwen!"

⁵⁹ Apre anviwon yon èdtan te fin pase, yon lòt mesye te kòmanse ensiste, e te di: "Sètènman mesye sa a te avè l tou, ᵃpaske li se yon Galileyen."

⁶⁰ Men Pierre te di: "Mesye, mwen pa konnen anyen de sa w ap pale a!" E lapoula, pandan li te toujou ap pale, yon kòk te chante. ⁶¹ Senyè a te vire gade Pierre. E Pierre te sonje pawòl a Senyè a, jan li te di li a: ᵇ"Avan kòk la chante jodi a, ou va renye M twa fwa." ⁶² Li te sòti deyò, e te kriye byen amè.

⁶³ Alò ᶜmesye ki te kenbe Jésus yo t ap moke Li, e bat Li, ⁶⁴ Konsa, yo te mare kouvri zye Li avèk yon twal, e te di L: ᵈ"Pwofetize non; se kilès ki frape Ou a?" ⁶⁵ Yo t ap di anpil lòt bagay kont Li, avèkᵉblasfèm.

⁶⁶ ᶠLè li te fè jou, Konsèy Ansyen a pèp la te reyini, ni chèf prèt avèk skrib yo. Yo te mennen Li nan chanm konsèy la, e t ap di: ⁶⁷ ᵍ"Si Ou menm se Kris la, di nou sa a." Men Li te di yo: "Si Mwen di nou, nou p ap kwè; ⁶⁸ epi si Mwen poze nou yon kesyon, nou p ap reponn, ni lage M ale. ⁶⁹ ʰ Men depi koulye a, ⁱFis a Lòm nan va chita sou men dwat a pwisans Bondye a."

ᵃ **22:25** Mat 20:25-28 ᵇ **22:26** Mat 23:11 ᶜ **22:27** Mat 20:28 ᵈ **22:28** Eb 2:18 ᵉ **22:29** Mat 5:3 ᶠ **22:30** Mat 19:28
ᵍ **22:31** Job 1:6 ʰ **22:31** Am 9:9 ⁱ **22:32** Jn 17:9-15 ʲ **22:33** Mat 26:33-35 ᵏ **22:35** Mat 10:9 ˡ **22:37** És 53:12
ᵐ **22:37** Jn 17:4 ⁿ **22:38** Luc 22:36-49 ᵒ **22:39** Luc 21:37 ᵖ **22:40** Mat 26:39; Mat 26:36-46 ᵠ **22:42** Mat 26:39
ʳ **22:43** Mat 4:11 ˢ **22:44** Eb 5:7 ᵗ **22:46** Luc 22:40 ᵘ **22:47** Mat 26:47-56 ᵛ **22:49** Luc 22:38 ʷ **22:52** Luc 22:4
ˣ **22:54** Mat 26:58 ʸ **22:55** Mat 26:69-75 ᶻ **22:58** Jn 18:26 ᵃ **22:59** Mat 26:73 ᵇ **22:61** Luc 22:34
ᶜ **22:63** Mat 26:67 ᵈ **22:64** Mat 26:68 ᵉ **22:65** Mat 27:39 ᶠ **22:66** Mat 27:1 ᵍ **22:67** Mat 26:63-66
ʰ **22:69** Mat 26:64 ⁱ **22:69** Sòm 110:1

⁷⁰ Konsa, yo tout te di: "Alò, Ou menm se Fis Bondye a?" Li te reponn yo: ᵃ"Ou pale sa, paske, Mwen Se."

⁷¹ Answit yo te di: "Kisa nou bezwen anplis kòm temwayaj? Paske nou tande sa nou menm nan pwòp bouch Li!"

23 Alò kon yon sèl kò, yo te leve pou ᵇmennen L devan Pilate. ² ᶜYo te kòmanse akize L, e te di: "Nou te twouve mesye sa t ap egare nasyon nou an, e t ap anpeche yo peye kontribisyon yo bay César, e te di ke Li menm, Li se Kris la, yon Wa."

³ Donk Pilate te mande Li: "Èske Ou se Wa a Jwif yo?" Epi Li te reponn li: ᵈ"Se sa ou di l la".

⁴ Answit Pilate te di a chèf prèt yo avèk foul la: ᵉ"Mwen pa twouve okenn koupabilite nan mesye sa a".

⁵ Men yo te kontinye ensiste, e t ap di: "L ap boulvèse pèp la, e L ap enstwi yo toupatou nan Juda, ᶠkòmanse soti nan Galilée, pou menm rive nan plas sa a."

⁶ Men lè Pilate te tande sa, li te mande si mesye sa a te yon Galileyen. ⁷ Lè l te vin aprann ke Li te anba otorite Hérode, li te voye Li vè ᵍHérode, ki te osi nan Jérusalem nan moman sa a.

⁸ Alò, Hérode te trè kontan lè l te wè Jésus; paske ʰli te vle wè L depi lontan, akoz ke li t ap tande de Li, e te espere wè l fè kalite mirak ki te fèt pa Li. ⁹ Li te kesyone Li anpil, men ⁱLi pa t reponn li anyen. ¹⁰ Chèf prèt yo avèk skrib yo te kanpe la, e t ap akize Li avèk vanjans. ¹¹ Epi lè Hérode avèk sòlda li yo, te fin trete L avèk ensolans, e moke L, yo te ʲfè L abiye ak yon bèl manto, e te voye Li retounen bay Pilate. ¹² Alò nan menm jou sa a, ᵏHérode avèk Pilate te vin zanmi youn avèk lòt men avan sa, yo te lènmi youn ak lòt.

¹³ Pilate te rasanble chèf prèt yo avèk ˡofisye yo avèk pèp la. ¹⁴ Li te di yo: "Nou te mennen nonm sa a kote mwen tankou yon moun ki t ap ᵐpouse pèp la a rebelyon, e gade byen, selon egzamen ki fèt devan nou, mwen ⁿpa twouve okenn koupabilite nan Li, selon chaj ke nou fè kont Li yo. ¹⁵ Non, ni ᵒHérode pa twouve anyen, paske li te voye Li tounen bò kote nou; epi byen gade, anyen ki merite lanmò pa t fèt pa Li. ¹⁶ Konsa, mwen va ᵖpini Li, epi lage Li."

¹⁷ Alò li te oblije lage pou yo yon prizonye nan fèt la. ¹⁸ Men yo te kriye fò tout ansanm, e te di: ᵠ"Fè nonm sa ale! Libere pou nou Barabbas!" ¹⁹ (Li te yon moun ki te jete nan prizon pou yon rebelyon ki te fèt nan vil la, ak pou touye moun.)

²⁰ Pilate, ki te vle lage Jésus, te pale avèk yo ankò, ²¹ men yo te kontinye kriye fò, e te di: "Krisifye! Krisifye Li!"

²² Li te di yo yon twazyèm fwa: "Poukisa? Ki mal mesye sa a fè? Mwen pa twouve nan Li okenn fot ki mande lanmò. Konsa, mwen va ʳpini Li, epi lage Li." ²³ Men yo te ensiste toujou, e t ap mande ak gwo vwa pou Li krisifye. Epi vwa pa yo te kòmanse vin genyen. ²⁴ Konsa, Pilate te pase lòd ofisyèl pou sede bay yo sa yo te mande a. ²⁵ Li te libere mesye ke yo t ap mande a, ki te jete nan prizon pou rebelyon ak touye moun nan, men li te livre Jésus kon volonte pa yo.

²⁶ ˢLè yo te mennen L sòti, yo te mete men sou yon Simon de Cyrène ki t ap sòti andeyò, e te mete kwa a sou li pou l ta pote l dèyè Jésus. ²⁷ Yon gran foul nan pèp la t ap swiv Li, avèk fanm yo ki t ap ᵗkriye e fè lamantasyon pou Li. ²⁸ Men Jésus, te vin vire vè yo, e te di: "Fi Jérusalem yo, sispann kriye pou Mwen, men kriye pou nou menm, ak pou pitit nou yo. ²⁹ Paske, veye byen, jou yo ap vini lè yo va di: ᵘ'Beni se sila ki esteril yo, e vant ki pa t janm fè pitit yo, ak tete ki pa t janm bay timoun tete yo.' ³⁰ Alò, yo va kòmanse di a mòn yo: ᵛ'Tonbe sou nou, e a ti kolin yo, kouvri nou.' ³¹ Paske si yo fè bagay sa yo avèk bwa ki vèt, kisa k ap rive lè l sèch."

³² ʷDe lòt mesye ki te kriminèl yo t ap mennen sòti pou mete a lanmò avèk Li. ³³ ˣLè yo te rive nan plas yo rele Plas Tèt Mò a, yo te krisifye Li avèk kriminèl yo, youn sou bò dwat, e youn sou bò goch.

³⁴ Men Jésus t ap di: "Papa, padone yo; paske yo pa konnen kisa y ap fè." Epi yo te ʸtire osò pou divize vètman Li pami yo menm. ³⁵ Pèp la te kanpe akote, e t ap gade. Menm ofisye yo t ap moke L, t ap di: "Li te sove lòt yo, ᶻkite Li sove pwòp tèt Li si se Kris a Bondye a, Sila Ke Li Chwazi a."

³⁶ Sòlda yo osi ki t ap moke Li, te vin kote L, pou ᵃofri Li diven si. ³⁷ Yo t ap di: ᵇ"Si Ou se Wa a Jwif yo, sove tèt Ou!"

³⁸ Alò te gen yon enskripsyon anwo Li: ᶜ"Sa Se Wa a Jwif Yo"

³⁹ ᵈYoun nan kriminèl ki te pann yo t ap voye pawòl abizif vè Li; li t ap di: "Èske se pa Kris la Ou ye? Sove tèt Ou, avèk nou!"

⁴⁰ Men lòt la te reponn ak repwòch e te di: "Èske ou pa menm pè Bondye, paske ou anba menm lòd kondanasyon an? ⁴¹ Epi nou menm avèk jistis, paske nou ap resevwa sa ke nou merite pou zèv nou yo; men mesye sila a pa fè okenn mal." ⁴² Konsa li te di: "Jésus, sonje mwen lè Ou antre nan wayòm Ou an!"

⁴³ Li te reponn li: "Anverite Mwen di ou, jodi a, ou va avè M nan ᵉParadi."

⁴⁴ ᶠAlò se anviwon sizyèm lè, e tenèb te tonbe sou tout latè jiska nevyèm lè. ⁴⁵ Solèy la te kache nèt, e ᵍvwal tanp lan te chire an de bout. ⁴⁶ Jésus te kriye avèk yon gwo vwa, e te di: "Papa, ʰnan men Ou Mwen remèt lespri Mwen." Lè L fin di sa, Li te respire dènye souf Li.

ᵃ **22:70** Mat 26:64 ᵇ **23:1** Mat 27:2 ᶜ **23:2** Mat 27:11-14 ᵈ **23:3** Luc 22:70 ᵉ **23:4** Mat 27:23
ᶠ **23:5** Mat 4:12 ᵍ **23:7** Mat 14:1 ʰ **23:8** Luc 9:9 ⁱ **23:9** Mat 27:12,14 ʲ **23:11** Mat 27:28 ᵏ **23:12** Trav 4:27
ˡ **23:13** Luc 23:35 ᵐ **23:14** Luc 23:2 ⁿ **23:14** Luc 23:4 ᵒ **23:15** Luc 9:9 ᵖ **23:16** Mat 27:26 ᵠ **23:18** Jn 18:39 ʳ **23:22** Luc 23:16 ˢ **23:26** Jn 19:17 ᵗ **23:27** Luc 8:52 ᵘ **23:29** Mat 24:19 ᵛ **23:30** Os 10:8
ʷ **23:32** Mat 27:38 ˣ **23:33** Mat 27:33-44 ʸ **23:34** Sòm 22:18 ᶻ **23:35** Mat 27:43 ᵃ **23:36** Mat 27:48
ᵇ **23:37** Mat 27:43 ᶜ **23:38** Mat 27:37 ᵈ **23:39** Mat 27:44 ᵉ **23:43** II Kwo 12:4 ᶠ **23:44** Mat 27:45-56
ᵍ **23:45** Egz 26:31-33 ʰ **23:46** Sòm 31:5

⁴⁷ ªAlò, lè santenye a te wè sa ki te rive a, li te kòmanse bay lwanj a Bondye, e te di: "Anverite, mesye sa a te inosan." ⁴⁸ Alò tout foul la ki te vini ansanm pou espektak sila a, lè yo te wè sa ki te rive a, yo te retounen e t ap ᵇbat lestomak yo. ⁴⁹ ᶜEpi tout sila ki te rekonèt Li yo, ak fanm Galilée ki te akonpanye Li yo, te kanpe a yon distans e t ap gade tout bagay sa yo.

⁵⁰ ᵈYon mesye ki te rele Joseph, yon manm Konsèy la, te yon nonm ki te bon e jis. ⁵¹ Li pa t dakò avèk plan yo a. Se te yon mesye ki te soti Arimathée, yon vil a Jwif yo, e li ᵉt ap tann vini wayòm Bondye a. ⁵² Mesye sila a te ale kote Pilate, e te mande kò Jésus. ⁵³ Konsa, li te desann kò li, li te vlope li nan yon twal lèn, e li te depoze li nan yon tonbo ki te fouye nan wòch, kote pèsòn pa t janm te depoze. ⁵⁴ Se te ᶠJou Preparasyon an, e Saba te prèt pou kòmanse. ⁵⁵ Alò ᵍfanm ki te vini avèk Li yo depi Galilée te swiv, e te wè tonm nan ak jan kò L te depoze a. ⁵⁶ Answit yo te retounen pou ʰprepare epis avèk pafen. Epi nan Saba a, yo te repoze selon Lalwa a.

24 ⁱMen nan premye jou semèn nan, nan granmmaten, yo te vini nan tonm nan, e te pote epis ke yo te fin prepare yo. ² Konsa, yo te twouve wòch la woule akote tonm nan, ³ men lè yo te antre, yo pa t twouve kò a ʲSenyè Jésus a. ⁴ Pandan yo te twouble akoz sa, vwala sibitman, ᵏde mesye te kanpe toupre yo a ak yon abiman briyan. ⁵ Fanm yo te sezi avèk laperèz, e te bese figi yo jis atè.

Mesye yo te di yo: "Poukisa nou ap chache Sila ki vivan an pami mò yo? ⁶ ˡLi pa la, men Li gen tan leve. Sonje ᵐjan Li te pale avèk nou pandan Li te toujou Galilée a? ⁷ Li t ap di ke fòk ⁿFis a Lòm nan livre nan men a moun pechè yo, pou krisifye, e leve ankò nan twazyèm jou a."

⁸ Konsa ᵒyo te sonje pawòl Li yo. ⁹ Yo te retounen soti nan tonm nan e te bay rapò a tout bagay sa yo a onz yo ak tout lòt yo. ¹⁰ Alò, se te ᵖMarie Magdala, Jeanne, Marie, manman a Jacques; anplis, lòt fanm ki te avèk yo, ki t ap pale apòt yo bagay sa yo. ¹¹ Men pawòl sa yo te parèt a yo menm tankou foli, e yo te refize kwè yo. ¹² Men Pierre te leve, e te ᵠkouri nan tonm nan. Lè l te bese pou gade ladann, li te wè sèlman twal lèn ki te sèvi pou vlope a; epi li te sòti pou rive ʳlakay li byen etone de sa ki te pase a.

¹³ E konsa, de nan yo t ap prale menm jou sa nan yon vil yo te rele Emmaüs, ki te anviwon a onz kilomèt de Jérusalem. ¹⁴ Yo t ap pale youn ak lòt sou tout bagay sa yo ki te fèt. ¹⁵ Pandan yo t ap pale ak diskite, Jésus Li menm te pwoche, e te kòmanse mache fè wout la ansanm avèk yo. ¹⁶ Men ˢzye pa yo te anpeche yo rekonèt Li. ¹⁷ Li te di yo: "Kilès pawòl sa yo ke n ap pataje youn avèk lòt konsa pandan n ap mache a, plen tristès konsa?" ¹⁸ Youn nan yo ke yo te rele Cléopas, te reponn e te di Li: "Èske se ou sèl k ap vizite Jérusalem ki pa konnen sa ki te pase isit la nan jou sa yo?"

¹⁹ Li te di yo: "Ki bagay"? Epi yo te di Li: "Bagay sou Jésus de Nazareth la, ki te yon pwofèt byen fò nan zèv, ak pawòl nan zye Bondye avèk tout pèp la. ²⁰ Kijan chèf prèt yo avèk ᵗdiri jan nou yo te livre li kondane a lanmò, e te krisifye Li. ²¹ Men nou t ap espere ke se te Li ki t ap fè ᵘredanmsyon Israël a. Anplis de tout sa, se twazyèm jou a depi bagay sa yo te fèt. ²² Men osi, kèk fanm pami nou te etone nou. ᵛLè yo te nan tonm nan bonè maten an, ²³ epi pa t twouve kò Li, yo te vin di ke yo te wè yon aparisyon de zanj ki te di ke Li te vivan. ²⁴ Kèk nan sila ki te avèk nou yo te ale nan tonm nan, e te twouve li vrèman menm jan ke fanm yo te di a; men Li menm, yo pa t wè L."

²⁵ Konsa, Li te reponn yo: "O moun ki manke konprann, e ki gen kè lan pou kwè nan ʷtout sa ke pwofèt yo te pale yo; ²⁶ˣ Èske li pa t nesesè pou Kris la te soufri bagay sa yo, pou antre nan glwa Li?" ²⁷ Answit, Li te kòmanse avèk ʸMoïse, ak tout pwofèt yo, e Li te eksplike yo bagay konsènan Li menm nan tout Ekriti Sen yo.

²⁸ Konsa, yo te pwoche vil kote yo t ap prale a, e Li ᶻte fè tankou Li t ap prale pi lwen. ²⁹ Men yo te ankouraje Li, e te di L: "Rete avèk nou, paske nwit lan ap pwoche, e jounen an prèt pou fini." Konsa, Li te antre pou rete avèk yo. ³⁰ Lè Li te repoze sou tab avèk yo, Li te pran pen an; Li te ªbeni li, kase li, e Li te kòmanse bay yo li. ³¹ Answit ᵇzye yo te vin ouvri e yo te rekonèt Li; epi Li te disparèt devan zye yo. ³² Yo te di youn ak lòt: "Èske kè nou pa t ap boule nan nou pandan Li t ap pale avèk nou sou wout la, pandan Li ᶜt ap eksplike nou Ekriti Sen yo?" ³³ Epi yo te leve menm lè a; yo te retounen Jérusalem, e yo te twouve onz yo reyini ansanm avèk ᵈsila ki te avèk yo. ³⁴ Yo te di yo ke ᵉSenyè a vrèman leve, e ᶠte parèt a Simon. ³⁵ Yo te kòmanse pataje sa ki te pase nan wout la, ak jan ᵍyo te te vin konnen Li nan kase pen an.

³⁶ Pandan yo t ap pale bagay sa yo, Li menm te kanpe nan mitan yo, e te di yo: "Ke lapè rete avèk nou."

³⁷ Men yo te etone, pè e te panse ke se te yon ʰlespri ke yo te wè a.

³⁸ Epi Li te di yo: "Poukisa nou twouble, e poukisa dout leve nan kè nou? ³⁹ Gade men Mwen, ak pye Mwen, ke se Mwen menm; ⁱtouche Mwen pou wè, paske yon lespri pa gen chè avèk zo, tankou nou wè ke M genyen an." ⁴⁰ Lè l fin di sa, Li te montre yo men Li avèk pye Li.

ᵃ **23:47** Mat 27:54 ᵇ **23:48** Luc 8:52 ᶜ **23:49** Mat 27:55 ᵈ **23:50** Mat 27:57-61 ᵉ **23:51** Mc 15:43
ᶠ **23:54** Mat 27:62 ᵍ **23:55** Luc 23:49 ʰ **23:56** Mc 16:1 ⁱ **24:1** Jn 20:1-8 ʲ **24:3** Luc 7:13 ᵏ **24:4** Jn 20:12
ˡ **24:6** Mc 16:6 ᵐ **24:6** Mat 17:22 ⁿ **24:7** Mat 16:21 ᵒ **24:8** Jn 2:22 ᵖ **24:10** Mat 27:56 ᵠ **24:12** Jn 20:3-6 ʳ **24:12** Jn 20:10 ˢ **24:16** Luc 24:31 ᵗ **24:20** Luc 23:13 ᵘ **24:21** Luc 1:68 ᵛ **24:22** Luc 24:1
ʷ **24:25** Mat 26:24 ˣ **24:26** Luc 24:7-44 ʸ **24:27** Jen 3:15 ᶻ **24:28** Mc 6:48 ª **24:30** Mat 14:19
ᵇ **24:31** Luc 24:16 ᶜ **24:32** Luc 24:45 ᵈ **24:33** Trav 1:14 ᵉ **24:34** Luc 24:6 ᶠ **24:34** I Kwo 15:5
ᵍ **24:35** Luc 24:30 ʰ **24:37** Mat 14:26 ⁱ **24:39** Jn 20:27

⁴¹ Pandan yo te toujou ᵃmal pou kwè akoz lajwa ak sezisman yo, Li te di yo: "Èske nou pa gen anyen isit la pou manje?" ⁴² Yo te bay Li yon mòso pwason boukannen. ⁴³ Li te pran l e te ᵇmanje l devan yo. ⁴⁴ Alò, Li te di yo: "Sa se pawòl Mwen yo ke Mwen te pale avèk nou pandan Mwen te toujou avèk nou an. Ke tout bagay ki ekri sou Mwen menm nan ᶜLalwa Moïse avèk Pwofèt yo avèk Sòm yo ta oblije akonpli."

⁴⁵ Answit Li te ᵈouvri lespri pa yo pou konprann Ekriti Sen yo. ⁴⁶ Li te di yo: "Se ᵉkonsa li ekri ke Kris la va soufri, e leve ankò soti nan lanmò nan twazyèm jou a. ⁴⁷ Epi ke repantans pou padon peche yo ta pwoklame nan non Li a ᶠtout nasyon yo, kòmanse depi Jérusalem. ⁴⁸ Nou menm se ᵍtemwen a bagay sa yo. ⁴⁹ Gade byen, Mwen ap voye kote nou pwomès Papa M nan. Men fòk nou rete nan vil la jiskaske nou vin abiye avèk pwisans ki sòti anwo a."

⁵⁰ Li te mennen yo deyò jiska ʰBéthanie, e Li te leve men L yo, e te beni yo. ⁵¹ Pandan Li t ap beni yo, Li te kite yo e te leve monte nan syèl la. ⁵² Yo menm, lè yo te fin adore Li, yo te retounen Jérusalem avèk gran jwa. ⁵³ Yo te rete nan tanp lan tout tan e yo t ap bay lwanj a Bondye.

LEVANJIL SELON JEAN

1 Nan kòmansman, te gen Pawòl la, e Pawòl la te avèk Bondye, e Pawòl la te Bondye. [a2] Li te nan kòmansman avèk Bondye. [3][b]Tout bagay ki te fèt te fèt pa Li, epi san Li, anyen ki te fèt pa t vin fèt. [4][c]Nan Li se te lavi, epi lavi se te [d]limyè a lòm. [5][e]Limyè fè klè nan tenèb la, epi tenèb la pa t ka venk li.

[6] Te [f]vin parèt yon nonm ke Bondye te voye ke yo te rele Jean. [7] Li te vini kon yon temwen, pou li ta kapab fè temwen a limyè a, [g]pou tout moun ta kapab kwè akoz li menm. [8] Se pa [h]li ki te Limyè a, men li te vini pou li ta kapab fè temwen a Limyè a.

[9] Te gen [i]vrè Limyè a ke, lè l vini nan mond lan, klere tout moun. [10] Li te nan lemond, e [j]lemond te fèt pa Li, men lemond pa t rekonèt Li. [11] Li te vini a moun pa Li yo, e moun pa L yo pa t resevwa Li. [12] Men a tout sa yo ki te resevwa L, Li te bay yo pouvwa pou devni [k]pitit a Bondye, menm a sa yo ki kwè nan non Li, [13] [l]ki pa t fèt ni pa san, ni pa volonte lachè a, ni pa volonte a lòm, men pa Bondye.

[14] E pawòl la te [m]vin lachè, e te viv pami nou. [n]Nou te wè glwa Li, kon glwa a sèl Fis inik a Papa a, ranpli avèk gras ak verite.

[15] Jean te fè temwen a Li. Li te rele fò e te di: "Sa se Li menm de moun mwen te pale nou lè m te di: [o]'Sila ki vini aprè mwen an pi wo pase m, paske li te egziste avan m.'" [16] Paske nan [p]plenitid Li, nou tout te resevwa gras sou gras. [17] Paske [q]Lalwa te bay pa Moïse, men nou te resevwa gras ak verite pa Jésus Kris. [18] Pèsòn pa janm wè Bondye. Men [r]Fis inik la, [s]ki nan sen Papa L, te fè nou konnen L.

[19] E sa se [t]temwayaj a Jean, lè Jwif yo te voye prèt yo avèk Levit yo pou mande l "Ki moun ou ye?"

[20] Li te konfese, li pa t nye, men li te konfese: [u]"Mwen menm se pa Kris la."

[21] Konsa yo mande li: "E byen, kisa? Èske ou menm se Elie?"

Li te di: "Non mwen pa Li."

"Èske ou menm se [v]Pwofèt la?" Li te reponn: "Non."

[22] Konsa yo di l: "Kilès ou ye, pou nou kapab bay yon repons a sa ki te voye nou yo? Kisa ou di selon ou menm?"

[23] Li te di: "Mwen menm se [w]yon vwa k ap kriye nan savann nan, 'Fè chemen Bondye a dwat', kon pwofèt la, Ésaïe te di."

[24] Alò, se te Farizyen yo ki te voye yo. [25] E yo te mande l, e te di l: "Ebyen [x]poukisa w ap batize si se pa Kris la, ni Elie, ni Pwofèt la ou ye?"

[26] Jean te reponn yo konsa: [y]"Mwen batize nou avèk dlo, men pami nou, kanpe youn ke nou pa konnen. [27] Se Li menm k ap vin apre mwen, ki prefere avan m, e menm [z]lasèt a sandal Li, mwen pa dign pou m ta demare."

[28] Bagay sa yo te fèt nan Béthanie, [a]lòtbò Jourdain an, kote Jean t ap batize a.

[29] Nan jou aprè li te wè Jésus ki t ap vin kote l e te di: "Men gade [b]Jenn Mouton Bondye a k ap retire peche mond lan. [30] Se te anfavè Li ke mwen te pale a lè mwen te di: [c]'Sila ki vini aprè mwen an pi wo pase m, paske li te egziste avan m.' [31] Epi mwen pa t rekonèt Li, men se pou Li ta kapab fè parèt a Israël, ke m te vini pou batize moun avèk dlo."

[32] Jean te fè temwayaj epi te di: [d]"Mwen wè Lespri a vin desann kon yon toutrèl ki soti nan syèl la epi Li te rete sou Li. [33] Mwen pa t rekonèt Li, men sila a ki te voye m pou batize avèk dlo te di mwen, 'Li menm sou kilès ou wè Lespri a desann epi rete sou Li a, [e]se Li menm k ap batize avèk Lespri Sen an.' [34] Mwen wè, epi mwen fè temwayaj ke sila a se [f]Fis Bondye a."

[35] Ankò [g]jou aprè Jean te kanpe avèk de nan disip li yo, [36] epi li te gade Jésus pandan Li t ap mache. Li te di: "Men gade [h]Jenn Mouton Bondye a!"

[37] De disip yo te tande l pale, epi yo te swiv Jésus. [38] Konsa, Jésus te vire pou wè yo t ap swiv Li, e te di yo: "Kisa n ap chache"? Yo te di Li: [i]"Rabbi, ki tradwi vle di 'Mèt', se kibò w ap rete?"

[39] Li te di yo: "Vini, nou va wè." Pou sa yo te vini epi te wè kote Li t ap rete. Yo te rete avèk Li jou sa, paske li te vè dizyèm lè.

[40] [j]Youn nan de sa yo ki te tande Jean pale epi te swiv Li yo se te Andre, frè a Simon Pierre. [41] Li te twouve premyèman frè li, Simon, e te di Li: "Nou te twouve Mesi a, ki tradwi se Kris la."

[42] Li te mennen li kote Jésus. Jésus te gade li e te di: "Ou se Simon, [k]fis a Jean. Ou va rele Céphas," ki tradwi vle di Pierre.

[43] Jou apre Li te vle antre nan [l]Galilée, e Li te twouve Philippe. Jésus te di li: "Swiv mwen."

[44] Philippe te sòti nan [m]Bethsaïda, vil André avèk Pierre a. [45] Philippe te twouve Nathanaël, e te di l: "Nou te twouve sila a ke [n]Moïse nan Lalwa avèk pwofèt yo te ekri a, Jésus de Nazareth, fis a Joseph la."

[46] Nathanaël te di l [o]"Èske yon bon bagay kapab sòti nan Nazareth?" Philippe te reponn: "Vini pou wè."

---

[a] **1:1** Jn 17:5   [b] **1:3** Jn 1:10   [c] **1:4** Jn 5:26   [d] **1:4** Jn 8:12   [e] **1:5** Jn 3:19   [f] **1:6** Mat 3:1   [g] **1:7** Jn 1:12   [h] **1:8** Jn 1:20   [i] **1:9** I Jn 2:8   [j] **1:10** I Kor 8:6   [k] **1:12** Jn 11:52   [l] **1:13** Jn 3:5   [m] **1:14** Fil 2:7   [n] **1:14** Luc 9:32   [o] **1:15** Mat 3:11   [p] **1:16** Ef 1:23   [q] **1:17** Jn 7:19   [r] **1:18** Jn 3:16,18   [s] **1:18** Luc 16:22   [t] **1:19** Jn 1:7   [u] **1:20** Luc 3:15   [v] **1:21** Det 18:15-18   [w] **1:23** És 40:3   [x] **1:25** Det 18:15-18   [y] **1:26** Mat 3:11   [z] **1:27** Mat 3:11   [a] **1:28** Jn 3:26   [b] **1:29** És 53:7   [c] **1:30** Mat 3:11   [d] **1:32** Mat 3:16   [e] **1:33** Mat 3:11   [f] **1:34** Mat 4:3   [g] **1:35** Jn 1:29   [h] **1:36** Jn 1:29   [i] **1:38** Mat 23:7   [j] **1:40** Mat 4:18-25   [k] **1:42** Mat 16:17   [l] **1:43** Mat 4:12   [m] **1:44** Mat 11:21   [n] **1:45** Luc 24:27   [o] **1:46** Jn 7:41-52

⁴⁷ Jésus te wè Nathanaël t ap vin kote Li epi te di: ᵃ"Men gade, yon Izrayelit nan kilès pa gen desepsyon."

⁴⁸ Nathanaël te di L "Kijan ou fè rekonèt mwen?" Jésus te reponn li: "Avan ᵇPhilippe te rele ou, pandan ou te anba pye figye a, Mwen te wè ou."

⁴⁹ Natanaël te reponn Li: "Rabbi, ki vle di 'Mèt', Ou menm se Fis Bondye a. Ou se ᶜWa Israël la."

⁵⁰ Jésus te reponn Li e te di: "Akoz Mwen te wè ou anba pye figye a, ou kwè? W ap wè pi gwo bagay pase sa yo." ⁵¹ E Li te di li: "Anverite, anverite mwen di ou, w ap wè ᵈsyèl yo louvri, epi zanj Bondye yo k ap monte desann sou Fis a Lòm nan."

2 Nan twazyèm jou a, te gen yon fèt maryaj nan ᵉCana nan Galilée, e manman a Jésus te la. ² Jésus ansanm ak ᶠdisip li yo te envite nan maryaj la.

³ Lè diven an te fini, manman a Jésus te di Li: "Nanpwen diven ankò."

⁴ Jésus te di li: "Fanm, kisa mwen gen avèk ou? ᵍLè M poko rive."

⁵ ʰManman li te di sèvitè yo: "Nenpòt sa Li mande nou, fè l."

⁶ La te genyen sis gwo veso dlo fèt an wòch pou ⁱkoutim Jwif la yo rele pirifikasyon, ki te kenbe ven a trant galon chak.

⁷ Jésus te di yo: "Ranpli po yo avèk dlo." Konsa, yo te plen yo ra bouch.

⁸ Epi Li di yo: "Retire kèk pou pote bay chèf sèvitè tab yo." Konsa yo te pote bay li.

⁹ Lè chèf sèvitè a te goute dlo a ʲki te tounen diven, li pa t konnen kote li te soti. Men sèvitè ki te rale l yo te konnen. Konsa, Chèf sèvitè a te rele jennonm ki t ap marye a, ¹⁰ epi te di l: "Tout moun sèvi bon diven an avan, e lè moun yo ᵏbwè kont yo, yo bay sa ki enferyè a, men ou kenbe bon diven an jis koulye a."

¹¹ Sa se te premye nan mirak pa L yo ke Li te fè nan Cana nan Galilée, e te montre ˡglwa Li, epi disip Li yo te kwè nan Li.

¹² Après sa Li te desann bò kote ᵐCapernaüm, Li ansanm avèk manman ⁿLi, avèk Frè Li yo, ak disip Li yo. Epi yo te rete la pou kèk jou.

¹³ ᵒPak Jwif la te rive e Jésus te monte nan Jérusalem.

¹⁴ ᵖLi te jwenn nan tanp lan, sa yo ki t ap vann bèf, mouton, ak toutrèl, avèk sa ki te chita pou fè echanj lajan yo. ¹⁵ Konsa, Li te fè yon fwèt avèk kòd, pou te chase yo tout fè yo sòti nan tanp lan, ansanm ak mouton ak bèf yo. Li te vide kòb a sa ki t ap chanje lajan yo, epi te chavire tab yo. ¹⁶ A sa yo ki t ap vann ᑫtoutrèl yo Li te di: "Pran bagay sa yo ale. Sispann fè lakay Papa M yon kay mache lavant."

¹⁷ ʳDisip Li yo te sonje ke li te ekri ˢ"Zèl pou lakay Ou va devore M." ¹⁸ Konsa, Jwif yo te reponn e te di Li: ᵗ"Ki sign otorite ou montre nou, pou dwa fè bagay sa yo?"

¹⁹ Jésus te reponn yo: ᵘ"Detwi tanp sila a, epi nan twa jou Mwen va fè l kanpe ankò."

²⁰ Jwif yo te reponn: "Li te pran ᵛkarant-sis ane pou bati tanp sa, epi Ou va fè l kanpe nan twa jou?"

²¹ Men Li t ap pale sou ʷtanp kò Li a. ²² Akoz sa, lè Li te leve sòti nan lanmò a, disip Li yo te sonje sa, e yo te kwè ˣEkriti Sen yo, avèk pawòl ke Jésus te pale a.

²³ Alò, lè L te nan Jérusalem, nan ʸPak Jwif la, pandan fèt la, anpil te kwè nan non Li, paske yo te wè sign ke Li t ap fè yo.

²⁴ Men Jésus, pou pati pa L, pa t fè yo konfyans paske ᶻLi te konnen tout moun. ²⁵ Konsa, Li pa t bezwen pèsòn pou bay temwayaj sou lòm, ᵃpaske li te konnen Li menm sa ki te nan lòm.

3 Te genyen yon mesye pami Farizyen yo ke yo te rele ᵇNicodème, yon chèf a Jwif yo. ² Mesye sila a te vin kote Li pandan lannwit epi te di L: ᶜ"Rabbi, nou konnen ke ou sòti nan Bondye kon yon Mèt. Paske pèsòn pa kapab fè sign sa yo ke nou wè ou fè yo anmwenske ᵈBondye avè L."

³ Jésus te reponn e te di: "Anverite, anverite, Mwen di ou, anmwenske yon moun ᵉne ankò, li p ap kapab wè wayòm syèl la."

⁴ Nicodème te di Li: "Kijan yon moun kapab ne lè li vin vye? Èske li kapab antre yon dezyèm fwa nan vant manman l pou l kapab fèt ankò?"

⁵ Jésus te reponn li "Anverite, anverite, Mwen di ou, anmwenske yon moun fèt pa dlo, epi pa Lespri, li p ap kapab antre nan wayòm syèl la. ⁶ ᶠSa ki ne nan lachè se lachè, men sa ki ne nan Lespri, se Lespri. ⁷ Pa etone ke Mwen te di ou: 'Fòk ou ne tounèf.' ⁸ ᵍVan an soufle kote li vle, epi ou tande son li, men ou pa konnen kote li soti, ni kote li prale. Se konsa li ye avèk tout sa yo ki ne nan Lespri."

⁹ Nicodème te reponn Li: "Kijan bagay sa yo kapab ye?"

¹⁰ Jésus te reponn: "Ou menm se ʰMèt an Israël epi ou pa konprann bagay sa yo? ¹¹ Anverite, anverite, Mwen di ou, ⁱnou pale sa ke nou konnen, e fè temwayaj de sa ke nou konn wè, e ou pa aksepte temwayaj nou.

¹² "Si Mwen di ou bagay konsènan latè a, epi ou pa konprann, kijan w ap kwè si Mwen di ou bagay konsènan syèl la.

¹³ ʲ"Nanpwen pèsòn ki monte nan syèl la sof ke Li menm ki te desann sòti nan syèl la, Fis a Lòm nan menm."

ᵃ **1:47** Wo 9:12   ᵇ **1:48** Mat 10:3   ᶜ **1:49** Mat 2:2   ᵈ **1:51** Éz 1:1   ᵉ **2:1** Jn 2:11   ᶠ **2:2** Jn 1:40-49   ᵍ **2:4** Jn 7:6-8   ʰ **2:5** Mat 12:46   ⁱ **2:6** Mc 7:3   ʲ **2:9** Jn 4:46   ᵏ **2:10** Mat 24:49   ˡ **2:11** Jn 1:14   ᵐ **2:12** Mat 4:13   ⁿ **2:12** Mat 12:46   ᵒ **2:13** Det 16:1-6   ᵖ **2:14** Mal 3:1   ᑫ **2:16** Mat 21:12   ʳ **2:17** Jn 2:2   ˢ **2:17** Sòm 69:9   ᵗ **2:18** Mat 12:38   ᵘ **2:19** Mat 24:49   ᵛ **2:21** I Kor 6:19   ʷ **2:22** Sòm 16:10   ˣ **2:23** Jn 2:13   ʸ **2:24** Trav 1:24   ᵃ **2:25** Mat 9:4   ᵇ **3:1** Jn 7:50   ᶜ **3:2** Mat 23:7   ᵈ **3:2** Jn 9:33   ᵉ **3:3** II Kor 5:7   ᶠ **3:6** Jn 1:13   ᵍ **3:8** Sòm 135:7   ʰ **3:10** Luc 2:46   ⁱ **3:11** Jn 1:18   ʲ **3:13** Pwov 30:4

¹⁴ "Menm jan ᵃMoïse te leve sèpan an nan dezè a, konsa fòk Fis a Lòm nan ᵇvin leve wo, ¹⁵ pou nenpòt moun ki kwè ᶜnan Li, kapab genyen lavi etènèl.
¹⁶ "Paske Bondye te ᵈtèlman renmen lemond, ke Li te bay sèl Fis inik Li pou nenpòt moun ki kwè nan Li pa ta peri, men ta gen lavi etènèl. ¹⁷ Paske Bondye pa t voye Fis Li nan lemond pou ᵉjije lemond, men pou lemond ta kapab sove pa Li.
¹⁸ "Sila ki kwè nan Li p ap jije. Men li menm ki pa kwè nan Li gen tan jije deja, paske Li pa t kwè nan non a ᶠsèl Fis inik a Bondye a.
¹⁹ "Sa se jijman an, ke ᵍlimyè a te vini nan lemond, men lòm te renmen tenèb la olye limyè a. Paske zèv pa yo te mechan.
²⁰ ʰ"Paske chak moun ki fè mal, li rayi limyè a, e pa vin kote limyè a, akoz perèz zèv li yo ta vin parèt.
²¹ Men sila ki ⁱaji nan verite a, ap vini vè limyè a, pou zèv li yo kapab parèt kon zèv ki te fèt pa Bondye."

²² Apre bagay sa yo, Jésus avèk disip Li yo te vini nan peyi Judée, e la Li t ap pase tan avèk yo epi t ap ʲbatize.
²³ Konsa, Jean osi t ap batize nan Enon, toupre Salim, paske te gen anpil dlo la. E yo t ap vini e t ap batize. ²⁴ Paske ᵏJean potko jete nan prizon.
²⁵ Konsa, te leve yon diskisyon antre disip a Jean yo ak yon Jwif sou afè ˡpirifikasyon. ²⁶ Yo te vin kote Jean pou di l, ᵐ"Rabbi, Li menm ki te avèk ou lòtbò Jourdain an, pou Li menm ke ou te bay temwayaj la. Gade, l ap batize, e tout moun ap vin kote Li."
²⁷ Jean te reponn e te di: ⁿ"Yon nonm pa kapab resevwa anyen anmwenske li sòti nan syèl la. ²⁸ Nou menm se temwen m lè mwen te di: ᵒ'Mwen menm se pa Kris la, men m te voye devan Li.'
²⁹ "Sa ki genyen madanm maryaj la se ᵖjennonm k ap marye. Zanmi li an ki kanpe epi tande l, rejwi anpil paske li tande vwa li. Konsa jwa pa m fin ranpli. ³⁰ Li menm oblije vin plis, men mwen oblije vin mwens."
³¹ ᵠ"Li ki sòti pa anwo a, se anwo tout bagay. Li menm ki soti sou latè, se pou latè, epi pale sou zafè latè. Li menm ki sòti nan syèl la, anwo tout bagay.
³² Sa ke Li te wè epi tande, se sou sa Li ʳbay temwayaj. Epi pa gen pèsòn ki resevwa temwayaj Li. ³³ Sila ki resevwa temwayaj Li mete so li sou sa, ke Bondye vrè. ³⁴ Paske Li menm ke Bondye voye a, pale pawòl a Bondye. ˢPaske Li bay Lespri a san mezi.
³⁵ ᵗPapa a renmen Fis la, epi te mete tout bagay nan men Li.
³⁶ Sila ki ᵘkwè nan Fis la genyen lavi etènèl; men sila li ki pa obeyi Fis la, p ap wè lavi, men lakolè Bondye va rete sou li.

4 Pou sa, lè ᵛSenyè a te konnen Farizyen yo te tande Jésus t ap batize plis disip pase Jean ² (men ʷJésus Li menm pa t ap batize, men disip Li yo t ap fè l), ³ li te kite ˣJudée epi te pati ʸankò pou Galilée.
⁴ Konsa, Li te oblije pase nan ᶻSamarie.
⁵ Li te vini nan yon vil Samarie yo rele Sychar, toupre ᵃmoso tè ke Jacob te bay a Joseph, fis li.
⁶ Pwi a Jacob la te la. Jésus, akoz Li te byen fatige pa vwayaj la, te chita akote pwi a. Se te anviwon sizyèm lè.
⁷ Yon fanm Samariten te vini pou tire dlo nan pwi a.

Jésus te di l: "Ban M bwè". ⁸ Paske ᵇdisip li yo te ale nan vil la pou achte manje.
⁹ Konsa, fanm Samariten nan te reponn Li: "Kòman Ou menm, ki se yon Jwif mande M pou bwè lè mwen menm se yon fanm Samariten?" (Paske ᶜJwif yo pa gen bon relasyon avèk Samariten yo.)
¹⁰ Jésus te reponn e te di l: "Si ou te konnen don Bondye a, epi ki moun ki di ou 'Ban M bwè a', ou t ap mande L, e Li t ap bay ou ᵈdlo vivan an."
¹¹ Li te di L: "Mesye, ou pa gen anyen pou rale l, epi pwi a fon. Ki kote konsa W ap twouve ᵉdlo vivan sila a? ¹² Èske Ou kapab pi gran pase papa zansèt nou yo Jacob, ki te ᶠbay nou pwi a, ki te bwè ladann li menm, avèk pitit li, ak bèt li yo?"
¹³ Jésus te reponn e te di li: "Tout moun ki bwè dlo sila a ap swaf ankò: ¹⁴ Men nenpòt moun ki bwè dlo ke Mwen bay li a, p ap janm swaf. Men dlo ke Mwen bay li a ap vini nan li tankou yon pwi k ap bay dlo jiska ᵍlavi etènèl."
¹⁵ Fanm nan te di Li: "Mesye, ʰban m dlo sa a pou m pa swaf, ni pou m pa oblije vin jis isit la pou tire l."
¹⁶ Li te di li: "Ale rele Mari ou, epi vin isit la."
¹⁷ Fanm nan te reponn Li e te di: "Mwen pa gen mari." Jésus te di li: "Ou pale byen: 'Mwen pa gen mari.' ¹⁸ Paske ou te genyen senk mari, epi sila a ke ou gen koulye a se pa mari ou. Ou pale verite."
¹⁹ Fanm nan te reponn Li: "Mesye mwen konsidere ke Ou menm se ⁱyon pwofèt. ²⁰ Papa zansèt nou yo te adore nan ʲmòn sila a, men ou di ke se nan Jérusalem pou nou adore."
²¹ Jésus te di li: "Fanm, kwè M, yon lè ap vini lè se pa ᵏni nan mòn sa a, ni nan Jérusalem ke ou va adore Papa a. ²² Ou adore sa ke ou pa konnen, men nou adore sa ke nou konnen, paske ˡsali a sòti nan Jwif yo.
²³ "Men ᵐlè ap vini, e gen tan rive koulye a, lè vrè adoratè yo, va adore Papa a an espri, e anverite. Pwiske se moun konsa ke Papa a ap chache pou adore L. ²⁴ Bondye se lespri, e fòk sa yo ki adore Li, adore L ⁿan espri e anverite."

ᵃ **3:14** Nonb 2:19   ᵇ **3:14** Jn 12:34   ᶜ **3:15** Jn 20:31   ᵈ **3:16** Wo 5:8   ᵉ **3:17** Luc 19:10   ᶠ **3:18** Jn 1:18
ᵍ **3:19** Jn 1:4   ʰ **3:20** Jn 3:20-21   ⁱ **3:21** I Jn 1:6   ʲ **3:22** Jn 4:1-2   ᵏ **3:24** Mat 4:12   ˡ **3:25** Jn 2:6
ᵐ **3:26** Mat 23:7   ⁿ **3:27** I Kor 4:7   ᵒ **3:28** Jn 1:20-23   ᵖ **3:29** Mat 9:15   ᵠ **3:31** Mat 28:18   ʳ **3:32** Jn 3:11
ˢ **3:34** Mat 12:18   ᵗ **3:35** Mat 28:18   ᵘ **3:36** Jn 3:16   ᵛ **4:1** Luc 7:13   ʷ **4:2** Jn 3:22-26   ˣ **4:3** Jn 3:22
ʸ **4:3** Jn 2:11   ᶻ **4:4** Luc 9:52   ᵃ **4:5** Jen 33:19   ᵇ **4:8** Jn 2:2   ᶜ **4:9** Esd 4:3-11   ᵈ **4:10** Jr 2:13   ᵉ **4:11** Jr 2:13
ᶠ **4:12** Jn 4:6   ᵍ **4:14** Mat 25:46   ʰ **4:15** Jn 6:35   ⁱ **4:19** Mat 21:11   ʲ **4:20** Det 11:29   ᵏ **4:21** Mal 1:11
ˡ **4:22** És 2:3   ᵐ **4:23** Jn 4:21   ⁿ **4:24** Fil 3:3

²⁵ Fanm nan te di L: "Mwen konnen ke ᵃMesye, ᵇ(sila a ke yo rele Kris la) gen pou vini. Lè L vini, L ap deklare nou tout bagay."
²⁶ Jésus te di li: ᶜ"Mwen Menm k ap pale avèk ou a se Li."
²⁷ Nan moman sa a, ᵈdisip Li yo te vini. Yo te etone ke Li t ap pale avèk yon fanm, men pèsòn pa t mande l: "Kisa w ap chache" ni "Poukisa w ap pale avè L."
²⁸ Konsa fanm nan te kite po dlo a e te antre nan vil la. Konsa, li te di a tout moun: ²⁹ "Vin wè yon nonm ki te di mwen tout bagay ke mwen fè. ᵉNou pa sipoze ke se Li menm ki Kris la?"
³⁰ Yo te kite lavil la e t ap vin kote l.
³¹ Antre tan, disip yo t ap di L: ᶠ"Rabbi, manje."
³² Men Li te di yo: "Mwen gen manje ke nou pa konnen."
³³ Pou sa ᵍdisip yo t ap di a youn lòt: "Èske ou kwè ke moun pote bay Li kèk bagay pou L manje?"
³⁴ Jésus te di yo: "Manje M se pou fè volonte a Papa M ki voye Mwen an, e pou ʰacheve travay Li a.
³⁵ "Èske nou pa konn di: 'Genyen toujou kat mwa, epi rekòlt la ap vini?' Gade, Mwen di nou leve zye nou epi gade chan yo. Yo blan avèk ⁱrekòlt la.
³⁶ "Deja sila a ki fè rekòlt la ap resevwa salè li, e l ap ranmase fwi pou ʲlavi etènèl. Pou sila ki simen an, ak sila ki rekòlte a kapab rejwi ansanm. ³⁷ Paske nan sila a, pwovèb la vrè: ᵏ'Youn ap simen epi yon lòt ap rekòlte.'
³⁸ "Mwen te voye nou pou rekòlte kote nou pa t simen. Se lòt ki te travay, epi nou te antre nan travay yo."
³⁹ Anpil nan Samariten ki sòti nan ˡvil sa a te kwè nan Li, akoz pawòl yo ke fanm nan te bay kon temwayaj ᵐ"Li te di mwen tout bagay ke mwen fè". ⁴⁰ Lè Samariten yo te vin kote L, yo t ap mande Li pou rete avèk yo. Li te rete la pou de jou.
⁴¹ Anpil anplis te kwè nan Li akoz pawòl Li. ⁴² Yo t ap di a fanm nan: "Se pa ankò akoz sa ou te di yo ke nou kwè. Nou te tande pou kont nou e konnen ke Sila a se ⁿSovè a mond lan."
⁴³ Apre ᵒde jou Li te kite la, pou ale nan Galilée.
⁴⁴ Paske Jésus Li menm te bay temwayaj ke ᵖyon pwofèt pa gen lonè nan pwòp peyi li. ⁴⁵ Konsa, lè Li rive nan Galilée, Galileyen yo te resevwa Li, paske yo ᵍte wè tout bagay ke Li te fè nan Jérusalem pandan fèt la, pwiske yo tout te ale nan fèt la.
⁴⁶ Li te vini ankò nan vil ʳCana nan Galilée, kote Li te fè dlo tounen diven an. Te genyen yon ofisye wayal la, epi fis li te malad nan Capernaüm. ⁴⁷ Lè Li te tande ke Jésus ˢte sòti Judée pou L antre nan Galilée, li te ale kote L e te mande L pou desann avèk li pou geri fis li a, paske li te prèt pou mouri.

⁴⁸ Pou sa, Jésus te di li: "Anmwenske nou wè ᵗsign ak mirak, nou p ap menm kwè."
⁴⁹ Ofisye wayal la te di Li: "Mesye, vini avan pitit mwen an mouri."
⁵⁰ Jésus te di li: ᵘ"Ou mèt ale. Pitit ou ap viv." Mesye a te kwè Jésus epi te sòti.
⁵¹ Pandan li t ap desann, esklav li yo te rankontre li pou di li ke pitit la te vivan.
⁵² Li te mande yo kilè pitit la te kòmanse refè, e yo te di li: "Ayè sou setyèm lè lafyèv la te kite li."
⁵³ Konsa papa li te konnen ke se te nan menm lè sa ke Jésus te di li: "Pitit ou a ap viv." E li menm te kwè, epi ᵛtout lakay li ansanm avèk li.
⁵⁴ Se te ankò dezyèm sign ke Jésus te fè lè Li te ʷkite Judée pou L antre nan Galilée.

5 Apre bagay sa yo, te gen ˣyon fèt Jwif, e Jésus te monte a Jérusalem.
² La nan Jérusalem toupre ʸpòtay mouton an, gen yon basen dlo ke yo rele Béthesda, ki te gen senk galeri kouvri. ³ Nan sa yo te kouche sa yo ki te malad, avèg, oswa paralize ki t ap tann mouvman dlo a. ⁴ Paske yon zanj Senyè a te konn vini nan sèten sezon, epi antre nan basen an, epi vire dlo a. Konsa, sila ki te antre nan dlo a an premye lè dlo a vire te vin geri de nenpòt maladi ke li te genyen.
⁵ Alò yon sèten mesye ki te gen yon maladi depi trant-uit ane te la.
⁶ Lè Jésus te wè l kouche la, epi te konnen ke li te konsa depi anpil tan, Li te di l "Èske ou ta renmen geri?"
⁷ Mesye malad la te reponn Li: "Mesye, mwen pa gen moun pou mete m ᶻnan dlo a lè l vire, men lè m ap vini, yon lòt gen tan mache desann avan m."
⁸ Jésus te di l ᵃ"Leve, pran kabann ou, epi mache!"
⁹ Imedyatman, nonm nan te geri, te pran kabann li, epi te kòmanse mache. ᵇJou sa a se te jou Saba.
¹⁰ Pou sa Jwif yo t ap di Li "Se jou Saba a. ᶜLi pa pèmi pou ou pote kabann ou konsa."
¹¹ Men li te reponn yo: "Li menm ki te geri m nan, se Li menm ki di m 'Pran kabann ou mache.'"
¹² Yo te mande li: "Ki moun sa ki te di ou 'Pran kabann ou mache a?'
¹³ Men li menm ki te geri pa t konnen ki moun Li ye, paske Jésus te chape ale pandan yo te gen yon foul sou plas.
¹⁴ Apre, Jésus te twouve li nan tanp lan, e te di l: "Gade, ou gen tan geri. ᵈPa peche ankò pou anyen pi mal pa vin tonbe sou ou."
¹⁵ Nonm nan te ale e te di ᵉJwif yo ke se te Jésus ki te geri li.
¹⁶ Alò pou rezon sa a, ᶠJwif yo t ap pèsekite Jésus, paske Li t ap fè bagay sa yo nan Saba a.
¹⁷ Men Li te reponn yo e te di: "Papa M ap travay jis koulye a, e Mwen menm ap travay tou."

ᵃ **4:25** Dan 9:25   ᵇ **4:25** Mat 1:16   ᶜ **4:26** Jn 8:24-28   ᵈ **4:27** Jn 4:8   ᵉ **4:29** Mat 12:23   ᶠ **4:31** Mat 23:7
ᵍ **4:33** Luc 6:13-21   ʰ **4:34** Jn 5:36   ⁱ **4:35** Mat 9:37-38   ʲ **4:36** Mat 9:29   ᵏ **4:37** Job 31:8   ˡ **4:39** Jn 4:5-30
ᵐ **4:39** Jn 4:29   ⁿ **4:42** Mat 1:21   ᵒ **4:43** Jn 4:40   ᵖ **4:44** Mat 13:57   ᵍ **4:45** Jn 2:23   ʳ **4:46** Jn 2:1   ˢ **4:47** Jn 4:3-54   ᵗ **4:48** Dan 4:2   ᵘ **4:50** Mat 8:13   ᵛ **4:53** Trav 11:14   ʷ **4:54** Jn 4:45   ˣ **5:1** Det 16:1   ʸ **5:2** Né 3:1-32
ᶻ **5:7** Jn 5:4   ᵃ **5:8** Mat 9:6   ᵇ **5:9** Jn 9:14   ᶜ **5:10** Né 13:19   ᵈ **5:14** Mc 2:5   ᵉ **5:15** Jn 1:19   ᶠ **5:16** Jn 1:19

¹⁸ Men pou rezon sa, Jwif yo t ap chache plis pou yo ta kab touye L, paske non sèlman Li t ap vyole Saba a, men osi Li t ap rele Bondye Papa Li, ᵃki te fè Li vin egal avèk Bondye.

¹⁹ Pou sa, Jésus te reponn e te di yo: "Anverite, anverite, Mwen di nou, ᵇFis la pa kapab fè anyen pou kont Li, sof ke se yon bagay ke Li wè Papa a ap fè. Paske sa ke Papa a fè, Fis la ap fè yo menm jan an. ²⁰ ᶜPaske Papa a renmen Fis la, epi montre Li tout bagay ke Li menm ap fè. Epi ᵈpi gwo travay pase sa, Li va montre Li, pou nou etone. ²¹ Paske menm jan an ke Papa a leve mò yo pou ᵉbay yo lavi, menm jan an ᶠFis la osi bay lavi a sa ke Li vle.

²² "Paske menm Papa a pa jije pèsòn, men ᵍLi te bay tout jijman a Fis la, ²³ Pou tout moun kapab bay onè a Fis la, menm jan ke yo onore Papa a. ʰMoun ki pa onore Fis la, pa onore Papa a ki te voye Li a.

²⁴ "Anverite, Anverite, Mwen di nou, moun ki tande pawòl Mwen, epi ⁱkwè Li menm ki te voye Mwen an, genyen lavi etènèl, epi ʲpa p vini nan jijman, men li gen tan kite lanmò, pou antre nan lavi.

²⁵ "Anverite, Anverite Mwen di nou ke lè ap vini e koulye a gen tan rive, lè ᵏmò yo tande vwa a Fis Bondye a. Epi ˡsa yo ki tande ap viv.

²⁶ "Paske menm jan ke Papa a gen lavi nan Li menm, menm jan an ᵐLi te bay Fis la osi pou gen lavi nan Li menm. ²⁷ Li te bay Li otorite pou ⁿegzekite jijman, paske Li menm se Fis a Lòm nan.

²⁸ "Pa fè sezisman pou sa, paske yon lè ap vini lè ᵒtout moun sa yo ki nan tonbo yo ap tande vwa Li, ²⁹ epi ap vin parèt. ᵖSa yo ki te fè sa ki bon ap resisite a lavi, e sa yo ki te fè sa ki mal ap resisite pou jijman.

³⁰ "Mwen pa kapab fè anyen pou kont Mwen. Sa ke Mwen tande, Mwen jije; epi ᵠjijman Mwen jis, paske Mwen pa chache volonte pa M, men ʳvolonte a Li menm, ki te voye Mwen an.

³¹ ˢ"Si Mwen sèl fè temwayaj a Mwen menm, temwayaj la p ap vrè. ³² Gen ᵗyon lòt moun ki pote temwayaj Mwen, epi M konnen ke temwayaj ke Li pote sou Mwen menm vrè.

³³ "Ou te voye kote Jean, epi Li ᵘte bay temwayaj a verite a. ³⁴ Men ᵛtemwayaj ke Mwen resevwa a pa sòti nan lòm, men Mwen di nou bagay sa yo pou nou kapab sove.

³⁵ "Li menm li te lanp ki t a brile a, ki te limen pou klere, epi nou te ʷrejwi pou yon tan nan limyè pa l la.

³⁶ "Men temwayaj ke Mwen genyen an pi gwo ke temwayaj Jean an. Paske ˣzèv ke Papa a te ban M pou ʸacheve yo, menm zèv ke Mwen fè yo, temwaye de Mwen menm, ke Papa a te voye M. ³⁷ E Papa a ki te voye M nan, ᶻLi pote temwayaj de Mwen. Nou menm pa janm tande vwa Li nan okenn tan, ni nou pa janm wè fòm Li.

³⁸ "E nou pa gen ᵃpawòl Li nan nou, pwiske nou pa kwè Sila ke Li te voye a. ³⁹ ᵇNou chache tout Ekriti Sen yo paske nou kwè ke nan yo menm nou gen lavi etènèl. E se yo menm ki temwaye de Mwen menm.

⁴⁰ "Malgre, nou pa dakò pou vin kote M pou nou ta kapab gen lavi.

⁴¹ ᶜ"Mwen pa resevwa glwa ki sòti nan lòm. ⁴² Men Mwen konnen nou, ke nou pa genyen lamou Bondye nan nou menm.

⁴³ "Mwen te vini nan non Papa M, e nou pa resevwa M.

"Men ᵈsi yon lòt vini nan pwòp non pa l, li menm nou va resevwa l. ⁴⁴ Kijan nou kapab kwè lè nou resevwa glwa ki sòti nan youn anvè lòt, e nou pa chache ᵉglwa a ki sòti sèlman nan ᶠsèl Bondye ki genyen an.

⁴⁵ "Pa panse ke Mwen va akize nou devan Papa a. Sila a k ap akize nou an se ᵍMoïse, nan kilès nou gen tan mete espwa nou.

⁴⁶ "Paske si nou te kwè Moïse, nou t ap kwè Mwen, paske ʰli te ekri selon Mwen menm. ⁴⁷ Men ⁱsi nou pa kwè sa ke li te ekri, kijan nou va kwè pawòl pa Mwen yo."

6 Apre bagay sa yo, ʲJésus te ale lòtbò Lamè Galilée a (oubyen Tibériade).

² E yon gran foul te swiv Li paske yo te wè ᵏsign ke Li t ap fè sou sa ki te malad yo.

³ ˡJésus te monte sou mòn nan, epi la Li te chita avèk disip Li yo.

⁴ Alò, Pak Jwif la t ap pwoche.

⁵ Jésus te leve zye Li, e lè L wè yon gran foul ki t ap pwoche Li, te di a ᵐPhilippe: "Kibò n ap achte pen pou sila yo kapab manje." ⁶ Li t ap di L sa pou ⁿsonde l. Paske Li menm te konnen deja kisa Li te gen lentansyon pou fè.

⁷ Philippe te reponn Li: "Fòs pen pou ᵒdesan denye frè jounalye pou desan jou pa t ap sifi pou chak moun twouve menm yon ti mòso."

⁸ Youn nan disip yo, ᵖAndré, frè a Simon Pierre te di L: ⁹ "Gen yon jènjan isit la ki gen senk pen fèt avèk lòj avèk ᵠde pwason, men kisa sa ye pou tout fòs kantite moun sa yo?"

¹⁰ Jésus te di: "Fè moun yo chita."

Te gen ʳanpil zèb nan plas sa a. Epi anviwon ˢsenk-mil moun te chita.

¹¹ Konsa, Jésus te pran pen yo epi ᵗaprè Li te bay Bondye remèsiman, Li te pataje l a tout sa yo ki te chita la. Menm jan tou avèk pwason yo. Tout kantite ke yo te vle.

¹² Lè yo te plen, Li te di a ᵘdisip Li yo, "Ranmase tout mòso ki rete yo pou anyen pa pèdi."

ᵃ **5:18** Jn 10:33   ᵇ **5:19** Mat 26:39   ᶜ **5:20** Jn 3:35   ᵈ **5:20** Jn 14:12   ᵉ **5:21** Wo 4:17   ᶠ **5:21** Jn 11:25   ᵍ **5:22** Jn 5:27   ʰ **5:23** Luc 10:16   ⁱ **5:24** Jn 12:44   ʲ **5:24** Jn 3:18   ᵏ **5:25** Luc 15:24   ˡ **5:25** Jn 6:60   ᵐ **5:26** Jn 1:4   ⁿ **5:27** Jn 9:39   ᵒ **5:28** Jn 11:24   ᵖ **5:29** Dan 12:2   ᵠ **5:30** Jn 8:16   ʳ **5:30** Jn 4:34   ˢ **5:31** Jn 8:14   ᵗ **5:32** Jn 5:37   ᵘ **5:33** Jn 1:7-32   ᵛ **5:34** Jn 5:32   ʷ **5:35** Mc 1:5   ˣ **5:36** Jn 10:25-38   ʸ **5:36** Jn 4:34   ᶻ **5:37** Mat 3:17   ᵃ **5:38** I Jn 2:14   ᵇ **5:39** Jn 7:52   ᶜ **5:41** Jn 5:44   ᵈ **5:43** Mat 24:5   ᵉ **5:44** Wo 2:29   ᶠ **5:44** Jn 17:3   ᵍ **5:45** Jn 9:28   ʰ **5:46** Luc 24:27   ⁱ **5:47** Luc 16:29-31   ʲ **6:1** Mat 14:13-21   ᵏ **6:2** Jn 2:11-23   ˡ **6:3** Mat 5:1   ᵐ **6:5** Jn 1:43   ⁿ **6:6** II Kor 13:5   ᵒ **6:7** Mc 6:37   ᵖ **6:8** Jn 1:40   ᵠ **6:9** Jn 6:11   ʳ **6:10** Mc 6:39   ˢ **6:10** Mat 14:21   ᵗ **6:11** Mat 15:36   ᵘ **6:12** Jn 2:2

¹³ Konsa yo te ranmase yo, e yo te plen douz ᵃpanyen yo avèk ti mòso fèt pa senk pen lòj ke sa ki t ap manje yo te kite.

¹⁴ E pou sa, lè moun yo te wè sign ke Li te fè a, yo te di: "Anverite sa se ᵇPwofèt ki gen pou vini nan lemonn nan."

¹⁵ Lè Jésus apèsi ke yo gen lentansyon pou te vin pran L pa lafòs pou fè L wa, Li te ᶜretire kò Li ankò, epi ale nan mòn nan pou kont Li.

¹⁶ Alò, lè aswè vini, ᵈdisip Li yo te ale bò kote lamè a. ¹⁷ Yo antre nan yon kannòt, epi yo te travèse lamè a ᵉvè Capernaüm.

Li te fènwa de ja, e Jésus poko te vin kote yo. ¹⁸ Lamè a te kòmanse boulvèse akoz yon gwo van ki t ap soufle.

¹⁹ Akoz sa, lè yo ta p naje ak zaviwon, a senk o sis kilomèt distans, yo te wè Jésus t ap vin vè kannòt la, tou mache sou dlo a. E yo te pè.

²⁰ Men Li te di yo: "Se Mwen menm. ᶠPa pè."

²¹ Konsa, yo te dakò pou resevwa L nan kannòt la. Epi imedyatman, kannòt la rive atè, kote yo t ap ale a.

²² Jou apre a ᵍfoul la ki te lòtbò lamè a te wè ke pa t gen lòt ti kannòt sof ke youn, epi ke Jésus pa t antre nan kannòt la avèk disip Li yo, men ke yo te kite la pou kont yo. ²³ Te gen lòt ti kannòt ki te sòti Tibériade toupre plas kote yo te manje pen an apre Senyè a ʰte bay remèsiman an. ²⁴ Konsa, lè foul la te wè ke Jésus pa t la, ni disip Li yo, yo menm te antre nan ti kannòt yo, e te ⁱvini a Capernaüm pou chache Jésus.

²⁵ E lè yo te twouve Li lòtbò lamè a, yo te di L: ʲ"Rabbi, kilè ou rive la a?"

²⁶ Jésus te reponn yo e te di: "Anverite, anverite Mwen di nou, nou pa chache M paske nou te wè ᵏsign yo, men paske nou te manje pen epi te plen.

²⁷ ˡ"Pa travay pou manje k ap peri, men pou manje k ap dire jiska lavi etènèl, ke Fis a Lòm nan va bay nou. Pwiske sou Li, Papa a, Bondye menm, gen tan mete so Li."

²⁸ E pou sa moun foul la te di Li: "Ki zèv nou kapab fè pou nou menm kapab fè zèv a Bondye?"

²⁹ Jésus te reponn e te di yo: "Sa se ᵐzèv a Bondye, ke nou ta kwè nan Sila ke Li voye a."

³⁰ Pou sa yo te di Li: ⁿ"Kisa konsa ou fè kon sign, pou nou kapab wè epi kwè ou? Ki zèv ou fè?" ³¹ "Papa zansèt nou yo te manje lamàn nan dezè a. Kon li ekri a: ᵒ'Li te bay yo pen ki sòti nan syèl la pou yo manje.'"

³² Pou sa, Jésus te di yo: "Anverite, anverite, Mwen di nou, se pa Moïse ki te bay nou pen ki sòti nan syèl la, men se Papa M ki bay nou vrè pen ki sòti nan syèl la. ³³ Paske pen Bondye a se sila ki ᵖdesann, sòti nan syèl la, e bay lavi a lemonn lan."

³⁴ Pou sa yo te di L: "Senyè, toujou ᵠbay nou pen sa a".

³⁵ Jésus te di yo: ʳ"Mwen menm se pen lavi a. Moun ki vini kote Mwen p ap grangou, e sila ki kwè nan Mwen, ˢp ap janm swaf.

³⁶ "Men ᵗMwen di nou ke nou wè M, e malgre, nou pa kwè.

³⁷ ᵘ"Tout sa ke Papa a ban Mwen yo ap vin kote Mwen, e sila a ki vin kote Mwen, Mwen p ap janm jete yo deyò.

³⁸ "Paske ᵛMwen pa t desann kite syèl la pou fè ʷpwòp volonte pa M, men volonte a Li menm ki te voye M nan. ³⁹ E sa se volonte a Li menm ki te voye M nan, ke nan tout sa ke Li bay Mwen yo, Mwen ˣpa pèdi anyen, men fè li leve nan dènye jou a. ⁴⁰ Paske sa se volonte a Papa M, ke tout moun ki wè Fis la epi ʸkwè nan Li kapab gen lavi etènèl. Epi Mwen menm va ᶻfè l leve nan dènye jou a."

⁴¹ Pou sa, Jwif yo t ap mimire paske Li te di: "Mwen menm se ᵃpen ki desann soti nan syèl la." ⁴² E yo t ap di: "Se pa Jésus sa a, ᵇfis a Joseph la? ᶜÈske nou pa konnen ni manman L, ni papa L? Kijan Li di nou koulye a: 'Mwen sòti nan syèl la'?"

⁴³ Jésus te reponn yo e te di yo: "Pa mimire pami nou menm. ⁴⁴ Pèsòn pa kapab vini a Mwen menm sof ke Papa a ki te voye M nan ᵈatire li, epi Mwen menm va fè l leve nan dènye jou a.

⁴⁵ "Li ekri nan pwofèt yo: ᵉ'E yo tout va enstwi pa Bondye.' Tout sa yo ki te tande epi enstwi pa Papa a, ap vini a Mwen.

⁴⁶ ᶠ"Pa gen moun ki konn wè Papa a, sof ke sèl Sila a ki sòti nan Bondye a. Li konn wè Papa a.

⁴⁷ "Anverite, anverite, Mwen di nou, sila ki kwè ᵍgen lavi etènèl. ⁴⁸ ʰMwen se pen lavi a.

⁴⁹ "Papa zansèt nou yo te manje lamàn nan dezè a, e yo te mouri.

⁵⁰ "Sila a se pen ki sòti desann nan syèl la. Pou moun kab manje l epi ⁱpa mouri.

⁵¹ "Mwen menm se pen vivan ki desann sòti nan syèl la. Si nenpòt moun manje pen sa a, l ap viv jis pou jamen. E pen osi ke M ap bay ʲpou lavi lemonn nan se chè Mwen."

⁵² Pou sa Jwif yo te ᵏkòmanse diskite youn avèk lòt e te di: "Kijan moun sa kapab bay nou chè Li pou manje?"

⁵³ Pou sa, Jésus te di yo: "Anverite, anverite Mwen di nou, anmwenske nou manje chè ˡFis a Lòm nan, epi bwè san Li, nou pa gen lavi nan nou menm.

⁵⁴ "Moun ki manje chè M, epi bwè san Mwen, genyen lavi etènèl, epi M ap ᵐfè l leve nan dènye jou a. ⁵⁵ Paske chè M se vrè manje a, e san Mwen se vrè bwason an.

ᵃ **6:13** Mat 14:20   ᵇ **6:14** Mat 11:3   ᶜ **6:15** Mat 14:22-33   ᵈ **6:16** Jn 2:2   ᵉ **6:17** Mc 6:45   ᶠ **6:20** Mat 14:27   ᵍ **6:22** Jn 6:2   ʰ **6:23** Jn 6:11   ⁱ **6:24** Mat 14:34   ʲ **6:25** Mat 23:7   ᵏ **6:26** Jn 6:2-14   ˡ **6:27** És 55:2; Jn 3:33   ᵐ **6:29** I Tes 1:3   ⁿ **6:30** Mat 12:38   ᵒ **6:31** Sòm 78:24   ᵖ **6:33** Jn 6:41-50   ᵠ **6:34** Jn 4:15   ʳ **6:35** Jn 6:48   ˢ **6:35** Jn 4:14   ᵗ **6:36** Jn 6:26   ᵘ **6:37** Jn 6:39   ᵛ **6:38** Jn 3:13   ʷ **6:38** Mat 26:39   ˣ **6:39** Jn 17:12   ʸ **6:40** Jn 3:16   ᶻ **6:40** Mat 10:15   ᵃ **6:41** Jn 6:33-58   ᵇ **6:42** Luc 4:22   ᶜ **6:42** Jn 7:27   ᵈ **6:44** Jr 31:3   ᵉ **6:45** És 54:13   ᶠ **6:46** Jn 1:18   ᵍ **6:47** Jn 3:36   ʰ **6:48** Jn 6:35-51   ⁱ **6:50** Jn 3:36   ʲ **6:51** Jn 1:29   ᵏ **6:52** Jn 9:16   ˡ **6:53** Mat 8:20   ᵐ **6:54** Jn 6:39

⁵⁶ "Moun ki manje chè M epi bwè san Mwen, ᵃrete avè M, epi Mwen menm avèk li. ⁵⁷ Kon Papa ᵇvivan an te voye M nan, e Mwen viv akoz Papa a, konsa, moun ki manje M, li menm osi va viv akoz Mwen.

⁵⁸ "Sa se pen ᶜki desann sòti nan syèl la. Se pa kon papa zansèt yo te manje a, e te mouri. Sila a ki manje pen sila a va viv jis pou janmen."

⁵⁹ Bagay sa yo Li te di ᵈnan Sinagòg la pandan Li t ap ansegne nan Capernaüm nan.

⁶⁰ Konsa, anpil nan ᵉdisip Li yo lè yo te tande sa te di: "Pawòl sa a tèlman difisil. Ki moun ki ka tande sa?"

⁶¹ Men Jésus, byen konprann ke yo t ap plenyen konsa, te di yo: "Èske sa ᶠfè nou kilbite tonbe? ⁶² Kisa li ta ye konsa si nou ta wè Fis a Lòm nan k ap ᵍmonte kote Li te ye oparavan an?

⁶³ ʰ"Se Lespri a ki bay lavi. Chè a pa gen okenn benefis. Pawòl ke Mwen te pale a nou yo se Lespri, epi se lavi.

⁶⁴ "Men gen nan nou ki pa kwè." Pwiske Jésus ⁱte konnen depi nan kòmansman kilès nan yo ki pa t kwè, epi ʲkilès li te ye ki t ap trayi li a. ⁶⁵ E Li t ap di: "Pou rezon sa a Mwen te di nou ke pèsòn pa kapab vin kote Mwen, sof ke ᵏse Papa a ki pèmèt sa."

⁶⁶ Akoz sa a, anpil nan ˡdisip Li yo te retire kò yo, e pa t ap mache avèk Li ankò.

⁶⁷ Pou sa, Jésus te di a ᵐdouz yo: "Epi nou menm pa vle ale tou?"

⁶⁸ Simon Pierre te reponn Li: "Senyè, a kibo nou ta ale? Ou gen ⁿpawòl lavi etènèl yo. ⁶⁹ Nou te kwè, epi te vin konnen ke Ou se ᵒLi Menm ki Kris la, Fis a Bondye vivan an."

⁷⁰ Jésus te reponn yo: ᵖ"Èske se pa Mwen menm ki te chwazi nou, douz la, epi youn nan nou se yon dyab?" ⁷¹ Konsa Li t ap refere a Judas Iscariot, ᵠfis a Simon an, paske li menm, youn nan douz yo, t ap vin trayi Li.

7 Apre bagay sa yo, Jésus ʳt ap mache nan Galilée. Li pa t dakò pou mache nan Judée pwiske Jwif yo ˢt ap chache pou touye L.

² Koulye a, fèt a Jwif yo, ᵗFèt Tonèl yo, t ap pwoche. ³ ᵘFrè Li yo te di L: "Kite isit la epi ale nan Judée pou disip pa W yo osi kapab wè zèv ke Ou ap fè yo. ⁴ Paske pèsòn pa fè anyen nan sekrè lè li vle rekonèt an piblik. Si Ou fè bagay sa yo, Ou bezwen montre Ou menm a tout monn lan."

⁵ Paske menm ᵛfrè Li yo pa t kwè nan Li.

⁶ Pou sa, Jésus te di yo: ʷ"Lè M poko rive, men lè pa nou toujou bon.

⁷ ˣ"Lemonn pa kapab rayi nou. Men Li rayi Mwen, paske Mwen temwaye sou li ke ʸzèv li yo mechan.

⁸ "Monte nan fèt la nou menm. Mwen pa ale nan fèt sila a, paske ᶻlè Mwen poko fin acheve." ⁹ Lè L fin di yo bagay sa yo, Li te rete nan Galilée.

¹⁰ Men lè ᵃfrè Li yo te ale nan fèt la, alò, Li menm tou te monte. Pa an piblik, men kòmsi an sekrè.

¹¹ Konsa, Jwif yo ᵇt ap chache pou Li nan fèt la e t ap di: "Kote Li ye?"

¹² Epi te gen anpil pale pami foul la ki t ap fèt sou Li. ᶜKèk t ap di: "Li se yon bon moun." Lòt t ap di: "Non, okontrè l ap egare moun yo." ¹³ Malgre sa, pèsòn pa t pale ovètman konsènan Li, paske ᵈyo te pè Jwif yo.

¹⁴ Men se lè yo te rive nan mitan fèt la ke Jésus te monte nan tanp lan, e te kòmanse ᵉansegne.

¹⁵ Pou sa, ᶠJwif yo te etone, e t ap di "Kijan nonm sa a vin edike konsa, konsi Li pa te janm enstwi?"

¹⁶ Pou sa, Jésus te reponn yo e te di: ᵍ"Lenstriksyon pa M se pa pa M, men se pou Li menm ki te voye M nan.

¹⁷ ʰ"Si nenpòt moun dakò pou fè volonte L, l ap konnen enstriksyon an, si Li sòti nan Bondye, oubyen si Mwen pale pou kont Mwen. ¹⁸ Sila ki pale pou kont li ⁱchache pwòp glwa pa li, men Sila k ap chache glwa a Sila ki te voye L la; Li menm se verite, e pa gen linikite nan Li.

¹⁹ ʲ"Èske Moïse pa t bay nou lalwa, men malgre sa, pa gen nan nou ki swiv lalwa? Poukisa nou ap ᵏchache touye M?"

²⁰ Foul la te reponn Li: ˡ"Ou gen yon move lespri! Kilès k ap chache touye W la?"

²¹ Jésus te reponn yo e te di: "Mwen te fè ᵐyon sèl zèv, e nou tout etone.

²² "Sou kont sila a, ⁿMoïse te bay nou sikonsizyon (pa paske li te soti nan Moïse, men nan ᵒpapa zansèt yo), e nan Saba a, nou sikonsize yon moun. ²³ ᵖSi yon moun resevwa sikonsizyon nan Saba a, pou anpeche lalwa Moïse la vyole, èske nou fache avè M akoz ke Mwen te fè yon moun geri nèt nan Saba a.

²⁴ "Pa ᵠjije selon aparans, men jije avèk jijman ki jis."

²⁵ Pou sa, kèk nan pèp Jérusalem la t ap di: "Se pa mesye sila a ke y ap chache touye a? ²⁶ Epi gade, L ap pale devan tout moun, e yo p ap di L anyen. ʳOtorite yo pa petèt sipoze konnen ke sa se Kris La?

²⁷ Men ˢnou menm konnen kote mesye sa a sòti. Men nenpòt lè Kris La vini, pèsòn p ap konnen kote Li sòti."

²⁸ Akoz sa a, Jésus te rele fò nan tanp lan e te enstwi e te di: "Nou non sèlman konnen Mwen e kote Mwen sòti. ᵗMwen pa t vini pou kont Mwen, men Li menm ki te voye M nan vrè. Li menm ke

---

ᵃ **6:56** Jn 15:4   ᵇ **6:57** Mat 16:16   ᶜ **6:58** Jn 3:36   ᵈ **6:59** Mat 4:23   ᵉ **6:60** Jn 2:2   ᶠ **6:61** Mat 11:6
ᵍ **6:62** Jn 3:13   ʰ **6:63** II Kor 3:6   ⁱ **6:64** Jn 2:25   ʲ **6:64** Mat 10:4   ᵏ **6:65** Mat 13:11   ˡ **6:66** Jn 2:2
ᵐ **6:67** Mat 10:2   ⁿ **6:68** Jn 6:63   ᵒ **6:69** Mc 1:24   ᵖ **6:70** Jn 15:16-19   ᵠ **6:71** Jn 12:4   ʳ **7:1** Jn 4:3   ˢ **7:1** Jn 5:18   ᵗ **7:2** Lev 23:34   ᵘ **7:3** Mat 12:46   ᵛ **7:5** Mat 12:46   ʷ **7:6** Mat 26:18   ˣ **7:7** Jn 15:18   ʸ **7:7** Jn 3:19
ᶻ **7:8** Jn 7:6   ᵃ **7:10** Mat 12:46   ᵇ **7:11** Jn 11:56   ᶜ **7:12** Jn 7:40-43   ᵈ **7:13** Jn 9:22   ᵉ **7:14** Mat 26:55
ᶠ **7:15** Jn 1:19   ᵍ **7:16** Jn 3:11   ʰ **7:17** Sòm 25:9-14   ⁱ **7:18** Jn 5:41   ʲ **7:19** Jn 1:17   ᵏ **7:19** Mc 11:18
ˡ **7:20** Mat 11:8   ᵐ **7:21** Jn 5:2-16   ⁿ **7:22** Lev 12:3   ᵒ **7:22** Jen 17:1   ᵖ **7:23** Mat 12:2   ᵠ **7:24** Lev 19:15
ʳ **7:26** Luc 23:13   ˢ **7:27** Jn 6:42   ᵗ **7:28** Jn 8:42

nou pa konnen an. ²⁹ Mwen konnen Li paske Mwen ᵃsòti nan Li, e ᵇLi te voye M."

³⁰ E yo ᶜt ap chache pou sezi Li, men pèsòn pa t mete men sou Li, paske lè Li poko te rive.

³¹ Men ᵈanpil nan foul la te kwè nan Li, e t ap di: "Lè Kris la vini, èske nou sipoze l ap fè plis ᵉsign pase sa mesye sila a gen tan fè yo?"

³² Farizyen yo te tande foul la ki t ap repete bagay sa yo konsènan Li. Epi chèf prèt yo avèk Farizyen yo te voye ᶠofisye yo pou sezi Li.

³³ Pou sa, Jésus te di: ᵍ"Pou yon ti tan anplis, Mwen avèk nou. Apre, M ap prale a Li menm ki te voye M nan. ³⁴ ʰNou va chache M, e nou p ap twouve M. E kote Mwen ye, nou p ap kab vini."

³⁵ Pou sa Jwif yo te di youn ak lòt: "Kote mesye sa a prale pou nou p ap kab twouve L? Ou pa sipoze ke L ap prale ⁱnan dyaspora pami Grèk yo, pou l enstwi Grèk yo? ³⁶ Kisa li t ap di la a: ʲ'Nou va chache M, e nou p ap twouve M; epi Kote Mwen ye, nou p ap kab vini'?"

³⁷ Nan ᵏdènye jou fèt la, Jésus te kanpe e te kriye: "Si nenpòt moun swaf, kite L vin kote Mwen epi bwè! ³⁸ Sila ki kwè nan Mwen, ˡtankou Ekriti Sen an di: 'Sòti nan pi fon anndan l va fè koule rivyè dlo vivan yo.'" ³⁹ Men sa, Li te pale ᵐkonsènan Lespri a, ke sa ki te kwè nan Li yo ta resevwa. Paske Lespri a poko te parèt, akoz Jésus poko te vini nan glwa Li.

⁴⁰ Kèk nan moun yo, lè yo te tande pawòl sa yo, t ap di: "Vrèman, sa se ⁿpwofèt la."

⁴¹ Lòt t ap di: "Sa se Kris la". Men toujou lòt t ap di: ᵒ"Asireman nou pa ta kwè Kris la ta pral sòti nan Galilée! ⁴² Èske Ekriti Sen an pa konn di ke Kris la va sòti ᵖnan ras David, epi nan Bethléem, vil kote David te ye a?"

⁴³ Konsa, te gen yon ᑫdivizyon nan foul la akoz Li. ⁴⁴ ʳKèk te vle sezi Li, men pèsòn pa t mete men l sou Li.

⁴⁵ Konsa, ˢofisye yo te vin kote chèf prèt ak Farizyen yo e te di yo: "Poukisa nou pa t mennen Li?"

⁴⁶ Ofisye yo te reponn: ᵗ"Janmen yon moun pa pale tankou moun sa a pale."

⁴⁷ Pou sa, Farizyen yo te reponn yo: ᵘ"Èske Li gen tan egare nou menm tou? ⁴⁸ Èske gen pami ᵛgwo chèf Farizyen yo ki kwè nan Li? ⁴⁹ Men foul sa a ki pa konnen Lalwa, gen madichon."

⁵⁰ ʷNicodème (ki te vin kote Li avan an, epi te youn nan yo) te di yo: ⁵¹ ˣ"Lalwa pa nou pa jije yon moun avan ke premyèman li tande li epi konnen ki sa li fè. Èske sa konn fèt?"

⁵² Yo te reponn li e te di: ʸ"Èske ou menm sòti nan Galilée tou? Egzaminen Lekriti yo epi ou va wè ke nanpwen pwofèt ki sòti nan Galilée." ⁵³ E tout moun ale lakay yo.

8 Men Jésus te ale nan ᶻMòn Oliv la. ² Gran maten a Li te vini ankò nan tanp lan, e tout pèp la t ap vin kote Li. E ᵃLi te chita, pou kòmanse enstwi yo. ³ Skrib yo ak Farizyen yo te mennen yon fanm ki te kenbe nan adiltè e te fè l chita nan mitan yo.

⁴ Yo te di Li: "Mèt, fanm sa te kenbe nan adiltè, nan zak la menm. ⁵ Epi nan Lalwa ᵇMoïse la, li te kòmande nou pou nou te lapide yon fanm konsa ak wòch. Kisa ou menm di?" ⁶ Yo t ap di sa pou yo ta kapab ᶜsonde l pou yo ta twouve mwayen pou akize Li. Men Jésus te bese, e te ekri atè a avèk dwat Li.

⁷ Men lè yo te pèsiste avèk demann sa a, Li te leve dwat epi te reponn yo: ᵈ"Sila a ki pa gen peche pami nou, kite l se premye moun pou voye yon wòch sou li." ⁸ Ankò Li te bese e te kòmanse ekri atè a.

⁹ Lè yo tande sa, yo te kòmanse kite kote a youn pa youn. Sa te kòmanse avèk pi granmoun pami yo. Konsa, yo te kite Li la pou kont Li avèk fanm nan ki te rete menm kote li te ye a nan mitan lakou a. ¹⁰ Jésus te leve, e te di li: "Fanm, kote yo ye? Nanpwen youn ki kondane ou?" ¹¹ Li te di: "Pa youn, Senyè". Jésus te di ᵉ"Ni Mwen menm, mwen pa kondane ou nonplis. Ale, epi depi koulye a, ᶠpa peche ankò."

¹² Ankò Jésus te pale avèk yo e te di: ᵍ"Mwen se limyè a lemonn. Sila a ki swiv Mwen p ap mache nan tenèb, men l ap gen limyè lavi a."

¹³ Pou sa, Farizyen yo te di Li: ʰ"Ou fè temwayaj pwòp tèt ou. Konsa temwayaj Ou pa vrè."

¹⁴ Jésus te reponn e te di yo: "Menmsi Mwen pote pwòp temwayaj pa M, temwayaj Mwen vrè, paske Mwen konnen ⁱkote Mwen sòti, e kote M ap prale, men nou pa konnen kote Mwen sòti, ni kote M ap prale.

¹⁵ "Nou menm nou jije pa lachè, men ʲMwen p ap jije pèson. ¹⁶ Men menmsi ᵏMwen jije, jijman Mwen vrè, paske Mwen pa sèl, men Mwen avèk Li menm ki te voye M nan.

¹⁷ "Menm nan ˡlalwa pa w la Li te ekri ke temwayaj a de moun vrè. ¹⁸ Mwen se Sila ki pote temwayaj pou pwòp tèt Mwen menm, e anplis, ᵐPapa a ki te voye M nan pote temwayaj sou Mwen."

¹⁹ Pou sa yo te di Li: "Kote Papa ou?" Jésus te reponn yo: "Nou pa konnen ni Mwen, ni Papa M. Si nou te ⁿkonnen Mwen, nou ta konnen Papa M tou."

²⁰ Pawòl sa yo Li te pale nan trezò a, pandan ᵒLi t ap enstwi nan tanp lan. Men pèsòn pa t sezi Li, paske ᵖlè Li poko te rive.

²¹ Li te di yo ankò: "M ap prale, e ᑫnou va chache M, e nou va mouri nan peche nou. Kote M ap prale, nou p ap kab vini."

ᵃ **7:29** Jn 6:46 ᵇ **7:29** Jn 3:17 ᶜ **7:30** Mat 21:46 ᵈ **7:31** Jn 2:23 ᵉ **7:31** Jn 2:11 ᶠ **7:32** Mat 26:58 ᵍ **7:33** Jn 12:35 ʰ **7:34** Jn 7:36 ⁱ **7:35** Sòm 147:2 ʲ **7:36** Jn 7:34 ᵏ **7:37** Lev 23:36 ˡ **7:38** És 44:3 ᵐ **7:39** Jl 2:28 ⁿ **7:40** Mat 21:11 ᵒ **7:41** Jn 1:46 ᵖ **7:42** Sòm 89:4 ᑫ **7:43** Jn 9:16 ʳ **7:44** Jn 7:30 ˢ **7:45** Jn 7:32 ᵗ **7:46** Mat 7:28 ᵘ **7:47** Jn 7:12 ᵛ **7:48** Luc 23:13 ʷ **7:50** Jn 3:1 ˣ **7:51** Egz 23:1 ʸ **7:52** Jn 1:46 ᶻ **8:1** Mat 21:1 ᵃ **8:2** Mat 26:55 ᵇ **8:5** Lev 20:10 ᶜ **8:6** Mat 16:1 ᵈ **8:7** Det 17:7 ᵉ **8:11** Jn 3:17 ᶠ **8:11** Jn 5:14 ᵍ **8:12** Jn 1:4 ʰ **8:13** Jn 5:31 ⁱ **8:14** Jn 8:28 ʲ **8:15** Jn 3:17 ᵏ **8:16** Jn 5:30 ˡ **8:17** Det 17:6 ᵐ **8:18** Jn 5:37 ⁿ **8:19** Jn 7:28 ᵒ **8:20** Jn 7:14 ᵖ **8:20** Jn 7:30 ᑫ **8:21** Jn 7:34

²² Pou sa, Jwif yo t ap di: "Asireman Li p ap vin touye tèt Li. Konsi l ap di ᵃ"Kote m ap prale, nou p ap kab vini?'"
²³ Li t ap di yo: ᵇ"Nou sòti pa anba, men Mwen sòti pa anwo. Nou a lemonn sila a; ᶜMwen pa a lemonn sila a. ²⁴ Pou sa, Mwen te di nou ke nou tout va mouri nan peche nou yo. Paske anmwenske nou kwè ᵈke Mwen menm se Sila a, nou va mouri nan peche nou yo."
²⁵ Epi yo t ap di Li: "Ki moun Ou ye?" Epi Jésus te di yo "Menm sa a Mwen t ap di nou depi kòmansman. ²⁶ Mwen gen anpil bagay pou pale e pou jije konsènan nou. ᵉSinon, Li menm ki te voye M nan vrè. E bagay ke M te tande de Li yo, sa yo Mwen pale a lemonn."
²⁷ Yo pa t konprann ke Li t ap pale avèk yo konsènan Papa a.
²⁸ Pou sa, Jésus te di yo: "Lè nou ᶠleve Fis a Lòm nan, nou va konnen ke Mwen menm se Li menm, e ke M pa fè anyen pou kont Mwen, men Mwen pale bagay sa yo tankou Papa a te enstwi Mwen. ²⁹ E Li ki te voye M nan avèk Mwen. ᵍLi pa t kite M pou kont Mwen, paske Mwen toujou fè bagay ki fè L kontan." ³⁰ Pandan Li t ap pale, ʰanpil moun te vin kwè nan Li.
³¹ Konsa, Jésus t ap pale avèk Jwif yo ki te kwè nan Li, ⁱ"Si nou kontinye nan Pawòl Mwen, anverite, nou se disip Mwen. ³² E nou va konnen laverite a, e ʲverite a va fè nou lib."
³³ Yo te reponn Li: ᵏ"Nou se pitit Abraham. Nou pa t janm esklav a pèsòn. Kijan ou kapab di 'nou va vin lib?'"
³⁴ Jésus te reponn yo "Anverite, anverite, Mwen di nou, ˡtout moun ki fè peche se esklav a peche a. ³⁵ "Epi esklav la pa p toujou rete nan kay la, men ᵐFis la ap toujou la. ³⁶ Se pou sa, si Fis la ⁿfè nou lib, nou ap vrèman lib.
³⁷ "Mwen konnen ke nou se pitit ᵒAbraham, men nou ap chache touye M, paske pawòl Mwen pa gen plas nan nou. ³⁸ Mwen pale bagay ke M gen tan wè avèk Papa M. E nou menm tou fè bagay ke nou te tande de ᵖpapa pa nou."
³⁹ Yo te reponn Li e te di: "Abraham se Papa nou".
Jésus te di yo: ᑫ"Si nou se pitit Abraham, fè zèv Abraham yo. ⁴⁰ Men jan li ye a, nou ap chache pou touye M, yon nonm ki ʳdi nou laverite ke M te tande depi nan Bondye.
"Sila a, Abraham pa t janm fè. ⁴¹ Nou ap fè pwòp zèv papa nou."
Yo te di Li: "Nou pa t fèt kon pitit deyò. ˢNou gen yon sèl papa, Bondye."
⁴² Jésus te di yo: "Si Bondye te Papa nou, ᵗnou ta renmen M, paske Mwen sòti nan Li, e se nan Li ke M vini. Mwen pa vini pou kont Mwen, men se Li ki voye M.
⁴³ "Poukisa nou pa konprann sa ke M ap di a? Se paske nou pa kapab ᵘtande pawòl Mwen.
⁴⁴ ᵛ"Nou se pitit a papa nou, dyab la. Epi ʷnou vle fè volonte a papa nou. Li te yon asasen depi nan kòmansman, e li pa kanpe nan verite a, paske nanpwen verite nan li. Lè li manti, li manti pou kont li, paske se yon mantè li ye, epi papa a tout manti.
⁴⁵ "Men akoz ke ˣMwen pale laverite, nou pa kwè M. ⁴⁶ Kilès nan nou ki gen prèv ke M peche? Si Mwen pale laverite, poukisa nou pa kwè M?
⁴⁷ ʸ"Sila ki se pou Bondye, tande pawòl a Bondye. Men nou pa tande, paske nou pa pou Bondye."
⁴⁸ Jwif yo te reponn e te di Li: "Èske nou pa di vrèman ke Ou se yon Samariten epi ke Ou gen yon move lespri?"
⁴⁹ Jésus te reponn: "Mwen pa ᶻgen yon move lespri. Men Mwen onore Papa M, e nou dezonore M. ⁵⁰ Men ᵃMwen pa chache glwa pa M. Men gen youn ki chache, epi ki jije.
⁵¹ "Anverite, anverite Mwen di nou, si nenpòt moun kenbe pawòl Mwen, li p ap janm ᵇwè lanmò."
⁵² Jwif yo te di Li: "Koulye a nou konnen ke Ou gen yon move lespri. Abraham te mouri, e pwofèt yo osi. Men Ou di: 'Si nenpòt moun ᶜkenbe pawòl Mwen, li p ap janm wè lanmò.' ⁵³ Anverite Ou ᵈpa pi gran pase Papa zansèt nou, Abraham ki te mouri an? Pwofèt yo te mouri tou. Ki moun menm Ou fè pretansyon ke Ou ye?"
⁵⁴ Jésus te reponn yo: "Si Mwen bay glwa a Mwen menm, glwa sa a pa anyen. ᵉSe Papa M ki fè M resevwa glwa. De kilès ke ou di M: 'Li se Bondye Nou.'
⁵⁵ "Nou poko vin rekonèt Li, ᶠmen Mwen menm, mwen konnen Li. Si Mwen di ke M pa konnen L, Mwen ta yon mantè tankou nou menm, men Mwen vrèman konnen Li, e kenbe pawòl Li.
⁵⁶ "Papa zansèt nou, Abraham ᵍte rejwi pou wè jou sa a, e Li te wè l, e te ranpli avèk jwa."
⁵⁷ ʰPou sa, Jwif yo te di L: "Ou poko gen senkant ane, e Ou te gen tan wè Abraham?"
⁵⁸ Jésus te di yo "Anverite, avan Abraham te la, ⁱMwen se."
⁵⁹ Konsa, yo pran wòch pou lapide Li, men Li te kache kò Li, e te kite tanp la.

9 Pandan Li t ap pase, Li te wè yon nonm ki te avèg depi nesans Li.
² Konsa, disip Li yo te mande: "Rabbi, kilès ki te peche. Mesye sa, oswa ʲparan li yo pou li ta fèt avèg?"
³ Jésus te reponn: "Se pa mesye sila, ni paran li yo. Men se te ᵏpou zèv a Bondye ta kapab parèt nan Li. ⁴ Fòk nou fè zèv a Li menm ki te voye M nan

---

ᵃ **8:22** Jn 7:35   ᵇ **8:23** Jn 3:31   ᶜ **8:23** Jn 17:14-16   ᵈ **8:24** Mat 24:5   ᵉ **8:26** Jn 3:33   ᶠ **8:28** Jn 3:14   ᵍ **8:29** Jn 8:16   ʰ **8:30** Jn 7:31   ⁱ **8:31** Jn 15:7   ʲ **8:32** Jn 8:36   ᵏ **8:33** Mat 3:9   ˡ **8:34** Wo 6:16   ᵐ **8:35** Luc 15:31   ⁿ **8:36** Jn 8:32   ᵒ **8:37** Mat 3:9   ᵖ **8:38** Jn 8:41-44   ᑫ **8:39** Wo 9:7   ʳ **8:40** Jn 8:26   ˢ **8:41** Det 32:6   ᵗ **8:42** I Jn 5:1   ᵘ **8:43** Jn 5:25   ᵛ **8:44** I Jn 3:8   ʷ **8:44** Jn 7:17   ˣ **8:45** Jn 18:37   ʸ **8:47** I Jn 4:6   ᶻ **8:49** Jn 7:20   ᵃ **8:50** Jn 5:41   ᵇ **8:51** Mat 16:28   ᶜ **8:52** Jn 8:55   ᵈ **8:53** Jn 4:12   ᵉ **8:54** Jn 7:39   ᶠ **8:55** Jn 7:29   ᵍ **8:56** Mat 13:17   ʰ **8:57** Jn 1:19   ⁱ **8:58** Egz 3:14   ʲ **9:2** Egz 20:5   ᵏ **9:3** Jn 11:4

[a]pandan li fè jou. Lannwit lan ap vini lè pèsòn p ap kab travay. [5] Pandan Mwen nan lemonn, Mwen se [b]limyè lemonn."

[6] Lè L di sa, Li [c]krache atè, e te fè ajil avèk krache a, e te mete l sou zye li. [7] Li te di l: "Ale lave nan [d]basen Siloé a" (ki te vle di "Ranvoye").

Epi konsa, li te ale lave, e lè l tounen, li te wè.

[8] Vwazen yo ak sa yo ki te konn wè l lè l te konn mande charite, t ap di, "Se pa li menm ki te konn [e]chita mande a?"

[9] Lòt t ap di: "Se li menm", men lòt toujou te di "Non, men li byen sanble li".

Li menm t ap di toujou, "Mwen menm se li".

[10] Pou sa yo te di li: "Ebyen, kijan zye ou te louvri?"

[11] Li te reponn yo: "Nonm nan yo rele Jésus a te fè labou epi te fè yon onksyon pou zye m, epi Li di mwen: 'Ale nan [f]Siloé a epi lave'. Konsa, Mwen te ale lave, epi mwen te wè".

[12] Yo te mande li: "Kote Li?"

Li te reponn yo: "Mwen pa konnen".

[13] Yo te mennen sila a ki te avèg la devan Farizyen yo. [14] [g]Alò, se te nan jou Saba ke Jésus te fè ajil la e te louvri zye li.

[15] [h]Ankò konsa, Farizyen yo t ap mande li kijan li te vin wè, epi li te di yo: "Li aplike ajil sou zye m, e mwen te lave, e mwen wè".

[16] Pou sa, kèk nan Farizyen yo t ap di: "Nonm sa a pa sòti nan Bondye, paske Li [i]pa kenbe Saba a."

Men lòt t ap di: "Kijan yon mesye ki se yon pechè kapab fè tout mirak sa yo?" Epi te gen yon divizyon pami yo.

[17] Ankò, yo te di a moun avèg la: "Kisa ou di pou Li, konsi se Li menm ki ouvri zye ou yo?"

Li te di: "Li se yon [j]pwofèt."

[18] [k]Jwif yo pa t kwè ke li te avèg pou l te vin wè, jis lè yo rele paran a sila a ki te resevwa vizyon li. [19] Yo te kesyone yo konsa e te mande: "Èske sa se pitit ou, ke ou di te fèt avèg la? Ebyen, kijan li wè koulye a?"

[20] Paran li te reponn yo epi te di: "Nou konnen ke sa se pitit nou, e ke li te fèt avèg. [21] Men kijan li wè koulye a, nou pa konnen. Mande li. Li rive sou laj li. Li ka pale pou kont li." [22] Paran li te pale konsa paske yo te [l]krent Jwif yo. Pwiske Jwif yo te deja dakò ke si nenpòt moun te konfese L kon Kris la, [m]yo ta mete l deyò nan sinagòg la. [23] Pou rezon sa a, paran li yo te di: [n]"Li rive sou laj li. Mande li."

[24] Konsa yon dezyèm fwa yo te rele nonm nan ki te avèg la, epi te di li: [o]"Bay glwa a Bondye, nou konnen ke mesye sa a se yon pechè."

[25] Pou sa, li reponn yo: "Si L se yon pechè, mwen pa konnen, men yon bagay mwen konnen. Ke m te avèg, e koulye a mwen wè."

[26] Yo te mande l konsa: "Kisa Li te fè ou? Kijan Li te ouvri zye ou?"

[27] Li te reponn yo: [p]"Mwen te di nou sa deja, men [q]nou pa t koute m. Poukisa nou vle tande sa ankò? Èske nou vle vin disip Li yo tou?"

[28] Konsa, yo te joure li e te di: "Ou se disip Li, men [r]nou se disip a Moïse. [29] Nou konnen ke Bondye te pale a Moïse, men pou mesye sila a, [s]nou pa konnen kote Li sòti."

[30] Mesye a te reponn yo e te di: "Men yon choz byen etonan. Ke nou pa konnen kote Li sòti, men Li te ouvri zye mwen. [31] Nou konnen ke [t]Bondye pa tande pechè yo, men si nenpòt moun gen lakrent Bondye, e fè volonte L, l ap koute li. [32] Depi kòmansman tan an, nou pa janm tande ke pèsòn ouvri zye a yon moun ki te fèt avèg. [33] [u]Si moun sa a pa t sòti nan Bondye, Li pa t kab fè anyen."

[34] Yo te reponn li e te di: "Ou te fèt nèt nan peche! Èske ou ap enstwi nou?" Konsa, [v]yo te mete l deyò.

[35] Jésus te tande ke yo te [w]mete l deyò. E Li te twouve li e te di: "Èske ou kwè nan Fis a Lòm nan?"

[36] Li te reponn: [x]"Se kilès Li ye, Senyè, pou m kab kwè nan Li?"

[37] Jésus te di li: "Non sèlman ou konn wè L deja, men [y]se Li menm k ap pale avèk ou."

[38] Li di: "Senyè, mwen kwè!" E li te [z]adore Li.

[39] Jésus te di: [a]"Pou jijman Mwen te vini nan monn sila a, [b]pou sa yo ki pa wè kapab vin wè, e sa yo ki wè kapab vin avèg."

[40] Sila nan Farizyen yo ki te avèk Li te tande bagay sa yo e te di Li: [c]"Èske se nou menm ki avèg tou a?"

[41] Jésus te reponn yo: [d]"Si nou te avèg, nou pa t ap gen peche, men akoz ke nou di: 'Nou wè', peche nou la toujou."

10 Anverite, anverite, Mwen di nou, sila ki pa antre nan pak mouton an pa pòt la, men monte pou l antre yon lòt jan, li menm se yon [e]vòlè ak yon brigan. [2] Men moun ki antre pa pòt la se [f]bèje mouton yo.

[3] Pou li menm, gadyen pòt la va ouvri, epi mouton yo tande [g]vwa l. Li rele pwòp mouton li yo pa non yo, e mennen yo deyò. [4] Nenpòt lè L fè soti tout sa ki pou li yo, li ale devan yo, e mouton yo swiv li, paske yo rekonèt [h]vwa li. [5] Men yon etranje, yo p ap janm swiv li, men ap sove ale kite li, paske yo pa rekonèt [i]vwa etranje yo.

[6] [j]Kalite pawòl sa a, Jésus te sèvi pou pale avèk yo, men yo pa t konprann bagay sa yo ke Li t ap di yo.

[7] Pou sa, Jésus te di yo ankò, "Anverite, anverite, Mwen di nou, Mwen menm se [k]pòt la pou mouton yo. [8] Tout sa yo ki te vini avan M se [l]vòlè ak brigan, men mouton yo pa t tande yo.

⁹ ᵃ"Mwen se pòt la. Si nenpòt moun antre pa Mwen, li va sove e va antre, sòti pou twouve patiraj.
¹⁰ "Vòlè a vini sèlman pou l vòlè, touye, ak detwi.

"Mwen te vini pou yo ᵇta kapab gen lavi, pou yo ta ka genyen l an abondans.
¹¹ ᶜ"Mwen menm se bon bèje a. Bon bèje a ap bay vi Li pou mouton yo.
¹² "Sila a ki se yon ouvriye jounalye epi pa yon ᵈbèje, ki pa mèt mouton yo, wè lou ap vini epi li kouri kite mouton yo. Lou a vin pran yo, epi gaye yo. ¹³ Li sove ale, paske se yon ouvriye jounalye, e afè mouton pa konsène l.
¹⁴ "Mwen se bon bèje a. ᵉMwen rekonèt sa yo ki pou Mwen, e pa Mwen yo rekonèt Mwen. ¹⁵ Menm jan ke ᶠPapa a rekonèt Mwen, Mwen rekonèt Papa a. Mwen bay vi Mwen pou mouton yo.
¹⁶ "Epi Mwen gen ᵍlòt mouton ki pa nan pak sa a. Fòk Mwen mennen yo tou. Epi yo va tande vwa M. Yo va vini yon sèl pak avèk yon bèje.
¹⁷ "Pou rezon sa a, Papa a renmen M, paske Mwen ʰbay la vi Mwen pou M kab reprann li ankò. ¹⁸ ⁱOkenn moun pa pran li nan men M, men Mwen bay li avèk pwòp volonte M. Mwen gen otorite pou bay li, e Mwen gen otorite pou reprann li ankò. Kòmandman sila a Mwen te resevwa l depi nan men Papa M."
¹⁹ Konsa te leve ʲyon divizyon pami Jwif yo akoz pawòl sa yo.
²⁰ Anpil t ap di: ᵏ"Li gen yon dyab epi ˡLi fou. Poukisa nou ap koute Li?"
²¹ Lòt t ap di: "Pawòl sa yo se pa pawòl a yon move lespri. ᵐYon dyab p ap kab ouvri zye a yon moun ki avèg. Nou ta kwè sa?"
²² Nan lè sa, Fèt Dedikasyon an t ap pase nan Jérusalem. ²³ Se te nan tan livè, epi Jésus t ap mache nan tanp lan sou ⁿgaleri Salomon an.
²⁴ Pou sa, Jwif yo te rasanble antoure Li, epi t ap di Li: "Pou konbyen de tan W ap kenbe nou an sispann? Si ou menm se Kris la, fè nou konnen klè."
²⁵ Jésus te di yo: "Mwen te di nou, e nou pa kwè M. Zèv ke M fè nan non Papa M yo, sa yo fè temwayaj de Mwen." ²⁶ Men nou pa kwè, paske nou pa mouton Mwen yo.
²⁷ "Mouton pa M yo ᵒtande vwa M, e yo swiv Mwen. ²⁸ E Mwen bay yo ᵖlavi etènèl, e yo p ap janm peri. E pèsòn p ap kab rachte yo nan men M.
²⁹ "Papa M ki te ban Mwen yo, pi gran pase tout moun. E pèsòn p ap kab rachte yo nan men a Papa a. ³⁰ ᑫMwen avèk Papa a se youn."
³¹ Jwif yo te ʳleve pran wòch ankò pou lapide L.

³² Jésus te reponn yo: "Mwen te montre nou anpil bon zèv ki te sòti nan Papa a. Pou kilès ladan yo n ap lapide M nan?"
³³ Jwif yo te reponn: "Pou bon zèv, nou pa lapide Ou, men pou ˢblasfèm nan. Paske Ou menm ki se yon nonm, ᵗpran poz ke se Bondye ou ye."
³⁴ Jésus te reponn yo: "Èske li pa te ekri nan Lalwa pa w la ke: ᵘ"Mwen di ke se dye yo nou ye"?
³⁵ "Si Li te rele yo dye yo, sila ki te resevwa pawòl Bondye yo (epi Ekriti Sen yo p ap kapab chanje), ³⁶ èske ou di a Li menm, Sila a ke Papa a te fè sen, epi ᵛvoye nan lemonn nan: 'W ap blasfeme' akoz Mwen di ke Mwen menm se Fis Bondye a?
³⁷ ʷ"Si Mwen pa fè zèv a Papa M, pa kwè M.
³⁸ Men si M fè yo, malgre ou pa kwè M, kwè zèv yo pou ou kapab konnen epi konprann ke ˣPapa a nan Mwen, e Mwen nan Papa a."
³⁹ Pou sa, yo ʸt ap chache ankò pou kenbe L, men Li te evite men yo.
⁴⁰ Li te ale ᶻankò lòtbò Jourdain an nan plas kote Jean te premye konn batize a. Li te demere la.
⁴¹ Anpil te vin kote L e t ap di: "Malgre Jean pa t fè yon sign, ᵃtout bagay li te di selon mesye sa a se te vrè." ⁴² Anpil moun te kwè nan Li la.

11 Alò, yon sèten mesye te malad. Lazare a Béthanie, vilaj kote Marie ak sè li ᵇMarthe te rete a.
² Se te sè Lazare, Marie ki te ᶜonksyone Senyè a avèk lwil chè a, epi te siye pye Li avèk cheve li. Se frè li, Lazare, ki te malad. ³ Konsa, sè yo te voye kote Li pou di L: "Senyè, ᵈsila ke ou renmen an malad."
⁴ Men lè Jésus te tande sa, Li te di: "Maladi sa a se pa a lanmò, ᵉmen pou glwa Bondye, pou Fis a Lòm nan kapab resevwa glwa de li." ⁵ Konsa, Jésus te renmen ᶠMarthe ak sè li, ak Lazare. ⁶ Pou sa, lè L tande ke Li te malad, Li te rete de jou anplis nan plas kote Li te ye a. ⁷ Apre sa, Li te di a disip Li yo: ᵍ"Annou ale nan Judée ankò."
⁸ Disip Li yo te di Li: "Rabbi, fenk koulye a Jwif yo t ap ʰeseye lapide Ou, epi W ap prale la ankò?"
⁹ Jésus te reponn yo: ⁱ"Èske pa gen douz è de tan nan yon jounen? Si yon moun mache nan lajounen a li p ap chape tonbe, paske li wè limyè a mond sila a. ¹⁰ Men si yon moun mache lannwit, l ap tonbe, paske limyè a pa nan li."
¹¹ Sa, Li te di, epi apre sa, Li te di yo: "Zanmi nou Lazare ʲgen tan tonbe nan dòmi. Men m ap prale pou M ka fè l leve nan dòmi."
¹² Konsa, disip Li yo te di L: "Senyè, si li tonbe nan dòmi, l ap refè." ¹³ Alò ᵏJésus t ap pale de lanmò Li, men yo te konprann ke Li t ap pale de yon vrè dòmi.

ᵃ **10:9** Jn 10:1-9   ᵇ **10:10** Jn 5:40   ᶜ **10:11** És 40:11   ᵈ **10:12** Jn 10:2   ᵉ **10:14** Jn 10:27   ᶠ **10:15** Mat 11:27
ᵍ **10:16** És 56:8   ʰ **10:17** Jn 10:11-18   ⁱ **10:18** Mat 26:53   ʲ **10:19** Jn 7:43   ᵏ **10:20** Jn 7:20   ˡ **10:20** Mc 3:21
ᵐ **10:21** Egz 4:11   ⁿ **10:23** Trav 3:11   ᵒ **10:27** Jn 10:4-16   ᵖ **10:28** Jn 17:2   ᑫ **10:30** Jn 17:2   ʳ **10:31** Jn 8:59
ˢ **10:33** Lev 24:16   ᵗ **10:34** Sòm 82:6   ᵘ **10:36** Jn 3:17   ᵛ **10:37** Jn 10:25   ˣ **10:38** Jn 14:10-20   ʸ **10:39** Jn 7:20   ᶻ **10:40** Jn 1:28   ᵃ **10:41** Jn 1:27-30   ᵇ **11:1** Luc 10:38   ᶜ **11:2** Luc 7:38
ᵈ **11:3** Jn 11:5-36   ᵉ **11:4** Jn 9:3   ᶠ **11:5** Jn 11:1   ᵍ **11:7** Jn 10:40   ʰ **11:8** Jn 8:59   ⁱ **11:9** Luc 13:33
ʲ **11:11** Mat 27:52   ᵏ **11:13** Mat 9:24

¹⁴ Pou sa, Jésus te di yo byen klè: "Lazare gen tan mouri, ¹⁵ e pou koz pa nou, Mwen kontan ke M pa t la pou nou kapab kwè. Annou ale kote l."

¹⁶ Pou sa, Thomas, ke yo rele osi ᵃDidyme, te di disip parèy li yo: "Annou ale avèk Li pou nou kapab mouri avè L."

¹⁷ Konsa, lè Jésus te vini, Li te twouve ke Li te deja nan tonm nan depi kat jou. ¹⁸ ᵇBéthanie te prè Jérusalem. Aniwon twa kilomèt distans.

¹⁹ Anpil nan Jwif yo te deja vin kote Marthe ak Marie ᶜpou konsole yo konsènan frè yo.

²⁰ Pou sa, lè ᵈMarthe te tande ke Jésus t ap vini, li te ale rankontre Li. Men Marie te toujou chita nan kay la.

²¹ Konsa, Marthe te di a Jésus: "Senyè, ᵉsi Ou te la, frè m nan pa t ap mouri. ²² Menm koulye a, mwen konnen ke ᶠnenpòt bagay ke Ou mande Bondye, Bondye ap bay Ou li."

²³ Jésus te di li: "Frè ou ap leve ankò."

²⁴ Marthe te reponn Li: ᵍ"Mwen konnen ke li ap leve ankò nan rezirèksyon an nan dènye jou a."

²⁵ Jésus te reponn Li: ʰ"Mwen se rezirèksyon an ak lavi a. Moun ki kwè nan Mwen va viv, menm si li mouri. ²⁶ E tout moun ki viv e kwè nan Mwen, ⁱap janm mouri. Èske ou kwè sa?"

²⁷ Li te di Li: "Wi, Senyè, Mwen gen tan kwè ke Ou se ʲKris la, Fis a Bondye, menm Li menm ki vini nan mond lan."

²⁸ Lè li te di sa, li te ale, e te rele Marie, sè li, e te di l apa: ᵏ"Mèt la rive, e L ap mande pou ou." ²⁹ E lè li tande sa, li te leve vit, epi t ap vin kote Li. ³⁰ Jésus poko te rive nan bouk la, men ˡte toujou nan plas kote Marthe te rankontre Li a. ³¹ ᵐJwif yo ki t ap konsole li nan kay la te wè l leve vit e sòti. Epi yo sipoze ke li t ap ale nan tonm nan pou kriye.

³² Konsa, lè Marie te vini kote Jésus, li te tonbe nan pye Li, e te di L: "Senyè, ⁿsi Ou te isit la, frè m nan pa t ap mouri."

³³ Konsa, lè Jésus te wè l t ap kriye, epi Jwif ki te avè l yo t ap kriye, Li ᵒte vrèman etone nan fon lespri Li, e te twouble. ³⁴ Li te di: "Kibò nou mete Li?"

Yo te di Li: "Senyè, vin wè."

³⁵ Jésus te ᵖkriye.

³⁶ E Jwif yo t ap di: "Gade kijan Li ᵠte renmen l." ³⁷ Men kèk nan yo te di: "Èske nonm sila a ʳki te louvri zye a sa ki te avèg la, pa t kab anpeche moun sa a mouri osi?"

³⁸ Pou sa, Jésus, ankò, etone byen fon nan lespri li, te vin bò kote tonm nan. Se te yon ˢkav e yon wòch te apiye sou Li.

³⁹ Jésus te di: "Retire wòch la." Marthe, sè mò a te di Li: "Senyè, pou lè sa, li va santi. Li la depi kat jou."

⁴⁰ Jésus te di li: ᵗ"Èske Mwen pa t di ou ke si Ou kwè, ou va wè glwa Bondye?"

⁴¹ Epi konsa, yo te retire wòch la. Jésus ᵘte leve zye Li e te di: ᵛ"Papa, Mwen remèsye Ou ke Ou tande M. ⁴² Mwen te konnen ke Ou tande M tout tan, men ʷakoz pèp la ki kanpe antoure M, Mwen te di sa, pou yo kapab kwè ke Ou te voye Mwen."

⁴³ Lè L fin te di bagay sa yo, Li te kriye avèk yon gwo vwa: "Lazare, sòti deyò." ⁴⁴ E sila ki te mouri an te sòti ˣbyen mare men ak pye yo avèk twal ki te vlope l, e ʸyon twal ki te vlope figi li.

Jésus te di yo: "Demare l epi lage l."

⁴⁵ Pou sa, anpil nan sa ᶻki te vin kote Marie yo, e ki te wè sa Li te fè a, te kwè nan Li.

⁴⁶ Men kèk nan yo te ale nan ᵃFarizyen yo e te di yo sa ke Jésus te fè a.

⁴⁷ Konsa, ᵇchèf prèt yo avèk Farizyen yo te ᶜkonvoke yon gran konsèy. Yo t ap di: "Kisa n ap fè, pwiske nonm sila a ap fè anpil sign." ⁴⁸ "Si nou kite Li kontinye konsa, tout moun ap kwè nan Li, epi Women yo ap vin pran ni ᵈplas nou, ni nasyon nou."

⁴⁹ Men youn nan yo, Caïphe, ᵉki te granprèt pou lane sila a, te di yo: "Nou pa konnen anyen, ⁵⁰ ni nou pa kontwole ke ᶠli ta meyè pou nou si yon moun ta mouri pou pèp la, pou tout nasyon an pa peri." ⁵¹ Alò li pa t di sa pou kont li, men ᵍakoz ke li te wo prèt nan lane sa a, li t ap fè pwofesi ke Jésus t ap mouri pou nasyon an. ⁵² E pa sèlman pou nasyon sila a, men ke Li ta kab ʰranmase ansanm pou fè yon sèl, tout pitit Bondye ki te gaye a letranje yo. ⁵³ Depi jou sa, yo t ap ⁱfè plan pou touye L.

⁵⁴ Pou sa, Jésus ʲpa t ankò mache an piblik pami Jwif yo, men te kite la pou ale nan peyi toupre dezè a, nan yon vil yo rele Éphraïm. Li te rete la avèk disip Li yo.

⁵⁵ Alò, Pak Jwif la te pwòch, epi anpil te kite andwa andeyò yo pou monte nan Jérusalem, ᵏpou yo ta kab vin pirifye. ⁵⁶ Konsa, yo ˡt ap di youn ak lòt pandan yo kanpe nan tanp lan: "Kisa nou panse. Èske Li p ap menm vini nan fèt la?" ⁵⁷ Alò, ᵐchèf prèt yo ak Farizyen yo te bay lòd pou si nenpòt moun te konnen kote Li te ye, yo dwe bay rapò pou yo ta kab sezi L.

12

Pou sa a, sis jou avan fèt la Jésus te vini nan Béthanie, kote Lazare, moun Li te fè leve sòti nan lanmò te ye a. ² Konsa, yo te prepare yon manje pou li la.

ⁿMarthe t ap sèvi, men Lazare te youn nan yo ki te sou tab avèk Li. ³ Nan lè sa a, ᵒMarie te pran yon liv pafen yo rele nà ki te koute trè chè, e te vide sou pye a Jésus e te siye yo avèk cheve li. Kay la te ranpli avèk sant pafen sa a.

ᵃ **11:16** Jn 20:24 ᵇ **11:18** Jn 11:1 ᶜ **11:19** Job 2:11 ᵈ **11:20** Luc 10:38-42 ᵉ **11:21** Jn 11:32-37 ᶠ **11:22** Jn 9:31 ᵍ **11:24** Dan 12:2 ʰ **11:25** Jn 1:4 ⁱ **11:26** Jn 6:47-50,51 ʲ **11:27** Mat 16:16 ᵏ **11:28** Mat 26:18 ˡ **11:30** Jn 11:20 ᵐ **11:31** Jn 11:19-33 ⁿ **11:32** Jn 11:21 ᵒ **11:33** Jn 11:38 ᵖ **11:35** Luc 19:41 ᵠ **11:36** Jn 11:3-5 ʳ **11:37** Jn 9:7 ˢ **11:38** Mat 27:60 ᵗ **11:40** Jn 11:4 ᵘ **11:41** Mat 17:1 ᵛ **11:41** Mat 11:25 ʷ **11:42** Jn 12:30 ˣ **11:44** Jn 19:40 ʸ **11:44** Jn 20:7 ᶻ **11:45** Jn 11:19 ᵃ **11:46** Jn 7:32-45 ᵇ **11:47** Jn 7:32-45 ᶜ **11:47** Mat 26:3 ᵈ **11:48** Mat 24:15 ᵉ **11:49** Jn 11:51 ᶠ **11:50** Jn 18:14 ᵍ **11:51** Jn 18:13 ʰ **11:52** Jn 10:16 ⁱ **11:53** Mat 26:4 ʲ **11:54** Jn 7:1 ᵏ **11:55** Nonb 9:10 ˡ **11:56** Jn 7:11 ᵐ **11:57** Jn 11:47 ⁿ **12:2** Luc 10:38 ᵒ **12:3** Luc 7:37

⁴ Men ªJudas Iscariot, youn nan disip Li yo, ki te gen lentansyon pou trayi Li, te di: ⁵ "Poukisa pafen sila a pa t vann pou twa san denye, pou yo ta bay malere yo?" ⁶ Alò, li pa t di sa paske li te konsène pou malere yo, men paske se te yon vòlè li te ye. Epi konsi li ᵇte responsab lajan nan bwat kès la, li te konn piyaje ᶜsa ke yo mete ladann.

⁷ Pou rezon sa a, Jésus te di "Pa deranje l, li te konsève sa a pou ᵈjou lantèman M. ⁸ ᵉPaske malere yo ap toujou avè w, men Mwen, ou p ap toujou genyen M."

⁹ Konsa, gran foul Jwif yo te dekouvri ke Li te la, e yo te vini non sèlman akoz Jésus, men pou yo ta ka wè Lazare ᶠke Li te leve sòti nan lanmò a.

¹⁰ Men chèf prèt yo te mete tèt yo ansanm pou yo ta kapab anplis mete Lazare a lanmò. ¹¹ Paske ᵍakoz li menm, anpil nan Jwif yo t ap kite e t ap kwè nan Jésus.

¹² Nan jou aprè a, yon ʰgran foul ki te vini nan fèt la, lè yo tande ke Jésus t ap vini nan Jérusalem, ¹³ te pran branch pye palmis, e te ale rankontre Li, e te kòmanse kriye "Ozana, ⁱozana, beni sila a ki vini nan non Senyè a, Wa Israël la."

¹⁴ Jésus te twouve yon jenn bourik e te chita sou li. Tankou li ekri, ¹⁵ ʲ"Pa pè, O fi a Sion. Gade byen, Wa ou ap vini, byen chita sou yon jenn bourik."

¹⁶ Nan kòmansman, disip Li yo pa t konprann ᵏbagay sa yo, men lè Jésus te resevwa glwa, Yo son je ke yo te ekri sou Li e ke yo te fè L bagay sa yo.

¹⁷ Konsa, ˡpèp la ki te avè L lè Li te rele Lazare deyò nan tonm nan, e te fè l leve sòti nan lanmò a, t ap toujou fè temwayaj de Li. ¹⁸ ᵐPou koz sa, foul la te ale rankontre Li, paske yo te tande ke Li te fè sign sila a. ¹⁹ Akoz sa a, Farizyen yo te di youn ak lòt: "Nou wè ke nou p ap fè anyen ki bon. Gade, lemonn ap kouri dèyè Li."

²⁰ Konsa, te gen sèten ⁿGrèk pami yo ki t ap monte pou adore nan fèt la. ²¹ Yo te ale kote Philippe ki te sòti nan ᵒBethsaïda nan Galilée, e te kòmanse mande li: "Mesye, nou vle wè Jésus."

²² Philippe te vin di ᵖAndré. E André ak Philippe te di Jésus sa.

²³ Jésus te reponn yo e te di: "Lè a rive pou Fis a Lòm nan kapab ᵠresevwa glwa.

²⁴ "Anverite, anverite, Mwen di nou, ʳsof ke yon grenn ble tonbe nan tè epi mouri, li rete pou kont li, men si li mouri, l ap fè anpil fwi. ²⁵ ˢMoun ki renmen vi li va pèdi l, e moun ki rayi vi li nan mond sa a va konsève li jiska lavi etènèl.

²⁶ "Si nenpòt moun ap sèvi Mwen, fòk li swiv Mwen. E ᵗkote Mwen ye, la sèvitè Mwen va ye tou. Si nenpòt moun ap sèvi Mwen, Papa a va onore li.

²⁷ ᵘ"Koulye a nanm Mwen vin twouble. Epi kisa M ap di: 'Papa, sove M de lè sa a'? Men se pou rezon sa a ke M te rive nan lè sa a. ²⁸ Papa, ke non Ou kapab resevwa glwa!"

Yon ᵛvwa te sòti nan syèl la: "Mwen te non sèlman bay li glwa a, men Mwen va bay li glwa ankò."

²⁹ Foul la ki te kanpe la epi te tande sa, te di ke yo tande loraj. Lòt yo te di: ʷ"Yon zanj pale avèk Li."

³⁰ Jésus te reponn e te di: ˣ"Vwa sa a pa t vini pou kòz pa M, men pou kòz pa nou. ³¹ Koulye a jijman vini sou mond sa a. Koulye a ʸmèt mond sa a va jete deyò. ³² E Mwen, si Mwen ᶻgen tan leve wo anwo tè a, va ᵃatire tout moun kote Mwen menm." ³³ Men Li te di sa ᵇpou montre ki kalite mò Li ta pral mouri an.

³⁴ Pou sa, foul la te reponn Li: "Nou te tande nan Lalwa ke ᶜKris la ap la jis pou jamen. E kijan ou kapab di: 'Fis a Lòm nan oblije leve wo?' Kilès Fis a Lòm sila a?"

³⁵ Akoz sa, Jésus te di yo: "Pou yon ti tan anplis, limyè a pami nou. Mache pandan nou gen limyè a, pou tenèb la pa gen tan pran nou. Sila ki ᵈmache nan tenèb la pa konnen kote l ap prale. ³⁶ Pandan nou gen limyè a, kwè nan limyè a pou nou kapab vini fis a limyè a." Bagay sa yo Jésus te pale, epi Li ale kache kò Li pou yo pa jwenn Li.

³⁷ Men malgre ke Li te fè tout sign sa yo devan yo, tou jou yo pa t kwè nan Li. ³⁸ Pou pawòl a pwofèt la, Ésaïe, ta kapab akonpli lè l te di: ᵉ

"Senyè, kilès ki kwè nan rapò nou?
E a kilès bra Letènèl la devwale?"

³⁹ Pou rezon sa, yo pa t kab kwè. Paske Ésaïe te di ankò: ⁴⁰ ᶠ

"Li te fè zye yo avegle, e te fè kè yo di,
sof ke yo wè avèk zye yo, apèsi avèk kè yo,
epi yo vin konvèti, epi Mwen ta geri yo."

⁴¹ Bagay sa yo, Ésaïe te di paske ᵍli te wè glwa Li, e akoz ke li te wè glwa Li, li te pale sou Li.

⁴² Malgre sa, menm anpil nan ʰgran chèf yo te kwè nan Li, men akoz Farizyen yo, yo pa t konfese sa a, akoz krent ke yo ta ⁱvin mete deyò nan sinagòg la. ⁴³ ʲPaske yo te gen lanvi pou lwanj a lòm olye lwanj Bondye.

⁴⁴ Jésus te kriye e te di: ᵏ"Sila a ki kwè nan Mwen, pa kwè nan Mwen, men nan Li menm ki te voye Mwen an. ⁴⁵ ˡSila a ki wè M, wè Li menm ki te voye Mwen an. ⁴⁶ ᵐMwen te vini kon yon limyè nan mond lan, pou tout moun ki kwè nan Mwen pa rete nan tenèb.

⁴⁷ "Si nenpòt moun tande pawòl Mwen yo, e pa kenbe yo, Mwen pa jije li. Paske ⁿMwen pa t vini nan lemonn pou jije lemonn, men pou sove lemonn.

⁴⁸ ᵃ"Sila a ki rejte Mwen, epi pa resevwa pawòl Mwen yo, gen youn k ap jije li. ᵇPawòl ke Mwen te pale a se li k ap jije li nan dènye jou a.

⁴⁹ "Paske Mwen pa t pale pou kont Mwen, men Papa a, Li menm, ki te voye M ᶜte kòmande Mwen kisa pou M pale, e kisa pou M di. ⁵⁰ E Mwen konnen ke ᵈkòmandman Li se lavi etènèl. Pou sa, se konsa Mwen pale; ᵉmenm sa ke Papa a di Mwen yo, konsa Mwen pale."

13 Alò, avan ᶠFèt Pak Jwif la, Jésus te byen okouran ke lè Li te rive epi ke Li t ap kite mond sa a pou ale ᵍkote Papa a. Konsa Li te renmen moun pa Li yo ki te nan lemonn. Li te renmen yo jiska lafen.

² Pandan yo t ap soupe, ʰdyab la te deja mete nan kè Judas, fis Simon an, pou trayi Li.

³ Jésus, ⁱbyen konnen ke Papa a te mete tout bagay nan men Li, e ke ʲLi te sòti nan Bondye, e t ap retounen a Bondye, ⁴ te leve nan soupe a. Li te retire gwo vètman Li. Li te pran yon twal e te vlope l nan kò Li. ⁵ Li te vide dlo nan basen an e te kòmanse ᵏlave pye a disip Li yo, e siye yo avèk twal ki te vlope L la.

⁶ E konsa, lè L rive nan Simon Pierre, li te di Li: "Senyè, w ap lave pye mwen?"

⁷ Jésus te reponn e te di Li: "Sa ke M ap fè la a koulye a, ou p ap konprann, men ˡpita, ou va konprann."

⁸ Pierre te di Li: "Ou p ap janm lave pye mwen!" Jésus te reponn li: ᵐ"Si Mwen pa lave ou, ou p ap gen pati nan Mwen."

⁹ Simon Pierre te di Li: "Senyè, pa sèlman pye mwen, men anplis men mwen ak tèt mwen."

¹⁰ Jésus te di li: "Sila a ki gen tan benyen sèlman bezwen lave pye li. Men tout rès li pwòp. ⁿNou menm nou pwòp, men pa tout pami nou." ¹¹ Paske ᵒLi te konnen kilès ki t ap trayi Li, e pou rezon sa a Li te di: "Se pa tout nan nou ki pwòp."

¹² Konsa, lè Li te lave pye yo, e te ᵖprann vètman Li yo, Li te apiye sou tab la ankò, e te di yo: "Èske nou konnen kisa Mwen gen tan fè nou la a? ¹³ Nou rele M 'Mèt', epi ᑫ'Senyè', e nou gen rezon, paske se sa Mwen ye. ¹⁴ Pou sa, si Mwen, ʳSenyè a ak Mèt la lave pye nou, nou osi dwe lave pye youn a lòt. ¹⁵ Paske Mwen te bay nou ˢyon egzanp ke nou menm osi dwe fè tankou Mwen te fè pou nou.

¹⁶ "Anverite, anverite, Mwen di nou, yon ᵗesklav pa pi gran pase mèt li. Ni yon moun ki voye pa pi gran pase sila ki voye l la. ¹⁷ Si nou konnen bagay sa yo, nou ᵘbeni si nou fè yo.

¹⁸ "Se pa a nou tout ke M pale. Mwen konnen sila ke M te chwazi yo. Men se pou Lekriti sen yo kapab akonpli. ᵛ'Sila ki manje pen Mwen an te leve talón li kont Mwen.'

¹⁹ "Depi koulye a, ʷM ap di nou avan li rive, pou lè li rive, nou kapab kwè ke ˣMwen menm se Li.

²⁰ "Anverite, anverite, Mwen di nou, ʸsila a ki resevwa nenpòt moun ke M voye, resevwa M. E sila ki resevwa Mwen, resevwa Li menm ki te voye Mwen an."

²¹ Lè Jésus te fin di sa, Li te ᶻvin twouble nan lespri L, e te fè temwayaj e te di: "Anverite, anverite Mwen di nou ke youn nan nou ap trayi M."

²² Disip yo te kòmanse gade youn a lòt, ᵃsan okenn lide sou kilès nan yo Li t ap pale a.

²³ Te gen youn ki t ap apiye sou Jésus, sila ke Li te renmen anpil la.ᵇ ²⁴ Konsa, Simon Pierre te fè l siyal, e te di li: "Di nou kilès nan nou ke L ap pale a." ²⁵ Sila ki t ap ᶜapiye sou pwatrin Jésus e te di Li: "Senyè, kilès li ye?"

²⁶ Pou sa, Jésus te reponn: "Sila a ke M ap bay mòso pen ke M pral tranpe bay li a." Lè L tranpe mòso a Li te pran li bay Judas, ᵈfis a Simon Iscariot.

²⁷ Epi apre mòso a, Satan ᵉte antre nan li. Konsa, Jésus te di l: "Sa w ap fè a, fè vit."

²⁸ Pèsòn pami sa yo sou tab la pa t konnen pou ki rezon Li te di l sa. ²⁹ Kèk te sipoze ke se te akoz Judas ᶠte gen bwat kès la, epi ke Jésus t ap di l: "Ale achte bagay nou bezwen pou fèt la," oubyen petèt ke li ta dwe bay kèk choz a malere yo.

³⁰ Apre li te resevwa mòso a, li te sòti nan menm moman an. E ᵍli te lannwit.

³¹ Konsa, lè l gen tan ale, Jésus te di: "Koulye a Fis a Lòm nan gen tan resevwa glwa, epi ʰBondye resevwa glwa nan Li. ³² Si Bondye resevwa glwa nan Li, ⁱBondye osi ap resevwa glwa Li nan Li menm, epi va resevwa glwa Li koulye a menm."

³³ "Pitit Mwen yo, Mwen avèk nou pou ʲyon ti tan anplis. ᵏNou ap chache M, e tankou Mwen te di Jwif yo, koulye a M ap di nou tou. Kote M ap ale, nou p ap kab vini.

³⁴ "Yon kòmandman nèf Mwen bay nou. ˡKe nou renmen youn a lòt menm jan ke Mwen renmen nou. Konsa renmen youn a lòt. ³⁵ ᵐKonsa, tout moun ap konnen ke nou menm se disip Mwen yo, si nou gen lamou youn pou lòt."

³⁶ Simon Pierre te di Li: "Senyè, kibò W ap prale?" Jésus te reponn li: ⁿ"Kote M ap prale a, ou p ap kapab ale koulye a, men pita, ou va swiv Mwen."

³⁷ Pierre te di Li: "Senyè, poukisa mwen pa kapab swiv Ou koulye a? ᵒMwen va bay vi m pou Ou."

³⁸ Jésus te di: "Èske ou va bay vi ou pou Mwen? Anverite, anverite, Mwen di ou, ᵖavan kòk la gen tan chante, ou va rejte Mwen twa fwa."

ᵃ **12:48** Luc 10:16   ᵇ **12:48** Det 18:18   ᶜ **12:49** Jn 14:31   ᵈ **12:50** Jn 6:68   ᵉ **12:50** Jn 5:19   ᶠ **13:1** Jn 11:55   ᵍ **13:1** Jn 13:3   ʰ **13:2** Jn 6:70   ⁱ **13:3** Jn 3:35   ʲ **13:3** Jn 8:42   ᵏ **13:5** Jen 18:4   ˡ **13:7** Jn 13:12   ᵐ **13:8** Sòm 51:2,7   ⁿ **13:10** Jn 15:3   ᵒ **13:11** Jn 6:64   ᵖ **13:12** Jn 13:4   ᑫ **13:13** Jn 11:2   ʳ **13:14** Jn 11:2   ˢ **13:15** I Pi 5:3   ᵗ **13:16** Mat 10:24   ᵘ **13:17** Mat 7:24   ᵛ **13:18** Sòm 41:9   ʷ **13:19** Jn 14:29   ˣ **13:19** Jn 8:24   ʸ **13:20** Mat 10:40   ᶻ **13:21** Jn 11:33   ᵃ **13:22** Mat 26:21   ᵇ **13:23** Jn 19:26   ᶜ **13:25** Jn 21:20   ᵈ **13:26** Jn 6:71   ᵉ **13:27** Luc 22:3   ᶠ **13:29** Jn 12:6   ᵍ **13:30** Luc 22:53   ʰ **13:31** Jn 14:13   ⁱ **13:32** Jn 17:1   ʲ **13:33** Jn 7:33   ᵏ **13:33** Jn 7:34   ˡ **13:34** Lev 19:18   ᵐ **13:35** I Jn 3:14   ⁿ **13:36** Jn 7:33   ᵒ **13:37** Mat 26:33-35   ᵖ **13:38** Mc 14:30

14 ᵃ "Pa kite kè nou twouble. Kwè nan Bondye, e kwè anplis nan Mwen.

² "Nan kay Papa M gen anpil chanm. Si li pa t konsa, Mwen t ap di nou sa. Paske ᵇM ap prale pou prepare yon plas pou nou. ³ E si Mwen ale pou prepare yon plas pou nou, ᶜM ap vini ankò pou resevwa nou a Mwen menm, ke ᵈkote Mwen ye, nou kapab la tou. ⁴ E nou konnen chemen kote M ap prale a."

⁵ ᵉThomas te di Li: "Senyè, nou pa konnen kote W ap prale a. Kijan nou kapab konnen chemen an?"

⁶ Jésus te di li: "Mwen se ᶠchemen, verite ak lavi a. Pèson p ap vini nan Papa a, sof ke pa Mwen. ⁷ ᵍSi nou te konnen Mwen, nou ta konnen Papa M tou. Depi koulye a, nou konnen Li, e wè Li."

⁸ ʰPhilippe te di Li: "Senyè, montre nou Papa a, epi l ap sifi pou nou."

⁹ Jésus te di Li: "Èske Mwen gen tout tan sa a avèk nou, e ou poko vin rekonèt Mwen, Philippe? ⁱSila ki gen tan wè M, gen tan wè Papa a. Kijan ou di: 'Montre m Papa a?' ¹⁰ Èske ou pa kwè ke ʲMwen nan Papa a, e Papa a nan Mwen? ᵏ"Pawòl ke Mwen pale ou yo, Mwen pa pale pa volonte pa M, men Papa a, ki rete nan Mwen fè travay Li. ¹¹ Kwè Mwen, ke ˡMwen nan Papa a, e ke Papa a nan Mwen. Oubyen apa de sa, ᵐkwè menm akoz zèv mwen yo.

¹² "Anverite, anverite, Mwen di nou, moun ki kwè nan Mwen, zèv ke Mwen fè yo, li menm va fè yo tou, e ⁿpi gwo zèv pase sa yo l ap fè. Paske Mwen ap ale kote Papa a.

¹³ "Konsa, ᵒnenpòt bagay ke nou mande nan non Mwen, M ap fè li pou Papa a kapab resevwa glwa nan Fis la. ¹⁴ Si nou mande M nenpòt bagay ᵖnan non Mwen, M ap fè l.

¹⁵ ᵠ"Si nou renmen M, nou va kenbe kòmandman Mwen yo.

¹⁶ "Konsa, M ap mande Papa a, e Li va bay nou yon lòt ʳkonseye, pou Li kapab avèk nou jis pou janmen. ¹⁷ Sa se ˢLespri verite a, ke lemonn nan pa kapab resevwa, paske li pa wè Li, ni konnen Li. Men nou konnen Li, paske Li rete avèk nou, epi Li va nan nou.

¹⁸ "Mwen p ap kite nou kon òfelen. ᵗM ap vin kote nou. ¹⁹ Apre yon ti tan, ᵘlemonn p ap wè M ankò. Men nou menm ap wè m. ᵛAkoz ke Mwen viv, nou menm ap viv tou. ²⁰ Nan jou sa nou ap konnen ke ʷMwen menm nan Papa a, e nou nan Mwen, e Mwen nan nou.

²¹ ˣ"Moun ki gen kòmandman Mwen yo, e kenbe yo, se li ki renmen M. E li menm ki renmen M, ap renmen pa Papa Mwen, e Mwen va renmen l epi va devwale M a li."

²² Judas, se pa Iscariot la, te di Li: "Senyè, kisa menm ki rive ʸki fè W ap devwale Ou a nou, e pa a lemonn?"

²³ Jésus te reponn e te di Li: "Si nenpòt moun renmen M, li va ᶻkenbe pawòl Mwen, e Papa M va renmen li, e Nou va vin kote li, epi va demere avèk li". ²⁴ Moun ki pa renmen M pa kenbe pawòl Mwen. E ᵃpawòl sa a ke nou tande a se pa pa M, men se sa ki nan Papa ki te voye M nan.

²⁵ Bagay sa yo Mwen pale pandan Mwen rete avèk nou an. ²⁶ Men Konseye a, Espri Sen an, ke Papa a va voye nan non Mwen, ᵇLi va enstwi nou tout bagay, e fè nou sonje tout sa ke Mwen te di nou.

²⁷ ᶜLapè Mwen kite avèk nou. Lapè Mwen, Mwen bay nou. Pa kon lemonn konn bay, Mwen bay nou. Pa kite kè nou twouble, ni pa kite l krent.

²⁸ "Nou te tande ke Mwen te di nou: 'M ap prale, e Mwen va vin kote nou'. Si nou te renmen M nou ta rejwi, paske M ap prale kote Papa a. Paske ᵈPapa a pi gran pase M. ²⁹ E koulye a ᵉMwen gen tan di nou avan li rive, pou lè l rive, nou kapab kwè.

³⁰ "Mwen p ap pale anpil anplis avèk nou, paske ᶠmèt a mond sa a ap vini, e li pa gen anyen nan Mwen. ³¹ Men pou lemonn kapab konnen ke Mwen renmen Papa a; jan ᵍPapa a kòmande M, konsa ojis, Mwen fè l.

"Leve, annou kite isit la."

15 ʰ"Mwen se vrè pye rezen an, epi se Papa M ki okipe pye rezen an. ² Chak branch nan Mwen ki pa pote fwi, Li retire. E chak branch ki pote fwi, li taye pou l pote plis fwi.

³ ⁱ"Nou deja pwòp akoz pawòl ke Mwen te pale a nou an. ⁴ ʲRete nan Mwen, e Mwen nan nou. Kon branch lan pa kapab pote fwi pou kont li, sof ke li rete nan pye rezen an, ni nou pa kapab, sof ke nou rete nan Mwen.

⁵ "Mwen se pye rezen an, nou se branch yo. Moun ki rete nan Mwen, e Mwen nan li, li ᵏpote anpil fwi. Paske apa de Mwen, nou pa kapab fè anyen. ⁶ Si nenpòt moun pa rete nan Mwen, li ˡva jete kon yon branch, e l ap seche. Y ap ranmase yo e jete yo nan dife, epi y ap brile. ⁷ Si nou rete nan Mwen, e pawòl Mwen rete nan nou, ᵐmande nenpòt sa nou vle, e l ap fèt pou nou. ⁸ Konsa, ⁿPapa M ap resevwa glwa, lè nou pote anpil fwi. E konsa, nou ᵒfè prèv ke nou se disip Mwen yo.

⁹ "Menm jan ke ᵖPapa a renmen M, Mwen renmen nou tou. Rete nan amou Mwen. ¹⁰ Si nou kenbe kòmandman Mwen yo, nou ap rete nan amou Mwen. ᵠMenm jan ke Mwen te kenbe kòmandman a Papa M yo, e rete nan amou pa Li a.

ᵃ **14:1** Jn 14:27   ᵇ **14:2** Jn 13:33-36   ᶜ **14:3** Jn 14:18-28   ᵈ **14:3** Jn 12:26   ᵉ **14:5** Jn 11:26   ᶠ **14:6** Jn 10:9   ᵍ **14:7** Jn 10:9   ʰ **14:8** Jn 1:43   ⁱ **14:9** Jn 1:14   ʲ **14:10** Jn 1:14   ᵏ **14:10** Jn 5:19   ˡ **14:11** Jn 10:38   ᵐ **14:11** Jn 5:36   ⁿ **14:12** Jn 5:20   ᵒ **14:13** Mat 7:7   ᵖ **14:14** Jn 15:16   ᵠ **14:15** Jn 14:21-23   ʳ **14:16** Jn 7:39   ˢ **14:17** Jn 15:26   ᵗ **14:18** Jn 14:3-28   ᵘ **14:19** Jn 16:16-22   ᵛ **14:19** Jn 6:57   ʷ **14:20** Jn 10:38   ˣ **14:21** Jn 14:15-23   ʸ **14:22** Trav 10:40-41   ᶻ **14:23** Jn 8:51   ᵃ **14:24** Jn 7:16   ᵇ **14:26** Jn 16:13   ᶜ **14:27** Jn 16:33   ᵈ **14:28** Jn 10:29   ᵉ **14:29** Jn 13:19   ᶠ **14:30** Jn 12:31   ᵍ **14:31** Jn 10:18   ʰ **15:1** Sòm 80:8   ⁱ **15:3** Jn 13:10   ʲ **15:4** Jn 6:56   ᵏ **15:5** Jn 15:16   ˡ **15:6** Jn 15:2   ᵐ **15:7** Mat 7:7   ⁿ **15:8** Mat 5:16   ᵒ **15:8** Jn 8:31   ᵖ **15:9** Jn 8:31   ᵠ **15:10** Jn 8:29

¹¹ "Bagay sa yo Mwen pale nou, pou jwa M kapab nan nou, e ke ªjwa nou kapab konplete. ¹² Sa se ᵇkòmandman Mwen, pou nou renmen youn a lòt, menm jan ke Mwen renmen nou an. ¹³ Pa gen pi gran amou pase sa. Ke yon moun ᶜbay vi li pou zanmi li yo.

¹⁴ "Nou se zanmi Mwen ᵈsi nou fè sa ke Mwen kòmande nou. ¹⁵ Mwen p ap rele nou esklav ankò, paske yon esklav pa konnen kisa mèt li ap fè. Men Mwen rele nou zanmi, paske ᵉtout bagay ke Mwen tande nan Papa M, Mwen fè nou konnen.

¹⁶ ᶠ"Nou pa t chwazi Mwen, men Mwen te chwazi nou, e te etabli nou pou nou ta kapab pote fwi, e ke fwi sa a ta kapab dire, pou nenpòt sa ke nou mande Papa a, nan non pa M, Li kapab bay nou li.

¹⁷ "Sa Mwen ᵍkòmande nou, pou nou renmen youn a lòt.

¹⁸ ʰ"Si lemonn rayi nou, byen konnen ke li te rayi M avan nou. ¹⁹ Si nou te apatyen a lemonn, lemonn ta renmen pa li, men akoz ke nou pa apatyen a lemonn, e ke Mwen te chwazi rachte nou nan mond sa a, ⁱakoz sa yo rayi nou.

²⁰ "Sonje pawòl ke Mwen te di nou an: 'Yon esklav pa pi gran pase mèt li'. Si yo te pèsekite Mwen, ʲy ap pèsekite nou tou. Si yo te kenbe pawòl Mwen, yo va kenbe pawòl pa nou osi. ²¹ Men tout bagay sa yo, yo va fè nou pou koz a Non pa M, ᵏpaske yo pa konnen Sila a ki te voye M nan.

²² ˡ"Si Mwen pa t vini pou pale avèk yo, yo pa t ap gen peche, men koulye a yo pa gen eskiz pou peche yo.

²³ "Moun ki rayi M, rayi Papa M tou. ²⁴ ᵐSi Mwen pa t fè pami yo zèv ke okenn lòt pa t janm fè, yo pa t ap gen peche, men koulye a, yo wè, e yo rayi M, e Papa M tou.

²⁵ "Men yo te fè sa pou pawòl la ta kapab akonpli ki te ekri nan Lalwa pa yo: ⁿ'Yo te rayi Mwen san koz.'

²⁶ "Lè ᵒKonseye a vini, sila a ke M ap voye bay nou sòti nan Papa a, sa se Lespri verite a, ki sòti nan Papa a, L ap fè temwayaj de Mwen. ²⁷ E ᵖnou va fè temwayaj tou, paske nou te avèk Mwen depi nan kòmansman."

16 "Mwen pale nou ᑫbagay sa yo pou nou kapab evite chite.

² "Yo va ʳmete nou deyò nan sinagòg la, epi lè a ap vini ke y ap konprann ke se yon sèvis yo rann Bondye lè yo touye nou. ³ Bagay sa yo, yo va fè ˢpaske yo pa t janm konnen Papa a, ni Mwen. ⁴ Men bagay sa yo Mwen te pale nou an ᵗpou lè lè a rive, nou va sonje ke M te di nou sa. Epi bagay sa yo Mwen pa t di nou nan kòmansman, paske Mwen te avèk nou.

⁵ "Men koulye a, ᵘM ap prale a Sila a ki te voye Mwen an. E pa gen nan nou k ap mande M: 'Kibò W ap prale'? ⁶ Men akoz ke M te di nou bagay sa yo, ᵛgwo doulè antre nan kè nou.

⁷ "Men Mwen di nou laverite se nan lavantaj pa nou ke M ap prale. Paske si M pa ale, ʷKonseye a p ap vin kote nou, men si M ale, ˣM ap voye Li bay nou. ⁸ E Li, lè L vini, L ap konvenk lemonn konsènan peche, ladwati, ak jijman. ⁹ Konsènan peche, ʸpaske yo pa kwè nan Mwen, ¹⁰ Selon ᶻladwati, paske Mwen ale nan Papa a, e nou p ap ka wè M ankò. ¹¹ ᵃEpi selon jijman, paske Mèt mond sa a gen tan jije.

¹² "Mwen gen anpil bagay anplis pou M ta di nou, men nou p ap kab sipòte yo koulye a. ¹³ Men lè Li, ᵇLespri verite a vini, Li va ᶜdirije nou nan tout verite. Paske Li p ap pale pou kont Li, men sa Li tande, L ap pale. Li va montre nou tout sa ki va vini. ¹⁴ Li va ᵈfè M resevwa glwa Mwen, paske l ap pran sa ki pou Mwen, e fè nou konprann li.

¹⁵ ᵉ"Tout bagay ke Papa a genyen se pou Mwen. Pou sa, Mwen di nou Li pran sa ki pou Mwen, e devwale li a nou.

¹⁶ "Yon ti tan, e ᶠnou p ap wè M ankò, epi yon ti tan anplis, e nou va wè M."

¹⁷ Kèk nan disip Li yo te di youn a lòt: "Kisa L ap di nou la a? 'Yon ti tan, e nou p ap wè M ankò, epi yon ti tan anplis e nou va wè M' epi: 'akoz ke ᵍM ap prale nan Papa a'?" ¹⁸ Konsa yo t ap di: "Kisa L ap pale: 'Yon ti tan'? Nou pa konprann kisa L ap di."

¹⁹ ʰJésus te konnen yo te vle kesyone L, epi Li te di yo: "Èske nou ap diskite pami nou sou sa ke M te di a: 'Yon ti tan, e nou p ap wè M ankò, epi yon ti tan anplis, e nou va wè M?'

²⁰ "Anverite, anverite, Mwen di nou, ke ⁱnou va kriye avèk lamantasyon, men lemonn va rejwi. Nou va ranpli avèk tristès, men ʲtristès la va vin chanje an jwa. ²¹ ᵏLè yon fanm gen doulè nesans, li gen tristès, paske lè li rive, men lè l fin bay nesans a pitit la, li pa sonje soufrans lan ankò, akoz jwa ke yon pitit gen tan fèt nan lemonn.

²² "Konsa, ˡnou menm tou gen tristès koulye a. Men ᵐMwen va wè nou ankò, e kè nou ap rejwi, e pèsòn p ap retire jwa nou ankò.

²³ "E nan jou sa a ⁿnou p ap menm poze M kesyon sou okenn choz. Anverite, anverite, Mwen di nou, ᵒsi nou mande Papa a pou nenpòt bagay, L ap bay nou Li nan non Mwen.

²⁴ ᵖ"Jis rive koulye a nou pa mande pou anyen nan non Mwen. Mande e nou va resevwa, pou jwa nou kapab vin ranpli.

ª **15:11** Jn 3:29   ᵇ **15:12** Jn 13:34   ᶜ **15:13** Jn 10:11   ᵈ **15:14** Mat 12:50   ᵉ **15:15** Jn 8:26   ᶠ **15:16** Jn 6:70
ᵍ **15:17** Jn 15:12   ʰ **15:18** Jn 7:7   ⁱ **15:19** Mat 10:22   ʲ **15:20** I Kor 4:12   ᵏ **15:21** Jn 8:19-55   ˡ **15:22** Jn 9:41
ᵐ **15:24** Jn 9:41   ⁿ **15:25** Sòm 35:19   ᵒ **15:26** Jn 14:16   ᵖ **15:27** Luc 24:48   ᑫ **16:1** Jn 15:18-27   ʳ **16:2** Jn 9:22   ˢ **16:3** Jn 8:19-55   ᵗ **16:4** Jn 13:19   ᵘ **16:5** Jn 7:33   ᵛ **16:6** Jn 14:1   ʷ **16:7** Jn 14:16   ˣ **16:7** Jn 14:26
ʸ **16:9** Jn 15:22-24   ᶻ **16:10** Trav 3:14   ᵃ **16:11** Jn 12:31   ᵇ **16:13** Jn 14:17   ᶜ **16:13** Jn 14:26   ᵈ **16:14** Jn 7:39
ᵉ **16:15** Jn 17:10   ᶠ **16:16** Jn 14:18-24   ᵍ **16:17** Jn 16:5   ʰ **16:19** Mc 9:32   ⁱ **16:20** Luc 23:27   ʲ **16:20** Jn 20:20
ᵏ **16:21** És 13:8   ˡ **16:22** Jn 16:6   ᵐ **16:22** Jn 16:16   ⁿ **16:23** Jn 16:19-30   ᵒ **16:23** Jn 15:16   ᵖ **16:24** Jn 14:14

²⁵ "Bagay sa yo Mwen pale nou an ªparabòl. Lè a ap vini lè M p ap pale avèk nou ankò an parabòl, men M ap pale nou byen klè konsènan Papa a.
²⁶ "Nan jou sa a ᵇnou va mande nan non Mwen, e Mwen p ap di nou ke M ap mande Papa a anfavè nou. ²⁷ Paske ᶜPapa a Li menm, renmen nou paske nou renmen Mwen, e te kwè ke Mwen ᵈte sòti nan Papa a. ²⁸ Mwen te sòti nan Papa a, e te vini nan lemonn. M ap kite lemonn ankò e ap ᵉprale kote Papa a."
²⁹ Disip Li yo te di: "Alò koulye a W ap pale klè. Ou p ap ᶠsèvi ak parabòl. ³⁰ Koulye a nou konnen ke Ou konnen tout bagay, e pa bezwen moun mande Ou anyen. Akoz sa, nou ᵍkwè ke Ou soti nan Bondye."
³¹ Jésus te reponn yo: "Èske nou kwè koulye a? ³² Veye byen, lè a ap vini, e gen tan vini deja, ʰpou nou vin gaye, chak a pwòp kay li, e pou kite M sèl. ⁱMen M p ap sèl, paske Papa a toujou avè M. ³³ "Bagay sa yo Mwen pale nou, pou ʲnan Mwen, nou kapab gen lapè. Nan lemonn nou gen tribilasyon, men pran kouraj. ᵏMwen venk lemonn."

17 Jésus te pale bagay sa yo. Epi ˡak zye Li leve pou gade vè syèl la, Li te di. "Papa, lè a rive. ᵐBay glwa a pitit Ou, pou pitit Ou kapab bay a Ou menm. ² Menm jan ke ⁿOu te bay Li otorite sou tout chè, ᵒa tout sa ke Ou te bay Li yo, pou Li ta kapab bay lavi etènèl.
³ "E sa se lavi etènèl, ᵖpou yo kapab konnen Ou, sèl vrè Dye a, ak Jésus Kri ke Ou voye a. ⁴ ᵠMwen te bay Ou glwa sou latè, lè M te ʳacheve travay ke Ou ban M fè a.
⁵ "E koulye a, ban M glwa ansanm avèk Ou Menm, Papa, ˢavèk glwa ke M te gen avè W avan lemonn te egziste a.
⁶ "Mwen fè non Ou rekonèt a moun ᵗke Ou te ban Mwen nan lemonn yo. Yo te pou Ou, e Ou te ban Mwen yo. Konsa, yo kenbe pawòl Ou.
⁷ "Koulye a, yo gen tan konnen ke tout bagay ke Ou ban Mwen soti nan Ou menm. ⁸ Paske ᵘpawòl ke Ou te ban Mwen yo, Mwen bay yo, e yo te resevwa yo e te vrèman konprann ke ᵛMwen soti nan Ou menm. Yo te kwè ke Ou te voye Mwen.
⁹ ʷ"Mwen mande anfavè yo. ˣMwen pa mande pou lemonn, men pou sa ke Ou te ban Mwen yo. Paske se pou Ou yo ye.
¹⁰ ʸ"Tout bagay ki pou Mwen, se pou Ou, e sa ki pou Ou, se pou Mwen. Mwen resevwa glwa nan yo.
¹¹ "Mwen pa nan lemonn ankò. Malgre, yo menm, yo toujou nan lemonn, e Mwen vini a Ou, Papa ki Sen, kenbe yo nan non Ou, non ᶻke Ou ban Mwen an, ªpou ou kapab vin yon sèl, menm jan ke nou menm, nou se yon sèl. ¹² Pandan Mwen te avèk yo, Mwen t ap kenbe yo nan non Ou, sa ke Ou te ban Mwen yo. E Mwen te gade yo. Youn nan yo pa t pèdi sof ᵇfis pèdisyon an, pou ᶜLekriti ta kapab akonpli.
¹³ "Men koulye a, ᵈMwen ap vini kote Ou. Konsa, ᵉbagay sa yo Mwen pale nan lemonn pou yo kapab gen lajwa Mwen tou ranpli nèt nan yo menm.
¹⁴ "Mwen te bay yo pawòl Ou. E ᶠlemonn rayi yo. Paske yo pa nan lemonn, menm jan ke Mwen pa nan lemonn. ¹⁵ Mwen pa mande Ou pou retire yo nan lemonn, men pou kenbe yo kont ᵍsila ki mechan an. ¹⁶ ʰYo pa nan lemonn menm jan ke Mwen pa nan lemonn. ¹⁷ ⁱFè yo vin sen pa laverite. Pawòl Ou se laverite.
¹⁸ "Kon Ou te voye M nan lemonn nan, ʲMwen osi voye yo nan lemonn. ¹⁹ E pou koz a yo menm, Mwen vin sen Mwen menm, pou yo menm kapab ᵏvin sen nan laverite.
²⁰ "Mwen pa mande pou sila yo sèlman, men pou sa yo osi ki kwè nan Mwen pa pawòl pa yo. ²¹ Pou yo tout kapab fè yon sèl. ˡMenm jan ke Ou menm, Papa, Ou nan Mwen, e Mwen nan Ou, pou yo kapab nan Nou tou. Pou lemonn kapab kwè ke Ou te voye M. ²² ᵐGlwa ke Ou ban Mwen an, Mwen bay yo. Pou yo kapab fè yon sèl, menm jan ke Nou fè yon sèl. ²³ ⁿMwen nan yo, e Ou nan Mwen, pou yo kapab vin pafè nan linite, pou lemonn kapab konnen ke Ou te voye Mwen, e ᵒte renmen yo, menm jan ke Ou renmen Mwen.
²⁴ "Papa, Mwen vle ke yo menm tou, ke Ou ban Mwen yo, kapab avèk Mwen kote Mwen ye a, pou yo kapab wè glwa M, ke Ou ban Mwen, paske ᵖOu te renmen Mwen avan fondasyon lemonn.
²⁵ "O Papa ᵠladwati a, malgre lemonn pa konnen Ou, Mwen konnen Ou. E sa yo konnen ke Ou te voye Mwen. ²⁶ E ʳMwen te fè non Ou rekonèt a yo, e yo va fè l rekonèt; pou ˢmenm lamou ke Ou renmen Mwen an, kapab nan yo, epi Mwen menm nan yo."

18 Lè Jésus te pale pawòl sa yo, Li te pase avèk disip Li yo lòtbò ravin Cédron an, kote te gen yon ᵗjaden. Li menm te antre la avèk disip Li yo.
² Anplis, Judas osi, ki t ap trayi Li a te konnen plas la, pwiske Jésus te konn ᵘreyini la souvan ak disip Li yo. ³ Konsa, ᵛJudas, ki te deja resevwa kòwòt sòlda Women an avèk ofisye chèf prèt yo ak Farizyen yo, te vini la avèk lantèn, flanbo, ak zam.
⁴ Jésus, ʷbyen okouran sou tout bagay ki t ap vini sou Li yo, te vin parèt epi te di yo: "Kilès n ap chache?"
⁵ Yo te reponn Li: "Jésus, Nazareyen an."

ª **16:25** Mat 13:34   ᵇ **16:26** Jn 16:19-30   ᶜ **16:27** Jn 14:21-23   ᵈ **16:27** Jn 8:42   ᵉ **16:28** Jn 13:1-3
ᶠ **16:29** Mat 13:34   ᵍ **16:30** Jn 2:11   ʰ **16:32** Za 13:7   ⁱ **16:32** Jn 8:29   ʲ **16:33** Jn 14:27   ᵏ **16:33** Wo 8:37   ˡ **17:1** Jn 11:41   ᵐ **17:1** Jn 13:31   ⁿ **17:2** Jn 3:35   ᵒ **17:2** Jn 10:28   ᵖ **17:3** Jn 5:44   ᵠ **17:4** Jn 13:31
ʳ **17:4** Jn 4:34   ˢ **17:5** Jn 1:1   ᵗ **17:6** Jn 6:37-39   ᵘ **17:8** Jn 12:49   ᵛ **17:8** Jn 8:42   ʷ **17:9** Luc 22:32
ˣ **17:9** Jn 17:20   ʸ **17:10** Jn 16:15   ᶻ **17:11** Fil 2:9   ª **17:11** Jn 17:2   ᵇ **17:12** Jn 6:70   ᶜ **17:12** Jn 13:18
ᵈ **17:13** Jn 7:33   ᵉ **17:13** Jn 15:11   ᶠ **17:14** Jn 15:19   ᵍ **17:15** Mat 5:37   ʰ **17:16** Jn 17:14   ⁱ **17:17** Jn 15:3
ʲ **17:18** Mat 10:5   ᵏ **17:19** Jn 15:3   ˡ **17:21** Jn 10:38   ᵐ **17:22** Jn 1:14   ⁿ **17:23** Jn 10:38   ᵒ **17:23** Jn 16:27
ᵖ **17:24** Mat 25:34   ᵠ **17:25** Jn 17:11   ʳ **17:26** Jn 17:6   ˢ **17:26** Jn 15:9   ᵗ **18:1** Mat 26:36   ᵘ **18:2** Luc 21:37
ᵛ **18:3** Mat 26:47-56   ʷ **18:4** Jn 6:64

Li te di yo: "Mwen menm se Li".

Judas osi ki t ap trayi Li a, te kanpe avèk yo. ⁶ Lè konsa, Li te di yo: "Mwen menm se Li," yo te fè bak epi tonbe atè.

⁷ Ankò konsa, Li te mande yo: ᵃ"Kilès n ap chache?"

E yo te di: "Jésus, Nazareyen an."

⁸ Jésus te reponn: "Mwen te di nou ke Mwen menm se Li. Si se pou sa, se Mwen nou ap chache, lese lòt yo fè wout yo."

⁹ Pou pawòl ke Li te pale a ta kapab ᵇakonpli: "Nan sa ke Ou te ban Mwen yo, Mwen pa t pèdi youn."

¹⁰ Konsa, Simon Pierre ᶜki te gen yon nepe, te rale li e te frape esklav wo prèt la, epi te koupe zòrèy dwat la. Esklav la te rele Malchus.

¹¹ Konsa, Jésus te di Pierre: "Mete nepe a nan fouwo a. ᵈTas ke Papa a ban Mwen an, èske M pa pou bwè l?"

¹² ᵉKonsa, kòwòt women an, avèk kòmandan, avèk ofisye Jwif yo te arete Jésus, e te mare Li. ¹³ Yo te mennen Li premyèman bò kote Anne. Paske Li menm te bòpè a ᶠCaïphe, ki te wo prèt nan lane sa a. ¹⁴ Epi se te Caïphe ki te bay konsèy a Jwif yo ke li ᵍta meyè pou yon moun mouri pou benefis a tout pèp la.

¹⁵ ʰSimon Pierre t ap swiv Jésus ansanm ak yon lòt disip.

Alò, disip sila a te rekonèt pa wo prèt la, e te antre avèk Jésus nan lakou wo prèt la, ¹⁶ ⁱMen Pierre te kanpe prè pòt deyò a. Pou sa, lòt disip ki te byen rekonèt pa wo prèt la te ale deyò a e te pale avèk gadyen pòt la, epi te fè Pierre antre.

¹⁷ Fi domestik ki te okipe de pòt la te di Pierre: ʲ"Èske Ou pa osi youn nan disip a mesye sila a?"

Li te di: "Se pa Mwen."

¹⁸ Epi lòt esklav yo ak ofisye ki te la yo, te fè yon dife avèk chabon, pwiske li te fè frèt e yo t ap ᵏchofe kò yo. Pierre te la avèk yo tou, e te kanpe la pou chofe kò li.

¹⁹ Konsa, ˡwo prèt la t ap kesyone Jésus konsènan disip Li yo, e sou sa Li te enstwi yo.

²⁰ Jésus te reponn Li: "Mwen ᵐpale ouvètman a lemonn. Mwen te toujou enstwi nan sinagòg yo, ak nan tanp lan, kote tout Jwif yo rasanble. E Mwen pa t pale anyen an sekrè. ²¹ Poukisa nou ap kesyone M? Mande sa yo ki tande sa ke M te pale yo. Yo konnen sa ke M te di yo."

²² Lè Li te di sa, youn nan ⁿofisye yo te ᵒfrape Jésus, e te di: "Èske se konsa Ou reponn wo prèt la?"

²³ ᵖJésus te reponn li: "Si Mwen pale mal, fè temwayaj a mal la, men si Mwen pale byen, poukisa Ou frape M?"

²⁴ ᑫAkoz sa a, Anne te voye Li tou mare bay Caïphe, wo prèt la.

²⁵ ʳAlò, Simon Pierre te kanpe ap chofe kò li. Yo te di l konsa: "Se pa ou menm tou ki youn nan disip Li yo?" Li te demanti sa e te di: "Non, se pa Mwen."

²⁶ Youn nan esklav wo prèt la, konsi, yon manm fanmi a ˢsila a ki te gen zòrèy koupe pa Pierre a te di: "Èske M pa t wè ou ᵗnan jaden an avèk Li?"

²⁷ Konsa, Pierre te demanti sa ankò, epi lapoula, ᵘkòk la te chante.

²⁸ ᵛYo te mennen Jésus soti kote Caïphe, pou antre nan Tribinal la. Li te trè bonè, e yo pa t antre nan tribinal la pou yo pa vin souye, pou yo toujou ta kapab manje Pak la.

²⁹ ʷPou sa, Pilate te soti deyò pou pale avèk yo e te di: "Ki akizasyon nou pote kont nonm sila a?"

³⁰ Yo te reponn e te di li: "Si nonm sila pa te yon malfektè, nou pa t ap livre li bay ou."

³¹ Epi Pilate te di yo: "Pran Li nou menm epi jije Li selon lalwa pa nou." Jwif yo te di li: "Li pa pèmi pou nou mete yon moun a lanmò."

³² Pou ˣpawòl ke Jésus te pale a ta kapab akonpli, ki te montre ki kalite mò Li t ap mouri.

³³ Konsa, Pilate te antre ankò nan Tribinal la, e te rele Jésus, e te di Li: ʸ"Èske Ou se Wa a Jwif yo."

³⁴ Jésus te reponn li: "Èske ou mande sa pou kont ou, oubyen èske gen lòt moun ki pale ou de Mwen?"

³⁵ Pilate te reponn: "Èske mwen menm se yon Jwif? Pwòp nasyon pa W te livre Ou ban mwen. Kisa Ou fè?"

³⁶ Jésus te reponn: ᶻ"Wayòm Mwen pa de mond sila a. Si wayòm Mwen te de mond sila a, sèvitè Mwen yo ta goumen pou Mwen pa ta livre a Jwif yo, men koulye a, wayòm Mwen pa de isit."

³⁷ Pou sa, Pilate te di Li: "Alò se yon wa ke Ou ye?"

ᵃ"Ou di byen kòrèk, ke se yon wa ke Mwen ye. Pou sa Mwen fèt, e Pou sa Mwen vini nan lemonn. Pou pote temwayaj a laverite. Tout moun ki nan laverite a tande vwa M."

³⁸ Pilate te di L: "Kisa ki laverite a?" Lè l fin di sa, li te ale deyò ankò kote Jwif yo, e te di yo: ᵇ"Mwen pa twouve okenn koupabilite nan mesye sila a.

³⁹ ᶜMen nou gen yon koutim, ke Mwen gen pou lage pou nou yon moun nan lè Pak Jwif la. Eske konsa, nou ta renmen m lage pou nou Wa a Jwif Yo?"

⁴⁰ Pou sa yo te kriye ankò e te di: ᵈ"Pa mesye sila a, men lage Barabbas". Alò, Barabbas te yon vòlè.

19 Konsa, Pilate te pran Jésus epi ᵉte bat Li ak fwèt. ² ᶠSòlda yo te trese yon kouwòn pikan e te mete li sou tèt Li. Yo te abiye Li ak yon gwo vètman mov. ³ Yo t ap repete pawòl: "Sali, Wa Jwif Yo!" epi t ap ᵍbay Li kou nan figi li.

ᵃ **18:7** Jn 18:4   ᵇ **18:9** Jn 17:12   ᶜ **18:10** Mat 26:51   ᵈ **18:11** Mat 20:22   ᵉ **18:12** Mat 26:57   ᶠ **18:13** Mat 26:3   ᵍ **18:14** Jn 11:50   ʰ **18:15** Mat 26:58   ⁱ **18:16** Mat 26:69   ʲ **18:17** Jn 18:25   ᵏ **18:18** Mc 14:54-67   ˡ **18:19** Mat 26:59-68   ᵐ **18:20** Jn 7:26   ⁿ **18:22** Jn 18:3   ᵒ **18:22** Jn 19:3   ᵖ **18:23** Mat 5:39   ᑫ **18:24** Jn 18:3   ʳ **18:25** Mat 26:71-75   ˢ **18:26** Jn 18:10   ᵗ **18:26** Jn 18:1   ᵘ **18:27** Jn 13:38   ᵛ **18:28** Mat 27:2   ʷ **18:29** Mat 27:11-14   ˣ **18:32** Mat 20:19   ʸ **18:33** Luc 23:3   ᶻ **18:36** Mat 26:53   ᵃ **18:37** Mat 27:11   ᵇ **18:38** Luc 23:4   ᶜ **18:39** Mat 27:15-26   ᵈ **18:40** Trav 3:14   ᵉ **19:1** Mat 27:26   ᶠ **19:2** Mc 15:16-19   ᵍ **19:3** És 50:6

⁴ Pilate te parèt deyò ankò epi te di: "Gade byen, mwen mennen L devan nou ankò pou nou ka konnen ke m ᵃpa twouve okenn koupabilite nan Li."
⁵ Konsa Jésus te vin parèt ᵇabiye avèk kouwòn pikan an ak gwo vètman mov la. Epi Pilate te di yo: "Gade nonm nan!"
⁶ Konsa, lè chèf prèt yo ak ofisye yo te wè Li, yo te kriye fò e te di: "Krisifye! Krisifye!"
Pilate te di yo: "Pran Li nou menm epi krisifye Li, paske ᶜmwen pa twouve okenn koupabilite nan Li."
⁷ Jwif yo te reponn li: ᵈ"Nou gen yon lwa, e pa lwa sila a, Li dwe mouri paske Li te fè kòmsi se Fis a Bondye Li ye."
⁸ Lè Pilate te tande pawòl sila a, li te vin krent plis.
⁹ Li te lantre ankò nan tribinal la e te di a Jésus: "Kote Ou soti?"
Men ᵉJésus pa t reponn li.
¹⁰ Pou sa, Pilate te di L: "Ou pa pale avè m? Èske Ou pa konnen ke m gen otorite pou krisifye Ou?"
¹¹ Jésus te reponn Li: ᶠ"Ou pa t ap gen otorite sou Mwen si li pa t soti anwo. Konsa, sila a ki livre M bay ou a gen pi gwo peche."
¹² Akoz sa a, Pilate te fè yon efò pou lage Li, men Jwif yo te kriye fò epi te di: ᵍ"Si ou lage nonm sila a, ou pa zanmi a César. Nenpòt moun ki fè kòmsi se yon wa li ye, se lènmi a César."
¹³ Lè konsa, Pilate te tande pawòl sa yo, li te mennen Jésus deyò, e te ʰchita sou chèz jijman an nan plas yo rele Pave a, men an Ebre Gabbatha.
¹⁴ Se te ⁱJou Preparasyon pou Pak Jwif la.
Li te anviwon sizyèm lè. Li te di a Jwif yo: "Men Wa nou!"
¹⁵ Pou sa yo te kriye fò: ʲ"Fè L soti, fè L soti, krisifye L!"
Pilate te di yo: "Èske m ta krisifye Wa nou an?"
Chèf prèt yo te reponn: "Nou pa gen okenn lòt wa ke César."
¹⁶ Konsa, li te ᵏlivre Li pou krisifye. Yo te pran Li, epi te mennen L ale.
¹⁷ ˡ Li te soti e t ap pote pwòp kwa Li vè plas ke yo rele Plas a Zo Tèt Mò a, ke nan lang Ebre yo rele Golgotha. ¹⁸ La yo te krisifye Li, ansanm avèk de lòt mesye yo, youn nan chak kote avèk Jésus nan mitan.
¹⁹ Pilate te ekri yon enskripsyon, e te mete li sou kwa a. Li te di ᵐ"Jésus de Nazareth, Wa Jwif Yo."
²⁰ Konsa, anpil nan Jwif yo te li enskripsyon sila a, paske plas kote Jésus te krisifye a te prè vil la, e li te ekri nan ⁿEbre, Latin ak Grèk.
²¹ Epi chèf prèt yo t ap di a Pilate: "Pa ekri ᵒ"Wa Jwif yo', men ke 'Li te di: "Mwen se Wa Jwif yo.'"
²² Pilate te reponn ᵖ"Sa ke m ekri a, mwen ekri nèt."

²³ ᵠSòlda yo, lè yo te fin krisifye Jésus te pran tout vètman li epi fè kat pati. Yon pati pou chak sòlda, anplis tinik la. Konsa, tinik la te yon sèl moso twal san koud soti anwo, jis rive anba.
²⁴ Akoz sa yo te di youn ak lòt, annou pa chire li, men tire osò pou li, pou deside pou kilès li dwe ye. Konsa, yo te akonpli Lekriti a ki te di:
"Yo te ʳdivize vètman Mwen yo pami yo,
e pou rad Mwen yo tire osò."
Pou sa a, sòlda yo te fè bagay sa yo.
²⁵ Men manman Li, sè a manman Li, Marie, madanm a Cléopas, ak Marie ˢMagdalène t ap kanpe prè kwa Jésus a.
²⁶ Konsa, lè Jésus te wè manman L ak ᵗdisip ke Li te renmen an, ki te kanpe toupre a, Li te di a manman: "Fanm, men gade fis ou!"
²⁷ Epi Li te di a disip la: "Men gade manman ou!" Depi lè sa, disip la te pran li pou rete ᵘtankou manm lakay li.
²⁸ Apre sa Jésus, byen konnen ke tout bagay te deja acheve, pou Lekriti a ta kapab akonpli, te di: ᵛ"Mwen swaf."
²⁹ Yon bokal ranpli avèk diven si te kanpe la. Epi ʷyo te mete yon eponj ranpli avèk diven si a sou yon branch izòp pou te lonje l anwo vè bouch Li.
³⁰ Konsa, lè Jésus te resevwa diven si a, Li te di: "Li se fini!" Epi Li te bese tèt Li e te ˣrann lespri Li.
³¹ Pou sa, Jwif yo, akoz ke se te Jou Preparasyon an, e ke ʸkò yo pa ta dwe rete sou lakwa pandan Saba a, pwiske Saba a te yon gwo jou sen, te mande Pilate pou kase janm tout moun yo, pou yo ta kapab retire yo.
³² Konsa, sòlda yo te vini e te kase janm a premye mesye a, epi lòt ki te ᶻkrisifye avèk li a. ³³ Men lè yo vini sou Jésus, yo te wè ke Li te deja mouri, epi yo pa t kase janm Li yo. ³⁴ Men youn nan sòlda yo te frennen akote Li avèk yon lans, epi imedyatman, ᵃsan mele avèk dlo te soti.
³⁵ E sila a ki wè gen tan ᵇbay temwaye, epi temwayaj li vrè. E li konnen ke l ap di laverite, pou nou tout kapab kwè. ³⁶ Paske bagay sa yo te vin pase, pou Lekriti ta kapab akonpli ᶜ"Pa menm yon zo nan Li va kase."
³⁷ E ankò yon lòt Ekriti di ᵈ"Yo va gade sila a ke yo pèse a."
³⁸ ᵉApre bagay sa yo, Joseph d'Arimathée, ki te yon disip a Jésus, men an sekrè akoz perèz a Jwif yo, te mande Pilate pou l kite li pran kò Jésus. E Pilate te bay li pèmisyon.
³⁹ ᶠNicodème ki te vini premyèman kote li nan nwit lan te vini tou. Yo t ap pote yon melanj lami avèk epis lalwa ki te peze kon pwa anviwon san liv.

ᵃ **19:4** Luc 23:4   ᵇ **19:5** Jn 19:2   ᶜ **19:6** Luc 23:4   ᵈ **19:7** Lev 24:16   ᵉ **19:9** Mat 26:63   ᶠ **19:11** Wo 13:1   ᵍ **19:12** Luc 23:2   ʰ **19:13** Mat 27:19   ⁱ **19:14** Mat 27:62   ʲ **19:15** Luc 23:18   ᵏ **19:16** Mat 27:26   ˡ **19:17** Mat 27:33-44   ᵐ **19:19** Mat 27:37   ⁿ **19:20** Jn 19:13   ᵒ **19:21** Jn 19:14-19   ᵖ **19:22** Jen 43:14   ᵠ **19:23** Mat 27:35   ʳ **19:24** Sòm 22:18   ˢ **19:25** Mat 27:55   ᵗ **19:26** Jn 13:23   ᵘ **19:27** Luc 18:28   ᵛ **19:28** Sòm 69:21   ʷ **19:29** Mat 27:48-50   ˣ **19:30** Mat 27:50   ʸ **19:31** Det 21:23   ᶻ **19:32** Jn 19:18   ᵃ **19:34** I Jn 5:6-8   ᵇ **19:35** Jn 15:27   ᶜ **19:36** Egz 12:46   ᵈ **19:37** Za 12:10   ᵉ **19:38** Mat 27:57-61   ᶠ **19:39** Jn 3:1

⁴⁰ Konsa, yo te pran kò a Jésus, epi te ᵃvlope l avèk ᵇtwal lèn avèk epis selon koutim lantèman a Jwif yo.
⁴¹ Nan plas kote Li te krisifye a, te gen yon jaden, e nan jaden an yon ᶜtonm nèf kote ᵈpèsòn poko te poze. ⁴² Pou sa, akoz jou ᵉPreparasyon Jwif la, e akoz ke tonm nan te prè, yo te poze Jésus la.

20

ᶠKonsa, nan premye jou semèn nan, Marie a Magdala te vini nan tonm nan bonè, pandan Li te toujou fènwa, e te wè ke wòch la te deja retire sou tonm nan. ² E li te kouri vini kote Simon Pierre ak ᵍlòt disip ke Jésus te renmen an, e te di yo: ʰ"Yo retire Senyè a nan tonm nan e nou pa konnen kote yo mete Li."

³ ⁱKonsa, Pierre te soti ak lòt disip la, pou yo ale nan tonm nan.
⁴ Yo toulède t ap kouri ansanm. E lòt disip la te kouri vit pase Pierre, e li te rive nan tonm nan avan. ⁵ Lè l bese gade ladann, li te wè ʲtwal lèn yo atè a, men li pa t antre.
⁶ Alò, Simon Pierre t ap swiv li, epi te antre nan tonm nan. Li te wè twal lèn yo atè a, ⁷ men ᵏtwal pou figi te konn sou tèt Li a, pa t avèk lòt lèn yo, men te byen woule epi mete nan yon plas akote pou kont li.
⁸ Lòt disip la ˡki te rive nan tonm nan avan te antre osi. Li te wè, e li te kwè. ⁹ Paske jiska moman sa a, ᵐyo poko te konprann Lekriti a ke fòk Li leve ankò soti nan lanmò.
¹⁰ Konsa, disip yo te kite la ⁿpou retounen kay pa yo.
¹¹ ᵒMen Marie te kanpe deyò tonm nan. Li t ap kriye, epi konsa, pandan li t ap kriye, li te bese pou gade nan tonm nan. ¹² E li te wè ᵖde zanj abiye an blan ki chita, youn bò kote tèt Li a, e youn bò kote pye yo, kote kò Jésus te konn kouche a.
¹³ Yo te di li: ᵠ"Fanm poukisa w ap kriye?" Li te di yo, "Akoz ʳyo te pran Senyè m nan, e mwen pa konnen kote yo mete L." ¹⁴ Lè li te fin di sa, li te vire, e ˢte wè Jésus t ap kanpe la, men li ᵗpa t konnen ke se te Jésus.
¹⁵ Jésus te di li ᵘ"Fanm, poukisa w ap kriye? Kilès w ap chèche?" Byen kwè ke Li te mèt jaden an, li te di L: "Mesye si ou te pote Li ale, di m kote ou mete Li, epi m ap pran L mennen L ale."
¹⁶ Jésus te di li: "Marie!" Li te di Li an Ebre: ᵛ"Rabouni!", ki vle di "Mèt!"
¹⁷ Jésus te di li: "Pa touche M, paske Mwen poko monte jwenn Papa M. Men ale bò kote ʷfrè M yo e di yo ke 'Mwen ˣmonte a Papa Mwen, e Papa pa w, Bondye Mwen, e Bondye Pa w.'"
¹⁸ Marie ʸMagdala te vin kote disip yo e te anonse yo: "Mwen wè Senyè a," epi Li te pale yo de bagay sa yo.

¹⁹ Konsa, lè l fènwa nan menm jou sa a, premye jou nan semèn nan, lè pòt yo te fèmen kote disip yo te ye a, akoz laperèz a Jwif yo, Jésus te vini epi kanpe nan mitan yo. Li te di yo: ᶻ"Lapè avèk nou." ²⁰ E lè Li te di sa, ᵃLi te montre yo tou de men li yo, ak akote li. Pou sa, disip yo te rejwi lè yo te wè Senyè a.
²¹ Pou sa, Jésus te di yo ankò: "Lapè avèk nou. ᵇKon Papa a te voye M nan, osi, Mwen voye nou."
²² E lè Li te di sa, li te soufle sou yo e te di yo: "Resevwa Lespri Sen an.
²³ ᶜ"Si nou padonnen peche a nenpòt moun, peche yo ap gen tan padonnen. E si nou kenbe peche a nenpòt moun, y ap kenbe."
²⁴ Men ᵈThomas, youn nan douz yo ke yo te rele Didyme, pa t avèk yo lè Jésus te vini an. ²⁵ Pou sa, lòt disip yo t ap di li: "Nou gen tan wè Senyè a!" Men li te di yo: "Anmwenske m wè mak klou yo ᵉnan men L, epi mete dwat mwen kote klou yo te ye a, e fouye men m akote L, mwen p ap kwè."
²⁶ Uit jou pi tà, disip Li yo te anndan, epi Thomas te avèk yo. Jésus te vini lè pòt yo te fèmen. Li te kanpe nan mitan yo, e te di: ᶠ"Lapè avèk nou!"
²⁷ Alò Li te di a Thomas ᵍ"Lonje dwat ou la, e wè men M. Epi lonje men ou la, e mete l akote Mwen e pa vin enkredil, men kwè."
²⁸ Thomas te reponn: "Senyè mwen, e Bondye mwen!"
²⁹ Jésus te di li: "Paske ou wè M, ou kwè? ʰBeni se sila yo ki pa t wè, men te kwè."
³⁰ ⁱKonsa, anpil lòt sign Jésus osi te fè nan prezans disip Li yo, ki pa ekri nan liv sa a. ³¹ Men sila yo te ekri pou nou kapab kwè ke Jésus se Kris la, Fis a Bondye. Epi ke nan ʲkwè sa a, nou kapab gen lavi etènèl nan non Li.

21

Apre bagay sa yo, Jésus te vin parèt ankò a disip yo bò kote ᵏLanmè Tibériade la, e se konsa li te vin parèt.
² Yo te ansanm. Simon Pierre, Thomas, ke yo rele Didyme, e Nathanaël de Cana nan Galilée, e ˡfis a Zébédée yo e de lòt nan disip Li yo.
³ Simon Pierre te di yo: "M ap prale fè lapèch."
Yo te di li: "N ap prale avè w tou." Yo ale deyò e te antre nan kannòt la, e ᵐnwit sa a, yo pa t kenbe anyen.
⁴ Men lè bajou te kase, Jésus te kanpe arebò lanmè a, men disip yo ⁿpa t konnen ke se te Jésus.
⁵ Konsa, Jésus te di yo: "Pitit yo, ᵒèske nou pa gen kèk grenn pwason?"
Yo te reponn Li: "Non."
⁶ E Li te di yo ᵖ"Voye filè a sou men dwat kannòt la, e nou va kenbe kèk."

ᵃ **19:40** Jn 11:44 ᵇ **19:40** Luc 24:12 ᶜ **19:41** Mat 27:60 ᵈ **19:41** Luc 23:53 ᵉ **19:42** Jn 19:14-31 ᶠ **20:1** Mat 28:1-8 ᵍ **20:2** Jn 13:23 ʰ **20:2** Jn 20:13 ⁱ **20:3** Luc 24:12 ʲ **20:5** Jn 19:40 ᵏ **20:7** Jn 11:44 ˡ **20:8** Jn 20:4 ᵐ **20:9** Mat 22:29 ⁿ **20:10** Luc 24:12 ᵒ **20:11** Mc 16:5 ᵖ **20:12** Mat 28:2 ᵠ **20:13** Jn 20:15 ʳ **20:13** Jn 20:2 ˢ **20:14** Mat 28:9 ᵗ **20:14** Jn 21:4 ᵘ **20:15** Jn 20:13 ᵛ **20:16** Mc 10:51 ʷ **20:17** Mat 28:10 ˣ **20:17** Jn 7:33 ʸ **20:18** Luc 24:10-23 ᶻ **20:19** Luc 24:36 ᵃ **20:20** Luc 24:39-40 ᵇ **20:21** Jn 17:18 ᶜ **20:23** Mat 16:19 ᵈ **20:24** Jn 11:16 ᵉ **20:25** Jn 20:20 ᶠ **20:26** Luc 24:36 ᵍ **20:27** Luc 24:40 ʰ **20:29** I Pi 1:8 ⁱ **20:30** Jn 21:25 ʲ **20:31** Jn 3:15 ᵏ **21:1** Jn 6:1 ˡ **21:2** Mat 4:21 ᵐ **21:3** Luc 5:5 ⁿ **21:4** Luc 24:16 ᵒ **21:5** Luc 24:41 ᵖ **21:6** Luc 5:4

Konsa, yo te voye l, e yo pa t kab rale fè l antre akoz gran kantite pwason yo.

⁷ ᵃKonsa, disip ke Jésus te renmen an te di Pierre: "Se Senyè a."

Lè Simon Pierre te tande ke se te Senyè a, li te mete vètman li, paske li te retire rad li pou travay la, e te voye kò li nan lanmè a.

⁸ Men lòt disip yo te vini nan ti kannòt la, paske yo pa t lwen tè a, men sèlman anviwon san mèt, pou rale filè plen pwason an. ⁹ E lè yo te desann atè, yo te wè yon ᵇdife chabon deja prepare, avèk pwason sou li, ak pen.

¹⁰ Jésus te di yo: "Pote kèk nan ᶜpwason ke nou fenk kenbe yo."

¹¹ Simon Pierre te monte e te rale filè a atè a, byen plen gwo pwason, san-senkant-twa, e malgre ke te gen gran kantite sa a, filè a pa t chire.

¹² Jésus te di yo: "Vin pran ᵈti dejene."

Okenn nan disip yo pa t tante kesyone L: "Ki Moun Ou ye?" paske yo te konnen ke se te Senyè a.

¹³ Jésus te vini. Li te pran ᵉpen an, epi te bay yo, ansanm ak pwason an.

¹⁴ Sa koulye a se ᶠtwazyèm fwa ke Jésus te vin parèt a disip yo, depi Li te leve soti nan lanmò a.

¹⁵ Konsa, lè yo te fin dejene, Jésus te di a Simon Pierre: "Simon, fis a Jean, ᵍèske ou renmen M plis ke sa yo?"

Li te di Li: "Wi Senyè. Ou konnen ke m renmen Ou."

Li te di li: "Okipe Mouton Mwen yo."

¹⁶ Li te di li ankò yon dezyèm fwa: "Simon, fis a Jean, èske ou renmen M?"

Li te reponn Li: "Wi Senyè, Ou konnen ke m renmen Ou."

Li te di li: ʰ"Fè bèje mouton Mwen yo."

¹⁷ Li te di li yon twazyèm fwa: "Simon, fis a Jean, èske ou renmen M?"

Pierre te vin tris akoz ke Li di li yon twazyèm fwa: "Èske ou renmen M?"

E li te di Li: "Senyè, ⁱOu konnen tout bagay. Ou konnen ke Mwen renmen Ou."

Jésus te di Li: "Okipe mouton Mwen yo. ¹⁸ Anverite, anverite Mwen di ou, lè ou te pi jenn, ou te konn mare sentiwon ou, e mache kote ou te pito. Men lè ou vin vye, ou va lonje men ou epi yon lòt ap mare sentiwon ou e mennen ou kote ou pa vle ale."

¹⁹ Sila Li te di pou montre pa ʲki kalite mò li ta bay glwa a Bondye a. E lè Li te pale sa, Li te di L: "Swiv Mwen!"

²⁰ Pierre te vire gade pa dèyè e te wè ᵏdisip ke Jésus te renmen an t ap swiv li. Sila ki te ˡapiye sou sen Li nan dènye soupe a, e te di: "Senyè, kilès k ap trayi Ou a?"

²¹ Epi Pierre, lè l te wè li, te di a Jésus: "Senyè, e pou nonm sila a?"

²² Jésus te di li: "E si Mwen vle li rete jis lè Mwen vini, kisa sa ap ye pou ou? Ou menm, ᵐswiv Mwen!"

²³ Konsa, pawòl sa te kouri pami tout frè yo ke disip sila a pa t ap mouri. Men Jésus pa t di li ke li pa t ap mouri, men sèlman "Si Mwen vle li rete ⁿjis lè Mwen vini, kisa sa ye pou ou?"

²⁴ Sa se disip ki ᵒfè temwayaj a tout bagay sa yo, e te ekri bagay sa yo, e nou konnen ke temwayaj li vrè.

²⁵ Epi genyen osi ᵖanpil lòt bagay ke Jésus te fè, ke si yo te ekri an detay, mwen pa sipoze ke tou lemonn ta kapab kenbe liv ki t ap ekri yo.

ᵃ **21:7** Jn 13:23 ᵇ **21:9** Jn 18:18 ᶜ **21:10** Jn 6:9-11 ᵈ **21:12** Jn 21:15 ᵉ **21:13** Jn 21:9 ᶠ **21:14** Jn 20:19-26 ᵍ **21:15** Mat 26:33 ʰ **21:16** Mat 2:6 ⁱ **21:17** Jn 16:30 ʲ **21:19** II Pi 1:14 ᵏ **21:20** Jn 21:7 ˡ **21:20** Jn 13:25 ᵐ **21:22** Mat 8:22 ⁿ **21:23** Mat 16:27 ᵒ **21:24** Jn 15:27 ᵖ **21:25** Jn 20:30

TRAVAY APÒT YO (ZÈV APÒT YO)

1 Premye istwa ke m te ekri a, chè [a]Théophile, sou tout bagay ke Jésus te [b]kòmanse fè ak enstwi yo, [2] jis rive jou lè Li te monte nan syèl la [c]apre Li te fin bay lòd selon Lespri Sen an, a pòt ke Li te chwazi yo. [3] A sila yo osi [d]Li te prezante tèt li vivan apre soufrans Li, e avèk anpil prèv konvenkan, Li te parèt a yo menm pandan karant jou, e te pale avèk yo de bagay ki te konsène wayòm syèl la.

[4] Li te rasanble yo ansanm e te kòmande yo: [e]"Pa kite Jérusalem, men tann [f]sa ke Papa a te pwomèt la; sa ke nou te tande de Mwen menm nan. [5] Paske Jean te batize avèk dlo, men nou va batize avèk Lespri Sen an [g]pa a anpil jou de kounye a."

[6] Donk, lè yo te reyini ansanm, yo t ap poze Li kesyon, e t ap di: "Senyè [h]èske se nan lè sa a ke W ap restore Wayòm lan an Israël?"

[7] Li te di yo: "Se pa nou menm ki pou konnen ni lè ni tan ke [i]Papa a gen tan fikse pa otorite pa L. [8] Men Nou va resevwa pouvwa lè [j]Lespri Sen an vini sou nou. Nou va [k]temwen Mwen ni nan Jérusalem, ni nan Juda ak Samarie, e jis rive nan dènye ekstremite latè."

[9] Lè Li te fin di bagay sa yo [l]Li te vin leve anlè pandan yo t ap gade, e yon nyaj te resevwa L. Li te vin disparèt jiskaske yo pa t wè Li.

[10] Pandan yo t ap toujou gade byen fikse nan syèl la, pandan Li t ap prale, epi vwala [m]de mesye ak vètman blan te kanpe akote L; [11] E yo menm osi te di: "Moun Galilée yo, poukisa nou kanpe ap gade nan syèl la? Jésus sila a, ki leve kite nou, pou ale nan syèl la, va [n]vini menm jan ke nou wè L ale nan syèl la".

[12] Alò, yo te [o]retounen Jérusalem sòti nan mòn yo rele Olivier a, ki toupre Jérusalem, a distans mache yon jou Saba. [13] Lè yo te antre nan vil la, yo te ale nan [p]chanm anlè kote yo t ap rete a; [q]sa vle di, Pierre Jean, Jacques André, Philippe, Thomas, Barthélemy, Matthieu, Jacques, ki te fis Alphée a, Simon, Zelòt la, ak Judas, fis a Jacques la. [14] Sa yo avèk yon sèl panse yo [r]t ap toujou pèsevere nan lapriyè, ansanm avèk fanm yo, ak Marie, manman a Jésus, ak frè Li yo.

[15] Nan lè sa a, Pierre te kanpe nan mitan frè yo (yon asanble de anviwon san ven moun ki te la ansanm) e te di: [16] "Frè m yo, Ekriti a te oblije vin akonpli, jan Lespri Sen an te anonse oparavan pa bouch David konsènan Judas [s]ki te vin yon gid a sila ki te arete Jésus yo. [17] Paske li te konte pami nou, e te resevwa pati pa li, nan [t]èv sila a.

[18] "Alò mesye sila te vin [u]achte yon chan avèk pri mechanste li a; e te tonbe tèt devan; vant li te fann e zantray li te vide sòti. [19] Epi sa te vin byen koni pa tout sila ki te rete Jérusalem yo; pou ke [v]nan pwòp lang pa yo, yo te rele chan sa a Hakeldama, ki vle di chan san an.

[20] "Paske sa ekri nan liv Sòm Yo: [w]
'Kite kote li rete a vin devaste;
e pa kite pèsòn rete ladan l';
[x]Kite yon lòt moun vin pran pozisyon
pa li a'. [y]

[21] "Donk, li nesesè ke pami moun ki akonpaye nou tout tan ke [z]Senyè Jésus te antre sòti pami nou yo, [22] kòmanse nan batèm Jean, jis rive jou ke Li te anlève soti nan mitan nou an, youn nan sila yo ta dwe devni yon temwen avèk nou de rezirèksyon Li."

[23] Konsa yo te mete devan de mesye, Joseph ke yo te rele Barsabbas, ki te anplis rele Justus, ak [a]Matthias. [24] Yo te priye, e te di: "Ou menm, Senyè [b]ki konnen kè tout moun, montre nou kilès nan de zòm sa yo Ou chwazi a, [25] pou okipe èv [c]apòt sila a ke Judas te vire kite pou ale nan pwòp plas li a."

[26] Yo te [d]fè tiraj osò pou yo, e osò a te tonbe pou Matthias. Konsa, li te ajoute pami onz apòt yo.

2 Lè [e]jou Pannkòt la te rive, yo tout te ansanm nan yon sèl plas. [2] Sibitman, te sòti nan syèl la yon bwi tankou yon van vyolan k ap kouri, e li te ranpli [f]tout kay kote yo te chita a. [3] Konsa, te parèt a yo menm, lang tankou dife, ki t ap gaye pou kont yo, e te vin poze sou yo chak. [4] Yo tout te vin [g]ranpli avèk Lespri Sen an, e te kòmanse [h]pale avèk lòt lang jan Lespri a t ap bay yo kapasite eksprime.

[5] Alò, te gen Jwif ki t ap viv Jérusalem; [i]lèzòm fidèl jwif ki te sòti nan tout nasyon anba syèl la. [6] Konsa, lè [j]bwi a te fèt, foul la te reyini ansanm, e te sezi, paske yo tout t ap tande yo pale nan pwòp lang pa yo.

[7] Yo te etone, yo te sezi e te di: "Alò, èske tout moun sa yo k ap pale la yo pa [k]Galileyen? [8] E kijan ke nou tout tande yo nan pwòp lang natal pa nou? [9] Patyen yo, Mèd yo, Elamit yo, moun Mésopotamie yo, Judée ak Cappadoce yo [l]Pont ak [m]Asie yo [10] Phrygie ak Pamphylie yo, Égypte ak teritwa Libye yo vwazen ak Cyrène, e sila ki t ap vizite Rome yo, Jwif ak pèp payen ki te konvèti a relijyon Jwif yo, [n]11 Crétois ak Arabe yo, Nou tande yo nan pwòp lang pa nou, k ap pale tout zèv pwisan Bondye yo!"

[12] [o]Yo tout te toujou sezi, byen konfonn, e te di youn ak lòt: "Kisa sa vle di?"

---

[a] **1:1** Luc 1:3 [b] **1:1** Luc 3:23 [c] **1:2** Mat 28:19 [d] **1:3** Mat 28:17 [e] **1:4** Luc 24:49 [f] **1:4** Jn 14:24
[g] **1:5** Trav 2:1-4 [h] **1:6** Mat 17:11 [i] **1:7** Mat 24:36 [j] **1:8** Trav 2:1-4 [k] **1:8** Luc 24:48 [l] **1:9** Luc 24:50,51
[m] **1:10** Luc 24:4 [n] **1:11** Mat 16:27 [o] **1:12** Luc 24:52 [p] **1:13** Mc 14:15 [q] **1:13** Mat 10:2-4 [r] **1:14** Trav 2:42
[s] **1:16** Mat 26:47 [t] **1:17** Trav 1:25 [u] **1:18** Mat 27:3-10 [v] **1:19** Mat 27:8 [w] **1:20** Sòm 69:25 [x] **1:20** Sòm 109:8
[y] **1:20** Sòm 109:8 [z] **1:21** Luc 24:3 [a] **1:23** Trav 1:26 [b] **1:24** Mat 3:16 [c] **1:25** Wo 1:5 [d] **1:26** Lev 16:8
[e] **2:1** Lev 23:15 [f] **2:2** Trav 4:31 [g] **2:4** Trav 4:8,31 [h] **2:4** 1 Kwo 12:1 [i] **2:5** Luc 2:25 [j] **2:6** Trav 2:2
[k] **2:7** Mat 26:73 [l] **2:9** Trav 18:2 [m] **2:9** Trav 6:9 [n] **2:10** Mat 23:15 [o] **2:12** Trav 2:7

¹³ Men te gen lòt ki t ap moke yo, e t ap di: "Yo plen avèk diven dous".

¹⁴ Men Pierre, ki te kanpe fèm avèk [a]onz yo, te leve vwa li e te deklare a yo menm: "Moun a Judée yo, ak nou tout ki rete Jérusalem yo, kite sa byen konnen pami nou, e prete atansyon a pawòl mwen. ¹⁵ Paske moun sa yo pa sou, tankou nou ta kwè a [b]paske se sèlman twazyèm è nan jounen an. ¹⁶ Men sa ki te pale pa pwofèt Joël la:

¹⁷ [c]'Epi li va fèt nan dènye jou yo', Bondye di:
Ke Mwen va vin vide Lespri Mwen
    sou tout Limanite.
Fis nou yo ak fi nou yo va pwofetize,
Jenn nonm nou yo va fè vizyon yo,
e granmoun nou yo va fè rèv.
¹⁸ Menm sou sèvitè Mwen yo; ni fi, ni gason,
nan jou sa yo Mwen va vide Lespri Mwen,
e yo va pwofetize.
¹⁹ Mwen va fè parèt mèvèy anwo nan syèl la,
ak sign anba sou latè;
san avèk dife, avèk vapè lafimen.
²⁰ Solèy la va vin nwa, e lalin nan va
    tounen san,
avan gran jou mèvèy Senyè a vini.
²¹ E li va rive ke [d]tout moun
ki rele Non Senyè a va sove.'

²² "Moun Israël yo, koute pawòl sila yo: [e]Jésus, yon nonm Nazareth, ke Bondye te temwaye devan nou pa mirak, mèvèy, ak sign, ke Bondye te acheve nan Li nan mitan nou, jan nou menm byen konnen an, ²³ nonm sila a, livre selon plan ak [f]avan konesans Bondye, nou te kloue sou yon kwa pa men lèzòm san prensip Bondye yo, e te mete li a lanmò. ²⁴ Men [g]Bondye te fè L leve ankò, e te mete fen a doulè lanmò a, paske se te enposib pou li ta kapab kenbe L.

²⁵ 'Paske David te di sou Li:
[h]'Mwen te toujou wè Senyè a devan
    fas mwen an;
paske Li sou men dwat mwen, pou m
    pa janm ebranle".
²⁶ Donk, kè m te kontan, e lang mwen
    te bay lwanj.
Anplis de sa, chè mwen va repoze nan espwa,
²⁷ paske [i]Ou p ap abandone nanm mwen
    nan sejou mò yo,
ni kite Sen Ou an sibi dekonpozisyon an.
²⁸ Ou fè m konnen chemen lavi yo;
Ou va ranpli m ak kè kontan avèk
    Prezans Ou.'

²⁹ "Frè m yo, mwen kapab di nou avèk konfyans selon zansèt nou David, ke li te mouri, li te [j]antere, e ke tonm li la avèk nou jiska jodi a. ³⁰ Konsa, akoz ke li David te yon pwofèt, e te konnen ke [k]Bondye te sèmante a li menm yon pwomès pou fè youn nan desandan li yo chita sou twòn li an, ³¹ li te gade pi lwen e te pale sou rezirèksyon Kris la [l]ke 'Li pa t ni abandone nan sejou mò yo, ni kite chè L dekonpoze.' ³² Jésus sila [m]Bondye te fè leve ankò a, de sa, nou tout te temwen.

³³ "Konsa, akoz Li te leve wo rive kote [n]men dwat Bondye, e [o]te resevwa nan Papa a, pwomès Lespri Sen an, li te fè vide sa ke nou wè, ak tande a.

³⁴ "Paske se pa t David ki te monte nan syèl la, men se te li menm ki di:
[p]'SENYÈ a te di a Senyè m nan, chita
    bò dwat Mwen
³⁵ Jiskaske M fè lènmi ou yo vin yon ti
    ban pou mete pye ou.'

³⁶ "Donk, kite tout lakay Israël la konnen san dout ke Bondye fè Li ni [q]Senyè, ni [r]Kris la —Jésus sila a ke nou te krisifye a."

³⁷ Alò, lè yo te tande sa, yo te vin santi doulè jis nan kè yo, e te di a Pierre ak lòt apòt yo: "Frè yo [s]kisa pou nou ta fè?"

³⁸ Pierre te di yo: [t]"Repanti e ke chak en de nou vin [u]batize nan non Jésus Kri pou padon a peche nou yo, e nou va resevwa don Lespri Sen an. ³⁹ Paske pwomès la se pou nou, pou pitit nou yo, e pou tout sila ki byen lwen yo, ak tout kantite ke Senyè a, Bondye nou an va rele a Li menm."

⁴⁰ Avèk anpil lòt pawòl li te temwaye solanèlman e te kontinye egzòte ak ankouraje yo, e te di: "Sove nou de [v]jenerasyon moun mechan sila a!"

⁴¹ Alò, sa yo ki te resevwa pawòl li yo te batize. E konsa, te vin ogmante nan menm jou a, a anviwon twa mil [w]nanm. ⁴² Yo te [x]toujou dilijan nan swiv enstriksyon apòt yo ak nan amitye fratènèl, [y]nan kase pen, ak lapriyè.

⁴³ Tout moun te kontinye sanse gen lakrent ak gran respè, e anpil [z]mèvèy ak sign te toujou ap fèt pa apòt yo.

⁴⁴ Tout sila ki te kwè yo te ansanm, e [a]te mete tout byen yo ansanm; ⁴⁵ Yo te [b]vann tè yo ak byen yo, e t ap pataje yo avèk tout moun, selon bezwen a yo chak. ⁴⁶ [c]De jou an jou yo t ap kontinye nan tanp lan avèk inite nan panse yo. Yo t ap kase pen de kay an kay, e te pran repa yo ansanm avèk lajwa ak senserite de kè. ⁴⁷ Yo t ap bay Bondye lwanj, e te [d]gen bon relasyon avèk tout moun yo.

Bondye te [e]ogmante de jou an jou sila ki t ap sove yo.

3 Alò, Pierre avèk Jean t ap monte nan tanp lan vè [f]nevyèm è, lè lapriyè.

² Konsa, yon sèten mesye ki te bwate depi li sòti nan vant manm l t ap pote pa kèk lòt moun. Yo [g]te konn mete l chak jou nan pòtay tanp lan ke yo rele Bel, kote li te konn mande charite a moun ki t ap antre nan tanp yo. ³ Lè l te wè [h]Pierre avèk Jean prèt pou antre nan tanp lan, li te mande yo lacharite.

---

[a] **2:14** Trav 1:26   [b] **2:15** I Tes 5:7   [c] **2:17** Jl 2:28-32   [d] **2:21** Wo 10:13   [e] **2:22** Trav 3:6   [f] **2:23** Luc 22:22
[g] **2:24** Mat 28:5,6   [h] **2:25** Sòm 16:8-11   [i] **2:27** Trav 2:31   [j] **2:29** I Wa 2:10   [k] **2:30** Sòm 132:11   [l] **2:31** Mat 11:23
[m] **2:32** Trav 2:24   [n] **2:33** Trav 5:31   [o] **2:33** Trav 1:4   [p] **2:34** Sòm 110:1   [q] **2:36** Luc 2:11   [r] **2:36** Trav 2:23
[s] **2:37** Luc 3:10,14,15   [t] **2:38** Mc 1:15   [u] **2:38** Trav 8:12,16   [v] **2:40** Det 32:5   [w] **2:41** Trav 3:23   [x] **2:42** Luc 1:14
[y] **2:42** Luc 24:30   [z] **2:43** Trav 2:22   [a] **2:44** Trav 4:32,37   [b] **2:45** Mat 19:21   [c] **2:46** Trav 5:42   [d] **2:47** Trav 5:14
[e] **2:47** Trav 2:41   [f] **3:1** Sòm 55:17   [g] **3:2** Luc 16:20   [h] **3:3** Luc 22:8

⁴ Pierre te ᵃfikse zye yo sou li. Ansanm avèk Jean, li te di: "Gade nou!"
⁵ Konsa, li te kòmanse koute yo, anatandan pou yo bay li yon kichòy.
⁶ Men Pierre te di: "Nou pa gen lajan, ni lò, men sa ke mwen genyen an, m ap bay ou li. ᵇNan non Jésus Kri de Nazarèt, mache!" ⁷ Li te sezi li pa men dwat li pou fè l leve. Lapoula, janm li avèk pye l te vin pran fòs.
⁸ Konsa ᶜli te vòltije e te vin kanpe dwat e mache. Li te antre nan tanp lan avèk yo, li t ap mache e vòltije pandan li t ap bay lwanj a Bondye.
⁹ ᵈTout pèp la te wè li t ap mache e bay Bondye lwanj. ¹⁰ Yo te rekonèt li kòm sila ki te konn chita devan tanp lan ᵉnan pòt ki te rele Bel la, pou mande lacharite, e yo te etone e sezi pou sa ki te rive l la.
¹¹ Pandan li t ap kenbe sou Pierre ak Jean, tout moun, byen etone, te kouri bò kote yo nan ᶠpòtay yo rele Salomon an.
¹² Lè Pierre te wè sa, li te reponn a pèp la: "Moun Israël yo, poukisa nou sezi de sa oubyen poukisa nou fikse nou konsa, kòmsi se pa pwòp pouvwa nou oubyen sentete nou ke nou te fè l mache a?
¹³ "Bondye Abraham nan, Isaac, ak Jacob la, Bondye a zansèt nou yo, te bay glwa ᵍsèvitè Li a, Jésus Kri ke nou te livre ak nye nan prezans a Pilate lè li menm te byen deside pou lage L.
¹⁴ "Men nou te nye Sila ki Sen e Jis la, e te ʰmande yo livre bannou yon asasen, ¹⁵ e te touye Prens Lavi a, sila menm ke ⁱBondye te fè leve soti nan lanmò a, de sila, nou te ʲtemwen.
¹⁶ "Konsa, sou baz ᵏlafwa nan non Li, se non Jésus ki bay mesye sa a, ke nou wè e konnen an, fòs. Wi, se lafwa ki sòti nan Li ki bay mesye sila a sante pafè, nan prezans a nou tout.
¹⁷ "E koulye a, frè yo, mwen konnen ke nou te aji ˡnan inyorans, menm jan ke chèf nou yo te fè osi.
¹⁸ Men bagay ke ᵐBondye te anonse oparavan yo, pa bouch a tout pwofèt yo, ⁿke Kris Li a ta soufri; konsa, Li gen tan fin akonpli.
¹⁹ "Donk ᵒrepanti e retounen, pou peche nou yo kapab efase e pou tan rafrechisman yo kapab sòti nan prezans Senyè a; ²⁰ epi pou Li kapab voye Jésus, Kris la ki te deziye pou nou avan lè, ²¹ Li menm ke syèl la oblije resevwa jiskaske tan ᵖrestorasyon tout bagay ke ᑫBondye te pale pa bouch a pwofèt sen Li yo depi nan tan ansyen an.
²² "Moïse te di: ʳ'Senyè Bondye a va fè leve pou nou yon pwofèt tankou mwen ki sòti nan frè nou yo. A Li menm, nou va prete atansyon a tout sa Li di nou. ²³ ˢE li va rive ke tout nanm ki pa okipe pwofèt sila ᵗva detwi nèt pami pèp la.'

²⁴ "Epi menm jan an ᵘtout pwofèt ki pale, depi Samuel ak tout sila ki te swiv li yo, osi te anonse jou sa yo.
²⁵ "Se nou menm ki se fis a pwofèt yo, ak akò ke Bondye te fè avèk zansèt nou yo, lè yo te di Abraham: ᵛ'Nan posterite ou, tout fanmi sou latè yo va beni'.
²⁶ " Bondye te leve sèvitè Li a, e Li te voye Li kote nou avan, pou beni nou lè l fè chak en de nou vire kite mechanste nou yo."

4 Pandan yo t ap pale ak pèp la, prèt avèk kaptenn gad tanp lan avèk ʷSadiseyen yo te rive kote yo. ² Yo te byen deranje paske yo t ap enstwi pèp la e t ap pwoklame ˣnan non Jésus rezirèksyon a lanmò yo. ³ Yo te mete men sou yo, e te ʸmete yo nan prizon pou jis rive nan demen, paske li te gen tan fènwa. ⁴ Men anpil nan sila yo ki te tande mesaj la te kwè, e ᶻfòs kantite moun ki te kwè yo te vini toupre senk-mil.
⁵ Nan landemen, ᵃchèf yo, avèk ansyen ak skrib yo te reyini ansanm nan Jérusalem. ⁶ ᵇAnne, wo prèt la te la, avèk Caïphe, Jean, Alexandre, ak tout sila ki te desandan wo prèt yo. ⁷ Lè yo te kanpe yo nan mitan yo, yo te kòmanse mande yo: "Pa ki pouvwa, oswa nan ki non nou te fè sa a?"
⁸ Alò, Pierre ᶜranpli avèk Lespri Sen an, te di yo: "Chèf ak ansyen a pèp la, ⁹ Si nou parèt devan tribinal jodi a pou ᵈbenefis ki fèt a yon moun malad, kòmsi, kijan nonm sa a te fè geri, ¹⁰ kite li byen konnen pami nou tout, ak tout Israël, ke ᵉpa non a Jésus Kri, Nazareyen ke nou te krisifye a, ke Bondye te fè leve soti nan lanmò a, pa non de sila a menm, mesye sa a a kanpe devan nou an bòn sante.
¹¹ 'Se Li menm ki ᶠwòch ki te rejte pa nou menm ki t ap bati yo, men ki vin fè wòch ang prensipal la.'
¹² "Konsa, pa gen sali nan ᵍokenn lòt. Paske nanpwen lòt non anba syèl la ki bay pami lòm pa kilès nou dwe sove."
¹³ Alò, lè yo te wè ʰkonfyans a Pierre avèk Jean, e te konprann ke yo pa t gen anpil edikasyon ni enstriksyon, yo te etone. Yo ⁱte rekonèt yo kon moun ki te avèk Jésus yo. ¹⁴ Epi lè yo te wè mesye ki te geri a te kanpe la avèk yo, yo pa t gen repons pou bay.
¹⁵ Men lè yo fin mande yo ʲkite konsèy la, yo te fè konferans ansanm. ¹⁶ Yo te di: "Alò ᵏkisa pou nou fè avèk mesye sa yo? Paske li byen klè a tout sila ki rete Jérusalem yo ke ˡyon mirak byen enpòtan te fèt pa yo, e nou pa kapab di ke se pa vrè.
¹⁷ "Men pou sa pa rive pi lwen pami pèp la, annou avèti yo pou yo pa pale ankò a okenn moun ᵐnan non sila." ¹⁸ Yo te rele yo, e te ⁿkòmande yo pou yo pa pale ni enstwi menm nan non Jésus a.

ᵃ **3:4** Trav 10:4   ᵇ **3:6** Trav 2:22   ᶜ **3:8** Trav 14:10   ᵈ **3:9** Trav 4:16   ᵉ **3:10** Jn 9:8   ᶠ **3:11** Jn 10:23
ᵍ **3:13** Trav 3:26   ʰ **3:14** Mat 27:20   ⁱ **3:15** Trav 2:24   ʲ **3:15** Luc 24:48   ᵏ **3:16** Trav 3:6   ˡ **3:17** Jn 15:21   ᵐ **3:18** Trav 2:23   ⁿ **3:18** Trav 17:3   ᵒ **3:19** Trav 2:38   ᵖ **3:21** Mat 17:11   ᑫ **3:21** Luc 1:70
ʳ **3:22** Det 18:15,18   ˢ **3:23** Det 18:19   ᵗ **3:23** Lev 23:29   ᵘ **3:24** Luc 24:27   ᵛ **3:25** Jen 22:18   ʷ **4:1** Mc 12:18   ˣ **4:2** Trav 3:15   ʸ **4:3** Trav 5:18   ᶻ **4:4** Trav 2:41   ᵃ **4:5** Luc 23:13   ᵇ **4:6** Luc 3:2   ᶜ **4:8** Trav 2:4
ᵈ **4:9** Trav 3:7   ᵉ **4:10** Trav 2:22   ᶠ **4:11** Sòm 118:22   ᵍ **4:12** Mat 1:21   ʰ **4:13** Trav 4:31   ⁱ **4:13** Jn 7:15
ʲ **4:15** Mat 5:22   ᵏ **4:16** Jn 11:47   ˡ **4:16** Trav 3:7-10   ᵐ **4:17** Jn 15:21   ⁿ **4:18** Trav 5:28

¹⁹ Men Pierre avèk Jean te reponn yo e te di: ᵃ"Si li bon devan Bondye pou obeyi a nou menm olye a Bondye, nou mèt jije. ²⁰ Paske ᵇnou menm, nou pa kapab sispann pale sa ke nou te wè ak tande." ²¹ Konsa, lè yo te fin menase yo anplis, yo te lage yo, paske yo pa t kapab twouve baz pou pini yo, e ᶜakoz perèz a pèp la, paske yo tout t ap ᵈbay Bondye glwa pou sa ki te rive a. ²² Paske mesye a ki te resevwa mirak sila a, te gen plis ke karant ane.

²³ Lè yo te fin lage yo, yo te ale bò kote moun pa yo, e te rapòte a tout moun sa ke chèf prèt yo avèk ansyen yo te di yo. ²⁴ Lè yo te tande sa, yo te leve vwa yo a Bondye ansanm, e te di: "O Bondye, se te Ou menm ki te ᵉfè syèl la ak tè a, lanmè, ak tout sa ki ladann, ²⁵ ki ᶠpa Lespri Sen an, selon bouch a Zansèt nou David te di:

ᵍ'Poukisa nasyon yo anraje konsa;
e poukisa pèp yo anvizaje yon bagay anven?
²⁶ ʰWa sou latè yo ap pran pòz yo
e gwo chèf yo ap mete tèt yo ansanm
kont Senyè a
ak kont Kris Li a.'

²⁷ "Paske vrèman, nan vil sa a, yo te rasanble ansanm kont ⁱsèvitè sen Ou an, Jésus, ke ou menm te onksyone a; Hérode ak Ponce Pilate ansanm avèk nasyon payen yo ak pèp Israël la, ²⁸ pou fè nenpòt bagay ke men Ou ak ʲvolonte Ou te deja planifye, pou fèt. ²⁹ E koulye a, Senyè, byen gade menas ke yo fè, e kite sèvitè ki mare ak Ou yo ᵏpale pawòl Ou avèk tout konfyans, ³⁰ pandan W ap lonje men Ou pou fè gerizon ˡsign ak mirak yo k ap fèt nan non a sèvitè Sen Ou an, Jésus."

³¹ Lè yo te fin priye, plas kote yo te reyini an te vin souke. Yo tout te ᵐranpli avèk Lespri Sen an, e yo te ⁿpale pawòl Bondye a avèk kouraj.

³² Tout nan gran foul a ki te kwè yo te vin yon sèl nan kè ak nanm. Pa t gen youn nan yo ki te gen byen ki te reklame pou pwòp tèt yo, men ᵒtout bagay te pou tout moun. ³³ ᵖAvèk gran pouvwa, apòt yo t ap bay temwayaj a rezirèksyon Jésus Kris la, e lagras an abondans te vini sou yo tout. ³⁴ Paske pa t gen yon moun pami yo ki te nan bezwen, pwiske sila ki te mèt tè yo oubyen kay yo ᵠte vann yo e pote benefis a vant lan bay, ³⁵ pou ʳmete yo nan pye apòt yo. Konsa, yo ˢte distribiye a chak en ki te gen nenpòt bezwen.

³⁶ Joseph, yon Levit ki te ne an ᵗChypre ke yo te rele osi Barnabas, pa apòt yo, ki vle di Fis ᵘAnkourajman an ³⁷ te gen yon mòso tè. Li te vann li e te pote kòb la mete l nan pye apòt yo.

5 Men yon sèten mesye ke yo te rele Ananias ak Saphira, madanm li, te vann yon moso tè. ² Men li te kenbe yon pati nan pri a pou li menm, avèk konesans madanm li. Konsa, li te pote yon sèten pati, e te ᵛmete l nan pye apòt yo.

³ Men Pierre, te di: "Ananias, poukisa ʷSatan ranpli kè ou pou bay manti a Lespri Sen an e pou kenbe yon pati nan pri tè a an kachèt. ⁴ Pandan li te rete pa t vann nan, èske li pa t nan men ou? E lè li te fin vann nan, èske li pa t toujou sou kontwòl pa w? Poukisa ou kalkile bagay sa a nan kè ou? Se pa a moun ke ou bay manti a, men ˣa Bondye."

⁵ Ananias, lè l te tande bagay sa yo, te tonbe atè e te respire dènye souf li. Yon ʸgwo laperèz te vini sou tout sila ki te tande bagay sa yo.

⁶ Jennjan yo te leve li, ᶻvlope li nan yon twal e te pote l deyò pou te antere l.

⁷ Nan anviwon twazèdtan, madanm li, san konnen sa ki te rive a, te antre.

⁸ Pierre te di li: "Di m si ou te vann tè a pou ᵃyon pri konsa?" Li te di: "Wi, pou yon pri konsa".

⁹ Alò, Pierre te di li: "Poukisa ke nou dakò ansanm pou ᵇtante Lespri Senyè a? Vwala, pye a sila ki te antere mari ou yo parèt nan pòt la, e yo va pote ou deyò a tou."

¹⁰ Konsa ᶜli te tonbe atè e te rann dènye souf li. Jennjan yo te antre, yo twouve li tou mouri e te pote l ale. Yo te antere li bò kote mari li.

¹¹ Yon ᵈgwo laperèz te vin tonbe sou tout legliz la, e sou tout sila ki te tande bagay sa yo.

¹² Pa men apòt yo, anpil sign ak mirak te fèt pami pèp la, e yo tout te an akò nan Galri Salomon an.

¹³ Pou lòt yo, pa t gen pèsòn ki te gen kouraj pou vin jwenn avèk yo, men ᵉpèp la te bay yo lwanj.

¹⁴ Konsa, anpil ᶠkwayan nan non Senyè a, yon fòs kantite gason avèk fi t ap ajoute tout tan pami yo.

¹⁵ Yo t ap menm pote malad yo e mete yo nan lari; yo te fè yo kouche sou kabann ak palèt, pou ᵍmenm yon ti kras lonbraj Pierre, lè l pase, ta kapab tonbe sou nenpòt nan yo.

¹⁶ Te vini osi foul ki te sòti nan vil ki te antoure Jérusalem yo, ki t ap pote moun malad, ak sila ki te twouble pa move Lespri yo, e yo tout te geri.

¹⁷ Men wo prèt la te vin leve, ak tout sila ki te avèk li yo (sa vle di ʰSadiseyen yo), e yo te jalou anpil.

¹⁸ Yo te mete men sou apòt yo, e te ⁱmete yo nan yon prizon piblik.

¹⁹ Men ʲyon zanj Bondye te ouvri pòt prizon an pandan lannwit, e te fè yo sòti, e te di: ²⁰ "Ale, kanpe pale ak pèp la nan tanp lan ᵏtout pawòl lavi a."

²¹ Lè yo te tande sa, yo te antre nan tanp lan granmmaten, e yo te kòmanse enstwi.

Men lèˡwo prèt la te vini, ansanm ak sila ki te avèk li yo, yo te reyini yon gran konsèy avèk tout ansyen Israël yo. Konsa yo te voye kote prizon an pou fè yo vini.

²² Men lè ᵃjandam yo te vini, yo te twouve ke yo pa t nan prizon an. Konsa yo te retounen pou te bay rapò a. ²³ Yo te di: "Nou te twouve prizon an byen fèmen e byen sere avèk gad yo ki te kanpe devan pòt la, men lè nou te louvri li, nou pa twouve pèsòn ladann."
²⁴ Lè wo prèt la avèk ᵇkaptenn kò gad tanp lan te tande sa, yo te vin enkyete pou kote pwoblèm sa a ta vin rive.
²⁵ Men yon moun te vin di yo: "Gade, mesye sa yo ke nou te mete nan prizon an kanpe nan tanp lan e y ap enstwi pèp la."
²⁶ Alò, yo te ale avèk kaptenn lan ak jandam yo, e te mennen yo vini san vyolans; paske ᶜyo te krent pèp la, pou yo pa ta lapide yo avèk wòch.
²⁷ Lè yo te mennen yo, yo te fè yo kanpe devan ᵈkonsèy la pou wo prèt la kesyone yo. ²⁸ Li te di yo konsa: "Èske nou pa t bay nou yon lòd byen klè pou nou pa kontinye enstwi nan non sila a? E malgre sa a, nou fin ranpli tout Jérusalem avèk enstriksyon nou yo, e nou ᵉgen entansyon voye san mesye sa a sou nou".
²⁹ Alò Pierre avèk apòt yo te reponn e te di: ᶠ"Nou obli je obeyi a Bondye olye a lòm. ³⁰ ᵍBondye a zansèt nou yo ʰte fè leve Jésus, ke nou te touye pann sou yon kwa a. ³¹ ⁱSe Li menm Bondye te fè leve wo kote men dwat Li, tankou yon Prens, e yon ʲSovè, pou bay a Israël repantans, ak padon pou peche yo. ³² Nou te ᵏtemwen a bagay sa yo; e anplis Lespri Sen an ke Bondye bay a sila ki obeyi Li yo."
³³ Lè yo te tande sa, yo te ˡbyen blese, e te fè plan pou touye yo.
³⁴ Alò, yon nonm nan konsèy la ke yo te rele ᵐGamaliel te kanpe, yon pwofesè nan Lalwa ki te gen bon repitasyon pami tout pèp. Li te mande yo mete apot yo deyò pou yon moman.
³⁵ Li te di yo: "Moun Israël yo, veye nou menm ak sa nou gen entansyon fè avèk mesye sila yo, ³⁶ Paske pa anpil jou avan sa, te leve yon Theudas ki t ap pretann li menm te ⁿyon pèsonaj, epi yon gwoup kat-san òm te vin jwenn avèk li. Men yo te touye li, e tout sila ki te swiv li yo te vin gaye, e pa t reyalize anyen.
³⁷ "Apre mesye sila a, Judas, Galileyen an, te leve nan jou ᵒresansman an, e li te atire kèk moun dèyè l. Li menm tou te peri, e tout sila ki te swiv li yo te vin gaye.
³⁸ "Donk, nan ka prezan an, mwen di nou, rete lwen de moun sa yo, e pa okipe yo, paske si plan oubyen aksyon sa a ᵖsòti nan lòm, li va boulvèse.
³⁹ Men si se nan Bondye, nou p ap kab boulvèse yo; sinon nou kab menm twouve ke n ap ᵍgoumen kont Bondye menm."

⁴⁰ Yo te koute konsèy li. Apre yo te rele apòt yo antre, yo te ʳbat yo avèk fwèt, e te kòmande yo pou yo pa pale nan non Jésus, e te lage yo.
⁴¹ Donk yo te kite konsèy la; yo te al fè wout yo, e t ap ˢrejwi ke yo te konsidere dign pou soufri mepri ᵗpou non Li.
⁴² ᵘEpi chak jou nan tanp lan, sòti nan yon kay a yon lòt, yo te kontinye enstwi ak preche Jésus kòm Kris la.

6 Alò nan lè sa a pandan ᵛdisip yo t ap vin ogmante plis, yon plenyen te vin leve nan pati a ʷJwif Grèk yo kont Jwif natal yo, paske vèv pa yo te neglije nan separasyon manje chak jou a.
² Donk, douz yo te rele rasanble ak disip yo e te di: "Li pa bon pou nou neglije pawòl Bondye a pou nou sèvi tab yo. ³ Konsa, frè yo, chwazi pami nou sèt mesye ak bon jan repitasyon ˣranpli ak Lespri a e ak sajès, pou nou kapab mete an chaj tach sila a. ⁴ Men nou menm nou va ʸdedye nou a lapriyè ak ministè a pawòl Bondye a."
⁵ Pawòl sila a te fè plezi a tout asanble a, e yo te chwazi ᶻÉtienne, yon nonm ranpli ak lafwa e ak Lespri Sen an, ak Philippe, Prochore, Nicanor, Timon, Parménas, epi Nicolas, yon konvèti nan relijyon a Jwif yo ki sòti Antioche. ⁶ Epi sila yo te mennen devan apòt yo, e lè yo te fin ᵃfè lapriyè, yo te ᵇpoze men sou yo.
⁷ Pawòl Bondye a te kontinye gaye, e kantite disip yo te kontinye ogmante anpil nan Jérusalem, e yon gran nonb pami prèt yo t ap vin obeyisan a ᶜlafwa a.
⁸ Epi Étienne, ranpli avèk gras ak pouvwa, te fè ᵈmèvèy ak mirak pami pèp la.
⁹ Men kèk moun ki te sòti nan sa ke yo te rele Sinagòg Dèzòm Lib, ki te gen moun ᵉSireneyen ak moun Alexandryen yo, e kèk moun Cilicie ak Asie, te leve pou diskite avèk Étienne. ¹⁰ Men yo pa t kapab fè fas avèk sajès ak Lespri ki t ap fè l pale a.
¹¹ Alò, an sekrè yo te fè moun yo di: "Nou tande li pale pawòl blasfèm kont Moïse ak kont Bondye".
¹² Konsa, yo te soulve pèp la, ansyen yo ak skrib yo. Yo te ᶠsezi li, e te trennen li pou mennen l devan konsèy la. ¹³ Yo te mete devan ᵍfo temwayaj ki te di: "Nonm sila a tout tan ap pale kont ʰlye sakre sila a, ak Lalwa. ¹⁴ Paske nou konn tande li di ke ⁱNazareyen sila a, Jésus, va detwi plas sila a e chanje koutim ke Moïse te bannou yo."
¹⁵ Konsa, yo tout nan konsèy la te fikse zye yo sou li, e yo te wè figi li tankou figi a yon zanj.

7 Wo prèt la te di: "Èske bagay sa yo se vrè?"
² Li te di: "Koute m ʲfrè m yo ak ᵏansyen mwen yo!" Bondye laglwa a te parèt devan zansèt nou, Abraham lè li te nan Mésopotamie, avan ke

---
ᵃ **5:22** Mat 26:58 ᵇ **5:24** Trav 4:1 ᶜ **5:26** Trav 4:21 ᵈ **5:27** Mat 5:22 ᵉ **5:28** Mat 23:35 ᶠ **5:29** Trav 4:19
ᵍ **5:30** Trav 3:13 ʰ **5:30** Trav 2:24 ⁱ **5:31** Trav 2:33 ʲ **5:31** Luc 2:11 ᵏ **5:32** Luc 24:48 ˡ **5:33** Trav 2:37
ᵐ **5:34** Trav 22:3 ⁿ **5:36** Trav 8:9 ᵒ **5:37** Luc 2:2 ᵖ **5:38** Mc 11:30 ᵍ **5:39** Pwov 21:30 ʳ **5:40** Mat 10:17
ˢ **5:41** I Pi 4:14,16 ᵗ **5:41** Jn 15:21 ᵘ **5:42** Trav 2:46 ᵛ **6:1** Trav 11:26 ʷ **6:1** Trav 9:29 ˣ **6:3** Trav 2:4
ʸ **6:4** Trav 1:14 ᶻ **6:5** Trav 6:8 ᵃ **6:6** Trav 1:24 ᵇ **6:6** Nonb 8:10 ᶜ **6:7** Trav 13:8 ᵈ **6:8** Jn 4:48
ᵉ **6:9** Mat 27:32 ᶠ **6:12** Luc 20:1 ᵍ **6:13** Mat 26:59-61 ʰ **6:13** Mat 24:15 ⁱ **6:14** Mat 26:61 ʲ **7:2** Jn 8:42
ᵏ **7:2** Jen 11:31

li te rete Charran. ³ E Li te di li: ᵃ"Kite peyi ou, ak fanmi ou, pou vini nan peyi ke Mwen menm va montre ou a".

⁴ ᵇKonsa, li te kite peyi a Kaldeyen yo pou vin rete nan Charran. ᶜDepi la, lè papa l te vin mouri, Bondye te fè l deplase vin nan peyi sila a kote nou rete koulye a. ⁵ Men Li pa t ba li yon eritaj ladann, ni menm yon moso tè, men menm lè li pa t gen pitit, ᵈLi te pwomèt li ke Li ta ba li sa kòm yon posesyon, e a desandan aprè li yo.

⁶ Men ᵉBondye te pale konsa: Ke desandan li yo ta etranje nan yon peyi etranje, pou yo ta nan esklavaj e maltrete pandan kat-san lane. ⁷ "Epi nenpòt nasyon ki ta mete yo nan esklavaj, Bondye te di: 'Mwen Menm, Mwen va jije', ᶠepi apre sa, yo va sòti la pou sèvi Mwen nan plas sila a."

⁸ Li ᵍte bay li akò sikonsizyon an, epi ʰAbraham te vin papa a Isaac, Li te sikonsi li nan uityèm jou a. Isaac te vin papa a Jacob, e Jacob a douz patriyach yo.

⁹ Patriyach yo ⁱte vin jalou de Joseph e yo te vann li an Égypte. Men Bondye te avèk li ¹⁰ e Li te delivre li nan tout afliksyon li yo. Konsa li ʲte bay li favè avèk sajès devan Pharaon, wa Égypte la, e te fè li vin gouvènè sou Égypte, ak tout lakay li.

¹¹ Alò ᵏyon gwo grangou te parèt nan tout Égypte ak Canaan, avèk gwo mizè, e zansèt nou yo pa t kab twouve manje. ¹² Men ˡlè Jacob te tande ke te gen manje an Égypte, li te voye zansèt nou yo la pou premye fwa a.

¹³ Nan dezyèm vizit la ᵐJoseph te fè frè l yo dekouvri ki moun li te ye, e ⁿfanmi Joseph te vin entwodwi a Pharaon. ¹⁴ Alò ᵒJoseph te voye envite Jacob, papa li avèk tout fanmi li pou vin kote l. Te gen swasann-kenz moun antou.

¹⁵ Konsa, ᵖJacob te desann an Égypte e li menm avèk zansèt nou yo te mouri la. ¹⁶ Depi la kò yo te deplase retounen nan ᵠSichem, pou te antere yo nan tonm nan ke Abraham te achte pou yon sòm lajan nan men fis a Hémor an Sichem yo.

¹⁷ Men pandan ʳtan a pwomès ke Bondye te pwomèt a Abraham nan t ap pwoche ˢpèp la te vin ogmante e te miltipliye an Égypte, ¹⁸ jiskaske ᵗYon lòt wa te leve sou Égypte ki pa t konnen anyen de Joseph. ¹⁹ Se te li menm ki te sèvi gwo koken pou pran avantaj sou ras nou an, e maltrete zansèt nou pou yo ta kab ᵘfè zanfan pa nou yo pa t kab viv.

²⁰ Se te nan tan sila a ke ᵛMoïse te ne. Li te byen bèl nan zye Bondye, e li te okipe pandan twa mwa lakay papa li. ²¹ Epi lè l te abandonen, fi ʷPharaon an te pran li e te nouri li kòm pwòp fis pa li. ²² Moïse te enstwi nan tout ˣkonesans Ejipsyen an, e li te vin yon nonm byen fò nan pawòl ak nan zak.

²³ Men lè l t ap pwoche laj karant ane, ʸsa te antre nan tèt li pou vizite frè li yo, fis Israël yo.

²⁴ Konsa, lè l te wè youn nan yo byen maltrete, li te defann li, e te vanje pou sila ki te oprime a, e konsa, te touye Ejipsyen an. ²⁵ Li te sipoze ke frè li yo te konprann ke Bondye t ap bay yo delivrans atravè li menm, men yo pa t konprann.

²⁶ ᶻ"Nan jou swivan an, li te parèt a yo menm pandan yo t ap goumen youn avèk lòt. Li te eseye rekonsilye yo nan lapè e te di: 'Moun yo, se frè nou ye. Poukisa nou ap fè mal a youn lòt?'

²⁷ "Men sila ki t ap fè frè l la mal la te bourade l e te di: ᵃ'Kilès ki te fè ou yon chèf ak jij sou nou? ²⁸ ᵇÈske ou gen entansyon touye m menm jan ke ou te touye Ejipsyen an ayè a?'

²⁹ "Akoz pawòl sila a ᶜMoïse te sove ale, e te vin yon etranje nan peyi Madian, kote li te vin papa a de fis.

³⁰ "Apre karant ane te pase, ᵈYon zanj te parèt a li menm nan dezè Mòn Sinaï nan flanm a yon touf bwa. ³¹ Lè Moïse te wè l, li te etone de sa l te wè a. Lè l te pwoche pou gade pi pre, vwa Senyè a te vini sou li: ³² ᵉ'Mwen menm se Bondye a zansèt nou yo, Bondye Abraham nan, Isaac ak Jacob la'. Moïse te tranble avèk laperèz e pa t menm vle pran chans gade.

³³ ᶠ"Men SENYÈ a te di l: 'Retire sapat nan pye ou, paske lye kote ou kanpe a se tè sen. ³⁴ ᵍMwen anverite wè soufrans pèp Mwen an an Égypte e tande plent yo, e Mwen gen tan vini desann pou delivre yo. Vini koulye a e Mwen va voye ou an Égypte.'

³⁵ "Menm Moïse sila a ke yo te ʰrejte lè yo te di: 'Kilès ki te fè ou yon chèf e yon jij?' Se sila a ke Bondye te voye pou li ta kapab non sèlman yon chèf, men yon liberatè avèk èd zanj ki te parèt kote li nan touf bwa. ³⁶ ⁱMesye sila a te mennen yo sòti, e te fè ʲmèvèy ak sign nan peyi Égypte, ak nan Lamè Wouj, epi pandan karant ane nan dezè a. ³⁷ Se te Moïse sila a ki te di a fis Israël yo: ᵏ'Bondye va fè leve pou nou yon pwofèt tankou mwen ki sòti nan frè nou yo.'

³⁸ "Sa se li menm ki te nan ˡasanble nan dezè a; ki te avèk zanj ki t ap pale avè l sou Mòn Sinaï a, e avèk zansèt nou yo, ki te te resevwa ᵐpawòl vivan yo pou pase bannou.

³⁹ "Zansèt nou yo pa t dakò obeyisan a li menm, men yo te ⁿrejte l, e nan kè yo, yo te vire tounen an Égypte. ⁴⁰ ᵒKonsa yo di a Aaron: 'Fè pou nou dye yo ki va ale devan nou. Paske Moïse sila a ki te mennen nou sòti an Égypte la, nou pa menm konnen kisa ki rive li.' ⁴¹ Nan tan sa a yo te fè yon jenn bèf. Yo te pote yon sakrifis pou zidòl la, e yo t ap rejwi yo nan ᵖzèv a pwòp men yo.

ᵃ **7:3** Jen 12:1   ᵇ **7:4** Jen 11:31   ᶜ **7:4** Jen 12:4,5   ᵈ **7:5** Jen 12:7   ᵉ **7:6** Jen 13:15   ᶠ **7:7** Egz 3:12   ᵍ **7:8** Jen 17:10
ʰ **7:8** Jen 21:2-4   ⁱ **7:9** Jen 37:11,28   ʲ **7:10** Jen 39:21   ᵏ **7:11** Jen 41:54   ˡ **7:12** Jen 42:2   ᵐ **7:13** Jen 45:1-4
ⁿ **7:13** Jen 45:16   ᵒ **7:14** Jen 45:9,10,17,18   ᵖ **7:15** Jen 46:1-7   ᵠ **7:16** Jen 23:16   ʳ **7:17** Jen 15:13   ˢ **7:17** Egz 1:7
ᵗ **7:18** Egz 1:8   ᵘ **7:19** Egz 1:22   ᵛ **7:20** Egz 2:2   ʷ **7:21** Egz 2:5   ˣ **7:22** I Wa 4:30   ʸ **7:23** Egz 2:1
ᶻ **7:26** Egz 2:1   ᵃ **7:27** Egz 2:14   ᵇ **7:28** Egz 2:14   ᶜ **7:29** Egz 2:15,22   ᵈ **7:30** Egz 3:1   ᵉ **7:32** Egz 3:6
ᶠ **7:33** Egz 3:5   ᵍ **7:34** Egz 3:7   ʰ **7:35** Egz 2:14   ⁱ **7:36** Egz 12:41   ʲ **7:36** Egz 7:3   ᵏ **7:37** Det 18:15,18
ˡ **7:38** Egz 19:17   ᵐ **7:38** Det 32:47   ⁿ **7:39** Nonb 14:3   ᵒ **7:40** Egz 32:1,23   ᵖ **7:41** Rev 19:20

⁴² "Men Bondye te vire do Li, e te livre yo pou adore dye a zetwal syèl yo, jan sa ekri nan liv pwofèt yo:
ᵃ"Se pa t a Mwen menm ke nou te ofri
ofrann ak sakrifis
karant ane nan dezè a, O lakay Israël.
⁴³ ᵇMen nou te pran anplis, tabènak Moloch la,
ak zetwal a dye Remphan an;
imaj ke nou te fè pou adore yo.
Pou sa a Mwen osi va retire nou jis rive lòtbò Babylone.'
⁴⁴ "Zansèt nou yo te gen ᶜtabènak temwayaj nan dezè a, menm jan ke Sila ki te pale avèk Moïse la te kòmande li pou ᵈfè, selon modèl ke li te wè a.
⁴⁵ "Konsa, zansèt nou yo ki te resevwa li nan lè pa yo, te ᵉpote li avèk Josué lè l te depouye nasyon ke Bondye te chase devan yo jis rive nan tan David la. ⁴⁶ ᶠDavid te twouve favè nan zye Bondye, e te mande pou li ta kapab jwenn yon mezon pou Bondye Jacob la abite. ⁴⁷ Men se te ᵍSalomon ki te bati yon kay pou Li.
⁴⁸ "Poutan ʰTrè Wo a pa rete nan kay ki fèt pa men moun, jan pwofèt la di a:
⁴⁹ ⁱ'Syèl la se twòn Mwen,
E tè a se ban pou pye Mwen.
Ki kalite kay ou kapab fè pou Mwen?'
'Oubyen ki plas ki gen pou repo Mwen?
⁵⁰ Se pa t men Mwen ki te fè tout bagay sa yo?'
⁵¹ "Nou menm, ki se moun ʲkou rèd e ensikonsi nan kè, avèk zòrèy ki toujou ap reziste a Lespri Sen an, n ap fè menm bagay ke zansèt nou yo te konn fè yo. ⁵² ᵏKilès nan pwofèt yo ke zansèt nou yo pa t pèsekite? Yo te touye sila yo ki avan lè te anonse ke ˡSila Ki Jis la t ap vini; ke nou menm koulye a trayi e asasine. ⁵³ Nou menm ki te resevwa Lalwa kòm yon ᵐòdonans pa zanj yo, te vyole li."
⁵⁴ Alò, lè yo te tande sa, yo te ⁿblese byen fon, e t ap manje dan yo sou li.
⁵⁵ Men ᵒranpli avèk Lespri Sen an, li te fikse zye l anwo nan syèl la e te wè glwa Bondye ak Jésus ki t ap kanpe bò men dwat Bondye. ⁵⁶ Li te di: "Gade byen, Mwen wè ᵖsyèl la vin louvri, e Fis a lòm nan ki kanpe bò men dwat Bondye."
⁵⁷ Konsa yo te kriye fò avèk yon gwo vwa, e te kouvri zòrèy yo. Yo te kouri sou li ansanm a lafwa, ⁵⁸ e lè yo te fin pouse li ᑫdeyò vil la, yo te kòmanse lapide l avèk wòch. Temwen sila yo te ʳdepoze vètman yo nan pye a yon jennonm yo te rele Saul.
⁵⁹ Yo te kontinye lapide Étienne pandan li te ˢrele Senyè a, e te di: "Senyè Jésus, resevwa Lespri mwen". ⁶⁰ Konsa, ᵗli te tonbe sou jenou li, e te kriye avèk yon gwo vwa: "Senyè, pa kenbe peche sa a kont yo!" Lè l fin di sa, li te mouri.

8 Saul te fin dakò nèt ak lanmò li.
Depi nan jou sa a, yon gran pèsekisyon te kòmanse kont legliz la nan Jérusalem. Yo tout, sof ke apòt yo, te gaye toupatou nan rejyon Juda avèk Samarie yo. ² Kèk moun fidèl te antere Étienne. Yo te fè yon gwo lamantasyon sou li.
³ Men ᵘSaul te kòmanse ravaje legliz la. Li t ap antre de kay an kay pou rale fè sòti ni fanm, ni gason pou mete yo nan prizon.
⁴ Konsa ᵛsila ki t ap gaye konsa yo, te ale toupatou e te preche pawòl la.
⁵ ʷPhilippe te desann nan vil Samarie. Li te kòmanse preche Kris la bay yo.
⁶ Foul la avèk yon sèl panse t ap bay atansyon yo a sa ke Philippe te di yo, paske yo te wè e te tande mèvèy ke li t ap fè yo. ⁷ Paske nan ka anpil moun ki te genyen lespri enpi yo, lespri yo t ap sòti nan yo. Yo te sòti pandan yo t ap rele avèk yon gwo vwa, e anpil moun ki te ˣparalize e bwate te geri. ⁸ Donk, te gen ʸanpil moun ki t ap rejwi nan vil sila a.
⁹ Alò, te gen yon nonm yo te rele Simon, ki te konn pratike ᶻmaji nan vil la. Li t ap fè pèp Samarie a sezi, konsi li t ap vante tèt li, ke li menm te yon moun pwisan.
¹⁰ Konsa, yo tout, soti nan pi piti jiska pi gran, te ba li anpil atansyon, e te di: ᵃ"Mesye sila a se li ke yo rele Gran Pouvwa Bondye a." ¹¹ Yo te koute li, paske pandan anpil tan li te konn etone yo avèk ᵇmetye maji sila a.
¹² Men lè yo te kwè Philippe ki t ap ᶜpreche bòn nouvèl wayòm Bondye a nan non Jésus Kris la, yo t ap batize; fanm, kou gason menm jan an. ¹³ Menm Simon te vin kwè, epi apre li te batize li te kontinye avèk Philippe. Akoz li te wè anpil ᵈsign ak ᵉmirak ki t ap fèt, li te etone tout tan.
¹⁴ Alò, lè ᶠapòt nan Jérusalem yo te tande ke Samarie te resevwa pawòl Bondye a, yo te voye ᵍPierre avèk Jean bay yo. ¹⁵ Lè yo te vin desann, yo te priye ʰpou yo ta kapab resevwa Lespri Sen an. ¹⁶ Paske Li ⁱpotko tonbe sou okenn nan yo. Yo te sèlman batize nan non Senyè a Jésus. ¹⁷ Alò, yo te ʲmete men sou yo, epi yo te ᵏresevwa Lespri Sen an.
¹⁸ Koulye a, lè Simon te wè ke Lespri a te bay lè apòt yo te poze men sou moun yo, li menm te ofri yo lajan. ¹⁹ Li te di: "Ban mwen otorite sila a osi, pou tout sila ke m poze men m sou yo kapab resevwa Lespri Sen an."
²⁰ Men Pierre te di li: "Ke lajan ou an peri avè w, paske ou te panse ke ou ta kapab ˡvin genyen don Bondye a avèk lajan. ²¹ Ou pa gen ᵐni pati ni plas nan bagay sa a, paske kè ou pa dwat devan Bondye.

ᵃ **7:42** Am 5:25	ᵇ **7:43** Am 5:26,27	ᶜ **7:44** Egz 25:8-9	ᵈ **7:44** Egz 25:40	ᵉ **7:45** Det 32:49	ᶠ **7:46** II Sam 7:8
ᵍ **7:47** I Wa 6:1-38	ʰ **7:48** Luc 1:32	ⁱ **7:49** És 66:2	ʲ **7:51** Egz 32:9	ᵏ **7:52** II Kwo 36:1	
ˡ **7:52** Trav 3:14	ᵐ **7:53** Det 33:2	ⁿ **7:54** Trav 5:33	ᵒ **7:55** Trav 2:4	ᵖ **7:56** Jn 1:51	ᑫ **7:58** Lev 24:14-16
ʳ **7:58** Trav 22:20	ˢ **7:59** Trav 9:21	ᵗ **7:60** Luc 22:41	ᵘ **8:3** Trav 9:1,13,21	ᵛ **8:4** Trav 8:1	ʷ **8:5** Trav 6
ˣ **8:7** Mat 4:24	ʸ **8:8** Jn 4:40-42	ᶻ **8:9** Trav 8:11	ᵃ **8:10** Trav 14:11	ᵇ **8:11** Trav 8:9	ᶜ **8:12** Trav 1:3
ᵈ **8:13** Trav 8:6	ᵉ **8:13** Trav 19:11	ᶠ **8:14** Trav 8:1	ᵍ **8:14** Luc 22:8	ʰ **8:15** Trav 2:38	ⁱ **8:16** Mat 28:19
ʲ **8:17** Trav 6:6	ᵏ **8:17** Trav 2:4	ˡ **8:20** II Wa 5:16	ᵐ **8:21** Det 10:9		

²² Pou sa, repanti de mechanste ou, e priye Senyè a pou, ªsi posib, entansyon kè ou kapab vin padone.
²³ Paske mwen wè ke ou nan fyèl anmè e ᵇmare nan inikite."
²⁴ Men Simon te reponn e te di: ᶜ"Priye a Senyè a pou mwen, nou menm, pou anyen nan sa nou di yo pa vin rive m."
²⁵ Alò, lè yo te fin temwaye solanèl man, e te pale ᵈpawòl Senyè a, yo te fè wout yo pou retounen Jérusalem. Konsa, tou, yo te ᵉpreche bòn nouvèl la nan anpil vilaj Samariten.
²⁶ Men ᶠyon zanj Senyè a te pale ak Philippe e te di: "Leve, ale nan sid nan wout ki desann soti Jérusalem vè Gaza a." (Sa se yon wout nan dezè.)
²⁷ Konsa, li te leve ale, epi konsa, ᵍte gen yon lenik Etyopyen, yon ofisye atache a Candace, larèn Etyopyen yo. Li te an chaj tout trezò li, e ʰte la nan Jérusalem pou adore Bondye. ²⁸ Li t ap retounen, epi pandan li chita nan cha li, li t ap li liv pwofèt Ésaïe a.
²⁹ Alò ⁱLespri a te di Philippe: "Ale jwenn cha sila a".
³⁰ Philippe te kouri kote li. Konsa, li te tande ke li t ap li Ésaïe pwofèt la, epi li te mande l: "Èske ou konprann sa w ap li a?"
³¹ Li te reponn: "Kijan mwen ta kapab, amwenske yon moun gide m?" Li te envite Philippe monte chita avè l.
³² Alò, pòsyon lekriti li t ap li a se te sila a:
ʲ"Li te mennen kon yon mouton
   nan labatwa.
Kon yon jenn mouton an silans
devan sa k ap taye lenn sou do l,
li pa t louvri bouch li.
³³ ᵏNan imilyasyon, jistis li te rachte.
Kilès ki va deklare a jenerasyon pa L la?
Paske vi Li retire sou tè a."
³⁴ Lenik lan te reponn Philippe e te di: "Silvouplè, a kilès pwofèt la ap di sa a? A li menm, oubyen a yon lòt?"
³⁵ Alò, Philippe te louvri bouch li e te ˡkòmanse soti nan lekriti sen sila a, li te preche Jésus a li menm.
³⁶ Pandan yo t ap prale nan wout la, yo te vin toupre yon dlo. Konsa, linik lan te di: ᵐ"Men gade, dlo! Kisa ki anpeche m ta batize."
³⁷ Philippe te reponn: "Si ou kwè avèk tout kè ou, ou kapab." Li te reponn e te di: "Mwen kwè ke Jésus Kris se Fis Bondye a." ³⁸ Li te kòmande cha a rete. Yo tou de te desann nan dlo a, Philippe avèk lenik lan, e li te batize li.
³⁹ Lè yo te sòti nan dlo a, ⁿLespri Senyè a te vin pran Philippe, e lenik lan pa t wè l ankò, men te kontinye wout li ak rejwisans.

⁴⁰ Men Philippe te twouve li menm nan ᵒAzot. Pandan li t ap travèse, li te ᵖkontinye preche bòn nouvèl la nan tout vil yo jiskaske li te rive Césarée.

9 ᑫAlò, Saul, toujou t ap respire menas ak asasina kont disip a Senyè yo, jis li rive devan wo prèt la. ² Li te mande li bay li ʳlèt a sinagòg Damas yo pou si li te twouve nenpòt moun ki nan Chemen an, fanm kou gason, li ta kapab mennen yo mare a Jérusalem.
³ Pandan li t ap fè wout la, li rive ke li t ap pwoche Damas, epi ˢsibitman, yon gran limyè ki sòti nan syèl la te klere tout ozanviwon li. ⁴ ᵗLi te tonbe atè e te tande yon vwa ki t ap di l: "Saul, Saul, poukisa w ap pèsekite M?"
⁵ Li reponn: "Kilès Ou ye, Senyè?"
Li te di: "Mwen se Jésus ke w ap pèsekite a. ⁶ Men leve, antre nan vil la, e ᵘou va tande kisa ou dwe fè."

⁷ Mesye ki te vwayaje avè l yo te kanpe san di anyen. Yo ᵛte tande vwa a, men yo pa t wè pèsòn.
⁸ Saul te leve atè a, e ʷmalgre zye li te louvri, li pa t kab wè anyen. Yo te mennen li pa lamen, e te fè l rive Damas. ⁹ Li pa t kab wè pandan twa jou, ni li pa t manje, ni bwè.
¹⁰ Alò, te gen yon disip nan Damas ke yo te rele ˣAnanias. Senyè a te di l ʸnan yon vizyon: "Ananias!"
Li te reponn: "Men mwen, Senyè."
¹¹ Senyè a te di li: "Leve ale nan ri ke yo rele Dwat la, e mande lakay Judas, pou yon mesye ᶻTarse ke yo rele Saul. Paske, gade byen, l ap priye. ¹² Li gen tan wè deja nan yon vizyon yon mesye ke yo rele Ananias antre pou ªpoze men l sou li, pou l wè ankò."

¹³ Men Ananias te reponn: "Senyè, mwen tande de anpil moun sou mesye sila a; ᵇkijan li te fè sen ou yo mal Jérusalem. ¹⁴ Isit la menm, li ᶜgen otorite ki sòti nan chèf prèt yo pou mare tout sila ki ᵈrele Non Ou yo."
¹⁵ Men Senyè a te di li: "Ale paske ᵉli menm se yon enstriman ki chwazi pa Mwen pou pote non Mwen devan etranje, wa yo, ak fis Israël yo. ¹⁶ Paske ᶠMwen va montre li konbyen li oblije soufri pou non Mwen."
¹⁷ Konsa, Ananias te sòti. Li te antre nan kay la, e lè l fin ᵍpoze men l sou li, li te di: "Frè Saul, Senyè Jésus a ki te parèt devan ou nan wout la lè ou t ap vini an, Li voye m pou ou kapab wè ankò e pou ou kapab ranpli avèk Lespri Sen an."
¹⁸ Imedyatman bagay tankou kal te sòti tonbe nan zye li, e li vin wè ankò. Li te leve e te batize. ¹⁹ Li te pran manje e te reprann fòs li.

Alò, pandan kèk jou, li te avèk disip ki te Damas yo. ²⁰ Epi imedyatman, li te kòmanse pwoklame Jésus ʰnan sinagòg yo e t ap di: "Li se ⁱFis Bondye a".

ª **8:22** És 55:7   ᵇ **8:23** És 58:6   ᶜ **8:24** Jen 20:7   ᵈ **8:25** Trav 13:12   ᵉ **8:25** Trav 8:40   ᶠ **8:26** Trav 5:19
ᵍ **8:27** Sòm 68:31   ʰ **8:27** I Wa 8:41   ⁱ **8:29** Trav 8:39   ʲ **8:32** És 53:7   ᵏ **8:33** És 53:8   ˡ **8:35** Luc 24:27
ᵐ **8:36** Trav 10:47   ⁿ **8:39** I Wa 18:12   ᵒ **8:40** Jos 11:22   ᵖ **8:40** Trav 8:25   ᑫ **9:1** Trav 9:1-22   ʳ **9:2** Trav 9:14,21
ˢ **9:3** I Kwo 15:8   ᵗ **9:4** Trav 22:7   ᵘ **9:6** Trav 9:16   ᵛ **9:7** Jn 12:29   ʷ **9:8** Trav 9:18   ˣ **9:10** Trav 22:12
ʸ **9:10** Trav 10:3,17,19   ᶻ **9:11** Trav 9:30   ª **9:12** Mc 5:23   ᵇ **9:13** Trav 8:3   ᶜ **9:14** Trav 9:2,21   ᵈ **9:14** Trav 7:59
ᵉ **9:15** Trav 13:2   ᶠ **9:16** Trav 20:23   ᵍ **9:17** Trav 2:4   ʰ **9:20** Trav 13:5   ⁱ **9:20** Trav 13:33

²¹ Tout sila ki t ap tande li yo te etone tout tan, e t ap di: "Èske sa se pa sila ki nan Jérusalem te ᵃdetwi sila yo ki te envoke non sa a, e ki te vini isit la ekspre pou mennen yo mare devan chèf prèt yo?" ²² Men Saul te kontinye ap vin pi fò, e t ap konfonn Jwif ki te rete Damas yo avèk prèv ke Jésus sila a se Kris la.

²³ Lè ᵇanpil jou te fin pase, Jwif yo te fè konplo ansanm pou yo ta touye li, ²⁴ men konplo yo te vin konnen pa Saul. Yo te veye pòtay yo la jounen kon lannwit pou yo ta kapab mete l a lanmò. ²⁵ Men disip li yo te pran li nan lannwit, e yo te fè l desann sou miray la nan yon gwo panyen.

²⁶ Konsa, ᶜlè Saul te vini Jérusalem, li te eseye pran kontak avèk disip yo, men yo te pè l. Yo pa t kwè ke li te yon disip. ²⁷ Men ᵈBarnabas te pran li e te mennen l devan apòt yo. Paul te eksplike yo ki jan li te wè Senyè a sou wout la. Ke Li te pale avèk li, epi ki jan nan Damas li te pale avèk kouraj nan non Jésus. ²⁸ Li te avèk yo pou antre nan Jérusalem. ²⁹ Li t ap ᵉpale avèk anpil kouraj nan non Senyè a. Li t ap pale e diskite avèk ᶠJwif Grèk yo men yo t ap eseye mete l a lanmò. ³⁰ Men lè tout frè yo te vin konprann sa, yo te mennen li desann ᵍCésarée, e ʰte voye li ale Tarse.

³¹ Donk ⁱlegliz la nan tout Juda, Galilée, ak Samarie te vin gen lapè, e te vin fò. Yo te kontinye nan lakrent Senyè a, ak rekonfò Lespri Sen an, e te kontinye grandi.

³² Alò pandan Pierre t ap vwaya je nan rejyon sa yo, li te desann osi bò kote ʲfidèl ki te rete nan Lydde yo. ³³ La li te twouve yon sèten mesye ke yo te rele Enée, ki pa t kab leve sou kabann li depi uit ane, paske li te paralize. ³⁴ Pierre te di li: "Enée, Jésus Kri geri ou. Leve e fè kabann ou." Nan menm enstan li te leve. ³⁵ Tout moun ki te rete nan Lydde ak Saron yo te wè l, e yo te vire ᵏvè Senyè a.

³⁶ Alò, nan ˡJoppé te gen yon sèten disip ke yo te rele Tabitha (ki tradwi an Grèk kon Dorcas). Fanm sa a te ranpli avèk zèv konpasyon ak charite ke li t ap fè tout tan. ³⁷ Li te rive nan lè sa a ke fanm sila a te tonbe malad e te mouri. Lè yo te lave kò li, yo te fè l kouche nan yon chanm anlè. ³⁸ Lydde te toupre Joppé, e ᵐdisip yo te tande Pierre te la. Konsa yo te voye de mesye bò kote li pou sipliye l: "Pa fè reta! Vin kote nou"!

³⁹ Pierre te leve e te ale avèk yo. E lè l vini, yo te mennen li nan ⁿchanm anlè a. Tout vèv yo te kanpe bò kote li e t ap kriye. Yo te montre li tout vètman ak rad ke Dorcas te konn fè lè l te avèk yo.

⁴⁰ Men Pierre te voye yo tout deyò, e te mete l sou jenou l pou l priye, e pandan l ap vire bò kote kò a, li te di: ᵒ"Tabitha, leve." Li te louvri zye li, e lè l te wè Pierre, li te chita. ⁴¹ Li te bay li men li e te fè l leve. Konsa Pierre te rele tout ᵖfidèl yo avèk vèv yo e li te prezante li vivan.

⁴² Sa te vin konnen toupatou nan Joppé, e ᑫanpil moun te kwè nan Senyè a. ⁴³ Apre sa li te rete anpil jou nan Joppé avèk yon ʳbòs tanè ke yo rele Simon.

10 Alò, te gen yon sèten nonm nan Césarée ke yo te rele Corneille, yon santenye nan ˢkowòt Italyen an. ² Li te yon mesye fidèl ᵗki te gen lakrent Bondye avèk tout lakay li, ki te ᵘbay anpil charite a pèp Jwif la, e li te priye Bondye kontinyèlman.

³ Anviwon ᵛnevyèm è nan jounen an, li te wè byen klè ʷnan yon vizyon, yon zan j Bondye ki te vin kote li e te di l: "Corneille!" ⁴ Ak zye l fikse sou li, e gwo laperèz, e di: "Kisa li ye, Senyè?"

Zanj la te di li: "Priyè ou avèk charite ou ˣkon yon rekèt, gen tan monte devan Bondye. ⁵ Koulye a, voye kèk moun ʸJoppé e mande pou yon mesye yo rele Simon, ki rele osi Pierre. ⁶ Li rete lakay a yon bòs tanè yo rele ᶻSimon ki rete bò lanmè a."

⁷ Lè zanj ki t ap pale avè l la te ale, li te rele de nan sèvitè li yo, avèk yon sòlda fidèl nan lafwa ki te sèvi li tout tan. ⁸ Lè l te fin eksplike yo tout bagay, li te voye yo ᵃJoppé.

⁹ Nan jou apre a, pandan yo te nan chemen yo, ap pwoche vil la ᵇPierre te ale sou do kay la nan anviwon sizyèm è pou priye. ¹⁰ Men li te vin grangou, e li te vle manje. Men pandan yo t ap fè preparasyon an, li te ᶜtonbe nan yon rèv. ¹¹ Konsa, li te wè ᵈsyèl la louvri, epi yon bagay tankou yon gwo dra te lon je desann bò kat kwen li yo jiska atè. ¹² Ladann l te gen tout kalite bèt kat pye ak kreyati ki rale atè ak zwazo syèl yo. ¹³ Yon vwa te vini sou li: "Leve, Pierre, touye e manje!"

¹⁴ Men Pierre te di: "Sa p ap janm fèt, Senyè, paske ᵉMwen pa janm manje anyen ki pa sen e pwòp."

¹⁵ Ankò yon vwa te vini a li menm, pou dezyèm fwa: ᶠ"Sa ke Bondye gen tan fè pwòp, pa konsidere l ankò pa sen."

¹⁶ Sa te rive twa fwa; epi imedyatman, bagay la te vin remonte nan syèl la.

¹⁷ Alò, Pierre te byen twouble nan lespri li sou sa vizyon li te wè te siyifi a. Epi konsa ᵍmesye ki te voye pa Corneille yo, lè yo te fin mande tout direksyon pou kay Simon, te parèt nan pòtay la. ¹⁸ Yo te rele anlè, pou mande si Simon, ke yo rele osi Pierre a te rete la.

¹⁹ Pandan Pierre t ap reflechi sou vizyon an ʰLespri a te di l: "Gade, gen twa mesye k ap chache ou. ²⁰ Alò, leve desann eskalye a pou

---

ᵃ **9:21** Trav 8:3   ᵇ **9:23** Gal 1:17,18   ᶜ **9:26** Trav 22:17-20   ᵈ **9:27** Trav 4:36   ᵉ **9:29** Trav 4:13,29   ᶠ **9:29** Trav 6:1
ᵍ **9:30** Trav 8:40   ʰ **9:30** Gal 1:21   ⁱ **9:31** Trav 5:11   ʲ **9:32** Trav 9:13   ᵏ **9:35** Trav 2:47   ˡ **9:36** Jos 19:46
ᵐ **9:38** Trav 11:26   ⁿ **9:39** Trav 1:13   ᵒ **9:40** Mc 5:41   ᵖ **9:41** Trav 9:13,32   ᑫ **9:42** Trav 9:35   ʳ **9:43** Trav 10:6
ˢ **10:1** Trav 8:40   ᵗ **10:2** Trav 10:22,35   ᵘ **10:2** Luc 7:4   ᵛ **10:3** Trav 3:1   ʷ **10:3** Trav 9:10   ˣ **10:4** Eb 6:10
ʸ **10:5** Trav 9:36   ᶻ **10:6** Trav 9:43   ᵃ **10:8** Trav 9:36   ᵇ **10:9** Trav 10:9-32   ᶜ **10:10** Trav 11:5   ᵈ **10:11** Jn 1:51
ᵉ **10:14** Lev 11:20-25   ᶠ **10:15** Mat 15:11   ᵍ **10:17** Trav 10:8   ʰ **10:19** Trav 8:29

ᵃakonpanye yo san doute anyen. Paske se Mwen menm ki voye yo."

²¹ Pierre te desann vè moun yo. Li te di yo: "Se mwen menm nou ap chache a. Se pou ki rezon nou vini an?"

²² Yo te di: "Corneille, yon sòlda santenye, yon nonm dwat e ᵇki krent Bondye, e ki byen pale pa tout nasyon Jwif la, te dirije pa yon zanj pou voye kote ou pou vini lakay li pou tande ᶜyon mesaj de ou menm."

²³ Konsa, li te envite yo antre, e li te bay yo lojman.

Nan jou swivan a, li te leve. Li te sòti avèk yo, e kèk nan frè Joppé yo te akonpanye li.

²⁴ Nan youn jou pi tà, li te antre ᵈCésarée. Alò, Corneille t ap tann yo. Li te rele ansanm fanmi ak zanmi ki pwòch li yo. ²⁵ Lè Pierre te antre, Corneille te rankontre li, e te tonbe nan pye li pou ᵉadore li.

²⁶ Men Pierre te leve l e te di: ᶠ"Kanpe non, mwen menm se sèlman yon moun."

²⁷ Pandan li t ap pale avèk li, li te antre, e te twouve ᵍanpil moun deja reyini. ²⁸ Pierre te di yo: "Nou menm nou konnen kijan sa kont lalwa pou yon nonm ki se yon Jwif vin asosye avèk yon etranje, ni pou vizitè li. Men ʰBondye te deja montre m ke mwen pa dwe rele pèsòn pa sen oubyen pa pwòp. ²⁹ Se pou rezon sa ke m te vini menm san okenn objeksyon lè yo te fè mwen vini an. Konsa, mwen mande pou ki sa nou fè mwen vini an?"

³⁰ Corneille te di: "Kat jou pase jis nan menm lè sa a, mwen t ap fè jèn e priye lakay mwen nan nevyèm è a; epi vwala ⁱyon nonm te kanpe devan mwen avèk vètman ki t ap briye. ³¹ Li te di: 'Corneille, priyè ou gen tan tande e ofrann ou yo gen tan sonje devan Bondye. ³² Pou sa, voye ʲJoppé pou envite Simon, ke yo rele osi Pierre, pou vin kote nou. Li rete lakay Simon, ki se bòs tanè bò lanmè a.' ³³ Pou sa, mwen te fè ou vin touswit, e ou tèlman emab, ke ou vini. Alò, koulye a, nou tout isit la, prezan devan Bondye pou tande tout sa ke ou kòmande pa Senyè a."

³⁴ ᵏLè l louvri bouch li, Pierre te di: "Vrèman, mwen konprann koulye a, ke ˡBondye se pa youn ki fè patipri pou pèsòn, ³⁵ men nan tout nasyon yo, sila a ki ᵐgen lakrent Li, e ki fè sa ki bon, byen resevwa devan Li menm. ³⁶ Pawòl ke Li te voye a fis Israël yo, pou preche ⁿlapè atravè Jésus Kri a—Ke Li se ᵒSenyè a tout moun.

³⁷ "Nou menm nou konnen bagay ki te pase nan tout Judée a, ki te kòmanse nan Galilée, apre batèm ke Jean te pwoklame a; ³⁸ sou Jésus de Nazareth la, jan Bondye te bay li onksyon avèk Lespri Sen an, e avèk pwisans, Li ᵖte ale toupatou e t ap fè byen, jan Li te geri tout moun ki te oprime pa dyab la, paske Bondye te avè L.

³⁹ "Nou se temwen a tout bagay ke Li te fè nan peyi Jwif yo, ak nan Jérusalem. Anplis yo te ᵠmete Li a lanmò lè yo te pann Li sou yon kwa. ⁴⁰ ʳBondye te fè l leve nan twazyèm jou a, e te pèmèt ke Li te vin vizib ⁴¹ ˢpa a tout pèp la, men a temwen ki te chwazi oparavan pa Bondye yo; a nou menm ki te manje e bwè avèk Li apre Li te leve soti nan lanmò a. ⁴² Konsa, Li te kòmande nou pou preche a pèp la, epi solanèlman, temwaye ke Li se Sila a ki te nome pa Bondye, kòm ᵗJij a vivan e a mò yo.

⁴³ "A Li menm, tout pwofèt yo pote temwayaj, ke selon ᵘnon Li tout moun ki kwè nan Li resevwa padon pou peche yo."

⁴⁴ Pandan Pierre te toujou ap pale pawòl sa yo, ᵛLespri Sen an te tonbe sou tout sila yo ki t ap koute mesaj la.

⁴⁵ ʷTout kwayan sikonsi ki te vini avèk Pierre yo te etone paske ˣdon Lespri Sen an te vèse sou etranje yo tou. ⁴⁶ Paske yo te tande yo ʸpale an lang, e egzalte Bondye.

Alò, Pierre te reponn: ⁴⁷ ᶻ"Èske pèsòn kapab refize dlo pou sa yo ta kapab batize, sila ᵃki te resevwa Lespri Sen an, menm jan ak nou?" ⁴⁸ Epi li te kòmande yo pou batize ᵇnan non Jésus Kri.

Alò, yo te mande li pou rete la avèk yo pandan kèk jou.

11 Alò, apòt yo ak ᶜfrè fidèl yo ki te nan tout Judée te tande ke pèp etranje yo osi te resevwa pawòl Bondye a. ² Men lè Pierre te vin monte Jérusalem, ᵈsila ki te sikonsi yo te vin pa dakò avèk li. ³ Yo t ap di: ᵉ"Ou te ale kote moun ensikonsi yo, e te manje avèk yo."

⁴ Konsa, Pierre te kòmanse eksplike yo istwa a ᶠnan lòd ke tout bagay te rive yo. Li te di: ⁵ ᵍ"Mwen te nan vil Joppé, e mwen te nan lapriyè. Nan yon pwofon somèy mwen te fè yon vizyon; yon sèten objè ki te vin desann kon yon gwo dra ki kenbe nan kat kwen soti nan syèl la, e li te vini tou dwat devan mwen. ⁶ Lè m te fikse zye m sou li, e t ap gade l, mwen te wè bèt latè a kat pye, bèt sovaj, reptil, ak zwazo syèl yo. ⁷ Konsa, mwen te tande yon vwa ki te di m: 'Leve Pierre; touye e manje.'

⁸ "Men mwen te di: 'Non Senyè, paske anyen ki pa sen, oswa ki pa pwòp pa janm antre nan bouch mwen.'

⁹ "Men yon vwa ki soti nan syèl la te reponn yon dezyèm fwa: ʰ'Sa ke Bondye fè pwòp, pa konsidere l ankò pa sen.' ¹⁰ Sa te fèt twa fwa, epi tout bagay yo te rale monte ankò nan syèl la.

¹¹ "Epi gade byen, nan moman sa a, twa mesye ki te voye kote mwen sòti Césarée, te parèt devan kay la kote nou te rete a.

ᵃ **10:20** Trav 15:7-9 ᵇ **10:22** Trav 10:2 ᶜ **10:22** Trav 11:14 ᵈ **10:24** Trav 8:40 ᵉ **10:25** Mat 8:2
ᶠ **10:26** Trav 14:15 ᵍ **10:27** Trav 10:24 ʰ **10:28** Trav 10:14,35 ⁱ **10:30** Trav 10:3-6,30-32 ʲ **10:32** Jn 4:9
ᵏ **10:34** Mat 5:2 ˡ **10:34** Det 10:17 ᵐ **10:35** Trav 10:2 ⁿ **10:36** Ef 2:17 ᵒ **10:36** Wo 10:12 ᵖ **10:38** Mat 4:23
ᵠ **10:39** Trav 5:30 ʳ **10:40** Trav 2:24 ˢ **10:41** Jn 14:19,22 ᵗ **10:42** Jn 5:22,27 ᵘ **10:43** Luc 24:47
ᵛ **10:44** Trav 11:15 ʷ **10:45** Trav 10:23 ˣ **10:45** Trav 2:33,38 ʸ **10:46** Trav 2:4 ᶻ **10:47** Trav 8:36
ᵃ **10:47** Trav 2:4 ᵇ **10:48** Trav 2:38 ᶜ **11:1** Trav 1:15 ᵈ **11:2** Trav 10:45 ᵉ **11:3** Mat 9:11 ᶠ **11:4** Luc 1:3
ᵍ **11:5** Trav 10:9-32 ʰ **11:9** Trav 10:15

¹² "Lespri a te di m ale avèk yo ᵃsan krent. Sis frè sila yo osi te ale avè m, e nou te antre nan kay mesye a.

¹³ "Epi li te rapòte kijan li te wè zanj lan kanpe lakay li a, e te di: 'Voye Joppé pou fè Simon, ke yo rele osi Pierre, vin isit la. ¹⁴ Li va pale nou ᵇpawòl yo. Ak yo menm nou va sove, nou menm avèk ᶜtout lakay nou.'

¹⁵ "Epi lè mwen te kòmanse pale ᵈLespri Sen an te vin tonbe sou yo ᵉmenm jan ke li te fè sou nou nan kòmansman an. ¹⁶ Konsa, mwen te sonje pawòl Senyè a, jan Li te konn di a: ᶠ'Jean te batize avèk dlo, men nou va batize avèk Lespri Sen an.'

¹⁷ "Donk, si ᵍBondye te bay yo menm don ak nou, lè nou te vin kwè nan Senyè Jésus Kri a, kilès mwen te ye pou m ta kab anpeche Bondye?"

¹⁸ Lè yo te tande sa a, yo te vin kalme, e te bay Bondye glwa. Yo te di: "Ebyen konsa, Bondye akòde a lòt nasyon yo tou, ʰrepantans ki mennen a lavi a."

¹⁹ ⁱAnswit, moun ki te gaye akoz pèsekisyon ki te leve a, ansanm ak zafè Étienne nan, te fè wout yo pou Phénicie, Chypre, ak Antioche, e yo t ap pale pawòl la a Jwif yo sèlman.

²⁰ Men te gen nan yo, moun Chypre ak Cyrène ki te vini Antioche. E yo te kòmanse pale ak Grèk yo osi, e t ap ʲpreche Senyè Jésus a.

²¹ ᵏMen la a Senyè a te avèk yo, e yon gran kantite ki te kwè te vire vè Senyè a.

²² Nouvèl yo te rive nan zòrèy a legliz la nan Jérusalem, e yo te voye ˡBarnabas Antioche.

²³ Konsa, lè l rive, e te wè ᵐgras Bondye a, li te rejwi. Li te kòmanse ankouraje yo tout, pou yo avèk yon sèl panse, ta rete fidèl a Senyè a. ²⁴ Paske li te yon bon moun. Li te ⁿranpli ak Lespri Sen an, ak lafwa. Konsa, anpil moun te adisyonen a Senyè a.

²⁵ Barnabas te kite ᵒTarse pou ale jwenn Saul. ²⁶ Lè li te twouve li, li te mennen l Antioche. Pandan yon ane antye yo te reyini avèk legliz la, e yo te enstwi anpil moun.

Disip yo te premyèman rele ᵖ"Kretyen" la a, nan Antioche.

²⁷ Alò nan tan sa a, ᑫkèk pwofèt te sòti Jérusalem pou rive Antioche. ²⁸ Youn nan yo ke yo te rele ʳAgabus te kanpe. Li te kòmanse endike pa Lespri a, ke a verite, t ap gen yon gwo grangou nan tout mond lan. Epi se sa menm ki te rive sou règn Claude la.

²⁹ Epi selon mwayen ke nenpòt disip te genyen, yo chak te detèmine pou voye asistans pou sekou a ˢfrè yo nan Judée. ³⁰ ᵗSe konsa yo te fè, e te voye l pa men Barnabas ak Saul pou livre bay ansyen yo.

12 Alò, vè lè sila a, Wa Hérode te mete men l sou kèk moun ki te apatyen a legliz la pou l maltrete yo. ² Li ᵘte mete Jacques, frè a Jean a lanmò avèk yon nepe.

³ Lè l te wè ke sa te ᵛfè Jwif yo kontan, li te avanse pou l arete Pierre tou. Sa se te pandan jou Pen San Ledven yo. ⁴ Lè l te sezi li, li te mete l nan prizon, e te livre li a kat ekip sòlda pou yo te veye l, avèk entansyon ʷapre Pak la, pou mennen l devan pèp la.

⁵ Yo te kenbe Pierre nan prizon an, men legliz Bondye a t ap priye fò pou li.

⁶ Nan menm nwit lan lè Hérode te prèt pou mennen l devan l, Pierre t ap dòmi antre de sòlda. Li te ˣbyen anchene avèk de chenn, e jandam yo devan pòt la t ap veye prizon an.

⁷ Epi vwala ʸyon zanj Senyè a ᶻte parèt sibitman, e yon limyè te briye nan kacho a. Li te frape bò kote Pierre. Li fè l leve, e te di l: "Leve vit!" Konsa, chenn yo te tonbe kite men l.

⁸ Zanj lan te di l: "Mare senti ou e mete sapat ou". Li te fè sa, epi li te di li: "Vlope ou ak manto a e swiv mwen."

⁹ Konsa, li te ale deyò e te kontinye swiv li. Li pa t fin konnen si sa ki t ap fèt pa zanj lan te vrè, men te sipoze ke se te ᵃyon vizyon ke li t ap fè. ¹⁰ Lè yo te fin pase premye ak dezyèm gad yo, yo te rive a yon pòtay an fè ki te mennen nan lantre vil la. Li te ᵇouvri pou yo pou kont li. Yo te pase ale deyò, e te desann nan yon ri. Imedyatman zanj lan te kite li.

¹¹ Lè Pierre te vin reflechi klè, li te di: "Koulye a mwen konnen san dout ke ᶜSenyè a te voye zanj Li pou te delivre m nan men Hérode, ak tout sa ke pèp Jwif la t ap atann."

¹² Lè li te fin konprann sa, li te ale lakay Marie, manman a ᵈJean ki osi te rele Marc. La, anpil moun te reyini ansanm e t ap priye. ¹³ Lè l te frape nan pòtay la, yon sèvant kay la ki te rele Rhode te vin reponn. ¹⁴ Lè l te rekonèt vwa Pierre a ᵉakoz kè kontan li, li pa t ouvri pòt la, men te kouri anndan, e te anonse ke Pierre te kanpe devan pòtay la.

¹⁵ Yo te di li: "Ou fin pèdi tèt ou!" Men li te kontinye ensiste ke se te konsa. Yo t ap di: "Se ᶠzanj li".

¹⁶ Men Pierre te kontinye frape sou pòtay la. Lè yo te louvri pòt la, yo te wè li. Yo te etone. ¹⁷ Men li te fè yon sinyal avèk men l, pou yo fè silans, e te eksplike yo jan Senyè a te mennen li sòti nan prizon an. Li te di: " ᵍFè Jacques ak frè yo konnen bagay sa yo." Konsa, li te pati e te ale yon lòt kote.

¹⁸ Lè jounen an te rive, se pa ti kras tenten ki te genyen pami sòlda yo sou sa ki te rive Pierre a.

¹⁹ Lè Hérode te chache li e li pa t twouve l, li te egzamine gad yo e te kòmande pou ʰyo te egzekite. Li te desann, soti Judée pou ale Césarée e t ap pase tan an la.

ᵃ **11:12** Trav 15:9   ᵇ **11:14** Trav 10:22   ᶜ **11:14** Jn 4:53   ᵈ **11:15** Trav 10:44   ᵉ **11:15** Trav 2:4   ᶠ **11:16** Trav 1:5
ᵍ **11:17** Trav 10:45,47   ʰ **11:18** II Kwo 7:10   ⁱ **11:19** Trav 8:1,4   ʲ **11:20** Trav 5:42   ᵏ **11:21** Luc 1:66
ˡ **11:22** Trav 4:36   ᵐ **11:23** Trav 13:43   ⁿ **11:24** Trav 2:4   ᵒ **11:25** Trav 9:11   ᵖ **11:26** Trav 26:28
ᑫ **11:27** Luc 11:49   ʳ **11:28** Trav 21:10   ˢ **11:29** Trav 11:1   ᵗ **11:30** Trav 12:25   ᵘ **12:2** Mat 4:21
ᵛ **12:3** Trav 24:27   ʷ **12:4** Egz 12:1-27   ˣ **12:6** Trav 21:33   ʸ **12:7** Trav 5:19   ᶻ **12:7** Luc 2:9   ᵃ **12:9** Trav 9:10
ᵇ **12:10** Trav 5:19   ᶜ **12:11** Dan 3:28   ᵈ **12:12** Trav 12:25   ᵉ **12:14** Luc 24:41   ᶠ **12:15** Mat 18:10   ᵍ **12:17** Mc 6:3   ʰ **12:19** Trav 16:27

²⁰ Alò, Hérode te byen fache avèk moun Tyr ak Sidon yo. Men yo te vin kote l ansanm lè yo te fin fè zanmi avèk Blaste, asistan pèsonèl a wa a, yo t ap fè demann lapè, akoz ke [a]peyi pa yo te resevwa, manje nan men a peyi wa a.
²¹ Nan jou apwente a, Hérode te mete sou li tout rad wayal yo. Li te pran chèz li sou twòn nan, e te kòmanse livre yon diskou piblik a yo menm.
²² Konsa, pèp la t ap kriye: "Se vwa a yon dye, pa a yon moun!" ²³ Imedyatman [b]yon zanj Senyè a te frape l paske li pa t bay Bondye glwa. Konsa li te vin manje pa vè, e te mouri.
²⁴ Men [c]pawòl Senyè a te kontinye grandi e te vin miltipliye.
²⁵ Barnabas ak Saul te retounen Jérusalem [d]lè yo te fin akonpli misyon pa yo a. Yo te pran Jean avèk yo ki te osi rele Marc.

13 Alò te gen nan Antioche, nan legliz ki te la a, pwofèt ak [e]mèt yo; Barnabas ak Simon ki te rele Niger, ak Lucius de Cyrène, ak Manaen ki te grandi avèk Hérode, tetrak la (youn nan kat wa yo), ak Saul.
² Pandan yo t ap fè sèvis pou Senyè a, e t ap jene, Lespri Sen an te di: "Mete apa pou Mwen Barnabas ak Saul, pou [f]travay ke mwen rele yo a."
³ Alò, lè yo te fin fè jèn nan ak lapriyè, yo te [g]poze men sou yo e te voye yo ale.
⁴ [h]Konsa, ranvoye pa Lespri Sen an, yo te desann Séleucie. Depi la yo te pran yon bato pou Chypre.
⁵ Lè yo te rive Salamine, yo te kòmanse pwoklame pawòl Bondye a nan sinagòg Jwif yo. Anplis [i]Jean te la pou ede yo.
⁶ Lè yo te fin travèse tout lil la, jis rive nan Paphos yo twouve yon sèten [j]majisyen Jwif, yon [k]fo pwofèt ke yo te rele Bar-Jésus ⁷ ki te avèk [l]pwokonsil la, Sergius Paulus, yon nonm byen entèlijan. Mesye sa te rele Barnabas avèk Saul pou vini pou l ta kapab tande pawòl Bondye a.
⁸ Men majisyen an, Elymas (se konsa non li tradwi) t ap opoze yo, e t ap chache detounen pwokonsil la kont [m]lafwa a. ⁹ Men Saul, ki te osi konnen kon Paul, [n]ranpli avèk Lespri Sen an, te fikse zye li sou li. ¹⁰ Li te di: "Ou menm ki ranpli ak desepsyon ak fwod, ou menm [o]fis a dyab la, ou menm lènmi a tout ladwati, èske ou p ap janm sispann fè kwochi chemen dwat a Senyè a? ¹¹ Koulye a, gade byen [p]men Bondye sou ou, ou va vin avèg e ou p ap wè solèy la pandan yon tan."
Imedyatman, yon brouya avèk yon fènwa te tonbe sou li, e li te ale toupatou pou chache moun pou ta mennen l pa lamen. ¹² Answit, pwokonsil la te vin kwè lè li te wè sa ki te rive a, byen etone de [q]doktrin Senyè a.

¹³ Alò, Paul avèk konpanyon li yo te monte sou lanmè a soti Paphos. Yo te rive nan vil Perge nan Pamphylie. [r]Jean te kite yo la pou retounen Jérusalem.
¹⁴ Men kontinye soti Perge yo te rive [s]Antioche Pisidie a. Nan jou Saba a yo te antre nan sinagòg la, e yo te chita. ¹⁵ Aprè Lalwa ak [t]Pwofèt yo [u]te fin li, ofisye yo te voye kote yo e te di: "Frè yo, si nou gen nenpòt pawòl pou egzòte pèp la, pale."
¹⁶ Paul te kanpe. Li te fè sinyal avèk men l, e te di: "Lezòm Israël yo, ak nou menm ki [v]krent Bondye, koute; ¹⁷ Bondye a pèp Israël sa a te chwazi zansèt nou yo, e te [w]fè pèp la onore pandan sejou yo nan peyi Égypte. Epi avèk yon bra leve [x]Li te mennen yo sòti ladann. ¹⁸ [y]Pandan anviwon yon tan de karant ane, konsa, li te sipòte yo nan dezè a.
¹⁹ "Lè L te fin detwi [z]sèt nasyon nan tè Canaan an, Li te [a]divize tè pa yo a kòm eritaj. Sa te pran anviwon kat san senkant ane. ²⁰ Apre bagay sa yo, Li te [b]bay yo jij yo jiska Samuel, pwofèt la.
²¹ "Yo te [c]mande pou yon wa, epi Bondye te bay yo [d]Saul, Fis a Kis la, yon nonm nan tribi Benjamin an pou karant ane.
²² "Lè L te fin retire li, Li te fè leve David pou l ta kapab wa sou yo. Selon Li, te temwaye e te di: [e]'Mwen twouve David, fis a Jessé a, yon nonm selon pwòp kè Mwen ki va fè tout volonte M'.
²³ "Soti nan desandan a nonm sila a, selon pwomès la, Bondye te fè vini a Israël [f]yon Sovè, Jésus.
²⁴ "Avan Li te vini [g]Jean te preche yon batèm repantans pou tout pèp Israël la. ²⁵ Alò, pandan Jean t ap konplete pakou li, [h]li te kontinye ap mande: 'Kisa nou sipoze ke mwen ye? Mwen se pa Li menm nan. Men gade byen, youn ap vini aprè mwen e sapat a pye li, mwen pa menm dign pou delase.
²⁶ "Frè yo, Fis a fanmi Abraham yo, sila pami nou ki krent Bondye yo, a nou mesaj [i]sali sila a voye. ²⁷ Paske sila ki rete Jérusalem yo, avèk gouvernè pa yo, pa t rekonèt ni Li menm, ni pawòl a pwofèt yo, malgre, yo konn li toupatou chak Saba a. Men yo te akonpli bagay sa yo lè yo te kondane Li. ²⁸ Malgre yo pa t twouve okenn choz ki merite lanmò, yo te [j]mande Pilate pou li ta fè l mouri. ²⁹ Epi lè yo te [k]fin akonpli tout sa ki te ekri konsènan Li yo, yo te [l]retire Li sou kwa a, e yo te mete l nan yon tonm.
³⁰ "Men Bondye te leve Li soti nan lanmò. ³¹ Konsa, pandan anpil jou, sa yo ki te sòti Galilée pou monte Jérusalem avèk L yo, [m]te wè li, menm sila yo ki koulye a se [n]temwen Li a pèp la.
³² "Konsa, nou preche a nou menm bòn nouvèl a [o]pwomès ki te fèt a zansèt nou yo, ³³ ke Bondye te

---

[a] **12:20** I Wa 5:11   [b] **12:23** II Sam 24:16   [c] **12:24** Trav 6:7   [d] **12:25** Trav 12:12   [e] **13:1** Wo 12:6   [f] **13:2** Trav 9:15
[g] **13:3** Trav 6:6   [h] **13:4** Trav 4:36   [i] **13:5** Trav 12:12   [j] **13:6** Trav 8:9   [k] **13:6** Mat 7:15   [l] **13:7** Trav 13:8,12
[m] **13:8** Trav 6:7   [n] **13:9** Trav 2:4   [o] **13:10** Mat 13:38   [p] **13:11** Egz 9:3   [q] **13:12** Trav 8:25   [r] **13:13** Trav 12:12
[s] **13:14** Trav 14:19,21   [t] **13:15** Trav 13:27   [u] **13:15** Trav 15:21   [v] **13:16** Trav 10:2   [w] **13:17** Egz 1:7
[x] **13:17** Egz 12:51   [y] **13:18** Nonb 14:34   [z] **13:19** Det 7:1   [a] **13:19** Jos 14:1   [b] **13:20** Jij 2:16   [c] **13:21** I Sam 8:5
[d] **13:21** I Sam 9:1   [e] **13:22** I Sam 13:14   [f] **13:23** Luc 2:11   [g] **13:24** Mc 1:1-4   [h] **13:25** Mat 3:11   [i] **13:26** Jn 6:68   [j] **13:28** Mat 27:22,23   [k] **13:29** Trav 26:22   [l] **13:29** Luc 23:53   [m] **13:31** Trav 1:3   [n] **13:31** Luc 24:48
[o] **13:32** Wo 4:13

akonpli pou zanfan pa nou yo, lè l te resisite Jésus a, menm jan ke sa osi ekri nan dezyèm Sòm nan:

[a]'Ou se Fis Mwen;
jodi a Mwen fè Ou.'

34 "Selon reyalite ke Li te leve soti nan lanmò, pou l pa ankò retounen nan pouriti, Li te pale konsa: [b]'Mwen va bannou benediksyon a David ki sen e byen asire yo.'

35 "Konsa, Li pale osi nan yon lòt Sòm ke [c]'Ou p ap kite pa W, Sila Ki Sen an, sibi pouriti.'

36 "Paske David, apre li te sèvi [d]plan Bondye a nan jenerasyon pa l la, te dòmi. Li te vin plase pami zansèt li yo, e li te sibi dekonpozisyon. 37 Men Sila ke Bondye te [e]fè leve a, pa t sibi dekonpozisyon menm.

38 "Konsa, kite sa vin konnen a nou menm, frè yo, ke [f]atravè Li menm, padon pou peche yo pwoklame a nou menm. 39 Selon Li menm, [g]tout moun ki kwè yo, vin lib de tout bagay ke nou pa t kapab libere pa Lalwa Moïse la.

40 "Konsa, fè atansyon, pou sa ki te pale [h]nan pwofèt yo pa vini sou nou:

41 [i]'Gade byen mokè yo;
Vin etone, e peri!
Paske M ap acheve yon zèv nan jou nou yo, yon zèv ke nou p ap janm kwè,
menmsi yon moun ta eksplike nou li.'"

42 Pandan Paul ak Barnabas t ap sòti, pèp la te kontinye mande pou yo ta kapab pale yo bagay sa yo ankò nan pwochen [j]Saba a. 43 Alò, lè sinagòg la te lage, anpil nan Jwif yo ak [k]pèp etranje ki te vin krent Bondye yo, te swiv Paul ak Barnabas. Yo te pale avèk yo pou ankouraje yo kontinye nan [l]gras Bondye a.

44 Nan [m]pwochen Saba a, prèske tout vil la te vin rasanble pou koute pawòl Bondye a.

45 Men lè [n]Jwif yo te wè foul la, yo te ranpli avèk jalouzi, e yo te kòmanse pale kont bagay ke Paul te pale yo, e t ap fè blasfèm.

46 Paul ak Barnabas te pale avèk gwo kouraj. Yo te di: "Li te nesesè pou pawòl Bondye a ta pale a nou menm [o]avan. Men akoz ke nou refize l, e jije pwòp tèt nou endign pou lavi etènèl la, gade byen [p]n ap vire bò kote pèp etranje yo. 47 Paske konsa Senyè a te kòmande nou:

[q]'Mwen plase nou kòm yon limyè
pou pèp etranje yo,
pou nou ta pote delivrans jiska dènye ekstremite tè a.'"

48 Lè pèp etranje yo te tande sa, yo te kòmanse rejwi e t ap bay glwa a pawòl Bondye a. Konsa, tout sila ki [r]te nome pou lavi etènèl yo te kwè. 49 [s]Pawòl Senyè a te gaye nan tout rejyon an.

50 Men Jwif yo te chofe fanm fidèl yo, ak chèf ki t ap dirije vil yo, pou [t]fòmante yon pèsekisyon kont Paul ak Barnabas, e te chase yo deyò teritwa yo.

51 Men [u]yo te souke pousyè a, fè l sòti nan pye yo, kòm yon sign kont yo, e yo te ale Icone.

52 Epi disip yo te kontinye [v]ranpli avèk jwa, e avèk Lespri Sen an.

14

Nan Icone [w]yo te antre nan sinagòg a Jwif yo ansanm, e yo te pale nan yon jan [x]ki te fè yon gran foul, ni Jwif, ni Grèk kwè.

2 Men Jwif ki [y]pa t kwè yo te boulvèse lespri pèp etranje yo, e te vin fè yo vin egri kont frè fidèl yo.

3 Malgre sa, yo te rete la pou anpil tan, e [z]t ap pale avèk kouraj. Yo te depann de Senyè a, ki t ap temwaye de pawòl lagras Li a, e te pèmèt ke sign ak mèvèy te vin fèt pa men pa yo.

4 [a]Men moun vil yo te divize. Kèk te pran pati a [b]Jwif yo, e kèk vè apòt yo.

5 Lè Jwif yo avèk ofisye yo ansanm ak pèp etranje yo te tante maltrete yo, e te fè plan [c]lapide yo, 6 yo te vin okouran de sa a, e te sove ale nan vil Lycaonie, Lystre, ak [d]Derbe yo, ak tout rejyon ozanviwon an. 7 Epi la Yo te kontinye [e]preche bòn nouvèl la.

8 Nan Lystre te chita yon [f]sèten mesye, ki pa t gen fòs nan pye li. Li te bwate depi li sòti nan vant manman L, e li pa t janm te mache. 9 Mesye sa a t ap koute Paul pandan li t ap pale. Lè Paul te fikse zye l sou li, e te wè ke li te gen [g]lafwa pou l ta geri, 10 li te di avèk yon vwa fò: "Kanpe dwat sou pye ou!" [h]Konsa, li te vòltije kanpe, e te kòmanse mache.

11 Lè foul la te wè sa Paul te fè a, yo te leve vwa yo nan langaj Likaonyen an [i]"Se dye yo ki vin sanble ak moun e ki desann vè nou." 12 Konsa, yo te rele Barnabas Jupiter, e Paul Mercure, akoz ke se te li menm ki te chèf pou pale.

13 Alò, prèt Jupiter a, ki te gen tanp li fenk deyò vil la, te mennen towo bèf avèk kolye flè yo devan pòtay yo pou l [j]te ofri sakrifis yo ansanm avèk foul la.

14 Men lè apòt yo, Barnabas ak Paul te tande sa, yo te [k]chire rad yo. Yo te kouri nan mitan foul la e t ap rele 15 "Mesye yo, poukisa nou ap fè bagay sa yo? Nou menm tou se lòm, ki fèt menm jan ak nou. Nou pòte bòn nouvèl la a nou menm, pou nou kapab vire kite vye bagay sila yo pou vire vè Bondye vivan an [l]ki te fè syèl la, tè a, lanmè a ak tout sa ki ladann. 16 Nan jenerasyon ki pase yo, Li te [m]pèmèt tout nasyon yo fè pwòp chemen yo. 17 Men malgre sa [n]Li pa t kite tèt Li menm san temwayaj. Li te fè sa ki bon e te bay nou lapli ki te sòti nan syèl la. Anplis Li te bay sezon ak fwi yo, ki te satisfè kè nou avèk manje, ak kè kontan."

18 Malgre tout pawòl sa yo, se te avèk difikilte ke yo te anpeche foul la fè sakrifis a yo menm.

¹⁹ Men Jwif ki te sòti Antioche ak Icone yo te vin parèt e te mennen foul la. Pou sa a, yo ᵃte lapide Paul avèk wòch e te rale l sòti nan vil la. Yo te konnen se mouri, li te mouri.

²⁰ Men pandan ᵇdisip yo te kanpe antoure li, li te leve, e te antre nan vil la.

Nan pwochen jou a, li te sòti avèk Barnabas pou rive Derbe. ²¹ Aprè yo te fin preche levanjil nan vil sa a, e ᶜte fè anpil disip, yo te retounen Lystre, Icone ak Antioche. ²² La yo t ap ranfòse nanm a disip yo. Yo t ap ankouraje yo pou kontinye nan ᵈlafwa, e te di: "Se ak anpil tribilasyon nou oblije antre nan Wayòm Bondye a." ²³ ᶠLè yo te fin nome ansyen yo nan chak legliz, ᵍpriye ak jene, yo te plase yo nan men Senyè a, de Li menm ke yo te vin kwè a.

²⁴ Konsa, yo te travèse ʰPisidie, pou rive ⁱPamphylie. ²⁵ Lè yo te fin pale pawòl la nan Perge, yo te desann Attalie.

²⁶ Soti la yo te pran bato a vwal pou rive Antioche. Se te la menm yo te ʲpremyèman kòmande pa gras Bondye a pou zèv ke yo te fenk fin akonpli a. ²⁷ Yo te rive e reyini tout legliz la ansanm. Yo te komanse bay rapò a tout bagay ke Bondye te fè avèk yo, ak jan Li te louvri ᵏpòt lafwa a pèp etranje yo. ²⁸ La yo te pase anpil tan avèk ˡdisip yo.

15 ᵐAlò kèk mesye te desann sòti Judée e te kòmanse enstwi frè yo: "Amwenske nou vin sikonsi selon koutim Moïse la, nou pa kapab sove."

² Lè Paul ak Barnabas te fè yon gran diskisyon ak ⁿdeba avèk yo, lòt frè yo te detèmine ke Paul ak Barnabas ak kèk lòt nan yo ta dwe monte Jérusalem vè lòt apòt yo ak lansyen yo konsènan pwoblèm sila a. ³ Konsa ᵒvoye pa legliz la, yo t ap travèse Phénicie ak Samarie, e t ap bay an detay istwa konvèsyon pèp etranje yo. Sa te fè kè a tout frè yo kontan anpil.

⁴ Lè yo te rive Jérusalem, yo te resevwa pa legliz la avèk tout apòt ak ansyen yo. Konsa, yo te bay yon ᵖrapò konplè de tout sa ke Bondye te fè avèk yo.

⁵ Men ᵍkèk nan gwoup Farizyen ki te kwayan yo te kanpe e te di: "Li nesesè pou ʳsikonsi yo, e pou fè yo swiv Lalwa Moïse la."

⁶ ˢApòt ak ansyen yo te vin reyini ansanm pou egzamine afè sila a.

⁷ Apre anpil diskisyon, Pierre te kanpe e te di yo: "Frè yo, nou konnen ke nan tan pase yo, Bondye te fè yon chwa pami nou, ke pa bouch mwen, pèp etranje yo ta dwe tande pawòl ᵗlevanjil la, e vin kwè. ⁸ Bondye ᵘki konnen kè a, te temwaye a yo menm, e te ᵛbay yo Lespri Sen an, menm jan ke Li te fè nou an. ⁹ ʷLi pa t fè distenksyon antre nou ak yo, e te netwaye kè yo pa lafwa.

¹⁰ "Alò konsa, poukisa nou ˣmete Bondye a leprèv la a lè nou plase sou kou a disip yo yon jouk ke ni zansèt nou yo, ni nou menm pa t kapab pote? ¹¹ Men nou kwè ke nou sove pa ʸlagras a Senyè Jésus a, menm jan ak yo menm."

¹² Tout foul la te rete an silans. Yo t ap koute Barnabas ak Paul lè yo t ap ᶻeksplike ki sign ak mirak Bondye te fè atravè yo menm pami pèp etranje yo.

¹³ Apre yo te fin pale ᵃJacques te reponn e te di: "Frè yo, koute mwen. ¹⁴ ᵇSimon eksplike nou jan Bondye te premyèman pran pami pèp etranje yo, yon pèp pou non Li. ¹⁵ Epi avèk sa a, pawòl a ᶜpwofèt yo dakò, jis jan sa ekri a:

¹⁶ ᵈ'Apre bagay sa yo Mwen va retounen.
Mwen va rebati tabènak David ki te tonbe a.
Mwen va rebati ranblè li yo,
e Mwen va restore li
¹⁷ pou ᵉtout rès limanite a kapab
chache Bondye,
ak tout pèp etranje yo ki rele pa non Mwen,'
¹⁸ di Senyè a ki ᶠfè tout bagay sila yo
konnen depi nan tan ansyen an.

¹⁹ "Konsa, se ᵍjijman pa m pou nou pa twouble sila k ap tounen vè Bondye yo ki soti pami pèp etranje yo, ²⁰ men pou nou ekri yo pou yo evite bagay ki sèvi kon sakrifis pou zidòl, ak ʰimoralite seksyèl, ak ⁱvyann sa ki toufe, ak san. ²¹ Paske ʲMoïse, depi nan ansyen jenerasyon yo gen kwayan nan chak vil sa yo ki preche li, paske li kon li nan sinagòg yo chak Saba."

²² Answit li te sanble bon pou disip ak ansyen yo, avèk tout legliz la, pou chwazi moun pami yo pou voye Antioche avèk Paul ak Barnabas: Jude ki rele Barsabas, ak ᵏSilas, mesye ki te konn dirije pami frè yo. ²³ Yo te voye lèt sa a avèk yo:

"ˡApòt ak frè yo ki se ansyen yo, a frè yo nan Antioche ak Syrie, ak Cilicie, ki sòti nan pèp etranje yo, salitasyon.

²⁴ "Akoz ke nou tande ke kèk nan nou ki pa t resevwa enstriksyon de nou menm, ap ᵐtwouble nou avèk pawòl k ap boulvèse nanm nou, ²⁵ ⁿli te sanble bon pou nou, akoz nou tout te vin dakò ansanm, pou chwazi kèk mesye pou voye kote nou avèk byeneme nou yo, Barnabas ak Paul. ²⁶ Se mesye yo ki ᵒriske lavi yo pou non a Senyè nou an, Jésus Kri.

²⁷ "Konsa, nou voye ᵖJude ak Silas ki yo menm va osi bay rapò a menm bagay sila yo pa pawòl nan bouch yo.

²⁸ "Paske li te parèt bon ᵠpou Lespri Sen an ak nou menm pa mete sou nou okenn fado ke lesansyèl

---

ᵃ **14:19** Trav 14:5 ᵇ **14:20** Trav 11:26 ᶜ **14:21** Trav 2:47 ᵈ **14:22** Trav 6:7 ᵉ **14:22** Jn 16:33 ᶠ **14:23** Tit 1:5
ᵍ **14:23** Trav 13:3 ʰ **14:24** Trav 13:14 ⁱ **14:24** Trav 13:13 ʲ **14:26** Trav 11:23 ᵏ **14:27** I Kwo 16:9
ˡ **14:28** Trav 11:26 ᵐ **15:1** Trav 15:24 ⁿ **15:2** Trav 15:7 ᵒ **15:3** Trav 20:38 ᵖ **15:4** Trav 14:27
ᵠ **15:5** Trav 26:5 ʳ **15:5** I Kwo 7:18 ˢ **15:6** Trav 11:30 ᵗ **15:7** Trav 20:24 ᵘ **15:8** Trav 1:24 ᵛ **15:8** Trav 2:4
ʷ **15:9** Trav 10:28,34 ˣ **15:10** Trav 5:9 ʸ **15:11** Wo 3:24 ᶻ **15:12** Trav 14:27 ᵃ **15:13** Trav 12:17
ᵇ **15:14** Trav 15:7 ᶜ **15:15** Trav 13:40 ᵈ **15:16** Am 9:11 ᵉ **15:17** Am 9:12 ᶠ **15:18** És 45:21 ᵍ **15:19** Trav 15:28
ʰ **15:20** Lev 18:6-23 ⁱ **15:20** Lev 17:14 ʲ **15:21** Trav 13:15 ᵏ **15:22** Trav 15:27,32,40 ˡ **15:23** Trav 15:2
ᵐ **15:24** Gal 1:7 ⁿ **15:25** Trav 15:28 ᵒ **15:26** Trav 9:23 ᵖ **15:27** Trav 15:22,32 ᵠ **15:28** Trav 5:32

sa yo: ²⁹ pou nou evite ᵃbagay ki sèvi kon sakrifis pou zidòl, san, bagay ki toufe, ak imoralite seksyèl. Si nou kenbe tèt nou lib de bagay sila yo, nou va fè byen. Orevwa."

³⁰ Donk, lè yo te voye yo ale, yo te ᵇdesann Antioche. Yo te ransanble tout asanble a ansanm pou te livre lèt la. ³¹ Lè yo te li li, yo te rejwi yo akoz ankourajman li te bay. ³² Jude ak Silas, ki te ᶜpwofèt yo menm osi, te ankouraje e ranfòse frè yo avèk yon mesaj byen long.

³³ Apre yo fin pase tan la a, frè yo te voye yo anpè, pou retounen kote sila ki te voye yo. ³⁴ Men li te sanble bon pou Silas pou l te rete la.

³⁵ Konsa, Paul ak Barnabas te rete Antioche ansanm ak anpil lòt, pou ᵈpreche e enstwi pawòl Senyè a.

³⁶ Apre kèk tan, Paul te di Barnabas: "Annou retounen pou vizite ᵉchak vil kote nou te pwoklame pawòl Senyè a pou nou wè kijan yo ye."

³⁷ Barnabas te vle pran ᶠJean Marc pou ale avèk yo tou.

³⁸ Men Paul te ensiste ke yo pa ta dwe pran li ki te ᵍabandone yo nan Pamphylie, e pa t akonpanye yo nan travay la.

³⁹ Yo te vin tèlman pa dakò ke yo te separe youn de lòt. Barnabas te pran Marc avè l e te pran bato a vwal pou ʰChypre.

⁴⁰ Men Paul te chwazi ⁱSilas e te pati. Frè yo te remèt li nan gras Senyè a. ⁴¹ Li te vwayaje travèse ʲSyrie ak Cilicie, pou ranfòse legliz yo.

16 Paul te vini osi nan Derbe ak Lystre. Yon disip yo te rele ᵏTimothée te la, Fis a yon ˡfanm Jwif ki te yon kwayan, men papa li te yon Grèk. ² Tout ᵐfrè fidèl ki te nan Lystre avèk Icone yo te pale byen de li. ³ Paul te vle Timothée ale avè l. Pou rezon sa a, ⁿli te fè li sikonsi, akoz Jwif ki te nan landwa sila yo. Paske yo tout te konnen ke papa l se te yon Grèk.

⁴ Alò, pandan yo t ap travèse vil yo, yo t ap livre bay ᵒdesizyon a ki te detèmine pa apòt yo ak ansyen yo nan Jérusalem. ⁵ Donk ᵖlegliz yo t ap ranfòse nan lafwa, e yo t ap ᑫgrandi an nonb chak jou.

⁶ Yo te travèse rejyon a Phrygie ak ʳGalatie, akoz ke yo te anpeche pa Lespri Sen an pou pale pawòl la an Asie. ⁷ Lè yo te vini Mysie, yo te eseye antre Bithynie, men ˢLespri Jésus a pa t pèmèt yo. ⁸ Lè yo te kite Mysie, yo te desann ᵗTroas.

⁹ Konsa, yon vizyon te parèt a Paul nan nwit lan. Yon sèten mesye Macédoine te kanpe e t ap di l: "Vin ᵘMacédoine pou ede nou." ¹⁰ Lè li te wè vizyon an, imedyatman nou te ᵛchache ale Macédoine, byen konprann ke Bondye te rele nou pou preche levanjil la a yo menm.

¹¹ Donk, nou te pran vwal sou lanmè soti ʷTroas. Nou te kouri tou dwat pou Samothrace, e nan jou swivan an, pou Néapolis. ¹² Nou te kite la pou ˣPhilippes, yon vil prensipal nan distri Macédoine nan, yon koloni Women. Nou te rete nan vil sa pandan kèk jou.

¹³ Nan ʸjou Saba a, nou te ale deyò pòtay la bò kote yon rivyè kote nou te sipoze ta genyen yon kote pou lapriyè. Nou te chita e te kòmanse pale ak fanm ki te vin rasanble la yo.

¹⁴ Yon sèten fanm yo te rele Lydie, ki te sòti nan vil Thyatire, yon machann twal mov, yon ᶻadoratris Bondye, te tande nou. Senyè a te ᵃlouvri kè l pou reponn a bagay ke Paul t ap pale yo. ¹⁵ Lè li menm ak ᵇtout lakay li te batize, li te ankouraje nou e te di: "Si nou jije mwen fidèl a Senyè a, vin lakay mwen pou rete." E li te konvenk nou de sa.

¹⁶ Li te vin rive ke pandan nou t ap ale nan plas lapriyè a, te gen yon sèten jenn fanm-esklav avèk yon ᶜLespri divinasyon. Li te konn fè anpil kòb pou mèt li yo akoz ke li te konn pale moun davans sa ki t ap rive yo. ¹⁷ Li te swiv Paul avèk nou menm, e li t ap kriye fò san sès, e t ap di: "Mesye sa yo se sèvitè yo a ᵈBondye Trè Wo a, k ap pwoklame a nou menm, youn chemen sali a." ¹⁸ Li te kontinye ap fè sa pandan anpil jou.

Men Paul te vrèman enève. Li te vire e te di a Lespri a: "Mwen kòmande ou ᵉnan non Jésus Kri a pou sòti nan li!" E lespri a te sòti de li nan menm moman an.

¹⁹ Men lè mèt li yo te wè ke tout espwa yo pou ᶠfè kòb te disparèt, yo te sezi Paul ak Silas. Yo te ᵍtrennen yo nan mache a devan otorite yo. ²⁰ Lè yo te mennen yo a chèf majistra yo, yo te di: "Mesye sa yo se Jwif yo k ap boulvèse vil nou an. ²¹ Y ap ʰpwoklame koutim ki pa pèmèt pou nou aksepte ni obsève kòm Women."

²² Konsa, foul la te leve ansanm kont yo. Chèf majistra yo te chire rad yo. Yo te kòmande pou yo bat yo avèk baton.

²³ Lè yo te fin bay yo anpil kou, yo te jete yo nan prizon, e te kòmande ⁱjandam prizon an pou veye yo de prè. ²⁴ Li menm, akoz ke li resevwa lòd sa a, te jete yo nan prizon pa anndan an, e te tache pye yo ʲnan chèn.

²⁵ Men anviwon minwi Paul avèk Silas t ap priye e ᵏchante chan lwanj a Bondye. Lòt prizonye yo t ap koute yo.

²⁶ Konsa, sibitman te vin gen yon gwo tranbleman dètè, ki souke menm fondasyon kay prizon an. Imedyatman ˡtout pòt prizon an te vin louvri, e ᵐchèn tout moun te vin detache.

ᵃ **15:29** Trav 15:20 ᵇ **15:30** Trav 15:22 ᶜ **15:32** Trav 13:1 ᵈ **15:35** Trav 8:4 ᵉ **15:36** Trav 13:4,13,14,51
ᶠ **15:37** Trav 12:12 ᵍ **15:38** Trav 13:13 ʰ **15:39** Trav 4:36 ⁱ **15:40** Trav 15:22 ʲ **15:41** Mat 4:24 ᵏ **16:1** Trav 17:14
ˡ **16:1** II Tim 1:5 ᵐ **16:2** Trav 16:40 ⁿ **16:3** Gal 2:3 ᵒ **16:4** Trav 15:28 ᵖ **16:5** Trav 9:31 ᑫ **16:5** Trav 2:47
ʳ **16:6** Trav 18:23 ˢ **16:7** Luc 24:49 ᵗ **16:8** Trav 16:11 ᵘ **16:9** Trav 16:10,12 ᵛ **16:10** Trav 16:10-17
ʷ **16:11** Trav 16:8 ˣ **16:12** Trav 20:6 ʸ **16:13** Trav 13:14 ᶻ **16:14** Trav 18:7 ᵃ **16:14** Luc 24:45 ᵇ **16:15** Trav 11:14
ᶜ **16:16** Lev 19:31 ᵈ **16:17** Mc 5:7 ᵉ **16:18** Luc 10:17 ᶠ **16:19** Trav 16:16 ᵍ **16:19** Trav 17:6 ʰ **16:21** Est 3:8
ⁱ **16:23** Trav 16:27,36 ʲ **16:24** Job 13:27 ᵏ **16:25** Ef 5:19 ˡ **16:26** Trav 12:10 ᵐ **16:26** Trav 12:7

²⁷ᵃ Jandam prizon an te leve nan dòmi, e lè l te wè tout pòt yo te vin ouvri, li te rale nepe ᵇpou touye tèt li, paske li te sipoze ke prizonye yo te chape. ²⁸ Men Paul te kriye ak yon vwa fò pou di l: "Pa fè tèt ou mal! Nou tout la!" ²⁹ Jandam nan te rele pou limyè, e te kouri antre ap tranble avèk laperèz. Konsa, li te tonbe devan ᶜPaul ak Silas, ³⁰ te mennen yo deyò, e li te mande yo: "Mesye yo ᵈkisa mwen dwe fè pou m ta sove?" ³¹ Yo te reponn: "Kwè nan Senyè a Jésus, e ou va sove, ou menm avèk ᵉlakay ou." ³² Yo te pale li pawòl Senyè a, ansanm ak tout sila ki te lakay li yo. ³³ Li te pran yo ᶠnan menm lè nwit sa a, li te lave blesi yo, e imedyatman, li te batize, li menm avèk tout lakay li. ³⁴ Li te mennen yo lakay li e te mete manje devan yo. Li te rejwi anpil, akoz li te kwè nan Bondye avèk ᵍtout lakay li.

³⁵ Alò, lè jounen an te rive, chèf majistra yo te voye jandam yo pou di: "Lage moun sa yo." ³⁶ ʰJandam prizon an te fè rapò sa a bay Paul. Li te di: "Chèf majistra yo gen tan voye lage nou. Konsa, vin deyò kounye a e ale ⁱanpè."

³⁷ Men Paul te di yo: "Yo gen tan bat nou an piblik san jijman, ʲmoun ki se sitwayen Women, e yo te jete nou nan prizon. Alò, koulye a y ap voye nou ale an sekrè? Anverite, non! Men kite yo vini yo menm, pou mete nou deyò."

³⁸ Jandam yo te bay rapò a pawòl sila yo bay chèf majistra yo. ᵏYo te pè lè yo te tande ke se te Women yo te ye. ³⁹ Yo te vini pou te fè apèl ak yo, e lè yo te fin lage yo, yo te mande yo ˡpou kite vil la. ⁴⁰ Yo te kite prizon an e te antre lakay Lydie. Lè yo te wè frè yo, yo te ankouraje yo, e yo te pati.

17 Alò, lè yo te fin vwayaje travèse Amphipolis ak Apollonie, yo te rive ᵐThessalonique, kote te gen yon sinagòg Jwif. ² Selon abitid Paul, li te ale kote yo. Pandan twa ⁿSaba li te rezone avèk yo sou Ekriti Sen yo. ³ Li te bay eksplikasyon ak evidans ke Kris la ᵒte oblije soufri e ᵖleve ankò soti nan lanmò. Li t ap di: "Jésus sila a, ke mwen ap pwoklame a nou an, se Kris la." ⁴ Kèk nan yo te vin kwè, e te vin jwenn avèk Paul ak Silas, ansanm avèk yon gran kantite ᑫGrèk ki te krent Bondye, ak yon kantite ʳfanm enpòtan.

⁵ Men ˢJwif yo te vin jalou, e te mennen kèk mesye mechan sòti nan mache a. Yo te fòme yon ekip ajitatè, e te mete tout vil la nan yon tapaj. Lè yo te rive lakay Jason, yo t ap chache mennen yo deyò bay pèp la. ⁶ Men lè yo pa t twouve yo, yo te kòmanse rale Jason ak kèk lòt nan frè yo devan otorite vil yo. Yo t ap rele: "Mesye sa yo k ap boulvèse tout ᵗmond lan rive isit la tou. ⁷ Se Jason ki ᵘresevwa yo. Yo tout aji kont dekrè César a. Y ap di gen yon lòt wa, Jésus!" ⁸ Foul la ak chèf yo te byen twouble lè yo tande bagay sa yo.

⁹ Lè yo te resevwa yon bon garanti nan men ᵛJason ak lòt yo, yo te lage yo.

¹⁰ Frè yo, konsa, te voye Paul ak Silas ale nan ʷBérée pandan nwit lan. Lè yo te rive, yo te antre nan sinagòg Jwif yo.

¹¹ Alò, Jwif sila yo te pi nòb pase sila nan ˣThessalonique yo, paske yo te resevwa pawòl la avèk yon gwo anvi. Yo te egzamine Ekriti yo chak jou pou wè si bagay sa yo se te konsa. ¹² Konsa, anpil nan yo te vin kwè, ansanm avèk plizyè mesye ak fanm Grèk enpòtan yo.

¹³ Men lè Jwif Thessalonique yo te vin konprann ke pawòl Bondye a te pwoklame pa Paul nan ʸBérée, yo te vini la osi pou yo ajite ak chofe foul la.

¹⁴ Alò, imedyatman frè yo te voye Paul deyò pou ale jis kote lanmè a, e ᶻSilas ak ᵃTimothée te rete la. ¹⁵ Alò, sila ki t ap gide Paul yo te mennen li jiska ᵇAthènes. Yo te kite li la, epi lè yo fin resevwa lòd pou fè Silas ak Timothée vin kote l pi vit ke posib, yo te ale.

¹⁶ Pandan Paul t ap tann yo nan ᶜAthènes, lespri li te pwovoke anndan l akoz li te wè ke vil la te ranpli nèt avèk zidòl.

¹⁷ Konsa, li t ap rezone ᵈnan sinagòg la avèk Jwif yo ᵉak pèp etranje ki te krent Bondye yo, e nan mache a chak jou avèk sila ke li te konn rakontre.

¹⁸ Anplis, kèk nan filosòf Epikiryen ak Stoyik yo t ap diskite avèk l. Kèk t ap di: "Kisa mesye ki renmen pale anpil sa a ta vle di?" Lòt yo t ap di: "Li sanble ke l ap pwoklame kèk lòt kalite dye etranje" —akoz ke li t ap preche ᶠJésus ak rezirèksyon an.

¹⁹ Konsa, yo te ᵍpran li e te mennen li nan Aréopage la. Yo te di l: "Èske ou kapab eksplike nou nouvo ansèyman sila a, ke w ap pwoklame a. ²⁰ Paske w ap pote kèk bagay byen dwòl nan zòrèy nou. Konsa, nou vle konnen kisa bagay sa yo vle di." ²¹ (Alò, tout Atenyen yo ak lòt etranje ki t ap ʰvizite la yo te konn pase tout tan yo nan pale, oswa nan tande kèk lide nèf.)

²² Konsa, Paul te kanpe nan mitan Aréopage la, e te di: "Mesye Athènes yo, mwen wè ke nou se moun ⁱki renmen adore nan tout sans. ²³ Paske pandan mwen t ap travèse e t ap egzamine ʲobjè adorasyon nou yo, mwen te twouve yon otèl avèk enskripsyon sa a: "A Dye Enkoni an!" Konsa, sila ke nou ap adore san konnen an, mwen pwoklame L a nou.

²⁴ ᵏ"Bondye ki te fè mond lan avèk tout bagay ki ladann yo, akoz Li se ˡSenyè syèl la ak tè a, pa rete nan tanp ki fèt pa men a lòm. ²⁵ Ni li pa sèvi pa men

---

ᵃ **16:27** Trav 16:23,36   ᵇ **16:27** Trav 12:19   ᶜ **16:29** Trav 16:19   ᵈ **16:30** Trav 2:37   ᵉ **16:31** Trav 11:14   ᶠ **16:33** Trav 16:25   ᵍ **16:34** Trav 11:14   ʰ **16:36** Trav 16:27   ⁱ **16:36** Trav 15:33   ʲ **16:37** Trav 22:25-29   ᵏ **16:38** Trav 22:29   ˡ **16:39** Mat 8:34   ᵐ **17:1** Trav 17:11,13   ⁿ **17:2** Trav 13:14   ᵒ **17:3** Trav 3:18   ᵖ **17:3** Jn 20:9   ᑫ **17:4** Trav 13:43   ʳ **17:4** Trav 13:50   ˢ **17:5** Trav 17:13   ᵗ **17:6** Mat 24:14   ᵘ **17:7** Luc 10:38   ᵛ **17:9** Trav 17:5   ʷ **17:10** Trav 17:13   ˣ **17:11** Trav 17:1   ʸ **17:13** Trav 17:10   ᶻ **17:14** Trav 15:22   ᵃ **17:14** Trav 16:1   ᵇ **17:15** Trav 17:16,21   ᶜ **17:16** Trav 17:15,21   ᵈ **17:17** Trav 9:20   ᵉ **17:17** Trav 17:4   ᶠ **17:18** Trav 4:2   ᵍ **17:19** Trav 23:19   ʰ **17:21** Trav 2:10   ⁱ **17:22** Trav 25:19   ʲ **17:23** II Tes 2:4   ᵏ **17:24** És 42:5   ˡ **17:24** Det 10:14

moun ᵃkòmsi Li te bezwen yon bagay. Paske se Li menm ki bay moun lavi, souf ak tout bagay. ²⁶ "Se Li menm ki te fè sòti nan yon sèl òm, tout nasyon a lòm yo, pou viv sou tout sifas tè a, e ki te deja ᵇdetèmine fòs tan yo ta pase ladann, ak lizyè pou kote yo ta viv yo; ²⁷ pou yo ta chèche Bondye, si petèt yo ta lonje men yo e twouve L, ᶜmalgre ke Li pa lwen de chak en de nou. ²⁸ "'Paske ᵈnan Li nou viv, nou fè mouvman, e nou egziste menm, jan kèk nan powèt nou yo konn di: paske nou menm tou se pitit Li.' ²⁹ Konsa, akoz ke nou se pitit a Bondye, nou ᵉpa dwe panse ke lanati diven an se tankou lò, lajan, oswa wòch; yon imaj ki fòme pa da ak refleksyon a lòm.

³⁰ "Bondye ᶠpa t konte tan inyorans sa yo, men koulye a Li deklare ke lòm toupatou dwe repanti, ³¹ paske Li deja fikse yon jou ladann ke ᵍLi va jije lemonn nan ladwati atravè yon nonm ke Li nome, e te founi prèv a tout moun lè L te fè L leve, sòti nan lanmò a."

³² Alò, lè yo te tande de ʰrezirèksyon lanmò a, kèk te kòmanse moke l, men lòt yo te di: "Nou dwe tande ou ankò konsènan sa a".

³³ Konsa Paul te sòti nan mitan yo. ³⁴ Men kèk moun te vin jwenn li e te kwè. Pami sila yo te gen osi Denys, moun Aréopage la, yon fanm ki te rele Damaris, e kèk lòt avèk yo.

18 Apre bagay sa yo li te kite Athènes e te ale ⁱCorinthe. ² Epi li te twouve yon sèten Jwif la ki te rele ʲAquilas, yon moun Pont ki te fenk vin sòti Italie avèk madanm li Priscille, paske Claude te kòmande tout Jwif yo pou kite Rome. Paul te ale kote yo. ³ Akoz li te gen menm metye a, li te rete avèk yo, e ᵏyo t ap travay, paske se moun ki fè tant yo te ye. ⁴ Li t ap rezone nan sinagòg la chak ˡSaba pou l konvenk Jwif yo ak Grèk yo pou kwè.

⁵ Men lè Silas ak Timothée te desann soti Macédoine, Paul te kòmanse dedye tèt li nèt a pawòl la, pou ᵐtemwaye solanèlman a Jwif yo ke se te ⁿJésus ki te Kris la. ⁶ Men lè yo te reziste, e te fè blasfèm, li te souke rad li, e te di yo: "Ke ᵒsan nou vini sou pwòp tèt nou! Mwen inosan. Depi koulye a ᵖmwen va ale kote pèp etranje yo."

⁷ Answit li te kite la pou ale lakay a yon sèten nonm ki te rele Titius Justus, yon adoratè ᵠBondye, ki te gen kay li toupre sinagòg la.

⁸ ʳCrispus, dirijan sinagòg la, te vin kwè nan Senyè a ˢavèk tout lakay li, e anpil nan Korentyen yo, lè yo te tande sa, yo te vin kwè, e yo te batize.

⁹ Epi Senyè a te di Paul nan yon ᵗvizyon pandan nwit lan: "Pa pè ankò, men kontinye pale, e pa fè silans; ¹⁰ paske Mwen avèk ou, e nanpwen moun k ap atake ou pou fè ou mal, paske Mwen gen anpil moun nan vil sa a." ¹¹ Konsa, li te rete la pandan en an si mwa, e li t ap enstwi pawòl Bondye a pami yo.

¹² Men pandan Gallion te pwokonsil Achaië ᵘJwif yo avèk yon sèl vwa te leve kont Paul, e te mennen l devan ᵛchèz jijman an. ¹³ Yo t ap di: "Nonm sila ap fè moun kwè pou adore Bondye ʷkont lalwa a."

¹⁴ Men lè Paul te prèt pou ˣlouvri bouch li, Gallion te di Jwif yo: "Si se te yon ka a yon enjistis, oswa yon krim visye, O Jwif yo, li ta rezonab pou m ta bay nou soutyen. ¹⁵ Men si gen ʸkesyon konsènan pawòl, oswa non, oswa pwòp lwa pa nou, okipe sa nou menm. Mwen pa gen enterè nan jije bagay sa yo." ¹⁶ Epi li te chase yo sòti devan ᶻchèz jijman an.

¹⁷ Konsa, yo tout te sezi ᵃSosthène, mèt sinagòg la, e te kòmanse bat li devan chèz jijman an. Men Gallion pa t okipe bagay sa yo menm.

¹⁸ Paul, apre li te rete pandan anpil jou ankò, te kite frè yo pou te monte sou lanmè a pou rive Syrie, e avèk li te gen Priscille ak Aquilas. Nan Cenchrées ᵇli te fè yo pase razwa sou cheve tèt li, paske li t ap swiv yon ve.

¹⁹ Yo te rive ᶜÉphèse, e li te kite yo la. Alò, li menm te antre nan sinagòg la pou te rezone avèk Jwif yo. ²⁰ Lè yo te mande li pou rete avèk yo pou plis tan, li pa t dakò, ²¹ men li te pran ve e t ap di: "Mwen va retounen kote nou ankò ᵈsi Bondye vle". E li te pran bato a vwal pou soti Éphèse.

²² Lè l te rive ᵉCésarée, li te monte pou salye legliz la, e li te desann ᶠAntioche.

²³ Lè l te fin pase kèk tan la, li te sòti e te travèse youn apre lòt, nan rejyon a ᵍGalatie a ak Phrygie kote li te ranfòse tout disip yo.

²⁴ Alò, yon sèten Jwif ki te rele ʰApollos, ki te ne nan Alexandrie, yon nonm ki te konn pale byen, e ki te fò nan Ekriti Sen yo te vini Éphèse. ²⁵ Mesye sa te enstwi ⁱnan chemen Bondye a. E avèk fevè Lespri a, li t ap pale e t ap enstwi byen klè tout bagay konsènan Jésus, men te konnen sèlman ʲbatèm a Jean an. ²⁶ Li te kòmanse pale avèk gwo kouraj nan sinagòg la. Men lè ᵏPriscille ak Aquilas te tande l, yo te rale l akote pou l te eksplike li chemen Bondye a pi klè.

²⁷ Lè Apollos te vle travèse a Achaïe, frè yo te ankouraje li, e te ekri a ˡdisip yo pou ankouraje li. Lè l te rive, li te anpil èd pou sila ki te kwè pa gras yo. ²⁸ Paske avèk pouvwa li te demanti Jwif yo an piblik, e li te montre ᵐatravè Ekriti Sen yo ke ⁿJésus se te Kris la.

19 Li te rive pandan ke ᵒApollos te Corinthe, Paul te travèse ᵖpeyi pi wo a e te vini Éphèse pou twouve kèk disip. ² Li te mande yo: ᵠ"Èske nou te resevwa Lespri Sen an lè nou te kwè a?"

ᵃ **17:25** Job 22:2   ᵇ **17:26** Det 32:8   ᶜ **17:27** Det 4:7   ᵈ **17:28** Job 12:10   ᵉ **17:29** És 40:18   ᶠ **17:30** Trav 14:16
ᵍ **17:31** Sòm 9:8   ʰ **17:32** Trav 17:18,31   ⁱ **18:1** Trav 18:8   ʲ **18:2** Trav 18:18,26   ᵏ **18:3** Trav 20:34
ˡ **18:4** Trav 13:14   ᵐ **18:5** Trav 20:21   ⁿ **18:5** Trav 17:3   ᵒ **18:6** II Sam 1:16   ᵖ **18:6** Trav 13:46   ᵠ **18:7** Trav 13:43
ʳ **18:8** II Sam 1:16   ˢ **18:8** Trav 13:46   ᵗ **18:9** Trav 9:10   ᵘ **18:12** I Tes 2:1   ᵛ **18:12** Mat 27:19   ʷ **18:13** Jn 19:7   ˣ **18:14** Mat 5:2   ʸ **18:15** Trav 23:29   ᶻ **18:16** Mat 27:19   ᵃ **18:17** I Kwo 1:1   ᵇ **18:18** Nonb 6:2,5,9,18
ᶜ **18:19** Trav 18:21,24   ᵈ **18:21** Wo 1:10   ᵉ **18:22** Trav 8:40   ᶠ **18:22** Trav 11:19   ᵍ **18:23** Trav 16:6
ʰ **18:24** Trav 19:1   ⁱ **18:25** Trav 9:2   ʲ **18:25** Luc 7:29   ᵏ **18:26** Trav 18:2,18   ˡ **18:27** Trav 11:26
ᵐ **18:28** Trav 8:35   ⁿ **18:28** Trav 18:5   ᵒ **19:1** I Kwo 1:12   ᵖ **19:1** Trav 18:23   ᵠ **19:2** Trav 8:15

Yo te reponn li: "Non, nou pa menm konn tande si gen yon Lespri Sen."
³ Li te di: "Ebyen, nan kisa konsa nou te batize?" Yo te reponn: ᵃ"Nan batèm a Jean an".
⁴ Konsa, Paul te di: ᵇ"Jean te batize avèk batèm a repantans lan, e te di pèp la pou kwè nan Sila ki t ap vini apre li a, sa vle di, nan Jésus." ⁵ Lè yo te tande sa, yo te ᶜbatize nan non Senyè a Jésus Kri. ⁶ Pandan Paul te ᵈpoze men l sou yo, Lespri Sen an te vini sou yo, e yo te kòmanse ᵉpale avèk lang ak pwofetize. ⁷ Te gen an tou, anviwon douz mesye.
⁸ Paul te antre nan ᶠsinagòg la, e te kontinye pale avèk gran kouraj pandan anviwon twa mwa. Li t ap rezone pou fè yo kwè ᵍselon wayòm Bondye a.
⁹ Men lè ʰkèk t ap vin ensansib e dezobeyisan, e t ap pale mal de ⁱChemen an devan foul la, li te kite yo e te separe disip yo. Konsa, yo t ap rezone chak jou nan lekòl Tyrannus la. ¹⁰ Sa te fèt pandan dezan, pou tout sila ki te rete an ʲAsie yo ta tande pawòl Senyè a, ni Grèk, ni Jwif.
¹¹ Bondye t ap fè mirak ᵏekstrawòdinè pa men Paul ¹² ¹jiskaske yo te kòmanse pote menm mouchwa avèk rad kò li pou malad yo; konsa malad yo te vin geri, e move Lespri yo te vin sòti.
¹³ Men osi kèk nan Jwif ᵐki te konn chase move lespri yo, ki te ale soti yon kote a yon lòt, e eseye rele non Jésus sou sila ki te gen move lespri yo, e t ap di: "Mwen bay ou lòd pa Jésus ke Paul preche a." ¹⁴ Sèt fis a Scéva yo, yon chèf prèt Jwif, t ap fè sa a.
¹⁵ Epi move lespri yo te reponn e te di yo: "Mwen rekonèt Jésus, e mwen konnen Paul, men ki moun nou ye?"
¹⁶ Mesye ki te gen move Lespri a te vòltije sou yo tout e te tèlman domine yo, ke yo te kouri kite kay la toutouni, e blese.
¹⁷ Bagay sa te vin konnen pa tout moun, ni Jwif, ni Grèk ki te rete ⁿÉphèse. Lakrent te vin tonbe sou yo tout, e non Jésus Kri a t ap vin pi gran.
¹⁸ Anpil osi, nan sila ki te kwè yo, yo te kontinye vini pou konfese e devwale tout sa ke yo te konn pratike yo. ¹⁹ Anpil nan sila ki te konn pratike maji yo te vin pote liv yo, e te kòmanse boule yo devan zye a tout moun. Yo te kontwole pri a yo e te twouve l kòm senkant mil ᵒpyès dajan. ²⁰ Konsa pawòl Senyè a ᵖt ap grandi ak pwisans, e t ap renye.
²¹ Alò apre bagay sa yo te fini, Paul te pwopoze nan Lespri a, pou lè l te fin travèse Macédoine ak Achaïe, pou ᑫale Jérusalem. Li te di: "Apre mwen fin rive la ʳmwen dwe wè Rome tou." ²² Li te rete an Asie pandan yon tan, men te voye ˢTimothée ak ᵗÉrastre, de moun ki te konn sèvi li yo, pou yo antre Macédoine.
²³ Anviwon lè sa a, te vin pase yon gwo tapaj konsènan Chemen an.

²⁴ Paske te gen yon sèten nonm ki te rele Démétris, yon òfèv ki te konn fè imaj an ajan pou tanp Artimis la, e afè ᵘkòb ke li t ap ranmase pa t yon ti kras bagay pou moun ak metye sila a. ²⁵ Li te vin rasanble moun sa yo, avèk tout ouvriye ki te gen metye parèy a sa a, e te di: "Mesye yo, nou konnen ke lavi nou depann de biznis sila a. ²⁶ Nou wè ak tande ke non sèlman an Éphèse, men nan prèske tout Asie a, Paul sila a gen tan fè kwè e detounen yon kantite konsiderab nan pèp la. L ap di ke ᵛdye ki fèt pa men yo se pa dye yo ye menm. ²⁷ Se pa sèlman yon gwo danje ke metye sa va tonbe nan malgade, men osi ke tanp gwo deyès la, Artimis va vin san valè, e ke li menm ke tout Asie a ak ʷlemonn adore, va menm rache sou twòn li, e pèdi mayifisans li."
²⁸ Lè yo te tande sa, yo te vin ranpli ak raj. Yo te kòmanse kriye fò e t ap di: "Gran se Artimis ˣEfezyen yo!" ²⁹ Vil la te ranpli avèk boulvèsman sa a. Yo te kouri avèk yon sèl panse antre nan teyat la, e te trennen Gaïus ak ʸAristarque, vwayajè parèy ak Paul ki sòti Macédoine yo.
³⁰ Lè Paul te vle antre nan asanble a, ᶻdisip yo te anpeche li. ³¹ Anplis, kèk nan ofisye Lazi ki te zanmi li yo te voye di l plizyè fwa pou l pa antre nan teyat la.
³² ᵃAlò konsa, kèk nan yo t ap rele yon bagay, e kèk yon lòt, paske tout asanble a te nan konfizyon. Pifò pa t menm konnen pou ki rezon yo te vin reyini ansanm nan.
³³ Jwif yo te mennen Alexander devan foul a. Li t ap ᵇfè sinyal avèk men l, konsi li t ap prezante yon defans a foul la. ³⁴ Men lè yo te vin konprann ke se te yon Jwif li te ye, yon gwo kri te leve pami foul la. Yo te kontinye rele pandan anviwon dezè de tan: "Gran se Artimis a Efezyen yo!"
³⁵ Apre li te fin kalme foul la, sekretè vil la te di: "Mesye ᶜÉphèse yo, se ki moun pami nou ki pa konnen, lavil Éphèse se gadyen tanp a gran Artimis la, imaj a sila ki te tonbe sòti nan syèl la? ³⁶ Alò akoz ke bagay sa yo pa kapab demanti, nou ta dwe rete kalm e pa fè anyen ki pa saj. ³⁷ Paske nou fè mesye sila yo vini isit la, ki pa ni ᵈvòlè tanp lan, ni yo pa blasfeme deyès nou an. ³⁸ Donk alò, si Démétris ak ouvriye ki avè l yo gen yon plent kont nenpòt moun, tribinal yo louvri, e ᵉpwokonsil yo disponib; kite yo pote plent kont youn lòt.
³⁹ "Men si nou vle yon bagay anplis ke sa, sa gen pou regle nan asanble jistis la. ⁴⁰ Paske vrèman, nou an danje akizasyon de soulèvman akoz sa ki pase la jodi a. Nanpwen rezon pou li. Konsa, nou p ap kapab rann kont pou asanble a ki an dezòd konsa."
⁴¹ Lè l fin di sa, li te ranvwaye asanble a.

20 Aprè tapaj la te fin sispann, Paul te voye pou ᶠdisip yo. Lè l fin ekzòte yo, li te pran

---

ᵃ **19:3** Luc 7:29   ᵇ **19:4** Mat 3:11   ᶜ **19:5** Trav 8:12,16   ᵈ **19:6** Trav 8:17   ᵉ **19:6** Trav 2:4   ᶠ **19:8** Trav 9:20
ᵍ **19:8** Trav 1:3   ʰ **19:9** Trav 14:4   ⁱ **19:9** Trav 9:2   ʲ **19:10** Trav 16:6   ᵏ **19:11** Trav 8:13   ˡ **19:12** Trav 5:5
ᵐ **19:13** Mat 12:27   ⁿ **19:17** Trav 18:19   ᵒ **19:19** Luc 15:8   ᵖ **19:20** Trav 6:7   ᑫ **19:21** Trav 20:16
ʳ **19:21** Trav 23:11   ˢ **19:22** Trav 16:1   ᵗ **19:22** Wo 16:23   ᵘ **19:24** Trav 16:16,19   ᵛ **19:26** Det 4:28
ʷ **19:27** Mat 24:14   ˣ **19:28** Trav 18:19   ʸ **19:29** Trav 20:4   ᶻ **19:30** Trav 19:19   ᵃ **19:32** Trav 21:34
ᵇ **19:33** Trav 12:17   ᶜ **19:35** Trav 18:19   ᵈ **19:37** Wo 2:22   ᵉ **19:38** Trav 13:7   ᶠ **20:1** Trav 11:26

kon je de yo, e li te sòti pou ale ᵃMacédoine. ² Lè l te fin travèse tout distri sila yo e te bay yo anpil ekzòtasyon, li te rive nan peyi Grèce.

³ Li te pase twa mwa la, epi lè Jwif yo te fè yon ᵇkonplo kont li, pandan li t ap pral pran bato a vwal pou Syrie a, li te fè desizyon pou retounen pa Macédoine. ⁴ Li te akonpanye pa Sopater de Bérée, fis a Pyrrhus la, anplis ᶜAristarque ak Second, de Théssalonique, ak Gaius de Derbe ak Timothée ak Tychique ak ᵈTrophime ki sòti an Asie. ⁵ Men sila yo te ale avan, e t ap tann ᵉnou ᶠTroas.

⁶ Nou te pran bato a vwal soti ᵍPhilippes, apre ʰjou a Pen San Ledven yo. Nou te vin jwenn yo Troas nan senk jou, e te rete la pandan sèt jou. ⁷ Nan premye jou nan semèn nan, lè nou te rasanble ansanm pou ⁱkase pen, Paul te kòmanse pale avèk yo. Li te gen entansyon pati nan pwochen jou a, e li te pwolon je mesaj li a jiska minwi. ⁸ Te gen anpil lanp nan ʲchanm anlè kote nou te reyini ansanm nan.

⁹ Alò, te gen yon sèten jennonm ke yo te rele Eutychus, ki te chita nan rebò fenèt la, k t ap tonbe nan yon pwofon somèy.

Pandan Paul te kontinye ap pale, dòmi te vin pran l, e li te tonbe soti nan twazyèm etaj la, e yo te vin ranmase l mouri. ¹⁰ Men Paul te desann e te tonbe sou li, epi apre li fin anbrase l, ᵏli te di: "Pa twouble, paske lavi li nan li." ¹¹ Lè Paul te fin remonte ˡe te fin kase pen pou manje, li te pale avèk yo pandan anpil tan jis rive nan granmmaten, e answit te pati. ¹² Yo te pran jennonm nan ale tou vivan, e yo te byen rekonfòte.

¹³ Men ᵐnou menm, nou te fè avan pou pran bato k ap rive Asòs, kote nou te fè plan pou Paul ta monte bato a. Se konsa te aranje sa, akoz ke li menm t ap pase pa tè. ¹⁴ Epi lè l te rankontre nou Asòs, nou te pran li abò, e te vini Mitilèn.

¹⁵ Soti la nan bato a vwal la, jou swivan an, nou te rive anfas Chios. Jou apre a nou te travèse Samòs, e jou swivan a nou te rive ⁿMilèt.

¹⁶ Paske Paul te fè desizyon pou depase Éphèse pou l pa ta oblije pase tan an Asie. Li t ap prese pou l te ᵒrive Jérusalem, si se te posib ᵖnan jou Fèt Lapannkot la.

¹⁷ Soti nan Milèt li te voye Ephèse pou rele ᑫansyen a legliz yo pou rive kote l. ¹⁸ Lè yo te vin kote l, li te di yo: "Nou menm, nou konnen ke ʳdepi premye jou ke m te mete pye m an Asie a, ki jan mwen te avèk nou tout tan ¹⁹ pou sèvi Senyè a avèk tout imilite, ak dlo nan zye m, e avèk gwo traka ki te vini sou mwen akoz ˢkonplo a Jwif yo. ²⁰ Kòman mwen ᵗpa t fè bak pou m te kab deklare a nou tout bagay ki te itil, e te enstwi nou an piblik, e de kay an kay. ²¹ Se Konsa mwen t ap temwaye seryezman e konplètman a Jwif yo e a Grèk yo, de ᵘrepantans anvè Bondye, ak lafwa nan Senyè nou an, Jésus Kri.

²² "Koulye a, gade byen, mare pa Lespri a, ᵛmwen sou chemen pou rive Jérusalem, san menm konnen sa ki va rive m la, ²³ sof ke Lespri Sen an temwaye solanèlman a mwen nan chak vil, pou di ke se kout kòd mare, avèk afliksyon k ap tann mwen. ²⁴ Men ʷmwen pa konsidere lavi m nan okenn sans gen gwo valè pou mwen menm, pou m ta kapab ˣfini ak kous mwen e ak ministè ke mwen te resevwa soti nan Jésus Kri a, pou m temwaye seryezman e konplètman, de levanjil gras Bondye a.

²⁵ "Epi koulye a, veye byen, mwen konnen ke nou tout, pami sila mwen te pase, e te ʸpreche wayòm nan, p ap wè figi m ankò. ²⁶ Alò, mwen temwaye a nou nan jou sa, ke ᶻmwen inosan de san tout moun. ²⁷ Paske mwen pa t fè bak pou deklare a nou tout ᵃvolonte a Bondye a nèt.

²⁸ "Veye byen pou nou menm, e pou tout bann twoupo a, pami sila Lespri Sen an te fè nou gadyen, pou fè bèje a legliz Bondye a, legliz ke ᵇLi te achte avèk pwòp san Li.

²⁹ "Mwen konnen ke apre mwen pati, ᶜlou sovaj va vini pami nou, loup ki p ap fè gras menm a bann twoupo a. ³⁰ Pami nou menm lèzòm va leve e va pale move bagay, pou antrene ᵈdisip yo pou yo ta swiv yo. ³¹ Konsa, rete vijilan. Byen son je ke pou yon dire a twa zan, lannwit kon la jounen mwen pa t sispann egzòte nou ᵉavèk dlo nan zye m.

³² "Epi koulye a, mwen ᶠrekòmande nou a Bondye ak pawòl lagras Li, ki kapab ranfòse nou, e bannou eritaj pami tout sila ki sen yo.

³³ ᵍ"Mwen pa janm anvi ni la jan, ni lò, ni rad a lòt moun. ³⁴ Nou menm nou konnen ke ʰmen sa yo te sèvi a pwòp bezwen m yo ak mesye ki te avè m yo. ³⁵ Nan tout bagay, mwen te montre nou ke nan travay di konsa, nou dwe toujou ede fèb yo, e son je pawòl a Senyè Jésus yo, ke Li menm te di: 'Li pi beni pou bay, pase resevwa.' "

³⁶ Lè l te fin di bagay sa yo, li te ⁱmete l a jenou, e te priye avèk yo tout.

³⁷ Konsa, yo te kòmanse kriye fò. Yo te ʲanbrase Paul, e t ap bo l anpil. ³⁸ Yo te ranpli ak gwo lapèn, sitou sou ᵏpawòl li te pale a, ke yo pa t ap wè fas li ankò. Konsa yo te akonpanye li rive nan bato a.

21 Lè nou te rive ˡnou te kite yo pou pran bato a vwal.

Nou te kouri toudwat pou Cos, jou apre a pou Rhodes, epi soti la a pou Patara.

² Lè nou te twouve yon bato ki t ap travèse vè ᵐPhénicie, nou te monte e pran vwal. ³ Lè nou te

vin wè ᵃChip, kite l agoch, e te kontinye kouri bato pou Syrie, e te rive nan Tyr, paske se la bato a te gen pou debake chaj li.

⁴ Apre nou fin twouve disip yo, nou te rete la pandan sèt jou. Yo menm te kontinye ap di Paul ᵇselon Lespri a pou l pa mete pye l Jérusalem. ⁵ Lè l rive ke jou nou yo pou rete la te fini, nou te pati fè wout nou, pandan yo menm avèk madanm ak timoun yo te akonpanye nou jiskaske nou te kite vil la. Apre nou te ᶜmete nou a jenou bòdmè a pou fè lapriyè, nou te di orevwa a youn lòt. ⁶ Answit, nou te monte bato a, e yo te retounen ᵈlakay yo ankò.

⁷ Lè nou te fin fè vwayaj la sòti ᵉTyr, nou te rive Ptolémaïs. Lè nou te fin salye frè yo, nou te rete avèk yo pandan yon jou.

⁸ Nan jou apre a nou te sòti e te rive Césarée. Nou te antre lakay ᶠPhilippe, evanjelis la, ki te youn nan sèt yo. Nou te rete avèk li. ⁹ Alò, nonm sa te gen kat fi vyèj ki te ᵍpwofetès.

¹⁰ Pandan nou te rete la pandan kèk jou, yon sèten pwofèt ki te nome Agabus te desann sòti Judée. ¹¹ Epi lè l te vini kote nou, li te pran sentiwon a Paul; li te mare pwòp pye l ak men l, e te di: ʰ"Men sa ke Lespri Sen an di: Se konsa ke Jwif nan Jérusalem yo ⁱva mare nonm ki mete sentiwon sila a e va livre li nan men pèp etranje yo."

¹² Lè nou te tande sa, nou menm, menm jan avèk rezidan lokal yo, nou te kòmanse mande l pou ʲpa monte Jérusalem.

¹³ Paul te reponn yo: "Kisa nou ap fè la a, n ap kriye pou kase kè m? Paske mwen prepare non sèlman pou m mare, men menm pou m ta mouri Jérusalem pou ᵏnon Senyè Jésus a."

¹⁴ Epi Akoz ke li pa t kab konvenk, nou te tonbe an silans e t ap di: "Ke volonte a Senyè a fèt!"

¹⁵ Apre jou sa yo, nou te prepare pou ˡkòmanse fè wout nou pou monte Jérusalem. ¹⁶ Anplis, Kèk nan disip Césarée yo te vini avèk nou, e te mennen nou kote Mnanson ki sòti Chypre, yon ᵐdisip depi anpil tan avèk sila nou te vin rete.

¹⁷ Apre nou te rive Jérusalem ⁿfrè fidèl yo te resevwa nou avèk kè kontan.

¹⁸ Jou swivan an Paul te antre avèk nou vè ᵒJacques, epi tout ansyen yo te la. ¹⁹ Apre li te salye yo, li te ᵖkòmanse pale youn pa youn, tout bagay ke Bondye te fè pami pèp etranje yo atravè ᵠministè pa li a.

²⁰ Lè yo te tande sa yo te kòmanse ʳbay glwa a Bondye. Yo te di li: "Ou wè, frè, konbyen milye ki gen pami Jwif yo nan sila ki te kwè yo, e yo tout te ranpli ak ˢzèl pou Lalwa a. ²¹ Konsa, yo konn tande de ou, ke w ap enstwi tout Jwif k ap viv pami pèp etranje yo pou renonse a Moïse, e k ap pale yo pou yo ᵗpa sikonsi pitit yo, ni pou yo pa mache selon ᵘkoutim nou yo. ²² Alò, kisa ki dwe fèt? Sètènman yo va tande ke ou gen tan vini.

²³ "Alò, fè sa ke nou di ou a. Nou gen kat mesye ki ᵛanba yon ve. ²⁴ Pran yo avèk ou, ʷpirifye ou menm ansanm avèk yo, e peye depans pou yo kapab taye tèt yo. Konsa, tout moun va konnen ke pa gen anyen nan tout sa ke moun di de ou yo, men ke ou menm osi mache nan lòd, epi swiv Lalwa a.

²⁵ "Men konsènan pèp etranje, ki te kwè yo, nou te ekri ˣselon desizyon nou, ke yo ta dwe evite vyann ki ofri kon sakrifis a zidòl, ak san, ak sa ki toufe, e ak imoralite seksyèl."

²⁶ Alò Paul te pran mesye yo avè l nan jou swivan an. Li te pirifye li menm ansanm avèk yo. Yo te ʸantre nan tanp lan e te bay avètisman ke yo t ap konplete jou pirifikasyon yo jiskaske sakrifis la te ofri pou yo chak.

²⁷ Lè ᶻsèt jou yo te prèske fini ᵃJwif Asie yo, lè yo te wè l nan tanp lan, te kòmanse soulve foul la pou mete men sou li. ²⁸ Yo t ap kriye fò: "Mesye Israël yo, vin bay nou konkou! ᵇSa se mesye ki preche a tout moun kont pèp nou an ak Lalwa a, ak kote sila a. Anplis de sa, li gen tan fè Grèk yo antre nan tanp lan, e te souye lye sen sa a." ²⁹ Paske avan yo te konn wè Trophime, ᶜEfezyen an nan vil la avèk li, e yo te sipoze ke Paul te mennen l nan tanp lan.

³⁰ Alò tout vil la te leve, e pèp la te kouri ansanm pou te kenbe Paul. Yo te ᵈrale l deyò tanp lan, epi nan menm moman an, pòt yo te vin fèmen. ³¹ Pandan yo t ap chache pou touye l, yon rapò te rive devan kòmandan ᵉKowòt Women an, ke tout Jérusalem te boulvèse. ³² Lapoula li te ᶠpran sòlda yo avèk santenye yo, e te kouri desann kote yo. Lè yo te wè sòlda yo avèk kòmandan an, yo te sispann bat Paul.

³³ Kòmandan an te parèt, e te kenbe li. Li te kòmande pou li ᵍmare avèk ʰde chenn, e li te kòmanse mande l ki moun li te ye, ak kisa li fè. ³⁴ Men pami foul la ⁱkèk t ap rele yon bagay, e kèk yon lòt bagay. Lè l pa t kapab twouve laverite ki koze tout boulvèsman an, li te mande yo mennen l nan kazèn nan. ³⁵ Lè l te rive nan ʲeskalye a, sòlda yo te pote li akoz vyolans a foul la; ³⁶ paske yon gran foul moun te kontinye ap swiv yo, e t ap rele: ᵏ"Touye li!"

³⁷ Pandan Paul te prèt pou antre nan ˡkazèn nan, li te mande kòmandan an: "Èske m kapab di ou yon bagay?"

E li te reponn: "Ou konn pale Grèk? ³⁸ Alò se pa ou menm ᵐEjipsyen an ki kèk tan pase te soulve yon revòlt, e te mennen kat mil òm asasen pou rive nan dezè a?"

ᵃ **21:3** Trav 4:36   ᵇ **21:4** Trav 20:23   ᶜ **21:5** Luc 22:41   ᵈ **21:6** Jn 19:27   ᵉ **21:7** Trav 12:20   ᶠ **21:8** Trav 6:5
ᵍ **21:9** Luc 2:36   ʰ **21:11** Trav 8:29   ⁱ **21:11** Trav 21:33   ʲ **21:12** Trav 21:15   ᵏ **21:13** Trav 5:41   ˡ **21:15** Trav 21:12
ᵐ **21:16** Trav 15:7   ⁿ **21:17** Trav 1:15   ᵒ **21:18** Trav 12:17   ᵖ **21:19** Trav 14:27   ᵠ **21:19** Trav 1:17   ʳ **21:20** Mat 9:8
ˢ **21:20** Trav 15:1   ᵗ **21:21** I Kwo 7:18   ᵘ **21:21** Trav 6:14   ᵛ **21:23** Nonb 6:13-21   ʷ **21:24** Jn 11:55
ˣ **21:25** Trav 15:19,29   ʸ **21:26** Nonb 6:13   ᶻ **21:27** Nonb 6:9; 13:20   ᵃ **21:27** Trav 20:19   ᵇ **21:28** Trav 6:13
ᶜ **21:29** Trav 18:19   ᵈ **21:30** II Wa 11:15   ᵉ **21:31** Trav 10:1   ᶠ **21:32** Trav 23:27   ᵍ **21:33** Trav 20:23
ʰ **21:33** Trav 12:16   ⁱ **21:34** Trav 19:32   ʲ **21:35** Trav 21:40   ᵏ **21:36** Luc 23:18   ˡ **21:37** Trav 21:34
ᵐ **21:38** Trav 5:36

³⁹ Men Paul te di: ᵃ"Mwen se yon Jwif ki sòti Tarse nan Cilicie, yon sitwayen a yon vil ase enpòtan. Mwen mande w, kite m pale avèk pèp la."

⁴⁰ Lè l te bay permisyon, Paul, te vin kanpe sou eskalye a. Li te fè sinyal a foul la avèk men l. Lè te vin gen yon gwo silans, li te pale avèk yo nan lang ᵇEbre, e te di,

22 ᶜ"Frè yo ak papa yo, tande defans mwen ke m ap ofri nou koulye a."

² Epi lè yo te tande ke li t ap pale avèk yo an Ebre, yo te vin kalme plis; e li te di: ᵈ³ ᵉ"Mwen menm se yon Jwif, fèt a Tarse nan Cilicie, men leve nan vil sila a, edike anba ᶠGamaliel, byen disipline selon lalwa zansèt nou yo, avèk anpil zèl pou Bondye, menm jan ke nou menm ye jodi a. ⁴ ᵍMwen te pèsekite ʰChemen sila a jiska lanmò. Mwen te mare e te mete nan chenn ni fanm, ni gason pou mete nan prizon, ⁵ kòm osi ⁱwo prèt la ak tout ʲkonsèy ansyen yo kapab temwaye. Nan men yo, mwen te resevwa osi lèt pou tout frè yo, e te pati pou Damas, pou m ta kapab mennen menm sila ki te la Jérusalem yo kòm prizonye, pou yo ta kab pini.

⁶ ᵏ"Men li te rive ke lè m te nan wout, e t ap pwoche Damas nan anviwon midi, sibitman yon limyè briyan te klere sòti nan syèl la, tou antoure mwen. ⁷ Mwen te tonbe atè e te tande yon vwa ki te di m: 'Saul, Saul, poukisa w ap pèsekite M?'

⁸ "Epi mwen te reponn: "Kilès ou ye, Senyè?"

"E Li te di mwen: 'Mwen se ˡJésus de Nazareth, ke w ap pèsekite a.'

⁹ "Sila ki te avèk m yo ᵐte wè limyè a, men ⁿpa t konprann vwa a Sila a ki t ap pale avèk mwen an.

¹⁰ "Epi mwen te di: ᵒ"Kisa pou m ta fè, Senyè?"

"Senyè a te reponn mwen: 'Leve, ale antre Damas. La ou va vin tande tout sa ki nome pou ou ta fè.'

¹¹ "Men akoz ke m ᵖpa t kab wè akoz briyans a limyè a, mwen te mennen pa lamen pa sila ki te avèk m yo pou te vini Damas.

¹² "Yon sèten ᵠAnanias, yon mesye fidèl pa règ Lalwa a, e byen pale pa tout Jwif ki te rete la yo ¹³ te vin kote mwen, te kanpe toupre m, e te di mwen: ʳ'Frè Saul, resevwa vizyon ou!' Epi nan menm moman an, mwen te gade anlè e te wè li.

¹⁴ "Li te di: ˢ'Bondye a zansèt nou yo te nome ou pou konnen volonte l, pou ᵗwè Sila Ki Jis la, e pou tande yon pawòl ki sòti nan bouch Li. ¹⁵ Paske ou va ᵘyon temwen pou Li a tout moun de sila ou wè ak tande yo. ¹⁶ Koulye a poukisa ou fè reta? Leve, batize e ᵛlave peche ou yo, pandan w ap rele non Li.'

¹⁷ "Konsa li te rive ke lè m te retounen Jérusalem e t ap priye nan tanp lan, ke m te ʷtonbe nan yon pwofon somèy. ¹⁸ Epi mwen te wè Li t ap di mwen: ˣ'Fè vit! Sòti Jérusalem vit, paske yo p ap aksepte temwayaj ou de Mwen menm.' ¹⁹ Epi mwen te di: 'Senyè, yo menm yo konprann ke nan yon sinagòg apre lòt, ʸmwen te konn mete yo nan prizon, e te konn bat sila ki te kwè nan Ou yo. ²⁰ Menm ᶻlè san a temwen ou, Étienne t ap vèse, mwen osi te kanpe byen dakò e t ap veye vètman a sila ki t ap touye l yo.'

²¹ "Men Li te di mwen: 'Ale, pwiske Mwen va voye ou byen lwen ᵃkote pèp etranje yo.'"

²² Jiska pwen sa a, yo te koute l, e alò yo te leve vwa yo e te di: "Retire sou latè a yon nonm konsa; ᵇli pa merite viv!"

²³ Pandan yo t ap rele konsa, yo t ap ᶜretire gwo vètman yo pou voye pousyè anlè, ²⁴ kòmandan an te bay lòd pou yo mennen l anndan kazèn nan, e t ap di ke li ta dwe ᵈegzamine plis avèk kout fwèt pou l ta kapab detèmine rezon an yo t ap rele kont li konsa.

²⁵ Men lè yo te tire kò l avèk kòd fèt an kwi, Paul te di a santenye a ki te kanpe akote a: "Éske li pèmi pou ou fwete yon ᵉsitwayen Women ki pa menm kondane?"

²⁶ Lè santenye a te tande sa, li te ale kote kòmandan an, e te di l: "Kisa w ap fè? Paske nonm sa a se yon Women."

²⁷ Kòmandan an te parèt e te mande l: "Di mwen, "Èske se yon Women ou ye?"

E li te di: "Wi."

²⁸ Kòmandan an te reponn: "Mwen te twouve tit sitwayen sa a ak yon gwo sòm lajan."

Paul te di: "Men mwen te ne sitwayen."

²⁹ Konsa, sila ki t ap kesyone li yo, te lage L imedyatman; epi ᶠkòmandan an osi te pè lè li te vin konprann ke se te yon sitwayen Women ke li te ye, paske li te mete li nan chèn.

³⁰ Men nan pwochen jou a, akoz ke li te ᵍanvi konnen poukisa Jwif yo te akize l la, li te demare li, e li te bay lòd pou wo prèt yo avèk konsèy la reyini. Konsa yo te mennen Paul devan yo, e te fè l chita devan yo.

23 Paul te gade konsèy la avèk atansyon, e te di: "Frè yo ʰmwen viv lavi m avèk yon trè bon konsyans devan Bondye jiska jodi a."

² Wo prèt la, Ananias te kòmande sila ki te kanpe akote l yo pou ⁱfrape l sou bouch li.

³ Konsa, Paul te di li: "Bondye pral frape ou, ou menm miray ki blanchi avèk lacho! Èske ou ʲchita pou jije m selon Lalwa a, e nan vyolasyon Lalwa a, ou pase lòd pou yo frape m?"

⁴ Men sila ki te akote yo te di: "Èske se ensilte w ap ensilte wo prèt Bondye a?"

⁵ Paul te reponn: "Mwen pa t okouran, frè m yo, ke li te wo prèt la. Paske sa ekri: ᵏ'Nou pa pou pale mal a yon chèf a pèp nou an'".

ᵃ **21:39** Trav 9:11   ᵇ **21:40** Jn 5:2   ᶜ **22:1** Trav 7:2   ᵈ **22:2** Trav 21:40   ᵉ **22:3** Trav 9:1-22   ᶠ **22:3** Trav 5:34
ᵍ **22:4** Trav 8:3   ʰ **22:4** Trav 9:2   ⁱ **22:5** Trav 9:1   ʲ **22:5** Luc 22:66   ᵏ **22:6** Trav 9:3-8   ˡ **22:8** Trav 26:9
ᵐ **22:9** Trav 26:13   ⁿ **22:9** Trav 9:7   ᵒ **22:10** Trav 16:30   ᵖ **22:11** Trav 9:8   ᵠ **22:12** Trav 9:10   ʳ **22:13** Trav 9:17
ˢ **22:14** Trav 3:13   ᵗ **22:14** Trav 9:17   ᵘ **22:15** Trav 23:11   ᵛ **22:16** Trav 2:38   ʷ **22:17** Trav 10:10
ˣ **22:18** Trav 9:29   ʸ **22:19** Trav 8:3   ᶻ **22:20** Trav 7:58   ᵃ **22:21** Trav 9:15   ᵇ **22:22** Trav 25:24
ᶜ **22:23** Trav 7:58   ᵈ **22:24** Trav 22:29   ᵉ **22:25** Trav 16:37   ᶠ **22:29** Trav 22:24   ᵍ **22:30** Trav 23:28
ʰ **23:1** Trav 24:16   ⁱ **23:2** Jn 18:22   ʲ **23:3** Lev 19:15   ᵏ **23:5** Egz 22:28

⁶ Men byen konprann ke yon pati se te Sadiseyen yo, e lòt la, Farizyen yo, Paul te kòmanse kriye fò nan konsèy la: "Frè m yo, mwen menm se yon Fariziyen, yon fis a Farizyen. Mwen ap jije devan tribinal a pou [a]esperans nan rezirèksyon a mò yo!" ⁷ Pandan li te di sa, te vin rive gen yon gran dezakò antre Farizyen yo ak Sadiseyen yo, epi asanble a te divize. ⁸ Paske Sadiseyen yo di ke [b]nanpwen rezirèksyon, ni zanj, ni lespri, men Farizyen yo rekonèt yo tout.

⁹ Konsa, te vin rive gen yon gwo tapaj. Kèk nan skrib pati Farizyen yo te kanpe e te kòmanse diskite byen cho. Yo t ap di: "Nou pa twouve okenn fot avèk nonm sila a. Si se[c] yon lespri oswa yon zanj te pale ak li, annou pa goumen kont Bondye!"

¹⁰ Pandan konfli a t ap devlope, kòmandan an te pè pou yo pa ta chire Paul an mòso. Konsa, li te kòmande sòlda yo pou desann, retire li pami yo ak lafòs, e [d]mennen l nan kazèn nan.

¹¹ Men nan nwit swivan an, Senyè a te kanpe akote l e te di: "Pran kouraj, paske [e]menm jan ke ou temwaye seryezman e konplètman pou kòz mwen Jérusalem nan, menm jan an ou oblije temwaye nan Rome osi."

¹² Lè jounen an te rive [f]Jwif yo te fòme yon konplo. Yo te vin mare ansanm anba yon sèman, pou yo pa ta ni manje, ni bwè jiskaske yo te touye Paul. ¹³ Te gen plis ke karant moun ki te fòme konplo sila a. ¹⁴ Yo te vini a chèf prèt ak ansyen yo, e te di: "Nou vin [g]mare ansanm anba yon sèman serye e konplè pou pa goute anyen jiskaske nou touye Paul. ¹⁵ Alò, konsa, ou menm avèk [h]konsèy la avèti kòmandan an pou l mennen l desann kote nou, kòmsi nou t ap pral detèmine ka li a pi pre. E pou pati pa nou, nou prè pou touye l avan li rive pre kote a."

¹⁶ Men fis a sè Paul la te tande afè konplo sila a, e li te vin antre [i]kazèn nan pou te enfòme Paul.

¹⁷ Konsa, Paul te rele youn nan santenye kote l yo e te di li: "Mennen jennonm sila a kote kòmandan an paske li gen yon rapò pou bay li."

¹⁸ Alò li te pran li, e te mennen li bay kòmandan an e te di l: "Paul [j]prizonye a te rele mwen vè jennonm sila a pou vin kote w akoz li gen yon bagay pou di w."

¹⁹ Kòmandan an te pran l pa lamen, e te rale l akote pou mande l an prive: "Kisa ou gen kòm rapò pou ban mwen an?"

²⁰ Li te di: "Jwif yo gen tan fin dakò pou mande ou mennen Paul devan [k]konsèy la demen, kòmsi yo t ap pral mande plis enfòmasyon sou li menm. ²¹ Pa kwè yo, paske [l]plis ke karant nan yo ap tann pou atake l. Yo gen tan mare yo menm anba yon sèman pou yo pa ni manje ni bwè jiskaske yo touye l; koulye a y ap tann ou vin bay pèmisyon sa."

²² Kòmandan an te kite jennonm nan ale. Li te di l: "Pa di pèsòn ke ou pale bagay sa yo avè m."

²³ Konsa, li te rele de nan santenye yo. Li te di yo: "Ale fè de-san sòlda prè pou twazyèm lè nwit lan, pou pati pou [m]Césarée, avèk swasann-dis chevalye, ak de-san sòlda ak lans." ²⁴ Yo te gen osi pou prepare cheval pou mete Paul, pou fè l rive sof kote [n]Félix gouvènè a. ²⁵ Epi li te ekri yon lèt nan fòm sila a:

²⁶ Claude Lysias, a [o]trè ekselan Gouvènè Félix; Salitasyon.

²⁷ "Lè mesye sa a te arete pa Jwif yo, e te prèt pou l te touye pa yo, mwen [p]te vini sou yo avèk sòlda yo pou sekouri l, akoz ke m [q]te vin konprann ke li te yon sitwayen Women. ²⁸ Epi akoz ke mwen te [r]vle konprann chaj ke yo te pote kont li an, mwen te fè l rive devan Konsèy pa yo a. ²⁹ Konsa, mwen te vin twouve ke li te akize sou kesyon konsènan pwòp lwa pa yo, men pa anba [s]okenn akizasyon ki te merite lanmò oubyen prizon.

³⁰ "Lè m te [t]enfòme ke ta gen yon konplo kont li, mwen te voye li kote ou sibitman, e osi te enstwi akizatè li yo pou mennen chaj kont li yo devan ou."

³¹ Konsa, sòlda yo selon lòd pa yo, te pran Paul pou mennen l nan nwit lan devan Antipatris. ³² Men nan pwochen jou a yo te [u]kite chevalye yo ale avè l, e yo te retounen nan Kazèn nan. ³³ Lè sa yo te rive Césarée e te livre lèt la bay [v]Gouvènè a, yo te prezante Paul devan l.

³⁴ Lè li te fin li l, li te mande nan ki [w]pwovens li te sòti, e lè li te vin aprann ke [x]se te Cilicie, ³⁵ li te di: "Mwen va bay ou yon odyans apre [y]akizatè ou yo vin rive tou." Konsa, li te bay lòd pou yo ta kenbe l nan Pretwa Hérode la.

24 Apre senk jou wo prèt la [z]Ananias te vin desann avèk kèk ansyen, avèk yon sèten avoka ki te rele Tertulle. Yo te pote chaj kont Paul yo bay gouvènè a. ² Apre Paul te fin konvoke, Tertulle te kòmanse akize l e te di a gouvènè a: "Akoz ke atravè ou menm, nou te rive gen anpil lapè, epi akoz vizyon ou menm, refòm ap fèt pou nasyon sila a, ³ nou rekonèt sa, nan chak aspè, e toupatou [a]trè ekselan Félix, avèk tout rekonesans. ⁴ Men pou m pa fatige ou plis, mwen mande w pou pèmèt nou nan bonte ou, pou tande nou an brèf.

⁵ "Paske nou twouve nonm sila a yon vrè pès, e yon mesye ki soulve konfli pami tout Jwif yo nan tout mond lan, yon chèf de fil [b]sèkt a Nazareyen yo. ⁶ Li te menm eseye [c]souye tanp lan. Epi konsa, nou te arete li. ⁷ Men Lysias, kòmandan an te parèt, epi avèk anpil vyolans, te rache li nan men nou.

⁸ "Lè ou egzamine li pou kont ou konsènan tout bagay sila yo, ou kapab verifye bagay sou sila nou akize li yo."

---

a **23:6** Trav 24:15,21   b **23:8** Mat 22:23   c **23:9** Jn 12:29   d **23:10** Trav 21:34   e **23:11** Trav 19:21
f **23:12** Trav 9:23   g **23:14** Trav 23:12,21   h **23:15** Trav 22:30   i **23:16** Trav 21:34   j **23:18** Ef 3:1
k **23:20** Trav 22:30   l **23:21** Trav 23:12,14   m **23:23** Trav 8:40   n **23:24** Trav 23:26,33   o **23:26** Luc 1:3
p **23:27** Trav 21:32   q **23:27** Trav 22:25-29   r **23:28** Trav 22:30   s **23:29** Trav 23:9   t **23:30** Trav 23:20
u **23:32** Trav 23:23   v **23:33** Trav 23:24,26   w **23:34** Trav 25:1   x **23:34** Trav 21:39   y **23:35** Trav 23:30
z **24:1** Trav 23:2   a **24:3** Trav 23:26   b **24:5** Trav 15:5   c **24:6** Trav 21:28

⁹ ªJwif yo tou te vin jwenn nan atak la, e yo t ap sètifye ke tout bagay sila yo se te vrè.

¹⁰ Lè ᵇgouvènè a te fè l sinyal pou l pale, Paul te reponn: "Byen konesan, ke depi anpil ane, ou se yon jij nan nasyon sila, se avèk jwa ke m ap fè defans mwen. ¹¹ Akoz ke ou kapab note ke pa plis ke nan ᶜdouz jou pase mwen te monte Jérusalem pou m adore. ¹² ᵈNi nan tanp lan, ni nan sinagòg yo, ni nan vil la li menm, yo pa t janm twouve mwen nan diskisyon avèk okenn moun, ni ᵉkoze okenn boulvèsman. ¹³ ᶠNi yo pa kapab pwouve ou de chaj sou sila yo akize mwen koulye a.

¹⁴ "Men sa m wen admèt a nou, ke selon ᵍChemen an, ke yo rele yon sèkt, se vrè ke m sèvi Bondye a zansèt nou yo, e kwè tout bagay ki an akò avèk Lalwa a ak sa ki ekri nan pwofèt yo. ¹⁵ Mwen posede yon esperans nan Bondye, ke ʰmoun sa yo osi konsidere presye, ke an verite, va gen yon rezirèksyon ni pou sila ki jis yo ak sila ki enjis yo. ¹⁶ Akoz sa, mwen menm, tou, mwen fè tout sa ki posib pou toujou ⁱkenbe yon konsyans ki tout tan san repwòch devan Bondye, ak devan lèzòm.

¹⁷ "Alò, apre plizyè ane, mwen ʲte vin pote yon don a nasyon mwen an e prezante ofrann m. ¹⁸ Nan sa a, yo te twouve mwen okipe nan tanp lan, deja ᵏpirifye, san okenn foul, ni konfli. Men te gen sèten Jwif ki sòti an Asie— ¹⁹ ki ta dwe prezan devan ou pou ˡfè akizasyon, si yo ta gen anyen kont mwen. ²⁰ Oubyen pito kite mesye sila yo, yo menm di ki move zak yo te twouve lè mwen te kanpe devan ᵐkonsèy la, ²¹ ot ke sèl pawòl sa a ke m te ⁿrele lè m te kanpe pami yo a: 'Pou rezirèksyon a mò yo y ap jije mwen jodi a.'"

²² Men Félix, ki te gen yon konesans pi egzakt de ᵒChemen an, te repouse yo, e t ap di: "Lè Lysias kòmandan an vin desann, mwen va deside ka ou a". ²³ Answit Li te bay lòd a santenye a pou ᵖretire l nan gadavi a, men avèk yon sèten libète, e pa anpeche okenn nan ᵠzanmi li yo sèvi li.

²⁴ Men kèk jou pita, Félix te rive avèk Drusille, madanm li ki te yon Jwif, epi te voye rele Paul, pou koute li pale sou ʳlafwa nan Jésus Kri a. ²⁵ Men pandan li t ap diskite sou ladwati, tanperans, ak ˢjijman ki gen pou vini an, Félix te vin pè. Li te di: "Pou moman sa a, ale. Lè m jwenn tan, m a konvoke ou." ²⁶ Nan menm tan an, tou, li t ap espere ke Paul ta ᵗbay li lajan pou lage l. Akoz sa, li te konn voye rele l souvan pou pale avè l.

²⁷ Men apre dezan te pase, Félix te ranplase pa Porcius Festus, e pou te jwenn favè ak Jwif yo, li te kite Paul anprizone.

25 Konsa, Festus, apre twa jou ᵘnan pwovens lan, te kite Césarée pou monte Jérusalem. ² Chèf prèt yo ak dirijan a pèp Jwif yo te ᵛpote chaj kont Paul. Konsa, yo t ap mande yo favè ³ ke li ta fè pa yo nan jijman a kont Paul, pou fè l vini Jérusalem. Men yo te gen lentansyon pou touye l nan wout.ʷ

⁴ Answit Festus te reponn ke ˣPaul t ap kenbe nan gadavi Césarée, e ke li menm t ap sòti talè. ⁵ "Konsa", li te di: "Kite prensipal moun pami nou yo ale avè m, e si gen yon bagay ki mal nan nonm sa a, kite yo pouswiv sa nan la jistis."

⁶ Apre Festus te fin pase plis ke di jou pami yo, li te desann Césarée. Nan pwochen jou a li te pran chèz li ʸdevan tribinal la, e te kòmande yo fè Paul vini.

⁷ Apre Paul te rive, Jwif ki te desann sòti Jérusalem yo te kanpe antoure li. Yo t ap pote anpil chaj byen serye kont li ᶻke yo pa t kab pwouve.

⁸ Paul te di nan pwòp defans li: ª"Mwen pa fè okenn ofans ni kont Lalwa Jwif yo, ni kont tanp lan, ni kont César."

⁹ Men Festus ᵇki te vle plè Jwif yo, te reponn Paul. Li te di: "Èske ou dakò pou monte Jérusalem pou pase nan jijman devan mwen sou chaj sila yo?"

¹⁰ Men Paul te di: "Mwen kanpe devan ᶜtribinal César a, kote mwen dwe jije a. Mwen pa fè okenn mal a Jwif yo, jan ou menm osi byen konnen an. ¹¹ Si konsa, mwen se yon malfektè, e mwen fè yon bagay ki merite lanmò, mwen pa refize mouri; men si okenn nan bagay sila ke yo akize m yo pa verite, pèsòn pa kapab livre mwen a yo. Mwen ᵈfè apèl mwen a César."

¹² Konsa Apre Festus te fè yon konferans avèk konseye li, li te reponn: "Se a César ke ou fè apèl; se a César ke ou va ale."

¹³ Alò lè kèk jou te pase, Wa Agrippa avèk Bérnéice te rive ᵉCésarée pou prezante omaj yo a Festus. ¹⁴ Pandan yo t ap pase anpil jou la, Festus te mete ka a Paul la devan wa a, e t ap di: "Genyen yon sèten nonm ke Félix te ᶠkite kòm prizonye. ¹⁵ Epi lè m te Jérusalem, chèf prèt avèk ansyen Jwif yo te ᵍpote chaj kont li, pou mande yon santans kondanasyon kont li.

¹⁶ "Mwen te ʰreponn yo ke se pa koutim a Women yo pou livre okenn moun avan sila ki akize a wè akizatè li yo fasafas e vin gen chans pou fè defans li kont chaj yo. ¹⁷ Donk, apre yo te fin ransanble la a, mwen pa t fè reta, men nan pwochen jou a, te pran chèz mwen sou ⁱtribinal la, e te kòmande mesye sila a vin devan mwen. ¹⁸ Lè akizatè yo te kanpe, yo te kòmanse pote chaj krim, men pa tankou mwen ta sipoze a. ¹⁹ Yo te senpleman gen kèk ʲpwen malantandi sou relijyon pa yo, ak sou yon sèten mesye mouri, Jésus, ke

---
ª **24:9** I Tes 2:16   ᵇ **24:10** Trav 23:24   ᶜ **24:11** Trav 21:18,27   ᵈ **24:12** Trav 25:8   ᵉ **24:12** Trav 24:18
ᶠ **24:13** Trav 25:7   ᵍ **24:14** Trav 9:2   ʰ **24:15** Dan 12:12   ⁱ **24:16** Trav 23:1   ʲ **24:17** Trav 11:29
ᵏ **24:18** Trav 21:26   ˡ **24:19** Trav 23:30   ᵐ **24:20** Mat 5:22   ⁿ **24:21** Trav 23:6   ᵒ **24:22** Trav 24:14
ᵖ **24:23** Trav 23:35   ᵠ **24:23** Trav 23:16   ʳ **24:24** Trav 20:21   ˢ **24:25** Trav 10:42   ᵗ **24:26** Trav 24:17
ᵘ **25:1** Trav 23:34   ᵛ **25:2** Trav 24:1   ʷ **25:3** Trav 9:24   ˣ **25:4** Trav 24:23   ʸ **25:6** Mat 27:19   ᶻ **25:7** Trav 24:13
ª **25:8** Trav 6:13   ᵇ **25:9** Trav 12:3   ᶜ **25:10** Mat 27:19   ᵈ **25:11** Trav 25:21,25   ᵉ **25:13** Trav 8:40
ᶠ **25:14** Trav 24:27   ᵍ **25:15** Trav 24:1   ʰ **25:16** Trav 25:4   ⁱ **25:17** Mat 27:19   ʲ **25:19** Trav 18:15

Paul te pwoklame toujou vivan. ²⁰ ᵃKòmsi mwen pa t menm konprann jan pou m ta fè yon ankèt sou bagay sila yo, mwen te mande si li te dakò pou ale Jérusalem pou pase nan jijman sou zafè sila yo. ²¹ Men lè Paul te ᵇfè apèl pou desizyon Anperè a, mwen te kòmande li kenbe nan gadavi jiskaske m voye li kote César."

²² Answit ᶜAgrippa te di a Festus: "Mwen ta renmen osi tande mesye sa mwen menm".

Li te reponn: "Demen ou va tande l".

²³ Konsa, nan pwochen jou a, lè ᵈAgrippa te parèt ansanm avèk Bérnéice, pami gwo zafè, li te antre nan sal odyans lan, akonpanye ak kòmandan yo ak lòm pi enpòtan nan vil yo, epi sou kòmand Festus, Paul te mennen antre.

²⁴ Festus te di: "Wa Agrippa, e tout moun ki prezan avèk nou la a, ou wè nonm sila a, sou kilès ᵉtout pèp Jwif la te fè vin kote mwen, ni nan Jérusalem, ni isit la, pou te deklare byen fò ke ᶠli pa t dwe viv ankò a. ²⁵ Men mwen te twouve ke li ᵍpa t fè okenn bagay ki te merite lanmò; epi akoz ke li menm te ʰfè apèl a Anperè a, mwen te deside voye l.

²⁶ "Deja mwen pa gen anyen definitif pou ekri a mèt mwen. Donk mwen mennen li devan nou tout, e espesyalman devan ou, Wa Agrippa, pou lè ankèt la fèt, pou mwen kapab gen yon bagay pou m ekri. ²⁷ Paske li sanble dwòl pou mwen voye yon prizonye, epi pou m pa endike osi chaj kont li."

26 ⁱAgrippa te di a Paul: "Ou gen dwa pale pou tèt ou."

Epi Paul te lonje men li pou te kòmanse fè defans li. ² "Konsènan tout bagay ke mwen akize pa Jwif yo, mwen konsidere ke mwen gen gwo chans, Wa Agrippa, pou m kapab fè defans mwen devan ou jodi a; ³ Sitou paske ou se yon ekspè nan tout ʲkoutim ak kesyon pami pèp Jwif yo. Pou sa, mwen mande w pou koute mwen avèk pasyans.

⁴ "Alò konsa, tout Jwif yo konnen ᵏkalite vi mwen depi nan jenès mwen, ki soti nan kòmansman ki te pase pami pwòp nasyon mwen, ak nan Jérusalem. ⁵ Paske yo konnen mwen depi lontan, si yo dakò temwaye. Mwen te viv kon yon ˡFarizyen, selon sèkt ki pi disipline nan tout relijyon nou an.

⁶ "Konsa, koulye a, mwen kanpe devan tribinal la ᵐpou lespwa ⁿpwomès ki te fèt pa Bondye a zansèt nou yo. ⁷ Pwomès pou sila douz tribi yo gen esperans wè reyalize, pandan yo rete fidèl nan sèvi Bondye la jounen ak lannwit. Se pou ᵒesperans sa a, o Wa, mwen akize pa Jwif yo. ⁸ Poukisa pami nou, nou twouve li enkwayab ᵖke Bondye kapab leve mò yo?

⁹ "Alò ᵠmwen te reflechi a mwen menm, ke mwen te oblije aji avèk anpil fòs kont non a Jésus de Nazareth la. ¹⁰ Epi sa, mwen ʳte fè menm Jérusalem; non sèlman ke m te fèmen anpil nan sen sila yo nan prizon, men avèk otorite ke m te resevwa soti nan chèf prèt yo, lè yo te mete yo a lanmò mwen te dakò pou yo aji kont yo. ¹¹ Epi ˢpandan mwen te pini yo souvan nan tout sinagòg yo, mwen te eseye fòse yo fè blasfèm. Tèlman mwen te anraje avèk yo, mwen te kouri dèyè yo menm nan vil etranje yo.

¹² "Pandan mwen te angaje konsa, mwen te ᵗfè yon vwayaj nan Damas avèk otorite ak pèmisyon a chèf prèt yo. ¹³ Nan mitan jounen an, O Wa, mwen te wè sou wout la yon gwo limyè ki sòti nan syèl la, pi briyan ke solèy la, ki te briye toupatou ozanviwon m ak sila ki t ap fè vwayaj la avè m yo. ¹⁴ Epi lè nou tout te tonbe atè, mwen te tande yon vwa ki t ap di m nan ᵘlang Ebre a: 'Saul, Saul, poukisa w ap pèsekite Mwen? Se difisil pou ou pou voye pye ou kont pikan yo.'

¹⁵ "Konsa, mwen te reponn: 'Ki moun Ou ye, Senyè?'

"E Senyè a te di: 'Mwen se Jésus ke w ap pèsekite a. ¹⁶ Men leve kanpe sou pye ou. Se pou rezon sa ke m te parèt kote ou; pou ᵛnome ou kòm yon sèvitè ak yon temwen, non sèlman a bagay ke ou wè, men osi a bagay ke Mwen menm va fè vin parèt a ou menm; ¹⁷ k ap delivre ou ʷde pèp Jwif la, ak pèp etranje yo, pami sila m ap voye ou yo, ¹⁸ pou ˣlouvri zye yo pou yo kapab tounen kite tenèb la pou limyè a, e domèn Satan pou sila a Bondye, pou yo kapab resevwa padon peche yo ak yon eritaj pami sila ki sanktifye pa lafwa nan Mwen yo.'

¹⁹ "Konsa, Wa Agrippa, mwen pa t dezobeyisan a vizyon selès la, ²⁰ men mwen te kontinye deklare ʸpremyèman a moun Damas yo, e osi ak moun Jérusalem yo, e answit moun tout rejyon Judée a, e menm ak pèp etranje yo, pou yo ta dwe repanti, vire vè Bondye, e fè zèv ki apatyen ak repantans lan.

²¹ "Pou rezon sa a, kèk Jwif yo ᶻsezi mwen nan tanp lan e te eseye mete m a lanmò. ²² Alò, avèk èd Bondye ke m te twouve, mwen kanpe jiska jou sa a pou temwaye a piti kòm gran, pou pa pale anyen men sa ke ᵃpwofèt yo ak Moïse te di ki t ap pral rive yo. ²³ Ke Kris la te gen pou soufri, e akoz ᵇrezirèksyon Li soti nan lanmò a, Li ta devni premye pou pwoklame limyè a, ni a pèp Jwif la, ni a pèp etranje yo."

²⁴ Pandan Paul t ap fè defans li, Festus te di ak yon gwo vwa: "Paul, tèt ou fin pati! ᶜGran konesans ou fè ou vin fou."

²⁵ Men Paul te reponn li: "Mwen pa pèdi tèt mwen ᵈtrè ekselan Festus, men mwen pale pawòl ak verite byen rezonen. ²⁶ Paske Wa a okouran de ᵉtout bagay sila yo, e mwen pale ak li osi avèk konfyans, akoz ke m konvenk ke anyen nan bagay sila yo pa kapab chape anba atansyon li, akoz ke nanpwen anyen ki

---

ᵃ **25:20** Trav 25:9 ᵇ **25:21** Trav 25:11 ᶜ **25:22** Trav 9:15 ᵈ **25:23** Trav 25:13 ᵉ **25:24** Trav 25:2,7
ᶠ **25:24** Trav 22:22 ᵍ **25:25** Trav 23:29 ʰ **25:25** Trav 25:11 ⁱ **26:1** Trav 9:15 ʲ **26:3** Trav 6:14 ᵏ **26:4** Gal 1:13
ˡ **26:5** Trav 23:6 ᵐ **26:6** Trav 24:15 ⁿ **26:6** Trav 13:32 ᵒ **26:7** Trav 24:15 ᵖ **26:8** Trav 23:6 ᵠ **26:9** Jn 16:2 ʳ **26:10** Trav 8:3 ˢ **26:11** Mat 10:17 ᵗ **26:12** Trav 9:3-8 ᵘ **26:14** Trav 21:40 ᵛ **26:16** Trav 22:14
ʷ **26:17** I Kwo 16:35 ˣ **26:18** És 35:5 ʸ **26:20** Trav 9:19 ᶻ **26:21** Trav 21:27 ᵃ **26:22** Trav 10:43
ᵇ **26:23** I Kwo 15:20,23 ᶜ **26:24** Jn 7:15 ᵈ **26:25** Trav 23:26 ᵉ **26:26** Trav 26:3

fèt nan yon kwen. ²⁷ Wa Agrippa, èske ou kwè nan pwofèt yo? Mwen konnen ke ou kwè."

²⁸ Agrippa te reponn a Paul: "Ak yon ti bourade konsa, ou vlè pèswade m pou devni yon ᵃKretyen?"

²⁹ Paul te reponn: "Mwen ta vle devan Bondye, ke menm si se ak piti, oswa ak gran, ke non sèlman ou menm, men tout sila ki koute mwen nan jou sa a, ta kapab vini menm jan ke mwen ye a, sof pou ᵇchèn sila yo."

³⁰ ᶜWa a te leve avèk gouvènè a, ak Bérnéice, ak sila ki te chita avèk yo. ³¹ Epi lè yo te ale akote, yo te kòmanse pale youn ak lòt. Yo t ap di: ᵈ"Mesye sila a p ap fè anyen ki merite lanmò oubyen prizon."

³² Epi Agrippa te di a Festus: "Mesye sa a ta gen dwa ᵉlibere si li pa t fè apèl a César."

27 Lè yo te deside ke nou ta pran vwal pou ᶠItalie, yo te pwosede livre Paul avèk kèk lòt prizonye bay yon santenye ki manm nan kowòt Auguste la, ki te nome Julius. ² Nou te anbake nan yon bato Adramityen ki te prèt pou pran vwal pou rejyon akote kot Asie. Nou te monte nan lanmè a, akonpanye pa ᵍAristarque, yon Masedonyen ki soti Théssalonique.

³ Pwochen jou a nou te antre kote Sidon. Julius ʰte byen trete Paul e te ⁱpèmèt li ale bò kote zanmi li yo, kote li te resevwa swen.

⁴ Soti la nou te monte sou lanmè a pou te pran vwal anba pwoteksyon ʲChypre akoz van an ki te kontrè.
⁵ Lè nou te fin travèse lanmè a toupre kot ᵏCilicie ak Pamphylie, nou te rive nan Myra, nan Lycie.
⁶ La santenye a te twouve yon ˡbato Alexandryen ki t ap pran vwal pou Italie, e li te fè nou anbake.
⁷ Nou te navige byen lantman pandan anpil jou, epi avèk difikilte te rive akote Nid, akoz ke van pa t pèmèt nou ale pi lwen. Akoz sa nou te pran vwal anba pwoteksyon ᵐCrète la, toupre Salmone.
⁸ Konsa, avèk difikilte, nou te ⁿvwayaje pou rive a yon sèten kote ke yo te rele Beau-Ports, toupre lavil Lasea a.

⁹ Lè anpil tan te fin pase, vwayaj la te vin andanje akoz ke tan ᵒFèt Jèn nan te fin pase, e Paul te kòmanse avèti yo. ¹⁰ Li te di yo, "Mesye yo, mwen prevwa ke vwayaj la va an verite gen ᵖdonmaj ak gwo pèt, non sèlman pou bagay nou pote ak bato a, men anplis pou lavi nou."

¹¹ Men santenye a te plis enfliyanse pa ᵍpilòt la ak kaptenn bato a, ke pawòl a Paul yo. ¹² Akoz pò a pa t bon pou pase sezon livè a, majorite a te rive a yon desizyon pou retounen sou lanmè a pou wè si yo ta kab rive Phoenix, yon pò nan ʳCrète, anfas sidwès ak nòdwès pou pase sezon livè a la.

¹³ Lè yon van sid byen modere te vin parèt, avèk kalkil la ke yo vin reyisi plan an, yo leve lank bato a, e yo te kòmanse ˢpran vwal pou swiv Crète, toupre kot la. ¹⁴ Men avan anpil tan, yon van vyolan, ke yo te rele Euraquilon te desann soti atè e te ᵗvin vole sou yo. ¹⁵ Konsa, lè bato a te pran nan li, li pa t kab fè fas a van an, e nou te kite l pran nou pou lèse nou pouse pa van an.

¹⁶ Pandan nou t ap kouri anba pwoteksyon a yon ti lil ke yo rele Clauda, nou te prèske pa t kab mete bato a anba kontwòl. ¹⁷ Lè yo te fin leve l, yo te sèvi ak kab pou ranfòse bato a. Akoz pè ke yo ta ᵘvin echwe nan bafon Syrte la, yo te desann gwo vwal la, epi konsa kite van an pouse yo avanse.

¹⁸ Nan demen, pandan nou t ap jete toupatou avèk vyolans akoz van a, yo te kòmanse ᵛvide chaj yo pote nan lanmè. ¹⁹ Nan twazyèm jou a, yo te jete tout aparèy pou manevre bato a nan lanmè avèk pwòp men yo. ²⁰ Akoz ni solèy, ni etwal pa t parèt pandan anpil jou, e se pa yon ti kras tanpèt ki t ap atake nou an, depi la, tout espwa pou nou ta sove te disparèt.

²¹ Lè yo te fin fè anpil tan san manje, Paul te kanpe nan mitan yo e te di yo: ʷ"Mesye yo, nou te dwe swiv konsèy mwen an pou nou pa pran lanmè a soti Crète pou envite fè rive donmaj ak pèt sila yo. ²² Men koulye a mwen ankouraje nou pou ˣpran kouraj, paske p ap gen pèt lavi pami nou, men sèlman chaj bato a. ²³ Paske nan menm nwit sa a, yon zanj a Bondye a Sila ke m apatyen, e Sila ʸke m sèvi, te kanpe devan mwen. ²⁴ Konsa li te di: 'Pa pè anyen Paul. ᶻOu dwe kanpe devan César. Gade byen, Bondye gen tan ba ou tout sila ki ap vwayaje avèk ou yo.' ²⁵ Akoz sa, mesye yo ᵃpran kouraj. Paske mwen gen konfyans nan Bondye ke sa va fini menm jan ke Li te di mwen an. ²⁶ Men fòk nou ᵇechwe sou yon sèten ᶜlil."

²⁷ Men lè katòzyèm nwit lan te vin rive, pandan van a t ap pouse vire nou nan Lanmè Adriatique la, anviwon minwi, yo te kòmanse vin konprann ke yo t ap pwoche vè yon tè. ²⁸ Lè Yo te sonde, yo te twouve ke se te a ven bwas pwofondè; epi yon ti kras pi lwen, yo te sonde ankò, e te twouve li a kenz bwas. ²⁹ Nan pè pou nou ta ᵈkouri atè yon kote sou wòch, yo voye kat lank pa dèyè bato yo e te espere pou jounen an vin rive. ³⁰ Men pandan mesye yo t ap eseye chape kite bato a, yo te deja lonje desann ᵉti kannòt bato a nan lanmè a, sou pretèks ke yo t ap lonje lank pa devan yo, ³¹ Paul te di santenye a ak sòlda yo: "Si moun sa yo pa rete nan bato a, nou menm nou p ap kab sove."

³² Alò, sòlda yo te koupe kòd a kannòt bato a, e te kite l tonbe lib.

³³ Jiskaske joune a te prèt pou pwente, Paul t ap ankouraje yo tout pou pran kèk bagay pou manje, e t ap di: "Jodi a fè katòzyèm jou ke nou ap veye san rete, ale san manje, e pa pran anyen. ³⁴ Konsa, mwen ankouraje nou pou pran kèk manje, paske

---

ᵃ **26:28** Trav 11:26   ᵇ **26:29** Trav 21:33   ᶜ **26:30** Trav 25:23   ᵈ **26:31** Trav 23:29   ᵉ **26:32** Trav 28:18
ᶠ **27:1** Trav 18:2   ᵍ **27:2** Trav 19:29   ʰ **27:3** Trav 27:43   ⁱ **27:3** Trav 24:23   ʲ **27:4** Trav 4:36   ᵏ **27:5** Trav 21:39
ˡ **27:6** Trav 28:11   ᵐ **27:7** Trav 2:11   ⁿ **27:8** Trav 27:13   ᵒ **27:9** Lev 16:29-31   ᵖ **27:10** Trav 27:21
ᵍ **27:11** Rev 18:17   ʳ **27:12** Trav 2:11   ˢ **27:13** Trav 27:8   ᵗ **27:14** Mc 4:37   ᵘ **27:17** Trav 27:26,29
ᵛ **27:18** Jon 1:5   ʷ **27:21** Trav 27:10   ˣ **27:22** Trav 27:25,36   ʸ **27:23** Wo 1:9   ᶻ **27:24** Trav 23:11
ᵃ **27:25** Trav 27:22,36   ᵇ **27:26** Trav 27:29   ᶜ **27:26** Trav 28:1   ᵈ **27:29** Trav 27:17,26   ᵉ **27:30** Trav 27:16

sa se pou prezève nou; paske ᵃpa menm yon cheve nan tèt a okenn nan nou p ap peri." ³⁵ Lè l fin di sa, li te pran pen e te ᵇremèsye Bondye nan prezans a tout moun. Li te kase li e te kòmanse manje. ³⁶ ᶜYo tout te ankouraje e yo menm yo tout te pran manje. ³⁷ Nou tout nan bato a se te de-san-swasann-sèz ᵈmoun. ³⁸ Lè yo te manje kont yo, yo te kòmanse fè bato a pi lejè pa ᵉvoye ble nan lanmè a.

³⁹ Lè jounen an te vin rive ᶠyo pa t rekonèt tè a, men yo te wè yon pò avèk yon plaj, e yo te pran kouraj pou dirije bato a vè li si l te posib. ⁴⁰ Konsa, yo te ᵍjete lank yo, e te kite yo nan lanmè a, pandan nan menm moman an yo t ap lage kòd gouvènay yo, yo te monte vwal devan an pou van an pran l; konsa yo te tire vè plaj la. ⁴¹ Men yo te vin frape a yon resif kote de lanmè te rankontre, yo te kouri echwe batimán an; pwent avan bato a te kole rèd, e pa t kapab deplase, men dèyè a te kòmanse kraze an moso akoz gwo vag lanmè a.

⁴² Sòlda yo te fè plan pou touye tout prizonye yo, pou okenn nan yo pa ta chape naje nan lanmè a.

⁴³ Men santenye a ʰki te vle fè Paul rive sof, te anpeche entansyon yo a, e te kòmande ke sila ki te kapab naje, vòltije nan lanmè a avan pou naje rive atè, ⁴⁴ epi rès la ta swiv yo, kèk sou mòso bwa, e lòt yo sou plizyè lòt bagay pou kite bato a.

Konsa li te rive, ke yo ᶦtout te vin rive sof atè.

28 Lè yo tout te fin rive sof ʲnou te vin twouve ke ᵏlil la te rele Malte. ² ˡNatif peyi yo te byen resevwa nou ak yon dousè ekstrawòdinè. Akoz lapli a ki te vin fèmen sou nou, avèk anpil fredi, yo te limen yon dife e te resevwa nou tout.

³ Men lè Paul te ranmase yon pakèt bwa e te mete yo sou dife a, yon vipè te sòti akoz chalè a e te tache nan men l.

⁴ Lè natif yo te wè bèt la k ap pann soti nan men li, yo te kòmanse di youn ak lòt: ᵐ"San dout mesye sa a se yon asasen, epi malgre li sove soti nan lanmè a, jistis p ap kite li viv." ⁵ Konsa, li te souke retire bèt la jete nan dife a, men l pa t gen anyen. ⁶ Men yo t ap atann ke li vin anfle e sibitman tonbe mouri. Men apre yo te tann pandan anpil tan e pa t wè anyen rive li, yo te reflechi yon lòt jan e te ⁿkòmanse di ke li te yon dye.

⁷ Alò, toupre kote sila a, te gen tè ki te pou mesye pi enpòtan nan lil la, ke yo te rele Publius, ki te bannou byenveni. Li te byen emab e li te bay nou lojman pandan twa jou.

⁸ Li te vin rive ke papa a Publius te kouche byen malad avèk lafyèv ak dyare. Paul te ale wè li e lè li te fin priye pou li, li te ᵒpoze men l sou li e te geri li.

⁹ Aprè sa te fin fèt, tout lòt moun sou lil la ki te gen maladi t ap vin kote li e t ap geri. ¹⁰ Anplis, yo te onore nou avèk anpil mak respè, e lè nou t ap pran vwal, yo te founi nou tout sa nou te bezwen.

¹¹ Nan fen twa mwa yo nou te pran vwal sou yon ᵖbato Alexandryen ki osi te pase sezon livè a nan lil la. Li te gen Frè Jimo yo kon òneman devan an kòm tèt bato a.

¹² Apre nou te antre o pò nan Syracuse, nou te rete la pandan twa jou.

¹³ Soti la, nou te pran vwal pou antoure rive nan Reggio. Yon jou pita, yon van sid te parèt, e nan dezyèm jou a nou te rive Pouzzles. ¹⁴ La nou te twouve kèk frè ki te envite nou rete avèk yo pandan sèt jou, e konsa nou te rive Rome.

¹⁵ Epi ᵠfrè fidèl yo, lè yo te tande de nou, te vini la soti nan distans pou rive nan Mache Appuis la avèk Twa Tavernes pou rankontre nou. Lè Paul te wè yo, li te remèsye Bondye e te pran kouraj.

¹⁶ Lè nou te antre Rome, Paul te ʳjwenn pèmisyon pou rete pou kont li, avèk sòlda ki t ap veye l la.

¹⁷ Apre twa jou Paul te rele ansanm moun ki te pi enpòtan pami mesye Jwif yo. Lè yo te vin ansanm, li te kòmanse ap di yo: "Frè yo ˢmalgre mwen pa t fè anyen kont pèp nou an, oubyen ᵗkoutim zansèt nou yo, konsa, mwen te livre kòm prizonye soti Jérusalem nan men Women yo. ¹⁸ Epi lè yo menm te egzamine mwen, yo te dakò pou lage m paske yo ᵘpa t twouve baz pou mete m a lanmò. ¹⁹ Men lè Jwif yo te vin pa dakò, mwen te oblije fè apèl a César, pa akoz ke m te gen okenn akizasyon kont nasyon mwen an. ²⁰ Pou rezon sa a, donk mwen te mande wè nou pou pale avèk nou, paske mwen ap pote chenn sa a pou ᵛlespwa Israël la."

²¹ Yo te di li: "Nou pa t ni resevwa lèt sòti Judée konsènan ou, ni pa t gen okenn nan ʷfrè yo ki te vin isit la pou rapòte oswa pale anyen mal de ou menm.
²² Men nou dezire tande de ou menm sa ke ou panse. Paske konsènan ˣsèkt sa a, se byen koni pami nou menm ke yo pale kont li toupatou."

²³ Lè yo te fikse yon jou pou Paul, yo te vini kote lojman li an an gran nonb. Li t ap eksplike yo nan ʸtemwayaj klè e konplè de wayòm Bondye a ak nan eseye fè yo kwè konsènan Jésus, soti nan Lalwa Moïse la ak nan pwofèt yo depi granmmaten jis rive nan aswè. ²⁴ ᶻKèk te vin kwè akoz bagay ki te pale yo, men lòt yo te refize kwè. ²⁵ Lè yo pa t dakò youn avèk lòt, yo te kòmanse pati lè Paul te fin pale dènye pawòl sila a: "Lespri Sen an te gen rezon lè l te pale atravè Ésaïe, pwofèt a zansèt nou yo, ²⁶ Lè l te di:
ᵃ'Ale nan pèp sa epi di:
"Nou va toujou tande,
men nou p ap konprann.
Nou va toujou gade,
men nou p ap wè anyen.
²⁷ Paske kè a moun sa yo vin di.
Zòrèy pa yo, yo manke tande.

ᵃ **27:34** Mat 10:30 ᵇ **27:35** Mat 14:19 ᶜ **27:36** Trav 27:22,25 ᵈ **27:37** Trav 2:41 ᵉ **27:38** Jon 1:5
ᶠ **27:39** Trav 28:1 ᵍ **27:40** Trav 27:29 ʰ **27:43** Trav 27:3 ᶦ **27:44** Trav 27:22,31 ʲ **28:1** Trav 27:39
ᵏ **28:1** Trav 27:26 ˡ **28:2** Trav 28:4 ᵐ **28:4** Luc 13:2,4 ⁿ **28:6** Trav 14:11 ᵒ **28:8** Mat 9:18 ᵖ **28:11** Trav 27:6
ᵠ **28:15** Trav 1:15 ʳ **28:16** Trav 24:23 ˢ **28:17** Trav 25:8 ᵗ **28:17** Trav 6:14 ᵘ **28:18** Trav 23:29
ᵛ **28:20** Trav 24:5 ʷ **28:21** Trav 3:17 ˣ **28:22** Trav 24:14 ʸ **28:23** Trav 1:3 ᶻ **28:24** Trav 14:14 ᵃ **28:26** És 6:9

E yo fèmen zye yo;
  otreman pou yo ta wè avèk zye yo,
  tande avèk zòrèy yo,
  konprann avèk kè yo,
  e retounen, pou Mwen ta geri yo.'

28 "Konsa, Kite l byen konnen a nou menm, ke ªdelivrans sila gen tan voye osi a pèp etranje yo. Yo menm va koute." 29 Lè li te fin pale pawòl sa yo, Jwif yo te pati, e yo t ap diskite pami yo menm.

30 Konsa, Paul te rete la pandan dezan nan pwòp chanm li ke li te lwe a. Li te trè kontan resevwa tout sila ki te vin wè li yo. 31 Li t ap ᵇpreche wayòm Bondye a, e t ap enstwi konsènan Senyè a Jésus Kri, avèk tout libète, san anpèchman.

ª **28:28** Sòm 98:3   ᵇ **28:31** Mat 4:23

WOMEN YO

1 Paul, yon sèvitè-atache nèt a Jésus Kri, aple kòm apot [a]mete apa pou fè bòn nouvèl Bondye a, [2] ke Li te pwomèt oparavan atravè [b]pwofèt Li yo nan Ekriti Sen Yo, [3] konsènan Fis Li a ki te ne de yon desandan David [c]selon lachè, [4] ki te deklare [d]Fis Bondye a avèk pouvwa akoz rezirèksyon Li, ki te fè L sòti nan lanmò, atravè Lespri sentete a, Jésus Kri, Senyè nou an. [5] Pa Li menm nou te resevwa gras e te rele kòm apot pou fè parèt [e]obeyisans lafwa a pami tout etranje yo pou koz Sen Non Li. [6] Pami sila yo nou menm osi te [f]rele pa Jésus Kri. [7] A tout sila yo ke Bondye renmen anpil nan Rome, ke Li te rele kòm [g]sen yo: gras anvè nou avèk lapè ki sòti nan Bondye, Papa nou, ak Senyè a Jésus Kri.

[8] Premyèman [h]mwen remèsye Bondye mwen an selon Jésus Kri pou nou tout, ke lafwa nou ap pwoklame toupatou nan lemond. [9] Paske Bondye ke mwen [i]sèvi nan lespri mwen lè m preche levanjil Fis Li a, se temwen m ke m ap nonmen non nou san rete nan lapriyè mwen yo. [10] Toujou nan priyè mwen yo, m ap mande Bondye [j]nan volonte L, dènyèman, pou L kite m vin wè nou. [11] Paske [k]mwen anvi wè nou pou m kapab bannou kèk don Lespri a, pou nou kapab byen etabli. [12] Sa vle di, pou mwen menm kapab ankouraje ansanm avèk nou pandan mwen pami nou, nou chak pa lafwa a lòt, lafwa pa nou ak lafwa pa m tou.

[13] Mwen pa vle nou pa okouran, frè m yo, ke souvan mwen konn fè plan pou vin wè nou (malgre sa pa t realize). Mwen ta renmen sa fèt pou m kapab rekòlte [l]kèk fwi pami nou tou, menm jan ak tout lòt nasyon etranje yo. [14] [m]Mwen gen obligasyon ni pou Grèk ni pou moun ki baba; ni pou sila ki saj ni pou sila ki ensanse yo. [15] Donk, Pou pati pa m, mwen gen gwo anvi pou [n]preche levanjil la a nou menm osi ki nan Rome.

[16] Paske mwen [o]pa wont de levanjil la [p]paske se li ki pouvwa Bondye a pou sove tout moun ki kwè yo. Li la avan pou Jwif la, e dabò Grèk la tou. [17] Paske se nan levanjil sa a ke ladwati Bondye revele soti nan lafwa pou rive nan lafwa, jan sa ekri a: [q]"Men moun ki jis la ap viv pa lafwa".

[18] Paske [r]lakòlè Bondye parèt soti nan syèl la kont tout enkwayans ak tout enjistis a lòm ki kache verite a ak enjistis. [19] Paske [s]sa ke tout moun konnen de Bondye a, byen klè pou yo, paske Bondye te fè l parèt a klè. [20] Paske depi nan kreyasyon mond lan tout aspè envizib Li yo, pouvwa etènèl Li ak nati diven Li an te parèt byen a klè. Sa [t]byen konprann menm selon sa Li te kreye. Konsa, yo rete san eskiz.

[21] Paske malgre yo te konnen Bondye, yo pa t bay Li lonè kòm Bondye, ni bay Li remèsiman, men yo te vin [u]egare nan panse yo. Yo te vin ranpli avèk foli, e kè yo te vin fonse tounwa.

[22] Nan [v]pretann ke yo te saj, yo te vin fou, [23] epi te [w]ranplase laglwa a Bondye enkonwonpi a pou yon imaj ki sanblab a lòm konwonpi ak zwazo, bèt kat pye, ak bèt k ap rale sou vant yo. [24] Konsa [x]Bondye te livre yo a konvwatiz kè yo ak tout sa ki pa pwòp, pou kò yo te kapab dezonore pami yo menm. [25] Paske yo te ranplase verite Bondye a ak yon [y]bann manti, yo te adore e sèvi kreyati a olye de Kreyatè a, ki beni pou tout tan an. Amen.

[26] Pou rezon sila a Bondye te livre yo a [z]pasyon k ap avili yo. Paske fanm pa yo te ranplase fonksyon lanati a pa sa ki pa nan nati a. [27] Epi menm jan mesye yo te abandone fonksyon natirèl fanm nan pou vin boule nan dezi anvè youn pou lòt; [a]gason avèk gason k ap fè zak malpwòp e k ap resevwa nan pwòp kò pa yo pinisyon yo merite pou erè yo a. [28] Menm jan yo pa t trouve l bon ankò pou rekonèt Bondye, [b]Bondye te livre yo a yon panse tòde pou fè bagay ki pa pwòp sa yo. [29] Yo te vin ranpli avèk tout kalite enjistis, mechanste, konvwatiz, ak mal. Yo te plen ak anvi, touye moun, konfli, desepsyon, malis, tripotay. [30] Yo vin Medizan, lènmi a Bondye, ensolan, awogan, ògeye, envantè a mechanste [c]dezobeyisan a paran yo, [31] san konprann, san entegrite [d]san lanmou, e san mizerikòd. [32] Malgre yo konnen òdonans Bondye a, ke sila ki pratike bagay sa yo [e]merite lanmò, yo non sèlman fè yo, men yo vin konplètman dakò avèk sila ki pratike yo tou.

2 Konsa, nou vin san eskiz; nou tout ki pote jijman yo. Nan menm moman ke nou [f]jije lòt yo, nou kondannen pwòp tèt nou. Paske nou menm ki jije yo, pratike menm bagay sa yo. [2] Epi nou konnen ke li jis lè jijman Bondye a tonbe sou sila ki pratike bagay sa yo. [3] Men èske ou sipoze sa [g]o lòm; ke lè ou jije sila ki pratike bagay sa yo, epi ou menm ou fè menm bagay yo, ke ou va chape de jijman Bondye a? [4] Oubyen èske ou panse ke [h]richès a bonte Li, tolerans ak pasyans Li se yon bagay lejè, san nou konprann ke se bonte Bondye menm ki mennen nou nan larepantans? [5] Men akoz de tèt ak kè di nou, [i]nou ap ranmase vanjans Bondye [j]pou dènye gran jou kòlè a, lè Bondye ap fè vin parèt tout jijman jis Li yo. [6] Li menm [k]va rann jijman a chak moun selon tout zèv li. [7] Sila yo ki [l]pèsevere nan fè byen, va twouve glwa, lonè, imòtalite, ak lavi etènèl; [8] men

---

[a] **1:1** Trav 9:15   [b] **1:2** Luc 1:70   [c] **1:3** Jn 1:14   [d] **1:4** Mat 4:3   [e] **1:5** Trav 6:7   [f] **1:6** Jd 1   [g] **1:7** Trav 9:13
[h] **1:8** I Kor 1:4   [i] **1:9** Trav 24:14   [j] **1:10** Trav 18:21   [k] **1:11** Trav 19:21   [l] **1:13** Jn 4:36   [m] **1:14** I Kor 9:16
[n] **1:15** Wo 5:20   [o] **1:16** Mc 8:38   [p] **1:16** I Kor 1:18,24   [q] **1:17** Hab 2:4   [r] **1:18** Wo 5:9   [s] **1:19** Trav 14:17
[t] **1:20** Job 12:7-9   [u] **1:21** II Wa 17:15   [v] **1:22** Jr 10:14   [w] **1:23** Det 4:16-18   [x] **1:24** Wo 1:26,28   [y] **1:25** És 44:20   [z] **1:26** I Tes 4:5   [a] **1:27** Lev 22:22   [b] **1:28** Wo 1:24   [c] **1:30** II Tim 3:2   [d] **1:31** II Tim 3:3
[e] **1:32** Wo 6:2   [f] **2:1** II Sam 12:5-7   [g] **2:3** Luc 12:14   [h] **2:4** Wo 9:23   [i] **2:5** Det 32:34   [j] **2:5** Sòm 110:5
[k] **2:6** Sòm 62:12   [l] **2:7** Luc 8:15

sila yo ki ranpli ak anbisyon pèsonèl e ki pa obeyi verite a, men ki obeyisan sèlman a lenjistis, ap twouve lakòlè ak lendiyasyon Bondye. [9] Va genyen tribilasyon ak gran doulè pou tout nanm pami lòm ki fè mechanste [a]premyèman pou Jwif la, men osi pou Grèk la.

[10] Men [b]laglwa, lonè ak lapè pou tout moun ki fè byen, premyèman pou Jwif la, men osi pou Grèk la. [11] Paske avèk Bondye [c]pa gen patipri. [12] Paske tout moun ki fè peche [d]san Lalwa a va peri osi san Lalwa a, e tout moun ki fè peche anba Lalwa a va jije pa Lalwa a. [13] Paske se pa [e]sila ki tande Lalwa a ki jis devan Bondye, men se sila ki obeyi Lalwa a ki jistifye. [14] Paske lè pèp etranje yo ki pa gen Lalwa a, fè pa [f]ensten sa ke Lalwa a mande, sila yo, san menm gen lalwa a, vini yon lwa pou kont yo. [15] Konsa yo demontre ke [g]zèv Lalwa yo se byen ekri nan kè yo. Se pwòp konsyans yo ki bay temwayaj, epi panse yo, pafwa ap bay kondanasyon e pafwa ap defann yo. [16] Nan jou sa a selon levan jil mwen an, [h]Bondye ap jije tout sekrè a lèzòm selon Jésus Kri.

[17] Men si nou pote tit "Jwif", [i]depann de Lalwa, e vante tèt nou nan Bondye, [18] konnen volonte Li, e [j]vin dakò avèk tout bagay ki nesesè, paske se nou menm ki enstwi selon Lalwa a, [19] si nou rete byen si ke nou menm se gid avèg yo, yon limyè pou sila ki nan tenèb yo, [20] yon korektè pou ensanse yo, yon pwofesè pou sila ki poko gen matirite yo, akoz ke nou gen Lalwa a kòm [k]vrè baz konesans ak verite a; [21] konsa, nou menm [l]ki enstwi lòt yo, èske nou pa enstwi pwòp tèt nou? Nou menm ki preche ke yon moun pa dwe vòlè, èske nou vòlè? [22] Nou menm ki di ke yon moun pa dwe fè adiltè, èske nou fè adiltè? Nou menm ki rayi zidòl yo, èske nou konn vòlè tanp yo? [23] Nou menm ki [m]vante tèt nou nan Lalwa a, malgre nou vyole Lalwa a, èske nou dezonore Bondye? [24] Paske jan sa ekri a: [n]"Non Bondye a blasfeme pa etranje yo akoz de nou".

[25] Paske anverite, sikonsizyon gen valè si nou ap pratike Lalwa a, men si nou se yon transgresè Lalwa a, [o]sikonsizyon sa a gen tan vini ensikonsizyon. [26] [p]Donk, si yon nonm ki pa fizikman sikonsi [q]swiv tout règleman Lalwa yo, èske ensikonsizyon li an pa konsidere kòm sikonsizyon? [27] Epi li menm ki pa sikonsi fizikman, si li gade lalwa a, èske li p ap [r]jije nou, ki malgre nou gen chak lèt lalwa a ak sikonsizyon, se vyolatè lalwa a? [28] Paske [s]sa ki fè yon moun Jwif se pa sa ki parèt deyò a. Ni vrè sikonizyon an se pa sa ki fèt nan chè eksteryè a. [29] Men yon vrè Jwif se sila ki sikonsi pa anndan. [t]Sikonsizyon an se sa ki fèt nan kè, pa Lespri Sen an, men pa selon lèt lalwa a. [u]Lwanj pa li pa sòti nan lòm, men nan Bondye.

3 Konsa, ki avantaj Jwif la genyen? Oubyen ki benefis sikonsizyon genyen? [2] Anpil nan tout aspè. Premyèman [v]Jwif yo te konfye avèk tout pawòl ki sòti nan bouch Bondye yo. [3] Answit kisa? Si [w]kèk pa t kwè, enkwayans pa yo p ap chanje fidelite Bondye anvè yo. Se pa sa? [4] Ke sa pa janm fèt! Olye de sa, annou ensiste ke Bondye toujou vrè, malgre tout moun se mantè, jan sa ekri a: [x]"Ke Ou kapab jistifye nan pawòl Ou yo, e Ou kapab gen rezon lè Ou jije."

[5] Men si enjistis nou montre jistis Bondye, kisa nou kapab di? Èske Bondye ki dechennen lakòlè Li a, enjis? [y](M ap pale tankou yon moun)? [6] Ke sa pa janm fèt! Otreman, kòman [z]Bondye va jije lemond? [7] Men si akoz manti pa m [a]verite Bondye a vin parèt jis pou glwa Li, [b]poukisa yo toujou jije m kòm yon pechè? [8] Epi poukisa nou pa di (jan kèk ènmi konn di n ap di a): [c]"Annou fè mal pou byen kapab soti?" Kondanasyon pa yo jis. [9] Kisa answit? Èske nou pi bon pase yo? Paditou! Paske nou deja di ke ni Jwif ni Grèk, toude koupab anba peche. [10] Jan sa ekri a:

[d]"Pa gen moun ki jis, pa menm youn.
[11] Pa gen moun ki gen konprann.
Pa gen moun ki chache Bondye.
[12] Tout detounen, ansanm yo tout vin initil.
Pa gen moun ki fè sa ki bon;
pa menm yon sèl.
[13] [e]Gòj pa yo se yon tonm tou louvri.
Avèk lang pa yo, yo miltipliye desepsyon.
[f]Pwazon sèpan aspik rete anba lèv yo.
[14] [g]Bouch yo anmè nèt e plen ak madichon;
[15] [h]pye yo kouri rapid pou fè san koule.
[16] Destriksyon ak mizè toujou rete
sou wout yo;
[17] epi chemen k ap mennen lapè a,
yo pa konnen l.
[18] [i]Nanpwen lakrent Bondye devan zye yo."

[19] Alò, nou konnen ke nenpòt sa ke Lalwa a di, li pale ak [j]sila ki anba Lalwa yo, pou tout bouch kapab fèmen e pou tout mond lan kapab vin responsab devan Bondye. [20] Paske [k]pa zèv Lalwa a, pa gen chè k ap jistifye nan zye Li; paske selon Lalwa a, vini konesans peche.

[21] Men koulye a, apa Lalwa sa a, nou wè [l]ladwati Bondye byen parèt pa yon temwayaj konplè de Lalwa ak pwofèt yo. [22] Se ladwati Bondye a menm atravè sila ki kwè yo, paske [m]pa gen patipri. [23] Paske tout moun [n]peche e yo tonbe kout de laglwa Bondye a. [24] Men Yo [o]jistifye kòm yon kado pa gras Li atravè redanmsyon ki nan Jésus Kri a, [25] Li menm ke Bondye te fè parèt piblikman kòm yon [p]viktim ekspiyatwa nan san Li atravè lafwa. Li te fè sa

---

[a] 2:9 Wo 1:16 [b] 2:10 Wo 2:7 [c] 2:11 Det 10:17 [d] 2:12 Trav 2:23 [e] 2:13 Mat 7:21,24 [f] 2:14 Trav 10:35
[g] 2:15 Wo 2:14,27 [h] 2:16 Trav 10:42 [i] 2:17 Mi 3:11 [j] 2:18 Fil 1:10 [k] 2:20 Wo 3:31 [l] 2:21 Mat 23:3
[m] 2:23 Mi 3:11 [n] 2:24 És 52:5 [o] 2:25 Jr 4:4 [p] 2:26 I Kwo 7:19 [q] 2:26 Wo 8:4 [r] 2:27 Mat 12:41
[s] 2:28 Jn 8:39 [t] 2:29 Det 30:6 [u] 2:29 Jn 5:44 [v] 3:2 Det 4:8 [w] 3:3 Wo 10:16 [x] 3:4 Sòm 51:4
[y] 3:5 Wo 6:19 [z] 3:6 Wo 2:16 [a] 3:7 Wo 3:4 [b] 3:7 Wo 9:19 [c] 3:8 Wo 6:1 [d] 3:10 Sòm 14:1-3
[e] 3:13 Sòm 5:9 [f] 3:13 Sòm 140:3 [g] 3:14 Sòm 10:7 [h] 3:15 És 59:7 [i] 3:18 Sòm 36:1 [j] 3:19 Wo 2:12; Wo 3:9 [k] 3:20 Sòm 142:3 [l] 3:21 Wo 1:17 [m] 3:22 Wo 10:12 [n] 3:23 Wo 3:9 [o] 3:24 Wo 4:4,16 [p] 3:25 I Jn 2:2

pou montre jistis Li. Akoz pasyans Li, Bondye pa t kontwole peche ki te fèt deja yo. ²⁶ Sa te fèt pou Li montre nou ladwati li nan tan prezan an, e pou Li ta nan menm lè a, devni Sila ki jistifye sila ki gen fwa nan Jésus yo.

²⁷ ᵃKi kote konsa nou kapab vante tèt nou? Sa pa la ankò! Pa ki kalite lwa? Pa lalwa a zèv yo? Non, men pa lalwa a lafwa a. ²⁸ Paske ᵇnou ensiste ke yon moun jistifye pa lafwa, apa de tout zèv Lalwa yo. ²⁹ Oubyen ᶜèske Bondye se sèlman pou Jwif yo? Èske Li pa Bondye pèp etranje yo tou? Wi pèp etranje yo ladann tou. ³⁰ Anfèt akoz Bondye ᵈki va jistifye sikonsi pa lafwa yo, ak ensikonsi selon lafwa yo, se yon sèl.

³¹ Konsa, èske nou detwi Lalwa a ak lafwa? Ke sa pa janm fèt! Okontrè, se konsa nou ᵉetabli Lalwa a.

4 Konsa kisa nou kapab di ke Abraham, zansèt nou ᶠselon lachè te jwenn kon jijman? ² Paske si Abraham te jistifye pa zèv, li gen yon bagay pou vante tèt li, men ᵍpa devan Bondye. ³ Paske kisa Ekriti Sen Yo di?: ʰ"Abraham te kwè Bondye e sa te konte kòm ladwati li." ⁴ Alò, nou konnen ke sila ki ⁱtravay la, salè li pa konte kòm yon favè, men kòm sa li merite. ⁵ Men pou sila ki pa travay la, men ʲkwè nan Sila ki jistifye pechè yo, lafwa li ap konte kòm ladwati li. ⁶ Menm jan ke David te pale tou sou benediksyon ki vini sou moun ke Bondye deklare jis apa de zèv li yo:

⁷ ᵏ"Beni se tout moun ki gen tan padone
  pou tout inikite yo,
e ke peche pa yo gen tan fin kouvri.
⁸ ˡBeni se moun Senyè a pa rann kont
  pou peche l."

⁹ Konsa èske benediksyon sa a sou sikonsi sèlman, oubyen èske li tonbe sou ensikonsi yo tou? Paske nou di ke: ᵐ"Lafwa a te konte a Abraham kòm ladwati li." ¹⁰ Konsa kòman sa te konte? Pandan li te sikonsi, oubyen pandan li te ensikonsi a? Se pa t pandan li te sikonsi a, men lè li te ensikonsi a! ¹¹ Li te ⁿresevwa sign sikonsisyon an, kòm yon so ladwati li ke li te genyen pandan li te ensikonsi a, pou li ta kapab vin papa a ᵒtout sila ki kwè, menm sa yo san sikonsisyon, pou ladwati kapab konte pou yo. ¹² Li se papa a sikonsizyon, non sèlman pou sila ki sikonsi yo, men osi a sila yo ki swiv chemen lafwa ke Abraham te genyen pandan li te ensikonsi a.

¹³ Paske pwomès a Abraham ak ᵖdesandan li yo pou li te kab resevwa tout lemond kòm eritaj, pa t fèt selon lalwa, men selon ladwati lafwa a. ¹⁴ Paske ᵍsi se sila ki gen Lalwa a k ap eritye, lafwa vin pa vo anyen e pwomès la vin anile. ¹⁵ Paske Lalwa a pote lakòlè, men ʳkote ki pa gen lalwa, pa gen vyolasyon.

¹⁶ Pou rezon sa a, se pa lafwa, pou li ta kapab pa ˢgras, ke pwomès la ta kapab asire a tout desandan Abraham yo; non sèlman a sila ki gen Lalwa a, men osi a ᵗsila ki gen lafwa Abraham nan, ki se papa a nou tout. ¹⁷ Jan sa ekri a: ᵘ"Mwen te fè ou Papa a anpil nasyon yo", devan Sila a ke li (Abraham) te kwè a. Sa vle di, menm Bondye ki bay lavi a mò yo e ki fè egziste tout sila ki pa t janm egziste oparavan yo. ¹⁸ Nan espwa kont tout esperans li te kwè, pou li ta kapab vin papa a anpil nasyon, selon sa ki te pale a: ᵛ"Se konsa tout desandan ou yo va ye". ¹⁹ San li pa t vin fèb nan lafwa, li te reflechi sou pwòp kò li, ki te gen tan prèske mouri paske ʷli te gen anviwon san lane e ˣvant Sarah a te esteril akoz laj li.

²⁰ Men, selon pwomès a Bondye a, li pa t varye menm nan konfyans li, men te vin fò nan lafwa e ʸte toujou bay Bondye lwanj. ²¹ ᶻLi te gen asirans konplè ke sa Bondye te pwomèt la, Li ta kapab fè l rive. ²² Donk ᵃsa te konte osi pou li kòm ladwati. ²³ Se ᵇpa t sèlman pou lakoz li sèl ke yo te ekri ke sa te konte pou li, ²⁴ men anplis pou nou osi sa te konte, kòm sila ᶜki kwè nan Li yo; Li menm ki te resisite Jésus Kri, Senyè nou an sòti nan lanmò. ²⁵ Li menm ki te ᵈlivre a lakwa a pou peche nou yo e te resisite pou jistifikasyon nou.

5 ᵉKonsa, akoz ke nou jistifye pa lafwa, nou gen lapè avèk Bondye atravè Senyè nou an Jésus Kri. ² Selon Li menm tou pa lafwa, nou te ᶠtwouve aksè a gras sa a ki fè nou kanpe fèm. Epi nou rejwi nan esperans laglwa Bondye a. ³ Pa sèlman sa, men nou ᵍrejwi nan tribilasyon nou yo, paske nou konnen ke tribilasyon sa a pote pèseverans. ⁴ E pèseverans fè bon karaktè, e bon karaktè, esperans. ⁵ Epi esperans ʰp ap janm fè nou desi, paske lanmou Bondye gen tan vide nan kè nou atravè Lespri Sen a ki te bay li nou menm nan.

⁶ Paske pandan nou te ankò san defans, nan moman an menm, ⁱKris te mouri pou sila ki te san Bondye yo. ⁷ Se pa fasil ke yon nonm ta mouri pou yon moun ki jis, men petèt pou yon bon moun, li ta kab gen kouraj pou mouri. ⁸ Men Bondye montre tout ʲlanmou li anvè nou, ke pandan nou te ankò pechè, Kris te mouri pou nou.

⁹ Anplis ke sa, akoz ke nou gen tan jistifye ᵏpa san li, nou va sove ˡde lakòlè Bondye a atravè Li menm. ¹⁰ Paske, si pandan nou te ankò ᵐlènmi, nou te rekonsilye a Bondye pa lanmò a Fis Li a, anplis ke sa, akoz nou gen tan rekonsilye, nou va sove pa lavi Li.

¹¹ Epi pa sèlman sa, men osi nou rejwi nan Bondye atravè Senyè nou an, Jésus Kri. Atravè Li menm nou gen tan ⁿrekonsilye. ¹² Pou sa, se konsa pa yon sèl moun peche te antre nan lemonn, e ᵒlanmò pa peche a, konsa lanmò te rive a tout

moun paske tout moun fè peche. ¹³ Paske jiska Lalwa a te rive, peche ᵃte deja nan lemonn, men peche pa t kapab resevwa jijman kote ki pa gen lalwa. ¹⁴ Malgre sa, lanmò te renye soti nan Adam jiska Moïse, menm sou sila ki pa t fè peche yo ᵇsanblab ak ofans Adam an, ki se te yon pòtre a Sila ki te gen pou vini an.

¹⁵ Men kado gratis la pa sanble avèk transgresyon an. Paske si akoz transgresyon a yon sèl moun, anpil moun te mouri, menm bokou plis ke sa, lagras Bondye, ak kado pa ᶜlagras a yon sèl òm, Jésus Kri, vin jistifye anpil moun. ¹⁶ Kado a se pa tankou sila ki te vini pa moun ki te peche a; paske ᵈjijman an te sòti nan yon sèl transgresyon ki te bay rezilta a kondanasyon, men kado gratis la, ki te soti akoz anpil transgresyon yo, te bay kon rezilta a, jistifikasyon. ¹⁷ Paske si pa transgresyon a yon moun, lanmò te renye akoz li menm, bokou plis ke sa, sila ki resevwa gras an abondans ak kado ladwati a, ap ᵉrenye nan lavi atravè Li menm, Jésus Kri.

¹⁸ Konsa, kòm pa yon transgresyon, kondanasyon a tout moun te rive, menm jan an ak yon sèl aksyon ladwati te rive ᶠjistifikasyon anvè lavi pou tout moun. ¹⁹ Paske menm jan ke dezobeyisans a yon moun te fè tout moun vin pechè, menm jan an, obeyisans a yon moun va fè anpil moun vin jis. ²⁰ Lalwa a te vini pou transgresyon an te kapab vin plis, men kote peche te vin plis ᵍlagras te abonde pi plis toujou. ²¹ Konsa, menm jan ke peche te renye nan lanmò, ʰkonsa tou lagras te renye pa ladwati, jiska lavi etènèl nan Jésus Kri Senyè nou an.

6 Konsa, Kisa nou kapab di? Èske n ap ⁱkontinye nan peche pou lagras kapab vin plis? ² Ke sa pa janm fèt! Kijan nou menm ki te mouri a peche nou kapab kontinye viv nan li? ³ Oubyen èske nou pa konnen ke nou tout ki batize nan ʲKris Jésus a, gen tan batize nan lanmò li? ⁴ Konsa, nou gen tan ᵏantere avèk Li pa batèm nan lanmò Li a, pouke menm jan Kris te leve soti vivan nan lanmò a pa laglwa a Papa a, nou osi kapab mache nan nouvèl vi a.

⁵ Paske ˡsi nou vin sanble avèk Li nan lanmò Li, n ap vin sanble avèk Li nan rezirèksyon Li tou. ⁶ Byen rekonesan ke ᵐansyen moun nou an te krisifye avèk Li, pouke kò peche nou an ta kapab vin disparèt pou nou kab pa esklav a peche ankò. ⁷ Paske sila ki gen tan mouri an, libere de peche. ⁸ Alò ⁿsi nou gen tan mouri avèk Kris, nou kwè osi ke n ap viv avèk Li. ⁹ Paske nou konnen ke Kris ki te ᵒleve soti nan lanmò a, p ap janm mouri ankò. Lanmò pa mèt Li ankò. ¹⁰ Paske lanmò ke Li te mouri an, Li te mouri anvè peche, yon fwa pou tout, men vi ke L ap viv la, L ap viv pou Bondye. ¹¹ Menm jan konsidere nou menm kòm ᵖmò ak peche, men vivan anvè Bondye nan Jésus Kri.

¹² Konsa, pa kite peche ᵠreye nan kò mòtèl nou an, pou nou ta obeyi tout mal dezi li yo. ¹³ Pa kontinye ofri manm kò nou a peche kòm enstriman a lenjistis, men ʳprezante nou menm a Bondye kòm moun ki deja vivan soti nan lanmò, e manm kò nou a Bondye kòm enstriman ladwati. ¹⁴ Paske ˢpeche pa dwe mèt nou, paske ᵗnou pa anba Lalwa, men anba gras.

¹⁵ Kisa Ankò? ᵘÈske n ap fè peche paske nou pa anba Lalwa, men anba gras? Ke sa pa janm fèt! ¹⁶ Èske nou pa konnen ke lè nou livre tèt nou a yon moun kòm ᵛesklav obeyisan, nou vin esklav a sila ke nou obeyi a; swa a peche ki bay kòm rezilta lanmò, oubyen a obeyisans ki bay kòm rezilta ladwati? ¹⁷ Men mèsi Bondye, malgre nou te esklav a peche, nou te vin obeyisan nan kè nou a ʷmenm doktrin ke nou te resevwa a. ¹⁸ Epi lè nou te ˣlibere de peche, nou te vin esklav a ladwati.

¹⁹ M ap pale nan tèm a moun, akoz feblès lachè nou. Paske menm jan avan ʸke nou te konn prezante manm kò nou kòm esklav a salte ak linikite, ki te bay kòm rezilta, plis linikite toujou, koulye a prezante yo kòm esklav a ladwati ki bay kòm rezilta, sanktifikasyon. ²⁰ Paske ᶻlè nou te esklav de peche a, nou te lib de sa ki konsène ladwati. ²¹ Donk Ki ᵃbenefis nou te twouve konsa ki soti nan bagay yo ki fè nou wont koulye a? Paske sa ki soti nan bagay sa yo se lanmò. ²² Men koulye a nou gen tan ᵇfin lib de peche, e vin esklav a Bondye, nou twouve benefis nou ki bay kòm benefis sanktifikasyon, e kòm rezilta, lavi etènèl. ²³ Paske salè a ᶜpeche se lanmò, men kado gratis Bondye a, se lavi etènèl nan Jésus Kri, Senyè nou an.

7 Oubyen èske nou pa konnen, ᵈfrè m yo, (m ap pale avèk sila ki konnen Lalwa yo), ke Lalwa gen pouvwa sou yon moun pandan tout tan ke li vivan? ² Paske yon ᵉfanm ki marye vin mare pa lalwa a mari li pandan mari li vivan, men si mari li mouri, fanm nan vin lib de lalwa ak sa ki konsène mari li a. ³ Kidonk, si li vin jwenn yon lòt gason pandan mari li vivan an, yo va rele li yon adiltè, men si mari a mouri, li va lib de lwa a pou li pa yon adiltè, malgre li jwenn yon lòt gason. ⁴ Donk Frè m yo, nou tou nan kò Kris la, nou te ᶠoblije mouri ᵍa Lalwa a pou nou te kapab vin jwenn yon lòt, a Sila ki te leve soti nan lanmò a pou nou menm ta kapab pote fwi pou Bondye. ⁵ Paske pandan nou te nan lachè, Lalwa a te fè move pasyon yo ʰleve nan nou, ki t ap travay ⁱnan manm kò nou yo, pou donnen fwi pou lanmò. ⁶ Men koulye a nou gen tan fin lage de lwa sa a. Kòmsi ʲnou te mouri de sa ki te mare nou an e koulye a nou sèvi yon lòt jan avèk yon Lespri de nouvo, e pa nan lansyen sistèm a lèt lalwa a.

⁷ Donk kisa nou kapab di? Èske Lalwa se peche? Pa janm kite nou panse sa! Okontrè, mwen pa t ap

konnen peche sof ke Lalwa te montre m li. Mwen pa t ap konnen anyen sou ᵃ"lanvi" si se pa Lalwa ki di m "Ou pa pou gen lanvi". ⁸ Men peche, ki te pran opòtinite atravè ᵇLalwa a, te prodwi nan mwen lanvi de tout kalite; paske san Lalwa a, peche mouri. ⁹ Yon fwa, mwen te vivan separe de Lalwa a, men lè kòmandman an te vini, peche te pran lavi, e mwen te mouri. ¹⁰ Konsa, kòmandman sa a ki te ᶜfèt pou bay lavi a, te bay lanmò kòm rezilta pou mwen. ¹¹ Paske peche, ki te pran opòtinite pa kòmandman an, ᵈte twonpe mwen e akoz sa, te touye mwen. ¹² ᵉAlò, konsa Lalwa a sen, e kòmandman an sen, jis e bon.

¹³ Donk èske li posib ke sa ki te bon ta devni kòz lanmò mwen? ᶠKe nou pa janm panse sa! Olye de sa, se te peche ki te fè sa a, pou li ta fè m wè sa ke peche ye. Konsa li te fè m mouri ak sa ki bon an, pouke selon kòmandman an, li ta montre m kijan peche kondane nan nivo ki piwo a. ¹⁴ Paske nou konnen ke Lalwa a ᵍbaze sou lespri Bondye a menm. Men mwen menm se chè. Mwen te vann kòm esklav a peche. ¹⁵ Paske sa ke m ap fè yo, mwen pa konprann yo. Mwen p ap pratike ʰsa ke m ta renmen fè, men m ap fè bagay ke m rayi. ¹⁶ Men si m fè bagay m pito pa vle fè a, mwen vin dakò avèk ⁱLalwa a, e admèt ke Lalwa a bon. ¹⁷ Donk Koulye a ʲse pa mwen k ap fè l la ankò, men se peche ki rete nan mwen an. ¹⁸ Paske mwen konnen ke anyen ki bon pa rete nan mwen, sa vle di nan ᵏchè mwen. Paske bòn volonte a prezan nan mwen, men pou fè sa ki bon an pa janm fèt. ¹⁹ ˡPaske bon bagay ke mwen vle a, mwen pa janm fè li, men mwen pratike menm mal ke m pi pa vle a. ²⁰ Men si mwen ap fè menm bagay ke m pi pa vle a, ᵐmwen pa moun k ap fè l la ankò, men se peche ki rete nan mwen an. ²¹ Donk, mwen twouve kòm ⁿprensip ke mal toujou prezan nan mwen, mwen menm ki vle fè sa ki bon an. ²² Paske, plen ak lajwa, mwen vin dakò avèk Lalwa Bondye ki a ji ᵒandedan an, ²³ men nan manm kò mwen, mwen wè yon ᵖplòt lwa k ap goumen kont Lalwa volonte lespri mwen an e k ap fè m prizonye lwa peche ki nan manm mwen yo. ²⁴ Moun mizerab ke mwen ye! Ki moun k ap libere m soti nan ᵠkò lanmò sa a? ²⁵ Mèsi a Bondye atravè Jésus Kri Senyè nou an! Konsa, yon kote, nan panse m, m ap sèvi Lalwa Bondye a. Men yon lòt kote, avèk chè mwen, m ap sèvi lalwa peche a.

8 Konsa nanpwen okenn ʳkondanasyon pou sila ki nan ˢKris Jésus yo, ki pa mache selon lachè a, men selon Lespri a. ² Paske lalwa Lespri lavi a nan Jésus Kri te libere nou de Lalwa peche ak lanmò a. ³ Paske ᵗsa ke Lalwa a pa t kab fè akoz feblès li anvè lachè a, Bondye te fè l lè Li te voye pwòp Fis li menm nan imaj a chè peche a, kòm yon ofrann pou peche. Konsa, Li te kondane peche nan lachè, ⁴ pou tout egzijans Lalwa a ta kapab akonpli nan nou menm, ki ᵘpa mache ankò selon lachè, men selon Lespri a. ⁵ Paske sila ki viv selon lachè yo konsantre panse yo nan ᵛtout bagay ki konsène lachè a, men sila ki viv selon Lespri a, konsantre panse yo sou ʷtout bagay Lespri yo. ⁶ ˣPaske panse ki konsantre sou lachè a se lanmò, men panse ki konsantre sou Lespri a se lavi ak lapè. ⁷ Konsa, panse ki konsantre sou lachè se ʸlènmi a Bondye, paske li pa soumèt tèt li a Lalwa Bondye. Paske li pa posib pou lachè a fè sa. ⁸ Konsa, sila ki ᶻnan lachè yo pa kapab fè Bondye plezi.

⁹ Men nou pa nan lachè a, men nan Lespri a, si vrèman Lespri Bondye a ᵃrete nan nou. Men si yon moun pa gen Lespri Kris la, li pa moun pa L. ¹⁰ ᵇSi Kris nan nou, malgre kò a mouri akoz peche, lespri a ap viv akoz ladwati Bondye. ¹¹ Men si Lespri de Li menm ki te resisite Jésus nan lanmò a rete nan nou, Li menm ki te ᶜfè Jésus Kri leve soti nan lanmò a ap bay lavi a kò mòtèl nou an pa Lespri Li ki rete andedan nou an.

¹² Konsa, frè m yo, nou pa anba obligasyon lachè a, pou viv selon lachè. ¹³ Paske si nou ap viv selon lachè, nou ap mouri, men si se selon Lespri a, n ap ᵈmete tout zèv lachè yo a lanmò, e n ap viv. ¹⁴ Paske, tout moun ᵉki ap dirije pa Lespri Sen Bondye a, se fis Li yo ye. ¹⁵ Paske nou ᶠpa t resevwa yon Lespri esklavaj, pou fè nou retounen viv nan laperèz, men nou ᵍte resevwa yon Lespri adopsyon kon fis. Pa lespri sila nou rele "Abba! Papa a.

¹⁶ Lespri a Li menm ʰtemwaye a lespri pa nou ke nou se pitit Bondye. ¹⁷ Si se pitit li nou ye, n ap ⁱeritye tou. N ap eritye de Bondye e eritye ansanm avèk Kris, si vrèman nou soufri avè l pou nou kapab vin gen glwa ansanm avè l.

¹⁸ Paske, mwen konsidere soufrans lan nan tan sa a ʲpa kapab konpare menm avèk laglwa ki va revele a nou menm nan. ¹⁹ Paske tout kreyasyon an ap tann avèk gwo lanvi ᵏrevelasyon a fis Bondye yo. ²⁰ Paske kreyasyon an te a ˡsibi anba ᵐkòve, pa selon pwòp volonte pa li, men akoz Bondye ki te fè l soumèt, nan esperans lan; ²¹ ke ⁿkreyasyon an li menm osi va libere soti nan esklavaj a koripsyon, pou l antre nan libète laglwa a fis Bondye yo. ²² Paske nou konnen ke jis nan lè sa a tout kreyasyon ap ᵒleve vwa li nan gwo plent tankou fanm k ap fè pitit. ²³ Epi se pa sèlman sa, men nou menm osi ki gen ᵖpremye fwi Lespri yo, nou menm, nou plenyen menm jan an anndan nou, pandan n ap tann adopsyon nou kòm fis, ak redanmsyon a kò mòtèl nou an. ²⁴ Paske nou te sove nan espwa, men ᵠespwa a yon bagay nou kapab wè se pa espwa. Poukisa yon moun ta

---
ᵃ **7:7** Egz 20:17   ᵇ **7:8** Wo 3:20   ᶜ **7:10** Lev 18:5   ᵈ **7:11** Jen 3:13   ᵉ **7:12** Wo 7:16   ᶠ **7:13** Luc 20:16
ᵍ **7:14** I Kwo 3:1   ʰ **7:15** Wo 7:19   ⁱ **7:16** Wo 7:12   ʲ **7:17** Wo 7:20   ᵏ **7:18** Jn 3:6   ˡ **7:19** Wo 7:15
ᵐ **7:20** Wo 7:17   ⁿ **7:21** Wo 7:23,25   ᵒ **7:22** II Kwo 4:16   ᵖ **7:23** Wo 6:19   ᵠ **7:24** Wo 6:6   ʳ **8:1** Wo 8:34
ˢ **8:1** Wo 8:9   ᵗ **8:3** Trav 13:39   ᵘ **8:4** Gal 5:16,25   ᵛ **8:5** Gal 5:22-25   ʷ **8:5** Gal 6:8   ˣ **8:6** Gal 6:18
ʸ **8:7** Jc 4:4   ᶻ **8:8** Wo 7:5   ᵃ **8:9** Jn 14:23   ᵇ **8:10** Jn 17:23   ᶜ **8:11** Trav 2:24   ᵈ **8:13** Kol 3:5   ᵉ **8:14** Gal 5:18
ᶠ **8:15** Eb 2:15   ᵍ **8:15** Wo 8:23   ʰ **8:16** Trav 5:32   ⁱ **8:17** Trav 20:32   ʲ **8:18** II Kwo 4:17   ᵏ **8:19** Wo 8:18
ˡ **8:20** Jen 3:17-19   ᵐ **8:20** Sòm 39:5   ⁿ **8:21** Trav 3:21   ᵒ **8:22** Jr 12:4,11   ᵖ **8:23** Wo 8:16   ᵠ **8:24** Wo 4:18

espere yon bagay ke li wè deja? ²⁵ Men ᵃsi nou espere sa ke nou pa wè, nou ap tann li avèk gwo lanvi ak pèseverans.

²⁶ Menm jan an, Lespri a ede nou tou nan feblès nou; paske nou pa konnen kòman pou nou priye jan nou ta dwe priye a. Men ᵇLespri a Li menm entèsede pou nou avèk soupi ki pa kapab eksprime. ²⁷ Men ᶜLi menm ki sonde kè yo konnen panse a Lespri a, paske Li entèsede pou tout sen yo selon volonte Bondye a.

²⁸ Konsa nou konnen ke Bondye fè ᵈtout bagay mache ansanm pou byen a sila ki renmen Bondye yo, pou sila ke Li te ᵉrele selon volonte Li yo. ²⁹ Paske sila ke Li te ᶠkonnen oparavan yo, Li te chwazi yo depi avan pou vin konfòm a limaj a Fis Li a, pou Li ta kapab premye ne pami anpil frè. ³⁰ Epi sila ke Li te chwazi oparavan yo, Li te anplis rele yo, e sila Li te rele yo, Li te ᵍjistifye yo, e sila Li te jistifye yo, anplis, Li te ʰglorifye yo.

³¹ Konsa, kisa nou kapab di de bagay sa yo? ⁱSi Bondye pou nou, kilès ki kab kont nou? ³² Li menm ki ʲpa t epagne pwòp Fis Li, men te livre Li pou nou tout, kijan Li ta refize bay nou tout bagay tou? ³³ Kilès k ap pote yon akizasyon kont sila ke Bondye chwazi yo? Se ᵏBondye menm ki fè moun jis. ³⁴ Kilès ki k ap kondane? Se Jésus Kri ki te mouri pou nou an, wi, pito di ki te leve a, ki rete sou men dwat Bondye, e ki ˡap entèsede pou nou tou.

³⁵ Kilès k ap separe nou de lanmou Kris la? Èske se ᵐtribilasyon, soufrans ⁿpèsekisyon, grangou, toutouni, gwo danje, oubyen nepe? ³⁶ Jan sa ekri a:
ᵒ"Pou kòz pa w, yo mete nou a lanmò
tout la jounen.
Nou te konsidere kòm mouton ki prè
pou kòche."

³⁷ Men, nan tout bagay, nou plis ke ᵖvenkè atravè Sila a ki renmen nou an. ³⁸ Paske mwen konvenk ke ᵠni lanmò, ni lavi, ni zanj yo, ni wayòm yo, ni bagay k ap pase koulye a, ni bagay k ap vini pi devan, ni pouvwa yo ³⁹ ni wotè, ni pwofondè, ni lòt bagay ki kreye, pa kapab separe nou de ʳlanmou Bondye, ki nan Kris Jésus, Senyè nou an.

9 ˢM ap di nou verite nan Kris la, mwen p ap bay manti. Konsyans mwen temwaye pou mwen nan Lespri Sen an, ² ke mwen gen yon gran tristès ak doulè san rete nan kè mwen. ³ Paske mwen ᵗte kab vle ke se mwen menm ki te kondane, separe de Kris pou lanmou frè m yo, fanmi mwen, ᵘselon lachè. ⁴ Yo se ᵛIzrayelit ki te resevwa adopsyon kòm fis yo, ak laglwa akò yo, don Lalwa a, sèvis nan tanp lan, ak tout pwomès yo; ⁵ ki gen patriyach yo, e ʷki se zansèt a Kris la selon lachè; Li menm ki sou tout bagay, Bondye beni pou tout tan an. Amen.

⁶ Men se pa kòmsi pawòl Bondye a fè fayit. ˣPaske se pa yo tout ki Izrayelit ki sòti nan ras Israël, ⁷ ni ʸse pa tout pitit ki sòti nan Abraham ki se pitit li. Men: ᶻ"Selon Isaac desandan ou yo va nonmen". ⁸ Sa vle di, se pa zanfan lachè yo ki se pitit Bondye, men ᵃzanfan a pwomès la ki konsidere kòm erityè yo. ⁹ Paske men pawòl a pwomès la: ᵇ"Nan moman apwente a, m ap vini e Sarah va gen yon fis." ¹⁰ Epi se pa sèlman sa, men te genᶜRebecca osi, lè li te fè jimo yo pou yon sèl moun, Isaac, papa nou. ¹¹ Paske ᵈmalgre jimo yo potko fèt e potko fè anyen ni byen ni mal, pou volonte Bondye selon chwa li ta kanpe, pa akoz zèv yo, men akoz Li menm, Bondye, ki fè apèl la, ¹² Li te di a Rebecca: ᵉ"Pi gran an va sèvi pi piti a". ¹³ Jan sa ekri a: ᶠ"Jacob Mwen te renmen an, men Ésaü mwen te rayi a".

¹⁴ Ki sa nou kapab di konsa? Èske gen lenjistis avèk Bondye? Fòk nou konprann sa pa janm fèt! ¹⁵ Paske Li di a Moïse: ᵍ"Mwen va bay mizerikòd a sila ke m vle bay mizerikòd, e konpasyon pou sa ke m vle gen konpasyon." ¹⁶ Konsa, sa pa depann de moun ki vle a oubyen moun ki kouri a, men de ʰBondye ki vle bay mizerikòd la. ¹⁷ Paske ⁱLekriti a di a Farawon: "Pou rezon sa a menm, Mwen te leve ou, pou montre pouvwa Mwen nan ou, pou non Mwen kapab pwoklame toupatou nan lemonn." ¹⁸ Konsa, L ap fè mizerikòd a sila Li vle a, e l ap fè ʲkè di a sila Li pito a.

¹⁹ Konsa nou va di m: "Poukisa Li toujou jwenn fot? ᵏKilès ki kab reziste a volonte Li." ²⁰ Okontrè, ˡkilès ou ye, o lòm, k ap bay Bondye repons lan? ᵐBagay ki moulen avèk ajil la pa kapab di a moun ki fè l la: "Poukisa ou te fè m konsa?" Se pa sa? ²¹ Èske mèt kanari a pa gen dwa sou a jil la, pou l sèvi menm sous a jil la pou fè yon kanari gwo valè e yon kanari komen? ²² Kisa, si Bondye, malgre volonte L pou montre lakòlè Li, ak fè moun wè pwisans Li, te andire avèk anpil pasyans ak veso lakòlè ⁿki te prepare pou detwi yo. ²³ Epi Li te fè sa pou Li ta kapab fè wè ᵒrichès laglwa Li sou veso mizerikòd yo, ke li te prepare davans pou glwa Li, ²⁴ menm nou menm ke Li te rele osi yo, ᵖnon sèlman pami Jwif yo, men anplis pami pèp etranje yo. ²⁵ Jan Li di osi nan Osée a:
ᵠ"Mwen va rele sila ki pa te pèp mwen
yo, 'pèp mwen',
e sila ki pa t byeneme Mwen yo, 'byeneme'"
²⁶ "Epi li va rive ke nan plas kote Li te di yo a: ʳ'Nou pa pèp mwen',

---

ᵃ **8:25** I Tes 1:3   ᵇ **8:26** Jn 14:16   ᶜ **8:27** Sòm 139:1   ᵈ **8:28** Wo 8:32   ᵉ **8:28** Wo 8:30   ᶠ **8:29** Wo 11:12
ᵍ **8:30** I Kwo 6:11   ʰ **8:30** Jn 17:22   ⁱ **8:31** Sòm 118:6   ʲ **8:32** Jn 3:16   ᵏ **8:33** És 50:8   ˡ **8:34** Wo 8:27
ᵐ **8:35** II Kwo 4:8   ⁿ **8:35** I Kwo 4:11   ᵒ **8:36** Sòm 44:22   ᵖ **8:37** Jn 16:33   ᵠ **8:38** I Kwo 3:22   ʳ **8:39** Wo 5:8
ˢ **9:1** II Kwo 11:10   ᵗ **9:3** Egz 32:32   ᵘ **9:3** Wo 11:14   ᵛ **9:4** Egz 4:22   ʷ **9:5** Mat 1:1-16   ˣ **9:6** Wo 2:28
ʸ **9:7** Jn 8:23   ᶻ **9:7** Jen 21:12   ᵃ **9:8** Wo 4:13,16   ᵇ **9:9** Jen 18:10   ᶜ **9:10** Jen 25:21   ᵈ **9:11** Wo 4:17
ᵉ **9:12** Jen 25:23   ᶠ **9:13** Mal 1:2   ᵍ **9:15** Egz 33:19   ʰ **9:16** Ef 2:8   ⁱ **9:17** Egz 9:16   ʲ **9:18** Egz 4:21
ᵏ **9:19** II Kwo 20:6   ˡ **9:20** Job 33:13   ᵐ **9:20** És 29:16   ⁿ **9:22** Pwov 16:4   ᵒ **9:23** Wo 2:4   ᵖ **9:24** Wo 3:29
ᵠ **9:25** Os 2:23   ʳ **9:26** Os 1:10

la menm, yo va rele yo fis a Bondye Vivan an."'

²⁷ Ésaïe te kriye fò pou Israël:
ᵃ"Malgre fis a Israël yo anpil tankou grenn
  sab lanmè, se yon ti retay ki va sove".
²⁸ ᵇ"Paske Bondye va egzekite pawòl Li sou
  latè avèk vitès, san manke anyen.
²⁹ Epi jan Ésaïe te prevwa a:
ᶜ"Amwenske Senyè dèzame yo pa t kite
  yon posterite pou nou,
nou ta devni tankou Sodome;
nou ta sanble Gomorrhe."
³⁰ Konsa, kisa nou kapab di? Ke pèp etranje yo, ki pa t chache ladwati Bondye a, te twouve ladwati, ᵈladwati menm ki pa lafwa a. ³¹ Men Israël ᵉki t ap chèche yon lwa ladwati, pa t rive nan lwa sa a. ³² Poukisa? Paske yo pa t chèche li pa lafwa, men konsi se te pa zèv. Yo te bite, sou ᶠwòch bite a. ³³ Jis jan sa ekri a:
ᵍ"Gade, m ap mete yon wòch nan Sion
  k ap fè moun bite;
ʰyon wòch k ap yon ofans,
e sila ki kwè nan Li Menm nan, p ap
  janm desi."

10 Frè m yo, dezi kè m ak lapriyè m a Bondye se pou tout Jwif yo kapab sove. ² Paske mwen temwaye de yo ke yo ⁱgen yon zèl pou Bondye, men pa selon bon konprann yo. ³ Paske san konesans de ʲladwati Bondye a, yo te eseye etabli ladwati pa yo, e yo pa t soumèt yo menm a jistis Bondye a. ⁴ Paske ᵏKris fè lalwa a ranpli pou ladwati de tout sila ki kwè yo.
⁵ Moïse te ekri ke moun ˡki pratike ladwati ki baze sou Lalwa a ap viv pa jistis sila a. ⁶ Men ᵐladwati ki baze sou lafwa a, pale konsa: ⁿ"Pa di nan kè ou 'Kilès k ap monte nan syèl la?' (Sa vle di pou fè Kris desann) ⁷ Oubyen: 'Kilès k ap desann nan labim nan' (sa vle di pou ᵒmennen Kris sòti nan lanmò)." ⁸ Men kisa sa di? ᵖ"Pawòl la toupre ou nan bouch ou, ak nan kè ou." Sa vle di pawòl lafwa ke n ap preche a, ⁹ ke si ou konfese avèk bouch ou Jésus kòm Senyè, e kwè nan kè ou ke ᑫBondye te resisite L, soti nan lanmò, ou va sove. ¹⁰ Paske avèk kè yon moun kwè ki fè l rive nan ladwati e, avèk bouch li konfese ki fè l va sove. ¹¹ Paske Ekriti Sen an di: ʳ"Nenpòt moun ki kwè nan Li p ap desi."
¹² Paske ˢpa gen distenksyon antre Jwif ak Grèk; paske menm Senyè a se Senyè a tout moun, e Li plen richès pou tout sila ki rele Li yo. ¹³ Konsa ᵗ"Nenpòt moun ki rele Non Senyè a ap sove." ¹⁴ Konsa kòman yo va rele Li si yo pa janm kwè? Kòman yo va kwè nan Li ᵘsi yo pa janm tande? Epi kòman yo va tande san ᵛyon predikatè? ¹⁵ Kòman yo va preche yo si yo pa voye ba yo? Jis jan sa ekri a:

ʷ"A la bèl pye a sila ki pote bòn nouvèl
  a bon bagay bèl yo!"
¹⁶ Sepandan, se pa tout moun ki te aksepte bòn nouvèl la; Ésaïe di: ˣ"Senyè, kilès ki kwè rapò nou an?" ¹⁷ Konsa lafwa soti nan ʸtande, e tande pa ᶻpawòl a Kris la. ¹⁸ Men mwen di: "Byensi, yo pa janm tande; se pa sa?" Anfèt yo tande:
ᵃ"Vwa pa yo ale sou tout latè e pawòl pa yo
  rive jis nan dènye pwent mond lan."
Epi pawòl yo rive nan tout pwent latè a.

¹⁹ Men mwen di: "Byensi Israël pa t konnen; se pa sa?" Dabò, Moïse di:
ᵇ"M ap fè nou jalou pou sa ki pa yon nasyon;
avèk yon nasyon san konprann, m ap
  fè nou fache."

²⁰ Ésaïe, ak kouraj te di: ᶜ"Mwen te twouve pa sila ki pa t chache M yo;
Mwen te vin parèt a sila ki pa t mande
  pou mwen yo."

²¹ Men selon Israël Li di: "Mwen lonje men m tout la jounen bay yon pèp tèt di e dezobeyisan."

11 Konsa, mwen mande: Èske Bondye ᵈrejte pèp Li a? Pa janm panse sa! Paske mwen se yon Izrayelit tou, yon desandan Abraham, ki sòti nan tribi Benjamin an. ² Bondye ᵉpa janm rejte pèp Li a ke Li te konnen oparavan an. Èske ou pa konnen sa Ekriti a di nan pasaj sou Élie, jan li te plede avèk Bondye kont Israël? ³ "Senyè ᶠyo touye pwofèt ou yo; yo kraze lotèl ou yo. Se mwen sèl ki rete, e y ap chèche touye m tou." ⁴ Men ki repons ojis Bondye te bay li?: ᵍ"Mwen kenbe pou Mwen menm sèt-mil òm ki pa t mete a jenou devan Baal." ⁵ Nou konprann menm jan ke nan tan prezan pa nou anplis, nou twouve yon retay nan pèp la pa gras ak chwa Bondye. ⁶ Men ʰsi se pa gras sa rive, li pa baze ankò sou zèv. Otreman li pa t ap gras ankò. Men si se pa zèv, li pa gras ankò. Otreman, zèv se pa zèv ankò.
⁷ Alò, Kisa? Sa ke ⁱIsraël ap cheche a, sa a, li pa t twouve. Men sila yo ki te chwazi pa Bondye, te twouve l, e rès la te vin ʲdi nan kè. ⁸ Jis jan sa te ekri a: ᵏ"Bondye te bay yo yon espri sòt, zye pou yo pa wè, ak zòrèy pou yo pa tande jiska menm jou sila a."
⁹ Konsa, David di:
ˡ"Kite tab yo devni yon pèlen ak yon pyèj;
yon wòch bite ak yon chatiman pou yo.
¹⁰ ᵐKite zye yo vin nwa pou yo pa wè
ak do yo koube pou tout tan."
¹¹ Konsa, mwen mande: "Yo pa t glise tonbe nèt"? Se pa sa! Sa p ap janm rive konsa! Men pa

---

ᵃ **9:27** És 10:22   ᵇ **9:28** És 10:23   ᶜ **9:29** És 1:9   ᵈ **9:30** Wo 1:17   ᵉ **9:31** És 51:1   ᶠ **9:32** És 8:14
ᵍ **9:33** És 28:16   ʰ **9:33** És 8:14   ⁱ **10:2** Trav 21:20   ʲ **10:3** Wo 1:17   ᵏ **10:4** Wo 7:1-4   ˡ **10:5** Lev 18:5
ᵐ **10:6** Wo 9:30   ⁿ **10:6** Det 30:12   ᵒ **10:7** Eb 13:20   ᵖ **10:8** Det 30:14   ᑫ **10:9** Trav 2:24   ʳ **10:11** És 28:16
ˢ **10:12** Wo 3:22,29   ᵗ **10:13** Jl 2:32   ᵘ **10:14** Ef 2:17   ᵛ **10:14** Trav 8:31   ʷ **10:15** És 52:7   ˣ **10:16** És 53:1   ʸ **10:17** Gal 3:2,5   ᶻ **10:17** Kol 3:16   ᵃ **10:18** Sòm 19:4   ᵇ **10:19** Det 32:21   ᶜ **10:20** És 65:1
ᵈ **11:1** I Sam 12:22   ᵉ **11:2** Sòm 94:14   ᶠ **11:3** I Wa 19:10,14   ᵍ **11:4** I Wa 19:18   ʰ **11:6** Wo 4:4   ⁱ **11:7** Wo 9:31   ʲ **11:7** Mc 6:52   ᵏ **11:8** Det 29:4   ˡ **11:9** Sòm 69:22   ᵐ **11:10** Sòm 69:23

transgresyon pa yo, ᵃsali a gen tan rive a pèp etranje yo pou fè yo jalou. ¹² Alò, si transgresyon pa yo se richès pou mond lan, e echèk pa yo se richès pou pèp etranje yo, konbyen anplis ᵇpou lè yo menm reyisi?

¹³ Paske m ap pale avèk nou menm ki se pèp etranje yo. Otan ke ᶜmwen menm se yon apòt a pèp etranje yo, mwen leve sèvis ministè pa m byen wo. ¹⁴ Men pou si l ta ka vin fèt (ke pa yon mwayen oswa yon lòt), si mwen ta kapab eksite pwòp pèp mwen an a jalouzi, pou m ta kapab ᵈsove kèk, mwen ta fè l. ¹⁵ Paske si rejeksyon pa yo se ᵉrekonsilyasyon pou tout mond lan, kisa l ap ye menm lè yo vin aksepte, sof ke lavi k ap sòti nan lanmò.

¹⁶ Si ᶠpremye mòso ki sòti nan pat pen an sen, tout rès la ap sen tou, e si rasin lan sen, tout branch yo ap sen tou. ¹⁷ Men si kèk nan ᵍbranch yo te kase retire, epi ʰou menm, kòm yon oliv sovaj, te vin grefe pami yo, e te devni yon pati vivan avèk yo nan gwo rasin pye oliv la, ¹⁸ pa vin awogan anvè branch yo. Men si ou ta vin awogan, sonje ke ⁱse pa ou menm ki bay soutyen a rasin lan, men li menm ki bay ou soutyen. ¹⁹ ʲKonsa ou va di: "Men branch yo te kase pou m te kab vin grefe ladan yo". ²⁰ Se sa li ye; yo te kase akoz de enkwayans yo, men ᵏou kanpe pa lafwa ou. Pa vin fè pretansye, men gen lakrent. ²¹ Paske si Bondye pa t konsève branch orijinal yo, Li p ap konsève ou menm nonplis. ²² Konsa, byen gade bonte ak severite Bondye a. Anvè sila ki tonbe yo, severite, men pou ou menm, bonte Li, ˡsi ou kontinye nan bonte Li. Otreman, l ap retire ou tou. ²³ Konsa, yo menm tou ᵐsi yo pa kontinye nan enkwayans yo, y ap grefe ladann ankò. Paske Bondye toujou kapab grefe yo ladann. ²⁴ Paske si ou te koupe soti nan yon bwa ki pa nati li, te yon bwa oliv sovaj, e ou te vin grefe kont nati, nan yon bwa oliv ki kiltive, konbyen anplis tout branch sila yo ki se branch natirèl va grefe nan bwa oliv orijinal la.

²⁵ Paske mwen pa vle nou, frè m yo, manke konprann mistè sila aⁿpouke ou vin sipoze ou plen ak sajès. Yon tèt di nan yon pati gen tan pran Israël jiskaske tout pèp etranje yo fin antre. ²⁶ Konsa, tout Israël va sove. Jis jan sa ekri a:
ᵒ"Sila k ap delivre a va sòti de Sion.
Li va retire enkwayans a Jacob."
²⁷ ᵖ"Sa se akò Mwen avèk yo;
lè Mwen va retire peche pa yo."
²⁸ Nan bi bòn nouvèl la, yo menm se lènmi pou benefis pa nou. Men selon bi chwa Bondye a, yo se byeneme pou ᑫbenefis a zansèt yo. ²⁹ Paske kado ak ʳapèl Bondye pa revokab. ³⁰ Menm jan ke yon fwa ou te nan dezobeyisans a Bondye, men koulye a Li bannou gras akoz dezobeyisans a Jwif yo, ³¹ konsa, yo menm tou dezobeyisan koulye a, men akoz mizerikòd Bondye gen tan bannou, yo kapab twouve gras tou. ³² Paske ˢBondye gen tan fèmen nou tout nan dezobeyisans pou li kapab montre nou tout mizerikòd li.

³³ O, pwofondè ᵗrichès a ᵘsajès ak konesans Bondye! A la ensondab Jijman Li ensondab! A la chemen Li yo depase konprann!
³⁴ Paske ᵛ"Kilès ki konnen panse a Senyè a?" Oubyen "Kilès ki kapab bay Li konsèy?"
³⁵ Oswa ʷ"Kilès ki konn bay Li yon bagay pou Li kapab repeye li ankò?"
³⁶ Paske ˣsoti nan Li, atravè Li, e akoz Li se tout bagay. A Li menm laglwa jis pou tout tan, Amen.

12 Konsa, frè m yo, mwen egzòte nou pa tout mizerikòd Bondye yo, pou ʸprezante kò nou kon yon sakrifis vivan e sen, ki se sèvis fidèl ke nou rann pou adore Bondye. ² Pou sa a, pa konfòme nou a mond sa a, men transfòme nou pa ᶻrenouvèlman lespri nou, pou nou kapab ᵃpwouve sa ke volonte Bondye a ye; sa ki bon, akseptab e konplè san manke anyen.

³ Paske selon gras ke mwen resevwa a, mwen di a chak moun pami nou ᵇpou pa panse pi wo de tèt li pase sa li ta dwe panse a; men panse avèk yon jijman rezonab, konsi, Bondye te bay chak moun yon mezi lafwa. ⁴ Paske ᶜmenm jan ke kò nou gen anpil manm e tout manm sa yo pa gen menm fonksyon, ⁵ konsa nou menm tou ki anpil, nou fè ᵈyon sèl kò nan Kris la, e nou chak manm youn ak lòt. ⁶ Akoz nou gen don ki ᵉpa menm, selon gras ke nou resevwa a, annou chak sèvi yo konsa; si se pwofetize, sèvi l selon mezi lafwa ke Bondye bannou; ⁷ si se ᶠfè sèvis, nan sèvi moun, si se ᵍenstwi, nan enstwi, ⁸ si se egzòte moun, nan egzòtasyon; si se bay, bay avèk jenewozite; ʰsi se dirije, dirije avèk dilijans, si se bay mizerikòd, bay li avèk kè kontan.

⁹ Se pou nou renmen ⁱsan ipokrizi. Rayi sa ki mal e kenbe fèm a sa ki bon. ¹⁰ ʲSe pou nou angaje nou youn ak lòt nan lanmou fratènèl; bay preferans youn pou lòt avèk lonè. ¹¹ Pa fè bak nan dilijans, rete ᵏzele nan lespri nou, ak ˡnan sèvis Senyè a, ¹² ᵐrejwi nou nan esperans, rete pasyan nan tribilasyon ⁿpèsevere nan lapriyè. ¹³ ᵒKontribye pou bezwen a sen yo, e toujou ᵖpratike ospitalite.

¹⁴ ᑫBeni sila ki pèsekite nou yo, bay benediksyon e pa bay madichon. ¹⁵ ʳRejwi avèk sila ki rejwi yo, e kriye avèk sila ki kriye yo. ¹⁶ Kenbe menm panse a youn anvè lòt. Pa kite ògèy antre nan lespri nou, men

---

ᵃ **11:11** Trav 28:28   ᵇ **11:12** Wo 11:25   ᶜ **11:13** Trav 9:15   ᵈ **11:14** I Kwo 1:21   ᵉ **11:15** Wo 5:11   ᶠ **11:16** Nonb 15:18   ᵍ **11:17** Jn 15:2   ʰ **11:17** Ef 2:11   ⁱ **11:18** Jn 4:22   ʲ **11:19** Wo 9:19   ᵏ **11:20** Wo 5:2   ˡ **11:22** I Kwo 15:2   ᵐ **11:23** II Kwo 3:16   ⁿ **11:25** Wo 12:16   ᵒ **11:26** És 59:20   ᵖ **11:27** És 59:21   ᑫ **11:28** Wo 8:28   ʳ **11:29** Wo 8:28   ˢ **11:32** Wo 3:9   ᵗ **11:33** Wo 2:4   ᵘ **11:33** Kol 2:3   ᵛ **11:34** És 40:13   ʷ **11:35** Job 35:7   ˣ **11:36** I Kwo 8:6   ʸ **12:1** Wo 6:13,19   ᶻ **12:2** Ef 4:23   ᵃ **12:2** Ef 5:10,17   ᵇ **12:3** Wo 11:20   ᶜ **12:4** I Kwo 12:12-14   ᵈ **12:5** I Kwo 12:20,27   ᵉ **12:6** Wo 12:3   ᶠ **12:7** Trav 6:1   ᵍ **12:7** Trav 13:1   ʰ **12:8** I Tim 5:17   ⁱ **12:9** II Kwo 6:6   ʲ **12:10** Jn 13:34   ᵏ **12:11** Trav 18:25   ˡ **12:11** Trav 20:19   ᵐ **12:12** Wo 5:2   ⁿ **12:12** Trav 5:14   ᵒ **12:13** II Kwo 9:1   ᵖ **12:13** Mat 25:35   ᑫ **12:14** Mat 5:44   ʳ **12:15** Job 30:25

toujou asosye nou avèk sa ki enb yo. ᵃPa konprann ke se nou menm ki saj. ¹⁷ ᵇPa janm remèt mal pou mal a pèsòn. Respekte sa ki bon nan zye a tout moun. ¹⁸ Si se posib, otan ke li depann de nou ᶜrete anpè avèk tout moun. ¹⁹ Pa janm pran pwòp vanjans nou, byeneme mwen yo, men kite plas pou kòlè Bondye a. Paske sa ekri: ᵈ"Vanjans se pou Mwen; Mwen menm va bay rekonpans", di Senyè a.
²⁰ ᵉ"Konsa, si lènmi nou grangou,
  bay li manje;
e si li swaf, bay li bwè.
Paske lè nou fè l konsa, nou sanble moso
  chabon cho sou tèt li."
²¹ Pa kite nou venk pa le mal, men venk mal la avèk sa ki bon.

13 Chak moun dwe ᶠobeyisan ak otorite gouvènman yo. Paske pa gen otorite sof ke li sòti nan Bondye, e sila ki egziste yo etabli pa Bondye. ² Konsa, nenpòt moun ki reziste a otorite, opoze a òdonans Bondye a. E sila ki opoze yo va resevwa kondanasyon sou pwòp tèt yo. ³ Paske ᵍsila yo ki nan otorite p ap koz laperèz pou sila ki gen bon kondwit yo, men pou sila ki fè mal yo. Eske nou vle pa gen laperèz pou otorite? Fè sa ki bon e yo va bannou lwanj. ⁴ Paske li menm se sèvitè Bondye anvè nou menm pou sa ki bon. Men si nou fè sa ki mal, fòk nou pè; paske li pa pote nepe pou granmesi. Paske li se yon sèvitè Bondye, yon ʰvanjè k ap pote kòlè sou sila ki pratike mechanste yo. ⁵ Konsa, li nesesè pou nou soumèt nou. Sa pa fèt sèlman akoz krent lakòlè a, men osi ⁱakoz bon konsyans pa nou. ⁶ Se pou sa tou ke nou toujou peye taks leta a; paske sila k ap gouvène yo se sèvitè Bondye ki te plase espre pou sèvis sa a. ⁷ ʲBay yo tout sa ke nou dwe yo; taks a sila nou dwe taks yo, enpo a sila nou dwe enpo yo, lakrent a sila ke nou dwe krent yo, onè a sila ke nou dwe onè yo.

⁸ Pa dwe anyen a pèsòn, eksepte renmen youn lòt; paske sila ki renmen vwazen li, akonpli lalwa a. ⁹ Konsa ᵏ"Pa fè adiltè, Pa touye moun, Pa vòlè, pa gen lanvi pou sa ki nan lòt", epi si gen lòt kòmandman, li ranpli nan pawòl sa a: ˡ"Ou va renmen vwazen ou tankou tèt ou." ¹⁰ Lanmou pa janm fè mal a yon vwazen, konsa ᵐlanmou toujou akonpli lalwa a.

¹¹ Fè sa, paske nou konnen lè a. Lè a rive pou nou ⁿleve nan dòmi, paske delivrans nou pi prè pase lè nou te kwè a. ¹² Nwit lan prèske fini; jounen an prè. Konsa, annou mete sou kote tout ᵒzèv tenèb yo, e abiye nou ak ᵖpwotèj limyè a. ¹³ Annou ᵍgen bon kondwit tankou nan lajounen. Pa antre nan banbòch ak eksè bwè, ni nan tout zak imoral, sansyèl, goumen, ak jalouzi. ¹⁴ Men

ʳabiye nou ak Senyè Jésus Kri a e pa fè pwovizyon pou lachè ak tout dezi li yo.

14 Alò ˢaksepte sila ki fèb nan lafwa a, men pa pou diskisyon sou tout opinyon yo. ² Yon moun gen lafwa pou li kab manje tout bagay, men ᵗsila ki fèb la manje sèlman legim. ³ Sila ki manje a pa dwe ᵘmeprize sila ki pa manje a, e sila ki pa manje a pa dwe jije sila ki manje a, paske Bondye aksepte li. ⁴ ᵛKi moun nou ye pou jije sèvitè a yon lòt? Devan pwòp mèt pa li l ap kanpe oubyen l ap tonbe. E l ap kanpe menm, paske Bondye kapab fè l kanpe.

⁵ ʷYon moun gade yon jou kòm pi enpòtan ke yon lòt, yon lòt menm gade ke tout jou yo menm. Kite chak moun ˣvin byen konvenk nan konsyans pa li. ⁶ Sila ki kenbe enpòtans a yon jou, li fè l pou Senyè a, e sila ki pa kenbe l, se a Senyè a li pa fè l. Epi sila ki manje, se pou Senyè a ke li manje, paske li bay remèsiman a Bondye. Epi li ki pa manje, pa manje a Senyè a, paske li bay Bondye remèsiman. ⁷ Paske pa gen youn nan nou ki ʸviv pou tèt li, ni pa gen youn ki mouri pou tèt li. ⁸ Si nou viv, nou viv pou Senyè a, oubyen si nou mouri, nou mouri pou Senyè a. ᶻDonk kit nou viv, oswa kit nou mouri, se a Senyè a. ⁹ Pou rezon sa a ᵃKris te mouri, Li te resisite, e Li te viv ankò, pou Li te kapab ᵇSenyè pou ni sa ki mouri ak sa ki vivan.

¹⁰ Men nou menm, poukisa nou jije frè nou an? Oswa, nou menm ankò, poukisa nou meprize frè nou an? Paske ᶜnou tout va kanpe devan chèz jijman Bondye a. ¹¹ Paske sa ekri:
ᵈ"Jan Mwen vivan an, di Senyè a,
  tout jenou ap bese devan Mwen,
  e tout lang ap bay lwanj a Bondye".
¹² Konsa ᵉnou chak ap rann kont de tèt li, bay Bondye.

¹³ Konsa, annou ᶠpa jije youn lòt ankò. Men olye de sa, annou detèmine pou nou ᵍpa mete okenn obstak oubyen wòch k ap fè moun bite sou wout a yon frè. ¹⁴ Mwen konnen e mwen byen konvenk nan Senyè a Jésus ke ʰpa gen anyen ki pa pwòp nan li menm; men pou sila a ki panse ke yon bagay pa pwòp, pou li menm li pa pwòp la. ¹⁵ Paske si se pou afè manje nou ke frè nou an vin blese a, ⁱnou p ap mache nan lanmou ankò. Pa detwi pou afè manje nou an, sila pou kilès Kris te mouri an. ¹⁶ Konsa pa kite sa ki bon bagay pou ou a, vin pale pa lòt yo kòm yon mal. ¹⁷ Paske wayòm Bondye a se pa manje ak bwè, men se ladwati ʲlapè, ak lajwa nan Lespri Sen an. ¹⁸ Sila ki sèvi Kris konsa a akseptab a Bondye, e apwouve pa lèzòm. ¹⁹ Donk konsa, nou ᵏpouswiv bagay k ap fè nou gen lapè yo, e k ap soutni nou youn lòt. ²⁰ Pa dechire travay Bondye a pou afè manje. Anfèt tout bagay pwòp, men ˡyo mal

---

ᵃ **12:16** Pwov 3:7 ᵇ **12:17** Pwov 20:22 ᶜ **12:18** Mc 9:50 ᵈ **12:19** Det 32:35 ᵉ **12:20** II Wa 6:22 ᶠ **13:1** Tit 3:1
ᵍ **13:3** I Pi 2:14 ʰ **13:4** I Tes 4:6 ⁱ **13:5** Ekl 8 ʲ **13:7** Mat 22:21 ᵏ **13:9** Egz 20:13 ˡ **13:9** Lev 19:18
ᵐ **13:10** Mat 7:12 ⁿ **13:11** Mc 13:37 ᵒ **13:12** Ef 5:11 ᵖ **13:12** Ef 6:11,13 ᵠ **13:13** I Tes 4:12 ʳ **13:14** Job 29:14
ˢ **14:1** Trav 28:2 ᵗ **14:2** Wo 14:1 ᵘ **14:3** Luc 18:9 ᵛ **14:4** Wo 9:20 ʷ **14:5** Gal 4:10 ˣ **14:5** Wo 4:21
ʸ **14:7** Wo 8:38 ᶻ **14:8** Luc 20:38 ᵃ **14:9** Rev 1:18 ᵇ **14:9** Fil 2:11 ᶜ **14:10** Wo 2:16 ᵈ **14:11** És 45:23
ᵉ **14:12** Mat 12:36 ᶠ **14:13** Mat 7:1 ᵍ **14:13** I Kwo 8:13 ʰ **14:14** Trav 10:15 ⁱ **14:15** Ef 5:2 ʲ **14:17** Wo 15:13 ᵏ **14:19** Sòm 34:14 ˡ **14:20** I Kwo 8:9-12

pou moun ki manje e ki ofanse lòt moun. ²¹ ᵃSe bon pou pa manje vyann ni bwè diven oubyen fè nenpòt bagay k ap fè frè ou a chite. ²² Lafwa ke ou genyen an, genyen li kòm pwòp konviksyon pa w devan Bondye. Beni se sila a ki ᵇpa kondane pwòp tèt li nan sa ke li apwouve. ²³ Men ᶜsila ki doute a gen tan fin kondane si li manje, paske manje li a pa fèt ak lafwa; e nenpòt bagay ki pa fèt ak lafwa, se peche.

15 Alò nou menm ki fò, nou dwe sipòte feblès ᵈsila ki san fòs yo, e se pa sèlman fè pwòp tèt nou plezi. ² Ke chak en de nou ᵉfè kè vwazen nou alèz pou l ka jwenn tout sa ki bon, k ap fè l plen konfyans. ³ Paske ᶠmenm Kris pa t fè tèt li plezi, menm jan sa ekri a: ᵍ"Repwòch de sila ki te repwoche ou yo te tonbe sou Mwen." ⁴ Paske ʰtout bagay ki te ekri nan tan pase yo te ekri pou enstwi nou menm; pouke selon pèseverans ak ankourajman Ekriti yo, nou ta kapab vin genyen lespwa. ⁵ Koulye a mwen priye, pou menm Bondye ki bay pèseverans ak ankourajman an ⁱkapab fè nou gen menm panse, youn avèk lòt atravè Jésus Kris: ⁶ Pouke nan tout akò pou nou kapab avèk yon sèl vwa bay glwa a ʲBondye, Papa a Senyè nou an, Jésus Kri.

⁷ Konsa ᵏaksepte youn lòt, menm jan ke Kris osi te aksepte nou pou laglwa Bondye a. ⁸ Paske mwen di ke Kris gen tan vin yon sèvitè a ˡsila ki sikonsi yo, anfavè verite a Bondye a pou konfime pwomès ki te fèt a zansèt yo; ⁹ epi pou pèp etranje yo ta ka bay Bondye glwa pou mizerikòd Li, jan sa ekri a:
ᵐ"Konsa, Mwen va bay Ou lwanj pami
pèp etranje yo,
e mwen va chante Non Ou."
¹⁰ Li di ankò:
ⁿ"Rejwi, O pèp etranje yo avèk pèp Li a."
¹¹ Epi ankò:
ᵒ"Bay lwanj a Senyè a, nou tout pèp
etranje yo!
Kite tout pèp yo ba Li lwanj."
¹² Esaïe di ankò:
ᵖ"Li va gen rasin Jessé a;
Sila ki leve pou renye sou pèp etranje yo.
Nan Li menm, pèp etranje yo va mete
espwa yo."
¹³ Koulye a, ke Bondye esperans lan kapab ranpli nou avèk lajwa ak lapè nan lafwa pouke nou kapab plen avèk esperans pa pwisans a Lespri Sen an.

¹⁴ Epi konsènan nou menm, frè mwen yo, mwen gen konviksyon ke nou menm, nou plen ak bonte, byen ranpli avèk ᑫtout konesans, e kapab osi egzòte youn lòt. ¹⁵ Men mwen ekri nou avèk kouraj sou kèk pwen pou fè nou sonje ankò, akoz ʳgras Bondye ke mwen resevwa a, ¹⁶ pou m kapab yon ˢsèvitè Jésus Kris pou pèp etranje yo, pou m fè sèvis kòm yon prèt pou levanjil Bondye a, jis pou ᵗofrann mwen bay pèp etranje yo kapab vin akseptab, e byen sanktifye pa Lespri Sen an. ¹⁷ Konsa, nan Jésus Kri mwen gen tan twouve rezon pou vante tèt mwen nan ᵘbagay ki apatyen a Bondye. ¹⁸ Mwen p ap pèmèt mwen pale de okenn bagay sof de sa ke ᵛKris gen tan akonpli atravè mwen an, kon rezilta a, obeyisans pèp etranje yo pa pawòl ak aksyon, ¹⁹ nan pouvwa sign ak mirak yo ʷnan pouvwa Lespri a, pouke soti Jérusalem jis rive nan Illyrie ak anviwon peyi a, mwen fin preche tout levanjil a Kris la. ²⁰ Se konsa mwen vle preche levanjil la; pa kote ke Kris te deja konnen ˣpou m pa bati sou fondasyon a yon lòt moun, ²¹ Men jan sa ekri a:
ʸ"Sila ki pa gen nouvèl Li yo va wè,
e sila ki pa tande yo va konprann".
²² Pou rezon sa a byen souvan ᶻmwen anpeche vin kote nou. ²³ Men koulye a, akoz pa gen lòt andwa pou mwen nan rejyon sa yo, e depi ᵃanpil ane mwen anvi vin wè nou, ²⁴ nenpòt lè mwen ale Espagne, mwen espere wè nou pandan m ap pase. Konsa nou kapab ᵇede m fin rive la apre mwen fin ᶜrejwi de prezans nou pandan kèk tan. ²⁵ Men koulye a ᵈmwen prale Jérusalem pou ᵉsèvi fidèl yo. ²⁶ Paske legliz yo nan ᶠMacédoine ak Achaïe te kontan fè yon don pou malere yo pami fidèl Jérusalem yo. ²⁷ Wi, yo te kontan fè sa, e yo dwe yo. Paske ᵍsi pèp etranje yo gen tan pataje bagay ki soti nan Lespri Bondye a, yo dwe remèt sèvis a yo tou ak bagay materyèl. ²⁸ Konsa, lè m fin fè sa, e ʰmete so mwen sou fwi sa ki sòti nan yo menm nan, m ap pase bò kote nou nan wout pou m ale Espagne la. ²⁹ Mwen konnen ke ⁱlè m vin kote nou, m ap vini byen ranpli avèk benediksyon a Kris la.

³⁰ Koulye a mwen ankouraje nou, frè m yo, pa Senyè nou an, Jésus Kri e pa ʲlanmou Lespri a, pou ᵏfè tout efò ansanm avèk mwen nan lapriyè a Bondye pou mwen menm ³¹ pou mwen kapab delivre anba sila yo nan Juda ki dezobeyisan, e pou ˡsèvis mwen pou Jérusalem kapab akseptab devan fidèl yo, ³² pou mwen kapab vini a nou menm nan la jwa pa ᵐvolonte Bondye e pou m twouve yon repo rafrechisan an konpayi de nou menm. ³³ Pou koulye a ⁿke Bondye lapè a kapab avèk nou tout. Amen.

16 Mwen ᵒrekòmande a nou sè nou Phoebé, yon sèvant legliz ki nan Cenchrée a. ² Pou nou resevwa li nan non Senyè a nan yon jan ke fidèl yo ta dwe fè, e pou nou ede li nan nenpòt bezwen ke li kapab genyen. Paske li menm ᵖ se yon èd pou anpil lòt moun, ak pou mwen menm tou.

ᵃ **14:21** I Kwo 8:13   ᵇ **14:22** I Jn 3:21   ᶜ **14:23** Wo 14:5   ᵈ **15:1** Wo 14:1   ᵉ **15:2** I Kwo 9:22   ᶠ **15:3** II Kwo 8:9   ᵍ **15:3** Sòm 69:9   ʰ **15:4** Wo 4:23   ⁱ **15:5** Wo 12:16   ʲ **15:6** Rev 1:6   ᵏ **15:7** Wo 14:1   ˡ **15:8** Mat 15:24   ᵐ **15:9** II Sam 22:50   ⁿ **15:10** Det 32:43   ᵒ **15:11** Sòm 117:1   ᵖ **15:12** És 11:10   ᑫ **15:14** I Kwo 1:5   ʳ **15:15** Wo 12:3   ˢ **15:16** Trav 9:15   ᵗ **15:16** Wo 12:1   ᵘ **15:17** Eb 2:17   ᵛ **15:18** Trav 15:12   ʷ **15:19** Wo 15:13   ˣ **15:20** I Kwo 3:10   ʸ **15:21** És 52:15   ᶻ **15:22** Wo 1:13   ᵃ **15:23** Trav 19:21   ᵇ **15:24** Wo 1:12   ᶜ **15:24** Wo 1:12   ᵈ **15:25** Trav 19:21   ᵉ **15:25** Trav 24:17   ᶠ **15:26** Trav 16:9   ᵍ **15:27** I Kwo 9:11   ʰ **15:28** Jn 3:33   ⁱ **15:29** Trav 19:21   ʲ **15:30** Kol 1:8   ᵏ **15:30** I Kwo 1:11   ˡ **15:31** Wo 15:25   ᵐ **15:32** Trav 18:21   ⁿ **15:33** Wo 16:20   ᵒ **16:1** II Kwo 3:1   ᵖ **16:2** Fil 2:29

³ Salye ªPrisca ak Aquilas, ouvriyè yo nan travay mwen nan Jésus Kris, ⁴ moun ki te riske pwòp tèt yo pou lavi m. Se pa sèlman a yo menm ke m di mèsi, men a tout legliz pèp etranje yo. ⁵ Salye osi tout ᵇlegliz la ki reyini lakay yo a. Salye Épaïnète, zanmi byeneme m, ki te premye konvèti an Asie a. ⁶ Salye Marie ki travay di pou nou. ⁷ Salye Andronicus ak Junias, paran mwen yo, e ᶜprizonye parèy mwen yo, ki byen remakab pami apot yo, e ki te nan Kris la avan m. ⁸ Salye Amplias, zanmi byeneme m nan Senyè a. ⁹ Salye Urbain, ouvriye parèy a nou ᵈnan Kris la ak Stachys, zanmi byeneme m nan. ¹⁰ Salye Apellès, ki apwouve ᵉnan Kris la; salye sila ki lakay Aristobule yo. ¹¹ Salye Hérodion ᶠfanmi mwen. Salye sila ki lakay Narcisse yo, ki nan Senyè a. ¹² Salye Tryphène ak Tryphose, ouvriye nan Senyè a. Salye Perside, byeneme a, ki travay di nan Senyè a. ¹³ Salye ᵍRufus, yon nonm chwazi nan Senyè a, manman li osi e ki tankou manman pa m tou. ¹⁴ Salye Asyncrite, Phlégon, Hermès, Patrobas, Hermas, ak tout frè ki avèk yo. ¹⁵ Salye Philologue ak Julie, Nérée ak sè li, e Olympe, e tout ʰfidèl ki avèk yo. ¹⁶ ⁱSalye youn lòt avèk yon bo ki sen. Tout legliz Kris la salye nou.

¹⁷ Koulye a, frè mwen yo, mwen ankouraje nou pou toujou veye sou sila k ap koze e fè blokis ki kontrè a enstriksyon nou te resevwa a. ʲVire do nou ba yo menm. ¹⁸ Paske moun konsa se esklav yo ye, pa a Senyè nou an, Kris la, men a pwòp apeti pa yo. Ak ᵏpawòl ki dous e flatè, yo desi kè a inosan yo. ¹⁹ Paske rapò obeyisans nou an ˡgen tan rive toupatou. Konsa mwen rejwi de nou, men mwen vle nou saj nan sa ki bon e inosan nan sa ki mal. ²⁰ ᵐBondye lapè a va kraze Satan anba pye nou toutalè.

Ke lagras Senyè nou an Jésus kapab avèk nou.

²¹ ⁿTimothée, kanmarad travay mwen, salye nou, e osi Lucius ak Jason ak Sosipater ki se fanmi mwen. ²² Mwen menm, Tertius ᵒk ap ekri lèt sa a, salye nou nan Senyè a. ²³ ᵖGaïus ki te ban m kote pou m rete ak tout legliz la, salye nou. Éraste, trezorye vil la salye nou ak Quartus osi, frè a. ²⁴ Ke lagras Senyè nou an, Jésus Kri, rete avèk nou tout. Amen. ²⁵ Koulye a, a Sila ki kapab etabli nou selon bòn nouvèl mwen an ak predikasyon a Jésus Kri a, atravè revelasyon a mistè a ke li te kenbe an sekrè pandan tout tan pase yo, ²⁶ men koulye a ki vin manifeste, selon qEkriti Sen a pwofèt yo, ak kòmandman a Bondye etènèl la, ki vin konnen pa tout nasyon yo, ki mennen rive a ʳobeyisans lafwa a. ²⁷ A Bondye sèl ki saj la, atravè Jésus Kris ˢki se laglwa pou tout tan an. Amen.

ª **16:3** Trav 18:2   ᵇ **16:5** I Kwo 16:19   ᶜ **16:7** Kol 4:10   ᵈ **16:9** Wo 8:11   ᵉ **16:10** Wo 8:11   ᶠ **16:11** Wo 9:3   ᵍ **16:13** Mc 15:21   ʰ **16:15** Wo 16:2,14   ⁱ **16:16** I Kwo 16:20   ʲ **16:17** Mat 7:18   ᵏ **16:18** Kol 2:4   ˡ **16:19** Wo 1:8   ᵐ **16:20** Wo 15:33   ⁿ **16:21** Trav 16:1   ᵒ **16:22** I Kwo 16:21   ᵖ **16:23** Trav 19:29   q **16:26** Wo 1:2   ʳ **16:26** Wo 1:5   ˢ **16:27** Wo 11:36

1 KORENTYEN YO

1 Paul, aple kon apot Jésus Kri pa volonte Bondye a, ak Sosthène, frè nou, ² A legliz Bondye ki nan vil Corinthe lan, a sila ki gen tan sanktifye nan Jésus Kri yo, sen ᵃpa apèl Bondye yo, avèk tout sila yo nan tout kote ki rele non Senyè nou an, Jésus Kri; Senyè pa yo e pa nou. ³ ᵇGras de nou e lapè Bondye, Papa nou an, ak Senyè a Jésus Kri.

⁴ ᶜMwen remèsye Bondye mwen an tout tan, o sijè de nou menm, pou lagras Bondye te bannou nan Jésus Kri a. ⁵ Ke nan tout bagay nou te anrichi nan Li, nan tout pawòl ak tout konesans, ⁶ menm pandan temwayaj konsènan Kris la te ᵈkonfime nan nou, ⁷ jis pou nou pa manke nan okenn don, e ᵉtann avèk enpasyans revelasyon a Senyè nou an, Jésus Kri, ⁸ ᶠki va osi konfime nou jiska lafen, san defo nan jou Senyè nou an, Jésus Kri. ⁹ ᵍBondye fidèl, selon Sila nou te rele nan amitye fratènèl avèk Fis Li a, Jésus Kri, Senyè nou an.

¹⁰ Koulye a, mwen egzòte nou, frè yo, pa non a Senyè nou an, Jésus Kri, pou nou tout vin antann nou, pou pa gen ʰdivizyon pami nou, men pou nou vin konplè nan ⁱmenm panse ak nan menm jijman. ¹¹ Paske mwen enfòme o sijè de nou menm, frè m yo, pa moun Chloé yo, ke gen konfli pami nou. ¹² Alò, men kisa m ap di. ʲNou chak ap di: "Mwen se moun Paul", "Mwen se moun ᵏApollos", "Mwen se moun Céphas", e "Mwen se moun Kris la". ¹³ Èske Kris la vin divize? Èske Paul te krisifye pou nou? Oswa èske nou te vin ˡbatize nan non Paul? ¹⁴ Mwen remèsye Bondye ke m pa t ᵐbatize okenn nan nou sof ke Crispus ak Gaïus, ¹⁵ pou okenn moun pa ka di ke nou te batize nan non mwen. ¹⁶ Alò, mwen te batize tout ⁿfanmi Stéphanas la; anplis de sa, mwen pa konnen si m te batize okenn lòt moun. ¹⁷ ᵒPaske Kris pa t voye m pou batize, men pou preche bòn nouvèl la ᵖpa avèk bèl pawòl moun save yo, pou ke kwa Kris la pa ta vin anile. ¹⁸ Paske pawòl lakwa a se foli pou ᵠsila k ap peri yo, men pou nou menm k ap sove yo, se pwisans a Bondye. ¹⁹ Paske sa ekri:

ʳ"Mwen va detwi sajès a saj yo,
e entèlijans moun save yo,
mwen va mete sou kote."

²⁰ Kote nonm saj la? Kote skrib la? Kote moun deba a ˢsaj sila a? Èske Bondye pa fè sajès a mond lan vin foli? ²¹ Paske akoz nan sajès Bondye, lemond ak ᵗsajès pa li pa t vin konnen Bondye. Konsa, Bondye te byen kontan selon foli a mesaj ki te preche a, pou sove sila ki kwè yo. ²² Paske an verite ᵘJwif yo mande pou sign, e Grèk yo chache sajès; ²³ men nou preche ᵛKris krisifye a, pou ʷJwif yo, yon wòch k ap fè moun bite, e pou pèp etranje yo, yon foli. ²⁴ Men pou sila ki aple yo, ni Jwif, ni Grèk, Kris la se ˣpwisans a Bondye, ak ʸsajès Bondye. ²⁵ Paske foli Bondye a pi saj ke lòm, e ᶻfeblès Bondye a pi fò ke lòm.

²⁶ Paske konsidere apèl nou an, frè yo, ke ᵃpa t gen anpil moun ki te saj selon lachè, ni anpil moun ki te fò, ni anpil moun nòb. ²⁷ Men Bondye te chwazi ᵇfoli a mond lan pou fè saj yo wont, e Bondye te chwazi bagay fèb a mond lan pou fè bagay ki pwisan yo vin piti. ²⁸ Konsa, Bondye chwazi bagay ki ba e meprize nan mond lan, ᶜbagay ki pa anyen, pou li kapab anile bagay ki egziste deja yo, ²⁹ pou fè ᵈpèsòn pa kapab vante tèt yo devan Bondye. ³⁰ Men selon sa ke Li menm te fè a, nou nan Jésus Kri. Se Li ki te devni pou nou ᵉsajès ki soti nan Bondye, ansanm ak ᶠjistis, sanktifikasyon, ak redanmsyon. ³¹ Konsa, jan sa ekri a: "Kite sila ki vante tèt li a, vante tèt li nan SENYÈ a."

2 Lè m te vin kote nou, frè m yo, mwen ᵍpa t vini avèk yon wotè langaj oubyen sajès pou pwokame a nou temwayaj Bondye a. ² Paske mwen te detèmine pou m pa konnen anyen pami nou, sof ʰJésus Kri, e Sila krisifye a. ³ Mwen te avèk nou nan ⁱfeblès, laperèz, ak anpil tranbleman. ⁴ Epi mesaj mwen avèk predikasyon mwen ʲpa t fèt avèk pawòl sajès pou fè moun kwè, men nan demonstrasyon Lespri a ak pouvwa a, ⁵ pou lafwa nou pa t repoze sou sajès a lòm, men sou pouvwa Bondye a.ᵏ

⁶ Malgre sa, nou konn pale sajès pami sila ki gen tanˡfin grandi. Se yon sajès ki pa sòti ni nan tan sila a, ni nan chèf a tan sila yo, k ap pase. ⁷ Men nou pale sajès Bondye nan yon mistè, sajès kache ke Bondye te ᵐplanifye menm avan tan yo pou laglwa nou; ⁸ sajès ⁿke okenn nan chèf a tan sila yo pa konprann. Paske si yo te konprann li, yo pa t ap krisifye Senyè laglwa a. ⁹ Men jan sa ekri a:

ᵖ"Bagay ke zye pa wè e zòrèy pa tande,
ki pa janm antre nan kè a lòm;
tout sa Bondye prepare pou sila ki
renmen Li yo."

¹⁰ Paske a nou menm Bondye te revele yo ᵠpa Lespri a. Paske Lespri a toujou sonde tout bagay, menm jis nan ʳpwofondè Bondye a. ¹¹ Paske kilès pami lòm ki konnen panse a lòm eksepte ˢlespri a lòm ki anndan li menm nan? Menm jan an, panse a Bondye yo; pèsòn pa konnen yo eksepte Lespri

---

ᵃ **1:2** Wo 1:7 ᵇ **1:3** Wo 1:7 ᶜ **1:4** Wo 1:8 ᵈ **1:6** Wo 15:14 ᵉ **1:7** Luc 17:30 ᶠ **1:8** Wo 8:19 ᵍ **1:9** Det 7:9
ʰ **1:10** I Kor 11:18 ⁱ **1:10** Wo 12:16 ʲ **1:12** I Kor 3:4 ᵏ **1:12** Trav 18:24 ˡ **1:13** Mat 28:19 ᵐ **1:14** Trav 18:18
ⁿ **1:16** I Kor 16:15,17 ᵒ **1:17** Jn 4:2 ᵖ **1:17** I Kor 2:1,4,13 ᵠ **1:18** II Kor 2:15 ʳ **1:19** És 29:14 ˢ **1:20** Job 12:17
ᵗ **1:21** I Kor 1:27 ᵘ **1:22** Mat 12:18 ᵛ **1:23** I Kor 2:2 ʷ **1:23** I Pi 2:8 ˣ **1:24** I Kor 1:18 ʸ **1:24** I Kor 1:30
ᶻ **1:25** II Kor 13:4 ᵃ **1:26** Mat 11:25 ᵇ **1:27** I Kor 1:20 ᶜ **1:28** Wo 4:7 ᵈ **1:29** Ef 2:9 ᵉ **1:30** I Kor 1:24
ᶠ **1:30** Jr 23:5 ᵍ **2:1** I Kor 1:17 ʰ **2:2** I Kor 1:23 ⁱ **2:3** I Kor 4:10 ʲ **2:4** I Kor 1:17 ᵏ **2:5** II Kor 4:7
ˡ **2:6** Ef 4:13 ᵐ **2:7** Wo 8:29 ⁿ **2:8** I Kor 2:6 ᵒ **2:8** I Kor 1:20 ᵖ **2:9** És 64:4 ᵠ **2:10** Jn 14:26 ʳ **2:10** Wo 11:33 ˢ **2:11** Pwov 20:27

Bondye a. ¹² Alò, nou ªpa resevwa, lespri mond lan, men Lespri ki sòti nan Bondye a, pou nou kapab konnen bagay ke Bondye bannou gratis yo. ¹³ Sou bagay sa yo nou pa pale ᵇak pawòl sajès de moun ki soti nan lòm, men pito ak pawòl Lespri Sen an, ki konpare bagay lespri yo ak bagay lespri yo. ¹⁴ Men yon nonm nan eta natirèl li, ᶜpa aksepte bagay a Lespri Bondye yo, paske ᵈse foli yo ye pou li. Li pa kapab konprann yo, paske yo ka jije sèlman pa yon lespri k ap viv nan Bondye. ¹⁵ Men sila ki ᵉreflechi ak yon lespri ki soti nan Bondye a, jije tout bagay, men li menm p ap jije pa okenn moun. ¹⁶ "Paske ᶠkilès ki te konnen refleksyon Senyè a, pou li ta enstwi Li?" Men se panse a Kris nou genyen.

3 Epi mwen, frè m yo, mwen pa t kab pale avèk nou menm tankou moun ki ᵍplen lespri Bondye, men tankou moun lachè yo, tankou ti zanfan piti nan Kris yo. ² Mwen te bannou ʰlèt pou nou bwè olye gwo manje; paske nou potko kab resevwa l. Anverite, menm koulye a, nou poko kapab, ³ pwiske nou toujou nan lachè. Paske akoz ⁱgen jalouzi ak konfli pami nou, èske nou pa nan lachè, epi èske nou p ap mache tankou lòm natirèl? ⁴ Paske lè ʲyoun di: "Mwen se moun Paul", epi yon lòt: "Mwen se moun Appollos", èske nou p ap aji kòmsi se lòm natirèl ke nou ye?
⁵ Alò, ki moun Apollos ye? E ki moun Paul ye? Se sèvitè pa sila nou te vin kwè yo, menm ᵏjan Senyè a te bay opòtinite a yo chak. ⁶ Mwen te plante, Appollos te awoze, men Bondye te fè l grandi. ⁷ Alò, se pa ni sila ki plante a ni sila ki awoze a ki anyen, men ˡBondye ki fè l grandi a. ⁸ Alò, sila ki plante a ak sila ki awoze a se youn; men chak moun va ᵐresevwa pwòp rekonpans li selon pwòp travay li. ⁹ Paske nou se ⁿouvriye parèy avèk Bondye. Nou menm se chan Bondye a, kay la ke L ap bati a.
¹⁰ Selon ᵒgras Bondye ki te ban mwen an, kon yon mèt k ap bati byen saj, mwen te poze yon fondasyon. Men konsa, se yon lòt k ap bati sou li. Konsa, fòk chak moun pridan sou jan li bati sou li a. ¹¹ Paske pèsòn pa kapab poze okenn lòt ᵖfondasyon sof ke sila ki poze deja a, ki se Jésus Kri. ¹² Alò, si nenpòt moun bati sou fondasyon an avèk lò, ajan, bijou presye, bwa, zèb sèch, oswa pay, ¹³ ᵠzèv a chak moun va vin byen parèt. Paske la jounen va fè l vin parèt klè, akoz sa gen pou revele avèk dife. Epi dife a, li menm, va fè prèv valè zèv chak moun. ¹⁴ Si zèv a yon moun ki bati sou li a rete toujou, li va ʳresevwa yon rekonpans. ¹⁵ Si zèv a yon moun vin brile, li va soufri pèt, men li menm, li va sove ˢkòmsi, se pa dife.
¹⁶ Èske nou pa konnen ke ᵗnou se tanp Bondye a, e ke Lespri Bondye a rete nan nou? ¹⁷ Si yon moun detwi tanp Bondye a, Bondye va detwi li, paske tanp Bondye a sen, e se sa nou ye.
¹⁸ Pa kite pèsòn twonpe tèt li ᵘsi yon moun pami nou panse ke li saj nan tan sila a, li oblije vin fou pou li kapab vin saj.
¹⁹ Paske sajès mond sa a se foli devan Bondye. Paske sa ekri: ᵛ"Se Li menm ki kenbe saj yo nan pwòp koken pa yo." ²⁰ Epi ankò: ʷ"Senyè a konnen panse a saj yo, ke yo initil." ²¹ Donk, pa kite pèsòn vante tèt li pou moun. Paske ˣtout bagay se pou nou menm, ²² ʸsof ke se Paul, oswa Appollos, oswa Céphas, o lemonn, o ᶻlavi, o lanmò, bagay prezan yo, oswa bagay ki gen pou vini yo; tout apatyen de nou menm. ²³ Epi ªnou apatyen a Kris; e ᵇKris apatyen a Bondye.

4 Kite yon moun gade nou konsa, kòm sèvitè a Kris e ᶜjeran a mistè ki pou Kris yo.
² Nan ka sila a, anplis, li nesesè pou twouve jeran yo fidèl. ³ Men pou mwen se yon ti bagay tou piti pou mwen ta kab jije pa nou menm, oswa nenpòt lòt tribinal moun. Anverite, mwen pa menm jije pwòp tèt mwen. ⁴ Mwen pa konsyan de anyen kont tèt mwen. Men se pa sa ki fè m inosan, men ke sila ki jije mwen an se Senyè a. ⁵ Pou sa ᵈpa kontinye jije avan lè, men tann ᵉjiskaske Senyè a vini pou Li kapab nan menm tan eklere nan limyè bagay ki kache nan tenèb yo, e devwale tout motif ki nan kè lèzòm. Konsa, lwanj chak moun resevwa va sòti nan Bondye.
⁶ Alò, frè m yo, mwen te sèvi tout sa konsènan mwen menm ak Apollos kòm yon egzanp pou koz a nou menm. Selon sa mwen te di, mwen vle ou konprann ke nou pa pou ale pi lwen de sa ki nan ekriti sen yo, pou okenn nan nou pa ᶠvin ògeye anvè youn e kont yon lòt. ⁷ Paske kilès ki kwè ke ou pi bon? ᵍKisa nou genyen ke nou pa t resevwa? E si Nou te resevwa li, poukisa nou vante tèt nou kòmsi nou pa t resevwa l.
⁸ Nou ʰdeja ranpli! Nou deja vin rich! Nou deja vin wa san èd nou menm! E anverite, mwen ta kontan si nou te deja wa pou nou menm ta kapab renye ansanm avèk nou. ⁹ Paske mwen panse se Bondye te fè nou menm kòm apot pi ba ke tout; tankou moun ki ⁱkondane a lanmò, paske nou te ʲgen tan vin yon spektak pou mond lan, ni pou zanj yo, ni pou moun. ¹⁰ Nou se moun fou pou kòz a Kris la, men ᵏou menm, ou saj nan Kris; nou fèb, men ou menm, ou fò; ou menm, ou byen distenge, men nou menm, nou san onè. ¹¹ Jiska moman sa a ˡnou grangou ak swaf, mal abiye, maltrete, e san kote pou nou rete. ¹² Konsa, nou redi di nan ᵐtravay avèk pwòp men nou. ⁿLè yo joure nou, nou beni yo. Lè nou pèsekite, nou sipòte sa. ¹³ Lè yo pale nou mal, nou eseye antann

---

ª **2:12** Wo 8:15   ᵇ **2:13** I Kor 1:17   ᶜ **2:14** Jn 14:17   ᵈ **2:14** I Kor 1:18   ᵉ **2:15** I Kor 3:1   ᶠ **2:16** És 40:3
ᵍ **3:1** I Kor 2:6   ʰ **3:2** Eb 5:12   ⁱ **3:3** Wo 13:13   ʲ **3:4** I Kor 1:12   ᵏ **3:5** Wo 12:6   ˡ **3:7** I Kwo 15:10
ᵐ **3:8** I Kor 3:14   ⁿ **3:9** Mc 16:20   ᵒ **3:10** Wo 12:3   ᵖ **3:11** És 28:16   ᵠ **3:13** I Kwo 4:5   ʳ **3:14** I Kor 3:8
ˢ **3:15** Job 23:10   ᵗ **3:16** Wo 8:9   ᵘ **3:18** I Kor 8:2   ᵛ **3:19** Job 5:13   ʷ **3:20** Sòm 94:11   ˣ **3:21** Wo 8:32
ʸ **3:22** I Kor 1:12   ᶻ **3:22** Wo 8:38   ª **3:23** II Kwo 10:7   ᵇ **3:23** I Kwo 11:3   ᶜ **4:1** Tit 1:7   ᵈ **4:5** Wo 2:1   ᵉ **4:5** Wo 2:16   ᶠ **4:6** I Kor 1:12   ᵍ **4:7** Jn 3:27   ʰ **4:8** Rev 3:17   ⁱ **4:9** Wo 8:36   ʲ **4:9** Eb 10:33
ᵏ **4:10** I Kor 3:18   ˡ **4:11** Wo 8:35   ᵐ **4:12** Trav 18:3   ⁿ **4:12** I Pi 3:13

nou. Nou devni [a]tankou fatra a mond lan, retay nan tout bagay, menm jiska koulye a.

[14] Mwen pa ekri bagay sa yo pou [b]fè nou wont, men pou avèti nou kòm pitit byeneme mwen. [15] Paske si nou te gen anpil kantite pwofesè an Kris ki pa menm kab konte, menm konsa nou pa t ap gen anpil papa. Paske nan Jésus Kris, mwen [c]te devni papa nou akoz bòn nouvèl la. [16] Konsa, mwen egzòte nou, pou nou vin [d]imitatè a mwen menm. [17] Se pou rezon sa a, mwen [e]voye bannou Timothée, ki se pitit byeneme e fidèl mwen nan Senyè a. Li va fè nou sonje chemen mwen an ki baze nan Kris, menm jan ke mwen enstwi toupatou nan tout legliz yo. [18] Alò, kèk nan nou vin [f]awogan, kòmsi mwen pa t ap vin kote nou. [19] Men mwen [g]va vini kote nou byento [h]si Bondye vle e mwen va vin fè egzamen, pa nan pawòl a sila ki awogan yo, men nan pèz pwisans yo. [20] Paske wayòm Bondye a [i]pa fèt avèk pawòl, men avèk pwisans. [21] Kisa nou dezire? [j]Èske mwen dwe vin kote nou avèk yon baton, oswa avèk lanmou avèk lespri jantiyès?

5 Anverite gen rapò ke gen imoralite pami nou, yon kalite imoralite ki pa menm egziste pami pèp etranje yo; ke yon moun gen [k]madanm a papa li.

[2] Nou vin awogan, olye nou kriye anpil pou sila ki te fè zak sila a [l]pou l ta kapab vin retire nan mitan nou.

[3] Paske mwen menm, bò kote pa m, malgre mwen [m]absan nan kò men mwen prezan nan lespri. Mwen deja jije mesye ki fè zak sila a, tankou mwen te prezan. [4] Nan non Senyè nou a Jésus Kri, lè nou vin rasanble, e mwen menm avèk nou nan lespri [n]avèk pouvwa Senyè nou an Jésus,

[5] nou gen pou [o]livre yon nonm konsa bay Satan pou detwi chè l, pou lespri li kapab sove [p]nan jou Senyè a Jésus.

[6] [q]Vante tèt nou an pa bon. Èske nou pa konnen ke [r]yon ti kras ledven fè tout boul pen an leve?

[7] Retire vye ledven an pou nou kapab vin yon boul pat tounèf; kòmsi ke nou an reyalite deja san ledven. Paske Kris, [s]Pak pa nou an, osi te sèvi kon sakrifis nou.

[8] Konsa, annou selebre fèt la [t]pa avèk vye ledven an, ni avèk move ledven an ak mechanste, men avèk pen san ledven nan plen senserite ak verite a.

[9] Mwen te ekri nou nan lèt mwen an pou nou [u]pa asosye nou avèk moun imoral yo;

[10] Mwen pa t vle di tout moun imoral ki nan mond sa a, ni avèk moun lemonn ki gen lanvi, ki nan fwod, oubyen moun [v]idolat yo; paske konsa nou ta dwe kite mond lan nèt.

[11] Men an reyalite, mwen te ekri nou pou nou pa asosye nou avèk nenpòt moun ke nou konn rele [w]"frè" si li se yon moun imoral, oubyen ranpli ak lanvi, oubyen yon moun idolat, yon medizan, yon tafyatè, oubyen yon moun ki nan fwod——pou nou pa ta menm manje avèk yon moun konsa.

[12] Paske kisa mwen gen pou fè nan jije moun deyò yo? [x]Èske se pa sila anndan legliz yo pou nou jije? [13] Men sila ki deyò yo, se Bondye ki pou jije yo. [y]Retire sila ki malveyan an pami nou menm.

6 Èske gen nan nou ke lè l gen yon ka kont vwazen li, li tante ale devan lalwa, devan moun enjis yo [z]olye devan sen yo? [2] Oubyen èske nou pa konnen ke [a]se sen yo ki va jije mond lan? Si lemonn jije pa nou menm, èske nou pa konpetan pou regle ti bagay piti konsa? [3] [b]Èske nou pa konnen ke nou va jije zanj yo? Konbyen anplis pou afè lavi sa a? [4] Donk, si konsa, nou sèvi ak tribinal pou regle pwoblèm nan lavi sa, èske nou chwazi kon jij sila ki pa kab reprezante anyen nan legliz yo? [5] [c]Mwen di nou sa pou wont nou. Si se konsa, ke pa gen yon moun saj pami nou ki kapab deside antre frè li yo? [6] Men frè ale devan lalwa avèk frè, e tout sa devan [d]enkwayan yo. [7] Alò konsa, sa se deja yon defèt pou nou, pou n ap fè pwosè avèk youn lòt. [e]Poukisa nou pa pito soufri lenjistis? Poukisa nou pa pito aksepte sibi fwod? [8] Okontrè, nou menm, nou fè lenjistis ak fwod la. Nou fè sa menm kont [f]frè nou yo.

[9] Oubyen èske nou pa konnen ke moun enjis yo p ap [g]eritye wayòm syèl la? Pa twonpe tèt nou; ni moun imoral yo, ni moun idolat yo, ni efemine yo, ni omoseksyèl yo [10] ni vòlè yo, ni moun ki gen lanvi yo, ni tafyatè yo, ni medizan yo, ni sila ki nan fwod yo, p ap [h]eritye wayòm Bondye a. [11] Se konsa kèk nan nou te ye, men nou te vin lave, nou te vin sanktifye, nou te [i]jistifye nan non Senyè a, Jésus Kri ak nan Lespri a Bondye nou an.

[12] [j]Tout bagay pèmèt pou mwen, men se pa tout bagay ki itil. Tout bagay pèmèt, men mwen p ap kite m domine pa anyen. [13] Manje se pou vant e vant se pou manje; men Bondye va mete yon fen a toulède. Men kò a se pa pou imoralite, men [k]pou Senyè a; e Senyè a se pou kò a. [14] Alò, Bondye non sèlman leve Senyè a, men [l]va osi leve nou selon pouvwa Li. [15] Èske nou pa konnen ke [m]kò nou se manb a Kris yo ye? Èske mwen dwe pran manb kò Kris yo e fè yo vin manb a yon pwostitiye? Ke sa pa janm fèt! [16] Oubyen èske nou pa konnen ke yon moun ki jwenn tèt li avèk yon pwostitiye vin yon sèl kò avèk li? Paske Li di: [n]"Yo de a va devni yon sèl chè". [17] Men sila a ki vin jwenn tèt li avèk Senyè a vin [o]youn nan lespri avèk Li. [18] [p]Kouri kite imoralite. Tout lòt peche ke yon moun fè se deyò kò a, men moun imoral la peche kont pwòp kò l. [19] Oubyen

---

[a] **4:13** Lam 3:34 [b] **4:14** I Kor 6:5 [c] **4:15** Nonb 11:12 [d] **4:16** I Kor 11:1 [e] **4:17** I Kor 16:10 [f] **4:18** I Kor 4:6
[g] **4:19** Trav 20:2 [h] **4:19** Trav 18:21 [i] **4:20** I Kor 2:4 [j] **4:21** II Kor 1:23 [k] **5:1** Lev 18:8 [l] **5:2** I Kor 5:13
[m] **5:3** Kol 2:5 [n] **5:4** Jn 20:23 [o] **5:5** Luc 22:31 [p] **5:5** I Kor 1:8 [q] **5:6** Jc 4:16 [r] **5:6** Mat 16:6,12 [s] **5:7** Mc 14:12 [t] **5:8** Egz 12:19 [u] **5:9** II Kor 6:14 [v] **5:10** I Kor 10:27 [w] **5:11** Trav 1:15 [x] **5:12** I Kwo 5:3-5
[y] **5:13** Det 13:5 [z] **6:1** Mat 18:17 [a] **6:2** Dan 7:18,22,27 [b] **6:3** Wo 6:16 [c] **6:5** I Kor 4:14 [d] **6:6** II Kor 6:14
[e] **6:7** Mat 5:39 [f] **6:8** I Tes 4:6 [g] **6:9** Trav 20:32 [h] **6:10** Trav 20:32 [i] **6:11** Wo 8:30 [j] **6:12** I Kor 10:23
[k] **6:13** I Kor 6:15,19 [l] **6:14** Jn 6:39 [m] **6:15** Wo 12:5 [n] **6:16** Jen 2:24 [o] **6:17** Jn 17:21-23 [p] **6:18** I Kor 6:9

èske nou pa konnen ke ᵃkò nou se yon tanp pou Lespri Sen an, ki soti nan Bondye, ki rete nan nou, e ke nou pa mèt pwòp tèt nou? ²⁰ Paske nou te achte a yon pri; Konsa, bay glwa a Bondye avèk kò nou.

7 Alò, konsènan bagay ke nou te ekri yo, ᵇli bon pou yon nonm pa touche yon fanm. ² Men akoz imoralite ka fèt, chak nonm dwe gen pwòp madanm li e chak fanm dwe gen pwòp mari li. ³ Mari a dwe akonpli devwa li anvè madanm li, e menm jan an tou, madanm lan anvè mari li. ⁴ Madanm nan pa gen otorite sou pwòp kò li, men se pou mari a, e menm jan an mari a pa gen otorite sou pwòp kò li, men se pou madanm nan. ⁵ Sispann refize youn lòt, eksepte pa akò pou yon ti tan, pou nou kapab konsakre nou nan lapriyè, e retounen ansanm ankò pou ᶜSatan pa tante nou akoz mank kontwòl tèt nou.

⁶ Men sa mwen vin di kòm yon konsesyon ak nou, men ᵈpa kòm yon lòd. ⁷ Sepandan, mwen ta pito ke tout moun te menm rete tankou mwen menm. ᵉMen chak moun gen pwòp don li ki sòti nan Bondye; pou youn se yon jan, e pou yon lòt, se yon lòt jan. ⁸ Alò mwen di a sila ki poko marye yo, e ak vèv yo, ke ᶠli ta bon pou yo si yo rete menm jan ak mwen menm. ⁹ Men si yo pa gen kontwòl pwòp tèt yo ᵍkite yo marye; paske li pi bon pou marye pase pou brile avèk pasyon. ¹⁰ Men a sila ki marye yo, mwen bay lòd sa yo. Se ʰpa mwen, men se Senyè a ki bay li, ke madanm nan pa dwe kite mari li ¹¹ Men si li kite li, li dwe rete san marye, oswa rekonsilye avèk mari li. Ni mari a pa dwe divòse avèk madanm li.

¹² Men a lòt yo ⁱse mwen menm ki di l, se pa Senyè a, ke si yon frè gen yon madanm ki se yon enkwayan, e li dakò viv avèk li, fòk li pa divòse avèk li. ¹³ Epi yon fanm ki gen yon mari ki pa kwayan, e li dakò viv avèk li, li pa dwe voye mari li ale. ¹⁴ Paske mari enkwayan an vin sanktifye akoz madanm li, e madanm enkwayan an vin sanktifye akoz mari li ki kwayan an, paske otreman pitit nou yo te enpi, men koulye a, yo ʲsen. ¹⁵ Men si sila ki enkwayan an ale, kite l ale. Frè a oswa sè a pa mare nan ka sila yo, men se Bondye rele nou nan ᵏlapè.

¹⁶ Paske kòman ou kab konnen o madanm, si ou va ˡsove mari ou? E kòman ou kab konnen, o mari, si ou va sove madanm ou.

¹⁷ Sèlman ᵐjan Senyè a bay a chak moun nan, jan Bondye rele chak moun nan konsa, kite l mache. Epi ⁿse konsa ke m bay lòd nan tout legliz yo.

¹⁸ Èske yon moun ki te rele pa Bondye te deja sikonsi? Li pa dwe vin ensikonsi. Èske yon moun lè l rele pa Bondye tou ensikonsi? ᵒLi pa dwe vin sikonsi. ¹⁹ ᵖSikonsizyon pa anyen, e ensikonsizyon pa anyen, men sa ki enpòtan an se kenbe kòmandman Bondye a. ²⁰ ᵠChak moun dwe rete nan menm kondisyon ke li te resevwa apèl la. ²¹ Èske nou te resevwa apèl la pandan nou te esklav? Pa enkyete nou pou sa, men si nou kapab osi vin lib, pito nou fè l. ²² Paske sila ki te rele pa Senyè a pandan li te esklav la, se ʳmoun lib a Senyè a; menm jan an sila ki te rele pandan li te lib la, se ˢesklav a Kris la.

²³ ᵗNou te achte a yon pri; pa devni esklav a lèzòm. ²⁴ Frè m yo ᵘchak moun dwe rete avèk Bondye nan menm eta ke li te resevwa apèl la.

²⁵ Alò konsènan vyèj yo, mwen pa gen okenn lòd Senyè a, men mwen bay yon refleksyon kòm yon moun ki ᵛpa mizerikòd Senyè a dign de konfyans. ²⁶ Mwen kwè ke li bon nan sikonstans boulvès nan tan kounye a ʷpou yon nonm ta rete jan li ye a. ²⁷ Èske ou mare ak yon madanm? Pa chache vin lib. Èske ou lib de yon madanm? Pa chache yon madanm. ²⁸ Men si nou marye, nou pa peche. E si yon vyèj marye, li pa peche. Men deja moun sa yo va gen pwoblèm nan vi sa a, e m ap eseye epagne nou. ²⁹ Men mwen di sa, frè m yo, ˣtan an ap vin kout. Depi koulye a, sila ki gen madanm yo ta dwe tankou yo pa t genyen; ³⁰ epi sila ki kriye yo, tankou yo pa t kriye; sila ki rejwi yo, tankou yo pa t rejwi, e sila ki achte yo, tankou yo pa t posede anyen; ³¹ epi sila ki itilize mond lan, tankou yo pa t ʸitilize li anpil. Paske ᶻfòm mond sa a ap disparèt.

³² Men mwen vle nou libere de sousi sa a. Yon nonm ki ᵃpa marye sousye sèlman de zafè a Senyè a, de jan li kapab fè l kontan, ³³ men yon nonm ki marye sousye de zafè a mond lan, de jan li kapab fè madanm li plezi. ³⁴ Konsa, enterè li divize. Fanm ki pa marye a ak vyèj la, sousye de zafè a Senyè a, pou li kapab sen ni nan kò, ni nan lespri; men sila ki marye a sousye de zafè a mond lan, de jan li kapab fè mari li plezi. ³⁵ Mwen di sa pou pwòp benefis pa nou; se pa pou jennen nou, men pou ankouraje sa ki bon, e pou vin gen yon angajman san distraksyon anvè Senyè a.

³⁶ Men si yon moun panse ke l ap aji yon jan ki pa dign anvè pitit fi vyèj li, si li vin gen laj ase, e si sa dwe fèt, kite l fè sa li pito. Li pa peche. Kite li marye. ³⁷ Men sila a ki kanpe fèm nan kè li, san ke li pa anba kontrent, men gen otorite sou pwòp volonte l, e ki deside sa nan pwòp kè l, pou konsève pwòp pitit fi vyèj pa li a, li va fè byen. ³⁸ Konsa, sila ki bay pwòp pitit fi li a nan maryaj ap fè byen, e sila ki pa bay li nan maryaj la ap fè mye.

³⁹ ᵇYon madanm mare selon lalwa a, ak mari li toutotan ke li vivan. Men si mari li mouri, li lib pou marye avèk sila ke li pito, men sèlman nan Senyè a. ⁴⁰ Men ᶜnan refleksyon pa m, l ap pi kontan si li rete jan li ye a. E mwen panse osi ke m gen Lespri Bondye a avè m.

8 Alò, konsènan ᵈbagay ki te bay kon sakrifis a zidòl yo, nou konnen ke nou tout gen konesans.

ᵃ **6:19** Jn 2:21   ᵇ **7:1** I Kor 7:8,26   ᶜ **7:5** Mat 4:10   ᵈ **7:6** II Kwo 8:8   ᵉ **7:7** I Kor 7:8   ᶠ **7:8** I Kor 7:1,26
ᵍ **7:9** I Tim 5:14   ʰ **7:10** Mal 2:16   ⁱ **7:12** I Kor 7:6   ʲ **7:14** Esd 9:2   ᵏ **7:15** Wo 14:19   ˡ **7:16** Wo 11:14
ᵐ **7:17** Wo 12:3   ⁿ **7:17** I Kor 4:17   ᵒ **7:18** Trav 15:1   ᵖ **7:19** Wo 2:27,29   ᵠ **7:20** I Kor 7:24   ʳ **7:22** Phm 16
ˢ **7:22** I Pi 2:16   ᵗ **7:23** I Kor 6:20   ᵘ **7:24** I Kor 7:20   ᵛ **7:25** II Kor 4:1   ʷ **7:26** I Kor 7:1,8   ˣ **7:29** Wo 13:11
ʸ **7:31** I Kor 9:18   ᶻ **7:31** I Jn 2:17   ᵃ **7:32** I Tim 5:5   ᵇ **7:39** Wo 7:2   ᶜ **7:40** I Kor 7:6,25   ᵈ **8:1** Trav 15:20

Konesans fè moun awogan, men lanmou [a]bay bon konprann. ² [b]Si yon moun sipoze ke li konnen yon bagay, li poko [c]konnen jan li dwe konnen an. ³ Men si yon moun renmen Bondye, [d]Bondye konnen li.

⁴ Konsa, konsènan manje bagay ki te ofri kon sakrifis a zidòl yo, nou konnen ke pa gen anyen vrèman kon zidòl nan mond lan, e ke [e]pa gen okenn Dye sof ke yon sèl, Bondye. ⁵ Paske, menmsi [f]genyen sa ke yo rele dye yo, swa nan syèl la oubyen sou tè a, kòm anverite gen anpil dye ak anpil senyè, ⁶ malgre sa, nou pa gen sof ke yon Bondye [g]Papa a. [h]De Li menm tout bagay sòti, e nou pou Li, e yon Senyè, Jésus Kris. Pa Li menm tout bagay ye, e nou egziste pa Li.

⁷ Sependan, se pa tout moun ki gen konesans sa a. Men [i]kèk moun, ki abitye avèk zidòl jiska prezan, manje manje kòmsi li te sakrifye a yon zidòl, e konsyans fèb pa yo a vin souye. ⁸ Men se pa [j]manje k ap rekòmande nou a Bondye. Nou p ap ni pi mal si nou pa manje, ni pi bon si nou manje. ⁹ Men [k]fè atansyon ke libète sa a pa vini, nan yon jan o yon lòt, yon wòch pou fè sila ki fèb yo chite. ¹⁰ Paske si yon moun wè ou menm, ki gen konesans, k ap manje nan yon tanp zidòl, si konsyans li fèb, l ap ankouraje manje [l]bagay ki sakrifye a zidòl yo? ¹¹ Alò, akoz konesans pa ou, sila ki fèb [m]vin pèdi, frè pou sila Kris la te mouri an. ¹² [n]Konsa, nan peche kont frè nou yo k ap blese konsyans a sila ki fèb yo, nou peche kont Kris la. ¹³ Pou sa a, [o]si manje koze frè mwen an chite, mwen p ap janm manje vyann ankò, pou mwen pa koze frè mwen an chite.

9 Èske mwen pa [p]lib? Èske mwen pa yon apòt? Èske mwen pa wè Jésus, Senyè nou an? Èske nou se pa zèv mwen nan Senyè a? ² Si pou lòt yo mwen pa yon apòt, omwen mwen se yon apòt pou nou. Paske nou se [q]so a ki fè m apòt nan Senyè a.

³ Defans mwen a sila ki jije m yo se sa: ⁴ [r]Èske nou pa gen dwa pou nou manje ak bwè? ⁵ [s]Èske nou pa gen dwa pou pran avèk nou yon madanm fidèl nan lafwa, menm jan ak rès apòt yo, frè a Senyè yo ak Céphas? ⁶ Oubyen èske se [t]sèlman Barnabas ak mwen menm ki pa gen dwa sispann travay? ⁷ Kilès ki nan nenpòt tan ki sèvi [u]kòm yon sòlda ak pwòp depans pa l? Kilès ki [v]plante yon chan rezen e ki pa manje fwi li? Oubyen kilès ki bèje yon bann mouton e ki pa itilize lèt bann mouton an? ⁸ Èske mwen pale bagay sa yo [w]jan moun refleshi? Oubyen èske lalwa pa di menm bagay sa yo tou. ⁹ Paske sa ekri nan Lalwa Moïse la: [x]"Nou pa pou mare bouch a bèf la pandan l ap bat rekòlt la." Èske nou kwè ke se sou zafè bèf ke Bondye ap pale a?

¹⁰ Oswa èske l ap pale espre pou nou? Wi, se [y]pou enterè nou sa te ekri a, paske moun ki laboure tè a dwe laboure avèk espwa, e sila k ap bat rekòlt la dwe bat li avèk espwa ke l ap pataje nan rekòlt la.

¹¹ [z]Si nou te simen bagay ki apatyen a Lespri ki nan nou an, èske se twòp si nou rekòlte bagay materyèl ki soti nan nou yo? ¹² Si lòt yo gen dwa sou nou, èske nou menm pa gen plis?

Sependan [a]nou pa t itilize dwa sa a, men nou te sipòte tout bagay [b]pou nou pa anpeche levanjil a Kris la. ¹³ Èske nou pa konnen ke sila ki [c]fè sèvis adorasyon yo manje manje tanp lan, e sila ki toujou okipe lotèl la gen pòsyon pa yo sou lotèl la? ¹⁴ Menm jan an tou [d]Senyè a te dirije sila ki pwokame levanjil yo pou twouve mwayen lavi yo nan levanjil la.

¹⁵ Men mwen [e]pa t itilize okenn nan bagay sa yo. E mwen p ap ekri bagay sa yo pou sa kab fèt nan ka pa m nan; paske li ta pi bon pou m mouri, pase pou m kite okenn moun retire fyète m nan men m. ¹⁶ Paske si m preche levanjil la, mwen pa gen anyen pou m ta vante tèt mwen, pwiske [f]mwen anba obligasyon; paske malè a mwen menm si mwen pa preche levanjil la. ¹⁷ Paske si mwen fè sa volontèman, mwen deja gen yon [g]rekonpans. Men si se kont volonte m, mwen vin gen yon jerans ki plase sou mwen menm. ¹⁸ Konsa, kisa ki rekonpans mwen an? Sa, lè m preche levanjil la, mwen kapab ofri levanjil la [h]san frè, pou m pa sèvi tout dwa ke m gen nan levanjil la.

¹⁹ Paske malgre ke m lib de tout moun, mwen fè tèt mwen [i]esklav a tout moun, pou m kapab konvenk plis moun toujou. ²⁰ [j]Pou Jwif yo mwen te vin Jwif, pou mwen te kapab konvenk Jwif yo. Pou sila ki anba Lalwa yo, kòmsi m te anba Lalwa, malgre ke mwen menm pa t anba Lalwa, pou m te kapab konvenk sila ki anba Lalwa yo. ²¹ Pou sila ki [k]san lalwa yo, kòmsi m te san lalwa, malgre m pa t san lalwa a Bondye a, men [l]anba lalwa a Kris la, pou m te kapab konvenk sila ki san lalwa yo. ²² Pou [m]fèb yo mwen te vin fèb, pou m te kapab konvenk fèb yo. Mwen te vini [n]tout bagay pou tout moun pou m ta kapab pa tout mwayen sove kèk. ²³ Mwen fè tout bagay pou koz a levanjil la, pou m kapab vin gen dwa patisipe ladann.

²⁴ Èske nou pa konnen ke nan sila yo ki kouri nan yon kous, yo tout kouri, men se yon sèl ki resevwa [o]pri a? Kouri yon jan pou nou kapab genyen.

---

[a] **8:1** Wo 14:19   [b] **8:2** I Kor 3:18   [c] **8:2** I Kor 13:8   [d] **8:3** Sòm 1:6   [e] **8:4** Det 4:35,39   [f] **8:5** II Tes 2:4
[g] **8:6** Mal 2:10   [h] **8:6** Wo 11:36   [i] **8:7** Wo 14:4,22   [j] **8:8** Wo 14:17   [k] **8:9** Wo 14:13,21   [l] **8:10** Trav 15:20
[m] **8:11** Wo 14:15,20   [n] **8:12** Mat 18:6   [o] **8:13** Wo 14:21   [p] **9:1** I Kor 9:19   [q] **9:2** Jn 3:33   [r] **9:4** I Kor 9:14
[s] **9:5** Lwk 7:7   [t] **9:6** Trav 4:36   [u] **9:7** II Tim 2:3   [v] **9:7** Det 20:6   [w] **9:8** Wo 3:5   [x] **9:9** Det 25:4   [y] **9:10** Wo 4:23
[z] **9:11** Wo 15:27   [a] **9:12** Trav 20:33   [b] **9:12** II Kor 6:3   [c] **9:13** Lev 6:16,26   [d] **9:14** Mat 10:10
[e] **9:15** Trav 18:3   [f] **9:16** Trav 9:15   [g] **9:17** Jn 4:36   [h] **9:18** Trav 18:3   [i] **9:19** II Kor 4:5   [j] **9:20** Trav 16:3
[k] **9:21** Wo 2:12   [l] **9:21** Gal 6:2   [m] **9:22** Wo 15:1   [n] **9:22** I Kor 10:33   [o] **9:24** Fil 3:14

²⁵ Tout moun ki patisipe nan gran jwèt yo, egzèse disiplin nan tout bagay. Yo fè sa konsa pou resevwa yon pri k ap peri, men nou menm, pou yon pri ki p ap janm peri.
²⁶ Konsa, mwen ᵃkouri yon jan ki pa manke gwo objektif. Mwen fè bòks yon jan pou m pa pèdi mak la.
²⁷ Mwen disipline ᵇkò mwen pou fè l vin esklav mwen, sof ke petèt lè m fin preche a lòt yo, mwen menm ta vin pa kalifye.

10 Paske mwen pa vle ke nou san konprann, frè m yo, ke tout zansèt nou yo te ᶜanba nyaj la, e yo tout te pase nan lanmè a. ² Epi yo tout te ᵈbatize nan Moïse nan nyaj la ak nan lanmè a; ³ e yo tout ᵉte manje menm manje lespri a. ⁴ Yo tout ᶠte bwè menm bwason lespri a, paske yo te bwè nan yon wòch lespri ki te swiv yo; e wòch la se te Kris la. ⁵ Sepandan, avèk pifò nan yo, Bondye pa t kontan; akoz sa ᵍyo te mouri nan dezè a.

⁶ Alò, bagay sa yo te rive kòm yon egzanp pou nou, pou nou pa gen move lanvi jan ʰyo menm te gen move lanvi a. ⁷ Pa vin moun idolat tankou kèk nan yo te ye a, paske sa ekri: ⁱ"Pèp la te chita pou manje ak bwè, e te kanpe pou jwe." ⁸ Ni pou nou pa kite nou aji avèk imoralite, jan kèk nan yo te fè, e ʲvenn-twa-mil te tonbe nan yon sèl jou. ⁹ Ni nou pa pou tante Senyè a, jan ᵏkèk nan yo te fè a, e yo te detwi pa sèpan yo. ¹⁰ Ni plenyen tankou kèk nan yo te fè a, e yo ˡte detwi pa destriktè a. ¹¹ Alò, bagay sa yo te rive yo kòm yon egzanp. ᵐYo te ekri pou enstwi nou, sou sila a ⁿfen tan yo gen tan fin parèt.
¹² Konsa, kite sila ki ᵒpanse li kanpe a fè atansyon pou li pa tonbe.

¹³ Pa gen tantasyon ki parèt devan nou, ki pa menm rive devan tout moun. Men ᵖBondye fidèl. Li p ap kite nou ᑫtante plis ke sa nou kab sipòte, men avèk tantasyon an, Li va founi yon mwayen pou nou chape tou pou nou ka andire l.

¹⁴ Konsa, byeneme m yo, sove kite ʳidolatri.
¹⁵ Mwen pale, konsi, se ak moun saj. Byen jije sa ke mwen di a. ¹⁶ Lè nou ˢbeni tas beni a, èske nou pa pataje san Kris la? Lè nou kase pen an, èske nou pa pataje nan kò Kris la? ¹⁷ Paske gen yon sèl pen, nou menm ᵗki anpil la se yon sèl kò; paske nou tout pataje yon sèl pen. ¹⁸ Gade nasyon Israël la selon lachè a. Èske se pa tout sila ki ᵘmanje sakrifis ki pataje sou lotèl yo?

¹⁹ Kisa mwen vle di konsa? Ke yon bagay ki te sakrifye a zidòl se yon bagay, oswa ᵛke yon zidòl se yon bagay? ²⁰ Non, men mwen di bagay yo ke pèp payen yo sèvi nan sakrifis yo, yo ʷsakrifye bay dyab yo, e pa a Bondye; epi mwen pa vle nou devni moun k ap pataje bagay bay dyab.
²¹ ˣNou pa kapab bwè tas Senyè a ak tas a dyab yo. Nou pa kapab pataje tab a Senyè a, ak tab a dyab yo. ²² Oubyen èske nou ʸpouse Senyè a a jalouzi? Èske nou ᶻpi fò pase Li?

²³ ᵃTout bagay pèmèt, men se pa tout bagay ki itil. Tout bagay pèmèt, men se pa tout bagay ki ᵇedifye. ²⁴ Pa kite nou ᶜchache pwòp enterè pa nou, men sa ki bon pou vwazen nou. ²⁵ ᵈManje avèk bon konsyans nenpòt vyann ki vann nan mache, san poze kesyon. ²⁶ ᵉ"Paske tè a se pou Senyè a avèk tout sa ki ladann." ²⁷ Si ᶠyoun nan sila ki pa kwè yo envite nou, e nou vle ale ᵍmanje nenpòt bagay ke yo mete devan nou, avèk bon konsyans e san poze kesyon. ²⁸ Men si yon moun di nou: "Vyann sa a te sakrifye bay zidòl," pa manje l, pou kòz a sila ki te enfòme nou an, ak pou bon konsyans. Paske "Latè se pou Senyè, ak tout ki ranpli l." ²⁹ Mwen pa vle di pwòp konsyans pa nou, men konsyans pa li. Paske ʰpoukisa libète mwen vin ji je pa konsyans a yon lòt? ³⁰ Si mwen patisipe avèk remèsiman, poukisa libète mwen mal ji je pou sa ke mwen ⁱbay remèsiman?

³¹ Alò, konsa ʲsi nou manje oswa si nou bwè, nan nenpòt sa ke nou fè, fè yo tout a laglwa Bondye. ³² ᵏPa ofanse ni Jwif, ni Grèk, ni legliz Bondye a. ³³ Menm jan ke mwen osi ˡfè tout moun plezi nan tout bagay, pa pou chache pwòp enterè pa m, men enterè a anpil moun, jis pou yo kapab sove.

11 ᵐSe pou nou vin imitatè a mwen menm, menm jan ke mwen osi se imitatè a Kris la.
² Alò mwen fè nou konpliman akoz ke nou ⁿsonje mwen nan tout bagay, e nou kenbe fèm a tout sa ke m enstwi nou yo, jis jan ke m te livre yo bannou an. ³ Men mwen vle nou konprann ke Kris se ᵒtèt a tout gason, gason se tèt a fanm nan, e Bondye se tèt a Kris la. ⁴ Tout gason ki gen yon bagay sou tèt li pandan l ap priye oubyen ᵖpwofetize, dezonore tèt li. ⁵ Men chak fanm ki kite tèt li dekouvri pandan l ap priye oubyen pwofetize, dezonore tèt li. Paske li vin menm jan avèk yon fanm ki ᑫpase razwa nan tèt li. ⁶ Paske si yon fanm pa kouvri tèt li, kite li koupe cheve l tou. Men si se yon dezonè pou yon fanm koupe cheve li, oswa pase razwa nan tèt li, kite li kouvri tèt li. ⁷ Paske yon gason pa ta dwe kouvri tèt li akoz ke li se ʳimaj ak glwa a Bondye, men fanm nan se glwa a gason. ⁸ Paske ˢgason pa soti nan fanm, men fanm soti nan gason. ⁹ Paske, gason pa t kreye pou koz a fanm nan, men ᵗfanm nan pou koz a gason an. ¹⁰ Konsa, fanm nan dwe gen yon siyal otorite sou tèt li akoz zanj yo.

ᵃ **9:26** Eb 12:1   ᵇ **9:27** Wo 8:13   ᶜ **10:1** Egz 13:21   ᵈ **10:2** Wo 6:3   ᵉ **10:3** Egz 16:4,35   ᶠ **10:4** Egz 17:6
ᵍ **10:5** Nonb 14:29,37   ʰ **10:6** Nonb 11:4,34   ⁱ **10:7** Egz 32:6   ʲ **10:8** Nonb 25:9   ᵏ **10:9** Nonb 21:5
ˡ **10:10** Nonb 16:49   ᵐ **10:11** Wo 4:23   ⁿ **10:11** Wo 13:11   ᵒ **10:12** Wo 11:20   ᵖ **10:13** I Kor 1:9   ᑫ **10:13** II Pi 2:9   ʳ **10:14** I Kor 10:7,19   ˢ **10:16** Mat 26:27   ᵗ **10:17** Wo 12:5   ᵘ **10:18** Lev 7:6,14   ᵛ **10:19** I Kor 8:4
ʷ **10:20** Det 32:17   ˣ **10:21** II Kor 6:16   ʸ **10:22** Det 32:21   ᶻ **10:22** Ekl 6:10   ᵃ **10:23** I Kor 6:12   ᵇ **10:23** Wo 14:19   ᶜ **10:24** Wo 15:2   ᵈ **10:25** Trav 10:15   ᵉ **10:26** Sòm 24:1   ᶠ **10:27** Luc 5:10   ᵍ **10:27** Luc 10:8
ʰ **10:29** Wo 14:16   ⁱ **10:30** Wo 14:6   ʲ **10:31** Kol 3:17   ᵏ **10:32** Trav 24:16   ˡ **10:33** Wo 15:2   ᵐ **11:1** I Kor 4:16
ⁿ **11:2** I Tes 1:6   ᵒ **11:3** Ef 5:23   ᵖ **11:4** Trav 13:1   ᑫ **11:5** Det 21:12   ʳ **11:7** Jen 1:26   ˢ **11:8** Jen 2:21-23
ᵗ **11:9** Jen 2:18

¹¹ Sepandan, nan Senyè a, ni fanm nan pa endepandan de gason an, ni gason an pa endepandan de fanm nan. ¹² Paske menm jan ke fanm nan sòti nan gason an, osi gason an gen nesans li atravè fanm nan; men tout bagay sòti ªnan Bondye. ¹³ ᵇJije nou menm: èske li bon pou yon fanm priye Bondye avèk tèt li dekouvri? ¹⁴ Èske menm lanati li menm pa enstwi nou ke si yon nonm gen cheve long, se yon dezonè pou li, ¹⁵ men si yon fanm gen cheve long, se yon glwa pou li? Paske cheve li te donnen kon yon kouvèti pou li. ¹⁶ Men si yon moun ta vle diskite kont sa, ni nou menm, ni ᶜlegliz Bondye yo ᵈpa pou gen okenn lòt pratik.

¹⁷ Men lè mwen bay nou komman sila a, ᵉmwen pa fè nou konpliman, paske nou pa reyini ansanm pou sa ki pi bon men pou sa ki pi mal. ¹⁸ Paske premyèman, lè nou reyini ansanm kòm yon legliz, mwen tande ke ᶠgen divizyon pami nou, e mwen kwè yon pati nan sa gen verite. ¹⁹ Paske toujou oblije gen divizyon pami nou jis pou sila ki apwouve yo kapab vin parèt klè pami nou. ²⁰ Konsa, lè nou reyini ansanm, nou pa fè l pou nou manje manje Senyè a. ²¹ Olye sa, nan manje a, chak moun pran pwòp manje pa l avan. Yon moun grangou, e ᵍyon lòt sou. ²² Kisa! Nou pa gen kay kote nou kapab manje ak bwè? Oubyen èske nou meprize ʰlegliz Bondye a, e fè sila ki manke yo wont? Kisa m kapab di nou? Èske m dwe fè nou konpliman? Nan sa, mwen p ap fè nou konpliman.

²³ Paske mwen te resevwa soti nan Senyè a sa ke m te livre bannou an, ke ⁱSenyè a Jésus, nan nwit ke Li te trayi a, te pran pen an. ²⁴ Lè L te fin bay remèsiman, li te kase li e te di: "Pran, manje. Sa se kò Mwen ki kase pou nou. Fè sa nan memwa a Mwen menm." ²⁵ Menm jan an, apre soupe a li te pran tas la osi e te di: "Tas sa a se ʲakò tounèf nan san Mwen an. Tout tan ke nou bwè li, fè sa nan memwa a Mwen menm." ²⁶ Paske tout tan ke nou manje pen sa a, e bwè tas sa a, nou pwoklame lanmò Senyè a ᵏjiskaske Li vini.

²⁷ Konsa, nenpòt moun ki manje pen an oubyen bwè tas Senyè a nan yon fason ki pa dign, va ˡkoupab de kò ak san Senyè a. ²⁸ Men yon moun dwe ᵐegzamine tèt li, e konsa kite li manje pen an e bwè tas la. ²⁹ Paske sila ki manje e ki bwè nan yon jan ke li pa merite, manje e bwè jijman sou tèt li si li pa byen jije kò Senyè a.ⁿ ³⁰ Pou rezon sa a, anpil pami nou fèb, malad, e kèk ᵒmouri. ³¹ Men si nou te byen jije pwòp tèt nou, nou pa t ap vin jije. ³² Men lè nou vin jije, nou ᵖkorije pa Senyè a pou nou pa vin kondane ansanm avèk mond lan. ³³ Konsa, frè m yo, lè nou reyini ansanm pou nou manje, se pou nou tann youn lòt. ³⁴ Si yon moun ᑫgrangou, ke li manje ʳlakay li, pou nou pa reyini ansanm pou jijman. Rès bagay yo mwen va regle yo lè m vini.

12 Alò, konsènan ˢdon Lespri Sen yo, frè m yo, ᵗmwen pa vle nou enkonsyan de yo. ² ᵗNou konnen ke lè nou te payen, nou te ᵘmennen egare kote zidòl ki pa t kapab pale yo, nenpòt jan yo ta ka mennen nou. ³ Konsa, mwen fè nou konnen ke pa gen pèsòn k ap pale pa Lespri Bondye a ki di: "Jésus madichonnen". Ni pèsòn p ap ka di: "Jésus se Senyè a", eksepte ᵛpa Lespri Sen an.

⁴ Alò, gen ʷplizyè kalitie don, men se menm Lespri a. ⁵ Gen plizyè kalite ministè, e menm Senyè a. ⁶ Gen plizyè kalite fonksyon, men menm ˣBondye a ki fè tout bagay fonksyone nan tout moun. ⁷ Men chak kwayan resevwa ʸdon Lespri a, pou lavantaj a tout moun. ⁸ Paske a yon moun pawòl ᶻsajès la bay selon Lespri a, e a yon lòt pawòl konesans lan selon menm Lespri a. ⁹ A yon lòt ªlafwa pa menm Lespri a, e a yon lòt ᵇdon gerizon pa Lespri a, ¹⁰ epi a yon lòt don pou fè mirak, e a yon lòt, pwofesi, e a yon lòt ᶜkapasite pou distenge pami lespri yo, a yon lòt plizyè kalite langaj, e a yon lòt, pou entèprete lang yo. ¹¹ Men youn e menm Lespri a travay nan tout bagay sa yo, e Li ᵈdistribiye yo a chak grenn moun selon volonte Li.

¹² Paske menm jan ke kò a se yon sèl, men gen anpil manm, e tout manm kò yo, malgre ke yo anpil, yo se yon sèl kò ᵉkonsa tou Kris la ye. ¹³ Paske ᶠpa yon sèl Lespri, nou tout te batize nan yon sèl kò, kit Jwif, kit Grèk, kit esklav, kit lib, e nou tout te fèt pou ᵍbwè nan yon sèl Lespri.

¹⁴ Paske ʰkò a se pa yon sèl manm, men anpil manm. ¹⁵ Si pye a ta di: "Akoz ke mwen se pa yon men, mwen pa yon pati nan kò a," se pa sa ki ta fè l okenn mwens yon pati nan kò a. ¹⁶ Epi si zòrèy la di: "Mwen pa yon zye, mwen pa yon pati nan kò a," se pa pou rezon sa a li pa omwen yon pati nan kò a. ¹⁷ Si tout kò a te yon zye, kote zòrèy la t ap ye? Si tout kò a te sèl zòrèy, kote nen pou santi t ap ye? ¹⁸ Men koulye a Bondye byen ⁱplase manm yo, yo chak nan kò a ʲjis jan Li te vle a. ¹⁹ Si yo tout te yon sèl manm, kote kò a t ap ye? ²⁰ Men koulye a ᵏgen anpil manm, men yon sèl kò. ²¹ Konsa, zye a pa kapab di a men an: "Mwen pa bezwen ou" ni ankò, tèt la a pye yo: "Mwen pa bezwen nou." ²² Okontrè, li pi vrè ke manm kò ki sanble pi fèb yo nesesè. ²³ Epi manm nan kò yo ke nou estime mwens onorab yo, sou yo nou bay plis onè, e manm ki mwens prezantab nou yo, vin pi prezantab, ²⁴ pandan ke manm pi prezantab nou yo pa bezwen sa. Men Bondye byen ranje kò a pou bay plis onè a manm ki manke onè

ª **11:12** Wo 11:36   ᵇ **11:13** Luc 12:57   ᶜ **11:16** I Kor 7:17   ᵈ **11:16** I Kor 4:5   ᵉ **11:17** I Kor 11:2,22   ᶠ **11:18** I Kor 1:10   ᵍ **11:21** Jd 12   ʰ **11:22** I Kor 10:32   ⁱ **11:23** I Kor 11:23-25   ʲ **11:25** Luc 22:20   ᵏ **11:26** Jn 21:22   ˡ **11:27** Eb 10:29   ᵐ **11:28** Mat 26:22   ⁿ **11:29** Trav 7:60   ᵒ **11:30** Trav 7:60   ᵖ **11:32** II Sam 7:14   ᑫ **11:34** I Kor 11:21   ʳ **11:34** I Kor 11:22   ˢ **12:1** I Kor 12:4   ᵗ **12:2** I Kor 6:11   ᵘ **12:2** I Tes 1:9   ᵛ **12:3** Mat 22:43   ʷ **12:4** Wo 12:6   ˣ **12:6** I Kor 15:28   ʸ **12:7** I Kor 12:12-30   ᶻ **12:8** I Kor 2:6   ª **12:9** I Kor 13:2   ᵇ **12:9** I Kor 12:28,30   ᶜ **12:10** I Kor 14:29   ᵈ **12:11** I Kor 12:4   ᵉ **12:12** I Kor 12:27   ᶠ **12:13** Ef 2:18   ᵍ **12:13** Jn 7:37-39   ʰ **12:14** I Kor 12:20   ⁱ **12:18** I Kor 12:28   ʲ **12:18** Wo 12:6   ᵏ **12:20** I Kor 12:12

yo, ²⁵ jis pou pa vin gen divizyon nan kò a, men pou manm yo kapab gen menm sousi pou youn lòt. ²⁶ Si yon manm soufri, pou tout manm yo soufri avèk li. Si yon manm resevwa onè, pou tout manm yo rejwi avèk li.

²⁷ Alò ansanm, nou se kò a Kris la, e nou se chak grenn ᵃmanm de li. ²⁸ Konsa, Bondye te ᵇchwazi nan legliz la, premyèman ᶜapot yo, dezyèmman, pwofèt yo, twazyèmman, enstriktè yo, answit don mirak yo, answit don gerizon yo, èd yo, administrasyon yo, plizyè kalite langaj yo. ²⁹ Èske se tout ki apot? Non! Èske tout se pwofèt? Non! Èske tout se enstriktè? Non Èske se tout ki fè mirak? Non! ³⁰ Èske tout fè gerizon? Non! Èske tout pale an lang? Non! Èske tout entèprete? Non! ³¹ Men ᵈswayezman kiltive dezi pou pi gran don yo. E mwen va montre nou yon chemen ki toujou pi ekselan.

13 Si mwen pale avèk ᵉlang a lèzòm ak zanj yo, men mwen pa gen lanmou, mwen tankou yon klòch k ap fè gwo bwi oubyen yon ᶠsenbal k ap sone. ² Si m gen don pwofesi, e konnen tout ᵍmistè ak tout konesans; epi si mwen gen tout lafwa, kòmsi pou m ta kapab deplase mòn yo, men mwen pa gen lanmou, mwen pa anyen. ³ Si mwen ʰbay tout sa ke m posede pou bay manje a pòv yo, e si mwen ⁱlivre kò m pou brile, men mwen pa gen lanmou, sa p ap rapòte m anyen.

⁴ Lanmou ʲpasyan, lanmou dous; li pa jalou. Lanmou pa vante tèt li e li pa awogan. ⁵ Li pa aji malonètman, ni li pa chache pwòp enterè pa l. Li pa fè kòlè ᵏpa teni kont de mal li resevwa. ⁶ Li pa rejwi nan lenjistis, men ˡrejwi nan verite a. ⁷ Li ᵐsipòte tout bagay, kwè tout bagay, espere tout bagay, andire tout bagay.

⁸ Lanmou pa janm echwe. Si gen don ⁿpwofesi, y ap vin disparèt. Si gen don ᵒlang, yo va fini. Si gen konesans, li va disparèt. ⁹ Paske nou ᵖkonnen yon ti pati e nou pwofetize yon ti pati; ¹⁰ men lè sa ki pafè a vini, sa ki poko konplè a va disparèt. ¹¹ Lè m te timoun, mwen te konn pale tankou yon timoun, panse tankou yon timoun, rezone tankou yon timoun. Lè m te vin gran, mwen te kite bagay timoun yo. ¹² Paske koulye a nou wè twoub, konsi nan yon glas, men answit nou va wè ᵠfasafas. Koulye a m konnen yon ti pati, men answit, mwen va konnen tout bagay menm jan ke Bondye konnen tout bagay de mwen an. ¹³ Men koulye a, lafwa, lesperans, ak lanmou; rete twa bagay sa yo. Men pi gran nan bagay sa yo, se ʳlanmou.

14 ˢPouswiv lanmou, men ᵗdezire ak tout kè nou, don Lespri yo, sitou don pou nou kapab pwofetize a.

² Paske sila ki ᵘpale an lang yo pa pale ak moun, men ak Bondye; paske pèsòn pa konprann, men nan lespri li, li pale ᵛmistè yo.
³ Men yon moun ki pwofetize pale ak moun pou ʷfè yo konprann plis, pou egzòte yo, e pou konsole yo.
⁴ Sila ki pale an lang lan, ˣedifye tèt li, men sila ki pwofetize a edifye legliz la.
⁵ Alò, mwen ta kontan si nou tout te pale an lang ʸmen menm plis, ke nou tout ta pwofetize. Paske pi gran an se sila ki pwofetize a, pase sila ki pale an lang lan, amwenske li entèprete, pou legliz la kapab vin edifye.
⁶ Men alò, frè m yo, si mwen vini a nou menm e m ap pale an lang, ki pwofi mwen ye pou nou si omwen mwen pa pale ak nou selon ᶻrevelasyon, konesans, pwofesi oswa enstriksyon?
⁷ Paske menm bagay ki pa gen lavi nan yo, tankou flit, oswa ap, lè yo fè yon son, si li pa yon son ki klè, kijan nou ka fè konnen si sa k ap jwe a se flit la, oswa ap la?
⁸ Paske si ᵃtwonpèt la pwodwi yon son ki pa klè, kijan yon moun va prepare tèt li pou batay la?
⁹ Donk nou menm tou, sof ke nou pale an lang pawòl ki klè, kijan yo va konnen sa ki pale a? Paske si li pa konsa, se konsi, ᵇnou pale pawòl anlè.
¹⁰ Genyen, petèt, anpil kalite lang nan mond lan, e okenn pa san konprann.
¹¹ Si, alò, mwen pa konprann lang lan, a sila ki pale li a, mwen va tankou yon sovaj, e sila ki pale a va yon sovaj pou mwen.
¹² Alò, nou menm osi, paske nou gen zèl pou don Lespri yo, toujou chèche ranpli ak yo pou ᶜedifikasyon legliz la.
¹³ Konsa, kite sila ki pale an lang lan priye pou li kapab osi entèprete li.
¹⁴ Paske si mwen priye nan yon lang, lespri mwen priye, men entèlijans mwen rete san fwi.
¹⁵ Ki konklizyon alò? Ke mwen va priye avèk lespri a, e mwen va priye avèk entèlijans la osi. Mwen va ᵈchante avèk lespri a, e mwen va chante avèk entèlijans la osi.
¹⁶ Otreman, si nou beni nan lespri a sèlman, kijan sila ki okipe plas moun ki san don yo va di ᵉ"Amen" lè nou bay remèsiman, paske li menm, li pa konnen sa n ap di a?
¹⁷ Paske nou ap bay remèsiman ase byen, men lòt moun nan ᶠpa edifye.
¹⁸ Mwen remèsye Bondye m, mwen pale an lang plis ke nou tout.
¹⁹ Sepandan, nan legliz la mwen pito pale senk mo avèk entèlijans mwen, pou m kapab enstwi lòt yo osi, olye di-mil mo an lang.

ᵃ **12:27** Wo 12:5   ᵇ **12:28** I Kor 12:18   ᶜ **12:28** Ef 4:11   ᵈ **12:31** I Kor 14:1,39   ᵉ **13:1** I Kor 12:10
ᶠ **13:1** Sòm 150:5   ᵍ **13:2** I Kor 12:10,28,30; I Kor 13:2   ʰ **13:3** Mat 6:2   ⁱ **13:3** Dan 3:28   ʲ **13:4** Pwov 10:12
ᵏ **13:5** II Kor 5:19   ˡ **13:6** II Jn 4   ᵐ **13:7** I Kor 9:12   ⁿ **13:8** I Kor 13:2   ᵒ **13:8** I Kor 13:1   ᵖ **13:9** I Kor 8:2
ᵠ **13:12** Jen 32:30   ʳ **13:13** Gal 5:6   ˢ **14:1** I Kor 16:14   ᵗ **14:1** I Kor 12:31   ᵘ **14:2** I Kor 12:10,28,30
ᵛ **14:2** I Kor 13:2   ʷ **14:3** Wo 14:19   ˣ **14:4** Wo 14:19   ʸ **14:5** Nonb 11:29   ᶻ **14:6** I Kor 14:26   ᵃ **14:8** Nonb 10:9
ᵇ **14:9** I Kor 9:26   ᶜ **14:12** Wo 14:9   ᵈ **14:15** Ef 5:19   ᵉ **14:16** Det 27:15-26   ᶠ **14:17** Wo 14:19

²⁰ Frè m yo ªpa fè tankou timoun nan jan nou reflechi. Nan sa ki mal la ᵇrete inosan tankou tibebe, men nan jan nou panse, reflechi tankou granmoun. ²¹ Nan Lalwa a, li ekri: ᶜ"Pa lèzòm ak lang etranje yo, e pa bouch etranje yo mwen va pale a pèp sila a, e malgre sa, yo p ap koute Mwen," di Senyè a. ²² Kidonk, lang yo se pou yon sign, pa pou sila ki kwè yo, men pou enkwayan yo; men ᵈpwofetize se yon sign, pa pou enkwayan yo, men pou sila ki kwè yo. ²³ Donk, si tout legliz la reyini ansanm e yo tout pale an lang, e moun ki san don oubyen enkwayan yo antre, èske yo p ap di ke ᵉnou fou? ²⁴ Men si nou tout ap pwofetize, e yon enkwayan oubyen yon moun ki san don antre, l ap vin ᶠkonvenk pa tout bagay. Konsa, li va rele pou vin rann kont de tout bagay. ²⁵ Sekrè a kè li vin devwale, e konsa li va tonbe sou fas li pou adore Bondye e ᵍdeklare ke Bondye an verite pami nou.

²⁶ Alò ki rezilta frè m yo? Lè nou reyini, chak moun gen yon sòm, gen yon enstriksyon, gen yon revelasyon, gen yon lang, gen yon entèpretasyon. ʰKe tout bagay fèt pou edifikasyon yon lòt. ²⁷ Si yon moun pale an lang, li ta dwe pa plis ke de moun, o menm twa. Fòk li an lòd, youn apre lòt, e yon moun dweⁱentèprete. ²⁸ Men si pa gen entèprèt, li dwe rete an silans nan legliz la, e kite li pale ak tèt li e ak Bondye. ²⁹ Kite de oubyen twa ʲpwofèt pale, e kite lòt yo ᵏ ji je sa. ³⁰ Men si yon revelasyon vin fèt a yon moun ki chita, premye a dwe fè silans. ³¹ Paske nou tout kapab pwofetize youn apre lòt, pou nou tout kapab konprann e nou tout kapab jwenn egzòtasyon. ³² Konsa, lespri a pwofèt yo se sijè a pwofèt yo. ³³ Paske Bondye se pa yon Bondye ki mennen konfizyon, men lapè, tankou nan ˡtout legliz a sen yo.

³⁴ Ke fanm yo rete an silans nan legliz la; paske yo pa pèmèt pou yo pale, men ᵐkite yo vin anba lòd, jan Lalwa anplis konn di a. ³⁵ Si yo dezire aprann yon bagay, kite yo mande pwòp mari yo lakay yo; paske se pa pwòp pou yon fanm pale nan legliz la. ³⁶ Ki sa a? Èske se nan nou menm pawòl Bondye a te sòti premyèman? Oubyen èske li vini a nou menm sèlman?

³⁷ ⁿSi yon moun panse ke li se yon pwofèt, oswa plen lespri, kite li rekonèt ke bagay ke mwen ekri a nou menm yo se kòmandman a Senyè a. ³⁸ Men si yon moun pa rekonèt sa, li menm, osi li p ap rekonèt.

³⁹ Konsa, frè m yo ᵒSe pou nou gen yon dezi sensè pou ᵖpwofetize, e pa anpeche moun pale an lang. ⁴⁰ Men ᑫtout bagay dwe fèt byen pwòp ak nan lòd.

15 Koulye a, mwen fè konnen a nou menm, frè m yo, levanjil ʳke mwen te preche a nou an, ke osi nou te resevwa a ladann osi nou kanpe. ² Pa li menm osi nou ap sove, ˢsi nou kenbe fèm a pawòl ke m te preche a nou an, amwenske nou te kwè anven.

³ Paske mwen te livre a nou kon bagay ki pi enpòtan nan sa ke mwen osi te resevwa a, ke Kris la te ᵗmouri pou peche nou yo selon Ekriti sen yo, ⁴ ke Li te antere, e ke Li te leve nan twazyèm jou a ᵘselon Ekriti yo. ⁵ Epi ke ᵛLi te parèt a Céphas, e answit, a ʷdouz yo. ⁶ Apre sa, Li te parèt a plis ke senk san frè yon sèl kou, pifò nan yo rete la jiska prezan, malgre kèk nan yo ˣgen tan mouri. ⁷ Answit Li te parèt a Jacques, e answit ʸtout apot yo. ⁸ Epi an dènye, tankou youn pitit ki pa t fèt nan pwòp moman an, ᶻLi te parèt a mwen menm tou.

⁹ Paske mwen se ªpi piti a pami apot yo, e ki pa menm dign pou rele apot, paske mwen te konn ᵇpèsekite legliz Bondye a.

¹⁰ Men, pa ᶜgras Bondye, mwen sa ke mwen ye a, e gras Li anvè mwen pa anven, men mwen te ᵈtravay menm plis pase yo tout, malgre se pa t mwen, men gras a Bondye ki te avè m nan. ¹¹ Alò, kit se te pa mwen, kit se te pa yo, konsa nou te preche, epi konsa nou tout te kwè.

¹² Alò, si Kris la preche, ke Li te leve nan lanmò, kijan kèk pami nou ap di ke ᵉpa gen rezirèksyon mò yo? ¹³ Si pa gen rezirèksyon pou mò yo, menm Kris la pa t leve. ¹⁴ Epi ᶠsi Kris la pa t leve, answit nou ap preche anven, e lafwa nou osi anven. ¹⁵ Anplis ke sa, nou menm vin twouve nou kòm fo temwen a Bondye, paske nou te temwaye kont Bondye, ke Li te ᵍleve Kris la, ke Li pa t leve vrèman, si anfèt mò yo pa leve. ¹⁶ Paske si mò yo pa leve, menm Kris la pa t leve.

¹⁷ Epi si Kris la pa t leve, lafwa nou vin san valè, e ʰnou toujou nan peche nou yo. ¹⁸ Answit sila ki ⁱmouri nan Kris yo peri. ¹⁹ Konsa, si nou te mete espwa nou nan Kris sèlman nan vi sa a, nou pami moun ki pi pitwayab ʲke tout moun.

²⁰ Men alò, Kris te vrèman leve soti nan lanmò, kon ᵏpremye fwi de sila ˡki mouri yo. ²¹ Paske si se pa ᵐyon sèl moun, lanmò te vini, pa yon moun osi, rezirèksyon mò yo te vini. ²² Paske ⁿtankou nan Adam tout moun te mouri an, menm jan an tou nan Kris tout moun va gen lavi.

²³ Men chak moun nan pwòp lòd li: Kris, kon premye fwi yo, apre sa ᵒsila ki nan Kris yo lè L

vini. ²⁴ Answit va vini lafen, lè Li livre ªwayòm nan a Bondye, Papa a, lè Li fin aboli tout wayòm yo, tout otorite yo, avèk tout pwisans yo. ²⁵ Paske fòk li renye ᵇjiskaske Li mete tout lènmi Li yo anba pye Li. ²⁶ Dènye lènmi ki va ᶜaboli a se lanmò.
²⁷ Paske ᵈ"Li te fè tout bagay soumèt anba pye Li." Men lè Li di: "Tout bagay soumèt", li byen klè ke Li menm ki te fè tout bagay soumèt a Li menm nan, pa ladann.
²⁸ Lè tout bagay soumèt a Li menm, answit Fis la, Li menm, osi va vin soumèt a Sila ki te soumèt tout bagay a Li menm nan, pou ᵉBondye kapab tout nan tout bagay.
²⁹ Otreman, kisa sila yo ki batize pou mò yo va fè? Si mò yo pa leve menm, alò poukisa yo batize pou yo? ³⁰ Poukisa nou menm tou, nou ᶠan danje a chak moman? ³¹ Mwen dakò fè nou konnen, frè m yo, pa fyète m gen nan nou, ak nan Jésus Kri Senyè nou an, ᵍmwen mouri chak jou. ³² Si se te pou yon motif moun ke m te goumen avèk bèt sovaj chak jou an Éphèse yo, ki pwofi sa t ap ban mwen? Si mò yo pa leve ʰ"Annou manje ak bwè, paske demen n ap mouri." ³³ ⁱPa twonpe tèt nou: "Move zanmi gate bon prensip." ³⁴ Vin reflechi byen serye jan nou ta dwe fè a, e sispann fè peche; paske kèk nan nou ʲpa menm gen konesans a Bondye. Mwen pale sa pou fè nou wont.
³⁵ Men yon moun va di: "Kijan ᵏmò yo leve a?" Epi "avèk ki kalite kò yo ap vini?"
³⁶ Moun sòt! Sa ke nou simen pa kapab vin gen lavi amwenske li mouri; ³⁷ Epi sa ke nou simen an, nou pa simen kò a li menm, men yon senp ti grenn, petèt yon ble oubyen yon lòt bagay.
³⁸ Men Bondye bay li yon kò jis jan ke Li te dezire a, e a ˡchak grenn semans yo yon kò pou kont li. ³⁹ Tout chè pa menm kalite chè. Gen yon chè pou lòm, e yon lòt chè pou bèt, yon lòt chè pou zwazo, e yon lòt pou pwason. ⁴⁰ Gen osi kò selès ak kò tèrès, men laglwa selès la se youn, e laglwa tèrès la se yon lòt. ⁴¹ Gen yon glwa nan solèy la, yon lòt glwa nan lalin lan, e yon lòt nan zetwal yo; paske chak zetwal apa nan glwa li.
⁴² Menm jan an tou pou rezirèksyon a mò yo. Li simen kòm ᵐyon kò perisab, men li leve kòm yon kò enperisab.
⁴³ Li simen nan dezonè, li leve nan ⁿlaglwa. Li simen nan feblès, li leve nan pouvwa.
⁴⁴ Li simen kòm yon ᵒkò natirèl; li leve kòm yon kò espirityèl. Si gen yon kò natirèl, anplis gen yon kò espirityèl.
⁴⁵ Menm jan an osi sa ekri: "Premye ᵖlòm nan, Adam, te devni yon nanm vivan." Dènye Adam an,

Jésus Kris, yon lespri ki bay lavi. ⁴⁶ Sepandan, sa ki gen lespri a pa vini avan, men sa ki natirèl la, answit sa ki gen lespri a. ⁴⁷ Premye lòm nan ᵠsòti nan latè. Li se moun tèrès. Dezyèm lòm nan sòti nan syèl la. ⁴⁸ Jan tè a ye a, se konsa sila ki tèrès yo ye tou; e ʳmenm jan selès la ye a, konsa selès yo ye tou. ⁴⁹ Jis jan ke nou ˢpote imaj a tèrès la, konsa osi nou ᵗva pote imaj a selès la. ⁵⁰ Alò m ap di sa, frè m yo, ke chè ak san pa kapab ᵘeritye wayòm Bondye a; ni sa ki perisab la pa kapab eritye sa ki enperisab la.
⁵¹ Gade byen, m ap di nou yon ᵛmistè. Se pa nou tout ki va mouri, men nou tout va ʷchanje, ⁵² nan yon moman, nan yon ti bat zye, nan dènye twonpèt la. Paske twonpèt la va sone, mò yo va vin leve enperisab, e ˣnou tout va vin chanje. ⁵³ Paske perisab la dwe abiye avèk enperisab la, e ʸmòtèl sa a dwe abiye avèk imòtalite. ⁵⁴ Men lè perisab sila a fin abiye avèk enperisab la, e mòtèl sila a fin abiye avèk imòtalite a, alò va vin akonpli pawòl ki ekri a: ᶻ"Lanmò vin vale nèt pa viktwa."
⁵⁵ ᵃ"O lanmò, kote viktwa ou? O lanmò, kote doulè pikan an?"
⁵⁶ Doulè pikan lanmò a se peche, e ᵇpouvwa a peche a se Lalwa a.
⁵⁷ Men gras a Bondye, ki bannou ᶜviktwa atravè Senyè nou an, Jésus Kri. ⁵⁸ Pou sa, byeneme frè m yo, rete fidèl, san varye, toujou ranpli avèk ᵈbon zèv Senyè a, avèk konesans ke travay nou nan Senyè a pa anven.

16 Koulye a konsènan ᵉofrann pou sen yo; jan mwen te dirije legliz Galatie yo, konsa mwen fè nou konnen tou. ² Nan premye jou nan semèn nan, ke nou chak mete sou kote e sere, selon jan li te byen reyisi, pou okenn ᶠofrann pa fèt lè m vini. ³ Konsa, lè m rive ᵍnenpòt moun ke nou ta kab chwazi, mwen va voye yo avèk lèt pou pote kado nou an Jérusalem; ⁴ epi si li nesesè pou m ale tou, yo va ale avè m.
⁵ Men mwen va vini a nou menm apre mwen pase Macédoine, paske ʰm ap pase Macédoine. ⁶ Petèt mwen va rete avèk nou, oswa menm pase sezon livè a, pou nou kapab ⁱvoye m ale nenpòt kote ke m ta kab ale. ⁷ Paske mwen pa vle wè nou koulye a ʲsèlman an pasan; paske mwen espere rete avèk nou pou kèk tan si Dye vle. ⁸ Men mwen va rete ᵏÉphèse jiska fèt pannkot la; ⁹ Paske yon ˡpòt byen laj e efikas vin louvri a mwen menm, e gen anpil advèsè.
¹⁰ Alò, si ᵐTimothée vini, fè si ke li avèk nou san koz pou pè; paske l ap fè ⁿtravay a Bondye a, menm jan mwen ap fè l la. ¹¹ Donk, pa kite pèsòn meprize li. Men voye l al fè wout li ᵒanpè, pou li kapab vin jwenn mwen; paske m ap tann li avèk frè yo.

ᵃ **15:24** Dan 2:44   ᵇ **15:25** Sòm 110:1   ᶜ **15:26** II Tim 1:10   ᵈ **15:27** Sòm 8:6   ᵉ **15:28** I Kor 12:6   ᶠ **15:30** II Kor 11:26   ᵍ **15:31** Wo 8:36   ʰ **15:32** És 22:13   ⁱ **15:33** I Kor 6:9   ʲ **15:34** Mat 22:29   ᵏ **15:35** Jn 12:24   ˡ **15:38** Gal 1:11   ᵐ **15:42** Wo 8:21   ⁿ **15:43** Fil 3:21   ᵒ **15:44** I Kor 2:14   ᵖ **15:45** Jen 2:7   ᵠ **15:47** Jn 3:31   ʳ **15:48** Fil 3:20   ˢ **15:49** Jen 5:3   ᵗ **15:49** Wo 8:29   ᵘ **15:50** I Kor 6:9   ᵛ **15:51** I Kor 13:2   ʷ **15:51** II Kor 5:2,4   ˣ **15:52** I Tes 4:15,17   ʸ **15:53** II Kor 5:4   ᶻ **15:54** Ésaie 25:8   ᵃ **15:55** Os 13:14   ᵇ **15:56** Wo 3:20   ᶜ **15:57** Wo 8:37   ᵈ **15:58** I Kor 16:10   ᵉ **16:1** Trav 24:17   ᶠ **16:2** II Kor 9:4   ᵍ **16:3** II Kor 3:1   ʰ **16:5** Trav 19:21   ⁱ **16:6** Trav 15:3   ʲ **16:7** II Kor 1:15   ᵏ **16:8** Trav 18:19   ˡ **16:9** Trav 14:27   ᵐ **16:10** I Kor 4:17   ⁿ **16:10** I Kor 15:58   ᵒ **16:11** Trav 15:33

¹² Men konsènan ªApollos, frè nou an, mwen te ankouraje li anpil pou li vin jwenn nou avèk frè yo. Li pa t vle vini koulye a, men li va vini lè li gen opòtinite. ¹³ ᵇRete vijilan, kanpe fèm nan lafwa, pran kouraj, mete nou dyanm. ¹⁴ Ke tout sa ke nou fè, fèt ᶜak lanmou.

¹⁵ Alò, mwen ankouraje nou, frè m yo (nou konnen ᵈlakay Stéphanas, ke yo te premye fwi nan Achaïe e ke yo te bay tèt yo pou ᵉministè a sen yo). ¹⁶ Pou ᶠnou osi vin soumèt a kalite moun sa yo e a tout moun ki ede nan zèv ak travay la. ¹⁷ Mwen rejwi de rive a Stéphanas ak Fortunatus ak Achaïcus paske yo te founi ᵍsa ki te manke nan pati a nou menm. ¹⁸ Paske yo te renouvle lespri mwen ak lespri pa nou osi. Donk ʰse pou nou rekonèt moun tankou sa yo.

¹⁹ Legliz Asie yo salye nou. ⁱAquilas avèk Priscille salye nou avèk tout kè yo nan Senyè a, avèk ʲlegliz ki lakay yo a. ²⁰ Tout frè yo salye nou. ᵏSalye youn lòt avèk yon bo ki sen.

²¹ Salitasyon de ˡpwòp men pa m——Paul. ²² Si yon moun pa renmen Senyè a, li dwe modi. Maranata (Jésus ap vini). ᵐVin non, Senyè nou an! ²³ ⁿKe gras Senyè a Jésus avèk nou. ²⁴ Ke lanmou mwen avèk nou tout nan Jésus Kri. Amen.

ª **16:12** Trav 18:24   ᵇ **16:13** Mat 24:42   ᶜ **16:14** I Kor 14:1   ᵈ **16:15** I Kor 1:16   ᵉ **16:15** Wo 15:31   ᶠ **16:16** I Tes 5:12   ᵍ **16:17** II Kor 11:9   ʰ **16:18** Fil 2:29   ⁱ **16:19** Trav 18:2   ʲ **16:19** Wo 16:5   ᵏ **16:20** Wo 16:16   ˡ **16:21** Wo 16:22   ᵐ **16:22** Fil 4:5   ⁿ **16:23** Wo 16:20

2 KORENTYEN YO

1 Paul, yon apot Kris Jésus [a]pa volonte Bondye, e Timothée, frè nou, [b]a legliz Bondye ki nan Corinthe lan, avèk tout sen ki toupatou nan vil Achaïe yo: [2] [c]Lagras avèk nou ak lapè ki sòti nan Bondye, Papa nou an, ak Senyè a Jésus Kri.

[3] [d]Beni se Bondye ak Papa a Senyè nou an Jésus Kri, Papa a mizerikòd yo, e Bondye a tout rekonfò yo; [4] ki [e]rekonfòte nou nan tout afliksyon nou yo pou nou kapab rekonfòte sila ki nan nenpòt afliksyon avèk menm rekonfò ke nou menm te rekonfòte pa Bondye a. [5] Paske menm jan [f]ke soufrans a Kris yo se pou nou an abondans, konsa tou rekonfò nou an abondans atravè Kris la. [6] Men si nou aflije, se [g]pou rekonfò ak sali de nou menm. Si nou rekonfòte, se pou rekonfò pa nou, ki efikas pou nou ka sipòte avèk pasyans, menm soufrans ke nou menm isit la ap soufri yo tou. [7] Konsa, espwa nou pou ou tout fonde byen fèm paske nou konnen [h]menm jan ke ou pataje soufrans nou yo avèk nou, ou menm tou ap pataje rekonfò nou yo.

[8] Paske nou pa vle nou inyoran, frè m yo, de [i]afliksyon ki te vini sou nou an Asie yo, ke nou te peze anpil anpil, menm depase fòs nou, pou nou te kab menm vin dezespere de lavi nou. [9] Vrèman, nou te gen yon kondanasyon lanmò anndan nou, pou nou pa mete konfyans nan tèt nou, men nan Bondye ki fè mò yo leve a, [10] ki te delivre nou soti de yon si gran danje lanmò, e Li va delivre nou. Se [j]sou Li menm nou te mete tout espwa nou an. Epi Li va toujou delivre nou; [11] nou osi ki jwenn avèk nou menm nan lapriyè, pou remèsiman kapab bay pa [k]anpil moun pou nou, pou gras ke nou resevwa atravè priyè anpil moun.

[12] Paske konfyans fyète nou an se sa; temwayaj [l]konsyans nou, ke nan sentete avèk senserite anvè Bondye, pa nan sajès lachè men nan gras Bondye a, nou kondwi tèt nou nan mond lan, e sitou vè nou menm. [13] Paske nou pa ekri okenn lòt bagay bannou, sof ke sa nou kapab li ak konprann, e m espere ke nou va konprann [m]jiska lafen. [14] Menm jan ou te osi konprann nou nan yon pati a, ke ou se rezon fyète nou nan [n]jou a Senyè nou an Jésus, menm jan tou ke ou se rezon fyète pa nou an.

[15] Epi premyèman, se te nan konfyans sila ke m te gen entansyon pou vin kote nou an, pou nou ta kapab resevwa yon [o]benediksyon doub. [16] Sa vle di, pou [p]pase kote nou nan antre Macédoine, e osi nan soti Macédoine pou m vin kote nou, pou nou ta kapab ede m nan vwayaj mwen pou rive Judée. [17] Konsa, èske m te varye lè m te fè nou konnen entansyon sa a? Oswa sa ke m te propoze a, èske m te propoze li [q]selon lachè? Konsa, li ta sanble wi e non ansanm k ap di nan menm lè a? [18] Men jan [r]Bondye fidèl la, pawòl nou anvè ou menm se pa wi avèk non ansanm.

[19] Paske [s]Fis Bondye a, Kris Jésus, ki te preche pami nou an, pa nou menm—mwen, Silvain, ak Timothée—pa t di wi e non, men te gen wi sèlman nan Li menm. [20] Paske malgre fòs kantite [t]pwomès Bondye yo kon bay, nan Li menm, pwomès yo se "wi"; konsa tou, pa Li menm tou, nou di "Amèn" pou laglwa Bondye atravè nou menm.

[21] Koulye a, [u]Sila ki etabli nou avèk ou menm an Kris, epi ki te onksyone nou, se Bondye. [22] Se Li ki te mete so Li sou nou e te bannou Lespri a nan kè nou kòm yon pwomès.

[23] Men [v]mwen rele Bondye kòm temwen nanm mwen, ke se sèl pou m fè nou gras, m pa t vin Corinthe ankò. [24] Se pa ke nou menm [w]ta domine fwa pa nou, men se ouvriye nou ye ansanm avèk ou pou la jwa ou. Paske nan lafwa a, ou deja kanpe fèm.

2 Men mwen te deside sa pou koz pa mwen, pou mwen [x]pa ta vin kote nou menm nan tristès ankò. [2] Paske si m [y]fè nou tris, kilès k ap fè m kontan, sof ke sila ke m te fè tris la. [3] Sa se menm bagay ke m te ekri nou an, jis pou lè m te vini, pou mwen pa ta twouve tristès nan sila ki ta dwe fè m rejwi yo. Paske mwen gen [z]konfyans ke m gen nan nou tout la, pou lajwa pa m ta kapab lajwa pa nou tout. [4] Paske se te nan anpil afliksyon ak soufrans nan kè m, ke m [a]te ekri nou avèk anpil dlo nan zye; pa pou m ta fè nou tris, men pou nou ta kapab konnen lanmou pwofon ke mwen gen pou nou an.

[5] Men [b]si yon moun fè nou tris, se pa mwen li fè tris la, men, nan yon sèten sans, (jis pou m pa di twòp) a nou tout. [6] Sifi pou yon moun konsa se [c]pinisyon ki te enpoze pa majorite a. [7] Donk okontrè, nou ta pito rekonfòte e [d]padone li, otreman pou yon moun konsa ta sibi yon tristès ki depase limit. [8] Pou sa, mwen ankouraje nou pou fè l konnen ankò, lanmou nou gen anvè li a. [9] Paske nan bi sa, mwen osi te ekri nou pou m te kapab teste nou, si nou [e]obeyisan nan tout bagay. [10] Men sila ke nou te padone a, mwen te padone li tou; paske anverite, sa ke m te padone a, si vrèman mwen te padone yon bagay, mwen te fè l pou koz nou [f]nan prezans a Kris la [11] pou Satan pa t kab vin pwofite de nou; paske [g]nou pa inyoran de manèv li yo.

[12] Alò, lè m te vini [h]Troas pou levanjil a Kris la, e lè [i]yon pòt te vin ouvri pou mwen nan Senyè a,

---

[a] **1:1** I Kor 1:1 [b] **1:1** I Kor 10:32 [c] **1:2** Wo 1:7 [d] **1:3** Ef 1:3 [e] **1:4** És 51:12 [f] **1:5** II Kor 4:10 [g] **1:6** II Kor 4:15 [h] **1:7** Wo 8:17 [i] **1:8** Trav 19:23 [j] **1:10** I Tim 4:10 [k] **1:11** II Kor 4:15 [l] **1:12** Trav 23:1 [m] **1:13** I Kor 1:8 [n] **1:14** I Kor 1:8 [o] **1:15** Wo 1:11 [p] **1:16** Trav 19:21 [q] **1:17** II Kor 10:2 [r] **1:18** I Kor 1:9 [s] **1:19** Mat 4:3 [t] **1:20** Wo 15:8 [u] **1:21** Wo 8:16 [v] **1:23** Wo 1:9 [w] **1:24** II Kor 4:5 [x] **2:1** I Kor 4:21 [y] **2:2** II Kor 7:8 [z] **2:3** Gal 5:10 [a] **2:4** II Kor 2:9 [b] **2:5** I Kor 5:1 [c] **2:6** I Kor 5:4 [d] **2:7** Gal 6:1 [e] **2:9** I Kor 7:15 [f] **2:10** I Kor 5:4 [g] **2:11** Luc 22:31 [h] **2:12** Trav 16:8 [i] **2:12** Trav 14:27

¹³ mwen ᵃpa t gen repo nan lespri mwen, akoz mwen pa t twouve Tite, frè mwen an. Konsa, mwen te kite yo, pou mwen te kontinye vè Macédoine.

¹⁴ ᵇMen gras a Bondye, ki toujou mennen nou nan viktwa Li an Kris la, e ki toujou fè parèt nan nou yon pafen ki santi bon de konesans a Li nan tout kote. ¹⁵ Paske nou se ᶜodè santi bon a Kris la vè Bondye pami ᵈsila k ap vin sove yo, e pami sila k ap peri yo. ¹⁶ ᵉPou youn, yon movèz odè ki soti nan lanmò pou rive nan lanmò, pou lòt la, yon odè ki soti nan lavi pou rive nan lavi. E kilès nan nou ki ᶠgen ase de fòs pou bagay sa yo? ¹⁷ Paske nou pa tankou anpil moun, k ap vann pawòl Bondye a. Men ᵍnan senserite, devan ze Bondye, nou pale nan Kris.

3 Èske n ap kòmanse ʰbay pwòp tèt nou lwanj ankò? Oswa èske nou menm bezwen, tankou kèk lòt moun, lèt rekòmandasyon pou nou menm, oswa petèt ki sòti de nou menm? ² ⁱNou menm nan legliz Korent se lèt nou, ki ekri nan kè nou, ki rekonèt e ki li pa tout moun. ³ Li parèt klè ke nou se yon lèt ki sòti nan Kris la, ki pran swen pa nou menm, ki pa t ekri avèk lank, men avèk Lespri Bondye vivan an, pa sou tablèt wòch, men sou ʲtablèt kè lòm.

⁴ Yon ᵏkonfyans konsa ke nou genyen atravè Kris la vè Bondye. ⁵ Se pa ke nou ase fò nan nou menm pou konsidere ke tout bagay kapab sòti nan nou menm, men ˡfòs nou an soti nan Bondye. ⁶ Ki te osi fè nou ase fò tankou sèvitè a yon ᵐakò tounèf, pa selon ⁿlèt la, men selon Lespri a. Paske lèt la touye, men Lespri a bay lavi.

⁷ Men si ᵒzèv lanmò a, ak lèt la byen grave sou wòch te vini avèk glwa, ᵖjis pou fis Israël yo pa t kapab fikse atansyon yo sou figi Moïse akoz de glwa a figi li, malgre briyans lan te kòmanse ap bese, ⁸ kòman zèv Lespri a p ap vin pi fò avèk laglwa a? ⁹ Paske si zèv kondanasyon an gen glwa, konbyen anplis ᵠzèv ladwati a p ap ranpli avèk glwa? ¹⁰ Paske anverite, sa ki te gen glwa a, nan ka sa a pa gen glwa, akoz glwa ki depase l la. ¹¹ Paske si sa ki disparèt la te avèk glwa, bokou plis sa ki rete a gen glwa.

¹² Konsa, akoz ke nou gen yon espwa parèy a sa a, ʳnou sèvi ak gran kouraj nan pawòl nou yo. ¹³ Se pa tankou Moïse ˢki te konn mete yon vwal sou figi l pou fis Israël yo pa t kab gade avèk atansyon sou fen sa ki t ap disparèt la. ¹⁴ Men tèt yo te ᵗvin di; paske jis rive nan jou sa a, nan lekti ansyen akò a, ᵘmenm vwal la rete toujou san leve, paske se jis nan Kris li vin leve. ¹⁵ Men jis rive nan jou sa a, lè ekriti Moïse la vin li, yon vwal kouvri kè yo. ¹⁶ ᵛMen nenpòt lè yon moun vire vè Senyè a, vwal la vin sòti. ¹⁷ Alò, Senyè a se Lespri a; e kote Lespri Senyè a ye, ʷgen libète. ¹⁸ Men nou tout, avèk figi devwale

ˣk ap gade tankou nan yon miwa laglwa Senyè a ʸk ap transfòme nan menm imaj a glwa sa a, jis rive nan glwa ki sòti nan Senyè a, ki se Lespri a.

4 Konsa, akoz ke nou gen ministè sa a, jan nou te ᶻresevwa mizerikòd la, nou pa dekouraje. ² Men nou renonse a ᵃbagay ki fèt an kachèt ki fè wont yo. Nou pa mache nan riz, ni nan kase fòs pawòl Bondye a ak desepsyon, men ak demonstrasyon verite a, nou rekòmande tèt nou a konsyans tout moun devan zye Bondye. ³ Men si levanjil nou an ᵇvwale, li vwale pou sila k ap peri yo. ⁴ Nan ka sila a, ᶜdye a mond sa a ᵈvwale lespri a enkwayan yo pou yo pa wè limyè levanjil la, glwa a Kris la, ki se imaj a Bondye. ⁵ Paske ᵉnou pa preche tèt nou, men Kris Jésus a kòm Senyè, epi nou menm kòm sèvitè a nou tout, pou kòz a Jésus. ⁶ Paske se Bondye, ki te di: ᶠ"Limyè va klere nan tenèb la". Se Li menm nan ki ᵍte briye nan kè nou pou bay limyè de konesans a glwa Bondye a, ki se nan figi Kris Jésus a.

⁷ Men nou gen trezò sa a nan ʰpo ki fèt avèk tè ajil, pou grandè a ⁱpouvwa ki depase tout bagay la, kapab sòti nan Bondye e pa nan nou menm. ⁸ Nou ʲaflije nan tout fason, men nou pa kraze; nou nan konfizyon, men nou pa nan dezespwa, ⁹ pèsekite, men nou pa ᵏabandone. Nou pran so, men nou pa detwi. ¹⁰ Nou toujou ap pote nan kò la, lanmò Jésus, pou lavi Jésus kapab vin parèt nan kò nou. ¹¹ Paske nou menm ki vivan yo toujou ap livre a lanmò pou kòz a Jésus, pou lavi Jésus kapab osi manifeste nan chè mòtèl nou an. ¹² Konsa, lanmò travay nan nou, men lavi nan ou.

¹³ Men avèk menm lespri lafwa a, selon sa ki ekri a: ᵐ"Mwen te kwè, e akoz sa mwen te pale", nou osi kwè, e akoz sa, nou pale; ¹⁴ avèk konesans ke Sila ki te ⁿleve Senyè a Jésus ᵒva leve nou osi avèk Jésus e va prezante nou avèk nou menm. ¹⁵ Paske tout bagay se pou koz a nou menm, pouke lagras k ap gaye a de plizanplis moun nan ᵖkapab koz anpil remèsiman pou laglwa Bondye.

¹⁶ Donk, nou p ap dekouraje, men malgre ke lòm eksteryè nou ap dekonpoze ᵠdeja lòm enteryè nou ap renouvle de jou an jou. ¹⁷ Paske ti afliksyon ʳpou yon ti tan an ap pwodwi pou nou yon pwa laglwa etènèl ki depase tout konparezon, ¹⁸ pandan ˢnou p ap gade bagay ki vizib, men bagay ki pa vizib. Paske bagay vizib yo se pou yon ti moman, men bagay ki pa vizib yo se pou tout letènite.

5 Paske nou konnen ke si ᵗtant tèrès la ki se lakay nou a vin demoli, nou gen yon kay ki sòti nan Bondye; yon kay ki ᵘpa fèt avèk men, ki etènèl nan syèl la. ² Paske vrèman, nan kay sila a, nou ᵛplenyen avèk lanvi pou nou abiye nou ak kay nou ki nan syèl la; ³ kòmsi nou konnen ke lè nou fin mete li, nou

---

ᵃ **2:13** II Kor 7:5 ᵇ **2:14** Wo 1:8 ᶜ **2:15** Ef 5:2 ᵈ **2:15** I Kwo 1:18 ᵉ **2:16** Luc 2:34 ᶠ **2:16** II Kor 3:5
ᵍ **2:17** I Kor 5:8 ʰ **3:1** II Kor 5:12 ⁱ **3:2** I Kor 9:2 ʲ **3:3** Pwov 3:3 ᵏ **3:4** Ef 3:12 ˡ **3:5** I Kor 15:10
ᵐ **3:6** Jr 31:31 ⁿ **3:6** Wo 2:29 ᵒ **3:7** Wo 7:5 ᵖ **3:7** Egz 34:29-35 ᵠ **3:9** Wo 1:17 ʳ **3:12** Trav 4:13,29
ˢ **3:13** Egz 34:33-35 ᵗ **3:14** Wo 11:7 ᵘ **3:14** Trav 13:5 ᵛ **3:16** Egz 34:34 ʷ **3:17** Jn 8:32 ˣ **3:18** I Kor 13:12
ʸ **3:18** Wo 8:29 ᶻ **4:1** Kor 7:25 ᵃ **4:2** Wo 6:21 ᵇ **4:3** Kor 2:4 ᶜ **4:4** Jn 12:31 ᵈ **4:4** II Kor 3:14
ᵉ **4:5** I Kor 4:15 ᶠ **4:6** Jen 1:3 ᵍ **4:6** II Pi 1:19 ʰ **4:7** Lam 4:2 ⁱ **4:7** Jij 7:2 ʲ **4:8** II Kor 1:8 ᵏ **4:9** Sòm 129:2
ˡ **4:10** Wo 6:5 ᵐ **4:13** Sòm 116:10 ⁿ **4:14** Trav 2:24 ᵒ **4:14** I Tes 4:14 ᵖ **4:15** Wo 8:28 ᵠ **4:16** Wo 7:22
ʳ **4:17** Wo 8:18 ˢ **4:18** Wo 8:24 ᵗ **5:1** Job 4:19 ᵘ **5:1** Trav 7:48 ᵛ **5:2** Wo 8:23

p ap janm toutouni ankò. ⁴ Paske vrèman, pandan nou nan tant kò sa a, nou plenyen, nou anba gwo fado, paske nou pa vle dezabiye nou, men abiye nou, jis pou sa ki mòtèl la kapab anglouti pa lavi etènèl. ⁵ Alò, Sila ki te prepare nou pou menm bi sa a, se Bondye, ki te ᵃbannou Lespri Sen kòm yon pwomès la.

⁶ Konsa, toujou avèk bon kouraj, ak konesans ke ᵇpandan nou lakay nou nan kò a, nou absan de Senyè a, ⁷ paske ᶜnou mache pa lafwa, e pa selon sa nou wè. ⁸ Men, mwen di nou, nou gen bon kouraj. Nou prefere pito absan de kò a pou prezan ᵈlakay nou avèk Senyè a. ⁹ Konsa nou gen osi kòm dezi, pou, kit nou lakay, kit nou absan, ᵉpou fè Li menm plezi. ¹⁰ Paske nou tout dwe parèt devan ᶠchèz jijman a Kris la, pou chak moun kapab rekonpanse pou zèv li nan kò a, selon sa li te fè, kit byen kit mal.

¹¹ Konsa, avèk konesans lakrent Senyè a, nou menm ap fè tout moun kwè, men nou vin rekonèt devan Bondye; epi mwen espere ke nou ᵍrekonèt nan konsyans pa nou yo tou. ¹² Nou p ap vin pale byen de pwòp tèt nou bannou ankò, men ʰn ap bannou yon okazyon pou vin fyè de nou, pou nou kab gen yon repons a sila ki jwenn fyète nan aparans, men pa nan kè. ¹³ Paske si nou vin ⁱdebòde, se pou Bondye. Epi si nou nan bon sans nou, se pou nou menm. ¹⁴ Paske lanmou Kris la k ap bourade nou. Konsa li mennen nou a konklizyon sa a; ke ʲyon moun te mouri pou tout moun, kidonk, tout moun te mouri. ¹⁵ Li te mouri pou tout moun, pouke sila ki vivan yo pa ta ᵏviv pou tèt yo ankò, men pou Li menm ki te mouri an e ki te leve ankò pou yo a.

¹⁶ Pou sa a, depi koulye a nou pa rekonèt okenn moun ˡselon lachè. Malgre ke nou te konnen Kris selon lachè, de ja koulye a nou pa konnen Li fason sa a ankò. ¹⁷ Donk Si yon moun nan Kris la, Li se yon kreyati tounèf. ᵐAnsyen bagay yo vin pase. Gade byen, tout bagay vin tounèf. ¹⁸ Konsa, tout bagay sa yo sòti nan Bondye ⁿki te rekonsilye nou a Li menm pa Kris la, e ki te bannou ministè rekonsilyasyon an. ¹⁹ Kòmsi ke ᵒBondye te nan Kris ki t ap rekonsilye mond lan a Li menm, san konte ofans pa yo kont yo menm, e Li te livre bannou, pawòl rekonsilyasyon an.

²⁰ Konsa, nou se ambasadè pou Kris, tankou si Bondye t ap sèvi nou pou sipliye lòt. Pou sa a, nou priye nou nan non a Kris la ᵖpou nou vin rekonsilye ak Bondye. ²¹ Li te fè Sila ki ᑫp at konnen okenn peche a devni peche pou nou menm, pou nou ta kapab devni ladwati Bondye nan Li menm.

6 Epi nan travay ansanm avèk Li menm, nou osi ᵣankouraje ou pou nou pa resevwa lagras Bondye a anven. ² Paske Li di:

ˢ"Nan tan akseptab la Mwen te koute nou,
e nan jou sali a Mwen te ede nou".

Gade byen, koulye a se "tan akseptab la". Gade byen, koulye a se "jou sali a". ³ Konsa,ᵗNou p ap bay kòz pou ofans nan anyen, pou ministè a pa vin pèdi valè li. ⁴ Men nan tout bagay pou n ap rekòmande tèt nou kòm sèvitè a Bondye: nanᵘanpil andirans, nan afliksyon, difikilte, ak detrès ⁵ nan ᵛpran kou, nan pran prizon, nan twoub, nan travay di, nan san dòmi ʷnan grangou ⁶ nan lavi dwat, nan konesans, nan pasyans, nan bonte, nan ˣLespri Sen an, nan vrè lanmou an ⁷ nan pawòl verite a, nan ʸpwisans Bondye a; ak ᶻzam ladwati pou men dwat ak men goch yo, ⁸ pa laglwa ak ᵃwont, pa move rapò ak bon rapò, gade kòm mantè yo, malgre sa nan verite a; ⁹ kòm enkoni malgre byen koni, kòm moun k ap mouri men gade, nou byen ᵇvivan; kon sila ke y ap pini, men poko mete a lanmò, ¹⁰ kòm ᶜplen ak tristès men toujou ap rejwi, kòm ᵈpòv, men ap fè anpil moun rich, kòm yon moun ki pa genyen anyen men ki posede tout bagay.

¹¹ᵉBouch nou pale avèk libète ak nou menm, o Korentyen yo. Kè nou ouvri byen laj. ¹² Nou pa anpeche nou, men ᶠou anpeche nan pwòp afeksyon pa w. ¹³ Koulye a, ᵍnan yon echanj konsa—m ap pale kòmsi se ak timoun mwen yo—-ouvri kè nou laj pou nou tou.

¹⁴ Pa mare ansanm avèk enkwayan yo; paske ʰki relasyon ki gen antre ladwati ak inikite, oswa ki rapò ki genyen antre limyè ak tenèb? ¹⁵ Oubyen ki ⁱamitye Kris gen avèk Bélial, oswa kisa yon kwayan gen an komen avèk yon enkwayan? ¹⁶ Oswa, ki akò tanp Bondye a gen avèk zidòl yo? Paske nou se tanp la a Bondye vivan an. Jan Bondye te di a: ʲ"Mwen va viv nan yo e mache pami yo. Mwen va Bondye pa yo e yo va pèp Mwen." ¹⁷ ᵏKonsa,

"'Soti nan mitan yo,
e separe de yo', di Senyè a.
'Pa touche sa ki enpi.
Mwen va akeyi nou.
¹⁸ ˡMwen va yon Papa pou nou,
e nou va fis ak fi pou Mwen,'
di Senyè Tou Pwisan an."

7 Konsa, paske nou gen pwomès sa yo byeneme, ᵐannou netwaye tèt nou de tout salte lachè ak lespri, e vin konplete lasentete nan lakrent Bondye.

² ⁿFè espas pou nou nan kè nou. Nou pa t fè pèsòn mal. Nou pa t fè pèsòn vin konwonpi, ni nou pa t pran avantaj sou okenn moun. ³ Mwen pa pale pou kondane nou, paske Mwen te di ᵒavan sa, nou nan kè nou jis nou rive mouri ansanm e viv ansanm. ⁴ Konfyans mwen gen nan nou an gran. ᵖFyète m lè m nonmen non nou an gran.

ᵃ **5:5** Wo 8:23   ᵇ **5:6** Eb 11:13   ᶜ **5:7** I Kwo 13:12   ᵈ **5:8** Jn 12:26   ᵉ **5:9** Wo 14:18   ᶠ **5:10** Mat 16:27
ᵍ **5:11** I Kor 4:2   ʰ **5:12** II Kor 1:14   ⁱ **5:13** Mc 3:21   ʲ **5:14** Wo 5:15   ᵏ **5:15** Wo 14:7-9   ˡ **5:16** Jn 8:15   ᵐ **5:17** És 43:18   ⁿ **5:18** Wo 5:10   ᵒ **5:19** Kol 2:9   ᵖ **5:20** Wo 5:10   ᑫ **5:21** Eb 4:15   ʳ **6:1** I Kor 3:9
ˢ **6:2** És 49:8   ᵗ **6:3** I Kor 8:9,13   ᵘ **6:4** Trav 9:16   ᵛ **6:5** Trav 16:23   ʷ **6:6** I Kor 4:11   ˣ **6:6** I Kor 2:4
ʸ **6:7** I Kor 2:5   ᶻ **6:7** II Kor 10:4   ᵃ **6:8** I Kwo 4:10   ᵇ **6:9** II Kor 1:8,10   ᶜ **6:10** Jn 16:22   ᵈ **6:10** II Kor 8:9
ᵉ **6:11** Éz 33:22   ᶠ **6:12** Kor 7:2   ᵍ **6:13** I Kor 4:14   ʰ **6:14** Ef 5:7-11   ⁱ **6:15** I Kor 10:21   ʲ **6:16** Egz 29:45
ᵏ **6:17** És 52:11   ˡ **6:18** II Sam 7:14   ᵐ **7:1** I Pi 1:15   ⁿ **7:2** II Kor 6:12   ᵒ **7:3** II Kor 6:11   ᵖ **7:4** I Kor 7:14

Mwen ranpli avèk [a]rekonfò. M ap debòde avèk lajwa nan tout afliksyon nou yo.

⁵ Paske menm lè nou te vini Macédoine, chè nou pa t gen okenn repo, men nou te [b]afli je toupatou: [c]konfli deyò, laperèz anndan. ⁶ Men Bondye, ki rekonfòte sila k ap viv nan afliksyon yo, te rekonfòte nou lè [d]Tite te vini an. ⁷ Pa sèlman vini li an, men osi pa rekonfò avèk sila li te rekonfòte nou an, lè li te bannou rapò de dezi nou genyen an, tristès nou, zèl ke nou te gen pou mwen an; pou m te rejwi plis toujou.

⁸ Paske malgre ke m te [e]koze tristès pa lèt mwen an, mwen pa regrèt sa; sepandan mwen te regrèt li. Paske mwen wè ke lèt sa a te koze tristès nou, malgre sèlman pou yon ti tan. ⁹ Koulye a, mwen rejwi, pa paske mwen te fè nou tris, men ke nou te vin tris jis pou mennen nou a larepantans. Paske mwen te fè nou tris selon volonte Bondye, jis pou nou pa ta soufri pèt nan okenn bagay akoz nou menm. ¹⁰ Paske tristès ki selon volonte Bondye a prodwi yon [f]repantans ki san regrè, ki mennen nan sali; men tristès a mond lan prodwi lanmò. ¹¹ Paske gade byen avèk ki senserite menm bagay sa a, tristès sa ki sòti nan Bondye a, te vin prodwi nan nou. Kèl jistifikasyon pou nou menm, kèl endiyasyon, kèl krent, kèl [g]dezi, kèl zèl, kèl retribisyon kont lemal. Nan tout bagay nou te montre a tèt nou, nou inosan nan zafè sila a. ¹² Donk, malgre [h]m te ekri nou, se pa t pou koz a sila ki te fè ofans lan, ni pou koz a sila ki te donmaje a, men pou Bondye ta kapab konfime nan ou senserite ou anvè nou menm. ¹³ Pou rezon sa a, nou te rekonfòte. Epi anplis de rekonfò nou, nou te rejwi menm plis pou lajwa a Tite, paske lespri li te vin rafrechi pa nou tout. ¹⁴ Paske si nan yon bagay mwen te [i]fè nou konpliman a li menm, nou pa t fè m wont. Men menm jan ke nou te pale tout bagay anverite a nou menm nan, menm jan an osi tout konpliman nou te pale Tite de nou te vin fè prèv ke se te verite. ¹⁵ A feksyon Li anvè nou ap vin plis toujou lè li son je obeyisans nou tout, jan nou te resevwa li avèk [j]lakrent e avèk tranbleman. ¹⁶ Mwen rejwi ke nan tout bagay [k]mwen gen konfyans nan nou.

8 Koulye a, frè nou yo, nou ta renmen fè nou konnen lagras Bondye [l]ki te vin bay nan legliz Macédoine yo. ² Ke nan yon gran eprèv afliksyon, abondans lajwa ak gwo povrete, yo te debòde jis li vin [m]richès nan jenewozite yo. ³ Paske mwen temwaye ke [n]selon kapasite yo, e menm depase kapasite yo, yo te bay selon pwòp volonte pa yo. ⁴ Yo t ap byen plede avèk nou avèk anpil ankourajman, pou favè pran pa nan [o]soutyen a fidèl yo. ⁵ Epi sa menm, se pa jan nou te prevwa a, men yo te dabò bay tèt yo a Senyè a, e a nou menm [p]selon volonte Bondye. ⁶ Donk, nou te [q]ankouraje Tite ke, jan li te kòmanse oparavan an, pou li ta osi konplete nan nou zèv gras sila a. ⁷ Men menm jan nou toujou [r]fè ekselans ki depase [s]nan tout bagay, nan lafwa, nan langaj, nan konesans, nan zèl, ak nan lanmou ke nou te enspire nan ou an, gade ke ou depase osi nan zèv lagras sila a.

⁸ Mwen [t]p ap pale sa tankou se yon lòd, men pou pwouve selon zèl a lòt yo, senserite lanmou pa nou tou. ⁹ Paske nou konnen lagras Senyè nou an Jésus Kri, ke [u]malgre Li te rich, pou koz nou, Li te vin pòv, pouke, nou menm, atravè povrete Li, nou ta kapab vin rich. ¹⁰ Mwen bay opinyon mwen nan ka sa a, paske sa se nan avantaj pa nou, ki, lane pase, te premye moun [v]ki te kòmanse fè non sèlman sa, men osi te gen volonte pou fè l. ¹¹ Men koulye a, fin fè li. Menm jan nou te gen [w]bòn volonte pou fè l la, pou li kapab osi konplete pa kapasite nou. ¹² Paske si volonte a la, li akseptab [x]selon sa ke yon moun genyen, pa selon sa ke li pa genyen. ¹³ Paske sa se pa pou fè lòt yo alèz, pandan nou pote gwo chaj, men pou gen egalite. ¹⁴ Nan tan prezan sila, abondans nou la pou satisfè [y]bezwen pa yo, pouke abondans pa yo osi kapab vin yon sous pou bezwen pa nou, pouke kapab gen egalite. ¹⁵ Jan sa ekri a: [z]"Sila ki te ranmase anpil la, pa t gen depase, e sila ki te ranmase piti a pa t manke."

¹⁶ Men [a]gras a Bondye ki [b]mete menm zèl la pou nou nan kè Tite la. ¹⁷ Paske li pa t sèlman aksepte [c]apèl nou, men akoz li te trè zele, li te vin kote nou ak pwòp volonte li. ¹⁸ Epi nou te voye avèk li [d]frè a ki gen bon repitasyon nan bagay levanjil ki te gaye pami tout legliz yo. ¹⁹ Epi se pa sèlman sa, men li te osi [e]chwazi pa legliz yo pou vwayaje avèk nou nan zèv lagras sila ke n ap administre pou glwa a Senyè a Li menm, e pou montre bòn volonte nou. ²⁰ N ap pran prekosyon pou pèsòn pa vin denigre administrasyon nou nan kado jenewozite sila a. ²¹ Paske nou [f]respekte sa ki onorab, non sèlman nan zye Senyè a, men osi nan zye lèzòm. ²² Nou te voye avèk yo, frè nou an, ke nou souvan teste, e twouve zèl nan anpil bagay, men koulye a menm pi zele akoz de gran konfyans li nan nou menm. ²³ Tankou pou Tite, li se asosye e ouvriye parèy mwen pami nou. Tankou pou frè nou yo, yo se [g]mesaje a legliz yo, yon glwa pou Kris la. ²⁴ Konsa, piblikman devan legliz yo, montre yo prèv lanmou nou ak [h]rezon pou gen fyète de nou.

9 Paske se pa nesesè pou m ta ekri nou sou [i]ministè sa a pou sen yo, ² paske mwen konnen volonte nou. Pou sa menm, mwen fè nou konpliman devan pèp Macédoine lan, anfèt ke Achaïe te deja prepare depi [j]ane pase, e ke zèl nou te eksite pifò nan yo.

---

[a] 7:4 II Kor 1:4 [b] 7:5 I Kor 4:8 [c] 7:5 Det 32:25 [d] 7:6 II Kor 2:13 [e] 7:8 II Kor 2:2 [f] 7:10 Trav 11:18
[g] 7:11 II Kor 7:7 [h] 7:12 II Kor 2:3,9 [i] 7:14 II Kor 7:4 [j] 7:15 I Kor 2:3 [k] 7:16 II Kor 2:3 [l] 8:1 II Kor 8:5
[m] 8:2 Wo 2:4 [n] 8:3 I Kor 16:2 [o] 8:4 Wo 15:31 [p] 8:5 I Kor 1:1 [q] 8:6 II Kor 8:17 [r] 8:7 II Kor 9:8
[s] 8:7 I Kor 1:5 [t] 8:8 I Kor 7:6 [u] 8:9 Fil 2:6 [v] 8:10 I Kor 16:2 [w] 8:11 II Kor 8:12,19 [x] 8:12 Mc 12:43
[y] 8:14 Trav 4:34 [z] 8:15 Egz 16:18 [a] 8:16 II Kor 2:14 [b] 8:16 Rev 17:17 [c] 8:17 II Kor 8:6 [d] 8:18 I Kor 16:3
[e] 8:19 I Kor 16:3 [f] 8:21 Wo 12:17 [g] 8:23 Fil 2:25 [h] 8:24 II Kor 7:4 [i] 9:1 II Kor 8:4 [j] 9:2 II Kor 8:10

³ Men mwen te voye frè yo, pouke ᵃkonpliman nou an pa ta fèt nan vid nan ka sa a, pouke ᵇjan mwen t ap di a, nou kapab byen prepare. ⁴ Pou si li pa t fèt , epi nenpòt nan ᶜMasedonyen yo ta parèt avè m, nou pa t ap desi (ak ou menm tou) e soufri wont akoz sa ki te anvizaje. ⁵ Donk, mwen te panse ke li te nesesè pou ankouraje frè yo pou yo ta ale devan nou menm pou òganize davans ᵈkado jenewozite ke nou te deja pwomèt la. Epi konsa, kado sa a ta kapab parèt kon yon kado jenewozite ki pa afekte pa lanvi de nou menm.

⁶ Sonje, ᵉsila a ki simen tikal va rekòlte tikal. Men sila a ki simen an abondans va rekòlte an abondans. ⁷ Chak moun dwe fè jis jan ke li te rezone nan kè l, pa avèk ᶠregrè oubyen anba presyon, paske ᵍBondye renmen yon moun ki bay avèk jwa. ⁸ Epi Bondye kapab fè tout gras vin an kantite a nou menm, pou nou toujou gen kont nou nan tout bagay, pou nou kapab gen osi yon abondans nan tout bon zèv. ⁹ Jan sa ekri a:

ʰ"Li te gaye toupatou.
Li te bay a malere yo.
Ladwati Li ap rete jis pou tout tan."

¹⁰ Koulye a Li menm ki founi semans pou sila k ap simen an avèk pen pou l manje, va founi e miltipliye semans nou an pou simen e ogmante rekòlt ladwati nou an. ¹¹ Pou konsa, nou ka ⁱanrichi nan tout bagay ak tout jenewozite, ki atravè nou, ap pwodwi remèsiman a Bondye. ¹² Paske ministè sèvis don sa a se pa sèlman pou byen founi ʲbezwen a sen yo, men va osi pou debòde ᵏatravè anpil remèsiman a Bondye. ¹³ Akoz de prèv ki te bay pa ˡministè sèvis sila a, yo va bay Bondye glwa pou obeyisans konfesyon levanjil a Kris la, ak jenewozite don pa nou pou yo menm, ak tout lòt yo. ¹⁴ Pandan yo menm osi, nan lapriyè pou nou, y ap gen dezi wè nou akoz ke gras Bondye ki anndan nou an ki depase tout bagay. ¹⁵ Remèsiman a Bondye pou ᵐdon Li ki depase tout sa ki kapab eksprime.

10 Koulye a, mwen menm Paul, mwen ankouraje nou pa ⁿimilite ak dousè a Kris la—mwen menm ki enb lè mwen fasafas avèk nou, men plen ak kouraj anvè nou lè m absan! ² Mwen mande ke lè m prezan ke m p ap oblije vin parèt ak menm fòs kouraj la pou mwen ta vin advèse ᵒkèk moun ki konsidere nou tankou moun ki te mache selon lachè. ³ Paske malgre ke n ap mache nan lachè, nou pa ᵖfè lagè selon lachè, ⁴ paske ᵠzam lagè nou yo pa nan lachè, men ranpli ak pwisans Bondye pou detwi barikad yo. ⁵ N ap detwi tout sipozisyon avèk ʳtout ògèy ki vin leve kont konesans Bondye a, e nou ap mennen tout panse kaptif yo nan obeyisans a Kris la. ⁶ Konsa, nou prè pou pini tout dezobeyisans, lè ˢobeyisans nou an fin ranpli.

⁷ ᵗNou menm ap gade bagay yo kòmsi, pa deyò. Si nenpòt moun gen konfyans nan tèt li ke li pou Kris, kite li konsidere sa ankò nan lespri li, ke menm jan li nan Kris la ᵘnou menm osi, nou nan Li. ⁸ Paske menm si m ta vante tèt mwen yon ti kras anplis pou otorite nou ᵛke Senyè a te bay pou bati nou menm e pa pou detwi nou, mwen p ap wont. ⁹ Paske mwen pa vle li sanble ke m ta entimide nou pa lèt mwen yo. ¹⁰ Paske, yo di: "Lèt li yo lou e dyanm, men prezans pèsonèl li pa enpresyonan ditou, e ʷjan li pale vrèman meprizab." ¹¹ Kite yon moun konsa konsidere sa; ke sa nou ye nan lèt nou yo lè nou absan, se menm moun nan ke nou ye nan aksyon lè nou la.

¹² Paske nou p ap tante sèvi kouraj nou pou konpare oswa klase nou menm avèk kèk nan sila ki ˣrekòmande tèt yo. Men lè yo mezire tèt yo ak yo menm e konpare tèt yo avèk yo menm, yo san konprann. ¹³ Men nou p ap vante tèt nou plis ke mezi nou, men ʸnan domèn kote Bondye te chwazi nou kòm yon mezi, pou menm rive kote nou ye a. ¹⁴ Paske nou p ap lonje depase kapasite nou menm, kòmsi li pa t rive bò kote nou, paske nou te premye pou vini jis rive kote ou nan ᶻlevanjil Kris la. ¹⁵ Nou p ap vante tèt nou depase mezi pa nou, kòmsi, nan zèv a lòt moun, men avèk espwa ke pandan ᵃlafwa nou ap grandi, nou va, nan mezi nou, agrandi menm plis akoz nou menm. ¹⁶ Konsa nou ka preche levanjil menm nan zòn pi lwen nou yo, e pa vante tèt nou ᵇnan travay ki te fèt nan landwa a yon lòt. ¹⁷ Men ᶜ"Sila k ap vante tèt li a, kite li vante tèt li nan Senyè a." ¹⁸ Paske se pa sila ki rekòmande tèt li a ki apwouve, men se ᵈsila ki rekòmande pa Bondye a.

11 Mwen swete ke nou ᵉta ban mwen pèmisyon pou yon ti foli; men anfèt nou ban mwen l deja. ² Paske mwen jalou pou nou avèk yon jalouzi ki sòti nan Bondye. Paske mwen te ᶠfyanse nou ak yon mari, pou m ta kapab prezante nou a Kris kòm yon vyèj ki san tach. ³ Men mwen pè pou mwen jan ke Eve te twonpe pa riz sèpan an, pou panse nou ta de yon fason oubyen yon lòt detounen de devosyon sensè e san tach de Kris la. ⁴ Paske si yon moun vini pou preche ᵍyon lòt Jésus, ke nou menm pa t preche, oswa nou resevwa yon lòt lespri ke nou pa t resevwa, oswa yon ʰlòt levanjil ke nou pa t aksepte, nou ase tolere sa. ⁵ Paske mwen pa konsidere tèt mwen ⁱkòm enferyè a pi gran apot yo. ⁶ Men menmsi mwen manke abil nan pale, deja mwen pa konsa nan ʲkonesans. Anfèt, nan tout aspè, sa te deja fèt klè de nou tout, nan tout bagay.

⁷ Oubyen èske mwen te fè yon peche lè m te aksepte imilye tèt mwen pou nou menm ta kapab

---

ᵃ **9:3** II Kor 7:4   ᵇ **9:3** I Kwo 16:2   ᶜ **9:4** Wo 15:26   ᵈ **9:5** Jen 33:11   ᵉ **9:6** Pwov 11:24   ᶠ **9:7** Det 15:10
ᵍ **9:7** Egz 25:2   ʰ **9:9** Sòm 112:9   ⁱ **9:11** I Kor 1:5   ʲ **9:12** II Kor 8:14   ᵏ **9:12** II Kor 1:11   ˡ **9:13** Wo 15:31
ᵐ **9:15** Wo 5:15   ⁿ **10:1** Mat 11:29   ᵒ **10:2** I Kor 4:18   ᵖ **10:3** Wo 8:4   ᵠ **10:4** II Kor 6:7   ʳ **10:5** És 2:11
ˢ **10:6** II Kor 2:9   ᵗ **10:7** Jn 7:24   ᵘ **10:7** I Kor 9:1   ᵛ **10:8** I Kor 13:10   ʷ **10:10** I Kor 1:17   ˣ **10:12** II Kor 3:1
ʸ **10:13** Wo 12:3   ᶻ **10:14** II Kor 2:12   ᵃ **10:15** II Tes 1:3   ᵇ **10:16** Wo 15:20   ᶜ **10:17** Jr 9:24   ᵈ **10:18** Wo 2:29
ᵉ **11:1** Mat 17:17   ᶠ **11:2** Os 2:19   ᵍ **11:4** I Kor 3:11   ʰ **11:4** Gal 1:6   ⁱ **11:5** II Kor 12:11   ʲ **11:6** I Kor 12:8

egzalte, paske m te preche levanjil Bondye a nou menm ᵃsan frè? ⁸ Okontrè, mwen te vòlè lòt legliz yo lè m te ᵇpran kòb soutyen lan nan men yo pou sèvi nou. ⁹ Lè m te prezan avèk nou nan nesesite, mwen ᶜpa t devni yon chaj pou okenn moun; paske lè ᵈfrè yo te vini sòti Macédoine, yo te satisfè tout bezwen m yo, e nan tout bagay mwen te kenbe tèt mwen pou mwen pa t vin yon chaj pou nou menm, e m va kontinye fè menm bagay la. ¹⁰ ᵉJan verite Kris la nan mwen an ᶠvante tèt mwen an p ap tèmine fèt nan zòn Achaïe yo. ¹¹ Poukisa? ᵍPaske mwen pa renmen nou? ʰBondye konnen ke m renmen nou!

¹² Men m ap kontinye fè sa ke m ap fè a ⁱpou m kapab rachte okazyon de sila yo ki vle twouve yon okazyon pou moun konsidere yo egal avèk nou nan bagay ke y ap vante tèt yo. ¹³ Paske moun konsa yo se fo apot yo ye, ʲouvriye twonpè k ap degize tèt yo tankou apot a Kris yo. ¹⁴ Sa pa yon gwo sipriz, paske menm ᵏSatan degize tèt li tankou yon zanj limyè. ¹⁵ Konsa, se pa yon sipriz si sèvitè li yo degize tèt yo tankou sèvitè ladwati Bondye yo, ki ˡva tèmine menm jan kon pwòp zèv pa yo.

¹⁶ mAnkò mwen di, ke pèson pa panse ke mwen fou. Men si nou panse sa, resevwa m menm tankou moun fou, pou mwen tou kapab vante tèt mwen tou piti. ¹⁷ Sa m ap di a, mwen p ap di li ⁿjan Senyè a ta pale, men yon jan fou, konsi, m ap vante tèt mwen an. ¹⁸ Akoz ke ᵒanpil moun vante tèt yo selon lachè, mwen va vante tèt mwen konsa tou. ¹⁹ Men nou menm ᵖki tèlman saj, tolere foli a avèk kè kontan. ²⁰ Paske nou tolere li si yon moun ᑫfè nou esklav, si yon moun devore nou, si yon moun pran avantaj de nou, si yon moun egzalte tèt li, menm si yon moun bannou kou nan figi. ²¹ Nan wont mwen, mwen oblije di ke nou te ʳtwò fèb pa konparezon. Men nan nenpòt bagay respekte nenpòt lòt moun se plen ak kouraj (mwen pale ak foli), mwen menm, mwen gen kouraj menm jan an. ²² Èske se Ebre yo ye? ˢMwen menm tou, mwen Ebre. Èske se Izrayelit yo ye? Mwen menm tou, mwen se Izrayelit. Èske se desandan Abraham yo ye? ᵗMwen menm tou. ²³ Èske se sèvitè a Kris yo ye? (Mwen pale tankou moun fou) Mwen menm tou, ᵘplis nan travay, ᵛbokou plis nan pran prizon. Mwen te bat depase mezi, mwen te souvan nan danje lanmò. ²⁴ Senk fwa mwen te resevwa nan men Jwif yo ʷtrant-nèf kout fwèt. ²⁵ Twa fwa mwen te ˣbat avèk baton, yon fwa mwen te ʸlapide avèk wòch, twa fwa mwen te nan bato ki kraze nan lanmè, yon jou ak yon nwit mwen te pase nan fon lanmè. ²⁶ Souvan mwen te fè vwayaj, an danje nan rivyè, danje ak vòlè, danje ak pwòp moun peyi mwen, danje ak moun etranje yo ᶻdanje nan vil yo, danje nan dezè, danje sou lanmè, ᵃe danje pami fo frè yo. ²⁷ Mwen te nan travay, nan sikonstans difisil, nan anpil nwit san dòmi, nan grangou ak swaf, souvan ᵇsan manje, nan fredi e ᶜsan rad.

²⁸ Apa kondisyon ekstèn sa yo, gen fòs opresyon chak jou sou mwen pou sousi mwen gen pou ᵈtout legliz yo. ²⁹ Kilès ki vin ᵉfèb, san m pa fèb tou? Kilès ki lage nan peche, san gwo sousi mwen.

³⁰ Si mwen dwe vante tèt mwen, m ap vante tèt mwen de sa ki apatyen a ᶠfeblès mwen. ³¹ Bondye e Papa a Senyè a Jésus ᵍLi menm ki beni pou tout tan an, konnen ke m p ap bay manti. ³² Nan Damas gouvènè anba Arétas, wa a t ap veye vil moun Damas yo pou l te kapab sezi mwen. ³³ Se konsa mwen te kite lòt moun desann mwen nan yon panyen ʰpa fenèt nan mi an, e se konsa m te chape nan men li.

12 Vante tèt pa bon, men malgre ke li pa gen pwofi, kite m rive nan vizyon ak ⁱrevelasyon Senyè a. ² Mwen konnen yon nonm an Kris, ki katòzan pase—si se te nan kò li, m pa konnen, oubyen si se pa t nan kò li, m pa konnen, Bondye konnen——yon nonm konsa te monte nan ʲtwazyèm syèl la. ³ Epi mwen konnen jan yon nonm konsa—si se nan kò li oubyen apa de kò li, mwen pa konnen ᵏ(Bondye konnen), ⁴ jan li te ˡrale anwò nan ᵐParadi e li te tande pawòl ki pa t kapab eksprime, ke yon nonm pa gen pèmèt pou l pale. ⁵ Pou yon nonm konsa ak eksperyans li yo, mwen va anflè; men pou mwen, mwen p ap anflè, eksepte nan sa ki gade a ⁿfeblès mwen. ⁶ Paske si mwen vle vante tèt mwen, m ap fè foli; ᵒpaske se verite m ap pale. Men m ap sispann fè sa pou pèson pa fè mwen kredi pou plis ke sa li wè nan mwen oubyen tande de mwen. ⁷ Akoz grandè a revelasyon yo depase tout bagay, pou rezon sa a, pou anpeche m vante tèt mwen, mwen te resevwa yon ᵖpikan nan chè a, yon mesaje Satan pou toumante mwen, pou anpeche mwen vante tèt mwen. ⁸ Konsènan sa, mwen te priye Senyè a ᑫtwa fwa pou sa te kab sòti sou mwen. ⁹ Men Li te di mwen: "Lagras mwen sifi pou ou, paske ʳpouvwa a vin konplè nan feblès". Konsa, avèk kè kontan, mwen va pito vante tèt mwen de feblès mwen, jis pou pouvwa Kris la kapab rete nan mwen.

¹⁰ Konsa ˢmwen byen kontan avèk feblès yo, avèk ensilt yo, avèk twoub yo, avèk pèsekisyon yo, avèk difikilte yo, pou koz a Kris. Paske lè m fèb, se nan moman sa a ke m gen fòs. ¹¹ Koulye a, mwen te gen tan vin fou. Nou menm, nou te fòse m fè sa.

ᵃ **11:7** Trav 18:3 ᵇ **11:8** I Kor 4:12 ᶜ **11:9** II Kor 12:13,16 ᵈ **11:9** Trav 18:5 ᵉ **11:10** Wo 9:1 ᶠ **11:10** I Kor 9:15 ᵍ **11:11** II Kor 12:15 ʰ **11:11** II Kor 11:31 ⁱ **11:12** II Kor 9:12 ʲ **11:13** Fil 3:2 ᵏ **11:14** Mat 4:10 ˡ **11:15** Wo 2:6 ᵐ **11:16** II Kor 11:1 ⁿ **11:17** I Kwo 7:12,25 ᵒ **11:18** Fil 3:3 ᵖ **11:19** I Kor 4:10 ᑫ **11:20** Gal 2:4 ʳ **11:21** I Kor 10:10 ˢ **11:22** Fil 3:5 ᵗ **11:22** Wo 11:1 ᵘ **11:23** I Kor 15:10 ᵛ **11:23** II Kor 6:5 ʷ **11:25** Det 25:3 ˣ **11:25** Trav 16:22 ʸ **11:25** Trav 14:19 ᶻ **11:26** Trav 21:31 ᵃ **11:26** Gal 2:4 ᵇ **11:27** II Kor 6:5 ᶜ **11:27** I Kor 4:11 ᵈ **11:28** I Kor 7:17 ᵉ **11:29** Kor 8:9,13 ᶠ **11:30** I Kor 2:3 ᵍ **11:31** Ki 1:25 ʰ **11:33** Trav 9:25 ⁱ **12:1** I Kor 14:6 ʲ **12:2** Det 10:14 ᵏ **12:3** II Kor 11:11 ˡ **12:4** Éz 8:3 ᵐ **12:4** Luc 23:43 ⁿ **12:5** I Kor 2:3 ᵒ **12:6** II Kor 7:14 ᵖ **12:7** Nonb 33:55 ᑫ **12:8** Mat 26:44 ʳ **12:9** I Kor 2:5 ˢ **12:10** Wo 8:35

Anverite, mwen ta dwe felisite pa nou menm, paske [a]nan okenn jan, mwen pa t enferyè de apot pi wo yo, malgre [b]mwen menm, mwen pa anyen. 12 [c]Sign a yon vrè apot te fèt pami nou avèk tout pèseverans, pa sign, mèvèy ansanm ak mirak yo. 13 Paske nan ki sans nou te trete kòm enferyè a rès legliz yo, eksepte mwen menm, m pa t vin yon chaj pou nou? Padone mwen pou [d]mal sa a.

14 Sa fè pou [e]yon twazyèm fwa ke m prè pou vin kote nou, e mwen p ap yon chaj pou nou; paske mwen p ap chèche sa ke nou posede, men kè nou menm. Paske se pa timoun yo ki responsab pou ekonomize pou paran yo, men paran yo pou timoun yo. 15 Mwen va avèk kè kontan depanse e konsakre m pou nanm nou. [f]Si m renmen nou plis konsa, èske nou dwe renmen m mwens? 16 Men malgre jan sa kapab ye a [g]mwen menm, mwen pa t mete chaj tèt mwen bannou. Sepandan, nonm malen ke mwen ye, mwen te vin pran nou pa riz. 17 [h]Éske mwen te pran avantaj sou nou, swa fè kòb sou nou atravè okenn nan sila ke mwen te voye bannou yo? 18 Mwen [i]te ankouraje Tite pou ale, e mwen te voye [j]frè a avèk li. Éske Tite te pran okenn avantaj sou nou? Èske nou pa t kondwi tèt nou nan menm lespri a e mache sou menm pa yo?

19 Èske ou kwè ke n ap sèlman fè eskiz pwòp tèt nou devan nou menm. Anverite [k]se te devan zye Bondye ke nou pale an Kris la. Men nou fè tout sa [l]pou edifikasyon nou, byeneme yo. 20 Paske mwen pè ke petèt lè m vin kote nou, pou mwen pa twouve nou jan mwen swete l la, e pou nou pa jwenn mwen jan nou swete l la; pou petèt kapab genyen kont, jalouzi [m]move jan, dispit, kout lang [n]tripotay, awogans, ak tapaj. 21 Mwen pè ke lè m vini ankò pou Bondye mwen an pa rabese m devan nou, e pou mwen pa gen tristès pou anpil nan sila ki [o]te peche nan tan pase yo e ki pa t repanti de [p]salte, imoralite, ak sansyalite ke yo te fè yo.

13

Sa se twazyèm fwa m ap vin kote nou. [q]"Chak sa ki fèt dwe konfime pa temwayaj a de oubyen twa temwen." 2 Mwen te di nou oparavan lè m te la nan dezyèm fwa a, e byenke m pa la koulye a, mwen di davans a sila yo ki te peche nan tan pase yo e a tout rès moun yo tou, ke si m vini ankò, mwen p ap [r]epagne pèsòn. 3 Paske se konsa nou ap chache prèv a Kris ki pale nan mwen an, e ki pa fèb anvè nou an, men [s]byen pwisan nan nou. 4 Paske malgre Li te [t]krisifye akoz de feblès, deja Li vivan akoz de [u]pwisans Bondye a. Paske nou osi, nou fèb nan Li, malgre nou va viv avèk Li akoz de pwisans Bondye anvè nou.

5 Fè prèv tèt nou pou wè si nou nan lafwa. [v]Egzamine tèt nou! Oubyen èske nou pa rekonèt sa nan ou menm, ke Jésus Kri nan nou—-amwenske anfèt nou ta echwe nan tès la? 6 Men mwen gen konfyans ke ou va vin reyalize ke nou menm, nou pa echwe nan tès la.

7 Koulye a, n ap priye Bondye pou ou pa fè okenn mal; se pa pou nou kapab parèt kòmsi nou vin apwouve, men pou ou kapab fè sa ki bon, menmsi li sanble nou pa apwouve. 8 Paske nou pa kapab fè anyen kont verite a, men sèlman pou verite a. 9 Paske nou rejwi lè nou fèb e ou menm vin gen fòs. Se pou sa n ap priye; ke ou kapab [w]vin konplè. 10 Pou rezon sa a, mwen ap ekri bagay sa yo pandan mwen pa la a, jis pou lè m la, mwen p ap bezwen [x]itilize severite mwen, selon otorite ke Senyè a te ban mwen pou bati e pa pou detwi.

11 Finalman, frè m yo, rejwi. Vin konplè, vin rekonfòte [y]vin gen yon sèl panse. Viv nan lapè, epi Bondye lanmou ak lapè a va avèk nou. 12 [z]Salye youn lòt avèk yon beze ki sen.

13 [a]Tout sen yo salye nou.

14 Ke lagras Senyè a Jésus Kri, lanmou Bondye a, ak [b]dous kominyon Lespri Sen an, rete avèk nou tout. Amen.

---

[a] **12:11** II Kor 11:5 [b] **12:11** I Kor 3:7 [c] **12:12** Jn 4:48 [d] **12:13** II Kor 11:7 [e] **12:14** II Kor 13:1,2 [f] **12:15** II Kor 11:11 [g] **12:16** II Kor 11:9 [h] **12:17** II Kor 9:5 [i] **12:18** II Kor 8:6 [j] **12:18** II Kor 8:18 [k] **12:19** II Kor 2:17 [l] **12:19** Wo 14:19 [m] **12:20** Gal 5:20 [n] **12:20** Wo 1:29 [o] **12:21** II Kor 13:2 [p] **12:21** I Kor 6:9,18 [q] **13:1** Det 17:6 [r] **13:2** II Kor 1:23 [s] **13:3** I Kor 9:8 [t] **13:4** Fil 2:7 [u] **13:4** I Kor 6:14 [v] **13:5** I Kor 11:28 [w] **13:9** I Kor 1:10 [x] **13:10** Tit 1:3 [y] **13:11** Wo 12:16 [z] **13:12** Wo 16:16 [a] **13:13** Fil 4:22 [b] **13:14** Fil 2:1

GALAT YO

1 Mwen, Paul, yon apot [a]ki pa t voye pa lèzòm, ni pa okenn ajans lòm, men pa Jésus Kri, ak Bondye Papa a, ki te fè L leve soti nan lanmò— [2] ak tout frè ki avèk mwen yo; a tout [b]legliz nan Galatie yo: [3] [c]Gras pou nou menm ak lapè ki sòti nan Bondye, Papa nou an, ak Senyè a, Jésus Kri, [4] ki [d]te bay tèt li pou peche nou yo, pou Li ta kapab delivre nou de tan mechan sila a, selon volonte [e]Bondye ak Papa nou an. [5] A li menm laglwa pou tout tan. Amen.

[6] Mwen sezi ke nou ase vit ap abandone Sila ki te rele nou pa lagras a Kris la, pou [f]yon lòt levanjil; [7] ki pa vrèman yon lòt, men sèlman gen kèk moun k ap [g]twouble nou e ki vle defòme levanjil a Kris la. [8] Men menmsi nou menm, oubyen [h]yon zanj ki soti nan syèl la, ta preche a nou yon levanjil ki apa de sila nou te preche a nou menm nan, li ta dwe madichonnen. [9] Jan nou te di nou avan an, donk mwen di nou koulye a ankò, si [i]yon moun ap preche nou yon levanjil ki kontrè de sila nou te resevwa a, li dwe madichonnen.

[10] Alò, èske koulye a mwen ap chache favè lòm, oubyen Bondye? Oubyen èske m ap fòse fè lòm plezi? Si mwen t ap toujou eseye fè lòm plezi, mwen pa t ap yon [j]sèvitè a Kris la.

[11] Paske [k]mwen ta fè nou konnen, frè m yo, ke levanjil ki te preche pa mwen menm nan se pa selon lòm. [12] Paske mwen pa t ni resevwa l soti nan lòm, ni mwen pa t enstwi pou li, men mwen te resevwa l atravè yon [l]revelasyon a Jésus Kri. [13] Paske, nou konn tande listwa a [m]fason lavi mwen nan lafwa Jwif la; jan mwen te konn pèsekite legliz a Bondye a depase limit, e te eseye detwi li. [14] Konsa, mwen t ap avanse nan relijyon Jwif la depase anpil nan moun Jwif parèy mwen yo akoz ke mwen te ekstrèmman zele pou [n]tradisyon zansèt mwen yo. [15] Men lè Bondye, ki te mete m apa depi nan vant manman m nan, e [o]te rele mwen selon gras Li a, te kontan [16] pou revele Fis Li a nan mwen menm, pou mwen ta kapab [p]preche li pami pèp etranje yo, mwen pa t nan moman sa a konsilte avèk chè ak san. [17] [q]Ni mwen pa t monte Jérusalem pou jwenn sila ki te apot avan mwen yo, men mwen te ale an Arabie, e mwen te retounen yon fwa ankò vè Damas.

[18] Answit [r]twaz an pita, mwen te monte [s]Jérusalem pou fè konesans ak Céphas, e te rete avèk li pandan kenz jou. [19] Men mwen pa t wè okenn nan lòt apot yo eksepte [t]Jacques, frè a Senyè a. [20] (Alò, nan sa ke m ap ekri nou an, mwen bannou asirans [u]devan Bondye ke mwen p ap bay manti.) [21] Konsa [v]mwen te ale nan rejyon Syrie ak Cilicie. [22] Mwen te toujou enkoni devan zye a [w]legliz Judée ki te an Kris yo, [23] men sèlman, yo te kontinye tande: "Sila ki te konn pèsekite nou an koulye a ap preche lafwa ke avan li te [x]eseye detwi a." [24] Konsa, yo [y]t ap bay Bondye glwa akoz de mwen menm.

2 Answit, apre yon espas katòz ane mwen [z]te monte ankò Jérusalem avèk Barnabas, e mwen te pran Tite osi. [2] Se te akoz yon revelasyon ke mwen te monte a. Epi konsa, mwen te soumèt devan yo menm levanjil ke mwen preche pami pèp etranje yo. Men mwen te fè sa an prive a sila ki te gen repitasyon yo, pou lakrent ke mwen [a]ta ka petèt kouri, oubyen te kouri anven. [3] Men pa menm [b]Tite ki te avèk mwen an, malgre li te yon Grèk, pa t oblije sikonsi. [4] Men se te akoz de [c]fo frè yo ki te antre an kachèt pou espyone libète ke nou gen nan Kris Jésus a, pou yo ta ka mennen nou nan esklavaj. [5] Men nou pa t soumèt a yo menm pandan menm yon moman, pou [d]verite levanjil la ta kapab rete avèk nou tout. [6] Men de sila ki te gen gwo repitasyon yo—sa yo te ye pa gen enpòtans pou mwen; [e]Bondye pa nan patipri—byen, sila ki te gen repitasyon yo pa t ogmante anyen anplis pou mwen. [7] Men okontrè, yo te wè ke levanjil la te konfye a mwen menm [f]pou ensikonsi yo, menm jan ke li te konfye a Pierre pou sikonsi yo. [8] Paske Sila ki te an reyalite travay atravè Pierre kòm [g]apot pou sikonsi yo, te an reyalite travay atravè mwen menm tou anvè pèp etranje yo. [9] Konsa, ak rekonesans [h]gras ke m te resevwa, Jacques, Céphas, ak Jean, ki te gen repitasyon kòm pilye lafwa yo, te ban mwen ak Barnabas lamen dwat dasosiyasyon, pou nou te kapab ale kote pèp etranje yo e yo menm kote sikonsi yo. [10] Yo te sèlman mande nou pou nou sonje pòv yo [i]bagay ke mwen te vrèman vle fè.

[11] Men lè [j]Céphas te vini Antioche, mwen te opoze a li menm nan toudwat devan l, paske li te rete kondane. [12] Paske avan moun a Jacques yo te vini, li te konn [k]manje avèk pèp etranje yo. Men lè yo te vini, li te kòmanse rèt bak pou rete a leka, akoz [l]lakrent pati sikonsizyon an. [13] Rès Jwif yo te vin jwenn avèk l nan ipokrizi a, avèk rezilta ke menm [m]Barnabas te pote ale pa ipokrizi yo a. [14] Men lè mwen te wè ke yo pa t mache dwat selon [n]verite levanjil la, mwen te di a Céphas nan prezans a tout moun: "Si ou menm, kòm yon Jwif,

---

[a] **1:1** Gal 1:11   [b] **1:2** Trav 16:6   [c] **1:3** Wo 1:7   [d] **1:4** Gal 2:20   [e] **1:4** Fil 4:20   [f] **1:6** II Kwo 11:4
[g] **1:7** Trav 15:24   [h] **1:8** II Kor 11:14   [i] **1:9** Wo 16:17   [j] **1:10** Wo 1:1   [k] **1:11** Wo 2:16   [l] **1:12** I Kor 2:10
[m] **1:13** Trav 26:4   [n] **1:14** Mat 15:2   [o] **1:15** És 49:1,5   [p] **1:16** Trav 9:15   [q] **1:17** Trav 9:19-22   [r] **1:18** Trav 9:22
[s] **1:19** Trav 9:26   [t] **1:19** Mat 12:46   [u] **1:20** Wo 9:1   [v] **1:21** Trav 9:30   [w] **1:22** I Tes 2:14   [x] **1:23** Trav 9:21
[y] **1:24** Mat 9:8   [z] **2:1** Trav 15:2   [a] **2:2** I Kor 9:24   [b] **2:3** II Kor 2:13   [c] **2:4** Trav 15:1,24   [d] **2:5** Gal 1:6
[e] **2:6** Trav 10:34   [f] **2:7** Trav 9:15   [g] **2:8** Trav 1:25   [h] **2:9** Wo 12:3   [i] **2:10** Trav 24:17   [j] **2:11** Gal 1:18
[k] **2:12** Trav 11:3   [l] **2:12** Trav 11:2   [m] **2:13** Trav 4:36   [n] **2:14** Gal 2:5

viv kon pèp etranje yo e pa tankou Jwif, kòman ou ka fòse pèp etranje yo viv tankou Jwif? ¹⁵ Nou menm ki se ᵃJwif pa lanati e pa pechè ki sòti pami pèp etranje yo, ¹⁶ sepandan, nou konnen ke ᵇyon nonm pa jistifye pa zèv Lalwa, men atravè lafwa an Kris Jésus a, nou menm kwè nan Kris Jésus a, pou nou kapab jistifye pa lafwa an Kris, e non pa zèv Lalwa, paske pa zèv Lalwa yo, okenn chè p ap jistifye. ¹⁷ Men si, pandan n ap chache jistifye nan Kris, nou menm osi jwenn nou kòm ᶜpechè, èske konsa Kris se yon sèvitè a peche? Ke sa pa janm fèt! ¹⁸ Paske si mwen rebati sa ke, yon fwa, mwen te detwi a, mwen ᵈpwouve a tèt mwen ke mwen se yon transgresè. ¹⁹ Paske selon Lalwa a ᵉmwen te mouri a Lalwa a, pou mwen te kapab viv a Bondye. ²⁰ Mwen te ᶠkrisifye avèk Kris, epi se pa plis Mwen ki viv, men Kris viv nan mwen. Konsa, lavi ke m viv koulye a nan lachè, mwen viv pa lafwa nan Fis a Lòm nan, ki te renmen mwen e ki te bay tèt li pou mwen. ²¹ Mwen pa anile lagras Bondye, paske ᵍsi ladwati vini selon Lalwa a, alò, Kris te mouri san rezon."

3 O nou menm moun Galatie ensanse yo! Kilès ki gen tan mete wanga sou nou konsa, pou nou refize laverite a? Nou menm devan zye a kilès, Jésus Kri te ʰpiblikman prezante kòm krisifye a? ² Sèl bagay ke m vle konnen de nou; Èske nou te resevwa Lespri a pa zèv Lalwa yo, oubyen pa ⁱtande avèk lafwa? ³ Èske nou si tèlman ensanse? Èske nou te kòmanse avèk Lespri a, epi koulye a nou ap vin pafè pa lachè? ⁴ Èske nou te soufri tout bagay sa yo anven—ʲsi vrèman se te anven? ⁵ Alò, èske Sila ki founi nou avèk Lespri a e ki te fè zèv mirak pami nou yo, te fè li pa zèv Lalwa yo, oubyen pa ᵏtande ak lafwa. ⁶ Malgre sa ˡ"Abraham te kwè Bondye, e sa te konte pou Li kòm ladwati." ⁷ Konsa, se pou nou asire ke ᵐse sila ki nan lafwa yo ki se fis Abraham. ⁸ Lekriti sen an, ki te prevwa ke Bondye ta jistifye pèp etranje yo pa lafwa, te preche levanjil la davans a Abraham. Konsa, li te di: ⁿ"Tout nasyon yo va beni nan ou". ⁹ Alò ᵒsila ki nan lafwa yo, beni pa Abraham, kwayan an.

¹⁰ Paske tout sa ki nan zèv Lalwa yo anba yon madichon. Paske sa ekri: ᵖ"Modi se tout moun ki pa respekte tout bagay ki ekri nan liv Lalwa a, pou fè yo." ¹¹ Alò, li klè ke ᵠpèsòn pa jistifye pa Lalwa devan Bondye, paske ʳ"Moun jis la va viv pa lafwa". ¹² Sepandan, Lalwa a pa selon lafwa; okontrè: ˢ"Sila ki pratike yo a va viv pa yo menm."

¹³ Kris te delivre nou de madichon Lalwa a, akoz Li te devni yon madichon pou nou—paske sa ekri: ᵗ"Modi se tout moun ki pann sou yon bwa." ¹⁴ Pouke nan Kris Jésus, benediksyon Abraham yo ta kapab vini pou pèp etranje yo, pou nou ᵘta kapab resevwa ᵛpwomès a Lespri Sen an pa lafwa.

¹⁵ Frè m yo ʷmwen pale nan tèm relasyon moun ak moun; menm si se sèlman yon akò moun, depi li fin etabli, nanpwen moun k ap mete l sou kote oubyen ajoute kondisyon ladann. ¹⁶ Alò, pwomès yo te pale a Abraham ak posterite li. Li pa t di, "a posterite ou yo", kòm referans a anpil moun, men de preferans a yon sèl moun: ˣ"E a posterite ou", sa se Kris. ¹⁷ Sa ke m vle di a se sa: Lalwa, ki te vini ʸkat-san-trant ane pita a, pa anile akò sa ki te deja etabli pa Bondye, kòmsi pou anile pwomès la. ¹⁸ Paske ᶻsi eritaj la baze sou lalwa, li pa baze sou yon pwomès ankò; men Bondye te bay li a Abraham pa mwayen de yon pwomès.

¹⁹ ᵃAlò, poukisa Lalwa a? Li te ajoute akoz de transgresyon yo, ki te ᵒdone atravè zanj yo pa ajans a yon medyatè, jiskaske semans lan ta kapab rive a Sila pwomès la te fèt la. ²⁰ Alò ᵇyon medyatè pa pou yon sèl pati, tandiske Bondye se yon sèl.

²¹ Konsa, èske Lalwa a vin kont pwomès a Bondye yo. ᶜKe sa pa ta janm fèt! Paske si te gen yon lwa ki ta kapab bay lavi, alò, ladwati ta vrèman baze sou Lalwa. ²² Men Lekriti sen an ᵈanchene tout bagay anba peche, pou pwomès la, pa lafwa nan Jésus Kri a, ta kapab bay a sila ki kwè yo.

²³ Men avan lafwa te vini, nou te kenbe kòm yon depandan anba Lalwa, sans akse a lafwa ki t ap vin revele pita. ²⁴ Konsa, Lalwa te devni pwofesè lekòl nou, pou mennen nou a Kris, ᵉpou nou ta kapab jistifye pa lafwa. ²⁵ Men koulye a, ke lafwa rive, nou pa anba ᶠyon pwofosè lekòl ankò. ²⁶ Paske nou tout se ᵍfis a Bondye pa lafwa nan Kris Jésus. ²⁷ Paske nou tout ki te batize nan Kris la te ʰabiye tèt nou avèk Kris. ²⁸ ⁱPa gen ni Grèk, ni Jwif, ni esklav, ni lib, pa gen ni mal ni femèl; paske nou tout se youn nan Kris Jésus. ²⁹ Epi si nou apatyen a Kris, nou se desandan a Abraham, eritye selon ʲpwomès la.

4 Men mwen di nou, toutotan ke eritye a se yon timoun, li pa distenge ditou de yon esklav, malgre ke li se mèt a tout bagay, ² men li anba gadyen ak sipèvizè yo jiska dat fikse pa papa a. ³ Menm jan an nou menm tou, lè nou te timoun, nou te kenbe an ᵏesklavaj anba prensip ˡde baz a mond lan. ⁴ Men lè dat fikse a te rive, Bondye te voye Fis Li a ᵐfèt de yon fanm, fèt anba Lalwa ⁵ pou Li ta kapab delivre sila ki te anba Lalwa yo, pou nou ta kapab resevwa adopsyon kòm ⁿfis. ⁶ Akoz ke nou se fis, ᵒBondye te voye Lespri a Fis Li a nan kè nou pandan L ap kriye: "Abba! Papa!" ⁷ Konsa, nou pa yon esklav ankò, men yon fis; epi ᵖsi yon fis, alò, yon eritye atravè Bondye.

ᵃ **2:15** Fil 3:4   ᵇ **2:16** Trav 13:39   ᶜ **2:17** Gal 2:15   ᵈ **2:18** Wo 3:5   ᵉ **2:19** Wo 6:2   ᶠ **2:20** Wo 6:6
ᵍ **2:21** Gal 3:21   ʰ **3:1** I Kor 1:23   ⁱ **3:2** Wo 10:17   ʲ **3:4** I Kor 15:2   ᵏ **3:5** Wo 10:17   ˡ **3:6** Jen 15:6
ᵐ **3:7** Wo 4:16   ⁿ **3:8** Jen 12:3   ᵒ **3:9** Gal 3:7   ᵖ **3:10** Det 27:26   ᵠ **3:11** Gal 2:16   ʳ **3:11** Hab 2:4
ˢ **3:12** Lev 18:5   ᵗ **3:13** Det 21:23   ᵘ **3:14** Gal 3:2   ᵛ **3:14** Trav 2:33   ʷ **3:15** Wo 3:5   ˣ **3:16** Trav 3:25
ʸ **3:17** Jen 15:13   ᶻ **3:18** Wo 4:13   ᵃ **3:19** Wo 5:20   ᵇ **3:20** I Tim 2:5   ᶜ **3:21** Luc 20:16   ᵈ **3:22** Wo 11:32
ᵉ **3:24** Gal 2:16   ᶠ **3:25** I Kor 4:15   ᵍ **3:26** Wo 8:14   ʰ **3:27** Wo 13:14   ⁱ **3:28** Wo 3:22   ʲ **3:29** Wo 9:8
ᵏ **4:3** Gal 2:4   ˡ **4:3** Kol 2:8,20   ᵐ **4:4** Mat 1:25   ⁿ **4:5** Wo 8:14   ᵒ **4:6** Trav 16:7   ᵖ **4:7** Wo 8:17

⁸ Sepandan, nan ªlè sa a, lè nou pa t konnen Bondye, nou te esklav a sila ki pa lanati pa t dye yo menm. ⁹ Men koulye a, akoz nou vin konnen Bondye, oubyen pito di ᵇvin konnen pa Li menm, kòman ke nou vire ankò a vye prensip de baz fèb yo, pou nou ta renmen vin esklav yo ankò? ¹⁰ Nou ᶜobsève jou yo, mwa yo, sezon ak lane yo. ¹¹ Mwen gen lakrent pou nou pou petèt mwen te travay ak nou anven.

¹² Mwen priye nou ᵈfrè m yo, pou nou vin tankou mwen menm, paske mwen gen tan vin tankou nou. Nou pa t fè m okenn tò; ¹³ men nou konnen ke se akoz yon maladi nan kò a ke m te preche levanjil la a nou menm nan premye fwa a. ¹⁴ Epi sa ki te yon traka pou nou nan kondisyon kò m nan, nou pa t ni meprize ni deteste nan mwen, men ᵉnou te resevwa mwen kòm yon zanj Bondye, kòm Kris Jésus Li menm.

¹⁵ Alò, kote sans benediksyon sa a gen tan ale la a? Paske mwen pran nou kòm temwen ke si te posib, nou t ap rache pwòp zye nou pou nou te ban mwen. ¹⁶ Èske konsa mwen vin lènmi nou ᶠakoz ke m di nou Verite a? ¹⁷ Yo chèche ou avèk zèl, pa pou bon rezon, men paske yo lanvi divize nou pou ou menm kapab al jwenn ak yo. ¹⁸ Men se toujou bon si nou gen zèl pou sa ki bon, e ᵍpa sèlman lè m la avè nou.

¹⁹ P i t i t m w e n y o , a k n o u m a p f è d o u l è akouchman nou ankò, jiskaske ʰKris fòme nan nou— ²⁰ Men mwen ta swete prezan avèk nou koulye a pou chanje jan mwen refleshi sou nou, paske ⁱmwen vin pa konprann nou.

²¹ Di mwen, nou menm ki vle anba Lalwa a, èske nou pa ʲtande Lalwa a? ²² Paske li ekri ke Abraham te gen de fis ᵏyoun pa fanm ki te esklav la, e ˡyoun pa fanm ki te lib la. ²³ Men ᵐfis pa fanm ki te esklav la te fèt selon lachè, e ⁿfis a fanm ki te lib la te fèt selon pwomès la. ²⁴ Sa se parabòl senbolik; de fanm sa yo se de akò. Youn te fèt nan Mòn Sinaï k ap pote pitit ki va ᵒesklav yo; li menm se Agar. ²⁵ Alò, Agar sa a se Mòn Sinaï an Arabie. Li koresponn a Jérusalem ki la jis koulye a, paske li nan esklavaj avèk pitit li yo. ²⁶ Men ᵖJérusalem ki anwo a lib. Li se manman de nou tout. ²⁷ Paske sa ekri:

ᑫ"Rejwi, fanm esteril ki pa fè pitit;
eklate ak kri lajwa, ou menm ki pa
nan doulè pou fè timoun nan:
paske pitit a sila ki aflije a plis an
kantite pase sila ki gen mari a."

²⁸ Epi nou menm, frè m yo, kòm Isaac, nou se ʳpitit a pwomès la. ²⁹ Men menm jan nan tan sa a, sila ki te fèt selon lachè a te ˢpèsekite sila ki te fèt selon Lespri a, se menm jan an koulye a. ³⁰ Men kisa Lekriti Sen an di?: ᵗ"Mete fanm esklav la deyò, avèk fis li a. Paske fis a fanm esklav la pa dwe yon eritye avèk fis a fanm lib la." ³¹ Alò konsa, frè m yo, nou pa pitit a yon fanm esklav, men a yon fanm lib.

5 ᵘSe te pou libète ke Kris te fè nou lib. Konsa, kenbe fèm pou nou pa vin soumèt nou ankò a yon jouk esklavaj.

² Gade, mwen menm, Paul, di nou ke si nou resevwa ᵛsikonsizyon, Kris p ap fè nou okenn benefis. ³ Epi mwen temwaye ankò a tout moun ki resevwa sikonsizyon, ke li anba obligasyon pou ʷkenbe tout Lalwa a. ⁴ Nou gen tan vin sevre de Kris, nou menm k ap chache vin jistifye pa Lalwa. Nou ˣtonbe kite lagras. ⁵ Paske nou, atravè Lespri a, pa lafwa, n ap ʸtann esperans ladwati a. ⁶ Paske nan Kris Jésus ᶻni sikonsizyon, ni ensikonsizyon pa vle di anyen, men lafwa k ap aji atravè lanmou a.

⁷ Nou t ap ᵃkouri byen! Kilès ki te vin jennen nou pou nou pa obeyi verite a? ⁸ Enfliyans sa a pa t sòti nan ᵇSila ki te fè apèl de nou an. ⁹ ᶜYon ti kras ledven fè tout boul pen an vin leve. ¹⁰ Mwen gen konfyans nan nou nan Senyè a, ke nou p ap adopte okenn lòt opinyon. Men sila k ap ᵈtwouble nou an va pote pwòp jijman pa li, nenpòt moun li ye a.

¹¹ Men mwen, frè m yo, si mwen toujou preche sikonsizyon, poukisa mwen toujou ᵉpèsekite? Alò, konsa blòk k ap fè moun bite a, ki se lakwa a, vin aboli. ¹² Mwen swete ke sila k ap twouble nou yo ta ᶠmenm chatre pwòp kò yo.

¹³ Paske nou te rele pou libète, frè m yo. ᵍSèlman pa fè libète nou an vin tounen yon opòtinite pou lachè, men selon lanmou, pou nou sèvi youn lòt. ¹⁴ Paske tout Lalwa a akonpli nan yon pawòl, nan fraz la; ʰ"Ou va renmen pwochen ou tankou pwòp tèt ou." ¹⁵ Men si nou ⁱmòde e devore youn lòt, fè atansyon pou nou pa fin manje youn lòt nèt.

¹⁶ Men mwen di nou ʲmache pa Lespri a, e nou p ap akonpli dezi lachè yo. ¹⁷ Paske ᵏlachè mete dezi li yo kont Lespri a, e Lespri a kont lachè. Sila yo opoze a youn lòt, ˡpou nou pa ta fè tout sa ke nou pito. ¹⁸ Men si nou ᵐmennen pa Lespri a, nou pa anba Lalwa. ¹⁹ Alò, zèv lachè yo klè: ⁿImoralite, salte, sansyalite ²⁰ idolatri, fè maji, fè lènmi ᵒkonfli, jalouzi, fè kòlè, dispite youn kont lòt, divizyon ²¹ lanvi, bwè tafya, banbochè, e tout bagay konsa yo, ke m avèti nou, menm jan ke m te avèti nou an, ke sila ki pratike bagay sa yo p ap ᵖeritye wayòm Syèl la.

²² Men ᑫfwi Lespri a se lanmou, lajwa, lapè, pasyans, ladousè, bonte, fidelite ²³ jantiyès, tanperans; kont bagay sa yo, pa gen lwa. ²⁴ Alò, sila ki pou Kris Jésus yo gen tan ʳkrisifye lachè avèk tout pasyon ak dezi li yo.

ᵃ **4:8** I Kor 1:21   ᵇ **4:9** I Kor 8:3   ᶜ **4:10** Wo 14:5   ᵈ **4:12** Gal 6:18   ᵉ **4:14** Mat 10:40   ᶠ **4:16** Am 5:10   ᵍ **4:18** Gal 4:13   ʰ **4:19** Ef 4:13   ⁱ **4:20** II Kor 4:8   ʲ **4:21** Luc 16:29   ᵏ **4:22** Jen 16:15   ˡ **4:22** Jen 21:2   ᵐ **4:23** Wo 9:7   ⁿ **4:23** Jen 17:16   ᵒ **4:24** Gal 4:3   ᵖ **4:26** Eb 12:22   ᑫ **4:27** És 54:1   ʳ **4:28** Wo 9:7   ˢ **4:29** Jen 21:9   ᵗ **4:30** Jen 21:12   ᵘ **5:1** Jn 8:32,36   ᵛ **5:2** Trav 15:1   ʷ **5:3** Wo 2:25   ˣ **5:4** Eb 12:15   ʸ **5:5** Wo 8:23   ᶻ **5:6** Gal 2:2   ᵃ **5:7** Gal 2:2   ᵇ **5:8** Gal 1:6   ᶜ **5:9** I Kor 5:6   ᵈ **5:10** Gal 1:7   ᵉ **5:11** Gal 6:12   ᶠ **5:12** Det 23:1   ᵍ **5:13** I Kor 8:9   ʰ **5:14** Lev 19:18   ⁱ **5:15** Gal 5:20   ʲ **5:16** Wo 8:4   ᵏ **5:17** Wo 8:5   ˡ **5:17** Wo 7:15   ᵐ **5:18** Wo 8:14   ⁿ **5:19** I Kor 6:9,18   ᵒ **5:20** II Kor 12:20   ᵖ **5:21** I Kor 6:9   ᑫ **5:22** Mat 7:16   ʳ **5:24** Wo 6:6

²⁵ Si nou viv pa Lespri a, annou osi mache ᵃpa Lespri a. ²⁶ Pa kite nou ᵇvin gen ògèy, ni pwovoke youn lòt ni gen lanvi kont youn lòt.

6 Frè m yo, menm si yon moun vin kenbe nan nenpòt transgresyon, nou menm ki ᶜposede Lespri Bondye a, restore li avèk yon lespri dousè. Epi nou chak veye sou tèt nou pou nou pa osi vin tante. ² ᵈPote fado youn pou lòt, e konsa lalwa Kris la akonpli. ³ Paske ᵉsi yon moun panse ke li menm se yon bagay lè vrèman li pa anyen, li twonpe pwòp tèt li. ⁴ Men chak moun dwe ᶠegzamine pwòp zèv pa li, epi konsa li va gen rezon pou vante tèt li pou sa ke li menm fè, e pa pou sa yon lòt moun fè. ⁵ Paske ᵍchak moun va pote pwòp chaj pa l.

⁶ ʰSila k ap aprann pawòl la dwe pataje tout bon bagay avèk sila ki enstwi l la.

⁷ Pa twonpe tèt nou; ⁱBondye p ap moke; paske sa ke yon moun simen, se sa menm ke li va rekòlte. ⁸ Paske, sila ki simen pou pwòp chè li a, va, selon lachè, rekòlte koripsyon, men ʲsila ki simen pou Lespri a, va, selon Lespri a, rekòlte lavi etènèl.

⁹ Annou pa ᵏdekouraje nan fè byen, paske lè lè a rive, nou va rekòlte si nou pa fatige. ¹⁰ Alò ˡpandan nou gen tan an, annou fè byen ak tout moun, e sitou a sila ki nan fanmi lafwa yo.

¹¹ Gade ak kalite gwo lèt m ap ekri nou ᵐavèk pwòp men mwen. ¹² Sila ki vle ⁿparèt bèl nan lachè yo eseye fòse nou sikonsi; senpleman pou yo menm pa ta pèsekite pou koz lakwa a Kris. ¹³ Paske sila ki sikonsi yo pa menm ᵒkenbe Lalwa pou tèt yo, men yo desire fè nou sikonsi pou yo kapab vante tèt yo nan lachè pa nou. ¹⁴ Men ke sa pa janm fèt pou m ta vante tèt mwen, eksepte nan lakwa a Senyè nou an, Jésus Kris. Atravè Li menm mond lan fin krisifye pou mwen, e ᵖmwen menm pou mond lan. ¹⁵ Paske nan Kris Jésus, ᵠsikonsi pa anyen, ni pa sikonsi pa anyen, men nou devni yon kreyasyon tounèf. ¹⁶ Epi pou sila ki va mache pa prensip sila a, lapè ak gras sou yo, e sou ʳIsraël Bondye a.

¹⁷ Depi koulye a, pa kite pèsòn koze pwoblèm pou mwen, paske mwen pote sou kò m ˢmak a Jésus yo.

¹⁸ ᵗKe gras a Senyè nou an Jésus Kris kapab rete ᵘavèk Lespri nou, frè m yo. Amen.

ᵃ **5:25** Gal 5:16   ᵇ **5:26** Fil 2:3   ᶜ **6:1** I Kor 2:15   ᵈ **6:2** Wo 15:1   ᵉ **6:3** Trav 5:36   ᶠ **6:4** I Kor 11:28
ᵍ **6:5** Pwov 9:12   ʰ **6:6** I Kor 9:11,14   ⁱ **6:7** Job 13:9   ʲ **6:8** Wo 8:11   ᵏ **6:9** I Kor 15:58   ˡ **6:10** Pwov 3:27
ᵐ **6:11** I Kor 16:21   ⁿ **6:12** Mat 23:27   ᵒ **6:13** Wo 2:25   ᵖ **6:14** Wo 6:2,6   ᵠ **6:15** Wo 2:26,28   ʳ **6:16** Wo 9:6   ˢ **6:17** És 44:5   ᵗ **6:18** Wo 16:20   ᵘ **6:18** II Tim 4:22

EFEZYEN YO

1 Paul [a]yon apot Jésus Kri pa volonte a Bondye, a sen ki an Éphèse yo [b]ki fidèl nan Jésus Kri: ² [c]Lagras pou nou ak lapè ki soti nan Bondye, Papa nou, ak Senyè a, Jésus Kri.

³ Beni se Bondye, Papa Senyè nou an Jésus Kri, ki te beni nou avèk tout benediksyon Lespri a [d]nan lye selès an Kris yo. ⁴ Jis jan [e]Li te chwazi nou nan Li, menm avan fondasyon mond lan, pou nou ta kapab sen e san fot devan Li. Nan lanmou Li, ⁵ li te [f]chwazi nou oparavan pou adopsyon kòm fis Li, atravè Jésus Kri, selon dous entansyon a volonte Li. ⁶ [g]Pou lwanj a glwa a gras Li a, ke Li te bannou ak liberalite nan [h]Li menm Ki Byeneme a. ⁷ [i]Nan Li nou gen redanmsyon pa san Li, padon pou transgresyon nou yo selon richès a gras Li, ⁸ ke Li te vide sou nou. Nan tout sajès ak konesans, ⁹ li te [j]fè nou konnen mistè a volonte Li, selon dous entansyon Li; sa ke li te deja planifye nan Li menm nan, ¹⁰ avèk yon plan pou fè sa dewoule [k]lè tan an fin akonpli, pou [l]reyini tout bagay nan Kris la, bagay nan syèl yo ak bagay sou latè yo. Nan Li menm ¹¹ nou vin genyen yon eritaj osi, ki te chwazi oparavan [m]selon plan pa L. Se konsa, Li fè tout bagay mache [n]selon konsèy volonte pa Li, ¹² afenke nou menm ki te premye espere nan [o]Kris la, ta kapab sèvi kòm lwanj a glwa Li. ¹³ Nan Li menm, nou tout osi, lè nou fin tande mesaj Verite a, Levanjil Sali a; akoz nou menm tou te kwè, nou te [p]sele nan Li menm avèk [q]Lespri Sen a pwomès la, ¹⁴ ki [r]bay a nou menm kòm yon pwomès eritaj nou an, avèk plan redanmsyon a sila ki vrèman pou Bondye yo, pou lwanj a glwa Li.

¹⁵ Pou rezon sa a, mwen menm tou [s]lè mwen te tande de lafwa nan Senyè a Jésus Kri nou an, ki egziste pami nou ak lanmou nou pou tout sen yo, ¹⁶ m [t]pa janm sispann bay remèsiman pou nou menm, pandan m ap nonmen non nou nan lapriyè ¹⁷ ke [u]Bondye a Senyè nou an Jésus Kri, Papa laglwa a, kapab bannou yon lespri sajès ak revelasyon nan konesans a Li menm. ¹⁸ M priye pou [v]zye a kè nou kapab klere, pou nou kapab konnen kisa ki esperans apèl Li a, ak sa ki richès laglwa eritaj Li a pami sen yo. ¹⁹ Epi sa ki se grandè san parèy a pouvwa Li anvè nou menm ki kwè yo, [w]selon travay de fòs pouvwa Li a. ²⁰ Se travay a sa ke Li te fè rive an Kris la lè Li te leve li [x]soti nan lanmò a pou te fè L chita sou bò dwat Li nan lye selès yo, ²¹ pi wo anpil pase [y]tout gouvènans yo, tout otorite, tout pouvwa, tout wayòm, ak tout non ki nonmen, non sèlman nan tan sila a, men nan tan k ap vini an. ²² Epi Li te [z]mete tout bagay an soumisyon anba pye Jésus, e te fè Li tèt sou tout bagay a legliz la, ²³ ki se [a]kò Li, yon prezantasyon konplè de Li menm ki konplete tout bagay nèt.

2 Konsa, nou te vin vivan an nan lè nou te [b]fin mouri nan transgresyon ak peche nou yo. ² Nan sila yo menm, nou te konn mache oparavan yo, selon kous a mond sa a, selon [c]prens a pwisans de lè a, lespri a ki koulye a menm ap aji nan [d]fis a dezobeyisans yo. ³ Pami yo, nou tou te konn viv [e]nan dezi lachè nou, nan satisfè sa dezi lachè ak lespri a te mande nou fè. Nou te [f]pa lanati, zanfan lakòlè menm jan ak tout lòt yo. ⁴ Men Bondye, ki rich an mizerikòd, akoz [g]gran amou Li ke Li te sèvi nan renmen nou an, ⁵ ki menm lè nou te de ja mouri nan transgresyon nou yo, Li te fè nou viv ansanm avèk Kris. [h]Pa lagras nou te sove a. ⁶ Li te [i]leve nou avèk Li, epi te fè nou chita avèk Li nan lye selès yo, nan Kris Jésus, ⁷ pou nan tan k ap vini yo, Li ta kapab montre nou [j]richès a gras Li ki pi gran pase tout bagay, nan dousè Li anvè nou nan Jésus Kri. ⁸ Paske se [k]pa lagras ke nou sove atravè lafwa. E sa pa de nou menm, se kado a Bondye a. ⁹ [l]Li pa pa mwayen de zèv yo, pou pèsòn pa kapab vante tèt li. ¹⁰ Paske nou se èv Li, [m]kreye an Jésus Kri pou fè bon zèv, ke Bondye te prepare davans pou nou ta kapab mache nan yo.

¹¹ Konsa, sonje, ke oparavan, nou menm, pèp etranje nan lachè yo, ki rele [n]"Ensikonsi" pa sila ki rele pwòp tèt yo "Sikonsi" yo, ki fèt nan lachè pa men a lòm, ¹² sonje ke nou te nan tan sa a separe de Kris, andeyò de kominote Israël la, e etranje selon [o]akò pwomès yo, san espwa, e san Bondye nan mond lan. ¹³ Men koulye a nan Kris Jésus, nou menm ki te oparavan byen lwen, nou gen tan vin touprè [p]pa san a Kris la. ¹⁴ Paske Li menm, Li se [q]lapè nou, ki te fè de gwoup sa yo vin yon sèl, e ki te kraze baryè miray divizyon an, ¹⁵ lè L te aboli nan lachè Li, rayisman ki se lalwa kòmandman yo ki te nan tout règ yo, pou nan Li menm, Li ta kapab fè ak de pèp sa yo, [r]yon sèl òm tounèf e konsa etabli lapè. ¹⁶ Konsa, Li ta kapab [s]rekonsilye yo toulède nan yon sèl kò pou Bondye atravè lakwa a, ki te mete rayisman sa a lanmò. ¹⁷ "Epi [t]Li te vin preche lapè a nou ki te byen lwen an, e lapè a sila ki te touprè yo." ¹⁸ Paske atravè Li menm, nou toulède gen aksè nan [u]yon sèl Lespri a Papa a. ¹⁹ Konsa, nou pa etranje ak moun deyò ankò, men nou se

---

[a] **1:1** II Kor 1:1   [b] **1:1** Kol 1:2   [c] **1:2** Wo 1:7   [d] **1:3** Ef 1:20   [e] **1:4** Ef 2:10   [f] **1:5** Wo 8:29   [g] **1:6** Ef 1:12,14   [h] **1:6** Mat 3:17   [i] **1:7** Kol 1:14   [j] **1:9** Wo 11:25   [k] **1:10** Mc 1:15   [l] **1:10** Kol 1:16,20   [m] **1:11** Wo 8:28   [n] **1:11** Wo 9:11   [o] **1:12** Ef 1:6,14   [p] **1:13** Ef 4:30   [q] **1:13** Trav 2:33   [r] **1:14** II Kor 1:22   [s] **1:15** I Kor 1:4   [t] **1:16** Wo 1:8   [u] **1:17** Jn 20:17   [v] **1:18** II Kor 4:6   [w] **1:19** Ef 3:7   [x] **1:20** Trav 2:24   [y] **1:21** Mat 28:18   [z] **1:22** Sòm 8:6   [a] **1:23** I Kor 12:27   [b] **2:1** Ef 2:5   [c] **2:2** Jn 12:31   [d] **2:2** Ef 5:6   [e] **2:3** Gal 5:16   [f] **2:3** Wo 2:14   [g] **2:4** Jn 3:16   [h] **2:5** Trav 15:11   [i] **2:6** Kol 2:12   [j] **2:7** Wo 2:4   [k] **2:8** Trav 15:11   [l] **2:9** Wo 3:28   [m] **2:10** Kol 3:10   [n] **2:11** Wo 2:28   [o] **2:12** Gal 3:17   [p] **2:13** Wo 3:25   [q] **2:14** És 9:6   [r] **2:15** Gal 3:28   [s] **2:16** II Kor 5:18   [t] **2:17** És 57:19   [u] **2:18** I Kor 12:13

[a]sitwayen ansanm avèk sen yo, e manm fanmi a lakay Bondye a, [20] ki te bati sou fondasyon apot ak pwofèt yo, Kris Jésus Li menm kòm [b]wòch la ki fòme ang prensipal la. [21] Nan Li menm tout kay la bati ansanm, epi ap grandi pou devni [c]yon tanp ki sen nan Senyè a. [22] Nan Li menm, nou osi ap vin [d]bati ansanm pou vini yon kote pou Lespri Bondye a kapab rete.

3 Pou rezon sa a, mwen, Paul [e]prizonye a Kris Jésus a, pou koz a nou, pèp etranje yo, [2] si vrèman nou te tande de [f]jerans a gras Bondye ke mwen te resevwa pou livre bay nou an, [3] ke [g]pa revelasyon mwen te vin konnen mistè a, sou ki mwen te deja ekri kèk mo a. [4] Pa referans a sa, lè nou li, nou kapab konprann konesans mwen nan [h]mistè a Kris la, [5] ki, nan lòt jenerasyon yo pa t konnen pa fis a lòm yo, men koulye a li revele a [i]sen apot Li yo ak pwofèt yo nan Lespri a. [6] Pou detaye byen klè, ke pèp etranje yo se eritye egal e manb parèy nan kò a, epi patisipan egal nan pwomès a Kris Jésus a selon levanjil la.[j] [7] [k]Sou pwomès sa a, mwen te vin yon sèvitè selon don lagras Bondye a, ke m te resevwa selon travay pouvwa Li a. [8] A mwen menm, pi piti pami tout sen yo, gras sa a te bay, pou preche a pèp etranje yo, tout [l]richès ensondab a Kris yo. [9] Epi pou fè tout moun wè, sa ki se jerans a [m]mistè a ki te kache pandan tan yo nan Bondye, ki te kreye tout bagay yo. [10] Pou tout sajès a Bondye a ta kapab [n]vin konnen koulye a atravè legliz la, a tout [o]pouvwa ak otorite nan lye selès yo. [11] [p]Sa te an akò avèk plan etènèl la ke Li te reyalize nan Kris Jésus, Senyè nou an. [12] Nan [q]Li menm, nou gen kouraj pa lafwa pou apwoche Li ak konfyans. [13] Konsa, mwen mande nou pou nou pa dekouraje nan tribilasyon m ap pase[r]pou nou yo, paske yo se glwa nou.

[14] Pou rezon sila a, mwen [s]koube jenou m devan Papa de Senyè nou, Jésus Kris. [15] Nan Li menm, tout fanmi nan syèl la ak sou tè a jwenn non yo, [16] pou Li kapab bannou, selon richès laglwa Li, le nou kapab ranfòse avèk pouvwa, atravè Lespri Li a ki fonse nan enteryè lòm nan. [17] Pou Kris kapab demere nan kè nou pa lafwa, pou nou kapab, byen fonde e rasine nan lanmou, [18] pou nou kapab konprann avèk tout sen yo [t]sa ki se lajè, longè, wotè, ak pwofondè a, [19] epi pou nou konnen [u]lanmou a Kris la ki depase konesans, pou nou ta kapab vin ranpli nèt ak tout sa ki nan Bondye yo.

[20] Koulye a, a Li menm ki [v]kapab fè bokou, bokou plis, de tout sa ke nou mande oubyen panse, selon pouvwa ki travay anndan nou an, [21] [w]a Li menm laglwa nan legliz la ak nan Kris Jésus a, a tout jenerasyon yo pou tout tan e pou tout tan. Amèn.

4 Konsa, mwen menm, prizonye a Senyè a, mwen priye nou pou nou [x]mache nan yon manyè dign de apèl avèk sila yo te rele nou an, [2] avèk tout [y]imilite ak dousè, avèk pasyans, nan montre tolerans pou youn lòt nan lanmou, [3] nan rete dilijan pou konsève [z]linite Lespri a, e nan lyen lapè. [4] [a]Gen yon kò ak yon Lespri, menm jan ke nou te rele nan yon sèl espwa de apèl nou an; [5] [b]yon sèl Senyè, yon sèl lafwa, yon sèl batèm, [6] yon sèl Bondye e Papa [c]tout moun ki, sou tout bagay, pami tout bagay e nan tout bagay. [7] Men a nou chak, gras te vin bay [d]selon mezi don a Kris la.

[8] Konsa sa ekri:
[e]"Lè Li te monte anlè,
Li te mennen kon kaptif,
kaptivite a menm,
e Li te bay don a lèzòm."

[9] Alò, fraz sila a, [f]"Li te monte", kisa sa vle di eksepte ke Li osi te desann anba nan pati ki pi fon nan latè a? [10] Sila ki te desann nan se Li menm tou ki te monte [g]bokou pi wo pase tout syèl yo, pou Li ta kapab [h]akonpli tout bagay.

[11] Konsa, Li te bay [i]kèk kòm apot, kèk kòm pwofèt, kèk kòm evanjelis, e kèk kòm pastè ak enstriktè, [12] [j]pou preparasyon a fidèl yo pou zèv sèvis la, pou l ranfòse kò a Kris la, [13] jiskaske nou tout vin rive nan linite lafwa a, ak [k]konesans a Fis Bondye a, yon [l]moun ki gen matirite, jiska mezi a wotè ki apatyen a Kris la. [14] Kòm rezilta, nou [m]pa dwe timoun ankò, ki vannen toupatou pa chak vag lanmè a, e ki vin pote pa chak van doktrin ki fèt pa twonpri a lòm, avèk tout koken ak manèv desepsyon; [15] men pandan n ap pale verite a nan lanmou, nou dwe [n]grandi nan tout aspè nan Sila, ki se tèt la, Kris Li menm. [16] Nan Li menm [o]tout kò a, ki fòme e ki kenbe ansanm pa sa ke chak jwenn founi, selon pwòp fonksyon a chak grenn pati, li fè kò a grandi pou l byen bati pou kont li nan lanmou.

[17] Donk, mwen di sa e konfime ansanm avèk Senyè a [p]pou nou pa mache ankò kòm pèp etranje yo mache, nan vanite a panse yo, [18] avèk yon konprann ki byen [q]fonse [r]andeyò de lavi Bondye a, akoz de inyorans ki nan yo, akoz kè yo ki di. [19] Konsa yo menm, ki te vin ensansib, te [s]livre tèt yo a tout [t]sansyalite, pou pratike tout kalite salte, e yo te vin voras. [20] Men nou pa t [u]aprann Kris nan fason sa a, [21] si vrèman nou [v]te menm tande Li e [w]te enstwi nan Li, jis nou konnen verite a se

---

[a] **2:19** Fil 3:20   [b] **2:20** Sòm 118:22   [c] **2:21** I Kor 3:16   [d] **2:22** I Kor 3:9,16   [e] **3:1** Trav 23:18   [f] **3:2** Ef 1:10   [g] **3:3** Gal 1:12   [h] **3:4** Wo 11:25   [i] **3:5** I Kor 12:28   [j] **3:6** Gal 3:29   [k] **3:7** I Kor 1:23,25   [l] **3:8** Wo 2:4   [m] **3:9** Wo 16:25   [n] **3:10** I Pi 1:12   [o] **3:10** Ef 6:12   [p] **3:11** Ef 1:11   [q] **3:12** Ef 2:18   [r] **3:13** Ef 3:1   [s] **3:14** Fil 2:10   [t] **3:18** Job 11:8   [u] **3:19** Wo 8:35,39   [v] **3:20** II Kor 9:8   [w] **3:21** Wo 11:36   [x] **4:1** Ef 2:10   [y] **4:2** Kol 3:12   [z] **4:3** Kol 3:14   [a] **4:4** I Kor 12:4; Ef 1:18   [b] **4:5** I Kor 8:6   [c] **4:6** Wo 11:36   [d] **4:7** Wo 12:3   [e] **4:8** Sòm 68:18   [f] **4:9** Jn 3:13   [g] **4:10** Eb 7:6   [h] **4:10** Ef 1:23   [i] **4:11** Trav 13:1   [j] **4:12** II Kwo 13:9   [k] **4:13** Ef 1:17   [l] **4:13** Eb 5:14   [m] **4:14** I Kor 14:20   [n] **4:15** Ef 2:21   [o] **4:16** Wo 12:4   [p] **4:17** Ef 2:2   [q] **4:18** Wo 1:21   [r] **4:18** Ef 2:12   [s] **4:19** Wo 1:24   [t] **4:19** Kol 3:5   [u] **4:20** Mat 11:29   [v] **4:21** Wo 10:14   [w] **4:21** Kol 2:7

nan Jésus. ²² Sa vle di ke nan referans a jan nou te konn viv la, nou ᵃmete sou kote ᵇansyen moun nan, ki konwonpi an akò avèk pasyon twonpri yo, ²³ epi pou nou ᶜvin tounèf nan lespri a panse nou, ²⁴ pou nou kapab mete sou nou ᵈnouvo moun nan, ki fèt nan limaj Bondye, e ki te kreye nan ladwati, ak sentete de verite a.

²⁵ Pou sa, mete akote sa ki fo, ᵉe "pale verite a, nou chak avèk vwazen nou", paske nou se manm a youn lòt. ²⁶ᶠ "Fè fache, e malgre sa pa peche"; pa kite solèy la kouche pandan nou fache a, ²⁷ epi pa ᵍbay Dyab la opòtinite. ²⁸ Sila ki vòlè a pa dwe vòlè ankò, men pito, fòk li travay, pou ʰfè avèk pwòp men li sa ki bon, pou li kapab gen yon bagay pou pataje avèk sila ki gen bezwen yo. ²⁹ Pa kite okenn vye mo sal sòti nan bouch nou, men sèlman kalite mo ki bon pou ⁱedifikasyon selon bezwen moman an, pou li kapab bay gras a sila ki tande l yo. ³⁰ Pa atriste Lespri Sen Bondye ki te ʲsele nou pou jou redanmsyon an. ³¹ᵏKe tout rankin nan kè, san wo, kòlè, zen, ak kout lang vin retire pami nou, ansanm ak tout malveyans. ³² Sèvi dousè a youn lòt, avèk bon kè, k ap padone youn lòt ˡjis jan ke Bondye nan Kris la te osi padone nou an.

5 ᵐKonsa, se pou nou vin imitatè a Bondye, kòm zanfan byeneme. ² ⁿMache nan lanmou, jan Kris osi te renmen nou, e te ᵒbay tèt Li pou nou, kòm yon ofrann ak yon sakrifis a Bondye, kon yon pafen ki santi bon.

³ Men ni ᵖimoralite, salte, ak move lanvi pa menm dwe nonmen pami nou. Se konsa li dwe ye pami fidèl yo. ⁴ Nou pa dwe gen pawòl malonèt, pawòl san sans, avèk vye blag, ki pa dign, men de preferans, bay remèsiman a Bondye.

⁵ Paske nou konnen sa byen klè, ke pa gen ni moun imoral, ni moun ki nan salte, ni moun ki gen lanvi nan kè yo, ni moun k ap sèvi zidòl, k ap gen yon eritaj nan wayòm Kris ak Bondye a.

⁶ ᑫPa kite pèsòn twonpe nou avèk pawòl vid yo, paske akoz de bagay sa yo lakòlè Bondye vini sou fis ki pa obeyisan yo. ⁷ Konsa, pa ʳvin yon pati ak yo. ⁸ Paske avan sa nou ˢte tenèb, men koulye a nou se Limyè nan Senyè a. Mache tankou pitit a Limyè. ⁹ Paske ᵗfwi a Limyè a se nan tout bonte, ladwati, ak verite, ¹⁰ ᵘki fè prev de sa k ap fè Senyè a plezi. ¹¹ Pa patisipe nan ᵛzèv tenèb ki pa janm pote fwi yo, men de preferans ʷekspoze yo. ¹² Paske se yon gwo wont pou nou menm pale de bagay ki fèt an sekrè pa yo menm. ¹³ Men tout bagay vin vizib ˣlè yo ekspoze pa limyè a, paske tout bagay ki vin vizib se limyè.

¹⁴ Pou rezon sa a Li di:

ʸ"Leve, sila k ap dòmi an,

Leve sòti nan lanmò
E Kris va klere sou ou."

¹⁵ Konsa, fè atansyon sou jan nou ᶻmache, pa tankou yon moun ki pa saj, men tankou yon moun ki saj. ¹⁶ ᵃFè plis ke posib avèk tan nou, paske jou yo move. ¹⁷ Konsa, pinga nou vin moun ensanse, men ᵇkonprann byen kisa volonte Bondye a ye. ¹⁸ Epi ᶜpinga nou vin sou avèk diven, paske sa se banbòch, men se pou nou ranpli avèk Lespri a. ¹⁹ ᵈPale avèk youn lòt avèk Sòm, avèk chan, e avèk kantik Lespri Bondye yo. Chante e fè mizik avèk kè nou a Senyè a. ²⁰ ᵉToujou bay remèsiman a ᶠBondye, Papa a, pou tout bagay nan non a Senyè nou an, Jésus Kri, Papa a menm, ²¹ ᵍavèk sumisyon youn lòt nan ʰlakrent Kris la.

²² ⁱMadanm, se pou nou soumèt a mari nou, tankou a Senyè a. ²³ Paske ʲmari a se tèt a madanm nan, jan Kris osi se tèt a legliz la. Se Li menm ki Sovè a kò a. ²⁴ Men jan legliz la soumèt a Kris la, menm jan an madanm yo dwe soumèt yo a mari yo nan tout bagay.

²⁵ ᵏMari, renmen madanm nou, jan Kris osi te renmen legliz la, e te bay tèt Li pou Li, ²⁶ ˡpou Li te kapab fè l sen, pandan Li te netwaye li nan lave l avèk dlo e avèk pawòl la. ²⁷ Pou Li te kapab prezante legliz la a Li menm nan tout glwa li, san tach, e san pli, oubyen okenn lòt bagay konsa; men pou li ta kapab vin ᵐsen e san fot. ²⁸ Donk, mari yo dwe osi ⁿrenmen pwòp madanm yo kon pwòp kò yo. Sila ki renmen madanm li renmen pwòp tèt li. ²⁹ Paske pèsòn pa t janm rayi pwòp chè li, men nouri li e pran swen de li, menm jan ke Kris fè osi pou legliz la. ³⁰ Paske nou se ᵒmanm a kò Li. ³¹ ᵖ"Pou rezon sila yo, yon nonm va kite manman l ak papa l pou atache ak madanm li, epi yo de a va devni yon sèl chè." ³² Mistè sa a gran, men m ap pale avèk referans a Kris ak legliz la. ³³ Sepandan, se pou chak moun pami nou renmen madanm li kon pwòp tèt li, e madanm lan dwe ᑫrespekte mari li.

6 ʳZanfan yo, obeyi a paran nou nan Senyè a, paske se sa ki bon. ² ˢOnore Papa ou ak manman ou, ki se premye kòmandman ki vini avèk yon pwomès; ³ pou li kapab ale byen avèk ou, e pou ou kapab viv anpil tan sou latè.

⁴ Papa yo, pa pwovoke pitit nou yo a lakòlè, men ᵗelve yo nan disiplin ak enstriksyon a Senyè a.

⁵ ᵘEsklav yo, se pou nou obeyisan a sila ki mèt nou yo selon lachè, avèk lakrent ak tranbleman, nan senserite a kè nou, tankou a Kris la menm, ⁶ pa sèlman devan zye, kòmsi ᵛpou fè moun plezi, men kòm esklav a Kris k ap fè tout volonte Bondye ki soti nan kè a. ⁷ Avèk bòn volonte, rann sèvis ʷtankou a

---

ᵃ **4:22** Eb 12:1   ᵇ **4:22** Wo 6:6   ᶜ **4:23** Wo 12:2   ᵈ **4:24** Kol 3:10   ᵉ **4:25** Za 8:16   ᶠ **4:26** Sòm 4:4   ᵍ **4:27** Wo 12:19   ʰ **4:28** I Tes 4:11   ⁱ **4:29** Wo 14:19   ʲ **4:30** Jn 3:33   ᵏ **4:31** Wo 3:14   ˡ **4:32** Mat 6:14   ᵐ **5:1** Mat 5:48   ⁿ **5:2** Wo 14:15   ᵒ **5:2** Gal 2:20   ᵖ **5:3** Kol 3:5   ᑫ **5:6** Kol 2:8   ʳ **5:7** Ef 3:6   ˢ **5:8** Ef 2:2   ᵗ **5:9** Gal 5:22   ᵘ **5:10** Wo 12:2   ᵛ **5:11** Wo 13:12   ʷ **5:11** I Tim 5:20   ˣ **5:13** Jn 3:20   ʸ **5:14** És 51:17   ᶻ **5:15** Ef 5:2   ᵃ **5:16** Kol 4:5   ᵇ **5:17** Wo 12:2   ᶜ **5:18** Pwov 20:1   ᵈ **5:19** Kol 3:16   ᵉ **5:20** I Kor 15:24   ᶠ **5:21** Gal 5:13   ᵍ **5:21** II Kor 5:11   ⁱ **5:22** Ef 5:22—6:9; Kol 3:18—4:1   ʲ **5:23** I Kor 11:3   ᵏ **5:25** Ef 5:28,33; Ef 5:2   ˡ **5:26** Tit 2:14   ᵐ **5:27** Ef 1:4   ⁿ **5:28** Ef 5:25   ᵒ **5:30** I Kor 6:15   ᵖ **5:31** Jen 2:24   ᑫ **5:33** I Pi 3:2,5   ʳ **6:1** Pwov 6:20   ˢ **6:2** Egz 20:12   ᵗ **6:4** Kol 3:21; Jen 18:19   ᵘ **6:5** Kol 3:22   ᵛ **6:6** Gal 1:10   ʷ **6:7** Kol 3:23

Senyè a, e pa a lòm ⁸ nan konesans ke ᵃnenpòt bon bagay yon moun fè, li va resevwa sa a soti nan Senyè a, kit li esklav kit li lib.

⁹ Epi mèt yo, fè menm bagay yo pou yo. Sispann menase yo, lòske nou konprann ke ᵇni Mèt pa yo a ak pa nou an se nan syèl la, epi devan Li pa gen patipri.

¹⁰ Anfen ᶜse pou nou vin fò nan Senyè a ak nan ᵈfòs a pouvwa Li. ¹¹ ᵉMete tout pwotèj Bondye a sou nou pou nou kapab kanpe fèm kont tout riz Satan yo. ¹² Paske lit nou an pa kont ᶠlachè ak san, men kont wayòm yo, kont pouvwa yo, kont fòs mondyal a tenèb sila a, kont fòs lespri mechan yo nan lye selès yo. ¹³ Konsa, se pou nou pran tout pwotèj a Bondye a nèt pou nou kapab ᵍreziste nan move jou a, epi lè nou fin fè tout bagay, pou nou kanpe fèm. ¹⁴ Konsa, kanpe fèm, kòmsi nou te fin ʰkouvri ren nou avèk Verite a, e mete sou lestomak la ⁱpwotèj ladwati a. ¹⁵ Konsa, ʲabiye pye nou avèk preparasyon levanjil lapè a, ¹⁶ e anplis de tout bagay, pran ᵏboukliye lafwa a pou nou kapab etenn tout flèch dife a Mechan an. ¹⁷ Epi pran ˡkas Sali a ak ᵐnepe Lespri a, ki se pawòl Bondye a. ¹⁸ Avèk tout ⁿlapriyè ak siplikasyon, priye nan Lespri a tout tan, e avèk tout sa an konsiderasyon, rete vijilan avèk tout pèseverans ak siplikasyon pou tout fidèl yo. ¹⁹ ᵒPriye pou mwen, pou mo yo va bay a mwen menm, pou lè m ouvri bouch mwen, mwen kapab fè konnen avèk kouraj, mistè a levanjil la, ²⁰ pou sila ke mwen se yon ᵖanbasadè anchene; pou nan pwoklame li, mwen kab pale avèk kouraj, jan mwen ta dwe pale a.

²¹ ᵍMen pou nou menm osi kapab konnen sikonstans mwen yo, jan mwen ye, Tychique, frè byeneme e sèvitè fidèl nan Senyè a, va fè nou konnen tout bagay. ²² Mwen te voye li kote nou pou bi sa a menm, pou nou ta kapab konnen sikonstans nou menm, e pou Li ta kapab ʳrekonfòte kè nou.

²³ Lapè avèk frè nou yo, e ˢlanmou avèk lafwa, ki soti nan Bondye, Papa a, ak Senyè a Jésus Kri.
²⁴ Lagras avèk tout sila yo ki renmen Senyè nou an, Jésus Kri, avèk yon lanmou ki p ap janm varye. Amen.

ᵃ **6:8** Mat 16:27   ᵇ **6:9** Job 31:13   ᶜ **6:10** I Kor 16:13   ᵈ **6:10** Ef 1:19   ᵉ **6:11** Wo 13:12   ᶠ **6:12** Mat 16:17
ᵍ **6:13** Jc 4:7   ʰ **6:14** És 11:5   ⁱ **6:14** És 59:17   ʲ **6:15** És 52:7   ᵏ **6:16** I Tes 5:8   ˡ **6:17** És 59:17   ᵐ **6:17** Eb 4:12
ⁿ **6:18** Fil 4:6   ᵒ **6:19** Kol 4:3   ᵖ **6:20** II Kor 5:20   ᵍ **6:21** Ef 6:21,22; Kol 4:7-9   ʳ **6:22** Kol 2:2   ˢ **6:23** Gal 5:6

FILIPYEN YO

1 Paul ak Timothée, sèvitè-atache nèt a Jésus Kri yo, a tout fidèl ki nan Kris Jésus ki nan vil Philippe yo, menm avèk [a]dirijan legliz ak dyak yo tou: 2 [b]Lagras pou nou, ak lapè ki sòti nan Bondye, Papa nou an, e Senyè a Jésus Kri.

3 [c]Mwen remèsye Bondye mwen an nan tout fwa ke m son je nou. 4 Mwen toujou ap [d]ofri lapriyè avèk jwa nan kè m nan tout priyè mwen pou nou tout, 5 akoz de patisipasyon nou nan [e]levanjil la depi premye jou a jiska koulye a. 6 Paske mwen gen konfyans menm nan bagay sa a; ke Sila ki te kòmanse fè yon bon zèv nan nou an, va byen konplete li jiska [f]jou a Kris Jésus a. 7 Paske li vrèman gen rezon ke m santi sa sou pati pa nou. Paske nou nan kè m akoz nou te patisipan depi lè m te nan prizon an, ni lè m t ap defann e konfime levanjil la nou te pataje gras la avè m. 8 Paske Bondye se temwen mwen, de jan mwen anvi wè nou tout avèk tandrès a Kris Jésus a.

9 Mwen priye konsa, pou [g]lanmou nou kapab ogmante ankò plis toujou nan [h]vrè konesans, avèk tout bon jijman. 10 Pou nou kapab [i]vin dakò avèk bagay ki ekselan, pou nou kapab rete sensè e san fot jiska [j]jou a Kris la; 11 Se pou nou vin ranpli nèt avèk [k]fwi ladwati ki vini atravè Jésus Kri a, pou laglwa ak lwanj a Bondye.

12 Koulye a, mwen vle nou konnen, frè m yo, ke sikonstans mwen yo [l]vin pase pou pi gran pwogrè levanjil la. 13 Paske anprizonman mwen pou koz a [m]Kris la vin konnen toupatou nan tout gad palè a e pa tout lòt moun yo. 14 Epi pifò nan frè nou yo mete plis konfyans nan Senyè a akoz anprizonman m nan, e yo vin gen [n]plis kouraj toujou pou pale pawòl Bondye a san krent. 15 Asireman [o]kèk nan yo menm ap preche Kris avèk lanvi ak konfli, men kèk tou ap preche l avèk senserite. 16 Dènye nan sa yo, fè l avèk lanmou, paske yo konnen ke m te chwazi pou defans a [p]levanjil la. 17 Premye sa yo pwoklame Kris [q]avèk anbisyon pèsonèl, olye santiman de bon kè, akoz yo panse ke sa ka fè m chagren nan anprizonman mwen an.

18 Alò, kisa? Sèlman nan chak ka, kit se nan pretèks kit se nan verite, Kris la pwoklame. E se nan sa mwen re jwi mwen. Wi, mwen va re jwi mwen. 19 Paske mwen konnen ke sa va sèvi pou delivrans mwen atravè [r]lapriyè nou yo, ak pwovizyon Lespri Jésus Kri a. 20 Selon sensè volonte ak esperans mwen, pou m pa vin wont nan anyen, men ke avèk tout kouraj, Kris va menm koulye a, kòm toujou [s]egzalte nan kò m [t]kit se nan lavi kit se nan lanmò. 21 Paske pou mwen menm [u]viv se Kris e mouri se avantaj. 22 Men si mwen viv toujou nan lachè, sa va pote fwi pou travay [v]mwen. Konsa, mwen pa menm konnen kilès pou m ta pito. 23 Men mwen sanse presyon nan toulède direksyon yo. Mwen ta [w]anvi ale, pou m kapab avèk Kris, paske sa pi bon anpil, 24 men pou m rete nan lachè a pi nesesè pou koz a nou menm. 25 [x]Konvenk de sa, mwen konnen ke mwen va rete pou kontinye avèk nou tout, pou pwogrè ak lajwa nou nan lafwa. 26 Konsa [y]konfyans fyète nou an nan mwen kapab vin debòde nan Jésus Kri lè mwen vin bò kote nou an ankò.

27 Sèlman, kondwi tèt nou nan yon fason ki [z]dign de levanjil a Jésus Kri a, pou si mwen vini wè nou oubyen rete absan, mwen kapab tande ke nou kanpe fèm nan yon sèl espri, avèk yon sèl panse, nan lite ansanm pou lafwa a levanjil la, 28 san okenn perèz a lènmi nou yo, ki se yon [a]sign destriksyon pou yo menm, men sali pou nou menm, e sa anplis, soti nan Bondye. 29 Paske, a nou menm [b]li te vin pèmèt, pou koz a Kris la, non sèlman pou kwè nan Li, men osi pou soufri pou koz Li. 30 Konsa nou ap pase menm [c]konfli entèn ke nou te wè m pase a, e koulye a tande k ap fèt nan mwen.

2 Konsa, si gen ankoura jman nan Kris, si gen konsolasyon nan lanmou, si gen [d]amitye nan Lespri a, si gen afeksyon ak konpasyon, 2 [e]fè la jwa mwen vin konplè. Rete nan menm panse a, kenbe menm lanmou an, ak menm linite nan lespri a, byen deside sou yon sèl bi. 3 Pa fè anyen nan egoyis oubyen ak vye dezi vanite, men avèk refleksyon ki enb [f]gade youn lòt kòm pi enpòtan ke nou menm. 4 Pa sèlman chèche pwòp enterè pèsonèl pa nou, men osi enterè a lòt yo.

5 [g]Se pou nou genyen santiman sila nan nou menm ki te osi nan Kris Jésus a 6 ki, malgre Li te egziste nan fòm Bondye [h]pa t gade egalite li avèk Bondye yon choz pou L ta kenbe di, 7 men te [i]vide tèt li, e te pran fòm a yon sèvitè-atache nèt, e te [j]vin fèt nan imaj a lòm. 8 Kòmsi aparans Li te tankou yon moun, Li te bese tèt Li e te vin [k]obeyisan jiska lanmò, menm lanmò sou yon kwa. 9 Akòz tout sa, Bondye te [l]egzalte Li byen wo, e te bay Li [m]non ki pi wo pase tout non yo, 10 pouke nan non a Jésus a [n]tout jenou va bese, sila ki nan syèl, sou latè, ak anba tè yo 11 epi tout lang konfese ke Jésus Kri se [o]Senyè a pou laglwa Bondye Papa a.

12 Konsa, byeneme mwen yo, menm jan ke nou te toujou obeyi, pa sèlman nan prezans mwen, menm

---

[a] **1:1** Trav 20:28   [b] **1:2** Wo 1:7   [c] **1:3** Wo 1:8   [d] **1:4** Wo 1:9   [e] **1:5** Fil 1:7   [f] **1:6** I Kor 1:8   [g] **1:9** I Tes 3:12
[h] **1:9** Kol 1:9   [i] **1:10** Wo 2:18   [j] **1:10** I Kor 1:8   [k] **1:11** Jc 3:18   [l] **1:12** Luc 21:13   [m] **1:13** Fil 1:7
[n] **1:14** Trav 4:31   [o] **1:15** II Kor 11:13   [p] **1:16** Fil 1:5,7,12,27   [q] **1:17** Wo 2:8   [r] **1:19** II Kor 1:11   [s] **1:20** I Kor 6:20
[t] **1:20** Wo 14:8   [u] **1:21** Gal 2:20   [v] **1:22** Wo 1:13   [w] **1:23** II Kor 5:8   [x] **1:25** Fil 2:24   [y] **1:26** II Kor 5:12
[z] **1:27** Ef 4:1   [a] **1:28** II Tes 1:5   [b] **1:29** Mat 5:11,12   [c] **1:30** Kol 1:29   [d] **2:1** II Kor 13:14   [e] **2:2** Jn 3:29   [f] **2:3** Wo 12:10   [g] **2:5** Mat 11:29   [h] **2:6** Jn 5:18   [i] **2:7** II Kor 8:9   [j] **2:7** Eb 2:17   [k] **2:8** Mat 26:39
[l] **2:9** Mat 28:18   [m] **2:9** Ef 1:21   [n] **2:10** És 45:23   [o] **2:11** Jn 13:13

koulye a plis toujou nan absans mwen ᵃfè travay sali nou an avèk ᵇlakrent ak tranbleman. ¹³ Paske se ᶜBondye k ap travay nan nou, pou fòme volonte ak zèv nou yo, selon bon plezi Li.

¹⁴ Fè tout bagay san ᵈplenyen ni diskite. ¹⁵ Konsa nou va ᵉsan fot e inosan, pitit a Bondye ki san repwòch nan mitan a yon ᶠjenerasyon kwochi e pèveti. Pami yo, nou vin parèt kòm limyè nan mond lan, ¹⁶ k ap kenbe fèm a pawòl lavi a, pou nan jou a Kris la, mwen kapab gen rezon pou bay glwa, akoz ke m pa t ᵍkouri anven, ni ʰtravay anven. ¹⁷ Men menm si mwen vin vide nèt tankou yon ⁱbwason k ap ofri kòm ʲsakrifis ak sèvis lafwa nou, mwen rejwi e mwen pataje lajwa m avèk nou tout.

¹⁸ Nou menm tou, mwen egzòte nou, rejwi menm jan an, e pataje lajwa nou avè m.

¹⁹ Men mwen espere nan Senyè a Jésus pou ᵏvoye Timothée kote nou byen vit, pou m kapab ankouraje tou lè m aprann ke kijan nou ye. ²⁰ Paske m pa gen okenn lòt moun ak ˡyon kè parèy a li menm, ki va vrèman konsène pou byen nou. ²¹ Paske yo tout ᵐchache pwòp enterè pa yo, e pa sila a Kris Jésus a. ²² Men nou konnen ⁿprèv valè li, ke li te sèvi avèk m pou avansman levanjil la, kòm yon pitit k ap sèvi papa li. ²³ ᵒKonsa, mwen espere voye li kote nou imedyatman, depi mwen wè kijan tout bagay ale avèk mwen. ²⁴ Men ᵖmwen gen konfyans mwen nan Senyè a ke mwen menm osi va vini toutalè.

²⁵ Menm te panse li te nesesè pou voye Épaphrodite, frè m nan, ᵠouvriye ak sòlda parèy mwen, e osi mesaje pa nou e sèvitè pou sa ke m bezwen. ²⁶ Paske li te trè anvi wè nou tout, e te twouble akoz ke nou te tande ke li te malad. ²⁷ Paske vrèman, li te malad jis nan pwen pou l mouri, men Bondye te fè l gras, e pa li menm sèlman, men osi mwen menm, pou mwen pa ta vin genyen tristès sou tristès. ²⁸ Konsa, mwen te voye l avèk plis enpasyans toujou, pou lè nou wè l ankò, nou kapab rejwi, e mwen kapab enkyete mwens pou nou menm. ²⁹ Konsa, resevwa li nan Senyè a avèk tout lajwa, e ʳkenbe an wo estim moun tankou li, ³⁰ paske li te prèske mouri pou zèv a Kris la, e te riske vi li pou ˢkonplete sa ki te manke nan sèvis nou pou mwen menm.

3 Finalman, frè m yo ᵗrejwi nou nan Senyè a! Pou m ekri menm bagay yo ankò pa yon pwoblèm pou mwen, e se yon pwotèj pou nou menm.

² Veye ᵘchen yo, veye ᵛouvriye mechan yo, veye fo sikonsizyon an. ³ Paske ʷnou menm se vrè sikonsizyon an, ki ˣadore nan Lespri Bondye a, e bay glwa nan Kris Jésus, e ki pa mete konfyans nan lachè. ⁴ Byenke ʸmwen menm ta kapab gen konfyans menm nan lachè. Si gen nenpòt lòt moun ki gen lide pou mete konfyans li nan lachè, mwen menm bokou plis ke sa: ⁵ ᶻsikonsi nan uityèm jou a, ne nan ᵃnasyon Israël la, nan tribi Benjamin an, yon Ebre a Ebre yo; selon Lalwa a, yon Farizyen; ⁶ kòm zele, yon ᵇpèsekitè legliz la; kòm ladwati ki nan Lalwa a, ki twouve san fot.

⁷ Men ᶜnenpòt bagay ki te benefis pou mwen, mwen konte bagay sa yo kòm pèt pou koz a Kris la. ⁸ Anplis de sa, mwen konte tout bagay kòm pèt an konsiderasyon ak piwo valè ke m konnen Kris Jésus a, Senyè mwen an. ᵈPou Sila mwen te soufri pèt tout bagay yo, e konte yo kòm fatra, pou m kapab genyen Kris. ⁹ E pou m ta kab twouve nan Li, pa avèk ᵉladwati pa m, ki sòti nan Lalwa a, men ki soti pa lafwa nan Kris la, ᶠladwati ki sòti nan Bondye sou baz lafwa a. ¹⁰ Pou mwen kapab konnen Li, ak ᵍpouvwa a rezirèksyon Li an, ak ʰlamitye a soufrans li yo, ki fè m konfòme menm a lanmò Li, ¹¹ pou m ta kapab ⁱrive menm nan rezirèksyon a lanmò a. ¹² Se pa ke m ʲrive la deja oubyen ke m vin pafè deja, men mwen ap pouse pi rèd pou m kapab rive sou pèfeksyon sa a ki te fè Kris Jésus mete men l sou mwen an.

¹³ Frè m yo, mwen pa gade tèt mwen kòm youn ki rive sou li deja, men yon sèl bagay ke m fè; ᵏse bliye sa ki dèyè e lonje pa devan pou sa k ap vini an, ¹⁴ mwen pouse rive vè objektif la, pou m genyen pri wo apèl Bondyeˡnan Kris Jésus a. ¹⁵ Konsa, otan nan nou ki pafè, annou gen menm panse sa a. Epi si nan nenpòt bagay nou pa reflechi konsa ᵐBondye va osi revele sa a nou. ¹⁶ Sepandan, nan menm fòs ke nou deja reyisi, annou kontinye ⁿviv pa menm prensip ke nou fin atenn deja a. Annou toujou gen menm panse.

¹⁷ Frè m yo ᵒvin swiv egzanp mwen an, e swiv sila ki mache selon ᵖmodèl ke nou gen nan nou an. ¹⁸ Paske ᵠanpil moun mache, de sila mwen te souvan di nou yo, e koulye a mwen di nou ankò menm avèk dlo nan zye m, ke yo se lènmi ʳlakwa a Kris la, ¹⁹ ki gen pou fen, destriksyon, ki gen pou dye pa yo ˢapeti yo, e ki gen pou ᵗglwa yo, wont yo, ki fikse panse yo sou bagay tèrès yo. ²⁰ Paske pou nou menm ᵘsitwayènte nou se nan syèl la. E soti nan li menm, n ap tann ak enpasyans yon Sovè, Senyè a, Jésus Kri, ²¹ ki va ᵛtransfòme move kò sila a, pou l vin konfòme ak kò laglwa pa Li a. Li va fè sa pa egzèsis a pouvwa ke Li genyen pou soumèt tout bagay anba otorite pa L.

4 Konsa, frè byeneme mwen yo, ke mwen trè anvi wè, nou menm ki lajwa m ak kouwòn mwen yo,

---

ᵃ **2:12** Eb 5:9 ᵇ **2:12** II Kor 7:15 ᶜ **2:13** Wo 12:3 ᵈ **2:14** I Kor 10:10 ᵉ **2:15** Luc 1:6 ᶠ **2:15** Det 32:5 ᵍ **2:16** Gal 2:2 ʰ **2:16** És 49:4 ⁱ **2:17** II Tim 4:6 ʲ **2:17** Nonb 28:6,7 ᵏ **2:19** Fil 2:23 ˡ **2:20** I Kor 16:10 ᵐ **2:21** I Kor 10:24 ⁿ **2:22** Wo 5:4 ᵒ **2:23** Fil 2:19 ᵖ **2:24** Fil 1:25 ᵠ **2:25** Wo 16:3,9,21 ʳ **2:29** I Kor 16:18 ˢ **2:30** I Kor 16:17 ᵗ **3:1** Fil 2:18 ᵘ **3:2** Sòm 22:16 ᵛ **3:2** II Kor 11:13 ʷ **3:3** Wo 2:29 ˣ **3:3** Jn 4:23 ʸ **3:4** II Kor 5:16 ᶻ **3:5** Luc 1:59 ᵃ **3:5** Wo 11:1 ᵇ **3:6** Trav 8:3 ᶜ **3:7** Luc 14:33 ᵈ **3:8** Jr 9:23 ᵉ **3:9** Wo 10:5 ᶠ **3:9** Wo 9:30 ᵍ **3:10** Wo 6:5 ʰ **3:10** Wo 8:17 ⁱ **3:11** Luc 15:23 ʲ **3:12** I Kor 9:24 ᵏ **3:13** Luc 9:62 ˡ **3:14** Wo 8:28 ᵐ **3:15** Jn 6:45 ⁿ **3:16** Gal 6:16 ᵒ **3:17** I Kor 4:16 ᵖ **3:17** I Pi 5:3 ᵠ **3:18** II Kor 11:13 ʳ **3:18** Gal 6:14 ˢ **3:19** Wo 16:18 ᵗ **3:19** Wo 6:21 ᵘ **3:20** Ef 2:19 ᵛ **3:21** I Kor 15:43-53

se konsa pou nou kanpe fèm nan Senyè a, byeneme mwen yo.

² Mwen ankouraje Évodie e mwen ankouraje Syntyche pou ᵃviv an amoni nan Senyè a. ³ Vrèman, fidèl kòlèg mwen yo, mwen mande nou osi pou ede fanm sa yo ki te pataje lit mwen an pou koz a levanjil la, ansanm avèk Clément osi ak tout lòt ouvriye parèy a mwen yo ki gen ᵇnon yo nan liv lavi a.

⁴ Toujou ᶜrejwi nou nan Senyè a! E ankò mwen va di l, rejwi nou! ⁵ Kite lespri jantiyès nou an byen koni a tout moun. ᵈSenyè a toupre. ⁶ ᵉPa enkyete nou pou anyen, men nan tout bagay pa ᶠlapriyè ak siplikasyon, avèk remèsiman, fè demand nou yo byen koni a Bondye. ⁷ Epi konsa, ᵍlapè Bondye, ki plis pase tout konpreyansyon, va pwoteje kè nou ak panse nou yo nan Kris Jésus a.

⁸ Finalman, frè m yo ʰnenpòt sa ki vrè, nenpòt sa ki onorab, nenpòt sa ki dwat, nenpòt sa ki san tach, nenpòt sa ki emab, nenpòt sa ki gen bon repitasyon, si gen yon bagay ki ekselan e si gen yon bagay ki vo lwanj, se pou nou demere nan bagay sa yo. ⁹ Bagay nou te aprann, nou te resevwa, nou te tande e te wè ⁱnan mwen yo, pratike bagay sa yo; epi Bondye lapè a va avèk nou.

¹⁰ Men mwen te rejwi mwen nan Senyè a anpil, ke koulye a, finalman nou retwouve santiman nou pou mwen. Anverite, nou te konsène pou mwen menm avan, men nou te manke okazyon. ¹¹ Se pa ke m pale akoz ke m gen nesesite, paske mwen vin aprann jan pou m ʲkontan nan nenpòt sikonstans ke mwen ye a. ¹² Mwen konnen jan pou m vin imilye, e mwen konnen osi jan pou m viv nan abondans. Nan tout kalite sikonstans, mwen te aprann sekrè a vant plen ak ᵏgrangou, abondans ak soufri bezwen. ¹³ Mwen kapab fè tout bagay atravè Sila ki ˡban m fòs la. ¹⁴ Sepandan, nou te fè byen pou ᵐpataje avè m nan soufrans mwen an. ¹⁵ Nou menm konnen osi, Filipyen yo, ke nan premye predikasyon levanjil la, lè m fin kite Macédoine, ke pa t gen legliz ki te ⁿpataje avèk mwen nan kesyon bay ak resevwa a, men nou menm sèlman. ¹⁶ Paske menm nan ᵒThéssalonique, nou te voye plis ke yon fwa yon don pou satisfè bezwen mwen yo. ¹⁷ ᵖSe pa ke m chache don an pou kont li, men mwen chache pwofi ki ogmante pou kont pa nou. ¹⁸ Men konsa mwen te resevwa tout bagay nèt e mwen genyen an abondans. Mwen byen founi depi m te resevwa nan men ᑫÉpaphrodite sa ke nou te voye a, yon pafen ki santi bon, yon sakrifis akseptab, ki byen fè Bondye plezi. ¹⁹ Epi ʳBondye mwen an va founi tout bezwen nou yo selon richès Li nan glwa nan Kris Jésus a. ²⁰ Koulye a, ˢa Bondye nou an ak Papa a, ᵗlaglwa pou tout tan e pou tout tan. Amèn.

²¹ Salye chak fidèl nan Kris Jésus a. ᵘFrè ki avè m yo salye nou. ²² ᵛTout fidèl yo salye nou, sitou sila ki lakay César yo.

²³ Ke ʷlagras Senyè a Jésus Kri kapab avèk nou tout. Amen

ᵃ **4:2** Fil 2:2 ᵇ **4:3** Luc 10:20 ᶜ **4:4** Fil 3:1 ᵈ **4:5** I Kor 16:22 ᵉ **4:6** Mat 6:25 ᶠ **4:6** Ef 6:18 ᵍ **4:7** És 26:3
ʰ **4:8** Wo 14:18 ⁱ **4:9** Fil 3:17 ʲ **4:11** II Kor 9:8 ᵏ **4:12** I Kor 4:11 ˡ **4:13** II Kor 12:9 ᵐ **4:14** Eb 10:33
ⁿ **4:15** II Kor 11:9 ᵒ **4:16** Trav 17:1 ᵖ **4:17** I Kor 9:11 ᑫ **4:18** Fil 2:25 ʳ **4:19** II Kor 9:8 ˢ **4:20** Gal 1:4
ᵗ **4:20** Wo 11:36 ᵘ **4:21** Gal 1:2 ᵛ **4:22** II Kwo 13:13 ʷ **4:23** Wo 16:20

KOLOSYEN YO

1 Paul, yon apot Jésus Kri [a]pa volonte a Bondye, ak Timothée, frè nou an ² A sen ak frè fidèl an Kris ki te Colosse yo: [b]Gras pou nou, ak lapè ki soti nan Bondye, Papa nou an.

³ [c]Nou bay remèsiman a Bondye [d]Papa a Senyè nou an, Jésus Kri; pandan nou toujou ap priye pou nou. ⁴ [e]Paske nou te tande de lafwa nou nan Kris Jésus, ansanm ak lanmou ke nou gen pou tout fidèl yo; ⁵ Akoz de lespwa ki [f]rezève pou nou nan syèl la, jan nou te [g]tande deja nan pawòl verite Levanjil la, ⁶ ki te vini a nou menm, jis menm jan nan tou mond lan, k ap bay [h]fwi tout tan, e k ap ogmante, menm jan li t ap fèt nan nou menm tou, depi jou nou te [i]tande de li a, e te konprann gras Bondye nan verite a; ⁷ menm jan ke nou te aprann de [j]Épaphras, sèvitè-atache, byeneme, parèy a nou an, ki se yon sèvitè fidèl an Kris sou pati pa nou, ⁸ ki te osi enfòme nou de [k]lanmou nou nan Lespri a.

⁹ Pou rezon sa a tou, depi jou nou te tande de li a [l]nou pa t sispann priye pou nou e mande pou nou ta kapab ranpli avèk konesans a volonte Li, nan tout [m]sajès lespri a ak bon konprann, ¹⁰ pou nou kapab [n]mache nan yon fason dign de Senyè a, pou fè Li plezi nan tout bagay, pote fwi nan tout bon zèv e grandi nan konesans a Bondye, ¹¹ ki ranfòse ak tout pouvwa, selon pwisans laglwa Li a, pou vin genyen pèseverans ak pasyans; avèk lajwa, ¹² pou bay remèsiman a Papa a, ki te kalifye nou pou pataje nan eritaj a fidèl yo nan [p]Limyè a. ¹³ Paske Li te delivre nou soti nan [q]wayòm tenèb la, e Li te transfere nou nan wayòm a Fis byeneme Li a. ¹⁴ [r]Nan Li menm nou gen redanmsyon, ak padon pou peche yo.

¹⁵ Li se imaj a Bondye envizib la [s]premye ne a tout kreyasyon an. ¹⁶ Paske pa Li menm, tout bagay te kreye, nan syèl la ak sou tè a, vizib e envizib kit se wayòm yo, kit se pouvwa yo, kit se wa yo, kit se otorite yo— [t]tout bagay te kreye pa Li menm e pou Li menm. ¹⁷ Li [u]avan tout bagay, e se nan Li tout bagay kenbe ansanm. ¹⁸ Li se osi tèt a [v]kò a legliz la. Epi Li se kòmansman an, premye ne ki sòti nan lanmò a, pou Li menm kapab vin gen premye plas nan tout bagay. ¹⁹ Paske se te bon plezi [w]Papa a pou tout plenitud Bondye a ta vin rete nan Li, ²⁰ epi selon Li menm, pou [x]rekonsilye tout bagay a Li menm, kit bagay ki sou latè yo kit bagay ki nan syèl yo, lè L te fin fè lapè pa [y]san lakwa Li a.

²¹ Epi menmsi [z]otrefwa, nou te etranje, e te lènmi nan jan nou te konn panse, ak angaje nan move zak, ²² men koulye a Li rekonsilye nou nan [a]kò lachè Li a atravè lanmò, pou prezante nou devan Li [b]sen, san fot e san repwòch— ²³ Si vrèman nou kontinye nan lafwa byen [c]etabli, e fèm, e nou pa kite esperans levanjil ke nou te tande a, ki te pwoklame [d]nan tout kreyasyon anba syèl la, e sou li menm mwen, Paul, te fèt kòm yon sèvitè.

²⁴ Alò, mwen rejwi nan soufrans mwen yo pou koz a nou, e nan lachè m [e]mwen fè pati pa m pou benefis kò Li a, ki se legliz la, pou ranpli sa ki manke nan soufrans lafliksyon a Kris yo. ²⁵ Sou legliz sila a mwen te fèt kòm yon sèvitè selon [f]jesyon Bondye a, ki te plase sou mwen pou benefis pa nou, pou m ta kapab vin akonpli predikasyon pawòl Bondye a, ²⁶ [g]ki se mistè ki te kache depi laj ak jenerasyon pase yo, men ki koulye a, manifeste a fidèl Li yo. ²⁷ A yo menm Bondye te gen volonte pou fè konnen kisa ki se richès laglwa a mistè sila a pami pèp etranje yo, ki se Kris nan nou, esperans laglwa a. ²⁸ Konsa nou pwoklame Li ak [h]egzòtasyon chak moun, e enstwi chak moun ak tout sajès, pou nou kapab prezante chak moun konplè an Kris Jésus. ²⁹ Pou rezon sila a osi, mwen [i]travay, e mwen lite pa ajans Bondye, k ap travay avèk pwisans nan mwen an.

2 Paske mwen vle fè nou konnen jan [j]lit la gran pou nou menm ansanm ak sila ki Laodicée yo, e menm pou tout sila ki pa t, pèsonèlman, wè figi mwen yo; ² pou [k]kè pa yo kapab ankouraje, akoz ke yo vin trese ansanm nan lanmou an. Se konsa yo atenn tout richès ki sòti nan asirans konplè a bon konprann nan, ki pwodwi kòm rezilta, vrè konesans mistè Bondye a, ki se Kris la, Li menm. ³ Nan Li menm kache [l]tout trezò sajès ak konesans yo. ⁴ Mwen di sa pou pèsòn pa twonpe nou avèk [m]diskou ki kab sedwi moun. ⁵ Paske menm si mwen [n]absan nan kò a, malgre sa mwen avèk nou nan Lespri a, epi m ap rejwi pou wè bon disiplin ak stabilite lafwa nou nan Kris la.

⁶ Konsa, menm jan nou te resevwa Kris Jésus Senyè a, se konsa pou nou [o]mache nan Li. ⁷ Menm jan ke nou te byen [p]anrasine e kounye a, nou byen bati nan Li, e etabli nan lafwa nou, menm jan nou te enstwi a, plenn avèk remèsiman an.

⁸ Veye ke pèsòn pa fè nou prizonye atravè [q]filosofi ak fo manèv, pa tradisyon a lòm yo, nan prensip de baz mond lan, olye de pa Kris. ⁹ Paske nan Li menm [r]tout aspè konplè a Bondye a egziste nan fòm a yon kò fizik. ¹⁰ Epi nan Li menm nou vin [s]konplè nèt, paske se Li menm ki chèf an tèt

---

[a] **1:1** I Kor 1:1 [b] **1:2** Wo 1:7 [c] **1:3** Wo 1:8 [d] **1:3** Wo 15:6 [e] **1:4** Ef 1:15 [f] **1:5** II Tim 4:8 [g] **1:5** Ef 1:13
[h] **1:6** Wo 1:13 [i] **1:6** Ef 4:21 [j] **1:7** Kol 4:12 [k] **1:8** Wo 15:30 [l] **1:9** Ef 1:16 [m] **1:9** Ef 1:17 [n] **1:10** Ef 4:1 [o] **1:12** Trav 20:32 [p] **1:12** Trav 26:18 [q] **1:13** Ef 6:12 [r] **1:14** Wo 3:24 [s] **1:15** Wo 8:29 [t] **1:16** Jn 1:3 [u] **1:17** Jn 1:1 [v] **1:18** Ef 1:23 [w] **1:19** Ef 1:5 [x] **1:20** I Kor 5:18 [y] **1:20** Ef 2:13 [z] **1:21** Wo 5:10
[a] **1:22** Wo 7:4 [b] **1:22** Ef 1:4 [c] **1:23** Ef 3:17 [d] **1:23** Trav 2:5 [e] **1:24** II Tim 1:8 [f] **1:25** Ef 3:2 [g] **1:26** Wo 16:25 [h] **1:28** I Kor 3:16 [i] **1:29** I Kor 15:10 [j] **2:1** Kol 1:29 [k] **2:2** Ef 6:22 [l] **2:3** És 11:2 [m] **2:4** Wo 16:18 [n] **2:5** I Kor 5:3 [o] **2:6** Kol 1:10 [p] **2:7** Ef 3:17 [q] **2:8** Ef 5:6 [r] **2:9** II Kor 5:19 [s] **2:10** Ef 3:19

sou tout ᵃwayòm ak otorite yo. ¹¹ Konsa, nan Li menm ᵇnou te sikonsi avèk yon sikonsizyon ki fèt san men, ki retire kò lachè a pa sikonsizyon a Kris la. ¹² Nou te ᶜantere avèk Li nan batèm nan. Nan li menm, nou te anplis ᵈresisite avèk Li pa lafwa kon yon zèv Bondye, ki te leve Li sòti nan lanmò a. ¹³ Lè nou te ᵉmouri nan transgresyon nou yo ak nan ensikonsizyon lachè nou an, Li te fè nou vivan ansanm avèk Li, lè l te padone tout transgresyon nou yo. ¹⁴ Konsa Li te anile ᶠsètifika dèt nou ki te fòme pa dekrè kont nou yo, ki te parèt kòm lènmi nou. Konsa, Li te mete l sou kote, lè L te kloue li sou kwa a. ¹⁵ Lè Li te fin ᵍdezame gouvènè ak otorite yo, Li te fè yo vin afiche piblikman e te triyonfe sou yo pa Li menm.

¹⁶ Konsa, pa kite pèsòn ʰa ji kòm ji j nou konsènan ⁱmanje oubyen bwason, ni respè a yon jou fèt oubyen yon lalin tounèf oubyen yon jou Saba. ¹⁷ Bagay sila yo se ʲlonbraj a sila ki dwe vini an; men vrè sibstans lan apatyen a Kris. ¹⁸ Pa kite pèsòn kontinye ᵏprive nou de prim nou an pa riz fo imilite ak adorasyon zanj yo, ki baze pozisyon li sou vizyon yo li te fè, ki anfle san rezon ak ògèy pa panse chanèl li, ¹⁹ ki pa kenbe fèm a Tèt la. Paske se nan Li menm ˡtout kò a ye a, ki vin founi e kenbe ansanm pa jwenti ak ligaman yo, ki grandi avèk yon kwasans ki sòti nan Bondye.

²⁰ ᵐSi nou te mouri avèk Kris a prensip de baz mond yo, poukisa, kòmsi nou t ap viv nan mond lan, nou soumèt nou a kalite dekrè konsa, kòm ²¹ "Pa manyen, pa goute, pa touche!" ²² (Ki tout fè referans a ⁿbagay ki fèt pou peri pandan y ap sèvi yo)—an akò avèk ᵒkòmandman ak enstriksyon a lòm yo? ²³ Bagay sa yo ki gen, asireman, aparans a sajès nan ᵖkwayans relijye ki fèt pou kont li, avèk imilyasyon de li menm, ak move tretman kò a, men ki pa gen okenn valè kont plezi lachè a.

3 Konsa, si nou te ᵠleve avèk Kris, chache bagay anwo yo, kote Kris la ye a, ʳchita sou men dwat Bondye a. ² ˢFikse panse nou sou bagay anwo yo, pa sou bagay ki sou latè yo. ³ Paske nou te ᵗmouri, e lavi nou yo nan kache avèk Kris nan Bondye. ⁴ Lè Kris, ki se lavi nou an, vin revele, alò, nou osi va revele avèk Li nan laglwa.

⁵ ᵘKonsa, konsidere manm kò tèrès nou yo kòm mouri de imoralite, salte, pasyon, move dezi, ak renmen la jan, ki vin menm jan avèk idolatri. ⁶ Paske se akoz bagay sa yo ke ᵛlakòlè Bondye va vini sou fis a dezobeyisans yo. ⁷ Konsa, ʷnan yo, nou tou te konn mache, lè nou t ap viv nan yo. ⁸ Men koulye a, nou menm tou ˣmete yo tout sou kote; ʸMove san, kòlè, mechanste, kout lang, ak move jouman ki sòti nan bouch nou. ⁹ ᶻPa bay manti a youn lòt,

akoz ke nou te mete sou kote ansyen moun nan avèk abitid mechan li yo, ¹⁰ epi te ᵃmete sou nou nouvo moun nan k ap renouvle a yon vrè konesans selon imaj a Kreyatè, li. ¹¹ Yon renouvèlman konsa ᵇpa gen distenksyon antre Grèk ak Jwif, sikonsi ak ensikonsi, ni moun Scythe, esklav, ak moun lib, men Kris se tout bagay, e nan tout bagay.

¹² Konsa, tankou sila ki te chwazi pa Bondye yo, ki sen ak byeneme, mete sou nou yon ᶜkè konpasyon, tandrès ᵈimilite, jantiyès, ak pasyans; ¹³ ki sipòte youn lòt e ᵉpadone youn lòt. Nenpòt moun ki gen plent kont yon lòt; jis jan ke Senyè a te padone nou an, se menm jan an nou dwe fè l tou.

¹⁴ An plis de tout bagay sa yo, mete sou nou lanmou, ki se bon kòl pou konplete ᶠinite a. ¹⁵ Kite ᵍlapè Kris la renye nan kè nou. Pou li menm, vrèman, nou te rele nan ʰyon sèl kò, e se pou nou rekonesan. ¹⁶ Kite ⁱpawòl a Kris la rete an abondans nan nou, avèk tout sajès nan ʲenstwi ak kori je youn lòt avèk sòm, kantik, ak chan lespri yo, k ap chante avèk rekonesans Bondye nan kè nou.

¹⁷ ᵏNenpòt sa nou fè nan pawòl oubyen nan zèv, fè tout bagay nan non Senyè a Jésus, e bay remèsiman atravè Li menm, a Bondye Papa a.

¹⁸ ˡMadanm yo, se pou nou soumèt a mari nou, jan sa pwòp a Senyè a.

¹⁹ ᵐMari yo, renmen madanm nou e pa vin fache kont yo.

²⁰ ⁿZanfan yo, se pou nou obeyisan a paran nou yo nan tout bagay, paske sa fè Senyè a plezi anpil.

²¹ ᵒPapa yo, pa fè pitit nou yo fache pou yo pa vin dekouraje.

²² ᵖEsklav yo, nan tout bagay, obeyi sila ki mèt nou yo sou tè a, pa sèlman avèk yon sèvis ekstèn, jan sila ki sèlman fè moun plezi yo, men avèk yon kè sensè, nan lakrent Senyè a. ²³ Nenpòt sa nou fè, fè travay nou avèk tout kè nou ᵠkòmsi se pou Senyè a, olye se pou lòm. ²⁴ ʳKonnen byen ke nan Senyè a nou va resevwa yon eritaj kòm rekonpans. Se Senyè Kris la ke nou sèvi. ²⁵ Paske sila ki fè mal la va resevwa konsekans a mal ke li te fè a, epi ˢsa, san patipri.

4 Mèt yo, bay esklav nou yo sa ki jis e rezonab, epi ᵗkonnen ke nou osi gen yon Mèt nan syèl la.

² ᵘKonsakre nou menm a lapriyè. Rete vijilan nan li avèk yon atitid remèsiman. ³ Priye an menm tan pou nou menm osi, pou Bondye kapab ouvri pou nou yon ᵛpòt pou pawòl la, pou nou kapab pwoklame ʷmistè a Kris la, akoz se pou li menm, mwen menm osi gen tan anprizone, ⁴ pou m kapab fè li klè ˣnan fason ke m ta dwe pale a.

ᵃ **2:10** I Kor 15:24   ᵇ **2:11** Wo 2:29   ᶜ **2:12** Wo 6:4   ᵈ **2:12** Ef 2:6   ᵉ **2:13** Ef 2:1   ᶠ **2:14** Ef 2:15   ᵍ **2:15** Ef 4:8   ʰ **2:16** Wo 14:3   ⁱ **2:16** Mc 7:19   ʲ **2:17** Eb 8:5   ᵏ **2:18** I Kor 9:24   ˡ **2:19** Ef 1:23   ᵐ **2:20** Wo 6:2   ⁿ **2:22** I Kor 6:13   ᵒ **2:22** És 29:13   ᵖ **2:23** Kol 2:18   ᵠ **3:1** Kol 2:12   ʳ **3:1** Sòm 110:1   ˢ **3:2** Mat 16:23   ᵗ **3:3** Wo 6:2   ᵘ **3:5** Wo 8:13   ᵛ **3:6** Wo 1:18   ʷ **3:7** Ef 2:2   ˣ **3:8** Ef 4:22   ʸ **3:8** Ef 4:31   ᶻ **3:9** Ef 4:25   ᵃ **3:10** Ef 4:24   ᵇ **3:11** Wo 10:12   ᶜ **3:12** Ef 4:2   ᵈ **3:13** Ef 4:32   ᵉ **3:14** Jn 17:23   ᶠ **3:15** Jn 14:27   ᵍ **3:15** Ef 2:16   ʰ **3:16** Wo 10:17   ⁱ **3:16** Kol 1:28   ʲ **3:17** I Kor 10:31   ᵏ **3:18** Kol 3:18—4:1   ˡ **3:19** Ef 5:25   ᵐ **3:20** Ef 6:1   ⁿ **3:21** Ef 6:4   ᵒ **3:22** Ef 6:5,7,8   ᵖ **3:23** Ef 6:7   ᵠ **3:24** Ef 6:8   ʳ **3:25** Det 10:17   ˢ **4:1** Ef 6:9   ᵗ **4:2** Trav 1:14   ᵘ **4:3** Trav 14:27   ᵛ **4:3** Ef 3:3,4   ʷ **4:4** Ef 6:20

⁵ ªKondwi tèt nou avèk sajès anvè moun deyò yo, pou ᵇfè plis ke posib avèk tan an. ⁶ ᶜKe pawòl nou yo toujou ranpli ak gras, kòmsi yo te asizonnen avèk sèl, pou nou kapab konnen jan pou nou reponn a chak moun.

⁷ ᵈPou tout afè mwen yo, Tychique, frè byeneme, sèvitè fidèl ak sèvitè-atache parèy m nan Senyè a, va pote enfòmasyon bannou. ⁸ ᵉPaske mwen gen tan voye li kote nou eksprè pou rezon sa a, pou nou kapab konnen sikonstans nou yo e pou li kapab ᶠankouraje kè nou. ⁹ Epi avèk li ᵍOnésime, frè byeneme e fidèl nou an, ki se youn nan nou. Yo va enfòme nou sou tout sitiyasyon an isit la.

¹⁰ Aristarque, prizonye parèy a mwen an, voye salitasyon bannou; ak Marc, kouzen a ʰBarnabas la, (se sou li, nou te resevwa enstriksyon yo; si li vin kote nou, resevwa l byen). ¹¹ Anplis, Jésus ke yo rele Justus la. Sa yo se sèl ouvriye pou wayòm Bondye ⁱki sòti nan sikonsizyon an, e yo te ankouraje mwen anpil.

¹² ʲÉpaphras, ki se youn nan nou, yon sèvitè-atache nèt a Jésus Kri, voye salitasyon bannou. Li ap toujou batay rèd pou nou nan priyè li yo, pou nou kapab kanpe konplè e byen asire nan tout volonte Bondye a. ¹³ Paske mwen fè temwayaj li, ke li gen yon gwo sousi pou nou ak pou sila ki ᵏLaodicée ak Hiérapolis yo. ¹⁴ ˡLuc, doktè byeneme a, voye salitasyon li bannou, e Démas tou. ¹⁵ Salye frè ki Laodicée yo e osi Nymphas ak ᵐlegliz ki lakay li a. ¹⁶ Lè lèt sa a li pami nou, kite yo li l osi nan legliz Lawodiseyen yo; e nou menm, pou pati pa nou ⁿli lèt mwen an k ap vini soti Laodicée a. ¹⁷ Epi di ᵒArchippe, "Byen okipe ᵖèv ke nou te resevwa nan Senyè a, pou nou kapab akonpli li".

¹⁸ Mwen, Paul, mwen ᵠekri salitasyon sa a avèk pwòp men mwen. Sonje ʳchenn mwen yo. Ke lagras avèk nou.

ª **4:5** Ef 5:15   ᵇ **4:5** Ef 5:16   ᶜ **4:6** Ef 4:29   ᵈ **4:7** Kol 4:7-9; Ef 6:21-22   ᵉ **4:8** Ef 6:22   ᶠ **4:8** Kol 2:2
ᵍ **4:9** Phm 10   ʰ **4:10** Trav 4:36   ⁱ **4:11** Trav 11:2   ʲ **4:12** Kol 1:7   ᵏ **4:13** Kol 2:1   ˡ **4:14** II Tim 4:11
ᵐ **4:15** Wo 16:5   ⁿ **4:16** I Tes 5:27   ᵒ **4:17** Phm 2   ᵖ **4:17** II Tim 4:5   ᵠ **4:18** Fil 1:7   ʳ **4:18** I Kor 16:21

I TESALONISYEN YO

1 [a]Paul, [b]Silvain ak Timothée a legliz Tesalonisyen yo nan Bondye, Papa a ak Senyè a, Jésus Kri: Lagras pou nou ak lapè.

[2] [c]Nou bay remèsiman a Bondye tout tan pou nou tout e nonmen non nou nan lapriyè nou yo. [3] San rete nou sonje travay lafwa nou an, ak èv [d]lanmou nou yo; jan nou te [e]kenbe fèm nan esperans de Senyè nou an, Jésus Kri, devan prezans a Bondye, Papa nou. [4] Nou konprann, frè byeneme pa Bondye yo, chwa [f]Li menm de nou an. [5] Ke levanjil pa nou an pa t vini a nou menm nan pawòl sèlman, men osi [g]nan pouvwa ak nan Lespri Sen an. Li te vini avèk tout asirans, jis jan ou konnen ki kalite moun nou te ye pami nou an, pou koz a nou.

[6] Nou osi te devni [h]imitatè a nou menm e a Senyè a. Konsa, nou te resevwa pawòl la nan anpil tribilasyon, avèk [i]lajwa Lespri Sen an. [7] Konsa, nou te devni yon egzanp pou tout kwayan nan [j]Macédoine ak nan Achaïe yo. [8] Paske [k]pawòl a Senyè a te deklare soti nan nou menm, non sèlman nan Macédoine ak Achaïe, men osi chak kote ke lafwa nou anvè Bondye te vin konnen, pou nou pa bezwen di anyen.

[9] Paske yo menm bay rapò de nou; sou jan ou te resevwa nou, ak jan nou [l]te vire vè Bondye pou kite zidòl yo, pou sèvi yon Bondye vivan e vrè, [10] epi pou [m]tann Fis Li a soti nan syèl la. Sila Li te fè leve soti nan lanmò a, ki se Jésus, ki [n]delivre nou anba kòlè k ap vini an.

2 Paske nou menm konnen, frè m yo, ke aparans nou pami nou menm nan [o]pa t anven. [2] Men apre nou te deja soufri e [p]maltrete nan Philippes, jan nou konnen an, nou te gen kouraj nan Bondye nou an pou [q]pale levanjil la avèk nou malgre anpil opozisyon.

[3] Paske egzòtasyon nou an pa soti ni nan erè, ni nan [r]salte, ni [s]nan fason pou twonpe moun. [4] Men jis jan nou te vin apwouve pa Bondye a pou [t]vin konfye nou levanjil la; alò nou pale, pa pou fè lòm plezi, men pou Bondye ki egzamine kè nou yo.

[5] Paske nou pa t janm vini avèk pawòl k ap flate moun, jan nou konnen an, ni avèk yon [u]pretèks pou fè lajan (Bondye se temwen) [6] ni nou pa t [v]chache glwa ki sòti nan lòm, ni nan nou, ni nan lòt yo, menmsi kòm apot a Kris, nou ta dwe montre otorite nou. [7] Men nou te pwouve nou [w]plen dousè pami nou, tankou yon manman nouris ki byen pran swen pwòp pitit li.

[8] Avèk bon jan afeksyon ke nou te gen pou nou an, nou te byen kontan [x]pata je non sèlman levanjil a Bondye a, men osi pwòp lavi nou, paske nou te devni trè chè a nou menm.

[9] Paske nou sonje, frè yo [y]travay ak difikilte nou. Jan nou te travay lannwit kou la jounen pou nou pa t yon [z]chaj pou okenn nan nou. Konsa nou te pwoklame a nou menm levanjil a Bondye a. [10] Nou se temwen, e Bondye osi [a]de jan nou te konpòte ak devwe nou an, dwat e san fot anvè nou menm, kwayan yo.

[11] Jis kon nou konnen jan nou t ap [b]egzòte, ankouraje e plede ak nou chak, tankou [c]yon papa ta dwe fè pwòp pitit li, [12] pou nou ta kab [d]mache nan yon fason ki dign pou Bondye kap rele nou antre nan pwòp wayòm [e]ak laglwa Li a.

[13] Pou rezon sa a, nou, tout tan, bay Bondye remèsiman ke lè nou te resevwa [f]pawòl Bondye nou te tande de nou an, nou te aksepte li [g]pa kòm yon pawòl a lòm, men pou sa li vrèman ye a, pawòl Bondye a, ki anplis fè travay li nan nou menm ki kwè yo.

[14] Paske nou menm, frè m yo, nou te devni imitatè a legliz Bondye nan Kris Jésus ki [h]an Judée yo. Konsa, nou [i]te andire menm soufrans sa yo nan men a pwòp moun peyi parèy a nou yo, jan yo menm te andire l nan men a Jwif yo.

[15] [j]Sila ki te touye Senyè a Jésus ak pwofèt yo, e ki te fòse nou sòti. Yo p ap fè Bondye plezi, men yo se lènmi a tout moun. [16] Yo anpeche nou pale avèk etranje yo pou yo kapab sove. Kon rezilta yo toujou [k]ranpli mezi peche pa yo. Men lakolè gen tan vini sou yo pi rèd.

[17] Men nou menm, frè yo, akoz ke nou te separe de nou pou yon ti tan—[l]kòmsi an pèsòn, men pa an espri—nou tout te pi empasyan ak lanvi pou wè figi nou. [18] Paske nou tout te vle vin kote nou—mwen menm, Paul, plis ke yon sèl fwa—e malgre sa, Satan [m]te anpeche nou.

[19] Paske kilès ki esperans nou, oubyen [n]lajwa nou, oubyen kouwòn egzaltasyon an? Èske se pa menm nou menm nan, nan prezans a Senyè nou an nan [o]moman retou Li a. [20] Paske nou se [p]laglwa ak lajwa nou.

3 Konsa, lè nou pa t kapab andire l ankò, nou te panse ke li te pi bon pou yo kite nou dèyè nan [q]Athènes sèl. [2] Konsa, nou te voye [r]Timothée, frè nou ak ouvriye Bondye parèy a nou nan levanjil a Kris la, pou ranfòse e ankouraje nou nan lafwa

---

[a] **1:1** II Tes 1:1	[b] **1:1** II Kor 1:19	[c] **1:2** Wo 1:8	[d] **1:3** I Kor 13:13	[e] **1:3** Wo 8:25	[f] **1:4** II Pi 1:10
[g] **1:5** Wo 15:19	[h] **1:6** I Kor 4:16	[i] **1:6** Trav 13:52	[j] **1:7** Wo 15:26	[k] **1:8** Kol 3:16	[l] **1:9** Trav 14:15
[m] **1:10** I Kor 1:7	[n] **1:10** Wo 5:9	[o] **2:1** II Tes 1:10	[p] **2:2** Trav 14:5	[q] **2:2** Trav 17:1-9	[r] **2:3** I Tes 4:7
[s] **2:3** II Kwo 4:2	[t] **2:4** Gal 2:7	[u] **2:5** Trav 20:33	[v] **2:6** Jn 5:41,44	[w] **2:7** II Tim 2:24	[x] **2:8** II Kor 12:15
[y] **2:9** II Tes 3:8	[z] **2:9** II Kor 11:9	[a] **2:10** II Kor 1:12	[b] **2:11** I Kor 4:14	[c] **2:11** I Kor 4:14	[d] **2:12** Ef 4:1
[e] **2:12** II Kor 4:6	[f] **2:13** Wo 10:17	[g] **2:13** Mat 10:20	[h] **2:14** Gal 1:22	[i] **2:14** Trav 17:5	[j] **2:15** Luc 24:20
[k] **2:16** Jen 15:16	[l] **2:17** I Kor 5:3	[m] **2:18** Wo 1:13	[n] **2:19** Fil 4:1	[o] **2:19** Mat 16:27	[p] **2:20** II Kor 1:14
[q] **3:1** Trav 17:15	[r] **3:2** II Kor 1:1				

nou, ³ pou pèsòn pa twouble pa afliksyon sila yo, paske nou konnen ke ᵃnou te destine pou sa. ⁴ Paske, vrèman, lè nou te avèk nou an, nou te konn ap di nou davans ke nou t ap pral soufri afliksyon yo, ᵇe se konsa li te vin pase, jan nou konnen an.

⁵ Pou rezon sa a, lè mwen pa t kapab andire li ankò, mwen osi te voye enfòme de lafwa nou, avèk krent pou ᶜtantatè a ta ka petèt vin tante nou, e pou ᵈtravay nou an ta anven.

⁶ Men koulye a, ke ᵉTimothée gen tan menm vin jwenn nou soti kote nou, li te pote bannou bòn nouvèl de ᶠlafwa ak lanmou nou, e ke nou toujou panse avèk tandrès de nou menm, e anvi wè nou jis jan ke nou anvi wè nou tou a. ⁷ Pou rezon sa a, frè m yo, nan tout detrès ak afliksyon nou yo, nou te rekonfòte de nou menm atravè lafwa nou. ⁸ Paske koulye a, nou vrèman ap viv, si nou ᵍkanpe fèm nan Senyè a.

⁹ Paske ʰki remèsiman nou kapab bay Bondye anretou pou tout jwa ki fè nou rejwi devan Bondye akoz ou menm? ¹⁰ Antretan ⁱlajounen kou lannwit, nou kontinye ap priye fò pou nou kab wè figi nou, e pou nou kapab ʲkonplete sa ki manke nan konnesans lafwa nou.

¹¹ Koulye a, ke Bondye e Papa nou an ᵏLi Menm, ak Jésus, Senyè nou an, dirije chemen nou anvè ou menm. ¹² Epi ke Senyè a kapab fè nou grandi e ˡogmante nan lanmou youn pou lòt, e pou tout moun, jis jan nou osi fè pou nou an. ¹³ Pou Li kapab ᵐetabli kè nou san fot, nan sentete devan Bondye, Papa nou an, nan lè retou Senyè nou an avèk tout sen Li yo.

4 Alò, finalman, frè m yo, nou mande e ankouraje nou nan Senyè a Jésus, ke menm jan nou te resevwa lenstriksyon nan men nou an, ak jan nou ta dwe ⁿmache pou ᵒfè Bondye plezi a (menm jan ke vrèman n ap mache a), pou nou kapab fè plis pwogrè toujou. ² Paske nou konnen ki kòmandman nou te bannou yo pa otorite Senyè a Jésus.

³ Paske sa se volonte Bondye; pou nou vin sen nèt. Konsa,ᵖpa fè imoralite seksyèl, ⁴ ke ᵠchak nan nou kapab konnen jan pou posede pwòp veso li nan sanktifikasyon ak lonè, ⁵ pa nan ʳpasyon lanvi lachè, tankou payen ki ˢpa konnen Bondye yo; ⁶ epi pou pèsòn pa transgrese e ᵗvòlè frè l nan bagay sila, paske ᵘSenyè a se vanjè a nan tout bagay sila yo, jis jan nou te osi di nou deja a, e te avèti nou byen serye a.

⁷ Paske Bondye pa t rele nou ᵛpou fè salte, men nan sanktifikasyon. ⁸ Donk, sila ki rejte sa a, p ap rejte lòm, men Bondye ki ʷbannou Lespri Sen Li an.

⁹ Alò, jan pou ˣlanmou pou frè nou yo, nou pa bezwen pèsòn ekri nou, paske nou menm, nou te ʸenstwi pa Bondye pou nou renmen youn lòt. ¹⁰ Paske, vrèman ᶻnou pratike sa anvè tout frè ki an Macédoine yo. Men nou egzòte nou, frè yo, pou nou fè plis pwogrè toujou, ¹¹ epi pou nou fè l dezi nou pou mennen yon vi kalm, pou nou okipe nou de pwòp zafè pa nou, e ᵃtravay avèk men nou, jis jan nou te rekòmande nou an. ¹² Konsa nou kapab ᵇkonpòte nou byen anvè moun deyò legliz yo, e ᶜpou nou pa manke anyen.

¹³ Men nou pa vle nou manke konnen, frè m yo, de sila ki mouri yo, pou nou pa atriste menm jan ak lòt ki pa gen ᵈokenn espwa yo. ¹⁴ Paske si nou kwè ke Jésus te mouri e te leve ankò, ᵉmenm jan an, Bondye va pote avèk Li menm sila ki gen tan mouri nan Jésus yo.

¹⁵ Paske nou di nou sa selon pawòl Senyè a, pou ᶠnou menm ki vivan yo, e ki rete jiska ᵍvini Senyè a, nou p ap rive avan sila ki gen tan mouri yo.

¹⁶ Paske Senyè a Li menm va desann soti nan syèl la avèk yon gwo kri, avèk vwa akanj lan e avèk ʰtwonpèt Bondye a. Konsa, mò an Kris yo va leve premyèman. ¹⁷ Epi ⁱnou menm ki vivan, e ki rete yo, va jwenn nou ansanm avèk yo nan nyaj yo pou rankontre Senyè a anlè. Se konsa, nou va avèk Senyè a jis pou tout tan.

¹⁸ Pou sa a, rekonfòte youn lòt avèk pawòl sa yo.

5 Alò, konsènan ʲtan ak epòk yo, frè m yo, nou pa bezwen ekri nou anyen. ² Paske nou menm, nou konnen trè byen ke ᵏjou a Senyè a va vini sou nou tankou yon vòlè lannwit. ³ Pandan y ap di "Lapè ak sekirite", alò ˡdestriksyon va vini sou yo sibitman, tankou ᵐdoulè a yon fanm k ap fè pitit. E yo p ap chape.

⁴ Men nou menm, frè m yo, nou pa nan ⁿtenèb, pou jou a ta siprann nou tankou yon vòlè. ⁵ Paske nou tout se ᵒfis a limyè e fis lajounen an. Nou pa apatyen a lannwit ni a tenèb. ⁶ Konsa, annou pa ᵖdòmi tankou ᵠlòt yo konn fè a, men annou rete vijilan e rezoli. ⁷ Paske sila ki dòmi yo, fè dòmi yo a nan lannwit; e sila kap vin sou yo ʳvin sou lannwit. ⁸ Men paske nou apatyen a lajounen, annou rete rezoli. Annou fin mete sou nou ˢpwotèj lestomak lafwa ak lanmou an, e kòm ᵗkas, lesperans sali a.

⁹ Paske Bondye pa t destine nou a ᵘlakòlè, men pou nou vin ᵛgen Sali atravè Senyè nou an, Jésus Kri. ¹⁰ ʷLi te mouri pou nou pou kit nou vivan kit nou mouri, nou va viv ansanm avèk Li.

¹¹ Konsa, annou ankouraje youn lòt, e ˣremonte youn lòt, jis jan n ap fè a.

ᵃ **3:3** Trav 9:16   ᵇ **3:4** I Tes 2:14   ᶜ **3:5** Mat 4:3   ᵈ **3:5** II Kwo 6:1   ᵉ **3:6** Trav 18:5   ᶠ **3:6** I Tes 1:3
ᵍ **3:8** I Kwo 16:13   ʰ **3:9** I Tes 1:2   ⁱ **3:10** II Tim 1:3   ʲ **3:10** II Kor 13:9   ᵏ **3:11** I Tes 5:23   ˡ **3:12** Fil 1:9
ᵐ **3:13** I Kor 1:8   ⁿ **4:1** Ef 4:1   ᵒ **4:1** II Kor 5:9   ᵖ **4:3** I Kor 6:18   ᵠ **4:4** I Kwo 7:2,9   ʳ **4:5** Wo 1:26
ˢ **4:5** Gal 4:8   ᵗ **4:6** I Kor 6:8   ᵘ **4:6** Wo 12:19   ᵛ **4:7** I Tes 2:3   ʷ **4:8** Wo 5:5   ˣ **4:9** Jn 13:34   ʸ **4:9** I Jn 2:27   ᶻ **4:10** I Tes 1:7   ᵃ **4:11** Tes 18:3   ᵇ **4:12** Wo 13:13   ᶜ **4:12** Ef 2:12   ᵈ **4:13** Ef 2:12   ᵉ **4:14** Wo 14:9
ᶠ **4:15** I Kor 15:52   ᵍ **4:15** I Tes 2:19   ʰ **4:16** Mat 24:31   ⁱ **4:17** I Kor 15:52   ʲ **5:1** Trav 1:7   ᵏ **5:2** I Kor 1:8
ˡ **5:3** II Tes 1:9   ᵐ **5:3** Jn 16:21   ⁿ **5:4** Trav 26:18   ᵒ **5:5** Luc 16:8   ᵖ **5:6** Wo 13:11   ᵠ **5:6** Ef 2:3   ʳ **5:7** Trav 7:15
ˢ **5:8** És 59:17   ᵗ **5:8** Ef 6:17   ᵘ **5:9** I Tes 1:10   ᵛ **5:9** II Tes 2:13   ʷ **5:10** Wo 14:9   ˣ **5:11** Ef 4:29

¹² Men nou mande nou, frè m yo, pou nou apresye sila ªki travay avèk dilijans pami nou yo, e ki ᵇresponsab nou nan Senyè a pou bannou lenstriksyon e korije nou. ¹³ Fòk nou ba yo gwo estim nan lanmou akoz de travay yo. ᶜViv nan lapè avèk youn lòt.

¹⁴ Nou egzòte nou anpil, frè m yo, avèti moun san ᵈprensip yo, ankouraje ᵉsila ki manke kouraj yo, ede fèb yo, aji nan pasyans avèk tout moun. ¹⁵ Veye pou ᶠpèsòn pa rann youn lòt mal pou mal, men toujou chache sa ki bon pou youn lòt e pou tout moun.

¹⁶ ᵍSe pou nou rejwi nou tout tan. ¹⁷ Priye san rete. ¹⁸ Nan tout bagay ʰbay remèsiman, paske sa se volonte Bondye pou nou nan Kris Jésus a.

¹⁹ ⁱPa etenn Lespri Sen an. ²⁰ Pa meprize ʲpawòl pwofetik yo. ²¹ Men ᵏbyen egzamine tout bagay. Kenbe fèm a sa ki bon an ²² e evite tout kalite mal.

²³ Koulye a, ke Bondye lapè a, Li menm, ki sanktifye nou nèt la, e ke ˡlespri nou, nanm nou ak kò nou kapab konsève nèt ᵐsan repwòch jis nan vini a Senyè nou an, Jésus Kri.

²⁴ ⁿFidèl se Sila ki rele nou an, e Li osi va fè l rive konsa.

²⁵ Frè m yo ᵒpriye pou nou.

²⁶ ᵖSalye tout frè yo avèk yon bo ki sen. ²⁷ Mwen bay ou lòd nan non Senyè a pou ᵠfè lèt sa a li bay tout frè yo.

²⁸ Ke ʳlagras Senyè nou an, Jésus Kri avèk nou. Amen.

ª **5:12** Wo 16:6,12   ᵇ **5:12** Eb 13:17   ᶜ **5:13** Mc 9:50   ᵈ **5:14** II Tim 3:6,7,11   ᵉ **5:14** És 35:4   ᶠ **5:15** Wo 12:17   ᵍ **5:16** Fil 4:4   ʰ **5:18** Ef 5:20   ⁱ **5:19** Ef 4:30   ʲ **5:20** Trav 13:1   ᵏ **5:21** I Kor 14:29   ˡ **5:23** Luc 1:46   ᵐ **5:23** II Pi 3:14   ⁿ **5:24** I Kor 1:9   ᵒ **5:25** Ef 6:19   ᵖ **5:26** Wo 16:16   ᵠ **5:27** Kol 4:16   ʳ **5:28** Wo 16:20

II TESALONISYEN YO

1 Paul, Silvain ak Timothée, a [a]legliz Tesalonisyen yo, nan Bondye, Papa nou an, e Senyè a, Jésus Kri: [2] [b]Gras pou nou ak lapè Bondye, Papa a, e Senyè a, Jésus Kri.

[3] Nou ta dwe toujou [c]bay remèsiman a Bondye pou nou menm, frè m yo, nan jan sa merite a, paske lafwa nou gen tan grandi anpil, e [d]lanmou a nou chak pou youn lòt ap grandi menm plis toujou. [4] Konsa, nou menm, nou [e]pale avèk fyète de nou pami [f]legliz a Bondye yo, pou pèseverans ak lafwa nou nan mitan tout pèsekisyon ak soufrans ke nou andire yo. [5] Sa se yon sign byen klè de jijman dwat Bondye anvè nou [g]ke nou konsidere dign pou wayòm Bondye a, de li menm nou vrèman ap soufri a.

[6] Paske se byen jis pou Bondye rann afliksyon a sila ki aflije nou yo, [7] epi pou bay repo a nou menm ki aflije ak nou yo [h]lè Senyè a Jésus va vin parèt nan syèl la avèk zanj pwisan Li yo nan flanm dife yo. [8] Konsa L a bay chatiman a sila [i]ki pa konnen Bondye yo, e a sila [j]ki pa obeyisan a levanjil Senyè Jésus nou a.

[9] Sila yo va peye pinisyon [k]destriksyon etènèl la, lwen prezans Senyè a ak laglwa a pouvwa Li a. [10] Lè Li vini pou L kapab [l]glorifye nan sen Li yo nan [m] jou sa a, e pou L kapab admire pami tout moun ki kwè yo—paske nou te kwè temwayaj pa nou a.

[11] Pou rezon sa a osi, nou toujou priye pou nou, pou [n]Bondye kapab konte nou dign de apèl nou an, e ranpli tout dezi pou fè sa ki bon ak zèv lafwa yo avèk fòs, [12] pou [o]non a Senyè Jésus nou an kapab vin glorifye nan nou, e nou nan Li, pa lagras Bondye nou an ak Senyè a, Jésus Kri.

2 Alò, nou mande nou, frè nou yo, konsènan [p]vini a Senyè nou an, Jésus Kri, ak [q]reyinyon nou ansanm avèk Li a, [2] pou nou pa pèdi bon sans ak ekilib nou twò vit pa ni yon [r]lespri, ni yon [s]mesaj, ni yon lèt, kòmsi y ap di sòti nan nou menm, ak efè ke jou Senyè a gen tan rive deja.

[3] Pa kite okenn moun nan okenn sans twonpe nou, paske li p ap vini amwenske gwo renye lafwa nan Bondye a ta fèt avan, e [t]nonm peche a, fis a [u]pèdisyon an, ta vin parèt. [4] Li va opoze e egzalte tèt li pi wo pase tout kalite bagay yo rele Dye oubyen tout sa ki adore, pou li kapab pran plas li nan tanp Bondye a, e [v]prezante tèt li kòm Bondye.

[5] Èske nou pa sonje [w]lè m te toujou avèk nou an, mwen t ap di nou bagay sa yo?

[6] Konsa, nou konnen [x]kisa ki anpeche li koulye a, pouke nan lè li a, li kapab vin parèt. [7] Paske [y]mistè nonm a peche a ap travay deja; sèlman Sila k ap anpeche li kounye a, va fè sa jiskaske li vin retire nan wout la.

[8] Nan moman sa a, nonm a peche a va vin parèt; sila ke Bondye va touye [z]avèk souf ki soti nan bouch li a, e fè sa fini ak aparisyon retou a Li menm nan. [9] Sa se, sila kap vini an akò avèk aktivite Satan, avèk tout pouvwa, [a]sign, ak fo mirak, [10] epi avèk tout desepsyon mechanste pou [b]sila ki peri yo, paske yo pa t resevwa lanmou [c]a verite a, jis pou yo ta kapab sove.

[11] Pou rezon sa a, [d]Bondye va voye sou yo yon lespri twonpè pou yo kapab kwè sa ki fo a, [12] pou yo tout kapab jije ki [e]pa t kwè nan verite a, men ki te [f]pran plezi nan mechanste.

[13] Men nou ta dwe bay remèsiman pou nou menm, frè m yo, byeneme nan Senyè a, akoz [g]Bondye te chwazi nou depi nan kòmansman an pou sali atravè sanktifikasyon [h]pa Lespri a ak lafwa nan verite a. [14] Se te pou sa Li te [i]rele nou atravè levanjil nou an, pou nou ta kapab vin genyen laglwa Senyè nou an, Jésus Kri.

[15] Konsa, frè m yo, kanpe fèm e [j]kenbe ak tradisyon ke yo te enstwi nou yo, kit se pa pawòl kit se pa lèt a nou an.

[16] [k]Koulye a, ke Senyè nou an, Jésus Kri, Li menm, ak Bondye, Papa nou an, ki renmen nou e ki bay nou rekonfò etènèl ak bon espwa pa lagras la [17] [l]rekonfòte nou e ranfòse kè nou nan tout bon zèv ak pawòl.

3 Finalman, frè m yo [m]priye pou nou pou pawòl a Senyè a kapab gaye vit e vin glorifye, jis jan sa te fèt osi avèk nou an, [2] epi pou nou kapab [n]delivre de moun pèvès e mechan yo, paske se pa tout ki gen lafwa.

[3] Men [o]Senyè a fidèl, e Li va ranfòse nou e pwoteje nou de mechan an. [4] Nou gen konfyans nan Senyè a konsènan nou menm, ke nou [p]ap fè e va kontinye fè sa ke nou kòmande yo. [5] Ke Senyè a [q]dirije kè nou nan lanmou Bondye a, ak nan kenbe fèm nan Kris la.

[6] Alò, nou kòmande nou, frè yo, nan non Senyè nou an, Jésus Kris, pou nou [r]rete lwen de tout frè ki mennen yon vi san prensip e ki pa an akò avèk tradisyon ke nou te resevwa de nou menm yo.

[7] Paske nou menm, nou konnen jan nou ta dwe [s]swiv egzanp nou an, paske nou pa t aji nan yon fason dezòd pami nou. [8] Ni nou pa t manje pen a lòt

---

[a] **1:1** Trav 17:1 [b] **1:2** Wo 1:7 [c] **1:3** Wo 1:8 [d] **1:3** I Tes 3:12 [e] **1:4** II Kor 7:4 [f] **1:4** I Tes 2:14 [g] **1:5** Luc 20:35
[h] **1:7** Luc 17:30 [i] **1:8** Gal 4:8 [j] **1:8** Wo 2:8 [k] **1:9** Fil 3:19 [l] **1:10** És 49:3 [m] **1:10** És 2:1 [n] **1:11** I Wa 22:22
[o] **1:12** És 24:15 [p] **2:1** I Tes 2:19 [q] **2:1** Mc 13:27 [r] **2:2** I Jn 4:1 [s] **2:2** II Tes 2:15 [t] **2:3** Dan 7:25 [u] **2:3** Jn 17:12 [v] **2:4** És 14:14 [w] **2:5** I Tes 3:4 [x] **2:6** II Tim 2:7 [y] **2:7** Rev 17:5,7 [z] **2:8** És 7:4 [a] **2:9** Mat 24:24
[b] **2:10** I Kor 1:18 [c] **2:10** II Tes 2:12,13 [d] **2:11** I Wa 22:22 [e] **2:12** Wo 2:8 [f] **2:12** Wo 1:32 [g] **2:13** Ef 1:4
[h] **2:13** I Tes 4:7 [i] **2:14** I Tes 2:12 [j] **2:15** I Kor 11:2 [k] **2:16** I Tes 3:11 [l] **2:17** I Tes 3:2 [m] **3:1** I Tes 5:25
[n] **3:2** Wo 15:31 [o] **3:3** I Kor 1:9 [p] **3:4** I Tes 4:10 [q] **3:5** I Tes 3:11 [r] **3:6** Wo 16:17 [s] **3:7** I Tes 1:6

moun san peye pou li, men avèk ªtravay ak difikilte, nou te kontinye travay lajounen kou lannwit pou nou te kab pa vini yon chaj lou pou okenn nan nou. ⁹ Se pa paske nou pa gen ᵇdwa sa a, men pou nou te kab ofri tèt nou kòm yon modèl pou nou, pou nou ta kapab swiv egzanp nou an.

¹⁰ Paske menm lè nou te avèk nou an, nou te konn bannou lòd sa a: ᶜsi yon moun pa vle travay, alò, li pa dwe manje nonplis. ¹¹ Paske nou tande ke kèk pami nou ap mennen yon vi dezòd, ke yo pa travay menm, men k ap ᵈaji kòm antre bouch yo nan zafè a lòt moun. ¹² Alò, moun konsa yo, nou kòmande e egzòte nan Senyè a, Jésus Kri, pou yo ᵉtravay nan yon jan ki kalm pou manje pwòp pen pa yo. ¹³ Men pou nou, frè m yo ᶠpa fatige nan fè sa ki bon.

¹⁴ Si yon moun pa obeyi a enstriksyon nou an nan lèt sa, pran nòt de moun sa a, e ᵍpa asosye nou avè l pou ʰli kab vin wont. ¹⁵ Malgre sa, pa gade l kòm yon lènmi, men ⁱegzòte li kòm yon frè.

¹⁶ Koulye a, ke Senyè lapè a, Li menm, kontinye bannou lapè nan tout sikonstans. ʲKe Senyè a avèk nou tout!

¹⁷ Mwen, Paul ekri salitasyon sa a ᵏavèk pwòp men m, e sa se mak ki idantifye m nan chak lèt; se konsa ke m ekri.

¹⁸ ˡKe lagras Senyè nou an, Jésus Kri, rete avèk nou tout. Amen.

ª **3:8** I Tes 2:9   ᵇ **3:9** I Kor 9:4-18   ᶜ **3:10** I Tes 4:11   ᵈ **3:11** I Tes 5:13   ᵉ **3:12** I Tes 4:11   ᶠ **3:13** Gal 6:9
ᵍ **3:14** II Tes 3:6   ʰ **3:14** Tit 2:8   ⁱ **3:15** I Tes 5:14   ʲ **3:16** Rt 2:4   ᵏ **3:17** I Kor 16:21   ˡ **3:18** Wo 16:20

I TIMOTHÉE

1 Paul, yon apot a Kris Jésus [a]selon kòmandman Bondye a, Sovè nou an, e a Kris Jésus ki se esperans nou. [2] A Timothée, vrè pitit mwen nan lafwa mwen an: [b]lagras, mizerikòd, ak lapè ki soti nan Bondye Papa a, e Senyè nou an, Jésus Kri.

[3] Jan mwen te ankouraje ou sou depa mwen pou Macédoine nan, rete an Éphèse pou nou kapab enstwi sèten moun pou yo pa [c]enstwi yon lòt doktrin nèf; [4] ni pou yo pa prete atansyon a [d]fo istwa ak jeneyaloji ki pa janm fini, e ki ankouraje espekilasyon olye pou yo fè avanse jerans Bondye pa lafwa a.

[5] Men bi a enstriksyon nou an se lanmou ki [e]soti nan yon kè san tach, bon konsyans ak yon lafwa ki sensè. [6] Paske kèk moun, nan egare kite bagay sa yo pou vin detounen nan [f]diskou ki pa pote fwi, [7] ki [g]ta vle mèt k ap enstwi lalwa, menmsi yo pa menm konprann ni sa y ap di a, ni si jè ke yo pale avèk plen konfyans lan.

[8] Men nou konnen ke [h]Lalwa bon, si yon moun itilize li nan yon fason lejitim. [9] Reyalize ke Lalwa pa fèt pou yon nonm ki dwat, men pou sila ki san prensip e ki [i]rebèl yo, pou sila ki [j]san Bondye ak pechè yo, pou sila ki pa sen ak mechan yo, pou sila ki touye papa oswa manman yo, pou asasen yo, [10] epi pou [k]moun imoral ak moun k ap mennen vi gason ak gason, fanm ak fanm yo, e sila ki fè komès esklav ak mantè yo, e sila ki bay fo temwayaj ak tout lòt kalite bagay ki kontrè a bon doktrin yo, [11] selon levanjil laglwa Bondye ki beni an, li menm ke yo te [l]konfye m nan.

[12] Mwen remèsye Kris Jésus Senyè nou an, ki te [m]ranfòse mwen, paske Li te konsidere mwen fidèl e te mete m an sèvis: [13] malgre ke avan sa, mwen te yon blasfematè, yon [n]pèsekitè e yon agresè vyolan. Malgre sa, mwen te resevwa gras akoz mwen te aji avèk inyorans nan enkwayans. [14] Konsa, [o]lagras Senyè nou an te plis ke anpil, avèk lafwa ak lanmou ki twouve nan Kris Jésus a. [15] [p]Li se yon vrè pawòl, ki merite aksepte pa tout moun, ke Kris Jésus te vini nan mond lan pou sove pechè yo, pami sila yo, mwen menm se premye a. [16] Malgre tout, se pou rezon sa a, ke mwen te twouve gras; pouke nan mwen, kòm chèf pami pechè yo, Jésus Kris ta kapab [q]montre pasyans pafè Li a, kòm yon egzanp pou sila ki ta kwè nan Li yo pou lavi etènèl.

[17] Koulye a, pou Wa etènèl la, imòtèl la, envizib la, [r]sèl Bondye a; lonè ak laglwa pou tout tan e pou tout tan. Amen.

[18] Lòd sa a mwen konfye a ou menm, Timothée, fis mwen an, ki an akò avèk [s]pwofesi a konsènan ou menm ki te fèt deja, ke pa yo menm, ou te mennen [t]bon konba a, [19] nan kenbe [u]lafwa ak yon bon konsyans, ke kèk moun te rejte, e te fè nofraj nan sa ki gen rapò a lafwa yo. [20] Pami sila yo, se Hyménée ak [v]Alexandre, ke mwen te [w]livre a Satan pou yo kab aprann pou yo pa fè blasfèm.

2 Dabò, alò, mwen ankouraje pou [x]siplikasyon ak priyè, rekèt ak remèsiman fèt pou tout moun, [2] [y]pou wa ak tout sila ki nan otorite yo, pou nou kapab mennen yon vi trankil e kalm nan tout sentete ak dignite.

[3] Sa bon e akseptab nan zye [z]Bondye, Sovè nou an, [4] [a]ki dezire pou tout moun vin sove e vini a konesans a verite a. [5] Paske gen [b]yon Bondye, yon [c]medyatè osi antre Bondye ak lòm, ki se nonm nan, Jésus Kri, [6] ki te bay tèt li kòm ranson pou tout moun, temwayaj ke Li te bay nan [d]pwòp lè li a. [7] Pou sa, mwen te chwazi kòm predikatè ak apot (m ap bannou verite, mwen p ap bannou manti), kòm yon mèt [e]pou enstwi pèp etranje yo nan lafwa ak verite a.

[8] Konsa, mwen vle moun tout kote priye; [f]vin leve men sen yo, san kòlè ak doute. [9] Menm jan an, mwen vle [g]fanm yo abiye yo menm avèk vètman ki kòrèk, senp e avèk desans, pa avèk cheve trese ak lò oswa pèl oswa rad ki koute chè, [10] men, de preferans, pa mwayen a bon zèv, jan sa kòrèk pou fanm ki nonmen non Bondye yo.

[11] Yon fanm dwe resevwa enstriksyon an silans ak tout soumisyon.[h] [12] [i]Men mwen pa pèmèt yon fanm enstwi oubyen ekzèse otorite sou yon gason, men li rete an silans. [13] [j]Paske se te Adam ki te kreye avan, e answit, Eve. [14] Epi se pa t Adam ki te twonpe a, men [k]fanm nan te twonpe, e yo te tonbe nan transgresyon. [15] Men fanm yo va sove nan fè pitit si yo kontinye nan [l]lafwa ak lanmou, sentete ak kontwòl tèt yo.

3 Sa se yon vrè pawòl: Si yon nonm ta vle devni yon [m]pastè, se yon bon zèv li dezire fè a. [2] [n]Yon pastè, alò, dwe san repwòch, mari a yon madanm, tanpere, pridan, respektab, emab, avèk yon kapasite pou enstwi. [3] Li pa dwe bwè diven ak eksè, oswa agresif, men janti, pezib, e [o]lib de lanmou lajan. [4] Li dwe yon moun ki [p]jere pwòp kay li byen, e ki kenbe pitit li yo anba bon kontwòl avèk tout dignite; [5] (men si yon moun pa konnen kijan pou l jere pwòp kay li, kijan li va pran swen [q]legliz Bondye a?) [6] Fòk li pa yon nouvo konvèti, pou li kab pa vin ògeye, e tonbe

---

[a] **1:1** Tit 1:3   [b] **1:2** Wo 1:7   [c] **1:3** Wo 16:17   [d] **1:4** I Tim 4:7   [e] **1:5** II Tim 2:22   [f] **1:6** Tit 1:10   [g] **1:7** Jc 3:1   [h] **1:8** Wo 7:12,16   [i] **1:9** Tit 1:6,10   [j] **1:9** I Pi 4:18   [k] **1:10** I Kor 6:9   [l] **1:11** Gal 2:7   [m] **1:12** Trav 9:22   [n] **1:13** Trav 8:3   [o] **1:14** Wo 5:20   [p] **1:15** I Tim 3:1   [q] **1:16** Ef 2:7   [r] **1:17** Jn 5:44   [s] **1:18** I Tim 4:14   [t] **1:18** II Kor 10:4   [u] **1:19** I Tim 1:5   [v] **1:20** II Tim 4:14   [w] **1:20** I Kor 5:5   [x] **2:1** Ef 6:18   [y] **2:2** Esd 6:10   [z] **2:3** Luc 1:47   [a] **2:4** I Tim 4:10   [b] **2:5** Wo 3:30   [c] **2:5** Gal 3:20   [d] **2:6** I Tim 6:15   [e] **2:7** Ef 3:8   [f] **2:8** Sòm 63:4   [g] **2:9** I Pi 3:3   [h] **2:11** I Kor 14:34   [i] **2:12** I Kor 14:34   [j] **2:13** Jen 2:7,22   [k] **2:14** Jen 3:6,13   [l] **2:15** I Tim 1:14   [m] **3:1** Trav 20:28   [n] **3:2** Tit 3:2-4   [o] **3:3** I Tim 3:8   [p] **3:4** Tit 3:12   [q] **3:5** I Kor 10:32

nan kondanasyon ki fèt pa pèlen Dyab la. ⁷ Li dwe ᵃgen bon repitasyon avèk sila ki deyò legliz yo, pou li pa tonbe nan repwòch ak ᵇpèlen Satan.

⁸ Dyak yo, menm jan an, dwe se moun ki gen dignite, ki pa ipokrit, oubyen renmen bwè diven ak twòp eksè, oubyen renmen la jan twòp ⁹ ᶜmen ki kenbe a mistè lafwa a avèk yon konsyans ki pwòp. ¹⁰ ᵈMesye sa yo dwe, osi, pase tès avan; answit, kite yo sèvi kòm dyak si yo pa gen repwòch.

¹¹ Fanm yo dwe menm jan an, dign ᵉpa nan fè medizans, men tanpere, fidèl nan tout bagay.

¹² Dyak yo dwe ᶠmari a yon sèl fanm, ᵍbon diri jan a pitit yo ak pwòp lakay yo. ¹³ Paske sila ki sèvi byen kòm dyak yo ʰresevwa pou tèt yo, yon wo pozisyon ak gwo konfyans nan lafwa ki nan Kris Jésus a.

¹⁴ M ap ekri bagay sa yo bannou, avèk esperans ke m ap vin kote nou avan lontan, ¹⁵ men an ka ke mwen pran reta, mwen ekri yo pou nou kab konnen kijan yon moun ta dwe kondwi tèt li nan ⁱkay Bondye a, ki se legliz a Bondye vivan an, ki se pilye ak soutyen verite a.

¹⁶ San gen diskisyon, gran se mistè lavi sentete a:
Sila ki
Te ʲrevele nan lachè a,
Te jistifye nan Lespri a
Te wè pa zanj yo,
Te ᵏpwoklame pami nasyon yo,
Te resevwa kwayans mond lan,
Te leve wo nan laglwa a.

4 Men ˡLespri a di byen klè ke nan dènye tan yo, kèk moun va tonbe kite lafwa pou prete atansyon a Lespri twonpè ak doktrin a dyab yo, ² epi pa mwayen ipokrizi a mantè yo, vin ᵐmake nan pwòp konsyans pa yo, kòmsi li brile avèk fè etanp ki cho; ³ moun ki entèdi maryaj, e k ap rekòmande evite manje, ke ⁿBondye te kreye pou pata je avèk remèsiman pa sila ki kwè e ki konnen verite yo. ⁴ Paske tout bagay kreye pa Bondye, bon, e anyen pa dwe rejte, si li ᵒresevwa avèk remèsiman, ⁵ paske li sanktifye pa mwayen ᵖpawòl Bondye a ak lapriyè.

⁶ Nan montre bagay sa yo a frè yo, nou va yon bon sèvitè a Kris Jésus, e nou va nouri tout tan nan pawòl lafwa ak bon doktrin ke nou ᵍde ja ap swiv yo. ⁷ Men pa okipe vye listwa mond yo ki fèt pou vye fanm yo. Sou lòt kote, disipline tèt ou ʳpou vi sentete a. ⁸ Paske ˢdisiplin pou kò a sèlman, pa gen gran avantaj men vi sentete a gen avantaj nan tout jan, paske li kenbe pwomès pou ᵗlavi koulye a, e osi pou lavi k ap vini an.

⁹ ᵘSa se yon vrè Pawòl ki merite aksepte pa tout moun. ¹⁰ Paske se pou sa nou travay ak fè efò a. Nou gen tan fikse ᵛesperans nou sou Bondye vivan an, ki se ʷSovè a tout moun, sitou a kwayan yo.

¹¹ ˣPreskri e enstwi bagay sa yo.

¹² Pa kite pèsòn gade ou ba akoz jenès ou, men de preferans nan pawòl, kondwit ʸlanmou, lafwa, ak yon vi san tach, prezante tèt ou kòm ᶻyon egzanp a sila ki kwè yo.

¹³ Jiskaske m vini, bay enpòtans a ᵃli lekriti sen yo an piblik, a egzòtasyon ak enstriksyon.

¹⁴ Pa negli je don Lespri Bondye ki nan ou a, ki te bay a ou menm pa yon pawòl pwofetik avèk ᵇmen Ansyen ki te poze sou ou ᶜyo.

¹⁵ Konsakre ou seryezman a bagay sa yo; antre ladan yo, pou pwogrè ou kapab klè a tout moun.

¹⁶ ᵈPrete anpil atansyon a tèt ou e ak enstriksyon ou an. Pèsevere nan bagay sa yo, paske lè ou fè sa, ou va asire Sali tèt ou ak sila ki tande ou yo.

5 ᵉPa bay repwòch ki di a yon granmoun, men, de preferans, rezone ak li tankou yon papa, a jèn mesye yo tankou frè yo, ² a fanm avanse nan la j yo tankou manman, e jèn fanm yo tankou sè. Ak tout, san tach.

³ Onore vèv ki ᶠvrèman vèv yo; ⁴ men si yon vèv gen pitit, oswa pitit pitit, ᵍyo dwe, dabò, aprann pratike respè anvè pwòp fanmi pa yo, e repaye pwòp paran pa yo, paske sa ʰakseptab devan zye Bondye. ⁵ Alò, sila ki vrèman yon vèv, e ki kite sèl la, fikse tout espwa l sou Bondye e kontinye nan siplikasyon ak lapriyè la jounen kon lannwit. ⁶ Men sila ki ⁱviv nan plezi a, mouri menm pandan ke li ap viv la. ⁷ ʲPreskri bagay sa yo tou pou yo kapab vin san repwòch. ⁸ Men si yon moun pa bay soutyen a sila ki pou li yo, e sitou a sila ki lakay li yo, li ᵏgen tan kite lafwa e vin pi mal ke yon enkwayan.

⁹ Yon vèv ˡdwe mete nan lis la sèlman si li pa gen mwens ke swasant ane, e te madanm a yon sèl moun, ¹⁰ avèk repitasyon ᵐbon zèv, si li te elve timoun, si li te konn ⁿresevwa etranje byen, si li te lave pye a sen yo, si li te konn ede sila ki nan gwo pwoblèm yo, e si li te devwe tèt li a tout bon zèv.

¹¹ Men refize mete jèn vèv nan lis la, paske lè yo vin gen ᵒdezi sansyèl kont Kris la, y ap vle marye. ¹² Konsa y ap vin merite kondanasyon paske yo mete sou kote ve ke yo te fè de ja a. ¹³ An menm tan an, yo va aprann vin parese, pandan yo prale de kay an kay. E pa senpleman parese, men osi nan ᵖfè tripotay ak antre bouch nan zafè a moun, ᵠnan pale bagay ki pa bon pou pale.

¹⁴ Konsa, mwen vle jèn vèv yo ʳmarye, fè pitit, okipe kay, pou pa bay lènmi an plas pou repwòch. ¹⁵ Paske kèk nan yo ˢde ja detounen pou swiv Satan.

¹⁶ Si yon fanm ki se yon kwayan ᵗgen vèv ki depann de li, li dwe asiste yo e legliz la pa dwe

---

ᵃ **3:7** II Kor 8:21   ᵇ **3:7** II Tim 2:26   ᶜ **3:9** I Tim 1:5,19   ᵈ **3:10** I Tim 5:22   ᵉ **3:11** II Tim 3:3   ᶠ **3:12** I Tim 3:2
ᵍ **3:12** I Tim 3:4   ʰ **3:13** Mat 25:21   ⁱ **3:15** Ef 2:21   ʲ **3:16** Jn 1:14   ᵏ **3:16** Wo 16:26   ˡ **4:1** Jn 16:13
ᵐ **4:2** Ef 4:19   ⁿ **4:3** Jen 9:3   ᵒ **4:4** Wo 14:6   ᵖ **4:5** Jen 1:25,31   ᵠ **4:6** II Tim 3:10   ʳ **4:7** I Tim 4:8
ˢ **4:8** Kol 2:23   ᵗ **4:8** Mat 6:33   ᵘ **4:9** I Tim 1:15   ᵛ **4:10** II Kor 1:10   ʷ **4:10** I Tim 2:4   ˣ **4:11** I Tim 5:7
ʸ **4:12** Tit 2:7   ᶻ **4:12** I Tim 1:14   ᵃ **4:13** II Tim 3:15   ᵇ **4:14** Trav 6:6   ᶜ **4:14** Trav 11:30   ᵈ **4:16** Trav 20:28
ᵉ **5:1** Lev 19:32   ᶠ **5:3** Trav 6:1   ᵍ **5:4** Ef 6:2   ʰ **5:4** I Tim 2:3   ⁱ **5:6** Jc 5:5   ʲ **5:7** I Tim 4:11   ᵏ **5:8** II Tim 2:12   ˡ **5:9** I Tim 5:16   ᵐ **5:10** Trav 9:36   ⁿ **5:10** I Tim 3:2   ᵒ **5:11** Rev 18:7   ᵖ **5:13** II Tes 3:11
ᵠ **5:13** Tit 1:11   ʳ **5:14** I Kor 7:9   ˢ **5:15** I Tim 1:20   ᵗ **5:16** I Tim 5:4

pote chaj sa a, pou li kapab asiste sila ki vrèman vèv yo.

[17a]Ansyen ki diri je byen yo, dwe konsidere dign de doub onè, sitou sila ki [b]travay di nan predikasyon ak enstriksyon yo. [18] Paske Lekriti a di: [c]"Nou pa dwe mete mizo nan bouch a bèf la pandan l ap moulen sereyal la," epi: "Ouvriye a dign de salè li."

[19] Pa resevwa yon akizasyon kont yon ansyen eksepte sou baz a [d]de oswa twa temwen.

[20] Sila ki kontinye nan peche yo [e]repwoche yo nan prezans a tout moun, pou lòt yo tou kapab pè fè peche. [21f]Mwen solanèlman chaje ou nan prezans a Bondye, a Kris Jésus e a zanj chwazi Li yo, pou kenbe prensip sa yo san favorize pèsòn, e pa fè anyen nan yon lespri patipri.

[22g]Pa poze men sou okenn moun twò vit, e konsa vin pataje nan peche a lòt yo. Kenbe tèt ou lib de peche.

[23] Pa bwè dlo sèl ankò, men [h]pran yon ti diven pou koz a vant ou ak maladi yo k ap boulvèse ou.

[24] Peche kèk moun vin toutafè klè, li ale devan yo pou jijman. Pou lòt yo, peche pa yo vini aprè yo.[i]
[25] Menm jan an tou, zèv ki bon yo toutafè klè, e [j]sila ki pa konsa yo, p ap kapab kache.

6 Tout sila ki [k]anba jouk esklavaj yo dwe gade pwòp mèt yo kòm moun ki dign de tout onè pou pèsòn pa kapab pale mal kont non a Bondye e ak doktrin nou an. [2] Sila ki gen kwayan kòm mèt yo pa dwe derespekte yo paske yo se [l]frè yo, men dwe sèvi yo plis toujou, paske sila ki pataje benefis yo se kwayan e byeneme. Enstwi e preche prensip sa yo.

[3] Si yon moun [m]ap enstwi yon lòt doktrin, e pa dakò avèk bon pawòl sen, sila ki soti nan Senyè nou an, Jésus Kri, e avèk doktrin ki konfòm ak sentete a, [4] li se yon moun ògeye e pa konprann anyen, men li gen yon obsesyon pou poze kesyon diskisyon e fè kont pou mo [n]ki sòti nan lanvi, konfli, jouman, ak sispèk moun mal, [5] diskisyon san rete antre[o]moun ak panse konwonpi e san verite, ki [p]sipoze ke vi sentete a se yon mwayen pou fè pwofi.

[6] Men vi sentete a vrèman gen [q]anpil pwofi lè l akonpanye ak kontantman. [7] Paske [r]nou pa t pote anyen nan mond lan, donk nou p ap kab retire anyen ladann pou soti nonplis.

[8] Si nou [s]genyen manje avèk rad, avèk sa yo, nou dwe kontan.

[9t]Men sila ki vle vin rich yo, tonbe nan tantasyon, yon pèlen plen foli ak move dezi ki konn plonje moun nan destriksyon ak pèdisyon. [10] Paske [u]lanmou lajan se yon rasin a tout kalite mechanste, e kèk moun, akoz gwo lanvi pou li, gen tan [v]vin egare soti nan lafwa e pèse pwòp tèt yo ak anpil gwo doulè.

[11] Men [w]kouri kite bagay sa yo, ou menm, moun Bondye, e kouri dèyè ladwati, vi sentete, lafwa, lanmou, pèseverans, ak tandrès. [12x]Mennen bon konba lafwa a. Kenbe fèm a lavi etènèl la pou sila ou te rele a, e te fè bon konfesyon nan prezans a anpil temwen yo. [13y]Mwen kòmande ou nan prezans Bondye, ki bay lavi a tout bagay yo, e nan Kris Jésus ki te [z]temwaye bon konfesyon devan Ponce Pilate la, [14] pou ou kenbe kòmandman an san tach oubyen repwòch, jiska [a]aparisyon Senyè nou an, Jésus Kri. [15] Li va fè rive nan [b]tan konvenab li—Sila ki beni e ki se sèl Souveren an, Wa a tout wa yo e Senyè tout senyè yo. [16c]Sila sèl ki posede imòtalite a e ki rete nan limyè ke nou pa kapab menm apwoche a; Sila ke pèsòn pa janm wè oubyen pa kab wè a. A Li menm, lonè ak tout pouvwa pou tout tan e pou tout tan. Amen.

[17] Enstwi sila ki [d]rich nan mond sa yo pou pa vin ògeye ni plase espwa yo nan richès ki pa sèten, men nan Bondye [e]ki founi nou an abondans tout bagay nou bezwen pou fè nou kontan. [18] Enstwi yo pou fè sa ki bon, pou vin rich nan [f]bon zèv, pou [g]renmen bay, e toujou prèt pou pataje. [19] Konsa, y ap toujou [h]ranmase nan pwòp depo yo trezò a yon bon fondasyon pou lavni, pou yo kapab [i]kenbe fèm a sa ki se vrèman lavi a.

[20] O Timothée, gade byen [j]sa ki konfye a ou menm nan, e [k]evite pale pawòl mond lan, pawòl vid e san sans, ak tout diskou fo pawòl yo rele "konesans" lan, [21] ke kèk moun te pwofese, e konsa yo te vin [l]egare kite lafwa.

Ke lagras avèk nou. Amen.

---

[a] **5:17** Trav 11:30   [b] **5:17** I Tes 5:12   [c] **5:18** Det 25:4   [d] **5:19** Det 17:6   [e] **5:20** Gal 2:14   [f] **5:21** Luc 9:26
[g] **5:22** I Tim 3:10   [h] **5:23** I Tim 3:8   [i] **5:24** Rev 14:13   [j] **5:25** Pwov 10:9   [k] **6:1** Ef 6:5   [l] **6:2** Gal 3:28
[m] **6:3** Tit 1:3   [n] **6:4** Trav 18:15   [o] **6:5** II Tim 3:8   [p] **6:5** II Pi 2:3   [q] **6:6** Luc 12:15-21   [r] **6:7** Job 1:21
[s] **6:8** Pwov 30:8   [t] **6:9** Pwov 15:27   [u] **6:10** Kol 3:5   [v] **6:10** Jc 5:19   [w] **6:11** II Tim 2:22   [x] **6:12** I Tim 1:18
[y] **6:13** I Tim 5:21   [z] **6:13** II Kor 9:13   [a] **6:14** II Tes 2:8   [b] **6:15** I Tim 2:6   [c] **6:16** I Tim 1:17   [d] **6:17** Mat 12:32
[e] **6:17** Trav 14:17   [f] **6:18** I Tim 5:10   [g] **6:18** Wo 12:18   [h] **6:19** Mat 6:20   [i] **6:19** I Tim 6:12   [j] **6:20** II Tim 1:12,14   [k] **6:20** II Tim 2:16   [l] **6:21** II Tim 2:18

II TIMOTHÉE

1 Paul [a] yon apot a Kris Jésus pa volonte Bondye, selon pwomès lavi ki nan Kris Jésus, [2] a Timothée [b] fis byeneme mwen an: Lagras, mizerikòd, ak lapè Bondye, Papa a, e Kris Jésus, Senyè nou an.

[3] [c] Mwen remèsye Bondye ke mwen sèvi avèk yon bon konsyans jan zansèt mwen yo te fè a, pandan mwen sonje ou tout tan nan lapriyè mwen yo lannwit kon lajounen [4] [d] avèk lanvi pou m wè ou [e] menm lè mwen sonje dlo ki te sòti nan zye ou, pou m kapab ranpli avèk jwa.

[5] Paske mwen sonje [f] lafwa sensè ki nan ou a, ki te dabò rete [g] nan grann ou, Lois ak manman ou, Eunice, e mwen byen si ke li nan ou tou. [6] Pou rezon sa a, mwen fè ou sonje pou rechofe [h] don Bondye ki nan ou depi mwen te poze menm sou ou a.

[7] Paske Bondye pa bannou yon [i] lespri timidite, men pouvwa, lanmou ak disiplin.

[8] Konsa [j] pa fè wont de temwayaj Senyè nou an, ni mwen menm nan, prizonye Li a, men vin jwenn ansanm avè m nan [k] soufrans pou levanjil la selon pouvwa Bondye a, [9] ki te sove nou e te [l] rele nou avèk yon apèl ki sen, [m] pa selon zèv nou yo, men selon pwòp bi ak gras pa L, ki te bay a nou menm nan Kris Jésus depi tout letènite, [10] men koulye a, ki vin revele pa aparans a Sovè nou an, Kris Jésus, ki te [n] aboli lanmò e te pote lavi ak imòtalite nan limyè, atravè levanjil la. [11] [o] Pou li menm, mwen te chwazi kòm predikatè, apot, ak pwofesè pou ale vè etranje yo. [12] Pou rezon sa a, mwen osi soufri bagay sa yo, men [p] mwen pa wont; paske mwen konnen nan kilès mwen kwè a, e mwen konvenk ke Li kapab pwoteje sa ke m livre a Li menm nan jiska jou sa a.

[13] [q] Kenbe fèm a pawòl sen ke ou tande de mwen yo, nan [r] lafwa ak lanmou ki nan Kris Jésus a.

[14] Veye byen, selon lespri Sen ki [s] demere nan nou an, trezò kite konfye a ou a.

[15] Ou byen okouran ke tout moun ki an Asie yo, te [t] vire kite m, pami yo menm, Phygelle ak Hermogène.

[16] Ke Senyè a bay mizerikòd a [u] lakay Onésiphore, paske Li te souvan konsole m, e li pa t wont pou chenn mwen yo; [17] men lè li te Rome, li te chèche mwen avèk dilijans e li te jwenn mwen. [18] Ke Senyè a fè li jwenn mizerikòd Senyè a nan [v] jou sa a—ke ou konnen trè byen tout sèvis li te rann nan Éphèse.

2 Konsa, ou menm, fis mwen an [w] se pou ou dyanm nan gras ki nan Kris Jésus a. [2] Bagay [x] ke ou te tande de mwen nan prezans a anpil temwen yo, konfye yo a moun ki fidèl, ki kapab osi enstwi lòt yo.

[3] [y] Soufri difikilte avèk mwen, tankou yon bon sòlda a Kris Jésus. [4] Nanpwen sòlda an sèvis ki [z] mele tèt li nan zafè lavi kotidyèn, pou li kapab fè plezi a sila ki te enskri li kòm sòlda a.

[5] Osi, si yon moun nan [a] konpetisyon nan spò, li p ap genyen pri a amwenske li fè konpetisyon an selon règ yo.

[6] [b] Kiltivatè ki travay di a ta dwe premyè pou resevwa pòsyon pa l nan rekòlt la.

[7] Konsidere sa ke m di a, paske Senyè a va ba ou bon konprann nan tout bagay.

[8] Sonje Jésus Kri [c] cleve soti nan lanmò, desandan a David la, selon levanjil mwen an. [9] Pou li menm, mwen [d] soufri difikilte, menm anprizone kòm yon kriminèl; men pawòl Bondye a pa anprizone. [10] Pou rezon sa a, mwen andire tout bagay, pou [e] koz a sila ki te chwazi yo, pou yo kapab osi vin jwenn sali ki nan Kris Jésus a e avèk li, laglwa etènèl.

[11] "Sa se yon vrè pawòl:
Paske [f] si nou te mouri avèk Li,
nou va osi viv avèk Li.
[12] Si nou andire,
nou va osi renye avèk Li.
Si nou [g] rejte Li,
Li tou va rejte nou.
[13] Si nou pa fidèl
[h] Li rete fidèl;
paske Li pa kapab nye pwòp tèt Li."

[14] Fè yo sonje bagay sa yo, e [i] an chaje yo solanèlman nan prezans a Bondye pou yo pa [j] goumen sou pawòl yo, ki initil e ki mennen nan destriksyon sila k ap tande yo. [15] Se pou ou dilijan pou [k] prezante tèt ou apwouve bay Bondye, kòm yon ouvriye ki pa bezwen wont, ki livre byen klè pawòl verite a.

[16] Men evite [l] pale pawòl anven a mond sa a, paske l ap fè nou soti lwen lafwa Bondye a.

[17] Epi pawòl sa yo va gaye tankou pwazon nan san. Pami yo, [m] Hyménée ak Philète: [18] Moun ki te egare kite verite yo nan di ke [n] rezirèksyon an gen tan fèt deja a, e konsa yo te boulvèse lafwa a kèk moun.

[19] Malgre [o] fondasyon Bondye a kanpe byen fèm, e li gen so sila a sou li: "Senyè a konnen sila ki pou Li yo", epi: "Ke tout moun ki nonmen non Senyè a rete lwen mechanste."

[20] Alò, nan yon gran mezon, pa gen sèlman veso an lò ak la jan, men osi veso an bwa ak kanari. [p] Yon pati pou onore e yon pati pou dezonore. [21] Konsa, si

---

a **1:1** II Kor 1:1	b **1:2** I Tim 1:2	c **1:3** Wo 1:8	d **1:4** II Tim 4:9,21	e **1:4** Trav 20:37	f **1:5** I Tim 1:5
g **1:5** Trav 16:1	h **1:6** I Tim 4:14	i **1:7** Jn 14:27	j **1:8** Mc 8:38	k **1:8** II Tim 2:3,9	l **1:9** Wo 8:28
m **1:9** Ef 2:9	n **1:10** I Kor 15:26	o **1:11** I Tim 2:7	p **1:12** II Tim 1:8,16	q **1:13** Tit 1:9	r **1:13** I Tim 1:14
s **1:14** Wo 8:9	t **1:15** II Tim 4:10,16	u **1:16** II Kor 4:10,16	v **1:18** I Kor 1:8	w **2:1** Ef 6:10	x **2:2** II Tim 1:13
y **2:3** II Tim 1:8	z **2:4** II Pi 2:20	a **2:5** I Kor 9:10	b **2:6** I Kor 9:25	c **2:8** Trav 2:24	d **2:9** II Tim 1:8
e **2:10** Luc 18:7	f **2:11** Wo 6:8	g **2:12** Mat 10:33	h **2:13** Wo 3:3	i **2:14** I Tim 5:21	j **2:14** I Tim 6:4
k **2:15** Wo 6:13	l **2:16** I Tim 6:20	m **2:17** I Tim 1:20	n **2:18** I Kor 15:12	o **2:19** És 28:16	p **2:20** Wo 9:21

yon nonm netwaye tèt li de ᵃbagay sa yo, li va yon veso lonè, sanktifye, itil pou Mèt la, prepare pou tout bon zèv.

²² Alò, sove kite move dezi a jenès yo; men pouswiv ladwati, lafwa, lanmou ak lapè, avèk sila ki rele non Senyè yo ᵇavèk yon kè ki san tach. ²³ Men refize diskisyon ki sòt e san bon rezon yo, paske ou konnen ke y ap ᶜprodwi konfli.

²⁴ Yon sèvitè-atache nèt a Senyè a pa dwe renmen fè kont, men se pou li janti ak tout moun, avèk ᵈyon kapasite pou l enstwi e pasyan lè yo fè li lenjistis, ²⁵ avèk dousè, korije sila ki nan opozisyon yo, pou ᵉsi petèt Bondye kapab bay yo repantans k ap mennen yo a ᶠkonesans verite a, ²⁶ pou yo kapab twouve bon sans pa yo, pou chape anba ᵍpèlen a Dyab la, ki kenbe yo kaptif pou fè volonte l.

3 Men konprann sa, ke ʰnan dènye jou yo, tan difisil yo va vini. ² Paske lèzòm va renmen pwòp tèt yo ⁱrenmen lajan, ʲògeye, awogan, blasfematè, dezobeyisan a paran yo, engra, san lafwa, ³ ᵏsan lanmou, san kapasite pou antann yo, medizan ˡsan kontwòl tèt yo, brital, moun ki rayi sa ki bon, ⁴ trèt, enpridan awogan, renmen plezi olye de renmen Bondye; ⁵ k ap kenbe yon fòm ᵐsentete, sepandan yo nye pouvwa li.

Evite moun konsa yo. ⁶ Paske pami yo menm, gen moun ki ⁿantre nan kay yo e pran an kaptif fanm ki fèb akoz chaj peche yo, e ki mennen pa ᵒmove lanvi de tout kalite, ⁷ k ap toujou aprann e ki pa janm ᵖrive a konesans verite a.

⁸ Jis jan ke Jannès ak Jambrès te opoze a Moïse la, konsa moun sa yo opoze verite a; ᵠlèzòm ak lespri konwonpi, ki rejte sa ki konsène lafwa a.

⁹ Men yo p ap fè plis pwogrè, paske ʳfoli yo va parèt klè a tout moun, jis jan ke foli a Jannès ak Jambrès te osi parèt a klè a.

¹⁰ Alò, ou te ˢswiv ansègnman mwen an, kondwit, bi, lafwa, pasyans ᵗlanmou, pèseverans ¹¹ ᵘpèsekisyon, ak soufrans, jan sa te rive m Antioche, Icone ak Lystre la. ᵛA la pèsekisyon m te andire, e nan yo tout, Senyè a te delivre m! ¹² Vrèman, tout moun ki dezire viv yon vi sentete nan Kris Jésus ʷva pèsekite.

¹³ Men moun mechan ak moun twonpè yo va avanse soti nan mal pou rive nan pi mal ˣnan twonpe moun ak vin twonpe.

¹⁴ Sepandan, ou menm ʸkontinye nan bagay ke ou te aprann yo, e vin konvenk, nan konnen de ki moun ou te aprann yo a. ¹⁵ Depi timoun, ou te konnen ᶻLekriti sakre yo, ki kapab ᵃbay ou sajès ki mennen moun a sali atravè lafwa ki nan Kris Jésus a.

¹⁶ ᵇTout lekriti sen an enspire pa Bondye, e pwofitab pou enstwi, pou konvenk, pou korije, e pou fòme moun nan ladwati. ¹⁷ Konsa, chak moun Bondye a kapab konplè e byen ᶜprepare pou tout bon zèv.

4 Mwen anchaje ou solanèlman, nan prezans Bondye ak Kris Jésus a, ki ᵈdwe jije vivan ak mò yo, pa aparans ak wayòm Li an: ² Preche ᵉpawòl la; pa neglije fè l ni nan sezon favorab ak nan lè l pa favorab; ᶠreprimande, repwoche, egzòte, avèk anpil pasyans ak enstriksyon.

³ Paske ᵍtan an va vini lè yo pa sipòte doktrin ki sen yo, men akoz yo vle sa ki fè zòrèy yo plezi, yo va ranmase pou kont yo, pwofesè ki dakò avèk pwòp dezi pa yo. ⁴ Konsa, ʰyo va vire zòrèy yo kite verite a akote pou fo istwa yo.

⁵ Men ou menm, rete tanpere nan tout bagay, sipòte difikilte yo, fè travay a yon evanjelis, akonpli ⁱministè ou la.

⁶ Paske mwen deja ap ʲvide kòm yon ofrann bwason, e ᵏlè pou m ale a gen tan rive. ⁷ ˡMwen mennen bon konba a, mwen fin fè kous la, mwen kenbe lafwa. ⁸ A lavni m ap ᵐgen kouwòn ladwati a, ki prepare pou mwen deja, ke Senyè a, jij ladwati a, va ban m nan ⁿjou sila a; e pa sèlman de mwen menm, men osi a tout moun ki renmen aparisyon Li an.

⁹ ᵒFè tout efò pou vini kote mwen byen vit, ¹⁰ paske ᵖDémas, ki renmen ᵠmond prezan sila a, te abandone m, e te ale Thessalonique. Crescens te ale Galatie, Tite te ale Dalmatie. ¹¹ Se sèl ʳLuc ki avè m. Pran Marc e mennen l vini avè w, paske li itil a mwen pou zèv mwen an. ¹² Men ˢTychique, mwen te voye li Éphèse. ¹³ Lè ou vini, pote manto ke m te kite ᵗTroas avèk Carpus la, menm ak liv yo, sitou woulo yo.

¹⁴ ᵘAlexandre, bòs fòjewon an, te fè mwen anpil mal. Senyè a va rann li sa selon zèv li. ¹⁵ Veye kont li ou menm, paske li te opoze ak fòs a enstriksyon nou an.

¹⁶ Nan premye defans mwen an, pèsòn pa t ban m soutyen yo, men yo tout te kite m. ᵛKe sa pa kontwole kont yo. ¹⁷ Men Senyè a te kanpe avèk mwen e te ʷban m fòs pou pwoklamasyon an ta kapab ˣfin akonpli nèt, e pou tout pèp etranje yo kapab tande. Se konsa, mwen te sove soti nan bouch a lyon an.

¹⁸ Anplis, Senyè a va delivre m de tout zèv mechan yo, e va mennen m san danje nan ʸwayòm selès Li a. A Li menm, laglwa pou tout tan e pou tout tan. Amen.

ᵃ **2:21** II Tim 2:16-18   ᵇ **2:22** I Tim 1:5   ᶜ **2:23** Tit 3:9   ᵈ **2:24** I Tim 3:2   ᵉ **2:25** Trav 8:22   ᶠ **2:25** I Tim 2:4
ᵍ **2:26** I Tim 3:7   ʰ **3:1** I Tim 4:1   ⁱ **3:2** Luc 16:14   ʲ **3:2** Wo 1:30   ᵏ **3:3** Wo 1:31   ˡ **3:3** I Tim 3:11
ᵐ **3:5** I Tim 3:6   ⁿ **3:6** Jd 1:4   ᵒ **3:6** Tit 3:3   ᵖ **3:7** II Tim 2:25   ᵠ **3:8** I Tim 6:5   ʳ **3:9** Luc 6:11   ˢ **3:10** I Tim 4:6
ᵗ **3:10** I Tim 6:11   ᵘ **3:11** II Kor 11:23-27   ᵛ **3:11** Wo 15:31   ʷ **3:12** Jn 15:20   ˣ **3:13** Tit 3:3   ʸ **3:14** Tit 1:13
ᶻ **3:15** Jn 5:47   ᵃ **3:15** Sòm 119:98   ᵇ **3:16** Wo 4:23   ᶜ **3:17** II Tim 2:21   ᵈ **4:1** Trav 10:42   ᵉ **4:2** Kol 4:3
ᶠ **4:2** I Tim 5:20   ᵍ **4:3** II Tim 3:1   ʰ **4:4** II Tes 2:11   ⁱ **4:5** Ef 4:12   ʲ **4:6** Fil 2:17   ᵏ **4:6** Fil 1:23
ˡ **4:7** I Kor 9:25   ᵐ **4:8** Kol 1:5   ⁿ **4:8** II Tim 1:12   ᵒ **4:9** II Tim 1:4   ᵖ **4:10** Kol 4:14   ᵠ **4:10** I Tim 6:17
ʳ **4:11** Kol 4:14   ˢ **4:12** Trav 20:4   ᵗ **4:13** Trav 16:8   ᵘ **4:14** I Tim 1:20   ᵛ **4:16** Trav 7:60   ʷ **4:17** I Tim 1:12
ˣ **4:17** II Tim 4:5   ʸ **4:18** I Kor 15:50

¹⁹ Salye Prisca ak ᵃAquillas, ak ᵇtout kay Onésiphore a.
²⁰ ᶜÉraste te rete Corinthe, men ᵈTrophime, mwen te kite li malad Milet.

²¹ ᵉFè tout efò pou vini avan sezon livè a. Eubulus salye ou, Pudens, Linus, Claudia, ak tout frè yo salye ou osi.
²² Ke ᶠSenyè a avèk lespri ou. Ke lagras avèk ou.

ᵃ **4:19** Trav 18:2   ᵇ **4:19** II Tim 1:16   ᶜ **4:20** Trav 19:22   ᵈ **4:20** Trav 20:4   ᵉ **4:21** II Tim 4:9   ᶠ **4:22** Fil 4:23

TITE

1 Paul, yon sèvitè-atache nèt a Bondye, e yon apot Jésus Kri, pou lafwa a sila ki te chwazi pa Bondye yo, ak ᵃkonesans verite ki ᵇan akò avèk vi sentete a, ² nan ᶜespwa lavi etènèl la, ke Bondye, ki pa kapab bay manti a, te pwomèt depi nan tan ansyen yo. ³ Men ᵈnan tan konvenab la, pawòl Li te manifeste, ak mesaj sila a ki te konfye m nan, selon kòmandman a ᵉBondye a, Sovè nou an, ⁴ a Tite ᶠvrè pitit mwen nan yon lafwa ke nou ᵍpataje ansanm: Lagras ak lapè Bondye, Papa a, ak Kris Jésus, sovè nou an.

⁵ Pou rezon sa a, mwen te kite ou Crète, pou ou ta kapab mete nan lòd bagay ki potko fèt yo, e ʰchwazi ansyen yo nan chak vil selon jan mwen te dirije ou a.

⁶ Kidonk, ⁱsi yon nonm san repwòch, mari a yon sèl fanm, ki gen pitit ki kwayan, e ki pa akize de dezòd ak rebelyon.

⁷ Paske pastè an tèt la dwe san repwòch, kòm ʲjeran zafè a Bondye, pa ᵏawogan, pa fache souvan, pa bwè diven twòp, pa agresif kont lòt, ni renmen lajan twòp; ⁸ men ˡemab, renmen sa ki bon, rezonab, jis, devwe, gen kontwòl tèt li, ⁹ ki ᵐkenbe fèm a pawòl lafwa a ki gen akò avèk ansèyman an, pou li kapab egzòte nan bon doktrin nan, e demanti sila ki kontredi l yo.

¹⁰ Paske gen anpil ⁿmoun rebèl ᵒmoun k ap pale pawòl anven ak moun k ap twonpe moun, sitou sila sikonsizyon yo, ¹¹ ki dwe rete an silans paske y ap boulvèse ᵖtout kay yo nèt, nan enstwi ᵠbagay ke yo pa ta dwe enstwi, pou koz a kòb ki sal.

¹² Youn nan yo, yon pwofèt de pèp yo menm te di: ʳ"Moun Crète yo se toujou mantè yo ye, bèt mechan, parese ki manje twòp". ¹³ Temwayaj sa a vrè. Pou rezon sa a ˢrepwoche yo sevèman pou yo kapab vin solid nan lafwa, ¹⁴ pa nan prete atansyon a ᵗvye istwa Jwif yo, ak kòmandman a lèzòm ki vire kite verite a.

¹⁵ Pou sila ki san tach la, tout bagay san tach, men ᵘpou sila ki souye e ki pa kwè yo, nanpwen anyen ki san tach, men lespri yo ak konsyans yo deja souye. ¹⁶ ᵛYo di yo konnen Bondye, men ak zèv pa yo, yo nye Li. Konsa, yo vin detestab, dezobeyisan, e san valè pou okenn bon zèv.

2 Men pou ou menm, pale bagay ki apwopriye a ʷbon doktrin nan.

² Mesye nan laj avanse yo dwe ˣtanpere, dign, rezonab ʸsolid nan lafwa, nan lanmou, ak nan pèseverans.

³ Fanm nan laj avanse yo, menm jan an, yo dwe sen nan konpòtman yo ᶻpa nan fè medizans, ni ᵃvin esklav a anpil diven, e yo dwe ap enstwi sa ki bon ⁴ pou yo kapab ankouraje jèn fanm yo pou renmen mari yo, e pou renmen pitit yo, ⁵ pou yo kapab reflechi kon moun serye, rete san tach, ᵇfè travay lakay yo, janti, ᶜsoumèt a pwòp mari yo, pou yo pa dezonore pawòl Bondye a.

⁶ Menm jan an, ankouraje ᵈjennonm yo pou yo toujou reflechi kon moun serye. ⁷ Nan tout bagay, montre tèt ou kòm ᵉyon egzanp a bon zèv. Le ou enstwi, fè l avèk tout verite nan doktrin nan, konpòtman ki dign, ak yon bi verite a ki pa konwonpi, ⁸ rezonab ak pawòl ki san repwòch, pou ᶠsila ki opoze yo kapab vin wont, pou yo pa gen anyen mal pou di sou nou.

⁹ Ankouraje ᵍesklav yo pou soumèt a pwòp mèt yo nan tout bagay, pou fè yo plezi, san diskisyon, ¹⁰ pa nan vòlè, men nan montre tout bon lafwa nan tout bagay pou yo kapab anbeli doktrin ʰBondye a, Sovè nou an, nan tout jan.

¹¹ Paske lagras Bondye ⁱgen tan parèt, e ʲpote sali pou tout moun ¹² kap enstwi nou pou rejte sa ki pa a Bondye ak ᵏdezi mond lan pou ˡviv avèk bon rezon, ladwati, ak yon vi fidèl nan tan prezan sila a; ¹³ nan chèche lesperans beni ak aparisyon laglwa a ᵐgran Bondye ak Sovè nou an, Jésus Kri ¹⁴ ki te ⁿbay tèt Li pou nou, pou ᵒrachte nou de tout zèv malveyan, e pirifye pou tèt Li yon pèp pou pwòp posesyon pa Li, ki zele pou fè bon zèv.

¹⁵ Pale, ᵖegzòte, e repwoche nan bagay sa yo avèk tout otorite. Pa kite pèsòn meprize ou.

3 Raple yo ᵠpou soumèt yo a tout wayòm ak otorite yo, pou yo rete obeyisan, eʳprè pou tout bon zèv ² pou pa di mal de pèsòn, men toujou ˢpezib; janti, e montre tout konsiderasyon pou tout moun.

³ ᵗPaske nou menm tou, yon fwa nou te ensanse, dezobeyisan ᵘtwonpè, esklav a tout kalite move dezi ak plezi, e nou t ap pase lavi nou nan mechanste, lanvi, rayisman, nan rayi youn lòt.

⁴ Men lè ᵛbonte a Bondye, Sovè nou an, ak lanmou Li pou tout limanite a te parèt, ⁵ Li te sove nou, ʷpa sou baz a zèv ladwati ke nou fè, men selon mizerikòd Li, pa lavaj a rejenerasyon an, e renouvèlman pa Lespri Sen an, ⁶ ˣke Li te vide sou nou an abondans atravè Jésus Kri, Sovè nou an. ⁷ Konsa nou te vin jistifye pa lagras Li,

pou nou ta kapab vin ᵃeritye selon esperans a lavi etènèl la.

⁸ Sa se yon pawòl ki fidèl; epi konsènan bagay sa yo, mwen vle ou pale avèk konfyans, pou sila ki te kwè nan Bondye yo, kapab pridan pou ᵇangaje yo nan bon zèv. Bagay sa yo bon, e pwofitab pou moun.

⁹ Men ᶜevite ᵈkonfli ak jeneyaloji ki ranpli ak foli, avèk diskisyon sou Lalwa yo, paske yo san pwofi, e san valè.

¹⁰ Apre yon premye ak yon dezyèm avètisman ᵉrejte yon nonm ᶠk ap mete divizyon. ¹¹ Byen konnen ke yon moun konsa ᵍpèvèti. Li nan peche, e ap kondane pwòp tèt li.

¹² Lè mwen voye Artémas oswa Tychique kote ou ʰfè tout efò pou vini kote mwen nan Nicopolis, paske mwen deside pase sezon livè a la.

¹³ Byen vit, voye avoka a, Zénas ak ⁱApollos nan wout yo pou yo pa manke anyen.

¹⁴ Moun pa nou yo dwe osi aprann ʲangaje yo nan bon zèv pou satisfè bezwen imedya yo, pou yo pa manke ᵏbay fwi.

¹⁵ Tout sila ki avè m yo salye ou. Salye sila ki renmen nou ˡnan lafwa yo. ᵐKe lagras avèk nou tout.

ᵃ **3:7** Mat 25:34   ᵇ **3:8** Tit 2:7,14   ᶜ **3:9** II Tim 2:16   ᵈ **3:9** I Tim 1:4   ᵉ **3:10** II Jn 10   ᶠ **3:10** Wo 16:17
ᵍ **3:11** Tit 1:14   ʰ **3:12** II Tim 4:9   ⁱ **3:13** Trav 18:24   ʲ **3:14** Tit 3:8   ᵏ **3:14** Mat 7:19   ˡ **3:15** I Tim 1:2
ᵐ **3:15** Kol 4:18

PHILÉMON

1 Paul, yon [a]prizonye Kris Jésus, ak Timothée, frè nou an: a Philémon, frè byeneme e ouvriye parèy nou an, ² ak Apphia, sè ou, a [b]Archippe [c]sòlda parèy a nou, e a legliz lakay ou a: ³ [d]Lagras pou ou, ak lapè Bondye, Papa nou, e Senyè a, Jésus Kri.

⁴ [e]Mwen remèsye Bondye m nan toujou, e nonmen non ou nan lapriyè m yo ⁵ paske mwen [f]tande de lanmou ou, ak lafwa ke ou genyen anvè Senyè a, Jésus, e anvè tout sen yo. ⁶ Anplis, mwen priye pou lamitye lafwa ou kapab vin efikas selon [g]konesans a tout bon bagay ki nan ou pou koz a Kris la. ⁷ Paske nou gen tan twouve anpil [h]lajwa ak rekonfò nan lanmou ou, paske kè a fidèl yo vin [i]rafrechi atravè ou menm, frè.

⁸ Konsa [j]malgre ke mwen gen ase konfyans nan Kris pou bay ou lòd pou fè sa ki bon, ⁹ malgre pou koz lanmou an, mwen pito sipliye ou—paske mwen se yon moun tankou Paul [k]granmoun lan, e koulye a, osi [l]yon prizonye a Kris Jésus. ¹⁰ Mwen sipliye ou, pou [m]pitit mwen an, Onésime, ke mwen te vin fè pandan mwen te nan [n]prizon an, ¹¹ ke avan, te initil a ou menm, men koulye a, li itil ni pou ou, ni pou mwen.

¹² Mwen voye li tounen kote ou an pèson. Sa vle di, se kè m menm ke m voye a. ¹³ Mwen te pito kenbe l avè m, pou l ta kapab, nan non ou, fè sèvis pou mwen, pandan mwen anprizone pou levanjil la.

¹⁴ Men san pèmisyon ou, mwen pa t vle fè anyen, pou bonte ou [o]pa ta, anfèt "pa lafòs", men m ta pito akoz bòn volonte pa ou. ¹⁵ Paske, li ka petèt separe de ou, [p]eksprè pou rezon sa a, pou yon ti tan, pou ou ta kapab genyen l vin retounen nèt, ¹⁶ pa tankou yon esklav ankò, men plis ke yon esklav [q]yon frè byeneme, sitou pou mwen menm, men plis ankò pou ou, nan lachè e nan Senyè a.

¹⁷ Si, konsa, ou gade mwen kòm yon [r]ouvriye parèy ou, aksepte li kòm ou ta aksepte mwen. ¹⁸ Men si, nan nenpòt jan li te fè ou tò, oswa dwe ou yon bagay, mete sa sou kont mwen. ¹⁹ [s]Mwen, Paul, mwen ap ekri sa avèk pwòp men mwen. Mwen va ranbouse ou li (annou pa menm pale ke ou menm dwe m menm pwòp tèt ou tou.)

²⁰ Wi, frè m, kite m benefisye de ou nan Senyè a. [t]Rafrechi kè m nan Kris la. ²¹ [u]Avèk konfyans nan obeyisans ou, mwen ekri ou, paske m konnen ke ou va fè menm plis ke sa mwen di a.

²² An menm tan an tou, prepare pou mwen yon kote pou m rete, paske mwen gen espwa ke pa [v]lapriyè ou yo pou mwen, y ap lage m nan men ou.

²³ [w]Épaphras, prizonye parèy mwen nan Kris Jésus, salye ou ²⁴ tankou [x]Marc, Aristarque, Démas [y]Luc, ouvriye parèy a mwen yo.

²⁵ [z]Ke lagras Senyè a, Jésus Kri, rete avèk lespri ou. Amen.

---

[a] **1:1** Ef 3:1   [b] **1:2** Kol 4:17   [c] **1:2** Fil 2:25   [d] **1:3** Wo 1:7   [e] **1:4** Wo 1:8   [f] **1:5** Ef 1:15   [g] **1:6** Phm 1:9
[h] **1:7** II Kor 7:4,13   [i] **1:7** I Kor 16:18   [j] **1:8** II Kor 3:12   [k] **1:9** Tit 2:2   [l] **1:9** Phm 1   [m] **1:10** I Kor 4:14
[n] **1:10** Kol 4:9   [o] **1:14** II Kor 9:7   [p] **1:15** Jen 45:5,8   [q] **1:16** Mat 23:8   [r] **1:17** II Kor 8:23   [s] **1:19** I Kor 16:21
[t] **1:20** Phm 1:7   [u] **1:21** II Kor 2:3   [v] **1:22** II Kor 1:11   [w] **1:23** Kol 1:7   [x] **1:24** Kol 4:10   [y] **1:24** Kol 4:14
[z] **1:25** Gal 6:18

EBRE YO

1 Bondye, nan tan lontan, nan plizyè epòk ak plizyè mwayen, te pale a zansèt nou yo pa pwofèt yo.[a]

[2] Nan dènye jou sa yo, Li pale ak nou pa Fis Li a, ke Li te chwazi kòm [b]eritye de tout bagay, e pa sila a osi, ke Li te fè mond lan. [3] Anplis, Li menm se refleksyon laglwa Li, ak [c]reprezantasyon egzakt de nati Li. Se Li ki [d]bay soutyen a tout bagay pa pawòl a pouvwa Li a.

Lè li te fin pirifye tout peche yo, Li te monte chita sou bò dwat a Majeste anwo a. [4] Kòmsi li te devni bokou pi bon ke zanj yo, akoz Li eritye yon [e]non pi ekselan ke yo menm.

[5] Paske a kilès nan zanj yo, Li te janm di:
[f]"Ou se Fis Mwen.
Jodi a Mwen fè Ou"?

E ankò:
[g]"Mwen va yon Papa pou Li e
Li va yon Fis pou Mwen,"

[6] E ankò, lè Li te pote premye ne a nan mond lan, Li di: [h]"Kite tout zanj Bondye yo adore Li," [7] A zanj yo Li di:
[i]"Li fè zanj Li yo tounen van, e
sèvitè Li yo yon flanm dife"

[8] Men a Fis la, Li di:
[j]"Twòn pa Ou a, O Bondye, se pou
Tout tan e pou tout tan.
E otorite san patipri a
se otorite wayòm Li an.
[9] [k]Ou renmen ladwati e
ou rayi linikite;
konsa, Bondye, Bondye pa w la
te [l]onksyone ou avèk lwil lajwa a
pi plis ke parèy Ou yo."

[10] Epi,
"Ou menm, Senyè, nan kòmansman an
te poze fondasyon tè a.
Syèl yo se zèv lamen Ou.
[11] [m]Yo va peri, men Ou va rete toujou.
Yo tout va vin vye tankou vètman.
[12] Epi tankou yon manto,
Ou va woule yo, fè woulo nèt.
Tankou vètman, yo va vin chanje,
men Ou rete menm jan an.
Lane pa Ou yo p ap fini." [n]

[13] Men a kilès nan zanj yo, Li janm di:
[o]"Chita sou men dwat Mwen,
jiskaske Mwen fè lènmi Ou yo vin
yon ti ban pou pye Ou"?

[14] Èske tout zanj yo se pa [p]lespri sèvitè, ki te voye eksprè pou rann sèvis pou koz a sila ki va eritye sali yo?

2 Pou rezon sa a, nou dwe prete bokou plis atansyon a sa nou tande deja, pou [q]nou pa vin vag sou li.

[2] Paske si pawòl ki te pale pa [r]zanj yo pa t kapab vyole, e si tout transgresyon ak dezobeyisans te gen yon pinisyon ki jis, [3] [s]kòman nou va chape si nou neglije yon gran sali konsa?

Apre sa te fin pale pa Senyè a, li te vin konfime pou nou pa sila ki te tande yo. [4] Bondye, osi, te pote temwayaj a yo menm, pa sign, pa mèvèy, pa plizyè mirak e pa [t]don Lespri Sen yo selon pwòp volonte pa Li.

[5] Paske Li pa t bay zanj yo kontwòl sou [u]monn k ap vini an, sou sa n ap pale a, [6] men youn te temwaye yon kote, pou di:
[v]"Kisa lòm ye, pou ou sonje li?
Oubyen, fis a lòm, pou ou sousye de li?
[7] Ou fè li pou yon ti tan yon ti jan pi
piti pase zanj yo.
Ou kouwone li avèk glwa ak lonè.
Ou ba li pouvwa sou tout zèv men Ou yo;
[8] e Ou mete tout bagay anba pye li."

[w] Paske nan bay li kontwòl sou tout bagay, Li pa kite anyen ki pa t kontwole pa li. Men koulye a [x]malgre sa, nan moman sa a, nou poko wè tout bagay anba kontwòl li.

[9] Men nou wè Li, Jésus, ki te fèt pou yon ti tan pi ba pase zanj yo, ki, [y]akoz soufrans lanmò a, vin kouwone avèk glwa ak lonè, ke konsa pa lagras Bondye, Li ta kapab goute lanmò pou tout moun.

[10] Paske se te jan li te dwe ye pou Li a, kòmsi [z]pou Li menm e nan Li menm ke tout bagay yo ye, pou mennen anpil fis nan laglwa, pou [a]rann pafè Otè delivrans lan atravè soufrans li yo.

[11] Paske Sila ki [b]fè moun sen an, ni sila ki vin sen yo, yo tout soti nan yon sèl Papa. Se pou rezon sa a, Li pa wont rele yo frè. [12] Li di:
[c]"Mwen va pwokame non Ou a frè m yo.
Nan mitan asanble a, Mwen va chante lwanj Ou.
[13] Epi ankò:
[d]"Mwen va mete konfyans Mwen nan Li."
E ankò:
[e]"Gade, Mwen menm avèk pitit
ke Bondye te ban Mwen yo."

[14] Alò, paske timoun yo vin menm ak Li nan pataje [f]chè ak san, Li menm tou te patisipe menm jan an, pouke selon lanmò, Li ta kapab

---

[a] **1:1** Nonb 12:6,8   [b] **1:2** Sòm 2:8   [c] **1:3** II Kor 4:4   [d] **1:3** Kol 1:17   [e] **1:4** Ef 1:21   [f] **1:5** Sòm 2:7
[g] **1:5** II Sam 7:14   [h] **1:6** Sòm 97:7   [i] **1:7** Sòm 104:4   [j] **1:8** Sòm 45:6   [k] **1:9** Sòm 45:7   [l] **1:9** És 61:1,3   [m] **1:11** Sòm 102:26   [n] **1:12** Sòm 102:26,27   [o] **1:13** Sòm 110:1   [p] **1:14** Sòm 103:20   [q] **2:1** Pwov 3:21
[r] **2:2** Trav 7:53   [s] **2:3** Eb 10:29   [t] **2:4** I Kor 12:4,11   [u] **2:5** Mat 24:14   [v] **2:6** Sòm 8:4   [w] **2:8** Sòm 8:5,6
[x] **2:8** I Kor 15:25   [y] **2:9** Trav 3:13   [z] **2:10** Wo 11:36   [a] **2:10** Eb 5:9   [b] **2:11** Eb 13:12   [c] **2:12** Sòm 22:22
[d] **2:13** És 8:17   [e] **2:13** És 8:18   [f] **2:14** Mat 16:17

kase pouvwa a sila ki te gen pouvwa lanmò a, ki se, dyab la; [15] e ki ta kapab delivre tout sila ki akoz[a]perèz lanmò yo, te sijè a esklavaj pou tout lavi yo.
[16] Paske anverite, Li pa bay èd a zanj yo, men li bay èd a desandan Abraham yo.
[17] Pou sa ta vin rive, li te [b]oblije vin fèt tankou frè Li yo nan tout aspè, pou Li ta kapab devni yon wo prèt fidèl ki gen mizerikòd nan tout bagay ki apatyen a Bondye, pou fè [c]yon sakrifis k ap padonnen peche a pèp yo. [18] Paske akoz ke Li menm te [d]tante nan sa ke Li te soufri a, Li kapab vin ede sila ki tante yo.

3 Konsa, frè sen yo, patisipan a yon [e]apèl selès yo, konsidere Jésus, Apot ak Wo prèt lafwa ke n ap konfese a. [2] Li te fidèl a Sila ki te chwazi Li a, menmjan [f]Moïse osi te fidèl nan tout kay Li a. [3] [g]Paske Li te konte dign de plis glwa ke Moïse, menmjan ke konstriktè kay la gen plis onè pase kay la li menm. [4] Paske tout kay bati pa yon moun, men Sila ki bati tout bagay la, se Bondye. [5] Alò, Moïse te fidèl nan tout kay Li a, kòm yon [h]sèvitè [i]pou yon temwayaj a bagay sila ki t ap vin pale pita yo; [6] Men Kris te fidèl kòm yon Fis nan kay Li a. [j]Se a kay pa Li nou ye a, si nou kenbe fèm nan konfyans nou an, ak fyète de fèm esperans ke nou gen jiska lafen an.
[7] Konsa, jan Lespri Sen an di a:
[k]"Jodi a, si nou tande vwa Li,
[8] pa fè tèt nou di, jan lè yo te fè M fache a,
pandan jou tribilasyon yo nan dezè a,
[9] [l]kote Papa nou yo te fè eprèv mwen nan tante Mwen, e te vin wè zèv Mwen yo pandan [m]karant ane.
[10] [n]Konsa, Mwen te fache avèk
jenerasyon sila a,
e M te di:
'Yo toujou vin egare nan kè yo;
e yo pa t konnen chemen Mwen yo'.
[11] [o]Jan Mwen te sèmante nan kòlè Mwen an,
'Yo p ap antre nan repo Mwen'.
[12] [p]Fè atansyon, frè m yo, pou pa ta gen pami nou okenn mechan, kè enkredil ki tonbe lwen Bondye vivan an. [13] Men [q]ankouraje youn lòt jou apre jou, toutotan li rele "jodi a", pouke okenn nan nou pa vin fè tèt di pa [r]sediksyon peche a.
[14] Paske nou gen tan devni patisipan an Kris [s]si nou kenbe fèm a premye [t]asirans nou an jiska lafen; [15] Pandan ke li di:
[u]"Jodi a si nou tande vwal L,
pa andisi kè nou,
jan lè yo te fè nan rebelyon an."
[16] Paske kilès ki te [v]fè rebelyon an? Èske, vrèman, se pa t tout sila ki te sòti an Égypte ki te mennen pa Moïse yo?

[17] Epi avèk kilès Li te fache pandan karant ane yo? Èske se pa avèk sila ki te peche yo [w]ke kò yo te tonbe nan dezè a?
[18] Epi a kilès Li te sèmante ke yo [x]pa t ap antre nan repo, sof ke a sila ki te dezobeyisan yo?
[19] Donk, nou wè ke yo pa t kapab antre akoz [y]enkwayans yo.

4 Konsa, annou toujou gen lakrent pou si, pandan yon pwomès pou antre nan repo Li a toujou rete, okenn nan nou pa ta sanble vin [z]rate li.
[2] Paske vrèman, bòn nouvèl la te preche a nou menm, menm jan ak yo, men [a]pawòl yo te tande a pa t fè avantaj pou yo, paske li pa t jwenn avèk lafwa nan sila ki te tande ya a. [3] Paske nou menm ki te kwè yo, nou te antre nan repo sa a, jan Li te di a: [b]"Jan Mwen te sèmante nan kòlè Mwen an, yo p ap antre nan repo Mwen", malgre zèv Li yo fini depi nan fondasyon mond lan.
[4] Paske Li te di, yon kote, konsènan setyèm jou a: [c]"Epi Bondye te repoze nan setyèm jou a de tout zèv Li yo."
[5] E ankò nan pasaj sa a: [d]"Yo p ap antre nan repo Mwen."
[6] Konsa, paske li rete pou kèk moun antre ladann, epi sila ki, avan, te gen bòn nouvèl la preche a yo menm yo, te echwe antre ladann akoz [e]dezobeyisans yo, [7] Li ankò fikse yon sèten jou, "Jodi a", e sa te ankò di atravè David apre anpil tan [f]menm jan ke Li te di avan an: [g]"Jodi a, si nou tande vwa Li, pa andisi kè nou."
[8] Paske [h]si Josué te bay yo repo, Li pa t ap pale de yon lòt jou apre sa.
[9] Konsa, gen yon repo Saba ki rete pou pèp Bondye a. [10] Paske sila ki te antre nan repo Li a, li menm tou, te repoze de zèv li yo, jan [i]Bondye te fè pou zèv pa Li yo. [11] Konsa, annou fè dilijans pou antre nan repo sila a, pou okenn moun pa tonbe, nan swiv menm [j]egzanp dezobeyisans lan.
[12] Paske [k]pawòl Bondye a vivan, aktif, li pi file pase yon nepe ki koupe de bò. Li penetre rive jis lè l divize nanm nan ak lespri a, menm jwenn zo ak mwèl, e li kapab jije panse ak lentansyon a kè yo. [13] [l]Nanpwen kreyati ki kache devan zye Li, men tout bagay ouvri nèt e parèt toutouni devan zye a Sila ke nou oblije ran kont.
[14] Konsa, paske nou gen yon si tèlman [m]wo prèt ki te [n]travèse nan tout syèl yo, Jésus, Fis a Bondye a, annou kenbe fèm nan lafwa ke nou konfese a.
[15] Paske nou pa gen yon wo prèt ki pa gen senpati ak feblès nou yo, men youn ki te [o]tante nan tout bagay tankou nou menm, men [p]san peche.
[16] Konsa, annou [q]rapwoche nou ak konfyans a twòn lagras la, pou nou kapab resevwa mizerikòd e

---

[a] **2:15** Wo 8:15   [b] **2:17** Fil 2:7   [c] **2:17** Dan 9:24   [d] **2:18** Eb 4:15   [e] **3:1** Fil 3:14   [f] **3:2** Egz 40:16   [g] **3:3** II Kor 3:7-11   [h] **3:5** Nonb 12:7   [i] **3:5** Det 18:18   [j] **3:6** I Kor 3:16   [k] **3:7** Sòm 95:8   [l] **3:9** Sòm 95:11   [m] **3:9** Trav 7:36   [n] **3:10** Sòm 95:10   [o] **3:11** Sòm 95:11   [p] **3:12** Kol 2:8   [q] **3:13** Eb 10:24   [r] **3:13** Ef 4:22   [s] **3:14** Eb 3:6   [t] **3:14** Eb 11:1   [u] **3:15** Sòm 95:7   [v] **3:16** Jr 32:29   [w] **3:17** Nonb 14:29   [x] **3:18** Nonb 14:23   [y] **3:19** Jn 3:18,36   [z] **4:1** II Kor 6:1   [a] **4:2** Wo 10:17   [b] **4:3** Sòm 95:11   [c] **4:4** Jen 2:2   [d] **4:5** Sòm 95:11   [e] **4:6** Eb 3:18   [f] **4:7** Eb 3:7   [g] **4:7** Sòm 95:7   [h] **4:8** Jos 22:4   [i] **4:10** Jen 2:2   [j] **4:11** II Pi 2:6   [k] **4:12** Jr 23:29   [l] **4:13** II Kwo 16:9   [m] **4:14** Eb 2:17   [n] **4:14** Ef 4:10   [o] **4:15** Eb 2:18   [p] **4:15** I Kor 5:21   [q] **4:16** Eb 7:19

twouve gras pou ede nou nan moman bezwen nou yo.

5 Paske tout wo prèt ki ªpran pami moun se deziye pou moun, nan bagay ki apatyen a Bondye, pou l kapab ofri Bondye don ak sakrifis pou peche yo. ² Konsa, ᵇwo prèt la kapab a ji ak konpasyon selon moun inyoran ak egare yo, paske li menm osi, li gen anpil feblès. ³ Epi akoz de sa, li oblije ofri sakrifis ᶜpou peche pèp la, e pou pwòp tèt li tou. ⁴ ᵈOkenn moun konsa p ap pran onè pou tèt li, men li rele pa Bondye, menm jan Aaron te rele a. ⁵ Menm jan an, Kris pa t osi bay pwòp tèt Li glwa, pou L ta devni yon wo prèt, men Li menm, Bondye ki te di Li:
ᵉ"Ou se Fis Mwen; jodi a Mwen vin
Papa Ou.";
⁶ Menm jan Li di osi nan yon lòt pasaj:
ᶠ"Ou se yon prèt pou tou tan
selon modèl Melchisédek la."

⁷ N a n j o u l a c h è L i y o , ᵍL i t e o f r i p r i y è , siplikasyon avèk gwo kriye ak dlo nan zye a Sila sèl ki ta kapab sove Li soti nan lanmò a, e Li, Bondye, te tande akoz de sentete Li. ⁸ Malgre Li te ʰyon Fis, Li te aprann ⁱobeyisans nan bagay ke Li te soufri yo. ⁹ Epi apre, lè L te vin ʲpafè, Li te vin devni pou tout sila ki obeyi Li yo, sous sali etènèl la, ¹⁰ nonmen pa Bondye kòm ᵏwo prèt nan modèl a Melchisédek la.

¹¹ Konsènan Li menm, nou gen anpil bagay pou di, e se difisil pou eksplike akoz ke nou vin mal pou tande. ¹² Paske malgre lè sa a, nou ta dwe vin mèt, nou bezwen ankò yon moun pou enstwi nou ˡprensip de baz revelasyon Bondye yo. Ou vin bezwen lèt olye manje solid. ¹³ Paske tout sila ki pran lèt sèlman yo, yo pa abitye avèk pawòl ladwati a, paske yo ᵐbebe toujou. ¹⁴ Men manje solid la, se pou ⁿgranmoun yo, ki akoz de pratik yo, vin gen kapasite pou distenge sa ki byen ak sa ki mal.

6 Konsa, nan ᵒkite enstriksyon elemantè sou Kris la, annou pouse de lavan vè matirite. Nou p ap poze ankò yon fondasyon repantans ki soti nan ᵖzèv mò yo, ak lafwa anvè Bondye, ² ᵠlenstriksyon sou lave ak poze men yo, ʳrezirèksyon a mò yo ak jijman etènèl la. ³ Tout sa nou va fè ˢsi Bondye kite l fèt.

⁴ Paske nan ka a sila ki, yon fwa, te ᵗeklere yo, ki te goute kado selès la, ki te vin patisipan nan Lespri Sen yo, ⁵ ᵘte goute bon pawòl Bondye a ak pouvwa a tan k ap vini an, ⁶ e ki answit, te vin tonbe, se ᵛenposib pou renouvle yo ankò a repantans, paske yo ankò krisifye pou kont yo Fis Bondye a e ekspoze Li a lawont piblik.

⁷ Paske tè ki bwè lapli ki tonbe souvan sou li a, e ki pote plant ki itil a ʷsila k ap kiltive tè a, resevwa benediksyon a Bondye. ⁸ Men si li pote pikan ak zepeng, li san valè e ˣprèt pou vin madichonnen, e fini pa brile. ⁹ Men ʸbyeneme yo, nou konvenk de pi bon bagay konsènan nou menm yo, bagay ki akonpanye Sali yo, malgre se konsa n ap pale.

¹⁰ Paske ᶻBondye pa enjis pou Li ta bliye travay nou ak lanmou ke nou montre anvè non Li, ke nou te bay e kontinye ap bay a sen yo. ¹¹ Nou dezire ke nou chak montre menm dilijans lan pou nou kapab gen yon ªespwa ranpli nan ᵇasirans konplè jiska lafen, ¹² pou nou pa vin mou, men rete ᶜimitatè a sila ki, atravè lafwa ak tenasite, te vin eritye pwomès yo.

¹³ Paske lè Bondye te fè pwomès la a Abraham, akoz ke Li pa t kapab sèmante pa okenn pi gran, Li te ᵈsèmante pa pwòp tèt Li. ¹⁴ Li te di: "Byensi ᵉMwen va beni ou, e byensi, Mwen va miltipliye nou." ¹⁵ Konsa, nan ᶠtann li avèk anpil andirans, Abraham te resevwa pwomès la.

¹⁶ Paske moun toujou sèmante pa yon moun ki pi gran pase yo, e nan nenpòt malantandi ᵍyon sèman ki fèt avèk yon akò fèmen tout diskisyon.

¹⁷ Nan menm fason an, Bondye, ak volonte pou menm plis montre ʰeritye pwomès yo ke bi Li a pa kab chanje, Li te pale avèk yon sèman. ¹⁸ Pouke pa ⁱde (2) bagay ki pa kab chanje yo, pa sila ke li enposib pou Bondye bay manti, nou menm ki te pran refij nan Kris la, nou genyen yon gwo ankourajman pou kenbe esperans ki plase devan nou an. ¹⁹ Lesperans sa a ke nou gen kòm lank pou nanm nou an, yon esperans ki asire e solid, youn ki ʲmenm antre anndan vwal tanp lan, ²⁰ ᵏkote Jésus te deja antre kòm youn ki kouri devan pou nou, e te devni yon wo prèt pou tout tan nan lòd Melchisédek la.

7 Paske ˡMelchisédek sila a, wa Salem nan, prèt a Bondye Pi Wo a, ki te rankontre Abraham lè l t ap retounen soti nan masak wa yo e te beni li, ² a li menm osi Abraham te bay yon dim nan tout piyaj a, ki te dabò, nan tradwi non li, wa ladwati, e menm osi wa Salèm, ki vle di wa lapè. ³ San papa, san manman, san listwa zansèt, ki pa t gen ni kòmansman nan jou li yo, ni lafen nan lavi li, men fèt tankou ᵐFis a Bondye a, li rete yon prèt pou tout tan.

⁴ Alò, obsève ki jan mesye sa a te gran; menm Abraham, ⁿpatriyach la, te bay li yon dim nan pi bon pati piyaj sila a. ⁵ Konsa, sila vrèman de ᵒfis a Lévi yo, ki te resevwa plas a wo prèt la, te gen yon kòmandman nan lalwa pou fè kolekte yon dim ki soti nan pèp la, sa vle di, ki soti nan frè yo, malgre ke yo se desandan Abraham.

⁶ Men youn ki pa menm pami zansèt li yo, te kolekte yon dim soti nan Abraham e te beni sila ᵖki te gen tout pwomès yo. ⁷ Men san kesyon, pi piti a beni pa pi gran an.

ª **5:1** Egz 28:1   ᵇ **5:2** Eb 2:18   ᶜ **5:3** Lev 9:7   ᵈ **5:4** Nonb 16:40   ᵉ **5:5** Sòm 2:7   ᶠ **5:6** Sòm 110:4
ᵍ **5:7** Mat 26:39,42,44   ʰ **5:8** Eb 1:2   ⁱ **5:8** Fil 2:8   ʲ **5:9** Eb 2:10   ᵏ **5:10** Eb 2:17   ˡ **5:12** Eb 6:1
ᵐ **5:13** I Kor 3:1   ⁿ **5:14** I Kor 2:6   ᵒ **6:1** Fil 3:13   ᵖ **6:1** Eb 9:14   ᵠ **6:2** Jn 3:25   ʳ **6:2** Trav 17:31
ˢ **6:3** Trav 18:21   ᵗ **6:4** II Kor 4:4,6   ᵘ **6:5** I Pi 2:3   ᵛ **6:6** Eb 10:26   ʷ **6:7** II Tim 2:6   ˣ **6:8** Jen 3:17
ʸ **6:9** I Kor 10:14   ᶻ **6:10** Pwov 19:17   ª **6:11** Eb 3:6   ᵇ **6:11** Eb 10:22   ᶜ **6:12** Eb 13:7   ᵈ **6:13** Jen 22:16
ᵉ **6:14** Jen 22:17   ᶠ **6:15** Jen 12:4   ᵍ **6:16** Egz 22:11   ʰ **6:17** Eb 11:9   ⁱ **6:18** Nonb 23:19   ʲ **6:19** Lev 16:2,15
ᵏ **6:20** Jn 14:2   ˡ **7:1** Jen 14:18-20   ᵐ **7:3** Eb 7:28   ⁿ **7:4** Trav 2:29   ᵒ **7:5** Nonb 18:21,26   ᵖ **7:6** Wo 4:13

⁸ Nan ka sila a, lòm mòtèl yo resevwa dim yo, men nan lòt ka a, yon moun resevwa yo ᵃde sila ke yo temwaye ke li viv toujou. ⁹ Epi nou kapab di ke, selon Abraham menm Lévi, ki te resevwa dim yo, te peye dim yo, ¹⁰ paske li te toujou nan ren a Papa l lè Melchisédek te rankontre li a.

¹¹ ᵇAlò, si pèfeksyon an te nan sistèm prèt Levitik yo (paske se sou baz sa a ke ᶜpèp la te resevwa Lalwa), ki bezwen anplis ki te gen pou yon lòt prèt leve nan modèl Melchisédek la, ki pa t dezigne selon modèl Aaron an?

¹² Paske lè sistèm prèt la vin chanje, vin gen nesesite pou yon chanjman lalwa tou. ¹³ Paske ᵈsou sila ke n ap pale la a, li se yon manm nan yon lòt tribi ki pa t gen okenn moun ki te fè sèvis devan lotèl la.

¹⁴ Paske li byen klè ke Senyè nou an te desann ᵉsòti nan Juda, yon tribi ki pa gen korespondans ak anyen Moïse te pale konsènan zafè prèt yo. ¹⁵ Epi sa pi klè toujou, si yon lòt prèt leve selon resanblans a Melchisédek, ¹⁶ ki pa t devni konsa sou baz a yon ᶠlwa lachè, men selon pouvwa a yon lavi ki pa t kab peri. ¹⁷ Paske li temwaye de Li: ᵍ"Ou se yon prèt pou tout tan nan modèl a Melchisédek la."

¹⁸ Paske sou yon bò, yo mete sou kote ansyen kòmandman an ʰakoz de feblès ak initilite li. ¹⁹ (Paske ⁱLalwa pa t fè anyen pafè), epi sou lòt bò, yo mennen yon pi bon espwa, e atravè li menm nou vin rapwoche de Bondye. ²⁰ E kòmsi, li pa t fèt yon prèt san yon sèman, ²¹ paske vrèman prèt lalwa yo te vin prèt san sèman, men Li menm avèk yon sèman, atravè Sila ki te di Li a:

ʲ"Senyè a gen tan sèmante e Li p ap
  chanje tèt Li;
'Ou se yon prèt pou tout tan'."
Selon modèl a Melchisédek la."

²² Konbyen anplis ke sa, Jésus gen tan vin ᵏgaranti a yon pi bon akò. ²³ Lansyen prèt yo, sou yon bò, te egziste an gran nonb, paske lanmò te anpeche yo kontinye fè sèvis yo, ²⁴ men Jésus, de lòt bò, akoz ke Li la ˡpou tout tan, Li kenbe pozisyon prèt Li a pou tout tan.

²⁵ Konsa, osi, Li kapab sove pou tout tan sila ki vin rapwoche de Bondye atravè Li menm yo, paske Li toujou vivan pou ᵐentèsede pou yo.

²⁶ Paske se te byen an lòd pou nou ta gen yon wo prèt konsa, sen ⁿinosan, san tach, separe de pechè yo e ᵒegzalte piwo ke syèl yo; ²⁷ ki pa bezwen chak jou, tankou wo prèt sila yo, ofri sakrifis, premyèman pou pwòp peche pa L e anplis pou peche a pèp la, paske Li te deja fè sa ᵖyon fwa pou tout, lè Li te ofri tèt Li a.

²⁸ Paske Lalwa nonmen moun ᵠki fèb kòm wo prèt, men pawòl a sèman, ki te vini après Lalwa a, te nonmen yon Fis ki te ʳfèt pafè pou tout tan.

8 Koulye a, pwen prensipal nan sa ki te di a se sa: "Nou gen yon si tèlman wo prèt ki pran plas Li ˢadwat a twòn Majeste a nan syèl yo." ² Pou Li aji kòm sèvitè nan sanktyè a, ak nan ᵗvrè tabènak la ke Senyè a, olye lòm te fè leve.

³ Paske chak ᵘwo prèt nonmen pou ofri ni don ni sakrifis. Konsa li nesesè pou wo prèt sila a gen yon bagay pou l ofri tou. ⁴ Alò, si Li te sou latè, Li pa t ap yon prèt menm, paske pou sa a, gen sila yo ki ᵛofri don yo selon Lalwa, ⁵ ki sèvi kòm yon kopi ak lonbraj a bagay selès yo, jis jan ke Moïse te avèti pa Bondye lè Li te prèt pou leve tabènak la, paske ʷ"Veye" Li te di: "pou ou fè tout bagay selon modèl ki te montre a ou menm sou mòn nan."

⁶ Men koulye a, Li vin gen yon èv ki pi ekselan, paske Li se osi ˣmedyatè a yon pi bon akò, ki te etabli sou pi bon pwomès yo.

⁷ Paske ʸsi premye akò sa a te san defo, pa t ap gen yon rezon pou yon dezyèm. ⁸ Paske akoz Li twouve fot nan yo, Li di:

ᶻ"Gade byen, jou yo ap vini, di Senyè a,
  lè Mwen va fè yon akò tounèf avèk
    kay Israël la
  e avèk kay Juda a;
⁹ ᵃPa tankou akò ke Mwen te fè avèk
    zansèt pa yo
  nan jou ke M te pran yo nan men
  pou mennen yo sòti an Égypte la;
  paske yo pa t kontinye nan akò Mwen an
  e Mwen pa t okipe yo, di Senyè a.
¹⁰ ᵇPaske sa se akò ke Mwen va fè
    avèk kay Israël la
  apre jou sa yo, di Senyè a:
  Mwen va mete Lalwa Mwen nan panse yo,
  e Mwen va ekri yo nan kè yo.
  Mwen va Bondye yo,
  e yo va pèp Mwen.
¹¹ ᶜEpi yo p ap enstwi chak sitwayen
    parèy a yo
  ak chak frè a yo, pou di: 'Vin konnen Bondye',
  paske tout moun ap deja konnen
    Mwen, soti nan
  pi piti jiska pi gran nan yo.
¹² ᵈPaske Mwen va gen mizerikòd pou
    linikite pa yo
  e Mwen p ap sonje peche yo ankò."

¹³ Lè L te di: ᵉ"Yon akò tounèf", Li fè premye a epwize nèt. Men, nenpòt sa ki vin epwize a, e ki vin vye, prè pou vin disparèt.

9 Alò, menm premye akò a te gen ᶠrègleman pou adore Bondye ak sanktyè tèrès la. ² Paske te gen ᵍyon tabènak ki te fin prepare. Sa ki pa deyò a, nan li te gen chandelye a, tab la, ak pen sakre a. Yo rele l lye sen an.

ᵃ **7:8** Eb 5:6   ᵇ **7:11** Eb 7:18   ᶜ **7:11** Eb 10:1   ᵈ **7:13** Eb 7:14   ᵉ **7:14** Nonb 24:17   ᶠ **7:16** Eb 9:10
ᵍ **7:17** Sòm 110:4   ʰ **7:18** Wo 8:3   ⁱ **7:19** Trav 13:39   ʲ **7:21** Sòm 110:4   ᵏ **7:22** Sòm 119:122   ˡ **7:24** És 9:7   ᵐ **7:25** Wo 8:34   ⁿ **7:26** I Pi 2:22   ᵒ **7:26** Eb 4:14   ᵖ **7:27** Eb 9:12,28   ᵠ **7:28** Eb 5:2   ʳ **7:28** Eb 2:10
ˢ **8:1** Sòm 110:1   ᵗ **8:2** Eb 9:11,24   ᵘ **8:3** Eb 2:17   ᵛ **8:4** Eb 5:1   ʷ **8:5** Egz 25:40   ˣ **8:6** I Tim 2:5   ʸ **8:7** Eb 7:11   ᶻ **8:8** Jr 31:31   ᵃ **8:9** Egz 19:5   ᵇ **8:10** Jr 31:33   ᶜ **8:11** Jr 31:34   ᵈ **8:12** És 43:25   ᵉ **8:13** Luc 22:20
ᶠ **9:1** Eb 9:10   ᵍ **9:2** Egz 25:8,9

³ Andedan ᵃdezyèm vwal la, te gen yon tabènak ke yo te rele Sen de Sen yo. ⁴ Li gen yon ᵇlotèl an lò pou lansan an, ak lach akò a ki kouvri nan tout kote avèk lò. Ladann te gen yon vaz an lò ki gen lamàn nan, ak baton Aaron ki te boujonnen, ak tablèt akò yo. ⁵ Epi anwo li, se te cheriben laglwa a ki te fè lonbraj sou plas ekspiyasyon an. Men de bagay sa yo, nou pa kab pale an detay koulye a.ᶜ

⁶ Alò, lè bagay sa yo fin byen prepare konsa, prèt yo ap ᵈtoujou antre nan tabènak pa deyò a, pou fè adorasyon Bondye, ⁷ men nan dezyèm nan, se sèl wo prèt la ki antre ladann yon fwa pa ane. Men fòk li pote ᵉsan, ke li ofri pou tèt li a ak pou ᶠpeche ke pèp la te fè nan inyorans yo.

⁸ Lespri Sen an ap fè nou konnen sa a; ᵍke chemen pou antre nan lye sen an poko fin revele, pandan tabènak deyò a toujou kanpe. ⁹ Tabènak sila a se yon imaj pou tan prezan sila a. Selon sa a ʰni kado ni sakrifis k ap ofri yo pa kapab fè adoratè a vin pafè nan konsyans li, ¹⁰ paske yo lye sèlman ak ⁱmanje, bwason, ak plizyè bagay pou lave, règleman kò ki enpoze jis pou ʲlè tout bagay vin nèf.

¹¹ Men lè Kris te parèt tankou ᵏwo prèt a bon bagay ki t ap vini yo, li te antre nan tabènak pi gran e pi pafè a, ki pa fèt avèk men; sa vle di, ki pa t sòti nan kreyasyon sila a. ¹² Li pa te depann sou san kabrit ak jenn ti bèf, men ˡnan pwòp san pa Li. Konsa, Li te antre nan lye sen a yon fwa pou tout, akoz Li te resevwa yon redanmsyon etènèl.

¹³ Paske si ᵐsan a kabrit, ak towo, ak pousyè sann a yon gazèl voye sou sila ki te konwonpi yo, te sanktifye yo pou netwaye chè a, ¹⁴ konbyen anplis ke ⁿsan a Kris la, ki atravè Lespri etènèl la, ki te ofri pwòp tèt Li san tach a Bondye, va netwaye konsyans nou de zèv lanmò yo, pou sèvi Bondye vivan an?

¹⁵ Pou rezon sila a, Li se ᵒmedyatè a yon akò tounèf. Pouke, depi yon mò gen tan fèt pou redanmsyon transgresyon ki te komèt anba premye akò a, sila yo ki te rele a, kapab resevwa pwomès a eritaj etènèl la.

¹⁶ Paske kote denyè testaman akò mò a ye, fòk gen lanmò a sila ki te fè l la. ¹⁷ Paske yon denyè testaman akò mò valab sèlman lè moun mouri, paske li pa janm an fòs pandan sila ki te fè l la toujou vivan.

¹⁸ Konsa, menm premye akò a pa t inogire san san. ¹⁹ Paske lè tout kòmandman yo te fin pale pa Moïse a tout pèp la selon Lalwa ᵖli te pran san a towo ak kabrit ᵠavèk dlo, lenn wouj ak izòp, e te aspèje yo ni sou liv la, ak tout pèp la. ²⁰ E konsa li te di: ʳ"Sa se san akò ke Bondye te kòmande nou an."

²¹ Menm jan an, li te ˢflite tabènak la ak tout veso pou sèvis yo avèk san an. ²² Epi selon Lalwa, se ᵗprèske tout bagay ki netwaye avèk san, e san vèsman san, nanpwen padon.

²³ Konsa, li te nesesè pou kopi ᵘa bagay ki nan syèl yo ta vin netwaye avèk san sila a, men bagay selès yo, yo menm, avèk yon pi bon sakrifis ke sa yo.

²⁴ Paske Kris ᵛpa t antre nan yon lye sen ki te fèt avèk men, yon kopi senp de sa ki vrè a, men nan syèl la li menm; konsa, pou l parèt nan prezans a Bondye pou nou. ²⁵ Ni se pa t pou Li ta kab ofri tèt Li souvan, kòm ʷwo prèt ki antre nan lye sen an ane apre ane avèk san ki pa pou li a. ²⁶ Otreman, Li t ap bezwen soufri souvan depi fondasyon mond lan; men koulye a ˣpou yon sèl fwa nan fen tan yo, Li te vin parèt pou aboli peche yo pa sakrifis a Li menm nan.

²⁷ Epi konsa, jan ʸsa apwente pou moun mouri yon sèl fwa a, e apre sa ᶻjijman an vini an, ²⁸ konsa Kris tou, ki te ofri yon sèl fwa pou ᵃpote peche a anpil moun nan, va vin parèt yon dezyèm fwa pou pote sali, san referans a peche, pou sila k ap vrèman tann Li yo.

10

Paske Lalwa a, akoz ke se sèlman yon lonbraj a bon bagay k ap vini yo, e ki pa vrè fòm a bagay sa yo, pa ᵇjanm kapab, ak menm sakrifis ke yo ofri, tout tan ane apre ane yo ᶜfè vin pafè moun ki te rapwoche de li yo. ² Otreman, èske yo pa t ap sispann ofri sakrifis sa yo, akoz de adoratè yo, lè yo te fin netwaye yon fwa, yo pa t ap ᵈvin sanse pechè ankò?

³ Men ᵉnan sakrifis sa yo, gen yon sistèm pou sonje peche yo ane apre ane. ⁴ Paske se enposib pou ᶠsan towo ak kabrit efase peche.

⁵ Konsa, lè Li vini nan mond lan, Li te di:
ᵍ"Sakrifis ak ofrann Ou pa t dezire,
men yon kò Ou te prepare pou Mwen.
⁶ ʰNan tout ofrann ki brile
ak sakrifis pou peche,
Ou pa t pran plezi.
⁷ ⁱAnswit, Mwen te di:
'Gade, Mwen gen tan vini
(nan woulo liv la li ekri de Mwen)
"pou fè volonte Ou, o Bondye."'

⁸ Lè L te fin di tout sa a: ʲ"Sakrifis ak ofrann yo, tout ofrann brile ak sakrifis pou peche yo, Ou pa t dezire yo, ni Ou pa t pran plezi nan yo" (sila k ap ofri selon Lalwa yo).

⁹ Answit, Li te di: ᵏ"Gade, Mwen vini pou fè volonte Ou."
Li retire premye a pou Li kapab etabli dezyèm nan. ¹⁰ Pa volonte sila a, nou ˡvin sanktifye pa ᵐofrann a kò Jésus Kris la yon fwa pou tout.

¹¹ Chak prèt kanpe chak jou pou fè ministè li e ⁿl ofri, tan apre tan, menm sakrifis yo, ki ᵒpa janm kapab efase peche yo.

¹² Men Li menm, ki te ofri yon sèl sakrifis pou peche yo pou tout tan an, Li ᵃte vin chita sou men dwat a Bondye, ¹³ pou Li ta tann depi lè sa jis rive pi devan an ᵇjiskaske lènmi li yo vin tounen yon ti ban pou pye li. ¹⁴ Paske pa yon sèl ofrann, Li te vin rann ᶜpafè pou tout tan sila ki vin sen yo.

¹⁵ Epi ᵈLespri Sen an temwaye osi a nou menm. Paske apre Li te di:

¹⁶ ᵉ"Sa se akò ke Mwen va fè avèk yo
apre jou sa yo, di Senyè a;
Mwen va mete Lwa Mwen nan kè yo,
e nan panse yo, Mwen va ekri yo."

Li di answit:

¹⁷ ᶠ"Epi peche ak inikite yo,
Mwen p ap sonje yo ankò."

¹⁸ Alò, kote gen padon pou bagay sa yo, nanpwen ofrann pou peche ankò.

¹⁹ Konsa, frè yo, paske nou gen konfyans ᵍpou antre nan lye sen an pa san Jésus a ²⁰ pa yon chemen tounèf e vivan ke Li te ouvri pou nou ʰatravè vwal la, ki se chè Li, ²¹ epi paske nou vin gen yon Granprèt ⁱlakay Bondye a, ²² annou ʲrapwoche nou avèk yon kè sensè, ki plen asirans lafwa, avèk kè nou ki vin pwòp de yon move konsyans, e kò nou ki vin lave avèk dlo pwòp. ²³ Pou nou kenbe fèm a ᵏpwofesyon esperans lan, san ezite, paske Sila ki fè pwomès la, Li fidèl.

²⁴ Epi annou konsidere jan pou nou kapab ˡankouraje youn lòt nan lanmou ak bon zèv. ²⁵ Pa nan abandone pwòp asanble nou, jan kèk moun abitye fè, men nan ᵐankouraje youn lòt, e plis menm akoz nou wè jou a ap pwoche.

²⁶ Paske si nou kontinye nan ⁿpeche volontèman aprè nou resevwa ᵒkonesans verite a, p ap gen yon sakrifis pou peche ki rete ankò, ²⁷ men n ap tann ak laperèz yon jijman ki asire, ak ᵖyon dife anraje, ranpli lakòlè ki va konsome tout advèsè yo.

²⁸ ᵠNenpòt moun ki te konn mete sou kote Lalwa Moïse la te gen pou mouri san mizerikòd avèk temwayaj de de oubyen twa temwen. ²⁹ Ki pinisyon pi rèd ou panse li va merite, sila ki foule anba pye li Fis a Bondye a, e gade ʳsan akò pa sila li te vin sanktifye a, kòm pa pwòp, e ki ensilte Lespri lagras la?

³⁰ Paske nou konnen Sila ki te di a: ˢ"Vanjans se pou Mwen. Mwen va rekonpanse." E ankò: ᵗ"Senyè a va jije pèp Li a." ³¹ Se yon bagay ki tèrib pou tonbe nan men ᵘBondye vivan an.

³² Men sonje jou nan tan pase yo, lè apre nou te fin ᵛeklere, nou te andire yon gwo ʷkonfli soufrans ³³ nan yon jan, nou te ˣdevni yon spektak piblik, repwòch ak tribilasyon, men osi nou te ʸpataje soufrans ak sila ki te maltrete konsa yo. ³⁴ Paske nou te montre konpasyon pou prizonye yo e te aksepte l ᶻavèk jwa lè yo te sezi byen nou yo, nan konnen ke nou te gen yon pi bon posesyon k ap dire nèt.

³⁵ Konsa, pa jete ᵃkonfyans nou an, ki gen yon gran rekonpans. ³⁶ Paske nou oblije ᵇandire, pou lè nou fin fè volonte Bondye, nou kab ᶜresevwa sa ki te pwomèt a nou an.

³⁷ ᵈ"Paske nan yon tan ki kout,
Sila ki ap vini an, va vini, e li p ap fè reta.
³⁸ ᵉMen moun ladwati pa M nan, va
viv pa lafwa;
e si li fè bak, nanm Mwen p ap gen
plezi nan li."

³⁹ Men nou pa pami sila ki fè bak pou vin detwi yo, men sila ki gen lafwa pou prezève nanm la.

11 Alò, lafwa se ᶠasirans a sa ke n ap espere ak konviksyon de bagay nou pa wè yo.

² Paske se pa lafwa, moun nan tan ansyen yo te ᵍvin apwouve.

³ Pa lafwa nou konprann ke ʰmond yo te prepare pa pawòl Bondye a, pouke sa nou wè pa t fèt avèk bagay ki vizib.

⁴ Pa lafwa ⁱAbel te ofri a Bondye yon pi bon sakrifis ke Cain, selon sa, li te resevwa temwayaj ke li te jis. Bondye te fè temwayaj de ofrann li yo, epi pa lafwa, malgre ke li mouri, li toujou pale.

⁵ Pa lafwa ʲEnoch te monte pou l te kab pa wè lanmò. E kò li pa te jwenn akoz ke Bondye te pran l. Paske li te twouve temwen ke avan li te monte a, li t ap fè Bondye plezi.

⁶ Konsa, san lafwa, li enposib pou fè Li plezi, paske sila ki ᵏvin kote Bondye a, dwe kwè ke Li egziste, e ke li bay rekonpans a sila ki chache L yo.

⁷ Pa lafwa ˡNoé te avèti pa Bondye de bagay ki potko vizib yo, avèk respè, li te prepare yon lach pou sove tout lakay li. Pa sa, li te kondane mond lan, e li te devni yon eritye ladwati ki se pa lafwa.

⁸ Pa lafwa ᵐAbraham, lè l te rele, li te obeyi lè l te sòti pou ale yon kote ke li te dwe resevwa pou eritaj. Li te soti malgre li pa t menm konnen ki kote li t ap prale. ⁹ Pa lafwa, li te viv kòm yon etranje nan ⁿpeyi pwomès la, tankou se nan yon peyi etranje, e li te abite nan tant avèk Isaac ak Jacob, eritye ansanm a menm pwomès la. ¹⁰ Paske li t ap chache ᵒvil ki gen fondasyon an, ki gen kòm achitèk ak fondatè, Bondye menm.

¹¹ Pa lafwa, menm ᵖSarah te vin gen kapasite pou l ansent, menm depase pwòp tan lavi li, paske li te konsidere Li menm fidèl ki te fè pwomès la. ¹² Akoz sa te vin fèt de yon sèl moun, e ᵠli menm, tankou yon moun mouri deja, yon kantite desandan "an chif ʳkòm etwal, e ki pa kab kontwole tankou grenn sab lanmè."

ᵃ **10:12** Sòm 110:1 ᵇ **10:13** Sòm 110:1 ᶜ **10:14** Eb 10:1 ᵈ **10:15** Eb 3:7 ᵉ **10:16** Jr 31:33 ᶠ **10:17** Jr 31:34 ᵍ **10:19** Eb 9:25 ʰ **10:20** Eb 6:19 ⁱ **10:21** I Tim 3:15 ʲ **10:22** Eb 7:19 ᵏ **10:23** Eb 3:1 ˡ **10:24** Eb 13:1 ᵐ **10:25** Eb 3:13 ⁿ **10:26** Nonb 15:30 ᵒ **10:26** I Tim 2:4 ᵖ **10:27** És 26:11 ᵠ **10:28** Det 17:2-6 ʳ **10:29** Egz 24:8 ˢ **10:30** Wo 12:19 ᵗ **10:30** Det 32:36 ᵘ **10:31** Mat 16:16 ᵛ **10:32** Eb 6:4 ʷ **10:32** Fil 1:30 ˣ **10:33** I Kor 4:9 ʸ **10:33** Fil 4:14 ᶻ **10:34** Mat 5:12 ᵃ **10:35** Eb 10:19 ᵇ **10:36** Luc 21:19 ᶜ **10:36** Eb 9:15 ᵈ **10:37** Eb 2:3 ᵉ **10:38** Hab 2:4 ᶠ **11:1** Eb 3:14 ᵍ **11:2** Eb 11:4,39 ʰ **11:3** Jn 1:3 ⁱ **11:4** Jen 4:4 ʲ **11:5** Jen 5:21-24 ᵏ **11:6** Eb 7:19 ˡ **11:7** Jen 6:13-22 ᵐ **11:8** Jen 12:1-4 ⁿ **11:9** Trav 7:5 ᵒ **11:10** Eb 12:22 ᵖ **11:11** Jen 17:19 ᵠ **11:12** Wo 4:19 ʳ **11:12** Jen 22:17

¹³ Tout sila yo te mouri nan lafwa ᵃsan resevwa pwomès yo, men yo te wè yo e te rejwi de yo a yon distans, epi yo ᵇte konfese ke yo te etranje e egzile sou tè a. ¹⁴ Paske sila ki di bagay sa yo, fè l klè ke y ap chache yon peyi ki pou yo. ¹⁵ Si vrèman, yo t ap panse ak peyi sa a ke yo te soti a ᶜyo t ap twouve chans pou retounen. ¹⁶ Men jan sa ye a, yo pito yon pi bon peyi, yon ᵈpeyi selès. Konsa, Bondye pa t wont pou Li menm ta rele Bondye pa yo a, paske ᵉLi te prepare yon vil pou yo.

¹⁷ Pa lafwa ᶠAbraham, lè l te vin pase a leprèv, li te ofri Isaac; e sila ki te ᵍresevwa pwomès la, t ap ofri sèl fis li a. ¹⁸ Se te selon fis sa menm ke Li te di: ʰ"Nan Isaac, desandan ou yo va rele."

¹⁹ Men li te konsidere ke ⁱBondye kapab leve moun menm soti nan lanmò. E vreman, li te osi resevwa li (Isaac) soti nan lanmò kòm yon modèl de sila ki t ap vini an. ²⁰ Pa lafwa ʲIsaac te beni Jacob ak Ésaü, menm selon bagay ki t ap vini yo.

²¹ Pa lafwa ᵏJacob, pandan li t ap mouri, li te beni tout fis Joseph yo, e li te adore pandan li t ap apiye sou tèt baton li.

²² Pa lafwa ˡJoseph, lè l t ap mouri, te pale sou egzòd a fis Israël yo, e te pase lòd konsènan zo li yo.

²³ Pa lafwa ᵐMoïse, lè l te fèt, te kache pandan twa mwa pa paran li yo, paske yo te wè ke li te yon bèl pitit; e yo pa t pè ⁿlòd wa a.

²⁴ Pa lafwa, Moïse ᵒlè l te fin grandi, li te refize rele fis a fi Farawon an; ²⁵ men li te chwazi pito ᵖsipòte afliksyon avèk pèp Bondye a pase pou l ta rejwi nan plezi peche k ap pase yo. ²⁶ Li te ᑫkonsidere repwòch a Kris la kòm pi gran richès pase trezò an Égypte yo; paske li t ap gade rekonpans lan.

²⁷ Pa lafwa, li te ʳkite Égypte, san ˢkrent kòlè a wa a; paske li te kenbe fèm, kòmsi li te wè Sila ki pa vizib la. ²⁸ Pa lafwa, li te ᵗfè Pak Jwif la, e li te flite san an, pou sila ki te detwi premye ne yo pa t kab touche yo. ²⁹ Pa lafwa yo te ᵘtravèse Lamè Wouj, kòmsi yo t ap pase sou tè sèk. E Ejipsyen yo, lè yo te tante fè l, te vale nèt. ³⁰ Pa lafwa ᵛmiray Jéricho yo te tonbe ʷapre yo te fin fè wonn yo pandan sèt jou.

³¹ Pa lafwa ˣRahab fanm movèz vi a, pa t peri ansanm avèk sila ki te dezobeyisan yo, apre li te fin resevwa espyon yo an pè.

³² Epi kisa mwen kapab di anplis? Paske nanpwen tan pou pale de Gédéon ʸBarak, Samson, Jephthé, David, Samuel, ak pwofèt yo, ³³ ki pa lafwa, te fè konkèt wayòm yo, te fè zèv ladwati, te ᶻresevwa pwomès yo, e te fèmen bouch a lyon yo. ³⁴ Yo te ᵃetenn pouvwa dife a, chape de lanm nepe a, nan feblès yo te vin fò, vin vanyan nan lagè, e yo te fè lame etranje yo sove ale.

³⁵ ᵇFanm yo te resevwa anretou mò yo pa rezirèksyon. Lòt yo te toumante, ni pa t aksepte pou yo ta lage, paske yo te pito resevwa yon pi bon rezirèksyon. ³⁶ Epi lòt nan yo te pase pay nan moke ak resevwa kout fwèt; wi, menm ᶜchenn ak prizon tou.

³⁷ Yo te ᵈlapide ak kout wòch, yo te siye an de bout, yo te pwovoke, e te mete a lanmò avèk nepe. Yo te ale toupatou an po mouton ak po kabrit, san mwayen, afli je, maltrete— ³⁸ moun ke mond lan pa menm merite yo— Yo te ᵉgaye kò yo nan dezè, mòn, nan kavo, ak twou nan tè yo.

³⁹ Malgre, tout moun sila yo, ki te vin apwouve selon lafwa yo ᶠpa t resevwa sa ki te pwomèt la. ⁴⁰ Paske Bondye te ranje yon ᵍpi bon pwovizyon pou nou menm ʰpouke apa de nou menm, yo pa ta kapab vin pafè.

12 Konsa, akoz ke nou gen yon si tèlman gran nwaj temwen ki antoure nou, annou osi ⁱmete sou kote tout anpèchman ak peche ki trè fasil vin vlope nou, e annou kouri avèk andirans kous la ki mete devan nou an, ² ak zye nou byen fikse sou Jésus ʲfondatè e nonm pafè lafwa a, ki pou lajwa ki te mete devan Li an, te ᵏsipòte lakwa a, te meprize wont lan, e te vin chita sou men dwat twòn Bondye a.

³ Paske ˡkonsidere Li menm ki te andire tèl opozisyon pa pechè yo kont Li menm, pou nou menm pa t ap vin fatige e dekouraje.

⁴ ᵐNou poko reziste jis rive ⁿpou rann san nan lit nou kont peche. ⁵ Nou gen tan bliye egzòtasyon ki te adrese a nou menm kòm fis yo:

ᵒ"Fis mwen, pa gade a la lejè disiplin Bondye a,
  ni vin febli lè nou korije pa Li;
⁶ ᵖPaske sila ke Bondye renmen yo,
  Li disipline yo,
e Li fwete tout fis ke L resevwa."

⁷ Se pou disiplin ke nou andire. ᑫBondye a ji avèk nou kòm fis, paske ki fis ki genyen ke papa l pa ba l disiplin? ⁸ Men si nou san disiplin ʳkon sila nou tout gen tan patisipe a, alò, nou se pitit ile jitim, e pa vrè fis.

⁹ Anplis ke sa, nou te gen papa sou latè pou disipline nou, e nou te respekte yo. Èske nou pa ta bokou pito vin soumèt a ˢPapa a tout lespri yo, e ᵗviv? ¹⁰ Paske yo te discipline nou pou yon ti tan ki, selon yo, te sanble pi bon, men Li menm, Li disipline nou pou byen nou ᵘpou nou kapab pataje sentete Li a.

ᵃ **11:13** Eb 11:39 ᵇ **11:13** Jen 23:4 ᶜ **11:15** Jen 24:6-8 ᵈ **11:16** II Tim 4:18 ᵉ **11:16** Eb 11:10 ᶠ **11:17** Jen 22:1-10 ᵍ **11:17** Eb 11:13 ʰ **11:18** Jen 21:12 ⁱ **11:19** Wo 4:21 ʲ **11:20** Jen 27:27-29,39 ᵏ **11:21** Jen 48:1,5,16,20 ˡ **11:22** Jen 50:24 ᵐ **11:23** Egz 2:2 ⁿ **11:23** Egz 1:16,22 ᵒ **11:24** Egz 2:10,11 ᵖ **11:25** Eb 11:37 ᑫ **11:26** Luc 14:33 ʳ **11:27** Egz 2.15 ˢ **11:27** Egz 2:14 ᵗ **11:28** Egz 12:21 ᵘ **11:29** Egz 14:22-29 ᵛ **11:30** Jos 6:20 ʷ **11:30** Jos 6:15 ˣ **11:31** Jos 2:9 ʸ **11:32** Jij 4; Jij 5 ᶻ **11:33** II Sam 7:11 ᵃ **11:34** Dan 3:23 ᵇ **11:35** I Wa 17:23 ᶜ **11:36** Jen 39:20 ᵈ **11:37** I Wa 21:13 ᵉ **11:38** I Wa 18:4,13 ᶠ **11:39** Eb 10:36 ᵍ **11:40** Eb 11:16 ʰ **11:40** Rev 6:11 ⁱ **12:1** Wo 13:12 ʲ **12:2** Eb 2:10 ᵏ **12:2** Fil 2:8 ˡ **12:3** Rev 2:3 ᵐ **12:4** Eb 10:32 ⁿ **12:4** Fil 2:8 ᵒ **12:5** Job 5:17 ᵖ **12:6** Pwov 3:12 ᑫ **12:7** Det 8:5 ʳ **12:8** I Pi 5:9 ˢ **12:9** Nonb 16:22 ᵗ **12:9** És 38:16 ᵘ **12:10** II Pi 1:4

¹¹ Tout disiplin, nan moman an, sanble pa bay lajwa, men tristès. Malgre a sila ki fin antrene pa li yo, li vin bay ᵃfwi lapè ladwati a.
¹² Konsa ᵇranfòse men ki manke fòs ak jenou ki fèb yo, ¹³ epi ᶜfè chemen pye nou dwat, jis pou manm kò ki mal ranje a pa vin dejwente nèt, men pito vin geri.
¹⁴ ᵈChèche lapè avèk tout moun, avèk sanktifikasyon. San sa a, pèsòn p ap wè Senyè a. ¹⁵ Fè si ke pèsòn pa manke rive nan gras Bondye a; pou okenn ᵉrasin anmè pa vin monte pou fè twoub, e pa li menm, anpil moun ta vin ᶠkonwonpi. ¹⁶ Pa kite nou gen okenn moun imoral oubyen ᵍsan Bondye tankou Esaü ʰki te vann pwòp dwa eritaj li a pou yon sèl repa manje.
¹⁷ Paske nou konnen ke menm apre sa, ⁱlè li te dezire vin eritye yon benediksyon, li te rejte, paske li pa t twouve yon plas pou repantans, malgre li te chache sa ak dlo nan zye.
¹⁸ Paske nou pa t vin kote ʲyon mòn ki kapab touche e ki t ap flanbe, ni a tenèb, fènwa, ak tanpèt ¹⁹ ni a ᵏgwo kout twonpèt ak son pawòl ki sone tankou sila ki te tande l t ap ˡmande sekou a, pou okenn pawòl pa t pale a yo menm ankò. ²⁰ Paske yo pa t kapab sipòte dekrè lan: ᵐ"Menm si yon bèt touche mòn nan, li va lapide ak kout wòch." ²¹ Vizyon sila a te si tèlman tèrib ke Moïse te di: ⁿ"Mwen plen lakrent ak tranbleman".
²² Men ᵒnou menm, nou te vini sou Mòn Sion ak ᵖvil a Bondye vivan an, Jérusalem selès la, e avèk kantite zanj ki pa t kab menm kontwole, ²³ anvè gran asanble a, ak legliz premye ne yo ᵠki anrejistre nan syèl la, anvè Bondye, jij a tout moun nan, e anvè lespri a moun ladwati ki te fèt pafè yo, ²⁴ epi anvè Jésus ʳmedyatè yon akò tounèf la, e anvè ˢsan vèse a, ki pale pi klè pase san Abel la. ²⁵ Fè si ke nou pa refize Sila k ap pale a. Paske si sa yo pa t chape lè yo te refize li menm ki te ᵗavèti yo sou latè a, konbyen mwens nou va chape nou menm ki vire kite Sila ki avèti nou depi nan syèl la. ²⁶ Epi vwa Li te souke tè a nan moman an, men koulye a, Li fè yon pwomès, e Li di: ᵘ"Malgre sa, yon fwa ankò Mwen va souke, non sèlman tè a, men osi syèl la."
²⁷ Ekspresyon sa a: "Malgre yon fwa ankò", fè nou konprann ke tout bagay ki te kreye, ki kapab souke ᵛva retire, pou bagay sila ki pa kapab souke yo, kapab vin rete. ²⁸ Konsa, akoz ke nou resevwa yon ʷwayòm ki pa kapab souke, annou montre rekonesans, pa sila nou kapab ofri a Bondye yon sèvis akseptab, avèk reverans ak lakrent. ²⁹ Paske ˣBondye nou an se yon dife k ap devore.

13 Kite ʸlanmou pou frè yo kontinye.
² Pa negli je byen resevwa etranje yo, paske pa fason sa a, kèk nan nou ᶻbay lojman menm a zanj, san nou pa konnen.
³ ᵃSon je prizonye yo, kòmsi nou ta nan prizon avèk yo, e sila ki maltrete yo, akoz ke nou menm, nou osi nan kò a.
⁴ Maryaj dwe kenbe ak gwo respè pami tout moun, e kabann maryaj la dwe rete san souye; ᵇpaske Bondye ap jije fònikatè ak adiltè yo.
⁵ Fè si ke karaktè nou lib de lanmou lajan, e nou rete kontan avèk sa ke nou genyen, paske Li menm te di: ᶜ"Mwen p ap janm kite nou, ni abandone nou," ⁶ pou nou di avèk konfyans:
ᵈ"Senyè a se soutyen mwen.
Mwen p ap pè.
Sa lòm ka fè m?"
⁷ Son je ᵉsila ki te diri je nou yo, ki te pale pawòl Bondye ak nou. Konsidere rezilta a zèv pa yo, e imite lafwa yo.
⁸ ᶠJésus Kri se menm lan ayè, jodi a, e pou tout tan.
⁹ ᵍPa vin pote ale pa doktrin varye e dwòl, paske li bon pou kè a ranfòse pa lagras, men pa ak kalite man je ʰki pa t bay benefis a sila ki te swiv yo.
¹⁰ Nou gen yon lotèl ⁱkote sila ki fè sèvis nan tabènak yo pa gen dwa manje. ¹¹ Paske ʲkò a bèt sila yo ki gen san yo, ke Wo Prèt la pote nan lye sen an kòm yon ofrann pou peche yo, dwe brile deyò kan an. ¹² Menm jan an, Jésus osi, pou Li te kapab sanktifye pèp la ᵏak pwòp san Li, te soufri deyò pòtay la. ¹³ Donk, annou ale jwenn Li deyò kan an ˡpou pote repwòch Li yo.
¹⁴ Paske isit la, nou pa gen yon vil k ap dire, men n ap chache vil ki gen pou vini an.
¹⁵ Alò, atravè Li menm, annou ofri yon sakrifis lwanj pou Bondye san rete, ki se ᵐfwi a lèv ki bay remèsiman a non Li yo.
¹⁶ Epi pa negli je fè sa ki bon e ⁿpataje youn avèk lòt. Paske ᵒnan sakrifis konsa yo, Bondye pran plezi.
¹⁷ Obeyi lidè nou yo e soumèt nou a yo. Paske ᵖyo kontinye ap gade sou nanm nou, kòm sila ki oblije rann kont. Kite yo fè sa avèk jwa, olye chagren, paske sa pa t ap gen pwofi pou nou. ¹⁸ Priye pou nou, paske nou asire ke nou gen yon ᵠbon konsyans, nan dezire kondwi tèt nou avèk lonè nan tout bagay.
¹⁹ Mwen ankouraje nou menm plis pou fè sa ʳpou mwen kapab vin restore a nou menm pi vit menm.
²⁰ Koulye a, ke ˢBondye lapè a, ki te fè leve nan lanmò a ᵗgran Pastè a brebi yo pa san akò etènèl la, menm Jésus, Senyè nou an, ²¹ ᵘekipe nou nan tout bon zèv, pou ᵛfè volonte Li, nan travay nan nou sa k

---

ᵃ **12:11** És 32:17   ᵇ **12:12** És 35:3   ᶜ **12:13** Pwov 4:26   ᵈ **12:14** Wo 14:19   ᵉ **12:15** Det 29:18   ᶠ **12:15** Tit 1:15
ᵍ **12:16** I Tim 1:9   ʰ **12:16** Jen 25:33   ⁱ **12:17** Jen 27:30-40   ʲ **12:18** Egz 19:12,16   ᵏ **12:19** Mat 24:31
ˡ **12:19** Egz 20:19   ᵐ **12:20** Egz 19:12   ⁿ **12:21** Det 9:19   ᵒ **12:22** Rev 14:1   ᵖ **12:22** Eb 11:10   ᵠ **12:23** Luc 10:20
ʳ **12:24** I Tim 2:5   ˢ **12:24** Eb 9:19   ᵗ **12:25** Egz 20:22   ᵘ **12:26** Ag 2:6   ᵛ **12:27** És 34:4   ʷ **12:28** Dan 2:44
ˣ **12:29** Det 4:24   ʸ **13:1** Wo 12:10   ᶻ **13:2** Jen 18:1   ᵃ **13:3** Kol 4:18   ᵇ **13:4** I Kor 6:9   ᶜ **13:5** Det 31:6,8
ᵈ **13:6** Sòm 118:6   ᵉ **13:7** Eb 13:17,24   ᶠ **13:8** Eb 8:12   ᵍ **13:9** Ef 4:14   ʰ **13:9** Eb 9:10   ⁱ **13:10** I Kor 10:18
ʲ **13:11** Egz 29:14   ᵏ **13:12** Eb 9:12   ˡ **13:13** Luc 9:23   ᵐ **13:15** És 57:19   ⁿ **13:16** Wo 12:13   ᵒ **13:16** Fil 4:18
ᵖ **13:17** Éz 3:17   ᵠ **13:18** Trav 24:16   ʳ **13:19** Phm 22   ˢ **13:20** Wo 15:33   ᵗ **13:20** Jn 10:11   ᵘ **13:21** I Pi 5:10   ᵛ **13:21** Fil 2:13

ap fè plezi devan zye Li, nan Jésus Kri, a Li menm, laglwa pou tout tan e pou tout tan. Amen.

²² Men mwen ankouraje nou ᵃfrè m yo, pou sipòte ᵇpawòl egzòtasyon sila a, paske mwen ekri nou brèvman. ²³ Byen aprann ke ᶜfrè nou Timothée lage, e mwen va wè nou avèk li menm, si li vini vit. ²⁴ Salye ᵈtout lidè nou yo ak tout sen yo. Sila an Italie yo salye nou. ²⁵ Ke lagras rete avèk nou tout.

ᵃ **13:22** Eb 3:1   ᵇ **13:22** I Pi 5:12   ᶜ **13:23** Trav 16:1   ᵈ **13:24** I Kor 16:16

JACQUES

1 [a]Jacques, yon sèvitè-atache nèt a Bondye, ak Senyè a, Jésus Kris, a douz tribi ki gaye a letran je yo, salitasyon.

[2] [b]Konsidere sa kòm tout lajwa, frè m yo, lè nou rankontre tout kalite eprèv yo [3] nan konnen ke eprèv lafwa nou pwodwi [c]andirans. [4] Konsa, kite andirans lan fè rezilta pafè li, pou nou kab vin [d]pafè e konplè, san manke anyen.

[5] Men si nenpòt nan nou manke sajès,[e] kite li mande Bondye, ki bay tout moun avèk jenewozite e san repwòch, e Bondye va bay li. [6] Men li dwe [f]mande nan lafwa, san doute, paske sila ki doute a tankou vag lanmè, ki pouse e voye pa van an. [7] Paske moun sa a pa dwe sipoze ke li va resevwa anyen nan men Senyè a, [8] tankou yon moun ak [g]doub panse, ki enstab nan tout chemen li yo.

[9] [h] Kite frè ki nan sikonstans ki ba, bay glwa nan wo pozisyon li; [10] e kite moun rich la, bay glwa nan imilyasyon li, paske [i]tankou zèb k ap fleri, li osi va disparèt. [11] Paske solèy la leve avèk yon [j]gwo chalè, epi [k]zèb la seche; flè li tonbe, e bote aparans li an vin disparèt. Konsa tou, moun rich la nan mitan tout sa l ap chèche yo, li va vin disparèt.

[12] [l] Beni se yon moun ki pèsevere anba eprèv. Paske, yon fwa li fin apwouve, li va resevwa kouwòn lavi a ke Senyè a pwomèt a sila ki renmen Li yo. [13] Pa kite pèson di lè l tante: [m]"Se Bondye k ap tante m," paske Bondye pa kapab tante pa mal, e Li menm, Li pa tante pèson. [14] Men chak moun tante lè li pote ale pa pwòp move dezi li yo. [15] Alò, lè move dezi a fin jèmen, li bay nesans a peche. Epi lè [n]peche a fin akonpli, li pote lanmò.

[16] [o]Pinga nou vin twonpe, frè byeneme mwen yo.

[17] Tout bon bagay ki fèt ak tout kado pafè sòti anwo, epi desann nan Papa a limyè yo. Avèk Li pa gen ni chanjman ni menm yon lonbraj varyasyon. [18] Nan egzèsis volonte Li, Li te [p]fè nou vin parèt pa pawòl verite a pou nou ta kapab vin tankou[q]premye fwi pami kreyati Li yo.

[19] Nou konnen sa, frè byeneme m yo. Men tout moun dwe gen vitès nan tande, [r]lan nan pale, e lan nan fè kòlè. [20] Paske [s]kòlè a lòm pa pwodwi ladwati Bondye.

[21] Konsa, annou [t]mete sou kote tout sa ki sal, ak tout sa ki rete de mechanste, e ak imilite, resevwa pawòl ki enplante nan nou an, ki kapab sove nanm nou.

[22] [u]Men, fè prèv tèt nou ke nou a ji selon pawòl la, e se pa senpleman tande li. Moun konsa yo twonpe pwòp tèt yo. [23] Paske si yon moun ap tande pawòl la, e li pa a ji selon li, li tankou yon moun ki gade figi natirèl li [v]nan yon miwa. [24] Yon fwa, li fin gade tèt li e li ale, li gen tan bliye ki kalite moun li te ye a.

[25] Men yon moun ki gade avèk atansyon lalwa pafè a, lalwa libète a, e a ji selon li, li pa vin yon moun ki tande pou bliye, men yon moun ki fè l tout bon, moun sa a va [w]beni nan sa li fè.

[26] Si yon moun panse nan tèt li ke li swiv Bondye tout tan, e malgre sa, li pa [x]mete yon brid sou lang li, li pase pwòp tèt li nan betiz, e lafwa moun sa a vin san valè.

[27] Relijyon ki pafè e san tach devan zye a Bondye, Papa nou a se sa a: vizite òfelen e vèv ki nan nesesite yo, e kenbe tèt nou san tach [y]de mond lan.

2 Frè m yo, pa kenbe lafwa nou nan Senyè laglwa nou an, Jésus Kri avèk [z]patipri.

[2] Paske si yon moun vini nan asanble nou an avèk yon bag ki fèt an lò, abiye ak bèl rad, e la tou, gen yon pòv ak [a]rad sal, [3] epi nou prete atansyon espesyal a sila ki [b]byen abiye a, e nou di l: "Ou mèt chita nan yon bon plas", epi nou di a pòv la: "Chita laba", oubyen: "Chita bò pye m nan", [4] Èske nou pa fè yon distenksyon pami nou menm, e nou vin jij [c]avèk move lentansyon?

[5] Koute, frè byeneme m yo, èske [d]Bondye pa t chwazi pòv a mond sa a pou vin rich nan lafwa, e [e]eritye a wayòm ke Li te pwomèt a sila ki renmen Li yo? [6] Men nou te dezonore moun pòv la. Èske se pa rich yo ki oprime nou e mennen nou tout nan tribinal. [7] [f]Èske yo pa blasfeme bèl non pa sila nou te resevwa apèl la?

[8] Men, si nou ap akonpli lalwa wayal la selon Lekriti a: [g]"Nou dwe renmen vwazen nou, tankou tèt nou," nou ap fè byen.

[9] Men si nou [h]montre patipri, nou ap fè peche e gen tan vin koupab devan lalwa kòm transgresè. [10] Paske sila ki kenbe tout lalwa a, malgre sa, li [i]tonbe nan yon sèl, li vin koupab de tout. [11] Paske, Sila a ki te di: [j]"Pa fè adiltè" a, Li te di tou: [k]"Pa touye moun". Alò, si nou pa fè adiltè, men nou touye moun, nou gen tan vin yon transgresè lalwa.

[12] Konsa, pale e a ji kòm sila ki va ji je pa [l]lalwa libète a. [13] Paske [m] jijman va san mizerikòd pou sila ki pa montre mizerikòd la, paske mizerikòd triyonfe sou jijman.

[14] [n]Kisa sa sèvi, frè m yo, si yon moun di ke li gen lafwa, men li pa gen zèv? Èske lafwa sa a kapab sove li? [15] [o]Si yon frè oubyen yon sè san rad, e nan bezwen manje chak jou, [16] epi youn nan nou di yo:

---

[a] **1:1** Trav 12:17   [b] **1:2** Mat 5:12; I Pi 1:6   [c] **1:3** Luc 21:19   [d] **1:4** Mat 5:48   [e] **1:5** I Wa 3:9; Mat 7:7
[f] **1:6** Mat 21:21   [g] **1:8** Jc 4:8   [h] **1:9** Luc 14:11   [i] **1:10** I Kor 7:31   [j] **1:11** Mat 20:12   [k] **1:11** És 40:7
[l] **1:12** Luc 6:22   [m] **1:13** Jen 22:1   [n] **1:15** Wo 5:12   [o] **1:16** I Kor 6:9   [p] **1:18** I Pi 1:3,23   [q] **1:18** Rev 14:4
[r] **1:19** Pwov 10:19   [s] **1:20** Mat 5:22   [t] **1:21** Ef 4:22   [u] **1:22** Mat 7:24-27   [v] **1:23** I Kor 13:12   [w] **1:25** Jn 13:17
[x] **1:26** Sòm 39:1   [y] **1:27** II Pi 1:4   [z] **2:1** Trav 10:34   [a] **2:2** Za 3:3   [b] **2:3** Luc 23:11   [c] **2:4** Luc 18:6
[d] **2:5** Job 34:19   [e] **2:5** Mat 5:3   [f] **2:7** Trav 11:26   [g] **2:8** Lev 19:18   [h] **2:9** Trav 10:34   [i] **2:10** Jc 3:2
[j] **2:11** Egz 20:14   [k] **2:11** Det 5:17   [l] **2:12** Jc 1:25   [m] **2:13** Pwov 21:13   [n] **2:14** Jc 1:22   [o] **2:15** Mat 25:35

[a]"Ale anpè; chofe kò nou e plen vant nou," men malgre sa, nou pa bay yo sa ke yo bezwen pou kò yo, kisa sa sèvi? [17] Menm jan an [b]lafwa, si li pa gen zèv, li mouri pou kont li.

[18] Konsa, yon moun ka byen di: "Ou gen lafwa e mwen gen zèv. Montre m [c]lafwa ou a san zèv, e mwen va montre ou lafwa pa m nan pa zèv."

[19] Ou kwè ke Bondye se yon sèl. Ou fè byen. [d]Demon yo kwè tou, e yo tranble. [20] Men èske ou dakò pou rekonèt, o moun ensanse, ke [e]lafwa san zèv vin initil? [21] [f]Èske Abraham, zansèt nou an, pa t jistifye pa zèv lè li te ofri Isaac, fis li a, sou lotèl la? [22] Nou wè ke [g]lafwa t ap travay avèk zèv li yo, e kòm rezilta a, [h]zèv lafwa li a te vin pafè. [23] Konsa, Lekriti a te akonpli sa ki di: [i]"Abraham te kwè Bondye, e sa te konte pou li kòm ladwati," e li te rele zanmi a Bondye a. [24] Menm jan nou wè ke yon nonm jistifye pa zèv, e non sèlman pa lafwa a. [25] Paske menm jan èske Rahab, fanm movèz vi a, p at jistifye pa zèv lè 1 te resevwa mesajè yo epi te voye yo ale pa yon lòt chemen an? [26] Paske menm jan ke kò san lespri a mouri deja, menm jan an tou [j]lafwa san zèv deja mouri.

3 [k]Pa kite anpil nan nou ansenye, frè m yo, paske nou konnen ke konsa, nou va resevwa yon ijman ki pi sevè.

[2] Paske nou tout tonbe nan plizyè sans. [l]Si yon moun pa tonbe nan sa li di, li menm se yon moun pafè, li kapab kontwole tout kò a menm jan an.

[3] Koulye a [m]si nou mete mò nan bouch a cheval yo pou yo kab obeyi nou, nou dirije tout kò yo tou.

[4] Gade menm bato yo; malgre yo trè gran e pouse pa gwo van, yo toujou dirije pa yon gouvènè tou piti nenpòt kote volonte a pilòt la pito. [5] Menm jan an tou, lang lan se yon pati tou piti nan kò a, e malgre sa, li [n]vante gwo bagay.

[o]Gade kijan yon gwo forè vin pran dife pa yon flanm ki tou piti! [6] Konsa [p]lang lan se yon dife, yon vrè mond linikite a. Lang lan plase pami manm kò nou yo, kòm sila ki konwonpi tout kò a nèt. Li mete dife nan kous lavi nou menm, e li limen pa lanfè a.

[7] Paske tout kalite bèt ak zwazo, reptil ak kreyati lanmè yo, donte e vin donte pa ras lòm nan. [8] Men pèsòn pa kapab donte lang lan. Li se yon mechanste ki endontab e plen ak [q]pwazon mòtèl.

[9] Avèk li, nou beni Senyè nou an ak Papa a, e avèk li, nou madichonnen moun [r]ki fèt ak limaj Bondye. [10] Nan menm bouch la, sòti ni benediksyon ni madichon. Frè m yo, bagay sa yo pa dwe konsa.

[11] Èske yon sous kapab koule dlo fre avèk dlo anmè nan menm bouch la? [12] [s]Èske yon pye fig frans, frè m yo, pwodwi oliv, oubyen yon pye rezen pwodwi fig? Ni dlo sale pa kapab pwodwi dlo fre.

[13] Kilès pami nou ki saj e ki gen bon konprann? Ke li montre sa pa [t]bon kondwit li, zèv li nan dousè a sajès la.

[14] Men si nou gen [u]jalouzi, fachez ak anbisyon pèsonèl nan kè nou, pa vin awogan, epi bay manti kont verite a. [15] Kalite sajès sa a pa sòti [v]anwo a, men nan mond lan. Li chanèl e dyabolik. [16] Paske kote [w]jalouzi ak anbisyon pèsonèl egziste, gen dezòd ak tout kalite move bagay.

[17] Men sajès ki sòti anwo a, dabò, li pafè, answit, li pezib, dous, rezonab, plen ak mizerikòd ak bon fwi, fèm e san [x]ipokrizi. [18] Konsa, [y]grenn ki bay fwi ladwati a simen nan lapè pa sila ki fè lapè yo.

4 Kisa ki sous kont ak konfli [z]pami nou yo? Èske se pa plezi nou yo k ap fè [a]lagè nan manm kò nou yo? [2] Nou anvi e nou pa genyen, donk [b]nou touye moun. Nou anvi e nou pa kab twouve, donk nou goumen e fè kont ak lòt yo. Nou pa genyen paske nou pa mande. [3] Nou mande e nou [c]pa resevwa, paske nou mande avèk anbisyon ki pa pwòp yo, pou nou kab pase li nan plezi nou yo.

[4] Nou menm, moun adiltè yo, èske nou pa konprann ke amitye avèk mond lan se [d]rayisman anvè Bondye? [e]Konsa, nenpòt moun ki vle zanmi ak mond lan fè tèt li lènmi ak Bondye.

[5] Oubyen, èske nou panse ke Lekriti sen an pale san rezon: [f]"Li jalou pou Lespri a ke Li te fè rete nan nou an?"

[6] Men Li bay yon pi gwo gras. Konsa, li di: [g]"Bondye opoze a ògeye yo, men Li fè gras a moun ki enb yo."

[7] Konsa [h]soumèt nou a Bondye. Reziste a dyab la e li va sove ale de nou. [8] Vin pre Bondye e Li va vin pre nou. [i]Netwaye men nou, nou menm pechè; e pirifye kè nou, nou menm, moun ak doub panse. [9] [j]Se pou nou vin mizerab; lamante e kriye. Kite ri nou yo vin tounen lamantasyon, e la jwa nou yo vin tounen tristès. [10] [k]Desann nou nan prezans Bondye a, e Li menm, Li va fè nou leve.

[11] Pa pale kont youn lòt, frè m yo. Sila ki pale kont yon frè oubyen jije frè li a, pale kont lalwa e jije lalwa. Men si nou jije lalwa, olye nou akonpli lalwa a, nou jije li. [12] Gen [l]yon sèl ki bay Lalwa; se sèl Li ki kapab sove e detwi. Men nou menm, ki moun nou ye pou jije vwazen nou an?

[13] Vini koulye a, nou menm, ki di: [m]"Jodi a oswa demen, nou va ale nan tèl vil, e pase yon ane la, anga je nou nan biznis pou fè pwofi." [14] Malgre, nou pa konnen kijan lavi nou va ye demen. Paske ki sa lavi ou ye? [n]Li se sèlman yon vapè ki parèt pou yon ti moman, e answit, vin disparèt. [15] Olye de sa, nou ta dwe di: [o]"Si Bondye vle, nou va viv, e nou va osi fè sesi oubyen sela."

---

[a] **2:16** I Jn 3:17   [b] **2:17** Gal 5:6   [c] **2:18** Wo 3:28   [d] **2:19** Mat 8:29   [e] **2:20** Gal 5:6   [f] **2:21** Jen 22:9,10,12,16-18
[g] **2:22** Eb 11:17   [h] **2:22** I Tes 1:3   [i] **2:23** Jen 15:6   [j] **2:26** Gal 5:6   [k] **3:1** Wo 2:20   [l] **3:2** Mat 12:34-37
[m] **3:3** Sòm 32:9   [n] **3:5** Sòm 12:3   [o] **3:5** Pwov 26:20   [p] **3:6** Sòm 120:2,3   [q] **3:8** Sòm 140:3   [r] **3:9** Jen 1:26
[s] **3:12** Mat 7:16   [t] **3:13** I Pi 2:12   [u] **3:14** Wo 2:8   [v] **3:15** Jc 1:17   [w] **3:16** Wo 2:8   [x] **3:17** Wo 12:9
[y] **3:18** Pwovi 11:18   [z] **4:1** Tit 3:9   [a] **4:1** Wo 7:23   [b] **4:2** Jc 5:6   [c] **4:3** I Jn 3:22   [d] **4:4** Wo 8:7   [e] **4:4** Mat 6:24
[f] **4:5** I Kor 6:19   [g] **4:6** Pwov 3:34   [h] **4:7** I Pi 5:6   [i] **4:8** Job 17:9   [j] **4:9** Pwov 14:13   [k] **4:10** Job 5:11
[l] **4:12** És 33:22   [m] **4:13** Pwov 27:1   [n] **4:14** Job 7:7   [o] **4:15** Trav 18:21

¹⁶ Menmjan sa ye a, nou ògeye nan awogans nou. ªTout ògèy konsa, se mechanste. ¹⁷ Alò ᵇa sila ki konnen bon bagay pou li fè a, men pa fè l, a li menm, se peche.

5 Vini koulye a ᶜnou menm ki rich, kriye e rele fò akoz mizè k ap vini sou nou yo. ² ᵈRichès nou yo gen tan pouri e rad nou yo gen tan manje pa mit. ³ Lò ak lajan nou yo gen tan pran lawouj, e lawouj yo va yon temwen kont nou, e va manje chè nou tankou dife. Se pandan ᵉdènye jou yo ke nou te mete trezò nou nan depo a! ⁴ Veye ᶠsalè a ouvriye ki te rekòlte chan nou yo ke nou te refize vèse bay, vin kriye kont nou; epi ᵍkri a ouvriye mwason sa yo gen tan rive nan zòrèy a Senyè Sabaot la.

⁵ Nou te viv nan richès sou tè a e mennen yon vi nan gran plezi. Nou te angrese kè nou nan yon jou labatwa. ⁶ Nou te kondane e ʰmete a lanmò nonm jis la; li pa t reziste kont nou.

⁷ Konsa, frè m yo, se pou nou pasyan ⁱjiskaske Senyè a vini. ʲKiltivatè a ap tann pou pwodwi chè a sòti nan tè a. Li pasyan de sa, jiskaske li jwenn premye ak dènye lapli yo. ⁸ ᵏNou menm tou, se pou nou pasyan. ˡRanfòse kè nou, paske vini a Senyè a touprè.

⁹ Pa plenyen, frè m yo, youn kont lòt, pou nou menm tou kapab pa vin jije. Gade ᵐJij la kanpe ⁿjis devan pòt la.

¹⁰ Frè m yo, pran ᵒpwofèt yo ki pale nan non Senyè a kòm egzanp de soufrans ak pasyans.

¹¹ Nou konte sa ki te andire yo kòm ᵖbeni. Nou te konn tande de sa Job te andire a, e nou te wè jan sa te sòti e jan Senyè a te aji. Konsa nou konnen ᵠSenyè a plen konpasyon ak mizerikòd.

¹² Men, anplis de tout bagay, frè m yo ʳpa sèmante ni pa syèl la, ni pa tè a, ni pa okenn lòt sèman. Men ke wi ou rete wi e non ou rete non, pou nou pa tonbe anba jijman.

¹³ Èske gen moun pami nou k ap soufri? ˢFòk li priye. Èske gen moun ak kè kontan? Fòk li chante louwanj. ¹⁴ Èske gen moun pami nou ki malad? Alò, fòk li rele ansyen legliz yo. Kite yo priye sou li, e ᵗonksyone li ak lwil nan non Senyè a. ¹⁵ Konsa, ᵘpriyè la ki ofri nan lafwa a va restore sila ki malad, e Senyè a va ᵛfè l leve. Si li te fè peche, yo va padone. ¹⁶ Konsa ʷkonfese peche nou yo a youn lòt e priye pou youn lòt, pou nou kapab ˣgeri.

Lapriyè efikas a yon nonm ki jis kapab akonpli anpil bagay. ¹⁷ Élie se te ʸyon nonm avèk yon nati tankou pa nou an, e ᶻli te priye fò pou li pa t fè lapli, e li pa t fè lapli sou tè a pandan twazan si mwa. ¹⁸ Answit, li te ªpriye ankò, epi ᵇsyèl la te vide lapli, e tè a te pwodwi fwi li.

¹⁹ Frè m yo ᶜsi yon moun pami nou vin egare e kite verite a, men yon lòt fè l retounen, ²⁰ fè li konnen ke sila ki detounen yon pèchè soti de erè chemen li an, va ᵈsove nanm li de lanmò, e va kouvri yon gran kantite peche.

ª **4:16** I Kor 5:6   ᵇ **4:17** Luc 12:47   ᶜ **5:1** Luc 6:24   ᵈ **5:2** És 50:9   ᵉ **5:3** Jc 5:7,8   ᶠ **5:4** Lev 19:13
ᵍ **5:4** Egz 2:23   ʰ **5:6** Jc 4:2   ⁱ **5:7** Jn 21:22   ʲ **5:7** Gal 6:9   ᵏ **5:8** Luc 21:19   ˡ **5:8** I Tes 3:13   ᵐ **5:9** Kol 4:5
ⁿ **5:9** Mat 24:33   ᵒ **5:10** Mat 5:12   ᵖ **5:11** Mat 5:10   ᵠ **5:11** Egz 34:6   ʳ **5:12** Mat 5:34-37   ˢ **5:13** Sòm 50:15
ᵗ **5:14** Mc 6:13   ᵘ **5:15** Jc 1:6   ᵛ **5:15** Jn 6:39   ʷ **5:16** Mat 3:6   ˣ **5:16** Eb 12:13   ʸ **5:17** Trav 14:15
ᶻ **5:17** I Wa 17:1   ª **5:18** I Wa 18:42   ᵇ **5:18** I Wa 18:45   ᶜ **5:19** Mat 18:15   ᵈ **5:20** Wo 11:14

PREMYE LÈT PIERRE

1 Pierre, yon apot Jésus Kri, a sila ki rete a [a]letranje yo, ki gaye nan Pont, Galatie, Cappadoce, Asie ak Bithynie, sila [b]ki chwazi davans yo, ² selon konesans [c]davans a Bondye, Papa a, pa travay Lespri Sen an, [d]pou nou ta kapab obeyi Jésus Kri e vin aspèje avèk san Li: Ke lagras ak lapè kapab pou nou nan pi gran mezi.

³ Beni se Bondye e Papa a Senyè nou an, Jésus Kri, ki [e]selon gran mizerikòd Li, te fè nou vin ne ankò nan yon esperans lavi pa [f]rezirèksyon a Jésus Kris ki soti nan lanmò a ⁴ pou jwenn yon [g]eritaj ki enperisab, san tach, ki p ap janm disparèt, ki rezève nan syèl la pou nou ⁵ ki [h]pwoteje pa pwisans Bondye a [i]pa lafwa, pou yon sali ki prè pou revele nan dènye tan an. ⁶ [j]Nan sa, nou rejwi anpil, malgre koulye a [k]pandan yon ti tan, si l nesesè, nou te twouble pa plizyè eprèv, ⁷ pou prèv lafwa nou an, ki pi presye ke lò, ki malgre eprèv dife a toujou rete perisab, [l]pou nou kapab twouve kòm rezilta, lwanj, laglwa ak lonè a revelasyon Jésus Kri a. ⁸ Epi [m]malgre nou poko wè Li, nou [n]renmen Li, e malgre nou poko wè Li koulye a, men nou kwè nan Li, e rejwi anpil avèk yon jwa ki pa kab eksprime e ki plen ak laglwa ⁹ ki fè [o]kon rezilta lafwa nou an, sali de nanm nou.

¹⁰ [p]Selon sali sila a, pwofèt yo ki te pwofetize lagras ki te gen pou vini a nou menm nan, te fè rechèch ak ankèt pa yo, ¹¹ pou chèche konnen ki moun, oubyen a kilè [q]Lespri a Kris la anndan yo a, t ap endike lè li te pwofetize soufrans a Kris ak glwa ki t ap swiv yo a.

¹² Li te revele a yo ke se pa pwòp tèt yo ke yo t ap sèvi, men ou menm, nan bagay sa yo ke koulye a, gen tan anonse a nou pa sila ki te preche levanjil a nou menm yo pa [r]Lespri Sen ki te sòti nan syèl la—bagay ke menm zanj yo lanvi konprann.

¹³ Konsa [s]prepare panse nou pou nou kab a ji; [t]rete vijilan. Fikse esperans nou nèt sou lagras ki te pote a nou menm nan revelasyon a Jésus Kri a— ¹⁴ Kòm timoun obeyisan [u]pa vin konfòme nou a dezi lachè ke nou te genyen oparavan lè nou te nan inyorans lan, ¹⁵ men tankou Sila Ki Sen ki te rele nou an [v]se pou nou vin sen, osi [w]nan tout konpòtman nou. ¹⁶ Paske sa ekri: [x]"Nou dwe sen, paske Mwen Sen."

¹⁷ Si nou [y]adrese kòm "Papa", Sila ki jije san patipri a, selon zèv a chak moun, nou gen pou kondwi tèt nou nan lakrent pandan tan ki rete nou sou tè a.

¹⁸ Epi konsa, konnen ke nou pa t [z]rachte avèk bagay perisab tankou lajan ak lò ki soti nan [a]mod de vi san enpòtans, tankou eritaj de zansèt nou yo, ¹⁹ men avèk [b]san presye, tankou sa ki sòti nan yon jenn mouton san defo, san tach, ki se san a Kris la menm. ²⁰ Paske Li te [c]deja rekonèt avan fondasyon mond lan, men Li te vin parèt nan dènye tan sa yo pou koz a nou menm ²¹ ki pa Li menm [d]kwè nan Bondye ki te leve Li nan lanmò e te bay Li glwa, pou lafwa ak esperans nou ta kapab nan Bondye.

²² Akoz ke obeyisans a verite a te vin [e]pirifye nanm nou pou yon lanmou sensè anvè frè nou yo, renmen youn lòt avèk yon chalè ki sòti nan kè, ²³ paske nou te [f]ne ankò, pa de semans ki perisab, men ki enperisab, selon pawòl Bondye a ki viv, e ki rete pou tout tan.

²⁴ Paske:
[g]"Tout chè tankou zèb,
e tout laglwa li tankou flè zèb la.
Zèb la fennen, e flè a vin tonbe,
²⁵ men pawòl Senyè a dire pou tout tan."

E sa se pawòl ki te preche a nou menm nan.

2 Konsa [h]mete sou kote tout mechanste, ak tout manti, avèk ipokrizi, lanvi ak kout lang ² epi [i]tankou tibebe ki fenk ne, se pou nou gen lanvi pou lèt pi a pawòl la, pouke pa li menm, nou kapab grandi vè sali, ³ si vrèman nou te [j]goute [k]dousè a Senyè a. ⁴ Vin kote Sila ki kòm yon wòch vivan te [l]rejte pa lèzòm, men ki chwazi pa Bondye, e presye nan zye Li.

⁵ Nou menm osi, kòm wòch vivan, ki bati kòm yon kay sen, pou [m]nou fè sèvis kòm prèt ki sen, pou [n]ofri sakrifis sen, ki akseptab a Bondye, atravè Jésus Kri. ⁶ Paske sa twouve nan Lekriti sen an:
[o]"Byen gade, Mwen poze nan Sion
yon wòch byen chwazi,
yon wòch kwen prensipal la,
e sila ki kwè nan Li a p ap wont."

⁷ Alò, valè presye sila a, se pou nou menm ki kwè, men pou sila ki pa kwè yo:
[p]"Wòch ke bòs mason yo te rejte a,
sa te devni vrè wòch ang lan."

⁸ Epi:
[q]"yon wòch pou fè moun bite e yon wòch ofans."

Yo bite kon sa akoz yo dezobeyisan a pawòl la, e se pou move desten sila a, yo te deziye.

⁹ Men, nou se yon ras chwazi, yon lòd prèt wayal, yon [r]nasyon sen, yon pèp pou pwòp posesyon Bondye, pou nou kapab pwoklame ekselans a Li menm ki te rele nou sòti nan tenèb la pou vini nan limyè glwa Li a. ¹⁰ [s]Paske, avan, nou

---

[a] 1:1 I Pi 2:11   [b] 1:1 Mat 24:22   [c] 1:2 Wo 8:29   [d] 1:2 II Tes 2:13   [e] 1:3 Tit 3:5   [f] 1:3 I Kor 15:20
[g] 1:4 Trav 20:32   [h] 1:5 Jn 10:28   [i] 1:5 Ef 2:8   [j] 1:6 Wo 5:2   [k] 1:6 I Pi 5:10   [l] 1:7 Wo 2:7   [m] 1:8 Ju 20:29   [n] 1:8 Ef 3:19   [o] 1:9 Wo 6:22   [p] 1:10 Mat 13:17   [q] 1:11 II Pi 1:21   [r] 1:12 Trav 2:2   [s] 1:13 Ef 6:14
[t] 1:13 I Tes 5:6,8   [u] 1:14 Wo 12:2   [v] 1:15 II Kwo 7:1   [w] 1:15 Jc 3:13   [x] 1:16 Wo 12:2   [y] 1:17 Sòm 89:26
[z] 1:18 És 52:3   [a] 1:18 Ef 4:17   [b] 1:19 Trav 20:28   [c] 1:20 Trav 2:23   [d] 1:21 Wo 4:24   [e] 1:22 Jc 4:8   [f] 1:23 Jn 3:3   [g] 1:24 És 40:6   [h] 2:1 Ef 4:22,25,31   [i] 2:2 Mat 18:3   [j] 2:3 Eb 6:5   [k] 2:3 Sòm 34:8   [l] 2:4 I Pi 2:7
[m] 2:5 És 61:6   [n] 2:5 Wo 15:16   [o] 2:6 És 28:16   [p] 2:7 Sòm 118:22   [q] 2:8 És 8:14   [r] 2:9 Egz 19:6   [s] 2:10 Os 1:10

pa t yon pèp, men koulye a, nou se Pèp Bondye a; nou pa t resevwa mizerikòd, men koulye a, nou resevwa mizerikòd.

¹¹ Byeneme, mwen ankouraje nou kòm vwayajè ak ᵃetranje yo, pou nou rete lwen lanvi lachè k ap ᵇfè lagè kont nanm nan. ¹² Kenbe kondwit nou pwòp pami pèp etranje yo, pouke nan bagay ke yo pale mal sou nou kòm malfektè yo, yo kapab akoz bon zèv nou, bay Bondye glwa, lè yo wè yo ᶜnan jou gran vizitasyon selès la.

¹³ ᵈSoumèt tèt nou pou koz a Senyè a, a tout otorite ki etabli pami lòm, kit se yon wa kit se yon moun an otorite ¹⁴ oubyen a gouvènè ki voye pa Li menm yo ᵉpou pini malfektè yo e ᶠlouwe sila ki fè byen yo. ¹⁵ Paske ᵍse volonte Bondye, pou lè nou fè sa ki bon, pou sa fè inyoran yo ak san konprann yo rete an silans.

¹⁶ Se pou nou tankou ʰmoun lib, e pa itilize libète nou an kòm yon kouvèti pou fè sa ki mal, men pito sèvi li kòm ⁱsèvitè a Bondye. ¹⁷ ʲOnore tout moun. Renmen frè nou yo. ᵏGen lakrent Bondye, onore wa a.

¹⁸ ˡSèvitè, se pou nou soumèt a mèt nou avèk tout respè, non sèlman a sila ki bon e dous yo, men osi a sila ki difisil yo. ¹⁹ Paske sa jwenn favè, si yon nonm nan, pou koz a ᵐkonsyans anvè Bondye, sipòte afliksyon ak enjis.

²⁰ Paske ki glwa ki genyen si, lè nou peche e yo trete nou sevèman, nou andire li avèk pasyans? Men si ⁿlè nou fè sa ki bon e soufri pou li, nou andire li avèk pasyans, sa twouve favè devan Bondye. ²¹ Paske nou te rele pou koz sa a ᵒakoz ke Kris osi te soufri pou nou. Li te kite yon egzanp pou nou swiv pazapa,

²² Sila ki ᵖpa t fè okenn peche ni okenn desepsyon pa t twouve nan bouch Li a. ²³ Epi pandan yo t ap joure Li, ᵠLi pa t joure anretou. Pandan Li t ap soufri, Li pa t fè menas, men te kontinye mete konfyans Li nan Sila ki jije avèk ladwati a.

²⁴ Epi Li menm te ʳpote peche nou yo nan Kò Li sou kwa a, pou nou ta kapab mouri ak peche pou viv ak ladwati. Paske ˢak blesi Li yo, nou te geri.

²⁵ Paske nou te ᵗtoujou egare tankou mouton, men koulye a nou gen tan retounen a Bèje e Gadyen nanm nou an.

3 Menm jan an, nou menm, madanm yo ᵘvin soumèt a pwòp mari nou, pouke menm si nenpòt nan yo dezobeyisan a pawòl la, yo kapab vin konvenk san menm yon mo pa konpòtman a madanm yo, ² lè yo obsève konpòtman nou ki moral, fidèl, e plen respè.

³ ᵛBote nou pa dwe senpleman a leksteryè, tankou nan trese cheve, mete bijou ki fèt ak lò ak bèl rad; ⁴ men tankou ʷsila ki kache nan kè a moun; avèk kalite enperisab de yon lespri dous e trankil, ki presye nan zye a Bondye. ⁵ Paske nan fason sa a, nan tan pase yo, fanm sen yo osi ˣki te espere nan Bondye, te konn byen abiye yo, e soumèt a pwòp mari yo. ⁶ Menmjan Sara te obeyi Abraham nan, e li te ʸrele l senyè a, nou gen tan devni pitit li si nou fè sa ki bon e nou p ap pè anyen.

⁷ ᶻNou menm, mari yo, menm jan an, viv avèk madanm nou avèk sajès, kòmsi avèk yon veso ki pi fèb. Ba li onè tankou yon moun ki pataje gras lavi a, pouke priyè nou yo pa bloke.

⁸ Anfen ᵃke nou tout vin amikal, senpatik, fratènèl ᵇplen bon kè, e vin enb nan lespri.

⁹ Pa remèt mal pou mal, ni jouman pou jouman, men de preferans, beni moun nan. Paske nou te resevwa apèl la pou bi sa a, pou nou ta kapab eritye yon benediksyon.ᶜ ¹⁰ Paske:

ᵈ"Sila ki dezire lavi a,
pou renmen e wè anpil jou ki bon,
dwe gade lang li kont sa ki mal
e lèv li kont bay manti.
¹¹ ᵉLi dwe vire kite sa ki mal pou fè sa ki bon;
kite li chache lapè e pouswiv li.
¹² ᶠPaske zye a Senyè a sou moun ladwati yo,
e zòrèy Li atantif a lapriyè yo;
men lafas Bondye kont sila ki fè mal yo."

¹³ ᵍKilès ki kapab fè nou mal si nou montre zèl pou sa ki bon? ¹⁴ Men menmsi nou ta soufri pou koz a ladwati, nou beni. ʰPa pè entimidasyon pa yo, e pa twouble. ¹⁵ Men fè Kris sen kòm Senyè a nan kè nou. Toujou ⁱrete prè pou fè defans bay tout moun ki mande pou pou nou rann kont de esperans ki nan nou an, men avèk dousè ak respè pou Bondye.

¹⁶ Epi kenbe yon ʲbon konsyans, pouke nan bagay ke yo pale mal de nou yo, sila ki pale mal de nou an, akoz bon konpòtman nou nan Kris la, kapab vin wont. ¹⁷ Paske ᵏli pi bon ˡsi Bondye ta vle sa, pou nou soufri pou fè sa ki bon pase pou fè sa ki mal.

¹⁸ Paske Kris osi te mouri pou peche yo ᵐyon fwa pou tout, Li menm ki te jis pou en jis yo, pou Li ta kapab mennen nou kote Bondye, deja mò nan lachè, men fèt vivan nan lespri a. ¹⁹ Ladann, Li te osi ale fè pwoklamasyon a lespri nan prizon yo. ²⁰ Se yo menm ki avan te dezobeyisan yo, lè pasyans a Bondye ⁿte toujou ap tann nan jou a Noe yo, lè ᵒlach la t ap konstwi a. Se ladann kèk moun (sa vle di uit moun) te mennen rive sof nan dlo a.

²¹ Sa se yon modèl pare ak batèm, ki koulye a ap sove nou—ᵖpa akoz li retire salte sou kò a, men akoz yon angajman anvè Bondye pou gen yon bon konsyans pa rezirèksyon a Jésus Kri a. ²² ᵠLi menm ki, sou men dwat Bondye, te ale nan syèl, kote tout zanj, otorite, ak pouvwa yo te fin soumèt a Li menm.

ᵃ **2:11** Lev 25:23	ᵇ **2:11** Jc 4:1	ᶜ **2:12** És 10:3	ᵈ **2:13** Wo 13:1	ᵉ **2:14** Wo 13:4	ᶠ **2:14** Wo 13:3
ᵍ **2:15** I Pi 3:17	ʰ **2:16** Jn 8:32	ⁱ **2:16** Wo 6:22	ʲ **2:17** Wo 12:10	ᵏ **2:17** Pwov 24:21	ˡ **2:18** Ef 6:5
ᵐ **2:19** Wo 13:5	ⁿ **2:20** I Pi 3:17	ᵒ **2:21** I Pi 3:17	ᵖ **2:22** És 53:9	ᵠ **2:23** És 53:7	ʳ **2:24** És 53:4,11
ˢ **2:24** És 53:5	ᵗ **2:25** És 53:6	ᵘ **3:1** És 2:22	ᵛ **3:3** És 3:18	ʷ **3:4** Wo 7:22	ˣ **3:5** I Tim 5:5	ʸ **3:6** Jen 18:12
ᶻ **3:7** Ef 5:25	ᵃ **3:8** Wo 12:16	ᵇ **3:8** Ef 4:32	ᶜ **3:9** Luc 6:28	ᵈ **3:10** Sòm 34:12,13	ᵉ **3:11** Sòm 34:14
ᶠ **3:12** Sòm 34:15,16	ᵍ **3:13** Pwov 16:7	ʰ **3:14** És 8:12	ⁱ **3:15** Kol 4:6	ʲ **3:16** I Tim 1:5	ᵏ **3:17** I Pi 2:20
ˡ **3:17** Trav 18:21	ᵐ **3:18** Eb 9:26,28	ⁿ **3:20** Jen 6:3,13	ᵒ **3:20** Eb 11:7	ᵖ **3:21** Eb 9:14	ᵠ **3:22** Eb 1:3

4 Konsa, paske [a]Kris te soufri nan lachè a, ranfòse tèt nou osi avèk menm bi a; paske moun ki deja soufri nan lachè yo, gen tan sispann fè peche, 2 [b]pou nou pa viv rès tan an konsa, nan lachè ak dezi a lòm, men viv pou volonte a Bondye.

3 Paske [c]tan ki pase deja a, sifi pou nou te akonpli tout dezi a payen yo. Nou te konn pouswiv yon kous sansyèl, dezi chanèl, vin sou, banbòch, gwo fèt bwason, ak idolatri ki abominab.

4 Nan tout sa, yo etone ke nou pa kouri avèk yo nan menm eksè ki fè yo [d]dejenere konsa a, e yo [e]pale mal sou nou. 5 Men yo va rann kont a Sila ki prèt pou jije [f]vivan ak mò yo a.

6 Paske [g]pou rezon sa a, levanjil la preche menm a sila ki mouri yo, pouke, malgre, yo jije nan lachè kòm lòm, yo ta kapab viv nan lespri selon volonte a Bondye a.

7 [h]Lafen tout bagay pwòch. Konsa, se pou nou vin saj, ak yon jan de panse byen serye pou nou kab priye. 8 Anplis de tout bagay, [i]rete fèm nan lanmou nou youn pou lòt, paske [j]lanmou kouvri yon gran kantite peche. 9 [k]Resevwa youn lòt lakay nou san plenyen.

10 [l]Akoz chak moun gen tan resevwa yon don espesyal, anplwaye li nan sèvi youn lòt kòm [m]bon jeran ak tout gras ke Bondye te bay la. 11 [n]Nenpòt moun ki pale, li dwe fè sa tankou sila k ap pale pawòl a Bondye. Nenpòt moun ki sèvi, li dwe fè li tankou sila k ap sèvi avèk [o]tout fòs ke Bondye ba li, pouke nan tout bagay, Bondye kapab glorifye atravè Jésus Kri. A Li menm, apatyen laglwa ak pwisans, pou tout tan e pou tout tan. Amen.

12 Byeneme yo, pa vin etone de [p]eprèv cho kap brile nan mitan nou an, ki parèt sou nou kòm yon eprèv, kòmsi se kèk bagay etranj k ap rive nou. 13 Men nan menm degre ke nou [q]pataje soufrans Kris la, kontinye rejwi nou, anfen ke nan revelasyon laglwa Li, nou kapab rejwi nou avèk gwo lajwa. 14 Si yo pale mal de nou [r]pou non a Kris la [s]nou beni, paske Lespri laglwa a, ak Lespri Bondye a rete sou nou. De pati de sa yo, non L blasfeme, men sou pati pa w Li resevwa glwa.

15 Fè si ke okenn nan nou pa soufri kòm asasen, vòlè, oswa yon malfektè, ni yon moun k ap simen latwoublay[t]; 16 Men, si yon moun soufri kòm yon Kretyen (yon moun k ap adore Kris), li pa dwe wont, men li dwe glorifye Bondye nan non sila a.[u]

17 Paske li lè pou jijman [v]kòmanse avèk [w]manm lakay Bondye yo. E si li kòmanse avèk nou an premye, kisa ki va rive a sila ki pa obeyi a levanjil a Bondye a?

18 [x]Epi si se avèk difikilte ke moun jis yo sove, kisa ki va rive [y]nonm ki san Bondye a, ak pechè a?

19 Konsa, sila yo osi ki soufri selon [z]volonte Bondye a lè yo fè byen, lese yo remèt nanm yo a Li menm kòn yon Kreyatè Fidèl.

5 Pou sa mwen egzòte ansyen legliz yo pami nou, mwen kòm yon ansyen parèy, yon [a]temwen nan soufrans Kris la, e yon patisipan nan laglwa ki va vin revele a, 2 se pou nou vin bèje [b]a bann mouton Bondye pami nou an. Gade sou yo [c]pa paske nou oblije, men paske nou vle, jan Bondye vle nou ye a, pa nan pouswiv move la jan, men nan dezi pou sèvi. 3 Ni se pa tankou [d]kòmande sila ki plase anba otorite nou yo, men kòm yon egzanp pou bann mouton an. 4 Epi lè Chèf [e]Bèje a vin parèt, nou va resevwa kouwòn laglwa ki p ap janm gate a.

5 Nou menm, jènjan yo, vin soumèt nou a lansyen yo. Ke nou tout, abiye nou avèk [f]imilite youn anvè lòt, paske: [g]"Bondye opoze a ògeye yo, men Li bay gras a moun enb yo".

6 Konsa [h]desann nou anba men pwisan a Bondye a, pou Li kapab leve nou nan tan konvenab la.

7 Lage tout [i]tèt cha je nou yo sou Li, paske li sousye de nou.

8 [j]Se pou nou gen lespri serye e rete vijilan. Lènmi nou an, dyab la, ap sikile toupatou tankou yon lyon voras k ap chache yon moun pou l devore. 9 Men reziste kont li, kanpe fèm nan lafwa, paske nou konnen frè kwayan yo nan mond lan, ap pase menm kalite soufrans yo.[k]

10 Lè nou gen tan fin soufri pou yon ti tan, [l]Bondye a tout gras [m]ki te rele nou nan laglwa etènèl Li a an Kris, va, Li menm, fè nou pafè, konfime nou, e fè nou vin dyanm. 11 A Li menm, pwisans pou tout tan e pou tout tan. Amen.

12 Avèk èd [n]Silvain, frè fidèl nou yo (se konsa mwen panse sou li) mwen [o]ekri nou an brèf, pou ankouraje nou e bannou temwayaj ke sa se vrè gras a Bondye a. Kanpe fèm ladann!

13 Madanm ki Babylone nan, ki te chwazi ansanm avèk nou an, voye bannou salitasyon li, tankou fis mwen an [p]Marc tou.

14 Salye youn lòt avèk yon bo lanmou. Lapè avèk nou tout ki nan Kris la.[q]

---

[a] 4:1 I Pi 2:21   [b] 4:2 Wo 6:2   [c] 4:3 I Kor 12:2   [d] 4:4 Ef 5:18   [e] 4:4 I Pi 3:16   [f] 4:5 Trav 10:42   [g] 4:6 I Pi 3:18   [h] 4:7 Wo 13:11   [i] 4:8 I Pi 1:22   [j] 4:8 Pwov 10:12   [k] 4:9 I Tim 3:2   [l] 4:10 Wo 12:6   [m] 4:10 I Kor 4:1   [n] 4:11 Tit 2:1   [o] 4:11 Ef 6:10   [p] 4:12 I Pi 1:6   [q] 4:13 Wo 8:17   [r] 4:14 Jn 15:21   [s] 4:14 Mat 5:11   [t] 4:15 II Tes 3:11   [u] 4:16 I Pi 4:11   [v] 4:17 Am 3:2   [w] 4:17 Eb 3:6   [x] 4:18 Pwov 11:31   [y] 4:18 I Tim 1:9   [z] 4:19 I Pi 3:17   [a] 5:1 Luc 24:48; I Pi 1:5   [b] 5:2 Jn 21:16   [c] 5:2 Phm 14   [d] 5:3 Éz 34:4   [e] 5:4 I Pi 2:25   [f] 5:5 I Pi 3:8   [g] 5:5 Pwov 3:34   [h] 5:6 Mat 23:12   [i] 5:7 Sòm 55:22   [j] 5:8 I Pi 1:13; Mat 24:42   [k] 5:9 Jc 4:7   [l] 5:10 I Pi 1:6   [m] 5:10 I Kor 1:9   [n] 5:12 I Kor 1:19   [o] 5:12 Eb 13:22   [p] 5:13 Trav 12:12,25   [q] 5:14 Wo 16:16

II PIERRE

1 Simon Pierre, yon sèvitè-atache nèt, e apòt a Jésus Kri, a sila ki te resevwa [a]yon lafwa menm jan ak nou yo, pa [b]ladwati Bondye ak Sovè nou an, Jésus Kri: ² Ke lagras ak lapè vin miltipliye a nou menm nan [c]konesans a Bondye ak Jésus, Senyè nou an, ³ akoz nou wè ke pwisans diven Li an bannou tout bagay ki apatyen a lavi ak sentete, atravè vrè konesans a Li, ki te [d]rele nou pa pwòp glwa ak ekselans Li. ⁴ Paske pa sila yo, Li te bannou [e]pwomès presye e manyifik Li, pouke nan yo, nou ta kapab vin [f]patisipan nan nati sen an, e chape de koripsyon ki nan mond lan pa konvwatiz lachè a.

⁵ Alò, pou rezon sa a tou, avèk tout dilijans nan lafwa nou, mete ekselans moral, e nan ekselans moral nou, mete [g]konesans. ⁶ Sou konesans nou, mete [h]bon kontwòl tèt nou, e nan bon kontwòl tèt nou, mete [i]pèseverans, e nan pèseverans nou, mete sentete. ⁷ Anplis nan sentete nou, mete bonte fratènèl, e nan [j]bonte fratènèl nou, mete lanmou.

⁸ Paske si kalite sa yo nan nou e ap ogmante, yo p ap rann nou ni initil, ni [k]san fwi nan vrè konesans Senyè nou an, Jésus Kri. ⁹ Paske, sila ki manke kalite sa yo [l]avèg oswa pa wè klè, akoz li bliye ke li te netwaye de ansyen peche li yo.

¹⁰ Konsa, frè m yo, se pou nou vin pi dilijan pou fè sèten de [m]chwa ak apèl Li de nou menm nan. Paske otan ke n ap pratike bagay sa yo, nou p ap janm glise tonbe. ¹¹ Paske lè nou aji nan fason sa a, antre nan wayòm etènèl Senyè ak Sovè nou an, Jésus Kri, va [n]toujou disponib a nou menm an abondans.

¹² Konsa, mwen va toujou prè pou fè nou sonje bagay sa yo, malgre nou deja konnen yo, e etabli nan [o]verite ki deja la avèk nou an. ¹³ Paske mwen konsidere li bon, toutotan mwen ap demere nan kay tèrès sila a, pou vire memwa nou pou fè nou sonje, ¹⁴ avèk konesans ke moman pou [p]mete akote kay tèrès mwen an toupre kòm osi Jésus Kri te fè m byen konprann nan. ¹⁵ Konsa, mwen va osi fè dilijans pou nenpòt lè m [q]fin ale, nou kapab toujou sonje bagay sa yo.

¹⁶ Paske nou pa t swiv [r]vye listwa koken lè nou te fè nou konnen [s]pwisans ak retou a Senyè nou an, Jésus Kri, men zye nou te temwen majeste Li. ¹⁷ Paske, lè Li te resevwa laglwa ak lonè Bondye, Papa a, yon [t]pawòl konsa te fèt a Li pa Laglwa Majeste a: "Sa se Fis byeneme Mwen an; avèk Li, Mwen byen kontan." ¹⁸ Epi nou menm te tande pawòl sa yo, fèt depi nan syèl la, lè nou te avèk Li sou [u]mòn sen an.

¹⁹ Konsa, nou gen pawòl pwofesi yo fèt pi asire. A sila nou dwe prete atansyon an tankou se yon [v]lanp k ap klere yon kote ki fènwa, jiskaske bajou kase e [w]zetwal granmmaten an leve nan kè nou.

²⁰ Men konnen sa davans, ke [x]nanpwen pwofesi nan lekriti sen an ki sijè a pwòp entèpretasyon prive. ²¹ Paske [y]okenn pwofesi pa t janm fèt pa volonte a moun, men lèzòm, dirije pa Lespri Sen an te pale pawòl yo ki te soti nan Bondye.

2 Men [z]fo pwofèt yo te osi leve pami pèp la. Menmjan an, va gen fo enstriktè pami nou tou, ki va entwodwi an sekrè fo doktrin destriktif yo, ki menm nye Mèt la ki te ransonnen yo a, e yo pote destriksyon rapid sou tèt yo. ² Anpil va swiv [a]vi sansyèl yo, e akoz de yo, chemen laverite a va [b]meprize. ³ Epi nan [c]vorasite yo, yo va eksplwate nou avèk fo pawòl, men jijman a yo menm ki te prepare depi nan tan lontan an p ap mize, e destriksyon yo p ap dòmi. ⁴ Paske [d]si Bondye pa t epagne zanj yo lè yo te peche a, men te voye yo nan labim tenèb ki te rezève pou jijman an; ⁵ epi pa t epagne [e]ansyen mond lan, men te prezève Noé, yon predikatè ladwati, avèk sèt lòt, lè Li te voye yon delij sou mond konwonpi a, ⁶ epi si Li te [f]kondane vil Sodome ak Gomorrhe pou destriksyon e te redwi yo an sann, epi te fè yo yon egzanp pou sila ki ta vin mennen yon vi san Bondye pi devan yo; ⁷ epi si li te [g]delivre Lot ki te yon nonm ladwati, oprime pa sansyalite a mesye san prensip yo, ⁸ (paske pa sa ke li te wè e tande [h]nonm ladwati sila a, pandan li t ap viv pami yo, te santi nanm dwat li a te toumante jou apre jou pa zèv san règ ni lwa yo.) ⁹ [i]Alò Senyè a konnen kijan pou Li delivre moun Li yo de tantasyon, e pou kenbe mechan an anba pinisyon pou jou jijman an. ¹⁰ Sitou sila ki satisfè lachè a nan dezi konwonpi li yo, e ki [j]meprize otorite. Plen kouraj e awogan, yo pa menm tranble lè yo ensilte zanj majeste yo, ¹¹ [k]malgre zanj ki pi gran an pwisans ak pouvwa yo pa janm pote yon move jijman kont yo devan Senyè a. ¹² Men [l]sa yo, tankou bèt san rezon, fèt tankou kreyati ki a ji san refleksyon, ki fèt pou kapte e touye, ki mal pale kote yo pa gen konesans, va osi detwi nan destriksyon a kreyati sila yo.

¹³ Y ap soufri mal kòm salè a mal ke yo fè. Se plezi yo pou [m]fè banbòch an plèn joune. Se tach ak salte, k ap fè kè kontan nan desepsyon yo, pandan y ap fete avèk nou. ¹⁴ Ak zye plen adiltè ki pa janm sispann fè peche, yo sedwi [n]nanm ki pa stab yo. Kè yo ki

---

[a] **1:1** Wo 1:12 [b] **1:1** Wo 3:21-26 [c] **1:2** Jn 17:3 [d] **1:3** I Tes 2:12 [e] **1:4** II Pi 3:9,13 [f] **1:4** I Jn 3:2
[g] **1:5** Kol 2:3 [h] **1:6** Trav 24:25 [i] **1:6** Luc 21:19 [j] **1:7** Wo 12:10 [k] **1:8** Kol 1:10 [l] **1:9** I Jn 2:11
[m] **1:10** Wo 11:29; I Tes 1:4 [n] **1:11** Wo 2:4 [o] **1:12** Kol 1:5 [p] **1:14** II Tim 4:6; Jn 21:19 [q] **1:15** Luc 9:31
[r] **1:16** I Tim 1:4 [s] **1:16** Mc 13:6 [t] **1:17** Mat 17:5 [u] **1:18** Egz 3:5 [v] **1:19** Sòm 119:105 [w] **1:19** Rev 22:16
[x] **1:20** Wo 12:6 [y] **1:21** Jr 23:26 [z] **2:1** Det 13:1 [a] **2:2** Jen 19:5 [b] **2:2** Wo 2:24 [c] **2:3** I Tim 6:5; Det 32:35
[d] **2:4** Jd 1:6 [e] **2:5** Egz 26:20 [f] **2:6** Jen 19:24 [g] **2:7** Jen 19:24 [h] **2:8** Eb 11:4 [i] **2:9** I Kor 10:13
[j] **2:10** Egz 22:28 [k] **2:11** Jd 9 [l] **2:12** Jd 10 [m] **2:13** Wo 13:13 [n] **2:14** Jc 1:8

antrene pou lanvi tout bagay, se pitit madichon yo ye. [15] Nan abandone [a]bon chemen an, yo vin egare pou swiv [b]chemen Balaam, fis Bosor a, ki te renmen salè inikite yo. [16] Men li te resevwa yon repwòch pou pwòp transgresyon li. Paske [c]yon bourik bèbè te pale avèk vwa yon moun, e te mete fren a foli a pwofèt la.

[17] Sa yo se [d]sous san dlo e nyaj ki pouse pa yon van tanpèt [e]pou sila tenèb fènwa fin rezève nèt la. [18] Paske nan pale fò avèk [f]awogans ak vanite, yo sedwi pa dezi lachè yo, pa sansyalite, atake sila ki prèske pa gen fòs yo pou chape devan sila ki viv nan erè yo, [19] k ap pwomèt yo libète, pandan yo menm se esklav a koripsyon; paske [g]sa ki domine yon moun, fè l vin esklav.

[20] Paske si, apre yo fin chape de tout bagay sal mond sa a pa konesans Senyè ak Sovè a Jésus Kri, yo bwouye ladan yo ankò e vin simonte [h]dènye eta yo a vin pi mal pase premye a. [21] [i]Paske li ta pi bon pou yo pa t konnen chemen ladwati a, olye yo vin konnen l, pou vire kite kòmandman sen ki te [j]livre a yo menm nan. [22] Men sa ki vin rive a yo menm selon vrè pwovèb la: [k]"Yon chen retounen a pwòp vomisman l" epi "gwo manman kochon an, lè l fin benye, li retounen woule kò l nan labou a."

3 Sa se koulye a, byeneme yo, dezyèm lèt ke m ekri nou an. Ladann mwen ap eseye [l]kiltive nan nou kèk refleksyon serye, pou fè nou sonje, [2] pou nou kab [m]sonje pawòl ki te pale oparavan pa [n]pwofèt sen yo e kòmandman a Senyè ak Sovè a ki te pale pa apot nou yo. [3] Konnen sa dabò, ke [o]nan dènye jou yo [p]mokè yo va vin moke, sila k ap swiv pwòp dezi lachè yo, [4] epi yo va di: [q]"Kote pwomès ke L ap vini an? Paske depi papa nou yo te vin [r]mouri, tout bagay kontinye jis jan li te ye depi kòmansman kreyasyon an."

[5] Paske lè yo kalkile konsa a, sa vin chape de remak yo ke selon pawòl Bondye a, syèl yo te egziste depi lontan e latè te [s]fòme avèk dlo e pa dlo. [6] Pa dlo sa a [t]mond lan te detwi, lè l vin kouvri avèk dlo. [7] Men, pa pawòl Li [u]syèl avèk tè ki la koulye a, ap rezève pou destriksyon avèk [v]dife, yo kenbe pou jou jijman an ak destriksyon moun mechan yo.

[8] Men pa kite sa chape de atansyon nou, byeneme yo, ke avèk Senyè a, yon jou se tankou [w]mil ane, e mil ane se tankou yon jou. [9] [x]Senyè a pa lan sou pwomès Li, jan kèk moun ta konte sa a, men Li pasyan anvè nou, e Li [y]pa vle pou okenn moun ta peri, men pou tout ta vini a larepantans.

[10] Men [z]jou a Senyè a [a]va vini kòm yon vòlè. Konsa syèl la va disparèt avèk yon gwo bwi, eleman yo va detwi avèk yon gwo chalè, e latè ak zèv li yo va vin brile nèt.

[11] Akoz ke tout bagay sa yo dwe detwi nan jan sa a, ki kalite moun nou ta dwe ye selon kondwit ki sen e fidèl? [12] Moun k ap chache toujou pou avanse jou a Bondye, k ap fè [b]syèl yo detwi avèk dife, e tout eleman yo fann avèk gwo chalè a! [13] Men selon [c]pwomès Li, n ap chache [d]syèl ki tounèf yo ak yon tè tounèf, kote ladwati abite.

[14] Konsa, byeneme yo, akoz ke n ap chache bagay sa yo, se pou nou dili jan pou Li jwenn nou anpè [e]san tach e san fot. [15] Konsidere [f]pasyans a Senyè a kòm sali nou. Menm jan an osi ak frè byeneme nou an, Paul, te ekri nou, selon sajès ke li te resevwa a, [16] kòm osi nan tout lèt li yo, li te pale ak yo de bagay sa yo. [g]Ladan yo, gen kèk bagay ki difisil pou konprann, ke sila ki san konprann e ki pa stab yo defòme, jan yo te fè osi ak tout lòt Ekriti sen yo, ki va gen kòm rezilta, pwòp destriksyon pa yo.

[17] Konsa, nou menm, byeneme yo, ki konnen sa davans, rete vi jilan pou nou pa pote ale pa erè a moun san prensip yo, e tonbe kite pwòp fidelite nou. [18] Men grandi nan lagras ak konesans a [h]Senyè ak Sovè nou an, Jésus Kri.

A Li menm, laglwa, menm koulye a, e nan jou letènite a. Amen.

---

[a] **2:15** Trav 13:10   [b] **2:15** Nonb 22:5,7   [c] **2:16** Nonb 22:21,23,28,30   [d] **2:17** Jd 12   [e] **2:17** Jd 13   [f] **2:18** Jd 16   [g] **2:19** Jn 8:34   [h] **2:20** Mat 12:45   [i] **2:21** Éz 18:24   [j] **2:21** Jd 3   [k] **2:22** Pwov 26:11   [l] **3:1** II Pi 1:13   [m] **3:2** Jd 17   [n] **3:2** Luc 1:70   [o] **3:3** I Tim 4:1   [p] **3:3** Jd 18   [q] **3:4** Mal 2:17   [r] **3:4** Trav 7:60   [s] **3:5** Sòm 24:2   [t] **3:6** II Pi 2:5; Jen 7:11   [u] **3:7** II Pi 3:10,12   [v] **3:7** És 66:15   [w] **3:8** Sòm 90:4   [x] **3:9** Hab 2:3   [y] **3:9** I Tim 2:4   [z] **3:10** I Kor 1:8   [a] **3:10** I Tes 5:2   [b] **3:12** II Pi 3:7,10   [c] **3:13** És 65:17   [d] **3:13** Wo 8:21   [e] **3:14** Fil 2:15   [f] **3:15** II Pi 3:9; Trav 15:25   [g] **3:16** Eb 5:11   [h] **3:18** II Pi 2:2

I JEAN

1 Sa ki te ye ^adepi kòmansman a, sa ke nou te tande, sa ke nou ^bte wè avèk zye nou yo, sa ke nou te byen konnen, epi te manyen avèk men nou yo, konsènan Pawòl Lavi a; ² epi ^clavi te vin parèt pou l vizib e nou te wè l, epi tande l, epi pwoklame a nou menm ^dlavi etènèl la, ki te avèk Papa la, epi te fè parèt byen klè a nou.

³ Sa ke nou te wè epi ^etande, nou pwoklame a nou menm osi ke nou kapab genyen ^fkominyon avèk nou. Konsa vrèman, kominyon nou se avèk Papa a, epi avèk Fis Li, Jésus Kri. ⁴ Epi ^gbagay sa yo nou ekri, pou ^hlajwa nou kapab vin konplèt.

⁵ Men mesaj la ke nou te tande a Li, epi te anonse a nou menm, ke ⁱBondye se limyè, epi nan Li nanpwen tenèb ditou.

⁶ ^jSi nou di ke nou gen kominyon avè Li, men nou mache nan tenèb la, nou ^kmanti epi pa pratike laverite a. ⁷ Men si nou ^lmache nan limyè la, menm jan ke Li menm se nan limyè a, nou gen kominyon youn avèk lòt, epi san la a Jésus, Fis Li, netwaye nou de tout peche.^m

⁸ ⁿSi nou di ke nou pa gen peche, n ap pase pwòp tèt nou nan desepsyon, epi ^olaverite a pa nan nou. ⁹ ^pSi nou konfese peche nou yo, Li se fidèl epi jis pou padonnen nou peche nou yo, epi pou netwaye nou a tout mal.

¹⁰ Epi ^qsi nou di ke nou pa peche, nou ^rfè Li menm yon mantè, epi pawòl Li pa nan nou.

2 Pitit mwen yo, m ap ekri nou bagay sa yo pou nou pa peche. Si nenpòt peche ^snou gen yon avoka avèk Papa la, Jésus Kri sila ki dwat. ² Se Li menm ki sakrifis ekspiyatwa la pou peche nou yo, non sèlman pou nou, men ^tpou tout lemonn lan.

³ Se konsa nou konnen ke nou gen tan konnen Li, si nou ^ukenbe kòmandman Li yo. ⁴ Sila ki di "Mwen gen tan konnen Li," men pa kenbe kòmandman Li yo, se yon ^vmantè, epi ^wlaverite a pa nan li. ⁵ Men nenpòt ki ^xkenbe pawòl Li, nan li ^ylamou Bondye a vrèman gen tan vin konplete. Men ki jan nou konnen ke nou se nan li: ⁶ Sila ki di ke l ap ^zreste nan Li ta dwe, li menm, mache menm jan ke Li te mache.

⁷ Byeneme yo, mwen p ap ekri yon kòmandman nèf a nou, men yon ansyen kòmandman ke nou te gen ^adepi kòmansman a. Lansyen kòmandman a se pawòl a ke nou te tande depi kòmansman an. ⁸ Sou lòt men, m ap ekri nou yon kòmandman nèf, ki se vrè nan Li, epi nan nou, paske ^btenèb la ap pase, epi vrè limyè la ap briye deja. ⁹ Sila ki di ke li nan limyè la, men ^crayi frè l se nan tenèb la jiska prezan.

¹⁰ ^dSila ki renmen frè li se nan limyè la, epi pa gen kòz pou chite tonbe nan li. ¹¹ Men sila ki rayi frè li se nan tenèb la, epi mache nan tenèb la. Li pa konnen kote l ap w ale, paske tenèb la ^efin fè l avèg.

¹² M ap ekri nou, ti moun yo, paske ^fpeche nou yo gen tan padonnen pou kòz a non Li. ¹³ M ap ekri nou, papa yo, paske nou konnen Li ki te la depi kòmansman an. M ap ekri nou jenn nonm yo, paske ^gnou te vin gen viktwa la sou sila ki mechan. Mwen te ekri nou ti moun yo, paske nou konnen Papa a.

¹⁴ Mwen te ekri nou, papa yo, paske nou konnen Li ^hki te la depi kòmansman a. Mwen te ekri nou jenn nonm yo paske nou ⁱgen fòs, epi pawòl Bondye a reste nan nou, epi nou te vin gen viktwa sou sila ki mechan.

¹⁵ Pa renmen lemonn an, ni bagay yo ki nan lemonn an. ^jSi nenpòt renmen lemonn, lamou Papa a pa reste nan li. ¹⁶ Paske tout sa ki nan lemonn ^klanvi lachè a, lanvi nan zye yo, ak lògey lavi la pa sòti nan Papa a, men nan lemonn sa. ¹⁷ ^lMen lemonn an disparèt avèk tout lanvi li yo, men sila ki fè volonte a Bondye ap viv jis pou janmen.

¹⁸ Pitit yo, se dènye lè. Menm jan ke nou te tande ke ^mantikris la ap vini ⁿmenm koulye a anpil antikris yo gen tan leve. Pou sa, nou konnen ke se dènye lè. ¹⁹ ^oYo te sòti pami nou, men yo pa t vrèman nan nou, paske si yo te nan nou, yo t ap rete avèk nou. Men yo te sòti jis pou li ta kapab vin klè ke yo pa nan nou.

²⁰ Men nou menm gen lonksyon lan ki sòti nan ^pSila ki Sen a, epi nou tout konnen sa. ²¹ Mwen pa t ekri nou akoz nou pa konnen verite a, men ^qpaske nou konnen li, epi akoz ke okenn manti pa janm ^rsòti nan laverite a. ²² Kelès k ap manti, sòf ^sli menm ki demanti ke Jésus se Kris la. Sila se antikris la, sila ki refize Papa a ansanm ak Fis la. ²³ ^tSila ki demanti Fis la pa gen Papa a. Sila ki konfese Fis la, anplis, gen Papa a.

²⁴ Pou nou menm, kite sa demere nan nou ke nou te tande depi kòmansman a. Si sa nou tande depi kòmansman a demere nan nou, nou ^uva osi reste nan Fis la, ak Papa la. ²⁵ Epi ^vsa se pwomès la ke Li menm te fè nou, lavi etènèl.

²⁶ Bagay sa yo mwen te ekri nou konsènan sa yo ki ta eseye ^wpase nou nan desepsyon. ²⁷ Epi pou nou menm, lonksyon ke nou te resevwa a Li demere nan nou, epi nou pa gen bezwen pou pèsòn enstwi nou; men lonksyon Li ^xenstwi nou nan tout bagay. ^yLi

---

^a **1:1** Jn 1:1   ^b **1:1** II Pi 1:16   ^c **1:2** Jn 1:4   ^d **1:2** Jn 10:28   ^e **1:3** Trav 4:20   ^f **1:3** Jn 17:3,21   ^g **1:4** I Jn 2:1   ^h **1:4** Jn 3:29   ⁱ **1:5** I Tim 6:16   ^j **1:6** Jn 8:12   ^k **1:6** I Jn 2:4   ^l **1:7** Esd 2:5   ^m **1:7** I Tim 6:16   ⁿ **1:8** Job 15:14   ^o **1:8** Jn 8:44   ^p **1:9** Sòm 32:5   ^q **1:10** Job 15:14   ^r **1:10** I Jn 5:10   ^s **2:1** Wo 8:34; Jn 14:16   ^t **2:2** Jn 4:42   ^u **2:3** Jn 14:15   ^v **2:4** I Jn 1:6   ^w **2:4** I Jn 1:8   ^x **2:5** Jn 14:23   ^y **2:5** I Jn 4:12   ^z **2:6** Jn 15:4   ^a **2:7** I Jn 2:24   ^b **2:8** Wo 13:12; Jn 1:9   ^c **2:9** I Jn 2:11   ^d **2:10** Jn 11:9   ^e **2:11** II Kor 4:4   ^f **2:12** Trav 13:38   ^g **2:13** Jn 16:33   ^h **2:14** I Jn 1:1   ⁱ **2:14** Ef 6:10   ^j **2:15** Jc 4:4   ^k **2:16** Wo 13:14   ^l **2:17** I Kor 7:31   ^m **2:18** Mat 24:5,24   ⁿ **2:18** Mc 13:22   ^o **2:19** Trav 20:30   ^p **2:20** Mc 1:24   ^q **2:21** Jc 1:19   ^r **2:21** Jn 8:44   ^s **2:22** I Jn 4:3   ^t **2:23** Jn 8:19   ^u **2:24** Jn 14:23   ^v **2:25** Jn 3:15   ^w **2:26** I Jn 3:7   ^x **2:27** Jn 14:26   ^y **2:27** Jn 14:17

se verite, epi pa janm nan manti, menm jan ke li te enstwi nou, demere nan Li. ²⁸ Epi koulye a, ti moun yo, reste nan Li, jis pou lè L ᵃvin parèt, nou kapab gen konfyans epi pa vin piti ak wont lè Li vini. ²⁹ Si nou konnen ke ᵇLi dwat nèt, nou konnen osi ke tout moun ki pratike ladwati a se ne a Li.

3 Gade ᶜki grand amou Papa a te bay nou ke nou ta vin rele ᵈti moun yo a Bondye! Konsa, se sa nou ye. Pou rezon sa lemonn pa rekonèt nou, paske li pa t rekonèt Li.

² Alò, chè zanmi yo, nou se ti moun a Bondye, epi li poko fin devwale ki sa n ap ye. Nou konnen ke ᵉlè Li parèt nou va tankou Li, paske nou va ᶠwè Li menm jan ke Li ye. ³ Epi tout moun ki gen ᵍespwa sa sou Li, vin pi li menm, menm jan ak Li.

⁴ Epi tout moun ki pratike peche, transgrese lalwa. ʰPeche a se transgresyon lalwa. ⁵ Nou konnen ke Li te parèt pou Li ta kapab ⁱretire peche yo, epi ʲnan Li pa gen peche. ⁶ Okenn moun ki rete nan Li ᵏpa peche, men okenn ki viv nan peche pa t wè Li, ni yo pa konnen Li.

⁷ Ti moun yo, pa kite pèson ˡtronpe nou. ᵐSila ki pratike ladwati a se jis, menm jan ke Li jis. ⁸ Men sila ki pratike peche se ⁿa dyab la, paske dyab la te peche depi kòmansman a. Fis la a Bondye te parèt pou rezon sila, ke Li ta kapab detwi zèv yo a dyab la.

⁹ Nanpwen pèsòn ki ᵒne a Bondye ki pratike peche paske jèm Li tou rete nan li, epi li pa kapab peche, paske li ne a Bondye. ¹⁰ Selon sa ᵖpitit yo a Bondye, ak pitit yo a dyab la se byen klè. Nenpòt ki pa pratike ladwati a pa a Bondye, ni sila ki pa renmen ᵠfrè li.

¹¹ Paske sa se mesaj la ke nou te tande depi kòmansman a ʳke nou dwe renmen yon a lòt. ¹² Pa kon ˢCaïn, ki te apatyen a ᵗmechan la, epi te asasinen frè l. Men poukisa li te asasinen li? Paske zèv li te mal, epi sa yo a frè l te jis.

¹³ Pa etonnen, frè yo, si ᵘlemonn rayi nou.

¹⁴ Nou konnen ke nou ᵛkite lanmò, epi antre nan lavi akoz ke nou renmen frè nou yo. Sila ki pa renmen, rete nan lanmò.

¹⁵ Nenpòt ki ʷrayi frè l se yon asasen. Epi nou konnen ke nanpwen asasen ki gen lavi etènèl a anndan li.

¹⁶ Men konsa nou rekonèt lamou; ke ˣLi te bay vi Li pou nou. Epi konsa, nou ta dwe bay vi nou yo pou frè nou yo. ¹⁷ Men ʸnenpòt ki gen byen yo a lemonn sa, pou l wè frè l nan bezwen, epi ᶻsere kè l kontre li, ki jan lamou Bondye kapab rete nan li? ¹⁸ Ti moun yo, pa kite nou renmen avèk pawòl, ni avèk lang, men nan zèv ak nan ᵃverite.

¹⁹ Nou va rekonèt konsa ke nou se ᵇnan laverite, epi va gen asirans nan kè nou devan Li: ²⁰ si kè nou kondannen nou, Bondye se bokou pi gran ke kè nou, epi Li konnen tout bagay.

²¹ Byeneme yo, si kè nou pa kondannen nou, nou gen ᶜkonfyans devan Bondye. ²² Pou sa a, nenpòt ke nou mande, nou va resevwa de Li, paske nou ᵈkenbe kòmandman Li yo, epi fè ᵉbagay yo ki fè plezi devan zye Li yo.

²³ Men sa se kòmandman Li, ke nou ᶠkwè nan ᵍnon lan a Fis Li, Jésus Kri, epi renmen yon ak lòt, kon Li te kòmande nou.

²⁴ Sila a ki ʰkenbe kòmandman Li yo, rete nan Li, epi Li rete nan li menm. Nou konnen konsa ke ⁱLi rete nan nou, akoz Li te bay nou Lespri Li.

4 Byeneme yo, pa kwè tout ʲlespri yo, men sonde yo pou wè si yo sòti nan Bondye, paske anpil fo pwofèt yo gen tan antre nan lemonn.

² Selon sa nou rekonèt Lespri Bondye a: ᵏchak lespri ki ˡkonfese ke Jésus Kri te vini nan lachè a sòti nan Bondye: ³ Epi chak lespri ki ᵐpa konfese Jésus, pa sòti nan Bondye. Li menm se lespri antikris la, sou kilès nou te tande ke l ap vini, epi ⁿkoulye a se deja nan lemonn lan.

⁴ Ti moun yo, nou se a Bondye, epi te ᵒvankre fò lespri sa yo, paske pi gran se Li ki nan nou, pase ᵖli ki nan lemonn an. ⁵ ᵠYo sòti nan lemonn an. Akoz sa yo pale tankou lemonn an, epi lemonn an koute yo.

⁶ Nou se a Bondye: li ki konnen Bondye va koute nou. Li ki pa a Bondye p ap koute nou. Pa sa a nou konnen Lespri verite a ak Lespri la a sa ki fo.

⁷ Byeneme yo, kite nou ʳrenmen yon a lòt, paske lamou se ne a Bondye, epi konnen Bondye. ⁸ Sila ki pa gen lamou, pa konnen lamou, paske ˢBondye se lamou.

⁹ Se konsa lamou Bondye te vin parèt nan nou; ke ᵗBondye te voye sèl Fis inik Li nan lemonn an pou nou ta kapab viv nan Li.

¹⁰ Nan sa se lamou; ᵘpa ke nou te renmen Bondye, men ke Li te renmen nou, epi te voye Fis Li kon sakrifis pwopiyatwa (sèl sakrifis la ki te akseptab pou peche nou yo).

¹¹ Byeneme yo, si Bondye te renmen nou, ᵛnou osi dwe renmen yon a lòt.

¹² ʷPèsòn pa janm wè Bondye nan okenn tan. Si nou gen lamou youn pou lòt, Bondye rete nan nou, epi lamou Li vin konplete nan nou.

¹³ ˣSe konsa nou konnen ke nou rete nan Li epi Li nan nou, paske Li te bay nou Lespri Li.

¹⁴ Konsa, nou gen tan wè epi fè temwen ke Papa a te ʸvoye Fis la kòm Sovè lemonn an. ¹⁵ Nenpòt ki konfese ke Jésus se Fis Bondye a, Bondye rete nan

---

ᵃ **2:28** I Jn 3:2; Mc 8:38   ᵇ **2:29** Jn 7:18   ᶜ **3:1** Jn 3:16   ᵈ **3:1** Jn 1:12   ᵉ **3:2** Wo 8:29   ᶠ **3:2** Jn 17:24   ᵍ **3:3** Wo 15:12   ʰ **3:4** Wo 4:15   ⁱ **3:5** Jn 1:29   ʲ **3:5** II Kor 5:21   ᵏ **3:6** I Jn 3:9   ˡ **3:7** I Jn 2:26   ᵐ **3:7** I Jn 2:29   ⁿ **3:8** Jn 8:44   ᵒ **3:9** Jn 1:13   ᵖ **3:10** Jn 1:12   ᵠ **3:10** Jn 2:9   ʳ **3:11** Jn 15:12   ˢ **3:12** Jen 4:8   ᵗ **3:12** I Jn 2:13   ᵘ **3:13** Jn 15:18   ᵛ **3:14** Jn 5:24   ʷ **3:15** Mat 5:21   ˣ **3:16** Jn 10:11   ʸ **3:17** Jc 2:15   ᶻ **3:17** Det 15:7   ᵃ **3:18** I Jn 1   ᵇ **3:19** I Jn 2:21   ᶜ **3:21** Jn 2:28   ᵈ **3:22** I Jn 2:3   ᵉ **3:22** Jn 8:29   ᶠ **3:23** I Jn 6:29   ᵍ **3:23** Jn 1:12   ʰ **3:24** I Jn 2:3   ⁱ **3:24** I Jn 2:5   ʲ **4:1** Jn 29:8   ᵏ **4:2** I Kor 12:3   ˡ **4:2** I Jn 5:1   ᵐ **4:3** I Jn 2:22   ⁿ **4:3** II Tes 2:3-7   ᵒ **4:4** I Jn 2:13   ᵖ **4:4** Jn 12:31   ᵠ **4:5** Jn 15:19   ʳ **4:7** I Jn 3:11   ˢ **4:8** I Jn 4:7,16   ᵗ **4:9** Jn 3:16   ᵘ **4:10** Wo 5:8,10   ᵛ **4:11** I Jn 4:7   ʷ **4:12** Jn 1:18   ˣ **4:13** Wo 8:9   ʸ **4:14** Jn 3:17

li, epi li nan Bondye. ¹⁶ Epi ᵃnou vin konnen epi gen tan kwè lamou ke Bondye gen pou nou.

ᵇBondye se lamou, epi sila ki rete nan lamou, rete nan Bondye epi Bondye rete nan li. ¹⁷ Se konsa, lamou vin pèfekte avèk nou, pou nou kapab gen ᶜkonfyans nan ᵈjou jijman a; akoz ke menm jan Li ye, nou menm tou se konsa nou ye nan lemonn sa.

¹⁸ Pa gen lakrent nan lamou; men ᵉlamou pafè va mete lakrent deyò, paske lakrent gen pinisyon, men sila ki gen perèz pa pèfekte nan lamou.

¹⁹ ᶠNou renmen, paske premyèman Li te renmen nou.

²⁰ Si yon moun di ke li renmen Bondye, men li ᵍrayi frè l, li se yon mantè; paske yon moun ki pa renmen frè l ke li kapab wè, pa kapab renmen Bondye ke li pa janm wè. ²¹ ʰKòmandman sa a nou gen de Li, ke sila ki renmen Bondye, dwe renmen frè li tou.

5 Nenpòt ki kwè ke Jésus se Kris la, se ne a Bondye. Nenpòt ki renmen Papa a, renmen sila ki ne de Li.

² Men konsa nou konnen ke ⁱnou renmen pitit yo a Bondye, lè nou renmen Bondye, epi obeyi kòmandman Li yo. ³ Paske ʲse sa ki lamou pou Bondye, ke nou kenbe kòmandman Li yo. Kòmandman Li yo pa di.

⁴ Paske nenpòt ki ne a Bondye ᵏap vankre lemonn an. Men viktwa la ki vankre lemonn an—-lafwa nou. ⁵ Kilès sila ki vankre lemonn an, sòf ke li ki ˡkwè ke Jésus se Fis la a Bondye?

⁶ Se Sila ki vini pa dlo ak san, Jésus Kri; pa sèlman avèk dlo, men avèk dlo ak san. Se Lespri la ki pote temwen, akoz se Lespri a ki verite. ⁷ Paske gen ᵐtwa ki bay temwen; ⁸ Lespri la, dlo la, ak san an; epi tout nan twa sa yo se an akò kon youn sèl.

⁹ ⁿSi nou resevwa temwen lan a lòm, temwen Bondye a se pi gran. Paske temwen Bondye a se sa; ke Li te pote temwen konsènan Fis Li. ¹⁰ Sila ki kwè nan Fis a Lòm nan ᵒgen temwen nan li menm. Men sila ki pa kwè Bondye te fè L yon mantè, akoz ke li pa kwè nan temwen lan ke Bondye pote konsènan Fis Li.

¹¹ Temwen la se sa: ke Bondye te bay nou ᵖlavi etènèl a, epi ᵠlavi sila se nan Fis Li. ¹² ʳLi ki gen Fis la, gen lavi. Li ki pa gen Fis la a Bondye pa gen lavi.

¹³ ˢBagay sa yo mwen ekri a nou ki ᵗkwè nan non lan a Fis Bondye a, pou nou kapab konnen ke nou gen lavi etènèl, e ke nou kapab kontinye kwè nan Fis Bondye a.

¹⁴ Sa se ᵘkonfyans ke nou gen devan Li; ke si nou mande nenpòt bagay selon volonte L, Li tande nou. ¹⁵ Epi si nou konnen ke Li tande nou nan nenpòt sa nou mande, nou konnen ke nou resevwa sa ke nou te mande de Li.

¹⁶ Si nenpòt wè frè l ap fè yon peche ki pa mennen a lanmò ᵛli va mande, epi Bondye va pou li menm, bay lavi a sa yo ki fè peche ki pa mennen a lanmò. Genyen yon peche ki mennen a lanmò. ʷMwen pa di ke li dwe fè demann pou sila. ¹⁷ ˣTout inikite se peche, epi gen peche ki pa mennen a lanmò.

¹⁸ Nou konnen ke ʸokenn ki ne a Bondye fè peche; men Li ki te ne a Bondye kenbe li menm, epi ᶻmechan lan p ap touche li.

¹⁹ Nou konnen ke ᵃnou menm se a Bondye, epi tout lemonn an rete nan pwisans lan a mechan an.

²⁰ Nou konnen ke Fis Bondye a gen tan vini, e te ᵇbay nou konprann pou nou ta kapab konnen Li ki se vrè. Konsa, nou nan Li ki se vrè, nan Fis Li, Jésus Kri. Sa se vrè Bondye a epi lavi etènèl a.

²¹ Ti moun yo, veye nou kontra ᶜzidòl yo.

ᵃ **4:16** Jn 6:69   ᵇ **4:16** I Jn 4:7,8   ᶜ **4:17** I Jn 2:28   ᵈ **4:17** Mat 10:15   ᵉ **4:18** Wo 8:15   ᶠ **4:19** I Jn 4:10
ᵍ **4:20** I Jn 2:9,11   ʰ **4:21** Lev 19:18   ⁱ **5:2** I Jn 3:14   ʲ **5:3** Jn 14:15   ᵏ **5:4** I Jn 2:13   ˡ **5:5** I Jn 4:15
ᵐ **5:7** Mat 18:16   ⁿ **5:9** Jn 5:34,37   ᵒ **5:10** Wo 8:16   ᵖ **5:11** I Jn 1:2   ᵠ **5:11** Jn 1:4   ʳ **5:12** I Jn 3:15,36
ˢ **5:13** Jn 20:31   ᵗ **5:13** I Jn 3:23   ᵘ **5:14** I Jn 2:28   ᵛ **5:16** Jc 5:15   ʷ **5:16** Jr 7:16   ˣ **5:17** I Jn 3:4   ʸ **5:18** I Jn 3:9   ᶻ **5:18** I Jn 2:13   ᵃ **5:19** I Jn 4:6   ᵇ **5:20** Luc 24:45   ᶜ **5:21** I Kor 10:7,14

DEZYÈM LÈT JEAN

1 Ansyen an k ap ekri madanm chwazi a, ansanm ak pitit li yo, ke mwen renmen an verite; pa mwen sèlman, men tout sila ki [a]konnen laverite yo, ² pou koz laverite a, ki rete nan nou, e ki va [b]avèk nou jis pou tout tan: ³ [c]Lagras, mizerikòd, ak lapè va avèk nou, ki sòti nan Bondye, Papa a, ak Senyè a Jésus Kri, Fis a Papa a, nan verite, ak nan lamou.

⁴ [d]Mwen te tèlman kontan pou twouve kèk nan timoun ou yo ki t ap mache nan laverite a, jis jan ke Papa a te kòmande nou fè a.

⁵ Konsa, koulye a mwen mande ou, madanm, [e]pa tankou mwen t ap ekri yon kòmandman tounèf, men menm sila ke nou te gen depi nan kòmansman an, pou nou renmen youn lòt. ⁶ Men [f]sa se lanmou, pou nou mache selon kòmandman Li yo. Sa se kòmandman an, jis jan ke ou te tande li [g]depi nan kòmansman an, pou ou ta mache nan li.

⁷ Paske [h]anpil sediktè [i]gen tan antre nan mond lan, sa yo ki pa rekonèt ke Jésus Kri te vini nan lachè a. Sila a se sediktè a, ak antikris la.

⁸ Veye nou menm [j]pou nou pa pèdi sa ke nou gen tan fin reyalize a, men pou nou resevwa tout rekonpans lan.

⁹ Nenpòt moun ki fin ale byen lwen e ki [k]pa kontinye nan doktrin Kris la, pa gen Bondye. Sila ki rete nan doktrin nan, li gen ni Papa a, ni Fis la.

¹⁰ Si nenpòt moun vini a nou, ki pa pote doktrin sila a, [l]pa resevwa li nan kay nou, e pa menm salye li, ¹¹ paske sila ki salye li a [m]patisipe nan zak malveyan li yo.

¹² [n]Malgre ke mwen gen anpil bagay pou m ta ekri nou, mwen pa vle fè sa avèk papye ak lank; men mwen espere ke m va vini a nou menm pou nou pale fasafas, jis pou jwa nou kapab vin akonpli.

¹³ Pitit a [o]sè chwazi yo salye nou. Amen

---

[a] **1:1** Jn 8:32 [b] **1:2** Jn 14:16 [c] **1:3** Wo 1:17 [d] **1:4** Jn 3:3 [e] **1:5** I Jn 2:7 [f] **1:6** I Jn 5:3 [g] **1:6** I Jn 2:7 [h] **1:7** I Jn 2:26 [i] **1:7** I Jn 2:19 [j] **1:8** I Kor 3:8 [k] **1:9** Jn 7:16 [l] **1:10** I Wa 13:16 [m] **1:11** Ef 5:11 [n] **1:12** III Jn 13,14 [o] **1:13** II Jn 1

III JEAN

1 Lansyen lan k ap ekri a byeneme a, Gaïus, ke mwen [a]renmen an verite.

² Byeneme a, mwen priye nan tout aspe ke afè ou mache byen, epi ke ou toujou an bon sante, menm jan ke nanm ou se an bon sante. ³ Paske mwen te [b]tèlman kontan lè frè yo te vin pote temwen a verite ou, ki jan ou mache nan laverite a. ⁴ [c]Mwen pa gen pi gran jwa ke sa, pou tande koze a pitit mwen yo k ap mache nan laverite a.

⁵ Byeneme, ou ap aji fidèlman nan tout sa ou achevi pou frè yo, soutou lè se [d]moun ou pa rekonèt yo. ⁶ Yo pote temwen amou ou devan legliz la. Konsa, ou va fè byen pou voye yo sou wout yo nan yon jan [e]ki gen merit devan Bondye. ⁷ Paske yo te sòti pou kòz a [f]Non lan, san aksepte anyen nan men etranje yo. ⁸ Nou dwe bay soutyen a moun tankou sa yo, pou nou kapab ouvriye pare a yo nan laverite a.

⁹ Mwen te ekri yon bagay a legliz la, men Diotrèphe [g]ki renmen premye pami tout, pa aksepte sa nou te pale.

¹⁰ Pou rezon sa, mwen va atire atansyon a zak sa yo ke li fè, lè l akize nou san jistis avèk pawòl yo ki mechan. Pa menm satisfè avèk sa [h]li refize resevwa frè yo, epi li refize sa yo ki ta vle fè sa, epi [i]mete yo deyò legliz la.

¹¹ Zanmi mwen yo [j]pa imite sa ki mechan, men sa ki bon. Sila ki fè byen se a Bondye. Sa ki fè mal pa janm te wè Bondye.

¹² Démétrius te resevwa yon bon temwen a tout moun, epi osi selon menm laverite a; epi nou mete temwen nou sou sa, epi [k]ou konnen ke temwen nou se vrè.

¹³ [l]Mwen te gen anpil bagay yo pou ekri nou, men mwen pa vle ekri yo avèk plim ak lank; ¹⁴ men [m]mwen espere ke mwen va wè nou toutalè, epi nou va pale fas a fas.

¹⁵ Lapè swat avèk nou. Zanmi yo salye nou. Salye zanmi yo pa pwòp non yo.

---

[a] **1:1** I Jn 3:18   [b] **1:3** II Jn 4   [c] **1:4** III Jn 3   [d] **1:5** Wo 12:13   [e] **1:6** Kol 1:10   [f] **1:7** Jn 15:21   [g] **1:9** II Jn 9
[h] **1:10** II Jn 10   [i] **1:10** Jn 9:34   [j] **1:11** Sòm 34:14   [k] **1:12** Jn 19:35   [l] **1:13** II Jn 12   [m] **1:14** Jn 10:3

JUDE

1 Jude, yon sèvitè-atache nèt a Jésus Kri, epi frè la a Jacques, ekri a [a]sa yo ki rele sen nan Bondye, Papa a, epi ki [b]konsève pou Jésus Kri.

² Ke mizerikòd la, lapè, ak lamou kapab [c]ogmante anvè nou.

³ Byeneme yo, pandan mwen t ap fè tout efò pou ekri nou selon delivrans ke nou pataje ansanm, mwen te sanse ke m te bezwen ekri nou epi plede avèk nou ke nou [d]lite fò pou [e]lafwa ki te delivre yon fwa pou tout a sen yo. ⁴ Paske gen sèten moun yo ki te glise antre nan mitan nou san ke nou pa wè, sa yo ki te [f]fin make pou kondanasyon sila depi avan lè; moun san Bondye ki ta vire lagras Bondye nou pou vini yon lisans pou fè sa ki mal, epi [g]rejete sèl Mèt ak Senyè nou, Jésus Kri.

⁵ Koulye a, mwen vle fè nou sonje, malgre ke nou deja konnen tout bagay yo nèt, ke Senyè a [h]apre Li te delivre yon pèp sòti nan Égypte, apre te detwi tout sa yo ki pa t kwè. ⁶ Epi [i]zanj yo ki pa t kenbe pwòp wòl yo, men te abandonnen pwòp plas yo, Li te kenbe byen [j]anchennen anba tenèb la, pou jijman a nan gran jou a. ⁷ Menm jan ke Sodome ak Gomorrhe ansanm ak vil yo ki te antoure yo, akoz ke yo fè menm bagay, epi te antre nan imoralite a byen lèd, epi t ap chache vis lachè yo ki pa t menm twouve nan nati, se prezante kon yon egzanp, e te [k]pase nan pinisyon dife etènèl a.

⁸ Malgre sa, moun sa yo fè menm bagay la. Ak rèv ke yo fè, yo [l]defile lachè a, rejete otorite a, epi meprize zanj majestik yo. ⁹ Men [m]lakanj Michel, lè li te dispite avèk dyab la, epi te despite sou kò Moise la, pa t menm tante pwononce yon jijman cho, men te di [n]"Ke Bondye bay ou repwòch." ¹⁰ Men [o]moun sa yo meprize sa ke yo pa menm konprann. Konsa, se pa bagay yo ke yo konnen pa lensten, kon bèt ki pa ka menm rezonen, ke yo vin detwi.

¹¹ Malè a yo! Paske yo ale [p]menm jan avèk Caïn. Pou yon salè yo te kouri tèt an avan nan erè Balaam nan, epi te [q]peri nan rebelyon Kore la.

¹² Moun sa yo se resif yo k ap kashe [r]nan fèt lamou sen nou, lè yo vin fète avèk nou san fè lakrent, men konsène sèlman ak pwòp tèt pa yo. Yo se [s]nwaj yo ki san dlo, pote pa van a, bwa sezon fwèt la san fwi, de fwa mò, dechouke menm; ¹³ [t]volas lanmè sovaj yo, k ap kimen nan pwòp wont yo tout kalite lenpirite yo; zetwal erann [u]pou kilès tenèb nwa la te rezève jis pou janmen.

¹⁴ Epi selon sa yo tou [v]Énoch nan setyèm jenerasyon Adam, te fè pwofesi e te di "Byen gade, Senyè a te vini avèk anpil milye yo a moun sen pa Li yo, ¹⁵ pou egzekite jijman sou tout, epi pou fè rann kont a tout enkwayan yo avèk zak inpir pa yo, ke yo t ap fè nan yon jan ki san respè Bondye, epi tout move bagay ke [w]pechè yo san fwa te pale kontra Li."

¹⁶ Sa yo se [x]moun k ap plenyen fò nan gòj, k ap toujou twouve fòt, epi k ap swiv pwòp lanvi lachè pa yo. Yo pale [y]avèk awogans, flatè moun, pou yo kapab gen youn avantaj.

¹⁷ Men nou, byeneme yo [z]dwe sonje pawòl yo ki te pale oparavan pa apot yo a Senyè nou, Jésus Kri ¹⁸ ke yo t ap di a nou ke [a]"Nan dènye tan, ap gen mokè yo, k ap swiv pwòp lanvi pa yo san fwa nan Bondye." ¹⁹ Se sa yo ki lakòz a divizyon yo, moun [b]k ap reflechi kon lemonn lan, ki san Lespri la.

²⁰ Men nou, byeneme yo [c]an nou bati sou lafwa ki sen pase tout; epi priye nan Lespri Sen a. ²¹ Kenbe nou menm nan lamou Bondye, epi toujou [d]tan swayezman pou mizerikòd la a Senyè nou Jésus Kri anvè lavi etènèl. ²² Fè mizerikòd sou kèk k ap doute, ²³ sove lòt. [e]Rachte yo menm nan dife ak laperèz, epi sou kèk fè mizerikòd avèk [f]rayisman menm pou rad la ki te salè pa lachè.

²⁴ Koulye, a Li menm ki kapab kenbe nou pou nou pa tonbe, epi [g]fè nou kanpe nan prezans laglwa Li san fòt avèk gran jwa, ²⁵ [a] sèl Bondye la Sovè nou, atrave Jésus Kri Senyè nou, se laglwa, majeste, pwisans, ak otorite, menm avan tout tan, rive Koulye a, epi jis pou janmen. Amen.

---

[a] **1:1** Wo 1:6 [b] **1:1** Jn 17:11 [c] **1:2** I Pi 1:2 [d] **1:3** I Tim 6:12 [e] **1:3** Trav 6:7 [f] **1:4** I Pi 2:8 [g] **1:4** I Tim 2:12 [h] **1:5** Egz 12:51 [i] **1:6** II Pi 2:4 [j] **1:6** II Pi 2:9 [k] **1:7** Mat 25:41 [l] **1:8** II Pi 2:10 [m] **1:9** II Pi 2:11 [n] **1:9** Za 3:2 [o] **1:10** II Pi 2:12 [p] **1:11** Jen 4:3-8 [q] **1:11** Nonb 16:1-3,31-35 [r] **1:12** I Kor 11:20 [s] **1:12** Pwov 25:14 [t] **1:13** És 57:20 [u] **1:13** II Pi 2:17 [v] **1:14** Jen 5:18,21 [w] **1:15** I Tim 1:9 [x] **1:16** Nonb 16:11,41 [y] **1:16** II Pi 2:18 [z] **1:17** II Pi 3:2 [a] **1:18** Trav 20:29 [b] **1:19** I Kor 2:1 [c] **1:20** Kol 2:7 [d] **1:21** Tit 2:13 [e] **1:23** Am 4:11 [f] **1:23** Za 3:3 [g] **1:24** II Kor 4:14 [h] **1:25** Jn 5:44

REVELASYON

1 Revelasyon a Jésus Kri, ke [a]Bondye te bay Li pou [b]montre a sèvitè Li yo; bagay ki t ap oblije rive avan lontan yo, ke Li te voye kominike pa zanj Li, a sèvitè Li, Jean, 2 ki te temwaye [c]pawòl Bondye a, ak temwayaj Jésus Kri a, menm a tout sa li te wè yo.

3 [d]Beni se sila ki li e sila ki tande pawòl pwofesi sila yo, e ki prete atansyon a bagay ki ekri ladann yo. [e]Paske tan an pwòch.

4 Jean, a sèt legliz ki an [f]Asie yo: Gras pou nou ak lapè, ki soti nan [g]Sila ki la, ki te la, e ki va vini an; ki soti anplis nan sèt lespri ki devan twòn Li an; 5 e nan Jésus Kri, [h]temwen fidèl la, [i]premye ne de lanmò a, e chèf a wa latè yo.

A Sila ki renmen nou an, ki te libere nou de peche nou yo pa san Li— 6 epi Li te fè nou vin yon [j]Wayòm, prèt a [k]Bondye e Papa Li a. A Li menm laglwa, ak règn pou tout tan e pou tout tan. Amen.

7 [l]Gade byen, l ap vini avèk nwaj yo, e tout zye va wè L, menm sila ki te pèse L yo. Tout tribi sou latè yo va fè gwo lamantasyon sou Li. Se konsa l ap fèt. Amen.

8 "Mwen se [m]Alfa a e Omega a," di Senyè Bondye a: "Sila ki la, ki te la, e ki va vini an, Toupwisan an."

9 Mwen, Jean, frè nou, ki [n]patisipe avèk nou nan tribilasyon, wayòm, ak [o]pèseverans ki nan Jésus a, te sou lil ki rele Patmos la, akoz pawòl a Bondye ak temwayaj de Jésus a.

10 Mwen te [p]nan Lespri a nan jou Senyè a, e mwen te tande dèyè m yon gwo vwa [q]tankou son a yon twonpèt, 11 ki t ap di: [r]"Ekri nan yon liv sa ou wè a, e voye l nan sèt legliz yo; nan Éphèse, Smyrne, Pergame, Thyatire, Sardes, Philadelphie ak Laodicée."

12 Alò, mwen te vire pou wè vwa ki t ap pale avè m nan. Epi nan vire, mwen te wè [s]sèt chandelye ki fèt an lò. 13 Nan mitan chandelye yo, mwen te wè yon moun tankou yon fis a lòm, abiye nan yon wòb ki rive jis nan pye, e mare lestonmak li ak yon sentiwon an lò. 14 Tèt Li ak cheve Li te blan tankou lèn blanch, tankou lanèj. [t]Zye li te tankou yon flanm dife. 15 [u]Pye Li te tankou bwonz cho lè l chofe nan fou, epi vwa l te tankou bri anpil dlo. 16 Nan men dwat Li, Li te kenbe sèt etwal. Yon [v]nepe file de bò te sòti nan bouch Li. [w]Figi Li te tankou solèy k ap briye nan pwisans li.

17 Lè m te wè Li, mwen te [x]tonbe nan pye Li tankou yon moun mouri. Li te poze men dwat Li sou mwen, e te di: "Pa pè; Mwen se [y]premye ak dènye a, 18 e [z]Sila ki viv la. [a]Mwen te mouri, e gade, Mwen viv pou tout tan. Amen. Mwen gen kle Lanmò ak Sejou Lanmò yo.

19 "Konsa, [b]ekri [c]bagay ke ou gen tan wè yo, bagay ki la yo, ak bagay ki va rive pi devan an. 20 Pou mistè a sèt zetwal ke ou te wè nan men dwat Mwen an, ak sèt chandelye yo: Men li: sèt zetwal yo, se zanj a [d]sèt legliz yo, e sèt chandelye yo, se sèt legliz yo."

2 "A zanj nan legliz [e]Éphèse la, ekri: Sila ki kenbe sèt zetwal yo nan men dwat Li a, Sila ki mache pami sèt chandelye fèt an lò yo, di sa a:

2 "Mwen konnen zèv nou yo, travay di nou an, ak pèseverans nou, ke nou pa kapab tolere moun mechan, e nou te pase an eprèv sa yo ki rele tèt yo apòt, lè l pa t vrè, epi te twouve yo fo. [f]3 Nou gen pèseverans ak andirans [g]pou koz a non Mwen, e nou pa t bouke.

4 "Men Mwen gen sa kont nou, ke nou [h]kite premye lanmou nou an. 5 Alò, sonje kote nou te tonbe a, epi [i]repanti e [j]fè zèv ke nou te fè avan yo; sinon Mwen ap vini kote nou pou retire chandelye nou an nan plas li, amwenske nou repanti. 6 Poutan nou genyen sa a, ke nou rayi zèv [k]Nikolayityen yo, ke Mwen menm, Mwen rayi tou.

7 "Sila ki gen yon zòrèy la, kite li tande sa Lespri a di a legliz yo. A sila ki venkè a, Mwen va kite l manje nan [l]pyebwa lavi a ki nan Paradi Bondye a.

8 "A zanj legliz Smyrne lan, ekri: [m]Premye ak dènye a, ki te mouri an, e ki te retounen a lavi a, di sa a: 9 Mwen konnen [n]tribilasyon ak povrete nou (men nou rich); epi blasfèm pa sila ki di yo se Jwif men ki pa sa yo, men ki se yon sinagòg pou Satan.

10 "Pa pè pou sa nou prèt pou soufri yo. Veye, dyab la prèt pou voye kèk nan nou nan prizon, pou nou kab pase a leprèv, e nou va gen tribilasyon pandan di jou. [o]Rete fidèl jiska lanmò, e mwen va bannou kouwòn lavi a.

11 "Sila ki gen yon zòrèy la, kite l tande sa Lespri a di a legliz yo. Sila ki venkè a, p ap soufri donmaj pa [p]dezyèm lanmò a.

12 "A zanj legliz nan Pergame nan, ekri: Sila a ki gen [q]nepe file de bò a, di sa a:

13 Mwen konnen kote nou rete, kote twòn a Satan an ye. Nou kenbe fèm nan Non Mwen, e nou pa t nye lafwa nan Mwen an, menm nan jou Antipas yo, [r]temwen Mwen an, fidèl Mwen an, ki te touye pami nou, kote Satan rete a.

---

[a] 1:1 I Jn 17:8   [b] 1:1 Rev 22:6   [c] 1:2 Rev 1:9   [d] 1:3 Luc 11:28   [e] 1:3 Rev 22:10   [f] 1:4 Trav 2:9   [g] 1:4 Rev 1:8
[h] 1:5 Rev 3:14   [i] 1:5 I Kor 15:20   [j] 1:6 Rev 5:10   [k] 1:6 Wo 15:6   [l] 1:7 Dan 7:13   [m] 1:8 Rev 21:6
[n] 1:9 Trav 14:22   [o] 1:9 I Tes 3:5   [p] 1:10 Mat 22:43   [q] 1:10 Rev 4:1   [r] 1:11 Rev 1:19   [s] 1:12 Egz 25:37
[t] 1:14 Dan 7:9   [u] 1:15 Esd 1:7   [v] 1:16 És 49:2   [w] 1:16 Mat 17:2   [x] 1:17 Dan 8:17   [y] 1:17 És 44:6
[z] 1:18 Luc 24:5   [a] 1:18 Rev 2:8   [b] 1:19 Rev 1:11   [c] 1:19 Rev 1:12-16   [d] 1:20 Rev 1:4-11   [e] 2:1 Rev 1:11
[f] 2:2 I Jn 4:1   [g] 2:3 Jn 15:21   [h] 2:4 Jr 2:2   [i] 2:5 Rev 2:16-22   [j] 2:5 Eb 10:32   [k] 2:6 Rev 2:15   [l] 2:7 Jen 2:9
[m] 2:8 És 44:6   [n] 2:9 Rev 1:9   [o] 2:10 Rev 2:13   [p] 2:11 Rev 20:6,14   [q] 2:12 Rev 1:16   [r] 2:13 Trav 22:20

[14] "Men Mwen gen kèk bagay kont nou; paske nou gen la kèk moun ki kenbe nan ansèyman Balaam, ki te ansenye Balak pou mete yon wòch chite devan fis Israël yo, [a]pou manje bagay ki te sakrifye a zidòl e komèt zak imoral. [15] Konsa tou, nou gen kèk moun ki, nan menm jan an, k ap kenbe sou ansèyman [b]Nikolayityen yo.

[16] "Konsa, [c]repanti; sinon, Mwen va vini kote nou vit, e Mwen va fè lagè kont yo avèk [d]nepe a bouch Mwen an.

[17] "Sila ki gen yon zòrèy la, kite l tande sa Lespri a di a legliz yo. A sila ki venkè a, a li menm, Mwen va bay kèk nan lamàn kache a, e Mwen va ba li yon wòch blan avèk yon non tounèf ki ekri sou wòch la [e]ke pèsòn p ap konnen, sinon sila ki resevwa l la.

[18] "A zanj a legliz nan Thyatire a, ekri: Fis Bondye a, [f]ki gen zye tankou yon flanm dife a e pye tankou bwonz poli a, di sa a: [19] [g]Mwen konnen zèv nou yo, lanmou nou, lafwa, sèvis, ak pèseverans, e ke zèv nou dènye tan sa yo pi gran pase avan yo.

[20] "Men Mwen gen sa kont nou, ke nou tolere fanm [h]Jézabel la, ki rele tèt li pwofetès, e ki ansenye pou fè egare sèvitè Mwen yo, pou yo kab komèt vye zak imoral e manje bagay sakrifye a zidòl. [21] [i]Mwen te ba li tan pou repanti, e li [j]pa vle repanti de imoralite li yo.

[22] "Gade byen, Mwen va jete li sou yon kabann plen maladi, e sila ki [k]fè adiltè yo avèk li nan gran tribilasyon an, amwenske yo repanti de zèv li yo. [23] Konsa, Mwen va touye pitit li yo avèk gwo maladi lapès, e tout legliz yo va konnen ke Mwen menm se Sila ki [l]sonde panse ak kè yo. Mwen va bay nou chak selon zèv nou.

[24] "Men Mwen di nou, rès moun ki nan Thyatire yo, ki pa kenbe a doktrin sila a, ki pa t konnen [m]bagay pwofon a Satan yo, jan yo rele yo a, Mwen [n]pa mete lòt fado sou nou. [25] Sepandan [o]kenbe fèm a sa nou genyen an jiskaske M vini.

[26] "Sila ki venkè a, e sila ki kenbe zèv Mwen yo jiska lafen an, [p]a li menm Mwen va bay otorite sou nasyon yo. [27] Li va gouvène yo avèk yon baton fè, [q]tankou veso ajil ki vin kraze an moso, jan Mwen menm te resevwa otorite soti nan Papa M nan; [28] epi Mwen va ba li [r]zetwal maten an.

[29] s"Sila ki gen yon zòrèy la, kite l tande sa Lespri a di a legliz yo".

3 "A zanj legliz nan Sardes la, ekri: Sila ki gen sèt Lespri Bondye ak [t]sèt zetwal yo, di sa a: Mwen konnen zèv nou yo, ke nou gen repitasyon ke nou vivan, men nou mouri. [2] Reveye nou, e ranfòse bagay ki rete yo, ke ou te prèt pou jete deyò; paske Mwen pa twouve zèv nou yo konplè nan zye Bondye. [3] [u]Donk, sonje sa nou te resevwa e tande a. Kenbe l e repanti. Konsa, si nou pa reveye nou, Mwen va vini tankou yon vòlè, e nou p ap konnen a kilè Mwen va vini sou nou an.

[4] "Men nou gen kèk moun nan Sardes ki pa t sal vètman yo. [v]Yo va mache avèk Mwen [w]abiye an blan, paske yo dign de sa.

[5] "Sila ki vin venkè a va abiye konsa, an vètman blan. Mwen p ap janm efase non li nan liv lavi a, e [x]Mwen va konfese non li devan Papa M ak devan zanj Li yo. [6] [y]Sila ki gen yon zòrèy, kite l tande sa Lespri a di a legliz yo.

[7] "A zanj legliz nan Philadelphie a, ekri: Sila ki sen an, ki vrè a, ki gen [z]kle David la, k ap louvri pou pèsòn p ap ka fèmen l, e ki fèmen pou pèsòn p ap ka louvri a, di konsa: [8] Mwen konnen zèv nou yo. Gade byen, Mwen mete devan nou yon pòt louvri ke pèsòn pa kab fèmen, paske nou gen yon ti pouvwa, epi nou te kenbe pawòl Mwen, e [a]pa t nye non Mwen. [9] Gade byen, Mwen va koze sila ki nan [b]sinagòg Satan yo, ki di ke yo se Jwif, men ki pa sa a, kap manti—Mwen va fè yo [c]vin bese nan pye nou, e fè yo konnen ke Mwen renmen nou.

[10] "Paske nou kenbe pawòl pèseverans Mwen an, Mwen va kenbe nou osi nan lè eprèv la, lè ki prèt pou vini sou tout [d]mond lan pou pase a leprèv tout sila ki rete sou latè yo.

[11] "Mwen ap vini vit! [e]Kenbe fèm a sa nou genyen an, jis pou pèsòn pa rache kouwòn nou an.

[12] "Sila ki venkè a, Mwen va fè li vin yon [f]pilye nan tanp a Bondye Mwen an. Konsa, li p ap sòti deyò ankò, e Mwen va ekri sou li [g]non a Bondye Mwen an, ak non a gran vil Bondye Mwen an, Jérusalem tounèf la, ki desann soti nan syèl, de Bondye Mwen, avèk non tounèf Mwen an.

[13] [h]"Sila ki gen yon zòrèy la, kite li tande sa Lespri a di a legliz yo".

[14] "A zanj legliz nan Laodicée a, ekri: [i]Amen lan, [j]Fidèl e Vrè Temwen lan, Kòmansman kreyasyon Bondye la, di konsa: [15] [k]Mwen konnen zèv nou yo, ke nou pa ni frèt ni cho. Mwen ta pito ke nou te frèt oswa cho.

[16] "Donk, paske nou tyèd, e nou pa cho ni frèt, Mwen va krache nou sòti nan bouch Mwen. [17] Paske nou di: [l]"Mwen rich! Mwen gen tan ranmase yon fòtin, e mwen pa bezwen anyen"; men nou pa konnen ke nou se malere, mizerab, pòv, avèg, e toutouni.

[18] "Konsa, mwen konseye nou [m]achte nan men Mwen lò ki rafine nan dife pou nou kapab vin rich, e vètman blan pou mete sou nou pou wont toutouni nou an pa vin parèt; ak pomad zye pou nou tase nan zye nou pou nou kapab vin wè.

---

[a] 2:14 Nonb 25:1	[b] 2:15 Rev 2:6	[c] 2:16 Rev 2:5	[d] 2:16 Rev 1:16	[e] 2:17 Rev 19:12	[f] 2:18 Rev 1:14
[g] 2:19 Rev 2:2	[h] 2:20 I Wa 16:31	[i] 2:21 II Pi 3:9	[j] 2:21 Wo 2:5	[k] 2:22 Rev 17:2	[l] 2:23 Sòm 7:9
[m] 2:24 Kol 2:10	[n] 2:24 Trav 15:28	[o] 2:25 Rev 3:11	[p] 2:26 Sòm 2:8	[q] 2:27 És 30:14	[r] 2:28 I Jn 3:2
[s] 2:29 Rev 2:7	[t] 3:1 Rev 1:16	[u] 3:3 Rev 2:5	[v] 3:4 Jd 23	[w] 3:4 Ekl 9:8	[x] 3:5 Mat 10:32	[y] 3:6 Rev 2:7
[z] 3:7 És 22:2	[a] 3:8 Rev 2:13	[b] 3:9 Rev 2:9	[c] 3:9 És 45:14	[d] 3:10 Rev 16:14	[e] 3:11 Rev 2:10
[f] 3:12 Gal 2:9	[g] 3:12 Rev 14:1	[h] 3:13 Rev 3:6	[i] 3:14 II Kor 1:20	[j] 3:14 Rev 3:7	[k] 3:15 Rev 3:1
[l] 3:17 Os 12:8	[m] 3:18 Mat 13:44				

¹⁹ ᵃ"Sila ke M renmen yo, Mwen reprimande e disipline yo. Konsa, se pou nou vin plen ak zèl, e repanti.
²⁰ "Gade byen, Mwen kanpe nan pòt la e Mwen frape. Si yon moun tande vwa M, e ouvri pòt la, ᵇMwen va antre kote li, Mwen va dine avè l, e li menm avè M.
²¹ "Sila ki venkè a, Mwen va lèse l vin chita avè M sou twòn Mwen an, jan ᶜMwen menm tou te vin venkè a, e te vin chita avèk Papa M sou twòn Li an.
²² ᵈ"Sila ki gen yon zòrèy la, kite li tande sa Lespri a di a legliz yo".

4 Apre bagay sa yo, mwen te gade, e vwala, yon pòt ki louvri nan syèl la. Premye vwa m te tande a ᵉte tankou son yon twonpèt k ap pale avè m, ki t ap di: ᶠ"Monte isit la, e mwen va montre ou sa ki dwe rive apre bagay sa yo."
² La menm, mwen te ᵍnan Lespri a. Epi gade byen, yon ʰtwòn te kanpe nan syèl la, e yon moun te chita sou twòn nan. ³ Epi Sila ki te chita a te gen aparans yon pyè jasp ak yon sadwàn. Konsa, te gen yon ⁱlakansyèl ozanviwon de twòn lan, ak aparans yon emwòd. ⁴ Ozanviwon de twòn lan se te ʲvenn-kat twòn: epi ozanviwon de twòn yo, mwen te wè ᵏvenn-kat ansyen yo chita, abiye an vètman blan, e kouwòn an lò sou tèt yo. ⁵ Sòti nan twòn nan se te gwo kout ekleraj, gwo son loraj, ak gwo kout tonnè. Konsa, te gen ˡsèt lanp dife ki t ap brile devan twòn nan, ki se sèt Lespri Bondye yo. ⁶ Epi devan twòn nan, te gen yon bagay tankou yon lanmè glas kristal. Nan mitan e ozanviwon de twòn lan, kat kreyati vivan ᵐranpli avèk zye pa devan kou pa dèyè. ⁷ ⁿPremye kreyati a te tankou yon lyon, dezyèm kreyati a te tankou yon ti towo bèf, twazyèm kreyati a te gen yon figi tankou yon moun, e katriyèm kreyati a te tankou yon èg k ap vole anlè. ⁸ Epi kat kreyati vivan yo, yo chak avèk sis zèl, ranpli avèk zye toutotou e anndan. San repo, lajounen kon lannwit, yo pa t sispann di: ᵒ"Sen, sen, sen, se Senyè a, Bondye a, Toupwisan an, ki te la, ki la, e ki va vini an."
⁹ Lè kreyati vivan yo fin bay glwa, lonè ak remèsiman a Sila ki ᵖchita sou twòn lan, a Sila ki viv pou tout tan e pou tout tan an, ¹⁰ venn-kat ansyen yo ᵍtonbe devan Sila ki chita sou twòn lan pou adore Sila ki viv pou tout tan e pou tout tan an, e yo jete kouwòn yo devan twòn lan, pandan y ap di: ¹¹ "Dign se Ou Menm, Senyè nou, e Bondye nou an, pou resevwa glwa, lonè ak pwisans; paske Ou te ʳkreye tout bagay, e akoz volonte Ou, yo te egziste e te kreye."

5 Mwen te wè nan men dwat a Sila ki te chita sou twòn lan, yon ˢliv ki te ekri pa anndan kou pa deyò, ᵗsele avèk sèt so.
² Mwen te wè yon ᵘzanj pwisan ki t ap pwoklame nan yon vwa fò: "Kilès ki dign pou louvri liv la, e kase so li yo?"
³ Men pèsòn ᵛnan syèl la, sou tè a, oubyen anba tè a pa t kapab ouvri liv la oubyen gade ladann.
⁴ Alò, mwen te kòmanse kriye anpil, paske pèsòn pa t dign pou louvri liv la oubyen pou gade ladann.
⁵ Epi youn nan ansyen yo te di m: "sispann kriye; gade byen, Lyon nan ʷki sòti nan tribi Juda a, ˣRasin a David la, te vin venkè. Li k ap ouvri liv la ak sèt so li yo."
⁶ Konsa, mwen te wè antre twòn lan, avèk kat kreyati vivan, ak lansyen yo, yon Jèn Mouton te kanpe, kòmsi li te touye deja, avèk sèt kòn akʸsèt zye, ki se sèt Lespri a Bondye yo, ki te voye sou tout tè a. ⁷ Li te vini, Li te pran ᶻliv la nan men dwat a Sila ki te chita sou twòn lan.
⁸ Lè L te pran liv la, kat kreyati vivan yo ak venn-kat ansyen yo te tonbe devan Jèn Mouton an, yo chak kenbe yon ap ak yon bòl fèt an lò ranpli avèk lansan, ki se te ᵃpriyè a sen yo. ⁹ Epi yo te chante yon chan tounèf. Yo te di:

"Dign se Ou menm pou pran liv la,
e kase so li yo.
Paske Ou te touye,
e Ou te achte pou Bondye avèk san Ou;
lèzòm ᵇde tout tribi, lang, pèp, ak nasyon.
¹⁰ Ou te fè nou vin ᶜwa ak prèt yo
a Bondye nou an;
epi nou va ᵈrenye sou tè a."

¹¹ Alò, mwen te gade, e mwen te tande vwa a anpil zanj ki te antoure twòn nan, ᵉkreyati vivan yo ak ansyen yo. An kantite yo te dè ᶠmiryad e dè miryad, epi dè milye e dè milye, ¹² k ap pale avèk yon vwa fò: "Dign se ᵍJèn Mouton ki te touye a, pou resevwa pwisans, richès, sajès, pouvwa, lonè, laglwa, ak benediksyon."
¹³ Epi tout bagay ki kreye nan syèl la, sou tè a, anba tè a, ak sou lanmè a, e tout bagay ladann yo, mwen te tande yo t ap di: "A Sila ki chita sou twòn nan, e a Jèn Mouton an, ʰbenediksyon, lonè, glwa, ak lafòs, pou tout tan e pou tout tan! Amen!"
¹⁴ Epi kat kreyati vivan yo te kontinye ap di "Amen." Epi lansyen yo te vin tonbe ba pou adore.

6 Alò, mwen te wè lè Jèn Mouton an te kase youn nan ⁱsèt so yo, e mwen te tande youn nan kat kreyati vivan yo t ap di avèk yon vwa tankou tonnè "Vini". ² Mwen te gade, e vwala, yon cheval blan te vin parèt; epi Sila ki te chita sou li a te gen yon banza nan men l. Yon ʲkouwòn te bay a li menm, e li te sòti ap venk moun e espwe pou venk moun.
³ Lè L te kase dezyèm so a, mwen te tande ᵏdezyèm kreyati vivan an t ap di: "Vini!" ⁴ Alò,

---
ᵃ **3:19** Pwov 3:12   ᵇ **3:20** Jn 14:23   ᶜ **3:21** Jn 16:33   ᵈ **3:22** Rev 2:7   ᵉ **4:1** Rev 1:10   ᶠ **4:1** Rev 11:12
ᵍ **4:2** Rev 1:10   ʰ **4:2** I Wa 22:19   ⁱ **4:3** Éz 1:28   ʲ **4:4** Rev 11:16   ᵏ **4:4** Rev 4:10   ˡ **4:5** Egz 25:37
ᵐ **4:6** Éz 1:18   ⁿ **4:7** Éz 1:10   ᵒ **4:8** És 6:3   ᵖ **4:9** Sòm 47:8   ᵍ **4:10** Rev 5:8,14   ʳ **4:11** Trav 14:15   ˢ **5:1** Éz 2:9,10   ᵗ **5:1** És 29:11   ᵘ **5:2** Rev 10:1   ᵛ **5:3** Fil 2:10   ʷ **5:5** Eb 7:14   ˣ **5:5** Rev 22:16   ʸ **5:6** Za 3:9   ᶻ **5:7** Rev 5:1   ᵃ **5:8** Sòm 141:2   ᵇ **5:9** Dan 3:4   ᶜ **5:10** Rev 1:6   ᵈ **5:10** Rev 20:4   ᵉ **5:11** Rev 4:6
ᶠ **5:11** Dan 4:10   ᵍ **5:12** Jn 1:29   ʰ **5:13** Rev 1:6   ⁱ **6:1** Rev 5:1   ʲ **6:2** Za 6:11   ᵏ **6:3** Rev 4:7

yon lòt, ᵃyon cheval wouj te sòti. A sila ki te chita sou li a, sa te pèmèt pou l ᵇpran lapè soti sou tè a, e ke moun sa yo ta touye youn lòt. Yon gran nepe te mete nan men l.

⁵ Lè Li te kase twazyèm so a, mwen te tande ᶜtwazyèm kreyati vivan an, t ap di: "Vini pou wè!" Mwen te gade, e vwala, yon cheval nwa; e sila ki te chita sou li a te gen yon balans nan men l. ⁶ Konsa, mwen te tande yon bagay tankou yon vwa nan mitan ᵈkat kreyati vivan yo ki t ap di: "De gode ble pou yon denye, e sis gode lòj pou yon denye. Pa fè mal a lwil ak diven an."

⁷ Lè Jèn Mouton an te kase katriyèm so a, mwen te tande vwa a ᵉkatriyèm kreyati vivan an ki t ap di "Vini pou wè". ⁸ Mwen te gade, e vwala, yon cheval koulè gri tankou sann, epi sila ki te chita sou li a te gen non ᶠLanmò. Konsa, Sejou Lanmò a t ap swiv li. Otorite te bay a yo menm sou yon ka latè pou yo touye avèk nepe, avèk gwo grangou, epidemi lapès, e avèk bèt sovaj latè yo.

⁹ Lè Jèn Mouton an te kase senkyèm so a, mwen te wè anba lotèl la ᵍnanm a sila yo yo te touye ʰakoz de pawòl Bondye a, e akoz de temwayaj ke yo te kenbe a.

¹⁰ Yo te kriye avèk yon vwa fò. Yo t ap di: "Konbyen tan, o Senyè, ⁱsen e veritab, èske Ou va fè reta nan ʲjije e vanje san nou sou sila ki rete sou latè yo?" ¹¹ Yo te ba yo chak ᵏyon vètman blan. Yo te di yo ke yo ta dwe repoze pou yon ti tan toujou, jiskaske kantite sèvitè parèy yo ak frè yo ta dwe vin touye menm jan ak yo, ˡpou konplete kous pa yo.

¹² Mwen te gade lè Li te kase sizyèm so a, epi te gen yon gwo tranbleman detè. ᵐSolèy la te vin nwa tankou rad antèman ki fèt avèk pwal e lalin lan te vin tankou san. ¹³ ⁿKonsa, zetwal nan syèl yo te tonbe sou tè a, tankou yon pye fig frans ki jete fwi vèt li lè li souke pa gwo van. ¹⁴ Syèl la te fann e separe tankou yon woulo papye lè l vin woule, e ᵒtout mòn ak lil yo te deplase kite plas yo.

¹⁵ Alò, ᵖwa latè yo, gran chèf yo, gwo moun yo, rich yo, moun dyanm yo, chak esklav ak moun lib yo, tout te kache tèt yo nan twou wòch e pami wòch mòn. ¹⁶ Epi yo te ᵠdi a mòn ak wòch yo: "Tonbe sou nou, e kache nou pou nou pa wè prezans a Sila ʳki chita sou twòn nan, ak kòlè Jèn Mouton an. ¹⁷ Paske ˢgran jou kòlè a gen tan vini, e ᵗkilès ki kapab kanpe?"

7 Apre sa, mwen te wè kat zanj ki te kanpe nan kat kwen latè, ki t ap kenbe ᵘkat van latè yo, pou van pa soufle sou tè a, sou lanmè a, ni sou okenn pyebwa.

² Mwen te wè yon lòt zanj ki t ap monte soti kote solèy la leve a, avèk ᵛso a ʷBondye vivan an. Li te kriye fò avèk yon gwo vwa a kat zanj ki te gen pèmisyon pou fè mal a tè a ak lanmè a. ³ Li te di: "Pa fè tè a, lanmè a, oubyen pyebwa yo mal jiskaske nou fin ˣsele sèvitè-atache Bondye nou yo sou ʸfon yo." ⁴ Konsa, mwen te tande kantite a sila ki te sele yo, ᶻsan-karant-kat-mil, sele soti nan chak tribi a fis Israël yo.

⁵ Nan tribi Juda a, douz-mil te sele,
nan tribi Ruben an, douz-mil, nan
tribi Gad la, douz-mil,
⁶ nan tribi Aser a, douz-mil, nan tribi
Nephthali a, douz-mil,
nan tribi Manassé a, douz-mil,
⁷ nan tribi Siméon an, douz-mil, nan tribi
Levi a, douz-mil,
nan tribi Issacar a, douz-mil,
⁸ nan tribi Zabulon an, douz-mil, nan tribi
Joseph la, douz-mil,
nan tribi Benjamin an, douz-mil te sele.

⁹ Apre bagay sa yo, mwen te gade, e vwala, yon gwo foul ke pèsòn pa t kapab konte, soti nan ᵃtout nasyon, tout tribi, pèp ak langaj, te kanpe devan twòn nan, e ᵇdevan Jèn Mouton an ki te abiye an vètman blan, e branch palmis te nan men yo. ¹⁰ Yo te kriye fò avèk yon gwo vwa, e t ap di: ᶜ"Delivrans sòti nan Bondye nou an ki chita sou twòn nan, ak nan Jèn Mouton an."

¹¹ Konsa, tout zanj yo te kanpe ᵈtoutotou de twòn nan, toutotou de lansyen yo, ak kat kreyati vivan yo. Yo te tonbe sou figi yo devan twòn nan pou adore Bondye. ¹² Yo t ap di: "Amen! ᵉBenediksyon, laglwa, sajès, remèsiman, lonè, pwisans, e pouvwa pou Bondye nou an pou tout tan e pou tout tan! Amen."

¹³ Konsa, youn nan ansyen yo te reponn e t ap di mwen: "Sila ki abiye an ᶠvètman blan yo, kilès yo ye, e ki kote yo sòti?"

¹⁴ Mwen te di Li: "Senyè mwen, se Ou ki konnen."

Epi li te di mwen: "Sa yo se sila ki sòti nan gran tribilasyon an, e yo te lave vètman yo pou fè vin blanch nan ᵍsan a Jèn Mouton an. ¹⁵ Pou rezon sa a, ʰyo devan twòn Bondye a; epi yo sèvi Li la jounen kon lannwit nan tanp li an.

"Epi ⁱSila ki chita nan twòn nan va ouvri tabènak li sou yo. ¹⁶ ʲ"Yo p ap grangou ankò, ni swaf ankò. Ni solèy la p ap bat yo, ni okenn chalè; ¹⁷ paske, Jèn Mouton an nan mitan twòn nan va ᵏbè je pa yo. Li va gide yo a sous dlo vivan yo, e ˡBondye va seche tout dlo ki sòti nan zye yo."

8 Lè Jèn Mouton an te ouvri ᵐsetyèm so a, te gen silans nan syèl la pandan anviwon demi èdtan.

² Epi mwen te wè ⁿsèt zanj ki kanpe devan Bondye, e yo te resevwa sèt twonpèt.

ᵃ **6:4** Za 1:8   ᵇ **6:4** Mat 10:34   ᶜ **6:5** Rev 4:7   ᵈ **6:6** Rev 4:6   ᵉ **6:7** Rev 4:7   ᶠ **6:8** Pwov 5:5   ᵍ **6:9** Rev 20:4
ʰ **6:9** Rev 1:2,9   ⁱ **6:10** Rev 3:7   ʲ **6:10** Det 32:43   ᵏ **6:11** Rev 3:4,5   ˡ **6:11** Trav 20:24   ᵐ **6:12** És 13:10
ⁿ **6:13** Mat 24:29   ᵒ **6:14** És 54:10   ᵖ **6:15** És 2:10,19,21   ᵠ **6:16** Os 10:8   ʳ **6:16** Rev 4:9   ˢ **6:17** Jl 2:11   ᵗ **6:17** Mal 3:2   ᵘ **7:1** Jr 49:36   ᵛ **7:2** Rev 7:3   ʷ **7:2** Mat 16:16   ˣ **7:3** Rev 7:3-8   ʸ **7:3** Éz 9:4,6   ᶻ **7:4** Rev 14:1,3   ᵃ **7:9** Rev 5:9   ᵇ **7:9** Rev 22:3   ᶜ **7:10** Sòm 3:8   ᵈ **7:11** Rev 4:4   ᵉ **7:12** Rev 5:12
ᶠ **7:13** Rev 7:9   ᵍ **7:14** Eb 9:14   ʰ **7:15** Rev 7:9   ⁱ **7:15** Rev 4:9   ʲ **7:16** Sòm 121:5   ᵏ **7:17** Sòm 23:1
ˡ **7:17** És 25:8   ᵐ **8:1** Rev 5:1   ⁿ **8:2** Rev 8:6-13

³ Yon lòt zanj te vin kanpe devan ᵃlotèl la. Li te kenbe yon lansanswa an lò. Anpil ᵇlansan te bay a li menm pou l ta kab ajoute sou lapriyè a tout sen ki te sou lotèl an lò ki te devan twòn nan. ⁴ Konsa, ᶜlafimen lansan an avèk lapriyè a tout sen yo te sòti nan men a zanj lan pou monte parèt devan Bondye.

⁵ Zanj lan te pran lansanswa a, liᵈplen li avèk dife lotèl la, e voye l sou tè a. Sa te swiv ak gwo ᵉkout tonnè, gwo bri, kout eklè ak yon tranbleman detè.

⁶ ᶠKonsa, sèt zanj ki te gen sèt twonpèt yo te prepare yo pou sone yo.

⁷ Premye a te sone, epi te vin parèt ᵍlagrèl ak dife tou mele avèk san, e yo te jete yo sou tè a. Epi yon tyè pati tè a te brile, yon tyè nan pyebwa yo te brile e tout zèb vèt yo te brile nèt.

⁸ Dezyèm zanj lan te sone, e yon bagay tankou yon gwo mòn k ap brile ak dife te jete nan lanmè a. Konsa yon tyè nan ʰlanmè a te tounen san. ⁹ Yon tyè nan kreyati vivan ki te nan lanmè yo te mouri, e yon tyè nan ⁱbato yo te detwi.

¹⁰ Twazyèm zanj lan te sone, epi yon gwo zetwal ki t ap brile tankou yon tòch te ʲtonbe soti nan syèl la. Li te tonbe sou yon tyè nan larivyè ak ᵏsous dlo yo. ¹¹ Non a zetwal la se "Absinthe." Yon tyè nan dlo yo te vin ˡanmè, e anpil moun te vin mouri akoz dlo yo ki te vin anmè a.

¹² Katriyèm zanj lan te sone, epi yon ᵐtyè nan solèy la, yon tyè nan lalin nan, ak yon tyè nan zetwal yo te frape, pouke yon tyè nan yo ta vin nwa, e jounen an pa ta parèt pandan yon tyè nan pati li, e lannwit lan, menm jan an.

¹³ Answit, mwen te gade e mwen te tande yon èg k ap vole nan ⁿmitan syèl la, ki t ap di nan yon gwo vwa: "Malè! Malè! Malè a ᵒsila ki rete sou latè yo, akoz son twonpèt a twa zanj ki toujou rete yo!"

9 Answit, senkyèm zanj lan te sone, e mwen te wè yon zetwal nan syèl la ki te tonbe sou tè a. Epi kle a ᵖfòs labim nan te bay a li menm. ² Li te ouvri labim nan, e ᑫlafimen te sòti nan fòs la tankou lafimen a yon gwo founo. Solèy la avèk lè a te vin tounwa akoz lafimen ki sòti nan labim nan.

³ ʳAnswit, krikèt te sòti nan lafimen an pou vini sou latè, epi yo te resevwa pouvwa, jan eskòpyon sou latè yo gen pouvwa a. ⁴ Yo te di yo pou yo pa fè zèb latè yo mal, ni okenn bagay vèt, ni okenn pyebwa, men sèlman moun ki pa gen ˢso Bondye a parèt sou fon yo. ⁵ Konsa, yo pa t pèmèt yo touye pèsòn, men toumante yo pandan senk mwa. Epi toumant yo te tankou toumant a yon ᵗeskòpyon lè l pike yon moun.

⁶ Nan jou sa yo, ᵘmoun va cheche lanmò, e yo p ap twouve l. Yo va anvi mouri e lanmò va sove ale kite yo.

⁷ Aparans a krikèt yo ᵛte tankou cheval ki prepare pou batay. Sou tèt yo te gen bagay tankou kouwòn an lò, e figi yo te tankou figi a moun. ⁸ Yo te gen cheve ki te tankou cheve a fanm, e ʷdan yo te tankou dan lyon. ⁹ Yo te gen pwotèj lestonmak tankou pwotèj an fè, e bri a zèl yo te tankou bri cha a anpil cheval k ap kouri nan batay. ¹⁰ Yo gen ke tankou eskòpyon, ak pikan. Epi nan ˣke yo, te gen pouvwa pou fè moun mal pandan ʸsenk mwa. ¹¹ Yo gen kòm wa sou yo, zanj ᶻlabim nan. Non li an Ebre se Abaddon, e an Grèk, li rele Apollon.

¹² ᵃPremye malè a te gen tan fin pase. Gade byen, de malè ap toujou vini apre bagay sa yo.

¹³ Answit, sizyèm zanj lan te sone. Mwen te tande yon vwa ki sòti nan kat kòn ᵇlotèl an lò ki devan Bondye a. ¹⁴ Youn t ap di a sizyèm zanj ki te gen twonpèt la: "Lage kat zanj ki mare bò kote ᶜgwo Larivyè Euphrate la."

¹⁵ Epi kat zanj yo, ki te prepare o jis pou lè a, mwa a, jou ak lane a, te ᵈlage pou yo ta kapab touye yon tyè nan limanite. ¹⁶ Kantite lame ki te sou cheval yo te ᵉde-san-milyon. Mwen te tande kantite yo a.

¹⁷ Konsa, mwen te wè nan vizyon an, cheval ak sila ki te chita sou yo a. Chevalye yo te gen pwotèj lestomak menm koulè ak dife, jasent, ak ᶠsouf, e tèt cheval yo tankou tèt lyon. E se dife, lafimen ak souf ki t ap sòti ᵍnan bouch yo. ¹⁸ Yon ʰtyè limanite te vin touye pa twa fleyo sa yo; pa dife, lafimen ak souf ki t ap sòti nan bouch yo a. ¹⁹ Paske pouvwa a cheval yo se nan bouch yo ak nan ke yo. Paske ke yo tankou sèpan e yo gen tèt; e avèk yo, yo fè mal yo.

²⁰ Rès limanite a ki pa t touye pa fleyo sa yo, ⁱpa t repanti de zèv a men yo, pou yo pa adore demon, ak zidòl an lò, an ajan, an bwonz, an wòch, ak bwa, ki pa kapab ni wè, ni tande, ni mache yo. ²¹ Ni yo pa t repanti nan asasine moun, ni ʲnan fè wanga, ni imoralite, ni vòl yo te fè yo.

10 Mwen te wè yon lòt zanj byen fò ki t ap desann sòti nan syèl la, abiye avèk yon nwaj. Yon ᵏlakansyèl la te sou tèt li. ˡFigi li te tankou solèy la, e pye li yo tankou kolòn dife.

² Li te gen nan men l, yon ᵐti liv ki te louvri. Li te plase pye dwat li sou lanmè a e pye goch li sou tè a. ³ Konsa, li te kriye avèk yon gwo vwa, ⁿtankou lè yon lyon gwonde. Epi lè l fin kriye fò, sèt kout tonnè yo te reponn ak vwa yo.

⁴ Lè sèt kout tonnè yo te fin sonnen, ᵒmwen te prè pou ekri. Men mwen te tande yon vwa soti nan syèl la ki t ap di: "Sele bagay ke sèt kout tonnè yo te pale a. Pa ekri yo."

⁵ Answit, zanj ke m te wè kanpe sou lanmè ak sou tè a, ᵖte leve men dwat li vè syèl la, ⁶ e li te sèmante pa Sila ki vivan pou tout tan e pou tout tan an. ᑫSila

---

ᵃ **8:3** Rev 6:9 ᵇ **8:3** Rev 5:8 ᶜ **8:4** Sòm 14:1,2 ᵈ **8:5** Lev 16:12 ᵉ **8:5** Egz 19:16 ᶠ **8:6** Rev 8:2
ᵍ **8:7** Egz 9:23 ʰ **8:8** Egz 7:17 ⁱ **8:9** És 2:16 ʲ **8:10** És 14:12 ᵏ **8:10** Rev 14:7 ˡ **8:11** Jr 9:15
ᵐ **8:12** Egz 10:21 ⁿ **8:13** Rev 14:6 ᵒ **8:13** Rev 3:10 ᵖ **9:1** Luc 8:31 ᑫ **9:2** Jen 19:28 ʳ **9:3** Egz 10:12-15
ˢ **9:4** Éz 9:4 ᵗ **9:5** II Kwo 10:11,14 ᵘ **9:6** Job 3:21 ᵛ **9:7** Jl 2:4 ʷ **9:8** Jl 1:6 ˣ **9:10** Rev 9:19 ʸ **9:10** Rev 9:5
ᶻ **9:11** Luc 8:31 ᵃ **9:12** Rev 8:13 ᵇ **9:13** Rev 8:3 ᶜ **9:14** Jen 15:18 ᵈ **9:15** Rev 20:7 ᵉ **9:16** Rev 5:11
ᶠ **9:17** Rev 9:18 ᵍ **9:17** Rev 11:5 ʰ **9:18** Rev 8:7 ⁱ **9:20** Rev 2:21 ʲ **9:21** És 47:9,12 ᵏ **10:1** Rev 4:3
ˡ **10:1** Rev 17:2 ᵐ **10:2** Rev 5:1 ⁿ **10:3** És 3:14 ᵒ **10:4** Rev 1:11-19 ᵖ **10:5** Det 32:40 ᑫ **10:6** Egz 20:11

ki te kreye syèl la ak bagay ladann yo, tè a ak bagay ladann yo, e lanmè a ak bagay ladann yo, ke p ap gen reta ankò, [7] men nan jou vwa [a]setyèm zanj lan, lè li prè pou sone, alò, [b]mistè a Bondye fini, jan Li te anonse a sèvitè Li yo, menm pwofèt yo.

[8] [c]Answit, vwa ke m te tande nan syèl la, mwen te tande li te pale avè m ankò, e t ap di: "Ale pran liv ki ouvri a nan men a zanj ki [d]kanpe sou lanmè a ak sou tè a".

[9] Donk, mwen te ale kote zanj lan, pou di l ban mwen ti liv la. Li te di mwen: [e]"Pran l, e manje l. L ap fè vant ou anmè, men nan bouch ou, l ap dous tankou siwo myèl."

[10] Mwen te pran ti liv la nan men zanj lan, e mwen te manje l. Konsa, nan bouch mwen, li te dous tankou siwo myèl. Lè m te fin manje l, vant mwen te vin anmè.

[11] Konsa, yo te di mwen: "Ou oblije pwofetize ankò konsènan [f]anpil pèp, nasyon, lang, ak [g]wa."

11 Answit, yo te ban mwen yon [h]gòl pou mezire tankou yon baton, e youn te di: "Leve pou mezire tanp Bondye a, lotèl la ak sila ki adore ladann yo. [2] Kite gran lakou ki deyò tanp lan. Pa mezire l, paske [i]li te bay a nasyon yo. Konsa, yo va [j]foule vil sen an anba pye yo pandan karant-de mwa.

[3] "Mwen va bay otorite a de temwen mwen yo, e yo va pwofetize pandan mil-de-san-swasant jou abiye avèk [k]twal sak." [4] Sa yo se [l]de pye doliv ak de chandelye ki kanpe devan Senyè latè a. [5] Si yon moun vle fè yo mal, [m]dife va sòti nan bouch yo pou devore lènmi yo. Donk si yon moun vle fè yo mal, li dwe vin touye nan fason sa a. [6] Sa yo gen pouvwa pou [n]fèmen syèl la pou lapli pa tonbe pandan jou pwofesi yo a. Yo gen pouvwa sou dlo pou fè yo tounen san, e pou frape latè avèk tout kalite fleyo, nenpòt lè yo ta vle. [7] Lè yo fini temwayaj yo, [o]bèt ki sòti nan labim nan va fè lagè avèk yo e venk yo pou touye yo. [8] Konsa, kadav yo va rete nan lari gran vil ki nan lespri a yo rele [p]Sodome e Égypte la, kote osi Senyè yo a te krisifye a.

[9] Sila ki soti nan [q]pèp yo, tribi yo, lang ak nasyon yo va gade kadav pa yo pandan twa jou edmi, e li p ap pèmèt pou kadav yo mete nan tonbo. [10] [r]Epi sila ki rete sou latè yo va rejwi sou yo, e fete. Yo va voye kado bay youn lòt, paske de pwofèt sa yo te toumante sila ki rete sou latè yo.

[11] Men apre twa jou edmi yo, [s]souf lavi soti nan Bondye te vini sou yo, yo te kanpe sou pye yo, e gwo laperèz te vin tonbe sou tout sila ki t ap gade yo. [12] Epi yo te tande yon gwo vwa nan syèl la ki t ap di yo: [t]"Vin monte isit la." Konsa yo te [u]monte nan syèl la nan nwaj la, e menm lènmi yo te gade yo.

[13] Epi nan lè sa a, te gen yon gwo tranbleman detè, e yon dizyèm pati nan vil la te tonbe. Sèt-mil moun te mouri nan tranbleman detè a, e rès moun yo te vin ranpli avèk laperèz e te bay glwa a Bondye syèl la.

[14] Dezyèm malè a gen tan pase. Gade byen, twazyèm malè a ap vini byen vit.

[15] Answit, setyèm zanj lan te sone, epi te gen gwo vwa yo nan syèl la ki t ap di: "Wayòm mond sa a gen tan devni wayòm a Senyè nou an, ak Kris Li a. [v]Li va renye pou tout tan e pou tout tan!"

[16] Venn-kat ansyen yo, ki [w]chita sou twòn pa yo devan Bondye, te [x]tonbe sou figi yo pou adore Bondye. [17] E yo t ap di: "Nou ba Ou remèsiman, [y]O Senyè, Bondye, Toupwisan an, ki la e ki te la, paske Ou te pran pwisans ou a, e ou te kòmanse [z]renye.

[18] [a]"Nasyon yo te vin anraje e kòlè Ou te vin parèt. Lè a te vin rive pou mò yo vin jije e pou rekonpanse sèvitè Ou yo, pwofèt yo, sen yo, ak sila ki gen lakrent pou non Ou yo, piti kou gran, e pou detwi sila ki detwi latè yo."

[19] [b]Epi tanp Bondye ki nan syèl la te vin louvri e [c]lach akò Li a te parèt nan tanp Li a. Konsa, te gen kout eklè, bri, gwo kout tonnè, yon tranbleman detè, ak gwo tanpèt lagrèl.

12 Yon [d]gwo sign te vin parèt nan syèl la: yon fanm abiye avèk solèy la, ak lalin nan anba pye li, e sou tèt li, yon kouwòn douz etwal. [2] Li te gwo ansent e te [e]kriye fò ak tranche ak doulè pou l akouche.

[3] Answit, yon lòt sign te parèt nan syèl la. Gade byen, yon gwo [f]dragon wouj avèk sèt tèt ak dis kòn, e sou tèt li yo te gen sèt kouwòn. [4] Konsa, ke li te [g]baleye nèt yon tyè nan zetwal nan syèl yo e te [h]jete yo sou latè. Dragon an te kanpe devan fanm ki te prèt pou akouche a, pou lè li fè pitit la, li ta kab devore pitit li a. [5] [i]Konsa, li te fè yon fis, yon pitit mal, ki gen pou gouvène tout nasyon yo avèk yon baton fè. Pitit li a te rale monte kote Bondye, e anvè twòn Li an.

[6] Answit fanm nan te sove ale nan dezè a kote li te [j]gen yon plas prepare pa Bondye, pouke la, li ta kapab nouri pandan mil-de-san-swasann jou.

[7] Epi te gen lagè nan syèl la. [k]Michel avèk zanj li yo t ap fè lagè avèk dragon an. Dragon an avèk [l]zanj pa li yo t ap fè lagè. [8] Men yo pa t reyisi genyen. Konsa, yo pa t jwenn plas ankò nan syèl la. [9] Gran dragon an te jete anba; [m]sèpan ansyen an ki rele dyab la ak Satan, ki twonpe tout mond lan. Li te jete anba sou latè, e zanj li yo te jete anba avèk li.

[10] Answit mwen te tande yon gwo vwa nan syèl la ki t ap di: "Koulye a delivrans lan, pwisans lan, wayòm Bondye nou an, ak otorite Kris Li a te vini an. Paske [n]akizatè a frè nou yo jete anba; Sila ki te konn akize yo devan Bondye nou an lajounen kon

---

[a] **10:7** Rev 11:15 [b] **10:7** Am 3:7 [c] **10:8** Rev 10:4 [d] **10:8** Rev 10:2 [e] **10:9** Jr 15:16 [f] **10:11** Rev 5:9
[g] **10:11** Rev 17:10,12 [h] **11:1** Éz 40:3—42:20 [i] **11:2** Luc 21:24 [j] **11:2** Dan 7:25 [k] **11:3** Jen 37:34 [l] **11:4** Za 4:3,11,14 [m] **11:5** II Wa 1:10-12 [n] **11:6** I Wa 17:1 [o] **11:7** Rev 13:1 [p] **11:8** És 1:9,10 [q] **11:9** Rev 5:9
[r] **11:10** Rev 3:10 [s] **11:11** Éz 37:5,9,10,14 [t] **11:12** Rev 4:1 [u] **11:12** Rev 2:11 [v] **11:15** Egz 15:18
[w] **11:16** Mat 19:28 [x] **11:16** Rev 4:10 [y] **11:17** Rev 1:8 [z] **11:17** Rev 19:6 [a] **11:18** Sòm 2:1 [b] **11:19** Rev 15:5
[c] **11:19** Eb 9:4 [d] **12:1** Mat 24:30 [e] **12:2** És 26:17 [f] **12:3** És 27:1 [g] **12:4** Rev 8:7,12 [h] **12:4** Dan 8:10
[i] **12:5** És 66:7 [j] **12:6** Rev 11:3 [k] **12:7** Dan 10:13,21 [l] **12:7** Mat 25:41 [m] **12:9** Jen 3:1 [n] **12:10** Job 1:11

lannwit lan. ¹¹ Yo te venk li akoz ᵃsan Jèn Mouton an e akoz pawòl temwayaj yo. Konsa, yo pa t renmen lavi yo, menm fas a lanmò.
¹² "Pou rezon sa a, ᵇrejwi nou o syèl, ak nou menm ki demere ladann yo. Malè a tè a ak lanmè a paske dyab la gen tan desann sou nou avèk gwo kòlè, akoz li konnen tan li an vrèman kout."
¹³ Alò, lè ᶜdragon an te wè ke li te jete anba sou latè, li te pèsekite fanm ki te bay nesans a pitit mal la.
¹⁴ Men ᵈde zèl a gwo èg la te bay a fanm nan pou li ta kapab vole rive nan dezè a nan pwòp plas li, kote li te nouri pandan yon ti tan, tan ak mwatye tan, lib de prezans sèpan an.
¹⁵ Konsa, ᵉsèpan an te vide yon dlo sòti nan bouch li tankou yon rivyè dèyè fanm nan, pou li ta kapab baleye l avèk lavalas dlo. ¹⁶ Men tè a te ede fanm nan. Tè a te louvri bouch li e te bwè tout larivyè dlo ke dragon an te vide soti nan bouch li a. ¹⁷ Donk, dragon a te vin anraje avèk fanm nan. Konsa, li te ale pou ᶠfè lagè avèk rès pitit li yo ki kenbe kòmandman Bondye yo, e ki kenbe temwayaj a Jésus a.

13 Dragon an te kanpe sou sab lanmè a. Mwen te wè yon bèt ki sòti nan lanmè a, avèk ᵍdis kòn, ak sèt tèt. Sou kòn li yo, te gen dis kouwòn, e sou tèt li te gen ʰnon blasfematè yo. ² Bèt ke m te wè a te ⁱtankou yon leyopa. Pat li yo te tankou pat a yon lous, e bouch li te tankou bouch a yon lyon. Konsa, dragon an te ba li pouvwa li a, ʲtwòn li an, ak gran otorite. ³ Mwen te wè youn nan tèt li yo kòmsi li te fin touye, e ᵏblese fatal li a te fin geri.

Tout latè te etone, e yo te swiv bèt la. ⁴ Yo te adore ˡdragon an paske la te bay otorite a bèt la, epi yo te adore bèt la. Yo t ap di: "Kilès ki tankou bèt la, e kilès ki kapab fè lagè avè l?"
⁵ Li te resevwa yon bouch pou ᵐpale pawòl ki awogan yo avèk blasfèm, e li te resevwa otorite pou a ji pandan karant-de mwa. ⁶ Li te ouvri bouch li ak blasfèm yo kont Bondye, pou blasfeme non Li ak tabènak Li a, ak ⁿsila ki rete nan syèl yo. ⁷ Pouvwa a te osi bay a li menm pou ᵒfè lagè avèk sen yo, e pou venk yo. Epi otorite sou chak tribi, pèp, lang, ak nasyon, te vin bay a li menm.
⁸ Tout moun ki viv sou tè a va adore l, tout moun ke non yo pa ekri ᵖdepi nan fondasyon mond lan, nan liv lavi a Jèn Mouton ki te touye a.
⁹ ᵍSi yon moun gen yon zorèy, kite l tande. ¹⁰ ʳSi yon moun gen pou ale an kaptivite, an kaptivite li prale. Si yon moun dwe touye avèk nepe, avèk nepe, li va touye. Se konsa ak lafwa ak pèseverans a sen yo.
¹¹ ˢAnswit, mwen te wè yon lòt bèt ki t ap vin sòti anba tè a. Li te gen de kòn tankou yon jenn mouton, e li te pale tankou yon dragon.

¹² Li egzèse tout otorite a premye bèt la ᵗnan prezans li. Epi li fè tè a avèk sila ki rete ladann yo adore premye bèt, ki te gen blese fatal ki te geri a. ¹³ Li ᵘfè gwo sign, jis pou fè ᵛdife sòti nan syèl la rive sou tè a devan prezans a moun yo. ¹⁴ E li twonpe sila ki viv sou latè yo, akoz ʷgwo sign ki te bay a li menm pou fè nan prezans a bèt la. Li pale ak sila ki viv sou latè yo pou yo fè yon imaj a bèt ki te gen ˣblese nepe a, e ki te viv.
¹⁵ Konsa, pouvwa a te bay a li menm pou bay souf a imaj bèt la, pou imaj a bèt la ta kapab menm pale e fè ʸtout sila ki refize adore bèt la touye. ¹⁶ Konsa, li koze tout moun, ᶻpiti kon gran, rich kon malere, moun lib kon esklav, vin resevwa yon mak sou men dwat oswa sou fon yo, ¹⁷ pou pèsòn pa kapab ni achte ni vann, eksepte sila ki pote mak la, ki se ᵃnon a bèt la oswa ᵇchif non li an.
¹⁸ ᶜMen sajès. Kite sila ki gen bon konprann nan, kalkile chif a bèt la, paske chif la se sa ki pou yon moun. E chif li a se sis-san-swasann-sis.

14 Answit, mwen te gade! Vwala, Jèn Mouton an te kanpe sou Mòn Sion. Ansanm avèk li, te gen san-karant-kat-mil, ki pote ᵈnon L ak non a Papa Li, ekri sou fon yo.
² Mwen te tande yon son soti nan syèl la, tankou ᵉson anpil dlo ak son a gwo kout tonnè. Vwa ke m tande a te tankou sila k ap jwe ap yo. ³ Epi yo te chante ᶠyon chan tounèf devan twòn nan, devan kat kreyati vivan yo ak ansyen yo. E pèsòn pa t kapab aprann chan an, eksepte ᵍsan-karant-kat-mil ki te achte, soti sou tè a. ⁴ Sa yo se sila ki pa t souye pa fanm yo, paske se vyèj yo ye. Sa yo se sila ki swiv Jèn Mouton an tout kote Li ale. Sa yo te achte pami lòm kòm premye fwi pou Bondye, e pou Jèn Mouton an. ⁵ Epi ʰmanti pa t twouve nan bouch yo; yo te san repwòch.
⁶ Epi mwen te wè yon lòt zanj ki t ap vole nan mitan syèl la, avèk yon ⁱlevanjil etènèl pou preche a sila ki viv sou latè yo, a tout nasyon, tribi, langaj, ak pèp.
⁷ Konsa, li te di avèk yon vwa fò: ʲ"Gen lakrent pou Bondye, e ba Li glwa, paske lè jijman Li an gen tan vini. Adore Sila ki te fè syèl la, tè a, lanmè a, ak sous dlo yo."
⁸ Yon lòt zanj, yon dezyèm, te swiv, e t ap di: ᵏ"Tonbe, tonbe, gran Babylone nan, Sila ki te ˡfè tout nasyon yo bwè diven pasyon imoralite li a."
⁹ Answit, yon lòt zanj, yon twazyèm, te swiv yo e t ap di avèk yon vwa ki fò: "Si yon moun ᵐadore bèt la avèk limaj li a, e resevwa yon mak sou fon li oubyen sou men l, ¹⁰ li osi va bwè nan ⁿdiven kòlè Bondye a, ki melanje nèt nan ᵒtas kòlè Li a. Konsa, li va toumante avèk dife ak souf nan prezans a zanj sen yo, ak nan prezans a Jèn Mouton an. ¹¹ ᵖLafimen

---

ᵃ **12:11** Rev 7:14　ᵇ **12:12** Sòm 96:11　ᶜ **12:13** Rev 12:3　ᵈ **12:14** Egz 19:4　ᵉ **12:15** Jen 3:1　ᶠ **12:17** Rev 11:7
ᵍ **13:1** Rev 12:3　ʰ **13:1** Dan 7:8　ⁱ **13:2** Dan 7:6　ʲ **13:2** Rev 2:13　ᵏ **13:3** Rev 13:12,14　ˡ **13:4** Rev 12:3
ᵐ **13:5** Dan 7:25　ⁿ **13:6** Rev 7:15　ᵒ **13:7** Dan 7:21　ᵖ **13:8** Rev 17:8　ᵍ **13:9** Rev 2:7　ʳ **13:10** Jr 15:2
ˢ **13:11** Rev 13:1　ᵗ **13:12** Rev 13:3　ᵘ **13:13** Mat 24:24　ᵛ **13:13** Wa 18:38　ʷ **13:14** II Tes 2:9　ˣ **13:14** Rev 13:3
ʸ **13:15** Dan 3:3　ᶻ **13:16** Rev 11:18　ᵃ **13:17** Rev 14:11　ᵇ **13:17** Rev 15:2　ᶜ **13:18** Rev 17:9　ᵈ **14:1** Rev 3:2
ᵉ **14:2** Rev 1:15　ᶠ **14:3** Rev 5:9　ᵍ **14:3** Rev 7:4　ʰ **14:5** Sòm 2:2　ⁱ **14:6** I Pi 1:25　ʲ **14:7** Rev 15:4
ᵏ **14:8** És 21:9　ˡ **14:8** Jr 51:7　ᵐ **14:9** Rev 13:12　ⁿ **14:10** És 51:17　ᵒ **14:10** Sòm 75:8　ᵖ **14:11** És 34:8-10

toumant yo ap monte pou tout tan e pou tout tan. Yo p ap gen repo ni lajounen ni lannwit, sila yo ki adore bèt la avèk imaj li a, ak nenpòt moun ki resevwa [a]mak non li an.

[12] Men isit, [b]pèseverans a sen ki [c]kenbe kòmandman Bondye yo avèk lafwa yo nan Jésus.

[13] "Mwen te tande yon vwa ki sòti nan syèl la ki t ap di: "Ekri, 'Beni se mò ki [d]mouri nan Senyè a depi koulye a!'":

"Wi", di Lespri a, "pou yo kapab [e]repoze de travay yo, paske zèv pa yo ap swiv yo."

[14] Answit, mwen te gade, e vwala, yon nwaj blan, epi chita sou nwaj la, se yon moun [f]tankou yon fis a Lòm, avèk yon kouwòn an lò sou tèt li ak yon kouto digo byen file nan men li.

[15] Konsa, yon lòt zanj te vini sòti nan tanp lan, e t ap kriye nan yon vwa fò a Sila ki te chita sou nwaj la: [g]"Mete kouto digo a ladann pou rekòlte, paske lè rekòlt la rive. [h]Mwason latè a mi."

[16] Answit, Sila ki te chita sou nwaj la te voye kouto digo a sou sifas tè a, epi tè a te rekòlte.

[17] Yon lòt zanj [i]te sòti nan tanp ki nan syèl la, e li menm tou te gen yon kouto digo byen file.

[18] Konsa, yon lòt zanj ankò, sila ki gen pouvwa sou dife a, te sòti nan [j]lotèl la. Li te rele avèk yon vwa fò a sila ki te gen kouto digo file a. Li te di: "Mete kouto digo file ou ladann. Ranmase grap sou pye rezen latè yo, paske fwi li yo mi."

[19] Zanj lan te voye kouto digo li a sou tè a. Li te ranmase grap sou pye rezen tè yo, e te jete yo nan [k]gwo pèz diven kòlè Bondye a. [20] Konsa, [l]basen pèz diven an te foule anba pye deyò vil la, e san te sòti nan pèz diven an, rive nan brid cheval la pou yon distans de twa-san kilomèt.

15

Konsa, mwen te wè yon lòt sign nan syèl la, gran e mèvèye: sèt zanj ki te gen [m]sèt fleyo, ki se dènye yo, paske nan yo, kòlè Bondye a fini.

[2] Mwen te wè yon bagay tankou [n]lanmè fèt ak vit mele avèk dife, e moun sila yo [o]ki te gen viktwa sou bèt la, imaj li a ak chif a non li an, te kanpe sou lanmè fèt ak vit la. Yo t ap kenbe ap Bondye yo.

[3] Konsa, yo te chante [p]chan a Moïse la, sèvitè a Bondye a, ak chan a Jèn Mouton an. Yo t ap di:

[q]"Gran e mèvèye, se zèv Ou yo,
O Senyè, Bondye Toupwisan an!
Jis e vrè, se chemen Ou yo,
Wa a nasyon yo.
[4] Kilès ki p ap krent Ou, O Senyè,
epi bay glwa a non Ou?
Paske se Ou sèl ki sen.
[r]Paske tout nasyon yo va vini
pou adore devan Ou.
Paske zèv ladwati Ou yo,

Ou gen tan revele."

[5] Apre bagay sa yo, mwen te gade, e [s]tanp tabènak temwayaj ki nan syèl la te vin louvri. [6] Konsa, [t]sèt zanj ki te gen sèt fleyo yo te vin sòti nan tanp lan, abiye an lèn san tach e briyan, e yo te antoure lestomak yo avèk senti an lò.

[7] Answit, youn nan [u]kat kreyati vivan yo te bay a sèt zanj yo sèt gode an lò, plen ak kòlè Bondye, ki viv pou tout tan e pou tout tan.

[8] Epi tanp lan te vin ranpli avèk [v]lafimen laglwa Bondye ak pwisans li. Okenn moun pa t kapab antre nan tanp lan jiskaske sèt fleyo a sèt zanj yo te fini.

16

Konsa, mwen te tande yon gwo vwa sòti nan [w]tanp lan ki t ap di a sèt zanj yo: "Ale vide sèt gode kòlè Bondye yo sou tè a."

[2] Donk, premye zanj lan te ale vide gode li a sou tè a. Konsa, li te devni yon [x]maleng rayisab sou moun ki te pote mak a bèt la e ki te adore imaj li a.

[3] Dezyèm zanj lan te vide gode li a [y]nan lanmè a, e li te devni san tankou san a yon moun mouri. Konsa, tout bagay vivan nan lanmè a te mouri.

[4] Answit, twazyèm zanj lan te vide gode li a nan [z]rivyè ak sous dlo yo, e yo te tounen san. [5] Mwen te tande zanj a dlo yo k ap di: "[a]Jis se Ou menm [b]ki la e ki te la a, O Sila Ki Sen an, paske Ou te jije bagay sa yo. [6] Paske sila yo te vèse [c]san a sen ak pwofèt yo, e Ou te bay yo san pou yo bwè. Yo merite sa."

[7] Konsa, mwen te tande lotèl la ki t ap di: "Wi, O Bondye Senyè, Sila Ki Toupwisan an, [d]vrè e jis se jijman Ou yo."

[8] Katriyèm zanj lan te vide gode li a sou [e]solèy la, epi li te bay a li menm pou chode moun avèk dife. [9] Moun yo te chode avèk yon chalè. Konsa, yo te [f]blasfeme non Bondye ki gen pouvwa sou fleyo sa yo, men yo pa t repanti pou ta ba Li glwa.

[10] Answit, senkyèm zanj lan te vide gode li sou [g]twòn a bèt la, epi wayòm li an te vin tounwa. Konsa, yo te manje pwòp lang yo akoz de doulè a. [11] Yo te blasfeme Bondye syèl la, akoz de doulè ak [h]maleng yo. Malgre sa a, yo pa t repanti de zèv yo.

[12] Sizyèm zanj lan te vide gode li a sou [i]gran rivyè Euphrate la. Dlo li te vin seche, pou chemen an ta kapab prepare pou wa [j]ki sòti nan lès yo.

[13] Konsa, mwen te wè sòti nan bouch a dragon an, sòti nan bouch a bèt la, e sòti nan bouch a fo pwofèt la, twa [k]lespri sal tankou [l]krapo. [14] Se te [m]lespri a demon yo, ki [n]t ap fè sign yo pou parèt bò kote wa a tout mond yo, pou rasanble yo ansanm pou lagè a gran jou Bondye, Toupwisan an.

[15] "Gade byen, [o]Mwen ap vini tankou yon vòlè. Beni se sila ki rete vijilan an, e ki kenbe vètman li, pou li pa vin mache toupatou toutouni, pou moun pa wè wont li."

---

[a] **14:11** Rev 13:17   [b] **14:12** Rev 13:10   [c] **14:12** Rev 12:17   [d] **14:13** I Tes 4:16   [e] **14:13** Eb 4:9   [f] **14:14** Dan 7:13
[g] **14:15** Jl 3:13   [h] **14:15** Mat 13:39-41   [i] **14:17** Rev 11:19   [j] **14:18** Rev 6:9   [k] **14:19** És 63:2   [l] **14:20** És 63:3
[m] **15:1** Lev 26:21   [n] **15:2** Rev 4:6   [o] **15:2** Rev 12:11   [p] **15:3** Egz 15:1   [q] **15:3** Det 32:3   [r] **15:4** Sòm 86:9
[s] **15:5** Rev 11:19   [t] **15:6** Rev 15:1   [u] **15:7** Rev 4:6   [v] **15:8** Egz 19:18   [w] **16:1** Rev 11:19   [x] **16:2** Egz 9:9-11
[y] **16:3** Egz 7:17-21   [z] **16:4** Rev 8:10   [a] **16:5** Jn 17:25   [b] **16:5** Rev 11:17   [c] **16:6** Rev 17:6   [d] **16:7** Rev 15:3
[e] **16:8** Rev 6:12   [f] **16:9** Rev 16:11,21   [g] **16:10** Rev 13:2   [h] **16:11** Rev 16:2   [i] **16:12** Rev 9:14   [j] **16:12** Rev 7:2
[k] **16:13** Rev 18:2   [l] **16:13** Egz 8:6   [m] **16:14** I Tim 4:1   [n] **16:14** Rev 13:13   [o] **16:15** Mat 24:43

¹⁶ Konsa, yo te ªrasanble ansanm kote ki, an Ebre, yo rele ᵇHarmaguédon an.

¹⁷ Answit, setyèm zanj lan te vide gode li anlè. Yon gwo vwa te sòti nan tanp lan bò kote twòn nan. Li te di: ᶜ"Sa fin fèt."

¹⁸ Te gen kout ᵈeklè, gwo bri ak gwo kout tonnè. Konsa te fèt yon gwo tranbleman detè, tankou pa t janm genyen depi lòm te vini sou latè, tèlman tranbleman detè a te gran e pwisan.

¹⁹ Gran vil la te fann an twa pati, e gran vil a nasyon yo te tonbe. Konsa, ᵉBabylone le gran te ᶠsonje devan Bondye, pou Li ba li gode diven de kòlè vyolan Li a.

²⁰ ᵍTout lil yo te sove ale, e mòn yo pa t kab twouve.

²¹ Gwo bòl lagrèl chak te peze anviwon san liv, te desann sòti nan syèl la tonbe sou moun. Pou sa a, moun te blasfeme Bondye akoz deʰfleyo lagrèl la, paske fleyo li a te ekstrèmman grav.

17 Youn nan sèt zanj ki te gen sèt gode yo te vini. Li te pale avè m e te di: "Vini isit la! Mwen va montre ou jijman a gran pwostitiye ki chita sou anpil dlo yo, ² avèk sila a ⁱwa latè yo a te vin komèt zak imoralite. Tout sila ki demere sou latè yo te fè vin sou avèk diven imoralite li a."

³ ʲLi te pote mwen lwen nan Lespri a nan yon dezè. Mwen te wè yon fanm ki te chita sou yon bèt wouj, plen ak non blasfèm, ki te gen sèt tèt ak dis kòn. ⁴ Fanm nan te abiye an mov ak wouj, e te dekore avèk lò, pyè presye, ak pèl. Nan men l, li te gen ᵏyon gode an lò, ranpli ak abominasyon, de tout bagay sal de imoralite li yo. ⁵ Sou fon li, te ekri yon non: ˡMISTÈ: "BABALONE LE GRAN, MANMAN A PWOSTITIYE AK ABOMINASYON SOU LATÈ YO".

⁶ Konsa, mwen te wè fanm nan sou avèk ᵐsan a sen yo, e avèk san a temwen Jésus yo. Lè mwen te wè l, mwen te etone anpil.

⁷ Zanj lan te di mwen: "Poukisa ou etone? Mwen va di ou mistè a fanm nan ak bèt ki pote li a, sila ki gen ⁿsèt tèt ak dis kòn yo. ⁸ Bèt ke ou te wè, li ᵒte ye a, li pa la, e li prè pou sòti nan labim nan pou ale nan destriksyon. Epi sila ki rete sou latè yo, ke non yo pa ekri nan liv lavi a depi nan fondasyon mond lan, va etone lè yo wè bèt la jan li te ye, jan li pa la, ak jan li va vini an.

⁹ "Men panse ki gen sajès la. ᵖSèt tèt yo se sèt mòn kote fanm nan chita yo. ¹⁰ Yo se sèt wa. Senk te tonbe, youn la toujou, e lòt la poko vini, epi lè l vini, li dwe rete pou yon ti tan. ¹¹ Bèt ki ᵠte ye a, e ki pa la a, li se yon uityèm tou, e youn nan sèt yo. L ap wale nan destriksyon.

¹² ʳ"Dis kòn ke ou te wè yo, se dis wa ki poko janm resevwa wayòm yo, men yo resevwa otorite tankou wa, ansanm avèk bèt la pandan yon èdtan. ¹³ Sa yo gen ˢyon sèl bi, e yo va bay pouvwa yo ak otorite a bèt la. ¹⁴ Sila yo va fè ᵗlagè kont Jèn Mouton an, e Jèn Mouton an va venk yo, paske Li se ᵘSenyè dè senyè e Wadèwa. Konsa, sila ki avè l yo se sila ki gen apèl, ki chwazi e ki fidèl.

¹⁵ "Ankò, li te di mwen: ᵛ"Dlo ke ou te wè, kote pwostitiye a chita a, se pèp yo, foul yo, nasyon yo, ak lang yo. ¹⁶ ʷEpi dis kòn ke ou te wè yo, ansanm ak bèt la, sa yo va rayi pwostitiye a e yo va fè l vin dezole, e toutouni, epi yo va manje chè li e brile li avèk dife.

¹⁷ "Paske Bondye te mete nan kè yo pou fè volonte L avèk bi ke yo gen ansanm nan, e pou donnen wayòm pa yo a bèt la, jiskaske pawòl Bondye yo ta vin akonpli.

¹⁸ "Fanm ke ou te wè a se ˣgran vil la, ki renye sou wa latè yo."

18 Apre bagay sa yo, mwen te wè yon lòt ʸzanj k ap desann sòti nan syèl la, avèk gwo otorite, e tè a te byen klere avèk glwa li. ² Epi li te kriye avèk yon gwo vwa, e t ap di: ᶻ"Tonbe, tonbe, se Babylone Le Gran! Li gen tan vini yon kote pou dyab rete, ak yon prizon pou tout kalite ªlespri sal, e yon prizon pou tout kalite zwazo sal e abominab. ³ Paske tout nasyon yo te bwè ᵇdiven a pasyon imoralite li a, wa latè yo te komèt zak imoralite avèk l, e machann latè yo te vin rich avèk richès sansyalite li yo."

⁴ Mwen te tande yon lòt vwa soti nan syèl la ki t ap di: ᶜ"Sòti kite li, pèp mwen an, pou nou pa patisipe nan peche li yo e resevwa fleyo li yo. ⁵ Paske peche li yo ᵈanpile vin menm wotè ak syèl la, e Bondye ᵉsonje tout inikite li yo. ⁶ ᶠRemèt li menm jan li te bay la, e ba li anretou de fwa selon zèv li yo. Nan gode ke li te fè melanj lan, fè melanj lan otan de fwa pou li. ⁷ Nan degre ke li te bay tèt li glwa a e viv nan sansyalite a, nan menm degre a, toumante l, e ba li doulè. Paske li di nan kè li: ᵍ"Mwen chita tankou yon rèn, mwen pa yon vèv, mwen p ap janm wè doulè." ⁸ Pou rezon sa a, nan yon jou, fleyo li yo va vini; lapès, lapèn ak gwo grangou. E li va ʰbrile avèk dife, paske Senyè Bondye ki jije li a, ⁱpwisan.

⁹ "Epi ʲwa latè yo ki te komèt zak imoralite e ki te viv selon lachè avè l yo, va kriye e lamante sou li lè yo wè lafimen monte pandan l ap brile a. ¹⁰ ᵏY ap kanpe a yon distans akoz de pè a toumant li an, e y ap di:" ˡ'Malè, malè, gran vil, Babylone nan, vil ki fò a! Paske, nan yon èdtan, jijman ou gen tan rive.'

¹¹ "Konsa, machann latè yo kriye e lamante sou li paske pèsòn pa achte machandiz yo ankò.
¹² Machandiz lò, ajan, pyè presye, pèl, ak lèn fen, koulè mov, twal swa, wouj, tout kalite bwa sitwon ak tout kalite ivwa, tout atik ki fèt ak bwa ki koute chè, bwonz, fè, ak wòch mab. ¹³ Epi kanèl,

---

ª **16:16** Rev 19:19   ᵇ **16:16** Za 4:11   ᶜ **16:17** Rev 10:6   ᵈ **16:18** Rev 4:5   ᵉ **16:19** Rev 14:8   ᶠ **16:19** Rev 18:5
ᵍ **16:20** Rev 6:14   ʰ **16:21** Egz 9:18-25   ⁱ **17:2** Rev 2:22   ʲ **17:3** Rev 21:10   ᵏ **17:4** Jr 51:7   ˡ **17:5** II Tes 2:7   ᵐ **17:6** Rev 16:6   ⁿ **17:7** Rev 17:3   ᵒ **17:8** Rev 11:7   ᵖ **17:9** Rev 10:11   ᵠ **17:11** Rev 13:3,12,14
ʳ **17:12** Dan 7:24   ˢ **17:13** Rev 17:17   ᵗ **17:14** Rev 16:14   ᵘ **17:14** I Tim 6:15   ᵛ **17:15** És 8:7   ʷ **17:16** Rev 17:12
ˣ **17:18** Rev 11:8   ʸ **18:1** Rev 17:1,7   ᶻ **18:2** És 21:9   ª **18:2** Rev 16:3   ᵇ **18:3** Jr 51:7   ᶜ **18:4** És 52:11
ᵈ **18:5** Jr 51:9   ᵉ **18:5** Rev 16:19   ᶠ **18:6** Sòm 137:8   ᵍ **18:7** És 47:7   ʰ **18:8** Rev 17:16   ⁱ **18:8** Rev 11:17
ʲ **18:9** Rev 17:2   ᵏ **18:10** Rev 18:15,17   ˡ **18:10** Rev 18:16,19

epis, lansan, pafen, lwil doliv, farin fen, ble, bèf, mouton, ak kago bato cheval, cha, esklav, ak ᵃlavi moun.

¹⁴ "Fwi nou anvi yo disparèt, tout bagay ki te swa, chè oswa ekstrawòdinè yo te pase kite nou e moun p ap twouve yo ankò. ¹⁵ ᵇMachann a ᶜbagay sa yo, ki te vin rich akoz gran vil sa a va kanpe a yon distans akoz perèz toumant li an, yo va kriye e lamante. ¹⁶ Yo va di: ᵈ"Malè, malè, gran vil la, sila ki te abiye an lèn fen, mov e wouj la, ki te anbeli ak lò, pyè presye, ak pèl yo; ¹⁷ Paske nan yon èdtan, gran richès sa a gen tan vin ᵉgaspiye!" Epi tout kaptenn bato ak tout pasaje, tout maren e tout sila ki fè lavi yo nan travay lanmè yo, te kanpe a yon distans.

¹⁸ "E yo t ap ᶠkriye anmwey lè yo te ᵍwè lafimen dife li a, e t ap di: "Ki vil ki tankou gran vil sila a?" ¹⁹ Konsa, yo te jete ʰpousyè sou tèt yo e t ap rele fò, kriye, lamante e t ap di: ⁱ"Malè, malè a gran vil sa a, ladann tout moun ki te gen bato sou lanmè yo te vin rich pa richès li, paske nan yon èdtan, li vin gaspiye nèt!" ²⁰ ʲ"Rejwi sou li, o syèl, e nou menm, sen, apot ak pwofèt yo, paske Bondye te pwononse jijman pou nou kont li."

²¹ Answit, yon zanj pwisan te ᵏpran yon gwo wòch tankou yon wòch moulen. Li te voye l nan lanmè a e te di: "Konsa, gran vil la, Babylone, va jete avèk vyolans, e li ˡp ap twouve ankò. ²² Konsa, ᵐson sila k ap jwe ap yo, mizisyen yo, sila k ap jwe flit ak twonpèt yo p ap tande nan ou ankò. P ap ankò gen moun okenn metye k ap twouve nan ou ankò. Ni bri moulen an p ap tande nan ou. ²³ Menm limyè a yon lanp p ap briye nan ou, e ⁿvwa jennonm ak jenn fi k ap marye yo p ap tande nan ou ankò.

"Paske ᵒmachann ou yo te gwo moun sou latè, epi tout nasyon yo te twonpe pa wanga ou a. ²⁴ Nan li menm te twouve san a pwofèt ak sen yo, ak tout sila ki te touye sou latè yo."

19 Apre bagay sa yo, mwen te tande yon bagay tankou ᵖgwo vwa a yon gran foul nan syèl la ki t ap di: "Alelouya! Delivrans, laglwa ak pwisans apatyen a Bondye nou an. ² ᑫPaske jijman Li yo vrè e jis. Paske Li te jije gran pwostitiye ki te konwonpi latè avèk imoralite li a, e sou li, Li te ʳvanje san a sèvitè Li yo."

³ "Yon dezyèm fwa, li te di: 'Alelouya! ˢLafimen li an monte pou tout tan e pou tout tan.'"

⁴ Konsa, ᵗvenn-kat ansyen yo ak ᵘkat kreyati vivan yo a te tonbe pou adore Bondye ki chita sou twòn nan e t ap di: "Amen, Alelouya!"

⁵ Epi yon vwa te vini sòti nan twòn nan e t ap di: "Bay lwanj a Bondye nou an, nou tout, ᵛsèvitè Li yo, nou menm ki gen lakrent li, piti kou gran."

⁶ Answit, mwen te tande yon bagay tankou ʷvwa a yon gran foul, tankou son a anpil dlo, tankou gwo bri a anpil kout tonnè, ki t ap di: "Alelouya! Paske Senyè a, Bondye nou an, Toupwisan an renye. ⁷ Annou rejwi nou, fè kè nou kontan e bay glwa a Li menm. Paske ˣmaryaj a Jèn Mouton an gen tan vini, e lamarye Li a gen tan prepare." ⁸ Yo te bay a lamarye a pou abiye li an ʸlèn fen, briyan e pwòp, paske lèn fen an se ᶻzak ladwati a sen yo.

⁹ Answit, ᵃzanj lan te di mwen: ᵇ"Ekri, 'Beni se sila ki envite nan resepsyon maryaj a Jèn Mouton an.'" Epi li te di mwen: "Sa yo se vrè pawòl a Bondye."

¹⁰ Answit, ᶜmwen te tonbe nan pye li pou adore li. ᵈMen li te di mwen: "Pa fè sa! Mwen se yon sèvitè parèy ak ou, e frè ou ki kenbe temwayaj a Jésus a. Adore Bondye, paske temwayaj a Jésus a se lespri pwofesi a."

¹¹ Mwen te wè syèl la ouvri, e vwala, yon cheval blan, e Sila ki te chita sou li a, rele ᵉFidèl e Veritab. Avèk ᶠladwati Li jije e fè lagè.

¹² ᵍZye Li se flanm dife, e sou tèt li se anpil kouwòn. Li gen non yo ki ekri, ak yon non ekri sou Li ke pèsòn pa konnen, eksepte Li menm. ¹³ Li abiye avèk yon vètman ki tranpe nan san. Non Li rele a, se ʰ"Pawòl Bondye a".

¹⁴ Lame ki nan syèl yo, ki abiye an lèn fen ⁱblan, ki pi nèt, t ap swiv li sou cheval blan yo.

¹⁵ Nan bouch Li, te sòti yon nepe file. E avèk li, Li kapab frape nasyon yo. Li va ʲgouvène yo avèk yon baton an fè. Li va foule pèz diven ak gwo kòlè Bondye Toupwisan an. ¹⁶ Epi sou vètman Li ak kwis Li, Li gen yon non ki ekri: ᵏ"WA DÈ WA E SENYÈ DÈ SENYÈ."

¹⁷ Answit, mwen te wè yon zanj ki te kanpe nan solèy la. Li te kriye fò avèk yon gwo vwa e t ap di a tout zwazo ki vole nan mitan syèl yo, ˡ"Vin rasanble pou gwo resepsyon Bondye a; ¹⁸ pou nou kapab ᵐmanje chè a wa yo, chè a kòmandan yo, chè a moun pwisan yo, chè a cheval yo, chè a sila ki chita sou yo, e chè a tout lèzòm; kit moun lib, kit esklav, ⁿpiti kou gran."

¹⁹ Konsa, mwen te wè ᵒbèt la, ᵖwa latè ak lame yo rasanble pou fè lagè kont Sila ki te chita sou cheval la ak kont lame Li.

²⁰ Epi bèt la te vin kaptire, e avèk li menm, fo pwofèt ki te fè sign ᑫnan prezans li yo. Avèk sila yo li te twonpe sa yo ki te resevwa ʳmak a bèt la, ak sa yo ki te adore imaj li yo. Toude sa yo te jete tou vivan nan lak dife ki brile avèk souf la.

²¹ Rès la te touye avèk nepe ki te sòti nan bouch a Sila ki te chita sou cheval la, e ˢtout zwazo yo te vin ranpli avèk chè yo.

ᵃ **18:13** I Kwo 5:21 ᵇ **18:15** Rev 18:3 ᶜ **18:15** Rev 18:12,13 ᵈ **18:16** Rev 18:10,19 ᵉ **18:17** Rev 17:6
ᶠ **18:18** Éz 27:30 ᵍ **18:18** Rev 18:9 ʰ **18:19** Jos 7:5 ⁱ **18:19** Rev 18:10 ʲ **18:20** Jr 51:48 ᵏ **18:21** Jr 51:63
ˡ **18:21** Éz 26:21 ᵐ **18:22** És 24:8 ⁿ **18:23** Jr 7:34 ᵒ **18:23** És 23:8 ᵖ **19:1** Jr 51:48 ᑫ **19:2** Sòm 19:9
ʳ **19:2** Det 32:43 ˢ **19:3** És 34:10 ᵗ **19:4** Rev 4:4,10 ᵘ **19:4** Rev 4:6 ᵛ **19:5** Rev 11:18 ʷ **19:6** Jr 51:48
ˣ **19:7** Ef 5:23,32 ʸ **19:8** Rev 19:14 ᶻ **19:8** Rev 15:4 ᵃ **19:9** Rev 17:1 ᵇ **19:9** Rev 1:19 ᶜ **19:10** Rev 22:8
ᵈ **19:10** Trav 10:26 ᵉ **19:11** Rev 3:14 ᶠ **19:11** Sòm 96:13 ᵍ **19:12** Dan 10:6 ʰ **19:13** Jn 1:1 ⁱ **19:14** Rev 3:4
ʲ **19:15** Sòm 2:9 ᵏ **19:16** Rev 17:14 ˡ **19:17** I Sam 17:44 ᵐ **19:18** Éz 39:18-20 ⁿ **19:18** Rev 13:16
ᵒ **19:19** Rev 11:7 ᵖ **19:19** Rev 16:14,16 ᑫ **19:20** Rev 13:12 ʳ **19:20** Rev 13:16 ˢ **19:21** Rev 19:17

20 Answswit, mwen te wè yon zanj ki t ap desann sòti nan syèl la, ki te gen ᵃkle abim nan ak yon gwo chèn nan men l.

² Li te pran ᵇdragon an, sèpan ansyen an, ki se dyab la, Satan, e li te mare li pou mil ane. ³ Li te jete li nan labim. Li te fèmen li e te ᶜmete so li sou li, pou li pa t kab twonpe nasyon yo ankò, jiskaske mil ane yo fini. Apre bagay sa yo, li oblije vin lage pou yon ti tan.

⁴ Answit mwen te wè ᵈtwòn yo ᵉak sa yo ki te chita sou yo. Konsa, jijman te vin bay a yo menm. Mwen te wè nanm a sila ki te dekapite akoz temwayaj a Jésus yo, e akoz pawòl Bondye a: Sila ki pa t adore bèt la oubyen imaj li a, e ki pa t resevwa mak la sou fon yo ak men yo. Sila yo te vin retounen a lavi pou renye avèk Kris pandan mil ane.

⁵ Rès mò yo pa t retounen a lavi jiskaske mil ane yo fini. ᶠSa se premye rezirèksyon an. ⁶ ᵍBeni e sen se sila ki gen yon pati nan premye rezirèksyon an. Sou sila yo, dezyèm lanmò a pa gen pouvwa, men yo va touprè a Bondye e a Kris, e va renye avèk Li pandan mil ane yo.

⁷ Lè mil ane yo vin fini, Satan va ʰlage soti nan prizon li an, ⁸ epi li va soti pou twonpe nasyon ki nan kat kwen latè yo, ⁱGog avèk Magog, pou rasanble yo ansanm pou lagè a. An kantite, yo va tankou sab ki bò lanmè. ⁹ Yo te ʲmonte vini sou gwo sifas latè a, e te antoure kan a sen yo ak vil byeneme a. Konsa, ᵏdife te desann sòti nan syèl la, e te devore yo.

¹⁰ Epi dyab la ki te twonpe yo a te jete nan ˡlak dife ak souf la, kote ᵐbèt la ak fo pwofèt la ye tou. Yo va toumante la jounen kon lannwit, pou tout tan e pou tout tan.

¹¹ Konsa, mwen te wè yon gwo twòn blan, ak Sila ki te chita sou li a. De prezans Li, tè a ak syèl la te sove ale. ⁿPa t gen plas pou yo.

¹² Mwen te wè mò yo, ᵒgran kon piti, vin kanpe devan twòn nan. Yo te ouvri liv yo. Epi yon lòt liv te ouvri, ki se liv lavi a, e mò yo te jije selon bagay ki te ekri nan liv yo, selon zèv yo. ¹³ Lanmè a te bay mò ki te ladann yo. Lanmò ak sejou lanmò yo te ᵖbay mò ki te ladann yo. Yo te vin jije, yo chak selon zèv pa yo.

¹⁴ Answit, lanmò ak sejou lanmò yo te jete nan lak dife a. Sa se ᵍdezyèm lanmò a, lak dife a.

¹⁵ Si non a nenpòt moun pa t twouve ekri nan ʳliv lavi a, li te jete nan lak dife a.

21 Epi mwen te wè yon ˢsyèl tounèf ak yon tè tounèf. Paske premye syèl la ak premye tè a te pase, e nanpwen lanmè ankò.

² Mwen te wè vil sen an, ᵗJérusalem tounèf la, ᵘdesann sòti nan syèl la kote Bondye. Li te prepare tankou yon lamarye ki abiye pou mari li.

³ Epi konsa, mwen te tande yon gwo vwa sòti nan twòn nan ki t ap di: "Gade, ᵛtabènak Bondye a pami lèzòm, e Li va rete pami yo. Yo va pèp Li, e Li va Bondye yo. Li menm, va pami yo tankou Bondye yo. ⁴ Li va ʷsiye tout dlo ki sòti nan zye yo. P ap gen lanmò ankò. P ap genyen lamante ankò, ni kriye, ni doulè, paske premye bagay yo fin pase."

⁵ Epi ˣSila ki te chita sou twòn nan te di: "Gade, m ap fè tout bagay vin tounèf." Epi Li te di: "Ekri, paske pawòl sa yo fidèl e vrè."

⁶ Answit, Li te di mwen: "Mwen se Alfa a ak Omega a, kòmansman an ak lafen an. ʸMwen va bay a sila ki swaf yo nan sous dlo lavi a san frè. ⁷ ᶻSila ki venkè a va eritye bagay sa yo. ᵃMwen va Bondye Li e li va fis Mwen.

⁸ Men pou kapon yo, enkredil yo, abominab ak asasen yo, moun imoral yo, majisyen yo, idolat ak tout mantè yo, pati pa yo va nan lak ki brile avèk dife ak souf la, ki se dezyèm lanmò a."

⁹ ᵇAnswit, youn nan sèt zanj ki te gen sèt gode ki te plen avèk sèt dènye fleyo yo te vini pale avè m. Li t ap di: ᶜ"Vini isit la. Mwen va montre ou lamarye a, madanm Jèn Mouton an." ¹⁰ Konsa, ᵈli te pote mwen ale nan lespri a nan yon gwo mòn wo, e li te montre m vil sen an, Jérusalem, ki t ap desann sòti nan syèl la kote Bondye. ¹¹ Li te gen laglwa Bondye. Li te klere tankou yon pyè presye ki koute trè chè, tankou yon ᵉpyè jasp klè tankou kristal. ¹² Li te gen yon gwo miray wo ᶠavèk douz pòt. Nan pòt yo, te gen douz zanj, epi non yo te ekri sou yo, ki se non a douz tribi a fis Israël yo. ¹³ Te gen twa pòt nan lès, twa pòt nan nò, twa pòt nan sid, e twa pòt nan lwès. ¹⁴ Epi miray vil la te gen ᵍdouz wòch nan fondasyon an, e sou yo, se te douz non a ʰdouz apot Jèn Mouton an.

¹⁵ Sila ki te pale avè m nan te gen yon baton mezi ki te fèt an lò pou mezire vil la, ⁱpòtay li yo, ak miray li a. ¹⁶ Vil la te fèt kòn yon kare. Longè li te menm fòs ak lajè li. Li te mezire vil la avèk baton an: de-mil-de-san kilomèt. Longè li, lajè li ak wotè li te egal. ¹⁷ Epi li te mezire miray li a, swasann-douz mèt, selon mezi a ʲyon moun, sa vle di, yon zanj.

¹⁸ Materyèl miray la te ᵏjasp. Vil la se te ˡlò pi, tankou vit klè. ¹⁹ Fondasyon pou miray vil la te dekore avèk tout kalite pyè presye. Wòch premye fondasyon an se te jasp, dezyèm nan, Safi, twazyèm nan, agat, katriyèm nan, emwod, ²⁰ senkyèm nan, oniks, sizyèm nan, ᵐsadwàn, setyèm nan, krizolit, uityèm nan, beril, nevyèm nan, topaz, dizyèm nan, krizopraz, onzyèm nan, tikwaz, douzyèm nan, ametis. ²¹ Epi douz ⁿpòtay yo se te douz pèl. Chak pòtay te yon sèl pèl. Epi ri vil la te an lò pi, tankou vit klè.

ᵃ **20:1** Rev 1:18   ᵇ **20:2** Jen 3:1   ᶜ **20:3** Dan 6:17   ᵈ **20:4** Dan 7:9   ᵉ **20:4** Mat 19:28   ᶠ **20:5** Luc 14:14
ᵍ **20:6** Rev 14:13   ʰ **20:7** Rev 20:2   ⁱ **20:8** Éz 38:2   ʲ **20:9** Rev 17:1   ᵏ **20:9** Rev 19:7   ˡ **20:10** Rev 19:20
ᵐ **20:10** Rev 16:13   ⁿ **20:11** Dan 2:35   ᵒ **20:12** Rev 11:13   ᵖ **20:13** És 26:19   ᵍ **20:14** Rev 20:6   ʳ **20:15** Rev 3:5
ˢ **21:1** És 65:17   ᵗ **21:2** És 3:12   ᵘ **21:2** Eb 11:10,16   ᵛ **21:3** Lev 26:1   ʷ **21:4** És 25:8   ˣ **21:5** Rev 4:9
ʸ **21:6** És 55:1   ᶻ **21:7** Rev 2:7   ᵃ **21:7** II Sam 7:14   ᵇ **21:9** Rev 17:1   ᶜ **21:9** Rev 19:7   ᵈ **21:10** Éz 40:2;
Rev 21:2   ᵉ **21:11** Rev 4:3   ᶠ **21:12** Éz 48:31-34   ᵍ **21:14** Eb 11:10   ʰ **21:14** Trav 1:26   ⁱ **21:15** Rev 21:12,21,25
ʲ **21:17** Det 3:11   ᵏ **21:18** Rev 21:11   ˡ **21:18** Rev 21:21   ᵐ **21:20** Rev 4:3   ⁿ **21:21** Rev 21:12,15,25

²² Mwen pa t wè tanp ladann, paske ᵃSenyè Bondye Toupwisan an ak ᵇJèn Mouton an se te tanp li. ²³ Vil la ᶜpa gen bezwen solèy oubyen lalin pou klere sou li, paske laglwa Bondye te klere li, e lanp li se te Jèn Mouton an. ²⁴ ᵈNasyon yo va mache pa limyè li. E wa latè yo va pote laglwa nasyon yo ladann. ²⁵ Nan la jounen (paske p ap gen lannwit la), pòtay li yo ᵉp ap janm fèmen. ²⁶ Konsa, yo va ᶠpote laglwa ak lonè a nasyon yo ladann pou yo ka antre. ²⁷ P ap gen ᵍanyen ki pa pwòp. Moun ki pratike abominasyon ak manti p ap janm antre ladann, men sèlman sila ke non yo ʰekri nan liv lavi a Jèn Mouton an.

22 Answit, li te montre m yon ⁱrivyè dlo lavi a, klè tankou kristal, ki t ap vini sòti nan twòn Bondye a ak Jèn Mouton an, ² nan mitan lari li a. Sou chak bò larivyè a, se te ʲpyebwa lavi a, ki pote douz kalite fwi, ki bay fwi li chak mwa. Epi fèy pyebwa yo te pou gerizon a nasyon yo.

³ ᵏP ap gen madichon ankò. Twòn Bondye a ak Jèn Mouton an va ladann l, e sèvitè Li yo va sèvi Li. ⁴ Yo va ˡwè figi Li, e non Li va sou fon yo. ⁵ Epi p ap gen lannwit ankò. Yo p ap gen bezwen ni ᵐlimyè a yon lanp ni limyè solèy la, paske Senyè a, Bondye va klere yo. Yo va renye pou tout tan e pou tout tan.

⁶ Konsa, Li te di mwen: ⁿ"Pawòl sa yo fidèl e vrè". Senyè a, Bondye a tout lespri pwofèt yo, te voye zanj Li pou montre sèvitè li yo bagay ki dwe rive nan yon ti tan tou kout.

⁷ "Gade byen, Mwen ap vini vit. ᵒBeni se sila ki prete atansyon a pawòl pwofesi ki nan liv sila a."

⁸ Alò, ᵖMwen, Jean, se sila ki te tande e wè bagay sa yo. Konsa, lè m te tande e wè yo, ᵠmwen te tonbe nan pye a zanj ki te montre m bagay sa yo pou adore l.

⁹ Men, li te di mwen: "Pa fè sa! Mwen se yon sèvitè parèy a ou menm, frè ou ki te pwofèt yo, ak sila ki prete atansyon a pawòl de ʳliv sa a. Olye sa, adore Bondye." ¹⁰ Epi li te di mwen: ˢ"Pa sele pawòl pwofesi a liv sila a, paske tan an pwòch. ¹¹ ᵗKite sila ki fè mal la, kontinye fè mal. Kite sila ki sal la, kontinye sal. Kite sila ki dwat la, kontinye pratike ladwati. E kite sila ki sen an, kontinye kenbe tèt li sen.

¹² "Gade byen, Mwen ap vini vit! ᵘRekonpans Mwen va avè M, pou rann a chak moun selon sa li te fè. ¹³ Mwen se Alfa a ak Omega a, ᵛpremye a ak dènye a, kòmansman an ak lafen an."

¹⁴ Beni se sila ki ʷlave vètman yo, pou yo kapab gen dwa nan pyebwa lavi a, e kapab, pa ˣpòtay yo, antre nan vil la.

¹⁵ ʸDeyò se chen yo, majisyen yo, moun imoral yo, asasen yo, idolat ak tout sila ki renmen e ki gen pratik bay manti.

¹⁶ "Mwen, Jésus, te voye ᶻzanj Mwen an pou temwaye a ou menm bagay sa yo pou legliz yo. Mwen se rasin ak ras David la, zetwal briyan nan maten an."

¹⁷ ᵃLespri a ak lamarye a di: "Vini". Kite sila ki tande a di: "Vini!" Kite sila ki swaf la vini. Kite sila ki vle pran dlo lavi a san frè a vini.

¹⁸ Mwen temwaye a tout sila ki tande pawòl a pwofesi liv sila a: si yon moun ᵇajoute nan yo, Bondye va ajoute a li menm tout fleyo ki ekri nan liv sila a. ¹⁹ Epi si yon moun retire nan pawòl a liv pwofesi sila a, Bondye va retire pati pa l nan pyebwa lavi ak vil sen an ᶜki ekri nan liv sila a.

²⁰ Sila ki temwaye a bagay sa yo di: "Wi, ᵈMwen ap vini vit."

Amen. Vini, Senyè Jésus.

²¹ ᵉGras Senyè a Jésus avèk nou tout. Amen.

ᵃ **21:22** Rev 1:8   ᵇ **21:22** Rev 5:6   ᶜ **21:23** És 60:19,20   ᵈ **21:24** És 60:3,5   ᵉ **21:25** És 60:11   ᶠ **21:26** Sòm 72:10
ᵍ **21:27** És 52:1   ʰ **21:27** Rev 3:5   ⁱ **22:1** Sòm 46:4   ʲ **22:2** Jen 2:9   ᵏ **22:3** Za 14:11   ˡ **22:4** Sòm 42:2
ᵐ **22:5** És 60:19   ⁿ **22:6** Rev 19:9   ᵒ **22:7** Rev 1:3   ᵖ **22:8** Rev 1:1   ᵠ **22:8** Rev 19:10   ʳ **22:9** Rev 1:11
ˢ **22:10** Dan 8:26   ᵗ **22:11** Éz 3:27   ᵘ **22:12** És 40:10   ᵛ **22:13** És 44:6   ʷ **22:14** Rev 7:14   ˣ **22:14** Rev 21:27
ʸ **22:15** Mat 8:12   ᶻ **22:16** Rev 1:1   ᵃ **22:17** Rev 2:7   ᵇ **22:18** Det 4:2   ᶜ **22:19** Rev 21:10—22:5   ᵈ **22:20** Rev 22:7
ᵉ **22:21** Wo 16:20

www.ingramcontent.com/pod-product-compliance
Lightning Source LLC
Chambersburg PA
CBHW052220090526
44585CB00015BA/974